Standard-
Wörterbuch

Spanisch

compact

Bisher sind in dieser Reihe erschienen:

- Standard Wörterbuch Business English
- Standard Wörterbuch Englisch
- Standard Wörterbuch Französisch
- Standard Wörterbuch Italienisch
- Standard Wörterbuch Spanisch

Baierbrunner Straße 27, 81379 München
Ausgabe 2015

Chefredaktion: Dr. Matthias Feldbaum
Redaktion: Janine Kaitzl
Fachkorrektur: Lisa Graf-Riemann, Pablo Pino
Produktion: Ute Hausleiter
Gestaltung: textum GmbH, München
Umschlaggestaltung: h3a GmbH, München; Hartmut Baier

ISBN: 978-3-8174-9700-3
381749700/1

www.compactverlag.de

manejarse [manɛ'xarse] *v (arreglárselas, salir adelante)* zurechtkommen, sich zu helfen wissen; *Te manejas bastante bien en esta ciudad.* Du kommst in dieser Stadt recht gut zurecht.

manejo [ma'nɛxo] *m* **1.** Handhabung *f*; **2.** TECH Bedienung *f*; **3.** *(dirección)* Verwaltung *f*, Leitung *f*, Management *n*; **4.** *(tramoya, intriga)* Machenschaft *f*, Intrige *f*; *No quiero saber nada de tus ~.* Ich will nichts wissen von deinen Machenschaften.

manera [ma'nera] *f* **1.** *(forma)* Weise *f*; *~ de pensar* Denkart *f*, Einstellung *f*; *~ de proceder* Verfahrensweise *f*; *~ de tratar* Behandlung *f*; *~ de vivir* Lebenswandel *m*; *de ~ particular* sonderbar; *¿De qué ~?* Wie? *de la misma ~ que* genauso wie; **2.** *~s* Benehmen *n*, Manieren *pl*

manga ['maŋga] *f* Ärmel *m*; *de ~s largas* langärmelig; *sin ~* ärmellos

mangle ['maŋgle] *m* BOT Mangrove *f*

mango[1] ['maŋgo] *m* Griff *m*, Stiel *m*

mango[2] ['maŋgo] *m (fruta)* BOT Mango *f*

mangonear [maŋgone'ar] *v* sich einmischen, mitmischen *(fam)*

mangoneo [maŋgo'neo] *m (chanchullo)* Einmischung *(fam) f*

mangosta [maŋ'gosta] *f* ZOOL Manguste *f*

manía [ma'nia] *f* Manie *f*; *~ de criticar* Nörgelei *f*; *tener ~ a alguien* jdn nicht leiden können

maniaco [ma'njako] *adj* MED manisch, gemütskrank; *~ depresivo* manisch-depressiv

maniático [ma'njatiko] *adj* manisch, wahnsinnig, verrückt

manicorto [mani'korto] *adj* knauserig

manicura [mani'kura] *f* Maniküre *f*

manido [ma'niðo] *adj* **1.** *(usado)* abgegriffen, abgestanden; **2.** *(fig: trillado)* abgedroschen

manifestación [manifesta'θjɔn] *f* **1.** Aussage *f*, Meldung *f*, Äußerung *f*; **2.** POL Demonstration *f*; *~ de protesta* Protestkundgebung *f*

manifestar [manifes'tar] *v irr* **1.** *(informar)* melden, sagen, äußern; **2.** *(llamar)* aufrufen; **3.** *(declarar)* aussagen, offen-

M

- Angabe des ersten bzw. letzten Stichworteintrages der Seite
- Bedeutungshinweise kursiv in Klammern
- Spanische Anwendungsbeispiele und Wendungen in Kursivschrift
- Deutsche Übersetzung der Redewendungen und idiomatischen Ausdrücke
- Hochgestellte Ziffern unterscheiden gleich geschriebene Stichwörter mit unterschiedlicher Bedeutung
- Stilangaben in Kursivschrift
- Alphabetisches Daumenregister
- Angabe des Sachgebiets
- Kennzeichnung unregelmäßiger Verben

Inhalt

Benutzerhinweise

Dieses Wörterbuch bietet mit 150.000 zuverlässigen Angaben zu rund 55.000 Stichwörtern schnellen Zugriff auf den umfassenden Wortschatz der modernen Fach- und Alltagssprache.

Alphabetisierung

Die blau gedruckten Stichwörter sind streng alphabetisch geordnet: Getrennt geschriebene und durch Bindestrich getrennte Stichwörter werden dabei behandelt, als würden sie zusammengeschrieben.
Die Buchstaben ä, ö, ü sowie Vokale, die einen Akzent tragen, werden wie a, e, i, o, u alphabetisiert; ß wird wie ss eingeordnet.
Einige Stichwörter werden durch zusätzliche Informationen in Klammern genauer bestimmt (z. B. Angabe der Endung der Femininform). Diese Ergänzungen in Klammern werden bei der Alphabetisierung jedoch nicht berücksichtigt.

Gliederung der Stichwörter

Um einen raschen Zugriff auf das gesuchte Wort zu ermöglichen, steht jedes Stichwort als eigener Eintrag. *Zeitschrift* und *zeitlos* stehen zum Beispiel nicht zusammen mit *Zeit* in einem Abschnitt, sondern sind selbstständige Stichwörter mit Lautschriftangabe.
Homonyme, d. h. Wörter, die gleich lauten, aber eine unterschiedliche Herkunft und Bedeutung haben, z. B. *Bank* (Sitzbank/Geldinstitut) werden mit hochgestellten Zahlen gekennzeichnet.
Bei spanischen und deutschen Substantiven, deren feminine Form ohne Wortstammveränderung und durch bloßes Anhängen einer Endung gebildet wird, steht die Endung der femininen Form jeweils in Klammern (z. B. *profesor(a), Lehrer(in)*). Bei Bildung der Femininform mit Wortstammveränderung (z. B. *Bauer/Bäuerin*) und bei Bildung der Femininform durch Ersetzen der Maskulinendung (z. B. *actor/actriz, Zeuge/Zeugin*) erhält das feminine Substantiv meist einen eigenen Eintrag.
Bei substantivierten Adjektiven (z. B. *Jugendliche(r)*) und Partizipien (z. B. *Geliebte(r)*) wird im Deutschen sowohl die Maskulin- als auch die Femininform angegeben.
Abkürzungen, die einer Erläuterung oder mehrerer Übersetzungen bedürfen (z. B. *EE.UU.*), werden als Stichwörter aufgeführt – andere gängige Abkürzungen befinden sich im Anhang.
Adjektive werden – mit Ausnahme von solchen wie erste(r,s), jüngste(r,s) – nur in der männlichen Form angegeben.

Bei spanischen Adjektiven, die im Singular maskulin eine zweite Form besitzen (z. B. *ninguno* und *ningún*), befindet sich bei dieser ein entsprechender Verweis.
Spanische Adverbien, die regelmäßig von einem Adjektiv abgeleitet werden (z. B. *fácilmente, gentilmente*), sind nicht als einzelne Einträge aufgeführt, es sei denn, die adverbiale Bedeutung unterscheidet sich von der adjektivischen. Die Bildung der spanischen Adverbien kann im Anhang nachgelesen werden.

Aufbau eines Eintrags

Innerhalb eines Stichworteintrages wird das blau gedruckte Stichwort nicht wiederholt, sondern durch eine Tilde (~) ersetzt, es sei denn, es steht in einer Form, die eine andere Schreibweise nach sich zieht. Im Eintrag *bien* z. B. steht statt *bienes* einfach *~es*. Bei *Buch* ist die Pluralform *Bücher* ausgeschrieben. Diese Ausnahme bezieht sich auch auf die Großschreibung eines sonst kleingeschriebenen Wortes (z. B. am Satzanfang einer Wendung). Die Tilde bezieht sich nie auf eventuelle Klammerergänzungen im Stichwort.
Innerhalb eines Stichworteintrages sind die einzelnen Übersetzungen nach Wortart geordnet. Bedeutungsgleiche (synonyme) Übersetzungen werden durch Komma voneinander getrennt. Nicht bedeutungsgleiche Übersetzungen werden durchnummeriert und mit Strichpunkt abgetrennt.
Sind Auslassungszeichen (...) direkt an ein Wort angehängt (z. B. bei Präfixen), bedeutet dies, dass das Wort als Teil einer Zusammensetzung wiedergegeben wird.

Beispiel:

federal [feðe'ral] *adj* föderal, Bundes...

Neben der Übersetzung *föderal* sind auch Wortzusammensetzungen mit *Bundes...* möglich (z. B. *Bundesbank*).

Lautschrift

Der Stichwortangabe folgt jeweils in eckigen Klammern die dazugehörige Aussprache in internationaler Lautschrift. Eine Übersicht über die Lautschriftzeichen befindet sich auf Seite VIII. Das Betonungszeichen (') steht jeweils vor der Silbe, die betont werden muss. Die Lautschrift einsilbiger Wörter enthält kein Betonungszeichen. Die Aussprache eines spanischen Stichwortes orientiert sich an der kastilischen Standardsprache.
Steht in einem Eintrag eine zusätzliche Lautschriftangabe, bedeutet dies, dass alle folgenden Bedeutungen entsprechend dieser Phonetikangabe ausgesprochen werden.

Wortart

Nach Stichwort und Lautschrift wird die Wortart des Stichwortes in abgekürzter Form angegeben. Sie ist kursiv gedruckt. Die Abkürzungen werden auf Seite VII erläutert. Gibt es für ein Stichwort mehrere Bedeutungen mit unterschiedlichen Wortarten, so werden diese durch Strichpunkte voneinander getrennt aufgeführt.
Hat ein Stichwort sowohl eine maskuline als auch eine feminine Form oder werden für ein Wort zwei unterschiedliche Genera gleich häufig verwendet, so stehen die entsprechenden Angaben kursiv hinter dem betreffenden Wort.

Alle unregelmäßigen Verben sind mit der Abkürzung *v irr* gekennzeichnet. Die unregelmäßigen Formen der Verben beider Sprachen werden am Ende des Buches aufgeführt. Aufgelistet werden ausschließlich die Formen des Stammverbs (die Formen zu *retener* sieht man bei *tener* nach, die Formen zu *beschließen* stehen bei *schließen*).

Redewendungen

Die zahlreichen Wendungen und sprichwörtlichen Redensarten sind dem bedeutungstragenden Wort der Wendung – in der Regel dem Substantiv – zugeordnet.

Grammatik

Die Kurzgrammatiken im Anhang ermöglichen es auch Anfängern, den vorhandenen Wortschatz stilsicher anzuwenden. So findet der Benutzer schnell eine Antwort auf jedes grundlegende grammatische Problem.

Abkürzungen

adj	Adjektiv	JUR	Recht
adv	Adverb	*konj*	Konjunktion
AGR	Landwirtschaft	LING	Linguistik
ANAT	Anatomie	LIT	Literatur
ARCH	Architektur	*m*	männlich
art	Artikel	MATH	Mathematik
ART	Kunst	MED	Medizin
ASTR	Astronomie	MET	Metallurgie
BIO	Biologie	METEO	Meteorologie
BOT	Botanik	MIL	Militär
CHEM	Chemie	MIN	Bergbau/Mineralogie
CINE	Film	MUS	Musik
ECO	Wirtschaft	*n*	Neutrum
etw	etwas	NAUT	Schifffahrt
f	weiblich	*num*	Zahlwort
fam	umgangssprachlich	PHIL	Philosophie
fig	bildlich	PHYS	Physik
FIN	Finanzwelt	*pl*	Plural
FOTO	Fotografie	POL	Politik
GAST	Gastronomie	*pref*	Präfix
GEO	Geografie	*prep*	Präposition
GEOL	Geologie	*pron*	Pronomen
GRAMM	Grammatik	PSYCH	Psychologie
HIST	Geschichte	*rel*	relativ
INFORM	Informatik	REL	Religion
interj	Interjektion	SPORT	Sport
interr	interrogativ	*sup*	Superlativ
irr	unregelmäßig	TECH	Technik
jdm	jemandem	TEL	Kommunikationswesen
jdn	jemanden	THEAT	Theater
jds	jemandes	*v*	Verb
jmd	jemand	ZOOL	Zoologie

Lautschrift

Das Betonungszeichen ['] steht jeweils vor der Silbe, die betont wird.

Vokale

blass	a	dama
Bahn, Saal	aː	
Feder, Uhr	ɐ	
egal	e	meter
weh, See	eː	
hätte, fett	ɛ	perro
Säge	ɛː	
Menge	ə	
ist	ɪ	
Vitamin	i	niño
Liebe	iː	
Moral	o	poco
Boot, Ton	oː	
von	ɔ	orden
ökonomisch	ø	
Öl	øː	
völlig	œ	
Zunge	u	uno
Zug	uː	
Stück	y	
Typ	yː	

Doppellaute

beißen	aɪ	
	aĭ	aire
	ɛĭ	aceite
Auge	au	
	aŭ	aula
läuten, Heu	ɔy	
	ɔĭ	hoy
	eŭ	euro

Nasale

Orange	ɑ̃
annoncieren	ɔ̃
Cousin	ɛ̃

Konsonanten

Ball	b	boca
	β	abrir
Creme	k	crema, aquí
circa	ts	
	θ	civil, zumo
Nichte	ç	
dort	d	dinero
	ð	nudo
fliehen, vor	f	fiesta
geben	g	gato
	ɣ	lugar
holen	h	
Journalist	ʒ	
jeder, Million	j	yerno
Kamm, Chor	k	caso
Lob	l	lengua
	ʎ	desarrollo
Maus	m	mayo
nehmen	n	nada
	ɲ	sueño
angeln, links	ŋ	banco
Post	p	punto
Quelle	kv	
Rand	r	pero
	rr	torre
besser, Ruß	s	mesa
schwierig	ʃ	
treten, Pfad	t	toro
	tʃ	leche
weben, Vase	v	
	w	huevo
Nacht	x	jefe
Hose	z	fantasma

Nur bei Fremdwörtern aus dem Englischen:

online	ɒ
Homepage	əʊ

Spanisch – Deutsch

A

A

a [a] *prep* **1.** *(dirección, lugar, distancia)* auf, nach; *~ 15 km de Múnich* 15 km von München entfernt; *Voy ~ Múnich.* Ich fahre nach München. **2.** *(temporal)* um, am; *~ las dos* um zwei Uhr; *al día siguiente* am folgenden Tag; **3.** *(modal)* *~ gusto* gern, gemütlich; *~ escala* nach Maßstab; *~ la antigua* altmodisch; *~ simple vista* mit bloßem Auge; *~ prueba de ladrones* einbruchsicher; *~ ruegos de su amigo* auf Bitten seines Freundes; *~ disgusto* ungern; *~ la fuerza* gewaltsam; *~ pie* zu Fuß; **4.** *(destinación, causa)* *~ su favor* zu seinen Gunsten; **5.** *(precio)* zu; *~ 100 euros* zu 100 Euro; *¿A qué precio?* Zu welchem Preis? **6.** *(elíptico)* *paso ~ paso* Schritt für Schritt; *¡A su salud!* Auf Ihre Gesundheit! *¡A que no lo sabes!* Wetten, dass du es nicht weißt! **7.** *~ alguien* jemandem, jemanden/etwas; *He visto ~ tu hermano.* Ich habe deinen Bruder gesehen. *He dado el libro ~ tu hermano.* Ich habe das Buch deinem Bruder gegeben. *respetar ~ alguien* jdn achten; *amar ~ alguien* jdn lieben; *dar ~ alguien* jdm geben; **8.** *(parte de una conjunción)* *~ pesar de* trotz

abacería [aβaθe'ria] *f* Kramladen *m*

abacero [aβa'θero] *m* Krämer *m*

ábaco ['aβako] *m* *MATH* Rechenbrett (mit Kugeln) *n*

abad(esa) [a'βað/aβa'ðesa] *m/f* *REL* Abt/Äbtissin *m/f*

abadejo [aβa'ðɛxo] *m* *ZOOL* Kabeljau *m*

abadía [aβa'ðia] *f* *REL* Abtei *f*

abajadero [aβaxa'ðero] *m* Abhang *m*

abajamiento [aβaxa'mjento] *m* Erniedrigung *f*, Lageveränderung (nach unten) *f*

abajar [aβa'xar] *v* herunternehmen, herablassen, heruntersenken, herunterbringen

abajo [a'βaxo] *adv* herunter, hinunter, hinab; *venirse ~* einstürzen; *~ con* nieder mit; *de arriba ~* von oben nach unten; *más ~* weiter unten; *echar ~* zerstören, niederreißen

abalanzar [aβalan'θar] *v* stoßen, schleudern

abaldonar [aβaldo'nar] *v* schmähen, herabsetzen

abalear [aβale'ar] *v* schwingen

aballar [aβa'ʎar] *v* lockern, anfahren

aballestar [aβaʎes'tar] *v* *NAUT* schleudern, schleppen, treideln, anholen

abalorio [aβa'lɔrjo] *m* kleine (Glas)perle *f*, kleine (Glas)koralle *f*

abalsamar [aβalsa'mar] *v* einbalsamieren

abanderado [aβande'raðo] *adj* *MIL* Fahnenträger *m*, Fähnrich *m*

abanderizar [aβanderi'θar] *v* *MIL* führen

abandonado [aβando'naðo] *adj* **1.** verlassen; **2.** *(descuidado)* verwahrlost

abandonar [aβando'nar] *v* **1.** verlassen; **2.** *(dejar, dejar de)* aufgeben; *~ un proyecto* ein Projekt aufgeben; **3.** *(desocupar)* räumen

abandonarse [aβando'narse] *v* sich hingeben

abandono [aβan'dono] *m* **1.** Aufgabe *f*; *~ de la energía nuclear* *m* Atomausstieg *m*; **2.** *(desalojo)* Räumung *f*

abanicar [aβani'kar] *v* **1.** fächeln; **2.** *(fam)* ohrfeigen

abanico [aβa'niko] *m* Fächer *m*, Kaminschirm *m*

abaratar [aβara'tar] *v* verbilligen

abarcar [aβar'kar] *v* einschließen, umfassen; *~ con la vista* überblicken; *Quien mucho abarca, poco aprieta.* Wer sich zu viel vornimmt, schafft wenig.

abarrar [aβa'rrar] *v* schleudern, werfen

abastecer [aβaste'θer] *v irr* **1.** beliefern; **2.** *(alimentar)* verpflegen; **3.** *(mantener)* versorgen

abastecimiento [aβasteθi'mjento] *m* **1.** Zufuhr *f*, Zulieferung *f*; **2.** *(alimentación)* Verpflegung *f*; **3.** *(mantenimiento)* Versorgung *f*

abatible [aβa'tiβle] *adj* herunterklappbar, biegbar; *asientos ~s* herunterklappbare Sitze

A

abatido[aβa'tiðo] *adj* **1.**geknickt, niedergeschlagen; **2.**(*apocado*) kleinlaut
abatimiento[aβati'mjento] *m* Niedergeschlagenheit *f*
abdicación[aβðika'θjɔn] *f POL* Abdankung *f*
abdicar[aβði'kar] *v POL* abdanken
abdomen [aβ'ðomen] *m ANAT* Unterleib *m*
abducción [aβduɣ'θjɔn] *f* **1.** (*rapto*) Wegnehmen *n,* Entfernen *n,* Abduktion *f,* Wegbewegung *f;* **2.**(*~ de órganos*) Herausnehmen (von Organen) *n*
abedul[aβe'ðul] *m* (*árbol*) *BOT* Birke *f*
abeja[a'βɛxa] *f ZOOL* Biene *f*
abejar[aβe'xar] *m* **1.**(*colmenar*) Bienenstock *m,* Bienenstand *m;* **2.**(*especie de uva*) (*fig*) Traube *f*
abejarrón [aβexa'rrɔn] *m* **1.** (*abejorro*) Hummel *f,* Stechfliege *f,* Bremse *f;* **2.**(*juego*) Brummbär *m*
abejear[aβexe'ar] *v* (*revolar como las abejas*) schwirren, herumwimmeln
abejón[aβɛ'xɔn] *m* **1.***ZOOL* Hummel *f;* **2.**(*zangón*) Drohne *f*
abejorro[aβɛ'xɔrrɔ] *m* **1.** *ZOOL* Hummel *f;* **2.**~ *sanjuanero* Maikäfer *m*
abemolar [aβemo'lar] *v* (*suavizar la voz*) sanfter sprechen
aberenjenado [aβerenxe'naðo] *adj* dunkelviolett
aberración[aβɛrra'θjɔn] *f* **1.***ASTR* Aberration *f;* **2.**(*fig*) Verwirrung *f*
aberrar[aβe'rrar] *v* (*desviarse*) abweichen
abertal[aβer'tal] *adj* rissig, zerspalten
abertura [aβɛr'tura] *f* **1.** Öffnung *f,* Schlitz *m;* **2.**(*inauguración*) Eröffnung *f*
abestiarse [aβes'tjarse] *v* (*embrutecerse*) verrohen
abeto[a'βeto] *m* **1.** *BOT* Tanne *f;* **2.**~ *falso* Fichte *f*
abetunado[aβetu'naðo] *adj* (*parecido al betún*) rabenschwarz, tiefschwarz
abiertamente [aβjɛrta'mente] *adv* (*francamente*) offen, frei, offenherzig
abierto [a'βjɛrto] *adj* **1.** offen, geöffnet; ~ *al público* der Öffentlichkeit zugänglich; *¿A partir de cuándo está ~?* Ab wann ist geöffnet? **2.** (*paisaje*) frei; **3.** (*fig: persona*) offenherzig, aufgeschlossen
abigarrado [aβiɣa'rraðo] *adj* (*mal combinado*) verworren, falsch kombiniert
abigarramiento [aβiɣarra'mjento] *m* (*conjunto abigarrado*) Unordnung *f,* Verwirrung *f,* Buntheit *f*
abigotado[aβiɣo'taðo] *adj* (*bigotudo*) schnurrbärtig
abismal[aβiz'mal] *adj* tief, abgründig
abismar[aβiz'mar] *v* (*sumergirse*) sinken, vertiefen
abismático [aβiz'matiko] *adj* (*insondable*) abgrundtief
abismo [a'βizmo] *m* Tiefe *f,* Abgrund *m,* Kluft *f*
abjuración [aβxura'θjɔn] *f* Abschwörung *f,* Widerruf *m*
abjurar[aβxu'rar] *v* abschwören
ablación[aβla'θjɔn] *f* **1.** (*extirpación*) *MED* operative Entfernung *f;* **2.***GEOL* Abtragung *f,* Abschmelzung (Gletscher) *f*
ablandabrevas [aβlanda'βreβas] *m* (*fam*) Nichtsnutz *m*
ablandamiento [aβlanda'mjento] *m* Aufweichung *f,* Verweichlichung *f*
ablandar[aβlan'dar] *v* erweichen, enthärten
ablandarse [aβlan'darse] *v* sich besänftigen, sich erweichen lassen
abnegación[aβneɣa'θjɔn] *f* Opferbereitschaft *f, con ~* selbstlos
abnegado [aβne'ɣaðo] *adj* uneigennützig
abnegarse [aβne'ɣarse] *v irr ~ por algo* sich für etwas aufopfern
abobado [aβo'βaðo] *adj* dumm, einfältig
abocado [aβo'kaðo] *adj* **1.** *estar ~ a* nahe vor etw stehen; *Estamos ~s al desastre.* Wir stehen vor einer Katastrophe.; **2.***vino ~ GAST* süffig
abochornado[aβotʃor'naðo] *adj* (*avergonzado*) beschämt
abochornar [aβotʃor'nar] *v* erhitzen, versengen
abochornarse[aβotʃor'narse] *v* (*avergonzarse*) *~ de/por* sich schämen, tief erröten (*fig*)
abofetear [aβofete'ar] *v ~ a alguien* jdn ohrfeigen
abogacía[aβoɣa'θia] *f* Anwaltschaft *f,* Anwaltsberuf *m*

abogada [aβo'ɣaða] *f* **1.** *JUR* Rechtsanwältin *f;* **2.** *~ defensora* Verteidigerin *f*
abogado [aβo'ɣaðo] *m* **1.** *JUR* Rechtsanwalt *m,* **2.** *~ defensor* Verteidiger *m*
abogar [aβo'ɣar] *v* **1.** *(interceder) JUR* plädieren für; **2.** *(defender)* verfechten, eintreten für; *~ por su postura* seinen Standpunkt vertreten; **3.** *(favorecer)* befürworten
abolengo [aβo'leŋgo] *m* Abstammung *f,* Herkunft *f*
abolición [aβoli'θjɔn] *f* Abschaffung *f*
abolicionista [aβoliθjo'nista] *adj* Abolitionist *m,* Gegner der Sklaverei (bzw der bestehenden Gesetze) *m*
abolir [aβo'lir] *v irr* abschaffen; *~ una ley* ein Gesetz abschaffen
abollado [aβo'ʎaðo] *adj (desanimado)* lustlos, öde
abolsado [aβol'saðo] *adj (con forma de bolsa)* bauschig
abombado [aβom'baðo] *adj (atolondrado)* leichtfertig, unbesonnen
abombar [aβom'bar] *v* wölben, ausbauchen, aufblähen
abominable [aβomi'naβle] *adj* abscheulich
abominación [aβomina'θjɔn] *f* Gräuel *m,* Abscheu *f*
abonable [aβo'naβle] *adj* zahlbar, fällig (Wechsel)
abonado [aβo'naðo] *m* Bezieher *m,* Abonnent *m*
abonar [aβo'nar] *v* **1.** bezahlen, begleichen, einzahlen; *~ en cuenta* gutschreiben; **2.** *AGR* düngen
abono [a'βono] *m* **1.** Gutschrift *f,* Vergütung *f;* **2.** *AGR* Dünger *m;* **3.** *tarjeta de ~* Dauerkarte *f,* Zeitkarte *f; ~ mensual* Monatskarte *f*
aborigen [aβo'rixen] *adj* **1.** einheimisch; **2.** Ureinwohner(in) *m/f*
aborrecer [aβɔrre'θɛr] *v irr* verabscheuen
aborrecido [aβɔrre'θiðo] *adj (aburrido)* gelangweilt
aborrecimiento [aβɔrreθi'mjento] *m* Abscheu *f,* Hass *m,* Abneigung *f*
abortar [aβɔr'tar] *v* **1.** *MED* abtreiben; **2.** *~ un plan* einen Plan vereiteln
aborto [a'βɔrto] *m* **1.** *MED* Fehlgeburt *f;* **2.** *(~ provocado)* Abtreibung *f,* Schwangerschaftsabbruch *m*
abotonar [aβoto'nar] *v* zuknöpfen
abra ['aβra] *f (bahía) GEO* Bai *f,* Bucht *f*
abrasador [aβrasa'ðɔr] *adj* sengend, verzehrend
abrasar [aβra'sar] *v* **1.** *(destruir con fuego)* anzünden, verbrennen; **2.** *(estar muy caliente)* brennen (Sonne), heiß sein; **3.** *(producir un dolor ardiente)* einen stechenden Schmerz verursachen, höllisch wehtun
abrazar [aβra'θar] *v* umarmen; *~ fuertemente a alguien* jdn fest an sich drücken
abrazo [a'βraθo] *m* Umarmung *f; dar un ~ a alguien* jdn umarmen
abrelatas [aβre'latas] *m GAST* Büchsenöffner *m,* Dosenöffner *m*
abrenuncio [aβre'nunθjo] *m (fam)* Gott bewahre!
abreviación [aβreβja'θjɔn] *f* **1.** *(resumen)* Kurzfassung *f;* **2.** *(acortamiento)* Abkürzung *f,* Kurzform *f*
abreviar [aβre'βjar] *v* **1.** *(resumir)* zusammenfassen; **2.** *(acortar)* verkürzen, abkürzen
abreviatura [aβreβja'tura] *f* Abkürzung *f*
abribonarse [aβriβo'narse] *v (hacerse bribón)* zum Gauner werden, verlumpen
abrigo [a'βriɣo] *m* **1.** Mantel *m; ~ de piel* Pelzmantel *m;* **2.** *(cobijo)* Unterschlupf *m,* Obdach *n*
abril [a'βril] *m* April *m; (fam) tener trece ~ es* 13 Lenze zählen
abrir [a'βrir] *v irr* **1.** öffnen, aufmachen; *~ el grifo* den Wasserhahn aufdrehen; **2.** *(con una llave)* aufschließen; *No logro ~ la puerta.* Ich bekomme die Tür nicht auf. **3.** *(fig: un negocio, una conferencia)* eröffnen; **4.** *(una cuenta bancaria) FIN* eröffnen; **5.** *(a la fuerza)* aufbrechen; **6.** *(destapando, tirando)* aufziehen, aufklappen
abrirse [a'βrirse] *v irr* **1.** sich öffnen, aufgehen; *~ paso* sich einen Weg bahnen; *~ paso duramente* sich durchboxen; **2.** *(capullos)* aufblühen
abrochar [aβro'tʃar] *v (ropa)* zuknöpfen, zuschnallen, zuhaken
abrocharse [aβro'tʃarse] *v* sich anschnallen

A

abrogación [aβroɣa'θjɔn] *f* Abschaffung *f,* Außerkraftsetzung *f,* Widerruf *m*
abrogar [aβro'ɣar] *v (abolir)* abschaffen, aufheben, widerrufen
abrumar [aβru'mar] *v* belasten
abrupto [a'βrupto] *adj* **1.** abrupt; **2.** *(brusco)* schroff
absceso [aβs'θeso] *m MED* Abszess *m*
absolución [aβsolu'θjɔn] *f* **1.** *JUR* Freispruch *m;* **2.** *REL* Absolution *f*
absolutamente [aβsoluta'mente] *adv* absolut, durchaus; *~ nada* gar nichts
absolutismo [aβsolu'tizmo] *m HIST* Absolutismus *m*
absoluto [aβso'luto] *adj* absolut, uneingeschränkt; *en ~* keineswegs, überhaupt nicht
absolver [aβsɔl'βɛr] *v irr* **1.** *JUR* freisprechen; **2.** *REL* lossprechen
absorber [aβsɔr'βɛr] *v* absorbieren, aufsaugen, einsaugen
absorción [aβsɔr'θjɔn] *f* **1.** Absorbierung *f;* **2.** *ECO* Absorption *f*
absorto [aβ'sɔrto] *adj* versunken, vertieft
abstemio [aβs'temjo] *adj* **1.** abstinent; *m* **2.** Abstinenzler *m*
abstención [aβsten'θjɔn] *f* Abstinenz *f,* Enthaltung *f; ~ de voto* Stimmenthaltung *f*
abstenerse [aβste'nɛrse] *v irr* **1.** sich enthalten, verzichten; *Me abstengo de tomar alcohol porque tengo que conducir.* Ich trinke keinen Alkohol, weil ich fahren muss. **2.** *~ de votar* sich der Stimme enthalten
absterger [aβster'xɛr] *v irr limpiar las llagas MED* reinigen (Wunden)
abstinencia [aβsti'nenθja] *f* Abstinenz *f,* Enthaltsamkeit *f*
abstinente [aβsti'nente] *adj* enthaltsam
abstracción [aβstraɣ'θjɔn] *f* Abstraktion *f,* Abziehung *f*
abstracto [aβs'trakto] *adj* abstrakt; *en ~* abstrakt betrachtet
abstraer [aβstra'er] *v irr ~ un objeto* abstrahieren, entziehen, abziehen
abstraerse [aβstra'erse] *v irr (concentrarse en algo)* sich vertiefen
abstraído [aβstra'iðo] *adj* gedankenversunken
abstruso [aβs'truso] *adj (de difícil comprensión)* unverständlich, verworren, kompliziert
absurdo [aβ'surðo] *adj* **1.** sinnlos, absurd, unsinnig; *una idea absurda* eine absurde Idee *f; m* **2.** Unsinn *m,* Absurdität *f*
abuchear [aβutʃe'ar] *v* buhen, auspfeifen
abuela [a'βwela] *f* Großmutter *f,* Oma *f*
abuelo [a'βwelo] *m* **1.** Großvater *m,* Opa *m;* **2.** *~s pl* Großeltern *pl; ~s maternos/~s paternos* Großeltern mütterlicherseits/väterlicherseits *pl*
abulia [a'βulja] *f (apatía)* Willenlosigkeit *f,* Willensschwäche *f*
abúlico [a'βuliko] *adj* willenlos, willensschwach
abultar [aβul'tar] *v* **1.** vergrößern; **2.** *(fig: exagerar)* übertreiben
abundancia [aβun'danθja] *f ~ de* Überfluss an *m*
abundante [aβun'dante] *adj* ausgiebig, reichlich
abur [a'βur] *interj ¡Abur! (fam)* Leb wohl!
aburguesado [aβurɣe'saðo] *adj* spießig
aburrido [aβu'rriðo] *adj* langweilig, öde, eintönig
aburrimiento [aβurri'mjento] *m* Langeweile *f*
aburrirse [aβu'rrirse] *v* sich langweilen
abusar [aβu'sar] *v* **1.** *~ de* missbrauchen; **2.** *~ de (violar)* vergewaltigen
abusivo [aβu'siβo] *adj* missbräuchlich, unnütz
abuso [a'βuso] *m* **1.** Missbrauch *m; ~ de la bebida* Alkoholmissbrauch *m;* **2.** *(extralimitación)* Übergriff *m;* **3.** *(exceso)* Exzess *m*
abyección [aβjeɣ'θjɔn] *f* **1.** *(bajeza)* Niederträchtigkeit *f,* Verworfenheit *f;* **2.** *(humillación)* Verachtung *f,* Demütigung *f,* Erniedrigung *f*
acá [a'ka] *adv* **1.** *(aquí)* hier, da; **2.** *(por aquí)* herbei
acabado [aka'βaðo] *adj* fertig, vollendet
acaballadero [akaβaʎa'ðero] *m* Gestüt *n*
acabamiento [akaβa'mjento] *m* Vollendung *f*

acabar [aka'βar] *v* **1.** *(terminar)* beenden, erledigen, vollenden; **2.** *~ de hacer algo* soeben etw getan haben; *Acabo de llegar.* Ich bin gerade angekommen. **3.** *~ con algo* etw vertilgen, etw vernichten; **4.** *~ en algo* in etw enden; *La fiesta acabó en un caos.* Das Fest endete im Chaos. **5.** *~ por hacer algo* schließlich etw tun

acabarse [aka'βarse] *v* ausgehen; *¡Se acabó!* Schluss jetzt!

acabose [aka'βose] *m* *(desastre)* Ende *n; Es un ~.* Das ist doch die Höhe!

acacia [a'kaθja] *f BOT* Akazie *f*

academia [aka'ðemja] *f* Akademie *f*, Privatlehranstalt *f*

académico [aka'ðemiko] *adj* akademisch; *título ~* akademischer Titel *m*

acaecer [akae'θer] *v irr (producirse un hecho)* vorkommen, sich ereignen, geschehen

acaecimiento [akaeθi'mjento] *m* Vorkommnis *n*, Ereignis *n*

acalenturarse [akalentu'rarse] *v (tener calentura)* sich erhitzen, warm werden

acalorarse [akalo'rarse] *v* in Wut geraten

acaloro [aka'loro] *m* **1.** *(acaloramiento)* Erhitzung *f*, Erwärmung *f*; **2.** *(fig: disgusto)* Aufregung *f*

acampador [akampa'ðɔr] *m* Camper *m*

acampar [akam'par] *v* **1.** zelten, campen; *¿Podemos ~ aquí?* Können wir hier zelten? **2.** *MIL* kampieren

acantilado [akanti'laðo] *m* Steilküste *f*

acantilar [akanti'lar] *v* steil abfallen

acaparar [akapa'rar] *v* **1.** hamstern, aufkaufen; **2.** *(fig: apropiarse de)* an sich reißen, für sich allein in Anspruch nehmen; *~ la palabra* keinen zu Wort kommen lassen

acapillar [akapi'ʎar] *v (atrapar)* fangen, erwischen

acaracolado [akarako'laðo] *adj* schneckenförmig; *(pelos)* lockig

acaramelado [akarame'laðo] *adj GAST* kandiert

acariciar [akari'θjar] *v* streicheln, hätscheln, liebkosen

acarrear [akarre'ar] *v (ocasionar algo malo)* Schaden verursachen

acarrear [akarre'ar] *v* transportieren, befördern

acaso [a'kaso] *adv* vielleicht, etwa

acastañado [akasta'ɲaðo] *adj (color de castaña)* kastanienfarben

acaudillar [akaŭði'ʎar] *v* anführen, befehligen

accesible [aɣθe'siβle] *adj* **1.** zugänglich; **2.** *(fig: precio)* erschwinglich

acceso [aɣ'θeso] *m* **1.** Zugang *m*, Anfahrt *f*, Auffahrt *f*; **2.** *INFORM* Zugriff *m*; **3.** *MED* Anfall *m*

accesorios [aɣθe'sorjos] *m/pl* **1.** Accessoires *pl*; **2.** *TECH* Zubehörteile *pl*, Armaturen *pl*

accidentado [aɣθiðen'taðo] *adj* **1.** *(terreno, país)* holperig; **2.** *(persona)* verunglückt; *m* **3.** Verunglückter *m*

accidental [aɣθiðen'tal] *adj* zufällig

accidente [aɣθi'ðente] *m* Unfall *m*, Unglück *n*; *~ de trabajo* Betriebsunfall *m*; *~ de tráfico* Verkehrsunfall *m*; *Tuve un ~.* Ich hatte einen Unfall. *Ha ocurrido un ~.* Es ist ein Unfall passiert.

acción [aɣ'θjɔn] *f* **1.** Handlung *f*, Aktion *f*; *~ heroica* Heldentat *f*; **2.** *(operación)* Tätigkeit *f*, Operation *f*; **3.** *FIN* Aktie *f*; **4.** *(efecto)* Wirkung *f*; *radio de ~* Wirkungsbereich *m*; *~ recíproca* Wechselwirkung *f*

accionamiento [aɣθjona'mjento] *m* **1.** *TECH* Antrieb *m*; **2.** *(puesta en marcha)* Betätigung *f*

accionar [aɣθjo'nar] *v* **1.** bewegen, treiben; **2.** *TECH* betätigen, schalten; *¡En caso de peligro ~ la palanca!* Bei Gefahr den Hebel betätigen!

accionista [aɣθjo'nista] *m/f FIN* Aktionär(in) *m/f*

acebuche [aθe'βutʃe] *m (olivo silvestre) BOT* wilder Ölbaum *m*

acechar [aθe'tʃar] *v* lauern, spähen

acecho [a'θetʃo] *m* Lauer *f*; *estar al ~* auf der Lauer liegen

acecinarse [aθeθi'narse] *v (persona) (fig)* mager werden

acedar [aθe'ðar] *v* **1.** *(agriar)* säuern, verwelken; **2.** *~ a alguien (desazonar)* jdn verbittern, jdn verdrießen

acedía [aθe'ðia] *f* **1.** *ZOOL* Scholle *f*; **2.** *MED* Sodbrennen *n*

aceitar [aθeĭ'tar] *v* ölen

aceite [a'θeĭte] *m* **1.** Öl *n*; *~ de hígado* Lebertran *m*; **2.** *~ comestible GAST*

A

Speiseöl *n;* ~ *de mesa* Salatöl *n;* ~ *de oliva* Olivenöl *n;* ~ *vegetal* Pflanzenöl *n; ¡Vinagre y aceite, por favor!* Essig und Öl, bitte! 3. ~ *para motores* Motoröl *n*
aceitoso [aθeĭ'toso] *adj (oleoso)* ölig
aceituna [aθeĭ'tuna] *f BOT* Olive *f*
aceituno [aθeĭ'tuno] *m (olivo)* Ölbaum *m,* Olivenbaum *m*
aceleración [aθelera'θjɔn] *f* Beschleunigung *f*
acelerador [aθelera'ðɔr] *m* Gaspedal *n*
acelerar [aθele'rar] *v* beschleunigen
acelga [a'θɛlɣa] *f BOT* Mangold *m*
acendrado [aθen'draðo] *adj (sin defecto)* geläutert, makellos
acendrar [aθen'drar] *v* 1. ~ *los metales* Metall reinigen; 2. *(fig: perfeccionar)* zur Vollendung bringen, vervollkommnen, perfektionieren
acento [a'θento] *m* 1. *(dejo)* Akzent *m;* 2. *GRAMM* Betonung *f,* Akzent *m*
acentuación [aθentwa'θjɔn] *f GRAMM* Betonung *f,* Tonfall *m*
acentuar [aθen'twar] *v* akzentuieren, betonen, hervorheben
aceptable [aθɛp'taβle] *adj* annehmbar, akzeptabel, tragbar
aceptación [aθɛpta'θjɔn] *f* 1. Annahme *f;* 2. *(reconocimiento)* Akzeptanz *f;* 3. *ECO* Akzept *n*
aceptar [aθɛp'tar] *v* annehmen, akzeptieren, eingehen; *Esto no lo puedo ~.* Das kann ich nicht annehmen. *No lo acepto.* Ich nehme es nicht an.
acequia [a'θekja] *f* 1. Wassergraben *m,* Bewässerungsgraben *m;* 2. *(arroyo)* Gosse *f,* Rinnstein *m*
acera [a'θera] *f* Bürgersteig *m,* Gehweg *m,* Trottoir *n*
acerbo [a'θɛrβo] *adj* 1. *(áspero al gusto)* herb; 2. *sufrimiento* ~ grausam
acerca [a'θɛrka] *prep* ~ *de (fig: con referencia a)* über, hinsichtlich
acercamiento [aθɛrka'mjento] *m* Annäherung *f;* ~ *de los pueblos* Völkerverständigung *f*
acercarse [aθɛr'karse] *v* sich nähern, herankommen; ~ *sigilosamente* sich anschleichen, sich heranschleichen, sich anpirschen
acería [aθe'ria] *f (fábrica de fundición de aceros)* Stahlwerk *n,* Stahlhütte *f*
acero [a'θero] *m* 1. *MET* Stahl *m;* 2. ~ *inoxidable* Edelstahl *m*
acérrimo [a'θɛrrimo] *adj (muy fuerte)* entschieden, hartnäckig
acertado [aθɛr'taðo] *adj (adecuado)* treffend, zutreffend, angemessen
acertar [aθɛr'tar] *v irr* 1. erraten; 2. *(hacer blanco, dar en)* das Ziel treffen
acertijo [aθɛr'tixo] *m* Rätsel *n*
acervo [a'θɛrβo] *m* 1. *(trigo, legumbres)* Haufen *m,* Stapel *m;* 2. *el* ~ *cultural* Kulturgut *n;* 3. *(bienes de una colectividad)* Kulturerbe *n*
acetato [aθe'tato] *m CHEM* Acetat, essig-saures Salz
acetre [a'θɛtre] *m (pequeño caldero)* Schöpfeimer *m*
achacar [atʃa'kar] *v (acusar a alguien)* jdm etw zuschreiben, Schuld zuschieben
achacoso [atʃa'koso] *adj* kränklich, anfällig; *estar* ~ kränkeln/anfällig sein
achampañado [atʃampa'ɲaðo] *adj (bebida)* champagnerartig
achaque [a'tʃake] *m* 1. *(en la salud)* Kränklichkeit *f,* Unpässlichkeit *f,* Gebrechen *n;* 2. *(menstruación) (fam)* Menstruation *f;* 3. *(pretexto)* Vorwand *m*
achaques [a'tʃakes] *m/pl MED* Beschwerden *pl*
achatar [atʃa'tar] *v* abflachen
achicar [atʃi'kar] *v* 1. *(disminuir)* verkleinern; 2. *(acobardar a alguien)* jdn einschüchtern, jdn demütigen
achispado [atʃis'paðo] *adj* angeheitert, benebelt, beschwipst
achisparse [atʃis'parse] *v (embriagarse)* sich beschwipsen
achocar [atʃo'kar] *v irr* 1. *(herir a alguien)* jdn verletzen; 2. ~ *a alguien contra algo* jmd gegen etw werfen
achuchar [atʃu'tʃar] *v* 1. *(incitar)* aufhetzen, reizen; 2. *(estrujar fuertemente)* zerquetschen, erdrücken; *¡No me achuches, eso me duele!* Drück nicht so, das tut weh! *Su vida sigue todavía muy achuchada.* Er führt immer noch ein gehetztes Leben. 3. ~ *a alguien contra algo* jdn auf etw hetzen
achulado [atʃu'laðo] *adj (modales de chulo)* spaßhaft, geckenhaft
aciago [a'θjaɣo] *adj (nefasto)* unheilvoll, unglückbringend

acíbar [a'θiβar] *m* 1. *(planta)* BOT Aloe *f;* 2. *(fig: pena)* Unannehmlichkeit *f,* Bitterkeit *f*
aciberar [aθiβe'rar] *v* *(triturar)* zermahlen, pulverisieren
acicalado [aθika'laðo] *adj* adrett, nett, geschniegelt
acicalar [aθika'lar] *v* *(dar un retoque)* etw überarbeiten
acicalarse [aθika'larse] *v* *(arreglarse con exagero)* sich herausputzen
acicate [aθi'kate] *m* Ansporn *m,* Antrieb *m*
acidez [aθi'ðeθ] *f* 1. Säure *f;* 2. *~ estomacal* MED Sodbrennen *n;* 3. CHEM Säuregehalt *m*
acidia [a'θiðja] *f* *(pereza)* Trägheit *f,* Faulheit *f*
ácido ['aθiðo] *adj* 1. sauer; 2. *(seco)* herb; *m* 3. CHEM Säure *f; ~ carbónico* Kohlensäure *f; ~ clorhídrico* Salzsäure *f; ~ graso* Fettsäure *f; ~ sulfhídrico* Schwefelsäure *f*
acierto [a'θjɛrto] *m* 1. Treffgenauigkeit *f;* 2. *(éxito)* Erfolg *m*
acinesia [aθi'nɛsja] *f* 1. MED Akinesie *f;* 2. *(sin movimiento)* Bewegungslosigkeit *f*
aclamación [aklama'θjɔn] *f* Beifallsrufe *pl,* Zuruf *m*
aclamar [akla'mar] *v* bejubeln
aclaración [aklara'θjɔn] *f* 1. Aufklärung *f,* Erklärung *f,* Klarstellung *f;* 2. *(explicación)* Aufschluss *m*
aclarar [akla'rar] *v* 1. *(explicar)* erklären, erläutern, klarstellen; 2. *(un malentendido)* klären
aclimatarse [aklima'tarse] *v* sich anpassen, sich akklimatisieren
acmé [ak'me] *f* *(en una enfermidad)* MED Höhepunkt *m,* Akme *f*
acné [ak'ne] *m* MED Akne *f*
acobardamiento [akoβarða'mjento] *m* Einschüchterung *f*
acobardar [akoβar'ðar] *v* *(amedrentar a alguien)* jdn einschüchtern
acobardarse [akoβar'ðarse] *v* *(desanimar) ~ de/ante/frente a/por/con* verzagen; *¡Te acobardas por todo!* Du verzagst aber auch bei allem!
acocear [akoθe'ar] *v* 1. *(caballo)* mit den Hinterfüßen treten; 2. *(fig: insultar)* jdn beschimpfen
acocharse [akɔ'tʃarse] *v* *(agacharse)* sich kauern
acodar [ako'ðar] *v* 1. *(dar forma de codo)* abknicken; 2. *~ plantas* absenken
acodo [a'koðo] *m* BOT Ableger *m*
acogedor [akɔxe'ðɔr] *adj* 1. wohnlich, gemütlich; 2. *(amable)* liebenswürdig
acoger [akɔ'xɛr] *v* 1. aufnehmen, empfangen; 2. *(aprobar)* gutheißen
acogida [akɔ'xiða] *f* Aufnahme *f,* Empfang *m*
acogido [akɔ'xiðo] *m* 1. Insasse *m; adj* 2. *ser bien ~* gut ankommen
acogimiento [akoxi'mjɛnto] *m* Aufnahme *f,* Empfang *m*
acojonado [akɔxo'naðo] *adj* *(acobardado)* ängstlich
acolchar [akɔl'tʃar] *v* polstern, auspolstern; absteppen
acometedor [akomete'ðɔr] *adj* 1. *(resuelto)* angriffslustig, entschlossen; 2. *(agresivo)* aggressiv, angriffslustig
acometer [akome'tɛr] *v* 1. *(hostilmente)* angreifen, anfallen, sich stürzen auf; 2. *(fig: iniciar) ~ algo* mit etw anfangen, etw beginnen, sich stürzen auf etw
acometida [akome'tiða] *f* Angriff *m*
acometimiento [akometi'mjento] *m* Angriff *m,* Inangriffnahme *f*
acometividad [akometiβi'ðað] *f* *(agresividad)* Streitlust *f,* Angriffslust *f*
acomodación [akomoða'θjɔn] *f* Anpassung *f*
acomodadizo [akomoða'ðiθo] *adj* anpassungsfähig, sich jeder Situation einfügend
acomodado [akomo'ðaðo] *adj* 1. begütert, wohlhabend, reich; 2. *(establecido)* gutbürgerlich
acomodar [akomo'ðar] *v* unterbringen
acomodarse [akomo'ðarse] *v* 1. sich anpassen, sich einfügen; 2. *(ponerse cómodo)* es sich bequem machen
acomodo [ako'moðo] *m* *(ocupación)* Anstellung *f,* Stelle *f*
acompañamiento [akɔmpaɲa'mjento] *m* 1. Begleitung *f,* Anschluss *m,* Geleit *n;* 2. MUS Orchesterbegleitung *f*
acompañante [akɔmpa'ɲante] *m/f* Beifahrer(in) *m/f,* Begleiter(in) *m/f*
acompañar [akɔmpa'ɲar] *v* 1. *~ a alguien* jdn begleiten, jdm Gesellschaft

A

leisten; **2.** *(adjuntar)* anfügen; **3.** *(asistir)* beistehen; *~ a alguien a casa* jdn heimbringen
acompasadamente [akompasaða'mente] *adv (fig)* langsam, im Takt; *Juan habla ~, le puedo comprender muy bien.* Juan spricht langsam. Ich kann ihn gut verstehen.
acompasar [akompa'sar] *v* **1.** *(acomodar algo)* etw justieren, etw ordnen; **2.** *(fig: adecuar)* etw anpassen
acomplejar [akomple'xar] *v* jdm Komplexe verursachen
acomplejarse [akomple'xarse] *v ~ por algo* Hemmungen bekommen
acomunarse [akomu'narse] *v* sich verbünden
aconchar [akon'tʃar] *v ~ algo* anlehnen, stemmen
acondicionado [akondiθjo'naðo] *adj* beschaffen
acondicionador [akondiθjona'ðɔr] *m (aparato)* Klimaanlage *f*
acongojar [akoŋgo'xar] *v (oprimir)* bedrücken, bekümmern
aconsejable [akɔnse'xaβle] *adj* ratsam, empfehlenswert
aconsejado [akɔnse'xaðo] *adj (prudente)* vorsichtig
aconsejar [akɔnse'xar] *v ~ alguien* jdm raten, jdn beraten, jdm anraten
aconsonantar [akɔnsonan'tar] *v (palabras)* in Reime bringen, reimen
acontecer [akɔnte'θɛr] *v irr* geschehen, sich ereignen
acontecimiento [akɔntɛθi'mjento] *m* Ereignis *n,* Begebenheit *f,* Vorfall *m*
acopiar [ako'pjar] *v (almacenar)* anhäufen, ansammeln
acoplarse [ako'plarse] *v* sich paaren
acoquinar [akoki'nar] *v ~ a alguien* jdn einschüchtern
acoquinarse [akoki'narse] *v (amedrentarse)* sich einschüchtern lassen
acordar [akɔr'ðar] *v irr* **1.** beschließen, entscheiden; **2.** *(ponerse de acuerdo)* vereinbaren
acordarse [akɔr'ðarse] *v irr ~ de algo* sich an etw erinnern, einer Sache gedenken
acorde [a'kɔrðe] *adj* **1.** einig, einmütig; *m* **2.** Einklang *m;* **3.** *MUS* Akkord *m*
acordeón [akɔrðe'ɔn] *m MUS* Akkordeon *n,* Ziehharmonika *f*
acordeonista [akɔrðeo'nista] *m/f (persona)* Akkordeonspieler(in)
acordonar [akɔrðo'nar] *v* **1.** verschnüren, einschnüren; **2.** *(personas, edificios) MIL* einschließen, umzingeln, umstellen
acorralar [akɔrra'lar] *v* **1.** einpferchen; **2.** *(fig: poner en un aprieto)* in die Enge treiben, einschüchtern
acortamiento [akɔrta'mjento] *m* **1.** Abkürzung *f;* **2.** *(reducción)* Verkürzung *f*
acortar [akɔr'tar] *v* **1.** abkürzen; **2.** *(reducir)* verkürzen; **3.** *~ la curva* die Kurve schneiden
acosar [ako'sar] *v* bedrängen; *~ a alguien con preguntas* jdn mit Fragen überhäufen
acoso [a'koso] *m (acosamiento)* Verfolgung *f,* Anfeindung *f,* Hetze *f*
acostada [akosta'ða] *f (dormida)* Rast *f,* Schlafende *f*
acostarse [akos'tarse] *v irr* **1.** sich hinlegen; **2.** *(ir a dormir)* zu Bett gehen
acostumbrado [akɔstum'braðo] *adj* **1.** üblich, gewohnheitsmäßig; **2.** *~ a* gewöhnt an
acostumbrarse [akɔstum'brarse] *v* **1.** sich einleben; **2.** *~ a* sich gewöhnen an
acotación [akota'θjɔn] *f* **1.** Abgrenzung *f,* Einfriedung *f;* **2.** *(nota marginal)* Randbemerkung *f*
ácrata ['akrata] *adj (de una sociedad sin gobierno)* anarchistisch
acre ['akre] *m* **1.** *(medida)* Acker *m,* Morgen *m; adj* **2.** *(algo áspero)* rau, schroff; **3.** *(fig: agresivo)* unfreundlich
acrecencia [akre'θenθja] *f (bienes adquiridos)* Zuwachs *m,* Vermehrung *f*
acrecentar [akreθen'tar] *v irr* **1.** vermehren; **2.** *(aumentar)* vergrößern
acrecentarse [akreθen'tarse] *v irr* zunehmen
acreditado [akreði'taðo] *adj* anerkannt
acreditar [akreði'tar] *v ECO* akkreditieren, gutschreiben
acreedor(a) [akree'ðɔr/akree'ðora] *m/f ECO* Gläubiger(in) *m/f*
acremente [akre'mente] *adv (ásperamente)* scharf, derb
acrianzado [akrian'θaðo] *adj (bien educado)* wohlerzogen

acrianzar [akrian'θar] *v (educar)* erziehen, aufziehen
acribillar [akriβi'ʎar] *v* 1. *(hacer muchos agujeros)* durchlöchern; 2. *(fig: molestar)* jdn bedrängen, jdn quälen
acriminación [akrimina'θjɔn] *f* Klage *f*, Anklage *f*, Beschuldigung *f*; Verdächtigung *f*
acriminar [akrimi'nar] *v* anklagen, beschuldigen
acrimonia [akri'monja] *f* 1. *(aspereza)* Schroffheit *f*; 2. *(fig: carácter)* Bitterkeit *f*
acrobacia [akro'βaθja] *f* Akrobatik *f*
acróbata [a'kroβata] *m/f* Akrobat(in) *m/f*
acta ['akta] *f* 1. Akte *f*; *~ de interrogatorio* Vernehmungsprotokoll *n*; 2. *JUR* Urkunde *f*; *~ de donación* Schenkungsurkunde *f*; *~ de matrimonio* Trauschein *m*, Heiratsurkunde *f*
actitud [akti'tuð] *f* 1. Haltung *f*; 2. *(fig)* Einstellung *f*; 3. *(opinión)* Meinung *f*
activamente [aktiβa'mente] *adv* 1. eifrig; 2. *(enérgicamente)* tatkräftig
activar [akti'βar] *v* 1. aktivieren, starten, vorantreiben; 2. *ECO* ankurbeln, anheizen
actividad [aktiβi'ðað] *f* 1. Tätigkeit *f*, Beschäftigung *f*; 2. *~ comercial ECO* Gewerbe *n*; 3. *(relativo a la laboriosidad)* Betriebsamkeit *f*; 4. *(relativo a la eficiencia)* Wirksamkeit *f*; *~ secundaria* Nebenbeschäftigung *f*
activista [akti'βista] *m/f (de un grupo o de un partido)* Aktivist(in) *m/f*
activo [ak'tiβo] *adj* 1. aktiv, tätig, fleißig; 2. *(eficiente)* wirksam; *m* 3. *ECO* Aktiva *pl*, Guthaben *n*
acto ['akto] *m* 1. Handlung *f*, Tat *f*; 2. *~ sexual* Beischlaf *m*; 3. *(ceremonia)* öffentliche Feierlichkeit *f*; *~ conmemorativo* Gedenkfeier *f* 4. *JUR* Akt *m*; *~ de voluntad* Willenserklärung *f*; *~ criminal* kriminelle Handlung *f*; 5. *THEAT* Akt *m*
actor [ak'tɔr] *m THEAT* Schauspieler *m*, Darsteller *m*
actriz [ak'triθ] *f THEAT* Schauspielerin *f*, Darstellerin *f*
actuación [aktwa'θjɔn] *f* 1. *THEAT* Auftreten *n*; 2. *(actividad)* Tätigkeit *f*; 3. *JUR* Verhandlung *f*
actual [ak'twal] *adj* aktuell, gegenwärtig, zeitgemäß
actualidad [aktwali'ðað] *f* Gegenwart *f*
actualizar [aktwali'θar] *v* aktualisieren, modernisieren
actualmente [aktwal'mente] *adv* heutzutage
actuar [ak'twar] *v* handeln, verfahren, vorgehen
actuario [ak'twarjo] *m (funcionario judicial) JUR* Protokollführer *m*, Urkundsbeamte(r) *m*
acuarela [akwa'rela] *f* 1. *(pintura)* Wasserfarbe *f*; 2. *ART* Aquarell *n*
acuario [a'kwarjo] *m* 1. Aquarium *n*; 2. *ASTR* Wassermann *m*
acuático [a'kwatiko] *adj* im Wasser lebend, Wasser…
acucia [a'kuθja] *f* 1. *(prisa)* Eifer *m*, 2. *(deseo)* Begierde *f*
acuclillarse [akukli'ʎarse] *v* kauern
acudir [aku'ðir] *v* hinzueilen, herbeieilen
acueducto [akwe'ðukto] *m (construcción)* Aquädukt *m*
ácueo ['akweo] *adj (acuoso)* wässrig
acuerdado [akwɛr'ðaðo] *adj (alineado)* ausgerichtet, aufgestellt
acuerdo [a'kwɛrðo] *m* 1. Vereinbarung *f*, Einigung *f*, Abkommen *n*; *~ comercial* Handelsabkommen *n*; *~ monetario ECO* Währungsabkommen *f*; *~ de desarme MIL* Abrüstungsabkommen *n*; 2. *JUR* Geschäft *n*, Vergleich *m*; 3. *ponerse de ~* sich einigen, abmachen, absprechen; *estar de ~ con alguien* jdm zustimmen, mit jdm übereinstimmen
acuífero [a'kwifero] *adj GEO* wasserführend
acuitar [akwi'tar] *v (afligir)* betrüben
acular [aku'lar] *v (fam)* jdn in die Enge treiben
acumulación [akumula'θjɔn] *f* 1. Anhäufung *f*, Häufung *f*; 2. *INFORM* Abspeicherung *f*
acumulador [akumula'ðɔr] *m TECH* Akku *m*
acumular [akumu'lar] *v* 1. horten, anhäufen; 2. *INFORM* abspeichern
acumularse [akumu'larse] *v* 1. *(amontonarse)* sich häufen; 2. *(concentrarse)* sich verdichten

A

acuñación [akuɲa'θjɔn] *f* Prägung *f*
acuñar [aku'ɲar] *v* **1.** *(monedas)* prägen; **2.** *(fig: palabras)* prägen
acupuntura [akupun'tura] *f MED* Akupunktur *f*
acusación [akusa'θjɔn] *f* **1.** Anschuldigung *f;* **2.** *JUR* Anklage *f*
acusada [aku'saða] *f JUR* Angeklagte *f*
acusado [aku'saðo] *adj* **1.** *JUR* angeklagt; *m* **2.** *m JUR* Angeklagter *m*
acusador [akusa'ðɔr] *m JUR* Ankläger *m*
acusar [aku'sar] *v* **1.** beschuldigen; **2.** *JUR* anklagen, belasten; **3.** *~ de* anschuldigen, bezichtigen
acusativo [akusa'tiβo] *m GRAMM* Akkusativ *m*
acusatoria [akusa'torja] *f JUR* Anklageschrift *f*
acuse [a'kuse] *m (denuncia)* Beschuldigung *f,* Anklage *f,* Anzeige *f*
acusón [aku'sɔn] *m (fam: soplón)* Petze *f*
acústica [a'kustika] *f* Akustik *f*
acústico [a'kustiko] *adj* akustisch
ad [að] *pref (junto a)* mit, zusammen mit, bei
adagial [aða'xjal] *adj* sprichwörtlich
adagio [a'ðaxjo] *m* **1.** *(frase hecha)* Sprichwort *n;* **2.** *(composición musical) MUS* Adagio *n*
adalid [aða'lið] *m* Vorkämpfer *m*
adamado [aða'maðo] *adj* **1.** *(afeminado)* verweiblicht, feminisiert; **2.** *(elegante)* damenhaft
adán [a'ðan] *m* **1.** *(de la Biblia)* Adam *m;* **2.** schlampiger Mensch; *ser un ~* liederlicher Kerl *m*
adaptable [aðap'taβle] *adj* anpassungsfähig
adaptación [aðapta'θjɔn] *f* Anpassung *f*
adaptador [aðapta'ðɔr] *m TECH* Adapter *m*
adaptar [aðap'tar] *v* anpassen
adaptarse [aðap'tarse] *v* sich anpassen; *~ a algo* sich an etw anpassen
adarvar [aðar'βar] *v (asombrar)* staunen
adarve [a'ðarβe] *m* **1.** *(muro)* Mauer *f;* **2.** *(protección)* Festungsanlage *f*
adatar [aða'tar] *v (datar)* datieren, buchen, gutschreiben
adenda [a'ðenda] *m (añadido)* Zusatz *m,* Nachtrag *m*
adecentar [aðeθen'tar] *v (poner en orden)* herrichten, zurechtmachen
adecuadamente [aðekwaða'mente] *adv* angemessen, sachgemäß
adecuado [aðe'kwaðo] *adj* **1.** zweckmäßig, sachgemäß, angemessen; **2.** *~ para* geeignet für
adefesio [aðe'fɛsjo] *m (extravagancia)* Unsinn *m,* Albernheit *f*
adelantado [aðelan'taðo] *adj* fortgeschritten
adelantar [aðelan'tar] *v* **1.** überholen, vorangehen; **2.** *(anticipar)* vorverlegen; **3.** *SPORT* überrunden
adelantarse [aðelan'tarse] *v* **1.** vorausgehen; **2.** *(anticiparse) ~ a alguien* jdm zuvorkommen, jdm vorgreifen
adelante [aðe'lante] *adv* **1.** hervor, vorn, vorne; *más ~* später, weiter vorne; *interj* **2.** *¡Adelante!* Los!/Herein!
adelanto [aðe'lanto] *m* **1.** Vorschuss *m;* **2.** *(progreso)* Fortschritt *m*
adelgazar [aðelɣa'θar] *v* abnehmen, abmagern
ademán [aðe'man] *m* Gebärde *f,* Geste *f,* Handbewegung *f*
además [aðe'mas] *konj* außerdem, ferner, zusätzlich, zudem
adentro [a'ðentro] *adv* **1.** drinnen, herein; **2.** *hacia ~* hinein
adepta [a'ðepta] *f (partidario)* Anhängerin *f,* Eingeweihte *f*
adepto [a'ðepto] *m (partidario)* Adept *m,* Anhänger *m,* Eingeweihter *m*
aderezar [aðere'θar] *v* würzen
aderezo [aðe'reθo] *m* Würze *f*
adestrar [aðes'trar] *v irr (adiestrar)* dressieren, abrichten
adeudar [aðeŭ'ðar] *v* schulden
adeudo [a'ðeŭðo] *m ECO* Abbuchung *f*
adherencia [aðe'renθja] *f* **1.** *(cohesión)* Zusammenhängen *n,* Anhaften *n;* **2.** *(fig: enlace)* Anhänglichkeit *f*
adherente [aðe'rente] *adj* **1.** *(pegado)* anhaftend, anklebend; *m* **2.** *(complemento)* Anhängsel *n,* Anhänger *m*
adherir [aðe'rir] *v irr* kleben
adherirse [aðe'rirse] *v irr ~ a* sich an-

schließen, beitreten; ~ *a la opinión* sich der Meinung anschließen
adhesión [aðe'sjɔn] *f* Verbundenheit *f*
adicción [aðiɣ'θjɔn] *f MED* Sucht *f*
adición [aði'θjɔn] *f* 1. Zusatz *m*, Zugabe *f*; 2. *MATH* Addition *f*
adicional [aðiθjo'nal] *adj* weiter, zusätzlich
adicionar [aðiθjo'nar] *v* 1. hinzufügen; 2. *MATH* addieren, zusammenrechnen
adicto [a'ðikto] *adj* 1. *MED* süchtig; *m* 2. *MED* Süchtiger *m*
adiestramiento [aðjestra'mjento] *m* 1. Einarbeitung *f*; 2. *(de animales)* Dressur *f*
adiestrar [aðjes'trar] *v* *(animales)* dressieren, abrichten
adiestrarse [aðjes'trarse] *v* ~ *en* sich einarbeiten
adinerado [aðine'raðo] *adj* betucht, vermögend, wohlhabend
adiós [a'ðjɔs] *interj* *¡Adiós!* Auf Wiedersehen! *decir ~ a alguien* von jdm Abschied nehmen
adiposo [aði'poso] *adj* 1. fettleibig; *tejido ~* Fettgewebe; 2. *(con exceso de grasa)* fetthaltig
aditamento [aðita'mento] *m* 1. Zusatz *m*; 2. *(añadidura)* Zugabe *f*
aditivo [aði'tiβo] *adj* *(añadido)* zusätzlich, Zusatz…
adivina [aði'βina] *f* Wahrsagerin *f*
adivinación [aðiβina'θjɔn] *f* Wahrsagerei *f*
adivinanza [aðiβi'nanθa] *f* Rätsel *n*
adivinar [aðiβi'nar] *v* 1. raten, erraten; 2. ~ *el futuro* wahrsagen
adjetivar [aðxeti'βar] *v* *(calificar)* adjektivieren, bezeichnen
adjetivo [aðxe'tiβo] *m GRAMM* Adjektiv *n*
adjudicar [aðxuði'kar] *v* vergeben
adjuntar [aðxun'tar] *v* beifügen, anfügen
adjunto [að'xunto] *adj* 1. anbei, beiliegend; 2. stellvertretend; *el presidente ~* der stellvertretende Vorsitzende
administración [aðministra'θjɔn] *f* *POL* Behörde *f*, Verwaltung *f*; ~ *central* Hauptverwaltung *f*; ~ *municipal* Stadtverwaltung *f*; *mala ~* Misswirtschaft *f*
administrador(a) [aðministra'ðɔr/aðministra'ðora] *m/f* 1. Verwalter(in) *m/f*; 2. *(gerente)* Geschäftsführer(in) *m/f*
administrar [aðminis'trar] *v* 1. bewirtschaften, verwalten; 2. *(medicamentos)* *MED* verabreichen
admirable [aðmi'raβle] *adj* bewundernswert, wundervoll
admiración [aðmira'θjɔn] *f* 1. Verehrung *f*, Bewunderung *f*; 2. *(sorpresa)* Staunen *n*
admirador(a) [aðmira'ðɔr/aðmira'ðora] *m/f* Verehrer(in) *m/f*
admirar [aðmi'rar] *v* bewundern, verehren
admirarse [aðmi'rarse] *v* staunen, erstaunen
admisible [aðmi'siβle] *adj* zulässig
admisión [aðmi'sjɔn] *f* 1. Aufnahme *f*; ~ *de emergencia*/~ *de urgencia MED* Notaufnahme *f*; 2. *(acceso)* Zugang *m*, Zutritt *m*; ~ *prohibida* Zutritt verboten
admitir [aðmi'tir] *v* 1. bekennen, zugeben, eingestehen; 2. *(una ley)* verabschieden
admonición [aðmoni'θjɔn] *f* Verwarnung *f*
ADN [aðe'ene] *m* DNA *f*; *análisis ~ m* DNA-Analyse *f*
adobar [aðo'βar] *v* 1. *(aderezar)* anrichten, einlegen; 2. *(guisar)* zubereiten; 3. *(fig: amañar)* in Ordnung bringen
adobo [a'ðoβo] *m* 1. *(vianda)* Schmorfleisch *n*; 2. *(condimento)* Beize *f*; 3. *(arreglo)* Schminke *f*, Ausbesserung *f*
adolecer [aðole'θer] *v irr* *(padecer)* leiden, krank werden
adolecerse [aðole'θerse] *v* *(condolerse)* Mitleid haben
adolescente [aðoles'θente] *m/f* Heranwachsende(r) *m/f*, Teenager *m*
adónde [a'ðonde] *adv* *(interrogativo)* wohin; *¿Adónde va este autobús?* Wohin fährt dieser Bus?
adonde [a'ðonde] *adv* *(relativo)* wohin; *Voy ~ tu quieras.* Ich gehe, wohin du willst.
adopción [aðɔβ'θjɔn] *f* Adoption *f*
adoptado [aðɔp'taðo] *adj* angenommen
adoptar [aðɔp'tar] *v* 1. adoptieren; 2. *(medidas)* ergreifen
adoquinado [aðoki'naðo] *m* *(suelo)* Pflaster *n*

A

A

adoración [aðora'θjɔn] *f* Anbetung *f*, Verehrung *f*
adorador(a)[aðora'ðɔr/aðora'ðora] *m/f* Verehrer(in) *m/f*; *~ del sol* Sonnenanbeter(in) *m/f*
adorar[aðo'rar] *v* anbeten, anhimmeln
adormitado [aðɔrmi'taðo] *adj* schlaftrunken, schläfrig
adornar [aðɔr'nar] *v* schmücken, ausschmücken, verzieren
adorno [a'ðɔrno] *m* **1.** Zierde *f*, Dekor *m*; **2.** *(ornamento)* Schmuck *m*, Ornament *n*, Verzierung *f*
adosar [aðo'sar] *v* **1.** *~ a* anbauen an; **2.** *~ contra* anlehnen an
adquirible [aðki'riβle] *adj* erwerbbar, käuflich
adquirir [aðki'rir] *v irr* erwerben, kaufen, ankaufen, anschaffen
adquisición [aðkisi'θjɔn] *f* **1.** Ankauf *m*, Kauf *m*, Anschaffung *f*, Besorgung *f*; **2.** *ECO* Erwerb *m*
Adriático[a'ðrjatiko] *m GEO* Adria *f*
adrolla[a'ðrɔʎa] *f (engaño)* Betrug *m*
ADSL[aðeese'ele] *m INFORM* DSL *n*
aduana [a'ðwana] *f* Zoll *m*; *sujeto a ~* zollpflichtig
aduanar[aðwa'nar] *v* verzollen
aduanero [aðwa'nero] *m* Grenzbeamter *m*, Zollbeamter *m*
aducir [aðu'θir] *v irr (alegar)* hinzufügen, anführen
adueñarse [aðwe'ɲarse] *v ~ de algo* sich etw aneignen
adulador [aðula'ðɔr] *adj* **1.** schmeichlerisch; **2.** *(fam)* schleimig, schmierig
adulador(a) [aðula'ðɔr/aðula'ðora] *m/f* Schmeichler(in) *m/f*
adular[aðu'lar] *v* schmeicheln
adulteración[aðultera'θjɔn] *f* **1.** Verfälschung *f*; *~ de alimentos* Lebensmittelverfälschung *f*; **2.** *(de bebidas)* Panschen *n*
adulterar[aðulte'rar] *v* panschen
adulterio[aðul'terjo] *m* Ehebruch *m*
adúltero [a'ðultero] *adj* **1.** *(infiel)* ehebrecherisch; **2.** *(fig: corrompido)* verbrecherisch (Mensch), verdorben (Mensch)
adulto[a'ðulto] *m* Erwachsener *m*
adusto[a'ðusto] *adj* finster
advenedizo [aðβene'ðiθo] *m* **1.** Emporkömmling *m*; Fremdling *m*; *adj.* **2.** *(extranjero, forastero)* fremd, zugereist
advenir [aðβe'nir] *v (suceder, ocurrir)* vorkommen, sich zutragen
adverbio [að'βerβjo] *m GRAMM* Adverb *n*
adversario [aðβer'sarjo] *m* Gegner *m*, Gegenspieler *m*, Widersacher *m*
adversidad [aðβersi'ðað] *f* Missgeschick *n*
advertencia [aðβer'tenθja] *f* **1.** Warnung *f*, Mahnung *f*; **2.** *(aviso, soplo)* Wink *m*
advertir [aðβer'tir] *v irr* mahnen, warnen
adviento[að'βjento] *m* Advent *m*
aerodinámico [aeroði'namiko] *adj* **1.** stromlinienförmig, windschnittig; **2.** *PHYS* aerodynamisch
aeromoza [aero'moθa] *f (LA)* Flugbegleiterin *f*
aeronáutica [aero'naŭtika] *f* Luftfahrt *f*
aeronave[aero'naβe] *f* Luftschiff *n*
aeroplano [aero'plano] *m (avión)* Flugzeug *n*
aeropuerto [aero'pwɛrto] *m* Flughafen *m*
aerostática [aeros'tatika] *f (equilibrio de los gases)* Aerostatik *f*
aerotécnico [aero'tɛkniko] *m (especialista)* Flugtechniker *m*
aerovía[aero'βia] *f (ruta)* Flugroute *f*
afable [a'faβle] *adj* **1.** liebenswürdig, umgänglich, zugänglich; **2.** *~ con* leutselig zu
afamado[afa'maðo] *adj* renommiert
afamar [afa'mar] *v ~ a alguien* jdn berühmt machen
afamarse [afa'marse] *v* Berühmtheit erlangen, berühmt werden, sich brüsten
afán [a'fan] *m* **1.** Gier *f*, Eifer *m*; *~ de* Gier nach; *~ de aventuras* Abenteuerlust *f*; *~ de censuras* Nörgelei *f*; *~ de creador* Schaffensdrang *m*; *~ de placer* Vergnügungssucht *f*; *~ de notoriedad* Geltungsbedürfnis *n*; **2.** *(pena)* Mühe *f*, Sorge *f*
afanar[afa'nar] *v* **1.** *(trabajar con afán)* abrackern, schuften; **2.** *(fam: robar)* stibitzen
afanarse [afa'narse] *v* sich abhetzen, sich abmühen, sich plagen
afear [afe'ar] *v* **1.** *(deformar, deslucir)*

A

verunstalten, verschandeln; **2.** *(censurar a alguien)* tadeln, jdm sein Verhalten vorhalten
afección [afek'θjɔn] *f MED* Leiden *n*
afectado [afek'taðo] *adj* **1.** betroffen, beteiligt; **2.** *(amanerado)* affektiert, zimperlich; *m* **3.** Beteiligter *m*
afectar [afek'tar] *v* **1.** betreffen; **2.** *(repercutir)* auswirken
afectivo [afek'tiβo] *adj (emotivo)* empfindsam, sensibel, gefühlsbetont
afecto [a'fekto] *m* **1.** Zuneigung *f,* Anhänglichkeit *f;* **2.** *(pasión)* Affekt *m*
afectuosidad [afektwosi'ðað] *f* Herzlichkeit *f,* Zärtlichkeit *f*
afectuoso [afek'twoso] *adj* zärtlich
afeitado [afɛĭ'taðo] *m* Rasur *f*
afeitadora [afɛĭta'ðora] *f máquina ~* Rasierapparat *m*
afeitarse [afɛĭ'tarse] *v* sich rasieren
afeite [a'fɛĭte] *m (aderezo)* Putz *m,* Schönheitsmittel *n,* Schminke *f*
aferrar [afe'rrar] *v* **1.** *(coger fuertemente)* festhalten, verankern; **2.** *~ las velas NAUT* bergen (Segel)
afestonado [afesto'naðo] *adj* ausgeschmückt, umrandet
Afganistán [afɣanis'tan] *m GEO* Afghanistan *n*
afgano [af'ɣano] *adj* afghanisch
afición [afi'θjɔn] *f* **1.** Zuwendung *f; (inclinación, afecto)* Zuneigung *f,* Steckenpferd *n;* **2.** *(ocupación favorita)* Liebhaberei *f; sentir ~ por algo* Zuneigung für etw empfinden; *tener ~ a algo* etw sehr gerne tun
aficionada [afiθjo'naða] *f* Anhängerin *f*
aficionado [afiθjo'naðo] *adj* **1.** dilettantisch; *equipo ~* Amateurmannschaft *f;* **2.** *(afecto)* zugetan; *m* **3.** Amateur *m;* **4.** *(de toros)* Anhänger *m,* Fan *m;* **5.** *(a algo)* Liebhaber *m,* Dilettant *m; ~ a las faldas* Schürzenjäger *m; ~ a las artes* Kunstliebhaber *m; ~ a la buena cocina* Feinschmecker *m*
afilado [afi'laðo] *adj* scharf, spitz; *~ como un cuchillo* messerscharf
afilar [afi'lar] *v* schärfen, schleifen, spitzen; *sin afilar* ungeschliffen, unscharf
afiliación [afilja'θjɔn] *f ~ (a)* Beitritt *m*
afiliarse [afi'ljarse] *v* beitreten
afinar [afi'nar] *v* **1.** verfeinern; **2.** *MUS* stimmen; **3.** *TECH* veredeln
afinidad [afini'ðað] *f* **1.** *(aproximación)* Freundschaft *f,* Ähnlichkeit *f,* Übereinstimmung *f;* **2.** *(en los átomos)* Affinität *f*
afirmación [afirma'θjɔn] *f* Behauptung *f*
afirmar [afir'mar] *v* **1.** behaupten; **2.** *(fig: asegurar)* beteuern, bejahen, bekräftigen; *~ bajo juramento JUR* beschwören
afirmarse [afir'marse] *v* sich durchsetzen, sich festigen
aflato [a'flato] *m* **1.** *(viento)* Hauch *m,* Wind *m;* **2.** *(fig: inspiración)* Eingebung *f*
aflicción [afliɣ'θjɔn] *f* **1.** Trauer *f,* Trübsal *f;* **2.** *(plaga)* Heimsuchung *f*
afligido [afli'xiðo] *adj* traurig, trübselig, vergrämt
afligirse [afli'xirse] *v* sich grämen, nahe gehen; *~ por* trauern um
aflojar [aflɔ'xar] *v* **1.** nachlassen, auflockern; **2.** *(velocidad)* drosseln
aflojarse [aflɔ'xarse] *v* nachgeben, sich lockern
aflorado [aflo'raðo] *adj (primoroso)* blühend
aflorar [aflo'rar] *v (surgir)* zu Tage treten, hervorkommen
afluencia [a'flwenθja] *f* Andrang *m,* Zustrom *m,* Zulauf *m*
afluente [a'flwente] *m* Nebenfluss *m*
afluir [a'flwir] *v* **1.** *(río)* herbeiströmen, einmünden, zufließen; **2.** *(calle)* einmünden
afondar [afon'dar] *v (hundir)* versenken, versinken, untergehen
afondarse [afon'darse] *v* versinken (Schiff), untergehen
afónico [a'foniko] *adj* heiser, stimmlos
afortunadamente [afɔrtunaða'mente] *adv* erfreulicherweise, glücklicherweise
afortunado [afɔrtu'naðo] *adj* erfolgreich, glücklich
afrenta [a'frenta] *f* **1.** *(deshonra)* Schimpf *m,* Beleidigung *f;* **2.** *(vergüenza)* Schmach *f*
afrentar [afren'tar] *v* kränken, beleidigen
Africa ['afrika] *f GEO* Afrika *n; ~ del sur* Südafrika *n*

A

africana [afri'kana] *f* Afrikanerin *f*
africano [afri'kano] *adj* 1. afrikanisch; *m* 2. Afrikaner *m*
afrontar [afrɔn'tar] *v (desafiar)* trotzen, sich entgegenstellen; gegenüberstehen; *~ un peligro* einer Gefahr ins Auge sehen
afrutado [afru'taðo] *adj* fruchtig
afuera [a'fwera] *adv* 1. *(local)* außerhalb, draußen, auswärts; 2. *(dirección)* hinaus; *f* 3. *~s pl* Stadtrand *m*, Randgebiet *n*
agacharse [aɣa'tʃarse] *v* sich bücken, sich ducken
agalla [a'ɣaʎa] *f* ZOOL Kieme *f*
agarrar [aɣa'rrar] *v* 1. anfassen, erfassen, ergreifen; 2. *~ al vuelo* auffangen; 3. *(con fuerza)* packen
agarrarse [aɣa'rrarse] *v ~ a algo* sich an etw festhalten
agasajar [aɣasa'xar] *v* bewirten
agasajo [aɣa'saxo] *m* Bewirtung *f*
agencia [a'xenθja] *f* Agentur *f*, Firma *f*, Vermittlung *f*; *~ comercial* Handelsvertretung *f*; *~ matrimonial* Heiratsvermittlung *f*; *~ de noticias* Nachrichtenagentur *f*; *~ de colocación* Arbeitsvermittlung *f*; *~ de publicidad* Werbeagentur *f*; *~ de transportes* Spedition *f*; *~ de viajes* Reisebüro *n*
agenda [a'xenda] *f* 1. Terminkalender *m*; 2. *(orden del día)* Tagesordnung *f*; 3. *(librito de notas)* Notizbuch *n*; 4. *(libro con direcciones)* Adressbuch
agente [a'xente] *m/f* 1. Agent(in) *m/f*, Makler(in) *m/f*; *~ de cambio y bolsa* FIN Börsenmakler(in) *m/f*; *~ de la propiedad* Immobilienmakler(in) *m/f*; 2. *~ ejecutivo* JUR Gerichtsvollzieher *m*; 3. *~ de policía* Polizist(in) *m/f*; *~ de tráfico* Verkehrspolizist(in) *m/f*; 4. *~ secreto* POL Geheimagent *m*; *m* 5. *~ patógeno* MED Erreger *m*, Keim *m*
ágil ['axil] *adj* 1. behände, flink, gewandt; 2. *(móvil)* beweglich; 3. *(fig: versátil)* wendig, flott
agiotista [axjo'tista] *m/f* Börsenspieler *m*, Spekulant *m*
agitación [axita'θjɔn] *f* 1. heftige Bewegung *f*, Hektik *f*; 2. POL Unruhe *f*, Agitation *f*
agitadamente [axitaða'mente] *adv* hektisch
agitado [axi'taðo] *adj* hektisch, bewegt
agitar [axi'tar] *v* 1. schütteln, rütteln, umrühren; 2. *~ los ánimos contra alguien* gegen jdn hetzen; 3. *(fig)* beunruhigen, bewegen
agitarse [axi'tarse] *v* sich bewegen, zappeln
aglomeración [aɣlomera'θjɔn] *f* 1. Anhäufung *f*; 2. *(muchedumbre)* Menschenmenge *f*; 3. *~ urbana* Ballungsgebiet *n*
aglomerado [aɣlome'raðo] *m ~ de carbón* Brikett *n*
agobiar [aɣo'βjar] *v* 1. *(doblar)* beugen, krümmen; 2. *(oprimir)* unterdrücken, fertigmachen
agobio [a'ɣoβjo] *m* Mühsal *f*
agolpamiento [aɣɔlpa'mjento] *m* Auflauf *m*, Gedränge *n*
agorafobia [aɣora'foβja] *f* MED Agoraphobie *f*, Platzangst *f*, Klaustrophobie *f*
agorar [aɣo'rar] *v irr (predecir)* wahrsagen, *(fam)* unken
agorero [aɣo'rero] *m (adivinador)* Wahrsager *m*, Unglücksvogel *m*
agostar [aɣos'tar] *v (abrasar)* versengen
agostarse [aɣos'tarse] *v (marchitarse)* verdorren
agosto [a'ɣɔsto] *m* August *m*
agotado [aɣo'taðo] *adj* 1. *(cansado)* erschöpft; *Estoy ~.* Ich bin erschöpft. 2. *(acabado, vendido por completo)* ausverkauft
agotador [aɣota'ðɔr] anstrengend, zermürbend
agotamiento [aɣota'mjento] *m* 1. Erschöpfung *f*; 2. TECH Ermüdung *f*
agotar [aɣo'tar] *v* 1. erschöpfen; 2. *~ todas sus fuerzas* sich verausgaben; 3. *~ posibilidades* Möglichkeiten erschöpfen
agradable [aɣra'ðaβle] *adj* 1. angenehm, nett; 2. *(persona)* charmant, freundlich
agradar [aɣra'ðar] *v* ansprechen, zusagen, gefallen, behagen
agradecer [aɣraðe'θɛr] *v irr* danken; *~ algo a alguien* sich bei jdm für etw bedanken
agradecidamente [aɣraðeθiða'mente] *adv* dankbar

A

agradecido [aɣraðe'θiðo] *adj* dankbar, erkenntlich
agradecimiento [aɣradeθi'mjento] *m* Dankbarkeit *f*, Danksagung *f*
agrado [a'ɣraðo] *m* Wohlgefallen *n; ser del ~ de alguien* jdm zusagen
agrandamiento [aɣranda'mjento] *m* Vergrößerung *f*
agrandar [aɣran'dar] *v* vergrößern
agrario [a'ɣrarjo] *adj* landwirtschaftlich
agravación [aɣraβa'θjɔn] *f* Verschärfung *f*, Verschlimmerung *f*
agravante [aɣra'βante] *adj* gravierend
agravarse [aɣra'βarse] *v* sich zuspitzen, sich verschlimmern
agravio [a'ɣraβjo] *m* Kränkung *f*
agredir [aɣre'ðir] *v irr* angreifen
agregado [aɣre'ɣaðo] *m* **1.** Zusatz *m;* **2.** *(funcionario)* Attaché *m*
agregar [aɣre'ɣar] *v* anfügen, beifügen, beilegen; *~ a* hinzufügen zu; *~ ordenadamente* zuordnen; *~ en* einfügen in
agresión [aɣre'sjɔn] *f* **1.** Aggression *f;* **2.** *MIL* Angriff *m*
agresividad [aɣresiβi'ðað] *f* Aggressivität *f*
agresivo [aɣre'siβo] *adj* aggressiv, ausfallend, angriffslustig; *~ al medio ambiente* umweltschädlich
agresor [aɣre'sɔr] *m MIL* Angreifer *m*
agreste [a'ɣreste] *adj* rustikal
agrícola [a'ɣrikola] *adj* landwirtschaftlich
agricultor [aɣrikul'tɔr] *m* Landwirt *m*
agricultura [aɣrikul'tura] *f* Landwirtschaft *f*, Ackerbau *m*
agridulce [aɣri'ðulθe] *adj* süßsauer
agrietado [aɣrje'taðo] *adj* rissig
agrio ['aɣrjo] *adj* sauer; *La leche está agria.* Die Milch ist sauer.
agrupar [aɣru'par] *v* gruppieren, ansammeln
agua ['aɣwa] *f* **1.** Wasser *n; ~ mineral* Mineralwasser *n; ~ del grifo* Leitungswasser *n; ~ salada/~ de mar* Salzwasser *n; ~ dulce* Süßwasser *n; ~ potable* Trinkwasser *n; ~ de manantial* Quellwasser *n; ~ dentífrica* Mundwasser *n; ~ del radiador* Kühlwasser *n; ~ bendita REL* Weihwasser *n;* **2.** *~s pl* Gewässer *n; ~s bajas (de la costa)* Watt *n; ~s continentales/~s interiores* Binnengewässer *pl; ~s residuales* Abwasser *n; f;* **3.** Regen *m; ~ nieve* Schneeregen *m*
aguacero [aɣwa'θero] *m* Regenguss *m*, Platzregen *m; ~ tormentoso* Gewitterschauer *m*
aguamanos [aɣwa'manos] *m* **1.** *(agua)* Wasser zum Händewaschen *n;* **2.** *(recipiente)* Waschbecken *n*
aguantar [aɣwan'tar] *v* aushalten, ertragen, erdulden
aguantarse [aɣwan'tarse] *v* sich beherrschen; *~ de algo* sich etw verkneifen
aguante [a'ɣwante] *m (paciencia)* Ausdauer *f*, Geduld *f*
aguar [a'ɣwar] *v* **1.** verwässern; **2.** *(fig)* panschen, verlängern
aguardar [aɣwar'ðar] *v* harren, warten
aguardiente [aɣwar'ðjente] *m* Schnaps *m*, Branntwein *m*
aguazal [aɣwa'θal] *m* Wasserlache *f*, Pfütze *f*
agudamente [aɣuða'mente] *adv* gellend, schrill
agudizar [aɣuði'θar] *v* verschärfen
agudo [a'ɣuðo] *adj* **1.** akut; *dolores ~s* akute Schmerzen *pl;* **2.** *(fig)* hell, grell; **3.** *(estridente)* schrill, gellend; *voz aguda* schrille Stimme *f*
agüero [a'ɣwero] *m (predicción)* Vorzeichen *n*, Vorbedeutung *f; ser ave de mal ~* ein Unglücksrabe sein
aguijón [aɣi'xɔn] *m ZOOL* Stachel *m*
aguijonear [aɣixone'ar] *v* aufstacheln
águila ['aɣila] *f* **1.** *ZOOL* Adler *m;* **2.** *~ ratonera* Bussard *m*
aguja [a'ɣuxa] *f* **1.** Nadel *f; ~ de coser* Nähnadel *f; Necesito ~ e hilo.* Ich brauche Nadel und Faden. **2.** *(de reloj)* Uhrzeiger *m*
agujerear [aɣuxere'ar] *v* bohren, lochen, durchlöchern
agujero [aɣu'xero] *m* Loch *n; ~ de la capa de ozono* Ozonloch *n*
aguzado [aɣu'θaðo] *adj (puntiagudo)* spitz
aguzar [aɣu'θar] *v* **1.** spitzen, schleifen; **2.** *~ el oído (fig)* die Ohren spitzen
aherrojar [aerro'xar] *v* **1.** *(encadenar a alguien)* anketten, fesseln; **2.** *(fig: oprimir a alguien)* unterdrücken

A

aherrumbrar [aerrum'brar] *v (oxidarse)* rosten, rostig werden, einrosten
ahí [a'i] *adv* **1.** da, dort; *konj* **2.** *de ~ que* daher, deshalb
ahijada [ai'xaða] *f* Patentochter *f*
ahijado [ai'xaðo] *m* Patenkind *n*
ahilar [ai'lar] *v* in Reihe aufstellen, ordnen
ahilarse [ai'larse] *v* **1.** *(adelgazarse)* dünn werden, abmagern; **2.** *(desmayarse)* schwach werden, ohnmächtig werden
ahogarse [ao'ɣarse] *v* **1.** ersticken; **2.** *(en agua)* ertrinken
ahogo [a'oɣo] *m* Beklemmung *f*
ahondar [aɔn'dar] *v* vertiefen
ahora [a'ora] *adv* jetzt, nun; *a partir de ~* von nun an, künftig; *~ mismo* augenblicklich, sofort
ahorcarse [aɔr'karse] *v* sich aufhängen, sich erhängen
ahorita [ao'rita] *adv (LA)* sofort
ahorrar [aɔ'rrar] *v* ansparen, einsparen, ersparen
ahorrativo [aɔrra'tiβo] *adj* **1.** sparsam; **2.** *(agarrado)* geizig
ahorro [a'ɔrro] *m* Ersparnis *f*; *~ de tiempo* Zeitersparnis *f*
ahuecar [awe'kar] *v* **1.** *(vaciar)* aushöhlen; **2.** *(fig: envanecerse) (fam)* sich aus dem Staub machen
ahuyentar [aŭjen'tar] *v* fortjagen, verjagen, verscheuchen
airado [aĭ'raðo] *adj* zornig, jähzornig, aufbrausend
aire ['aĭre] *m* **1.** Luft *f*; **2.** *~ caliente* Warmluft *f*; *~ frío* Kaltluft *f*; **3.** *~ acondicionado* Klimaanlage *f*; **4.** *~ comprimido TECH* Druckluft *f*; **5.** *~ de escape/~ de salida TECH* Abluft *f* **6.** Wind; **7.** *(aspecto)* Aussehen *n*; Eindruck *m*
aireación [aĭrea'θjɔn] *f* Lüftung *f*
airear [aĭre'ar] *v* lüften
airoso [aĭ'roso] *adj* graziös
aislado [aĭz'laðo] *adj* **1.** vereinzelt; **2.** isoliert; *~ contra el ruido* schalldicht
aislamiento [aĭzla'mjento] *m* **1.** Isolation *f*, Isolierung *f*, Vereinsamung *f*; **2.** *~ celular JUR* Einzelhaft *f*; **3.** *~ térmico TECH* Wärmedämmung *f*
aislar [aĭz'lar] *v* absondern, isolieren
aislarse [aĭz'larse] *v* sich zurückziehen
ajado [a'xaðo] *adj* welk
ajar [a'xar] *v* knittern, zerknittern, verwelken
ajedrez [axe'ðreθ] *m* Schach *n*; *jugar al ~* Schach spielen; *¿Juega usted al ~?* Spielen Sie Schach?
ajeno [a'xeno] *adj* **1.** fremd; *~ a la vida real* lebensfremd; *~ al mundo* weltfremd; **2.** *(indiferente) ~ a* unbeteiligt an
ajetrearse [axetre'arse] *v* sich abmühen, sich abstrampeln, sich plagen
ajetreo [axe'treo] *m* Hektik *f*
ajo ['axo] *m BOT* Knoblauch *m*; *¿Tiene ~ la comida?* Ist Knoblauch im Essen?
ajuar [a'xwar] *m* **1.** *~ de novia* Aussteuer *f*; **2.** *~ para bebé* Babywäsche *f*
ajustable [axus'taβle] *adj* einstellbar, verstellbar
ajustador [axusta'ðɔr] *m* Maschinenschlosser *m*, Monteur *m*
ajustar [axus'tar] *v* **1.** angleichen, einstellen, justieren; **2.** *TECH* verstellen, montieren
ajuste [a'xuste] *m* **1.** Angleichung *f*; **2.** *~ de cuentas (fig)* Abrechnung *f*; **3.** *JUR* Abfindung *f*; *hacer un ~ con alguien JUR* jdn abfinden, jdn entschädigen
al [al] *prep (a + el) ~ escribir* beim Schreiben; *darle el periódico ~ señor* dem Herrn die Zeitung geben
ala ['ala] *f* **1.** *ZOOL* Flügel *m*; **2.** *(fig: de partido, de edificio)* Flügel *m*
Alá [a'la] *m REL* Allah
alabanza [ala'βanθa] *f* **1.** Lob *n*; **2.** *~ propia* Selbstlob *n*; **3.** *ser digno de ~s* Lob verdienen
alabar [ala'βar] *v* loben, preisen, rühmen
alambre [a'lambre] *m* Draht *m*; *~ de púas* Stacheldraht *m*
alambrista [alam'brista] *m/f (LA)* Seiltänzer(in) *m/f*
álamo ['alamo] *m BOT* Pappel *f*
alarde [a'larðe] *m* **1.** Paradepferd *n*; **2.** *(presunción)* Protzerei *f*; *hacer ~ de algo* mit etw prahlen
alardear [alarðe'ar] *v* prahlen
alargado [alar'ɣaðo] *adj* länglich
alargamiento [alarɣa'mjento] *m* Dehnung *f*, Verlängerung *f*
alargar [alar'ɣar] *v* verlängern, dehnen
alarido [ala'riðo] *m (bramido)* Geschrei *n*, Geheul *n*
alarma [a'larma] *f* Alarm *m*, Notruf *m*; *~ de incendio* Feueralarm *m*; *~ de smog*

Smogalarm *m; ~ en caso de catástrofe* Katastrophenalarm *m; ~ preventiva* Vorwarnung *f; ~ aérea MIL* Fliegeralarm *m; tocar ~* Alarm schlagen
alarmante [alar'mante] *adj* Besorgnis erregend, beunruhigend
alarmarse [alar'marse] *v* sich beunruhigen
alba ['alβa] *f* Morgendämmerung *f*
albacea [alβa'θea] *m JUR* Testamentsvollstrecker *m*
albaceazgo [alβaθe'aθɣo] *m JUR* Amt des Testamentvollstreckers *n,* Testamentsvollstreckung *f*
Albania [al'βanja] *f GEO* Albanien *n*
albañil [alβa'ɲil] *m* Bauarbeiter *m,* Maurer *m*
albarán [alβa'ran] *m* Lieferschein *m*
albaricoque [alβari'koke] *m BOT* Aprikose *f*
albazano [alβa'θano] *adj* dunkelbraun
albergar [alβer'ɣar] *v* **1.** *(hospedar a alguien)* beherbergen, aufnehmen; **2.** *(fig: tener)* bei sich haben, mit sich führen
albergue [al'βɛrɣe] *m* Bleibe *f,* Herberge *f; ~ juvenil* Jugendherberge *f*
albino [al'βino] *adj* **1.** *(blanquecino)* weißlich; **2.** *BOT* albino
albóndiga [al'βɔndiɣa] *f GAST* Fleischbällchen *n,* Frikadelle *f*
alborear [alβore'ar] *v (por la mañana)* dämmern
albornoz [alβɔr'nɔθ] *m* Bademantel *m*
alborotadizo [alβorota'ðiθo] *adj* unruhig, leicht aufgeregt
alborotar [alβoro'tar] *v* **1.** toben, tollen; **2.** *(sublevar)* aufwiegeln, randalieren
alboroto [alβo'roto] *m* Krawall *m,* Radau *m*
alborozar [alβoro'θar] *v* mit Freude erfüllen, aufheitern
alborozo [alβo'roθo] *m (euforia)* Freude *f,* Entzücken *n,* Jubel *m*
albriciar [alβri'θjar] *v* eine gute Nachricht bringen
álbum ['alβun] *m* **1.** Album *n; ~ fotográfico/~ de fotografías* Fotoalbum *n;* **2.** *(libro genealógico)* Stammbuch *n*
alcachofa [alka'tʃofa] *f BOT* Artischocke *f*
alcahuetear [alkawete'ar] *v* kuppeln, verkuppeln
alcalde [al'kalðe] *m* Bürgermeister *m; primer ~* Oberbürgermeister *m*
alcalino [alka'lino] *adj CHEM* alkalisch
alcamonías [alkamo'nias] *f/pl* **1.** *(semillas)* Gewürzkörner *n/pl* **2.** *(fig: chismes)* Klatschereien *f/pl*
alcance [al'kanθe] *m* Reichweite *f,* Tragweite *f; al ~ de la mano* erreichbar, griffbereit; *~ de emisión* Sendebereich *m; ~ de la vista* Sichtweite *f*
alcantarilla [alkanta'riʎa] *f* **1.** Abwasserkanal *m;* **2.** *(tapada)* Gosse *f*
alcanzable [alkan'θaβle] *adj* zugänglich, erreichbar
alcanzar [alkan'θar] *v* **1.** reichen; **2.** *(conseguir)* erlangen, erreichen, herankommen; *~ el quorum* Beschlussfähigkeit erreichen; **3.** *~ la cifra de* sich belaufen auf
alcaparra [alka'parra] *f BOT* Kaper *f*
alcázar [al'kaθar] *m* **1.** *(fortaleza)* Festung *f;* **2.** Alkazar *m,* maurischer Palast *m*
alce ['alθe] *m ZOOL* Elch *m*
alcista [al'θista] *adj* steigend
alcoba [al'koβa] *f* Schlafzimmer *n*
alcohol [alko'ɔl] *m* **1.** Alkohol *m; sin ~* alkoholfrei; **2.** *CHEM* Spiritus *m; ~ para quemar* Brennspiritus *m*
alcoholero [alkoo'lero] *m* **1.** *(fábrica de alcohol)* Erzeuger von Alkohol *m,* Verkäufer von Alkohol *m;* **2.** *(vasija que contiene alcohol)* Gefäß zur Aufbewahrung von Alkohol *n*
alcohólico [alko'ɔliko] *adj* **1.** alkoholisch; *m* **2.** Alkoholiker *m*
alcoholismo [alkoo'lizmo] *m MED* Trunksucht *f,* Alkoholismus *m*
alcoholización [alkooliθa'θjɔn] *f CHEM* Alkoholisierung *f*
alcor [al'kɔr] *m (altozano)* Hügel *m,* Anhöhe *f*
alcorán [alko'ran] *m (corán)* Koran *m*
alcucero [alku'θero] *adj (fig: goloso)* naschhaft
aldea [al'dea] *f (pequeña)* Dorf *n*
alear [ale'ar] *v* **1.** *(mover las alas)* die Flügel schwingen, flattern; **2.** *(fusionar)* legieren
aleccionar [alɛɣθjɔ'nar] *v* unterweisen
alegar [ale'ɣar] *v ~ en/como* zu Gunsten jds anführen, plädieren
alegato [ale'ɣato] *m (defensa) JUR* Plädoyer *n,* Verteidigungsschrift *f*

A

alegoría [aleɣo'ria] *f* 1. *(representación)* Allegorie *f;* 2. *(obra literaria)* Gleichnis *n*
alegórico [ale'ɣoriko] *adj* sinnbildlich, allegorisch
alegrar [ale'ɣrar] *v* erfreuen, erheitern
alegrarse [ale'ɣrarse] *v* sich freuen
alegre [a'leɣre] *adj* 1. froh, lustig, heiter; 2. *(bebido)* beschwipst, angeheitert
alegría [ale'ɣria] *f* 1. Freude *f,* Jubel *m;* *~ anticipada/~ prematura* Vorfreude *f;* *~ de vivir* Lebensfreude *f;* 2. *(vivacidad)* Munterkeit *f*
alegro [a'leɣro] *m MUS* Allegro *n*
alejado [alɛ'xaðo] *adj* 1. weit, abgelegen; *prep* 2. *~ de* fern von
alejar [alɛ'xar] *v* wegbringen
alejarse [alɛ'xarse] *v* sich entfernen, sich absetzen
alelarse [ale'larse] *v (ponerse bobo)* verdummen, verblöden
aleluya [ale'luja] *interj ¡Aleluya!* Halleluja
alemán [ale'man] *adj* 1. deutsch; *de habla alemana* deutschsprachig; *~ antiguo* altdeutsch; *m* 2. *(persona)* Deutscher *m;* *Soy ~.* Ich bin Deutscher. 3. *(idioma)* Deutsch *n,* deutsche Sprache *f;* *~ culto* Hochdeutsch *n*
alemana [ale'mana] *f* Deutsche *f*
Alemania [ale'manja] *f GEO* Deutschland *n*
alentada [alen'taða] *f* Atemzug *m*
alentador [alenta'ðɔr] *adj* 1. erfreulich; 2. *(animador)* ermutigend
alentar [alen'tar] *v irr* ermutigen, anfeuern
alerce [a'lɛrθe] *m BOT* Lärche *f*
alergia [a'lɛrxja] *f MED* Allergie *f;* *Tengo ~ al polen.* Ich habe eine Allergie gegen Pollen.
alérgico [a'lɛrxiko] *adj* 1. *MED* allergisch; *~ a algo* auf etw allergisch; *m* 2. *MED* Allergiker *m*
alero [a'lero] *m (de un tejado)* Überdachung *f;* Dachtraufe *f;* Regendach *n*
alerta [a'lɛrta] *adj* aufmerksam, wachsam; alarmbereit
alertar [alɛr'tar] *v* alarmieren
aleta [a'leta] *f* 1. *(de buzo)* Schwimmflosse *f;* 2. *(de no nadador)* Schwimmflügel *m;* 3. *(de edificio) ARCH* Flügel *m;* 4. *ZOOL* Flosse *f*
aletear [alete'ar] *v* flattern
alevoso [ale'βoso] *adj* heimtückisch
alfabetizar [alfaβeti'θar] *v* alphabetisieren, alphabetisch ordnen
alfabeto [alfa'βeto] *m* Alphabet *n*
alfarería [alfare'ria] *f* Töpferhandwerk *n*
alférez [al'fɛreθ] *m MIL* Leutnant *m*
alfiler [alfi'lɛr] *m* Anstecknadel *f,* Stecknadel *f*
alfombra [al'fɔmbra] *f* Teppich *m;* *~ persa* Perser *m;* *~ corta/~ pequeña* Brücke *f;* *~ continua* Läufer *m*
alga ['alɣa] *f BOT* Alge *f;* *~ marina* Tang *m*
álgebra ['alxeβra] *m MATH* Algebra *f*
algo ['alɣo] *pron* 1. etwas; *adv* 2. etwas, ein wenig, ein bisschen; *~ lento* etw langsam; *~ es ~* besser als gar nichts
algodón [alɣo'ðɔn] *m* 1. Baumwolle *f;* 2. *(artículo higiénico)* Watte *f*
alguacil [alɣwa'θil] *m* 1. Gerichtsdiener *m,* Büttel *m;* 2. *JUR* Gerichtsvollzieher *m*
alguien ['alɣjen] *pron* jemand, irgendwer; *¿Hay ~ aquí?* Ist hier jemand?
algún [al'ɣun] *(véase „alguno")*
alguna [al'ɣuna] *adj* irgendeine; *~ vez* gelegentlich
alguno [al'ɣuno] *adj* 1. irgendein, mancher; *algún día* eines Tages; *pron* 2. jemand/etwas
alhaja [a'laxa] *f* 1. Kleinod *n;* 2. *~s pl* Schmuck *m*
alheña *f* Henna *f/n*
aliado [a'ljaðo] *m* 1. Verbündeter *m;* 2. *~s pl POL* Alliierte *pl*
alianza [a'ljanθa] *f* 1. Allianz *f,* Vereinigung *f;* 2. *POL* Bund *m,* Bündnis *n,* Vereinigung *f;* *~ militar* Militärbündnis *n;* 3. *(anillo de boda)* Ehering *m*
aliarse [a'ljarse] *v ~ con* sich verbünden mit
alicates [ali'kates] *m/pl* Kneifzange *f,* Zange *f;* *~ para cortar alambre* Drahtzange *f*
aliciente [ali'θjente] *m* 1. Anreiz *m,* Ansporn *m;* 2. *(atractivo)* Lockmittel *n,* Köder *m*
alienación [aljena'θjɔn] *f* Entfremdung *f*
alienado [alje'naðo] *adj MED* geistesgestört

aliento [a'ljento] *m* 1. *(respiración)* Atem *m*, Hauch *m*, Puste *f*; *sin ~* atemlos; 2. *(fig)* Anfeuerung *f*
aligerante [alixe'rante] *adj* entlastend
alimentación [alimenta'θjɔn] *f* Verpflegung *f*, Ernährung *f*, Kost *f*
alimentar [alimen'tar] *v* ernähren, verköstigen, verpflegen; *~ con* füttern mit
alimento [ali'mento] *m* 1. Nahrung *f*, Speise *f*; 2. *(producto)* Ernährung *f*; 3. *~s pl (sustento)* Alimente *pl*; 4. *~s pl (comestibles)* Lebensmittel *pl*, *~s congelados* Tiefkühlkost *f*
alineado [aline'aðo] *adj* 1. aufgereiht, aufgestellt; 2. *no ~ POL* blockfrei
aliñar [ali'ɲar] *v* würzen
aliño [a'liɲo] *m* Würze *f*
alisar [ali'sar] *v* 1. ebnen, glätten; 2. *TECH* abschleifen, polieren
aliso [a'liso] *m BOT* Erle *f*
alistarse [alis'tarse] *v* anheuern, sich einschreiben
aliviado [ali'βjaðo] *adj* erleichtert
aliviante [ali'βjante] *adj* entlastend
aliviar [ali'βjar] *v* mildern, abmildern, erleichtern, lindern
alivio [a'liβjo] *m* Erleichterung *f*, Linderung *f*
allá [a'ʎa] *adv* dort
allí [a'ʎi] *adv* dort; *por ~* dadurch, dorthin
alma ['alma] *f* 1. Seele *f*; 2. *(fig)* Gemüt *n*; 3. *MED* Psyche *f*
almacén [alma'θen] *m* 1. Speicher *m*, Magazin *n*, Warenlager *n*; 2. *(negocio de productos alimenticios)* Lebensmittelgeschäft *n*; 3. *ECO* Lager *n*
almacenamiento [almaθena'mjento] *m* Lagerung *f*; *~ definitivo* Endlagerung *f*
almacenar [almaθe'nar] *v* 1. einlagern, speichern; *~ en otro lugar* verlagern; 2. *ECO* lagern
almadía [alma'ðia] *f* Floß *n*
almanaque [alma'nake] *m* Almanach *m*
almeja [al'mexa] *f* Venusmuschel
almendra [al'mendra] *f BOT* Mandel *f*
almendro [al'mendro] *m BOT* Mandelbaum *m*
almidón [almi'ðɔn] *m* 1. Stärke *f*; 2. *GAST* Stärkemehl *n*
almidonar [alminðo'nar] *v* stärken
almirante [almi'rante] *m MIL* Admiral *m*
almohada [almo'aða] *f* Kopfkissen *n*, Kissen *n*
almorzar [almɔr'θar] *v irr* zu Mittag essen
almuerzo [al'mwɛrθo] *m* Mittagessen *n*
aló [a'lo] *interj ¡Aló! (LA)* Hallo!
alocución [aloku'θjɔn] *f* Rede *f*, Ansprache *f*
alojamiento [alɔxa'mjento] *m* Unterkunft *f*, Quartier *n*; *~ y desayuno* Übernachtung mit Frühstück; *~ provisional* Notunterkunft *f*
alojarse [alɔ'xarse] *v ~ en* unterkommen bei, absteigen in
alondra [a'lɔndra] *f ZOOL* Lerche *f*
Alpes ['alpes] *m/pl GEO* Alpen *pl*
alpinismo [alpi'nizmo] *m (en los Alpes)* Bergsteigen *n*
alpinista [alpi'nista] *m/f* Bergsteiger(in) *m/f*
alpino [al'pino] *adj* alpin
alquilador(a) [alkila'ðɔr/alkila'ðora] *m/f* Vermieter(in) *m/f*
alquilar [alki'lar] *v* 1. mieten; *¿Puedo ~ un coche?* Kann ich ein Auto mieten? 2. *(dar para ~)* vermieten
alquiler [alki'lɛr] *m* 1. *(importe a pagar)* Miete *f*; *tomar en ~* mieten; 2. *(negocio de ~)* Vermietung *f*; *~ de coches* Autovermietung *f*
alrededor [alrrɛðe'ðɔr] *adv* 1. ringsherum, rundherum; 2. *~ de* um, darum, umher; *prep* 3. *~ de* gegen, um; *m* 4. *~es pl (periferia)* Umgebung *f*, Randgebiet *n*; 5. *~es pl (comarca)* Gegend *f*
Alsacia [al'saθja] *f GEO* Elsass *n*
alta ['alta] *f (despido)* Entlassung *f*; *dar de ~/dar el ~* einen Kranken gesundschreiben
altanería [altane'ria] *f* Hochmut *m*
altanero [alta'nero] *adj* gönnerhaft, hochmütig
altar [al'tar] *m REL* Altar *m*; *~ nupcial* Traualtar *m*
altavoz [alta'βɔθ] *m* Lautsprecher *m*
alterable [alte'raβle] *adj* veränderlich
alteración [altera'θjɔn] *f* Abänderung *f*, Veränderung *f*

A

alterar [alte'rar] *v* **1.** *(excitar)* aufregen; **2.** *(cambiar)* ändern, verändern
alterarse [alte'rarse] *v* sich aufregen
altercado [altɛr'kaðo] *m* **1.** Krach *m*, Gezanke *n*, Zank *m*; *tener un ~ con* aneinander geraten mit; **2.** *(de palabras)* Wortwechsel *m*
alternarse [altɛr'narse] *v* sich abwechseln, ablösen
alternativa [altɛrna'tiβa] *f* Alternative *f*
alternativo [altɛrna'tiβo] *adj* alternativ
alterno [al'tɛrno] *adj* abwechselnd
alteza [al'teθa] *f* Hoheit *f*
altiplano [alti'plano] *m* Hochebene *f*
alto ['alto] *adj* **1.** *(grande)* hoch, groß; *en lo ~ de las montañas* hoch in den Bergen; **2.** *(sonido)* laut; *m* **3.** Halt *m*; *interj* **4.** *¡Alto!* Halt!
altruismo [altru'izmo] *m* Aufopferungsbereitschaft *f*, Hilfsbereitschaft *f*
altruista [altru'ista] *adj* hilfsbereit, selbstlos
altura [al'tura] *f* Höhe *f*, Anhöhe *f*; *estar a la ~ de alguien* jdm gewachsen sein
alucinación [aluθina'θjɔn] *f* Halluzination *f*, Sinnestäuschung *f*, Trugbild *n*
alucinar [aluθi'nar] *v* **1.** halluzinieren; **2.** *(engañar)* blenden, täuschen; **3.** *(fig)* erstaunen
alud [a'luð] *m* Lawine *f*
alumbrado [alum'braðo] *m* Beleuchtung *f*; *~ de techo* Deckenbeleuchtung *f*; *~ público* Straßenbeleuchtung *f*
alumbramiento [alumbra'mjento] *m* **1.** *(luz)* Beleuchtung *f*; **2.** *(parto)* MED Entbindung *f*
alumbrar [alum'brar] *v* **1.** beleuchten, erleuchten, leuchten; **2.** *(fig)* erleuchten
aluminio [alu'minjo] *m* CHEM Aluminium *n*
alumna [a'lumna] *f* Schülerin *f*
alumno [a'lumno] *m* Schüler *m*; *~ oyente* Gasthörer *m*
alusión [alu'sjɔn] *f* Andeutung *f*, Anspielung *f*; *por ~* andeutungsweise
alza ['alθa] *f* **1.** Anstieg *m*, Steigerung *f*; **2.** *(fig)* Aufstieg *m*
alzamiento [alθa'mjento] *m* POL Erhebung *f*, Aufstand *m*
alzar [al'θar] *v* **1.** heben, aufheben; **2.** *(precio, sonido, sentimiento)* steigen; **3.** *(fig)* erhöhen, erheben, anheben; *~ la vista* aufblicken; *¡Alzad las copas!* Erhebt die Gläser!
alzarse [al'θarse] *v* steigen, ragen
ama ['ama] *f* **1.** Herrin *f*, Besitzerin *f*; *~ de casa* Hausfrau *f*, Hausherrin *f*; *~ de llaves* Haushälterin *f*; **2.** *(dueña)* Eigentümerin *f*, Besitzerin *f*
amabilidad [amaβili'ðað] *f* Gefälligkeit *f*, Freundlichkeit *f*, Liebenswürdigkeit *f*
amable [a'maβle] *adj* freundlich, liebenswürdig, gefällig; *poco ~* unfreundlich, unhöflich
amado [a'maðo] *adj ~ apasionadamente* heiß geliebt
amaestrar [amaes'trar] *v* abrichten, dressieren
amamantar [amaman'tar] *v* stillen
amanecer [amane'θer] *m* **1.** Morgengrauen *n*, Tagesanbruch *m*; *v irr* **2.** dämmern
amanerado [amane'raðo] *adj* affig, geziert
amansar [aman'sar] *v* **1.** zähmen; **2.** *(calmar)* beruhigen
amante [a'mante] *m/f* **1.** Geliebte(r) *m/f*, Liebhaber(in) *m/f*; *adj* **2.** *~ de la libertad* freiheitsliebend; *~ del orden* ordentlich
amañar [ama'ɲar] *v* **1.** Geschick haben; **2.** *(la balanza, la factura)* fälschen
amar [a'mar] *v* lieben, lieb haben; *~ al prójimo* den Nächsten lieben
amargado [amar'ɣaðo] *adj* verbittert
amargo [a'margo] *adj* bitter
amargura [amar'ɣura] *f* **1.** Bitterkeit *f*; **2.** *(fig)* Verbitterung *f*
amarillo [ama'riʎo] *adj* gelb
amasar [ama'sar] *v* kneten
ámbar ['ambar] *m* MIN Bernstein *m*
ambas ['ambas] *adj* **1.** beide; *de ~s partes* beiderseitig; *pron* **2.** beide
ambición [ambi'θjɔn] *f* Ehrgeiz *m*
ambicionar [ambiθjo'nar] *v* erstreben
ambicioso [ambi'θjoso] *adj* ehrgeizig
ambiente [am'bjente] *m* **1.** umgebende Luft *f*, Atmosphäre *f*; *medio ~* Umwelt *f*; *~ en la empresa* Betriebsklima *n*; **2.** *(fig)* Umgebung *f*, Atmosphäre *f*; **3.** *un apartamento de dos ~s pl (LA)* eine Zwei-Zimmer-Wohnung *f*
ambiguo [am'biɣwo] *adj* doppeldeutig, mehrdeutig, doppelzüngig

ámbito ['ambito] *m* **1.** Sachgebiet *n;* **2.** *(marco)* Sphäre *f,* Rahmen *m*
ambos ['ambɔs] *adj* **1.** beide; *pron* **2.** beide; *de ~* beiderlei
ambulancia [ambu'lanθja] *f MED* Krankenwagen *m,* Rettungswagen *m;* *¡Llame enseguida a una ~!* Rufen Sie schnell einen Krankenwagen!
ambulante [ambu'lante] *adj* **1.** ambulant, umherziehend; *vendedor ~* Straßenverkäufer *m;* **2.** *MED* ambulant
ambulatorio [ambula'torjo] *m* **1.** *MED* Ambulanz *f; adj* **2.** *MED* ambulant
amedrentado [ameðren'taðo] *adj* verängstigt
amenaza [ame'naθa] *f* Androhung *f,* Bedrohung *f,* Drohung *f; ~ de tormenta* Gewitterstimmung *f*
amenazador [amenaθa'ðɔr] *adj* bedrohlich; *gesto ~* Drohgebärde *f*
amenazar [amena'θar] *v* bedrohen; *~ a alguien con algo* jdm etw androhen
ameno [a'meno] *adj* lauschig; *un lugar ~* ein lauschiges Plätzchen *n; una conversación amena* ein angenehmes Gespräch *n*
América [a'merika] *f GEO* Amerika *n; ~ del Sur* Südamerika *n; ~ del Norte* Nordamerika *n; ~ Central* Mittelamerika *n; ~ Latina* Lateinamerika *n*
americana [ameri'kana] *f* Jackett *n*
americano [ameri'kano] *adj* **1.** amerikanisch; *m* **2.** *(de Norteamérica)* Amerikaner *m*
amiga [a'miγa] *f* Freundin *f*
amigo [a'miγo] *m* Freund *m; el ~ íntimo* der gute Freund *m; círculo de ~s* Freundeskreis *m; hacerse ~ de alguien* sich mit jdm anfreunden; *ser ~ de algo* etw mögen
aminoración [aminora'θjɔn] *f* Minderung *f*
aminorar [amino'rar] *v* verringern, vermindern, mindern
amistad [amis'tað] *f* **1.** Freundschaft *f; trabar ~ con alguien* jdn kennenlernen, sich mit jdm anfreunden; *Esas no son buenas ~es para ti.* Das ist kein guter Umgang für dich. **2.** *círculo de ~es* Freundeskreis *m*
amnistía [amnis'tia] *f* **1.** *POL* Amnestie *f;* **2.** *JUR* Straferlass *m*
Amnistía Internacional [amnis'tia internaθjo'nal] *f POL* Amnesty International
amo ['amo] *m* **1.** *(dueño)* Eigentümer *m,* Besitzer *m;* **2.** *~ de casa* Hausmann *m*
amoblar [amɔ'βlar] *v irr* **1.** ausstatten; **2.** *(LA)* möblieren
amolar [amo'lar] *v irr* **1.** schleifen; **2.** *(fig)* auf die Nerven gehen
amoldar [amɔl'dar] *v* formen
amonestación [amonesta'θjɔn] *f* **1.** Ermahnung *f,* Verwarnung *f;* **2.** *correr las amonestaciones* das Aufgebot bestellen
amonestar [amones'tar] *v* ermahnen, verwarnen, abmahnen
amontonamiento [amɔntona'mjento] *m* Anhäufung *f*
amontonar [amɔnto'nar] *v* anhäufen, stapeln, türmen
amontonarse [amɔnto'narse] *v* sich häufen
amor [a'mɔr] *m* **1.** Liebe *f; mi ~* mein Schatz; *sin ~* lieblos; *por ~ a alguien* jdm zuliebe; *falta de ~* Lieblosigkeit *f; ~ al prójimo* Nächstenliebe *f;* **2.** *~es pl* Liebschaft *f; ~es prohibidos* verbotene Liebe *f; mal de ~es* Liebeskummer *m*
amorío [amo'rio] *m* **1.** Affäre *f;* **2.** *~s pl* Liebschaft *f*
amorosamente [amorosa'mente] *adv* liebevoll
amoroso [amo'roso] *adj* lieb, liebevoll
amortización [amɔrtiθa'θjɔn] *f* **1.** *ECO* Abschreibung *f,* Absetzung *f;* **2.** *(de deudas) ECO* Tilgung *f,* Begleichung *f*
amortizar [amɔrti'θar] *v* **1.** *ECO* absetzen, abschreiben; **2.** *(de deudas) ECO* begleichen, tilgen
amotinarse [amoti'narse] *v* meutern
amparar [ampa'rar] *v* schützen
amparo [am'paro] *m* Schutz *m*
ampliación [amplja'θjɔn] *f* **1.** Verbreiterung *f,* Vergrößerung *f;* **2.** *~ de estudios* Weiterbildung *f*
ampliamente [amplja'mente] *adv* weitläufig, ausführlich
ampliar [am'pljar] *v* vergrößern, erweitern
amplio ['ampljo] *adj* **1.** ausführlich, breit, geräumig; **2.** *(fig)* umfassend, umfangreich, weitläufig

A

amplitud [ampli'tuð] *f* **1.** Breite *f;* **2.** ~ *de miras* Weitblick *m*
ampolla [am'poʎa] *f* **1.** Brandblase *f,* Blase *f;* **2.** ~ *inyectable MED* Ampulle *f*
amputación [amputa'θjɔn] *f MED* Amputation *f*
amputar [ampu'tar] *v MED* amputieren
amueblado [amwe'βlaðo] *adj* möbliert
amueblar [amwe'βlar] *v* möblieren
amuleto [amu'leto] *m* Amulett *n;* ~ *de la suerte* Glücksbringer *m*
anabolizante [anaβoli'θante] *m MED* Anabolikum *n*
anacronismo [anakro'nizmo] *m* Anachronismus *m*
analfabeto [analfa'βeto] *m* Analphabet *m*
análisis [a'nalisis] *m* **1.** Analyse *f,* Studie *f;* **2.** ~ *de mercado ECO* Marktforschung *f;* **3.** ~ *de sangre MED* Blutprobe *f;* **4.** ~ *sintáctico GRAMM* Satzanalyse *f*
analogía [analɔ'xia] *f* Analogie *f,* Übereinstimmung *f*
análogo [a'naloɣo] *adj* analog, übereinstimmend; *ser* ~ übereinstimmen
ananá [ana'na] *(véase „ananás")*
ananás [ana'nas] *f* **1.** *(fruta)* Ananas *f;* **2.** *(planta) BOT* Ananaspflanze *f*
anaquel [ana'kɛl] *m* Regal *n*
anarquía [anar'kia] *f POL* Anarchie *f*
anarquista [anar'kista] *m/f POL* Anarchist(in) *m/f*
anatomía [anato'mia] *f MED* Anatomie *f*
ancho ['antʃo] *adj* **1.** breit, weit; *estar a sus anchas* sich wohlfühlen; *m* **2.** Breite *f,* Weite *f*
anchoa [an'tʃoa] *f ZOOL* Sardelle *f*
anchura [an'tʃura] *f* **1.** Weite *f;* **2.** ~ *de banda TECH* Bandbreite *f*
anciana [an'θjana] *f* alte Frau *f,* Greisin *f*
anciano [an'θjano] *m* **1.** alter Mann *m,* Greis *m; asilo de ~s* Altenheim *n; adj* **2.** betagt
ancla ['aŋkla] *f* Anker *m; echar ~s* ankern
andamio [an'damjo] *m* Gerüst *n*
andar [an'dar] *v irr* gehen, laufen; ~ *de acá para allá* herumgehen; ~ *sobre seguro* sichergehen; *¿Cómo andas?* Wie geht es dir?
andarse [an'darse] *v irr* ~ *a* sich beschäftigen mit; ~ *por las ramas* ausschweifen
andén [an'den] *m* Bahnsteig *m*
andrajoso [andra'xoso] *adj* schäbig, zerlumpt
anécdota [a'nekðota] *f* Anekdote *f*
anemia [a'nemja] *f MED* Anämie *f*
anestesia [anes'tesja] *f MED* Anästhesie *f,* Betäubung *f,* Narkose *f;* ~ *local* Lokalanästhesie *f;* ~ *general* Vollnarkose *f*
anestesiar [aneste'sjar] *v MED* betäuben
anestesista [aneste'sista] *m/f MED* Anästhesist(in) *m/f*
anexión [anɛɣ'sjɔn] *f* **1.** Aneignung *f;* **2.** *POL* Annexion *f,* Anschluss *m*
anexionar [anɛɣsjo'nar] *v POL* annektieren
anexo [a'nɛɣso] *m* **1.** Anhang *m;* **2.** *(al edificio)* Anbau *m; adv* **3.** anbei
anfiteatro [amfite'atro] *m THEAT* Amphitheater *n*
anfitrión [amfi'trjɔn] *m* Gastgeber *m*
anfitriona [amfi'trjona] *f* Gastgeberin *f*
ángel ['aŋxel] *m* Engel *m;* ~ *custodio/~ de la guarda* Schutzengel *m*
anglosajón [aŋglosa'xɔn] *adj* **1.** angelsächsisch; *m* **2.** Angelsachse *m*
angosto [aŋ'gɔsto] *adj* eng, schmal
anguila [aŋ'gila] *f ZOOL* Aal *m*
angular [aŋgu'lar] *adj* eckig, winklig
ángulo ['aŋgulo] *m* **1.** *MATH* Winkel *m;* **2.** *(fig)* ~ *visual* Blickwinkel *m*
angustia [aŋ'gustja] *f* Angst *f;* ~ *existencial* Existenzangst *f;* ~ *mortal* Todesangst *f*
angustiado [aŋgus'tjaðo] *adj* angsterfüllt
angustiar [aŋgus'tjar] *v* ängstigen
anhelar [ane'lar] *v* **1.** wünschen; ~ *algo* etw anstreben; ~ *la llegada de alguien* jdn herbeisehnen; **2.** *(recordar)* ~ *algo* sich nach etw sehnen
anhelo [a'nelo] *m* Wunsch *m,* Verlangen *n,* Sehnsucht *f;* ~ *de libertad* Freiheitsdrang *m*
anidar [ani'ðar] *v* nisten
anillo [a'niʎo] *m* **1.** Ring *m;* ~ *de boda* Ehering *m,* Trauring *m;* ~ *de sello* Siegelring *m;* **2.** ~ *de empaquetadura TECH* Dichtungsring *m*

animación [anima'θjɔn] *f* **1.** *(revivir)* Belebung *f;* **2.** *(aplauso)* Anfeuerung *f*
animadamente [animaða'mente] *adv* angeregt
animado [ani'maðo] *adj* angeregt, belebt
animador(a) [anima'ðɔr/anima'ðora] *m/f* Animateur(in) *m/f*
animal [ani'mal] *m* **1.** Tier *n;* ~ *de peluche* Plüschtier *n;* **2.** ~ *dañino* ZOOL Schädling *m;* ~ *doméstico* Haustier *n;* ~ *de rapiña* Raubtier *n; adj* **3.** animalisch
animar [ani'mar] *v* **1.** *(alentar)* animieren, anfeuern, ermutigen; **2.** *(revivir)* beleben, beseelen; **3.** *(el estado de ánimo)* aufheitern
anímico [a'nimiko] *adj* seelisch
ánimo ['animo] *m* Gemüt *n;* Mut *m;* Kraft *f; ¡Ánimo!* Kopf hoch!
aniquilar [aniki'lar] *v* vernichten, zerstören, zunichte machen
aniversario [anißɛr'sarjo] *m* Jahrestag *m,* Jubiläum *n*
ano ['ano] *m* ANAT After *m*
anoche [a'nɔtʃe] *adv* gestern Abend
anochecer [anɔtʃe'θer] *m irr* **1.** Abenddämmerung *f; v irr* **2.** dämmern
anomalía [anoma'lia] *f* Abnormität *f,* Anomalie *f*
anómalo [a'nomalo] *adj* abnorm, anomal
anonimato [anoni'mato] *m* Anonymität *f*
anónimo [a'nɔnimo] *adj* anonym
anorak [ano'rak] *m* Anorak *m,* Daunenjacke *f*
anormal [anɔr'mal] *adj* abartig, abnorm, anomal
anotación [anota'θjɔn] *f* **1.** Vermerk *m;* **2.** *(fig: pedido)* Vormerkung *f;* **3.** *(en el acta)* Aktennotiz *f*
anotar [ano'tar] *v* **1.** aufschreiben, aufzeichnen, notieren; **2.** *(observar)* vermerken; **3.** *(reservar)* vormerken
ansiar [an'sjar] *v* sehnen
ansiedad [ansje'ðað] *f* Beklemmung *f,* innere Unruhe *f,* Betrübnis *f*
ansioso [an'sjoso] *adj* sehnsuchtsvoll, gespannt
antagónico [anta'ɣoniko] *adj* entgegengesetzt
antagonista [antaɣo'nista] *m/f* Gegenspieler(in) *m/f,* Gegner(in) *m/f,* Widersacher(in) *m/f*
antaño [an'taɲo] *adv* einst
Antártida [an'tartiða] *m* GEO Südpol *m,* Antarktis *f*
ante[1] ['ante] *prep* **1.** vor, eher als; **2.** *(en vista de)* angesichts; *adv* **3.** ~ *todo* hauptsächlich, zunächst, vorab
ante[2] ['ante] *m* Wildleder *n*
anteayer [antea'jer] *adv* vorgestern
antebrazo [ante'βraθo] *m* ANAT Unterarm *m*
antecedente [anteθe'ðente] *m* **1.** Präzedenzfall *m;* **2.** ~ *penal* JUR Vorstrafe *f;* **3.** *(ascendiente)* Vorfahr *m*
antecesor [anteθe'sɔr] *m* Vorfahr *m,* Vorgänger *m*
anteguerra [ante'ɣɛrra] *f* Vorkriegszeit *f*
antena [an'tena] *f* **1.** TECH Antenne *f;* ~ *parabólica* Parabolantenne *f;* **2.** ZOOL Fühler *m*
anteojos [ante'ɔjos] *m/pl* Fernrohr *n*
antepasado [antepa'saðo] *m* **1.** Ahn *m,* Vorfahr *m;* **2.** ~*s pl* Urahnen *pl*
anterior [ante'rjɔr] *adj* **1.** *(temporal)* früher, vorhergehend, vorig; **2.** *(local)* vordere(r,s)
anteriormente [anterjɔr'mente] *adv* eher, früher
antes ['antes] *adv* **1.** vorher, eher, früher; *Quisiera salir un día ~.* Ich möchte einen Tag früher abreisen. *konj* **2.** ~ *de que* bevor, ehe
antesala [ante'sala] *f* Vorzimmer *n*
antialcohólico [antialko'oliko] *m* Antialkoholiker *m*
antiautoritario [antiaŭtori'tarjo] *adj* antiautoritär
antibiótico [anti'βjɔtiko] *m* MED Antibiotikum *n*
anticipado [antiθi'paðo] *adj* vorzeitig; *pagar por ~* vorauszahlen
anticipar [antiθi'par] *v* **1.** vorwegnehmen; **2.** *(dinero)* auslegen; **3.** *(fecha)* vorverlegen
anticipo [anti'θipo] *m (del sueldo)* Vorschuss *m*
anticonceptivo [antikonθεβ'tiβo] *m* **1.** MED Verhütungsmittel *n; adj* **2.** MED empfängnisverhütend
anticonstitucional [antkɔnstituθjo'nal] *adj* verfassungswidrig

A

anticuado [anti'kwaðo] *adj* altmodisch, unmodern, veraltet; *ser ~* überholt sein
anticuerpo [anti'kwerpo] *m* **1.** *BIO* Antikörper *m;* **2.** *~s pl MED* Abwehrstoffe *pl*
antídoto [an'tiðoto] *m* **1.** Gegenmittel *n;* **2.** *MED* Gegengift *n*
antiguamente [an'tiɣwamente] *adv* ehemals, einst
antigüedad [antiɣwe'ðað] *f* **1.** *HIST* Antike *f;* **2.** *~es pl* Antiquitäten *pl*
antiguo [an'tiɣwo] *adj* **1.** altertümlich, alt, antik; **2.** *(anterior)* ehemalig
antihigiénico [antii'xjeniko] *adj* unhygienisch
antipatía [antipa'tia] *f* Abneigung *f,* Antipathie *f*
antipático [anti'patiko] *adj* unbeliebt, unsympathisch
antojos [an'tɔxos] *m/pl* Gelüst *n*
antónimo [an tonimo] *m* Gegenteil *n,* Antonym *n*
antorcha [an'tɔrtʃa] *f* Fackel *f*
anual [a'nwal] *adj* jährlich, alljährlich
anuario [a'nwarjo] *m* Jahrbuch *n; ~ de comercio e industria* Branchenverzeichnis *n*
anudar [anu'ðar] *v* knoten, knüpfen, verknoten
anulación [anula'θjɔn] *f* **1.** Annullierung *f,* Storno *m; ~ de la inscripción* Abmeldung *f;* **2.** *(de un pedido)* Abbestellung *f,* Storno *m*
anular[1] [anu'lar] *v* annullieren, abbestellen, stornieren; *~ la invitación* ausladen; *~ un pedido* eine Bestellung stornieren
anular[2] [anu'lar] *m ANAT* Ringfinger *m*
anunciación [anunθja'θjɔn] *f* **1.** Ankündigung *f;* **2.** *REL* Verkündigung *f; la ~ de María* die Verkündigung Marias
anunciar [anun'θjar] *v* **1.** melden, ansagen, ankündigen; **2.** *(publicar)* annoncieren
anuncio [a'nunθjo] *m* **1.** *(de información)* Ankündigung *f,* Ansage *f,* Bekanntgabe *f; sin ~* unangemeldet; Fernsehreklame *f;* **2.** *(de publicación)* Annonce *f,* Anzeige *f,* Inserat *n; poner un ~* annoncieren, inserieren; *~ de defunción* Todesanzeige *f;* **3.** *ECO* Werbung *f,* Aushang *m*
añadidura [aɲaði'ðura] *f* Zugabe *f,* Beigabe *f,* Zusatz *m; por ~* zusätzlich
añadir [aɲa'ðir] *v* **1.** beifügen, zufügen, hinzufügen, dazutun; **2.** *(anexar)* anfügen; **3.** *(a la mezcla)* beimischen; **4.** *(agrandar)* vergrößern
año ['aɲo] *m* Jahr *n,* Jahrgang *m; ¿Cuántos ~s tienes?* Wie alt bist du? *~ Nuevo* Neujahr *n; ~ anterior* Vorjahr *n; ~ bisiesto* Schaltjahr *n; ~ civil* Kalenderjahr *n; ~ de nacimiento* Geburtsjahr *n; ~ escolar* Schuljahr *n*
añoranza [aɲo'ranθa] *f* **1.** Sehnsucht *f;* **2.** *(por la familia, por la tierra natal)* Heimweh *n;* **3.** Fernweh *n*
añorar [aɲo'rar] *v ~ a alguien* sich nach jdm sehnen
aorta [a'ɔrta] *f ANAT* Aorta *f,* Hauptschlagader *f*
apacible [apa'θiβle] *adj* leise, mild
apaciguamiento [apaθiɣwa'mjento] *m* Beruhigung *f*
apaciguar [apaθi'ɣwar] *v* besänftigen, schlichten
apagar [apa'ɣar] *v* **1.** abschalten, ausmachen, ausschalten; *~ de un soplo* auspusten; *~ todas las luces* verdunkeln; **2.** *(incendio)* löschen; **3.** *(fig)* auslöschen
apagarse [apa'ɣarse] *v* ausgehen, erlöschen
apalear [apale'ar] *v* verprügeln
apantallar [apanta'ʎar] *v* abschirmen
aparador [apara'ðɔr] *m* Büfett *n*
aparato [apa'rato] *m* **1.** Apparat *m,* Gerät *n,* Vorrichtung *f; ~ de radio TECH* Funkgerät *n; ~ gimnástico SPORT* Turngerät *n;* **2.** Telefon *n*
aparcamiento [aparka'mjento] *m* Parkplatz *m; ¿Está vigilado el ~?* Ist der Parkplatz bewacht?
aparcar [apar'kar] *v* parken; *¿Se puede ~ aquí?* Darf man hier parken?
aparear [apare'ar] *v* paaren
aparecer [apare'θer] *v irr* **1.** erscheinen, zum Vorschein kommen, auftreten; **2.** *(fig: surgir)* aufkommen
aparecerse [apare'θerse] *v irr (inesperadamente)* hineinplatzen, auftauchen
aparentar [aparen'tar] *v* vorspiegeln, vortäuschen, vorgeben
aparente [apa'rente] *adj* offenkundig, sichtbar

aparición [apari'θjɔn] *f* Aufkommen *n*, Auftritt *m*
apariencia [apa'rjenθja] *f* Anschein *m*, Erscheinung *f*
apartado [apar'taðo] *adj* **1.** entfernt, abgelegen, separat; *m* **2.** *~ de correos* Postfach *n*, Schließfach *n*
apartamento [aparta'mento] *m* Wohnung *f*, Appartement *n*
apartar [apar'tar] *v* wegbringen, beseitigen, entfernen
apartarse [apar'tarse] *v* sich abwenden, sich absondern, abweichen
aparte [a'parte] *adv* extra, abseits, separat; *~ de* abgesehen von; *~ de ello* obendrein
apasionado [apasjo'naðo] *adj* heißblütig, leidenschaftlich, stürmisch
apasionar [apasjo'nar] *v ~ a alguien* jdn begeistern
apasionarse [apasjo'narse] *v* sich begeistern
apatía [apa'tia] *f* Apathie *f*
apático [a'patiko] *adj* apathisch, willenlos
apátrida [a'patriða] *adj* heimatlos, staatenlos
apedazar [apeða'θar] *v (remendar)* flicken, verbessern, zusammenstückeln
apedrear [apeðre'ar] *v (lanzar piedras)* steinigen, mit Steinen bewerfen, hageln
apegado [ape'ɣaðo] *adj* anhänglich
apegarse [ape'ɣarse] *v ~ a* Zuneigung zu etw/jdm fassen
apego [a'peɣo] *m* Anhänglichkeit *f*
apelación [apela'θjɔn] *f* **1.** *JUR* Berufung *f*; **2.** *~ al crédito ECO* Kreditaufnahme *f*
apelar [ape'lar] *v ~ a/ante/contra* an etw appellieren, sich an jdn wenden
apellido [ape'ʎiðo] *m* Nachname *m*, Familienname *m*, Zuname *m*; *del mismo ~* gleichnamig; *~ de soltera* Mädchenname *m*
apenar [ape'nar] *v* bekümmern
apéndice [a'pendiθe] *m* **1.** Anhang *m*, Nachtrag *m*; **2.** *ANAT* Blinddarm *m*
apendicitis [apendi'θitis] *f MED* Blinddarmentzündung *f*
aperitivo [aperi'tiβo] *m* **1.** Aperitif *m*; **2.** *(entremés)* Vorspeise *f*; *adj* **3.** appetitanregend
apertura [apɛr'tura] *f* **1.** Öffnung *f*; **2.** *(de un local, de un establecimiento)* Eröffnung *f*; **3.** *ECO* Erschließung *f*; **4.** *~ de la quiebra JUR* Konkurseröffnung *f*
apesadumbrado [apesaðum'braðo] *adj* kummervoll
apetecible [apete'θiβle] *adv* schmackhaft
apetito [ape'tito] *m* Appetit *m*; *falta de ~* Appetitlosigkeit *f*
apetitoso [apeti'toso] *adj* lecker, schmackhaft; *poco ~* unappetitlich
apiadarse [apja'ðarse] *v ~ de* sich erbarmen
apilar [api'lar] *v* anhäufen, stapeln, türmen, auftürmen; *~ de nuevo* umschichten
aplacar [apla'kar] *v* besänftigen
aplacarse [apla'karse] *v* **1.** *(tormenta)* abebben; **2.** *(calmarse)* sich beruhigen
aplanar [apla'nar] *v* ebnen, glätten
aplastar [aplas'tar] *v* **1.** zerdrücken, quetschen; **2.** *(fig: sofocar)* erdrücken
aplaudir [aplaŭ'ðir] *v* klatschen, applaudieren
aplauso [a'plaŭso] *m* Beifall *m*, Applaus *m*; *dar ~* applaudieren
aplazamiento [aplaθa'mjento] *m* Aufschub *m*, Verlegung *f*
aplazar [apla'θar] *v* **1.** verschieben; *~ hasta* vertagen bis; *~ para* verlegen auf; **2.** *ECO* stunden
aplicación [aplika'θjɔn] *f* **1.** Verwendung *f*; **2.** *(asiduidad)* Fleiß *m*, Lerneifer *m*; **3.** *(en la moda)* Applikation *f*; **4.** *INFORM* App *f*
aplicado [apli'kaðo] *adj* **1.** fleißig, emsig; **2.** *(al arte, a la ciencia)* angewandt
aplicar [apli'kar] *v* **1.** *(utilizar)* verwenden; **2.** *(sobre una superficie)* auftragen; **3.** *MED* anlegen
apocado [apo'kaðo] *adj* kleinlaut, kleinmütig
apoderado [apoðe'raðo] *m* **1.** Bevollmächtigter *m*; **2.** *~ especial JUR* Handlungsbevollmächtigter *m*; **3.** *~ general ECO* Prokurist *m*
apoderamiento [apoðera'mjento] *m JUR* Bevollmächtigung *f*
apoderar [apoðe'rar] *v JUR* bevollmächtigen
apólogo [a'pɔloɣo] *m* Gleichnis *n*

A

A

apósito [a'pɔsito] *m MED* Verband *m*
apostar [apɔs'tar] *v irr* **1.** *~ por* tippen auf; **2.** *~ que* wetten, dass
apóstrofe [a'pɔstrofe] *m* Apostroph *m*
apoyar [apo'jar] *v* **1.** *~ en* aufstützen auf; *~ el codo en la mesa* den Ellbogen auf den Tisch aufstützen; **2.** *(fig: ayudar, asistir)* unterstützen, beistehen
apoyarse [apo'jarse] *v ~ en* sich lehnen an
apoyo [a'pojo] *m* Unterstützung *f*, Beistand *m*, Rückhalt *m*
apreciable [apre'θjaβle] *adj* beachtlich, achtbar, nennenswert
apreciado [apre'θjaðo] *adj* angesehen, geachtet, geschätzt
apreciar [apre'θjar] *v* **1.** berechnen, honorieren, bewerten; **2.** *(una persona)* schätzen, achten, mögen
aprecio [a'preθjo] *m* **1.** Schätzung *f*, Wertschätzung *f*; **2.** *~ de sí mismo* Selbstachtung *f*
apremiar [apre'mjar] *v* **1.** mahnen; **2.** *(presionar)* bedrängen
aprender [apren'dɛr] *v* lernen
aprenderse [apren'dɛrse] *v ~ de memoria* auswendig lernen
aprendiz [apren'diθ] *m/f* Lehrling *m*, Auszubildende(r) *m/f*
aprendizaje [aprendi'θaxe] *m* Lehre *f*
apresar [apre'sar] *v* gefangen nehmen
aprestarse [apres'tarse] *v ~ a* sich anschicken
apresurado [apresu'raðo] *adj* eilig, voreilig
apresurarse [apresu'rarse] *v* hetzen, sich beeilen
apretado [apre'taðo] *adj* **1.** beengt, dicht gedrängt; **2.** *(atrapado)* eingekeilt
apretar [apre'tar] *v irr* **1.** drücken, klemmen; *~ hacia abajo* herunterdrücken; **2.** *~ el tornillo TECH* die Schraube anziehen
apretujarse [apretu'xarse] *v* sich drängeln
aprieto [a'prjeto] *m* **1.** Gedränge *n*; **2.** *(fig)* Bedrängnis *f*
aprobación [aproβa'θjɔn] *f* **1.** Zustimmung *f*, Billigung *f*; **2.** *(fig)* Anerkennung *f*, Beifall *m*; **3.** *(de una ley) JUR* Verabschiedung *f*
aprobar [apro'βar] *v irr* **1.** *(consentir)* bejahen, billigen, gutheißen; **2.** *(aceptar)* anerkennen, annehmen; **3.** *~ un examen* eine Prüfung bestehen
apropiación [apropja'θjɔn] *f* Aneignung *f*
apropiado [apro'pjaðo] *adj* passend, angemessen, adäquat; *~ para* geeignet für
aprovechable [aproβe'tʃaβle] *adj* brauchbar, nutzbar
aprovechar [aproβe'tʃar] *v* **1.** gebrauchen, ausnützen, nutzen, verwerten; **2.** *¡Que aproveche!* Guten Appetit!
aprovecharse [aproβe'tʃarse] *v ~ de* ausnutzen; *~ de algo* sich etw zunutze machen; *~ de alguien* jdn ausnutzen
aprovisionamiento [aproβisjɔna'mjento] *m* Versorgung *f*, Zufuhr *f*
aprovisionar [aproβisjɔ'nar] *v ~ de* versorgen mit
aproximación [aprɔɣsima'θjɔn] *f* Annäherung *f*
aproximadamente [aprɔɣsimaða'mente] *adv* zirka, etwa, ungefähr; *~ una semana* etwa eine Woche
aproximado [aprɔɣsi'maðo] *adj* rund, grob, annähernd
aproximarse [aprɔɣsi'marse] *v* sich nähern, nahen
aptitud [apti'tuð] *f* Eignung *f*, Tüchtigkeit *f*
apto ['apto] *adj* **1.** *~ para* fähig zu, geeignet für; *~ para el trabajo* erwerbsfähig; **2.** *~ para menores JUR* jugendfrei
apud [a'puð] *adj ~ acta JUR* aktenkundig
apuesta [a'pwesta] *f* Wette *f*, Einsatz *m*
apuntalar [apunta'lar] *v* stützen
apuntamiento [apunta'mjento] *m* **1.** Zielen *n*; **2.** *(fig)* Andeutung *f*; **3.** *JUR* Aktenauszug *m*
apuntar [apun'tar] *v* **1.** notieren, aufschreiben, vormerken, vermerken; **2.** *~ hacia* zielen auf; **3.** *(fig) ~ a* deuten auf; **4.** *~ una basta* abstecken
apunte [a'punte] *m* **1.** Notiz *f*, Vermerk *m*; **2.** *(dibujo)* Aufzeichnung *f*
apurarse [apu'rarse] *v (LA)* sich beeilen, sich abhetzen
apuro [a'puro] *m* **1.** Eile *f*, Bedrängnis *f*; **2.** *(fig: situación)* Zwickmühle *f*, Klemme *f*

aquél [a'kɛl] *pron* derjenige/dasjenige, der/das
aquel [a'kɛl] *pron* jener/jenes
aquélla [a'keʎa] *pron* diejenige
aquella [a'keʎa] *pron* jene
aquéllo [a'keʎo] *pron* dasjenige
aquello [a'keʎo] *pron* jenes
aquí [a'ki] *adv* da, hier; *de ~* hiesig
aquietar [akje'tar] *v* beruhigen
Arabia [a'raβja] *f GEO* Arabien *n; ~ Saudita* Saudi-Arabien *n*
arancel [aran'θɛl] *m* Zolltarif *m,* Zoll *m*
arándano [a'randano] *m BOT* Heidelbeere *f; ~ encarnado* Preiselbeere *f*
araña [a'raɲa] *f ZOOL* Spinne *f*
arañar [ara'ɲar] *v* kratzen
arañazo [ara'ɲaθo] *m* Schramme *f,* Kratzer *m*
arar [a'rar] *v AGR* pflügen
arbitraje [arβi'traxe] *f (peritaje)* Schiedsspruch *m,* Schiedsverfahren *n*
arbitrariedad [arβitrarje'ðað] *f* Willkür *f*
arbitrario [arβi'trarjo] *adj* eigenmächtig, eigenwillig, willkürlich
árbitro ['arβitro] *m SPORT* Schiedsrichter *m,* Kampfrichter *m*
árbol ['arβɔl] *m* **1.** *BOT* Baum *m; ~ de mayo* Maibaum *m; ~ de Navidad* Weihnachtsbaum *m,* Christbaum *m; ~ genealógico* Stammbaum *m; ~ frondoso* Laubbaum *m; ~ frutal* Obstbaum *m;* **2.** *TECH* Welle *f*
arbusto [ar'βusto] *m* Strauch *m,* Busch *m*
arca ['arka] *f* Truhe *f; ~ congeladora* Tiefkühltruhe *f*
archipiélago [artʃi'pjelaɣo] *m* Inselgruppe *f,* Archipel *m*
archivador [artʃiβa'ðɔr] *m* Ordner *m*
archivar [artʃi'βar] *v (las actas)* ablegen, archivieren
archivo [ar'tʃiβo] *m* Archiv *n,* Datei *f*
arcilla [ar'θiʎa] *f GEOL* Ton *m*
arco ['arko] *m* **1.** Bogen *m; ~ iris* Regenbogen *m;* **2.** *ARCH* Bogen *m,* Gewölbebogen *m,* Brückenbogen *m; ~ del triunfo* Triumphbogen *m*
arder [ar'ðɛr] *v* brennen, lodern
ardiente [ar'ðjente] *adj* **1.** glühend; **2.** *(fig)* heißblütig, inbrünstig
ardor [ar'ðɔr] *m* **1.** Glut *f,* Hitze *f;* **2.** *(fig)* Inbrunst *f,* Eifer *m*
arduo ['arðwo] *adj* schwer
área ['area] *f* **1.** Gelände *n,* Raum *m,* Gebiet *n;* **2.** *~ de no fumar* Nichtraucherzone *f;* **3.** *~ de penalty/~ de castigo SPORT* Strafraum *m;* **4.** *~ de aprovechamiento* Einzugsgebiet *n;* **5.** *~s verdes* Grünanlage *f;* **6.** *~ de cultivos AGR* Anbaufläche *f*
arena [a'rena] *f* **1.** Sand *m; reloj de ~* Sanduhr *f;* **2.** *(corrida de toros) SPORT* Arena *f*
arenoso [are'noso] *adj* sandig
arenque [a'reŋke] *m ZOOL* Hering *m*
arete [a'rete] *m* Ohrring *m*
Argel [ar'xel] *m GEO* Algier *n*
Argelia [ar'xelja] *f GEO* Algerien *n*
argelino [arxe'lino] *adj* **1.** algerisch; *m* **2.** Algerier *m*
Argentina [arxen'tina] *f GEO* Argentinien *n*
argentino [arxen'tino] *adj* **1.** argentinisch; **2.** *(voz)* glockenhell; **3.** *(de plata)* silbern; *m* **4.** Argentinier *m*
argumento [arɣu'mento] *m* Argument *n,* Handlung *f*
aria ['arja] *f MUS* Arie *f*
aridez [ari'ðeθ] *f* Dürre *f*
árido ['ariðo] *adj* **1.** kahl; **2.** *(seco)* trocken
aristocracia [aristo'kraθja] *f* Aristokratie *f*
aristócrata [aris'tokrata] *m/f* Adlige(r) *m/f,* Aristokrat(in) *m/f*
aritmética [arit'metika] *f* Arithmetik *f*
arma ['arma] *f* **1.** Waffe *f; ~ atómica/~ nuclear* Atomwaffe *f; ~ de fuego* Schusswaffe *f;* **2.** *(blasón)* Wappen *n*
armadura [arma'ðura] *f* **1.** *MIL* Panzerung *f;* **2.** *HIST* Rüstung *f*
armamento [arma'mento] *m* **1.** Ausrüstung *f;* **2.** *MIL* Bewaffnung *f;* **3.** *HIST* Rüstung *f*
armar [ar'mar] *v* **1.** bewaffnen; **2.** *(fig)* aufstellen
armario [ar'marjo] *m* Schrank *m; ~ de cocina* Küchenschrank *m; ~ para libros* Bücherschrank *m; ~ de ropa* Kleiderschrank *m*
Armenia [ar'menja] *f GEO* Armenien *n*
armisticio [armis'tiθjo] *m* Waffenstillstand *m*
armonía [armo'nia] *f* Harmonie *f; estar en ~* harmonieren; *en ~* einträchtig

A

armónica [ar'monika] *f MUS* Mundharmonika *f*
armónico [ar'moniko] *adj* harmonisch
armonioso [armo'njoso] *adj* 1. *(melodioso)* harmonisch, wohlklingend; 2. *(de buena proporción)* ausgeglichen, aufeinander abgestimmt, wohlproportioniert
armonizar [armoni'θar] *v* harmonisieren
aroma [a'roma] *m* Duft *m,* Aroma *n,* Wohlgeruch *m*
aromático [aro'matiko] *adj* aromatisch
arpa ['arpa] *f MUS* Harfe *f*
arqueólogo [arke'oloɣo] *m* Archäologe *m*
arquitecta [arki'tɛkta] *f* Architektin *f*
arquitecto [arki'tɛkto] *m* Architekt *m*
arquitectónico [arkitɛk'toniko] *adj* architektonisch
arquitectura [arkitɛk'tura] *f* Architektur *f*
arrabal [arra'βal] *m* Vorstadt *f,* Vorort *m*
arrancada [arraŋ'kaðа] *f* ruckartiges, schnelles Anfahren *n*
arrancar [arraŋ'kar] *v* 1. herausreißen, losreißen; *~ una hoja* ein Blatt abreißen; *~ de repente* ausbrechen, herausbrechen; *~ una confesión* ein Geständnis erzwingen; *~ de raíz* entwurzeln; 2. *TECH* Motor anlassen, starten
arrastrar [arras'trar] *v* 1. ziehen, nachziehen; 2. *(fuertemente)* zerren; *~ a alguien* jdn schleifen
arrastrarse [arras'trarse] *v* kriechen
arrebatador [arrɛβata'ðɔr] *adj* hinreißend, mitreißend
arrebatar [arrɛβa'tar] *v* entreißen
arrebato [arrɛ'βato] *m* Anwandlung *f,* Erregung *f*
arrecife [arrɛ'θife] *m* Riff *n*
arreglado [arrɛ'ɣlaðo] *adj* ordentlich
arreglar [arrɛ'ɣlar] *v* 1. *(poner orden)* aufräumen, ordnen; 2. *(disponer)* einrichten, richten; 3. *(reparar)* reparieren, kitten; 4. *(preparar)* vorbereiten, bereitstellen; 5. *(mejorar)* ausbessern, bereinigen, zurechtmachen; 6. *(fig)* arrangieren
arreglarse [arrɛ'ɣlarse] *v* sich schön machen; *~ el pelo* sich frisieren
arreglo [a'rrɛɣlo] *m* 1. Anordnung *f;* 2. *(acuerdo)* Absprache *f,* Arrangement *n,* Kompromiss *m,* Übereinkommen *n;* 3. *(mejora)* Instandsetzung *f,* Ausgleich *m;* 4. *(disposición)* Einrichtung *f;* 5. *ECO* Akkord *m,* Abfindung *f,* Geschäft *n;* 6. *JUR* Vergleich *m*
arremangarse [arrɛmaŋ'garse] *v* 1. sich aufraffen; 2. *~ la camisa* sich die Hemdsärmel hochkrempeln
arremetida [arrɛme'tiða] *f* Ansturm *m*
arrendador(a) [arrenda'ðɔr/arrenda'ðora] *m/f* 1. Verpächter(in) *m/f;* 2. *(LA)* Vermieter(in) *m/f*
arrendamiento [arrenda'mjento] *m* Pacht *f; tomar en ~* pachten
arrendar [arren'dar] *v irr* 1. *(LA)* mieten; 2. *(las áreas de cultivo)* pachten, verpachten
arrendatario [arrenda'tarjo] *m* 1. Mieter *m;* 2. *(de las áreas de cultivo)* Pächter *m*
arrepentido [arrɛpen'tiðo] *adj* reumütig
arrepentimiento [arrɛpenti'mjento] *m* Reue *f*
arrepentirse [arrɛpen'tirse] *v irr ~ de* bereuen
arrestar [arres'tar] *v* verhaften, festnehmen
arresto [a'rresto] *m* 1. Arrest *m; ~ domiciliario* Hausarrest *m,* Stubenarrest *m;* 2. *JUR* Verhaftung *f,* Arrest *m; ~ menor* Haftstrafe *f; ~ precautorio* Schutzhaft *f*
arriba [a'rriβa] *adv* 1. oben; *~ mencionado* oben genannt; 2. *hacia ~* hinauf, empor; 3. *más ~* oberhalb
arribada [arri'βaða] *f* Landung *f*
arribar [arri'βar] *v* landen
arriesgado [arrjez'ɣaðo] *adj* halsbrecherisch, lebensgefährlich, riskant
arriesgar [arrjes'ɣar] *v* riskieren, wagen, gefährden
arrodillarse [arrɔði'ʎarse] *v* knien, sich niederknien
arrogancia [arrɔ'ɣanθja] *f* Anmaßung *f,* Arroganz *f,* Überheblichkeit *f*
arrogante [arrɔ'ɣante] *adj* anmaßend, arrogant, hochnäsig
arrojado [arrɔ'xaðo] *adj* unerschrocken, wagemutig
arrojar [arrɔ'xar] *v* herauswerfen, schleudern, hinunterwerfen
arrojarse [arrɔ'xarse] *v* abspringen
arrojo [a'rrɔxo] *m* Mut *m*

arrollador [arrɔʎa'ðɔr] *adj* überwältigend
arrollar [arrɔ'ʎar] *v* **1.** aufwickeln, zusammenrollen; **2.** *(fig)* sich hinwegsetzen über; **3.** *(atropellar)* überfahren
arroyo [a'rrɔjo] *m* **1.** Bach *m;* **2.** *(acequia)* Rinnstein *m;* **3.** *(fig)* Gosse *f*
arroz [a'rrɔθ] *m* BOT Reis *m*
arruga [a'rruɣa] *f* Falte *f,* Runzel *f*
arrugado [arru'ɣaðo] *adj* runzelig, zerknittert
arruinar [arrwi'nar] *v* ruinieren
arruinarse [arrwi'narse] *v* **1.** untergehen, zerfallen; **2.** ECO abwirtschaften
arrumar [arru'mar] *v* verstauen
arsenal [arse'nal] *m* MIL Arsenal *n*
arte ['arte] *m* **1.** Kunst *f;* ~ *culinario* Kochkunst *f;* ~ *de persuadir* Überredungskunst *f;* **2.** *una obra de* ~ ART Kunstwerk *n; f* **3.** *~s plásticas pl* ART bildende Künste *pl*
arteria [ar'terja] *f* ANAT Arterie *f,* Schlagader *f;* ~ *radial* Pulsader *f;* ~ *de tráfico* Verkehrsader *f*
artesana [arte'sana] *f* Handwerkerin *f*
artesanal [artesa'nal] *adj* handwerklich; *feria* ~ Handwerksmesse *f*
artesanía [artesa'nia] *f* Kunsthandwerk *n,* Kunstgewerbe *n*
artesano [arte'sano] *m* Handwerker *m*
ártico ['artiko] *m* GEO Arktis *f,* Nordpol *m*
articulación [artikula'θjɔn] *f* **1.** ANAT Gelenk *n;* **2.** TECH Gelenk *n*
articulado [artiku'laðo] *adj* gelenkig, gegliedert, beweglich
artículo [ar'tikulo] *m* **1.** GRAMM Artikel *m;* **2.** *(de redacción)* Beitrag *m,* Zeitungsartikel *m;* **3.** ECO Artikel *m;* ~ *burlón/~ humorístico* Scherzartikel *m;* ~ *de lujo* Luxusartikel *m;* ~ *invendible* Ladenhüter *m;* **4.** JUR Artikel *m,* Paragraph *m;* **5.** *~s pl* Waren *pl,* Artikel *pl; ~s de cuero/~s de piel* Lederwaren *pl; ~s de escritorio* Bürobedarf *m,* Schreibwaren *pl; ~s de tocador* Toilettenartikel *pl*
artificial [artifi'θjal] *adj* künstlich, gekünstelt
artimaña [arti'maɲa] *f* Trick *m,* Masche *f*
artista [ar'tista] *m/f* **1.** Künstler(in) *m/f;* ~ *callejero* Gaukler *m,* Straßenkünstler *m;* **2.** ~ *de cabaret* THEAT Kabarettist(in) *m/f;* **3.** *(de circo)* Artist(in) *m/f*
artístico [ar'tistiko] *adj* künstlerisch
arzobispo [arθo'βispo] *m* REL Erzbischof *m*
as [as] *m* **1.** *(carta)* Ass *n;* **2.** *(fig: campeón)* Meister *m,* Ass *n*
asa ['asa] *f* Handgriff *m,* Henkel *m*
asado [a'saðo] *m* **1.** Braten *m; adj* **2.** gebraten
asador [asa'ðɔr] *m* Grill *m*
asaduras [asa'ðuras] *f/pl* GAST Innereien *pl*
asalariado [asala'rjaðo] *m* Erwerbstätiger *m,* Lohnempfänger *m*
asaltar [asal'tar] *v* überfallen, bestürmen; ~ *a alguien* jdn anfallen, jdn überfallen
asalto [a'salto] *m* Überfall *m*
asamblea [asam'blea] *f* **1.** Sitzung *f,* Versammlung *f;* ~ *general* Hauptversammlung *f;* **2.** ~ *general del partido* POL Parteitag *m;* ~ *plenaria* Vollversammlung *f*
asar [a'sar] *v* braten; ~ *a la parrilla* rösten, grillen; ~ *a punto* GAST durchbraten
ascendente [asθen'dente] *adj* steigend
ascender [asθen'dɛr] *v irr* aufsteigen, hinaufsteigen, steigen
ascensión [asθen'sjɔn] *f* Aufstieg *m,* Anstieg *m; Ascensión del Señor* REL Christi Himmelfahrt *f*
ascenso [as'θenso] *m* **1.** Aufstieg *m;* **2.** *(de puesto)* ECO Beförderung *f*
ascensor [asθen'sɔr] *m* Fahrstuhl *m,* Lift *m,* Aufzug *m*
asco ['asko] *m* Abscheu *m,* Ekel *m; tomar* ~ *a* sich ekeln vor; *sentir* ~ sich ekeln; *¡Qué ~!* Pfui Teufel!
aseado [ase'aðo] *adj* **1.** *(bien cuidado)* gepflegt, adrett; **2.** *(persona)* sauber, reinlich
asear [ase'ar] *v* sauber machen
asediar [ase'ðjar] *v* **1.** belagern; ~ *con preguntas a alguien* jdm mit Fragen zusetzen; **2.** *(molestar)* belästigen
asegurado [aseɣu'raðo] *m* **1.** Versicherungsnehmer *m; adj* **2.** versichert
aseguramiento [aseɣura'mjento] *m* **1.** Sicherung *f;* **2.** *(fig: afirmación)* Versprechung *f,* Behauptung *f,* Bestätigung *f*

A

asegurar [aseɣu'rar] *v* **1.** *(un coche, la casa)* versichern; **2.** *(fig: afirmar)* behaupten, zusichern, beteuern, versichern; **3.** *(poner a salvo)* absichern, sicherstellen; **4.** *(fijar)* festhalten, halten; **5.** *(contra)* sichern; **6.** INFORM abspeichern
asegurarse [aseɣu'rarse] *v* **1.** sich absichern; **2.** *(fig)* sich vergewissern, sich versichern
asemejar [aseme'xar] *v ~ a alguien* jdm gleichen
asentamiento [asenta'mjento] *m* Siedlung *f*, Ansiedlung *f*
asentar [asen'tar] *v irr* **1.** setzen, stellen, aufbauen; **2.** *(inscribir)* eintragen, buchen; **3.** *(vestido)* passen, gut stehen
asentarse [asen'tarse] *v irr (en un lugar)* sich ansiedeln
asentimiento [asenti'mjento] *m* Zustimmung *f*
asentir [asen'tir] *v irr (con la cabeza)* nicken
aseo [a'seo] *m* **1.** Sauberkeit *f*, Gepflegtheit *f*; **2.** *(cuarto)* Toilette *f*
asequible [ase'kiβle] *adj* erreichbar, erschwinglich
aserradero [asεrra'ðero] *m* Sägewerk *n*
aserrar [asε'rrar] *v irr* sägen
asesinar [asesi'nar] *v* ermorden
asesinato [asesi'nato] *m* Mord *m*, Ermordung *f*; *~ con robo* Raubmord *m*
asesino [ase'sino] *m* **1.** Mörder *m*, Attentäter *m*; *adj* **2.** mörderisch
asesor(a) [ase'sɔr/ase'sora] *m/f* Berater(in) *m/f*; *~ fiscal* Steuerberater(in) *m/f*
asesoramiento [asesora'mjento] *m* Beratung *f*; *~ de empresa* Unternehmensberatung *f*
asesorar [aseso'rar] *v* beraten
asfixiarse [asfiɣ'sjarse] *v* ersticken
así [a'si] *adv* **1.** so, dadurch; *¡Así lo espero!* Hoffentlich! *¡Está bien ~!* Stimmt so! *konj* **2.** *~ que* sodass; **3.** *~ pues* somit; **4.** *~ como* sowie, genauso wie
Asia ['asja] *f* GEO Asien *n*
asidero [asi'ðero] *m* **1.** Griff *m*, Handgriff *m*; **2.** *(fig)* Anhaltspunkt *m*
asiento [a'sjento] *m* **1.** Sitz *m*, Sitzplatz *m*; *tomar ~* sich hinsetzen/Platz nehmen; **2.** *(puesto)* Posten *m*; **3.** ECO Eintragung *f*, Buchung *f*
asignación [asiɣna'θjɔn] *f* Zuweisung *f*
asignar [asiɣ'nar] *v* zuweisen
asignatura [asiɣna'tura] *f* Fach *n*, Lehrfach *n*; *~ voluntaria* Wahlfach *n*; *~ obligatoria* Pflichtfach *n*; *~ secundaria* Nebenfach *n*
asilo [a'silo] *m* **1.** *(político)* Asyl *n*; **2.** *(casa)* Hort *m*, Pflegeheim *n*; *~ de ancianos* Altersheim *n*; *~ nocturno* Obdachlosenasyl *n*, Nachtasyl *n*; *~ para animales* Tierheim *n*
asimilar [asimi'lar] *v* **1.** angleichen, gleichstellen; **2.** *(comprender)* geistig verarbeiten, erfassen, begreifen
asimismo [asi'mizmo] *adv* ebenfalls, zugleich
asir [a'sir] *v irr* anfassen, greifen, ergreifen, packen
asistencia [asis'tenθja] *f* **1.** *(cuidado)* Pflege *f*, Hilfe *f*; **2.** *(presencia)* Anwesenheit *f*, Besuch *m*; **3.** *(ayuda)* Hilfe *f*, Aushilfe *f*, Beihilfe *f*, Beistand *m*; *~ al parto* Geburtshilfe *f*; *~ social* Sozialhilfe *f*; *~ a una sesión* Beisitz *m*; *~ técnica* Service *m*, Kundendienst *m*; *~ a las urnas* POL Wahlbeteiligung *f*
asistente [asis'tente] *m/f (ayudante)* Gehilfe/Gehilfin *m/f*, Assistent(in) *m/f*, Helfer(in) *m/f*; *~ durante el plazo de prueba* Bewährungshelfer(in) *m/f*; *~ social* Sozialarbeiter(in) *m/f*; *~ de vuelo* Flugbegleiter(in) *m/f*
asistir [asis'tir] *v* **1.** MED behandeln; **2.** *(ayudar)* aushelfen, beistehen; **3.** *(dar cuidados) ~ a* pflegen; **4.** *(presencia) ~ a* besuchen; **5.** *~ en el parto* MED entbinden
asma ['azma] *f* MED Asthma *n*
asno ['azno] *m* Esel *m*
asociación [asoθja'θjɔn] *f* **1.** *(grupo)* Verein *m*, Verband *m*, Zusammenschluss *m*; *~ deportiva* Sportverein *m*; *~ de padres de familia* Elternbeirat *m*; **2.** *(fig: relación)* Zusammenhang *m*, Kombination *f*, Verknüpfung *f*
asociado [aso'θjaðo] *m* ECO Sozius *m*, Teilhaber *m*
asocial [aso'θjal] *adj* asozial
asociar [aso'θjar] *v* angliedern, verknüpfen, kombinieren; *~ algo con etw* assoziieren mit, etw verbinden mit
asociarse [aso'θjarse] *v* sich zusammenschließen; *~ con* sich anschließen an

asolamiento [asola'mjento] *m* Verwüstung *f*
asolar [aso'lar] *v irr* verwüsten
asombrarse [asɔm'brarse] *v* ~ *con/~ de* sich wundern über, erstaunt sein über
asombro [a'sɔmbro] *m* Staunen *n,* Verwunderung *f*
asombroso [asɔm'broso] *adj* erstaunlich, verblüffend
aspavientos [aspa'βjentos] *m/pl* Faxen *pl,* Gezeter *n,* Theater *n*
aspecto [as'pɛkto] *m* Aussehen *n,* Erscheinung *f;* ~ *físico* Gestalt *f;* ~ *negativo* Kehrseite *f*
aspereza [aspe'reθa] *f* Unebenheit *f*
áspero ['aspero] *adj* **1.** rau; **2.** *(seco)* trocken; **3.** *(bronco)* barsch, rau; **4.** *(rudo, vulgar)* derb; **5.** *(superficie)* holperig, stachelig, hölzern
aspirador [aspira'ðɔr] *m* Staubsauger *m*
aspirante [aspi'rante] *m/f* Anwärter(in) *m/f,* Bewerber(in) *m/f*
aspirar [aspi'rar] *v* **1.** *(respirar)* einatmen; **2.** *(el polvo)* saugen, absaugen; **3.** *TECH* ansaugen; **4.** *(ambicionar)* ~ *a* sich bewerben um, anstreben, erstreben
asquear [aske'ar] *v* anekeln
asqueroso [aske'roso] *adj (fig)* abscheulich, widerlich, Ekel erregend; *un aspecto* ~ ein widerlicher Anblick *m*
astilla [as'tiʎa] *f* Span *m,* Splitter *m*
astillero [asti'ʎero] *m* Werft *f*
astro ['astro] *m* Stern *m,* Gestirn *n*
astrología [astrolɔ'xia] *f* Astrologie *f*
astronauta [astro'naŭta] *m/f* Astronaut(in) *m/f,* Raumfahrer(in) *m/f*
astronáutica [astro'naŭtika] *f* Raumfahrt *f*
astronomía [astrono'mia] *f* Astronomie *f*
astucia [as'tuθja] *f* List *f,* Schläue *f,* Überlistung *f*
astuto [as'tuto] *adj* schlau, listig, pfiffig
asumir [asu'mir] *v* **1.** ~ *la defensa* verteidigen; **2.** ~ *un cargo* eine Stelle übernehmen
Asunción [asun'θjɔn] *f REL* Mariä Himmelfahrt *f*
asunto [a'sunto] *m* Affäre *f,* Angelegenheit *f,* Betreff *m,* Sache *f*
asustadizo [asusta'ðiθo] *adj* ängstlich, schreckhaft
asustado [asus'taðo] *adj* angsterfüllt, verängstigt
asustarse [asus'tarse] *v* sich ängstigen, sich erschrecken
atacar [ata'kar] *v* **1.** angreifen; ~ *sorpresivamente* überfallen; **2.** *(fig)* bekämpfen; **3.** *(en público)* anprangern
atadura [ata'ðura] *f* Bindung *f,* Fessel *f*
atajo [a'taxo] *m* Abkürzung *f; tomar un* ~ den Weg abschneiden
atañer [ata'ɲɛr] *v irr* anbelangen
ataque [a'take] *m* **1.** Angriff *m,* Attacke *f;* ~ *sorpresivo* Überfall *m;* **2.** *MED* Anfall *m;* ~ *cardíaco* Herzanfall *m;* ~ *de apoplejía* Schlaganfall *m;* **3.** ~ *de cólera* Wutausbruch *m;* ~ *de rabia* Tobsuchtsanfall *m;* **4.** *MIL* Angriff *m;* **5.** ~ *suicida* Selbstmordanschlag *m*
atar [a'tar] *v* anbinden, zubinden, schnüren, verknüpfen
atardecer [atarðe'θɛr] *v irr* dämmern
atascado [atas'kaðo] *adj* **1.** verstopft; *El desagüe está* ~. Der Abfluss ist verstopft. **2.** *(fig)* verklemmt
atascarse [atas'karse] *v* **1.** stecken bleiben; **2.** *(fig: al hablar)* sich verhaspeln
atasco [a'tasko] *m* Stau *m*
ateísmo [ate'izmo] *m* Atheismus *m*
atención [aten'θjɔn] *f* **1.** Achtsamkeit *f,* Achtung *f,* Aufmerksamkeit *f; poner* ~ aufpassen; *sin* ~ unachtsam, unaufmerksam; *sin llamar la* ~ unauffällig; *falta de* ~ Unachtsamkeit *f; interj* **2.** *¡Atención!* Achtung!
atender [aten'dɛr] *v irr* **1.** *MED* behandeln; **2.** *(cuidar)* ~ *a* sorgen, pflegen, betreuen; **3.** *(escuchar)* ~ *a* hören, beachten; **4.** *(servir)* ~ *a alguien* jdm dienen, jdn bedienen; **5.** *(despachar)* ~ *a* abfertigen, versorgen
atenerse [ate'nɛrse] *v irr* ~ *a algo* sich an etw halten, etw einhalten
atentado [aten'taðo] *m* **1.** Attentat *n;* ~ *con bombas* Bombenattentat *n;* ~ *con explosivos* Sprengstoffattentat *n;* **2.** *POL* Anschlag *m*
atentamente [atenta'mente] *adv* höflich; *saludar* ~ hochachtungsvoll grüßen
atento [a'tento] *adj* **1.** aufmerksam, wachsam, achtsam; **2.** *(cortés)* höflich, zuvorkommend, gefällig
atenuar [ate'nwar] *v* mildern

A

ateo [a'teo] *adj* **1.** gottlos, atheistisch; *m* **2.** Atheist
aterrado [atɛ'rraðo] *adj* entsetzt
aterrizaje [atɛrri'θaxe] *m* Landung *f*; ~ *con avería*/~ *con daños* Bruchlandung *f*; ~ *forzoso*/~ *de emergencia* Notlandung *f*
aterrizar [atɛrri'θar] *v* landen
atesorar [ateso'rar] *v* *(dinero)* horten, anhäufen
atestado [ates'taðo] *m* Attest *n*, Zeugnis *n*
atleta [at'leta] *m/f* Athlet(in) *m/f*, Kämpfer(in) *m/f*, Wettkämpfer(in) *m/f*
atletismo [atle'tizmo] *m* SPORT Leichtathletik *f*
ático ['atiko] *m* Dachgeschoss *n*
atildado [atil'daðo] *adj* adrett
Atlántico [at'lantiko] *m* GEO Atlantik *m*
atlas ['atlas] *m* Atlas *m*
atlético [at'letiko] *adj* athletisch, sportlich
atmósfera [at'mɔsfera] *f* PHYS Atmosphäre *f*
atolondrado [atolɔn'draðo] *adj* kopflos, schusselig
atómico [a'tomiko] *adj* atomar
átomo ['atomo] *m* PHYS Atom *n*
atónito [a'tɔnito] *adj* fassungslos, sprachlos, verdutzt
atontado [atɔn'taðo] *v* *estar* ~ benommen sein
atormentar [atɔrmen'tar] *v* peinigen, quälen
atornillar [atɔrni'ʎar] *v* schrauben
atosigar [atosi'ɣar] *v* bedrängen, hetzen; ~ *alguien a preguntas* jdn mit Fragen löchern
atracadero [atraka'ðero] *m* Anlegeplatz *m*
atracar [atra'kar] *v* **1.** NAUT anlegen, festmachen; **2.** *(atacar)* überfallen
atracción [atraɣ'θjɔn] *f* **1.** Anziehung *f*, Reiz *m*; ~ *terrestre* Erdanziehungskraft *f*; **2.** *(de clientes)* ECO Abwerbung *f*; **3.** *(turística)* Sehenswürdigkeit *f*
atraco [a'trako] *m* Überfall *m*, Raubüberfall *m*; ~ *bancario* Banküberfall *m*
atractivo [atrak'tiβo] *m* **1.** Charme *m*, Liebreiz *m*, Zauber *m*; *sin* ~ reizlos; *adj* **2.** charmant, attraktiv, fesselnd; **3.** *lleno de* ~*s* reizvoll
atraer [atra'ɛr] *v irr* **1.** anlocken, anziehen; **2.** ~ *a alguien* jdn locken, jdn für sich gewinnen
atragantarse [atraɣan'tarse] *v* sich verschlucken
atrapar [atra'par] *v* erwischen, abfangen
atrás [a'tras] *adv* **1.** hinten, zurück, rückwärts; *tres años* ~ vor drei Jahren; **2.** *(detrás)* dahinter; **3.** *por* ~ hintenherum
atrasado [atra'saðo] *adj* rückständig, überfällig; *(reloj) ir* ~ nachgehen
atrasarse [atra'sarse] *v* verspäten
atravesar [atraβe'sar] *v irr* passieren, durchqueren, überqueren, überschreiten
atreverse [atre'βɛrse] *v* wagen; ~ *a algo* sich etw trauen
atrevido [atre'βiðo] *adj* frech, gewagt
atribuir [atriβu'ir] *v irr* beimessen, zuerkennen; ~ *un valor exagerado* überschätzen
atribuirse [atriβu'irse] *v irr* ~ *algo* sich etw anmaßen
atrocidad [atrɔθi'ðað] *f* Grausamkeit *f*, Gräueltat *f*
atropellar [atrope'ʎar] *v* überfahren
atroz [a'trɔθ] *adj* grausam, grauenhaft
atuendo [a'twendo] *m* Aufzug *m*, Kleidung *f*, Erscheinen *n*
atún [a'tun] *m* ZOOL Thunfisch *m*
aturdido [atur'ðiðo] *adj* gedankenlos, kopflos, verstört
aturdimiento [aturði'mjento] *m* Gedankenlosigkeit *f*
audacia [aŭ'ðaθja] *f* Vermessenheit *f*
audaz [aŭ'ðaθ] *adj* kühn, wagemutig, verwegen
audible [aŭ'ðiβle] *adj* hörbar, vernehmbar
audición [aŭði'θjɔn] *f* JUR Anhörung *f*
audiencia [aŭ'ðjenθja] *f* **1.** JUR Anhörung *f*; **2.** *(juzgado)* JUR Gericht *n*
audífono [aŭ'ðifono] *m* **1.** MED Hörgerät *n*; **2.** *(LA)* Kopfhörer *m*
audiovisual [aŭðjoβi'swal] *adj* audiovisuell
auditor [aŭði'tɔr] *m* ECO Wirtschaftsprüfer *m*, Rechnungsprüfer *m*
auge ['aŭxe] *m* ECO Aufschwung *m*
augurar [aŭɣu'rar] *v* voraussagen
augurio [aŭ'ɣurjo] *m* Omen *n*, Vorzeichen *n*, Vorbedeutung *f*

aula ['aŭla] *f* 1. Aula *f;* 2. *(salón)* Klasse *f;* ~ *universitaria* Hörsaal *m*
aullar [aŭ'ʎar] *v* *(perro)* kläffen, jaulen
aumentar [aŭmen'tar] *v* 1. *(agrandar, multiplicar)* vermehren, verstärken, vergrößern; 2. *(fig: subir)* anheben, heraufsetzen, steigern; 3. ECO erhöhen; 4. *(poniendo un líquido)* verlängern, strecken; 5. *(de peso)* zunehmen
aumento [aŭ'mento] *m* 1. Anstieg *m,* Steigerung *f,* Zunahme *f; ir en* ~ überhandnehmen; ~ *de la población* Bevölkerungszuwachs *m;* ~ *de familia* Familienzuwachs *m;* 2. *(fig: multiplicación)* Vermehrung *f;* 3. ECO Zuwachs *m;* 4. *(fig: subida)* ECO Erhöhung *f;* ~ *de precios* ECO Preiserhöhung *f;* ~ *salarial* Lohnerhöhung *f;* ~ *de sueldo* Gehaltserhöhung *f*
aún [a'un] *adv* noch; ~ *duermen.* Sie schlafen (immer) noch.
aunar [aŭ'nar] *v* zusammenfassen
aunque ['aŭŋke] *konj* obwohl, trotzdem
auricular [aŭriku'lar] *m* 1. TEL Hörer *m,* Hörmuschel *f;* 2. *~es pl* Kopfhörer *m*
ausencia [aŭ'senθja] *f* 1. Abwesenheit *f;* 2. *(carencia)* Mangel *m*
ausentarse [aŭsen'tarse] *v* fernbleiben
ausente [aŭ'sente] *adj* 1. abwesend; 2. *(fig)* geistesabwesend; 3. *(desaparecido)* verschollen
austeridad [aŭsteri'ðað] *f* 1. Strenge *f;* 2. *(rigor)* Stärke *f;* 3. *(seriedad)* Ernst *m*
austero [aŭs'tero] *adj* 1. *(severo)* streng; 2. *(serio)* ernst; 3. *(escueto)* schmucklos
Australia [aŭs'tralja] *f* GEO Australien *n*
australiano [aŭstra'ljano] *adj* 1. australisch; *m* 2. Australier *m*
Austria ['aŭstrja] *f* GEO Österreich *n*
austríaco [aŭs'triako] *adj* 1. österreichisch; *m* 2. Österreicher *m*
auténticamente [aŭ'tentikamente] *adv* authentisch
autenticidad [aŭtenti'θiðað] *f* Echtheit *f*
auténtico [aŭ'tentiko] *adj* echt, authentisch, rein
autentificación [aŭtentifika'θjɔn] *f* JUR Beurkundung *f*
autentificar [aŭtentifi'kar] *v* JUR beurkunden
autoadhesivo [aŭtoaðe'siβo] *m* 1. Aufkleber *m; adj* 2. selbstklebend
autobús [aŭto'βus] *m* Bus *m,* Omnibus *m*
autocar [aŭto'kar] *m* Reisebus *m*
autocontrol [aŭtokon'trol] *m* Haltung *f,* Selbstbeherrschung *f*
autocracia [aŭto'kraθja] *f* POL Alleinherrschaft *f*
autóctono [aŭ'tɔktono] *adj* einheimisch
autodeterminación [aŭtoðetermina'θjɔn] *f* Selbstbestimmung *f*
autodidacta [aŭtoði'ðakta] *m/f* Autodidakt(in) *m/f*
autodominio [aŭtoðo'minjo] *m* Selbstbeherrschung *f*
autoescuela [aŭtoes'kwela] *f* Fahrschule *f*
autógrafo [aŭ'toɣrafo] *m* Autogramm *n*
automarginarse [aŭtomarxi'narse] *v* (aus der Gesellschaft) aussteigen
autómata [aŭ'tomata] *m* Roboter *m*
automática [aŭto'matika] *f* ~ *de bebidas* Getränkeautomat *m*
automático [aŭto'matiko] *adj* automatisch; *totalmente* ~ vollautomatisch
automatización [aŭtomatiθa'θjɔn] *f* TECH Automatisierung *f*
automóvil [aŭto'moβil] *m* Auto *n,* Kraftfahrzeug *n,* Personenkraftwagen *m*
automovilista [aŭtomoβi'lista] *m/f* Autofahrer(in) *m/f,* Kraftfahrer(in) *m/f*
autonomía [aŭtono'mia] *f* Unabhängigkeit *f;* ~ *administrativa* POL Selbstverwaltung *f*
autónomo [aŭ'tonomo] *adj* 1. autonom; 2. *(libre profesión)* freiberuflich
autopista [aŭto'pista] *f* Autobahn *f*
autor(a) [aŭ'tɔr/aŭ'tora] *m/f* 1. *(escritor(a))* Autor(in) *m/f,* Urheber(in) *m/f,* Verfasser(in) *m/f;* 2. *(causante)* Täter(in) *m/f,* Verursacher(in) *m/f;* ~ *del atentado* Attentäter *m;* ~ *de un ataque suicida m/f* Selbstmordattentäter(in) *m/f;* 3. *(donante)* Stifter(in) *m/f*
autoridad [aŭtori'ðað] *f* 1. Amt *n,* Behörde *f;* ~ *pública* Obrigkeit *f;* ~ *de extranjería* Ausländerbehörde *f;* ~ *inspectora* Aufsichtsbehörde *f;* ~ *judicial* Justizbehörde *f;* 2. *(validez)* Geltung *f,* Ansehen *n,* Autorität *f*

A

autoritario [aŭtori'tarjo] *adj* gebieterisch, herrisch, selbstherrlich
autorización [aŭtoriθa'θjɔn] *f* **1.** Berechtigung *f*, Ermächtigung *f*; **2.** *(permiso)* Erlaubnis *f*, Befugnis *f*, Genehmigung *f*; **3.** *JUR* Bevollmächtigung *f*
autorizado [aŭtori'θaðo] *adj* zulässig, befugt, berechtigt; *~ para recibir* empfangsberechtigt; *~ para firmar* unterschriftsberechtigt; *no ~* unbefugt
autorizar [aŭtori'θar] *v* **1.** *(permitir)* erlauben, zulassen, gestatten; **2.** *JUR* ermächtigen, berechtigen, zulassen
autoservicio [aŭtosɛr'βiθjo] *m* Selbstbedienung *f*; *tienda de ~* Selbstbedienungsladen *m*
autostop [aŭtos'tɔp] *m viajar por ~* per Anhalter fahren, trampen
autostopista [aŭtostɔ'pista] *m/f* Tramper(in) *m/f*, Anhalter(in) *m/f*
autovía [aŭto'βia] *f* Schnellstraße *f*
auxiliador(a) [aŭɣsilja'ðɔr/aŭɣsilja'ðora] *m/f* Helfer(in) *m/f*
auxiliar [aŭɣsi'ljar] *m* **1.** Gehilfe *m*; **2.** *~ de enfermería MED* Pfleger *m*; *~ de médico* Sprechstundenhilfe *f*
auxilio [aŭ'ɣsiljo] *m* **1.** Abhilfe *f*, Hilfe *f*; **2.** *~ en carretera TECH* Pannenhilfe *f*; **3.** *primeros ~s pl MED* erste Hilfe *f*
avanzado [aβan'θaðo] *adj* fortgeschritten, fortschrittlich, hochgradig
avanzar [aβan'θar] *v* **1.** fortschreiten, vorankommen, vordringen; *MIL* vorrücken
avaricia [aβa'riθja] *f* Geiz *m*
avaro [a'βaro] *m* **1.** Geizkragen *m*; *adj* **2.** geizig
avasallador [aβasaʎa'ðɔr] *adj* überwältigend
ave ['aβe] *f* **1.** *ZOOL* Vogel *m*; *~ rapaz* Raubvogel *m*; **2.** *~s de corral pl* Geflügel *n*
avecinarse [aβeθi'narse] *v* sich nähern
avellana [aβe'ʎana] *f BOT* Haselnuss *f*
avenida [aβe'niða] *f* Allee *f*
aventura [aβen'tura] *f* Abenteuer *n*; *a la ~* aufs Geratewohl
aventurado [aβentu'raðo] *adj* riskant, waghalsig
aventurar [aβentu'rar] *v* wagen
aventurero [aβentu'rero] *m* **1.** Abenteurer *m*; *adj* **2.** abenteuerlich, abenteuerlustig
avergonzarse [aβɛrɣon'θarse] *v irr ~ de* sich schämen wegen
avería [aβe'ria] *f* **1.** Panne *f*, Defekt *m*; *Tengo una ~.* Ich habe eine Panne. **2.** *(del motor) TECH* Motorschaden *m*
averiado [aβe'rjaðo] *adj (defectuoso)* defekt, beschädigt
averiguación [aβeriɣwa'θjɔn] *f* Recherche *f*, Ermittlung *f*
averiguar [aβeri'ɣwar] *v* ermitteln, recherchieren; *~ el secreto* dahinterkommen
averno [a'βerno] *m* Hölle *f*
aversión [aβɛr'sjɔn] *f* Widerwille *m*, Abneigung *f*, Aversion *f*
avestruz [aβes'truθ] *m ZOOL* Strauß *m*
avezado [aβe'θaðo] *adj* erfahren; *~ en política* versiert in Politik
aviación [aβja'θjɔn] *f* **1.** Flugwesen *n*, Luftfahrt *f*; **2.** *~ militar MIL* Luftwaffe *f*
avidez [aβi'ðeθ] *f* Gier *f*; *~ de placeres* Vergnügungssucht *f*
ávido ['aβiðo] *adj ~ de* gierig auf; *~ de placeres* vergnügungssüchtig; *~ de aprender/~ de saber* wissbegierig; *estar ~ de* hungern nach
aviento [a'βjento] *m* Heugabel *f*, Strohgabel *f*
avilantez [aβilan'teθ] *f* Frechheit *f*, Unverschämtheit *f*
aviofobia [aβjo'foβja] *f* Flugangst *f*
avión [a'βjɔn] *m* Flugzeug *n*; *~ de reacción* Düsenflugzeug *n*; *~ comercial* Verkehrsflugzeug *n*; *~ de caza MIL* Jagdflugzeug *n*
avisar [aβi'sar] *v* **1.** ansagen, benachrichtigen; **2.** *~ a alguien* jdn verständigen; *¡Avise a la policía!* Verständigen Sie die Polizei! **3.** *~ con la luz intermitente TECH* blinken
aviso [a'βiso] *m* **1.** Verständigung *f*, Anmeldung *f*, Ansage *f*; *sin ~* fristlos; *sin previo ~* unangemeldet, unerwartet; *estar sobre ~* auf der Hut sein; **2.** *(publicación)* Annonce *f*; **3.** *(advertencia)* Warnung *f*
avispa [a'βispa] *f ZOOL* Wespe *f*
avispar [aβis'par] *v* aufrütteln, munter machen
avispón [aβis'pɔn] *m ZOOL* Hornisse *f*
avituallamiento [aβitwaʎa'mjento] *m* Nachschub *m*

avivar [aβi'βar] *v* anfeuern, ermuntern
ay [aĭ] *interj ¡Ay!* Au! *¡Ay de mí!* Wehe mir!
ayer [a'jɛr] *adv* gestern; *~ al mediodía* gestern Mittag; *~ por la noche* gestern Abend/gestern Nacht
ayuda [a'juða] *f* **1.** Hilfe *f,* Mithilfe *f,* Beistand *m; ~ a los países en vías de desarrollo* Entwicklungshilfe *f; ~ mnemotécnica* Gedächtnisstütze *f;* **2.** *~ financiera FIN* Zuschuss *m*
ayudante [aju'ðante] *m/f* Assistent(in) *m/f,* Gehilfe/Gehilfin *m/f*
ayudar [aju'ðar] *v* helfen, aushelfen, beistehen; *dispuesto a ~ a alguien* jdm behilflich sein
ayunar [aju'nar] *v* fasten
ayunas [a'junas] *adv en ~* nüchtern
ayuntamiento [ajunta'mjento] *m* **1.** Rathaus *n;* **2.** *(municipalidad)* Stadtrat *m*
azadón [aθa'ðɔn] *m* Hacke *f*
azadonar [aθaðo'nar] *v* hacken
azafata [aθa'fata] *f* Flugbegleiterin *f*
azar [a'θar] *m* Zufall *m; por ~* zufällig
azófar [a'θofar] *m MET* Messing *n*
azorar [aθo'rar] *v* beunruhigen, in Aufregung versetzen
Azores [a'θores] *f/pl (las islas) GEO* Azoren *pl*
azotar [aθo'tar] *v* peitschen, schlagen, prügeln, geißeln; *El viento le azota en la cara.* Der Wind peitscht ihr/ihm ins Gesicht.
azote [a'θote] *m* Peitsche *f*
azotea [aθo'tea] *f* Dachterrasse *f*
azteca [aθ'teka] *m* **1.** *HIST* Azteke/Aztekin *m/f; adj* **2.** *HIST* aztekisch
azúcar [a'θukar] *m* **1.** *GAST* Zucker *m; ~ cande* Kandiszucker *m; ~ en polvo* Puderzucker *m;* **2.** *caña de ~ BOT* Zuckerrohr *n*
azucarado [aθuka'raðo] *adj* kandiert, gezuckert
azucarar [aθuka'rar] *v* zuckern
azucena [aθu'θena] *f BOT* Lilie *f*
azufre [a'θufre] *m CHEM* Schwefel *m*
azul [a'θul] *adj* blau; *~ claro* hellblau
azular [aθu'lar] *v* blau färben
azulejo [aθu'lɛxo] *m* Kachel *f,* Fliese *f*
azulino [aθu'lino] *adj* bläulich
azuzar [aθu'θar] *v ~ contra alguien* gegen jdn hetzen

B

baba ['baβa] *f (saliva)* Geifer *m*, Schleim *m*; *con mala ~* in ganz schlechter/böswilliger Absicht
babero [ba'βerɔ] *m* Lätzchen *n*
Babia ['baβja] *m estar en ~* geistesabwesend sein
babor [ba'βɔr] *m NAUT* Backbord *n*
bacalao [baka'lao] *m* **1.** *ZOOL* Dorsch *m*, Kabeljau *m*, Schellfisch *m*; **2.** *(fam)* Techno-Musik *f*
bacanal [baka'nal] *f (orgía)* Bacchanal *n*
bache ['batʃe] *m* Schlagloch *n*
bachiller [batʃi'ʎer] *m* Abiturient *m*
bachillerato [batʃiʎe'rato] *m* Abitur *n*
bacilo [ba'θilo] *m BIO* Bazillus *m*
bacinete [baθi'nete] *m* **1.** *(en una armadura)* Sturmhaube *f*
bacteria [bak'terja] *f* Bakterie *f*
bactericida [bakteri'θiða] *m (microbicida)* Bakterizid *n*
bafle ['bafle] *m (altavoces)* Lautsprecher *m*
bagaje [ba'ɣaxe] *m* **1.** *(equipaje) MIL* Gepäck *n*; **2.** *(fig: conocimiento)* geistiges Rüstzeug *n*
bagatela [baɣa'tela] *f* Bagatelle *f*
bagatelizar [baɣateli'θar] *v* bagatellisieren
bahía [ba'ia] *f* Bucht *f*, Meerbusen *m*
bailador(a) [baĭla'ðɔr/βaĭla'ðora] *m/f* Tänzer(in) *m/f*
bailar [baĭ'lar] *v* **1.** *(persona)* tanzen; **2.** *(cosa)* wackeln
bailarín [baĭla'rin] *m THEAT* Tänzer *m*
bailarina [baĭla'rina] *f THEAT* Tänzerin *f*
baile ['baĭle] *m* **1.** Tanz *m*; *~ de claqué* Stepptanz *m*; *~s latinoamericanos pl* lateinamerikanische Tänze *pl*; **2.** *(fiesta)* Ball *m*; *~ de carnaval* Faschingsball *m*
baja ['baxa] *f* **1.** Abfall *m*, Rückgang *m*; **2.** *~ del cambio FIN* Abschlag *m*; **3.** *~ presión TECH* Niederdruck *m*; **4.** *METEO* Unterdruck *m*; **5.** *estar en ~ ECO* abflauen
bajada [ba'xaða] *f* **1.** *(descenso)* Absenkung *f*, Abstieg *m*; **2.** *(salida)* Ausstieg *m*; **3.** *SPORT* Abfahrt *f*
bajar [ba'xar] *v* **1.** sinken, herabsteigen, absteigen; **2.** *(del coche, del tren, del autobús)* aussteigen; **3.** *~ de peso* abnehmen; **4.** *hacer ~ ECO* drücken; **5.** *~ la marea* abebben
bajeza [ba'xeθa] *f* Gemeinheit *f*, Niedertracht *f*
bajo ['baxo] *adj* **1.** *(poco)* gering, niedrig; **2.** *(inferior)* untere(r,s), tief, nieder; *marea baja* Ebbe *f*; *prep* **3.** unter; *diez grados ~ cero* minus zehn Grad; *m* **4.** *MUS* Bass *m*
bajón [ba'xɔn] *m* **1.** *(disminución)* Niedergang *m*, Abnahme *f*; **2.** *(instrumento) MUS* Fagott *n*, Bassflöte *f*
bala ['bala] *f MIL* Kugel *f*; *a prueba de ~s* kugelsicher
baladí [bala'ði] *adj (banal, insignificante)* unbedeutend, wertlos, gering
balance [ba'lanθe] *m* **1.** Balance *f*; **2.** *ECO* Geschäftsabschluss *m*; **3.** *(de una empresa) FIN* Bilanz *f*; **4.** *~ de CO_2 m* CO_2-Bilanz *f*; *~ medioambiental m* Umweltbilanz *f*
balancear [balanθe'ar] *v* **1.** wiegen, schaukeln; **2.** *(mantener el equilibrio)* balancieren; **3.** *(fig: vacilar)* zögern, zaudern
balanza [ba'lanθa] *f* **1.** Waage *f*, Waagschale *f*; **2.** *ECO* Bilanz *f*; *~ de comercio exterior ECO* Außenhandelsbilanz *f*
balar [ba'lar] *v (cabra)* meckern
balaustrada [balaŭs'traða] *f* Balustrade *f*
balbucear [balβuθe'ar] *v* lallen
balbuceo [balβu'θeo] *m* **1.** *(tartamudeo)* Stammeln *n*, Gestammel *n*; **2.** *(fig: inicios de un suceso)* Anfang *m*, Initialphase *f*
balbucir [balβu'θir] *v irr* lallen
balcón [bal'kɔn] *m* Balkon *m*
balda ['balda] *f (estante)* Fach *n*, Schrankbrett *n*
baldadura [balda'ðura] *f (cansancio físico)* Lähmung *f*, Erschöpfung *f*

B

balde ['balde] *m (LA)* Eimer *m*
baldío [bal'dio] *adj* **1.** *terreno ~* unbebaut, brachliegend; **2.** *(vano)* zwecklos
baldón [bal'dɔn] *m (borrón, estigma)* Schandfleck *m,* Schimpf *m,* Schande *f*
baldosa [bal'dosa] *f* Platte *f,* Fliese *f*
baldragas [bal'draɣas] *m (bragazas)* Schwächling *m,* gutmütiger Tropf *m*
ballena [ba'ʎena] *f ZOOL* Wal *m*
ballet [ba'le] *m THEAT* Ballett *n*
balneario [balne'arjo] *m* Badeort *m,* Kurort *m*
balompié [balɔm'pje] *m SPORT* Fußballspiel *n*
balón [ba'lɔn] *m* **1.** *(pelota)* Ball *m;* **2.** *(fútbol) SPORT* Fußball *m*
balsa ['balsa] *f* Floß *n*
bálsamo ['balsamo] *m* Balsam *m*
báltico ['baltiko] *adj* baltisch
bambolear [bambole'ar] *v* pendeln
bambolla [bam'boʎa] *f (fachada)* Pomp *m,* Fassade *f*
banal [ba'nal] *adj* banal, hausbacken, platt
banalidad [banali'ðað] *f* Banalität *f*
banana [ba'nana] *f BOT* Banane *f*
banca ['baŋka] *f FIN* Bankwesen *n*
bancada [baŋ'kaða] *f* **1.** *(asiento)* Ruderbank *f,* ...bank *f;* **2.** *(mesa)* Werkbank *f*
bancal [baŋ'kal] *m* Beet *n*
bancarrota [baŋka'rrɔta] *f* Pleite *f,* Bankrott *m*
banco ['baŋko] *m* **1.** Sitzbank *f;* **2.** *FIN* Bank *f,* Geldinstitut *n; Banco federal alemán FIN* Bundesbank *f; Banco mundial FIN* Weltbank *f;* **3.** *~ de arena NAUT* Sandbank *f;* **4.** *(de peces) ZOOL* Schwarm *m;* **5.** *~ emisor ECO* Notenbank *f;* **6.** *~ de datos INFORM* Datenbank *f;* **7.** *~ de semen MED* Samenbank; *~ de sangre MED* Blutbank
banda ['banda] *f* **1.** *(grupo)* Bande *f;* **2.** *MUS* Band *f; ~ de música* Musikkapelle *f;* **3.** *(tira)* Streifen *m; ~ de guía* Leitplanke *f*
bandada [ban'daða] *f (de pájaros) ZOOL* Schwarm *m*
bandazo [ban'daθo] *m* **1.** *(movimiento brusco),* abruptes Kippen *n;* **2.** *(fig: cambios bruscos)* abrupter Wechsel *m,* abrupte Änderung *f*
bandeja [ban'dexa] *f* Platte *f,* Tablett *n; ~ del horno* Backblech *n*
bandera [ban'dera] *f* Fahne *f,* Flagge *f;* Banner *n*
bandido [ban'diðo] *m* Bandit *m*
bandolero [bando'lero] *m* Bandit *m*
bandullo [ban'duʎo] *m (tripas)* Eingeweide *n/pl,* Innereien *f/pl*
banquero [baŋ'kero] *m FIN* Bankier *m*
banqueta [baŋ'keta] *f ~ del bar* Barhocker *m*
banquete [baŋ'kete] *m* Bankett *n,* Festessen *n*
banquetear [baŋkete'ar] *v (opulento)* tafeln, festlich bewirten, schlemmen
banquillo [baŋ'kiʎo] *m* Bänkchen *n; (para los pies)* Fußbank *f; DEP* Reservebank *f*
bañador [baɲa'ðɔr] *m* Badehose *f,* Badeanzug *f*
bañar [ba'ɲar] *v* **1.** *~ de, con* überziehen, glasieren mit; **2.** *(mar)* baden
bañarse [ba'ɲarse] *v* baden
bañera [ba'ɲera] *f* Badewanne *f*
bañero [ba'ɲero] *m* Bademeister *m*
bañista [ba'ɲista] *m/f* Badegast *m*
baño ['baɲo] *m* **1.** Bad *n; cuarto de ~* Badezimmer *n;* **2.** *~ público* Badeanstalt *f;* **3.** *(servicio)* Toilette *f; ir al ~ (LA)* auf die Toilette gehen; **4.** *~ de la torta GAST* Tortenguss *m,* Tortenglasur *f; ~ de azúcar* Zuckerguss *m*
baquetear [bakete'ar] *v (molestar)* plagen, quälen
baqueteo [bake'teo] *m* Quälerei *f*
bar [bar] *m* Kneipe *f,* Bar *f*
baraja [ba'raxa] *f conjunto de cartones* Spielkarten *f/pl; romper la ~* Vorhaben aufgeben; *jugar con dos ~s* doppeltes Spiel treiben
baranda [ba'randa] *f* Brüstung *f,* Geländer *n*
barandilla [baran'diʎa] *f* **1.** Treppengeländer *n;* **2.** *~ de la escalera pl* Balustrade *f*
baratear [barate'ar] *v (saldar)* unter Preis verkaufen, verramschen, verschleudern; *En esta tienda baratean todo en verano.* In diesem Laden verkaufen sie im Sommer alles unter Preis.
baratija [bara'tixa] *f* **1.** Kleinigkeit *f;* **2.** *~s pl* Kram *m,* Nippes *m*
baratísimo [bara'tisimo] *adj* spottbillig
barato [ba'rato] *adj* billig, preiswert

B

barba ['barβa] *f* Bart *m; ~ de tres días* Dreitagebart
bárbaro ['barβaro] *m* 1. Barbar *m; adj* 2. barbarisch
barbear [barβe'ar] *v (afeitar la barba)* rasieren
barbero [bar'βero] *m (peluquero)* Barbier *m,* Herrenfriseur *m*
barbilla [bar'βiʎa] *f* ANAT Kinn *n*
barbudo [bar'βuðo] *adj* bärtig
barca ['barka] *f* Boot *n,* Kahn *m*
Barça ['barθa] *m (fútbol)* F. C. Barcelona *m*
barco ['barko] *m* Schiff *n; ¿Cuándo zarpa el ~?* Wann legt das Schiff ab? *¿Dónde atraca el ~?* Wo legt das Schiff an? *~ de vapor* Dampfer *m; ~ naufragado* Schiffswrack *n; ~ pesquero* Fischerboot *n*
bardaje [bar'ðaxe] *m (sodomita)* Sodomit *m*
barítono [ba'ritono] *m* MUS Bariton *m*
barniz [bar'niθ] *m* Lack *m*
barnizado [barni'θaðo] *m* Lackierung *f*
barnizar [barni'θar] *v (embarnizar)* lackieren, glasieren, firnissen
barómetro [ba'rometro] *m* TECH Barometer *n*
barón [ba'rɔn] *m* Baron *m*
baronesa [baro'nesa] *f* Baronin *f*
barquillo [bar'kiʎo] *m* 1. *(LA)* Eistüte *f,* Waffel *f;* 2. GAST Waffel *f*
barra ['barra] *f* 1. JUR Schranke *f;* 2. GAST Theke *f; ~ de pan* Baguette *n; ~ de chocolate* Tafel Schokolade 3. *(bastón)* Stab *m; ~ combustible* TECH Brennstab *m;* 4. *hacer ~ (LA)* anfeuern
barraca [ba'rraka] *f* 1. Verschlag *m,* Baracke *f;* 2. *~ de tiro al blanco* Schießbude *f*
barracón [barra'kɔn] *m (barraca)* Schießbude *f,* Schaubude (Kirmes) *f*
barranco [ba'rraŋko] *m* Klamm *f,* Schlucht *f*
barrenadora [barrɛna'ðora] *f* TECH Bohrmaschine *f*
barrenar [barre'nar] *v* 1. *(taladrar)* anbohren, ausbohren, durchbohren; 2. *~ leyes* (Gesetze) missachten
barrer [ba'rrɛr] *v* fegen, kehren
barrera [ba'rrera] *f* 1. Absperrung *f,* Barriere *f,* Sperre *f; sin ~s* uneingeschränkt; 2. *~ de ferrocaril* Eisenbahnschranke *f;* 3. *(barra)* JUR Schranke *f*
barreta [ba'rreta] *f* 1. *~ de chocolate* Riegel (Schokolade) *m;* 2. *(remiendo)* Unterfütterung *f*
barriada [ba'rrjaða] *f* Viertel *n,* Stadtviertel *n*
barricada [barri'kaða] *f* Barrikade *f*
barriga [ba'rriɣa] *f* Bauch *m,* Wanst *m*
barrigudo [barri'ɣuðo] *adj* bauchig
barril [ba'rril] *m* Tonne *f,* Fass *n*
barrio ['barrjo] *m* 1. Viertel *n,* Stadtviertel *n; irse al otro ~ (fam)* abkratzen; *~ periférico* Vorort *m,* Vorstadt *f; ~ portuario* Hafenviertel *n;* 2. *~s pobres pl* Elendsviertel *n*
barro ['barro] *m* Schlamm *m,* Kot *m*
barroco [ba'rrɔko] *adj* ART barock
barroso [ba'rrɔso] *adj* 1. *(enlodado)* lehmig, schlammig; 2. *(rostro) ~* lehmfarben, bräunlich
barullo [ba'ruʎo] *m (confusión)* Wirrwarr *m,* Durcheinander *n*
basalto [ba'salto] *m* MIN Basalt *m*
basar [ba'sar] *v ~ en* zugrunde liegen, stützen
basarse [ba'sarse] *v ~ en* basieren auf, beruhen auf, zurückgehen auf
basca ['baska] *f* 1. *(náusea)* Übelkeit *f,* Brechreiz *m;* 2. *(fig: arrebato)* Wutanfall *m;* 3. *(de un perro)* Tollwut *f*
bascosidad [baskosi'ðað] *f (porquería)* Unrat *m,* Schmutz *m,* Ekelhaftigkeit *f*
báscula ['baskula] *f* Waage *f*
base ['base] *f* 1. Boden *m,* Grundfläche *f;* 2. *(fig)* Basis *f,* Grundlage *f,* Unterlage *f; tomar como ~* zugrunde legen; 3. *~ de datos* INFORM Datenbank *f;* 4. CHEM Base *f;* 5. *~ militar* MIL Militärbasis *f,* Stützpunkt *m*
básico ['basiko] *adj* 1. fundamental, grundlegend; 2. CHEM basisch
bastante [bas'tante] *adv* 1. genug, ziemlich; *~ grande* ziemlich groß; *adj* 2. *(suficiente)* ausreichend, hinlänglich; *Es ~, gracias.* Danke, es reicht.
bastar [bas'tar] *v* genügen, ausreichen, langen; *¡Basta!* Aufhören!/Hör damit auf!
bastardo [bas'tarðo] *m* Bastard *m*
bastidor [basti'ðɔr] *m* 1. *(de ventana)* Fensterrahmen *m;* 2. TECH Chassis *n;* 3. THEAT Kulisse *f,* Bühnenkulisse *f; entre ~es* hinter den Kulissen
bastilla [bas'tiʎa] *f* Saum *m*

basto ['basto] *adj* **1.** *(grosero)* grob, roh, ungeschliffen; **2.** *(hecho con poco cuidado)* plump; *m* **3.** *(palo en la baraja)* Baste *f*, Treff *n* *(im Lomberspiel)*
bastón [bas'tɔn] *m* Stock *m*, Prügel *m*
bastoncillo [baston'θiʎo] *m* ~ *de algodón* Wattestäbchen *n*
basura [ba'sura] *f* Abfall *m*, Müll *m*; *cubo de la* ~ Abfalleimer *m*
basurero [basu'rero] *m* Mülldeponie *f*
bata ['bata] *f* Kittel *m*, Morgenrock *m*
batalla [ba'taʎa] *f* Schlacht *f*
batería [bate'ria] *f* **1.** *TECH* Batterie *f*; **2.** *MUS* Schlagzeug *n*
batida [ba'tiða] *f* **1.** Razzia *f*; **2.** *(caza)* Treibjagd *f*
batido [ba'tiðo] *m* *GAST* Mixgetränk *n*, Shake *m*; ~ *de leche* Milchshake *m*
batidora [bati'ðora] *f* Schneebesen *m*, Quirl *m*
batimán [bati'man] *m* *(en la danza)* Battement *n* *(französisch)*
batir [ba'tir] *v* mixen, schlagen
batista [ba'tista] *f* Batist *m*
batuquear [batuke'ar] *v* *(batir)* schlagen, Krach machen
bautismo [baŭ'tizmo] *m* *REL* Taufe *f*
bautizar [baŭti'θar] *v* **1.** *REL* taufen; **2.** *(fig: vino)* panschen
bávaro ['baβaro] *adj* bayerisch
Baviera [ba'βjera] *f* *GEO* Bayern *n*
baya ['baja] *f* *BOT* Beere *f*
bazar [ba'θar] *m* *(tienda)* Basar *m*, Verkaufshalle *f*
bazo ['baθo] *m* *ANAT* Milz *f*
beatificar [beatifi'kar] *v* *REL* seligsprechen
beato [be'ato] *adj* scheinheilig
bebé [be'βe] *m* Baby *n*
bebedero [beβe'ðero] *m* **1.** *(pilón)* Tränke *f*; **2.** *(fuente)* Quelle *f*; **3.** *(en las vasijas)* Tülle (an Trinkgefäßen) *f*, Gussloch *n*
bebedor(a) [beβe'ðɔr/βeβe'ðora] *m/f* Trinker(in) *m/f*
beber [be'βɛr] *v* **1.** trinken; *¿Desea usted ~ algo?* Möchten Sie etw trinken? *¿Se puede ~ el agua?* Kann man das Wasser trinken? **2.** *(fam: ~ mucho)* saufen; **3.** *(animal)* saufen
beberse [be'βɛrse] *v* ~ *algo* etw trinken; ~ *todo* austrinken
bebida [be'βiða] *f* **1.** Getränk *n*; **2.** ~*s alcohólicas*/~*s espirituosas pl* Spirituosen *pl*
beca ['beka] *f* Stipendium *n*
becerra [be'θɛrra] *f* *BOT* Löwenmaul *n*
becerro [be'θɛrro] *m* *ZOOL* Kalb *n*
befa ['befa] *f* *(grosería)* Hohn *m*, Spott *m*
begonia [be'ɣonja] *f* *BOT* Begonie *f*
beige ['beĭs] *adj* *(color)* beige
beldad [bel'dað] *f* **1.** *(belleza)* Schönheit (auch Person) *f*; **2.** *(mujer muy guapa)* schöne Frau *f*, Schönheit *f*
belén [be'len] *m* *REL* Krippe *f*
belga ['bɛlɣa] *adj* **1.** belgisch; *m* **2.** Belgier(in) *m/f*
Bélgica ['bɛlxika] *f* *GEO* Belgien *n*
belicoso [beli'koso] *adj* kriegerisch
belleza [be'ʎeθa] *f* Schönheit *f*
bello ['beʎo] *adj* *(bonito)* schön, süß
bellota [be'ʎota] *f* *BOT* Eichel *f*
bendecir [bende'θir] *v irr* **1.** segnen; **2.** *REL* weihen
bendición [bendi'θjɔn] *f* *REL* Segen *m*
bendito [ben'dito] *adj* **1.** *(consagrado)* gesegnet, geweiht, heilig; **2.** *(dichoso)* verflucht, verdammt, verflixt *m*; **3.** *(humilde)* naiver Mensch *m*, einfältiger Mensch *m*
beneficiar [benefi'θjar] *v* begünstigen
beneficiarse [benefi'θjarse] *v* ~ *de* profitieren von
beneficio [bene'fiθjo] *m* **1.** Verdienst *m*, Nutzen *m*, Profit *m*; **2.** *(acción)* Wohltat *f*; **3.** *ECO* Gewinn *m*, Ausbeute *f*, Ertrag *m*; ~ *bruto* Bruttogewinn *m*; **4.** *en ~ de* zum Vorteil von, zum Wohl von
beneficioso [benefi'θjoso] *adj* bekömmlich, Gewinn bringend
benéfico [be'nefiko] *adj* wohltuend
benevolencia [beneβo'lenθja] *f* Milde *f*, Wohlwollen *n*
benévolo [be'neβolo] *adj* mild, wohlwollend
benigno [be'niɣno] *adj* *MED* gutartig
benjamín [beŋxa'min] *m* Nesthäkchen *n*
beodez [beo'ðeθ] *m* *(embriaguez)* Trunkenheit *f*
beodo [be'oðo] *adj* betrunken
berro ['bɛrro] *m* *BOT* Kresse *f*
berza ['bɛrθa] *f* *BOT* Kohl *m*
besamanos [besa'manos] *m* Handkuss *m*

B

besar [be'sar] *v* küssen
beso ['beso] *m* Kuss *m*
bestia ['bestja] *f* Bestie *f*, Tier *n*, Vieh *n*
bestial [bes'tjal] *adj* bestialisch
best seller [bes'seler] *m (superventas)* Bestseller *m*
besuquear [besuke'ar] *v* knutschen
besuquearse [besuke'arse] *v* schmusen
betún [be'tun] *m* Schuhcreme *f*
bezo ['beθo] *m* **1.** *(belfo)* dicke Lippe *f*; **2.** *(en una herida)* Wundöffnung *f*
bibelot [biβe'lot] *m (chucherías)* Ziergegenstand *m*, Nippsache *f*, Nippes *pl*
Biblia ['biβlja] *f REL* Bibel *f*
bíblico ['biβliko] *adj REL* biblisch
bibliografía [biβljoɣra'fia] *f* Bibliografie *f*
bibliómano [bi'βljomano] *m* Büchernarr *m*, Bibliomane *m*
biblioteca [biβljo'teka] *f* Bibliothek *f*, Bücherei *f*, Leihbibliothek *f*
bibliotecaria [biβljote'karja] *f* Bibliothekarin *f*
bibliotecario [biβljote'karjo] *m* Bibliothekar *m*
bíceps ['biθeps] *m ANAT* Bizeps *m*
bicho ['bitʃo] *m* **1.** Kleintier *n*; **2.** *(fam)* Viech *n*; *~ raro* komischer Kauz *m*; **3.** *~s pl* Ungeziefer *n*
bicicleta [biθi'kleta] *f* Fahrrad *n*, Rad *n*; *ir en ~* Rad fahren
bidón [bi'ðɔn] *m* Kanister *m*; *~ de gasolina* Benzinkanister *m*
bien [bjen] *adv* **1.** gut, wohl, schön; *No estoy ~.* Mir ist nicht gut. *¡Qué ~!* Das ist schön! *más ~* eher, lieber; *muy ~* schön, prima; **2.** *(correcto)* richtig; *¡Está ~!* In Ordnung! *konj* **3.** *~ que* obgleich; *m* **4.** Wohl *n*; **5.** *ECO* Gut *n*; *~ público* Gemeingut *n*; *~ común* Gemeingut *n*, Gemeinwohl *n*; **6.** *~es pl* Güter *pl*, Habe *f*, Vermögen *n*; *~es culturales* Kulturgut *n*; *~es nacionales* Staatseigentum *n*; *~es de consumo ECO* Konsumgüter *pl*, Verbrauchsgüter *pl*; *~es de producción* Produktionsgüter *pl*; *~es raíces* Grundbesitze *pl*
bienaventurado [bjenaβentu'raðo] *adj REL* selig
bienaventuranza [bjenaβentu'ranθa] *f REL* Seligkeit *f*
bienestar [bjenes'tar] *m* **1.** Behaglichkeit *f*, Wohlbefinden *n*; *~ común* Gemeinwohl *n*; **2.** *(prosperidad)* Wohlstand *m*
bienhechor(a) [bjene'tʃɔr/βjene'tʃora] *m/f* Wohltäter(in) *m/f*
bienintencionado [bjenintenθjo'naðo] *adj (con buena intención)* in guter Absicht
bienquerer [bjeŋke'rer] *v* **1.** jdn schätzen, wohlwollen; *m* **2.** *(bienquerencia)* Wohlwollen *n*
bienvenido [bjemβe'niðo] *adj* willkommen
bife ['bife] *m GAST* Steak *n (LA)*
bifurcación [bifurka'θjɔn] *f* Gabelung *f*
bifurcar [bifur'kar] *v* abzweigen
bigamia [bi'ɣamja] *f* Bigamie *f*
bigote [bi'ɣote] *m* Schnurrbart *m*
bigotudo [biɣo'tuðo] *adj (mostachudo)* schnurrbärtig, schnauzbärtig
bikini [bi'kini] *m* Bikini *m*
bilateral [bilate'ral] *adj* **1.** zweiseitig; **2.** *POL* bilateral
bilingüe [bi'liŋgwe] *adj* zweisprachig
billar [bi'ʎar] *m* Billard *n*
billete [bi'ʎete] *m* **1.** *(de viaje)* Fahrkarte *f*, Fahrschein *m*, Bahnfahrkarte *f*; *¿Hay un ~ para un día?* Gibt es eine Tageskarte? *~ de ida y vuelta* Hin- und Rückfahrkarte *f*; *~ mensual* Monatskarte *f*; **2.** *~ de banco FIN* Banknote *f*, Geldschein *m*; **3.** *CINE* Kinokarte *f*; *~ gratuito* Freikarte *f*; **4.** *~ de lotería* Los *n*, Lottoschein *m*; *~ no premiado* Niete *f*
billón [bi'ʎɔn] *num* Billion *f*
bimestre [bi'mestre] *m* (Zeitraum von) zwei Monate(n) *m*
binario [bi'narjo] *adj INFORM* binär
biocombustible [biokombus'tiβle] *m* Biokraftstoff *m*
biodiésel [bio'ðjesel] *m* Biodiesel *m*
biofísica [bio'fisika] *f* Biophysik *f*
biografía [bioɣra'fia] *f* Biografie *f*
biología [biolɔ'xia] *f* Biologie *f*
biológico [bio'lɔxiko] *adj* biologisch
biólogo ['biolɔɣo] *m* Biologe *m*
biorritmo [bio'rritmo] *m* Biorhythmus *m*
biotopo [bio'topo] *m* Biotop *n*
bis [bis] *adv* noch einmal
bisabuelos [bisa'βwelos] *m/pl* Urgroßeltern *pl*

bisemanal [bisema'nal] *adj* zweimal wöchentlich
bisexual [biseɣ'swal] *adj* bisexuell
bisiesto [bi'sjesto] *m año ~* Schaltjahr *n*
bisnieto [biz'njeto] *m* Urenkel *m*
bisoñé [biso'ɲe] *m* Toupet *n*
bistec [bis'tɛk] *m* **1.** *GAST* Beefsteak *n*, Steak *n;* **2.** *~ empanado* Schnitzel *n*
bisutería [bisute'ria] *f* Modeschmuck *m*
bit ['bit] *m (dígito binario) INFORM* Bit *n*
bizarro [bi'θarro] *adj* **1.** *(apuesto)* stattlich, ansehnlich; **2.** *personaje ~* tapfer, edelmütig
bizcar [biθ'kar] *v* schielen
bizco ['biθko] *adj* schielend; *ser ~* schielen
bizcocho [biθ'kotʃo] *m* Biskuit *m/n*, Zwieback *m*
blanco ['blaŋko] *adj* **1.** *(color)* weiß; **2.** *en ~* leer; **3.** *FIN* blanko; *m* **4.** Zielscheibe *f*
blancura [blaŋ'kura] *f (blancor)* Weiße *n*
blando ['blando] *adj* weich, mürbe
blanquearse [blaŋke'arse] *v* bleichen
blanqueo [blaŋ'keo] *m ~ de dinero* Geldwäsche *f*
blasfemia [blas'femja] *f REL* Gotteslästerung *f*
bledo ['bleðo] *m* **1.** *BOT* Amaranth **2.** *no importar a alguien un ~* keinen Pfifferling wert sein, jdm schnuppe sein
blefaritis [blefa'ritis] *f MED* Blepharitis *f*, Augenlidentzündung *f*
blindaje [blin'daxe] *m* Abschirmung *f*
blindar [blin'dar] *v* abschirmen, panzern
bloc [blɔk] *m* Block *m*
blog [blɔɣ] *m INFORM* Blog *m*
bloguear [bloɣe'ar] *v INFORM* bloggen
bloque ['bloke] *m* **1.** Block *m*, Klotz *m;* **2.** *en ~* pauschal
bloquear [bloke'ar] *v* **1.** absperren, versperren, blockieren; **2.** *(asegurar)* verriegeln; **3.** *ECO* sperren
bloquearse [bloke'arse] *v* klemmen
bloqueo [blo'keo] *m* **1.** Absperrung *f*, Blockade *f;* **2.** *(seguro)* Verriegelung *f*
bluff [bluf] *m* Bluff *m*
blusa ['blusa] *f* Bluse *f*
boato [bo'ato] *m* Pomp *m*, Prunk *m*
bobada [bo'βaða] *f* **1.** Albernheit *f*, Blödsinn *m;* **2.** *~s pl (fam)* Käse *m*, Quatsch *m*
bobear [boβe'ar] *v (hacer boberías)* sich albern benehmen
bobinar [boβi'nar] *v TECH* spulen
bobo ['boβo] *m* **1.** Einfaltspinsel *m*, Tropf *m; adj* **2.** blöd, doof, albern
boca ['boka] *f* **1.** *ANAT* Mund *m; (fam) ¡Calla la ~!* Halt den Mund! **2.** *(hocico) ZOOL* Maul *n*, Schnauze *f;* **3.** *~ de incendio/~ de riego* Hydrant *m;* **4.** *~ de metro* U-Bahn-Eingang *m;* **5.** *(río)* Mündung *f*
bocadillo [boka'ðiʎo] *m* **1.** *GAST* belegtes Brötchen *n;* **2.** *(en cómics)* Sprechblase *f*
bocado [bo'kaðo] *m* **1.** Bissen *m;* **2.** *(golosina)* Happen *m*, Leckerbissen *m*
boceto [bo'θeto] *m* Skizze *f*
bochinche [bo'tʃintʃe] *m* Krawall *m*
bochorno [bo'tʃɔrno] *m* Schwüle *f*
bochornoso [botʃɔr'noso] *adj* **1.** *METEO* schwül; **2.** *(vergonzoso)* beschämend, blamabel
bocina [bo'θina] *f* Hupe *f*
bocón [bo'kɔn] *m* **1.** *(que habla mucho)* Großmaul *n;* **2.** *(especie de sardina)* Sardelle *f*
boda ['boða] *f* Hochzeit *f; ~s de oro* goldene Hochzeit *f*
bodega [bo'ðeɣa] *f* Kellerei *f*
bofetada [bofe'taða] *f* Ohrfeige *f*
Bohemia [bo'emja] *f GEO* Böhmen *n*
bohemio [bo'emjo] *adj* **1.** böhmisch; *m* **2.** Böhme *m;* **3.** *(fig)* Künstlertyp *m*
boicot [bɔĭ'kɔt] *m* Boykott *m*
boite ['bwat] *f* Nachtlokal *n*
bola ['bola] *f* Ball *m*, Kugel *f*
bolchevismo [boltʃe'βizmo] *m (comunismo)* Bolschewismus *m*
boletería [bolete'ria] *f* Fahrkartenschalter *m (LA)*
boletín [bole'tin] *m* **1.** Bericht *m*, Bulletin *n;* **2.** *~ oficial* Amtsblatt *n; ~ de noticias* Nachrichten *pl*
boleto [bo'leto] *m* **1.** *(LA: de entrada)* Eintrittskarte *f;* **2.** *(para el transporte)* Fahrkarte *f*, Fahrschein *m*, **3.** *CINE* Kinokarte *f*
bólido ['boliðo] *v* Rennwagen *m; ir como un ~* brausen
bolígrafo [bo'liɣrafo] *m* Kugelschreiber *m*
Bolivia [bo'liβja] *f GEO* Bolivien *n*
bolo ['bolo] *m* Kegel *m*, Kugel *f*

B

bolsa ['bɔlsa] *f* **1.** Tüte *f*, Beutel *m*; ~ *de compras* Einkaufstasche *f*, ~ *de plástico* Plastiktüte *f*; **2.** *(de dinero)* Geldbeutel *m*; **3.** ~ *de trabajo* Arbeitsvermittlung *f*
Bolsa ['bɔlsa] *f* FIN Börse *f*; ~ *de mercancías* Warenbörse *f*
bolsillo [bɔl'siʎo] *m* Tasche *f*
bolso ['bɔlso] *m* Handtasche *f*
bomba ['bɔmba] *f* **1.** Pumpe *f*; ~ *neumática/~ de aire* Luftpumpe *f*; **2.** MIL Bombe *f*
bombardeo [bɔmbar'ðeo] *m* MIL Bombardement *n*, Bombenangriff *m*
bombástico [bɔm'bastiko] *adj* bombastisch, schwülstig
bombear [bɔmbe'ar] *v* pumpen
bombero [bɔm'bero] *m* Feuerwehrmann *m*; *¡Llame a los ~s!* Rufen Sie die Feuerwehr!
bombilla [bɔm'biʎa] *f* Glühbirne *f*; ~ *de bajo consumo f* Energiesparlampe *f*
bombillo [bɔm'biʎo] *m* (LA) Glühbirne *f*
bombo ['bɔmbo] *m* MUS Pauke *f*
bombón [bɔm'bɔn] *m* *(de chocolate)* GAST Praline *f*
bombona [bɔm'bona] *f* ~ *de gas* Gasflasche *f*
bondad [bɔn'dað] *f* Güte *f*
bondadoso [bɔnda'ðoso] *adj* gutherzig, gutmütig, hilfreich
bóngalo ['bɔŋgalo] *m* *(chalet)* Bungalow *m*
bonhomía [bono'mia] *f* *(ingenuidad)* Gutherzigkeit *f*, Offenherzigkeit *f*
bonico [bo'niko] *adj* *(bueno)* niedlich, hübsch
bonificación [bonifika'θjɔn] *f* ~ *por cantidad* ECO Mengenrabatt *m*
bonito [bo'nito] *adj* **1.** *(hermoso)* hübsch, schön; **2.** *(simpático)* nett, reizend, niedlich; *m* **3.** ZOOL Thunfisch *m*
bono ['bono] *m* **1.** Bon *m*; ~ *de caja* Kassenzettel *m*; **2.** *(de canje)* Gutschein *m*; **3.** FIN Bonus *m*
bon vivant [bɔmβi'βan] *m* *(sibarita)* Lebemann *m*, Schlemmer *m*
boom [bum] *m* ECO Boom *m*, Aufschwung *m*
boqueada [boke'aða] *f* Öffnen des Mundes *n*; *dar las ~s* den Geist aufgeben
boquear [boke'ar] *v* **1.** *(abrir la boca)* den Mund öffnen; **2.** *(pronunciar una palabra)* hervorbringen, aussprechen; **3.** *(fenecer)* zu Ende gehen, ausgehen (Vorrat)
boquete [bo'kete] *m* Öffnung *f*, Loch *n*
boquiabierto [bokja'βjerto] *adj* *(atónito)* baff, sprachlos
borda ['bɔrða] *f* NAUT Reling *f*
bordado [bor'ðaðo] *m* **1.** *(balanceo de un barco)* Schaukeln (Schiff) *n*; *adj* **2.** *salir ~* wunderbar gelungen
bordar [bɔr'ðar] *v* sticken
borde ['bɔrðe] *m* **1.** *(línea, zona)* Rand *m*, Kante *f*, Umrandung *f*; **2.** ~ *del pan* Brotkruste *f*; **3.** *al ~ de* kurz vor, beinahe
bordillo [bɔr'ðiʎo] *m* ~ *de guía* Leitplanke *f*
bordo ['bɔrðo] *m* Bord *m*; *a ~* an Bord *m*
borla ['bɔrla] *f* Quaste *f*
borrachera [bɔrra'tʃera] *f* Rausch *m*
borrachería [borratʃe'ria] *f* *(taberna)* Kneipe *f*
borracho [bɔ'rratʃo] *m* **1.** Säufer *m*; *adj* **2.** betrunken; ~ *perdido* sternhagelvoll
borrador [bɔrra'ðɔr] *m* **1.** Radiergummi *m*; **2.** *(esbozo)* Konzept *n*, Entwurf *m*; ~ *de una ley* Gesetzentwurf *m*
borrar [bɔ'rrar] *v* **1.** radieren, wegradieren, ausradieren; **2.** INFORM löschen
borrico [bɔ'rriko] *m* ZOOL Esel *m*
borrón [bɔ'rrɔn] *m* Klecks *m*; *¡Borrón y cuenta nueva!* Schwamm drüber!
borroso [bɔ'rroso] *adj* verschwommen
bosque ['bɔske] *m* Wald *m*, Forst *m*
bosquejo [bɔs'kɛxo] *m* Entwurf *m*, Skizze *f*, Vorlage *f*
bostezar [bɔste'θar] *v* gähnen
bóstrico ['bɔstriko] *m* ZOOL Borkenkäfer *m*
bota ['bota] *f* **1.** Stiefel *m*; ~ *de esquiar* Skischuh *m*; **2.** ~ *de vino* Weinschlauch *m*
botánica [bo'tanika] *f* Botanik *f*
botánico [bo'taniko] *adj* botanisch
bote ['bote] *m* **1.** Boot *n*, Kahn *m*; ~ *de pedales* Tretboot *n*; ~ *de remos* Ruderboot *n*; ~ *neumático* Schlauchboot *n*; ~ *salvavidas* Rettungsboot *n*; **2.** *(lanza)* Stoß *m*; **3.** *(salto)* Sprung *m*

B

botella [bo'teʎa] *f* 1. Flasche *f*; ~ *de gas* Gasflasche *f*; ~ *retornable* Pfandflasche *f*; ~ *de vidrio* Glasflasche *f*; 2. ~*s utilizadas pl* Altglas *n*
botica [bo'tika] *f* Apotheke *f*
botín [bo'tin] *m* Beute *f*, Diebesgut *n*
botiquín [boti'kin] *m* Erste-Hilfe-Kasten *m*, Verbandskasten *m*
botón [bo'tɔn] *m* Knopf *m*
bouquet [bu'ket] *m* ~ *de novia* Brautstrauß *m*
bóveda ['boβeða] *f* Gewölbe *n*, Kuppel *f*
boxear [bɔɣse'ar] *v* SPORT boxen
bóxer ['bɔɣser] *m (perro de raza)* ZOOL Boxer *m*
boyar [bo'jar] *v (reflotar)* wieder flott werden, oben treiben, loskommen
boy-scout ['bɔĭskaŭt] *m* Pfadfinder *m*
bozal [bo'θal] *m* Maulkorb *m*
bracero [bra'θero] *m* Handlanger *m*
bragas ['braɣas] *f/pl (de mujer)* Unterhose *f*, Schlüpfer *m*; *Estoy hecho unas* ~. *(fam)* Ich bin fix und fertig.
bragueta [bra'ɣeta] *f* Hosenschlitz *m*
braille ['braiʎe] *m (escritura para ciegos)* Blindenschrift *f*, Brailleschrift *f*
bramante [bra'mante] *m* Bindfaden *m*, Schnur *f*
bramar [bra'mar] *v* 1. tosen; 2. *(toro)* brüllen
brandy ['brandi] *m* Branntwein *m*
brasa ['brasa] *f (ascua)* Kohlenglut *f*, glühende Kohlen *f/pl*; *carne a la* ~ gegrilltes Fleisch; *pasar como sobre ~s por un asunto (fig)* wegen einer Sache durch die Hölle gehen
brasier [bra'sjer] *m* Büstenhalter *m (LA)*
Brasil [bra'sil] *m* GEO Brasilien *n*
brasileño [brasi'leɲo] *adj* 1. brasilianisch; *m* 2. Brasilianer *m*
brasilero [brasi'lero] *adj* 1. brasilianisch *(LA)*; *m* 2. Brasilianer *m (LA)*
bravo ['braβo] *adj* 1. mutig, tapfer; 2. *(perro)* bissig; 3. *toro* ~ Kampfstier *m*; *interj* 4. ¡*Bravo!* Bravo!/Hurra!
brazalete [braθa'lete] *m* Armband *n*
brazo ['braθo] *m* 1. ANAT Arm *m*; 2. *(de apoyo)* Lehne *f*
brea ['brea] *f* Pech *n*, Teer *m*; ~ *líquida* Teer *m*
brecha ['bretʃa] *f* 1. Bresche *f*; 2. MED Platzwunde *f*
brécol ['brekol] *m* BOT Brokkoli *m*
brega ['breɣa] *f (afán)* harte Arbeit *f*, Mühe *f*, Plage *f*
bregar [bre'ɣar] *v* abplagen
breve ['breβe] *adj* 1. *(temporal)* kurzzeitig, rasch, flüchtig; *en* ~ demnächst, nächstens, in Kürze; 2. *(conciso)* straff, bündig
brevedad [breβe'ðað] *f* Kürze *f*
brevemente [breβe'mente] *adv* flüchtig, kurzzeitig
brezal [bre'θal] *m* GEOL Heide *f*
bribón [bri'βɔn] *m* Halunke *m*, Schuft *m*
brigada [bri'ɣaða] *f* 1. MIL Brigade *f*; 2. ~ *de moralidad* Sittenpolizei *f*
brillante [bri'ʎante] *m* 1. Brillant *m*; *adj* 2. *(reluciente)* glänzend, strahlend, leuchtend; 3. *(fig)* glorreich, bravourös, brillant
brillantez [briʎan'teθ] *f* Glanz *m*
brillar [bri'ʎar] *v* 1. blinken, glänzen, leuchten; 2. *(sol)* scheinen
brillo ['briʎo] *m* Schein *m*, Glanz *m*
brincar [briŋ'kar] *v* hüpfen, springen
brindar [brin'dar] *v* 1. anbieten; 2. ~ *por* anstoßen auf
brindis ['brindis] *m* Toast *m*
brío ['brio] *m (ímpetu)* Schneid *m*, Schwung *m*, Stärke *f*
briqueta [bri'keta] *f* Brikett *n*
brisa ['brisa] *f* Brise *f*
británico [bri'taniko] *adj* britisch
brocado [bro'kaðo] *m* Brokat *m*
broche ['brotʃe] *m (adorno)* Brosche *f*
broma ['broma] *f* Scherz *m*, Witz *m*, Jux *m*
bromear [brome'ar] *v* spaßen, scherzen
bromista [bro'mista] *adj* 1. scherzhaft; *m* 2. Spaßvogel *m*
bromo ['bromo] *m* CHEM Brom *n*
bronca ['brɔŋka] *f* Krach *m*, Schlägerei *f*
bronce ['brɔnθe] *m* MET Bronze *f*
bronceado [brɔnθe'aðo] *adj* braun, gebräunt
broncearse [brɔnθe'arse] *v* sich sonnen
bronco ['brɔŋko] *adj* heiser
bronquial [brɔŋ'kjal] *adj* bronchial
bronquios ['brɔŋkjɔs] *m/pl* ANAT Bronchien *pl*
broqueta [bro'keta] *f* Bratspieß *m*

B

brotar [bro'tar] *v* quellen
brote ['brote] *m BOT* Trieb *m*
bruja ['bruxa] *f* Hexe *f*
brújula ['bruxula] *f* Kompass *m*
brumoso [bru'moso] *adj* diesig
bruñir [bru'ɲir] *v irr* polieren
brusco ['brusko] *adj* **1.** brüsk, schroff; **2.** *(movimiento)* ruckartig, schlagartig; **3.** *(torpe)* plump
Bruselas [bru'selas] *f GEO* Brüssel *n*
brutal [bru'tal] *adj* bestialisch, brutal
brutalidad [brutali'ðað] *f* Brutalität *f*
bruto ['bruto] *adj* **1.** *(bestia)* tierisch; **2.** *(fig)* dumm, grob, unvernünftig; **3.** *ECO* brutto; *m* **4.** Lümmel *m,* Flegel *m*
bucal [bu'kal] *adj infección ~* Mund…
bucear [buθe'ar] *v* tauchen
bucle ['bukle] *m* Locke *f*
budín [bu'ðin] *m GAST* Pudding *m*
buen [bwen] *adj* gut; *Es un ~ hombre.* Er ist ein guter Mann.
bueno ['bweno] *adj* gut, günstig, brauchbar; *Esto no está ~.* Das schmeckt nicht gut.
buey [bweĭ] *m ZOOL* Ochse *m*
bufa ['bufa] *f (broma)* Spaß *m,* Scherz *m*
búfalo ['bufalo] *m ZOOL* Büffel *m*
bufanda [bu'fanda] *f* Halstuch *n,* Schal *m*
bufete [bu'fete] *m* **1.** *(aparador)* Büfett *n;* **2.** *(de abogados)* Anwaltsbüro *n*
bufón [bu'fɔn] *m* **1.** *(en la Edad Media)* Narr *m; adj* **2.** skurril
buhardilla [buar'ðiʎa] *f* Mansarde *f*
búho ['buo] *m ZOOL* Uhu *m*
buitre ['bwitre] *m ZOOL* Geier *m*
bujía [bu'xia] *f TECH* Zündkerze *f*
buldog ['buldoɣ] *m ZOOL* Bulldogge *f*
buldózer [bul'ðɔθer] *m TECH* Bulldozer *m*
Bulgaria [bul'ɣarja] *f GEO* Bulgarien *n*
búlgaro ['bulɣaro] *adj* **1.** bulgarisch; *m* **2.** Bulgare *m*
bulla ['buʎa] *f* Krach *m,* Lärm *m*
bullicioso [buʎi'θjoso] *adj (alegre)* lärmend, unruhig
bulón [bu'lɔn] *m TECH* Bolzen *m*
bulto ['bulto] *m* **1.** Paket *n,* Gepäckstück *n;* **2.** *ECO* Ballen *m*
bungalow [buŋga'lo] *m* Bungalow *m*
buque ['buke] *m* Schiff *n; ~ de carga* Frachter *m; ~ cisterna* Tanker *m*
burbuja [bur'βuxa] *f* Blase *f; ~s de jabón* Seifenblasen *pl; ~s de aire* Luftblasen *pl*
burbujear [burβuxe'ar] *v* brodeln
burdel [bur'ðel] *m* Bordell *n*
burgués [bur'ɣes] *adj* **1.** bürgerlich; *m* **2.** Spießbürger *m*
burguesía [burɣe'sia] *f* Bourgeosie *f,* Bürgertum *n*
burla ['burla] *f* Gespött *n,* Hohn *m,* Spott *m*
burladero [burla'ðero] *m* Verkehrsinsel *f*
burlarse [bur'larse] *v ~ de* verspotten, verhöhnen, auslachen; *¡No te burles de mí!* Mach dich nicht über mich lustig!
burlesco [bur'lesko] *adj* skurril, burlesk
burlón [bur'lɔn] *adj* **1.** spöttisch, verschmitzt; *m* **2.** Spaßvogel *m*
burocrático [buro'kratiko] *adj* bürokratisch
burro ['burro] *m ZOOL* Esel *m*
bus [bus] *m* Bus *m*
busca ['buska] *f* Suche *f; en ~ de* auf der Suche nach
buscar [bus'kar] *v* suchen, aufsuchen; *~ en libros* in Büchern nachschlagen; *~ pretextos* sich herausreden; *La policía busca al ladrón.* Die Polizei sucht nach dem Verbrecher.
buscavidas [buska'βiðas] *m/f (entrometido)* Schnüffler *m*
búsqueda ['buskeða] *f* Fahndung *f,* Suche *f; ¡Envíe una operación de ~!* Schicken Sie einen Suchtrupp los!
busto ['busto] *m* **1.** *ART* Büste *f;* **2.** *ANAT* Oberkörper *m*
butaca [bu'taka] *f (sillón)* Lehnstuhl *m,* Sperrsitz *m,* Parterresitz *m*
butano [bu'tano] *m CHEM* Butan *n*
buteo [bu'teo] *m ZOOL* Bussard *m*
buzo ['buθo] *m* Taucher *m*
buzón [bu'θɔn] *m* Briefkasten *m*

C

cabal [ka'βal] *adj* **1.** völlig; *m* **2.** *no estar en sus ~es (fam)* nicht ganz bei Trost sein
cabalgada [kaβal'ɣaða] *f* Ritt *m*
cabalgador [kaβalɣa'ðɔr] *m* Reiter *m*
cabalgar [kaβal'ɣar] *v* reiten
cabalgata [kaβal'ɣata] *f* Ritt *m*, Kavalkade *f*, Reiterzug *m*
caballa [ka'βaʎa] *f ZOOL* Makrele *f*
caballería [kaβaʎe'ria] *f* **1.** *(animal)* Reittier *n*, Reitpferd *n*; **2.** *(cuerpo militar)* Kavalleriekorps *n*
caballeriza [kaβaʎe'riθa] *f* Pferdestall *m*
caballero [kaβa'ʎero] *m* **1.** Herr *m*, Kavalier *m*; **2.** *(durante la Edad Media) HIST* Ritter *m*
caballerosidad [kaβaʎerosı'ðað] *f* Ritterlichkeit *f*, Ehrenhaftigkeit *f*
caballo [ka'βaʎo] *m* **1.** *ZOOL* Pferd *n*, Gaul *m*; *~ blanco* Schimmel *m*; *~ padre m*, Feigling *m*, Hasenfuß *m*
cabalmente [kaβal'mente] *adv* vollkommen, richtig, genau, wie es sich gehört
cabaña [ka'βaɲa] *f* Hütte *f*
cabaret [kaβa're] *m* **1.** Nachtlokal *n*; **2.** *THEAT* Kabarett *n*
cabe ['kaβe] *prep* neben, bei
cabecear [kaβeθe'ar] *v* **1.** *(mover la cabeza)* nicken; **2.** *(asentir o negar con la cabeza)* durch Nicken zustimmen, durch Kopfschütteln ablehnen; **3.** *(golpear con la cabeza una pelota)* köpfen
cabecera [kaβe'θera] *f* Kopfende *n*, Ehrenplatz *m*, Stirnseite *f*
cabello [ka'βeʎo] *m* *(de la cabeza)* Haar *n*, Kopfhaar *n*
caber [ka'βɛr] *v irr* passen; *~ en* hineinpassen in; *Todo cabe en él.* Er ist zu allem fähig.
cabeza [ka'βeθa] *f* **1.** *ANAT* Kopf *m*, Haupt *n*; *de ~* kopfüber; *dolor de ~* Kopfschmerzen *pl*; *sentar ~* Vernunft annehmen; **2.** *(fig) ~ de familia* Familienoberhaupt *n*; *~ de turco* Prügelknabe *m*, Sündenbock *m*
cabezada [kaβe'θaða] *f* **1.** *almohada* Kopfkissen *n*; **2.** *(en un carruaje)* Kappzaum *m* (Kutsche)
cabezal [kaβe'θal] *m* Kopfkissen *n*
cabezón [kaβe'θon] *adj* großköpfig, dickköpfig, stur
cabida [ka'βiða] *f* Fassungsvermögen *n*
cabildo [ka'βildo] *m* Stiftskapitel *n*, Stadtratssitzung *f*, Rathaus *n*
cabimiento [kaβi'mjento] *m* *(capacidad)* Fassungsvermögen *n*, Inhalt (eines Behälters) *m*
cabina [ka'βina] *f* **1.** Kabine *f*; *~ de baño* Ankleidekabine *f*; **2.** *~ telefónica* Telefonzelle *f*; *¿Dónde está la ~ telefónica más cercana?* Wo ist die nächste Telefonzelle?
cabizbajo [kaβiθ'βaxo] *adj* mit gesenktem Haupt, niedergeschlagen, verzagt
cable ['kaβle] *m* Kabel *n*, Tau *n*; *~ de unión* Verbindungskabel *n*; *~ de conexión TECH* Anschlusskabel *n*
cablear [kaβle'ar] *v* verkabeln
cabo ['kaβo] *m* **1.** Ende *n*; **2.** *NAUT* Leine *f*, Tau *n*; **3.** *GEO* Kap *n*, Landzunge *f*
cabotaje [kaβo'taxe] *m* Küstenschifffahrt *f*, Küstenfahrzeug *n*, Kabotage *f*
cabra ['kaβra] *f ZOOL* Ziege *f*
cabrón [ka'βrɔn] *m* **1.** *ZOOL* Bock *m*; **2.** *(fam)* Scheißkerl *m*
caca ['kaka] *f* **1.** *(excremento)* Kot *m*, *(fam)* Kacke *f*; **2.** *(algo sucio)* Schmutz *m*; **3.** *(algo que no vale nada) (fig)* Mist *m*, Dreck *m*; *La película que vimos es pura ~.* Der Film, den wir gesehen haben, ist Mist.
cacahuete [kaka'wete] *m BOT* Erdnuss *f*
cacao [ka'kao] *m* Kakao *m*
cacerola [kaθe'rola] *f* Kochtopf *m*
cacha ['katʃa] *f* Heft *n (cuchillo)*, Griffschale *f*, Hinterkeule *f*
cachar [ka'tʃar] *v* zerbrechen, zerstückeln
cacharro [ka'tʃarro] *m* **1.** *(vasija)* irdener Topf *m*; **2.** *(trasto)* Trödelkram *m*, wertloses Zeug *n*; *Su coche es un ~.* Sein Auto ist eine Schrottkiste. **3.** *~s de una vajilla* Scherbe *f*

C

cachaza [ka'tʃaθa] *f* **1.** *(lentitud)* Phlegma *n,* Gelassenheit *f;* **2.** *(aguardiente)* ungefärbter Zuckerrohrschnaps *m*

cache ['katʃe] *adj* schlecht gekleidet, geschmacklos gekleidet, liederlich

cacheo [ka'tʃeo] *m* Filzung *f,* Leibesvisitation *f*

cachero [ka'tʃero] *adj* zudringlich, verlogen, betrügerisch

cachet [ka'tʃe] *m* **1.** *(carácter)* Vornehmheit *f,* Eleganz *f,* **2.** *(retribución)* Vergütung *f,* Entgelt *n; Este artista famoso exige un ~ muy alto.* Dieser berühmte Künstler verlangt eine sehr hohe Gage.

cachetada [katʃe'taða] *f* Ohrfeige *f (LA)*

cachete [ka'tʃete] *m* Ohrfeige *f*

cachifollar [katʃifo'ʎar] *v* **1.** *(estropear)* beschädigen; **2.** *(confundir a alguien)* jdn verwechseln

cachiporra [katʃi'porra] *f* *(porra)* Knüppel *m,* Keule *f*

cachivaches [katʃi'βatʃes] *m/pl* Plunder *m*

cacho ['katʃo] *m* **1.** Stück *n,* Brocken *m;* **2.** *ZOOL* Horn *n*

cachorrillo [katʃɔ'rriʎo] *m* Taschenpistole *f*

cachorro [ka'tʃɔrro] *m ZOOL* Welpe *m*

cachudo [ka'tʃuðo] *adj* verschlagen, gerieben

cacique [ka'θike] *m* **1.** *(jefe de indígenas)* Kazike *m,* Indianerhäuptling *m;* **2.** *(alguien que es autoritario)* Anführer *m*

caco ['kako] *m* *(ladrón)* geschickter Dieb *m*

cacto ['kakto] *m BOT* Kaktus *m*

cactus ['kaktus] *m BOT* Kaktus *m*

cada ['kaða] *adj* jede(r,s); *~ tres días* alle drei Tage; *~ vez* jedes Mal

cadalso [ka'ðalso] *m* Podest *n,* Podium *n*

cadáver [ka'ðaβer] *m* **1.** Leiche *f,* Leichnam *m,* Kadaver *m;* **2.** *(de un animal) ZOOL* Aas *n*

cadena [ka'ðena] *f* **1.** Kette *f; ~ antideslizante* Schneekette *f; ~ de bicicleta* Fahrradkette *f;* **2.** *~ de montañas GEO* Gebirgskette *f;* **3.** *~ de montaje* Fließband *n;* **4.** *~ perpetua JUR* lebenslängliche Haftstrafe *f*

cadencia [ka'ðenθja] *f* **1.** Tonfall *m;* **2.** *MUS* Kadenz *f*

cadenilla [kaðe'niʎa] *f* Kettchen *n*

cadera [ka'ðera] *f ANAT* Hüfte *f,* Lende *f*

cadete [ka'ðete] *m (de una escuela militar) MIL* Kadett *m; enamorarse como un ~ (fig)* sich unsterblich verlieben

cadi ['kaði] *m* Kadi *m*

cadmio ['kaðmjo] *m CHEM* Kadmium *n*

caducado [kaðu'kaðo] *adj* hinfällig, ungültig, abgelaufen

caducar [kaðu'kar] *v* **1.** *(perder validez)* verfallen, ungültig werden, ablaufen; *Mi pasaporte caducó hace dos días.* Mein Reisepass ist seit zwei Tagen abgelaufen. **2.** *(envejecer)* alt und hinfällig werden

caducidad [kaðuθi'ðað] *f* Verfall *m,* Wegfall *m; fecha de ~* Verfallsdatum *n*

caduco [ka'ðuko] *adj* **1.** *(débil)* altersschwach; **2.** *(pasajero)* vergänglich, flüchtig

caer [ka'ɛr] *v irr* **1.** abstürzen, herabstürzen, herunterfallen, umfallen; *~ de golpe* niederstürzen; *~ al agua* über Bord fallen; *~ en la trampa (fig)* in die Falle hineintappen; *~ en pedazos* auseinanderfallen; **2.** *(fig: acogida) ~ bien* gut ankommen, sympathisch sein; *María me cae bien.* Ich finde Maria sympathisch. **3.** *(fig: ropa) ~ bien* passen, gut stehen; **4.** *(rayo)* einschlagen; **5.** *~ en el olvido* in Vergessenheit geraten

caerse [ka'ɛrse] *v irr* **1.** *(~ al suelo)* hinfallen; **2.** *(fig: perderse)* sinken, untergehen

café [ka'fe] *m* **1.** Kaffee *m; ¡Un ~, por favor!* Einen Kaffee, bitte! **2.** *(local)* Café *n*

cafetal [kafe'tal] *m* Kaffeepflanzung *f,* Kaffeeplantage *f*

cafetera [kafe'tera] *f* **1.** Kaffeekanne *f;* **2.** *~ automática* Kaffemaschine *f*

cafetín [kafe'tin] *m* *(tabernucho)* kleines Kaffeehaus *n*

cagado [ka'ɣaðo] *adj* feige

cagalera [kaɣa'lera] *f* **1.** *(fam: diarrea)* Durchfall *m;* **2.** *(fam: canguelo)* Schiss *m,* große Angst *f; Tiene siempre una ~ de espanto cuando viaja de avión.* Auf Flugreisen hat er immer schreckliche Angst.

cagarse [ka'ɣarse] *v (fam: acobardarse)* Angst haben, sich in die Hose machen; *Me cago sólo de pensar en esto.* Allein beim Gedanken daran mache ich mir vor Angst schier in die Hose.
caíble [ka'iβle] *adj* was leicht hinfällt, hinfällig
caída [ka'iða] *f* **1.** Absturz *m*, Sturz *m*, Fall *m*; *~ de un avión* Flugzeugabsturz *m*; **2.** *~ del pelo* Haarausfall *m*; **3.** *~ de la temperatura* Temperatursturz *m*
caído [ka'iðo] *m* Gefallener *m*
caimán [kaĭ'man] *m* ZOOL Kaiman *m*
caja ['kaxa] *f* **1.** Kasten *m*, Kiste *f*, Schachtel *f*; *~ de cartón* Karton *m*, Pappkarton *m*; *~ de herramientas* Werkzeugkasten *m*; **2.** *(lata)* Büchse *f*, Dose *f*; **3.** *(de dinero)* Kasse *f*, Kassenschrank *m*, Kassenschalter *m*; *~ de caudales* Tresor *m*; *~ fuerte* Safe *m*, Tresor *m*; *~ fuerte de un banco* Banksafe *m*; *¡Deposite esto en la ~ fuerte!* Legen Sie das bitte in den Safe! *~ registradora* Registrierkasse *f*; **4.** *~ de enfermedad* MED Krankenkasse *f*; **5.** FIN Bank *f*, Kasse *f*; *~ de ahorros* Sparkasse *f*; *~ de ahorros para la construcción* Bausparkasse *f*; **6.** *(estuche)* Gehäuse *n*; *~ de cambios (de un auto)* TECH Schaltgetriebe *n*
cajero [ka'xero] *m* **1.** Kassierer *m*; **2.** *~ automático/~ permanente* Geldautomat *m*
cajetilla [ka'xetiʎa] *f ~ de cigarros* Zigarettenpackung *f*
cajita [ka'xita] *f* Kästchen *n*, Kassette *f*, kleine Schachtel *f*
cajón [ka'xɔn] *m* **1.** Schublade *f*; **2.** *(caja)* Kasten *m*, große Kiste *f*; **3.** *~ de arena (para niños)* Sandkasten *m*
cajonera [kaxo'nera] *f* Sakristeischrank *m*, Krämerin *f*
cal ['kal] *f* CHEM Kalk *m*
cala ['kala] *f* kleine Bucht *f*
calabaza [kala'βaθa] *f* BOT Kürbis *m*; *dar ~s a alguien* jdm einen Korb geben
calabozo [kala'βoθo] *m* Kerker *m*
calabriada [kala'βrjaða] *f* **1.** *(mezcla de vino tinto y blanco)* Rot- und Weißweinmischung *f*; **2.** *(fig: mezcolanza)* Mischung *f*
calabriar [kala'βrjar] *v (mezclar)* mischen
calado [ka'laðo] *m* **1.** *(dibujo a base de calar)* Pause *f*; **2.** *(profundidad del agua)* NAUT Seetiefe *f*
calamar [kala'mar] *m* ZOOL Tintenfisch *m*
calambre [ka'lambre] *m* MED Krampf *m*
calamidad [kalami'ðað] *f* **1.** *(catástrofe)* Unheil *n*, Katastrophe *f*, Mißgeschick *n*; **2.** *fig* Unglücksmensch *m*
calamitoso [kalami'toso] *adj* unglücklich, erbärmlich, unheilvoll
cálamo ['kalamo] *m* **1.** *(tallo liso)* Stengel *m*, Rohr *n*; **2.** *(pluma de escribir)* (Schreib-)Feder *f*
calandrar [kalan'drar] *v* mangeln
calandria [ka'landrja] *f* Mangel *f*
calaña [ka'laɲa] *f* **1.** *(abanico de caña)* Fächer *m*; **2.** *(especie)* Art *f*, Sorte *f*
calar [ka'lar] *v* durchnässen, durchtränken; *calado hasta los huesos* pitschnass, pudelnass
calavera [kala'βera] *f* Totenkopf *m*
calcar [kal'kar] *v* **1.** *(presionar algo con un pie)* treten, mit dem Fuß drücken; **2.** *(imitar)* abklatschen, abzeichnen; **3.** *(reproducir)* kopieren
calcetín [kalθe'tin] *m* Socke *f*
calcio ['kalθjo] *m* CHEM Kalzium *n*
calcomanía [kalkoma'nia] *f (LA)* Aufkleber *m*
calculación [kalkula'θjɔn] *f* MATH Berechnung *f*
calculado [kalku'laðo] *adj* berechnet, angenommen
calculador [kalkula'ðɔr] *adj* **1.** berechnend; *m* **2.** Rechner *m*
calculadora [kalkula'ðora] *f* **1.** *~ analógica* INFORM Analogrechner *m*; **2.** *~ de bolsillo* Taschenrechner *m*; **3.** *~ digital* INFORM Digitalrechner *m*
calcular [kalku'lar] *v* **1.** ausrechnen, berechnen, kalkulieren; **2.** *(tasar)* abschätzen, einschätzen; **3.** *~ fracciones* MATH bruchrechnen
cálculo ['kalkulo] *m* **1.** Kalkulation *f*, Schätzung *f*; *hacer un ~ aproximado* überschlagen; **2.** MATH Rechnung *f*; *~ mental* Kopfrechnen *n*; **3.** MED Stein *m*; *~ biliar* Gallenstein *m*; *f ~ renal* Nierenstein *m*
calda ['kalda] *f* Wärmen *n*, Heizung *f*

C

caldear [kalde'ar] *v* **1.** *(calentar)* erwärmen, erhitzen; **2.** *(excitar)* sich aufregen, sich erhitzen

caldera [kal'dera] *f* Kessel *m; las ~s de Pero Botero (fig)* die Hölle *f; ~ de calefacción* Heizkessel *m; ~ de vapor* Dampfkessel *m*

caldo ['kaldo] *m* GAST Bouillon *f,* Brühe *f; ~ de carne* Fleischbrühe *f; ~ de gallina/~ de pollo* Hühnersuppe *f*

calefacción [kalefaɣ'θjɔn] *f* Heizung *f; La ~ no funciona.* Die Heizung geht nicht. *~ central* Zentralheizung *f; ~ a distancia* Fernheizung *f; ~ de gas* Gasheizung *f; ~ individual* Etagenheizung *f*

calefactor [kalefak'tɔr] *m* Heizofen *m,* Heizlüfter *m*

calendario [kalen'darjo] *m* Kalender *m; ~ de Adviento* Adventskalender *m; ~ de pared* Wandkalender *m*

calentador [kalenta'ðɔr] *m* **1.** *~ de agua* TECH Boiler *m,* Warmwasserbereiter *m; El ~ de agua está descompuesto, tendré que bañarme con agua fría.* Der Boiler ist kaputt, ich werde mich wohl mit kaltem Wasser duschen müssen. **2.** *~ de inmersión* TECH Tauchsieder *m*

calentar [kalen'tar] *v irr* anheizen, beheizen, erwärmen, erhitzen; *Hay que ~ la comida de nuevo.* Das Essen muss wieder aufgewärmt werden.

calentito [kalen'tito] *adj* **1.** *(pan)* ofenfrisch; **2.** *(noticia)* brandheiß; **3.** *(agradable)* schön warm

calentura [kalen'tura] *f (fiebre)* Fieber *n*

caleta [ka'leta] *f* Bucht *f,* Schlupfhafen *m*

caletre [ka'letre] *m (juicio)* Verstand *m,* Köpfchen *n; Su hijo tiene poco ~.* Sein Sohn hat wenig Köpfchen.

calibración [kaliβra'θjɔn] *f* Eichung *f,* Kalibrierung *f*

calibrar [kali'βrar] *v* **1.** TECH eichen, ausmessen; **2.** *(fig)* einschätzen, taxieren

calibre [ka'liβre] *m* **1.** Kaliber *n,* Durchmesser *n;* **2.** TECH Lehre *f*

calidad [kali'ðað] *f* **1.** *(cualidad)* Beschaffenheit *f,* Eigenschaft *f,* Qualität *f; de alta ~* hochwertig; *de inferior ~* minderwertig; *en cuanto a la ~* qualitativ; *buena ~/mala ~* gute/schlechte Qualität *f;* **2.** *(papel)* Eigenschaft *f,* Rolle *f; en ~ de amigo* als Freund; **3.** *(importancia)* Rang *m*

calidez [kali'ðeθ] *f (calor)* MED Wärme *f,* Hitze *f*

cálido ['kaliðo] *adj* **1.** *(caluroso)* warm, heiß; *El clima de Brasil es muy ~.* Brasiliens Klima ist sehr heiß. **2.** *(afectuoso)* herzlich; **3.** *colores ~s* warme Farben; **4.** *tono ~* wohltemperiert; *Este locutor tiene una voz muy cálida.* Der Sprecher hat eine wohltemperierte Stimme.

caliente [ka'ljente] *adj* warm, hitzig; *mantener ~* warm halten; *muy ~* heiß; *La sopa está demasiado ~.* Die Suppe ist zu heiß.

califa [ka'lifa] *m (jefe musulmán)* Kalif *m*

calificable [kali'fikaβle] *adj* qualifizierbar, definierbar, benennbar

calificación [kalifika'θjɔn] *f* **1.** Benennung *f,* Bezeichnung *f,* Qualifikation *f;* **2.** *(nota)* Prädikat *n,* Note *f,* Zensur *f; hoja de calificaciones* Zeugnis *n,* Schulzeugnis *n*

calificado [kalifi'kaðo] *adj no ~* ungelernt

calificar [kalifi'kar] *v* **1.** benennen, kennzeichnen; **2.** *(valorar)* benoten; **3.** *(clasificar)* beurteilen, ein Prädikat geben

calificativo [kali'fikatiβo] *adj* bestimmend, bezeichnend, kennzeichnend

callada [ka'ʎaða] *f* Schweigen *n,* Stille *f*

calladamente [kaʎaða'mente] *adv* stillschweigend

callado [ka'ʎaðo] *adj* schweigsam, stillschweigend

callar [ka'ʎar] *v* schweigen, verschweigen; *¡Prefiero ~!* Ich ziehe es vor zu schweigen!

calle ['kaʎe] *f* Straße *f; ~ estrecha* Gasse *f; ~ central* Hauptstraße *f; ~ lateral* Seitenstraße *f; ~ principal* Hauptstraße *f; ~ preferencial/~ de prioridad* Vorfahrtstraße *f; ~ de un solo sentido* Einbahnstraße *f; ~ transversal* Querstraße *f*

callejear [kaʎexe'ar] *v* bummeln, umherschlendern

callejeo [kaʎe'xeo] *m* Stadtbummel *m,* Bummel *m*

callejón [kaʎe'xɔn] *m* Gasse *f; ~ sin salida* Sackgasse *f*

callo['kaʎo] *m MED* Hühnerauge *n*
calma ['kalma] *f* 1. Ruhe *f,* Gelassenheit *f;* 2. *(del viento)* Windstille *f;* 3.*NAUT* Flaute *f*
calmadamente [kalmaða'mente] *adv* seelenruhig
calmante [kal'mante] *adj* 1. beruhigend, schmerzlindernd; *m* 2.*MED* Beruhigungsmittel *n*
calmar[kal'mar] *v* 1.beruhigen, besänftigen, erleichtern; ~ *la sed* den Durst stillen; 2.*(el dolor)* lindern; *Estas pastillas ~án sus dolores.* Diese Tabletten werden Ihre Schmerzen lindern.
calmarse [kal'marse] *v* 1. sich beruhigen; *¡Cálmate Mónica, ya no grites!* Beruhige dich, Monika, hör auf zu schreien! 2.*(viento)* abflauen
calmo['kalmo] *adj* ruhig
calor [ka'lɔr] *m* 1. Hitze *f,* Wärme *f; Hace mucho ~.* Es ist sehr heiß. 2.~ *de escape TECH* Abwärme *f*
caloría[kalo'ria] *f PHYS* Kalorie *f; bajo en ~s* kalorienarm
calumnia[ka'lumnja] *f* Verleumdung *f*
calumniar [kalum'njar] *v* verleumden, anschwärzen
caluroso[kalu'roso] *adj* warmherzig
calva['kalβa] *f* Glatze *f*
calvo['kalβo] *adj* kahl, glatzköpfig
calzada[kal'θaða] *f* Fahrbahn *f*
calzar [kal'θar] *v* 1. ~ *los pies* Schuhe anziehen; 2. *(un mueble)* unterkeilen, unterlegen
calzón[kal'θɔn] *m* Unterhose *f,* Schlüpfer *m (LA)*
calzonarias [kalθo'narjas] *f* Hosenträger *m/pl*
cama['kama] *f* 1.Bett *n; una ~ de matrimonio* Doppelbett *n,* Ehebett *n; ~ de campaña* Pritsche *f; ~ enrejada* Gitterbett *n; ~ plegable* Klappbett *n;* 2. *(lecho)* Lager *n*
cámara['kamara] *f* 1.Kammer *f; ~ oscura FOTO* Dunkelkammer *f;* 2. *FOTO* Kamera *f; ~ de espejo reflector* Spiegelreflexkamera *f; ~ cinematográfica* Filmkamera *f; ~ lenta CINE* Zeitlupe *f;* 3. *Cámara de Comercio ECO* Handelskammer *f; Cámara de Industria y Comercio* Industrie- und Handelskammer *f;* 4. *Cámara Alta (en Alemania) POL* Bundesrat *m; (en Inglaterra)* Senat *m;* 5. *Cámara Baja (en Alemania) POL* Bundestag *m*
camarada [kama'raða] *m* 1. Kamerad *m;* 2.*POL* Genosse *m*
camaradería [kamaraðe'ria] *f* Kameradschaft *f*
camarera [kama'rera] *f* 1. *(en un restaurante)* Bedienung *f,* Kellnerin *f;* 2.*~ de habitación* Zimmermädchen *n*
camarero[kama'rero] *m* 1.*(en un restaurante)* Kellner *m,* Ober *m; ¡Camarero, por favor!* Herr Ober! 2.*(Hotel) ~ de planta* Etagenkellner *m*
camarógrafo [kama'roɣrafo] *m CINE* Kameramann *m*
camarón[kama'rɔn] *m ZOOL* Garnele *f*
camarote[kama'rote] *m* Kabine *f,* Kajüte *f,* Koje *f*
cambiable[kam'bjaβle] *adj* austauschbar
cambiante [kam'bjante] *adj* wechselhaft
cambiar[kam'bjar] *v* 1.wechseln, tauschen; *Me han cambiado las maletas.* Die Koffer sind vertauscht worden. *¿Puede usted ~me esto?* Können Sie das wechseln? *Quisiera ~ cien dólares en euros por favor.* Ich möchte bitte einhundert Dollar in Euro wechseln. *Te cambio mi pelota por tu muñeca.* Ich tausche meinen Ball gegen deine Puppe. *Vamos a ~ el título del libro.* Wir werden den Titel des Buches umbenennen. *~ dinero* Geld wechseln; 2.*~ por* umtauschen in, austauschen durch, vertauschen mit, eintauschen in; 3.*(transformar)* ändern, verändern, umwandeln; 4. *~ de sitio/~ de lugar* verstellen, verrücken, verschieben; *Cambiaron de lugar los libros y no los encuentro.* Die Bücher sind verstellt worden und ich finde sie nicht. 5.*~ de opinión/~ la manera de pensar* umdenken; *Ya es tiempo de ~ la manera de pensar.* Es wird Zeit umzudenken. *He cambiado de idea.* Ich habe es mir anders überlegt. 6. *~ repentinamente* umschlagen; *El clima cambió repentinamente.* Das Klima schlug um. 7. *~ de marcha/~ de velocidad TECH* schalten
cambiarse [kam'bjarse] *v ~ de ropa* sich umkleiden, sich umziehen

C

cambio ['kambjo] *m* **1.** Wechsel *m,* Abwechslung *f,* Veränderung *f;* **2.** FIN Kurs *m,* Geldwechsel *m; ~ de cierre* Abschlusskurs *m; tipo de ~* Wechselkurs *m; ¿Cómo está el ~?* Wie steht der Kurs? **3.** *(vuelta)* Wechselgeld *n;* **4.** *(canje)* Austausch *m,* Umtausch *m; a ~* dafür, wogegen; *a ~ de* gegen; *~ brusco* Umschwung *m; ~ climático m* Klimawandel *m; ~ de aceite* Ölwechsel *m; ~ de ambiente* Tapetenwechsel *m; ~ de estilo* Stilbruch *m; ~ del turno* Schichtwechsel *m;* **5.** *~ de régimen* POL Wende *f*

cambista [kam'bista] *m* Geldwechsler *m,* Bankier *m,* Weichensteller *m (LA)*

camello [ka'meʎo] *m* **1.** ZOOL Kamel *n;* **2.** *(fam)* Dealer *m,* Drogenhändler *m*

camilla [ka'miʎa] *f* Bahre *f,* Tragbahre *f*

caminante [kami'nante] *m/f* Wanderer/ Wanderin *m/f*

caminar [kami'nar] *v* gehen, laufen, wandern; *~ a pasitos cortos* trippeln; *~ con alguien* mit jdm mitgehen; *¿Quieres salir a ~?* Willst du spazieren gehen?

caminata [kami'nata] *f* Wanderung *f*

camino [ka'mino] *m* Weg *m; a medio ~* halbwegs; *en ~ a* unterwegs; *seguir su ~* weitergehen; *¿Cuánto tiempo estaremos de ~?* Wie lange werden wir unterwegs sein? *~ de peatones* Fußweg *m; ~ de regreso (a casa)* Heimweg *m; ~ errado* Abweg *m; ~ vecinal* Feldweg *m; Camino al Calvario* REL Kreuzweg *m*

camión [ka'mjɔn] *m* Lastwagen *m,* Laster *m,* Lastkraftwagen *m*

camionero [kamjo'nero] *m ~ de larga distancia* Fernfahrer *m*

camisa [ka'misa] *f* Hemd *n; ~ de dormir* Nachthemd *n*

camiseta [kami'seta] *f* **1.** T-Shirt *n;* **2.** *(interior)* Unterhemd *n*

camisón [kami'sɔn] *m* Nachthemd *n*

camomila [kamo'mila] *f (hierba)* Kamille *f*

camorrista [kamɔ'rrista] *m* Raufbold *m*

camote [ka'mote] *m* BOT Süßkartoffel *f*

campamento [kampa'mento] *m* Lagern *n,* Lager *n,* Lagerplatz *m*

campana [kam'pana] *f* Glocke *f*

campanario [kampa'narjo] *m* Glockenturm *m,* Kirchturm *m*

campanero [kampa'nero] *adj* Glockengießer *m,* Glöckner *m*

campanilla [kampa'niʎa] *f* **1.** *~ de la puerta* Türglocke *f;* **2.** *~ de las nieves* BOT Schneeglöckchen *n*

campante [kam'pante] *adj* vortrefflich, zufrieden, stolz

campaña [kam'paɲa] *f* Kampagne *f; ~ publicitaria* Werbekampagne *f*

campar [kam'par] *v* lagern, kampieren

campechano [kampe'tʃano] *adj* burschikos

campeón [kampe'ɔn] *m* SPORT Meister *m,* Ass *n,* Champion *m; ~ del mundo/~ mundial* SPORT Weltmeister *m*

campeonato [kampeo'nato] *m* SPORT Meisterschaft *f; ~ mundial* Weltmeisterschaft *f; ~ de Europa* Europameisterschaft *f*

campesina [kampe'sina] *f* Bäuerin *f*

campesino [kampe'sino] *m* **1.** Bauer *m; adj* **2.** bäuerlich

campestre [kam'pestre] *adj* ländlich, bäuerlich

camping ['kampiŋ] *m* Camping *n; hacer ~* zelten; *terreno de ~* Campingplatz *m*

campiña [kam'piɲa] *f (campo cultivable)* Ackerland *n*

campo ['kampo] *m* **1.** AGR Land *n,* Feld *n; a ~ traviesa* querfeldein; *~ de cultivo* AGR Acker *m;* **2.** *(terreno allanado)* Platz *m; ~ de entrenamiento* Übungsplatz *m;* **3.** SPORT Spielfeld *n,* Sportplatz *m; ~ de golf* SPORT Golfplatz *m;* **4.** MIL Lager *n,* Feld *n; ~ de batalla* Schlachtfeld *n; ~ de prisioneros de guerra* Gefangenenlager *n;* **5.** *~ de concentración* POL Konzentrationslager *n;* **6.** *~ de acción/~ de actividades* Aufgabenbereich *m,* Sachgebiet *n,* Tätigkeitsbereich *m; ~ de aplicación/~ de vigencia* Geltungsbereich *m*

camposanto [kampo'santo] *m* Friedhof *m,* Kirchhof *m*

camuflaje [kamu'flaxe] *m* Tarnung *f*

camuflar [kamu'flar] *v* tarnen

can ['kan] *m (perro)* Hund *m*

Canadá [kana'ða] *m* GEO Kanada *n*

canal [ka'nal] *m* Kanal *m; Canal de la Mancha* GEO Ärmelkanal *m*

canalete [kana'lete] *m* Paddel *n*

canalización [kanaliθa'θjɔn] *f* Kanalisation *f*

canalla [ka'naʎa] *m* Schuft *m*, Schurke *m*
canalón [kana'lɔn] *m* Dachrinne *f*
canapé [kana'pe] *m* **1.** *~s (pastelitos o sandwiches)* Appetithappen *m*; **2.** *(diván)* Kanapee *n*, Sofa *n*, Couch *f*
canario [ka'narjo] *m* ZOOL Kanarienvogel *m*
canasta [ka'nasta] *f* Korb *m*
cancela [kan'θela] *f* Stornierung *f*
cancelación [kanθela'θjɔn] *f* **1.** *(del pedido)* Abbestellung *f*, Absage *f*, Annullierung *f*; **2.** *(de dinero)* Abzahlung *f*
cancelado [kanθe'laðo] *adj* ungültig, gestrichen
cancelar [kanθe'lar] *v* **1.** *(pedido)* abbestellen, rückgängig machen, annullieren; *Quiero ~ la reserva.* Ich möchte die Buchung rückgängig machen. **2.** *(dinero)* abzahlen; **3.** *(deuda)* tilgen; **4.** INFORM löschen
cáncer ['kanθer] *m* MED Krebs *m*; *~ mamario/~ de seno* Brustkrebs *m*
cancerógeno [kanθe'roxeno] *adj* krebserregend
cancha ['kantʃa] *f* SPORT Platz *m*, Spielfeld *n*; *~ de tenis (LA)* Tennisplatz *m*
canciller [kanθi'ʎer] *m* POL Kanzler *m*; *~ federal* Bundeskanzler *m*
canción [kan'θjɔn] *f* Lied *n*; *Por favor, toque una ~ típica de España.* Bitte spielen Sie ein typisch spanisches Lied. *~ de amor* Liebeslied *n*; *~ de cuna* Wiegenlied *n*; *~ de moda* Schlager *m*; *~ navideña* Weihnachtslied *n*; *~ popular* Volkslied *n*
cancionero [kanθjo'nero] *m* Liederbuch *n*
candado [kan'daðo] *m* Vorhängeschloss *n*, Vorlegeschloss *n*; *fig* Maulkorb *m*
candela [kan'dela] *f* Licht *n*, Kerze *f*, (Kohlen)feuer *n*
candelabro [kande'laβro] *m* Kerzenständer *m*, Leuchter *m*, Kerzenleuchter *m*
candente [kan'dente] *adj* glühend
candidato [kandi'ðato] *m* **1.** Anwärter *m*, Bewerber *m*, Kandidat *m*; **2.** *~ a la presidencia* Präsidentschaftskandidat *m*
candidatura [kandiða'tura] *f* **1.** Bewerbung *f*; **2.** POL Kandidatur *f*
candidez [kandi'ðeθ] *f* Arglosigkeit *f*, Naivität *f*
cándido ['kandiðo] *adj* arglos, einfältig, naiv
candilejas [kandi'lexas] *f/pl* THEAT Rampenlicht *n*
canela [ka'nela] *f* Zimt *m*
canelón [kane'lɔn] *m* Eiszapfen *m*
cangrejo [kaŋ'grɛxo] *m* **1.** ZOOL Krebs *m*; **2.** *~ de mar* Krabbe *f*
canguro [kaŋ'guro] *m* **1.** ZOOL Känguru *n*; **2.** *(fig)* Babysitter *m*
caníbal [ka'niβal] *m* Kannibale *m*
canícula [ka'nikula] *f* Hochsommer *m*
canilla [ka'niʎa] *f* **1.** Wasserhahn *m* *(LA)*; **2.** ANAT Schienbein *n*
canje ['kaŋxe] *m* Umtausch *m*
canjear [kaŋxe'ar] *v* umtauschen, einlösen; *Iré a ~ este vale hoy mismo.* Ich werde diesen Gutschein noch heute einlösen.
canoa [ka'noa] *f* Paddelboot *n*, Kanu *n*
canon ['kanon] *m* MUS Kanon *m*
canoso [ka'noso] *adj* grauhaarig
cansadísimo [kansa'ðisimo] *adj* fix und fertig, hundemüde, todmüde
cansado [kan'saðo] *adj* **1.** abgespannt, erschöpft, müde; *Estoy ~.* Ich bin müde. **2.** *estar ~ de algo* einer Sache überdrüssig sein
cansancio [kan'sanθjo] *m* Ermüdung *f*, Müdigkeit *f*; *~ excesivo* Übermüdung *f*
cansar [kan'sar] *v ~ mucho* strapazieren; *El trabajo me cansa mucho.* Die Arbeit ermüdet mich sehr.
cantante [kan'tante] *m/f* MUS Sänger(in) *m/f*; *~ de canciones de moda* Schlagersänger(in) *m/f*; *~ de ópera* Opernsänger(in) *m/f*
cantar [kan'tar] *v* **1.** MUS singen; *El borracho quiere ~ una canción.* Der Betrunkene will ein Lied singen. **2.** *(gallo)* ZOOL krähen; *El gallo comienza a ~ a las cuatro de la mañana.* Der Hahn fängt um vier Uhr morgens zu krähen an.
cantera [kan'tera] *f* Fundgrube *f*, Steinbruch *m*
cántico ['kantiko] *m* Kirchenlied *n*
cantidad [kanti'ðað] *f* **1.** *(número)* Anzahl *f*, Menge *f*, Quantität *f*; **2.** *~ ofrecida* ECO Angebotsmenge *f*; *~ extraída* Fördermenge *f*; **3.** *(monto)* FIN Betrag *m*,

Geldbetrag *m*, Summe *f*; ~ *fija* Fixum *n*; ~ *enorme* Unsumme *f*
cantina [kan'tina] *f* Kantine *f*
canto[1] ['kanto] *m* MUS Gesang *m*, Singen *n*; ~ *coral* Choral *m*
C
canto[2] ['kanto] *m* **1.** *(borde, lado)* Kante *f*; **2.** ~ *rodado* Kieselstein *m*; *cerrado a cal y* ~ verriegelt und verrammelt
cantón [kan'tɔn] *m* Ecke *f*, Quartier *n*, Kanton (Schweiz) *m*
cantor(a) [kan'tɔr/kan'tora] *m/f* Sänger(in) *m/f*; ~ *de cámara* Kammersänger(in) *m/f*
cánula ['kanula] *f* MED Kanüle *f*
caña ['kaɲa] *f* **1.** BOT Rohr *n*; ~ *de azúcar* Zuckerrohr *n*; ~ *de la India* Bambus *m*; **2.** ~ *de pescar* Angelrute *f*
cáñamo ['kaɲamo] *m* BOT Hanf *m*
cañaveral [kaɲaβe'ral] *m* Ried *n*
cañería [kaɲe'ria] *f* Leitung *f*, Rohr *n*, Röhre *f*; ~ *de agua* Wasserleitung *f*
cañón [ka'ɲɔn] *m* MIL Geschütz *n*, Kanone *f*
caos ['kaɔs] *m* Chaos *n*, Verhau *m* *(fam)*; ~ *del tráfico* Verkehrschaos *n*
caóticamente [ka'otikamente] *adv* chaotisch
caótico [ka'otiko] *m* **1.** Chaot *m*; *adj* **2.** chaotisch
capa ['kapa] *f* **1.** *(estrato)* Lage *f*, Schicht *f*; ~ *de ozono* Ozonschicht *f*; **2.** *(porción extendida sobre otra)* Belag *m*, Kruste *f*; **3.** *(prenda)* Umhang *m*, Cape *n*; *defender a ~ y espada* mit Händen und Füßen verteidigen
capacidad [kapaθi'ðað] *f* **1.** Fähigkeit *f*, Vermögen *n*, Fassungsvermögen *n*, Kapazität *f*; ~ *de adaptación* Anpassungsfähigkeit *f*; ~ *de carga* Belastbarkeit *f*; ~ *de obrar* JUR Handlungsfähigkeit; ~ *de reacción* Reaktionsvermögen *n*; ~ *de réplica* Schlagfertigkeit *f*; ~ *de trabajo* Arbeitsvermögen *n*; ~ *intelectual* Denkvermögen *n*; **2.** ~ *de memoria* INFORM Speicherkapazität *f*; **3.** ~ *de rendimiento* Kondition *f*, Leistungsfähigkeit *f*; **4.** ~ *de resistencia* MED Widerstandskraft *f*; **5.** ~ *jurídica* JUR Rechtsfähigkeit *f*
capacitar [kapaθi'tar] *v* berechtigen, schulen, geeignet machen
capar [ka'par] *v* kastrieren, verschneiden; *Hoy van a ~ a los toros.* Heute werden die Bullen kastriert.
capataz [kapa'taθ] *m* Vorarbeiter *m*, Aufseher *m*, Werkmeister *m*
capaz [ka'paθ] *adj* (~ *de*) fähig; ~ *de competir* wettbewerbsfähig, konkurrenzfähig
capciosidad [kaβθjosi'ðað] *f* Verfänglichkeit *f*
capcioso [kaβ'θjoso] *adj* verfänglich
capellán [kape'ʎan] *m* REL Kaplan *m*
capital [kapi'tal] *f* **1.** Hauptstadt *f*; ~ *de distrito* Kreisstadt *f*; *m* **2.** ECO Kapital *n*; ~ *social* Stammkapital *n*; ~ *en acciones* Aktienkapital *n*; ~ *propio* Eigenkapital *n*
capitalismo [kapita'lizmo] *m* Kapitalismus *m*
capitalista [kapita'lista] *m/f* **1.** Kapitalist(in) *m/f*; **2.** *(acreedor(a))* Geldgeber(in) *m/f*; *adj* **3.** kapitalistisch
capitalmente [kapital'mente] *adv* tödlich, schwer, wesentlich
capitán [kapi'tan] *m* Kapitän *m*
capitanía [kapita'nia] *f* Hauptmannsrang *m*, Führerschaft *f*, Hafenbehörde *f*
capitel [kapi'tɛl] *m* Kapitell *n*, Turmspitze *f*
capitulación [kapitula'θjɔn] *f* Kapitulation *f*
capitular [kapitu'lar] *v* kapitulieren
capítulo [ka'pitulo] *m* Kapitel *n*, Abschnitt *m*
capó [ka'pɔ] *m* Kühlerhaube *f*
capote [ka'pɔte] *m* Umhang *m*
capricho [ka'pritʃo] *m* Allüre *f*, Eigensinn *m*; ~ *de la naturaleza* Laune der Natur *f*
caprichoso [kapri'tʃoso] *adj* kapriziös, launenhaft, sprunghaft
Capricornio [kapri'kɔrnjo] *m* ASTR Steinbock *m*
cápsula ['kapsula] *f* Kapsel *f*
captar [kap'tar] *v* TECH empfangen; *¿Puedes ~ esta emisora con tu aparato?* Kannst du diese Sendung mit deinem Gerät empfangen?
captura [kap'tura] *f* Festnahme *f*, Einfangen *n*, Fang *m*
capturar [kaptu'rar] *v* ergreifen, fangen, festnehmen; *La policía no pudo ~ al ladrón.* Die Polizei konnte den Dieb nicht fassen.
capucha [ka'putʃa] *f* Kapuze *f*

capullo [ka'puʎo] *m BOT* Knospe *f*
cara ['kara] *f* Gesicht *n; ¡Qué ~!* So eine Unverschämtheit! *echar en ~* vorwerfen
carabina [kara'βina] *f* **1.** Karabiner *m; ser la ~ de Ambrosio* ganz unbrauchbar sein; **2.** *(vigilante)* Anstandsperson *f*
carabinero [karaβi'nero] *m* Grenzpolizist *m,* Grenzer *m,* Karabiner *m*
caracha [ka'ratʃa] *f MED* Krätze *f*
caracol [kara'kɔl] *m ZOOL* Schnecke *f*
carácter [ka'rakter] *m* **1.** Charakter *m,* Wesen *n; de ~ firme* charakterfest; *sin ~* charakterlos; *~ aventurero* Abenteuerlichkeit *m; ~ confidencial* Vertraulichkeit *f; ~ efímero* Vergänglichkeit *f; ~ inofensivo* Harmlosigkeit *f;* **2.** *~ de control INFORM* Steuerzeichen *n; ~ especial* Sonderzeichen *n;* **3.** *caracteres de imprenta pl* Blockschrift *f*
característica [karakte'ristika] *f* **1.** Eigenschaft *f;* **2.** *~s de identidad pl* Kenndaten *pl*
característico [karakte'ristiko] *adj* **1.** bezeichnend, charakteristisch, eigentümlich; *m* **2.** *THEAT* Charakterdarsteller *m*
caramba [ka'ramba] *interj ¡Caramba!* Donnerwetter!
carámbano [ka'rambano] *m* Eiszapfen *m*
carambola [karam'bola] *f* Karambolieren *n,* Karambolespiel *n, (fig)* Betrug *m*
caramelo [kara'melo] *m* Bonbon *n*
carapacho [kara'patʃo] *m* Muschelschale *f,* Schildplatt *n*
caravana [kara'βana] *f* Wohnwagen *m,* Karawane *f*
carbohidrato [karβoi'ðrato] *m CHEM* Kohlenhydrat *n*
carbón [kar'βɔn] *m* Kohle *f; ~ vegetal* Holzkohle *f*
carburador [karβura'ðɔr] *m TECH* Vergaser *m*
carcajada [karka'xaða] *f* Gelächter *n*
carcasa [kar'kasa] *f* Gehäuse *n*
cárcel ['karθel] *f* Gefängnis *n*
carcelero [karθe'lero] *m* Gefängniswärter *m*
carcinoma [karθi'noma] *f MED* Karzinom *n*
carcoma [kar'koma] *f* Holzwurm *m*
carcomer [karko'mɛr] *v* zernagen, zerfressen, anbohren
carcomido [karko'miðo] *adj* wurmstichig, altersschwach, morsch
cardar [kar'ðar] *v* krempeln
cardenal [karðe'nal] *m* **1.** *REL* Kardinal *m;* **2.** *MED* Hämatom *n,* blauer Fleck *m*
cárdigan ['karðiɣan] *m* Jacke *f*
cardinal [karði'nal] *adj* hauptsächlich, wesentlich, Haupt...
cardiología [karðjolo'xia] *f MED* Kardiologie *f*
carecer [kare'θɛr] *v irr ~ de algo* an etw mangeln, einer Sache entbehren
carencia [ka'renθja] *f* **1.** Mangel *m;* **2.** *~ de vitaminas* Vitaminmangel *m; ~ proteínica* Eiweißmangel *m; ~ de calcio* Kalziummangel *m*
careo [ka'reo] *m* Gegenüberstellung *f,* Konfrontation *f,* Kreuzverhör *n*
carero [ka'rero] *adj* teuer verkaufend, nicht preiswert
careta [ka'reta] *f* Maske *f; quitar la ~ a alguien (fig)* jdn entlarven
carga ['karɣa] *f* **1.** *(peso, cargamento)* Ladung *f,* Last *f;* **2.** *(fig)* Last *f,* Ballast *m,* Belastung *f;* **3.** *ECO* Fracht *f; ~ aérea* Luftfracht *f;* **4.** *TECH* Aufladung *f;* **5.** *~s sociales pl* Sozialabgaben *pl*
cargadero [karɣa'ðero] *m* Verladeplatz *m*
cargado [kar'ɣaðo] *adj* geladen; *~ de emoción* spannungsgeladen
cargamento [karɣa'mento] *m* Last *f*
cargar [kar'ɣar] *v* **1.** *~ con/~ de* beladen mit, aufladen mit, einladen in; **2.** *(fig)* belasten, bedrücken; **3.** *(aguantar)* aushalten, ertragen; *~ a* aufbürden; **4.** *~ en cuenta ECO* anrechnen, abbuchen, belasten
cargo ['karɣo] *m* **1.** Amt *n; estar a ~ de* zuständig sein für; *tomar posesión de un ~* ein Amt übernehmen; **2.** *FIN* Last *f,* Verpflichtung *f;* **3.** *~ en cuenta ECO* Lastschrift *f*
carguero [kar'ɣero] *m* Frachter *m*
caricatura [karika'tura] *f* Karikatur *f; hacer la ~* karikieren
caricia [ka'riθja] *f* Liebkosung *f; hacer ~s* hätscheln, liebkosen
caridad [kari'ðað] *f* Barmherzigkeit *f*
caries ['karjes] *f MED* Karies *f*

cariño [ka'riɲo] *m* **1.** Zärtlichkeit *f*, Anhänglichkeit *f*; *necesitar mucho ~* liebebedürftig sein; **2.** *(fam)* Liebling *m*, Schatz *m*; **3.** *(regalo)* Geschenk *n*

C

cariñosamente [kariɲosa'mente] *adv* zärtlich

cariñoso [kari'ɲoso] *adj* herzlich, liebevoll, zärtlich

carísimo [ka'risimo] *adj* sehr teuer, überteuert, sehr lieb

carisma [ka'rizma] *m* Ausstrahlung *f*, Charisma *n*

caritativo [karita'tiβo] *adj* barmherzig

carmín [kar'min] *m* Karminrot *n*, Lippenstift *m*

carnaval [karna'βal] *m* Fasching *m*, Karneval *m*

carne ['karne] *f* GAST Fleisch *n*; *~ picada* Hackfleisch *n*; *~ de pavo* Putenfleisch *n*; *~ ahumada* Rauchfleisch *n*; *~ del asado* Bratenfleisch *n*; *~ para caldo/~ para sopa* Suppenfleisch *n*; *~ de cerdo* Schweinefleisch *n*; *~ de res/~ de vaca* Rindfleisch *n*; *~ de ternera* Kalbfleisch *n*

carné [kar'ne] *m ~ de identidad* Personalausweis *m*

carnero [kar'nero] *m* ZOOL Hammel *m*

carnet [kar'ne] *m ~ de conducir* Führerschein *m*; *¿Necesito un ~ de conducir internacional?* Brauche ich einen internationalen Führerschein? *~ escolar* Schülerausweis *m*; *~ de identidad* Personalausweis *m*

carnicería [karniθe'ria] *f* **1.** Metzgerei *f*; **2.** *(fig)* Massaker *n*, Gemetzel *n*

carnicero [karni'θεro] *m* Metzger *m*

caro ['karo] *adj* kostspielig, teuer; *Esto es demasiado ~ para mi.* Das ist mir zu teuer.

carpa ['karpa] *f* **1.** Zelt *n*; *~ del circo* Zirkuszelt *n*; **2.** ZOOL Karpfen *m*

carpeta [kar'peta] *f* **1.** Mappe *f*, Aktenordner *m*; **2.** *(en Peru: púpitre)* Schreibpult *n*

carpintero [karpin'tero] *m* Tischler *m*, Schreiner *m*

carraspear [karraspe'ar] *v* sich räuspern, hüsteln

carraspera [karras'pera] *f* Heiserkeit *f*

carrera [ka'rrera] *f* **1.** *(fig: profesión)* Karriere *f*, Laufbahn *f*; *de ~* hauptberuflich; **2.** TECH Hub *m*; **3.** SPORT Lauf *m*, Rennen *n*, Wettlauf *m*; *~ ciclista* Radrennen *n*; *~ de automóviles* Autorennen *n*; *~ de caballos* Pferderennen *n*; *~ de vallas* Hürdenlauf *m*; *~ de fondo* Langlauf *m*; *~ de esquí* Skirennen *n*; *~ de relevos* Staffellauf *m*; *~ al trote* Trabrennen *n*; **4.** *(en las medias)* Laufmasche *f*; **5.** *~ armamentista* POL Wettrüsten *n*

carretera [karre'tera] *f ~ rural* Landstraße *f*; *~ de circulación rápida* Schnellstraße *f*; *~ de circunvalación* Umgehungsstraße *f*; *~ de enlace* Verbindungsstraße *f*; *~ federal* Bundesstraße *f*; *~ nacional* Fernstraße *f*

carretilla [karre'tiʎa] *f* **1.** Schubkarre *f*; **2.** *~ elevadora de horquilla* TECH Gabelstapler *m*

carril [ka'rril] *m* Schiene *f*, Spur *f*; *de un solo ~* einspurig; *~ para adelantar* Überholspur *f*; *~ de aparcamiento* Standspur *f*; *~ contrario* Gegenfahrbahn *f*; *~ de marcha* Fahrspur *f*

carro ['karro] *m* **1.** Karren *m*, Karre *f*; **2.** *~ de combate* MIL Panzer *m*; **3.** *(coche)* Auto *n*, Kraftwagen *m*, Personenkraftwagen *m*; *~ usado* Gebrauchtwagen *m*

carrocería [karrɔθe'ria] *f* TECH Karosserie *f*

carroña [ka'rrɔɲa] *f* ZOOL Aas *n*

carroza [ka'rrɔθa] *f* **1.** Kutsche *f*; **2.** *(coche fúnebre)* Leichenwagen *m*

carrusel [karru'sεl] *m* Karussell *n*

carta ['karta] *f* **1.** Brief *m*, Zuschrift *f*; *¿Hay ~s para mi?* Habe ich Post? *~ al director* Leserbrief *m*; *~ certificada* Einschreibebrief *m*; *~ de agradecimiento* Dankschreiben *n*; *~ de amor* Liebesbrief *m*; *~ de despedida* Abschiedsbrief *m*; *~ de pésame* Kondolenzschreiben *n*; *~ de reclamación* Mahnschreiben *n*; *~ de recomendación* Empfehlungsschreiben *n*; *~ urgente* Eilbrief *m*; *~ requisitoria* Steckbrief *m*; **2.** *(documento)* Urkunde *f*; **3.** *~ blanca* FIN Blankovollmacht *f*; **4.** *~ de crédito* ECO Akkreditiv *n*; *~ de porte* Frachtbrief *m*

cártel ['kartεl] *m* ECO Kartell *n*

cartel [kar'tεl] *m* Plakat *n*, Poster *n*, Anschlag *m*; *en ~* auf dem Spielplan/auf dem Programm

carteo [kar'teo] *m* Briefwechsel *m*
cartera [kar'tera] *f* **1.** *(de documentos)* Aktenmappe *f,* Mappe *f; ~ de negocios* Aktentasche *f;* **2.** *(monedero)* Brieftasche *f; He perdido mi ~.* Ich habe meine Brieftasche verloren. **3.** Handtasche *f* *(LA); ~ de colgar* Umhängetasche *f*
carterista [karte'rista] *m* Taschendieb *m*
cartero [kar'tero] *m* Postbote *m,* Briefträger *m*
cartílago [kar'tilaɣo] *m* *ANAT* Knorpel *m*
cartilla [kar'tiʎa] *f* Fibel *f,* Leitfaden *m*
cartón [kar'tɔn] *m* Karton *m,* Pappe *f; ~ ondulado* Wellpappe *f*
cartucho [kar'tutʃo] *m* Hülse *f,* Patrone *f; ~ de fogueo* Platzpatrone *f; ~ de tinta* Tintenpatrone *f*
casa ['kasa] *f* **1.** Haus *n,* Wohnung *f,* Behausung *f; Quiero ir a ~.* Ich möchte nach Hause. *en ~* zu Hause; *un ama de ~* Hausfrau *f; ~ con paredes entramadas* Fachwerkhaus *n; ~ de cambio* Wechselstube *f; ~ de campo* Ferienhaus *n; ~ de empeño* Pfandhaus *n; ~ de huéspedes* Gasthaus *n,* Pension *f; ~ de juego* Spielbank *f; ~ de muñecas* Puppenstube *f; ~ en la playa* Ferienhaus *n (LA); ~ paterna* Elternhaus *n; ~ prefabricada* Fertighaus *n; ~ propia* Eigenheim *n;* **2.** *~ de socorro* Unfallstation *f;* **3.** *ECO* Firma *f*
casa-cuna [kasa'kuna] *f* Kinderkrippe *m*
casado [ka'saðo] *adj* verheiratet; *¿Está usted ~?* Sind Sie verheiratet? *Estoy ~.* Ich bin verheiratet.
casamiento [kasa'mjento] *m* Heirat *f,* Hochzeit *f,* Vermählung *f*
casar [ka'sar] *v* trauen, vermählen
casarse [ka'sarse] *v ~ con* heiraten; *Patricia quiere ~ con un millonario.* Patricia will einen Millionär heiraten.
cascada [kas'kaða] *f (pequeña)* Wasserfall *m*
cascajo [kas'kaxo] *m* Steinschlag *m*
cascanueces [kaska'nweθes] *m* Nussknacker *m*
cascar [kas'kar] *v* knacken
cáscara ['kaskara] *f* Schale *f; ~ de huevo* Eierschale *f*
cascarrabias [kaska'rraβjas] *m* rabiater Kerl *m,* Spielverderber *m*
cascarrón [kaska'rrɔn] *adj (fam)* barsch, brummig, rauh
casco ['kasko] *m* **1.** Helm *m; ~ protector* Helm *m,* Sturzhelm *m;* **2.** *~ antiguo/~ viejo* Altstadt *f;* **3.** *(botella retornable)* Pfandflasche *f;* **4.** *(recipiente vacío)* leerer Behälter *m;* **5.** *(de un barco, de un avión)* Rumpf *m;* **6.** *ZOOL* Huf *m*
casería [kase'ria] *m* Weiler *m,* Häusergruppe *f*
caseta [ka'seta] *f* Bude *f,* Festzelt *n; ~ de perro* Hundehütte *f*
casete [ka'sete] *m* **1.** *(cinta)* Musikkassette *f;* **2.** *(aparato)* Kassettenrekorder *m*
casi ['kasi] *adv* beinahe, fast, nahezu; *~ nada* kaum; *~ seguro* höchstwahrscheinlich
casilla [ka'siʎa] *f* **1.** Hütte *f; sacar a alguien de sus ~s* jdn aus dem Häuschen bringen; *~ para perro* Hundehütte *f;* **2.** *~ de correos* Schließfach *n (LA); ~ postal* Postfach *n*
casino [ka'sino] *m (de juego)* Kasino *n*
caso ['kaso] *m* Fall *m,* Angelegenheit *f; en cada ~* jeweils; *en ~ extremo* äußerstenfalls; *en este ~* in diesem Falle; *en la mayoría de los ~s* meistens, zumeist; *en ~ necesario* notfalls; *no hacer ~ de* sich hinwegsetzen über; *venir al ~* angebracht sein; *~ asistencial* Pflegefall *m; ~ de defunción* Trauerfall *m; ~ de emergencia* Notfall *m; ~ de excepción* Ausnahmefall *m; ~ de fallecimiento* Sterbefall *m; ~ de muerte* Todesfall *m; ~ especial/~ extraordinario* Sonderfall *m; ~ extremo* Grenzfall *m; ~ individual* Einzelfall *m; ~ límite* Grenzfall *m; ~ normal* Normalfall *m; ~ particular* Einzelfall *m*
caspa ['kaspa] *f* Schuppen *pl,* Kopfschuppen *pl*
casquete [kas'kete] *m* Helm *m,* Haube *f*
casquijo [kas'kixo] *m* Kies *m*
casquillo [kas'kiʎo] *m* Hülse *f*
casta ['kasta] *m* Kaste *f,* Rasse *f*
castaña [kas'taɲa] *f BOT* Kastanie *f; ~ del marañón* Paranuss *f*
castaño [kas'taɲo] *adj (cabello)* braun, brünett
castellano [kaste'ʎano] *m* kastilisch, spanisch (Sprache)

C

castidad [kasti'ðað] *f* Unschuld *f*
castigar [kasti'ɣar] *v* strafen, bestrafen
castigo [kas'tiɣo] *m* Strafe *f*, Bestrafung *f*
castillo [kas'tiʎo] *m* Burg *f*, Schloss *n*; *¿Se puede visitar el ~?* Kann man das Schloss besichtigen? *~ feudal* Ritterburg *f*
casto ['kasto] *adj* unschuldig, keusch
castor [kas'tɔr] *m ZOOL* Biber *m*
castración [kastra'θjɔn] *f MED* Kastrierung *f*, Entmannung *f*, Beschneiden *n*
casual [ka'swal] *adj* zufällig
casualidad [kaswali'ðað] *f* Zufall *m*; *por ~* zufällig
catalejo [kata'lɛxo] *m* Fernrohr *n*
catalepsia [kata'lɛpsja] *f MED* Katalepsie *f*, Starrsucht *f*
catalizador [kataliθa'ðɔr] *m* Katalysator *m*; *~ de tres vías* Dreiwegekatalysator *m*
catalogar [katalo'ɣar] *v* **1.** katalogisieren; **2.** *~ a alguien de (fig)* jdn abstempeln als
catálogo [ka'taloɣo] *m* Katalog *m*; *~ de exposición* Ausstellungskatalog *m*
cataplum [kata'plum] *interj* plumps
catar [ka'tar] *v* kosten, probieren, schmecken
catarata [kata'rata] *f* **1.** Wasserfall *m*; **2.** *MED* Star *m*
catástrofe [ka'tastrofe] *f* Katastrophe *f*, Unglück *n*; *~ climática f* Klimakatastrophe *f*
catastrófico [katas'trofiko] *adj* katastrophal
catecismo [kate'θizmo] *m REL* Katechismus *m*
cátedra ['kateðra] *f* Lehrstuhl *m*
catedral [kate'ðral] *f* Dom *m*, Münster *n*, Kathedrale *f*; *Vale la pena visitar las ~es españolas.* Es lohnt sich, die spanischen Kathedralen zu besuchen.
categoría [kateɣo'ria] *f* **1.** Art *f*, Klasse *f*, Sorte *f*; *de primera ~* erstklassig; **2.** *(fig)* Rang *m*, Niveau *n*; *de la misma ~* gleichrangig; *~ de sueldo* Gehaltsgruppe *f*
categóricamente [kateɣɔrika'mente] *adv* kategorisch
categórico [kate'ɣɔriko] *adj* kategorisch
catéter [ka'teter] *m MED* Katheter *m*
catolicismo [katoli'θizmo] *m REL* Katholizismus *m*
católico [ka'toliko] *adj* **1.** *REL* katholisch; *Soy ~.* Ich bin katholisch. *~ apostólico y romano* römisch-katholisch; *m* **2.** *REL* Katholik *m*
catre ['katre] *m* Feldbett *n*, Pritsche *f*
cauce ['kaŭθe] *m* **1.** *(de río)* Flussbett *n*; **2.** *(fig: rumbo)* Richtung *f*
caución [kaŭ'θjɔn] *f* Gewähr *f*, Bürgschaft *f*, Kaution *f*
caudal [kaŭ'ðal] *m* Flut *f*
caudillo [kaŭ'ðiʎo] *m* Anführer *m*, Heerführer *m*, Führer *m*
causa ['kaŭsa] *f* **1.** Grund *m*, Ursache *f*; *~ y efecto* Ursache und Wirkung; *por tu ~* deinetwegen; **2.** *JUR* Sache *f*
causante [kaŭ'sante] *m/f* **1.** Verursacher(in) *m/f*; *ser el ~* verschulden; **2.** *(autor(a))* Stifter(in) *m/f*
causar [kaŭ'sar] *v* **1.** verursachen, bewirken, auslösen; *Tu me causas problemas.* Du bereitest mir Probleme. **2.** *(fig)* hervorrufen, veranlassen, anstiften; *~ alegría* erfreuen; *~ daño a alguien* jdm Schaden zufügen; *~ escándalo* anecken, Unruhe stiften; *~ impresión* wirken, beeindrucken; *~ inseguridad* verunsichern; *~ repugnancia* anwidern; *~ sensación* erregen, Eindruck machen
cautela [kaŭ'tela] *f* Vorsicht *f*, Behutsamkeit *f*, Reserve *f*
cautelosamente [kaŭtelosa'mente] *adv* vorsichtig
cautivado [kaŭti'βaðo] *adj* entzückt
cautivador [kaŭtiβa'ðɔr] *adj* entzückend, fesselnd, packend
cautivar [kaŭti'βar] *v* anziehen
cautiverio [kaŭti'βerjo] *m* Gefangenschaft *f*, Haft *f*
cautividad [kaŭtiβi'ðað] *f MIL* Kriegsgefangenschaft *f*
cautivo [kaŭ'tiβo] *m* Gefangener *m*
cauto ['kaŭto] *adj* vorsichtig
cavar [ka'βar] *v* graben, hacken
caverna [ka'βerna] *f* Höhle *f*
cavidad [kaβi'ðað] *f* Hohlraum *m*
cavilar [kaβi'lar] *v* grübeln, sinnieren
caza ['kaθa] *f* **1.** Jagd *f*; *ir de ~* auf die Jagd gehen; **2.** *ZOOL* Wild *n*
cazadero [kaθa'ðero] *m* Jagdrevier *n*

cazador [kaθa'ðɔr] *m* **1.** Jäger *m;* **2.** *~ de herencias* Erbschleicher *m*
cazar [ka'θar] *v* jagen, erlegen
cazuela [ka'θwela] *f* Kochtopf *m*
cebada [θe'βaða] *f BOT* Gerste *f*
cebar [θe'βar] *v* mästen
cebo ['θeβo] *m* Köder *m*
cebolla [θe'βoʎa] *f BOT* Zwiebel *f*
cebra ['θeβra] *f ZOOL* Zebra *n*
cecear [θeθe'ar] *v* lispeln
ceder [θe'ðɛr] *v* **1.** nachgeben, nachlassen, vergeben; *¡Ceda el paso a los peatones!* Fußgängern Vorfahrt gewähren! **2.** *ECO* abflauen; **3.** *MED* abklingen; **4.** *~ algo a alguien* jdm etw abtreten
cedro ['θeðro] *m BOT* Zeder *f*
cédula ['θeðula] *f* **1.** Schein *m; ~ de sufragio* Stimmzettel *m;* **2.** *~ personal/~ de ciudadanía* Ausweis *m (LA);* **3.** *~ hipotecaria FIN* Pfandbrief *m*
cegar [θe'ɣar] *v irr* **1.** blenden; **2.** *(perder la vista)* erblinden
ceguera [θe'ɣera] *f* **1.** *(invidencia)* Blindheit *f;* **2.** *(deslumbramiento)* Verblendung *f*
ceja ['θɛxa] *f ANAT* Augenbraue *f,* Braue *f; tener a alguien entre ~ y ~ (fig)* jdn nicht ausstehen können
celda ['θɛlda] *f* Zelle *f,* Gefängniszelle *f*
celebración [θeleβra'θjɔn] *f* **1.** Feier *f; ~ de la boda* Hochzeitsfeier *f; ~ de la Navidad* Weihnachtsfeier *f;* **2.** *~ de un contrato* Vertragsabschluss *m*
celebrar [θele'βrar] *v* **1.** feiern, feierlich begehen; *Este año voy a ~ mi cumpleaños a lo grande.* Dieses Jahr werde ich meinen Geburtstag großartig feiern. **2.** *(tener lugar)* abhalten; *~ una reunión* tagen; **3.** *~ la misa REL* Messe halten
célebre ['θeleβre] *adj* bekannt, berühmt, renommiert
celebridad [θeleβri'ðað] *f* **1.** Berühmtheit *f;* **2.** *~es pl* Prominenz *f*
celeste [θe'lɛste] *adj* hellblau, himmelblau
celestial [θelɛs'tjal] *adj REL* himmlisch
celibato [θeli'βato] *m REL* Zölibat *n*
celo ['θelo] *m* **1.** Eifer *m,* Fleiß *m;* **2.** *(envidia)* Eifersucht *f,* Neid *m;* **3.** *estar en ~ ZOOL* läufig sein; **4.** *(cinta adhesiva)* Tesafilm *m;* **5.** *~s pl* Eifersucht *f*
celoso [θe'loso] *adj* eifersüchtig
célula ['θelula] *f* **1.** *BIO* Zelle *f; ~ germinal* Keimzelle *f;* **2.** *~ solar TECH* Solarzelle *f*
cementar [θemen'tar] *v* zementieren
cementerio [θemen'terjo] *m* Friedhof *m,* Kirchhof *m*
cemento [θe'mento] *m* Zement *m*
cena ['θena] *f* Abendessen *n,* Mahl *n; la Santa Cena REL* Abendmahl *n*
cenagal [θena'ɣal] *m* Morast *m*
cenagoso [θena'ɣoso] *adj* matschig
cenicero [θeni'θero] *m* Aschenbecher *m*
cenicienta [θeni'θjenta] *f* Aschenputtel *n*
ceniza [θe'niθa] *f* Asche *f*
cenizo [θe'niθo] *m* Pechvogel *m*
censo ['θenso] *m* Erhebung *f; ~ de población/~ demográfico* Volkszählung *f*
censor [θen'sɔr] *m* Kritiker *m*
censura [θen'sura] *f* **1.** Kritik *f;* **2.** *POL* Zensur *f*
censurar [θensu'rar] *v* **1.** bemängeln; **2.** *POL* zensieren; *Censuraron el reportaje del periódico.* Der Zeitungsartikel wurde zensiert.
centavo [θen'taβo] *m (LA)* Pfennig *m*
centella [θen'teʎa] *m* Funke *m,* Blitz *m*
centelleo [θente'ʎeo] *m* Geflimmer *n*
centenario [θente'narjo] *m* Hundertjahrfeier *f*
centésimo [θen'tesimo] *adj* hundertste(r,s)
centímetro [θen'timetro] *m* Zentimeter *m*
centinela [θenti'nela] *m* Posten *m,* Wache *f*
central [θen'tral] *adj* **1.** zentral, mittig; *la estación ~* Hauptbahnhof *m; f* **2.** *(institución)* Vermittlung *f,* Zentrale *f;* **3.** *~ de giros FIN* Girozentrale *f;* **4.** *~ de proceso de datos INFORM* Datenzentrale *f;* **5.** *~ interurbana TEL* Fernamt *n; ~ telefónica* Fernmeldeamt *n,* Telefonzentrale *f; ~ abastecedora de agua TECH* Wasserwerk *n; ~ de calefacción* Heizkraftwerk *n; ~ eléctrica TECH* Elektrizitätswerk *n; ~ nuclear TECH* Kernkraftwerk *n*
centralmente [θentral'mente] *adv* zentral

C

centrar [θen'trar] *v* zentrieren; *Hay que ~ el encabezado del artículo.* Die Überschrift des Artikels muss zentriert werden.
centrarse [θen'trarse] *v ~ en* sich konzentrieren auf
céntrico ['θentriko] *adj* zentral
centrifugar [θentrifu'ɣar] *v* schleudern
centro ['θentro] *m* **1.** Mitte *f*, Zentrum *n*, Mittelpunkt *m*; *~ de la ciudad* Innenstadt *f*; **2.** *~ de gravedad PHYS* Schwerpunkt *m*; **3.** *(institución)* Zentrum *n*, Institut *n*, Stelle *f*, Anstalt *f*; *~ de planificación familiar* Familienberatungsstelle *f*; *~ de investigación* Forschungszentrum *n*; *~ de prensa* Pressezentrum *n*; *~ vacacional* Ferienort *m*, Urlaubsort *m*; **4.** *~ de culturismo SPORT* Fitnesscenter *n*; **5.** *~ de rehabilitación MED* Rehabilitationszentrum *n*; **6.** *~ de cálculo/~ de computación* Rechenzentrum *n*; *~ de procesamiento de datos INFORM* EDV-Anlage *f*; **7.** *(fig: el núcleo)* Kern *m*
ceñido [θe'ɲiðo] *adj (ajustado)* eng, anliegend
ceñidor [θeɲi'ðɔr] *m* Gurt *m*
cepillar [θepi'ʎar] *v* **1.** bürsten; **2.** *TECH* hobeln
cepillo [θe'piʎo] *m* **1.** Bürste *f*; *~ de dientes* Zahnbürste *f*; *~ para el cabello* Haarbürste *f*; **2.** *(de carpintero) TECH* Hobel *m*
cera ['θera] *f* Wachs *n*
cerámica [θe'ramika] *f* Keramik *f*
cerca ['θεrka] *prep* **1.** *~ a/~ de* nahe bei, an, bei; *adv* **2.** *~ de* etwa, rund; *f* **3.** Zaun *m*, Gartenzaun *m*, Umzäunung *f*; *~ de alambre* Drahtzaun *m*; **4.** *(vallado)* Umfassung *f*, Einfriedung *f*
cercado [θεr'kaðo] *m* **1.** Zaun *m*, Gehege *n*; **2.** *(vallado)* Umfassung *f*
cercano [θεr'kano] *adj* **1.** nah, nahe, in der Nähe; *¿Dónde está la parada más cercana?* Wo ist die nächste Haltestelle? *m* **2.** *Cercano Oriente GEO* Naher Osten *m*
cercar [θεr'kar] *v* **1.** abriegeln, umzäunen; **2.** *(fig: rodear)* umgeben, einkreisen, umzingeln
cerda ['θεrða] *f* **1.** Borste *f*; **2.** *ZOOL* Sau *f*
cerdo ['θεrðo] *m ZOOL* Schwein *n*
cereales [θere'ales] *m/pl* **1.** *AGR* Korn *n*, Getreide *n*; **2.** *GAST* Frühstücksflocken *pl*
cerebro [θe'reβro] *m ANAT* Gehirn *n*
ceremonia [θere'monja] *f* Zeremonie *f*, Akt *m*; *sin ~* formlos; *~ de entrega de premio* Siegerehrung *f*; *~ oficial* Staatsakt *m*
ceremonioso [θeremo'njoso] *adj* förmlich, steif
cereza [θe'reθa] *f BOT* Kirsche *f*
cerilla [θe'riʎa] *f* Streichholz *n*, Zündholz *n*; *una caja de ~s* eine Schachtel Streichhölzer *f*
cero ['θero] *num* **1.** null; *m* **2.** Null *f*
cerquita [θεr'kita] *adv* sehr nahe; *estar ~* einen Katzensprung entfernt sein
cerrado [θε'rraðo] *adj* geschlossen, gesperrt; *La puerta está cerrada.* Die Tür ist verschlossen. *tener ~* zuhalten
cerradura [θεrra'ðura] *f* Schloss *n*, Türschloss *n*; *La ~ está rota.* Das Schloss ist kaputt. *~ de seguridad* Sicherheitsschloss *n*
cerrajería [θεrraxe'ria] *f* Schlosserei *f*
cerrajero [θεrra'xero] *m* Maschinenschlosser *m*, Schlosser *m*
cerrar [θε'rrar] *v irr* **1.** abdrehen, verschließen, zumachen; *~ el paso* den Weg absperren; *~ el pico (fam)* den Schnabel halten; *~ con llave* abschließen, zuschließen; *~ con cerrojo* verriegeln; *~ herméticamente* abdichten; **2.** *(un negocio) ECO* abschließen
cerrarse [θε'rrarse] *v irr* sich schließen; *~ de golpe* zuschnappen, zuschlagen
cerro ['θεrro] *m* Anhöhe *f*, Hügel *m*
cerrojo [θε'rrɔxo] *m* Riegel *m*, Türschloss *n*; *echar el ~* verriegeln, absperren
certamen [θεr'tamen] *m* Preisausschreiben *n*, Wettbewerb *m*
certero [θεr'tero] *adj* bestimmt
certeza [θεr'teθa] *f* Sicherheit *f*, Bestimmtheit *f*, Gewissheit *f*
certificación [θεrtifika'θjɔn] *f* Bescheinigung *f*, Beglaubigung *f*
certificado [θεrtifi'kaðo] *m* **1.** Bescheinigung *f*, Zeugnis *n*, Zertifikat *n*; *~ de bachillerato* Reifezeugnis *n*; *~ de (buena) conducta* Leumundszeugnis *n*, Führungszeugnis *n*; *~ de domicilio* Auf-

enthaltsbescheinigung *f;* ~ *de fin de estudios* Abschlusszeugnis *n;* ~ *de examen final* Schulzeugnis *n;* ~ *de origen* Ursprungszeugnis *n;* ~ *de procedencia* Abstammungsurkunde *f;* ~ *de residencia* Aufenthaltsbescheinigung *f;* **2.** *(de estudios)* Zeugnis *n,* Schein *m,* Bescheinigung *f;* **3.** ~ *de exportación ECO* Ausfuhrbescheinigung *f;* **4.** *(general médico) MED* Attest *n; Por favor, extiéndame un ~.* Bitte stellen Sie mir ein Attest aus. ~ *de defunción* Totenschein *m*

certificar [θεrtifi'kar] *v* bescheinigen, beglaubigen; *Hay que ~ los documentos.* Die Dokumente müssen beglaubigt werden.

cervecería [θεrβeθe'ria] *f* Brauerei *f*

cerveza [θεr'βeθa] *f* Bier *n;* ~ *negra* dunkles Bier *n;* ~ *rubia* helles Bier *n;* ~ *de barril* Bier vom Fass *n*

cerviz [θεr'βiθ] *f ANAT* Genick *n*

cesar [θe'sar] *v* aussetzen, einstellen, nachlassen; ~ *del trabajo* die Arbeit einstellen; *sin ~* pausenlos, unaufhörlich; *Las dos chicas no ~on de hablar ni un minuto.* Die zwei Mädchen redeten pausenlos miteinander.

cesárea [θe'sarea] *f MED* Kaiserschnitt *m*

cese ['θese] *m* Absetzung *f,* Einstellung *f;* ~ *de alarma* Entwarnung *f*

césped ['θεspeð] *m BOT* Rasen *m*

cesto ['θεsto] *m* Korb *m*

chacal [tʃa'kal] *m ZOOL* Schakal *m*

chal [tʃal] *m* Schal *m*

chalarse [tʃa'larse] *v* ~ *por alguien (fam)* sich in jdn verknallen

chaleco [tʃa'leko] *m* Weste *f;* ~ *antibalas* kugelsichere Weste *f*

chalet [tʃa'le] *m* Ferienhaus *n;* ~ *adosado* Reihenhaus *n;* ~ *unifamiliar* Einfamilienhaus *n*

champán [tʃam'pan] *m* Champagner *m*

champaña [tʃam'paɲa] *m* Champagner *m*

champiñón [tʃampi'ɲɔn] *m BOT* Champignon *m*

champú [tʃam'pu] *m* Shampoo *n*

chance ['tʃanse] *m* Chance *f (LA)*

chancear [tʃanse'ar] *v* spaßen, scherzen *(LA)*

chanceo [tʃan'seo] *m* Scherz *m (LA)*

chancero [tʃan'sero] *adj* spaßig, scherzhaft *(LA)*

chancha ['tʃantʃa] *f ZOOL* Sau *f (LA)*

chancho ['tʃantʃo] *m ZOOL* Schwein *n (LA)*

chándal ['tʃandal] *m* Trainingsanzug *m*

chantaje [tʃan'taxe] *m* Erpressung *f*

chantajear [tʃantaxe'ar] *v* erpressen

chantajista [tʃanta'xista] *m/f* Erpresser(in) *m/f*

chanza [tʃan'θa] *f* Jux *m*

chao ['tʃao] *interj ¡Ciao!* Tschüss!

chapa ['tʃapa] *f* Blech *n,* Furnier *n*

chaparrón [tʃapa'rrɔn] *m* Platzregen *m,* Regenguss *m,* Wolkenbruch *m*

chapucear [tʃapuθe'ar] *v* verpfuschen

chapucero [tʃapu'θero] *adj* stümperhaft

chapurrear [tʃapurre'ar] *v (otra lengua)* radebrechen

chaqueta [tʃa'keta] *f* Jacke *f,* Jackett *n*

charco ['tʃarko] *m* Pfütze *f,* Lache *f*

charla ['tʃarla] *f* Unterhaltung *f,* Geplauder *n,* Gespräch *n*

charlar [tʃar'lar] *v* ~ *con* plaudern mit, sich unterhalten mit

charlatán [tʃarla'tan] *m* Quacksalber *m*

charnela [tʃar'nela] *f TECH* Scharnier *n*

chasco ['tʃasko] *v llevarse un ~ (fam)* hereinfallen

chasis ['tʃasis] *m* **1.** Fahrgestell *n;* **2.** *TECH* Chassis *n;* ~ *con ruedas* Fahrwerk *n*

chat [tʃat] *m INFORM* Chat *m*

chatarra [tʃa'tarra] *f* Alteisen *n*

chatear [tʃate'ar] *v INFORM* chatten

chauvinismo [tʃaŭβi'nizmo] *m* Chauvinismus *m*

chauvinista [tʃaŭβi'nista] *adj* chauvinistisch

chaval [tʃa'βal] *m (fam)* Bengel *m*

chavala [tʃa'βala] *f (fam)* Biene *f,* Mädchen *n*

cheque ['tʃeke] *m FIN* Scheck *m; ¿Acepta usted ~s?* Nehmen Sie Schecks? ~ *al portador* Inhaberscheck *m;* ~ *bancario* Bankscheck *m;* ~ *cruzado* Verrechnungsscheck *m;* ~ *de gerencia* Bankscheck *m (LA);* ~ *de viaje* Reisescheck *m; ¿Dónde puedo cambiar ~s de viaje?* Wo kann ich Reiseschecks einlösen? ~ *en blanco* Blankoscheck *m;* ~ *postal* Postscheck *m*

chequeo [tʃe'keo] *m* Revision *f*

chequera [tʃe'kera] *f* Scheckheft *n (LA)*

chic [tʃik] *adj* schick
chica ['tʃika] *f* Mädchen *n;* junge Frau *f*
chicana [tʃi'kana] *f* Schikane *f (LA)*
chicanear [tʃikane'ar] *v* schikanieren *(LA)*
chicharra [tʃi'tʃarra] *f* Ratsche *f,* Knarre *f,* Summer *m,* Zikade *f*
chichón [tʃi'tʃɔn] *m MED* Beule *f*
chicle ['tʃikle] *m* Kaugummi *m*
chico ['tʃiko] *adj* **1.** klein; jung; *m* **2.** Bursche *m,* Junge *m,* Knabe *m; ~ para recados* Laufbursche *m*
chicote [tʃi'kote] *m* kräftiger Bursche *m, (fig)* Zigarre *f; NAUT* Tauende *n*
chiflado [tʃi'flaðo] *adj* verrückt; *estar ~ (fam)* spinnen
chiflar [tʃi'flar] *v intr* pfeifen, zischen, sich volllaufen lassen
chifle ['tʃifle] *m* Pfeife *f,* Lockpfeife *f*
Chile ['tʃile] *m GEO* Chile *n*
chileno [tʃi'leno] *adj* **1.** chilenisch; *m* **2.** Chilene *m*
chillar [tʃi'ʎar] *v* **1.** quietschen; **2.** *(persona)* kreischen, schreien
chillido [tʃi'ʎiðo] *m* Aufschrei *m*
chimenea [tʃime'nea] *f* Kamin *m,* Schlot *m,* Schornstein *m*
chimpancé [tʃimpan'θe] *m ZOOL* Schimpanse *m*
China ['tʃina] *f GEO* China *n*
chinche ['tʃintʃe] *m ZOOL* Wanze *f; Me cae ~. (fam)* Er geht mir auf die Nerven.
chincheta [tʃin'tʃeta] *f* Reißzwecke *f*
chinelas [tʃi'nelas] *f/pl* Hausschuhe *pl*
chip [tʃip] *m INFORM* Chip *m*
chiquillo [tʃi'kiʎo] *m* Knirps *m*
chiquito [tʃi'kito] *m* Knirps *m (LA)*
chismear [tʃizme'ar] *v* klatschen, tratschen; *¿A quién no le gusta ~?* Wer klatscht nicht gern?
chismes ['tʃizmes] *m/pl* Tratsch *m*
chismorrear [tʃizmorre'ar] *v* tratschen
chismorreo [tʃizmo'rreo] *m* Klatsch *m,* Tratsch *m*
chispa ['tʃispa] *f* **1.** Funke *m; echar ~s* Funken sprühen, sehr wütend sein; **2.** *(fam)* Schwips *m*
chiste ['tʃiste] *m* Spaß *m,* Witz *m*
chistoso [tʃis'toso] *adj* lustig, witzig
chivo ['tʃiβo] *m ~ expiatorio* Prügelknabe *m,* Sündenbock *m*
chocar [tʃo'kar] *v* **1.** aufprallen, zusammenstoßen; *~ contra alguien* jdn anfahren; **2.** *(fig)* schockieren
chocolate [tʃoko'late] *m* **1.** *GAST* Schokolade *f; ~ caliente* heiße Schokolade *f;* **2.** *(fam: hachís)* Stoff *m,* Hasch *n*
chofer [tʃo'fɛr] *m* Autofahrer *m,* Chauffeur *m*
chopo ['tʃopo] *m BOT* Pappel *f*
choque ['tʃoke] *m* **1.** Aufprall *m,* Karambolage *f,* Zusammenstoß *m; ~ frontal* Frontalzusammenstoß *m;* **2.** *(fig)* Schock *m*
chorizo [tʃo'riθo] *m* **1.** Wurst *f;* **2.** *(fam)* Gauner *m,* Straßenräuber *m*
chorrear [tʃɔrre'ar] *v* triefen
chorro ['tʃɔrro] *m* Strahl *m; ~ de agua* Wasserstrahl *m*
choza ['tʃɔθa] *f* Hütte *f,* Verschlag *m*
chubasco [tʃu'βasko] *m* Platzregen *m*
chucherías [tʃutʃe'rias] *f/pl* **1.** Nippes *pl,* Kram *m;* **2.** *(alimento)* Naschwerk *n,* Süßigkeiten *f/pl*
chucrut [tʃu'krut] *m GAST* Sauerkraut *n*
chulería [tʃule'ria] *f (fam)* Angeberei *f*
chuleta [tʃu'leta] *f* **1.** *(en la escuela)* Spickzettel *m;* **2.** *GAST* Kotelett *n,* Rippe *f*
chulo ['tʃulo] *m* **1.** *(fam)* Angeber *m;* **2.** *(fam: prostitución)* Zuhälter *m; adj* **3.** angeberisch, frech **3.** flott, schick
chupar [tʃu'par] *v* **1.** *(pasar por la boca)* lutschen; **2.** *(extraer)* saugen, absaugen, absorbieren; **3.** *(cigarillo)* ziehen
chupete [tʃu'pete] *m* **1.** Schnuller *m;* **2.** *(LA)* Lutscher *m*
chupetear [tʃupete'ar] *v* lutschen
chupón [tʃu'pɔn] *m* **1.** *(caramelo)* Lutscher *m;* **2.** *~ de bebé* Schnuller *m*
chusma ['tʃuzma] *f* Gesindel *n,* Pöbel *m*
ciática ['θjatika] *f ANAT* Ischias *m*
ciberespacio [θiβeres'paθjo] *m INFORM* Cyberspace *m*
cicatero [θika'tero] *adj* knauserig
cicatriz [θika'triθ] *f* Narbe *f; lleno de cicatrices* narbig
cicatrizar [θikatri'θar] *v intr* verheilen, (Wunde) heilen, vernarben
ciclista [θi'klista] *m/f* Radfahrer(in) *m/f*
ciclo ['θiklo] *m* **1.** Zyklus *m,* Kreislauf *m;* **2.** *~ económico ECO* Konjunkturzyklus *m*
ciclomotor [θiklomo'tɔr] *m* Moped *n*
ciego ['θjeɣo] *adj* **1.** blind; *a ciegas* blindlings, drauflos; *m* **2.** Blinder *m*

cielo ['θjelo] *m* Himmel *m; mover ~ y tierra* Himmel und Hölle in Bewegung setzen
cien [θjen] *num* einhundert; *~ por ciento* hundertprozentig
ciencia ['θjenθja] *f* **1.** Wissenschaft *f;* **2.** *~ médica MED* Heilkunde *f;* **3.** *~s filosóficas pl* Geisteswissenschaften *pl; ~s naturales* Naturwissenschaften *pl*
ciencia ficción ['θjenθja fiɣ'θjɔn] *f* Sciencefiction *f*
científicamente [θjentifika'mente] *adv* wissenschaftlich
científico [θjen'tifiko] *m* **1.** Wissenschaftler *m; adj* **2.** wissenschaftlich
ciento ['θjento] *num* hundert
cierre ['θjɛrre] *m* **1.** Verschluss *m,* Sperre *f; ~ centralizado* Zentralverriegelung *f;* **2.** *ECO* Abschluss *m; ~ de ejercicio* Geschäftsabschluss *m; ~ de cuentas* Abschlussbilanz *m,* Jahresabschluss *m;* **3.** *(fig)* Büroschluss *m; ~ de los comercios* Ladenschluss *m;* **4.** *(LA: cremallera)* Reißverschluss *m*
ciertamente [θjɛrta'mente] *adv* bestimmt, wohl, allerdings
cierto ['θjɛrto] *adj* bestimmt, gewiss; *por ~* übrigens; *resultar ~* sich bewahrheiten
ciervo ['θjɛrβo] *m* **1.** *ZOOL* Hirsch *m;* **2.** *~s pl ZOOL* Rotwild *n*
cifra ['θifra] *f* **1.** Ziffer *f; de varias ~s* mehrstellig; *~ índice* Kennziffer *f; ~ no publicada* Dunkelziffer *f;* **2.** *~ de ventas ECO* Geschäftsumsatz *m*
cifrar [θi'frar] *v* **1.** chiffrieren, verschlüsseln, beziffern; **2.** *INFORM* kodieren
cigarrillo [θiɣa'rriʎo] *m* Zigarette *f; un cartón de ~s* eine Stange Zigaretten *f*
cigarro [θi'ɣarro] *m* Zigarette *f*
cigüeña [θi'ɣweɲa] *f ZOOL* Storch *m*
cilindrada [θilin'draða] *f TECH* Hubraum *m*
cima ['θima] *f* **1.** *GEO* Gipfel *m,* Kamm *m;* **2.** *(punta)* Spitze *f*
cimentación [θimenta'θjɔn] *f* Fundament *n*
cimientos [θi'mjentos] *m/pl* Fundament *n*
cinc [θink] *m CHEM* Zink *n*
cincel [θin'θɛl] *m (del escultor)* Meißel *m*
cinco ['θiŋko] *num* fünf
cincuenta [θiŋ'kwenta] *num* fünfzig
cine ['θine] *m CINE* Kino *n; Me gustaría ir al ~.* Ich würde gerne ins Kino gehen.
cíngaro ['θiŋgaro] *m* Zigeuner *m*
cínico ['θiniko] *adj* zynisch
cinta ['θinta] *f* **1.** Band *n,* Streifen *m; ~ adhesiva* Klebeband *n; Ponle una ~ aislante a la conexión de cables.* Wickle ein Isolierband um das Kabel herum. *~ métrica* Metermaß *n,* Bandmaß *n; ~ perforada* Lochstreifen *m;* **2.** *~ magnética TECH* Magnetband *n; ~ magnetofónica* Tonband *n*
cintura [θin'tura] *f* Taille *f*
cinturón [θintu'rɔn] *m* Gürtel *m; ~ de seguridad* Sicherheitsgurt *m; uso obligatorio del ~* Anschnallpflicht *f*
ciprés [θi'prɛs] *m BOT* Zypresse *f*
circo ['θirko] *m* Zirkus *m*
circuito [θir'kwito] *m* **1.** Rundfahrt *f,* Rundgang *m;* **2.** *~ de entrenamiento SPORT* Trimm-dich-Pfad *m;* **3.** *~ eléctrico TECH* Stromkreis *m*
circulación [θirkula'θjɔn] *f* **1.** Verkehr *m; en ~* im Umlauf; *~ de automóviles* Straßenverkehr *m; ~ en sentido contrario* Gegenverkehr *m; ~ por la derecha* Rechtsverkehr *m; ~ prohibida* Fahrverbot *n;* **2.** *MED* Kreislauf *m;* **3.** *~ de capital ECO* Kapitalverkehr *m*
circular [θirku'lar] *v* **1.** umkreisen; *hacer ~* herumreichen, weitergeben; **2.** *(fig)* kursieren, umgehen; *f* **3.** Rundschreiben *n*
círculo ['θirkulo] *m* **1.** Kreis *m,* Ring *m; ~ vicioso* Teufelskreis *m;* **2.** *~ polar GEO* Polarkreis *m;* **3.** *(fig)* Kreis *m,* Verein *m; ~ de amistades* Freundeskreis *m*
circundar [θirkun'dar] *v ~ de* umgeben mit
circunscripción [θirkunskrip'θjɔn] *f* Kreis *m*
circunspección [θirkunspɛɣ'θjɔn] *f* Umsicht *f,* Zurückhaltung *f*
circunspecto [θirkuns'pɛkto] *adj* umsichtig
circunstancia [θirkuns'tanθja] *f* **1.** *(hecho)* Fall *m,* Umstand *m;* **2.** *(situación)* Lage *f,* Situation *f;* **3.** *~s pl* Umstände *pl,* Begleitumstand *m; en estas ~s* unter diesen Umständen

C

circunvalación[θirkumβala'θjɔn] *f carretera de ~* Umgehungsstraße *f*
circunvalar[θirkumβa'lar] *v* umgeben, umringen
ciruela [θi'rwela] *f BOT* Pflaume *f*, Zwetschge *f*; *~ amarilla* Mirabelle *f*
cirugía[θiru'xia] *f MED* Chirurgie *f*
cirujano[θiru'xano] *m MED* Chirurg *m*
cisne['θizne] *m ZOOL* Schwan *m*
cisterna [θis'tɛrna] *f* **1.** Zisterne *f*; **2.***(depósito)* Tank *m*
cisura [θi'sura] *f* Schnitt *m*, feiner Riss *m*, Einschnitt *m*
cita['θita] *f* **1.***(mención)* Zitat *n*; **2.***(encuentro)* Termin *m*, Rendezvous *n*, Verabredung *f*; *¿Me podría dar una ~?* Könnte ich einen Termin haben? *~ amorosa* Schäferstündchen *n*; *~ de entrevista personal* Vorstellungstermin *m*; *lugar de la ~* Treffpunkt *m*; *~ a ciegas* Blind Date *n*; *~ rápida f* Speeddating *n*
citación[θita'θjɔn] *f JUR* Ladung *f*, Vorladung *f*
citar [θi'tar] *v* **1.** zitieren, anführen; *El conferencista citó a Aristoteles varias veces.* Der Redner zitierte mehrmals Aristoteles. **2.***~ a alguien* jdn herbestellen; **3.***JUR* laden, vorladen
citarse [θi'tarse] *v ~ con alguien* sich mit jdm verabreden; *Me cité con Miguel a las seis de la tarde.* Ich bin um 18 Uhr mit Miguel verabredet.
cítricos['θitrikos] *m/pl* Zitrusfrüchte *pl*
ciudad[θju'ðað] *f* Stadt *f*; *¿Cómo se va al centro de la ~?* Wie gelangt man ins Stadtzentrum? *¿Tiene usted un plano de la ~ para mi?* Haben Sie einen Stadtplan für mich?
ciudadana[θjuða'ðana] *f* Bürgerin *f*
ciudadanía [θjuðaða'nia] *f* Bürgerschaft *f*, Staatsbürgerschaft *f*
ciudadano[θjuða'ðano] *m* **1.**Bürger *m*, Staatsbürger *m*; *~ báltico* Balte *m*; *~ honorario* Ehrenbürger *m*; **2.***~s importantes/~s notables pl* Honoratioren *pl*
cívico ['θiβiko] *adj* bürgerlich, staatsbürgerlich, national, patriotisch
civil [θi'βil] *adj* **1.** bürgerlich, zivil; **2.***JUR* zivil
civilización [θiβiliθa'θjɔn] *f* Zivilisation *f*
civilizado[θiβili'θaðo] *adj* zivilisiert
clamor [kla'mor] *m* Geschrei *n*, Jammergeschrei *n*, Klage *f*
clan[klan] *m* Sippe *f*
clandestinidad [klandestini'ðað] *f* **1.**Heimlichkeit; **2.***POL* Untergrund *m*
clandestino [klandes'tino] *adj* verstohlen, heimlich
clara['klara] *f ~ de huevo* Eiweiß *n*
claramente [klara'mente] *adv* **1.** *(fig)* eindeutig, verständlich; **2.***(precisamente)* übersichtlich
claridad [klari'ðað] *f* **1.** Helligkeit *f*; **2.** *(fig)* Deutlichkeit *f*, Eindeutigkeit *f*; *falta de ~* Unklarheit *f*
clarificación [klarifika'θjɔn] *f* Klärung *f*
clarificar[klarifi'kar] *v* klären
clarinete[klari'nete] *m MUS* Klarinette *f*
clarividencia [klariβi'ðenθja] *f* Weitblick *m*, Scharfblick *m*
clarividente [klariβi'ðente] *m/f* Hellseher(in) *m/f*
claro ['klaro] *adj* **1.** einleuchtend, anschaulich, verständlich; *¿Está todo ~?* Ist alles klar? **2.***(fig)* deutlich, eindeutig, klar; *¡Claro que sí!* Selbstverständlich! Natürlich! *~ como el cristal* glasklar; *está ~* freilich; *poco ~* unklar; *poner en ~* klarstellen, klären, verdeutlichen; **3.***(con luz)* heiter, hell, klar; *m* **4.**Lichtung *f*; **5.***~ de luna* Mondschein *m*
clase['klase] *f* **1.***(tipo)* Art *f*, Klasse *f*, Sorte *f*; *de dos ~s* zweierlei; *de ninguna ~* keinerlei; **2.** *(calidad)* Rang *m*, Klasse *f*; *~ turista* Touristenklasse *f*; **3.** *(sociedad)* Schicht *f*, Klasse *f*; *de la ~ media* bürgerlich, mittelständisch; *~ media* Mittelstand *m*; *~ social* Gesellschaftsschicht *f*; **4.** *(alumnos)* Unterrichtsstunde *f*, Vorlesung *f*, Kurs *m*; *sin ~s* schulfrei; **5.***~s de baile pl* Tanzkurs *m*; *~s de conducción/~s de manejo* Fahrstunde *f*
clásico ['klasiko] *adj* **1.** klassisch; **2.** *(no sometido a la moda)* zeitlos; *m* **3.**Klassiker *m*
clasificación [klasifika'θjɔn] *f* Einteilung *f*, Klassifikation *f*; *~ por edad* Altersklasse *f*
clasificador[klasifika'ðɔr] *m* Hefter *m*, Ordner *m*
clasificar[klasifi'kar] *v* einstufen

clasificarse [klasifi'karse] *v* SPORT sich qualifizieren
claudicar [klaŭði'kar] *v* nachgeben
claustro ['klaŭstro] *m* ARCH Kreuzgang *m*
cláusula ['klaŭsula] *f* **1.** JUR Klausel *f;* **2.** *~ de la nación más favorecida* ECO Meistbegünstigungsklausel *f*
clausurar [klaŭsu'rar] *v* den Satz abschließen, abschließend sagen
clavar [kla'βar] *v* **1.** annageln, nageln, festnageln; **2.** *(poste)* einschlagen, einrammen; **3.** *(fig)* ausbeuten, ausnehmen, neppen
clavel [kla'βɛl] *m* BOT Nelke *f*
clavícula [kla'βikula] *f* ANAT Schlüsselbein *n*
clavija [kla'βixa] *f* **1.** Zapfen *m,* Stift *m,* Dübel *m;* **2.** TECH Bolzen *m;* **3.** *~ de enchufe* Stecker *m; ~ de banana* Bananenstecker *m; ~ de unión* Verbindungsstecker *m;* **4.** *(instrumentos de cuerda)* MUS Wirbel *m;* **5.** *apretar las ~s a alguien* jdn unter Druck setzen
clavo ['klaβo] *m* TECH Nagel *m; dar en el ~* den Nagel auf den Kopf treffen
claxon ['klaɣsɔn] *m* Hupe *f; tocar el ~* hupen
clemente [kle'mente] *adj* milde, nachsichtig, gütig
clérigo ['kleriɣo] *m* REL Geistlicher *m,* Priester *m*
clero ['klero] *m* REL Klerus *m*
cliché [kli'tʃe] *m* Klischee *n*
cliente ['kljente] *m* **1.** Kunde *m,* Klient *m; ~ habitual/~ fijo* Stammgast *m,* Stammkunde *m;* **2.** JUR Mandant *m;* **3.** ECO Auftraggeber *m*
clientela [kljen'tela] *f* Kundschaft *f; ~ de paso/~ ocasional* ECO Laufkundschaft *f; (abogado)* Klientel *f*
clima ['klima] *m* Klima *n; ~ de montaña* Gebirgsklima *n*
climático [kli'matiko] *adj* klimatisch
climax ['klimax] *m* Klimax *f,* Höhepunkt *m*
clínica ['klinika] *f* MED Klinik *f,* Krankenhaus *n; ¿Dónde está la ~ más cercana?* Wo ist das nächste Krankenhaus? *~ ginecológica* Frauenklinik *f; ~ psiquiátrica* Nervenheilanstalt *f*
clínicamente [klinika'mente] *adv* klinisch
clínico ['kliniko] *adj* klinisch
clip [klip] *m* Büroklammer *f,* Heftklammer *f,* Klammer *f*
clisé [kli'se] *m* Klischee *n*
clítoris ['klitoris] *m* Klitoris *f,* Kitzler *m*
cloaca [klo'aka] *f* **1.** Kloake *f;* **2.** *(arroyo)* Gosse *f*
cloro ['kloro] *m* CHEM Chlor *n*
clorofluorcarburo [kloroflwɔrkar'βuro] *m* (CFC) CHEM Fluorkohlenwasserstoff *m*
club [kluβ] *m* **1.** Verein *m,* Klub *m; ~ nocturno* Nachtlokal *n;* **2.** *~ de gimnasia* SPORT Turnverein *m*
clueca ['klweka] *f* Glucke *f*
coacción [koaɣ'θjɔn] *f* Diktat *n,* Nötigung *f*
coaccionar [koaɣθjo'nar] *v* nötigen
coadyuvar [koaðju'βar] *v ~ a* beitragen zu
coagularse [koaɣu'larse] *v* gerinnen; *La sangre comienza a ~.* Das Blut fängt an zu gerinnen.
coalición [koali'θjɔn] *f* POL Koalition *f,* Vereinigung *f*
coalicionista [koaliθjo'nista] *m/f* POL Koalitionspartner(in) *m/f*
coartada [koar'taða] *f* Alibi *n*
cobarde [ko'βarðe] *adj* **1.** feige; *m* **2.** Angsthase *m,* Maultierstall *m,* Stallung *f*
cobardía [koβar'ðia] *f* Feigheit *f*
cobaya [ko'βaja] *m* ZOOL Meerschweinchen *n*
cobertizo [koβɛr'tiθo] *m* Schuppen *m,* Verschlag *m*
cobertor [koβɛr'tɔr] *m* Bettdecke *f,* Überdecke *f*
cobertura [koβɛr'tura] *f* **1.** Bedeckung *f,* Überzug *m;* **2.** ECO Deckung *f; sin ~* ungedeckt; **3.** *~ de seguro* Versicherungsschutz *m*
cobijador [koβixa'ðɔr] *adj* Beschützer *m,* Beherberger *m*
cobijar [koβi'xar] *v* fürsorgen, Zuflucht bieten, beschützen
cobijo [ko'βixo] *m* Unterschlupf *m*
cobra ['koβra] *m* ZOOL Kobra *f*
cobrador [koβra'ðɔr] *m* Kassierer *m,* Kassenbote *m*
cobrar [ko'βrar] *v* kassieren, einkassieren, einlösen, einziehen; *Odio ~le dinero*

a un amigo. Ich hasse es, von einem Freund Geld zu kassieren.

cobre ['koβre] *m CHEM* Kupfer *n*

cobro ['koβro] *m* **1.** *ECO* Einzug *m,* Erhebung *f,* Inkasso *n;* **2.** *~s pendientes pl ECO* Außenstände *pl*

C

coca ['koka] *f BOT* Kokapflanze *f*

cocaína [koka'ina] *f* Kokain *n*

cocer [ko'θɛr] *v irr (cocinar)* abkochen, aufkochen, sieden, kochen, garen

coche ['kotʃe] *m* **1.** Auto *n,* Wagen *m,* Personenkraftwagen *m,* PKW *m; ~ antiguo* Oldtimer *m; ~ de alquiler* Leihwagen *m,* Mietwagen *m; ~ de auxilio (LA)* Abschleppwagen *m; ~ de carrera* Rennwagen *m; ~ de segunda mano* Gebrauchtwagen *m; ~ eléctrico m* Elektroauto *n; ~ fúnebre* Leichenwagen *m; ~ patrulla* Streifenwagen *m; ~ pequeño* Kleinwagen *m;* **2.** *(de ferrocarril)* Eisenbahnwagen *m; ~ de asientos-cama* Liegewagen *m; ~ directo* Kurswagen *m; ~ restaurante* Speisewagen *m;* **3.** *(de caballos)* Kutsche *f*

coche-cama [kotʃe'kama] *m* Schlafwagen *m*

cochecito [kotʃe'θito] *m ~ de niño* Kinderwagen *m,* Wagen *m*

coche-grúa [kotʃe'ɣrua] *m* Abschleppwagen *m*

cochinada [kotʃi'naða] *f* Sauerei *f,* Schweinerei *f*

cochinillo [kotʃi'niʎo] *m ZOOL* Ferkel *n*

cochino [ko'tʃino] *m* **1.** *ZOOL* Schwein *n;* **2.** *(fig)* Ferkel *n,* Sau *f,* Schmutzfink *m; adj* **3.** schmutzig

cociente [ko'θjente] *m ~ de inteligencia* Intelligenzquotient *m*

cocina [ko'θina] *f* **1.** *(cuarto)* Küche *f;* **2.** *(fogón)* Herd *m,* Küchenherd *m; ~ de gas* Gasherd *m;* **3.** *(comida) GAST* Küche *f; la ~ francesa* die französische Küche *f*

cocinera [koθi'nera] *f* Köchin *f*

cocinero [koθi'nero] *m* Koch *m*

cocinilla [koθi'niʎa] *f* Kocher *m*

coco ['koko] *m BOT* Kokosnuss *f*

cocodrilo [koko'ðrilo] *m ZOOL* Krokodil *n*

cóctel ['kɔktɛl] *m* Cocktail *m*

codelincuente [kodeliŋ'kwente] *m/f* Mittäter(in) *m/f,* Komplize/Komplizin *m/f*

codicia [ko'ðiθja] *f* Habgier *f*

codicioso [koði'θjoso] *adj* geldgierig, habgierig, raffgierig

codificar [koðifi'kar] *v* **1.** verschlüsseln; **2.** *INFORM* kodieren

código ['koðiɣo] *m* **1.** *JUR* Gesetzbuch *n; ~ civil* Bürgerliches Gesetzbuch *n; ~ penal* Strafgesetzbuch *n;* **2.** *~ postal* Postleitzahl *f;* **3.** *~ de indentificación bancaria FIN* Bankleitzahl *f;* **4.** *INFORM* Code *m; ~ de barras* Strichcode *m*

codo ['koðo] *m ANAT* Ellbogen *m*

coeficiente [koefi'θjente] *m* Ziffer *f,* Koeffizient *m*

coercitivo [koɛrθi'tiβo] *adj* zwingend

coetáneo [koe'taneo] *adj* **1.** *(contemporáneo)* zeitgenössisch; **2.** *(de la misma edad)* gleichaltrig; *m* **3.** Zeitgenosse *m*

cofre ['kɔfre] *m* Kasten *m*

cofrecillo [kɔfre'θiʎo] *m* Kassette *f*

coger [kɔ'xɛr] *v* **1.** *(agarrar)* anfassen, nehmen, ergreifen; *¡Coge el dinero y vete!* Nimm das Geld und geh! **2.** *(frutas)* pflücken; **3.** *(fig: atrapar)* abfangen, erwischen, packen; *~ al paso* aufgreifen; *~ al vuelo* auffangen; *~ de sorpresa* überraschen; *~ desprevenido* überrumpeln; **4.** *(fig: apropiarse)* kapern, kriegen; **5.** *(fig: comprender)* aufnehmen, erfassen

cogestión [koxɛs'tjɔn] *f* Mitbestimmung *f*

cogote [ko'ɣote] *m ANAT* Nacken *m*

cohecho [ko'etʃo] *m* Bestechung *f*

cohete [ko'ete] *m* **1.** Rakete *f;* **2.** *~ luminoso* Leuchtrakete *f*

cohibido [koi'βiðo] *adj* gehemmt, verlegen

cohibir [koi'βir] *v* hemmen, beengen, einschüchtern

coincidencia [koinθi'ðenθja] *f* Übereinstimmung *f,* Überschneidung *f*

coincidir [koinθi'ðir] *v* **1.** übereinstimmen; *Nosotros coincidimos en esta decisión.* Wir stimmen in dieser Entscheidung überein. **2.** *(~ en un punto)* überschneiden; **3.** *(fig) ~ con* zusammenfallen mit

coito ['kɔito] *m* Beischlaf *m,* Sexualakt *m*

cojear [kɔxe'ar] *v* hinken, humpeln

cojín [kɔ'xin] *m* Kissen *n;* ~ *de tinta* Stempelkissen *n*
cojo ['kɔxo] *adj MED* lahm, hinkend
col [kɔl] *f BOT* Kraut *n,* Kohl *m; GAST* ~ *de Bruselas* Rosenkohl *m*
cola ['kola] *f* **1.** Schwanz *m;* ~ *de caballo* Pferdeschwanz *m;* **2.** *(fila)* Warteschlange *f; formar* ~ Schlange stehen; **3.** *(pegamento)* Leim *m;* **4.** *(de un cometa)* Schweif *m*
colaboración [kolaβora'θjɔn] *f* Mitarbeit *f,* Zusammenarbeit *f*
colaborador(a) [kolaβora'ðɔr/ kolaβora'ðora] *m/f* Mitarbeiter(in) *m/f*
colaborar [kolaβo'rar] *v* **1.** mitarbeiten, zusammenarbeiten; **2.** ~ *en* mitwirken bei
colada [ko'laða] *f* Aufwaschen *n,* Wäsche *f,* Wäschelauge *f*
colador [kola'ðɔr] *m* Sieb *n,* Durchschlag *m*
colapso [ko'lapso] *m MED* Kollaps *m,* Zusammenbruch *m;* ~ *nervioso* Nervenzusammenbruch *m*
colcha ['kɔltʃa] *f* Bettdecke *f;* ~ *guateada* Steppdecke *f*
colchón [kɔl'tʃɔn] *m* Matratze *f;* ~ *de plumas* Federbett *n;* ~ *neumático* Luftmatratze *f*
colección [kolɛɣ'θjɔn] *f* Sammlung *f,* Kollektion *f; hacer* ~ sammeln; ~ *de arte* Kunstsammlung *f;* ~ *en un volumen* Sammelband *m*
coleccionar [kolɛɣθjo'nar] *v* sammeln
coleccionista [kolɛɣθjo'nista] *m/f* Sammler(in) *m/f*
colectar [kolɛk'tar] sammeln, einziehen (Steuern)
colectivo [kolɛk'tiβo] *adj* **1.** gemeinsam, kollektiv; *m* **2.** *GRAMM* Kollektivum *n;* **3.** *(convenio)* Tarifverhandlung *f*
colector [kolɛk'tɔr] *m TECH* Kollektor *m;* ~ *solar* Sonnenkollektor *m*
colega [ko'leɣa] *m/f* Kollege/Kollegin *m/f,* Kumpel *m*
colegial [kolɛ'xjal] *adj* **1.** kollegial; *m* **2.** Schüler *m*
colegiatura [kolɛ'xjatura] *f* Studiengebühr *f*
colegio [ko'lɛxjo] *m* **1.** Schule *f,* Kollegium *n;* **2.** ~ *de Liceo* Gymnasium *n (LA);* **3.** ~ *electoral POL* Wahllokal *n*
cólera ['kolera] *f* **1.** Zorn *m; m* **2.** *MED* Cholera *f*
colesterol [koleste'rɔl] *m MED* Cholesterin *n*
colgador [kɔlɣa'ðɔr] *m* Kleiderbügel *m,* Kleiderhaken *m*
colgar [kɔl'ɣar] *v irr* anhängen, aufhängen; ~ *el teléfono* auflegen; *Me han colgado. (fam)* Ich bin durchgefallen. ~ *de la pared* an die Wand hängen; ~ *en* aufhängen an
colgarse [kɔl'ɣarse] *v irr* ~ *algo* sich etw umhängen
colibrí [koli'βri] *m* Kolibri *m*
cólico ['koliko] *m MED* Kolik *f,* Bauchschmerzen *pl,* Magenschmerzen *pl*
coliflor [koli'flɔr] *f BOT* Blumenkohl *m*
colimbo [ko'limbo] *m* Seetaucher *m*
colina [ko'lina] *f* Hügel *m*
colindante [kolin'dante] *adj* benachbart; ~ *con* angrenzend an, aneinandergrenzend, anliegend an
colindar [kolin'dar] *v* ~ *con* angrenzen an
colisión [koli'sjɔn] *f* Zusammenstoß *m,* Karambolage *f,* Kollision *f*
colisionar [kolisjo'nar] *v* zusammenstoßen
collar [ko'ʎar] *m* Kette *f,* Halskette *f;* ~ *de perlas* Perlenkette *f;* ~ *de perro* Halsband *n*
colmar [kɔl'mar] *v* ~ *de* überhäufen mit; *El pretendiente colmaba a Verónica de regalos.* Der Verehrer überhäufte Veronika mit Geschenken. *Se me está colmada la paciencia.* Ich verliere langsam die Geduld.
colmenero [kɔlme'nero] *m* Imker *m*
colmo ['kɔlmo] *m* Übermaß *n; ¡Esto es el ~!* Das ist der Gipfel!
colocación [koloka'θjɔn] *f* **1.** *(puesto)* Anstellung *f;* **2.** *(fig: posición)* Platzierung *f,* Aufstellung *f;* **3.** *ECO* Kapitalanlage *f;* **4.** *(a la venta) ECO* Verkauf *m,* Absatz *m*
colocar [kolo'kar] *v* **1.** ~ *a alguien en un sitio* jdn platzieren, jdn hinsetzen; ~ *algo* etw verstauen; **2.** *(asignar puesto)* Platz zuweisen; **3.** *(horizontalmente)* legen; **4.** *(poner algo en un sitio)* anlegen, anbringen, auflegen; **5.** *(verticalmente)* hinstellen, absetzen; **6.** *FIN* anlegen

colocarse [kolo'karse] *v* **1.** eine Anstellung finden; **2.** *(posicionarse)* ~ *en una fila* sich einordnen; *Para comprar los boletos debemos colocarnos en la fila.* Um die Karten zu kaufen, müssen wir uns in der Reihe anstellen.

C

Colombia [ko'lɔmbja] *m GEO* Kolumbien *n*
colombiano [kolɔm'bjano] *adj* kolumbianisch, aus Kolumbien kommend
colonia [ko'lɔnja] *f* **1.** Ansiedlung *f;* **2.** *POL* Kolonie *f*
colonialismo [kolɔnja'lizmo] *m POL* Kolonialismus *m*
colonización [koloniθa'θjɔn] *f* **1.** Kolonisierung *f;* **2.** *(población)* Siedlung *f*
colono [ko'lono] *m* Siedler *m*
color [ko'lɔr] *m* Farbe *f; de ~es* farbig, bunt; *de un solo ~* einfarbig; *perder el ~* abfärben; *~ de cabello/~ de pelo* Haarfarbe *f*
coloración [kolora'θjɔn] *f* Färbung *f*
colorado [kolo'raðo] *adj* **1.** rot; *ponerse ~* erröten; **2.** bunt, farbig
colosal [kolo'sal] *adj* kolossal, riesengroß, mächtig
coloso [ko'lɔso] *m* Koloss *m*
columna [ko'lumna] *f* **1.** Säule *f,* Kolonne *f,* Kolumne *f;* **2.** *~ vertebral ANAT* Rückgrat *n,* Wirbelsäule *f;* **3.** *(parte vertical)* Spalte *f; ~ de anuncios* Litfaßsäule *f; ~ de chismografía* Klatschspalte *f*
columpiarse [kolum'pjarse] *v* schaukeln
columpio [ko'lumpjo] *m* Schaukel *f*
coma[1] ['koma] *f GRAMM* Komma *n*
coma[2] ['koma] *m MED* Koma *n*
comadre [ko'maðre] *f* Gevatterin *f,* Hebamme *f,* weise Frau *f, (fam)* Kupplerin *f*
comadrear [komaðre'ar] *v* klatschen, tratschen
comadreo [koma'ðreo] *m* Klatsch *m,* Tratsch *m*
comadrona [koma'ðrona] *f* Hebamme *f*
comandante [koman'dante] *m MIL* Befehlshaber *m,* Kommandant *m,* Major *m*
comandar [koman'dar] *v* kommandieren
comba ['kɔmba] *f* Biegung *f,* Krümmung *f*
combate [kɔm'bate] *m* **1.** Kampf *m;* **2.** *~ de exhibición SPORT* Schaukampf *m;* **3.** *MIL* Gefecht *n*
combatiente [kɔmba'tjente] *m/f* Kämpfer(in) *m/f*
combatir [kɔmba'tir] *v* kämpfen, bekämpfen
combativo [kɔmba'tiβo] *adj* kämpferisch
combinación [kɔmbina'θjɔn] *f CHEM* Verbindung *f*
combinado [kɔmbina'ðo] *m* Produkt einer Verbindung *n,* Kombinat *n,* Cocktail *m*
combinar [kɔmbi'nar] *v* kombinieren, vermischen
combustible [kɔmbus'tiβle] *m* **1.** Brennmaterial *n,* Brennstoff *m,* Kraftstoff *m; ~ carburante* Treibstoff *m; adj* **2.** brennbar, feuergefährlich
combustión [kɔmbus'tjɔn] *f TECH* Verbrennung *f*
comedero [kome'ðero] *m* Krippe *f*
comedia [ko'meðja] *f THEAT* Lustspiel *n,* Komödie *f*
comediante [kome'ðjante] *m/f* Komödiant(in) *m/f*
comedón [kome'ðɔn] *m MED* Mitesser *m*
comedor [kome'ðɔr] *m* **1.** *(privado)* Esszimmer *n;* **2.** *(público)* Speisesaal *m; ~ colectivo* Kantine *f*
comentador(a) [komenta'ðɔr/komenta'ðora] *m/f* Kommentator(in) *m/f*
comentar [komen'tar] *v* kommentieren; *El locutor de radio comentó los acontecimientos políticos.* Der Rundfunksprecher kommentierte die politischen Ereignisse.
comentario [komen'tarjo] *m* **1.** Kommentar *m; sin ~* ohne Weiteres; **2.** *(glosa)* Glosse *f*
comentarista [komenta'rista] *m/f* Kommentator(in) *m/f*
comenzar [komen'θar] *v irr* anfangen, angehen, beginnen; *La escuela comienza a las ocho de la mañana.* Die Schule fängt um acht Uhr morgens an.
comer [ko'mɛr] *v* **1.** essen, speisen, verzehren; *Mamá, tengo hambre. ¿Qué hay de ~?* Mama, ich habe Hunger. Was gibt es zu essen? *~ golosinas* naschen; **2.** *(animal)* fressen
comercial [komɛr'θjal] *adj* **1.** geschäftlich, kommerziell; **2.** *ECO* gewerblich

comercializable [komɛrθjali'θaβle] *adj* ECO absatzfähig, absetzbar
comercializar [komɛrθjali'θar] *v* umsetzen, vermarkten
comerciante [komɛr'θjante] *m/f* ECO Händler(in) *m/f*, Kaufmann/Kauffrau *m/f*, Geschäftsmann/Geschäftsfrau *m/f*; *~ al por menor* Einzelhändler(in) *m/f*; *~ al por mayor* Großhändler(in) *m/f*
comerciar [komɛr'θjar] *v* handeln
comercio [ko'mɛrθjo] *m* **1.** *(negocio)* Geschäft *n*; **2.** ECO Handel *m*; *~ al por mayor* Großhandel *m*; *~ al por menor* Einzelhandel *m*; *~ de exportación* Exportwirtschaft *f*; *~ exterior* Außenhandel *m*; *~ interior/~ nacional* Binnenhandel *m*; *~ intermediario* Zwischenhandel *m*; *~ internacional/~ mundial* Welthandel *m*; **3.** *~ bursátil* FIN Börsenhandel *m*; **4.** *(tienda)* Laden *m*; *hacer el ~ ambulante* hausieren; *~ de libros* Buchhandlung *f*
comestible [komes'tiβle] *adj* **1.** essbar, genießbar; *m* **2.** *~s pl* Esswaren *pl*, Lebensmittel *n*; *intoxicación de ~* Lebensmittelvergiftung *f*
cometa [ko'meta] *f* **1.** Drachen *m*; *m* **2.** ASTR Komet *m*
cometer [kome'tɛr] *v* begehen, verüben; *Todo ser humano comete errores.* Jeder Mensch macht Fehler. *~ un crimen/~ un delito* ein Verbrechen begehen; *~ un error* irren
comicidad [komiθi'ðað] *f* Komik *f*
comicios [ko'miθjɔs] *m/pl* POL Wahl *f*
cómico ['komiko] *adj* **1.** komisch, lustig, drollig; *m* **2.** Komiker *m*
comida [ko'miða] *f* **1.** Essen *n*, Mittagessen *n*, Speise *f*, Mahlzeit *f*; *antes de la ~/ después de la ~* vor dem Essen/nach dem Essen; **2.** *(alimentación)* Verpflegung *f*; *La ~ es buena.* Die Verpflegung ist gut. *~ casera* Hausmannskost *f*; *~ congelada* Tiefkühlkost *f*; *~ de gala* Festessen *n*; *~ de régimen* Diät *f*; *~ opípara* Schlemmermahl *n*; *~ integral* Vollwertkost *f*
comienzo [ko'mjenθo] *m* **1.** *(principio)* Anfang *m*, Beginn *m*; **2.** *(parte de la acción)* Ansatz *m*, Anbruch *m*, Inangriffnahme *f*; **3.** *(introducción)* Einleitung *f*
comillas [ko'miʎas] *f/pl* LING Anführungszeichen *n*; *entre ~* in Anführungszeichen
comino [ko'mino] *m* BOT Kümmel *m*
comisaría [komisa'ria] *f* Revier *n*, Polizeirevier *n*
comisario [komi'sarjo] *m* Kommissar *m*; *~ europeo* EU-Kommissar *m*
comisión [komi'sjɔn] *f* **1.** Abordnung *f*, Ausschuss *m*; *~ de conciliación/~ de mediación* Vermittlungsausschuss *m*; *~ examinadora* Prüfungsausschuss *m*; **2.** *~ investigadora* POL Untersuchungsausschuss *m*; *~ parlamentaria* Parlamentsausschuss *m*; **3.** ECO Kommission *f*; **4.** *(ganancia porcentual)* Provision *f*; **5.** *(adicional)* Spesen *pl*
comisionar [komisjo'nar] *v* abordnen
comisionista [komisjo'nista] *m/f* **1.** Makler(in) *m/f*; **2.** *(comercio)* Spediteur(in) *m/f*; **3.** ECO Kommissionär(in) *m/f*
comité [komi'te] *m* Ausschuss *m*, Komitee *n*; *~ de empresa* ECO Betriebsrat *m*
comitiva [komi'tiβa] *f* Gefolge *n*
como ['komo] *adv* **1.** *(característica)* als; *Yo ~ tu mejor amiga te diré siempre la verdad.* Ich als deine beste Freundin werde dir immer die Wahrheit sagen. **2.** *(comparación)* wie; *Pepe es tan grande ~ Juan.* Pepe ist so groß wie Juan. **3.** *~ sigue* folgend, folgendermaßen; **4.** *(manera)* wie; *Cuéntamelo tal y ~ sucedió.* Erzähle mir genau, wie es geschehen ist. *konj* **5.** *(porque)* da, weil; *Como no vino, me fui.* Da er nicht kam, ging ich.
cómo ['komo] *adv* wie; *¿Cómo se llama usted?* Wie heißen Sie? *¿Cómo se hace esto?* Wie macht man das? *¿Cómo está usted?* Wie geht es Ihnen? *¡Cómo llueve!* Was für ein Regen! *¡Cómo no!* Natürlich! Selbstverständlich! Warum nicht!
cómoda ['komoða] *f* Kommode *f*
cómodamente [komoða'mente] *adv* gemütlich, gemächlich
cómodo ['komoðo] *adj* bequem, gemütlich, behaglich; *~ de uso* benutzerfreundlich
compactar [kɔmpak'tar] *v* verdichten, zusammendrängen, anhäufen
compacto [kɔm'pakto] *adj* massiv, kompakt, gedrungen; *disco ~* CD *f*
compadre [kɔm'paðre] *m* Gevatter *m*, *(fig)* Freund *m*, *(fam)* Angeber *n*

compañera [kɔmpa'ɲera] *f* Genossin *f*, Kameradin *f*, Kollegin *f*; ~ *sentimental* Lebensgefährtin *f*
compañerismo [kɔmpaɲe'rizmo] *m* Kameradschaft *f*

C

compañero [kɔmpa'ɲero] *m* **1.** Genosse *m*, Kamerad *m*, Kollege *m*; *Necesito un ~ para jugar al tenis.* Ich brauche einen Tennispartner. ~ *de clase* Schulfreund *m*, Mitschüler *m*; ~ *de estudios* Kommilitone *m*; ~ *de juegos* Spielkamerad *m*; ~ *de la vida* Lebensgefährte *m*; **2.** *(fam)* Kumpel *m*
compañía [kɔmpa'ɲia] *f* **1.** Gesellschaft *f*, Partnerschaft *f*; *¿Quiere usted hacerme ~?* Wollen Sie mir Gesellschaft leisten? **2.** *ECO* Gesellschaft *f*; ~ *de aviación* Fluggesellschaft *f*; ~ *de transportes* Transportunternehmen *n*; ~ *distribuidora* Vertriebsgesellschaft *f*; **3.** *MIL* Kompanie *f*; **4.** *(de teatro)* Truppe *f*
comparable [kɔmpa'raβle] *adj* ~ *con* vergleichbar mit
comparación [kɔmpara'θjɔn] *f* Vergleich *m*, Gegenüberstellung *f*; *a modo de* ~ vergleichsweise; *en* ~ dagegen; *en* ~ *con* demgegenüber
comparar [kɔmpa'rar] *v* **1.** ~ *con* vergleichen mit; *¿Quiere ~ este modelo con el otro?* Wollen Sie dieses Modell mit dem anderen vergleichen? **2.** *(contraponer)* gegenüberstellen
compararse [kɔmpa'rarse] *v* ~ *con alguien* sich mit jdm vergleichen
comparativamente [kɔmparatiβa'mente] *adv* vergleichsweise
comparecencia [kɔmpare'θenθja] *f* *JUR* Erscheinen *n*, Vorführung *f*
comparecer [kɔmpare'θɛr] *v irr* erscheinen, vorführen; ~ *ante el juez* vor dem Richter erscheinen
comparsa [kɔm'parsa] *m* *CINE* Statist *m*
compartidor [kɔmpar'tiðor] *m* Mitteilhaber *m*, Mitverteiler *m*
compartim(i)ento [kɔmparti'm(j)ento] *m*; Zugabteil *n*, Abteil *n*; ~ *de congelación* Tiefkühlfach *n*; ~ *refrigerador* Kühlfach *n*
compartir [kɔmpar'tir] *v* ~ *algo con alguien* etw mit jdm teilen
compasión [kɔmpa'sjɔn] *f* Mitleid *n*, Erbarmen *n*, Mitgefühl *n*; *sin* ~ mitleidslos, unerbittlich
compatibilidad [kɔmpatiβili'ðað] *f* **1.** Kompatibilität *f*; ~ *con* Vereinbarkeit mit *f*; **2.** *(naturaleza)* Verträglichkeit *f*
compatible [kɔmpa'tiβle] *adj* vereinbar, kompatibel
compatriota [kɔmpa'trjota] *m/f* Landsmann/Landsmännin *m/f*, Mitbürger(in) *m/f*
compensación [kɔmpensa'θjɔn] *f* **1.** Kompensation *f*; **2.** *(indemnización)* Entschädigung *f*, Ersatzbefriedigung *f*; *como* ~ als Ersatz; **3.** *ECO* Abfindung *f*
compensar [kɔmpen'sar] *v irr* **1.** kompensieren, wettmachen; **2.** *(indemnizar)* entschädigen, ersetzen
competencia [kɔmpe'tenθja] *f* **1.** Kompetenz *f*; **2.** *ECO* Konkurrenz *f*; **3.** *(pertinencia)* Zuständigkeit *f*
competente [kɔmpe'tente] *adj* **1.** kompetent, federführend; **2.** *(encargado de)* ~ *para* zuständig für
competición [kɔmpeti'θjɔn] *f* **1.** Konkurrenz *f*; **2.** *SPORT* Wettkampf *m*
competidor(a) [kɔmpeti'ðɔr/kɔmpeti'ðora] *m/f* **1.** Konkurrent(in) *m/f*; **2.** *SPORT* Wettkämpfer(in) *m/f*
competir [kɔmpe'tir] *v irr* ~ *con* konkurrieren mit, wetteifern mit
competitivo [kɔmpeti'tiβo] *adj* konkurrenzfähig, wettbewerbsfähig
complacencia [kɔmpla'θenθja] *f* Gefälligkeit *f*, Hilfsbereitschaft *f*
complaciente [kɔmpla'θjente] *adj* freundlich, zuvorkommend, hilfsbereit
complejidad [kɔmplɛxi'ðað] *f* Schwierigkeit *f* Vielschichtigkeit *f*
complejo [kɔm'plɛxo] *m* **1.** *(totalidad)* Komplex *m*, Ganzes *n*; **2.** *(industria)* Gebäude *n*, Komplex *m*; **3.** *PSYCH* Komplex *m*; ~ *de inferioridad* Minderwertigkeitskomplex *m*; *adj* **4.** komplex, umfassend
complementar [kɔmplemen'tar] *v* ergänzen, vervollständigen
complementario [kɔmplemen'tarjo] *adj* zusätzlich
completamente [kɔmpleta'mente] *adv* ganz, restlos, total; ~ *automático* vollautomatisch; ~ *desnudo* splitternackt; ~ *despierto* hellwach; ~ *liso* spiegelglatt

completar [kɔmple'tar] *v* ergänzen, vervollständigen; *~ la entrega* nachliefern

completo [kɔm'pleto] *adj* ganz, hundertprozentig, restlos; *por ~* völlig; *estar al ~* völlig ausgebucht sein

complicación [kɔmplika'θjɔn] *f* Erschwernis *f,* Komplikation *f,* Verwicklung *f*

complicado [kɔmpli'kaðo] *adj* **1.** kompliziert, kniffelig, schwer; *poco ~* unkompliziert; **2.** *(intrincado)* verzwickt, umständlich

cómplice ['kɔmpliθe] *m/f* Helfershelfer(in) *m/f,* Komplize/Komplizin *m/f,* Mittäter(in) *m/f*

complicidad [kɔmpliθi'ðað] *f JUR* Beihilfe *f*

complot [kɔm'plɔt] *m POL* Komplott *n*

componente [kɔmpo'nente] *m* Bestandteil *m,* Komponente *f*

componer [kɔmpo'nɛr] *v irr* **1.** verfassen, setzen, kitten; **2.** *(mejorar)* ausbessern, ausarbeiten; **3.** *MUS* komponieren

componerse [kɔmpo'nɛrse] *v irr ~ de* sich zusammmensetzen aus, bestehen aus; *La colección de libros se compone de veinte volúmenes.* Die Büchersammlung besteht aus zwanzig Bänden.

comportable [kɔmpor'taβle] *adj* erträglich

comportamiento [kɔmporta'mjento] *m* Verhalten *n,* Benehmen *n,* Betragen *n; ~ en carretera* Fahrverhalten *n*

comportarse [kɔmpor'tarse] *v* sich benehmen, sich betragen, sich verhalten; *~ mal* sich danebenbenehmen; *Miguel se comportó muy extraño al despedirse.* Als Miguel sich verabschiedete, benahm er sich sehr eigenartig.

composición [kɔmposi'θjɔn] *f* **1.** *(redacción)* Aufsatz *m;* **2.** *(de palabras)* Zusammensetzung *f,* Zusammenstellung *f;* **3.** *MUS* Komposition *f*

compositor(a) [kɔmposi'tɔr/kɔmposi'tora] *m/f MUS* Komponist(in) *m/f*

compost [kɔm'pɔst] *m AGR* Kompost *m*

compostura [kɔmpɔs'tura] *f* Reparatur *f*

compra ['kɔmpra] *f* **1.** Ankauf *m,* Anschaffung *f,* Besorgung *f,* Kauf *m; hacer ~s* einkaufen; *ir de ~s* einkaufen gehen; **2.** *~ al por mayor ECO* Großeinkauf *m;* **3.** *~ al contado FIN* Barkauf *m;* **4.** *~ en líneas* Onlineshopping *n*

comprable [kɔm'praβle] *adj* **1.** käuflich; **2.** *(fig)* bestechlich

comprador(a) [kɔmpra'ðɔr/kɔmpra'ðora] *m/f ECO* Käufer(in) *m/f*

comprar [kɔm'prar] *v* **1.** kaufen, einkaufen, anschaffen; *~ a crédito* anschreiben; **2.** *(algo a alguien)* abkaufen

comprender [kɔmpren'dɛr] *v* **1.** *(entender)* begreifen, verstehen, einsehen; *hacer ~ algo a alguien* jdm etw nahebringen; **2.** *(incluir)* einschließen

comprendido [kɔmpren'diðo] *adj* inbegriffen

comprensible [kɔmpren'siβle] *adj* begreiflich, nachvollziehbar, verständlich

comprensión [kɔmpren'sjɔn] *f* Verständnis *n; lleno de ~* verständnisvoll; *sin ~* verständnislos

comprensivo [kɔmpren'siβo] *adj* einfühlsam, verständnisvoll

compresa [kɔm'presa] *f* **1.** *MED* Kompresse *f,* Umschlag *m;* **2.** *(paño higiénico)* Damenbinde *f*

comprobable [kɔmpro'βaβle] *adj* nachweisbar

comprobación [kɔmproβa'θjɔn] *f* Nachweis *m,* Beobachtung *f*

comprobante [kɔmpro'βante] *m* Beleg *m; ~ de pago* Quittung *f*

comprobar [kɔmpro'βar] *v irr* feststellen, nachprüfen; *~ un cálculo* nachrechnen

comprometer [kɔmprome'tɛr] *v* **1.** *~ a* verpflichten zu; *Me comprometí a cuidar de los niños después de la clase.* Ich habe mich verpflichtet, nach der Schule auf die Kinder aufzupassen. **2.** *(poner en ridículo)* kompromittieren, blamieren

comprometerse [kɔmprome'tɛrse] *v* **1.** sich engagieren; **2.** *~ con* sich verloben mit; **3.** *(meterse en) ~ en* sich einlassen auf

compromiso [kɔmpro'miso] *m* **1.** *(obligación)* Bindung *f,* Verpflichtung *f; sin ~* frei bleibend, unverbindlich; *sin ~s* kompromisslos; *Tengo un ~.* Ich habe eine Verabredung. *~ matrimonial* Verlobung *f;* **2.** *(acuerdo)* Ausgleich *m,* Kompromiss *m,* Mittelweg *m*

C

compuesto [kɔm'pwesto] *adj* zusammengesetzt; *estar ~ de* bestehen aus
computadora [kɔmpu'taðora] *f* INFORM Computer *m* (LA)
computar [kɔmpu'tar] *v* berechnen
cómputo ['kɔmputo] *m* Berechnung *f*
comulgar [ko'mulɣar] *v* 1. REL das heilige Abendmahl empfangen; 2. *(estar de acuerdo)* einer Meinung sein; übereinstimmen
común [ko'mun] *adj* 1. *(en ~)* gemeinsam; *tener algo en ~* etw gemeinsam haben, etw teilen; 2. *(frecuente)* durchschnittlich, weit verbreitet; *poco ~* ungemein, ungewöhnlich
comunal [komu'nal] *adj* kommunal
comunero [komu'nero] *adj* freundlich, leutselig
comunicación [komunika'θjɔn] *f* 1. *(informe)* Bericht *m*, Meldung *f*, Mitteilung *f*; 2. *(conversación)* Kommunikation *f*, Verständigung *f*, Kontakt *m*; 3. TEL Verbindung *f*; 4. *~ de datos* INFORM Datenübertragung *f*
comunicar [komuni'kar] *v* 1. *(informar)* melden, mitteilen, bekannt geben; *Por este medio nos comunicamos que ha aprobado el examen.* Hiermit teilen wir Ihnen mit, dass Sie die Prüfung bestanden haben. 2. *(tener contacto)* sich verständigen, kommunizieren
comunicarse [komuni'karse] *v ~ con* TEL verbinden mit; *No he podido comunicarme por teléfono con José.* Ich konnte José telefonisch nicht erreichen.
comunicativo [komunika'tiβo] *adj* aufgeschlossen, gesellig, gesprächig
comunidad [komuni'ðað] *f* 1. Gemeinde *f*, Gemeinschaft *f*, Gemeinsamkeit *f*; 2. *~ religiosa* REL Glaubensgemeinschaft *f*; 3. *~ de bienes* JUR Gütergemeinschaft *f*; 4. *~ económica* ECO Wirtschaftsgemeinschaft *f*; *Comunidad Europea* ECO Europäische Gemeinschaft *f*
Comunión [komu'njɔn] *f la Santa ~* REL Abendmahl *n*, Kommunion *f*
comunismo [komu'nizmo] *m* POL Kommunismus *m*
comunista [komu'nista] *m/f* 1. POL Kommunist(in) *m/f*; *adj* 2. POL kommunistisch
con [kɔn] *prep* 1. mit, bei, nach; *¿Con qué?* Womit? *~ el fin de* zwecks, um zu; *~ ello/~ eso* damit; *~ esto* hierbei, hiermit; 2. *(mediante)* durch
concebible [kɔnθe'βiβle] *adj* denkbar, erdenklich
concebir [kɔnθe'βir] *v irr* 1. entwerfen; 2. *(recibir)* empfangen; 3. *(entender)* begreifen
conceder [kɔnθe'ðɛr] *v* 1. *(dar)* erteilen, gewähren, verleihen; *~ subvenciones* bezuschussen; *~ una moratoria* ECO stunden; 2. *(aprobar)* zugestehen, zugeben; 3. *(permiso)* bewilligen, zubilligen
concejo [kɔn'θɛxo] *m ~ municipal* POL Stadtrat *m*
concentración [kɔnθentra'θjɔn] *f* 1. Konzentration *f*, Sammlung *f*, Versammlung *f*; 2. *(enriquecimiento)* Anreicherung *f*; *de alta ~* hochgradig
concentrado [kɔnθen'traðo] *m* 1. Konzentrat *n*; *adj* 2. *(enriquecido)* angereichert; 3. *(aplicado)* strebsam
concentrarse [kɔnθen'trarse] *v* sich konzentrieren, sich verdichten
concepción [kɔnθeβ'θjɔn] *f* 1. Gestaltung *f*, Planung *f*; 2. *(idea, opinión)* Auffassung *f*, Vorstellung *f*; 3. BIO Empfängnis *f*
concepto [kɔn'θepto] *m* 1. *(concepción)* Auffassung *f*; 2. *(noción)* Begriff *m*
concerniente [kɔnθɛr'njente] *prep ~ a* bezüglich
concernir [kɔnθɛr'nir] *v irr* betreffen, anbelangen, angehen; *En lo que concierne a tu familia...* Hinsichtlich deiner Familie ...
concertación [kɔnθɛrta'θjɔn] *f* POL Absprache *f*
concertar [kɔnθɛr'tar] *v irr* 1. *(acordar)* verabreden, ausmachen; *~ algo* etw vereinbaren; 2. *(contrato, seguro)* ECO abschließen
concesión [kɔnθe'sjɔn] *f* 1. Konzession *f*; 2. *(de una industria)* ECO Gewerbeschein *m*; *~ exclusiva* Alleinvertrieb *m*; 3. *(permiso)* Bewilligung *f*; 4. *(confesión)* Zugeständnis *n*
concesionario [kɔnθesjo'narjo] *m ~ de reparaciones* Autowerkstatt *f*
concha ['kɔntʃa] *f* ZOOL Muschel *f*; *~ de caracol* Schneckenhaus *n*

conciencia [kɔn'θjenθja] *f* Gewissen *n; sin ~* gewissenlos
concienzudo [kɔnθjen'θuðo] *adj* gewissenhaft
concierto [kɔn'θjɛrto] *m MUS* Konzert *n*
conciliación [kɔnθilja'θjɔn] *f JUR* Vergleich *m*
conciliador [kɔnθilja'ðɔr] *adj* versöhnlich
conciliante [kɔnθi'ljante] *adj* versöhnlich
conciso [kɔn'θiso] *adj* bündig, knapp, prägnant
conciudadana [kɔnθjuða'ðana] *f* Mitbürgerin *f*
conciudadano [kɔnθjuða'ðano] *m* Mitbürger *m*
concluido [kɔŋklu'iðo] *adj* abgeschlossen, fertig
concluir [kɔŋklu'ir] *v irr* **1.** abschließen, beenden, fertig machen; *Concluiremos el programa con una canción.* Wir schließen das Programm mit einem Lied ab. *~ un contrato JUR* einen Vertrag abschließen; **2.** *(deducir) ~ de* entnehmen aus, schließen aus, folgern aus, schlussfolgern aus
conclusión [kɔŋklu'sjɔn] *f* **1.** Folgerung *f,* Schlussfolgerung *f; sacar una ~* einen Schluss ziehen; *~ errónea/~ falsa* Trugschluss *m;* **2.** *(terminación)* Vollendung *f,* Vertragsabschluss *m; en ~* abschließend; **3.** *~ del contrato ECO* Vertragsabschluss *m; ~ de un negocio* Geschäftsabschluss *m*
concluyente [kɔŋklu'jente] *adj* beweiskräftig, schlüssig
concordancia [kɔŋkɔr'ðanθja] *f* Übereinstimmung *f*
concordante [kɔŋkɔr'ðante] *adj* übereinstimmend
concordar [kɔŋkɔr'ðar] *v irr ~ con* harmonieren mit; *Los colores no concuerdan.* Die Farben harmonieren nicht miteinander.
concorde [kɔŋ'kɔrðe] *adj* einträchtig
concreto [kɔŋ'kreto] *m* **1.** Beton *m (LA); adj* **2.** konkret
concurso [kɔŋ'kurso] *m* **1.** Wettbewerb *m,* Preisausschreiben *n; ~ de talentos m* Castingshow *f; ~ deportivo* Sportveranstaltung *f; ~ radiofónico/~ de televisión* Quiz *n;* **2.** *~ de acreedores (privado) JUR* Konkurs *m*
conde(sa) ['kɔnde/kɔn'desa] *m/f* Graf/Gräfin *m/f*
condecoración [kɔndekora'θjɔn] *f* Orden *m*
condena [kɔn'dena] *f* **1.** Verurteilung *f;* **2.** *JUR* Strafe *f*
condenada [kɔnde'naða] *f JUR* Verurteilte *f*
condenado [kɔnde'naðo] *m JUR* Verurteilter *m*
condenar [kɔnde'nar] *v* verurteilen; *Lo ~on a dos años de prisión.* Der Gefangene wurde zu zwei Jahren Gefängnis verurteilt.
condensación [kɔndensa'θjɔn] *f* Kondensation *f*
condescendencia [kɔndesθen'denθja] *f* Nachgiebigkeit *f*
condescender [kɔndesθen'dɛr] *v irr* nachgeben
condescendiente [kɔndesθen'djente] *adj* nachgiebig
condición [kɔndi'θjɔn] *f* **1.** Bedingung *f,* Auflage *f,* Kondition *f; bajo la ~ de* unter der Voraussetzung, dass; *~ previa* Voraussetzung *f;* **2.** *(estado, manera)* Verfassung *f,* Stand *m,* Kondition *f;* **3.** *condiciones pl* Bedingungen *pl; condiciones de vida* Lebensbedingungen *pl;* **4.** *condiciones pl ECO* Bedingungen *pl; condiciones de negocio* Geschäftsbedingungen *pl*
condicionado [kɔndiθjo'naðo] *adj* bedingt
condimentar [kɔndimen'tar] *v* anmachen, würzen
condimento [kɔndi'mento] *m GAST* Gewürze *pl,* Würze *f*
condiscípulo [kɔndis'θipulo] *m* Mitschüler *m*
condolencia [kɔndo'lenθja] *f* Beileid *n,* Mitgefühl *n*
condolente [kɔndo'lente] *adj* mitfühlend
condón [kɔn'dɔn] *m* Kondom *n*
condonación [kɔndona'θjɔn] *f JUR* Straferlass *m*
conducción [kɔnduɣ'θjɔn] *f* **1.** Leitung *f;* **2.** *(manejo) TECH* Steuerung *f*
conducir [kɔndu'θir] *v irr* **1.** fahren, Auto fahren, steuern; *No me gusta ~*

C

C

de noche. Ich fahre nachts nicht gerne Auto. **2.** *(fig: dirigir)* führen, durchführen, lenken, anleiten; *El alcohol lo condujo a la ruina.* Der Alkohol hat ihn in den Ruin geführt. **3.** *~ a la ruina* ECO abwirtschaften; **4.** TECH leiten

conducta [kɔn'dukta] *f* Betragen *n,* Führung *f,* Haltung *f,* Benehmen *n*

conductor(a) [kɔnduk'tɔr/kɔnduk'tora] *m/f* **1.** Autofahrer(in) *m/f,* Kraftfahrer(in) *m/f;* **2.** *(chófer)* Chauffeur(in) *m/f*

conectar [konɛk'tar] *v* **1.** anschalten, einschalten; **2.** *~ a tierra* TECH erden

conejo [ko'nɛxo] *m* ZOOL Kaninchen *n*

conexión [konɛɣ'sjɔn] *f* Anschluss *m,* Verbindung *f;* **2.** *~ principal* TECH Hauptanschluss *m*

confabulación [kɔmfaβula'θjɔn] *f* POL Komplott *n*

confederación [kɔmfeðera'θjɔn] *f* **1.** Bund *m,* Bündnis *n; ~ de sindicatos/~ sindical* Gewerkschaftsbund *m;* **2.** POL Konföderation *f,* Vereinigung *f*

conferencia [kɔmfe'renθja] *f* **1.** Konferenz *f,* Besprechung *f,* Unterredung *f; ~ sobre* Vortrag über *m; ~ cumbre* POL Gipfelkonferenz *f; ~ de la paz* Friedenskonferenz *f; ~ de prensa* Pressekonferenz *f;* **2.** *~ telefónica* TEL Telefongespräch *n; ~ de cobro revertido* R-Gespräch *n; Quisiera una ~ de cobro revertido.* Ich möchte ein R-Gespräch anmelden. *~ interurbana* Ferngespräch *n; ~ local/~ urbana* Ortsgespräch *n*

confesar [kɔmfe'sar] *v irr* **1.** eingestehen, bekennen; **2.** JUR gestehen

confesarse [kɔmfe'sarse] *v irr* REL beichten

confesión [kɔmfe'sjɔn] *f* **1.** Bekenntnis *n,* Eingeständnis *n;* **2.** JUR Geständnis *n;* **3.** REL Glaubensbekenntnis *n; ~ religiosa* Konfession *f;* **4.** *(pecado)* REL Beichte *f*

confeso [kɔm'feso] *adj* JUR geständig

confiado [kɔm'fjaðo] *adj* vertrauensvoll, zuversichtlich

confianza [kɔm'fjanθa] *f* **1.** Vertrauen *n,* Zutrauen *n; tener ~ en* Vertrauen haben in; *Tengo ~ en usted.* Ich vertraue Ihnen. **2.** *~ en sí mismo* Selbstvertrauen *n;* **3.** *(optimismo)* Zuversicht *f*

confiar [kɔm'fjar] *v* **1.** *~ en alguien* jdm vertrauen; *La chica confía ingenuamente en el seductor.* Naiv vertraut das Mädchen dem Verführer. **2.** *~ algo a alguien* jdm etw anvertrauen; **3.** *~ a* überlassen

confidencia [kɔmfi'ðenθja] *f* Vertraulichkeit *f*

confidencial [kɔmfiðen'θjal] *adj* vertraulich

configuración [kɔmfiɣura'θjɔn] *f* INFORM Konfiguration *f*

confirmación [kɔmfirma'θjɔn] *f* **1.** Bestätigung *f;* **2.** *~ del pedido* ECO Auftragsbestätigung *f; sujeto a ~* frei bleibend; **3.** REL Firmung *f,* Konfirmation *f*

confirmar [kɔmfir'mar] *v* bestätigen, bekräftigen; *~ por escrito* verbriefen

confiscación [kɔmfiska'θjɔn] *f* Beschlagnahme *f,* Einzug *m*

confiscar [kɔmfis'kar] *v* **1.** beschlagnahmen; **2.** *(asegurar)* sicherstellen

confitería [kɔmfite'ria] *f* Konditorei *f*

confitura [kɔmfi'tura] *f* GAST Konfitüre *f*

conflicto [kɔm'flikto] *m* Konflikt *m,* Zerwürfnis *n; ~ de conciencia* Gewissenskonflikt *m*

conformarse [kɔmfɔr'marse] *v ~ con* sich abfinden mit; *Manolo no se conforma con el dinero que gana.* Manolo ist mit dem Geld, das er verdient, nicht zufrieden.

conforme [kɔm'fɔrme] *adj* **1.** einig, konform, übereinstimmend; *~ a* dementsprechend; *~ a la época* zeitgemäß; *~ a la ley* gesetzmäßig; *~ a la verdad* wahrheitsgetreu; *~ a las leyes naturales* naturgemäß; *~ al original* originalgetreu; *adv* **2.** *~ a lo prescrito* vorschriftsmäßig; *prep* **3.** *~ a* laut, nach, gemäß

conformidad [kɔmfɔrmi'ðað] *f* Einvernehmen *n,* Einverständnis *n,* Zustimmung *f*

confort [kɔm'fɔrt] *m* Bequemlichkeit *f,* Gemütlichkeit *f,* Komfort *m*

confortable [kɔmfɔr'taβle] *adj* bequem, gemütlich, komfortabel

confortador [kɔmfɔrta'ðɔr] *adj* tröstlich

confortar [kɔmfɔr'tar] *v* trösten

confrontación [kɔmfrɔnta'θjɔn] *f* **1.** Gegenüberstellung *f,* Konfrontation *f;* **2.** *~ de hechos* JUR Beweisaufnahme *f*

confrontar [kɔmfrɔn'tar] *v* gegenüberstellen, konfrontieren
confundido [kɔmfun'diðo] *adj* verlegen
confundir [kɔmfun'dir] *v* **1.** verunsichern, verwirren; **2.** *~ con* verwechseln mit
confusamente [kɔmfusa'mente] *adv* ratlos, unklar
confusión [kɔmfu'sjɔn] *f* **1.** Verlegenheit *f*, Verwirrung *f*, Gewirr *n*; **2.** *(equivocación)* Durcheinander *n*, Verwechslung *f*
confuso [kɔm'fuso] *adj* durcheinander, unklar, verwirrt; *estar ~* betreten sein
congelador [kɔŋxela'ðɔr] *m* Kühltruhe *f*
congelar [kɔŋxe'lar] *v* **1.** einfrieren, gefrieren; **2.** *ECO* einfrieren, sperren
congénito [kɔŋ'xenito] *adj* angeboren
conglomeración [kɔŋglomera'θjɔn] *f* Andrang *m*
congratulaciones [kɔŋgratula'θjones] *f/pl* Glückwünsche *pl*, Gratulation *f*
congratular [kɔŋgratu'lar] *v ~ por* beglückwünschen zu
congregar [kɔŋgre'ɣar] *v* gruppieren, versammeln
Congreso [kɔŋ'greso] *m POL* Abgeordnetenhaus *n*
congreso [kɔŋ'greso] *m* Kongress *m*, Tagung *f*
congruente [kɔŋ'grwente] *adj* deckungsgleich, kongruent
conjetura [kɔŋxe'tura] *f* Mutmaßung *f*
conjeturar [kɔŋxetu'rar] *v* vermuten
conjugar [kɔŋxu'ɣar] *v GRAMM* konjugieren; *¿Puedes ~ los verbos en español?* Kannst du die Verben im Spanischen konjugieren?
conjuntamente [kɔŋxunta'mente] *adv* miteinander, zusammen
conjunto [kɔŋ'xunto] *m* **1.** *(totalidad)* Gesamtheit *f*, Komplex *m*; *en ~* zusammen, pauschal; **2.** *(fig)* Kombination *f*; **3.** *(vestimenta)* Anzug *m*; **4.** *MUS* Gruppe *f*, Band *f*
conjuración [kɔŋxura'θjɔn] *f* Verschwörung *f*
conjurar [kɔŋxu'rar] *v* verschwören
conmemoración [kɔnmemora'θjɔn] *f* Gedenkfeier *f*
conmemorar [kɔnmemo'rar] *v* gedenken
conmigo [kɔn'miɣo] *pron* mit mir
conmovedor [kɔnmoβe'ðɔr] *adj* bewegend, ergreifend, herzergreifend
conmover [kɔnmo'βɛr] *v irr* rühren, bewegen
conmutar [kɔnmu'tar] *v TECH* umschalten
cono ['kono] *m MATH* Kegel *m*
conocedor(a) [konoθe'ðɔr/konoθe'ðora] *m/f* Kenner(in) *m/f*, Könner(in) *m/f*, Insider(in) *m/f*; *~ de la localidad* ortskundige Person *f*
conocer [kono'θɛr] *v irr* **1.** *(saber)* wissen, sich auskennen; *¿Conoce usted la dirección a Madrid?* Kennen Sie den Weg nach Madrid? *No conozco este lugar.* Ich kenne mich hier nicht aus. *~ profundamente* beherrschen; **2.** *llegar a ~* kennen lernen; *Ayer conocí a un famoso cantante.* Gestern habe ich einen berühmten Sänger kennengelernt. **3.** *(persona) ~ a alguien* jdn kennen
conocida [kono'θiða] *f* Bekannte *f*
conocido [kono'θiðo] *m* **1.** Bekannter *m*; *¿Dónde están mis ~s?* Wo sind meine Bekannten? *adj* **2.** bekannt, altbekannt
conocimiento [konoθi'mjento] *m* **1.** Erkenntnis *f*, Bewusstsein *n*, Kenntnis *f*; *sin ~* bewusstlos; *el tomar ~ de algo* Kenntnisnahme *f*; *perder el ~* das Bewusstsein verlieren; *~ del ser humano* Menschenkenntnis *f*; *~ especializado* Sachkenntnis *f*; **2.** *(personal)* Bekanntschaft *f*; **3.** *~ de embarque ECO* Frachtbrief *m*; **4.** *~s* Wissen *n*; *~s a fondo/~s profundos* Beherrschung
conquista [kɔŋ'kista] *f* Eroberung *f*
conquistador [kɔŋkista'ðɔr] *m* Eroberer *m*
conquistar [kɔŋkis'tar] *v* erobern; *Hernán Cortés conquistó México.* Hernán Cortés eroberte Mexiko.
consabidor(a) [kɔnsaβi'ðɔr/kɔnsaβi'ðora] *m/f* Mitwisser(in) *m/f*
consagrar [kɔnsa'ɣrar] *v REL* weihen, heiligen
consagrarse [kɔnsa'ɣrarse] *v ~ a algo* sich etw verschreiben, sich etw hingeben

C

consciencia [kɔns'θjenθja] *f* Bewusstsein *n*
consciente [kɔns'θjente] *adj* bewusst; *~ de sí mismo* selbstbewusst; *~ de su responsabilidad* verantwortungsbewusst
consecuencia [kɔnse'kwenθja] *f* Folge *f*, Konsequenz *f*; *a ~ de* infolge
consecuente [kɔnse'kwente] *adj* konsequent, folgerichtig, zielbewusst
consecutivo [kɔnseku'tiβo] *adj* anschließend
conseguir [kɔnse'ɣir] *v irr* **1.** bekommen, erhalten; **2.** *(lograr)* erreichen, erzielen
consejera [kɔnsɛ'xera] *f* Beraterin *f*, Ratgeberin *f*
consejero [kɔnsɛ'xero] *m* Berater *m*, Ratgeber *m*
consejo [kɔn'sɛxo] *m* **1.** Rat *m*, Beratung *f*, Ratschlag *m*; **2.** *(entidad)* Rat *m*; *~ de administración* Verwaltungsrat *m*; *~ de dirección* Vorstand *m*; *~ de inspección* Aufsichtsrat *m*; *~ de empresa* Betriebsrat *m*; **3.** *~ municipal* Gemeinderat *m*
consentimiento [kɔnsenti'mjento] *m* Billigung *f*, Einwilligung *f*, Zustimmung *f*
consentir [kɔnsen'tir] *v irr* zulassen, bewilligen, erlauben
conserje [kɔn'sɛrxe] *m* Hausmeister *m*, Pförtner *m*, Portier *m*
conserva [kɔn'sɛrβa] *f* Konserve *f*
conservabilidad [kɔnsɛrβaβili'ðað] *f* Haltbarkeit *f*
conservable [kɔnsɛr'βaβle] *adj* haltbar
conservación [kɔnsɛrβa'θjɔn] *f* Beibehaltung *f*, Erhaltung *f*, Wahrung *f*
conservador [kɔnsɛrβa'ðɔr] *adj* konservativ
conservar [kɔnser'βar] *v* aufbewahren, erhalten, aufheben; *¡Conservad nuestros bosques!* Erhaltet unsere Wälder!
considerable [kɔnsiðe'raβle] *adj* bedeutend, beträchtlich, erheblich
consideración [kɔnsiðera'θjɔn] *f* Rücksicht *f*, Anbetracht *m*, Überlegung *f*; *sin ~* rücksichtslos
considerado [kɔnsiðe'raðo] *adj* rücksichtsvoll, besonnen
considerar [kɔnsiðe'rar] *v* **1.** bedenken, berücksichtigen; **2.** *(estimar)* erachten; **3.** *(opinar) ~ que* finden, dass, der Meinung sein, dass; *Yo considero que tienes razón.* Ich finde, dass du Recht hast. **4.** *~ como* betrachten als
consigna [kɔn'siɣna] *f* **1.** Gepäckaufbewahrung *f*; **2.** *(contraseña)* Kennwort *n*, Parole *f*
consiguiente [kɔnsi'ɣjente] *konj* **1.** *por ~* also, daher, demnach; *adj* **2.** entsprechend
consistencia [kɔnsis'tenθja] *f* Dichte *f*, Zusammenhalt *m*
consistente [kɔnsis'tente] *adj* dicht
consistir [kɔnsis'tir] *v ~ en/~ de* bestehen aus; *La felicidad consiste en la libertad de actuar.* Das Glück besteht in der Freiheit zu handeln.
consola [kɔn'sola] *f* Konsole *f*
consolación [kɔnsola'θjɔn] *f* Trost *m*
consolador [kɔnsola'ðɔr] *adj* tröstlich
consolar [kɔnso'lar] *v irr* trösten
consolidación [kɔnsoliða'θjɔn] *f* ECO Konsolidierung *f*
consorcio [kɔn'sɔrθjo] *m* ECO Konzern *m*, Trust *m*, Konsortium *n*
conspiración [kɔnspira'θjɔn] *f* **1.** Verschwörung *f*; **2.** POL Komplott *n*, Konspiration *f*
conspirador(a) [kɔnspira'ðɔr/kɔnspiraðora] *m/f* Verschwörer(in) *m/f*
constancia [kɔns'tanθja] *f* Standhaftigkeit *f*
constante [kɔns'tante] *adj* ständig, gleich bleibend, konstant
constar [kɔns'tar] *v* **1.** *~ de* bestehen aus; **2.** *hacer ~ en acta* JUR protokollieren
constelación [kɔnstela'θjɔn] *f* **1.** ASTR Sternbild *n*; **2.** *(fig)* Konstellation *f*
consternación [kɔnstɛrna'θjɔn] *f* Bestürzung *f*
consternado [kɔnstɛr'naðo] *adj* bestürzt, fassungslos
constipado [kɔnsti'paðo] *m* MED Erkältung *f*
constitución [kɔnstitu'θjɔn] *f* **1.** Aufbau *m*; *~ física* Körperbau *m*; **2.** POL Verfassung *f*
construcción [kɔnstruɣ'θjɔn] *f* **1.** Bau *m*, Bauart *f*, Bauwerk *n*; *~ aeronáutica/~ de aviones* Flugzeugbau *m*; *~ de carreteras* Straßenbau *m*; *~ de puentes* TECH Brückenbau *m*; *~ de viviendas* Wohnungsbau *m*; *~ naval* Schiffbau *m*; **2.** *~es subterráneas pl* Tiefbau *m*

constructivo [kɔnstruk'tiβo] *adj* aufbauend, baulich, bildend
constructor(a) [kɔnstruk'tɔr/kɔnstruk'tora] *m/f* Erbauer(in) *m/f*
construir [kɔnstru'ir] *v irr* erbauen, konstruieren
consuelo [kɔn'swelo] *m* Trost *m*, Zuspruch *m*; *sin ~* untröstlich
cónsul ['kɔnsul] *m/f POL* Konsul(in) *m/f*
consulado [kɔnsu'laðo] *m POL* Konsulat *n*; *~ general* Generalkonsulat *n*
consulta [kɔn'sulta] *f* Rücksprache *f*
consultar [kɔnsul'tar] *v* **1.** konsultieren, befragen; *~ con* beraten mit; **2.** *(en un libro)* nachschlagen; *Por favor, consulte el diccionario.* Bitte sehen Sie im Wörterbuch nach. **3.** *~ el ordenador INFORM* abrufen
consultorio [kɔnsul'torjo] *m* Praxis *f*, Sprechzimmer *n*; *~ médico* Arztpraxis *f*
consumidor(a) [kɔnsumi'ðɔr/kɔnsumi'ðora] *m/f* Konsument(in) *m/f*, Verbraucher(in) *m/f*; *~ final ECO* Endverbraucher(in) *m/f*
consumir [kɔnsu'mir] *v* konsumieren, verbrauchen, verzehren
consumisión [kɔnsumi'sjɔn] *f* Verbrauch *m*, Verzehr *m*
consumo [kɔn'sumo] *m* Konsum *m*, Verzehr *m*; *~ de corriente* Stromverbrauch *m*
contabilidad [kɔntaβili'ðað] *f* **1.** Buchhaltung *f*; **2.** *ECO* Buchführung *f*
contabilizar [kɔntaβili'θar] *v* verbuchen
contable [kɔn'taβle] *m ECO* Buchhalter *m*
contacto [kɔn'takto] *m* **1.** Berührung *f*, Kontakt *m*; **2.** *~ intermitente TECH* Wackelkontakt *m*; **3.** *(fig: conexión)* Verbindung *f*
contador [kɔn'taðɔr] *m TECH* Zähler *m*; *Ponga el ~ a cero.* Stellen Sie den Zähler auf null. *~ de corriente* Stromzähler *m*
contador(a) [kɔnta'ðɔr/kɔnta'ðora] *m/f ECO* Buchhalter(in) *m/f (LA)*; *~ público* Wirtschaftsprüfer *m*
contagiar [kɔnta'xjar] *v MED* anstecken, übertragen
contagio [kɔn'taxjo] *m MED* Ansteckung *f*, Übertragung *f*
contagioso [kɔnta'xjoso] *adj MED* ansteckend, übertragbar
contaminación [kɔntamina'θjɔn] *f* Kontamination *f*, Verschmutzung *f*, Verseuchung *f*; *~ ambiental* Umweltverschmutzung *f*
contaminante [kɔntami'nante] *adj* umweltverschmutzend
contaminar [kɔntami'nar] *v* **1.** *(inficionar)* verseuchen, anstecken; **2.** *(inmundicia)* verschmutzen
contar [kɔn'tar] *v irr* **1.** *(narrar)* berichten, erzählen; **2.** *(cifras)* nummerieren, zählen; *sin ~ con que* abgesehen davon, dass; **3.** *~ con alguien* auf jdn zählen, mit jdm rechnen; *Cuento contigo mañana para la fiesta.* Für das Fest morgen rechne ich mit dir.
contemplación [kɔntɛmpla'θjɔn] *f* Anschauung *f*, Betrachtung *f*
contemplar [kɔntɛm'plar] *v* ansehen, beobachten, betrachten
contemporáneo [kɔntɛmpo'raneo] *m* **1.** Zeitgenosse *m*; *adj* **2.** zeitgenössisch
contenedor [kɔntene'ðɔr] *m* Container *m*
contener [kɔnte'nɛr] *v irr* **1.** beinhalten, enthalten, umfassen; **2.** *(fig)* eindämmen, zurückdrängen, zügeln
contenerse [kɔnte'nɛrse] *v irr* sich beherrschen, sich zurückhalten
contenido [kɔnte'niðo] *m* **1.** Gehalt *m*, Inhalt *m*; *adj* **2.** bescheiden, gemäßigt
contentar [kɔnten'tar] *v* zufriedenstellen
contentarse [kɔnten'tarse] *v* sich begnügen, sich zufriedengeben, vorliebnehmen
contento [kɔn'tento] *m* **1.** Zufriedenheit *f*; *adj* **2.** erfreut, froh, vergnügt
contestación [kɔntesta'θjɔn] *f* Antwort *f*, Antwortschreiben *n*
contestador [kɔntesta'ðɔr] *m ~ telefónico/~ de llamadas* Anrufbeantworter *m*
contestar [kɔntes'tar] *v* antworten, erwidern, entgegnen; *¿Qué ha contestado?* Was hat er geantwortet?
contexto [kɔn'testo] *m* Kontext *m*
contextura [kɔntes'tura] *f* **1.** Gefüge *n*, Zusammensetzung *f*; **2.** *(cuerpo)* Figur *f*
contigo [kɔn'tiγo] *pron* mit dir, bei dir

C

contiguo [kɔn'tiɣwo] *adj* **1.** *(al lado)* anliegend; **2.** *(después)* anschließend; *prep* **3.** *~ a* neben
continental [kɔntinen'tal] *adj* kontinental
continente [kɔnti'nente] *m* Kontinent *m*
contingencia [kɔntiŋ'xenθja] *f ~ asegurada* Versicherungsfall *m*
contingente [kɔntiŋ'xente] *m* Kontingent *n*
continuación [kɔntinwa'θjɔn] *f* Folge *f,* Fortdauer *f,* Fortsetzung *f; a ~* darauf, anschließend, daraufhin
continuamente [kɔntinwa'mente] *adv* stets, dauernd, fortwährend
continuar [kɔnti'nwar] *v* dauern, fortfahren, fortsetzen; *~ existiendo* fortbestehen
continuo [kɔn'tinwo] *adj* andauernd, anhaltend, dauernd
contorno [kɔn'tɔrno] *m* Bord *n,* Kontur *f,* Umriss *m*
contra ['kɔntra] *f* **1.** Kontra *n,* Gegenteil *n,* Gegensatz *m; prep* **2.** gegen, wider; *~ natura* unnatürlich; *votar en ~* dagegenstimmen
contrabandista [kɔntraβan'dista] *m/f* Schmuggler(in) *m/f*
contrabando [kɔntra'βando] *m* Schmuggel *m; hacer ~* schmuggeln
contracción [kɔntraɣ'θjɔn] *f* **1.** Zusammenziehung *f,* Schwund *m,* Kontraktion *f,* Schrumpfung *f;* **2.** *contracciones uterinas pl MED* Wehen *pl*
contractual [kɔntrak'twal] *adj* vertraglich
contradecir [kɔntraðe'θir] *v irr ~ a alguien* jdm widersprechen
contradicción [kɔntraðiɣ'θjɔn] *f* Widerspruch *m*
contradictorio [kɔntraðik'torjo] *adj* entgegengesetzt, widersprüchlich
contraer [kɔntra'ɛr] *v irr* **1.** zusammenziehen; **2.** *~ matrimonio* heiraten; **3.** *~ deudas con ECO* sich verschulden bei
contraespionaje [kɔntraespjo'naxe] *m MIL* Abwehr *f,* Gegenspionage *f*
contrafirmar [kɔntrafir'mar] *v* gegenzeichnen
contragolpe [kɔntra'ɣolpe] *m* Rückschlag *m,* Gegenschlag *m*
contraindicación [kɔntrainðika'θjɔn] *f MED* Gegenanzeige *f*
contralto [kɔn'tralto] *m MUS* Altstimme *f*
contrapartida [kɔntrapar'tiða] *f* Gegenleistung *f*
contrapedal [kɔntrape'ðal] *m* Rücktritt *m*
contraponer [kɔntra'ponɛr] *v irr* gegenüberstellen
contraposición [kɔntraposi'θjɔn] *f* Gegenüberstellung *f,* Gegenposition *f*
contraprestación [kɔntrapresta'θjɔn] *f* Gegenleistung *f*
contrariedad [kɔntrarje'ðað] *f* Ärgernis *n,* Unannehmlichkeit *f,* Verdruss *m*
contrario [kɔn'trarjo] *m* **1.** Gegner *m,* Andersdenkender *m;* **2.** *lo ~* Gegenteil *n; de lo ~* sonst, andernfalls, ansonsten; *por el ~* dagegen, hingegen; *adj* **3.** gegensätzlich, konträr, umgekehrt; *~ a la ley* gesetzwidrig, widerrechtlich
contraseña [kɔntra'seɲa] *f* Passwort *n,* Kennwort *n*
contrasentido [kɔntrasen'tiðo] *adj en ~* gegenläufig
contrastar [kɔntras'tar] *v* **1.** *~ con* sich abheben von; **2.** *TECH* eichen
contraste [kɔn'traste] *m* Gegensätzlichkeit *f,* Kontrast *m,* Unterschied *m*
contrata [kɔn'trata] *f* Engagement *n*
contratante [kɔntra'tante] *m/f ECO* Vertragspartner(in) *m/f*
contratar [kɔntra'tar] *v* einstellen, engagieren
contratiempo [kɔntra'tjempo] *m* Panne *f*
contrato [kɔn'trato] *m* **1.** *ECO* Vertrag *m; por ~* vertraglich; *~ de ahorro* Sparvertrag *m; ~ de arrendamiento* Mietvertrag *m; ~ de compraventa* Kaufvertrag *m; ~ de empleo* Anstellungsvertrag *m; ~ de alquiler* Mietvertrag *m; ~ en exclusiva* Exklusivvertrag *m;* **2.** *~ matrimonial* Ehevertrag *m*
contravención [kɔntraβen'θjɔn] *f* Übertretung *f*
contraventana [kɔntraβen'tana] *f* Fensterladen *m*
contribución [kɔntriβu'θjɔn] *f* **1.** Mit-

wirkung *f;* **2.** *(cuota)* Beitrag *m,* Steuer *f,* Umlage *f; ~ a los gastos* Unkostenbeitrag *m; ~ sobre la propiedad* Vermögenssteuer *f; ~ territorial* Grundsteuer *f;* **3.** *(impuesto)* ECO Abgabe *f*
contribuir [kɔntriβu'ir] *v irr* beisteuern, beitragen, mitwirken
contribuyente [kɔntriβu'jente] *m/f* FIN Steuerzahler(in) *m/f*
contrito [kɔn'trito] *adj* zerknirscht
control [kɔn'trɔl] *m* **1.** Kontrolle *f,* Steuerung *f; perder el ~* die Kontrolle verlieren; *~ aduanero/~ de aduana* Zollkontrolle *f,* Grenzkontrolle *f; ~ de pasaportes* Passkontrolle *f; ~ de equipajes* Gepäckkontrolle *f; ~ de la natalidad* Geburtenkontrolle *f; ~ por radar* Radarkontrolle *f; ~ remoto* Fernsteuerung *f;* **2.** *~ de armamentos* POL Rüstungskontrolle *f;* **3.** *~ de Bolsas* FIN Börsenbehörde *f;* **4.** *~ de cuentas* ECO Buchprüfung *f;* **5.** *(vigilancia)* Überprüfung *f,* Überwachung *f*
controlado [kɔntro'laðo] *adj* **1.** kontrolliert; **2.** *programa ~* INFORM programmgesteuert
controlar [kɔntro'lar] *v* **1.** *(revisar)* beaufsichtigen, nachprüfen, überprüfen; **2.** *(dominar)* meistern, kontrollieren; **3.** INFORM steuern
controlarse [kɔntro'larse] *v* sich beherrschen, Maß halten, sich zusammennehmen
controversia [kɔntro'βersja] *f* Kontroverse *f*
controverso [kɔntro'βerso] *adj* kontrovers
controvertido [kɔntro'βertiðo] *adj* strittig, umstritten
contundente [kɔntun'dente] *adj* schlagkräftig
conturbado [kɔntur'βaðo] *adj* verstört
convalecencia [kɔmβale'θenθja] *f* Genesung *f*
convalecer [kɔmβale'θɛr] *v irr* genesen, sich erholen
convencer [kɔmβen'θɛr] *v ~ de* überzeugen von
convención [kɔmβen'θjɔn] *f* Konvention *f*
convencional [kɔmβenθjo'nal] *adj* herkömmlich, konventionell
conveniente [kɔmβe'njente] *adj* passend, zweckmäßig, angebracht
convenio [kɔm'βenjo] *m* **1.** Abmachung *f,* Verabredung *f,* Absprache *f;* **2.** *(acuerdo)* Vereinbarung *f,* Abkommen *n,* Übereinkommen *n;* **3.** *~ básico* ECO Manteltarif *m; ~ colectivo* Tarifvertrag *m;* **4.** *~ mercantil* POL Handelsabkommen *n;* **5.** *~ militar* MIL Militärbündnis *n;* **6.** POL Konvention *f*
convenir [kɔmβe'nir] *v irr* **1.** verabreden, vereinbaren, abmachen; **2.** *~ sobre/~ en* sich einigen über
convento [kɔm'βento] *m* REL Kloster *n*
conversación [kɔmβɛrsa'θjɔn] *f* Gespräch *n,* Unterhaltung *f; ~ confidencial* vertrauliches Gespräch *n; ~ telefónica* Telefongespräch *n; ~ interurbana* Ferngespräch *n*
conversar [kɔmβɛr'sar] *v ~ con* plaudern mit, sich unterhalten mit
conversión [kɔmβɛr'sjɔn] *f* **1.** Umrechnung *f;* **2.** *~ monetaria* FIN Geldwechsel *m;* **3.** *(fig)* Verwandlung *f;* **4.** REL Bekehrung *f*
convertir [kɔmβɛr'tir] *v irr* **1.** FIN konvertieren; **2.** REL konvertieren; **3.** *~ en (dinero)* umrechnen in; **4.** *~ en (fig)* verwandeln in
convertirse [kɔmβɛr'tirse] *v irr* **1.** REL bekehren; **2.** *~ en* werden zu, sich verwandeln in
convicción [kɔmβiɣ'θjɔn] *f* **1.** Überzeugung *f;* **2.** JUR Überführung *f*
convincente [kɔmβin'θente] *adj* überzeugend
convocar [kɔmβo'kar] *v* **1.** einberufen; **2.** *~ una huelga* einen Streik ausrufen; **3.** *~ a concurso* ECO einen Wettkampf ausschreiben
convocatoria [kɔmβoka'torja] *f* Einberufung *f*
convoy [kɔm'βɔĭ] *m* **1.** MIL Konvoi *m,* Transport *m* **2.** Geleit(schutz) *n*
convoyar [kɔmβo'jar] *v* Geleitschutz geben
convulsión [kɔmβul'sjɔn] *f* **1.** MED Zuckung *f,* Krampf *m;* **2.** GEO Beben *n,* Erschütterung *f*
convulsivo [kɔmβul'siβo] *adj* krampfhaft
conyugal [kɔnju'ɣal] *adj* ehelich

C

cónyuge ['kɔnjuxe] *m/f* Gatte/Gattin *m/f*, Lebensgefährte/Lebensgefährtin *m*, Partner(in) *m/f*
cooperación [koopera'θjɔn] *f* Zusammenarbeit *f*, Kooperation *f*
C
cooperador(a) [koopera'ðɔr/koopera'ðora] *m/f* Mitarbeiter(in) *m/f*
cooperativa [koopera'tiβa] *f* Genossenschaft *f*, Kooperative *f*
coordinación [koorðina'θjɔn] *f* Zuordnung *f*, Abstimmung *f*, Koordination *f*
coordinar [koorði'nar] *v* koordinieren, zuordnen, abstimmen
copa ['kopa] *f* **1.** Glas *n*, Kelch *m*; *Nos tomamos una ~.* Wir trinken ein Gläschen. *~ graduable* Messbecher *m*; *~ de helado GAST* Eisbecher *m*; **2.** *(premio)* Pokal *m*; **3.** *(cáliz) REL* Kelch *m*; **4.** *BOT* Baumkrone *f*
copia ['kopja] *f* **1.** Kopie *f*, Abdruck *m*, Abschrift *f*; **2.** *~ pirata INFORM* Raubkopie *f*; **3.** *(fig)* Nachbildung *f*, Kopie *f*
copiadora [kopja'ðora] *f* Kopiergerät *n*
copiar [ko'pjar] *v* nachbilden, nachmachen, abbilden
copiloto [kopi'loto] *m* Beifahrer *m*, Kopilot *m*
copioso [ko'pjoso] *adj* reichlich
copo ['kopo] *m* Flocke *f*; *~ de nieve* Schneeflocke *f*
coproducción [koproðuɣ'θjɔn] *f* Koproduktion *f*
copulación [kopula'θjɔn] *f MED* Geschlechtsakt *m*
coquetear [kokete'ar] *v* flirten; *~ con alguien* mit jdm anbändeln
coqueteo [koke'teo] *m* Flirt *m*
coqueto [ko'keto] *adj* kess, kokett
coraje [ko'raxe] *m* Mut *m*; *~ civil* Zivilcourage *f*
coraza [ko'raθa] *f* Panzer *m*
corazón [kora'θɔn] *m ANAT* Herz *n*; *de buen ~* gutherzig; *sin ~* herzlos; *Ojos que no ven, ~ que no siente.* Aus den Augen, aus dem Sinn.
corazonada [koraθo'naða] *f* Vorahnung *f*; *tener una ~* ahnen
corbata [kɔr'βata] *f* Krawatte *f*, Schlips *m*; *~ de lazo* Fliege *f*
corcova [kɔr'koβa] *f* Buckel *m*
corcho ['kɔrtʃo] *m* **1.** *BOT* Kork *m*; **2.** *(de una botella)* Korken *m*
cordel [kɔr'ðɛl] *m* Schnur *f*, Bindfaden *m*
cordero [kɔr'ðero] *m* **1.** *ZOOL* Lamm *n*; **2.** *~ asado GAST* Lammbraten *m*
cordial [kɔr'ðjal] *adj* herzlich
cordillera [kɔrði'ʎera] *f* Gebirgskette *f*
cordón [kɔr'ðɔn] *m* **1.** Schnur *f*, Kordel *f*; **2.** *~ umbilical ANAT* Nabelschnur *f*
cordura [kɔr'ðura] *f* Vernunft *f*
coreografía [koreoɣra'fia] *f* Choreografie *f*
cornamenta [kɔrna'menta] *f* Geweih *n*
coro ['koro] *m* Chor *m*; *~ de iglesia* Kirchenchor *m*
corona [ko'rona] *f* **1.** Kranz *m*; **2.** *(nobleza)* Krone *f*; **3.** *(de santos)* Heiligenschein *m*
coronación [korona'θjɔn] *f* Krönung *f*
coronar [koro'nar] *v* krönen, bekränzen
corporación [kɔrpora'θjɔn] *f* Innung *f*, Körperschaft *f*
corporal [kɔrpo'ral] *adj* körperlich
corpulento [kɔrpu'lento] *adj* behäbig, beleibt, dick
correa [kɔ'rrea] *f* **1.** *(cinturón)* Gürtel *m*, Riemen *m*; **2.** *(cuerda)* Leine *f*; **3.** *~ trapezoidal TECH* Keilriemen *m*
corrección [kɔrrɛɣ'θjɔn] *f* **1.** Korrektheit *f*, Richtigkeit *f*; **2.** *(arreglo)* Korrektur *f*, Verbesserung *f*; **3.** *(reprimenda)* Zurechtweisung *f*, Tadel *m*
correcto [kɔ'rrɛkto] *adj* **1.** korrekt, richtig, einwandfrei; **2.** *(comportamiento)* fair
corredor [kɔrre'ðɔr] *m* **1.** Flur *m*, Korridor *m*; **2.** *(agente) ECO* Makler *m*; **3.** *~ de Bolsa FIN* Börsenmakler *m*; **4.** *SPORT* Läufer *m*
corregir [kɔrre'xir] *v irr* verbessern, korrigieren, berichtigen
correo [kɔ'rreo] *m* **1.** Post *f*; *a vuelta de ~* postwendend; *en lista de ~s* postlagernd; **2.** *(persona)* Bote *m*, Kurier *m*; **3.** *~ electrónico INFORM* E-Mail *f*; *por ~ electrónico* per E-Mail; **4.** *~ basura m INFORM* Spam *m*
correr [kɔ'rrɛr] *v* **1.** laufen, rennen; *echar a ~* anlaufen, anfangen zu rennen;

C

~ *con prisa* es eilig haben; ~ *la voz* herumsprechen, weitersagen; **2.** *(líquido)* fließen, rinnen, strömen
correspondencia [kɔrrɛspɔn'denθja] *f* **1.** Briefwechsel *m*, Schriftverkehr *m*, Korrespondenz *f*; ~ *comercial* Handelskorrespondenz *f*; **2.** *(tren)* Anschluss *m*
corresponder [kɔrrɛspɔn'dɛr] *v* **1.** *(retribuir)* vergelten, revanchieren; **2.** ~ *a (sentimientos)* erwidern; **3.** ~ *a (pedido)* entsprechen; **4.** korrespondieren
correspondiente [kɔrrɛspɔn'djente] *adj* entsprechend
corresponsal [kɔrrɛspɔn'sal] *m/f* Korrespondent(in) *m/f*
corrida [kɔ'rriða] *f* **1.** Lauf *m*; **2.** ~ *de toros* Stierkampf *m*
corriente [kɔ'rrjente] *f* **1.** Strömung *f*, Strom *m*; *¿Hay aquí mucha ~?* Gibt es hier eine starke Strömung? ~ *marítima* Meeresströmung *f*; *navegar contra la* ~ gegen den Strom schwimmen; **2.** *(de aire)* Luftzug *m*, Zug *m*; **3.** *(eléctrica)* *TECH* Strom *m*; ~ *alterna* Wechselstrom *m*; *adj* **4.** laufend; *de uso* ~ gewöhnlich
corrimiento [kɔrri'miento] *m* ~ *de tierras* Erdrutsch *m*
corroborar [kɔrroβo'rar] *v* bestätigen
corroer [kɔrro'ɛr] *v irr* **1.** beizen; **2.** *CHEM* ätzen
corromper [kɔrrɔm'pɛr] *v* **1.** verderben; **2.** *(fig)* verführen, verderben
corrompido [kɔrrɔm'piðo] *adj* **1.** verdorben, morsch; **2.** *(fig)* korrupt
corrosión [kɔrro'sjɔn] *f CHEM* Korrosion *f*
corrupción [kɔrruβ'θjɔn] *f* Bestechung *f*, Korruption *f*, Verderben *n*
corrupto [kɔ'rrupto] *adj* korrupt, verdorben
cortacésped [kɔrta'θespeð] *m* Rasenmäher *m*
cortafuegos [kɔrta'fweɣos] *m* Waldschneise *f*, Feuerschneise *f*
cortante [kɔr'tante] *adj* **1.** messerscharf, scharf; **2.** *(fig)* schroff
cortar [kɔr'tar] *v* **1.** abschneiden, ausschneiden, schneiden; *Me he cortado.* Ich habe mich geschnitten. **2.** ~ *en capas delgadas TECH* hobeln; **3.** *(interrumpir)* unterbrechen; **4.** *(a hachazos)* abhacken; **5.** *(separar)* abschneiden, abschlagen; **6.** ~ *el cordón umbilical MED* abnabeln; **7.** *(el agua)* abstellen; **8.** *(obstruir)* versperren; **9.** *(madera, carne)* hacken; ~ *un árbol* einen Baum fällen
corte ['kɔrte] *m* **1.** Einschnitt *m*, Schnitt *m*; ~ *de pelo* Haarschnitt *m*; ~ *transversal* Querschnitt *m*; **2.** *MED* Schnittwunde *f*; *f* **3.** *(nobleza)* Hof *m*; *hacer la ~ a alguien* jdm den Hof machen; **4.** *JUR* Gericht *n (LA)*; ~ *de justicia* Gerichtshof *m*; *m* **5.** *(abreviación)* Kürzung *f*
cortés [kɔr'tes] *adj* höflich, zuvorkommend
cortesía [kɔrte'sia] *f* Höflichkeit *f*, Aufmerksamkeit *f*
corteza [kɔr'teθa] *f* **1.** Kruste *f*, Rinde *f*; **2.** *BOT* Baumrinde *f*, Borke *f*
cortina [kɔr'tina] *f* Gardine *f*, Vorhang *m*
corto ['kɔrto] *adj* **1.** kurz; **2.** *(duración)* flüchtig; **3.** *(fig: escaso)* gering
cortocircuito [kɔrtoθir'kwito] *m TECH* Kurzschluss *m*
cortometraje [kɔrtome'traxe] *m* Kurzfilm *m*
corvo ['kɔrβo] *adj* krumm
cosa ['kosa] *f* **1.** Ding *n*, Sache *f*; *Una ~ no quita la otra.* Das eine verhindert das andere nicht. ~ *de poca importancia* Nebensache *f*; ~ *intermedia* Mittelding *n*; ~ *principal* Hauptsache *f*; **2.** ~*s pl* Zeug *n*; *todas las ~s* alles
cosechar [kose'tʃar] *v* ernten
coser [ko'sɛr] *v* nähen; *Eso es ~ y cantar.* Das ist kinderleicht.
cosmética [kɔz'metika] *f* Kosmetik *f*
cosmético [kɔz'metiko] *adj* kosmetisch
cósmico ['kɔzmiko] *adj* kosmisch
cosmonáutica [kɔzmo'naŭtika] *f* Raumfahrt *f*
cosmopolita [kɔzmopo'lita] *m/f* **1.** Kosmopolit(in) *m/f*; *adj* **2.** kosmopolitisch
cosmos ['kɔzmɔs] *m* Kosmos *m*
cosquillear [kɔskiʎe'ar] *v* kitzeln
cosquilloso [kɔski'ʎoso] *adj* kitzelig
costa ['kɔsta] *f* Küste *f*; ~ *acantilada* Felsenküste *f*
costar [kɔs'tar] *v irr* kosten; *¿Cuánto cuesta?* Was kostet das?

C

coste ['kɔste] *m* **1.** Preis *m*, Kosten *pl*; ~ *de (la) vida* Lebenshaltungskosten *pl*; **2.** ~*s pl* Kosten *pl*; ~*s de calefacción* Heizkosten *pl*; ~*s de transporte* Transportkosten *pl*; **3.** ~*s judiciales pl JUR* Gerichtskosten *pl*
costear[1] [kɔste'ar] *v* finanzieren; *¿Cómo te costeas los estudios?* Wie finanzierst du dein Studium?
costear[2] [kɔste'ar] *v* ~ *la orilla* an der Küste entlangfahren
costilla [kɔs'tiʎa] *f ANAT* Rippe *f*
costos ['kɔstos] *m/pl* Kosten *pl*
costoso [kɔs'toso] *adj* kostbar, kostspielig, teuer
costumbre [kɔs'tumbre] *f* **1.** Angewohnheit *f*, Sitte *f*, Brauch *m*; *como de ~* wie üblich; *de ~* geläufig, gewohnheitsgemäß; *por ~* gewöhnlich; *quitarse la ~ de algo* sich etw abgewöhnen; *¿Es ~ aquí?* Ist das hier Sitte? **2.** *mala ~* Laster *n*, Unart *f*, Unsitte *f*; *de malas ~s* lasterhaft; **3.** ~*s pl* Brauchtum *n*
costura [kɔs'tura] *f* Naht *f*; *sin ~* nahtlos
cotidiano [koti'ðjano] *adj* täglich, alltags
cotización [kotiθa'θjɔn] *f FIN* Kurs *m*, Notierung *f*; ~ *bursátil* Börsenkurs *m*
cotorrear [kotorre'ar] *v* schwatzen
coyuntura [kojun'tura] *f ECO* Konjunktur *f*; *alta ~* Hochkonjunktur *f*, Boom *m*
crac [krak] *m FIN* Börsenkrach *m*
cráneo ['kraneo] *m ANAT* Schädel *m*
craso ['kraso] *adj* krass
cráter ['krater] *m* Krater *m*, Trichter *m*
creación [krea'θjɔn] *f* Schöpfung *f*, Kreation *f*, Gebilde *n*
creador(a) [krea'ðɔr/ krea'ðora] *adj* **1.** schöpferisch, Schöpfer...; *m/f* **2.** Schöpfer(in) *m/f*; Erbauer(in) *m/f*
crear [kre'ar] *v* **1.** bilden, schaffen, konzipieren; **2.** *(inventar)* erfinden; **3.** aufbauen
creatividad [kreatiβi'ðað] *f* Kreativität *f*
creativo [krea'tiβo] *adj* kreativ
crecer [kre'θɛr] *v irr* **1.** heranwachsen, wachsen; **2.** *(criarse)* aufwachsen; **3.** *(fig: hincharse)* anschwellen
crecida [kre'θiða] *f* Hochwasser *n*
crecido [kre'θiðo] *adj* erwachsen
crecimiento [kreθi'mjento] *m* **1.** Wachstum *n*, Wuchs *m*; **2.** *(incremento)* Zunahme *f*
credencial [kreðen'θjal] *f* Beglaubigungsschreiben *n*, Ernennungsurkunde *f*, *(LA)* Ausweis *m*
credibilidad [kreðiβili'ðað] *f* Glaubhaftigkeit *f*, Glaubwürdigkeit *f*
crédito ['kreðito] *m* **1.** *ECO* Kredit *m*; ~ *en cuenta corriente/~ en descubierto* Dispositionskredit *m*; ~ *documentario* Akkreditiv *n*; **2.** *(préstamo) ECO* Darlehen *n*; **3.** *(fiabilidad, confianza)* Glaubwürdigkeit *f*, Vertrauen *n*; **4.** ~*s pl ECO* Außenstände *pl*
credo ['kreðo] *m REL* Glaubensbekenntnis *n*
creencia [kre'ɛnθja] *f REL* Glaube *m*
creer [kre'ɛr] *v irr* glauben; ~ *a alguien* jdm glauben; ~ *a alguien capaz de hacer algo* jdm etw zutrauen; *hacer ~ algo a alguien* jdm etw weismachen; ~ *en alguien/~ algo* an jdn/an etw glauben; *No te creo nada.* Ich glaube dir nichts. *Yo creo en Dios.* Ich glaube an Gott.
creerse [kre'ɛrse] *v irr ~ algo* sich etw einbilden; *¿Qué se ha creído?* Was fällt ihm ein?
creíble [kre'iβle] *adj* glaubhaft
crema ['krema] *f* **1.** Creme *f*; **2.** *GAST* Rahm *m*, Sahne *f*; *adj* **3.** cremefarben
cremación [krema'θjɔn] *f* Feuerbestattung *f*, Verbrennung *f*
cremallera [krema'ʎera] *f* **1.** Reißverschluss *m*; **2.** *TECH* Zahnstange *f*
cremoso [kre'moso] *adj* sahnig
crepitar [krepi'tar] *v* knattern, knistern
crepúsculo [kre'puskulo] *m* Dämmerung *f*; ~ *matutino* Morgendämmerung *f*
cresta ['kresta] *f* **1.** *(de un gallo)* Kamm *m*; **2.** ~ *de espuma* Schaumkrone *f*
creta ['kreta] *f GEOL* Kreide *f*
cretácico [kre'taθiko] *m GEO* Kreidezeit *f*
creyente [kre'jente] *m/f* **1.** *REL* Gläubige(r) *m/f*; *adj* **2.** *REL* gläubig
cría ['kria] *f* **1.** Zucht *f*; **2.** *(animal recien nacido)* Tierjunges *n*; **3.** *(bebé)* Kind *n*
criada [kri'aða] *f* Hausmädchen *n*
criado [kri'aðo] *m* Diener *m*, Dienstbote *m*
criador(a) [krja'ðɔr/krja'ðora] *m/f* Züchter(in) *m/f*
crianza [kri'anθa] *f (de los niños)* Erziehung *f*

criar [kri'ar] *v* **1.** züchten; *~ a alguien* jdn aufziehen; **2.** *(educar)* erziehen
criatura [kria'tura] *f* Geschöpf *n*, Kreatur *f*
criba ['kriβa] *f* Sieb *n*
cric [krik] *m* TECH Wagenheber *m*
crimen ['krimen] *m* **1.** Verbrechen *n*, Missetat *f*; **2.** *~ capital* JUR Kapitalverbrechen *n*; *lugar del ~* Tatort *m*
criminal [krimi'nal] *m/f* **1.** Kriminelle(r) *m/f*, Verbrecher(in) *m/f*; *~ de guerra* Kriegsverbrecher(in) *m/f*; *adj* **2.** kriminell, verbrecherisch
criminalidad [kriminali'ðað] *f* Kriminalität *f*; *~ económica* JUR Wirtschaftskriminalität *f*
crisis ['krisis] *f* **1.** Krise *f*; *~ de identidad* Identitätskrise *f*; **2.** *~ económica* ECO Wirtschaftskrise *f*; *~ de venta* Absatzkrise *f*; *~ financiera f* Finanzkrise *f*; **3.** *~ gubernamental* POL Regierungskrise *f*
crisma ['krizma] *f* *(fam)* Kopf *m*; *romperse la ~* sich den Hals brechen
crisol [kri'sɔl] *m* Schmelztiegel *m*
crisparse [kris'parse] *v* sich verkrampfen
cristal [kris'tal] *m* **1.** Glas *n*, Fensterscheibe *f*, Glasscheibe *f*; *de ~* gläsern; *~ antibala* Panzerglas *n*; *~ de aumento* Vergrößerungsglas *n*; **2.** *~es de gafas pl* Brillengläser *pl*; **3.** MIN Kristall *m*
cristalino [krista'lino] *adj* kristallinisch, kristallklar, glasklar
cristiandad [kristjan'dað] *f* REL Christenheit *f*
cristiano [kris'tjano] *m* **1.** REL Christ *m*; *adj* **2.** REL christlich
Cristo ['kristo] *m* REL Christus *m*
criterio [kri'terjo] *m* Kriterium *n*
crítica ['kritika] *f* **1.** Kritik *f*; *sin ~* kritiklos; **2.** *(censura)* Tadel *m*
criticar [kriti'kar] *v* kritisieren, bemängeln, tadeln; *~lo todo* nörgeln, meckern
crítico ['kritiko] *m* **1.** Kritiker *m*; *adj* **2.** bedenklich, kritisch
criticón [kriti'kɔn] *m*, Nörgler *m*, Meckerer *m*
cromo ['kromo] *m* CHEM Chrom *n*
cromosoma [kromo'soma] *m* BIO Chromosom *n*
crónica ['kronika] *f* Chronik *f*, Überlieferung *f*
crónico ['kroniko] *adj* chronisch
cronológico [krono'lɔxiko] *adj* chronologisch
cronómetro [kro'nometro] *m* Stoppuhr *f*
croquis ['krokis] *m* Skizze *f*
cruasán [krwa'san] *m* Croissant *n*
cruce ['kruθe] *m* **1.** Kreuzung *f*, Übergang *m*; **2.** BIO Kreuzung *f*
crucero [kru'θero] *m* **1.** Kreuzfahrtschiff *n*; **2.** MIL Kreuzer *m*; *~ de combate* Schlachtkreuzer *m*; **3.** *(viaje)* Kreuzfahrt *f*
crucifijo [kruθi'fixo] *m* REL Kruzifix *n*
crucifixión [kruθifiɣ'siɔn] *f* REL Kreuzigung *f*
crucigrama [kruθi'ɣrama] *m* Kreuzworträtsel *n*
crudo ['kruðo] *adj* roh
cruel [kru'ɛl] *adj* grausam, unbarmherzig
crueldad [kruɛl'dað] *f* Grausamkeit *f*, Gräueltat *f*, Unbarmherzigkeit *f*
crujiente [kru'xjente] *adj* knusprig
crujir [kru'xir] *v* knacken, knirschen
cruz [kruθ] *f* **1.** Kreuz *n*; *la Cruz Roja* das Rote Kreuz; *~ gamada* POL Hakenkreuz *n*; **2.** *(condecoración)* Orden *m*
cruzada [kru'θaða] *f* HIST Kreuzzug *m*
cruzar [kru'θar] *v* **1.** kreuzen, durchqueren; **2.** BIO kreuzen; **3.** *~ los brazos* die Arme verschränken
cuaderno [kwa'ðerno] *m* Heft *n*
cuadra ['kwaðra] *f* Block *m* (LA)
cuadrado [kwa'ðraðo] *m* **1.** Quadrat *n*; *adj* **2.** quadratisch
cuadrangular [kwaðraŋgu'lar] *adj* viereckig
cuadrar [kwa'ðrar] *v* zusammenpassen, übereinstimmen
cuadriculado [kwaðriku'laðo] *adj* kariert
cuadrilla [kwa'ðriʎa] *f* Trupp *m*, Gruppe *f*
cuadro ['kwaðro] *m* **1.** ART Bild *n*, Gemälde *n*; *~ al óleo* Ölgemälde *n*; **2.** *~ sinóptico* Tabelle *f*; **3.** *~ de conexiones* TECH Schaltbild *n*; *~ de distribución* Schalttafel *f*; **4.** *(dibujo)* Karo *n*; *de ~s* kariert
cuál [kwal] *pron (interrogación)* *¿Cuál?* Welche(r,s)? *¿Cuál te gusta más?* Welches gefällt dir besser?
cual [kwal] *pron (relativo)* *el ~/la ~/lo ~* derjenige/diejenige/dasjenige

cualitativo [kwalita'tiβo] *adj* qualitativ
cualquier(a) [kwal'kjer(a)] *adj* jede(r,s), x-beliebig, beliebig, irgendein(e)
cuándo ['kwando] *adv (interrogación)* *¿Cuándo?* Wann? *¿Cuándo vienes?* Wann kommst du? *¿A partir de ~?* Ab wann?
cuando ['kwando] *konj (temporal)* wenn, als; *Cuando me vió, se paró inmediatamente.* Als er mich sah, hielt er sofort an.
cuantía [kwan'tia] *f* Menge *f*
cuantioso [kwan'tjoso] *adj* zahlreich
cuantitativo [kwantita'tiβo] *adj* mengenmäßig, quantitativ
cuanto ['kwanto] *adv ~ antes* so bald wie möglich; *~ antes mejor* je eher, umso besser; *¡Ven ~ antes puedas!* Komm, sobald du kannst! *~ bien* so gut wie möglich
cuánto ['kwanto] *adv* wie viel, so viel; *¿Cuánto cuesta el billete?* Wie viel kostet die Fahrkarte? *¡Cuánto tiempo sin vernos!* Wie lange haben wir uns nicht gesehen!
cuanto ['kwanto] *konj ~ más* je mehr; *Cuanto más tenemos, más queremos.* Je mehr wir haben, desto mehr wollen wir.
cuarenta [kwa'renta] *num* vierzig; *cantarle a alguien las ~ (fig)* jdm den Kopf waschen
cuarentena [kwaren'tena] *f* Quarantäne *f*
cuaresma [kwa'rezma] *f REL* Fastenzeit *f*
cuartel [kwar'tɛl] *m MIL* Kaserne *f*
cuarteto [kwar'teto] *m* **1.** Quartett *n;* **2.** *MUS, LIT* Quartett *n*
cuarto ['kwarto] *adj* **1.** vierte(r,s); *m* **2.** Raum *m,* Zimmer *n,* Stube *f; ~ de estar* Wohnzimmer *n; ~ de depósito* Kammer *f; ~ de los niños* Kinderzimmer *n;* **3.** *MATH* Viertel *n; un ~ de litro de vino* ein Viertelliter Wein *m; ~ de hora* Viertelstunde *f*
cuatro ['kwatro] *num* vier
Cuba ['kuβa] *f GEO* Kuba *n*
cuba ['kuβa] *f* Fass *n,* Kübel *m; estar como una ~* stockbetrunken sein
cubano [ku'βano] *adj* **1.** kubanisch; *m* **2.** Kubaner *m*
cubeta [ku'βeta] *f* Eimer *m,* Kübel *m*
cubierta [ku'βjerta] *f* **1.** Verdeck *n,* Deck *n;* **2.** *(capa)* Deckblatt *n*
cubierto [ku'βjerto] *m (servicio)* Gedeck *n,* Essbesteck *n,* Besteck *n; ¿Puede traer otro ~, por favor?* Können Sie bitte noch ein Gedeck bringen?
cubito [ku'βito] *m ~ de hielo* Eiswürfel *m*
cubo ['kuβo] *m* **1.** *MATH* Würfel *m;* **2.** *(recipiente)* Eimer *m,* Kübel *m; a ~s* eimerweise; *~ de basura* Abfalleimer *m,* Mülleimer *m*
cubrir [ku'βrir] *v irr* **1.** abdecken, verdecken; **2.** *(recubrir)* bekleiden, verhüllen, verhängen; **3.** *~ de/~ con* beziehen mit; **4.** *(tapar) ~ con* zudecken mit
cuchara [ku'tʃara] *f* Esslöffel *m,* Löffel *m; ~ sopera* Suppenlöffel *m*
cucharilla [kutʃa'riʎa] *f* Teelöffel *m*
cucharón [kutʃa'rɔn] *m* Kelle *f,* Schöpflöffel *m*
cuchichear [kutʃitʃe'ar] *v* flüstern
cuchicheo [kutʃi'tʃeo] *m* Geflüster *n*
cuchilla [ku'tʃiʎa] *f* Klinge *f*
cuchillada [kutʃi'ʎaða] *f* Messerstich *m*
cuchillo [ku'tʃiʎo] *m* Messer *n; ¡Tráigame un ~, por favor!* Bringen Sie mir bitte ein Messer!
cuco ['kuko] *m* **1.** *ZOOL* Kuckuck *m;* **2.** *(fam)* Schlauberger *m*
cucurucho [kuku'rutʃo] *m* Tüte *f*
cuello ['kweʎo] *m* **1.** Kragen *m; ~ alto* Rollkragen *m;* **2.** *ANAT* Hals *m*
cuenta ['kwenta] *f* **1.** *FIN* Konto *n; ~ bancaria* Bankkonto *n; ~ bloqueada* Sperrkonto *n; ~ corriente/~ de giros* Girokonto *n;* **2.** *(factura)* Rechnung *f; ajustarle las ~s a alguien* mit jdm abrechnen; *La ~, por favor.* Die Rechnung, bitte. **3.** *~ de* Rechenschaft über *f; sin darse ~ de* unbewusst; *tomar en ~* berücksichtigen
cuento ['kwento] *m* **1.** Geschichte *f,* Erzählung *f,* Märchen *n;* **2.** *~s pl* Gerede *n; dejarse de ~s* zur Sache kommen
cuerda ['kwɛrða] *f* Band *n,* Schnur *f,* Seil *n; ~ de remolque* Abschleppseil *f*
cuerdo ['kwɛrðo] *adj* vernünftig
cuerno ['kwɛrno] *m* **1.** Horn *n;* **2.** *~s pl* Geweih *n*
cuero [kwero] *m* Leder *n*
cuerpo ['kwɛrpo] *m* **1.** Körper *m,* Leib *m; en todo el ~* am ganzen Kör-

per; *hacer del ~* Stuhlgang haben; **2.** *~ del delito JUR* Beweisstück *n,* Corpus Delicti *n;* **3.** *(institución)* Körperschaft *f*
cuesta ['kwesta] *f* Abhang *m; ~ abajo* bergab; *~ arriba* bergauf
cuestión [kwes'tjɔn] *f* **1.** Angelegenheit *f,* Frage *f; en ~* vorliegend; *~ de conciencia* Gewissensfrage *f; ~ de honor* Ehrensache *f; ~ de gusto* Geschmacksache *f;* **2.** *~ de confianza POL* Vertrauensfrage *f;* **3.** *~ de culpabilidad JUR* Schuldfrage *f*
cuestionable [kwestjo'naβle] *adj* fraglich, zweifelhaft, strittig
cuestionar [kwestjo'nar] *v* erörtern, diskutieren, in Frage stellen
cuestionario [kwestjo'narjo] *m* Fragebogen *m*
cueva ['kweβa] *f* Höhle *f*
cuidado [kwi'ðaðo] *m* **1.** *(para evitar un riesgo)* Vorsicht *f,* Achtung *f; tener ~* aufpassen; *¡Cuidado!* Achtung! **2.** *(aseo)* Pflege *f,* Sorgfalt *f;* **3.** *(fig: atención)* Achtsamkeit *f,* Achtung *f,* Aufmerksamkeit *f*
cuidador [kwiða'ðɔr] *m* Pfleger *m*
cuidadoso [kwiða'ðoso] *adj* sorgfältig, vorsichtig, achtsam
cuidar [kwi'ðar] *v* versorgen, pflegen; *Ve al cine, yo cuido de los niños.* Geh nur ins Kino, ich kümmere mich um die Kinder. *~ a alguien* für jdn sorgen, jdn pflegen
culebra [ku'leβra] *f ZOOL* Schlange *f*
culebrón [kule'βrɔn] *m (fam)* endlose Fernsehserie *f*
culinario [kuli'narjo] *adj* kulinarisch
culminación [kulmina'θjɔn] *f* Abschluss *m,* Höhepunkt *m*
culminar [kulmi'nar] *v* gipfeln, den Höhepunkt erreichen
culo ['kulo] *m ANAT* Hintern *m*
culpa ['kulpa] *f* Verschulden *n,* Schuld *f; sin ~* schuldlos; *tener la ~ de* verschulden; *La ~ no es mía.* Das ist nicht meine Schuld.
culpable [kul'paβle] *adj JUR* schuldig; *~ por imprudencia* fahrlässig
culpabilidad [kulpaβili'ðað] *f* Strafbarkeit *f,* Schuldhaftigkeit *f*
culpar [kul'par] *v ~ de* beschuldigen
cultivador(a) [kultiβa'ðɔr/kultiβa'ðora] *m/f* Züchter(in) *m/f*
cultivar [kulti'βar] *v* **1.** züchten, anpflanzen; **2.** *AGR* anbauen, bearbeiten; **3.** *(fig: aprender)* erlernen, kultivieren
cultivo [kul'tiβo] *m* Anpflanzung *f,* Zucht *f,* Anbau *m*
culto ['kulto] *m* **1.** Kult *m,* Verehrung *f; rendir ~ a alguien* jdn verehren; **2.** *REL* Gottesdienst *m; adj* **3.** gebildet
cultura [kul'tura] *f* Kultur *f; ~ general* Allgemeinbildung *f*
cultural [kultu'ral] *adj* kulturell
cumbre ['kumbre] *f* **1.** Grat *m,* Kamm *m,* Spitze *f;* **2.** *GEO* Gipfel *m;* **3.** *POL* Gipfel *m*
cumpleaños [kumple'aɲos] *m* Geburtstag *m*
cumplido [kum'pliðo] *m* Kompliment *n*
cumplidor [kumpli'ðɔr] *adj muy ~* übereifrig; *~ de su deber* pflichtbewusst
cumplimiento [kumpli'mjento] *m* **1.** Einhaltung *f,* Erfüllung *f;* **2.** *lugar de ~ ECO* Erfüllungsort *m*
cumplir [kum'plir] *v* **1.** erfüllen, erledigen; **2.** *(un castigo)* verbüßen; **3.** *(una ley)* befolgen
cumular [kumu'lar] *v* anhäufen
cuna ['kuna] *f* Wiege *f*
cunear [kune'ar] *v (acunar)* wiegen
cuneta [ku'neta] *f* Straßengraben *m*
cuña ['kuɲa] *f* Keil *m*
cuñada [ku'ɲaða] *f* Schwägerin *f*
cuñado [ku'ɲaðo] *m* Schwager *m*
cuota ['kwota] *f* **1.** Beitrag *m,* Quote *f; ~ de socio* Mitgliedsbeitrag *m; ~ de protección* Schutzgebühr *f;* **2.** *ECO* Rate *f*
cupé [ku'pe] *m* Zweisitzer *m*
cúpula ['kupula] *f ARCH* Kuppel *f*
cuquería [kuke'ria] *f* Schläue *f*
cura ['kura] *f* **1.** *MED* Heilung *f,* Kur *f; ~ de adelgazamiento* Abmagerungskur *f,* Schlankheitskur *f; ~ de desintoxicación* Entziehungskur *f; ~ radical* Gewaltkur *f,* Radikalkur *f;* **2.** *~ espiritual REL* Seelsorge *f; m* **3.** *REL* Pfarrer *m,* Priester *m*
curable [ku'raβle] *adj* heilbar
curación [kura'θjɔn] *f MED* Heilung *f*
curandero [kuran'dero] *m* **1.** *MED* Heilpraktiker *m;* **2.** *(despectivo)* Quacksalber *m,* Kurpfuscher *m*
curar [ku'rar] *v* heilen, verarzten, kurieren

curarse [ku'rarse] *v* ausheilen, verheilen; ~ *completamente* auskurieren
curato [ku'rato] *m REL* Pfarramt *n*
cúrcuma ['kurkuma] *f BOT* Gelbwurzel *f*, Kurkuma *f*
curioso [ku'rjoso] *adj* **1.** *(raro)* merkwürdig, seltsam, kurios; **2.** *(indiscreto)* vorwitzig, neugierig; *m* **3.** Schaulustige(r) *m/f*
curiosón [kurjo'sɔn] *m (fam)* Schnüffelnase *f*
currículo [ku'rrikulo] *m* Lehrplan *m*
curriculum [ku'rrikulum] *m* ~ *vitae* Lebenslauf *m*
curruscante [kurrus'kante] *adj* knusprig
curry ['kurri] *m* Curry *n*
cursado [kur'saðo] *adj* bewandert, erfahren
cursi ['kursi] *adj* kitschig
cursilería [kursile'ria] *f* Kitsch *m*
cursillo [kur'siʎo] *m* Lehrgang *m*
curso ['kurso] *m* **1.** Ablauf *m*, Verlauf *m*; ~ *de los acontecimientos* Hergang *m*; ~ *de un río* Flusslauf *m*; **2.** *(materia)* Lehrgang *m*, Kurs *m*; *hacer pasar al ~ siguiente* versetzen; ~ *de baile* Tanzkurs *m*; ~ *a distancia* Fernkurs *m*; ~ *de introducción* Einführungskurs *m*; ~ *nocturno* Abendkurs *m*
curva ['kurβa] *f* Kurve *f*, Biegung *f*, Krümmung *f*; *lleno de ~s* kurvenreich; ~ *en herradura* Haarnadelkurve *f*
curvatura [kurβa'tura] *f* Biegung *f*, Krümmung *f*
cúspide ['kuspiðe] *f* Gipfel *m*
custodia [kus'toðja] *f* **1.** *(protección)* Obhut *f*, Gewahrsam *m*, Verwahrung *f*; **2.** *(guarda)* Bewachung *f*; **3.** ~ *de los hijos JUR* Sorgerecht *n*
custodiar [kusto'ðjar] *v* **1.** *(vigilar)* bewachen; **2.** *(resguardar)* verwahren
cutáneo [ku'taneo] *adj* Haut…
cutícula [ku'tikula] *f ANAT* Nagelhaut *f*
cuy [kwi] *m (en Perú) ZOOL* Meerschweinchen *n*
cutre ['kutre] *adj* geizig
cuyo ['kujo] *pron* dessen, wessen

D

dádiva ['daðiβa] *f* Spende *f*
dado ['daðo] *m* Würfel *m*
dador(a) [da'ðɔr/da'ðora] *m/f* Spender(in) *m/f*
dalia ['dalja] *f BOT* Dahlie *f*
dálmata ['dalmata] *m ZOOL* Dalmatiner *m*
daltoniano [dalto'njano] *adj* farbenblind
dama ['dama] *f* Dame *f; ~ de honor* Brautjungfer *f*
damasco [da'masko] *m (tela)* Damast *m*
danta ['danta] *f ZOOL* Tapir *m,* Elch *m*
Danubio [da'nuβjo] *m GEO* Donau *f*
danza ['danθa] *f* Tanz *m*
danzante [dan'θante] *m/f* Tänzer *m*
danzar [dan'θar] *v* tanzen
danés [da'nes] *adj* **1.** dänisch; *m* **2.** Däne *m*
dañado [da'ɲaðo] *adj* beschädigt
dañar [da'ɲar] *v* beschädigen, Schaden anrichten
dañino [da'ɲino] *adj* schädlich, ungesund
daño ['daɲo] *m* Beschädigung *f,* Schaden *m,* Beeinträchtigung *f; hacer ~* wehtun; *~ colateral m* Kollateralschaden *m; ~ causado por incendio* Brandschaden *m; ~ personal* Personenschaden *m; ~ total* Totalschaden *m*
dar [dar] *v irr* **1.** hergeben, übergeben, geben, überreichen; *~ de alta* aus dem Krankenhaus entlassen; *~ de baja por enfermedad* krankschreiben; *~ el pecho* stillen; *~ instrucciones* Anweisungen geben; *~ las gracias* danken; *~ la vuelta* umdrehen, kehrtmachen; *~ un paseo* spazieren gehen; *~ vueltas a un problema* sich Gedanken machen; *~ a conocer* bekannt geben, offenbaren; *~ a luz* gebären; **2.** *(atribuir)* beimessen, zuschreiben; *~ dictamen sobre algo* etw begutachten; *~ poder a JUR* ermächtigen, bevollmächtigen; **3.** *(repartir)* erteilen; **4.** *(donar)* spenden
dardo ['darðo] *m* Speer *m,* Spieß *m*
darse ['darse] *v irr* **1.** *~ un gusto* sich gönnen; **2.** *~ cuenta de algo* etw bemerken; **3.** *~ prisa* sich beeilen; **4.** *~ por satisfecho con algo* sich mit etw zufrieden geben, mit etw vorlieb nehmen; **5.** *~las de algo* sich als etw aufspielen
data ['data] *f* Datum *n,* Ausstellungstag *m,* Zeitpunkt *m*
datar [da'tar] *v* datieren
dátil ['datil] *m BOT* Dattel *f*
dativo [da'tiβo] *m GRAMM* Dativ *m*
dato ['dato] *m* **1.** Angabe *f;* **2.** *~s pl* Daten *pl,* Angaben *pl; ~s personales* Personalien *pl; banco de ~s INFORM* Datenbank *f*
de [de] *prep* **1.** *(punto de partida)* von, ab; *~ donde* woraus, woher; *El tren va ~ Hamburgo a Berlín.* Der Zug fährt von Hamburg nach Berlin. **2.** *(origen, procedencia)* von, aus; *~ allá* davon; *~ allí* davon, daher; *Vengo ~ Colombia./Soy ~ Colombia.* Ich komme aus Kolumbien. **3.** *(propiedad, posesión)* von; *~ ti* dein; *Esta es la casa ~ Jaime.* Das ist das Haus von Jaime. **4.** *(material)* aus; *reloj ~ arena* Sanduhr *f; una mesa ~ madera* ein Tisch aus Holz *m;* **5.** *~ acá para allá* umher; **6.** *~ acuerdo con* übereinstimmend mit, dementsprechend, gemäß; **7.** *~ buen gusto* stilvoll, geschmackvoll; **8.** *~ dos caras* zweiseitig; **9.** *~ casualidad* unbeabsichtigt; **10.** *~ colores* bunt; **11.** *~ día* tagsüber; **12.** *en caso ~* wenn, falls; **13.** *~ este modo* so; **14.** *~ igual manera* ebenfalls, gleichfalls; **15.** *~ improviso* unverhofft, unvermittelt; **16.** *~ maravillas* wundervoll; **17.** *~ modo que* sodass
debajo [de'βaxo] *prep* unter, unten; *por ~ de* unterhalb; *~ del puente* unter der Brücke
debate [de'βate] *m* **1.** Erörterung *f,* Debatte *f;* **2.** *POL* Debatte *f*
debatir [deβa'tir] *v* anfechten, debattieren, erörtern
debe ['deβe] *m ECO* Soll *n; El ~ ascien-*

de a una suma exorbitante. Das Soll beläuft sich auf eine außergewöhnlich hohe Summe.

deber [de'βer] *m* **1.** Pflicht *f;* ~ *de discreción* Schweigepflicht *f; pl* **2.** *~es* Hausaufgaben *pl; v* **3.** *(tener que)* müssen, sollen; *Debería hacerle una visita.* Eigentlich sollte ich sie besuchen. **4.** ~ *algo a alguien* jdm etw schulden, jdm etw verdanken; **5.** *(poder)* dürfen

debido [de'βiðo] *prep* **1.** ~ *a* infolge, dank; ~ *a la edad* altersbedingt; *adj* **2.** ordnungsgemäß, pflichtgemäß; **3.** ECO schuldig

débil ['deβil] *adj* **1.** schwach, kraftlos; *Me encuentro ~.* Ich fühle mich schwach. *muy* ~ klapprig; **2.** *(de carácter)* willensschwach; **3.** *(despacio)* leise; **4.** *(opaco)* matt

debilidad [deβili'ðað] *f* Schwäche *f;* ~ *de carácter* Charakterschwäche *f*

debilitación [deβilita'θjɔn] *f* Abschwächung *f*

debilitado [deβili'taðo] *adj* schwach

debilitar [deβili'tar] *v* abschwächen, auszehren, entkräften

débito ['deβito] *m* **1.** ECO Abbuchung *f;* **2.** *(carga)* FIN Belastung *f;* **3.** *(deudas)* ECO Schulden *pl*

debut [de'βu] *m* Debüt *n*

debutante [deβu'tante] *m/f* Debütant(in) *m/f,* Anfänger(in) *m/f*

década ['dekaða] *f* Jahrzehnt *n*

decadencia [deka'ðenθja] *f* Dekadenz *f,* Niedergang *m,* Untergang *m,* Verfall *m*

decadente [deka'ðente] *adj* dekadent

decaer [deka'ɛr] *v irr* **1.** verkommen, sinken; **2.** *(fig)* untergehen, absinken; *Al llegar los españoles a México comenzó a ~ el reino azteco.* Als die Spanier nach Mexiko kamen, begann der Untergang des aztekischen Königreichs.

decaído [deka'iðo] *adj* schwächlich

decaimiento [dekaĭ'mjento] *m* Verfall *m,* Niedergeschlagenheit *f,* Mutlosigkeit *f*

decámetro [de'kametro] *m* Dekameter *n*

decano [de'kano] *m* Dekan *m*

decapitar [dekapi'tar] *v* enthaupten, köpfen

decencia [de'θenθja] *f* Anstand *m*

decenio [de'θenjo] *m* Jahrzehnt *n*

decente [de'θente] *adj* anständig, sittlich

decepción [deθep'θjɔn] *f* Enttäuschung *f*

decibelio [deθi'βeljo] *m* PHYS Dezibel *n*

decidero [deθi'ðero] *adj* anständig

decididamente [deθiðiða'mente] *adv* entschieden, entschlossen

decidido [deθi'ðiðo] *adj* bestimmt, resolut, entschieden

decidir [deθi'ðir] *v* beschließen, entscheiden

decidirse [deθi'ðirse] *v* sich entscheiden, sich entschließen; ~ *a hacer algo* sich entschließen, etw zu tun; ~ *a favor de/~ en contra de* sich entschließen für/sich entschließen gegen

decimal [deθi'mal] *f* MATH Dezimalzahl *f*

décimo ['deθimo] *adj* zehnte(r,s)

decir [de'θir] *v irr* **1.** sagen, bemerken, aussprechen, sprechen; *¿Qué ha dicho ella?* Was hat sie gesagt? **2.** *es* ~ das heißt, nämlich; **3.** *¡Diga!* TEL Hallo!

decisión [deθi'sjɔn] *f* **1.** Entscheidung *f,* Beschluss *m,* Entschluss *m; tomar una* ~ eine Entscheidung treffen; ~ *errónea* Fehlentscheidung *f;* ~ *previa* Vorentscheidung *f;* **2.** ~ *judicial* JUR Gerichtsbeschluss *m*

decisivo [deθi'siβo] *adj* ausschlaggebend, entscheidend, maßgebend

declamación [deklama'θjɔn] *f* Deklamation *f,* Vortragskunst *f*

declamar [dekla'mar] *v* deklamieren, vortragen, *(fig)* schwülstig reden

declaración [deklara'θjɔn] *f* **1.** *(información)* Angabe *f;* **2.** *(manifestación)* Erklärung *f,* Aussage *f;* ~ *amorosa/~ de amor* Liebeserklärung *f;* **3.** ~ *de aduana* ECO Zollerklärung *f;* ~ *de entrada* Einfuhrerklärung *f;* ~ *de importación* Einfuhrerklärung *f;* **4.** ~ *de guerra* Kriegserklärung *f;* **5.** ~ *de impuestos* Steuererklärung *f;* **6.** ~ *gubernamental* POL Regierungserklärung *f;* **7.** ~ *obligatoria* Anmeldepflicht *f;* **8.** JUR Aussage *f; tomar* ~ vernehmen

declarado [dekla'raðo] *adj* eingetragen

declarar [dekla'rar] *v* **1.** *(expresar)*

äußern, bekunden, deklarieren; **2.** *~ el lock-out ECO* aussperren; **3.** *(reconocer)* gestehen, angeben; **4.** *(en la aduana)* verzollen; **5.** *(testigo) JUR* bezeugen, aussagen; *Me niego a ~.* Ich verweigere die Aussage.

declararse [dekla'rarse] *v* **1.** sich erklären; **2.** *~ en huelga* streiken

declinación [deklina'θjɔn] *f GRAMM* Deklination *f; no saber las declinaciones (fig)* nicht bis drei zählen können

declive [de'kliβe] *m* Abhang *m*

decolorante [dekolo'rante] *m* **1.** Bleichmittel *n;* **2.** *CHEM* Entfärber *m*

decomisar [dekomi'sar] *v* beschlagnahmen

decomiso [deko'miso] *m* Beschlagnahme *f,* Einzug *m*

decoración [dekora'θjɔn] *f* **1.** Dekoration *f;* **2.** *(casa)* Einrichtung *f*

decorado [deko'raðo] *m THEAT* Bühnenbild *n*

decorador(a) [dekora'ðɔr/dekora'ðora] *m/f* Dekorateur(in) *m/f*

decorar [deko'rar] *v* ausschmücken, ausstatten, dekorieren, schmücken

decorativo [dekora'tiβo] *adj* dekorativ

decoro [de'koro] *m* Anstand *m,* Schicklichkeit *f*

decoroso [deko'roso] *adj* anständig, sittsam, dezent

decrecer [dekre'θɛr] *v irr* abklingen; fallen; sinken

decrépito [de'krepito] *adj* hinfällig

decretar [dekre'tar] *v* **1.** verfügen; **2.** *(ley)* erlassen

decreto [de'kreto] *m* **1.** Erlass *m;* **2.** *JUR* Dekret *n;* **3.** *POL* Mandat *n*

dedal [de'ðal] *m* Fingerhut *m*

dedicado [deði'kaðo] *adj* strebsam

dedicar [deði'kar] *v* **1.** *(dedicatoria)* widmen; *El libro está dedicado a su madre.* Das Buch ist seiner Mutter gewidmet. **2.** *(tiempo, esfuerzo)* aufwenden

dedicarse [deði'karse] *v ~ a algo* sich einer Sache widmen, sich mit etw befassen; *~ al bricolaje* basteln

dedicatoria [deðika'torja] *f* Widmung *f*

dedo ['deðo] *m* **1.** *ANAT* Finger *m; no cuparse el ~ (fam)* nicht von gestern sein; *poner el ~ en la llaga (fig)* den wunden Punkt berühren; **2.** *~ del pie ANAT* Zehe *f*

deducible [deðu'θiβle] *adj* **1.** nachvollziehbar; **2.** *~ de los impuestos ECO* von der Steuer absetzbar

deducir [deðu'θir] *v irr* **1.** *(fig)* folgern, schließen; *~ de* entnehmen, ableiten; **2.** *(restar)* abrechnen, abziehen; *a ~ de* abzüglich

defecto [de'fɛkto] *m* **1.** Mangel *m,* Defekt *m,* Fehler *m; sin ~* fehlerlos; **2.** *~ cardíaco* Herzfehler *m*

defectuoso [defɛk'twoso] *adj* defekt, fehlerhaft, lückenhaft

defender [defen'dɛr] *v irr* verteidigen, in Schutz nehmen; *~ una causa* plädieren; *~ una idea* verfechten

defenderse [defen'dɛrse] *v irr ~ contra* sich wehren gegen

defensa [de'fensa] *f* **1.** Verteidigung *f,* Gegenwehr *f; sin ~* wehrlos; **2.** *~ aérea MIL* Flugabwehr *f;* **3.** *~ civil* Katastrophenschutz *m (LA);* **4.** *~ propia* Notwehr *f;* **5.** *SPORT* Abwehr *f,* Deckung *f*

defensiva [de'fensiβa] *f* Defensive *f*

defensivo [defen'siβo] *adj* defensiv

defensor(a) [defen'sɔr/defen'sora] *m/f* **1.** Vertreter(in) *m/f,* Befürworter(in) *m/f;* **2.** *JUR* Verteidiger(in) *m/f*

deferente [defe'rente] *adj* ehrerbietig

deficiencia [defi'θienθja] *f* Mangel *m*

deficiente [defi'θjente] *adj* mangelhaft

déficit ['defiθit] *m* Defizit *n,* Minus *n*

definición [defini'θjɔn] *f* Definition *f*

definir [defi'nir] *v* definieren, bestimmen, erklären

definitivo [defini'tiβo] *adj* endlich, abschließend, unwiderruflich

deformación [defɔrma'θjɔn] *f* Deformation *f,* Verformung *f*

deformar [defɔr'mar] *v* deformieren, verformen, verunstalten

deforme [de'fɔrme] *adj* missgebildet, verkrüppelt

deformidad [defɔrmi'ðað] *f MED* Verkrüppelung *f,* Missbildung *f*

defraudación [defraŭða'θjɔn] *f* Veruntreuung *f; ~ de impuestos* Steuerhinterziehung *f*

defraudar [defraŭ'ðar] *v* betrügen, *(dinero)* unterschlagen

defuera [de'fwera] *adv* außerhalb, draußen, von draußen
defunción [defun'θjɔn] *f* Tod *m,* Sterbefall *m,* Todesfall *m*
degeneración [dexenera'θjɔn] *f* **1.** Verfall *m;* **2.** *(fig)* Degeneration *f*
degenerar [dexene'rar] *v* degenerieren; *~ en* ausarten zu
degollar [deɣo'ʎar] *v irr* schlachten
degradación [deɣraða'θjɔn] *f* Erniedrigung *f,* Demütigung *f*
degradante [deɣra'ðante] *adj* entwürdigend, erniedrigend
degradar [deɣra'ðar] *v ~ a alguien* jdn erniedrigen, jdn demütigen
degustación [deɣusta'θjɔn] *f* Kostprobe *f*
degustar [deɣus'tar] *v* kosten, probieren
deificar [deĭfi'kar] *v* vergöttern
dejadez [deja'deθ] *f* Schlamperei *f*
dejar [de'xar] *v* **1.** zurücklassen, lassen; *~ abierta (la puerta)* offen lassen; *~ caer algo* etw fallen lassen; *~ de sobra* übrig lassen; *~ en paz* in Ruhe lassen; **2.** *~ puesto* anbehalten, anlassen; **3.** *~ tras de sí* zurücklassen; **4.** *(abandonar)* verlassen; **5.** *(al morir)* hinterlassen; *Mi abuela me dejó una casa al morir.* Meine Oma vererbte mir ein Haus, als sie starb. **6.** *~ pasar* übersehen; **7.** *~ en descubierto ECO* Konto überziehen; **8.** *~ plantado a alguien* jdn versetzen
dejarse [de'xarse] *v* **1.** *~ ver* erscheinen; **2.** *~ engañar* hereinfallen
dejo ['dɛxo] *m* **1.** *(acento)* leichter Akzent *m;* **2.** *(fig: sabor)* Beigeschmack *m*
del [del] *art (de + el)* des/der; *~ mismo modo* ebenso, genauso; *~ otro lado* jenseits; *~ todo* ganz, durchgehend; *el hijo ~ presidente* der Sohn des Präsidenten *m*
delantal [delan'tal] *m* Schürze *f*
delante [de'lante] *adv* **1.** vorn, vorüber, davor; *prep* **2.** vor; *~ de la puerta* vor der Tür
delantera [delan'tera] *f* Vorderteil *n,* Vorderreihe *f,* Vordersitz *m*
delantero [delan'tero] *adj* vordere(r,s)
delatar [dela'tar] *v* anzeigen, denunzieren
delator(a) [dela'tɔr/dela'tora] *m/f POL* Denunziant(in) *m/f*
delectivo [delɛk'tiβo] *adj* ergötzlich, entzückt, wonnig
delegación [deleɣa'θjɔn] *f* Abordnung *f,* Delegation *f*
delegado [dele'ɣaðo] *m* **1.** *POL* Delegierter *m;* **2.** *~ de clase* Klassensprecher *m;* **3.** *~ de libertad vigilada JUR* Bewährungshelfer *m*
delegar [dele'ɣar] *v* abordnen, delegieren
deleite [de'lɛĭte] *m* Genuss *m,* Vergnügen *n*
deletrear [deletre'ar] *v* buchstabieren
delfín [dɛl'fin] *m ZOOL* Delfin *m*
delgadez [dɛlɣa'ðeθ] *f* Dünne *f,* Schlankheit *f,* Zartheit *f*
delgado [dɛl'ɣaðo] *adj* schlank, dünn
deliberadamente [deliβeraða'mente] *adv* überlegt, mit Vorbedacht, wissentlich
deliberado [deliβe'raðo] *adj* absichtlich
deliberar [deliβe'rar] *v* **1.** überlegen; **2.** *~ sobre* beraten über
delicadeza [delika'ðeθa] *f* **1.** Takt *m,* Zierlichkeit *f; sin ~* taktlos; **2.** *GAST* Delikatesse *f*
delicado [deli'kaðo] *adj* **1.** zierlich, zart; **2.** *(cuidadoso)* taktvoll; **3.** *(raro, difícil)* heikel
delicia [de'liθja] *f* Hochgenuss *m*
delicioso [deli'θjoso] *adj* **1.** *(alimento)* köstlich, lecker; **2.** *(fig)* goldig, himmlisch
delimitación [delimita'θjɔn] *f* Abgrenzung *f,* Begrenzung *f*
delimitar [delimi'tar] *v* abgrenzen
delincuencia [deliŋ'kwenθja] *f* Kriminalität *f; ~ juvenil* Jugendkriminalität *f*
delincuente [deliŋ'kwente] *m/f* Delinquent(in) *m/f,* Kriminelle(r) *m/f,* Missetäter(in) *m/f; ~ sexual* Triebtäter *m*
delineación [delinea'θjɔn] *f* Gestaltung *f*
delineador [delinea'ðɔr] *m* Zeichner *m*
delinear [deline'ar] *v* zeichnen, entwerfen
delirio [de'lirjo] *m* Delirium *n; ~ de grandeza* Größenwahn *m*
delito [de'lito] *m* **1.** Verbrechen *n,* Missetat *f; ~ de tráfico* Verkehrsdelikt *n; lugar del ~* Tatort *m; ~ sexual* Sexual-

verbrechen *n;* **2.** *JUR* Delikt *n,* Straftat *f,* Vergehen *n,* Verstoß *m*

delta ['delta] *f* Delta *n*

demagógico [dema'ɣoxiko] *adj* demagogisch

demagogo [dema'ɣoɣo] *m* Demagoge *m*

demanda [de'manda] *f* **1.** *ECO* Anfrage *f,* Nachfrage *f; ~ de empleo* Stellengesuch *n;* **2.** *JUR* Erhebung *f,* Klage *f; ~ accesoria* Nebenklage *f; ~ judicial* Anklage *f*

demandante [deman'dante] *m/f JUR* Kläger(in) *m/f*

demandar [deman'dar] *v* **1.** anfragen; **2.** *JUR* anklagen; *~ a alguien* jdn verklagen

demarcación [demarka'θjɔn] *f* Abgrenzung *f*

demarcar [demar'kar] *v* abgrenzen

demás [de'mas] *adj* überdies, außerdem

demasía [dema'sia] *f* Überfluss *m,* Übermaß *n,* Übertreibung *f*

demasiado [dema'sjaðo] *adj* **1.** zu sehr, allzu sehr, allzu viel; **2.** *(exagerado)* übertrieben; *adv* **3.** zu sehr, allzu sehr, all zuviel

demencia [de'menθja] *f* Irrsinn *m,* Schwachsinn *m*

demente [de'mente] *adj* verrückt, irr

democracia [demo'kraθja] *f POL* Demokratie *f*

democrático [demo'kratiko] *adj POL* demokratisch

demografía [demoɣra'fia] *f* Demografie *f*

demográfico [demo'ɣrafiko] *adj* demografisch

demoler [demo'lɛr] *v irr* abreißen, demolieren

demolición [demoli'θjɔn] *f* Abbruch *m,* Abriss *m*

demoníaco [demo'niako] *adj* dämonisch

demonio [de'monjo] *m* Teufel *m,* Dämon *m*

demora [de'mora] *f* Verzögerung *f,* Verzug *m,* Versäumnis *n*

demorar [demo'rar] *v* verzögern

demostrable [demɔs'traβle] *adj* beweisbar, nachweisbar

demostración [demɔstra'θjɔn] *f* Beispiel *n,* Beweisführung *f,* Darlegung *f*

demostrar [demɔs'trar] *v irr* beweisen, demonstrieren, nachweisen

demostrativo [demɔstra'tiβo] *adj* anschaulich, demonstrativ

denegación [deneɣa'θjɔn] *f* Ablehnung *f,* Verneinung *f,* Verweigerung *f*

denegar [dene'ɣar] *v irr* **1.** leugnen, verweigern, verneinen; **2.** *~ a alguien algo JUR* jdm etw aberkennen

dengue ['deŋge] *m* Zimperlichkeit *f,* Ziererei *f*

denigrante [deni'ɣrante] *adj* herabsetzend

denigrar [deni'ɣrar] *v* herabsetzen

denominar [denomi'nar] *v* heißen, nennen

denotación [denota'θjɔn] *f* Bezeichnung *f,* Angabe *f,* Bedeutung *f*

denotar [deno'tar] *v* bezeichnen, anzeigen, hindeuten

densamente [densa'mente] *adv* dicht

densidad [densi'ðað] *f* Dichte *f; ~ demográfica* Bevölkerungsdichte *f*

densificar [densifi'kar] *v TECH* verdichten

denso ['denso] *adj* fest, dicht

dentado [den'taðo] *adj* gezackt

dentadura [denta'ðura] *f ANAT* Gebiss *n*

dentista [den'tista] *m/f MED* Zahnarzt/Zahnärztin *m/f*

dentro ['dentro] *adv* **1.** drinnen, darin; *Quisiéramos sentarnos ~.* Wir möchten drinnen sitzen. *prep* **2.** *~ de* in, innerhalb, binnen

denuncia [de'nunθja] *f* Strafanzeige *f,* Anzeige *f*

denunciante [denun'θjante] *m/f POL* Denunziant(in) *m/f*

denunciar [denun'θjar] *v JUR* anzeigen; *~ públicamente* anprangern

deparar [depa'rar] *v* bereiten, zuteilen, darbieten

departamento [departa'mento] *m* **1.** Abteilung *f; ~ de personal* Personalabteilung *f;* **2.** *(del tren)* Abteil *n;* **3.** *(administración)* Bezirk *m;* **4.** Appartement *n,* Wohnung *f (LA)*

depauperación [depaŭpera'θjɔn] *f* Verarmung *f*

dependencia [depen'dɛnθja] *f* Abhängigkeit *f*

D

D

depender [depen'dɛr] *v* ~ *de* abhängen von, ankommen auf, angewiesen sein auf
dependiente [depen'djente] *adj* abhängig, unselbstständig
depilar [depi'lar] *v* enthaaren
deplorable [deplo'raβle] *adj* erbärmlich
deplorar [deplo'rar] *v* beklagen, bejammern
deponer [depo'nɛr] *v irr* bezeugen, als Zeuge aussagen
deportación [depɔrta'θjɔn] *f* Ausweisung *f*, Verbannung *f*
deportar [depɔr'tar] *v* ausweisen, deportieren, verweisen
deporte [de'pɔrte] *m* Sport *m*; ~ *de competición* Leistungssport *m*
deportista [depɔr'tista] *m/f* Sportler(in) *m/f*; *m* ~ *aficionado* Amateursportler *m*
deportivo [depɔr'tiβo] *adj* sportlich
depositar [deposi'tar] *v* abstellen, aufbewahren, deponieren; *Deposite esto en la caja fuerte.* Schließen Sie das bitte in den Safe ein.
depósito [de'posito] *m* **1.** Depot *n*, Verwahrungslager *n*, Lager *n*; **2.** ~ *de cadáveres* Leichenhalle *f*; ~ *de mercancías* Warenlager *n*; **3.** ~ *de equipajes* Gepäckannahme *f*; **4.** ~ *de gasolina* Benzintank *m*; **5.** ~ *para vidrios* Altglascontainer *m*; **6.** ~ *de agua* Spülkasten *m*; *El ~ de agua del inodoro está estropeado.* Der Spülkasten des WCs ist kaputt. **8.** ~*s de ahorro pl ECO* Spareinlage *f*
depravación [depraβa'θjɔn] *f* Verderbnis *f*
depravar [depra'βar] *v* verderben
depreciación [depreθja'θjɔn] *f* **1.** Abwertung *f*; **2.** *ECO* Entwertung *f*
depreciar [depre'θjar] *v* abwerten, entwerten
depresión [depre'sjɔn] *f* **1.** Depression *f*, Niedergeschlagenheit *f*; **2.** *(valle)* Talsohle *f*; **3.** *TECH* Unterdruck *m*
depresivo [depre'siβo] *adj* depressiv
deprimente [depri'mente] *adj* deprimierend
deprimido [depri'miðo] *adj* niedergeschlagen, geknickt
deprimir [depri'mir] *v* deprimieren, schwächen, herunterdrücken
depuración [depura'θjɔn] *f* Reinigung *f*, Läuterung *f*, Säuberung *f*
depurar [depu'rar] *v* reinigen, läutern
derecha [de'rɛtʃa] *f* rechte Hand *f*; *a la* ~ rechts
derecho [de'rɛtʃo] *adj* **1.** aufrecht, gerade; *estar* ~ gerade stehen; **2.** *(antónimo de izquierdo)* rechte(r,s); *a la derecha* rechts; *adv* **3.** gerade, geradezu, schnurstracks; *todo* ~ geradeaus; *m* **4.** Recht *n*, Anspruch *m*, Anrecht *n*; *tener ~ a algo* etw dürfen/zu etw berechtigt sein; ~*s humanos pl* Menschenrechte *pl*; **5.** ~ *de manifestación POL* Demonstrationsrecht *n*; **6.** ~ *civil JUR* Zivilrecht *n*; ~ *de asilo* Asylrecht *n*; ~ *de guarda* Sorgerecht *n*; ~ *internacional* Völkerrecht *n*; ~ *penal* Strafrecht *n*; **7.** *(estudios de ~)* Jura *n*; **8.** ~*s pl* Gebühren *pl*; ~*s de tramitación* Bearbeitungsgebühr *f*; ~*s de peaje* Mautgebühr *f*; ~*s de importación ECO* Einfuhrzoll *m*
deriva [de'riβa] *f* Abdrift *f*; *estar a la ~/ ir a la ~* abdriften
derivación [deriβa'θjɔn] *f LING* Ableitung *f*, Abstammung *f*, Herkunft *f*
derivar [de'riβar] *v LING* ableiten
dermatólogo [dɛrma'toloɣo] *m* Dermatologe *m*, Hautarzt *m*
dermatomicosis [dɛrmatomi'kosis] *f MED* Flechte *f*
derogación [deroɣa'θjɔn] *f* Abschaffung *f*
derogar [dero'ɣar] *v* abschaffen, aufheben, außer Kraft setzen
derramamiento [dɛrrama'mjento] *m* Vergießen *n*
derramar [dɛrra'mar] *v* ausschütten, verschütten, vergießen
derramarse [dɛrra'marse] *v* auslaufen, überlaufen
derrame [dɛ'rrame] *m* Auslaufen *n*, Erguss *m*
derrapar [dɛrra'par] *v* schleudern
derredor [dɛrre'ðɔr] *m* Umkreis *m*; *en ~* rundum, ringsherum
derrengarse [dɛrrɛŋ'garse] *v irr (fig)* sich abarbeiten
derretir [dɛrrɛ'tir] *v irr* auftauen
derretirse [dɛrrɛ'tirse] *v irr* schmelzen, zergehen, zerrinnen
derribar [dɛrri'βar] *v* **1.** umwerfen,

umstoßen, abreißen; **2.** *(un avión) MIL* abschießen
derribo [dɛ'rriβo] *m* Abbruch *m,* Abriss *m*
derrocamiento [dɛrrɔka'mjento] *m* **1.** Umsturz *m;* **2.** *POL* Entmachtung *f*
derrocar [derro'kar] *v* herabstürzen, niederreißen, stürzen (POL)
derrochador(a) [dɛrrɔtʃa'ðɔr/dɛrrɔtʃa'ðora] *m/f* Verschwender(in) *m/f*
derrochar [dɛrrɔ'tʃar] *v* verschwenden
derroche [dɛ'rrɔtʃe] *m* Vergeudung *f,* Verschwendung *f*
derrota [dɛ'rrɔta] *f* Niederlage *f*
derrotado [dɛrro'taðo] *adj* vernichtet, ruiniert, geschlagen
derrotar [dɛrrɔ'tar] *v* besiegen, gewinnen, niederschlagen
derrumbamiento [dɛrrumba'mjento] *m* Einsturz *m,* Zusammenbruch *m*
derrumbarse [dɛrrum'barse] *v* einstürzen, zusammenbrechen
derrumbe [dɛ'rrumbe] *m ~ bursátil FIN* Börsenkrach *m*
desabollar [desaβo'ʎar] *v* ausbeulen
desabordamiento [desaβorða'mjento] *m* **1.** Überflutung; **2.** *(fig)* Überflügelung *f,* überschäumende Freude *f*
desabordar [desa'βorðar] *v* überlaufen, überfluten, überfließen
desabotonar [desaβo'tonar] *v* aufknöpfen
desabrido [desa'βriðo] *adj* fade
desabrochar [desaβro'tʃar] *v* abschnallen
desacatar [desaka'tar] *v* unehrenhaft behandeln, nicht achten, missachten
desacato [desa'kato] *m* Unehrerbietigkeit *f,* Nichtachtung *f,* Missachtung *f*
desacelerar [desaθele'rar] *v* verlangsamen
desacertar [desaθɛr'tar] *v irr* verfehlen
desacierto [desa'θjɛrto] *m* Missgriff *m*
desaconsejar [desakɔnsɛ'xar] *v ~ a alguien de algo* jdn von etw abraten
desacostumbrado [desakɔstum'braðo] *adj* ungewohnt
desacostumbrarse [desakɔstum'brarse] *v ~ de algo* sich etw abgewöhnen
desacreditado [desakreði'taðo] *adj* berüchtigt, verrufen
desacreditar [desakreði'tar] *v* diskreditieren
desacuerdo [desa'kwerðo] *m* Unstimmigkeit *f*
desafecto [desa'fekto] *adj* abgeneigt
desafiar [desa'fjar] *v* herausfordern
desafilado [desafi'laðo] *adj* stumpf
desafinación [desafina'θjɔn] *f MUS* Verstimmung *f*
desafinar [desafi'nar] *v* unrein klingen, falsch singen, verstimmt sein
desafío [desa'fio] *m* Herausforderung *f*
desaforar [desafo'rar] *v* gesetzwidrig handeln
desafortunado [desafɔrtu'naðo] *adj* unglücklich, erfolglos
desagradable [desaɣra'ðaβle] *adj* unangenehm, peinlich
desagradar [desaɣra'ðar] *v* missfallen; *Me desagrada que esté en mi casa.* Es gefällt mir nicht, dass er in meinem Haus ist.
desagradecido [desaɣraðe'θiðo] *adj* undankbar
desagrado [desa'ɣraðo] *m* Missfallen *n*
desaguar [desa'ɣwar] *v* ablaufen, entwässern, trockenlegen
desagüe [de'saɣwe] *m* Abfluss *m,* Ablauf *m*
desahogar [desao'ɣar] *v* jdn aus einer Notlage befreien, *(fig)* sich Luft machen
desahogarse [desao'ɣarse] *v* sich abreagieren, sich austoben
desahogo [desa'oɣo] *m* Erleichterung *f,* Linderung *f*
desahuciar [desau'θjar] *v* ärztlich aufgeben, jdn aus der Wohnung weisen, zwangsräumen
desahucio [desa'uθjo] *m* Zwangsräumung *f*
desairadamente [desaĭraða'mente] *adv* linkisch, herabsetzend, unhöflich
desairar [desaĭ'rar] *v* zurückweisen
desajustar [desaxus'tar] *v* in Unordnung bringen, eine Maschine verstellen, Fehleinstellung an einer Maschine vornehmen
desalentado [desalen'taðo] *adj* mutlos, kleinmütig

D

desalentador [desalenta'ðɔr] *adj* entmutigend
desalentar [desalen'tar] *v irr* entmutigen
desalentarse [desalen'tarse] *v irr* verzagen
desalmado [desal'maðo] *adj* herzlos
desalmar [desal'mar] *v* abschwächen, Kraft wegnehmen, beunruhigen
desalojar [desalɔ'xar] *v* ausquartieren, räumen
desamarrar [desama'rrar] *v* abwassern (Flugzeug), starten, losmachen (Anker)
desamor [desa'mɔr] *m* Lieblosigkeit *f*
desamoroso [desamo'roso] *adj* lieblos
desamparado [desampa'raðo] *adj* hilflos, schutzlos
desamparar [desampa'rar] *v* verlassen, schutzlos lassen, Besitz an etw aufgeben
desamparo [desam'paro] *m* Hilflosigkeit *f*
desangrar [desaŋ'grar] *v* ausbluten lassen, Blut abzapfen, *(fig)* jdn bluten lassen
desangrarse [desaŋ'grarse] *v MED* verbluten
desanimación [desanima'θjɔn] *f* **1.** Niedergeschlagenheit *f;* **2.** *ECO* Flaute *f*
desanimado [desani'maðo] *adj* lustlos
desanimar [desani'mar] *v* entmutigen, wanken
desanimarse [desani'marse] *v* verzagen
desapasionado [desapasjo'naðo] *adj* kühl, gelassen, unparteiisch
desaparecer [desapare'θɛr] *v irr* **1.** verschwinden, untertauchen; **2.** *(extinguirse)* aussterben
desaparecido [desapare'θiðo] *adj* **1.** verschollen, verschwunden; *m* **2.** Verschwundener *m*
desaparición [desapari'θjɔn] *f* Verschwinden *n; denunciar por ~* als vermisst melden
desapego [desa'peɣo] *m* Abneigung *f*
desaprender [desapren'dɛr] *v* verlernen
desaprobación [desaproβa'θjɔn] *f* Missbilligung *f,* Tadel *m*
desaprobado [desapro'βaðo] *adj* mangelhaft
desaprobar [desapro'βar] *v irr* missbilligen, tadeln
desaprovechar [desaproβe'tʃar] *v* versäumen
desarmable [desar'maβle] *adj* zerlegbar
desarmante [desar'mante] *adj* entwaffnend
desarmar [desar'mar] *v* **1.** *(desmontar)* abbauen, abmontieren, zerlegen; **2.** *MIL* entwaffnen, abrüsten
desarraigar [desarrai̯'ɣar] *v* **1.** *BOT* entwurzeln; **2.** *(fig)* ausrotten
desarreglado [desarre'ɣlaðo] *adj* unordentlich, liederlich, schlampig
desarrollar [desarrɔ'ʎar] *v* entwickeln, ausbauen
desarrollo [desa'rrɔʎo] *m* **1.** Entwicklung *f,* Verlauf *m,* Werdegang *m; ~ ECO* Entwicklungshilfe *f; países en vías de ~* Entwicklungsländer *pl*
desarropar [desarrɔ'par] *v* entkleiden, ausziehen
desaseado [desase'aðo] *adj* ungepflegt
desaseo [desa'seo] *m* Unsauberkeit *f,* Schlamperei *f*
desasir [desa'sir] *v irr* loslassen
desasosegado [desasose'ɣaðo] *adj* unruhig, ruhelos
desasosiego [desaso'sjeɣo] *m* Rastlosigkeit *f*
desastre [de'sastre] *m* Unheil *n,* Katastrophe *f*
desastroso [desas'troso] *adj* heillos, schrecklich
desatar [desa'tar] *v* losbinden, lösen
desatención [desaten'θjɔn] *f* Unaufmerksamkeit *f*
desatender [desaten'dɛr] *v* vernachlässigen
desatento [desa'tento] *adj* **1.** zerstreut, unachtsam; **2.** *(descortés)* unhöflich
desatinado [desati'naðo] *adj* unsinnig, abwegig
desatino [desa'tino] *m* Unsinn *m*
desautorizado [desau̯tori'θaðo] *adj* unbefugt
desavenencia [desaβe'nenθja] *f* Uneinigkeit *f,* Zerwürfnis *n,* Zwist *m*
desavenido [desaβe'niðo] *adj* uneinig
desayunar [desaju'nar] *v* frühstücken
desayuno [desa'juno] *m* Frühstück *n*

desazón [desa'θɔn] *m* Fadheit *f,* Verdruss *m, (fig)* Unbehagen *n*
desbaratarse [dezβara'tarse] *v (planes)* zerschlagen
desbocarse [dezβo'karse] *v (caballos)* scheuen
desbordarse [dezβɔr'ðarse] *v* **1.** überlaufen; **2.** *(agua)* austreten
descabelladamente [deskaβeʎaða'mente] *adj irr* unsinnig, verworren, *(fig)* liederlich
descabezar [deskaβe'θar] *v* köpfen
descalabro [deska'laβro] *m* Widerwärtigkeit *f,* Verlust *m,* Missgeschick *n*
descalcificar [deskalθifi'kar] *v* entkalken
descalificación [deskalifika'θjɔn] *f SPORT* Disqualifikation *f*
descalzo [des'kalθo] *adj* barfuß
descansar [deskan'sar] *v* sich erholen, ruhen, rasten
descanso [des'kanso] *m* Erholung *f,* Ruhe *f; ¿Cuándo es su día de ~?* Wann haben Sie Ruhetag? *~ de mediodía* Mittagspause *f; lugar de ~* Rastplatz *m*
descapotable [deskapo'taβle] *m* Kabriolett *n*
descarado [deska'raðo] *adj* schamlos, unverschämt
descarga [des'karɣa] *f* **1.** *~ de aguas residuales* Abwasserbeseitigung *f;* **2.** *~ eléctrica* Stromschlag *m;* **3.** *TECH* Entladung *f*
descargar [deskar'ɣar] *v* **1.** entladen, ausladen; **2.** *(fig)* abfeuern, ablassen; **3.** *~ en el mar* verklappen, versenken
descarnado [deskar'naðo] *adj* mager
descaro [des'karo] *m* Frechheit *f,* Unverfrorenheit *f,* Unverschämtheit *f*
descarrilar [deskarri'lar] *v* entgleisen
descartar [deskar'tar] *v* ausschließen
descascarar [deskaska'rar] *v* schälen
descendencia [desθen'denθja] *f* **1.** *(procedencia)* Abstammung *f;* **2.** *(familia)* Nachwuchs *m*
descender [desθen'dɛr] *v irr* **1.** hinuntersteigen, absteigen, herunterkommen; **2.** *(ser de) ~ de* abstammen von; **3.** *ir descendiendo* abklingen
descendiente [desθen'djente] *adj* **1.** abstammend; *m/f* **2.** Nachfahre/Nachfahrin *m/f*
descenso [des'θenso] *m* **1.** Abfall *m,* Absenkung *f,* Abstieg *m;* **2.** *~ de los precios ECO* Preisrückgang *m;* **3.** *SPORT* Abfahrt *f*
descentralizar [desθentrali'θar] *v* dezentralisieren
descifrar [desθi'frar] *v* enträtseln, entziffern
desclasificar [desklasifi'kar] *v* deklassieren
descolgar [deskɔl'ɣar] *v irr* **1.** abhängen; **2.** *(el auricular)* abheben
descolorar [deskolo'rar] *v* entfärben
descolorido [deskolo'riðo] *adj* blass
descomponer [deskɔmpo'nɛr] *v irr* **1.** zerlegen; **2.** *CHEM* abbauen
descomponerse [deskɔmpo'nerse] *v irr* verfaulen, vermodern, faulen
descompuesto [deskɔm'pwesto] *adj* faul
descomunal [deskomu'nal] *adv* ungeheuer, riesig, Mords…
desconcertado [deskɔnθɛr'taðo] *adj* ratlos, stutzig, verdutzt
desconcertar [deskɔnθɛr'tar] *v irr* verwirren, verblüffen
desconcierto [deskɔn'θjerto] *m* Fassungslosigkeit *f,* Verblüffung *f*
desconectar [deskɔnɛk'tar] *v* ausschalten
desconectarse [deskɔnɛk'tarse] *v ~ de los problemas (fig)* abschalten
desconfiado [deskɔm'fjaðo] *adj* argwöhnisch, misstrauisch
desconfiar [deskɔm'fjar] *v* **1.** zweifeln; **2.** *~ de* misstrauen; *Desconfío de él.* Ich misstraue ihm.
descongelar [deskɔŋxe'lar] *v* abtauen
desconocedor [deskonoθe'ðɔr] *adj* **1.** unwissend; **2.** *~ del mundo* weltfremd
desconocer [deskono'θɛr] *v irr* verkennen
desconocido [deskono'θiðo] *adj* **1.** fremd, unbekannt; *m* **2.** Fremder *m,* Unbekannter *m*
desconocimiento [deskonoθi'mjento] *m* Unkenntnis *f*
desconsiderado [deskonsiðe'raðo] *adj* rücksichtslos, schonungslos
desconsuelo [deskɔn'swelo] *m* Trostlosigkeit *f*

descontaminar [deskɔntami'nar] *v* entseuchen, dekontaminieren
descontar [deskɔn'tar] *v irr* **1.** abrechnen; **2.** ECO abziehen, diskontieren
descontento [deskɔn'tento] *m* **1.** Unzufriedenheit *f; adj* **2.** *~ de/~ con* unzufrieden mit

D

descortés [deskɔr'tes] *adj* unfreundlich, unhöflich, grob
descortesía [deskɔrte'sia] *f* Unhöflichkeit *f*
descoser [desko'sɛr] *v* auftrennen, lostrennen
descrédito [des'kreðito] *m* Misskredit *m,* Verruf *m*
describir [deskri'βir] *v irr* beschreiben, darstellen, schildern
descripción [deskriβ'θjɔn] *f* Beschreibung *f,* Darstellung *f,* Schilderung *f*
descuartizar [deskwarti'θar] *v (animales)* ausschlachten
descubierto [desku'βjɛrto] *adj* bloß, entblößt, offen gelegt
descubridor(a) [deskuβri'ðɔr/deskuβri'ðora] *m/f* Entdecker(in) *m/f*
descubrimiento [deskuβri'mjento] *m* Entdeckung *f,* Fund *m*
descubrir [desku'βrir] *v irr* **1.** *(encontrar)* entdecken, herausfinden, herausbekommen; **2.** *(destapar)* aufdecken; *~ las intenciones de* durchschauen; *~ el secreto* dahinterkommen
descuento [des'kwento] *m* **1.** Ermäßigung *f,* Nachlass *m; ~ para niños* Kinderermäßigung *f;* **2.** ECO Abzug *m*
descuidado [deskwi'ðaðo] *adj* achtlos, sorglos, fahrlässig, nachlässig
descuidar [deskwi'ðar] *v* vernachlässigen
descuido [des'kwiðo] *m* **1.** Vernachlässigung *f,* Sorglosigkeit *f;* **2.** *(imprudencia)* Achtlosigkeit *f,* Fahrlässigkeit *f*
desde ['dezðe] *prep* **1.** ab, seit, von; *~ hace* seit; *~ entonces* seitdem; *~ que* seit, seitdem; *~ hace una semana* seit einer Woche; **2.** *~ luego* freilich, selbstverständlich
desdecir [dezðe'θir] *v irr* widersprechen, in Widerspruch stehen mit, abweichen
desdén [dez'ðen] *m* Geringschätzung *f*
desdeñoso [dezðe'ɲoso] *adj* abfällig
desdicha [dez'ðitʃa] *f* Unglück *n*
desdoblar [dezðo'βlar] *v* ausbreiten, auseinanderfalten
deseable [dese'aβle] *adj* **1.** erstrebenswert; *adv* **2.** *(fig)* schmackhaft
deseado [dese'aðo] *adj* erwünscht
desear [dese'ar] *v* mögen, wollen, erwünschen, wünschen
desechable [dese'tʃaβle] *adj* Einweg...
desechar [dese'tʃar] *v* ausrangieren
desecho [de'setʃo] *m* **1.** Schutt *m,* Ausschuss *m;* **2.** *~s pl* Abfall *m,* Müll *m*
desembarcadero [desembarka'ðero] *m* Landungsplatz *m,* Landungsbrücke *f*
desembarcar [desembar'kar] *v* **1.** landen, an Land gehen; **2.** *(mercadería)* ausladen
desembarco [desem'barko] *m* Landung *f*
desembocar [desembo'kar] *v* münden
desembolso [desem'bɔlso] *m* Ausgabe *f,* Auslage *f*
desempacar [desempa'kar] *v* auspacken
desempate [desem'pate] *m* Unentschieden *n*
desempeñar [desempe'ɲar] *v* **1.** Pfand auslösen; **2.** *(administración)* bekleiden, versehen
desempleado [desemple'aðo] *adj* arbeitslos, erwerbslos
desempleo [desem'pleo] *m* Arbeitslosigkeit *f*
desempolvar [desempɔl'βar] *v* abstauben, entstauben
desencadenarse [deseŋkaðe'narse] *v* ausbrechen, losbrechen
desenfadado [desemfa'ðaðo] *adj* ausgelassen
desenfreno [desem'freno] *m* Zügellosigkeit *f,* Ungestüm *n*
desenganchar [deseŋgan'tʃar] *v* abhaken
desengañado [deseŋga'ɲaðo] *adj* enttäuscht, verbittert
desengañar [deseŋga'ɲar] *v* enttäuschen, ernüchtern
desengaño [deseŋ'gaɲo] *m* Enttäuschung *f,* Verbitterung *f,* Ernüchterung *f*
desengatillar [deseŋgati'ʎar] *v* ausrasten

desenmascarar [desenmaska'rar] *v* entlarven
desenterrar [desentɛ'rrar] *v irr* ausgraben, heben
desenvolver [desemβɔl'βɛr] *v irr* auspacken, auswickeln
desenvolvimiento [desemβɔlβi'mjento] *m* Entwicklung *f*, Entfaltung *f*
desenvuelto [desem'βwelto] *adj* ungezwungen, salopp
deseo [de'seo] *m* **1.** Wunsch *m*, Anliegen *n*, Lust *f*; **2.** ~s *pl* Gelüste *pl*
deseoso [dese'oso] *adj* begierig
desequilibrado [desekili'βraðo] *adj* unausgeglichen
desequilibrio [deseki'liβrjo] *m* Missverhältnis *n*, Unausgeglichenheit *f*
deserción [desɛr'θjɔn] *f MIL* Fahnenflucht *f*, Desertion *f*
desertar [desɛr'tar] *v MIL* desertieren, überlaufen
desesperación [desespera'θjɔn] *f* Hoffnungslosigkeit *f*, Verzweiflung *f*
desesperado [desespe'raðo] *adj* verzweifelt, hoffnungslos
desesperar [desespe'rar] *v* verzweifeln
desfalcar [desfal'kar] *v* veruntreuen
desfalco [des'falko] *m JUR* Unterschlagung *f*, Veruntreuung *f*
desfallecido [desfaʎe'θiðo] *adj* schwächlich
desfavorable [desfaβo'raβle] *adj* nachteilig, ungünstig
desfiguración [desfiɣura'θjɔn] *f* Unkenntlichkeit *f*
desfigurado [desfiɣu'raðo] *adj* entstellt, unkenntlich
desfigurar [desfiɣu'rar] *v* verunstalten
desfiladero [desfila'ðero] *m* Engpass *m*, Klause *f*, Schlucht *f*
desfile [des'file] *m* **1.** Umzug *m*, Zug *m*; *~ de carnaval* Karnevalszug *m*; **2.** *~ de modas* Modenschau *f*; **3.** *~ militar* Militärparade *f*
desflorar [desflo'rar] *v* entjungfern
desfogarse [desfo'ɣarse] *v* sich austoben
desganado [dezɣa'naðo] *adj* lustlos
desgarbado [dezɣar'βaðo] *adj* tölpelhaft, plump
desgastado [dezɣas'taðo] *adj* verlebt, abgenutzt, verschlissen
desgastar [dezɣas'tar] *v* abnutzen, verschleißen
desgaste [dez'ɣaste] *m* Abnutzung *f*, Verschleiß *m*
desglosar [dezɣlo'sar] *v* unterteilen
desglose [dez'ɣlose] *m* Unterteilung *f*
desgracia [dez'ɣraθja] *f* Unglück *n*, Ungnade *f*, Unheil *n*; *por ~* unglücklicherweise
desgraciadamente [dezɣraθjaða'mente] *adv* leider, unglücklicherweise
desgraciado [dezɣra'θjaðo] *m* **1.** Pechvogel *m*; **2.** unglücklich, tragisch
desguazar [dezɣwa'θar] *v* verschrotten
deshabitado [desaβi'taðo] *adj* unbewohnt
deshabituarse [desaβi'twarse] *v ~ de algo* sich etw abgewöhnen
deshacer [desa'θɛr] *v irr* **1.** auftrennen, auseinandernehmen, zerteilen; **2.** *(en un líquido)* verdünnen, auflösen; **3.** zerstören, kaputt machen
deshacerse [desa'θerse] *v irr* **1.** zergehen, zerrinnen; **2.** *~ de alguien* jdn abwimmeln
deshelar [dese'lar] *v irr* abtauen
desherbar [deser'βar] *v irr* jäten
desheredar [desere'ðar] *v* enterben
deshilachado [desila'tʃaðo] *adj* ausgefranst
deshincharse [desin'tʃarse] *v MED* abschwellen
deshollar [desɔ'ʎar] *v* häuten
deshollinador [desoʎina'ðɔr] *m* Kaminkehrer *m*, Schornsteinfeger *m*
deshonra [de'sɔnrra] *f (deshonor)* Schande *f*, Schandfleck *m*
deshonrado [desɔn'rraðo] *adj* ehrlos
deshonrar [desɔn'rrar] *v* herabsetzen, entehren
deshonroso [desɔn'rroso] *adj* schändlich
deshuesar [deswe'sar] *v* **1.** *(la carne)* Knochen auslösen; **2.** *(las frutas)* entkernen, entsteinen
desierto [de'sjɛrto] *m* **1.** Wüste *f*; *adj* **2.** öde, wüst
designación [desiɣna'θjɔn] *f* Bezeichnung *f*, Ernennung *f*
desigual [desi'ɣwal] *adj* uneben, ungleich
desigualdad [desiɣwal'ðað] *f* Unebenheit *f*, Ungleichheit *f*

desilusión [desilu'sjɔn] *f* Enttäuschung *f*
desilusionado [desilusjo'naðo] *adj* enttäuscht, verbittert
desilusionar [desilusjo'nar] *v* enttäuschen, ernüchtern
desinfectante [desimfɛk'tante] *m* *MED* Desinfektionsmittel *n*

D

desinfectar [desimfek'tar] *v* *MED* desinfizieren, entseuchen
desinflado [desim'flaðo] *adj* platt
desinflamar [desimfla'mar] *v* abschwellen lassen, abklingen lassen
desinflar [de'simflar] *v* die Luft herauslassen
desintegración [desinteɣra'θjɔn] *f* **1.** *CHEM* Abbau *m;* **2.** *PHYS* Spaltung *f*
desinterés [desinte'res] *m* Desinteresse *n*
desinteresado [desintere'saðo] *adj* **1.** uninteressiert; **2.** *(altruista)* selbstlos
desintoxicación [desintɔɣsika'θjɔn] *f* Entgiftung *f; cura de ~* Entziehungskur *f*
desistir [desis'tir] *v* **1.** aufgeben, zurücktreten; **2.** *hacer ~ a alguien de algo* jdn von etw abbringen
desleal [dezle'al] *adj* treulos
deslealtad [dezleal'tað] *f* Untreue *f,* Treulosigkeit *f,* Illoyalität *f*
desliar [dezli'ar] *v* abbinden
desligar [dezli'ɣar] *v* losbinden, lösen
desliz [dez'liθ] *m* Ausgleiten *n,* Ausrutschen *n, (fig)* Fehltritt *m*
deslizar [dezli'θar] *v* schieben, gleiten, (Wort) fallen lassen
deslizarse [dezli'θarse] *v* rutschen, gleiten
deslucido [dezlu'θiðo] *adj* schäbig
deslumbrado [dezlum'braðo] *adj* verblendet
deslumbrar [dezlum'brar] *v* blenden
deslustrado [dezlus'traðo] *adj* trüb, matt
desmán [dez'man] *m* Unglück *n,* Übergriff *m,* Gewaltstreich *m*
desmantelar [dezmante'lar] *v* demontieren, abbauen
desmaquillar [dezmaki'ʎar] *v* abschminken
desmayado [dezma'jaðo] *adj* besinnungslos, bewusstlos, ohnmächtig
desmayarse [dezma'jarse] *v* in Ohnmacht fallen, umkippen *(fam)*
desmedrar [dezme'ðrar] *v* verkümmern
desmejorar [dezmɛxo'rar] *v* verschlechtern, verschlimmern
desmentido [dezmen'tiðo] *m* Dementi *n,* Widerlegung *f*
desmentir [dezmen'tir] *v irr* widerrufen, dementieren
desmenuzar [dezmenu'θar] *v* **1.** zerkleinern, zerstückeln, zerlegen; **2.** *(fig: examinar detenidamente)* genau untersuchen, unter die Lupe nehmen
desmesura [dezme'sura] *f* Maßlosigkeit *f*
desmigajar [dezmiɣa'xar] *v* zerkrümeln, zerbröckeln
desmilitarizar [dezmilitari'θar] *v* *POL* entmilitarisieren
desmochar [dezmo'tʃar] *v* kappen
desmonetizar [dezmoneti'θar] *v (monedas)* *ECO* außer Kurs setzen
desmontable [dezmɔn'taβle] *adj* abnehmbar, zerlegbar
desmontaje [dezmɔn'taxe] *m* Abbau *m*
desmontar [dezmɔn'tar] *v* abbauen, abmontieren, demontieren
desmonte [dez'monte] *m* Planierung *f,* ausgehobene/abgetragene Erde *f,* Rodung *f*
desmoralización [dezmoraliθa'θjɔn] *f* Demoralisierung *f*
desmoralizado [dezmorali'θaðo] *adj* mutlos, mürbe
desmoralizar [dezmorali'θar] *v* demoralisieren, mutlos machen
desmoronamiento [dezmorona'mjento] *m* Einsturz *m,* Verfall *m,* Zusammenbruch *m*
desmoronarse [dezmoro'narse] *v* einstürzen, zerfallen, verfallen, abbröckeln
desnaturalizado [deznaturali'θaðo] *adj* unnatürlich
desnivel [dezni'βɛl] *m* Gefälle *n*
desnudar [deznu'ðar] *v* entkleiden, ausziehen
desnudarse [deznu'ðarse] *v* sich freimachen, sich ausziehen
desnudo [dez'nuðo] *adj* **1.** bloß, nackt; *m* **2.** *ART* Akt *m*
desnutrición [deznutri'θjɔn] *f* Unterernährung *f*

desobediencia [desoβe'ðjenθja] *f* Ungehorsam *m*
desobediente [desoβe'ðjente] *adj* unfolgsam, ungehorsam
desocupado [desoku'paðo] *adj* unbesetzt, frei
desocupar [desoku'par] *v* räumen, freimachen
desodorante [desoðo'rante] *m* Deodorant *n*
desolación [desola'θjɔn] *f* Verheerung *f,* Verwüstung *f*
desolado [deso'laðo] *adj* wüst
desolador [desola'ðor] *adj* trostlos
desolar [deso'lar] *v irr* veröden, verwüsten
desollar [deso'ʎar] *v irr* ausschlachten, schröpfen
desorden [des'ɔrðen] *m* Durcheinander *n,* Unordnung *f,* Schlamperei *f*
desordenado [desɔrðe'naðo] *adj* **1.** durcheinander, unaufgeräumt; **2.** *(persona)* unordentlich, schlampig, liederlich
despabilado [despaβi'laðo] *adj* munter
despachar [despa'tʃar] *v* **1.** bearbeiten, ausfertigen, abfertigen, abschicken; **2.** *(servir)* bedienen
despacho [des'patʃo] *m* **1.** *(oficina)* Büro *n,* Geschäftsstelle *f;* **2.** *(envío)* Absendung *f,* Abgabe *f,* Versendung *f,* Ausfertigung *f;* **3.** *~ aduanero* Zollabfertigung *f,* Abfertigung *f*
despacio [des'paθjo] *adv* **1.** langsam, gemächlich; *Por favor, hable ~.* Bitte sprechen Sie langsam. *adj* **2.** *(en tono bajo)* leise
desparramar [desparra'mar] *v* verstreuen
despectivo [despɛk'tiβo] *adj* abfällig, abschätzig, herabsetzend
despedazar [despeða'θar] *v* zerreißen
despedida [despe'ðiða] *f* Abschied *m*
despedir [despe'ðir] *v irr* **1.** verabschieden; **2.** *(del trabajo)* entlassen, kündigen; **3.** *(un aroma)* ausströmen
despedirse [despe'ðirse] *v irr* sich verabschieden
despegar [despe'ɣar] *v* abfliegen, abheben
despegue [des'peɣe] *m* Abflug *m,* Start *m*
despejado [despɛ'xaðo] *adj* klar, heiter, wolkenlos, klug
despejar [despɛ'xar] *v (de)* abräumen, frei machen
despellejar [despeʎɛ'xar] *v* häuten
despensa [des'pensa] *f* Speisekammer *f*
despeñarse [despe'ɲarse] *v* herabstürzen
despepitar [despepi'tar] *v* entkernen
desperdiciar [despɛrði'θjar] *v* vergeuden; *No me gusta ~ mi tiempo con tonterías.* Ich mag meine Zeit nicht mit Blödsinn vergeuden.
desperdicio [despɛr'ðiθjo] *m* Abfall *m,* Ausschuss *m; ~ de tiempo* Zeitverschwendung *f*
desperfecto [despɛr'fɛkto] *m* Mangel *m;* Fehler *m;* Schaden *m*
despertador [despɛrta'ðɔr] *m* Wecker *m*
despertar [despɛr'tar] *v irr* **1.** aufwecken; **2.** *(fig: animar)* ermuntern
despertarse [despɛr'tarse] *v irr* erwachen, aufwachen
despiadado [despja'ðaðo] *adj* erbarmungslos, mitleidslos, unbarmherzig
despido [des'piðo] *m* Entlassung *f,* Kündigung *f; ~ en masa* Massenentlassung *f*
despiece [des'pjɛθe] *m* Abbau *m*
despierto [des'pjɛrto] *adj* **1.** wach; **2.** *(fig: animado)* lebhaft, munter, wach
despilfarrar [despilfa'rrar] *v* verschwenden, verplempern
despilfarro [despil'farro] *m* Geldverschwendung *f,* Verschwendung *f*
despintar [despin'tar] *v* abschminken
despistado [despis'taðo] *adj* zerstreut
despistar [despis'tar] *v* irreführen
desplazar [despla'θar] *v* fortbewegen, verrücken, verlagern
desplegar [desple'ɣar] *v irr* ausbreiten
desplegarse [desple'ɣarse] *v irr* sich ausbreiten, sich entfalten
despliegue [des'pljeɣe] *m* Ausbreitung *f,* Entfaltung *f; ~ de fuerzas* Kraftaufwand *m*
desplomarse [desplo'marse] *v* umfallen, zusammenbrechen
desplome [des'plome] *m* Zusammenbruch *m*

D

D

desplumar [desplu'mar] *v* **1.** ausrupfen; **2.** *(fig: clavar) ~ a alguien* jdn ausnehmen
despoblado [despo'βlaðo] *adj* wüst
despojar [despɔ'xar] *v* bestehlen
desposada [despo'saða] *f (novia)* Braut *f*
desposado [despo'saðo] *m (novio)* Bräutigam *m; ~s* Brautpaar *n*
desposeimiento [desposeĭ'mjento] *m* *JUR* Aberkennung *f*
despotismo [despo'tizmo] *m* Herrschsucht *f*
despreciar [despre'θjar] *v* verachten
despreciativo [despreθja'tiβo] *adj* abfällig, abschätzig
desprecio [des'preθjo] *m* Verachtung *f*
desprender [despren'dɛr] *v* **1.** *(soltar)* ablösen; **2.** *(irradiar)* ausstrahlen
desprenderse [despren'dɛrse] *v (de)* sich abstoßen, sich losreißen
desprendido [despren'diðo] *adj* großzügig
desprendimiento [desprendi'mjento] *m* **1.** Ablösung *f,* Lösung *f;* **2.** *~ de piedras* Steinschlag *m; ~ de tierras* Erdrutsch *m*
despreocupación [despreokupa'θjɔn] *f* Sorglosigkeit *f*
desprevenido [despreβe'niðo] *adj* ahnungslos
desproporción [despropɔr'θjɔn] *f* Missverhältnis *n*
después [des'pwes] *adv* **1.** danach, dann, nachher; *un año ~* ein Jahr später, ein Jahr danach; *hasta ~* bis dann, bis gleich; *konj* **2.** *~ de que* nachdem, als, seit; *prep* **3.** *~ de* nach, hinter; *~ de un año* nach einem Jahr
despuntar [despun'tar] *v* abstumpfen
desquitarse [deski'tarse] *v ~ de* sich revanchieren
desquite [des'kite] *m* Revanche *f*
destacado [desta'kaðo] *adj* hervorragend
destacar [desta'kar] *v* betonen, hervorheben
destacarse [desta'karse] *v* sich abzeichnen, sich profilieren, sich hervorheben
destapar [desta'par] *v* aufdecken
destape [des'tape] *f* Enthüllung *f*
destartalado [destarta'laðo] *adj* klapperig
destechar [deste'tʃar] *v* abdecken
destellar [deste'ʎar] *v* blinken, glitzern
desteñir [deste'ɲir] *v irr* entfärben, abfärben
desternillarse [destɛrni'ʎarse] *v ~ de risa* sich kaputtlachen, sich schieflachen
desterrar [destɛ'rrar] *v irr* ausweisen, verweisen, verbannen
destierro [des'tjɛrro] *m* **1.** Ausweisung *f,* Verbannung *f;* **2.** *POL* Exil *n*
destilar [desti'lar] *v* destillieren, brennen
destinar [desti'nar] *v ~ a* bestimmen für, ausersehen für
destinatario [destina'tarjo] *m* Empfänger *m,* Adressat *m*
destino [des'tino] *m* **1.** Schicksal *n,* Los *n;* **2.** *lugar de ~* Ziel *n,* Bestimmungsort *m*
destitución [destitu'θjɔn] *f* **1.** Entlassung *f,* Amtsenthebung *f;* **2.** *POL* Entmachtung *f*
destituir [destitu'ir] *v irr (del cargo)* absetzen
destornillar [destɔrni'ʎar] *v TECH* abschrauben
destreza [des'treθa] *f* Geschicklichkeit *f; ~ manual* Fingerfertigkeit *f*
destripar [destri'par] *v* ausweiden (Wild), aufschlitzen (Bauch, Polster)
destrozar [destro'θar] *v* kaputtmachen, zerbrechen
destrozarse [destro'θarse] *v* kaputtgehen, zerbrechen
destrucción [destruɣ'θjɔn] *f* Vernichtung *f,* Zerstörung *f*
destructivo [destruk'tiβo] *adj* destruktiv, vernichtend
destruir [destru'ir] *v irr* vernichten, zerstören, vertilgen
desunido [desu'niðo] *adj* uneinig, zwiespältig
desunión [desu'njɔn] *f* Uneinigkeit *f*
desunir [desu'nir] *v* trennen
desvalijador [dezβalixa'ðɔr] *m* Einbrecher *m,* Plünderer *m*
desvalijar [dezβali'xar] *v* ausrauben
desvalorización [dezβaloriθa'θjɔn] *f* *ECO* Entwertung *f*
desván [dez'βan] *m* Dachboden *m*

desvelar [dezβe'lar] *v* wach halten
desventaja [dezβen'taxa] *f* Nachteil *m*, Handikap *n*
desventajoso [dezβenta'xoso] *adj* nachteilig, unvorteilhaft
desvergonzado [dezβerɣɔn'θaðo] *adj* schamlos, unverschämt
desvergüenza [dezβer'gwenθa] *f* Unverfrorenheit *f*, Unverschämtheit *f*
desvestir [dezβes'tir] *v irr* entkleiden, ausziehen
desvestirse [dezβes'tirse] *v irr* sich ausziehen, sich freimachen
desviación [dezβja'θjɔn] *f* Umleitung *f*
desviar [dezβi'ar] *v* **1.** umleiten, umlenken; **2.** *(fig: despistar)* ablenken, abwehren, irreführen
desviarse [dezβi'arse] *v* abweichen, ausweichen
desvío [dez'βio] *m* Umlenkung *f*
desvirtuar [dezβirtu'ar] *v (un argumento)* entkräften
detallado [deta'ʎaðo] *adj* ausführlich, detailliert, eingehend
detalle [de'taʎe] *m* **1.** Einzelheit *f*, Detail *n*; **2.** *(de cortesía)* Aufmerksamkeit *f*, nette Geste *f*
detención [deten'θjɔn] *f* Verhaftung *f*
detener [dete'nɛr] *v irr* **1.** anhalten, aufhalten; **2.** *(contrarrestar)* hemmen, zurückhalten; **3.** *(arrestar)* verhaften, festnehmen, inhaftieren
detenerse [dete'nɛrse] *v irr* anhalten, stoppen, Halt machen, innehalten
detenido [dete'niðo] *adj* **1.** verhaftet; *llevar ~ a alguien* jdn abführen; **2.** *(carácter)* zurückhaltend; *m* **3.** Verhafteter *m*, Gefangener *m*
detergente [detɛr'xente] *m* Waschmittel *n*, Putzmittel *n*, Reinigungsmittel *n*
deteriorado [deterjo'raðo] *adj* schadhaft, beschädigt, heruntergekommen
deteriorar [deterjo'rar] *v* beschädigen, lädieren, ramponieren, verderben
deterioro [dete'rjɔro] *m* Beschädigung *f*, Beeinträchtigung *f*, Verschlechterung *f*
determinación [determina'θjɔn] *f* **1.** Festlegung *f*, Bestimmung *f*; **2.** *(decisión)* Entscheidung *f*, Entschluss *m*
determinado [determi'naðo] *adj* entschlossen
determinante [determi'nante] *adj* entscheidend, maßgebend
determinar [determi'nar] *v* entscheiden
detestar [detes'tar] *v* verabscheuen
detrás [de'tras] *adv* **1.** dahinter, hinten; **2.** *(siguiendo a alguien)* hinterher; *prep* **3.** *~ de* hinter
detrimento [detri'mento] *m* Beeinträchtigung *f*
deuda ['deŭða] *f* **1.** ECO Schuld *f*; *~ activa* Forderung *f*; **2.** *~s pl* ECO Schulden *pl*
deudos ['deŭðos] *m/pl* Hinterbliebene *pl*
devaluar [deβa'lwar] *v* FIN abwerten
devastación [deβasta'θjɔn] *f* Verheerung *f*, Verwüstung *f*, Zerstörung *f*
devastador [deβasta'ðɔr] *adj* verheerend
devastar [deβas'tar] *v* zerstören, veröden, verwüsten
devoción [deβo'θjɔn] *f* REL Andacht *f*, Frömmigkeit *f*
devocionario [deβoθjo'narjo] *m* REL Gebetbuch *n*
devolución [deβolu'θjɔn] *f* Rückgabe *f*, Rückerstattung *f*
devolver [deβɔl'βɛr] *v irr* **1.** wiedergeben, zurückgeben, zurückbringen; **2.** *(enviar de vuelta)* zurücksenden; **3.** *(desquitarse)* vergelten; *~ con creces* heimzahlen
devorar [deβo'rar] *v (animal)* fressen, verschlingen
devoto [de'βoto] *adj* REL andächtig, fromm
día ['dia] *m* **1.** Tag *m*; *otro ~* ein andermal; *todos los ~s* täglich; *¡Buenos ~s!* Guten Tag! Guten Morgen! *¡Que pase un buen ~!* Noch einen schönen Tag! **2.** *~ de descanso* Ruhetag *m*; *~ de la madre* Muttertag *m*; *~ festivo* Feiertag *m*; **3.** *~ de entrega* ECO Liefertermin *m*
diabetes [dja'βetes] *f* MED Diabetes *m*, Zuckerkrankheit *f*
diablo [di'aβlo] *m* Teufel *m*
diablura [dja'βlura] *f* Teufelei *f*, Streich *m*
diabólico [dja'βoliko] *adj* teuflisch
diaconato [djako'nato] *m* REL Diakonie *f*
diadema [dja'ðema] *f* Diadem *n*

diáfano [di'afano] *adj* **1.** durchscheinend, durchlässig, durchsichtig; **2.** *(fig)* offenherzig
diafragma [dja'fraɣma] *m* **1.** ANAT Zwerchfell *n;* **2.** FOTO Blende *f*
diagnosis [djaɣ'nɔsis] *f* Diagnostik *f*
diagnosticar [djaɣnɔsti'kar] *v* MED diagnostizieren
diagonal [djaɣo'nal] *f* **1.** Diagonale *f; adj* **2.** diagonal
diagrama [dja'ɣrama] *m* **1.** Diagramm *n;* **2.** *~ de circuito* TECH Schaltbild *n*
dialecto [dja'lɛkto] *m* Dialekt *m*
diálisis ['djalisis] *f* MED Dialyse *f*
diálogo [di'aloɣo] *m* Dialog *m,* Gespräch *n*
diamante [dja'mante] *m* **1.** MIN Diamant *m;* **2.** *(brillante)* Brillant *m*
diámetro [di'ametro] *m* Durchmesser *m*
diapositiva [djaposi'tiβa] *f* **1.** Lichtbild *n,* Dia *n;* **2.** FOTO Dia *n*
diariamente [djarja'mente] *adv* täglich
diario ['djarjo] *adj* **1.** täglich, alltäglich; *m* **2.** *(publicación)* Zeitung *f,* Tageszeitung *f;* **3.** *(personal)* Tagebuch *n*
diarrea [dja'rrea] *f* MED Durchfall *m*
dibujante [diβu'xante] *m ~ publicitario* Grafiker *m*
dibujar [diβu'xar] *v* **1.** zeichnen, aufzeichnen; **2.** *(copiar)* abzeichnen
dibujo [di'βuxo] *m* **1.** Zeichnung *f,* Abbildung *f,* Aufzeichnung *f;* **2.** *~s animados pl* CINE Zeichentrickfilm *m,* Trickfilm *m*
diccionario [diɣθjo'narjo] *m* Lexikon *n,* Wörterbuch *n; ser un ~ (fig)* ein wandelndes Lexikon sein
dicha ['ditʃa] *f* Glück *n,* Seligkeit *f; por ~* zum Glück
dicho ['ditʃo] *m* Ausdruck *m,* Sinnspruch *m,* Sentenz *f*
dichoso [di'tʃoso] *adj* **1.** selig; *(maldito)* verdammt
diciembre [di'θjembre] *m* Dezember *m*
dictado [dik'taðo] *m* Diktat *n*
dictador [dikta'ðɔr] *m* POL Diktator *m*
dictadura [dikta'ðura] *f* POL Diktatur *f*
dictáfono [dik'tafono] *m* Diktafon *n*
dictamen [dik'tamen] *m* **1.** Beurteilung *f,* Gutachten *n; emitir un ~* ein Gutachten erstellen; **2.** *~ equivocado* Fehlentscheidung *f*
dictaminar [diktami'nar] *v* testen, untersuchen; *~ sobre* begutachten
dictar [dik'tar] *v* **1.** diktieren; **2.** *(ley)* JUR erlassen; **3.** *(una sentencia)* JUR fällen
dictatorial [diktato'rjal] *adj* POL diktatorisch
diente ['djente] *m* **1.** ANAT Zahn *m; ~ de leche* Milchzahn *m;* **2.** *~ artificial* MED Zahnersatz *m;* **3.** *(punta)* Zacke *f;* **4.** *~ de león* BOT Butterblume *f,* Löwenzahn *m*
diestra ['djestra] *f* rechte Hand *f,* Rechte *f*
diestro ['djestro] *m* **1.** Rechtshänder *m; adj* **2.** geschickt
dieta ['djeta] *f* **1.** Diät *f,* Abmagerungskur *f; estar a ~* Diät halten; **2.** *~s pl* POL Diäten *pl;* **3.** *~s (de viaje)* Reisespesen *pl*
diez [djeθ] *num* zehn
diezmar [djeθ'mar] *v* dezimieren
difamación [difama'θjɔn] *f* Nachrede *f,* Verleumdung *f*
difamar [difa'mar] *v* **1.** verleumden; **2.** *~ a alguien* über jdn lästern
difamatorio [difama'torjo] *adj* ehrenrührig
diferencia [dife'renθja] *f* **1.** Unterschied *m,* Abweichung *f;* **2.** ECO Saldo *m*
diferenciación [diferenθja'θjɔn] *f* Differenzierung *f*
diferencial [diferen'θjal] *m* **1.** *(cantidad)* MATH Differenzial *n;* **2.** TECH Differenzial *n*
diferenciar [diferen'θjar] *v* **1.** differenzieren, unterscheiden; **2.** *~ entre* unterscheiden zwischen, auseinander halten
diferente [dife'rente] *adj* andere(r,s), unterschiedlich, verschieden
diferir [dife'rir] *v* hinausschieben, verschieben, abweichen, differieren
difícil [di'fiθil] *adj* kompliziert, schwierig, schwer
difícilmente [difiθil'mente] *adv* schwer, schwerlich, kaum
dificultad [difikul'tað] *f* Schwierigkeit *f,* Behinderung *f,* Erschwernis *f; poner ~es a alguien* es jdm schwer machen
dificultar [difikul'tar] *v* behindern, erschweren
difteria [dif'terja] *f* MED Diphtherie *f*
difundir [difun'dir] *v* verbreiten

difunto [di'funto] *m* **1.** Toter *m*, Verstorbener *m*; *adj* **2.** tot
difusión [difu'sjɔn] *f* Verbreitung *f*
digerible [dixe'riβle] *adj* verdaulich, verträglich
digerir [dixe'rir] *v irr* verdauen
digestión [dixes'tjɔn] *f* Verdauung *f*
digital [dixi'tal] *adj* digital
dignidad [diɣni'ðað] *f* Würde *f*; ~ *humana* Menschenwürde *f*
digno ['diɣno] *adj* ~ *de* wert, würdig, ehrenwert; ~ *de admiración* bewundernswert; ~ *de alabanza* lobenswert; ~ *de confianza* vertrauenswürdig, verlässlich; ~ *de crédito* glaubwürdig; ~ *de lástima* bedauernswert; ~ *de mención* nennenswert; ~ *de ser amado* liebenswert; ~ *de verse* sehenswert
dije ['dixe] *m* Anhänger *m*
dilatable [dila'taβle] *adj* ausdehnbar, ausweitbar, bekanntmachbar
dilatación [dilata'θjɔn] *f* Ausdehnung *f*, Erweiterung *f*
dilatar [dila'tar] *v* erweitern, anschwellen, ausdehnen
dilema [di'lema] *m* Dilemma *n*, Zwickmühle *f*
diletante [dile'tante] *m/f* **1.** Dilettant(in) *m/f*; *adj* **2.** dilettantisch
diligencia [dili'xenθja] *f* **1.** Fleiß *m*; **2.** ~*s de prueba pl JUR* Beweisaufnahme *f*
diligente [dili'xente] *adj* eifrig, fleißig, geschäftig
dilucidar [diluθi'ðar] *v* aufklären, verdeutlichen
dilución [dilu'θjɔn] *f* Verdünnung *f*
diluir [dilu'ir] *v irr* auflösen, verdünnen
diluvio [di'luβjo] *m REL* Sintflut *f*
dimensión [dimen'sjɔn] *f* Ausmaß *n*, Dimension *f*, Umfang *m*
diminuto [dimi'nuto] *adj* winzig
dimisión [dimi'sjɔn] *f* **1.** Rücktritt *m*; **2.** *POL* Abdankung *f*
dimitir [dimi'tir] *v* **1.** zurücktreten; ~ *un cargo* ein Amt niederlegen, ein Amt aufgeben; **2.** *POL* abdanken
Dinamarca [dina'marka] *f GEO* Dänemark *n*
dinámica [di'namika] *f* Dynamik *f*
dinámico [di'namiko] *adj* dynamisch
dinamismo [dina'mizmo] *m* Tatendrang *m*
dinamita [dina'mita] *f* Dynamit *n*
dínamo ['dinamo] *m TECH* Dynamo *m*
dinastía [dinas'tia] *f* Dynastie *f*, Herrschergeschlecht *n*
dinero [di'nero] *m* Geld *n*; ~ *en efectivo* Bargeld *n*
diócesis ['djoθesis] *f REL* Diözese *f*
Dios [djɔs] *m REL* Gott *m*; *¡Gracias a ~!* Gott sei Dank!/Gottlob!
diosa ['djɔsa] *f* Göttin *f*
dióxido [di'ɔɣsiðo] *m* **1.** ~ *de carbono CHEM* Kohlendioxyd *n*; **2.** ~ *de sulfuro CHEM* Schwefeldioxyd *n*
dioxina [djɔɣ'sina] *f CHEM* Dioxin *n*
diploma [di'ploma] *m* Diplom *n*; ~ *de honor* Ehrenurkunde *f*
diplomacia [diplo'maθja] *f POL* Diplomatie *f*
diputado [dipu'taðo] *m POL* Abgeordneter *m*
dique ['dike] *m* Deich *m*, Dock *n*, Damm *m*; *poner* ~ eindämmen
dirección [dirɛɣ'θjɔn] *f* **1.** *(orientación)* Richtung *f*, Fahrtrichtung *f*; **2.** *calle de ~ única* Einbahnstraße *f*; **3.** *(residencia)* Adresse *f*, Anschrift *f*; **4.** *(mando)* Führung *f*, Leitung *f*, Direktion *f*; **5.** *ECO* Geschäftsleitung *f*; **6.** *(guía)* Anleitung *f*
directamente [dirɛkta'mente] *adv* **1.** direkt, geradewegs, geradezu; **2.** *(sin intermediarios)* unvermittelt
directivo [dirɛk'tiβo] *adj* leitend, anführend
directo [di'rɛkto] *adj* direkt, unvermittelt
director(a) [dirɛk'tɔr/dirɛk'tora] *m/f* **1.** Direktor(in) *m/f*, Leiter(in) *m/f*, Führer(in) *m/f*; **2.** ~ *de grabación* Aufnahmeleiter(in) *m/f*; **3.** ~ *del banco FIN* Bankdirektor(in) *m/f*; **4.** ~ *de una empresa ECO* Manager(in) *m/f*; **5.** ~ *general* Generaldirektor(in) *m/f*; **6.** ~ *de coro MUS* Chorleiter(in) *m/f*; ~ *de orquesta MUS* Dirigent(in) *m/f*; **7.** *CINE* Regisseur(in) *m/f*; ~ *artístico THEAT* Dramaturg(in) *m/f*; ~ *de un teatro* Intendant(in) *m/f*
dirigente [diri'xente] *m* **1.** Machthaber *m*, Anführer *m*; *adj* **2.** leitend
dirigir [diri'xir] *v* **1.** führen, lenken, leiten; **2.** ~ *la palabra* ansprechen; **3.** *(fig)* leiten, führen

D

dirigirse [diri'xirse] *v* ~ *a alguien* sich an jdn wenden
dirimir [diri'mir] *v* austragen, beilegen
discernimiento [disθɛrni'mjento] *m* Urteilsvermögen *n*
discernir [disθɛr'nir] *v irr* unterscheiden
disciplina [disθi'plina] *f* **1.** *(materia)* Fach *n;* **2.** *(educación)* Disziplin *f,* Zucht *f*
discípulo [dis'θipulo] *m REL* Jünger *m*
disco ['disko] *m* **1.** Schallplatte *f; poner un ~* eine Platte auflegen; **2.** *~ duro/~ fijo INFORM* Festplatte *f; ~ compacto* CD *f;* **3.** *MATH* Scheibe *f;* **4.** *~ de freno TECH* Bremsscheibe *f;* **5.** *~ intervertebral ANAT* Bandscheibe *f*
disconformidad [diskɔnfɔrmi'ðað] *f* Unstimmigkeit *f*
discordancia [diskɔr'ðanθja] *f* Disharmonie *f*
discordia [dis'kɔrðja] *f* Zwietracht *f,* Zerrissenheit *f,* Zwist *m*
discoteca [disko'teka] *f* Diskothek *f*
discreción [diskre'θjɔn] *f* Verschwiegenheit *f,* Diskretion *f,* Reserve *f; ~ profesional* Schweigepflicht *f*
discrepancia [diskre'panθja] *f* Diskrepanz *f,* Meinungsverschiedenheit *f*
discrepante [diskre'pante] *adj* andersgläubig, zwiespältig
discreto [dis'kreto] *adj* unaufdringlich, diskret
discriminación [diskrimina'θjɔn] *f* Diskriminierung *f*
discriminar [diskrimi'nar] *v* benachteiligen, diskriminieren
disculpar [diskul'par] *v* entschuldigen, verzeihen
disculparse [diskul'parse] *v ~ por* sich entschuldigen für
discurso [dis'kurso] *m* Rede *f,* Ansprache *f*
discusión [disku'sjɔn] *f* **1.** Auseinandersetzung *f,* Debatte *f,* Streitgespräch *n;* **2.** *(argumento)* Aussprache *f,* Besprechung *f,* Diskussion *f*
discutible [disku'tiβle] *adj* zweifelhaft
discutido [disku'tiðo] *adj* umstritten
discutir [disku'tir] *v* diskutieren, debattieren; *~ con* besprechen mit; *~ sobre* sich auseinandersetzen mit, diskutieren über
diseminado [disemi'naðo] *adj* zerstreut
diseminar [disemi'nar] *v* verstreuen, streuen
disensión [disen'sjɔn] *f* Zerwürfnis *n*
diseñador(a) [diseɲa'ðɔr/diseɲa'ðora)] *m/f* Designer(in) *m/f; de modas* Modezeichner(in) *m/f*
diseñar [dise'ɲar] *v* entwerfen
diseño [di'seɲo] *m* Entwurf *m,* Muster *n*
disertación [disɛrta'θjɔn] *f* Aufsatz *m*
disertar [disɛr'tar] *v ~ sobre* abhandeln
disformidad [disfor'miðað] *f* Unförmigkeit *f,* Hässlichkeit *f*
disfraz [dis'fraθ] *m* Kostüm *n,* Verkleidung *f*
disfrazarse [disfra'θarse] *v* sich maskieren, sich verkleiden
disfrutar [disfru'tar] *v* genießen
disgustado [dizɣus'taðo] *adj* böse, ungehalten, verärgert
disgustar [dizɣus'tar] *v* verärgern, missfallen
disgusto [diz'ɣusto] *m* Missfallen *n,* Verdruss *m*
disidente [disi'ðente] *m/f* **1.** *POL* Dissident(in) *m/f; adj* **2.** andersgläubig
disimulación [disimula'θjɔn] *f* Verheimlichung *f,* Verhehlen *n,* Dissimulation *f*
disimulado [disimu'laðo] *adj* verstohlen
disimular [disimu'lar] *v* **1.** *(ocultar)* kaschieren, tarnen, verhehlen; **2.** *(con engaño)* vertuschen, überspielen, verstellen
disipar [disi'par] *v (las dudas)* beseitigen
dislocarse [dizlo'karse] *v ~ algo MED* sich etw verstauchen, sich etw ausrenken
disminución [dizminu'θjɔn] *f* **1.** Abbau *m,* Abnahme *f,* Rückgang *m;* **2.** *(aminoración)* Verminderung *f,* Dämpfung *f,* Verringerung *f;* **3.** *~ de los precios* Preisrückgang *m;* **4.** *MED* Behinderung *f*
disminuido [dizminu'iðo] *m MED* Behinderter *m; ~ físico* Körperbehinderter *m*
disminuir [dizminu'ir] *v irr* **1.** herabsetzen, abbauen, verringern; **2.** *(mermar)*

vermindern, vergehen, dämpfen; **3.** *(recortar)* kürzen; **4.** *(rebajar)* ermäßigen; **5.** *(encoger)* schrumpfen
disnea [diz'nea] *f* MED Atemnot *f*
disolución [disolu'θjɔn] *f* **1.** Verdünnung *f;* **2.** CHEM Lösung *f*
disoluto [diso'luto] *adj* ausschweifend
disolvente [disɔl'βente] *m* Verdünnungsmittel *n*
disolver [disɔl'βɛr] *v irr* auflösen, verdünnen
disonancia [diso'nanθja] *f* **1.** Disharmonie *f,* Missklang *m;* **2.** *(desacuerdo)* Zwiespalt *m*
disonante [diso'nante] *adj* zwiespältig
disparar [dispa'rar] *v* abschießen, abfeuern
disparate [dispa'rate] *m* Unsinn *m*
disparo [dis'paro] *m* Schuss *m*
dispensa [dis'pensa] *f* Entbindung *f,* Befreiung *f*
dispensar [dispen'sar] *v irr* **1.** *~ aplauso* applaudieren; **2.** *(perdonar)* verzeihen, entschuldigen; *~ de algo* einer Sache entheben; **3.** *(librar)* entbinden, erlassen
dispensario [dispen'sarjo] *m* MED Ambulanz *f*
dispersar [dispɛr'sar] *v* **1.** verstreuen, zerstreuen; **2.** PHYS streuen
disperso [dis'pɛrso] *adj* zerstreut
disponer [dispo'nɛr] *v irr* **1.** herrichten, disponieren, anordnen; *¡Disponga esto!* Veranlassen Sie das! *~ de otro modo* umdisponieren, umstellen, umplanen; **2.** *(preparar)* zurechtmachen, bereitstellen; **3.** *(fig: poseer) ~ de* verfügen über
disponibilidad [disponiβili'ðað] *f* Verfügbarkeit *f*
disponible [dispo'niβle] *adj* **1.** *(en el almacén)* vorhanden, lieferbar, vorrätig; **2.** *(listo para uso)* einsatzbereit, abkömmlich
disposición [disposi'θjɔn] *f* **1.** Verfassung *f,* Anordnung *f,* Bestimmung *f;* **2.** *(composición)* Aufbau *m,* Gliederung *f;* **3.** *(estar dispuesto a algo)* Bereitschaft *f; ~ a transigir* Kompromissbereitschaft *f;* **4.** JUR Verfügung *f*
dispositivo [disposi'tiβo] *m* **1.** Vorrichtung *f;* **2.** *~ de seguridad* TECH Sicherung *f*
dispuesto [dis'pwesto] *adj ~ a* bereit zu; *~ a ayudar* hilfsbereit; *~ a servir* dienstbereit
disputa [dis'puta] *f* **1.** Streitgespräch *n,* Auseinandersetzung *f;* **2.** *(riña)* Gezanke *n,* Zank *m,* Krach *m*
disputable [dispu'taβle] *adj* anfechtbar
disputar [dispu'tar] *v* **1.** bestreiten, streitig machen, streiten; **2.** SPORT austragen
distancia [dis'tanθja] *f* Abstand *m,* Entfernung *f; ¿Qué ~ hay a Madrid?* Wie weit ist es nach Madrid?
distanciar [distan'θjar] *v* entfernen, trennen
distanciarse [distan'θjarse] *v ~ de* sich distanzieren von
distante [dis'tante] *adj* **1.** entfernt, fern; **2.** *(fig)* zurückhaltend, reserviert
distensión [disten'sjɔn] *f* **1.** POL Entspannung *f;* **2.** MED Zerrung *f*
distinción [distin'θjɔn] *f* Unterschied *m*
distinguido [distiŋ'giðo] *adj* vornehm, fein
distinguir [distiŋ'gir] *v* unterscheiden
distinguirse [distiŋ'girse] *v* **1.** sich auszeichnen, sich hervortun; **2.** *(diferenciarse)* sich unterscheiden
distintivo [distin'tiβo] *m* Merkmal *n,* Kennzeichen *n; ~ ecológico m* Umweltplakette *f*
distinto [dis'tinto] *adj* unterschiedlich, andersartig; *~ de* verschieden von
distracción [distraɣ'θjɔn] *f* **1.** *(entretenimiento)* Unterhaltung *f,* Abwechslung *f;* **2.** *(sin concentración)* Unachtsamkeit *f,* Unaufmerksamkeit *f,* Zerstreuung *f*
distraer [distra'ɛr] *v irr* zerstreuen
distraerse [distra'ɛrse] *v irr* **1.** sich vergnügen; **2.** *(estar despistado)* nicht aufpassen
distraído [distra'iðo] *adj* geistesabwesend, schusselig, unachtsam
distribución [distriβu'θjɔn] *f* **1.** Aufteilung *f,* Verteilung *f;* **2.** ECO Vertrieb *m*
distribuidor [distriβwi'ðɔr] *m* Verteiler *m; ~ automático* Automat *m*
distribuir [distriβu'ir] *v irr* **1.** austeilen, verteilen; **2.** *(repartir)* verteilen, austragen
distrito [dis'trito] *m* Bezirk *m,* Kreis *m; ~ electoral* Wahlkreis *m; ~ rural* Landkreis *m*

disturbio [dis'turβjo] *m* Ausschreitung *f*
disuadir [diswa'ðir] *v* abraten, ausreden; *~ a alguien de algo* jdm von etw abraten, jdm etw ausreden; *Carmen disuade a su marido de su propósito.* Carmen bringt ihren Mann von seinem Vorhaben ab.
disuasión [diswa'sjɔn] *f* Abschreckung *f*
disyunción [disjun'θjɔn] *f* Trennung *f*
diurno ['djurno] *adj* täglich
diván [di'βan] *m* Liege *f*
divergencia [diβεr'xenθja] *f* Abweichung *f*, Gegensätzlichkeit *f*
diversidad [diβεrsi'ðað] *f* Verschiedenheit *f*, Vielfalt *f*
diversión [diβεr'sjɔn] *f* **1.** *(animación)* Aufheiterung *f*, Erheiterung *f*; **2.** *(entretenimiento)* Unterhaltung *f*, Abwechslung *f*
diverso [di'βεrso] *adj* **1.** ungleich, anders, verschieden; **2.** *~s* manche, verschiedene, mehrere
divertido [diβεr'tiðo] *adj* köstlich, amüsant, spaßig
divertir [diβεr'tir] *v irr* aufheitern, belustigen, unterhalten
divertirse [diβεr'tirse] *v irr* sich amüsieren, sich unterhalten; *¡Que te diviertas!* Viel Vergnügen!
dividir [diβi'ðir] *v* **1.** einteilen, zerteilen, teilen, spalten; **2.** *MATH* dividieren; *Nueve dividido entre nueve es igual a uno.* Neun geteilt durch neun ist eins.
divinidad [diβini'ðað] *f* Göttlichkeit *f*, Gottheit *f*, *(fig)* göttliche Schönheit *f*
divinizar [diβini'θar] *v* vergöttern
divino [di'βino] *adj REL* göttlich
divisa [di'βisa] *f* **1.** *(lema)* Wahlspruch *m*, Devise *f*; **2.** *~s pl FIN* Devisen *pl*
divisar [diβi'sar] *v* erblicken, in der Ferne ausmachen, noch sehen können
divisible [diβi'siβle] *adj ~ por* teilbar durch
división [diβi'sjɔn] *f* **1.** Einteilung *f*, Spaltung *f*, Teilung *f*; **2.** *~ de poderes POL* Gewaltenteilung *f*; **3.** *MATH* Division *f*
divorciado [diβɔr'θjaðo] *adj* geschieden
divorciar [diβɔr'θjar] *v* eine Ehe scheiden, (eng Zusammengehöriges) trennen
divorciarse [diβɔr'θjarse] *v* sich scheiden lassen
divulgación [diβulɣa'θjɔn] *f* Verbreitung *f*
divulgador [diβulɣa'ðɔr] *m* Verbreiter *m*, Bekanntmacher *f*
divulgar [diβul'ɣar] *v* verbreiten, ausplaudern, weitersagen
divulgarse [diβul'ɣarse] *v* sich herumsprechen
dobladillo [doβla'ðiʎo] *m* Saum *m*
doblado [do'βlaðo] *adj* uneben, gefalzt
dobladura [doβla'ðura] *f* Falzung *f*, Verdoppelung *f*, Faltenbruch *m*
doblar [do'βlar] *v* **1.** falten, umknicken, knicken; **2.** *(circulación)* abbiegen; **3.** *(un músculo)* beugen; **4.** *(duplicar)* verdoppeln; **5.** *CINE* synchronisieren
doblarse [do'βlarse] *v* krümmen
doble ['doβle] *m* **1.** Doppel *n*; *¿Jugamos un partido ~?* Spielen wir ein Doppel? **2.** *(persona muy semejante)* Doppelgänger *m*; *adj* **3.** doppelt, zweifach; **4.** *(fig: falso)* doppelzüngig
doblegable [doβle'ɣaβle] *adj* biegsam
doblegar [doβle'ɣar] *v* **1.** *(arquear)* biegen; **2.** *(dominar)* überwältigen
doblegarse [doβle'ɣarse] *v* sich beugen
doblete [do'βlete] *m* Dublette *f*, Edelsteinimitation *f*, Doublé (Billard) *n*
doblez [do'βleθ] *m* Knick *m*
doce ['doθe] *num* zwölf
docena [do'θena] *f* Dutzend *n*
dócil ['doθil] *adj* **1.** *(animal)* gehorsam, folgsam; **2.** *(que cede)* nachgiebig
docilidad [doθili'ðað] *f* Nachgiebigkeit *f*
docto ['dɔkto] *adj* gelehrt
doctor(a) [dɔk'tɔr/dɔk'tora] *m/f* Doktor(in) *m/f*, Arzt/Ärztin *m/f*
doctorado [dɔkto'raðo] *m* Promotion *f*
doctorarse [dɔkto'rarse] *v* promovieren
doctrina [dɔk'trina] *f* Lehre *f*
documentación [dokumenta'θjɔn] *f* **1.** *JUR* Beurkundung *f*; **2.** *(carnet, pasaporte)* Ausweispapiere *pl*; **3.** *~ del automóvil* Fahrzeugbrief *m*, Fahrzeugschein *m*

documentado [dokumen'taðo] *adj* JUR urkundlich, belegt
documental [dokumen'tal] *m* 1. CINE Dokumentarfilm *m; adj* 2. JUR dokumentarisch, urkundlich
documentar [dokumen'tar] *v* 1. dokumentieren; 2. JUR belegen, beurkunden
documento [doku'mento] *m* 1. Urkunde *f*, Dokument *n*, Unterlage *f*; *a base de ~s* urkundlich; 2. *~ de identidad* Personalausweis *m*; 3. *~s de despido pl* Entlassungspapiere *pl*
dogma ['dɔɣma] *m* Dogma *n*, Lehre *f*
dogmático [dɔɣ'matiko] *adj* dogmatisch
dólar ['dolar] *m* Dollar *m*
dolencia [do'lenθja] *f* MED Leiden *n*
doler [do'lɛr] *v irr* schmerzen, wehtun
Dolomitas [dolo'mitas] *f/pl* GEO Dolomiten *pl*
dolor [do'lɔr] *m* MED Schmerz *m*; *sin ~* schmerzfrei; *Tengo ~es de espalda.* Ich habe Rückenschmerzen. *~ de cabeza* Kopfschmerzen *pl*; *~es de garganta* Halsschmerzen *pl*
dolorido [dolo'riðo] *adj* traurig, betrübt
doloroso [dolo'roso] *adj* schmerzhaft
domador(a) [doma'ðɔr/doma'ðora] *m/f* Dompteur(in) *m/f*
domar [do'mar] *v* bändigen, bezähmen
domesticar [domesti'kar] *v* zähmen
doméstico [do'mestiko] *adj (casero)* hausgemacht, häuslich, Haus… *animal ~* Haustier *n*
domiciliado [domiθi'ljaðo] *adv* ansässig
domiciliar [domiθi'ljar] *v* ansiedeln, heimisch machen, einbürgern
domicilio [domi'θiljo] *m* Wohnort *m*
dominación [domina'θjɔn] *m* POL Beherrschung *f*, Herrschaft *f*, Oberherrschaft *f*
dominador [domina'ðor] *adj* herrisch, herrschsüchtig, beherrschend
dominante [domi'nante] *adj* dominant
dominar [domi'nar] *v* dominieren, meistern, beherrschen; *¿Dominas el español?* Beherrschst du Spanisch?
dominarse [domi'narse] *v* sich beherrschen, sich zusammennehmen
domingo [do'miŋgo] *m* Sonntag *m*
dominio [do'minjo] *m* 1. Herrschaft *f*, Beherrschung *f*; *sin ~ de sí mismo* unbeherrscht; 2. *~ de sí mismo* Selbstbeherrschung *f*, Fassung *f*
don [dɔn] *m* Gabe *f*; *~ divino* Gottesgabe *f*
donación [dona'θjɔn] *f* 1. Spende *f*, Stiftung *f*; 2. JUR Schenkung *f*
donador(a) [dona'ðɔr/dona'ðora] *m/f* Spender(in) *m/f*, Stifter(in) *m/f*
donaire [do'naĭre] *m* Anmut *f*, Grazie *f*
donante [do'nante] *m/f* 1. Spender(in) *m/f*; 2. *~ de órganos* MED Organspender(in) *m/f*
donar [do'nar] *v* spenden, stiften
donativo [dona'tiβo] *m* Spende *f*, Geschenk *n*
doncella [dɔn'θeʎa] *f* Jungfrau *f*
donde ['dɔnde] *adv (relativo)* wo; *En el país de ~ vengo hay muchas frutas.* In dem Land, aus dem ich komme, gibt es viele Früchte.
dónde ['dɔnde] *adv (interrogación)* wo; *a ~* wohin; *de ~* woher; *No sé ~ vive.* Ich weiß nicht, wo er wohnt.
dondequiera [donde'kjera] *adv* überall, wohin auch immer
doping ['dopiŋ] *m* SPORT Doping *n*
doquier [do'kjɛr] *adv por ~* überall
dorado [do'raðo] *adj* golden, Gold…, vergoldet
dorar [do'rar] *v* 1. vergolden; 2. *(al freír)* GAST anbraten
dormido [dor'miðo] *adj* schläfrig, schlaftrunken
dormilón [dɔrmi'lɔn] *m* Langschläfer *m*, Schlafmütze *f*
dormir [dɔr'mir] *v irr* schlafen; *No puedo ~.* Ich kann nicht schlafen. *Me he quedado dormido.* Ich habe verschlafen.
dormirse [dɔr'mirse] *v irr* einschlafen
dormitar [dɔrmi'tar] *v* schlummern
dormitorio [dɔrmi'tɔrjo] *m* Schlafzimmer *n*
dorsal [dor'sal] *adj* Rücken…, dorsal
dorso ['dɔrso] *m* 1. Rücken *m*; 2. *~ de la mano* ANAT Handrücken *m*
dos [dɔs] *num* zwei
doscientos [dos'θjentos] *num* zweihundert
dosel [do'sɛl] *m* Thronhimmel *m*, Baldachin *m*, Betthimmel *m*

D

dosificación [dosifika'θjɔn] *f* CHEM Dosierung *f,* Zumessung *f,* zu verabreichende Menge *f*
dosificar [dosifi'kar] *v* dosieren
dosis ['dosis] *f* Dosis *f*
dotación [dota'θjɔn] *f* **1.** ECO Ausstattung *f,* Dotation *f;* **2.** MIL Mannschaft *f,* Besatzung *f*
D
dotar [do'tar] *v* **1.** ausrüsten, ausstatten; **2.** ECO dotieren
dote ['dote] *f* **1.** *(don)* Gabe *f,* Begabung *f;* **2.** *(ajuar de novia)* Mitgift *f*
draga ['draɣa] *f* Bagger *m,* Nassbagger *m*
dragado [dra'ɣaðo] *m* Baggern *n,* Ausbaggern *n,* Baggerarbeiten *pl*
dragón [dra'ɣɔn] *m* ZOOL Drache *m*
drama ['drama] *m* LIT Drama *n*
dramático [dra'matiko] *adj* dramatisch
dramatizar [dramati'θar] *v* dramatisieren
dramaturgo [drama'turɣo] *m* LIT Dramatiker *m*
drástico ['drastiko] *adj* drastisch, einschneidend
drenaje [dre'naxe] *m* **1.** *~ al exterior* ECO Abfluss *m;* **2.** TECH Drainage *f;* **3.** ARCH Drainage *f;* **4.** MED Drainage *f*
drenar [dre'nar] *v* **1.** entwässern, trockenlegen; **2.** MED drainieren
droga ['droɣa] *f* Droge *f,* Rauschgift *n*
drogadicto [droɣa'ðikto] *m* **1.** Drogensüchtiger *m; adj* **2.** rauschgiftsüchtig
droguería [droɣe'ria] *f* Drogerie *f*
ducha ['dutʃa] *f* Dusche *f; habitación con ~* Zimmer mit Dusche *n*
ducharse [du'tʃarse] *v* sich duschen
ducho ['dutʃo] *adj* tüchtig, erfahren; *~ en los negocios* geschäftstüchtig
dúctil ['duktil] *adj* fügsam, gefügig
duda ['duða] *f* Zweifel *m,* Ungewissheit *f,* Unschlüssigkeit *f*
dudar [du'ðar] *v* bezweifeln, zweifeln
dudoso [du'ðoso] *adj* zweifelhaft, zwielichtig, bedenklich
duela ['dwela] *f* Fassdaube *f*
duelo ['dwelo] *m* **1.** Duell *n;* **2.** SPORT Zweikampf *m*
duende ['dwende] *m* Kobold *m,* Zwerg *m*
dueña ['dweɲa] *f* Besitzerin *f,* Eigentümerin *f,* Inhaberin *f*
dueño ['dweɲo] *m* Besitzer *m,* Eigentümer *m,* Inhaber *m*
dueto ['dweto] *m* MUS Duett *n*
dulce ['dulθe] *m* **1.** GAST Süßspeise *f;* **2.** *~s pl* Süßigkeiten *pl,* Konfekt *n; adj* **3.** süß; **4.** *(manso, delicado)* zart, sanftmütig
dulzura [dul'θura] *f* Zärtlichkeit *f,* Sanftmut *f*
duna ['duna] *f* Düne *f*
dúo ['duo] *m* MUS Duett *n*
duodécimo [duo'ðeθimo] *adj* zwölfte(r,s)
duodeno [duo'ðeno] *m* ANAT Zwölffingerdarm *m*
duplicación [duplika'θjɔn] *f* Verdoppelung *f*
duplicado [dupli'kaðo] *m* **1.** Doppel *n,* Duplikat *n; adj* **2.** zweifach
duplicar [dupli'kar] *v* verdoppeln
duplo ['duplo] *adj* doppelt, zweifach
duque ['duke] *m* Herzog *m*
duquesa [du'kesa] *f* Herzogin *f*
durabilidad [duraβili'ðað] *f (de las cosas)* Dauerhaftigkeit *f*
durable [du'raβle] *adj* dauerhaft
duración [dura'θjɔn] *f* Andauer *f,* Beständigkeit *f;* Laufzeit *f; de larga ~* lange, langwierig; *~ de la vida* Lebensdauer *f*
duradero [dura'ðero] *adj* haltbar, nachhaltig
duramente [dura'mente] *adv* hartherzig, hart
durante [du'rante] *prep* während; *~ el viaje* unterwegs; *~ muchos años* jahrelang
durar [du'rar] *v* **1.** dauern; *¿Cuánto tiempo duran las vacaciones?* Wie lange dauern die Ferien? **2.** *(aguantar)* aushalten, durchhalten
durazno [du'raθno] *m* BOT Pfirsich *m (LA)*
dureza [du'reθa] *f* **1.** Härte *f;* **2.** TECH Härte *f*
duro ['duro] *adj* **1.** fest, hart, zäh; *La carne está dura.* Das Fleisch ist zäh. **2.** *(fatigoso)* anstrengend
DVD [deuβe'ðe] *m* DVD *f*

E

e [e] *konj (antes de i, hi sin diptongo)* und
ebanista [eβa'nista] *m* Möbeltischler *m*, Kunsttischler *m*
ebriedad [eβrje'ðað] *f* Rausch *m*
ebrio ['eβrjo] *adj* betrunken
echadero [etʃa'ðero] *m* Ruheplatz *m*
echar [e'tʃar] *v* **1.** *(un líquido)* eingießen, einfüllen, einschenken; *~ gasolina* tanken; **2.** *(expulsar)* verstoßen, hinauswerfen, vertreiben; *~ abajo* niederreißen; *~ la culpa a alguien* die Schuld auf jdn schieben; *~ fuera* hinauswerfen; *~ una mano* zur Hand gehen, mithelfen, anpacken; *~ a* anfangen zu; *~ a volar* losfliegen; **3.** *(botar)* wegwerfen; **4.** *~ a perder* ruinieren, verderben; **5.** *(dispersar)* streuen; **6.** *(crecer)* wachsen, sich ausbreiten, ansetzen; *~ raíces* Wurzeln schlagen; **7.** *~ pestes contra alguien* über jdn schimpfen, jdn verfluchen; **8.** *(poner)* setzen, stellen, legen
echarse [e'tʃarse] *v* **1.** sich hinlegen; **2.** *~ a perder (fig)* vergammeln
eclesiástico [ekle'sjastiko] *m* **1.** *REL* Geistlicher *m*; *adj* **2.** kirchlich
eclipsar [eklip'sar] *v* überschatten
eclipse [e'klipse] *m ~ lunar/~ de luna* Mondfinsternis *f*; *~ solar/~ de sol* Sonnenfinsternis *f*
eclosionar [eklosjo'nar] *v ZOOL* schlüpfen
eco ['eko] *m* Echo *n*
ecografía [ekoɣra'fia] *f MED* Ultraschalluntersuchung *f*
ecología [ekolo'xia] *f* Ökologie *f*
ecológico [eko'lɔxiko] *adj* ökologisch
ecologista [ekolo'xista] *m/f* **1.** Ökologe/Ökologin *m/f*; *adj* **2.** *partidio ~ POL* die Grünen *pl*
economía [ekono'mia] *f* **1.** Wirtschaft *f*; *~ de mercado* Marktwirtschaft *f*; *~ energética* Energiewirtschaft *f*; *~ interior* Binnenwirtschaft *f*; *~ mundial* Weltwirtschaft *f*; *~ planificada* Planwirtschaft *f*; **2.** *(de ahorro)* Sparsamkeit *f*, Einsparung *f*
económicamente [ekonomika'mente] *adv* wirtschaftlich, finanziell
económico [eko'nomiko] *adj* **1.** wirtschaftlich, ökonomisch; **2.** *(barato)* billig, preiswert
economizar [ekonomi'θar] *v* einsparen, sparen
ecosistema [ekosis'tema] *m* Ökosystem *n*
ecuación [ekwa'θjɔn] *f MATH* Gleichung *f*
ecuador [ekwa'ðɔr] *m GEO* Äquator *m*
Ecuador [ekwa'ðɔr] *m GEO* Ecuador *n*
ecuánime [e'kwanime] *adj* ausgeglichen
ecuanimidad [ekwanimi'ðað] *f* Ausgeglichenheit *f*
ecuatoriano [ekwato'rjano] *adj* **1.** ecuadorianisch; **2.** Ecuadorianer *m*
eczema [ɛk'θema] *m MED* Ekzem *n*
edad [e'ðað] *f* **1.** Alter *n*; *a la ~ de* im Alter von; *de ~ avanzada* bejahrt, betagt; *de ~ escolar* schulreif; *¿Desde qué ~?* Ab welchem Alter? *la tercera ~* Senioren *pl*, Rentner *pl*, Alte *pl*; **2.** *(era)* Zeitalter *n*, Epoche *f*; *Edad Antigua* Antike *f*, Altertum *n*; *Edad del Bronce* Bronzezeit *f*; *Edad de Piedra* Steinzeit *f*; *Edad Media* Mittelalter *n*; *Edad de Oro* Goldenes Zeitalter *n*; *Edad Moderna* Neuzeit *f*
edema [e'ðema] *m* Ödem *n*
edición [eði'θjɔn] *f* **1.** Ausgabe *f*; *~ príncipe* Erstausgabe *f*; **2.** *(tirada)* Auflage *f*; **3.** *(editorial)* Verlagswesen *n*
edificar [eðifi'kar] *v* **1.** aufbauen, konstruieren, bauen; **2.** *(fig)* erbauen
edificio [eði'fiθjo] *m* Gebäude *n*, Hochhaus *n*, Bauwerk *n*; *~ de la presidencia* Präsidium *n*; *~ principal* Hauptgebäude *n*
editar [eði'tar] *v* herausgeben, verlegen, herausbringen
editor(a) [eði'tɔr/eði'tora] *m/f* Herausgeber(in) *m/f*, Verleger(in) *m/f*
editorial [eðito'rjal] *f* **1.** Verlag *m*; *m* **2.** *(artículo)* Leitartikel *m*; *adj* **3.** verlegerisch; *éxito ~* Bestseller *m*

educación [eðuka'θjɔn] *f* **1.** Erziehung *f; tener el derecho a la ~* erziehungsberechtigt sein; *sin ~* ungezogen; **2.** *(instrucción)* Bildung *f; ~ profesional* Fachausbildung *f*
educado [eðu'kaðo] *adj mal ~* ruppig, rüpelhaft, ungezogen
educador(a) [eðuka'ðɔr/eðuka'ðora] *m/f* Erzieher(in) *m/f*
E
educar [eðu'kar] *v* erziehen
educativo [eðuka'tiβo] *adj* erzieherisch
EE.UU. ['ɛɛuu] *m Estados Unidos de Norteamérica GEO* Vereinigte Staaten von Nordamerika *pl,* USA *f*
efectivamente [efɛktiβa'mente] *adv* wirklich, tatsächlich
efectividad [efektiβi'ðað] *f* Wirklichkeit *f,* Auswirkung *f,* Wirksamkeit *f*
efectivo [efɛk'tiβo] *m* **1.** Bargeld *n; adj* **2.** wirklich, effektiv, tatsächlich
efecto [e'fɛkto] *m* **1.** Folge *f,* Wirkung *f; sin ~* wirkungslos; *~ de palanca PHYS* Hebelwirkung *f; ~ invernadero* Treibhauseffekt *m; ~ recíproco* Wechselwirkung *f; ~ secundario* Nebenwirkung *f; ~ ulterior* Nachwirkung *f;* **2.** *~ de comercio ECO* Akzept *n;* **3.** *~s personales pl* Habseligkeiten *pl,* persönliches Eigentum *n*
efectuar [efɛk'twar] *v* **1.** *(hacer, llevar a cabo)* ausführen, abwickeln; **2.** *(causar)* bewirken
efemérides [efe'meriðes] *f/pl* bemerkenswertes Ereignis *n,* Tagebuch *n,* Ephemeriden *pl,* Chronik *f*
efervecente [eferβe'θente] *adj* sprudelnd, aufbrausend
eficacia [efi'kaθja] *f* Wirksamkeit *f,* Leistungsfähigkeit *f,* Effizienz *f*
eficaz [efi'kaθ] *adj* wirkungsvoll
eficiencia [efi'θjenθja] *f* Tüchtigkeit *f,* Wirksamkeit *f; ~ económica ECO* Wirtschaftlichkeit *f; ~ energética f* Energieeffizienz *f*
eficiente [efi'θjente] *adj* leistungsfähig
efímero [e'fimero] *adj* schnelllebig, vergänglich, flüchtig, ephemer
efusión [efu'sjɔn] *f ~ sentimental* Gefühlsausbruch *m*
efusivo [efu'siβo] *adj* warmherzig
egipcio [ɛ'xipθjo] *adj* **1.** ägyptisch; *m* **2.** Ägypter *m*
Egipto [ɛ'xipto] *m GEO* Ägypten *n*
egocéntrico [eɣo'θentriko] *adj* ichbezogen, egozentrisch
egoísmo [eɣo'izmo] *m* Selbstsucht *f,* Egoismus *m*
egoísta [eɣo'ista] *adj* **1.** egoistisch, selbstsüchtig; *m/f* **2.** Egoist(in) *m/f*
egresado [eɣre'saðo] *m* Absolvent *m (LA)*
egreso [e'ɣreso] *m ECO* Ausgabe *f,* Schulabschluss *m (LA);* Studienabschluss *m*
eje ['ɛxe] *m* Achse *f; ~ delantero TECH* Vorderachse *f; ~ trasero* Hinterachse *f*
ejecución [ɛxeku'θjɔn] *f* **1.** Durchführung *f,* Ausführung *f,* Realisierung *f;* **2.** *(pena capital)* Hinrichtung *f;* **3.** *JUR* Vollstreckung *f; ~ forzosa* Zwangsvollstreckung *f*
ejecutar [ɛxeku'tar] *v* **1.** durchführen, ausführen, vollziehen, vollenden; **2.** *(ejercer la sentencia de muerte)* erschießen, hinrichten; **3.** *JUR* vollstrecken
ejecutor [ɛxeku'tɔr] *m* **1.** *~ testamentario JUR* Testamentsvollstrecker *m;* **2.** *(verdugo)* Henker *m*
ejecutoria [ɛxeku'torja] *f* Vollstreckungsbefehl *m,* vollstreckbares Urteil *n*
ejemplar [ɛxɛm'plar] *m* **1.** Exemplar *n; ~ de muestra* Probeexemplar *n; ~ de un libro* Abdruck *m; adj* **2.** beispielhaft, exemplarisch, mustergültig
ejemplo [ɛ'xɛmplo] *m* Beispiel *n,* Modell *n,* Muster *n; por ~* zum Beispiel, beispielsweise; *sin ~* beispiellos
ejercer [ɛxɛr'θɛr] *v* **1.** ausüben, durchführen; *~ una profesión* berufstätig sein; **2.** *~ un negocio ECO* ein Geschäft betreiben
ejercicio [ɛxɛr'θiθjo] *m* **1.** Ausübung *f;* **2.** *(práctica)* Übung *f;* **3.** *(examen)* Prüfung *f,* Prüfungsaufgabe *f;* **4.** *SPORT* Leibesübung *f; Necesito ~.* Ich brauche Bewegung. **5.** *(el año en ~) ECO* Geschäftsjahr *n*
ejercitar [ɛxɛrθi'tar] *v* einüben, ausüben, üben
ejército [ɛ'xɛrθito] *m MIL* Armee *f,* Heer *n,* Streitkräfte *pl; ~ de salvación* Heilsarmee *f*
el [ɛl] *art* der; *~ más bajo* der Unterste; *~ mismo* derselbe; *~ que* derjenige
él ['ɛl] *pron* er; *por ~* seinetwegen

Él ['ɛl] *m* REL Gott *m*
elaboración [elaβora'θjɔn] *f* **1.** Verarbeitung *f*, Herstellung *f*, Bearbeitung *f*, Ausarbeitung *f*; **2.** INFORM Verarbeitung *f*; *~ de datos* Datenverarbeitung *f*; *~ de textos* Textverarbeitung *f*
elaborar [elaβo'rar] *v* herstellen, anfertigen
elasticidad [elastiθi'ðað] *f* Elastizität *f*
elástico [e'lastiko] *adj* elastisch
Elba ['ɛlβa] *m* GEO Elbe *f*
elección [elɛɣ'θjɔn] *f* **1.** Auswahl *f*; **2.** *a ~* wahlweise; **3.** POL Wahl *f*; *elecciones municipales* Kommunalwahlen *pl*; *elecciones generales* Parlamentswahlen *pl*
elector(a) [elɛk'tɔr/elɛk'tora] *m/f* POL Wähler(in) *m/f*; *~ primerizo/-a* Erstwähler(in) *m/f*
electricidad [elɛktriθi'ðað] *f* Elektrizität *f*; *~ verde f* Ökostrom *m*
electricista [elɛktri'θista] *m/f* Elektriker(in) *m/f*
eléctrico [e'lɛktriko] *adj* elektrisch
electrodoméstico [elɛktroðo'mestiko] *m* Haushaltsgerät *n*
electrónica [elɛk'tronika] *f* Elektronik *f*
electrónico [elɛk'troniko] *adj* elektronisch
electrotécnica [elɛktro'teknika] *f* Elektrotechnik *f*
electrotécnico [elɛktro'tɛkniko] *m* Elektrotechniker *m*
elefante [ele'fante] *m* ZOOL Elefant *m*
elegancia [ele'ɣanθja] *f* Eleganz *f*, Grazie *f*
elegante [ele'ɣante] *adj* elegant, schick
elegible [elɛ'xiβle] *adj* wählbar
elegido [elɛ'xiðo] *adj* gewählt
elegir [elɛ'xir] *v irr* aussuchen, auswählen
elemental [elemen'tal] *adj* grundlegend, elementar
elemento [ele'mento] *m* Element *n*, Glied *n*; *~ de combustión* TECH Brennelement *n*
elepé [ele'pe] *m* Langspielplatte *f*
elevación [eleβa'θjɔn] *f* **1.** Erhöhung *f*, Anhöhe *f*; **2.** *(fig)* Erhebung *f*
elevado [ele'βaðo] *adj* hoch; *gastos ~s* ECO hohe Kosten *pl*
elevador [eleβa'ðɔr] *m* Aufzug *m*, Hebebühne *f*, Elevator *m*
elevar [ele'βar] *v* **1.** erhöhen, steigern; **2.** *(fig)* erheben
elevarse [ele'βarse] *v ~ a* ECO sich belaufen auf, betragen
eliminación [elimina'θjɔn] *f* **1.** Beseitigung *f*, Entfernung *f*; *~ de aguas residuales* Abwasserbeseitigung *f*; *~ de los desechos* Abfallbeseitigung *f*; *~ de los desechos tóxicos* Giftmüllentsorgung *f*; **2.** MED Absonderung *f*
eliminar [elimi'nar] *v* **1.** entfernen, beseitigen; **2.** *(las perturbaciones, los errores)* beheben; **3.** MED absondern
elíptico [e'liptiko] *adj* elliptisch, ellipsenförmig
élite ['elite] *f* Elite *f*
elitista [eli'tista] *adj* elitär
ella ['eʎa] *pron* sie
ello ['eʎo] *pron* es; *por ~* darum
elocuente [elo'kwente] *adj* redegewandt, sprachgewandt
elogiable [elɔ'xjaβle] *adj* lobenswert
elogiar [elɔ'xjar] *v* loben, preisen, rühmen
elogio [e'lɔxjo] *m* Anerkennung *f*, Lob *n*; *~ de sí mismo* Selbstlob *n*
eludir [elu'ðir] *v* vermeiden, umgehen; *~ una responsabilidad* kneifen, sich vor der Verantwortung drücken
emanar [ema'nar] *v* ausströmen; *~ de* herrühren
emancipación [emanθipa'θjɔn] *f* Emanzipation *f*
emancipar [emanθi'par] *v* emanzipieren, befreien, gleichstellen
emanciparse [emanθi'parse] *v* sich emanzipieren
embajada [emba'xaða] *f* POL Botschaft *f*
embajador(a) [embaxa'ðɔr/emβaxa'ðora] *m/f* POL Botschafter(in) *m/f*
embalaje [emba'laxe] *m* Verpackung *f*
embalar [emba'lar] *v* einpacken, verpacken
embalse [em'balse] *m* Stausee *m*, Talsperre *f*
embancarse [embaŋ'karse] *v* auflaufen, stranden
embanderar [embande'rar] *v* beflaggen
embarazada [embara'θaða] *adj* schwanger; *Estoy ~.* Ich bin schwanger.
embarazar [embara'θar] *v* behindern, hemmen, versperren

E

embarazo [emba'raθo] *m* Schwangerschaft *f*
embarazoso [embara'θoso] *adj* peinlich
embarcación [embarka'θjɔn] *f* Boot *n*
embarcadero [embarka'ðero] *m* Ladeplatz *m,* Löschplatz *m,* Landungsbrücke *f*
embarcar [embar'kar] *v* **1.** verschiffen; **2.** *(avión)* an Bord gehen
embargar [embar'ɣar] *v* **1.** *JUR* beschlagnahmen; **2.** *ECO* pfänden
embargo [em'barɣo] *m* **1.** *JUR* Beschlagnahme *f;* **2.** *ECO* Pfändung *f; poner ~ sobre* pfänden; **3.** *POL* Embargo *n,* Sperre *f; sin ~* trotzdem, jedoch
embarque [em'barke] *m* **1.** Verladung *f* **2.** *(avión)* An-Bord-Gehen *n*
embaucar [embaŭ'kar] *v* betrügen, täuschen
embeber [embe'βer] *v* aufsaugen, einsaugen, tränken
embellecer [embeʎe'θɛr] *v irr* verschönern
embellecimiento [embeʎeθi'mjento] *m* Verschönerung *f*
embestida [embes'tiða] *f* Angriff *m*
embestir [embes'tir] *v irr* angreifen
emblanquecer [emblaŋke'θer] *v irr* bleichen, weiß anstreichen, tünchen
emblema [em'blema] *m* Emblem *n,* Sinnbild *n,* Wahrzeichen *n*
embobar [em'boβar] *v* verblüffen, erstaunen, verwirren, dumm machen
embocar [em'bokar] *v* in den Mund stecken, hineinstecken, einführen, einmünden
émbolo ['embolo] *m TECH* Kolben *m*
emborracharse [embɔrra'tʃarse] *v* sich betrinken, bechern *(fam)*
emborronar [embɔrrɔ'nar] *v* bekritzeln
emboscada [embɔs'kaða] *f* Hinterhalt *m,* Falle *f*
embotar [embo'tar] *v* abstumpfen
embotellamiento [emboteʎa'mjento] *m* Verkehrsstau *m,* Verkehrsbehinderung *f,* Blockierung *f*
embragar [embra'ɣar] *v* anseilen (Last), einrücken, kuppeln
embrague [em'braɣe] *m TECH* Kupplung *f*
embriagar [embrja'ɣar] *v* berauschen, entzücken
embriagarse [embrja'ɣarse] *v* **1.** *(con alcohol)* sich betrinken; **2.** *(fig: belleza, aroma)* sich berauschen
embriaguez [embrja'ɣeθ] *f* Rausch *m,* Trunkenheit *f*
embrión [embri'ɔn] *m BIO* Embryo *m*
embrollado [embro'ʎaðo] *adj* verzwickt
embrollo [em'broʎo] *m* Verwicklung *f*
embromar [embro'mar] *v ~ a alguien* jdn necken, jdn narren, jdn an der Nase herumführen
embrujar [embru'xar] *v* verzaubern
embrujo [em'bruxo] *m* Zauber *m*
embuste [em'buste] *m* Schwindel *m*
embustero [embus'tero] *m* Betrüger *m*
embutido [embu'tiðo] *m GAST* Wurst *f*
emergencia [emɛr'xenθja] *f* **1.** Not *f,* Ernstfall *m,* Notlage *f;* **2.** *~ marítima NAUT* Seenot *f*
emerger [emɛr'xer] *v* auftauchen
emigración [emiɣra'θjɔn] *f* Auswanderung *f,* Emigration *f*
emigrante [emi'ɣrante] *m/f* Auswanderer/Auswanderin *m/f,* Emigrant(in) *m/f*
emigrar [emi'ɣrar] *v* auswandern
eminencia [emi'nenθja] *f* Eminenz *f*
eminente [emi'nente] *adj* hervorragend, eminent
emisión [emi'sjɔn] *f* **1.** Sendung *f;* **2.** *ECO* Emission *f;* **3.** *PHYS* Emission *f*
emisora [emi'sora] *f* Sender *m,* Rundfunksender *m*
emitir [emi'tir] *v* senden, ausstrahlen, emittieren
emoción [emo'θjɔn] *f* Aufregung *f,* Rührung *f,* Erschütterung *f*
emocionado [emoθjo'naðo] *adj* gerührt
emocional [emoθjo'nal] *adj* emotional, Gemüts…
emocionante [emoθjo'nante] *adj* aufregend, erschütternd, herzergreifend
emocionar [emoθjo'nar] *v* bewegen, rühren
empacador [empaka'ðɔr] *adj* hartnäckig, störrisch, widerspenstig
empachado [empa'tʃaðo] *adj* verdorben, behindert
empalagar [empala'ɣar] *v* anekeln, jdm Ekel verursachen, jdm lästig werden
empalagoso [empala'ɣoso] *adj* widerlich süß, lästig, zudringlich

empalmar [empal'mar] *v* miteinander verbinden, an den Enden zusammenfügen, anschließen
empalme [em'palme] *m* Verbindung *f*, Knotenpunkt *m*
empanada [empa'naða] *f* GAST Pastete *f*
empanadilla [empana'ðiʎa] GAST *f* Pastetchen *n*
empanar [empa'nar] *v* GAST panieren
empañar [empa'ɲar] *v* **1.** *(con líquidos)* trüben; **2.** *(el cristal, las gafas)* beschlagen
empapar [empa'par] *v* eintauchen, eintunken, tunken
empapelar [empape'lar] *v* tapezieren
empaque [em'pake] *m* Aussehen *n*
empaquetadura [empaketa'ðura] *f* TECH Dichtung *f*
empaquetar [empake'tar] *v* verpacken, einpacken; *¡Empaquételo, por favor!* Packen Sie es bitte ein!
emparejar [empare'xar] *v* paaren
empastar [empas'tar] *v* plombieren
empaste [em'paste] *m* MED Plombe *f*, Zahnfüllung *f*
empatado [empa'taðo] *adj* SPORT unentschieden
empatar [empa'tar] *v* SPORT ausgleichen
empellón [empe'ʎɔn] *m* Stoß *m*, Schubs *m*
empeñar [empe'ɲar] *v* verpfänden, versetzen
empeñarse [empe'ɲarse] *v* sich verschulden; *~ por algo* sich für etw einsetzen; *~ en* beharren auf, sich versteifen auf
empeño [em'peɲo] *m* **1.** Bestreben *n*, Eifer *m*; **2.** *(pignoración)* Verpfändung *f*
empeoramiento [empeora'mjento] *m* Verschlechterung *f*, Verschlimmerung *f*
empeorar [empeo'rar] *v* verschlechtern
empeorarse [empeo'rarse] *v* sich verschlimmern, sich verschlechtern
empequeñecer [empekeɲe'θɛr] *v irr* verkleinern
empequeñecimiento [empekeɲeθi'mjento] *m* Verkleinerung *f*
emperador [empera'ðɔr] *m* **1.** POL Kaiser *m*; **2.** ZOOL Schwertfisch *m*
emperatriz [empera'triθ] *f* Kaiserin *f*
empezar [empe'θar] *v irr* anfangen, beginnen
empinado [empi'naðo] *adj* steil, jäh
empinar [empi'nar] *v irr* steil aufrichten, emporheben, hochheben
emplasto [em'plasto] *m* MED Pflaster *n*
emplazamiento [emplaθa'mjento] *m* Standort *m*
empleado [emple'aðo] *m* **1.** Angestellter *m*, Arbeitnehmer *m*; *~ alto* Führungskraft *f*; *~ público* Beamter *m*; *adj* **2.** angestellt
emplear [emple'ar] *v* **1.** *(utilizar)* anwenden, verwenden, benutzen, gebrauchen; **2.** *(dar ocupación)* einstellen, beschäftigen, anstellen
empleo [em'pleo] *m* **1.** *(uso)* Gebrauch *m*, Anwendung *f*, Verwendung *f*; *~ de la fuerza* Gewaltanwendung *f*; **2.** *(trabajo)* Arbeit *f*, Stelle *f*, Beschäftigung *f*; *~ de media jornada* Halbtagsbeschäftigung
emplomado [emplo'maðo] *adj* verbleit
empobrecimiento [empoβreθi'mjento] *m* Verarmung *f*
empollar [empo'ʎar] *v* **1.** ausbrüten, brüten; **2.** *(fig)* büffeln
empollón [empo'ʎɔn] *m* Streber *m*
emprender [empren'dɛr] *v* unternehmen; *~ un viaje* eine Reise antreten
empresa [em'presa] *f* ECO Betrieb *m*, Unternehmen *n*, Firma *f*; *~ artesanal* Handwerksbetrieb *m*; *~ de construcción* Baufirma *f*, Bauunternehmen *n*; *~ de transportes* Speditionsunternehmen *n*, Transportunternehmen *n*, Fuhrunternehmen *n*; *~ de ventas por correo* Versandhaus *n*; *~ industrial* Gewerbebetrieb *m*
empresarial [empresa'rjal] *adj* **1.** ECO betrieblich; **2.** *ciencias ~es* Betriebswirtschaftslehre *f*
empresario [empre'sarjo] *m* ECO Arbeitgeber *m*, Unternehmer *m*
empréstito [em'prestito] *m* FIN Anleihe *f*; *~ del Estado* Staatsanleihe *f*
empujar [empu'xar] *v* anschieben, schieben, drücken
empuje [em'puxe] *m* **1.** Stoß *m*; **2.** PHYS Schub *m*
empujón [empu'xɔn] *m* heftiger Stoß *m*, Stauchen *n*, Rippenstoß *m*, Schubs *m*

E

empuñar [empu'ɲar] *v* ergreifen, packen
emulación [emulaθjɔn] *f* Nachahmung *f*
emular [emu'lar] *v* ~ *a alguien* jdm nacheifern
en [en] *prep* **1.** *(lugar, sitio, dirección)* an, auf, in; ~ *la calle* auf der Straße; ~ *la casa* zu Hause; ~ *la pared* an der Wand; **2.** *(temporal)* in; ~ *veinte segundos* in zwanzig Sekunden; **3.** *(relación)* an; *pensar* ~ *alguien* an jdn denken; *adv* **4.** *(modo, manera)* auf; ~ *español* auf Spanisch; ~ *línea INFORM* online
enajenación [enaxena'θjɔn] *f* **1.** Veräußerung *f*, Verkauf *m;* **2.** *(alienación)* ~ *mental* Entfremdung *f*, Unzurechnungsfähigkeit *f*
enajenar [enaxe'nar] *v* veräußern, verkaufen
enamorado [enamo'raðo] *m* **1.** Verliebter *m; adj* **2.** verliebt
enamorarse [enamo'rarse] *v* ~ *de* sich verlieben in
enano [e'nano] *m* Zwerg *m*
enardecer [enarðe'θɛr] *v irr* begeistern
encadenamiento [eŋkaðena'mjento] *m* Verkettung *f*
encadenar [eŋkaðe'nar] *v* anketten, verketten, *(perro)* an die Kette legen
encajar [eŋka'xar] *v* ~ *con* zusammenpassen mit
encaje [eŋ'kaxe] *m (tela de ~)* Spitze *f*
encallar [eŋka'ʎar] *v* stranden, scheitern
encamado [eŋka'maðo] *adj* bettlägerig
encamar [eŋka'mar] *v* zu Bett bringen
encaminar [eŋkami'nar] *v* auf den Weg bringen, hinleiten, hinlenken
encanecer [eŋkane'θɛr] *v irr (pelo)* ergrauen
encantadísimo [eŋkanta'ðisimo] *adj* hocherfreut
encantar [eŋkan'tar] *v* **1.** erfreuen, verzaubern; **2.** *(fig)* bezaubern
encanto [eŋ'kanto] *m* Charme *m*, Entzücken *n*, Liebreiz *m*
encapotado [eŋkapo'taðo] *adj* bewölkt
encapucharse [eŋkapu'tʃarse] *v* sich vermummen
encarcelar [eŋkarθe'lar] *v* ~ *a alguien* jdn ins Gefängnis bringen, jdn inhaftieren, jdn einsperren, jdn gefangen halten
encarecimiento [eŋkareθi'mjento] *m* Verteuerung *f*
encargar [eŋkar'ɣar] *v* auftragen; ~ *con anticipación* vorbestellen
encargo [eŋ'karɣo] *m* Anforderung *f*, Auftrag *m*, Bestellung *f;* ~ *anticipado* Vorbestellung *f; por* ~ *de* im Auftrag von; *m traje de* ~ Maßanzug *m*
encariñarse [eŋkari'ɲarse] *v* ~ *con* lieb gewinnen
encarnación [eŋkarna'θjɔn] *f* **1.** Verkörperung *f;* **2.** *REL* Fleischwerdung *f*
encarnar [eŋkar'nar] *v* verkörpern
encarnizado [eŋkarni'θaðo] *adj* verbissen
encausar [eŋkaŭ'sar] *v* verklagen, gerichtlich belangen
encendedor [enθende'ðɔr] *m* Feuerzeug *n*
encender [enθen'dɛr] *v irr* **1.** *(hacer fuego)* anzünden; **2.** *(poner en funcionamiento, luz)* anschalten, einschalten, andrehen; **3.** *(quemar)* anbrennen; **4.** *(cigarro)* anstecken
encenderse [enθen'derse] *v irr* sich entzünden
encendido [enθen'diðo] *m* **1.** *TECH* Zündung *f;* ~ *defectuoso* Fehlzündung *f; adj* **2.** entzündet, angezündet
encerar [enθe'rar] *v* wachsen, bohnern
encerrar [enθe'rrar] *v irr* einschließen, einsperren
enchufe [en'tʃufe] *m* **1.** Stecker *m;* **2.** *(tomacorriente)* Steckdose *f; doble* ~ *TECH* Doppelstecker *m;* **3.** *tener ~s* gute Beziehungen haben, Vitamin B haben *(fam)*
encías [en'θias] *f/pl ANAT* Zahnfleisch *n*
enciclopedia [enθiklo'peðja] *f* Lexikon *n*, Enzyklopädie *f*
encima [en'θima] *adv* **1.** oben, darauf, oberhalb; *prep* **2.** ~ *de* auf, über; *estar por* ~ *de* darüber stehen; ~ *de la puerta* über der Tür
encinta [en'θinta] *adj* schwanger
enclavado [eŋkla'βaðo] *adj* eingeschlossen, eingefügt
encogerse [eŋkɔ'xerse] *v* eingehen, schrumpfen

encolar [eŋko'lar] *v* leimen
encolerizado [eŋkoleri'θaðo] *adj* wütend, zornig
encomendar [eŋkomen'dar] *v irr* übertragen, beauftragen
enconado [eŋko'naðo] *adj* erbittert
encono [eŋ'kono] *m* Groll *m*
encontrar [eŋkɔn'trar] *v irr* **1.** finden; *¿Ha encontrado usted mi maleta?* Haben Sie meinen Koffer gefunden? *~ al llegar* vorfinden; **2.** *~ a alguien* jdm begegnen, jdn antreffen
encontrarse [eŋkɔn'trarse] *v irr* **1.** *~ con alguien* sich mit jdm treffen; **2.** *~ en* sich befinden in, sich aufhalten in
encorvadura [enkɔrβa ðura] *f* Krümmen *n,* Biegen *n,* Verkrümmung *f*
encorvarse [eŋkɔr'βarse] *v* sich krümmen
encremar [eŋkre'mar] *v* eincremen
encuadernación [eŋkwaðɛrna'θjɔn] *f* Bucheinband *m,* Einband *m*
encuadernar [eŋkwaðɛr'nar] *v* einbinden, binden
encuadrar [eŋkwa'ðrar] *v* einrahmen, rahmen
encubrimiento [eŋkuβri'mjento] *m* Verheimlichung *f,* Verdunkelung *f*
encubrir [eŋku'βrir] *v irr* tarnen, verdecken, verhehlen, verdunkeln
encuentro [eŋ'kwentro] *m* **1.** Treffen *n,* Begegnung *f,* Zusammentreffen *n; ir al ~ de* entgegengehen; **2.** *(pelea)* Kampf *m;* **3.** SPORT Spiel *n*
encuesta [eŋ'kwesta] *f* Umfrage *f,* Befragung *f; ~ demoscópica/~ de opinión* Meinungsumfrage *f*
encuestar [eŋkwes'tar] *v* befragen
endeble [en'deβle] *adj* schwach, fadenscheinig
endeudamiento [endeŭða'mjento] *m* ECO Verschuldung *f*
endeudarse [endeŭ'ðarse] *v* ECO sich verschulden
endibia [en'diβia] *f* BOT Chicorée *m*
endiosar [endjo'sar] *v* vergöttern, verherrlichen
endosar [endo'sar] *v ~le algo a alguien* jdm etw aufladen, jdm etw aufhalsen
endurecer [endure'θɛr] *v irr* abhärten, verhärten
endurecimiento [endureθi'mjento] *m* Verhärtung *f*
enemigo [ene'miɣo] *m* **1.** Feind *m; ~ mortal* Erzfeind *m; adj* **2.** feindlich
enemistad [enemis'tað] *f* Feindschaft *f*
enemistado [enemis'taðo] *adj* verfeindet
enemistar [enemis'tar] *v* entzweien, verfeinden
energía [enɛr'xia] *f* **1.** PHYS Energie *f; ~ atómica* Atomkraft *f,* Atomenergie *f; ~ nuclear* Kernenergie *f; ~ solar* Solarenergie *f,* Sonnenergie *f; ~s renovables f/pl* erneuerbare Energien *pl;* **2.** *(fig)* Tatkraft *f,* Schwung *m*
enérgico [e'nɛrxiko] *adj* drastisch, energisch, resolut
enero [e'nero] *m* Januar *m*
enfadado [emfa'ðaðo] *adj* böse, ungehalten, verärgert
enfadar [emfa'ðar] *v* aufregen, verärgern
enfadarse [emfa'ðarse] *v* sich ärgern
enfado [em'faðo] *m* Ärger *m*
enfadoso [em'faðoso] *adj* ärgerlich
énfasis ['emfasis] *m* **1.** Betonung *f;* **2.** Nachdruck *m*
enfático [em'fatiko] *adj* nachdrücklich
enfermar [emfɛr'mar] *v* erkranken
enfermedad [emfɛrme'ðað] *f* Krankheit *f,* Erkrankung *f; ~ infantil* Kinderkrankheit *f; ~ hereditaria* Erbkrankheit *f; ~ mental* Geisteskrankheit *f; ~ tropical* Tropenkrankheit *f; ~ venérea* Geschlechtskrankheit *f*
enfermera [emfɛr'mera] *f* MED Krankenschwester *f,* Schwester *f*
enfermero [emfɛr'mero] *m* MED Krankenpfleger *m,* Sanitäter *m*
enfermizo [emfɛr'miθo] *adj* MED krankhaft, gebrechlich
enfermo [em'fɛrmo] *m* **1.** Kranker *m; ~ del pulmón* Lungenkranker *m; ~ mental* Geisteskranker *m; adj* **2.** krank; *estar ~* krank sein, kränkeln
enfilar [emfi'lar] *v* aneinanderreihen
enfilarse [emfi'larse] *v* sich einordnen
enflaquecer [emflake'θɛr] *v irr* abmagern, erschaffen
enfocar [emfo'kar] *v* einstellen, richtig anfassen, (Problem) beleuchten
enfrascarse [emfras'karse] *v ~ en* sich versenken in

E

enfrentamiento [emfrenta'mjento] *m* Konfrontation *f*
enfrentarse [emfren'tarse] *v ~ a/~ con* konfrontiert sein mit, sich auseinandersetzen mit, jdm die Stirn bieten
enfrente [em'frente] *prep ~ de* gegenüber; *~ de la estación* gegenüber dem Bahnhof
enfriamiento [emfria'mjento] *m* Abkühlung *f*
enfriar [emfri'ar] *v* abkühlen; *~ bruscamente* abschrecken
enfriarse [emfri'arse] *v* sich abkühlen, kälter werden
enfurecido [emfure'θiðo] *adj* wütend, rasend
engalanar [eŋga'lanar] *v* schmücken, putzen, verzieren
enganchador [eŋgantʃa'ðor] *adj* verlockend, festgehalten, eingehakt
enganchar [eŋgan'tʃar] *v* **1.** einhängen; **2.** *TECH* koppeln; **3.** *(alcohol, drogas)* süchtig machen, abhängig machen; **4.** *(persuadir)* bequatschen *(fam)*
engañador [eŋgaɲa'ðɔr] *adj* täuschend, betrügerisch
engañador(a) [eŋgaɲa'ðɔr/eŋgaɲa'ðora] *m/f* Betrüger(in) *m/f*
engañar [eŋga'ɲar] *v* betrügen, täuschen, hintergehen; *~ a alguien* jdn hereinlegen, jdm etw vormachen, jdn anschwindeln
engañarse [eŋga'ɲarse] *v ~ en* sich täuschen in
engaño [eŋ'gaɲo] *m* Betrug *m,* Täuschung *f,* Irrtum *m*
engañoso [eŋga'ɲoso] *adj* betrügerisch, trügerisch; *ser ~* trügen
engarzar [eŋgar'θar] *v* aufreihen, (Edelsteine) fassen, verketten
engastar [eŋgas'tar] *v* (Edelstein) fassen, (zwei Teile) einpassen, ineinanderpassen
engaste [eŋ'gaste] *m* Fassung *f*
engendramiento [eŋxendra'mjento] *m* Zeugung *f*
engendrar [eŋxen'drar] *v* erzeugen, verursachen
engordar [eŋgor'ðar] *v* **1.** zunehmen; **2.** *(cebar)* mästen
engranaje [eŋgra'naxe] *m TECH* Getriebe *n; ~ de cambios* Wechselgetriebe *n*
engranar [eŋgra'nar] *v* **1.** ineinander greifen; **2.** *TECH* eingreifen
engrapar [eŋgra'par] *v* mit Klammern befestigen, verklammern
engrasar [eŋgra'sar] *v* schmieren
engreído [eŋgre'iðo] *adj* selbstgefällig
engreír [eŋgre'ir] *v irr* verwöhnen, verhätscheln *(LA)*
engrosamiento [engrosa'mjento] *m* Verdickung *f,* Vergrößerung *f,* Übertreibung *f*
engrosar [eŋgro'sar] *v* dick machen, verdicken, übertreiben *(fig)*
engullir [eŋgu'ʎir] *v* verschlingen, schlingen, schlucken
enhebrar [ene'βrar] *v* einfädeln
enhorabuena [enora'βwena] *f* Glückwunsch *m*
enigmático [eniɣ'matiko] *adj* rätselhaft, schleierhaft, hintergründig
enjabonar [enxaβo'nar] *v* einseifen, abseifen, schmeicheln
enjambre [eŋ'xambre] *m ZOOL* Schwarm *m; ~ de abejas* Bieneschwarm *m*
enjuagar [eŋxwa'ɣar] *v* spülen, ausspülen
enjuague [eŋ'xwaɣe] *m* **1.** Spülung *f;* **2.** *(higiene)* Mundwasser *n*
enlace [en'laθe] *m* Verbindung *f,* Anschluss *m; persona de ~* Verbindungsmann *m; ~ de tren* Anschlusszug *m,* Zugverbindung *f*
enlazar [enla'θar] *v* knüpfen
enlucir [enlu'θir] *v irr (una pared)* verputzen
enmarañar [enmara'ɲar] *v* verfilzen
enmascaramiento [enmaskara'mjento] *m* Tarnung *f*
enmascarar [enmaska'rar] *v* tarnen
enmendar [enmen'dar] *v irr* korrigieren, berichtigen
enmienda [en'mjenda] *f* Änderung *f,* Korrektur *f; ~ constitucional JUR* Verfassungsänderung *f; ~ de la ley* Gesetzesänderung *f*
enojado [enɔ'xaðo] *adj* böse; *estar ~ con alguien* auf jdn wütend sein, jdm zürnen
enojarse [enɔ'xarse] *v* sich ärgern
enojoso [enɔ'xoso] *adj* ärgerlich, unangenehm, lästig
enorme [e'nɔrme] *adj* enorm, riesengroß

enormemente [enɔrme'mente] *adv* massenhaft, maßlos, mächtig
enredado [enrre'ðaðo] *adj* verworren, verzwickt
enredar [enrre'ðar] *v* 1. *(fig)* umgarnen; 2. *(cabello)* verfilzen
enredarse [enrre'ðarse] *v ~ en algo (fig)* sich in etw verstricken
enriquecer [enrrike'θɛr] *v irr* anreichern
enrojecimiento [enrroxeθi'mjento] *m* Erröten *n,* Rotwerden *n,* Rötung *f*
enrollado [enrrɔ'ʎaðo] *m ~ de carne* GAST Roulade *f*
enrollar [enrrɔ'ʎar] *v* einrollen, aufrollen
enronquecimiento [enrrɔŋkeθi'mjento] *m* MED Heiserkeit *f*
enroscar [enrrɔs'kar] *v* TECH einschrauben, festschrauben
enroscarse [enrrɔs'karse] *v* sich zusammenrollen
ensalada [ensa'laða] *f* Salat *m; ~ de frutas* Obstsalat *m; ~ mixta* gemischter Salat *m*
ensalzar [ensal'θar] *v* verherrlichen
ensanchamiento [ensantʃa'mjento] *m* Erweiterung *f*
ensanchar [ensan'tʃar] *v* ausweiten, dehnen, erweitern
ensanche [en'santʃe] *m* 1. Dehnung *f;* 2. *(ampliación)* Erweiterung *f;* 3. *(a lo ancho)* Verbreiterung *f,* Ausweitung *f*
ensangrentado [ensaŋgren'taðo] *adj* blutig
ensañado [ensa'ɲaðo] *adj* verbissen
ensayar [ensa'jar] *v* 1. *(tratar)* versuchen; 2. THEAT proben; 3. TECH prüfen
ensayo [en'sajo] *m* 1. *(composición)* Aufsatz *m,* Essay *n;* 2. *(intento)* Versuch *m;* 3. THEAT Probe *f; ~ general* Generalprobe *f*
enseguida [ense'ɣiða] *adv* sofort; *Voy ~.* Ich komme sofort.
ensenada [ense'naða] *f* 1. Bucht *f;* 2. GEOL Meerbusen *m*
enseñanza [ense'ɲanθa] *f* Unterricht *m,* Unterrichtswesen *n,* Lehre *f*
enseñar [ense'ɲar] *v* 1. unterrichten, beibringen, lehren; 2. *(mostrar, presentar)* vorzeigen, vorweisen, zeigen; *Enséñeme por favor donde está el mercado.* Zeigen Sie mir bitte, wo der Markt ist.
enseres [en'seres] *m/pl* Werkzeuge *pl,* Geräte *pl*
ensillar [ensi'ʎar] *v* satteln
ensimismado [ensimiz'maðo] *adj* gedankenverloren, selbstvergessen
ensombrecer [ensɔmbre'θɛr] *v irr* überschatten
ensordecedor [ensɔrðeθe'ðɔr] *adj* ohrenbetäubend
ensortijado [ensɔrti'xaðo] *adj* lockig
ensuciamiento [ensuθja'mjento] *m* Verschmutzung *f,* Verunreinigung *f*
ensuciar [ensu'θjar] *v* beschmutzen, verschmutzen, verunreinigen
entablado [enta'βlaðo] *m* Podest *n*
entalladura [entaʎa'ðura] *f* Kerbe *f*
entender [enten'dɛr] *v irr* begreifen, verstehen, einsehen; *¿Entiende usted?* Verstehen Sie? *No lo entiendo.* *Das verstehe ich nicht.*
entenderse [enten'derse] *v irr* sich verstehen; *~ bien con alguien* sich mit jdm gut vertragen
entendido [enten'diðo] *m* Kenner *m*
entendimiento [entendi'mjento] *m* Verstand *m*
enteramente [entera'mente] *adv* vollkommen, vollständig, völlig
enterarse [ente'rarse] *v ~ de algo* etw zur Kenntnis nehmen, etw erfahren
entereza [ente'reθa] *f* Charakterstärke *f*
enternecedor [entɛrneθe'ðɔr] *adj* rührend, ergreifend
enternecer [entɛrne'θɛr] *v irr* ergreifen, rühren
entero [en'tero] *adj* 1. vollständig, völlig, ganz, voll; 2. *(de carácter, de voz)* fest; 3. *(relativo a la persona)* gesund, kräftig, aufrichtig, redlich
enterrar [ente'rrar] *v irr* beerdigen, begraben, bestatten
entierro [en'tjɛrro] *m* Beerdigung *f,* Begräbnis *n,* Beisetzung *f*
entonación [entona'θjɔn] *f* Tonfall *m*
entonces [en'tɔnθes] *adv* 1. damals, zu jener Zeit, dann; *de ~* damalig; *desde ~* seitdem; 2. *(siendo así)* dann
entornar [entɔr'nar] *v* 1. *(los ojos)* halb schließen; 2. *(la puerta, la ventana)* anlehnen
entornillar [entɔrni'ʎar] *v* schrauben

entorno [en'tɔrno] *m* Umgebung *f*, Umwelt *f*, Umfeld *n*
entorpecer [entɔrpe'θer] *v irr* behindern, hemmen, stören
entrada [en'traðа] *f* **1.** Eingang *m*, Zugang *m*, Zutritt *m*; *~ a escena* THEAT Auftritt *m*; *~ de artistas* Bühneneingang *m*; *~ principal* Haupteingang *m*; *~ prohibida* Hausverbot *n*; **2.** *(comienzo)* Beginn *m*, Anfang *m*; *~ en funciones* Dienstantritt *m*; *~ en vigor* Inkrafttreten *n*; **3.** *(para vehículos)* Auffahrt *f*, Einfahrt *f*; **4.** *(billete)* Eintrittskarte *f*; *~ para niños* Eintrittskarte für Kinder *f*; **5.** ECO Einnahme *f*; **6.** *(en la frontera)* Einreise *f*; **7.** *~ en acción* MIL Einsatz *m*; **8.** INFORM Eingabe *f*; **9.** GAST Vorspeise *f*
entrado [en'traðo] *adj ~ en años* bejahrt
entrañable [entra'ɲaβle] *adj* innig
entrañas [en'traɲas] *f/pl* ANAT Eingeweide *pl*, Körperinneres *n*
entrar [en'trar] *v* **1.** hereinkommen, hineingehen, betreten; **2.** *~ en (sin permiso)* eindringen in; **3.** *(el día, la noche)* anbrechen
entre ['entre] *prep* unter, zwischen, bei; *~ sí* untereinander
entrecortado [entrekɔr'taðo] *adj* stockend, holperig
entrega [en'treɣa] *f* **1.** *(despacho)* Ablieferung *f*, Abgabe *f*, Zustellung *f*; *~ por expreso* Eilzustellung *f*; *hacer ~* zustellen; **2.** *(dar)* Überlassung *f*, Überreichung *f*; *hacer ~ de* überreichen; **3.** *(con sacrificio personal)* Hingabe *f*
entregar [entre'ɣar] *v* **1.** *(despachar)* abliefern, abgeben, zustellen; **2.** *(dar)* überbringen, übergeben, überreichen, einreichen; *~ en mano* aushändigen
entrelazar [entrela'θar] *v* einflechten
entremeses [entre'meses] *m/pl* GAST Vorspeise *f*
entremezclar [entremeθ'klar] *v* vermischen, untermischen, mischen
entrenador(a) [entrena'ðɔr/entrena'ðora] *m/f* Trainer(in) *m/f*
entrenamiento [entrena'mjento] *m* Übung *f*, Schulung *f*, Training *n*
entrenar [entre'nar] *v* anlernen, trainieren
entresacar [entresa'kar] *v* aussondern
entretanto [entre'tanto] *adv* inzwischen, mittlerweile, unterdessen
entretener [entrete'nɛr] *v irr* animieren, unterhalten; *~ a alguien* jdn hinhalten
entretenerse [entrete'nɛrse] *v irr* sich unterhalten, sich beschäftigen
entretenimiento [entreteni'mjento] *m* **1.** Beschäftigung *f*, Zeitvertreib *m*, Unterhaltung *f*; **2.** TECH Wartung *f*
entretiempo [entre'tjempo] *m* Übergangszeit *f*, Vorsaison *f*, Nachsaison *f*
entrever [entre'βɛr] *v irr* ahnen
entrevista [entre'βista] *f* Interview *n*, Befragung *f*
entrevistar [entreβis'tar] *v* befragen, interviewen
entrevistarse [entreβis'tarse] *v ~ con alguien* mit jdm zusammentreffen, sich mit jdm besprechen, mit jdm ein Gespräch führen
entristecer [entriste'θɛr] *v irr* bekümmern
entristecerse [entriste'θɛrse] *v irr ~ de/~ por* sich grämen über
entrometerse [entrome'terse] *v* sich einmischen
entumecer [entume'θɛr] *v irr* lähmen
enturbiar [entur'βjar] *v* trüben
entusiasmado [entusjaz'maðo] *adj* begeistert, lebhaft
entusiasmar [entusjaz'mar] *v ~ a alguien* jdn begeistern
entusiasmarse [entusjaz'marse] *v* sich begeistern
entusiasmo [entu'sjazmo] *m* Begeisterung *f*, Eifer *m*
enumerar [enume'rar] *v* nummerieren, aufzählen
enunciar [enun'θjar] *v* kurz äußern, darlegen, aussprechen
envasar [emβa'sar] *v* verpacken
envase [em'βase] *m* Verpackung *f*; *~ de vuelta* Leergut *n*; *~ no retornable* Einwegverpackung *f*
envejecer [emβɛxe'θɛr] *v irr* altern, ergrauen
envejecido [emβɛxe'θiðo] *adj* veraltet, gealtert
envenenamiento [emβenena'mjento] *m* MED Vergiftung *f*
envenenar [emβene'nar] *v* vergiften
envergadura [emβɛrɣa'ðura] *f* **1.** ZOOL

Spannweite *f;* 2. *TECH* Spannweite *f;* 3. *(alcance, consecuencias)* Tragweite *f;* *Esto es un problema de gran ~.* Dies ist ein Problem von großer Tragweite.

envés [em'βes] *m* Rückseite *f*

enviado [em'βjaðo] *m ~ especial POL* Abgesandter *m*

enviar [em'βjar] *v* 1. abschicken, zuschicken, versenden, einsenden; *~ por telefax* faxen; 2. *(un recado)* übermitteln; 3. *ECO* befördern; 4. *(entregar)* aufgeben

envidia [em'βiðja] *f* Neid *m,* Missgunst *f*

envidiable [emβi'ðjaβle] *adj* beneidenswert

envidiar [emβi'ðjar] *v* beneiden; *no ~ algo a alguien* jdm etw gönnen

envidioso [emβi'ðjoso] *adj* neidisch, missgünstig

envío [em'βio] *m* 1. Absendung *f,* Versendung *f,* Zustellung *f,* Versand *m; ~ por expreso* Expressgut *n;* 2. *(entrega)* Aufgabe *f,* Übermittlung *f;* 3. *ECO* Beförderung *f*

envoltura [emβɔl'tura] *f* Hülle *f,* Umhüllung *f,* Packung *f*

envolver [emβɔl'βɛr] *v irr* einpacken, umwickeln, einwickeln; *~ a alguien en* jdn hineinziehen in

epa ['epa] *interj* he!/hallo!/auf!

épica ['epika] *f* Epik *f,* erzählende Dichtung *f*

épico ['epiko] *adj* episch

epidemia [epi'ðemja] *f MED* Epidemie *f,* Seuche *f*

epígrafe [e'piɣrafe] *m* Inschrift *f*

epílogo [e'piloɣo] *m* 1. *THEAT* Nachspiel *n;* 2. *(postdata, resumen)* Nachwort *n,* Epilog *m*

episcopal [episko'pal] *adj REL* bischöflich

episodio [epi'soðjo] *m* Episode *f*

época ['epoka] *f* Zeit *f,* Epoche *f,* Periode *f; ~ brillante* Glanzzeit *f; ~ de posguerra HIST* Nachkriegszeit *f; ~ de preguerra HIST* Vorkriegszeit *f; ~ glacial HIST* Eiszeit *f*

equilibrado [ekili'βraðo] *adj* ausgeglichen

equilibrar [ekili'βrar] *v* 1. ausgleichen, balancieren; 2. *TECH* auswuchten

equilibrio [eki'liβrjo] *m* 1. Gleichgewicht *n;* 2. *(fig)* Ausgeglichenheit *f*

equino [e'kino] *adj* Pferde...

equipaje [eki'paxe] *m* Gepäck *n*

equipar [eki'par] *v* ausrüsten

equiparación [ekipara'θjɔn] *f* Gleichstellung *f*

equiparado [ekipa'raðo] *adj ~ a* gleichgestellt mit

equipo [e'kipo] *m* 1. Ausrüstung *f,* Ausstattung *f; ~ de camping* Campingausrüstung *f; ~ estéreo* Stereoanlage *f;* 2. *(delegación)* Besatzung *f,* Equipe *f;* 3. *SPORT* Mannschaft *f; ~ olímpico* Olympiamannschaft *f*

equitación [ekita'θjɔn] *f* Reiten *n,* Reitkunst *f,* Reitsport *m*

equitativo [ekita'tiβo] *adj* recht und billig, gerecht, rechtlich denkend

equivalente [ekiβa'lente] *m* Gegenstück *n*

equivocación [ekiβoka'θjɔn] *f* Irrtum *m,* Missverständnis *n,* Verwechslung *f*

equivocado [ekiβo'kaðo] *adj* falsch, irrtümlich, verkehrt

equivocarse [ekiβo'karse] *v* sich irren, sich täuschen; *Me he equivocado.* Ich habe mich verwählt. *Usted se ha equivocado al contar.* Sie haben sich verzählt! *~ al escribir* sich verschreiben; *~ al hablar* sich versprechen; *~ en el cálculo* sich verrechnen

era ['era] *f* 1. Zeitalter *n;* 2. *(área) BOT* Beet *n*

eremita [ere'mita] *m* Eremit *m*

ergotista [ɛrɣo'tista] *adj* rechthaberisch

erguido [ɛr'ɣiðo] *adj* aufrecht

erigir [eri'xir] *v* aufrichten

erizarse [eri'θarse] *v* sich sträuben

erizo [e'riθo] *m ZOOL* Igel *m; ~ de mar* Seeigel *m*

ermita [ɛr'mita] *f* Wallfahrtskirche *f,* Einsiedelei *f*

ermitaño [ɛrmi'taɲo] *m* 1. Einsiedler *m;* 2. *ZOOL* Einsiedlerkrebs *m*

erótico [e'rotiko] *adj* erotisch

erotismo [ero'tizmo] *m* Erotik *f*

erradicar [ɛrraði'kar] *v* ausrotten

errar [ɛ'rrar] *v irr* verfehlen

erróneo [ɛ'rrɔneo] *adj* ungenau, verkehrt, fälschlich

error [ɛ'rrɔr] *m* Fehler *m,* Irrtum *m,* Missgriff *m; ~ de imprenta* Druckfeh-

ler *m; ~ judicial* Justizirrtum *m; ~ mecanográfico* Tippfehler *m*
eructar [eruk'tar] *v* rülpsen
erudito [eru'ðito] *m* **1.** Gelehrter *m; adj* **2.** gelehrt
erupción [erup'θjɔn] *f* **1.** Ausbruch *m; ~ volcánica* Vulkanausbruch *m;* **2.** *~ cutánea MED* Hautausschlag *m*

E

esa ['esa] *pron* **1.** diese; **2.** *(aquella)* jene
esbelto [ez'βɛlto] *adj* schlank
esbozo [ez'βoθo] *m* Umriss *m,* Entwurf *m*
escabeche [eska'βetʃe] *m GAST* Marinade *f*
escabino [eska'βino] *m JUR* Schöffe *m*
escabroso [eska'βroso] *adj* schroff
escala [es'kala] *f* **1.** Maßstab *m,* Skala *f; hacer ~* anlegen; *a ~* maßstabgerecht; **2.** *MUS* Tonleiter *f;* **3.** *(parada)* Zwischenlandung *f*
escalafón [eskala'fɔn] *m* Rangliste *f*
escalera [eska'lera] *f* Leiter *f,* Treppe *f; ~ de caracol* Wendeltreppe *f; ~ de incendios* Feuertreppe *f; ~ mecánica* Rolltreppe *f*
escalofriante [eskalo'frjante] *adj* gruselig, unheimlich
escalofrío [eskalo'frio] *m* **1.** Schauer *m;* **2.** *~s pl* Gänsehaut *f;* **3.** *~s pl MED* Schüttelfrost *m; Tengo ~s.* Ich habe Schüttelfrost.
escalonamiento [eskalona'mjento] *m* Abstufung *f,* Staffelung *f*
escalonar [eskalo'nar] *v* abstufen
escalope [eska'lope] *m GAST* Schnitzel *n*
escama [es'kama] *f ZOOL* Schuppe *f*
escamotear [eskamote'ar] *v* kaschieren
escándalo [es'kandalo] *m* **1.** Skandal *m,* Anstoß *m,* Aufsehen *n;* **2.** *(ruido)* Radau *m,* Szene *f*
escandaloso [eskanda'loso] *adj* skandalös, unerhört
Escandinavia [eskandi'naβja] *f GEO* Skandinavien *n*
escapada [eska'paða] *f* Eskapade *f,* Abstecher *m; hacer una ~* einen Abstecher machen
escapar [eska'par] *v* flüchten, fliehen
escaparate [eskapa'rate] *m* Schaufenster *n,* Auslage *f*
escaparse [eska'parse] *v* **1.** ausbrechen, entkommen; **2.** *(fugarse)* austreten, entweichen
escape [es'kape] *m* **1.** Flucht *f,* Entrinnen *n;* **2.** *(derrame)* Leck *n;* **3.** *TECH* Auspuff *m*
escápula [es'kapula] *f ANAT* Schulterblatt *n*
escarabajo [eskara'βaxo] *m ZOOL* Käfer *m; ~ de San Juan* Junikäfer *m*
escaramujo [eskara'muxo] *m BOT* Hagebutte *f*
escaramusa [eskara'musa] *f* Geplänkel *n,* Scharmützel *n*
escarcha [es'kartʃa] *f* Raureif *m*
escardar [eskar'ðar] *v* jäten
escarlata [eskar'lata] *adj* scharlachrot
escarmiento [eskar'mjento] *m* **1.** Züchtigung *f,* Lehre *f;* **2.** *(fig)* abschreckendes Beispiel *n*
escarpado [eskar'paðo] *adj* steil, abschüssig, jäh
escasamente [eskasa'mente] *adv* knapp, spärlich
escasez [eska'seθ] *f* **1.** Not *f;* **2.** *(carencia) ~ de* Knappheit an *f,* Verknappung an *f; ~ de agua potable* Trinkwasserknappheit *f; ~ de personal* Personalmangel *m*
escaso [es'kaso] *adj* knapp, spärlich, dürftig
escena [es'θena] *f* Szene *f; poner en ~* inszenieren
escenario [esθe'narjo] *m* Schauplatz *m,* Szenerie *f*
escenografía [esθenoɣra'fia] *f THEAT* Bühnenbild *n*
escepticismo [esθepti'θizmo] *m* Skepsis *f*
escéptico [es'θɛptiko] *adj* skeptisch
esclava [es'klaβa] *f* Sklavin *f*
esclavitud [esklaβi'tuð] *f* Sklaverei *f*
esclavo [es'klaβo] *m* Sklave *m; ser el ~ de alguien* jdm verfallen sein
escoba [es'koβa] *f* Kehrbesen *m,* Besen *m*
escobilla [esko'βiʎa] *f* Bürste *f*
escocés [esko'θes] *adj* **1.** schottisch; *m* **2.** Schotte *m*
Escocia [es'koθja] *f GEO* Schottland *n*
escoger [eskɔ'xɛr] *v* **1.** aussuchen, wählen; *sin ~* wahllos; **2.** *(separar)* aussondern, aussortieren, heraussuchen

escolar [esko'lar] *adj* schulisch, Schul…
escolta [es'kolta] *f* Eskorte *f*, Geleitschutz *m*
escollo [es'koʎo] *m* Klippe *f*
escombrera [eskɔm'brera] *f* Mülldeponie *f*, Schutthalde *f*
escombros [es'kɔmbros] *m/pl* Trümmer *pl*, Schutt *m*
esconder [eskɔn'dɛr] *v* verdecken, verstecken, verbergen
esconderse [eskɔn'dɛrse] *v* sich verstecken
escondido [eskɔn'diðo] *adj* verborgen, geheim
escondite [eskɔn'dite] *m* Versteck *n*; *jugar al ~* Verstecken spielen
escopeta [esko'peta] *f* Gewehr *n*, Flinte *f*
escora [es'kora] *f* Schlagseite *f*
escorpión [eskɔr'pjɔn] *m* ZOOL Skorpion *m*
escote [es'kote] *m* Ausschnitt *m*, Dekolletee *n*
escotilla [esko'tiʎa] *f* NAUT Luke *f*, Schiffsluke *f*
escribano [escri'βano] *m* Notar *m*, Urkundsbeamter *m*, Amtsschreiber *m*
escribir [eskri'βir] *v irr* schreiben; *~ a máquina* tippen
escrito [es'krito] *m* **1.** Schreiben *n*, Niederschrift *f*, Schriftstück *n*; *~ acusatorio* Anklageschrift *f*; *~ de candidatura* Bewerbungsschreiben *n*; *adj* **2.** schriftlich, geschrieben; *~ a mano* handschriftlich
escritor(a) [eskri'tɔr/eskri'tora] *m/f* Schriftsteller(in) *m/f*, Dichter(in) *m/f*; *~ dramático/-a* Dramatiker(in) *m/f*
escritorio [eskri'torjo] *m* Schreibtisch *m*
escritura [eskri'tura] *f* **1.** Handschrift *f*, Schrift *f*; *~ al tacto* Blindenschrift *f*; *Sagrada Escritura* Heilige Schrift *f*; **2.** *~s pl (escrito)* Schriftstück *n*
escrúpulo [es'krupulo] *m* Skrupel *m*; *falta de ~s* Skrupellosigkeit *f*; *sin ~s* bedenkenlos, gewissenlos, hemmungslos, skrupellos
escrupulosidad [eskrupulosi'ðað] *f* Gewissenhaftigkeit *f*
escrupuloso [eskrupu'loso] *adj* gewissenhaft, peinlich, penibel
escrutinio [eskru'tinjo] *m* POL Stimmzählung *f*
escuálido [es'kwaliðo] *adj* mager
escualo [es'kwalo] ZOOL Hai(fisch) *m*
escucha [es'kutʃa] *m* **1.** MIL Späher *m*, Scout *m*; *f* **2.** Zuhören *n*; *estar a la ~* ganz Ohr sein
escuchar [esku'tʃar] *v* anhören, zuhören, hören; *~ secretamente* belauschen
escudo [es'kuðo] *m* Schild *n*
escuela [es'kwela] *f* Schule *f*; *~ de enseñanza básica* Hauptschule *f*; *~ de formación profesional* Berufsschule *f*; *~ de idiomas* Sprachenschule *f*; *~ nocturna* Abendschule *f*; *~ preparatoria* Vorschule *f*; *~ primaria* Grundschule *f*; *~ superior* Hochschule *f*
escueto [es'kweto] *adj* einfach, schmucklos
esculpir [eskul'pir] *v* **1.** behauen, hauen, meißeln; **2.** *(en mármol)* aushauen, bearbeiten; **3.** *(en madera)* schnitzen
escultor(a) [eskul'tɔr/eskul'tora] *m/f* Bildhauer(in) *m/f*
escultura [eskul'tura] *f* ART Skulptur *f*
escupir [esku'pir] *v* ausspucken, spucken
escurridizo [eskurri'ðiθo] *adj* glitschig
escurrir [esku'rrir] *v* abtropfen, austropfen, auslaufen
escúter [es'kuter] *m* Motorroller *m*
ese ['ese] *pron* **1.** diese(r,s); *en ~ mismo lugar* genau an diesem Ort; **2.** *(aquel)* jene(r,s)
ése ['ese] *pron* jene(r, s)
esencia [e'senθja] *f* Inbegriff *m*, Kern *m*
esencial [esen'θjal] *adj* **1.** wesentlich; *m* **2.** *lo ~* die Hauptsache *f*
esfera [es'fera] *f* **1.** Sphäre *f*; *~ de acción* Betätigungsfeld *n*, Wirkungsbereich *m*; *~ íntima* Intimsphäre *f*; **2.** *(de un reloj)* Zifferblatt *n*; **3.** MATH Kugel *f*
esforzarse [esfɔr'θarse] *v irr* sich anstrengen, sich bemühen; *~ excesivamente* sich überanstrengen
esfuerzo [es'fwɛrθo] *m* **1.** Anstrengung *f*, Bemühung *f*, Mühe *f*; *hacer un ~* sich aufraffen, sich zusammennehmen; *sin ~* mühelos; **2.** *(carga)* Belastung *f*, Beanspruchung *f*
esgrima [ez'ɣrima] *m* SPORT Fechten *n*
eslabón [ezla'βɔn] *m* Glied *n*

E

Eslovaquia [ezlo'βakja] *f GEO* Slowakei *f*
esmalte [ez'malte] *m* Emaille *f*
esmerado [ezme'raðo] *adj* akkurat, ordentlich
esmeralda [ezme'ralda] *f MIN* Smaragd *m*
esmerarse [ezme'rarse] *v* sich anstrengen
esmero [ez'mero] *m* Gewissenhaftigkeit *f*
esmoquin [ez'mokin] *m* Smoking *m*
eso ['eso] *pron* **1.** diese(r,s); *por ~* daher; **1.** *(aquello)* jene(r,s)
esófago [e'sofaɣo] *m ANAT* Speiseröhre *f*
espacial [espa'θjal] *adj* räumlich
espacio [es'paθjo] *m* **1.** Platz *m,* Zwischenraum *m,* Raum *m; en el ~* räumlich; *~ de tiempo* Zeitraum *m;* **2.** *~ interplanetario ASTR* Weltraum *m,* Weltall *n,* All *n;* **3.** *~s naturales protegidos pl* Naturschutzgebiet *n*
espacioso [espa'θjoso] *adj* **1.** breit, großzügig; **2.** *(un jardín)* großzügig angelegt; **3.** *(un lugar)* geräumig
espada [es'paða] *f* Degen *m,* Schwert *n*
espalda [es'palda] *f ANAT* Rücken *m*
España [es'paɲa] *f GEO* Spanien *n*
español [espa'ɲɔl] *adj* **1.** spanisch; *m* **2.** *(persona)* Spanier *m;* **3.** *(idioma)* Spanisch *n*
espantadizo [espanta'ðiθo] *adj* schreckhaft, scheu
espantado [espan'taðo] *adj* entsetzt
espantar [espan'tar] *v* entsetzen, verscheuchen, verjagen
espantarse [espan'tarse] *v* sich scheuen
espantoso [espan'toso] *adj* schrecklich, schauderhaft, fürchterlich, erschreckend
esparcido [espar'θiðo] *adj* zerstreut
esparcir [espar'θir] *v* verstreuen
espárrago [es'parrago] *m BOT* Spargel *m; mandar a freír ~s (fig)* zum Teufel schicken
espasmo [es'pazmo] *m MED* Krampf *m*
espasmódico [espaz'moðiko] *adj* krampfhaft
especia [es'peθja] *f* **1.** Würze *f;* **2.** *~s pl* Gewürze *pl*
especial [espe'θjal] *adj* extra, speziell
especialidad [espeθja'liðað] *f* **1.** Spezialität *f;* **2.** *(ramo de ~)* Zweig *m,* Fachgebiet *n,* Bereich *m*
especialista [espeθja'lista] *m/f* **1.** Spezialist(in) *m/f;* **2.** *médico ~/médica ~* Facharzt/Fachärztin *m/f*
especializado [espeθjali'θaðo] *adj* fachlich
especializarse [espeθjali'θarse] *v ~ en* sich spezialisieren auf
especie [es'peθje] *f* Sorte *f*
especificación [espeθifika'θjɔn] *f* Spezifizierung *f*
específicamente [espeθifika'mente] *adv* spezifisch, ausdrücklich, genau bestimmt
especificar [espeθifi'kar] *v* spezifizieren
específico [espe'θifiko] *adj* spezifisch
espectacular [espɛktaku'lar] *adj* effektvoll, spektakulär
espectáculo [espɛk'takulo] *m* Schauspiel *n,* Show *f*
espectador(a) [espɛkta'ðɔr/espɛkta'ðora] *m/f* **1.** Zuschauer(in) *m/f;* **2.** *THEAT* Theaterbesucher(in) *m/f*
espectro [es'pɛktro] *m* **1.** Spektrum *n;* **2.** *(fantasma)* Spuk *m,* Geist *m,* Gespenst *n*
especulación [espekula'θjɔn] *f* Spekulation *f*
especulador(a) [espekula'ðɔr/espekula'ðora] *m/f FIN* Spekulant(in) *m/f*
especular [espeku'lar] *v* **1.** *~ sobre* rätseln über; **2.** *FIN* spekulieren
espejo [es'pɛxo] *m* Spiegel *m*
espeluznar [espeluθ'nar] *v irr* sich sträuben, sich entsetzen
espera [es'pera] *f* Erwartung *f*
esperanza [espe'ranθa] *f* Hoffnung *f,* Aussicht *f; tener la ~ de* Hoffnung haben; *sin ~* aussichtslos, hoffnungslos; *lleno de ~* hoffnungsvoll
esperar [espe'rar] *v* **1.** erhoffen, abwarten, erwarten, hoffen; **2.** *~ a alguien* auf jdn warten; *Espere, por favor.* Warten Sie bitte.
esperma [es'pɛrma] *m BIO* Sperma *n,* Samen *m*
espeso [es'peso] *adj* **1.** dickflüssig; **2.** *(duro)* fest
espesor [espe'sor] *m* Dicke *f,* Stärke *f,* Dichte *f*

espesura [espe'sura] *f* 1. Dichtkeit *n;* 2. PHYS Dichte *f*
espía [es'pia] *m/f* Spion *m,* Spitzel *m*
espiar [espi'ar] *v* ausspionieren, spionieren, belauschen
espina [es'pina] *f* 1. BOT Stachel *m,* Dorn *m;* 2. *~ dorsal* ANAT Rückgrat *n;* 3. *~ de pescado* Fischgräte *f,* Gräte *f*
espinaca [espi'naka] *f* BOT Spinat *m*
espinoso [espi'noso] *adj* dornig, stachelig
espionaje [espjo'naxe] *m* Spionage *f*
espiral [espi'ral] *f* Spirale *f; en forma de ~* spiralförmig
espirar [espi'rar] *v (expirar)* ausatmen
espíritu [es'piritu] *m* Geist *m; ~ aventurero* Abenteuerlust *f; ~ emprendedor* Tatendrang *m*
espiritual [espiri'twal] *adj* geistlich
espléndido [es'plendiðo] *adj* 1. herrlich, stattlich; 2. *(generoso)* großzügig
espliego [es'pljeɣo] *m* BOT Lavendel *m*
esponja [es'pɔŋxa] *f* Schwamm *m*
espontaneidad [espɔntaneĭ'ðað] *f* Spontaneität *f*
espontáneo [espɔn'taneo] *adj* spontan, unaufgefordert, ungezwungen
esposa[1] [es'posa] *f* Ehefrau *f,* Gemahlin *f,* Gattin *f,* Frau *f*
esposa[2] [es'posa] *f ~s pl* Handschellen *pl*
esposo [es'poso] *m* Ehemann *m,* Mann *m,* Gemahl *m,* Gatte *m*
espuma [es'puma] *f* Schaum *m; hacer ~* schäumen; *~ de afeitar* Rasierschaum *m*
espumar [espu'mar] *v* schäumen
esputo [es'puto] *m* Spucke *f*
esqueleto [eske'leto] *m* ANAT Skelett *n,* Knochengerüst *n,* Gerippe *n*
esquema [es'kema] *m* Schema *n*
esquemático [eske'matiko] *adj* schematisch
esquí [es'ki] *m* SPORT Ski *m; ~ acuático* Wasserski *m*
esquiador(a) [eskja'ðɔr/eskja'ðora] *m/f* SPORT Skifahrer(in) *m/f*
esquiar [eski'ar] *v* SPORT Ski fahren
esquimal [eski'mal] *m* Eskimo *m*
esquina [es'kina] *f* 1. Ecke *f;* 2. *(borde, punta)* Kante *f*
esquinado [eski'naðo] *adj* eckig, kantig
esquivar [eski'βar] *v* ausweichen
esquivarse [eski'βarse] *v* sich drücken; *Alberto siempre se esquivaba de limpiar la casa.* Alberto drückte sich immer davor, die Wohnung zu putzen.
esquivo [es'kiβo] *adj* finster
esquizofrenia [eskiθo'frenja] *f* MED Schizophrenie *f*
ésta ['esta] *pron ~/éste/ésto* diese(r,s)
esta ['esta] *pron* diese(r,s)
estabilidad [estaβili'ðað] *f* Stabilität *f*
estabilizar [estaβili'θar] *v* stabilisieren
estable [es'taβle] *adj* dauerhaft, gleich bleibend, stabil
establecer [estaβle'θɛr] *v irr* ansiedeln, errichten
establecerse [estaβle'θɛrse] *v irr* 1. *(en algún lugar)* sich niederlassen, sich ansiedeln; 2. *(en la sociedad)* sich etablieren
establecimiento [estaβleθi'mjento] *m* 1. Gründung *f,* Niederlassung *f,* Anstalt *f;* 2. ECO Betrieb *m; ~ especializado* Fachgeschäft *n*
establo [es'taβlo] *m* Stall *m*
estaca [es'taka] *f* Pfahl *m*
estación [esta'θjɔn] *f* 1. *(del año)* Jahreszeit *f;* 2. *(de trenes)* Bahnhof *m,* Station *f; ~ central* Hauptstation *f; ~ final* Endstation *f;* 3. *~ de radiodifusión* Rundfunk *m*
estacionar [estaθjo'nar] *v* parken
estadio [es'taðjo] *m* 1. Stadium *n; ~ inicial* Anfangsstadium *n;* 2. SPORT Stadion *n*
estadista [esta'ðista] *m* POL Staatsmann *m*
estadística [esta'ðistika] *f* 1. Erfassung *f;* 2. MATH Statistik *f*
estadístico [esta'ðistiko] *adj* statistisch
estado [es'taðo] *m* 1. Verfassung *f,* Zustand *m; en ~* schwanger; *~ de emergencia* Notstand *m; ~ de salud* Gesundheitszustand *m,* Befinden *n; ~ mental* Geisteszustand *m; ~ natural* Naturzustand *m;* 2. *(situación)* Status *m,* Stand *m; ~ civil* Familienstand *m; ~ de la cuenta* FIN Kontostand *m;* 3. POL Staat *m,* Gemeinwesen *n;* 4. *Estado Mayor* MIL Generalstab *m,* Stab *m;* 5. *Estados Unidos de Norteamérica pl* GEO Vereinigte Staaten von Amerika *pl*

E

E

estafa [es'tafa] *f* Schwindel *m*
estafador(a) [estafa'ðɔr/estafa'ðora] *m/f* Betrüger(in) *m/f*, Gauner(in) *m/f*, Hochstapler(in) *m/f*
estafar [esta'far] *v* ~ *a alguien* jdn hereinlegen, jdn betrügen
estallar [esta'ʎar] *v* **1.** explodieren, knallen; *hacer* ~ sprengen; **2.** *(empezar)* ausbrechen; **3.** *(fig: reventar)* bersten
estallido [esta'ʎiðo] *m* **1.** Knall *m*; **2.** *(comienzo)* Ausbruch *m*
estampa [es'tampa] *f* **1.** Bild *n*; **2.** REL Heiligenbild *n*
estancamiento [estaŋka'mjento] *m* **1.** Stockung *f*, Stillstand *m*; **2.** ECO Stagnation *f*
estancar [estaŋ'kar] *v* **1.** stocken, stauen; **2.** ECO stagnieren
estancia [es'tanθja] *f* Aufenthalt *m*; *¡Que tenga una ~ agradable!* Angenehmen Aufenthalt! *Deseo prolongar mi ~.* Ich möchte meinen Aufenthalt verlängern.
estandarizado [estandari'θaðo] *adj* genormt
estandarte [estan'darte] *m* Banner *n*, Standarte *f*
estanque [es'taŋke] *m* Teich *m*, Weiher *m*
estantería [estante'ria] *f* Bücherregal *n*, Regal *n*
estar [es'tar] *v irr* **1.** *(estado)* sein; *Estoy cansado.* Ich bin müde. *Estoy enfermo.* Ich bin krank. **2.** *(en un lugar)* sich befinden, sein; *¿Dónde está la salida?* Wo ist der Ausgang? *Estoy aquí en el centro de la ciudad.* Ich befinde mich hier in der Stadtmitte.
estatal [esta'tal] *adj* staatlich
estático [es'tatiko] *adj* statisch; *estar ~* ruhen
estatificación [estatifika'θjɔn] *f* POL Verstaatlichung *f*
estatua [es'tatwa] *f* **1.** Standbild *n*, Statue *f*; **2.** ART Figur *f*
estatura [esta'tura] *f* Körpergröße *f*, Größe *f*, Statur *f*, Wuchs *m*
estatuto [esta'tuto] *m* JUR Satzung *f*, Statut *n*
este[1] ['este] *m* Osten *m*; *del ~* östlich; *al ~ de* im Osten von
este[2] ['este] *art* **1.** dieser, der; *pron* **2.** dieser
estenografía [estenoɣra'fia] *f* *(taquigrafía)* Stenografie *f*
estepa [es'tepa] *f* GEO Steppe *f*
estereotipado [estereoti'paðo] *adj* stereotyp
estéril [es'teril] *adj* BIO unfruchtbar, steril
esterilizar [esterili'θar] *v* sterilisieren
estética [es'tetika] *f* Ästhetik *f*
esteticista [esteti'θista] *f* Kosmetikerin *f*
estético [es'tetiko] *adj* ästhetisch
estibar [es'tiβar] *v* verstauen, stauen, stapeln
estilo [es'tilo] *m* Stil *m*; *~ arquitectónico* Baustil *m*
estima [es'tima] *f* Wertschätzung *f*, Schätzung *f*
estimable [esti'maβle] *adj* achtbar
estimación [estima'θjɔn] *f* **1.** Wertschätzung *f*, Schätzung *f*; **2.** ECO Überschlag *m*
estimado [esti'maðo] *adj* **1.** beliebt; **2.** *(de gran valor)* wert; *¡Estimados señores!* Sehr geehrte Damen und Herren!
estimar [esti'mar] *v* **1.** *(valorar, considerar)* schätzen, achten, werten; **2.** *(opinar)* meinen
estimular [estimu'lar] *v* **1.** anspornen, reizen, anregen; **2.** ECO anheizen, ankurbeln
estímulo [es'timulo] *m* Anregung *f*, Anreiz *m*, Ansporn *m*, Motivation *f*
estipulaciones [estipula'θjones] *f/pl* ECO Vertragsbestimmungen *pl*, Vereinbarungen *pl*
estirado [esti'raðo] *adj* gezogen, groß, ausgedehnt
estirar [esti'rar] *v* *(dilatar)* dehnen, strecken; *~ la piel quirúrgicamente* liften
estirarse [esti'rarse] *v* sich recken; *~ las piernas* sich die Beine vertreten
estirón [esti'rɔn] *m* Ruck *m*
estirpe [es'tirpe] *f* Stamm *m*, Geschlecht *n*, Herkunft *f*
esto ['esto] *pron* *(demonstrativo)* das, diese(r,s); *por ~* damit, hierdurch
estofar [esto'far] *v* GAST dünsten, dämpfen
estomacal [estoma'kal] *m* Magenbitter *m*
estómago [es'tomaɣo] *m* ANAT Magen *m*

estorbar [estɔr'βar] *v* stören, im Weg stehen
estornino [estɔr'nino] *m ZOOL* Star *m*
estornudar [estɔrnu'ðar] *v* niesen
estrado [es'traðo] *m* Podest *n,* Podium *n*
estrafalario [estrafa'larjo] *adj* **1.** *ir ~* auffällig gekleidet sein, ausgefallen gekleidet sein; *m* **2.** skurril gekleidete Person *f,* Sonderling *m*
estrangular [estraŋgu'lar] *v* **1.** erdrosseln, erwürgen; **2.** *MED* abbinden; **3.** *TECH* drosseln
estrategia [estra'tɛxja] *f* Strategie *f*
estrato [es'trato] *m* **1.** *GEO* Schicht *f;* **2.** *~ social* Gesellschaftsschicht *f*
estrechar [estre'tʃar] *v* **1.** einengen; **2.** *(apretujar)* drängen; *~ en los brazos a alguien* jdn an sich drücken
estrecharse [estre'tʃarse] *v* sich verengen
estrechez [estre'tʃɛθ] *f* Enge *f*
estrecho [es'tretʃo] *m* **1.** *GEO* Meerenge *f; Estrecho de Gibraltar* Meerenge von Gibraltar *f; adj* **2.** eng, beengt, schmal; *~ de miras* engstirnig; **3.** *(escaso)* knapp
estrella [es'treʎa] *f* **1.** *ASTR* Stern *m; ~ fugaz* Sternschnuppe *f;* **2.** *~ de mar ZOOL* Seestern *m;* **3.** *CINE* Star *m,* Diva *f*
estrellamar [estreʎa'mar] *f ZOOL* Seestern *m*
estrellarse [estre'ʎarse] *v* zerschellen, splittern
estremecedor [estremeθe'ðɔr] *adj* erschütternd
estremecimiento [estremeθi'mjento] *m* Schauer *m,* Erschütterung *f*
estreno [es'treno] *m* **1.** Debüt *n;* **2.** *THEAT* Erstaufführung *f,* Premiere *f*
estrés [es'tres] *m* Stress *m,* Belastung *f*
estribillo [estri'βiʎo] *m MUS* Kehrreim *m,* Refrain *m*
estribor [estri'βɔr] *adv a ~* steuerbord
estricto [es'trikto] *adj* streng, strikt
estrofa [es'trofa] *f MUS* Strophe *f*
estropajo [estro'paxo] *m* Tuch *n,* Scheuerlappen *m,* Lappen *m*
estropeado [estrope'aðo] *adj* **1.** kaputt; **2.** *(pasado)* verdorben
estropear [estrope'ar] **1.** *(fig: echar a perder)* verpfuschen, verkümmern; **2.** *(afear, arruinar)* verschandeln; **3.** *(deteriorar, herir)* lädieren
estropearse [estrope'arse] *v* **1.** *(dañarse)* kaputtgehen; **2.** *(alimentos)* verderben
estropeo [estro'peo] *m* Verschandelung *f*
estructura [estruk'tura] *f* Aufbau *m,* Struktur *f,* Gerüst *n; ~ ósea ANAT* Knochenbau *m*
estructuración [estruktura'θjɔn] *f* Gliederung *f*
estructural [estruktu'ral] *adj* strukturell
estructurar [estruktu'rar] *v* strukturieren
estrujar [estru'xar] *v* ausdrücken, auspressen, quetschen
estuche [es'tutʃe] *m* **1.** Etui *n,* Hülse *f; ~ del violín MUS* Geigenkasten *m;* **2.** *(armazón)* Gehäuse *n*
estuco [es'tuko] *m* Stuck *m*
estudiante [estu'ðjante] *m/f* Student(in) *m/f*
estudiar [estu'ðjar] *v* **1.** *(aprender)* erlernen; *Quisiera ~ español.* Ich möchte Spanisch lernen. *~ una carrera universitaria* studieren; **2.** *(investigar)* erforschen
estudio [es'tuðjo] *m* **1.** Studium *n;* **2.** *(investigación)* Erforschung *f;* **3.** *(cuarto de trabajo)* Atelier *n,* Studio *n*
estufa [es'tufa] *f* Ofen *m*
estupefacción [estupefaɣ'θjɔn] *f* Bestürzung *f,* Verblüffung *f,* Erstaunen *n,* Betäubung *f*
estupefaciente [estupefa'θjente] *m* Droge *f,* Rauschgift *n*
estupefacto [estupe'fakto] *adj* entgeistert, perplex
estupendo [estu'pendo] *adj* ausgezeichnet, toll; *¡Estupendo!* Klasse!
estupidez [estupi'ðeθ] *f* **1.** Blödsinn *m,* Dummheit *f;* **2.** *(apatía)* Stumpfsinn *m*
estupro [es'tupro] *m* Schändung *f,* Vergewaltigung *f*
etapa [e'tapa] *f* Etappe *f; por ~s* stufenweise, etappenweise
eternidad [etɛrni'ðað] *f* Ewigkeit *f*
eternizar [etɛrni'θar] *v* verewigen
eterno [e'tɛrno] *adj* ewig, zeitlos
ética ['etika] *f* Ethik *f*

E

ético ['etiko] *adj* sittlich, ethisch
etílico [e'tiliko] *adj* alkoholisch
Etiopía [etjo'pia] *f GEO* Äthiopien *n*
etiqueta [eti'keta] *f* Etikett *n*, Auszeichnung *f*; *poner ~* auszeichnen; *~ de precio* Preisschild *n*
étnico ['etniko] *adj* ethnisch
etnología [etnolo'xia] *f* Ethnologie *f*, Völkerkunde *f*
Eucaristía [eŭkaris'tia] *f REL* Eucharistie *f*, Abendmahl *n*
eureka [eŭ'reka] *interj* heureka!
euro ['eŭro] *m FIN* Euro *m*
eurobono [eŭro'βono] *m* Eurobond *m*
eurocheque [eŭro'tʃeke] *m FIN* Eurocheque *m*
Europa [eŭ'ropa] *f GEO* Europa *n*; *~ Central* Mitteleuropa *n*; *~ Occidental* Westeuropa *n*; *~ Oriental* Osteuropa *n*
europeo [eŭro'peo] *adj* **1.** europäisch; *m* **2.** Europäer *m*
evacuación [eβakwa'θjɔn] *f* Evakuierung *f*, Räumung *f*
evacuar [eβa'kwar] *v* **1.** ausräumen; **2.** *(desalojar)* räumen; **3.** *~ a alguien* jdn aussiedeln
evadir [eβa'ðir] *v* **1.** umgehen, ausweichen; **2.** *(fugarse)* entrinnen; **3.** *(emigrar)* abwandern
evaluable [eβa'lwaβle] *adj MATH* berechenbar
evaluación [eβalwa'θjɔn] *f* **1.** Auswertung *f*, Bewertung *f*; **2.** *(cálculo)* Berechnung *f*; **3.** *~ aproximativa ECO* Überschlag *m*
evaluar [eβa'lwar] *v* **1.** schätzen, bewerten; **2.** *(analizar)* auswerten
evangelio [eβaŋ'xeljo] *m REL* Evangelium *n*
evangelista [eβaŋxe'lista] *adj REL* evangelisch
evaporar [eβapo'rar] *v* verdampfen
evaporarse [eβapo'rarse] *v* verdunsten
evasión [eβa'sjɔn] *f* **1.** Ausbruch *m*; **2.** *~ de capitales ECO* Kapitalabfluss *m*
evasiva [eβa'siβa] *f* Ausrede *f*
eventual [eβen'twal] *adj* gelegentlich, etwaig, eventuell
evidencia [eβi'ðenθja] *f* **1.** Selbstverständlichkeit *f*, Eindeutigkeit *f*; *poner en ~* klarstellen, ans Licht bringen; **2.** *(prueba)* Beweis *m*
evidente [eβi'ðente] *adj* deutlich, eindeutig, offensichtlich
evitable [eβi'taβle] *adj* vermeidbar
evitación [eβita'θjɔn] *f* Vermeidung *f*
evitar [eβi'tar] *v* **1.** vermeiden, meiden, umgehen; **2.** *~ algo a alguien* jdm etw ersparen
evolución [eβolu'θjɔn] *f* **1.** Evolution *f*; **2.** *(desarrollo)* Entwicklung *f*, Werdegang *m*, Verlauf *m*; **3.** *(mejora)* Aufstieg *m*
evolucionar [eβoluθjo'nar] *v* verlaufen
ex [ɛks] *adj* bisherig, ehemalig; *~ marido* Exmann *m*; *~ mujer* Exfrau *f*
exacción [ɛɣsaɣ'θjɔn] *f ECO* Abgabe *f*
exactitud [ɛɣsakti'tuð] *f* Genauigkeit *f*, Exaktheit *f*
exacto [ɛɣ'sakto] *adj* genau, richtig, exakt; *ser ~* zutreffen
exagerado [ɛɣsaxe'raðo] *adj* übertrieben, übermäßig, überschwänglich
exagerar [ɛɣsaxe'rar] *v* übertreiben
examen [ɛɣ'samen] *m* **1.** Prüfung *f*, Examen *n*; *~ de admisión/~ de aptitud* Aufnahmeprüfung *f*; *~ de conducción* Fahrprüfung *f*; *~ de maestría* Meisterprüfung *f*; *~ oficial* Gesellenprüfung *f*; *~ escrito* Klausur *f*; *~ final* Abschlussprüfung *f*; **2.** *(inspección)* Untersuchung *f*; *~ médico* ärztliche Untersuchung *f*
examinación [ɛɣsamina'θjɔn] *f* **1.** *(control)* Überprüfung *f*; **2.** *(observación)* Beobachtung *f*
examinador(a) [ɛɣsamina'ðɔr/eɣsamina'ðora] *m/f* Prüfer(in) *m/f*
examinar [ɛɣsami'nar] *v* **1.** *(observar)* beobachten; **2.** *(inspeccionar)* nachsehen, untersuchen, einsehen; **3.** *(comprobar)* überprüfen; **4.** *(investigar)* erforschen; **5.** *MED* untersuchen
excarcelación [eskarθela'θjɔn] *f* Entlassung *f*
excavación [eskaβa'θjɔn] *f* Ausgrabung *f*
excavadora [eskaβa'ðora] *f TECH* Bagger *m*
excavar [eska'βar] *v* ausgraben
excedente [esθe'ðente] *m* **1.** Plus *n*, Überfluss *m*, Überschuss *m*; *adj* **2.** überschüssig
exceder [esθe'ðɛr] *v* übertreffen
excelencia [esθe'lenθja] *f* Herrlichkeit *f*; *por ~* vorzugsweise, par excellence

excelente [esθe'lente] *adj* ausgezeichnet, vortrefflich, vorzüglich
excéntrico [es'θentriko] *m* **1.** Außenseiter *m; adj* **2.** exzentrisch
excepción [esθεβ'θjɔn] *f* Ausnahme *f; por ~* ausnahmsweise; *sin ~* ausnahmslos
excepcional [esθεβθjo'nal] *adj* außergewöhnlich
excepcionalmente [esθεβθjonal'mente] *adv* ausnahmsweise
excepto [es'θεpto] *prep* außer, vorbehaltlich, ausgenommen
exceptuar [esθεp'twar] *v* eine Ausnahme machen, ausnehmen
excesivo [esθe'siβo] *adj* **1.** maßlos, überhöht, übermäßig; **2.** *(exorbitante)* unerschwinglich; **3.** *(abundante, lujoso)* üppig
exceso [es'θeso] *m* Ausschreitung *f*, Exzess *m*, Übermaß *n; ¿Cuánto debo pagar de ~ de equipaje?* Wie viel muss ich für das Übergepäck zahlen? *~ de empeño* Übereifer *m; ~ de oferta ECO* Überangebot *m; ~ de producción* Überproduktion *f; ~ de velocidad* Geschwindigkeitsüberschreitung *f*
excitación [esθita'θjɔn] *f* Aufregung *f*, Erregung *f*
excitado [esθi'taðo] *adj* aufgeregt
excitante [esθi'tante] *adj* **1.** aufregend; *m* **2.** Aufputschmittel *n*
excitar [esθi'tar] *v* aufputschen
excitarse [esθi'tarse] *v* sich erregen, sich aufregen
exclamación [esklama'θjɔn] *f* Ausruf *m*
exclamar [eskla'mar] *v* ausrufen
excluir [esklu'ir] *v irr* **1.** ausnehmen, ausschließen; **2.** *(un tema de)* ausklammern; *~ de* ausschließen aus; **3.** *(eliminar) MATH* ausscheiden
exclusión [esklu'sjɔn] *f* Ausschluss *m*
exclusivo [esklu'siβo] *adj* exklusiv
excomulgar [eskomul'ɣar] *v REL* exkommunizieren
excoriación [eskorja'θjɔn] *f MED* Hautabschürfung *f*
excrecencia [eskre'θenθja] *f* **1.** Auswuchs *m;* **2.** *(protuberancia) MED* Vorsprung *m*
excretar [eskre'tar] *v MED* ausscheiden
exculpar [eskul'par] *v JUR* entlasten
exculpatorio [eskulpa'torjo] *adj JUR* entlastend
excursión [eskur'sjɔn] *f* Ausflug *m*, Exkursion *f; ir de ~* einen Ausflug machen; *Me gustaría hacer una ~.* Ich würde gerne einen Ausflug unternehmen. *~ a pie* Wanderung *f; ~ en bicicleta* Radtour *f; lugar de ~* Ausflugsort *m*
excursionista [eskursjo'nista] *m/f* Wanderer/Wanderin *m/f*
excusa [es'kusa] *f* **1.** *(disculpa)* Entschuldigung *f;* **2.** *(pretexto)* Vorwand *m*, Ausrede *f*
excusable [esku'saβle] *adj* entschuldbar
excusado [esku'saðo] *m* Klo *n*, Klosett *n*, Abort *m; ir al ~* austreten
excusar [esku'sar] *v* entschuldigen
excusarse [esku'sarse] *v ~ por* sich entschuldigen für
exención [εɣsen'θjɔn] *f* **1.** Erlass *m;* **2.** *ECO* Befreiung *f*
exento [εɣ'sento] *adj ~ de derechos/~ de porte ECO* gebührenfrei; *~ de derechos aduaneros* zollfrei; *~ de deudas* schuldenfrei; *~ de impuestos* steuerfrei; *~ de interés* zinslos
exhalar [εɣsa'lar] *v* ausatmen
exhaustivo [εɣsaŭs'tiβo] *adj* tief schürfend, tief, erschöpfend
exhibición [εɣsiβi'θjɔn] *f* **1.** *(exposición)* Ausstellung *f;* **2.** *(presentación)* Vorführung *f*
exhibicionista [εɣsiβiθjo'nista] *m* Exhibitionist *m*
exhibir [εɣsi'βir] *v* **1.** *(exponer)* ausstellen; **2.** *(presentar)* vorführen
exhortación [εɣsɔrta'θjɔn] *f* Ermahnung *f*
exhortar [εɣsɔr'tar] *v* ermahnen
exhumación [εɣsuma'θjɔn] *f* Ausgrabung *f*
exhumar [εɣsu'mar] *v (un cadáver)* ausgraben
exigencia [εɣsi'xenθja] *f* Forderung *f*, Anspruch *m*
exigente [εɣsi'xente] *adj* wählerisch; *muy ~* anspruchsvoll
exigir [εɣsi'xir] *v* **1.** anfordern, abverlangen, beanspruchen; *~ demasiado de alguien* jdn überfordern, zu viel von jdm verlangen; **2.** *(fuerte)* fordern; **3.** *(reclamar)* reklamieren

E

exiguo [ɛɣ'siɣwo] *adj* spärlich
exiliar [ɛɣsj'ljar] *v* verbannen
exilio [ɛɣ'siljo] *m POL* Exil *n*, Verbannung *f*
eximir [ɛɣsi'mir] *v ECO* befreien
existencia [ɛɣsis'tenθja] *f* **1.** Leben *n*, Dasein *n*, Existenz *f*; **2.** ~ *pl (surtido, provisión)* Vorrat *m*; **3.** ~*s pl ECO* Bestand *m*
existente [ɛɣsis'tente] *adj* vorhanden
existir [ɛɣsis'tir] *v* **1.** *(ser, estar)* existieren, da sein, leben; **2.** *(suceder, encontrarse)* vorkommen
exitable [ɛɣsi'taβle] *adj* reizbar
exitazo [ɛɣsi'taθo] *m* Knüller *m*, Riesenerfolg *m*
éxito ['ɛɣsito] *m* Erfolg *m*; *tener* ~ Erfolg haben, gelingen; *sin* ~ erfolglos; ~ *de público* Publikumserfolg *m*; ~ *grandioso* Riesenerfolg *m*
exitoso [ɛɣsi'toso] *adj* erfolgreich
exmarido [ɛɣsma'riðo] *m* Verflossener *m*
exnovio [ɛɣs'noβjo] *m* Verflossener *m*
éxodo ['ɛɣsoðo] *m* Exodus *m*, Massenauswanderung *f*; ~ *rural* Landflucht *f*
exoneración [ɛɣsonera'θjɔn] *f ECO* Befreiung *f*
exonerar [ɛɣsone'rar] *v ECO* befreien; ~ *de algo* von etw losprechen; *Debido a sus excelentes notas ~on a Marcia de los exámenes finales.* Aufgrund ihrer hervorragenden Noten wurde Marcia von den Abschlussprüfungen befreit.
exorbitante [ɛɣsɔrβi'tante] *adj (precio)* unerschwinglich, übertrieben
exótico [ɛɣ'sotiko] *adj* exotisch
expansión [espan'sjɔn] *f* **1.** Expansion *f*; **2.** *ECO* Aufschwung *m*
expatriar [espatri'ar] *v* verbannen, verweisen, ausweisen
expectación [espɛkta'θjɔn] *f* Spannung *f*; *lleno de* ~ erwartungsvoll
expectativa [espɛkta'tiβa] *f* Erwartung *f*; ~ *de la vida* Lebenserwartung *f*
expectorar [espɛkto'rar] *v MED* spucken
expedición [espeði'θjɔn] *f* **1.** *(viaje)* Expedition *f*; **2.** *(remesa)* Versand *m*, Versendung *f*
expediente [espe'ðjente] *m* **1.** Akte *f*; **2.** *JUR* Protokoll *n*
expedir [espe'ðir] *v irr (enviar)* aufgeben, verschicken, wegschicken, versenden
experiencia [espe'rjenθja] *f* Lebenserfahrung *f*, Praxis *f*, Erfahrung *f*; *por* ~ erfahrungsgemäß
experimentado [esperimen'taðo] *adj* bewährt, erfahren, routiniert; *ser* ~ bewandert sein
experimentalmente [esperimental'mente] *adv* versuchsweise
experimentar [esperimen'tar] *v* **1.** erfahren, erleben; **2.** *(sentir)* fühlen; **3.** *PHYS* experimentieren
experimento [esperi'mento] *m* **1.** Versuch *m*, Experiment *n*; **2.** ~*s en animales pl* Tierversuch *m*
experto [es'pɛrto] *m* **1.** Experte *m*, Fachmann *m*, Könner *m*; ~ *en informática* Informatiker *m*; **2.** *(perito)* Sachverständiger *m*, Gutachter *m*; *adj* **3.** erfahren, sachkundig
expiación [espja'θjɔn] *f* Sühne *f*
expiar [espi'ar] *v* verbüßen, büßen
expiración [espira'θjɔn] *f ECO* Ablauf *m*, Fälligkeit *f*
expirar [espi'rar] *v* **1.** sterben; **2.** *(un plazo) ECO* ablaufen
explanar [espla'nar] *v* planieren
explicable [espli'kaβle] *adj* erklärbar
explicación [esplika'θjɔn] *f* Erläuterung *f*, Erklärung *f*
explicar [espli'kar] *v* erklären, erläutern; *¡Me lo puede ~ eso, por favor!* Können Sie mir das bitte erklären!
explícito [es'pliθito] *adj* ausdrücklich, explizit
exploración [esplora'θjɔn] *f* **1.** Erkundung *f*, Erforschung *f*; ~ *del espacio* Weltraumforschung *f*; **2.** *MIL* Aufklärung *f*
explorador(a) [esplora'ðɔr/esplora'ðora] *m/f* Pfadfinder(in) *m/f*
explorar [esplo'rar] *v* auskundschaften, erforschen
explosión [esplo'sjɔn] *f* Explosion *f*, Sprengung *f*; *hacer* ~ explodieren; ~ *de la población (fig)* Bevölkerungsexplosion *f*; ~ *de una bomba* Bombenexplosion *f*
explosionar [esplosjo'nar] *v* knallen, explodieren
explosivo [esplo'siβo] *m* **1.** Sprengkörper *m*, Sprengstoff *m*; *adj* **2.** explosiv

explotación [esplota'θjɔn] *f* **1.** Verwertung *f; ~ abusiva* Raubbau *m;* **2.** *(fig)* Ausbeutung *f;* **3.** MIN Abbau *m*
explotar [esplo'tar] *v* **1.** ausnutzen, nutzen, bewirtschaften, ausbeuten; **2.** MIN abbauen
expoliar [espo'ljar] *v* berauben, ausbeuten
exponer [espo'nɛr] *v irr* **1.** ausstellen, auslegen; **2.** *(declarar)* aussagen, vortragen, vorbringen; **3.** *(abandonar) ~ a* preisgeben, exponieren, aussetzen; **4.** FOTO belichten
exportación [espɔrta'θjɔn] *f* ECO Ausfuhr *f,* Export *m*
exportador(a) [espɔrta'ðɔr/espɔrta'ðora] *m/f* ECO Exporteur(in) *m/f*
exportar [espɔr'tar] *v* ECO ausführen, exportieren
exposición [esposi'θjɔn] *f* **1.** Ausstellung *f,* Messe *f; ¿Cuánto tiempo dura la ~?* Wie lange dauert die Ausstellung? *~ de arte* Kunstausstellung *f;* **2.** *(explicación, demonstración)* Referat *n,* Darstellung *f;* **3.** *~ a radiaciones* Bestrahlung *f*
exposímetro [espo'simetro] *m* FOTO Belichtungsmesser *m*
expositor [esposi'tɔr] *m* Schausteller *m*
expresamente [espresa'mente] *adv* besonders, eigens
expresar [espre'sar] *v* **1.** sagen, aussprechen, äußern, sprechen; **2.** *(demostrar)* beweisen
expresión [espre'sjɔn] *f* Ausdruck *m,* Äußerung *f; ~ facial* Gesichtsausdruck *m; ~ idiomática* Redewendung *f*
expresionismo [espresjo'nizmo] *m* ART Expressionismus *m*
expresivo [espre'siβo] *adj* viel sagend, ausdrucksvoll
expreso [es'preso] *m (tren)* Zug *m,* Schnellzug *m*
exprimidera [esprimi'ðera] *f* Saftpresse *f;* Entsafter *m*
exprimir [espri'mir] *v* ausdrücken, auspressen
expropiar [espro'pjar] *v* JUR enteignen
expuesto [es'pwesto] *adj (fig)* ausgesetzt
expulsado [espul'saðo] *adj* **1.** vertrieben; *m* **2.** Vertriebener *m*
expulsar [espul'sar] *v* **1.** ausweisen, verweisen, vertreiben; **2.** *(excluir)* ausschließen, ausstoßen; **3.** POL abschieben
expulsión [espul'sjɔn] *f* **1.** Ausweisung *f,* Verdrängung *f;* **2.** POL Abschiebung *f;* **3.** *(exclusión)* SPORT Ausschluss *m;* **4.** MED Abgang *m*
exquisito [eski'sito] *adj* köstlich, vortrefflich, vorzüglich
éxtasis ['estasis] *m* Ekstase *f*
extender [esten'dɛr] *v irr (estirar, agrandar)* ausstrecken, herausstrecken, ausbreiten, ausdehnen
extenderse [esten'dɛrse] *v irr* sich ausbreiten, reichen; *Las clases se extienden a lo largo del semestre.* Der Unterricht erstreckt sich über das ganze Semester.
extendido [esten'diðo] *adv muy ~* weit verbreitet
extensible [esten'siβle] *adj* ausziehbar, dehnbar
extensión [esten'sjɔn] *f* Ausdehnung *f,* Dehnbarkeit *f; cable de ~* TECH Verlängerungskabel *n*
extenso [es'tenso] *adj* ausführlich, weit
extenuar [este'nwar] *v* auszehren, entkräften
exterior [este'rjɔr] *m* **1.** Äußeres *n;* **2.** *(de un país)* Ausland *n; adj* **3.** äußere(r, s), äußerlich
exterminar [estɛrmi'nar] *v* ausrotten, vertilgen
externamente [estɛrna'mente] *adv* außerhalb
externo [es'tɛrno] *adj* äußere(r, s), äußerlich, extern
extinción [estin'θjɔn] *f* Auslöschung *f,* Erlöschen *n; en vías de ~* vom Aussterben bedroht
extinguido [estiŋ'giðo] *adj* ausgestorben
extinguidor [estiŋgi'ðɔr] *m* Feuerlöscher *m (LA)*
extinguir [estiŋ'gir] *v* **1.** auslöschen, vertilgen; **2.** *(apagar)* ausmachen, löschen
extinguirse [estiŋ'girse] *v* **1.** erlöschen, aussterben; **2.** BOT absterben
extintor [estin'tɔr] *m ~ de incendios* Feuerlöscher *m*

E

extirpación [estirpa'θjɔn] *f* Ausrottung *f*
extirpar [estir'par] *v* **1.** ausrotten; **2.** *(desarraigar)* herausreißen, entwurzeln
extorsión [estɔr'sjɔn] *f* Erpressung *f*
extorsionar [estɔrsjo'nar] *v* erpressen
extorsionista [estɔrsjo'nista] *m/f* Erpresser(in) *m/f*
extra ['ɛstra] *m* **1.** *ECO* Zulage *f;* **2.** *CINE* Komparse *m,* Statist *m; adj* **3.** extra
extracción [estrak'θjɔn] *f* **1.** Förderung *f;* **2.** *~ de sangre MED* Blutabnahme *f*
extracto [es'trakto] *m* **1.** Extrakt *n;* **2.** *(compendio)* Übersicht *f; ~ de cuenta ECO* Kontoauszug *m*
extradición [estraði'θjɔn] *f JUR* Auslieferung *f*
extraditar [estraði'tar] *v JUR* ausliefern
extraer [estra'ɛr] *v irr* **1.** herausziehen, herausreißen; *~ con la bomba* abpumpen; **2.** *MIN* gewinnen, fördern; *La empresa extrae cobre de la mina.* Die Firma fördert Kupfer aus dem Bergwerk.
extralimitación [estralimita'θjɔn] *f* Übergriff *m*
extrañar [estra'ɲar] *v* **1.** vermissen; **2.** erstaunen; *¡No me extrana!* Das wundert mich nicht!
extranjerismo [estraŋxe'rizmo] *m* Fremdwort *n*
extranjero [estraŋ'xero] *m* **1.** Ausland *n;* **2.** *(persona)* Ausländer *m; adj* **3.** ausländisch, fremd
extraño [es'traɲo] *adj* merkwürdig, absonderlich, seltsam
extraordinario [estraɔrði'narjo] *adj* **1.** besondere(r,s), außerordentlich, außergewöhnlich; **2.** *(raro)* selten, einmalig
extrapolación [estrapola'θjɔn] *f* Hochrechnung *f*
extravagancia [estraβa'ɣanθja] *f* Extravaganz *f*
extravagante [estraβa'ɣante] *m* **1.** komischer Kauz *m; adj* **2.** extravagant
extraviar [estraβi'ar] *v* verlegen, verlieren
extraviarse [estraβi'arse] *v* sich verirren, sich verlaufen, sich verfahren
extravío [estra'βio] *m* Verirrung *f,* Abhandenkommen *n*
extremadamente [estremaða'mente] *adv* extrem, ungemein
extremidades [estremi'ðaðes] *f/pl ANAT* Gliedmaßen *pl*
extremismo [estre'mizmo] *m POL* Extremismus *m*
extremista [estre'mista] *adj POL* extremistisch
extremo [es'tremo] *adj* **1.** extrem, äußerst, entgegengesetzt; *m* **2.** *(cabo, borde)* Ende *n,* Rand *m; Extremo Oriente GEO* Fernost *m,* Ferner Osten *m*
extrovertido [estroβɛr'tiðo] *adj* aufgeschlossen
exuberancia [ɛɣsuβe'ranθja] *f* Überschwang *m*
exuberante [ɛɣsuβe'rante] *adj* üppig
eyaculación [ejakula'θjɔn] *f BIO* Ejakulation *f*
eyacular [ejaku'lar] *v BIO* ejakulieren

F

fábrica ['faβrika] *f* Anlage *f*, Fabrik *f*, Werk *n*; *~ de gas* Gaswerk *n*
fabricación [faβrika'θjɔn] *f* Anfertigung *f*, Herstellung *f*
fabricante [faβri'kante] *m/f* Hersteller(in) *m/f*, Fabrikant(in) *m/f*
fabricar [faβri'kar] *v* herstellen, anfertigen, erzeugen; *~ cerveza* Bier brauen
fábula ['faβula] *f* Fabel *f*; *de ~* märchenhaft
fabuloso [faβu'loso] *adj* toll, märchenhaft, fabelhaft
facción [faɣ'θjɔn] *f* Bande *f*, Zusammenrottung *f*, *POL* Parteigruppe *f*
facciones [faɣ'θjones] *f/pl* Gesichtszüge *pl*
faceta [fa'θeta] *f* Facette *f*, Aspekt *m*
fachada [fa'tʃaða] *f (de una casa)* Fassade *f*, Vorderfront *f*
fachoso [fa'tʃoso] *adj* hässlich, lächerlich aussehend
fácil ['faθil] *adj* leicht, mühelos, glatt; *~ de comprender* verständlich; *~ de usar* benutzerfreundlich
facilidad [faθili'ðað] *f* Leichtigkeit *f*
facilitar [faθili'tar] *v* 1. beschaffen, verschaffen, vermitteln; 2. *(aliviar)* erleichtern
factible [fak'tiβle] *adj* durchführbar, machbar
factor [fak'tɔr] *m* Faktor *m*; *~ de inseguridad* Unsicherheitsfaktor *m*
factoría [fakto'ria] *f* Werk *n*
factura [fak'tura] *f* Rechnung *f*, Quittung *f*
facturación [faktura'θjɔn] *f ECO* Umsatz *m*
facturar [faktu'rar] *v* 1. *ECO* anrechnen; 2. *~ el equipaje* Gepäck aufgeben
facultad [fakul'tað] *f* 1. Fakultät *f*; 2. *(capacidad)* Fähigkeit *f*, Vermögen *n*; *~ visual MED* Sehkraft *f*
facultar [fakul'tar] *v* befugen, ermächtigen, befähigen
facultativamente [fakultatiβa'mente] *adv* wahlweise
facultativo [fakulta'tiβo] *adj* fakultativ, beliebig, freiwillig

faena [fa'ena] *f* Arbeit *f*; *hacer una ~ a alguien* jdm übel mitspielen
falacia [fa'laθja] *f* Trug *m*, Betrug *m*
falda ['falda] *f* 1. Rock *m*; *~ de combinación* Unterrock *m*; 2. *(regazo)* Schoß *m*
faldero [fal'dero] *adj perro ~* Schoßhund *m*
falla ['faʎa] *f* Fehler *m*, Störung *f*
fallar [fa'ʎar] *v* 1. misslingen, missglücken, scheitern; 2. *(una sentencia) JUR* urteilen, fällen
fallecer [faʎe'θɛr] *v irr* sterben
fallecido [faʎe'θiðo] *m* 1. Toter *m*, Verstorbener *m*; *adj* 2. tot, verstorben
fallecimiento [faʎeθi'mjento] *m* Todesfall *m*, Tod *m*
fallo ['faʎo] *m* 1. *(deficiencia, resultado)* Ausfall *m*, Fehler *m*; 2. *TECH* Versagen *n*; 3. *(del juicio) JUR* Urteilspruch *m*, Urteil *n*, Spruch *m*
falsamente [falsa'mente] *adv* fälschlicherweise
falsear [false'ar] *v* fälschen, frisieren, verdrehen
falsedad [false'ðað] *f* Unaufrichtigkeit *f*, Unwahrheit *f*
falsificación [falsifika'θjɔn] *f* Verfälschung *f*, Fälschung *f*; *~ de documentos* Urkundenfälschung *f*
falsificar [falsifi'kar] *v* verfälschen, fälschen
falso ['falso] *adj* 1. *(falsificado)* unecht, falsch; 2. *(insincero, desleal)* unaufrichtig, unehrlich
falta ['falta] *f* 1. Mangel *m*; *hacer ~* nötig sein; *por ~ de* mangels; *sin ~* sicherlich, ganz bestimmt; 2. *(violación) JUR* Verletzung *f*
faltar [fal'tar] *v* 1. fehlen, ausstehen, fernbleiben; *¡Lo que faltaba!* Schöne Bescherung! Das fehlte noch! 2. *~ a (atentar contra) JUR* verletzen
falto ['falto] *adj* mangelhaft; *~ de recursos* mittellos; *~ de delicadeza* geschmacklos
fama ['fama] *f* 1. *(reputación)* Ansehen *n*, Ruf *m*; *de mala ~* anrüchig, berüchtigt, verrufen; 2. *(celebridad)* Berühmtheit *f*

familia [fa'milja] *f* Familie *f*; *de ~ numerosa* kinderreich
familiar [fami'ljar] *m* **1.** Familienangehöriger *m*, Verwandter *m*; *adj* **2.** vertraut, heimisch, familiär
familiaridad [familjari'ðað] *f* Vertrautheit *f*
famoso [fa'moso] *adj* bekannt, berühmt
fan [fan] *m* Fan *m*
fanático [fa'natiko] *m* **1.** Fanatiker *m*; *adj* **2.** fanatisch
fanfarrón [famfa'rrɔn] *m* **1.** Angeber *m*, Aufschneider *m*; *adj* **2.** protzig
fanfarronada [famfarrɔ'naða] *f* Angeberei *f*, Angabe *f*
fanfarronear [famfarrɔne'ar] *v* angeben, aufschneiden, tönen
fango ['faŋgo] *m* Schlamm *m*, Lehm *m*
fangoso [faŋ'goso] *adj* matschig, schlammig
fantasear [fantase'ar] *v* fantasieren
fantasía [fanta'sia] *f* Fantasie *f*, Einbildungskraft *f*; *sin ~* fantasielos; *lleno de ~* fantasievoll
fantasma [fan'tazma] *m* Geist *m*, Gespenst *n*, Phantom *n*
fantástico [fan'tastiko] *adj* fantastisch
farándula [fa'randula] *f* Komödiantentum *n*, Beschwatzen *n*, Betrug *m*
fardo ['farðo] *m* ECO Ballen *m*
faringe [fa'riŋxe] *f* ANAT Rachen *m*
farmacéutico [farma'θeŭtiko] *m* **1.** Apotheker *m*; *adj* **2.** pharmazeutisch
farmacia [far'maθja] *f* **1.** Apotheke *f*; **2.** *(estudios de ~)* Pharmazie *f*
fármaco ['farmako] *m* MED Droge *f*
farmacología [farmakolɔ'xia] *f* Pharmakologie *f*
faro ['faro] *m* **1.** *(del coche)* Scheinwerfer *m*; *Los ~s non funcionan.* Die Scheinwerfer funktionieren nicht. *~ antiniebla* Nebelscheinwerfer *m*; **2.** NAUT Leuchtturm *m*; **3.** *~s de luz corta pl* Abblendlicht *n*
farol [fa'rɔl] *m* Laterne *f*
farola ['fa'rola] *f* (mehrarmige, große) Straßenlaterne *f*
farsa ['farsa] *f* Posse *f*
farsear [farse'ar] *v (fig)* eine Komödie spielen, heucheln, *(fig)* Theater spielen
fascinación [fasθina'θjɔn] *f* Faszination *f*, Entzücken *n*
fascinado [fasθi'naðo] *adj* faszinierend
fascinante [fasθi'nante] *adj* faszinierend
fascismo [fas'θizmo] *m* POL Faschismus *m*
fase ['fase] *f* Phase *f*, Stufe *f*
fastidiar [fasti'ðjar] *v* ärgern, stören
fastidio [fas'tiðjo] *m* Ärger *m*, Plage *f*
fastidioso [fasti'ðjoso] *adj* störend, widerwärtig
fatal [fa'tal] *adj* schicksalhaft, unheilvoll, verhängnisvoll
fatalidad [fatali'ðað] *f* Verhängnis *n*, Missgeschick *n*
fatalismo [fata'lizmo] *m* Fatalismus *m*
fatiga [fa'tiɣa] *f* **1.** Ermüdung *f*, Müdigkeit *f*; **2.** TECH Ermüdung *f*
fatigado [fati'ɣaðo] *adj* müde
fatigar [fati'ɣar] *v* strapazieren
fatigarse [fati'ɣarse] *v* ermüden
fatigoso [fati'ɣoso] *adj* ermüdend, mühevoll, zermürbend
fatuo ['fatwo] *adj* eingebildet
fauces ['faŭθes] *f/pl* Schlund *m*, Dummkopf *m*
fauna ['faŭna] *f* Fauna *f*
favor [fa'βɔr] *m* **1.** *(ayuda)* Gefallen *m*; *¿Me podrías hacer un ~?* Könntest du mir einen Gefallen tun? *por ~* bitte; **2.** *(gracia)* Gunst *f*; *estar a ~ de algo* etw bejahen, etw unterstützen; *en ~ de alguien* zugunsten von jdm, zu jds Gunsten
favorable [faβɔ'raβle] *adj* günstig; *no muy ~* ungünstig
favorecer [faβɔre'θɛr] *v irr* bevorzugen, begünstigen; *Este seguro de la vida le favorece a usted y a su familia.* Diese Lebensversicherung begünstigt Sie und Ihre Familie.
favorecimiento [faβɔreθi'mjento] *m* Begünstigung *f*
favorito [faβɔ'rito] *m* Liebling *m*, Favorit *m*, Spitzenreiter *m*
fax [faɣs] *m* TEL Telefax *n*, Telefaxgerät *n*, Fax *n*
faz [faθ] *f* Gesicht *n*
fe [fe] *f* REL Glaube *m*; *de buena ~* gutgläubig, redlich
fealdad [feal'dað] *f* Hässlichkeit *f*
febrero [fe'βrero] *m* Februar *m*
febril [fe'βril] *adj* fieberhaft, Fieber...

fecha ['fetʃa] *f* Datum *n; según la ~ fijada* termingerecht; *¿Qué ~ es hoy?* Welches Datum ist heute? *~ clave* Stichtag *m; ~ de caducidad* Haltbarkeitsdatum *n; ~ de expedición* Ausstellungsdatum *n; ~ de nacimiento* Geburtsdatum *n; ~ de vencimiento* Verfallsdatum *n*
fechar [fe'tʃar] *v* datieren
fechoría [fetʃo'ria] *f* Missetat *f*
fecundación [fekunda'θjɔn] *f BIO* Befruchtung *f*
fecundar [fekun'dar] *v BIO* befruchten, bestäuben
fecundidad [fekundi'ðað] *f* Fruchtbarkeit *f*
fecundo [fe'kundo] *adj* fruchtbar
federación [feðera'θjɔn] *f POL* Föderation *f*
federal [feðe'ral] *pref POL* Bundes…
felicidad [feliθi'ðað] *f* Glück *n,* Seligkeit *f; ¡Muchas ~es!* Herzlichen Glückwunsch!
felicísimo [feli'θisimo] *adj* überglücklich, glückselig
felicitación [feliθita'θjɔn] *f* Glückwunsch *m,* Wunsch *m,* Gratulation *f*
felicitar [feliθi'tar] *v ~ a alguien por* jdn beglückwünschen zu, jdm gratulieren zu
feliz [fe'liθ] *adj* glücklich, glückselig
felpudo [fɛl'puðo] *m* Matte *f*
femenino [feme'nino] *adj* **1.** weiblich, feminin, fraulich; **2.** *GRAMM* feminin
feminismo [femi'nizmo] *m* Feminismus *m*
feminista [femi'nista] *f* Feministin *f*
fenecer [fene'θer] *v* abschließen, aufhören, sterben
fénix ['fɛniks] *m* Phönix *m*
fenómeno [fe'nɔmeno] *m* Phänomen *n,* Erscheinung *f; ~ concomitante* Begleiterscheinung *f; ~ natural* Naturereignis *n; ~ secundario* Randerscheinung *f*
feo ['feo] *adj* **1.** hässlich; **2.** *(de poco gusto)* geschmacklos
féretro ['feretro] *m* Bahre *f,* Sarg *m*
feria ['ferja] *f* Messe *f,* Rummelplatz *m; ~ del libro* Buchmesse *f*
feriado [fe'rjaðo] *adj* Feiertag *m,* Ruhetag *m*
fermentación [fɛrmɛnta'θjɔn] *f* Gärung *f*
fermentar [fɛrmen'tar] *v* aufgehen, gären
fermento [fɛr'mento] *m* Ferment *n,* Gärstoff *m,* Hefe *f*
ferocidad [fero'θiðað] *f* Grausamkeit *f*
feroz [fe'roθ] *adj* wild, grausam
férreo ['fɛrrɛo] *adj* eisern
ferrífero [fɛ'rrifero] *adj* eisenhaltig
ferrocarril [fɛrrɔka'rril] *m* Eisenbahn *f*
fértil ['fɛrtil] *adj* fruchtbar
fertilidad [fɛrtili'ðað] *f* Fruchtbarkeit *f*
fertilizar [fɛrtili'θar] *v BIO* bestäuben
ferviente [fɛr'βjente] *adj* inbrünstig
fervor [fɛr'βɔr] *m* Inbrunst *f*
festejar [festɛ'xar] *v* feiern, begehen
festín [fes'tin] *m* Bankett *n*
festival [festi'βal] *m* Festival *n*
festivo [fes'tiβo] *adj* feierlich; *en tono ~* feierlich
fetiche [fe'titʃe] *m* Götze *m,* Fetisch *m*
fetidez [feti'ðeθ] *f* Gestank *m,* Stinken *n*
feto ['feto] *m BIO* Fötus *m*
fiabilidad [fjaβili'ðað] *f* Verlass *m,* Verlässlichkeit *f,* Zuverlässigkeit *f*
fiable ['fjaβle] *adj* verlässlich
fiador(a) [fja'ðɔr/fja'ðora] *m/f* Bürge/ Bürgin *m/f*
fiambre ['fjambre] *m* **1.** Belag *m;* **2.** *~s pl* Aufschnitt *m*
fianza ['fjanθa] *f* **1.** Kaution *f,* Gewähr *f; ¿A cuánto asciende la ~?* Wie hoch ist die Kaution? **2.** *ECO* Sicherheit *f;* **3.** *(caución) JUR* Bürgschaft *f*
fiar [fi'ar] *v* bürgen
fiarse [fi'arse] *v ~ de* sich verlassen auf; *~ de alguien* jdm trauen
fibra ['fiβra] *f* Faser *f; ~ de vidrio* Glasfaser *f; ~ química* Chemiefaser *f; ~ sintética* Kunstfaser *f*
ficción [fiɣ'θjɔn] *f* Fiktion *f,* Vorspiegelung *f,* Erdichtung *f*
ficha ['fitʃa] *f* Karteikarte *f*
fichero [fi'tʃero] *m* **1.** Kartei *f;* **2.** *INFORM* Datei *f*
fidelidad [fiðeli'ðað] *f* Treue *f*
fideos [fi'ðeos] *m/pl GAST* Nudeln *pl; sopa de ~* Nudelsuppe *f*
fiduciario [fiðu'θjarjo] *adj* fiduziarisch, treuhänderisch, Treuhand…
fiebre ['fjeβre] *f MED* Fieber *n; ~ del heno* Heuschnupfen *m; ~ intestinal* Darmgrippe *f*

fiel ['fjɛl] *m* **1.** *REL* Gläubiger *m; adj* **2.** treu; **3.** *REL* gläubig
fieldad [fjel'dað] *f* Treue *f,* Anhänglichkeit *f*
fieltro ['fjɛltro] *m* Filz *m*
fiera ['fjera] *f* Raubtier *n,* Bestie *f,* wildes Tier *n*
fiero ['fjero] *adj* wild, ungestüm
fiesta ['fjɛsta] *f* Fest *n,* Party *f,* Feier *f; de ~* festlich; *~ de cumpleaños* Geburtstagsfeier *f; ~ de despedida* Abschiedsfeier *f; ~ familiar* Familienfeier *f; ~ nacional* Nationalfeiertag *m; ~ popular* Volksfest *n*
figulino [fiɣu'lino] *adj* aus Ton
figura [fi'ɣura] *f* Figur *f,* Gestalt *f*
figurante [fiɣu'rante] *m/f* Statist(in) *m/f*
figurarse [fiɣu'rarse] *v (imaginarse)* sich vorstellen
figurativo [fiɣura'tiβo] *adj* bildlich
figurilla [fiɣu'riʎa] *f* **1.** Statuette *f,* **2.** *(fig)* Knirps *m*
fijación [fixa'θjɔn] *f* **1.** Befestigung; **2.** *(determinación)* Bestimmung *f;* **3.** *FOTO* Fixieren *n;* **4.** *CHEM* Verdichtung *f*
fijamente [fixa'mente] *adv* starr
fijar [fi'xar] *v* **1.** festsetzen, anbringen, befestigen; **2.** *(determinar)* ausmachen, bestimmen; *~ una cita* ein Treffen anberaumen; **3.** *FOTO* fixieren
fijarse [fi'xarse] *v ~ en* achten auf
fijo ['fixo] *adj* **1.** bestimmt, gewiss, sicher; **2.** *(inmóvil, rígido)* fest, starr; **3.** sicher
fila ['fila] *f* Linie *f,* Reihe *f; ~ india* Gänsemarsch *m*
filamento [fila'mento] *m* Faser *f,* Faden *m,* Draht *m*
filántropo [fi'lantropo] *m* Menschenfreund *m*
filarmónico [filar'mɔniko] *adj* philharmonisch
file [faĭl] *m INFORM* Datei *f*
filete [fi'lete] *m GAST* Filet *n; Deseo mi ~ poco hecho/medio hecho/muy hecho.* Ich möchte mein Steak blutig/halb durch/durch.
filetear [filete'ar] *v* filetieren, mit Streifen absetzen, Gewinde schneiden
filiación [filja'θjɔn] *f* Mitgliedschaft *f*
filial [fi'ljal] *f ECO* Tochtergesellschaft *f*
Filipinas [fili'pinas] *m GEO* Philippinen *pl*
filmación [filma'θjɔn] *f CINE* Verfilmung *f*
filmar [fil'mar] *v* **1.** filmen; **2.** *CINE* verfilmen
filme ['filme] *m* Film *m*
filo ['filo] *m* Schneide *f,* Schärfe *f*
filológico [filo'loxiko] *adj* philologisch
filólogo [fi'lɔloɣo] *m* Philologe *m*
filón [fi'lɔn] *m* **1.** Fundgrube *f,* Goldgrube *f;* **2.** *MIN* Ader *f*
filosofía [filoso'fia] *f* Philosophie
filosófico [filo'sofiko] *adj* philosophisch
filósofo [fi'losofo] *m* Philosoph *m*
filtración [filtra'θjɔn] *f* **1.** *CHEM* Filtrieren *n;* **2.** *JUR* Unterschlagung *f*
filtrado [fil'traðo] *m CHEM* Filtern *n,* Gefilterte *n*
filtrar [fil'trar] *v* filtern
filtro ['filtro] *m* Filter *m*
fin [fin] *m* **1.** Ende *n,* Schluss *m,* Ausgang *m; por ~* endlich, schließlich; *~ del mundo* Weltuntergang *m; ~ de semana* Wochenende *n;* **2.** *(finalidad)* Zweck *m,* Bestimmung *f; a ~ de que* damit
finado [fi'naðo] *m* Verstorbener *m*
final [fi'nal] *m* **1.** Ende *n,* Finale *n,* Schluss *m,* Ausgang *m; al ~* schließlich, endlich; **2.** Schluss *m,* Ausgang *m,* Ausklang *m; f* **2.** *SPORT* Finale *n; adj* **3.** abschließend, Schluss…, Abschluss…, End…
finalidad [finali'ðað] *f* Zweck *m,* Bestimmung *f*
finalización [finaliθa'θjɔn] *f* Schlussstrich *m,* Vollendung *f*
finalizar [finali'θar] *v* aufhören, beenden
finalmente [final'mente] *adv* endlich, schließlich, zuletzt
financiación [finanθja'θjɔn] *f* Finanzierung *f*
financiar [finan'θjar] *v* finanzieren
financiero [finan'θjero] *m* **1.** Geldgeber *m; adj* **2.** finanziell
finanzas [fi'nanθas] *f/pl* Finanzen *pl*
finca ['fiŋka] *f* Anwesen *n,* Bauernhof *m,* Hof *m*
fingimiento [fiŋxi'mjento] *m* Vorspiegelung *f,* Vortäuschung *f*

fingir [fiŋ'xir] *v* fingieren, vorspiegeln
finiquitar [finiki'tar] *v* Rechnungsabschluss machen, saldieren, liquidieren
finísimo [fi'nisimo] *adj* hochfein, allerfeinst, sehr erhaben
finito [fi'nito] *adj* begrenzt, endlich
Finlandia [fin'landja] *f GEO* Finnland *n*
finura [fi'nura] *f* Feinheit *f*, Liebenswürdigkeit *f*, Höflichkeit *f*
firma ['firma] *f* **1.** Unterschrift *f*; *~ en blanco* Blankounterschrift *f*; **2.** *(compañía) ECO* Firma *f*
firmamento [firma'mento] *m ASTR* Firmament *n*
firmante [fir'mante] *m/f* Unterzeichnete(r) *m/f*
firmar [fir'mar] *v* unterschreiben, unterzeichnen, signieren; *¿Tengo que ~ esto?* Muss ich das unterschreiben? *~ por poder* per Prokura zeichnen
firme ['firme] *adv* **1.** kräftig, fest; *adj* **2.** *(sólido)* fest, standhaft; **3.** *(duradero)* beständig; **4.** *(fig: carácter)* zuverlässig
firmeza [fir'meθa] *f* Entschiedenheit *f*, Standhaftigkeit *f*, Stehvermögen *n*
fiscal [fis'kal] *m* **1.** *JUR* Staatsanwalt *m*; *adj* **2.** steuerlich, Steuer…
fiscalía [fiska'lia] *f* Staatsanwaltschaft *f*
fiscalización [fiskaliθa'θjɔn] *f* Überwachung *f*, Überprüfung *f*, Kontrolle *f*
fiscalizar [fiskali'θar] *v irr* staatsanwaltliche Befugnisse ausüben, kontrollieren, beschlagnahmen
fisco ['fisko] *m JUR* Fiskus *m*
física ['fisika] *f* Physik *f*, Physikerin *f*
físico ['fisiko] *m* **1.** Physiker *m*; *adj* **2.** physikalisch, physisch
fisiología [fisjolɔ'xia] *f* Physiologie *f*
fisión [fi'sjɔn] *f PHYS* Spaltung *f*
fisioterapia [fisjote'rapja] *f MED* Heilgymnastik *f*, Krankengymnastik *f*
fisura [fi'sura] *f MED* Platzwunde *f*
flácido ['flaθiðo] *adj* schlaff, welk
flaco ['flako] *adj* mager, dünn, hager
flacura [fla'kura] *f* Magerheit *f*, Erschlaffung *f*, Mattigkeit *f*
flagelar [flaxe'lar] *v* auspeitschen
flagelo [fla'xelo] *m* Geißel *f*
flagrante [fla'ɣrante] *adv en ~* in flagranti
flamante [fla'mante] *adj* nagelneu, glänzend
flamear [flame'ar] *v* **1.** flackern; **2.** *GAST* flambieren
flamenco [fla'meŋko] *m* **1.** *ZOOL* Flamingo *m*; **2.** *(baile)* Flamenco *m*; *adj* **3.** *GEO* flämisch
flanco ['flaŋko] *m MIL* Flanke *f*, Seitenflügel *m*
flanquear [flaŋke'ar] *v* überflügeln
flaquear [flake'ar] *v* schlappmachen, wanken, nachgeben *(fig)*
flaqueza [fla'keθa] *f* Schwäche *f*, Mangel *m*
flash [flaʃ] *m FOTO* Blitzlicht *n*
flash-back [flaʃβak] *m CINE* Rückblende *f*
flatulencias [flatu'lenθjas] *f/pl MED* Blähungen *pl*
flauta ['flau̯ta] *f MUS* Flöte *f*
flecha ['fletʃa] *f* Pfeil *m*; *rápido como una ~* pfeilschnell
flema ['flema] *f* Schleim *m*, Phlegma *n*, Trägheit *f*
flequillo [fle'kiʎo] *m* **1.** *ZOOL* Pony *n*; **2.** *(cabello)* Pony *m*
fletar [fle'tar] *v ECO* verfrachten
flete ['flete] *m ECO* Fracht *f*; *~ aereo* Luftfracht *f*; *~ marítimo* Seefracht *f*
flexibilidad [flɛɣsiβili'ðað] *f* Flexibilität *f*, Dehnbarkeit *f*
flexible [flɛɣ'siβle] *adj* **1.** schmiegsam, wendig; **2.** *(adaptable)* anpassungsfähig, flexibel; **3.** *(fig: dúctil)* gefügig
flexión [flɛɣ'sjɔn] *f* Biegung *f*
flirtear [flirte'ar] *v* flirten
flirteo [flir'teo] *m* Flirt *m*
flojamente [flɔxa'mente] *adv* schlapp, schwach, nachlässig
flojo ['flɔxo] *adj* **1.** *(suelto)* locker, gelockt, lose; **2.** *(débil)* flau, matt, schlaff; *El café está ~.* Der Kaffee ist dünn. **3.** *(perezoso)* faul, träge
floppy ['flopi] *m INFORM* Floppy-Disc *f*, Diskette *f*
flor [flɔr] *f* **1.** *BOT* Blume *f*, Blüte *f*; *estar en ~* blühen; **2.** *~ retórica LIT* Floskel *f*
florecer [flore'θɛr] *v irr* **1.** *BOT* blühen, florieren; **2.** *(fig)* aufblühen
florecimiento [floreθi'mjento] *f* Blühen *n*, Wachsen *n*, Gedeihen *n*
florero [flo'rero] *m* Vase *f*
florido [flo'riðo] *adj* blühend, erlesen, blumig, schwülstig

F

florista [flo'rista] *m/f* Blumenhändler(in) *m/f*, Florist(in) *m/f*
flota ['flota] *f NAUT* Flotte *f*
flotador [flota'ðɔr] *m* Schwimmer *m*, Korkschwimmer *m*, Schwimmer an den Fischnetzen *m*
flotante [flo'tante] *adj* schwimmend, treibend, fluktuierend
flotar [flo'tar] *v* schweben, treiben, schwimmen
flotilla [flo'tiʎa] *f* Flotille *f*, Geschwader *n*
fluidez [flwi'ðeθ] *f* **1.** Fließen *n*; *hablar con ~* fließend sprechen; **2.** *PHYS* Flüssigkeit *f*
fluido ['flwiðo] *adj* **1.** dünnflüssig, flüssig, fließend; *m* **2.** Flüssigkeit *f*
fluir ['flwir] *v irr* fließen, rinnen, strömen
flujo ['fluxo] *m* **1.** Fluss *m*, Flut *f*; *~ y reflujo* Ebbe und Flut; **2.** *MED* Abgang *m*, Ausfluss *m*
fluvial [flu'βjal] *adj* Fluß…
fo [fo] *interj* pfui!
fobia ['foβja] *f* Phobie *f*, krankhafte Angst *f*, *(fig)* heftige Abneigung *f*
foca ['foka] *f ZOOL* Robbe *f*, Seehund *m*
foco ['foko] *m* **1.** *MATH* Brennpunkt *m*; **2.** *~ de crisis POL* Krisenherd *m*; **3.** *~ inflamatorio MED* Entzündungsherd *m*; **4.** Glühbirne *f*, Birne *m (LA)*
fofo ['fofo] *adj* schwammig, weich
fogata [fo'ɣata] *f* Lagerfeuer *n*
fogón [fo'ɣɔn] *m* Herd *m*
fogoso [fo'ɣoso] *adj* **1.** *(persona)* heiß-blütig; **2.** *(impetuoso, violento)* ungestüm
folio ['foljo] *m* Großformat *n*, Folio *n*, Blatt *n*
folklore [fɔl'klore] *m* Brauchtum *n*, Folklore *f*
follaje [fo'ʎaxe] *m* Laub *n*
folletín [foʎe'tin] *m* Feuilleton *n*, kleine Broschüre *f*
folleto [fo'ʎeto] *m* Prospekt *m*, Broschüre *f*, Flugblatt *n*
follón [fo'ʎɔn] *m* Rummel *m*
fomentar [fomen'tar] *v* fördern
fomento [fo'mento] *m* **1.** Förderung *f*; **2.** *MED* Packung *f*
fonda ['fɔnda] *f* Gasthaus *n*, Wirtshaus *n*, Gästehaus *n*
fondear [fɔnde'ar] *v* ausloten, gründlich durchsuchen
fondista [fɔn'dista] *m/f* Gastwirt(in) *m/f*
fondo ['fɔndo] *m* **1.** Tiefe *f*, Grund *m*, Boden *m*; *en el ~* eigentlich, im Grunde genommen; *sin ~* bodenlos, grundlos; *un barril sin ~* ein Fass ohne Boden *n*; *ir al ~ de una cosa* einer Sache auf den Grund gehen; **2.** *(fig)* Hintergrund *m*; **3.** *~s pl ECO* Fonds *m*, Mittel *pl*; *~s de inversión ECO* Investmentfonds *pl*
fondue [fon'di] *m GAST* Fondue *n*
fonética [fo'netika] *f* Phonetik *f*
fonético [fo'netiko] *adj* phonetisch
fontanero [fɔnta'nero] *m* Klempner *m*
forastero [foras'tero] *adj* ortsfremd
forjar [fɔr'xar] *v* schmieden
forma ['fɔrma] *f* **1.** *(configuración)* Bildung *f*, Gestalt *f*, Form *f*; *de ~ perfecta* formvollendet; *sin ~* formlos; **2.** *(manera)* Art *f*, Weise *f*; *en debida ~* ordnungsgemäß; **3.** *(manera)* Form *f*
formación [fɔrma'θjɔn] *f* **1.** *(intelectual)* Ausbildung *f*, Bildung *f*, Schulung *f*; *~ profesional* Berufsausbildung *f*; **2.** *(colocación)* Aufstellung *f*; **3.** *GEO* Formation *f*; **4.** *MIL* Formation *f*
formal [fɔr'mal] *adj* **1.** formal, formell, seriös; **2.** *(confiable)* zuverlässig, verlässlich; **3.** *JUR* förmlich
formalidad [fɔrmali'ðað] *f* **1.** Formalität *f*, Förmlichkeit *f*, Korrektheit *f*; **2.** *(confiabilidad)* Verlässlichkeit *f*, Zuverlässigkeit *f*; *falta de ~* Unzuverlässigkeit *f*
formar [fɔr'mar] *v* **1.** *(dar forma)* gestalten, formen; **2.** *(el intelecto)* ausbilden, bilden; **3.** *~ un conjunto* zusammengehören
formarse [fɔr'marse] *v* **1.** *(educarse)* heranbilden, sich bilden; **2.** *~ un juicio sobre algo* etw beurteilen
formatear [fɔrmate'ar] *v INFORM* formatieren
formato [fɔr'mato] *m* Format *n*; *~ oblongo* Querformat *n*
formidable [fɔrmi'ðaβle] *adj* toll
formón [for'mɔn] *m* Stemmeisen *n*
fórmula ['fɔrmula] *f* Formel *f*
formular [fɔrmu'lar] *v* aufsetzen, formulieren, vorbringen
formulario [fɔrmu'larjo] *m* **1.** Formular *n*; *~ de inscripción* Anmeldeformular *n*; **2.** *(para rellenar)* Vordruck *m*

fornicación [fɔrnika'θjɔn] *f* Unzucht *f*
foro ['foro] *m* Forum *n*
forofo [fo'rofo] *m* Fußballfan *m*
forrado [fɔ'rraðo] *adj* gefüttert; ~ *de dinero (fig)* betucht
forrar [fɔ'rrar] *v* füttern, ausschlagen
forro ['fɔrrɔ] *m* Futter *n*
fortalecer [fɔrtale'θɛr] *v irr* **1.** *(hacer más seguro)* festigen; **2.** *(hacer más fuerte)* bestärken, stärken; **3.** *(hacer más resistente)* abhärten
fortaleza [fɔrta'leθa] *f* Burg *f*, Festung *m*
fortificación [fɔrtifika'θjɔn] *f MIL* Befestigung *f*
fortificar [fɔrtifi'kar] *v* stärken, befestigen
fortín [fɔr'tin] *m MIL* Bunker *m*
fortuito [fɔr'twito] *adj* zufällig
fortuna [fɔr'tuna] *f* **1.** *(riqueza)* Vermögen *n;* **2.** *(suerte)* Glück *n; por ~* glücklicherweise; *(por casualidad)* zufällig
forúnculo [fo'ruŋkulo] *m MED* Furunkel *m*
forzar [fɔr'θar] *v irr* erzwingen, zwingen
forzoso [fɔr'θoso] *adj* notgedrungen, zwangsläufig, zwingend
fosa ['fosa] *f* Grube *f*, Grab *n*
fósforo ['fɔsforo] *m* Streichholz *n*, Zündholz *n*
fósil ['fosil] *m* **1.** *MIN* Versteinerung *f*, Fossil *n; adj* **2.** *MIN* fossil
foto ['foto] *f* Foto *n*, Lichtbild *n; hacer una ~* fotografieren; *¿Nos harías una ~?* Würdest du ein Bild von uns machen? *~ de pasaporte* Passbild *n; ¿Dónde me puedo sacar ~s de pasaporte?* Wo kann ich Passbilder machen lassen?
fotocopia [foto'kopja] *f* Fotokopie *f*
fotocopiar [fotoko'pjar] *v* fotokopieren
fotógrafa [fo'toɣrafa] *f* Fotografin *f*
fotografía [fotoɣra'fia] *f* **1.** Lichtbild *n;* **2.** *FOTO* Aufnahme *f*
fotografiar [fotoɣra'fjar] *v* fotografieren
fotógrafo [fo'toɣrafo] *m* Fotograf *m*
fotómetro [fo'tometro] *m FOTO* Belichtungsmesser *m*
foyer [fo'ʎɛr] *m* Foyer *n*
frac [frak] *m* Frack *m*
fracasado [fraka'saðo] *m* Versager *m*
fracasar [fraka'sar] *v* missglücken, misslingen, versagen; *hacer ~* vereiteln
fracaso [fra'kaso] *m* Misserfolg *m*, Niederlage *f*
fracción [fraɣ'θjɔn] *f* **1.** Bruchteil *m;* **2.** *MATH* Bruch *m; ~ dezimal* Dezimalbruch *m;* **3.** *POL* Fraktion *f*
fractura [frak'tura] *f MED* Bruch *m*, Fraktur *f; ~ ósea* Knochenbruch *m; ~ de la pierna* Beinbruch *m*
fragancia [fra'ɣanθja] *f* **1.** *(olor agradable)* Duft *m;* **2.** *(perfume)* Parfüm *n*
frágil ['fraxil] *adj* brüchig, zerbrechlich
fragilidad [fraxili'ðað] *f* Zerbrechlichkeit *f*
fragmento [fraɣ'mento] *m* **1.** Fragment *n;* **2.** *(de vidrio)* Scherbe *f*
fraguar [fra'ɣwar] *v* schmieden, aushecken, ausbrüten
fraile ['fraĭle] *m REL* Mönch *m*, Ordensbruder *m*
frambuesa [fram'bwesa] *f BOT* Himbeere *f*
francamente [fraŋka'mente] *adv* rückhaltlos, treuherzig, bedingungslos
Francia ['franθja] *f GEO* Frankreich *n*
franco ['fraŋko] *adj* **1.** aufrichtig, aufgeschlossen, freimütig; **2.** *ECO* frei; *~ de porte* portofrei; *~ a bordo* frei Schiff **3.** *(moneda de Suiza)* Franken *m*
francotirador [fraŋkotira'ðɔr] *m* Scharfschütze *m*, Heckenschütze *m*
franela [fra'nela] *f* Flanell *m*
franja ['fraŋxa] *f* Franse *f*, Streifen *m*
franquear [fraŋke'ar] *v* frankieren, frei machen; *sin ~* unfrankiert
franqueo [fraŋ'keo] *m* Porto *n*
franqueza [fraŋ'keθa] *f* Aufrichtigkeit *f*, Offenheit *f*
franquicia [fraŋ'kiθia] *adj en ~ aduanera* zollfrei
frasco ['frasko] *m* kleine Flasche *f*, Flakon *m*, Pulverhorn *n*
frase ['frase] *f* Satz *m; ~ hecha* Redewendung *f*, Redensart *f*, Schlagwort *n*
fraternal [fratɛr'nal] *adj* brüderlich
fraterno [fra'tɛrno] *adj* brüderlich
fraude ['fraŭðe] *m* Betrug *m*, Schwindel *m; ~ fiscal JUR* Steuerhinterziehung *f*
fray ['fraĭ] *m* Klosterbruder *m*
frazada [fra'θaða] *f* Decke *f*

F

frecuencia [fre'kwenθja] *f* 1. Häufigkeit *f;* 2. *TECH* Frequenz *f*
frecuente [fre'kwente] *adj* häufig
fregadero [freɣa'ðero] *m* Spülbecken *n*
fregar [fre'ɣar] *v irr* 1. *(lavar)* abspülen, abwaschen, spülen; 2. *(limpiar)* putzen
freír [fre'ir] *v irr* anbraten, braten; *Eso me tiene frito.* Das geht mir auf den Wecker.
frenar [fre'nar] *v* bremsen
freno ['freno] *m* Bremse *f; poner ~ a alguien* jdn zügeln; *Por favor, revise los ~s.* Die Bremsen nachsehen, bitte. *~ de emergencia* Notbremse *f; ~ de mano* Handbremse *f*
frente ['frente] *f* 1. *ANAT* Stirn *f; ~ a* gegenüber; *estar ~ a* gegenüberstehen; *de ~* geradeaus; *m* 2. *MIL* Front *f; romper el ~* die Front durchbrechen
fresa[1] ['fresa] *f BOT* Erdbeere *f*
fresa[2] ['fresa] *f TECH* Fräse *f*
fresco ['fresko] *adj* 1. *(insolente)* frech; 2. *(temperatura)* frisch, kühl; *Hace ~.* Es ist frisch. 3. *(ligero)* leicht; 4. *(nuevo)* frisch, neu; *m* 5. *ART* Deckengemälde *n,* Fresko *n*
frialdad [frjal'ðað] *f (fig)* Kälte *f*
fríamente [fria'mente] *adv* lieblos
fricción [friɣ'θjɔn] *f TECH* Reibung *f*
frígido ['frixiðo] *adj* kalt, frigide
frigorífico [friɣo'rifiko] *m* Kühlschrank *m,* Kühlanlage *f*
frío ['frio] *m* 1. Kälte *f; tener ~* frieren; *quedarse ~* sprachlos sein; *adj* 2. nasskalt, kühl
fritar [fri'tar] *v* frittieren, braten
frívolo ['friβolo] *adj* leichtfertig, lose
frontera [frɔn'tera] *f* Grenze *f; ~ nacional* Landesgrenze *f*
frontispicio [frɔntis'piθjo] *m* Giebel *m*
frontón [fron'tɔn] *m* Giebel *m*
frotación [frota'θjɔn] *f* Reibung *f*
frotar [fro'tar] *v* abreiben
fructosa [fruk'tosa] *f CHEM* Fruchtzucker *m*
fruslería [fruzle'ria] *f* Bagatelle *f,* Firlefanz *m*
frustración [frustra'θjɔn] *f* Frustration *f,* Vereitelung *f*
frustrar [frus'trar] *v* vereiteln
fruta ['fruta] *f BOT* Obst *n; ~ de hueso* Steinobst *n; ~ seca* Dörrobst *n,* Backobst *n*
frutero [fru'tero] *adj* Obsthändler *m,* Obstschale *f*
fruto ['fruto] *m* 1. *BOT* Frucht *f;* 2. *(resultado)* Ergebnis *n,* Resultat *n*
fuego ['fweɣo] *m* 1. Brand *m,* Feuer *n,* Glut *f; ¡Fuego!* Feuer! Es brennt! 2. *~s artificiales pl* Feuerwerk *n*
fuel ['fwɛl] *m* Heizöl *n*
fuente [fwente] *f* 1. Springbrunnen *m,* Brunnen *m,* Quelle *f;* 2. *~ de información* Informationsquelle *f;* 3. *~ de riquezas* Goldgrube *f;* 4. *(recipiente)* Schale *f*
fuera ['fwera] *adv* 1. auswärts, draußen, heraus; *prep* 2. *~ de* außer, ausgenommen; *~ de competencia* konkurrenzlos; *~ de lo común* ungewöhnlich; *~ de lugar* unangebracht; *konj* 3. *~ de ello* außerdem, ferner
fueraborda [fwera'βɔrða] *f TECH* Außenbordmotor *m*
fuero ['fwero] *m JUR* Gerichtsstand *m*
fuerte ['fwɛrte] *adj* 1. *(vigoroso, resistente)* kräftig, stark, rüstig; 2. *(poderoso)* mächtig; 3. *(fijo)* fest; 4. *(alto volumen)* laut
fuertemente [fwɛrte'mente] *adj* stark, kräftig, mächtig
fuerza ['fwɛrθa] *f* 1. Kraft *f,* Stärke *f; sin ~* kraftlos; *~ de la tecla* Tastenzwang *m; ~ creadora* Schaffenskraft *f; ~ de atracción* Anziehungskraft *f; ~ de carácter* Charakterstärke *f; ~ motriz TECH* Antriebskraft *f;* 2. *(poder)* Macht *f; ~ superior* Übermacht *f;* 3. *(violencia, presión)* Zwang *m;* 4. *~s armadas MIL* Streitkräfte *pl,* Heer *n; ~s aéreas* Luftwaffe *f*
fuga ['fuɣa] *f* 1. *(huída, evasión)* Flucht *f,* Ausbruch *m;* 2. *(orificio)* Leck *n; tener ~* lecken; 3. *~ de capitales ECO* Kapitalabwanderung *f,* Kapitalabfluss *m*
fugacidad [fuɣaθi'ðað] *f* Vergänglichkeit *f*
fugar [fu'ɣar] *v* entfliehen
fugarse [fu'ɣarse] *v* flüchten, ausbrechen
fugaz [fu'ɣaθ] *adj* vergänglich
fugitivo [fuxi'tiβo] *m* 1. Flüchtiger *m,* Ausreißer *m; adj* 2. flüchtig
fulano [fu'lano] *adj* Kerl *m,* Typ *m*
fulgor [ful'ɣɔr] *m* Schimmer *m,* Glanz *m*

fumador(a) [fuma'ðɔr/fuma'ðora] *m/f* Raucher(in) *m/f; compartimiento de ~es* Raucherabteil *n; no ~* Nichtraucher(in) *m/f; Soy no ~.* Ich bin Nichtraucher(in).
fumar [fu'mar] *v* rauchen; *~ como una chimenea* wie ein Schlot rauchen; *¿Le importa si fumo?* Macht es Ihnen etwas aus, wenn ich rauche? *¿Fuma usted?* Rauchen Sie? *¿Puedo ~?* Darf ich rauchen?
función [fun'θjɔn] *f* **1.** Funktion *f; en funciones* amtierend; **2.** *THEAT* Vorstellung *f; ~ de gala* Galavorstellung *f;* **3.** *~ benéfica* Wohltätigkeitsveranstaltung *f*
funcional [funθjo'nal] *adj* funktional, funktionell
funcionar [funθjo'nar] *v* **1.** funktionieren; *no ~* versagen; **2.** *hacer ~ TECH* betätigen
funcionaria [funθjo'narja] *f* Beamtin *f*
funcionario [funθjo'narjo] *m* **1.** Beamter *m; ~ de Hacienda* Finanzbeamter *m; ~ judicial* Justizbeamter *m; ~ público* Staatsbeamter *m;* **2.** *POL* Funktionär *m*
funda ['funda] *f* Bezug *m; ~ de almohada* Kissenbezug *m*
fundación [funda'θjɔn] *f* **1.** Gründung *f;* **2.** *(construcción, creación)* Errichtung *f;* **3.** *(institución)* Stiftung *f;* **4.** *(argumentación)* Begründung *f*
fundado [fun'daðo] *adj* berechtigt, fundiert, stichhaltig
fundador(a) [funda'ðɔr/funda'ðora] *m/f* **1.** Gründer(in) *m/f;* **2.** *(donador(a))* Stifter(in) *m/f*
fundamental [fundamen'tal] *adj* **1.** grundsätzlich, fundamental, grundlegend; **2.** *(de suma importancia)* lebenswichtig
fundamentalista [fundamenta'lista] *m/f POL* Fundamentalist(in) *m/f*
fundamento [funda'mento] *m* Grundlage *f,* Fundament *n*
fundar [fun'dar] *v* **1.** gründen, errichten, aufbauen; **2.** *(una institución)* stiften
fundición [fundi'θjɔn] *f* **1.** *TECH* Guss *m;* **2.** *TECH* Gießerei *f*
fundirse [fun'dirse] *v* schmelzen, zergehen
funeral [fune'ral] *m* Begräbnis *n,* Bestattung *f,* Beerdigung *f*
funeraria [fune'rarja] *f* Bestattungsinstitut *n*
funesto [fu'nesto] *adj* katastrophal
funicular [funiku'lar] *m TECH* Drahtseilbahn *f,* Seilbahn *f*
furia ['furja] *f* Wut *f; estar hecho una ~* kochen vor Wut
furioso [fu'rjoso] *adj* wütend, rabiat, rasend; *estar ~* toben; *Estoy ~.* Ich bin wütend.
furor [fu'rɔr] *m* Wut *f*
furtivo [fur'tiβo] *adj* verstohlen
fuselaje [fuse'laxe] *m* Rumpf *m*
fusible [fu'siβle] *m TECH* Sicherung *f*
fusil [fu'sil] *m* Gewehr *n*
fusión [fu'sjɔn] *f* Fusion *f,* Zusammenschluss *m*
fustigar [fusti'ɣar] *v* peitschen
fútbol ['futβol] *m SPORT* Fußballspiel *n*
futbolista [futβo'lista] *m/f SPORT* Fußballspieler(in) *m/f*
fútil ['futil] *adj* bedeutungslos, nichtig
futre ['futre] *m* Modenarr *m,* Geck *m*
futurista [futu'rista] *adj* futuristisch
futuro [fu'turo] *m* **1.** Zukunft *f; en el ~* zukünftig; *adj* **2.** zukünftig, künftig

F

G

gabán [ga'βan] *m* Mantel *m*, Überzieher *m*
gabarra [ga'βarra] *f* Schute *f*, Frachtkahn *m*
gacha ['gatʃa] *f* Brei *m*, breiartige Masse *f*, Mehlbrei *m*
gachó [ga'tʃɔ] *m* *(fam)* Mann *m*, Bursche *m*, Kerl *m*
gafas ['gafas] *f/pl* Brille *f*; *~ de sol* Sonnenbrille *f*
gafete [ga'fete] *m* Metallhaken *m*, Haken mit Klammer *m*
gafo ['gafo] *adj* krallenfingrig (Leprasymptom)
gago ['gaɣo] *adj* stotternd
gaguear [gaɣe'ar] *v* stottern, näseln
gaita ['gaĭta] *f* MUS Schalmei *f*, Dudelsack *m*, Drehleier *f*
gaitero [gaĭ'tero] *adj* aufgekratzt, vergnügt, grellbunt
gala ['gala] *f* Festkleidung *f*, Prunk *m*, Gala…
galán [ga'lan] *adj* Galan *m*, Verehrer *m*, stattlicher junger Mann *m*
galápago [ga'lapaɣo] *m* ZOOL Süßwasserschildkröte *f*
Galápagos [ga'lapaɣos] *m* GEO Galapagosinseln *pl*
galaxia [ga'laɣsja] *f* ASTR Galaxis *f*, Milchstraße *f*
galera [ga'lera] *f* NAUT Galeere *f*, Sklavenschiff *n*
galgo ['galɣo] *m* ZOOL Windhund *m*
galo ['galo] *adj* gallisch, französisch
galleta [ga'ʎeta] *f* Keks *m*; *~ para perros* Hundekuchen *m*
gallina [ga'ʎina] *f* **1.** Huhn *n*, *piel de ~* Gänsehaut *f*; **2.** *(fam)* Feigling *m*
gallo ['gaʎo] *m* Hahn *m*
galopar [galo'par] *v* galoppieren
galvanizado [galβani'θaðo] *m* MIN Verzinkung *f*, Galvanisieren *n*
ganable [ga'naβle] *adj* gewinnbar, erzielbar, erreichbar
ganadería [ganaðe'ria] *f* Viehzucht *f*, Viehhandel *m*, Stierzucht *f*
gañote [ga'ɲote] *m* Gurgel *f*, Schlund *m*
garabato [gara'βato] *m* Haken *m*, Anziehungskraft *f*, Gekritzel *n*
garaje [ga'raxe] *m* Garage *f*, Parkhaus *n*; *~ subterráneo* Tiefgarage *f*
garante [ga'rante] *m* Bürge *m*
garantía [garan'tia] *f* **1.** Garantie *f*, Gewähr *f*; *¿Cuánto tiempo tiene ~?* Wie lange gibt es Garantie dafür? **2.** ECO Akkreditiv *n*
garantizar [garanti'θar] *v* bürgen, garantieren, gewährleisten; *~ por escrito* verbriefen; *¿Me lo puede ~?* Können Sie mir das garantieren?
garañón [gara'ɲɔn] *m* ZOOL Hengst *m*
garbanzo [gar'βanθo] *m* BOT Kichererbse *f*
garbo ['garβo] *m* Grazie *f*, Pfiff *m*, Anmut *f*
garboso [gar'βoso] *adj* graziös
gargajo [gar'ɣaxo] *m* Spucke *f*
garganta [gar'ɣanta] *f* **1.** ANAT Hals *m*, Kehle *f*; *Necesito algo contra el dolor de ~.* Ich brauche etw gegen Halsschmerzen. **2.** GEO Schlucht *f*; **3.** *(barranco)* Klamm *f*
gargantilla [garɣan'tiʎa] *f* Halsband *n*
garra ['garra] *f* ZOOL Kralle *f*, Pranke *f*, Tatze *f*
garrafa [ga'rrafa] *f* Karaffe *f*
gárgara ['gargara] *f* MED Gurgeln *n*
garrapata [garra'pata] *f* ZOOL Zecke *f*, *(fig)* Schindmähre *f*
garrapatear [garrapate'ar] *v* kritzeln
garza ['garθa] *f* ZOOL Reiher *m*
garzota [gar'θota] *f* Buschreiher *m*, Reiherbusch am Hut *m*
gas [gas] *m* **1.** Gas *n*; *~ biológico* Biogas *n*; *~ de escape* Abgas *n*; *~ tóxico* Giftgas *n*; *~ líquido* Flüssiggas *n*; *~ natural* Erdgas *n*; *~ noble* Edelgas *n*; **2.** *~es lacrimógenos pl* Tränengas *n*; **3.** Kohlensäure *f*; *agua sin ~* stilles Wasser *n*
gaseosa [gase'osa] *f* Brause *f*
gasoil [ga'sɔĭl] *m* Dieselöl *n*
gasolina [gaso'lina] *f* *(combustible)* Benzin *n*; *~ sin plomo* bleifrei; *echar ~* auftanken, tanken

gasolinera [gasoli'nera] *f* Tankstelle *f;* *¿Dónde está la ~ más cercana?* Wo ist die nächste Tankstelle?
gasolinero [gasoli'nero] *m* Tankwart *m*
gastable [gas'taβle] *adj* verbrauchbar, verwendbar, abnützbar
gastado [gas'taðo] *adj* **1.** schäbig, abgenutzt; **2.** *(relativo a personas)* müde, gealtert
gastar [gas'tar] *v* **1.** ausgeben; *No quiero ~ tanto.* Ich möchte nicht so viel ausgeben. **2.** *(derrochar, desperdiciar)* verschwenden, vergeuden; *~ saliva (fam)* umsonst reden; *~ el tiempo* die Zeit vergeuden; **3.** *(desgastar)* verzehren, abnutzen; **4.** *(utilizar)* aufwenden
gasto ['gasto] *m* **1.** Ausgabe *f; ~ de la casa* Haushaltungskosten *pl;* **2.** *~s pl* Aufwand *m,* Kosten *pl,* Auslagen *pl,* Unkosten *pl; ~s adicionales* Nebenkosten *pl; ¿Qué ~s nos esperan?* Welche Unkosten kommen auf uns zu? **3.** *~s ECO* Spesen *pl,* Aufwendungen *pl; ~s de adquisición* Anschaffungskosten *pl; ~s de materiales* Materialkosten *pl*
gastronomía [gastrono'mia] *f* Gastronomie *f*
gata ['gata] *f* **1.** *ZOOL* Katze *f;* **2.** *TECH* Wagenheber *m (LA)*
gatear [gate'ar] *v (niños)* krabbeln
gatillo [ga'tiʎo] *m* Abzug *m,* Drücker *m*
gato ['gato] *m ZOOL* Kater *m; dar ~ por liebre* übers Ohr hauen
gaveta [ga'βeta] *f* Schublade *f*
gavilla [ga'βiʎa] *f* Garbe *f*
gaviota [ga'βjota] *f ZOOL* Möwe *f*
gel [xɛl] *m* Gel *n*
gelatina [xela'tina] *f* **1.** Gelatine *f;* **2.** *(de pescado o carne) GAST* Aspik *m;* **3.** *(de dulce) GAST* Götterspeise *f*
gemelo [xe'melo] *m* **1.** Zwilling *m;* **2.** *(botón)* Manschettenknopf *m;* **3.** *~s (de largavista) pl* Fernglas *n; ~s de teatro* Opernglas *n*
gemido [xe'miðo] *m* Gewimmer *n*
gemir [xe'mir] *v irr* ächzen, stöhnen
gen [xen] *m BIO* Gen *n*
generación [xenera'θjɔn] *f* **1.** Generation *f;* **2.** *(procreación)* Zeugung *f*
generador [xenera'ðɔr] *m TECH* Generator *m*
general [xene'ral] *m* **1.** *MIL* General *m; adj* **2.** allgemein, generell; *en ~* im Allgemeinen; *por lo ~* durchweg, generell
generalidad [xenerali'ðað] *f* Allgemeinheit, Allgemeingültigkeit
generalización [xeneraliθa'θjɔn] *f* Verallgemeinerung *f*
generalizado [xenerali'θaðo] *adj* verallgemeinert
generalizar [xenerali'θar] *v* verallgemeinern
género ['xenero] *m* **1.** Sorte *f,* Gattung *f;* **2.** *GRAMM* Geschlecht *n;* **3.** *ECO* Artikel *m*
generosidad [xenerosi'ðað] *f* Freizügigkeit *f*
generoso [xene'roso] *adj* großzügig
Génesis ['xenesis] *f* Genese *f,* Genesis (Schöpfungsgeschichte) *f,* Entstehung *f,* Entwicklung *f*
genética [xe'netika] *f BIO* Genforschung *f*
genético [xe'netiko] *adj BIO* genetisch, Erb...
genial [xe'njal] *adj* genial
genio ['xenjo] *m* Genie *n; tener mucho ~* aufbrausend sein
genitales [xeni'tales] *m/pl ANAT* Genitalien *pl*
gente ['xente] *f* Leute *pl*
gentil [xen'til] *adj* liebenswürdig, nett, freundlich
gentileza [xenti'leθa] *f* Liebenswürdigkeit *f*
gentío [xen'tio] *m* Auflauf *m,* Gedrängel *n,* Schwarm *m*
gentuza [gen'tuθa] *f* Gesindel *n,* Pack *n*
genuinidad [xenwini'ðað] *f* Echtheit *f*
genuino [xe'nwino] *adj* **1.** *(verdadero)* echt; **2.** *(puro)* rein
geofísica [xeo'fisika] *f GEO* Geophysik *f*
geografía [xeoɣra'fia] *f* Erdkunde *f,* Geografie *f*
geográfico [xeo'ɣrafiko] *adj* geografisch
geógrafo [xe'oɣrafo] *m* Geograf *m*
geología [xeolɔ'xia] *f* Geologie *f*
geólogo [xe'ɔloɣo] *m* Geologe *m*

G

geometría [xeome'tria] *f MATH* Geometrie *f*
geométrico [xeo'metriko] *adj MATH* geometrisch
geranio [xe'ranjo] *m BOT* Geranie *f*
gerencia [xe'renθja] *f* **1.** Leitung *f;* **2.** *ECO* Geschäftsleitung *f*
gerente [xe'rente] *m/f* Leiter(in) *m/f,* Manager(in) *m/f,* Geschäftsführer(in) *m/f; Quisiera hablar con el ~.* Ich möchte den Geschäftsführer sprechen. *~ del banco* Bankdirektor(in) *m/f*

G

germen ['xɛrmen] *m BIO* Keim *m*
germinar [xɛrmi'nar] *v* keimen
gestación [xesta'θjɔn] *f MED* Schwangerschaft *f*
gestante [xes'tante] *f MED* Schwangere *f*
gesticular [xestiku'lar] *v* gestikulieren
gestión [xes'tjɔn] *f* Schritt *m,* Formalität *f,* Maßnahme *f; mala ~ económica ECO* Misswirtschaft *f*
gestionar [xestjo'nar] *v ECO* betreiben
gesto ['xesto] *m* Miene *f,* Gebärde *f,* Geste *f*
Ghana ['gana] *m GEO* Ghana *n*
gibosidad [xiβosi'ðað] *f* Buckel *m*
gigante [xi'ɣante] *m* **1.** Riese *m; adj* **2.** riesig
gigantesco [xiɣan'tesko] *adj* riesig, gigantisch, riesengroß
gimnasia [xim'nasja] *f* **1.** *SPORT* Gymnastik *f,* Turnen *n; hacer ~* turnen; **2.** *~ terapéutica MED* Krankengymnastik *f,* Heilgymnastik *f*
gimnasio [xim'nasjo] *m SPORT* Turnhalle *f*
gimnasta [xim'nasta] *m/f SPORT* Turner(in) *m/f*
ginecología [xinekolɔ'xia] *f MED* Gynäkologie *f*
ginecólogo [xine'kɔloɣo] *m MED* Gynäkologe *m,* Frauenarzt *m*
gira ['xira] *f* Tournee *f*
girar [xi'rar] *v* **1.** drehen; **2.** *TECH* rotieren; **3.** *(entorno)* kreisen
girasol [xira'sɔl] *m BOT* Sonnenblume *f*
giratorio [xira'torjo] *adj* drehbar
giro ['xiro] *m* **1.** *(vuelta)* Drehung *f;* **2.** *(de un idioma)* Redewendung *f;* **3.** *ECO* Giro *n,* Überweisung *f; ~ combinado* Sammelauftrag *m; ~ postal* Postanweisung *f*
gitano [xi'tano] *m* Zigeuner *m*
glacial [gla'θjal] *adj* eisig, eiskalt, frostig
glaciar [gla'θjar] *m* Gletscher *m*
glándula ['glandula] *f ANAT* Drüse *f*
global [glo'βal] *adj* global, pauschal
globo ['gloβo] *m* **1.** Luftballon *m,* Ballon *m;* **2.** *~ terráqueo* Erdkugel *f*
gloria ['glorja] *f* Ruhm *m*
glorificación [glorifika'θjɔn] *f* Verherrlichung *f*
glorioso [glo'rjoso] *adj* glorreich, ruhmreich
glosa ['glosa] *f* Glosse *f*
glosario [glo'sarjo] *m* Glossar *n*
glucosa [glu'kosa] *f* **1.** Traubenzucker *m;* **2.** *CHEM* Glykose *f*
gobernante [goβɛr'nante] *m/f* Herrscher(in) *m/f,* Machthaber(in) *m/f*
gobernar [goβɛr'nar] *v irr* **1.** *POL* herrschen, regieren; **2.** *(barco)* steuern
gobierno [go'βjɛrno] *m POL* Obrigkeit *f,* Regierung *f; ~ de coalición* Koalitionsregierung *f; ~ nacional* Landesregierung *f*
gol [gɔl] *m SPORT* Tor *n*
golf [gɔlf] *m SPORT* Golf *n*
golfo ['gɔlfo] *m* **1.** Meerbusen *m,* Golf *m;* **2.** *corriente del ~ GEO* Golfstrom *m; crisis del Golfo* Golfkrise *f;* **3.** *(relativo a una persona)* Gammler *m,* Spieler *m,* Müßiggänger *m*
golondrina [golɔn'drina] *f ZOOL* Schwalbe *f*
golosina [golo'sina] *f* **1.** Schleckerei *f;* **2.** *~s pl* Süßigkeiten *pl*
golosinar [golosi'nar] *v* naschen
goloso [go'loso] *m* **1.** Leckermaul *n,* Schleckermaul *n; adj* **2.** gefräßig, verlockend
golpe ['gɔlpe] *m* **1.** Schlag *m,* Hieb *m,* Streich *m; no dar ~* keinen Finger krumm machen; **2.** *de ~* plötzlich, unerwartet, auf einmal; *de ~ (enseguida)* auf Anhieb *(fam);* **3.** *~ certero* Treffer *m;* **4.** *~ del destino* Schicksalsschlag *m;* **5.** *~ de fortuna* Glücksfall *m;* **6.** *~ de estado/~ militar POL* Putsch *m,* Staatsstreich *m*

golpear [gɔlpe'ar] *v* **1.** *(a la puerta)* klopfen; **2.** *(pegar)* schlagen; *~ a alguien* jdn prügeln
golpista [gɔl'pista] *m/f* POL Putschist(in) *m/f*
gollete [go'ʎete] *m* Hals *m*
goma ['goma] *f* Gummi *m; ~ de borrar* Radiergummi *m; ~ espuma* Schaumgummi *m*
góndola ['gɔndola] *f* Gondel *f*
googlear [guɣle'ar] *v* googeln
gordo ['gɔrðo] *adj* fett, dick
gorjear [gɔrxe'ar] *v* zwitschern
gorjeo [gɔr'xeo] *m* Gezwitscher *n*
gorra ['gɔrra] *f* Mütze *f,* Kappe *f*
gorrear [gɔrre'ar] *v* schmarotzen
gorrión [gɔ'rrjɔn] *m* ZOOL Sperling *m,* Spatz *m*
gorro ['gɔrrɔ] *m* Mütze *f; ~ de baño* Badekappe *f*
gorrón [gɔ'rrɔn] *m* Schmarotzer *m*
gota ['gota] *f* **1.** Tropfen *m; Se parecen como dos ~s de agua.* Sie gleichen sich wie ein Ei dem anderen. **2.** MED Gicht *f;* **3.** *~s nasales pl* MED Nasentropfen *pl*
gotear [gote'ar] *v* tropfen; *El grifo gotea.* Der Wasserhahn tropft.
gotera [go'tera] *f* Regenrinne *f*
gozar [go'θar] *v* genießen
gozne ['gɔθne] *m* Scharnier *n,* Gelenk *n*
gozo ['goθo] *m* Genuss *m*
gozoso [go'θoso] *adj* genüsslich
grabación [graβa'θjɔn] *f* **1.** Aufzeichnung *f;* **2.** MUS Aufnahme *f;* **3.** *(sobre material)* Gravur *f;* **4.** *(estampado)* Prägung *f*
grabado [gra'βaðo] *m* ART Stich *m*
grabar [gra'βar] *v* **1.** aufzeichnen; **2.** MUS aufnehmen; **3.** *(estampar)* ausprägen
grabarse [gra'βarse] *v ~ algo en la memoria* sich etw einprägen
gracia ['graθja] *f* **1.** Grazie *f,* Reiz *m; sin ~* reizlos; **2.** *(gracilidad)* Zierlichkeit *f;* **3.** REL Gnade *f;* **4.** *~s pl* Dank *m; ~s a* dank; *¡Gracias!* Danke! *¡Muchas ~s!* Vielen Dank!
grácil ['graθil] *adj* zierlich
gracioso [gra'θjoso] *adj* *(divertido)* lustig, amüsant, humorvoll
grada ['graða] *f* Stufe *f*
gradación [graða'θjɔn] *m ~ de los colores* Farbabstufung *f*
grado ['graðo] *m* **1.** Grad *m;* **2.** MIL Dienstgrad *m;* **3.** *~s centígrados pl* Celsiusgrad *m*
graduable [gra'ðwaβle] *adj* verstellbar
graduación [graðwa'θjɔn] *f* Abstufung *f,* Grad *m*
graduado [gra'ðwaðo] *m* **1.** Absolvent *m; adj* **2.** graduiert
gradual [gra'ðwal] *adj* allmählich, graduell
graduar [gra'ðwar] *v* **1.** abstufen; **2.** *(ajustar, regular)* verstellen
gráfico ['grafiko] *m* **1.** Grafik *f; adj* **2.** grafisch, bildlich, plastisch
grafista [gra'fista] *m/f* Grafiker(in) *m/f*
gramática [gra'matika] *f* Grammatik *f*
gramatical [gramati'kal] *adj* grammatisch
gramo ['gramo] *m* Gramm *n*
gran [gran] *adj* **1.** groß; *~ ciudad* Großstadt *f;* **2.** *Gran Bretaña* GEO Großbritannien *n;* **3.** *(magnífico)* großartig; *un ~ espectáculo* ein großartiges Spektakel *n*
grande ['grande] *adj* groß; *Esto no es suficientemente ~.* Das ist nicht groß genug.
grandeza [gran'deθa] *f* Größe *f*
grandioso [gran'djoso] *adj* grandios, großartig
granero [gra'nero] *m* Kornkammer *f,* Scheune *f*
granito [gra'nito] *m* MIN Granit *m*
granizar [grani'θar] *v* hageln
granizo [gra'niθo] *m* Hagel *m*
granja ['graŋxa] *f* Bauernhof *m,* Hof *m; ~ avícola* Hühnerfarm *f,* Geflügelfarm *f*
grano ['grano] *m* **1.** MED Pickel *m;* **2.** *(semilla)* Korn *n; ~ de arena* Sandkorn *n;* **3.** *~ de café* Kaffeebohne *f,* Bohne *f*
granuja [gra'nuxa] *m* Schuft *m*
granular [granu'lar] *adj* körnig
grapa ['grapa] *f* Heftklammer *f*
grasa ['grasa] *f* Fett *n; ~ vegetal* Pflanzenfett *n*
grasiento [gra'sjento] *adj* schmierig
graso ['graso] *adj* fett
grasoso [gra'soso] *adj* schmierig, fett
gratificación [gratifika'θjɔn] *f* **1.** Belohnung *f,* Gratifikation *f; ~ por un hallazgo* Finderlohn *m;* **2.** FIN Bonus *m*
gratificar [gratifi'kar] *v* belohnen

G

gratis ['gratis] *adj* gratis, unentgeltlich
gratitud [grati'tuð] *m* Dankbarkeit *f*
grato ['grato] *adj* angenehm
gratuito [gra'twito] *adj* unentgeltlich, kostenlos, frei
grava ['graβa] *f* Kies *m*
gravable [gra'βaβle] *adj* FIN abgabenpflichtig
gravación [graβa'θjɔn] *f* FIN Belastung *f*
gravamen [gra'βamen] *m* Steuer *f*, Besteuerung *f*
grave ['graβe] *adj* **1.** *(cuerpo)* schwer; **2.** *(acción, situación)* ernst; **3.** *(enfermedad)* schwer; *~mente enfermo* schwer krank
gravidez [graβi'ðeθ] *f* Schwangerschaft *f*
gravitación [graβita'θjɔn] *f* PHYS Schwerkraft *f*
gravoso [gra'βoso] *adj* beschwerlich, drückend *(fig)*
graznar [graθ'nar] *v (patos)* quaken
Grecia ['greθja] *f* GEO Griechenland *n*
gremio ['gremjo] *m* Innung *f*, Verband *m*, Zunft *f*
griego ['grjeɣo] *adj* **1.** griechisch; *m* **2.** Grieche *m*; **3.** *(idioma)* Griechisch *n*
grieta ['grjeta] *f* **1.** Riss *m*, Felsspalte *f*, Spalte *f*; **2.** *(en vidrio, en porcelana)* Sprung *m*
grifo ['grifo] *m* Wasserhahn *m*
grillo ['griʎo] *m* ZOOL Grille *f*
gringo ['griŋgo] *m (LA: despectivo)* Amerikaner *m*, Gringo *m*
gripe ['gripe] *f* MED Grippe *f*; *Tengo ~.* Ich habe Grippe.
gris [gris] *adj* grau
gritar [gri'tar] *v* schreien, ausrufen; *¡Alguien está gritando socorro!* Da schreit jemand um Hilfe! *~ a alguien* jdn anbrüllen
griterío [grite'rio] *m* Gebrüll *n*
grito ['grito] *m* Schrei *m*, Ausruf *m*, Ruf *m*
grosella [gro'seʎa] *f* BOT Johannisbeere *f*; *~ espinosa* Stachelbeere *f*
grosero [gro'sero] *m* **1.** Grobian *m*, Lümmel *m*; *adj* **2.** ruppig, rüpelhaft, vulgär; **3.** *(brusco)* brüsk
grotesco [gro'tesko] *adj* grotesk, skurril
grúa ['grua] *f* **1.** Kran *m*; **2.** *(para remolque)* Abschleppwagen *m*
grueso ['grweso] *adj* dick, beleibt
gruñir [gru'ɲir] *v irr* **1.** knurren; **2.** *(de un oso)* brummen, murren
gruñón [gru'ɲɔn] *adj* griesgrämig, mürrisch, brummig
grupo ['grupo] *m* **1.** Gruppe *f*; *en ~s* scharenweise; **2.** *~ de destino* ECO Zielgruppe *f*; **3.** *~ de trabajo* Arbeitsgemeinschaft *f*; **4.** *~ de viaje/~ turístico* Reisegesellschaft *f*; *Soy de este ~ turístico.* Ich gehöre zu dieser Reisegesellschaft. **5.** *~ empresarial* ECO Konzern *m*; **6.** *~ marginal* Randgruppe *f*; **7.** *~ salarial* ECO Gehaltsgruppe *f*; **8.** *~ sanguíneo* MED Blutgruppe *f*; **9.** *(complejo)* Komplex *m*; **10.** *~ parlamentario* POL Fraktion *f*
guante ['gwante] *m* Handschuh *m*
guapísimo [gwa'pisimo] *adj* bildhübsch
guapo ['gwapo] *adj* gutaussehend, hübsch
guarda ['gwarða] *m/f* Wärter(in) *m/f*, Wachmann *m*, Wächter(in) *m/f*; *~ forestal* Förster(in) *m/f*
guardabarros [gwarða'βarrɔs] *m* Schutzblech *n*, Kotflügel *m*
guardado [gwar'ðaðo] *v estar ~* verborgen sein
guardaespaldas [gwarðaes'paldas] *m* Leibwächter *m*
guardar [gwar'ðar] *v* **1.** bewachen, beaufsichtigen, hüten; *~ cama* das Bett hüten; **2.** *(conservar, respetar)* einhalten, bewahren, wahren; *~ las distancias* Abstand wahren; *~ silencio* schweigen; *~ miramientos* Rücksicht nehmen; **3.** *(quedarse con)* zurückbehalten, beibehalten
guardarropa [gwarða'rrɔpa] *m* **1.** Kleiderschrank *m*; **2.** *(en el teatro)* Garderobe *f*
guardarse [gwar'ðarse] *v ~ de* sich vorsehen, sich hüten
guardería [gwarðe'ria] *f ~ infantil* Kinderhort *m*, Krippe *f*
guardia ['gwarðja] *m* **1.** *(persona)* Wache *f*, Polizist *m*; *estar en ~* auf der Hut sein; *estar de ~* Dienst haben; *f* **2.** *(cuerpo)* Garde *f*, Polizei *f*; *Guardia Civil* Guardia Civil *f*, paramilitärisches Polizeicorps *n*; **3.** *(protección, vigilancia)* Obhut *f*, Bewachung *f*

guardián [gwar'ðjan] *m* Wärter *m*, Wachmann *m*, Wächter *m*
guarecer [gware'θɛr] *v irr* verdecken
guarida [gwa'riða] *f* **1.** Höhle *f*, Wildlager *n*; **2.** *(de un animal)* Bau *m*; **3.** *(fig)* Versteck *n*, Schlupfwinkel *m*
guarismo [gwa'rizmo] *m* Ziffer *f*
guarnecer [gwarne'θɛr] *v irr* einfassen
guarnición [gwarni'θjɔn] *f* **1.** *TECH* Dichtung *f*, Abdichtung *f*; **2.** *(accesorios)* Zubehör *n*; **3.** *(decoración)* Garnierung *f*, Verzierung *f*; **4.** *GAST* Beilage *f*; **5.** *MIL* Garnison *f*, Besatzung *f*
guarro ['gwarrɔ] *m (fam)* Ferkel *n*, Sau *f*
guasa ['gwasa] *f* Spott *m*
guata ['gwata] *f* Watte *f*
Guatemala [gwate'mala] *m GEO* Guatemala *n*
guau ['gwau] *interj* wau
guay ['gwaĭ] *adj (fam)* cool, super
gubernamental [guβɛrnamen'tal] *adj* staatlich
guepardo [ge'parðo] *m ZOOL* Gepard *m*
guerra ['gɛrra] *f* Krieg *m*; ~ *civil POL* Bürgerkrieg *m*; ~ *mundial HIST* Weltkrieg *m*; ~ *relámpago MIL* Blitzkrieg *m*; ~ *atómica* Atomkrieg *m*
guerrero [gɛ'rrɛro] *adj* **1.** kriegerisch; *m* **2.** Krieger *m*
guerrillero [gɛrri'ʎero] *m POL* Partisan *m*
guía ['gia] *f* **1.** *(libro)* Reiseführer *m*; *¿Tiene usted una ~ en alemán?* Haben Sie einen deutschsprachigen Reiseführer? **2.** ~ *telefónica* Telefonbuch *n*; *Es mejor que comprobemos el número de Juan en la ~ telefónica.* Es ist besser, wenn wir die Nummer von Juan im Telefonbuch nachschauen. **3.** *TECH* Führung *f*; *m/f* **4.** *(persona)* Leiter(in) *m/f*, Anführer(in) *m/f*; *¿Dónde está nuestro ~?* Wo ist unser Reiseleiter? ~ *de montaña* Bergführer(in) *m/f*; ~ *turístico* Fremdenführer *m*
guiar [gi'ar] *v* **1.** anführen, führen; **2.** *(dirigir)* anleiten, leiten; **3.** *INFORM* steuern
guijarro [gi'xarro] *m* **1.** Kieselstein *m*; **2.** *~s pl GEOL* Geröll *n*
guión [gi'ɔn] *m* **1.** *CINE* Drehbuch *n*; **2.** *LING* Bindestrich *m*, Gedankenstrich *m*
guisante [gi'sante] *m BOT* Erbse *f*
guisar [gi'sar] *v* kochen
guita ['gita] *f* Bindfaden *m*
guitarra [gi'tarra] *f MUS* Gitarre *f*; *tocar la ~* Guitarre spielen
guitarrista [gita'rrista] *m/f MUS* Gitarrist(in) *m/f*
gusano [gu'sano] *m ZOOL* Wurm *m*
gustar [gus'tar] *v* **1.** ansprechen, zusagen; *Esto no me gusta.* Das gefällt mir micht. *Me ha gustado mucho.* Es hat mir sehr gefallen. **2.** *~ a alguien* jdm gefallen; *María, creo que le gustas mucho a Pablo.* Maria, ich glaube, du gefällst Pablo sehr.
gustillo [gus'tiʎo] *m* Beigeschmack *m*
gusto ['gusto] *m* **1.** Belieben *n*; *Esto es cuestión de ~.* Das ist Geschmackssache. **2.** *(sabor)* Geschmack *m*; *de mal ~* geschmacklos; *tener ~ a* schmecken nach; **3.** *(placer)* Vergnügen *n*; *por ~* umsonst
gustosamente [gustosa'mente] *adv* gern, mit Vergnügen

G

H

habana [a'βana] *m color* hellbraun
habanera [aβa'nera] *f (baile)* Habanera *f*, Seemannslied *n*
habanero [aβa'nero] *adj* aus Havanna
habano ['aβano] *m* Havannazigarre *f*
haber [a'βer] *v* 1. haben, sein; 2. müssen
habilidoso [aβili'ðoso] *adj* geschickt
habilitado [aβili'taðo] *m* Bevollmächtigter *m*, Kassenleiter *m*
habitable [aβi'taβle] *adj* bewohnbar, beziehbar
habitual [aβi'twal] *adj* gewöhnlich
habituar [aβi'twar] *v ~ a* sich gewöhnen an
hablado [a'βlaðo] *adj (bien ~)* beredt, höflich
hablar [a'βlar] *v* sprechen, reden
habón [a'βɔn] *f BOT* Quaddel *f*
hacer [a'θer] *irr* 1. machen, tun; *sin ~ nada* tatenlos, untätig; *¡Hecho!* abgemacht; 2. *(absolver, realizar)* absolvieren; 3. *(rendir)* leisten; 4. *(producir un efecto)* wirken; 5. *(disponer)* zubereiten, machen; *~ la comida* das Essen zubereiten; *~ las maletas* die Koffer packen
hachazo [a'tʃaθo] *m* Axthieb *m*, Beilhieb *m*, tiefe Wunde *f (LA)*
hacienda [a'θjenda] *f* Gutshof *m*, Gut *n*
hada ['aðа] *f* Fee *f*
Haiti ['aĭti] *m GEO* Haiti *n*
haitiano [aĭ'tjano] *adj* aus Haiti
hala ['ala] *interj* heda!/auf!/los!
halagador [alaɣa'ðor] *adj* schmeichelnd
halagar [ala'ɣar] *v* schmeicheln
halago [a'laɣo] *m* Schmeichelei *f*
halcón [al'kɔn] *m ZOOL* Falke *m*
hall [xɔl] *m* Diele *f*, Halle *f*
hallado [a'ʎaðo] *adj* gefunden, erfunden
hallar [a'ʎar] *v* 1. finden, wiederfinden; 2. *(de casualidad)* antreffen; 3. *~ alojamiento* unterkommen
hallarse [a'ʎarse] *v* 1. *~ en* sich befinden in, sich aufhalten in; 2. *(en frente de)* gegenüberstehen
hallazgo [a'ʎaθɣo] *m* 1. Fund *m*, Entdeckung *f*; 2. *MED* Befund *m*
hallulla [a'ʎuʎa] *f (LA)* Aschenbrot *n*
halógeno [a'loxeno] *m CHEM* Halogen *n*
hamaca [a'maka] *f* 1. *(suspendida)* Hängematte *f*; 2. *(silla)* Liegestuhl *m*; *Quisiera una ~.* Ich möche einen Liegestuhl.
hambre ['ambre] *m* 1. Hunger *m*; *pasar ~* hungern; 2. *(miseria)* Hungersnot *f*
hambriento [am'brjento] *adj* hungrig
hambruna [am'bruna] *f* Hungersnot *f*
hamburguesa [ambur'ɣesa] *f GAST* Hamburger *m*
hamburguesaría [amburɣesa'ria] *f* Schnellimbiss *m*
hampa ['ampa] *f* Gaunertum *n*
hámster ['amstɛr] *m ZOOL* Hamster *m*
handicap ['xandikap] *m* Handikap *n*
hangar [aŋ'gar] *m* Hangar *m*
harapo [a'rapo] *m* Lumpen *m*
Hardware [xarð'wɛr] *m INFORM* Hardware *f*
harina [a'rina] *f* Mehl *n*
harinoso [ari'noso] *adj* mehlig
hartar [ar'tar] *v* sättigen
hartazgo [ar'taθɣo] *m* Übersättigung *f*
harto ['arto] *adj* 1. satt; *~ de* überdrüssig; *estar ~ de algo* etw satt haben; 2. *(persona)* übersättigt
hasta ['asta] *prep* 1. bis; *~ ahora* bisher, bislang; *adv* 2. sogar
hastiar [as'tjar] *v* 1. langweilen; 2. *(dar asco)* anwidern, anekeln
hatajo [a'taxo] *m* kleine Herde *f*
Haya ['aʎa] *f La ~ GEO* Den Haag *n*
haza ['aθa] *f* Stück Acker *n*
hazaña [a'θaɲa] *f* Heldentat *f*
hebilla [e'βiʎa] *f* Schnalle *f*
hebra ['eβra] *f* Faden *m*, Fiber *f*, Faser *f*
hebreo [e'βreo] *adj* hebräisch
hechicero [etʃi'θero] *adj* 1. bezaubernd, zauberhaft; *m* 2. Zauberer *m*
hechizar [etʃi'θar] *v* bezaubern
hechizo [e'tʃiθo] *m* Zauber *m*
hecho ['etʃo] *m* 1. Tatsache *f*, Gegebenheit *f*; *de ~* tatsächlich; 2. *~s pl* Sachverhalt *m*

hechura [e'tʃura] *f* Anfertigung *f,* Verfertigung *f,* Machart *f*
hectárea [ek'tarea] *f* Hektar *n*
heder [e'ðɛr] *v* stinken
hediondez [eðjon'deθ] *f* Gestank *m*
hediondo [e'ðjondo] *adj* stinkend
hedor [e'ðɔr] *m* Gestank *m*
hegemonía [exemo'nia] *f* Vormachtstellung *f*
helada [e'laða] *f* Frost *m*
heladería [elaðe'ria] *f* GAST Eisdiele *f*
helado [e'laðo] *adj* **1.** eisgekühlt, eisig, eiskalt; *m* **2.** GAST Eis *n,* Speiseeis *n; un ~ variado* ein gemischtes Eis *n; una copa de ~* ein Eisbecher *m; un café ~* ein Eiskaffee *m*
helar [e'lar] *v irr* frieren
helarse [e'larse] *v irr* **1.** gefrieren, erfrieren; **2.** *(completamente)* zufrieren
helecho [e'letʃo] *m* BOT Farn *m*
helero [e'lero] *m* GEOL Gletscher *m*
hélice ['eliθe] *f* **1.** NAUT Schiffsschraube *f,* Schraube *f;* **2.** *(de avión)* Propeller *m; Durante el vuelo dejó de funcionar una ~.* Während des Fluges fiel ein Propeller aus.
helicóptero [eli'kɔptero] *m* Hubschrauber *m*
helio ['eljo] *m* CHEM Helium *n*
hematoma [ema'toma] *m* MED Bluterguss *m*
hembra ['embra] *f* **1.** Weib *n;* **2.** ZOOL Weibchen
hemisferio [emis'ferjo] *m* Halbkugel *f*
hemofílico [emo'filiko] *m* **1.** MED Bluter *m; adj* **2.** Bluter…
hemoglobina [emo'ɣloβina] *f* BIO Hämoglobin *n*
hemorragia [emo'rraxja] *f* MED Blutung *f; ~ cerebral* Gehirnblutung *f*
hemorroides [emo'rrɔĭðes] *f* MED Hämorriden *pl*
hendedura [ende'ðura] *f* Spalt *m*
hender [en'dɛr] *v irr* aufspalten
hendidura [endi'ðura] *f* Ritze *f,* Spalt *m*
heno ['eno] *m* BOT Heu *n*
hepático [e'patiko] *adj* hepatisch, Leber…, leberkrank
hepatitis [epa'titis] *f* MED Hepatitis *f*
heptagonal [eptaɣo'nal] *adj* siebeneckig
herbicida [ɛrβi'θiða] *m* Unkrautvertilgungsmittel *n*
herbívoro [ɛr'βiβoro] *m* ZOOL Pflanzenfresser *m; adj* **2.** pflanzenfressend
heredad [ere'ðað] *f* Grundstück *n,* Stammgut *n,* Landgut *n*
heredado [ere'ðaðo] *adj* vererbt
heredar [ere'ðar] *v* erben
heredero [ere'ðero] *m* **1.** Erbe *m; ser ~ de alguien* jdn beerben; **2.** *~ único* JUR Alleinerbe *m*
hereditario [ereði'tarjo] *adj* **1.** erblich; **2.** BIO vererblich
hereje [e'rɛxe] *m* **1.** REL Ketzer *m; adj* **2.** REL ketzerisch
herejía [ere'xia] *f* Häresie *f,* Irrlehre *f*
herencia [e'renθja] *f* Erbe *n,* Erbschaft *f*
herida [e'riða] *f* Verletzung *f,* Wunde *f,* Verwundung *f; ~ de bala* Schussverletzung *f*
herido [e'riðo] *adj* **1.** wund, verletzt; *Ella está gravemente herida.* Sie ist schwer verletzt. *m* **2.** Verletzter *m; Hay ~s.* Es gibt Verletzte. *~ grave/~ de gravedad* Schwerverletzter *m; Hay ~s graves.* Es gibt Schwerverletzte.
herir [e'rir] *v irr* **1.** verletzen, verwunden; *Trabajando en el taller me herí.* Beim Arbeiten in der Werkstatt habe ich mich verletzt. **2.** *(fig)* kränken
hermana [ɛr'mana] *f* **1.** Schwester *f; ~ política* Schwägerin *f;* **2.** REL Ordensschwester *f*
hermanastra [ɛrma'nastra] *f* Stiefschwester *f*
hermanastro [ɛrma'nastro] *m* Stiefbruder *m*
hermano [ɛr'mano] *m* **1.** Bruder *m; ~ político* Schwager *m;* **2.** REL Ordensbruder *m;* **3.** *~s pl (ambos sexos)* Geschwister *pl*
hermandad [ɛrman'dað] *f* **1.** *(amistad)* innige Freundschaft *f;* **2.** *(grupo)* Bruderschaft *m*
hermético [ɛr'metiko] *adj* **1.** hermetisch, luftdicht; **2.** *(fig: inaccesible)* unzugänglich
hermosear [ɛrmose'ar] *v* verschönern
hermoso [ɛr'moso] *adj* schön
hermosura [ɛrmo'sura] *f* Schönheit *f*
hernia ['ɛrnja] *f* MED Leistenbruch *m*

H

héroe ['eroe] *m* Held *m*
heroico [ɛ'rɔĭko] *adj* **1.** heldenhaft; *m* **2.** Heroinsüchtiger *m (LA)*
heroína [ero'ina] *f* **1.** Heldin *f;* **2.** *CHEM* Heroin *n*
heroísmo [ero'izmo] *m* Heldentum *n*
herpes ['ɛrpes] *m MED* Herpes *n*
herradura [ɛrra'ðura] *f* Hufeisen *n*
herramienta [ɛrra'mjenta] *f* Werkzeug *n*
herrar [e'rrar] *v irr* mit Brandzeichen versehen, brandmarken
herrería [ɛrrɛ'ria] *f* Schmiede *f*
herrero [ɛ'rrɛro] *m* Schmied *m*
herrumbre [ɛ'rrumbre] *f CHEM* Rost *m*
hervidor [ɛrβi'ðor] *m* Kocher *m*
hervir [ɛr'βir] *v irr* abkochen, aufkochen
heterogéneo [eterɔ'xeneo] *adj* heterogen
hexagonal [ɛɣsaɣo'nal] *adj* sechseckig
hexagono [ɛɣ'saɣono] *m* Sechseck *n*
hiato ['jato] *m LING* Hiatus *m, (fig)* Spalt *m*
hibernación [iβɛrna'θjɔn] *f ZOOL* Winterschlaf *m*
híbrido ['iβriðo] *adj* hybrid, Bastard...
hidalgo [i'ðalɣo] *m HIST* spanischer Edelmann *m*
hidrante [i'ðrante] *m* Hydrant *m*
hidrato [i'ðrato] *m ~ de carbono CHEM* Kohlenhydrat *n*
hidráulica [i'ðraŭlika] *f PHYS* Hydraulik *f*
hidroala [iðro'ala] *m* Tragflächenboot *n*
hidrocarburo [iðrokar'βuro] *m CHEM* Kohlenwasserstoff *m; ~ fluorado* Fluorkohlenwasserstoff *m*
hidrocefalía [iðroθefa'lia] *f MED* Hydrozephalus *m,* Wasserkopf *m*
hidrocultivo [iðrokul'tiβo] *m BOT* Hydrokultur *f*
hidrofobia [iðro'foβja] *f MED* Tollwut *f*
hidrógeno [i'ðrɔxeno] *m CHEM* Wasserstoff *m*
hidroterapia [iðrote'rapja] *m MED* Hydrotherapie *f,* Wassertherapie *f*
hidróxido [i'ðrɔɣsiðo] *m CHEM* Hydroxid *n*
hiedra ['jeðra] *f BOT* Efeu *m*
hiel [jɛl] *f* Galle *f,* Bitterkeit *f*
hielo ['jelo] *m* Eis *n; whisky con mucho ~* Whisky mit viel Eis *m*
hiena ['jena] *f ZOOL* Hyäne *f*
hierba ['jɛrβa] *f BOT* Gras *n,* Kraut *n; mala ~* Unkraut *n*
hierro ['jɛrro] *m MET* Eisen *n; echar al ~ viejo* verschrotten; *~ para soldar TECH* Lötkolben *m*
hígado ['iɣaðo] *m ANAT* Leber *f*
higiene [i'xjene] *f* Hygiene *f; ~ personal* Körperpflege *f*
higiénico [i'xjeniko] *adj* hygienisch; *papel ~* Toilettenpapier *n*
higo ['igo] *m BOT* Feige *f*
hija ['ixa] *f* Tochter *f; ~ política* Schwiegertochter *f*
hijastra [i'xastra] *f* Stieftochter *f*
hijastro [i'xastro] *m* Stiefsohn *m*
hijo ['ixo] *m* Sohn *m; de muchos ~s* kinderreich; *~ acogido* Pflegekind *n; ~ político* Schwiegersohn *m*
hijuela [i'xwela] *f* kleine Tochter *f,* Erbteilungsschein *m,* Erbteil *m*
hilar [i'lar] *v* spinnen
hilera [i'lera] *f* Reihe *f*
hilo ['ilo] *m* **1.** Faden *m,* Garn *n; ¿Tiene usted aguja e ~?* Haben Sie Nadel und Faden? *perder el ~* den Faden verlieren; **2.** *~ torcido* Zwirn *m;* **3.** *sin ~s TECH* drahtlos
hilvanar [ilβa'nar] *v* heften
hilván [il'βan] *m* Heftnaht *f,* Heftfaden *m*
himen ['imen] *m ANAT* Hymen *n,* Jungfernhäutchen *n*
himno ['imno] *m* Hymne *f; ~ nacional* Nationalhymne *f*
hincadura [iŋka'ðura] *f* Einschlagen *n*
hincapié [iŋka'pie] *m* Aufstemmen des Fußes *n,* Beharren *n,* Nachdruck *m*
hincar [iŋ'kar] *v* einschlagen
hincha ['intʃa] *m SPORT* Anhänger *m*
hinchar [in'tʃar] *v* aufblasen
hincharse [in'tʃarse] *v MED* anschwellen
hincón [iŋ'kɔn] *m* Anlegepfahl *m*
hindú [in'du] *m/f* **1.** Inder(in) *m/f; m* **2.** *REL* Hindu *m*
hinojo [i'nɔxo] *m BOT* Fenchel *m*
hiperfunción [ipɛrfun'θjɔn] *f* Überfunktion *f*
hipermétrope [ipɛr'metrope] *adj* weitsichtig; *Soy ~.* Ich bin weitsichtig.
hipersensible [ipɛrsen'siβle] *adj* überempfindlich

hípica ['ipika] *f* SPORT Pferdesport *m*
hipnosis [iβ'nosis] *f* Hypnose *f*
hipnotizar [iβnoti'θar] *v* hypnotisieren
hipo ['ipo] *m* Schluckauf *m*
hipocampo [ipo'kampo] *m* ZOOL Seepferdchen *n*
hipocresía [ipokre'sia] *f* Heuchelei *f*
hipócrita [i'pokrita] *adj* **1.** falsch, scheinheilig; *m* **2.** Heuchler *m*; *ser ~* heucheln
hipódromo [i'poðromo] *m* SPORT Pferderennbahn *f*, Rennbahn *f*
hipofunción [ipofun'θjɔn] *f* Unterfunktion *f*
hipopótamo [ipo'potamo] *m* ZOOL Nilpferd *n*
hipoteca [ipo'teka] *f* ECO Hypothek *f*
hipotecar [ipote'kar] *v* ECO belasten
hipotecario [ipote'karjo] *adj* hypothekarisch, Hypotheken…
hipótesis [i'potesis] *f* Hypothese *f*; *como ~* hypothetisch
hipotético [ipo'tetiko] *adj* hypothetisch
hirviendo [ir'βjendo] *adj* kochend
hirviente [ir'βiente] *adj* kochend
hisopo [i'sopo] *m* Ysop *m*, Weihwedel *m*
hispano [is'pano] *adj* spanisch
Hispanoamérica [ispanoa'merika] *f* GEO Lateinamerika *n*
histeria [is'terja] *f* PSYCH Hysterie *f*
histérico [is'teriko] *adj* PSYCH hysterisch
historia [is'torja] *f* Geschichte *f*; *~ de amor* Liebesgeschichte *f*
Historia [is'torja] *f ~ Contemporánea* HIST Zeitgeschichte *f*
historiador(a) [istorja'ðɔr/istorja'ðora] *m/f* Historiker(in) *m/f*
histórico [is'toriko] *adj* geschichtlich, historisch
historiografía [istorjoɣra'fia] *f* Geschichtsschreibung *f*
hocico [o'θiko] *m* Maul *n*, Schnauze *f*
hockey ['xɔke] *m* **1.** SPORT Hockey *n*; **2.** *~ sobre hielo* SPORT Eishockey *n*
hogar [o'ɣar] *m* **1.** Herd *m*, Feuerstelle *f*; **2.** *(fig)* Daheim *n*, Heim *n*, Zuhause *n*
hogareño [oɣa'reɲo] *adj* häuslich
hogaza [o'ɣaθa] *f* Brotlaib *m*, Laib *m*
hoguera [o'ɣera] *f* Lagerfeuer *n*
hoja ['oxa] *f* **1.** BOT Blatt *n*; *~ de trébol* Kleeblatt *n*; **2.** *(de papel)* Papierblatt *n*; *¿Tiene una ~ para mí?* Haben Sie ein Blatt für mich? *~ informativa* Merkblatt *n*; **3.** *(plástica, metálica)* Folie *f*; **4.** *~ de afeitar* Rasierklinge *f*; **5.** *~s pl* BOT Laub *n*
hojalata [oxa'lata] *f* Blech *n*, Weißblech *n*
hojalatero [oxala'tero] *m* Klempner *m*
hojaldre [o'xaldre] *m* GAST Blätterteig *m*
hojear [ɔxe'ar] *v* umblättern, durchblättern
hola ['ola] *interj ¡Hola!* Hallo!
Holanda [o'landa] *f* GEO Holland *n*
holandés [olan'des] *adj* **1.** holländisch, niederländisch; *m* **2.** Holländer *m*, Niederländer *m*
holding ['xoldiŋ] *m* ECO Dachgesellschaft *f*
holgazán [ɔlɣa'θan] *adj* **1.** faul; *m* **2.** Faulenzer *m*, Faulpelz *m*
holgazanear [ɔlɣaθane'ar] *v* faulenzen
hollín [o'ʎin] *m* Ruß *m*
hombre ['ɔmbre] *m* **1.** Mensch *m*; *¡Hombre!* Mensch! **2.** *(de sexo masculino)* Mann *m*; *~ de pelo en pecho* Draufgänger *m*; *~ ama de casa* Hausmann *m*; **3.** *~ de negocios* ECO Geschäftsmann *m*; **4.** *~ de paja (fig)* Strohmann *m*
hombrecillo [ɔmbre'θiʎo] *m* Knirps *m*
hombría [om'bria] *f* Männlichkeit *f*, Rechtschaffenheit *f*
hombro ['ɔmbro] *m* ANAT Schulter *f*; *llevar a ~* auf der Schulter tragen
homenaje [ome'naxe] *m* Huldigung *f*
homenajear [omenaxe'ar] *v* ehren
homeopatía [omeopa'tia] *f* MED Homöopathie *f*
homicidio [omi'θiðjo] *m* JUR Totschlag *m*; *~ involuntario* fahrlässige Tötung *f*
homónimo [o'monimo] *adj* LING homonym, gleichlautend
homosexual [omosɛɣ'swal] *adj* homosexuell
homosexualidad [homosɛɣswali'ðað] *f* Homosexualität *f*
honda ['ɔnda] *f* Schleuder *f*, Steinschleuder *f*
hondo ['ɔndo] *adj* tief
hondura [on'dura] *f* Tiefe *f*

H

Honduras [on'duras] *m GEO* Honduras *n*
honestidad [onesti'ðað] *f* Ehrlichkeit *f*, Ehrbarkeit *f*, Redlichkeit *f*
honesto [o'nesto] *adj* ehrlich, redlich
hongo ['oŋgo] *m* **1.** *BOT* Pilz *m;* **2.** *MED* Pilz *m*
honor [o'nɔr] *m* Ehre *f; sin ~* ehrlos
honorable [ono'raβle] *adj* ehrbar, achtbar
honorario [ono'rarjo] *adj* **1.** ehrenamtlich; *m* **2.** *~s pl* Honorar *n*
honorífico [ono'rifiko] *adj* ehrenamtlich, ehrenvoll
honra ['ɔnrra] *f* Ehre *f*
honradez [ɔnrra'deθ] *f* Ehrbarkeit *f*, Ehrlichkeit *f*, Redlichkeit *f*
honrado [ɔn'rraðo] *adj* ehrlich, ehrbar
honrar [ɔn'rrar] *v* ehren
honroso [ɔn'rroso] *adj* ehrenvoll
hora ['ora] *f* **1.** Stunde *f; a cualquier ~* jederzeit; *~ de clases* Schulstunde *f; media ~* halbe Stunde *f;* **2.** *(tiempo, del reloj)* Zeit *f*, Uhrzeit *f; a cada ~* stündlich; *~s y ~s* stundenlang; *¿Qué ~ es?* Wie spät ist es? *~ de llegada* Ankunftszeit *f; ~ de salida* Abfahrtszeit *f; ~ local* Ortszeit *f; ~ de cierre* Feierabend *m;* **3.** *~s de consulta pl* Sprechstunde *f; ~s extras* Überstunde *f; ~s de visita* Besuchszeit *f; ~s punta* Hauptverkehrszeit *f*, Stoßverkehr *m*
horadar [ora'ðar] *v* bohren
horario [o'rarjo] *m* Zeitplan *m*, Stundenplan *m; ~ de atención al público* Parteienverkehr *m; ~ de trabajo* Arbeitszeit *f; ~ de trenes* Fahrplan *m; ~ de verano* Sommerzeit *f; ~ de vuelo* Flugplan *m*
horca ['ɔrka] *f* Galgen *m*
horda ['ɔrða] *f* Horde *f*, Bande *f*, Schar *f*
horizontal [oriθɔn'tal] *adj* waagerecht, horizontal
horizonte [ori'θɔnte] *m* Horizont *m*
hormiga [ɔr'miɣa] *f ZOOL* Ameise *f*
hormigón [ɔrmi'ɣɔn] *m* Beton *m*
hormigonar [ɔrmiɣo'nar] *v* betonieren
hormona [ɔr'mona] *f BIO* Hormon *n*
hornear [ɔrne'ar] *v* backen
hornilla [or'niʎa] *f* Herdloch *n*, Ofenloch *n*, Nistloch, im Taubenschlag *n*
horno ['ɔrno] *m* **1.** Backofen *m*, Röhre *f*, Ofen *m;* **2.** *~ alto TECH* Hochofen *m;* **3.** *~ microondas* Mikrowellenherd *m*, Mikrowelle *f*
horóscopo [o'rɔskopo] *m* Horoskop *n*
horrible [ɔ'rriβle] *adj* fürchterlich, schauderhaft, schrecklich
horripilante [ɔrripi'lante] *adj* haarsträubend, gruselig
horror [ɔ'rrɔr] *m* Entsetzen *n*, Grauen *n*
horrorizarse [ɔrrɔri'θarse] *v* entsetzt sein
horroroso [ɔrrɔ'roso] *adj* schrecklich, grauenhaft
hortaliza [ɔrta'liθa] *f* Gemüse *n*
horticultura [ɔrtikul'tura] *f* Gartenbau *m*
hosco ['ɔsko] *adj* finster
hospedaje [ɔspe'ðaxe] *m* Unterkunft *f*
hospedar [ɔspe'ðar] *v* bewirten
hospedarse [ɔspe'ðarse] *v* absteigen
hospedería [ɔspeðe'ria] *f* Herberge *f*
hospedero [ɔspe'ðero] *m* Wirt *m*
hospital [ɔspi'tal] *m* Krankenhaus *n*, Hospital *n; ~ MIL militar* Lazarett *n*
hospitalario [ɔspita'larjo] *adj* gastfreundlich
hospitalizar [ɔspitali'θar] *v* einliefern
hostal [ɔs'tal] *m* Hotel *n*, Herberge *f*
hostelero [ɔste'lero] *m* Gastwirt *m*
hostia ['ɔstja] *f REL* Hostie *f*
hostigación [ɔstiɣa'θjɔn] *f* Anfeindung *f*
hostigar [ɔsti'ɣar] *v* anfeinden
hostil [ɔs'til] *adj* feindlich, feindselig
hostilidad [ɔstili'ðað] *f* Feindseligkeit *f*
hostilizar [ɔstili'θar] *v* anfeinden
hotel [o'tɛl] *m* Hotel *n*
hotelero [ote'lero] *m* Hotelier *m*
hoy [ɔĭ] *adv* heute; *~ al mediodía* heute Mittag; *~ en día* heutzutage
hoyo ['ojo] *m* Grube *f*
hucha ['utʃa] *f* Sammelbüchse *f*, Sparbüchse *f*
hueco ['weko] *m* **1.** Lücke *f;* **2.** *(el espacio vacío)* Hohlraum *m*, Raum *m;* **3.** Loch *n (LA); adj* **4.** hohl
huelga ['wɛlɣa] *f* Streik *m*, Ausstand *m; hacer ~* streiken; *~ de aviso* Warnstreik *m; ~ general* Generalstreik *m; ~ de hambre* Hungerstreik *m*
huella ['weʎa] *f* Abdruck *m*, Fährte *f*, Spur *f; sin dejar ~* spurlos; *~ dactilar* Fingerabdruck *m*
huérfano ['wɛrfano] *m* Waise *f; ~ de padre/~ de madre* Halbwaise *f*

huerta ['wɛrta] *f* Gemüsegarten *m*
huerto ['wɛrto] *m* Gemüsegarten *m*
hueso ['weso] *m* ANAT Knochen *m*
huésped ['wespeð] *m/f* Besucher(in) *m/f*, Gast *m*; *m* ~ *de honor* Ehrengast *m*
huevera [we'βera] *f* Eierbecher *m*
huevo ['weβo] *m* Ei *n*; *un* ~ *duro* ein hartes Ei *n*; *un* ~ *pasado por agua* ein weiches Ei *n*; ~ *frito* Spiegelei *n*; ~*s revueltos* Rühreier *pl*
huida [u'iða] *f* Flucht *f*
huir [u'ir] *v irr* **1.** entfliehen, entkommen; **2.** *(fam)* durchgehen; **3.** ~ *de* fliehen vor
hulla ['uʎa] *f* MIN Steinkohle *f*
humanidad [umani'ðað] *f* **1.** *(la raza humana)* Menschheit *f*; **2.** *(carácter)* Menschlichkeit *f*, Humanität *f*
humanismo [uma'nizmo] *m* HIST Humanismus *m*
humanista [uma'nista] *adj* humanistisch
humano [u'mano] *adj* **1.** menschlich, human; **2.** *ser* ~ Mensch *m*
humareda [uma'reða] *f* Qualm *m*
humear [ume'ar] *v* rauchen, qualmen
humedad [ume'ðað] *f* Feuchtigkeit *f*, Nässe *f*; ~ *atmosférica* METEO Luftfeuchtigkeit *f*
humedecer [umeðe'θɛr] *v irr* anfeuchten
húmedo ['umeðo] *adj* feucht, nasskalt, klamm
humildad [umil'dað] *f* Demut *f*
humilde [u'milde] *adj* demütig
humillación [umiʎa'θjɔn] *f* Erniedrigung *f*, Demütigung *f*
humillante [umi'ʎante] *adj* entwürdigend, erniedrigend
humillar [umi'ʎar] *v* **1.** erniedrigen, demütigen; **2.** *(herir)* verletzen, kränken
humo ['umo] *m* Rauch *m*, Qualm *m*; *La estufa echa* ~. Der Ofen qualmt.
humor [u'mɔr] *m* Laune *f*, Humor *m*; *estar de buen* ~ gut gelaunt sein; *estar de mal* ~ schlecht gelaunt sein; ~ *negro* Galgenhumor *m*
hundimiento [undi'mjento] *m* Untergang *m*, Versenkung *f*
hundirse [un'dirse] *v* versinken, untergehen
húngaro ['uŋgaro] *adj* **1.** ungarisch; *m* **2.** Ungar *m*
Hungría [uŋ'gria] *f* GEO Ungarn *n*
huracán [ura'kan] *m* Hurrikan *m*, Orkan *m*
huraño [u'raɲo] *adj (persona)* menschenscheu
hurgar [ur'ɣar] *v* wühlen
hurtar [ur'tar] *v* stehlen, rauben
hurto ['urto] *m* Diebstahl *m*; ~ *de automóviles* Autodiebstahl *m*
husmear [uzme'ar] *v* herumschnüffeln, schnüffeln

I

i [i] *f* **1.** ~ *latina* I *n;* **2.** ~ *griega* Ypsilon *n*
ibérico [i'βeriko] *adj* iberisch, *(fig)* typisch spanisch
iceberg [iθe'βɛrg] *m* Eisberg *m*
iconografía [ikonoɣra'fia] *f* Grundriss *m*
ictericia [ikte'riθja] *f MED* Gelbsucht *f*
icterodes [ikte'roðes] *adj MED* gelbsüchtig, ikteroid
idea [i'ðea] *f* Idee *f,* Einfall *m*
idealidad [iðeali'ðað] *f* Idealität *f*
idiomático [iðjo'matiko] *adj* idiomatisch, mundartlich
idiopático [iðjo'patiko] *adj* von sich aus entstanden, idiopathisch
idiotez [iðjo'teθ] *f* Idiotie *f,* Dummheit *f*
idiotismo [iðjo'tizmo] *m* Dummheit *f,* Stumpfsinn *m,* Idiotie *f*
idolatrar [iðola'trar] *v* vergöttern
ignaro [iɣ'naro] *adj* unwissend, ungebildet
ignavia [iɣ'naβja] *f* Trägheit *f*
igneo ['iɣneo] *adj* feurig, Feuer…
ignición [iɣni'θjɔn] *f* Glühen *n,* Verbrennen *n,* Zündung *f*
ignicola [iɣ'nikola] *adj* feueranbetend
ignito [iɣ'nito] *adj* feurig, glühend
ignominia [iɣno'minja] *f* Schmach *f*
iguala [i'ɣwala] *f* Vereinbarung *f*
igualado [iɣwa'laðo] *adj* ausgeglichen
igualdad [iɣwal'ðað] *f* **1.** Übereinstimmung *f;* **2.** ~ *de derechos* Gleichberechtigung *f;* **3.** ~ *de oportunidades* Chancengleichheit *f*
igualmente [iɣwal'mente] *adv* ebenfalls
iguana [i'ɣwana] *f ZOOL* Leguan *m*
igüedo [i'ɣweðo] *m ZOOL* Bock *m,* Ziegenbock *m*
ilación [ila'θjɔn] *f* Gedankenverbindung *f,* Schlussfolgerung *f*
ilativo [ila'tiβo] *adj* folgernd
ilegal [ile'ɣal] *adj* gesetzwidrig
ilegalidad [ileɣa'liðað] *f* Illegalität *f*
ilegible [ilɛ'xiβle] *adj* unleserlich
ilegitimidad [ilexitimi'ðað] *f* Illegitimität *f,* Unrechtmäßigkeit *f,* Unehelichkeit *f*
ilegítimo [ilɛ'xitimo] *adj* **1.** unrechtmäßig, illegitim, **2.** *(persona)* unehelich
íleo ['ileo] *m MED* Darmverschluss *m*
ileso [i'leso] *adj* unversehrt, unverletzt
iletrado [ile'traðo] *adj* **1.** ungebildet; *m* **2.** Analphabet *m*
iliberal [iliβe'ral] *adj* engherzig, illiberal
ilícitamente [iliθita'mente] *adv* widerrechtlich
ilícito [i'liθito] *adj* widerrechtlich
ilimitado [ilimi'taðo] *adj* **1.** unbegrenzt, grenzenlos, uferlos; **2.** *(de tiempo)* unbefristet
ilocalizable [ilokali'θaβle] *adj* unauffindbar
ilógico [i'lɔxiko] *adj* unlogisch
iluminación [ilumina'θjɔn] *f* Beleuchtung *f*
iluminado [ilumi'naðo] *adj* **1.** hell, beleuchtet; **2.** *(fig)* aufgeklärt
iluminar [ilumi'nar] *v* **1.** beleuchten; **2.** *(fig)* erleuchten
ilusión [ilu'sjɔn] *f* **1.** Illusion *f; Me hace mucha ~.* Das freut mich sehr. **2.** *(engaño)* Täuschung *f;* **3.** *(deseo)* Wunschtraum *m*
ilusionar [ilusjo'nar] *v* blenden, täuschen
ilusorio [ilu'sorjo] *adj* illusorisch
ilustración [ilustra'θjɔn] *f* Illustration *f*
Ilustración [ilustra'θjɔn] *f (movimiento)* Aufklärung *f*
ilustrado [ilus'traðo] *adj* illustriert, bebildert, gebildet
ilustrar [ilus'trar] *v* **1.** *(hacerlo más claro con un ejemplo)* veranschaulichen; **2.** *(completar con imágenes o fotos)* illustrieren
imagen [i'maxen] *f* **1.** *(reproducción)* Abbildung *f; viva ~* Abbild *n, Ebenbild n;* **2.** ~ *invertida* Spiegelbild *n;* **3.** *(fig: sociedad)* Image *n;* **4.** *CINE* Bild *n*
imaginable [imaxi'naβle] *adj* denkbar
imaginación [imaxina'θjɔn] *f* **1.** *(concepción)* Vorstellung *f;* **2.** *(ilusión)* Einbildung *f;* **3.** *(fantasía, fuerza imaginativa)* Fantasie *f*

imaginar [imaxi'nar] *v* 1. *(concebir)* konzipieren; 2. *(idear, inventar)* erdichten

imaginario [imaxi'narjo] *adj* eingebildet

imaginarse [imaxi'narse] *v ~ algo* sich etw vorstellen, sich etw ausdenken

imaginativa [imaxina'tiβa] *f* Einbildungskraft *f,* Vorstellungskraft *f*

imaginativo [imaxina'tiβo] *adj* einfallsreich, fantasievoll

imán [i'man] *m* Magnet *m*

imbécil [im'beθil] *m/f* 1. Trottel *m; adj* 2. blöd

imbecilidad [imbeθili'ðað] *f* Blödsinn *m*

imborrable [imbo'rraβle] *adj* unverwischbar, unauslöschlich, unvergesslich

imbuir [im'bwir] *v irr* einprägen

imitación [imita'θjɔn] *f* Imitation *f,* Nachahmung *f*

imitado [imi'taðo] *adj* imitiert

imitar [imi'tar] *v* nachahmen, imitieren, nachmachen

impaciencia [impa'θjenθja] *f* Ungeduld *f*

impaciente [impa'θjente] *adj* ungeduldig

impacto [im'pakto] *m* Einschlag *m,* Aufschlag *m,* Einschuss *m*

impagable [impa'ɣaβle] *adj* unbezahlbar

impalpable [impal'paβle] *adj* nicht fühlbar, nicht wahrnehmbar

impar [im'par] *adj* 1. ungleich; 2. *MATH* ungerade

imparable [impa'raβle] *adj* unaufhaltsam

imparcial [impar'θjal] *adj* unparteiisch

impartible [impar'tiβle] *adj* unteilbar

impartir [impar'tir] *v* gewähren, erteilen

impasible [impa'siβle] *adj* unempfindlich, gefühllos, gleichmütig

impecable [impe'kaβle] *adj* einwandfrei

impedido [impe'ðiðo] *m* 1. Körperbehinderter *m,* Invalide *m; adj* 2. *(inválido)* gehbehindert; 3. *(paralítico)* gelähmt

impedimento [impeði'mento] *m* Behinderung *f,* Verhinderung *f*

impedir [impe'ðir] *v irr* 1. verhindern, behindern; *~ a alguien hacer algo* jdn daran hindern, etw zu tun; 2. *(proteger)* verhüten

impender [im'pender] *v irr* Geld ausgeben, Geld investieren

impenetrable [impene'traβle] *adj* undurchdringlich

impensable [impen'saβle] *adj* undenkbar

imperceptible [impεrθεp'tiβle] *adj* unmerklich

imperdible [impεr'ðiβle] *m* Sicherheitsnadel *f*

imperdonable [impεrðo'naβle] *adj* unverzeihlich

imperfección [impεrfεɣ'θjɔn] *f* 1. Schönheitsfehler *m;* 2. *MED* Gebrechen *n*

imperfecto [impεr'fεkto] *adj* 1. mangelhaft; *m* 2. *GRAMM* Imperfekt *n*

imperial [impe'rjal] *adj* kaiserlich

imperialismo [imperja'lizmo] *m POL* Imperialismus *m*

imperio [im'perjo] *m* 1. Imperium *n,* Reich *n;* 2. *(dominio)* Herrschaft *f*

imperioso [impe'rjoso] *adj* gebieterisch

impermeabilizar [impεrmeaβili'θar] *v* abdichten, wasserdicht machen

impermeable [impεr'meaβle] *adj* 1. undurchlässig, dicht; *m* 2. Regenmantel *m*

impersonal [impεrso'nal] *adj* unpersönlich

impertinencia [impεrti'nenθja] *f* Frechheit *f*

impertinente [impεrti'nente] *adj* 1. *(molesto)* zudringlich; 2. *(curioso)* vorwitzig

imperturbable [impεrtur'βaβle] *adj* unentwegt

ímpetu ['impetu] *m* 1. Heftigkeit *f,* Wucht *f;* 2. Schwung *m*

impetuoso [impe'twoso] *adj* ungestüm

implacable [impla'kaβle] *adj* 1. unerbittlich; 2. *(irreconciliable)* unversöhnlich

implicar [impli'kar] *v* 1. hineinziehen; 2. beinhalten, bedeuten

implorar [implo'rar] *v* anflehen

imponente [impo'nente] *adj* großartig

imponer [impo'nɛr] *v irr* auferlegen, verhängen; ~ *contribuciones* besteuern; ~ *un castigo disciplinario* maßregeln
imponerse [impo'nɛrse] *v irr* sich behaupten, sich durchsetzen
impopular [impopu'lar] *adj* unbeliebt
importable [impor'taβle] *adj* importierbar, einführbar
importación [impɔrta'θjɔn] *f* Import *m*
importancia [impɔr'tanθja] *f* **1.** Wichtigkeit *f*; *de* ~ bedeutend, wichtig; *sin* ~ unwichtig, belanglos; **2.** *(valor)* Stellenwert *m*
importante [impɔr'tante] *adj* wichtig
importar [impɔr'tar] *v ECO* importieren
importe [im'pɔrte] *m* **1.** *ECO* Betrag *m*; ~ *exento de impuestos* Freibetrag *m*; ~ *fijo* Fixum *n*; ~ *parcial* Teilbetrag *m*; ~ *restante* Restbetrag *m*; ~ *total* Gesamtbetrag *m*; **2.** *(individual de cuenta)* Posten *m*
importunar [impɔrtu'nar] *v* stören
importunidad [impɔrtuni'ðað] *f* Belästigung *f*
importuno [impɔr'tuno] *adj* lästig, aufdringlich
imposibilitado [imposiβili'taðo] *adj* verhindert
imposible [impo'siβle] *adj* unmöglich
imposición [imposi'θjɔn] *f* **1.** *ECO* Einlage *f*; **2.** *(contribuciones)* Besteuerung *f*
impotencia [impo'tenθja] *f* **1.** Ohnmacht *f*; **2.** *MED* Impotenz *f*
impotente [impo'tente] *adj* **1.** *(desmayado)* ohnmächtig; **2.** *(sin poder)* machtlos; **3.** *MED* impotent
imprecar [impre'kar] *v* fluchen
impregnar [impreɣ'nar] *v* **1.** imprägnieren; **2.** *(con líquido)* tränken
imprenta [im'prenta] *f* Druckerei *f*
impresionante [impresjo'nante] *adj* eindrucksvoll, imponierend, imposant
impresión [impre'sjɔn] *f* **1.** *(fig)* Eindruck *m*; **2.** *(de texto)* Aufdruck *m*; **3.** *(tipográfica, reproducción)* Abdruck *m*, Druck *m*
impresionar [impresjo'nar] *v* beeindrucken, imponieren; *Su inteligente forma de hablar me impresionó.* Seine intelligente Art zu sprechen hat mich beeindruckt.
impreso [im'preso] *m* **1.** *(material)* Drucksache *f*; **2.** *(formulario)* Vordruck *m*; *¿Dónde hay ~s para eso?* Wo gibt es Formulare dafür? ~ *para giro* Überweisungsformular *n*
impresor(a) [impre'sɔr/impre'sora] *m/f* Drucker(in) *m/f*
impresora [impre'sora] *f INFORM* Drucker *m*; ~ *láser* Laserdrucker *m*
imprevisible [impreβi'siβle] *adj* unabsehbar, unvorhersehbar
imprevisto [impre'βisto] *adj* unvermutet
imprimir [impri'mir] *v* drucken, bedrucken
improbable [impro'βaβle] *adj* unwahrscheinlich
improcedente [improθe'ðente] *adj* unzulässig
impropio [im'propjo] *adj* unpassend
improvisación [improβisa'θjɔn] *f* Improvisation *f*, Stegreif *m*
improvisar [improβi'sar] *v* improvisieren
imprudencia [impru'ðenθja] *f* **1.** Leichtsinn *m*; **2.** *JUR* Fahrlässigkeit *f*
imprudente [impru'ðente] *adj* leichtsinnig, unvorsichtig, unbesonnen
impudicia [impu'ðiθia] *f* Unzucht *f*
impudor [impu'ðɔr] *m* Schamlosigkeit *f*
impuesto [im'pwesto] *m* **1.** *FIN* Steuer *f*; *sujeto a* ~ abgabenpflichtig; ~ *de automóviles* Kraftfahrzeugsteuer *f*; ~ *industrial* Gewerbesteuer *f*; ~ *sobre el valor añadido* Mehrwertsteuer *f*; ~ *sobre las ventas* Umsatzsteuer *f*; ~ *sobre suceciones* Erbschaftssteuer *f*; ~ *sobre sueldos y salarios* Lohnsteuer *f*; ~ *sobre el patrimonio* Vermögenssteuer *f*; ~ *sobre la renta* Einkommenssteuer *f*; ~ *sobre las transacciones financieras* *f* Finanztransaktionssteuer *f*; **2.** *~s municipales pl FIN* Gemeindesteuer *f*
impugnable [impuɣ'naβle] *adj JUR* anfechtbar
impugnación [impuɣna'θjɔn] *f JUR* Anfechtung *f*
impugnar [impuɣ'nar] *v* **1.** widerrufen, bestreiten; **2.** *JUR* anfechten
impulsar [impul'sar] *v* treiben, anstoßen
impulsivo [impul'siβo] *adj* impulsiv

impulso [im'pulso] *m* **1.** Anstoß *m,* Impuls *m;* **2.** *(fig: energía)* Schwung *m;* **3.** *TECH* Antrieb *m*
impuntual [impun'twal] *adj* unpünktlich
impureza [impu'reθa] *f* Unreinheit *f*
imputable [impu'taβle] *adj JUR* zurechnungsfähig
imputación [imputa'θjɔn] *f* Beschuldigung *f; ~ infundada* Unterstellung *f*
imputar [impu'tar] *v* **1.** *(atribuir)* beimessen; **2.** *(culpar)* beschuldigen
impávido [im'paβiðo] *adj (persona)* unerschütterlich, furchtlos, mutig
impúdico [im'puðiko] *adj* schamlos
inabordable [inaβor'ðaβle] *adj* unzugänglich, unnahbar, unbezwingbar
inacabable [inaka'βaβle] *adj* unendlich
inaccesible [inaɣθe'siβle] *adj* unzugänglich
inacción [inaɣ'θjɔn] *f* Untätigkeit *f*
inaceptable [inaθɛp'taβle] *adj* unannehmbar, unzumutbar
inactivo [inak'tiβo] *adj* untätig
inadaptado [inaðap'taðo] *adj* **1.** nicht angepasst, schwer erziehbar; **2.** *(pobre en relaciones sociales)* kontaktarm
inadecuado [inaðe'kwaðo] *adj* unangemessen, unsachgemäß, unzweckmäßig
inadmisible [inaðmi'siβle] *adj* unannehmbar, unzulässig
inadoptable [inaðop'taβle] *adj* unannehmbar
inadvertencia [inaðβɛr'tenθja] *f* Versehen *n; por ~* versehentlich
inadvertido [inaðβɛr'tiðo] *adj* unbeachtet, unbemerkt
inafectado [inafek'taðo] *adj* unberührt
inaguantable [inaɣwan'taβle] *adj* unerträglich
inajenable [inaxe'naβle] *adj* unverkäuflich, unveräußerlich, unübertragbar
inalcanzable [inalkan'θaβle] *adj* unerreichbar
inalienable [inalje'naβle] *adj* unveräußerlich
inalterable [inalte'raβle] *adj* **1.** unabänderlich; **2.** *(relación)* unerschütterlich
inanimado [inani'maðo] *adj* leblos
inapelable [inape'laβle] *adj JUR* unanfechtbar
inapetencia [inape'tenθja] *f* Appetitlosigkeit *f*
inaplazable [inapla'θaβle] *adj* unaufschiebbar
inaplicable [inapli'kaβle] *adj* unanwendbar
inaprensivo [inapren'siβo] *adj* unfassbar, rücksichtslos
inasistencia [inasis'tenθja] *f* Mangel an Pflege *m*
inatendible [inaten'ðiβle] *adj* nicht behandelbar, nicht zu pflegen
inaudito [inaŭ'ðito] *adj* unerhört
inauguración [inaŭɣura'θjɔn] *f* **1.** Eröffnung *f,* Neueröffnung *f;* **2.** *(uso)* Einweihung *f;* **3.** *(de una escultura)* Enthüllung *f;* **4.** *THEAT* Erstaufführung *f*
inaugurar [inaŭɣu'rar] *v* **1.** *(abrir)* eröffnen; **2.** *(usar)* einweihen; **3.** *(descubrir una escultura)* enthüllen
inca [iŋ'ka] *m* Inka *m*
incalculable [iŋkalku'laβle] *adj* unberechenbar
incandescente [iŋkandes'θente] *adj* glühend; *estar ~* glühen
incansable [iŋkan'saβle] *adj* rastlos
incapacidad [iŋkapaθi'ðað] *f* Unfähigkeit *f*
incapacitación [iŋkapaθita'θjɔn] *f JUR* Entmündigung *f*
incapacitado [iŋkapaθi'taðo] *adj* arbeitsunfähig, behindert
incapacitar [iŋkapaθi'tar] *v JUR* entmündigen
incautación [iŋkaŭta'θjɔn] *f* Sicherstellung *f,* Beschlagnahme *f*
incauto [iŋ'kaŭto] *adj* unvorsichtig
incendio [in'θendjo] *m* **1.** Brand *m;* **2.** *~ provocado* Brandstiftung *f;* **3.** *extintor de ~s* Feuerlöscher *m*
incentivar [inθenti'βar] *v* anspornen
incentivo [inθen'tiβo] *adj* **1.** anregend; *m* **2.** Ansporn *m,* Reiz *m,* Antrieb *m*
incertidumbre [inθɛrti'ðumbre] *f* Ungewissheit *f*
incesable [inθe'saβle] *adj* unablässig
incesante [inθe'sante] *adj* pausenlos
incesto [in'θesto] *m* Inzest *m*
incidental [inθiðen'tal] *adj* beiläufig
incidente [inθi'ðente] *m* Vorfall *m*
incidir [inθi'ðir] *v* auswirken, schneiden
incienso [in'θjenso] *m REL* Weihrauch *m*

I

incierto [in'θjɛrto] *adj* ungewiss, fraglich
incineración [inθinera'θjɔn] *f* 1. Verbrennung *f;* ~ *de basuras* Müllverbrennung *f;* 2. *(cremación)* Feuerbestattung *f*
incinerar [inθine'rar] *v* verbrennen
incipiente [inθi'pjente] *adj* beginnend
incisión [inθi'sjɔn] *f* Einschnitt *m,* Zäsur *f*
incisivo [inθi'siβo] *adj* schneidend, Schneide...
incitación [inθita'θjɔn] *f* Anregung *f*
incitar [inθi'tar] *v* anregen, anfachen
inclinación [iŋklina'θjɔn] *f* 1. *(fig)* Neigung *f,* Zuneigung *f; tener ~ por algo* eine Neigung zu etw haben; *tener una ~ por alguien* Zuneigung für jdn empfinden; *tener la ~ a hacer algo* die Neigung haben, etw zu tun; 2. *(en una construcción)* Schräge *f,* Schräglage *f;* 3. *(reverencia)* Verbeugung *f,* Verneigung *f*
inclinado [iŋkli'naðo] *adj* 1. schief; 2. *no estar ~ a* nicht abgeneigt sein von
inclinar [iŋkli'nar] *v* 1. neigen, beugen; 2. *(la cabeza)* senken; 3. *TECH* schwenken; 4. *(fig)* bewegen; *Ciertas razones me inclinan a suponer que sabes de la verdad.* Gewisse Gründe bewegen mich dazu anzunehmen, dass du die Wahrheit kennst.
inclinarse [iŋkli'narse] *v* 1. sich neigen, sich beugen; *~ ante alguien* sich vor jdm verbeugen; 2. *(fig) ~ por algo* zu etw neigen
incluido [iŋklu'iðo] *adj (implícito)* inbegriffen; *¿Está ~ el desayuno?* Ist das Frühstück im Preis inbegriffen?
incluir [iŋklu'ir] *v irr* 1. *(englobar)* einbeziehen; *irr* 2. *(adjuntar)* beilegen; 3. *(añadir, insertar)* einfügen; 4. *(tener en cuenta)* hinzuziehen; *~ en el cálculo* einkalkulieren
inclusive [iŋklu'siβe] *adj* 1. inbegriffen; *adv* 2. einschließlich
incluso [iŋ'kluso] *adv* 1. einschließlich, sogar; *prep* 2. inklusive
incógnito [iŋ'kɔɣnito] *adv* inkognito
incoherente [iŋkoe'rente] *adj* zusammenhangslos
incoloro [iŋko'loro] *adj* farblos
incomodar [iŋkomo'ðar] *v* belästigen
incomodidad [iŋkomoði'ðað] *f* Umständlichkeit *f*
incómodo [iŋ'komoðo] *adj* 1. *(molesto)* umständlich; 2. *(poco acogedor)* unbequem, ungemütlich
incomparable [iŋkompa'raβle] *adj* unvergleichlich
incompatible [iŋkɔmpa'tiβle] *adj ~ con* unvereinbar mit
incompetencia [iŋkɔmpe'tenθja] *f* Inkompetenz *f*
incompetente [iŋkonpe'tente] *adj* inkompetent, unfähig, unmaßgeblich
incompleto [iŋkɔm'pleto] *adj* unvollständig, lückenhaft, mangelhaft
incomplicado [iŋkɔmpli'kaðo] *adj* unkompliziert
incomprensible [iŋkɔmpren'siβle] *adj* unverständlich
incomunicado [iŋkomuni'kaðo] *adj* isoliert; *quedar ~* von der Außenwelt abgeschnitten sein
inconciliable [iŋkɔnθi'ljaβle] *adj* unvereinbar
incondicional [iŋkɔndiθjo'nal] *adj* 1. bedingungslos, unbedingt; 2. *(sin consideración alguna)* rückhaltlos
inconforme [iŋkɔn'fɔrme] *m/f* Außenseiter(in) *m/f,* Nonkonformist(in) *m/f*
inconsciencia [iŋkɔns'θjenθja] *f* Bewusstlosigkeit *f*
inconsciente [iŋkɔns'θjente] *adj* 1. unbewusst; 2. *(desmayado)* bewusstlos
inconsecuencia [iŋkɔnse'kwenθja] *f* Inkonsequenz *f*
inconsiderado [iŋkɔnsiðe'raðo] *adj* rücksichtslos
inconsolable [iŋkɔnso'laβle] *adj* untröstlich, trostlos
inconstitucional [iŋkɔnstituθjo'nal] *adj JUR* verfassungswidrig
incontable [iŋkɔn'taβle] *adj* unzählig
incontenible [iŋkɔnte'niβle] *adj* unaufhaltsam
incontestable [iŋkɔntes'taβle] *adj* unbestreitbar
incontinente [iŋkɔnti'nente] *m ~ nocturno* Bettnässer *m*
inconveniente [iŋkɔnβe'njente] *m* Nachteil *m; sin ~* unbedenklich
incorporar [iŋkɔrpo'rar] *v* 1. *(cosas)* einarbeiten, einfügen; 2. *(cuerpo)* aufrichten

incorporarse [iŋkɔrpo'rarse] *v* eintreten, betreten; ~ *a un partido* einer Partei beitreten
incorrecto [iŋkɔ'rrɛkto] *adj* falsch
incorregible [iŋkɔrrɛ'xiβle] *adj* unbelehrbar, unverbesserlich
incorruptible [iŋkɔrrup'tiβle] *adj* unbestechlich
incrédulo [iŋ'kreðulo] *adj* ungläubig
increíble [iŋkre'iβle] *adj* unglaublich
incrementar [iŋkremen'tar] *v* 1. *(reproducir)* vermehren; 2. *(reforzar)* verstärken
incrementarse [iŋkremen'tarse] *v* wachsen
incremento [iŋkre'mento] *m* 1. Anstieg *m*, Verstärkung *f*, Zunahme *f*; 2. ~ *de ECO* Zuwachs an *m*; ~ *demográfico* Bevölkerungszuwachs *m*; 3. *(reproducción)* Vermehrung *f*
increpar [iŋkre'par] *v* ~ *a alguien* jdn anfahren, jdn anschreien
incriminar [iŋkrimi'nar] *v JUR* belasten
incrustar [iŋkrus'tar] *v* einlegen, einbetten
incubación [iŋkuβa'θjɔn] *f* 1. *ZOOL* Ausbrüten *n*; 2. *MED* Inkubationszeit *f*
incubadora [iŋkuβa'ðora] *f MED* Brutkasten *m*
incubar [iŋku'βar] *v ZOOL* ausbrüten
inculpación [iŋkulpa'θjɔn] *f JUR* Anklage *f*, Beschuldigung *f*
inculpar [iŋkul'par] *v JUR* anklagen
inculto [iŋ'kulto] *adj* ungebildet, roh
incumbencia [iŋkum'benθja] *f* Zuständigkeit *f*
incumbir [iŋkum'bir] *v* angehen
incumplimiento [iŋkumpli'mjento] *m* Nichtbeachtung *f*, Nichterfüllung *f*
incurable [iŋku'raβle] *adj* unheilbar
incursión [iŋkur'sjɔn] *f POL* Invasion *f*
indecente [inde'θente] *adj* unanständig
indeciso [inde'θiso] *adj* unentschieden
indefenso [inde'fenso] *adj* schutzlos
indeformable [indefɔr'maβle] *adj* formbeständig
indemnización [indemniθa'θjɔn] *f* 1. Entgelt *n*, Entschädigung *f*, Schadenersatz *m*; *Exijo ~ por daños y perjuicios.* Ich verlange Schadenersatz. ~ *por daño personal* Schmerzensgeld *n*; 2. *ECO* Ausgleich *m*, Abfindung *f*
indemnizar [indemni'θar] *v* entschädigen, ersetzen; ~ *a alguien con algo* jdn mit etw abfinden
independencia [indepen'denθja] *f* Selbstständigkeit *f*, Unabhängigkeit *f*
independiente [indepen'djente] *adj* selbstständig; *¿Hay una entrada ~?* Gibt es einen separaten Eingang? ~ *de* unabhängig von
indescriptible [indeskrip'tiβle] *adj* unbeschreiblich
indeseable [indese'aβle] *adj* unerwünscht
indeterminado [indetermi'naðo] *adj* unbestimmt
India ['indja] *f GEO* Indien *n*
indicación [indika'θjɔn] *f* 1. Hinweis *m*, Andeutung *f*, Wink *m*; 2. ~ *de las fuentes* Quellenangabe *f*; 3. ~ *del lugar* Ortsangabe *f*
indicado [indi'kaðo] *adj* ~ *para* geeignet für; *poco* ~ unzweckmäßig
indicador [indika'ðɔr] *m* 1. ~ *de camino* Wegweiser *m*; 2. ~ *luminoso* Leuchtanzeige *f*
indicar [indi'kar] *v* 1. angeben, besagen; 2. *(mostrar)* anzeigen; 3. *(sugerir)* andeuten
índice ['indiθe] *m* 1. Inhaltsverzeichnis *n*, Index *m*; ~ *comercial* Branchenverzeichnis *n*; 2. *MATH* Index *m*, Kennziffer *f*; 3. *ANAT* Zeigefinger *m*
indicio [in'diθjo] *m* 1. Anzeichen *n*, Indiz *n*; 2. *(sospecha)* Verdachtsmoment *n*
indiferencia [indife'renθja] *f* 1. Desinteresse *n*, Gleichgültigkeit *f*, Kälte *f*; 2. *(dejadez)* Lässigkeit *f*
indiferente [indife'rente] *adj* gleichgültig, teilnahmslos, lässig
indígena [in'dixena] *m/f* Eingeborene(r) *m/f*
indigencia [indi'xenθja] *f* Not *f*
indigente [indi'xente] *adj* bedürftig
indigestión [indixes'tjɔn] *f MED* Verdauungsstörung *f*; *He cogido una ~.* Ich habe mir den Magen verdorben.
indigesto [indi'xesto] *adj MED* schwer verdaulich
indignación [indiɣna'θjɔn] *f* Entrüstung *f*
indignado [indiɣ'naðo] *adj* empört

indignarse [indiɣ'narse] *v ~ por algo/~ de algo* sich über etw entrüsten; *Él se indignó por tu comportamiento.* Er entrüstete sich über dein Verhalten.
indigno [in'diɣno] *adj* unwürdig; *~ de un ser humano* menschenunwürdig
indio ['indjo] *m* **1.** *(aborigen americano)* Indianer *m; hacer el ~ (fig)* sich albern benehmen; **2.** *(de la India) GEO* Inder *m*
indirecto [indi'rɛkto] *adj* indirekt
indisciplinado [indisθipli'naðo] *adj* disziplinlos, undiszipliniert
indiscreción [inðiskre'θjɔn] *f* Indiskretion *f*
indiscreto [indis'kreto] *adj* **1.** indiskret, naseweis; *m* **2.** Schaulustiger *m*
I
indiscutible [indisku'tiβle] *adj* unbestreitbar, unstreitig
indispensable [indispen'saβle] *adj* unentbehrlich, unabdingbar
indispuesto [indis'pwesto] *adj* **1.** unwohl; **2.** *(malhumorado)* verdrießlich
individual [indiβi'ðwal] *adj* individuell
individualista [indiβiðwa'lista] *m/f* Individualist(in) *m/f*
individualmente [indiβiðwal'mente] *adv* einzeln, individuell
individuo [indi'βidwo] *m* Individuum *n*
índole ['indole] *f* Wesen *n*, Veranlagung *f*
indolencia [indo'lenθja] *f* Lässigkeit *f*
indolente [indo'lente] *adj* lässig
indomable [indo'maβle] *adj* unbändig
indómito [in'domito] *adj* unbändig
Indonesia [indo'nesja] *f GEO* Indonesien *n*
inducción [induɣ'θjɔn] *f* Anstiftung *f*
inducir [indu'θir] *v irr ~ a* verleiten zu
indudable [indu'ðaβle] *adj* sicher
indulgencia [indul'xenθja] *f* **1.** *(piedad)* Gnade *f;* **2.** *(tolerancia)* Nachsicht *f*
indulgente [indul'xente] *adj* **1.** gnädig, glimpflich; **2.** *(tolerante)* nachsichtig; *ser ~ con alguien* jdm gegenüber nachsichtig sein
indultar [indul'tar] *v JUR* begnadigen
indulto [in'dulto] *m JUR* Begnadigung *f*
industria [in'dustrja] *f* Industrie *f; ~ agraria AGR* Agrarindustrie *f; ~ de armamentos MIL* Rüstungsindustrie *f; ~ de automóviles* Automobilindustrie *f; ~ farmacéutica MED* Pharmaindustrie *f; gran ~* Großindustrie *f; ~ pesada* Schwerindustrie *f; ~ química CHEM* Chemieindustrie *f; ~ textil* Textilindustrie *f*
industrial [indus'trjal] *adj* **1.** *ECO* industriell, gewerblich; *m* **2.** *ECO* Industrieller *m*
industrialización [industrjaliθa'θjɔn] *f* Industrialisierung *f*
inédito [i'neðito] *adj* unveröffentlicht
inefable [ine'faβle] *adj* unaussprechlich
inefectivo [inefɛk'tiβo] *adj* unwirksam
ineficacia [inefi'kaθja] *f* Wirkungslosigkeit *f*
ineficaz [inefi'kaθ] *adj* unwirksam, wirkungslos
ineludible [inelu'ðiβle] *adj* unvermeidlich, unumgänglich
inepto [i'nɛpto] *adj MIL* untauglich
inequívoco [ine'kiβoko] *adj* eindeutig
inercia [i'nɛrθja] *f PHYS* Trägheit *f*
inerte [i'nɛrte] *adj* **1.** regungslos; **2.** *PHYS* träge
inesperado [inespe'raðo] *adj* unerwartet
inestabilidad [inestaβili'ðað] *f POL* Unruhen *f*
inevitable [ineβi'taβle] *adj* unvermeidlich
inexacto [inɛɣ'sakto] *adj* ungenau
inexistencia [inɛɣsis'tenθja] *f* Nichtvorhandensein *n*, Nichtbestehen *n*
inexperto [ines'pɛrto] *adj* unerfahren
inexplicable [inespli'kaβle] *adj* unbegreiflich, unerklärlich
inexplotable [inɛsplo'taβle] *adj* nicht verwertbar, nicht abbaufähig
inexpresivo [inespre'siβo] *adj* ausdruckslos
infalible [imfa'liβle] *adj* todsicher
infamante [imfa'mante] *adj* entehrend
infamia [im'famja] *f* Niedertracht *f*
infancia [im'fanθja] *f* Kindheit *f*
infante [im'fante] *m* Infant *m*
infantil [imfan'til] *adj* kindisch
infarto [im'farto] *m MED* Infarkt *m; ~ de miocardio* Herzinfarkt *m*
infección [imfeɣ'θjɔn] *f MED* Infektion *m*
infectado [imfek'taðo] *adj MED* infiziert; *~ del SIDA* aidsinfiziert

infecundo [imfe'kundo] *adj* unfruchtbar
infeliz [imfe'liθ] *adj* unglücklich
inferior [imfe'rjɔr] *adj* **1.** untere(r,s), Unter… **2.** *(fig)* geringe(r,s); *m* **3.** Untergebener *m*
inferioridad [imferjori'ðað] *f* Minderwertigkeit *f; complejo de ~* Minderwertigkeitskomplex *m*
infernal [imfɛr'nal] *adj* höllisch, teuflisch
infestación [imfesta'θjɔn] *f* Verseuchung *f*
infidelidad [imfiðeli'ðað] *f* Untreue *f; ~ matrimonial* Seitensprung *m*
infiel [im'fjɛl] *adj* treulos, untreu
infierno [im'fjɛrno] *m* Hölle *f*
infinidad [imfini'ðað] *f* Unendlichkeit *f*
infinito [imfi'nito] *adj* **1.** endlos, unendlich, grenzenlos; *m* **2.** *lo ~* Unendlichkeit *f*
inflación [imfla'θjɔn] *f ECO* Inflation *f*
inflado [im'flaðo] *adj* geschwollen
inflador [imfla'ðɔr] *m* Luftpumpe *f*
inflamable [imfla'maβle] *adj* brennbar
inflamación [imflama'θjɔn] *f MED* Entzündung *f; ~ de las venas* Venenentzündung *f*
inflamar [imfla'mar] *v* entzünden
inflamarse [imfla'marse] *v* **1.** auflodern, zünden; **2.** *MED* sich entzünden
inflar [im'flar] *v* **1.** aufpumpen; **2.** *(soplar)* aufblasen
inflexible [imflɛɣ'siβle] *adj* unbeugsam
inflexión [imflɛɣ'sjɔn] *m* Biegung *f*
influencia [imflu'enθja] *f* **1.** Einfluss *m;* **2.** *(poder)* Macht *f*
influenciar [imfluen'θjar] *v* beeinflussen
influir [imflu'ir] *v irr* beeinflussen; *~ sobre alguien* auf jdn abfärben
influyente [imflu'jente] *adj* **1.** einflussreich; **2.** *(poderoso)* mächtig
información [imfɔrma'θjɔn] *f* **1.** Auskunft *f,* Information *f; Necesito una ~.* Ich brauche eine Auskunft. **2.** *(artículo periodístico)* Berichterstattung *f; ~ gráfica* Bildbericht *m;* **3.** *(averiguación)* Erkundigung *f*
informal [imfɔr'mal] *adj* **1.** formlos; **2.** *(persona)* unsolide
informar [imfɔr'mar] *v* berichten, informieren, mitteilen; *~ a alguien* jdn verständigen; *Ayer el periodista informó sobre la guerra del Golfo.* Gestern berichtete der Journalist vom Golfkrieg.
informarse [imfɔr'marse] *v* **1.** *~ de/~ sobre* sich erkundigen nach, sich informieren über; *Me informé de la posibilidad de alquilar un coche durante el viaje al extranjero.* Ich erkundigte mich nach der Möglichkeit, ein Auto während der Auslandsreise zu mieten. **2.** *(preguntar) ~ de* nachfragen nach
informática [imfɔr'matika] *f* Informatik *f*
informático [imfɔr'matiko] *m* Informatiker *m*
informe [im'fɔrme] *m* **1.** Bericht *m,* Mitteilung *f,* Nachfrage *f; ~ sobre la situación* Lagebericht *f;* **2.** *(juicio) JUR* Gutachten *n*
infortunio [imfɔr'tunjo] *m* Missgeschick *n*
infracción [imfraɣ'θjɔn] *f* Übertretung *f*
infraestructura [imfraestruk'tura] *f* Infrastruktur *f*
infravalorar [imfraβalo'rar] *v* unterbewerten
infringir [imfriŋ'xir] *v JUR* überschreiten
infructuoso [imfruk'twoso] *adj* erfolglos
infundado [imfun'daðo] *adj* unbegründet
infusión [imfu'sjɔn] *f MED* Infusion *f*
ingeniería [iŋxenje'ria] *f* Ingenieurwesen *n*
ingeniero [iŋxe'njero] *m* Ingenieur *m; ~ de construcción* Bauingenieur *m*
ingenioso [iŋxe'njoso] *adj* erfinderisch
ingenuidad [iŋxenwi'ðað] *f* Naivität *f*
ingenuo [iŋ'xenwo] *adj* einfältig, naiv
ingerir [iŋxe'rir] *v irr* einnehmen
ingestión [iŋxes'tjɔn] *f* Aufnahme *f*
Inglaterra [iŋgla'terra] *f GEO* England *n*
ingle ['iŋgle] *f ANAT* Leiste *f*
inglés [iŋ'gles] *adj* **1.** englisch; *m* **2.** *(persona)* Engländer *m;* **3.** *(idioma)* Englisch *n; No hablo ~.* Ich spreche kein Englisch.
inglesa [iŋ'glesa] *f* Engländerin *f*
ingrávido [iŋ'graβiðo] *adj PHYS* schwerelos
ingredientes [iŋgre'djentes] *m/pl* Zutaten *pl*

ingresar [iŋgre'sar] *v* **1.** ~ *en (incorporarse)* beitreten; **2.** *(en una cuenta bancaria)* einzahlen; *Ayer ingresé todo el dinero en el banco.* Gestern zahlte ich das ganze Geld bei der Bank ein. **3.** *hacer* ~ einweisen
ingreso [iŋ'greso] *m* **1.** *(admisión)* Aufnahme *f,* Beitritt *m;* **2.** *(ganancias)* FIN Einnahme *f;* ~ *neto* Nettoeinkommen *n;* **3.** *(en caja)* FIN Einzahlung *f;* **4.** ~*s pl* ECO Einkommen *n,* Auskommen *n,* Einkünfte *pl*
inhabitado [inaβi'taðo] *adj* unbewohnt
inhalar [ina'lar] *v* einatmen
inhibición [iniβi'θjɔn] *f* PSYCH Hemmung *f*
inhibido [ini'βiðo] *adj (persona)* verklemmt
inhumación [inuma'θjɔn] *f* Beisetzung *f,* Einführung *f*
inhumano [inu'mano] *adj* unmenschlich
inhumar [inu'mar] *v* bestatten
iniciación [iniθja'θjɔn] *f* Inangriffnahme *f,* Anbahnung *f*
iniciador(a) [iniθja'ðɔr/iniθja'ðora] *m/f* Initiator(in) *m/f*
inicial [ini'θjal] *adj* **1.** anfänglich; **2.** *letra* ~ Anfangsbuchstabe *m*
iniciar [ini'θjar] *v* unternehmen, starten
iniciativa [iniθja'tiβa] *f* **1.** Initiative *f,* Anstoß *m;* ~ *propia* Eigeninitiative *f;* **2.** ~ *popular* POL Volksbegehren *n*
inicio [i'niθjo] *m* **1.** *(introducción)* Einleitung *f;* **2.** *(comienzo)* Start *m*
inimaginable [inimaxi'naβle] *adj* unfassbar, unvorstellbar
inimputable [inimpu'taβle] *adj* JUR unzurechnungsfähig
ininterrumpido [ininterrum'piðo] *adj* pausenlos, ständig, ununterbrochen
injertar [iŋxɛr'tar] *v* **1.** AGR verpflanzen; **2.** MED transplantieren, verpflanzen
injerto [iŋ'xɛrto] *m* MED Transplantation *f*
injuria [iŋ'xurja] *f* Beleidigung *f*
injuriar [iŋxu'rjar] *v* beleidigen
injurioso [iŋxu'rjoso] *adj* ausfallend
injusticia [iŋxus'tiθja] *f* Ungerechtigkeit *f,* Unrecht *n*
injustificable [iŋxustifi'kaβle] *adj* ungerechtfertigt, unbegründet
injusto [iŋ'xusto] *adj* ungerecht, unrecht
inmaculado [inmaku'laðo] *adj* makellos, unbefleckt
inmadurez [inmaðu'reθ] *f* Unreife *f*
inmaduro [inma'ðuro] *adj (persona)* unreif
inmediaciones [inmeðja'θjones] *f/pl* Umgebung *f*
inmediatamente [inmeðjata'mente] *adv* sofort, unmittelbar, fristlos
inmediato [inme'ðjato] *adj* unverzüglich
inmensidad [inmensi'ðað] *f* Maßlosigkeit *f*
inmenso [in'menso] *adj* immens, massenhaft, maßlos
inmigración [inmiɣra'θjɔn] *f* Einwanderung *f*
inmigrar [inmi'ɣrar] *v* einwandern
inminente [inmi'nente] *v* bevorstehend; *ser* ~ bevorstehen
inmiscuirse [inmis'kwirse] *v irr* ~ *en* sich einmischen in; *no* ~ *en* sich heraushalten aus
inmisión [inmi'sjɔn] *f* Immission *f*
inmobiliario [inmoβi'ljarjo] *adj* Immobilien...; *agente* ~ Immobilienmakler *m*
inmoderado [inmoðe'raðo] *adj* unmäßig
inmodestia [inmo'ðestja] *f* Unbescheidenheit *f*
inmodesto [inmo'ðesto] *adj* unbescheiden
inmoral [inmo'ral] *adj* unmoralisch
inmoralidad [inmorali'ðað] *f* Unmoral *f*
inmortal [inmɔr'tal] *adj* unsterblich
inmortalidad [inmɔrtali'ðað] *f* Unsterblichkeit *f*
inmortalizar [inmɔrtali'θar] *v* verewigen
inmóvil [in'moβil] *adj* bewegungslos, ruhig, regungslos; *estar* ~ ruhen
inmovilidad [inmoβili'ðað] *f* Starre *f*
inmovilizado [inmoβili'θaðo] *adj* bewegungsunfähig
inmovilizar [inmoβili'θar] *v* stilllegen
inmueble [in'mweβle] *m* **1.** Grundstück *n;* **2.** ~*s pl* ECO Immobilien *pl*
inmundicia [inmun'diθja] *f* Schmutz *m*
inmundo [in'mundo] *adj* schmutzig

inmune [in'mune] *adj ~ contra* immun gegen
inmunidad [inmuni'ðað] *f* **1.** *MED* Immunität *f;* **2.** *(~ parlamentaria) POL* Immunität *f*
inmunodeficiencia [inmunodefi'θjenθja] *f MED* Immunschwäche *f*
inmutarse [inmu'tarse] *v* sich aufregen; *¡No te inmutes!* Reg dich nicht auf!
innato [in'nato] *adj* angeboren
innecesario [inneθe'sarjo] *adj* unnötig
innoble [in'noβle] *adj* niederträchtig
innovación [innoβa'θjɔn] *f* Innovation *f*
innovativo [innoβa'tiβo] *adj* innovativ
innumerable [innume'raβle] *adj* unzählig
inobservancia [inoβser'βanθja] *f* Nichtbeachtung *f*
inocencia [ino'θenθja] *f* Unschuld *f*
inocente [ino'θente] *adj* **1.** unschuldig; **2.** *(simple, tonto)* naiv; **3.** *(infantil)* kindlich
inodoro [ino'ðoro] *adj* geruchlos
inofensivo [inofen'siβo] *adj* unschädlich
inoficial [inofi'θjal] *adj* inoffiziell
inolvidable [inɔlβi'ðaβle] *adj* unvergesslich
inoperable [inope'raβle] *adj* unwirksam
inoportunamente [inopɔrtuna'mente] *adv* ungelegen
inoportuno [inopɔr'tuno] *adj* unpassend, unangebracht, ungelegen
inorgánico [inɔr'ɣaniko] *adj* anorganisch
inoxidable [inɔɣsi'ðaβle] *adj* rostfrei
inquietante [iŋkje'tante] *adj* Besorgnis erregend, beunruhigend, unheimlich
inquietarse [iŋkje'tarse] *v* sich beunruhigen; *Me inquieta que los chicos no hayan regresado todavía del colegio.* Es beunruhigt mich, dass die Kinder noch nicht von der Schule zurückgekommen sind.
inquieto [iŋ'kjeto] *adj (con temor)* bange, unruhig
inquietud [iŋkje'tuð] *f* Unruhe *f*
inquilino [iŋki'lino] *m* Mieter *m*
insatisfecho [insatis'fetʃo] *adj* unzufrieden, unbefriedigt
insaturado [insatu'raðo] *adj CHEM* ungesättigt
inscribirse [inskri'βirse] *v irr* sich einschreiben, sich anmelden
inscripción [inskriβ'θjɔn] *f* **1.** Anmeldung *f,* Einschreibung *f;* **2.** *(de moneda, de un edificio)* Aufschrift *f;* **3.** *(epigrafía)* Inschrift *f; poner una ~* en beschriften
insecto [in'sɛkto] *m ZOOL* Insekt *n*
inseguridad [inseɣuri'ðað] *f* **1.** Unsicherheit *f,* Zweifel *m;* **2.** *(sin merecer confianza)* Unzuverlässigkeit *f*
inseguro [inse'ɣuro] *adj* **1.** unsicher; *hacer ~* verunsichern; **2.** *(que no merece confianza)* unzuverlässig
insensatez [insensa'teθ] *f* Unvernunft *f*
insensato [insen'sato] *adj* unvernünftig
insensible [insen'siβle] *adj* **1.** gefühllos, herzlos; **2.** *~ a* unempfindlich für
inseparable [insepa'raβle] *adj* unzertrennlich
insertar [insɛr'tar] *v* **1.** einsetzen, einfügen; **2.** aufgeben, inserieren
inservible [insɛr'βiβle] *adj* untauglich
insidioso [insi'ðjoso] *adj* hinterhältig
insignificancia [insiɣnifi'kanθja] *f* Geringfügigkeit *f,* Belanglosigkeit *f*
insignificante [insiɣnifi'kante] *adj* belanglos, geringfügig, unbedeutend
insinceridad [insinθeri'ðað] *f* Unaufrichtigkeit *f*
insincero [insin'θero] *adj* unaufrichtig
insinuación [insinwa'θjɔn] *f* Andeutung *f*
insinuar [insi'nwar] *v* andeuten, einbinden; *~ algo a alguien* jdm etw nahe legen
insípido [in'sipiðo] *adj* geschmacklos
insistencia [insis'tenθja] *f* Nachdruck *m*
insistente [insis'tente] *adj* eindringlich
insistir [insis'tir] *v ~ en algo* auf etw pochen, auf etw bestehen; *El jefe insiste en su decisión.* Der Chef beharrt auf seiner Entscheidung.
insobornable [insoβor'naβle] *adj* unbestechlich
insolación [insola'θjɔn] *f MED* Sonnenstich *m,* Hitzschlag *m*
insolencia [inso'lenθja] *f* Frechheit *f*
insolente [inso'lente] *adj* frech, patzig
insoluble [inso'luβle] *adj* unlösbar
insolvencia [insɔl'βenθja] *f ECO* Zahlungsunfähigkeit *f*

insolvente [insɔl'βente] *adj* insolvent
insomne [in'sɔmne] *adj* schlaflos
insomnio [in'sɔmnjo] *m* Schlaflosigkeit *f*
insonoro [inso'noro] *adj* schalldicht
insoportable [insopɔr'taβle] *adj* unerträglich, unausstehlich, ungenießbar
inspección [inspɛɣ'θjɔn] *f* **1.** Kontrolle *f,* Aufsicht *f,* Inspektion *f; ~ aduanera* Zollkontrolle *f;* **2.** *~ del lugar del hecho JUR* Lokaltermin *m*
inspeccionar [inspɛɣ'θjo'nar] *v* nachsehen, überwachen, kontrollieren
inspiración [inspira'θjɔn] *f* Eingebung *f*
inspirado [inspi'raðo] *adj* angeregt
inspirar [inspi'rar] *v* inspirieren
instalación [instala'θjɔn] *f* **1.** Installation *f;* **2.** *(montaje) TECH* Einbau *m;* **3.** *~ de red de cables* Verkabelung *f;* **4.** *~ sanitaria* Sanitäranlage *f;* **5.** *~ trasportadora* Förderanlage *f;* **6.** *(mudanza)* Einzug *m;* **7.** *instalaciones de irrigación pl* Bewässerungsanlage *f*
instalar [insta'lar] *v* **1.** *TECH* einbauen, montieren; **2.** *(montar)* aufstellen, installieren
instalarse [insta'larse] *v* sich einrichten; *~ en un piso* in eine Wohnung einziehen
instancia [ins'tanθja] *f* **1.** Gesuch *n;* **2.** *JUR* Instanz *f*
instantáneo [instan'taneo] *adj* augenblicklich, sofortig
instante [ins'tante] *m* Augenblick *m,* Moment *m; en este ~* soeben
instigar [insti'ɣar] *v* aufhetzen
instintivo [instin'tiβo] *adj* instinktiv
instinto [ins'tinto] *m* Instinkt *m,* Trieb *m; ~ de conservación* Selbsterhaltungstrieb *m*
institución [institu'θjɔn] *f* Anstalt *f*
instituto [insti'tuto] *m* **1.** Institut *n;* **2.** *~ bancario ECO* Geldinstitut *n;* **3.** *~ cultural/~ de cultura* Kulturinstitut *n;* **4.** *(escuela)* Schule *f; ~ de enseñanza media* Gymnasium *n; ~ laboral* Berufsschule *f*
instrucción [instruɣ'θjɔn] *f* **1.** *(enseñanza)* Lehre *f;* **2.** *(clase)* Unterricht *m; ~ profesional* Ausbildung *f;* **3.** *(aclaración)* Belehrung *f;* **4.** *(indicación)* Angabe *f,* Weisung *f;* **5.** *JUR* Ermittlung *f; ~ del sumario* Ermittlungsverfahren *n;* **6.** *instrucciones para el uso pl* Gebrauchsanweisung *f*
instructivo [instruk'tiβo] *adj* lehrreich
instruido [instru'iðo] *adj* gebildet; *ser ~* belesen sein
instruir [instru'ir] *v irr* **1.** ausbilden; **2.** *(enseñar)* unterrichten, beibringen; *~ a alguien en algo* jdn etw lehren; **3.** *~ el sumario contra alguien JUR* gegen jdn ermitteln
instrumento [instru'mento] *m* **1.** *TECH* Instrument *n,* Gerät *n; ~ de medición* Messinstrument *n;* **2.** *~ musical MUS* Musikinstrument *n*
insubordinación [insuβɔrðina'θjɔn] *f* Ungehorsam *m*
insubstancialidad [insuβstanθjali'ðað] *f* Banalität *f*
insuficiencia [insufi'θjenθja] *f* Unzulänglichkeit *f; ~ auditiva MED* Hörfehler *m*
insuficiente [insufi'θjente] *adj* mager, ungenügend, mangelhaft
insultar [insul'tar] *v* beleidigen, beschimpfen
insulto [in'sulto] *m* Beleidigung *f*
insurreccional [insurrɛɣθjo'nal] *adj* aufständisch
insurrección [insurrɛɣ'θjɔn] *f* **1.** Aufstand *m,* Rebellion *f;* **2.** *POL* Aufruhr *m*
insurrecto [insu'rrɛkto] *adj* **1.** abtrünnig, rebellisch; *m* **2.** Rebell *m*
insustancial [insustan'θjal] *adj* unbedeutend, billig
insustituible [insustitu'iβle] *adj* unabkömmlich
intachable [inta'tʃaβle] *adj* tadellos
intangible [intaŋ'xiβle] *adj* unantastbar
integración [inteɣra'θjɔn] *f* Integration *f*
integrar [inte'ɣrar] *v* eingliedern
integridad [inteɣri'ðað] *f* **1.** *(moral)* Ehrbarkeit *f;* **2.** *(totalidad)* Vollständigkeit *f*
íntegro ['inteɣro] *adj* **1.** vollständig; **2.** *(honrado)* rechtschaffen, bieder
intelecto [inte'lɛkto] *m* Verstand *m*
intelectual [intelɛk'twal] *adj* **1.** intellektuell; *m* **2.** Intellektueller *m*
inteligencia [inteli'xenθja] *f* **1.** Verstand *m,* Intelligenz *f;* **2.** *(ingenio)* Geist *m*

inteligente [inteli'xente] *adj* intelligent
inteligentemente [intelixente'mente] *adv* verständig, klug
intención [inten'θjɔn] *f* Absicht *f*, Vorhaben *n*, Ziel *n*; *con ~* absichtlich; *sin ~* unabsichtlich; *tener la ~ de hacer algo* beabsichtigen, etw zu tun; *mala ~* böse Absicht *f*
intencionado [intenθjo'naðo] *adj* absichtlich, geflissentlich, gezielt
intencional [intenθjo'nal] *adj* absichtlich
intensidad [intensi'ðað] *f* Intensität *f*; *~ de sonido* Lautstärke *f*
intensificar [intensifi'kar] *v* **1.** verstärken, ausbauen; **2.** *(profundizar)* vertiefen
intensivo [inten'siβo] *adj* intensiv
intenso [in'tenso] *adj* **1.** intensiv; **2.** *(sonido)* lautstark; **3.** *(alto grado)* hochgradig
intentar [inten'tar] *v* versuchen
intento [in'tento] *m* Versuch *m*, Vorstoß *m*; *~ de suicidio* Selbstmordversuch *m*
interacción [interaɣ'θjɔn] *f* Wechselwirkung *f*
intercambiar [interkam'bjar] *v* tauschen
intercambio [inter'kambjo] *m* **1.** Tausch *m*; **2.** *(de ambas partes)* Austausch *m*; *~ de alumnos* Schüleraustausch *m*; *~ de experiencias* Erfahrungsaustausch *m*; **3.** *~ de ideas* Gedankenaustausch *m*; **4.** *~ de opiniones* Meinungsaustausch *m*; *~ cultural* Kulturaustausch *m*
interceder [interθe'ðer] *v ~ por* eintreten für
interceptar [interθep'tar] *v* **1.** abfangen; **2.** *TEL* abhören, abhorchen
intercesión [interθe'sjɔn] *f* Vermittlung *f*, Fürsprache *f*
intercontinental [interkontinen'tal] *adj* interkontinental
interés [inte'res] *m* **1.** Interesse *n*; *falta de ~* Desinteresse *n*; *~ público* Gemeinwohl *n*; *de ~ común* gemeinnützig; **2.** *ECO* Zins *m*; *sin intereses* zinslos; **3.** *intereses comunes pl* gemeinsame Interessen *pl*
interesado [intere'saðo] *adj* **1.** interessiert, berechnend; *m* **2.** Interessent *m*
interesante [intere'sante] *adj* interessant, wissenswert
interesar [intere'sar] *v* **1.** interessieren; **2.** *(concernir)* betreffen; *Esto no me interesa.* Das geht mich nichts an.
interesarse [intere'sarse] *v ~ por* sich interessieren für, sich kümmern um
interface [inter'faθe] *f* Schnittstelle *f*
interferir [interfe'rir] *v irr* dazwischenfunken
interino [inte'rino] *adj* provisorisch
interior [inte'rjɔr] *adj* **1.** innere(r,s), innerlich; *m* **2.** Inneres *n*; *en el ~* drinnen, innen; *~ del país* Inland *n*, Hinterland *n*
interlínea [inter'linea] *f* Zeilenabstand *m*
interlocutor(a) [interloku'tɔr/interloku'tora] *m/f* **1.** Gesprächspartner(in) *m/f*; **2.** *(en un diálogo)* Wortführer(in) *m/f*
interminable [intermi'naβle] *adj* endlos
internacional [internaθjo'nal] *adj* international
internado [inter'naðo] *m* Internat *n*
Internet [inter'net] *ohne art INFORM* Internet *n*; *vía ~* per Internet, via Internet
internista [inter'nista] *m/f MED* Internist(in) *m/f*
interno [in'terno] *adj* intern, innere(r,s)
interpelar [interpe'lar] *v* anfragen, interpellieren
interponerse [interpo'nerse] *v irr* dazwischentreten
interpretación [interpreta'θjɔn] *f* **1.** Interpretation *f*; **2.** *(traducción)* Dolmetschen *n*; **3.** *(reproducción)* Wiedergabe *f*
interpretar [interpre'tar] *v* **1.** auslegen, interpretieren; **2.** *(traducir)* dolmetschen; **3.** *(cantar) MUS* vortragen, singen; *(sinfonía)* spielen; **4.** *(reproducir)* wiedergeben
intérprete [in'terprete] *m/f* **1.** Dolmetscher(in) *m/f*; *~ simultáneo* Simultandolmetscher *m*; **2.** *CINE* Darsteller(in) *m/f*
interrogante [interrɔ'ɣante] *adj* fragend
interrogar [interrɔ'ɣar] *v* **1.** ausfragen, fragen; **2.** *JUR* verhören, vernehmen
interrogatorio [interrɔɣa'torjo] *m* *JUR* Verhör *n*; *~ contradictorio* Kreuzverhör *n*

interrumpir [interrum'pir] *v* unterbrechen; ~ *a alguien* jdn unterbrechen, jdm hineinreden; ~ *bruscamente* abbrechen
interrupción [interruβ'θjɔn] *f* **1.** Unterbrechung *f;* **2.** *(de un viaje)* Abbruch *m*
interruptor [interrup'tɔr] *m* TECH Schalter *m;* ~ *de la luz* Lichtschalter *m*
intersección [intersɛɣ'θjɔn] *f* **1.** Überschneidung *f;* **2.** *(cruce)* Kreuzung *f*
intervalo [inter'βalo] *m* Intervall *n*
intervención [interβen'θjɔn] *f* **1.** Intervention *f,* Eingreifen *n;* **2.** *(intromisión)* Eingriff *m;* ~ *quirúrgica MED* Operation *f*
intervenir [interβe'nir] *v irr* **1.** eingreifen, dazwischentreten, intervenieren; **2.** ~ *en algo* sich in etw einschalten; **3.** ~ *quirúrgicamente MED* operieren, einen chirurgischen Eingriff vornehmen; **4.** *TEL* abhören
interviú [inter'βju] *m* Interview *n*
intestino [intes'tino] *m* **1.** *ANAT* Darm *m;* ~ *delgado* Dünndarm *m;* ~ *grueso* Dickdarm *m;* **2.** *~s pl* Gedärm *n*
intimidad [intimi'ðað] *f* **1.** Intimität *f;* **2.** *(confianza)* Vertrautheit *f*
intimidado [intimi'ðaðo] *adj* verschüchtert
íntimo ['intimo] *adj* **1.** *(de confianza)* vertraut, intim; **2.** *(interior)* innere(r,s), innig, innerlich; **3.** *(amigo)* eng befreundet
intolerancia [intole'ranθja] *f* Intoleranz *f*
intolerante [intole'rante] *adj* intolerant
intoxicación [intɔɣsika'θjɔn] *f MED* Vergiftung *f;* ~ *de la sangre* Blutvergiftung *f*
intranquilo [intraŋ'kilo] *adj* unruhig
intransigente [intransi'xente] *adj* unnachgiebig, kompromisslos
intrépido [in'trepiðo] *adj* unerschrocken, kühn
intriga [in'triɣa] *f* **1.** Intrige *f;* **2.** *~s pl* Machenschaften *pl*
introducción [introðuɣ'θjɔn] *f* Einleitung *f,* Einführung *f*
introducir [introðu'θir] *v irr* **1.** einführen, einleiten; **2.** *INFORM* eingeben
intuición [intwi'θjɔn] *f* Intuition *f; por* ~ gefühlsmäßig
inundación [inunda'θjɔn] *f* Überschwemmung *f,* Hochwasser *n,* Überflutung *f*
inundar [inun'dar] *v* durchfluten, überschwemmen; *Mi habitación está inundada.* Mein Zimmer steht unter Wasser.
inútil [i'nutil] *adj* **1.** nutzlos, sinnlos, zwecklos; *m* **2.** Nichtsnutz *m,* Taugenichts
inutilidad [inutili'ðað] *f* Nutzlosigkeit *f*
invadir [imβa'ðir] *v* **1.** überwuchern; **2.** *MIL* einfallen; **3.** *(fig)* überfluten
inválido [im'βaliðo] *adj* **1.** ungültig; *m* **2.** Invalide *m,* Schwerbehinderter *m*
invariable [imβa'rjaβle] *adj* gleichbleibend, unabänderlich, unveränderlich
invasión [imβa'sjɔn] *f* **1.** *MIL* Einfall *m,* Invasion *f;* **2.** ~ *de los Bárbaros HIST* Völkerwanderung *f;* **3.** *(entrada forzada)* Eindringen *n*
invención [imβen'θjɔn] *f* Erfindung *f*
inventar [imβen'tar] *v* erfinden
inventario [imβen'tarjo] *m* **1.** Inventar *n,* Lagerbestand *m;* **2.** *ECO* Inventur *f*
invento [im'βento] *m* Erfindung *f*
inventor(a) [imβen'tɔr/imβen'tora] *m/f* Erfinder(in) *m/f*
invernadero [imβerna'ðero] *m* Gewächshaus *n;* *efecto* ~ Treibhauseffekt *m*
invernal [imβer'nal] *adj* winterlich
invernar [imβer'nar] *v irr* überwintern
inverosímil [imβero'simil] *adj* unwahrscheinlich, unglaublich, unglaubwürdig
inverosimilitud [imβerosimili'tuð] *f* Unwahrscheinlichkeit *f*
inversión [imβer'sjɔn] *f FIN* Investition *f,* Anlage *f;* ~ *de capital* Kapitalanlage *f*
inversor(a) [imβer'sɔr/imβer'sora] *m/f FIN* Anleger(in) *m/f*
invertido [imβer'tiðo] *adj* *(al revés)* verkehrt, umgekehrt
invertir [imβer'tir] *v irr* **1.** aufwenden; **2.** *FIN* anlegen, investieren
investigación [imβestiɣa'θjɔn] *f* Erforschung *f,* Nachforschung *f,* Recherche *f;* ~ *nuclear PHYS* Kernforschung *f*
investigar [imβes'tiɣar] *v* ~ *algo* etw erforschen, nach etw forschen
invierno [im'βjerno] *m* Winter *m*
invisible [imβi'siβle] *adj* unsichtbar

invitación [imβita'θjɔn] *f* Einladung *f*, Aufforderung *f*
invitado [imβi'taðo] *m* Gast *m*; *~ de honor* Ehrengast *m*
invitar [imβi'tar] *v* einladen, auffordern
invocar [imβo'kar] *v* anflehen
involuntario [imβolun'tarjo] *adj* unbeabsichtigt, unfreiwillig, unwillkürlich
invulnerable [imβulne'raβle] *adj* unverwundbar; *ser ~ contra* gefeit sein gegen
inyección [injɛɣ'θjɔn] *f MED* Injektion *f*
inyectar [injɛk'tar] *v MED* spritzen
ir [ir] *v irr* **1.** gehen, kommen; *~ tras de alguien* jdm folgen; *~ y venir* pendeln; *~ delante* vorangehen, *~ al encuentro* entgegengehen; **2.** *~ a buscar* holen; *~ a ver a alguien* jdn aufsuchen; **3.** *(fig) ~ a parar en* hineingeraten in, landen in; **4.** *~ en coche* mit dem Auto fahren; **5.** *~ mal* schlecht gehen
ira ['ira] *f* Wut *f*, Zorn *m*
Irak [i'rak] *m GEO* Irak *m*
Irán [i'ran] *m GEO* Iran *m*
irascible [iras'θiβle] *adj* jähzornig
iris ['iris] *m* **1.** *ANAT* Regenbogenhaut *f*, Iris *f*; **2.** *arco ~* Regenbogen *m*
Irlanda [ir'landa] *f GEO* Irland *n*
ironía [iro'nia] *f* Gespött *n*, Ironie *f*
irradiar [irra'ðjar] *v* **1.** *MED* bestrahlen; **2.** *(fig)* ausstrahlen; *~ sosiego* Ruhe ausstrahlen
irreconciliable [irrɛkɔnθi'ljaβle] *adj* unversöhnlich
irreconocible [irrɛkɔno'θiβle] *adj* unkenntlich
irreflexivo [irrɛfleɣ'siβo] *adj* leichtsinnig, gedankenlos, leichtfertig, unbesonnen
irregular [irrɛɣu'lar] *adj* **1.** unregelmäßig; **2.** *(de forma ~)* ungleichmäßig
irregularidad [irrɛɣulari'ðað] *f* Unregelmäßigkeit *f*
irrelevante [irrɛle'βante] *adj* belanglos
irremplazable [irrɛmpla'θaβle] *adj* unabkömmlich
irreprochable [irrɛpro'tʃaβle] *adj* tadellos
irrescindible [irrɛsθin'diβle] *adj* **1.** *(contrato)* unkündbar; **2.** nicht anullierbar
irresistible [irrɛsis'tiβle] *adj* hinreißend, unwiderstehlich
irresoluto [irrɛso'luto] *adj* unschlüssig
irrespetuosidad [irrespetwosi'ðað] *f* Nichtachtung *f*
irrespetuoso [irrespe'twoso] *adj* respektlos
irresponsable [irrespɔn'saβle] *adj* unverantwortlich, verantwortungslos
irrevocable [irrɛβo'kaβle] *adj* unkündbar
irritable [irri'taβle] *adj* jähzornig, reizbar
irritación [irrita'θjɔn] *f* Gereiztheit *f*
irritar [irri'tar] *v* reizen, ärgern, erregen
irrompible [irrɔm'piβle] *adj* unzerbrechlich
irrumpir [irrum'pir] *v* hereinbrechen
irse ['irse] *v irr* **1.** weggehen, davongehen, fortgehen; **2.** *(en coche)* davonfahren
isla ['izla] *f* **1.** Insel *f*; **2.** *Islas Británicas pl GEO* Britische Inseln *pl*
islam [iz'lam] *m REL* Islam *m*
islamismo [izla'mizmo] *m* Islamismus *m*
islamista [izla'mista] *m/f* Islamist(in) *m/f*
Islandia [iz'landja] *f GEO* Island *n*
Israel [izra'el] *m GEO* Israel *n*
Italia [i'talja] *f GEO* Italien *n*
italiano [ita'ljano] *adj* **1.** italienisch; *m* **2.** *(persona)* Italiener *m*; **3.** *(idioma)* Italienisch *n*
izar [i'θar] *v* hissen
izquierda [iθ'kjɛrða] *f* **1.** linke Hand *f*; **2.** linke Seite *f*; *a la ~* links
izquierdista [iθkjɛr'ðista] *m/f POL* Linke(r) *m/f*
izquierdo [iθ'kjɛrðo] *adj* linke(r,s); *ser un cero a la izquierda* eine Null sein; *por la izquierda* links

J/K

jabalí [xaβa'li] *m ZOOL* Wildschwein *n*
jabalina [xaβa'lina] *f* 1. *ZOOL* Wildsau *f;* 2. *SPORT* Speer *m; lanzamiento de ~* Speerwerfen *n*
jabón [xa'βɔn] *m* Seife *f*
jabonar [xaβo'nar] *v* einseifen, abseifen
jactarse [xak'tarse] *v* prahlen
jadear [xaðe'ar] *v* keuchen, schnaufen
jaguar [xa'gwar] *m ZOOL* Jaguar *m*
jaiba [xaĭ'βa] *f ZOOL* Krebs *m*
jalea [xa'lea] *f* 1. Gelee *n;* 2. *(de carne o pescado) GAST* Aspik *m*
jaleo [xa'leo] *m (fam)* Rummel *m*
jamaica [xa'maĭka] *m GEO* Jamaika *n*
jamás [xa'mas] *adv* niemals, je, nie; *~ oído* nie gehört, unbekannt
jamón [xa'mɔn] *m GAST* Schinken *m*
japonés [xapo'nes] *adj* 1. japanisch; *m* 2. Japaner *m*
Japón [xa'pɔn] *m GEO* Japan *n*
jaque ['xake] *m* Schach *n,* Schachspiel *n, (fig)* Maulheld *m*
jaqueca [xa'keka] *f MED* Migräne *f,* Kopfschmerzen *pl,* Kopfweh *n*
jarabe [xa'raβe] *m* 1. Sirup *m;* 2. *~ contra la tos* Hustensaft *m*
jararca [xa'rarka] *m* Hierarch *m,* hoher Würdenträger *m,* Bonze *m*
jardín [xar'ðin] *m* Garten *m; ~ infantil* Kindergarten *m; ~ botánico* botanischer Garten *m*
jardinería [xarðine'ria] *f* Gärtnerei *f*
jarra ['xarra] *f* Kanne *f; ~ de cerveza* Bierkrug *m; ~ de vino* Weinkaraffe *f*
jarro ['xarro] *m* Krug *m,* Kanne *f; ~ de leche* Milchkanne *f*
jarrón [xa'rrɔn] *m* Vase *f*
jaula ['xaŭla] *f* Käfig *m,* Vogelbauer *n*
jauría [xaŭ'ria] *f* Meute *f*
jefa ['xefa] *f* Chefin *f,* Leiterin *f*
jefatura [xefa'tura] *f* 1. Leitung *f;* 2. *(de administración)* Direktion *f,* leitende Behörde *f; ~ superior de policía* Polizeipräsidium *n*
jefe ['xefe] *m* 1. Chef *m,* Leiter *m,* Oberhaupt *n*
Jehová [xeo'βa] *m REL* Jehova *m,* Jahwe *m*
jerarquía [xerar'kia] *f* Hierarchie *f*
jeringa [xe'riŋga] *f MED* Spritze *f*
jeringuilla [xeriŋ'giʎa] *f MED* Spritze *f; Insisto en una ~ estéril.* Ich bestehe auf einer sterilen Spritze.
jersey [xɛr'sɛĭ] *m* Pullover *m*
Jesucristo [xesu'kristo] *m REL* Christus *m*
jíbaro ['xiβaro] *adj* wild, verwildert
jifia ['xifja] *f ZOOL* Schwertfisch *m*
jinete [xi'nete] *m/f* Reiter(in) *m/f*
jipijapa [xipi'xapa] *m* Strohhut *m*
jiste ['xiste] *m* Bierschaum *m*
jirafa [xi'rafa] *f ZOOL* Giraffe *f*
jockey [xo'kɛĭ] *m* Jockey *m*
jocoso [xo'koso] *adj* drollig
jocundidad [xokundi'ðað] *f* Fröhlichkeit *f,* Heiterkeit *f*
jocundo [xo'kundo] *adj* fröhlich, heiter
jolito [xo'lito] *m (calma)* Ruhe *f*
Jordania [xɔr'ðanja] *f GEO* Jordanien *n*
jornada [xɔr'naða] *f* 1. Arbeitstag *m; ~ flexible* Gleitzeit *f;* 2. *(congreso)* Tagung *f,* Symposium *n*
joroba [xo'roβa] *f* Buckel *m*
jote ['xote] *m ZOOL* Geier *m*
joven ['xoβen] *adj* 1. jung; *el más ~* der Jüngste *m; m/f* 2. Jugendliche(r) *m/f,* Bursche *m,* Jüngling *m*
jovial [xo'βjal] *adj* gemütlich, heiter, jovial
jovialmente [xoβjal'mente] *adv* jovial
joya ['xoja] *f* 1. Juwel *n,* Kleinod *n; ~ de oro* Goldschmuck *m;* 2. *~s pl* Schmuck *m*
joyería [xoje'ria] *f* Schmuckgeschäft *n,* Juweliergeschäft *n*
joyero [xo'jero] *m* Juwelier *m*
jubilación [xuβila'θjɔn] *f* Pension *f,* Rente *f,* Altersversorgung *f; ~ anticipada* Vorruhestand *m*
jubilar [xuβi'lar] *v* in den Ruhestand versetzen, pensionieren, berenten
júbilo ['xuβilo] *m* Jubel *m*
judaísmo [xuða'izmo] *m REL* Judentum *n*

judía [xu'ðia] *f* 1. BOT Bohne *f;* 2. *~s verdes pl* Brechbohnen *pl;* 3. REL Jüdin *f*
judicial [xuði'θjal] *adj* JUR gerichtlich
judío [xu'ðio] *adj* 1. REL jüdisch; *m* 2. REL Jude *m*
juego ['xweɣo] *m* 1. Spiel *n; hacer ~s malabares* jonglieren; *~ de azar* Glücksspiel *n; ~ de naipes* Kartenspiel *n; ~ de palabras* Wortspiel *n; ~ limpio* faires Spiel *n;* 2. *~ de café* Kaffeeservice *n;* 3. TECH Spiel *n;* 4. *~s olímpicos pl* SPORT Olympische Spiele *pl*
juerga ['xwɛrɣa] *f* lautes Vergnügen *n; ir de ~* einen Kneipenbummel machen
juerguista [xwɛr'ɣista] *m/f* Nachtschwärmer *m/f,* Partygänger(in) *m/f*
jueves ['xweβes] *m* Donnerstag *m; los ~* donnerstags; *No es cosa del otro ~.* Das ist nichts Besonderes.
juez ['xweθ] *m/f* JUR Richter(in) *m/f; llevar ante el ~* dem Richter vorführen; *~ de primera instancia* Amtsrichter(in) *m/f*
jugada [xu'gaða] *f* 1. SPORT Spielzug *m;* 2. Streich *m*
jugador(a) [xuɣa'ðɔr/xuɣa'ðora] *m/f* SPORT Spieler(in) *m/f,* Kämpfer(in) *m/f*
jugar [xu'ɣar] *v irr* spielen; *¿Juega usted a las cartas?* Spielen Sie Karten? *~ a los bolos* SPORT kegeln; *~ al póker* pokern
juglar [xu'ɣlar] *m* Gaukler *m*
jugo ['xuɣo] *m* Saft *m; ~ de frutas* Fruchtsaft *m; ~ de naranja* Orangensaft *m; ~ de manzana* Apfelsaft *m*
jugoso [xu'ɣoso] *adj* saftig
juguete [xu'ɣete] *m* Spielzeug *n*
jugueteo [xuɣe'teo] *m* Spielerei *f*
juguetería [xuɣete'ria] *f* Spielwarengeschäft *n*
juicio ['xwiθjo] *m* 1. Urteil *n,* Beurteilung *f,* Ermessen *n; a mi ~* meiner Meinung nach, meines Erachtens; *perder el ~* den Verstand verlieren; 2. *(facultad de razonar)* Urteilsvermögen *n;* 3. JUR Verhandlung *f; ~ oral* Hauptverhandlung *f*
juicioso [xwi'θjoso] *adj* besonnen, einsichtig, verständig
julio ['xuljo] *m* Juli *m*
junco ['xuŋko] *m* BOT Binse *f*
jungla ['xuŋgla] *f* Dschungel *m*
junio ['xunjo] *m* Juni *m*
júnior ['xunjɔr] *m* Junior *m*
junta ['xunta] *f* Versammlung *f; ~ directiva* ECO Vorstand *m; ~ consultativa* Beirat *m*
juntar [xun'tar] *v* 1. *(recolectar)* sammeln; 2. *(reunir)* versammeln; 3. *(unir)* verbinden; 4. *(lo uno con lo otro)* aneinander fügen; *~ las manos* die Hände falten
juntarse [xun'tarse] *v* sich vereinigen, sich sammeln, zusammenkommen; *~ a alguien* sich jdm anschließen
junto ['xunto] *adj* 1. gemeinsam, zusammen, nebeneinander; *adv* 2. dabei; *~ a* daneben; *prep* 3. *~ a* neben
juntura [xun'tura] *f* TECH Gelenk *n*
júpiter ['xupiter] *m* ASTR Jupiter *m*
jura ['xura] *f ~ del cargo* JUR Amtseid *m*
jurado [xu'raðo] *m* 1. *~ calificador* Jury *f;* 2. JUR Geschworener *m,* Schwurgericht *n; adj* 3. JUR eidesstattlich
juramento [xura'mento] *m* 1. Schwur *m;* 2. JUR Eid *m; ~ declarativo* Offenbarungseid *m; tomar ~ a alguien* jdn vereidigen
jurar [xu'rar] *v* 1. *~ por* schwören bei; 2. JUR beschwören
jurídica [xu'riðika] *adj* JUR rechtlich; *por vía ~* auf dem Rechtsweg
jurídicamente [xu'riðikamente] *adv* JUR rechtlich
jurídico [xu'riðiko] *adj* JUR juristisch
jurisconsulto [xuriskon'sulto] *m* Jurist *m*
jurisdicción [xurizðiɣ'θjɔn] *f* 1. Amtsbezirk *m; ~ competente* Gerichtsstand *m;* 2. JUR Gerichtsbarkeit *f*
jurisprudencia [xurispru'ðenθja] *f* 1. JUR Jura *n;* 2. JUR Rechtsprechung *f*
jurista [xu'rista] *m/f* Jurist(in) *m/f*
justamente [xusta'mente] *adv* 1. eben; 2. *(precisamente)* ausgerechnet
justicia [xus'tiθja] *f* Gerechtigkeit *f,* Justiz *f*
justificable [xustifi'kaβle] *adj* vertretbar
justificación [xustifika'θjɔn] *f* Berechtigung *f,* Rechtfertigung *f*
justificado [xustifi'kaðo] *adj* berechtigt, gerechtfertigt
justificante [xustifi'kante] *m* FIN Beleg *m*
justificar [xustifi'kar] *v* 1. rechtfertigen; 2. JUR belegen

justificativo [xustifika'tiβo] *m JUR* Beleg *m*
justo ['xusto] *adj* **1.** gerecht, rechtschaffen; **2.** *(acertado)* richtig, treffend; *ser ~* zutreffen; *¡Justo!* Genau!
justo ['xusto] *adv* genau, knapp; *~ a tiempo* genau rechtzeitig
juvenil [xuβe'nil] *adj* jugendlich
juventud [xuβen'tuð] *f* Jugend *f,* Jugendzeit *f*
juzgado [xuθ'ɣaðo] *m JUR* Gericht *n; ~ comarcal* Bezirksgericht *n; ~ municipal* Amtsgericht *n*
juzgar [xuθ'ɣar] *v* **1.** richten, urteilen; **2.** *~ de* beurteilen als; **3.** *(estimar)* erachten
karate [ka'rate] *m SPORT* Karate *n*
kéfir ['kefir] *m* Kefir *m,* Kefirpilz *m*
kermés [ker'mes] *f* Kirchweihfest *n,* Kirmes *f,* Wohltätigkeitsfest *n*
ketchup ['ketʃuβ] *m GAST* Tomatenketchup *n*
kilo ['kilo] *m* Kilo *n,* Kilogramm *n*
kilogramo [kilo'ɣramo] *m* Kilogramm *n*
kilómetro [ki'lometro] *m* Kilometer *m; ~ por hora* Stundenkilometer *m*
kilovatio [kilo'βatjo] *m* Kilowatt *n*
kindergarten [kinðɛr'ɣarten] *m (jardín infantil)* Kindergarten *m*
kiosco ['kjɔsko] *m* Kiosk *m*
kirsch [kirʃ] *m GAST* Kirschwasser *n*
kiwi ['kiβi] *m BOT* Kiwi *f*
knock out [nok'aŭt] *m* K.O. *m,* Niederschlag *m*
koala [ko'ala] *m* Koalabär *m*

L

la [la] *art* **1.** die; ~s *dos* beide; *pron* **2.** sie; ~ *cual* welche
laberinto [laβe'rinto] *m* **1.** Labyrinth *n*, Gewirr *n*; **2.** *(fig)* Verhau *m*, Gewirr *n*
labial [la'βjal] *adj* Lippen…, labial
lábil ['laβil] *adj* labil
labilidad [laβili'ðað] *f* Labilität *f*
labio ['laβjo] *m* Lippe *f*
labor [la'βɔr] *f* Arbeit *f*; *hacer ~es* Handarbeiten machen
laborar [laβɔ'rar] *v* arbeiten
laboratorio [laβora'torjo] *m* Labor *n*
labrado [la'βraðo] *adj* bearbeitet, gemustert, geschliffen
labrador(a) [laβra'ðɔr/laβra'ðora] *m/f* Bauer/Bäuerin *m/f*, Landwirt(in) *m/f*
labranza [la'βranθa] *f* Ackerbau *m*, Feldarbeit *f*
labrar [la'βrar] *v* AGR bearbeiten, ackern
labriego [la'βrjeɣo] *m* Bauer *m*
laca ['laka] *f* Lack *m*; ~ *para el cabello* Haarspray *m*
lacerar [laθe'rar] *v* schädigen, zerreißen
lacio ['laθjo] *adj* welk, schlaff, kraftlos, glatt (Haar)
lacónico [la'koniko] *adj* wortkarg
lacrar [la'krar] *v* versiegeln
lacre ['lakre] *m* Siegelwachs *m*
lacrimal [lakri'mal] *adj* Tränen…
lactante [lak'tante] *m* Säugling *m*
lactar [lak'tar] *v (a un bebé)* stillen
ladear [laðe'ar] *v* zur Seite neigen, ausweichen, vom geraden Weg abkommen
ladilla [la'ðiʎa] *f* ZOOL Filzlaus *f*
lado ['laðo] *m* Seite *f*; *por un ~* einerseits; *por otro ~* andererseits; *por los dos ~s* zweiseitig; *por todos ~s* allseits; *~ anterior/~ delantero* Vorderseite *f*; *~ interior* Innenseite *f*
ladrar [la'ðrar] *v* bellen, kläffen
ladrillo [la'ðriʎo] *m* **1.** Ziegel *m*, Backstein *m*; **2.** *~s vítreos pl* Glasbaustein *m*
ladrón [la'ðrɔn] *m* **1.** Dieb *m*, Räuber *m*; *¡Ladrón!* Haltet den Dieb! *adj* **2.** diebisch
lagartija [laɣar'tixa] *f* ZOOL Mauereidechse *f*
lagarto [la'ɣarto] *m* ZOOL Eidechse *f*
lago ['laɣo] *m* GEOL See *m*; *~ de Constanza* Bodensee *m*
lágrima ['laɣrima] *f* Träne *f*
lagrimear [laɣrime'ar] *v* tränen
laguna [la'ɣuna] *f* **1.** GEOL Lagune *f*; **2.** *(fig)* Bildungslücke *f*; *~ en la memoria* Gedächtnislücke *f*
laico ['laĭko] *adj* **1.** laienhaft, unprofessionell; **2.** REL weltlich; *m* **3.** REL Laie *m*
lambón [lam'bon] *adj* Schmeichler *m*, Speichellecker *m*
lamentable [lamen'taβle] *adj* **1.** kläglich; **2.** *(digno de compasión)* bedauernswert
lamentablemente [lamentaβle'mente] *adv* leider
lamentación [lamenta'θjɔn] *f* **1.** Klage *f*, Jammer *m*; **2.** *lamentaciones pl* Gejammer *n*
lamentar [lamen'tar] *v* bedauern
lamentarse [lamen'tarse] *v* **1.** jammern; **2.** *~ de/~ por* sich beklagen über
lamento [la'mento] *m* Jammer *m*
lamer [la'mɛr] *v* lecken
lámina ['lamina] *f* Blech *n*
laminilla [lami'niʎa] *f* Lamelle *f*
lámpara ['lampara] *f* **1.** Lampe *f*; *~ de mesa* Tischlampe *f*; *~ de pie* Stehlampe *f*; **2.** *(luz)* Leuchte *f*; *~ de señales* Leuchtanzeige *f*
lamparilla [lampa'riʎa] *f* **1.** kleine Lampe *f*, Nachtlicht *n*, **2.** BOT Zitterpappel *f*
lamparoso [lampa'roso] *adj* schlampig
lampazo [lam'paθo] *m* BOT Klette *f*
lana ['lana] *f* Wolle *f*; *~ de acero* Stahlwolle *f*; *~ de oveja* Schafwolle *f*
lancha ['lantʃa] *f* Boot *n*; *~ a motor* Motorboot *n*; *~ pesquera* Fischerboot *n*
langosta [laŋ'gɔsta] *f* **1.** ZOOL Heuschrecke *f*; **2.** *(de mar)* Languste
languidecer [laŋgiðe'θɛr] *v irr* **1.** sich verzehren **2.** ECO abflauen
languidez [laŋgi'ðeθ] *f* ECO Flaute *f*
lánguido ['laŋgiðo] *adj* matt
lanilla [la'niʎa] *f* feiner Wollstoff *m*

L

lanudo [la'nuðo] *adj* wollig, zottig
lanza ['lanθa] *f* 1. Lanze *f*, Spieß *m*, Speer *m;* 2. *(de vehículo) TECH* Deichsel *f*
lanzadera [lanθa'ðera] *f ~ espacial* Raumfähre *f*
lanzamiento [lanθa'mjento] *m* 1. Abwurf *m;* 2. *(de un barco) NAUT* Stapellauf *m;* 3. *(introducción)* Einführung *f*
lanzar [lan'θar] *v* 1. lancieren, schleudern; 2. *~ algo nuevo* etw Neues einführen; *~ a un artista* einen Künstler fördern; 3. *algo al mercado ECO* etw auf den Markt werfen
lapicero [lapi'θero] *m* 1. Bleistift *m;* 2. *(LA)* Kugelschreiber *m*
lápida ['lapiða] *f* Grabstein *m*
lapidario [lapi'ðarjo] *adj* 1. lapidar, kurz, 2. Edelstein…
lápiz ['lapiθ] *m* Bleistift *m*, Stift *m; ~ de color* Buntstift *m; ~ labial* Lippenstift *m*
lapso ['laβso] *m* 1. Fehler *m*, Lapsus *m;* 2. *(tiempo)* Zeitraum *m*, Zeitabschnitt *m*
lapsus [laβ'sus] *m* Fehlleistung *f*
L
laquear [lake'ar] *v* lacken, lackieren
largarse [lar'ɣarse] *v* türmen, abhauen
largo ['larɣo] *m adj* 1. lang, weit; *a lo ~ de* entlang, längs; 2. Länge *f*, Weite *f; Eso va para ~.* Das wird noch lange dauern.
lárice ['lariθe] *m BOT* Lärche *f*
laringe [la'riŋxe] *f ANAT* Kehlkopf *m*
larva ['larβa] *f ZOOL* Larve *f*
lascivia [las'θiβja] *f* Unzucht *f*
lástima ['lastima] *f* Mitleid *n; tener ~ de alguien* jdn bemitleiden; *que da ~* Mitleid erregend; *¡Qué ~!* Schade! *verdadera ~* jammerschade
lastimar [lasti'mar] *v ~ a alguien* jdm wehtun
lastimoso [lasti'moso] *adj* jämmerlich, kläglich
lastre ['lastre] *m* Ballast *m*
lata ['lata] *f* 1. Blechdose *f*, Dose *f; una ~ de cerveza* eine Dose Bier *f;* 2. *(de hojalata)* Büchse *f*, Konservendose *f;* 3. *(bidón)* Kanister *m;* 4. *(fig)* Unsinn *m*, Blödsinn *m; ¡Qué ~!* Wie langweilig! *dar la ~ a alguien* jdm auf den Wecker fallen
latente [la'tente] *adj* latent
lateral [late'ral] *adj* seitlich
latido [la'tiðo] *m* Schlag *m; ~ del corazón* Herzschlag *m*
látigo ['latiɣo] *m* Peitsche *f*
latín [la'tin] *m* Latein *n*
latino [la'tino] *adj* lateinisch, romanisch
Latinoamérica [latinoa'merika] *f GEO* Lateinamerika *n*
latón [la'tɔn] *m MET* Messing *n*
latoso [la'toso] *adj* lästig, langweilig, unausstehlich
latrocinio [latro'θinjo] *m* Diebstahl *m*
laurel [laŭ'rɛl] *m BOT* Lorbeer *m*
lava ['laβa] *f GEOL* Lava *f*
lavable [la'βaβle] *adj* waschbar
lavabo [la'βaβo] *m* 1. Waschbecken *n*, Becken *n;* 2. *(servicio)* Toilette *f; ir al ~* austreten; *¿Dónde está el ~ de señoras?* Wo ist die Damentoilette?
lavado [la'βaðo] *m* 1. Wäsche *f; de fácil ~* pflegeleicht; *~ de cerebro (fig)* Gehirnwäsche *f;* 2. *MED* Spülung *f*
lavadora [laβa'ðora] *f* Waschmaschine *f*
lavamanos [laβa'manos] *m* Becken *n*
lavanda [la'βanda] *f BOT* Lavendel *m*
lavaplatos [laβa'platos] *m* Spülmaschine *f*
lavar [la'βar] *v* 1. abspülen, spülen; 2. *(ropa)* waschen
lavarse [la'βarse] *v* sich waschen; *¿Dónde puedo lavarme?* Wo kann ich mich waschen?
laxante [laɣ'sante] *m MED* Abführmittel *n*
laya ['laja] *f* Spaten *m*
lazo ['laθo] *m* 1. *(para el cabello)* Haarband *n*, Band *n;* 2. *(nudo corredizo)* Schleife *f*
le [le] *pron (dat)* ihm, ihr
leal [le'al] *adj* treu, loyal, fair
lealtad [leal'tað] *f* Loyalität *f*, Treue *f*
lección [lɛɣ'θjɔn] *f* 1. Unterrichtsstunde *f; tomar la ~ a alguien* jdn abfragen; 2. *(fig)* Denkzettel *m;* 3. *(enseñanza)* Lehre *f*
leche ['letʃe] *f GAST* Milch *f; ~ condensada* Kondensmilch *f; ~ cuajada* Dickmilch *f; ~ desnatada* Magermilch *f; ~ en polvo* Trockenmilch *f; ~ entera* Vollmilch *f*
lechería [letʃe'ria] *f* Molkerei *f*
lecho ['letʃo] *m* 1. Bett *n; ~ matrimonial* Ehebett *n;* 2. *~ de un río* Flussbett *n;* 3. *~ de la uña ANAT* Nagelbett *n*

lechuga [le'tʃuɣa] *f BOT* Kopfsalat *m*
lector(a) [lɛk'tɔr/lɛk'tora] *m/f* **1.** Leser(in) *m/f;* **2.** *(profesión)* Lektor(in) *m/f*
lectura [lɛk'tura] *f* **1.** Lektüre *f;* **2.** *(acto público)* Lesung *f;* **3.** *(ponencia científica)* Vorlesung *f;* **4.** *unidad de ~ INFORM* Laufwerk *n*
LED [elee'ðe] *m* LED *f*
leer [le'ɛr] *v irr* **1.** lesen; *algo para ~* etw zu lesen; *~ por encima* überfliegen; **2.** *(controlar)* ablesen; **3.** *~ algo a alguien* jdm etw vorlesen
legado [le'ɣaðo] *adj* **1.** vererblich; *m* **2.** Nachlass *m,* Vermächtnis *n*
legal [le'ɣal] *adj* **1.** gesetzlich, gesetzmäßig, legal; **2.** *JUR* rechtskräftig
legalidad [leɣali'ðað] *f* Gesetzlichkeit *f*
legalizar [leɣali'θar] *v* **1.** legalisieren; **2.** *(ante el notario)* beglaubigen
legar [le'ɣar] *v (herencia)* vererben
legendario [lɛxen'darjo] *adj* legendär
legible [lɛ'xiβle] *adj* leserlich
legislación [lɛxisla'θjɔn] *f POL* Gesetzgebung *f; ~ social* Sozialgesetzgebung *f*
legislativo [lɛxisla'tiβo] *adj POL* gesetzgebend
legislatura [lɛxisla'tura] *f POL* Legislaturperiode *f*
legítima [lɛ'xitima] *f JUR* Pflichtteil *m*
legitimación [lɛxitima'θjɔn] *f* Legitimation *f*
legitimarse [lɛxiti'marse] *v* sich ausweisen
legitimizar [lɛxitimi'θar] *v* legitimieren
legítimo [lɛ'xitimo] *adj* **1.** echt, rein, legitim; **2.** *hijo ~* eheliches Kind *n*
lego ['leɣo] *m REL* Laie *m*
legua ['leɣwa] *f* Meile *f*
legumbre [le'ɣumbre] *f* **1.** *~ seca BOT* Hülsenfrucht *f;* **2.** *~s pl* Gemüse *n*
leitmotiv [laĭtmo'tif] *m LIT* Leitmotiv *n*
lejanía [lɛxa'nia] *f* Ferne *f*
lejano [lɛ'xano] *adj* **1.** fern, weit, weitläufig; *adv* **2.** weit
lejía [lɛ'xia] *f CHEM* Lauge *f*
lejos ['lɛxos] *adv* weit; entfernt
lema ['lema] *m* Devise *f,* Leitspruch *m*
lencería [lenθe'ria] *f* Wäschegeschäft *n*
lengua ['leŋgwa] *f* **1.** *ANAT* Zunge *f;* **2.** *(idioma)* Sprache *f; irse de la ~* sich verplappern; *~ extranjera* Fremdsprache *f; ~ materna* Muttersprache *f; ~ universal* Weltsprache *f;* **3.** *~ de tierra GEO* Landzunge *f*
lenguado [leŋ'gwaðo] *m ZOOL* Seezunge *f*
lenguaje [leŋ'gwaxe] *m* **1.** Sprache *f; ~ coloquial* Umgangssprache *f; ~ de sordomudo* Taubstummensprache *f;* **2.** *~ de programación INFORM* Programmiersprache *f*
lente ['lente] *m* **1.** Linse *f;* **2.** *~s pl* Brille *f (LA)*
lenteja [len'tɛxa] *f BOT* Linse *f*
lentilla [len'tiʎa] *f* Kontaktlinse *f*
lento ['lento] *adj* langsam, schleppend
leña ['leɲa] *f* **1.** Brennholz *n;* **2.** *~ menuda* Reisig *n*
leñador [leɲa'ðɔr] *m* Holzfäller *m*
leño ['leɲo] *m* Holzscheit *n*
león [le'ɔn] *m ZOOL* Löwe *m*
leopardo [leo'parðo] *m ZOOL* Leopard *m*
leotardos [leo'tarðos] *m/pl* Strumpfhose *f*
leporino [lepo'rino] *adj* hasenartig, Hasen…
lepra ['lepra] *f MED* Lepra *f,* Aussatz *m*
lesbiana [les'βjana] *adj* lesbisch
lesión [le'sjɔn] *f* **1.** Verletzung *f;* **2.** *~ cardíaca MED* Herzfehler *m;* **3.** *~ corporal JUR* Körperverletzung *f*
lesionar [lesjo'nar] *v* verletzen
letal [le'tal] *adj* tödlich
letanía [leta'nia] *f REL* Litanei *f*
letargo [letar'ɣo] *m* Lethargie *f*
letra ['letra] *f* **1.** *(del abecedario)* Buchstabe *m,* Type *f;* **2.** *(escritura)* Handschrift *f,* Schrift *f; ~ de molde* Druckschrift *f,* Type *f; ~ de palo* Blockschrift *f; ~ menuda* Kleingedrucktes *n;* **3.** *ECO* Akzept *n; ~ de crédito* Akkreditiv *n; ~ de cambio* Wechsel *m;* **4.** *ciencias de ~s* Philologie *f*
leucemia [leŭ'θemja] *f MED* Leukämie *f*
levadura [leβa'ðura] *f* **1.** Hefe *f;* **2.** *~ química* Backpulver *n*
levantamiento [leβanta'mjento] *m* **1.** Aufstand *m;* **2.** *ECO* Inventur *f*
levantar [leβan'tar] *v* **1.** *(elevar)* erheben; **2.** *(alzar)* heben; *~ del suelo* vom Boden aufheben; **3.** *(erigir)* aufrichten; **4.** *(construir)* bauen; **5.** *~ acta JUR* protokollieren

L

levantarse [leβan'tarse] *v* aufstehen, sich erheben
leve ['leβe] *adj* leicht
levemente [leβe'mente] *adj* geringfügig
léxico ['leɣsiko] *m* **1.** *(diccionario)* Wörterbuch *n;* **2.** *(vocabulario)* Wortschatz *m*
ley [lɛĭ] *f JUR* Gesetz *n; de ~* gesetzlich; *~ del aborto JUR* Abtreibungsgesetz *n; ~ de protección de menores* Jugendschutzgesetz *n; ~ orgánica* Grundgesetz *n*
leyenda [le'jenda] *f* Legende *f,* Sage *f*
liar [li'ar] *v* **1.** schnüren; **2.** *(el cigarillo)* drehen
Líbano ['liβano] *m GEO* Libanon *m*
libélula [li'βelula] *f ZOOL* Libelle *f*
líber ['liβer] *m* Bast *m*
liberación [liβera'θjɔn] *f* Befreiung *f*
liberal [liβe'ral] *adj* großzügig, liberal
liberalismo [liβera'lizmo] *m POL* Liberalismus *m*
L
liberar [liβe'rar] *v* **1.** befreien; **2.** *(descargar)* entladen
liberarse [liβe'rarse] *v ~ de* sich befreien von, sich lösen von
libertad [liβɛr'tað] *f* **1.** Freiheit *f; ~ de decisión* Entscheidungsfreiheit *f; ~ de prensa* Pressefreiheit *f; ~ de religión* Glaubensfreiheit *f;* **2.** *JUR* Haftentlassung *f; poner en ~* freilassen, entlassen; *~ vigilada* Bewährung *f*
libertar [liβɛr'tar] *v* aussetzen, freilassen
Libia ['liβja] *f GEO* Libyen *n*
libra ['liβra] *f* Pfund *n; Libra Esterlina* Pfund Sterling *n*
Libra ['liβra] *f ASTR* Waage *f*
libraco [li'βrako] *m* Schmöker *m*
librar [li'βrar] *v* **1.** *~ de* befreien von; **2.** *(eximir)* verschonen; **3.** *REL* erlösen; **4.** *~ una letra ECO* einen Wechsel ziehen; **5.** *(vacar)* frei haben; *Libro los sábados.* Ich habe samstags frei.
librarse [li'βrarse] *v* sich befreien
libre ['liβre] *adj* **1.** frei; *~ de deudas* schuldenfrei; *~ de franqueo* portofrei; *~ de impuestos* steuerfrei; **2.** *(independiente)* freischaffend; **3.** *(vacío)* leer; **4.** *(abierto)* offen
librería [liβre'ria] *f* **1.** Buchhandlung *f;* **2.** *(estante)* Bücherregal *n,* Bücherschrank *m*
libreta [li'βreta] *f* Schreibheft *n; ~ de ahorro* Sparbuch *n; ~ de apuntes* Notizbuch *n; ~ de notas (LA)* Schulzeugnis *n*
libro ['liβro] *m* **1.** Buch *n; ~ de bolsillo* Taschenbuch *n; ~ de cocina* Kochbuch *n; ~ de lecturas* Lesebuch *n; ~ especializado* Sachbuch *n; ~ ilustrado* Bilderbuch *n;* **2.** *~ de cánticos REL* Gesangbuch *n*
licencia [li'θenθja] *f* Konzession *f,* Lizenz *f,* Genehmigung *f; ~ de armas* Waffenschein *m; ~ de exportación* Ausfuhrgenehmigung *f; ~ de importación* Einfuhrgenehmigung *f*
licenciamiento [liθenθja'mjento] *m MIL* Entlassung *f*
licenciar [liθen'θjar] *v* **1.** erlauben, eine Genehmigung erteilen; **2.** *MIL* entlassen
licenciarse [liθen'θjarse] *v* ein Studium mit Staatsexamen abschließen
lícito ['liθito] *adj* zulässig
licor [li'kɔr] *m GAST* Likör *m; ~ estomacal* Magenbitter *m*
licuar [li'kwar] *v* verflüssigen
lidia ['liðja] *f* Stierkampf *m*
lidiar [li'ðjar] *v* streiten, kämpfen
liebre ['ljeβre] *f ZOOL* Hase *m*
lienzo ['ljenθo] *m ART* Leinwand *f*
ligadura [liɣa'ðura] *f* **1.** Verbindung *f;* **2.** *MED* Ligatur *f,* Abbindung *f*
ligar [li'ɣar] *v* **1.** anschließen, verknüpfen, knüpfen; **2.** *MED* abbinden
ligarse [li'ɣarse] *v ~ con alguien* mit jdm anbändeln
ligereza [lixe'reθa] *f* Leichtfertigkeit *f*
ligero [li'xero] *adj* **1.** leicht; *a la ligera* leichtfertig, salopp; *tomar algo a la ligera* etw leicht nehmen; **2.** *(hábil)* flink, gewandt, hurtig; **3.** *(superficial)* leichtfertig, lose
lila ['lila] *f* **1.** *BOT* Flieder *m; adj* **2.** lila
lima ['lima] *f* Feile *f; ~ gruesa* Raspel *f; ~ para las uñas* Nagelfeile *f*
limitación [limita'θjɔn] *f* Beschränkung *f,* Einschränkung *f; ~ de cultivos AGR* Anbaubeschränkung *f; ~ de velocidad* Geschwindigkeitsbeschränkung *f*
limitado [limi'taðo] *adj* beschränkt
limitar [limi'tar] *v* **1.** einengen, einschränken; **2.** *(restringir) ~ a* beschränken auf; **3.** *(lindar con) ~ con* angrenzen an

limitarse [limi'tarse] *v* ~ *a* sich beschränken auf
límite ['limite] *m* Grenze *f; sin ~s* grenzenlos, unbeschränkt; ~ *de edad* Altersgrenze *f;* ~ *de las nieves perpetuas* Schneegrenze *f*
limítrofe [li'mitrofe] *adj* ~ *con* angrenzend an
limón [li'mɔn] *m BOT* Zitrone *f*
limonada [limo'naða] *f* Limonade *f*
limosna [li'mɔzna] *f* Almosen *n*
limosnero [limɔz'nero] *m* Bettler *m (LA)*
limpiabrisas [limpja'βrisas] *m/pl* Scheibenwischer *m*
limpiachimeneas [limpjatʃime'neas] *m* Kaminkehrer(in) *m/f,* Schornsteinfeger(in) *m/f*
limpiar [lim'pjar] *v* putzen, abwischen, reinigen
limpieza [lim'pjeθa] *f* **1.** *(acción)* Reinigung *f,* Säuberung *f;* ~ *en seco* chemische Reinigung *f;* **2.** *(fig: calidad)* Sauberkeit *f*
limpio ['limpjo] *adj* rein, sauber, reinlich; *Hoy no han limpiado todavía mi habitación.* In meinem Zimmer ist heute noch nicht sauber gemacht worden.
linaje [li'naxe] *m* Geschlecht *n;* ~ *noble* Adelsgeschlecht *n*
lince ['linθe] *m ZOOL* Luchs *m*
linchamiento [lintʃa'mjento] *m* Lynchjustiz *f*
lindar [lin'dar] *v* ~ *con* grenzen an
lindo ['lindo] *adj* hübsch, niedlich, süß
línea ['linea] *f* **1.** Linie *f,* Strich *m,* Streifen *m;* ~ *directa* Luftlinie *f;* **2.** ~ *ferroviaria* Bahnlinie *f; ¿Qué ~ va a Madrid?* Welche Linie fährt nach Madrid? ~ *de prueba* Teststrecke *f;* **3.** *(renglón)* Zeile *f;* **4.** ~ *principal TECH* Hauptanschluss *m*
lineal [line'al] *adj* linear
linear [line'ar] *m SPORT* Linienrichter *m*
lino ['lino] *m* **1.** Leinen *n;* **2.** *BOT* Flachs *m*
linotipista [linoti'pista] *m/f* Setzer(in) *m/f*
linterna [lin'tɛrna] *f* Laterne *f;* ~ *de bolsillo* Taschenlampe *f*
lío ['lio] *m* Schlamassel *m,* Durcheinander *n*
liquidación [likiða'θjɔn] *f* Beseitigung *f;* **2.** *(ventas)* Ausverkauf *m;* ~ *total* Räumungsverkauf *m;* **3.** *(ajuste) ECO* Ausgleich *m;* ~ *de impuestos* Steuerbescheid *m;* **4.** *(de cuentas)* Abrechnung *f;* **5.** *(cierre anual)* Jahresabschluss *m;* **6.** *(cierre)* Auflösung *f*
liquidar [liki'ðar] *v* **1.** *(liberarse de)* beseitigen; **2.** *ECO* abrechnen; ~ *un negocio* ein Geschäft auflösen; **3.** *(saldar)* abbezahlen
liquidez [liki'ðeθ] *f* **1.** Flüssigkeit *f;* **2.** *FIN* Liquidität *f*
líquido ['likiðo] *adj* **1.** flüssig; *m* **2.** Flüssigkeit *f;* ~ *de freno* Bremsflüssigkeit *f*
lírica ['lirika] *f LIT* Lyrik *f*
lirio ['lirjo] *m BOT* Lilie *f*
lisiado [li'sjaðo] *m* **1.** Krüppel *m; adj* **2.** *MED* verkrüppelt, verstümmelt; ~ *de guerra* kriegsversehrt
liso ['liso] *adj* glatt
lisonja [li'sɔŋxa] *f* Schmeichelei *f*
lisonjear [lisɔŋxe'ar] *v* schmeicheln
lista ['lista] *f* **1.** Liste *f; hacer una ~* auflisten; ~ *de precios* Preisliste *f; ¿Tiene usted una ~ de precios?* Haben Sie eine Preisliste? **2.** ~ *de platos GAST* Speisekarte *f;* **3.** *(nómina, registro, catálogo)* Verzeichnis *n*
listo ['listo] *adj* **1.** *(terminado)* fertig; **2.** *(preparado)* parat, bereit; *tener ~* bereithalten; ~ *para la imprenta* druckfertig; ~ *para viajar* fahrbereit; **3.** *(inteligente)* gescheit; **4.** *(astuto)* schlau; **5.** *(vivo)* lebhaft
literal [lite'ral] *adj* buchstäblich, wörtlich
literario [lite'rarjo] *adj* literarisch
literatura [litera'tura] *f* Literatur *f;* ~ *técnica* Fachliteratur *f;* ~ *trivial* Trivialliteratur *f*
litigar [liti'ɣar] *v JUR* prozessieren
litigio [li'tixjo] *m JUR* Rechtsstreit *m*
litro ['litro] *m* Liter *m*
liturgia [li'turxja] *f REL* Liturgie *f*
liviano [li'βjano] *adj* leicht
lívido ['liβiðo] *adj* blass, bleich; ~ *de espanto* schreckensbleich
living ['liβiŋ] *m* Wohnzimmer *n*
liza ['liθa] *f* Kampfplatz *m,* Turnierplatz *m*
llaga ['ʎaɣa] *f* Wunde *f*

llama ['ʎama] *f* **1.** Flamme *f;* **2.** ZOOL Lama *n*
llamada [ʎa'maða] *f* **1.** Anruf *m; ~ de emergencia/~ socorro* Notruf *m;* **2.** *~ telefónica* TEL Telefonanruf *m;* **3.** MIL Appell *m; ~ a filas* Einberufung *f;* **4.** *~ de datos* INFORM Datenabruf *m,* Abruf *m*
llamamiento [ʎama'mjento] *m* Berufung *f; ~ a filas* MIL Einberufung *f*
llamar [ʎa'mar] *v* **1.** rufen; *~ por teléfono* anrufen; *~ la atención* auffallen; *~ a alguien* nach jdm rufen; **2.** *(nombrar)* nennen; **3.** *(convocar)* aufrufen; **4.** *(a la puerta)* anklopfen; **5.** *~ datos* INFORM abrufen; **6.** *~ a filas* MIL einberufen
llamarse [ʎa'marse] *v* *(por nombre)* heißen; *¿Cómo se llama usted?* Wie heißen Sie?
llamear [ʎame'ar] *v* lodern
llano ['ʎano] *adj* **1.** eben, flach; **2.** *(sin adorno)* schlicht; *m* **3.** GEOL Ebene *f*
llanta ['ʎanta] *f* **1.** Felge *f;* **2.** Autoreifen *m* (LA); *~ de repuesto* Ersatzreifen *m*
llanto ['ʎanto] *m* Weinen *n,* Klage *f*
llanura [ʎa'nura] *f* GEOL Ebene *f,* Flachland *n*
llave ['ʎaβe] *f* **1.** Schlüssel *m; ¡Mi ~, por favor!* Meinen Schlüssel, bitte! *~ duplicada* Nachschlüssel *m; ~ de la puerta* Türschlüssel *m; ~ de contacto* Zündschlüssel *m; ~ del gas* Gashahn *m;* **2.** *~ inglesa* TECH Engländer *m*
llegada [ʎe'ɣaða] *f* **1.** Ankunft *f; lugar de ~* Ankunftsort *m;* **2.** *(de viaje)* Anreise *f;* **3.** *(entrada)* Einfahrt *f;* **4.** ECO Eingang *m*
llegar [ʎe'ɣar] *v* **1.** ankommen, eintreffen, anreisen; *~ a* gelangen an, gelangen zu; *~ al alma* rühren; *~ a ser* werden; *~ a un acuerdo* übereinkommen; *~ corriendo* herbeieilen; *~ tarde* sich verspäten; *¿Cuándo llega el tren?* Wann kommt der Zug an? *~ a las manos* handgreiflich werden; **2.** *(entrar)* eintreten
llenar [ʎe'nar] *v* **1.** einfüllen, füllen, stopfen; *a medio ~* halb voll; *~ el depósito* voll tanken; **2.** *~ de/~ con* füllen mi
lleno ['ʎeno] *adj* **1.** *~ de* voll von, erfüllt von; **2.** *(fam)* satt; **3.** *muy ~* dicht gedrängt
llevar [ʎe'βar] *v* **1.** bringen, mitbringen; *Lléveme al aeropuerto, por favor.* Bringen Sie mich bitte zum Flughafen. *Llévemelo al hotel, por favor.* Bringen Sie es mir bitte ins Hotel. **2.** *(cargar)* tragen; *¿Puede usted ayudarme a ~ eso?* Können Sie mir das tragen helfen? **3.** *(consigo)* mitnehmen; **4.** *~ a (causar)* führen zu; **5.** *(ropa puesta)* tragen; **6.** *~ a cabo* abhalten, verwirklichen, ausführen
llorar [ʎo'rar] *v* weinen, heulen; *~ de* weinen vor; *~ por alguien* um jdn weinen, jdn beweinen; *~ la muerte de* trauern um
llorón [ʎo'rɔn] *adj* weinerlich, heulend
llover [ʎo'βɛr] *v irr* regnen; *Llueve a cántaros.* Es gießt. *Está lloviendo.* Es regnet. *Va a ~.* Es wird regnen.
llovioso [ʎo'βjoso] *adj* regnerisch, nieselnd
lloviznar [ʎoβiθ'nar] *v* nieseln
lluvia ['ʎuβja] *f* Regen *m*
lo [lo] *art* **1.** das; *pron* **2.** es; *~ que* was; *~ cual* welcher, welches; **3.** ihn (LA)
lobo ['loβo] *m* ZOOL Wolf *m*
lóbulo ['loβulo] *m ~ de la oreja* ANAT Ohrläppchen *n*
local [lo'kal] *m* **1.** Lokal *n; ~ del club* Klubhaus *n; adj* **2.** örtlich, heimisch, lokal, ortsansässig; *adv* **3.** örtlich
localidad [lokali'ðað] *f* **1.** Ort *m,* Ortschaft *f;* **2.** *~es pl* Örtlichkeiten *pl*
loco ['loko] *m* **1.** Narr *m,* Irrer *m; cada ~ con su tema* jedem das Seine; *~ homicida* Amokläufer *m; adj* **2.** verrückt, irre; *como ~* wie verrückt; *~ por* versessen auf
locomotora [lokomo'tora] *f* Lokomotive *f*
locuaz [lo'kwaθ] *adj* redselig
locución [loku'θjɔn] *f* Redensart *f*
locura [lo'kura] *f* Irrsinn *m,* Wahnsinn *m*
locutor(a) [loku'tɔr/loku'tora] *m/f* Sprecher(in) *m/f; ~ de radio* Ansager(in) *m/f; ~ de televisión* Fernsehmoderator(in) *m/f*
lodo ['loðo] *m* Schlamm *m,* Lehm *m; ~ de clarificación* Klärschlamm *m*
logia ['lɔxja] *f* Loge *f*
lógica ['lɔxika] *f* **1.** Logik *f; falta de ~* Denkfehler *m; por ~* logisch; **2.** *(consecuencia)* Konsequenz *f*
lógico ['lɔxiko] *adj* logisch
logística [lo'xistika] *f* Logistik *f*

lograr [lo'ɣrar] *v irr* bewerkstelligen, erzielen; ~ *evitar algo* um etw herumkommen
logro ['loɣro] *m* Errungenschaft *f*
loma ['loma] *f* Hügel *m*, Anhöhe *f*
lombarda [lɔm'barða] *f BOT* Rotkohl *m*
lomo ['lomo] *m GAST* Lende *f*
longevidad [lɔŋxeβi'ðað] *f* Langlebigkeit *f*
longevo [lɔŋ'xeβo] *adj* langlebig
longitud [lɔŋxi'tuð] *f* Länge *f*; ~ *de onda PHYS* Wellenlänge *f*
loro ['loro] *m ZOOL* Papagei *m*
losa ['losa] *f* Fliese *f*
lote ['lote] *m* **1.** Anteil *m*, Los *n*; **2.** *ECO* Posten *m*; **3.** *(en la lotería)* Gewinn *m*
lotería [lote'ria] *f* Lotterie *f*
lozanía [loθa'nia] *f* Munterkeit *f*
lucero [lu'θero] *m* Stern *m*; ~ *de la tarde* Abendstern *m*
lucha ['lutʃa] *f* **1.** Kampf *m*, Wettstreit *m*; *estar en ~ contra alguien* im Kampf sein gegen jdn; ~ *antiparasitaria* Schädlingsbekämpfung *f*; **2.** *SPORT* Wettkampf *m*, Wettstreit *m*; **3.** ~ *por* Engagement für *n*
luchador [lutʃa'ðɔr] *m* **1.** Kämpfer *m*; *adj* **2.** kämpferisch
luchar [lu'tʃar] *v* **1.** kämpfen; ~ *contra* bekämpfen; **2.** ~ *por* kämpfen für; ~ *por algo* sich für etw engagieren; **3.** *SPORT* ringen
lucidez [luθi'ðeθ] *f* Klarheit *f*
luciérnaga [lu'θjɛrnaɣa] *f ZOOL* Glühwürmchen *n*
lucifer [luθi'fer] *m REL* Luzifer *m*, Teufel *m*
lucio ['luθjo] *m ZOOL* Hecht *m*
lucrativo [lukra'tiβo] *adj* Gewinn bringend
lucro ['lukro] *m* Profit *m*
luego ['lweɣo] *adv* **1.** danach, dann, darauf; *¡Hasta ~!* Tschüss! Auf Wiedersehen! **2.** *desde ~* natürlich, freilich
lugar [lu'ɣar] *m* **1.** Ort *m*, Platz *m*, Stelle *f*, Raum *m*; *en ~ de* anstatt, statt, anstelle; *del ~* ortsansässig; *en primer ~* erst, zuerst, zunächst; *en último ~* zuletzt; *tener ~* stattfinden, abspielen; *no tener ~* ausfallen; *¿Cómo se llama este ~?* Wie heißt dieser Platz? ~ *común* Gemeinplatz *m*; ~ *de los hechos* Tatort *m*; **2.** *(puesto)* Stelle *f*; **3.** *(sitio)* Sitz *m*
lúgubre ['luɣuβre] *adj* düster
lujo ['luxo] *m* Luxus *m*
lujoso [lu'xoso] *adj* luxuriös, aufwändig
lujuria [lu'xurja] *f* Unzucht *f*, Wollust *f*
lumbre ['lumbre] *f* Glut *f*, Feuer *n*
lumbrera [lum'brera] *f* **1.** Dachfenster *n*; **2.** *(fam)* Leuchte *f*, Intelligenzbolzen *m*
luminoso [lumi'noso] *adj* licht, leuchtend
luna ['luna] *f* **1.** Mond *m*; *estar en la ~* in den Wolken schweben; ~ *llena* Vollmond *m*; ~ *nueva* Neumond *m*; **2.** ~ *de miel* Flitterwochen *pl*; **3.** Glasscheibe *f*
lunático [lu'natiko] *adj* **1.** launenhaft; **2.** *(fig)* verrückt, irrsinnig, wahnsinnig
lunes ['lunes] *m* Montag *m*; *los ~* montags
lupa ['lupa] *f* Lupe *f*
lúpulo ['lupulo] *m BOT* Hopfen *m*
lustre ['lustre] *m* Glanz *m*, Politur *f*
luxación [luɣsa'θjɔn] *f MED* Verrenkung *f*, Luxation *f*
luxar [luɣ'sar] *v* verrenken, auskugeln
Luxemburgo [luɣsem'burɣo] *m GEO* Luxemburg *n*
luz [luθ] *f* **1.** Licht *n*; *poner la ~ de carretera* aufblenden; *La ~ no funciona.* Das Licht geht nicht. ~ *de cruce* Abblendlicht *n*; ~ *del día* Tageslicht *n*; ~ *de estacionamiento* Standlicht *n*; ~ *de freno* Bremslicht *n*; ~ *infrarroja* Infrarotlicht *n*; ~ *de neón* Neonlicht *n*; ~ *de profusión* Flutlicht *n*; ~ *de vela* Kerzenlicht *n*; ~ *larga* Fernlicht *n*; ~ *relámpago* Blitzlicht *n*; ~ *roja* Rotlicht *n*; ~ *trasera* Rücklicht *n*; **2.** *(brillo)* Schein *m*

L

M

macabro [ma'kaβro] *adj* makaber
Macedonia [maθe'ðonja] *f GEO* Mazedonien *n*
maceta [ma'θeta] *f* Blumentopf *m*
machacar [matʃa'kar] *v* zerdrücken
machismo [ma'tʃizmo] *m* Machismus *m*
machista [ma'tʃista] *adj* **1.** Macho...; *m;* **2.** Macho *m,* Sexist *m*
macho ['matʃo] *m* **1.** Kerl *m;* **2.** *ZOOL* Männchen *n; ~ cabrío ZOOL* Bock *m*
macizo [ma'θiθo] *adj* klobig, massiv, dick
mácula ['makula] *f* Makel *m*
madera [ma'ðera] *f* **1.** Holz *n;* **2.** *(fig: talento)* Begabung *f,* Veranlagung *f*
madre ['maðre] *f* **1.** Mutter *f; ~ política* Schwiegermutter *f;* **2.** *(fig: causa)* Ursprung *m,* Ursache *f*
madrileño [maðri'leɲo] *adj GEO* aus Madrid *n*
madrina [ma'ðrina] *f* **1.** Patin *f;* **2.** Beschützerin *f*
madrugada [maðru'ɣaða] *f* **1.** Tagesanbruch *m,* Dämmerung *f;* **2.** *de ~* sehr früh am Morgen *m*
madrugar [maðru'ɣar] *v* **1.** reifen; **2.** *(fig: volver experimentado)* älter werden, vernünftig werden; **3.** reiflich überlehen
madurez [maðu'reθ] *f* Reife *f*
maduro [ma'ðuro] *adj* **1.** reif; **2.** *(fig)* reif, bedächtig, klug
maestra [ma'estra] *f* **1.** *(profesora)* Lehrerin *f;* **2.** Meisterin *f*
maestro [ma'estro] *m* **1.** *(profesor)* Lehrer *m;* **2.** Meister *m;* **3.** *(compositor)* Meister *m,* Maestro *m; adj* **4.** *(algo perfecto)* meisterhaft, Meister…
mafia ['mafja] *f* Mafia *f*
magia ['maxja] *f* Magie *f*
mágico ['maxiko] *adj* magisch
magisterio [maxis'terjo] *m* **1.** *(la profesión de maestro)* Lehreramt *n;* **2.** Lehrerschaft *f*
magistrado [maxis'traðo] *m JUR* Justizbeamter *m,* Richter *m*
magnesio [maɣ'nesjo] *m CHEM* Magnesium *n*
magnético [maɣ'netiko] *adj* magnetisch
magnetismo [maɣne'tizmo] *m* **1.** Magnetismus *m;* **2.** *(fig: atracción)* Magnetismus *m,* Anziehung *f*
magneto [maɣ'neto] *m TECH* Magnet *m*
magnífico [maɣ'nifiko] *adj* herrlich, prächtig, ausgezeichnet
magnitud [maɣni'tuð] *f* **1.** Größe *f;* **2.** *(dimensión)* Größenordnung *f*
mago ['maɣo] *m* Zauberer *m*
magro ['maɣro] *adj* hager
magullar [maɣu'ʎar] *v* quetschen, zerdrücken, zerquetschen
maicena [maĭ'θena] *f* feinstes Maismehl *n,* Maisbrei *m*
maíz [ma'iθ] *m BOT* Mais *m*
majadero [maxa'ðero] *adj* albern
majar [ma'xar] *v* **1.** zerstoßen, hämmern; **2.** *(fam: importunar)* belästigen
majo ['maxo] *adj* schmuck, hübsch, fesch
mal [mal] *adj* **1.** schlecht, übel; *estar de ~ humor* schlechte Laune haben; **2.** *adv* schlecht, unwohl, übel; *Me siento ~.* Mir ist schlecht. *m;* **3.** Unheil *n;* **4.** *(enfermedad)* Krankheit *m,* Leiden *n;* **5.** *(infortunio)* Übel *n,* Unglück *n*
malacostumbrado [malakostum'braðo] *adj* **1.** verwöhnt; **2.** *(mimado)* verhätschelt, verwöhnt, verzogen
málaga ['malaɣa] *m GAST* Malagawein *m*
malagueño [mala'ɣweɲo] *adj* **1.** aus Málaga; *m* **2.** Einwohner Málagas *m*
malasangre [mala'saŋgre] *adj (persona de mala índole)* übelwollend, bösartig
malbaratar [malβara'tar] *v* **1.** *(vender algo por menos de su precio)* verschleudern, verramschen *(fam);* **2.** *(derrochar)* verschwenden
malcriado [ma'krjaðo] *adj* schlecht erzogen, ungezogen, unhöflich
maldad [mal'dað] *f* Bosheit *f*
maldecir [malde'θir] *v irr* verfluchen, verdammen, fluchen

M

maldición [maldi'θjɔn] *f* Fluch *m*
maleante [male'ante] *m/f* Übeltäter *m/f*
malentender [malentɛn'dɛr] *v irr* missverstehen
malentendido [malenten'diðo] *m* Missverständnis *n*
malestar [males'tar] *m* Unbehagen *n*
maleta [ma'leta] *f* Koffer *m; Todavía tengo que hacer la ~.* Ich muss noch packen.
maletero [male'tero] *m* **1.** Kofferraum *m;* **2.** *(persona)* Gepäckträger *m*
malévolo [ma'leβolo] *adj* böswillig
maleza [ma'leθa] *f BOT* Gebüsch *n*
malformación [malfɔrma'θjɔn] *f* Missbildung *f*
malgastar [malɣas'tar] *v* verpulvern
malhechor(a) [male'tʃɔr/male'tʃo-ra] *m/f* Übeltäter(in) *m/f*
malicia [ma'liθja] *f* Bösartigkeit *f,* Tücke *f*
malicioso [mali'θjoso] *adj* **1.** hämisch, schadenfroh, tückisch; **2.** *JUR* böswillig
maligno [ma'liɣno] *adj* **1.** boshaft; **2.** *MED* bösartig
malintencionado [malintenθjo'naðo] *adj* böswillig, tückisch
malo ['malo] *adj* **1.** böse, gemein, boshaft; **2.** *(peligroso)* gefährlich; **3.** *(defectuoso)* schlecht, schäbig; *¡Qué mala pata! (fig)* Was für ein Pech!
malograr [malo'ɣrar] *v irr (estropear)* beschädigen
malograrse [malo'ɣrarse] *v irr* missglücken, schief gehen
malsano [mal'sano] *adj* ungesund
maltratar [maltra'tar] *v* **1.** misshandeln; **2.** *(estropear)* verschandeln
maltrato [mal'trato] *m* Misshandlung *f; ~ a los animales* Tierquälerei *f*
malvado [mal'βaðo] *adj* **1.** verrucht, schäbig, arg; *m* **2.** Giftzahn *m*
mamá [ma'ma] *f* Mama *f*
mamífero [ma'mifero] *m ZOOL* Säugetier *n*
manada [ma'naða] *f* Herde *f,* Rudel *n*
mánager ['manajer] *m/f* Manager(in) *m/f*
manantial [manan'tjal] *m* Brunnen *m,* Quelle *f*
manar [ma'nar] *v* fließen, quellen
mancha ['mantʃa] *f* **1.** Fleck *m,* Klecks *m,* Tupfen *m; ~ de grasa* Fettfleck *m;* **2.** *(fig)* Schandfleck *m,* Makel *m*
manchado [man'tʃaðo] *adj* fleckig
manchar [man'tʃar] *v* beflecken, beschmutzen, verunreinigen
mandamiento [manda'mjento] *m REL* Gebot *n*
mandante [man'dante] *m/f JUR* Mandant(in) *m/f*
mandar [man'dar] *v* **1.** anordnen, befehlen; *~ sobre* herrschen über; **2.** *(enviar)* schicken, verschicken, zuschicken, senden; **3.** *(a un especialista) MED* überweisen
mandato [man'dato] *m* **1.** Befehl *m,* Anordnung *f,* Verordnung *f;* **2.** *JUR* Mandat *n;* **3.** *POL* Mandat *n*
mandíbula [man'diβula] *f ANAT* Kiefer *m*
mando ['mando] *m* **1.** Kommando *n; tener el ~* kommandieren; *estar al ~* an der Macht sein; **2.** *MIL* Befehlsgewalt *f;* **3.** *~ presidencial POL* Präsidialgewalt *f;* **4.** *TECH* Antrieb *m; ~ a distancia* Fernbedienung *f*
manecilla [mane'θiʎa] *f ~ del reloj* Uhrzeiger *m*
manejable [manɛ'xaβle] *adj* handlich, griffig
manejar [manɛ'xar] *v* **1.** fahren, Auto fahren; **2.** *(maniobrar)* handhaben, hantieren, umgehen; **3.** *TECH* bedienen
manejo [ma'nɛxo] *m* **1.** Handhabung *f;* **2.** *TECH* Bedienung *f*
manera [ma'nera] *f* **1.** *(forma)* Weise *f; ~ de pensar* Denkart *f,* Einstellung *f; ~ de proceder* Verfahrensweise *f; ~ de tratar* Behandlung *f; ~ de vivir* Lebenswandel *m; de ~ particular* sonderbar; *¿De qué ~?* Wie? *de la misma ~ que* genauso wie; **2.** *~s pl* Benehmen *n,* Manieren *pl*
manga ['maŋga] *f* Ärmel *m; de ~s largas* langärmelig; *sin ~* ärmellos
mango[1] ['maŋgo] *m* Griff *m,* Stiel *m*
mango[2] ['maŋgo] *m (fruta) BOT* Mango *f*
manguerilla [maŋge'riʎa] *f* Schlauch *m*
maní [ma'ni] *m (LA) BOT* Erdnuss *f*
manía [ma'nia] *f* Manie *f*
maniaco [ma'njako] *adj MED* manisch, gemütskrank; *~ depresivo* manisch-depressiv

manicura [mani'kura] *f* Maniküre *f*
manifestación [manifesta'θjɔn] *f* 1. Aussage *f*, Meldung *f*; 2. POL Demonstration *f*; *~ de protesta* Protestkundgebung *f*
manifestar [manifes'tar] *v irr* 1. *(informar)* melden, sagen; 2. *(llamar)* aufrufen; 3. *(declarar)* aussagen, vorbringen; 4. *(demostrar)* beweisen; 5. *(expresar)* ausdrücken
manifestarse [manifes'tarse] *v irr* POL demonstrieren
manifiesto [mani'fjesto] *adj* 1. offenbar, offenkundig; 2. *(a primera vista)* vordergründig; *m* 3. Aufruf *m*, Manifest *n*
manija [ma'nixa] *f* Griff *m*, Klinke *f* (LA)
maniobra [mani'oβra] *f* Manöver *n*
maniobrar [manjo'βrar] *v* 1. manövrieren, steuern, rangieren; 2. *(cambiar de marcha en el auto)* schalten; 3. TECH betätigen
manipulación [manipula'θjɔn] *f* Manipulation *f*
M
manipular [manipu'lar] *v* 1. handhaben; 2. *(fig: ejercer influencia)* manipulieren
maniquí [mani'ki] *m* 1. *(modelo)* Mannequin *n*; 2. *(muñeca)* Schaufensterpuppe *f*
manjar [maŋ'xar] *m* Delikatesse *f*
mano ['mano] *f* Hand *f*; *estar a ~* quitt sein (LA); *por su ~* eigenhändig; *tener a ~* zur Hand haben
manojo [ma'nɔxo] *m* Bund *m*, Bündel *n*; *~ de nervios (fig)* Nervenbündel *n*
mansión [man'sjɔn] *f* Anwesen *n*
manso ['manso] *adj* zahm, gutwillig
manta ['manta] *f* Zudecke *f*, Decke *f*
mantel [man'tɛl] *m* Tischdecke *f*, Decke *f*
mantener [mante'nɛr] *v irr* 1. *(guardarse)* behalten; *~ consultas* beraten; *~ la puerta abierta* die Tür aufhalten; *~ en secreto* geheim halten; 2. *(sustentar)* versorgen, unterhalten; 3. *(conservar)* beibehalten, bewahren; 4. *(cumplir)* einhalten
mantenerse [mante'nɛrse] *v irr* 1. seinen Lebensunterhalt bestreiten; 2. *~ despierto* sich wach halten; 3. *~ firme* durchhalten; 4. *~ al margen de algo* sich aus etw heraushalten
mantenimiento [manteni'mjento] *m* 1. *(conservación)* Beibehaltung *f*; 2. *(manutención financiera)* Unterhalt *m*; 3. TECH Wartung *f*; 4. *(de cumplir)* Einhaltung *f*
mantequilla [mante'kiʎa] *f* Butter *f*
manuable [ma'nwaβle] *adj* handlich
manual [ma'nwal] *m* 1. Handbuch *n*; 2. *(volante)* Handzettel *m*; *adj* 3. manuell
manufactura [manufak'tura] *f* Fertigung *f*
manutención [manuten'θjɔn] *f* Unterhalt *m*, Versorgung *f*
manzana [man'θana] *f* 1. Apfel *m*; 2. *(edificio)* Häuserblock *m*
manzanilla [manθa'niʎa] *f* 1. BOT Kamille *f*; 2. *(bebida)* Kamillentee *f*
manzano [man'θano] *m* Apfelbaum *m*
maña ['maɲa] *f* Geschicklichkeit *f*
mañana [ma'ɲana] *f* 1. Morgen *m*, Vormittag *m*; *por la ~* morgens, vormittags, früh; *por las ~s* jeden Morgen; *adv* 2. morgen; *¡Hasta ~!* Bis morgen!
mapa ['mapa] *m* Landkarte *f*
maquillaje [maki'ʎaxe] *m* Schminke *f*
maquillar [maki'ʎar] *v* schminken
máquina ['makina] *f* Maschine *f*; *~ de afeitar* Rasierapparat *m*; *~ de cigarrillos* Zigarettenautomat *m*; *~ de cocina* Küchenmaschine *f*; *~ de coser* Nähmaschine *f*; *~ de escribir* Schreibmaschine *f*
maquinista [maki'nista] *m/f* 1. *(de tren)* Lokführer(in) *m/f*, Maschinenführer(in) *m/f*; 2. *(mecánico)* Maschinist(in) *m/f*
mar [mar] *m* Meer *n*, See *f*; *~ Egeo* Ägäis *f*; *~ Báltico* Ostsee *m*; *~ del Norte* Nordsee *m*; *~ Mediterráneo* Mittelmeer *n*
maravilla [mara'βiʎa] *f* Wunder *n*
maravillarse [maraβi'ʎarse] *v* staunen, sich wundern
maravilloso [maraβi'ʎoso] *adj* wunderbar, fabelhaft, märchenhaft
marca ['marka] *f* 1. *(de identificación)* Marke *f*; *~ registrada* geschütztes Warenzeichen *n*; 2. *(característica peculiar)* Merkmal *n*; *~ característica* Wahrzeichen *n*; 3. *(signo)* Mal *n*; 4. *(récord)* SPORT Rekord *m*, Bestleistung *f*;

~ mundial Weltrekord *m*; **5.** *(distintivo)* Kennzeichen *n*, Markierung *f*; **6.** *(señal)* Abzeichen *n*

marcación [marka'θjɔn] *f* Bezeichnung *f*

marcado [mar'kaðo] *adj* **1.** ausgeprägt, markant; **2.** *(indicado)* gezeichnet

marcapasos [marka'pasos] *m MED* Herzschrittmacher *m*

marcar [mar'kar] *v* **1.** bezeichnen, kennzeichnen, zeichnen; *~ el billete* die Fahrkarte entwerten; *~ el número* die Nummer wählen; *~ un gol* ein Tor schießen; **2.** *(área)* abstecken, markieren; **3.** *TECH* peilen; **4.** *(grabar)* prägen

marcha ['martʃa] *f* **1.** Abmarsch *m*; *poner en ~* anlaufen, starten; *ponerse en ~* anfahren, aufbrechen; **2.** *(de automóviles)* Gang *m*; *~ adelante* Vorwärtsgang *m*; *~ atrás* Rückwärtsgang *m*; *a paso de ~* Schritttempo *n*; *en estado de ~* fahrtüchtig; *~ en vacío* Leerlauf *m*; **3.** *MIL* Marsch *m*; **4.** *MUS* Marsch *m*

marchar [mar'tʃar] *v* marschieren

marcharse [mar'tʃarse] *v* **1.** weggehen, fortgehen; **2.** *MIL* abmarschieren, abrücken

marchitarse [martʃi'tarse] *v* welken, verblühen, verwelken

marco[1] ['marko] *m* **1.** Rahmen *m*; *~ para cuadro* Bilderrahmen *m*; *~ de ventana* Fensterrahmen *m*; **2.** *(bastidor)* Gestell *n*; **3.** *(encuadramiento)* Umrahmung *f*

marco[2] ['marko] *m ~ alemán HIST* Mark *f*, D-Mark *f*

marea [ma'rea] *f* Gezeiten *pl*; *~ alta* Flut *f*; *~ baja* Ebbe *f*; *~ negra* Ölpest *f*

mareado [mare'aðo] *adj* **1.** schwindlig, flau; **2.** *(en el mar)* seekrank

marearse [mare'arse] *v* sich übel fühlen, schwindlig werden, schlecht werden; *Me mareo con facilidad.* Mir wird leicht schlecht.

mareo [ma'reo] *m MED* Schwindel *m*

marfil [mar'fil] *m* Elfenbein *n*

margen ['marxen] *m* **1.** Rand *m*; **2.** *ECO* Spanne *f*; *~ de beneficios* Gewinnspanne *f*; *~ de fluctuación* Bandbreite *f*; **3.** *(fig: libertad)* Spielraum *m*

marginado [marxi'naðo] *m* Außenseiter *m*

marica [ma'rika] *m (fam)* Schwuler *m*

marido [ma'riðo] *m* Mann *m*, Ehemann *m*

marina [ma'rina] *f* Marine *f*

marinero [mari'nero] *m* Matrose *m*

marino [ma'rino] *m* Seemann *m*

marioneta [marjo'neta] *f* Puppe *f*, Marionette *f*

mariposa [mari'posa] *f ZOOL* Schmetterling *m*

mariquita [mari'kita] *f ZOOL* Marienkäfer *m*

marítimo [ma'ritimo] *adj* maritim

mármol ['marmɔl] *m* Marmor *m*

marquesina [marke'sina] *f* Markise *f*

marrana [ma'rrana] *f ZOOL* Sau *f*

marranear [marrane'ar] *v* kleckern

marrón [ma'rrɔn] *adj* braun

marroquí [marrɔ'ki] *adj* **1.** marokkanisch; *m* **2.** Marokkaner *m*

Marruecos [ma'rrwekos] *m GEO* Marokko *n*

martes ['martes] *m* Dienstag *m*; *los ~* dienstags

martillear [martiʎe'ar] *v* hämmern

martillo [mar'tiʎo] *m* Hammer *m*

mártir ['martir] *m* Märtyrer *m*

martirio [mar'tirjo] *m* Qual *f*, Quälerei *f*

martirizar [martiri'θar] *v* foltern, quälen

marxismo [marɣ'sizmo] *m POL* Marxismus *m*

marzo ['marθo] *m* März *m*

mas [mas] *konj* aber

más [mas] *adv* **1.** mehr, sonst, weiter; *~ de* über; *~ allá* darüber hinaus; *~ o menos* ziemlich, einigermaßen; *sin ~ ni ~* kurzerhand; *~ de un(o)* manche(r,s); *~ adelante* weiter vorn; *~ atrás* weiter hinten; **2.** *MATH* plus

masa ['masa] *f* **1.** *GAST* Brei *m*, Teig *m*, Masse *f*; *~ de levadura* Hefeteig *m*; **2.** *PHYS* Masse *f*; **3.** *FIN* Masse *f*; *~ de la quiebra* Konkursmasse *f*

masacre [ma'sakre] *f* Massaker *n*

masaje [ma'saxe] *m* Massage *f*

mascar [mas'kar] *v* kauen

máscara ['maskara] *f* **1.** Maske *f*; *~ antigás* Gasmaske *f*; **2.** *(fig)* Larve *f*, Maske *f*; **3.** *(cosmética)* Wimperntusche *f*

mascota [mas'kota] *f* Maskottchen *n*

M

masculino [masku'lino] *adj* männlich
masticar [masti'kar] *v* kauen
mástil ['mastil] *m* Mast *m*
mata ['mata] *f BOT* Strauch *m,* Busch *m*
matanza [ma'tanθa] *f* Gemetzel *n*
matar [ma'tar] *v* **1.** töten, umbringen; *~ a tiros* erschießen; *~ el tiempo* Zeit totschlagen; **2.** *(animal)* erlegen; **3.** *(carnicero)* schlachten
matarse [ma'tarse] *v (hacer algo con demasía)* sich kaputtmachen
mate ['mate] *adj* **1.** trüb, matt; *m* **2.** Matetee *m (LA)*
matemáticas [mate'matikas] *f/pl* Mathematik *f*
matemático [mate'matiko] *adj* mathematisch
materia [ma'terja] *f* **1.** Materie *f;* **2.** *(material)* Stoff *m; ~ fibrosa* Ballaststoffe *pl; ~s primas* Rohstoffe *pl;* **3.** *(ramo)* Fach *n,* Sachgebiet *n,* Gebiet *n;* **4.** *(masa)* Masse *f; ~ particulada f* Feinstaub *m*
material [mate'rjal] *m* **1.** Material *n,* Werkstoff *m; ~ de botiquín* Verbandmaterial *n; ~ de oficina* Bürobedarf *m; ~ viejo* Altmaterial *n; adj* **2.** materiell
materialismo [materja'lizmo] *m* Materialismus *m*
maternidad [materni'ðað] *f* Mutterschaft *f*
matiz [ma'tiθ] *m* Nuance *f,* feiner Unterschied *m*
matizar [mati'θar] *v* abstufen
matorral [matɔ'rral] *m BOT* Gebüsch *n*
matraquear [matrake'ar] *v* klappern
matrícula [ma'trikula] *f* **1.** Anmeldung *f,* Einschreibung *f;* **2.** *(vehículos)* Nummernschild *n*
matricularse [matriku'larse] *v* sich einschreiben, sich anmelden; *~ en un curso* einen Kurs belegen
matrimonial [matrimo'njal] *adj* ehelich
matrimonio [matri'monjo] *m* **1.** *(sacramento)* Ehe *f; ~ ficticio* Scheinehe *f;* **2.** *(pareja)* Ehepaar *n; ~ donde ambos trabajan* Doppelverdiener *pl;* **3.** *(ceremonia)* Trauung *f*
matriz [ma'triθ] *f* **1.** *ANAT* Gebärmutter *f;* **2.** *(tipografía)* Matrize *f;* **3.** *~ de la memoria INFORM* Speicherplatz *m*
maullar [maŭ'ʎar] *v* miauen
maxilar [maɣsi'lar] *m ANAT* Kiefer *m; ~ inferior* Unterkiefer *m; ~ superior* Oberkiefer *m*
máximo ['maɣsimo] *m* **1.** Maximum *n; adj* **2.** höchste(r,s), maximal; *~ admisible* höchstzulässig; *como ~* maximal; *adv* **3.** höchst
máximum ['maɣsimum] *m* Maximum *n*
mayo ['majo] *m* Mai *m*
mayonesa [majo'nesa] *f* Majonäse *f*
mayor [ma'jɔr] *adj* **1.** ältere(r,s); *~ de edad* mündig, volljährig; **2.** *(grande)* größer
mayoría [majo'ria] *f* **1.** Mehrheit *f,* Mehrzahl *f; ~ de votos* Stimmenmehrheit *f; en su ~* größtenteils, vorwiegend, überwiegend; **2.** *~ de edad* Volljährigkeit *f*
mayormente [majɔr'mente] *adv* meistens, überwiegend
maza ['maθa] *f* Keule *f*
me [me] *pron* **1.** *(acc)* mich; **2.** *(dat)* mir
mecánica [me'kanika] *f* Mechanik *f*
mecánico [me'kaniko] *m* **1.** Mechaniker *m,* Maschinenschlosser *m; ~ de automóviles* Automechaniker *m; ~ de precisión* Feinmechaniker *m; adj* **2.** maschinell
mecanismo [meka'nizmo] *m* **1.** Mechanismus *m,* Vorrichtung *f; ~ del reloj* Uhrwerk *n;* **2.** *TECH* Getriebe *n*
mecanografía [mekanoɣra'fia] *f* Maschineschreiben *m*
mecer [me'θɛr] *v* wiegen
mecha ['metʃa] *f* Docht *m*
mechero [me'tʃero] *m* **1.** Feuerzeug *n;* **2.** *TECH* Brenner *m*
medalla [me'ðaʎa] *f* Medaille *f*
medallón [meða'ʎɔn] *m* Medaillon *n*
media ['meðja] *f* **1.** *(promedio)* Durchschnitt *m,* Mittel *n;* **2.** *(calcetín)* Strumpf *m; adj* **3.** halb, mittelgroß; *~ luna* Halbmond *m; ~ luz* Zwielicht *n; ~ noche* Mitternacht *f; ~ pensión* Halbpension *f*
mediación [meðja'θjɔn] *f* Vermittlung *f*
mediano [me'ðjano] *adj* **1.** von mittlerer Größe; **2.** *(mediocre)* mittelmäßig
mediante [me'ðjante] *prep* anhand, durch

medicamento [meðika'mento] *m MED* Arznei *f,* Medikament *n,* Heilmittel *n*
medicina [meði'θina] *f* Arznei *f,* Medizin *f,* Heilkunde *f*
medicinal [meðiθi'nal] *adj* medizinisch
medición [meði'θjɔn] *f* Abmessung *f*
médico ['meðiko] *m* 1. *MED* Arzt *m,* Mediziner *m; ~ de cabecera* Hausarzt *m; ~ de emergencia* Notarzt *m; ~ de (la) empresa* Betriebsarzt *m; ~ legista* Amtsarzt *m; ~ del seguro* Kassenarzt *m; ~ de medicina general* praktischer Arzt *m; ¿Dónde hay un ~ aquí?* Wo gibt es hier einen Arzt? *¡Llame a un ~!* Rufen Sie einen Arzt! *adj* 2. medizinisch
medida [me'ðiða] *f* 1. *(prevención)* Maßnahme *f; ~ coercitiva* Zwangsmaßnahme *f; ~ inmediata* Sofortmaßnahme *f; ~ de precaución* Vorsichtsmaßnahme *f; ~ preventiva* Präventivmaßnahme *f,* Schutzmaßnahme *f; ~ de represalia* Vergeltungsmaßnahme *f; ~ de socorro* Hilfsmaßnahme *f; ~s de austeridad* Sparmaßnahmen *pl;* 2. *(preparativo, disposición)* Vorkehrung *f;* 3. *(tamaño)* Maß *n,* Abmessung *f,* Ausmessung *f; unidad de ~* Maßeinheit *f; tomar la ~* ausmessen; 4. *(fig: escala)* Maßstab *m; en la ~ que* insofern
medieval [meðje'βal] *adj* mittelalterlich
medio ['meðjo] *adj* 1. *(promedio)* durchschnittlich; 2. *(la mitad)* halb; *~ dormido* schlaftrunken; *en ~* dazwischen; *en ~ de* inmitten; *~ lleno* halb voll; *m* 3. Medium *n,* Mittel *n; ~ auxiliar* Hilfsmittel *n; ~ de comunicación de masas* Massenmedien *pl; por ~ de* anhand, durch, mittels; *~ probatorio* Beweismittel *n; ~ ambiente* Umwelt *f,* Milieu *n; ~ social* Umgebung *f,* Umfeld *n*
mediocre [me'ðjokre] *adj* mittelmäßig
mediodía [meðjo'ðia] *m* Mittag *m*
Medioevo [meðjo'eβo] *m* Mittelalter *n*
medir [me'ðir] *v irr* 1. abmessen, ausmessen; 2. *(apreciar)* ermessen; 3. *(topografía)* vermessen
medirse [me'ðirse] *v irr ~ con alguien* sich mit jdm messen
meditación [meðita'θjɔn] *f* Denken *n,* Meditation *f*
meditar [meði'tar] *v* denken, meditieren
médium ['meðium] *m/f* Medium *n*
médula ['meðula] *f ANAT* Mark *n; ~ espinal* Rückenmark *n; ~ ósea* Knochenmark *n*
medusa [me'ðusa] *f ZOOL* Qualle *f*
Méjico ['mexiko] *m GEO* Mexiko *n*
mejilla [mɛ'xiʎa] *f ANAT* Backe *f,* Wange *f*
mejor [mɛ'xɔr] *adj* 1. besser, beste(r,s); *el ~ de todos* der Allerbeste; *en el ~ de los casos* bestenfalls; *lo ~ posible* das Bestmögliche, das Beste; *adv* 2. besser, eher, lieber, am besten; *¡Mejor que no!* Lieber nicht!
mejorar [mɛxo'rar] *v* verbessern, vervollkommen; *¡Que se mejore!* Gute Besserung!
mejoría [mɛxo'ria] *f* Besserung *f*
melancolía [melaŋko'lia] *f* Melancholie *f*
melindres [me'lindres] *v hacer ~* sich zieren
melindroso [melin'droso] *adj* zimperlich
melocotón [meloko'tɔn] *m BOT* Pfirsich *m*
melodía [melo'ðia] *f* Melodie *f,* Weise *f*
melón [me'lɔn] *m BOT* Honigmelone *f*
meloso [me'loso] *adj* glatt
mellizo [me'ʎiθo] *m* Zwilling *m*
memoria [me'morja] *f* 1. Gedächtnis *n,* Erinnerungsvermögen *n; falta de ~* Vergesslichkeit *f;* 2. *(homenaje)* Angedenken *n,* Denkschrift *f;* 3. *ECO* Geschäftsbericht *m;* 4. *INFORM* Speicher *m; ~ de trabajo* Arbeitsspeicher *m;* 5. *~s pl* Memoiren *pl*
memorizar [memori'θar] *v* 1. auswendig lernen, büffeln; 2. *INFORM* speichern
mención [men'θjɔn] *f* Erwähnung *f*
mencionar [menθjo'nar] *v* erwähnen
mendigar [mendi'ɣar] *v* betteln
mendigo [men'diɣo] *m* Bettler *m*
menear [mene'ar] *v* schwenken; *~ la cola* mit dem Schwanz wedeln
menearse [mene'arse] *v* wanken
meningitis [meniŋ'xitis] *f MED* Hirnhautentzündung *f*
menor [me'nɔr] *adj* 1. mindeste(r,s), gering; 2. *~ de edad* minderjährig, unmündig; *m/f* 3. *~ de edad* Jugendliche(r) *m/f,* Minderjährige(r) *m/f; Prohibido para ~es.* Für Jugendliche verboten.

M

menos ['menos] *adv* **1.** weniger; ~ *aun* geschweige denn; ~ *de* unter; *echar de* ~ vermissen; *lo* ~ das Mindeste; *por lo* ~ mindestens, wenigstens, zumindest; **2.** MATH minus; *prep* **3.** ECO abzüglich
menospreciar [menospre'θjar] *v* missachten, verachten
menosprecio [menos'preθjo] *m* Missachtung *f*, Verachtung *f*
mensaje [men'saxe] *m* **1.** Durchsage *f*, Funkspruch *m;* **2.** *(información)* Nachricht *f;* **3.** ~ *corto m* SMS *f*
menstruación [menstrwa'θjɔn] *f* Menstruation *f*, Periode *f*, Regel *f*
mensual [men'swal] *adj* monatlich
mensurar [mensu'rar] *v* abmessen
menta ['menta] *f* BOT Pfefferminze *f*
mentalidad [mentali'ðað] *f* Mentalität *f*
mente ['mente] *f* Denken *n*, Geist *m*
mentir [men'tir] *v irr* lügen, belügen
mentira [men'tira] *f* Lüge *f*, Unwahrheit *f*
mentís [men'tis] *m* Dementi *n*
mentón [men'tɔn] *m* ANAT Kinn *n*
menú [me'nu] *m* **1.** Speisekarte *f;* **2.** GAST Menü *n*, Speisenfolge *f;* **3.** INFORM Menü *n*
menudo [me'nuðo] *adj* **1.** klein, geringfügig, unbedeutend, fein; *m* **2.** Kleingeld *n; adv* **3.** *a* ~ oft
meramente [mera'mente] *adv* lediglich
mercadería [mɛrkaðe'ria] *f* Ware *f* (LA)
mercadillo [mɛrka'ðiʎo] *m* Flohmarkt *m*
mercado [mɛr'kaðo] *m* **1.** Markt *m;* ~ *de pulgas* (LA) Flohmarkt *m*, Trödelmarkt *m;* ~ *negro* Schwarzmarkt *m;* ~ *semanal* Wochenmarkt *m;* **2.** ECO Absatzgebiet *n;* ~ *de acciones* Aktienmarkt *m;* ~ *de cambios/~ de divisas* Devisenmarkt *m;* ~ *de consumo* Absatzmarkt *m;* ~ *interior* Binnenmarkt *m;* **3.** *Mercado Común* Gemeinsamer Markt *m*
mercancía [mɛrkan'θia] *f* Ware *f*, Güter *pl;* ~ *en fardos* Stückgut *n;* ~*s de gran bulto* Sperrgut *n;* ~*s en gran velocidad* Eilgut *n*
mercantil [mɛrkan'til] *adj* kaufmännisch
mercurio [mer'kurjo] *m* CHEM Quecksilber *n*
merecedor [mereθe'ðɔr] *adj* wert, würdig
merecer [mere'θɛr] *v irr* verdienen
merengue [me'reŋge] *m* **1.** GAST Meringe *f*, Baiser *n;* **2.** *(baile caribeño)* Merengue *m*
meridional [meriðjo'nal] *adj* südlich
mérito ['merito] *m* Verdienst *n*
mermelada [mɛrme'laða] *f* GAST Marmelade *f*
mes [mes] *m* Monat *m;* ~*es y* ~*es* monatelang; *estar con el* ~ seine Tage haben
mesa ['mesa] *f* Tisch *m; estar a la* ~ am Tisch sitzen; ~ *de banquete* Tafel *f;* ~ *de comedor* Esstisch *m;* ~ *de conferencias* Konferenztisch *m;* ~ *plegable* Klapptisch *m; poner la* ~ den Tisch decken
mescolanza [mesko'lanθa] *f* Allerlei *n*
meseta [me'seta] *f* Hochebene *f*
mesita [me'sita] *f* ~ *de noche* Nachttisch *m*
mestizo [mes'tiθo] *m* Mischling *m*, Mestize *m*
meta ['meta] *f* Ziel *n*, Zweck *m*
metafísico [meta'fisiko] *adj* metaphysisch
metal [me'tal] *m* Metall *n;* ~ *ligero* Leichtmetall *n;* ~ *precioso* Edelmetall *n*
metálico [me'taliko] *adj* metallisch
metamorfosis [metamɔr'fosis] *f* Verwandlung *f*, Wandlung *f*, Metamorphose *f*
meteoro [mete'oro] *m* Meteor *m*
meter [me'tɛr] *v* stecken, einführen; ~ *en* hineinstecken in
meterse [me'tɛrse] *v* sich einmischen; ~ *con alguien* mit jdm Streit bekommen
meticuloso [metiku'loso] *adj* penibel
metódico [me'toðiko] *adj* methodisch, planmäßig
método ['metoðo] *m* Methode *f*
metro[1] ['metro] *m* **1.** Meter *m;* ~ *cuadrado* Quadratmeter *m;* ~ *cúbico* Kubikmeter *m;* ~ *de carpintero* Zollstock *m;* **2.** *(plegable)* Metermaß *n*
metro[2] ['metro] *m* *(subterráneo)* U-Bahn *f*, Untergrundbahn *f*
metrópoli [me'tropoli] *f* Großstadt *f*, Metropole *f*
mexicano [mexi'kano] *m* **1.** *(mejicano)* Mexikaner *m; adj* **2.** *(mejicano)* mexikanisch

México ['mexiko] *m* GEO Mexiko
mezcla ['meθkla] *f* Gemisch *n*, Mischung *f*
mezclar [meθ'klar] *v* **1.** mischen, vermischen; **2.** *(~ con)* vermengen, beimischen
mezquino [meθ'kino] *adj* geizig, engherzig, kleinlich
mezquita [meθ'kita] *f* Moschee *f*
mi [mi] *pron* mein(e); meine
microcosmo [mikro'kɔzmo] *m* Mikrokosmos *m*
microeconomía [mikroekono'mia] *f* ECO Betriebswirtschaft *f*
microfilme [mikro'filme] *m* Mikrofilm *m*
micrófono [mi'krofono] *m* Mikrofon *n*
microprocesador [mikroproθesa'ðɔr] *m* INFORM Mikroprozessor *m*
microscopio [mikrɔs'kopjo] *m* Mikroskop *n*
miedo ['mjeðo] *m* Angst *f*, Furcht *f*, Grauen *n*; *~ al público* Lampenfieber *n*; *tener ~* sich fürchten, sich ängstigen
miedoso [mje'ðoso] *adj* ängstlich
miel ['mjɛl] *f* Honig *m*
miembro ['mjembro] *m* **1.** *(socio)* Mitglied *n*; *~ de la junta directiva* Vorstandsmitglied *m*; *ser ~ de* angehören; **2.** *(familiar)* Angehöriger *m*; **3.** *(del cuerpo)* Körperteil *n*; **4.** *(pene)* ANAT männliches Glied *n*, Penis *m*
mientras ['mjentras] *konj* **1.** als, während, solange; *~ que* während; *~ tanto* indessen; *adv* **2.** *~ tanto* inzwischen; *por ~* vorläufig
miércoles ['mjɛrkoles] *m* Mittwoch *m*; *~ de ceniza* Aschermittwoch *m*; *los ~* mittwochs
mierda ['mjɛrða] *f* Scheiße *f*
migración [miɣra'θjɔn] *f* **1.** Wanderung *f*; **2.** ZOOL Wanderung *f*, Zug *m*
migrar [mi'ɣrar] *v* wandern, ziehen
mijo ['mixo] *m* BOT Hirse *f*
mil [mil] *num* eintausend; *~ millones* Milliarde *f*; *~ billones* Billiarde *f*; *~ veces* x-mal
milagro [mi'laɣro] *m* Wunder *n*
milagroso [mila'ɣroso] *adj* wunderbar
milenio [mi'lenjo] *m* Jahrtausend *n*
milésimo [mi'lesimo] *adj* tausendste(r,s)
milímetro [mi'limetro] *m* Millimeter *m*
militares [mili'tares] *m/pl* Militär *n*
milla ['miʎa] *f* Meile *f*
millón [mi'ʎɔn] *m* Million *f*
mímica ['mimika] *f* Mimik *f*
mimoso [mi'moso] *adj* zimperlich
mina ['mina] *f* **1.** Fundgrube *f*, Mine *f*; **2.** MIN Bergwerk *n*, Grube *f*; *~ de carbón* Kohlebergwerk *n*
mineral [mine'ral] *m* **1.** Mineral *n*; **2.** MIN Erz *n*; *~ de hierro* Eisenerz *n*
minería [mine'ria] *f* MIN Bergbau *m*
minero [mi'nero] *m* MIN Bergarbeiter *m*
miniatura [minja'tura] *f* ART Miniatur *f*
mínimo ['minimo] *m* **1.** Minimum *n*, Mindestmaß *n*; *como ~* mindestens; *~ vital* Existenzminimum *n*; *adj* **2.** mindeste(r,s), minimal
mínimum ['minimum] *m* Minimum *n*
ministerio [minis'terjo] *m* POL Ministerium *n*
ministro [mi'nistro] *m* POL Minister *m*
minoría [mino'ria] *f* Minderheit *f*
minucia [mi'nuθja] *f* Ausschnitt *m*
minucioso [minu'θjoso] *adj* penibel
minúsculo [mi'nuskulo] *adj* winzig
minusvalía [minuzβa'lia] *f* MED Behinderung *f*
minusválido [minuz'βaliðo] *m* Behinderter *m* Körperbehindeter *m*, Invalide *m*
minuta [mi'nuta] *f* **1.** Entwurf *m*; **2.** *(cuenta)* Gebührenrechnung *f*; **3.** GAST Menü *n*
minuto [mi'nuto] *m* Minute *f*
mío [mio] *pron* mein(e)
miope ['mjope] *adj* MED kurzsichtig
mirada [mi'raða] *f* Blick *m*, Einblick *m*
miramiento [mira'mjento] *m* Schonung *f*
mirar [mi'rar] *v* **1.** ansehen, schauen, betrachten, besichtigen; *estar mirando* zuschauen, zusehen; *~ a alguien con desprecio* auf jdn herabsehen; **2.** *(con detenimiento)* betrachten; *~ con asombro* bestaunen; *~ fijamente* anstarren; **3.** *(dirigir la mirada)* blicken, anblicken
mirlo ['mirlo] *m* ZOOL Amsel *f*
mirtillo [mir'tiʎo] *m* BOT Heidelbeere *f*
misa ['misa] *f* REL Messe *f*
miserable [mise'raβle] *adj* armselig, erbärmlich, kümmerlich
miseria [mi'serja] *f* Elend *n*, Misere *f*

misericordia [miseri'kɔrðja] *f* 1. Barmherzigkeit *f; sin ~* gnadenlos; 2. *REL* Gnade *f*
mísero ['misero] *adj* armselig
misión [mi'sjɔn] *f* 1. *(encargo)* Auftrag *m;* 2. *REL* Mission *f*
misionera [misjo'nera] *f REL* Missionarin *f*
misionero [misjo'nero] *m REL* Missionar *m*
mismo ['mizmo] *adj* 1. selbst, persönlich; 2. *lo ~* dasselbe; *venir a ser lo ~* auf dasselbe hinauslaufen; *¡Lo ~ otra vez!* Das Gleiche nochmal! *adv* 3. *lo ~* ebenso, genauso
misterio [mis'terjo] *m* 1. Heimlichkeit *f,* Mysterium *n;* 2. *por ~* geheimnisvoll
misterioso [miste'rjoso] *adj* geheimnisvoll, mysteriös, rätselhaft
mitad [mi'tað] *f* 1. Hälfte *f; por ~(es)* halb; 2. *(centro)* Mitte *f*
mítico ['mitiko] *adj* mythisch
mitigación [mitiɣa'θjɔn] *f* Linderung *f*
mitigar [miti'ɣar] *v* 1. abmildern, abschwächen, lindern; 2. *(aliviar)* erleichtern
mito ['mito] *m* Mythos *m*
mitología [mitolɔ'xia] *f* Mythologie *f*
mixto ['misto] *adj* gemischt
mixtura [mis'tura] *f* Mischung *f*
mobiliario [moβi'ljarjo] *m* Ausstattung *f*
mochila [mo'tʃila] *f* 1. Rucksack *m;* 2. *(escolar)* Ranzen *m,* Schulranzen *m*
mochuelo [mo'tʃwelo] *m ZOOL* Kauz *m*
moda ['moða] *f* Mode *f; a la ~* modisch
modal [mo'ðal] *adj* 1. *GRAMM* modal; *m* 2. *~es pl* Benehmen *n,* Manieren *pl,* Umgangsformen *pl*
modelar [moðe'lar] *v* modellieren
modelo [mo'ðelo] *m* 1. Modell *n;* 2. *(ideal)* Leitbild *n,* Vorbild *n;* 3. *(plantilla)* Schablone *f;* 4. *(muestra)* Vorlage *n; prueba ~* Muster *n; f* 5. *(maniquí)* Mannequin *n,* Model *n; adj* 6. mustergültig, vorbildlich
modem ['moðem] *m INFORM* Modem *n*
moderación [moðera'θjɔn] *f* 1. Minderung *f;* 2. *(discreción)* Zurückhaltung *f*
moderado [moðe'raðo] *adj* mäßig
moderar [moðe'rar] *v* mäßigen, mindern
moderarse [moðe'rarse] *v* sich beherrschen, sich mäßigen, sich zurückhalten
modernizar [moðɛrni'θar] *v* aktualisieren, modernisieren
moderno [mo'ðɛrno] *adj* modern, modisch, neuartig
modestia [mo'ðestja] *f* Anspruchslosigkeit *f,* Bescheidenheit *f*
modesto [mo'ðesto] *adj* bescheiden
modificación [moðifika'θjɔn] *f* 1. *(cambio)* Änderung *f,* Abänderung *f,* Abwandlung *f; ~ de la reserva* Umbuchung *f;* 2. *(mejora)* Verarbeitung *f*
modificar [moðifi'kar] *v* abwandeln, umändern; *~ la reserva* umbuchen
modo ['moðo] *m* 1. *GRAMM* Modus *m;* 2. *(camino)* Weg *m;* 3. *(forma)* Weise *f,* Art *f; de otro ~* sonst, anders; *de ~ distinto* unterschiedlich; *de todos ~s* immerhin, ohnehin, sowieso; *en cierto ~* einigermaßen, gewissermaßen; *~ de andar* Gang *m; ~ de hablar* Redensart *f; ~ de empleo* Anwendungsweise *f,* Gebrauchsanweisung *f;* 4. *~ menor MUS* Moll *n*
módulo ['moðulo] *m* 1. Modul *n;* 2. *INFORM* Bauelement *n*
mofa ['mofa] *f* Hohn *m,* Spott *m*
mofarse [mo'farse] *v (de)* verspotten
moho ['moo] *m BOT* Schimmel *m*
mojado [mɔ'xaðo] *adj* nass
mojar [mɔ'xar] *v* anfeuchten; *~ en* eintunken in
mojigatería [mɔxiɣate'ria] *f* Scheinheiligkeit *f*
mojigato [mɔxi'ɣato] *adj* scheinheilig
mojón [mo'xɔn] *m* Meilenstein *m*
molar [mo'lar] *m* 1. *ANAT* Backenzahn *m; v* 2. *(fam)* gefallen
molde ['mɔlde] *m* Form *f*
molécula [mo'lekula] *f CHEM* Molekül *n*
moler [mo'lɛr] *v irr* mahlen, zerkleinern
molestar [moles'tar] *v* 1. ärgern; 2. *(fastidiar)* belästigen, stören, behelligen
molestia [mo'lestja] *f* 1. Unannehmlichkeit *f;* 2. *(fastidio)* Belästigung *f;* 3. *(esfuerzo)* Bemühung *f;* 4. *(intranquilidad)* Unruhe *f;* 5. *~s pl* Beschwerden *pl*

M

molesto [mo'lesto] *adj* 1. unangenehm, störend; 2. *(de mal humor)* verdrießlich
molinero [moli'nero] *m* Müller *m*
molinillo [moli'niʎo] *m* Mühle *f*; *~ de pimienta* Pfeffermühle *f*
molino [mo'lino] *m* Mühle *f*
momentáneo [momen'taneo] *adj* augenblicklich, momentan
momento [mo'mento] *m* 1. Augenblick *m*, Moment *m*, Zeitpunkt *m*; *en aquel ~* damals; *en cualquier ~* jederzeit; *en este ~* gerade; *por el ~* derzeit; 2. *(rato)* Weile *f*; *~ crucial* Einschnitt *m*; *~ culminante* Höhepunkt *m*; 3. *PHYS* Moment *n*
momia ['momja] *f* Mumie *f*
monarca [mo'narka] *m* Monarch *m*
monarquía [monar'kia] *f* Monarchie *f*
monasterio [monas'terjo] *m* Kloster *n*
moneda [mo'neða] *f* 1. *(pieza)* Geldstück *n*, Münze *f*; *~ contante* Bargeld *n*; *~ falsa/~ falsificada* Falschgeld *n*; 2. *casa de la ~* Prägestelle *f*; 3. Währung *f*; *~ única* Einheitswährung *f*; *~ nacional* Landeswährung *f*; 4. *~s extranjeras pl FIN* Sorten *pl*
monedero [mone'ðero] *m* Börse *f*, Portemonnaie *n*, Geldbeutel *m*
monitor [moni'tɔr] *m* 1. *TECH* Monitor *m*; 2. *(aconsejador)* Mahner *f*; 3. *MIL* Ausbilder *m*; 4. *SPORT* Sportlehrer *m*
monja ['mɔŋxa] *f REL* Nonne *f*
monje ['mɔŋxe] *m REL* Mönch *m*
mono ['mono] *m* 1. Overall *m*; 2. *ZOOL* Affe *m*; *adj* 3. putzig
monocolor [monoko'lɔr] *adj* einfarbig
monólogo [mo'noloɣo] *m* Monolog *m*
monopolio [mono'poljo] *m* Monopol *n*
monotonía [monoto'nia] *f* Monotonie *f*
monótono [mo'notono] *adj* eintönig, monoton, öde
monóxido [mo'noɣsiðo] *m ~ de carbono CHEM* Kohlenmonoxyd *n*
monstruo ['mɔnstrwo] *m* Scheusal *n*
monstruoso [mɔns'trwoso] *adj* scheußlich
montador [mɔnta'ðɔr] *m* 1. Maschinenschlosser *m*, Monteur *m*; 2. *CINE* Cutter *m*
montaje [mɔn'taxe] *m* 1. Montage *f*; 2. *(instalación, máquina)* Aufstellung *f*; 3. *(construcción)* Einbau *m*
montaña [mɔn'taɲa] *f* Berg *m*, Gebirge *n*; *~ alta* Hochgebirge *n*; *~ rusa* Achterbahn *f*
montañista [mɔnta'ɲista] *m/f* Bergsteiger(in) *m/f*
montañoso [mɔnta'ɲoso] *adj* bergig
montar [mɔn'tar] *v* 1. *TECH* montieren; 2. *(construir, armar)* aufbauen, aufschlagen, einbauen; 3. *(instalar, armar)* aufstellen; 4. *ZOOL* decken; 5. *SPORT* besteigen; *~ en bicicleta* Fahrrad fahren; *~ a caballo* reiten; 6. *(de importe) FIN* sich belaufen auf
monte ['mɔnte] *m* 1. Berg *m*, Forst *m*, Wald *m*; 2. *~ de piedad pl* Pfandhaus *n*; 3. *~s pl* Gebirge *n*
montón [mɔn'tɔn] *m* Haufen *m*, Stapel *m*; *un ~* eine Menge; *a montones* haufenweise
montuoso [mɔn'twoso] *adj* hügelig
monumental [monumen'tal] *adj* monumental
monumento [monu'mento] *m* Denkmal *n*, Monument *n*
moqueta [mo'keta] *f* Teppichboden *m*
moral [mo'ral] *f* 1. Moral *f*, Sitte *f*; *adj* 2. sittlich, moralisch
moratón [mora'tɔn] *m* blauer Fleck *m*
morboso [mɔr'βoso] *adj* krankhaft
mordaz [mɔr'ðaθ] *adj* anzüglich, beißend
mordedor [mɔrðe'ðɔr] *adj* bissig
morder [mɔr'ðɛr] *v irr* 1. beißen; 2. *CHEM* ätzen
mordida [mɔr'ðiða] *f (de culebra)* Biss *m*
mordiscar [mɔrðis'kar] *v ~ algo* an etw knabbern
mordisco [mɔr'ðisko] *m* Biss
moreno [mo'reno] *adj* 1. *(pelo)* braun, brünett; 2. *(piel)* dunkelhäutig; 3. *(bronceado)* braun gebrannt; *ponerse ~* sich bräunen
moretón [more'tɔn] *m* Fleck *m*
morir [mo'rir] *v irr* 1. sterben; 2. *(fig)* sterben; *~ de hambre* vor Hunger sterben; 3. *ZOOL* eingehen, umkommen, verenden; 4. *BOT* eingehen, absterben
morirse [mo'rirse] *v irr* 1. sterben; *~ de frío* erfrieren; *~ de hambre* verhungern; *~ de sed* verdursten; 2. *~ por alguien* sich nach jdm sehnen; 3. *~ de risa* sich kaputtlachen

M

morro ['mɔrrɔ] *m* Maul *n*, Schnauze *f*
morsa ['mɔrsa] *f* ZOOL Walross *n*
mortal [mɔr'tal] *adj* **1.** *(que no vive para siempre)* sterblich; **2.** *(con peligro de muerte)* tödlich
mortero [mɔr'tero] *m* Mörtel *m*
mosaico [mo'saĭko] *m* Mosaik *n*
mosca ['mɔska] *f* ZOOL Fliege *f*; *En boca cerrada no entran ~s.* Reden ist Silber, Schweigen ist Gold.
mosquito [mɔs'kito] *m* ZOOL Mücke *f*, Moskito *m*, Schnake *f*
mostacho [mɔs'tatʃo] *m* Schnurrbart *m*
mostaza [mɔs'taθa] *f* Senf *m*
mostrador [mɔstra'ðɔr] *m* Ladentisch *m*, Theke *m*
mostrar [mɔs'trar] *v irr* **1.** *(enseñar)* vorzeigen; **2.** *(presentar)* vorlegen; **3.** *(descubrir)* aufweisen; **4.** *(demostrar)* beweisen
mostrarse [mɔs'trarse] *v irr* erscheinen
motín [mo'tin] *m* Meuterei *f*
motivación [motiβa'θjɔn] *f* Anreiz *m*, Motivation *f*, Antriebskraft *f*
motivar [moti'βar] *v* **1.** *(causar)* verursachen; **2.** *(animar)* motivieren
motivo [mo'tiβo] *m* Anlass *m*, Grund *m*, Motiv *n*; *¿Por qué ~?* Weshalb?/Warum?
moto ['moto] *f* **1.** *(~cicleta)* Motorrad *n*; *m* **2.** *(~ciclo)* Moped *n*
motor [mo'tɔr] *m* TECH Motor *m*; *~ diésel* Dieselmotor *m*
mover [mo'βɛr] *v irr* **1.** bewegen; **2.** *(arrimar)* rücken; **3.** *(de aquí para allá)* schwenken; **4.** *(hacia adelante)* fortbewegen
moverse [mo'βɛʀse] *v irr* sich bewegen, sich regen; *¡No se mueva!* Nicht bewegen!
movible [mo'βiβle] *adj* beweglich
móvil ['moβil] *adj* **1.** beweglich, mobil; *m* **2.** Beweggrund *m*; **3.** Mobiltelefon *n*, Handy *n*
movilidad [moβili'ðað] *f* Mobilität *f*
movilizar [moβili'θar] *v* **1.** aufbieten; **2.** MIL mobilisieren
movimiento [moβi'mjento] *m* **1.** Bewegung *f*, Regung *f*, Treiben *n*; *hacer un ~ brusco* zucken; *sin ~* bewegungslos; *poner en ~* auslösen; **2.** *(funcionamiento)* Betrieb *m*; **3.** *~ clandestino* POL Untergrundbewegung *f*; *~ feminista* Frauenbewegung *f*; **4.** *~ reflejo* ANAT Reflexbewegung *f*
mozo ['moθo] *m* **1.** Bursche *m*; **2.** *(servicio)* Kellner *m*; **3.** *(~ de labranza)* Knecht *m*
muchacha [mu'tʃatʃa] *f* **1.** *(joven)* Mädchen *n*; **2.** *(criada)* Hausmädchen *n*
muchacho [mu'tʃatʃo] *m* Bursche *m*, Junge *m*, Knabe *m*
muchedumbre [mutʃe'ðumbre] *f* Menschenmenge *f*, Gedrängel *n*, Masse *f*
muchísimo [mu'tʃisimo] *adv* viel(e)
mucho ['mutʃo] *adv* **1.** sehr; *¡Mucho gusto!* Sehr erfreut! **2.** *~ antes* früher; *como ~* allerhöchstens; *adj* **3.** viel(e), allerhand; *~ tiempo* viel Zeit, lange; *mucha gente* viele Leute; *~ más caro* viel teurer; *~ mejor* viel besser; *~ más* viel mehr; *muchas veces* vielmals
mucosidad [mukosi'ðað] *f* Schleim *m*
muda ['muða] *f* *(de cambio)* Wechsel *m*
mudanza [mu'ðanθa] *f* Umzug *m*
mudar [mu'ðar] *v* *(cambiar)* wechseln
mudarse [mu'ðarse] *v* *~ de casa* umziehen; *~ de ropa* sich umziehen
mudo ['muðo] *adj* **1.** stumm; **2.** *(callado)* schweigsam, stillschweigend, wortlos
muebles ['mweβles] *m/pl* Möbel *pl*
mueca ['mweka] *f* Grimasse *f*
muela ['mwela] *f* ANAT Backenzahn *m*; *~ del juicio* Weisheitszahn *n*; *Me duelen las ~s.* Ich habe Zahnschmerzen.
muelle ['mweʎe] *m* **1.** Kai *m*, Mole *f*; **2.** TECH Sprungfeder *f*, Feder *f*; **3.** *~s pl* TECH Federung *f*
muerte ['mwɛrte] *f* Todesfall *m*, Tod *m*
muerto ['mwɛrto] *m* **1.** Toter *m*; *adj* **2.** tot, leblos; *~ de cansancio* kaputt, todmüde
muesca ['mweska] *f* Kerbe *f*
muestra ['mwestra] *f* **1.** Vorlage *f*; **2.** *(modelo)* Muster *n*, Probe *f*
mugrón [mu'ɣrɔn] *m* BOT Ableger *m*
mujer [mu'xɛr] *f* Frau *f*, Weib *n*
muleta [mu'leta] *f* Krücke *f*
mulo ['mulo] *m* ZOOL Maulesel *m*
multa ['multa] *f* **1.** Bußgeld *n*, Geldstrafe *f*; **2.** JUR Konventionalstrafe *f*
multicolor [multi'kolɔr] *adj* bunt
multimedia [multi'meðja] *adj* *aplicaciones ~* INFORM Multimedia-Anwendungen *pl*

M

múltiple ['multiple] *adj* mehrfach, vielfach, vielfältig
multiplicación [multiplika'θjɔn] *f* *MATH* Multiplikation *f*
multiplicar [multipli'kar] *v* *MATH* multiplizieren
multiplicarse [multipli'karse] *v* sich vermehren; *~ rápidamente* wuchern
multiplicidad [multipliθi'ðað] *f* Vielfalt *f*
multitud [multi'tuð] *f* **1.** Menschenmenge *f*, Knäuel *n*, Schar *f*, Masse *f*; **2.** *(variedad)* Vielzahl *f*
mundano [mun'dano] *adj* mondän
mundial [mun'djal] *adj* weltweit, Welt…
mundo ['mundo] *m* Welt *f*
munición [muni'θjɔn] *f* Munition *f*
municipal [muniθi'pal] *adj* kommunal
municipalidad [muniθipali'ðað] *f* *(LA)* Rathaus *n*
municipio [muni'θipjo] *m* *POL* Gemeinde *f*, Kommune *f*
muñeca [mu'ɲeka] *f* **1.** Puppe *f*; **2.** *ANAT* Handgelenk *n*
muralla [mu'raʎa] *f* Wall *m*
murciélago [mur'θjelaɣo] *m* *ZOOL* Fledermaus *f*
murmurar [murmu'rar] *v* **1.** flüstern, munkeln; **2.** *LIT* rauschen
muro ['muro] *m* Mauer *f*
musa ['musa] *f* Muse *f*
musculatura [muskula'tura] *f* Muskulatur *f*
músculo ['muskulo] *m* Muskel *m*
musculoso [musku'loso] *adj* muskulös
museo [mu'seo] *m* Museum *n*
música ['musika] *f* Musik *f*; *hacer ~* musizieren; *~ de baile* Tanzmusik *f*; *~ clásica* Klassik *f*; *~ para cuerda* Musik für Streicher *f*; *~ de instrumentos de viento* Blasmusik *f*
musical [musi'kal] *adj* musikalisch
músico ['musiko] *m* Musiker *m*
muslo ['muzlo] *m* *ANAT* Schenkel *m*
musulmán [musul'man] *m* **1.** Moslem *m*; *adj* **2.** muslimisch
mutilar [muti'lar] *v* verstümmeln
mutual [mu'twal] *adj* *seguro ~ de enfermedad* Krankenkasse *f*
mutuamente [mutwa'mente] *adv* einander, gegenseitig
mutuo ['mutwo] *adj* **1.** beiderseitig, gegenseitig; *m* **2.** *FIN* Darlehen *n*
muy [mwi] *adv* besonders, sehr, wohl

M

N

nabo ['naβo] *m (blanco)* BOT Rübe *f*
nácar ['nakar] *m* Perlmutt *n*
nacer [na'θɛr] *v irr* entspringen, geboren werden
nacido [na'θiðo] *adj* ~ *en* ... *el* ... geboren in ... am ...
naciente [na'θjente] *adj* angehend
nacimiento [naθi'mjento] *m* **1.** Geburt *f; de* ~ gebürtig; *lugar de* ~ Geburtsort *m;* **2.** REL Krippe *f*
nación [na'θjɔn] *f* Nation *f; Naciones Unidas* Vereinte Nationen *pl*
nacional [naθjo'nal] *adj* einheimisch, national, heimisch
nacionalidad [naθjonali'ðað] *f* Nationalität *f,* Staatsangehörigkeit *f; sin* ~ staatenlos
nacionalismo [naθjona'lizmo] *m* Nationalismus *m*
nacionalización [naθjonaliθa'θjɔn] *f* **1.** POL Einbürgerung *f;* **2.** ECO Verstaatlichung *f*
nacionalizar [naθjonali'θar] *v* **1.** naturalisieren; **2.** POL einbürgern
nacionalsocialismo [naθjonalsoθja'lizmo] *m* POL Nationalsozialismus *m*
nacho ['natʃo] *adj* stumpfnasig, platt, flach
nada ['naða] *f* **1.** Nichts *n; pron* **2.** nichts; ~ *peligroso* ungefährlich; *No quiero* ~. Ich möchte nichts.
nadador(a) [naða'ðɔr/naða'ðora] *m/f* Schwimmer(in) *m/f; no* ~ Nichtschwimmer(in) *m/f*
nadar [na'ðar] *v* schwimmen; ~ *a crol* kraulen; ~ *a braza* brustschwimmen; *Voy a* ~. Ich gehe schwimmen.
nadie ['naðje] *pron* niemand; *Nadie tiene dinero.* Keiner hat Geld.
naipe ['naĭpe] *m* Karte *f*
nalga ['nalɣa] *f* ANAT Pobacke *f,* Gesäßhälfte *f*
nalguear [nalɣe'ar] *v* heftig mit dem Hintern wackeln
nana ['nana] *f* Gutenachtlied *n*
napolitano [napo'litano] *adj* neapolitanisch
naranja [na'raŋxa] *f* **1.** BOT Apfelsine *f,* Orange *f; adj* **2.** *de color* ~ *(naranjado)* orange
naranjo [na'ranxo] *m* Orangenbaum *m*
narceína [narθe'ina] *f* CHEM Narcein *n*
narcisismo [narθi'sizmo] *m* FIG Narzissmus *m*
narciso [nar'θiso] *m* **1.** BOT Narzisse *f,* Osterglocke *f;* **2.** *(persona)* Narziss *m*
narcosis [nar'kosis] *f* MED Narkose *f*
narcótico [nar'kotiko] *m* MED Betäubungsmittel *n*
narcotina [narko'tina] *f* CHEM Narkotin *n*
narcotización [narkotiθa'θjɔn] *f* MED Betäubung *f*
narcotizar [narkoti'θar] *v* MED betäuben
narcotraficante [narkotrafi'kante] *m/f* Drogenhändler(in) *m/f*
narcotráfico [narko'trafiko] *m* Drogenhandel *m*
nariz [na'riθ] *f* ANAT Nase *f*
narración [narra'θjɔn] *f* Erzählung *f,* Nacherzählung *f*
narrador(a) [narra'ðɔr/narra'ðora] *m/f* Erzähler(in) *m*
narrar [na'rrar] *v* erzählen, berichten
nasal [na'sal] *adj* nasal, Nasen...
nata ['nata] *f* GAST Rahm *m,* Sahne *f;* ~ *batida* Schlagsahne *f; la flor y la* ~ die Crème de la Crème *f*
natación [nata'θjɔn] *f* SPORT Schwimmen *n;* ~ *a braza* Brustschwimmen *n;* ~ *de espalda* Rückenschwimmen *n*
natal [na'tal] *adj* Geburts..., Heimat...
natalicio [nata'liθjo] *m* Geburtstag *m*
natalidad [natali'ðað] *f* Geburtenziffer *f,* Geburtenzahl *f*
natatorio [nata'torjo] *adj* Schwimm...
natillas [na'tiʎas] *f/pl* Cremespeise *f*
natividad [nati'βiðað] *f* Weihnachten *n,* Christfest *n*
nativo [na'tiβo] *adj* gebürtig, Heimat..., angeboren, natürlich
natrón [na'trɔn] *m* CHEM Natron *n*
natura [na'tura] *f* Natur *f,* Scham (Geschlechtsteile) *f*

natural [natu'ral] *adj* **1.** natürlich; *poco ~* unnatürlich; **2.** *(de acuerdo a las normas naturales)* naturgemäß; **3.** *(puro)* naturrein; **4.** *(sencillo)* urwüchsig; **5.** *(fig: sin cohibirse)* unbefangen; **6.** *(ilegítimo)* unehelich; **7.** *~ de nacimiento* gebürtig; *ser ~ de* kommen aus/ stammen aus; *m/f* **8.** Eingeborene(r) *m/f*, Einheimische(r) *m/f*
naturaleza [natura'leθa] *f* **1.** Natur *f*; *protección de la ~* Naturschutz *m*; **2.** *~ muerta* ART Stillleben *n*
naturalidad [naturali'ðað] *f* Natürlichkeit *f*, Leichtigkeit *f*, Unbefangenheit *f*
naturalista [natura'lista] *m/f* **1.** Naturforscher(in) *m/f*; **2.** MED Heilpraktiker(in) *m/f*
naturalización [naturaliθa'θjɔn] *f* Einbürgerung *f*, Naturalisierung *f*, Heimischmachung *f*
naturalizar [naturali'θar] *v* naturalisieren
naturalmente [natural'mente] *adv* natürlich, von Natur aus
naufragar [naŭfra'ɣar] *v* Schiffbruch erleiden, scheitern
naufragio [naŭ'fraxjo] *m* Schiffbruch *m*
náufrago ['naŭfraɣo] *m* Schiffbrüchiger *m*
náuseas ['naŭseas] *f/pl* Übelkeit *f*, Brechreiz *m*
náutica ['naŭtika] *f* Nautik *f*
navaja [na'βaxa] *f* Taschenmesser *n*; *~ de afeitar* Rasiermesser *n*; *~ de muelle* Klappmesser *n*
naval ['naβal] *adj* See…, Schiffs…, Marine…
navarro [na'βarro] *adj* aus Navarra
nave ['naβe] *f* **1.** NAUT Schiff *n*; **2.** *~ espacial* Raumschiff *n*
navecilla [naβe'θiʎa] *f* Schifflein *n*, Nachen *m*, kleines Gefäß *n*, Weihrauchschiffchen *n*
navegable [naβe'ɣaβle] *adj* schiffbar
navegación [naβeɣa'θjɔn] *f* **1.** Navigation *f*, Schifffahrt *f*, Seefahrt *f*; *~ a vapor* Dampfschifffahrt *f*; *~ fluvial* Binnenschifffahrt *f*; **2.** *(acto de timonear)* Steuerung *f*
navegador [naβeɣa'ðɔr] *m* INFORM Browser *m*
navegante [naβe'ɣante] *m* Seefahrer *m*
navegar [naβe'ɣar] *v* **1.** *~ a vela* NAUT segeln; **2.** *~ hacia (en barco)* NAUT ansteuern; **3.** *~ de bolina* kreuzen; *~ por internet* *v* surfen (Internet)
Navidad [naβi'ðaðes] *f* Weihnachten *n*; *¡Felices ~es!* Frohe Weihnachten!
navideño [naβi'ðeɲo] *adj* weihnachtlich
naviero [na'βjero] *m* Reeder *m*, Schiffsausrüster *m*
navío [na'βio] *m* Schiff *n*
neblina [ne'βlina] *f* Dunst *m*, Bodennebel *m*
nebulosidad [neβulosi'ðað] *f* Nebelbildung *f*, leichte Bewölkung *f*
nebuloso [neβu'loso] *adj* nebelig, verschwommen
necear [neθe'ar] *v* albern reden
necedad [neθe'ðað] *f* Torheit *f*
necesariamente [neθesarja'mente] *adv* nötig
necesario [neθe'sarjo] *adj* erforderlich, notwendig, nötig
necesidad [neθesi'ðað] *f* Bedürfnis *n*, Bedarf *m*; *~ de recuperación* Nachholbedarf *m*
necesitado [neθesi'taðo] *adj* bedürftig, Not leidend; *estar ~ de* brauchen; *~ de cuidados* pflegebedürftig; *~ de descanso/~ de reposo* erholungsbedürftig; *~ de protección* schutzbedürftig
necesitar [neθesi'tar] *v* benötigen, brauchen, erfordern; *~ de* angewiesen sein auf, bedürfen
necio ['neθjo] *adj* töricht
necrología [nekrolɔ'xia] *f* Nachruf *m*
necrópolis [ne'kropolis] *f* Nekropole *f*, Friedhof *m*
necrosarse [nekro'sarse] *v* MED absterben
néctar ['nektar] *m* Nektar *m*
nectarina [nekta'rina] *f* BOT Nektarine *f*
neerlandés [neerlan'des] *m* **1.** Niederländer *m*; *adj* **2.** niederländisch
nefasto [ne'fasto] *adj* unheilvoll, Unheil bringend
nefritis [ne'fritis] *f* MED Nephritis *f*, Nierenentzündung *f*
nefropatía [nefropa'tia] *f* MED Nierenkrankheit *f*

N

negable [ne'ɣaβle] *adj* negierbar
negación [neɣa'θjɔn] *f* **1.** Verneinung *f*, Verweigerung *f*; **2.** *~ a ejecutar una orden MIL* Befehlsverweigerung *f*
negar [ne'ɣar] *v irr* ableugnen, verleugnen, verweigern, abschwören; *~ algo* etw abstreiten; *¡Esto lo niego!* Das bestreite ich!
negarse [ne'ɣarse] *v irr ~ a hacer algo* sich weigern, etw zu tun
negativa [neɣa'tiβa] *f* **1.** Verneinung *f*; **2.** *(de negarse a)* Weigerung *f*; **3.** Absage *f*
negativo [neɣa'tiβo] *adj* **1.** ablehnend, abschlägig, negativ; *m* **2.** *FOTO* Negativ *n*
negligencia [neɣli'xenθja] *f* Achtlosigkeit *f*, Fahrlässigkeit *f*, Nachlässigkeit *f*
negligente [neɣli'xente] *adj* achtlos, fahrlässig, nachlässig
negociable [neɣo'θjaβle] *adj* diskussionsfähig, verhandelbar
negociación [neɣoθja'θjɔn] *f* **1.** Verhandlung *f*; **2.** *negociaciones del convenio colectivo* Tarifverhandlungen *pl*; **3.** *negociaciones para el desarme pl MIL* Abrüstungsverhandlungen *pl*
negociador(a) [neɣoθja'ðɔr/neɣoθja'ðora] *m/f* Unterhändler(in) *m/f*
negociante [neɣo'θjante] *m/f* Händler(in) *m/f*, Kaufmann/Kauffrau *m/f*
negociar [neɣo'θjar] *v* handeln, aushandeln, verhandeln
negocio [ne'ɣoθjo] *m* **1.** *ECO* Laden *m*, Geschäft *n*; **2.** *ECO* Handel *m*, Geschäft *n*; *por asuntos de ~* geschäftlich; *hacer ~s* handeln; *~ de exportación* Exportgeschäft *n*; *~ redondo* Bombengeschäft *n*; **3.** *(empresa) ECO* Betrieb *m*, Firma *f*; *del ~* betrieblich
negro ['neɣro] *adj* schwarz; *pan ~* Schwarzbrot; *(fam) ponerse ~* wütend werden
nene ['nene] *m* Baby *n*
nenúfar [ne'nufar] *m BOT* Seerose *f*
neolítico [neo'litiko] *adj GEO* jungsteinzeitlich, neolithisch
neoyorquino [neojor'kino] *adj* in New York wohnend, aus New York kommend, aus New York stammend
nepotismo [nepo'tizmo] *m* Vetternwirtschaft *f*
neptuno [nep'tuno] *n ASTR* Neptun *m*
nervadura [nerβa'ðura] *f* Blattgerippe *n*
nervio ['nɛrβjo] *m ANAT* Nerv *m*; *perder los ~s (fig)* durchdrehen, ausflippen
nerviosidad [nɛrβjosi'ðað] *f* Nervosität *f*
nerviosismo [nɛrβjo'sizmo] *m* Nervosität *f*
nervioso [nɛr'βjoso] *adj* aufgeregt, nervös, kribbelig
nervudo [nɛr'βuðo] *adj* drahtig
netamente [neta'mente] *adv* netto, klar, eindeutig, rein
neto ['neto] *adv ECO* netto
neumática [neŭ'matika] *f TECH* Pneumatik *f*
neumático [neŭ'matiko] *m* **1.** Reifen *m*, Autoreifen *m*; *~os claveteados* Spikes *pl*; *~ de invierno* Winterreifen *m*; *~ de repuesto* Ersatzreifen *m*; *adj* **2.** *TECH* pneumatisch
neumonía [neŭmo'nia] *f MED* Lungenentzündung *f*
neuralgia [neŭ'ralxja] *f MED* Neuralgie *f*
neuritis [neŭ'ritis] *f MED* Nervenentzündung *f*
neurólogo [neŭ'roloɣo] *m* Nervenarzt *m*, Neurologe *m*
neurópata [neŭ'ropata] *adj* nervenkrank
neurosis [neŭ'rosis] *f MED* Neurose *f*
neurótico [neŭ'rotiko] *adj MED* neurotisch, nervenkrank
neutral [neŭ'tral] *adj* neutral
neutralidad [neŭtrali'ðað] *f* Neutralität *f*
neutralización [neŭtraliθa'θjɔn] *f* Neutralisierung *f*
neutralizar [neŭtrali'θar] *v* neutralisieren, ausschalten, unwirksam machen, aufheben
neutro ['neŭtro] *adj* **1.** neutral; *m* **2.** *POL* gleichgültig; **3.** *GRAMM* Neutrum *n*
neutrón [neŭ'trɔn] *m PHYS* Neutron *n*
nevada [ne'βaða] *f* Schneefall *m*
nevar [ne'βar] *v irr* schneien; *Está nevando.* Es schneit. *¿Va a ~?* Wird es schneien?
nevera [ne'βera] *f* Eisschrank *m*, Kühlschrank *m*

N

nexo ['neɣso] *m* Nexus *m*, Verknüpfung *f*, Zusammenhang *m*
ni [ni] *konj ~ … ~* weder … noch; *~ mucho menos* geschweige denn
Nicaragua [nika'raɣwa] *m* GEO Nicaragua *n*
nicotina [niko'tina] *f* Nikotin *n*
nicho ['nitʃo] *m* Nische *f*
nido ['niðo] *m* Nest *n*
niebla ['njeβla] *f* Nebel *m*
nieta ['njeta] *f* Enkelin *f*, Enkeltochter *f*
nieto ['njeto] *m* Enkel *m*
nieve ['njeβe] *f* Schnee *m*
nilón [ni'lɔn] *m* Nylon *n*
nimbo ['nimbo] *m* Nimbus *m*, Heiligenschein *m*
nimiedad [nimje'ðað] *f* Belanglosigkeit *f*
nimio ['nimjo] *adj* billig, belanglos
ninfa ['nimfa] *f* hübsches Mädchen *n*
ninfomanía [nimfoma'nia] *f* Nymphomanie *f*
ningún [niŋ'gun] *(véase „ninguno")*
ninguna [niŋ'guna] *adj* **1.** keine; *pron* **2.** keine
ninguno [niŋ'guno] *adj* **1.** kein; *ningún hombre* kein Mann; *ningún niño* kein Kind; *pron* **2.** keine(r, s)
niña ['niɲa] *f* Kind *n*
niñera [ni'ɲera] *f* Babysitter *m*, Kindermädchen *n*
niñez [ni'ɲeθ] *f* Kindheit *f*
niño ['niɲo] *m* Kind *n*; *~ acogido* Pflegekind *n*; *de ~* kindlich; *como ~* kindisch; *~ nacido muerto* Totgeburt *f*; *~ de orfanato* Heimkind *n*; *~ de pecho* Säugling *m*; *~ prodigio* Wunderkind *n*
níquel ['nikɛl] *m* CHEM Nickel *n*
níspero ['nispero] *m* BOT Mispel *f*
nitidez [niti'ðez] *f* Reinheit *f*, Schärfe (Optik) *f*, Tiefenschärfe *f*
nítido ['nitiðo] *adj* glänzend, rein, scharf, klar
nitrato [ni'trato] *m* CHEM Nitrat *n*
nitrógeno [ni'trɔxeno] *m* CHEM Stickstoff *m*
nivel [ni'βɛl] *m* Pegel *m*, Ebene *f*, Standard *m*; *~ cultural* Bildungsstand *m*; *~ del mar* Meeresspiegel *m*; *~ de vida* Lebensstandard *m*
nivelación [niβela'θjɔn] *f* Angleichung *f*
niveladora [niβela'ðora] *f* TECH Bulldozer *m*
nivelar [niβe'lar] *v* **1.** angleichen; **2.** *(allanar)* planieren
no [no] *adv* nein, nicht; *~ hay de qué* bitte, bitte schön
nobiliario [noβi'ljarjo] *adj* adlig
noble ['noβle] *adj* **1.** adlig, edel, nobel; *m/f* **2.** Adlige(r) *m/f*
nobleza [no'βleθa] *f* Adel *m*
noche ['nɔtʃe] *f (después de que oscurece)* Abend *m*, Nacht *f*; *de ~* nachts; *de la ~* abendlich; *por la ~* abends, nachts; *esta ~* heute Abend; *todas las ~s* allabendlich; *¡Buenas ~s!* Guten Abend!/ Gute Nacht! *pasar la ~ en blanco* eine schlaflose Nacht verbringen; *~ de bodas* Hochzeitsnacht *f*; *Noche Buena* Heiligabend *m*, Weihnachtsabend *m*; *Noche Vieja* Silvester *n*
noción [no'θjɔn] *f* **1.** Ahnung *f*; **2.** *nociones preliminares pl* Vorkenntnisse *pl*
nocivo [no'θiβo] *adj* schädlich
nocturno [nɔk'turno] *adj* nächtlich
noga [no'ɣal] *m* Nussbaum *m*
nómada ['nomaða] *m/f* Nomade *m*
nombramiento [nɔmbra'mjento] *m* Berufung *f*, Ernennung *f*; *certificado de ~* Ernennungsurkunde *f*
nombrar [nɔm'brar] *v* **1.** erwähnen, nennen; *~ de nuevo* umbennenen; **2.** *(a un cargo)* ernennen; **3.** *(pedir)* bestellen
nombre ['nɔmbre] *m* Name *m*, Vorname *m*; *en ~ de* namens; *por otro ~* alias; *por el ~* namentlich; *del mismo ~* gleichnamig; *sin ~* namenlos; *~ de artista* Künstlername *m*; *~ de pila* Rufname *m*; *~ propio* Eigenname *m*
nómina ['nomina] *f* **1.** Verzeichnis *n*, Liste *f*; **2.** *(salario)* Gehalt *n*, Gehaltsliste *f*
nominador [nomina'ðɔr] *m* Ernennungsberechtiger *m*
nominal [nomi'nal] *adj* namentlich, nominell
nominativo [nomina'tiβo] *adj* **1.** namentlich; *m* **2.** GRAMM Nominativ *m*
nonagésimo [nona'xesimo] *adj* neunzigste(r,s)
nórdico ['norðiko] *m* nordisch
noreste [nor'este] *m* Nordosten *m*, Nordost *m*

N

norma ['nɔrma] *f* 1. Bestimmung *f,* Norm *f,* Vorschrift *f;* ~ *de circulación* Verkehrsregel *f;* ¿*Es esto* ~? Ist das Vorschrift? 2. *(patrón)* Standard *m*
normal [nɔr'mal] *adj* gewöhnlich, normal
normalidad [normali'ðað] *f* Normalität *f,* Regelmäßigkeit *f,* Normalzustand *m*
normalización [normaliθa'θjɔn] *f* Normalisierung *f,* Normung *f*
normalizado [nɔrmali'θaðo] *adj* genormt
normalizar [nɔrmali'θar] *v* normalisieren
normalmente [normal'mente] *adv* normalerweise, für gewöhnlich, wie üblich
norte ['nɔrte] *m* Norden *m; del* ~ aus dem Norden
Norteamérica [nortea'merika] *f* GEO Nordamerika *n*
norteamericano [nɔrteameri'kano] *m* *(de los Estados Unidos de Norteamérica)* GEO Amerikaner *m*
Noruega [no'rweɣa] *f* GEO Norwegen *n*
noruego [no'rweɣo] *adj* 1. norwegisch; *m* 2. Norweger *m*
nos [nɔs] *pron* uns
nosotros [no'sotros] *pron* wir
nostalgia [nɔs'talxja] *f* 1. Wehmut *f;* 2. *(por la familia)* Heimweh *n*
nostálgico [nɔs'talxiko] *adj* wehmütig
nota ['nota] *f* 1. Note *f; poner* ~ benoten; 2. MUS Ton *m,* Note *f;* 3. *(apunte)* Aufzeichnung *f,* Notiz *f;* 4. *(comentario)* Prädikat *n,* Vermerk *m; tomar* ~ vormerken; ~ *de envío* Absendungsvermerk *m;* ~ *oficial* Amtsvermerk *m;* 5. *(de crítica)* Zensur *f;* 6. ECO Rechnung *f;* ~ *de débito* Lastschrift *f;* ~ *de pedido* Bestellschein *m*
notabilidad [nota'βiliðað] *f* Ansehen *n,* Berühmtheit *f,* wichtige Persönlichkeit *f,* Koryphäe *f*
notable [no'taβle] *adj* beträchtlich, hervorragend, bemerkenswert
notar [no'tar] *v* 1. merken, wahrnehmen; *se deja* ~ merklich; *sin dejarse* ~ unmerklich; 2. *(hacer un comentario)* anmerken
notaría [nota'ria] *f* Notariat *n*
notarial [nota'rjal] *adj* JUR notariell
notario [no'tarjo] *m* JUR Notar *m*
noticia [no'tiθja] *f* 1. Notiz *f;* 2. *(comunicación)* Nachricht *f;* ~ *falsa* Ente *f;* 3. *(mensaje)* Botschaft *f;* ~ *alarmante* Schreckensbotschaft *f;* 4. *(escrito)* Bescheid *m;* 5. *(anuncio)* Anzeige *f;* 6. *(artículo)* Artikel *m;* 7. ~*s pl* Nachrichten *pl;* ~*s locales* Lokalnachrichten *pl*
noticiero [noti'θjero] *m* Nachrichten *pl,* Nachrichtenblatt *n*
notificación [notifika'θjɔn] *f* 1. Bekanntmachung *f,* Verlautbarung *f;* 2. *(inscripción)* Anmeldung *f;* 3. *(de apertura)* Eröffnung *f*
notificar [notifi'kar] *v* benachrichtigen, amtlich zustellen
notoriamente [notorja'mente] *adv* notorisch, gewohnheitsmäßig, offenkundig
notorio [no'torjo] *adj* notorisch
novación [noβa'θjɔn] *f* Neuerung *f,* Schuldumwandlung *f*
novato [no'βato] *m* Neuling *m*
novedad [noβe'ðað] *f* Nachricht *f,* Neuheit *f,* Neuigkeit *f;* ~ *del día* Tagesgespräch *n*
novel [no'βel] *adj* neu, angehend
novela [no'βela] *f* Roman *m;* ~ *de aventuras* Abenteuerroman *m;* ~ *corta* Novelle *f;* ~ *por entregas* Fortsetzungsroman *m;* ~ *policíaca* Krimi *m;* ¿*Tiene usted* ~*s en alemán?* Haben Sie deutschsprachige Romane?
noveno [no'βeno] *adj* neunte(r,s)
noventa [no'βenta] *num* neunzig
novia ['noβja] *f* 1. *(amiga)* Freundin *f;* 2. *(nupcial)* Braut *f*
novicio [no'βiθjo] *m* Neuling *m*
noviembre [no'βjembre] *m* November *m*
novillo [no'βiʎo] *m* 1. Jungstier *m;* 2. *hacer* ~ *(fam)* die Schule schwänzen
novio ['noβjo] *m* 1. *(amigo)* Freund *m;* 2. *(nupcial)* Bräutigam *m;* 3. ~*s pl* Brautpaar *n*
novísimo [no'βisimo] *adj* nagelneu
nubarrón [nuβa'rrɔn] *m* große, dunkle Wolke *f,* Gewitterwolke *f,* Sturmwolke *f*
nube ['nuβe] *f* 1. Wolke *f;* 2. ~*s pl* Bewölkung *f; sin* ~*s* wolkenlos

N

nublado [nu'βlaðo] *adj* bewölkt, trüb, wolkig
nublar [nu'βlar] *v* bewölken, trüben
nubosidad [nuβosi'ðað] *f* Bewölkung *f*
nuca ['nuka] *f ANAT* Genick *n*, Nacken *m*
núcleo ['nukleo] *m* **1.** Kern *m*, Zentrum *n*; **2.** *~ atómico PHYS* Atomkern *m*
nudillo [nu'ðiʎo] *m (del dedo) ANAT* Knöchel *m*
nudismo [nu'ðizmo] *m* Freikörperkultur (FKK) *f*
nudo ['nuðo] *m* Knoten *m*; *~ de rama* Astloch *m*
nudosidad [nuðosi'ðað] *f MED* Knoten *m*
nuera ['nwera] *f* Schwiegertochter *f*
nuestro ['nwestro] *pron* unsere(r, s)
Nueva Zelandia [nweβaθe'landja] *f GEO* Neuseeland *n*
nuevamente [nweβa'mente] *adv* wieder, erneut
nueve ['nweβe] *num* neun
nuevo ['nweβo] *adj* neu, neuartig; *~ rico* neureich; *~s horizontes* Neuland *n*; *nueva construcción* Neubau *m*; *f nueva edición* Neuausgabe *f*; *nueva generación* Nachwuchskräfte *pl*; *nueva orden* Nachbestellung *f*
nuez ['nweθ] *f BOT* Nuss *f*, Walnuss *f*; *~ moscada* Muskatnuss *f*; *~ de Adán* Adamsapfel *m*; *~ del Brazil* Paranuss *f*
nulidad [nuli'ðað] *f* **1.** Nichtigkeit *f*; **2.** *(sin valor)* Ungültigkeit *f*
nulo ['nulo] *adj* ungültig, wertlos, hinfällig
numeración [numera'θjɔn] *f* Nummerierung *f*, Zählen *n*, Aufzählen *n*
numerador [numera'ðɔr] *m MATH* Zähler *m*
numeral [nume'ral] *adj* Zahl…, Zahlen..
numerar [nume'rar] *v* nummerieren
numerario [mume'rarjo] *adj sin movimiento de ~ FIN* bargeldlos
numérico [nu'meriko] *adj* numerisch
número ['numero] *m* **1.** *MATH* Anzahl *f*, Nummer *f*, Zahl *f*; *en gran ~* zahlreich; *~s impares* ungerade Zahlen *pl*; *~s pares* gerade Zahlen *pl*; *~ binario* Binärzahl *f*; *~ cardinal* Kardinalzahl *f*; **2.** *~ de la cuenta* Kontonummer *f*; **3.** *~ de habitantes* Einwohnerzahl *f*; *~ ordinal* Ordnungszahl *f*; *~ de piezas* Stückzahl *f*; **4.** *~ de revoluciones TECH* Umdrehungszahl *f*, Drehzahl *f*; **5.** *~ de registro* Aktenzeichen *n*; **6.** *~ de registro tributario* Steuernummer *f*; **7.** *~ de teléfono* Telefonnummer *f*, Rufnummer *f*
numeroso [nume'roso] *adj* zahlreich
nunca ['nuŋka] *adv* niemals, nie; *~ jamás* nie mehr
nupcial [nuβ'θjal] *adj* Hochzeits…, Braut…; *marcha ~* Hochzeitsmarsch *m*; *tarta ~* Hochzeitstorte *f*
nupcias ['nuβθjas] *f/pl* Hochzeit *f*, Ehe *f*
nutria ['nutrja] *f ZOOL* Otter *m*
nutrición [nutri'θjɔn] *f* Kost *f*, Nahrung *f*
nutrido [nu'triðo] *adj* wohlgenährt
nutrir [nu'trir] *v* nähren
nutritivo [nutri'tiβo] *adj* nahrhaft
ñaño ['ɲaɲo] *adj* verwöhnt, verhätschelt
ñoño ['ɲoɲo] *adj* fade, kindisch, albern
ñu [ɲu] *m ZOOL* Gnu *n*

O

o [o] *konj* oder; ~ ... ~ entweder ... oder; ~ *bien* beziehungsweise; ~ *sea* zwar, das heißt
oasis [o'asis] *m* Oase *f*
obcecación [oβθeka'θjɔn] *f* Verblendung *f*
obcecado [oβθe'kaðo] *adj* geblendet
obedecer [oβeðe'θɛr] *v irr* folgen, gehorchen
obediencia [oβe'ðjenθja] *f* Gehorsam *m*
obediente [oβe'ðjente] *adj* gehorsam
obesidad [oβesi'ðað] *f* Fettleibigkeit *f*
obeso [o'βeso] *adj* fett, fettleibig
obispo [o'βispo] *m REL* Bischof *m*
óbito ['oβito] *m* Tod *m,* Ableben *n*
objeción [ɔβxe'θjɔn] *f* **1.** Beanstandung *f;* **2.** *(protesta)* Einspruch *m,* Einwand *m; sin* ~ widerspruchslos
objetar [ɔβxe'tar] *v* **1.** einwenden; **2.** *(contraponer)* entgegenhalten
objetivamente [ɔβxetiβa'mente] *adv* objektiv, unvoreingenommen, sachlich
objetividad [ɔβxetiβi'ðað] *f* Objektivität *f,* Sachlichkeit *f*
objetivo [ɔβxe'tiβo] *m* **1.** Bestimmung *f,* Ziel *n;* **2.** *FOTO* Objektiv *n; adj* **3.** objektiv, sachlich, nüchtern
objeto [ɔβ'xeto] *m* **1.** Gegenstand *m,* Sache *f,* Objekt *n; sin* ~ zwecklos; *tener por* ~ bezwecken; ~ *de controversia* Streitobjekt *n,* Zankapfel *m;* ~ *de valor* Wertgegenstand *m;* **2.** *~s pl* Zeug *n; ~s robados* Diebesgut *n*
objetor [ɔβxe'tɔr] *m* **1.** Einsprucherhebender *m;* **2.** ~ *de conciencia MIL* Wehrdienstverweigerer *m*
oblicuidad [oβlikwi'ðað] *f* Schräge *f*
oblicuo [o'βlikwo] *adj* schief, schräg
obligación [oβliγa'θjɔn] *f* **1.** *(deber)* Pflicht *f,* Verpflichtung *f; según su* ~ pflichtgemäß; *sin* ~ unverbindlich; **2.** *(a la fuerza)* Zwang *m;* **3.** *ECO* Verbindlichkeit *f*
obligado [oβli'γaðo] *adj verse* ~ *a* sich verpflichtet sehen, sich gezwungen sehen
obligar [oβli'γar] *v* zwingen; ~ *a* verpflichten zu
obligatoriamente [oβliγatorja'mente] *adv* pflichtgemäß
obligatorio [oβliγa'torjo] *adj* **1.** verbindlich, bindend; *no* ~ unverbindlich; *¿Es ~?* Ist das Pflicht? **2.** *(a la fuerza)* zwangsläufig, zwingend
obnubilado [oβnuβi'laðo] *adj* verdunkelt
oboe [o'βoe] *m MUS* Oboe *f,* Oboespieler *m*
óbolo ['oβolo] *m* Spende *f*
obra ['oβra] *f* **1.** Werk *n,* Gebilde *n;* ~ *de arquitectura* Bauwerk *n;* ~ *de arte* Kunstwerk *n; primera* ~ Erstlingswerk *n; ~s clásicas* Klassiker *pl;* **2.** *(presentación)* Vorstellung *f; ¿Qué* ~ *dan esta noche?* Welche Vorstellung läuft heute Abend?
obrar [o'βrar] *v* handeln, tun, verfahren, verrichten
obrera [o'βrera] *f* Arbeiterin *f*
obrero [o'βrero] *m* Arbeiter *m;* ~ *del ramo de la construcción* Bauarbeiter *m;* ~ *especializado* Facharbeiter *m*
obscenidad [ɔβsθeni'ðað] *f* Obszönität *f,* Unzüchtigkeit *f*
obsceno [ɔβs'θeno] *adj* obszön
obsequiar [ɔβse'kjar] *v* schenken; ~ *a alguien* jdn beschenken; ~ *algo* etw verschenken
obsequio [ɔβ'sekjo] *m* Geschenk *n,* Aufmerksamkeit *f,* Gefälligkeit *f*
observación [ɔβsɛrβa'θjɔn] *f* **1.** Beobachtung *f,* Wahrnehmung *f;* **2.** *(comentario)* Anmerkung *f,* Bemerkung *f,* Vermerk *m;* **3.** *MED* Beobachtung *f,* Überwachung *f*
observar [ɔβsɛr'βar] *v* **1.** beobachten, wahrnehmen, observieren; **2.** *(advertir)* anmerken, bemerken, vermerken
observatorio [ɔβsɛrβa'torjo] *m ASTR* Sternwarte *f*
obsesión [ɔβse'sjɔn] *f* Besessenheit *f,* Zwangsvorstellung *f,* fixe Idee *f*
obsesionado [ɔβsesjo'naðo] *adj* besessen, mit einer fixen Idee behaftet

obsesionarse [ɔβsesjo'narse] *v* sich unablässig plagen, sich keine Ruhe lassen
obsesivo [ɔβse'siβo] *adj* Zwangs…, die Besessenheit betreffend
obsoleto [ɔβso'leto] *adj* überholt, veraltet
obstaculizar [ɔβstakuli'θar] *v* **1.** behindern; *~ en* hindern an; **2.** *(fam)* schikanieren, torpedieren
obstáculo [ɔβs'takulo] *m* **1.** Barriere *f*, Hindernis *n*, Schikane *f* (fam); **2.** *sin ~s* reibungslos
obstante [ɔβs'tante] *konj no ~* aber, dennoch, jedoch
obstar [ɔβs'tar] *v* entgegenstehen, hinderlich sein; *Eso no obsta a que …* Dem steht nichts entgegen, dass …
obstetra [ɔβs'tetra] *m/f MED* Geburtshelferin *f*, Hebamme *f*
obstinación [ɔβstina'θjɔn] *f* Eigensinn *m*, Starrsinn *m*, Trotz *m*
obstinado [ɔβsti'naðo] *adj* eigensinnig
obstinarse [ɔβsti'narse] *v ~ en* sich versteifen, hartnäckig auf etw bestehen
obstrucción [ɔβstruɣ'θjɔn] *f* **1.** Verstopfung *f*; **2.** *(impedimento)* Behinderung *f*, Hemmnis *n*
obstruido [ɔβstru'iðo] *adj* verstopft
obstruir [ɔβstru'ir] *v irr* behindern, versperren
obtención [ɔβten'θjɔn] *f ~ del petróleo* Gewinnung *f*, Erzeugung *f*, Förderung *f*
obtener [ɔβte'nɛr] *v irr* **1.** erlangen, erzielen; **2.** *(recibir)* bekommen, gewinnen
obturación [ɔβtura'θjɔn] *f* **1.** Verstopfung *f*; **2.** *TECH* Dichtung *f*
obturado [ɔβtu'raðo] *adj* verstopft
obturador [ɔβtura'ðɔr] *m FOTO* Auslöser *m*
obtuso [ɔβ'tuso] *adj* **1.** *ángulo ~ MATH* stumpfwinklig; **2.** *(fig)* schwer von Begriff
obús [o'βus] *m MIL* Granate *f*
obviar [ɔβ'βjar] *v* abwenden, beseitigen, entgegentreten, vorbeugen
obvio ['ɔββjo] *adj* offensichtlich, selbstverständlich, sonnenklar
oca ['oka] *f ZOOL* Gans *f*
ocasión [oka'sjɔn] *f* **1.** *(motivo)* Anlass *m*; *en esta ~* hierbei; **2.** *(oportunidad)* Chance *f*, Gelegenheit *f*; **3.** *(oferta de compra)* Gelegenheitskauf *m*
ocasional [okasjo'nal] *adj* gelegentlich, beiläufig
ocasionar [okasjo'nar] *v* **1.** verursachen, veranlassen; *~ daño* Unheil anrichten; **2.** *(donar)* stiften; **3.** *(dejar)* lassen
ocaso [o'kaso] *m* **1.** Sonnenuntergang *m*, Dämmerung *f*; **2.** *(fig)* Untergang *m*
occidental [oɣθiðen'tal] *adj* westlich
occidente [okθi'ðente] *m* Abendland *n*
occiso [ok'θiso] *m JUR* ermordet
océano [o'θeano] *m* Ozean *m*
ochenta [o'tʃenta] *num* achtzig
ocho ['otʃo] *num* acht; *~ veces* achtmal, achtfach; *~ mil* achttausend
ochocientos [otʃo'θjentos] *num* achthundert
ociar [o'θjar] *v* faulenzen, ausspannen
ocio ['oθjo] *m* Muße *f*; Müßiggang *m*; *horas de ~* Freizeit *f*; *~ anual* Jahresurlaub *m*
ociosamente [oθjosa'mente] *adv* müßig
ociosidad [oθjosi'ðað] *f* Müßiggang *m*
ocioso [o'θjoso] *adj* müßig
oclusión [ɔklu'sjɔn] *f MED* Verschluss *m*, Verstopfung *f*
octanaje [ɔkta'naxe] *m* Oktanzahl *f*
octano [ɔk'tano] *m* Oktan *n*
octava [ɔk'taβa] *f MUS* Oktave *f*
octavilla [ɔkta'βiʎa] *f* Flugblatt *n*, Handzettel *m*
octavo [ɔk'taβo] *adj* **1.** achte(r,s); *octava parte* Achtel *n*; *por octava vez* zum achten Mal; *m* **2.** *~ de final SPORT* Achtelfinale *n*
octogenario [ɔktoxe'narjo] *m* **1.** Person zwischen dem 80. und 90. Lebensjahr *f*; *adj* **2.** achtzigjährig
octogésimo [ɔktɔ'xesimo] *adj* achtzigste(r,s)
octogonal [ɔktoɣo'nal] *adj* achteckig
octubre [ɔk'tuβre] *m* Oktober *m*
ocular [oku'lar] *adj* Augen… *inspección ~* in Augenschein nehmen; *testigo ~* Augenzeuge
oculista [oku'lista] *m/f MED* Augenarzt/Augenärztin *m/f*
ocultación [okulta'θjɔn] *f* Verheimlichung *f*

ocultar [okul'tar] *v* 1. verbergen; ~ *algo a alguien* jdm etw verheimlichen; 2. *(encubrir)* vertuschen, verdecken, kaschieren
ocultismo [okul'tizmo] *m* Okkultismus *m*
oculto [o'kulto] *adj* 1. verborgen; 2. *(enigmático)* hintergründig
ocupación [okupa'θjɔn] *f* 1. *(profesional)* Beruf *m;* 2. *(actividad)* Tätigkeit *f,* Beschäftigung *f,* Betätigung *f;* ~ *accesoria* Nebenbeschäftigung *f;* ~ *favorita* Lieblingsbeschäftigung *f;* ~ *del ocio* Freizeitbeschäftigung *f;* 3. *MIL* Besetzung *f;* ~ *ilegal de casas* Hausbesetzung *f*
ocupado [oku'paðo] *adj* 1. *(lleno, completo)* besetzt; *¿Está ~?* Ist hier besetzt? *¿Está ~ este sitio?* Sitzt hier jemand? 2. *TEL* besetzt; *Está ~.* Es ist besetzt. 3. *(atareado)* beschäftigt; *estar ~ con algo* mit etw beschäftigt sein
ocupar [oku'par] *v* 1. beschäftigen; 2. *(sitio, puesto)* besetzen, belegen, einnehmen; ~ *mucho sitio* sich breit machen; ~ *un cargo* ein Amt bekleiden; 3. *MIL* besetzen
ocuparse [oku'parse] *v* ~ *de* versorgen mit, sich kümmern um, sich befassen mit

O

ocurrencia [oku'rrenθja] *f* Geistesblitz *m;* ~ *del riesgo* Versicherungsfall *m*
ocurrente [oku'rrente] *adj* einfallsreich
ocurrir [oku'rrir] *v* geschehen, passieren, vorkommen, widerfahren
odiado [o'ðjaðo] *adj* verhasst
odiar [o'ðjar] *v* hassen
odio ['oðjo] *m* ~ *a* Hass gegen *m;* ~ *de razas* Rassenhass *m; lleno de* ~ gehässig, hasserfüllt
odiosidad [oðjosi'ðað] *f* Gehässigkeit *f*
odioso [o'ðjoso] *adj* gehässig, verhasst
Odisea [oði'sɛa] *f* 1. *LIT* Odyssee *f;* 2. *(fig)* Irrfahrt *f*
odontología [oðontolo'xia] *f* Zahnheilkunde *f,* Zahnmedizin *f*
odontólogo [oðɔn'toloɣo] *m MED* Zahnarzt *m*
oeste [o'este] *m* Westen *m*
ofender [ofen'dɛr] *v* beleidigen, kränken, verletzen
ofensa [o'fensa] *f* Beleidigung *f,* Kränkung *f,* Verletzung *f*
ofensiva [ofen'siβa] *f* Offensive *f*
ofensivo [ofen'siβo] *adj* offensiv
oferta [o'fɛrta] *f* 1. Angebot *n,* Offerte *f;* ~ *de colocación/~ de empleo* Stellenangebot *n;* ~ *excesiva* Überangebot *n;* ~ *extraordinaria* Sonderangebot *n;* 2. *(ofrecimiento)* Darbietung *f*
oficial [ofi'θjal] *adj* 1. amtlich, offiziell, dienstlich; *m* 2. Geselle *m,* Gehilfe *m;* 3. *MIL* Offizier *m;* 4. ~ *del registro civil* Standesbeamter *m*
oficialmente [ofiθjal'mente] *adv* formell, offiziell, staatlich
oficina [ofi'θina] *f* 1. Büro *n,* Büroraum *m;* 2. *(agencia, sucursal, departamento)* Stelle *f,* Dienststelle *f,* Geschäftsstelle *f,* Amt *n,* Kanzlei *f;* ~ *de objetos perdidos* Fundbüro *n;* ~ *de asistencia social* Fürsorgeamt *n,* Sozialamt *n;* ~ *de cambio* Wechselstube *f;* ~ *central* Zentrale *f;* ~ *de correos* Postamt *n;* ~ *de empadronamiento* Einwohnermeldeamt *n,* Meldebehörde *f;* ~ *de empleo* Arbeitsamt *n;* ~ *estatal para extranjeros* Ausländerbehörde *f;* ~ *de telecomunicaciones* Fernmeldeamt *n;* ~ *de turismo* Fremdenverkehrsbüro *n*
oficinista [ofiθi'nista] *m/f* Büroangestellte(r) *m/f*
oficio [o'fiθjo] *m* 1. Beruf *m; de primer* ~ hauptberuflich; 2. *(profesión artesanal)* Handwerk *n;* 3. ~ *divino REL* Gottesdienst *m*
ofrecer [ofre'θɛr] *v irr* 1. bieten, darbieten, geben; *¿Qué se le ofrece?* Womit kann ich Ihnen dienen? *No se ofrece garantía (de un producto).* Eine (Produkt-)Garantie wird nicht geleistet. *Quiero ofrecerle mis excusas.* Ich möchte Ihnen meine Entschuldigung anbieten. *Mañana ofrecemos una cena.* Morgen geben wir ein Essen. 2. *(donar)* spendieren
ofrecimiento [ofreθi'mjento] *m* Angebot *n,* Anerbieten *n*
ofrenda [o'frenda] *f* Opfergabe *f*
ofrendar [ofren'dar] *v* opfern
oftalmólogo [oftal'moloɣo] *m/f* Augenarzt *m,* Augenärztin *f*
ofuscación [ofuska'θjon] *f* Blendung *f,* Verdunkelung *f*
ofuscado [ofus'kaðo] *adj* geblendet, verdunkelt

ofuscarse [ofus'karse] *v* sich trüben, sich verdunkeln
ogro ['oɣro] *m* **1.** böser Riese *m*, Menschenfresser *m*; **2.** *(fam: energúmeno)* Scheusal *n*, brutaler Kerl *m*
oído [o'iðo] *m* **1.** Gehör *n*; **2.** ANAT Ohr *n*
oír [o'ir] *v irr* **1.** hören, vernehmen; *¿No oye usted nada?* Hören Sie nichts? *~ con atención* zuhören; *~ mal* sich verhören; **2.** hören, zuhören, verstehen; *¡Oye!* Na hör mal! *¡Oiga!* Hören Sie mal! Hallo!
ojal [ɔ'xal] *m* Knopfloch *n*
ojalá [ɔxa'la] *adv* hoffentlich
ojo ['ɔxo] *m* **1.** ANAT Auge *n*; *de ~s azules* blauäugig; *un abrir y cerrar de ~s (fig)* im Handumdrehen; *¡Ojo!* Achtung! *Tengo algo en el ~.* Ich habe etw im Auge. *estar ~ avizor* auf der Hut sein; *no pegar (un) ~* kein Auge zutun; *Ojos que no ven, corazón que no siente.* Aus den Augen, aus dem Sinn. **2.** *~ de la aguja* Nadelöhr *n*; **3.** *~ de la cerradura* Schlüsselloch *n*; **4.** *~ de buey* NAUT Bullauge *n*
ola ['ola] *f* **1.** Welle *f*, Woge *f*; *~ de la marea* Flutwelle *f*; **2.** *(fig) ~ de gripe* MED Grippewelle *f*
olé [o'le] *interj ¡Olé!* Bravo!
oleada [ole'aða] *f* **1.** Flut *f*; **2.** *(fig)* Welle *f*, Menschenmenge *f*; *España ha recibido una oleada de inmigrantes ilegales.* Spanien ist einer großen illegalen Einwanderungswelle ausgesetzt gewesen.
oleaje [ole'axe] *m* Wellengang *m*
óleo ['oleo] *m* **1.** *un cuadro al ~* Öl *n*; **2.** *(cuadro)* Ölgemälde *n*
oler [o'lɛr] *v irr ~ algo* etw riechen; *~ a* riechen nach; *~ a quemado* verbrannt riechen; *~ bien* duften; *~ mal* stinken
olfatear [ɔlfate'ar] *v* schnuppern, wittern, schnüffeln
olfato [ɔl'fato] *m* **1.** Gespür *n*; **2.** *sentido del ~* Geruchssinn *m*
oligoelemento [oliɣoele'mento] *m* BIO Spurenelement *n*
olimpíada [olim'piaða] *f* **1.** *~ cultural* Literaturwettbewerb *m*; **2.** *~s pl* Olympiade *f*
olímpico [o'limpiko] *adj* olympisch; *juegos ~s* Olympische Spiele *pl*
oliscar [olis'kar] *v (olisquear)* schnüffeln, schnuppern
oliva [o'liβa] *f* BOT Olive *f*
olivo [o'liβo] *m* Olivenbaum *m*
olla ['oʎa] *f* Kochtopf *m*, Kessel *m*; *~ exprés/~ a presión* Dampfkochtopf *m*, Schnellkochtopf *m*
olmo ['ɔlmo] *m* BOT Ulme *f*
olor [o'lɔr] *m* Geruch *m*; *sin ~* geruchlos; *mal ~* Gestank *m*; *~ agradable* Duft *m*, Wohlgeruch *m*
oloroso [olo'roso] *adj* wohlriechend, duftend
olvidadizo [ɔlβiða'ðiθo] *adj* vergesslich
olvidar [ɔlβi'ðar] *v* **1.** vergessen; **2.** *(en un sitio)* liegen lassen
olvidarse [ɔlβi'ðarse] *v* entfallen; *Se me ha olvidado.* Das ist mir entfallen.
olvido [ɔl'βiðo] *m* Vergessenheit *f*, Vergessen *n*
ombligo [ɔm'bliɣo] *m* ANAT Nabel *m*
omisión [omi'sjɔn] *f* Auslassung *f*
omitir [omi'tir] *v* auslassen, unterlassen
omnipotencia [ɔmnipo'tenθja] *f* Omnipotenz *f*, Allmacht *f*
omnipotente [ɔmnipo'tente] *adj* omnipotent, allmächtig, allgewaltig
omnipresencia [ɔmnipre'senθja] *f* Allgegenwart *f*
omnipresente [ɔmnipre'sente] *adj* allgegenwärtig
omnisciencia [ɔmnis'θjenθja] *f* Allwissenheit *f*
omnisciente [ɔmnis'θjente] *adj* allwissend
omóplato [o'moplato] *m* ANAT Schulterblatt *n*
onanismo [ona'nizmo] *m* Selbstbefriedigung *f*
once ['ɔnθe] *num* elf
onda ['ɔnda] *f* **1.** Welle *f*, Woge *f*; *~ de pleamar* Flutwelle *f*; *~ explosiva* Druckwelle *f*; **2.** *~ de presión* TECH Druckwelle *f*; **3.** *~ ultracorta* PHYS Ultrakurzwellen *f*
ondear [ɔnde'ar] *v* wehen
ondina [ɔn'dina] *f* Nixe *f*, Undine *f*
ondular [ɔndu'lar] *v* **1.** *(cabello)* Haare in Wellen legen, wellen; **2.** *(ondear)* wogen, wellenförmig flattern
oneroso [one'roso] *adj* **1.** beschwerlich; **2.** *(remunerado)* gegen Bezahlung
onírico [o'niriko] *adj* traumhaft

O

ONU ['onu] *f (Organización de las Naciones Unidas) POL* UNO *f*, Vereinte Nationen *pl*
opacar [opa'kar] *v* **1.** undurchsichtig machen, blickdicht machen, abdecken; **2.** *(fig)* in den Schatten stellen, etw den Vorrang nehmen
opacidad [opaθi'ðað] *f* Undurchsichtigkeit *f*
opaco [o'pako] *adj* undurchsichtig
opción [ɔβ'θjɔn] *f* **1.** Option *f;* **2.** *POL* Alternative *f*
opcional [ɔβθjo'nal] *adj* auf Wunsch, beliebig, freigestellt
ópera ['opera] *f* Oper *f*
operación [opera'θjɔn] *f* **1.** *MED* Operation *f;* ~ *estética* Schönheitsoperation *f;* ~ *quirúrgica* Eingriff *m,* Operation *f;* **2.** ~ *especulativa FIN* Spekulationsgeschäft *n;* **3.** *ECO* Geschäft *n;* ~ *bursátil* Börsengeschäft *n;* **4.** ~ *aritmética MATH* Rechenaufgabe *f;* **5.** *(proceso)* Aktion *f,* Vorgang *m*
operador [opera'ðɔr] *m MATH* Operator *m,* Rechner *m*
operador(a) [opera'ðɔr/opera'ðora] *m/f* **1.** *ECO* Betreiber(in) *m/f;* **2.** *TECH* Bediener(in) *m/f;* **3.** ~ *de radar (de un avión)* Lotse *m*
operando [ope'rando] *m MATH* Operand *m*
operar [ope'rar] *v* **1.** operieren; **2.** *MED* operieren; *¿Me tienen que ~?* Muss ich operiert werden? *Me han operado de apendicitis.* Ich bin am Blinddarm operiert worden.
operativo [opera'tiβo] *m* **1.** Razzia *f; adj* **2.** operativ, Operations... **3.** *sistema ~ INFORM* operativ
opereta [ope'reta] *f MUS* Operette *f*
opinar [opi'nar] *v* meinen
opinión [opi'njɔn] *f* **1.** Ansicht *f,* Meinung *f,* Auffassung *f; de la misma ~* gleich gesinnt; *ser de la misma ~* sich anschließen; *hacer cambiar de ~* umstimmen; ~ *pública* Öffentlichkeit *f,* Öffentliche Meinung *f;* **2.** *(juicio)* Beurteilung *f,* Ermessensspielraum *m;* **3.** *(posición sobre un tema)* Stellungnahme *f*
opio ['opjo] *m BOT* Opium *n*
oponente [opo'nente] *m/f* Widersacher(in) *m/f,* Gegner(in) *m/f*
oponer [opo'nɛr] *v irr* entgegenhalten
oponerse [opo'nɛrse] *v irr* trotzen; ~ *a* sich widersetzen
oporto [o'pɔrto] *m GAST* Portwein *m*
oportunamente [opɔrtuna'mente] *adv* rechtzeitig, beizeiten
oportunidad [opɔrtuni'ðað] *f* Chance *f,* Gelegenheit *f*
oportunista [opɔrtu'nista] *m/f* **1.** Opportunist(in) *m/f; adj* **2.** opportunistisch
oportuno [opɔr'tuno] *adj* **1.** *(a tiempo)* rechtzeitig, zeitig; **2.** *(adecuado)* angebracht, opportun
oposición [oposi'θjɔn] *f* **1.** Widerstand *m;* **2.** Gegensatz *m,* Opposition *f*
opositor(a) [oposi'tɔr/oposi'tora] *m/f JUR* Bewerber(in) *m/f,* Gegner
opresión [opre'sjɔn] *f* Unterdrückung *f,* Druck *m*
opresivo [opre'siβo] *adj* beklemmend
oprimido [oprimi'ðo] *adj* **1.** unterdrückt; **2.** *(fig)* bedrückt; **3.** *(fig)* unterjochter Mensch *m,* Unterdrückter *m; Los oprimidos de la tierra.* Die unterdrückten Menschen der Erde.
oprimir [opri'mir] *v* **1.** drücken; **2.** *(fig)* unterdrücken, belasten, bedrücken
oprobio [o'proβjo] *m* Schande *f,* Schimpf *m*
optar [op'tar] *v ~ por* für etw wählen, etw aussuchen, sich entscheiden
óptica ['ɔptika] *f* Optik *f*
óptico ['ɔptiko] *m* **1.** Optiker *m; adj* **2.** optisch
óptimamente [ɔptima'mente] *adv* optimal
optimismo [opti'mizmo] *m* Optimismus *m*
optimista [opti'mista] *m/f* **1.** Optimist(in) *m/f; adj* **2.** optimistisch
optimizar [optimi'θar] *v MATH* optimieren
óptimo ['ɔptimo] *adj* optimal; *el/lo ~* der/das Beste
opuesto [o'pwesto] *adj* **1.** entgegengesetzt, umgekehrt, gegensätzlich; ~ *a* zuwider; **2.** *(rival)* gegnerisch
opugnación [opuɣna'θjɔn] *f* Bekämpfung *f,* Erstürmen (einer Festung) *n*
opugnar [opuɣ'nar] *v* bekämpfen, bestürmen

opulencia [opu'lenθja] *f* Wohlstand *m*
opulento [opu'lento] *adj* üppig, überreich, luxuriös
oración [ora'θjɔn] *f* **1.** GRAMM Satz *m;* **2.** REL Gebet *n;* ~ *de la noche* Abendgebet *n*
orador(a) [ora'ðɔr/ora'ðora] *m/f* Redner(in) *m/f*
oral [o'ral] *adj* mündlich, oral, verbal
orar [o'rar] *v* REL beten
oratoria [ora'torja] *f* Redekunst *f,* Beredsamkeit *f*
orbe ['ɔrβe] *m el ~ terráqueo* Welt *f*
órbita ['ɔrβita] *f* ASTR Umlaufbahn *f*
orbitar [ɔrβi'tar] *v* ASTR umkreisen; *El satélite está orbitando en torno a Júpiter.* Der Satellit umkreist jetzt den Jupiter.
orden[1] ['ɔrðen] *f* Ordnung *f,* Reihenfolge *f; en ~* ordnungsgemäß; *~ del día* Tagesordnung *f*
orden[2] ['ɔrðen] *m* **1.** JUR Verfügung *f;* ~ *penal* Strafbefehl *m;* **2.** ~ *de pago* FIN Anweisung *f;* **3.** ECO Auftrag *m,* Bestellung *f;* ~ *permanente* Dauerauftrag *m;* **4.** REL Orden *m;* **5.** *(comando)* Anordnung *f,* Befehl *m*
ordenación [ɔrðena'θjɔn] *f* **1.** Regelung *f;* **2.** ~ *sacerdotal* REL Priesterweihe *f*
ordenadamente [ɔrðenaða'mente] *adv* ordentlich
ordenado [ɔrðe'naðo] *adj* ordentlich
ordenador [ɔrðena'ðɔr] *m* **1.** Ordner *m;* **2.** INFORM Computer *m;* ~ *personal* PC *m;* ~ *portátil* Laptop *m*
ordenar [ɔrðe'nar] *v* **1.** *(arreglar)* aufräumen, ordnen; **2.** *(pedir)* bestellen; **3.** *(instruir)* befehlen, anordnen, verordnen, anweisen; ~ *el internamiento a un hospital* die Einweisung in ein Krankenhaus anordnen; **4.** *(disponer)* richten, anordnen, einordnen
ordeñar [ɔrðe'ɲar] *v* melken
ordinal [ɔrði'nal] *adj* MATH Ordnungs…, Ordinal…
ordinariamente [ɔrðinarja'mente] *adv* ordinär
ordinariez [ɔrðina'rjeθ] *f* Grobheit *f,* Rohheit *f,* Ungeschliffenheit *f*
ordinario [ɔrði'narjo] *adj* **1.** *(frecuente)* gewöhnlich; **2.** *(vulgar)* vulgär, ordinär; **3.** *juzgado ~* JUR ordentlich
orégano [o'reɣano] *m* BOT Oregano *m,* Dost *m*
oreja [o'rɛxa] *f* *(exterior)* ANAT Ohr *n,* Ohrmuschel *f*
orfanato [ɔrfa'nato] *m* Waisenhaus *n*
orfandad [ɔrfan'dað] *f* Verwaisung *f,* Elternlosigkeit *f*
orfebre [ɔr'feβre] *m/f* Goldschmied(in) *m/f*
orfebrería [ɔrfeβre'ria] *f* Goldschmiedearbeit *f,* Juwelierarbeit *f,* Goldschmiedekunst *f*
orgánico [ɔr'ɣaniko] *adj* organisch, Organ…
organigrama [ɔrɣani'ɣrama] *m* TECH Organigramm *n,* Organisationsschema *n*
organillo [ɔrɣa'niʎo] *m* Leierkasten *m*
organismo [ɔrɣa'nizmo] *m* Organismus *m;* ~ *de inspectoría* Aufsichtsbehörde *f;* ~ *viviente* Lebewesen *n*
organista [ɔrɣa'nista] *m/f* MUS Organist(in) *m/f*
organización [ɔrɣaniθa'θjɔn] *f* **1.** Einrichtung *f,* Organisation *f;* **2.** *(puesta en práctica)* Veranstaltung *f;* **3.** *(fig: disposición interna)* Gliederung *f,* Organisation *f,* Einrichtung *f; El esquema muestra la organización de la compañía.* Das Schema zeigt die Gliederung unseres Unternehmens.
organizado [ɔrɣani'θar] *adj* *(fam: ordenado)* ordentlich, organisiert, systematisch
organizador(a) [ɔrɣaniθa'ðɔr/ɔrɣaniθa'ðora] *m/f* Organisator(in) *m/f,* Veranstalter(in) *m/f*
organizar [ɔrɣani'θar] *v* **1.** einrichten, ausrichten, veranstalten; **2.** *(poner en práctica)* organisieren; *¿Puede usted ~ ésto?* Können Sie das arrangieren?
órgano ['ɔrɣano] *m* **1.** ANAT Organ *n;* ~ *sensorial* Sinnesorgan *n;* ~ *sexual* Geschlechtsorgan *n;* ~*s respiratorios* Atemorgane *pl;* **2.** ~ *sensorio* TECH Sensor *m;* **3.** MUS Orgel *f;* **4.** *(fig: representante)* Organ (Mitteilungsblatt eines Organes) *n,* Sprachrohr *n;* **5.** *(medio)* Behörde *f,* Stelle *f,* Organ *n;* ~ *oficial* offizielle Behörde; ~ *de la oposición* Organ der Opposition
orgasmo [ɔr'ɣazmo] *m* Orgasmus *m*
orgía [ɔr'xia] *f* Orgie *f*

orgiástico [ɔr'ɣjastiko] *adj* ausschweifend
orgullo [ɔr'ɣuʎo] *m* Stolz *m*, Hochmut *m*
orgulloso [ɔrɣu'ʎoso] *adj* hochmütig, stolz; *~ de* stolz auf
orientación [orjenta'θjɔn] *f* **1.** Orientierung *f;* **2.** *~ sobre* Übersicht über *f;* **3.** *~ educacional* Erziehungsberatung *f; ~ matrimonial* Eheberatung *f;* **4.** *(fig: forma de pensar)* Ausrichtung *f*, Orientierung *f*, Zielvorstellung *f; Esa es una revista de orientación derechista.* Es ist eine rechtsgerichtete Zeitschrift. **5.** *(fig: dirección)* Richtung *f*, Zielsetzung *f; Mi vida ha tomado otra orientación.* Mein Leben hat eine andere Richtung genommen.
oriental [orjen'tal] *adj* östlich, orientalisch
orientar [orjen'tar] *v* orientieren
orientarse [orjen'tarse] *v* sich zurechtfinden
Oriente [o'rjente] *m* **1.** *GEO* Morgenland *n*, Orient *m; el Extremo ~* Ferner Osten *m; el Medio ~* Mittlerer Osten *m; el Cercano ~* Naher Osten *m;* **2.** *(este) GEO* Osten *m*
orificio [ori'fiθjo] *m* Öffnung *f*, Loch *n*
origen [o'rixen] *m* **1.** *(procedencia)* Abstammung *f*, Herkunft *f; lugar de ~* Abstammung *f;* **2.** *(surgimiento)* Entstehung *f*, Ursprung *m*, Keim *m;* **3.** *(motivo)* Veranlassung *f;* **4.** *tener sus orígenes en* zurückgehen auf
original [orixi'nal] *m* **1.** Original *n; adj* **2.** originell, original; **3.** *~ de* ursprünglich aus; **4.** *sonido ~ original*, Ursprungs… *Hoy he visto la versión original de esa película.* Heute habe ich die Originalversion dieses Films gesehen.
originalidad [orixinali'ðað] *f* Originalität *f*
originar [orixi'nar] *v* verursachen, veranlassen
originario [orixi'narjo] *adj* ursprünglich
originarse [orixi'narse] *v* entstehen; *~ en* entspringen aus
orilla [o'riʎa] *f* **1.** Ufer *n; a ~s del Rin* am Rhein; *~s del mar f/pl* Meeresufer *n*, Rand *m*, Saum *m; El restaurante está a la orilla de la carretera.* Das Restaurant liegt an der Landstraße.
orín [o'rin] *m/pl* Urin *m*, Harn *m*
orina [o'rina] *f* Harn *m*, Urin *m*
orinal [ori'nal] *m* Nachttopf *m*
orinar [ori'nar] *v* urinieren
oriundo [o'rjundo] *adj* gebürtig
ornamentación [ɔrnamenta'θiɔn] *f* Verzieren *n*, Schmuck *m*, Ausschmücken *n*
ornamental [ɔrnamen'tal] *adj* dekorativ
ornamentar [ɔrnamen'tar] *v* verzieren
ornamento [ɔrna'mento] *m* Ornament *n*, Verzierung *f*, Zierde *f*
ornitólogo [ɔrni'toloɣo] *m MED* Ornithologe *m*
oro ['oro] *m* Gold *n; prometer el ~ y el moro* das Blaue vom Himmel versprechen
orquesta [ɔr'kesta] *f MUS* Orchester *n*, Musikkapelle *f; ~ filarmónica* Philharmonie *f*
orquestar [ɔrkes'tar] *v* **1.** *MUS* orchestrieren, instrumentieren; **2.** *(fig: tramar)* anstiften
ortiga [or'tiɣa] *f BOT* Brennnessel *f*
ortodoncista [ɔrtoðon'θista] *m/f MED* Kieferorthopäde/Kieferorthopädin *m/f*
ortodoxo [ɔrto'ðɔɣso] *adj* orthodox, linientreu
ortografía [ɔrtoɣra'fia] *f* Orthografie *f*, Rechtschreibung *f*
ortopédico [ɔrto'peðiko] *adj* orthopädisch
ortopedista [ɔrtope'ðista] *m/f MED* Orthopäde/Orthopädin *m/f*
oruga [o'ruɣa] *f* **1.** *TECH* Raupe *f;* **2.** *ZOOL* Raupe *f*
os [ɔs] *pron* euch
osa ['osa] *f ZOOL* Bärin *f; ~ mayor/~ menor ASTR* Großer Bär/Kleiner Bär *m*
osadía [osa'ðia] *f* Vermessenheit *f*
osado [o'saðo] *adj* dreist, gewagt, keck
osamenta [osa'menta] *f* **1.** *(el esqueleto)* Skelett *n; pl* **2.** *(montón de huesos)* Gebeine *pl*, Knochen *pl; Las osamentas fueron encontradas en una fosa común.* Die Gebeine wurden in einem Gemeinschaftsgrab gefunden.

osar [o'sar] *v irr* wagen, getrauen
oscilación [ɔsθila'θjɔn] *f* **1.** Schwankung *f;* **2.** *(de la luz)* PHYS Schwingung *f,* Schwung *m*
oscilar [ɔsθi'lar] *v* **1.** wanken, schwanken, sich bewegen zwischen; **2.** *(flamear)* flackern
osciloscopio [ɔsθilos'kopjo] *m* TECH Oszilloskop *n*
oscurecer [ɔskure'θɛr] *v irr* verdunkeln, dunkeln, dunkel werden
oscurecerse [ɔskure'θerse] *v* **1.** dunkel werden; **2.** *(fig: ponerse sombrío)* sich verfinstern; *El rostro del joven se oscureció.* Das Gesicht des jungen Mannes verfinsterte sich.
oscurecimiento [ɔskureθi'mjento] *m* Verdunkelung *f*
oscuridad [ɔskuri'ðað] *f* Dunkelheit *f,* Finsternis *f*
oscuro [ɔs'kuro] *adj* **1.** finster, düster; **2.** *(fig)* dunkel, obskur
óseo ['oseo] *adj* Knochen..., knochig
oso ['oso] *m* ZOOL Bär *m; ~ hormiguero* Ameisenbär *m; ~ pardo* Braunbär *m; ~ polar* Eisbär *m*
ostensible [ɔsten'siβle] *adj* vordergründig
ostentación [ɔstenta'θiɔn] *f* **1.** *hacer ~ de (mostrar)* Schaustellung *f,* Kostprobe geben *f,* Offensichtliche *n; El ministro ha hecho ostentación de su ignorancia.* Der Minister hat seine Unwissenheit zur Schau gestellt. **2.** *hacer ~ de (alardear de algo)* prahlen, angeben, zur Schau stellen; *La mujer hizo ostentación de sus riquezas.* Die Frau prahlte mit ihren Reichtümern.
ostentar [ɔsten'tar] *v ~ un título* innehaben, vorweisen, aufweisen
ostentoso [ɔsten'toso] *adj* auffallend, pompös
ostra ['ɔstra] *f* ZOOL Auster *f*
OTAN [o'tan] *f (Organización de las Naciones Unidas)* NATO *f*
otólogo [o'toloɣo] *m* MED Ohrenarzt *m*
otoño [o'toɲo] *m* Herbst *m*
otorgar [otɔr'ɣar] *v* **1.** *(ceder)* gewähren; **2.** *(dar permiso)* bewilligen; **3.** *(un premio)* verleihen
otorrinolaringólogo [otɔrrinolariŋ'goloɣo] *m* MED Hals-Nasen-Ohren-arzt *m*
otro ['otro] *pron* **1.** ein anderer, ein Zweiter; **2.** *~s pl* weitere, sonstige; *adj* **3.** andere(r, s); *~ día* neulich, letztens; *Deseo otra habitación.* Ich will ein anderes Zimmer. *¿Hay ~ camino?* Gibt es noch einen anderen Weg? *Vengo otra vez.* Ich komme ein anderes Mal.
ovación [oβa'θjɔn] *f* Beifall *m*
oval [o'βal] *adj* eiförmig, oval
ovario [o'βarjo] *m* ANAT Eierstock *m*
oveja [o'βɛxa] *f* ZOOL Schaf *n; la ~ negra (fig)* das schwarze Schaf *n*
overall [oβe'ral] *m (LA)* Overall *m*
oviducto [oβi'dukto] *m* ANAT Eileiter *m*
ovillo [o'βiʎo] *m* Knäuel *n*
ovoide [o'βoĭðe] *adj* eiförmig
ovulación [oβula'θjɔn] *f* BIO, MED Eisprung *m*
ovular [oβu'lar] *v* BIO ovalieren, reifen (Ei im Eierstock)
oxidado [ɔɣsi'ðaðo] *adj* rostig
oxidarse [ɔɣsi'ðarse] *v* **1.** rosten, verrosten; **2.** CHEM oxidieren
óxido ['ɔɣsiðo] *m* CHEM Rost *m*
oxigenación [ɔɣsixena'θjon] *f* CHEM Sättigung mit Sauerstoff *f,* Sauerstoffaufnahme *f*
oxigenado [ɔɣsixe'naðo] *agua oxigenada* sauerstoffhaltig, wasserstoffblond, gebleicht
oxigenar [ɔɣsixe'nar] *v* mit Sauerstoff verbinden, mit Sauerstoff versetzen
oxígeno [ɔɣ'sixeno] *m* CHEM Sauerstoff *m*
oyente [o'jente] *m/f* Hörer(in) *m/f,* Zuhörer(in) *m/f*
ozono [o'θono] *m* CHEM Ozon *n; la capa de ~* Ozonschicht *n*

P

pabellón [paβe'ʎɔn] *m* **1.** Flagge *f;* **2.** *(casa)* Gartenhaus *n;* **3.** *(nave)* Halle *f*
pabilo [pa'βilo] *m* Docht *m*
pacer [pa'θɛr] *v irr* grasen
pachá [pa'tʃa] *m* Pascha *m*
pachorra [pa'tʃorra] *f* Trägheit *f,* Dickfelligkeit *f*
paciencia [pa'θjenθja] *f* Geduld *f,* Ausdauer *f;* ~ *de un santo* Engelsgeduld *f*
paciente [pa'θjente] *m/f* **1.** Patient *m/f; adj* **2.** geduldig, ausdauernd
pacificación [paθifika'θjɔn] *f* Befriedung *f,* Pazifizierung *f*
pacíficamente [pa'θifikamente] *adv* friedlich, pazifistisch
pacificar [paθifi'kar] *v* befrieden, Frieden bringen, Frieden stiften
pacífico [pa'θifiko] *adj* **1.** friedlich; **2.** *(tranquilo)* ruhig, still; **3.** *Oceano Pacífico GEO* Pazifik *m,* Pazifischer Ozean *m*
pacifismo [paθi'fizmo] *m* Pazifismus *m*
pacifista [paθi'fista] *m/f* **1.** Pazifist(in) *m/f; adj* **2.** pazifistisch
pactar [pak'tar] ~ *un acuerdo* vereinbaren, ausbedingen, schließen
pacto ['pakto] *m* **1.** Pakt *m,* Abkommen *n;* **2.** ~ *militar POL* Militärbündnis *n;* ~ *secreto* Geheimbund *m*
padecer [paðe'θɛr] *v irr* ~ *de* leiden an
padecimiento [paðeθi'mjento] *m* Leiden *n*
padrastro [pa'ðrastro] *m* Stiefvater *m*
padre ['paðre] *m* **1.** Vater *m;* ~ *político* Schwiegervater; *por parte del* ~ väterlicherseits; **2.** *REL* Pater *m;* ~ *espiritual* Seelsorger *m;* **3.** *Padre Nuestro REL* Vaterunser *n;* **4.** *~s pl* Eltern *pl;* *~s adoptivos* Adoptiveltern *pl;* *~s políticos* Schwiegereltern *pl;* *~s putativos/~s tutelares* Pflegeeltern *pl*
padrino [pa'ðrino] *m* **1.** Taufpate *m;* **2.** ~ *de la boda* Brautführer *m*
padrón [pa'ðrɔn] *m* **1.** Einwohnerverzeichnis *n;* **2.** Schnittmuster *n*
paella [pa'eʎa] *f GAST* Paella *f*
paga ['paɣa] *f* **1.** Zahlung *f; Puedo dejar ~ y señal.* Ich mache gerne eine Anzahlung. **2.** *(sueldo)* Lohn *m;* **3.** *MIL* Besoldung *f*
pagadero [paɣa'ðero] *adj* **1.** zahlbar; **2.** *FIN* fällig
paganismo [paɣa'nizmo] *m* Heidentum *n*
pagano [pa'ɣano] *m* Heide *m*
pagar [pa'ɣar] *v* **1.** bezahlen, auszahlen, zahlen; ~ *a cuenta* anzahlen; *Pago una ronda.* Ich gebe einen aus. **2.** *(ingresar)* einzahlen; **3.** *(devolver)* zurückzahlen, begleichen; **4.** *(fam)* blechen; **5.** *ECO* abführen; **6.** ~ *impuestos por FIN* versteuern; ~ *intereses* verzinsen; ~ *a plazos FIN* abzahlen, abstottern *(fam)*
pagaré [paɣa're] *m ECO* Schuldschein *m*
página ['paxina] *f* **1.** Seite *f;* **2.** *(fig: acontecimiento)* Seite *f,* Ereignis *n;* ~ *web f INFORM* Homepage *f,* Website *f*
pago ['paɣo] *m FIN* Zahlung *f,* Bezahlung *f,* Auszahlung *f,* Einzahlung *f;* ~ *por adelantado/~ anticipado* Vorauszahlung *f;* ~ *de alimentos* Unterhaltszahlung *f;* ~ *al contado* Barzahlung *f;* ~ *a cuenta* Abschlagszahlung *f,* Anzahlung *f;* ~ *a plazos* Abzahlung *f,* Teilzahlung *f,* Ratenzahlung *f;* ~ *posterior* Nachzahlung *f;* ~ *de derechos de aduana* Verzollung *f*
país [pa'is] *m* **1.** Land *n; del* ~ heimisch, hiesig, inländisch; ~ *de origen/~ de procedencia* Heimat *f,* Herkunftsland *n,* Ursprungsland *n;* ~ *extranjero* Ausland *n;* ~ *anfitrión* Gastgeberland *n;* **2.** ~ *del golfo POL* Golfstaat *m;* ~ *miembro* Mitgliedsstaat *n;* **3.** ~ *industrial ECO* Industrieland *n;* ~ *agrícola* Agrarland *n;* ~ *umbral* Schwellenland *n;* ~ *productor* Erzeugerland *n;* ~ *en vías de desarrollo* Entwicklungsland *n;* **4.** *~es balcánicos pl GEO* Balkanländer *pl;* *~es bálticos* Baltikum *n;* *~es tropicales* Tropen *pl;* *Países Bajos* Niederlande *pl*
paisaje [paĭ'saxe] *m* Landschaft *f*
paisano [paĭ'sano] *m* Landsmann *m*
paja ['paxa] *f* **1.** Stroh *n;* **2.** *BOT* Halm *m*
pájaro ['paxaro] *m ZOOL* Vogel *m;*

P

~ cantor Singvogel *m; ~ carpintero* Specht *m*
paje ['paxe] *m* Page *m*
pajita [pa'xita] *f* Strohhalm *m*
Pakistán [pakis'tan] *m GEO* Pakistan *n*
pala ['pala] *f* Kehrschaufel *f,* Schaufel *f*
palabra [pa'laβra] *f* **1.** Wort *n; ~ extranjera* Fremdwort *n; ~ de honor* Ehrenwort *n; sin decir una ~* wortlos; *~ por ~* wörtlich; *tener facilidad de ~s* wortgewandt sein; **2.** *(afirmativa)* Zusage *f;* **3.** *~ reservada INFORM* Codewort *n; f* **4.** *(dos Bytes) INFORM* zwei Bytes *pl*
palabrería [palaβre'ria] *f* Wortschwall *m,* Geschwätz *n,* leeres Gerede *n; ¡ Basta de palabrería!* Schluss mit dem Geschwätz!
palabrota [pala'βrota] *f* Kraftausdruck *m,* Schimpfwort *n*
palaciego [pala'θjeɣo] *adj* höfisch, Hof…
palacio [pa'laθjo] *m* Palast *m,* Schloss *n*
palada [pa'laða] *f una ~* eine Schaufel voll; Ruderschlag
paladar [pala'ðar] *m* **1.** *ANAT* Gaumen *m;* **2.** *~ fino* Leckermaul *n; tener buen ~* einen guten Geschmack haben
palanca [pa'laŋka] *f TECH* Hebel *m; ~ de mando* Steuerknüppel *m; ~ de cambio/~ de marchas* Schalthebel *m*
palatal [pala'tal] *adj LING* Gaumen…
palco ['palko] *m THEAT* Loge *f*
Palestina [pales'tina] *f GEO* Palästina *n*
palestino [pales'tino] *m* Palästinenser *m*
paleta [pa'leta] *f* **1.** Kelle *f;* **2.** *ART* Palette *f;* **3.** *TECH* Palette *f;* **4.** *(fig: espectro)* Spektrum *n,* Palette *f*
paleto [pa'leto] *m (jayán)* Tölpel *m,* Flegel *m*
paliativo [paljatiβo] *m* **1.** *MED* Linderung *f;* **2.** *(medios auxiliares)* Linderungsmittel *n,* Hilfsmittel *n,* unterstützende Maßnahmen *pl*
palidecer [paliðe'θer] *v irr* **1.** verblassen, bleich werden; **2.** *(aclarar algo)* bleichen
palidez [pali'ðeθ] *f* Blässe *f*
pálido ['paliðo] *adj* blass, bleich, fahl; *~ como un muerto* leichenblass; *~ del susto* schreckensbleich
paliza [pa'liθa] *f* Prügel *pl; pegarse una ~ (fig)* schwere Arbeit verrichten
palma ['palma] *f* **1.** Palmzweig *m;* **2.** *(de la mano) ANAT* Handfläche *f; dar ~s* in die Hände klatschen
palmada [pal'maða] *f* Schlag *m,* Handfläche *f*
palmario [pal'marjo] *adj ser ~* handgreiflich, offensichtlich, auf der Hand liegend
palmera [pal'mera] *f BOT* Palme *f*
palmeta [pal'meta] *f* Rute *f,* Klatsche *f*
palo ['palo] *m* **1.** Stange *f,* Knüppel *m,* Pfahl *m;* **2.** *~ de golf SPORT* Golfschläger *m;* **3.** *dar ~s a alguien* verprügeln *n*
paloma [pa'loma] *f ZOOL* Taube *f*
palomar [palo'mar] *m* Taubenhaus *n,* Taubenschlag *m*
palomita [palo'mita] *f* Popcorn *n*
palpable [pal'paβle] *adj* spürbar, greifbar
palpar [pal'par] *v* anrühren, anfassen, spüren, berühren
palpitaciones [palpita'θjones] *f/pl* Herzklopfen *n*
palpitante [palpi'tante] *adj* **1.** zuckend, klopfend; **2.** *(fig: lleno de vida)* lebendig, pulsierend; *Rio de Janeiro es una ciudad palpitante.* Rio de Janeiro ist eine Stadt voller Leben.
palpitar [palpi'tar] *v* klopfen
palúdico [pa'luðiko] *adj MED* malariakrank, fiebergeschüttelt
paludismo [palu'ðizmo] *m MED* Malaria *f,* Sumpffieber *n*
palurdo [pa'lurðo] *m* Tölpel *m,* Grobian *m,* dummer Mensch *m; ¡Tus amigos son unos palurdos!* Deine Freunde sind mir schöne Grobiane! *adj* grob, tölpelhaft, dumm
pampa ['pampa] *f GEOL* Ebene *f*
pan [pan] *m GAST* Brot *n; Más ~, por favor.* Noch etwas Brot, bitte. *ser más bueno que el ~* ausgezeichnet schmecken; *~ blanco* Weißbrot *n; ~ de centeno* Roggenbrot *n; ~ integral* Vollkornbrot *n; ~ con mantequilla* Butterbrot *n; ~ negro* Schwarzbrot *n; ~ rallado* Paniermehl *n,* Semmelbrösel *pl*
pana ['pana] *f* Kordsamt *m,* Kord *m*
panacea [pana'θea] *f* Allheilmittel *n*
panadería [panaðe'ria] *f* Bäckerei *f*
panadero [pana'ðero] *m* Bäcker *m*
panal [pa'nal] *m* Wabe *f*

P

pancarta [paŋ'karta] *f* Transparent *n*
pancito [pan'θito] *m* (LA) Brötchen *n*
páncreas ['paŋkreas] *m* ANAT Bauchspeicheldrüse *f*
panda ['panda] *m* *oso* ~ ZOOL Pandabär *m*
pandilla [pan'diʎa] *f* Bande *f*
panecillo [pane'θiʎo] *m* Brötchen *n*, Semmel *f*
panegírico [pane'xiriko] *m* Lobrede *f*
panel [pa'nɛl] *m* **1.** Anzeigetafel *f*; ~ *solar* TECH Sonnenkollektor *m*; **2.** *(grupo de personas)* Gruppe *f*, Kollegium *n*, Panel *n*; *el ~ de los competidores* die Gruppe der Wettbewerbsteilnehmer; *el ~ de los acusados* die Gruppe der Angeklagten
panelista [pane'lista] *m/f* Angehörige(r) einer Gruppe *m/f*, Mitglied eines Gremiums *n*
panfleto [pan'fleto] *m* Pamphlet *n*, Streitschrift *f*
pánico ['paniko] *m* Panik *f*
panificar [panifi'kar] *v* Brot herstellen, Brot backen
panorama [pano'rama] *f* Anblick *m*, Panorama *n*, Aussicht *f*, Überblick *m*
panorámico [pano'ramiko] *adj* Panorama...
pantalla [pan'taʎa] *f* **1.** Blende *f*; **2.** *(lámpara)* Lampenschirm *m*; **3.** CINE Leinwand *f*; *llevar a la ~* verfilmen; **4.** *(televisión)* Bildschirm *m*; ~ *plana f* Flachbildschirm *m*
pantalón [panta'lɔn] *m* **1.** Hose *f*; *llevar los pantalones (fig)* die Hosen anhaben; **2.** *pantalones cortos pl* Shorts *pl*
pantano [pan'tano] *m* Moor *n*, Morast *m*, Sumpf *m*
pantera [pan'tera] *f* ZOOL Panther *m*
pantomima [panto'mima] *f* Pantomime *f*
pantomímico [panto'mimiko] *adj* pantomimisch, nur angedeutet
pantorrilla [pantɔ'rriʎa] *f* ANAT Wade *f*
pantufla [pan'tufla] *f/pl* Pantoffel *m*
panty ['panti] *m* Strumpfhose *f*
panzudo [pan'θuðo] *adj* bauchig
pañal [pa'ɲal] *m* Windel *f*
paño ['paɲo] *m* Tuch *n*; ~ *de salvamento* Sprungtuch *n*
pañuelo [pa'ɲwelo] *m* Tuch *n*; *(de bolsillo)* Taschentuch *n*; *(para la cabeza)* Kopftuch *n*; *(para el cuello)* Halstuch *n*

P

papa ['papa] *m* **1.** REL Papst *m*; *f* **2.** (LA) GAST Kartoffel *f*; *~s fritas* Pommes frites *pl*; *~s cocidas* Salzkartoffeln *pl*
papá [pa'pa] *m* **1.** Papa *m*; **2.** *Papá Noel* Weihnachtsmann *m*
papada [pa'paða] *f* Doppelkinn *n*
papagayo [papa'ɣajo] *m* Papagei *m*
papal [pa'pal] *adj* REL päpstlich
paparrucha [papa'rrutʃa] *f* *(fam)* Falschmeldung *f*, leeres Gerede *n*
papaya [pa'paja] *f* BOT Papaya *f*
papel [pa'pɛl] *m* **1.** Papier *n*, Tapete *f*; ~ *carbón* Kohlepapier *n*; ~ *de carta(s)* Briefpapier *n*; ~ *de empaquetar* Packpapier *n*; ~ *de filtro* Filterpapier *n*; ~ *higiénico* Toilettenpapier *n*; ~ *satinado* Glanzpapier *n*; ~ *viejo* Altpapier *n*; *Necesito una hoja de ~.* Ich brauche ein Blatt Papier. *Ya no hay más ~ higiénico.* Es gibt kein Toilettenpapier mehr. **2.** THEAT Rolle *f*; ~ *principal/~ de protagonista* CINE Hauptrolle *f*; **3.** *perder los ~es (fig)* ausrasten; **4.** *~es de identidad* Papiere *pl*
papelera [pape'lera] *f* Papierkorb *m*
papeleta [pape'leta] *f* Zettel *m*; ~ *de votación* Stimmzettel *m*
papelito [pape'lito] *m* Zettel *m*
papera [pa'pera] *f* *~s pl* MED Mumps *m*
papilla [pa'piʎa] *f* **1.** *(para niños)* GAST Brei *m*; ~ *de avena* Haferbrei *m*; **2.** *volver ~ a alguien (fam)* Kaputtmachen (von einer Person) *n*, Fertigmachen *n*
paquete [pa'kete] *m* Paket *n*, Packung *f*, Schachtel *f*; ~ *de cigarrillos* Zigarettenschachtel *f*; **2.** ~ *de aplicaciones* INFORM Paket *n*
paquetito [pake'tito] *m* Päckchen *n*
par [par] *m* **1.** Paar *n*; **2.** ~ *de giro* PHYS Drehmoment *n*; *adj* **3.** paar; *estar a la ~* quitt sein; **4.** MATH gerade Zahl
para ['para] *prep* **1.** *(hasta)* bis; **2.** ~ *alguien* für jdn; **3.** *(hacia)* nach, zu; ~ *abajo* herab, hinab; ~ *acá* hierher; ~ *adentro* hinein; ~ *allá* hin; ~ *atrás* rückwärts; *konj* **4.** um, zu; ~ *lo cual* für denjenigen, der; ~ *esto* dafür; ~ *finalizar* schließlich; ~ *nada* umsonst; *¿Para qué?* Wozu? ~ *que* damit
parabién [para'βjen] *m* Wunsch *m*, Glückwunsch *m*
parábola [pa'raβola] *f* **1.** *(fábula o historia)* Parabel *f*, Gleichnis *n*; **2.** *(figura geométrica)* MATH Parabel *f*

parabólico [para'βolikɔ] *adj MATH* parabolisch
parabrisas [para'βrisas] *m* Windschutzscheibe *f*
paracaídas [paraka'iðas] *m* Fallschirm *m*
parachoques [para'tʃokes] *m* Stoßstange *f*
parada [pa'raða] *f* **1.** *(huelga)* Stillstand *m;* **2.** *(estación)* Station *f;* ~ *de autobuses* Bushaltestelle *f; ¿Dónde está la ~ más cercana?* Wo ist die nächste Haltestelle? ~ *de taxis* Taxistand *m;* **3.** *(desfile)* Parade *f*
paradigma [para'ðiɣma] *m* **1.** *(ejemplo)* Paradigma *n,* Musterbeispiel *n; Esa situación es un paradigma de la decadencia de...* Diese Situation ist ein Musterbeispiel für die Dekadenz von ... **2.** *LING* Flexionsformen *pl,* Flexionsmuster *n;* **3.** *(modelo teórico)* Beispiel *n,* Muster *n*
paradisíaco [paraði'siako] *adj* paradiesisch
parado [pa'raðo] *adj* **1.** stehend; **2.** *(sin trabajo)* arbeitslos, erwerbslos; *m* **3.** Arbeitsloser *m*
paradoja [para'ðɔxa] *f* Paradoxon *n*
paradójico [para'ðɔxiko] *adj* paradox
parador [para'ðɔr] *m (en España)* staatliches Hotel *n*
parafina [para'fina] *f CHEM* Paraffin *n*
paráfrasis [pa'rafrasis] *f GRAMM* Umschreibung *f,* Paraphrase *f*
parágrafo [pa'raɣrafo] *m* Absatz *m,* Paragraf *m*
paraguas [pa'raɣwas] *m* Regenschirm *m,* Schirm *m;* ~ *de bolsillo* Taschenschirm *m*
Paraguay [para'ɣuaĭ] *GEO* Paraguay *n*
paragüero [para'ɣwero] *m* Schirmständer *m*
paraíso [para'iso] *m* **1.** Paradies *n;* **2.** *THEAT* Galerie *f*
paraje [pa'raxe] *m* Gegend *f*
paralela [para'lela] *f* Parallele *f*
paralelismo [parale'lizmo] *m* Parallelismus *m*
paralelo [para'lelo] *adj* **1.** parallel; **2.** *procesamiento ~ INFORM* parallel, entsprechend, vergleichbar
paralelogramo [paralelo'ɣramo] *m MATH* Parallelogramm *n*
parálisis [pa'ralisis] *f MED* Lähmung *f*
paralítico [para'litiko] *adj MED* gelähmt
paralización [paraliθa'θjɔn] *f* **1.** Stillstand *m;* **2.** *ECO* Stagnation *f*
paralizado [parali'θaðo] *adj MED* gelähmt
paralizar [parali'θar] *v* **1.** stilllegen; **2.** *ECO* stagnieren
parámetro [pa'rametro] *m* Parameter *m*
paramilitar [paramili'tar] *adj* paramilitärisch, militärähnlich
páramo ['paramo] *m* Ödland *n,* kahle Hochfläche *f*
paranoia [para'noja] *f MED* Paranoia *f*
paraplejía [paraple'xia] *f* doppelseitige Lähmung *f;* ~ *por corte medular* Querschnittslähmung *f*
parapsicología [parasikolo'xia] *f* Parapsychologie *f*
parar [pa'rar] *v* **1.** *(detenerse)* anhalten; *¿Cuánto tiempo para el avión?* Wie lange hat das Flugzeug Aufenthalt? **2.** *(apagar)* abschalten; **3.** *(interrumpir)* unterbrechen; *sin ~* unentwegt; **4.** *(contener)* hemmen; **5.** *(detener)* stoppen; **6.** *SPORT* parieren
pararrayos [para'rrajos] *m TECH* Blitzableiter *m*
pararse [pa'rarse] *v* einhalten, Halt machen, innehalten
parasitario [parasi'tarjo] *adj* parasitär
parásito [pa'rasito] *m* Parasit *m,* Schädling *m*
parataxis [para'taɣsis] *f GRAMM* Parataxis *f*
parcela [par'θela] *f* Parzelle *f,* Landstück *n;* ~ *de pastos* Koppel *f*
parcelar [parθe'lar] *v AGR* parzellieren, in Parzellen aufteilen
parche ['partʃe] *m* Flicken *m*
parcial [par'θjal] *adj* parteiisch
parcialidad [parθjali'ðað] *f* Befangenheit *f,* Voreingenommenheit *f*
parcializado [parθjali'θaðo] *adj* parteiisch; *El juez está parcializado.* Der Richter ist parteiisch eingestellt.
parcializarse [parθjali'θarse] *v* Partei ergreifen, sich auf eine Seite schlagen
parcialmente [parθjal'mente] *adv* *(por partes)* teilweise
parco ['parko] *adj* karg; ~ *en palabras* wortkarg

pardal [par'ðal] *m* ZOOL Sperling *m*
pardo ['parðo] *adj* braun
pardusco [par'ðusko] *adj* bräunlich
parecer [pare'θɛr] *v irr* **1.** vorkommen, scheinen, erscheinen, aussehen; *~ a* ähneln; **2.** *según ~* anscheinend; *m* **3.** Ermessen *n,* Stellungnahme *f*
parecerse [pare'θɛrse] *v irr* sich ähneln; *~ a alguien* jdm ähneln
parecido [pare'θiðo] *adj* **1.** ähnlich; *~ bien* nett aussehend; *m* **2.** Ähnlichkeit *f*
pared [pa'reð] *f* Wand *f; de ~es delgadas* hellhörig *(fig),* dünnwandig
pareja [pa'rɛxa] *f* **1.** Paar *n; ~ de enamorados* Liebespaar *n;* **2.** *por ~s* paarweise
parentela [paren'tela] *f* Verwandtschaft *f*
parentesco [paren'tesko] *m* Verwandtschaft *f*
paréntesis [pa'rentesis] *m* Klammer *f*
paria ['parja] *m* **1.** *(miembro de una casta de la India)* GEO Paria *m;* **2.** *(fig)* Paria *m,* wenig geachtete Person *f*
paridad [pari'ðað] *f* **1.** Parität *f;* **2.** *(en la transmisión de datos)* INFORM Parität *f; test de ~ m* Paritätstest *m*
pariente [pa'rjente] *m/f* **1.** Familienangehörige(r) *m/f,* Verwandte(r) *m/f; adj* **2.** *~ de* verwandt mit
parificación [parifika'θjɔn] *f* Beweisen *n,* Angleichung *f*
parificar [parifi'kar] *v* durch ein Beispiel beweisen, belegen
parir [pa'rir] *v* gebären
París [pa'ris] GEO Paris
paritario [pari'tarjo] *adj* paritätisch
parking ['parkiŋ] *m* Parkplatz *m,* Parkhaus *n*
parkour [par'kur] *m* SPORT Parkour *n (free-running)*
parla ['parla] *f* Geschwätzigkeit *f,* Wortschwall *m*
parlamentar [parlamen'tar] *v* **1.** *(hablar)* im Parlament sprechen; **2.** *(discutir para llegar a un acuerdo)* parlamentieren, im Parlament die Meinung vertreten
parlamentario [parlamen'tarjo] *m* **1.** POL Parlamentarier *m; adj* **2.** POL parlamentarisch
parlamento [parla'mento] *m* POL Parlament *n; ~ autónomo* Landtag *m; Parlamento Europeo* Europaparlament *n*
parlar [par'lar] *v* plappern, schwatzen
parlería [parle'ria] *f* Geschwätz *n,* Klatscherei *f*
parlero [par'lero] *adj* geschwätzig, schwatzend
parlotear [parlote'ar] *v* plappern
parloteo [parlo'teo] *m* Geplapper *n*
paro[1] ['paro] *m* Arbeitslosigkeit *f*
paro[2] ['paro] *m (huelga)* Stillstand *m*
paro[3] ['paro] *m* ZOOL Meise *f*
parodia [pa'roðja] *f* Imitation *f,* Nachahmung *f,* Parodie *f*
parodiar [paro'ðjar] *v* nachahmen, parodieren
parodista [paro'ðista] *m/f* Parodist(in) *m/f*
parpadear [parpaðe'ar] *v* blinzeln, zwinkern
párpado ['parpaðo] *m* ANAT Augenlid *n,* Lid *n*
parque ['parke] *m* **1.** Park *m,* Anlage *f;* **2.** *~ de diversiones (LA)* Vergnügungspark *m;* **3.** *~ nacional* Nationalpark *m;* **4.** *~ zoológico* Tiergarten *m,* Zoo *m;* **5.** *~ infantil/~ para niños* Spielplatz *m; ¿Hay aquí un ~ infantil?* Gibt es hier einen Spielplatz?
parquear [parke'ar] *v (LA)* parken
parquet [par'kɛt] *m* Parkett *n*
parquímetro [par'kimetro] *m* Parkuhr *f*
parrafear [parrafe'ar] *v* schwatzen, sich unterhalten
párrafo ['parrafo] *m* Absatz *m,* Paragraph *m*
parranda [pa'rranda] *f irse de ~* einen Bummel machen *m,* bummeln gehen
parrandear [parrande'ar] *v* bummeln, schlendern
parricidio [parri'θiðjo] *m* Vatermord *m,* Verwandtenmord *m,* Kindermord *m*
parrilla [pa'rriʎa] *f* Rost *m,* Grill *m*
párroco ['parrɔko] *m* REL Pfarrer *m*
parroquia [pa'rrɔkja] *f* REL Pfarramt *n,* Kirchengemeinde *f*
parroquial [parro'kjal] *adj* Pfarr…
parte ['parte] *f* **1.** Stück *n,* Teil *m,* Anteil *m,* Partie *f; ~ débil* Schwachstelle *f; ~ delantera* Vorderteil *n; ~ de enlace* Verbindungsglied *n; en gran ~* weitgehend; *~ inferior* Unterteil *n; en la ~ inferior* unten; *la mayor ~* der größte

Teil *m*, die Mehrheit *f*; *la mayor ~ del tiempo* meistens; *en su mayor ~* überwiegend; *en ninguna ~* nirgends, nirgendwo; *por otra ~* andererseits; *en la ~ posterior* hinten; *en la ~ superior* oben; *tomar ~ en* teilnehmen an, sich beteiligen an, mitmachen bei; *en ~* teilweise; **2.** *m (informe)* Meldung *f*; *~ médico* ärztliches Bulletin *n*; *~ meteorológico* Wetterbericht *m*; **3.** *(contribución)* Beitrag *m*; **4.** *~ contratante* Vertragspartner *m*, Partner *m*; **5.** *~s contratantes pl* Tarifpartner *pl*; **6.** *~s negociadoras pl* Verhandlungspartner *pl*

partera [par'tera] *f* Hebamme *f*

partición [parti'θjɔn] *f* **1.** Teilung *f*; **2.** *(en un disco duro)* INFORM Partition *f*; *~ primaria* Primärpartition; *~ lógica* logische Partition

particionar [partiθjo'nar] *v ~ un disco duro* INFORM einrichten (eine Festplatte)

participación [partiθipa'θjɔn] *f* **1.** Anteilnahme *f*, Beteiligung *f*, Teilnahme *f*; **2.** *~ en los beneficios* ECO Gewinnbeteiligung *f*; **3.** *~ electoral* POL Wahlbeteiligung *f*; **4.** *(informe)* Meldung *f*; *~ de boda* Heiratsanzeige *f*; **5.** *(de los socios)* Partnerschaft *f*

participante [partiθi'pante] *m/f* **1.** Beteiligte(r) *m/f*, Teilnehmer(in) *m/f*; *no ~* unbeteiligt; **2.** ECO Gesellschafter(in) *m/f*

participar [partiθi'par] *v* **1.** *(informar)* melden, mitteilen; **2.** *~ de / ~ en* sich beteiligen an, teilnehmen an, mitmachen bei; *~ en la gestión* mitbestimmen; *hacer ~ a alguien de algo* jdn an etw beteiligen; *no ~ más* aussteigen; **3.** *~ de las ganancias* ECO teilnehmen, Anteil haben

participio [parti'θipjo] *m* GRAMM Partizip *n*

partícula [par'tikula] *f* **1.** *~ subatómica* PHYS Partikel *f*, Teilchen *n*; *acelerador de ~s* Teilchenbeschleuniger; **2.** GRAMM Partikel *f*

particular [partiku'lar] *adj* besondere(r,s), außerordentlich, speziell

particularmente [partikular'mente] *adv* einzigartig, insbesondere

partida [par'tiða] *f* **1.** Abreise *f*, Aufbruch *m*; **2.** *(al extranjero)* Ausreise *f*; **3.** *(marcha)* Abmarsch *m*; **4.** *(del avión)* Abflug *m*; **5.** *(salida)* Abfahrt *f*; **6.** *(juego)* SPORT Spiel *n*; **7.** *~ de ajedrez* Schachpartie *f*; **8.** *(comienzo)* Start *m*; **9.** *(documento)* Urkunde *f*; *~ de bautismo* Taufschein *m*; *~ de defunción* Sterbeurkunde *f*, Totenschein *m*; *~ de matrimonio* Heiratsurkunde *f*, Trauschein *m*; *~ de nacimiento* Geburtsurkunde *f*

partido [par'tiðo] *m* **1.** Partie *f*; **2.** POL Partei *f*; *~ ecologista* Die Grünen *pl*; *~ integrante* Koalitionspartner *m*; *por encima de los ~s* überparteilich; *en el seno del ~* innerparteilich; *tomar ~ por* Parte ergreifen für *f*; **3.** SPORT Spiel *n*; *~ en casa* Heimspiel *n*; *~ fuera de casa* Auswärtsspiel *n*

partir [par'tir] *v* **1.** *(de ... hacia)* abfahren (von ... nach), abreisen; *(al extranjero)* ausreisen; **2.** *a ~ de* ab, seit, von; **3.** *(repentinamente)* aufbrechen; **4.** *(distribuir)* abteilen; **5.** *~ a hachazos* abhacken; *~ por la mitad/~ en dos partes iguales* halbieren

partirse [par'tirse] *v* auseinanderbrechen; *~ en dos* entzweigehen; *~ de risa* sich schieflachen

partisano [parti'sano] *m* POL Partisan *m*

partitura [parti'tura] *f* MUS Partitur *f*

parto ['parto] *m* MED Entbindung *f*; *~ prematuro* Frühgeburt *f*

pasa ['pasa] *f* Rosine *f*

pasada [pa'saða] *f* Vorübergehen *n*, Durchgang *m*; *de ~* beiläufig

pasadero [pasa'ðero] *adj* vorübergehend, nicht lange anhaltend, vergänglich

pasado [pa'saðo] *m* **1.** Vergangenheit *f*; *adj* **2.** vergangene(r, s), letzte(r, s); *el año ~* letztes Jahr; *la semana pasada* vorige Woche; **3.** *(lejano)* fern, vorig, abgestanden; *~ de moda* altmodisch, rückständig; **4.** *~ mañana* übermorgen; **5.** *estar ~* verdorben; *La carne está pasada.* Das Fleisch ist verdorben. *Las frutas están pasadas.* Das Obst ist verdorben. *adv* **6.** vorbei, vorüber

pasador [pasa'ðɔr] *m* **1.** TECH Durchschlag *m*; **2.** *(asidero)* Griff *m*; **3.** *(picaporte)* Türklinke *f*; **4.** *(cerrojo)* TECH Sicherung *f*; **5.** *(de pelo)* Haarspange *f*; **6.** *(colador)* Sieb *n*

P

pasaje [pa'saxe] *m* **1.** Durchgang *m*, Passage *f;* **2.** *(galería)* Galerie *f;* **3.** *(de un libro)* Passage *f;* **4.** MUS Passage *f*

pasajero [pasa'xero] *m* **1.** Fahrgast *m*, Passagier *m*, Insasse *m; ~ de avión* Fluggast *m; ~ sin boleto (LA)* Schwarzfahrer *m; adj* **2.** vorübergehend, vergänglich, zeitlich

pasaporte [pasa'pɔrte] *m* Reisepass *m*

pasar [pa'sar] *v* **1.** passieren, geschehen, vorkommen; *¿Qué ha pasado?* Was ist geschehen? *algo pasa a alguien* jdm passiert etw; **2.** *~ por* passieren, vorbeigehen an, vorbeikommen an; *¿Ya ha pasado?* Ist es schon vorbei? *Yo ~é.* Ich komme vorbei. *~ por agua fría (los huevos)* abschrecken; *~ por algún sitio* durchfahren; *~ por alto (a propósito)* übersehen; *~ corriendo* durchlaufen; *~ delante de* vorbeikommen; *~ por delante de* vorbeigehen an; *~ una noche en vela* eine Nacht durchwachen; *~ en coche por algún sitio* durchfahren; *~ a* weitergeben an; *~ de mano en mano* herumreichen; **3.** *(un tiempo)* verbringen, verleben; *~ frío* frieren; *~ la noche en* übernachten; *~ el tiempo* die Zeit vertreiben; *¡Que lo pase bien!* Alles Gute!/ Viel Spaß! **4.** *(sobre~)* überholen; **5.** *~ a máquina* abtippen; **6.** *(entrar)* hereinkommen; *hacer ~* hereinlassen; **7.** *(las horas)* vergehen; **8.** *(alcanzar)* reichen; **9.** *(colar)* sieben

pasarse [pa'sarse] *v* **1.** übertreten; *~ al lado del enemigo* zum Feind überlaufen; **2.** *(exagerar)* übertreiben

pasatiempo [pasa'tjempo] *m* Zeitvertreib *m*

Pascua ['paskwa] *f (de Resurrección)* Ostern *n; ¡Felices ~s!* Frohe Ostern!

paseante [pase'ante] *m/f* Spaziergänger(in) *m/f*

pasear [pase'ar] *v* spazieren, laufen; *~ en coche* ausfahren; *ir a ~* spazieren gehen

paseo [pa'seo] *m* **1.** Spaziergang *m; ¿Vamos a dar un ~?* Wollen wir spazieren gehen? *~ en bus* Busrundfahrt *f; ~ a caballo* Ritt *m; ~ en coche* Rundfahrt *f*, Spazierfahrt *f; ~ por el puerto* Hafenrundfahrt *f; ~ en trineo* Schlittenfahrt *f;* **2.** *(avenida)* Allee *f*

P

pasillo [pa'siʎo] *m (de la casa)* Flur *m*, Hausflur *m*, Gang *m*

pasión [pa'sjɔn] *f* **1.** Leidenschaft *f;* **2.** *(fig)* Schwarm *m;* **3.** REL Leiden *n*

pasito [pa'sito] *adv* langsam

pasividad [pasiβi'ðað] *f* Passivität *f*

pasivo [pa'siβo] *adj* **1.** passiv, untätig; *m* **2.** ECO Passiva *pl*

paso ['paso] *m* **1.** Tritt *m*, Schritt *m; ~ en falso* Fehltritt *m; estar a dos ~s* einen Katzensprung entfernt sein; *~ a ~* schrittweise; *~ de tortuga* Schneckentempo *n;* **2.** *(al curso siguiente)* Versetzung *f;* **3.** *(pasaje)* Passage *f*, Durchgang *m;* **4.** *(cruce)* Übergang *m; ~ de la frontera* Grenzübertritt *m; ~ a nivel* Bahnübergang *m; ~ de peatones* Fußgängerübergang *m; ~ subterráneo* Unterführung *f; ~ a bajo nivel* Bahnunterführung *f;* **5.** *(de montaña)* Pass *m;* **6.** *(de una quebrada)* Schlucht *f;* **7.** *de ~ (temporal)* vorübergehend; *estar de ~* auf der Durchreise sein

pasta ['pasta] *f* **1.** GAST Paste *f*, Teig *m;* **2.** *(LA: papilla, puré)* GAST Brei *m*, Nudeln *pl; ~ flora* Mürbeteig *m;* **3.** *~ dentífrica* Zahnpasta *f*, Zahncreme *f;* **4.** *(fam)* Kohle *f;* **5.** *~s alimenticias pl* Teigwaren *pl*

pastar [pas'tar] *v* grasen

pastel [pas'tɛl] *m* **1.** GAST Kuchen *m;* **2.** *~es pl* GAST Gebäck *n*

pastelería [pastele'ria] *f* **1.** Gebäck *n;* **2.** *(negocio)* Konditorei *f*

pastelero [paste'lero] *m* Konditor *m*

pastilla [pas'tiʎa] *f* **1.** MED Tablette *f; ~ para dormir* Schlaftablette *f; Necesito ~s suaves para dormir.* Ich brauche leichte Schlaftabletten. **2.** *(unidad)* Stück *n*, Tafel *f; ~ de jabón* Stück Seife *n; ~ de chocolate* Tafel Schokolade *f;* **3.** *ir a toda ~ (fig)* rasen

pastizal [pasti'θal] *m* BOT Weide *f*

pasto ['pasto] *m* BOT Weide *f*

pastor [pas'tɔr] *m* **1.** Hirte *m*, Schäfer *m;* **2.** *~ alemán* ZOOL Schäferhund *m;* **3.** REL Pastor *m*

pastura [pas'tura] *f* Weiden *n*

pata ['pata] *f* **1.** *(de animal)* ZOOL Bein *n*, Pfote *f;* **2.** *(de muebles)* Bein *n;* **3.** *mala ~* Schlamassel *n*, Pech *n; meter la ~* ins Fettnäpfchen treten; *estirar la ~* abkratzen

patada [pa'taða] *f* Tritt *m*
patalear [patale'ar] *v* mit den Füßen strampeln, trampeln
patán [pa'tan] *m (fam)* Grobian *m,* Tölpel *m*
patata [pa'tata] *f* **1.** *BOT* Kartoffel *f;* **2.** *~s fritas pl GAST* Pommes frites *pl,* Kartoffelchips *pl; ~s hervidas/~s cocidas pl* Salzkartoffeln *pl*
paté [pa'te] *m GAST* Pastete *f*
patear [pate'ar] *v* **1.** treten; **2.** *(continua y fuertemente)* trampeln
patearse [pate'arse] *v* herumlaufen, ablaufen; *~ la ciudad* die Stadt ablaufen
patentar [paten'tar] *v* patentieren
patente [pa'tente] *adj* **1.** offenbar; *f* **2.** Patent *n;* **3.** *ECO* Gewerbeschein *m*
patentizar [patenti'θar] *v* patentieren, ein Patent geben, patentieren lassen
paternal [pa'tɛrnal] *adj* väterlich
paternalismo [patɛrna'lizmo] *m* Bevormundung *f*
paternidad [patɛrni'ðað] *f* Vaterschaft *f*
paterno [pa'tɛrno] *adj* väterlich
patetismo [pate'tizmo] *m* Pathos *n*
patibulario [patiβu'larjo] *adj* Galgen..., Schafott...
patíbulo [pa'tiβulo] *m* Galgen *m*
patín [pa'tin] *m SPORT* Rollschuh *m; ~ para hielo* Schlittschuh *m; mono ~* Skateboard *n*
pátina ['patina] *f* Patina *f*
patinador(a) [patina'ðɔr/patina'ðora] *m/f* **1.** *(sobre el hielo) SPORT* Eiskunstläufer(in) *m/f;* **2.** *(sobre ruedas) SPORT* Rollschuhfahrer(in) *m/f*
patinaje [pati'naxe] *m SPORT* Rollschuhlaufen *n; ~ sobre hielo* Schlittschuhlaufen *n; ~ artístico* Eiskunstlauf *m*
patinar [pati'nar] *v* **1.** schleudern, rutschen; **2.** *SPORT* Schlittschuh laufen, Rollschuh laufen
patinete [pati'nete] *m* Roller *m*
patio ['patjo] *m* Hof *m; al ~* zum Hof
pato ['pato] *m* **1.** *ZOOL* Ente *f;* **2.** *~ macho* Enterich *m*
patología [patolɔ'xia] *f MED* Pathologie *f*
patológico [pato'lɔxiko] *adj* **1.** krankhaft; **2.** *MED* pathologisch
patólogo [pa'tɔloɣo] *m MED* Pathologe *m*
patraña [pa'traɲa] *f* Bluff *m,* Flausen *pl*
patrañero [patra'ɲero] *m* Lügner *m,* Schwindler *m*
patria ['patrja] *f* Heimat *f; sin ~* heimatlos
patriarca [pa'trjarka] *m* Patriarch *m*
patriarcal [patrjar'kal] *adj* patriarchalisch
patricidio [patri'θiðjo] *m* Vatermord *m*
patrimonio [patri'monjo] *m* **1.** Vermögen *n; ~ nacional* Staatseigentum *n;* **2.** *~ hereditario BIO* Erbgut *n*
patrio ['patrjo] *adj* Vater...
patriota [pa'trjota] *m/f* Patriot(in) *m/f*
patriotería [patrjote'ria] *f* Chauvinismus *m*
patriotero [patrjo'tero] *adj* chauvinistisch
patriótico [pa'trjotiko] *adj* patriotisch
patriotismo [patrjo'tizmo] *m* Patriotismus *m; ~ de campanario* Lokalpatriotismus *m*
patrocinador(a) [patroθina'ðɔr/patroθina'ðora] *m/f* Schirmherr(in) *m/f,* Sponsor(in) *m/f,* Förderer/Förderin *m/f*
patrocinar [patroθi'nar] *v* sponsern
patrón [pa'trɔn] *m* **1.** Chef *m,* Arbeitgeber *m;* **2.** *(patrocinador)* Schirmherr *m,* Patron *m;* **3.** *(LA: propietario)* Inhaber *m;* **4.** *(plantilla)* Schablone *f;* **5.** *(modelo)* Standard *m*
patrona [pa'trona] *f* Chefin *f*
patronato [patro'nato] *m* Patronat *n,* Schirmherrschaft *f*
patrono [pa'trono] *m REL* Schutzpatron *m*
patrulla [pa'truʎa] *f* Streife *f; ~ de policía* Polizeistreife *f*
patrullero [patru'ʎero] *m* Streifenwagen *m (LA)*
paulatino [paŭla'tino] *adj* allmählich
pauperismo [paŭpe'rizmo] *m* Verarmung *f,* Massenelend *n*
pauperización [paŭperiθa'θjɔn] *f* Verarmung *f*
pausa ['paŭsa] *f* **1.** Pause *f; ~ de reflexión* Denkpause *f;* **2.** *(descanso)* Rast *f; hacer una ~* Halt machen, rasten, pausieren
pauta ['paŭta] *f* Leitbild *n*

P

pautar [paŭ'tar] *v* **1.** linieren; **2.** Regeln aufstellen
pavimentar [paβimen'tar] *v* pflastern, mit Platten, etc. belegen
pavimento [paβi'mento] *m* **1.** *(en la avenida)* Straßenbelag *m,* Pflaster *n;* **2.** *(en la casa)* Estrich *m,* Bodenbelag *m*
pavo ['paβo] *m* **1.** *ZOOL* Truthahn *m; ~ real* Pfau *m; adj* **2.** blöd, doof
pavonearse [paβone'arse] *v* sich brüsten
pavor [pa'βɔr] *m* Entsetzen *n,* Grauen *n; lleno de ~* entsetzt
pavoroso [paβo'roso] *adj* schrecklich, entsetzlich, Grauen erregend
payasadas [paja'saðas] *f/pl* Faxen *pl*
payaso [pa'jaso] *m* Clown *m*
paz [paθ] *f* **1.** Frieden *m; en ~* friedlich, still, ungestört; **2.** *(tranquilidad)* Ruhe *f,* Stille *f; ¡Déjeme en ~!* Lassen Sie mich in Ruhe!
peaje [pe'axe] *m* Autobahngebühr *f*
peatón [pea'tɔn] *m* Fußgänger *m; paso de peatones* Fußgängerüberweg *m*
peca ['peka] *f* Sommersprosse *f*
pecado [pe'kaðo] *m* Sünde *f; ~ de juventud* Jugendsünde *f; ~ mortal* Todsünde *f*
pecador(a) [peka'ðɔr/peka'ðora] *m/f* Sünder(in) *m/f*
pecar [pe'kar] *v ~ contra* sündigen gegen
P
pecoso [pe'koso] *adj* sommersprossig
peculiar [peku'ljar] *adj* eigenartig, seltsam
peculiaridad [pekuljari'ðað] *f* Eigenheit *f,* Eigentümlichkeit *f*
pecuniario [peku'njarjo] *adj* finanziell
pecho ['petʃo] *m* **1.** Brust *f; a lo hecho ~* geschehen ist geschehen; *tomarse algo a ~* sich etw zu Herzen nehmen; **2.** *(seno) ANAT* Busen *m*
pedagogía [peðaɣɔ'xia] *f* Pädagogik *f*
pedagógico [peða'ɣɔxiko] *adj* erzieherisch, pädagogisch
pedagogo [peða'ɣoɣo] *m* Erzieher *m,* Pädagoge *m*
pedal [pe'ðal] *m TECH* Pedal *n; ~ de freno* Bremspedal *n*
pedalear [peðale'ar] *v* mit dem Fahrrad fahren, in die Pedale treten
pedante [pe'ðante] *m* **1.** Pedant *m; adj* **2.** herablassend, pedantisch
pedantear [peðante'ar] *v* sich pedantisch verhalten, sich schulmeisterlich verhalten
pedantería [peðante'ria] *f* Pedanterie *f,* Besserwisserei *f,* Schulfuchserei *f*
pedazo [pe'ðaθo] *m* **1.** Stück *n; ~ de papel* Zettel *m; hacer ~s* kurz und klein schlagen; **2.** *(de vidrio, de porcelana)* Scherbe *f; estar hecho ~s* kaputt sein, todmüde sein; *hacer ~s* zerbrechen; **3.** *ser un ~ de pan (fig)* sehr gutmütig sein
pederastia [peðe'rastja] *f* Päderastie *f*
pedestal [peðes'tal] *m* Sockel *m*
pediatra [pe'ðjatra] *m/f* Kinderarzt/ Kinderärztin *m/f*
pedido [pe'ðiðo] *m* **1.** *ECO* Bestellung *f,* Auftrag *m; hacer un ~* bestellen; *~ suplementario* Nachbestellung *f;* **2.** *(exigencia)* Anforderung *f*
pedigrí [peði'gri] *m ZOOL* Stammbaum *m*
pedir [pe'ðir] *v irr* **1.** anfordern, bitten, bestellen; *~ algo a alguien* von jdm etw verlangen, jdn um etw bitten; *~ informes* anfragen; *~ informaciones sobre* Informationen einholen über; *~ limosna* betteln; *~ prestado algo a alguien* etw von jdm ausleihen; *Quisiéramos ~.* Wir möchten bestellen. *Ya hemos pedido.* Wir haben bereits bestellt. *Yo no he pedido esto.* Das habe ich nicht bestellt. *Es el único favor que te he pedido.* Dies ist der einzige Gefallen, um den ich dich gebeten habe. **2.** *(exigir)* erfordern; **3.** *(exhortar)* auffordern; **4.** *(solicitar, anhelar)* begehren
pedrada [pe'ðraða] *f* Steinwurf *m*
pedregoso [peðre'ɣoso] *adj* steinig
pegado [pe'ɣaðo] *adj* **1.** *estar ~ a* hängen an; **2.** eng anliegend; *~ al cuerpo* hauteng
pegajoso [peɣa'xoso] *adj* klebrig
pegamento [peɣa'mento] *m* Klebstoff *m*
pegar [pe'ɣar] *v* **1.** kleben, verkleben, ankleben, haften; *~ al cuerpo* hauteng sein; *~ cerrando* zukleben; *~ con cola* leimen; **2.** *(maltratar)* schlagen; *~ a alguien* jdn verprügeln
pegatina [peɣa'tina] *f* Aufkleber *m,* Vignette *f*
peinado [pɛĭ'naðo] *m* Frisur *f; Quisiera un ~ nuevo.* Ich möchte eine neue Frisur.

peinar [pei̯'nar] *v* kämmen; *~ a alguien* jdn frisieren
peinarse [pei̯'narse] *v* sich kämmen
peine ['pei̯ne] *m* Kamm *m*
pelaje [pe'laxe] *m* Haarwuchs *m*, Haarfarbe *f*, Fell *n*
pelar [pe'lar] *v* schälen
pelas ['pelas] *f/pl (fam)* Knete *f*, Kohle *f*
peldaño [pɛl'daɲo] *m* Stufe *f*
pelea [pe'lea] *f* Streit *m*, Keilerei *f*
pelear [pele'ar] *v* 1. streiten; 2. *(luchar)* kämpfen, ringen
pelearse [pele'arse] *v* raufen
peletero [pele'tero] *m* Kürschner *m*
película [pe'likula] *f* CINE Film *m*; *~ de aventuras* Abenteuerfilm *m*; *~ de blanco y negro* Schwarzweißfilm *m*; *~ costumbrista* Heimatfilm *m*; *~ de largo metraje* Spielfim *m*; *~ muda* Stummfilm *m*; *~ para pantalla panorámica* Breitwandfilm *m*; *~ policíaca* Krimi *m*; *~ sentimental* Schnulze *f*; *~ de vídeo* Videofilm *m*
peligrar [peli'ɣrar] *v* in Gefahr sein; *hacer ~* gefährden
peligro [pe'liɣro] *m* 1. Gefahr *f*; *~ de aludes* Lawinengefahr *f*; *~ de caída* Absturzgefahr *f*; *~ de epidemia* Seuchengefahr *f*; *~ de muerte* Lebensgefahr *f*; *no exponer a ningún ~* verschonen; *poner en ~* gefährden; *~ de rabia* Tollwutgefahr *f*; *sin ~* sicher; *~ de zozobra* Seenot *f*; *~ terrorista m* Terrorgefahr *f*; 2. *(necesidad)* Not *f*; 3. *~ de contagio* MED Ansteckungsgefahr *f*; 4. *~ de colusión* JUR Verdunkelungsgefahr *f*
peligroso [peli'ɣroso] *adj* 1. gefährlich, riskant; *no ~* ungefährlich; 2. *(con riesgo de muerte)* lebensgefährlich
pellas ['peʎas] *f/pl* 1. Klumpen *pl*; 2. *hacer ~ (fig)* schwänzen
pellejo [pe'ʎɛxo] *m* 1. ZOOL Pelz *m*, Fell *n*; 2. GAST Pelle *f*, Schale *f*
pellizcar [peʎiθ'kar] *v* kneifen, zwicken
pellizco [pe'ʎiθko] *m* Zwicken *n*, Biss *m*
pelo ['pelo] *m* Haar *n*; *~ de camello* Kamelhaar *n*; *por un ~* um Haaresbreite; *tomar el ~ a alguien (fig)* jdn verkohlen; *no tener ~s en la lengua* nicht auf den Mund gefallen sein; *coger por los ~s* gerade noch erwischen
pelota [pe'lota] *f* Ball *m*; *~ de fútbol* Fußball *m*; *hacerle la ~ a alguien (fig)* jdm Honig um den Bart schmieren
pelotón [pelo'tɔn] *m* MIL Zug *m*, Trupp *m*
peluca [pe'luka] *f* Perücke *f*
peluche [pe'lutʃe] *m* Plüsch *m*
peludo [pe'luðo] *adj* behaart
peluquería [peluke'ria] *f* Friseursalon *m*
peluquero [pelu'kero] *m* Friseur *m*
pelvis ['pɛlβis] *f* ANAT Becken *n*
pena ['pena] *f* 1. Kummer *m*, Gram *f*, Leid *n*; *Me da ~.* Er tut mir leid./Sie tut mir leid. *~s de amor/~s del corazón* Liebeskummer *m*; 2. *(tormento)* Mühsal *f*, Pein *f*, Qual *f*; *¿Merece la ~?* Lohnt es sich? 3. *~ por* Sorge um *f*; 4. JUR Strafe *f*; *~ capital/~ de muerte* Todesstrafe *f*; *~ contractual* Konventionalstrafe *f*; *~ de prisión* Gefängnisstrafe *f*; *~ privativa de la libertad* Freiheitsstrafe *f*; *~ reglamentaria* Ordnungsstrafe *f*; 5. *(vergüenza)* Scham *f*, Schande *f* (LA)
penable [pe'naβle] *adj* JUR strafbar
penal [pe'nal] *m* 1. JUR Strafanstalt *f*; 2. (LA) SPORT Strafstoß *m*
penalty [pe'nalti] *m* SPORT Strafstoß *m*
penar [pe'nar] *v* strafen
pender [pen'dɛr] *v* hängen; *~ sobre* schweben über
pendiente [pen'djente] *f* 1. *(cuesta)* Hang *m*, Abhang *m*; *m* 2. *(colgante)* Anhänger *m*, Ohrring *m*; *adj* 3. offen; *estar ~* ausstehen; 4. *(de pago)* rückständig
péndulo ['pendulo] *m* Pendel *n*
pene ['pene] *m* ANAT Penis *m*
penetrante [pene'trante] *adj* 1. durchdringend, penetrant, tief gehend; 2. *(agudo)* grell, schrill
penetrar [pene'trar] *v* 1. durchdringen; 2. *~ en* eindringen in
penicilina [peniθi'lina] *f* MED Penicillin *n*
península [pe'ninsula] *f* Halbinsel *f*; *Península Ibérica* GEO Iberische Halbinsel *f*
penitencia [peni'tenθja] *f* Buße *f*
penitenciaría [penitenθja'ria] *f* 1. Zuchthaus *n*; 2. JUR Strafanstalt *f*
penoso [pe'noso] *adj* 1. anstrengend, schwierig, mühevoll; 2. *(doloroso)* qualvoll; 3. *(difícil)* schwer

P

pensamiento [pensa'mjento] *m* Gedanke *m*, Vorstellung *f*, Denken *n*
pensar [pen'sar] *v irr* denken, gedenken zu, überlegen; ~ *hacer* beabsichtigen, vorhaben; *Lo ~é.* Ich werde es mir überlegen. *Siempre que ella ve un avión piensa en su amigo el piloto.* Immer wenn sie ein Flugzeug sieht, denkt sie an ihren Freund, den Piloten.
pensativo [pensa'tiβo] *adj* besinnlich
pensión [pen'sjɔn] *f* **1.** Pension *f*, Altersversorgung *f*; ~ *de orfandad* Waisenrente *f*; ~ *de vejez* Pension *f*, Rente *f*, Altersrente *f*; ~ *vitalicia* Leibrente *f*; ~ *de viudez* Witwenrente *f*; **2.** *(de hospedaje)* Gästehaus *n*; ~ *completa* Vollpension *f*; *¿Puede usted recomendarme una ~?* Können Sie mir eine Pension empfehlen?
pensionista [pensjo'nista] *m/f* Rentner(in) *m/f*
Pentecostés [pentekos'tes] *m* REL Pfingsten *n*
penúltimo [pe'nultimo] *adj* vorletzte(r,s)
penuria [pe'nurja] *f* Not *f*
peña ['peɲa] *f* Klippe *f*
peñasco [pe'ɲasko] *m* Felsvorsprung *m*
peón [pe'ɔn] *m* Handlanger *m*, Hilfsarbeiter *m*
peor [pe'ɔr] *adj* schlechter, schlimmer; *en el ~ de los casos* schlimmstenfalls
pepa ['pepa] *f* Kern *m* *(LA)*
pepinillo [pepi'niʎo] *m* GAST Gewürzgurke *f*; ~ *en vinagre* Essiggurke *f*
pepino [pe'pino] *m* BOT Gurke *f*
pepita [pe'pita] *f* Kern *m*
pequeñez [peke'ɲeθ] *f* **1.** Kleinigkeit *f*, Lappalie *f*; **2.** *(carácter)* Engherzigkeit *f*
pequeño [pe'keɲo] *adj* klein
pera ['pera] *f* Birne *f*; *pedir ~s al olmo* das Unmögliche verlangen
perca ['pɛrka] *f* ZOOL Barsch *m*
percatarse [pɛrka'tarse] *v* ~ *de* merken
percepción [pɛrθeβ'θjɔn] *f* **1.** Wahrnehmung *f*; **2.** *(fig: aprehensión)* Wahrnehmung *f*
perceptible [pɛrθɛp'tiβle] *adj* merklich, spürbar, vernehmbar
percha ['pɛrtʃa] *f* **1.** Kleiderbügel *m*; **2.** *tener buena ~* eine gute Figur haben
perchero [pɛr'tʃero] *m* Kleiderständer *m*
percibir [pɛrθi'βir] *v* **1.** merken, vernehmen, wahrnehmen, bemerken; **2.** *(sentir)* spüren; **3.** *(recibir)* beziehen
perder [pɛr'ðɛr] *v irr* **1.** verlieren; *estar perdido por alguien* in jdn bis über beide Ohren verliebt sein; **2.** *(desperdiciar oportunidad)* versäumen, verpassen; **3.** *(extraviar)* verlegen; **4.** *(sacrificar)* einbüßen
perderse [pɛr'ðɛrse] *v irr* sich verlaufen, sich verirren
perdición [pɛrði'θjɔn] *f* **1.** *(ruina)* Ruin *m*; **2.** *(fig)* Verderben *n*
pérdida ['pɛrðiða] *f* **1.** Verlust *m*, Einbuße *f*; ~ *del conocimiento* Bewusstlosigkeit *f*; ~ *de la memoria* Gedächtnisschwund *m*; ~ *del tiempo* Zeitverlust *m*, Zeitverschwendung *f*; **2.** ECO Ausfall *m*; ~ *de beneficios/~ de ganancias* Gewinnausfall *m*
perdido [pɛr'ðiðo] *adj* **1.** weg, verloren; **2.** *(distraído)* geistesabwesend
perdón [pɛr'ðɔn] *m* Entschuldigung *f*, Verzeihung *f*, Vergebung *f*; *¡Perdón!* Verzeihung! Entschuldigung! *¿Perdón?* Wie bitte?/Bitte?
perdonable [pɛrðo'naβle] *adj* entschuldbar, verzeihlich
perdonar [pɛrðo'nar] *v* entschuldigen, verzeihen, vergeben
perdurable [pɛrðu'raβle] *adj* dauernd, ewig, beständig
perduración [pɛrðura'θjon] *f* Dauer *f*, Beständigkeit *f*, Ewigkeit *f*
perdurar [pɛrðu'rar] *v* lange dauern, bestehen bleiben
perecedero [pereθe'ðero] *adj* **1.** sterblich; **2.** *(cosa)* verderblich
perecer [pere'θɛr] *v irr* umkommen, eingehen, verenden; ~ *de hambre* verhungern
peregrinación [pereɣrina'θjɔn] *f* REL Wallfahrt *f*, Pilgerfahrt *f*
perejil [perɛ'xil] *m* BOT Petersilie *f*
perenne [pe'renne] *adj* immer während, ewig
pereza [pe'reθa] *f* **1.** *(flojera)* Faulheit *f*, Trägheit *f*; **2.** *(comodidad)* Bequemlichkeit *f*
perezoso [pere'θoso] *adj* **1.** *(flojo)* faul, träge; **2.** *(comodón)* bequem

perfección [pɛrfɛɣ'θjɔn] *f* Perfektion *f*, Vollkommenheit *f*; *a la* ~ vortrefflich
perfeccionamiento [pɛrfɛɣθjona'mjento] *m* 1. *(profesional)* Fortbildung *f*, Weiterbildung *f*; 2. *(segundo toque)* Überarbeitung *f*; 3. *(mejora)* Verbesserung *f*
perfeccionar [pɛrfɛɣθjo'nar] *v* verbessern, überarbeiten, vervollkommen
perfeccionarse [pɛrfɛɣθjo'narse] *v* sich fortbilden, sich weiterbilden
perfeccionista [pɛrfɛɣθjo'nista] *m/f* Perfektionist(in) *m/f*
perfecto [pɛr'fɛkto] *adj* vollkommen, meisterhaft, perfekt
perfidia [pɛr'fiðja] *f* Heimtücke *f*
pérfido ['pɛrfiðo] *adj* heimtückisch, hinterlistig
perfil [pɛr'fil] *m* 1. *TECH* Profil *n*, Kontur *f*; 2. *(fig: conjunto de rasgos)* Profil *n*
perfilar [pɛrfi'lar] *v* profilieren, im Profil darstellen, umreißen
perforación [pɛrfora θjɔn] *f* *TECH* Bohrung *f*
perforador [pɛrfora'ðɔr] *m* Locher *m*
perforadora [pɛrfora'ðora] *f* *TECH* Bohrmaschine *f*
perforar [pɛrfo'rar] *v* knipsen, lochen
perfumar [pɛrfu'mar] *v* parfümieren
perfume [pɛr'fume] *m* 1. *(olor agradable)* Duft *m*, Hauch *m*, Wohlgeruch *m*; 2. *(esencia)* Parfüm *n*
perfumería [pɛrfume'ria] *f* Parfümerie *f*
pergamino [pɛrɣa'mino] *m* Pergament *n*
pericia [pe'riθja] *f* Sachkenntnis *f*
periferia [peri'ferja] *f* Peripherie *f*, Stadtrand *m*
periférico [peri'feriko] *adj* 1. peripher; 2. *dispositivo* ~ *INFORM* Peripheriegerät *n*
perímetro [pe'rimetro] *m* Umfang *m*, Umkreis *m*
periódico [pe'rjoðiko] *m* 1. Zeitung *f*; ~ *sensacionalista* Boulevardzeitung *f*; ~ *escolar* Schülerzeitung *f*; *adj* 2. periodisch
periodismo [perjo'ðizmo] *m* Journalismus *n*
periodista [perjo'ðista] *m/f* Journalist(in) *m/f*
periodístico [perjo'ðistiko] *adj* journalistisch
período [pe'rioðo] *m* 1. Periode *f*, Abschnitt *m*; ~ *bajísimo* Talsohle *f*; ~ *glacial* Eiszeit *f*; ~ *de prueba* Probezeit *f*; ~ *de transición* Übergangszeit *f*; 2. ~ *de incubación MED* Inkubationszeit *f*; 3. ~ *legislativo POL* Legislaturperiode *f*; 4. ~ *de semidesintegración PHYS* Halbwertszeit *f*; 5. *(menstruación) MED* Menstruation *f*, Regel *f*
periquito [peri'kito] *m* *ZOOL* Wellensittich *m*
peristilo [peris'tilo] *m* Säulengang *m*
peritaje [peri'taxe] *m* Gutachten *n*
perito [pe'rito] *m* 1. Fachmann *m*, Gutachter *m*, Sachverständiger *m*; *adj* 2. sachkundig
peritonitis [perito'nitis] *f* *MED* Bauchfellentzündung *f*
perjudicar [pɛrxuði'kar] *v* 1. benachteiligen, beeinträchtigen; 2. *(dañar)* schaden, schädigen
perjudicial [pɛrxuði'θjal] *adj* schädlich, abträglich
perjuicio [pɛr'xwiθjo] *m* 1. Beeinträchtigung *f*; 2. *(daño)* Schaden *m*
perjurio [pɛr'xurjo] *m* *JUR* Meineid *m*
perla ['pɛrla] *f* Perle *f*
perlado ['per'laðo] *adj* perlweiß, perlenförmig, perlig
permanecer [pɛrmane'θɛr] *v irr* dableiben, bleiben, verweilen
permanencia [pɛrma'nenθja] *f* 1. *(estadía)* Aufenthalt *m*; 2. *(duración)* Beständigkeit *f*
permanente [pɛrma'nente] *adj* 1. ständig, andauernd, durchgehend, beständig; *f* 2. Dauerwelle *f*
permeable [pɛrme'aβle] *adj* durchlässig
permiso [pɛr'miso] *m* Erlaubnis *f*, Genehmigung *f*, Zulassung *f*; ~ *de circulación* Kraftfahrzeugschein *m*, Zulassung *f*; ~ *de conducir* Führerschein *m*; ~ *de construcción* Baugenehmigung *f*; ~ *de estudios y formación* Bildungsurlaub *m*; ~ *de importación* Einfuhrgenehmigung *f*; ~ *de residencia* Aufenthaltsgenehmigung *f*; ~ *de salida* Ausreisegenehmigung *f*; *tener* ~ *para* Erlaubnis haben für; *dar* ~ erlauben/die Erlaubnis erteilen
permitido [pɛrmi'tiðo] *adj* zulässig

P

permitir [pɛrmi'tir] *v* genehmigen, gestatten, lassen, zulassen; ~ *algo a alguien* jdm etw erlauben; *¿Me permite?* Gestatten Sie?
permitirse [pɛrmi'tirse] *v* ~ *algo* sich etw leisten, sich etw gönnen
permuta [pɛr'muta] *f* Tausch *m*
permutar [pɛrmu'tar] *v* ~ *por* tauschen gegen, einhandeln
pernoctación [pɛrnɔkta'θjɔn] *f* Übernachtung *f*
pernoctar [pɛrnɔk'tar] *v* übernachten
pero ['pero] *konj* **1.** aber; **2.** *(después de negación implícita)* doch
perpendicular [pɛrpendiku'lar] *adj* **1.** rechtwinklig; *f* **2.** *TECH* Lot *n*
perpetrar [pɛrpe'trar] *v* **1.** begehen, verüben; **2.** *(un acto criminal)* begehen
perpetuación [pɛrpetwa'θjɔn] *f* Verewigung *f*
perpetuar [pɛrpe'twar] *v* verewigen
perpetuidad [pɛrpetwi'ðað] *f* Ewigkeit *f*, Beständigkeit *f*, Fortdauer *f*
perpetuo [pɛr'petwo] *adj* lebenslänglich
perplejidad [pɛrplɛxi'ðað] *f* Bestürzung *f*, Fassungslosigkeit *f*
perplejo [pɛr'plɛxo] *adj* fassungslos, perplex, ratlos; *estar* ~ bestürzt sein
perra ['pɛrra] *f* *ZOOL* Hündin *f*; *llevar una vida* ~ ein Hundeleben führen
perro ['pɛrro] *m* *ZOOL* Hund *m*; ~ *de aguas* Pudel *m*; ~ *faldero* Schoßhündchen *n*; ~ *guardián* Wachhund *m*
persecución [pɛrseku'θjɔn] *f* Fahndung *f*, Verfolgung *f*; ~ *de los judíos* Judenverfolgung *f*
perseguir [pɛrse'ɣir] *v irr* verfolgen; ~ *a alguien* jdm nachlaufen, jdm nachstellen
perseverancia [pɛrseβe'ranθja] *f* Ausdauer *f*, Beharrlichkeit *f*
perseverante [pɛrseβe'rante] *adj* ausdauernd, beharrlich, zielstrebig
perseverar [pɛrseβe'rar] *v* ~ *en* verharren bei; ~ *hasta el fin* ausharren
Persia ['pɛrsja] *f* *GEO* Persien *n*
persiana [pɛr'sjana] *f* Jalousie *f*, Rollladen *m*
persignarse [pɛrsiɣ'narse] *v* *REL* sich bekreuzigen
persistencia [pɛrsis'tenθja] *f* Andauer *f*, Fortdauer *f*
persistir [pɛrsis'tir] *v* **1.** andauern, anhalten, verharren; **2.** *(insistir)* ~ *en* bestehen auf
persona [pɛr'sona] *f* Mensch *m*, Person *f*; ~ *no autorizada* Unbefugte(r) *m/f*; ~ *con antecedentes penales* Vorbestrafte(r) *m/f*; ~ *bajo tutela* Mündel *n*; ~ *competente* Sachbearbeiter(in) *m/f*; *en* ~ leibhaftig
personal [pɛrso'nal] *m* **1.** Personal *n*, Belegschaft *f*; ~ *directivo* Führungskraft *f*; ~ *de tierra* Bodenpersonal *n*; *adj* **2.** persönlich, eigen
personalidad [pɛrsonali'ðað] *f* **1.** Persönlichkeit *f*; ~ *destacada* Autorität *f*; **2.** *~es pl* Prominenz *f*
personalizar [pɛrsonali'θar] *v* personifizieren, verkörpern, persönlich werden
personalmente [pɛrsonal'mente] *adv* persönlich, leibhaftig
personificación [pɛrsonifika'θjɔn] *f* Verkörperung *f*
personificar [pɛrsonifi'kar] *v* verkörpern, personifizieren
perspectiva [pɛrspɛk'tiβa] *f* **1.** Perspektive *f*; **2.** *(fig)* Aussicht *f*
perspicacia [pɛrspi'kaθja] *f* Scharfsinn *m*
perspicaz [pɛrspi'kaθ] *adj* raffiniert, scharfsinnig, hellhörig
persuadir [pɛrswa'ðir] *v* überzeugen; ~ *a hacer algo* zu etw überreden; ~ *a alguien que haga algo* jdn herumkriegen, etw zu tun
persuasión [pɛrswa'sjɔn] *f* Überredung *f*
pertenecer [pɛrtene'θɛr] *v irr* **1.** ~ *a alguien* jdm gehören; *Esta casa me pertenece, mi abuelo me la regaló.* Dieses Haus gehört mir, mein Großvater hat es mir geschenkt. **2.** *(a un grupo determinado)* angehören, dazugehören, darunterfallen; ~ *al mismo grupo* zusammengehören
perteneciente [pɛrtene'θjente] *adj* ~ *a* zugehörig
pertenencia [pɛrte'nenθja] *f* Zugehörigkeit *f*
pertinente [pɛrti'nente] *adj* **1.** angebracht, sachdienlich; **2.** ~ *a* einschlägig
pertrechar [pɛrtre'tʃar] *v* *MIL* ausrüsten
perturbación [pɛrturβa'θjɔn] *f* Störung *f*; ~ *del orden público* Ruhestörung *f*

P

perturbar [pɛrtur'βar] *v* **1.** aufregen, beunruhigen; **2.** *(molestar)* stören
perversión [pɛrβɛr'sjɔn] *f* Verkommenheit *f*, Perversion *f*
perverso [pɛr'βɛrso] *adj* pervers, verrucht
pervertir [pɛrβɛr'tir] *v irr* verderben
pesadez [pesa'ðeθ] *f* Schwere *f*
pesadilla [pesa'ðiʎa] *f* Albtraum *m*
pesado [pe'saðo] *adj* **1.** schwer; **2.** *(fig)* aufdringlich
pesadumbre [pesa'ðumbre] *f* Kummer *m*
pésame ['pesame] *m* Beileid *n*; *dar el ~ a alguien* jdm sein Beileid aussprechen
pesar [pe'sar] *m* **1.** Bedauern *n*, Gram *f*, Leid *n*; *v* **2.** wiegen; *¡Pese esto, por favor!* Wiegen Sie das bitte! **3.** *(sopesar)* abwägen, abwiegen; *prep* **4.** *a ~ de* trotzdem, ungeachtet, trotz; *konj* **5.** obwohl
pesca ['peska] *f* Fischfang *m*; *~ marítima* Hochseefischerei *f*; *licencia de ~* Angelerlaubnis *f*; *carné de ~* Angelschein *m*
pescadería [peskaðe'ria] *f* Fischgeschäft *n*
pescado [pes'kaðo] *m GAST* Fisch *m*
pescador(a) [peska'ðɔr/peska'ðora] *m/f* **1.** Fischer(in) *m/f*; **2.** *~ de caña* Angler(in) *m/f*
pescar [pes'kar] *v* **1.** fischen; **2.** *~ con caña* angeln
pese ['pese] *prep ~ a* trotz
pesebre [pe'seβre] *m* Krippe *f*
peseta [pe'seta] *f (unidad monetaria) HIST* Peseta *f*, spanische Währungseinheit *f*
pesimismo [pesi'mizmo] *m* Pessimismus *m*
pesimista [pesi'mista] *m/f* **1.** Pessimist(in) *m/f*; *adj* **2.** pessimistisch
peso ['peso] *m* **1.** Gewicht *n*; *~ bruto* Bruttogewicht *n*; *~ corporal* Körpergewicht *n*; *falta de ~* Untergewicht *n*; *~ máximo* Maximalgewicht *n*; *~ neto* Nettogewicht *n*; **2.** *~ pluma SPORT* Federgewicht *n*; *~ mosca* Fliegengewicht *n*; *~ pesado* Schwergewicht *n*
pesquisa [pes'kisa] *f* **1.** Fahndung *f*; **2.** *JUR* Ermittlung *f*
pestaña [pes'taɲa] *f* Wimper *f*
pestañear [pestaɲe'ar] *v* zwinkern
peste ['peste] *f MED* Pest *f*
pesticida [pesti'θiða] *m* Schädlingsbekämpfungsmittel *n*, Pestizid *n*
petaca [pe'taka] *m* Lederetui *n*, Zigarettenetui *n*
pétalo ['petalo] *m BOT* Blütenblatt *n*
petición [peti'θjɔn] *f* **1.** Antrag *m*, Forderung *f*, Petition *f*; *~ de mano* Heiratsantrag *m*; **2.** *(solicitud)* Ersuchen *n*, Gesuch *n*; *~ de retiro* Abschiedsgesuch *n*; **3.** *~ de entrega ECO* Abruf *m*; **4.** *POL* Eingabe *f*; **5.** *~ de gracia JUR* Gnadengesuch *n*
petrificado [petrifi'kaðo] *adj* **1.** versteinert; **2.** *(fig)* versteinert, sprachlos, starr; *Me quedé petrificado.* Ich war sprachlos vor Schreck.
petrificar [petrifi'kar] *v (fig)* versteinern, *(fig)* erstarren lassen; *El hombre me petrificó con la mirada.* Der Mann ließ mich durch seine Blicke erstarren.
petrificarse [petrifi'karse] *v GEOL* versteinern, zu Stein werden
petróleo [pe'troleo] *m* Erdöl *n*, Petroleum *n*
petroquímica [petro'kimika] *f* Petrochemie *f*
petulancia [petu'lanθja] *f* Anmaßung *f*
petulante [petu'lante] *adj* anmaßend, mutwillig, vorlaut
peyorativo [pejora'tiβo] *adj* abwertend
pez[1] [peθ] *f* **1.** *negro como la ~* pechschwarze Farbe *f*, Baumharz *n*; **2.** *(mala suerte)* Pech *n*, Unglück *n*
pez[2] [peθ] *m ZOOL* Fisch *m*; *~ dorado* Goldfisch *m*; *~ espada* Schwertfisch *m*; *estar ~ en algo (fig)* unvorbereitet sein; *salga ~ o salga rana* auf gut Glück
pezón [pe'θɔn] *m ANAT* Brustwarze *f*
piadoso [pja'ðoso] *adj* **1.** mitleidig, pietätvoll; **2.** *REL* andächtig, fromm
pianista [pja'nista] *m/f MUS* Pianist(in) *m/f*
piano ['pjano] *m MUS* Klavier *n*; *~ de cola* Flügel *m*; *~ de concierto* Konzertflügel *m*; *tocar el ~* Klavier spielen; *No hay nadie que toque el ~ como Bela.* Es gibt niemanden, der wie Bela Klavier spielt.
picado [pi'kaðo] *adj* beschwipst, pikiert

P

picadura [pika'ðura] *f* **1.** Stich *m*, Biss *m*; ~ *de abeja* Bienenstich *m*; ~ *de insecto* Insektenstich *m*; ~ *de mosquito* Mückenstich *m*; ~ *de araña* Spinnenbiss *m*; **2.** *(tabaco picado)* Feinschnitt *m* (Tabak)
picante [pi'kante] *adj* scharf, anzüglich, saftig *(fig)*
picapedrero [pikape'ðrero] *m* Steinmetz *m*
picapinos [pika'pinos] *m* ZOOL Buntspecht *m*
picaporte [pika'pɔrte] *m* **1.** Klinke *f*; **2.** *(aldaba)* Türklopfer *m*
picar [pi'kar] *v* **1.** *(comezón)* jucken, prickeln; *¡Pica!* Es juckt! **2.** *(ser picado por un insecto)* beißen, stechen; **3.** *(la carne)* hacken; **4.** GAST wiegen; **5.** *(un pescado, tragar el anzuelo)* anbeißen; **6.** *(con el pico)* picken; **7.** *(perforar una tarjeta)* knipsen; **8.** *(golpear)* klopfen; **9.** *(comer)* knabbern
picaresco [pika'resko] *adj* schelmisch
pícaro ['pikaro] *m* **1.** Schalk *m*, Schelm *m*, Spitzbube *m*; *adj* **2.** schelmisch, spitzbübisch, verschmitzt
picnic ['piknik] *m* Picknick *n*
pico ['piko] *m* **1.** Eispickel *m*; **2.** *(punta)* Spitze *f*; **3.** ZOOL Schnabel *f*; ~ *manchado* Buntspecht *m*
picor [pi'kɔr] *m* MED Juckreiz *m*
picotear [pikote'ar] *v* anpicken, schnäbeln, nicken
pictórico [pik'toriko] *adj* malerisch
pie [pje] *m* **1.** ANAT Fuß *m*; ~ *de atleta* Fußpilz *m*; ~ *de cama* Bettvorleger *m*; *estar de* ~ stehen; *ir a* ~ zu Fuß gehen; ~ *plano* Plattfuß *m*; *ponerse de* ~ sich erheben; **2.** ~ *de imprenta* Impressum *n*
piedad [pje'ðað] *f* **1.** Mitleid *n*, Barmherzigkeit *f*; *sin* ~ erbarmungslos, gnadenlos; **2.** REL Frömmigkeit *f*, Pietät *f*; *sin* ~ gottlos
piedra ['pjeðra] *f* Stein *m*; ~ *sepulcral* Grabstein *m*; ~ *caliza* Kalkstein *m*; ~ *arenisca* Sandstein *m*; ~ *preciosa* Edelstein *m*; ~ *de cobre* Kupferstein *m*
piel [pjɛl] *f* **1.** ANAT Haut *f*; **2.** ZOOL Fell *n*, Pelz *m*; ~ *de cordero* Lammfell *n*; **3.** *(cuero)* Leder *n*; ~ *auténtica* echtes Leder *n*; **4.** *(pellejo)* Pelle *f*; **5.** *(cáscara)* Schale *f*
pierna ['pjɛrna] *f* **1.** ANAT Bein *n*; ~ *enyesada/~ escayolada* Gipsbein *n*; ~*s en forma de X* X-Beine *pl*; **2.** GAST Keule *f*
pieza ['pjeθa] *f* **1.** *(parte)* Teil *m*, Stück *n*; ~ *de maestra* Meisterstück *n*; *por* ~*s* stückweise; ~ *única* Einzelstück *n*; ~ *de unión* Verbindungsglied *n*; ~ *de recambio* Ersatzteil *n*; ~ *de trabajo* Werkstück *n*; **2.** THEAT Stück *n*; ~ *teatral* Theaterstück *n*; ~ *en un acto* Einakter *m*; **3.** *(cuarto)* Raum *m*, Zimmer *n*
pigmento [piɣ'mento] *m* Pigment *n*
pignoración [piɣnora'θjɔn] *f* Verpfändung *f*
pignorar [piɣno'rar] *v* verpfänden
pijama [pi'xama] *m* Pyjama *m*, Schlafanzug *m*
pila ['pila] *f* **1.** Bassin *n*; **2.** ~ *bautismal* REL Taufbecken *n*; **3.** *(montón)* Stapel *m*; **4.** TECH Batterie *f*
pilar [pi'lar] *m* Pfeiler *m*, Stütze *f*
pilastra [pi'lastra] *f* ARCH Wandpfeiler *m*
píldora ['pildora] *f* MED Pille *f*; ~ *abortiva* Abtreibungspille *f*; ~ *anticonceptiva* Antibabypille *f*; *Tomo la* ~. Ich nehme die Pille.
pillaje [pi'ʎaxe] *m* Plünderung *f*
pillar [pi'ʎar] *v* **1.** plündern, ausplündern; **2.** *(encontrar)* vorfinden, erwischen
pillo ['piʎo] *adj* **1.** schlau; *m* **2.** Halunke *m*, Schlauberger *m*, Spitzbube *m*
piloso [pi'loso] *adj* behaart, stark behaart
pilotaje [pilo'taxe] *m* Steuerung *f*
pilotar [pilo'tar] *v* lotsen
pilotear [pilote'ar] *v* steuern, lotsen
piloto [pi'loto] *m* Pilot *m*; ~ *de carrera* Rennfahrer *m*; ~ *de pruebas* Testpilot *m*
pimentón [pimen'tɔn] *m* gemahlener Paprika *m*
pimienta [pi'mjenta] *f* Pfeffer *m*; ~ *cayena* Cayennepfeffer *m*; *echar* ~ pfeffern
pimiento [pi'mjento] *m* BOT Paprika *f*
pinacoteca [pinako'teka] *f* Pinakothek *f*
pincel [pin'θɛl] *m* Pinsel *m*
pinchar [pin'tʃar] *v* stechen
pinchazo [pin'tʃaθo] *m* *(de llanta)* Reifenpanne *f*, Plattfuß *m (fam)*
pincho ['pintʃo] *m* **1.** Dorn *m*, Stachel *m*; **2.** GAST Spieß *m*, Happen *m*
ping-pong [piŋ'pɔŋ] *m* SPORT Tischtennis *n*

P

pingüino [piŋ'gwino] *m* ZOOL Pinguin *m*

pino ['pino] *m* BOT Kiefer *f*, Pinie *f*; *Vive en el quinto ~. (fig)* Er wohnt am Ende der Welt.

pintadas [pin'taðas] *f/pl* Graffiti *n*

pintalabios [pinta'laβjos] *m* Lippenstift *m*

pintar [pin'tar] *v* **1.** malen, anmalen, bemalen; **2.** *(dar una mano de pintura)* streichen, auftragen, anstreichen; **3.** *(fig: describir)* beschreiben, darstellen, schildern; *Ese hombre no es como lo pintan.* Der Mann ist nicht so, wie die Leute sagen. **4.** *(colorear)* anmalen, ausmalen, kolorieren

pintarse [pin'tarse] *v* sich schminken, sich anmalen

pintor(a) [pin'tɔr/pin'tora] *m/f* **1.** ART Maler(in) *m/f*; **2.** *~ de brocha gorda* Maler(in) *m/f*, Anstreicher(in) *m/f*

pintura [pin'tura] *f* **1.** Malerei *f*; **2.** *(cuadro)* Bild *n*, Gemälde *n*; *~ del altar* Altargemälde *n*; *~ mural* Wandgemälde *n*; *~ al óleo* Ölmalerei *f*; *~ de techo* Deckengemälde *n*; **3.** *(material)* Farbe *f*; *~ al óleo* Ölfarbe *f*

pinza ['pinθa] *f* **1.** Klammer *f*; Klemme *f*; *(para la ropa)* Wäscheklammer *f*; **2.** *~s pl* Pinzette *f*; **3.** *~s pl* (LA) Zange *f*

pinzón [pin'θɔn] *m* ZOOL Fink *m*

piña ['piɲa] *f* **1.** BOT Ananas *f*; **2.** *~ de abeto* BOT Tannenzapfen *m*

piñón [pi'ɲɔn] *m* **1.** BOT Pinienkern *m*; **2.** TECH Zahnrad *n*

pío ['pio] *adj* REL fromm; *no decir ni ~ (fam)* den Mund nicht aufmachen

piojo ['pjɔxo] *m* ZOOL Laus *f*

pionero [pjo'nero] *m* Pionier *m*, Vorkämpfer *m*, Wegbereiter *m*

piorrea [pjo'rrɛa] *f* MED Pyorrhoe *f*

pipa ['pipa] *f* **1.** Pfeife *f*; *Fumo ~.* Ich rauche Pfeife. *filtro de ~* Pfeifenfilter *m*; *tabaco de ~* Pfeifentabak *m*; **2.** *pasárselo ~* sich köstlich amüsieren

pipí [pi'pi] *m hacer ~* Pipi machen *(fam)*

pique ['pike] *m irse a ~* sinken, untergehen

piquete [pi'kete] *m* **1.** Streikposten *m*; **2.** *~ de prevención* MIL Bereitschaft *f*

piramidal [pirami'ðal] *adj* pyramidisch, pyramidenförmig, Pyramiden...

pirámide [pi'ramiðe] *f* Pyramide *f*

pirata [pi'rata] *m/f* Pirat(in) *m/f*; *~ de la informática* Hacker(in) *m/f*

piratería [pirate'ria] *f* Piraterie *f*, Seeräuberei *f*

piropo [pi'ropo] *m* Kompliment *n*, Artigkeit *f*

pirosis [pi'rosis] *f* MED Sodbrennen *n*

pirueta [pi'rweta] *f* Pirouette *f*, Luftsprung *m*, Drehsprung *m*

pirulí [piru'li] *m* Lutscher *m*

pisar [pi'sar] *v* treten; *~ la uva* Weintrauben keltern; *~ sobre algo* auf etw treten

piscina [pis'θina] *f* Schwimmbad *n*, Becken *n*, Badenanstalt *f*; *~ al aire libre* Freibad *n*; *~ cubierta* Hallenbad *n*; *~ para niños* Plantschbecken *n*; *¿Cuándo está abierta la ~?* Wann ist das Schwimmbad geöffnet?

piso ['piso] *m* **1.** *(suelo)* Fußboden *m*; **2.** *(planta)* Etage *f*, Stock *m*, Stockwerk *n*; *en el tercer ~* in der dritten Etage; **3.** *(apartamento)* Wohnung *f*, Etagenwohnung *f*; *~ de alquiler* Mietwohnung *f*; *~ propio* Eigentumswohnung *f*

pisotear [pisote'ar] *v* zertrampeln

pista ['pista] *f* **1.** Piste *f*; *~ de aterrizaje* Landebahn *f*; *~ de baile* Tanzfläche *f*; *~ de circo* Manege *f*; *~ de despegue* Startbahn *f*; *~ de rodadura* Rollfeld *n*; *~ de tenis* Tennisplatz *m*; **2.** *(huella)* Fährte *f*

pistacho [pis'tatʃo] *m* BOT Pistazie *f*

pistilo [pis'tilo] *m* BOT Stempel *m*

pistola [pis'tola] *f* Pistole *f*

pistón [pis'tɔn] *m* TECH Kolben *m*

pitada [pi'taða] *f* **1.** Pfiff *m*; **2.** SPORT Anpfiff *m*; **3.** *~s pl* Pfeifkonzert *n*

pitar [pi'tar] *v* **1.** zischen; *salir pitando* schleunigst verschwinden; **2.** *(al fin del juego)* SPORT abpfeifen

pitido [pi'tiðo] *m* Pfiff *m*

pitillo [pi'tiʎo] *m (fam)* Zigarette *f*; *echar un ~* sich eine Zigarette anstecken

pito ['pito] *m* Pfeife *f*, Trillerpfeife *f*

pizarra [pi'θarra] *f* Tafel *f*

pizarrón [piθa'rrɔn] *m (LA) (pizarra)* Wandtafel *f*, große Tafel *f*

pizca ['piθka] *f* Hauch *m*, Prise *f*

placa ['plaka] *f* **1.** Schild *n*; *~ de matrícula* Nummernschild *m*, Kennzeichen *n*; **2.** *~ giratoria* TECH Drehscheibe *f*; **3.** *~ base* INFORM Festplatte *f*

P

placenta [pla'θenta] *f* ANAT Plazenta *f*
placer [pla'θɛr] *m* Genuss *m,* Lust *f*
placidez [plaθi'ðeθ] *f* Gelassenheit *f*
plácido ['plaθiðo] *adj* ruhig, still
plaga ['plaɣa] *f* **1.** Plage *f,* Landplage *f,* Schädling *m;* **2.** *(fig)* Unmenge *f*
plagado [pla'ɣaðo] *adj* übersät, voller, überhäuft
plagar [pla'ɣar] *v* heimsuchen, plagen
plagarse [pla'ɣarse] *v ~ de personas* anfüllen
plagiar [pla'xjar] *v* spicken, abschreiben
plagio ['plaxjo] *m* Spickzettel *m,* Plagiat *n*
plan [plan] *m* Plan *m,* Vorhaben *n,* Konzept *n,* Unternehmen *n; ~ de desarme* Abrüstungsplan *m; sin ~* planlos; *~ de urbanización* Bebauungsplan *m; ¿Tiene usted algún ~ para hoy?* Haben Sie heute schon etw vor?
plana ['plana] *f primera ~ TEL* Ebene *f*
plancha ['plantʃa] *f* **1.** Bügeleisen *n;* **2.** *(lámina, hoja metalica)* Blech *n;* **3.** *(tablero, lámina)* Platte *f;* **4.** *(tabla, anaquel)* Brett *n;* **5.** *(fam)* Blamage *f*
planchado [plan'tʃado] *m* Bügeln *n,* Plätten *n*
planchar [plan'tʃar] *v* **1.** bügeln; **2.** *(fam)* ausbeulen
plancton ['plaŋktɔn] *m* Plankton *n*
planeador [planea'ðɔr] *m* Segelflugzeug *n*
planear [plane'ar] *v* **1.** planen; *tener planeado algo* etw vorhaben; **2.** *(volar en aeroplano)* segeln, gleiten
planeta [pla'neta] *m* Planet *m*
planetario [plane'tarjo] *adj* Planeten...
planicie [pla'niθje] *f* Ebene *f*
planificación [planifika'θjɔn] *f* Planung *f; ~ familiar* Familienplanung *f*
planilla [pla'niʎa] *f (LA) (formulario)* Formular *n; Debe llenar la planilla.* Sie müssen das Formular ausfüllen.
plano ['plano] *adj* **1.** eben, flach, plan; *m* **2.** Ebene *f;* **3.** *(dibujo)* Plan *m; ~ de la ciudad* Stadtplan *m;* **4.** *primer ~ CINE* Nahaufnahme *f,* Großaufnahme *f*
planta ['planta] *f* **1.** Pflanze *f,* Kraut *n,* Gewächs *n; ~ medicinal* Arzneipflanze *f,* Kraut *n; ~ enredadera* Schlingpflanze *f; ~ trepadora* Kletterpflanze *f;* **2.** *(fábrica)* Anlage *f,* Werk *n; ~ depuradora de aguas* Abwasserkläranlage *f; ~ de reprocesamiento* Wiederaufbereitungsanlage *f; ~ siderúrgica* Stahlwerk *n;* **3.** *~ del pie* ANAT Sohle *f;* **4.** *(piso)* Stock *m,* Stockwerk *n; ~ baja* Erdgeschoss *n,* Parterre *n; de ~ baja* ebenerdig
plantación [planta'θjɔn] *f* Bepflanzung *f;* Plantage *f*
plantado [plan'taðo] *adj dejar ~* jdn versetzen, jdn stehen lassen
plantar [plan'tar] *v* **1.** pflanzen, anpflanzen, anlegen; *~ de* bepflanzen mit; **2.** *(dar un golpe)* versetzen, verpassen; *Ella me plantó una bofetada.* Sie hat mir eine Ohrfeige verpasst. **3.** *(dejar esperando a alguien)* versetzen, warten lassen; *No quiero plantar a mi novio.* Ich möchte meinen Bräutigam nicht versetzen. **5.** *~ en la calle* auf die Straße setzen, hinauswerfen; **6.** *(fam: abandonar)* verlassen
plantilla [plan'tiʎa] *f* **1.** Belegschaft *f;* **2.** *(zapato)* Einlegesohle *f,* Einlage *f*
plasma ['plazma] *m* BIO Plasma *n*
plástico ['plastiko] *m* **1.** Plastik *n,* Kunststoff *m; ¿Es esto de ~?* Ist das aus Plastik? *Necesito una bolsa de ~.* Ich brauche eine Plastiktüte. *adj* **2.** formbar, plastisch
plastilina [plasti'lina] *f CHEM* Plastilin *n,* Knetmasse *f*
plata ['plata] *f* **1.** Silber *n; de ~* silbern; **2.** *(LA: fig)* Geld *n*
plataforma [plata'forma] *f* **1.** Plattform *f; ~ de carga* Palette *f,* Ladebühne *f,* Ladefläche *f; ~ elevadora* Hebebühne *f, ~ petrolera* Bohrinsel *f;* **2.** *(fig: esquema)* Basis *f,* Grundlage *f; una ~ para la discusión* eine Grundlage für die Diskussion; **3.** *(sistema operativo)* INFORM Plattform (Betriebssystem) *f*
plátano ['platano] *m* **1.** *(fruta)* BOT Banane *f;* **2.** *(árbol de fronda)* BOT Platane *f*
platea [pla'tea] *f* THEAT Parkett *n,* Parterre *n*
plateado [plate'aðo] *adj* silberfarben, versilbert
platear [plate'ar] *v* versilbern
plática ['platika] *f (LA)* **1.** Unterhaltung *f,* Geplauder *n;* **2.** REL Predigt *f*

platicar [plati'kar] *v* (*LA*) schwatzen, plaudern; ~ *con* sich unterhalten mit
platillo [pla'tiʎo] *m* **1.** Untertasse *f*, Untersetzer *m*; ~ *de la balanza* Waagschale *f*; ~ *de postre* Nachtisch *m*, Dessertteller *m*; **2.** (*fig*) ~ *volante* fliegende Untertasse *f*; **3.** ~*s pl MUS* Becken *n*
platino [pla'tino] *m CHEM* Platin *n*
platito [pla'tito] *m* Untertasse *f* (*LA*), kleiner Teller *m*
plato ['plato] *m* **1.** Teller *m*; ~ *hondo* Suppenteller *m*, Schüssel *f*; ~ *tendido* (*LA*) Teller *m*; ~*s sucios* Abwasch *m*; **2.** *GAST* Gericht *n*; ~ *precocinado* Fertiggericht *n*; ~ *principal* Hauptgericht *n*; ~ *favorito* Leibgericht *n*, Lieblingsspeise *f*; ~ *de entrada* Vorspeise *f*; **3.** (*manjar*) *GAST* Gang *m*
playa ['plaja] *f* **1.** Strand *m*; ~ *de arena* Sandstrand *m*; **2.** ~ *de estacionamiento* Parkplatz *m* (*LA*)
plaza ['plaθa] *f* Platz *m*; ~ *del mercado* Marktplatz *m*
plazo ['plaθo] *m* **1.** Termin *m*, Frist *f*; *a corto* ~ kurzfristig; *a largo* ~ langfristig; *a medio* ~ mittelfristig; *en el* ~ *de* innerhalb; ~ *de garantía* Gewährleistungsfrist *f*; ~ *de gracia* Schonfrist *f*; ~ *de inscripción* Anmeldefrist *f*; ~ *previo al despido* Kündigungsfrist *f*; *sin* ~ *señalado* unbefristet; **2.** *ECO* Rate *f*; **3.** ~ *de prueba JUR* Bewährungsfrist *f*; ~ *de prescripción* Verjährungsfrist *f*
plazuela [pla'θwela] *f* Plätzchen *n*
pleamar [plea'mar] *f* Flut *f*
plebe ['pleβe] *f* Fußvolk *n*, Pöbel *m*
plebeyo [ple'βejo] *m* Prolet *m*
plebiscito [pleβis'θito] *m POL* Volksabstimmung *f*
plegable [ple'ɣaβle] *adj* biegsam, faltbar
plegar [ple'ɣar] *v irr* biegen, falten, umknicken
plegarse [ple'ɣarse] *v irr* (*fig: doblegarse*) sich beugen, sich unterwerfen; *No voy a plegarme a tus exigencias.* Ich werde mich deinen Forderungen nicht beugen.
pleitear [plɛĭte'ar] *v JUR* prozessieren
pleitista [plɛĭ'tista] *m/f* Querulant(in) *m/f*
pleito ['plɛĭto] *m* **1.** *JUR* Rechtsstreit *m*; **2.** (*pelea*) Streit *m*, Auseinandersetzung *f*, Zank *m*
plenilunio [pleni'lunjo] *m* Vollmond *m*
plenitud [pleni'tuð] *f* Fülle *f*, Vollmaß *n*
pleno ['pleno] *m* **1.** Plenum *n*, Vollversammlung *f*; *adj* **2.** voll; ~ *verano* Hochsommer *m*; *m* **3.** ~ *poder JUR* Generalvollmacht *f*; **4.** ~ *poder FIN* Blankovollmacht *f*; *adj* **5.** ~*s poderes pl* Vollmacht *f*
plétora ['pletora] *f* (*fig: abundancia*) Überfülle *f*, Wohlstand *m*
pletórico [ple'toriko] *adj* vollblütig, strotzend
plexiglás [plɛɣsi'ɣlas] *m* Plexiglas *n*
pliego ['pljeɣo] *m* Bogen *m*
pliegue ['pljeɣe] *m* Falte *f*
plisado [pli'saðo] *m* Plissé *n*
plisar [pli'sar] *v* plissieren
plomada [plo'maða] *f TECH* Lot *n*
plomero [plo'mero] *m* Klempner *m* (*LA*)
plomizo [plo'miθo] *adj* **1.** schwer; **2.** (*color de plomo*) bleifarbig
plomo ['plomo] *m* Blei *n*
pluma ['pluma] *f* **1.** *ZOOL* Daune *f*, Feder *f*; **2.** (*para escribir*) Feder *f*; ~ *estilográfica* Füller *m*
plumaje [plu'maxe] *m ZOOL* Gefieder *n*
plumazo [plu'maθo] *m* Daunenbett *n*, Federbett *n*
plumón [plu'mɔn] *m* Daune *f*, Daunenbett *n*
plural [plu'ral] *m* Mehrzahl *f*, Plural *m*
pluralismo [plura'lizmo] *m* Pluralismus *m*
pluralista [plura'lista] *adj* pluralistisch
plurianual [pluria'nwal] *adj* mehrjährig
plus [plus] *m* Zulage *f*; ~ *por trabajo peligroso* Gefahrenzulage *f*; ~ *por hijos* Kindergeld *n*
Plutón [plu'tɔn] *ASTR* Pluto *m*
plutonio [plu'tonjo] *m CHEM* Plutonium *n*
pluvial [plu'βjal] *adj agua* ~ Regen…
pluviselva [pluβi'selβa] *f BOT* Regenwald *m*
población [poβla'θjɔn] *f* Bevölkerung *f*; ~ *rural* Landbevölkerung *f*
pobre ['poβre] *adj* **1.** (*necesitado*) arm, dürftig; **2.** (*infeliz*) armselig; **3.** (*poco abundante*) mager; **4.** (*mezquino*) spärlich; ~ *de grasas* fettarm; ~ *de calorías* kalorienarm; ~ *de sustancias nocivas* schadstoffarm

pobreza [po'βreθa] *f* Not *f*, Armut *f*
poco ['poko] *adj* **1.** wenig, gering; *adv* **2.** wenig; *por ~* beinahe; *un ~ de* ein bisschen, etwas; *~ a ~* schrittweise, nach und nach; *m* **3.** *~s pl* wenige *pl*
podar [po'ðar] *v (plantas)* beschneiden, stutzen
podcast ['poðkast] *m* Podcast *m*
poder [po'ðɛr] *v irr* **1.** können, vermögen; *~ seguir (el relato)* mitkommen, verstehen, begreifen; *a más no ~* aus Leibeskräften; **2.** *(tener permiso)* dürfen; *¿Se puede?* Darf man eintreten? **3.** *~ competir con alguien* jdm gewachsen sein; *m* **4.** *(dominio)* Macht *f;* **5.** *JUR* Bevollmächtigung *f;* **6.** *(autorización egal) JUR* Vollmacht *f,* Ermächtigung *f; Tengo ~.* Ich habe eine Vollmacht. *~ general* Generalvollmacht *f,* Prokura *f;* **7.** *(fuerza)* Gewalt *f;* **8.** *~ del Estado POL* Staatsgewalt *f; separación de ~es* Gewaltenteilung *f; ~ ejecutivo* Exekutive *f; ~ legislativo* Legislative *f; ~ del gobierno* Regierungsgewalt *f; ~ de disposición* Verfügungsgewalt *f;* **9.** *(capacidad)* Können *n;* **10.** *~ adquisitivo ECO* Kaufkraft *f*
poderío [poðe'rio] *m* Macht *f*
poderoso [poðe'roso] *adj* gewaltig, mächtig
podio ['poðjo] *m* Podium *n*
podrido [po'ðriðo] *adj* **1.** *(alimentos)* faul, verdorben; **2.** *(madera)* morsch
poema [po'ema] *m LIT* Gedicht *n*
poesía [poe'sia] *f LIT* Gedicht *n,* Poesie *f,* Dichtung *f*
poeta [po'eta] *m* Dichter *m,* Poet *m*
poético [po'etiko] *adj* poetisch
poetisa [poe'tisa] *f* Dichterin *f*
pogromo [po'ɣromo] *m* Pogrom *n*
polaco [po'lako] *adj* **1.** polnisch; *m* **2.** Pole *m*
polaridad [polari'ðað] *f PHYS* Polarität *f*
polarización [polariθa'θjɔn] *f PHYS* Polarisierung *f*
polarizar [polari'θar] *v* **1.** *PHYS* polarisieren; **2.** *(fig: dividir en dos campos)* polarisieren, in zwei Lager spalten
polémica [po'lemika] *f* Polemik *f*
polémico [po'lemiko] *adj* polemisch
polen ['polen] *m* Blütenstaub *m*
policía [poli'θia] *f* **1.** Polizei *f; jugar a ~s y ladrones* Räuber und Gendarm spielen; *¡Llame a la ~!* Holen Sie die Polizei! *~ judicial* Kriminalpolizei *f; ~ de tráfico/~ de tránsito* Verkehrspolizei *f; por orden de la ~* polizeilich, auf Anordnung der Polizei; *m/f* **2.** Polizist(in) *m/f*
policíaco [poli'θiako] *adj* polizeilich
policial [poli'θjal] *adj* polizeilich
polícromo [po'likromo] *adj* mehrfarbig
polifacético [polifa'θetiko] *adj* vielseitig
poligamia [poli'ɣamja] *f* Polygamie *f*
políglota [po'liɣloto] *adj* mehrsprachig, polyglott
polilla [po'liʎa] *f ZOOL* Motte *f*
poliomielitis [poljomje'litis] *f MED* Kinderlähmung *f*
pólipo ['polipo] *m* **1.** *MED* Polyp *m;* **2.** *ZOOL* Polyp *m*
política [po'litika] *f* Politik *f; ~ agraria* Agrarpolitik *f; ~ monetaria* Währungspolitik *f; ~ económica* Wirtschaftspolitik *f; ~ de disuación* Abschreckungspolitik *f; ~ de ventas* Absatzpolitik *f; ~ educativa* Bildungspolitik *f; ~ familiar* Familienpolitik *f; ~ social* Sozialpolitik *f; ~ realista* Realpolitik *f; ~ municipal* Kommunalpolitik *f; ~ comunal* Kommunalpolitik *f; ~ nacional* Innenpolitik *f; ~ interior* Innenpolitik *f; ~ comercial* Handelspolitik *f; ~ de la paz* Friedenspolitik *f; ~ financiera* Finanzpolitik *f; ~ de distensión* Entspannungspolitik *f; ~ exterior* Außenpolitik *f; ~ de intimidación* Abschreckungspolitik *f; en materia de ~ interior* innenpolitisch
político [po'litiko] *m* **1.** Politiker *m; adj* **2.** politisch
póliza ['poliθa] *f* **1.** Police *f; ~ de seguros* Police *f,* Versicherungspolice *f;* **2.** *~ de turismo* Kurtaxe *f*
polizón [poli'θɔn] *m* Schwarzfahrer *m*
polizonte [poli'θɔnte] *m (fam)* Bulle *m*
pollera [po'ʎera] *f* Rock *m (LA)*
pollito [po'ʎito] *m ZOOL* Küken *n*
pollo ['poʎo] *m* **1.** Huhn *n;* **2.** *~ asado GAST* Brathuhn *n,* Hühnchen *n*
polluelo [po'ʎwelo] *m ZOOL* Küken *n*
polo[1] ['polo] *m* **1.** Pol *m; ~ Norte* Nordpol *m; ~ Sur* Südpol *m;* **2.** *~ negativo PHYS* Minuspol *m; ~ positivo* Pluspol *m;* **2.** *(helado)* Eis am Stiel *n*

P

polo² ['polo] *m* **1.** SPORT Polospiel *n;* **2.** *(camisa)* Polohemd *n*
Polonia [po'lonja] *f* GEO Polen *n*
polución [polu'θjɔn] *f* **1.** *(eyaculación)* ANAT Samenerguss *m;* **2.** *(contaminación del ambiente)* Umweltverschmutzung *f*
polvo ['pɔlβo] *m* **1.** Pulver *n; hacer ~ a alguien (fig)* jdn fertig machen; *estar hecho ~* erschöpft sein; *~ de hornear* Backpulver *n; ~ antipolillas* Mottenpulver *n;* **2.** *(tierra)* Staub *m;* **3.** *~s pl* Puder *m*
pólvora ['pɔlβora] *f* Schießpulver *n*
polvoriento [pɔlβo'rjento] *adj* staubig
polvoroso [pɔlβo'roso] *adj* staubig
pomada [po'maða] *f* **1.** Salbe *f,* Pomade *f;* **2.** *~ para quemadura(s)* MED Brandsalbe *f*
pomelo [po'melo] *m* BOT Grapefruit *f,* Pampelmuse *f*
pompa ['pɔmpa] *f* **1.** Prunk *m;* **2.** *~s fúnebres pl* Bestattungsinstitut *n*
pomposo [pɔm'poso] *adj* pompös, prunkvoll
ponderación [pɔndera'θjɔn] *f* Erwägung *f*
ponderar [pɔnde'rar] *v* erwägen
ponderoso [pɔnde'roso] *adj* schwer
ponencia [po'nenθja] *f* Referat *n*
poner [po'nɛr] *v irr* **1.** *(colocar)* stellen, abstellen, absetzen, legen; **2.** *~ a salvo* retten, bergen; **3.** *~ uno sobre otro* übereinander legen, stapeln; **4.** *~ al aire* lüften; **5.** *~ impuesto sobre* FIN versteuern; **6.** TEL verbinden; **7.** *(invertir)* aufsetzen; **8.** *(la mesa)* decken; **9.** *(encima de algo)* auflegen
ponerse [po'nɛrse] *v irr* **1.** sich stellen; **2.** *~ a la cola* sich anstellen; **3.** *~ a hacer* angehen, anfangen; *¡Ponte a estudiar!* Fang an zu lernen! **4.** *~ al día* sich einarbeiten; **5.** *~ en el lugar de alguien* sich in jdn hineinversetzen; **6.** *~ la ropa* sich anziehen; *Tienes que ponerte el abrigo porque hace mucho frío.* Du musst den Mantel anziehen, weil es sehr kalt ist. **7.** *~ de acuerdo con alguien* mit jdm übereinkommen; *Mi madre se puso de acuerdo con mi tía en el precio del coche.* Meine Mutter vereinbarte mit meiner Tante den Preis des Autos. **8.** *(cambiar de estado)* werden; *En la playa se puso muy morena.* Am Strand wurde sie sehr braun. *Se pusieron mal después de comer la fruta verde.* Ihnen wurde schlecht, nachdem sie das grüne Obst gegessen hatten.
póney ['poni] *m* ZOOL Pony *n*
pontífice [pɔn'tifiθe] *m Sumo ~* REL Papst *m*
pontificio [pɔnti'fiθjo] *adj* REL päpstlich
popa [po'pa] *f* **1.** Heck *n;* **2.** *viento en ~* hervorragend, ausgezeichnet
popó [po'po] *m* ANAT Po *m,* Hintern *m* (LA)
popular [popu'lar] *adj* populär
popularidad [populari'ðað] *f* Beliebtheit *f,* Popularität *f*
populismo [popu'lizmo] *m* Populismus *m*
poquito [po'kito] *adj un ~ de* ein bisschen; *sólo un ~ para mi* nur ganz wenig für mich
por [pɔr] *prep* **1.** an, am, je, per, aus, vor, für, wegen; *~ cuyo motivo* deshalb; *~ lo tanto* deshalb; *pasando ~* über; *~ lo demás* übrigens, ansonsten; *~ lo que* weshalb; *~ lo cual* wofür; *¿Por qué?* Warum? *~ ello* darum; *~ allá* dorthin; *~ usted/~ ustedes* Ihretwegen; *~ si acaso* vorsichtshalber; *konj* **2.** *~ mucho que* so sehr
porcelana [pɔrθe'lana] *f* Porzellan *n*
porcentaje [pɔrθen'taxe] *m* Prozentsatz *m; ~ de aumento* Zuwachsrate *f*
porcino [pɔr'θino] *adj* schweinisch
porción [pɔr'θjɔn] *f* Anteil *m,* Portion *f*
pordiosear [pɔrðjo'sear] *v (mendigar)* betteln
pordiosero [pɔrðjo'sero] *m* Bettler *m*
porfía [pɔr'fia] *f* Eigensinn *m,* Trotz *m*
porfiado [pɔr'fjaðo] *adj* eigensinnig, stur
pormenor [pɔrme'nɔr] *m* Einzelheit *f,* Ausschnitt *m*
pormenorizar [pɔrmenori'θar] *v (explicar detalladamente)* detaillieren, minutiös erklären/darlegen
pornografía [pɔrnoɣra'fia] *f* Pornografie *f*
pornográfico [pɔrno'ɣrafiko] *adj* pornographisch
poro ['poro] *m* ANAT Pore *f*

P

poroso [po'roso] *adj* porös
porque ['pɔrke] *konj* denn, weil
porqué [pɔr'ke] *adv* **1.** warum; *¿Porqué no vienes a la fiesta?* Warum kommst du nicht auf die Party? *m* **2.** *El ~ de las cosas* Grund *m,* Ursache *f,* Warum *n; No sé el porqué de su comportamiento.* Ich kenne den Grund für sein Verhalten nicht.
porquería [pɔrke'ria] *f* Dreck *m,* Schweinerei *f*
porqueriza [pɔrke'riθa] *f* Schweinestall *m*
porra ['pɔrra] *f* Keule *f; mandar a la ~ (fam)* zum Teufel jagen
portaaviones [pɔrtaa'βjones] *m* Flugzeugträger *m*
portable [pɔr'taβle] *adj* tragbar
portada [pɔr'taðа] *f* Titelseite *f*
portador(a) [pɔrta'ðɔr/pɔrta'ðora] *m/f* **1.** Inhaber(in) *m/f,* Träger(in) *m/f,* Überbringer(in) *m/f; ~ de gafas* Brillenträger(in) *m/f;* **2.** *~ de una enfermedad MED* Infizierte(r) *m/f; ~ del SIDA* Aidsinfizierte(r) *m/f*
portaequipajes [pɔrtaeki'paxes] *m* Dachträger *m*
portafolios [pɔrta'foljos] *m* Aktenmappe *f*
portafortuna [pɔrtafɔr'tuna] *m* Glücksbringer *m*
portal [pɔr'tal] *m* Tor *n,* Portal *n*
portamonedas [pɔrtamo'neðas] *m* Börse *f,* Portemonnaie *n*
portar [pɔr'tar] *v* **1.** *~ armas* (Waffen) tragen; **2.** *(un programa) INFORM* Träger *m (Programm)*
portarse [pɔr'tarse] *v* sich benehmen, sich verhalten, sich betragen
portátil [pɔr'tatil] *adj* **1.** tragbar; **2.** *m INFORM* Laptop *m,* Notebook *n*
portavelas [pɔrta'βelas] *m* Kerzenständer *m*
portavoz [pɔrta'βɔθ] *m/f* **1.** Wortführer(in) *m/f;* **2.** *(relaciones públicas)* Pressesprecher(in) *m/f,* Sprecher(in) *m/f;* **3.** *~ gubernamental POL* Regierungssprecher(in) *m/f*
porte ['pɔrte] *m* **1.** Porto *n;* **2.** *ECO* Fracht *f;* **3.** *(comportamiento)* Benehmen *n,* Haltung *f;* **4.** *~ pagado ECO* frachtfrei
portento [pɔr'tento] *m (milagro)* Wunder *n*
porteño [pɔr'teɲo] *m (natural de Buenos Aires) GEO* Bewohner von Buenos Aires *m*
portería [pɔrte'ria] *f SPORT* Tor *n*
portero [pɔr'tero] *m* **1.** Portier *m,* Pförtner *m,* Hausmeister *m;* **2.** *~ automático* Türöffner *m;* **3.** *SPORT* Torwart *m*
pórtico ['portiko] *m ARCH* Säulengang *m*
portilla [pɔr'tiʎa] *f NAUT* Bullauge *n*
portuario [pɔr'twarjo] *adj* Hafen…
Portugal [pɔrtu'ɣal] *m GEO* Portugal *n*
portugués [pɔrtu'ɣes] *adj* **1.** portugiesisch; *m* **2.** Portugiese *m*
porvenir [pɔrβe'nir] *m* **1.** *(futuro)* Zukunft *f,* Aussichten *f/pl; ¿Qué nos deparará el porvenir?* Was wird uns die Zukunft wohl bringen? **2.** *(fig)* Perspektive *f,* Zukunft *f; Mi hermano no tiene porvenir.* Mein Bruder hat keine Perspektive.
posada [po'saða] *f* Gasthaus *n*
posadera [posa'ðera] *f (en una posada)* Gastwirtin *f; ~s f/pl (nalga)* Gesäß *n*
posadero [posa'ðero] *m* Gastwirt *m*
posar [po'sar] *v* **1.** *(colocar algo sobre otra cosa)* postieren, legen, positionieren; **2.** *(pernoctar en)* Rast machen, übernachten; **3.** *(para un artista)* posieren, Modell stehen; *La modelo posa para el pintor.* Das Modell posiert für den Maler.
posarse [po'sarse] *v (los pájaros)* setzen, niederlassen
posdata [pɔz'ðata] *f* Nachschrift *f*
pose ['pɔse] *f* Pose *f*
poseedor(a) [poseɛ'ðɔr/poseɛ'ðora] *m/f* Inhaber(in) *m/f*
poseer [pose'ɛr] *v irr* **1.** besitzen, innehaben; **2.** *(tener contacto sexual con una mujer)* beiwohnen (einer Frau)
poseído [pose'iðo] *adj ~ de* besessen von
posesión [pose'sjɔn] *f* Besitz *m*
posfijo [pɔs'fixo] *m GRAMM* Suffix *n,* Nachsilbe *f*
posguerra [pɔz'ɣɛrra] *f* Nachkriegszeit *f*
posibilidad [posiβili'ðað] *f* Möglichkeit *f; la única ~* die einzige Möglich-

keit *f; ~ de ascenso* Aufstiegsmöglichkeit *f*
posibilitar [posiβili'tar] *v* ermöglichen
posible [po'siβle] *adj* möglich, etwaig; *Lo necesito lo antes ~.* Ich brauche es so bald wie möglich. *en lo ~* so weit möglich; *hacer ~* ermöglichen; *si es posible* wenn möglich
posición [posi'θjɔn] *f* **1.** Lage *f*; **2.** *(empleo)* Anstellung *f*, Position *f*, Positur *f*; *~ excelente* Spitzenposition *f*; *~ de descanso* Ruhestellung *f*; *~ clave* Schlüsselposition *f*; **3.** *poner en ~ extrema* TECH ausfahren
posicionar [posiθjo'nar] *v (poner en un lugar)* positionieren, auf eine bestimmte Stelle legen
posicionarse [posiθjo'narse] *v* einen Platz erringen, einen Platz einnehmen; *El corredor se posicionó en los primeros lugares.* Der Läufer kam unter die ersten Plätze.
positivismo [positi'βizmo] *m* **1.** *(actitud optimista hacia la vida)* Positivismus *m*, positive Einstellung *f*; **2.** *(orientación filosófica)* PHIL Positivismus *m*; *~ lógico* der logische Positivismus
positivista [positi'βista] *adj* optimistisch, positiv denkend
positivo [posi'tiβo] *adj* **1.** positiv; *m* **2.** FOTO Positiv *n*
posponer [pɔspo'nɛr] *v irr* **1.** *~ una cita* verlegen, verschieben; **2.** *(despreciar)* gering schätzen, außer Acht lassen, verachten; **3.** *(no tomar en consideración)* vertagen (Entscheidung)
posposición [pɔsposi'θjɔn] *f* Vertagung *f*, Nachstellung *f*, Verlegung *f*
postal [pɔs'tal] *f* Postkarte *f*, Ansichtskarte *f*
poste ['pɔste] *m* Mast *m*, Pfosten *m*
postergar [pɔster'ɣar] *v* **1.** *~ una cita* verschieben, vertagen; **2.** *(despreciar)* gering schätzen, verachten
postergativo [pɔsterɣa'tiβo] *adj* zurücksetzend, verschiebend
posteridad [pɔsteri'ðað] *f* Nachwelt *f*
posterior [pɔste'rjɔr] *adj* **1.** *(local)* hintere(r,s); **2.** *(temporal)* spätere(r,s), nachträglich
postigo [pɔs'tiɣo] *m* Fensterladen *m*
postizo [pɔs'tiθo] *adj* künstlich, falsch
posmeridiano [pɔstmeri'ðjano] *adj* nachmittags, nach 12 Uhr
postración [pɔstra'θjɔn] *f (fig)* Niedergeschlagenheit *f*, depressive Verstimmung *f*
postrado [pɔs'traðo] *adj* **1.** *~ en cama* bettlägerig; **2.** *(fig: reducido a la impotencia)* darniederliegend, niedergeschlagen, verstimmt
postrar [pɔs'trar] *v* **1.** *(lanzar al suelo)* niederwerfen, niederzwingen; **2.** *(fig: doblegar)* beugen, niedermachen, erniedrigen; **3.** *(fig: humillar)* demütigen, erniedrigen
postrarse [pɔs'trarse] *v* **1.** *(yacer en cama)* alle Viere von sich strecken, sich fallen lassen; **2.** *(fig: reducise a la impotencia)* sich zu Boden werfen, sich auf die Knie fallen lassen; **3.** *~ de hinojos* auf die Knie gehen
postre ['pɔstre] *m* **1.** GAST Nachspeise *f*, Dessert *n*, Nachtisch *m*; **2.** *a la ~* zu guter Letzt
postrer [pɔs'trer] *adj (último)* letze(r,s)
postulación [pɔstula'θjɔn] *f* Postulat *n*, Forderung *f*
postulante [pɔstu'lante] *m* Bewerber(in) *m/f*, Postulant *m*
postular [pɔstu'lar] *v* **1.** bewerben; **2.** *(suponer como posible)* postulieren, als These/Möglichkeit angeben
postularse [pɔstu'larse] *v* aufstellen lassen, zur Wahl antreten; *Se ha postulado como candidato para las elecciones.* Er hat sich als Kandidat für die Wahlen aufstellen lassen.
póstumo ['pɔstumo] *adj* postum
postura [pɔs'tura] *f* Stellung *f*, Haltung *f*
potable [po'taβle] *adj* trinkbar
potasio [po'tasjo] *m* CHEM Kalium *n*
pote ['pote] *m* Topf *m*
potencia [po'tenθja] *f* **1.** MED Potenz *f*; **2.** TECH Leistung *f*; **3.** MATH Potenz *f*; **4.** POL Macht *f*; *~ mundial* Weltmacht *f*; *~ colonial* Kolonialmacht *f*; *~ de ocupación* Besatzungsmacht *f*; *~ protectora* Schutzmacht *f*; **5.** *~s occidentales pl* POL Westmächte *pl*; **6.** *en ~* Ausübung einer Möglichkeit/Fähigkeit *f*; *Ese hombre es un asesino en potencia.* Der Mann ist ein potentieller Mörder.

P

potencial [poten'θjal] *m* **1.** Potenzial *n; adj* **2.** potenziell
potente [po'tente] *adj* **1.** potent, fähig; **2.** *(de sonido)* lautstark
potestad [potes'tað] *f patria ~ JUR* (elterliche) Gewalt *f*
potro ['potro] *m* **1.** *SPORT* Bock *m;* **2.** *ZOOL* Fohlen *n*
pozo ['poθo] *m* **1.** Schacht *m;* **2.** *(de agua)* Brunnen *m*
práctica ['praktika] *f* **1.** Praxis *f,* Übung *f,* Ausübung *f; poner en ~* verwirklichen; *perder la ~* verlernen; **2.** *~ de la prueba JUR* Beweisaufnahme *f;* **3.** *~s pl* Praktikum *n,* Volontariat *n;* **4.** *(costumbre)* Gebrauch *m,* Brauch *m;* **5.** *(método)* Praxis *f,* Methode *f*
practicable [prakti'kaβle] *adj* praktikabel, anwendbar
prácticamente ['praktikamente] *adv* praktisch
practicante [prakti'kante] *m/f* Praktikant(in) *m/f*
practicar [prakti'kar] *v* **1.** üben, ausüben, lotsen, praktizieren, treiben, vornehmen; *~ un deporte* Sport treiben; *~ la magia* zaubern; **2.** *ECO* betreiben; **3.** *~ la respiración artificial MED* beatmen
práctico ['praktiko] *adj* **1.** praktisch; *poco ~* unpraktisch; *m* **2.** *(de un barco) NAUT* Lotse *m*
pradera [pra'ðera] *f* **1.** Wiese *f;* **2.** *(forma de paisaje)* Prärie *f*
prado ['praðo] *m* **1.** Wiese *f;* **2.** *GEOL* Heide *f*
pragmática [praɣ'matika] *f* Pragmatik *f*
pragmático [praɣ'matiko] *adj* pragmatisch
pragmatismo [praɣma'tizmo] *m* **1.** *(corriente filosófica) PHIL* Pragmatismus *m;* **2.** *(actitud hacia la vida)* Pragmatismus *m*
preámbulo [pre'ambulo] *m* **1.** *(prólogo) LIT* Präambel *f,* Vorrede *f,* Prolog *m;* **2.** *(fig: introducción)* Einführung *f,* Einleitung *f*
preámbulos [pre'ambulos] *m/pl* Umschweife *pl*
precario [pre'karjo] *adj* prekär, misslich, heikel
precaución [prekaŭ'θjɔn] *f* Vorsicht *f,* Vorsorge *f,* Vorkehrung *f; por ~* vorsichtshalber, vorsorglich; *tomar precauciones* Vorkehrungen treffen, vorsorgen
precaver [preka'βɛr] *v* verhüten, vorbeugen
precaverse [preka'βɛrse] *v* sich vorsehen, sich schützen
precavido [preka'βiðo] *adj* vorsichtig
precedencia [preθe'ðenθja] *f* Vorrang *m,* Vortritt *m*
precedente [preθe'ðente] *adj* **1.** vorhergehend, vorig, vorherig; *sin ~* beispiellos; *m* **2.** Präzedenzfall *m*
preceder [preθe'ðɛr] *v* **1.** *(tener la precedencia)* vorangehen, vorhergehen, Vorrang haben; **2.** *(estar antes que otra cosa)* an erster Stelle stehen, Vorrang haben
precepto [pre'θɛpto] *m* Vorschrift *f*
preciar [pre'θjar] *v (apreciar)* schätzen
preciarse [pre'θjarse] *v (tenerse por)* sich für etw halten, sich rühmen, etw zu sein
precintar [preθin'tar] *v* plombieren
precinto [pre'θinto] *m* Plombe *f,* Verschluss *m*
precio ['preθjo] *m* **1.** Preis *m; tener un ~* kosten; *~ al consumidor m* Verbraucherpreis *m; ~ al contado m* Barpreis *m; ~ límite* Höchstpreis *m; ~ del billete* Fahrpreis *m; ~ de compra* Kaufpreis *m,* Ankaufspreis *m,* Einkaufspreis *m; ~ global* Pauschale *f; ~ indicativo* Richtpreis *m; ~ de venta* Verkaufspreis *m; ~ bruto* Bruttopreis *m; ~ de introducción* Einführungspreis *m; ~ de fábrica* Fabrikpreis *m; ~ fijo* Festpreis *m; ~ del transporte (de carga)* Frachtkosten *pl; ~ de lista* Listenpreis *m; ~ neto* Nettopreis *m; ~ ruinoso* Schleuderpreis *m; ~ de coste* Selbstkostenpreis *m; ~ máximo* Höchstpreis *m; ~ de oferta* Angebotspreis *m; a buen ~* preiswert; **2.** *(cotización) FIN* Kurs *m; ~ de la acción* Aktienkurs *m;* **3.** *~s de saldo pl* Ausverkaufspreise *pl*
preciosidad [preθjosi'ðað] *f* Kostbarkeit *f*
precioso [pre'θjoso] *adj* **1.** *(valioso)* wertvoll, edel, kostbar; **2.** *(muy bonito)* prächtig, sehr schön
precipicio [preθi'piθjo] *m* Abgrund *m*

precipitación [preθipita'θjɔn] *f* **1.** Hast *f;* **2.** *precipitaciones pl METEO* Niederschlag *m*
precipitado [preθipi'taðo] *adj* fluchtartig, hastig, voreilig
precipitar [preθipi'tar] *v* **1.** hinunterwerfen; **2.** *CHEM* abscheiden
precipitarse [preθipi'tarse] *v* **1.** sich stürzen, sich beeilen; **2.** *CHEM* absetzen
precisamente [preθisa'mente] *adv* ausgerechnet, präzise, genau; *¡Precisamente hoy tiene que venir!* Ausgerechnet heute muss er kommen!
precisar [preθi'sar] *v* **1.** benötigen, brauchen; **2.** *(aclarar)* präzisieren; *sin ~* undeutlich
precisión [preθi'sjɔn] *f* Präzision *f*
preciso [pre'θiso] *adj* **1.** *(necesario)* notwendig, nötig; **2.** *(correcto)* richtig, fein; **3.** *(exacto)* präzise, treffend, klar; *poco ~* undeutlich
precoz [pre'kɔθ] *adj* altklug, frühreif
predecesor(a) [preðeθe'sɔr/preðeθe'sora] *m/f* Vorgänger(in) *m/f*
predecir [preðe'θir] *v irr* vorhersagen, voraussagen
predestinado [preðesti'naðo] *adj* prädestiniert
predeterminación [preðetermina'θjɔn] *f* Vorherbestimmung *f,* Vorausbestimmung *f*
predeterminado [preðetermi'naðo] *adj* vorherbestimmt, vorausbestimmt
predeterminar [preðetermi'nar] *v* vorausbestimmen, vorherbestimmen
prédica ['preðika] *f REL* Predigt *f*
predicación [predika'θjɔn] *f REL* Predigt *f*
predicado [preði'kaðo] *m* Prädikat *n*
predicar [preði'kar] *v REL* predigen
predicción [preðiɣ'θjɔn] *f* Vorhersage *f*
predilección [preðilɛɣ'θjɔn] *f ~ por* Vorliebe für *f*
predisposición [preðisposi'θjɔn] *f* Anfälligkeit *f,* Veranlagung *f,* Voreingenommenheit *f*
predispuesto [preðis'pwesto] *adj* voreingenommen
predominar [preðomi'nar] *v* überwiegen, vorherrschen
predominio [preðo'minjo] *m* Vorherrschaft *f*
prefacio [pre'faθjo] *m* Vorwort *n*
prefecto [pre'fɛkto] *m POL* Landrat *m*
preferencia [prefe'renθja] *f* **1.** Vorzug *m,* Vorrang *m; ~ por* Vorliebe für *f;* **2.** *(en la circulación)* Vorfahrt *f; tener ~* vorgehen, Vorfahrt haben
preferentemente [preferente'mente] *adv* vorzugsweise
preferir [prefe'rir] *v irr* bevorzugen, vorziehen
prefijo [pre'fixo] *m* Vorwahl *f; ~ internacional m* Ländervorwahl *f*
pregunta [pre'ɣunta] *f* Frage *f*
preguntar [preɣun'tar] *v* befragen, ausfragen, nachfragen; *~ por alguien* nach jdm fragen
prehistórico [preis'toriko] *adj* prähistorisch
prejubilación [prɛxuβila'θjɔn] *f* Vorruhestand *m*
prejuicio [prɛ'xwiθjo] *m* Voreingenommenheit *f,* Vorurteil *n*
preludio [pre'luðjo] *m* Auftakt *m*
prematuro [prema'turo] *adj* verfrüht, vorzeitig, frühzeitig
premeditación [premeðita'θjɔn] *f* Vorsatz *m*
premiado [pre'mjaðo] *adj* **1.** preisgekrört; *m* **2.** Preisträger *m*
premiar [pre'mjar] *v* belohnen, auszeichnen, prämieren
premio ['premjo] *m* **1.** *(recompensa)* Belohnung *f,* Preis *m; primer ~* Hauptgewinn *m,* erster Preis *m; ~ de hallazgo* Finderlohn *m; ~ de literatura* Literaturpreis *m; ~ Nobel* Nobelpreis *m; ~ de consolación* Trostpreis *m (LA); ~ gordo m* Hauptgewinn *m;* **2.** *(ganancia)* Gewinn *m;* **3.** *ECO* Prämie *f*
premonición [premoni'θjɔn] *f* Vorahnung *f*
prenda ['prenda] *f* **1.** Pfand *n;* **2.** *~ de vestir* Kleidungsstück *n*
prendar [pren'dar] *v (dar en prenda, empeñar)* pfänden, verpfänden
prendarse [pren'darse] *v* **1.** *(enamorarse)* sich verlieben; *Me he prendado de esa mujer.* Ich habe mich in diese Frau verliebt. *m* **2.** *(fig: cobrar afecto a alguien)* Zuneigung *f; Me he prendado de mi profesor de música.* Ich habe zu meinem Musiklehrer Zuneigung gefasst.

prendedor [prende'ðɔr] *m* **1.** Brosche *f;* **2.** *(imperdible)* Sicherheitsnadel *f*
prender [pren'dɛr] *v* **1.** ergreifen, anpacken; **2.** *(arrestar)* festnehmen, verhaften; **3.** *(encender)* anzünden, Feuer legen; *~ fuego* Feuer fangen; **4.** *(fig)* entzünden; **5.** *(un broche)* anstecken; **6.** *(poner en funcionamiento)* anmachen, beleuchten, hell machen, erleuchten; **7.** *(engrapar)* anheften
prensa ['prensa] *f* **1.** Presse *f; ~ amarilla* Sensationspresse *f; ~ del corazón* Regenbogenpresse *f;* **2.** *TECH* Presse *f*
prensar [pren'sar] *v* **1.** pressen; **2.** *(fruta)* auspressen; **3.** *(la uva)* keltern
preñada [pre'ɲaða] *adj* **1.** *MED* schwanger; **2.** *ZOOL* trächtig
preocupación [preokupa'θjɔn] *f* **1.** Besorgnis *f,* Unruhe *f,* Kummer *m;* **2.** *(diligencia)* Sorgfalt *f;* **3.** *lleno de preocupaciones* sorgenvoll; *sin preocupaciones* sorgenfrei
preocupado [preoku'paðo] *adj* unruhig, kummervoll; *estar ~ por* besorgt sein um
preocupante [preoku'pante] *adj* Besorgnis erregend, beunruhigend
preocuparse [preoku'parse] *v* **1.** *~ de alguien* um jdn sich kümmern; **2.** *~ por* sich sorgen um
preparación [prepara'θjɔn] *f* **1.** Vorbereitung *f;* **2.** *GAST* Zubereitung *f;* **3.** *MED* Präparat *n*
preparado [prepa'raðo] *m* **1.** Präparat *n; adj* **2.** fertig, parat, vorbereitet; *sin estar ~* unvorbereitet sein; *tener ~* bereithalten; *estar ~ para* gefasst sein auf; **3.** *~ para operar TECH* betriebsbereit
preparar [prepa'rar] *v* **1.** bereiten, vorbereiten, aufbereiten, bereitstellen; **2.** *(ingredientes) GAST* zubereiten; **3.** *(disponer)* anrichten, herrichten; **4.** *(iniciar)* anbahnen, vorarbeiten; **5.** *(disecar)* präparieren
prepararse [prepa'rarse] *v* sich bereit machen, sich vorbereiten; *~ para* sich bereit machen für, sich vorbereiten auf
preparativos [prepara'tiβos] *m/pl* Vorbereitungen *pl; Mi padre hace los preparativos para el viaje.* Mein Vater macht die Reisevorbereitungen.
preponderancia [prepɔnde'ranθja] *f* **1.** Übergewicht *n,* Überwiegen *n;* **2.** *(predominio)* Vorherrschen *n,* Vormachtstellung *f*
preponderante [prepɔnde'rante] *adj* überwiegend, vorherrschend, vorwiegend
preponderar [prepɔnde'rar] *v* überwiegen
preposición [preposi'θjɔn] *f GRAMM* Präposition *f*
presa ['presa] *f* **1.** Wegnahme *f,* Fangen *n;* **2.** *(caza)* Beute *f,* Fang *m; animal de ~* Raubtier *n;* **3.** *(embalse)* Stauwehr *n;* **4.** *(fig)* Opfer *n*
presagio [pre'saxjo] *m* Omen *n,* Vorzeichen *n; tener un mal ~* Böses ahnen
prescindible [presθin'diβle] *adj* entbehrlich
prescindir [presθin'dir] *adj ~ de* verzichten auf, absehen von; *no poder ~ de* angewiesen sein auf
prescribir [preskri'βir] *v irr* **1.** anordnen, vorschreiben; **2.** *MED* verschreiben, verordnen; **3.** *JUR* verjähren
prescripción [preskriβ'θjɔn] *f* **1.** Vorschrift *f;* **2.** *MED* Verordnung *f; ~ médica* Rezept *n; de ~ obligatoria* rezeptpflichtig; **3.** *JUR* Verjährung *f*
presencia [pre'senθja] *f* Anwesenheit *f;* Gegenwart *f; en ~ de* im Beisein von
presenciar [prensen'θjar] *v* zuschauen, miterleben
presentación [presenta'θjɔn] *f* **1.** Vorstellung *f;* **2.** *(de documentos)* Vorlage *f;* **3.** *(aspecto)* Aufmachung *f,* Äußeres *n; ~ del regalo* Geschenkpackung *f;* **4.** *THEAT* Aufführung *f,* Inszenierung *f*
presentar [presen'tar] *v* **1.** *(ofrecer)* bieten; **2.** *(mostrar)* aufweisen, vorführen, vorweisen; **3.** *(entregar)* einreichen, vorlegen; *~ un informe sobre algo* einen Bericht über etw vorlegen; *~ la dimisión* sein Amt niederlegen; *~ su candidatura* kandidieren; **4.** *~ en sobreimpresión CINE* einblenden; **5.** *(a la vista)* darstellen
presentarse [presen'tarse] *v* **1.** sich vorstellen; *Tengo el gusto de presentarle a la señora Pérez.* Ich möchte Sie Frau Pérez vorstellen. **2.** *(aparecer)* auftreten; **3.** *(comparecer)* sich einfinden;

P

4. *~ como candidato* sich bewerben, kandidieren
presente [pre'sente] *adj* **1.** anwesend, vorhanden, vorliegend; *hacer ~* zu erkennen geben; *tener ~* vergegenwärtigen, beachten; *estar ~ en algo* etw miterleben, zugegen sein bei etw; **2.** *(actual)* aktuell, gegenwärtig; *m* **3.** Gegenwart *f;* **4.** *(regalo)* Geschenk *n;* **5.** *GRAMM* Präsens *n*
presentimiento [presenti'mjento] *m* Gefühl *n,* Vorahnung *f*
presentir [presen'tir] *v irr* ahnen
preservación [presɛrβa'θjɔn] *f* Bewahrung *f,* Schutz *m*
preservar [presɛr'βar] *v* abwenden, verschonen
preservativo [presɛrβa'tiβo] *m* **1.** Kondom *n,* Präservativ *n;* **2.** *MED* Verhütungsmittel *n*
presidencial [presiðen'θjal] *adj* präsidial, Präsidenten…
presidente [presi'ðente] *m/f* **1.** Präsident(in) *m/f,* Vorsitzende(r) *m/f;* **2.** *~ del partido POL* Fraktionsvorsitzende(r) *m/f*
presidiario [presi'ðjarjo] *m* Sträfling *m*
presidio [pre'siðjo] *m* Zuchthaus *n,* Gefängnis *n*
presidir [presi'ðir] *v* vorstehen, den Vorsitz führen
presión [pre'sjɔn] *f* **1.** *TECH* Druck *m;* *alta ~ METEO* Hochdruck *m;* **2.** *~ atmosférica METEO* Luftdruck *m;* **3.** *~ sanguínea MED* Blutdruck *m;* **4.** *(fig)* Zwang *m,* Druck *m*
preso ['preso] *m* Gefangener *m,* Strafgefangener *m*
prestación [presta'θjɔn] *f* **1.** *~ de servicio* Dienstleistung *f;* **2.** *~ de juramento JUR* Vereidigung *f*
prestado [pres'taðo] *adj* **1.** geborgt; **2.** *tomar ~* ausleihen, borgen
préstamo ['prestamo] *m ECO* Anleihe *f,* Darlehen *n;* *~ bancario FIN* Bankdarlehen *n;* *pedir un ~ sobre* ein Darlehen auf etw aufnehmen
prestar [pres'tar] *v* verleihen, ausleihen, borgen; *~ algo a alguien* jdm etw leihen, jdm etw borgen; *~ atención* Acht geben; *~ servicio* einen Dienst leisten
prestarse [pres'tarse] *v* **1.** sich zur Verfügung stellen, sich bequemen; **2.** *(servir para)* sich eignen; **3.** *~ algo de alguien* etw von jdm leihen
prestigio [pres'tixjo] *m* Ansehen *n,* Prestige *n,* Ruf *m*
prestigioso [presti'xjoso] *adj* angesehen, einflussreich
presumible [presu'miβle] *adj* vermutlich, mutmaßlich
presumir [presu'mir] *v* **1.** vermuten, mutmaßen; **2.** *~ de* sich aufspielen als, angeben; *El muchacho presume con el coche de su padre.* Der Junge gibt mit dem Auto seines Vaters an.
presunto [pre'sunto] *adj* angeblich, mutmaßlich, vermeintlich
presuntuoso [presun'twoso] *adj* anmaßend, eingebildet
presuponer [presupo'nɛr] *v irr* voraussetzen
presuposición [presuposi'θjɔn] *f* Voraussetzung
presupuesto [presu'pwesto] *m* **1.** Etat *m,* Budget *n,* Haushalt *m;* *~ del Estado* Staatshaushalt *m;* **2.** *(de gastos)* Kostenvoranschlag *m*
pretencioso [preten'θjoso] *adj (presuntuoso)* eingebildet, eitel, angeberisch
pretender [preten'dɛr] *v irr* anstreben; *~ algo* nach etw trachten
pretensión [preten'sjɔn] *f* Anforderung *f,* Anmaßung *f,* Anspruch *f;* *sin pretensiones* anspruchslos; *lleno de pretensiones* anspruchsvoll
pretexto [pre'testo] *m* Vorwand *m,* Ausrede *f,* Ausflucht *f;* *con el ~ de* unter dem Vorwand
pretil [pre'til] *m* Brüstung *f*
pretina [pre'tina] *f* Gurt *m,* Gürtel *m*
prevalecer [preβale'θɛr] *v irr* **1.** *(insistir)* beharren, besonderen Nachdruck legen; **2.** *(salir victorioso)* siegen, die Oberhand behalten
prevalecimiento [preβaleθi'mjento] *m* Sieg *m,* Oberhand *f,* Obsiegen *n*
prevención [preβen'θjɔn] *f* Abwehr *f,* Verhütung *f,* Vorbeugung *f;* *~ del cáncer MED* Krebsvorsorge *f*
prevenido [preβe'niðo] *adj* bedächtig
prevenir [preβe'nir] *v irr* **1.** abwenden, verhüten, vorbeugen; **2.** *(avisar)* warnen
preventivo [preβen'tiβo] *adj* vorbeugend

P

prever [pre'βɛr] *v irr* voraussehen
previo ['preβjo] *adj* vorherig
previsible [preβi'siβle] *adj* absehbar, voraussichtlich, vorhersehbar
previsión [preβi'sjɔn] *f* Vorschau *f*, Vorsorge *f*
previsor [preβi'sɔr] *adj* vorsorglich
prima ['prima] *f* **1.** Cousine *f*; **2.** *~ de seguros* Versicherungsprämie *f*; **3.** *FIN* Agio *n*, Zulage *f*, Bonus *m*
primacía [prima'θia] *f* Vorrang *m*
primar [pri'mar] *v ~ sobre* überwiegen
primario [pri'marjo] *adj* primär
primate [pri'mate] *m ZOOL* Primat *m*
primavera [prima'βera] *f* **1.** Frühjahr *n*, Frühling *m*; **2.** *BOT* Primel *f*
primero [pri'mero] *adv* **1.** erst, zuerst, zunächst; *adj* **2.** erste(r,s); *primera plana* Titelseite *f*; *primera comunión* Erstkommunion *f*; *a la primera* auf Anhieb; *el ~ de Agosto* am ersten August; *Soy el ~.* Ich bin der Erste. *Primer Ministro POL* Premierminister *m*; **3.** *~s auxilios MED* erste Hilfe *f*
primitivo [primi'tiβo] *adj* primitiv
primo ['primo] *m* Cousin *m*, Vetter *m*; *hacer el ~ (fig)* auf den Leim gehen
primogénito [primɔ'xenito] *m* Erstgeborener *m*, Stammhalter *m*
prímula ['primula] *f BOT* Primel *f*
princesa [prin'θesa] *f* Prinzessin *f*
P **principado** [prinθi'paðo] *m* Fürstentum *n*
principal [prinθi'pal] *adj* hauptsächlich
príncipe ['prinθipe] *m* **1.** Fürst *m*; *de ~* fürstlich; **2.** *(hijo de rey)* Prinz *m*; *~ azul* Märchenprinz *m*; *~ heredero* Kronprinz *m*
principesco [prinθi'pesko] *adj* fürstlich
principiante [prinθi'pjante] *m/f* **1.** Anfänger(in) *m/f*, Schulanfänger(in) *m/f*; *adj* **2.** angehend
principiar [prinθi'pjar] *v* beginnen
principio [prin'θipjo] *m* **1.** Anfang *m*, Beginn *m*, Anbruch *m*, Anbeginn *m*; *al ~* anfangs, am Anfang; **2.** *(concepto, fundamento)* Prinzip *n*, Grundsatz *m*, Ansatz *m*; *~ constitucional* Verfassungsgrundsatz *por ~* prinzipiell; *sin ~s (morales)* charakterlos
prioridad [prjori'ðað] *f* Vorzug *m*, Priorität *f*; *dar ~* Priorität einräumen

prisa ['prisa] *f* Eile *f*, Hast *f*; *a toda ~* hastig; *correr ~* eilig sein; *darse ~* sich beeilen; *de~* geschwind, zügig; *muy de~* eiligst; *sin ~* in aller Ruhe; *tener ~* Eile haben
prisión [pri'sjɔn] *f* **1.** Gefängnis *n*; **2.** *~ preventiva JUR* Schutzhaft *f*, Untersuchungshaft *f*; *~ provisional* Untersuchungshaft *n*
prisionero [prisjo'nero] *m* **1.** Gefangener *m*, Strafgefangener *m*, Sträfling *m*; **2.** *(~ de guerra) MIL* Gefangener *m*
prismáticos [priz'matikos] *m/pl* Fernglas *n*
privación [priβa'θjɔn] *f* **1.** Entbehrung *f*; **2.** *JUR* Aberkennung *f*; *~ de la libertad* Freiheitsberaubung *f*; **3.** *MED* Entzug *m*
privado [pri'βaðo] *adj* privat; *en ~* privat
privar [pri'βar] *v* **1.** *~ a alguien de algo JUR* jdm etw aberkennen, jdm etw absprechen; *~ a alguien de poder sobre algo* jdm die Gewalt über etw entziehen; **2.** *~ a alguien de toda influencia* jdm Einfluss entziehen; **3.** *estar privado de* entbehren
privarse [pri'βarse] *v* sich aufopfern, verzichten
privatización [priβatiθa'θjɔn] *f ECO* Privatisierung *f*
privatizar [priβati'θar] *v ECO* privatisieren
privilegio [priβi'lɛxjo] *m* **1.** Privileg *n*, Sonderrecht *n*, Vorrecht *n*; **2.** *~s fiscales pl FIN* Steuervergünstigungen *pl*
probabilidad [proβaβili'ðað] *f* Wahrscheinlichkeit *f*
probable [pro'βaβle] *adj* **1.** wahrscheinlich, vermutlich; *poco ~* unwahrscheinlich; **2.** *(demostrable)* beweisbar
probablemente [proβaβle'mente] *adv* wahrscheinlich, wohl, vermutlich
probar [pro'βar] *v irr* **1.** *(demostrar)* beweisen; **2.** *(gustar, paladear)* kosten, probieren, testen; *¿Puedo ~lo?* Kann ich davon kosten? *Me gustaría ~.* Ich möchte gerne probieren. **3.** *(intentar)* versuchen; **4.** *(ensayar)* erproben; **5.** *~ su identidad* legitimieren; **6.** *(demostrar)* nachweisen; **7.** *~ la culpabilidad de alguien* jdn überführen; **8.** *JUR* belegen;

9. ~ *documentalmente* JUR beurkunden; 10. ~ *bien* (LA) gut bekommen

probarse [pro'βarse] *v irr* anprobieren; *¿Puedo probármelo?* Kann ich das anprobieren?

problema [pro'βlema] *m* 1. Problem *n*; *¡No es ningún ~!* Kein Problem! *sin ~s* problemlos; 2. *(dificultad)* Schwierigkeit *f*, Ärger *m*; 3. *(pregunta)* Frage *f*

problemático [proβle'matiko] *adj* problematisch, ärgerlich

procedencia [proθe'ðenθja] *f* Abstammung *f*, Herkunft *f*, Ursprung *m*

procedente [proθe'ðente] *adj* ursprünglich

proceder [proθe'ðɛr] *v* 1. ~ *de* stammen von, abstammen von; 2. *(actuar)* verfahren, vorgehen; *m* 3. Vorgehen *n*

procedimiento [proθeði'mjento] *m* 1. Prozedur *f*, Verfahren *n*, Vorgehen *n*; 2. JUR Rechtsgang *m*; ~ *disciplinario* Disziplinarverfahren *n*; ~ *judicial* Gerichtsverfahren *n*; ~ *de quiebra* Konkursverfahren *n*

procela [pro'θela] *f* Unwetter *n*

prócer ['prɔθer] *m* hoch gestellte Persönlichkeit *f*, Vorkämpfer *m*, Magnat *m*

procesado [proθe'saðo] *adj* 1. JUR angeklagt; *m* 2. JUR Angeklagter *m*

procesador [proθesa'ðɔr] *m* INFORM Prozessor *m*

procesamiento [proθesa'mjento] *m* 1. ~ *del petróleo* TECH Herstellung *f*, Bearbeitung *f*; 2. *(proceso judicial)* JUR gerichtliche Verfolgung *f*, gerichtliche Ahndung *f*; 3. *(tratamiento)* INFORM Verarbeitung *f*; ~ *digital de imágenes* digitale Bildverarbeitung; ~ *de datos* digitale Datenverarbeitung

procesión [proθe'sjɔn] *f* Prozession *f*

proceso [pro'θeso] *m* 1. Prozess *m*, Verfahren *n*; ~ *de selección* Ausleseverfahren *n*; 2. ~ *monitorio* JUR Mahnverfahren *n*; ~ *penal* Strafprozess *m*

proclama [pro'klama] *f* 1. Aufruf *m*; 2. ~ *matrimonial* Aufgebot *n*

proclamación [proklama'θjɔn] *f* Bekanntgabe *f*, Erklärung *f*, Proklamation *f*

proclamar [prokla'mar] *v* aufrufen, proklamieren, erklären

procrear [prokre'ar] *v* zeugen

procura [pro'kura] *f* JUR Prokura *f*

procurar [proku'rar] *v* 1. beschaffen, anschaffen, besorgen; 2. *(conseguir, intentar)* beibringen, vermitteln, sich bemühen um

procurarse [proku'rarse] *v (obtener)* sich besorgen, sich verschaffen, bekommen

prodigar [proði'ɣar] *v* verschwenden

prodigio [pro'ðixjo] *m* Wunder *n*

prodigioso [proði'xjoso] *adj* wunderbar

pródigo ['proðiɣo] *m* 1. Verschwender *m*; *adj* 2. verschwenderisch

producción [proðuɣ'θjɔn] *f* 1. Fertigung *f*, Herstellung *f*, Produktion *f*; ~ *cinematográfica* Filmproduktion *f*; 2. ~ *en serie* ECO Serienproduktion *f*; 3. ~ *excedentaria* ECO Überschussproduktion *f*

producir [proðu'θir] *v irr* 1. hervorbringen; ~ *efecto* wirken, bewirken; 2. ECO erzeugen, herstellen, produzieren

producirse [proðu'θirse] *v irr* ausbrechen, geschehen, entstehen

productivamente [proðuktiβa'mente] *adv* produktiv

productividad [proðuktiβi'ðað] *f* ECO Ertragfähigkeit *f*, Produktivität *f*

productivo [proðuk'tiβo] *adj* ergiebig, ertragreich, leistungsfähig

producto [pro'ðukto] *m* 1. *(resultado)* Erzeugnis *n*; 2. ECO Gut *n*, Produkt *n*; ~ *agrario* Agrarerzeugnis *n*; ~ *nacional bruto (PNB)* Bruttosozialprodukt *n*; ~ *nacional* Sozialprodukt *n*; ~ *industrial* Fabrikat *n*; ~ *manufacturado* Fertigprodukt *n*; ~ *lácteo* Milchprodukt *n*; ~ *natural* Naturprodukt *n*; ~ *de limpieza* Putzmittel *n*, Reinigungsmittel *n*; 3. *~s de panadería pl* Backwaren *pl*; *~s de pastelería* Backwaren *pl*; *~s textiles* Textilien *pl*; *~s alimenticios* Nahrungsmittel *pl*; *~s naturales* Naturalien *pl*; *~s químicos* Chemikalien *pl*

productor(a) [proðuk'tɔr/proðuk'tora] *m/f* Hersteller(in) *m/f*, Produzent(in) *m/f*

profanar [profa'nar] *v* REL entweihen

profano [pro'fano] *m* 1. Laie *m*; *adj* 2. laienhaft, weltlich

profecía [profe'θia] *f* Prophezeiung *f*

proferir [profe'rir] *v irr* hervorbringen

profesar [profe'sar] *v* REL bekennen

profesión [profe'sjɔn] *f* 1. Beruf *m*, Erwerb *m*; 2. *~ de fe REL* Glaubensbekenntnis *n*
profesional [profesjo'nal] *adj* 1. beruflich, fachlich, hauptamtlich, professionell; 2. *ECO* gewerblich; *m/f* 3. Fachmann *m*, Profi *m*
profesionalismo [profesjona'lizmo] *m* Professionalität *f*, berufliche Kompetenz *f*, fachliche Kompetenz *f*
profesor(a) [profe'sɔr/profe'sora] *m/f* Lehrer(in) *m/f*; *~ de conducir* Fahrlehrer(in) *m/f*; *~ universitario* Dozent(in) *m/f*
profeta [pro'feta] *m REL* Prophet *m*
profilaxis [profi'laɣsis] *f MED* Vorbeugung *f*
profundidad [profundi'ðað] *f* Tiefe *f*
profundizar [profundi'θar] *v (fig)* vertiefen
profundo [pro'fundo] *adj (a fondo)* gründlich, tief, tief schürfend
profuso [pro'fuso] *adj* übermäßig
programa [pro'ɣrama] *m* 1. Programm *n*; *según el ~* programmgemäß; 2. *~ de estudios* Lehrplan *m*; 3. *~ de aplicación INFORM* Anwenderprogramm *n*; 4. *THEAT* Spielplan *m*
programación [proɣrama'θjɔn] *f* Programmierung *f*
programador(a) [proɣrama'ðɔr/proɣrama'ðora] *m/f INFORM* Programmierer(in) *m/f*
programar [proɣra'mar] *v* programmieren
progresar [proɣre'sar] *v* fortschreiten, sich entwickeln
progresión [proɣre'sjɔn] *f* 1. Fortschreiten *n*, Entwicklung *f*; 2. *~ geométrica MATH* (geometrische) Reihe *f*; 3. *una ~ de acordes MUS* progressive Akkorde *m/pl*
progresivamente [proɣresiβa'mente] *adv* stufenweise, zunehmend
progresivo [proɣre'siβo] *adj* progressiv
progreso [pro'ɣreso] *m* Fortschritt *m*, Aufstieg *m*; *hacer ~s* vorwärtskommen, Fortschritte machen
prohibición [proiβi'θjɔn] *f* 1. Verbot *n*, Sperre *f*; *~ de fumar* Rauchverbot *n*; *~ de adelantar* Überholverbot *n*; *~ de aparcar* Parkverbot *n*, Halteverbot *n*; 2. *~ de importación ECO* Einfuhrverbot *n*
prohibido [proi'βiðo] *adj* 1. verboten, unerlaubt; *¿Está ~?* Ist das verboten? 2. *(el paso)* gesperrt
prohibir [proi'βir] *v* untersagen, verbieten
prohibitivo [proiβi'tiβo] *adj (relativo a los precios)* überhöht, unerschwinglich
prólogo ['proloɣo] *m TEAT, LIT* Vorwort *n*, Prolog *m*
prolongación [prolɔŋga'θjɔn] *f* Ausdehnung *f*, Verlängerung *f*
prolongar [prolɔŋ'gar] *v* verlängern; *Quisiera ~ mi estancia.* Ich möchte meinen Aufenthalt verlängern.
prolongarse [prolɔŋ'garse] *v* ausdehnen
promedio [pro'meðjo] *m* Durchschnitt *m*, Mittel *n*; *en ~* durchschnittlich; *por encima del ~* überdurchschnittlich; *superior al ~* überdurchschnittlich
promesa [pro'mesa] *f* Versprechung *f*, Versprechen *n*, Verheißung *f*
prometer [prome'tɛr] *v* versprechen, zusagen, verheißen
prometerse [prome'tɛrse] *v ~ con alguien* sich mit jdm verloben
prometida [prome'tiða] *f (novia)* Braut *f*, Verlobte *f*
prometido [prome'tiðo] *m (novio)* Bräutigam *m*, Verlobter *m*
prominencia [promi'nenθja] *f* Prominenz *f*
prominente [promi'nente] *adj* prominent
promiscuo [pro'miskwo] *adj* gemischt, häufig wechselnd (Partner)
promisión [promi'sjɔn] *f (juramento) JUR* Gelübde *n*, Versprechen *n*
promoción [promo'θjɔn] *f* 1. Jahrgang *m*; 2. *ECO* Beförderung *f*; 3. Werbeaktion *f*; Promotion *f*; *~ comercial f* Merchandising *n*; *~ de ventas* Verkaufsförderung *f*; *~ especial* Angebot *n*, Sonderangebot *n*
promover [promo'βɛr] *v irr* 1. fördern; 2. *ECO* befördern
promulgar [promul'ɣar] *v* verkünden, bekannt geben, veröffentlichen
pronombre [pro'nɔmbre] *m GRAMM* Pronomen *n*
pronosticar [pronɔsti'kar] *v* vorhersagen

pronóstico [pro'nɔstiko] *m* Vorhersage *f*, Prognose *f*; ~ *del tiempo* Wettervorhersage *f*
prontamente [pronta'mente] *adv* prompt, schleunigst
pronto ['pronto] *adj* bald, flink, prompt; *tan ~ como* als, sobald; *lo más ~ posible* baldmöglichst, eiligst; *por lo ~* vorerst; *de ~* plötzlich; *¡Hasta ~!* Bis bald!
pronunciación [pronunθja'θjɔn] *f* LING Aussprache *f*
pronunciado [pronun'θjaðo] *adj* ausgeprägt
pronunciamiento [pronunθja'mjento] *m* **1.** POL Putsch *m*; ~ *militar* Militärputsch *m*; **2.** ~ *de la sentencia* JUR Urteilsverkündung *f*
pronunciar [pronun'θjar] *v* **1.** LING aussprechen; **2.** ~ *un discurso* eine Rede halten
pronunciarse [pronun θjarse] *v* ~ *en favor de algo* sich für etw aussprechen; ~ *contra algo* sich gegen etw aussprechen
propagación [propaɣa'θjɔn] *f* **1.** Verbreitung *f*; **2.** *(reproducción)* Vermehrung *f*
propaganda [propa'ɣanda] *f* Propaganda *f*
propagar [pro'paɣar] *v* propagieren
propagarse [propa'ɣarse] *v* sich vermehren
propender [propen'dɛr] *v* ~ *a algo* zu etw neigen
propensión [propen'sjɔn] *f* **1.** Neigung *f*, Hang *m*; **2.** MED Anfälligkeit *f*
propenso [pro'penso] *adj* ~ *a* anfällig für
propicio [pro'piθjo] *adj* günstig
propiedad [propje'ðað] *f* **1.** *(posesión)* Besitz *m*, Eigentum *n*, Gut/Güter *n*; ~ *inmueble* Grundbesitz *m*; ~ *inmobiliaria* Immobilie *f*; ~ *privada* Privateigentum *n*; ~ *del Estado* Staatseigentum *n*; **2.** *(de poseer)* Zugehörigkeit *f*; **3.** *(calidad)* Eigenschaft *f*, Eigentümlichkeit *f*
propietaria [propje'tarja] *f* Besitzerin *f*, Eigentümerin *f*, Inhaberin *f*
propietario [propje'tarjo] *m* Besitzer *m*, Eigentümer *m*, Inhaber *m*; *ser ~ de* besitzen
propina [pro'pina] *f* Trinkgeld *n*
propinar [propi'nar] *v* Trinkgeld geben
propio ['propjo] *adj* **1.** eigentlich, eigen; **2.** ~ *de* bezeichnend für
proponer [propo'nɛr] *v irr* **1.** vorschlagen; **2.** *(presentar)* herantragen, aufstellen
proponerse [propo'nɛrse] *v irr* beabsichtigen, bezwecken, sich vornehmen; ~ *a* gedenken zu; ~ *algo* sich etw vornehmen
proporción [propɔr'θjɔn] *f* **1.** Proportion *f*, Maßstab *m*, Ausmaß *n*; *justa ~* Angemessenheit *f*; **2.** *(relación)* Verhältnis *n*
proporcional [propɔrθjo'nal] *adj* proportional, prozentual, verhältnismäßig
proporcionar [propɔrθjo'nar] *v* **1.** beschaffen, verschaffen; **2.** *(procurar)* beibringen, vermitteln
proposición [proposi'θjɔn] *f* Vorschlag *m*, Anerbieten *n*
propósito [pro'posito] *m* **1.** Absicht *f*, Zweck *m*, Vorhaben *n*; *a ~* absichtlich, vorsätzlich; **2.** *(por lo demás) a ~* übrigens
propuesta [pro'pwesta] *f* **1.** Vorschlag *m*, Anregung *f*; ~ *de modificación* Änderungsvorschlag *m*; **2.** ~ *de matrimonio* Heiratsantrag *m*
propugnar [propuɣ'nar] *v* verfechten
propulsar [propul'sar] *v* **1.** antreiben; **2.** *(fig: hacer avanzar)* stimulieren
propulsión [propul'sjɔn] *f* TECH Antrieb *m*
propulsor [propul'sɔr] *m* TECH Propeller *m*
prórroga ['prɔrrɔɣa] *f* **1.** *(prolongación)* Verlängerung *f*; **2.** *(aplazamiento)* Aufschub *m*
prosa ['prosa] *f* LIT Prosa *f*
proscribir [proskri'βir] *v* **1.** *(prohibir algo)* verbieten, untersagen; **2.** *(declarar fuera de la ley a alguien)* ächten, verbannen, achten
proscrito [pros'krito] *m* Geächteter *m*, Verbannter *m*
proseguir [prose'ɣir] *v irr* fortsetzen
prospecto [prɔs'pɛkto] *m* Prospekt *m*
prosperar [prɔspe'rar] *v* gedeihen
prosperidad [prɔsperi'ðað] *f* **1.** Wohlfahrt *f*; **2.** *(económica)* Wohlstand *m*
prostíbulo [prɔs'tiβulo] *m* Bordell *n*

prostitución [prɔstitu'θjɔn] *f* Prostitution *f*
prostituido [prosti'twiðo] *adj (fig: venal)* käuflich, bestechlich
prostituta [prɔsti'tuta] *f* Dirne *f,* Prostituierte *f*
protagonista [protaɣo'nista] *m/f* CINE Hauptdarsteller(in) *m/f*
protección [protɛɣ'θjɔn] *f* **1.** Schutz *m; ~ de la naturaleza* Artenschutz *m,* Naturschutz *m; ~ del medio ambiente* Umweltschutz *m; ~ contra el ruido* Lärmschutz *m; ~ civil* Zivilverteidigung *f; ~ de los datos* Datenschutz *m; ~ al consumidor* Verbraucherschutz *m; seguro de ~* Versicherungsschutz *m; ~ de inquilinos* Mieterschutz *m;* **2.** *~ anticorrosiva TECH* Unterbodenschutz *m,* Rostschutz *m;* **3.** *(cobijo)* Geborgenheit *f,* Obhut *f,* Wahrung *f;* **4.** *MIL* Deckung *f*
proteger [protɛ'xɛr] *v* **1.** *~ de/~ contra* beschützen vor, behüten vor, schützen vor; **2.** *(fig)* absichern, abschirmern; **3.** *(cubrir)* zudecken
protegido [protɛ'xiðo] *adj* **1.** geschützt; *m* **2.** Schützling *m*
proteína [prote'ina] *f* BIO Eiweiß *n,* Protein *n*
prótesis ['protesis] *f* MED Prothese *f*
protesta [pro'testa] *f* **1.** *(contra)* Protest *m,* Auflehnung *f;* **2.** JUR Anfechtung *f,* Einspruch *m*
protestante [protes'tante] *adj* **1.** REL evangelisch, protestantisch; *m* **2.** REL Protestant(in) *m/f*
protestar [protes'tar] *v* protestieren
protocolar [protoko'lar] *v* protokollieren
protocolo [proto'kolo] *m* Protokoll *n*
protón [pro'tɔn] *m* PHYS Proton *n*
prototipo [proto'tipo] *m* **1.** Prototyp *m;* **2.** *(fig: ejemplo, paradigma)* Prototyp *m,* Beispiel *n*
protuberancia [protuβe'ranθja] *f* Protuberanz *f,* Vorsprung *m,* Wulst *m*
protuberante [protuβe'rante] *adj* hervorstehend, hervorragend, sich auszeichnend
provecho [pro'βetʃo] *m* Nutzen *m,* Gewinn *m,* Profit *m; ¡Buen ~!* Guten Appetit!
provechoso [proβe'tʃoso] *adj* nützlich, bekömmlich, vorteilhaft
proveer [proβe'ɛr] *v irr* liefern, beliefern
provenir [proβe'nir] *v irr* herrühren, entspringen; *~ de* stammen von
proverbio [pro'βɛrβjo] *m* Sprichwort *n*
providencial [proβiðen'θjal] *adj (fig)* vorbestimmt, vorhergesehen
provincia [pro'βinθja] *f* Provinz *f*
provincial [proβin'θjal] *adj* provinziell
provisión [proβi'sjɔn] *f* **1.** Vorrat *m;* **2.** ECO Deckung *f,* Dotierung *f; sin ~* ungedeckt; **3.** *provisiones pl* Proviant *m*
provisional [proβisjo'nal] *adj* vorläufig, vorübergehend, einstweilig, provisorisch
provisoriamente [proβisorja'mente] *adv* provisorisch
provisorio [proβi'sorjo] *adj* behelfsmäßig
provocación [proβoka'θjɔn] *f* Herausforderung *f,* Provokation *f*
provocador [proβoka'ðɔr] *adj* aufreizend, herausfordernd, provozierend
provocar [proβo'kar] *v* **1.** *(causar)* anstiften, hervorrufen, erzeugen; **2.** *(desatar)* auslösen; **3.** *(ofender)* brüskieren; **4.** *(retar, atacar)* provozieren, herausfordern, reizen
provocativo [proβoka'tiβo] *adj* aufreizend, herausfordernd
proxeneta [prɔɣse'neta] *m* Zuhälter *m*
próximamente [prɔɣsima'mente] *adv* bald, nächstens, demnächst
proximidad [prɔɣsimi'ðað] *f* Nähe *f*
próximo ['prɔɣsimo] *adj* **1.** nah; *prep* **2.** *~ a* nahe bei; *m* **3.** *el ~* der Nächste *m*
proyección [projɛɣ'θjɔn] *f* **1.** Projektion *f;* **2.** *(presentación)* Vorführung *f;* **3.** *(estatística)* Hochrechnung *f;* **4.** PSYCH Projektion *f,* Übertragung auf eine Person *f*
proyectar [projɛk'tar] *v* **1.** planen, entwerfen; **2.** CINE vorführen
proyecto [pro'jɛkto] *m* **1.** Unternehmen *n,* Projekt *n,* Vorhaben *n,* Vorlage *f; ~ piloto* Pilotprojekt *n;* **2.** *~ de ley* POL Gesetzentwurf *m,* Vorlage *f*
proyector [projɛk'tɔr] *m* Projektor *m*
prudencia [pru'ðenθja] *f* Behutsamkeit *f,* Vorsicht *f*

P

prudente [pru'ðente] *adj* vorsichtig, behutsam

prueba ['prweβa] *f* **1.** *(demostración)* Beweis *m,* Nachweis *m;* **2.** *JUR* Bewährungsprobe *f,* Beweismittel *n; asistente durante el plazo de ~* Bewährungshelfer *m;* **3.** *(examen)* Test *m; ~ de embarazo* Schwangerschaftstest *m; ~ de resistencia* Stresstest *m;* **4.** *(muestra)* Probe *f; ~ de sangre* Blutprobe *f; ~ de fuerza* Kraftprobe *f,* Machtprobe *f; ~ de cámara* Probeaufnahme *f;* **5.** *(ensayo)* Anprobe *f; (fig: ensayo)* Kostprobe *f;* **6.** *(someter a examen)* Erprobung *f,* Prüfung *f;* **7.** *(intento)* Versuch *m; a ~* probeweise

pseudónimo [seŭ'ðonimo] *m* Künstlername *m,* Pseudonym *n*

psicoanálisis [sikoa'nalisis] *m* Psychoanalyse *f*

psicología [sikolɔ'xia] *f* Psychologie *f*

psicológico [siko'lɔxiko] *adj* psychologisch

psicólogo [si'koloɣo] *m* Psychologe *m*

psicoterapeuta [sikotera'peŭta] *m/f* Psychotherapeut(in) *m/f*

psique ['sike] *f* Psyche *f*

psiquiatra [si'kjatra] *m/f* Psychiater(in) *m/f*

psíquicamente [sikika'mente] *adv* psychisch

psíquico ['sikiko] *adj* psychisch, seelisch

púa ['pua] *f ZOOL* Stachel *m*

pubertad [puβer'tað] *f* Pubertät *f*

publicación [puβlika'θjɔn] *f* **1.** Bekanntmachung *f,* Veröffentlichung *f;* **2.** *(edición)* Herausgabe *f,* Publizierung *f;* **3.** *~ de la sentencia JUR* Urteilsverkündung *f*

publicado [puβli'kaðo] *adj* veröffentlicht; *ser ~* erscheinen, veröffentlicht werden

públicamente [puβlika'mente] *adv* öffentlich, offenkundig

publicar [puβli'kar] *v* **1.** herausgeben, verlegen, veröffentlichen; **2.** *(informar)* bekannt geben, melden, publizieren

publicarse [puβli'karse] *v* herauskommen

publicidad [puβliθi'ðað] *f* Reklame *f,* Werbung *f; hacer ~ para* werben für; *~ encubierta* Schleichwerbung *f; ~ televisiva* Werbefernsehen *n*

publicista [puβli'θista] *m LIT* Publizist *m*

público ['puβliko] *adj* **1.** öffentlich, offenkundig, staatlich; *hacerse ~* herauskommen, bekannt werden; *en ~* öffentlich; *m* **2.** Öffentlichkeit *f; ~ en general* Allgemeinheit *f;* **3.** *(conjunto de los presentes)* Publikum *n*

puchero [pu'tʃero] *m* **1.** *(olla)* Kochtopf *m;* **2.** *(cocido) GAST* Eintopf *m;*

púdico ['puðiko] *adj* keusch, prüde

pudiente [pu'ðjente] *adj* vermögend

pudín [pu'ðin] *m GAST* Pudding *m*

pudor [pu'ðɔr] *m* Scham *f*

pudoroso [puðo'roso] *adj* schamhaft

pudrirse [pu'ðrirse] *v irr* verderben

pueblo ['pweβlo] *m* **1.** *(aldea)* Dorf *n;* **2.** *(conjunto de los ciudadanos)* Volk *n*

puente ['pwente] *m* **1.** Brücke *f; día ~* verlängertes Wochenende *n;* **2.** *MED* Brücke *f*

puerca ['pwerka] *f ZOOL* Sau *f*

puerco ['pwerko] *m* **1.** *ZOOL* Schwein *n; ~ espín* Stachelschwein *n;* **2.** *(fig)* Sau *f*

puericultura [pwerikul'tura] *f* Säuglingspflege *f*

pueril [pwe'ril] *adj* jungenhaft

puerilidad [pweriliðað] *f* Kinderei *f*

puerperio [pwer'perjo] *m MED* Wochenbett *n*

puerro ['pwɛrrɔ] *m BOT* Lauch *m*

puerta ['pwɛrta] *f* **1.** Tür *f; ¡Abra, por favor, la ~!* Öffnen Sie bitte die Tür! *~ corrediza* Schiebetür *f; ~ giratoria* Drehtür *f; ~ de dos hojas* Flügeltür *f; ~ plegable f* Falttür; *a ~ cerrada* hinter verschlossenen Türen, unter Ausschluss der Öffentlichkeit; *llamar a la ~* anklopfen; **2.** *(portón)* Tor *n,* Pforte *f; ~ de embarque f* Flugsteig; **3.** *~ cochera* Ausfahrt *f*

puerto ['pwɛrto] *m* **1.** *NAUT* Hafen *m; tocar ~* landen; *~ deportivo m* Yachthafen; *~ fluvial* Binnenhafen *m; ~ interior* Binnenhafen *m;* **2.** *(en la montaña)* Gebirgspass *m;* **3.** *(interfaz) INFORM* Schnittstelle *f,* Zwischenphase *f; ~ serial* serielle Schnittstelle; *~ paralelo* parallele Schnittstelle

pues [pwes] *konj* **1.** denn, zwar; *adv* **2.** *~ bien* nun

P

puesta ['pwesta] *f* **1.** ~ *en práctica* Praxis *f,* Verwirklichung *f,* Zustandekommen *n;* **2.** ~ *del sol* Sonnenuntergang *m; a la ~ del sol* bei Sonnenuntergang; **3.** ~ *en libertad* Entlassung *f,* Freilassung *f;* **4.** ~ *en marcha* TECH Inbetriebnahme *f;* ~ *en servicio* Inbetriebnahme *f;* ~ *en movimiento* Betätigung *f*
puesto ['pwesto] *m* **1.** Posten *m,* Stelle *f; llevar ~* anhaben, tragen; ~ *de trabajo* Arbeitsstelle *f;* ~ *de aprendiz* Lehrstelle *f;* ~ *de socorro* Unfallstation *f;* **2.** *(para vender)* Stand *m,* Bude *f; konj* **3.** ~ *que (razón)* da, denn, weil
púgil ['puxil] *m* SPORT Boxer *m*
pugna ['puɣna] *f* **1.** ~ *electoral* POL Wahlkampf *m;* **2.** *(lucha)* Kampf *m,* Widerstreit *m; ideas en ~* Ideen im Widerstreit; *Personas en ~ por la vida* Personen im Überlebenskampf
pugnar [puɣ'nar] *v* **1.** *(luchar)* streiten, kämpfen, ringen; **2.** ~ *por* verzweifelte Anstrengungen machen
pujanza [pu'xanθa] *f* Wucht *f*
pujar [pu'xar] *v* steigern
pulcro ['pulkro] *adj* gepflegt
pulgada [pul'ɣaða] *f* Zoll *m*
pulgar [pul'ɣar] *m* ANAT Daumen *m*
pulir [pu'lir] *v irr* **1.** polieren; **2.** *(fig: perfeccionar)* feilen, glätten, den letzten Schliff geben
P
pulmón [pul'mɔn] *m* ANAT Lunge *f*
pulmonía [pulmo'nia] *f* MED Lungenentzündung *f*
púlpito ['pulpito] *m* **1.** *(de oradores)* Rednerpult *n;* **2.** REL Kanzel *f*
pulpo ['pulpo] *m* ZOOL Krake *f*
pulsación [pulsa'θjɔn] *f* Anschlag *m,* Pulsschlag *m*
pulsador [pulsa'ðɔr] *m* TECH Druckknopf *m*
pulsar [pul'sar] *v* pulsieren, drücken, betätigen
pulsera [pul'sera] *f* Armband *n*
pulso ['pulso] *m* **1.** Puls *m; tomar el ~* den Puls fühlen; **2.** INFORM Frequenz *f*
puma ['puma] *m* ZOOL Puma *m*
punción [pun'θjɔn] *f* MED Punktion *f*
puncionar [punθjo'nar] *v* MED punktieren
pundonor [pundo'nɔr] *m* Ehrgefühl *n*
punible [pu'niβle] *adj* JUR strafbar
punición [puni'θjɔn] *f* Strafe *f*
punta ['punta] *f* **1.** Spitze *f,* Zacke *f; horas ~* Spitzenverkehrszeiten *pl;* ~ *de cuchillo* Messerspitze *f; Se me ponen los pelos de ~.* Mir stehen die Haare zu Berge. **2.** *echar una ~* eine Andeutung fallen lassen; **3.** *de ~ en blanco* piekfein
puntada [pun'taða] *f* **1.** Stich *m;* **2.** *(fig: dolor penetrante) (LA)* Stechen *n; Tengo una fuerte puntada en el corazón.* Ich habe ein heftiges Stechen in der Herzgegend.
puntero [pun'tero] *m* **1.** Zeigestab; **2.** INFORM Mauszeiger *m*
puntiagudo [puntja'ɣuðo] *adj* spitz
punto ['punto] *m* **1.** *(lugar)* Punkt *m;* ~ *de reunión* Treffpunkt *m;* ~ *de amarre* Anlegeplatz *m;* ~ *de observación* Aussichtspunkt *m;* **2.** *(tejido)* Masche *f;* **3.** *(dibujo)* Tupfen *m;* **4.** *(fig)* Punkt *m;* ~ *de vista* Standpunkt *m,* Einstellung *f;* ~ *de partida* Ansatzpunkt *m,* Ausgangspunkt *m;* ~ *de referencia* Anhaltspunkt *m;* ~ *más bajo* Tiefpunkt *m;* ~ *sospechoso* Verdachtsmoment *n;* ~ *a favor* Pluspunkt *m;* ~ *litigioso* Streitpunkt *m;* **5.** TECH Punkt *m,* Stelle *f;* ~ *de rotura* Bruchstelle *f;* **6.** MIL Punkt *m;* ~ *de ataque* Angriffspunkt *m;* ~ *flaco* Angriffspunkt *m;* ~ *de apoyo* Stützpunkt *m;* **7.** ~ *central* PHYS Mittelpunkt *m,* Kern *m;* ~ *cero* Nullpunkt *m;* ~ *de fusión* Schmelzpunkt *m;* ~ *de ebullición* Siedepunkt *m;* **8.** GRAMM Punkt *m;* ~ *y coma* Strichpunkt *m,* Semikolon *n;* **9.** *en ~* pünktlich; *a las ocho en ~* pünktlich um acht Uhr
puntuación [puntwa'θjɔn] *f* **1.** *(de un párrafo)* GRAMM Zeichensetzung *f;* **2.** *(en un examen o competencia)* Punktbewertung *f*
puntual [pun'twal] *adj* pünktlich; *¡Sea ~, por favor!* Seien Sie bitte pünktlich!
puntualidad [puntwali'ðað] *f* Pünktlichkeit *f*
puntualizar [puntwali'θar] *v* **1.** *(aclarar)* genau darlegen; **2.** *(perfeccionar)* etw den letzten Schliff geben, berichtigen, vollenden
puntura [pun'tura] *f* MED Stichwunde *f,* Punktur *f*
punzante [pun'θante] *adj* **1.** stechend,

beißend; *Hace un frío punzante.* Es herrscht eine beißende Kälte. **2.** *(fig) palabras ~s* bissig, spitz, den wunden Punkt treffend
punzar [pun'θar] *v* stechen
puñal [pu'ɲal] *m* Dolch *m*
puñalada [puɲa'laða] *f* **1.** *(cuchillada)* Messerstich *m; Julio Cesar recibió veintitrés puñaladas.* Julius Cäsar wurde mit dreiundzwanzig Messerstichen niedergestochen. **2.** *(fig: una gran pena)* Dolchstoß *m,* Stich ins Herz *m; Saber la noticia fué una puñalada para él.* Die Nachricht zu erfahren war für ihn wie ein Dolchstoß.
puñeta [pu'ɲeta] *f* dummes Zeug *n (fam); hacer la ~ a alguien* jdn schikanieren; *¡Vete a hacer ~!* Scher dich zum Teufel! *(fam)*
puñetazo [puɲe'taθo] *m* Fausthieb *m*
puño ['puɲo] *m* **1.** *ANAT* Faust *f;* **2.** *(de camisa)* Bündchen *n,* Manschette *f*
pupila [pu'pila] *f* **1.** *ANAT* Augapfel *m,* Pupille *f;* **2.** *~ de un burdel* Dirne *f*
pupilo [pu'pilo] *m JUR* Mündel *n*
puré [pu're] *m GAST* Brei *m; ~ de patatas* Kartoffelbrei *m;* Püree *n,* Mus *n*
pureza [pu'reθa] *f* **1.** Klarheit *f;* **2.** *(sin culpa)* Unschuld *f*
purga ['purɣa] *f* **1.** Abführmittel *n,* Abführen *n,* Reinigung von innen *f;* **2.** *(fig: expulsión) POL* Ausstoßen *n,* Ausweisen *n,* Hinauswerfen *n*
purgante [pur'ɣante] *m MED* Abführmittel *n*
purgar [pur'ɣar] *v* **1.** *(fig)* verbüßen; **2.** *MED* abführen
purgatorio [purɣa'torjo] *m REL* Fegefeuer *n*
purificación [purifika'θjɔn] *f* Reinigung *f*
purificar [purifi'kar] *v* reinigen
puritano [puri'tano] *adj* puritanisch
puro ['puro] *adj* **1.** *(claro)* klar, pur, rein; *de ~ miedo* vor lauter Angst; *por pura curiosidad* aus purer Neugier; **2.** *(sin culpa)* unschuldig; *m* **3.** *(para fumar)* Zigarre *f*
purulento [puru'lento] *adj MED* eitrig
pus [pus] *f MED* Eiter *m*
pústula ['pustula] *f* Pickel *m,* Pustel *f*
puta ['puta] *f* Hure *f,* Nutte *f*
putear [pute'ar] *v* fluchen
puto ['puto] *m (fig: casanova)* sexuell aktiver Mensch *m,* Frauenheld *m*
putrefacción [putrefaɣ'siɔn] *f* Verwesung *f,* Fäulnis *f,* Verrottung *f*
putrefacto [putre'fakto] *adj* verfault, verrottet, verwest
pútrido ['putriðo] *adj* morsch
puya ['puja] *f* **1.** *(púa)* Spitze *f; f/pl* **2.** *echar ~s* Stichelei *f,* gehässige Bemerkung *f*

P

Q

que [ke] *pron* **1.** *(rel)* der/die/das, welcher/welche/welches, was; *konj* **2.** als, dass, zu; *mayor ~* größer als, älter als; *menor ~* kleiner als, jünger als
qué [ke] *pron* **1.** *(interr)* was, welche(r,s), was für ein(e); *¿Qué coche conduces?* Welchen Wagen fährst du? *¿Qué me cuentas?* Was gibt's Neues? *¿Para ~?* Wozu?, Wofür? *¿Por ~?* Warum?, Wozu?, Weshalb? *¿Sobre ~?* Worauf?, Worüber?, Worum? **2.** *(exclamativo)* wie, was; *¡Qué guapa eres!* Wie hübsch du bist! *¡Qué alegría!* Was für eine Freude! *adv* **3.** *¡No hay de ~!* Keine Ursache! *¿Y ~?* Na und?
quebrada [ke'βraða] *f* Schlucht *f*
quebraderos [keβra'ðeros] *m/pl ~ de cabeza* Kopfzerbrechen *n*
quebradizo [keβra'ðiθo] *adj* zerbrechlich, brüchig, spröde
quebrado [ke'βraðo] *adj* geknickt
quebradura [keβra'ðura] *f* Felsspalte *f*
quebramiento [keβra'mjento] *m* **1.** Spaltung *f*, Bruch *m;* **2.** *~ de contrato JUR* Vertragsbruch *m*
quebrantable [keβran'taβle] *adj* zerbrechlich
quebrantar [keβran'tar] *v* brechen
quebranto [ke'βranto] *m* Zerbrechen *n*, Zusammenbruch *m*, Niedergeschlagenheit *f*
quebrar [ke'βrar] *v irr* zerbrechen, knicken, brechen, abbrechen
quebrarse [ke'βrarse] *v irr* zerspringen
quechua ['ketʃwa] *m* **1.** *GEO* Ketschua-Indianer *m;* **2.** Sprache der Ketschua-Indianer *f*
queda ['keða] *f toque de ~* Ausgangssperre *f*
quedamente [keða'mente] *adj* leise, mit leiser Stimme
quedar [ke'ðar] *v* **1.** bleiben, übrig bleiben, verbleiben; *queda abierta la posibilidad* es bleibt die Möglichkeit offen; *No me queda nada de dinero, me lo gasté todo.* Ich habe kein Geld mehr, ich habe alles ausgegeben. **2.** *~ en algo* etw vereinbaren, in etw übereinkommen; **3.** *~ bien (vestidos)* passen, gut stehen; *~ mal (fig)* schlecht dastehen, sich blamieren; *Ese sombrero te queda muy bien.* Dieser Hut steht dir sehr gut. *Quedaremos mal si no le damos una propina al camarero.* Wir stehen schlecht da, wenn wir dem Kellner kein Trinkgeld geben. **4.** *(pasivo)* werden; *Ha quedado ciego de resultas del accidente.* Infolge des Unfalls ist er blind geworden. **5.** *~ en ridículo con alguien* sich bei jdm lächerlich machen
quedarse [ke'ðarse] *v* **1.** bleiben, dableiben, verweilen; *~ parado* anhalten, stehen bleiben; *~ aquí* hier bleiben; *~ retenido en clase* nachsitzen; *~ solitario* vereinsamen; *~ dormido* verschlafen; *~ en ruinas* zerfallen; *~ aislado* vereinsamen; *¡Quédese más tiempo!* Bleiben Sie doch noch! **2.** *(cambiar de estado)* werden; *Se quedó sordo a causa del accidente.* Infolge des Unfalls ist er taub geworden.
quedo ['keðo] *adj* leise
quehacer [kea'θεr] *m* **1.** Beschäftigung *f;* **2.** *~es domésticos pl* Hausarbeit *f*
queimada [kεĭ'maða] *f GAST* flambierter Tresterschnaps *m*
queja ['kεxa] *f* Klage *f*, Beschwerde *f*
quejarse [kε'xarse] *v* **1.** *~ de algo a alguien* sich über etw beschweren bei jdm; **2.** *~ de algo* über etw klagen, über etw jammern; *El niño se queja constantemente del dolor de estómago.* Das Kind klagt ständig über Bauchschmerzen.
quejicoso [kexi'koso] *adj* wehleidig, ewig unzufrieden
quejido [ke'xiðo] *m* Jammern *n*, Klagen *n*
quejumbrar [kexum'brar] *v* jammern, verdrießlich sein, zimperlich sein
quejumbre [kε'xumbre] *f* Wehleidigkeit *f*
quejumbroso [kεxum'broso] *adj* wehleidig
quemado [ke'maðo] *adj* angebrannt, verbrannt; *Me he ~.* Ich habe mich verbrannt.

quemadura [kema'ðura] *f MED* Brandwunde *f*, Verbrennung *f*; *~ de sol* Sonnenbrand *m*; *Tengo una ~ del sol.* Ich habe einen Sonnenbrand.
quemar [ke'mar] *v* verbrennen, abbrennen
quemarropa [kema'rropa] *f un disparo a ~* unmittelbare Nähe *f*, sehr kurze Distanz *f*, Plötzlichkeit *f*
quemarse [ke'marse] *v* **1.** sich verbrennen; **2.** *(con un líquido caliente)* sich verbrühen
quemazón [kema'θɔn] *f* Brennen *n*, übermäßige Hitze *f*
querella [ke'reʎa] *f* Streit *m*
querellante [kere'ʎante] *m* Kläger *m*, Beschwerdeführer *m*, Strafantragsteller *m*
querellarse [kere'ʎarse] *v* Beschwerde führen, klagen, Strafantrag stellen
querelloso [kere'ʎoso] *adj* zänkisch, streitsüchtig, Querulanten…
querencia [ke'renθja] *f* **1.** *(el querer)* Anhänglichkeit *f*, Zuneigung *f*; **2.** *(tendencia)* Trieb *m*, Tendenz *f*
querer [ke'rɛr] *v irr* **1.** *(~ mucho)* lieben; **2.** *(gustar)* mögen, lieb haben; **3.** *(desear)* wollen; *quiere decir* das heißt; *sin ~* unbewusst, unwillkürlich, ohne Absicht; **4.** *~ ligar con alguien (fam)* jdn anmachen
querida [ke'riða] *f* **1.** Geliebte *f*; **2.** *la más ~* Liebste *f*
querido [ke'riðo] *adj* **1.** beliebt, lieb; *m* **2.** Liebling *m*, Geliebter *m*
quesadilla [kesa'ðiʎa] *f GAST* gefüllter Maisfladen *m*
quesear [kese'ar] *v* käsen, Käse herstellen
quesera [ke'sera] *f* **1.** Käseglocke *f*; **2.** Käserin *f*; **3.** Käsehändlerin *f*
quesería [kese'ria] *f (lugar)* Käserei *f*, Käsegeschäft *n*
quesero [ke'sero] *adj* Käse…; *industria quesera* Käseindustrie *f*; Käser *m*; Käsehändler *m*
queso ['keso] *m GAST* Käse *m*; *~ parmesano* Parmesankäse *m*; *~ de oveja* Schafskäse *m*; *~ fresco* Quark *m*
quicial [ki'θjal] *m ~ de puerta* Türangel *f*, *~ de ventana* Fensterangel *f*
quiebra ['kjeβra] *f* **1.** Pleite *f*, Spalt *m*, Riss *m*; **2.** *FIN* Bankrott *m*; **3.** *(de un negociante) JUR* Konkurs *m*; *en ~* pleite
quiebro ['kjeβro] *m* Krümmung *f*, Biegung *f*
quien [kjen] *pron (rel)* wer
quién [kjen] *pron* **1.** *(interr)* wer; **2.** *(dat) ¿A ~?* Wem? **3.** *(gen) ¿De ~?* Wessen? *¿De ~ es este coche?* Wessen Auto ist das? **4.** *(acc) ¿A ~?* Wen? *¿A ~ se refiere usted?* Wen meinen Sie?
quieto ['kjeto] *adj* ruhig, still, leise
quietud [kje'tuð] *f* Ruhe *f*, Stille *f*
quijada [ki'xaða] *f ANAT* Kiefer *m*
quilate [ki'late] *m* **1.** Goldgehalt *m*, Karat *n*; *de alto ~* hochkarätig; **2.** *MET* Feingehalt *m*
quilla ['kiʎa] *f NAUT* Kiel *m*
quimera [ki'mera] *f (fig)* Hirngespinst *n*
quimérico [ki'meriko] *adj* fantastisch, absonderlich
química ['kimika] *f* Chemie *f*
químico ['kimiko] *adj* **1.** chemisch; *m* **2.** Chemiker *m*
quimificar [kimifi'kar] *v CHEM* chemisch bearbeiten
quimioterapia [kimjote'rapja] *f MED* Chemotherapie *f*
quimiotropismo [kimotro'pizmo] *m BIO* Chemotropismus *m*
quimono [ki'mono] *m* Kimono *m*
quincalla [kiŋ'kaʎa] *f* Blechwaren *f/pl*, Klempnerwaren *f/pl*
quincallería [kiŋkaʎe'ria] *f* Blechwarenhandel *m*, Klempnerei *f*, Hausierwaren *f/pl*
quincallero [kiŋka'ʎero] *m* Blechwarenhersteller *m*, Blechwarenverkäufer *m*
quince ['kinθe] *num* fünfzehn
quincuagésimo [kiŋkwa'xesimo] *adj* fünfzigste(r,s)
quinina [ki'nina] *f MED* Chinin *n*
quinqui ['kiŋki] *m (fam)* Strolch *m*, Gauner *m*
quinta ['kinta] *f* **1.** Landhaus *n*, Gutshof *m*; **2** *(intervalo) MUS* Quinte *f*
quintaesencia [kintae'senθja] *f* **1.** Quintessenz *f*; **2.** *(fig)* Wesentliche *n*; *¿Sabes cuál es la quintaesencia de la vida?* Weißt du, was das Wesentliche im Leben ist?
quintal [kin'tal] *m ~ métrico* Doppelzentner *m*; *medio ~* Zentner *m*

quinto ['kinto] *adj* fünfte(r,s); *en ~ lugar* fünftens, an fünfter Stelle
quiosco ['kjɔsko] *m* Kiosk *m; ~ de periódicos* Zeitungskiosk *m*
quirófano [ki'rofano] *m* Operationssaal *m*
quiróptero [ki'roptero] *m ZOOL* Fledermaus *f*
quirúrgico [ki'rurxiko] *adj* chirurgisch
quiste ['kiste] *m MED* Zyste *f*
quitamanchas [kita'mantʃas] *m* Fleckentferner *m*
quitamotas [kita'motas] *m (fig)* Schmeichler *m; Pablo es un quitamotas.* Pablo ist ein Schmeichler.
quitar [ki'tar] *v* **1.** *(retirar)* wegbringen, wegnehmen; *~ la vida a alguien* jdn umbringen; *~ a alguien de en medio* jdn beseitigen, jdn aus dem Weg räumen; *~ importancia* verharmlosen, bagatellisieren; *~ las ganas* die Lust nehmen; *El muchacho le quitó la muñeca a su hermana menor.* Der Junge nahm seiner kleineren Schwester die Puppe weg. *El invierno me quita las ganas de salir.* Der Winter nimmt mir die Lust auszugehen. **2.** *(la visión)* versperren; **3.** *(destapar)* abmachen, abziehen, abnehmen; **4.** *(arrancar)* herausreißen, losreißen, aufreißen; **5.** *(sustraer)* entwenden, wegnehmen; **6.** *(omitir)* unterlassen; **7.** *(sacar)* beseitigen, ausräumen, abschöpfen; *~ la mesa* den Tisch abdecken; *~ a alguien algo de la cabeza* jdn von etw abbringen; *~ el polvo* abstauben
quitarse [ki'tarse] *v* sich befreien; *~ a alguien de encima* jdn loswerden; *~ la ropa* die Kleider ablegen, sich ausziehen
quizá(s) [ki'θa(s)] *adv* vielleicht

Q

R

rábano ['rraβano] *m* BOT Rettich *m*; ~ *picante* Meerrettich *m*
rabia ['rraβja] *f* **1.** Wut *f*; *tenerle ~ a alguien* jdm zürnen; **2.** MED Tollwut *f*
rabiar [rra'βjar] *v* **1.** wüten, rasen; **2.** ~ *por* erpicht sein, vor Begierde brennen
rabieta [rra'βjeta] *f* Wutanfall *m*
rabioso [rra'βjoso] *adj* wütend, rabiat
rabo ['rraβo] *m* Schwanz *m*
racha ['rratʃa] *f* **1.** *(ráfaga)* Windstoß *m*; **2.** ~ *de buena suerte* Glückssträhne *f*
racial [rra'θjal] *adj* Rassen…
racimo [rra'θimo] *m* ~ *de uvas* BOT Weintraube *f*
raciocinar [rraθjoθi'nar] *v* vernunftmäßig denken
raciocinio [rraθjo'θinjo] *m* Urteilsfähigkeit *f*, Überlegung *f*, Gedankengang *m*
ración [rra'θjɔn] *f* Ration *f*; *una ~ grande* eine große Portion *f*
racional [rraθjo'nal] *adj* rational, rationell
racionalidad [rraθjonali'ðað] *f* Vernünftigkeit *f*, Zweckmäßigkeit *f*
racionalismo [rraθjonalizmo] *m* Rationalismus *m*
racionalización [rraθjonaliθa'θjon] *f* Rationalisierung *f*
racionalizar [rraθjonali'θar] *v* rationalisieren
racionamiento [rraθjona'mjento] *m* Rationierung *f*, Bewirtschaftung *f*
racismo [rra'θizmo] *m* Rassismus *m*
racista [rra'θista] *m/f* **1.** Rassist(in) *m/f*; *adj* **2.** rassistisch
rada ['rraða] *f* Bucht *f*
radar [rra'ðar] *m* Radar *m*
radiación [rraðja'θjɔn] *f* PHYS Strahlung *f*
radi(o)actividad [rraði(o)aktiβi'ðað] *f* PHYS Radioaktivität *f*
radiador [rraðja'ðɔr] *m* **1.** Heizkörper *m*; **2.** *(de un automóvil)* Kühler *m*
radiante [rra'ðjante] *adj* sonnig
radiar [rra'ðjar] *v* **1.** strahlen; **2.** *(difusión por medio de la radio)* senden, ausstrahlen, funken; **3.** *(tratar con radiaciones)* bestrahlen
radical [rraði'kal] *adj* **1.** radikal; **2.** POL extremistisch
radicalismo [rraðika'lizmo] *m* Radikalismus *m*
radicar [rraði'kar] *v* wurzeln; ~ *en* beruhen auf
radio ['rraðjo] *f* **1.** Radio *n*, Rundfunk *m*, Rundfunkgerät *n*; ~ *de la policía* Polizeifunk *m*; ~ *portátil* Kofferradio *n*; *m* **2.** MATH Radius *m*; **3.** ~ *de acción (fig)* Aktionsradius *m*
radiodifusión [rraðjoðifu'sjɔn] *f* Rundfunk *m*
radiografía [rraðjoɣra'fia] *f* MED Röntgenbild *n*
radiomensaje [rraðjomen'saxe] *m* Funkspruch *m*
radionovela [rraðjono'βela] *m* Hörspiel *n*
radiorreceptor [rraðjorrεθεp'tɔr] *m* Rundfunkempfänger *m*, Rundfunkgerät *n*
radiotelegrafista [rraðjoteleɣra'fista] *m/f* Funker(in) *m/f*
radioterapia [rraðjote'rapja] *f* MED Strahlenbehandlung *f*
ráfaga ['rrafaɣa] *f* **1.** *(aire)* Windstoß *m*; **2.** *(luz)* Lichtstrahl *m*, Aufblitzen *n*; **3.** ~ *de ametralladora* Maschinengewehrgarbe *f*
raído [rra'iðo] *adj* schäbig
raíl [rra'il] *m* Schiene *f*, Gleis *n*
raíz [rra'iθ] *f* **1.** Wurzel *f*; *echar raíces* Wurzeln schlagen; **2.** *(fig)* Ansatz *m*
raja ['rraxa] *f* MED Platzwunde *f*
rajar [rra'xar] *v* aufspalten
rajarse [rra'xarse] *v* zerspringen, aufritzen
rajatabla [rraxa'taβla] *f a ~* um jeden Preis *m*
ralea [rra'lea] *f* Sippe *f*, Art *f*, Sorte *f*
ralladura [rraʎa'ðura] *f* Reiben *n*, Raspeln *n*
rallar [rra'ʎar] *v* reiben
ralo ['rralo] *adj* spärlich, dünn

R

rama ['rrama] *f* **1.** *BOT* Zweig *m,* Ast *m;* **2.** *(sección)* Sparte *f;* **3.** *(campo)* Gebiet *n; irse por las ~s* abschweifen
ramaje [rra'maxe] *m* Astwerk *n,* Geäst *n,* Reisig *n*
ramera [rra'mera] *f* Dirne *f,* Nutte *f*
ramificación [rramifika'θjɔn] *f* Abzweigung *f*
ramificarse [rramifi'karse] *v* **1.** *(dividirse en ramas)* verästeln, verzweigen; **2.** *(fig: extenderse)* sich ausdehnen, weitere Ausmaße annehmen; *Las consecuencias de sus actos se ramifican cada vez más.* Die Folgen seines Tuns nehmen immer größere Ausmaße an.
ramo ['rramo] *m* **1.** *ECO* Branche *f del ~* vom Fach; *~ de la construcción* Baugewerbe *n; ~ de la industria* Industriezweig *m; ~ de transportes* Speditionsgewerbe *~ profesional* Fachbereich *m; ~ comercial* Geschäftszweig *m;* **2.** *(de flores) BOT* Strauß *m; ~ de novia* Brautstrauß *m;* **3.** *(de un árbol)* Zweig *m*
rampa ['rrampa] *f* Rampe *f; ~ de carga* Laderampe *f*
ramplonería [rramplone'ria] *f* Ungeschliffenheit *f;* Pfusch *m*
rana ['rrana] *f ZOOL* Frosch *m; ~ verde* Laubfrosch *m*
rancio ['rranθjo] *adj* ranzig
rancho ['rrantʃo] *m* **1.** Bauernhof *m;* **2.** Elendsviertel *n (LA)*
rango ['rraŋgo] *m* Rang *m,* Stand *m,* Stellenwert *m*
ranura [rra'nura] *f* **1.** Schlitz *m,* Rille *f;* **2.** *~ de expansión INFORM* Slot *m (zum Aufrüsten),* Steckplatz *m*
rapacidad [rrapaθi'ðað] *f* Raubgier *f,* Raffgier *f*
rapidez [rrapi'ðeθ] *f* Schnelligkeit *f*
rápido ['rrapiðo] *adj* rasch, schnell, flott; *lo más ~ posible* schnellstens; *Esto fue ~.* Das ging schnell.
rapiña [rra'piɲa] *f* Raub *m*
rapiñar [rrapi'ɲar] *v* rauben, stehlen
raptar [rrap'tar] *v* **1.** rauben; **2.** *(secuestrar)* entführen
rapto ['rrapto] *m* Raub *m*
raptor [rrap'tɔr] *m* Enführer *m*
raqueta [rra'keta] *f SPORT* Tennisschläger *m*
rareza [rra'reθa] *f* Seltenheit *f,* Rarität *f*
rarificar [rrarifi'kar] *v* verdünnen
raro ['rraro] *adj* **1.** selten; *raras veces* selten; **2.** *(extraño)* seltsam, merkwürdig, komisch, kurios; **3.** *(sorprendente)* verwunderlich, wunderlich; *¡Qué ~!* komisch! merkwürdig!
rasante [rra'sante] *adj* rasant
rascacielos [rraska'θjelos] *m* Wolkenkratzer *m*
rascar [rras'kar] *v* kratzen
rasgar [rraz'ɣar] *v* reißen
rasgo ['rrazɣo] *m* **1.** Strich *m; a grandes ~s* andeutungsweise; **2.** *~ característico* Charakterzug *m;* **3.** *~s fisionómicos pl* Gesichtszüge *pl*
rasguñar [rrazɣu'ɲar] *v* kratzen, aufritzen
rasguño [rraz'ɣuɲo] *m* Kratzer *m,* Schramme *f*
raso ['rraso] *adj* **1.** eben, glatt; **2.** *(común)* gemein; *soldado ~* Landser *m (fam); m* **3.** Satin *m*
raspador [rraspa'ðɔr] *m* Hobel *m*
raspadura [rraspa'ðura] *f* Radieren *n*
rasponazo [rraspo'naθo] *m (herida)* Kratzwunde *f,* Streifschuss *m*
rastra ['rrastra] *f* **1.** Harke *f,* Rechen *m;* **2.** *llevar a ~s* schleppen
rastreo [rras'treo] *m* **1.** Durchkämmen *n,* Fischerei mit dem Grundnetz *f;* **2.** *(tracing) INFORM* Tracing *n*
rastrero [rras'trero] *adj* schleimig
rastrillar [rratri'ʎar] *v* harken, eggen, (Gelände) durchkämmen
rastro ['rrastro] *m* **1.** Fährte *f,* Spur *f; sin dejar ~* spurlos; **2.** Flohmarkt *m,* Trödelmarkt *m*
rasurador [rrasura'ðɔr] *m* Rasierapparat *m*
rasurar [rrasu'rar] *v* rasieren
rata ['rrata] *f ZOOL* Ratte *f; más pobre que una ~* ärmer als eine Kirchenmaus
ratear [rrate'ar] *v (robar)* mausen, stibitzen
ratería [rrate'ria] *f* Diebstahl *m,* Beutelschneiderei *f*
ratero [rra'tero] *m* Taschendieb *m*
ratificación [rratifika'θjɔn] *f POL* Ratifizierung *f*
ratificar [rratifi'kar] *v POL* ratifizieren
rato ['rrato] *m* Weile *f; a ~s* zwischendurch, ab und zu

ratón [rra'tɔn] *m* **1.** *ZOOL* Maus *f;* ~ *campestre* Feldmaus *f;* **2.** *INFORM* Maus *f*

raudal [rraŭ'ðal] *m* **1.** *(corriente de agua)* Strom *m,* Flutwelle *f;* **2.** *(fig: abundancia)* Überfülle *f,* Unmenge *f; Mi padre gana dinero a raudales.* Mein Vater verdient eine Unmenge an Geld.

raudo ['rraŭdo] *adj* schnell, ungestüm

raya ['rraja] *f* **1.** Linie *f,* Strich *m;* **2.** ~ *del pelo* Scheitel *m;* **3.** ~ *del pantalón* Bügelfalte *f*

rayar [rra'jar] *v* durchstreichen

rayo ['rrajo] *m* **1.** *(de luz)* Strahl *m;* ~ *láser* Laserstrahl *m;* ~ *solar* Sonnenstrahl *m;* ~ *luminoso* Lichtstrahl *m;* **2.** *(relámpago)* Blitz *m; Ha caído el ~.* Der Blitz ist eingeschlagen. **3.** *(de una rueda)* Speiche *f;* **4.** ~ *de luz (fig)* Lichtblick *m;* **5.** *~s X pl MED* Röntgenstrahlen *pl*

raza ['rraθa] *f* Rasse *f*

razón [rra'θɔn] *f* **1.** Vernunft *f;* **2.** *(motivo)* Anlass *m,* Grund *m; por ~ de* aufgrund von; *por esa ~* deshalb; *¿Por qué ~?* Warum? ~ *de ser* Daseinsberechtigung *f; sin ~ alguna* grundlos; *sin ~ de ser* zwecklos, gegenstandslos; **3.** *(explicación)* Begründung *f;* **4.** ~ *social ECO* Firmenname *m*

razonable [rraθo'naβle] *adj* **1.** vernünftig, einsichtig, sinnvoll; **2.** *(aceptable)* zumutbar, tragbar

razonar [rraθo'nar] *v* ~ *sobre algo* über etw nachdenken

reabrir [rrea'βrir] *v* ~ *un caso* wieder aufnehmen (einen Fall)

reacción [rreaɣ'θjɔn] *f* **1.** Reaktion *f;* **2.** *(de un motor)* Rückstoß *m;* **3.** ~ *en cadena PHYS* Kettenreaktion *f*

reaccionar [rreaɣθjo'nar] *v* reagieren; *~ a algo/~ ante algo* auf etw reagieren

reaccionario [rreaɣθjo'narjo] *adj POL* reaktionär

reacio [rrɛ'aθjo] *adj* **1.** aufsässig, kratzbürstig, widerspenstig; **2.** *(adverso)* abgeneigt

reactivación [rreaktiβa'θjɔn] *f* Wiederbelebung *f*

reactor [rreak'tɔr] *m PHYS* Reaktor *m;* ~ *de investigación* Forschungsreaktor *m;* ~ *nuclear* Kernreaktor *m*

readaptarse [rreaðap'tarse] *v* **1.** sich umstellen; **2.** ~ *profesionalmente* umschulen

reafirmar [rreafir'mar] *v* nachdrücklich bestätigen, nochmals bestätigen

reagrupar [rreaɣru'par] *v* umschichten

reajuste [rrea'xuste] *m* **1.** Anpassung *f,* Wiederanpassung *f,* Angleichung *f;* **2.** ~ *de salarios FIN* Lohnausgleich *m*

real [rrɛ'al] *adj* **1.** *(verdadero)* tatsächlich, wirklich, real; **2.** *(atribuído al rey)* königlich; **3.** *JUR* dinglich

realeza [rrea'leθa] *f* königliche Würde *f,* Pracht *f,* Herrlichkeit *f*

realidad [rreali'ðað] *f* **1.** Wirklichkeit *f,* Realität *f;* **2.** *en ~* eigentlich, überhaupt, genau genommen

realista [rrea'lista] *m/f* **1.** Realist(in) *m/f; adj* **2.** realistisch, wirklichkeitsnah

realizable [rreali'θaβle] *adj* durchführbar, realisierbar

realización [rrealiθa'θjɔn] *f* **1.** Erfüllung *f,* Ausführung *f;* **2.** *(organisación)* Durchführung *f,* Abwicklung *f;* **3.** *(puesta en práctica)* Realisierung *f,* Verwirklichung *f;* **4.** *(producción)* Gestaltung *f,* Herstellung

realizar [rreali'θar] *v* **1.** ausführen, gestalten; **2.** *(poner en práctica)* verwirklichen, realisieren, durchführen; **3.** *(llevar a cabo)* abwickeln, absolvieren, verrichten; **4.** *(producir)* herstellen

realzar [rreal'θar] *v* **1.** *(levantar)* erheben; **2.** *(fig: engrandecer)* hervorheben, verschönern, unterstreichen

reanimación [rreanima'θjɔn] *f MED* Wiederbelebung *f*

reanimar [rreani'mar] *v* **1.** *(fig)* ankurbeln, aufleben lassen; **2.** *MED* wiederbeleben

reanudar [rreanu'ðar] *v* *(continuar)* wieder aufnehmen, wieder anknüpfen; *~ las relaciones diplomáticas* die diplomatischen Beziehungen wieder aufnehmen; *~ los estudios* das Studium wieder aufnehmen

rearmar [rrear'mar] *v* **1.** *TECH* hochrüsten, umrüsten; **2.** *MIL* aufrüsten, wieder bewaffnen

rearme [rrɛ'arme] *m MIL* Aufrüstung *f*

reasentar [rreasen'tar] *v* umsiedeln

R

rebaja [rrɛ'βaxa] *f ECO* Ermäßigung *f*, Nachlass *m*, Rabatt *m*; *¿Cuánta ~ hace usted?* Wie viel Rabatt geben Sie? *~ por cantidad* Mengenrabatt *m*; *~ de fidelidad* Treuerabatt *m*; *~ de invierno* Winterschlussverkauf *m*; *~ de verano* Sommerschlussverkauf *m*
rebajamiento [rrɛβaxa'mjento] *m* Abnahme *f*, Erniedrigung *f*, Herablassung *f*
rebajar [rrɛ'βaxar] *v* **1.** nachlassen, aussparen, ermäßigen; *La dependienta rebaja el precio de la ropa.* Die Verkäuferin setzt den Preis der Kleidung herab. **2.** *(fig)* deklassieren, erniedrigen
rebanada [rrɛβa'naða] *f* **1.** Scheibe *f*; **2.** *(de pan) GAST* Brotscheibe *f*
rebanar [rrɛβa'nar] *v* zerschneiden, durchschneiden
rebaño [rrɛ'βaɲo] *m* Herde *f*
rebasar [rrɛβa'sar] *v* **1.** *~ un límite* eine Grenze überschreiten; **2.** *(líquido)* überlaufen; **3.** *~ una cuenta FIN* ein Konto überziehen
rebatimiento [rrɛβati'mjento] *m* Zurückschlagen *n*, Zurückweisen *n*, Widerlegung *f*
rebatiña [rrɛβa'tiɲa] *f* Rauferei *f*, Prügelei *f*
rebatir [rrɛβa'tir] *v* widerrufen, verleugnen, widerlegen
rebelarse [rrɛβe'larse] *v* sich empören, rebellieren; *~ contra alguien* gegen jdn aufbegehren, sich gegen jdn widersetzen
rebeldía [rrɛβel'dia] *f* Widerspenstigkeit *f*, Aufsässigkeit *f*, Rebellion *f*
rebelión [rrɛβe'ljɔn] *f* **1.** Aufstand *m*, Auflehnung *f*, Rebellion *f*; **2.** *POL* Aufruhr *m*
rebién [rrɛ'βjen] *adj* sehr gut
reblandecimiento [rrɛβlandeθi'mjento] *m* Erweichung *f*, Auflockerung *f*
rebosadero [rrɛβosa'ðero] *m* Überlauf *m*
rebosar [rrɛβo'sar] *v* überlaufen; *~ al hervir* überkochen
rebose [rrɛ'βose] *m* Überlauf *m*
rebote [rre'βote] *m* Zurückschnellen *n*, Rückprall *m*, Rückstoß *m*
rebullicio [rreβu'ʎiθjo] *m* Lärm *m*, Getöse *n*, Tumult *m*
rebullir [rreβu'ʎir] *v* aufwallen
rebuscado [rreβus'kaðo] *adj* gekünstelt, an den Haaren herbeigezogen
rebuscar [rrɛβus'kar] *v* durchsuchen
recado [rre'kaðo] *m* Nachricht *f*, Besorgung *f*, Bestellung *f*
recaer [rreka'ɛr] *v irr* auf etw fallen, zurückfallen
recaída [rrɛka'iða] *f* Rückfall *m*
recalcar [rrɛkal'kar] *v* hervorheben
recalcitrante [rrekalθi'trante] *adj* störrisch, widerspenstig, verstockt
recalcitrar [rrekalθi'trar] *v* **1.** *(retroceder)* zurückweichen, widersetzen, starrköpfig sein; **2.** *(fig: resistir tenazmente)* heftig bocken, heftige Auflehnung zeigen
recalentado [rrɛkalen'taðo] *adj* überhitzt
recalentamiento [rrekalenta'mjento] *m* Aufwärmen *n*, Überhitzen *n*
recalentar [rrɛkalen'tar] *v irr* **1.** erhitzen, überhitzen; **2.** *ECO* anheizen; **3.** *(la comida)* aufwärmen
recambiar [rrɛkam'bjar] *v* **1.** auswechseln; **2.** *TECH* austauschen
recambio [rrɛ'kambjo] *m TECH* Austausch *m*, Ersatz *m*; *de ~* auswechselbar; *¿Tiene usted las piezas de ~ para mi coche?* Haben Sie die Ersatzteile für mein Auto?
recapacitar [rrɛkapaθi'tar] *v (sobre)* überdenken
recapitulación [rrekapitula'θjɔn] *f* Rekapitulation *f*, Zusammenfassung *f*
recargar [rrɛkar'ɣar] *v* **1.** wieder aufladen, nachfüllen; *~ la batería* die Batterie aufladen; **2.** *(los precios)* aufschlagen
recargo [rrɛ'karɣo] *m ECO* Zuschlag *m*, Mehrpreis *m*, Aufpreis *m*; *~ de franqueo* Strafporto *n*
recatado [rrɛka'taðo] *adj* sittsam, züchtig, bescheiden
recaudación [rrɛkaŭða'θjɔn] *f* **1.** Erhebung *f*; **2.** *FIN* Erlös *m*; *~ fiscal* Steueraufkommen *n*, Aufkommen *n*
recaudamiento [rrekauða'mjento] *m* Erhebung (Steuern, Gebühren) *f*, Einziehen (Geldbeträge) *n*
recaudar [rrɛkaŭ'ðar] *v* **1.** *ECO* einziehen; **2.** *(los impuestos) ECO* erheben
recaudo [rrɛ'kaŭðo] *m irr a buen ~* Verwahrung *f*

R

recelamiento [rreθela'mjento] *m* Argwöhnen *n,* Befürchtung *f*
recelar [rreθe'lar] *v* verdächtigen
recelo [rrɛ'θelo] *m* Argwohn *m*
receloso [rreθe'loso] *adj* argwöhnisch
recepción [rreθeβ'θjɔn] *f* **1.** Annahme *f,* Empfang *m; ¿Dónde está la ~?* Wo ist die Rezeption? **2.** *(fiesta, ceremonia)* Empfang *m;* **3.** *(compra)* Abnahme *f*
receptar [rreθɛp'tar] *v (encubrir delincuentes)* verbergen, verhehlen
receptividad [rrɛθɛptiβi'ðað] *f* Empfänglichkeit *f*
receptivo [rrɛθɛp'tiβo] *adj* empfänglich
receptor [rrɛθɛp'tɔr] *m* **1.** Hörer *m;* **2.** *TECH* Empfänger *m*
receptoría [rrɛθɛpto'ria] *f ~ de anuncios* Empfänger *m*
recesión [rrɛθɛ'sjɔn] *f ECO* Rezession *f*
receso [rrɛ'θeso] *m* Rückgang *m, (LA)* Ferien *pl*
receta [rrɛ'θeta] *f* **1.** *GAST* Rezept *n; ~ de cocina* Kochrezept *n;* **2.** *MED* Rezept *n,* Verordnung *f; ¿Se necesita una ~ médica?* Ist das Medikament rezeptpflichtig?
recetar [rrɛθe'tar] *v MED* verordnen, verschreiben; *¿Me puede ~ algo contra la diarrea?* Können Sie mir etwas gegen Durchfall verschreiben?
recetario [rrɛθe'tarjo] *m* Kochbuch *n,* Arzneibuch *n*
rechazamiento [rrɛtʃaθa'mjento] *m* Zurückweisung *f,* Ablehnung *f*
rechazar [rrɛtʃa'θar] *v* **1.** ablehnen, abwehren, abweisen; **2.** *(negar)* verleugnen, verneinen, zurückweisen
rechazo [rrɛ'tʃaθo] *m* **1.** Ablehnung *f,* Abneigung *f,* Abweisung *f;* **2.** *(defensa)* Abwehr *f*
rechupete [rrɛtʃu'pete] *m de ~* Großartigkeit *f,* tolle Sache *f*
recibimiento [rrɛθiβi'mjento] *m* Aufnahme *f,* Empfang *m*
recibir [rrɛθi'βir] *v* **1.** bekommen, erhalten, entgegennehmen; *~ de vuelta* herausbekommen, zurückbekommen; **2.** *(invitados)* empfangen; **3.** *(aceptar)* annehmen; **4.** *(admitir, alojar)* aufnehmen; **5.** *(comprar)* abnehmen; **6.** *(buena educación)* genießen; **7.** *~ la Sagrada Comunión REL* die Kommunion empfangen
recibirse [rrɛθi'βirse] *v ~ de algo* zu etw zugelassen werden *(LA); Mi hermano se recibió de médico el año pasado.* Mein Bruder wurde letztes Jahr als Arzt zugelassen.
recibo [rrɛ'θiβo] *m* **1.** *(comprobante) FIN* Quittung *f,* Empfangsbescheinigung *f; ¿Me puede dar un ~?* Kann ich eine Quittung haben? **2.** *(comercio) ~ de entrega ECO* Lieferschein *m;* **3.** *(recepción)* Empfang *m*
reciclado [rrɛθi'klaðo] *m* Recycling *n,* Wiederverwertung *f (LA)*
reciclaje [rrɛθi'klaxe] *m* **1.** Recycling *n,* Wiederverwertung *f;* **2.** *(formación, readaptación profesional)* Weiterbildung *f,* Umschulung *f*
reciclar [rrɛθi'klar] *v* verwerten, wieder aufbereiten
recidiva [rrɛθi'ðiβa] *f* Rückfall *m*
recién [rrɛ'θjen] *adv* unlängst *(LA)*
reciente [rrɛ'θjente] *adj* neuartig
recientemente [rrɛθjente'mente] *adv* kürzlich, neulich, jüngst
recinto [rrɛ'θinto] *m* Gelände *n*
recio ['rrɛθjo] *adj* derb
récipe ['rreθipe] *m (receta médica)* Rezept *n*
recipiente [rrɛθi'pjente] *m* Behälter *m,* Gefäß *n*
reciprocar [rreθipro'kar] *v* sich wechselseitig verhalten, das Verhältnis umkehren
recíproco [rrɛ'θiproko] *adj* gegenseitig
recitar [rreθi'tar] *v* vortragen, rezitieren, hersagen
reclamación [reklama'θjɔn] *f* Beschwerde *f,* Einspruch *m,* Beanstandung *f*
reclamar [rrɛkla'mar] *v* **1.** reklamieren, anmahnen, beanspruchen; *~ judicial* einklagen; **2.** *(pedir)* abverlangen
reclamo [rrɛ'klamo] *m* Reklamation *f,* Einspruch *m,* Mahnung *f*
reclinar [rrekli'nar] *v* anlehnen, zurücklehnen
reclusión [rreklu'sjɔn] *f* Einschließung *f,* Haft *f,* Zurückgezogensein *n*
recluso [rrɛ'kluso] *m* Insasse *m,* Strafgefangener *m*

R

recluta [rrɛ'kluta] *m MIL* Rekrut *m*
reclutamiento [rrɛkluta'mjento] *m* 1. *MIL* Aushebung *f;* 2. *ECO* Anwerbung *f;* ~ *de trabajadores* Abwerbung von Arbeitern *f*
recobrar [rrɛko'βrar] *v* wiedererlangen, zurückerhalten
recobrarse [rrɛko'βrarse] *v* 1. sich erholen, wieder gesund werden; 2. *(recuperarse)* wiedererlangen, einbringen
recocido [rrɛko'θiðo] *adj* 1. verkocht; 2. *TECH* ausgeglüht
recodo [rrɛ'koðo] *m* Kehre *f,* Knick *m*
recoger [rrɛkɔ'xɛr] *v* 1. abholen; *¿Podría ~ el coche de mi hotel?* Können Sie das Auto von meinem Hotel abholen? 2. *(volver a tomar)* zurücknehmen; 3. *(del suelo, de la calle)* aufheben, auflesen; 4. *(fruta)* pflücken, abpflücken; 5. *(cosechar)* einbringen; 6. *(arreglar)* wegräumen; 7. *(juntar, coleccionar)* sammeln
recogida [rrɛkɔ'xiða] *f* Rücknahme *f;* ~ *de basura* Müllabfuhr *f*
recogido [rrɛkɔ'xiðo] *adj* 1. angenommen; 2. *REL* andächtig
recogimiento [rrɛkɔxi'mjento] *m REL* Andacht *f*
recolección [rrɛkolɛɣ'θjɔn] *f* 1. Ernte *f;* 2. ~ *de datos INFORM* Datenerfassung *f*
recolectar [rrɛkolɛk'tar] *v (dinero)* sammeln
recomendable [rrɛkomen'daβle] *adj* empfehlenswert
recomendación [rrɛkomenda'θjɔn] *f* Empfehlung *f*

R

recomendar [rrɛkomen'dar] *v irr* empfehlen, raten, anraten, anpreisen; *~le algo a alguien* jdm etw empfehlen; *¿Qué café me recomienda?* Welches Café ist empfehlenswert? *¿Me puede ~ un hotel en esta ciudad?* Können Sie mir ein Hotel in dieser Stadt empfehlen? *Le recomiendo que visite un médico inmediatamente.* Ich empfehle Ihnen, dringend einen Arzt aufzusuchen.
recompensa [rrɛkɔm'pensa] *f* 1. Belohnung *f; en ~ de* als Belohnung für; *Se ofrece una ~.* Es ist eine Belohnung ausgesetzt. 2. *(remuneración)* Lohn *m,* Vergütung *f*
recompensar [rrɛkɔmpen'sar] *v* belohnen, vergüten
reconciliación [rrɛkɔnθilja'θjɔn] *f* Versöhnung *f*
reconciliar [rrɛkɔnθi'ljar] *v* aussöhnen
reconciliarse [rrɛkɔnθi'ljarse] *v ~ con* sich versöhnen mit
recóndito [rrɛ'kondito] *adj* geheim, tief verborgen
reconformante [rrɛkonfor'mante] *adj* beruhigend, wohltuend
reconocer [rrɛkono'θɛr] *v irr* 1. erkennen, anerkennen; 2. *(confesar)* gestehen, bekennen; 3. *~ algo a alguien* jdm etw zuerkennen; 4. *(honrar, recompensar)* honorieren; 5. *MED* untersuchen
reconocerse [rrɛkono'θɛrse] *v irr* sich wieder erkennen
reconocible [rrɛkono'θiβle] *adj* erkennbar
reconocido [rrɛkono'θiðo] *adj* anerkannt, erkenntlich
reconocimiento [rrɛkonoθi'mjento] *m* 1. Anerkennung *f,* Dankbarkeit *f;* 2. *MIL* Aufklärung *f;* 3. *~ médico MED* Untersuchung *f*
reconquistar [rrɛkɔŋkis'tar] *v* zurückerobern
reconsideración [rrɛkɔnsiðera'θjɔn] *f* erneutes Inbetrachtziehen *n,* nochmaliges Überdenken *f*
reconsiderar [rrɛkɔnsiðe'rar] *v irr* erneut in Betracht ziehen, überdenken, nochmals prüfen
reconstrucción [rrɛkɔnstruɣ'θjɔn] *f* Umbau *m,* Wiederaufbau *m,* Rekonstruktion *f*
reconstruir [rrɛkɔnstru'ir] *v irr* rekonstruieren; wieder aufbauen; zusammenfügen
reconversión [rrɛkɔmβɛr'sjɔn] *f* 1. Umstellung *f;* 2. *~ de una deuda ECO* Umschuldung *f;* 3. *~ industrial ECO* Strukturanpassung *f*
recopilación [rrɛkopila'θjɔn] *f* Zusammenstellung *f,* Sammlung *f*
recopilar [rrɛkopi'lar] *v* zusammenstellen, sammeln
récord ['rrɛkorð] *m* 1. Bestleistung *f;* 2. *SPORT* Rekord *m,* Spitzenleistung *f; ~ mundial* Weltrekord *m*

recordación [rrɛkorða'θjɔn] *f* Erinnerung *f*, Gedenken *n*, Mahnen *n*
recordar [rrɛkɔr'ðar] *v irr* 1. *~ a* sich erinnern an, gedenken, sich entsinnen; *~ algo a alguien* jdn an etw erinnern; 2. *ECO* mahnen; 3. *(LA: despertar)* wecken; 4. *(fig)* aufwärmen
recordatorio [rrɛkɔrða'torjo] *m* Mahnung *f*
recorrer [rrɛkɔ'rrɛr] *v* 1. bereisen, besuchen; 2. *(en etapas)* durchlaufen
recorrido [rrɛkɔ'rriðo] *m* 1. Weg *m*; 2. *~ de frenado TECH* Bremsweg *m*
recortar [rrɛkɔr'tar] *v* kürzen, abkürzen
recorte [rrɛ'kɔrte] *m* Ausschnitt *m*
recoser [rrɛko'sɛr] *v* flicken
recostarse [rrɛkɔs'tarse] *v irr ~ contra* sich anlehnen an
recoveco [rrɛko'βeko] *m* Windung *f*, Krümmung *f*
recreación [rrɛkrea'θjɔn] *f* Belustigung *f*, Zerstreuung *f*, Zeitvertreib *m*
recrear [rrɛkre'ar] *v* erholen
recreativo [rrɛkrea'tiβo] *m* 1. Spielautomat *m*; *adj* 2. Erholungs…
recreo [rre'krɛo] *m* 1. Erholung *f*, Entspannung *f*, Schulpause *f*; 2. *(pausa)* Freizeit *f*, Pause *f*
recriminación [rrɛkrimina'θjɔn] *f* Vorwurf *m*
recriminar [rrɛkrimi'nar] *v* vorwerfen
recrudecer [rrɛkruðe'θer] *v* verschärfen, verschlimmern
recta ['rrɛkta] *f MATH* Gerade *f*
rectangular [rrɛktaŋgu'lar] *adj* rechteckig, rechtwinklig
rectángulo [rrɛk'taŋgulo] *m* Rechteck *n*
rectificación [rrɛktifika'θjɔn] *f* 1. Berichtigung *f*; 2. *(presentación contraria)* Gegendarstellung *f*
rectificar [rrɛtifi'kar] *v* 1. berichtigen, richtig stellen; 2. *TECH* schleifen
rectitud [rrɛkti'tuð] *f* Redlichkeit *f*, Richtigkeit *f*
recto ['rrɛkto] *adj* recht, redlich
recubrir [rrɛku'βrir] *v irr* 1. überziehen; *~ de* umwickeln mit, bestreichen mit; 2. *TECH* beschichten; 3. *INFORM* überschreiben
recuerdo [rrɛ'kwerðo] *m* Andenken *n*, Erinnerung *f*, Erinnerungsstück *n*; *~s de infancia* Kindheitserinnerungen *pl*; *~ de viaje* Souvenir *n*, Reiseandenken *n*
recular [rrɛku'lar] *v* 1. *(retroceder)* zurückprallen, zurückweichen, zurückschrecken; 2. *(fig: ceder)* weichen, nachgeben
recuperación [rrɛkupera'θjɔn] *f* 1. Wiederverwertung *f*; 2. *MED* Erholung *f*, Genesung *f*
recuperar [rrɛkupe'rar] *v* 1. nachholen; *~ el tiempo perdido* aufholen; 2. *(aprovechar)* verwerten
recuperarse [rrɛkupe'rarse] *v* sich erholen
recurrente [rrɛku'rrente] *adj* rückläufig, rückfällig
recurrir [rrɛku'rrir] *v ~ a* zurückgreifen auf
recursivo [rrɛkur'siβo] *adj INFORM* rekursiv
recurso [rrɛ'kurso] *m* 1. Mittel *n*; 2. *JUR* Rechtsmittel *n*, Regress *m*; *~ de gracia* Gnadengesuch *n*; 3. *~s pl* Mittel *pl*; *~ financieros* Geldquelle *f*; 4. *INFORM* Ressourcen *f/pl*
red [rrɛð] *f* 1. Netz *n*; 2. *~ de carreteras* Straßennetz *n*; *~ de ferrocarriles* Eisenbahnnetz *n*; 3. Netz *n*, Internet *n*; *buscar en la ~* im Internet suchen; *~ de datos* Datennetz; *~ social* Soziales Netzwerk *n*
redactor(a) [rrɛðak'tɔr/rrɛðak'tora] *m/f* Redakteur(in) *m/f*; *~-jefe* Chefredakteur(in) *m/f*
redada [rrɛ'ðaða] *f* Razzia *f*
redención [rrɛðen'θjɔn] *f REL* Erlösung *f*
redentor [rrɛðen'tɔr] *m REL* Erlöser *m*
redimir [rrɛði'mir] *v* 1. erlösen; 2. *ECO* ablösen
redireccionamiento [rrɛðireɣθjona'mjento] *m INFORM* Vergabe einer neuen Adresse *f*, neues Festlegen eines Pfades *n*
rédito ['rrɛðito] *m ECO* Rendite *f*, Zinsen *pl*
redoblar [rrɛðo'βlar] *v* trommeln
redondeado [rrɛðɔnde'aðo] *adj* rundlich
redondear [rrɛðɔnde'ar] *v MATH* abrunden, aufrunden
redondez [rrɛðon'deθ] *f* Rundung *f*, runde Beschaffenheit *f*

redondo [rrɛ'ðɔndo] *adj* rund, abgerundet
reducción [rrɛðuɣ'θjɔn] *f* 1. Verminderung *f*, Dämpfung *f*, Nachlass *m*, Kürzung *f*; 2. *~ de impuestos FIN* Steuerermäßigung *f*, Steuersenkung *f*; *~ presupuestaria* Etatkürzung *f*; 3. *~ de personal* Personalabbau *m*; 4. *(disminución)* Verkleinerung *f*
reducir [rrɛðu'θir] *v irr* 1. herabsetzen, verkleinern, verringern; 2. *(fig: menguar)* dämpfen, nachlassen, schmälern; 3. *(limitar)* kürzen, beschränken, vermindern, abbauen; 4. *~ a* reduzieren auf
reducirse [rrɛðu'θirse] *v irr* schrumpfen
redundancia [rrɛðun'danθja] *f* Redundanz *f*, Überfluss *m*
redundante [rrɛðun'dante] *adj* überflüssig, weitschweifig, redundant
reedificación [rrɛeðifika'θjɔn] *f* Wiederaufbau *m*
reeducación [rrɛeðuka'θjɔn] *f* Umschulung *f*
reelección [rrɛeleɣ'θjɔn] *f POL* Wiederwahl *f*
reembolsar [rrɛembol'sar] *v* 1. zurückzahlen, vergüten, zurückerstatten; *En el almacén reembolsan el valor del aparato eléctrico solamente si tiene un defecto técnico.* Der Wert des elektronischen Geräts wird vom Geschäft nur dann erstattet, wenn ein technischer Defekt vorliegt. 2. *ECO* tilgen
reembolso [rrɛem'bolso] *m* 1. Rückvergütung *f*, Rückzahlung *f*, Wiedererstattung *f*; 2. *contra ~* gegen Nachnahme; 3. *ECO* Tilgung *f*
reemplazar [rrɛempla'θar] *v* ersetzen; *~ a alguien* jdn vertreten
reemplazo [rrɛem'plaθo] *m* Ersatz *m*
reencontrar [rrɛeŋkɔn'trar] *v irr* wiederfinden, (sich) wiedertreffen
reestructuración [rrɛestruktura'θjɔn] *f* Umstrukturierung *f*
reexpedir [rrɛespe'ðir] *v irr* nachsenden; *¿Puede usted ~me el correo?* Können Sie mir die Post nachsenden?
referencia [rrɛfe'renθja] *f* Bezugnahme *f*, Referenz *f*; *tomar ~ en* anknüpfen an; *~ a* Verweis auf *m*
referente [rrɛfe'rente] *prep* 1. *~ a* bezüglich, über; *adj* 2. *~ a esto* diesbezüglich
referirse [rrɛfe'rirse] *v irr ~ a* sich beziehen auf; *Con estas palabras me refiero a lo que Xabier acaba de decir.* Mit diesen Worten knüpfe ich an das an, was Xabier eben gesagt hat.
refinación [rrɛfina'θjɔn] *f* 1. Verfeinerung *f*; 2. *metodo de ~ por pasos INFORM* schrittweise Verfeinerungsmethode *f*, schrittweise Veredelungsmethode *f*
refinado [rrɛfi'naðo] *adj* raffiniert
refinar [rrɛfi'nar] *v* raffinieren, verfeinern
refinería [rrɛfine'ria] *f* Raffinerie *f*
reflectante [rrɛflɛk'tante] *adj* reflektierend, zurückstrahlend
reflectar [rrɛflɛk'tar] *v irr PHYS* zurückstrahlen, reflektieren
reflector [rrɛflɛk'tɔr] *m CINE* Scheinwerfer *m*
reflejo [rrɛ'flɛxo] *m* Reflex *m*, Spiegelung *f*
reflexión [rrɛflɛɣ'sjɔn] *f* 1. *(reflejo)* Spiegelung *f*; 2. *(pensamiento, consideración)* Denken *n*, Überlegung *f*
reflexionar [rrɛflɛɣsjo'nar] *v* denken, überlegen, überdenken; *~ sobre algo* über etw nachdenken; *Estuve reflexionando sobre lo que me dijiste ayer.* Ich habe über das nachgedacht, was du mir gestern gesagt hast.
reflexivo [rrɛflɛɣ'siβo] *adj* 1. *(que refleja) PHYS* spiegelnd, reflektierend, widerspiegelnd; 2. *(que reflexiona)* nachdenklich, gedankenvoll, überlegt; *Mi hermano es un hombre reflexivo.* Mein Bruder ist ein nachdenklicher Mensch. 3. *pronombre ~ GRAMM* Reflexivpronomen *n*
reflujo [rrɛ'fluxo] *m* Ebbe *f*
reforestación [rrɛforesta'θjɔn] *f* Wiederaufforstung *f*
reforma [rrɛ'fɔrma] *f* 1. Reform *f*; *~ agraria* Agrarreform *f*; 2. *~ monetaria ECO* Währungsreform *f*
reformación [rrɛfɔrma'θjɔn] *f REL* Reformation *f*
reformar [rrɛ'fɔrma] *v* reformieren
reforzar [rrɛfɔr'θar] *v irr* verstärken

refractario [rrɛfrak'tarjo] *adj* 1. widerspenstig, widerstrebend, spröde; 2. *(rebelde)* widerspenstig, rebellisch
refrán [rrɛ'fran] *m* Sprichwort *n*
refrescante [rrɛfres'kante] *adj* erfrischend, erquickend
refrescar [rrɛfres'kar] *v* kühlen, abkühlen
refresco [rrɛ'fresko] *m* Erfrischung *f*, Labsal *n*
refrigeración [rrɛfrixera'θjɔn] *f* Kühlung *f*
refrigerado [rrɛfrixe'raðo] *adj TECH* gekühlt; *~ por aire* luftgekühlt; *~ por agua* wassergekühlt
refrigerador [rrɛfrixera'ðɔr] *m* Kühlschrank *m*, Eisschrank *m*
refrigerar [rrɛfrixe'rar] *v* kühlen, klimatisieren
refrigerio [rrɛfri'xerjo] *m* 1. *(tentempié)* Imbiss *m*, Erfrischung *f*; 2. *(fig)* Labsal *n*
refuerzo [rrɛ'fwɛrθo] *m* Nachschub *m*, Verstärkung *f*
refugiado [rrɛfu'xjaðo] *m* Flüchtling *m*
refugio [rrɛ'fuxjo] *m* 1. *POL* Asyl *n*; 2. *(cobijo)* Zuflucht *f*; 3. *(asilo)* Hort *m*; 4. *(de montaña)* Berghütte *f*; 5. *~ subterraneo antiaéreo* Luftschutzkeller *m*, Bunker *m*
refulgir [rrɛful'xir] *v* glänzen, schimmern, leuchten
refundir [rrɛfun'dir] *v* 1. *~ metales* umschmelzen, einschmelzen; 2. *(fig: redundar)* umarbeiten, neubearbeiten
refunfuñar [rrɛfumfu'ɲar] *v* murmeln
refutación [rrɛfuta'θjɔn] *f* Widerlegung *f*
refutar [rrɛfu'tar] *v* widerlegen
regadera [rrɛɣa'ðera] *f* Gießkanne *f*
regalar [rrɛɣa'lar] *v* 1. schenken, verschenken, beschenken; 2. *(donar)* spendieren
regalía [rrɛɣa'lia] *f* Regal *n*, königliches Hoheitsrecht *n*, Gehaltszulage *f*
regalo [rrɛ'ɣalo] *m* Geschenk *n*, Gabe *f*, Aufmerksamkeit *f*; *~ publicitario* Werbegeschenk *n*
regañar [rrɛɣa'ɲar] *v* ausschimpfen, schelten; *~ a alguien* jdn ausschimpfen; *La madre regaña a su hijo lloroso.* Die Mutter schimpft ihren weinerlichen Sohn.
regar [rrɛ'ɣar] *v irr* spritzen, gießen, bewässern
regatear [rrɛɣate'ar] *v* feilschen, handeln; *Sólo regateo cuando los precios no me parecen justos.* Ich feilsche nur, wenn mir die Preise nicht korrekt erscheinen.
regazo [rrɛ'ɣaθo] *m* Schoß *m*
regeneración [rrɛxenera'θjɔn] *f* Regeneration *f*, Erneuerung *f*, Wiederherstellung *f*
régimen ['rrɛximen] *m* 1. *POL* Regime *n*; *~ totalitario* Gewaltherrschaft *f*; 2. *~ de bienes JUR* Güterstand *m*; 3. *~ alimenticio* Ernährungsweise *f*; *estar a ~* Diät machen
regimiento [rrɛxi'mjento] *m MIL* Regiment *n*
regio ['rrɛxjo] *adj* fürstlich, königlich
región [rrɛ'xjɔn] *f* 1. Gebiet *n*, Bezirk *m*, Region *f*; *~ despoblada* Wildnis *f*; *~ fronteriza* Grenzland *n*; *~ industrial* Industriegebiet *n*; 2. *(espacio)* Raum *m*; 3. *~ lumbar ANAT* Lende *f*
regional [rrɛxjo'nal] *adj* 1. landschaftlich; 2. *(administración)* regional
regir [rrɛ'xir] *v irr* 1. *(conducir)* regieren, leiten, regeln; 2. *(dominar)* herrschen; 3. *(estar vigente)* gelten, Gültigkeit haben
registrado [rrɛxis'traðo] *adj* 1. eingetragen; 2. *~ legalmente JUR* geschützt
registrar [rrɛxis'trar] *v* 1. verzeichnen, aufschreiben; *~ en la aduana* verzollen; *~ estadísticamente* erfassen; 2. *(inscribir)* anmelden, eintragen, registrieren
registrarse [rrɛxis'trarse] *v* sich melden, sich anmelden
registro [rrɛ'xistro] *m* 1. Anmeldung *f*, Meldung *f*; *~ civil* Standesamt *n*; *~ obligatorio* Anmeldepflicht *f*; *lugar de ~* Anlaufstelle *f*; 2. *(nómina)* Verzeichnis *n*, Register *n*; 3. *~ mercantil ECO* Handelsregister *n*
regla ['rrɛɣla] *f* 1. *(norma)* Regel *f*; *~s de juego* Spielregeln *pl*; *en ~* vorschriftsmäßig; 2. *MED* Menstruation *f*; 3. *MATH* Lineal *n*; *~ graduada* Maßstab *m*

R

reglamentación [rrɛɣlamenta'θjɔn] *f* **1.** *(oficial)* Regelung *f;* **2.** *~ de divisas* FIN Devisenbewirtschaftung *f*
reglamento [rrɛɣla'mento] *m* Satzung *f; ~ interior del edificio* Hausordnung *f*
regocijar [rrɛɣoθi'xar] *v* belustigen, erfreuen
regocijarse [rrɛɣoθi'xarse] *v ~ de algo/~ por algo* sich über etw lustig machen, sich über etw belustigen, sich über etw freuen
regodearse [rrɛɣoðe'arse] *v ~ de alguien* sich über jdn lustig machen; *Carmen se regodea mucho de su hermano.* Carmen macht sich sehr über ihren Bruder lustig.
regrabar [rrɛɣra'βar] *v* überspielen
regresar [rrɛɣre'sar] *v* umkehren, wiederkommen, zurückfahren
regresión [rrɛɣre'sjɔn] *f* Rückgang *m; ~ demográfica* Bevölkerungsrückgang *m,* Geburtenrückgang *m*
regresivo [rrɛɣre'siβo] *adj* rückläufig
regreso [rrɛ'ɣreso] *m* Rückkehr *f,* Umkehr *f*
reguera [rrɛ'ɣera] *f* Rinne *f*
regulable [rrɛɣu'laβle] *adj* einstellbar, verstellbar
regulación [rrɛɣula'θjɔn] *f* Einstellung *f,* Regelung *f,* Regulierung *f*
regulador [rrɛɣula'ðɔr] *m* TECH Regler *m*
regular [rrɛɣu'lar] *adj* **1.** regelmäßig, regulär; **2.** *(según horario)* fahrplanmäßig; *¿Cuándo es la llegada ~?* Wann ist die planmäßige Ankunft? **3.** *(mediocre)* mittelmäßig; *v* **4.** regeln, einstellen, regulieren; **5.** *(proceso)* steuern; **6.** TECH verstellen; **7.** INFORM steuern
regularización [rrɛɣulariθa'θjɔn] *f* Regelung *f*
regularmente [rrɛɣular'mente] *adv* *(de acuerdo al plan)* planmäßig, regulär
regustillo [rrɛɣus'tiʎo] *m* Nachgeschmack *m*
rehabilitación [rrɛaβilita'θjɔn] *f* Rehabilitation *f*
rehabilitar [rrɛaβili'tar] *v* rehabilitieren
rehén [rrɛ'en] *m/f* Geisel *f*
rehogar [rrɛo'ɣar] *v* GAST dämpfen, dünsten
rehuir [rrɛu'ir] *v irr* scheuen
rehusar [rrɛu'sar] *v* **1.** verweigern, absagen, versagen, abschlagen; **2.** *(rechazar)* verschmähen, abweisen, zurückweisen
reina ['rrɛjna] *f* Königin *f; ~ de belleza* Schönheitskönigin *f*
reinar [rrɛj'nar] *v* **1.** herrschen; **2.** *(apoderarse)* grassieren; **3.** *~ sobre* POL regieren über, beherrschen
reincidir [rɛinθi'ðir] *v* zurückfallen, rückfällig werden
reino ['rrɛjno] *m* Königreich *n; ~ animal* Tierreich *n*
reinserción [rrɛinsɛr'θjɔn] *f ~ social* Resozialisierung *f*
reinstalación [rrɛinstala'θjɔn] *f* Wiedereinsetzung *f,* Wiedereinrichtung *f*
reintegrar [rrɛinte'ɣrar] *v* **1.** vergüten; **2.** *(devolver dinero)* zurückzahlen; **3.** *(volver a instalar)* wieder einsetzen
reintegro [rrɛin'teɣro] *m* **1.** *(reinstalación)* Wiedereinsetzung *f;* **2.** *(de dinero)* Rückvergütung *f,* Rückzahlung *f,* Vergütung *f*
reír [rrɛ'ir] *v irr* lachen; *~ a* anlachen; *~ para sus adentros* kichern
reírse [rrɛ'irse] *v irr* lachen, spotten; *~ de alguien* über jdn lachen, jdn auslachen; *No te rías de mí.* Lach nicht über mich.
reiteración [rrɛitera'θjɔn] *f* Wiederholung *f*
reiterado [rrɛite'raðo] *adj* mehrfach
reiterar [rrɛite'rar] *v* wiederholen
reivindicación [rrɛiβindika'θjɔn] *f* Anspruch *m,* Forderung *f,* Rückforderung *f*
reivindicar [rrɛiβindi'kar] *v* zurückfordern, beanspruchen, fordern
reja ['rrɛxa] *f* Gitter *n*
rejilla [rrɛ'xiʎa] *f* Lattenrost *m*
relación [rrɛla'θjɔn] *f* **1.** Beziehung *f,* Verhältnis *n; ~ de empleo* Angestelltenverhältnis *n;* **2.** *~ de transmisión* TECH Übersetzungsverhältnis *n;* **3.** *(unión)* Verbindung *f;* **4.** *(informe)* Bericht *m;* **5.** *(conexión)* Zusammenhang *m; sin ~* zusammenhanglos; **6.** *relacciones pl* Beziehungen *pl,* Verbindungen *pl; relaciones públicas* Öffentlichkeitsarbeit *f; relaciones sexuales* Geschlechtsverkehr *m; tener relaciones sexuales* Geschlechtsverkehr haben

R

relacionar [rrelaθjo'nar] *v* **1.** verknüpfen; **2.** *~ con* anknüpfen an, verbinden mit
relajación [rrelaxa'θjɔn] *f* Entspannung *f,* Lockerung *f; MED* Relaxation *f*
relajamiento [rrelaxa'mjento] *m* Erschlaffung *f,* Lockerung *f,* Entspannung *f*
relajante [rrεla'xante] *adj* entspannend
relajarse [rrεla'xarse] *v* sich entspannen
relámpago [rrε'lampaɣɔ] *m* Blitz *m*
relampaguear [rrεlampaɣe'ar] *v* blitzen
relanzar [rrεlan'θar] *v* wieder beleben
relativamente [rrεlatiβa'mente] *adv* relativ
relatividad [rrεlatiβi'ðað] *f* **1.** Bedingtheit *f,* Relativität *f;* **2.** *teoria de la ~* Relativitätstheorie *f*
relativo [rrεla'tiβo] *adj* dementsprechend, relativ, verhältnismäßig; *~ a* bezüglich; *~ a los impuestos* steuerlich
relato [rrε'lato] *m LIT* Erzählung *f; ~ corto* Kurzgeschichte *f; ~ verídico* Tatsachenbericht *m*
relator(a) [rrεla'tɔr/rrεla'tora] *m/f* *(ponente)* Referent(in) *m/f*
relé [rrε'le] *m TECH* Relais *n*
relevancia [rrεle'βanθja] *f* Bedeutung *f,* Relevanz *f*
relevar [rrεle'βar] *v* **1.** entbinden, abberufen; **2.** *(substituir)* ablösen
relevarse [rrεle'βarse] *v* sich abwechseln, sich ablösen
relevo [rrε'leβo] *m* Ablösung *f,* Schichtwechsel *m*
religión [rrεli'xjɔn] *f* **1.** Religion *f;* **2.** *(confesión religiosa)* Konfession *f; sin ~* konfessionslos
religiosa [rrεli'xjosa] *f REL* Nonne *f,* Ordensschwester *f*
religioso [rrεli'xjoso] *adj* **1.** religiös; *m* **2.** *REL* Ordensbruder *m*
reliquia [rrε'likja] *f REL* Reliquie *f*
reloj [rrε'lɔx] *m* Uhr *f; ~ de arena* Sanduhr *f; ~ de control* Stechuhr *f; ~ de cuarzo* Quarzuhr *f; ~ de pulsera* Armbanduhr *f*
reluciente [rrεlu'θjente] *adj* blank, blitzblank, brillant
relucir [rrεlu'θir] *v irr* blinken, flimmern
rellenar [rrεʎe'nar] *v* **1.** ausfüllen; *¿Puede ~ esto para mí?* Können Sie das für mich ausfüllen? **2.** *(recargar)* nachfüllen; *~ de* stopfen mit
remanente [rrema'nente] *m* Rest *m*
remar [rrε'mar] *v* rudern
rematar [rrεma'tar] *v* **1.** vervollständigen; **2.** versteigern *(LA)*
remate [rrε'mate] *m* **1.** Vollendung *f;* **2.** Versteigerung *f, (LA);* **3.** *(venta)* Ausverkauf *m*
remedar [rreme'ðar] *v* nachahmen, imitieren
remedio [rrε'meðjo] *m* **1.** Abhilfe *f;* **2.** *(medio)* Mittel *n;* **3.** *MED* Heilmittel *n*
remedo [rrε'meðo] *m* Nachahmung *f*
remembranza [rrεmem'branθa] *f* Rückerinnerung *f,* Erinnerung *f*
remembrar [rrεmem'brar] *v* sich an früher erinnern, sich rückerinnern
remendar [rrεmen'dar] *v irr* flicken
remesa [rrε'mesa] *f* Sendung *f,* Ablieferung *f,* Absendung *f*
remilgado [rrεmil'ɣaðo] *adj* geziert
reminiscencia [rrεminis'θenθja] *f* Erinnerungsstück *n*
remisión [rrεmi'sjɔn] *f* **1.** Vergebung *f;* **2.** *~ condicional JUR* Bewährung *f; ~ de la pena* Straferlass *m*
remitente [rrεmi'tente] *m/f* Absender(in) *m/f*
remitir [rrεmi'tir] *v* versenden, zusenden, abschicken, zuschicken; *~ a* verweisen auf
remo ['rrεmo] *m* Ruder *n; ~ de piragua* Paddel *n*
remojar [rrεmo'xar] *v* einweichen
remolcar [rrεmɔl'kar] *v* schleppen, abschleppen
remolón [rrεmo'lɔn] *m* Drückeberger *m*
remolque [rrε'mɔlke] *m* Schleppen *n,* Abschleppen *n,* Mitschleppen *n*
remoquete [rremo'kete] *m* Faustschlag *m,* Stichelei *f*
remorder [rrεmɔr'ðer] *v irr* beunruhigen, quälen (Gewissen); *A mí me remuerde la conciencia.* Ich habe Gewissensbisse.
remordimientos [rrεmɔrði'mjentos] *m/pl* Gewissensbisse *pl; sin ~* unbeschwert

remoto [rrɛ'moto] *adj* **1.** fern; **2.** *(pasado)* längst vergangen
remover [rrɛmo'βɛr] *v irr* **1.** rühren; *~ la tierra* die Erde umgraben; **2.** *(dar vueltas)* umrühren
remuneración [rrɛmunera'θjɔn] *f* Entlohnung *f,* Vergütung *f*
remunerar [rrɛmune'rar] *v* entlohnen, vergüten
Renacimiento [rrɛnaθi'mjento] *m HIST* Renaissance *f*
rencilla [rɛ'nθiʎa] *f* Streiterei *f*
rencor [rrɛŋ'kɔr] *m* Groll *m; guardar ~ a alguien* jdm gegenüber nachtragend sein
rendido [rrɛn'diðo] *adj* abgespannt, fertig, kaputt
rendija [rrɛn'dixa] *f* Ritze *f,* Schlitz *m*
rendimiento [rrɛndi'mjento] *m* **1.** *TECH* Leistung *f; ~ máximo* Spitzenleistung *f; alto ~* Hochleistung *f;* **2.** *ECO* Leistung *f*
rendirse [rrɛn'dirse] *v irr* sich beugen, sich ergeben, kapitulieren
renegar [rrɛne'ɣar] *v irr* **1.** *~ de algo* sich von etw lossagen, einer Sache abschwören; *No intentes ~ de la verdad.* Versuche dich nicht von der Wahrheit loszusagen. **2.** *(maldecir)* verfluchen, fluchen
renegón [rrɛne'ɣɔn] *adj* brummig
renglón [rrɛŋ'glɔn] *m* Linie *f,* Zeile *f*
rengo ['rrɛŋgo] *adj MED* lahm
renitente [rrɛni'tente] *adj* kratzbürstig, renitent
renombrado [rrɛnɔm'braðo] *adj* namhaft, renommiert
renombre [rrɛ'nɔmbre] *m* Berühmtheit *f*
renovación [rrɛnoβa'θjɔn] *f* Erneuerung *f,* Renovierung *f*
renovado [rrɛno'βaðo] *adj* erneut
renovar [rrɛno'βar] *v irr* **1.** erneuern, renovieren; **2.** *(retocar)* überarbeiten, aufbereiten
renta ['rrɛnta] *f* **1.** Einkommen *n; ~ de arrendamiento* Miete *f; ~ nacional* Volkseinkommen *n; ~ neta* Nettoeinkommen *n; ~ per cápita* Pro-Kopf-Einkommen *n; ~ vitalicia* Leibrente *f;* **2.** *ECO* Zinsen *pl*
rentabilidad [rrɛntaβili'ðað] *f* **1.** Wirtschaftlichkeit *f;* **2.** *ECO* Ertragfähigkeit *f,* Rendite *f,* Rentabilität *f*
rentable [rrɛn'taβle] *adj* rentabel, lohnend; *ser ~* sich lohnen, sich rentieren
renuencia [rrɛ'nwenθja] *f* Ablehnung *f,* Widerwille *m*
renuente [rrɛ'nwente] *adj* widerwillig, widerspenstig
renuncia [rrɛ'nunθja] *f* **1.** Aufgabe *f;* **2.** *(al cargo)* Kündigung *f,* Rücktritt *m; presentar la ~* abdanken, zurücktreten; **3.** *~ a* Verzicht auf *m*
renunciar [rrɛnun'θjar] *v* **1.** abschwören, aufgeben; *~ a un cargo* ein Amt niederlegen; **2.** *(dimitir)* zurücktreten, kündigen; **3.** *~ a* verzichten auf; **4.** *(sacrificar)* opfern
reñido [rrɛ'ɲiðo] *adj* umkämpft, verbissen
reñir [rrɛ'ɲir] *v* **1.** streiten, raufen; *~ con alguien* mit jdm zanken; *Ayer reñí con mi novio.* Gestern habe ich mit meinem Freund gestritten. **2.** *(insultar)* ausschimpfen, schelten
reo ['rrɛo] *m JUR* Angeklagter *m; ~ convicto* Verurteilter *m*
reorganización [rrɛɔrɣaniθa'θjɔn] *f* Umorganisierung *f,* Umstellung *f*
reparación [rrɛpara'θjɔn] *f* Reparatur *f,* Instandsetzung *f,* Wiedergutmachung *f; Necesito un estuche de ~ para las ruedas.* Ich brauche Flickzeug für den Reifen.
reparar [rrɛpa'rar] *v* reparieren, wiedergutmachen, ausbessern
reparo [rrɛ'paro] *m* Einwand *m,* Beanstandung *f; poner ~s a* beanstanden, einwenden gegen, Einwände erheben gegen; *sin ~* anstandslos
repartición [rrɛparti'θjɔn] *f* Verteilung *f*
repartir [rrɛpar'tir] *v* **1.** teilen, austeilen, aufteilen, austragen; **2.** *(dividir)* gliedern, aufteilen, verteilen; *Manolo reparte la comida entre sus amigos.* Manolo verteilt das Essen unter seinen Freunden. **3.** *~ dividendos ECO* ausschütten
reparto [rrɛ'parto] *m* **1.** Zuteilung *f,* Verteilung *f; ~ de regalos* Bescherung *f;* **2.** *(de correos)* Zustellung *f;* **3.** *(división)* Aufteilung *f,* Gliederung *f;* **4.** *~ de dividendos FIN* Dividendenausschüttung *f*

R

repasar [rrɛpa'sar] *v* **1.** überholen, überprüfen; *~ la cuenta* nachrechnen; **2.** *(volver a mirar, leer)* überfliegen, überarbeiten
repatriación [rrɛpatrja'θjɔn] *f* Rückführung *f,* Repatriierung *f*
repatriar [rrɛpa'trjar] *v* rückführen, repatriieren
repelente [rrɛpe'lente] *m* **1.** Mückenmittel *n; adj* **2.** abstoßend, widerlich
repeler [rrɛpe'lɛr] *v* abstoßen
repensar [rrɛpen'sar] *v* überdenken
repentino [rrɛpen'tino] *adj* plötzlich, jäh
repercusión [rrɛpɛrku'sjɔn] *f* Rückstoß *m,* Rückprall *m,* Widerhall *m*
repercutir [rrɛpɛrku'tir] *v* widerhallen
repertorio [rrɛpɛr'torjo] *m* THEAT Spielplan *m*
repetición [rrɛpeti'θjɔn] *f* Wiederholung *f*
repetido [rrɛpe'tiðo] *adj* mehrfach, mehrmalig, nochmalig; *repetidas veces* mehrfach, mehrmals, oftmals
repetir [rrɛpe'tir] *v irr* wiederholen; *~ la orden* nachbestellen; *tener que ~ el curso* den Kurs wiederholen müssen; *¡Repita esto, por favor!* Wiederholen Sie das bitte!
repisa [rrɛ'pisa] *f* Konsole *f; ~ de la ventana* Fensterbank *f*
repleto [rrɛ'pleto] *adj* überfüllt, überlaufen
réplica ['rrɛplika] *f* Widerrede *f; sin ~* widerspruchslos
replicar [rrɛpli'kar] *v* entgegnen
repliegue [rrɛ'pljeɣe] *m* Rückzug *m*
reponer [rrɛpo'nɛr] *v irr* wiederherstellen
reportaje [rrɛpɔr'taxe] *m* Reportage *f; ~ gráfico* Bildbericht *m*
reportar [rrɛpɔr'tar] *v* melden, berichten; *Quiero ~ la pérdida de mi pasaporte.* Ich will den Verlust meines Passes melden.
reportero [rrɛpɔr'tero] *m* Reporter *m*
reposado [rrɛpo'saðo] *adj* **1.** GAST altbacken; **2.** *(calmoso)* ruhig, gelassen
reposar [rrɛpo'sar] *v* **1.** ausruhen; **2.** *~ sobre* ruhen auf
reposo [rrɛ'poso] *m* Ruhe *f; lugar de ~* Erholungsort *m*
repostería [rrɛpɔste'ria] *f* Konditorei *f*
reprender [rrɛpren'dɛr] *v* maßregeln, schelten; *~ a alguien* jdn zurechtweisen
reprensible [rrɛpren'siβle] *adj* verwerflich, sträflich
reprensión [rrɛpren'sjɔn] *f* Rüge *f,* Verweis *m*
represa [rrɛ'presa] *f* Damm *m*
represalia [rrɛpre'salja] *f* Vergeltungsmaßnahme *f*
representación [rrɛpresenta'θjɔn] *f* **1.** Vertretung *f;* **2.** *~ comercial* ECO Handelsvertretung *m; ~ general* Generalvertretung *f;* **3.** *(ofrecimiento)* Darbietung *f;* **4.** THEAT Aufführung *f,* Spiel *n,* Vorstellung *f;* **5.** CINE Darstellung *f*
representante [rrɛpresen'tante] *m/f* Vertreter(in) *m/f; ~ extraordinario* Sonderbeauftragte(r) *m/f; ~ exclusivo* Alleinvertreter(in) *m/f*
representar [rrɛpresen'tar] *v* **1.** vertreten, repräsentieren; **2.** *(ofrecer)* darbieten; **3.** THEAT aufführen, spielen; **4.** CINE darstellen
represión [rrɛpre'sjɔn] *f* **1.** *(a una persona)* Unterdrückung *f;* **2.** *(supresión)* Verdrängung *f*
reprimenda [rrɛpri'menda] *f* Rüge *f,* Verweis *m*
reprimido [rrɛpri'miðo] *adj* verklemmt
reprimir [rrɛpri'mir] *v* unterdrücken, verdrängen, zügeln
reprobación [rrɛproβa'θjɔn] *f* Missbilligung *f*
reprobar [rrɛpro'βar] *v irr* missbilligen
reprochable [rrɛpro'tʃaβle] *adj* verwerflich
reprochar [rrɛpro'tʃar] *v* vorwerfen, tadeln; *~ algo a alguien* jdm etw vorhalten
reproche [rrɛ'protʃe] *m* Tadel *m,* Vorhaltung *f,* Vorwurf *m*
reproducción [rrɛproðuɣ'θjɔn] *f* **1.** Nachbildung *f,* Reproduktion *f;* **2.** *(multiplicación)* Vermehrung *f,* Vervielfältigung *f;* **3.** *(proliferación)* Fortpflanzung *f;* **4.** *(copia)* Abbildung *f,* Abdruck *m*
reproducir [rrɛproðu'θir] *v irr* **1.** abbilden, abdrucken, nachbilden; **2.** *(multiplicar)* vervielfältigen
reproductivo [rrɛproðuk'tiβo] *adj* reproduktiv, Gewinn bringend, wiedererzeugend

R

reptil [rrɛp'til] *m ZOOL* Reptil *n*
república [rrɛ'puβlika] *f* Republik *f; República Popular* Volksrepublik *f; República Federal de Alemania* Bundesrepublik Deutschland *f*
repuesto [rrɛ'pwesto] *m* Ersatzteil *n*
repugnancia [rrɛpuɣ'nanθja] *f* Widerwille *m*
repugnante [rrɛpuɣ'nante] *adj* abscheulich, widerlich, abstoßend
repugnar [rrɛpuɣ'nar] *v* anekeln, anwidern
repulsa [rrɛ'pulsa] *f* Weigerung *f,* Abweisung *f*
repulsión [rrɛpul'sjɔn] *f* **1.** Abscheu *m;* **2.** *PHYS* Rückstoß *m*
repulsivo [rrɛpul'siβo] *adj* widerlich, abstoßend
reputación [rrɛputa'θjɔn] *f* Leumund *m,* Ruf *m,* Ansehen *n; mala ~* Misskredit *m*
reputar [rrɛpu'tar] *v* schätzen, achten
requerido [rrɛke'riðo] *adj* erforderlich
requerimiento [rrɛkeri'mjento] *m* **1.** *(necesidad)* Bedürfnis *n;* **2.** *(recordatorio)* Mahnung *f;* **3.** *JUR* Abmahnung *f*
requerir [rrɛke'rir] *v irr* **1.** anfordern; **2.** *(necesitar)* erfordern; *~ de* bedürfen; **3.** *(recordar)* mahnen; **4.** *JUR* abmahnen
requesón [rrɛke'sɔn] *m GAST* Quark *m*
requisito [rrɛki'sito] *m* Erfordernis *n,* Requisiten *pl*
res [rrɛs] *f ~ vacuna ZOOL* Rind *n*
resabido [rrɛsa'βiðo] *adj* vorlaut
resaca [rrɛ'saka] *f* Kater *m,* Katzenjammer *m*
resaltar [rrɛsal'tar] *v* **1.** *(en un mapa)* hervorspringen; **2.** *(fig: sobresalir)* überragen, vorstehen, hervorstechen; *hacer ~* betonen
resalto [rrɛ'salto] *m* Vorsprung *m*
resbaladizo [rrɛsβala'ðiθo] *adj* glatt, glitschig, rutschig
resbalar [rrɛsβa'lar] *v* **1.** schleudern; **2.** *~ sobre* ausrutschen auf
rescatar [rrɛska'tar] *v* bergen
rescate [rrɛs'kate] *m* **1.** Bergung *f;* **2.** *(dinero por)* Lösegeld *n*
rescindir [rrɛsθin'dir] *v* kündigen, zurücktreten; *~ un contrato* einen Vertrag kündigen, von einem Vertrag zurücktreten
rescisión [rrɛsθi'sjɔn] *f* Kündigung *f*
resentido [rrɛsen'tiðo] *adj* gehässig, verbittert
resentimiento [rrɛsenti'mjento] *m* Groll *m*
reseña [rrɛ'seɲa] *f* Beschreibung *f,* Schilderung *f,* Rezension *f*
reseñar [rrɛse'ɲar] *v* beschreiben, schildern
reserva [rrɛ'sɛrβa] *f* **1.** Vorrat *m;* **2.** *~ de oro ECO* Goldreserve *f;* **3.** *(reservación)* Buchung *f,* Reservierung *f; ~ de asiento* Platzkarte *f;* **4.** *(duda, objeción)* Vorbehalt *m,* Verschwiegenheit *f; a ~ de* vorbehaltlich; *sin ~* unbedingt, rückhaltlos; **5.** *~ de propiedad JUR* Eigentumsvorbehalt *m;* **6.** *(área)* Reservat *n; ~ natural* Naturschutzgebiet *n;* **7.** *(modo de responder)* Reserviertheit *f*
reservadamente [rrɛsɛrβaða'mente] *adv* zurückgezogen
reservado [rrɛsɛr'βaðo] *adj* **1.** abweisend, verschwiegen, zurückhaltend; **2.** *(caracter)* unzugänglich, verschlossen
reservar [rrɛsɛr'βar] *v* reservieren, zurücklegen, bestellen; *~ un vuelo para* einen Flug buchen nach; *Quisiera ~ una habitación.* Ich möchte ein Zimmer bestellen. *¿Puedo ~ una mesa?* Kann ich einen Tisch reservieren? *He reservado dos asientos en el tren de las seis de la tarde.* Ich habe für den Zug um sechs Uhr abends zwei Sitzplätze reserviert. *Por favor, llame al teatro para ~ dos entradas a mi nombre.* Rufen Sie bitte im Theater an und lassen zwei Karten auf meinen Namen zurücklegen.
reservarse [rrɛsɛr'βarse] *v ~ algo* sich etw vorbehalten
resfriado [rrɛs'frjaðo] *m* Schnupfen *m,* Erkältung *f*
resfriarse [rrɛs'frjarse] *v MED* sich erkälten, sich verkühlen
resfrío [rrɛs'frio] *m (LA) MED* Erkältung *f*
resguardo [rrɛs'ɣwarðo] *m* Empfangsbescheinigung *f,* Quittung *f*
residencia [rrɛsi'ðenθja] *f* Aufenthalt *m,* Sitz *m; lugar de ~* Wohnort *m; ~ de ancianos* Altersheim *n; ~ de animales* Tierheim *n; ~ de estudiantes* Studentenwohnheim *n*

R

residente [rrɛsi'ðente] *adj* wohnhaft
residuo [rrɛ'siðwo] *m* 1. Rückstand *m;* 2. *(resto)* Überbleibsel *n;* 3. *~s radiactivos pl* Atommüll *m; ~s tóxicos* Giftmüll *m*
resignación [rrɛsiɣna'θjɔn] *f* Resignation *f*
resignarse [rrɛsi'ɣnarse] *v* resignieren; *~ con* sich abfinden mit; *A la viuda no le quedó otra solución que ~ con su suerte.* Der Witwe blieb nichts anderes übrig, als sich mit ihrem Los abzufinden.
resinoso [rrɛsi'noso] *adj* harzig
resistencia [rrɛsis'tenθja] *f* 1. Widerstand *m; sin ~* widerstandslos; 2. *(~ a)* Beständigkeit *f;* 3. *(perseverancia)* Widerstandsfähigkeit *f,* Stehvermögen *n*
resistente [rrɛsis'tente] *adj* 1. widerstandsfähig; *muy ~* unverwüstlich; 2. *(tenaz)* zäh; 3. *(~ a)* beständig, dauerhaft; *~ al calor* hitzebeständig; *~ a choques* stoßfest; *~ al fuego* feuerfest; *~ a la intemperie* wetterbeständig; *~ al agua* wasserdicht
resistir [rrɛsis'tir] *v* 1. aushalten, durchhalten, verkraften; 2. *(aguantar)* standhalten, überstehen; 3. *(oponerse)* widerstehen
resistirse [rrɛsis'tirse] *v* 1. *~ a* trotzen; 2. *~ contra* sich widersetzen
resocialización [rrɛsoθjaliθa'θjɔn] *f* Resozialisierung *f*
resolución [rrɛsolu'θjɔn] *f* 1. Entschluss *m; tomar la ~ de* beschließen; *sin ~* unschlüssig; *~ previa* Vorentscheidung *f;* 2. *(certeza)* Bestimmtheit *f*
resoluto [rrɛso'luto] *adj* resolut, entschlossen
resolver [rrɛsɔl'βɛr] *v* lösen, beschließen; *~ los problemas* die Probleme lösen
resolverse [rrɛsɔl'βɛrse] *v ~ a* sich entschließen zu
resollar [rrɛso'ʎar] *v irr* schnaufen
resonancia [rrɛso'nanθja] *f* Anklang *m,* Resonanz *f*
resonar [rrɛso'nar] *v irr* dröhnen, hallen, widerhallen
resorte [rrɛ'sɔrte] *m* Feder *f,* Sprungfeder *f*
respaldar [rrɛspal'ðar] *v* 1. untermauern; 2. *(apoyar)* stützen
respaldo [rrɛs'palðo] *m* 1. Lehne *f,* Rückenlehne *f;* 2. *(fig)* Rückhalt *f (fig),* Schützenhilfe *f (fig)*
respectar [rrɛspek'tar] *v* respektieren, angehen, anbelangen; *Por lo que a eso respecta ...* Was das anbelangt ...
respectivamente [rrɛspektiβa'mente] *adv* jeweils
respectivo [rrɛspek'tiβo] *adj* betreffs, diesbezüglich
respecto [rrɛs'pɛkto] *prep ~ a* hinsichtlich, bezüglich
respetabilidad [rrɛspetaβili'ðað] *f* Achtbarkeit *f*
respetable [rrɛspe'taβle] *adj* achtbar, ehrbar, ehrenhaft
respetar [rrɛspe'tar] *v* 1. schätzen, ehren, respektieren; 2. *~ la ley* achten, einhalten, respektieren
respeto [rrɛs'peto] *m ~ a alguien* Respekt vor jdm *m; ~ de sí mismo* Selbstachtung *f; falta de ~* Nichtachtung *f; profundo ~* Ehrfurcht *f,* Achtung *f; sin ~* respektlos
respetuoso [rrɛspe'twoso] *adj* ehrerbietig, ehrfürchtig, respektvoll
respiración [rrɛspira'θjɔn] *f* 1. Atem *m,* Atmung *f;* 2. *~ artificial MED* Beatmung *f; ~ fatigosa* Atembeschwerden *pl*
respirar [rrɛspi'rar] *v* atmen, aufatmen; *~ a alguien artificialmente* jdn künstlich beatmen
respiratorio [rrɛspira'torjo] *adj* Atem..., Atmungs..., respiratorisch; *las vías respiratorias* die Atemwege
respiro [rrɛs'piro] *m* 1. Atem *m;* 2. *(descanso)* Ruhepause *f,* Pause *f; ~ de gracia* Galgenfrist *f*
resplandecer [rrɛsplande'θɛr] *v irr* glänzen, aufleuchten, funkeln
resplandeciente [rrɛsplande'θjente] *adj* glänzend
resplandor [rrɛsplan'dɔr] *m* Schein *m,* Glanz *m*
responder [rrɛspɔn'dɛr] *v* 1. antworten, erwidern; 2. beantworten; *Los profesores tienen que ~ a cualquier pregunta de los alumnos, sea tonta o no.* Die Lehrer müssen jede Frage der Schüler beantworten, ob sie dumm ist oder nicht. *~ afirmativamente* bejahen; 3. *(ser responsable)* verantworten; *~ por* haften für, sich verbürgen für; 4. *~ a las esperanzas* erwidern, erfüllen

R

responsabilidad [rrɛsponsaβili'ðað] *f* **1.** Verantwortung *f,* Haftung *f;* **2.** *JUR* Belastung *f,* Zurechnungsfähigkeit *f;* **3.** *~ de algo JUR* Haftung für etw *f;* **4.** *~ civil JUR* Haftpflicht *f*
responsabilizar [rrɛsponsaβili'θar] *v* die Verantwortung übertragen
responsabilizarse [rrɛsponsaβili'θarse] *v ~ de alguien/~por alguien* für jdn bürgen; *~ de algo ante alguien* für jdn die Verantwortung für etw übernehmen; *Me reponsabilizo de mi hermano.* Ich verbürge mich für meinen Bruder.
responsable [rrɛspon'saβle] *adj* **1.** federführend, verantwortlich, verantwortungsbewusst; *ser ~ de* haftbar sein für, verantwortlich sein für, verantworten; *hacer ~ a alguien de algo* jdn für etw haftbar machen; *no ser ~ de sus actos* unzurechnungsfähig sein; *¿Quién es el ~ de esto?* Wer ist dafür verantwortlich? **2.** *~ civilmente JUR* regresspflichtig
respuesta [rrɛs'pwesta] *f* **1.** Antwort *f; Déme la ~, por favor.* Geben Sie mir bitte Bescheid. **2.** *(escrito)* Antwortschreiben *n*
resquemar [rrɛske'mar] *v* prickeln, brennen
resquemor [rrɛske'mɔr] *m* Prickeln *n*
resta ['rrɛsta] *f MATH* Substraktion *f*
restablecer [rrɛstaβle'θɛr] *v irr* wiederherstellen
restablecimiento [rrɛstaβleθi'mjento] *m* **1.** *(mejora)* Besserung *f,* Genesung *f;* **2.** *(restauración)* Wiederherstellung *f*
restante [rrɛs'tante] *adj* restlich
restar [rrɛs'tar] *v MATH* abziehen; *~ importancia* verharmlosen
restauración [rrɛstaŭra'θjɔn] *f* **1.** Renovierung *f;* **2.** *POL* Restauration *f*
restaurante [rrɛstaŭ'rante] *m* Restaurant *n,* Wirtshaus *n,* Gaststätte *f; ¿Me puede recomendar un ~ típico que no sea muy caro?* Können Sie mir ein typisches Restaurant empfehlen, das nicht zu teuer ist?
restaurar [rrɛstaŭ'rar] *v* renovieren, aufarbeiten, restaurieren
restitución [rrɛstitu'θjɔn] *f* **1.** Freigabe *f;* **2.** *(devolución)* Rückgabe *f;* Rückvergütung *f,* Wiedererstattung *f*
restituir [rrɛstitu'ir] *v irr* **1.** zurückbringen; **2.** *(devolver)* rückerstatten, zurückerstatten, zurückgeben; **3.** *TECH* austauschen
resto ['rrɛsto] *m* **1.** Rest *m,* Überbleibsel *n,* Überrest *m;* **2.** *~s pl* Abfall *m;* **3.** *~s pl (de la producción)* Ausschuss *m*
restricción [rrɛstriɣ'θjɔn] *f* Vorbehalt *m,* Beschränkung *f,* Einschränkung *f; ~ a la exportación* Ausfuhrbeschränkung *f; ~ a la importación* Einfuhrbeschränkung *f; sin ~* unbeschränkt
restringido [rrɛstriŋ'xiðo] *adj* beschränkt
restringir [rrɛstriŋ'xir] *v* beschränken, einengen, einschränken
resucitar [rrɛsuθi'tar] *v* **1.** zu neuem Leben erwecken, zu neuem Leben erwachen, vom Tode erwecken; **2.** *(fig: dar nueva vida)* zu neuem Leben erwecken, genesen; *Estas medidas resucitarán la economía del país.* Die Maßnahmen werden die Wirtschaft des Landes zu neuem Leben erwecken.
resuelto [rrɛ'swɛlto] *adj* entschieden, entschlossen
resultado [rrɛsul'taðo] *m* Ergebnis *n,* Resultat *n; ~ de las elecciones* Wahlergebnis *n; ~ de la investigación* Untersuchungsergebnis *n; ~ del reconocimiento* Befund *m; ~ de las votaciones* Abstimmungsergebnis *n; ~ final* Endergebnis *n,* Fazit *n; sin ~* ergebnislos
resultar [rrɛsul'tar] *v* erfolgen, resultieren; *~ un éxito* gelingen; *~ ser* sich entpuppen als; *~ de algo* aus etw resultieren; *Del mal comportamiento del alumno resultó el suspenso.* Aus dem schlechten Benehmen des Schülers resultierte die Nichtversetzung.
resumen [rrɛ'sumen] *m* **1.** Abriss *m,* Überblick *m,* Auszug *m,* Resümee; **2.** *(del sumario)* Inhaltsangabe *f;* **3.** *en ~* zusammenfassend
resumido [rrɛsu'miðo] *adj* zusammenfassend
resurgimiento [rrɛsurxi'mjento] *m* Wiederaufleben *n,* Wiedererscheinen *n*
resurgir [rrɛsur'xir] *v* wiedererscheinen, wieder aufleben, wieder in Erscheinung treten

resurrección [rrɛsurrɛɣ'θjɔn] *f REL* Auferstehung *f*
retador [rrɛta'ðɔr] *m* **1.** *SPORT* Herausforderer *m; El retador perdió la pelea.* Der Herausforderer verlor den Kampf. *adj* **2.** herausfordernd
retaguardia [rrɛta'ɣwarðja] *f* **1.** Hintertreffen *n;* **2.** *MIL* Nachhut *f*
retahíla [rrɛta'ila] *f* Litanei *f*
retama [rrɛ'tama] *f BOT* Ginster *m*
retar [rrɛ'tar] *v* herausfordern
retardación [rrɛtarða'θjɔn] *f* Verlangsamung *f*
retardar [rrɛtar'ðar] *v* verlangsamen, verzögern
retardo [rrɛ'tarðo] *m* Verzögerung *f,* Verzug *m*
retén [rrɛ'ten] *m MIL* Bereitschaft *f*
retención [rrɛten'θjɔn] *f* Zurückhaltung *f*
retener [rrɛte'nɛr] *v irr* **1.** einbehalten, anhalten, abhalten, aufhalten; *~ en prisión* gefangen halten; **2.** *(sin derecho)* vorenthalten; **3.** *(guardar)* zurückbehalten, zurückhalten
retícula [rrɛ'tikula] *f* Netz *n,* Raster *m*
retina [rrɛ'tina] *f ANAT* Netzhaut *f*
retirada [rrɛti'raða] *f* **1.** Rückzug *m;* **2.** *(fig)* Entzug *m;* **3.** *~ de confianza POL* Misstrauensvotum *n;* **4.** *MIL* Abzug *m*
retirado [rrɛti'raðo] *adj* abgelegen, zurückgezogen
retirar [rrɛti'rar] *v* **1.** abziehen, wegnehmen, abnehmen; *~ del puesto* abberufen; **2.** *~ tropas MIL* Truppen abziehen; **3.** *(quitar)* beseitigen, räumen; **4.** *ECO* abrufen; *~ dinero* Geld abheben
retirarse [rrɛti'rarse] *v ~* sich zurückziehen, austreten; *~ de una empresa* aus einer Firma aussteigen
retiro [rrɛ'tiro] *m* **1.** Pension *f,* Ruhestand *m;* **2.** *(salida)* Austritt *m,* Räumung *f;* **3.** *(soledad)* Verborgenheit *f;* **4.** *~ del permiso de conducir* Fahrverbot *n;* **5.** *(vivienda)* Ruhesitz *m,* Alterssitz *m*
reto ['rrɛto] *m* Herausforderung *f*
retocar [rrɛto'kar] *v* überarbeiten
retomar [rrɛto'mar] *v ~ el poder (LA)* wieder aufnehmen, neu beginnen; *Quiero retomar mis estudios.* Ich möchte mein Studium wieder aufnehmen.
retoñar [rrɛto'ɲar] *v BOT* wieder treiben, wieder zum Vorschein kommen
retoño [rrɛ'toɲo] *m* **1.** Sprössling *m,* Nachwuchs *m;* **2.** *BOT* Trieb *m*
retoque [rrɛ'toke] *m dar un ~* Retusche *f,* Überarbeitung *f*
retorcer [rrɛtɔr'θɛr] *v irr* verdrehen
retórica [rrɛ'torika] *f* **1.** *LIT* Rhetorik *f;* **2.** *(fig: palabrería)* Wortklauberei *f; Me parece que todo eso es retórica.* Mir scheint das alles nur Wortklauberei. *La retórica del presidente no me ha convencido.* Die Wortklauberei des Präsidenten hat mich nicht überzeugt.
retórico [rrɛ'toriko] *adj* rhetorisch, rednerisch, sprachgewandt
retornar [rrɛtor'nar] *v* zurückkehren, zurückgeben
retorno [rrɛ'tɔrno] *m* Rückkehr *f,* Rückgabe *f,* Rücksendung *f*
retorta [rrɛ'tɔrta] *f* Retorte *f*
retozar [rrɛto'θar] *v* toben
retozo [rrɛ'toθo] *m* Hüpfen *n,* Tollen *n*
retractarse [rrɛtrak'tarse] *v* widerrufen, abschwören
retraer [rretra'er] *v irr* **1.** einziehen; *El insecto retrae sus antenas.* Das Insekt zieht seine Fühler ein. **2.** *(retirar)* zurückziehen, zurücknehmen
retraerse [rrɛtra'erse] *v irr* **1.** *(retirarse)* sich zurückziehen; *Me he retraído del mundo.* Ich habe mich von der Welt zurückgezogen. **2.** *(sumergirse en sí mismo)* sich zurückziehen, sich in sein Schneckenhaus zurückziehen; *Cada vez se retrae más.* Er zieht sich immer mehr zurück in seine eigene Welt.
retraído [rrɛtra'iðo] *adj* menschenscheu, zurückgezogen, zurückhaltend
retraimiento [rrɛtrai'mjento] *m* Zurückgezogenheit *f,* Zurückhaltung *f*
retransmisión [rrɛtransmi'sjɔn] *f (radio)* Übertragung *f; ~ en directo* Direktübertragung *f; ~ vía satélite* Satellitenübertragung *f; ~ en vivo y en directo* Livesendung *f*
retransmitir [rrɛtransmi'tir] *v* senden, durchgeben, ausstrahlen
retrasado [rrɛtra'saðo] *m* **1.** Nachzügler *m; ~ mental* geistig Behinderter *m; adj* **2.** überfällig, zurückgeblieben
retrasar [rrɛtra'sar] *v* verzögern

R

retrasarse [rrɛtra'sarse] *v* sich verspäten; *Perdón, me he retrasado.* Entschuldigung, ich habe mich verspätet.
retraso [rrɛ'traso] *m* Verspätung *f*, Verzögerung *f*, Verzug *m*; *El tren llevaba ~.* Der Zug hatte Verspätung. *¿Lleva el avión ~?* Hat die Maschine Verspätung? *Mi ~ se debe a la mala conexión de buses.* An meiner Verspätung ist die schlechte Busverbindung schuld.
retratar [rrɛtra'tar] *v* porträtieren
retrato [rrɛ'trato] *m* Abbild *n*, Abbildung *f*, Porträt *n*; *~-robot* Phantombild *n*
retrechería [rrɛtretʃe'ria] *f* Drückebergerei *f*, Durchtriebenheit *f*
retrechero [rrɛtre'tʃero] *adj mujer retrechera* lockend, verführerisch (Frau)
retrete [rrɛ'trete] *m* Klosett *n*, Toilette *f*, Klo *n*
retribución [rrɛtriβu'θjɔn] *f* **1.** Entlohnung *f*, Vergeltung *f*; **2.** ECO Dotierung *f*
retribuir [rrɛtriβu'ir] *v irr* entlohnen, vergelten
retroactivo [rrɛtroak'tiβo] *adj* rückwirkend
retroceder [rrɛtroθe'ðɛr] *v* zurücktreten; *hacer ~* zurückdrängen
retroceso [rrɛtro'θeso] *m* Rückgang *m*
retrógrado [rrɛ'trɔɣaðo] *adj* rückläufig
retrospectiva [rrɛtrɔspɛk'tiβa] *f* Retrospektive *f*
retrospectivo [rrɛtrɔspɛk'tiβo] *adj* rückblickend
retrovisor [rrɛtroβi'sɔr] *m* Rückspiegel *m*
R
retruécano [rrɛ'trwekano] *m* Kalauer *m*
retumbar [rrɛtum'bar] *v* dröhnen, hallen, wiederhallen
reuma ['rrɛŭma] *m* MED Rheuma *n*
reumático [rrɛŭ'matiko] *adj* MED rheumatisch
reunidos [rrɛu'niðos] *adj* beisammen
reunificación [rrɛunifika'θjɔn] *f* POL Wiedervereinigung *f*
reunión [rrɛu'njɔn] *f* **1.** *(sesión)* Sitzung *f*, Tagung *f*, Versammlung *f*, Zusammenkunft *f*; *~ ciudadana/~ de ciudadanos* Bürgerversammlung *f*; *~ de padres* Elternabend *m*; *~ de señoras* Kaffeeklatsch *m*; **2.** *(asociación)* Verbindung *f*, Vereinigung *f*; **3.** *(agrupación)* Ansammlung *f*
reunir [rrɛu'nir] *v* **1.** verbinden, versammeln; **2.** *~ con* vereinigen mit; **3.** *(juntar)* zusammenfügen, zusammenlegen, zusammenfassen
reunirse [rrɛu'nirse] *v* sich versammeln, zusammenkommen, sich ansammeln
reutilización [rrɛutiliθa'θjɔn] *f* Wiederverwendung *f*, Wiederbenutzung *f*
reutilizar [rrɛutili'θar] *v* wiederverwenden, erneut benutzen
revacunación [rrɛβakuna'θjɔn] *f* MED Nachimpfung *f*
revalidar [rrɛβali'ðar] *v* anerkennen, bestätigen
revalorizar [rrɛβalori'θar] *v* FIN aufwerten
revaluar [rrɛβa'lwar] *v* FIN aufwerten
revancha [rrɛ'βantʃa] *f* Revanche *f*
revelación [rrɛβela'θjɔn] *f* Enthüllung *f*
revelar [rrɛβe'lar] *v* **1.** preisgeben; *~ un secreto* ein Geheimnis aufdecken; **2.** *(descubrir)* enthüllen, lüften; **3.** FOTO entwickeln
revender [rrɛβen'dɛr] *v* wieder verkaufen, weiterverkaufen
reventa [rrɛ'βenta] *f* Wiederverkauf *m*, Weiterverkauf *m*
reventado [rrɛβen'taðo] *adj* kaputt
reventar [rrɛβen'tar] *v irr* platzen, zerspringen, bersten
reventón [rrɛβen'ton] *m (de llanta)* Reifenpanne *f*, Plattfuß *m*
reverencia [rrɛβe'renθja] *f* Knicks *m*, Verneigung *f*, Verbeugung *f*; *hacer una ~ ante* sich verbeugen vor, sich verneigen vor
reverenciar [rrɛβeren'θjar] *v* verehren, jdm Ehre erweisen
reverendo [rrɛβe'rendo] *m* REL Hochwürden *m*
reversibilidad [rrɛβɛrsiβili'ðað] *f* Umkehrbarkeit *f*
reversible [rrɛβɛr'siβle] umkehrbar, umdrehbar, umstellbar; *chaqueta ~* Wendejacke
reverso [rrɛ'βɛrso] *m* Rückseite *f*, Kehrseite *f*; *~ de la medalla* Schattenseite *f*, Kehrseite der Medaille *f*
revertir [rrɛβɛr'tir] *v irr* **1.** *(volver al estado inicial)* zurückfallen, auf das Ausgangsstadium zurückkommen; **2.** *(llegar*

a parar) auf etw hinauslaufen; *Eso ha revertido en...* Das ist darauf hinausgelaufen, dass ...
revés [rrɛ'βes] *m* 1. Kehrseite *f; al ~* umgekehrt; 2. *(daño)* Schlappe *f*, Nackenschlag *m*
revestimiento [rrɛβesti'mjento] *m* 1. Umhüllung *f;* 2. *(capa)* Belag *m;* 3. *TECH* Mantel *m*, Verkleidung *f; ~ del suelo* Bodenbelag *m; ~ de madera* Holztäfelung *f*
revestir [rrɛβes'tir] *v irr* 1. beziehen, überziehen; 2. *~ con* verkleiden mit; *~ con madera* mit Holz täfeln
revisar [rrɛβi'sar] *v* 1. nachprüfen, durchgehen, nachsehen; 2. *(investigar)* untersuchen, durchleuchten; 3. *INFORM* abtasten
revisión [rrɛβi'sjɔn] *f* 1. Revision *f*, Untersuchung *f*, Überprüfung *f; ~ de aduana* Grenzkontrolle *f;* 2. *~ del balance ECO* Abschlussprüfung *f;* 3. *~ general TECH* Generalüberholung *f*
revisor(a) [rrɛβi'sɔr/rrɛβi'sora] *m/f* 1. Kontrolleur(in) *m/f;* 2. *~ de cuentas ECO* Wirtschaftsprüfer(in) *m/f*, Rechnungsprüfer(in) *m/f;* 3. *(~ de billetes)* Schaffner(in) *m/f*
revista [rrɛ'βista] *f* 1. Zeitschrift *f*, Magazin *n; ~ especializada* Fachzeitschrift *f; ~ ilustrada* Illustrierte *f;* 2. *(de tropas) MIL* Musterung *f*
revivir [rɛβi'βir] *v* ins Leben zurückkehren, aufleben, wieder beleben
revocación [rrɛβoka'θjɔn] *f* Widerruf *m*, Aufhebung *f*, Zurücknahme *f; ~ de una visa* Stornierung *f*, Löschen *n*
revocar [rrɛβo'kar] *v* 1. kündigen, widerrufen; 2. *(anular)* zurücknehmen
revolcarse [rrɛβɔl'karse] *v irr* sich wälzen
revolotear [rrɛβolote'ar] *v* flattern; *~ alrededor de* umschwärmen
revoloteo [rrɛβolo'teo] *m* Flattern *n*
revoltoso [rrɛβol'toso] *adj* aufständisch
revolución [rrɛβolu'θjɔn] *f* Revolution *f*
revolucionario [rrɛβoluθjo'narjo] *adj* revolutionär, weltbewegend
revolver [rrɛβɔl'βɛr] *v irr* 1. wühlen, aufwühlen; 2. *(remover)* umrühren
revólver [rrɛ'βɔlβɛr] *m* Revolver *m*
revoque [rrɛ'βoke] *m* Putz *m*, Verputz *m*
revuelto [rrɛ'βwelto] *adj* gemischt
rey [rrɛĭ] *m* König *m*
reyerta [rrɛ'jerta] *f* Streit *m*, Zank *m*
rezagado [rrɛθa'ɣaðo] *adj* zurückgeblieben
rezagarse [rrɛθa'ɣarse] *v* nachhinken, zurückbleiben, Rückstand haben; *Mi amigo se ha rezagado.* Mein Freund ist zurückgeblieben.
rezar [rrɛ'θar] *v* 1. *REL* beten; 2. *(texto)* lauten
rezo ['rrɛθo] *m REL* Gebet *n*
rezongar [rrɛθɔŋ'gar] *v* murren, knurren, meckern; *¡Deja ya de rezongar!* Hör schon auf zu meckern!
rezumar [rrɛθu'mar] *v* sickern, versickern
Rhin [rrin] *m GEO* Rhein *m*
riachuelo [rrja'tʃwelo] *m* Bach *m*
ribera [rri'βera] *f* Flussufer *n*
ribete [rri'βete] *m* 1. Borte *f;* 2. *(tejido)* Einfassung *f*
rico ['rriko] *adj* 1. reich; *~ en contrastes* kontrastreich; *Las legumbres son ricas en vitaminas.* Die Hülsenfrüchte sind reich an Vitaminen. 2. *(sabor)* lecker, wohlschmeckend; 3. *(alguien que tiene mucho dinero)* vermögend, begütert; 4. *(en contenido)* gehaltvoll
ridiculez [rriðiku'leθ] *f* Lächerlichkeit *f*
ridículo [rri'ðikulo] *m* 1. Blamage *f; hacer el ~* sich blamieren; *adj* 2. lächerlich, affig, blamabel; *poner en ~ a alguien* jdn blamieren
riego ['rrjeɣo] *m* 1. Bewässerung *f;* 2. *~ sanguíneo MED* Durchblutung *f*
riel [rrjɛl] *m* Schiene *f*
rienda ['rrjenda] *f* 1. Zügel *m; dar ~ suelta (fig)* die Zügel schießen lassen/freien Lauf lassen 2. *(fig)* Führung *f*, Leitung *f; tomar las riendas de...* die Führung von ... übernehmen.
riesgo ['rrjezɣo] *m* Risiko *n*, Gefahr *f; sin ~* gefahrlos; *~ de vida* Lebensgefahr *f*
riesgosamente [rrjezɣosa'mente] *adv* halsbrecherisch
rifa ['rrifa] *f* Verlosung *f*, Ziehung *f*
rifar [rri'far] *v* verlosen
rifle ['rrifle] *m* Jagdgewehr *n*

R

rígido ['rrixiðo] *adj* **1.** starr, steif, klamm; **2.** *(fig: duro)* eisern
rigor [rri'ɣɔr] *m* Härte *f*
rigorismo [rrigo'rizmo] *m* Rigorismus *m,* übermäßige Strenge *f*
rigorista [rriɣo'rista] *adj* rigoros, übermäßig streng
riguroso [rriɣu'roso] *adj* sehr streng, hart, unerbittlich
rima ['rrima] *f LIT* Reim *m*
rimar [rri'mar] *v LIT* reimen; *~ con algo* sich auf etw reimen; *Este verso no rima con el siguiente.* Dieser Vers reimt sich nicht mit dem folgenden.
rimbombante [rrimbɔm'bante] *adj* hochtrabend
rímel ['rrimɛl] *m* Wimperntusche *f*
Rin ['rrin] *m* Rhein *m*
rincón [rriŋ'kɔn] *m* Ecke *f*
rinconcito [rriŋkɔn'θito] *m* Winkel *m*
rinconera [rriŋko'nera] *f* Eckbank *f*
rinitis [rri'nitis] *f ~ alérgica MED* Heuschnupfen *m*
rinoceronte [rrinoθe'ronte] *m ZOOL* Nashorn *n,* Rhinozeros *n*
riña ['rriɲa] *f* Streit *m,* Handgemenge *n,* Keilerei *f*
riñón [rri'ɲɔn] *m* **1.** *ANAT* Niere *f;* **2.** *riñones pl GAST* Nieren *pl*
río ['rrio] *m GEO* Fluss *m,* Strom *m*
rioja ['rrjoxa] *m (tipo de vino)* Wein aus der Region Rioja *m*
riqueza [rri'keθa] *f* Reichtum *m; ~s del subsuelo* Bodenschätze *pl*
riquísimo [rri'kisimo] *adj* steinreich
R
risa ['rrisa] *f* Lachen *n,* Gelächter *n; ~s sofocadas* Gekicher *n*
risible [rri'siβle] *adj* lächerlich, lachhaft
risotada [rriso'taða] *f* Lache *f*
risueño [rri'sweɲo] *adj* lächelnd, heiter, froh
rítmico ['rriðmiko] *adj* rhythmisch
ritmo ['rriðmo] *m* Tempo *n,* Rhythmus *m*
ritual [rri'twal] *m* Ritual *n*
rival [rri'βal] *m/f* Gegenspieler(in) *m/f,* Konkurrent(in) *m/f,* Rivale/Rivalin *m/f*
rivalidad [rriβali'ðað] *f* Rivalität *f*
rivalizar [rriβali'θar] *v* wetteifern, konkurrieren
rizado [rri'θaðo] *adj* kraus, lockig
rizarse [rri'θarse] *v* sich drehen, sich locken
rizo ['rriθo] *m* Locke *f*
rizotrogo [rriθo'troɣo] *m ZOOL* Junikäfer *m*
robar [rrɔ'βar] *v* berauben, stehlen, bestehlen, entwenden; *entrar a ~* einbrechen; *Me han robado.* Man hat mich beraubt. *Al turista le ~on todo lo que poseía.* Dem Touristen ist alles, was er besaß, gestohlen worden.
roble ['rrɔβle] *m BOT* Eiche *f*
robo ['rrɔβo] *m* Diebstahl *m,* Raub *m; ~ con fractura* Einbruch *m; ~ con homicidio* Raubmord *m*
robot [rrɔ'βɔt] *m* Roboter *m*
robustecer [rrɔβuste'θɛr] *v* kräftigen, stärken
robusto [rrɔ'βusto] *adj* **1.** deftig, robust; **2.** *(estable)* stabil; **3.** *(persona)* stämmig, handfest
roca ['rrɔka] *f* Felsen *m,* Gestein *n,* Klippe *f; ~ saliente* Felsvorsprung *m*
rociada [rro'θjaða] *f* Besprengung *f,* Beträufelung *f*
rociar [rrɔ'θjar] *v* abspritzen, besprühen, besprengen
rocío [rrɔ'θio] *m* Tau *m*
rodado [rrɔ'ðaðo] *adj* eingefahren
rodaja [rrɔ'ðaxa] *f* Scheibe *f*
rodaje [rrɔ'ðaxe] *m CINE* Dreharbeiten *pl*
rodamiento [rrɔða'mjento] *m TECH* Wälzlager *n; ~ de bolas* Kugellager *n*
rodar [rrɔ'ðar] *v irr* **1.** rollen, kullern; *hacer ~* wälzen; **2.** *(filmar) CINE* drehen, filmen
rodear [rrɔðe'ar] *v* **1.** umgeben, umzingeln; **2.** *(fig: usar rodeos)* um den heißen Brei herumgehen, Umschweife machen; *Deja de rodear y dí la verdad.* Hör auf, Ausflüchte zu machen und sag die Wahrheit.
rodeo [rrɔ'ðeo] *m* Umweg *m; sin ~s* ohne Umschweife
rodilla [rrɔ'ðiʎa] *f ANAT* Knie *n*
rodillazo [rrɔði'ʎaθo] *m* Stoß mit dem Knie *m*
rodillera [rroði'ʎera] *f* Knieschützer *m,* Knieleder *n,* Knieflicken *m*
rodillo [rrɔ'ðiʎo] *m TECH* Walze *f*
roedor [rroe'ðɔr] *m ZOOL* Nagetier *n,* Nager *m*
roer [rrɔ'ɛr] *v irr* **1.** nagen, abnagen; **2.** *(fig)* nagen

rogar [rrɔ'ɣar] *v irr* **1.** bitten, flehen, anflehen, betteln; **2.** *(rezar)* beten
rojez [rrɔ'xeθ] *f* Röte *f*
rojo ['rrɔxo] *adj* rot
rol [rrɔl] *m THEAT* Rolle *f*
rollizo [rrɔ'ʎiθo] *adj* pummelig
rollo ['rrɔʎo] *m* **1.** Rolle *f;* **2.** *(fig)* Durcheinander *n;* **3.** *(asunto)* Angelegenheit *f*
romance [rrɔ'manθe] *m* **1.** Romanze *f;* **2.** *(en España) LIT* Ballade *f*
románico [rrɔ'maniko] *adj ART* romanisch
romano [rrɔ'mano] *adj* römisch
romanticismo [rrɔmanti'θizmo] *m* Romantik *f*
romántico [rrɔ'mantiko] *adj* romantisch
rombo ['rrɔmbo] *m MATH* Rhombus *m,* Raute *f*
romboidal [rrɔmboi̯'ðal] *adj MATH* rhomboid, rautenförmig
romería [rrɔme'ria] *f REL* Wallfahrt *f*
romero [rrɔ'mero] *m BOT* Rosmarin *m*
romo ['rrɔmo] *adj* stumpf
rompecabezas [rrɔmpeka'βeθas] *m* Kopfzerbrechen *n,* Puzzle *n*
rompecorazones [rrɔmpekora'θones] *m* Herzensbrecher *m*
rompehuelgas [rrɔmpe'welɣas] *m* Streikbrecher *m*
rompenieve [rrɔmpe'njeβe] *f BOT* Schneeglöckchen *n*
romper [rrɔm'pɛr] *v irr* **1.** brechen; *~ en dos* spalten; *~ con alguien* mit jdm brechen; **2.** *(a pedradas)* einwerfen; *~ a golpes* zerschlagen; **3.** *(destrozar)* kaputtmachen; **4.** *(fig: desatender las leyes)* missachten; **5.** *(arrancar)* reißen, zerreißen; **6.** *(en pedazos)* zerbrechen; *irr* **7.** *(interrumpir)* abbrechen; **8.** *(fig: empezar de pronto)* ausbrechen; *irr* **9.** *(con fuerza)* einbrechen; **10.** *(los cristales)* einschlagen; **11.** *(nueces)* knacken
romperse [rrɔm'pɛrse] *v irr* **1.** auseinanderbrechen; **2.** *(cristal)* zerspringen; *~ en pedazos* zersplittern; **3.** *(malograrse)* kaputtgehen; **4.** *~ la pierna MED* sich das Bein brechen
rompible [rrɔm'piβle] *adj* zerbrechlich
rompiente [rrɔm'pjente] *m (del mar)* Brandung *f*
rompimiento [rrɔmpi'mjento] *m* Spaltung *f*
roncar [rrɔŋ'kar] *v* schnarchen
ronco ['rrɔŋko] *adj* rau, heiser
ronda ['rrɔnda] *f* Durchgang *m,* Runde *f,* Rundgang *m; ~ de tragos* Umtrunk *m*
rondar [rrɔn'dar] *v* umwerben
ronquera [rrɔn'kera] *f MED* Heiserkeit *f*
ropa ['rrɔpa] *f* Kleidung *f,* Garderobe *f,* Wäsche *f; ~ de baño* Badeanzug *m; ~ de cama* Bettwäsche *f; ~ de color* Buntwäsche *f; ~ exterior* Oberbekleidung *f; ~ interior* Unterwäsche *f; ~ lavada* Wäsche *f; ~ de nene* Babywäsche *f; ¿Dónde puedo cambiarme de ~?* Wo kann ich mich umziehen?
ropavejero [rrɔpaβɛ'xero] *m* Altwarenhändler *m,* Trödler *m,* Trödelfritze *m (fam)*
ropero [rrɔ'pero] *m* Kleiderschrank *m*
rosa ['rrɔsa] *f* **1.** *BOT* Rose *f; adj* **2.** rosa, rosig
rosado [rrɔ'saðo] *adj* **1.** rosa, rosig; **2.** *(vino)* rosé
rosario [rrɔ'sarjo] *m REL* Rosenkranz *m*
rosca ['rrɔska] *f* **1.** Brezel *f;* **2.** *TECH* Gewinde *n*
rosicler [rrɔsi'klɛr] *m ~ de los Alpes* Alpenglühen *n*
rosquilla [rrɔs'kiʎa] *f* Brezel *f*
rostro ['rrɔstro] *m* Gesicht *n*
rotación [rrɔta'θjɔn] *f TECH* Rotation *f*
rotar [rrɔ'tar] *v* kreisen, umkreisen, drehen; umkreisen, kreisen; *La tierra rota alrededor del sol.* Die Erde kreist um die Sonne.
rotatorio [rrɔta'torjo] *adj* drehbar
roto ['rrɔto] *adj* kaputt, entzwei; *Está ~.* Es ist kaputt.
rótula ['rrɔtula] *f ANAT* Kniescheibe *f*
rotulador [rrɔtula'ðɔr] *m* Filzstift *m*
rotular [rrɔtu'lar] *v ECO* auszeichnen
rótulo ['rrɔtulo] *m* Aushängeschild *n,* Etikett *n*
rotura [rrɔ'tura] *f* **1.** Bruch *m,* Riss *m; ~ de la tubería* Rohrbruch *m;* **2.** *~ del eje TECH* Achsenbruch *m;* **3.** *~s pl* Bruchschaden *m*
roturación [rrotura'θjɔn] *f* Urbarmachung *f,* Rodung *f*
roturar [rrɔtu'rar] *v* urbar machen, roden
roulotte [rru'lɔt] *f* Wohnwagen *m*
roza ['rɔθa] *f* Rodung *f*

R

rozagante [roθa'ɣante] *adj* überaus prächtig, eingebildet, hochnäsig
rozar [rrɔ'θar] *v* **1.** tupfen, reiben, scheuern; **2.** *(lindar)* grenzen
rubéola [rru'βeola] *f MED* Röteln *pl*
rubí [rru'βi] *m* Rubin *m,* Lagerstein (Uhren) *m*
rubio ['rruβjo] *adj* blond; ~ *platino* platinblond
rubor [rru'βɔr] *m* Röte *f,* Schamröte *f*
ruborizarse [rruβori'θarse] *v* erröten, schamrot werden
rúbrica ['rruβrika] *f* Unterschrift *f,* Rubrik *f*
rubricar [rruβri'kar] *v* unterschreiben, unterzeichnen, abzeichnen
rudimentario [rruðimen'tarjo] *adj* rudimentär, unentwickelt
rudimento [rruði'mento] *m* Rudiment *n,* Anfang *m,* Ansatz *m; No conozco los ~s de la informática.* Ich kenne mich bei der Informatik nur ansatzweise aus.
rudo ['rruðo] *adj (fig: poco amigable)* rau, barsch, ruppig
rueca ['rrweka] *f* Spinnrad *n*
rueda ['rrweða] *f* **1.** Rad *n;* ~ *de repuesto* Reservereifen *m;* **2.** ~ *dentada TECH* Zahnrad *n*
ruego ['rrweɣo] *m* Bitte *f;* ~ *de perdón* Abbitte *f*
rufián [rru'fjan] *m* Zuhälter *m*
rugir [rru'xir] *v* brüllen, tosen
ruibarbo [rrwi'βarβo] *m BOT* Rhabarber *m*
ruido ['rrwiðo] *m* Geräusch *n,* Lärm *m,* Laut *m;* ~ *fuertísimo* Krach *m; hacer* ~ lärmen, rumoren; *hacer* ~ *bronco* schnurren; *sin* ~ geräuschlos; *sin hacer* ~ leise, lautlos
ruidoso [rrwi'ðoso] *adj* laut, geräuschvoll; *Mi habitación es muy ruidosa.* Mein Zimmer ist sehr laut.
ruin [rrwin] *adj* niederträchtig, gemein
ruina ['rrwina] *f* **1.** Ruine *f,* Ruin *m,* Untergang *m;* **2.** ~s *pl* Trümmer *pl; en ~s* zerstört
ruinar [rrwi'nar] *v* ruinieren
ruinoso [rrwi'noso] *adj* baufällig
ruiseñor [rrwise'ɲɔr] *m ZOOL* Nachtigall *f*
rulero [rru'lero] *m* Lockenwickler *m (LA)*
ruleta [rru'leta] *f* Roulette *n*
rulo ['rrulo] *m* Lockenwickler *m*
Rumanía [rruma'nia] *f GEO* Rumänien *n*
rumano [rru'mano] *m* **1.** Rumäne *m; adj* **2.** rumänisch
rumbo ['rrumbo] *m NAUT* Kurs *m; poner ~ a/ir ~ a* ansteuern
rumiante [rru'mjante] *m ZOOL* Wiederkäuer *m*
rumiar [rru'mjar] *v* sinnieren
rumor [rru'mɔr] *m* **1.** Gerücht *n;* **2.** ~es *pl* Gerede *n,* Gemunkel *n*
rumorar [rrumo'rar] *v* munkeln, brausen
rupestre [rru'pestre] *adj* Felsen…; *pintura ~ f* Höhlenmalerei *f*
ruptura [rrup'tura] *f* **1.** *(de una relación)* Abbruch *m;* **2.** ~ *de contrato JUR* Vertragsbruch *m*
rural [rru'ral] *adj* ländlich
Rusia ['rrusja] *f GEO* Russland *n*
ruso ['rruso] *m* **1.** Russe *m; adj* **2.** russisch
rústico ['rrustiko] *adj* bäuerlich, rustikal, ländlich, Land…, *(fig)* grob, derb; *estilo ~ m* Bauernstil *m,* rustikaler Stil *m*
ruta ['rruta] *f* Route *f;* ~ *de fuga* Fluchtweg *m;* ~ *por tierra* Landweg *m; tomar la ~ (avión)* ansteuern; *La ~ que tienes que seguir está señalada en el mapa.* Der Weg, dem du folgen musst, ist auf der Karte gekennzeichnet.
rutilante [rruti'lante] *adj* glänzend, schimmernd
rutilar [rruti'lar] *v* glänzen, schimmern
rutina [rru'tina] *f* Routine *f,* Schlendrian *m,* Trott *m;* ~ *burocrática* Amtsschimmel *m*
rutinario [rruti'narjo] *adj* routinemäßig, gewohnheitsmäßig
rutinero [rruti'nero] *m (hombre ~)* Gewohnheitsmensch *m*

S

sábado ['saβaðo] *m* Samstag *m*
sábana ['saβana] *f* Laken *n,* Bettlaken *n*
sabandija [saβan'dixa] *f* Gewürm *n,* Geschmeiß *n*
sabelotodo [saβelo'toðo] *m* Neunmalkluger *m,* Besserwisser *m*
saber [sa'βɛr] *v irr* **1.** wissen; *hacer ~ algo a alguien* jdn etw wissen lassen; *como se sabe* bekanntlich; *¿Sabe usted lo que esto significa?* Wissen Sie, was das bedeutet? *un no sé qué* ein gewisses Etwas *n;* **2.** *(un idioma)* können; **3.** *(conocer)* kennen; **4.** *(llegar a ~)* erfahren; **5.** *~ a* schmecken nach; *~ bien* gut schmecken; **6.** *(dominar)* beherrschen; *m* **7.** Wissen *n,* Können *n;* **8.** *(sabiduría)* Weisheit *f*
sabido [sa'βiðo] *adj como es ~* bekanntlich
sabiduría [saβiðu'ria] *f* Weisheit *f*
sabio ['saβjo] *m* **1.** Gelehrter *m,* Weiser *m; adj* **2.** weise, gelehrt
sable ['saβle] *m* Säbel *m*
sabor [sa'βɔr] *m* Geschmack *m; tener buen ~* gut schmecken
saborear [saβore'ar] *v* genießen, auskosten, schmackhaft machen
sabotear [saβote'ar] *v* sabotieren
sabroso [sa'βroso] *adj* würzig, lecker
sabueso [sa'βweso] *adj* **1.** Schweißhund *m,* *(fig)* **2.** Schnüffler *m,* Spürhund *m*
saburra [sa'βurra] *f (de la lengua) MED* Belag *m*
sacacorchos [saka'kɔrtʃos] *m* Korkenzieher *m*
sacamanchas [saka'mantʃas] *m* Fleckenentferner *m*
sacapuntas [saka'puntas] *m* Bleistiftspitzer *m,* Spitzer *m*
sacar [sa'kar] *v* **1.** *~ de* herausnehmen aus, herausholen aus, herausziehen aus; **2.** *(llevar afuera)* herausbringen; **3.** *~ una foto* ein Foto machen; **4.** *~ fuerzas de flaqueza (fig)* sich aufraffen; **5.** *(fig: aprovechar al máximo)* ausschöpfen; *~ provecho de* ausnützen; **6.** *SPORT* aufschlagen; *~ una vuelta de ventaja* überrunden; **7.** *~ de (fig)* entnehmen aus; *~ conclusiones de* Schlüsse ziehen aus
sacarse [sa'karse] *v ~ la ropa* sich ausziehen
sacerdote [saθɛr'ðote] *m REL* Priester *m*
saciado [sa'θjaðo] *adj* gesättigt
saciar [sa'θjar] *v* sättigen, stillen
saco ['sako] *m* **1.** Sack *m; ~ de arena* Sandsack *m; ~ de dormir* Schlafsack *m;* **2.** *(LA)* Jacke *f,* Jackett *n,* Sakko *n*
sacramento [sakra'mento] *m REL* Sakrament *n*
sacrificar [sakrifi'kar] *v* opfern
sacrificarse [sakrifi'karse] *v ~ por alguien* sich für jdn aufopfern, sich für jdn opfern
sacrificio [sakri'fiθjo] *m* Opfer *n*
sacrilegio [sakri'lɛxjo] *m REL* Gotteslästerung *f*
sacristán [sakris'tan] *m REL* Küster *m*
sacristía [sakris'tia] *f REL* Sakristei *f*
sacudida [saku'ðiða] *f* Erschütterung *f*
sacudir [saku'ðir] *v* **1.** schütteln, abschütteln; **2.** *(fuertemente)* rütteln, schütteln
sacudirse [saku'ðirse] *v* sich schütteln
sadismo [sa'ðizmo] *m* Sadismus *m*
saeta ['saeta] *f* **1.** Pfeil *m,* Uhrzeiger *m;* **2.** *REL* religiöses Lied *n*
safari [sa'fari] *m* Safari *f*
sagaz [sa'ɣaθ] *adj* schlau, scharfsinnig
sagrario [sa'ɣrarjo] *m* Sanktuarium *n*
Sáhara ['saara] *m GEO* Sahara *f*
sahumar [sau'mar] *v* räuchern, parfümieren
sajón [sa'xon] *adj* sächsisch
sal [sal] *f* Salz *n*
sala ['sala] *f* **1.** Saal *m,* Halle *f; ~ de congresos* Kongresshalle *f; ~ de espera* Wartesaal *m,* Wartezimmer *n; ~ de estar* Wohnzimmer *n;* **2.** *~ de operaciones MED* Operationssaal *m; ~ de partos* Entbindungsstation *f,* Kreißsaal *m*
salado [sa'laðo] *adj* salzig; *Esto está ~.* Das ist versalzen.

salamandra [sala'mandra] *f ZOOL* Salamander *m,* Molch *m*
salamanquesa [salamaŋ'kesa] *f ZOOL* Gecko *m*
salar [sa'lar] *v* salzen
salario [sa'larjo] *m* Lohn *m; ~ bruto* Bruttolohn *m; ~ de hambre* Hungerlohn *m; hoja de ~* Lohnstreifen *m; ~ máximo* Spitzenlohn *m; ~ mínimo* Mindestlohn *m; ~ por horas* Stundenlohn *m; ~ según convenio colectivo* Tariflohn *m; ~ semanal* Wochenlohn *m*
salazón [sala'θon] *f* Einsalzen *n,* Pökeln *n*
saldar [sal'dar] *v* **1.** zurückzahlen; **2.** *(ajustar)* verrechnen; **3.** *ECO* abrechnen, ausgleichen, begleichen
saldo ['saldo] *m* **1.** Endabrechnung *f,* Ausgleich *m;* **2.** *ECO* Saldo *m; ~ de cuenta* Kontostand *m; ~ negativo* Minus *n*
saledizo [sale'ðiθo] *m* Vorsprung *m*
salero[1] [sa'lero] *m GAST* Salzstreuer *m*
salero[2] [sa'lero] *m* Anmut *f*
saleroso [sale'roso] *adj* anmutig
salida [sa'liða] *f* **1.** *(lugar por donde se sale)* Ausgang *m,* Ausweg *m; ~ de embarque* Flugsteig *m; ~ de emergencia* Notausgang *m,* Fluchtweg *m; ~ posterior* Hinterausgang *m; sin ~* ausweglos; *¿Qué ~ tengo que tomar?* Welche Ausfahrt muss ich nehmen? **2.** *(de un país)* Ausreise *f;* **3.** *(partida)* Abflug *m,* Ausreise *f;* **4.** *~ del sol* Sonnenaufgang *m;* **5.** *(ingenio)* Geistesblitz *m;* **6.** *(de desagüe)* Ablauf *m,* Abfluss *m;* **7.** *(separación, retiro)* Austritt *m;* **8.** *~ a escena THEAT* Auftritt; **9.** *~s pl FIN* Ausgaben *f*
saliente [sa'ljente] *m* Vorsprung *m*
salina [sa'lina] *f* Saline *f,* Salzgrube *f*
salir [sa'lir] *v irr* **1.** herauskommen; *~ bien* gelingen, glücken; *~ garante de* haften für; *~ garante por* verbürgen; *~ a luz* zum Vorschein kommen; *~ mal* misslingen, missraten, schiefgehen; **2.** *(de algún sitio)* hinausgehen; *~ al encuentro de* entgegenkommen; **3.** *(de viaje)* abreisen; **4.** *(de un país)* ausreisen; **5.** *(~ a divertirse)* ausgehen; *~ a pasear* spazieren gehen; 6.*(desbordarse, derramarse)* auslaufen; **7.** *~ en ... para* losfahren mit ... nach; *¿Cuándo y de dónde sale el autobús a Sevilla?* Wann und wo fährt der Bus nach Sevilla? *¿Cuándo salimos?* Wann fahren wir ab? **8.** *~ a escena THEAT* auftreten; *~ de escena* abtreten
salirse [sa'lirse] *v irr ~ de* heraustreten aus; *~ de la fila* ausscheren; *~ de tono (fig)* sich im Ton vergreifen
saliva [sa'liβa] *f* Speichel *m*
salmo ['salmo] *m REL* Psalm *m*
salmón [sal'mɔn] *m ZOOL* Lachs *m*
salmonela [salmo'nela] *f BIO* Salmonellen *pl*
salmuera [sal'mwera] *f GAST* Lake *f*
salón [sa'lɔn] *m* **1.** Wohnzimmer *n,* Salon *m; ~ de masajes* Massagesalon *m;* **2.** *(aula)* Aula *f,* Klassenzimmer *n,* Hörsaal *m*
salpicar [salpi'kar] *v* spritzen
salpullido [salpu'ʎiðo] *m* leichter Hautausschlag *m,* Flohstiche *pl*
salsa ['salsa] *f* **1.** *GAST* Soße *f,* Tunke *f,* Dressing *n; ~ de tomate* Tomatensoße *f;* **2.** *(baile de Caribe)* Tanz *m;* Musikstil *m*
saltamontes [salta'mɔntes] *m ZOOL* Heuschrecke
saltar [sal'tar] *v* hüpfen, springen, abspringen; *~ a la vista* auffallen
saltarse [sal'tarse] *v ~ algo* etw überspringen; *~ páginas* Seiten überschlagen
salto ['salto] *m* **1.** Sprung *m,* Absprung *m;* **2.** *~ de cama* Morgenrock *m*
salud [sa'luð] *f* Gesundheit *f; ¡Salud!* Prost!/Gesundheit!
saludable [salu'ðaβle] *adj* gesund
saludar [salu'ðar] *v* grüßen, begrüßen
saludo [sa'luðo] *m* Gruß *m,* Begrüßung *f; un cordial ~* mit freundlichen Grüßen *m/Pl*
salvación [salβa'θjɔn] *f* **1.** Heil *n,* Rettung *f;* **2.** *REL* Erlösung *f*
salvado [sal'βaðo] *m BOT* Kleie *f*
salvador [salβa'ðɔr] *m* **1.** Retter *m;* **2.** *REL* Heiland *m,* Erlöser *m; adj* **3.** rettend
Salvador [salβa'ðɔr] *m El ~ GEO* El Salvador *m*
salvaguardar [salβagwar'ðar] *v* bewahren, beschützen, sicherstellen
salvajada [salβa'xaða] *f* Gräueltat *f*
salvaje [sal'βaxe] *adj* **1.** wild; **2.** *(natural, sencillo)* urwüchsig; **3.** *(fig)* brutal
salvajismo [salβa'xizmo] *f* Brutalität *f*
salvamento [salβa'mento] *m* Rettung *f*

S

salvar [sal'βar] *v* 1. *~ a alguien de algo* jdn vor etw retten; 2. *REL* erlösen
salvarse [sal'βarse] *v* *(ponerse a salvo)* davonkommen, sich retten
salvedad [salβe'ðað] *f* Vorbehalt *m*
salvia ['salβja] *f* *BOT* Salbei *m*
salvo[1] ['salβo] *prep* ausgenommen, außer
salvo[2] ['salβo] *adj* unbeschädigt; *ponerse a ~* sich in Sicherheit bringen
salvoconducto [salβokɔn'dukto] *m* Passierschein *m*
samovar [samo'βar] *m* Samovar *m*
sanable [sa'naβle] *adj* heilbar
sanalotodo [sanalo'toðo] *m* Allheilmittel *n*
sanar [sa'nar] *v* kurieren, heilen
sanatorio [sana'torjo] *m* Sanatorium *n*
sanción [san'θjɔn] *f* Sanktion *f*
sancionable [sanθjo'naβle] *adj* *JUR* strafbar
sancionar [sanθjo'nar] *v* strafen
sandalia [san'dalja] *f* Sandale *f*
sandía [san'dia] *f* *BOT* Wassermelone *f*
saneamiento [sanea'mjento] *m* Sanierung *f*
sanear [sane'ar] *v* sanieren
sangrar [saŋ'grar] *v* bluten
sangre ['saŋgre] *f* Blut *n*; *de ~ fría (fig)* kaltblütig
sangría [saŋ'gria] *f* 1. Sangria *f*; 2. *MED* Schröpfen *n*, Aderlass *m*
sangriento [saŋ'grjento] *adj* blutig
sanguinario [saŋgi'narjo] *adj* blutgierig, blutdürstig, grausam
sanidad [sani'ðað] *f* Gesundheit *f*, Gesundheitswesen *n*, Sanitätswesen *n*
sanitario [sani'tarjo] *m* 1. Sanitäter *m*; 2. *(servicio)* Toilette *f*, WC *n*
sano ['sano] *adj* gesund, bekömmlich, heilsam; *~ y salvo* heil und unversehrt
sánscrito ['sanskrito] *m* Sanskrit *n*
santa ['santa] *f* *REL* Heilige *f*
santero [san'tero] *adj* scheinheilig, frömmelnd
santiamén [santja'men] *m* *en un ~* im Handumdrehen, mit einem Handgriff
santidad [santi'ðað] *f* Heiligkeit *f*
santificar [santifi'kar] *v* heiligen, rechtfertigen, entschuldigen
santiguarse [santi'gwarse] *v* *REL* sich bekreuzigen
santo ['santo] *m* 1. *REL* Heiliger *m*, Schutzpatron *m*; *adj* 2. *REL* heilig
santuario [san'twarjo] *m* Heiligtum *n*, Zufluchtsort *m*
santurronería [santurrone'ria] *f* Scheinheiligkeit *f*
sapo ['sapo] *m* *ZOOL* Kröte *f*
saque ['sake] *m* *SPORT* Aufschlag *m*; *~ inicial* Anstoß *m*; *~ de puerta* Abschlag *m*
saquear [sake'ar] *v* plündern, ausplündern
saqueo [sa'keo] *m* Plünderung *f*
sarampión [saram'pjɔn] *m* *MED* Masern *pl*
sarcasmo [sar'kazmo] *m* Gespött *n*, Sarkasmus *m*
sarcástico [sar'kastiko] *adj* sarkastisch
sardina [sar'ðina] *f* *ZOOL* Sardine *f*
sargento [sar'xento] *m* *MIL* Unteroffizier *m*, Sergeant *m*
sarro ['sarrɔ] *m* *~ dentario MED* Zahnbelag *m*, Zahnstein *m*
sarta ['sarta] *f* Litanei *f*, ein ganzer Haufen *m*; *~ de perlas* Perlschnur *f*
sartén [sar'ten] *f* Pfanne *f*, Bratpfanne *f*
sastrería [sastre'ria] *f* Schneiderei *f*
Satanás [sata'nas] *m* *REL* Satan *m*
satánico [sa'taniko] *adj* teuflisch
satélite [sa'telite] *m* Satellit *m*
satén [sa'ten] *m* Satin *m*
sátira ['satira] *f* *LIT* Satire *f*
satisfacción [satisfaɣ'θjɔn] *f* Befriedigung *f*, Genugtuung *f*, Zufriedenheit *f*
satisfacer [satisfa'θɛr] *v* 1. befriedigen, sättigen, stillen; *~ las exigencias* die Aufforderungen erfüllen, sich bewähren; 2. *(un deseo)* erfüllen
satisfactorio [satisfak'torjo] *adj* befriedigend; *no ~* unbefriedigend
satisfecho [satis'fetʃo] *adj* 1. *~ con* zufrieden mit; 2. *(contento)* froh; 3. *(recién comido)* satt
saturar [satu'rar] *v* *CHEM* sättigen
sauce ['saŭθe] *m* *BOT* Weide *f*
saúco [sa'uko] *m* *BOT* Holunder *m*
sauna ['saŭna] *f* Sauna *f*
saurio ['saŭrjo] *m* *ZOOL* Echse *f*
saxofón [saɣso'fɔn] *m* *MUS* Saxofon *n*
sazón [sa'θɔn] *f* 1. Reife *f*; 2. *GAST* Würze *f*; 3. *(momento)* Zeitpunkt *m*; *a la ~* in jener Zeit

sazonar [saθo'nar] *v* würzen, reifen
scooter ['skutεr] *m* Roller *m*
se [se] *pron* 1. man; 2. *(reflexivo)* sich
sebo ['seβo] *m* Talg *m*, Unschlitt *m*
seborrea [seβo'rrea] *f* MED Seborrhöe *f*, Schmerfluss *m*
secador [seka'ðɔr] *m* Trockenhaube *f*
secadora [seka'ðora] *f* Wäschetrockner *m*
secar [se'kar] *v* trocknen, austrocknen, abtrocknen; *~ con secador de mano* föhnen
secarse [se'karse] *v* sich abtrocknen
sección [sεɣ'θjɔn] *f* 1. Abteil *n*, Abteilung *f*, Sparte *f*; *~ de fumadores* Raucherabteil *n*; *~ de personal* Personalabteilung *f*; 2. *(clínica)* Station *f*
secesión [seθe'sjɔn] *f* POL Abspaltung *f*
seco ['seko] *adj* 1. trocken, kühl; *cabello ~* trockenes Haar *n*; 2. *(vino)* herb, trocken
secoya [se'koja] *f* BOT Sequoie *f*
secretar [sekre'tar] *v* MED absondern, ausscheiden
secretaría [sekreta'ria] *f* Sekretariat *n*
secretaria [sekre'tarja] *f* Sekretärin *f*; *~ de dirección* Chefsekretärin *f*
secretario [sekre'tarjo] *m* Schriftführer *m*, Sekretär *m*; *~ de Estado* POL Staatssekretär *m*
secretear [sekrete'ar] *v* wispern
secreter [sekre'tεr] *m* Sekretär *m*
secreto [se'kreto] *m* 1. Geheimnis *n*, Heimlichkeit *f*; *~ de armario* Geheimfach *n*; *~ de Estado* Staatsgeheimnis *n*; *~ profesional* Dienstgeheimnis *n*; *adj* 2. geheim, heimlich; *en ~* heimlich
secta ['sεkta] *f* REL Sekte *f*
sector [sεk'tɔr] *m* 1. Abschnitt *m*; 2. *(ramo)* Bereich *m*, Sektor *m*, Sparte *f*; *~ industrial* Industriezweig *m*; *~ de actividad* Geschäftszweig *m*
secuela [se'kwela] *f* Nachspiel *n*, Folge *f*
secuencia [se'kwenθja] *f* 1. Sequenz *f*; 2. CINE Szene *f*
secuestrador [sekwestra'ðɔr] *m* Entführer *m*, Geiselnehmer *m*, Kidnapper *m*
secuestrar [sekwes'trar] *v* entführen, rauben, kidnappen
secuestro [se'kwestro] *m* Entführung *f*
secundario [sekun'darjo] *adj* nebensächlich, sekundär, zweitrangig

S

sed [seð] *f* Durst *m*
seda ['seða] *f* Seide *f*; *~ cruda* Rohseide *f*; *¿Es esto ~ pura?* Ist das reine Seide?
sedante [se'ðante] *m* MED Beruhigungsmittel *n*
sedativo [seða'tiβo] *adj* MED schmerzlindernd
sede ['seðe] *f* Sitz *m*; *~ del gobierno* POL Regierungssitz *m*
sedentario [seðen'tarjo] *adj* alteingesessen, sesshaft
sediento [se'ðjento] *adj* durstig; *estar ~ de (fig)* hungern nach
sedimento [seði'mento] *m* 1. Ansatz *m*; 2. GEOL Ablagerung *f*
seducir [seðu'θir] *v* verführen, anlocken, verlocken
seductor [seðuk'tɔr] *adj* reizvoll, verführerisch, verlockend
segar [se'ɣar] *v irr* mähen
seglar [se'ɣlar] *m* 1. REL Laie *m*; *adj* 2. weltlich
segmento [sεɣ'mento] *m* Segment *n*
segregar [seɣre'ɣar] *v* MED absondern
seguida [se'ɣiða] *adv en ~* gleich, sofort
seguidamente [seɣiða'mente] *adv* darauf, anschließend, daraufhin
seguidilla [seɣi'ðiʎa] *f* Seguidilla *f* (Dichtungsform), Volkslied *n*, Volkstanz *m*
seguido [se'ɣiðo] *adj* fortlaufend
seguidor(a) [seɣi'ðɔr/seɣi'ðora] *m/f* 1. Anhänger(in) *m/f*, Fan *m*; 2. *~es pl* Anhängerschaft *f*
seguimiento [seɣi'mjento] *m* Nachfolge *f*
seguir [se'ɣir] *v irr* 1. *~ haciendo* weitermachen; 2. *(obedecer)* folgen; 3. *~ a alguien* jdm folgen; *~ a alguien con la vista* jdm nachsehen, jdm nachblicken; *~ el humor a alguien* auf jdn eingehen; 4. *(una dirección)* einschlagen; 5. *(fig) ~ el ejemplo de alguien* jds Beispiel folgen
según [se'ɣun] *prep* 1. laut, nach, gemäß; *adv* 2. *~ lo cual* womit; *~ lo que* wonach; *konj* 3. *(correspondiente)* je nach, je nachdem
segundo [se'ɣundo] *m* 1. Sekunde *f*; *adj* 2. zweite(r,s); *en ~ lugar* zweitens
seguramente [seɣura'mente] *adv* bestimmt, gewiss, wohl

seguridad [seɣuri'ðað] *f* 1. Sicherheit *f*, Geborgenheit *f*, Gewissheit *f*; *poner en ~* sicherstellen; 2. *(confianza)* Verlässlichkeit *f*, Zuverlässigkeit *f*; 3. *~ social* Sozialversicherung *f*
segurísimo [seɣu'risimo] *adj* todsicher
seguro [se'ɣuro] *m* 1. Versicherung *f*, Versicherungsschutz *m*; *~ de accidentes* Unfallversicherung *f*; *~ contra accidentes* Unfallversicherung *f*; *~ a todo riesgo* Vollkaskoversicherung *f*; *~ de enfermedad* Krankenversicherung *f*; *~ obligatorio* Pflichtversicherung *f*; *~ de pensiones* Rentenversicherung *f*; *~ de riesgo parcial* Teilkaskoversicherung *f*; *~ de vida* Lebensversicherung *f*; 2. *TECH* Sicherung *f*; *adj* 3. gewiss, sicher, zuverlässig; *ir a lo ~* sichergehen; *ser ~* feststehen; 4. *(sin peligro)* gefahrlos, sicher; *adv* 5. sicher, gewiss
seis [sɛjs] *num* sechs
seísmo [se'izmo] *m* Erdbeben *n*, Beben *n*
selección [selɛɣ'θjɔn] *f* 1. Wahl *f*, Auswahl *f*, Auslese *f*; 2. *~ nacional SPORT* Nationalmannschaft *f*
seleccionar [selɛɣθjo'nar] *v* wählen, auswählen, aussortieren
selecto [se'lɛkto] *adj* 1. *(grupo)* erlesen; 2. *(exclusivo)* exklusiv, gewählt; 3. *(bien cuidado)* gepflegt
selenio [se'lenjo] *m CHEM* Selen *n*
sellar [se'ʎar] *v* 1. stempeln, abstempeln; 2. *(cerrar)* versiegeln; 3. *(contra fugas)* abdichten
sello ['seʎo] *m* 1. Siegel *n*, Stempel *m*; 2. *(postal)* Briefmarke *f*; *poner los ~s a* frankieren; 3. *(de cera)* Siegel *n*
selva ['sɛlβa] *f* Busch *m*, Dschungel *m*
selvático [sel'βatiko] *adj* 1. waldig, wild, 2. *(fig)* ungeschlacht
semáforo [se'maforo] *m* Ampel *f*, Verkehrsampel *f*
semana [se'mana] *f* Woche *f*; *cada ~* wöchentlich; *~s enteras* wochenlang; *Semana Santa* Karwoche *f*
semanal [sema'nal] *adj* wöchentlich
semántica [se'mantika] *f GRAMM* Semantik *f*
semblante [sem'blante] *m* Angesicht *n*
semblanza [sem'blanθa] *f* Lebensbild *n*, Ähnlichkeit *f*, Lebensbeschreibung *f*
sembrar [sem'brar] *v irr* säen, aussäen
semejante [semɛ'xante] *adv* 1. ähnlich; *pron* 2. solche(r,s); *adj* 3. solche(r,s), analog, derartig; *m* 4. *tus ~es pl* deinesgleichen
semejanza [semɛ'xanθa] *f* Ähnlichkeit *f*
semejarse [semɛ'xarse] *v ~ a alguien* jdm ähneln
semen ['semen] *m BIO* Samen *m*
semental [semen'tal] *m ZOOL* Zuchttier *n*, Hengst *m*
sementera [semen'tera] *f* Saat *f*, Aussaat *f*
semestre [se'mestre] *m* Halbjahr *n*, Semester *n*
semicírculo [semi'θirkulo] *m* Halbkreis *m*
semifinal [semifi'nal] *f SPORT* Halbfinale *n*
semilla [se'miʎa] *f* Same *m*, Samenkorn *n*
seminario [semi'narjo] *m* Seminar *n*
sémola ['semola] *f* Grieß *m*
Senado [se'naðo] *m POL* Senat *m*
senador(a) [se'naðɔr/sena'ðora] *m/f POL* Senator(in) *m/f*
sencillez [senθi'ʎeθ] *f* Bescheidenheit *f*, Einfachheit *f*
sencillo [sen'θiʎo] *adj* 1. *(modesto)* bescheiden, schlicht; 2. *(fácil)* einfach, leicht; 3. *(alisado)* glatt; *m* 4. *(LA)* Kleingeld *n*
senda ['senda] *f* Pfad *m*
sendero [sen'dero] *m* Pfad *m*
senil [se'nil] *adj* altersschwach, senil
seno ['seno] *m* 1. *(busto)* Brust *f*, Busen *m*; 2. *(fig)* Schoß *m*; 3. *(fig: entre otras personas)* Kreis *m*
sensación [sensa'θjɔn] *f* 1. Eindruck *m*, Gefühl *n*; *~ de miedo* Angstgefühl *n*; 2. *(acontecimiento espetacular)* Aufsehen *n*, Eklat *m*, Sensation *f*
sensacional [sensaθjo'nal] *adj* effektvoll, sensationell
sensato [sen'sato] *adj* besonnen, verständig, vernünftig
sensibilidad [sensiβili'ðað] *f* Sensibilität *f*, Sinn *m*; *~ de la lengua* Sprachgefühl *n*
sensible [sen'siβle] *adj* 1. empfindlich, feinfühlig, reizbar; 2. *(palpable)* spürbar; 3 *(blando)* weich

sensitiva [sensi'tiβa] *f BOT* Mimose *f*
sensor [sen'sɔr] *m TECH* Sensor *m*
sensual [sen'swal] *adj* sinnlich
sentado [sen'taðo] *adj* **1.** *estar ~ en* sitzen auf; **2.** *GAST* altbacken
sentar [sen'tar] *v irr* **1.** verbuchen; **2.** *(ropa) ~ bien* passen, gut stehen; **3.** *(manifestación) ~ mal* missfallen; **4.** *(comida) ~ mal* schlecht bekommen
sentarse [sen'tarse] *v irr* sich hinsetzen, sich setzen
sentencia [sen'tenθja] *f irr JUR* Spruch *m,* Urteil *n,* Urteilspruch *m; ~ absolutoria* Freispruch *m*
sentenciar [senten'θjar] *v JUR* urteilen
sentido [sen'tiðo] *m* **1.** Sinn *m; en cuanto al ~* sinngemäß; *fin ~* sinnlos; **2.** *(dirección)* Fahrtrichtung *f; ~ de las agujas del reloj* Uhrzeigersinn *m; en ~ contrario* gegenläufig; **3.** *(órgano)* Sinnesorgan *n,* Sinn *m; ~ de orientación* Orientierungssinn *m;* **4.** *(intelecto)* Verstand *m*
sentimental [sentimen'tal] *adj* gefühlvoll, rührselig, sentimental
sentimentalismo [sentimenta'lizmo] *m* Gefühlsduselei *f,* Sentimentalität *f*
sentimiento [senti'mjento] *m* **1.** Gefühl *n,* Gespür *n; ~ de culpabilidad* Schuldgefühl *n; lleno de ~s* gefühlvoll; *~ para el idioma* Sprachgefühl *n; ~ de seguridad* Geborgenheit *f; ~ vergüenza* Schamgefühl *n;* **2.** *(lamento)* Bedauern *n;* **3.** *~s pl* Gesinnung *f*
sentir [sen'tir] *v irr* **1.** fühlen, empfinden, spüren; **2.** *(compasión)* bedauern
seña ['seɲa] *f* Zeichen *n; hacer ~s con la mano* winken
señal [se'ɲal] *f* **1.** Signal *n,* Wink *m; ~ alarma* Alarmsignal *n; ~ de tráfico/~ de tránsito* Verkehrszeichen *n;* **2.** *(indicio)* Anzeichen *n,* Bezeichnung *f;* **3.** *(marca)* Mal *n,* Merkmal *n,* Zeichen *n; ~ de vida* Lebenszeichen *n;* **4.** *~ de la cruz REL* Kreuzzeichen *n;* **5.** *~ de prohibición* Verbot *n*
señalado [seɲa'laðo] *adj* markant
señalador [seɲala'ðɔr] *m ~ de incendios TECH* Feuermelder *m*
señalar [seɲa'lar] *v* **1.** *(con señalización)* signalisieren; **2.** *(indicar)* bezeichnen; *~ algo* auf etw hinweisen; **3.** *(marcar)* kennzeichnen, markieren; **4.** *(asignar)* zuweisen; *~ a* deuten auf
señalización [seɲaliθa'θjɔn] *f* Kennzeichnung *f,* Markierung *f*
señalizar [seɲali'θar] *v* signalisieren
señor [se'ɲɔr] *m* Herr *m*
señora [se'ɲora] *f* **1.** Frau *f,* Dame *f;* **2.** *(esposa)* Frau *f,* Ehefrau *f*
señorial [seɲo'rjal] *adj* herrschaftlich
señorita [seɲo'rita] *f* Fräulein *n*
señuelo [se'ɲwelo] *m* Lockvogel *m*
separación [separa'θjɔn] *f* **1.** Lösung *f,* Trennung *f,* Ablösung *f;* **2.** *(apartamiento)* Absonderung *f*
separado [sepa'raðo] *adj* **1.** getrennt, separat; *por ~* separat, vereinzelt; *adv* **2.** auseinander, extra
separar [sepa'rar] *v* trennen, abtrennen, absondern
separarse [sepa'rarse] *v* **1.** *(personas)* auseinandergehen, sich trennen; **2.** *~ de* sich losreißen von; *~ de la formación* ausscheren
separatismo [separa'tizmo] *m POL* Separatismus *m*
sepelio [se'peljo] *m* Begräbnis *n*
septentrional [sɛptentrjo'nal] *adj* nördlich, Nord…
septicemia [sɛpti'θemja] *f MED* Blutvergiftung *f*
septiembre [sep'tjembre] *m* September *m*
séptimo ['sɛptimo] *adj* siebte(r,s)
septuagésimo [sɛptwa'xesimo] *adj* siebzigste(r,s)
sepulcro [se'pulkro] *m* Grab *n,* Gruft *f*
sepultar [sepul'tar] *v* beerdigen, begraben
sepultero [sepul'tero] *m* Totengräber *m,* Bestatter *m*
sepultura [sepul'tura] *f* Bestattung *f,* Beisetzung *f,* Grab *n*
sequedad [seke'ðað] *f* Trockenheit *f*
sequía [se'kia] *f* Dürre *f,* Trockenheit *f*
séquito ['sekito] *m* Gefolge *n,* Geleit *n*
ser [sɛr] *m* **1.** Lebewesen *n,* Wesen *n; ~ humano* Mensch *m; v irr* **2.** *(característica)* sein; *~ apto para algo* geeignet sein für etw; *~ capaz de algo* fähig sein zu etw; *sea como sea* wie dem auch sei; **3.** *(voz pasiva)* werden; **4.** *~ de alguien* jdm gehören

serena [se'rena] *f* Nachtlied *n*, Nachtkühle *f*
serenarse [sere'narse] *v* sich beruhigen
serenata [sere'nata] *f* Ständchen *n*
serenidad [sereni'ðað] *f* Gelassenheit *f*, Gemütsruhe *f*, Heiterkeit *f*
sereno [se'reno] *m* **1.** Nachtwächter *m*; *adj* **2.** ruhig, gelassen, gefasst
serial [se'rjal] *m* **1.** Fortsetzungsroman *m*; **2.** *~ televisivo m* Fernsehserie *f*, *Soap(opera) f*; *adj* **3.** *INFORM* seriell
seriamente [serja'mente] *adv* ernst, ernstlich
serie ['serje] *f* **1.** Reihe *f*, Folge *f*, Reihenfolge *f*; *en ~* serienmäßig; **2.** *(fig)* Kette *f*; **3.** *(televisión)* Sendereihe *f*, Serie *f*
seriedad [serje'ðað] *f* Ernst *m*
serio ['serjo] *adj* **1.** ernst, ernstlich, schwer; *en ~* im Ernst; *poco ~* unsolide; **2.** seriös, zuverlässig
sermón [sɛr'mɔn] *m* **1.** *REL* Predigt *f*; **2.** *(moralizador)* Moralpredigt *f*
sermonear [sɛrmone'ar] *v* predigen; *~ a alguien* jdn zurechtweisen
seropositivo [seroposi'tiβo] *adj MED* HIV-positiv
serpentear [sɛrpente'ar] *v* schlängeln
serpiente [sɛr'pjente] *f ZOOL* Schlange *f*
servicial [sɛrβi'θjal] *adj* **1.** bereitwillig, dienstbeflissen, dienstbereit; **2.** *(amable)* verbindlich
servicio [sɛr'βiθjo] *m* **1.** Dienst *m*, Stelle *f*; *de ~* dienstlich; *~ de aguas corrientes* Wasserwerk *n*; *~ de asistencia* Betreuung *f*; *~ civil* Zivildienst *m*; *~ de emergencia/~ de urgencia* Notdienst *m*; *~ exterior* Außendienst *m*; *~ de limpieza* Müllabfuhr *f*; *~ nocturno* Nachtdienst *m*; *~ de post-venta* Kundendienst *m*; *~ público* Staatsdienst *m*, öffentlicher Dienst *m*; *~ de remolque* Abschleppdienst *m*; *~ militar MIL* Wehrdienst *m*; *~ militar obligatorio* Wehrpflicht *f*; *~ secreto POL* Geheimdienst *m*; **2.** *GAST* Bedienung *f*; **3.** *(favor)* Gefallen *m*; **4.** *~ de café* Kaffeeservice *n*; **5.** *~s pl* Toilette *f*
servidor [sɛrβi'ðɔr] *m INFORM* Server *m*
servidumbre [sɛrβi'ðumbre] *f* Knechtschaft *f*
servil [sɛr'βil] *adj* unterwürfig
servilleta [sɛrβi'ʎeta] *f* Serviette *f*
servir [sɛr'βir] *v irr* **1.** dienen; **2.** *(a la mesa)* servieren, auftragen, auftischen; **3.** *~ para* taugen zu, sich eignen für; *~ a alguien para algo* jdm zu etw dienen
servirse [sɛr'βirse] *v irr* sich bedienen
servodirección [sɛrβodireɣ'θjɔn] *f* Servolenkung *f*
sesenta [se'senta] *num* sechzig
sesgar [ses'ɣar] *v* schräg schneiden
sesgo ['sesɣo] *m* Schräge *f*, Gehrung *f*
sesión [se'sjɔn] *f* Sitzung *f*, Tagung *f*
seso ['seso] *m* **1.** Gehirn *n*; **2.** *perder el ~ (fig)* den Verstand verlieren
set [set] *m SPORT* Satz *m*
setenta [se'tenta] *num* siebzig
seto ['seto] *m* **1.** Gartenzaun *m*; **2.** *BOT* Hecke *f*
seudónimo [seŭ'ðonimo] *m* Künstlername *m*, Pseudonym *n*
severamente [seβera'mente] *adv* streng, drastisch, rigoros
severidad [seβeri'ðað] *f* Härte *f*
severo [se'βero] *adj* **1.** hart, streng, drastisch; **2.** *(intransigente)* straff, unnachsichtig
sevillanas [seβi'ʎanas] *f/pl* folkloristischer Tanz aus der Provinz Sevilla *f*
sexagésimo [sɛɣsa'xesimo] *adj* sechzigste(r,s)
sexo ['sɛɣso] *m* **1.** Geschlecht *n*; **2.** *(erotismo)* Sex *m*
sexología [seɣsolo'ɣia] *f* Sexualkunde *f*, Sexualwissenschaft *f*
sexto ['sesto] *adj* sechste(r,s)
sexual [sɛɣ'swal] *adj* sexuell
sexualidad [sɛɣswali'ðað] *f* Sexualität *f*
shock [ʃok] *m* Schock *m*
shorts [ʃorts] *m/pl* Shorts *pl*
show ['ʃoŭ] *m* Show *f*
si [si] *konj* **1.** falls; *~ no* sonst; *~ se diera el caso* gegebenenfalls; *~ es preciso* notfalls; **2.** ob, wenn; *~ bien* obgleich, obwohl; *~ es que* sofern
sí [si] *adv* **1.** ja; *¡Claro que ~!* Selbstverständlich! *pron* **2.** *(con preposición)* sich
siamés [sja'mes] *adj* siamesisch
Sicilia [si'θilja] *f GEO* Sizilien *n*

S

siciliano [siθi'ljano] *adj* 1. sizilianisch; *m* 2. Sizilianer *m*
sicosis [si'kosis] *f* MED Psychose *f*
sida ['siða] *m* (*síndrome de inmunodeficiecia adquirida*) MED Aids *n*
sideral [siðe'ral] *adj* Stern..., Sternen..., siderisch
siempre ['sjempre] *adv* 1. immer, stets, jederzeit; *de ~* gewohnt; *desde ~* von jeher; 2. *~ que* sofern, vorausgesetzt, sooft
sien [sjen] *f* ANAT Schläfe *f*
sierra ['sjɛrra] *f* 1. Bergkette *f;* 2. TECH Säge *f*
siervo ['sjerβo] *adj* Leibeigener *m,* Sklave *m,* Diener *m*
siesta ['sjesta] *f* Mittagsschlaf *m*
siete ['sjete] *num* sieben
sifón [si'fɔn] *m* Siphon *m*
sigilación [sixila'θjɔn] *f* Verschweigen *n*
sigiloso [sixi'loso] *adj* verschwiegen, geheim
siglo ['siɣlo] *m* 1. Jahrhundert *n;* 2. (*época*) Zeitalter *n*
sigma ['siɣma] *f* Sigma *n*
signatario [siɣna'tarjo] *m* Unterzeichneter *m*
significación [siɣnifika'θjɔn] *f* Bedeutung *f,* Sinn *m*
significado [siɣnifi'kaðo] *m* Bedeutung *f,* Sinn *m; de muchos ~s* mehrdeutig
significar [siɣnifi'kar] *v* 1. bedeuten, heißen; 2. (*tener importancia*) ausmachen; 3. (*representar*) darstellen
significativo [siɣnifika'tiβo] *adj* 1. bezeichnend; 2. (*importante*) bedeutsam
signo ['siɣno] *m* 1. Zeichen *n; ~ de puntuación* Satzzeichen *n; ~ del zodíaco* Tierkreiszeichen *n;* 2. MATH Vorzeichen *n; ~ negativo* Minuszeichen *n*
siguiente [si'ɣjente] *adj* nächste(r,s), darauf folgend
sílaba ['silaβa] *f* Silbe *f*
silbar [sil'βar] *v* pfeifen, zischen
silbato [sil'βato] *m* Trillerpfeife *f*
silbido [sil'βiðo] *m* Pfiff *m*
silenciar [silen'θjar] *v* verschweigen, geheim halten, zum Schweigen bringen
silencio [si'lenθjo] *m* 1. Schweigen *n,* Schweigsamkeit *f;* 2. (*tranquilidad*) Stille *f; en ~* still, wortlos; *~ mortal* Totenstille *f*
silencioso [silen'θjoso] *adj* 1. leise, still, geräuschlos; 2. (*callado*) schweigsam, wortlos
sílfide ['silfiðe] *f* Elfe *f*
sílice ['siliθe] *m* CHEM Kieselerde *f,* Feuerstein *m,* Silex *m,* Flint *m*
silicio [sili'θjo] *m* CHEM Silizium *n*
silla ['siʎa] *f* 1. Stuhl *m; ~ de ruedas* Rollstuhl *m; ~ plegable* Klappstuhl *m;* 2. (*de montar*) SPORT Sattel *m*
sillín [si'ʎin] *m* Fahrradsattel *m*
sillón [si'ʎɔn] *m* Sessel *m*
silo ['silo] *m* AGR Silo *n*
silueta [si'lweta] *f* Silhouette *f*
silvestre [sil'βestre] *adj* wild
silvicultura [silβikul'tura] *f* Forstwesen *n*
simbólico [sim'boliko] *adj* symbolisch, sinnbildlich
símbolo ['simbolo] *m* Sinnbild *n,* Symbol *n,* Wahrzeichen *n*
simétrico [si'metriko] *adj* gleichmäßig, symmetrisch
simiente [si'mjente] *f* Samen *m*
símil ['simil] *m* LIT Gleichnis *n*
similar [simi'lar] *v* ähnlich
simpatía [simpa'tia] *f* Sympathie *f,* Zuneigung *f*
simpático [sim'patiko] *adj* 1. nett, sympathisch, ansprechend; *muy ~* liebenswert; 2. (*ameno*) lieblich
simpatizante [simpati'θante] *m/f* Sympathisant(in) *m/f,* Mitläufer(in) *m/f*
simple ['simple] *adj* einfach, schlicht
simplificar [simplifi'kar] *v* vereinfachen
simulación [simula'θjɔn] *f* 1. Vortäuschung *f,* Vorspiegelung *f;* 2. (*ensayo*) TECH Planspiel *n*
simulador(a) [simula'ðɔr/simula'ðora] *m/f* Simulant(in) *m/f*
simular [simu'lar] *v* 1. fingieren, heucheln, sich verstellen, vorspiegeln; 2. (*ensayar*) TECH simulieren
simultáneo [simul'taneo] *adj* gleichzeitig, simultan
sin [sin] *prep* ohne; *~ intención* unbeabsichtigt
sinagoga [sina'ɣoɣa] *f* Synagoge *f*
sinceridad [sinθeri'ðað] *f* Ehrlichkeit *f,* Aufrichtigkeit *f,* Offenheit *f*
sincero [sin'θero] *adj* 1. aufrichtig, ehrlich; 2. (*abierto, franco*) offen, treuherzig

sincrónico [siŋ'kroniko] *adj* synchron
sincronizado [siŋkroni'θaðo] *adj* eingespielt
sincronizar [siŋkroni'θar] *v* *(doblar)* CINE synchronisieren
sindicalista [sindika'lista] *m/f* **1.** Gewerkschaftler(in) *m/f; adj* **2.** gewerkschaftlich
sindicato [sindi'kato] *m* Gewerkschaft *f*
síndrome ['sindrome] *m* MED Syndrom *n*; *~ del trabajador quemado* Burn-out-Syndrom *n*
sinfín [sim'fin] *m* Unmenge *f,* Unzahl *f*
sinfonía [simfo'nia] *f* MUS Sinfonie *f*
singular [siŋgu'lar] *adj* **1.** besondere(r,s), außerordentlich, einzigartig; **2.** *(curioso)* seltsam, merkwürdig; *m* **3.** GRAMM Singular *m*
singularidad [siŋgulari'ðað] *f* Besonderheit *f,* Eigenheit *f,* Originalität *f*
singularmente [siŋgular'mente] *adv* besonders, vor allem
sínico ['siniko] *adj* chinesisch, China...
siniestramente [sinjestra'mente] *adv* verhängnisvollerweise, unheimlicherweise
siniestro [si'njestro] *m* **1.** Schaden *m,* Unglück *n,* Schadensgeld *n; ~ total* Totalschaden *m; adj* **2.** unheilvoll
sinnúmero [sin'numero] *m* Unzahl *f,* Unmenge *f*
sino[1] ['sino] *m* Schicksal *n*
sino[2] ['sino] *konj* sondern
sinónimo [si'nonimo] *adj* synonym, sinnverwandt, gleichbedeutend
sinopsis [si'nɔβsis] *f* Überblick *m*
sinóptico [si'nɔβtiko] *adj* tabellarisch
sintaxis [sin'taɣsis] *f* Syntax *f,* Satzlehre *f*
síntesis ['sintesis] *f* Überblick *m,* Übersicht *f,* Synthese *f*
síntoma ['sintoma] *m* **1.** Symptom *n; ~ de degeneración* Degenerationserscheinung *f; ~ de vejez* Alterserscheinung *f;* **2.** MED Symptom *n; ~ de abstinencia/~ de privación* Entzugserscheinung *f*
sinuoso [si'nwoso] *adj* geschlängelt, gewunden, gekrümmt
sinvergüenza [simβɛr'ɣwenθa] *m* **1.** Frechdachs *m; adj* **2.** schamlos
sirena [si'rena] *f* **1.** Nixe *f;* **2.** TECH Sirene *f*
sirvienta [sir'βjenta] *f* Hausangestellte *f*
sirviente [sir'βjente] *m* Diener *m,* Dienstbote *m*
sisear [sise'ar] *v* zischen
sísmico ['sismiko] *adj* Erdbeben..., seismisch
sistema [sis'tema] *m* **1.** System *n; ~ de alarma* Alarmanlage *f;* **2.** *~ inmunológico* BIO Immunsystem *n;* **3.** *~ antibloqueo* TECH Antiblockiersystem *n; ~ automático* Automatik *f;* **4.** *~ mayoritario* POL Mehrheitswahlrecht *n;* **5.** *~ monetario* ECO Währungssystem *n;* **6.** *~ operativo* INFORM Betriebssystem *n;* **7.** *~ nervioso* ANAT Nervensystem *n*
sistemático [siste'matiko] *adj* systematisch
sitial [si'tjal] *m* Amtssessel *m,* Thronsessel *m*
sitio ['sitjo] *m* **1.** Ort *m,* Platz *m,* Stelle *f,* Fleck *m; en algún ~* irgendwo; *en otro ~* woanders; *~ de reposo* Ruhestätte *f; poner en su ~* einordnen; **2.** MIL Belagerung *f*
situación [sitwa'θjɔn] *f* **1.** Lage *f,* Situation *f,* Konstellation *f; ~ crítica/~ precaria* Notlage *f; ~ forzosa/~ violenta* Zwangslage *f;* **2.** *(estado)* Zustand *m,* Verhältnis *n; ~ financiera/~ económica* Vermögensverhältnisse *pl;* **3.** *(momento)* Moment *n*
situado [si'twaðo] *adj* gelegen, situiert; *estar ~ en frente de* gegenüberliegen
situar [si'twar] *v* legen, stellen, einordnen
SMS [eseeme'ese] *m* SMS *f*
snack ['snak] *m ~bar* Imbissstube *f*
so [so] *interj ~!* hü!; *So burro!* Trottel! *(fam)*
soberanía [soβera'nia] *f* POL Souveränität *f,* Hoheit *f; ~ nacional* Gebietshoheit *f*
soberano [soβe'rano] *m* **1.** Herrscher *m; adj* **2.** souverän
soberbia [so'βɛrβja] *f* Hochmut *m*
soberbio [so'βɛrβjo] *adj* **1.** bravurös, gönnerhaft; **2.** *(arrogante)* hochmütig, überheblich
sobón [so'βɔn] *adj* schmierig, schleimig, aufdringlich, lästig

sobornable [soβɔr'naβle] *adj* bestechlich
sobornar [soβɔr'nar] *v* bestechen, schmieren
soborno [so'βɔrno] *m* Bestechung *f*
sobrado [so'βraðo] *adj* übrig, kühn
sobrante [so'βrante] *m* 1. Überschuss *m; adj* 2. übrig, überschüssig
sobrar [so'βrar] *v* übrig bleiben
sobre ['soβre] *prep* 1. auf, über, um; *temperatura ~ cero* Temperatur über null; *~ todo* besonders, insbesondere, zumal; *~ lo cual* worüber; 2. *impuesto ~ la cifra de negocios* ECO Umsatzsteuer *f*; *m* 3. *(de carta)* Kuvert *n*, Briefumschlag *m*
sobrealimentación [soβrealimenta'θjɔn] *f* Überernährung *f*
sobrecarga [soβre'karɣa] *f* 1. Überlastung *f*; 2. *(fig)* Überbeanspruchung *f*
sobrecargar [soβrekar'ɣar] *v* 1. überladen; 2. *(fig)* überbeanspruchen
sobredimensional [soβreðimensjo'nal] *adj* überdimensional
sobreestimar [soβreesti'mar] *v* überschätzen
sobreexcitado [soβreesθi'taðo] *adj* überreizt
sobrenatural [soβrenatu'ral] *adj* 1. übernatürlich; 2. *lo ~* das Übersinnliche *n*
sobrenombre [soβre'nɔmbre] *m* Beiname *m*, Spitzname *m*
sobrepasar [soβrepa'sar] *v* überragen, übertreffen; *~ a alguien en algo* jdn in etw übertreffen
sobrepeso [soβre'peso] *m* Übergewicht *n*
sobreponer [soβrepo'nɛr] *v irr* aufsetzen
sobreponerse [soβrepo'nɛrse] *v irr* sich überwinden
sobreprecio [soβre'preθjo] *m* ECO Aufpreis *m*
sobrepresión [soβrepre'sjɔn] *f* TECH Überdruck *m*
sobrepujar [soβrepu'xar] *v* überbieten
sobresaliente [soβresa'ljente] *adj* ausgezeichnet, hervorragend, überragend
sobresalir [soβresa'lir] *v irr* 1. *~ alguien por algo* sich vor jdm durch etw auszeichnen, jdn in etw überragen, jdm in etw voranstehen; 2. *~ en* überragen an
sobresalto [soβre'salto] *m* Bestürzung *f*, Schreck *m*
sobresueldo [soβre'swelðo] *m* Gehaltszulage *f*
sobretasa [soβre'tasa] *f* Nachgebühr *f*, Strafporto *n*; *sujeto a ~* zuschlagpflichtig
sobrevalorar [soβreβalo'rar] *v* überbewerten
sobrevivir [soβreβi'βir] *v* überleben
sobrevolar [soβreβo'lar] *v irr* überfliegen
sobrina [so'βrina] *f* Nichte *f*
sobrino [so'βrino] *m* Neffe *m*
sobrio ['soβrjo] *adj* nüchtern, kühl
socarrón [soka'rrɔn] *adj* verschmitzt
socia ['soθja] *f* Partnerin *f*
sociabilidad [soθjaβili'ðað] *f* Verträglichkeit *f*
sociable [so'θjaβle] *adj* gesellig, kontaktfreudig, verträglich
social [so'θjal] *adj* sozial, gesellschaftlich
socialdemocracia [soθjaldemo'kraθja] *f* POL Sozialdemokratie *f*
socialismo [soθja'lizmo] *m* POL Sozialismus *m*
socialista [soθja'lista] *m/f* POL Sozialist(in) *m/f*
sociedad [soθje'ðað] *f* 1. Gesellschaft *f*; *~ de consumo* Konsumgesellschaft *f*; 2. *(asociación)* Verein *m*, Genossenschaft *f*; *~ deportiva* Sportverein *m*; *~ protectora de animales* Tierschutzverein *m*; *~ radiofónica* Rundfunk *m*; 3. ECO Gesellschaft *f*; *~ anónima* Aktiengesellschaft *f*; *~ matriz* Dachgesellschaft *f*; *~ personalista* Personengesellschaft *f*; *~ comanditaria* Kommanditgesellschaft *f*
socio ['soθjo] *m* 1. Partner *m*; 2. *(miembro)* Angehöriger *m*, Mitglied *n*; 3. ECO Geschäftspartner *m*, Teilhaber *m*, Gesellschafter *m*
sociología [soθjolɔ'xia] *f* Soziologie *f*
sociológico [soθjo'lɔxiko] *adj* soziologisch
socorrer [sokɔ'rrɛr] *v* helfen, retten
socorrista [sokɔ'rrista] *m/f* Lebensretter(in) *m/f*

socorro [so'kɔrro] *m* Beihilfe *f*, Hilfe *f*; *dar voces de* ~ um Hilfe rufen; *¡Socorro!* Hilfe!
soda ['soða] *f* Soda *f*, Sodawasser *n*
sodio ['soðjo] *m CHEM* Natrium *n*
sodomía [soðo'mia] *f* Sodomie *f*
soez [so'eθ] *adj* grob, obszön
sofá [so'fa] *m* Sofa *n*
sofisticación [sofistika'θjɔn] *f* Ausfeilung *f*, Raffiniertheit *f*, Sophistikation *f*
sofisticado [sofisti'kaðo] *adj* raffiniert
sofocación [sofoka'θjɔn] *f MED* Atemnot *f*
sofocante [sofo'kante] *adj* schwül, beklemmend, stickig
sofocar [sofo'kar] *v* **1.** erdrücken, würgen; **2.** *(apagar el fuego)* unterdrücken
sofoco [so'foko] *m* Beklemmung *f*
Software ['sɔfwɛr] *m INFORM* Software *f*
soga ['soɣa] *f* Seil *n*, Strick *m*, Strang *m*
sol [sɔl] *m* Sonne *f*; *tomar el* ~ sich sonnen
solamente [sola'mente] *adv* allein, nur, bloß
solapar [sola'par] *v* mit Klappen versehen, überlappen, überdecken
solar [so'lar] *adj* Sonnen...
solario [so'larjo] *m* Solarium *n*
soldado [sɔl'daðo] *m* **1.** *MIL* Soldat *m*; **2.** *~s pl MIL* Militär *n*
soldar [sɔl'dar] *v irr* **1.** *TECH* schweißen, anschweißen; **2.** *(con estaño) TECH* löten
soleado [sole'aðo] *adj* sonnig
soledad [sole'ðað] *f* Einsamkeit
solera [so'lera] *f MIN* Sohle *f*
solicitado [soliθi'taðo] *adj* begehrt
solicitante [soliθi'tante] *m/f* **1.** Antragsteller(in) *m/f*; **2.** *(candidato)* Bewerber(in) *m/f*; ~ *de asilo* Asylbewerber(in) *m/f*
solicitar [soliθi'tar] *v* **1.** beantragen; ~ *algo* sich um etw bewerben; **2.** *(exigir, pedir)* fordern, bitten; ~ *algo a alguien* jdn um etw bitten; **3.** *(desear)* begehren
solícito [so'liθito] *adj* zuvorkommend, bereitwillig, fürsorglich
solicitud [soliθi'tuð] *f* **1.** *(pedido)* Antrag *m*, Ersuchen *n*; ~ *de admisión* Aufnahmeantrag *m*; ~ *de empleo* Bewerbungsschreiben *n*; **2.** ~ *de información ECO* Anfrage *f*; **3.** *(exigencia)* Forderung *f*; **4.** *(pretensión, candidatura)* Bewerbung *f*, Gesuch *n*; **5.** *(amabilidad)* Bereitwilligkeit *f*; **6.** *(diligencia)* Fürsorge *f*, Sorge *f*
solidaridad [soliðari'ðað] *f* Solidarität *f*
solidario [soli'ðarjo] *adj* solidarisch
solidez [soli'ðeθ] *f* Festigkeit *f*, Haltbarkeit *f*, Gediegenheit *f*
solidificación [soliðifika'θjɔn] *f* Verfestigung *f*, Verdichtung *f*, Erstarren *n*
sólido ['soliðo] *m* **1.** Körper *m*; *adj* **2.** solid, deftig, massiv; **3.** *(plausible)* stichhaltig, triftig; **4.** *(convincente)* handfest
soliloquio [soli'lokjo] *m* Selbstgespräch *n*
solista [so'lista] *m/f MUS* Solist(in) *m/f*
solitario [soli'tarjo] *m* **1.** Einzelgänger *m*; *adj* **2.** einsam, alleinstehend, zurückgezogen
soliviantar [soliβjan'tar] *v* aufhetzen
sollozar [soʎo'θar] *v* schluchzen
solo ['solo] *adj* **1.** allein, einzeln, einzig; **2.** *(solitario)* einsam, allein stehend
sólo ['solo] *adv* allein, bloß, nur
soltar [sɔl'tar] *v irr* **1.** loslassen; ~ *gradualmente* lockern; *¡Suélteme!* Lassen Sie mich los! **2.** *(fig: desatar)* abbinden, aussetzen
soltarse [sɔl'tarse] *v irr (fig)* sich entspannen, aus sich herausgehen
soltera [sɔl'tera] *f* alleinstehende Frau *f*
soltero [sɔl'tero] *m* **1.** Junggeselle *m*, Alleinstehender *m*; *adj* **2.** unverheiratet, ledig; *Estoy* ~. Ich bin ledig.
solterona [sɔlte'rona] *f* **1.** alte Jungfer *f*; *adj* **2.** altjüngferlich
soluble [so'luβle] *adj* löslich
solución [solu'θjɔn] *f* **1.** Lösung *f*, Auflösung *f*; ~ *de emergencia* Notlösung *f*; **2.** *CHEM* Lösung *f*
solucionar [soluθjo'nar] *v* lösen; ~ *transitoriamente* überbrücken
solvente [sɔl'βente] *adj ECO* zahlungsfähig
sombra ['sɔmbra] *f* **1.** Schatten *m*; **2.** *(fam: carcel)* Kittchen *n*
sombrero [sɔm'brero] *m* Hut *m*; ~ *de copa* Zylinder *m*
sombrilla [sɔm'briʎa] *f* Sonnenschirm *m*
sombrío [sɔm'brio] *adj* schattig, düster

S

somero [so'mero] *adj* oberflächlich, seicht, flüchtig
someter [some'tɛr] *v* **1.** *(dominar)* unterwerfen, unterdrücken; *~ a un esfuerzo* belasten; **2.** *(a un test)* unterziehen
someterse [some'tɛrse] *v ~ a* sich unterwerfen, sich beugen, sich fügen
sonambular [sonambu'lar] *v* schlafwandeln
sonámbulo [so'nambulo] *adj* mondsüchtig
sonar [so'nar] *v irr* **1.** klingen, klirren, tönen; **2.** *(acordarse)* bekannt vorkommen; **3.** *(la tripa, el estómago)* knurren
sonata [so'nata] *f MUS* Sonate *f*
sonda ['sɔnda] *f* **1.** *MED* Katheter *m;* **2.** *TECH* Sonde *f; ~ espacial* Raumsonde *f*
sondar [sɔn'dar] *v* sondieren; *~ a alguien* jdn aushorchen; *~ el terreno (la situación)* die Lage peilen
sondear [sɔnde'ar] *v MED* abtasten
sondeo [sɔn'deo] *m ~ de opiniones* Meinungsumfrage *f,* Umfrage *f*
sonido [so'niðo] *m* Klang *m,* Ton *m,* Laut *m*
sonoro [so'noro] *adj* klangvoll, klirrend
sonreír [sɔnrrɛ'ir] *v irr* lächeln
sonreírse [sɔnrrɛ'irse] *v irr ~ de* lächeln über, belächeln; *~ irónicamente/~ maliciosamente* grinsen
sonrisa [sɔn'rrisa] *f* Lächeln *n*
sonrojarse [sɔnrrɔ'xarse] *v ~ por algo* über etw erröten
soñador [soɲa'ðɔr] *adj* **1.** verträumt; *m* **2.** Träumer *m*
soñar [so'ɲar] *v irr* **1.** *~ con* träumen von; **2.** *(entusiasmarse, adorar)* schwärmen
soñoliento [soɲo'ljento] *adj* verschlafen, schläfrig, schlaftrunken
sopa ['sopa] *f GAST* Suppe *f*
sopapo [so'papo] *m* Ohrfeige *f*
sopera [so'pera] *f* Terrine *f*
sopetón [sope'tɔn] *m* **1.** plötzlicher und heftiger Schlag *m;* **2.** *GAST* in Öl getauchtes Röstbrot *n*
soplado [so'plaðo] *adj* **1.** geblasen; **2.** *(fig)* aufgeblasen
soplar [so'plar] *v* **1.** *(inflar)* blasen; **2.** *(exhalar)* hauchen; **3.** *(viento)* wehen
soplete [so'plete] *m* Gebläse *n,* Brenner *m*
soplo ['soplo] *m* Hauch *m*
soportable [sopɔr'taβle] *adj* erträglich
soportal [sopɔr'tal] *m ARCH* Bogengang *m*
soportar [sopɔr'tar] *v* **1.** *(fig)* aushalten, ertragen, erdulden; **2.** *(fig: resistir)* verkraften; **3.** *(cargar)* tragen
soporte [so'pɔrte] *m* **1.** Träger *m,* Gestell *n,* Ständer *m;* **2.** *~ de datos INFORM* Datenträger *m; ~ físico* Hardware *f; ~ lógico* Software *f;* **3.** *(apoyo)* Stütze *f;* **4.** *TECH* Lager *n*
soprano [so'prano] *f* Sopran *m*
sorber [sɔr'βɛr] *v* schlürfen
sorbo ['sɔrβo] *m* Schlürfen *n,* Schluck *m*
sordo ['sɔrðo] *adj MED* taub, gehörlos, schwerhörig; *Soy ~.* Ich bin schwerhörig.
sordomudo [sɔrðo'muðo] *adj* taubstumm
sorprendente [sɔrpren'dente] *adj* erstaunlich, überraschend, verwunderlich
sorprender [sɔrpren'dɛr] *v* überraschen
sorprenderse [sɔrpren'dɛrse] *v ~ de* sich wundern über
sorprendido [sɔrpren'diðo] *adj* **1.** *~ de* überrascht über; **2.** *(perplejo)* stutzig
sorpresa [sɔr'presa] *f* Überraschung *f,* Überrumpelung *f,* Verwunderung *f; de ~* überraschend; *tomar por ~* überraschen
sorpresivo [sɔrpre'siβo] *adj* überraschend *(LA)*
sortear [sɔrte'ar] *v* losen, auslosen, verlosen
sorteo [sɔr'teo] *m* Verlosung *f,* Ziehung *f*
sortija [sɔr'tixa] *f* Ring *m*
sosa ['sosa] *f CHEM* Natron *n*
sosegado [sose'ɣaðo] *adj* gemächlich, geruhsam
sosegar [sose'ɣar] *v irr* beruhigen
sosegarse [sose'ɣarse] *v irr* sich beruhigen
soso ['soso] *adj* **1.** ungesalzen, fad; **2.** *(carácter)* farblos
sospecha [sɔs'petʃa] *f* Verdacht *m*
sospechar [sɔspe'tʃar] *v ~ de* verdächtigen; *sin ~ nada* ahnungslos
sospechoso [sɔspe'tʃoso] *m* **1.** Verdächtiger *m; adj* **2.** verdächtig, faul, zwielichtig

sostén [sɔs'ten] *m* 1. *(apoyo)* Stütze *f*, Rückhalt *m*; 2. *(de mujer)* BH *m*
sostener [sɔste'nɛr] *v irr* 1. *(apoyar)* stützen; *~ a alguien económicamente* jdm den Lebensunterhalt zahlen; 2. *(afirmar)* behaupten; 3. *(impugnar)* bestreiten
sostenibilidad [sosteniβili'ðað] *f* ECO Nachhaltigkeit *f*
sostenimiento [sɔsteni'mjento] *m* Unterhaltung *f*
sotana [so'tana] *f* REL Talar *m*
sótano ['sotano] *m* Keller *m*
spray [es'praĭ] *m* Spray *n*
stand [es'tand] *m* Messestand *m*
standard [es'tandar] *m* 1. Standard *m*; 2. *(de formato)* Standardformat *n*
status [es'tatus] *m* Status *m*
stock [es'tɔk] *m* ECO Bestand *m*; *en ~* vorrätig
stress [es'tres] *m* Stress *m*, Belastung *f*
su [su] *pron* 1. *(posesivo)* sein(e)/ihr(e); *¿Es ~ coche?* Ist das sein/ihr Auto? *Es ~ gato.* Es ist seine/ihre Katze. 2. *(de usted)* Ihr(e); *¿Es ~ bolso?* Ist das Ihre Handtasche? 3. *~s* seine, ihre, Ihre; *~s cosas* seine/ihre/Ihre Sachen
suave ['swaβe] *adj* sanft
suavizar [swaβi'θar] *v* mildern, besänftigen, weicher machen
subalimentación [suβalimenta'θjɔn] *f* Unterernährung *f*
subalterno [suβal'tɛrno] *m* Untergebener *m*
subarrendar [suβarren'dar] *v irr* untervermieten
subasta [su'βasta] *f* Auktion *f*, Versteigerung *f*
subastar [suβas'tar] *v* versteigern
subconsciente [suβkɔns'θjente] *m* Unterbewusstsein *n*
subdesarrollado [suβðesarrɔ'ʎaðo] *adj* unterentwickelt
subdividir [suβðiβi'ðir] *v* untergliedern
subestimar [suβesti'mar] *v* unterschätzen, verharmlosen
subida [su'βiða] *f* 1. Aufgang *m*, Aufstieg *m*; 2. ECO Aufschlag *m*, Erhöhung *f*
subir [su'βir] *v* 1. aufsteigen, hinaufsteigen, steigen; 2. *(hacia arriba)* heraufkommen; 3. *(aumentar)* ECO erhöhen; 4. *~ a (un coche)* einsteigen in; 5. *~ a (un árbol)* klettern auf; 6. *~ a (la cima)* besteigen; 7. *~ a (un caballo)* aufsteigen auf; 8. *(fig)* anheben, hochheben
súbito ['suβito] *adj* abrupt, plötzlich, jäh
subjetivo [suβxe'tiβo] *adj* subjektiv
sublevación [suβleβa'θjɔn] *f* 1. Aufstand *m*, Rebellion *f*; 2. POL Aufruhr *m*
sublevado [suβle'βaðo] *m* Rebell *m*
sublevar [suβle'βar] *v* aufwiegeln
sublevarse [suβle'βarse] *v* sich empören, meutern, rebellieren
sublimación [suβlima'θjɔn] *f* Ersatzhandlung *f*
submarino [suβma'rino] *m* U-Boot *n*
subnormal [suβnɔr'mal] *m/f* 1. Behinderte(r) *m/f*; *adj* 2. geistig behindert
subordinar [suβɔrði'nar] *v* unterordnen
subordinarse [suβɔrði'narse] *v* sich fügen, sich unterordnen
subrayar [suβrra'jar] *v* 1. unterstreichen; 2. *(fig)* betonen
subsidio [suβ'siðjo] *m* Zuschuss *m*; *~ de enfermedad* Krankengeld *n*; *~ por hijos/~ familiar* Kindergeld *n*
subsiguiente [suβsi'ɣjente] *adj* anschließend
subsistir [suβsis'tir] *v* fortbestehen
substancia [suβs'tanθja] *f* 1. Stoff *m*; 2. *(esencia)* Substanz *f*; 3. CHEM Chemikalie *f*
substancial [suβstan'θjal] *adj* wesentlich
subsuelo [suβ'swelo] *m* Untergrund *m*
subtítulo [suβ'titulo] *m* Untertitel *m*
suburbio [su'βurβjo] *m* Vorort *m*
subvalorar [suββalo'rar] *v* unterbewerten
subvención [suββen'θjɔn] *f* 1. Beihilfe *f*, Zuschuss *m*; 2. ECO Subvention *f*
subyugar [suβju'ɣar] *v* unterwerfen
succionar [suɣθjo'nar] *v* 1. saugen, absaugen; 2. TECH ansaugen
suceder [suθe'ðɛr] *v* 1. sich ereignen, geschehen, passieren, vorkommen; 2. *~ algo a alguien* jdm etw zustoßen, jdm etw geschehen; 3. *(en una función) ~ a* folgen; *~ a alguien* jdm nachfolgen; 4. *(de improviso)* dazwischenkommen; 5. *(fig)* blühen

S

sucesión [suθe'sjɔn] *f* 1. Folge *f*, Reihenfolge *f*, Nachfolge *f*; 2. *(herencia)* Erbfolge *f*, Nachlass *m*
sucesivamente [suθesiβa'mente] *adv* nacheinander, nach und nach, laufend
suceso [su'θeso] *m* 1. Ereignis *n*, Vorfall *m*; 2. *~s pl* Geschehen *n*
sucesor(a) [suθe'sɔr/suθe'sora] *m/f* Nachfolger(in) *m/f*
suciedad [suθje'ðað] *f* Schmutz *m*
sucio ['suθjo] *adj* 1. dreckig, schmutzig; *adv* 2. *(fig)* unfair, unlauter
sucre ['sukre] *m moneda de Ecuador* Sucre *m*, Währungseinheit von Ecuador *f*
sucumbir [sukum'bir] *v* umkommen, zugrunde gehen
sucursal [sukur'sal] *f* 1. *ECO* Filiale *f*, Zweigstelle *f*, Tochtergesellschaft *f*; 2. *~ de un banco FIN* Bankfiliale *f*
Sudamérica [suða'merika] *f GEO* Südamerika *n*
sudar [su'ðar] *v* schwitzen
sudor [su'ðɔr] *m* Schweiß *m*
Suecia ['sweθja] *f GEO* Schweden *n*
sueco ['sweko] *m* 1. Schwede *m*; 2. *hacerse el ~ (fig)* so tun, als ob nichts wäre; *adj* 3. schwedisch
suegra ['sweɣra] *f* Schwiegermutter *f*
suegro ['sweɣro] *m* 1. Schwiegervater *m*; 2. *~s pl* Schwiegereltern *pl*
suela ['swela] *f* Sohle *f*
sueldo ['swɛldo] *m* Gehalt *n*, Gage *f*; *~ inicial* Anfangsgehalt *n*
suelo ['swelo] *m* 1. Boden *m*, Fußboden *m*, Erdboden *m*; *echar al ~* ausschütten; *echar por el ~* zunichte machen; 2. *(fig)* Grund *m*
suelto ['swɛlto] *m* 1. *(dinero)* Kleingeld *n*; *adj* 2. *(fig)* locker, gelockt, schlaff; 3. *(solo)* vereinzelt
sueño ['sweɲo] *m* 1. *(de dormir)* Schlaf *m*; *tener ~* müde sein; 2. *(de soñar)* Traum *m*; *~ dorado* Wunschtraum *m*
suero ['swero] *m* 1. *BIO* Serum *n*; 2. *MED* Tropf *m*
suerte ['swɛrte] *f* 1. Glück *n*, Glücksfall *m*, Schwein *n (fam)*; *mala ~* Unglück *n*, Pech *n*; *por ~* erfreulicherweise; 2. *(destino)* Schicksal *n*, Geschick *n*, Los *n*; *echar a ~* auslosen; 3. *(fig)* Segen *m*
suéter ['sweter] *m* Pullover *m*
suficiente [sufi'θjɛnte] *adj* 1. ausreichend, hinlänglich; *ser ~* ausreichen, reichen, genügen; *adv* 2. genug; *tener lo ~* auskommen
sufragio [su'fraxjo] *m POL* Stimme *f*
sufrible [su'friβle] *adj* erträglich
sufrimiento [sufri'mjento] *m* Leiden *n*
sufrir [su'frir] *v* 1. *~ de* leiden an, leiden unter; *~ una caída* stürzen; *~ pérdida* einbüßen; 2. *~ por* trauern um
sugerencia [suxe'renθja] *f* Anregung *f*
sugestión [suxes'tjɔn] *f* Eingebung *f*
sugestionar [suxestjo'nar] *v* suggerieren
suicida [swi'θiða] *m* Selbstmörder *m*
suicidarse [swiθi'ðarse] *v* Selbstmord begehen, sich umbringen
Suiza ['swiθa] *f GEO* Schweiz *f*
sujetador [suxeta'ðɔr] *m* BH *m*, Bikinioberteil *n*
sujetapapeles [suxetapa'peles] *m* Büroklammer *f*, Klammer *f*
sujetar [suxe'tar] *v* 1. *(sostener)* halten; 2. *(detener)* festhalten; 3. *(ligar)* binden, anbinden; 4. *(encuadernar)* heften, anheften; 5. *(el cinturón)* anschnallen; 6. *(con alfileres)* stecken, feststecken, anstecken; 7. *(fijar)* anschlagen, fixieren; 8. *(asegurar)* anschließen
sujeto [su'xeto] *m* 1. *GRAMM* Subjekt *n*; *adj* 2. unterlegen; *estar ~ a* etw unterliegen
sulfuro [sul'furo] *m ~ de hidrógeno CHEM* Schwefelwasserstoff *m*
suma ['suma] *f* 1. Summe *f*; *en ~* insgesamt; 2. *(monto) FIN* Betrag *m*; 3. *MATH* Addition *f*
sumamente [suma'mente] *adv* überaus, äußerst
sumar [su'mar] *v* 1. *MATH* zusammenzählen, summieren, addieren; 2. *(reunir)* zusammenziehen
sumariamente [sumarja'mente] *adv* zusammenfassend
sumario [su'marjo] *m* 1. Inhaltsangabe *f*; 2. *JUR* Ermittlungsverfahren *n*
sumergir [sumer'xir] *v* 1. *~ en* tauchen in; 2. *(cuerpo)* untergehen
sumergirse [sumer'xirse] *v* 1. versinken, untertauchen; 2. *(fig) ~ en algo* sich in etw versenken

S

sumersión [sumer'sjɔn] *f* Untertauchen *n*, Untersinken *n*, Tauchen *n*
suministrable [suminis'traβle] *adj* lieferbar
suministrar [suminis'trar] *v* liefern; *~ posteriormente* nachliefern
suministro [sumi'nistro] *m* Lieferung *f*, Zulieferung *f*, Zufuhr *f*
sumiso [su'miso] *adj* demütig
suntuoso [sun'twoso] *adj* luxuriös, fürstlich
súper ['supɛr] *adj* toll, fantastisch
superación [supera'θjɔn] *f* Bewältigung *f*
superar [supe'rar] *v* **1.** überbieten; *~ en* übertreffen an; **2.** *(dominar)* bewältigen
superávit [supe'raβit] *m* Plus *n*, Überschuss *m*
superficial [supɛrfi'θjal] *adj* oberflächlich, flüchtig, seicht
superficie [supɛr'fiθje] *f* Oberfläche *f*; *~ habitable* Wohnfläche *f*
superfluo [su'pɛrflwo] *adj* überflüssig
superior [supe'rjɔr] *m* **1.** Vorgesetzer *m*; *adj* **2.** übergeordnet, höher, obere(r,s); *ser ~ a alguien* jdm übergeordnet sein; **3.** *(excelente)* vorzüglich; **4.** *(mentalmente)* überlegen
superiora [supe'rjora] *f REL* Oberin *f*
superioridad [superjori'ðað] *f* **1.** *~ sobre* Überlegenheit über *f*; **2.** *~ numérica* Überzahl *f*
superlativo [supɛrla'tiβo] *m GRAMM* Superlativ *m*
supermercado [supɛrmɛr'kaðo] *m* Supermarkt *m*
superponer [supɛrpo'nɛr] *v irr* übereinander legen
superposición [supɛrposi'θjɔn] *f* Überlagerung *f*
superpotencia [supɛrpo'tenθja] *f POL* Großmacht *f*, Supermacht *f*
superproducción [supɛrproðuɣ'θjɔn] *f* Überproduktion *f*
superstición [supɛrsti'θjɔn] *f REL* Aberglaube *m*
supervaloración [supɛrβalora'θjɔn] *f* Überbewertung *f*
supervisar [supɛrβi'sar] *v* überwachen
supervisión [supɛrβi'sjɔn] *f* Aufsicht *f*, Überwachung *f*
superviviente [supɛrβi'βjente] *m/f* Überlebende(r) *m/f*
suplementario [suplemen'tarjo] *adj* *(adicional)* weitere(r,s), zusätzlich, nachträglich
suplemento [suple'mento] *m* **1.** *(recargo)* Zuschlag *m*, Nachtrag *m*; **2.** *(periódico, comida)* Beilage *f*; **3.** *(apéndice, adición)* Nachtrag *m*; **4.** *(pago)* Nachzahlung *f*; **5.** *(aumento de sueldo) FIN* Zulage *f*; *~ por vacaciones* Urlaubsgeld *n*
suplencia [su'plenθja] *f* Vertretung *f*
suplente [su'plente] *m/f* **1.** Stellvertreter(in) *m/f*; **2.** *(fam)* Lückenbüßer(in) *m/f*; **3.** *SPORT* Auswechselspieler(in) *m/f*; *adj* **4.** stellvertretend
súplica ['suplika] *f* Petition *f*
suplicante [supli'kante] *adj* **1.** flehentlich; *adv* **2.** händeringend
suplicar [supli'kar] *v* **1.** flehen, anflehen; **2.** *(conjurar)* beschwören
suplicio [su'pliθjo] *m* Folter *f*
suplir [su'plir] *v* vertreten
suponer [supo'nɛr] *v irr* **1.** vermuten, annehmen, schätzen, mutmaßen; **2.** *(concluir)* kombinieren
suponiendo [supo'njendo] *konj ~ que…* vorausgesetzt, dass …
suposición [suposi'θjɔn] *f* **1.** Vermutung *f*, Schätzung *f*, Annahme *f*; **2.** *(condición)* Voraussetzung *f*; **3.** *(imputación)* Unterstellung *f*; **4.** *(conclusión)* Kombination *f*
supremacía [suprema'θia] *f* Überlegenheit *f*, Vorherrschaft *f*, Vormachtstellung *f*
supremo [su'premo] *adj* oberste(r,s)
supresión [supre'sjɔn] *f* Unterdrückung *f*
suprimir [supri'mir] *v* **1.** unterdrücken; **2.** *(omitir)* weglassen, auslassen; **3.** *(fig: abolir)* abschaffen
suprimirse [supri'mirse] *v* entfallen
supuesto [su'pwesto] *adj* angeblich, angenommen, mutmaßlich; *en el ~ que* vorausgesetzt, dass; *por ~* selbstverständlich
supurado [supu'raðo] *adj MED* vereitert
sur [sur] *m* **1.** Süden *m*; **2.** *del ~* südlich
surcar [sur'kar] *v* Furchen ziehen, durchqueren, durchschneiden
surco ['surko] *m* **1.** Furche *f*; **2.** *(disco)* Rinne *f*, Rille *f*

surgimiento [surxi'mjento] *m* Aufkommen *n*
surgir [sur'xir] *v* **1.** entstehen, aufkommen; **2.** *(salir)* herauskommen; **3.** *(crear)* bilden
surtido [sur'tiðo] *m* Sortiment *n*
surtidor [surti'ðɔr] *m* Springbrunnen *m*
surtir [sur'tir] *v* **1.** beliefern; **2.** *(fig)* sprudeln
susceptible [susθɛp'tiβle] *adj* empfindlich, verletzbar
suscitar [susθi'tar] *v* aufreizen, erregen, hervorrufen
suscribir [suskri'βir] *v irr* abonnieren
suscripción [suskriβ'θjɔn] *f* Abonnement *n*; *~ anual* Jahresabonnement *n*
suscrito [sus'krito] *v estar ~ a* beziehen
suspender [suspen'dɛr] *v* **1.** einstellen; **2.** *(colgar)* anhängen; **3.** *(excluir)* ausschließen; **4.** *~ del empleo* beurlauben; **5.** *(una sentencia) JUR* aussetzen
suspensión [suspen'sjɔn] *f* Einstellung *f*
suspensivo [suspen'siβo] *adj* aufschiebend, hemmend, Auslassungs...
suspenso [sus'penso] *v estar en ~* schweben
suspensor [suspen'sɔr] *m* Aufhänger *m*, Unterbrecher *m*
suspicaz [suspi'kaθ] *adj* argwöhnisch
suspirar [suspi'rar] *v* **1.** seufzen; **2.** *~ por* sich verzehren nach, sich sehnen nach
sustantivo [sustan'tiβo] *m GRAMM* Substantiv *n*
sustentable [susten'taβle] *adj* stützbar, haltbar
sustentación [sustenta'θjɔn] *f* Vertretung *f*
sustentar [susten'tar] *v* **1.** versorgen; **2.** *(reemplazar)* vertreten
sustento [sus'tento] *m* Lebensunterhalt *m*, Unterhalt *m*, Versorgung *f*
sustitución [sustitu'θjɔn] *f* **1.** *(indemnización)* Ersatz *m*; **2.** *(relevo)* Ablösung *f*; **3.** *(reemplazo)* Vertretung *f*
sustituir [sustitu'ir] *v irr* **1.** ersetzen; **2.** *(cambiar)* auswechseln; **3.** *(reemplazar)* vertreten
sustituto [susti'tuto] *m* Vertreter *m*
susto ['susto] *m* Schauer *m*, Schreck *m*
sustracción [sustraɣ'θjɔn] *f MATH* Subtraktion *f*
sustraerse [sustra'ɛrse] *v irr ~ de una obligación* sich einer Verpflichtung entziehen
susurrar [susu'rrar] *v* flüstern, rauschen
susurro [su'surro] *m* Säuseln *n*, Murmeln *n*, Wispern *n*, Flüstern *n*
sutil [su'til] *adj* **1.** listig, scharfsinnig; **2.** subtil, fein, dezent
sutileza [suti'leθa] *f* Scharfsinn *m*, Haarspalterei *f*, List *f*
sutilidad [sutili'ðað] *f* Haarspalterei *f*
sutilizar [sutili'θar] *v* **1.** verfeinern; **2.** *(fig)* austüfteln
suyo ['sujo] *pron* **1.** *(posesivo)* seine(r,s)/ihre(r,s); *El coche es ~. Das Auto ist seines./Das Auto ist von ihm.* **2.** *(de usted)* Ihre(r,s), von Ihnen; **3.** *(de ellos, de ellas)* ihre(r,s), von ihnen

S

T

tabacalero [taβakal'ero] *f* Tabakpflanzer *m*, Tabakhändler *m*
tabaco [ta'βako] *m* **1.** Tabak *m*; **2.** *~s pl* Tabakwaren *pl*; **3.** *(un puro) (LA)* Zigarre *f*; *¿Quiere fumar un ~?* Möchten Sie eine Zigarre rauchen?
tabal [ta'βal] *m* Heringsfass *n*
tábano ['taβano] *m ZOOL* Bremse *f*
tabaquera [taβa'kera] *f* Tabakdose *f*, Tabaksbeutel *m*, Pfeifenkopf *m*
taberna [ta'βɛrna] *f* **1.** Wirtshaus *n*, Wirtschaft *f*, Kneipe *f*; **2.** *GAST* Ausschank *m*
tabernáculo [taβɛr'nakulo] *m REL* Tabernakel *n*
tabernero [taβɛr'nero] *m* Wirt *m*
tabla ['taβla] *f* **1.** *(tablón, anaquel)* Brett *n*, Bohle *f*; *~ de planchar* Bügelbrett *n*; **2.** *(gráfico, lista)* Tabelle *f*; *~ de calorías* Kalorientabelle *f*; **3.** *(suelo para verduras)* Beet *n*; **4.** *~ de salvación* Rettungsanker *m*; **5.** *(fig: el escenario) THEAT* Bühne *f*; *trabajar en las tablas* auf der Bühne arbeiten
tablado [ta'βlaðo] *m* **1.** Bretterboden *m*; **2.** *(fig: escenario)* Parkett *n*, Bühne *f*
tablero [ta'βlero] *m* **1.** Platte *f*, Pinnwand *f*; *~ de anuncios* Anzeigetafel *f*; **2.** *~ de instrumentos TECH* Armaturenbrett *n*; *~ de conexión* Schalttafel *f*
tableta [ta'βleta] *f* **1.** *MED* Tablette *f*; *~ para dormir* Schlaftablette *f*; **2.** *(mesita)* kleiner Tisch *m*; **3.** *~ de chocolate* Tafel Schokolade *f*
tabletear [taβlete'ar] *v* klappern, rattern
tableteo [taβle'teo] *m* **1.** Geklapper *n*, Geratter *n*; **2.** *(fig: de una ametralladora)* Knattern *n*, Geräusch schneller Maschinengewehrschüsse *n*
tablilla [ta'βliʎa] *f* **1.** *MED* Schiene *f*; **2.** *(pastilla)* Tablette *f*, Pastille *f*; **3.** *(véase tabla)* Brett *n*, Planke *f*
tabloide [ta'βloĭðe] *m (un tipo de diario)* Boulevardzeitung *f*
tabú [ta'βu] *m* Tabu *n*
tabular [taβu'lar] *adj datos en forma ~* tabellarisch
taburete [taβu'rete] *m* **1.** Hocker *m*, Schemel *m*; **2.** *(alto, de bar)* Barhocker *m*
tacañear [takaɲɛ'ar] *v* geizig sein, geizen, knausern
tacañería [takaɲe'rja] *f* Knauserei *f*, Knickrigkeit *f*
tacaño [ta'kaɲo] *m* **1.** Pfennigfuchser *m*, Geizkragen *m*; *adj* **2.** kleinlich, geizig
tacha ['tatʃa] *f* **1.** Tadel *m*, Makel *m*; **2.** *(inculpación)* Tadel *m*, Anschuldigung
tachar [ta'tʃar] *v* **1.** *(borrar)* streichen, durchstreichen; **2.** *(reprochar)* tadeln
tacho ['tatʃo] *m* **1.** *~ de (la) basura (LA)* Mülleimer *m*, Abfalleimer *m*; **2.** *echar al ~* zum Teufel schicken *(LA)*
tachuela [ta'tʃwela] *f* kleiner Nagel *m*, Zwecke *f*
tácito ['taθito] *adj* stillschweigend
taciturnidad [taθiturni'ðað] *f* Schweigsamkeit *f*
taciturno [taθi'turno] *adj* schweigsam, verschlossen
taco ['tako] *m* **1.** *(pedazo de madera)* kurzes Holzrohr *n*, Pflock *m*, Dübel *m*; **2.** *~ de billar* Queue *n* (Billard); **3.** *(fam: maldición)* Schimpfwort *n*, *soltar ~s*; **4.** *(plato mexicano) GAST* Taco *m* (mexikanisches Gericht)
tacómetro [ta'kometro] *m* Tachometer *m*
tacón [ta'kɔn] *m* Absatz *m*, Hacke *f*
taconear [takone'ar] *v* aufstampfen, mit den Hacken laut auftreten
taconeo [tako'neo] *m* Ausstampfen (beim Gehen oder Tanzen) *n*
táctica ['taktika] *f* Taktik *f*; *~ de disimulación* Verschleierungstaktik *f*
táctico ['taktiko] *adj* taktisch
tacto ['takto] *m* **1.** Tastsinn *m*; **2.** *(fig)* Takt *m*; *sentido del ~* Fingerspitzengefühl *n*; *falta de ~* Taktlosigkeit *f*; *sin ~* taktlos; **3.** *hacerle a alguien un ~ MED* Austasten *n*
tahona [ta'ona] *f* *(panadería)* Bäcker *m*, Bäckerladen *m*

tahúr [ta'ur] *m* 1. *(jugador profesional)* Gewohnheitsspieler *m,* Zocker *m;* 2. *(jugador que hace trampa)* Falschspieler *m*

Tailandia [taĭ'landja] *f GEO* Thailand *n*

taimado [taĭ'maðo] *adj* schlau, verschmitzt, durchtrieben

tajada [ta'xaða] *f (de pan, de carne)* Scheibe *f,* Schnitz *m*

tajador [taxa'ðɔr] *m (LA)* Spitzer, Bleistiftspitzer *m*

tajante [ta'xante] *adj* scharf

tajar [ta'xar] *v* aufschneiden

tajo ['taxo] *m* 1. *de un ~* Personen, die aus einem Holz geschnitzt sind *pl,* Person, die einer anderen sehr ähnlich ist *f;* 2. *(cicatriz)* Schnitt *m,* Schmiss *m*

tal [tal] *adj* 1. derartig; *adv* 2. *~ vez* vielleicht, wohl; 3. *~ como* beispielsweise; *pron* 4. solche, so, dergleichen

tala ['tala] *f AGR* Holzschlag *m,* Abholzen *n*

talabartería [talaβarte'ria] *f* Sattlerei *f*

taladrar [tala'ðrar] *v TECH* bohren

taladro [ta'laðro] *m TECH* Bohrer *m,* Bohrung *f*

talante [ta'lante] *m* Stimmung *f*

talar [ta'lar] *v* 1. *(un árbol)* abschlagen, fällen; 2. *(asolar)* verwüsten, dem Erdboden gleichmachen

talega [ta'leɣa] *f* Beutel *m*

talento [ta'lento] *m* 1. Begabung *f,* Talent *n;* 2. *(persona talentosa)* Talent *n; Este chico es un verdadero talento.* Dieser Junge ist ein wahres Talent.

talentoso [talen'toso] *adj* begabt, talentiert

talón [ta'lɔn] *m* 1. *ANAT* Ferse *f,* Hacke *f; ~ de Aquiles* Achillesferse *f;* 2. *~ de entrega ECO* Lieferschein *m*

talonario [talo'narjo] *m ~ de cheques* Scheckheft *n; Se me ha acabado el ~ de cheques.* Mein Scheckheft ist verbraucht.

talud [ta'luð] *m* Böschung *f; ~ de orilla* Uferböschung *f*

talismán [taliz'man] *m* Talisman *m*

talla ['taʎa] *f* 1. *(estatura)* Körpergröße *f,* Wuchs *m,* Statur *f;* 2. *(indumentaria)* Nummer *f,* Größe *f; ¿Qué ~ es?* Welche Größe ist das? *Esta ~ no es correcta.* Das ist die falsche Größe. *Esta ~ no sienta bien.* Diese Größe passt nicht. *~ de confección* Konfektionsgröße *f;* 3. *(formato)* Format *n*

tallado [ta'ʎaðo] *m* Schnitzerei *f,* Schnitzarbeit *f,* Gewindeschneiden *n*

tallar [ta'ʎar] *v* schnitzen

talle ['taʎe] *m* Taille *f*

taller [ta'ʎɛr] *m* 1. Werkstatt *f,* Atelier *n; ~ de composición* Setzerei *f; ~ de reparaciones* Reparaturwerkstatt *f,* Autowerkstatt *f; ¿Dónde está el ~ más cercano?* Wo ist die nächste Werkstatt? 2. *ECO* Betrieb *m*

tallista [ta'ʎista] *m* 1. Holzschnitzer *m;* 2. *~ de piedra* Steinmetz *m*

tamaño [ta'maɲo] *m* Format *n,* Größe *f; ~ normal* Standardformat *n; ~ de calzado* Schuhgröße *f*

tambaleante [tambale'ante] *adj* wackelig

tambalear [tambale'ar] *v* schwanken

tambaleo [tamba'lɛo] *m* Schwanken *n,* Wackeln *n,* Baumeln *n,* Schaukeln *n*

también [tam'bjen] *konj* auch

tambor [tam'bɔr] *m* 1. *MUS* Trommel *f; tocar el ~* trommeln; 2. *~ de freno TECH* Bremstrommel *f*

tamborileo [tambori'lɛo] *m* Trommeln *n,* Getrommel *n*

tamiz [ta'miθ] *m* Sieb *n*

tamizar [tami'θar] *v* sieben

tampón [tam'pɔn] *m* 1. Tampon *m;* 2. *~ para sellos* Stempelkissen *n*

tangencia [taŋ'xenθja] *f* Berührung *f*

tangente [taŋ'xente] *f* 1. *MATH* Tangente *f,* Tangens *m;* 2. *irse por la ~* Ausweichen *n,* Kneifen *n,* Drückebergertum *n*

tango ['taŋgo] *m MUS* Tango *m*

tanque ['taŋke] *m* 1. Tank *m; ~ de gasolina (LA)* Benzintank *m;* 2. *MIL* Panzer *m*

tantear [tante'ar] *v* 1. aushorchen; 2. *MED* abtasten

tanto ['tanto] *m* 1. *~ por ciento* Tantieme *f; adv* 2. so viel, derart; 3. *por ~* demgemäß, daher; 4. *en ~* insofern; *konj* 5. *~ que ...* so viel, wie ...; 6. *en ~ que* solange, sofern, insofern; 7. *por lo ~* folglich, also; 8. *~ ... como* sowohl ... als auch

tañido [ta'ɲiðo] *m* 1. *(sonido de un instrumento)* Schall *m,* Klang *m,* Ton *m;* 2. *(de las campanas)* Glockengeläute *n*

T

tapa ['tapa] *f* 1. Deckel *m*, Klappe *f*; ~ *del motor* Kühlerhaube *f*; 2. GAST Häppchen *n*
tapacubos [tapa'kuβos] *m* Radkappe *f*
tapadera [tapa'ðera] *f* Topfdeckel *m*, Deckel *m*
tapar [ta'par] *v* 1. decken, bedecken, abdecken, zudecken; 2. *(fig: encubrir clandestinamente)* verhüllen, vertuschen, verdecken; 3. *(con cortina, con velo)* verdecken, zudecken, verhängen, verhüllen; 4. *(bloquear)* zustellen, blockieren
tapear [tape'ar] *v* Tapas essen gehen, durch Tapas-Bars ziehen
tapia ['tapja] *f* Lehmwand *f*, Umfassungsmauer *f*
tapiar [ta'pjar] *v* zumauern, ummauern
tapicería [tapiθe'ria] *f* 1. *(tapices)* Behang *m*, Tapete *f*, Draperie *f*; *La tapicería de esta casa es excelente.* Die Tapeten aus diesem Haus sind hervorragend. 2. *(arte de hacer tapices)* Tapisserie *f*, Teppichstickerei *f*, Tapetenmacherei *f*; 3. *(tienda de tapices)* Tapetenladen *m*, Tapeziergeschäft *n*, Dekorationsgeschäft *n*
tapiz [ta'piθ] *m (tela)* Tapete *f*
tapizar [tapi'θar] *v* polstern
tapón [ta'pɔn] *m* 1. Stöpsel *m*; 2. MED Tampon *m*; ~ *de algodón* Wattebausch *m*
tapujo [ta'puxo] *m/pl sin ~s* Verhüllung *f*, Vermummung *f*, Verheimlichung *f*
taquigrafía [takiɣra'fia] *f* Stenografie *f*, Eilschrift *f*
taquigrafiar [takiɣra'fjar] *v* stenografieren
taquígrafo [ta'kiɣrafo] *m* Stenograf *m*
taquilla [ta'kiʎa] *f* Schalter *m*, Kasse *f*, Theaterkasse *f*
taquimecanógrafa [takimeka'noɣrafa] *f* Stenotypistin *f*
tarántula [ta'rantula] *f* ZOOL Tarantel *f*
tararear [tarare'ar] *v* trällern
tardanza [tar'ðanθa] *f* Verzögerung *f*, Verzug *m*, Versäumnis *n*
tardar [tar'ðar] *v* 1. *(larga duración)* dauern; *¿Cuánto tiempo tarda todavía?* Wie lange dauert es noch? 2. *(llegar tarde)* sich verspäten; *a más ~* spätestens
tarde ['tarðe] *f* 1. Nachmittag *m*, Abend *m*; *de la ~* abendlich; *esta ~* heute Nachmittag, heute Abend; *por la ~* nachmittags, abends; *adv* 2. spät; *más ~* später, hinterher, nachher; *Voy a llegar ~ a la cita.* Ich versäume noch meinen Termin.
tardío [tar'ðio] *adj* spät, säumig
tardo ['tarðo] *adj* schwerfällig; ~ *de inteligencia* denkfaul
tarea [ta'rea] *f* 1. Aufgabe *f*, Pensum *n*; 2. *~s escolares pl* Hausaufgaben *pl*
tarifa [ta'rifa] *f* Gebühr *f*, Tarif *m*; ~ *aduanera* Zolltarif *m*; ~ *gratuita* Nulltarif *n*; ~ *plana f* Flatrate *f*
tarima [ta'rima] *f* Podest *n*
tarjeta [tar'xeta] *f* Karte *f*; ~ *de crédito* Kreditkarte *f*; ~ *de cheque* Scheckkarte *f*; ~ *de embarque* Bordkarte *f*; ~ *de felicitación* Glückwunschkarte *f*; ~ *de identidad* Kennkarte *f*; ~ *perforada* Lochkarte *f*; ~ *postal* Postkarte *f*; ~ *de visita* Visitenkarte *f*; *¿Tiene usted una ~ de visita?* Haben Sie eine Visitenkarte? *¿Aceptan ustedes ~s de crédito?* Nehmen Sie Kreditkarten?
tarro ['tarro] *m* Einmachtopf *m*, Tonne *f*, Tiegel *m*
tarta ['tarta] *f* GAST Torte *f*; *un trozo de ~* ein Stück Torte *n*; ~ *de bodas* Hochzeitstorte *f*
tartamudear [tartamuðe'ar] *v* stottern
tarugo [ta'ruɣo] *m* TECH Dübel *m*
tasa ['tasa] *f* 1. Rate *f*; ~ *de carestía* Teuerungsrate *f*; ~ *de inflación* Inflationsrate *f*; ~ *de natalidad* Geburtenrate *f*; 2. ~ *de descuento* ECO Diskontsatz *m*; ~ *de crecimiento/~ de incremento* Wachstumsrate *f*; 3. *(impuesto, cuota)* Abgabe *f*, Gebühr *f*; ~ *especial* Sonderabgabe *f*; ~ *de apoyo* Schutzgebühr *f*; ~ *de balneario* Kurtaxe *f*
tasación [tasa'θjɔn] *f* ECO Taxierung *f*, Schätzung *f*, Veranlagung *f*
tasar [ta'sar] *v* 1. schätzen; 2. ~ *en* veranschlagen auf
tasca ['taska] *f* Kneipe *f*
tatuaje [ta'twaxe] *m* Tätowierung *f*
tatuar [ta'twar] *v* tätowieren
taurino [taŭ'rino] *adj* Stier…, Stierkampf…
Tauro ['taŭro] *(signo del zodíaco)* ASTR Stier *m*
taurómano [taŭ'romano] *m* Stierkampfanhänger *m*

T

tauromaquia [taŭro'makja] *f* Kunst des Stierkampfes *f*
taxi ['taɣsi] *m* Taxi *n; ¿Dónde hay ~s?* Wo bekomme ich ein Taxi? *¡Llámeme un ~!* Rufen Sie mir ein Taxi!
taxista [taɣ'sista] *m/f* Taxifahrer(in) *m/f*
taza ['taθa] *f* Tasse *f; una ~ de café* eine Tasse Kaffee *f*
tazón [ta'θɔn] *m* Schale *f*
te [te] *pron* **1.** *(acc)* dich; **2.** *(dat)* dir
té [te] *m* Tee *m; una tetera de ~* ein Kännchen Tee *n*
teatral [tea'tral] *adj* theatralisch
teatro [te'atro] *m* *THEAT* Schauspielhaus *n,* Theater *n,* Bühne *f; ~ al aire libre* Freilichtbühne *f; ~ de aficionados* Laienspiel *n; ~ ambulante* Wanderbühne *f*
techado [te'tʃaðo] *m* Dach *n*
techador [tetʃa'ðɔr] *m* Dachdecker *m*
techar [te'tʃar] *v* bedachen, decken
techo ['tetʃo] *m* Dach *n,* Decke *f,* Überdachung *f; ~ corredizo* Schiebedach *n; sin ~* obdachlos
tecla ['tekla] *f* Taste *f*
teclado [te'klaðo] *m* Tastatur *f*
técnica ['tɛɣnika] *f* **1.** *TECH* Technik *f; ~ de comunicaciónes* Nachrichtentechnik *f;* **2.** *~ de computacion analógica INFORM* Analogtechnik *f*
tecnicismo [tɛɣni'θizmo] *m* Fachausdruck *m*
técnico ['teɣniko] *m* **1.** Fachmann *m,* Techniker *m; adj* **2.** fachlich, technisch
tecnología [tɛɣnolɔ'xia] *f* Technologie *f*
tecnológico [tɛɣno'loxiko] *adj* technologisch
tedio ['teðjo] *m* Langeweile *f*
tedioso [te'ðioso] *adj* langweilig, fade, zuwider
teja ['texa] *f* Ziegel *m,* Dachziegel *m*
tejado [te'xaðo] *m* Dach *n,* Bedachung *f,* Dachverband *m*
tejeduría [texeðu'ria] *f* Weberei *f*
tejer [te'xɛr] *v* **1.** weben; **2.** *(LA)* stricken
tejido [te'xiðo] *m* **1.** Stoff *m;* **2.** *BIO* Gewebe *n;* **3.** *~ conjuntivo ANAT* Bindegewebe *n;* **4.** *~s pl* Textilien *pl*
tejo ['texo] *m* *BOT* Eibe *f*
tela ['tela] *f* Gewebe *n,* Stoff *m,* Tuch *n; ~ metálica* Fliegengitter *n,* Maschendraht *m; ~ salvavidas* Sprungtuch *n*
telar [te'lar] *m* Webstuhl *m,* Schnürboden *m*
telaraña [tela'raɲa] *f* Spinnennetz *n,* Spinnwebe *f*
telebanco [tele'βaŋko] *m* Geldautomat *m*
teleconferencia [telekomfe'renθja] *f* *INFORM* Telekonferenz *f*
telediario [tele'ðjarjo] *m* Tagesschau *f*
teledirigido [teleðiri'xiðo] *adj proyectil ~ TECH* ferngesteuert
telefax [tele'faɣs] *m* **1.** Telefaxgerät *n;* **2.** *(mensaje)* Fax *n*
teleférico [tele'feriko] *m* Seilbahn *f*
telefonear [telefone'ar] *v* telefonieren, anrufen
telefonía móvil [telefo'nia 'moβil] *f* Mobilfunk *m*
telefónico [tele'foniko] *adj* telefonisch
teléfono [te'lefono] *m* **1.** Telefon *n,* Fernsprecher *m; ~ fijo m* Festnetzanschluss *m; ~ público de monedas* Münzfernsprecher *m; ¿Tiene usted el número de ~ de la policía?* Haben Sie die Telefonnummer von der Polizei? **2.** *por ~* telefonisch; *Le llamo por ~.* Ich rufe Sie an. **3.** *~ inteligente m* Smartphone *n;* **4.** *~ móvil* Handy *n,* tragbares Telefon *n*
telegrafiar [teleɣra'fjar] *v* telegrafieren
telégrafo [te'leɣrafo] *m* *TEL* Telegraf *m*
telegrama [tele'ɣrama] *m* Telegramm *n; Quisiera poner un ~.* Ich möchte ein Telegramm aufgeben.
telemando [tele'mando] *m* Fernsteuerung *f,* Fernbedienung *f*
telenovela [teleno'βela] *f* Fernsehserie *f,* Seifenoper *f*
teleobjetivo [teleɔβxe'tiβo] *m* *FOTO* Teleobjektiv *n*
teleproceso [telepro'θeso] *m* *TEL* Televerarbeitung *f,* Teleprozess *m*
telescopio [teles'kopjo] *m* Fernrohr *n,* Teleskop *n*
telesilla [tele'siʎa] *f* Sessellift *m*
telesquí [teles'ki] *m* Skilift *m*
teletipo [tele'tipo] *m* Fernschreiber *m*
televisión [teleβi'sjɔn] *f* Fernsehen *n; ~ por cable* Kabelfernsehen *n; ver la ~* fernsehen
televisor [teleβi'sɔr] *m* Fernsehgerät *n; ~ en color* Farbfernseher *m*

T

televisora [teleβi'sora] *f (estación de televisión)* Fernsehanstalt *f,* Fernsehsender *m*
telliza [te'ʎiθa] *f* Tagesdecke *f*
telón [te'lɔn] *m* **1.** *THEAT* Vorhang *m;* **2.** *~ de fondo* Rahmen *m*
tema ['tema] *m* **1.** Gegenstand *m,* Thema *n; ~ de conversación* Gesprächsstoff *m;* **2.** *~ principal MUS* Leitmotiv *n;* **3.** *(contenido)* Inhalt *m*
temática [te'matika] *f* Thematik *f*
temblar [tem'blar] *v irr* **1.** Zittern, schlottern; **2.** *~ de* beben vor, zittern vor; *~ de miedo ante alguien* aus Angst vor jdm zittern
temblón [tem'blɔn] *adj* zitternd
temblor [tem'blɔr] *m* Beben *n,* Zittern *n*
tembloroso [temblo'roso] *adj* zitterig
temer [te'mɛr] *v* fürchten, befürchten, bangen; *~ por alguien* um jdn bangen; *Temo por tu salud.* Ich bange um deine Gesundheit.
temerario [teme'rarjo] *adj* tollkühn, vermessen, verwegen, wagemutig, waghalsig
temeridad [temeri'ðað] *f* Vermessenheit *f,* Verwegenheit *f,* Tollkühnheit *f*
temeroso [teme'roso] *adj* furchtsam, schreckhaft
temible [te'miβle] *adj* fürchterlich
témpano ['tempano] *m* Scholle *f; ~ de hielo* Eisscholle *f*
temperamental [temperamen'tal] *adj* heißblütig, temperamentvoll
temperamento [tempera'mento] *m* Temperament *n*
temperancia [tempe'ranθja] *f* Mäßigung *f*
temperar [tempe'rar] *v* mäßigen, abschwächen, mildern
temperatura [tempera'tura] *f* Temperatur *f*
temperie [tem'perje] *f* Witterung *f*
tempestad [tempes'tað] *f* Sturm *m*
tempestuoso [tempes'twoso] *adj* stürmisch
templado [tem'plaðo] *adj* mild, lau
templar [tem'plar] *v* mäßigen, mildern
templo ['templo] *m* Tempel *m*
temporada [tempo'raða] *f* Saison *f; ~ alta* Hochsaison *f,* Hauptsaison *f; ~ baja* Vorsaison *f,* Nachsaison *f; ~ de baños* Badesaison *f*
temporal [tempo'ral] *m* **1.** Unwetter *n; adj* **2.** vorläufig, einstweilig, zeitlich
temporalmente [temporal'mente] *adv* vorübergehend
temprano [tem'prano] *adj* **1.** früh, frühzeitig; *¡Es demasiado ~!* Das ist zu früh! **2.** *más ~* früher
tenacidad [tenaθi'ðað] *f* Hartnäckigkeit *f,* Zähigkeit *f*
tenaz [te'naθ] *adj* hartnäckig, zäh
tenazas [te'naθas] *f/pl* Kneifzange *f,* Zange *f,* Beißzange *f*
tendedero [tende'ðero] *m* **1.** Wäscheleine *f,* Wäscheständer *m;* **2.** Trockenplatz *m*
tendencia [ten'denθja] *f* **1.** Tendenz *f;* **2.** *(iniciativa)* Bestrebung *f; ~ unificadora POL* Einheitsbestrebung *f;* **3.** *(moda) ~ a* Trend zu *m*
tender [ten'dɛr] *v irr* **1.** spannen; **2.** *(propender) ~ a* tendieren zu, neigen zu; **3.** *TECH* verlegen
tendón [ten'dɔn] *m ANAT* Sehne *f*
tenebroso [tene'βroso] *adj* finster
tenedor [tene'ðɔr] *m* **1.** *(cubierto)* Gabel *f; ¡Un ~, por favor!* Eine Gabel bitte! **2.** *(dueño)* Inhaber *m;* **3.** *~ de acciones FIN* Aktionär *m*
tenencia [te'nenθja] *f (posesión)* Besitz *m,* Besitztum *n,* Habe *f*
tener [te'nɛr] *v irr* **1.** haben, innehaben, besitzen, verfügen über; *~ miedo* Angst haben; *~ ganas* Lust haben; *~ 50 años* 50 Jahre alt sein; *Tengo calor/frío.* Mir ist warm/kalt. *~ prisa* es eilig haben; *~le envidia a alguien* jdn beneiden; *~ cuidado* achtgeben, aufpassen; *~ vergüenza* sich schämen; *¡Ten!* Da hast du's! **2.** *~ que (deber)* brauchen, müssen, sollen; *No tienes que hacerlo.* Du musst das nicht machen. **3.** *~ que ver con* zu tun haben mit; **4.** *~ a, ~ de, ~ en, ~ para, ~ por* dafürhalten, glauben, halten für, ansehen als, schätzen; *Tenemos a bien invitarle a la ceremonia.* Wir geben uns die Ehre, Sie zu der Feier einzuladen. *Me tienen por tonto.* Sie halten mich für dumm. **5.** *~ en mucho a alguien* jdn schätzen
teniente [te'njente] *m MIL* Leutnant *m*
tenis ['tenis] *m SPORT* Tennis *n; ~ de mesa* Tischtennis *n*

tenor [te'nɔr] *m* **1.** Wortlaut *m;* **2.** *MUS* Tenor *m*
tensión [ten'sjɔn] *f* **1.** Anspannung *f;* ~ *de la red* Netzspannung *f;* **2.** *TECH* Spannung *f;* ~ *alta* Hochspannung *f;* ~ *de servicio* Betriebsspannung *f;* **3.** *MED* Blutdruck *m; Tengo la ~ alta/baja.* Ich habe hohen/niedrigen Blutdruck.
tenso ['tenso] *adj* gespannt, angespannt, straff
tentación [tenta'θjɔn] *f* Verlockung *f,* Versuchung *f*
tentador [tenta'ðɔr] *adj* verlockend
tentar [ten'tar] *v irr* **1.** *(algo)* tasten, abtasten, betasten; **2.** *(seducir)* verlocken
tentempié [tentem'pje] *m* kleiner Imbiss *m*
tenue ['tenwe] *adj (una luz)* schwach
teñido [te'ɲiðo] *adj* gefärbt; ~ *de rubio* blond gefärbt
teñir [te'ɲir] *v* tönen
teología [teolɔ'xia] *f* Theologie *f*
teoría [teo'ria] *f* **1.** Theorie *f,* Lehre *f; en ~* theoretisch; **2.** ~ *de conjuntos MATH* Mengenlehre *f*
teórico [te'oriko] *adj* theoretisch
terapeuta [tera'peŭta] *m/f MED* Therapeut(in) *m/f*
terapia [te'rapja] *f* Therapie *f;* ~ *de grupo* Gruppentherapie *f*
tercero [tɛr'θero] *adj* **1.** dritte(r,s); *m* **2.** Dritter *m*
terciar [tɛr'θjar] *v* **1.** dritteln; **2.** *(mediar)* vermitteln; *El ha terciado entre nosotros dos.* Er hat zwischen uns beiden vermittelt.
tercio ['tɛrθjo] *m* Drittel *n*
terco ['tɛrko] *m* **1.** Trotzkopf *m; adj* **2.** halsstarrig, hartnäckig, starrköpfig; **3.** *(rebelde)* stur, trotzig, widerspenstig
termal [tɛr'mal] *adj aguas ~es* Thermal..., Bäder...
terminación [tɛrmina'θjɔn] *f* **1.** Abschluss *m;* **2.** *(consumación)* Erledigung *f,* Vollendung *f*
terminar [tɛrmi'nar] *v* **1.** beenden, fertig machen; **2.** *(llevar a cabo)* erledigen; **3.** *ECO* ablaufen; **4.** ~ *con* aufhören mit; **5.** *(el trabajo)* aufarbeiten, fertig machen; **6.** *(consumar)* vollenden, vollbringen; **7.** ~ *en algo* auf etw enden; *Los nuevos códigos postales terminan en ocho.* Die neuen Postleitzahlen enden auf acht. **8.** *(suspender)* aufheben; **9.** *(acabar, cesar)* einstellen
terminarse [tɛrmi'narse] *v* enden
término ['tɛrmino] *m* **1.** Ausdruck *m;* ~ *general* Oberbegriff *m;* ~ *técnico* Fachausdruck *m; en primer ~* im Vordergrund; **2.** *(palabra)* Wort *n;* **3.** *(fin)* Schluss *m;* **4.** *(plazo)* Frist *f; en el ~ de* innerhalb, binnen; **5.** ~ *medio* Mittelweg *m; por ~ medio* durchschnittlich
terminología [tɛrminolo'xia] *f* Terminologie *f*
termo ['tɛrmo] *m* **1.** Thermosflasche *f;* **2.** ~ *(sifón) TECH* Boiler *m*
termómetro [tɛr'mometro] *m* Thermometer *n;* ~ *clínico* Fieberthermometer *n*
termostato [tɛrmos'tato] *m* Thermostat *m*
ternera [tɛr'nera] *f ZOOL* Kalb *n*
terno ['tɛrno] *m* Anzug *m*
ternura [tɛr'nura] *f* Zärtlichkeit *f*
terquedad [tɛrke'ðað] *f* Hartnäckigkeit *f*
terraplén [tɛrra'plen] *m* Bahndamm *m*
terraplenar [tɛrraple'nar] *v* dämmen
terrateniente [tɛrrate'njente] *m* Großgrundbesitzer *m*
terraza [tɛ'rraθa] *f* Terrasse *f*
terremoto [tɛrrɛ'moto] *m* Erdbeben *n*
terrenal [tɛrrɛ'nal] *adj* irdisch, weltlich
terreno [tɛ'rrɛno] *m* **1.** Land *n,* Grundstück *n,* Gelände *n;* ~ *barroso/~ fangoso* Lehmboden *m;* ~ *de camping* Zeltplatz *m,* Campingplatz *m;* ~ *edificable* Bauland *n;* ~ *de obras* Baustelle *f*
terrestre [tɛ'rrɛstre] *adj* **1.** irdisch; **2.** *camino ~* Landweg *m; por vía ~* auf dem Landweg
terrible [tɛ'rriβle] *adj* **1.** schrecklich, entsetzlich, erschreckend; **2.** *(dañino)* heillos, böse, mörderisch; **3.** *(loco)* wahnsinnig
territorio [tɛrri'torjo] *m* Gebiet *n,* Revier *n,* Territorium *n*
terrón [tɛ'rrɔn] *m* Scholle *f*
terror [tɛ'rrɔr] *m* **1.** Terror *m;* **2.** *(horror)* Entsetzen *n*
terrorífico [tɛrrɔ'rifiko] *adj* gruselig
terrorismo [tɛrrɔ'rizmo] *m* Terrorismus *m*

T

terrorista [tɛrrɔ'rista] *m/f* Terrorist(in) *m/f*
tesina [te'sina] *f* Diplomarbeit *f*
tesis ['tesis] *f* **1.** These *f;* **2.** *~ doctoral* Doktorarbeit *f;* **3.** Diplomarbeit *f (LA)*
tesón [te'sɔn] *m* Hartnäckigkeit *f*
tesonero [teso'nero] *adj* hartnäckig
tesorero [teso'rero] *m* FIN Schatzmeister *m,* Kassenwart *m*
tesoro [te'soro] *m* **1.** Schatz *m;* **2.** *(público)* FIN Fiskus *m*
test [test] *m* **1.** Test *m;* **2.** *~ de embarazo* MED Schwangerschaftstest *m; ~ de alergia* Allergietest *m*
testador [testa'ðɔr] *m* JUR Erblasser *m*
testaferro [testa'fɛrro] *m* Strohmann *m*
testamentar [testamen'tar] *v* JUR testamentarisch festlegen
testamentario [testamen'tarjo] *adj* testamentarisch
testamento [testa'mento] *m* Testament *n; por ~/según ~* testamentarisch
testar [tes'tar] *v* JUR aussagen, ein Testament errichten
testarudez [testaru'ðeθ] *f* Starrsinn *m,* Trotz *m*
testarudo [testa'ruðo] *m* **1.** Dickkopf *m,* Querkopf *m,* Trotzkopf *m; adj* **2.** halsstarrig, starrköpfig, störrisch; **3.** *(obstinado)* trotzig, verbohrt
testículos [tes'tikulos] *m/pl* ANAT Hoden *pl*
testificar [testifi'kar] *v* JUR bezeugen
testigo [tes'tiɣo] *m/f* **1.** Zeuge/Zeugin *m/f; ~ de matrimonio* Trauzeuge/Trauzeugin *m/f;* **2.** JUR Zeuge/Zeugin *m/f; ~ de cargo/~ principal* Kronzeuge/Kronzeugin *m/f; ~ ocular* Augenzeuge/Augenzeugin *m/f; ¿Se pone usted a disposición como ~?* Stellen Sie sich als Zeuge zur Verfügung?
teta ['teta] *f (fam)* Zitze *f,* Titte *f*
tétano(s) ['tetano(s)] *m* MED Wundstarrkrampf *m,* Tetanus *m; No estoy vacunado contra el ~.* Ich bin nicht gegen Tetanus geimpft.
tetera [te'tera] *f* Teekanne *f*
tetería [tete'ria] *f* Teehaus *n*
texto ['testo] *m* **1.** Text *m;* **2.** *(sentido literal)* Wortlaut *m*
textura [tes'tura] *f* Aufbau *m*
tez [teθ] *f* Hautfarbe *f,* Teint *m; ~ bronceada* Bräune *f*
ti [ti] *pron* **1.** *(acc de tú)* dich; **2.** *(dat de tú)* dir; *por ~* deinetwegen
tía ['tia] *f* **1.** Tante *f;* **2.** *(prostituta)* Nutte *f*
tibio ['tiβjo] *adj* lauwarm, lau
tiburón [tiβu'rɔn] *m* ZOOL Hai *m*
tiempo[1] ['tjempo] *m* Zeit *f; ~ de exposición* Belichtungszeit *f; a ~* rechtzeitig; *~ de adviento* Adventszeit *f; ~ de aprendizaje* Lehrzeit *f; en aquel ~* da, damals; *~ básico de trabajo* Kernzeit *f; de corto ~* kurzzeitig; *~ intermedio* Zwischenzeit *f; ~ libre* Freizeit *f; en otro ~* ehemals; *~ récord* Rekordzeit *f*
tiempo[2] ['tjempo] *m ~ meteorológico* Wetter *n; ~ de perros* Hundewetter *n; a causa del ~* wegen des Wetters
tienda ['tjenda] *f* **1.** *(negocio)* Geschäft *n,* Laden *m,* Handlung *f; ~ de comestibles* Lebensmittelgeschäft *n; ir de ~s* einen Einkaufsbummel machen; **2.** *(caseta)* Festzelt *n,* Stand *m,* Zirkuszelt *n;* **3.** *~ de campaña* Zelt *n,* Campingzelt *n; Aquí se pueden alquilar ~s de campaña.* Hier kann man Zelte mieten.
tiernamente [tjɛrna'mente] *adv* zart
tierno ['tjɛrno] *adj* **1.** zart, zärtlich; **2.** *(blando)* weich, mürbe; *La carne está tierna.* Das Fleisch ist zart.
tierra ['tjɛrra] *f* **1.** *(suelo)* Boden *m,* Erdboden *m,* Grund *m,* Erdreich *n;* **2.** GEOL Erde *f,* Land *n; ~ baja* Niederung *f; ~ extraña* Fremde *f; ~ firme* Festland *n;* **3.** *~s pl* Ländereien *pl*
tieso ['tjeso] *adj* **1.** starr, steif, klamm; *dejar ~ a alguien (fam)* jdn umlegen; **2.** *(fig: terco)* steif
tiesto ['tjesto] *m* Blumentopf *m*
tigre ['tiɣre] *m* ZOOL Tiger *m*
tijeras [ti'xeras] *f/pl* Schere *f; ~ para uñas* Nagelschere *f*
timador [tima'ðɔr] *m* Gauner *m*
timbrar [tim'brar] *v* abstempeln
timbre ['timbre] *m* **1.** Klingel *f,* Türglocke *f; tocar el ~* klingeln; **2.** *(estampilla)* Briefmarke *f,* Steuermarke *f; un ~ fiscal* eine Steuermarke
timidez [timi'ðeθ] *f* Verlegenheit *f,* Scheu *f,* Schüchternheit *f,* Furchtsamkeit *f*
tímido ['timiðo] *adj* scheu, schüchtern, menschenscheu, verschüchtert

T

timón [ti'mɔn] *m* NAUT Steuer *n*, Ruder *n*
timonel [timo'nɛl] *m* Steuermann *m*
tina ['tina] *f* Wanne *f*
tinieblas [ti'njeβlas] *f/pl* Finsternis *f*
tino ['tino] *m* Fingerspitzengefühl *n*
tinta ['tinta] *f* Tinte *f*; *~ china* Tusche *f*; *sudar ~* schuften
tintinear [tintine'ar] *v* klingen, klirren
tinto ['tinto] *m (vino)* GAST Rotwein *m*; *¿Desea tomar un tinto?* Möchten sie einen Rotwein trinken?
tintorería [tintore'ria] *f* Reinigung *f*
tío ['tio] *m* **1.** Onkel *m*; **2.** *(fam)* Kerl *m*, Typ *m*, Kauz *m*
tiovivo [tio'βiβo] *m* Karussell *n*
típico ['tipiko] *adj* typisch, bezeichnend; *El flamenco es el baile ~ de Andalucía.* Der Flamenco ist der typische Tanz Andalusiens.
tipo ['tipo] *m* **1.** *(clase)* Sorte *f*; *~ de imprenta* Schriftart *f*, Type *f*; **2.** *(individuo)* Kerl *m*, Typ *m*, Type *m*; *~ estrafalario* komischer Kauz *m*; **3.** *~ de letra/~ de calidad* INFORM Briefqualität *f*; **4.** *~ de interés* ECO Zinssatz *m*; *~ de descuento* Diskontsatz *m*; **5.** FIN Kurs *m*; *~ de cambio* Devisenkurs *m*, Wechselkurs *m*
tipógrafo [ti'poɣrafo] *m* Drucker *m*
tira ['tira] *f* **1.** *(para colgar)* Aufhänger *m*; *~ y afloja* Tauziehen *n*; **2.** *~s cómicas pl* Comics *pl*
tirada [ti'raða] *f* **1.** Auflage *f*; **2.** *(arenga)* Sermon *m*, Tirade *f*, Strafpredigt *f*; *Tuvimos que escuchar una tirada del director.* Wir mussten uns eine Strafpredigt des Direktors anhören.
tirado [ti'raðo] *adj* spottbillig
tirador [tira'ðɔr] *m ~ de precisión* Scharfschütze *m*
tiranía [tira'nia] *f* POL Gewaltherrschaft *f*
tiránico [ti'raniko] *adj* tyrannisch
tiranizar [tirani'θar] *v* tyrannisieren
tirano [ti'rano] *m* Tyrann *m*
tirante [ti'rante] *m* **1.** Träger *m*; **2.** *~s pl* Hosenträger *pl*; *adj* **3.** angespannt, straff
tirar [ti'rar] *v* **1.** werfen; **2.** *(botar)* wegwerfen, abwerfen; *(al suelo)* hinunterwerfen; **3.** *(jalar)* ziehen; *~ violentamente* zerren, reißen; *(hacia adentro)* hineinziehen; *(hacia adelante)* vorziehen; **4.** *(estirar)* spannen; **5.** *(disparar)* schießen; **6.** *~ dedo (LA)* trampen
tirita [ti'rita] *f* Heftpflaster *n*
tiritar [tiri'tar] *v* zittern
tiro ['tiro] *m* **1.** *(disparo)* Schuss *m*; *~ de mortero* Böllerschuss *m*; **2.** *~ con arco* SPORT Bogenschießen *n*; *~ al plato* Tontaubenschießen *n*; **3.** *(carruaje)* Gespann *n*
tiroteo [tiro'teo] *m* Schießerei *f*
títere ['titere] *m* Hampelmann *m*, Marionette *f*
titilar [titi'lar] *v* zittern, flackern, flimmern
titiritero [titiri'tero] *m* Puppenspieler *m*
titubeante [tituβe'ante] *adj* zögernd, zaghaft
titubear [tituβe'ar] *v* zögern, zaudern, schwanken
titular [titu'lar] *m* **1.** *(propietario)* Inhaber *m*; **2.** *(en la prensa)* Schlagzeile *f*, Überschrift *f*; **3.** *(funcionario)* Amtsinhaber *m*; *v* **4.** überschreiben, benennen
titularse [titu'larse] *v* heißen
título ['titulo] *m* **1.** Schlagzeile *f*, Überschrift *f*, Titel *m*; *~ de un libro* Buchtitel *m*; **2.** *(rango)* Titel *m*; *~ nobiliario* Adelstitel *m*; **3.** *(documento)* Urkunde *f*; **4.** *(derecho)* Anrecht *n*; **5.** *(fig)* Würde *f*; **6.** FIN Wertpapier *n*; *~s* Effekten *pl*; *~s bursátiles* Börsenpapiere *pl*; *~s de valores* Aktien *pl*; **7.** *~ de deuda* ECO Schuldschein *m*; **8.** *~s de fin pl* CINE Nachspann *m*
tiza ['tiθa] *f* Kreide *f*
tiznar [tiθ'nar] *v* schwärzen, anschwärzen, verrußen
tizne ['tiθne] *v* Kienruß *m*, Ruß *m*
toalla [to'aʎa] *f* **1.** Handtuch *n*; *~ de baño* Badetuch *n*; *tirar la ~ (fig)* das Handtuch werfen, aufgeben; **2.** *~ higiénica/~ sanitaria (LA)* Damenbinde *f*, Binde *f*
toallero [toa'ʎero] *m* Handtuchhalter *m*
tobera [to'βera] *f* TECH Düse *f*
tobillo [to'βiʎo] *m* ANAT Knöchel *m*
tobogán [toβo'ɣan] *m* Rutschbahn *f*
tocadiscos [toka'ðiskos] *m* Plattenspieler *m*, Schallplattenspieler *m*
tocante [to'kante] *adj en lo ~ a* in Bezug auf, bezüglich, was … betrifft

T

tocar [to'kar] *v* 1. berühren, angreifen, anfassen; 2. *~ algo* etw betasten, etw tasten; 3. *(instrumento) MUS* spielen; *~ el piano* Klavier spielen; 4. *(las campanas)* läuten; 5. *~ el turno* drankommen; *Me toca a mí.* Ich bin an der Reihe. 6. *(fig: afectar)* treffen
tocino [to'θino] *m GAST* Speck *m*
todavía [toða'βia] *adv* noch; *~ no* noch nicht
todo ['toðo] *m* 1. Ganzes *n; adj* 2. ganz, gesamt, sämtlich; *~ el mundo* alle Welt/ jeder/die ganze Welt; 3. *~s* jeder, alle
toldo ['tɔldo] *m* 1. Markise *f;* 2. *(carpa)* Plane *f*
tolerable [tole'raβle] *adj* erträglich, verträglich
tolerancia [tole'ranθja] *f* Toleranz *f,* Verträglichkeit *f*
tolerante [tole'rante] *adj* tolerant
tolerar [tole'rar] *v* dulden, tolerieren, ertragen
tolva ['tɔlβa] *f ~ de basuras* Müllschlucker *m*
toma ['toma] *f* 1. Entnahme *f;* 2. *(fig: ocupación) MIL* Einzug *m,* Einnahme *f;* 3. *~ del poder POL* Machtübernahme *f;* 4. *CINE* Aufnahme *f;* 5. *~ de sangre MED* Blutabnahme *f;* 6. *~ de posesión* Dienstantritt *m; ~ de cargo* Amtsantritt *m;* 7. *~ de juramento JUR* Vereidigung *f; ~ de declaración* Vernehmung *f;* 8. *~ de rehenes* Geiselnahme *f;* 9. *~ de tierra TECH* Erdung *f*
tomacorriente [tomako'rrjente] *m* Steckdose *f*
tomador [toma'ðɔr] *m* 1. *(LA)* Trinker *m;* 2. *~ de una orden ECO* Auftragnehmer *m*
tomar [to'mar] *v* 1. *(coger)* greifen, ergreifen, nehmen; 2. *(beber)* trinken; 3. *(tragar)* einnehmen; 4. *(aceptar)* hinnehmen; 5. *(capturar, coger)* fangen; 6. *~ a mal* übel nehmen, verübeln, krumm nehmen; 7. *(confiscar)* einziehen; 8. *(una dirección)* einschlagen; 9. *MIL* einnehmen; 10. *~ medidas* Maß nehmen; *Tengo que ir a la costurera para que me tome medidas.* Ich muss zur Schneiderin gehen, damit sie meine Maße nimmt. 11. *~ medidas contra algo (fig)* Maßnahmen gegen etw ergreifen
tomate [to'mate] *m BOT* Tomate *f*
tomavistas [toma'βistas] *m* Filmkamera *f*
tómbola ['tombola] *f* Tombola *f*
tomo ['tomo] *m* Band *n*
tonada [to'naða] *f MUS* Lied *n,* Weise *f*
tonel [to'nel] *m* Tonne *f,* Fass *n*
tonelada [tone'laða] *f* Tonne *f*
tono ['tono] *m MUS* Ton *m; ~ mayor* Dur *f; dar el ~ (fig)* den Ton angeben/ tonangebend sein; *darse ~* sich wichtig machen
tontería [tɔnte'ria] *f* 1. Albernheit *f,* Blödsinn *m,* Firlefanz *m;* 2. *~s pl* Quatsch *m,* Käse *m,* Unfug *m*
tonto ['tɔnto] *m* 1. Tropf *m,* Dummkopf *m; adj* 2. dumm, albern, blöd, töricht
tope ['tope] *m TECH* Anschlag *m; estar hasta los ~s (fig)* überfüllt sein/zum Bersten voll sein
topo ['topo] *m ZOOL* Maulwurf *m*
toque ['toke] *m* 1. Berührung *f; dar el último ~* den letzten Schliff geben; 2. *~ de campanas* Glockengeläute *n;* 3. *~ de queda* Ausgangssperre *f*
tórax ['toraɣs] *m ANAT* Brustkorb *m*
torbellino [torβe'ʎino] *m METEO* Wirbel *m,* Strudel *m,* Wirbelwind *m*
torcedura [tɔrθe'ðura] *f* 1. Verrenkung *f;* 2. *MED* Verstauchung *f*
torcer [tɔr'θɛr] *v irr* 1. abbiegen, verbiegen, beugen, verdrehen; *¿Dónde tenemos que ~?* Wo müssen wir abbiegen? *~ a la derecha/~ a la izquierda* nach rechts abbiegen/nach links abbiegen; 2. *MED* verrenken
torcerse [tɔr'θɛrse] *v irr ~ el pie MED* sich den Fuß verstauchen, umknicken, sich den Fuß verknacksen; *Me he torcido el tobillo.* Ich habe mir den Knöchel verstaucht.
toreador [torea'ðɔr] *m* Stierkämpfer *m*
torero [to'rero] *m* Stierkämpfer *m,* Torero *m*
tormenta [tɔr'menta] *f METEO* Gewitter *n,* Sturm *m; Viene una ~.* Ein Gewitter zieht auf. *~ de arena* Sandsturm *m*
tormentoso [tɔrmen'toso] *adj METEO* stürmisch
tornado [tɔr'naðo] *m METEO* Tornado *m,* Wirbelsturm *m*

tornar [tɔr'nar] *v (volver a hacer algo)* zurückkehren, umkehren, umdrehen
tornasolar [tɔrnaso'lar] *v* schillern
torneo [tɔr'neo] *m* **1.** Kampf *m;* **2.** *SPORT* Turnier *n; ~ deportivo* Sportveranstaltung *f*
tornero [tɔr'nero] *m (de madera)* Drechsler *m,* Dreher *m*
tornillo [tɔr'niʎo] *m* **1.** Schraube *f; El ~ está flojo.* Die Schraube ist locker. **2.** *~ de banco TECH* Schraubstock *m*
torno ['tɔrno] *m* **1.** *TECH* Drehbank *f;* **2.** *~ de hilar* Spinnrad *n;* **3.** *~ de alfarero* Töpferscheibe *f; adv* **4.** *en ~* rundherum; *en ~ a ...* um ... herum
toro ['toro] *m ZOOL* Bulle *m,* Stier *m; ~ bravo* Kampfstier *m*
torpe ['tɔrpe] *adj* **1.** *(fig)* ungeschickt, tollpatschig, unbeholfen; **2.** *(modales)* eckig; **3.** *(lerdo)* plump, schwerfällig, borniert
torpedo [tɔr'peðo] *m MIL* Torpedo *m*
torpeza [tɔr'peθa] *f* Ungeschicklichkeit *f,* Schwerfälligkeit *f,* Plumpheit *f*
torre ['tɔrre] *f* **1.** Turm *m; ¿Se puede subir a la ~?* Kann man den Turm besteigen? *~ de la Iglesia* Kirchturm *m;* **2.** *(carcasa de una computadora)* Turm *m,* Tower *m,* Computergehäuse *n*
torrente [tɔ'rrente] *m* Flut *f,* Sturzbach *m*
torsión [tɔr'sjɔn] *f* Verdrehung *f,* Verwindung *f,* Torsion *f*
torso ['tɔrso] *m* Torso *m*
torta ['tɔrta] *f* **1.** *GAST* Torte *f;* **2.** *(fig)* Ohrfeige *f*
tortilla [tɔr'tiʎa] *f* **1.** *GAST* Omelett *n,* Pfannkuchen *m;* **2.** Maisfladen *n (LA)*
tórtolo ['tɔrtolo] *m ZOOL* Turteltaube *f; estar como dos ~s (fig)* turteln
tortuga [tɔr'tuɣa] *f ZOOL* Schildkröte *f*
tortura [tɔr'tura] *f* Folter *f,* Qual *f*
torturador [tɔrtura'ðɔr] *m* **1.** Folterer *m,* Folterknecht *m; adj* **2.** qualvoll
torturar [tɔrtu'rar] *v* foltern, quälen
tos ['tos] *f MED* Husten *m*
tosco ['tɔsko] *adj* rau
toser [to'sɛr] *v* husten
tostada [tɔs'taða] *f* Toast *m*
tostado [tɔs'taðo] *adj* getoastet, geröstet, *(piel)* gebräunt
tostador [tɔsta'ðɔr] *m* Toaster *m*
tostar [tɔs'tar] *v* rösten
tostarse [tɔs'tarse] *v irr (al sol)* sich in der Sonne bräunen lassen
total [to'tal] *m* **1.** *(el todo)* Ganzes *n;* **2.** *(suma) FIN* Summe *f,* Gesamtsumme *f; ¿A cuánto asciende el ~?* Wie hoch ist die Summe? *~ de impuestos* Steueraufkommen *n; cdj* **3.** total, gesamt, restlos; *en ~* insgesamt
totalidad [totali'ðað] *f* Gesamtheit *f,* Vollständigkeit *f*
totalizar [totali'θar] *v (sumar)* zusammenzählen, zusammenziehen
toxicidad [tɔɣsiθi'ðað] *f* Giftigkeit *f*
tóxico ['tɔɣsiko] *m* **1.** *desechos ~s* giftige Abfälle *pl,* Giftmüll *m;* **2.** *adj* giftig
toxicómano [tɔɣsi'komano] *m* **1.** *MED* Rauschgiftsüchtiger *m; adj* **2.** *MED* süchtig, rauschgiftsüchtig
trabajador [traβaxa'ðɔr] *adj* tüchtig
trabajador(a) [traβaxa'ðɔr/traβaxa'ðora] *m/f* **1.** *(obrero)* Arbeiter(in) *m/f; ~ auxiliar* Hilfsarbeiter(in) *m/f; ~ extranjero* Gastarbeiter(in) *m/f; ~ portuario* Hafenarbeiter(in) *m/f; ~ sindicado* Gewerkschaftsmitglied *n;* **2.** *(empleado/empleada)* Arbeitnehmer(in) *m/f*
trabajar [traβa'xar] *v* **1.** arbeiten; *~ algo* etw verarbeiten, etw bearbeiten; *~ como una mula* schuften; *~ demasiado* sich überarbeiten; *~ duramente* sich abplagen, sich abrackern; *~ por* sich mühen um, arbeiten für; *seguir trabajando* weiterarbeiten; **2.** *TECH* bearbeiten
trabajo [tra'βaxo] *m* **1.** Arbeit *f; ~ de calidad* Wertarbeit *f; ~ clandestino/~ no declarado* Schwarzarbeit *f; ~ a destajo* Akkordarbeit *f; ~ a domicilio* Heimarbeit *f; ~ duro* Schwerstarbeit *f; ~ en equipo* Teamarbeit *f; ~ estacional* Saisonarbeit *f; ~ eventual* Gelegenheitsarbeit *f; ~ excesivo* Überarbeitung *f; ~ interino* Zeitarbeit *f; ~ a jornada reducida* Kurzarbeit *f; ~ manual* Handarbeit *f; ~ de media jornada* Halbtagsbeschäftigung *f; ~ a medida* Maßarbeit *f; ~ de oficina* Büroarbeit *f; ~ a tiempo parcial* Teilzeitbeschäftigung *f; ~ por turnos* Schichtarbeit *f; sin ~* arbeitslos; **2.** *(proceso)* Bearbeitung *f,* Verarbeitung *f,* Pensum *n*
trabajosamente [traβaxosa'mente] *adv* mühsam

T

tracción [traɣ'θjɔn] *f* Antrieb; ~ *trasera* Hinterradantrieb *m;* ~ *delantera* Vorderradantrieb *m*
tractor [trak'tɔr] *m* **1.** AGR Traktor *m;* **2.** ~ *para semirremolque* Sattelschlepper *m*
tradición [traði'θjɔn] *f* **1.** *(costumbre)* Sitte *f,* Tradition *f; por* ~ traditionell; **2.** *HIST* Überlieferung *f*
tradicional [traðiθjo'nal] *adj* althergebracht, gutbürgerlich, herkömmlich
traducción [traðuɣ'θjɔn] *f* Übersetzung *f,* Übertragung *f*
traducir [traðu'θir] *v irr* übersetzen
traductor(a) [traðuk'tɔr/traðuk'tora] *m/f* Übersetzer(in) *m/f; ¡Necesito un ~!* Ich brauche einen Übersetzer!
traer [tra'ɛr] *v irr* **1.** mitbringen, bringen, herbringen; ~ *algo a alguien* jdm etw bringen; *¿Me podría* ~ *un café?* Könnten Sie mir einen Kaffee bringen? **2.** *(proporcionar)* herbeiführen, herbeischaffen
traficante [trafi'kante] *m/f* Händler(in) *m/f,* Drogenhändler(in) *m/f*
tráfico ['trafiko] *m* **1.** Straßenverkehr *m;* ~ *aéreo* Luftverkehr *m;* ~ *de cercanías* Nahverkehr *m;* ~ *circular* Kreisverkehr *m;* ~ *ferroviario* Schienenverkehr *m;* ~ *regular* Linienverkehr *m;* ~ *de tránsito* Transitverkehr *m;* ~ *vecinal* Anliegerverkehr *m;* **2.** ~ *de mercancías* ECO Warenverkehr *m;* **3.** ~ *de estupefacientes/~ de drogas* Rauschgifthandel *m*
tragar [tra'ɣar] *v* **1.** schlucken, herunterschlucken, hinunterschlucken, verschlucken; **2.** ~ *el anzuelo* anbeißen
tragedia [tra'xeðja] *f* **1.** Tragödie *f,* Tragik *f;* **2.** *THEAT* Trauerspiel *n*
trágico ['traxiko] *adj* tragisch
tragicómico [traxi'komiko] *adj* tragikomisch
trago ['traɣo] *m* Schluck *m*
traición [traĭ'θjɔn] *f* **1.** Verrat *m;* **2.** *alta* ~ *JUR* Landesverrat *m,* Hochverrat *m*
traicionar [traĭθjo'nar] *v* verraten
traidor [traĭ'ðɔr] *m* **1.** Verräter *m; adj* **2.** verräterisch
trainera [traĭ'nera] *f* Ruderboot *n*
traje ['traxe] *m* **1.** Anzug *m;* ~ *de baño* Badeanzug *m;* ~ *de buzo* Taucheranzug *m;* ~ *de esquiar* Skianzug *m;* ~ *de paisano* Zivilkleidung *f;* ~ *sastre* Kostüm *n;* **2.** *(vestido)* Kleid *n;* ~ *de noche* Abendkleid *n;* ~ *de novia* Brautkleid *n*
trajín [tra'xin] *m* **1.** Hektik *f;* **2.** *(jaleo)* Trubel *m*
trama ['trama] *f* **1.** Knoten *m,* Komplott *n;* **2.** ~ *de una novela LIT* Handlung *f,* Inhalt *m; ¿Cuál es la trama de esa película?* Von was handelt dieser Film?
tramitación [tramita'θjɔn] *f* Dienstweg *m,* Instanzenweg *m*
tramo ['tramo] *m* Abschnitt *m,* Strecke *f*
trampa ['trampa] *f* **1.** Falle *f;* ~ *para ratones* Mausefalle *f;* **2.** *(fig: engaño)* Falle *f,* Schwindel *m,* Kniff *m; He caído en una trampa.* Ich bin in eine Falle geraten. *Un negocio sin trampas.* Ein Geschäft ohne Haken. **3.** *(truco)* Mogelei *f,* Schwindel *m; Hacer trampa en los exámenes.* Im Examen mogeln.
trampear [trampe'ar] *v (engañar a alguien)* betrügen, bemogeln; *¡Me han trampeado en la tienda!* Ich bin in dem Laden betrogen worden.
tramposo [tram'poso] *m* **1.** Pfuscher *m; adj* **2.** betrügerisch
trancar [traŋ'kar] *v (cerrar con llave)* verriegeln
trance ['tranθe] *m* Trance *f*
tranquilidad [traŋkili'ðað] *f* Ruhe *f,* Stille *f;* ~ *de ánimo* Gemütsruhe *f*
tranquilización [traŋkiliθa'θjɔn] *f* Beruhigung *f*
tranquilizante [traŋkili'θante] *adj* **1.** beruhigend; *m* **2.** *MED* Beruhigungsmittel *n*
tranquilizar [traŋkili'θar] *v* beruhigen
tranquilizarse [traŋkili'θarse] *v* **1.** sich beruhigen; **2.** *(el mar)* sich glätten
tranquilo [traŋ'kilo] *adj* **1.** leise, ruhig, still; **2.** *(fig)* gemächlich, unbesorgt, ungestört; *estar* ~ gelassen sein
transacción [transaɣ'θjɔn] *f* **1.** Abwicklung *f,* Transaktion *f;* **2.** *ECO* Abfindung *f;* ~ *comercial* Abschluss *m*
transbordador [tranzβorða'ðɔr] *m* Fähre *f;* ~ *espacial* Raumfähre *f*
transbordar [tranzβor'ðar] *v* umladen, umschlagen, umsteigen; *¿Dónde hay que ~?* Wo muss man umsteigen?

T

transbordo [tranz'βɔrðo] *m* Umschlag *m*, Umsteigen *n*, Umladen *n*; *hacer ~* umsteigen; *lugar de ~* Umschlagplatz *m*
transcendental [transθenden'tal] *m* **1.** *lo ~* Übersinnliche *n*; *adj* **2.** übersinnlich
transcurrir [transku'rrir] *v* vergehen, verlaufen, vorbeigehen
transcurso [trans'kurso] *m* Ablauf *m*, Verlauf *m*, Lauf *m*; *en el ~ de* während
transeúnte [transe'unte] *m/f* Fußgänger(in) *m/f*, Passant(in) *m/f*
transferencia [transfe'renθja] *f* **1.** Transfer *m*, Übergabe *f*; **2.** *JUR* Überschreibung *f*; **3.** *ECO* Übertragung *f*, Überweisung *f*, Giro *n*; *Nuestro banco no realiza ~s al extranjero.* Unsere Bank führt keine Überweisungen ins Ausland durch. **4.** *(de datos) INFORM* Übertragung *f*
transferible [transfe'riβle] *adj ECO* übertragbar
transferir [transfe'rir] *v irr* **1.** *JUR* übereignen, umschreiben, überschreiben; **2.** *FIN* überweisen, transferieren; *Mis padres me transfieren dinero mensualmente.* Meine Eltern überweisen mir monatlich Geld. **3.** *(término)* verlegen
transformación [transfɔrma'θjɔn] *f* Wandlung *f*, Verwandlung *f*, Umwandlung *f*; *~ brusca* Umbruch *m*
transformador [transfɔrma'ðɔr] *m TECH* Transformator *m*
transformar [transfɔr'mar] *v* umändern, umsetzen, umwandeln
transfusión [transfu'sjɔn] *f (de sangre) MED* Bluttransfusion *f*
transgresión [tranzɣre'sjɔn] *f* Übertretung *f*, Überschreitung *f*
transición [transi'θjɔn] *f* Übergang *m*; *~ energética* Energiewende *f*
transigencia [transi'xenθja] *f* Nachgiebigkeit *f*, Versöhnlichkeit *f*
transigente [transi'xente] *adj* nachgiebig, versöhnlich
transigir [transi'xir] *v* nachgeben, einlenken
transitable [transi'taβle] *adj* befahrbar; *¿Está ~ la calle?* Ist die Straße passierbar?
transitar [transi'tar] *v ~ por* durchreisen, durchgehen
tránsito ['transito] *m* **1.** Durchreise *f*, Transit *m*, Durchgangsverkehr *m*; **2.** *~ de mercancías ECO* Durchfuhrgüter *pl*, Transitgüter *pl*; **3.** *(circulación de vehículos)* Verkehr *m*, Verkehrsaufkommen *n*; *En el centro de la ciudad hay mucho tránsito.* In der Stadtmitte ist ein hohes Verkehrsaufkommen.
transitorio [transi'torjo] *adj* zeitlich begrenzt, vorübergehend
transmigración [transmiɣra'θjɔn] *f* Übersiedelung *f*
transmigrar [transmi'ɣrar] *v* übersiedeln
transmisible [transmi'siβle] *adj MED* übertragbar
transmisión [transmi'sjɔn] *f* **1.** Übertragung *f*, Übermittlung *f*; *~ radiofónica* Rundfunkübertragung *f*; *~ de pensamientos* Gedankenübertragung *f*; *~ en vivo y en directo* Livesendung *f*; *~ vía satélite* Satellitenübertragung *f*; **2.** *TECH* Übersetzung *f*; **3.** *MED* Übertragung *f*; *~ de gérmenes* Keimübertragung *f*; **4.** *~ hereditaria BIO* Vererbung *f*
transmitir [transmi'tir] *v* **1.** übermitteln, übertragen, überbringen; **2.** *MED ~a* übertragen auf; **3.** *(emitir)* senden, durchgeben, ausstrahlen
transnacional [transnaθjo'nal] *f* multinationales Unternehmen *n*
transparente [transpa'rente] *adj* klar, durchsichtig, transparent
transpirar [transpi'rar] *v* schwitzen
transportable [transpɔr'taβle] *adj* transportfähig
transportación [transporta'θjɔn] *f* Beförderung *f*, Transport *m*
transportador [transpɔrta'ðɔr] *m* **1.** Transporteur *m*; **2.** *TECH* Förderer *m*; *~ de carga* Ladeförderer *m*; *~ de cinta* Förderband *n*
transportar [transpɔr'tar] *v* bringen, transportieren, abtransportieren, überführen
transporte [trans'pɔrte] *m* Transport *m*, Abtransport *m*, Überführung *f*; *~ por ferrocarril* Bahntransport *m*; *~ de carga/~ de mercancías* Gütertransport *m*; *~ colectivo* Sammeltransport *m*;

T

~s públicos Öffentliche Verkehrsmittel *pl*

transportista [transpɔr'tista] *m* Spediteur *m*

transvasar [transβa'sar] *v* abfüllen

transversalmente [tranzβɛrsal'mente] *adv* quer

tranvía [tram'βia] *m* Straßenbahn *f*

trapacear [trapaθe'ar] *v* betrügen, schwindeln

trapacería [trapaθe'ria] *f* Betrug *m*, Schwindelei *f*

trapacero [trapa'θero] *m* Betrüger *m*

trapecio [tra'peθjo] *m* Trapez *n*

trapero [tra'pero] *m* Altwarenhändler *m*, Lumpensammler *m*

trapo ['trapo] *m* **1.** Tuch *n*, Lappen *m*; *~ de limpieza* Putzlumpen *m*; **2.** *~s pl (fam)* Klamotten *pl*; **3.** *dejarlo a uno como un ~* jdn herunterputzen, jdn niedermachen

tráquea ['trakea] *f ANAT* Luftröhre *f*

traquetear [trakete'ar] *v* rattern

traqueteo [trake'teo] *m* Geknatter *n*, Rütteln *n*, Schütteln *n*

tras [tras] *prep* nach, hinter

trascendental [trasθenden'tal] *adj* transzendental, übergreifend, folgenschwer

trasegar [trase'ɣar] *v irr* **1.** abfüllen; **2.** *(fantasma)* spuken

trasero [tra'sero] *m* **1.** Hintern *m*, Po *m*; *adj* **2.** hintere(r,s)

trasfondo [tras'fɔndo] *m* Hintergrund *m*

trasiego [tra'sjeɣo] *m* Umfüllen *n*, Abfüllen *n*

trasladar [trasla'ðar] *v* **1.** überführen, wegbringen, verlegen; **2.** *ECO* übertragen, überschreiben, abschreiben

trasladarse [trasla'ðarse] *v* sich begeben; *~ a otra casa* umziehen

traslado [tras'laðo] *m* **1.** *(cambio)* Verlegung *f*, Versetzung *f*, Verrückung *f*; **2.** *(mudanza)* Umzug *m*; *~ de un país a otro* Übersiedelung *f*; **3.** *~ a otra cuenta ECO* Umbuchung *f*; **4.** *~ de datos INFORM* Datenübertragung *f*

trasnochado [trazno'tʃaðo] *adj* übernächtigt

traspasar [traspa'sar] *v (en un negocio)* übereignen

traspié [tras'pje] *m dar un ~* Stolpern *n*, Fehltritt *m*

trasplantación [trasplanta'θjɔn] *f MED* Transplantation *f*, Verpflanzung *f*

trasplantar [trasplan'tar] *v* **1.** *MED* transplantieren; **2.** umpflanzen

trasplante [tras'plante] *m* **1.** *MED* Transplantation *f*; *~ de corazón* Herztransplantation *f*; **2.** *(de plantas) AGR* Verpflanzung *f*, Umpflanzen *n*, Umtopfen *n*

trasquilar [traski'lar] *v* scheren, stutzen, abschneiden

trastear [traste'ar] *v* Möbel hin und her rücken, kramen, stöbern

trastero [tras'tero] *m* Abstellkammer *f*, Rumpelkammer *f (fam)*

trastornado [trastɔr'naðo] *adj* gestört, verstört

trastorno [tras'tɔrno] *m* **1.** Störung *f*, Verwirrung *f*; **2.** *~ circulatorio MED* Durchblutungsstörung *f*

trastos ['trastos] *m/pl* Kram *m*, Ramsch *m*, Plunder *m*; *~ viejos* Trödel *m*

trasunto [tra'sunto] *m* Abbild *n*

trata ['trata] *f* Sklavenhandel *m*

tratable [tra'taβle] *adj* verträglich, zugänglich, umgänglich

tratado ['trataðo] *m* **1.** Abhandlung *f*; **2.** *POL* Konvention *f*, Vertrag *m*; *~ de paz* Friedensvertrag *m*; *~ de desarme* Abrüstungsabkommen *n*

tratamiento [trata'mjento] *m* **1.** *MED* Behandlung *f*; **2.** *~ de un tema* Bearbeitung *f*, Aufarbeitung *f*; **3.** *(forma de dirigirse a alguien)* Benehmen *n*

tratante [tra'tante] *m* Händler(in) *m/f*

tratar [tra'tar] *v* **1.** behandeln, umgehen *~ a alguien de usted* jdn siezen; *~ mal* schlecht behandeln, traktieren; *~ bien a alguien* jdn gut behandeln; *José trata bien a su hermanita.* José behandelt seine Schwester gut. **2.** *~ un tema* ein Thema abhandeln; **3.** *(probar)* probieren; *~ de versuchen*; *~ de hacer algo* danach trachten, etw zu tun; **4.** *MED* behandeln, verarzten; *~ con rayos* bestrahlen

tratarse [tra'tarse] *v ~ de* sich handeln um; *En la conferencia se trata el tema del aborto.* In der Konferenz geht es um das Thema der Abtreibung.

T

trato ['trato] *m* 1. Behandlung *f*, Benehmen *n*; 2. *(acuerdo)* Vereinbarung *f*, Vertrag *m*
trauma ['traŭma] *m MED* Trauma *n*
travesía [traβe'sia] *f* 1. Durchfahrt *f*, Überfahrt *f*; *¿Cuánto tiempo dura la ~?* Wie lange dauert die Überfahrt? 2. *(calle)* Querstraße *f*
travesura [traβe'sura] *f* Schabernack *m*, Unfug *m*, Übermut *m*; *hacer una ~* einen Streich spielen
traviesa [tra'βjesa] *f* Schwelle *f*
travieso [tra'βjeso] *adj* 1. übermütig, keck, unartig (Kind); 2. *(transversal)* quer
trayecto [tra'jɛkto] *m* Strecke *f*, Weg *m*
trayectoria [trajɛk'torja] *f* Flugbahn *f*, Werdegang *m (fig)*
traza ['traθa] *f por las ~s* dem Aussehen nach *n*, dem Anschein nach *m*
trazado [tra'θaðo] *m* Entwurf *m*, Trasse *f*
trazar [tra'θar] *v* 1. zeichnen, aufzeichen; 2. *(proyectar)* projektieren, entwerfen, skizzieren
trazo ['traθo] *m* Strich *m*
trece ['treθe] *num* dreizehn
trecho ['tretʃo] *m* Strecke *f*; *~ de prueba* Teststrecke *f*
tregua ['treɣwa] *f* Waffenstillstand *m*
treinta ['treĭnta] *num* dreißig
tremendo [tre'mendo] *adj (poderoso)* mächtig, ungeheuer, fürchterlich, schrecklich
trementina [tremen'tina] *f* Terpentin *n*
tren [tren] *m* 1. Zug *m*, Bahn *f*; *~ ómnibus* Personenzug *m*; *~ de carga/~ de mercancías* Güterzug *m*; *~ de cercanías* Nahverkehrszug *m*; *~ directo* D-Zug *m*; *~ rápido* Eilzug *m*; *~ expreso* Expresszug *m*; *~ fantasma/~ de la bruja* Geisterbahn *f*; 2. *~ de fabricación TECH* Fertigungsstraße *f*; 3. *~ de lavado* Waschanlage *f*
trena ['trena] *f* Knast *m*
trenza ['trenθa] *f* Zopf *m*
trenzar [tren'θar] *v* flechten
trepar [tre'par] *v* 1. *~ a* klettern auf; 2. *~ por BOT* ranken um
trepidación [trepiða'θjɔn] *f* Beben *n*, Zittern *n*, Zucken *n*
trepidante [trepi'ðante] *adj* zitternd, bebend, stampfend
trepidar [trepi'ðar] *v* beben, zittern
tres [tres] *num* drei; *~ veces* dreimal; *~ cuartos* drei viertel
treta ['treta] *f* Masche *f*, Trick *m*
triangular [trjaŋgu'lar] *adj* dreieckig
triángulo ['trjaŋgulo] *m* 1. *MATH* Dreieck *n*; 2. *~ amoroso* Dreiecksverhältnis *n*; 3. *~ de emergencia* Warndreieck *n*
tribu ['triβu] *f* Stamm *m*
tribuna [tri'βuna] *f* Tribüne *f*
tribunal [triβu'nal] *m JUR* Gericht *n*; *~ laboral* Arbeitsgericht *n*; *~ examinador* Prüfungsausschuss *m*; *~ constitucional* Verfassungsgericht *n*; *~ de justicia* Gerichtshof *m*; *~ arbitral* Schiedsgericht *n*; *~ administrativo* Verwaltungsgericht *n*
tributación [triβuta'θjɔn] *f* Besteuerung *f*
tributante [triβu'tante] *m* Tribut leistende Person *f*, Steuerpflichtiger *m*
tributo [tri'βuto] *m* Steuer *f*, Tribut *m*
triciclo [tri'θiklo] *m* Dreirad *n*
tricot [tri'kɔt] *m* Trikot *n*
tricotar [triko'tar] *v* stricken
tridimensional [triðimensjo'nal] *adj* dreidimensional
trigal [tri'ɣal] *m* Kornfeld *n*, Weizenfeld *n*
trigésimo [tri'xesimo] *adj* dreißigste(r,s)
trigo ['triɣo] *m BOT* Weizen *m*, Weizenkorn *n*
trigonometría [triɣonome'tria] *f MATH* Trigonometrie *f*
trillado [tri'ʎaðo] *adj una verdad trillada* abgedroschen, allseits bekannt
trillar [tri'ʎar] *v* dreschen
trillizos [tri'ʎiθos] *m/pl* Drillinge *pl*
trillo ['triʎo] *m* Flegel *m*
trimestral [trimes'tral] *adj* vierteljährlich
trinado [tri'naðo] *m* Vogelgezwitscher *n*
trinar [tri'nar] *v* zwitschern
trinchar [trin'tʃar] *v* tranchieren
trinchera [trin'tʃera] *f MIL* Schützengraben *m*
trineo [tri'neo] *m* Schlitten *m*
Trinidad [trini'ðað] *f REL* Dreieinigkeit *f*
trino ['trino] *m MUS* Triller *m*
trío ['trio] *m* 1. Dreiergruppe *f*; 2. *(con-*

junto musical) MUS Trio *n; El trío x toca hoy obras de Bach.* Das Trio X spielt heute Werke von Bach. **3.** *(obra musical)* MUS Musik für drei Instrumente *f*
triple ['triple] *adj* dreifach
trípode ['tripoðe] *m* Stativ *n*
tripulación [tripula'θjɔn] *f* Mannschaft *f,* Besatzung *f*
tripulado [tripu'laðo] *adj* bemannt
tripulante [tripu'lante] *m* Besatzungsmitglied *n,* Mannschaftsmitglied *n*
tripular [tripu'lar] *v* bemannen, eine Besatzung zusammenstellen
triste ['triste] *adj* traurig, trübselig, trübsinnig
tristeza [tris'teθa] *f* Trauer *f,* Traurigkeit *f,* Trübsinn *m*
tristón [tris'tɔn] *adj* freudlos
triturador [tritura'ðɔr] *m ~ de carne* Fleischwolf *m*
triturar [tritu'rar] *v* zerkleinern, zerreiben
triunfador(a) [trjumfa'ðɔr/trjumfa'ðora] *m/f* Sieger(in) *m/f*
triunfal [trjum'fal] *adj* triumphal
triunfante [trjum'fante] *adj* siegreich
triunfar [trjum'far] *v ~ sobre* siegen über, bezwingen, triumphieren über
triunfo ['trjumfo] *m* Sieg *m,* Triumph *m*
trivial [tri'βjal] *adj* banal, geistlos, platt
trivialidad [triβjali'ðað] *f* Banalität *f*
trocar [tro'kar] *v irr* tauschen; *~ por* eintauschen gegen
trofeo [tro'feo] *m* Trophäe *f*
trombón [trɔm'bɔn] *m* MUS Posaune *f*
trompa ['trɔmpa] *f* **1.** ZOOL Rüssel *m;* **2.** *las ~s de Falopio pl* ANAT Eileiter *pl*
trompeta [trɔm'peta] *f* Trompete *f; tocar la ~* Trompete spielen
tronar [tro'nar] *v irr* donnern
tronco ['trɔŋko] *m* **1.** Baumstamm *m; dormir como un ~* wie ein Murmeltier schlafen; **2.** *(carruaje)* Gespann *n;* **3.** *(fig)* Stamm *m;* **4.** ANAT Oberkörper *m,* Rumpf *m*
trono ['trono] *m* Thron *m*
tropa ['tropa] *f* MIL Truppe *f*
tropezar [trope'θar] *v irr* **1.** *~ con* stolpern über; **2.** *~ contra* anstoßen an
tropical [tropi'kal] *adj* tropisch; *instituto ~* Tropeninstitut *n*
trópicos ['tropikos] *m/pl* GEO Tropen *pl*
tropiezos [tro'pjeθos] *m/pl* **1.** Hindernis *n,* Schwierigkeit *f;* **2.** *(fig)* Fehltritt *m*
trotamundos [trota'mundos] *m* Weltenbummler *m,* Globetrotter *m*
trotar [tro'tar] *v* **1.** *(un caballo)* traben, trotten; **2.** *(hacer jogging) (LA)* joggen
trote ['trote] *m* Trab *m*
trozo ['troθo] *m* Stück *n,* Bissen *m,* Brocken *m; a ~s* stückweise; *un ~ de queso/pan/mantequilla* ein Stück Käse/Brot/Butter *n*
trucha ['trutʃa] *f* ZOOL Forelle *f*
truco ['truko] *m* **1.** Trick *m,* Tour *f;* **2.** *(de arte)* Kunststück *n;* **3.** CINE Gag *m*
trueno ['trweno] *m* Donner *m*
trueque ['trweke] *m* Tausch *m,* Umtausch *m,* Tauschgeschäft *n*
trufa ['trufa] *f* BOT Trüffel *m*
truhán [tru'an] *m* Spitzbube *m,* Gauner *m*
truncar [truŋ'kar] *v* abbrechen
trust [trust] *m* ECO Trust *m*
tu [tu] *pron (posesivo)* dein(e)
tú [tu] *pron (personal)* du
tubérculo [tu'βɛrkulo] *m* BOT Knolle *f*
tubería [tuβe'ria] *f* Leitung *f,* Rohr *n*
tubo ['tuβo] *m* **1.** Tube *f;* **2.** *~ de ensayo* CHEM Reagenzglas *n;* **3.** *~ de escape* TECH Auspuffrohr *n; ~ de imagen* Bildröhre *f;* **4.** *(fam)* U-Bahn *f*
tuerca ['twɛrka] *f* TECH Mutter *f*
tullido [tu'ʎiðo] *adj* MED lahm, verkrüppelt
tumba ['tumba] *f* **1.** Grab *n;* **2.** *(panteón)* Gruft *f*
tumbar [tum'bar] *v* umschmeißen, kippen, umkippen, umstoßen
tumbarse [tum'barse] *v (fam: arrellanarse)* sich fallen lassen, es sich bequem machen
tumbona [tum'bona] *f* Liegestuhl *m*
tumor [tu'mɔr] *m* MED Tumor *m,* Geschwulst *f; ~ cerebral* Gehirntumor *m*
tumulto [tu'multo] *m* Krawall *m,* Tumult *m*
tunante [tu'nante] *m* Tunichtgut *m*
túnel ['tunɛl] *m* **1.** Tunnel *m;* **2.** *~ aerodinámico* TECH Windkanal *m*
turba ['turβa] *f* **1.** Torf *m;* **2.** *(fig)* Menge *f,* Meute *f*
turbación [turβa'θjɔn] *f* Peinlichkeit *f*

T

turbado [tur'βaðo] *adj* verstört; *estar ~* betreten sein
turbamulta [turβa'multa] *f* Gedränge *n*, Menschenmenge *f*
turbar [tur'βar] *v* trüben
turbiedad [turβje'ðað] *f* **1.** *(líquido)* Trübe *f*, Trübheit *f*, **2.** *(fig)* Undurchsichtigkeit *f*
turbina [tur'βina] *f TECH* Turbine *f*; *~ hidráulica* Wasserturbine *f*
turbio ['turβjo] *adj* trüb
turbocompresor [turβokompre'sɔr] *m* Turbogebläse *n*, Turbokompressor *m*
turbulencia [turβo'lenθja] *f* Turbulenz *f*, Durcheinander *n*
turbulento [turβu'lento] *adj* turbulent
turco ['turko] *m* **1.** Türke *m*; *adj* **2.** türkisch
turíbulo [tu'riβulo] *m* Räucherfass *n*, Weihrauchfass *n*
turismo [tu'rizmo] *m* **1.** Fremdenverkehr *m*, Tourismus *m*; **2.** *(automóvil)* Personenkraftwagen *m*
turista [tu'rista] *m/f* Tourist(in) *m/f*
turístico [tu'ristiko] *adj* touristisch, Touristik ...
turnarse [tur'narse] *v* sich abwechseln
turné [tur'ne] *f* Tournee *f*
turno ['turno] *m* Schicht *f*; *de ~* Dienst habend; *~ de noche* Nachtschicht *f*; *~ de tarde* Spätschicht *f*
Turquía [tur'kia] *f GEO* Türkei *f*
turrar [tu'rrar] *v* in der Glut garen
turrón [tu'rrɔn] *m* hartes oder weiches Mandel-/Nougatgebäck zur Weihnachtszeit *n*
tururú [turu'ru] *adj* verrückt
tutela [tu'tela] *f* Vormundschaft *f*, Obhut *f*, Bevormundung *f*; *tener a alguien bajo ~* jdn bevormunden
tutelado [tute'laðo] *m JUR* Mündel *n*
tutear [tute'ar] *v* duzen *¿Por qué no nos tuteamos?* Wollen wir uns nicht duzen?
tuteo [tu'tɛo] *m* Duzen *n*
tutor(a) [tu'tɔr/tu'tora] *m/f* **1.** Vormund *m*; **2.** *(profesor)* Tutor(in) *m/f*
tutoría [tuto'ria] *f* Vormundschaft *f*
tutorial [tuto'rjal] *m (documentación de un programa) INFORM* Tutor *m*, Assistent *m*, Hilfsprogramm *n*; *Este programa no tiene tutoriales.* Dieses Programm hat keine Hilfsprogramme.
tuyo ['tujo] *pron (posesivo)* dein, deine(r,s); *El coche es ~.* Das Auto ist deines.
tweed [twið] *m* Tweed *m*
twittear [twite'ar] *v* twittern

T

U

u [u] *konj (antes de o, ho)* oder
ubicación [uβika'θjɔn] *f* Standort *m,* Unterbringung *f,* Lageplan *m*
ubicado [uβi'kaðo] *adj (LA)* gelegen
UE [u'e] *f (Unión Europea)* [u'njɔn euro-pea] EU *f*
ufanarse [ufa'narse] *v* sich brüsten
ufano [u'fano] *adj* selbstgefällig
úlcera ['ulθera] *f MED* Geschwür *n*
ulterior [ulte'rjɔr] *adj* **1.** anderweitig; **2.** *(posterior)* nachträglich
últimamente [ultima'mente] *adv* neulich, letztens
ultimar [ulti'mar] *v* **1.** vollenden; **2.** *(asesinar)* umbringen *(LA)*
ultimátum [ulti'matun] *m* Ultimatum *n*
último ['ultimo] *adj* letzte(r,s), vorig; *Es mi ~ día.* Das ist mein letzter Tag. *la última vez* das letzte Mal; *por ~* schließlich, abschließend
ultraconservador [ultrakɔnsɛrβa'ðɔr] *adj* erzkonservativ
ultraderechista [ultradere'tʃista] *m/f POL* Rechtsextremist(in) *m/f*
ultrajar [ultra'xar] *v* angreifen
ultraje [ul'traxe] *m* Schande *f,* Schmach *f*
ultramar [ultra'mar] *m* Übersee *f; azul de ~ (color)* ultramarin
ultramoderno [ultramo'ðɛrno] *adj* hypermodern
ultranza [ul'tranθa] *f a ~* um jeden Preis, radikal
ultrasonido [ultraso'niðo] *m* Ultraschall *m*
ultravioleta [ultraβjo'leta] *adj* ultraviolett
ulular [ulu'lar] *v* heulen
umbral [um'bral] *m* **1.** Schwelle *f,* Türschwelle *f;* **2.** *~ de la inhibición PSYCH* Hemmschwelle *f*
un [un] *art* **1.** ein; *num* **2.** eins
una ['una] *art* eine; *~s* einige, etliche
unánime [u'nanime] *adj* einstimmig
unanimidad [unanimi'ðað] *f* Einstimmigkeit *f; por ~* einstimmig
unción [un'θjɔn] *f* **1.** *MED* Einreibung *f,* Einsalbung *f;* **2.** *REL* Salbung *f*
undécimo [un'deθimo] *adj* elfte(r,s)
ungüento [uŋ'gwento] *m* Salbe *f,* Linderung *f*
unicidad [uniθi'ðað] *f* Einzigkeit *f*
único ['uniko] *adj* **1.** einzeln, allein, einzig; *la única posibilidad* die einzige Möglichkeit *f;* **2.** *(singular)* einmalig, einzigartig
unicolor [uniko'lɔr] *adj* einfarbig
unidad [uni'ðað] *f* **1.** Einheit *f,* Einigkeit *f; ~ monetaria ECO* Währungseinheit *f;* **2.** *(dispositivo) INFORM* Laufwerk *n; ~ de CD-ROM* CD-ROM-Laufwerk; *~ de disco duro* Laufwerk einer Festplatte; *~ central de procesamiento* zentrales Betriebslaufwerk
unido [u'niðo] *adj* vereint, vereinigt, verbunden
unificación [unifika'θjɔn] *f POL* Einigung *f,* Vereinigung *f*
unificar [unifi'kar] *v* vereinheitlichen, zusammenführen
uniformado [unifor'maðo] *adj* **1.** uniformiert, einheitlich; *m* **2.** *(de alguna fuerza pública)(LA)* amtliche Person *f*
uniformar [unifɔr'mar] *v* vereinheitlichen, standardisieren, angleichen, normen
uniforme [uni'fɔrme] *m* **1.** Uniform *f; adj* **2.** einheitlich, gleichmäßig
uniformidad [unifɔrmi'ðað] *f* Einerlei *n,* Gleichmäßigkeit *f*
unilateral [unilate'ral] *adj* einseitig, eingleisig
unión [u'njɔn] *f* **1.** Vereinigung *f,* Zusammenfassung *f,* Zusammenschluss *m;* **2.** *POL* Union *f,* Einigung *f;* **3.** *(grupo)* Verein *m,* Verband *m;* **4.** *(conexión)* Anschluss *m,* Verbindung *f;* **5.** *(~ con)* Verbundenheit *f;* **6.** *Unión Europea (UE) GEO* Europäische Union (EU) *f;* **7.** *Unión de Estados Independientes (UEI) GEO* Gemeinschaft Unabhängiger Staaten (GUS) *f*

unir [u'nir] *v* **1.** verbinden, anschließen, zusammenlegen; **2.** *(fig: reunir)* vereinigen
unirse [u'nirse] *v* sich verbünden, sich zusammenschließen
unísono [u'nisono] *adj* einstimmig
unitario [uni'tarjo] *adj* einheitlich
universal [uniβɛr'sal] *adj* **1.** allgemein, durchgängig; **2.** *(mundial)* weltweit, universal
universalidad [uniβɛrsali'ðað] *f* Allgemeinheit *f,* Vielseitigkeit *f*
universidad [uniβɛrsi'ðað] *f* Hochschule *f,* Universität *f; ~ popular* Volkshochschule *f*
universitario [uniβɛrsi'tarjo] *m* Akademiker *m*
universo [uni'βɛrso] *m* Weltall *n,* All *n,* Universum *n*
uno ['uno] *num* **1.** eins; *~ y medio* anderthalb, eineinhalb; *art* **2.** eine(r,s), ein; *Quisiera sólo ~.* Ich möchte nur eines. *pron* **3.** *~ dentro de otro* ineinander; *~s dentro de otros* ineinander; *~ de más* einer zu viel; *~ junto a otro* aneinander; *~ sobre el otro* aufeinander, übereinander; *~ con otro* beieinander, miteinander, zueinander; *~ a otro* einander; *~ por ~* einzeln, nacheinander; *~ en contra de otro* gegeneinander; *~ detrás de otro* hintereinander; *~ tras otro* nacheinander; *~ al lado de otro* nebeneinander; **4.** *(impersonal)* man; **5.** *~s pl* einige, etliche; *~s cuantos días* ein paar Tage; *sólo ~s cuantos* nur ein paar
untar [un'tar] *v* **1.** streichen, belegen, schmieren; *~ con* bestreichen mit; *~ con crema* eincremen; *~ de* beschmieren mit; **2.** *(sobornar)* jdn schmieren, Schmiergeld bezahlen
unto ['unto] *m* Schmiergeld *n*
uña ['uɲa] *f* ANAT Fingernagel *m,* Nagel *m; enseñar las ~s (fig)* die Zähne zeigen; *ser ~ y* carne ein Herz und eine Seele sein
uranio [u'ranjo] *m* CHEM Uran *n*
Urano [u'rano] *m* ASTR Uranus *m*
urbanidad [urβani'ðað] *f* Höflichkeit *f,* Gewandtheit *f,* Weltläufigkeit *f*
urbanismo [urβa'nizmo] *m* Städtebau *m,* Städteplanung *f*
urbanización [urβaniθa'θjɔn] *f* **1.** Erschließung *f,* Bebauung *f;* **2.** *(barrio)* Wohnsiedlung *f,* Villenviertel *n*
urbanizar [urβani'θar] *v* bebauen, erschließen
urbano [ur'βano] *adj* städtisch
urbe ['urβe] *f* Großstadt *f,* Metropole *f*
uréter [u'retɛr] *m* ANAT Harnleiter *m*
uretra [u'retra] *f* ANAT Harnröhre *f*
urgencia [ur'xenθja] *f* Dringlichkeit *f; Es un caso de ~.* Das ist ein Notfall.
urgente [ur'xente] *adj* dringend, eilig, vordringlich; *ser ~* dringend sein; *muy ~* vordringlich
urna ['urna] *f* Urne *f,* Glaskasten *m; ~ electoral* POL Wahlurne *f*
uro ['uro] *m* ZOOL Auerochs *m,* Ur *m*
urogallo [uro'ɣaʎo] *m* ZOOL Auerhahn *m*
urólogo [u'roloɣo] *m* MED Urologe *m*
usado [u'saðo] *adj* gebraucht; *~ para fines extraños* zweckentfremdet
usaje [u'saxe] *m* Nutzung *f*
usanza [u'sanθa] *f* *(costumbre)* Brauch *m,* Sitte *f,* Mode *f*
usar [u'sar] *v* **1.** gebrauchen, benutzen, verwenden, anwenden; **2.** *(la ropa)* tragen; *~ gafas* eine Brille tragen; **3.** *(desgastar)* abnützen
usarse [u'sarse] *v* gebraucht werden
uso ['uso] *m* **1.** Gebrauch *m,* Verwendung *f,* Anwendung *f,* Benutzung *f,* Einsatz *m; ~ de razón* Vernunftsgebrauch *m; hacer ~* Gebrauch machen; *en ~* gebräuchlich; **2.** *(costumbre)* Brauch *m,* Sitte *f,* Mode *f;* **3.** *~ previsto* Verwendungszweck *m;* **4.** *(desgaste)* Abnutzung *f,* Nutzungszustand *m;* **5.** *~s pl* Brauchtum *n*
usted [us'teð] *pron* **1.** Sie; **2.** *~es pl* Sie; **3.** *(vosotros)* ihr
usual [u'swal] *adj* gewöhnlich, üblich, gängig, gebräuchlich, geläufig
usuario [u'swarjo] *m* Benutzer *m*
usurpación [usurpa'θjɔn] *f* widerrechtliche Aneignung *f,* Usurpation *f,* Anmaßung *f*
usurpador(a) [usurpa'ðɔr/usurpa'ðora] *m/f* Usurpator(in) *m/f*
usurpar [usur'par] *v* sich widerrechtlich etw aneignen, usurpieren
utensilio [uten'siljo] *m* Gerät *n,* Utensil *n; ~ doméstico* Haushaltsgerät *n*

útero ['utero] *m ANAT* Gebärmutter *f*
útil ['util] *adj* **1.** dienlich, nützlich, brauchbar; *ser ~ para* taugen zu; *ser ~ a alguien* jdm behilflich sein/jdm nützlich sein; *m* **2.** *~es pl* Utensilien *pl; ~es de costura* Nähzeug *n*
utilero [uti'lero] *m THEAT* Requisiteur *m*
utilidad[1] [utili'ðað] *f* Nutzen *m,* Nützlichkeit *f*
utilidad[2] [utili'ðað] *f/pl (herramientas) INFORM* Utilitys *pl,* Werkzeuge *pl programa de ~es* Utility-Programm *n*
utilizable [utili'θaβle] *adj* dienlich, verwendbar
utilización [utili'θaθjɔn] *f* **1.** Verwendung *f,* Anwendung *f,* Benutzung *f,* Inanspruchnahme *f;* **2.** *(provecho)* Ausnützung *f,* Verwertung *f,* Nutzung *f*
utilizador(a) [utiliθa'ðɔr/utiliθa'ðora] *m/f* Benutzer(in) *m/f*
utilizar [utili'θar] *v* **1.** *(aplicar)* anwenden, verwenden; **2.** *(usar)* benutzen, gebrauchen; *¿Puedo ~ su teléfono?* Darf ich Ihr Telefon benutzen? **3.** *(necesitar)* brauchen; **4.** *(aprovechar)* nutzen
utillaje [uti'ʎaxe] *m* Ausrüstung *f*
utopía [uto'pia] *f* Utopie *f*
utópico [u'topiko] *adj* utopisch
uva ['uβa] *f BOT* Weintraube *f,* Traube *f; tener mala ~ (fig)* schlechte Laune haben, schlecht gelaunt sein
uvate [u'βate] *m GAST* Traubenmost *m*
uve ['uβe] *f (letra)* V
uviforme [uβi'fɔrme] *adj* traubenförmig
Uzbequistán [uθβekis'tan] *m GEO* Usbekistan *n*

V

vaca ['βaka] *f ZOOL* Kuh *f*
vacaciones [βaka'θjones] *f/pl* Urlaub *m; ~ de la empresa* Betriebsferien *pl; ~ de verano* Sommerferien *pl; ~ escolares* Schulferien *pl; lugar de ~* Ferienort *m*
vacacionista [βakaθjo'nista] *m/f* Urlauber(in) *m*
vacante [βa'kante] *m* **1.** *~ de estudios* Studienplatz *m; adj* **2.** offen
vaciadero [βaθja'ðero] *m ~ de desperdicios* Müllhalde *f,* Abfalldeponie *f*
vaciamiento [βaθja'mjento] *m* Leerung *f*
vaciar [βa'θjar] *v* leeren, ausleeren
vaciedad [βaθje'ðað] *f* Leere *f,* Plattheit *f*
vacilante [βaθi'lante] *adj* unschlüssig, zaghaft, zögernd
vacilar [βaθi'lar] *v* **1.** schwanken; **2.** *(fig)* wanken, zögern, zaudern; *sin ~* kurzerhand
vacío [βa'θio] *adj* **1.** *(sin adorno)* kahl; **2.** *(de contenido)* leer, inhaltslos; **3.** *(hueco)* hohl; *m* **4.** Lücke *f,* Hohlraum *m,* Leere *f*
vacuna [βa'kuna] *f MED* Impfstoff *m; ~ por vía oral* Schluckimpfung *f; ~ antitetánica* Tetanusimpfung *f*
vacunación [βakuna'θjɔn] *f MED* Impfung *f; ~ variólica* Pockenimpfung *f; ~ preventiva* Schutzimpfung *f*
vacunar [βaku'nar] *v ~ contra MED* impfen gegen
vacuno [βa'kuno] *m ZOOL* Rind *n*
vacuo ['βakuo] *adj* leer, inhaltslos
vadear [βaðɛ'ar] *v* **1.** durchwaten; **1.** *(fig)* abtasten
vagabundear [βaɣaβunde'ar] *v* vagabundieren
vagabundo [βaɣa'βundo] *m* Herumtreiber *m,* Landstreicher *m,* Vagabund *m*
vagar [βa'ɣar] *v* **1.** bummeln; *~ sin rumbo* umherirren; **2.** *(estar ocioso)* Muße haben, müßig gehen, faulenzen
vagina [βa'xina] *f ANAT* Scheide *f,* Vagina *f*
vago ['βaɣo] *adj* **1.** dumpf, faul; **2.** *(no específico)* undeutlich, vage; *m* **3.** Faulpelz *m,* Faulenzer *m; hacer el ~* faulenzen; **4.** *(vagabundo)* Landstreicher *m*
vagón [βa'ɣɔn] *m* Waggon *m,* Eisenbahnwagen *m; ~ de literas* Liegewagen *m; ~ restaurante* Speisewagen *m*
vaho ['βao] *m* Dunst *m*
vainilla [βaĭ'niʎa] *f* **1.** *BOT* Vanille *f;* **2.** *~ azucarada GAST* Vanillezucker *m*
vajilla [βa'xiʎa] *f* Essgeschirr *n,* Geschirr *n*
vale ['βale] *m* **1.** Gutschein *m,* Bon *m;* **2.** Freikarte *f*
valedero [βale'ðero] *adj* gültig, geltend
valenciano [βalen'θjano] *adj* **1.** aus Valencia; *m* **2.** Valencianer *m*
valentía [βalen'tia] *f* Mut *m,* Tapferkeit *f*
valer [βa'lɛr] *v irr* **1.** *(tener validez)* gelten, wert sein; *¡Vale!* Abgemacht!/In Ordnung! **2.** *(costar)* kosten; **3.** *(servir)* taugen; **4.** *~ la pena* sich lohnen, sich auszahlen
valeriana [βale'rjana] *f MED* Baldrian *m*
valeroso [βale'roso] *adj* tapfer, mutig
valerse [βa'lɛrse] *v ~ de algo* von etw Gebrauch machen; *no poder ~* sich nicht helfen können
valía [βa'lia] *f* Wert *m,* Gunst *f*
validez [βali'ðeθ] *f* **1.** Gültigkeit *f,* Geltung *f; ¿Cuánto tiempo tiene ~?* Wie lange ist es gültig? **2.** *sin ~* hinfällig, ungültig; **3.** *ECO* Laufzeit *f*
válido ['βaliðo] *adj* **1.** gültig, geltend; *ser ~* gelten; **2.** *JUR* rechtskräftig, rechtsgültig
valiente [βa'ljente] *adj* brav, tapfer, beherzt
valija [βa'lixa] *f* Handkoffer *m,* Reisetasche *f,* Koffer *m*
valioso [βa'ljoso] *adj* kostbar, wertvoll
valla ['βaʎa] *f* Zaun *m,* Bretterzaun *m,* Hürde *f*
vallar [βa'ʎar] *v* umzäunen, abriegeln
valle ['βaʎe] *m* Tal *n*

valor [βa'lɔr] *m* **1.** Wert *m; de gran ~* hochwertig; *perder su ~* an Wert verlieren; *sin ~* wertlos; *~ límite* Grenzwert *m; ~ estimado* Schätzwert *m; ~ indicativo* Richtwert *m;* **2.** *(valentía)* Mut *m; ~ cívico* Zivilcourage *f;* **3.** *~ nominal* FIN Nennwert *m;* **4.** *~es bursátiles pl* FIN Börsenpapier *n; titulos ~es* Wertpapier *n;* **5.** *~es pl* ECO Effekten *pl; ~es en cartera* Effektenbestand *m*
valoración [βalora'θjɔn] *f* Bewertung *f*, Wertung *f*
valorar [βalo'rar] *v* **1.** bewerten, einschätzen; **2.** *(apreciar)* würdigen
valorizar [βalori'θar] *v* bewerten, auswerten, beurteilen
vals [βals] *m* MUS Walzer *m*
vampiro [βam'piro] *m* Vampir *m*
vanagloria [βana'ɣlorja] *f* Ruhmsucht *f*
vanagloriarse [βanaɣlo'rjarse] *v* sich brüsten, prahlen
vandalismo [βanda'lizmo] *m* Vandalismus *m*
vanguardia [βan'ɣwarðja] *f* Vorhut *f*, Avantgarde *f*
vanguardista [βanɣwar'ðista] *adj* avantgardistisch
vanidad [βani'ðað] *f* Eitelkeit *f*
vanidoso [βani'ðoso] *adj* **1.** eitel, pedantisch, selbstgefällig; *m* **2.** Pedant *m*
vano ['βano] *adj* **1.** eitel; **2.** *en ~* umsonst, vergeblich
vapor [βa'pɔr] *m* **1.** Dampf *m*, Dunst *m; echar ~es* dampfen; **2.** *(un barco)* Dampfer *m*
vaporoso [βapo'roso] *adj* duftig
vaquero [βa'kero] *m* **1.** Kuhhirte *m*, Cowboy *m*, **2.** *~s* Bluejeans *f*
vara ['βara] *f* **1.** Stange *f; ~ de remolque* Abschleppstange *f;* **2.** BOT Rute *f;* **3.** *medirlo todo con la misma ~ (fig)* alles über einen Kamm scheren
varar [βa'rar] *v* stranden
variabilidad [βarjaβili'ðað] *f* Veränderlichkeit *f*
variable[1] [βa'rjaβle] *f* **1.** *(en el álgebra)* MATH Variable *f;* **2.** *(campo reservado en la memoria)* INFORM Variable *f* (Reservebereich im Speicher); **3.** *(fig: condiciones independientes)* Unbekannte *f*, Unbeständigkeit *f*, Unstetigkeit *f*
variable[2] [βa'rjaβle] *adj* veränderlich, unbeständig, variabel
variación [βarja'θjɔn] *f* **1.** Veränderung *f*, Abwandlung *f*, Schwankung *f;* **2.** *(versión)* Abart *f*
variado [βa'rjaðo] *adj* **1.** verschieden, vielfältig; **2.** *(diverso)* abwechslungsreich, bunt
variante [βa'rjante] *f* Variante *f*
variar [βa'rjar] *v* **1.** *(cambiar)* verändern, wechseln, abwandeln, variieren; **2.** *(vacilar)* schwanken
variedad [βarje'ðað] *f* Vielfalt *f*
vario ['βarjo] *adj* verschieden, unterschiedlich; *en varias ocasiones* mehrmals, des Öfteren
varios ['βarjos] *pron* **1.** mehrere, manche; *adj* **2.** allerhand, allerlei
varón [βa'rɔn] *m* Mann *m*, männliches Wesen *n*
varonil [βaro'nil] *adj* männlich, mannhaft, mutig
vasija [βa'sixa] *f* Gefäß *n*
vaso ['βaso] *m* **1.** Glas *n*, Becher *m; un ~ de leche* ein Glas Milch *n; ~ de cartón* Pappbecher *m;* **2.** ANAT Gefäß *n; ~ sanguíneo* Ader *f; ~ capilar* Kapillargefäß *n*
vástago ['βastaɣo] *m* Sprössling *m*
vasto ['βasto] *adj* **1.** breit, großflächig, weitläufig; **2.** *(desolado)* wüst; **3.** *(fig)* weit gehend
Vaticano [βati'kano] *m* Vatikan *m*
vaticinar [βatiθi'nar] *v* voraussagen
vatio ['βatjo] *m* Watt *n*
veces ['βeθes] *f/pl a ~* gelegentlich, manchmal, zuweilen; *la mayoría de las ~* meist, meistens; *un par de ~* ein paar Mal
vecinal [βeθi'nal] *adj* Gemeinde..., nachbarlich, nebenan liegend
vecindad [βeθin'dað] *f* **1.** Nachbarschaft *f;* **2.** *(cercanía)* Nähe *f*
vecindario [βeθin'darjo] *m* Einwohnerschaft *f*, Nachbarschaft *f*
vecino [βe'θino] *m* **1.** Nachbar *m*, Hausbewohner *m*, Anlieger *m; adj* **2.** benachbart; **3.** *(cercano)* nah(e), aneinander grenzend
vector [βɛk'tɔr] *m* MATH Vektor *m*
vectorial [βɛkto'rjal] *adj* MATH vektoriell, Vektor...
vedar [βe'ðar] *v* untersagen

V

vegano [βe'ɣano] *m* **1.** Veganer *m; adj* **2.** vegan; *la alimentación vegana* die vegane Ernährung
vegetación [βɛxeta'θjɔn] *f* **1.** BOT Vegetation *f;* **2.** *(planta)* Gewächs *n*
vegetal [βɛxe'tal] *adj* **1.** pflanzlich; *m* **2.** BOT Gewächs *n*
vegetar [βɛxe'tar] *v* **1.** wachsen; **2.** *(fig: llevar una vida inútil)* vegetieren
vegetariano [βɛxeta'rjano] *m* **1.** Vegetarier *m; adj* **2.** vegetarisch; *la cocina vegetariana* die vegetarische Küche *f*
vegetativo [βexeta'tiβo] *adj* vegetativ, wachsend, vegetierend
vehemencia [βee'menθja] *f* Heftigkeit *f,* Ungestüm *n,* Kraft *f*
vehemente [βee'mente] *adj* vehement, heftig, ungestüm, kraftvoll
vehículo [βe'ikulo] *m* Fahrzeug *n,* Kraftfahrzeug *n; ~ híbrido m* Hybridauto *n; ~ para todo terreno* Geländewagen *m; ~ de alquiler* Mietwagen *m*
vehículo-vivienda [βeikuloβi'βjenda] *m* Wohnmobil *n*
veinte ['βɛjnte] *num* zwanzig
vejación [βexa'θjɔn] *f* Belästigung *f,* Plage *f*
vejar [βɛ'xar] *v* **1.** angreifen, traktieren; **2.** *(humillar)* demütigen
vejez [βɛ'xeθ] *f* Lebensabend *m,* Alter *n*
vela ['βela] *f* **1.** Kerze *f;* **2.** *(de barco)* NAUT Segel *n*
velada [βe'laða] *f* Abend *m; una ~ amena* ein geselliger Abend *m*
velar [βe'lar] *v* **1.** wachen, hüten, wahren; *~ por algo* über etw wachen; **2.** *(ocultar)* verhüllen, verschleiern
velatorio [βela'torjo] *m* Totenwache *f*
veleidad [βelɛĭ'ðað] *f* Anwandlung *f,* Laune *f,* Willkür *f*
veleidoso [βelɛĭ'ðoso] *adj* flatterhaft, sprunghaft, unbeständig
velero [βe'lero] *m* Segelboot *n*
vello ['βeʎo] *m (del cuerpo)* Haar *n*
velloso [βe'ʎoso] *adj* behaart
velludo [βe'ʎuðo] *adj* behaart
velo ['βelo] *m* Schleier *m*
velocidad [βeloθi'ðað] *f* Geschwindigkeit *f,* Schnelligkeit *f; ~ máxima* Höchstgeschwindigkeit *f,* Spitzengeschwindigkeit *f; ir a toda ~ (con el auto)* rasen; *~ del sonido* Schallgeschwindigkeit *f; ~ supersónica* Überschallgeschwindigkeit *f; ~ de la luz* Lichtgeschwindigkeit *f*
velocímetro [βelo'θimetro] *m* Tachometer *m*
velocísimo [βelo'θisimo] *adj* rasend
velódromo [βe'loðromo] *m* Rennbahn *f*
veloz [βe'lɔθ] *adj* behände, schnell
vena ['βena] *f* ANAT Ader *f,* Gefäß *n,* Vene *f; estar en ~ (fig)* in Stimmung sein
venado [βe'naðo] *m* ZOOL Rotwild *n*
venal [βe'nal] *adj* käuflich, bestechlich
venalidad [βenali'ðað] *f* Käuflichkeit *f,* Bestechlichkeit *f*
vencedor(a) [βenθe'ðɔr/βenθe'ðora] *m/f* Gewinner(in) *m/f,* Sieger(in) *m/f*
vencer [βen'θɛr] *v* **1.** *(ganar)* siegen, bezwingen, gewinnen, schlagen; **2.** *(triunfar) triumphieren;* **3.** *(fig: superar)* überwältigen, überwinden, überstehen, sich behaupten; *~ a alguien en astucia* jdn überlisten; **4.** *(caducar)* verfallen, ablaufen
vencerse [βen'θɛrse] *v ~ a sí mismo* sich überwinden
vencido [βen'θiðo] *adj* **1.** besiegt; *ser ~ por* unterliegen; **2.** *(caducado)* fällig
vencimiento [βenθi'mjento] *m* **1.** Bewältigung *f,* Überwindung *f;* **2.** *(expiración)* Verfall *m;* **3.** ECO Fälligkeit *f,* Laufzeit *f;* **4.** *~ del plazo* ECO Ablauf *m*
vendaje ['βendaxe] *m* MED Bandage *f,* Verband *m*
vendar [βen'dar] *v* MED verbinden
vendedor(a) [βende'ðɔr/βende'ðora] *m/f* Verkäufer(in) *m/f; ~ de coches* Autohändler *m;* Straßenhändler *m*
vender [βen'dɛr] *v* **1.** verkaufen; **2.** ECO absetzen, vertreiben
vendible [βen'diβle] *adj* ECO marktfähig, verkäuflich, absatzfähig, absetzbar
vendido [βen'diðo] *adj* ausverkauft
vendimia [βen'dimja] *f* Weinlese *f*
vendimiar [βendi'mjar] *v* (ver)lesen
veneno [βe'neno] *m* Gift *n; ~ de serpiente* Schlangengift *n*
venerable [βene'raβle] *adj* altehrwürdig, ehrwürdig
veneración [βenera'θjɔn] *f* **1.** Anbetung *f,* Ehrfurcht *f;* **2.** *(aprecio)* Verehrung *f*
venerar [βene'rar] *v* **1.** anbeten; **2.** *(apreciar)* verehren

venganza [βeŋ'ganθa] *f* ~ *de/~ por* Rache für *f*
vengar [βeŋ'gar] *v* rächen
vengarse [βeŋ'garse] *v* ~ *de alguien por algo* sich an jdm für etw rächen
vengativo [βenga'tiβo] *adj* rachsüchtig, rächend, strafend
venia ['βenja] *f (permiso)* Erlaubnis *f*
venida [βe'niða] *f* Ankunft *f,* Kommen *n,* Eintreffen *n*
venidero [βeni'ðero] *adj* kommend, künftig, zukünftig
venir [βe'nir] *v irr* **1.** *(hacia acá)* kommen; *¡Venga aquí!* Kommen Sie her! *¡Ven aquí!* Komm her! ~ *a buscar/~ a recoger* holen, abholen; *no* ~ wegbleiben; ~ *con* mitkommen; ~ *primero* vorgehen, als Erster kommen; **2.** *(mercancía) hacer ~* ECO abrufen; *hacer ~ a alguien* jdn zu sich herbestellen; **3.** ~ *de* abstammen von; ~ *al encuentro de* entgegenkommen; **4.** ~ *muy bien/~ a propósito (fig)* gelegen kommen; **5.** ~ *bien* passen
venirse [βe'nirse] *v irr* ~ *abajo* zusammenbrechen, zusammenfallen
venta ['βenta] *f* **1.** Verkauf *m,* Vertrieb *m;* ~ *anticipada* Vorverkauf *m;* ~ *promocional* Sonderangebot *m;* ~ *de liquidación* Schlussverkauf *m;* **2.** ECO Absatz *m,* Abgang *m;* **3.** *~s pl (entradas)* ECO Einkünfte *pl*
ventaja [βen'taxa] *f* **1.** Vorteil *m,* Vorzug *m,* Vergünstigung *f;* **2.** *(ganancia)* Gewinn *m,* Plus *n;* **3.** *(fig)* Trumpf *m;* **4.** ~ *sobre* Vorsprung vor *m;* **5.** *~s pl* Nützlichkeit *f*
ventajista [βenta'xista] *m* Gauner *m,* skrupellose Geschäftemacher *m*
ventajoso [βenta'xoso] *adj* vorteilhaft
ventana [βen'tana] *f* Fenster *n; en la ~* am Fenster; *¡Abra la ~, por favor!* Öffnen Sie bitte das Fenster! ~ *basculante* Kippfenster *n*
ventanilla [βenta'niʎa] *f* Schalter *m;* ~ *de correos* Postschalter *m*
ventear [βente'ar] *v* **1.** *(hacer viento)* winden, wittern, aufspüren; **2.** *(fig: investigar algo)* schnüffeln, ausschnüffeln
ventilación [βentila'θjɔn] *f* Belüftung *f,* Lüftung *f*
ventilador [βentila'ðɔr] *m* Ventilator *m*
ventilar [βenti'lar] *v* **1.** lüften; **2.** *(fig: examinar una cuestión)* erörtern
ventisca [βen'tiska] *f* heftiges Schneegestöber *n,* Schneesturm *m*
ventoso [βen'toso] *adj* windig
venturoso [βentu'roso] *adj* glücklich
Venus ['βenus] *f* ASTR Venus *f*
ver [βɛr] *v irr* **1.** *(mirar)* sehen; *¿Cuándo nos volveremos a ~?* Wann sehen wir uns wieder? *a ~* mal sehen; *se lo ve* es ist offensichtlich/es ist deutlich/man sieht es; **2.** *(visitar)* besichtigen; **3.** *(captar)* bemerken; **4.** ~ *venir* ahnen
veracidad [βeraθi'ðað] *f* Wahrhaftigkeit *f,* Echtheit *f*
veraneo [βera'nɛo] *m* Sommerfrische *f,* Sommerurlaub *m*
veraniego [βera'njeɣo] *adj* sommerlich
veranillo [βera'niʎo] *m* ~ *de San Martín* Altweibersommer *m*
verano [βe'rano] *m* Sommer *m*
veraz [βe'raθ] *adj* wahrheitsliebend
verbal [βɛr'βal] *adj* mündlich, verbal
verbo ['βɛrβo] *m* GRAMM Verb *n*
verdad [βɛr'ðað] *f* Wahrheit *f; ser ~* zutreffen; *¿~?* nicht wahr?
verdadero [βɛrða'ðero] *adj* **1.** wahr, echt, tatsächlich; **2.** *(propio)* eigentlich; **3.** *(puro)* rein
verde ['βɛrðe] *adj* **1.** grün; **2.** *(un chiste)* saftig, frivol; **3.** *(una fruta)* unreif
verdura [βɛr'ðura] *f* Gemüse *n*
vergonzante [βɛrɣon'θante] *adj* verschämt, beschämend, schamhaft, schamvoll
vergonzoso [βɛrɣɔn'θoso] *adj* beschämend, schamhaft, schändlich
vergüenza [βɛr'ɣwenθa] *f* Schande *f,* Scham *f,* Schamgefühl *n; tener ~* sich schämen, sich genieren; *sin ~* schamlos
verídico [βe'riðiko] *adj* wahrheitsgetreu
verificación [βerifika'θjɔn] *f* Überprüfung *f,* Verifizierung *f*
verificar [βerifi'kar] *v* nachprüfen, feststellen
verja ['βɛrxa] *f* Gitter *n*
vernáculo [βer'nakulo] *adj* einheimisch sprechend
verosímil [βero'simil] *adj* glaubwürdig, glaubhaft, wahrscheinlich

verosimilitud [βerosimili'tuð] *f* Wahrscheinlichkeit *f*
verraco [βɛ'rrako] *m ZOOL* Eber *m*
versado [βɛr'saðo] *adj* routiniert
versar [βɛr'sar] *v ~ sobre* von etw handeln
versátil [βɛr'satil] *adj* vielseitig verwendbar, drehbar, wandlungsfähig
versatilidad [βɛrsatili'ðað] *f* Vielseitigkeit *f*
versión [βɛr'sjɔn] *f* **1.** Version *f*; **2.** *~ cinematográfica CINE* Verfilmung *f*; *~ original* Originalfassung *f*
verso ['βɛrso] *m* **1.** Vers *m*; **2.** *(dorso)* Rückseite eines Blattes *f*
vértebra ['βɛrteβra] *f ANAT* Wirbel *m*
vertedero [βɛrte'ðero] *m* Mülldeponie *f*
verter [βɛr'tɛr] *v irr* eingießen, vergießen, verschütten, ausschütten
vertical [βɛrti'kal] *adj* senkrecht, vertikal
vertiginoso [βɛrtixi'noso] *adj* rasend, Schwindel erregend
vértigo ['βɛrtiɣo] *m MED* Schwindel *m*
vespertino [βespɛr'tino] *adj* abendlich
vestíbulo [βes'tiβulo] *m* Diele *f*, Hausflur *m*; *~ de la estación* Bahnhofshalle *f*
vestido [βes'tiðo] *m* Kleid *n*; *~ de noche* Abendkleid *n*; *~ de novia* Brautkleid *n*; *~ de gala* Robe *f*; *~ de maternidad* Umstandskleid *n*; *~ de baile* Ballkleid *n*, Tanzkleid *n*
vestimenta [βesti'menta] *f* **1.** Bekleidung *f*; **2.** *(traje)* Tracht *f*
vestir [βes'tir] *v irr* bekleiden; *~ a* ankleiden
vestirse [βes'tirse] *v irr* sich anziehen, sich kleiden, sich ankleiden, sich bekleiden
vestuario [βes'twarjo] *m* **1.** Kleidung *f*; **2.** *THEAT* Garderobe *f*; **3.** *(cabina)* Umkleidekabine *f*
vetar [βe'tar] *v* Veto einlegen, Veto aussprechen
veterano [βete'rano] *m ~ de guerra* Kriegsveteran *m*
veterinario [βeteri'narjo] *m MED* Tierarzt *m*
vez [βeθ] *f* **1.** Mal *n*; *una ~ más* nochmals; *otra ~* nochmals, wieder, abermals, schon wieder; *esta ~* diesmal; *otra ~* ein andermal; *por primera ~* erstmals; *una ~* einmal; *a la ~* zugleich, gleichzeitig; **2.** *en ~ de (que)* anstatt, statt
vía ['βia] *f* **1.** *(de tren)* Gleis *n*; *de una sola ~* eingleisig, einspurig; *~ muerta* Abstellgleis *n*; **2.** *~ de acceso* Zubringerstraße *f*, Zufahrtstraße *f*; *usuario de la ~ pública* Verkehrsteilnehmer *m*; **3.** *~ de trámite* Dienstweg *m*; **4.** *~ judicial JUR* Rechtsweg *m*; **5.** *Vía Láctea ASTR* Milchstraße *f*
viable ['βjaβle] *adj* lebensfähig, durchführbar, machbar
viaducto [βja'ðukto] *m* Viadukt *m*, Überführung *f*
viajante [βja'xante] *m/f* Handlungsreisender(in) *m/f*, Vertreter(in) *m/f*
viajar ['βja'xar] *v ~ a* reisen nach, fahren nach; *~ en tren a Madrid* mit dem Zug nach Madrid fahren; *~ de largo* durchfahren; *~ a lo largo de* entlangfahren; *~ con* mitfahren; *~ en autostop* trampen
viaje [βi'axe] *m* Reise *f*, Fahrt *f*; *primer ~* Jungfernfahrt *f*; *hacer un ~ a* verreisen nach/reisen nach; *irse de ~* verreisen; *¡Buen ~!* Gute Reise! *~ con todo incluido* Pauschalreise *f*; *~ por razones de trabajo* Dienstreise *f*; *~ de exploración* Entdeckungsreise *f*; *~ en balsa* Floßfahrt *f*; *~ de negocios* Geschäftsreise *f*; *~ de ida* Hinfahrt *f*; *~ de novios* Hochzeitsreise *f*; *~ de prueba* Probefahrt *f*; *~ de regreso/~ de vuelta* Rückfahrt *f*; *~ extraordinario* Sonderfahrt *f*; *~ alrededor del mundo* Weltreise *f*
viajero [βja'xero] *m* Passagier *m*, Reisender *m*
víbora ['βiβora] *f ZOOL* Viper *f*, Kreuzotter *f*, Schlange *f*
vibración [βiβra'θjɔn] *f* Schwingung *f*, Vibration *f*
vibrar [βi'βrar] *v* **1.** vibrieren; **2.** *(de órgano)* brummen
vicepresidente [βiθepresi'ðente] *m POL* Vizepräsident *m*
viceversa [βiθe'βersa] *adv* umgekehrt
viciado [βi'θjaðo] *adj aire ~* verdorben, schlecht
viciar [βi'θjar] *v* verderben, verfälschen, ungültig machen
vicio ['βiθjo] *m* Laster *n*, Untugend *f*, Unart *f*, Sucht *f*

vicioso ['βi'θjoso] *adj* ausschweifend, lasterhaft
víctima ['βiktima] *f* Opfer *n*, Leidtragende(r) *m/f*; *~ de un accidente* Verunglückte(r) *m/f*
victoria [βik'torja] *f* Sieg *m*
victorioso [βikto'rjoso] *adj* siegreich
vid [βið] *f* BOT Rebe *f*, Wein *m*, Weinrebe *f*
vida ['βiða] *f* Leben *n*; *de corta ~* kurzlebig; *toda la ~* lebenslänglich; *sin ~* leblos; *lleno de ~* lebendig; *de por ~* auf Lebenszeit; *~ cotidiana* Alltag *m*; *~ familiar* Familienleben *n*; *~ terrenal* Diesseits *n*; *la otra ~* Jenseits *n*; *~ privada* Privatleben *n*; *~ sedentaria* Sesshaftigkeit *f*; *mi ~* mein Schatz *m*
vidente [βi'ðente] *m* Seher *m*, Hellseher *m*
vídeo ['βiðeo] *m* **1.** Videofilm *m*; *aparato de ~* Videogerät *n*; *grabación en ~* Videoaufnahme *f*; **2.** INFORM Bildschirm *m*
videojuego [βiðeo'xweɣo] *m* Videospiel *n*
videoproyector [βiðeoprojɛk'tɔr] *m* Beamer *m*
videotexto [βiðeo'testo] *m* INFORM Bildschirmtext *m*
vidriero [βi'ðrjero] *m* Glaser *m*
vidrio ['βiðrjo] *m* Glas *n*, Glasscheibe *f*, Scheibe *f*; *de ~* gläsern; *~ utilizado* Altglas *n*; *~ de la ventana* Fensterscheibe *f*; *~ de seguridad* Sicherheitsglas *n*
vidrioso [βi'ðrjoso] *adj* glasig
vieira ['βjeĭra] *f* GAST Jakobsmuschel *f*, Pilgermuschel *f*
vieja ['βjɛxa] *f* (*anciana*) alte Frau *f*
viejísimo [βjɛ'xisimo] *adj* steinalt, uralt
viejo ['βjɛxo] *adj* **1.** alt, betagt; *ir para ~* alt werden; *más ~* ältere(r,s); *m* **2.** (*anciano*) Greis *m*
viento ['βjento] *m* Wind *m*; *~ contrario* Gegenwind *m*
vientre ['βjentre] *m* Bauch *m*
viernes ['βjɛrnes] *m* Freitag *m*; *los ~* freitags; *Viernes Santo* REL Karfreitag *m*
viga ['βiɣa] *f* **1.** Balken *m*; **2.** (*listón*) Latte *f*
vigencia [βi'xenθja] *f* Geltung *f*, Gültigkeit *f*
vigente [βi'xente] *adj* gültig, rechtskräftig
vigésimo [βi'xesimo] *adj* zwanzigste(r,s)
vigilado [βixi'laðo] *adj* bewacht
vigilancia [βixi'lanθja] *f* **1.** Aufsicht *f*, Bewachung *f*, Überwachung *f*; **2.** (*atención*) Wachsamkeit *f*
vigilante [βixi'lante] *m* **1.** Wärter *m*, Wachmann *m*, Wächter *m*; *~ nocturno* Nachtwächter *m*; *adj* **2.** wachsam
vigilar [βixi'lar] *v* **1.** bewachen, überwachen, beaufsichtigen; **2.** (*acechar*) auflauern
vigor [βi'ɣɔr] *m* Stärke *f*; *entrar en ~* in Kraft treten
vigoroso [βiɣo'roso] *adj* **1.** kräftig, stark handfest; **2.** (*ágil*) rüstig, drahtig
vil [βil] *adj* gemein, schändlich
vileza [βi'leθa] *f* Gemeinheit *f*, Schandtat *f*
vilipendiar [βilipen'djar] *v* verachten, gering schätzen, verächtlich behandeln, verleumden
vilipendio [βili'pendjo] *m* Geringschätzung *f*, Verleumdung *f*
vilipendioso [βilipen'djoso] *adj* verächtlich, verleumderisch
villa ['βiʎa] *f* Kleinstadt *f*
villancico [βiʎan'θiko] *m* Weihnachtslied *n*
vinagre [βi'naɣre] *m* GAST Essig *m*; *~ de hierbas* Kräuteressig *m*
vinculación [βiŋkula'θjɔn] *f* Verknüpfung *f*
vinculante [βiŋku'lante] *adj* verbindlich
vincular [βiŋku'lar] *v* verknüpfen
vínculo ['βiŋkulo] *m* **1.** Bindung *f*, Verbindung *f*; **2.** (*cuerda*) Band *n*; **3.** (*link*) INFORM Link *n*
vindicar [βindi'kar] *v* **1.** (*defender*) verteidigen, wieder zu Ehren bringen; **2.** (*recuperar lo perdido*) zurückfordern
vindicativo [βindika'tiβo] *adj* rächend, verteidigend, ehrenrettend
vino ['βino] *m* GAST Wein *m*; *~ en garrafa* offener Wein *m*; *~ espumoso* Sekt *m*; *~ caliente* Glühwein *m*; *~ de primera calidad* Qualitätswein *m*; *~ de oporto* Portwein *m*; *~ tinto* Rotwein *m*; *una copa de ~ tinto* ein Glas Rotwein *n*; *~ espumante* Schaumwein *m*; *~ blanco* Weißwein *m*

viña ['βiɲa] *f* Weinberg *m,* Weingut *n*
viñador(a) [βiɲa'ðɔr/βiɲa'ðora] *m/f* Winzer(in) *m/f*
viola ['βjola] *f MUS* Bratsche *f*
violáceo [βjo'laθeo] *adj* violett
violación [βjola'θjɔn] *f* **1.** *(sexual)* Vergewaltigung *f;* **2.** *(deshonra)* Schändung *f;* **3.** *(desacato) JUR* Übertretung *f,* Überschreitung *f,* Verletzung *f; ~ de contrato* Vertragsbruch *m*
violador [βjola'ðɔr] *m* Gewalt anwendender Mensch *m,* Gesetze verletzender Mensch *m,* Vergewaltiger *m*
violar [βjo'lar] *v* **1.** *(sexualmente)* vergewaltigen; **2.** *(desacatar) JUR* übertreten, überschreiten, verletzen; **3.** *~ el sumario* verletzen, übertreten
violencia [βjo'lenθja] *f* **1.** Gewalt *f;* **2.** *(a la fuerza)* Zwang *m*
violentar [βjolen'tar] *v* Gewalt antun, vergewaltigen
violento [βjo'lento] *adj* **1.** heftig, heiß, gewaltsam, gewalttätig; **2.** *(fig: duro)* knallhart
violeta [βjo'leta] *adj* **1.** violett; *f* **2.** *BOT* Veilchen *n*
violín [βjo'lin] *m MUS* Geige *f,* Violine *f; tocar el ~* Geige spielen
violinista [βjoli'nista] *m/f MUS* Geiger(in) *m/f*
violonchelista [βjolɔntʃe'lista] *m/f MUS* Cellist(in) *m/f*
violonchelo [βjolɔn'tʃelo] *m MUS* Cello *n*
virar [βi'rar] *v* drehen
virgen ['βirxen] *f* Jungfrau *f; Virgen María REL* Madonna *f,* Jungfrau Maria *f*
virginal [βirxi'nal] *adj* jungfräulich, rein
Virgo ['βirɣo] *(signo del zodíaco) ASTR* Jungfrau *f*
viril [βi'ril] *adj* männlich, mannhaft
virilidad [βirili'ðað] *f* Männlichkeit *f,* Mannbarkeit *f,* Manneskraft *f*
virosis [βi'rosis] *f MED* Virose *f,* Viruserkrankung *f*
virtual [βir'twal] *adj* virtuell, wirkungsfähig, scheinbar
virtud [βir'tuð] *f* **1.** Vorzug *m; en ~ de* aufgrund, kraft; **2.** *(fig)* Tugend *f*
virtuosidad [βirtwosi'ðað] *f* Tugendhaftigkeit *f,* meisterliche Beherrschung *f*
virtuosismo [βirtwo'sizmo] *m* hohe Kunstfertigkeit *f,* Meisterschaft *f*
virtuoso [βir'twoso] *adj* **1.** tugendhaft; **2.** *(excelente)* meisterhaft; *m* **3.** Virtuose *m; Bela es un ~ del piano.* Bela ist ein Virtuose am Klavier.
viruela [βi'rwela] *f MED* Pocken *pl*
virus ['βirus] *m* **1.** *MED* Virus *n;* **2.** *INFORM* Virus *m/n*
visa ['βisa] *f* Visum *n (LA)*
visado [βi'saðo] *m* Visum *n,* Sichtvermerk *m; ~ de salida* Ausreisevisum *n*
visar [βi'sar] *v* mit einem Visum versehen, ein Visum ausstellen, visieren
vísceras ['βisθeras] *f/pl ANAT* Eingeweide *pl*
viscoso [βis'koso] *adj* zähflüssig
visibilidad [βisiβili'ðað] *f* Sichtverhältnisse *pl*
visible [βi'siβle] *adj* sichtbar, ersichtlich, spürbar
visiblemente [βisiβle'mente] *adv* spürbar, zusehends
visión [βi'sjɔn] *f* Trugbild *n,* Vision *f; ~ general* Überblick *m; ~ de futuro* Weitblick *m*
visita [βi'sita] *f* **1.** Besuch *m,* Visite *f; hacer una ~* besuchen/einen Besuch abstatten; **2.** *(a un museo)* Besichtigung *f; ~ guiada* Führung *f;* **3.** *~ oficial POL* Staatsbesuch *m*
visitante [βisi'tante] *m/f* Besucher(in) *m/f*
visitar [βisi'tar] *v ~ a* besuchen; *ir a ~ a* besuchen
vislumbrante [βizlum'brante] *adj* schimmernd
vislumbre [βiz'lumbre] *f* Schimmer *m*
viso ['βiso] *m sin ~s de* Glanz *m,* Schimmer *m*
visor [βi'sor] *m FOTO* Visier *n,* Sucher *m*
víspera ['βispera] *f* **1.** Vorabend *m,* Vortag *m;* **2.** *estar en ~s* anstehen, bevorstehen
vista ['βista] *f* **1.** Ansicht *f,* Sicht *f,* Blick *m,* Anblick *m; en ~ de* angesichts von; *perder de ~* aus den Augen verlieren; *perder la ~* erblinden; *fuera del alcance de la ~* außer Sicht; *~ de conjunto* Gesamtansicht *f; ~ de atrás* Rückansicht *f; ~ lateral* Seitenansicht *f; ~ panorámica* Überblick *m;* **2.** *JUR* Ter-

V

min *m,* Verhandlung *f; ~ de la causa* Hauptverhandlung *f,* Gerichtsverhandlung *f,* Verhandlung *f;* **3.** *(fig)* Aussicht *f*
visto ['βisto] *adj por lo ~* anscheinend, offensichtlich, offenbar
vistoso [βis'toso] *adj* **1.** *(llamativo)* auffallend; *poco ~* unansehnlich; **2.** *(colorido)* farbenfreudig, stattlich
visual [βi'swal] *adj* Seh...
visualización [βiswaliθa'θjɔn] *f* Visualisieren *n,* Veranschaulichung *f*
visualizador [βiswaliθa'ðɔr] *m TECH* Display *n*
visualizar [βiswali'θar] *v* visualisieren, veranschaulichen, grafisch darstellen
vitáceas [βi'taθeas] *f/pl BOT* Weinrebengewächse *pl*
vital [βi'tal] *adj* lebenswichtig, vital
vitalicio [βita'liθjo] *adj* lebenslang
vitalidad [βitali'ðað] *f* Lebenskraft *f,* Vitalität *f; lleno de ~* schwungvoll
vitamina [βita'mina] *f* Vitamin *n*
viticultor(a) [βitikul'tɔr/βitikul'tora] *m/f* Winzer(in) *m/f*
vitorear [βitore'ar] *v* bejubeln
vítreo ['βitreo] *adj* gläsern
vitrificar [βitrifi'kar] *v TECH* glasieren
vitrina [βi'trina] *f* Auslage *f*
vitualla [βi'twaʎa] *f* Lebensmittel *pl,* Proviant *m*
viuda ['βjuða] *f* Witwe *f*
viudo ['βjuðo] *m* **1.** Witwer *m; adj* **2.** verwitwet
vivacidad [βiβaθi'ðað] *f* Lebhaftigkeit *f,* Lebendigkeit *f*
vivaracho [βiβa'ratʃo] *adj* lebhaft, quirlig, lebensfreudig
vivaz [βi'βaθ] *adj* lebendig, lebhaft
vivencia [βi'βenθja] *f* Erlebnis *n*
víveres ['βiβeres] *m/pl* Proviant *m*
viveza [βi'βeθa] *f* **1.** *(alegría)* Munterkeit *f;* **2.** *(astucia)* Schläue *f*
vividor(a) [βiβi'ðɔr/βiβi'ðora] *m/f* Genießer(in) *m/f*
vivienda [βi'βjenda] *f* Wohnung *f,* Behausung *f; ~ multigeneracional f* Mehrgenerationenhaus *f*
viviente [βi'βjente] *adj* lebendig
vivificación [βiβifika'θjɔn] *f* Belebung *f*
vivificar [βiβifi'kar] *v* beleben, lebendig machen, kräftigen
vivir [βi'βir] *v* **1.** leben, existieren; *~ a costa ajena* schmarotzen; *¡Viva!* Hurra!/ Bravo! *~ en* wohnen in, bewohnen; *ir a ~ a* beziehen, einziehen in; *~ a lo loco* prassen; *~ en armonía* sich vertragen; **2.** *(experimentar)* erleben
vivito [βi'βito] *adj ~ y coleando* quicklebendig
vivo ['βiβo] *adj* **1.** lebendig, belebt; **2.** *(de color)* hell; *m* **3.** Schlauberger *m,* Schlitzohr *n*
vocablo [βo'kaβlo] *m* **1.** *(palabra)* Wort *n; ~ derivado* Unterbegriff *m;* **2.** *LING* Vokabel *f*
vocabulario [βokaβu'larjo] *m* Vokabular *n,* Wortschatz *m*
vocación [βoka'θjɔn] *f* Berufung *f*
vocal [βo'kal] *f* **1.** Vokal *m; m* **2.** *(con derecho a votar)* Beisitzer *m*
vocativo [βoka'tiβo] *m GRAMM* Vokativ *m*
vocear [βoθe'ar] *v* schreien, laut verkünden
vocerío [βoθe'rio] *m* Geschrei *n*
vocero [βo'θero] *m* **1.** *(líder)* Wortführer *m* **2.** *POL* Regierungssprecher *m (LA)*
vociferar [βoθife'rar] *v* durcheinanderrufen, keifen
voladura [βola'ðura] *f* *(explosión)* Sprengung *f*
volante [βo'lante] *m* **1.** *(timón)* Steuer *n,* Lenkrad *n;* **2.** Flugblatt *n,* Handzette *m (LA);* **3.** *~ del seguro* Krankenschein *m,* Überweisungsschein *m*
volar [βo'lar] *v irr* **1.** fliegen; **2.** *(explosionar)* sprengen
volátil [βo'latil] *adj* flüchtig, flatterhaft
volcán [βɔl'kan] *m GEO* Vulkan *m*
volcánico [βɔl'kaniko] *adj* **1.** *GEO* vulkanisch; **2.** *(fig)* feurig, unbändig; *pasiones volcánicas* feurige Leidenschaften
volcar [βɔl'kar] *v irr* kippen, umkippen, umstoßen
volcarse [βɔl'karse] *v irr* **1.** sich überschlagen; **2.** *(fig)* sein Letztes geben; *~ en alguien* alles für jdn tun
volición [βoli'θjɔn] *f* Wollen *n,* Willensäußerung *f*
volitivo [βoli'tiβo] *adj* willentlich, Willens...
voltaje [βɔl'taxe] *m PHYS* Spannung *f,* Voltzahl *f*

V

voltio ['βɔltjo] *m* Volt *n*
voluble [βo'luβle] *adj* flatterhaft, sprunghaft, unbeständig
volumen [βo'lumen] *m* **1.** *(sonido)* Lautstärke *f;* **2.** *(cantidad)* Umfang *m,* Volumen *n;* **3.** *~ de negocios* ECO Umsatz *m;* **4.** *~ de tráfico* Verkehrsaufkommen *n;* **5.** PHYS Masse *f*
voluminoso [βolumi'noso] *adj* **1.** sperrig; **2.** *(fig: amplio)* umfangreich
voluntad [βolun'tað] *f* Wille *m; de buena ~* gutwillig; *sin ~* willenlos; *a ~* nach Belieben
voluntario [βolun'tarjo] *adj* **1.** freiwillig; *m* **2.** Entwicklungshelfer *m*
voluntarioso [βolunta'rjoso] *adj* eigenwillig, willensstark
voluptuosamente [βoluptwosa'mente] *adv* genüsslich
volver [βɔl'βɛr] *v irr* **1.** *(regresar)* umkehren, wiederkommen, zurückkommen; *~ a recibir* zurückerhalten; **2.** *(retroceder)* zurückfahren; *~ de rebote* abprallen; **3.** *(la cabeza)* herumdrehen; **4.** *(dar la vuelta)* umdrehen; **5.** *~ la hoja* umblättern; **6.** *(la página)* umschlagen
volverse [βɔl'βɛrse] *v irr* **1.** sich umdrehen; *~ contra alguien* sich gegen jdn wenden; **2.** *(fig) ~ loco* überschnappen, den Verstand verlieren, durchdrehen
vomitar [βomi'tar] *v* sich übergeben, brechen, speien
voracidad [βoraθi'ðað] *f* Gefräßigkeit *f,* Unersättlichkeit *f*
vorágine [βo'raxine] *f* Strudel *m*
voraz [βo'raθ] *adj* gefräßig, unersättlich, gierig
vosotros [βo'sotros] *pron* ihr; *por ~* euretwegen
votación [βota'θjɔn] *f* **1.** Abstimmung *f;* **2.** *~ de desempate* POL Stichwahl *f*
votante [βo'tante] *m* Abstimmender *m,* Stimmberechtigter *m*
votar [βo'tar] *v* abstimmen, wählen, stimmen
voto ['βoto] *m* **1.** POL Stimme *f; ~ contrario* Gegenstimme *f; ~ de censura* Misstrauensvotum *n;* **2.** REL Gelübde *n; hacer ~ de* geloben
voz [βoθ] *f* **1.** Stimme *f; dar voces* schreien; *Es un secreto a voces.* Es ist ein offenes Geheimnis. *en ~ alta* laut; *a media ~* halblaut; **2.** *~ guía (en un diccionario)* Stichwort *n;* **3.** *~ contraria* POL Gegenstimme *f*
vuelo ['βwelo] *m* Flug *m; ~ en ala delta* Drachenfliegen *n; ¿Lleva retraso este ~?* Hat dieser Flug Verspätung? *~ de aproximación* Anflug *m; ~ chárter* Charterflug *m; ~ regular* Linienflug *m; ~ de línea* Linienflug *m; alto ~* Höhenflug *m*
vuelta ['βwɛlta] *f* **1.** Spaziergang *m,* Rundgang *m; dar una ~* einen Rundgang machen/einen Spaziergang machen; *~ en coche* Rundfahrt *f;* **2.** *(viaje)* Tour *f,* Rundgang *m; ¿Puedo darme una ~ para mirar?* Kann ich mich mal umsehen? *~ al mundo* Weltreise *f;* **3.** *~ de honor* SPORT Ehrenrunde *f;* **4.** *(regreso)* Rückkehr *f;* **5.** *(devolución)* Rückgabe *f;* **6.** *~s pl (cambio de dinero)* FIN Wechselgeld *n;* **7.** *(voltea)* Wendung *f,* Drehung *f,* Umdrehung *f; dar la ~* umdrehen; **8.** *(desvío)* Umweg *m;* **9.** *(vestimenta)* Aufschlag *m*
vuestro ['βwestro] *pron* euer, eure
vulgar [βul'ɣar] *adj* **1.** *(común)* gewöhnlich; **2.** *(grosero)* grob, ordinär, vulgär
vulgaridad [βulɣari'ðað] *f* Kraftausdruck *m*
vulgarización [βulɣariθa'θjɔn] *f* Verallgemeinerung *f,* Popularisierung *f*
vulgarizar [βulɣari'θar] *v* verallgemeinern, populär machen, allgemein verbreiten
vulgo ['βulɣo] *m* gewöhnliches Volk *n,* breite Masse *f*
vulnerabilidad [βulneraβili'ðað] *f* Verletzbarkeit *f*
vulnerable [βulne'raβle] *adj* verletzbar, verwundbar
vulnerar [βulne'rar] *v* **1.** *(herir)* verwunden, verletzen; **2.** *(perjudicar)* schaden, beeinträchtigen; **3.** *~ el secreto sumarial* Vertraulichkeit des Ermittlungsverfahrens verletzen
vulva ['βulβa] *f* ANAT Vulva *f,* weibliche Scham *f*

V

W/X/Y/Z

wáter ['βatɛr] *m* Klo *n*
waterpolo [βatɛr 'polo] *m* Wasserball *m*
WEB [weβ] *m página ~ INFORM* WEB-Seite *f*
whisky ['wiski] *m* Whisky *m*
Wi-Fi ['wifi] *m INFORM* WLAN *n*
xenofobia [seno'foβja] *f* Ausländerfeindlichkeit *f*, Xenophobie *f*
xenófobo [se'nofoβo] *adj* ausländerfeindlich, xenophob
xenón [se'non] *m CHEM* Xenon *n*
xilófono [si'lofono] *m MUS* Xylophon *n*
xilografía [silogra'fia] *f* Holzschneidekunst *f*, Holzschnitt *m*
xilógrafo [si'lografo] *m* Holzschneider *m*
xilol [si'lol] *m CHEM* Xylol *n*
y [i] *konj* **1.** und; *adv* **2.** *~ aún* sogar
ya [ja] *adv* **1.** bereits, schon; *¡Ya!* Los! Auf geht's! *¡Ya está bien!* Schon gut! *¿Ya está listo?* Ist es schon fertig? *konj* **2.** *~ que* da, weil
yacente [ja'θente] *adj* liegend, begraben sein
yacer [ja'θɛr] *v irr* liegen
yacimiento [jaθi'mjento] *m GEO* Lagerstätte *f*, Vorkommen *n*
yak ['jak] *m ZOOL* Jak *m*, Yak *m*, Grunzochse *m*
yambo ['jambo] *m* Jambus *m (Metrik)*, Jambusenbaum *m*
yanqui ['jaŋki] *adj* nordamerikanisch, Yankee…
yapa ['japa] *f* Zugabe *f*, Beigabe *f*, Zusatz *m*
yarda ['jarða] *f* Yard *m*
yate ['jate] *m* Jacht *f*
yaya ['jaja] *f (fam)* Oma *f*
yayo ['jajo] *m (fam)* Opa *m*
yedra ['jeðra] *f BOT* Efeu *m*
yegua ['jeɣwa] *f* Stute *f*
yema ['jema] *f* **1.** *(de huevo)* Dotter *m*, Eidotter *m*; **2.** *BOT* Knospe *f*
yerba ['jɛrβa] *f* Gras *n*, Kraut *n*, Heu *n*, Matetee *m (LA)*
yerbajo [jer'βaxo] *m* Unkraut *n*
yermo ['jɛrmo] *adj* **1.** öde, wüst, brach; *m* **2.** Einöde *f*; **3.** *(terreno)* Brache *f*
yerno ['jɛrno] *m* Schwiegersohn *m*
yerro ['jɛrro] *m* Fehler *m*, Irrtum *m*
yesería [jese'ria] *f* Gipsbrennerei *f*
yeso ['jeso] *m MIN* Gips *m*
yihad [ji'xað] *f REL* Dschihad *f*
yo [jo] *pron* ich
yodo ['joðo] *m CHEM* Jod *n*
yogur [jo'ɣur] *m GAST* Joghurt *m*
yonki ['joŋki] *m/f (fam)* Fixer *m*, Junkie *m*
yugo ['juɣo] *m* Joch *n*, Trauschleier *m*, Glockenstuhl *m*
yugular [juɣu'lar] *f* Halsvene *f*
yunque ['juŋke] *m TECH* Amboss *m*
yuppie ['jupi] *m* Yuppie *m*
yute ['jute] *m BOT* Jute *f*
yuxtaponer [justapo'nɛr] *v irr* nebeneinandersetzen
yuxtaposición [justaposi'θjɔn] *f* Aneinanderreihung *f*
zafar [θa'far] *v* schmücken
zafarrancho [θafa'rrantʃo] *m* **1.** *MIL* Klarmachen *n*; **2.** *(fam)* Klarschiff *n*; **3.** *(fam)* Streit *m*
zafarse [θa'farse] *v* **1.** *(fig)* kneifen; **2.** *(huirse)* entweichen
zafio ['θafjo] *adj* flegelhaft
zafiro [θa'firo] *m MIN* Saphir *m*
zafra ['θafra] *f* **1.** Ölbehälter *m*; **2.** *AGR* Zuckerrohrernte *f*
zaga ['θaɣa] *f* Hinterteil *n*; *ir a la ~* zurückbleiben, hinterher sein
zaguán [θa'ɣwan] *m* Flurportal *n*, Vorhalle *f*, Hausflur *m*
zalamería [θalame'ria] *f* Schmeichelei *f*
zalamero [θala'mero] *m* **1.** Schmeichler *m*, *adj* **2.** schmeichelhaft
zalea [θa'lea] *f* Schaffell *n*
zambo ['θambo] *adj* krummbeinig, X-beinig
zambullida [θambu'ʎiða] *f* Untertauchen *n*, Kopfsprung *m*

zambullir [θam'buʎir] *v* eintauchen, untertauchen, ins Wasser werfen
zampar [θam'par] *v* (rasch und unauffällig) verschwinden lassen, hinunterschlingen, fressen
zanahoria [θana'ɔrja] *f BOT* Karotte *f*, Möhre *f*
zancada [θaŋ'kaða] *f* langer Schritt *m*
zancadilla [θaŋka'ðiʎa] *f* Beinstellen *n*, listiger Kniff *m*
zanco ['θaŋko] *m* Stelze *f*, Wimpelstock *m*
zancudo [θaŋ'kuðo] *m* **1.** *mosquito* Steckmücke *f (LA); adj* **2.** *(el que tiene piernas largas)* stelzbeinig
zanganear [θaŋgane'ar] *v* herumlungern, faulenzen
zángano ['θaŋgano] *m* **1.** Schmarotzer *m;* **2.** *ZOOL* Drohne *f*
zanja ['θaŋxa] *f* **1.** Graben *m;* **2.** *(fosa)* Grube *f*
zanjar [θaŋ'xar] *v* **1.** *(zanja, trinchera)* ausheben; **2.** *(fig: diferencias, pelea)* bereinigen, ebnen, schlichten, beilegen
zapallo [θa'paʎo] *m* Kürbis *m (LA)*
zapar [θa'par] *v* graben
zapata [θa'pata] *f ~ de freno TECH* Bremsbelag *m*
zapateado [θapate'aðo] *m* andalusischer Tanz *m*
zapatear [θapate'ar] *v* **1.** trampeln; **2.** *(taconear)* aufstampfen
zapatería [θapate'ria] *f* Schuhgeschäft *n*, Schuhladen *m*
zapatero [θapa'tero] *m* Schuster *m*, Schuhmacher *m*
zapatilla [θapa'tiʎa] *f* **1.** *SPORT* Turnschuh *m;* **2.** *(pantufla)* Pantoffel *m*, Hausschuh *m;* **3.** *~s de clavos pl SPORT* Spikes *pl*
zapato [θa'pato] *m* Schuh *m; ¿Puede usted pedir a alguien que me limpie los ~s?* Können Sie meine Schuhe putzen lassen? *~ de charol* Lackschuh *m*
zape ['θape] *interj* pfui!
zapote [θa'pote] *m BOT* Breiapfel *m*, Sapote *f*
zarcillo [θar'θiʎo] *m* **1.** *BOT* Ranke *f;* **2.** *(pendiente)* Ohrring *m*
zarpa ['θarpa] *f ZOOL* Pranke *f*, Tatze *f*
zarpar [θar'par] *v (barco) NAUT* auslaufen; *El barco zarpa a las cinco.* Das Schiff läuft um fünf Uhr aus.
zarpazo [θar'paθo] *m* Prankenhieb *m*, Plumps *m*, Platschen *n*, Geklirr *n*
zarzamora [θarθa'mora] *f BOT* Brombeere *f*
zarzuela [θar'θwela] *f* **1.** Zarzuela *f* (typisch spanisches Singspiel); **2.** spanischer Eintopf mit verschiedenen Meeresfrüchten
zinc [θiŋk] *m CHEM* Zink *n*
zodiacal [θoðja'kal] *adj* Tierkreis…
zodíaco [θo'ðiako] *m* Tierkreis *m*
zona ['θona] *f* **1.** Gebiet *n*, Raum *m*, Abschnitt *m*, Region *f; ~ limítrofe* Grenzregion *f; ~ industrial* Inustriegebiet *n; ~ de catástrofe* Katastrophengebiet *n; ~ ajardinada* Grünanlage *f; ~ medioambiental* Umweltzone *f; ~ de colonización* Siedlungsgebiet *n; ~ de esquí* Skigebiet *n; ~ prohibida* Sperrbezirk *m*, Sperrgebiet *n; ~ de baja presión* Tiefdruckgebiet *n; ~ de soberanía* Hoheitsgebiet *n; ~ de conflicto* Spannungsgebiet *n;* **2.** *(distrito)* Bezirk *m*, Zone *f; ~ de las tres millas* Dreimeilenzone *f; ~ peatonal* Fußgängerzone *f; ~ fronteriza* Grenzbezirk *m; ~ climática* Klimazone *f; ~ comprimible de seguridad* Knautschzone *f;* **3.** *~ de libre comercio ECO* Freihandelszone *f; ~ de venta* Absatzgebiet *n; zona sin cobertura* Funkloch *n*
zoo [θoo] *m* Zoo *m*
zoología [θoolo'xia] *f* Zoologie *f*, Tierkunde *f*
zoológico [θoo'lɔxiko] *adj* zoologisch; *jardín ~* Zoo *m*
zopenco [θo'peŋko] *m* **1.** Klotz *m;* **2.** *(torpe)* Tölpel *m*, Trottel *m*
zoquete [θo'kete] *m* **1.** Tollpatsch *m;* **2.** *(madera)* Klotz *m*
zorra ['θɔrra] *f* **1.** Füchsin *f; (puta)* Dirne *f*, Nutte *f*
zorro ['θɔrro] *m* **1.** *ZOOL* Fuchs *m;* **2.** *(fig)* Schlitzohr *n*
zóster ['sostɛr] *m MED herpes ~* Gürtelrose *f*
zozobra [θo'θoβra] *f* **1.** Kummer *m*, Besorgnis *f;* **2.** *(fracaso)* Scheitern *n;* **3.** *NAUT* Kentern *n*
zozobrar [θoθo'βrar] *v* **1.** *NAUT* kentern; **2.** *(fracasar)* scheitern, zugrunde gehen
zueca ['θweka] *f* Holzschuh *m*, Clog *m*
zuela ['θwela] *f* Krummbeil *n*

zulla ['θuʎa] *f* **1.** *BOT* Klee *m;* **2.** *(fam)* Kot *m*
zumba ['θumba] *f* **1.** Kuhglocke *f;* **2.** *(burla)* Neckerei *f*
zumbar [θum'bar] *v* **1.** summen; **2.** *(circular)* schwirren; **3.** *~ a alguien* jdm eine Tracht Prügel verpassen
zumbido [θum'biðo] *m ~ de oídos* Ohrensausen *n*
zumo ['θumo] *m GAST* Saft *m; ~ de frutas* Fruchtsaft *m; ~ de manzana* Apfelsaft *m; ~ de naranja* Orangensaft *m; un vaso de ~ de naranja* ein Glas Orangensaft *n*
zunchar [θun'tʃar] *v TECH* aufschrumpfen, klammern
zuncho ['θuntʃo] *m* Zwinge *f,* Klammer *f*
zupia ['θupja] *f* **1.** *(vino)* trüber Wein *m;* **2.** *(vino)* Bodensatz *m;* **3.** *(fam)* Gesöff *n*
zurcido [θur'θiðo] *m* Stopfen *n,* Flicken *n,* Flickerei *f*
zurcir [θur'θir] *v* stopfen
zurdo ['θurðo] *m* **1.** Linkshänder *m; adj* **2.** linkshändig
zurra ['θurra] *f* Gerben *n,* Büffeln *n,* Ochsen *n,* Prügelei *f*
zurrar [θu'rrar] *v* **1.** *(fig)* verprügeln; **2.** *(criticar)* abkanzeln; **3.** *(la piel)* gerben
zutano [θu'tano] *m* ein gewisser Jemand *m; fulano, mengano y ~* Hinz und Kunz

Deutsch – Spanisch

A

Aal [aːl] *m ZOOL* anguila *f; sich winden wie ein ~* escurrirse como una anguila/ salir del paso de una circunstancia desagradable
ab [ap] *prep* **1.** *(zeitlich)* a partir de, desde; *~ 13 Uhr* a partir de la una de la tarde; **2.** *(örtlich)* desde, de, a partir de; *~ München* desde Múnich; *~ hier* a partir de aquí; **3.** *Ab durch die Mitte!* ¡Salid rápido! **4.** *Bestellungen ~ 20 Euro* pedidos de 20 euros en adelante
Abänderung ['apɛndəruŋ] *f* alteración *f*, modificación *f*
Abart ['apaːrt] *f* variedad *f*, variación *f*, variante *f*
abartig ['apaːrtɪç] *adj* anormal
Abbau ['apbau] *m* **1.** *(Zerlegung)* desmontaje *m*, despiece *m;* **2.** *(Verringerung)* disminución *f*, reducción *f;* **3.** *CHEM* desintegración *f*, descomposición *f;* **4.** *MIN* explotación *f*
abbauen ['apbauən] *v* **1.** *(zerlegen)* desmontar, desarmar; **2.** *(verringern)* disminuir, reducir; **3.** *CHEM* desintegrar, descomponer; **4.** *MIN* explotar
abberufen ['apbəruːfən] *v irr* relevar, retirar del puesto
abbestellen ['apbəʃtɛlən] *v* anular, dar de baja
abbezahlen ['apbətsaːlən] *v* pagar
abbiegen ['apbiːgən] *v irr* doblar
Abbild ['apbɪlt] *n* **1.** *(Darstellung)* trasunto *m*, representación exacta *f;* **2.** *(Ebenbild)* fiel retrato *m*, viva imagen *f*, retrato *m*, copia *f; Sie ist das ~ ihrer Mutter.* Ella es el fiel retrato de su madre.
abbilden ['apbɪldən] *v* copiar, reproducir, dibujar, representar
Abbildung ['apbɪlduŋ] *f* imagen *f*, reproducción *f*, retrato *m*, dibujo *m*
abbinden ['apbɪndən] *v irr* **1.** *(losbinden)* desatar, soltar, desliar; **2.** *MED* ligar, vendar
abbrechen ['apbrɛçən] *v irr* **1.** romper, quebrar; **2.** *(fig)* interrumpir bruscamente, truncar, cortar; *etw energisch ~, um Schlimmeres zu verhindern* cortar algo por lo sano
abbrennen ['apbrɛnən] *v irr* **1.** quemarse, consumirse; **2.** *etw ~* quemar algo, consumir algo
abbringen ['apbrɪŋən] *v irr jdn von etw ~* hacer desistir a alguien de algo, disuadir a alguien de algo, quitar a alguien algo de la cabeza; *Ich muss ihn davon ~.* Tengo que quitarle eso de la cabeza.
Abbruch ['apbrux] *m* **1.** *(einer Reise)* interrupción *f;* **2.** *(fig: von Beziehungen)* ruptura *f;* **3.** *(eines Gebäudes)* demolición *f*, derribo *m*
abbuchen ['apbuːxən] *v* cargar en cuenta, cargar en la cuenta
abdanken ['apdaŋkən] *v* **1.** *(Minister)* dimitir, renunciar al cargo; **2.** *(König)* abdicar
Abdankung ['apdaŋkuŋ] *f* **1.** *(eines Ministers)* dimisión *f*, renuncia *f;* **2.** *(eines Königs)* abdicación *f*
abdecken ['apdɛkən] *v* **1.** *(Dach)* destechar; **2.** *(mit Dachziegeln)* destejar; **3.** *(zudecken)* tapar, cubrir; **4.** *(Tisch)* quitar la mesa, alzar la mesa, levantar la mesa *(LA)*
abdrehen ['apdreːən] *v* *(zudrehen)* cerrar
Abdruck ['apdruk] *m* **1.** *(Spur)* huella *f*, impresión *f;* **2.** *(Nachbildung)* reproducción *f*, copia *f*
abdrucken ['apdrukən] *v* copiar, reproducir
abebben ['apɛbən] *v* **1.** *(Wasser)* bajar la marea, refluir; **2.** *(fig)* aplacarse; *Seine Wut ebbte ab.* Su ira se aplacó.
Abend ['aːbənt] *m* **1.** tarde *f*, noche *f; Guten ~!* ¡Buenas tardes/noches! *Es ist noch nicht aller Tage ~.* Todavía está todo por decidir. **2.** *Heiliger ~* Nochebuena *f;* **3.** *heute ~* esta tarde, esta noche; *Wir sehen uns heute ~.* Nos vemos esta noche. **4.** *gestern ~* anoche, ayer por la noche, ayer por la tarde; *Gestern ~ ging ich ins Kino.* Ayer por la noche fui al cine.

A

Abendbrot ['a:bəntbro:t] *n* cena *f*
abendelang ['a:bəndəlaŋ] *adv* muchas noches, cada noche, durante varias noches
Abendessen ['a:bəntɛsən] *n* cena *f*
Abendgebet ['a:bəntgəbe:t] *n* REL oración de la noche *f*
Abendkleid ['a:bəntklaɪt] *n* traje de noche *m*, vestido de noche *m*
Abendland ['a:bəntlant] *n* Occidente *m*
abendlich ['a:bəntlɪç] *adj* por la tarde, de la tarde, de la noche
Abendmahl ['a:bəntma:l] *n* REL Santa Cena *f*, Eucaristía *f*, Santa Comunión *f*
Abendrot ['a:bəntro:t] *n* arrebol *m*
abends ['a:bənts] *adv* por la tarde, por la noche, de noche
Abendstern ['a:bəntʃtɛrn] *m* lucero de la tarde *m*, estrella de la tarde *f*
Abenteuer ['a:bəntɔyɐ] *n* aventura *f*
abenteuerlich ['a:bəntɔyɐlɪç] *adj* aventurero
abenteuerlustig ['a:bəntɔyɐlustɪç] *adj* aventurero, que tiene afán de aventuras, que tiene espíritu aventurero
Abenteurer(in) ['a:bəntɔyrɐ(rɪn)] *m/f* aventurero/aventurera *m/f*
aber ['a:bɐ] *konj* pero, sin embargo, mas, no obstante; *Es ist ein billiger, ~ guter Wein.* Es un vino barato pero bueno.
Aberglaube ['a:bɐglaubə] *m* REL superstición *f*
abergläubisch ['a:bɐglɔybɪʃ] *adj* REL supersticioso
aberkennen ['apɛrkɛnən] *v irr jdm etw ~* JUR privar a alguien de algo, denegar a alguien algo, desposeer a alguien de algo
Aberkennung ['apɛrkɛnuŋ] *f* JUR denegación *f*, privación *f*, desposeimiento *m*
abermals ['a:bɐma:ls] *adv* de nuevo, otra vez
abfahren ['apfa:rən] *v irr* partir, marchar, salir; *Der Zug fuhr von Madrid nach Sevilla ab.* El tren partió de Madrid a Sevilla.
Abfahrt ['apfa:ɐt] *f* **1.** *(Abreise)* salida *f*, partida *f*; **2.** SPORT descenso *m*, bajada *f*
Abfahrtszeit ['apfa:ɐtstsaɪt] *f* hora de salida *f*, hora de partida *f*
Abfall ['apfal] *m* **1.** *(Müll)* basura *f*, desperdicios *m/pl*, desechos *m/pl*, restos *m/pl*; **2.** *(Rückgang)* baja *f*, descenso *m*, caída *f*
Abfallbeseitigung ['apfalbəzaɪtɪguŋ] *f* eliminación de los desechos *f*
Abfalleimer ['apfalaɪmɐ] *m* cubo de basura *m*, tacho de la basura *m* (LA)
abfällig ['apfɛlɪç] *adj* despectivo, despreciativo, desdeñoso
abfangen ['apfaŋən] *v irr* atrapar, detener
abfärben ['apfɛrbən] *v* **1.** desteñir, desteñirse, perder el color; **2.** *(fig) ~ auf jdn* influir sobre alguien
abfertigen ['apfɛrtɪgən] *v* **1.** *(Kunde)* atender, despachar; **2.** *(am Zoll)* despachar, aduanar; **3.** *(fam) jdn ~* despachar a alguien, despedir a alguien secamente
Abfertigung ['apfɛrtɪguŋ] *f* **1.** *(eines Kunden)* despacho de un cliente *m*; **2.** *(Zollabfertigung)* despacho aduanero *m*; **3.** *(von Waren)* expedición *f*
abfeuern ['apfɔyɐn] *v* disparar, descargar
abfinden ['apfɪndən] *v irr* **1.** *sich ~ mit* resignarse con, conformarse con; **2.** *jdn ~ mit* ECO indemnizar a alguien con
Abfindung ['apfɪnduŋ] *f* **1.** ECO indemnización *f*, compensación *f*; **2.** JUR arreglo *m*, ajuste *m*
abflauen ['apflauən] *v* **1.** amainar, calmarse; **2.** ECO languidecer
abfliegen ['apfli:gən] *v irr (Flugzeug)* despegar, emprender el vuelo
Abflug ['apflu:k] *m* despegue *m*, salida *f*, partida *f*
Abfluss ['apflus] *m* salida *f*, desagüe *m*
abführen ['apfy:rən] *v* **1.** *(Verbrecher) jdn ~* llevar detenido a alguien, llevar preso a alguien; **2.** *(Gelder)* ECO pagar
abfüllen ['apfylən] *v* trasegar, envasar, embotellar
Abgabe ['apga:bə] *f* **1.** *(Ablieferung)* entrega *f*, despacho *m*; **2.** *(von Steuern)* ECO exacción *f*, contribución *f*, tributo *m*, impuesto *m*
abgabenfrei ['apga:bənfraɪ] *adj* ECO libre de impuestos, exento de impuestos

abgabenpflichtig ['apga:bənpflıçtıç] *adj* ECO sujeto a impuestos, gravable
Abgang ['apgaŋ] *m* **1.** *(Fehlgeburt)* MED aborto *m;* **2.** *THEAT* mutis *m;* **3.** *einen ~ machen* largarse *(fam)*
Abgas ['apga:s] *n TECH* gas de escape *m*
abgasarm ['apga:sarm] *adj TECH* de baja emisión de gas de escape
abgeben ['apge:bən] *v irr* entregar, dar
abgehen ['apge:ən] *v irr* **1.** *(fam: Knopf)* descoserse, soltarse; **2.** *(fig)* morir; *mit dem Tode ~* irse al otro mundo; **3.** *Da geht der Bär ab. (fam)* Allí hay un ambientazo increíble.
abgelegen ['apgəle:gən] *adj* alejado, retirado, apartado
abgeneigt ['apgənaıkt] *adj* reacio a, no ser inclinado a
Abgeordnete(r) ['apgəɔrnətə(-ɐ)] *m/f POL* diputado/diputada *m/f*
Abgesandte(r) ['apgəzantə(-ɐ)] *m/f POL* enviado especial/enviada especial *m/f,* comisionado/comisionada *m/f*
abgesehen ['apgəze:ən] *adj ~ von* aparte de, sin tener en cuenta
abgespannt ['apgəʃpant] *adj* cansado, rendido
abgestanden ['apgəʃtandən] *adj* desabrido, pasado, sin fuerza
abgestorben ['apgəʃtɔrbən] *adj* extinguido
abgewöhnen ['apgəvø:nən] *v sich etw ~* desacostumbrarse de algo, quitarse la costumbre de algo, deshabituarse de algo
Abgott ['apgɔt] *m REL* ídolo *m*
abgöttisch ['apgœtıʃ] *adj REL* idólatra
abgrenzen ['apgrɛntsən] *v* demarcar, delimitar, limitar
Abgrenzung ['apgrɛntsuŋ] *f* demarcación *f,* limitación *f,* delimitación *f*
Abgrund ['apgrunt] *m* abismo *m*
abgründig ['apgryndıç] *adj* abismal
abhacken ['aphakən] *v* cortar a hachazos, partir a hachazos
abhaken ['apha:kən] *v* desenganchar, puntear, ganchar
abhalten ['aphaltən] *v irr* **1.** *(Versammlung)* celebrar, llevar a cabo; **2.** *(hindern)* impedir, detener, retener; **3.** *Gottesdienst ~ REL* celebrar la misa, decir misa
abhandeln ['aphandəln] *v* disertar sobre, tratar un tema
Abhandlung ['aphandluŋ] *f* tratado *m,* ensayo *m*
Abhang ['aphaŋ] *m* pendiente *f,* declive *m*
abhängen[1] ['aphɛŋən] *v irr von jdm ~* depender de alguien
abhängen[2] ['aphɛŋən] *v* **1.** *(abnehmen) etw ~* descolgar algo; **2.** *(fig) jdn ~* librarse de alguien, quitarse a alguien de encima
abhängig ['aphɛŋıç] *adj ~ von* dependiente de; *~ sein von* estar a merced de/depender de
Abhängigkeit ['aphɛŋıçkaıt] *f* dependencia *f*
abhärten ['aphɛrtən] *v* endurecer
abheben ['aphe:bən] *v irr* **1.** *(Hörer)* descolgar; **2.** *sich ~ von* contrastar con, diferenciarse de; **3.** *(Flugzeug)* despegar; **4.** *(Geld) ECO* sacar
abhetzen ['aphɛtsən] *v sich ~* apurarse, afanarse, ajetrearse
Abhilfe ['aphılfə] *f* ayuda *f,* remedio *m,* auxilio *m*
abholen ['apho:lən] *v* recoger, venir a buscar; *Wann kann ich den Fernseher wieder ~?* ¿Cuándo puedo venir a recoger el televisor? *Darf ich Sie ~?* ¿Me permite que la recoja?
abhorchen ['aphɔrçən] *v* **1.** *MED* auscultar, reconocer; **2.** *TEL* interceptar
abhören ['aphø:rən] *v* **1.** *(Schule)* tomar la lección; **2.** *TEL* interceptar, intervenir, estar intervenido
Abitur [abi'tu:ɐ] *n (in Spanien)* bachillerato *m,* prueba de selectividad *f*
Abiturient(in) [abitu'rjɛnt(ın)] *m/f* bachiller(a) *m/f*
abkaufen ['apkaufən] *v* **1.** *jdm etw ~* comprar algo a alguien; **2.** *(fam: glauben) jdm etw ~* creer algo a alguien; *Das kaufe ich dir nicht ab!* ¡Cuéntaselo a tu abuela!
abkochen ['apkɔxən] *v* hervir, cocer
Abkommen ['apkɔmən] *n* acuerdo *m,* convenio *m,* pacto *m*
abkömmlich ['apkœmlıç] *adj* disponible
abkratzen ['apkratsən] *v* **1.** raspar; **2.** *(fam: sterben)* irse al otro barrio

A

abkühlen ['apky:lən] *v* enfriar, refrescar
Abkühlung ['apky:luŋ] *f* enfriamiento *m*
abkürzen ['apkyrtsən] *v* recortar, acortar, abreviar
Abkürzung ['apkyrtsuŋ] *f* **1.** abreviación *f*, resumen *m*, síntesis *f*; **2.** *(eines Weges)* atajo *m*; **3.** *(Kürzel)* abreviatura *f*, sigla *f*
abladen ['apla:dən] *v irr* descargar
Ablage ['apla:gə] *f* depósito *m*, archivo *m*
Ablagerung ['apla:gəruŋ] *f* **1.** *GEOL* sedimentación *f*, sedimento *m*; **2.** *MED* concreción *f*
ablassen ['aplasən] *v irr* **1.** *(Dampf)* dejar escapar; **2.** *(Wasser)* descargar, dejar salir
Ablauf ['aplauf] *m* **1.** *(Abfluss)* *m* salida *f*, desagüe *m*; **2.** *(Geschehen)* curso *m*, tra(n)scurso *m*; **3.** *(einer Frist)* *ECO* vencimiento *m*
ablaufen ['aplaufən] *v irr* **1.** *(abfließen)* desaguar, escurrirse; **2.** *(Geschehen)* suceder, pasar; **3.** *(Frist)* *ECO* vencerse, terminar
ablegen ['aple:gən] *v* **1.** *(Kleidung)* quitarse la ropa, desnudarse; **2.** *(Karten)* descartarse; **3.** *(Akten)* archivar las actas; **4.** *(fig)* *etw ~* dejar de hacer algo
ablehnen ['aple:nən] *v* rechazar, no admitir, denegar
ablehnend ['aple:nənt] *adj* desfavorable, negativo
Ablehnung ['aple:nuŋ] *f* denegación *f*
ableiten ['aplaɪtən] *v* **1.** *(Wasser)* desviar, derivar; **2.** *(fig: folgern)* deducir
ablenken ['aplɛŋkən] *v* desviar, distraer
Ablenkung ['aplɛŋkuŋ] *f* desviación *f*, desvío *m*
ablesen ['aple:zən] *v irr* leer
abliefern ['apli:fɐn] *v* entregar, remitir
Ablieferung ['apli:fəruŋ] *f* entrega *f*, remesa *f*
ablösen ['aplø:zən] *v* **1.** *(entfernen)* separar, desprender, quitar; **2.** *(im Dienst)* relevar, retirar; **3.** *(sich abwechseln)* turnarse, relevarse, alternarse; **4.** *(tilgen)* *ECO* amortizar, redimir
Ablösung ['aplø:zuŋ] *f* **1.** *(Entfernen)* desprendimiento *m*, separación *f*; **2.** *(im Dienst)* relevo *m*; **3.** *(Nachfolge)* sustitución *f*, nuevo turno *m*
Abluft ['apluft] *f* *TECH* aire de escape *m*, aire de salida *m*
abmachen ['apmaxən] *v* **1.** *(entfernen)* retirar, quitar; **2.** *(übereinkommen)* convenir, ponerse de acuerdo
Abmachung ['apmaxuŋ] *f* acuerdo *m*, convenio *m*
abmagern ['apma:gɐn] *v* adelgazar, enflaquecer
Abmarsch ['apmarʃ] *m* marcha *f*, partida *f*
abmelden ['apmɛldən] *v* anular la inscripción
Abmeldung ['apmɛlduŋ] *f* anulación de la inscripción *f*
abmessen ['apmɛsən] *v irr* medir, mensurar
Abmessung ['apmɛsuŋ] *f* **1.** *(Vorgang)* medición *f*; **2.** *(Maß)* dimensión *f*, medida *f*
abmontieren ['apmɔnti:rən] *v* desmontar, desarmar
abmühen ['apmy:ən] *v sich ~* ajetrearse, afanarse
abmurksen ['apmurksən] *v* *(fam: töten)* cargarse, mandar al otro barrio *(fam)*
abnabeln ['apna:bəln] *v* *(fig)* *sich ~* independizarse, salir del cascarón *(fam)*
abnagen ['apna:gən] *v* roer
Abnahme ['apna:mə] *f* **1.** *(Entgegennahme)* aceptación *f*, recepción *f*; **2.** *(Verminderung)* disminución *f*, reducción *f*; **3.** *(Kauf)* *ECO* compra *f*; **4.** *TECH* recepción *f*
abnehmen ['apne:mən] *v irr* **1.** *an Gewicht ~* bajar de peso, adelgazar; **2.** *(entfernen)* quitar, retirar; **3.** *(entgegennehmen)* aceptar, recibir; **4.** *TECH* aceptar
Abnehmer(in) ['apne:mɐ(rɪn)] *m/f* *ECO* comprador(a) *m/f*
Abneigung ['apnaɪguŋ] *f* antipatía *f*, rechazo *m*; *Ich habe eine ~ gegen ihn.* No lo puedo ver ni en pintura.
Abnormität [apnɔrmi'tɛ:t] *f* **1.** anomalía *f*, anormalidad *f*; **2.** *MED* anomalía *f*
abnutzen ['apnutsən] *v* desgastar, usar
Abnutzung ['apnutsuŋ] *f* desgaste *m*, uso *m*

Abonnement [abɔnə'mɑ̃ː] *n* suscripción *f;* abono *m*
Abonnent(in) [abɔ'nɛnt(ɪn)] *m/f* suscriptor(a) *m/f*
abonnieren [abɔ'niːrən] *v* suscribir
Abordnung ['apɔrdnuŋ] *f* delegación *f,* comisión *f*
Abort [a'bɔrt] *m* **1.** *(Toilette)* servicios *m/pl;* **2.** *(Fehlgeburt) MED* aborto *m*
abpfeifen ['apfaɪfən] *v irr SPORT* pitar en el juego, dar la pitada final
abplagen ['aplaːgən] *v sich ~* bregar
abprallen ['apralən] *v* **1.** *(Ball)* rebotar; **2.** *(fig)* quedarse inmutable
abpumpen ['apumpən] *v* extraer con la bomba
abputzen ['aputsən] *v* limpiar
abquälen ['apkvɛːlən] *v sich ~* atormentarse, torturarse
abrackern ['aprakɐn] *v sich ~ (fam)* trabajar duro, ajetrearse
abraten ['apraːtən] *v irr jdn von etw ~* desaconsejar a alguien de algo
abräumen ['aprɔymən] *v* despejar; *den Tisch ~* levantar la mesa *(LA)*/quitar la mesa
abreagieren ['apreagiːrən] *v sich ~* desahogarse
abrechnen ['aprɛçnən] *v* **1.** *(abziehen)* deducir, descontar; **2.** *ECO* liquidar, saldar
Abrechnung ['aprɛçnuŋ] *f* **1.** *(Abzug)* descuento *m;* **2.** *(fig: Vergeltung)* ajuste de cuentas *m;* **3.** *ECO* liquidación *f*
Abrede ['apreːdə] *f etw in ~ stellen* poner algo en tela de juicio, poner en duda una opinión o juicio de valor de acta
abreiben ['apraɪbən] *v irr* frotar, friccionar
Abreise ['apraɪzə] *f* partida *f,* salida *f*
abreisen ['apraɪzən] *v* partir, salir; *Marita reist morgen ab.* Marita se marcha mañana.
abreißen ['apraɪsən] *v irr* **1.** *(Gebäude)* demoler, derribar; **2.** *(Papier, Blatt)* romper, arrancar; **3.** *(Verbindung)* interrumpirse el contacto
abrichten ['aprɪçtən] *v* adiestrar, domar, amaestrar
abriegeln ['apriːgəln] *v (Gebiet)* cercar, vallar
Abriss ['aprɪs] *m* **1.** *(eines Gebäudes)* demolición *f,* derribo *m;* **2.** *(Zusammenfassung)* resumen *m*
Abruf ['apruːf] *m* **1.** *ECO* petición de entrega *f,* requerimiento de un pedido *m;* **2.** *INFORM* llamada de datos *f*
abrufen ['apruːfən] *v irr* **1.** *(Ware) ECO* hacer venir, retirar; **2.** *Daten ~ INFORM* llamar datos, consultar el ordenador
abrunden ['aprundən] *v* redondear
abrupt [ap'rupt] *adv* **1.** abruptamente; *adj* **2.** abrupto
Abrüstung ['aprystuŋ] *f MIL* desarme *m*
Absage ['apzaːgə] *f* negativa *f,* anulación *f*
absagen ['apzaːgən] *v* anular, rehusar
Absatz ['apzats] *m* **1.** *(Abschnitt),* párrafo *m;* **2.** *(Treppenabsatz)* descanso *m;* **3.** *(Schuhabsatz)* tacón *m;* **4.** *ECO* venta *f,* colocación *f*
absatzfähig ['apzatsfɛːɪç] *adj ECO* vendible
Absatzmarkt ['apzatsmarkt] *m ECO* mercado de venta *m,* mercado de consumo *m*
Absatzpolitik ['apzatspolitiːk] *f ECO* política de ventas *f*
absaugen ['apzaugən] *v irr* **1.** chupar, succionar; **2.** *(Staub saugen)* aspirar el polvo
abschaffen ['apʃafən] *v* anular, abolir, suprimir
Abschaffung ['apʃafuŋ] *f* anulación *f,* abolición *f*
abschalten ['apʃaltən] *v* **1.** *(Licht)* apagar; **2.** *(Maschinen)* parar; **3.** *(fig)* desconectar, descansar
abschätzen ['apʃɛtsən] *v* calcular, estimar
abschätzig ['apʃɛtsɪç] *adj* despectivo, despreciativo
Abschaum ['apʃaum] *m (fig)* escoria *f*
abscheiden ['apʃaɪdən] *v irr CHEM* precipitar
Abscheu ['apʃɔy] *m/f* asco *m,* repulsión *f*
abscheulich [ap'ʃɔylɪç] *adj* abominable, repugnante, asqueroso
abschicken ['apʃɪkən] *v* enviar, mandar, remitir
abschieben ['apʃiːbən] *v irr (ausweisen) POL* expulsar

A

Abschiebung ['apʃi:buŋ] *f POL* expulsión *f*
Abschied ['apʃi:t] *m* despedida *f*
abschießen ['apʃi:sən] *v irr* **1.** *(schießen)* disparar; **2.** *(Flugzeug) MIL* derribar
abschirmen ['apʃɪrmən] *v* **1.** apantallar, blindar; **2.** *(fig)* proteger
Abschirmung ['apʃɪrmuŋ] *f* **1.** apantallamiento *m,* blindaje *m;* **2.** *(fig)* protección *f*
Abschlag ['apʃla:k] *m* **1.** *~szahlung ECO* pago a plazos; **2.** *(Preissenkung) ECO* rebaja *f;* **3.** *Kursabschlag FIN* baja del cambio *f;* **4.** *(beim Golf) SPORT* saque de puerta *m*
abschlagen ['apʃla:gən] *v irr* **1.** *(abschneiden)* cortar, talar; **2.** *(fig: ablehnen)* rehusar, denegar; **3.** *(Golf) SPORT* sacar de puerta
abschlägig ['apʃlɛgɪç] *adj* negativo
Abschlagszahlung ['apʃla:kstsa:luŋ] *f ECO* pago a cuenta *m*
abschleifen ['apʃlaɪfən] *v irr TECH* alisar
Abschleppdienst ['apʃlɛpdi:nst] *m* servicio de grúa *m*
abschleppen ['apʃlɛpən] *v* remolcar
Abschleppseil ['apʃlɛpzaɪl] *n* cuerda de remolque *f*
Abschleppstange ['apʃlɛpʃtaŋə] *f* vara de remolque *f*
Abschleppwagen ['apʃlɛpva:gən] *m* cochegrúa *m,* coche de auxilio *m (LA)*
abschließen ['apʃli:sən] *v irr* **1.** *(zuschließen)* cerrar con llave; **2.** *(beenden)* finalizar, concluir, terminar; **3.** *Geschäft ~ ECO* cerrar un negocio; **4.** *einen Vertrag ~ JUR* firmar un contrato
abschließend ['apʃli:sənt] *adj* **1.** definitivo, final; *adv* **2.** finalmente, por último
Abschluss ['apʃlus] *m* **1.** *(Beendigung)* fin *m,* terminación *f,* culminación *f; zum krönenden ~* para cerrar con broche de oro; **2.** *(Geschäftsabschluss) ECO* transacción comercial *f,* operación *f;* **3.** *(Bilanz) ECO* cierre *m;* **4.** *(Vertragsabschluss) JUR* conclusión de un contrato *f*
Abschlussbilanz ['apʃlusbɪlants] *m ECO* cierre de cuentas *m,* balance anual *m*
Abschlussfeier ['apʃlusfaɪɐ] *f* fiesta de fin de curso *f*
Abschlusskurs ['apʃluskurs] *m FIN* cambio de cierre *m,* cotización final *f*
Abschlussprüfung ['apʃluspry:fuŋ] *f* **1.** *(in der Schule)* examen final *m;* **2.** *ECO* revisión de cuentas *f,* revisión del balance *f*
Abschlusszeugnis ['apʃlustsɔyknɪs] *n* certificado de fin de estudios *m*
abschmecken ['apʃmɛkən] *v* probar
abschmieren ['apʃmi:rən] *v TECH* lubricar
abschminken ['apʃmɪŋkən] *v* desmaquillar, despintar; *Das kannst du dir ~.* De eso te puedes olvidar.
abschnallen ['apʃnalən] *v* **1.** desabrochar; **2.** *(fam) Da schnallst du ab!* ¡Qué alucine!
abschneiden ['apʃnaɪdən] *v irr* **1.** cortar; **2.** *(fam) bei einer Prüfung gut/schlecht ~* salir bien/mal de un examen; **3.** *(fig: Weg)* tomar un atajo, cortar camino; **4.** *(fig: Wort)* interrumpir a alguien
Abschnitt ['apʃnɪt] *m* **1.** *(eines Textes)* capítulo *m;* **2.** *(eines Gebietes)* zona *f,* sector *m;* **3.** *(Zeitabschnitt)* lapso *m,* período *m*
abschöpfen ['apʃœpfən] *v* **1.** quitar; **2.** *ECO* absorber
Abschöpfung ['apʃœpfuŋ] *f ECO* absorción *f*
abschrauben ['apʃraubən] *v* destornillar
abschrecken ['apʃrɛkən] *v* **1.** *(abhalten von)* disuadir, hacer desistir; **2.** *(Eier)* pasar por agua fría; **3.** *TECH* enfriar bruscamente
abschreckend ['apʃrɛkənt] *adj* espantoso, terrible, horrible
Abschreckung ['apʃrɛkuŋ] *f* disuación *f,* intimidación *f*
abschreiben ['apʃraɪbən] *v irr* **1.** *einen Text ~* copiar de un texto; **2.** *ECO* amortizar
Abschreibung ['apʃraɪbuŋ] *f ECO* amortización *f*
Abschrift ['apʃrɪft] *f* copia *f*
abschürfen ['apʃyrfən] *v* raspar
Abschürfung ['apʃyrfuŋ] *f MED* excoriación *f,* erosión *f,* desolladura *f*
Abschuss ['apʃus] *m (Schuss)* disparo *m*

abschüssig ['apʃysɪç] *adj* escarpado
abschütteln ['apʃytəln] *v* **1.** sacudir, sacudirse; **2.** *(fam: loswerden) jdn ~* quitarse a alguien de encima
abschwächen ['apʃvɛçən] *v* debilitar
Abschwächung ['apʃvɛçuŋ] *f* debilitamiento *m*, debilitación *f*
abschweifen ['apʃvaɪfən] *v* *(fig)* andarse por las ramas, irse por las ramas
abschwellen ['apʃvɛlən] *v irr MED* deshincharse
abschwören ['apʃvøːrən] *v irr* **1.** *(sich lossagen)* abjurar, renegar
Abschwung ['apʃvuŋ] *m ECO* depresión *f*
absehbar ['apzeːbaːr] *adj* previsible
absehen ['apzeːən] *v irr* **1.** *(voraussehen)* prever; **2.** *(nicht beachten) ~ von* no considerar
abseits ['apzaɪts] *adv* aparte
absenden ['apzɛndən] *v irr* enviar, remitir
Absender ['apzɛndɐ] *m* remitente *m*
Absendung ['apzɛnduŋ] *f* **1.** *(Verschickung)* envío *m*, remesa *f*, despacho *m;* **2.** *(Abordnung)* delegación *f*
Absenkung ['apzɛŋkuŋ] *f* bajada *f*, descenso *m*
absetzbar ['apzɛtsbaːɐ] *adj* **1.** *(verkäuflich) ECO* vendible, comercializable; **2.** *steuerlich ~ ECO* deducible de los impuestos
absetzen ['apzɛtsən] *v* **1.** *(hinstellen)* parar, colocar verticalmente; **2.** *(kündigen)* destituir, cesar; **3.** *(herausheben)* destacar, resaltar, sobresalir; **4.** *(abhauen) sich ~* alejarse, irse, marcharse; **5.** *sich ~ CHEM* precipitarse; **6.** *(verkaufen) ECO* vender; **7.** *(abschreiben) ECO* amortizar; **8.** *Arznei ~ MED* dejar de tomar un medicamento, interrumpir la medicación
Absetzung ['apzɛtsuŋ] *f* **1.** *(Kündigung)* destitución *f*, cese *m;* **2.** *(Abschreibung) ECO* amortización *f*
absichern ['apzɪçɐn] *v* **1.** asegurar, proteger; **2.** *sich ~* asegurarse
Absicht ['apzɪçt] *f* intención *f*, propósito *m; gute/schlechte ~en haben* tener buena/mala intención
absichtlich ['apzɪçtlɪç] *adj* **1.** intencionado, intencional, premeditado, deliberado; *adv* **2.** intencionadamente, a propósito, adrede
absolut [apzo'luːt] *adj* **1.** absoluto; *adv* **2.** absolutamente
Absolution [apzolu'tsjoːn] *f REL* absolución *f*
Absolutismus [apzolu'tɪsmus] *m HIST* absolutismo *m*
Absolvent(in) [apzɔl'vɛnt(ɪn)] *m/f* graduado/graduada *m/f*, egresado/egresada *m/f*
absolvieren [apzɔl'viːrən] *v* **1.** *(abschließen)* terminar los estudios, concluir los estudios; **2.** *(fam: erledigen)* hacer, ejecutar, realizar
absonderlich [ap'zɔndɐlɪç] *adj* raro, extraño, singular
absondern ['apzɔndɐn] *v* **1.** *sich ~* apartarse, aislarse; **2.** *(trennen)* separar; **3.** *MED* segregar, eliminar
Absonderung ['apzɔnderuŋ] *f* **1.** *(Trennung)* separación *f*, aislamiento *m;* **2.** *MED* secreción *f*, eliminación *f*
absorbieren [apzɔr'biːrən] *v* absorber
Abspaltung ['apʃpaltuŋ] *f POL* secesión *f*
abspeichern ['apʃpaɪçɐn] *v INFORM* acumular, asegurar
abspeisen ['apʃpaɪzən] *v* **1.** *(verköstigen)* dar de comer, alimentar; **2.** *jdn ~ (fig)* despachar a alguien
absperren ['apʃpɛrən] *v* **1.** *(zuschließen)* cerrar; **2.** *(Gebiet)* bloquear, incomunicar
Absperrung ['apʃpɛruŋ] *f* barrera *f*, bloqueo *m*
abspielen ['apʃpiːlən] *v* **1.** *Schallplatte ~* poner un disco; **2.** *sich ~* tener lugar, suceder, ocurrir
Absprache ['apʃpraːxə] *f* convenio *m*, arreglo *m*, acuerdo *m*
absprechen ['apʃprɛçən] *v irr* **1.** *(vereinbaren)* ponerse de acuerdo; **2.** *JUR* denegar
abspringen ['apʃprɪŋən] *v irr* **1.** *(herunterspringen)* saltar hacia abajo, arrojarse, desmontarse; **2.** *(abplatzen)* reventar, saltar; **3.** *(fig)* mudar de partido, retirarse de una empresa, desertar
Absprung ['apʃpruŋ] *m (mit dem Fallschirm)* salto *m*, bajada *f*
abspülen ['apʃpyːlən] *v* lavar, fregar, limpiar

A

abstammen ['apʃtamən] *v* **1.** *(Herkunft)* proceder de, venir de; **2.** *(Ursprung)* descender de
Abstammung ['apʃtamuŋ] *f* **1.** *(Herkunft)* procedencia *f,* lugar de origen *m;* **2.** *(Ursprung)* descendencia *f,* origen *m*
Abstand ['apʃtant] *m* distancia *f*
abstatten ['apʃtatən] *v einen Besuch ~* hacer una visita
abstauben ['apʃtaubən] *v* desempolvar, quitar el polvo
Abstecher ['apʃtɛçɐ] *m* pequeña excursión *f,* escapada *f*
abstecken ['apʃtɛkən] *v* **1.** *(markieren)* marcar, demarcar, balizar; **2.** *(Saum)* apuntar; **3.** *(Ziel)* definir
abstehend ['apʃteːənt] *adj* destacado, separado, distante
Absteige ['apʃtaɪgə] *f* pensión de mala fama *f,* casa de citas *f,* hotel paupérrimo *m,* pensión de mala muerte *f (fam)*
absteigen ['apʃtaɪgən] *v irr* **1.** descender, bajar, desmontar; **2.** *(einkehren)* hospedarse, alojarse en; **3.** *SPORT* pasar a una categoría inferior, descender
abstellen ['apʃtɛlən] *v* **1.** *(ausschalten)* apagar, parar; **2.** *(hinstellen)* depositar, poner; **3.** *(Wasser)* cortar
Abstellkammer ['apʃtɛlkamɐ] *f* trastero *m*
abstempeln ['apʃtɛmpəln] *v* **1.** *(Briefmarke)* sellar, timbrar, estampillar *(LA);* **2.** *jdn ~ (fig)* tildar a alguien de algo, catalogar a alguien de algo
absterben ['apʃtɛrbən] *v irr* **1.** *BOT* extinguirse, morirse; **2.** *MED* necrosarse
Abstieg ['apʃtiːk] *m* **1.** *(Hinuntersteigen)* bajada *f,* descenso *m;* **2.** *(fig: Niedergang)* decadencia *f;* **3.** *SPORT* baja *f*
abstimmen ['apʃtɪmən] *v* **1.** *(wählen)* votar; *~ lassen* someter a votación; **2.** *(farblich ~)* armonizar; **3.** *(fig: anpassen)* coordinar; **4.** *MUS* afinar, acordar
Abstimmung ['apʃtɪmuŋ] *f* **1.** *(Wahl)* votación *f;* **2.** *(fig: Anpassung)* coordinación *f;* **3.** *(Volksabstimmung)* plebiscito *m*
abstinent [apsti'nɛnt] *adj* **1.** abstinente; **2.** *(auf Alkohol verzichtend)* abstemio
Abstinenz [apsti'nɛnts] *f* abstinencia *f,* abstención *f*
abstoßen ['apʃtoːsən] *v irr* **1.** *(wegstoßen)* repeler, dar un empujón; **2.** *(beschädigen)* despostillar, despuntar; **3.** *(verkaufen)* desprenderse de, vender
abstoßend ['apʃtoːsənt] *adj* repulsivo, repugnante, desagradable
abstrakt [ap'strakt] *adj* abstracto
abstrampeln ['apʃtrampəln] *v sich ~ (fam)* ajetrearse, derrengarse
abstreiten ['apʃtraɪtən] *v irr* **1.** disputar, contradecir; **2.** *(leugnen)* negar
Abstrich ['apʃtrɪç] *m* **1.** *(Abzug) ECO* deducción *f;* **2.** *MED* frotis *m*
abstufen ['apʃtuːfən] *v* **1.** *(farblich)* graduar, matizar; **2.** *(staffeln)* escalonar
Abstufung ['apʃtuːfuŋ] *f* **1.** *(farbliche ~)* graduación *f,* matiz *m;* **2.** *(Staffelung)* escalonamiento *m*
abstumpfen ['apʃtumpfən] *v* **1.** despuntar, achaflanar; **2.** *(fig)* embotar
Absturz ['apʃturts] *m* caída *f*
abstürzen ['apʃtyrtsən] *v* caer, precipitarse, despeñarse
absurd [ap'zurt] *adj* absurdo
Absurdität [apzurdi'tɛːt] *f* absurdo *n*
Abszess [aps'tsɛs] *m MED* absceso *m*
Abt ['apt] *m REL* abad *m*
abtasten ['aptastən] *v* **1.** tantear, sondear; **2.** *MED* tentar, palpar
abtauen ['aptauən] *v* **1.** deshelar; **2.** *(Kühlschrank)* descongelar
Abtei [ap'taɪ] *f REL* abadía *f*
Abteil [ap'taɪl] *n* sección *f,* departamento *m,* compartimento *m*
abteilen ['aptaɪlən] *v* dividir, partir
Abteilung [ap'taɪluŋ] *f* división *f,* sección *f,* departamento *m*
Abteilungsleiter(in) [ap'taɪluŋslaɪtɐ(rɪn)] *m/f* jefe de sección/jefa de sección *m/f*
abtippen ['aptɪpən] *v* pasar a máquina
Äbtissin ['ɛptɪsɪn] *f REL* abadesa *f*
abträglich ['aptrɛːklɪç] *adj* perjudicial, adverso
abtransportieren ['aptranspɔrtiːrən] *v* transportar, evacuar
abtreiben ['aptraɪbən] *v irr* **1.** arrastrar, hacer desviar; **2.** *MED* abortar
Abtreibung ['aptraɪbuŋ] *f MED* aborto *m*
abtrennen ['aptrɛnən] *v* separar, desunir

A

abtreten ['aptre:tən] *v irr* **1.** *(überlassen)* ceder, traspasar, dar; **2.** *MIL* romper filas; **3.** *THEAT* hacer mutis, salir de escena

abtrocknen ['aptrɔknən] *v* secar, enjugar

abtrünnig ['aptrynıç] *adj* **1.** rebelde, insurrecto, infiel; **2.** *POL* disidente, desertor

abverlangen ['apfɛɐlaŋən] *v* exigir

abwägen ['apvɛ:gən] *v irr* pesar, ponderar

abwälzen ['apvɛ:ltsən] *v* **1.** rodar; **2.** *(fig: abschieben)* librarse

abwandeln ['apvandəln] *v* modificar, variar

abwandern ['apvandɐn] *v* **1.** emigrar, transmigrar; **2.** *ECO* evadir

Abwanderung ['apvandəruŋ] *f* **1.** emigración *f;* **2.** *(Landflucht)* éxodo rural *m;* **3.** *ECO* evasión *f*

Abwandlung ['apvandluŋ] *f* modificación *f,* variación *f,* cambio *m*

abwarten ['apvartən] *v* esperar, dar tiempo al tiempo; *Es ist abzuwarten, wie sich die Lage weiter entwickelt.* Hay que ver cómo evoluciona la situación.

abwärts ['apvɛrts] *adv* hacia abajo

Abwasch ['apvaʃ] *m* platos sucios *m/pl*

abwaschen ['apvaʃən] *v irr* fregar, lavar

Abwasser ['apvasɐ] *n* aguas residuales *f/pl,* alcantarillado *m*

abwechseln ['apvɛksəln] *v sich ~* alternarse, turnarse, relevarse

abwechselnd ['apvɛksəlnt] *adj* alterno, variado

Abwechslung ['apvɛksluŋ] *f* **1.** *(Wechsel)* cambio *m;* **2.** *(Zerstreuung)* diversión *f,* distracción *f; ~ bringen in* romper la monotonía de

abwechslungsreich ['apvɛksluŋsraıç] *adj* muy variado

Abweg ['apve:k] *m (fig)* mal camino *m,* descamino *m; jdn auf ~e führen* llevar a alguien por el mal camino

abwegig ['apve:gıç] *adj* desatinado, improcedente, irreal

Abwehr ['apve:r] *f* **1.** *(Zurückweisung)* rechazo *m,* rebote *m;* **2.** (Abwendung) prevención *f;* **3.** *(Verteidigung)* defensa *f;* **4.** *(Geheimdienst) MIL* contraespionaje *m;* **5.** *SPORT* defensa *f*

abwehren ['apve:rən] *v* **1.** *(zurückweisen)* rechazar, rebotar; ['apve:rən] **2.** *(abwenden)* desviar

Abwehrstoffe ['apve:ɐʃtɔfə] *pl MED* anticuerpos *m/pl*

abweichen ['apvaıçən] *v irr* apartarse, desviarse; *eine ~de Meinung vertreten* discrepar de opinión

Abweichung ['apvaıçuŋ] *f* **1.** desviación *f;* **2.** *(Unterschied)* divergencia *f,* diferencia *f*

abweisen ['apvaızən] *v irr* rehusar, rechazar; *unfreundlich ~* despedir con cajas destempladas

abweisend ['apvaızənt] *adj* reservado, negativo; *jdn ~ behandeln* tratar con frialdad

Abweisung ['apvaızuŋ] *f* **1.** rechazo *m;* **2.** *JUR* denegación *f*

abwenden ['apvɛndən] *v irr* **1.** desviar; *den Blick von etw ~* apartar la vista de algo; **2.** *(verhüten)* preservar de; **3.** *sich ~* volverse, apartarse

abwerben ['apvɛrbən] *v irr* **1.** *(Kunden) ECO* seducir, atraer; **2.** *(Arbeiter) ECO* atraer, reclutar

abwerfen ['apvɛrfən] *v irr* **1.** *(hinunterwerfen)* tirar, lanzar, arrojar; **2.** *(Zinsen) ECO* devengar; **3.** *(einbringen) ECO* arrojar, producir

abwerten ['apve:rtən] *v* **1.** depreciar, rebajar; **2.** *FIN* devaluar

abwertend ['apve:rtənt] *adj* peyorativo, despectivo

Abwertung ['apve:rtuŋ] *f* **1.** devalorización *f;* **2.** *FIN* devaluación *f*

abwesend ['apve:zənt] *adj* ausente, distraído (fig)

Abwesenheit ['apve:zənhaıt] *f* ausencia *f; durch ~ glänzen* brillar por su ausencia

abwickeln ['apvıkəln] *v (durchführen)* realizar, efectuar

Abwicklung ['apvıkluŋ] *f* **1.** realización *f;* **2.** *ECO* liquidación *f,* transacción *f*

abwiegen ['apvi:gən] *v irr* pesar

abwimmeln ['apvıməln] *v (fam)* deshacerse de alguien, quitarse a alguien de encima

A

abwischen ['apvɪʃən] *v* **1.** *(trocknen)* secar, enjugar; **2.** *(säubern)* limpiar
Abwurf ['apvurf] *m* SPORT lanzamiento *m*
abzahlen ['aptsaːlən] *v* **1.** *(Schulden)* liquidar una deuda; **2.** *(Raten)* ECO pagar a plazos
Abzahlung ['aptsaːluŋ] *f* **1.** *(von Schulden)* liquidación *f;* **2.** *(von Raten)* ECO pago a plazos *m*
Abzeichen ['aptsaɪçən] *n* marca *f,* distintivo *m,* condecoración *f,* emblema *m*
abzeichnen ['aptsaɪçnən] *v* **1.** *(abmalen)* dibujar copiando; **2.** *(unterschreiben)* rubricar, firmar; **3.** *sich ~* perfilarse, destacarse
abziehen ['aptsiːən] *v irr* **1.** *(entfernen)* quitar, retirar, separar; **2.** *(Rabatt)* ECO descontar; **3.** MATH restar, sustraer; **4.** *(Truppen)* MIL retirar, replegarse
abzielen ['aptsiːlən] *v ~ auf* poner la mira en, aspirar a
Abzug ['aptsuːk] *m* **1.** *(Kopie)* copia *f;* **2.** *(einer Waffe)* gatillo *m;* **3.** *(vom Lohn)* ECO retención *f;* **4.** *(Rabatt)* ECO descuento *m;* **5.** MATH resta *f,* sustracción *f;* **6.** MIL retirada *f,* repliegue *m*
abzüglich ['aptsyːklɪç] *adv* ECO a deducir de, menos
abzweigen ['aptsvaɪgən] *v* **1.** *(abbiegen)* desviar, bifurcar, derivar; **2.** *(fam: entwenden)* untarse
Abzweigung ['aptsvaɪguŋ] *f* ramificación *f,* desviación *f*
Accessoires [aksɛ'swaːrs] *pl* accesorios *m/pl*
Aceton [atse'toːn] *n* CHEM acetona *f*
ach [ax] *interj* oh, ah ya
Ach [ax] *n mit ~ und Krach* a duras penas, a trancas y barrancas *(fam)*
Achse ['aksə] *f* TECH eje *m*
Achsel ['aksəl] *f* ANAT axila *f*
Achselhöhle ['aksəlhøːlə] *f* ANAT axila *f,* sobaco *m*
acht [axt] *num* ocho
Acht [axt] *f ~ geben* prestar atención, tener cuidado; *Gib Acht!* ¡Ojo! *sich in ~ nehmen* tener cuidado
achtbar ['axtbaːɐ] *adj* respetable, honorable, estimable
Achtbarkeit ['axtbaːɐkaɪt] *f* respetabilidad *f,* honorabilidad *f*
achte(r,s) ['axtə(ɐ,əs)] *adj* octavo; *der ~ März* el ocho de marzo
achteckig ['axtɛkɪç] *adj* octagonal
Achtel ['axtəl] *n* octavo *m,* octava parte *f*
achten ['axtən] *v* **1.** *(schätzen)* apreciar, estimar; **2.** *(beachten) ~ auf* prestar atención a, fijarse en, ver a; *auf alles ~* estar en todo; *nicht ~ auf* hacer caso omiso de
Achterbahn ['axtɐbaːn] *f* montaña rusa *f*
achtfach ['axtfax] *adj* **1.** ocho veces, óctuplo; *adv* **2.** por octava vez
achthundert ['axthundɐt] *num* ochocientos
achtlos ['axtloːs] *adj* descuidado, negligente, desconsiderado
Achtlosigkeit ['axtloːzɪçkaɪt] *f* descuido *m,* negligencia *f,* desconsideración *f*
achtmal ['axtmaːl] *adv* ocho veces
achtsam ['axtzaːm] *adj* atento, cuidadoso
Achtsamkeit ['axtzaːmkaɪt] *f* atención *f,* cuidado *m*
achttausend ['axttauzənt] *num* ocho mil
Achtung ['axtuŋ] *f* **1.** *(Hochachung)* respeto profundo *m;* **2.** *(Beachtung)* cuidado *m,* atención *f;* **3.** *(Ausruf) ~!* ¡Atención!/¡Ojo!/¡Cuidado!
achtzehn ['axtseːn] *num* dieciocho
achtzehnte(r,s) ['axtseːntə(ɐ,əs)] *adj* decimoctavo
achtzig ['axtsɪç] *num* ochenta
achtzigste(r,s) ['axtsɪçstə(ɐ,əs)] *adj* octogésimo
ächzen ['ɛçtsən] *v* **1.** *(Person)* gemir; **2.** *(Gegenstand)* rechinar
Acker ['akɐ] *m* campo de labor *m,* campo de cultivo *m*
Ackerbau ['akɐbau] *m* agricultura *f*
Adapter [a'daptɐ] *m* TECH adaptador *m*
adäquat [adɛ'kvaːt] *adj* adecuado, apropiado
addieren [a'diːrən] *v* MATH sumar, adicionar
Adel ['aːdəl] *m* nobleza *f,* aristocracia *f*
Ader ['aːdɐ] *f* **1.** ANAT vaso sanguíneo *m,* vena *f;* **2.** MIN veta *f,* filón *m;* **3.** *(fig: Wesenszug)* talento *m; eine ~ für etw haben* tener talento para algo
Adjektiv ['atjɛktiːf] *n* GRAMM adjetivo *m*

Adler ['aːdlɐ] *m ZOOL* águila *f*
adlig ['aːdlɪç] *adj* noble, nobiliario
Admiral [atmi'raːl] *m MIL* almirante *m*
adoptieren [adɔp'tiːrən] *v* adoptar
Adoption [adɔp'tsjoːn] *f* adopción *f*
Adrenalin [adrɛna'liːn] *n BIO* adrenalina *f*
Adressant [adrɛ'sant] *m* remitente *m*, expedidor *m*
Adressat [adrɛ'saːt] *m* destinatario *m*
Adresse [a'drɛsə] *f* dirección *f*; *~ unbekannt* paradero desconocido; *Da bist du an die falsche ~ geraten.* A otro perro con ese hueso.
adressieren [adrɛ'siːrən] *v* poner la dirección
adrett [a'drɛt] *adj* atildado, aseado
Adria ['adrɪa] *f GEO* Adriático *m*
Advent [at'vɛnt] *m* Adviento *m*
Adventskalender [at'vɛntskalɛndɐ] *m* calendario de Adviento *m*
Adventskranz [at'vɛntskrants] *m* corona de Adviento *f*
Adverb [at'vɛrp] *n GRAMM* adverbio *m*
Affäre [a'fɛːrə] *f* **1.** *POL* asunto *m*, incidente *m*; **2.** *(Liebesaffäre)* amorío *m*, aventura *f*, romance *m*
Affe ['afə] *m ZOOL* mono *m*; *seinem ~n Zucker geben* darse coba/alimentar su ego; *Mich laust der ~. (fig)* Eso me deja sin habla.
Affekt [a'fɛkt] *m* afecto *m*, pasión *f*
affektiert [afɛk'tiːɐt] *adj* afectado
Afghanistan [af'gaːnistaːn] *n GEO* Afganistán *m*
Afrika ['afrika] *n GEO* África *f*
Afrikaner(in) [afri'kaːnɐ(rɪn)] *m/f* africano/africana *m/f*
afrikanisch [afri'kaːnɪʃ] *adj* africano
After ['aːftɐ] *m ANAT* ano *m*
Ägäis [ɛ'gɛɪs] *f GEO* Mar Egeo *m*
Agent(in) [a'gɛnt(ɪn)] *m/f* agente *m/f*
Agentur [agɛn'tuːɐ] *f ECO* agencia *f*
Aggregat [agrɛ'gaːt] *n* agregado *m*
Aggression [agrɛ'sjoːn] *f* agresión *f*
aggressiv [agrɛ'siːf] *adj* agresivo
Aggressivität [agrɛsifi'tɛːt] *f* agresividad *f*
Agrarland [a'graːrlant] *n* país agrícola *m*
Agrarpolitik [a'graːrpolɪtiːk] *f* política agraria *f*
Agrarreform [a'graːrrefɔrm] *f* reforma agraria *f*
Ägypten [ɛ'gyptən] *n GEO* Egipto *m*
Ägypter(in) [ɛ'gyptɐ(rɪn)] *m/f* egipcio/egipcia *m/f*
ägyptisch [ɛ'gyptɪʃ] *adj* egipcio
Ahne ['aːnə] *m* antepasado *m*
ähneln ['ɛːnəln] *v* parecerse a, semejarse a, asemejarse a
ahnen ['aːnən] *v* **1.** *(voraussehen)* prever, ver venir, presentir, figurarse; **2.** *(befürchten)* tener un mal presagio, tener una corazonada
ähnlich ['ɛːnlɪç] *adj* parecido, similar, semejante
Ähnlichkeit ['ɛːnlɪçkaɪt] *f* parecido *m*, semejanza *f*
Ahnung ['aːnuŋ] *f* **1.** *(Vorgefühl)* idea *f*, noción *f*; *keine blasse ~ haben* no tener ni la menor idea; **2.** *(Befürchtung)* mal presentimiento *m*, corazonada *f*
ahnungslos ['aːnuŋsloːs] *adj* desprevenido, sin sospechar nada
Ahorn ['aːhɔrn] *m BOT* arce *m*
Ähre ['ɛːrə] *f BOT* espiga *f*
Aids [eɪdz] *n MED* aids *m*
aidsinfiziert ['eɪdzɪnfiziːɐt] *adj MED* infectado de aids
Aidsinfizierte(r) ['eɪdzɪnfiziːrtə(-ɐ)] *m/f* sidoso/sidosa *m/f*
Airbag ['ɛːrbɛk] *m TECH* bolsa de aire *f*
Airbus ['ɛːrbus] *m TECH* aerobús *m*, airbus *m*
Akademie [akade'miː] *f* academia *f*
Akademiker(in) [aka'deːmɪkɐ(rɪn)] *m/f* universitario/universitaria *m/f*, académico/académica *m/f*
akademisch [aka'deːmɪʃ] *adj* académico
akklimatisieren [aklimati'ziːrən] *v sich ~* aclimatarse, adaptarse
Akkord [a'kɔrt] *m* **1.** *ECO* arreglo *m*; **2.** *MUS* acorde *m*
Akkordeon [a'kɔrdeon] *n MUS* acordeón *m*
akkreditieren [akredi'tiːrən] *v* acreditar
Akkreditiv [akredɪ'tiːf] *n ECO* crédito documentario *m*, carta de crédito *f*, letra de crédito *f (LA)*, cartaorden de crédito *f (LA)*
Akku ['aku] *m TECH* acumulador *m*
akkurat [aku'raːt] *adj* exacto, esmerado
Akkusativ ['akuzatiːf] *m* acusativo *m*

A

Akne ['aknə] *f MED* acné *m*
Akrobat [akro'ba:t] *m* acróbata *m/f*
Akt [akt] *m* **1.** *(Tat)* hecho *m,* acción *f,* acto *m;* **2.** *(Zeremonie)* ceremonia *f;* **3.** *ART* desnudo *m,* academia *f;* **4.** *JUR* acto *m;* **5.** *BIO* cópula *f,* copulación *f,* coito *m,* acto sexual *m;* **6.** *THEAT* acto *m*
Akte ['aktə] *f* acta *f/el,* expediente *m*
Aktenmappe ['aktənmapə] *f* portafolios *m,* cartera *f*
Aktennotiz ['aktənnoti:ts] *f* anotación *f*
Aktenzeichen ['aktəntsaıçən] *n* número de registro *m*
Aktie ['aktsjə] *f FIN* acción *f*
Aktiengesellschaft ['aktsjəngəzεlʃaft] *f (AG) FIN* sociedad anónima (S.A.) *f*
Aktienkurs ['aktsjənkurs] *m FIN* cotización *f,* precio de la acción *m*
Aktienmarkt ['aktsjənmarkt] *m FIN* mercado de renta variable *m,* mercado de acciones *m*
Aktion [ak'tsjo:n] *f* acción *f*
Aktionär(in) [aktsjo'nε:ɐ(-rın)] *m/f* *FIN* accionista *m/f,* tenedor(a) de acciones *m/f*
Aktionsradius [ak'tsjo:nsra:djus] *m* radio de acción *m*
aktiv [ak'ti:f] *adj* activo
aktivieren [akti'vi:rən] *v* activar
Aktivierung [akti'vi:ruŋ] *f* activación *f*
Aktivität [aktivi'tε:t] *f* actividad *f*
aktualisieren [aktuali'zi:rən] *v* actualizar, modernizar, poner al día
Aktualität [aktuali'tε:t] *f* actualidad *f*
aktuell [aktu'εl] *adj* actual, presente, existente
Akupunktur [akupuŋk'tu:ɐ] *f MED* acupuntura *f*
Akustik [a'kustık] *f* acústica *f*
akustisch [a'kustıʃ] *adj* acústico
akut [a'ku:t] *adj MED* agudo
Akzent [ak'tsεnt] *m GRAMM* acento *m*
akzentuieren [aktsεntui':rən] *v* acentuar
Akzeptanz [aktsεp'tants] *f* aceptación *f*
akzeptieren [aktsεp'ti:rən] *v* aceptar, admitir
Alarm [a'larm] *m* alarma *f; blinder ~* falsa alarma *m*
Alarmanlage [a'larmanla:gə] *f* sistema de alarma *m*
alarmieren [alar'mi:rən] *v* alarmar
Albanien [al'ba:njən] *n GEO* Albania *f*
albern ['albɐn] *adj* tonto, majadero, bobo, estúpido; *~ sein* hacer el ganso
Albernheit ['albɐnhaıt] *f* tontería *f,* majadería *f,* bobada *f,* estupidez *f*
Albtraum ['alptraum] *m* pesadilla *f*
Album ['album] *n* álbum *m*
Alge ['algə] *f BOT* alga *f*
Algebra ['algebra:] *f MATH* álgebra *f*
Algerien [al'ge:rjən] *n GEO* Argelia *f*
alias ['aljas] *adv* alias, de otro modo
Alibi ['a:libi:] *n* coartada *f*
Alimente [ali'mεntə] *pl JUR* alimentos *m/pl*
Alkohol ['alkoho:l] *m* alcohol *m*
alkoholfrei ['alkoho:lfraı] *adj* sin alcohol
Alkoholiker(in) [alko'ho:lıkɐ(rın)] *m/f* alcohólico/alcohólica *m/f; ein ~ sein* ser un borracho perdido *(fam)*
alkoholisch [alko'ho:lıʃ] *adj* alcohólico
All [al] *n* universo *m*
allabendlich [al'a:bəntlıç] *adv* cada noche, todas las noches, noche por noche
alle ['alə] *pron* **1.** todos; *adj* **2.** todo(s), toda(s); **3.** *Die Flasche ist ~. (fam)* La botella está vacía.
Allee [a'le:] *f* avenida *f,* paseo *m*
allein [a'laın] *adj* **1.** solo, único; *~ stehend* solo, soltero; *adv* **2.** solamente, únicamente, sólo
Alleinerziehende(r) [al'laınεrtsi:əndə(ɐ)] *m/f* padre soltero/madre soltera *m/f,* parte paternal única que asume la crianza del hijo *f*
Alleingang [a'laıngaŋ] *m im ~* en acto individual *m*
Alleinherrschaft [a'laınhεrʃaft] *f POL* autocracia *f*
alleinig [a'laınıç] *adj* único
Alleinstehende(r) [a'laınʃte:əndə(-ɐ)] *m/f* soltero/soltera *m/f*
allenfalls ['alən'fals] *adv* en todo caso, a lo sumo
allerbeste(r,s) ['alɐbεstə(ɐ,əs)] *adj* el mejor de todos
allerdings [alɐ'dıŋs] *adv* realmente, ciertamente, en efecto, sin embargo
Allergie [alɐ'gi:] *f MED* alergia *f*
Allergietest [alɐ'gi:tεst] *m MED* test de alergia *m*

Allergiker(in) [a'lɛrgikɐ(rɪn)] *m/f* MED alérgico/alérgica *m/f*
allergisch [a'lɛrgɪʃ] *adj* MED alérgico
allerhand [alɐ'hant] *adj* **1.** *(viel)* varios, mucho; *Er hat ~ mitgemacht.* Las ha pasado moradas. **2.** *(vielerlei)* de toda clase; **3.** *(fam)* demasiado; *Das ist ja ~, was du gemacht hast.* ¡Te pasaste!
Allerheiligen [alɐ'haɪlɪgən] *n* REL día de Todos los Santos *m*
allerhöchstens ['alɐ'hø:çstəns] *adv* a lo sumo, a lo más, como mucho
allerlei ['alɐ'laɪ] *adj* diversos, varios
allerliebst ['alɐ'li:pst] *adj* encantador, monísimo
Allerseelen [alɐ'ze:lən] *n* REL día de los Difuntos *m,* día de las Ánimas *m*
alles ['aləs] *adj* todo, todas las cosas
Allgegenwart [al'ge:gənvart] *f* omnipresencia *f,* ubicuidad *f*
allgegenwärtig [al'ge:gənvɛrtɪç] *adj* omnipresente, ubicuo
allgemein [algə'maɪn] *adj* general, universal; *~ üblich* de uso general; *im Allgemeinen* por lo general; *~gültig* generalmente aceptado, universal; *~ verständlich* comprensible para todos
Allgemeinbildung [algə'maɪnbɪldʊŋ] *f* cultura general *f*
Allgemeinheit [algə'maɪnhaɪt] *f* generalidad *f,* público en general *m*
Allgemeinwohl [algə'maɪnvo:l] *n* bienestar común *m*
Allheilmittel [al'haɪlmɪtəl] *n* sanalotodo *m,* panacea *f*
Allianz [al'jants] *f* alianza *f*
Alliierte [ali'i:rtə] *pl* POL Aliados *m/pl*
alljährlich [al'jɛ:rlɪç] *adj* **1.** anual; *adv* **2.** anualmente, todos los años, cada año
allmählich [al'mɛ:lɪç] *adj* **1.** paulatino, gradual; *adv* **2.** gradualmente, paulatinamente, poco a poco
allseits ['alzaɪts] *adv* por todos lados, por todo el mundo
Alltag ['alta:k] *m* vida cotidiana *f*
alltäglich [al'tɛ:klɪç] *adj* diario, cotidiano
alltags ['alta:ks] *adj* cotidiano, rutinario
Allüre [a'ly:rə] *f* capricho *m*
allwissend ['al'vɪsənt] *adj* omnisciente
allzu ['altsu] *adv* demasiado, en exceso
Almosen ['almo:zən] *n* limosna *f*
Alpen ['alpən] *pl* GEO Alpes *m/pl*
Alphabet [alfa'be:t] *n* alfabeto *m*
alpin [al'pi:n] *adj* alpino
als [als] *konj* **1.** *(zeitlich)* tan pronto como, en el momento en que, mientras, cuando; **2.** *(in der Eigenschaft ~)* como, a modo de, en calidad de; **3.** *(beim Komparativ)* que; *Madrid ist größer ~ München.* Madrid es más grande que Múnich.
also ['alzo] *konj* por tanto, por consiguiente
alt [alt] *adj* viejo, antiguo; *Wie ~ sind Sie?* ¿Cuántos años tiene usted? *doppelt so ~ wie jmd sein* doblarle la edad a alguien; *älter werden* entrar en años; *~ aussehen* no estar a la altura; *~es Haus* viejo amigo *m*
Altar [al'ta:r] *m* REL altar *m*
Altargemälde [al'ta:rgəmɛ:ldə] *n* REL pintura del altar *f*
altbacken ['altbakən] *adj* **1.** *(fig)* pasado de moda; **2.** GAST sentado, reposado
Altbau ['altbau] *m* construcción antigua *f*
altbekannt ['altbə'kant] *adj* archiconocido, bien conocido
altbewährt ['altbə'vɛ:rt] *adj* bien probado
altdeutsch ['altdɔytʃ] *adj* del alemán antiguo
altehrwürdig ['alt'e:rvyrdɪç] *adj* venerable
alteingesessen ['alt'aɪngəzɛsən] *adj* sedentario, establecido desde muchas generaciones
Alteisen ['altaɪzən] *n* chatarra *f*
Alter ['altɐ] *n* edad *f; Über das ~ hinaus sein, um ...* No estar en edad de ...
ältere(r,s) [ɛltərə(ɐ,əs)] *adj* mayor, más viejo
alternativ [altɐna'ti:f] *adj* alternativo
Alternative [altɐna'ti:və] *f* **1.** alternativa *f;* **2.** POL opción *f*
altersbedingt ['altɐsbədɪŋkt] *adj* debido a la edad, condicionado a la edad
Altersgrenze ['altɐsgrɛntsə] *f* límite de edad *m*
Altersheim ['altɐshaɪm] *n* asilo de ancianos *m,* residencia de ancianos *f*
Altersrente ['altɐsrɛntə] *f* pensión de vejez *f,* jubilación *f*
altersschwach ['altɐsʃvax] *adj* caduco, senil, decrépito

A

Altersunterschied ['altɐsuntɐʃiːt] *m* diferencia de edad *f*
Altersversorgung ['altɐsfɛɐzɔrguŋ] *f* jubilación *f*, pensión *f*
Altertum ['altɐtuːm] *n HIST* Edad Antigua *f*; *das Klassische ~* la Antigüedad clásica *f*
Altertümer ['altɐtyːmɐ] *pl* antigüedades *f/pl*
altertümlich ['altɐtymlɪç] *adj* antiguo, arcaico
Altglas ['altglaːs] *n* vidrio utilizado *m*, botellas utilizadas *f/pl*
althergebracht [alt'heːɐgəbraxt] *adj* tradicional
altjüngferlich [alt'jyŋfɐlɪç] *adj* solterona
altklug ['altkluːk] *adj* precoz, petulante
Altmaterial ['altmaterjaːl] *n* material viejo *m*
Altmeister ['altmaɪstɐ] *m* ex campeón *m*
Altmetall ['altmetal] *n* metal viejo *m*
altmodisch ['altmoːdɪʃ] *adj* pasado de moda, anticuado
Altpapier ['altpapiːɐ] *n* papel viejo *m*
Altstadt ['altʃtat] *f* casco antiguo *m*, barrio antiguo *m*
Altstimme ['altʃtɪmə] *f MUS* contralto *m*
Altweibersommer [alt'vaɪbɐzɔmɐ] *m* veranillo de San Martín *m*
Alufolie ['alufoːljə] *f* hoja de aluminio *f*
Aluminium [alu'miːnjum] *n CHEM* aluminio *m*
Amalgamfüllung [amal'gaːmfyluŋ] *f MED* empaste de amalgama *m*
Amateur [ama'tøːɐ] *m* aficionado *m*, amateur *m*
Amateursportler(in) [ama'tøːɐʃpɔrtlɐ(rɪn)] *m/f* deportista aficionado *m/f*
Amboss ['ambɔs] *m TECH* yunque *m*
ambulant [ambu'lant] *adj* **1.** ambulante; **2.** *MED* ambulatorio
Ambulanz [ambu'lants] *f* **1.** *(Wagen) MED* ambulancia *f*; **2.** *(Abteilung) MED* ambulatorio *m*, dispensario *m*
Ameise ['aːmaɪzə] *f ZOOL* hormiga *f*
Amen ['aːmən] *n* amén *m*; *zu allem ja und ~ sagen* decir amén a todo
Amerika [a'meːrika] *n GEO* América *f*
Amerikaner(in) [ameri'kaːnɐ(rɪn)] *m/f* americano/americana *m/f*, norteamericano/norteamericana *m/f*, gringo/gringa *m/f (fam)*
amerikanisch [ameri'kaːnɪʃ] *adj* americano
Ammoniak ['amonjak] *n* amoníaco *m*
Amnestie [amnɛs'tiː] *f JUR* amnistía *f*
Amokläufer ['amoklɔyfɐ] *m* loco homicida *m*
Ampel ['ampəl] *f* semáforo *m*
Ampere [am'pɛːr] *n TECH* amperio *m*
Ampulle [am'pulə] *f MED* ampolla *f*
Amputation [amputa'tsjoːn] *f MED* amputación *f*, mutilación *f*, cercenamiento *m*
amputieren [ampu'tiːrən] *v MED* amputar, mutilar, cercenar
Amsel ['amzəl] *f ZOOL* mirlo *m*
Amt [amt] *n* **1.** *(Behörde)* autoridad *f*; **2.** *(Stellung)* cargo *m*, empleo *m*; **3.** *(Telefonamt)* central telefónica *f*; **4.** *(Büro)* oficina *f*, despacho *m*
amtierend ['amtiːrənt] *adj* en ejercicio, en funciones
amtlich ['amtlɪç] *adj* oficial
Amtsantritt ['amtsantrɪt] *m* entrada en funciones *f*, toma de posesión de un cargo *f*
Amtsarzt ['amtsartst] *m* médico oficial *m*
Amtsblatt ['amtsblat] *n* boletín oficial *m*
Amtseid ['amtsaɪt] *m JUR* jura del cargo *f*
Amtsgericht ['amtsgərɪçt] *n JUR* juzgado municipal *m*, juzgado de primera instancia *m*
Amtshandlung ['amtshandluŋ] *f* acto oficial *m*, actuación pública *f*
Amtsinhaber(in) ['amtsɪnhaːbɐ(rɪn)] *m/f* titular *m/f*
Amtsmissbrauch ['amtsmisbraux] *m* abuso de autoridad *m*, prevaricación *f*
Amtsrichter(in) ['amtsrɪçtɐ(rɪn)] *m/f JUR* juez municipal *m/f*, juez de primera instancia *m/f*
Amulett [amu'lɛt] *n* amuleto *m*
amüsant [amy'zant] *adj* divertido
Amüsement [amys'mɑ̃ː] *n* diversión *f*
amüsieren [amy'ziːrən] *v sich ~* divertirse, pasarlo bien; *Er kommt nur, um sich zu ~.* Él sólo viene en plan de diversión. *sich prächtig ~* pasarlo bomba *(fam)*
an [an] *prep* **1.** *(örtlich)* en, a, cerca de, junto a; *~ der Kirche* cerca de la iglesia;

A

~ der Wand en la pared; *am Fenster* junto a la ventana; *~ den See fahren* ir al lago; **2.** *(zeitlich)* por, en, a; *~ jenem Tag* aquel día; *am Morgen* por la mañana; *am 1. Juni* el primero de junio; *von diesem Zeitpunkt ~* a partir de este momento; **3.** *(mittels)* de, en, con, por; *~ die Hand nehmen* tomar de la mano; *Ich sehe es dir ~ der Nasenspitze an.* Te lo veo en la punta de la nariz. *~ den Fingern abzählen* contar con los dedos; *~ Krücken gehen* andar con muletas; *jdn ~ der Stimme erkennen* reconocer a alguien por la voz; **4.** *(Bestimmung)* a, para; *Gruß ~ deine Frau.* Saluda a tu mujer. *Ich habe eine Frage ~ dich.* Tengo una pregunta para ti. *~ den Direktor* al director

Anabolikum ['ana'bo:likum] *n MED* anabolizante *m*

analog [ana'lo:k] *adj* análogo, semejante

Analogie [analo'gi:] *f* analogía *f*

Analphabet ['analfabe:t] *m* analfabeto *m*, iletrado *m*

Analyse [ana'ly:zə] *f* análisis *m*

analysieren [analy'zi:rən] *v* analizar

Anämie [anɛ'mi:] *f MED* anemia *f*

Ananas ['ananas] *f BOT* piña *f*

Anarchie [anar'çi:] *f POL* anarquía *f*

Anarchist [anar'çɪst] *m POL* anarquista *m*

Anästhesist(in) [anɛ:ste'zɪst(ɪn)] *m/f MED* anestesista *m/f*

Anatomie [anato'mi:] *f MED* anatomía *f*

anbahnen ['anba:nən] *v sich ~* iniciar

anbändeln ['anbɛndəln] *v mit jdm ~ (fam)* coquetear con alguien, ligar con alguien, flirtear con alguien

Anbau ['anbau] *m* **1.** *AGR* cultivo *m;* **2.** *(an ein Gebäude)* anexo *m*, anejo *m*

anbauen ['anbauən] *v* **1.** *AGR* cultivar; **2.** *(Gebäude)* adosar a

Anbaumöbel ['anbaumø:bəl] *pl* muebles por elementos *m/pl*, muebles funcionales *m/pl*

Anbeginn ['anbəgɪn] *m* principio *m*

anbehalten ['anbəhaltən] *v irr* dejarse algo puesto, dejar puesto

anbei [an'baɪ] *adj* adjunto, anexo

anbeißen ['anbaɪsən] *v irr* **1.** *(hineinbeißen)* morder en; **2.** *(Fisch)* picar

anbelangen ['anbəlaŋən] *v* concernir, atañer, tocar

anberaumen ['anbəraumən] *v* fijar una cita, señalar la fecha

anbeten ['anbe:tən] *v* adorar, venerar

Anbetracht ['anbətraxt] *m in ~* en atención *f*, en consideración de *f; in ~ der Tatsache, dass* en vista de que/visto que

Anbetung ['anbe:tuŋ] *f* adoración *f*, veneración *f*

anbiedern ['anbi:dɐn] *v sich ~* congraciarse con alguien, trabar amistad con alguien

anbieten ['anbi:tən] *v irr* ofrecer, brindar; *Was darf ich Ihnen ~?* ¿Desea tomar algo?

anbinden ['anbɪndən] *v irr* atar, sujetar

Anblick ['anblɪk] *m* vista *f*, panorama *m*; *beim ersten ~* a primera vista

anblicken ['anblɪkən] *v* mirar, contemplar, echar una ojeada

anbraten ['anbra:tən] *v irr* dorar, sofreír

anbrechen ['anbrɛçən] *v irr* **1.** *(brechen)* abrir, empezar; **2.** *(fig)* llegar, entrar; *Der Frühling ist angebrochen.* La primavera ha llegado.

anbrennen ['anbrɛnən] *v irr* encender/encenderse, quemarse, pegar fuego a; *nichts ~ lassen* no perderse nada

anbringen ['anbrɪŋən] *v irr* **1.** *(befestigen)* fijar, colocar; **2.** *(vortragen)* exponer, mencionar, presentar, formular; **3.** *(fam: herbringen)* traer

Anbruch ['anbrux] *m* principio *m*, comienzo *m; bei ~ des Tages/der Nacht* al amanecer/al anochecer

anbrüllen ['anbrylən] *v* gritar a alguien

Andacht ['andaxt] *f REL* devoción *f*, recogimiento *m*

andächtig ['andɛçtɪç] *adj* **1.** atento, absorto; **2.** *REL* devoto, piadoso, recogido

Andauer ['andauɐ] *f* duración *f*

andauern ['andauɐn] *v* durar, persistir, continuar

andauernd ['andauɐnt] *adj* permanente, continuo

Andenken ['andɛŋkən] *n* **1.** *(Erinnerung)* recuerdo *m; das ~ feiern* conmemorar; **2.** *(Souvenir)* recuerdo *m*, souvenir *m*

andere(r,s) ['andərə(ɐ,əs)] *adj* **1.** otro/otra, diferente; *pron* **2.** otro/otra, otros/otras

A

andererseits ['andərɐzaɪts] *adv* por otra parte, por otro lado
andermal ['andɐma:l] *adv ein ~* otra vez, otro día
ändern ['ɛndɐn] *v* **1.** *etw ~* cambiar algo, mudar algo; **2.** *sich ~* cambiar uno mismo
andernfalls ['andɐnfals] *adv* de lo contrario, en otro caso
anders ['andɐs] *adj* **1.** diferente, distinto; *adv* **2.** de otro modo, de otra manera; *~ denkend* de otra ideología, de otra mentalidad
andersartig ['andɐsa:rtɪç] *adj* distinto, de otro tipo
Andersartigkeit ['andɐsa:rtɪçkaɪt] *f* tipo distinto *m*, otro tipo *m*
andersfarbig ['andɐsfa:rbɪç] *adj* de otro color
andersgläubig ['andɐsglɔybɪç] *adj* disidente, discrepante, cismático
andersherum ['andɐshɛrum] *adv* a la inversa
anderswo ['andɐsvo:] *adv* en otra parte, en otro lugar
anderthalb ['andɐthalp] *num* uno y medio
Änderung ['ɛndɐruŋ] *f* cambio *m*, modificación *f*
anderweitig ['andɐvaɪtɪç] *adj* otro, ulterior
andeuten ['andɔytən] *v* indicar, aludir, insinuar, dar a entender
Andeutung ['andɔytuŋ] *f* indicación *f*, alusión *f*, insinuación *f*
andeutungsweise ['andɔytuŋsvaɪzə] *adj* por alusión, a grandes rasgos
Andrang ['andraŋ] *m* afluencia *f*, conglomeración *f*
andrehen ['andre:ən] *v* **1.** *(einschalten)* encender, poner en marcha; **2.** *jdm etw ~ (fam)* endosar algo a alguien
androhen ['andro:ən] *v jdm etw ~* amenazar a alguien con algo
Androhung ['andro:uŋ] *f* amenaza *f*
aneignen ['anaɪgnən] *v sich ~* apropiarse, adueñarse de
Aneignung ['anaɪgnuŋ] *f* apropiación *f*, anexión *f*
aneinander [anaɪ'nandɐ] *adv* uno junto a otro; *~ fügen* juntar; *mit jdm ~ geraten* tener un altercado con alguien; *~ reihen* enfilar, ensartar (fig), enhebrar; *~ grenzend* colindante, vecino
Anekdote [anɛk'do:tə] *f* anécdota *f*
anekeln ['ane:kəln] *v (fam)* repugnar, asquear; *Es ekelt mich.* Me da asco.
anerkennen ['anɛrkɛnən] *v irr* reconocer, aprobar, elogiar
anerkennend ['anɛrkɛnənt] *adj* **1.** elogioso, aprobatorio; *adv* **2.** con mucho reconocimiento
anerkennenswert ['anɛrkɛnənsve:ɐt] *adj* digno de elogio, digno de aprecio
Anerkennung ['anɛrkɛnuŋ] *f* reconocimiento *m*, aprobación *f*, elogio *m*
anfachen ['anfaxən] *v* **1.** *(Feuer)* atizar; **2.** *(fig: anspornen)* incitar, avivar, animar, atizar
anfahren ['anfa:rən] *v irr* **1.** *(fahren gegen)* chocar contra; **2.** *(losfahren)* salir, ponerse en marcha; **3.** *(fig: schimpfen) jdn ~* incordiar a alguien, amonestar a alguien; **4.** *(Maschine, Zug)* TECH arrancar
Anfahrt ['anfa:ɐt] *f* **1.** *(Fahrt)* arranque *m*; **2.** *(Zufahrt)* entrada *f*, acceso *m*
Anfall ['anfal] *m* MED ataque *m*, acceso *m*; *ein ~ von Husten* un acceso de tos *m*
anfallen ['anfalən] *v irr* **1.** *(überfallen)* asaltar, atracar; **2.** *(befallen)* invadir, arrebatar; **3.** *(sich ergeben)* originarse, producirse; *Sie werden sehen, wie viel Arbeit anfällt.* Ya verá cuánto trabajo se origina. **4.** *(Gewinn)* ECO devengar
anfällig ['anfɛlɪç] *adj* propenso a; predispuesto a
Anfälligkeit ['anfɛlɪçkaɪt] *f* propensión *f*, predisposición *f*
Anfang ['anfaŋ] *m* comienzo *m*, principio *m*, origen *m*
anfangen ['anfaŋən] *v irr* comenzar, empezar
Anfänger(in) ['anfɛŋɐ(rɪn)] *m/f* principiante *m/f*, neófito/neófita *m/f*
anfänglich ['anfɛŋlɪç] *adj* **1.** inicial; *adv* **2.** inicialmente, primeramente, al comienzo
Anfangsbuchstabe ['anfaŋsbu:xʃta:bə] *m* letra inicial *f*
anfassen ['anfasən] *v* **1.** *(berühren)* tocar, palpar; **2.** *(greifen)* agarrar, coger (nicht in Argentinien), asir; **3.** *(fam:*

helfen) ayudar; *Fassen Sie mit an!* ¡Eche usted una mano! **4.** *(fig: behandeln)* tratar, enfocar, abordar
anfechten ['anfɛçtən] *v irr* **1.** discutir, debatir, refutar; **2.** *JUR* impugnar
Anfechtung ['anfɛçtuŋ] *f* **1.** *~ gegen* protesta contra *f;* **2.** *JUR* impugnación *f*
anfeinden ['anfaɪndən] *v* hostilizar, hostigar
Anfeindung ['anfaɪnduŋ] *f* hostilidad *f,* hostigamiento *m*
anfertigen ['anfɛrtɪgən] *v* hacer, elaborar, fabricar
Anfertigung ['anfɛrtɪguŋ] *f* elaboración *f,* fabricación *f*
anfeuchten ['anfɔyçtən] *v* humedecer, mojar
anfeuern ['anfɔyɐn] *v (fig)* alentar, hacer barra *(LA),* dar ánimo
Anfeuerung ['anfɔyəruŋ] *f (fig)* aliento *m,* animación *f*
anflehen ['anfle:ən] *v* suplicar, rogar, implorar
Anflug ['anflu:k] *m* **1.** vuelo de aproximación *m;* **2.** *(fig: Hauch, Kleinigkeit)* hálito *m,* deje *m; mit dem ~ eines Lächelns* con el ribete de una sonrisa
anfordern ['anfɔrdɐn] *v* exigir, requerir, pedir
Anforderung ['anfɔrdəruŋ] *f* **1.** *(Anspruch)* pretensión *f,* exigencia *f;* **2.** *(Bestellung)* encargo *m,* pedido *m*
Anfrage ['anfra:gə] *f* **1.** *ECO* demanda *f,* solicitud de oferta *f;* **2.** *POL* interpelación *f*
anfragen ['anfra:gən] *v* pedir información, interpelar
anfreunden ['anfrɔyndən] *v sich ~* hacerse amigo de alguien, trabar amistad con alguien
anfügen ['anfy:gən] *v* **1.** *(hinzufügen)* añadir, agregar; **2.** *(beilegen)* acompañar, juntar
anfühlen ['anfy:lən] *v sich ~* sentir al tacto
anführen ['anfy:rən] *v* **1.** *(führen)* dirigir, guiar; **2.** *(erwähnen)* citar, mencionar, especificar; **3.** *(Beweise, Begründungen) JUR* alegar, aducir
Anführer(in) ['anfy:rɐ(rɪn)] *m/f* jefe/jefa *m/f,* guía *m/f,* líder *m/f*
Anführungszeichen ['anfy:ruŋstsaɪçən] *pl* comillas *f/pl*
Angabe ['anga:bə] *f* **1.** declaración *f,* instrucción *f,* información *f;* **2.** *(fam: Prahlerei)* fanfarronada *f,* chulería *f;* **3.** *(von Daten) TECH* datos *m/pl*
angeben ['ange:bən] *v irr* **1.** indicar, declarar; **2.** *(fam: prahlen)* fanfarronear, hacer alarde
Angeber ['ange:bɐ] *m (fam)* fanfarrón *m*
Angeberei [ange:bɐ'raɪ] *f (fam)* fanfarronada *f*
Angebetete(r) ['ange:bətətə(-ɐ)] *m/f* adorado/adorada *m/f,* idolatrado/idolatrada *m/f*
angeblich ['ange:plɪç] *adj* **1.** supuesto, presunto; *adv* **2.** supuestamente, presuntamente
angeboren ['angəbo:rən] *adj* **1.** *MED* congénito; **2.** innato, de nacimiento
Angebot ['angəbo:t] *n* oferta *f,* ofrecimiento *m*
angebracht ['angəbraxt] *adj* pertinente, oportuno, conveniente
angebrannt ['angəbrant] *adj* quemado; *~ schmecken* saber a quemado
Angedenken ['angədɛŋkən] *n* recuerdo *m,* memoria *f*
angeheitert ['angəhaɪtɐt] *adj* alegre, achispado
angehen ['ange:ən] *v irr* **1.** *(beginnen)* empezar, comenzar; **2.** *(fam: Licht)* encenderse, prenderse *(LA);* **3.** *(betreffen)* competer, incumbir, concernir; *Was geht dich das an?* A ti, ¿qué te importa? **4.** *(bitten) jdn um etw ~* solicitar algo a alguien
angehend ['ange:ənt] *adj* incipiente, principiante, futuro
angehören ['angəhø:rən] *v* pertenecer a, ser miembro de
Angehörige(r) ['angəhø:rɪgə(-ɐ)] *m/f* miembro *m,* socio/socia *m/f*
angeklagt ['angəkla:kt] *adj JUR* acusado
Angeklagte(r) ['angekla:ktə(-ɐ)] *m/f JUR* acusado/acusada *m/f,* procesado/procesada *m/f,* reo *m*
Angel ['aŋəl] *f* **1.** *(Türangel)* gozne *m,* quicio *m; die Welt aus den ~n heben* revolucionar el mundo; *aus den ~n gehen* venirse abajo; *zwischen Tür und ~ stecken* verse entre la espada y la pared; **2.** *SPORT* caña de pescar *f*

A

Angelegenheit ['angəle:gənhaɪt] *f* asunto *m,* cuestión *f*
angeln ['aŋəln] *v* SPORT pescar con caña
angemessen ['angəmɛsən] *adj* **1.** apropiado, adecuado, proporcionado; *adv* **2.** apropiadamente, adecuadamente
Angemessenheit ['angəmɛsənhaɪt] *f* adecuación *f,* justa proporción *f*
angenehm ['angəne:m] *adj* **1.** agradable, grato; *Sehr ~!* ¡Encantado!/¡Mucho gusto! *adv* **2.** ser grato, gratamente, ser agradable
angenommen ['angənɔmən] *adj* **1.** *(adoptiert)* adoptado, recogido; **2.** *(geschätzt)* supuesto, calculado; *Angenommen, dass...* Suponiendo que...
angeregt ['angəre:kt] *adj* **1.** animado, inspirado; *adv* **2.** animadamente
angesehen ['angəze:ən] *adj* **1.** respetado, muy bien visto; **2.** ECO acreditado
Angesicht ['angəzɪçt] *n* semblante *m,* rostro *m; von ~ zu ~* cara a cara; *im Schweiße meines ~s* con el sudor de mi frente
angesichts ['angəzɪçts] *prep* en vista de, ante, teniendo en cuenta, frente a
angespannt ['angəʃpant] *adj* **1.** tenso, tirante; *adv* **2.** con tensión, tenso
angestellt ['angəʃtɛlt] *adj* empleado
Angestellte(r) ['angəʃtɛltə(-ɐ)] *m/f* empleado/empleada *m/f*
angewandt ['angəvant] *adj* aplicado
angewiesen ['angəvi:zən] *adj ~ sein auf* necesitar de, depender de, no poder prescindir de; *auf sich selbst ~ sein* tener que arreglárselas por sí mismo
angewöhnen ['angəvø:nən] *v* **1.** *jdm etw ~* acostumbrar alguien a algo, habituar alguien a algo; **2.** *sich etw ~* acostumbrarse a una cosa, habituarse a una cosa
Angewohnheit ['angəvo:nhaɪt] *f* costumbre *f,* hábito *m*
Angina [aŋ'gi:na] *f* MED angina *f*
angleichen ['anglaɪçən] *v irr* ajustar, nivelar
Angleichung ['anglaɪçuŋ] *f* ajuste *m,* nivelación *f*
Angler(in) ['aŋlɐ(rɪn)] *m/f* pescador(a) de caña *m/f*
angliedern ['angli:dɐn] *v* asociar, integrar, añadir
angreifen ['angraɪfən] *v irr* **1.** atacar, agredir, insultar, acometer; **2.** *(berühren)* coger, tocar; **3.** *(schaden)* ultrajar, vejar, dañar; **4.** *(beschädigen)* deteriorar, estropear; **5.** *(unternehmen)* acometer, comenzar
Angreifer ['angraɪfɐ] *m* MIL agresor *m*
angrenzen ['angrɛntsən] *v ~ an* lindar con, limitar con, colindar con
Angriff ['angrɪf] *m* **1.** asalto *m,* ofensiva *f,* ataque *m,* agresión *f;* **2.** SPORT ataque *m;* **3.** *(fig)* POL agresión *f*
Angriffspunkt ['angrɪfspuŋkt] *m* **1.** *(fig: Schwachpunkt)* punto flaco *m;* **2.** MIL punto de ataque *m,* centro de la ofensiva *m*
Angst [aŋst] *f* miedo *m,* ansiedad *f,* angustia *f; Ich habe ~ bekommen.* Me ha entrado miedo.
angsterfüllt ['aŋstɛrfylt] *adj* **1.** asustado, lleno de miedo, angustiado; *adv* **2.** lleno de miedo, angustiadamente
Angsthase ['aŋstha:zə] *m* cobarde *m,* gallina *f (fam)*
ängstigen ['ɛŋstɪgən] *v* **1.** *jdn ~* asustar a alguien, angustiar a alguien; **2.** *sich ~* tener miedo, asustarse
ängstlich ['ɛŋstlɪç] *adj* miedoso, asustadizo
anhaben ['anha:bən] *v irr* llevar puesto; *Was kann er mir schon ~? (fig)* ¿Qué puede hacerme?
anhalten ['anhaltən] *v irr* **1.** *(stehen bleiben)* parar, quedarse parado; **2.** *(fortdauern)* continuar, persistir; **3.** *(zurückhalten)* detener, retener; **4.** exhortar, pedir; *Um ein Mädchen ~.* Pedir la mano de una joven. *jdn ~ etw zu tun* exhortar a alguien a hacer algo
anhaltend ['anhaltənt] *adj* continuo, persistente
Anhalter(in) ['anhaltɐ(rɪn)] *m/f* autostopista *m/f,* el que tira dedo/la que tira dedo *m/f (LA),* el que viaja por autostop *m*
Anhaltspunkt ['anhaltspuŋkt] *m* punto de referencia *m*
anhand [an'hant] *prep* por medio de, mediante
Anhang ['anhaŋ] *m* anexo *m,* apéndice *m*
anhängen ['anhɛŋən] *v irr* colgar, sus-

pender; *jdm etw ~ (fig)* endosarle algo a alguien
Anhänger ['anhɛŋɐ] *m* **1.** *(Wagen)* remolque *m;* **2.** *(Befürworter)* seguidor *m,* partidario *m,* adepto *m;* **3.** *(Schild)* cartel *m;* **4.** *(Schmuck)* dije *m,* pendiente *m;* **5.** SPORT hincha *m*
anhänglich ['anhɛŋlɪç] *adj* afecto, apegado, fiel; *~ wie eine Klette sein* pegarse como una lapa
Anhänglichkeit ['anhɛŋlɪçkaɪt] *f* afecto *m,* cariño *m,* apego *m*
Anhängsel ['anhɛŋsəl] *n* apéndice *m,* acompañante insignificante *m,* cola *f* *(LA)*
anhäufen ['anhɔyfən] *v* amontonar, apilar, acumular, acopiar
Anhäufung ['anhɔyfuŋ] *f* amontonamiento *m,* apilamiento *m*
anheben ['anhe:bən] *v irr* **1.** *(hochheben)* levantar, alzar; **2.** *(erhöhen)* subir, aumentar
anheften ['anhɛftən] *v ~ an* sujetar a, pegar en
anheizen ['anhaɪtsən] *v* **1.** calentar, caldear; **2.** *(fig: steigern)* ECO avivar, recalentar, incitar, estimular; **3.** ECO recalentar, estimular
anheuern ['anhɔyɐn] *v* enrolar, enrolarse
Anhieb ['anhi:p] *m auf ~* de golpe, a la primera
anhimmeln ['anhɪməln] *v* adorar; *jdn ~* comerse a alguien con los ojos
Anhöhe ['anhø:ə] *f* altura *f,* elevación *f,* loma *f,* cerro *m*
anhören ['anhø:rən] *v* escuchar, oír; *Der Lärm ist nicht anzuhören.* El ruido es inaguantable. *Das hört sich gut an.* Eso suena bien.
Anhörung ['anhø:ruŋ] *f* JUR audición *f,* audiencia *f*
animalisch [ani'ma:lɪʃ] *adj* animal
Animateur(in) [anima'tø:ɐ(-rɪn)] *m/f* animador(a) *m/f*
animieren [ani'mi:rən] *v* animar, estimular
Anis [a'ni:s] *n* BOT anís *m*
ankämpfen ['ankɛmpfən] *v gegen etw ~* luchar contra algo
Ankauf ['ankauf] *m* compra *f,* adquisición *f*
ankaufen ['ankaufən] *v* comprar, adquirir
Anker ['aŋkɐ] *m* ancla *f*
ankern ['aŋkɐn] *v* anclar, echar anclas
Anklage ['ankla:gə] *f* **1.** *(Beschuldigung)* inculpación *f;* **2.** JUR acusación *f,* demanda judicial *f*
anklagen ['ankla:gən] *v* **1.** *(beschuldigen)* inculpar; **2.** JUR acusar, demandar judicialmente
Ankläger(in) ['anklɛ:gɐ(rɪn)] *m/f* JUR acusador(a) *m/f; öffentlicher ~* fiscal *m*
Anklang ['anklaŋ] *m* resonancia *f,* repercusión *f,* eco *m; ~ finden* tener acogida
ankleben ['ankle:bən] *v* pegar, engomar
ankleiden ['anklaɪdən] *v* **1.** *jdn ~* vestir a alguien, arropar a alguien, abrigar a alguien; **2.** *sich ~* vestirse, arroparse, abrigarse
Ankleidezimmer ['anklaɪdətsimɐ] *n* vestidor *m*
anklopfen ['anklɔpfən] *v* llamar, tocar
anknüpfen ['anknypfən] *v* **1.** anudar, atar; **2.** *an etw ~* relacionar con algo, llevar algo a relación, tomar referencia a algo, partir de algo; *Er knüpfte in seinem Vortrag an ein Ereignis an.* Se basó en un acontecimiento para su ponencia. **3.** *(fig: aufnehmen)* trabar, entablar, entrar en; *ein Gespräch ~* entablar conversación
ankommen ['ankɔmən] *v irr* **1.** llegar, arribar, venir; **2.** *(Zustimmung finden)* caer bien, ser bien acogido; **3.** *Darauf kommt es ja gerade an! (fig)* ¡Justamente eso es lo más importante!
ankündigen ['ankyndɪgən] *v* anunciar
Ankündigung ['ankyndɪguŋ] *f* anuncio *m*
Ankunft ['ankunft] *f* llegada *f,* arribo *m*
anlachen ['anlaxən] *v* **1.** reír a; **2.** *(fig: anziehen)* atraer con una sonrisa
Anlage ['anla:gə] *f* **1.** *(Neigung)* MED predisposición *f;* **2.** *(Fabrik)* fábrica *f,* planta *f;* **3.** *(Parkanlage)* parque *m,* jardín público *m;* **4.** *(Veranlagung)* talento *m,* ingenio *m;* **5.** *(Briefanlage)* ECO inversión en títulos-valores *f;* **6.** *(Geldanlage)* FIN colocación *f,* inversión de capital *f*

A

Anlass ['anlas] *m* **1.** *(Gelegenheit)* ocasión *f,* oportunidad *f; Der Vorfall hat ~ zu vielen Klagen gegeben.* El incidente ha dado pie a muchas quejas. **2.** *(Grund)* razón *f,* motivo *m*
anlassen ['anlasən] *v irr* **1.** *(Motor)* arrancar; **2.** *(anbehalten)* dejar puesto; **3.** *(eingeschaltet lassen)* dejar encendido, no apagar
anlässlich ['anlɛslɪç] *prep* con motivo, con ocasión de
Anlauf ['anlauf] *m (Beginn)* arranque *m*
anlaufen ['anlaufən] *v irr* **1.** *(beginnen)* echar a correr, empezar a correr, ponerse en marcha; **2.** *(beschlagen)* empañarse, deslustrarse; *blau vor Kälte ~* ponerse morado del frío; *rot ~ (vor Scham)* ruborizarse; **3.** *(Maschinen)* TECH poner en marcha
anlegen ['anle:gən] *v* **1.** *(bauen)* edificar, construir; **2.** *(Leiter)* poner, colocar; **3.** *(Akte)* hacer una acta; **4.** *(Schiff)* NAUT atracar, hacer escala; **5.** *(pflanzen)* plantar; **6.** *(Geld)* FIN invertir, colocar; **7.** *Verband ~* MED aplicar una venda, vendar
Anleger(in) ['anle:gɐ(rɪn)] *m/f* FIN inversor(a) *m/f,* inversionista *m/f*
anlehnen ['anle:nən] *v* **1.** *an etw ~* apoyar en/apoyar contra, arrimar a, adosar a; **2.** *(Tür)* entornar; **3.** *sich ~* recostarse
Anleihe ['anlaɪə] *f* ECO empréstito *m,* préstamo *m*
anleiten ['anlaɪtən] *v* conducir, dirigir, guiar
Anleitung ['anlaɪtuŋ] *f* dirección *f,* guía *f*
anlernen ['anlɛrnən] *v* instruir, entrenar
Anliegen ['anli:gən] *n* deseo *m,* motivo *m*
anliegend ['anli:gənt] *adj* contiguo, colindante
Anlieger ['anli:gɐ] *m* vecino *m*
anlocken ['anlɔkən] *v* atraer, seducir
anlügen ['anly:gən] *v irr jdn ~* mentir a alguien, engañar
anmachen ['anmaxən] *v* **1.** *(würzen)* aderezar, condimentar; **2.** *(einschalten)* encender, prender; **3.** *(befestigen)* sujetar, asegurar, sostener; **4.** *jdn ~ (fam)* afanar a alguien, querer ligar con alguien
anmahnen ['anma:nən] *v* reclamar
anmalen ['anma:lən] *v* pintar
anmaßen ['anma:sən] *v sich ~* atribuirse
anmaßend ['anma:sənt] *adj* arrogante, presuntuoso, petulante
Anmeldeformular ['anmɛldəfɔrmula:ɐ] *n* formulario de inscripción *m*
Anmeldefrist ['anmɛldəfrɪst] *f* plazo de inscripción *m*
Anmeldegebühr ['anmɛldəgəby:ɐ] *f* derechos de inscripción *m/pl*
anmelden ['anmɛldən] *v* **1.** registrar, matricular, inscribir; **2.** *sich ~* registrarse, matricularse, inscribirse; **3.** *(Zoll bezahlen)* declarar; **4.** *(ankündigen)* anunciar
Anmeldepflicht ['anmɛldəpflɪçt] *f* registro obligatorio *m,* declaración obligatoria *f*
Anmeldung ['anmɛlduŋ] *f* **1.** inscripción *f,* matrícula *f;* **2.** *(Bekanntmachung)* aviso *m,* notificación *f*
anmerken ['anmɛrkən] *v* notar, observar, añadir
Anmerkung ['anmɛrkuŋ] *f* anotación *f,* observación *f*
Anmut ['anmu:t] *f* gracia *f,* donaire *m,* gentileza *f*
anmutig ['anmu:tɪç] *adj* **1.** gentil, saleroso, gracioso; *adv* **2.** gentilmente, con gracia
annähen ['annɛ:ən] *v* coser a
annähern ['annɛ:ɐn] *v sich ~* acercarse a, aproximarse a
annähernd ['annɛ:ɐnt] *adj* aproximado
Annäherung ['annɛ:əruŋ] *f* aproximación *f,* acercamiento *m*
Annahme ['anna:mə] *f* **1.** *(Entgegennahme)* recepción *f,* aceptación *f;* **2.** *(Zustimmung)* aprobación *f,* aceptación *f;* **3.** *(Vermutung)* suposición *f*
annehmbar ['anne:mba:ɐ] *adj* aceptable
annehmen ['anne:mən] *v irr* **1.** *(entgegennehmen)* recibir, aceptar; **2.** *(zustimmen)* aceptar, aprobar; **3.** *(fig: vermuten)* suponer, creer
Annehmlichkeit ['anne:mlɪçkaɪt] *f* comodidad *f*
annektieren [anɛk'ti:rən] *v* POL anexionar
Annexion [anɛks'jo:n] *f* POL anexión *f*
Annonce [a'nɔ̃:sə] *f* anuncio *m,* aviso *m*
annoncieren [anɔ̃'si:rən] *v* anunciar, poner un anuncio

annullieren [anu'liːrən] *v* anular, cancelar
Annullierung [anu'liːruŋ] *f* anulación *f*, cancelación *f*
anomal ['anomaːl] *adj* anómalo, anormal
Anomalie [anoma'liː] *f* anomalía *f*
anonym [ano'nyːm] *adj* anónimo
Anonymität [anonyːmi'tɛːt] *f* anonimato *m*
Anorak ['anorak] *m* anorak *m*
anordnen ['anɔrdnən] *v* **1.** *(befehlen)* ordenar, mandar; **2.** *(ordnen)* ordenar, arreglar
Anordnung ['anɔrdnuŋ] *f* **1.** *(Befehl)* orden *f*, mandato *m*; **2.** *(Ordnung)* orden *m*, arreglo *m*
anorganisch ['anɔrganɪʃ] *adj* inorgánico
anpassen ['anpasən] *v* **1.** adaptar, adecuar; **2.** *sich ~* adaptarse, aclimatarse; **3.** *(Kleidung)* probar
Anpassung ['anpasuŋ] *f* adaptación *f*
anpfeifen ['anpfaɪfən] *v irr* **1.** *(fam: schimpfen) jdn ~* abroncar a alguien; **2.** SPORT dar la pitada inicial
Anpfiff ['anpfɪf] *m* **1.** *(fam: Schimpfen)* bronca *f*; **2.** SPORT pitada inicial *f*
anpflanzen ['anpflantsən] *v* plantar, cultivar
anprangern ['anpraŋɐn] *v* denunciar públicamente, atacar en público
anpreisen ['anpraɪzən] *v irr* recomendar, elogiar
Anprobe ['anproːbə] *f* prueba *f*
anprobieren ['anprobiːrən] *v* probar, probarse
anraten ['anraːtən] *v irr* aconsejar, recomendar
anrechnen ['anrɛçnən] *v* cargar en cuenta, facturar
Anrecht ['anrɛçt] *n* derecho *m*, título *m*
Anrede ['anreːdə] *f* tratamiento *m*
anregen ['anreːgən] *v* **1.** *(veranlassen)* estimular, incitar; **2.** *(vorschlagen)* proponer, sugerir
anregend ['anreːgənt] *adj* incentivo, estimulante
Anregung ['anreːguŋ] *f* **1.** *(Veranlassung)* estímulo *m*, incitación *f*; **2.** *(Vorschlag)* propuesta *f*, sugerencia *f*
anreichern ['anraɪçɐn] *v* enriquecer
Anreise ['anraɪzə] *f* llegada *f*, arribo *m*
anreisen ['anraɪzən] *v* llegar, arribar
Anreiz ['anraɪts] *m* estímulo *m*, aliciente *m*, motivación *f*
anrichten ['anrɪçtən] *v* **1.** *(Essen)* preparar; **2.** *Schaden ~* causar daño, ocasionar daño, dañar; **3.** *(fam: anstellen) etw ~* hacer algo negativo
anrüchig ['anryːçɪç] *adj* de mala fama
Anruf ['anruːf] *m* llamada *f*
Anrufbeantworter ['anruːfbəantvɔrtɐ] *m* contestador automático *m*, contestador de llamadas *m*
anrufen ['anruːfən] *v irr* **1.** *(rufen)* llamar; **2.** *(telefonieren)* llamar por teléfono, telefonear
anrühren ['anryːrən] *v* **1.** *(berühren)* tocar, palpar; **2.** *(fig: rühren)* conmover, tocar *zutiefst ~* llegar al alma; **3.** *(vermischen)* mezclar revolviendo
Ansage ['anzaːgə] *f* anuncio *m*, aviso *m*
ansagen ['anzaːgən] *v* anunciar, avisar
ansammeln ['anzaməln] *v sich ~* juntarse, agruparse, reunirse
Ansammlung ['anzamluŋ] *f* reunión *f*, agrupación *f*
Ansatz ['anzats] *m* **1.** *(Anfang)* principio *m*, comienzo *m*; **2.** *(Ablagerung)* sedimento *m*; **3.** *(Haaransatz)* raíz *f*; **4.** *(Anzeichen)* señal *f*, indicio *m*
anschaffen ['anʃafən] *v* *(erwerben)* procurar, comprar, adquirir
Anschaffung ['anʃafuŋ] *f* compra *f*, adquisición *f*
anschalten ['anʃaltən] *v* encender
anschauen ['anʃauən] *v* mirar
anschaulich ['anʃaulɪç] *adj* claro, evidente plástico
Anschauung ['anʃauuŋ] *f* *(Einstellung, Haltung)* opinión *f*, actitud *f*
Anschein ['anʃaɪn] *m* apariencia *f*, impresión *f*
anscheinend ['anʃaɪnənt] *adv* aparentemente, al parecer, por lo visto
anschicken ['anʃɪkən] *v sich ~* aprestarse a, prepararse para
anschieben ['anʃiːbən] *v* empujar
Anschlag ['anʃlaːk] *m* **1.** *(Plakat)* cartel *m*; **2.** *(Schreibmaschinenanschlag)* pulsación *f*; **3.** *(Attentat)* POL atentado *m*, golpe *m*; **4.** TECH tope *m*, limitador *m*
anschlagen ['anʃlaːgən] *v irr* **1.** *(ansto-*

A

ßen) golpear, chocar; **2.** *(befestigen)* fijar, sujetar, asegurar; **3.** *(aushängen)* colgar

anschleichen ['anʃlaɪçən] *v irr sich ~* acercarse sigilosamente

anschließen ['anʃliːsən] *v irr* **1.** *(verbinden)* unir, sujetar, ligar; **2.** *sich jdm ~* adherirse a alguien, asociarse con alguien; **3.** *(zustimmen) sich einer Meinung ~* adherirse a la opinión, ser de la misma opinión; **4.** *(fig: anfügen)* añadir, agregar, juntar

anschließend ['anʃliːsənt] *adv* **1.** *(zeitlich)* a continuación, seguidamente, acto seguido, después; *adj* **2.** *(räumlich)* contiguo, inmediato; **3.** *(zeitlich)* subsiguiente, consecutivo

Anschluss ['anʃlus] *m* **1.** *(Verbindung)* unión *f,* fusión *f;* **2.** *(Zuganschluss)* enlace *m,* correspondencia *f,* conexión *f* *(LA)*; **3.** *(fig: Bekanntschaft)* compañía *f,* conexión *f,* acompañamiento *m;* **4.** *POL* unión *f,* anexión *f*

anschmiegsam ['anʃmiːkzam] *adj* estrecho, ceñido

anschnallen ['anʃnalən] *v* abrochar; *Bitte schnallen Sie sich an!* ¡Por favor, sujétense los cinturones!

anschneiden ['anʃnaɪdən] *v irr* **1.** *(schneiden)* empezar a cortar; **2.** *(fig: Thema)* abordar

anschreiben ['anʃraɪbən] *v irr* **1.** anotar; **2.** *(fam: ~ lassen)* comprar a crédito; **3.** *jdn ~* escribir a alguien

Anschrift ['anʃrɪft] *f* dirección *f,* domicilio *m,* señas *f/pl*

anschuldigen ['anʃuldɪgən] *v* acusar, culpar, inculpar

Anschuldigung ['anʃuldɪguŋ] *f* acusación *f,* inculpación *f*

anschweißen ['anʃvaɪsən] *v TECH* soldar

anschwellen ['anʃvɛlən] *v* **1.** *(anwachsen)* inflarse, aumentar, crecer; **2.** *MED* hincharse

anschwindeln ['anʃvɪndəln] *v jdn ~* engañar a alguien

ansehen ['anzeːən] *v irr* mirar, contemplar

Ansehen ['anzeːən] *n* reputación *f,* fama *f*

ansehnlich ['anzeːnlɪç] *adj* imponente, considerable

anseilen ['anzaɪlən] *v* atar con una cuerda

Ansicht ['anzɪçt] *f* **1.** *(Meinung)* opinión *f;* **2.** *(Aussicht)* vista *f*

Ansichtskarte ['anzɪçtskartə] *f* tarjeta postal *f,* postal *f*

ansiedeln ['anziːdəln] *v* **1.** *etw ~* asentar, establecer; **2.** *sich ~* asentarse, establecerse

Ansiedlung ['anziːdluŋ] *f* colonia *f,* asentamiento *m*

ansonsten [an'zɔnstən] *adv* de lo contrario, por lo demás

Anspannung ['anʃpanuŋ] *f* tensión *f*

ansparen ['anʃpaːrən] *v* ahorrar, economizar

Anspielung ['anʃpiːluŋ] *f* alusión *f*

anspitzen ['anʃpɪtsən] *v jdn ~ (fam)* incitar a alguien, picar a alguien

Ansporn ['anʃpɔrn] *m* estímulo *m,* incentivo *m,* aliciente *m,* acicate *m*

anspornen ['anʃpɔrnən] *v* estimular, incentivar

Ansprache ['anʃpraːxə] *f* discurso *m*

ansprechen ['anʃprɛçən] *v irr* **1.** *(anreden)* dirigir la palabra a; **2.** *(reagieren)* reaccionar a; **3.** *(fig: gefallen)* agradar, gustar

ansprechend ['anʃprɛçənt] *adj* agradable, simpático

anspringen ['anʃprɪŋən] *v irr* **1.** *(Auto)* arrancar; **2.** *(springen)* saltar contra

Anspruch ['anʃprux] *m* derecho *m,* exigencia *f,* pretensión *f*

anspruchslos ['anʃpruxsloːs] *adj* modesto, sin pretensiones

anspruchsvoll ['anʃpruxsfɔl] *adj* lleno de pretensiones, muy exigente

Anstalt ['anʃtalt] *f* establecimiento *m,* institución *f,* centro *m*

Anstaltsleiter(in) ['anʃtaltslaɪtɐ(rɪn)] *m/f* director(a) del establecimiento *m/f,* director(a) de la institución *m/f*

Anstand ['anʃtant] *m* decencia *f,* decoro *m,* compostura *f*

anständig ['anʃtɛndɪç] *adj* **1.** decente, decoroso; *adv* **2.** decentemente, decorosamente

anstandslos ['anʃtantsloːs] *adv* sin reparo, sin dificultad

anstarren ['anʃtarən] *v* mirar fijamente

anstatt [an'ʃtat] *prep* **1.** en vez de, en lugar de; *konj* **2.** en vez de (con infinitivo), en vez de que, en lugar de (con infinitivo)

A

anstecken ['anʃtɛkən] *v* **1.** *(Brosche)* prender un broche; **2.** *(anzünden)* encender, prender, inflamar; **3.** *MED* contagiar
ansteckend ['anʃtɛkənt] *adj MED* contagioso
anstehen ['anʃte:ən] *v irr* **1.** *(Schlange stehen)* hacer cola; **2.** *(bevorstehen)* estar en vísperas
anstelle [an'ʃtɛlə] *prep* en lugar de, en vez de
anstellen ['anʃtɛlən] *v* **1.** *(einschalten)* encender; **2.** *(beschäftigen)* emplear, colocar; **3.** *sich ~* hacer cola, ponerse a la cola; **4.** *etw Schlimmes ~ (fig)* hacer una barrabasada, hacer una travesura
Anstellung ['anʃtɛluŋ] *f* **1.** *(Arbeit)* empleo *m,* colocación *f;* **2.** *(Stellung)* posición *f*
ansteuern ['anʃtɔyɐn] *v* **1.** *(Schiff)* navegar hacia, hacer rumbo a; **2.** *(Flugzeug)* tomar la ruta de
Anstieg ['anʃti:k] *m* **1.** *(Steigung)* ascensión *f,* subida *f;* **2.** *(Erhöhung)* alza *m,* aumento *m,* incremento *m*
anstiften ['anʃtɪftən] *v* causar, tramar, provocar
Anstoß ['anʃto:s] *m* **1.** *(Anregung)* impulso *m,* estímulo *m;* **2.** *(Skandal)* escándalo *m;* **3.** *SPORT* saque inicial *m*
anstoßen ['anʃto:sən] *v irr* **1.** *(stoßen)* chocar, tropezar; **2.** *(zuprosten) ~ auf* brindar por; **3.** *(in Bewegung setzen)* impulsar, empujar
anstreben ['anʃtre:bən] *v etw ~* aspirar a algo, pretender algo, anhelar algo
anstrengen ['anʃtrɛŋən] *v sich ~* esforzarse, esmerarse
anstrengend ['anʃtrɛŋənt] *adj* penoso, duro, agotador
Anstrengung ['anʃtrɛŋuŋ] *f* esfuerzo *m*
Anstrich ['anʃtrɪç] *m* capa de pintura *f*
Ansturm ['anʃturm] *m* arremetida *f*
Anteil ['antaɪl] *m* parte *f,* porción *f*
Anteilnahme ['antaɪlna:mə] *f* **1.** participación *f;* **2.** *(Mitleid, Mitgefühl)* simpatía *f*
Antenne [an'tɛnə] *f TECH* antena *f*
Antialkoholiker(in) [antialko'ho:lɪkɐ(rɪn)] *m/f* antialcohólico/antialcohólica *m/f,* abstemio/abstemia *m/f*
Antibabypille [anti'be:bipɪlə] *f MED* píldora anticonceptiva *f*
Antibiotikum [anti'bjo:tikum] *n MED* antibiótico *m*
antik [an'ti:k] *adj* antiguo
Antike [an'ti:kə] *f HIST* Edad Antigua *f*
Antikörper ['antikœrpɐ] *m BIO* anticuerpo *m*
Antipathie [antipa'ti:] *f* antipatía *f*
Antiquitäten [antikvi'tɛ:tən] *pl* antigüedades *f/pl*
Antrag ['antra:k] *m* solicitud *f,* petición *f*
Antragsteller(in) ['antra:kʃtɛlɐ(rɪn)] *m/f* solicitante *m/f*
antreffen ['antrɛfən] *v irr* encontrar, hallar
antreten ['antre:tən] *v irr* **1.** *(Stelle)* tomar un empleo; **2.** *(Reise)* emprender un viaje, iniciar un viaje
Antrieb ['antri:p] *m* **1.** *(fig)* acicate *m,* estímulo *m,* aliciente *m,* incentivo *m;* **2.** *TECH* impulso *m,* accionamiento *m,* mando *m*
Antwort ['antvɔrt] *f* respuesta *f,* contestación *f*
antworten ['antvɔrtən] *v* responder, contestar
anvertrauen ['anfɛɐtrauən] *v jdm etw ~* confiar algo a alguien
Anwalt ['anvalt] *m JUR* abogado *m*
Anwältin ['anvɛltɪn] *f JUR* abogada *f*
Anwaltsbüro ['anvaltsbyro:] *n JUR* bufete de abogados *m,* estudio *m (LA)*
Anwandlung ['anvandluŋ] *f* arrebato *m,* impulso *m,* arranque *m,* alarde *m*
Anwärter(in) ['anvɛrtɐ(rɪn)] *m/f* aspirante *m/f,* candidato/candidata *m/f*
anweisen ['anvaɪzən] *v irr* **1.** *(anordnen)* ordenar, dar orden, indicar, señalar; **2.** *FIN* girar, transferir
Anweisung ['anvaɪzuŋ] *f* **1.** *(Anordnung)* orden *f;* **2.** *FIN* giro *m,* orden de pago *f*
anwenden ['anvɛndən] *v irr* usar, utilizar, emplear
Anwendung ['anvɛnduŋ] *f* uso *m,* utilización *f,* empleo *m*
Anwesen ['anve:zən] *n* mansión *f,* finca *f*
anwesend ['anve:zənt] *adj* presente, asistente

A

Anwesenheit ['anveːzənhaɪt] *f* presencia *f*, asistencia *f*
anwidern ['anviːdɐn] *v* repugnar, causar repugnancia
Anzahl ['antsaːl] *f* cantidad *f*, número *m*
anzahlen ['antsaːlən] *v* pagar a cuenta
Anzahlung ['antsaːluŋ] *f* pago a cuenta *m*
Anzeichen ['antsaɪçən] *n* señal *f*, indicio *m*
Anzeige ['antsaɪgə] *f* **1.** *(Presse)* anuncio *m*, noticia *f*; **2.** *JUR* denuncia *f*
anzeigen ['antsaɪgən] *v* **1.** anunciar, indicar; **2.** *JUR* denunciar
anziehen ['antsiːən] *v irr* **1.** *sich ~* vestirse, ponerse la ropa; **2.** *(fig)* atraer, cautivar; **3.** *Schraube ~ TECH* apretar el tornillo
Anziehungskraft ['antsiːuŋskraft] *f* fuerza de atracción *f*
Anzug ['antsuːk] *m* terno *m*, conjunto *m*, traje *m*
anzüglich ['antsyːklɪç] *adj* mordaz, picante, agresivo; *~ werden* echar indirectas
anzünden ['antsyndən] *v* encender, pegar fuego a, prender
anzweifeln ['antsvaɪfəln] *v* dudar de, poner en duda
apart [a'part] *adj* particular, original, selecto; *~er Geschmack* gusto refinado
Apathie [apa'tiː] *f* apatía *f*
apathisch [a'paːtɪʃ] *adj* apático
Apfel ['apfəl] *m* manzana *f*; *in den sauren ~ beißen müssen* tener que hacer de tripas corazón
Apfelbaum ['apfəlbaum] *m* manzano *m*
Apfelsaft ['apfəlzaft] *m* zumo de manzana *m*, jugo de manzana *m*
Apfelsine [apfəl'ziːnə] *f* naranja *f*
Apfelstrudel ['apfəlʃtruːdəl] *m* pastelillo de manzana *m*
Apostel [a'pɔstəl] *m REL* apóstol *m*
Apostroph [apɔ'stroːf] *m* apóstrofe *m*
Apotheke [apo'teːkə] *f* farmacia *f*, botica *f*
Apotheker(in) [apo'teːkɐ(rɪn)] *m/f* farmacéutico/farmacéutica *m/f*, boticario/boticaria *m/f*
App [ɛp] *f INFORM* aplicación *f*
Apparat [apa'raːt] *m* aparato *m*, artefacto *m*, dispositivo *m*
Appartement [apart'mɑ̃ː] *n* apartamento *m*, departamento *m*, suite *f*
Appell [a'pɛl] *m MIL* llamada *f*, llamamiento *m*
Appetit [ape'tiːt] *m* apetito *m*; *Guten ~!* ¡Que aproveche!
Appetitlosigkeit [ape'tiːtloːzɪçkaɪt] *f* inapetencia *f*, falta de apetito *f*
applaudieren [aplau'diːrən] *v* aplaudir, batir palmas, palmear
Applaus [a'plaus] *m* aplauso *m*, ovación *f*, aclamación *f*
Aprikose [apri'koːzə] *f* albaricoque *m*, damasco *m (LA)*
April [a'prɪl] *m* abril *m*; *jdn in den ~ schicken* tomar el pelo a alguien/hacer una inocentada a alguien
Aquarell [akva'rɛl] *n ART* acuarela *f*
Aquarium [a'kvaːrjum] *n* acuario *m*
Äquator [ɛ'kvaːtɔr] *m GEO* ecuador *m*
Arabien [a'raːbjən] *n GEO* Arabia *f*
Arbeit ['arbaɪt] *f* trabajo *m*, labor *f*, empleo *m*, faena *f*
arbeiten ['arbaɪtən] *v* trabajar, laborar
Arbeiter(in) ['arbaɪtɐ(rɪn)] *m/f* trabajador(a) *m/f*, obrero/obrera *m/f*
Arbeitgeber(in) ['arbaɪtgeːbɐ(rɪn)] *m/f* empresario/empresaria *m/f*, patrón/patrona *m/f*
Arbeitnehmer(in) ['arbaɪtneːmɐ(rɪn)] *m/f* empleado/empleada *m/f*, trabajador(a) *m/f*
Arbeitsamt ['arbaɪtsamt] *n* oficina de colocación *f*, oficina de empleo *f*
Arbeitskraft ['arbaɪtskraft] *f* mano de obra *f*, capacidad de trabajo *f*
arbeitslos ['arbaɪtsloːs] *adj* parado, sin trabajo, desempleado, desocupado
Arbeitslosigkeit ['arbaɪtsloːzɪçkaɪt] *f* paro *m*, desempleo *m*
Arbeitsstelle ['arbaɪtsʃtɛlə] *f* puesto de trabajo *m*, colocación *f*
Archäologe [arçɛo'loːgə] *m* arqueólogo *m*
Archäologin [arçɛo'loːgɪn] *f* arqueóloga *f*
Architekt(in) ['arçɪ'tɛkt(ɪn)] *m/f* arquitecto/arquitecta *m/f*
Architektur [arçɪtɛk'tuːɐ] *f* arquitectura *f*
Archiv [ar'çiːf] *n* archivo *m*
arg [ark] *adj* duro, rudo; *Es ist ~ kalt.* Hace mucho frío.

Argentinien [argən'tiːnjən] *n GEO* Argentina *f*
Argentinier(in) [argən'tiːnjɐ(rɪn)] *m/f* argentino/argentina *m/f*
argentinisch [argɛn'tiːnɪʃ] *adj* argentino
Ärger ['ɛrgɐ] *m* enfado *m,* fastidio *m,* problema *m; ~ machen* armar jaleo; *~ haben* pasar un mal rato
ärgerlich ['ɛrgɐlɪç] *adj* enfadoso, problemático
ärgern ['ɛrgɐn] *v* **1.** *jdn ~* fastidiar a alguien, molestar a alguien; **2.** *sich ~* enfadarse, enojarse
Ärgernis ['ɛrgɐnɪs] *n* contrariedad *f*
arglistig ['arklɪstɪç] *adj (boshaft)* malvado, malicioso
arglos ['arkloːs] *adj* sin malicia, cándido, de buena fe
Arglosigkeit ['arkloːzɪçkaɪt] *f* candidez *f,* buena fe *f,* sinceridad *f*
Argument [argu'mɛnt] *n* argumento *m*
Argwohn ['arkvoːn] *m* desconfianza *f,* recelo *m; ~ erregen* dar lugar a sospechas
argwöhnisch ['arkvøːnɪʃ] *adj* desconfiado, receloso
Arie ['aːrjə] *f MUS* aria *f*
Aristokrat(in) [arɪsto'kraːt(ɪn)] *m/f* aristócrata *m/f,* noble *m*
Aristokratie [arɪstokra'tiː] *f* aristocracia *f*
Arithmetik [arɪt'meːtɪk] *f MATH* aritmética *f*
arm [arm] *adj* **1.** pobre, paupérrimo, miserable; **2.** *(bedürftig)* necesitado, indigente; *~ wie eine Kirchenmaus* más pobre que una rata; **3.** *(unglücklich)* infeliz, desgraciado; *Armer Kerl!* ¡Pobre hombre!
Arm [arm] *m ANAT* brazo *m; jdn auf den ~ nehmen (fig)* tomar el pelo a alguien; *jdm in die ~e laufen* darse un encontronazo con alguien; *einen langen ~ haben* tener buenas influencias; *jdm unter die ~e greifen* echar una mano a alguien
Armband ['armbant] *n* brazalete *m*
Armee [ar'meː] *f* **1.** *MIL* ejército *m;* **2.** *(fig: große Zahl)* infinidad *f,* multitud *f*
Ärmel ['ɛrməl] *m* manga *f; etw aus dem ~ schütteln* improvisar algo/sacarse algo de la manga *(fig)*
Ärmelkanal ['ɛrməlkanaːl] *m GEO* Canal de la Mancha *m*
ärmellos ['ɛrməlloːs] *adj* sin mangas
Armenien [ar'meːnjən] *n GEO* Armenia *f*
armselig ['armseːlɪç] *adj* pobre, miserable
Armut ['armuːt] *f* pobreza *f*
Aroma [a'roːma] *n* aroma *m,* perfume *m*
aromatisch [aro'maːtɪʃ] *adj* aromático
Arrangement [arɑ̃ʒ'mɑ̃ː] *n* arreglo *m,* disposición *m*
arrangieren [arɑ̃'ʒiːrən] *v* **1.** arreglar
Arrest [a'rɛst] *m* arresto *m*
arrogant [aro'gant] *adj* arrogante, altanero
Arroganz [aro'gants] *f* arrogancia *f*
Arsch [arʃ] *m (fam)* culo *m*
Art [aːrt] *f* **1.** clase *f,* categoría *f,* género *m;* **2.** *(Benehmen)* modales *m/pl,* maneras *f/pl; aus der ~ schlagen* degenerar de su estirpe/de su naturaleza; **3.** *(Beschaffenheit)* condición *f,* calidad *f;* **4.** *~ und Weise* manera *f,* modo *m; Jeder handelt auf seine ~.* Cada uno tiene su modo de matar pulgas.
Artenschutz ['aːrtənʃuts] *m* protección de la biodiversidad *f*
Arterie [ar'teːrjə] *f ANAT* arteria *f*
artig ['artɪç] *adj* **1.** *(Kinder)* obediente, bueno; *Sei ~!* ¡Compórtate! **2.** *(höflich)* cortés, atento, galante; **3.** *(niedlich)* bonito, lindo *(LA)*
Artikel [ar'tɪkəl] *m* **1.** *(in der Presse)* artículo *m,* noticia *f;* **2.** *GRAMM* artículo *m;* **3.** *ECO* artículo *m,* género *m*
Artillerie [artɪlə'riː] *f MIL* artillería *f*
Artischocke [arti'ʃɔkə] *f BOT* alcachofa *f*
Artist(in) [ar'tɪst(ɪn)] *m/f* artista *m/f*
Arznei [aːrts'naɪ] *f* medicamento *m,* medicina *f,* remedio *m,* droga *f*
Arzt [artst] *m* médico *m,* doctor *m*
Asbest [as'bɛst] *m MIN* asbesto *m*
Asche ['aʃə] *f* ceniza *f; in ~ verwandeln* reducir a cenizas
Aschermittwoch [aʃɐ'mɪtvɔx] *m* Miércoles de Ceniza *m*
Asien ['aːzjən] *n GEO* Asia *f*
asozial ['aːzotsjaːl] *adj* asocial, antisocial
Aspekt [a'spɛkt] *m* aspecto *m,* apariencia *f*

A

Asphalt [as'falt] *m* asfalto *m*
Aspik [as'piːk] *m* GAST gelatina de carne/gelatina de pescado *f*, aspic *m* (LA)
Aspirin [aspi'riːn] *n* MED aspirina *f*
Ass [as] *n* **1.** *(beim Kartenspiel)* as *m*; *ein ~ im Ärmel haben (fig)* tener un as en la manga; **2.** SPORT campeón *m*, as *m*, el mejor
Assistent(in) [asɪs'tɛnt(ɪn)] *m/f* asistente *m/f*, ayudante *m/f*
Ast [ast] *m* rama *f*; *auf dem absteigenden ~ sein* estar de capa caída; *den ~ absägen, auf dem man sitzt* ponerse a sí mismo la soga al cuello
Asthma ['astma] *n* MED asma *f*
Astrologie [astrolo'giː] *f* astrología *f*
Astronaut(in) [astro'naut(ɪn)] *m/f* astronauta *m/f*
Astronomie [astrono'miː] *f* astronomía *f*
Asyl [a'zyːl] *n* asilo *m*, refugio *m*
Asylant(in) [azy'lant(ɪn)] *m/f* asilado/asilada *m/f*, refugiado/refugiada *m/f*
Asylbewerber(in) [a'zyːlbəvɛrbɐ(rɪn)] *m/f* solicitante de asilo *m/f*
Asylrecht [a'zyːlrɛçt] *n* JUR derecho de asilo *m*
Atelier [atəl'jeː] *n* taller *m*, estudio *m*
Atem ['aːtəm] *m* aliento *m*, respiración *f*, hálito *m*; *außer ~* con la lengua fuera, sofocado; *wieder zu ~ kommen* volver en sí; *den ~ anhalten* contener el aliento; *jdm den ~ verschlagen* quitar la respiración a alguien/dejar a alguien sin habla
atemlos ['aːtəmloːs] *adj* sin aliento, sofocado; *mit ~er Spannung* con el alma en un hilo
Atheismus [ate'ɪsmus] *m* ateísmo *m*
Äther ['ɛːtɐ] *m* éter *m*
Äthiopien [ɛ'tioːpjən] *n* GEO Etiopía *f*
Athlet(in) [at'leːt(ɪn)] *m/f* atleta *m/f*
Atlantik [at'lantɪk] *m* GEO Atlántico *m*
Atlas ['atlas] *m* atlas *m*
atmen ['aːtmən] *v* respirar, inspirar, aspirar
Atmosphäre [atmɔs'fɛːrə] *f* **1.** *(fig)* ambiente *m*, entorno *m*; **2.** PHYS atmósfera *f*
Atmung ['aːtmuŋ] *f* respiración *f*
Atom [a'toːm] *n* PHYS átomo *m*
atomar [ato'maːr] *adj* atómico
Atomausstieg [a'toːmausʃtiːk] *m* abandono de la energía nuclear *m*
Atombombe [a'toːmbɔmbə] *f* bomba atómica *f*
Atomenergie [a'toːmɛnɛrgiː] *f* energía nuclear *f*, energía atómica *f*
Atomkraft [a'toːmkraft] *f* energía atómica *f*, energía nuclear *f*
Atomkraftwerk [a'toːmkraftvɛrk] *n* reactor atómico *m*, reactor nuclear *m*
Atomwaffe [a'toːmvafə] *f* arma atómica *f*, arma nuclear *f*
Attacke [a'takə] *f* ataque *m*, acometida *f*, asalto *m*
Attentat [atən'taːt] *n* atentado *m*
Attentäter(in) [atən'tɛːtɐ(rɪn)] *m/f* autor(a) del atentado *m/f*, asesino/asesina *m/f*
Attest [a'tɛst] *n* certificado médico *m*, atestado *m*
Attraktion [atrak'tsjoːn] *f* atracción *f*
attraktiv [atrak'tiːf] *adj* atractivo
ätzen ['ɛtsən] *v* CHEM corroer, morder
auch [aux] *konj* **1.** *(gleichfalls)* también, además; *ich ~ nicht* yo tampoco; *nicht nur ..., sondern ~ ...* No sólo..., sino (que) también... **2.** *(einschließend)* aun, incluso, hasta; *~ das Geringste* hasta lo más mínimo; *~ wenn du es noch weiter versuchst ...* aun cuando lo sigas intentando... **3.** *(emphatisch: wirklich, bestimmt)* aunque, aun cuando; *Kann ich mich ~ darauf verlassen?* ¿Realmente me puedo confiar? *Wenn er ~ so bescheiden ist ...* Aunque sea tan modesto... *So ist es ~!* ¡En efecto! **4.** *(verallgemeinernd)* aunque, cuando; *Wann ~ immer du kommst!* ¡Vengas cuando vengas!
audiovisuell [audjovizu'ɛl] *adj* audiovisual
auf [auf] *prep* **1.** *(örtlich)* en, sobre, encima de, a, de; *Das Buch liegt ~ dem Tisch.* El libro está obre la mesa. *~ dem Markt* en el mercado; *~ die Bank gehen* ir al banco; *~ einer Insel* en una isla; **2.** *(fig)* en, por, de, a; *~ der ganzen Welt* en todo el mundo; *~ irgendeinem Platz* por algún sitio; *sich ~ den Weg machen* ponerse en camino; *Auf Ihr Wohl!* ¡A su salud! **3.** *(zeitlich)* en, a, hasta; *Auf der Stelle!* ¡Inmediatamente! *~ die Minute* al minuto; *Auf Wiedersehen!* ¡Hasta maña-

na! ~ *eine Woche* hasta dentro de una semana; **4.** *(Übereinstimmung)* conforme, por, de acuerdo a; ~ *seinen Wunsch (hin)* de acuerdo a su deseo; ~ *Befehl von ...* por orden de... ~ *jds Wunsch* a petición de alguien; **5.** *(Art und Weise)* por, de, en; ~ *eigene Gefahr* por riesgo propio; ~ *Spanisch* en español; *Auf einmal!* ¡De una sola vez! *adv* **6.** de, por, desde; ~ *und davon gehen* escaparse de algo; *von Kind* ~ desde niño; ~ *und ab gehen* pasearse de un lado para otro

aufarbeiten ['aufarbaɪtən] *v* **1.** *(erledigen)* terminar, acabar, hacer un trabajo hasta el final; **2.** *(Material)* renovar, restaurar

aufatmen ['aufa:tmən] *v* respirar; *Ich kann endlich ~!* ¡Qué alivio!

Aufbau ['aufbau] *m* **1.** *(Anordnung)* disposición *f;* **2.** *(Struktur)* estructura *f,* textura *f,* constitución *f*

aufbauen ['aufbauən] *v* **1.** *(montieren)* montar; **2.** *(fig)* crear, fundar, edificar

aufbegehren ['aufbəge:rən] *v* **1.** protestar, rebelarse; **2.** *(fig)* picarse

aufbereiten ['aufbəraɪtən] *v* preparar, elaborar

aufbewahren ['aufbəva:rən] *v* guardar, conservar, depositar

aufbieten ['aufbi:tən] *v irr* **1.** *MIL* llamar a las armas, movilizar; **2.** *(fig)* emplear, utilizar, servirse de; *Gewalt* ~ recurrir a la fuerza; *alles* ~ remover cielo y tierra

aufblasen ['aufbla:zən] *v irr* hinchar, inflar

aufblenden ['aufblɛndən] *v* encender la luz larga del coche, poner la luz de carretera

aufblicken ['aufblɪkən] *v* alzar la vista, levantar los ojos

aufblühen ['aufbly:ən] *v* florecer

aufbrechen ['aufbrɛçən] *v irr* **1.** *(öffnen)* abrir, forzar, descerrajar; **2.** *(fig)* partir, ponerse en marcha, salir

Aufbruch ['aufbrux] *m* salida *f,* partida *f; Um Mitternacht war allgemeiner ~.* Todos partieron a medianoche.

aufbrühen ['aufbry:ən] *v* dar un hervor

aufbürden ['aufbyrdən] *v* cargar a, imponer una carga a

aufdecken ['aufdɛkən] *v* **1.** *(offenlegen)* descubrir, destapar; **2.** *(fig: Geheimnis)* descubrir, revelar un secreto

aufdrängen ['aufdrɛŋən] *v* **1.** *jdm etw ~* obligar a alguien a hacer algo; **2.** *sich ~* entrometerse, importunar

aufdringlich ['aufdrɪŋlɪç] *adj* pesado, acosante; *ein ~er Mensch (fam)* un chinche/un pesado *m*

Aufdruck ['aufdruk] *m* impresión *f*

aufeinander [aufaɪn'andɐ] *adv* **1.** *(örtlich)* uno sobre el otro; **2.** *(zeitlich)* uno tras otro, uno por uno

Aufenthalt ['aufɛnthalt] *m* estadía *f,* estancia *f,* permanencia *f,* residencia *f*

auferlegen ['aufɛɐle:gən] *v* imponer

Auferstehung ['aufɛɐʃte:uŋ] *f REL* resurrección *f*

Auffahrt ['auffa:ɐt] *f* **1.** *(zu einem Haus)* entrada *f;* **2.** *(zu einer Autobahn)* acceso *m;* **3.** *(ansteigen)* subida *f*

auffallen ['auffalən] *v irr (fig)* llamar la atención, saltar a la vista; *nicht ~* pasar inadvertido

auffangen ['auffaŋən] *v irr* **1.** coger, agarrar, captar; *Fang auf!* ¡Toma! **2.** *(fig)* coger, agarrar

Auffassung ['auffasuŋ] *f* concepción *f,* opinión *f,* concepto *m*

auffordern ['auffɔrdɐn] *v* **1.** *(höflich)* invitar a, pedir; *zum Tanz ~* sacar a bailar; **2.** *(ermahnend)* ordenar, exigir, exhortar

Aufforderung ['auffɔrdəruŋ] *f* **1.** *(höflich)* invitación *f;* **2.** *(ermahnend)* exhortación *f,* amonestación *f*

aufführen ['auffy:rən] *v* **1.** *MUS* ejecutar; **2.** *(aufzählen)* enumerar, mencionar; **3.** *THEAT* representar

Aufführung ['auffy:ruŋ] *f* **1.** *MUS* ejecución *f;* **2.** *(Aufzählung)* enumeración *f,* indicación *f;* **3.** *THEAT* representación *f*

Aufgabe ['aufga:bə] *f* **1.** *(Pflicht)* deber *m,* obligación *f;* **2.** *(Arbeit)* tarea *f,* trabajo *m;* **3.** *(Versand)* envío *m,* expedición *f;* **4.** *(Verzicht)* renuncia *f,* abandono *m,* cese *m*

Aufgang ['aufgaŋ] *m* subida *f*

aufgeben ['aufge:bən] *v irr* **1.** *(versenden)* enviar, expedir, echar al correo, despachar; **2.** *(verzichten)* renunciar, desistir de, abandonar; **3.** *(beauftragen) etw ~* encomendar algo, encargar algo

A

Aufgebot ['aufgəbo:t] *n* *(Eheaufgebot)* proclama matrimonial *f*, amonestaciones *f/pl*
aufgehen ['aufge:ən] *v irr* **1.** *(Teig)* fermentar, esponjarse; *~ wie eine Dampfnudel* ponerse como un globo; **2.** *(Sonne)* salir; **3.** *(Blume)* abrirse, nacer, brotar; **4.** *(Naht)* descoserse; **5.** *(Knoten)* deshacerse, desatarse; **6.** *(fig)* deshacerse, absorberse; *Jetzt geht mir auf, dass ...* Ahora entiendo que...
aufgeregt ['aufgəre:kt] *adj* excitado
aufgeschlossen ['aufgəʃlɔsən] *adj* extrovertido, franco, comunicativo
aufgreifen ['aufgraɪfən] *v irr* coger al paso, oír de pasada
aufgrund [auf'grunt] *prep* por razón de, en virtud de, a causa de
aufhalten ['aufhaltən] *v irr* **1.** *die Tür ~* mantener la puerta abierta; **2.** *jdn ~* detener a alguien, retener a alguien; **3.** *sich ~* hallarse en, encontrarse en, detenerse en; **4.** *(verzögern)* demorar, retrasar; **5.** *(stören)* molestar
aufhängen ['aufhɛŋən] *v irr* **1.** *~ an* colgar en; **2.** *sich ~* ahorcarse, estrangularse
Aufhänger ['aufhɛŋɐ] *m* tira para colgar *f*, cinta para colgar *f*
aufheben ['aufhe:bən] *v irr* **1.** *(vom Boden)* recoger, levantar; **2.** *(aufbewahren)* guardar, conservar; **3.** *(beenden)* terminar, finalizar; **4.** *(abschaffen)* derogar, anular, rescindir, revocar
Aufhebung ['aufhe:buŋ] *f* levantamiento *m*, abolición *f*, rescisión *f*, anulación *f*
aufheitern ['aufhaɪtɐn] *v* **1.** *jdn ~* animar a alguien, alentar a alguien; **2.** *(Himmel)* aclararse, despejarse
Aufheiterung ['aufhaɪtəruŋ] *f* diversión *f*
aufhellen ['aufhɛlən] *v* **1.** aclarar, clarear; **2.** *(Wasser)* clarificarse
aufhetzen ['aufhɛtsən] *v* **1.** instigar, soliviantar, incitar; **2.** *(Hunde)* azuzar
aufholen ['aufho:lən] *v* **1.** recuperar, recobrar; **2.** *(Anker)* NAUT izar
aufhören ['aufhø:rən] *v* finalizar, terminar, cesar; *Hör auf damit!* ¡Basta ya!
aufklappen ['aufklapən] *v* abrir, destapar
aufklären ['aufklɛ:rən] *v* aclarar, dilucidar, revelar
Aufklärung ['aufklɛ:ruŋ] *f* **1.** aclaración *f*; **2.** *HIST* Ilustración *f*
Aufkleber ['aufkle:bɐ] *m* autoadhesivo *m*, pegatina *f*, calcomanía *f (LA)*
aufkochen ['aufkɔxən] *v* hervir, cocer
aufkommen ['aufkɔmən] *v irr* **1.** *(heraufziehen)* alzar, levantarse; **2.** *(entstehen)* aparecer, surgir, propagarse
Aufkommen ['aufkɔmən] *n* **1.** *(Entstehung)* aparición *f*, surgimiento *m*; formación *f*; **2.** ECO ingresos fiscales *m/pl*, recaudación fiscal *f*
aufladen ['aufla:dən] *v irr* **1.** *(beladen)* cargar, sobrealimentar; **2.** *(fig: aufbürden)* endosar, cargar; **3.** *Batterie ~* TECH recargar las baterías
Aufladung ['aufla:duŋ] *f* TECH carga *f*, sobrealimentación *f*
Auflage ['aufla:gə] *f* **1.** *(eines Buches)* edición *f*, tirada *f*; **2.** *(Bedingung)* condición *f*, imposición *f*
auflauern ['auflauɐn] *v* acechar, espiar, vigilar
Auflauf ['auflauf] *m* **1.** *(von Menschen)* agolpamiento *m*, gentío *m*, tumulto *m*; **2.** GAST soufflé *m*
aufleben ['aufle:bən] *v* **1.** *(Person)* reanimar, reavivar; **2.** *(Diskussion)* animar
auflegen ['aufle:gən] *v* poner, colocar
auflehnen ['aufle:nən] *v* **1.** *sich ~* rebelarse; **2.** *sich ~ auf* apoyarse en
Auflehnung ['aufle:nuŋ] *f* rebelión *f*, sublevación *f*, protesta *f*
auflesen ['aufle:zən] *v irr* recoger, recolectar
aufleuchten ['auflɔyçtən] *v* resplandecer
auflisten ['auflɪstən] *v* hacer una lista de, alistar
auflockern ['auflɔkɐn] *v* aflojar, soltar
auflodern ['auflo:dɐn] *v* inflamarse
auflösen ['auflø:zən] *v* **1.** deshacer, desenlazar; **2.** CHEM disolver, diluir; **3.** *(Geschäft)* ECO liquidar
Auflösung ['auflø:zuŋ] *f* **1.** *(eines Rätsels)* solución *f*; **2.** *(Geschäftsauflösung)* ECO liquidación *f*
aufmachen ['aufmaxən] *v* abrir, desplegar
Aufmachung ['aufmaxuŋ] *f* presentación *f*

aufmerksam ['aufmɛrkza:m] *adj* alerta, atento
Aufmerksamkeit ['aufmɛrkza:mkaɪt] *f* **1.** *(Vorsicht)* atención *f*, cuidado *m*; **2.** *(Geschenk)* obsequio *m*, regalo *m*, detalle *m*
aufmöbeln ['aufmœbəln] *v jdn ~* reconfortar a alguien
aufmuntern ['aufmuntɐn] *v* reanimar, animar, alentar
Aufnahme ['aufna:mə] *f* **1.** *(Empfang)* acogida *f*, recibimiento *m*; **2.** *(in eine Organisation)* admisión *f*, ingreso *m*; **3.** *(von Nahrung)* ingestión *f*; **4.** CINE toma *f*; **5.** FOTO fotografía *f*
aufnehmen ['aufne:mən] *v irr* **1.** *(empfangen)* recibir, acoger; **2.** *(beginnen)* comenzar, empezar, iniciar; **3.** *(fotografieren)* FOTO fotografiar, sacar una foto; **4.** *(fassen)* agarrar
aufopfern ['aufɔpfɐn] *v sich für jdn ~* sacrificarse por alguien, sufrir por alguien, padecer por alguien
aufpassen ['aufpasən] *v* tener cuidado, poner atención
aufprallen ['aufpralən] *v* chocar, colisionar, impactar
Aufpreis ['aufpraɪs] *m* ECO sobreprecio *m*, recargo *m*, suplemento *m*
aufräumen ['aufrɔymən] *v* ordenar, arreglar, poner en orden
aufrecht ['aufrɛçt] *adj* derecho, erguido
aufregen ['aufre:gən] *v* **1.** *(jdn ~)* perturbar, alterar, enfadar; **2.** *sich ~* alterarse, perturbarse, enfadarse
aufregend ['aufre:gənt] *adj* excitante, emocionante
Aufregung ['aufre:guŋ] *f* emoción *f*, excitación *f*
aufreißen ['aufraɪsən] *v irr* arrancar, quitar
aufrichten ['aufrɪçtən] *v* **1.** *(hochstellen)* erigir, alzar, levantar; **2.** *jdn ~ (fig)* consolar a alguien, dar ánimos a alguien
aufrichtig ['aufrɪçtɪç] *adj* sincero, franco
Aufrichtigkeit ['aufrɪçtɪçkaɪt] *f* sinceridad *f*, franqueza *f*
Aufruf ['aufru:f] *m* proclama *f*, manifiesto *m*
aufrufen ['aufru:fən] *v irr* **1.** llamar, proclamar, manifestar; **2.** INFORM llamar
Aufruhr ['aufru:ɐ] *m* POL insurrección *f*, rebelión *f*, sublevación *f*
Aufrüstung ['aufrystuŋ] *f* MIL rearme *m*
aufsässig ['aufzɛsɪç] *adj* rebelde, reacio
Aufsatz ['aufzats] *m* ensayo *m*, composición *f*, disertación *f*
aufschieben ['aufʃi:bən] *v irr* **1.** *(zeitlich)* aplazar, postergar; **2.** abrir empujando
Aufschlag ['aufʃla:k] *m* **1.** *(bei Kleidung)* vuelta *f*; **2.** *(Preis)* ECO subida *f*, aumento *m*; **3.** *(im Tennis)* SPORT saque *m*
aufschlagen ['aufʃla:gən] *v irr* **1.** *(öffnen)* abrir de golpe; **2.** *(montieren)* montar; **3.** *(Tennis)* SPORT sacar
aufschließen ['aufʃli:sən] *v irr* abrir con una llave
Aufschluss ['aufʃlus] *m* aclaración *f*, explicación *f*
aufschlussreich ['aufʃlusraɪç] *adj* instructivo
aufschneiden ['aufʃnaɪdən] *v irr* **1.** *(schneiden)* abrir cortando, cortar; **2.** *(fig: angeben)* fanfarronear, chulear, presumir
Aufschrei ['aufʃraɪ] *m* gritos *m/pl*
aufschreiben ['aufʃraɪbən] *v irr* apuntar, anotar, registrar
Aufschrift ['aufʃrɪft] *f* inscripción *f*
Aufschub ['aufʃu:p] *m* aplazamiento *m*, prórroga *f*
Aufschwung ['aufʃvuŋ] *m* ECO auge *m*, boom *m*
Aufsehen ['aufze:ən] *n* sensación *f*, escándalo *m*; *~ erregend* sensacional
Aufseher(in) ['aufze:ɐ(rɪn)] *m/f* supervisor(a) *m/f*, inspector(a) *m/f*
aufsetzen ['aufzɛtsən] *v* **1.** poner encima, sobreponer; **2.** *(schreiben)* redactar, formular
Aufsicht ['aufzɪçt] *f* supervisión *f*, inspección *f*, vigilancia *f*
aufspalten ['aufʃpaltən] *v irr* hender, rajar
aufsperren ['aufʃpɛrən] *v* abrir con una llave
aufspielen ['aufʃpi:lən] *v sich ~ als* dárselas de, presumir de

A

aufstacheln ['aufʃtaxəln] *v* aguijonear
Aufstand ['aufʃtant] *m* rebelión *f,* insurrección *f,* sublevación *f*
aufständisch ['aufʃtɛndɪʃ] *adj* rebelde, revoltoso
aufstehen ['aufʃte:ən] *v irr* levantarse, pararse *(LA)*
aufsteigen ['aufʃtaɪgən] *v irr* **1.** subir, ascender; **2.** *(Beruf)* ascender, hacer carrera
aufstellen ['aufʃtɛlən] *v* **1.** *(montieren)* montar, armar, instalar; **2.** *(Kandidaten)* designar, proponer; **3.** *(Mannschaft)* formar
Aufstellung ['aufʃtɛluŋ] *f* colocación *f,* montaje *m,* designación *f,* formación *f*
Aufstieg ['aufʃti:k] *m* **1.** *(eines Berges)* ascensión *f,* subida *f;* **2.** *(Entwicklung)* progreso *m,* evolución *f;* **3.** *(Karriere)* promoción *f,* ascenso *m*
aufstoßen ['aufʃto:sən] *v irr* **1.** *(öffnen)* abrir de un empujón; **2.** *(rülpsen)* eructar
Aufstrich ['aufʃtrɪç] *m* *(Marmelade)* GAST capa de mermelada *f*
aufstützen ['aufʃtytsən] *v* apoyar
aufsuchen ['aufzu:xən] *v* buscar, ir a ver a
auftakeln ['aufta:kəln] *v* *aufgetakelt sein* estar emperifollado *(fam)*
Auftakt ['auftakt] *m* preludio *m,* preámbulo *m,* introducción *f,* principio *m*
auftanken ['auftaŋkən] *v* echar gasolina
auftauchen ['auftauxən] *v* emerger, salir a la superficie
auftauen ['auftauən] *v* derretir
aufteilen ['auftaɪlən] *v* distribuir, repartir
Aufteilung ['auftaɪluŋ] *f* distribución *f,* reparto *m*
auftischen ['auftɪʃən] *v* **1.** *(bewirten)* servir, poner sobre la mesa; **2.** *(belügen)* contar una historia, echar un cuento
Auftrag ['auftra:k] *m* **1.** *(Aufgabe)* misión *f,* encargo *m;* **2.** ECO orden *f,* pedido *m*
auftragen ['auftra:gən] *v irr* **1.** *(Speisen)* servir, poner en la mesa; **2.** *(beauftragen)* encargar, encomendar; **3.** *(bestreichen)* pintar, aplicar; **4.** *dick ~* exagerar
Auftraggeber(in) ['auftra:kge:bɐ(rɪn)] *m/f* ECO cliente *m/f,* comprador(a) *m/f*
auftreten ['auftre:tən] *v irr* **1.** *(erscheinen)* aparecer, presentarse, surgir; **2.** THEAT entrar en escena, salir a escena
Auftritt ['auftrɪt] *m* **1.** *(Erscheinen)* aparición *f,* presentación *f;* **2.** THEAT entrada a escena *f,* salida a escena *f*
aufwachen ['aufvaxən] *v* despertarse, espabilar, desadormecer
aufwachsen ['aufvaksən] *v irr* crecer, criarse
Aufwand ['aufvant] *m* **1.** *(Einsatz)* despliegue *m;* **2.** *(Kosten)* ECO gastos *m/pl*
aufwändig ['aufvɛndɪç] *adj* costoso, lujoso, caro
aufwärmen ['aufvɛrmən] *v* **1.** recalentar, volver a calentar; **2.** *(fig)* evocar, recordar
aufwärts ['aufvɛrts] *adv* hacia arriba
aufwecken ['aufvɛkən] *v* *jdn ~* despertar a alguien
aufweichen ['aufvaɪçən] *v* ablandar, reblandecer
aufweisen ['aufvaɪzən] *v irr* mostrar, presentar
aufwenden ['aufvɛndən] *v irr* **1.** *(Zeit)* emplear, dedicar; **2.** *(Geld)* gastar, invertir
aufwerten ['aufve:ɐtən] *v* FIN revaluar
aufwühlen ['aufvy:lən] *v* revolver, agitar
aufwiegeln ['aufvi:gəln] *v* sublevar, amotinar, alborotar
aufzählen ['auftsɛ:lən] *v* enumerar, contar
aufzeichnen ['auftsaɪçnən] *v* **1.** *(zeichnen)* dibujar, trazar, pintar; **2.** *(Musik)* grabar; **3.** *(notieren)* anotar, apuntar
Aufzeichnung ['auftsaɪçnuŋ] *f* **1.** *(Zeichnung)* dibujo *m,* trazo *m;* **2.** *(von Musik)* grabación *f;* **3.** *(Notiz)* nota *f,* apunte *m*
aufziehen ['auftsi:ən] *v irr* **1.** *(öffnen)* abrir; **2.** *Uhr ~* dar cuerda al reloj; **3.** *(großziehen)* criar, educar; **4.** *jdn ~* tomar el pelo a alguien
Aufzug ['auftsu:k] *m* **1.** *(Aufmachung)* atuendo *m,* atavío *m;* **2.** TECH ascensor *m*
Auge ['augə] *n* ANAT ojo *m;* *ein geschultes ~ haben* tener ojo clínico; *ein ~ zudrücken* hacer la vista gorda; *ins ~*

gehen acabar mal/salir mal; *etw ins ~ fassen* tener en cuenta algo; *ins ~ stechen* saltar a la vista/llamar la atención; *die ~n vor etw verschließen* no querer ver algo; *seinen ~n nicht trauen können* no poder dar fe a sus ojos; *Das passt wie die Faust aufs ~.* Le viene como a un santo un par de pistolas.

Augenarzt ['augənartst] *m* oculista *m*

Augenblick ['augənblɪk] *m* momento *m,* instante *m; in einem ~* en un abrir y cerrar de ojos

augenblicklich ['augənblɪklɪç] *adj* **1.** momentáneo, instantáneo; *adv* **2.** momentáneamente, en este momento, ahora mismo

Augenbraue ['augənbrauə] *f* ceja *f*

Augenlid ['augənliːt] *n* párpado *m*

Augenzeuge ['augəntsɔygə] *m JUR* testigo ocular *m*

August [au'gust] *m* agosto *m*

Auktion [auk'tsjoːn] *f* subasta *f*

Aula ['aula] *f* salón *m,* aula *f*

aus [aus] *prep* **1.** *(örtlich)* de, desde; *Ich komme ~ Bolivien.* Vengo de Bolivia. *von dort ~* desde allí; *vom Fenster ~* desde la ventana; **2.** *(kausal)* por, de, para; *~ Liebe zu dir* por amor a ti; *~ Spaß* de broma; *~ Rache* para vengarse; **3.** *(Stoff)* de; *~ Holz* de madera

ausarbeiten ['ausarbaɪtən] *v* elaborar, componer

Ausarbeitung ['ausarbaɪtuŋ] *f* elaboración *f,* composición *f*

ausarten ['ausartən] *v* degenerar, empeorar

ausatmen ['ausaːtmən] *v* espirar, exhalar

ausbaden ['ausbaːdən] *v etw ~ (fam)* pagar el pato, pagar los platos rotos

Ausbau ['ausbau] *m* **1.** *(eines Gebäudes)* construcción *f;* **2.** *(von Beziehungen)* intensificación *f,* desarrollo *m;* **3.** *(eines Motors)* desmontaje *m*

ausbauen ['ausbauən] *v* **1.** *(Gebäude)* construir, edificar; **2.** *(Beziehungen)* intensificar, desarrollar; **3.** *(Motor)* desmontar; **4.** *(weiterentwickeln)* desarrollar

ausbessern ['ausbɛsərn] *v* reparar, componer, arreglar

ausbeulen ['ausbɔylən] *v* desabollar, alisar, planchar

Ausbeute ['ausbɔytə] *f ECO* ganancia *f*

ausbeuten ['ausbɔytən] *v* explotar

ausbilden ['ausbɪldən] *v* formar, instruir

Ausbildung ['ausbɪlduŋ] *f* formación *f,* instrucción *f*

Ausblick ['ausblɪk] *m* vista *f,* panorama *m*

ausbrechen ['ausbrɛçən] *v irr* **1.** *(herausbrechen)* romper, arrancar; **2.** *(entfliehen)* evadirse, fugarse, escaparse; **3.** *(plötzlich aufkommen)* estallar, producirse, irrumpir

ausbreiten ['ausbraɪtən] *v* **1.** *etw ~* extender algo, desdoblar algo, abrir algo, desplegar algo; **2.** *sich ~* extenderse, deplegarse

Ausbruch ['ausbrux] *m* **1.** *(Flucht)* fuga *f,* evasión *f;* **2.** *(plötzlicher Beginn)* estallido *m,* irrupción *f;* **3.** *(eines Vulkans)* erupción *f*

ausbrüten ['ausbryːtən] *v* empollar, incubar

Ausdauer ['ausdauɐ] *f* paciencia *f,* perseverancia *f*

ausdauernd ['ausdauɐnt] *adj* paciente, perseverante

ausdehnen ['ausdeːnən] *v* **1.** *(örtlich)* extender/extenderse; **2.** *(zeitlich)* prolongar/prolongarse

Ausdehnung ['ausdeːnuŋ] *f* **1.** *(örtlich)* extensión *f;* **2.** *(zeitlich)* prolongación *f*

ausdenken ['ausdɛŋkən] *v irr sich ~* imaginarse, pensar

Ausdruck ['ausdruk] *m* **1.** *(Wort)* término *m,* expresión *f;* **2.** *(Gesichtsausdruck)* expresión de la cara *f;* **3.** *(Druck)* impresión *f*

ausdrucken ['ausdrukən] *v* imprimir

ausdrücken ['ausdrykən] *v* **1.** exprimir, estrujar; **2.** *(fig: äußern)* expresar, manifestar, decir; *Wie drückt man das auf Deutsch aus?* ¿Cómo se dice eso en alemán?

ausdrücklich ['ausdrykIɪç] *adj* explícito, categórico

ausdruckslos ['ausdruksloːs] *adj* inexpresivo

ausdrucksvoll ['ausdruksfɔl] *adj* muy expresivo

ausdünsten ['ausdynstən] *v* evaporar, exhalar, despedir

A

auseinander [ausaɪn'andɐ] *adv* **1.** *(örtlich)* separado(s), distante(s) entre sí; *~brechen* romper, romperse, partir, partirse en dos; *~fallen* caer en pedazos, desmoronarse; *~gehen* separarse; *~halten* diferenciar entre, distinguir, no confudir lo uno con lo otro; *~nehmen* deshacer, desunir; *sich ~setzen* ocuparse con, discutir sobre; **2.** *(zeitlich)* con intervalo

Auseinandersetzung [ausaɪn'andɐzɛtsuŋ] *f* disputa *f,* discusión *f*

ausfahren ['ausfa:rən] *v irr* **1.** salir en coche, pasear en coche; **2.** TECH poner en posición extrema

Ausfall ['ausfal] *m* **1.** *(Störung)* fallo *m;* **2.** *(Haarausfall)* caída del pelo *f;* **3.** *(Verlust)* ECO pérdida *f,* déficit *m*

ausfallen ['ausfalən] *v irr* **1.** *(nicht stattfinden)* no tener lugar, no llevarse a cabo; **2.** *(Haare)* caerse el pelo; **3.** *(Maschine)* fallar

ausfertigen ['ausfɛrtɪgən] *v* despachar

Ausfertigung ['ausfɛrtɪguŋ] *f* despacho *m,* expedición *f*

Ausflug ['ausflu:k] *m* excursión *f*

ausfragen ['ausfra:gən] *v* preguntar, interrogar

Ausfuhr ['ausfu:ɐ] *f* ECO exportación *f*

ausführen ['ausfy:rən] *v* **1.** *(durchführen)* realizar, efectuar, ejecutar; *eine Arbeit ~* llevar a cabo un trabajo; **2.** *(spazieren führen)* pasear, llevar de paseo; **3.** ECO exportar

ausführlich ['ausfy:rlɪç] *adj* **1.** amplio, extenso, detallado; *adv* **2.** detalladamente; *sehr ~* con todo lujo de detalles

Ausführung ['ausfy:ruŋ] *f* realización *f,* ejecución *f*

ausfüllen ['ausfylən] *v* rellenar, llenar, cumplimentar

Ausgabe ['ausga:bə] *f* **1.** *(Geldausgabe)* gasto *m,* desembolso *m,* salidas *f/pl,* egresos *m/pl* (LA); **2.** *(Gepäckausgabe)* entrega de equipajes *f;* **3.** *(eines Buches)* edición *f*

Ausgang ['ausgaŋ] *m* **1.** salida *f;* **2.** *(Ende)* final *m,* fin *m; einen anderen ~ nehmen* tomar otro giro

ausgeben ['ausge:bən] *v irr* **1.** gastar, desembolsar

ausgebucht ['ausgəbu:xt] *adj* completo, lleno, agotado

Ausgeglichenheit ['ausgəglɪçənhaɪt] *f* equilibrio *m,* ecuanimidad *f*

ausgehen ['ausge:ən] *v irr* **1.** *(weggehen)* salir; **2.** *(enden)* finalizar, terminar; **3.** *(erlöschen)* apagarse, apagar; **4.** *(Vorräte)* acabarse, terminarse

ausgelassen ['ausgəlasən] *adj* desenfadado, alegre

ausgenommen ['ausgənɔmən] *prep* excepto, salvo

ausgeprägt ['ausgəprɛ:kt] *adj* pronunciado, marcado

ausgerechnet ['ausgərɛçnət] *adv* precisamente, justamente

ausgeschlossen ['ausgəʃlɔsən] *adj* imposible

ausgezeichnet ['ausgətsaɪçnət] *adj* excelente, sobresaliente, magnífico, estupendo; *Es war ~!* ¡Ha sido excelente!

ausgiebig ['ausgi:bɪç] *adj* **1.** abundante, copioso; *adv* **2.** abundantemente, en abundancia

Ausgleich ['ausglaɪç] *m* **1.** *(fig)* arreglo *m,* compromiso *m;* **2.** *(eines Kontos)* ECO liquidación *f,* saldo *m;* **3.** *(Entschädigung)* ECO indemnización *f;* **4.** SPORT empate *m*

ausgleichen ['ausglaɪçən] *v irr* **1.** *(fig)* arreglar; **2.** *(Konto)* ECO liquidar, saldar; **3.** SPORT empatar

aushalten ['aushaltən] *v irr* **1.** aguantar, soportar; **2.** *(widerstehen)* resistir, no darse por vencido, no ceder

aushandeln ['aushandəln] *v* negociar

Aushang ['aushaŋ] *m* cartel *m,* anuncio *m*

ausharren ['ausharən] *v* perseverar hasta el fin

ausheben ['aushe:bən] *v irr* **1.** levantar, alzar; **2.** *(fig)* desmantelar, desalojar

ausheilen ['aushaɪlən] *v* curarse, irse curando

aushelfen ['aushɛlfən] *v irr* ayudar, asistir

Aushilfe ['aushɪlfə] *f* ayuda *f,* asistencia *f*

auskennen ['auskɛnən] *v irr sich ~* entender de, conocer el terreno

ausklammern ['ausklamɐn] *v* excluir, dejar de lado

Ausklang ['ausklaŋ] *m* final *m*

Auskommen ['auskɔmən] *n* ingresos *m/pl,* entradas *f/pl*

auskommen ['auskɔmən] *v irr* ~ *mit* tener bastante de, tener lo suficiente para

Auskunft ['auskunft] *f* **1.** *(Information)* información *f*; *Können Sie mir bitte ~ geben, wo die Kirche ist?* ¿Por favor, puede usted indicarme dónde queda la iglesia? **2.** *(Büro)* oficina de información *f*

auskurieren ['auskuri:rən] *v* sanarse completamente, curarse completamente

auslachen ['auslaxən] *v jdn ~* reírse de alguien, burlarse de alguien

ausladen ['ausla:dən] *v irr* **1.** *(Gepäck)* descargar; **2.** *(fig: Gäste)* anular la invitación a

Auslage ['ausla:gə] *f* **1.** *(im Schaufenster)* escaparate *m*, vitrina *f*; **2.** *(von Geld)* desembolso *m*, gastos *m/pl*

Ausland ['auslant] *n* extranjero *m*

Ausländer(in) ['auslɛndɐ(rɪn)] *m/f* extranjero/extranjera *m/f*

Ausländerfeindlichkeit ['auslɛndɐfaɪntlɪçkaɪt] *f* xenofobia *f*

ausländisch ['auslɛndɪʃ] *adj* extranjero

auslassen ['auslasən] *v irr* **1.** *(unterlassen)* omitir, suprimir; **2.** *(Zorn ~)* desahogar la ira

auslaufen ['auslaufən] *v irr* **1.** *(Flüssigkeit)* derramarse, escurrirse, gotear; **2.** *(Schiff)* zarpar, salir; **3.** *(fig)* caminar para hacer ejercicios

ausleben ['ausle:bən] *v* vivir la vida, disfrutar de la vida

ausleeren ['ausle:rən] *v* vaciar

auslegen ['ausle:gən] *v* **1.** *(Waren)* exponer, exhibir; **2.** *(Geld)* anticipar, adelantar; **3.** *(deuten)* interpretar

ausleihen ['auslaɪən] *v irr* **1.** *etw ~* prestar algo, facilitar algo; **2.** *sich etw ~* prestar algo, tomar prestado

Auslese ['ausle:zə] *f* selección *f*

Ausleseverfahren ['ausle:zəfɛrfa:rən] *n* proceso de selección *m*, proceso selectivo *m*

ausliefern ['ausli:fɐn] *v* **1.** entregar; **2.** *JUR* extraditar

Auslieferung ['ausli:fəruŋ] *f* **1.** entrega *f*; **2.** *JUR* extradición *f*

auslöffeln ['auslœfəln] *v (Suppe)* sacar a cucharadas (fig); *Jetzt musst du die Suppe ~, die du dir eingebrockt hast.* Ahora tienes que pagar el pato por lo que has armado.

auslöschen ['auslœʃən] *v* apagar, extinguir

auslosen ['auslo:zən] *v* sortear, echar suertes

auslösen ['auslø:zən] *v* **1.** *(loskaufen)* desempeñar; **2.** *(in Gang setzen)* poner en movimiento, provocar el movimiento de; **3.** *(fig: verursachen)* provocar, causar, originar

ausmachen ['ausmaxən] *v* **1.** *(löschen)* apagar, extinguir, sofocar; **2.** *(übereinkommen)* ponerse de acuerdo, fijar, quedar en algo, concertar; **3.** *(sich belaufen auf)* ascender a, elevarse a, importar; **4.** *(bedeuten)* significar

Ausmaß ['ausma:s] *n* dimensión *f*, medida *f*

ausmessen ['ausmɛsən] *v irr* medir, tomar la medida a

Ausnahme ['ausna:mə] *f* excepción *f*

Ausnahmefall ['ausna:məfal] *m* caso de excepción *m*

ausnahmslos ['ausna:mslo:s] *adj* **1.** sin excepción; *adv* **2.** sin excepción

ausnahmsweise ['ausna:msvaɪzə] *adv* excepcionalmente, por excepción

ausnehmen ['ausne:mən] *v irr* **1.** *(ausschließen)* excluir, exceptuar; **2.** *(Tiere)* destripar; **3.** *(fig) jdn ~* desplumar

ausnützen ['ausnytsən] *v* aprovechar, aprovecharse de, sacar provecho de

Ausnutzung ['ausnutsuŋ] *f* aprovechamiento *m*, utilización *f*

auspacken ['auspakən] *v* desenvolver, desempacar

auspeitschen ['auspaɪtʃən] *v* azotar, flagelar

ausplaudern ['ausplaudɐn] *v* divulgar

auspressen ['ausprɛsən] *v* prensar, exprimir, estrujar; **2.** *(fig)* arrancar, obtener información, extorsionar

Auspuff ['auspuf] *m TECH* escape *m*

auspusten ['auspu:stən] *v* apagar de un soplo

ausquartieren ['auskvarti:rən] *v* desalojar

ausrangieren ['ausraŋʒi:rən] *v* desechar, eliminar

ausrasten ['ausrastən] *v* **1.** *(ausklinken)* desencerrojar, desengatillar; **2.** *(fig: Fassung verlieren)* perder los papeles, perder el control, perder los estribos

A

ausrauben ['ausraubən] *v* desvalijar, robar, atracar
ausräumen ['ausrɔymən] *v* **1.** *(Gegenstände)* evacuar, quitar; **2.** *(fig: Zweifel)* eliminar
ausrechnen ['ausreçnən] *v* calcular
Ausrede ['ausre:də] *f* excusa *f*, evasiva *f*
ausreichen ['ausraıçən] *v* bastar, ser suficiente
ausreichend ['ausraıçənt] *adj* suficiente, bastante
Ausreise ['ausraızə] *f* salida *f*, partida *f*
ausreisen ['ausraızən] *v* salir, partir; *aus einem Land ~* salir de un país
Ausreißer(in) ['ausraısɐ(rın)] *m/f* fugitivo *m*/fugitiva *f*
ausrenken ['ausrɛŋkən] *v sich etw ~* dislocarse algo
ausrichten ['ausrıçtən] *v* **1.** *(aufstellen)* erigir, alzar, levantar; **2.** *(veranstalten)* organizar, preparar, disponer; **3.** *(benachrichtigen)* dar un recado, informar
Ausruf ['ausru:f] *m* grito *m*, exclamación *f*
ausrufen ['ausru:fən] *v irr* gritar, exclamar; *einen Streik ~* convocar una huelga
Ausrufezeichen ['ausru:fətsaıçən] *n* signo de admiración *m*
ausruhen ['ausru:ən] *v* descansar, reposar
ausrüsten ['ausrystən] *v* equipar, dotar
Ausrüstung ['ausrystuŋ] *f* equipo *m*, armamento *m*
ausrutschen ['ausrutʃən] *v* resbalar(se), escurrirse, deslizarse
aussäen ['auszɛ:ən] *v* sembrar
Aussage ['ausza:gə] *f* **1.** exposición *f*, manifestación *f*; **2.** *JUR* declaración *f*
aussagen ['ausza:gən] *v* **1.** exponer, manifestar; **2.** *JUR* declarar
ausschalten ['ausʃaltən] *v* **1.** *(abstellen)* apagar, desconectar; **2.** *jdn ~ (fig)* descartar la influencia de alguien
Ausschank ['ausʃank] *m GAST* bar *m*, quiosco de bebidas *m*, taberna *f*
ausscheiden ['ausʃaıdən] *v irr* **1.** *(ausschließen)* excluir; **2.** *MED* excretar, secretar; **3.** *SPORT* eliminar
ausscheren ['ausʃe:rən] *v* separarse de la formación, salirse de la fila
ausschimpfen ['ausʃımpfən] *v* reñir, regañar
ausschlachten ['ausʃlaxtən] *v* **1.** *(Tiere)* desollar, descuartizar; **2.** *(fig)* explotar
ausschlafen ['ausʃla:fən] *v irr sich ~* dormir bien, dormir satisfactoriamente
Ausschlag ['ausʃla:k] *m* **1.** *MED* erupción cutánea *f*, exantema *f*; **2.** *den ~ geben* ser lo que decide
ausschlaggebend ['ausʃla:kge:bənt] *adj* decisivo, concluyente, contundente, definitivo
ausschließen ['ausʃli:sən] *v irr* **1.** *~ aus* excluir de, expulsar de; **2.** suspender
ausschließlich ['ausʃli:slıç] *adj* **1.** exclusivo; *adv* **2.** exclusivamente
Ausschluss ['ausʃlus] *m* exclusión *f*, expulsión *f*
ausschmücken ['ausʃmykən] *v* adornar, decorar
ausschneiden ['ausʃnaıdən] *v irr* cortar
Ausschnitt ['ausʃnıt] *m* **1.** *(eines Kleides)* escote *m*; **2.** *(einer Zeitung)* recorte *m*; **3.** *(Detail)* detalle *m*, minucia *f*, pormenor *m*, fragmento *m*
ausschöpfen ['ausʃœpfən] *v* **1.** sacar, extraer; **2.** *(fig)* aprovechar, agostar
ausschreiben ['ausʃraıbən] *v irr* **1.** *(vollständig schreiben)* escribir completamente; **2.** *(Stelle)* convocar a concurso; **3.** *(Scheck) FIN* extender
Ausschreitung ['ausʃraıtuŋ] *f* disturbio *m*, exceso *m*
Ausschuss ['ausʃus] *m* **1.** *(Abfall)* desechos *m/pl*, desperdicios *m/pl*, restos *m/pl*; **2.** *(Kommission)* comisión *f*, comité *m*
ausschütten ['ausʃytən] *v* **1.** verter, derramar; **2.** *(Dividenden) ECO* repartir dividendos, distribuir dividendos
Ausschüttung ['ausʃytuŋ] *f ECO* reparto de dividendos *m*
ausschweifend ['ausʃvaıfənt] *adj* disoluto, libertino, vicioso
aussehen ['ausze:ən] *v irr (erscheinen)* parecer, aparentar
Aussehen ['ausze:ən] *n* apariencia *f*, aspecto *m*
außen ['ausən] *adv* afuera, fuera
Außendienst ['ausəndi:nst] *m* servicio exterior *m*

Außenhandel ['ausənhandəl] *m* ECO comercio exterior *m*
Außenministerium ['ausənmɪnɪsteːrjum] *n* POL Ministerio de Asuntos Exteriores *m,* Ministerio de Relaciones Exteriores *m*
Außenpolitik ['ausənpolitiːk] *f* POL política exterior *f*
Außenseiter(in) ['ausənzaɪtɐ(rɪn)] *m/f* excéntrico/excéntrica *m/f,* inconforme *m/f*
Außenstände ['ausənʃtɛndə] *pl* ECO cobros pendientes *m/pl,* créditos *m/pl,* pendientes *m/pl*
Außenwand ['ausənvant] *f* muro exterior *m*
außer ['ausɐ] *prep* fuera de, excepto, salvo, aparte de
außerdem ['ausɐdeːm] *konj* además, aparte de esto, fuera de ello
äußere(r,s) ['ɔysərə(ɐ,əs)] *adj* externo, exterior
außergewöhnlich ['ausɐgəvøːnlɪç] *adj* excepcional, extraordinario; *nichts Außergewöhnliches sein* no ser nada del otro mundo/no ser nada del jueves
außerhalb ['ausɐhalp] *prep* **1.** fuera de, al exterior de; *adv* **2.** por fuera, externamente
äußerlich ['ɔysɐlɪç] *adj* **1.** exterior, externo; *nur ~ anzuwenden* sólo para uso externo; *adv* **2.** por fuera
äußern ['ɔysɐn] *v* expresar, manifestar, declarar
außerordentlich ['ausɐɔrdəntlɪç] *adj* extraordinario, singular, particular
äußerstenfalls ['ɔysɐstənfals] *adv* en caso extremo
Äußerung ['ɔysəruŋ] *f* expresión *f,* manifestación *f*
aussetzen ['auszɛtsən] *v* **1.** *(Tier)* libertar, dejar libre, soltar; **2.** *(Arbeit)* cesar, dejar de; **3.** *(Motor)* fallar temporalmente; **4.** *(Urteil)* JUR suspender una sentencia
Aussicht ['auszɪçt] *f* **1.** *(Ausblick)* vista *f,* panorama *m;* **2.** *(fig)* perspectiva *f,* esperanza *f*
aussichtslos ['auszɪçtsloːs] *adj* sin esperanza, desesperado
aussiedeln ['ausziːdəln] *v* emigrar, evacuar a alguien
Aussiedler(in) ['ausziːdlɐ(rɪn)] *m/f* emigrante *m/f,* evacuado/evacuada *m/f*
aussöhnen ['auszøːnən] *v* reconciliar; *sich mit jdm ~* hacer las paces con alguien
aussondern ['auszɔndɐn] *v* escoger
aussortieren ['auszɔrtiːrən] *v* seleccionar, separar
aussparen ['ausʃpaːrən] *v* rebajar, entallar
ausspeien ['ausʃpaɪən] *v irr* escupir, esputar, espectorar
aussperren ['ausʃpɛrən] *v* **1.** *(ausschließen)* cerrar la puerta; **2.** *(Streik)* ECO declarar el lock-out/el cierre patronal
Aussperrung ['ausʃpɛruŋ] *f* ECO cierre patronal *m*
ausspionieren ['ausʃpioniːrən] *v* espiar
Aussprache ['ausʃpraːxə] *f* **1.** *(Gespräch)* conversación *f,* discusión *f;* **2.** LING pronunciación *f*
aussprechen ['ausʃprɛçən] *v irr* **1.** *(äußern)* expresar, decir, manifestar; **2.** *sich ~* hablar sin reservas, hablar sinceramente; *sich offen ~* hablar a calzón quitado *(fam);* **3.** LING pronunciar
Ausstand ['ausʃtant] *m* ECO huelga *f*
ausstatten ['ausʃtatən] *v* **1.** *(einrichten)* amueblar, decorar; **2.** *(versehen mit)* dotar
Ausstattung ['ausʃtatuŋ] *f* **1.** *(Einrichtung)* mobiliario *m;* **2.** *(Ausrüstung)* equipo *m*
ausstechen ['ausʃtɛçən] *v irr jdn ~ (besser sein)* aventajar a alguien
ausstehen ['ausʃteːən] *v irr* **1.** *(ertragen)* soportar, aguantar; **2.** *(noch fehlen)* estar pendiente, faltar
aussteigen ['ausʃtaɪgən] *v irr* **1.** *(Fahrzeug)* bajar; **2.** *(fig)* no participar más, retirarse
ausstellen ['ausʃtɛlən] *v* **1.** *(Dokumente)* extender, expedir; **2.** *(Waren)* exponer, exhibir
Ausstellung ['ausʃtɛluŋ] *f* **1.** *(von Dokumenten)* extensión *f,* expedición *f;* **2.** *(von Waren)* exposición *f,* exhibición *f*
aussterben ['ausʃtɛrbən] *v irr* extinguirse, desaparecer

A

Aussteuer ['ausʃtɔyɐ] *f* ajuar de novia *m*
Ausstieg ['ausʃti:k] *m* **1.** bajada *f;* **2.** *(fig)* automarginación *f*
ausstoßen ['ausʃtosən] *v irr* **1.** *etw ~* empujar algo, echar fuera algo; **2.** *jdn ~* expulsar a alguien
ausstrahlen ['ausʃtra:lən] *v* **1.** *(übertragen)* tra(n)smitir; **2.** *(Wärme)* desprender; **3.** *(fig: Gelassenheit)* irradiar serenidad, sosiego
Ausstrahlung ['ausʃtra:luŋ] *f (fig)* carisma *m*
ausstrecken ['ausʃtrɛkən] *v* extender, estirar
ausströmen ['ausʃtrø:mən] *v* emanar, salir
aussuchen ['auszu:xən] *v* elegir, escoger
Austausch ['austauʃ] *m (gegenseitig)* cambio *m,* intercambio *m*
austauschbar ['austauʃba:r] *adj* cambiable
austauschen ['austauʃən] *v* **1.** *~ gegen* cambiar por; **2.** *(ersetzen) TECH* recambiar, restituir
austeilen ['austaɪlən] *v* repartir, distribuir
Auster ['austɐ] *f ZOOL* ostra *f*
austoben ['austo:bən] *v* **1.** *Zorn ~* desfogar la ira; **2.** *sich ~* desahogarse en travesuras, hacer travesuras
austragen ['austra:gən] *v irr* **1.** *(Streit)* dirimir, zanjar, resolver; **2.** *(Pakete)* repartir, distribuir; **3.** *SPORT* disputar
Australien [au'stra:ljən] *n GEO* Australia *f*
austreten ['austre:tən] *v irr* **1.** *(ausströmen: Flüssigkeit)* desbordarse, salir, manar; **2.** *(aus einem Verein)* retirarse de, salirse de; **3.** *(Toilette)* ir al lavabo, ir al excusado
austricksen ['austrɪksən] *v jdn ~* jugar con alguien con malas intenciones
austrinken ['austrɪŋkən] *v irr* bebérselo todo, beber todo
Austritt ['austrɪt] *m* salida *f,* retirada *f*
austrocknen ['austrɔknən] *v* secar
austüfteln ['austyftəln] *v* pensar detalladamente, inventar, idear
ausüben ['ausy:bən] *v* ejercer, practicar
Ausübung ['ausy:buŋ] *f* ejercicio *m,* práctica *f*
Ausverkauf ['ausfɛɐkauf] *m ECO* liquidación *f*
Auswahl ['ausva:l] *f* elección *f,* selección *f*
auswählen ['ausvɛ:lən] *v* elegir, seleccionar
Auswanderer(in) ['ausvandərɐ(rɪn)] *m/f* emigrante *m/f*
auswandern ['ausvandɐn] *v* emigrar, migrar, transmigrar
Auswanderung ['ausvandəruŋ] *f* emigración *f,* migración *f,* transmigración *f*
auswärts ['ausvɛrts] *adv* fuera, afuera
auswechselbar ['ausvɛksəlba:r] *adj TECH* intercambiable
auswechseln ['ausvɛksəln] *v* recambiar, sustituir
Ausweg ['ausve:k] *m* salida *f; Sie findet immer einen ~.* Ella siempre se las arregla como puede.
ausweglos ['ausve:klo:s] *adj* sin salida
ausweichen ['ausvaɪçən] *v irr* desviarse, esquivar
ausweichend ['ausvaɪçənt] *adj* evasivo
ausweinen ['ausvaɪnən] *v sich ~* desahogarse llorando; *sich die Augen ~* deshacerse en llanto
Ausweis ['ausvaɪs] *m* documento de identidad *m,* cédula de identidad *f*
ausweisen ['ausvaɪzən] *v irr* **1.** *sich ~* identificarse, legitimarse; **2.** *(aus einem Land)* expulsar, desterrar, deportar
Ausweisung ['ausvaɪzuŋ] *f* expulsión *f,* destierro *m,* deportación *f*
ausweiten ['ausvaɪtən] *v* ensanchar
auswendig ['ausvɛndɪç] *adv* de memoria
auswerten ['ausve:ɐtən] *v* evaluar, interpretar
Auswertung ['ausve:ɐtuŋ] *f* evaluación *f*
auswirken ['ausvɪrkən] *v sich ~ auf* afectar a, producir, influir en
Auswirkung ['ausvɪrkuŋ] *f* efecto *m,* influencia *f*
auswischen ['auswɪʃən] *v jdm eins ~* jugar una mala pasada a alguien
Auswuchs ['ausvu:ks] *m* excrecencia *f,* carnosidad *f,* bulto *m*
auszahlen ['austsa:lən] *v* **1.** pagar; **2.** *sich ~* valer la pena
Auszahlung ['austsa:luŋ] *f* pago *m*

auszeichnen ['austsaɪçnən] *v* **1.** *(würdigen)* premiar, galardonar; **2.** *(Waren)* *ECO* rotular
Auszeichnung ['austsaɪçnuŋ] *f* **1.** *(von Waren)* etiqueta *f;* **2.** *(Würdigung)* galardón *m*
ausziehbar ['austsi:baːr] *adj* extensible, estirable
ausziehen ['austsiːən] *v irr* **1.** *(Kleidung)* desvestirse, sacarse la ropa; **2.** *(Wohnung wechseln)* mudarse, trasladarse, cambiarse
Auszubildende(r) ['austsubɪldəndə(-ɐ)] *m/f* aprendiz(a) *m/f*
Auszug ['austsuːk] *m* **1.** *(Umzug)* mudanza *f,* traslado *m;* **2.** *(Zusammenfassung)* resumen *m;* **3.** *(Kontoauszug)* extracto de cuenta *m*
authentisch [au'tɛntɪʃ] *adj* **1.** auténtico; *adv* **2.** auténticamente
Auto ['auto] *n* coche *m,* automóvil *m,* carro *m (LA)*
Autobahn ['autobaːn] *f* autopista *f*
autogen [auto'geːn] *adj* autógeno
Autogramm [auto'gram] *n* autógrafo *m*
Automat [auto'maːt] *m* distribuidor automático *m*
automatisch [auto'maːtɪʃ] *adj* automático
Automechaniker(in) ['automeçaːnɪkɐ(rɪn)] *m* mecánico/mecánica de automóviles *m*
autonom [auto'noːm] *adj* autónomo
Autopsie [autop'siː] *f MED* autopsia *f*
Autor(in) ['autoɐ(-rɪn)] *m/f* autor(a) *m/f,* escritor(a) *m/f*
Autoradio ['autoraːdjo] *n* radio del automóvil *m*
Autoreifen ['autoraɪfən] *m* neumático *m,* llanta *f (LA)*
Autorennen ['autorɛnən] *n* carrera de automóviles *f*
autoritär [autori'tɛːɐ] *adj* autoritario
Autorität [autori'tɛːt] *f* autoridad *f*
Autowaschanlage ['autovaʃanlaːgə] *f* estación de lavado de coches *f*
Autowerkstatt ['autovɛɐkʃtat] *f* taller de reparaciones *m,* concesionario de reparaciones *m*
Axt [akst] *f* hacha *f*
Azoren [a'tsoːrən] *pl GEO* Islas Azores *f/pl*
Azteke [ats'tɛːkə] *m* azteca *m*

B

B

Baby ['beːbi] *n* bebé *m*, nene *m*
Babysitter(in) ['beːbisɪtɐ(rɪn)] *m/f* niñera *f*, ama *f/el*
Bach [bax] *m* arroyo *m*, riachuelo *m*; *den ~ herunter sein* estar en las últimas
Backbord ['bakbɔrt] *n* NAUT babor *m*
Backe ['bakə] *f* mejilla *f*, carrillo *m*
backen ['bakən] *v irr* hornear, cocinar en el horno
Backenzahn ['bakəntsaːn] *m* ANAT muela *f*
Bäcker(in) ['bɛkɐ(rɪn)] *m/f* panadero/ panadera *m/f*
Bäckerei [bɛkɐ'raɪ] *f* panadería *f*
Backofen ['bakoːfən] *m* horno *m*
Backpulver ['bakpulfɐ] *n* levadura química *f*, polvo de hornear *m*
Backwaren ['bakvaːrən] *pl* productos de panadería *m/pl*, productos de pastelería *m/pl*
Bad [baːt] *n* baño *m*; *das ~ in der Menge nehmen* dejarse aclamar por la multitud; *das Kind mit dem ~e ausschütten* ir demasiado lejos
Badeanstalt ['baːdəanʃtalt] *f* baños públicos *m/pl*, piscina *f*
Badeanzug ['baːdəantsuːk] *m* traje de baño *m*, ropa de baño *f*, bañador *m*
Badehose ['baːdəhoːzə] *f* bañador *m*
Bademantel ['baːdəmantəl] *m* albornoz *m*
Bademeister(in) ['baːdəmaɪstɐ(rɪn)] *m/f* socorrista *m/f*
baden ['baːdən] *v* tomar un baño, bañarse, bañar; *~ verboten!* ¡Prohibido bañarse!
Badeort ['baːdəɔrt] *m* balneario *m*
Badesaison ['baːdəzɛzɔ̃] *f* temporada de baños *f*
Badetuch ['baːdətuːx] *n* frazada de baño *f*, toalla de baño *f*
Badewanne ['baːdəvanə] *f* bañera *f*, tina *f*
Badezimmer ['baːdətsɪmɐ] *n* cuarto de baño *m*
Bagatelle [baga'tɛlə] *f* bagatela *f*, fruslería *f*, tontería *f*
bagatellisieren [bagatɛlɪ'ziːrən] *v* bagatelizar, quitar importancia
Bagger ['bagɐ] *m* TECH excavadora *f*
Bahn [baːn] *f* **1.** *(Eisenbahn)* ferrocarril *m*, tren *m*; *aus der ~ werfen (fig)* descarriar; **2.** *(Straßenbahn)* tranvía *m*; *freie ~ haben (fig)* tener vía libre; *auf die schiefe ~ kommen* desviarse del buen camino; *etw in die richtige ~ lenken* encauzar algo por el buen camino; **3.** *(Fahrbahn)* calzada *f*
Bahnfahrkarte ['baːnfaːɐkartə] *f* billete *m*, boleto *m* (LA), ticket de tren *m*
Bahnhof ['baːnhoːf] *m* estación de ferrocarril *f*; *immer nur ~ verstehen* no entender ni jota/no entender ni mu/no entender ni papa
Bahnhofshalle ['baːnhoːfshalə] *f* vestíbulo de la estación *m*
Bahnlinie ['baːnliːnjə] *f* línea férrea *f*, línea ferroviaria *f*
Bahnsteig ['baːnʃtaɪk] *m* andén *m*
Bahntransport ['baːntranspɔrt] *m* transporte por ferrocarril *m*
Bahnübergang ['baːnybɐgaŋ] *m* paso a nivel *m*; *beschrankter ~* paso a nivel con barreras
Bahnunterführung ['baːnuntɐfyːruŋ] *f* paso a bajo nivel *m*
Bahre ['baːrə] *f (für Verletzte)* camilla *f*
Baiser [bɛ'zeː] *n* merengue *m*
Bakterie [bak'teːrjə] *f* bacteria *f*
Balance [ba'lɑ̃s] *f* equilibrio *m*, balance *m*
balancieren [balɑ̃'siːrən] *v* equilibrar, balancear
bald [balt] *adv* pronto, próximamente
baldmöglichst ['baltmøːklɪçst] *adv* lo más pronto posible
Balkan ['balkaːn] *m* GEO Balcanes *m/pl*
Balkanländer ['balkanlɛndɐ] *pl* GEO países balcánicos *m/pl*
Balken ['balkən] *m* madero *m*, viga *f*
Balkon [bal'kɔ̃] *m* **1.** balcón *m*, mirador *m*; **2.** THEAT galería *f*
Ball[1] [bal] *m* **1.** pelota *f*; *am ~ bleiben (fig)* estar al tanto; *sich die Bälle zu-*

werfen echarse una mano; **2.** *(Fußball)* balón *m*
Ball[2] [bal] *m (Tanz)* baile *m*
Ballast ['balast] *m* lastre *m*, carga *f*
Ballaststoffe ['balastʃtɔfə] *pl BIO* materia fibrosa *f*
Ballett [ba'lɛt] *n THEAT* ballet *m*
Balletttänzer(in) [bal'lɛttɛntsɐ(rɪn)] *m/f THEAT* bailarín de ballet/bailarina de ballet *m/f*
Ballon [ba'lɔŋ] *m* globo *m*
Ballspiel ['balʃpiːl] *n* juego de pelota *m*
Ballungsgebiet ['baluŋsgəbiːt] *n* aglomeración urbana *f*
Balsam ['balzaːm] *m* bálsamo *m*
Baltikum ['baltɪkum] *n GEO* países bálticos *m/pl*
baltisch ['baltɪʃ] *adj* báltico
Bambus ['bambus] *m BOT* bambú *m*, caña blanca de la India *f*
banal [ba'naːl] *adj* trivial, banal
Banalität [banali'tɛːt] *f* trivialidad *f*, banalidad *f*, insubstancialidad *f*
Banane [ba'naːnə] *f* banana *f*, plátano *m*
Banause [ba'nauzə] *m* persona inculta *f*
Band [bant] *m* **1.** *(Buch)* tomo *m*; *Bände sprechen* hablar mucho/hablar como una cotorra; *am laufenden ~* permanentemente; *n* **2.** *(Streifen)* cordel *m*, cuerda *f*; **3.** *(Tonband)* cinta *f*; **4.** *(fig)* vínculo *m*, lazo *m*
Bandage [ban'daːʒə] *f MED* vendaje *m*; *mit harten ~n kämpfen* luchar contra viento y marea
Bande ['bandə] *f (Gruppe)* banda *f*, pandilla *f*
bändigen ['bɛndɪgən] *v* domar, domesticar
Bandit(in) [ban'diːt(ɪn)] *m/f* bandido/bandida *m/f*, bandolero/bandolera *m/f*
Bandscheibe ['bantʃaɪbə] *f ANAT* disco intervertebral *m*
bange ['baŋə] *adj* inquieto, desasosegado
Bank[1] [baŋk] *f* **1.** *(Sitzbank)* banca *f*, banquillo *m*; **2.** *(Schulbank)* carpeta *f*; **3.** *etw auf die lange ~ schieben (fig)* dar largas a un asunto; *durch die ~* sin excepción
Bank[2] [baŋk] *f FIN* banco *m*
Bankangestellte(r) ['baŋkangəʃtɛltə(ɐ)] *m/f FIN* empleado bancario/empleada bancaria *m/f*
Bankanweisung ['baŋkanvaɪzuŋ] *f FIN* giro bancario *m*
Bankett [baŋ'kɛt] *n* banquete *m*, festín *m*
Bankier [baŋk'jeː] *m FIN* banquero *m*
Bankkonto ['baŋkkɔnto] *n FIN* cuenta bancaria *f*
Bankleitzahl ['baŋklaɪttsaːl] *f FIN* código bancario de identificación *m*
Banknote ['baŋknoːtə] *f FIN* billete de banco *m*
Bankrott [baŋk'rɔt] *m FIN* bancarrota *f*, quiebra *f*
Bankscheck ['baŋkʃɛk] *m FIN* cheque bancario *m*
Banner ['banɐ] *n* bandera *f*, estandarte *m*
bar [baːɐ] *adj* en efectivo, al contado
Bar [baːɐ] *f* bar *m*
Bär [bɛːɐ] *m* **1.** *ZOOL* oso *m*; **2.** *jdm einen ~en aufbinden (fig)* pegársela a alguien; *Da ist der ~ los.* Allí hay un ambiente increíble.
Baracke [ba'rakə] *f* barraca *f*
Barbar [bar'bar] *m* bárbaro *m*
barbarisch [bar'baːrɪʃ] *adj* bárbaro
Barde [bardə] *m HIST* bardo *m*
barfuß ['baɐfuːs] *adv* con los pies desnudos, descalzo, sin zapatos
Bargeld ['baːɐgɛlt] *n* dinero en efectivo *m*, moneda contante *f*, efectivo *m*
bargeldlos ['baːɐgɛltloːs] *adj FIN* por transferencia, a través de cuenta
Barhocker ['baːɐhɔkɐ] *m* taburete *m*, banqueta del bar *f*
Bariton ['barɪtɔn] *m MUS* barítono *m*
barmherzig [barm'hɛrtsɪç] *adj* misericordioso, caritativo, compasivo
Barmherzigkeit [barm'hɛrtsɪçkaɪt] *f* misericordia *f*, caridad *f*, piedad *f*
barock [ba'rɔk] *adj ART* barroco
Barometer [baro'meːtɐ] *m TECH* barómetro *m*
Baron [ba'roːn] *m* barón *m*
Barriere [bar'jɛːrə] *f* **1.** barrera *f*, valla *f*; **2.** *(Hindernis)* obstáculo *m*, barrera *f*, impedimento *m*
Barrikade [bari'kaːdə] *f* barricada *f*
barsch [barʃ] *adj* rudo, áspero
Barsch [barʃ] *m ZOOL* perca *f*
Bart [baːɐt] *m* barba *f*; *um des Kaisers ~ streiten* reñir por nada
bärtig ['bɛːɐtɪç] *adj* barbudo, con barba

Barvermögen ['ba:ɐfɛɐmø:gən] *n FIN* disponibilidades en efectivo *f/pl*, existencias en caja *f/pl*
Barzahlung ['ba:ɐtsa:luŋ] *f FIN* pago al contado *m*
basieren [ba'zi:rən] *v ~ auf* basarse en
Basis ['ba:zɪs] *f* base *f*
Basisdemokratie ['ba:zɪsdemokrati:] *f POL* democracia de base *f*
Baskenmütze ['baskənmytsə] *f* boina *f*
Basketball ['baskətbal] *m SPORT* baloncesto *m*
Bass [bas] *m MUS* bajo *m*, contrabajo *m*
Bassin [ba's ɛ] *n* piscina *f*, alberca *f*
Bastard ['bastart] *m* bastardo *m*
basteln ['bastəln] *v* dedicarse al bricolaje, hacer manualidades
Batist [ba'tɪst] *m* batista *f*
Batterie [batɐ'ri:] *f TECH* batería *f*, pila *f*
Bau [bau] *m* **1.** *(Konstruktion)* construcción *f*; **2.** *(Tierbau)* guarida *f*, madriguera *f*
Bauarbeiter ['bauarbaɪtɐ] *m* obrero del ramo de la construcción *m*, albañil *m*
Bauch [baux] *m* vientre *m*, abdomen *m*, barriga *f*, panza *f (fam)*; *eine Wut im ~ haben* estar rabioso; *sich den ~ voll schlagen* darse una panzada; *sich den ~ vor Lachen halten* mondarse de la risa; *mit etw auf den ~ fallen* fracasar en algo
bauchig ['bauxɪç] *adj* panzudo, barrigudo
Bauchschmerzen ['bauxʃmɛrtsən] *pl* dolores de barriga *m/pl*, cólico *m*
bauen ['bauən] *v* edificar, levantar, construir
Bauer ['bauɐ] *m* labrador *m*, campesino *m*
Bäuerin ['bɔyərɪn] *f* campesina *f*, labradora *f*, aldeana *f*
bäuerlich ['bɔyɐlɪç] *adj* rústico, campesino
Bauernhof ['bauɐnho:f] *m* granja *f*, finca *f*
baufällig ['baufɛlɪç] *adj* ruinoso, decadente
Baugewerbe ['baugəvɛrbə] *n* ramo de la construcción *m*
Bauherr(in) ['bauhɛr(ɪn)] *m/f* propietario/propietaria *m/f*
Bauingenieur(in) ['bauɪnʒenjø:ɐ(-rɪn)] *m/f* ingeniero de construcción *m/f*, ingeniero civil *m/f*
Bauland ['baulant] *n* terreno edificable *m*
Baum [baum] *m* árbol *m*; *Bäume ausreißen können* tener fuerza para mover montañas
Baumstamm ['baumʃtam] *m* tronco *m*
Baumsterben ['baumʃtɛrbən] *n* muerte lenta de los árboles *f*
Baumwolle ['baumvɔlə] *f* algodón *m*
Baustelle ['bauʃtɛlə] *f* terreno de obras *m*, obras *f/pl*
Bautrupp ['bautrup] *m* brigada de obreros *f*
Bauunternehmen ['bauuntərne:mən] *n* empresa de construcción *f*
Bauwerk ['bauvɛrk] *n* edificio *m*, obra de arquitectura *f*
Bayer(in) ['baɪɐ(rɪn)] *m/f* bávaro/bávara *m/f*
Bayern ['baɪɐn] *n GEO* Baviera *f*
bayerisch ['baɪ(ə)rɪʃ] *adj* bávaro
Bazillus [ba'tsɪlus] *m BIO* bacilo *m*
beabsichtigen [bə'apzɪçtɪgən] *v* proponerse, tener la intención de, pensar hacer
beachten [bə'axtən] *v* atender a, prestar atención, considerar
beachtlich [bə'axtlɪç] *adj* apreciable, considerable
Beachtung [bə'axtuŋ] *f* atención *f*
Beamer ['bi:mɐ] *m TECH* proyector *m*
Beamter [bə'amtɐ] *m* funcionario *m*, empleado público *m*
Beamtin [bə'amtɪn] *f* funcionaria *f*, empleada pública *f*
beanspruchen [bə'anʃpruxən] *v* reclamar, exigir
beanstanden [bə'anʃtandən] *v* objetar a, poner reparos a
Beanstandung [bə'anʃtanduŋ] *f* objeción *f*, reparo *m*
beantragen [bə'antra:gən] *v* solicitar, pedir
beantworten [bə'antvɔrtən] *v* responder a, contestar a
bearbeiten [bə'arbaɪtən] *v* **1.** *AGR* cultivar; **2.** *(erledigen)* concluir, despachar, ejecutar; **3.** *(umarbeiten)* arreglar, transformar, modificar; **4.** *TECH* trabajar, elaborar
Bearbeitung [bə'arbaɪtuŋ] *f* trabajo *m*, elaboración *f*; *in ~* en (vías de) ejecución

beatmen [bə'a:tmən] *v MED* practicarle a alguien la respiración artificial
Beatmung [bə'a:tmuŋ] *f MED* respiración artificial *f*, reanimación *f*
beaufsichtigen [bə'aufzıçtıgən] *v* **1.** vigilar, controlar, supervisar; **2.** *(amtlich)* inspeccionar
beauftragen [bə'auftra:gən] *v* encargar, encomendar, comisionar
bebauen [bə'bauən] *v* **1.** urbanizar, construir, edificar; **2.** *(Land)* cultivar, labrar
Bebauungsplan [bə'bauuŋsplan] *m* plan de urbanización *m*, plano de edificación *m*
beben ['be:bən] *v* temblar, estremecerse; *vor Angst ~* temblar de miedo
Beben ['be:bən] *n* **1.** *(Erdbeben)* seísmo *m*, terremoto *m*; **2.** *(schwaches Erdbeben)* temblor *m*
Becher ['bɛçɐ] *m* **1.** vaso *m*; **2.** *(mit Henkel)* taza *f*; **3.** *(mit Fuß)* copa *f*
bechern ['bɛçɐn] *v (fam)* emborracharse, embriagarse
Becken ['bɛkən] *n* **1.** *(Waschbecken)* lavabo *m*, lavamanos *m*; **2.** *(Schwimmbecken)* piscina *f*, pileta *f (LA)*; **3.** *ANAT* pelvis *f*
bedächtig [bə'dɛçtıç] *adj* prevenido, precavido
bedanken [bə'daŋkən] *v sich ~* dar las gracias, agradecer
Bedarf [bə'darf] *m* necesidad *f*, falta *f*; *Mein ~ ist gedeckt.* Tengo lo que necesito.
bedauerlich [bə'dauɐlıç] *adj* lamentable
bedauern [bə'dauɐn] *v* lamentar, sentir
Bedauern [bə'dauɐn] *n* **1.** pesar *m*, sentimiento *m*; **2.** *(Mitleid)* compasión *f*, lástima *f*
bedauernswert [bə'dauɐnsve:ɐt] *adj* **1.** *(Sache)* lamentable; **2.** *(Person)* digno de lástima
bedecken [bə'dɛkən] *v* **1.** cubrir, tapar; **2.** *(fig)* ocultar, encubrir
bedenken [bə'dɛŋkən] *v irr* pensar, considerar; *Wir müssen alle möglichen Schwierigkeiten ~.* Tenemos que tener en cuenta todas las dificultades posibles.
bedenkenlos [bə'dɛŋkənlo:s] *adj* sin escrúpulos, sin reparo
bedenklich [bə'dɛŋklıç] *adj* dudoso, crítico
bedeuten [bə'dɔytən] *v* **1.** significar, querer decir; *Das hat was zu ~.* Aquí hay gato encerrado. **2.** *(voraussetzen)* suponer, implicar
bedeutend [bə'dɔytənt] *adj* considerable, de importancia
bedeutsam [bə'dɔytzam] *adj* significativo, trascendental
Bedeutung [bə'dɔytuŋ] *f* significado *m*, significación *f*
bedienen [bə'di:nən] *v* **1.** *jdn ~* atender a alguien, servir a alguien; **2.** *sich ~* servirse, atenderse a sí mismo; **3.** *TECH* manejar
Bedienung [bə'di:nuŋ] *f* **1.** servicio *m*; **2.** *(Kellner)* camarero *m*; **3.** *TECH* manejo *m*
Bedienungsanleitung [bə'di:nuŋsanlaıtuŋ] *f TECH* instrucciones de manejo *f/pl*, instrucciones de uso *f/pl*
Bedingung [bə'dıŋuŋ] *f* **1.** condición *f*, salvedad *f*; **2.** *(Vertragsklausel) JUR* estipulación *f*, cláusula *f*
bedingungslos [bə'dıŋuŋslo:s] *adj* incondicional
bedrängen [bə'drɛŋən] *v* acosar, apremiar
Bedrängnis [bə'drɛŋnıs] *f* apuro *m*, apremio *m*, aprieto *m*, dificultad *f*
bedrohen [bə'dro:ən] *v* **1.** *JUR* conminar, coactar; **2.** amenazar, intimidar
bedrohlich [bə'dro:lıç] *adj* amenazador, amenazante
Bedrohung [bə'dro:uŋ] *f* **1.** *JUR* conminación *f*, coacción *f*; **2.** amenaza *f*
bedrucken [bə'drukən] *v* imprimir sobre
bedrücken [bə'drykən] *v* oprimir, afligir, entristecer
bedürfen [bə'dyrfən] *v irr etw ~* necesitar de algo, requerir de
Bedürfnis [bə'dyrfnıs] *n* necesidad *f*, requerimiento *m*
bedürftig [bə'dyrftıç] *adj* necesitado
Beefsteak ['bi:fʃteık] *n GAST* bistec *m*, bife *m* (in Argentinien)
beeilen [bə'aılən] *v sich ~* apurarse, darse prisa
beeindrucken [bə'aındrukən] *v* impresionar
beeinflussen [bə'aınflusən] *v* influir, influenciar

B

beeinträchtigen [bəˈaɪntrɛçtɪgən] *v* perjudicar, dañar, afectar
Beeinträchtigung [bəˈaɪntrɛçtɪguŋ] *f* perjuicio *m,* deterioro *m,* daño *m*
beenden [bəˈɛndən] *v* terminar, finalizar, concluir
beengt [bəˈɛŋt] *adj* estrecho, apretado
beerben [bəˈɛrbən] *v jdn ~* heredar de alguien, ser heredero de alguien
beerdigen [bəˈeːrdɪgən] *v* enterrar, sepultar
Beerdigung [bəˈeːrdɪguŋ] *f* entierro *m,* sepelio *m*
Beere [ˈbeːrə] *f BOT* baya *f,* grano *m*
Beet [ˈbeːt] *n* bancal *m,* tabla *f,* era *f*
Befähigung [bəˈfɛːɪguŋ] *f* habilitación *f,* calificación *f*
befahrbar [bəˈfaːɐbaːɐ] *adj* transitable
befangen [bəˈfaŋən] *adj ~ sein* ser predispuesto, ser apocado, ser intimidado, ser cohibido
Befangenheit [bəˈfaŋənhaɪt] *f* timidez *f,* confusión *f*
befassen [beˈfasən] *v sich ~ mit* ocuparse con/ocuparse de, dedicarse a
Befehl [bəˈfeːl] *m* orden *f,* mandato *m*
befehlen [bəˈfeːlən] *v irr* ordenar, mandar
befestigen [bəˈfɛstɪgən] *v* fijar, asegurar, sujetar
Befestigung [bəˈfɛstɪguŋ] *f* **1.** afianzamiento *m,* sujeción *f*
befeuchten [bəˈfɔyçtən] *v* humedecer, humectar
befinden [bəˈfɪndən] *v irr sich ~* encontrarse, estar, hallarse
Befinden [bəˈfɪndən] *n (Gesundheit)* estado de salud *m*
beflecken [bəˈflɛkən] *v* manchar, ensuciar
befolgen [bəˈfɔlgən] *v* seguir, cumplir, obedecer
befördern [bəˈfœrdɐn] *v* **1.** *(Waren) ECO* expedir, enviar, despachar; **2.** *(Beruf)* ascender, promover
Beförderung [bəˈfœrdəruŋ] *f* **1.** *(von Waren) ECO* expedición *f,* envío *m,* despacho *m;* **2.** *(im Beruf)* ascenso *m,* promoción *f*
befragen [bəˈfraːgən] *v* preguntar, entrevistar, encuestar
Befragung [bəˈfraːguŋ] *f* entrevista *f,* encuesta *f*
befreien [bəˈfraɪən] *v* **1.** liberar, libertar, poner en libertad; **2.** *ECO* eximir, dispensar, exonerar
Befreiung [bəˈfraɪuŋ] *f* **1.** liberación *f,* emancipación *f;* **2.** *ECO* exención *f,* exoneración *f,* dispensa *f*
befreunden [bəˈfrɔyndən] *v sich ~ mit jdm* hacerse amigo de alguien, trabar amistad con alguien/contraer amistad con alguien
befriedigen [bəˈfriːdɪgən] *v* satisfacer, complacer, contentar
befriedigend [bəˈfriːdɪgənt] *adj* satisfactorio
Befriedigung [bəˈfriːdɪguŋ] *f* satisfacción *f*
befristet [bəˈfrɪstət] *adj* con plazo señalado, limitado, a plazo fijo
befruchten [bəˈfruxtən] *v* **1.** *AGR* fertilizar; **2.** *BIO* fecundar
Befruchtung [bəˈfruxtuŋ] *f* **1.** *AGR* fertilización *f,* polinización *f;* **2.** *BIO* fecundación *f*
Befugnis [bəˈfuːknɪs] *f* autorización *f,* permiso *m*
befugt [bəˈfuːkt] *adj* autorizado, facultado
Befund [bəˈfunt] *m MED* resultado del reconocimiento *m,* hallazgo *m,* diagnóstico *m*
befürchten [bəˈfyrçtən] *v* **1.** temer; **2.** *(vermuten)* sospechar, recelar, suponer
Befürchtung [bəˈfyrçtuŋ] *f* temor *m*
befürworten [bəˈfyːrvɔrtən] *v etw ~* abogar por algo, recomendar algo, interceder en favor de algo
Befürworter(in) [bəˈfyːrvɔrtɐ(rɪn)] *m/f* defensor(a) *m/f,* recomendante *m/f,* persona que recomienda *f*
begabt [bəˈgaːpt] *adj* talentoso
Begabung [bəˈgaːbuŋ] *f* talento *m,* don *m,* habilidad *f,* gracia *f*
begeben [bəˈgeːbən] *v irr sich ~ zu* trasladarse a, irse a
Begebenheit [bəˈgeːbənhaɪt] *f* suceso *m,* acontecimiento *m*
begegnen [bəˈgeːgnən] *v jdm ~* encontrar a alguien, ver a alguien
Begegnung [bəˈgeːgnuŋ] *f* encuentro *m*
begehen [bəˈgeːən] *v irr* **1.** *ein Verbrechen ~* cometer un delito, perpetrar una

fechoría; **2.** *(ein Fest)* festejar, celebrar; **3.** *(einen Weg)* recorrer, ir, andar por
begehren [bə'geːrən] *v* **1.** *(Wunsch)* desear, anhelar, codiciar; **2.** *(Gesuch)* solicitar, pedir
begehrt [bə'geːɐt] *adj* apreciado, codiciado, solicitado
begeistern [bə'gaɪstɐn] *v* **1.** *jdn ~* entusiasmar a alguien, apasionar a alguien, enardecer a alguien; **2.** *sich ~* entusiasmarse, apasionarse, inspirarse
begeistert [bə'gaɪstɐt] *adj ~ sein* estar entusiasmado
Begeisterung [bə'gaɪstəruŋ] *f* entusiasmo *m*, pasión por *f*
Begierde [bə'giːɐdə] *f* deseo *m*, apetito *m*, ganas *f/pl*
begierig [bə'giːrɪç] *adj* deseoso, ansioso, ávido
begießen [bə'giːsən] *v irr* regar
Beginn [bə'gɪn] *m* comienzo *m*, principio *m*, inicio *m*
beginnen [bə'gɪnən] *v irr* comenzar, empezar, iniciar
Beglaubigung [bə'glaubɪguŋ] *f* certificación *f*
begleichen [bə'glaɪçən] *v irr ECO* pagar, abonar, saldar, liquidar
begleiten [bə'glaɪtən] *v* acompañar
Begleitung [bə'glaɪtuŋ] *f* acompañamiento *m*, compañía *f*
beglückwünschen [bə'glykvynʃən] *v ~ zu* felicitar por, congratular por
begnadigen [bə'gnaːdɪgən] *v JUR* indultar
Begnadigung [bə'gnaːdɪguŋ] *f JUR* indulto *m*
begnügen [bə'gnyːgən] *v sich ~* contentarse, darse por satisfecho
begraben [bə'graːbən] *v irr* **1.** *(beerdigen)* enterrar, sepultar; **2.** *(fig)* olvidar; *etw ~ können* poderse olvidar de un asunto
Begräbnis [bə'grɛpnɪs] *n* entierro *m*, sepelio *m*
begradigen [bə'graːdɪgən] *v* alinear, rectificar
begreifen [bə'graɪfən] *v irr* comprender, entender
begreiflich [bə'graɪflɪç] *adj* comprensible, entendible, inteligible
begrenzen [bə'grɛntsən] *v* **1.** delimitar, limitar; **2.** *(Grenze bilden)* demarcar, amojonar, acotar; **3.** *(fig)* limitar a, reducir a
Begrenzung [bə'grɛntsuŋ] *f* delimitación *f*, limitación *f*, demarcación *f*
Begriff [bə'grɪf] *m* concepto *m*, idea *f*, entendimiento *m*
begründen [bə'gryndən] *v* **1.** *~ auf* fundar en, basar en; **2.** *(Geschäft)* establecer; **3.** *(Lehre)* crear una doctrina, iniciar una corriente; **4.** *(einrichten)* instalar
begründet [bə'gryndət] *adj* fundado, justificado
Begründung [bə'grynduŋ] *f* razón *f*, motivo *m*
begrüßen [bə'gryːsən] *v* **1.** *(willkommen heißen)* saludar, dar la bienvenida; **2.** *(guten Tag sagen)* dar los buenos días; **3.** *(billigen)* aprobar, admitir, autorizar
Begrüßung [bə'gryːsuŋ] *f* saludo *m*, bienvenida *f*
begünstigen [bə'gynstɪgən] *v* **1.** favorecer, beneficiar; **2.** *(fördern)* fomentar, patrocinar, fomentar; **3.** *(bevorzugen)* preferir, elegir, optar por, anteponer
Begünstigung [bə'gynstɪguŋ] *f* favorecimiento *m*, preferencia *f*
begutachten [bə'guːtaxtən] *v etw ~* dar dictamen sobre algo, dictaminar sobre algo
begütert [bə'gyːtɐt] *adj* acaudalado, acomodado, rico, platudo *(LA)*
behaart [bə'haːɐt] *adj* peludo, velloso, velludo
behäbig [bə'hɛːbɪç] *adj* **1.** corpulento, metido en carnes (fig); **2.** *(bequem)* cómodo
behaglich [bə'haːklɪç] *adj* agradable, cómodo, placentero
Behaglichkeit [bə'haːklɪçkaɪt] *f* comodidad *f*, bienestar *m*, placidez *f*
behalten [bə'haltən] *v irr* **1.** guardar, conservar, mantener; *Er behält es im Auge.* No lo pierde de vista. **2.** *(sich merken)* retener; *Behalten Sie Platz!* ¡No se levante!
Behälter [bə'hɛltɐ] *m* recipiente *m*, depósito *m*, vasija *f*
behandeln [bə'handəln] *v* **1.** tratar; **2.** *MED* asistir, atender, tratar

B

Behandlung [bə'handluŋ] *f* **1.** trato *m,* manera de tratar *f,* manipulación *f;* **2.** *MED* tratamiento *m,* asistencia *f*
Behandlungsschein [bə'handluŋsʃaɪn] *m MED* impreso de atención *m*
behängen [bə'hɛŋən] *v irr* **1.** cubrir, guarnecer; **2.** *(schmücken)* adornar, decorar; **3.** *(Wände)* tapizar
beharrlich [bə'harlɪç] *adj* perseverante, persistente
Beharrlichkeit [bə'harlɪçkaɪt] *f* perseverancia *f,* persistencia *f*
behaupten [bə'hauptən] *v* **1.** afirmar, sostener, asegurar; **2.** *(Stellung)* defender, sostener; **3.** *sich ~* imponerse, ganar, vencer
Behauptung [bə'hauptuŋ] *f* afirmación *f,* declaración *f*
Behausung [bə'hauzuŋ] *f* vivienda *f,* casa *f,* morada *f*
beheben [bə'he:bən] *v irr* eliminar, apartar, remediar
beheizbar [bə'haɪtsba:ɐ] *adj* calentable
beheizen [bə'haɪtsən] *v* calentar
Behelf [bə'hɛlf] *m* solución provisoria *f,* solución de emergencia *f,* recurso *m*
behelfen [bə'hɛlfən] *v irr sich ~* acomodarse, defenderse
behelfsmäßig [bə'hɛlfsmɛ:sɪç] *adj* improvisado, provisorio
behelligen [bə'hɛlɪgən] *v* importunar, molestar, incomodar; *jdn ~* importunar a alguien/jorobar a alguien (fam)
beherrschen [bə'hɛrʃən] *v* **1.** *sich ~* dominarse, controlarse, contenerse, moderarse; **2.** *(fig: können)* conocer profundamente, dominar, poder, saber; **3.** *POL* gobernar, reinar
Beherrschung [bə'hɛrʃuŋ] *f* **1.** *(Selbstbeherrschung)* control sobre sí mismo *m,* autodominio *m; die ~ verlieren* perder los estribos; **2.** *(fig: Können)* conocimiento profundo *m,* dominio *m;* **3.** *POL* gobierno *m,* dominación *f*
beherzigen [bə'hɛrtsɪgən] *v* tomar en consideración, tomar a pecho
beherzt [bə'hɛrtst] *adj* valiente, esforzado, resuelto
behilflich [bə'hɪlflɪç] *adj jdm ~ sein* ayudar a alguien, ser útil a alguien
behindern [bə'hɪndɐn] *v* impedir, dificultar, obstruir, obstaculizar
Behinderte(r) [bə'hɪndɐtə(-ɐ)] *m/f* impedido/impedida *m/f,* minusválido/minusválida *m/f,* disminuido/disminuida *m/f*
Behinderung [bə'hɪndəruŋ] *f* **1.** dificultad *f,* impedimento *m;* **2.** *MED* minusvalía *f,* disminución *f*
Behörde [bə'hœ:rdə] *f* autoridad *f,* administración *f*
behüten [bə'hy:tən] *v* guardar, librar de, proteger
behutsam [bə'hu:tza:m] *adj* cuidadoso, cauteloso, prudente
Behutsamkeit [bə'hu:tza:mkaɪt] *f* cuidado *m,* cautela *f,* prudencia *f*
bei [baɪ] *prep* **1.** *(örtlich)* cerca de, de, en; *Es ist ~ München.* Queda cerca de Múnich. **2.** *(zeitlich)* en, de, a, al; *München ~ Nacht* Múnich de noche; *~ Abenddämmerung* al anochecer; *~m Auswählen des Artikels* al elegir el artículo; **3.** *(Begleitumstand)* con; *Ich bin ~ dir.* Estoy contigo. *Bleib ~ mir!* ¡Quédate a mi lado! **4.** *(Anrufung)* por; *Bei Gott!* ¡Por Dios!/¡Lo juro! **5.** *~ aller Vorsicht* con sumo cuidado/con suma precaución
beibehalten ['baɪbəhaltən] *v irr* conservar, guardar, mantener
Beibehaltung ['baɪbəhaltuŋ] *f* conservación *f,* mantenimiento *m*
beibringen ['baɪbrɪŋən] *v irr* **1.** *(lehren)* enseñar, instruir; **2.** *(beschaffen)* proporcionar, procurar
Beichte ['baɪçtə] *f REL* confesión *f*
beichten ['baɪçtən] *v REL* confesarse
Beichtstuhl ['baɪçtʃtu:l] *m REL* confesionario *m*
Beichtvater ['baɪçtfa:tɐ] *m REL* padre confesor *m*
beide ['baɪdə] *pron* **1.** ambos, ambas, los dos, las dos; *adj* **2.** ambos, ambas, los dos, las dos
beiderlei ['baɪdɐlaɪ] *adj* de los dos/de las dos, de ambos/de ambas
beiderseitig ['baɪdɐzaɪtɪç] *adj* mutuo, de ambas partes
beieinander [baɪaɪ'nandɐ] *adv* uno con otro, juntos/juntas
Beifahrer(in) ['baɪfa:rɐ(rɪn)] *m/f* acompañante en el coche *m/f,* copiloto *m*
Beifall ['baɪfal] *m* **1.** *(Applaus)* aplauso *m,* ovación *f,* aclamación *f;* **2.** *(Billigung)* asentimiento *m,* aprobación *f*

beifügen ['baɪfy:gən] *v* adjuntar, añadir, agregar
Beigabe ['baɪga:bə] *f* añadidura *f*
beige [be:ʃ] *adj* beige, de color ceniciento
Beigeschmack ['baɪgəʃmak] *m* gustillo *m,* dejo *m,* resabio *m*
Beihilfe ['baɪhɪlfə] *f* **1.** ayuda *f,* asistencia *f;* **2.** *(Unterstützung)* socorro *m;* **3.** *JUR* complicidad *f*
Beil [baɪl] *n* hacha *f,* guillotina *m*
Beilage ['baɪla:gə] *f* **1.** *(einer Zeitung)* suplemento *m;* **2.** *GAST* guarnición *f*
beiläufig ['baɪlɔyfɪç] *adj* **1.** incidental, ocasional; *adv* **2.** incidentalmente, ocasionalmente, de paso
beilegen ['baɪle:gən] *v* **1.** *(hinzufügen)* agregar, añadir, incluir; **2.** *(fig: schlichten)* arreglar, zanjar, dirimir
Beileid ['baɪlaɪt] *n* pésame *m,* condolencia *f*
beiliegend ['baɪli:gənt] *adj* incluido, adjunto
beimessen ['baɪmɛsən] *v irr* atribuir, imputar, dar
beimischen ['baɪmɪʃən] *v* mezclar, añadir
Bein [baɪn] *n* **1.** *ANAT* pierna *f; jdm auf die ~e helfen* echarle una mano a alguien; *mit einem ~ im Grabe stehen* estar con un pie en la tumba; *mit den ~en fest im Leben stehen* ver las realidades/tener los pies en la tierra; *auf eigenen ~en stehen* ser independiente; *jdm ein ~ stellen* poner una zancadilla a alguien; *jdm ~e machen* poner a alguien de patitas en la calle; *sich die ~e vertreten* estirar las piernas; *die ~e unter den Arm nehmen* echar a correr; *sich die ~e in den Leib stehen* esperar una eternidad; *sich kein ~ ausreißen* no matarse trabajando; *sich die ~e nach etw ablaufen* desvivirse por algo; **2.** *(eines Tieres)* pata *f;* **3.** *(bei Möbeln)* pata *f,* pie *m*
beinahe [baɪ'na:ə] *adv* casi, por poco
beinhalten [bə'ɪnhaltən] *v* contener, implicar
Beirat ['baɪrat] *m* consejo *m,* comité *m,* junta consultativa *f*
beisammen [baɪ'zamən] *adv* juntos, reunidos
Beischlaf ['baɪʃla:f] *m* coito *m,* cópula *f,* acto sexual *m*
Beisetzung ['baɪzɛtsuŋ] *f* entierro *m,* inhumación *f,* sepelio *m*
Beisitz ['baɪzɪts] *m* asistencia *f,* asesoría *f*
Beisitzer ['baɪzɪtsɐ] *m* vocal *m,* miembro de la junta directiva *m*
Beispiel ['baɪʃpi:l] *n* ejemplo *m,* demostración *f; mit gutem ~ vorangehen* dar buen ejemplo; *sich ein ~ an jdm nehmen* tomarse ejemplo de alguien; *ohne ~ sein* ser lo nunca visto; *mit gutem ~ vorangehen* dar buen ejemplo
beispielsweise ['baɪʃpi:lzvaɪsə] *adv* por ejemplo, tal como
beißen ['baɪsən] *v irr* **1.** morder; **2.** *(Insekt)* picar
beißend ['baɪsənt] *adj* **1.** *(Geruch)* penetrante; **2.** *(fig: Spott)* mordaz
Beistand ['baɪʃtant] *m* ayuda *f,* asistencia *f,* apoyo *m*
beistehen ['baɪʃte:ən] *v irr* ayudar, asistir, apoyar; *Gott stehe mir bei!* ¡Válgame Dios!
beisteuern ['baɪʃtɔyɐn] *v ~ zu* contribuir a, colaborar con
Beitrag ['baɪtra:k] *m* **1.** contribución *f,* parte *f,* cuota *f;* **2.** *(Zeitungsartikel)* artículo *m;* **3.** *(Versicherungsbeitrag)* prima *f*
beitragen ['baɪtra:gən] *v irr* contribuir, coadyuvar
beitreten ['baɪtre:tən] *v irr* adherirse a, ingresar en, afiliarse a
Beitritt ['baɪtrɪt] *m ~ zu* ingreso en *m,* afiliación a *f*
beizeiten [baɪ'tsaɪtən] *adv* a tiempo, oportunamente
bejahen [bə'ja:ən] *v* **1.** *(Frage)* responder afirmativamente, afirmar; **2.** *(billigen)* aprobar, estar en pro, estar a favor de
bejammern [bə'jamɐn] *v* lamentar, deplorar
bejubeln [bə'ju:bəln] *v* aclamar, vitorear
bekämpfen [bə'kɛmpfən] *v* combatir, atacar, luchar contra
bekannt [bə'kant] *adj* conocido, célebre, famoso; *Der Name kommt mir ~ vor.* El nombre me resulta conocido. *~ geben* dar a conocer, publicar, anunciar, comunicar

B

B

Bekannte(r) [bə'kantə(-ɐ)] *m/f* conocido/conocida *m/f*
Bekanntgabe [bə'kantga:bə] *f* publicación *f*, anuncio *m*, proclamación *f*
bekanntlich [bə'kantlɪç] *adv* como es sabido, como se sabe
Bekanntmachung [bə'kantmaxuŋ] *f* **1.** publicación *f*, comunicado *m*, aviso *m*; **2.** *amtliche ~* notificación *f*; **3.** *(eines Gesetzes)* promulgación *f*
Bekanntschaft [bə'kantʃaft] *f* conocimiento *m*, trato *m*
bekehren [bə'ke:rən] *v* **1.** *(fig: überzeugen)* convencer; **2.** *REL* convertir
Bekehrung [bə'ke:ruŋ] *f REL* conversión *f*
bekennen [bə'kɛnən] *v irr* **1.** *(zugeben)* confesar, reconocer, admitir; **2.** *sich ~ zu REL* profesar
Bekenntnis [bə'kɛntnɪs] *n* **1.** *(Zugeben)* reconocimiento *m*; **2.** *REL* credo *m*, confesión *f*
beklagen [bə'kla:gən] *v* **1.** *etw ~* lamentar por algo, deplorar por algo; **2.** *sich ~ über* lamentarse de, quejarse de
bekleiden [bə'klaɪdən] *v* **1.** vestir, revestir, cubrir; **2.** *(Amt)* desempeñar, ejercer; *einen Posten ~* ocupar un cargo
Bekleidung [bə'klaɪduŋ] *f* vestimenta *f*, revestimiento *m*, prenda de vestir *f*
beklemmend [bə'klɛmənt] *adj* opresivo, sofocante; *Es herrscht ein ~es Schweigen.* Hay un silencio embarazoso.
Beklemmung [bə'klɛmuŋ] *f* ahogo *m*, sofoco *m*, opresión *f*
bekommen [bə'kɔmən] *v irr* **1.** *(erhalten)* recibir, tomar; **2.** *(Krankheit) MED* contraer, coger; **3.** *(finden)* encontrar; **4.** *(erlangen)* lograr, conseguir; **5.** *(Kräfte)* cobrar, recobrar
bekömmlich [bə'kœmlɪç] *adj* **1.** provechoso, beneficioso, sano; **2.** *(Speisen)* digestible
bekräftigen [bə'krɛftɪgən] *v* confirmar, afirmar, corroborar
bekreuzigen [bə'krɔytsɪgən] *v sich ~ REL* hacer la señal de la cruz, persignarse, santiguarse
bekümmern [bə'kymɐn] *v* afligir, apenar, entristecer
bekunden [bə'kundən] *v* **1.** *(zeigen)* manifestar, declarar; **2.** *JUR* atestiguar, deponer ante los tribunales, declarar
belächeln [bə'lɛçəln] *v* sonreírse de
beladen [bə'la:dən] *v irr* **1.** *~ mit* cargar de; **2.** *(fig)* agobiar, abrumar
Belag [bə'la:k] *m* **1.** *(Schicht)* capa *f*; **2.** *(Brotbelag)* fiambre *m*; **3.** *(auf der Zunge) MED* saburra *f*; **4.** *(Zahnbelag)* sarro *m*; **5.** *TECH* revestimiento *m*
Belagerung [bə'la:gəruŋ] *f MIL* sitio *m*, cerco *m*, bloqueo *m*
belangen [bə'laŋən] *v JUR* demandar judicialmente
belanglos [bə'laŋlo:s] *adj* sin importancia, insignificante, irrelevante, fútil
Belanglosigkeit [bə'laŋlo:zɪçkaɪt] *f* insignificancia *f*, nimiedad *f*
belastbar [bə'lastba:ɐ] *adj* que tiene capacidad de carga
Belastbarkeit [bə'lastba:ɐkaɪt] *f* capacidad de carga *f*
belasten [bə'lastən] *v* **1.** *~ mit* cargar con, cargar de; **2.** *(fig: beanspruchen)* someter a un esfuerzo; **3.** *(fig: bedrücken)* oprimir, abrumar; **4.** *(Konto) FIN* cargar; **5.** *(Haus)* hipotecar; **6.** *JUR* acusar, incriminar
belästigen [bə'lɛstɪgən] *v* molestar, incomodar, asediar, importunar
Belästigung [bə'lɛstɪguŋ] *f* molestia *f*, importunidad *f*, fastidio *m*, asedio *m*
Belastung [bə'lastuŋ] *f* **1.** carga *f*; **2.** *(fig: Beanspruchung)* esfuerzo *m*; **3.** *(fig: Druck)* estrés *m*; **4.** *(eines Kontos) FIN* cargo *m*, débito *m*; **5.** *(Steuerbelastung)* gravamen *m*, gravación *f*; **6.** *JUR* responsabilidad *f*, incriminación *f*
belauschen [bə'lauʃən] *v* escuchar secretamente, espiar, atisbar
belebt [bə'le:pt] *adj* vivo, animado
Belebung [bə'le:buŋ] *f* animación *f*, vivificación *f*
Beleg [bə'le:k] *m* **1.** *FIN* comprobante *m*, justificante *m*; **2.** *(Beweis) JUR* justificativo *m*, documento probatorio *m*
belegen [bə'le:gən] *v* **1.** *(Brot)* untar; **2.** *(Kurs)* matricularse en, participar en; **3.** *(Platz)* ocupar, llenar; **4.** *mit Beispielen ~* ilustrar con ejemplos; **5.** *FIN* gravar; **6.** *(beweisen) JUR* probar, documentar, justificar

Belegschaft [bə'leːkʃaft] *f* personal *m*, plantilla *f*, nómina *f*
belehren [bə'leːrən] *v* instruir, informar, enseñar, aconsejar
Belehrung [bə'leːruŋ] *f* instrucción *f*, información *f*
beleibt [bə'laɪpt] *adj* corpulento, grueso
beleidigen [bə'laɪdɪgən] *v* ofender, insultar, injuriar
Beleidigung [bə'laɪdɪguŋ] *f* ofensa *f*, insulto *m*, injuria *f*
belesen [bə'leːzən] *adj ~ sein* ser instruido, ser leído, ser culto
beleuchten [bə'lɔyçtən] *v* **1.** alumbrar, iluminar; **2.** *(fig)* esclarecer, dilucidar
Beleuchtung [bə'lɔyçtuŋ] *f* alumbramiento *m*, iluminación *f*
Belgien ['bɛlgjən] *n* GEO Bélgica *f*
Belgier(in) ['bɛlgjɐ(rɪn)] *m/f* belga *m/f*
belgisch ['bɛlgɪʃ] *adj* belga
Belieben [bə'liːbən] *n nach ~* a gusto, a voluntad
beliebig [bə'liːbɪç] *adj* cualquiera, arbitrario
beliebt [bə'liːpt] *adj* querido, estimado, popular, solicitado
Beliebtheit [bə'liːpthaɪt] *f* popularidad *f*, favor *m*
beliefern [bə'liːfɐn] *v* surtir, proveer, abastecer
bellen ['bɛlən] *v* ladrar; *Hunde, die ~, beißen nicht.* Perro ladrador, poco mordedor.
belohnen [bə'loːnən] *v* recompensar, gratificar, premiar
Belohnung [bə'loːnuŋ] *f* recompensa *f*, gratificación *f*, premio *m*
belüften [bə'lyftən] *v* ventilar
Belüftung [bə'lyftuŋ] *f* ventilación *f*
belügen [bə'lyːgən] *v irr* mentir a alguien, engañar a alguien
belustigen [bə'lustɪgən] *v* divertirse, regocijarse
bemalen [bə'maːlən] *v* pintar
bemängeln [bə'mɛŋəln] *v* criticar
bemerken [bə'mɛrkən] *v* **1.** *(wahrnehmen)* percibir, darse cuenta, ver; **2.** *(äußern)* observar, decir, mencionar
bemerkenswert [bə'mɛrkənsveːɐt] *adj* notable, interesante
Bemerkung [bə'mɛrkuŋ] *f* **1.** *(Äußerung)* observación *f*, mención *f*; **2.** *(Anmerkung)* anotación *f*, advertencia *f*
bemitleiden [bə'mɪtlaɪdən] *v jdn ~* tener lástima de alguien, compadecerse de alguien
bemitleidenswert [bə'mɪtlaɪdənsveːɐt] *adj* digno de lástima, digno de compasión
bemühen [bə'myːən] *v sich ~ um* esforzarse por, esmerarse por, empeñarse por
Bemühung [bə'myːuŋ] *f* molestia *f*, esfuerzo *m*, empeño *m*
benachbart [bə'naxbaɐt] *adj* vecino, colindante, contiguo
benachrichtigen [bə'naːxrɪçtɪgən] *v* avisar, comunicar, informar sobre; *Er hat die Polizei benachrichtigt.* Ha dado parte a la policía.
benachteiligen [bə'naːxtaɪlɪgən] *v* perjudicar, discriminar, hacer daño a
benehmen [bə'neːmən] *v irr sich ~* comportarse, portarse, conducirse; ¡Pórtate bien! *Benimm dich!*
Benehmen [bə'neːmən] *n* comportamiento *m*, maneras *f/pl*, modales *m/pl*; *ein gutes ~ haben* tener buenos modales
beneiden [bə'naɪdən] *v* envidiar a, tener envidia de
beneidenswert [bə'naɪdənsvɛːrt] *adj* envidiable
Beneluxstaaten ['beneluksʃtaːtən] *pl* GEO Estados del Benelux *m/pl*
Bengel ['bɛŋəl] *m* pillo *m*, granuja *m*
benommen [bə'nɔmən] *adj ~ sein* estar aturdido, estar atontado; *Er ist von dem Schrecken noch ganz ~.* Todavía está atontado por el susto.
benoten [bə'noːtən] *v* calificar, dar notas, poner notas
benötigen [bə'nøːtɪgən] *v* necesitar, precisar
benutzen [bə'nutsən] *v* usar, utilizar, emplear
Benutzer(in) [bə'nutsɐ(rɪn)] *m/f* usuario/usuaria *m/f*
benutzerfreundlich [bə'nutsɐfrɔyntlɪç] *adj* cómodo de uso, fácil de usar
Benutzung [bə'nutsuŋ] *f* uso *m*, utilización *f*, empleo *m*, manejo *m*
Benzin [bɛn'tsiːn] *n* gasolina *f*, bencina *f*, nafta *f (LA)*
beobachten [bə'oːbaxtən] *v* observar, contemplar, examinar

B

Beobachtung [bə'o:baxtuŋ] *f* **1.** observación *f,* examinación *f;* **2.** *(Feststellung)* comprobación *f,* verificación *f;* **3.** MED observación *f*
bepflanzen [bə'pflantsən] *v* plantar
Bepflanzung [bə'pflantsuŋ] *f* plantación *f*
bequem [bə'kve:m] *adj* **1.** *(behaglich)* cómodo, confortable; **2.** *(träge)* perezoso, cómodo, vago; **3.** *(Schuh, Kleid)* holgado, cómodo
Bequemlichkeit [bə'kve:mlıçkaıt] *f* **1.** *(Behaglichkeit)* comodidad *f,* confort *m;* **2.** *(Trägheit)* pereza *f*
beraten [bə'ra:tən] *v irr* **1.** *(Rat erteilen)* dar un consejo, aconsejar, asesorar; **2.** *(besprechen) ~ über* deliberar sobre; **3.** *sich ~ mit* consultar con, mantener consultas con
Berater(in) [bə'ra:tɐ(rın)] *m/f* asesor(a) *m/f,* consejero/consejera *m/f*
Beratung [bə'ra:tuŋ] *f* consejo *m,* asesoramiento *m*
berauben [bə'raubən] *v* robar, expoliar
berechenbar [bə'rɛçənba:ɐ] *adj* **1.** *(abschätzbar)* apreciable; **2.** MATH evaluable, calculable, computable
berechnen [bə'rɛçnən] *v* apreciar, evaluar, calcular, computar
berechnend [bə'rɛçnənt] *adj (fig)* calculador, interesado, egoísta
Berechnung [bə'rɛçnuŋ] *f* calculación *f,* cómputo *m,* evaluación *f*
berechtigen [bə'rɛçtıgən] *v* **1.** *(ermächtigen)* autorizar, dar derecho; **2.** *(befähigen)* habilitar, facultar para
berechtigt [bə'rɛçtıçt] *adj* **1.** *(befugt)* autorizado, con derecho a; **2.** *(begründet)* fundado, justificado
Berechtigung [bə'rɛçtıguŋ] *f* **1.** *(Befugnis)* autorización *f;* **2.** *(Begründetsein)* justificación *f*
Bereich [bə'raıç] *m* **1.** *(Gebiet)* campo *m,* terreno *m,* sector *m;* **2.** *(Fachbereich)* departamento *m;* **3.** *(Fachgebiet)* especialidad *f*
bereinigen [bə'raınıgən] *v* arreglar, allanar, zanjar
bereisen [bə'raızən] *v* recorrer, viajar
bereit [bə'raıt] *adj ~ sein zu* estar dispuesto a, estar listo para
bereiten [bə'raıtən] *v* **1.** *(zubereiten)* preparar, hacer; **2.** *(zufügen)* causar, infligir
bereithalten [bə'raıthaltən] *v irr* tener preparado, tener listo
bereits [bə'raıts] *adv* ya
Bereitschaft [bə'raıtʃaft] *f* **1.** disposición *f;* **2.** *(Polizei)* MIL retén *m,* piquete de prevención *m*
bereitstellen [bə'raıtʃtɛlən] *v* preparar, disponer, arreglar
bereitwillig [bə'raıtvılıç] *adj* servicial, solícito
Bereitwilligkeit [bə'raıtvılıçkaıt] *f* buena voluntad *f,* solicitud *f*
bereuen [bə'rɔyən] *v* arrepentirse de, dolerse de, sentir, lamentar
Berg [bɛrk] *m* montaña *f,* cerro *m (LA); über alle ~e sein* haber puesto los pies en polvorosa (fam); *etw hinter dem ~ halten* ocultar algo
bergab [bɛrk'ap] *adv* cuesta abajo
bergauf [bɛrk'auf] *adv* cuesta arriba
Bergbau ['bɛrkbau] *m* MIN minería *f,* industria minera *f*
bergen ['bɛrgən] *v irr* **1.** *(retten)* rescatar, poner a salvo, salvar; **2.** *(fig: enthalten)* entrañar, implicar
Bergführer(in) ['bɛrkfy:rɐ(rın)] *m/f* guía de montaña *m/f*
bergig ['bɛrgıç] *adj* montañoso
Bergsteigen ['bɛrkʃtaıgən] *n* montañismo *m,* alpinismo *m*
Bergsteiger(in) ['bɛrkʃtaıgɐ(rın)] *m/f* montañista *m/f,* alpinista *m/f*
Bergung ['bɛrguŋ] *f* **1.** *(von Menschen)* rescate *m,* salvamento *m;* **2.** *(bei Schiffsunglück)* salvamento *m*
Bergwerk ['bɛrkvɛrk] *n* mina *f*
Bericht [bə'rıçt] *m* **1.** *(Mitteilung)* información *f,* comunicación *f;* **2.** *(amtlicher ~)* informe *m*
berichten [bə'rıçtən] *v* informar, contar
Berichterstattung [bə'rıçtɛɐʃtatuŋ] *f* información *f*
berichtigen [bə'rıçtıgən] *v* rectificar, corregir, enmendar
Bernstein ['bɛrnʃtaın] *m* MIN ámbar *m*
bersten ['bɛrstən] *v irr* reventar, estallar; *Es ist zum Bersten voll.* Es un hervidero.
berüchtigt [bə'ryçtıçt] *adj* de mala fama, desacreditado
berücksichtigen [bə'rykzıçtıgən] *v* considerar, tener en cuenta

Beruf [bə'ru:f] *m* profesión *f,* ocupación *f,* oficio *m*
beruflich [bə'ru:flɪç] *adj* profesional
Berufsausbildung [bə'ru:fsausbɪldʊŋ] *f* formación profesional *f*
berufsbedingt [bə'ru:fsbədɪŋkt] *adj* condicionado por la profesión
berufstätig [bə'ru:fstɛ:tɪç] *adj ~ sein* ejercer una profesión, trabajar
Berufung [bə'ru:fʊŋ] *f* **1.** *(Lebensaufgabe)* vocación *f,* llamamiento *m;* **2.** *(Ernennung)* nombramiento *m;* **3.** *JUR* apelación *f*
beruhen [bə'ru:ən] *v ~ auf* basarse en, fundarse en
beruhigen [bə'ru:ɪgən] *v* **1.** *jdn ~* tranquilizar a alguien, calmar a alguien, sosegar a alguien, aquietar a alguien; **2.** *sich ~* tranquilizarse, calmarse, sosegarse, serenarse
beruhigend [bə'ru:ɪgənt] *adj* tranquilizante, calmante
Beruhigung [bə'ru:ɪgʊŋ] *f* apaciguamiento *m*
Beruhigungsmittel [bə'ru:ɪgʊŋsmɪtəl] *n MED* calmante *m,* sedante *m*
berühmt [bə'ry:mt] *adj* célebre, famoso; *auf der ganzen Welt ~* de fama universal
Berühmtheit [bə'ry:mthaɪt] *f* celebridad *f,* fama *f,* renombre *m*
berühren [bə'ry:rən] *v* **1.** *(anfassen)* tocar, palpar; **2.** *(fig: bewegen)* conmover
Berührung [bə'ry:rʊŋ] *f* toque *m,* contacto *m*
besagen [bə'za:gən] *v* indicar, querer decir; *Das besagt, dass ...* Eso quiere decir que…
besänftigen [bə'zɛnftɪgən] *v* apaciguar, calmar, aplacar
Besatzung [bə'zatsʊŋ] *f (Mannschaft)* equipo *m*
beschädigen [bə'ʃɛ:dɪgən] *v* dañar, deteriorar, estropear, malograr
Beschädigung [bə'ʃɛ:dɪgʊŋ] *f* daño *m,* deterioro *m*
beschaffen [bə'ʃafən] *v* proporcionar, procurar, facilitar
Beschaffenheit [bə'ʃafənhaɪt] *f* estado *m,* calidad *f*
beschäftigen [bə'ʃɛftɪgən] *v* **1.** *jdn ~* ocupar a alguien, dar trabajo a alguien, emplear a alguien; **2.** *sich ~ mit* ocuparse con, entretenerse con
Beschäftigung [bə'ʃɛftɪgʊŋ] *f* ocupación *f,* empleo *m,* entretenimiento *m*
beschämend [bə'ʃɛ:mənt] *adj* vergonzoso, bochornoso
Bescheid [bə'ʃaɪt] *m* **1.** *(Auskunft)* información *f;* **2.** *(Nachricht)* noticia *f;* **3.** *JUR* fallo *m*
bescheiden [bə'ʃaɪdən] *adj* modesto, humilde, sencillo
Bescheidenheit [bə'ʃaɪdənhaɪt] *f* modestia *f,* humildad *f,* sencillez *f*
bescheinigen [bə'ʃaɪnɪgən] *v* certificar
Bescheinigung [bə'ʃaɪnɪgʊŋ] *f* **1.** certificación *f;* **2.** *(Schein)* certificado *m*
beschenken [bə'ʃɛŋkən] *v* regalar, donar, obsequiar
Bescherung [bə'ʃe:rʊŋ] *f* **1.** *(Geschenke)* reparto de regalos *m;* **2.** *(fam: negatives Ereignis)* sorpresa negativa *f; Schöne ~!* ¡Buena la que se ha armado!
beschimpfen [bə'ʃɪmpfən] *v* insultar, injuriar
Beschlagnahme [bə'ʃla:kna:mə] *f* confiscación *f*
beschlagnahmen [bə'ʃla:kna:mən] *v* embargar, confiscar, decomisar
beschleunigen [bə'ʃlɔynɪgən] *v* acelerar, apresuar
Beschleunigung [bə'ʃlɔynɪgʊŋ] *f* aceleración *f*
beschließen [bə'ʃli:sən] *v irr* **1.** *(entscheiden)* decidir, tomar la resolución de; **2.** *(beenden)* concluir, finalizar
Beschluss [bə'ʃlʊs] *m* decisión *f*
beschlussfähig [bə'ʃlʊsfɛ:ɪç] *adj ~ sein* haber quórum, alcanzar el quórum
beschmutzen [bə'ʃmʊtsən] *v* ensuciar, manchar
beschränken [bə'ʃrɛŋkən] *v* **1.** *(einschränken)* limitar a, restringir, reducir; **2.** *sich ~ auf* limitarse a, ceñirse a
beschränkt [bə'ʃrɛŋkt] *adj* limitado, restringido
beschreiben [bə'ʃraɪbən] *v irr* describir, definir, reseñar; *in groben Umrissen ~* contar a grandes rasgos
Beschreibung [bə'ʃraɪbʊŋ] *f* descripción *f,* reseña *f; Das spottet jeder ~!* ¡Es algo indescriptible!

B

beschriften [bə'ʃrɪftən] *v* poner una inscripción en
beschuldigen [bə'ʃuldɪgən] *v* inculpar, culpar de, imputar
Beschuldigung [bə'ʃuldɪguŋ] *f* inculpación *f,* imputación *f*
beschützen [bə'ʃytsən] *v ~ vor* proteger de, proteger contra, amparar de
Beschützer(in) [bə'ʃytsɐ(rɪn)] *m/f* protector(a) *m/f*
Beschwerde [bə'ʃveːɐdə] *f* **1.** queja *f,* reclamación *f;* **2.** *(Schmerzen) ~n* molestias *f/pl,* dolores *m/pl,* achaques *m/pl*
beschweren [bə'ʃveːrən] *v* **1.** cargar, gravar, pesar; **2.** *sich ~* quejarse, formular una queja, reclamar, protestar
beschwerlich [bə'ʃveːɐlɪç] *adj* oneroso, gravoso
beschwipst [bə'ʃvɪpst] *adj* achispado, picado
beschwören [bə'ʃvøːrən] *v irr* **1.** *(anflehen)* suplicar, implorar, rogar; **2.** *JUR* jurar, afirmar bajo juramento
beseitigen [bə'zaɪtɪgən] *v* **1.** *(entfernen)* retirar, quitar, apartar; **2.** *(Zweifel)* disipar; **3.** *(fam: töten)* quitar a alguien de en medio, liquidar a alguien
Beseitigung [bə'zaɪtɪguŋ] *f* eliminación *f,* liquidación *f*
Besen ['beːzən] *m* escoba *f*
besessen [bə'zɛsən] *adj ~ von* poseído de, endemoniado
besetzen [bə'zɛtsən] *v* ocupar, llenar
besetzt [bə'zɛtst] *adj* ocupado
besichtigen [bə'zɪçtɪgən] *v* ver, mirar
Besichtigung [bə'zɪçtɪguŋ] *f* visita *f*
besiegen [bə'ziːgən] *v* vencer, derrotar
besinnlich [bə'zɪnlɪç] *adj* pensativo
Besinnung [bə'zɪnuŋ] *f* conocimiento *m,* sentido *m; zur ~ kommen* recobrar el conocimiento
besinnungslos [bə'zɪnuŋsloːs] *adj* sin conocimiento, desmayado
Besitz [bə'zɪts] *m* posesión *f,* propiedad *f*
besitzen [bə'zɪtsən] *v irr* poseer, ser propietario de
Besitzer(in) [bə'zɪtsɐ(rɪn)] *m/f* propietario/propietaria *m/f,* dueño/dueña *m/f*
besondere(r,s) [bə'zɔndərə(ɐ,əs)] *adj* particular, singular, extraordinario
Besonderheit [bə'zɔndɐhaɪt] *f* particularidad *f,* singularidad *f*
besonders [bə'zɔndɐs] *adv* **1.** *(sehr)* muy; **2.** *(außergewöhnlich)* excepcionalmente, extraordinariamente; **3.** *(vor allem)* sobre todo, principalmente; **4.** *(ausdrücklich)* expresamente
besonnen [bə'zɔnən] *adj* considerado, juicioso, sensato
besorgen [bə'zɔrgən] *v* **1.** *(beschaffen)* procurar, conseguir; *es jdm ~ (fam)* devolvérsela a alguien; **2.** *(ausführen)* ejecutar, efectuar
Besorgnis [bə'zɔrknɪs] *f* preocupación *f,* inquietud *f; ~ erregend* preocupante, inquietante, alarmante
besorgt [bə'zɔrkt] *adj ~ sein um/~ sein wegen* estar preocupado por
Besorgung [bə'zɔrguŋ] *f* **1.** *(Kauf)* adquisición *f,* compra *f;* **2.** *(Ausführung)* pedido *m,* recado *m; eine ~ verrichten* hacer un recado
bespannen [bə'ʃpanən] *v* enganchar
besprechen [bə'ʃprɛçən] *v irr mit jdm etw ~* hablar a alguien de algo, discutir con alguien sobre algo, conferenciar con alguien sobre algo
Besprechung [bə'ʃprɛçuŋ] *f* conversación *f,* conferencia *f,* discusión *f*
besser ['bɛsɐ] *adj* **1.** mejor; *die ~e Hälfte* mi media naranja; *adv* **2.** mejor
Besserung ['bɛsəruŋ] *f* mejoría *f,* restablecimiento *m*
Bestand [bə'ʃtant] *m* **1.** *(Vorhandenes)* existencia *f; von ~ sein* ser estable; **2.** *(Vorrat) ECO* existencias *f/pl,* stock *m;* **3.** *(Kassenbestand) FIN* efectivo en caja *m*
beständig [bə'ʃtɛndɪç] *adj* **1.** *(dauerhaft)* duradero, permanente; **2.** *(widerstandsfähig)* resistente a
Beständigkeit [bə'ʃtɛndɪçkaɪt] *f* **1.** *(Dauer)* duración *f,* permanencia *f;* **2.** *(Widerstandskraft)* resistencia *f*
Bestandteil [bə'ʃtanttaɪl] *m* componente *m*
bestärken [bə'ʃtɛrkən] *v* fortalecer, reforzar, fortificar, vigorizar
bestätigen [bə'ʃtɛːtɪgən] *v* confirmar, corroborar, asegurar
Bestätigung [bə'ʃtɛːtɪguŋ] *f* confirmación *f*
bestatten [bə'ʃtatən] *v* enterrar, inhumar, sepultar

B

bestäuben [bə'ʃtɔybən] *v BIO* polinizar, fecundar, fertilizar
bestaunen [bə'ʃtaunən] *v* mirar con asombro
beste(r,s) ['bɛstə(ɐ,əs)] *adj* **1.** mejor; *das Beste herausholen* sacar el jugo; *jdn zum Besten halten* jorobar a alguien *(fam)*; *etw zum Besten geben* ofrecer algo; *Mit ihm steht es nicht zum Besten.* No le van muy bien las cosas. *adv* **2.** lo mejor posible, de la mejor manera
bestechen [bə'ʃtɛçən] *v irr* sobornar, corromper
bestechlich [bə'ʃtɛçlıç] *adj* sobornable, corruptible, comprable
Bestechung [bə'ʃtɛçuŋ] *f* soborno *m*, corrupción *f*
Besteck [bə'ʃtɛk] *n* cubierto *m*
bestehen [bə'ʃteːən] *v irr* **1.** *(vorhanden sein)* existir, haber; **2.** *~ aus* estar compuesto de, constar de; **3.** *~ auf* insistir en, persistir en; **4.** *(Prüfung)* aprobar
bestehlen [bə'ʃteːlən] *v irr* robar, hurtar, despojar
besteigen [bə'ʃtaıgən] *v irr* subir a, subir sobre, ascender
bestellen [bə'ʃtɛlən] *v* **1.** *(Auftrag geben)* pasar un pedido, hacer un pedido, ordenar, pedir; **2.** *(ernennen)* nombrar; **3.** *AGR* cultivar
Bestellung [bə'ʃtɛluŋ] *f* **1.** *(Auftrag)* encargo *m*, orden *f*, pedido *m*; **2.** *(Ernennung)* nombramiento *m*
bestenfalls ['bɛstən'fals] *adv* en el mejor de los casos, a lo sumo
bestens ['bɛstəns] *adv* del mejor modo, de la mejor manera
besteuern [bə'ʃtɔyɐn] *v* gravar con impuestos, imponer contribuciones
Besteuerung [bə'ʃtɔyəruŋ] *f* gravamen *m*, tributación *f*, imposición *f*
bestialisch [bɛstj'aːlıʃ] *adj* bestial, brutal
Bestie ['bɛstjə] *f* bestia *f*
bestimmen [bə'ʃtımən] *v* **1.** *(festlegen)* fijar, determinar; **2.** *(definieren)* definir, precisar, explicar; **3.** *(zuweisen) ~ für* destinar a
bestimmt [bə'ʃtımt] *adj* **1.** *(entschieden)* decidido, determinado; **2.** *(gewiss)* cierto, certero, seguro; *adv* **3.** *(sicherlich)* seguramente
Bestimmtheit [bə'ʃtımthaıt] *f* **1.** *(Gewissheit)* certeza *f*, certidumbre *f*; **2.** *(Entschiedenheit)* determinación *f*, resolución *f*
Bestimmung [bə'ʃtımuŋ] *f* **1.** *(Zweck)* finalidad *f*, objetivo *m*, fin *m*; **2.** *(Schicksal)* destino *m*; **3.** *(Vorschrift)* disposición *f*, norma *f*; **4.** *(Festlegung)* determinación *f*
Bestleistung ['bɛstlaıstuŋ] *f* récord *m*, marca *f*
bestmöglich ['bɛstmøːklıç] *adv* **1.** lo mejor posible, de la mejor manera; *adj* **2.** el mejor posible, la mejor posible, lo mejor posible
bestrafen [bə'ʃtraːfən] *v* castigar
Bestrafung [bə'ʃtraːfuŋ] *f* **1.** castigo *m*, reprimenda *f*; **2.** *JUR* pena *f*, multa *f*
bestrahlen [bə'ʃtraːlən] *v* **1.** iluminar, irradiar; **2.** *MED* tratar con rayos
Bestrahlung [bə'ʃtraːluŋ] *f* **1.** iluminación *f*, irradiación *f*; **2.** *MED* exposición a la radiación *f*, irradiación *f*
Bestreben [bə'ʃtreːbən] *n* empeño *m*, afán *m*, anhelo *m*
bestreichen [bə'ʃtraıçən] *v irr ~ mit* recubrir de, untar con
bestreiken [bə'ʃtraıkən] *v* hacer huelga, irse a la huelga
bestreiten [bə'ʃtraıtən] *v irr* **1.** *(streitig machen)* disputar, impugnar; **2.** *(Unterhalt)* sostener, financiar
Bestseller ['bɛstsɛlɐ] *m* best seller *m*, superventas *m*
bestürmen [bə'ʃtyrmən] *v* asaltar; *jdn mit Fragen ~* asediar a alguien con preguntas
bestürzt [bə'ʃtyrtst] *adj ~ sein* estar consternado, estar perplejo
Bestürzung [bə'ʃtyrtsuŋ] *f* consternación *f*, sobresalto *m*, estupefacción *f*, perplejidad *f*
Bestzeit ['bɛsttsaıt] *f* mejor tiempo *m*, mejor marca *f*
Besuch [bə'zuːx] *m* **1.** *(von Gästen)* visita *f*; **2.** *(einer Schule)* asistencia *f*
besuchen [bə'zuːxən] *v* **1.** *jdn ~* visitar a alguien, ir a ver a alguien; **2.** *(besichtigen)* visitar, recorrer; **3.** *(Schule)* asistir a, ir a
Besucher(in) [bə'zuːxɐ(rin)] *m* **1.** *(einer Ausstellung)* visitante *m/f*; **2.** *GAST* huésped/huéspeda *m/f*

B

Besuchszeit [bə'zuːxstsaɪt] *f (im Krankenhaus)* horas de visita *f/pl*
betagt [bə'taːkt] *adj* viejo, anciano
betanken [bə'taŋkən] *v* echar gasolina
betasten [bə'tastən] *v* tocar, palpar, tentar
betätigen [bə'tɛːtɪgən] *v* **1.** *sich ~ bei* dedicarse a, estar ocupado en; **2.** *TECH* accionar, maniobrar, hacer funcionar
Betätigung [bə'tɛːtɪguŋ] *f* **1.** *(Aktivität)* actividad *f,* acción *f,* ocupación *f;* **2.** *TECH* accionamiento *m,* puesta en movimiento *f*
betäuben [bə'tɔybən] *v MED* anestesiar, narcotizar
Betäubung [bə'tɔybuŋ] *f MED* anestesia *f,* narcotización *f*
beteiligen [bə'taɪlɪgən] *v* **1.** *sich ~ an* participar en, participar de, tomar parte en; **2.** *jdn ~ an* hacer participar a alguien en
Beteiligte(r) [bə'taɪlɪçtə(-ɐ)] *m/f* **1.** participante *m/f;* **2.** *(Betroffene(r))* afectado/afectada *m/f*
Beteiligung [bə'taɪlɪguŋ] *f* participación *f*
beten ['beːtən] *v REL* orar, rezar
beteuern [bə'tɔyɐn] *v* asegurar, afirmar
Beton [be't ɔŋ] *m* hormigón *m*
betonen [bə'toːnən] *v* **1.** *(Aussprache)* acentuar; **2.** *(hervorheben)* hacer resaltar, subrayar, destacar
Betonung [bə'toːnuŋ] *f* **1.** *(Aussprache)* acentuación *f;* **2.** *(Hervorhebung)* énfasis *m;* **3.** *(Tonfall)* acento *m,* dejo *m*
betrachten [bə'traxtən] *v* **1.** *(anschauen)* mirar, contemplar; **2.** *(fig: beurteilen) ~ als* considerar como; *Wir ~ den Fall als erledigt.* Damos por terminado el caso.
beträchtlich [bə'trɛçtlɪç] *adj* **1.** considerable, notable; *adv* **2.** considerablemente, notablemente
Betrachtung [bə'traxtuŋ] *f* **1.** *(Anschauen)* contemplación *f;* **2.** *(fig: Überlegung)* consideración *f*
Betrag [bə'traːk] *m* importe *m,* suma *f,* cantidad *f*
betragen [bə'traːgən] *v irr* **1.** *(sich belaufen auf)* ascender a, elevarse a, alcanzar de; **2.** *sich ~* portarse, comportarse, conducirse
Betragen [bə'traːgən] *n* comportamiento *m,* conducta *f*
Betreff [bə'trɛf] *m* asunto *m*
betreffen [bə'trɛfən] *v irr* concernir, afectar, interesar
betreiben [bə'traɪbən] *v irr ECO* ejercer, practicar, dirigir, gestionar
Betreiber(in) [bə'traɪbɐ(rɪn)] *m/f ECO* operador(a) *m/f*
betreten [bə'treːtən] *v irr* **1.** *(hineingehen)* entrar en, ingresar, penetrar; *adj* **2.** *~ sein (fig)* estar turbado, estar confuso, estar desconcertado
Betreten [bə'treːtən] *n* entrada *f; ~ verboten!* ¡Prohibida la entrada!
betreuen [bə'trɔyən] *v* cuidar de, atender a
Betreuung [bə'trɔyuŋ] *f* cuidado *m,* servicio de asistencia *m*
Betrieb [bə'triːp] *m* **1.** *(Treiben)* movimiento *m;* **2.** *(Firma) ECO* empresa *f,* establecimiento *m,* negocio *m;* **3.** *(Werk) ECO* taller *m;* **4.** *(Tätigkeit) ECO* actividad *f*
betrieblich [bə'triːplɪç] *adj ECO* empresarial, del negocio, del servicio
betriebsam [bə'triːpzaːm] *adj* activo, trabajador, diligente
Betriebsanleitung [bə'triːpsanlaɪtuŋ] *f TECH* instrucciones de servicio *m/pl*
betriebsbereit [bə'triːpsbəraɪt] *adj TECH* listo para el servicio, preparado para operar
Betriebsferien [bə'triːpsfeːrjən] *pl* vacaciones de la empresa *f/pl*
betrinken [bə'trɪŋkən] *v irr sich ~* emborracharse, embriagarse
betroffen [bə'trɔfən] *adj ~ sein* estar afectado
betrübt [bə'tryːpt] *adj ~ sein* estar triste, estar desconsolado
Betrug [bə'truːk] *m* engaño *m,* fraude *m*
betrügen [bə'tryːgən] *v irr* engañar, defraudar, embaucar
Betrüger(in) [bə'tryːgɐ(rɪn)] *m/f* engañador(a) *m/f,* embustero/embustera *m/f,* estafador(a) *m/f*
betrügerisch [bə'tryːgərɪʃ] *adj* **1.** *(Person)* trapacero, tramposo; **2.** *(Dinge)* engañoso
betrunken [bə'truŋkən] *adj ~ sein* estar ebrio, estar borracho, estar beodo

Bett [bɛt] *n* **1.** cama *f*, lecho *m*; **2.** *(Flussbett)* cauce *m*, lecho *m*
Bettdecke ['bɛtdɛkə] *f* manta *f*
bettelarm ['bɛtəl'arm] *adj* pobrísimo, paupérrimo, muy pobre
betteln ['bɛtəln] *v* **1.** *(Almosen)* pedir limosna, mendigar; **2.** *(bitten)* rogar
bettlägerig ['bɛtlɛːgərɪç] *adj* encamado, postrado en cama
Bettlaken ['bɛtlaːkən] *n* sábana *f*
Bettler(in) ['bɛtlɐ(rɪn)] *m/f* mendigo/mendiga *m/f*, pordiosero/pordiosera *m/f*, limosnero/limosnera *m/f* (LA)
Bettvorleger ['bɛtfoːrleːgɐ] *m* pie de cama *m*, antecama *f*
Bettwäsche ['bɛtvɛʃə] *f* ropa de cama *f*, sábanas *f/pl*
betucht [bə'tuːxt] *adj* adinerado, forrado de dinero *(fam)*, archimillonario
beugen ['bɔygən] *v* **1.** *(biegen)* doblar, torcer, arquear, encorvar; **2.** *sich ~* doblegarse, ceder, inclinarse, doblarse; **3.** *(fig: brechen)* romper, doblegar; **4.** *(fig: sich fügen) sich etw ~* someterse a algo, rendirse a algo
Beule ['bɔylə] *f* **1.** MED chichón *m*; **2.** TECH abolladura *f*
beunruhigen [bə'unruːɪgən] *v* **1.** *jdn ~* intranquilizar a alguien, agitar a alguien, perturbar a alguien, alarmar a alguien; **2.** *sich ~* preocuparse, inquietarse, alarmarse
beunruhigend [bə'unruːɪgənt] *adj* preocupante, inquietante, alarmante
beurkunden [bə'uːɐkundən] *v* JUR documentar, probar documentalmente
Beurkundung [bə'uːɐkunduŋ] *f* JUR documentación *f*, autentificación *f*
beurlauben [bə'uːɐlaubən] *v* dar licencia, suspender del empleo
beurteilen [bə'urtaɪlən] *v* juzgar de, formarse un juicio sobre
Beurteilung [bə'urtaɪluŋ] *f* juicio *m*, opinión *f*, dictamen *m*
Beute ['bɔytə] *f* botín *m*
Beutel ['bɔytəl] *m* bolsa *f*, talega *f*; *tief in den ~ greifen müssen* tener que desembolsar un dineral
Bevölkerung [bə'fœlkəruŋ] *f* población *f*, habitantes *m/pl*
Bevölkerungsdichte [bə'fœlkəruŋsdɪçtə] *f* densidad demográfica *f*
Bevölkerungszuwachs [bə'fœlkəruŋstsuːvaks] *m* aumento de la población *m*, incremento demográfico *m*
bevollmächtigen [bə'fɔlmɛçtɪgən] *v* JUR apoderar, dar poder a
Bevollmächtigte(r) [bə'fɔlmɛçtɪgtə(-ɐ)] *m/f* JUR apoderado/apoderada *m/f*, poderhabiente *m/f*, mandatario/mandataria *m/f*
Bevollmächtigung [bə'fɔlmɛçtɪguŋ] *f* JUR autorización *f*, apoderamiento *m*, poder *m*
bevor [bə'foːɐ] *konj* antes de que, antes de
bevormunden [bə'foːɐmundən] *v* tener bajo tutela, ser paternalista
Bevormundung [bə'foːɐmunduŋ] *f* tutela *f*, paternalismo *m*
bevorstehen [bə'foːɐʃteːən] *v irr* ser inminente, estar en vísperas
bevorzugen [bə'foːɐtsuːgən] *v* preferir, favorecer
Bevorzugung [bə'foːɐtsuːguŋ] *f* preferencia *f*
bewachen [bə'vaxən] *v* custodiar, vigilar
Bewachung [bə'vaxuŋ] *f* custodia *f*, vigilancia *f*
bewaffnen [bə'vafnən] *v* armar
Bewaffnung [bə'vafnuŋ] *f* armamento *m*
bewahren [bə'vaːrən] *v* **1.** *(aufheben)* guardar; *Gott bewahre!* ¡Líbreme Dios! **2.** *(fig: beibehalten)* mantener, conservar
bewähren [bə'vɛːrən] *v sich ~* quedar bien, dar buen resultado, satisfacer las exigencias
bewahrheiten [bə'vaːrhaɪtən] *v sich ~* confirmarse, resultar cierto
bewährt [bə'vɛːɐt] *adj* **1.** *(Sache)* probado, eficaz; **2.** *(Person)* experimentado, seguro
Bewährung [bə'vɛːruŋ] *f* JUR remisión condicional *f*, libertad vigilada *f*
Bewährungsfrist [bə'vɛːruŋsfrɪst] *f* JUR plazo de prueba *m*
Bewährungshelfer(in) [bə'vɛːruŋshɛlfɐ(rɪn)] *m/f* asistente durante el plazo de prueba *m/f*
bewältigen [bə'vɛltɪgən] *v* **1.** *(Problem)* superar, vencer; **2.** *(Aufgabe)* llevar a cabo, consumar, ejecutar

B

Bewältigung [bə'vɛltɪguŋ] *f* **1.** *(eines Problems)* superación *f*, vencimiento *m;* **2.** *(einer Aufgabe)* consumación *f*, ejecución *f*

bewandert [bə'vandɐt] *adj* ~ *sein* ser experimentado, ser práctico

bewässern [bə'vɛsɐn] *v* regar

bewegen [bə've:gən] *v* **1.** mover, accionar, agitar; **2.** *sich* ~ moverse, agitarse; **3.** *v irr (fig: rühren)* conmover, impresionar, emocionar

bewegend [bə've:gənt] *adj (fig)* conmovedor, emocionante

Beweggrund [bə've:kgrunt] *m* móvil *m*, motivo *m*, razón *f*

beweglich [bə've:klɪç] *adj* **1.** movible, móvil; **2.** *(flink)* ágil, ligero; **3.** *(flexibel)* flexible, adaptable

bewegt [bə've:kt] *adj* **1.** *(Meer)* agitado; **2.** *(Leben)* inquieto, agitado

Bewegung [bə've:guŋ] *f* movimiento *m*, agitación *f*

Bewegungsfreiheit [bə've:guŋsfraɪhaɪt] *f* libertad de movimiento *f*

bewegungslos [bə've:guŋslo:s] *adj* inmóvil, sin movimiento

bewegungsunfähig [bə've:guŋsunfɛ:ɪç] *adj* incapaz de moverse, inmovilizado

beweinen [bə'vaɪnən] *v* llorar por, sentir, lamentar

Beweis [bə'vaɪs] *m* prueba *f*

Beweisaufnahme [bə'vaɪsaufna:mə] *f JUR* práctica de la prueba *f*, diligencias de prueba *f/pl*, confrontación de hechos *f*

beweisbar [bə'vaɪsba:ɐ] *adj* probable, demostrable

beweisen [bə'vaɪzən] *v irr* **1.** probar, demostrar; **2.** *(fig: zeigen)* manifestar, mostrar, expresar

beweiskräftig [bə'vaɪszkrɛftɪç] *adj* probatorio, concluyente

Beweismittel [bə'vaɪsmɪtəl] *n JUR* medio probatorio *m*, prueba *f*

Beweisstück [bə'vaɪsʃtyk] *n JUR* instrumento de prueba *m*, cuerpo del delito *m*

bewerben [bə'vɛrbən] *v irr sich* ~ solicitar, presentarse como candidato, aspirar a

Bewerber(in) [bə'vɛrbɐ(rɪn)] *m/f* solicitante *m/f*, aspirante *m/f*, candidato/candidata *m/f*

Bewerbung [bə'vɛrbuŋ] *f* solicitud *f*, candidatura *f*

Bewerbungsschreiben [bə'vɛrbuŋsʃraɪbən] *n* solicitud de empleo *f*, escrito de candidatura *m*

bewerkstelligen [bə'vɛrkʃtɛlɪgən] *v* **1.** *(durchführen)* ejecutar, llevar a cabo; **2.** *(erreichen)* conseguir, lograr

bewerten [bə've:ɐtən] *v* valorar, evaluar

Bewertung [bə've:ɐtuŋ] *f* valoración *f*, evaluación *f*

bewilligen [bə'vɪlɪgən] *v* conceder, otorgar, aprobar

Bewilligung [bə'vɪlɪguŋ] *f* concesión *f*, otorgamiento *m*, aprobación *f*

bewirken [bə'vɪrkən] *v* efectuar, conseguir, causar

bewirten [bə'vɪrtən] *v* dar de comer y beber, hospedar, agasajar

bewirtschaften [bə'vɪrtʃaftən] *v* **1.** *(bestellen) AGR* explotar; **2.** *(verwalten)* administrar

Bewirtung [bə'vɪrtuŋ] *f* agasajo *m*, hospitalidad *f*

bewohnen [bə'vo:nən] *v* habitar, vivir en

Bewohner(in) [bə'vo:nɐ(rɪn)] *m/f* habitante *m/f*

bewölkt [bə'vœlkt] *adj* nublado, encapotado

Bewölkung [bə'vœlkuŋ] *f* nubosidad *f*, nubes *f/pl*

bewundern [bə'vundɐn] *v* admirar, maravillarse de

bewundernswert [bə'vundɐnsve:rt] *adj* digno de admiración, admirable, maravilloso

Bewunderung [bə'vundəruŋ] *f* admiración *f*

bewusst [bə'vust] *adj* consciente

bewusstlos [bə'vustlo:s] *adj* sin conciencia, desmayado

Bewusstlosigkeit [bə'vustlo:zɪçkaɪt] *f* inconsciencia *f*, pérdida del conocimiento *f*, desmayo *m; bis zur* ~ hasta perder el conocimiento

Bewusstsein [bə'vustzaɪn] *n* conciencia *f*, conocimiento *m*

bezahlen [bə'tsa:lən] *v* pagar, abonar

Bezahlung [bə'tsa:luŋ] *f* pago *m*

bezähmen [bə'tsɛ:mən] *v* domar, domesticar, amaestrar

bezaubern [bə'tsaubɐn] *v* encantar, hechizar
bezaubernd [bə'tsaubɐnt] *adj* encantador, hechicero
bezeichnen [bə'tsaɪçnən] *v* marcar, señalar
bezeichnend [bə'tsaɪçnənt] *adj* significativo, característico, típico
Bezeichnung [bə'tsaɪçnuŋ] *f* marcación *f*, señal *f*
bezeugen [bə'tsɔygən] *v JUR* testificar, dar fe de
bezichtigen [bə'tsɪçtɪgən] *v* acusar de, inculpar de
beziehen [bə'tsiːən] *v irr* **1.** *(überziehen) ~ mit* cubrir de, cubrir con, revestir con; **2.** *(einziehen)* instalarse en, ir a vivir a; **3.** *(abonnieren)* estar suscrito a; **4.** *(Gehalt)* percibir, cobrar; **5.** *sich ~ auf* referirse a, remitirse a
Beziehung [bə'tsiːuŋ] *f* relación *f*
beziehungsweise [bə'tsiːuŋsvaɪzə] *konj* o, o bien, a modo de referencia
Bezirk [bə'tsɪrk] *m* región *f*, distrito *m*, departamento *m*
bezirzen [bə'tsɪrtsən] *v* engatusar, embaucar
Bezug [bə'tsuːk] *m* **1.** *(Kissenbezug)* funda de almohada *f*; **2.** *(Überzug)* funda *f*; **3.** *(Kauf)* compra *f*, adquisición *f*
bezüglich [bə'tsyːklɪç] *prep* referente a, concerniente a, relativo a
Bezugnahme [bə'tsuːknaːmə] *f* referencia *f*, cita *f*
bezuschussen [bə'tsuːʃusən] *v* subvencionar, conceder subvenciones
bezwecken [bə'tsvɛkən] *v* proponerse, tener por objeto
bezweifeln [bə'tsvaɪfəln] *v* dudar, poner en duda
bezwingen [bə'tsvɪŋən] *v irr* vencer, triunfar sobre
Bibel ['biːbəl] *f REL* Biblia *f*, Sagrada Escritura *f*
Biber ['biːbɐ] *m ZOOL* castor *m*
Bibliografie [bibliogra'fiː] *f* bibliografía *f*
Bibliothek [biblio'teːk] *f* biblioteca *f*
Bibliothekar(in) [bibliote'kaːɐ(rɪn)] *m/f* bibliotecario/bibliotecaria *m/f*
biblisch ['biːblɪʃ] *adj REL* bíblico
bieder ['biːdɐ] *adj* honrado, fiel, íntegro
biegen ['biːgən] *v irr* doblar, torcer, doblegar, plegar
biegsam ['biːkzaːm] *adj* doblegable, plegable
Biegung ['biːguŋ] *f* flexión *f*, inflexión *f*, curva *f*, curvatura *f*
Biene ['biːnə] *f* **1.** *ZOOL* abeja *f*; **2.** *(fam: Mädchen)* ninfa *f*, chavala *f*, chica *f*
Bienenhonig ['biːnənhoːnɪç] *m* miel de abeja *m*
Bienenstich ['biːnənʃtɪç] *m* **1.** picadura de una abeja *f*; **2.** *(Gebäck)* pastel de crema y almendras *m*
Bier [biːɐ] *n* cerveza *f*; *Das ist nicht mein ~! (fam)* ¡Eso no es asunto mío!
Bierbrauer ['biːɐbrauɐ] *m* cervecero *m*
Bierkrug ['biːɐkruːk] *m* jarro de cerveza *m*
Biest ['biːst] *n* **1.** *(Tier)* bestia *f*; **2.** *(Person)* mujer fatal *f*, vampiresa *f*
bieten ['biːtən] *v irr* ofrecer, presentar, dar
Bigamie [biːga'miː] *f* bigamia *f*
Bikini [bi'kiːni] *m* bikini *m*
Bilanz [bi'lants] *f* **1.** *(fig)* balance *m*, equilibrio *m*; **2.** *(eines Unternehmens) FIN* balance *m*; **3.** *(im Außenhandel)* balanza *f*
bilanzieren [bilan'tsiːrən] *v* hacer balance
bilateral ['biːlatəraːl] *adj POL* bilateral
Bild [bɪlt] *n* **1.** *(Gemälde)* cuadro *m*, pintura *f*; *ein ~ für die Götter* un cuadro grotesco; *im ~e über etw sein* ser consciente de algo/tener conocimiento de algo; *sich ein ~ von jdm machen* catalogar a alguien/hacerse una idea de alguien; **2.** *CINE* imagen *f*; **3.** *FOTO* foto *f*
bilden ['bɪldən] *v* **1.** *(gestalten)* formar, crear; **2.** *sich ~* formarse, desarrollarse, surgir
Bilderbuch ['bɪldɐbuːx] *n* libro de estampas *m*, libro ilustrado *m*; *wie aus dem ~* de ensueño/de cuento
Bilderrahmen ['bɪldɐraːmən] *m* marco *m*
bildhübsch ['bɪlthypʃ] *adj* guapísimo, lindísimo
bildlich ['bɪltlɪç] *adj* gráfico, figurativo
Bildschirm ['bɪltʃɪrm] *m INFORM* pantalla *f*

B

Bildtelefon ['bılttelefo:n] *n INFORM* videoteléfono *m*
Bildung ['bıldυŋ] *f* **1.** *(Gestaltung)* forma *f;* **2.** *(Schulbildung)* formación *f,* educación *f*
Bildungslücke ['bıldυŋslykə] *f* laguna *f*
Bildungspolitik ['bıldυŋspoliti:k] *f* política educativa *f*
Bildungsurlaub ['bıldυŋsu:ɐlaup] *m* licencia de perfeccionamiento *f,* permiso de estudios y formación *m*
Billard ['bıljart] *n* billar *m*
Billiarde [bıl'jardə] *f* mil billones *m/pl*
billig ['bılıç] *adj* **1.** *(preiswert)* barato, económico; **2.** *(fig)* fútil, nimio
billigen ['bılıgən] *v* aprobar, consentir en
Billigung ['bılıgυŋ] *f* aprobación *f,* consentimiento *m*
Billion [bil'jo:n] *f* billón *m*
Binde ['bındə] *f* **1.** *(Damenbinde)* compresa *f,* toalla higiénica/toalla sanitaria *f (LA);* **2.** *MED* venda *f;* **3.** *sich einen hinter die ~ gießen (fig)* echarse un trago al coleto
Bindehaut ['bındəhaut] *f ANAT* conjuntiva *f*
binden ['bındən] *v irr* atar, sujetar
bindend ['bındənt] *adj* obligatorio
Bindestrich ['bındəʃtrıç] *m* guión *m*
Bindfaden ['bıntfa:dən] *m* bramante *m,* guita *f; Es regnet Bindfäden. (fig)* Está diluviando.
Bindung ['bındυŋ] *f* **1.** *(Verpflichtung)* compromiso *m;* **2.** *(Verbundenheit)* vínculo *m;* **3.** *(Skibindung) SPORT* atadura *f*
binnen ['bınən] *prep* dentro de; *~ zwei Wochen* en el término de dos semanas
Binnengewässer ['bınəngəvεsɐ] *n* aguas continentales *f/pl,* aguas interiores *f/pl*
Binnenhafen ['bınənha:fən] *m* puerto interior *m,* puerto fluvial *m*
Binnenhandel ['bınənhandəl] *m ECO* comercio interior *m,* comercio nacional *m*
Binnenmarkt ['bınənmarkt] *m ECO* mercado interior *m,* mercado nacional *m*
Binnenschifffahrt ['bınənʃıffa:ɐt] *f* navegación por aguas interiores *f,* navegación fluvial *f*
Binsenweisheit ['bınzənvaıshaıt] *f* perogrullada *f*
Biochemie ['bioçe'mi:] *f* bioquímica *f*
Biodiesel ['bi:odi:zəl] *m* biodiésel *m*
biodynamisch [biody'na:mıʃ] *adj* biodinámico
Biogas ['bi:oga:s] *n* biogás *m,* gas biológico *m*
Biografie [biogra'fi:] *f* biografía *f*
Biokraftstoff ['biokraftʃtɔf] *m* biocombustible *m*
Biologe [bio'lo:gə] *m* biólogo *m*
Biologie [biolo'gi:] *f* biología *f*
biologisch [bio'lo:gıʃ] *adj* biológico
Biophysik [bi:ofy'zi:k] *f* biofísica *f*
Biotop [bio'to:p] *n* biotopo *m*
Birke ['bırkə] *f BOT* abedul *m*
Birne ['bırnə] *f* **1.** *(Obst)* pera *f;* **2.** *(Glühbirne)* bombilla *f,* foco *m (LA)*
bis [bıs] *prep* **1.** *(zeitlich)* a, hasta, para; *Bis morgen!* ¡Hasta mañana! *~ zum 15. Mai* hasta el día 15 de mayo; **2.** *(örtlich)* hasta, a; *Bis dorthin sind es zwei km.* Hasta allí son dos km. *konj* **3.** hasta que, hasta; *Ich werde warten, ~ du zurückkommst.* Esperaré hasta que vuelvas.
Bischof ['bıʃɔf] *m REL* obispo *m*
bischöflich ['bıʃœflıç] *adj REL* episcopal
bisexuell ['bi:zεksuεl] *adj* bisexual
bisher [bıs'he:ɐ] *adv* hasta ahora
bisherig [bıs'he:rıç] *adj* ex, anterior, hasta ahora
Biskuit [bıs'kvıt] *m* bizcocho *m*
bislang [bıs'laŋ] *adv* hasta ahora, hasta la fecha
Biss [bıs] *m* **1.** mordisco *m;* **2.** *(Schlangenbiss)* mordida *f;* **3.** *(Insektenbiss)* picadura *f*
bisschen ['bısçən] *adj* **1.** *ein ~* un poco de, un poquito de; **2.** *Ach du liebes ~!* ¡Ay, Dios mío!
Bissen ['bısən] *m* trozo *m,* bocado *m; jdm keinen ~ gönnen* no dejar vivir a alguien; *keinen ~ anrühren* no pegar bocado *(fam)*
bissig ['bısıç] *adj* mordedor, bravo
Bit [bıt] *n INFORM* bit *m*
bitte ['bıtə] *adv* **1.** *(bittend)* por favor; **2.** *(Antwort auf Dank)* de nada, no hay de qué; **3.** *(fragend)* cómo dice, perdón; **4.** *(Bejahung)* claro que sí, cómo no

Bitte ['bɪtə] *f* ruego *m*, súplica *f*, petición *f*
bitten ['bɪtən] *v irr* rogar, pedir, solicitar
bitter ['bɪtɐ] *adj* **1.** *(Geschmack)* amargo; **2.** *(fig: schmerzlich)* amargo, doloroso
Bitter ['bɪtɐ] *m* *(Getränk)* bíter amargo *m*
Bitterkeit ['bɪtɐkaɪt] *f* amargura *f*, amargor *m*
Blähungen ['blɛːuŋən] *pl MED* flatulencias *f/pl*; *~ haben (fam)* tirarse pedos
blamabel [bla'maːbəl] *adj* bochornoso, ridículo
Blamage [bla'maːʒə] *f* ridículo *m*
blamieren [bla'miːrən] *v* **1.** *jdn ~* poner en ridículo a alguien, hacer quedar mal a alguien; **2.** *sich ~* hacer el ridículo, quedar mal, meter la pata, hacer un papelón
blank [blaŋk] *adj* reluciente, brillante, pulido, bruñido
blanko ['blaŋko] *adj FIN* en blanco, al descubierto
Blase ['blaːzə] *f* **1.** burbuja *f*; **2.** *ANAT* vejiga *f*
blasen ['blaːzən] *v irr* soplar, insuflar
Blasmusik ['blaːsmuziːk] *f MUS* música de instrumentos de viento *f*
blass [blas] *adj* pálido, descolorido
Blässe ['blɛsə] *f* palidez *f*, amarillez *f*
Blatt [blat] *n* **1.** *~ Papier* hoja de papel *f*; **2.** *BOT* hoja *f*; **3.** *(fig) kein ~ vor den Mund nehmen* no tener pelos en la lengua; *ein unbeschriebenes ~* persona inocente *f*, persona sin antecedentes *f*; *Das ~ hat sich gewendet.* Se ha dado la vuelta a la tortilla. *Das steht auf einem anderen ~.* Eso es otro cantar.
blättern ['blɛtɐn] *v* hojear
Blätterteig ['blɛtɐtaɪk] *m* hojaldre *m*
blau [blau] *adj* azul; *jdm das Blaue vom Himmel versprechen* prometer a alguien el oro y el moro
Blech [blɛç] *n* lámina *f*, plancha *f*, chapa *f*
Blechdose ['blɛçdoːzə] *f* lata *f*
Blei [blaɪ] *n* plomo *m*; *wie ~ in den Gliedern liegen* dejar exhausto/dejar hecho polvo *(fam)*
Bleibe ['blaɪbə] *f* paradero *m*, albergue *m*, morada *m*
bleiben ['blaɪbən] *v irr* quedarse, permanecer
bleich ['blaɪç] *adj* pálido
bleichen ['blaɪçən] *v* palidecer
Bleichmittel ['blaɪçmɪtəl] *n* decolorante *m*
bleifrei ['blaɪfraɪ] *adj (Benzin)* sin plomo
bleihaltig ['blaɪhaltɪç] *adj (Benzin)* plomífera
Bleistift ['blaɪʃtɪft] *m* lápiz *m*
Bleistiftspitzer ['blaɪʃtɪftʃpɪtsɐ] *m* sacapuntas *m*, tajador *m (LA)*
Blende ['blɛndə] *f* **1.** *(Abschirmung)* pantalla *f*; **2.** *FOTO* diafragma *m*
blenden ['blɛndən] *v* **1.** *(Licht)* deslumbrar, cegar; **2.** *(fig: täuschen)* engañar, ilusionar, alucinar
blendend ['blɛndənt] *adj* **1.** *(leuchtend)* deslumbrante; **2.** *(fig: bezaubernd)* fascinante
Blick [blɪk] *m* **1.** *(Schauen)* mirada *f*; *einen bösen ~ haben* tener mal de ojo; *einen ~ hinter die Kulissen werfen* investigar/echar un ojo entre bastidores; *einen ~ für etwas haben* tener buen ojo para algo; *jdn keines ~es würdigen* no dignarse ni a mirar a alguien; *Liebe auf den ersten ~* amor a primera vista; **2.** *(Aussicht)* vista *f*
blicken ['blɪkən] *v* mirar
Blickfang ['blɪkfaŋ] *m* punto que atrae las miradas *m*, punto de atracción *m*
blind [blɪnt] *adj* ciego, invidente
Blinddarm ['blɪntdarm] *m ANAT* apéndice *m*
Blinddarmentzündung ['blɪntdarmɛntsʏnduŋ] *f MED* apendicitis *f*
Blinde(r) ['blɪndə(-ɐ)] *m/f* ciego/ciega *m/f*, invidente *m/f*
Blindenhund ['blɪndənhunt] *m* perro lazarillo *m*, perro guía *m*
Blindenschrift ['blɪndənʃrɪft] *f* escritura Braille *f*
Blindheit ['blɪnthaɪt] *f* ceguera *f*, invidencia *f*
blinken ['blɪŋkən] *v* **1.** relucir, brillar, destellar, centellear; **2.** *TECH* avisar con la luz intermitente, maniobrar la luz intermitente
Blinker ['blɪŋkɐ] *m TECH* intermitente *m*
Blinklicht ['blɪŋklɪçt] *n TECH* luz intermitente *f*

B

blinzeln ['blɪntsəln] *v* parpadear
Blitz [blɪts] *m* relámpago *m; wie der ~* como un rayo; *wie ein ~ aus heiterem Himmel* como un rayo en tiempo sereno
Blitzableiter ['blɪtsaplaɪtɐ] *m TECH* pararrayos *m*
blitzblank ['blɪtsblaŋk] *adj* reluciente
blitzen ['blɪtsən] *v* relampaguear
blitzschnell ['blɪtsʃnɛl] *adj* **1.** rápido como un rayo; *adv* **2.** con la rapidez de un rayo
Block [blɔk] *m* **1.** bloque *m;* **2.** *(Gebäudeblock)* manzana *f,* cuadra *f (LA);* **3.** *(von Papier)* bloc *m*
Blockade [blɔ'ka:də] *f* bloqueo *m,* sitio *m,* cerco *m*
Blockflöte ['blɔkflø:tə] *f MUS* flauta dulce *f*
blockieren [blɔ'ki:rən] *v* bloquear
Blockschrift ['blɔkʃrɪft] *f* caracteres de imprenta *m/pl,* letra de palo *f*
blöd [blø:t] *adj* tonto, imbécil, estúpido
Blödsinn ['blø:tzɪn] *m* tontería *f,* imbecilidad *f,* bobada *f,* estupidez *f*
Blog [blɔg] *m INFORM* blog *m,* bitácora *f*
bloggen ['blɔgən] *v* bloguear
blond [blɔnt] *adj* rubio; *~ gefärbt* teñido de rubio
bloß [blo:s] *adj* **1.** descubierto, desnudo; *mit ~em Auge sehen* observarse a simple vista; *adv* **2.** sólo, solamente
Bluff [blœf] *m* patraña *f,* bluf *m*
blühen ['bly:ən] *v* **1.** *(Blume)* florecer; **2.** *(fam: widerfahren)* ocurrir, suceder
blühend ['bly:ənt] *adj* floreciente
Blume ['blu:mə] *f* flor *f; durch die ~ sprechen* echar indirectas
Blumenhändler(in) ['blu:mənhɛndlɐ(rɪn)] *m/f* florista *m/f*
Blumenkohl ['blu:mənko:l] *m BOT* coliflor *f*
Blumentopf ['blu:məntɔpf] *m* maceta *f,* tiesto *m*
Bluse ['blu:zə] *f* blusa *f*
Blut [blu:t] *n* sangre *f; blaues ~ haben* ser de sangre azul/ser noble; *~ geleckt haben* coger el gusto; *~ und Wasser schwitzen* sudar la gota gorda; *~ sehen wollen* querer ver correr la sangre; *ins ~ gehen* meterse en el cuerpo; *Das liegt ihm im ~.* Lo lleva en la sangre.
Blutdruck ['blu:tdruk] *m MED* presión sanguínea *f*
Blüte ['bly:tə] *f BOT* flor *f; in der ~ seiner Jahre* en la flor de la vida
bluten ['blu:tən] *v* sangrar
Blütenstaub ['bly:tənʃtaup] *m BOT* polen *m*
Bluterguss ['blu:tɛɐgus] *m MED* hematoma *m,* derrame de sangre *m*
Blutgruppe ['blu:tgrupə] *f MED* grupo sanguíneo *m*
blutig ['blu:tɪç] *adj* **1.** *(mit Blut bedeckt)* ensangrentado
Blutprobe ['blu:tpro:bə] *f MED* prueba de sangre *f,* análisis de sangre *m*
Blutspender(in) ['blu:tʃpɛndɐ(rɪn)] *m/f MED* donante de sangre *m/f*
Blutung ['blu:tuŋ] *f MED* hemorragia *f*
Blutuntersuchung ['blu:tuntɐzu:xuŋ] *f MED* análisis de la sangre *m*
Blutvergießen ['blu:tfɛrgi:sən] *n* derramamiento de sangre *m*
Blutvergiftung ['blu:tfɛrgɪftuŋ] *f MED* septicemia *f,* intoxicación de la sangre *f*
Blutzucker ['blu:ttsukɐ] *m MED* glucemia *f*
Bock [bɔk] *m* **1.** *SPORT* potro *m;* **2.** *ZOOL* macho cabrío *m,* cabrón *m;* **3.** *einen ~ schießen (fig)* cometer un error, meter la pata
Boden ['bo:dən] *m* **1.** *(Erde)* tierra *f;* **2.** *(Fußboden)* piso *m,* suelo *m;* **3.** *(Grund)* base *f,* fundamento *m;* **4.** *am ~ zerstört sein (fig)* estar echo polvo; *festen ~ unter den Füßen haben* tener una base sólida/tener los pies en el suelo; *den ~ unter den Füßen verlieren* perder los estribos; *an ~ gewinnen* ganar terreno; *vor Scham im ~ versinken* caérsele la cara de vergüenza
bodenlos ['bo:dənlo:s] *adj* sin fondo, sin suelo, sin límite, inmenso
Bodenschätze ['bo:dənʃɛtsə] *pl* riquezas del subsuelo *m/pl*
Bodensee ['bo:dənze:] *m* lago de Constanza *m*
Bodenturnen ['bo:dənturnən] *n* ejercicios en el suelo *m/pl*
Böe [bø:] *f* ráfaga *f*
Bogen ['bo:gən] *m* **1.** *(Kurve)* curva *f; einen ~ um etw machen (fig)* evitar algo; *den ~ heraushaben* conocer los manejos; *jdn in hohem ~ hinauswerfen* poner a alguien de patitas en la calle; **2.** *(Waffe)* arco *m; den ~ überspannen*

(*fig*) exceder de cierto límite; **3.** (*Papier*) hoja *f*, pliego *m*; **4.** ARCH arco *m*

Bogenschießen ['bo:gənʃi:sən] *n* SPORT tiro con arco *m*

Bohle ['bo:lə] *f* tabla *f*, madero *m*

Böhme ['bø:mə] *m* bohemio *m*

Böhmen ['bø:mən] *n* GEO Bohemia *f*

böhmisch ['bø:mɪʃ] *adj* bohemio *m*; *Das sind für mich ~e Dörfer.* Es como si me hablaran en chino.

Bohne ['bo:nə] *f* **1.** (*Hülsenfrucht*) judía *f*, fríjol/frijol *m* (*LA*); *~n in den Ohren haben (fig)* estar sordo; *Nicht die ~! (fam)* ¡En absoluto! **2.** (*Kaffeebohne*) grano de café *m*

Bohnenkaffee ['bo:nənkafe:] *m* café auténtico *m*

bohnern ['bo:nɐn] *v* encerar

bohren ['bo:rən] *v* horadar, agujerear

Bohrer ['bo:rɐ] *m* TECH taladro *m*, barreno *m*

Bohrinsel ['bo:ɐɪnzəl] *f* plataforma petrolera *f*

Boiler ['bɔylɐ] *m* TECH termosifón *m*, calentador de agua *m*

Boje ['bo:jə] *f* boya *f*

bolivianisch [boli'vja:nɪʃ] *adj* boliviano

Bolivien [bo'li:vjən] *n* GEO Bolivia *f*

Bolzen ['bɔltsən] *m* TECH perno *m*, bulón *m*, clavija *f*

Bombe ['bɔmbə] *f* MIL bomba *f*

Bon [bɔŋ] *m* **1.** bono *m*; **2.** (*Kassenbon*) vale *m*

Bonbon [bɔ̃'bɔ̃] *n* caramelo *m*

Bonus ['bo:nus] *m* FIN bono *m*, gratificación *f*, prima *f*

Bonze ['bɔntsə] *m* (*fam*) jefazo *m*, mandamás *m*

Boom [bu:m] *m* ECO boom *m*, alta coyuntura *f*

Boot [bo:t] *n* bote *m*, barca *f*, lancha *f*, barco *m*

Bord[1] [bɔrt] *n* (*Brett*) estante *m*

Bord[2] [bɔrt] *m* **1.** bordo *m*; *an ~* a bordo; *etw über ~ werfen (fig)* arrojar algo por la borda; **2.** (*Einfassung*) borde *m*, contorno *m*

Bordell [bɔr'dɛl] *n* prostíbulo *m*, burdel *m*

Bordkarte ['bɔrtkartə] *f* tarjeta de embarque *f*

Bordstein ['bɔrtʃtaɪn] *m* bordillo de la acera *m*

borgen ['bɔrgən] *v* **1.** (*verleihen*) prestar, dejar, facilitar; **2.** (*entleihen*) tomar prestado, prestarse

Borke ['bɔrkə] *f* corteza *f*, costra *f*

borniert [bɔr'ni:rt] *adj* torpe, estúpido, idiota, duro de mollera

Börse ['børzə] *f* **1.** (*Geldbörse*) bolsa *f*, portamonedas *m*, monedero *m*; **2.** FIN bolsa *f*

Börsenkurs ['bœrzənkurs] *m* FIN cotización bursátil *f*, cambio *m*

Börsenmakler(in) ['bœrzənma:klɐ(rɪn)] *m/f* FIN corredor(a) de bolsa *m/f*, agente de cambio y bolsa *m/f*

Borste ['bɔrstə] *f* cerda *f*

Borte ['bɔrtə] *f* ribete *m*

bösartig ['bø:sartɪç] *adj* **1.** malo; **2.** MED maligno

Bösartigkeit ['bø:sartɪçkaɪt] *f* malicia *f*, maldad *f*

Böschung ['bœʃuŋ] *f* talud *m*

böse ['bø:zə] *adj* **1.** (*verärgert*) enfadado, disgustado; **2.** (*schlimm*) malo, terrible

boshaft ['bo:shaft] *adj* malo, maligno

Bosheit ['bo:shaɪt] *f* malicia *f*, maldad *f*

böswillig ['bø:svɪlɪç] *adj* **1.** malévolo, malintencionado; **2.** JUR culpable, malicioso

Botanik [bo'ta:nɪk] *f* botánica *f*

botanisch [bo'ta:nɪʃ] *adj* botánico

Bote ['bo:tə] *m* mensajero *m*, correo *m*

Botin ['bo:tɪn] *f* mensajera *f*

Botschaft ['bo:tʃaft] *f* **1.** (*Nachricht*) noticia *f*, mensaje *m*; **2.** POL embajada *f*

Botschafter(in) ['bo:tʃaftɐ(rɪn)] *m/f* POL embajador(a) *m/f*

Boulevardzeitung [bulə'va:rtsaɪtuŋ] *f* periódico sensacionalista *m*

Boullion [bul'jɔ̃] *f* GAST caldo *m*

Bowle ['bo:lə] *f* ponchera *f*, bol *m*

boxen ['bɔksən] *v* boxear

Boxkampf ['bɔkskampf] *m* SPORT boxeo *m*, pugilato *m*

Boykott [bɔy'kɔt] *m* boicot/boicoteo *m*

boykottieren [bɔykɔ'ti:rən] *v* boicotear

Branche ['brɑ̃ʒə] *f* ECO ramo *m*

Brand [brant] *m* fuego *m*, incendio *m*

Brandbekämpfung ['brantbəkɛmpfuŋ] *f* lucha contra incendios *f*

brandeilig [brant'aɪlɪç] *adj* (*fam*) urgentísimo

B

Brandsalbe ['brantzalbə] *f MED* pomada para quemaduras *f*
Brandstiftung ['brantʃtɪftuŋ] *f* incendio intencionado *m,* incendio provocado *m*
Brandung ['branduŋ] *f* embate de olas *m,* rompiente del mar *m*
Brandwunde ['brantvundə] *f MED* quemadura *f*
Branntwein ['brantvaɪn] *m* aguardiente *m,* brandy *m*
Brasilianer(in) [brazil'ja:nɐ(rɪn)] *m/f* brasileño/brasileña *m/f,* brasilero/brasilera *m/f*
brasilianisch [brazil'ja:nɪʃ] *adj* brasileño, brasilero
Brasilien [bra'zi:ljən] *n GEO* Brasil *m*
Bratapfel ['bra:tapfəl] *m* manzana asada *f*
braten ['bra:tən] *v irr* **1.** *(im Ofen)* asar; **2.** *(in Fett)* freír
Braten ['bra:tən] *m* asado *m; den ~ riechen (fig)* olerse el pastel
Bratenfleisch ['bra:tənflaɪʃ] *n* carne asada *f,* carne del asado *f*
Bratensoße ['bra:tənzo:sə] *f* salsa del asado *f,* jugo del asado *m*
Bratfisch ['bra:tfɪʃ] *m* pescado frito *m*
Brathuhn ['bra:thu:n] *n* pollo asado *m*
Bratkartoffeln ['bra:tkartɔfəln] *pl* patatas fritas *f/pl,* papas fritas *f/pl (LA)*
Bratpfanne ['bra:tpfanə] *f* sartén *f*
Bratrost ['bra:trɔst] *m* parrilla *f*
Bratspieß ['bra:tʃpi:s] *m* asador *m,* broqueta *f,* pinchito *m*
Bratwurst ['bra:tvurst] *f* salchicha *f,* salchicha asada/frita *f,* chorizo *m*
Brauch ['braux] *m* uso *m,* costumbre *f,* tradition *f*
brauchbar ['brauxba:ɐ] *adj* útil, aprovechable
brauchen ['brauxən] *v* **1.** *(nötig haben)* necesitar, precisar, estar necesitado de; **2.** *(benutzen)* usar, utilizar, emplear; **3.** *(müssen)* tener que, hacer falta; *Du brauchst nicht zu kommen.* No tienes que venir.
Brauchtum ['brauxtu:m] *n* usos *m/pl,* costumbres *f/pl,* folklore *m*
Braue ['brauə] *f* ceja *f*
brauen ['brauən] *v* fabricar cerveza
Brauerei [brauɐ'raɪ] *f* cervecería *f*
Brauindustrie ['brauindustri:] *f ECO* industria cervecera *f*
braun [braun] *adj* **1.** *(Farbe)* marrón, pardo; **2.** *(sonnengebräunt)* bronceado, tostado, moreno; **3.** *(Haar)* castaño; **4.** *(Person, Haut)* moreno
Bräune ['brɔynə] *f* **1.** *(Hautfarbe)* tez morena *f;* **2.** *(Sonnenbräune)* tez bronceada *f*
bräunen ['brɔynən] *v sich ~* broncearse, ponerse moreno
Braunkohle ['braunko:lə] *f MIN* lignito *m*
Brause ['brauzə] *f* **1.** *(einer Dusche)* ducha *f;* **2.** *(Getränk)* gaseosa *f*
brausen ['brauzən] *v* **1.** *(duschen) sich ~* ducharse; **2.** *(rasen)* ir a toda velocidad, ir como un bólido
Braut [braut] *f* **1.** novia *f; ~werbung* petición de mano *f;* **2.** *(Versprochene)* prometida *f;* **3.** *(am Hochzeitstag)* desposada *f*
Bräutigam [brɔytɪgam] *m* novio *m*
Brautjungfer ['brautjuŋfɐ] *f* doncella de honor *f,* dama de honor *f*
Brautkleid ['brautklaɪt] *n* vestido de novia *m,* traje de novia *m,* traje de boda *m*
Brautpaar ['brautpa:ɐ] *n* novios *m/pl*
brav [bra:f] *adj* bueno, valiente, honrado
bravo ['bra:vo] *interj* bravo, olé, viva
bravourös [bravu'rø:s] *adj* magistral, magnífico, brillante, soberbio
brechen ['brɛçən] *v irr* **1.** *(abbrechen)* romper, quebrar; **2.** *(sich übergeben)* vomitar, arrojar; **3.** *(fig: Vertrag)* quebrantar, romper; **4.** *(Knochen) sich etw ~ MED* fracturarse algo, romperse algo
Brei [braɪ] *m* **1.** puré *m,* masa *f,* pasta *f; um den heißen ~ herumreden (fig)* andarse con rodeos; *jdm ~ ums Maul schmieren (fam)* hacerle la pelota a alguien/adular a alguien; **2.** *(Kinderbrei)* papilla *f*
breit [braɪt] *adj* **1.** ancho, vasto, espacioso; *sich ~ machen* arrellanarse, ocupar mucho sitio, instalarse cómodamente; **2.** *(Stoffe)* ancho; **3.** *(ausgedehnt)* amplio, extenso
breitbeinig ['braɪtbaɪnɪç] *adj* patiabierto, abierto de piernas, esparrancado

B

Breite ['braɪtə] *f* ancho *m,* extensión *f,* amplitud *f; in die ~ gehen* engordar
Breitengrad ['braɪtəngra:t] *m* GEOL grado de latitud *m*
Bremsbelag ['brɛmsbəla:k] *m* TECH guarnición de freno *f*
Bremse[1] ['brɛmzə] *f* TECH freno *m; Die ~n funktionieren nicht richtig.* Los frenos no funcionan bien.
Bremse[2] ['brɛmzə] *f* ZOOL tábano *m*
bremsen ['brɛmzən] *v* frenar; *sich ~ können* poderse contener
Bremslicht ['brɛmslɪçt] *n* TECH luz de freno *f*
brennbar ['brɛnba:r] *adj* combustible, inflamable
brennen ['brɛnən] *v irr* **1.** quemar, arder; **2.** *(Licht)* estar encendida; **3.** *(Wunde)* escocer, arder; **4.** *(Schnaps)* destilar
Brennglas ['brɛngla:s] *n* espejo ustorio *m*
Brennmaterial ['brɛnmaterja:l] *n* combustible *m*
Brennnessel ['brɛnnɛsəl] *f* BOT ortiga *f*
Brennpunkt ['brɛnpuŋkt] *m* foco *m*
Brennstoff ['brɛnʃtɔf] *m* combustible *m*
brenzlig ['brɛntslɪç] *adj* oler a quemado, saber a quemado
Brett ['brɛt] *n* tabla *f,* plancha *f; ein ~ vor dem Kopf haben (fig)* ser corto
Bretterzaun ['brɛtɐtsaun] *m* valla *f,* cerca *f,* empalizada *f*
Brezel ['bre:tsəl] *f* rosquilla *f,* rosca *f*
Brief [bri:f] *m* carta *f; ~ und Siegel geben* comprometerse a hacer algo; *blauer ~* aviso de despido *m,* amonestación escolar *f*
Briefgeheimnis ['bri:fgəhaɪmnɪs] *n* secreto postal *m*
Briefkasten ['bri:fkastən] *m* buzón *m*
Briefkopf ['bri:fkɔpf] *m* **1.** encabezamiento *m;* **2.** *(gedruckt)* membrete *m*
Briefmarke ['bri:fmarkə] *f* sello postal *m,* estampilla *f (LA)*
Briefpapier ['bri:fpapi:ɐ] *n* papel de cartas *m*
Brieftasche ['bri:ftaʃə] *f* cartera *f,* billetero *m*
Briefträger(in) ['bri:ftrɛ:gɐ(rɪn)] *m/f* cartero/cartera *m/f*
Briefumschlag ['bri:fumʃla:k] *m* sobre *m*
Briefwechsel ['bri:fvɛksəl] *m* correspondencia *f,* carteo *m*
Brikett [bri'kɛt] *n* briqueta *f,* aglomerado de carbón *m*
brillant [brɪl'jant] *adj* brillante, reluciente
Brillant [brɪl'jant] *m* brillante *m*
Brille ['brɪlə] *f* gafas *f/pl,* anteojos *m/pl,* lentes *m/pl (LA)*
Brillengestell ['brɪləngəʃtɛl] *n* montura *f*
Brillengläser ['brɪlənglɛzɐ] *pl* cristales de gafas *m/pl*
Brillenträger(in) ['brɪləntrɛ:gɐ(rɪn)] *m/f* portador(a) de gafas *m/f,* persona que lleva gafas *f*
bringen ['brɪŋən] *v irr* **1.** llevar, transportar; **2.** *(begleiten)* acompañar a, ir con; **3.** *(Gewinn)* producir, arrojar
brisant [bri'zant] *adj* explosivo
Brise ['bri:zə] *f* brisa *f*
Brite ['bri:tə] *m* inglés *m*
britisch ['bri:tɪʃ] *adj* inglés, británico
Britische Inseln ['bri:tɪʃə 'ɪnzəln] *pl* GEO Islas Británicas *f/pl*
bröckeln ['brœkəln] *v* desmigar/desmigarse, desmenuzar/desmenuzarse, desmigajar/desmigajarse
Brocken ['brɔkən] *m* **1.** trozo *m,* pedazo *m;* **2.** *(fam: Bissen)* bocado *m*
brodeln ['bro:dəln] *v* hervir a borbotones, burbujear
Brokkoli ['brokolɪ] *m* BOT brócoli *m*
Brombeere ['brɔmbe:rə] *f* BOT zarzamora *f*
bronchial [brɔn'ça:l] *adj* bronquial
Bronchie ['brɔnçiə] *f* ANAT bronquios *m/pl*
Bronchitis [brɔn'çi:tɪs] *f* MED bronquitis *f*
Bronze ['brɔ̃sə] *f* MET bronce *m*
Brosche ['brɔʃə] *f* prendedor *m,* broche *m*
Broschüre [brɔ'ʃy:rə] *f* folleto *m*
Brot [bro:t] *n* pan *m; sich sein tägliches ~ verdienen* ganarse el pan de cada día
Brotaufstrich ['bro:taufʃtrɪç] *m* untada *f*
Brötchen ['brø:tçən] *n* panecillo *m,* pancito *m (LA)*
Broterwerb ['bro:tɛɐvɛrp] *m* ganapán *m*

B

Brotkruste ['bro:tkrustə] *f* borde del pan *m*
Brotlaib ['bro:tlaɪp] *m* hogaza *f*
brotlos ['bro:tlo:s] *adj* sin pan, sin recursos
Brotscheibe ['bro:tʃaɪbə] *f* rebanada *f*
Browser ['brauzɐ] *m INFORM* navegador *m*, explorador *m*, visualizador *m*
Bruch [brux] *m* **1.** rotura *f; zu ~ gehen* quedar destrozado; **2.** *(Vertragsbruch) JUR* violación *f;* **3.** *MATH* fracción *f;* **4.** *(Knochenbruch) MED* fractura *f*
brüchig ['bryçɪç] *adj* quebradizo, frágil
bruchrechnen ['bruxreçnən] *v MATH* calcular fracciones
Bruchstelle ['bruxʃtɛlə] *f* punto de rotura *m*, sitio de fractura *m*
Bruchteil ['bruxtaɪl] *m* fracción *f*
Brücke ['brykə] *f* **1.** puente *m; alle ~n hinter sich abbrechen* quemar las naves; **2.** *(Teppich)* alfombra pequeña *f*, alfombra corta *f;* **3.** *(Zahnbrücke) MED* puente *m*
Brückenbau ['brykənbau] *m TECH* construcción de puentes *f*
Bruder ['bru:dɐ] *m* hermano *m*
brüderlich ['bry:dɐlɪç] *adj* fraternal
Brühe ['bry:ə] *f* caldo *m*
brüllen ['brylən] *v* rugir; *zum ~ sein* estar para morirse de la risa; *~ wie am Spieß* llorar a grito pelado
brummen ['brumən] *v* **1.** *(Lebewesen)* gruñir; *in den Bart ~* hablar entre dientes; **2.** *(Instrument) MUS* vibrar
brummig ['brumɪç] *adj* gruñón, renegón
brünett [bry'nɛt] *adj* castaño, moreno
Brunnen ['brunən] *m* pozo *m*, fuente *f*, manantial *m*
Brunst ['brunst] *f* celo *m*, ardor *m*
brüsk ['brysk] *adj* brusco, grosero
brüskieren [brys'ki:rən] *v* desairar, provocar
Brüssel ['brysəl] *n* Bruselas *f*
Brust [brust] *f* **1.** pecho *m; mit geschwellter ~* todo orgulloso; *einen zu ~ nehmen (fig)* tomarse unas copas; **2.** *(Busen)* seno *m*
brüsten ['brystən] *v sich ~* pavonearse, ufanarse, vanagloriarse
Brustkorb ['brustkɔrp] *m ANAT* tórax *m*
Brustkrebs ['brustkre:ps] *m MED* cáncer de mama *m*
Brustschwimmen ['brustʃvɪmən] *n SPORT* natación a braza *f*
Brüstung ['brystuŋ] *f* pretil *m*, baranda *f*
Brustwarze ['brustvartsə] *f* **1.** *(weibliche) ANAT* pezón *m;* **2.** *(männliche) ANAT* tetilla *f*
Brut [bru:t] *f* incubación *f*
brutal [bru'ta:l] *adj* brutal, salvaje
Brutalität [brutalɪ'tɛ:t] *f* brutalidad *f*, salvajismo *m*
brüten ['bry:tən] *v* incubar, empollar
Brüter ['bry:tɐ] *m Schneller ~ TECH* reactor rápido *m*, superregenerador *m*
brutto ['bruto] *adj* bruto
Bruttoeinkommen ['brutoaɪnkɔmən] *n FIN* ingreso bruto *m*
Bruttosozialprodukt ['brutozo'tsja:lprodukt] *n (BSP) ECO* producto nacional bruto (PNB) *m*
Buch [bu:x] *n* libro *m; wie ein ~ reden* habla como un sacamuelas; *wie es im ~e steht* modélico; *ein ~ mit sieben Siegeln* un misterio *m; ein offenes ~ für jdn sein* ser para alguien como un libro abierto
Buchbinder(in) ['bu:xbɪndɐ(rɪn)] *m/f* encuadernador(a) *m/f*
Bucheinband ['bu:xaɪnbant] *m* encuadernación *f*
buchen ['bu:xən] *v* contabilizar, sentar en cuenta
Bücherei [by:çɐ'raɪ] *f* biblioteca *f*
Büchernarr ['by:çɐnar] *m* bibliómano *m*
Bücherregal ['by:çɐrega:l] *n* estante *m*, estantería *m*, librería *f*
Bücherschrank ['by:çɐʃraŋk] *m* armario para libros *m*, librería *f*
Buchführung ['bu:xfy:ruŋ] *f ECO* teneduría de libros *f*, contabilidad *f*
Buchhalter(in) ['bu:xhaltɐ(rɪn)] *m/f ECO* contable *m/f*, contador(a) *m/f (LA)*
Buchhaltung ['bu:xhaltuŋ] *f* contabilidad *f*, servicio de contabilidad *m*
Buchhandel ['bu:xhandəl] *m* comercio de libros *m*
Buchhändler(in) ['bu:xhɛndlər(ɪn)] *m/f* librero/librera *m/f*
Buchhandlung ['bu:xhandluŋ] *f* librería *f*

Buchmesse ['bu:xmɛsə] *f* feria del libro *f*
Buchprüfung ['bu:xpry:fuŋ] *f* ECO revisión de cuentas *f*, control de cuentas *m*
Büchse ['byksə] *f* **1.** caja *f*, bote *m*; **2.** *(Blechbüchse)* lata *f*
Büchsenöffner ['byksənœfnɐ] *m* abrelatas *m*
Buchstabe ['bu:xʃta:bə] *m* letra *f*; *sich auf seine vier ~n setzen (fam)* ponerse sobre sus asentaderas
buchstabieren [bu:xʃta'bi:rən] *v* deletrear
buchstäblich ['bu:xʃtɛ:plɪç] *adj* literal, textual
Bucht [buxt] *f* bahía *f*, ensenada *f*, rada *f*
Buchtitel ['bu:xti:təl] *m* título de un libro *m*
Buchung ['bu:xuŋ] *f* **1.** *(Bestellung)* reserva *f*; **2.** ECO contabilización *f*
Buckel ['bukəl] *m* joroba *f*, corcova *f*, gibosidad *f*; *einen breiten ~ haben* tener mucho aguante; *etw auf dem ~ haben* llevar algo sobre las espaldas; *Rutsch mir den ~ runter!* ¡Vete al diablo! *(fam)*
bücken ['bykən] *v sich ~* inclinarse, agacharse
Bude ['bu:də] *f* puesto *m*, caseta *f*; *jdm auf die ~ rücken* personarse en casa de alguien para pedirle aclaraciones; *jdm die ~ einrennen* visitar a alguien permanentemente; *eine sturmfreie ~ haben* tener un cuarto independiente; *die ~ auf den Kopf stellen* poner la casa patas arriba; *Mir fällt die ~ auf den Kopf.* Se me cae la casa encima.
Budget [by'dʒe:] *n* ECO presupuesto *m*
Büfett [by'fe:] *n* aparador *m*, bufete *m*
Büffel ['byfəl] *m* ZOOL búfalo *m*
büffeln ['byfəln] *v* empollar (fam), memorizar, repasar; *~ wie ein Stier* quemarse las pestañas/cejas
Bügel ['by:gəl] *m* percha *f*
Bügelbrett ['by:gəlbrɛt] *n* tabla de planchar *f*
Bügeleisen ['by:gəlaɪzən] *n* plancha *f*
Bügelfalte ['by:gəlfaltə] *f* raya del pantalón *f*
bügeln ['by:gəln] *v* planchar
Bühne ['by:nə] *f* teatro *m*; *etw glatt über die ~ bringen* despachar algo rápidamente
Bühnenbild ['by:nənbɪlt] *n* THEAT decorado *m*, escenografía *f*
Buhruf ['bu:ru:f] *m* abucheo *m*, chifla *f*
Bulgarien [bul'ga:rjən] *n* GEO Bulgaria *f*
bulgarisch [bul'ga:rɪʃ] *adj* búlgaro
Bulldozer ['buldo:zɐ] *m* TECH niveladora *f*, bulldozer *m*
Bulle ['bulə] *m* **1.** ZOOL toro *m*; **2.** *(fam: Polizist)* polizonte *m*
bullig ['bulɪç] *adj* fornido, atlético
Bummel ['buməl] *m* paseo ocioso *m*, callejeo *m*
bummeln ['buməln] *v* callejear, vagar
Bummelstreik ['buməlʃtraɪk] *m* huelga de celo *f*
Bummelzug ['buməltsu:k] *m* *(fam)* tren lento *m*
Bumerang ['bumәraŋ] *m* bumerán *m*
bumsen ['bumzən] *v* **1.** *(stoßen)* estrellarse, dar contra algo; **2.** *(fam)* follar, joder
Bund [bunt] *m* **1.** *(Rockbund)* pretina *f*; **2.** POL alianza *f*, confederación *f*; *den ~ fürs Leben schließen* contraer matrimonio; *mit jdm im ~ stehen* estar aliado con alguien
Bündchen ['byntçən] *n* puño *m*
Bündel ['byndəl] *n* envoltorio *m*
Bundes... ['bundəs] *adj* federal
Bundesbank ['bundəsbaŋk] *f* Banco Federal Alemán *m*
Bundesgebiet ['bundəsgəbi:t] *n* territorio federal *m*
Bundesgrenze ['bundəsgrɛntsə] *f* POL frontera federal *f*
Bundeskanzler(in) ['bundəskantslɐ(rɪn)] *m/f* POL canciller federal *m/f*
Bundesland ['bundəslant] *n* POL estado federal *m*
Bundesliga ['bundəsli:ga] *f* SPORT liga *f*, primera división *f*
Bundesminister(in) ['bundəsminɪstɐ(rɪn)] *m/f* POL ministro federal/ministra federal *m/f*
Bundespräsident(in) ['bundəsprɛzidɛnt(ɪn)] *m/f* POL presidente federal/presidenta federal *m/f*
Bundesrat ['bundəsra:t] *m* POL Consejo Federal *m*, Cámara Alta Alemana *f*
Bundesrepublik ['bundəsrepubli:k] *f* POL República Federal de Alemania *f*

B

Bundestag ['bundəsta:k] *m POL* Parlamento Federal *m*
Bundeswehr ['bundəsve:ɐ] *f MIL* Ejército Federal *m*
bündig ['byndɪç] *adj* **1.** *(kurz)* conciso, breve; **2.** *~ abschließen* enrasado, a ras
Bündnis ['byntnɪs] *n POL* alianza *f*
Bungalow ['buŋgalo] *m* bungalow/ bungaló *m*
Bunker ['buŋkɐ] *m MIL* búnker *m*, fortín *m*, refugio antiaéreo *m*
bunt [bunt] *adj* en colores, multicolor, de colores; *Mir wird es jetzt zu ~!* ¡Eso pasa de castaño oscuro!
Buntstift ['buntʃtɪft] *m* lápiz de color *m*
Buntwäsche ['buntvɛʃə] *f* ropa de color *f*
Burg [burk] *f* castillo *m*, fortaleza *f*
Bürge ['byrgə] *m ECO* fiador *m*, garante *m*
bürgen ['byrgən] *v* fiar, garantizar
Bürger(in) ['byrgɐ(rɪn)] *m/f* ciudadano/ ciudadana *m/f*
Bürgerinitiative ['byrgɐinitsjati:və] *f* iniciativa ciudadana *f*, iniciativa de ciudadanos *f*, iniciativa popular *f*
Bürgerkrieg ['byrgɐkri:k] *m MIL* guerra civil *f*
bürgerlich ['byrgɐlɪç] *adj* **1.** *(mittelständisch)* burgués, de la clase media; **2.** *(gesetzlich) JUR* civil
Bürgermeister(in) ['byrgɐmaɪstɐ(rɪn)] *m/f* alcalde(sa) *m/f*
Bürgertum ['byrgɐtu:m] *n* ciudadanía *f*
Bürgerversammlung ['byrgɐfɛɐzamluŋ] *f* reunión ciudadana *f*, reunión de ciudadanos *f*
Burgfriede ['burkfri:də] *m (fig)* tregua política *f*
Burn-out-Syndrom [bœrn'autsyndro:m] *n* síndrome de burnout *m*, síndrome del trabajador quemado *m*
Büro [by'ro:] *n* oficina *f*, despacho *m*
Büroangestellte(r) [by'ro:angəʃtɛltə(-ɐ)] *m/f* empleado de oficina/ empleada de oficina *m/f*, oficinista *m/f*
Büroarbeit [by'ro:arbaɪt] *f* trabajo de oficina *m*
Bürokrat(in) [byro'kra:t(ɪn)] *m/f* burócrata *m/f*
Bürokratie [byrokra'ti:] *f* burocracia *f*
bürokratisch [byro'kra:tɪʃ] *adj* burocrático
Büroraum [by'ro:raum] *m* oficina *f*
Büroschluss [by'ro:ʃlus] *m* cierre *m*, hora de cierre de la oficina *m*
Bursche ['burʃə] *m* muchacho *m*, chico *m*, joven *m*, mozo *m*
Burschenschaft ['burʃənʃaft] *f* asociación de estudiantes *f*
burschikos [burʃi'ko:s] *adj* desenvuelto, campechano
Bürste ['byrstə] *f* cepillo *m*
bürsten ['byrstən] *v* cepillar
Bus [bus] *m* bus *m*, autobús *m*
Busbahnhof ['busba:nho:f] *m* estación de autobuses *f*
Busch [buʃ] *m* **1.** mata *f*, arbusto *m*; *Da ist etw im ~.* *(fig)* Allí hay gato encerrado. **2.** *(Urwald)* selva *f*
Busen ['bu:zən] *m ANAT* seno *m*, pecho *m*; *am ~ der Natur* en plena naturaleza
Busfahrer(in) ['busfa:rɐ(rɪn)] *m/f* conductor(a) de autobús *m/f*
Bushaltestelle ['bushaltəʃtɛlə] *f* parada de autobuses *f*
Buße ['bu:sə] *f* penitencia *f*
büßen ['by:sən] *v* expiar, hacer penitencia
Bußgeld ['bu:sgɛlt] *n* multa *f*
Büste ['by:stə] *f* busto *m*
Büstenhalter ['by:stənhaltɐ] *m* sostén *m*, brasier *m (LA)*, sujetador *m*
Butter ['butɐ] *f* mantequilla *f*; *sich nicht die ~ vom Brot nehmen lassen (fig)* no dejarse quitar el pan de la boca; *Alles in ~.* Todo va a pedir de boca.
Butterbrot ['butɐbro:t] *n* pan con mantequilla *m*; *jdm etw aufs ~ schmieren* reprochar algo a alguien
Butterdose ['butɐdo:zə] *f* mantequera *f*, mantequillera *f (LA)*

C

Cadmium ['katmɪum] *n CHEM* cadmio *m*
Café [ka'feː] *n* café *m* bar *m*
Cafeteria [kafete'riːa] *f* cafetería *f*
campen ['kɛmpən] *v* acampar, hacer camping
Camper ['kɛmpɐ] *m* campista *m*
Camping ['kɛmpɪŋ] *n* camping *m*
Campingbus ['kɛmpɪŋbus] *m* caravana *f*
Campingplatz ['kɛmpɪŋplats] *m* lugar de camping *m*
Cäsium ['tsɛːzɪum] *n CHEM* cesio *m*
Castingshow ['kaːstiŋʃoː] *f TEL* programa (televisivo) de talentos *m*, concurso *m*
CD [tse'deː] *f* disco compacto *m*
CD-ROM [tseːdeː'rɔm] *f INFORM* CD-ROM *m*
CD-Spieler [tse'deːʃpiːlɐ] *m* reproductor de disco compacto *m*
Cello ['tsɛloː] *n MUS* violonc(h)elo *m*
Celsiusgrad ['tsɛlzjusgraːt] *m PHYS* grados centígrados *m/pl*, grados Celsius *m/pl*
Cembalo ['tʃɛmbalo] *n MUS* clavicémbalo *m*
Chamäleon [ka'mɛːljon] *n ZOOL* camaleón *m*
Champagner [ʃam'panjɐ] *m* champaña *m*, champán *m*
Champignon ['ʃampɪnjɔ̃] *m BOT* champiñón *m*
Champion ['tʃɛmpɪən] *m SPORT* campeón *m*
Chance ['ʃɑ̃sə] *f* oportunidad *f*, ocasión *f*, chance *m/f*
Chaos ['kaːɔs] *n* caos *m*
Chaot(in) [ka'oːt(ɪn)] *m/f* caótico/caótica *m/f*
chaotisch [ka'oːtɪʃ] *adj* **1.** caótico; *adv* **2.** caóticamente
Charakter [ka'raktɐ] *m* carácter *m*
charakterfest [ka'raktɐfɛst] *adj* entero, de carácter firme
charakterisieren [karaktɐri'ziːrən] *v* caracterizar
charakteristisch [karaktɐ'rɪstɪʃ] *adj* característico
charakterlos [ka'raktɐloːs] *adj* sin carácter, sin principios morales
Charakterschwäche [ka'raktɐʃvɛçə] *f* debilidad de carácter *f*
Charakterstärke [ka'raktɐʃtɛrkə] *f* fuerza de carácter *f*, entereza *f*
Charakterzug [ka'raktɐtsuːk] *m* rasgo característico *m*
charmant [ʃar'mant] *adj* encantador, atractivo, agradable
Charme [ʃarm] *m* encanto *m*, atractivo *m*; *Ich kann deinem ~ nicht widerstehen.* No puedo resistir tus encantos.
Charterflug ['tʃartɐfluːk] *m* vuelo chárter *m*, avión fletado *m*
chartern ['tʃartɐn] *v* ir en vuelo chárter
Charts ['tʃarts] *pl MUS* superventas *m/pl*
Chassis [ʃa'siː] *n TECH* chasis *m*, bastidor *m*
Chat [tʃɛt] *m INFORM* chat *m*, cibercharla *f*
chatten ['tʃɛtən] *v INFORM* chatear
Chauffeur [ʃɔ'føːɐ] *m* chófer *m*, conductor *m*
Chauvinismus [ʃovi'nɪsmus] *m* chauvinismo *m*, patriotería *f*
chauvinistisch [ʃovi'nɪstɪʃ] *adj* chauvinista, patriotero
Chef(in) [ʃɛf(ɪn)] *m/f* jefe/jefa *m/f*, patrón/patrona *m/f*
Chefarzt ['ʃɛfartst] *m* médico jefe *m*
Chefredakteur(in) ['ʃɛfredaktøːɐ(-rɪn)] *m/f* redactor jefe/redactor jefa *m/f*, jefe de redacción/jefa de redacción *m/f*
Chefsekretär(in) ['ʃɛfzekretɛːɐ(-rɪn)] *m/f* secretario de dirección/secretaria de dirección *m/f*
Chemie [çe'miː] *f* química *f*
Chemiefaser [çe'miːfaːzɐ] *f* fibra química *f*
Chemieindustrie [çe'miːindustriː] *f* industria química *f*
Chemikalie [çemɪ'kaːljə] *f* productos químicos *m/pl*, sustancias químicas *f/pl*

C

Chemiker(in) ['çeːmɪkɐ(rɪn)] *m/f* químico/química *m/f*
chemisch ['çeːmɪʃ] *adj* químico
chemische Reinigung ['çeːmɪʃə 'raɪnɪguŋ] *f* limpieza en seco *f*
Chemotherapie ['çeːmoteːrapiː] *f MED* quimioterapia *f*
Chiffre ['ʃɪfrə] *f* cifra *f*
chiffrieren [ʃɪ'friːrən] *v* cifrar
Chile ['tʃiːle] *n GEO* Chile *m*
Chilene [tʃɪ'leːnə] *m* chileno *m*
Chilenin [tʃɪ'leːnɪn] *f* chilena *f*
chilenisch [tʃɪ'leːnɪʃ] *adj* chileno
China ['çiːna] *n GEO* China *f*
Chinese [çɪ'neːzə] *m* chino *m*
Chinesin [çɪ'neːzɪn] *f* china *f*
chinesisch [çɪ'neːzɪʃ] *adj* chino
Chinesisch [çɪ'neːzɪʃ] *n* chino *m*
Chinin [çɪ'niːn] *n MED* quinina *f*
Chip [tʃɪp] *m* **1.** *(Kartoffelchip)* patatas fritas *f/pl*, papitas chips *f/pl (LA)*; **2.** *INFORM* chip *m*
Chipkarte ['tʃɪpkartə] *f INFORM* tarjeta chip *f*
Chirurg(in) [çi'rurg(ɪn)] *m/f* cirujano/cirujana *m/f*
Chirurgie [çirur'giː] *f* cirugía *f*
chirurgisch [çi'rurgɪʃ] *adj* quirúrgico
Chlor [kloːr] *n CHEM* cloro *m*
chlorhaltig ['kloːɐhaltɪç] *adj CHEM* clorado, cloroso
Chlorkalzium ['kloːɐkaltsjum] *n CHEM* cloruro cálcico *m*
Chloroform [kloːro'fɔrm] *n CHEM* cloroformo *m*
Chlorophyll [kloːro'fyl] *n CHEM* clorofila *f*
Cholera ['koːləra] *f MED* cólera *m*
Choleriker [ko'leːrɪkɐ] *m* colérico *m*
cholerisch [ko'leːrɪʃ] *adj* colérico
Cholesterin [koləstɐ'riːn] *n MED* colesterol *m*
Chor [koːɐ] *m* coro *m*
Choral [ko'raːl] *m MUS* canto coral *m*
Choreografie [koːreogra'fiː] *f* coreografía *f*
Chorleiter(in) ['koːɐlaɪtɐ(rɪn)] *m/f* director(a) de coro *m/f*
Christ(in) [krɪst/'krɪstɪn] *m/f REL* cristiano/cristiana *m/f*
Christbaum ['krɪstbaum] *m* árbol de Navidad *m*
Christenheit ['krɪstənhaɪt] *f REL* cristiandad *f*
christlich ['krɪstlɪç] *adj REL* cristiano
Christus ['krɪstus] *m REL* Cristo *m*, Jesucristo *m*
Chrom [kroːm] *n CHEM* cromo *m*
Chromosom [kromo'soːm] *n BIO* cromosoma *m*
Chronik ['kroːnɪk] *f* crónica *f*
chronisch ['kroːnɪʃ] *adj* crónico
chronologisch [krono'loːgɪʃ] *adj* cronológico
Chrysantheme [kryzan'teːmə] *f BOT* crisantemo *m*
circa ['tsɪrka] *adv* aproximadamente
Clou [kluː] *m* atracción principal *f*
Clown [klaun] *m* payaso *m*
CO_2-Bilanz [tseːoː'tsvaibi'lants] *f* balance de CO_2 *f*
Cocktail ['kɔkteɪl] *m* cóctel *m*
Code [koːd] *m INFORM* código *m*
Comics ['kɔmɪks] *pl* cómics *m/pl*, tiras cómicas *f/pl*, tebeos *m/pl*
Computer [kom'pjuːtɐ] *m INFORM* ordenador *m*, computadora *f (LA)*
Computertomographie [kom'pjutɐtomografiː] *f MED* tomografía *f*
Computervirus [kom'pjuːtɐviːrus] *m INFORM* virus informático *m*, virus eletrónico *m*
Container [kɔn'teɪnɐ] *m* contenedor *m*
Coup [kuː] *m einen ~ landen* salir perfecto
Cousin(e) [ku'zɛ̃/ku'ziːnə] *m/f* primo/prima *m/f*
Creme ['kreːmə] *f* crema *f*
Cursor ['kœːrsɐ] *m INFORM* cursor *m*
Cyberspace ['saɪbɐspeɪs] *m INFORM* espacio cibernético *m*, ciberespacio *m*

D

da [daː] *adv* **1.** *(örtlich, dort)* allá/allá, ahí, aquí/acá; *~ oben* allá arriba; *Da bin ich!* ¡Aquí estoy! *~ sein* estar presente; **2.** *(zeitlich)* entonces, en aquel tiempo, en aquel momento, en aquella ocasión; *Da schaute er mich an.* Entonces él me miró. *konj* **3.** *(Grund)* puesto que, ya que; *~ er das behauptet hat, ...* puesto que él lo ha afirmado,... **4.** *(zeitlich)* cuando, mientras

dabei [da'baɪ] *adv* **1.** *(zeitlich)* entretanto, en esto; **2.** *(örtlich)* junto, cerca; *Ich habe kein Geld ~.* No tengo dinero encima.

dableiben ['daːblaɪbən] *v irr* quedarse, permanecer

Dach [dax] *n* techo *m*, tejado *m*; *kein ~ über dem Kopf haben (fam)* no tener donde caerse muerto; *mit jdm unter einem ~ leben* vivir con alguien bajo el mismo techo; *einem aufs ~ steigen (fam)* decirle cuatro verdades a alguien

Dachboden ['daxboːdən] *m* desván *m*

Dachfenster ['daxfɛnstɐ] *n* tragaluz *m*, claraboya *f*, lumbrera *f*

Dachgeschoss ['daxgəʃɔs] *m* ático *m*

Dachgesellschaft ['daxgəzɛlʃaft] *f* ECO holding *m*, sociedad matriz *f*

Dachrinne ['daxrɪnə] *f* canalón *m*

Dachs ['daks] *m* ZOOL tejón *m*

Dachstuhl ['daxʃtuːl] *m* entramado del tejado *m*

Dachterrasse ['daxtɛrasə] *f* azotea *f*

Dachträger ['daxtrɛːgɐ] *m* portaequipajes *m*, portamaletas *m*

Dackel ['dakəl] *m* ZOOL perro pachón *m*, perro salchicha *m* (LA)

dadurch [da'durç] *adv* **1.** *(folglich)* por ello, con tal motivo; **2.** *(auf diese Weise)* de esa manera, así

dafür [da'fyːɐ] *adv* **1.** por ello/esto; *Er kann nichts ~.* Él no tiene la culpa por esto. **2.** *(anstatt)* en lugar de, en vez de; **3.** *(als Ausgleich)* en recompensa de ello, a cambio; *Ich gebe Ihnen Geld ~.* Le doy dinero a cambio.

dagegen [da'geːgən] *adv* **1.** *(örtlich)* contra ello, contra esto; **2.** *(im Vergleich)* en comparación; **3.** *(dafür)* en contra, en contra de; *Ich bin strikt ~.* Estoy totalmente en contra de ello. *konj* **4.** *(hingegen)* por el contrario, en cambio

daheim [da'haɪm] *adv* en casa

Daheim [da'haɪm] *n* hogar *m*

daher [da'heːr] *adv* **1.** *(örtlich)* de allí, de allá; **2.** *(kausal)* de ahí, por eso; *konj* **3.** de ahí que, por eso/ello; *Rauchen ist ungesund, ~ ist es ratsam nicht zu rauchen.* Fumar es dañino, por eso se aconseja no fumar.

dahin [da'hɪn] *adv* hacia allí, hacia allá

dahinter [da'hɪntɐ] *adv* **1.** atrás de, detrás de, tras de, a las espaldas de; **2.** *~ kommen* averiguar el secreto, descubrir el secreto; **3.** *~ stecken (örtlich)* estar detrás; **4.** *~ stecken (fig)* estar escondido, haber algo oculto; *Da steckt etwas dahinter.* Aquí hay gato encerrado.

dalassen ['daːlasən] *v irr etw ~* dejar algo en un sitio

damalig ['daːmalɪç] *adj* de entonces, de aquel tiempo

damals ['daːmals] *adv* entonces, en aquel tiempo

Damast [da'mast] *m* damasco *m*

Dame ['daːmə] *f* **1.** *(Frau)* dama *f*; *eine ~ von Welt sein* ser una mujer de mundo; **2.** *(Brettspiel)* juego de damas *m*, dama *f*

damit [da'mɪt] *adv* **1.** con ello, con eso; **2.** *(dadurch)* por eso, por esto; *konj* **3.** a fin de que, para que; *Otto zahlte das Flugticket, ~ sie kommen konnte.* Otto pagó el billete de avión, para que ella pudiese venir.

dämlich ['dɛːmlɪç] *adj (fam)* tonto, estúpido

Damm [dam] *m* presa/represa *f*; *auf dem ~ sein* sentirse bien

dämmen ['dɛmən] *v* terraplenar

dämmerig ['dɛmərɪç] *adj* crepuscular

dämmern ['dɛmɐn] *v* **1.** *(morgens)* amanecer, alborear; **2.** *(abends)* atardecer, anochecer

Dämmerung ['dɛmərʊŋ] *f* **1.** *(Morgendämmerung)* alba *f,* crepúsculo matutino *m,* amanecer *m;* **2.** *(Abenddämmerung)* ocaso *m,* crepúsculo vespertino *m,* anochecer *m*
Dämon ['dɛːmɔn] *m* demonio *m*

D

Dampf [dampf] *m* vapor *m;* ~ *hinter etw machen* darse prisa en algo; ~ *ablassen* desahogarse
dampfen ['dampfən] *v* echar vapores
dämpfen ['dɛmpfən] *v* **1.** *(verringern)* reducir, bajar, disminuir; **2.** GAST rehogar, estofar
Dampfer ['dampfɐ] *m* barco de vapor *m; auf dem falschen* ~ *sein* estar equivocado
Dämpfer ['dɛmpfɐ] *m* amortiguador *m; jdm einen* ~ *aufsetzen* bajar los humos a alguien; *einen* ~ *bekommen* llevarse una desilusión
Dampfmaschine ['dampfmaʃiːnə] *f* máquina de vapor *f,* máquina a vapor *f*
Dämpfung ['dɛmpfʊŋ] *f* **1.** *(Verringerung)* reducción *f,* disminución *f;* **2.** TECH amortiguación *f*
danach [da'naːx] *adv* **1.** *(zeitlich)* después, luego; **2.** *(dementsprechend)* conforme a ello; **3.** *(örtlich)* detrás, después
Däne ['dɛːnə] *m* danés *m*
daneben [da'neːbən] *adv* **1.** *(örtlich)* junto a, al lado de; **2.** *(fig: außerdem)* además, fuera de ello
danebentreffen [da'neːbəntrɛfən] *v irr (fig)* errar el tiro, no acertar
Dänemark ['dɛːnəmark] *n* GEO Dinamarca *f*
Dänin ['dɛːnɪn] *f* danesa *f*
dänisch ['dɛːnɪʃ] *adj* danés
dank [daŋk] *prep* gracias a, debido a
Dank [daŋk] *m* gracias *f/pl*
dankbar ['daŋkbaːɐ] *adj* agradecido
Dankbarkeit ['daŋkbaːɐkaɪt] *f* agradecimiento *m,* gratitud *f,* reconocimiento *m*
danke ['daŋkə] *interj* ¡Gracias! *Vielen Dank!* ¡Muchas gracias! *Nein, ~!* ¡No, gracias!
danken ['daŋkən] *v* agradecer, dar las gracias; *Ich danke Ihnen für den herzlichen Empfang.* Le agradezco la cordial bienvenida.
dankenswert ['daŋkənsveːɐt] *adj* digno de agradecimiento, digno de gratitud
dann [dan] *adv* luego, después
daran [da'ran] *adv* **1.** en ello; *Ich denke daran!* Yo pienso en ello! *gut ~ tun* hacer bien en
darangehen [da'rangeːən] *v irr* comenzar a, ponerse a hacer
daranhalten [da'ranhaltən] *v irr sich* ~ atenerse a
daransetzen [da'ranzɛtsən] *v* arriesgar, exponer
darauf [da'rauf] *adv* **1.** *(örtlich)* encima, sobre; *gut ~ sein (fam)* estar de buen humor; **2.** *(zeitlich)* después, luego; **3.** *(folglich)* a continuación, seguidamente; **4.** *~ folgend* siguiente
daraufhin [darauf'hɪn] *adv* **1.** *(zeitlich)* después de, luego de; **2.** *(folglich)* a continuación, seguidamente, acto seguido
daraus [da'raus] *adv* de ahí, de ello
darbieten ['daːrbiːtən] *v irr* **1.** *(anbieten)* ofrecer; **2.** *(aufführen)* representar
Darbietung ['daːrbiːtʊŋ] *f* **1.** *(Angebot)* oferta *f;* **2.** *(Aufführung)* representación *f*
darin [da'rɪn] *adv* **1.** *(örtlich)* en, dentro; **2.** *(diesbezüglich)* referente a ello
darlegen ['daːrleːgən] *v* exponer, explicar
Darlegung ['daːrleːgʊŋ] *f* exposición *f,* explicación *f*
Darlehen ['daːrleːən] *n* ECO préstamo *m,* crédito *m*
Darm [darm] *m* ANAT intestino *m*
darstellen ['daːrʃtɛlən] *v* **1.** *(beschreiben)* describir, definir, presentar; **2.** *(fig: bedeuten)* significar
Darsteller(in) ['daːrʃtɛlɐ(rɪn)] *m/f* CINE actor/actriz *m/f*
Darstellung ['daːrʃtɛlʊŋ] *f* **1.** *(Beschreibung)* descripción *f;* **2.** CINE representación *f*
darüber [dar'yːbɐ] *adv* *(örtlich)* por encima, encima; *~stehen (fig)* estar por encima de; *~ hinaus* además, encima
darum [da'rum] *adv* **1.** *(örtlich)* alrededor de, en torno a; *konj* **2.** *(kausal)* por eso, por ello; *Ich handle umweltfreundlich, ~ fahre ich wenig mit dem Auto.* Soy ecologista, por eso salgo poco en coche.

darunter [da'runtɐ] *adv* 1. *(örtlich)* debajo, por debajo; *drunter und drüber* patas arriba; *~ fallen (fig)* caer bajo, pertenecer a; 2. *(mengenmäßig)* menos
das [das] *art* 1. lo; *pron* 2. *(demonstrativ)* ese, este, esto; 3. *(relativ)* lo cual, que
Dasein ['da:zaɪn] *n* existencia *f*
dass [das] *konj* que; *Ich weiß, ~ du mich liebst.* Sé que tú me quieres.
dasselbe [das'zɛlbə] *pron* lo mismo
Datei [da'taɪ] *f* 1. archivo *m;* 2. INFORM archivo *m,* fichero (de datos) *m*
Daten ['da:tən] *pl* datos *m/pl*
Datenautobahn ['da:tənautoba:n] *f* INFORM vía de datos *f,* autopista de la información *f*
Datenbank ['da:tənbaŋk] *f* INFORM banco de datos *m*
Datenträger ['da:təntrɛ:gɐ] *m* INFORM soporte de datos *m*
Datenverarbeitung ['da:tənfɛɐarbaɪtuŋ] *f* INFORM elaboración de datos *f*
datieren [da'ti:rən] *v* fechar, datar
Dativ ['da:ti:f] *m* GRAMM dativo *m*
Datum ['da:tum] *n* fecha *f*
Dauer ['dauɐ] *f* duración *f; auf ~* a la larga
dauerhaft ['dauɐhaft] *adj* 1. *(anhaltend)* duradero, estable; 2. *(widerstandsfähig)* resistente a
Dauerlauf ['dauɐlauf] *m* SPORT carrera de resistencia *f*
dauern ['dauɐn] *v* durar, continuar; *Wie lange wird es ~?* ¿Cuánto tiempo durará?
dauernd ['dauɐnt] *adj* 1. continuo, duradero; *adv* 2. continuamente
Dauerwelle ['dauɐvɛlə] *f* permanente *f*
Daumen ['daumən] *m* ANAT pulgar *m; jdm den ~ aufs Auge drücken* apretarle a alguien las clavijas; *etw über den ~ peilen* calcular a ojo de buen cubero; *den ~ auf etw halten* empeñarse en algo; *per ~* a dedo; *jdm den ~ drücken* desear suerte a alguien
Daune ['daunə] *f* plumón *m,* pluma *f*
Daunenbett ['daunənbɛt] *n* plumazo *m,* plumón *m*
davon [da'fɔn] *adv* 1. *(örtlich)* de allí, de allá; 2. *ein Teil ~* una parte de ello
davongehen [da'fɔnge:ən] *v irr* escapar de, irse, escaparse de
davonkommen [da'fɔnkɔmən] *v irr (fig)* salvarse, ponerse a salvo
davonlaufen [da'fɔnlaufən] *v irr* escapar de, escaparse de
davontragen [da'fɔntra:gən] *v irr* 1. *(wegtragen)* llevar; 2. *(fig: Schaden)* sufrir; 3. *(fig: Sieg)* triunfar, salir triunfador
davor [da'fo:ɐ] *adv* 1. *(örtlich)* delante de; 2. *(zeitlich)* antes de, anteriormente
dazu [da'tsu:] *adv* 1. *(Sache)* respecto a eso, para, a, con; 2. *(Zweck)* para eso, para ello, con tal efecto; 3. *(außerdem)* además de eso/además de ello, fuera de eso
dazugehören [da'tsu:gəhø:rən] *v* pertenecer a
dazugehörig [da'tsu:gəhø:rɪç] *adv* perteneciente a
dazutun [da'tsu:tu:n] *v irr* añadir, agregar
dazuverdienen [da'tsu:fɛɐdi:nən] *v* ganar algo extra, añadir a la ganancia
dazwischen [da'tsvɪʃən] *adv* 1. *(örtlich)* en medio; 2. *(zeitlich)* entretanto
dazwischenkommen [da'tsvɪʃənkɔmən] *v irr (fig)* ocurrir, suceder; *wenn nichts dazwischenkommt* si Dios quiere
dazwischenliegen [da'tsvɪʃənli:gən] *v irr* hallarse entre, encontrarse en el medio
dazwischenrufen [da'tsvɪʃənru:fən] *v irr* interrumpir a gritos
Debatte [de'batə] *f* 1. discusión *f,* disputa *f;* 2. POL debate *m*
debattieren [deba'ti:rən] *v* discutir, debatir, disputar
Debüt [de'by:] *n* estreno *m,* debut *m*
Deck [dɛk] *n* cubierta *f*
Deckblatt ['dɛkblat] *n* cubierta *f*
Decke ['dɛkə] *f* 1. *(Bettdecke)* manta *f,* frazada *f;* 2. *(Tischdecke)* mantel de mesa *m;* 3. *(Zimmerdecke)* techo *m; sich nach der ~ strecken* medir los gastos; *an die ~ gehen* subirse por las paredes *(fig)*
Deckel ['dɛkəl] *m* tapa *f; eins auf den ~ bekommen* recibir una bronca *(fam)*
decken ['dɛkən] *v* 1. *(zudecken)* tapar, cubrir; 2. *den Tisch ~* poner la mesa; 3. *(fig)* proteger, encubrir; 4. *(übereinstimmen)* coincidir

Deckung ['dɛkuŋ] *f* **1.** *(fig: Schutz)* protección *f;* **2.** ECO cobertura *f,* provisión *f;* **3.** SPORT defensa *f*
defekt [de'fɛkt] *adj* averiado, defectuoso
Defekt [de'fɛkt] *m* avería *f,* defecto *m*
defensiv [defɛn'zi:f] *adj* defensivo
Defensive [defɛn'zivə] *f* defensiva *f*
definieren [defɪ'ni:rən] *v* definir, aclarar, precisar
Definition [defɪnɪ'tsjo:n] *f* definición *f*
definitiv [defɪnɪ'ti:f] *adj* definitivo, irrevocable
Defizit ['de:fɪtsɪt] *n* déficit *m*
deformieren [defɔr'mi:rən] *v* deformar, desfigurar
deftig ['dɛftɪç] *adj* robusto, sólido
Degen [de:gən] *m* espada *f*
Degeneration [degenera'tsjo:n] *f* degeneración *f,* decadencia *f*
dehnbar ['de:nba:ɐ] *adj* **1.** extensible, alargable; **2.** *(fig)* flexible
Dehnbarkeit ['de:nba:ɐkaɪt] *f* **1.** extensión *f;* **2.** *(fig)* flexibilidad *f*
dehnen ['de:nən] *v* **1.** *(strecken)* estirar; **2.** *(verlängern)* alargar; **3.** *(erweitern)* ensanchar
Dehnung ['de:nuŋ] *f* **1.** *(Strecken)* estiramiento *m;* **2.** *(Verlängerung)* alargamiento *m;* **3.** *(Erweiterung)* ensanche *m*
Deich [daɪç] *m* dique *m*
Deichsel ['daɪksəl] *f* lanza *f*
dein(e) [daɪn/'daɪnə] *pron* tu, tuyo/tuya
deinerseits ['daɪnɐzaɪts] *adv* por tu parte
deinesgleichen ['daɪnəs'glaɪçən] *pron* tus semejantes
deinetwegen ['daɪnətve:gən] *adv* por ti, por tu causa
dekadent [deka'dɛnt] *adj* decadente
Dekadenz [deka'dɛnts] *f* decadencia *f*
Dekan(in) [de'ka:n(ɪn)] *m/f* decano/decana *m/f*
deklarieren [dekla'ri:rən] *v* declarar, prestar declaración
deklassieren [dekla'si:rən] *v* rebajar, desclasificar, bajar de categoría
Deklination [deklina'tsjo:n] *f* GRAMM declinación *f*
deklinieren [dekli'ni:rən] *v* GRAMM declinar
Dekolleté [dekɔl'te:] *n* escote *m*
Dekor [de'ko:ɐ] *n* decoración *f,* adorno *m*
Dekoration [dekora'tsjo:n] *f* decoración *f*
dekorativ [dekora'ti:f] *adj* decorativo
dekorieren [deko'ri:rən] *v* decorar, adornar
Dekret [de'kre:t] *n* JUR decreto *m*
Delegation [delega'tsjo:n] *f (von Personen)* delegación *f*
delegieren [dele'gi:rən] *v* delegar
Delegierte(r) [dele'gi:rtə(-ɐ)] *m/f* POL delegado/delegada *m/f*
Delfin [dɛl'fi:n] *m* ZOOL delfín *m*
delikat [delɪ'ka:t] *adj* delicado
Delikatesse [delɪka'tɛsə] *f* **1.** *(fig)* delicadeza *f;* **2.** GAST manjar *m*
Delikt [de'lɪkt] *n* JUR delito *m,* hecho punible *m*
Delirium [de'li:rɪum] *n* delirio *m*
dem [de:m] *art* **1.** al, a la; *pron* **2.** a él, a ella
Demagoge [dema'go:gə] *m* demagogo *m*
demagogisch [dema'go:gɪʃ] *adj* demagógico
Dementi [de'mɛnti] *n* mentís *m,* desmentido *m*
dementieren [demɛn'ti:rən] *v* desmentir
dementsprechend ['de:mɛnt'ʃprɛçənt] *adj* **1.** relativo; *adv* **2.** conforme a eso
demgemäß ['de:mgəmɛ:s] *adv* por tanto
demnach ['de:mnax] *adv* por lo tanto, por consiguiente
demnächst ['de:m'nɛ:çst] *adv* próximamente, en breve
Demographie [demogra'fi:] *f* demografía *f*
demographisch [demo'grafɪʃ] *adj* demográfico
Demokrat [demo'kra:t] *m* POL demócrata *m/f*
Demokratie [demokra'ti:] *f* POL democracia *f*
demokratisch [demo'kra:tɪʃ] *adj* POL democrático
demolieren [demo'li:rən] *v* demoler
Demonstration [demɔnstra'tsjo:n] *f* **1.** *(Darlegung)* demostración *f;* **2.** POL manifestación *f*

demonstrativ [demɔnstra'ti:f] *adj* demostrativo
demonstrieren [demɔn'stri:rən] *v* **1.** *(darlegen)* demostrar; **2.** *POL* manifestarse
demontieren [demɔn'ti:rən] *v* desmontar, desmantelar
Demoralisierung [demoralɪ'zi:ruŋ] *f* desmoralización *f*
demselben [de:m'zɛlbən] *pron* a él mismo
Demut ['de:mu:t] *f* humildad *f*
demütig ['de:my:tɪç] *adj* humilde, sumiso
demütigen ['de:my:tɪgən] *v* humillar, vejar
Demütigung ['de:my:tɪguŋ] *f* humillación *f*
demzufolge ['de:mtsu'fɔlgə] *adv* a consecuencia de eso, como consecuencia de ello
den [de:n] *art* al
Denkart ['dɛŋka:rt] *f* manera de pensar *f*
denkbar ['dɛŋkba:ɐ] *adj* imaginable, concebible
denken ['dɛŋkən] *v irr* pensar, meditar, reflexionar; *jdm zu ~ geben* dar a alguien que pensar; *Wo denkst du hin?* ¿Qué te crees tú? *Ich denke nicht daran!* ¡Ni soñarlo!
Denken ['dɛŋkən] *n* pensamiento *m,* meditación *f,* reflexión *f*
Denkfähigkeit ['dɛŋkfɛ:ɪçkaɪt] *f* capacidad de pensar *f,* intelecto *m*
Denkfehler ['dɛŋkfe:lɐ] *m* falta de lógica *f*
Denkmal ['dɛŋkma:l] *n* monumento *m; sich ein ~ setzen* pasar a la posteridad
Denkschrift ['dɛŋkʃrɪft] *f* memoria *f*
denkwürdig ['dɛŋkvyrdɪç] *adj* memorable
Denkzettel ['dɛŋktsɛtəl] *m (fig)* lección *f; jdm einen ~ verpassen* cantarle las cuarenta a alguien/leerle la cartilla a alguien
denn [dɛn] *konj* pues, porque, puesto que; *Ich liebe dich mehr ~ je.* Te quiero más que nunca.
dennoch ['dɛnɔx] *konj* sin embargo, no obstante; *Es wurde schönes Wetter angesagt, ~ regnete es.* Se anunció buen tiempo, sin embargo llovió.
Denunziant(in) [denun'tsjant(ɪn)] *m/f* *POL* denunciante *m/f,* delator(a) *m/f*
Deodorant [deodɔ'rant] *n* desodorante *m*
Deponie [depo'ni:] *f (Mülldeponie)* vertedero de basuras *m*
deponieren [depo'ni:rən] *v* depositar
deportieren [depɔr'ti:rən] *v* deportar
Depot [de'po:] *n* depósito *m*
Depp [dɛp] *m (Vollidiot)* hombre estúpido *m,* tonto *m*
Depression [deprɛs'jo:n] *f* depresión *f*
depressiv [deprə'si:f] *adj* depresivo
deprimierend [deprɪ'mi:rənt] *adj* deprimente
der [de:r] *art* **1.** el; **2.** *(Genitiv)* de la; *die Farbe ~ Tür* el color de la puerta; *pron* **3.** *(dem)* este, ese, aquel; **4.** *(rel)* el cual, que
derart ['de:ɐa:ɐt] *adv* tanto, de tal modo
derartig ['de:ɐa:ɐtɪç] *adj* **1.** tal, semejante; *adv* **2.** de tal manera, de semejante modo
derb [dɛrp] *adj* recio, áspero
dergleichen [de:ɐ'glaɪçən] *adj* **1.** el mismo, la misma, lo mismo; *pron* **2.** tal
derjenige ['de:ɐje:nɪgə] *pron* él, éste, aquél
Dermatologe [dɛrmato'lo:gə] *m MED* dermatólogo *m*
derselbe [de:ɐ'zɛlbə] *pron* él mismo
derzeit ['de:ɐtsaɪt] *adv* por el momento
des [dɛs] *art (gen)* del, de lo; *die Farbe ~ Autos* el color del coche
desgleichen [dɛs'glaɪçən] *konj* del mismo modo que, de la misma manera que
deshalb ['dɛshalp] *konj* **1.** por eso, por cuyo motivo; *Ana kam zu spät, ~ war ich nicht mehr da.* Ana vino muy tarde, por eso yo ya no estaba. *adv* **2.** por eso, por lo tanto, por esa razón
Desinfektion [desɪnfɛk'tsjo:n] *f MED* desinfección *f*
desinfizieren [desɪnfi'tsi:rən] *v* desinfectar
Desinteresse ['desɪntərɛsə] *n* desinterés *m,* falta de interés *f*
dessen ['dɛsən] *pron (gen)* cuyo, cuya; *Er ist der Mann, ~ Frau ich kenne.* Él es el hombre cuya mujer yo conozco. *~ ungeachtet* no obstante

D

D

Dessert [dɛ'sɛːɐ] *n* postre *m*
destillieren [dɛstɪ'liːrən] *v* destilar
destruktiv [destruk'tiːf] *adj* destructivo
deswegen ['dɛsveːgən] *konj* por esa causa, por eso; *Ana kam zu spät, ~ war ich nicht mehr da.* Ana vino muy tarde, por eso yo ya no estaba.
Detail [de'tai] *n* detalle *m*
detailliert [deːtaɪ'jiːɐt] *adj* **1.** detallado; *adv* **2.** detalladamente
Detektiv(in) [detɛk'tiːf(ɪn)] *m/f* detective *m/f*
Detektor [de'tɛktoːɐ] *m* TECH detector *m*
deuten ['dɔytən] *v* **1.** *(auf etw zeigen)* señalar a, apuntar a; **2.** *(auslegen)* interpretar
deutlich ['dɔytlɪç] *adj* claro, evidente
Deutlichkeit ['dɔytlɪçkaɪt] *f* claridad *f*
deutsch [dɔytʃ] *adj* alemán
Deutsch [dɔytʃ] *n* alemán *m; auf gut ~* hablando en plata
Deutsche(r) ['dɔytʃə(-ɐ)] *m/f* alemán/alemana *m/f*
Deutschland ['dɔytʃlant] *n* GEO Alemania *f*
deutschsprachig ['dɔytʃʃpraːxɪç] *adj* que habla alemán
Deutung ['dɔytuŋ] *f* interpretación *f*
Devise [de'viːzə] *f* divisa *f,* lema *m*
Devisen [de'viːzən] *pl* FIN divisas *f/pl*
Devisenbörse [de'viːzənbøːrzə] *f* FIN bolsa de divisas *f*
Devisengeschäft [de'viːzəngəʃɛft] *n* FIN operación de cambio *f*
Devisenkurs [de'viːzənkurs] *m* FIN cotización *f,* tipo de cambio *m*
Devisenmarkt [de'viːzənmarkt] *m* FIN mercado de cambios *m,* mercado de divisas *m*
Dezember [de'tsɛmbɐ] *m* diciembre *m*
dezent [de'tsɛnt] *adj* discreto, decente
dezentralisieren [detsɛntralɪ'ziːrən] *v* descentralizar
Dezibel [detsi'bɛl] *n* decibelio *m*
dezimal [detsi'maːl] *adj* MATH decimal
Dezimalbruch [detsi'maːlbrux] *m* MATH fracción decimal *f*
dezimieren [detsi'miːrən] *v* diezmar, mermar
Diabetes [dia'beːtəs] *m* MED diabetes *f*
Diabetiker(in) [dia'beːtikɐ(rɪn)] *m/f* MED diabético/diabética *m/f*
Diagnose [dia'gnoːzə] *f* diagnóstico *m*
diagnostizieren [diagnɔstɪ'tsiːrən] *v* diagnosticar
diagonal [diago'naːl] *adj* diagonal
Diagonale [diago'naːlə] *f* diagonal *f*
Diagramm [dia'gram] *n* diagrama *m*
Diakonie [diako'niː] *f* REL diaconato *m*
Dialekt [dia'lɛkt] *m* dialecto *m*
Dialog [dia'loːk] *m* diálogo *m*
Diamant [dia'mant] *m* MIN diamante *m*
Diät [di'ɛːt] *f* dieta *f; ~ halten.* Estar a dieta.
Diäten [di'ɛːtən] *pl* POL dietas *f/pl*
dich [dɪç] *pron* te, a ti
dicht [dɪçt] *adj* **1.** *(kompakt)* denso, consistente, concentrado; *~ bevölkert* densamente poblado; *~ bewachsen* frondoso; *~ gedrängt* apretado, muy lleno; **2.** *(undurchlässig)* impermeable
Dichte ['dɪçtə] *f* **1.** *(Kompaktheit)* consistencia *f;* **2.** *(Undurchlässigkeit)* impermeabilidad *f*
dichten ['dɪçtən] *v* **1.** impermeabilizar; **2.** *(verfassen)* componer
Dichter(in) ['dɪçtɐ(rɪn)] *m/f* poeta *m/f,* poetisa *f,* escritor(a) *m/f*
Dichtung ['dɪçtuŋ] *f* **1.** LIT poesía *f;* **2.** TECH guarnición *f,* empaquetadura *f*
dick [dɪk] *adj* **1.** *(Gegenstand)* grueso, macizo; **2.** *(Person)* gordo, grueso; **3.** *(Flüssigkeit)* espeso; **4.** *etw ~ haben (fam)* estar harto de algo; *mit jdm durch ~ und dünn gehen* seguir a alguien incondicionalmente
dickflüssig ['dɪkflyːsɪç] *adj* espeso
Dickicht ['dɪkɪçt] *n* espesura *f,* matorral *m*
Dickkopf ['dɪkkɔpf] *m* testarudo *m*
dicklich ['dɪklɪç] *adj* corpulento
die [diː] *art* **1.** la *f,* las *f/pl,* los *m/pl; pron* **2.** *(Relativpronomen)* la cual/los cuales, la que/los que, que
Dieb(in) [diːbɪn] *m/f* ladrón/ladrona *m/f,* ratero/ratera *m/f* (LA)
Diebesgut ['diːbəsguːt] *n* botín *m,* objetos robados *m/pl*
Diebstahl ['diːpʃtaːl] *m* robo *m,* hurto *m,* latrocinio *m; Ich möchte den ~ meines Autos anzeigen.* Quisiera denunciar el robo de mi coche.

Diebstahlsicherung ['di:pʃta:lzɪçəruŋ] *f* seguro contra robos *m*
Diebstahlversicherung ['di:pʃta:lfɛɐzɪçəruŋ] *f* seguro contra el robo *m*
Diele ['di:lə] *f* vestíbulo *m*, hall *m*
dienen ['di:nən] *v* servir, atender
Diener ['di:nɐ] *m* criado *m*, sirviente *m*
Dienst ['di:nst] *m* **1.** servicio *m*; *sich in den ~ einer Sache stellen* dedicarse a algo; *gute ~e leisten* hacer un buen servicio; *unverrichteter ~e* sin lograr su propósito; *über den ~en stehen* no perder la sangre fría; *~ habend* de turno, de guardia; **2.** *Öffentlicher ~* servicios públicos *m/pl*
Dienstag ['di:nsta:k] *m* martes *m*
Dienstantritt ['di:nstantrɪt] *m* entrada en funciones *f*, toma del cargo *f*
dienstbereit ['di:nstbəraɪt] *adj* dispuesto a servir, servicial
Dienstgeheimnis ['di:nstgəhaɪmnɪs] *n* secreto profesional *m*
Dienstleistung ['di:nstlaɪstuŋ] *f* servicio *m*
dienstlich ['di:nstlɪç] *adj* **1.** de servicio, oficial; *adv* **2.** por razones de servicio
Dienstreise ['di:nstraɪzə] *f* viaje por razones de servicio *m*, viaje de servicio *m*
Dienststelle ['di:nstʃtɛlə] *f* oficina *f*
Dienstweg ['di:nstvɛk] *m* vía oficial *f*, trámite oficial *m*, vía jerárquica *f*
diese(r,s) [di:zə, ɐ,əs] *pron* **1.** ésta/éste/esto, ésa/ése/eso, aquélla/aquél/aquello; *adj* **2.** esta/este/esto, esa/ese/eso, aquella/aquel/aquello
diesbezüglich ['di:sbətsy:klɪç] *adj* referente a esto
dieselbe [di:'zɛlbə] *pron* la misma
Dieselmotor ['di:zəlmo:to:ɐ] *m* motor diésel *m*
Dieselöl ['di:zəlø:l] *n* gasóleo *m*, gasoil *m*
diesig ['di:zɪç] *adj* calinoso, brumoso
diesjährig ['di:sjɛ:rɪç] *adj* en este año, de este año
diesmal ['di:sma:l] *adv* esta vez, en esta ocasión
diesseits ['di:szaɪts] *adv* de este lado
Diesseits ['di:szaɪts] *n* este mundo *m*
Dietrich ['di:trɪç] *m* ganzúa *f*
Differenz [dɪfə'rɛnts] *f* **1.** *(Unterschied)* diferencia *f*; **2.** *(Streit)* pelea *f*, disputa *f*
Differenzial [dɪfərɛn'tsja:l] *n* **1.** *MATH* cantidad diferencial *f*; **2.** *TECH* diferencial *f*
differenzieren [dɪfərɛn'tsi:rən] *v* diferenciar
digital [dɪgɪ'ta:l] *adj* digital
Diktaphon [dɪkta'fo:n] *n* dictáfono *m*
Diktat [dɪk'ta:t] *n* **1.** dictado *m*; **2.** *(Zwang)* coacción *f*
Diktator [dɪk'ta:to:ɐ] *m POL* dictador *m*
Diktatur [dikta'tu:ɐ] *f POL* dictadura *f*
diktieren [dɪk'ti:rən] *v* **1.** dictar; **2.** *(aufzwingen)* coaccionar, obligar
Dilemma [dɪ'lɛma] *n* dilema *m*
Dilettant(in) [dɪlɛ'tant(ɪn)] *m/f* diletante *m/f*, aficionado/aficionada *m/f*
dilettantisch [dɪlɛ'tantɪʃ] *adj* **1.** diletante, aficionado; *adv* **2.** a modo de afición
Dill [dɪl] *m BOT* eneldo *m*
Dimension [dɪmɛn'zjo:n] *f* dimensión *f*
Ding [dɪŋ] *n* cosa *f*; *ein ~ drehen* dar un golpe *(fam)*; *jdm ein ~ verpassen* jugar a alguien una mala pasada; *nicht mit rechten ~en zugehen* haber gato encerrado; *Aller guten ~e sind drei.* A la tercera va la vencida.
Diode [dɪ'o:də] *f TECH* diodo *m*
Dioxin [diɔk'sin] *n CHEM* dioxina *f*
Diözese [diø'tse:zə] *f REL* diócesis *f*
Diphtherie [diftə'ri:] *f MED* difteria *f*
Diplom [di'plo:m] *n* diploma *m*
Diplomarbeit [di'plo:marbaɪt] *f* tesina *f*, tesis *f (LA)*
Diplomat [diplo'ma:t] *m POL* diplomático *m*
Diplomatie [diploma'ti:] *f POL* diplomacia *f*
diplomatisch [diplo'ma:tɪʃ] *adj* diplomático
dir [di:r] *pron (Dativ von du)* te, a ti
direkt [di'rɛkt] *adj* directo
Direktion [dirɛk'tsjo:n] *f* dirección *f*
Direktmandat [di'rɛktmanda:t] *n POL* mandato directo *m*
Direktor(in) [di'rɛkto:ɐ(-rɪn)] *m/f* director(a) *m/f*
Dirigent(in) [diri'gɛnt(ɪn)] *m/f* director(a) de orquesta *m/f*
dirigieren [diri'gi:rən] *v* dirigir

Disharmonie [dɪsharmo'niː] *f* disonancia *f*, discordancia *f*
Diskette [dɪs'kɛtə] *f* INFORM disquete *m*
Diskont [dɪs'kɔnt] *m* ECO descuento *m*, rebaja *f*
Diskontsatz [dɪs'kɔntzats] *m* ECO tipo de descuento *m*, tasa de descuento *f*

D

Diskothek [dɪskɔ'teːk] *f* discoteca *f*
Diskrepanz [dɪskre'pants] *f* discrepancia *f*, desigualdad *f*, diferencia *f*
diskret [dɪs'kreːt] *adj* discreto, decente
Diskretion [dɪskre'tsjoːn] *f* discreción *f*
diskriminieren [dɪskrɪmɪ'niːrən] *v* discriminar, diferenciar
Diskussion [dɪsku'sjoːn] *f* discusión *f*, debate *m*
diskutieren [dɪsku'tiːrən] *v* discutir, debatir
Display ['dɪspleː] *n* TECH visualizador *m*
disponieren [dɪspɔ'niːrən] *v* disponer
Dispositionskredit [dɪspɔzɪ'tsjoːnskrediːt] *m* ECO crédito en cuenta corriente *m*, crédito en descubierto *m*
Disqualifikation [dɪskvalɪfɪka'tsjoːn] *f* SPORT descalificación *f*
Dissertation [dɪsɛrta'tsjoːn] *f* disertación *f*
Dissident(in) [dɪsɪ'dɛnt(ɪn)] *m/f* POL disidente *m/f*
Distanz [dɪs'tants] *f* distancia *f*
distanzieren [dɪstan'tsiːrən] *v sich ~ von* distanciarse de
Distel ['dɪstəl] *f* BOT cardo *m*
Disziplin [dɪstsi'pliːn] *f* disciplina *f*
Disziplinarverfahren [dɪstsi'plinaːɐfɛɐfaːrən] *n* JUR procedimiento disciplinario *m*
disziplinlos [dɪstsi'pliːnloːs] *adj* indisciplinado
divers [di'vɛrs] *adj* diverso
Dividende [divi'dɛndə] *f* ECO dividendo *m*, renta variable *f*
Dividendenausschüttung [divi'dɛndənausʃyːtuŋ] *f* ECO reparto de dividendos *m*, distribución de dividendos *f*
dividieren [divi'diːrən] *v* MATH dividir
Division [dɪvɪ'zjoːn] *f* **1.** MATH división *f*; **2.** MIL división *f*
D-Mark ['deːmark] *f* HIST marco alemán *m*
doch [dɔx] *konj* **1.** *(aber)* pero; **2.** *(dennoch)* sin embargo; *adv* **3.** sí
Docht [dɔxt] *m* mecha *f*
Dock [dɔk] *n* dique *m*, dársena *f*, muelle *m*
Dogge ['dɔgə] *f* ZOOL dogo *m*
Dogma ['dɔkma] *n* dogma *m*
dogmatisch [dɔg'maːtɪʃ] *adj* dogmático
Doktor(in) ['dɔktoːɐ(-rɪn)] *m/f* doctor(a) *m*
Doktorarbeit ['dɔktoːɐarbaɪt] *f* tesis doctoral *f*
Dokument [doku'mɛnt] *n* documento *m*
dokumentarisch [dokumɛn'taːrɪʃ] *adj* documental
dokumentieren [dokumɛn'tiːrən] *v* documentar
Dolch [dɔlç] *m* puñal *m*
Dollar ['dɔlar] *m* dólar *m*
dolmetschen ['dɔlmɛtʃən] *v* actuar de intérprete, interpretar
Dolmetscher(in) ['dɔlmɛtʃɐ(rɪn)] *m/f* intérprete *m/f*
Dolomiten [dolo'miːtən] *pl* GEO Dolomitas *f/pl*
Dom [doːm] *m* catedral *f*
Domäne [do'mɛːnə] *f* finca pública *f*
dominant [domɪ'nant] *adj* dominante
dominieren [domi'niːrən] *v* dominar
Dominikanische Republik [domini'kaːniʃə rɛpu'plik] *f* GEO República Dominicana *f*
Dompteur [domp'tøːɐ] *m* domador *m*
Donau ['doːnau] *f* GEO Danubio *m*
Donner ['dɔnɐ] *m* trueno *m*; *wie vom ~ gerührt* atónito
donnern ['dɔnɐn] *v* tronar
Donnerstag ['dɔnɐstaːk] *m* jueves *m*
Donnerwetter ['dɔnɐvɛtɐ] *n (fam)* bronca *f*
doof [doːf] *adj (fam)* bobo, estúpido, aburrido
Doping ['doːpɪŋ] *n* SPORT dopaje *m*
Doppel ['dɔpəl] *n* **1.** *(Duplikat)* duplicado *m*; **2.** SPORT doble *m*
Doppelbett ['dɔpəlbɛt] *n* cama de matrimonio *f*, cama de dos plazas *f*
doppeldeutig ['dɔpəldɔytɪç] *adj* ambiguo, de doble sentido
Doppelgänger(in) ['dɔpəlgɛŋɐ(rɪn)] *m/f* doble *m*, comparsa *m/f*, figurante *m/f*

Doppelpunkt ['dɔpəlpuŋkt] *m* GRAMM dos puntos *m/pl*
doppelt ['dɔpəlt] *adj* doble; *~ sehen* ver doble
Doppelzentner ['dɔpəltsɛntnɐ] *m* quintal métrico *m*
Doppelzimmer ['dɔpəltsɪmɐ] *n* habitación doble *f*
doppelzüngig ['dɔpəltsyŋɪç] *adj* doble, ambiguo
Dorf [dɔrf] *n* pueblo *m*, aldea *f*
Dorn [dɔrn] *m* **1.** BOT espina *f*; *jdm ein ~ im Auge sein* no poder ver a alguien ni en pintura; **2.** TECH mandril *m*
dornig ['dɔrnɪç] *adj* espinoso
Dörrobst ['dœro:pst] *n* fruta seca *f*
dort [dɔrt] *adv* allí, allá
dorthin ['dɔrthɪn] *adv* por allí, por allá
Dose ['do:zə] *f* **1.** caja *f*; **2.** *(Konservendose)* lata *f*
Dosenöffner ['do:zənœfnɐ] *m* abridor *m*, abrelatas *m*
dosieren [do'zi:rən] *v* dosificar
Dosis ['do:zɪs] *f* dosis *f*
dotieren [dɔ'ti:rən] *v* ECO dotar
Dotierung [dɔ'ti:ruŋ] *f* ECO retribución *f*, dotación *f*, provisión *f*
Dotter ['dɔtɐ] *m* yema *f*
Dozent(in) [do'tsɛnt(ɪn)] *m/f* profesor universitario/profesora universitaria *m/f*
Drache ['draxə] *m* ZOOL dragón *m*
Drachenfliegen ['draxənfli:gən] *n* SPORT vuelo en ala delta *m*
Draht [dra:t] *m* alambre *m*; *auf ~ sein* estar preparado/estar en condiciones/estar en onda; *einen guten ~ zu jdm haben* tener buenas relaciones con alguien
drahtig ['dra:tɪç] *adj (fig)* nervudo, vigoroso
drahtlos ['dra:tlo:s] *adj* **1.** TECH inalámbrico, sin hilos; *adv* **2.** TECH sin hilos
Drahtzieher ['dra:ttsi:ɐ] *m (fig)* instigador oculto *m*, maquinador *m*
Drama ['dra:ma] *n* LIT drama *m*
dramatisch [dra'ma:tɪʃ] *adj* dramático
dramatisieren [dramatɪ'zi:rən] *v* dramatizar
Dramaturg [drama'turk] *m* THEAT director artístico *m*
Drang [draŋ] *m* impulso *m*
drängeln ['drɛŋəln] *v* apretujar/apretujarse
drängen ['drɛŋən] *v* apretar, estrechar
drankommen ['drankɔmən] *v irr* **1.** *(an der Reihe sein)* tocar el turno; **2.** *(abgefragt werden)* ser interrogado
drastisch ['drastɪʃ] *adj* drástico, severo
Draufgänger ['draufgɛŋɐ] *m* hombre de pelo en pecho *m (fam)*, emprendedor *m*
draufzahlen ['drauftsa:lən] *v (fig)* pagar demasiado, pagar sobreprecio
draußen ['drausən] *adv* fuera, afuera
Dreck [drɛk] *m* suciedad *f*, porquería *f*, inmundicia *f*; *~ am Stecken haben* tener algún marrón *(fam)*; *der letzte ~ sein* ser el último mono
dreckig ['drɛkɪç] *adj* sucio, inmundo
drehbar ['dre:ba:ɐ] *adj* giratorio, rotatorio
Drehbuch ['dre:bu:x] *n* CINE guión *m*
drehen ['dre:ən] *v* **1.** girar, virar; **2.** CINE rodar
Drehtür ['dre:ty:r] *f* puerta giratoria *f*
Drehung ['dre:uŋ] *f* vuelta *f*, giro *m*
drei [draɪ] *num* tres; *~ viertel* tres cuartos
dreidimensional ['draɪdimɛnzjo-na:l] *adj* tridimensional
Dreieck ['draɪɛk] *n* MATH triángulo *m*
dreieckig ['draɪɛkɪç] *adj* triangular
Dreieinigkeit [draɪ'aɪnɪçkaɪt] *f* REL Trinidad *f*
dreifach ['draɪfax] *adj* triple
dreihundert ['draɪhundɐt] *num* trescientos
Dreikäsehoch [draɪ'kɛ:zəho:x] *m* chico *m*
dreimal ['draɪma:l] *adv* tres veces; *Dreimal darfst du raten.* Seguro que adivinas.
Dreirad ['draɪra:t] *n* triciclo *m*
dreißig ['draɪsɪç] *num* treinta
dreißigste(r,s) ['draɪsɪçstə(ɐ,əs)] *adj* trigésimo
dreizehn ['draɪtse:n] *num* trece; *Jetzt schlägt's ~!* ¡Eso sí que es el colmo!
dreizehnte(r,s) ['draɪtse:ntə(ɐ,əs)] *adj* decimotercero
dreschen ['drɛʃən] *v irr* trillar
dressieren [drɛ'si:rən] *v* adiestrar, amaestrar, domar
Dressing ['drɛsɪŋ] *n* salsa *f*
Dressur [drɛ'su:ɐ] *f* adiestramiento *m*
driften ['drɪftən] *v* estar a la deriva

D

drillen ['drɪlən] *v* instruir, ejercitar intensamente
Drillinge ['drɪlɪŋə] *pl* trillizos *m/pl*
dringend ['drɪŋənt] *adj* **1.** urgente, apremiante; *adv* **2.** urgentemente, con apremio
Dringlichkeit ['drɪŋlɪçkaɪt] *f* urgencia *f*, apremio *m*
drinnen ['drɪnən] *adv* dentro, adentro, en el interior
dritte(r,s) ['drɪtə(ɐ,əs)] *adj* tercero; *der lachende Dritte* el que ríe el último; *die Dritte Welt* el Tercer Mundo
Drittel ['drɪtəl] *n* tercio *m*, tercera parte *f*
drittens ['drɪtəns] *adv* en tercer lugar, tercero
Droge ['dro:gə] *f* **1.** *(Rauschgift)* droga *f*, estupefaciente *m*; **2.** *MED* fármaco *m*, droga *f*
Drogenhändler ['dro:gənhɛndlɐ] *m* narcotraficante *m*, narco *m (fam)*
Drogenschmuggler(in) ['dro:gənʃmuglɐ(rɪn)] *m/f* contrabandista de drogas *m/f*
drogensüchtig ['dro:gənzyxtɪç] *adj* drogadicto *m*
Drogerie [dro:gɐ'ri:] *f* droguería *f*
drohen ['dro:ən] *v* amenazar, intimidar
Drohne ['dro:nə] *f ZOOL* zángano *m*
dröhnen ['drø:nən] *v* retumbar, resonar
Drohung ['dro:uŋ] *f* amenaza *f*, intimidación *f*
drollig ['drɔlɪç] *adj* jocoso, cómico
Drossel ['drɔsəl] *f ZOOL* tordo *m*
drüben ['dry:bən] *adv* al otro lado
Druck [druk] *m* **1.** *(fig)* opresión *f*, dominio *m*, coacción *f*; **2.** *TECH* presión *f*; *unter ~ stehen* estar bajo presion; *jdn unter ~ setzen* presionar a alguien
Druckbuchstabe ['drukbuxʃta:bə] *m* letra de molde *f*, caracteres tipográficos *m/pl*
drucken ['drukən] *v* imprimir, tirar
drücken ['drykən] *v* **1.** empujar, comprimir; **2.** *(umarmen)* abrazar fuertemente, estrechar en los brazos; **3.** *(fig: be~)* oprimir, coaccionar; **4.** *(Preise) ECO* hacer bajar
Drucker ['drukɐ] *m* **1.** *(Person)* impresor *m*, tipógrafo *m*; **2.** *(Gerät) INFORM* impresora *f*
Druckerei [drukɐ'raɪ] *f* imprenta *f*
Druckfehler ['drukfe:lɐ] *m* error de imprenta *m*, errata de imprenta *f*
Druckknopf ['drukknɔpf] *m* **1.** *(am Kleid)* botón de presión *m*, broche *m*; **2.** *TECH* pulsador *m*
Druckmittel ['drukmɪtəl] *n* medio de presión *m*, medios de coacción *m/pl*
Druckschrift ['drukʃrɪft] *f* letra de molde *f*
Drüse ['dry:zə] *f ANAT* glándula *f*
Dschungel ['dʒuŋəl] *m* selva *f*, jungla *f*
du [du:] *pron* tú
Duell [du'ɛl] *n* duelo *m*
Duett [du'ɛt] *n MUS* dúo *m*, dueto *m*
Duft [duft] *m* aroma *m*, olor *m*, perfume *m*
duften ['duftən] *v* oler bien, despedir un aroma
dulden ['duldən] *v* **1.** *(hinnehmen)* tolerar, permitir; **2.** *(ertragen)* soportar, aguantar
dumm [dum] *adj* tonto, estúpido; *gar nicht so ~ sein* no tener ni un pelo de tonto; *jdn für ~ verkaufen* haber visto a alguien con cara de tonto; *jdm ~ kommen* venir a alguien con tonterías; *Das ist mir zu ~.* Ya me estoy cansado.
Dumme(r) ['dumə(-ɐ)] *m/f der Dumme sein* ser el tonto, ser el primo; *einen Dummen finden* encontrar al primo/encontrar al tonto
Dummheit ['dumhaɪt] *f* estupidez *f*, tontería *f*, necedad *f*
Dummkopf ['dumkɔpf] *m* estúpido *m*, idiota *m*
dumpf [dumpf] *adj* vago
Düne ['dy:nə] *f* duna *f*
düngen ['dyŋən] *v AGR* abonar
Dünger ['dyŋɐ] *m AGR* abono *m*
dunkel ['duŋkəl] *adj* oscuro
Dunkel ['duŋkəl] *n im ~n tappen* andar a tientas; *Im ~n ist gut munkeln.* A río revuelto, ganancia de pescadores *(fig)*
Dunkelheit ['duŋkəlhaɪt] *f* oscuridad *f*
Dunkelziffer ['duŋkəltsɪfɐ] *f* cifra no publicada *m*, dato mantenido en secreto *m*
dünn [dyn] *adj* **1.** *(Sache)* fino; **2.** *(Person)* delgado, flaco; **3.** *(Flüssigkeit)* fluido; **4.** *(spärlich)* escaso; *~ gesät sein* ser escaso/no abundar

Dunst [dunst] *m* vaho *m*, vapor *m*; *keinen blassen ~ von etw haben* no tener ni la menor idea de algo
dünsten ['dynstən] *v GAST* estofar
Duplikat [dupli'ka:t] *n* duplicado *m*
durch [durç] *prep* **1.** *(örtlich)* por, a través de; *~ die Straßen gehen* andar por la calle; *~ die ganze Welt* por todo el mundo; *Hier darf man nicht ~!* ¡Por aquí no se puede pasar! *Das geht mir ~ und ~!* ¡Eso me parte el alma! *bei jdn unten ~ sein* haber perdido todo crédito de alguien; **2.** *(zeitlich)* durante; **3.** *(mittels)* por medio de, mediante; **4.** *(kausal)* por; **5.** *neun ~ drei MATH* nueve dividido entre tres
durchaus [durç'aus] *adv* absolutamente
Durchblick ['durçblɪk] *m (fig)* perspectiva *f*; *~ haben* estar al tanto/estar enterado
Durchblutung [durç'blu:tuŋ] *f MED* riego sanguíneo *m*
durchboxen ['durçbɔksən] *v sich ~ (fam)* abrirse camino duramente
durchbraten ['durçbra:tən] *v irr GAST* asar a punto
durchbrennen ['durçbrɛnən] *v irr* **1.** *(Sicherung)* fundirse; **2.** *(fig: davonlaufen)* escaparse, huir
Durchbruch ['durçbrux] *m* **1.** *(Öffnung)* abertura *f*, boquete *m*; **2.** *(fig)* apertura *f*
durchdrehen ['durçdre:ən] *v* **1.** *(Räder)* hacer girar; **2.** *(fam)* volverse loco, perder los estribos
durchdringen [durç'drɪŋən] *v irr* penetrar
durcheinander [durçaɪn'andɐ] *adj* **1.** *(unordentlich)* desordenado; **2.** *(fam: verwirrt)* confuso; *adv.* **3.** *~rufen* vociferar; *~ werfen* poner en desorden; **4.** *(fig) ~ werfen* confundir
Durcheinander ['durçaɪnandɐ] *n* desorden *m*, confusión *f*; *Es herrscht ein völliges ~.* Todo está patas arriba.
durchfahren [durç'fa:rən] *v* **1.** atravaser; pasar por **2.** *(bereisen)* recorrer; **3.** *(ohne Halt)* viajar sin parar
Durchfahrt ['durçfa:ɐt] *f* travesía *f*; *~ für Fahrzeuge aller Art verboten!* ¡Prohibido el paso de vehículos!
Durchfall ['durçfal] *m MED* diarrea *f*
durchfallen ['durçfalən] *v irr (Prüfung)* no aprobar; *durch eine Prüfung fallen* suspender un examen
durchführbar ['durçfyɐba:ɐ] *adj* factible realizable, ejecutable
durchführen ['durçfy:rən] *v* **1.** *(leiten)* conducir; **2.** *(ausführen)* ejecutar, realizar
Durchführung ['durçfy:ruŋ] *f* ejecución *f*, realización *f*
Durchgang ['durçgaŋ] *m* **1.** *(Weg)* pasaje *m*, paso *m*; **2.** *(Runde)* ronda *f*
durchgängig ['durçgɛŋɪç] *adj* general
Durchgangslager ['durçgaŋsla:gɐ] *n* depósito de tránsito *m*
Durchgangsverkehr ['durçgaŋsfɛɐke:ɐ] *m* tránsito *m*
durchgeben ['durçge:bən] *v irr* tra(n)smitir, pasar
durchgefroren ['durçgəfro:rən] *adj* completamente helado
durchgehen ['durçge:ən] *v irr* **1.** *(überprüfen)* controlar, revisar; **2.** *(fam: weglaufen)* huir, escaparse
durchgehend ['durçge:ənt] *adj* permanente, continuo; *~ geöffnet* abierto todo el día
durchgraben ['durçgra:bən] *v* cavar por/a través de
durchgreifen ['durçgraɪfən] *v irr* pasar la mano
durchhalten ['durçhaltən] *v irr* resistir
durchkauen ['durçkauən] *v* **1.** (Essen) masticar bien; **2.** (besprechen) dar vueltas
durchlässig ['durçlɛsɪç] *adj* permeable
durchlaufen ['durçlaufən] *v irr* pasar corriendo
durchleuchten ['durçlɔyçtən] *v* **1.** *(fig: überprüfen)* examinar, revisar; **2.** *MED* radiografiar, examinar con rayos X
Durchmesser ['durçmɛsɐ] *m* diámetro *m*
durchqueren [durç'kve:rən] *v* **1.** atravesar, cruzar; **2.** *(fig: durchkreuzen)* cruzar
Durchreise ['durçraɪzə] *f* paso *m*, tránsito *m*, pasaje *m*
Durchsage ['durçza:gə] *f (im Radio oder TV)* mensaje *m*, anuncio *m*
durchschauen ['durçʃauən] *v* **1.** revisar; [durç'ʃauən] **2.** *(fig: erkennen)* descubrir las intenciones de

D

Durchschlag ['durçʃla:k] *m* colador *m*, pasador *m*
Durchschnitt ['durçʃnɪt] *m* promedio *m*, media *f*
durchschnittlich ['durçʃnɪtlɪç] *adj* **1.** medio, común; *adv* **2.** por término medio
durchsetzen ['durçzɛtsən] *v sich ~* imponerse, afirmarse
durchsichtig ['durçzɪçtɪç] *adj* tra(n)sparente
Durchstoß ['durçʃto:s] *m* MIL avance *m*
durchstreichen ['durçʃtraɪçən] *v irr* tachar, rayar
durchsuchen [durç'zu:xən] *v* rebuscar, registrar
Durchwahl ['durçva:l] *f* TEL línea directa *f*
durchweg ['durçvɛk] *adv* por lo general
dürfen ['dyrfən] *v irr* tener permiso para, tener derecho a, poder; *Darf ich Ihren Pass sehen, bitte!* ¡Me permite ver su pasaporte, por favor!
dürr [dyr] *adj* **1.** muy seco; **2.** flaco
Dürre ['dyrə] *f* sequía *f*, aridez *f*
Durst [durst] *m* sed *f*
durstig ['durstɪç] *adj* ~nach sediente de; ~ sein tener sed
Dusche ['du:ʃə] *f* ducha *f*
Düse ['dy:zə] *f* TECH tobera *f*
Düsenflugzeug ['dy:zənflu:ktsɔyk] *n* avión de reacción *m*
düster ['dy:stɐ] *adj* **1.** oscuro, sombrío, lúgubre; *adv* **2.** de manera sombría
Dutzend ['dutsənt] *n* docena *f*
duzen ['dutsən] *v* tutear, tratar de tú
DVD [de:vau'de:] *f* INFORM DVD
DVD-ROM [de:faude:'rɔm] *f* INFORM DVD-ROM *m*
Dynamik [dy'na:mɪk] *f* dinámica *f*
dynamisch [dy'na:mɪʃ] *adj* dinámico
Dynamit [dyna'mi:t] *n* dinamita *f*
D-Zug ['de:tsu:k] *m* tren directo/expreso *m*

E

Ebbe ['ɛbə] *f* marea baja *f*, reflujo *m*; *Es herrscht ~ in meinem Geldbeutel.* Estoy sin un duro.
eben ['eːbən] *adj* **1.** llano, plano; *adv* **2.** ahora mismo, precisamente, justamente
Ebenbild ['eːbənbɪlt] *n* fiel retrato *m*, viva imagen *f*
ebenbürtig ['eːbənbyrtɪç] *adj* igual
Ebene ['eːbənə] *f* **1.** GEOL llanura *f*, llano *m*, pampa *f*; **2.** *(fig)* nivel *m*, categoría *f*
ebenfalls ['eːbənfals] *adv* asimismo, de igual manera, igualmente, también
ebenso ['eːbənzoː] *adv* lo mismo, del mismo modo, de la misma manera; *~ lang wie* el mismo tiempo que
Eber ['eːbɐ] *m* ZOOL verraco *m*
ebnen ['eːbnən] *v* **1.** allanar, aplanar, alisar; **2.** *(fig)* allanar, resolver los problemas
Echo ['ɛço] *n* eco *m*
Echse ['ɛksə] *f* ZOOL saurio *m*
echt [ɛçt] *adj* **1.** verdadero, genuino; **2.** *(getreu)* auténtico
Echtheit ['ɛçthaɪt] *f* autenticidad *f*, legitimidad *f*, genuinidad *f*
Ecke ['ɛkə] *f* esquina *f*, rincón *m*; *jdn um die ~ bringen (fig)* cepillarse a alguien *(fam)*; *an allen ~en und Enden* por los cuatro costados; *mit jdm um fünf ~en verwandt sein* ser pariente muy lejano de alguien
eckig ['ɛkɪç] *adj* **1.** esquinado, angular; **2.** *(fig: unbeholfen)* torpe, desgarbado
Ecuador [ekva'doːɐ] *n* GEO Ecuador *m*
edel ['eːdəl] *adj* noble, precioso
Edelgas ['eːdəlgaːs] *n* CHEM gas noble *m*
Edelstein ['eːdəlʃtaɪn] *m* MIN piedra preciosa *f*
Efeu ['eːfɔy] *m* BOT hiedra *f*, yedra *f*
Effekt [e'fɛkt] *m* efecto *m*, resultado *m*, consecuencia *f*
Effekten [e'fɛktən] *pl* ECO valores *m/pl*, títulos *m/pl*
effektiv [efɛk'tiːf] *adj* **1.** efectivo; *adv* **2.** con eficiencia
effektvoll [e'fɛktfɔl] *adj* espectacular, sensacional
egal [ega:l] *adj* igual, indiferente; *Mir ist alles ~.* Todo me es indiferente. *Das ist mir völlig ~.* Me importa un bledo.
Egoismus [ego'ɪsmus] *m* egoísmo *m*
egoistisch [ego'ɪstɪʃ] *adj* egoísta
ehe ['eːə] *konj* antes que, antes de; *Ehe du handelst, solltest du genau überlegen.* Antes de actuar, debes pensar.
Ehe ['eːə] *f* matrimonio *m*
Ehebett ['eːəbɛt] *n* cama de matrimonio *f*, lecho matrimonial *m*
Ehebruch ['eːəbrux] *m* adulterio *m*
Ehefrau ['eːəfrau] *f* esposa *f*, mujer *f*
ehelich ['eːəlɪç] *adj* **1.** conyugal, matrimonial; **2.** *~es Kind* hijo legítimo
ehemalig ['eːəmaːlɪç] *adj* anterior, antiguo, ex; *Er ist ihr ~er Freund.* Él es su ex novio.
ehemals ['eːəmaːls] *adv* en otro
Ehemann ['eːəman] *m* esposo *m*, marido *m*
Ehepaar ['eːəpaːɐ] *n* matrimonio *m*
eher ['eːɐ] *adv* **1.** *(früher)* antes, anteriormente; **2.** *(lieber)* más bien, mejor
Ehering ['eːərɪŋ] *m* anillo de boda *m*, aro matrimonial *m*
ehrbar ['eːɐbaːɐ] *adj* honrado, respetable, honorable, íntegro
Ehrbarkeit ['eːɐbaːɐkaɪt] *f* honradez *f*, honestidad *f*, integridad *f*
Ehre ['eːrə] *f* honor *m*, honra *f*; *etw in ~n halten* guardar algo con cuidado; *sich alle ~ machen* honrarse; *jdm die letzte ~ erweisen* acompañarle a alguien en su última morada/rendirle a alguien los últimos honores; *jdn bei seiner ~ packen* apelar a la conciencia de alguien
ehren ['eːrən] *v* honrar, respetar
ehrenamtlich ['eːrənamtlɪç] *adj* **1.** honorífico, honorario; *adv* **2.** a título honorífico, a título honorario
Ehrengast ['eːrəngast] *m* huésped de honor *m*, invitado de honor *m*
ehrenhaft ['eːrənhaft] *adj* honorable, respetable

E

E

Ehrenmal ['e:rənma:l] *n* monumento conmemorativo *m*
Ehrenurkunde ['e:rənu:rkundə] *f* diploma de honor *m*
ehrenvoll ['e:rənfɔl] *adj* honroso, honorable, honorífico
Ehrenwort ['e:rənvɔrt] *n* palabra de honor *f*
ehrerbietig ['e:ʁɛʁbi:tɪç] *adj* respetuoso, deferente
Ehrfurcht ['e:rfurçt] *f* profundo respeto *m*, veneración *f*
ehrfürchtig ['e:rfyrçtɪç] *adj* respetuoso
Ehrgeiz ['e:ʁgaɪts] *m* ambición *f*
ehrgeizig ['e:ʁgaɪtsɪç] *adj* ambicioso
ehrlich ['e:ʁlɪç] *adj* honrado, sincero, honesto
Ehrlichkeit ['e:ʁlɪçkaɪt] *f* honradez *f*, sinceridad *f*, honestidad *f*
ehrlos ['e:ʁlo:s] *adj* deshonrado, sin honor
Ehrung ['e:ruŋ] *f* homenaje a *m*
ehrwürdig ['e:ʁvyrdɪç] *adj* venerable, respetable
Ei [aɪ] *n* huevo *m; wie aus dem ~ gepellt* muy bonito/muy elegante; *sich gleichen wie ein ~ dem anderen* parecerse como dos gotas de agua; *jdn wie ein rohes ~ behandeln* tratar a alguien con guante blanco; *wie auf ~ern gehen* andar pisando huevos; *nicht das Gelbe vom ~ sein* no ser nada del otro jueves
Eibe ['aɪbə] *f BOT* tejo *m*
Eiche ['aɪçə] *f BOT* roble *m*
Eichel ['aɪçəl] *f BOT* bellota *f*
eichen ['aɪçən] *v TECH* contrastar, aforar
Eichhörnchen ['aɪçhœrnçən] *n ZOOL* ardilla *f*
Eid [aɪt] *m JUR* juramento *m*
Eidechse ['aɪdɛksə] *f (klein) ZOOL* lagartija *f*
eidesstattlich ['aɪdəsʃtatlɪç] *adj JUR* jurado; *eine ~e Erklärung* una declaración jurada *f*
Eidotter ['aɪdɔtʁ] *m* yema de huevo *f*
Eierbecher ['aɪʁbɛçʁ] *m* huevera *f*
Eierstock ['aɪʁʃtɔk] *m ANAT* ovario *m*
Eifer ['aɪfʁ] *m* celo *m*, empeño *m*, entusiasmo *m*
Eifersucht ['aɪfʁzuxt] *f* celos *m/pl*
eifersüchtig ['aɪfʁzyçtɪç] *adj* celoso
eiförmig ['aɪfœrmɪç] *adj* oval, ovalado
eifrig ['aɪfrɪç] *adj* **1.** empeñoso, apasionado, diligente; *adv* **2.** con empeño, con ahínco, diligentemente
eigen ['aɪgən] *adj* propio, personal
eigenartig ['aɪgəna:rtɪç] *adj* particular, singular, peculiar
Eigenbrötler ['aɪgənbrø:tlʁ] *m* solitario *m*, extravagante *m*
eigenhändig ['aɪgənhɛndɪç] *adj* por su propia mano, con su puño y letra
Eigenheim ['aɪgənhaɪm] *n* casa propia *f*
Eigenheit ['aɪgənhaɪt] *f* particularidad *f*, singularidad *f*, peculiaridad *f*
eigenmächtig ['aɪgənmɛçtɪç] *adj* **1.** arbitrario; *adv* **2.** arbitrariamente
Eigenname ['aɪgənna:mə] *m* nombre propio *m*
eigens ['aɪgəns] *adv* especialmente, expresamente
Eigenschaft ['aɪgənʃaft] *f* propiedad *f*, calidad *f*, característica *f*
Eigensinn ['aɪgənzɪn] *m* obstinación *f*, porfía *f*, capricho *m*
eigensinnig ['aɪgənzɪnɪç] *adj* obstinado, porfiado, caprichoso
eigenständig ['aɪgənʃtɛndɪç] *adj* **1.** independiente; *adv* **2.** independientemente
eigentlich ['aɪgəntlɪç] *adj* **1.** propio, verdadero; *adv* **2.** en realidad, verdaderamente, en el fondo
Eigentor ['aɪgənto:ʁ] *n SPORT* autogol *m*
Eigentum ['aɪgəntu:m] *n* propiedad *f*
Eigentümer(in) ['aɪgənty:mʁ(rɪn)] *m/f* propietario/propietaria *m/f*, dueño/dueña *m/f*
eigentümlich ['aɪgənty:mlɪç] *adj* propio de, particular, característico
Eigentümlichkeit ['aɪgənty:mlɪçkaɪt] *f* propiedad *f*, particularidad *f*, peculiaridad *f*
Eigentumswohnung ['aɪgəntu:msvo:nuŋ] *f* piso de propiedad *m*
eignen ['aɪgnən] *v sich ~ für* ser adecuado para, servir para, ser apto para
Eignung ['aɪgnuŋ] *f* aptitud *f*, idoneidad *f*
Eilbote ['aɪlbo:tə] *m durch ~n* envío por expreso *m*, entrega inmediata *f (LA)*
Eilbrief ['aɪlbri:f] *m* carta urgente *f*

Eile ['aɪlə] *f* prisa *f*, apuro *m* (*LA*)
Eileiter ['aɪlaɪtɐ] *m* ANAT trompa de Falopio *f*, oviducto *m*
eilen ['aɪlən] *v* correr prisa, ser urgente, urgir
eilig ['aɪlɪç] *adj* **1.** (*dringend*) urgente; **2.** (*schnell*) rápido; **3.** (*überstürzt*) apresurado
eiligst ['aɪlɪçst] *adv* urgentemente, lo más pronto posible, muy de prisa
Eilzug ['aɪltsuːk] *m* tren expreso *m*
Eilzustellung ['aɪltsuːʃtɛlʊŋ] *f* entrega por expreso *f*, entrega urgente *f*
Eimer ['aɪmɐ] *m* cubo *m*, balde *m* (*LA*); *im ~ sein* estar hecho polvo (*fam*)
ein(e) [aɪn/'aɪnə] *art* un/una/uno
einander [aɪn'andɐ] *adv* uno(s) a otro(s), recíprocamente, mutuamente
einarbeiten ['aɪnarbaɪtən] *v* **1.** *etw ~* incorporar algo, insertar algo; **2.** *sich ~* adiestrarse en, ponerse al día
einatmen ['aɪnaːtmən] *v* aspirar, inhalar
Einbahnstraße ['aɪnbaːnʃtraːsə] *f* calle de un solo sentido *f*, dirección única *f*
Einband ['aɪnbant] *m* encuadernación *f*
Einbau ['aɪnbau] *m* montaje *m*, instalación *f*
einbauen ['aɪnbauən] *v* montar, instalar
einbehalten ['aɪnbəhaltən] *v irr* retener, conservar
einberufen ['aɪnbəruːfən] *v irr* **1.** (*Versammlung*) convocar; **2.** MIL llamar a filas, enrolar (*LA*)
Einberufung ['aɪnbəruːfʊŋ] *f* **1.** (*einer Versammlung*) convocatoria *f*; **2.** MIL llamada a filas *f*, reclutamiento *m*, movilización *f*, enrolamiento *m* (*LA*)
einbeziehen ['aɪnbətsiːən] *v irr* incluir, abarcar
Einbeziehung ['aɪnbətsiːʊŋ] *f* inclusión *f*
einbiegen ['aɪnbiːgən] *v irr* doblar hacia adentro
einbilden ['aɪnbɪldən] *v sich ~* imaginarse, creerse
Einbildung ['aɪnbɪldʊŋ] *f* imaginación *f*, fantasía *f*
einbinden ['aɪnbɪndən] *v irr* **1.** (*Buch*) encuadernar; **2.** (*fig*) sugerir, insinuar
Einblick ['aɪnblɪk] *m* mirada *f*, idea *f*
einbrechen ['aɪnbrɛçən] *v irr* **1.** (*stehlen*) robar, hurtar; **2.** (*durchbrechen*) romper
Einbrecher ['aɪnbrɛçɐ] *m* ladrón *m*, desvalijador *m*
einbringen ['aɪnbrɪŋən] *v irr* acarrear, recoger
Einbruch ['aɪnbrux] *m* **1.** (*Diebstahl*) robo con fractura *m*; **2.** (*Einsturz*) irrupción *f*
einbruchsicher ['aɪnbruxzɪçɐ] *adj* a prueba de robo, antirrobo
einbürgern ['aɪnbyrgɐn] *v* POL nacionalizar
Einbürgerung ['aɪnbyrgərʊŋ] *f* POL nacionalización *f*
Einbuße ['aɪnbuːsə] *f* pérdida *f*, merma *f*
einbüßen ['aɪnbyːsən] *v* perder, sufrir pérdida
einchecken ['aɪntʃɛkən] *v* despachar
eincremen ['aɪnkreːmən] *v* encremar
eindämmen ['aɪndɛmən] *v* poner diques a, contener
eindeutig ['aɪndɔytɪç] *adj* inequívoco, claro, evidente
Eindeutigkeit ['aɪndɔytɪçkaɪt] *f* claridad *f*, evidencia *f*
eindringen ['aɪndrɪŋən] *v irr ~ in* penetrar en, entrar en
eindringlich ['aɪndrɪŋlɪç] *adj* **1.** insistente; *adv* **2.** encarecidamente, insistentemente
Eindringling ['aɪndrɪŋlɪŋ] *m* intruso *m*
Eindruck ['aɪndruk] *m* **1.** impresión *f*; **2.** (*fig*) sensación *f*
eindrucksvoll ['aɪndruksfɔl] *adj* impresionante
eine(r,s) ['aɪnə(ɐ,əs)] *art* un(o,a); *Du bist vielleicht ~r!* ¡Eres un cabrón! (*fam*)
eineinhalb [aɪnaɪn'halp] *num* uno y medio
einengen ['aɪnɛŋən] *v* estrechar, limitar
einerlei [aɪnɐ'laɪ] *adj* igual, de la misma clase
einerseits ['aɪnɐzaɪts] *adv* por un lado, de una parte
einfach ['aɪnfax] *adj* **1.** sencillo, simple, modesto; *adv* **2.** sencillamente, modestamente
Einfahrt ['aɪnfaːɐt] *f* **1.** (*Ankunft*) llegada *f*; **2.** (*Zufahrt*) entrada *f*

Einfall ['aɪnfal] *m* **1.** *(Idee)* idea *f;* **2.** *MIL* invasión *f*
einfallen ['aɪnfalən] *v irr* **1.** *(Idee haben)* tener una idea, ocurrírsele; *Mir ist gerade etw eingefallen.* Se me acaba de pasar algo por la cabeza./Se me acaba de ocurrir una cosa. **2.** *MIL* invadir
einfallslos ['aɪnfalslo:s] *adj* sin imaginación
einfallsreich ['aɪnfalsraɪç] *adj* ocurrente, imaginativo
einfältig ['aɪnfɛltɪç] *adj* inocente, cándido, ingenuo, bobo
einfarbig ['aɪnfarbɪç] *adj* de un solo color, monocolor, unicolor
einfassen ['aɪnfasən] *v* guarnecer, engastar, *(mit Borte)* orlar
Einfassung ['aɪnfasuŋ] *f* guarnición *f,* ribete *m*
einflechten ['aɪnflɛçtən] *v irr* **1.** entretejer, entrelazar; **2.** *(fig)* aludir, mencionar de paso
Einfluss ['aɪnflus] *m* influencia *f,* poder *m*
Einflussnahme ['aɪnflusna:mə] *f* ejercicio de influencia *m*
einflussreich ['aɪnflusraɪç] *adj* influyente, poderoso
einfrieren ['aɪnfri:rən] *v irr* **1.** *(Nahrungsmittel)* congelar, refrigerar; **2.** *(Verhandlung) ECO* congelar, paralizar
einfügen ['aɪnfy:gən] *v ~ in* incluir en, agregar en
einfühlsam ['aɪnfy:lza:m] *adj* comprensivo
Einfühlungsvermögen ['aɪnfy:luŋsfɛɐmø:gən] *n* comprensión *f,* compenetración *f,* capacidad de compresión *f*
Einfuhr ['aɪnfu:ɐ] *f ECO* importación *f*
Einfuhrbeschränkung ['aɪnfu:ɐbəʃrɛnkuŋ] *f ECO* restricción a la importación *f*
einführen ['aɪnfy:rən] *v* **1.** *(etw Neues ~)* lanzar, introducir; **2.** *(hineinschieben)* meter, introducir, penetrar; **3.** *(importieren) ECO* importar
Einführung ['aɪnfy:ruŋ] *f* **1.** *(von etw Neuem)* lanzamiento *m,* introducción *f;* **2.** *(Hineinschieben)* introducción *f,* penetración *f*
Einführungskurs ['aɪnfy:ruŋskurs] *m* curso de introducción *m,* curso de iniciación *m*
Einfuhrverbot ['aɪnfu:ɐfɛɐbo:t] *n ECO* prohibición a la importación *f*
Eingabe ['aɪnga:bə] *f* **1.** *(von Daten) INFORM* entrada *f,* ingreso *m;* **2.** *(Ersuchen) POL* petición *f,* memorial *m*
Eingang ['aɪngaŋ] *m* **1.** entrada *f;* **2.** *(Wareneingang) ECO* llegada *f;* **3.** *(Geldeingang) ECO* ingreso *m*
eingangs ['aɪngaŋs] *adv* **1.** al principio, al comienzo; *prep* **2.** el principio de, el comienzo de
eingeben ['aɪnge:bən] *v irr* **1.** *(einreichen)* entregar, dar; **2.** *(Daten) INFORM* introducir, meter; **3.** *(verabreichen) MED* administrar, dar, suministrar
eingebildet ['aɪngəbɪldət] *adj* **1.** *(überheblich)* presuntuoso, fatuo, creído; **2.** *(unwirklich)* imaginario, ficticio
Eingeborene(r) ['aɪngəbo:rənə(-ɐ)] *m/f* indígena *m/f,* natural *m/f*
Eingebung ['aɪnge:buŋ] *f (fig)* inspiración *f,* sugestión *f*
eingehen ['aɪnge:ən] *v irr* **1.** *(ankommen)* llegar; **2.** *(sterben, absterben)* morir, perecer; **3.** *(kleiner werden)* encogerse; **4.** *(auf einen Vorschlag)* aceptar; **5.** *auf jdn ~ (fam)* seguir el humor a alguien; **6.** *(Verpflichtung)* afrontar, contraer
eingehend ['aɪnge:ənt] *adj (ausführlich)* detallado, minucioso
Eingemachtes ['aɪngəmaxtəs] *n (Früchte)* conservas *f/pl; jdm ans Eingemachte gehen (fig)* ir a lo esencial de alguien
eingespielt ['aɪngəʃpi:lt] *adj* armonizado
Eingeständnis ['aɪngəʃtɛntnɪs] *n* confesión *f*
eingestehen ['aɪngəʃte:ən] *v irr* confesar, admitir
eingetragen ['aɪngətra:gən] *adj* declarado, registrado
Eingeweide ['aɪngəvaɪdə] *pl ANAT* vísceras *f/pl,* entrañas *f/pl*
Eingeweihte(r) ['aɪgəvaɪ:tə(-ɐ)] *m/f* iniciado/iniciada *m/f*
eingewöhnen ['aɪngəvø:nən] *v sich ~* acostumbrarse a, habituarse a
eingießen ['aɪngi:sən] *v irr* echar
eingleisig ['aɪnglaɪzɪç] *adj* **1.** *(Strecke)* de una sola vía; **2.** *(fig)* unilateral

eingreifen ['aɪngraɪfən] *v irr* **1.** *(einschreiten)* intervenir, mediar, actuar; **2.** *TECH* engranar, encajar
Eingriff ['aɪngrɪf] *m* **1.** *(Einschreiten)* intervención *f;* **2.** *MED* operación quirúrgica *f;* **3.** *TECH* engranaje *m*
einhalten ['aɪnhaltən] *v irr* **1.** *(befolgen)* atenerse a, cumplir con; **2.** *(beibehalten)* mantener, conservar; **3.** *(anhalten)* detenerse, pararse
Einhaltung ['aɪnhaltuŋ] *f* **1.** *(Befolgung)* cumplimiento *m;* **2.** *(Beibehaltung)* mantenimiento *m*
einheimisch ['aɪnhaɪmɪʃ] *adj* aborigen, autóctono, nacional, indígena
Einheimische(r) ['aɪnhaɪmɪʃə(-ɐ)] *m/f* naturales de un país *pl,* indígena *m/f,* nativo/nativa *m/f*
Einheit ['aɪnhaɪt] *f* unidad *f*
einheitlich ['aɪnhaɪtlɪç] *adj* uniforme, homogéneo, unitario
Einheitsbestrebung ['aɪnhaɪtsbəʃtrɛːbuŋ] *f POL* tendencia unificadora *f*
einhundert ['aɪnhundɐt] *num* cien
einig ['aɪnɪç] *adj* conforme, acorde
einige ['aɪnɪgə] *pron* algunos, algunas, unos, unas
einigen ['aɪnɪgən] *v sich ~ über* ponerse de acuerdo, convenir sobre, convenir en
einigermaßen [aɪnɪgɐ'maːsən] *adv* más o menos, en cierto modo, hasta cierto punto
Einigkeit ['aɪnɪçkaɪt] *f* unidad *f*
Einigung ['aɪnɪguŋ] *f* **1.** acuerdo *m,* concordancia *f;* **2.** *POL* unión *f,* unificación *f*
einkalkulieren ['aɪnkalkuliːrən] *v* incluir en el cálculo
Einkauf ['aɪnkauf] *m* compra *f*
einkaufen ['aɪnkaufən] *v* ir de compras
Einkaufsbummel ['aɪnkaufsbuməl] *m* compra *f,* ir de tiendas
Einkaufspreis ['aɪnkaufspraɪs] *m ECO* precio de compra *m*
Einkaufstasche ['aɪnkaufstaʃə] *f* bolsa de compras *f*
einklagen ['aɪnklaːgən] *v* reclamar judicialmente
Einklang ['aɪnklaŋ] *m* acorde *m,* unisonancia *f*
Einkommen ['aɪnkɔmən] *n* ingresos *m/pl,* renta *f*
Einkommenssteuer ['aɪnkɔmənsʃtɔyɐ] *f ECO* impuestos sobre la renta *m/pl*
einkreisen ['aɪnkraɪzən] *v* envolver, cercar
Einkünfte ['aɪnkynftə] *pl* ingresos *m/pl,* ventas *f/pl,* ganancias *f/pl*
einladen ['aɪnlaːdən] *v irr* **1.** *(Gäste) ~ zu* invitar a, convidar a, ofrecer a; **2.** *(Gepäck)* cargar
Einladung ['aɪnlaːduŋ] *f* invitación *f,* convite *m*
Einlage ['aɪnlaːgə] *f ECO* depósito *m,* imposición *f*
einlagern ['aɪnlaːgɐn] *v* almacenar, depositar
einlassen ['aɪnlasən] *v irr* **1.** *(hereinlassen)* dejar entrar, dejar pasar; **2.** *(einlaufen lassen)* rodar; **3.** *sich ~ auf* meterse en, comprometerse en
einleiten ['aɪnlaɪtən] *v* **1.** *(einführen)* introducir; **2.** *(beginnen)* iniciar, comenzar
Einleitung ['aɪnlaɪtuŋ] *f* **1.** *(Einführung)* introducción *f;* **2.** *(Beginn)* inicio *m,* comienzo *m*
einleuchtend ['aɪnlɔyçtənt] *adj* obvio, evidente, claro
einliefern ['aɪnliːfɐn] *v* **1.** *(Gefängnis)* encarcelar, conducir a la cárcel; **2.** *(Krankenhaus)* hospitalizar, ingresar al hospital
einloggen ['aɪnlɔgən] *v sich ~ INFORM* entrar, ingresar
einlösen ['aɪnløːzən] *v* **1.** *(Scheck)* cobrar, hacer efectivo; **2.** *(Versprechen)* cumplir una promesa
einmachen ['aɪnmaxən] *v* confitar, hacer conservas, almibarar
einmal ['aɪnmaːl] *adv* una vez
einmalig ['aɪnmaːlɪç] *adj* único, extraordinario
einmischen ['aɪnmɪʃən] *v sich ~* entrometerse en, inmiscuirse en
Einnahme ['aɪnnaːmə] *f* **1.** *(Ertrag)* entrada *f,* ingreso *m;* **2.** *MIL* toma *f*
einnehmen ['aɪnneːmən] *v irr* **1.** *(verdienen)* ganar; **2.** *(Arznei)* tomar, ingerir; **3.** *MIL* tomar, conquistar; **4.** *(Platz)* ocupar, llenar
einordnen ['aɪnɔrdnən] *v* **1.** ordenar, poner en su sitio; **2.** *sich ~* enfilarse, colocarse en una fila

einpacken ['aɪnpakən] *v* empaquetar, embalar, envolver
einrahmen ['aɪnraːmən] *v* encuadrar
einreichen ['aɪnraɪçən] *v* presentar, entregar
Einreise ['aɪnraɪzə] *f* entrada *f*, ingreso *m*
einreisen ['aɪnraɪzən] *v* ~ *in ein Land* entrar a un país, ingresar a un país
einrichten ['aɪnrɪçtən] *v* arreglar, organizar
Einrichtung ['aɪnrɪçtuŋ] *f* arreglo *m*, organización *f*
eins [aɪns] *num* uno
einsam ['aɪnzaːm] *adj* solo, solitario
Einsamkeit ['aɪnzaːmkaɪt] *f* soledad *f*
Einsatz ['aɪnzats] *m* **1.** *(beim Glücksspiel)* apuesta *f*; **2.** *(Aufwand)* esfuerzo *m*; ~ *im Sport zeigen* sudar la camiseta; **3.** *(Anwendung)* empleo *m*, uso *m*; **4.** *MIL* ataque *m*, entrada en acción *f*
einsatzbereit ['aɪnzatsbəraɪt] *adj* disponible
einschalten ['aɪnʃaltən] *v* **1.** *(anschalten)* conectar, encender; **2.** *(hinzuziehen)* incluir, insertar; **3.** *sich* ~ intervenir en, mediar
einschätzen ['aɪnʃɛtsən] *v* calcular, valorar
einschenken ['aɪnʃɛŋkən] *v* echar de beber, servir
einschlafen ['aɪnʃlaːfən] *v irr* dormirse; ~ *können* conciliar el sueño
einschlagen ['aɪnʃlaːgən] *v irr* **1.** *(Nagel)* clavar; **2.** *(Fenster)* romper; **3.** *Richtung* ~ tomar una dirección, seguir una dirección; **4.** *(Blitz)* caer; *wie ein Blitz* ~ hacer estragos
einschlägig ['aɪnʃlɛːgɪç] *adj* pertinente a, relativo a
einschließen ['aɪnʃliːsən] *v irr* **1.** encerrar, acorralar; **2.** *(fig)* comprender, abarcar
einschließlich ['aɪnʃliːslɪç] *adv* **1.** incluso, inclusive; *prep* **2.** con inclusión de
einschneidend ['aɪnʃnaɪdənt] *adj (fig)* terminante, drástico
Einschnitt ['aɪnʃnɪt] *m* **1.** *(Schnitt)* corte *m*; **2.** *(fig: Erlebnis)* momento crucial *m*
einschränken ['aɪnʃrɛŋkən] *v* limitar, restringir
Einschreibebrief ['aɪnʃraɪbəbriːf] *m* carta certificada *f*
einschreiben ['aɪnʃraɪbən] *v irr sich* ~ inscribirse, matricularse
Einschreibung ['aɪnʃraɪbuŋ] *f* inscripción *f*, matrícula *f*
einsehen ['aɪnseːən] *v irr* **1.** *(Einblick nehmen)* examinar, observar, reconocer, mirar; **2.** *(fig: verstehen)* entender, comprender
Einsehen ['aɪnzeːən] *n ein* ~ *haben* tener comprensión
einseitig ['aɪnzaɪtɪç] *adj* unilateral, parcial, de un lado
einsenden ['aɪnzɛndən] *v irr* enviar, remitir
Einsender ['aɪnzɛndɐ] *m* remitente *m*
einsetzen ['aɪnzɛtsən] *v* **1.** *(einfügen)* insertar, agregar; **2.** *(anwenden)* usar, emplear; **3.** *(Amt übertragen)* encomendar, encargar; **4.** *(riskieren)* arriesgar, exponer
Einsicht ['aɪnzɪçt] *f (fig)* juicio *m*, discernimiento *m*
einsichtig ['aɪnzɪçtɪç] *adj* razonable, juicioso
einsickern ['aɪnzɪkɐn] *v* infiltrarse en
Einsiedler(in) ['aɪnziːdlɐ(rɪn)] *m/f* ermitaño/ermitaña *m/f*, anacoreta *m/f*
einsparen ['aɪnʃpaːrən] *v* ahorrar, economizar
einsperren ['aɪnʃpɛrən] *v* encerrar, recluir
einspringen ['aɪnʃprɪŋən] *v irr* entrar de un salto
Einspritzmotor ['aɪnʃprɪtsmoːtoːɐ] *m* *TECH* motor de inyección *m*
Einspruch ['aɪnʃprux] *m* objeción *f*, protesta *f*, reclamación *f*
einspurig ['aɪnʃpuːrɪç] *adj* **1.** *(Straße)* de un solo carril; **2.** *(Gleis)* de una sola vía
einst [aɪnst] *adv* **1.** *(Vergangenheit)* antiguamente, antaño; **2.** *(Zukunft)* algún día, alguna vez
einsteigen ['aɪnʃtaɪgən] *v irr* ~ *in* subir a, entrar a
einstellbar ['aɪnʃtɛlbaːɐ] *adj* regulable, ajustable
einstellen ['aɪnʃtɛlən] *v* **1.** *(Arbeitskräfte)* emplear, contratar, dar empleo a, colocar; **2.** *(beenden)* terminar, cesar, acabar, finalizar; **3.** *(Zahlungen)* suspender, interrumpir; **4.** *(regulieren)* regular, ajustar

Einstellung ['aɪnʃtɛluŋ] *f* **1.** *(von Arbeitskräften)* empleo *m,* colocación *f;* **2.** *(Beendigung)* cese *m;* **3.** *(von Zahlungen)* suspensión *f;* **4.** *(Regulierung)* regulación *f;* **5.** *(Denkhaltung)* manera de pensar *f,* punto de vista *m,* opinión *f*
Einstieg ['aɪnʃtiːk] *m* subida *f,* entrada *f*
einstimmig ['aɪnʃtɪmɪç] *adj* **1.** unísono, unánime; *adv* **2.** *(fig)* unánimemente, por unanimidad
einstufen ['aɪnʃtuːfən] *v* clasificar
Einsturz ['aɪnʃturts] *m* desmoronamiento *m,* derrumbamiento *m*
einstürzen ['aɪnʃtyrtsən] *v* desmoronarse
einstweilig ['aɪnstvaɪlɪç] *adj* temporal, provisional
eintauschen ['aɪntauʃən] *v ~ gegen* cambiar por, trocar por
eintausend ['aɪntauzənt] *num* mil
einteilen ['aɪntaɪlən] *v* dividir, distribuir, repartir
Einteilung ['aɪntaɪluŋ] *f* división *f,* distribución *f,* reparto *m*
eintönig ['aɪntøːnɪç] *adj* monótono, aburrido
Eintracht ['aɪntraxt] *f* concordia *f,* armonía *f*
einträchtig ['aɪntrɛçtɪç] *adv* de acuerdo total, en armonía
Eintrag ['aɪntraːk] *m* asiento *m*
eintragen ['aɪntraːgən] *v irr* asentar, registrar, inscribir
eintreffen ['aɪntrɛfən] *v irr* llegar, arribar, realizarse
eintreten ['aɪntreːtən] *v irr* **1.** *(beitreten)* ingresar en; **2.** *(sich einsetzen) ~ für* interceder por, mediar por; **3.** *(eintreffen)* llegar; **4.** *(hineingehen) ~ in* entrar en
Eintritt ['aɪntrɪt] *m* **1.** *(Beitritt)* ingreso en *m;* **2.** *(Betreten)* entrada *f; ~ frei* entrada libre
Eintrittskarte ['aɪntrɪtskartə] *f* entrada *f,* boleto *m (LA)*
einverleiben ['aɪnfɛɐlaɪbən] *v* incorporar a
Einvernehmen ['aɪnfɛɐneːmən] *n* acuerdo *m,* conformidad *f*
einverstanden ['aɪnfɛɐʃtandən] *adj ~ sein mit* estar de acuerdo con, estar conforme con
Einverständnis ['aɪnfɛɐʃtɛntnɪs] *n* conformidad *f,* aprobación *f*
Einwand ['aɪnvant] *m* objeción *f,* reparo *m*
Einwanderer ['aɪnvandərɐ] *m* inmigrante *m/f*
einwandern ['aɪnvandɐn] *v* inmigrar
Einwanderung ['aɪnvandəruŋ] *f* inmigración *f*
einwandfrei ['aɪnvantfraɪ] *adj* correcto, impecable; *Seine Geschäfte scheinen mir nicht ganz ~ zu sein.* Sus negocios no me parecen muy limpios.
Einwegverpackung ['aɪnveːkfɛɐpakuŋ] *f* envase no recuperable *m,* envase no retornable *m*
einweihen ['aɪnvaɪən] *v* inaugurar
Einweihung ['aɪnvaɪuŋ] *f* inauguración *f*
einweisen ['aɪnvaɪzən] *v irr* **1.** *(anleiten)* dar instrucciones; **2.** *(einliefern)* hacer ingresar
einwenden ['aɪnvɛndən] *v irr ~ gegen* objetar, poner reparos a
einwerfen ['aɪnvɛrfən] *v irr* **1.** *(einschlagen)* romper a pedradas; **2.** *(Post)* echar; **3.** *(Münze)* introducir, meter; **4.** *(fig)* objetar, alegar
einwilligen ['aɪnvɪlɪgən] *v* aceptar, asentir, aprobar; *~ etw zu tun* consentir en hacer algo
Einwilligung ['aɪnvɪlɪguŋ] *f* consentimiento *m,* aprobación *f*
Einwohner(in) ['aɪnvoːnɐ(rɪn)] *m/f* habitante *m/f*
Einwohnermeldeamt [aɪnvoːnɐ'mɛldəamt] *n* oficina de empadronamiento *f*
Einwohnerzahl ['aɪnvoːnɐtsaːl] *f* número de habitantes *m*
Einzahl ['aɪntsaːl] *f* singular *m*
einzahlen ['aɪntsaːlən] *v* pagar, abonar; *~ auf ein Konto* ingresar a una cuenta
Einzahlung ['aɪntsaːluŋ] *f* pago *m,* ingreso *m*
Einzel ['aɪntsəl] *n SPORT* partido individual *m*
Einzelfall ['aɪntsəlfal] *m* caso particular *m,* caso individual *m*
Einzelgänger(in) ['aɪntsəlgɛŋɐ(rɪn)] *m/f* solitario/solitaria *m/f*
Einzelhandel ['aɪntsəlhandəl] *m ECO* comercio al por menor *m*

Einzelhändler(in) ['aɪntsəlhɛndlɐ(rɪn)] *m/f* ECO minorista *m*, comerciante al por menor *m/f*
Einzelheit ['aɪntsəlhaɪt] *f* detalle *m*, pormenor *m*, particularidad *f*
einzeln ['aɪntsəln] *adj* **1.** solo, único, singular; *adv* **2.** uno por uno, individualmente
E
Einzelne(r) ['aɪntsəlnə(-ɐ)] *m/f* individuo *m*, particular *m*
Einzelstück ['aɪntsəlʃtyk] *n* pieza única *f*
Einzelzimmer ['aɪntsəltsɪmɐ] *n* habitación individual *f*
einziehen ['aɪntsiːən] *v irr* **1.** *(Wohnung)* mudarse a, instalarse en un piso; **2.** *(Informationen)* tomar, pedir; **3.** *(einbauen)* instalar; **4.** *(Geld, Steuern)* ECO cobrar, recaudar
einzig ['aɪntsɪç] *adj* **1.** solo, particular, único; *adv* **2.** tan sólo, únicamente
einzigartig ['aɪntsɪçartɪç] *adj* único, singular, particular
Einzug ['aɪntsuːk] *m* **1.** *(in eine Wohnung)* mudanza *f*, instalación *f*; **2.** *(von Informationen)* pedido *m*, toma *f*
Einzugsgebiet ['aɪntsuːksgəbiːt] *n* área de aprovechamiento *f*
Eis [aɪs] *n* **1.** hielo *m*; *das ~ brechen* romper el hielo; *etw auf ~ legen (fig)* dejar algo para más tarde; **2.** *(Speiseeis)* GAST helado *m*
Eisbär ['aɪsbɛːɐ] *m* ZOOL oso polar *m*, oso blanco *m*
Eisbecher ['aɪsbɛçɐ] *m* GAST copa de helado *f*
Eisberg ['aɪsbɛrk] *m* GEOL iceberg *m*
Eisen ['aɪzən] *n* hierro *m*; *zum alten ~ gehören (fig)* ser un viejo decrépito; *mehrere ~ im Feuer haben* encender una vela a Dios y otra al diablo
Eisenbahn ['aɪzənbaːn] *f* ferrocarril *m*
Eisenbahnnetz ['aɪzənbaːnnɛts] *n* red de ferrocarriles *f*
Eisenerz ['aɪzənɛrts] *n* MIN mineral de hierro *m*
eisenhaltig ['aɪzənhaltɪç] *adj* ferruginoso, ferrífero
Eisenhandlung ['aɪzənhandlʊŋ] *f* ferretería *f*
Eisenindustrie ['aɪzənɪndustriː] *f* industria siderúrgica *f*
Eisenwaren ['aɪzənvaːrən] *pl* artículos de ferretería *m/pl*
eisern ['aɪzɐn] *adj* **1.** *(aus Eisen)* férreo, de hierro; **2.** *(fig)* inflexible, rígido; *adv* **3.** *(fig)* rígidamente
eisgekühlt ['aɪsgəkyːlt] *adj* helado
Eishockey ['aɪshɔkeɪ] *n* SPORT hockey sobre hielo *m*
eisig ['aɪzɪç] *adj* **1.** *(kalt)* helado; **2.** *(fig)* glacial
eiskalt ['aɪskalt] *adj* **1.** *(kalt)* helado; **2.** *(fig)* glacial, inmutable, frío como el hielo
Eiskunstlauf ['aɪskunstlauf] *m* SPORT patinaje artístico sobre hielo *m*
Eiskunstläufer(in) ['aɪskunstlɔyfɐ(rɪn)] *m* SPORT patinador(a) *m/f*
Eisprung ['aɪʃprʊŋ] *m* BIO ovulación *f*
Eisscholle ['aɪsʃɔlə] *f* témpano de hielo *m*
Eisschrank ['aɪsʃraŋk] *m* nevera *f*, refrigerador *m*
Eisvogel ['aɪsfoːgəl] *m* ZOOL martín pescador *m*
Eiswürfel ['aɪsvyrfəl] *m* cubito de hielo *m*
Eiszapfen ['aɪstsapfən] *m* carámbano *m*
Eiszeit ['aɪstsaɪt] *f* GEOL período glacial *m*, época glacial *f*
eitel ['aɪtəl] *adj* vanidoso
Eitelkeit ['aɪtəlkaɪt] *f* vanidad *f*
Eiter ['aɪtɐ] *m* MED pus *m*
eitrig ['aɪtrɪç] *adj* MED purulento
Eiweiß ['aɪvaɪs] *n* **1.** *(vom Ei)* clara de huevo *f*; **2.** BIO proteína *f*
Ejakulation [ejakula'tsjoːn] *f* BIO eyaculación *f*
Ekel ['eːkəl] *m* asco *m*
ekelhaft ['eːkəlhaft] *adj* asqueroso, repugnante; *Wie ~!* ¡Qué asco!
ekeln ['eːkəln] *v sich ~* sentir asco, tomar asco
Eklat [e'klaː] *m* escándalo *m*, sensación *f*
Ekstase [ɛk'staːzə] *f* éxtasis *m*
Ekzem [ɛk'tseːm] *n* MED eccema/eczema *m*
elastisch [e'lastɪʃ] *adj* elástico
Elastizität [elastɪtsɪ'tɛːt] *f* elasticidad *f*
Elch [ɛlç] *m* ZOOL alce *m*
Elefant [ele'fant] *m* elefante *m*; *sich wie der ~ im Porzellanladen benehmen* ser un torpe/ser un bocazas
elegant [ele'gant] *adj* elegante

Eleganz [ele'gants] *f* elegancia *f*
Elektriker(in) [e'lɛktrɪkɐ(rɪn)] *m/f* electricista *m/f*
elektrisch [e'lɛktrɪʃ] *adj* eléctrico
Elektrizität [elɛktritsi'tɛːt] *f* electricidad *f*
Elektrizitätswerk [elɛktritsi'tɛːtsvɛrk] *n* central eléctrica *f*
Elektroauto [e'lɛktro'aʊto] *n* vehículo eléctrico *m*, coche eléctrico *m*
Elektrode [elɛk'troːdə] *f* PHYS electrodo *m*
Elektrogerät [e'lɛktrogərɛːt] *n* TECH aparato eléctrico *m*
Elektrolyse [elɛktro'lyːzə] *f* CHEM electrólisis *f*
Elektron [elɛk'troːn] *n* PHYS electrón *m*
Elektronik [elɛk'troːnɪk] *f* electrónica *f*
elektronisch [elɛk'troːnɪʃ] *adj* electrónico/electrotécnica *m/f*
Elektrotechniker(in) [e'lɛktroteçnɪkɐ(rɪn)] *m/f* electrotécnico/electrotécnica *m*
Element [ele'mɛnt] *n* elemento *m*; *in seinem ~ sein* estar en su elemento
elementar [elemɛn'taːɐ] *adj* elemental
elend ['eːlɛnt] *adj* pobre, miserable
Elend ['eːlɛnt] *n* miseria *f*; *wie ein Häufchen ~* que da pena/como un pobre infeliz
Elendsviertel ['eːlɛntsfɪrtəl] *n* barrios pobres *m/pl*, barriadas *f/pl* (Peru), rancho *m* (Venezuela), callampa *f* (Chile)
elf [ɛlf] *num* once
Elfenbein ['ɛlfənbaɪn] *n* marfil *m*
elfte(r,s) ['ɛlftə(ɐ,əs)] *adj* undécimo
elitär [elɪ'tɛːɐ] *adj* elitista
Elite [e'liːtə] *f* élite *f*, lo más selecto
Ellbogen ['ɛlboːgən] *m* ANAT codo *m*
Elsass ['ɛlzas] *n* GEO Alsacia *f*
Elster ['ɛlstɐ] *f* ZOOL urraca *f*
Eltern ['ɛltɐn] *pl* padres *m/pl*, viejos *m/pl (fam)*; *nicht von schlechten ~ sein (fig)* ser francamente bueno/ser de buena familia
Elternhaus ['ɛltɐnhaus] *n* casa paterna *f*
Email [e'maːj] *n* esmalte *m*
E-Mail ['iːmeɪl] *f* correo electrónico *m*, e-mail *m*
Emanzipation [emantsɪpa'tsjoːn] *f* emancipación *f*
Embargo [ɛm'bargo] *n* POL embargo *m*
Embolie [ɛmbo'liː] *f* MED embolia *f*
Embryo ['ɛmbryo] *m* BIO embrión *m*
Emigrant(in) [emi'grant(ɪn)] *m/f* **1.** emigrante *m/f*; **2.** POL emigrado/emigrada *m/f*, refugiado político/refugiada política *m/f*
Emigration [emigra'tsjoːn] *f* **1.** emigración *f*; **2.** POL exilio *m*, emigración *f*
Emission [emɪs'joːn] *f* **1.** ECO emisión *f*; **2.** PHYS emisión *f*
Empfang [ɛm'pfaŋ] *m* **1.** *(Erhalt)* recepción *f*, recibo *m*; **2.** *(Begrüßung)* acogida *f*, saludo *m*, recibimiento *m*; **3.** *(Veranstaltung)* recepción *f*; **4.** *(Rezeption)* recepción *f*; **5.** *(beim TV)* TECH recepción *f*
empfangen [ɛm'pfaŋən] *v irr* **1.** *(erhalten)* recibir, tomar, aceptar; **2.** *(begrüßen)* acoger, saludar; **3.** *(TV)* TECH recibir
Empfänger [ɛm'pfɛŋɐ] *m* **1.** *(Anschrift)* destinatario *m*; **2.** *(Gerät)* TECH receptor *m*
Empfängnis [ɛm'pfɛŋnɪs] *f* BIO concepción *f*
empfängnisverhütend [ɛm'pfɛŋnɪsfɛɐhyːtənt] *adj* BIO anticonceptivo
empfehlen [ɛm'pfeːlən] *v irr* recomendar; *es empfiehlt sich, etw zu tun* se recomienda hacerse siempre algo
empfehlenswert [ɛm'pfeːlənsveːɐt] *adj* recomendable
Empfehlung [ɛm'pfeːluŋ] *f* recomendación *f*
empfinden [ɛm'pfɪndən] *v irr* sentir, percibir, experimentar
empfindlich [ɛm'pfɪntlɪç] *adj* **1.** sensible, susceptible; *adv* **2.** sensiblemente
Empfindung [ɛm'pfɪnduŋ] *f* sensación *f*, sentimiento *m*
empor [ɛm'poːɐ] *adv* hacia arriba, arriba
empören [ɛm'pøːrən] *v sich ~* sublevarse, rebelarse
Emporkömmling [ɛm'poːɐkœmlɪŋ] *m* advenedizo *m*, arribista *m*
empört [ɛm'pøːɐt] *adj* **1.** indignado; *adv* **2.** con indignación
Empörung [ɛm'pøːruŋ] *f* sublevación *f*, rebelión *f*
emsig ['ɛmzɪç] *adj* activo, aplicado
Endabrechnung ['ɛntapreçnuŋ] *f* saldo *m*, cuenta final *f*

E

Ende ['ɛndə] *n* fin *m,* final *m; das ~ vom Lied* el final triste; *zu ~ gehen* tocar a su fin; *das dicke ~* lo peor; *am ~ sein* estar agotado; *kein ~ finden* ser el cuento de nunca acabar *(fig)*; *Mit ihm geht es zu ~.* Está para morirse.

enden ['ɛndən] *v* acabar, terminar, terminarse, finalizar

E

Endergebnis ['ɛndɛɐgeːpnɪs] *n* resultado final *m*

endgültig ['ɛntgyltɪç] *adj* **1.** definitivo; *adv* **2.** definitivamente

Endlagerung ['ɛntlaːgəruŋ] *f* almacenamiento definitivo *m*

endlich ['ɛntlɪç] *adj* **1.** final, definitivo; *adv* **2.** finalmente, por fin

endlos ['ɛntloːs] *adj* **1.** infinito, interminable; *adv* **2.** infinitamente

Endspiel ['ɛntʃpiːl] *n* SPORT encuentro final *m*

Endstation ['ɛntʃtatsjoːn] *f* estación final *f*

Endverbraucher ['ɛntfɛɐbrauxɐ] *m* ECO consumidor final *m*

Energie [enɛr'giː] *f* energía *f; erneuerbare ~n* energías renovables *f/pl*

Energieeffizienz [enɛr'giːɛfitsjents] *f* eficiencia energética *f*

Energiesparlampe [enɛr'giːspaːɐlampə] *f* TECH lámpara ahorradora de energía *f,* bombilla de bajo consumo *f*

Energieverbrauch [enɛr'giːfɛɐbraux] *m* consumo de energía *m*

Energiewende [enɛr'giːvɛndə] *f* transición energética *f*

energisch [e'nɛrgɪʃ] *adj* **1.** enérgico; *adv* **2.** enérgicamente

eng [ɛŋ] *adj* estrecho, angosto; *etw nicht so ~ sehen* no tomarse algo tan a pecho *(fig)*

Engagement [ãgaʒ'mã] *n* **1.** *(Einsatz)* lucha por *f;* **2.** *(Verpflichtung)* compromiso *m;* **3.** *(Anstellung)* THEAT contrata *f*

engagieren [ãgaʒiːrən] *n* **1.** *jdn ~* contratar a alguien; **2.** *sich ~* abogar, comprometerse, luchar

Enge ['ɛŋə] *f jdn in die ~ treiben* poner a alguien entre la espada y la pared *(fig)*

Engel ['ɛŋəl] *m* ángel *m*

Engelsgeduld ['ɛŋəlsgədult] *f* paciencia divina *f,* paciencia de un santo *f*

England ['ɛŋlant] *n* GEO Inglaterra *f*

Engländer(in) ['ɛŋlɛndɐ(rɪn)] *m/f* inglés/inglesa *m/f*

Englisch ['ɛŋlɪʃ] *n* inglés *m*

Engpass ['ɛŋpas] *m* desfiladero *m,* cañada *f,* collado *m*

engstirnig ['ɛŋʃtɪrnɪç] *adj* estrecho de miras

Enkel ['ɛŋkəl] *m* nieto *m*

enorm [e'nɔrm] *adj* enorme, inmenso

entbehren [ɛnt'beːrən] *v* carecer de

entbehrlich [ɛnt'beːɐlɪç] *adj* prescindible, innecesario

Entbehrung [ɛnt'beːruŋ] *f* privación *f*

entbinden [ɛnt'bɪndən] *v irr* **1.** *(befreien)* dispensar, relevar; **2.** MED asistir en el parto

Entbindung [ɛnt'bɪnduŋ] *f* **1.** *(Befreiung)* dispensa *f;* **2.** MED parto *m,* alumbramiento *m*

entdecken [ɛnt'dɛkən] *v* descubrir

Entdecker(in) [ɛnt'dɛkɐ(rɪn)] *m/f* descubridor(a) *m/f*

Entdeckung [ɛnt'dɛkuŋ] *f* descubrimiento *m*

Entdeckungsreise [ɛnt'dɛkuŋsraɪzə] *f* viaje de exploración *m*

Ente ['ɛntə] *f* **1.** ZOOL pato *m; eine lahme ~ sein (fig)* ser más lento que una tortuga; **2.** *(fig: Zeitungsente)* bola *f,* noticia falsa *f*

entehren [ɛnt'eːrən] *v* deshonrar

enteignen [ɛnt'aɪgnən] *v* JUR expropiar

enterben [ɛnt'ɛrbən] *v* desheredar

entfallen [ɛnt'falən] *v irr* **1.** *(fallen lassen)* dejar caer, soltar; **2.** *(ausfallen)* suprimirse, abolirse; **3.** *(fig: vergessen)* olvidarse

entfernen [ɛnt'fɛrnən] *v* **1.** *(weggehen)* alejarse; **2.** *(wegnehmen)* eliminar, quitar, retirar

entfernt [ɛnt'fɛrnt] *adj* apartado, distante, alejado

Entfernung [ɛnt'fɛrnuŋ] *f* **1.** *(Distanz)* distancia *f;* **2.** *(Wegnahme)* eliminación *f,* retiro *m*

entfliehen [ɛnt'fliːən] *v irr* huir, fugarse

Entfremdung [ɛnt'frɛmduŋ] *f* distanciamiento *m,* alienación *f*

entführen [ɛnt'fyːrən] *v* secuestrar, raptar

Entführer [ɛnt'fyːrɐ] *m* secuestrador *m*
Entführung [ɛnt'fyːrʊŋ] *f* secuestro *m*, rapto *m*
entgegen [ɛnt'geːgən] *prep* **1.** *(örtlich)* al encuentro de; *sie lief ihm ~* ella corrió a su encuentro; **2.** *(wider)* en contra de
entgegengehen [ɛnt'geːgəngeːən] *v irr* ir al encuentro de, ir hacia
entgegengesetzt [ɛnt'geːgəngəzɛtst] *adj* **1.** *(örtlich)* opuesto, contrario; **2.** *(gegensätzlich)* antagónico, contradictorio
entgegenhalten [ɛnt'geːgənhaltən] *v irr* **1.** *die Arme ~* extender los brazos hacia; **2.** *(fig: einwenden)* oponer, objetar
entgegenkommen [ɛnt'geːgənkɔmən] *v irr* **1.** salir al encuentro de, venir al encuentro de; **2.** *(fig: eingehen)* entrar en detalles
Entgegenkommen [ɛnt'geːgənkɔmən] *n* complacencia *f*, amabilidad *f*
entgegennehmen [ɛnt'geːgənneːmən] *v irr* recibir, aceptar
entgegnen [ɛnt'geːgnən] *v* replicar, contestar
entgehen [ɛnt'geːən] *v irr* escapar de, huir de
entgeistert [ɛnt'gaɪstɐt] *adj* **1.** atónito, estupefacto; *adv* **2.** con estupefacción
Entgelt [ɛnt'gɛlt] *n* pago *m*
entgleisen [ɛnt'glaɪzən] *v* **1.** *(Zug)* descarrilar; **2.** *(fig)* salirse de tono
enthaaren [ɛnt'haːrən] *v* depilar
Enthaarungsmittel [ɛnt'haːrʊŋsmɪtəl] *n* depilatorio *m*
enthalten [ɛnt'haltən] *v irr* **1.** *(beinhalten)* contener; **2.** *sich ~* abstenerse de, contenerse
enthaltsam [ɛnt'haltzaːm] *adj* abstinente, moderado
Enthaltsamkeit [ɛnt'haltzaːmkaɪt] *f* abstinencia *f*
Enthaltung [ɛnt'haltʊŋ] *f* abstención *f*
entheben [ɛnt'heːbən] *v irr* **1.** *(Verantwortung) einer Sache ~* eximir de algo, dispensar de algo; **2.** *(Amt)* separar del cargo
enthüllen [ɛnt'hylən] *v* **1.** *(Denkmal)* inaugurar; **2.** *(fig)* revelar, sacar a la luz, destapar
Enthüllung [ɛnt'hylʊŋ] *f* **1.** *(Denkmal)* inauguración *f*; **2.** *(fig)* revelación *f*, destape *m*
entjungfern [ɛnt'jʊŋfɐn] *v* desflorar, desvirgar
entkalken [ɛnt'kalkən] *v* descalcificar
entkernen [ɛnt'kɛrnən] *v* deshuesar, despepitar
entkleiden [ɛnt'klaɪdən] *v* desvestir, desnudar
entkommen [ɛnt'kɔmən] *v irr* escapar, escaparse, huir
entkräften [ɛnt'krɛftən] *v* **1.** debilitar, extenuar; **2.** *(widerlegen)* desvirtuar, debilitar
entladen [ɛnt'laːdən] *v irr* **1.** *(abladen)* descargar; **2.** *(fig: befreien)* liberar, eximir
entlang [ɛnt'laŋ] *prep* a lo largo de
entlangfahren [ɛnt'laŋfaːrən] *v irr* **1.** viajar a lo largo de; **2.** *(am Ufer ~)* costear
entlarven [ɛnt'larfən] *v* desenmascarar
entlassen [ɛnt'lasən] *v irr* **1.** *(Arbeitskraft)* despedir; **2.** *(Gefangene)* poner en libertad, excarcelar; **3.** *(Kranke)* dar de alta; **4.** *MIL* licenciar
Entlassung [ɛnt'lasʊŋ] *f* **1.** *(von Arbeitskräften)* despido *m*; **2.** *(von Gefangenen)* puesta en libertad *f*, excarcelación *f*; **3.** *(aus dem Krankenhaus)* alta *f*; **4.** *MIL* licenciamiento *m*
Entlassungspapier [ɛnt'lasʊŋspapiːɐ] *n* documento de despido *m*
entlasten [ɛnt'lastən] *v* **1.** aliviar, descargar; **2.** *JUR* exculpar, descargar
entlastend [ɛnt'lastənt] *adj* **1.** aliviante, aligerante; **2.** *JUR* exculpatorio
Entlastungszeuge [ɛnt'lastʊŋstsɔygə] *m JUR* testigo de descargo *m*, testigo de la defensa *m*
entlohnen [ɛnt'loːnən] *v* remunerar, retribuir
Entmachtung [ɛnt'maxtʊŋ] *f POL* derrocamiento *m*, destitución *f*
entmilitarisieren [ɛntmilitari'ziːrən] *v POL* desmilitarizar
entmündigen [ɛnt'myndɪgən] *v JUR* incapacitar
entmutigen [ɛnt'muːtɪgən] *v* desanimar, desalentar
Entnahme [ɛnt'naːmə] *f* toma *f*

E

entnehmen [ɛnt'neːmən] *v irr* **1.** *(herausnehmen)* sacar, extraer; **2.** *(fig: schließen)* concluir, deducir
entpuppen [ɛnt'pupən] *v sich ~ (fig)* resultar ser
enträtseln [ɛnt'rɛːtsəln] *v* descifrar
entrüsten [ɛnt'rystən] *v sich ~ über* indignarse por, indignarse de
Entrüstung [ɛnt'rystuŋ] *f* indignación *f*
entschädigen [ɛnt'ʃɛːdɪgən] *v* indemnizar, compensar
Entschädigung [ɛnt'ʃɛːdɪguŋ] *f* indemnización *f,* compensación *f*
entscheiden [ɛnt'ʃaɪdən] *v irr* decidir, determinar
entscheidend [ɛnt'ʃaɪdənt] *adj* decisivo, determinante
Entscheidung [ɛnt'ʃaɪduŋ] *f* decisión *f,* determinación *f*
Entscheidungsfreiheit [ɛnt'ʃaɪduŋsfraɪhaɪt] *f* libertad de decisión *f*
entschieden [ɛnt'ʃiːdən] *adj* **1.** decidido, resuelto; *adv* **2.** decididamente, sin duda
Entschiedenheit [ɛnt'ʃiːdənhaɪt] *f* decisión *f,* determinación *f,* firmeza *f*
entschließen [ɛnt'ʃliːsən] *v irr sich ~* decidirse, resolverse
entschlossen [ɛnt'ʃlɔsən] *adj* decidido, resuelto, determinado
Entschluss [ɛnt'ʃlus] *m* decisión *f,* resolución *f,* determinación *f*
Entschlusskraft [ɛnt'ʃluskraft] *f* determinación *f,* fuerza de resolución *f*
entschuldbar [ɛnt'ʃultbaːɐ] *adj* disculpable, perdonable, excusable
entschuldigen [ɛnt'ʃuldɪgən] *v* **1.** *etw ~* disculpar algo, excusar algo, perdonar algo; **2.** *sich ~* disculparse, excusarse
Entschuldigung [ɛnt'ʃuldɪguŋ] *f* disculpa *f,* excusa *f,* perdón *m*
entsetzen [ɛnt'zɛtsən] *v* espantar, horrorizar
Entsetzen [ɛnt'zɛtsən] *n* horror *m,* espanto *m,* terror *m,* pavor *m*
entsetzlich [ɛnt'zɛtslɪç] *adj* horrible, espantoso, terrible
entsetzt [ɛnt'zɛtst] *adj* **1.** aterrado, espantado; *adv* **2.** con horror, con espanto, lleno de pavor
entseuchen [ɛnt'zɔyçən] *v* descontaminar, desinfectar
entsinnen [ɛnt'zɪnən] *v irr sich einer Sache ~* acordarse de algo, recordar algo
entsorgen [ɛnt'zɔrgən] *v* eliminar desechos
entspannen [ɛnt'ʃpanən] *v sich ~* relajarse
entspannend [ɛnt'ʃpanənt] *adj* relajante, distendido (fig)
Entspannung [ɛnt'ʃpanuŋ] *f* **1.** relajación *f,* relajamiento *m;* **2.** *POL* distensión *f*
Entspannungspolitik [ɛnt'ʃpanuŋspolitiːk] *f POL* política de distensión *f*
entsprechen [ɛnt'ʃprɛçən] *v irr* corresponder a, pertenecer a
entsprechend [ɛnt'ʃprɛçənt] *adj* correspondiente, perteneciente
entspringen [ɛnt'ʃprɪŋən] *v irr* **1.** *(Fluss)* nacer; **2.** *(herrühren) ~ aus* originarse en, provenir de
entstehen [ɛnt'ʃteːən] *v irr* originarse, surgir
entstellt [ɛnt'ʃtɛlt] *adj* desfigurado, deformado
entstören [ɛnt'ʃtøːrən] *v TECH* eliminar perturbaciones
enttäuschen [ɛnt'tɔyʃən] *v* desengañar, desilusionar
enttäuscht [ɛnt'tɔyʃt] *adj* desengañado, desilusionado
Enttäuschung [ɛnt'tɔyʃuŋ] *f* desengaño *m,* desilusión *f*
entwaffnen [ɛnt'vafnən] *v* **1.** *MIL* desarmar; **2.** *(fig) jdn ~* vencer la resistencia de alguien
Entwarnung [ɛnt'varnuŋ] *f* cese de alarma *m*
entwässern [ɛnt'vɛsɐn] *v* **1.** *(Sumpf)* desaguar, drenar; **2.** *MED* drenar
entweder ['ɛntveːdɐ] *konj ~ ... oder* o bien … o; *~ du bleibst, oder du gehst.* O bien te quedas o te vas.
entweihen [ɛnt'vaɪən] *v REL* profanar
entwenden [ɛnt'vɛndən] *v irr* robar, quitar
entwerfen [ɛnt'vɛrfən] *v irr* idear, diseñar, proyectar
entwerten [ɛnt'veːɐtən] *v* **1.** *(Fahrkarte)* fechar, marcar, picar; **2.** *(fig)* perder su valor; **3.** *(Geld) ECO* desvalorizar
Entwertung [ɛnt'veːɐtuŋ] *f ECO* desvalorización *f*

entwickeln [ɛnt'vɪkəln] *v* desarrollar, desenvolver
Entwicklung [ɛnt'vɪklʊŋ] *f* desarrollo *m,* desenvolvimiento *m*
Entwicklungshilfe [ɛnt'vɪklʊŋshɪlfə] *f* ayuda a los países en vías de desarrollo *f,* ayuda para el desarrollo *f*
Entwicklungsjahre [ɛnt'vɪklʊŋsjaːrə] *pl* años de la pubertad *m/pl*
Entwicklungsland [ɛnt'vɪklʊŋslant] *n* país en vías de desarrollo *m*
entwürdigend [ɛnt'vyrdɪgənt] *adj* degradante, humillante
Entwurf [ɛnt'vurf] *m* diseño *m,* bosquejo *m*
entwurzeln [ɛnt'vurtsəln] *v* **1.** *(fig)* desarraigar, expatriar, alejar; **2.** *BOT* arrancar de raíz, desarraigar
Entwurzelung [ɛnt'vurtsəlʊŋ] *f (fig)* desarraigo *m,* expatriación *f*
Entziehungskur [ɛnt'tsiːʊŋskuːɐ] *f* *MED* cura de desintoxicación *f,* cura de privación *f*
entziffern [ɛnt'tsɪfɐn] *v* descifrar
Entzücken [ɛnt'tsykən] *n* encanto *m,* fascinación *f*
entzückend [ɛnt'tsykənt] *adj* encantador, fascinador, cautivador
entzückt [ɛnt'tsykt] *adj* encantado, cautivado, fascinado
Entzug [ɛnt'tsuːk] *m MED* privación *f*
Entzugserscheinungen [ɛnt'tsuːksɛɐʃaɪnʊŋən] *pl MED* síntomas de privación *m/pl,* síndrome de abstinencia *m/pl*
entzünden [ɛnt'tsyndən] *v* **1.** *(Feuer)* encender, prender, inflamar; **2.** *sich ~ MED* inflamarse, infectarse
Entzündung [ɛnt'tsyndʊŋ] *f MED* inflamación *f,* infección *f*
Entzündungsherd [ɛnt'tsyndʊŋsheːɐt] *m MED* foco inflamatorio *m,* foco de infección *m*
entzwei [ɛnt'tsvaɪ] *adj* roto, destrozado
Enzian ['ɛntsian] *m BOT* genciana *f*
Enzyklopädie [ɛntsyklopɛ'diː] *f* enciclopedia *f*
Enzym [ɛn'tsyːm] *n BIO* enzima *f*
Epidemie [epide'miː] *f MED* epidemia *f*
Epilepsie [epilɛp'ziː] *f MED* epilepsia *f*
Episode [epi'zoːdə] *f* episodio *m*
Epizentrum [epi'tsɛntrum] *n* epicentro *m*
Epoche [e'pɔxə] *f* época *f*
Equipe [e'kip] *f* equipo *m*
er [eːɐ] *pron (Person)* él
erachten [ɛɐ'axtən] *v* considerar, juzgar
erarbeiten [ɛɐ'arbaɪtən] *v* conseguir trabajando, ganar a fuerza de trabajo
erbarmen [ɛɐ'barmən] *v sich jds ~* compadecerse de alguien, apiadarse de alguien; *Herr, erbarme dich unser!* ¡Señor, ten piedad de nosotros!
Erbarmen [ɛɐ'barmən] *n* compasión *f,* piedad *f*
erbärmlich [ɛɐ'bɛrmlɪç] *adj* **1.** deplorable, lastimoso, miserable; *adv* **2.** deplorablemente, lastimosamente, miserablemente
erbarmungslos [ɛɐ'barmʊŋsloːs] *adj* despiadado
erbauen [ɛɐ'bauən] *v* construir, edificar
Erbauer [ɛɐ'bauɐ] *m* constructor *m*
Erbe ['ɛrbə] *n* **1.** *(Sache)* herencia *f; m* **2.** *(Person)* heredero *m*
erben ['ɛrbən] *v* heredar
Erbfolge ['ɛrpfɔlgə] *f* sucesión *f*
Erbgut ['ɛrpguːt] *n BIO* patrimonio hereditario *m*
Erbin ['ɛrbɪn] *f* heredera *f,* sucesora *f*
erbittert [ɛɐ'bɪtɐt] *adj* **1.** exasperado, enconado; *adv* **2.** con exasperación
Erbkrankheit ['ɛrpkrankhaɪt] *f MED* enfermedad hereditaria *f*
Erblasser(in) ['ɛrplasɐ(rɪn)] *m/f* testador(a) *m/f*
erblich ['ɛrplɪç] *adj* hereditario
erblinden [ɛɐ'blɪndən] *v* cegar, perder la vista
Erbmasse ['ɛrpmasə] *f* **1.** *BIO* masa hereditaria *f;* **2.** *JUR* herencia *f*
erbrechen [ɛɐ'brɛçən] *v irr* vomitar
Erbrechen [ɛɐ'brɛçən] *n* vómito *m; bis zum ~* hasta la saciedad
Erbrecht ['ɛrprɛçt] *n JUR* derecho sucesorio *m*
Erbschaft ['ɛrpʃaft] *f* herencia *f*
Erbschleicher(in) ['ɛrpʃlaɪçɐ(rɪn)] *m/f* captador(a) de herencias *m/f*
Erbse ['ɛɐpsə] *f* guisante *m,* arveja *f (LA)*
Erdbeben ['eːɐtbeːbən] *n* **1.** seísmo *m,* terremoto *m;* **2.** *leichtes ~* temblor *m*
Erdbeere ['eːɐtbeːrə] *f BOT* fresa *f*

E

Erdboden ['eːɐtboːdən] *m* tierra *f,* suelo *m; dem ~ gleichmachen (fig)* no dejar piedra sobre piedra; *vom ~ verschwinden* desaparecer de la faz de la tierra
Erde ['eːɐdə] *f* tierra *f; jdn unter die ~ bringen (fig)* llevar a alguien a la tumba; *auf der ~ bleiben* pisar tierra (fig)/no hacerse ilusiones; *etw aus der ~ stampfen* sacar algo de la nada

E

erden ['eːɐdən] *v TECH* conectar a tierra
erdenklich [ɛɐ'dɛŋklɪç] *adj* imaginable, concebible
Erdgas ['eːɐtgaːs] *n* gas natural *m*
Erdgeschoss ['eːɐtgəʃɔs] *n* piso bajo *m,* planta baja *f*
erdichten [ɛɐ'dɪçtən] *v* imaginar, idear
Erdkugel ['eːɐtkuːgəl] *f* globo terráqueo *m*
Erdkunde ['eːɐtkundə] *f* geografía *f*
Erdnuss ['eːɐtnus] *f BOT* cacahuete *m,* maní *m (LA)*
Erdöl ['eːɐtøːl] *n* petróleo *m*
Erdreich ['eːɐtraɪç] *n* tierra *f,* terruño *m*
erdrosseln [ɛɐ'drɔsəln] *v* estrangular
erdrücken [ɛɐ'drykən] *v* aplastar, ahogar
Erdrutsch ['eːɐtrutʃ] *m* corrimiento de tierras *m,* desprendimiento de tierras *m*
Erdteil ['eːɐttaɪl] *m GEO* continente *m*
erdulden [ɛɐ'duldən] *v* aguantar, soportar
Erdung ['eːɐduŋ] *f TECH* toma de tierra *f*
ereifern [ɛɐ'aɪfɐn] *v sich ~* acalorarse, alterarse
ereignen [ɛɐ'aɪgnən] *v sich ~* ocurrir, suceder, pasar
Ereignis [ɛɐ'aɪgnɪs] *n* acontecimiento *m,* suceso *m*
Eremit(in) [ere'miːt(ɪn)] *m/f* eremita *m/f*
erfahren [ɛɐ'faːrən] *v irr* **1.** llegar a saber, experimentar; *adj* **2.** experimentado, experto
Erfahrung [ɛɐ'faːruŋ] *f* experiencia *f*
erfahrungsgemäß [ɛɐ'faːruŋsgəmɛːs] *adv* por experiencia
Erfahrungssache [ɛɐ'faːruŋszaxə] *f* cuestión de experiencia *f*
erfassen [ɛɐ'fasən] *v* **1.** *(greifen)* asir, coger, agarrar; **2.** *(statistisch)* registrar estadísticamente; **3.** *(fig: verstehen)* comprender, entender, captar
Erfassung [ɛɐ'fasuŋ] *f (Statistik)* estadística *f*
erfinden [ɛɐ'fɪndən] *v irr* inventar, crear
Erfinder [ɛɐ'fɪndɐ] *m* inventor *m*
erfinderisch [ɛɐ'fɪndərɪʃ] *adj* inventivo, ingenioso
Erfindung [ɛɐ'fɪnduŋ] *f* **1.** invento *m,* invención *f;* **2.** *(Lüge)* mentira *f,* invención *f*
Erfolg [ɛɐ'fɔlk] *m* éxito *m; ~ versprechend* prometedor
erfolgen [ɛɐ'fɔlgən] *v* resultar, desarrollarse
erfolglos [ɛɐ'fɔlkloːs] *adj* **1.** desafortunado, infructuoso; *adv* **2.** desafortunadamente, infructuosamente, sin éxito
erfolgreich [ɛɐ'fɔlkraɪç] *adj* afortunado, exitoso
erforderlich [ɛɐ'fɔrdɐlɪç] *adj* necesario, requerido
erfordern [ɛɐ'fɔrdɐn] *v* requerir, pedir, necesitar
Erfordernis [ɛɐ'fɔrdɐnɪs] *n* exigencia *f,* requisito *m*
erforschen [ɛɐ'fɔrʃən] *v* **1.** explorar, investigar; **2.** *(prüfen)* estudiar, examinar
Erforschung [ɛɐ'fɔrʃuŋ] *f* **1.** exploración *f,* investigación *f;* **2.** *(prüfen)* estudio *m,* investigación *f,* examen *m*
erfreuen [ɛɐ'frɔyən] *v* alegrar, causar alegría
erfreulich [ɛɐ'frɔylɪç] *adj* agradable, alentador
erfreulicherweise [ɛɐ'frɔylɪçɐvaɪzə] *adv* afortunadamente, por suerte
erfreut [ɛɐ'frɔyt] *adj* contento, encantado; *Sehr ~!* ¡Encantado!
erfrieren [ɛɐ'friːrən] *v irr* **1.** *(Person)* morirse de frío; **2.** *(Pflanze)* helarse
erfrischen [ɛɐ'frɪʃən] *v sich ~* refrescarse, tomar aire fresco
erfrischend [ɛɐ'frɪʃənt] *adj* refrescante
Erfrischung [ɛɐ'frɪʃuŋ] *f* refresco *m*
erfüllen [ɛɐ'fylən] *v* **1.** *erfüllt sein* estar lleno; **2.** *Pflicht ~* cumplir una obligación; **3.** *Wunsch ~* satisfacer un deseo
Erfüllung [ɛɐ'fyluŋ] *f* **1.** *(Realisierung)* realización *f,* consumación *f;* **2.** *(einer Pflicht)* cumplimiento *m;* **3.** *(eines Wunsches)* satisfacción *f*
Erfüllungsort [ɛɐ'fyluŋsɔrt] *m ECO* lugar de cumplimiento *m*

ergänzen [ɛɐ'gɛntsən] *v* completar, complementar, añadir
Ergänzung [ɛɐ'gɛntsuŋ] *f* complemento *m,* suplemento *m,* añadidura *f*
Ergebnis [ɛɐ'ge:pnɪs] *n* resultado *m,* producto *m*
ergebnislos [ɛɐ'ge:pnɪslo:s] *adj* sin resultado
ergiebig [ɛɐ'gi:bɪç] *adj* productivo
ergonomisch [ɛɐgo'no:mɪʃ] *adj* ergonómico
ergreifen [ɛɐ'graɪfən] *v irr* **1.** *(greifen)* coger, tomar, agarrar; *eine Gelegenheit ~* aprovechar la ocasión; **2.** *(anwenden)* adoptar, tomar; **3.** *(festnehmen)* capturar, prender, tomar preso; **4.** *(fig: bewegen)* conmover, enternecer
ergreifend [ɛɐ'graɪfənt] *adj (fig)* conmovedor, enternecedor
erhalten [ɛɐ'haltən] *v irr* **1.** *(bekommen)* recibir, aceptar; **2.** *(bewahren)* conservar
erhältlich [ɛɐ'hɛltlɪç] *adj* adquirible, que se puede adquirir
Erhaltung [ɛɐ'haltuŋ] *f* **1.** *(Bewahrung)* conservación *f;* **2.** *(Instandhaltung)* mantenimiento *m*
erhängen [ɛɐ'hɛŋən] *v irr sich ~* ahorcarse, estrangularse
erheben [ɛɐ'he:bən] *v irr* **1.** *(hochheben)* levantar, alzar; **2.** *sich ~* levantarse, ponerse de pie; **3.** *(Steuern) ECO* recaudar, cobrar; **4.** *(Klage) JUR* demandar a alguien
erheblich [ɛɐ'he:plɪç] *adj* considerable
Erhebung [ɛɐ'he:buŋ] *f* **1.** *(eines Berges)* elevación *f;* **2.** *(Statistik)* censo *m;* **3.** *(von Steuern) ECO* recaudación *f,* cobro *m;* **4.** *JUR* demanda *f*
Erheiterung [ɛɐ'haɪtəruŋ] *f* diversión *f*
erhitzen [ɛɐ'hɪtsən] *v* calentar
erhoffen [ɛɐ'hɔfən] *v* esperar, confiar en que
erhöhen [ɛɐ'hø:ən] *v* **1.** levantar, alzar, elevar; **2.** *(Preise) ECO* aumentar, subir, alzar, incrementar
Erhöhung [ɛɐ'hø:uŋ] *f* **1.** elevación *f;* **2.** *(von Preisen) ECO* aumento *m,* subida *f*
erholen [ɛɐ'ho:lən] *v sich ~* descansar, recrear, recuperarse
Erholung [ɛɐ'ho:luŋ] *f* descanso *m*
erholungsbedürftig [ɛɐ'ho:luŋsbədyrftɪç] *adj* necesitado de reposo, necesitado de descanso
erinnern [ɛɐ'ɪnɐn] *v* **1.** *jdn an etw ~* recordar algo a alguien; **2.** *sich ~* acordarse de, recordar a; *Versuche dich zu ~!* ¡Trata de hacer memoria!
Erinnerung [ɛɐ'ɪnəruŋ] *f* recuerdo *m*
Erinnerungsstück [ɛɐ'ɪnəruŋsʃtyk] *n* recuerdo *m,* reminiscencia *f*
Erinnerungswert [ɛɐ'ɪnəruŋsve:ɐt] *m* recuerdo personal *m*
erkälten [ɛɐ'kɛltən] *v sich ~* resfriarse, constiparse
Erkältung [ɛɐ'kɛltuŋ] *f MED* resfriado *m,* constipado *m,* resfrío *m (LA)*
erkennbar [ɛɐ'kɛnba:ɐ] *adj* reconocible
erkennen [ɛɐ'kɛnən] *v irr* reconocer, distinguir
erkenntlich [ɛɐ'kɛntlɪç] *adj* reconocido, agradecido
Erkenntnis [ɛɐ'kɛntnɪs] *f* conocimiento *m*
erklärbar [ɛɐ'klɛ:ɐba:ɐ] *adj* explicable
erklären [ɛɐ'klɛ:rən] *v* **1.** *(verdeutlichen)* aclarar, especificar; **2.** *(verkünden)* proclamar, anunciar
Erklärung [ɛɐ'klɛ:ruŋ] *f* **1.** *(Verdeutlichung)* aclaración *f,* especificación *f;* **2.** *(Verkündung)* proclamación *f,* anuncio *m*
erkranken [ɛɐ'kraŋkən] *v ~ an* enfermar de
Erkrankung [ɛɐ'kraŋkuŋ] *f MED* enfermedad *f*
erkundigen [ɛɐ'kundɪgən] *v sich ~ nach* informarse de
Erkundigung [ɛɐ'kundɪguŋ] *f* información *f*
Erkundung [ɛɐ'kunduŋ] *f* exploración *f*
erlangen [ɛɐ'laŋən] *v* alcanzar, obtener
Erlass [ɛɐ'las] *m* **1.** *(Verordnung)* decreto *m;* **2.** *(Befreiung)* exención *f,* dispensa *f*
erlassen [ɛɐ'lasən] *v irr* **1.** *(verordnen)* decretar, dictar; **2.** *(befreien)* dispensar, eximir, librar
erlauben [ɛɐ'laubən] *v jdm etw ~* permitir algo a alguien, dar permiso a alguien para algo, autorizar algo a alguien; *Was ~ Sie sich?* ¿Pero, qué se ha creído usted?

E

Erlaubnis [ɛɐ'laupnɪs] *f* permiso *m,* autorización *f*
erläutern [ɛɐ'lɔytɐn] *v* explicar, aclarar
Erläuterung [ɛr'lɔytɐruŋ] *f* explicación *f*
erleben [ɛɐ'le:bən] *v* vivir, experimentar; *Du kannst was ~! (fam)* ¡Prepárate!
Erlebnis [ɛɐ'le:pnɪs] *n* vivencia *f,* experiencia *f*
erledigen [ɛɐ'le:dɪgən] *v* **1.** *(ausführen)* ejecutar, llevar a cabo, realizar; **2.** *(beenden)* acabar, terminar, concluir
Erledigung [ɛɐ'le:dɪguŋ] *f* **1.** *(Ausführung)* ejecución *f,* realización *f;* **2.** *(Beenden)* terminación *f,* finalización *f*
erlegen [ɛɐ'le:gən] *v (Tier)* matar, cazar
erleichtern [ɛɐ'laɪçtɐn] *v* aliviar, mitigar, calmar
Erleichterung [ɛɐ'laɪçtɐruŋ] *f* alivio *m,* facilidades *f/pl*
erleiden [ɛɐ'laɪdən] *v irr* soportar, aguantar, sufrir
erlernen [ɛɐ'lɛrnən] *v* aprender, estudiar, cultivar
erleuchten [ɛɐ'lɔyçtən] *v* alumbrar, iluminar
Erlös [ɛɐ'lø:s] *m ECO* recaudación *f,* ingresos *m/pl*
erlöschen [ɛɐ'lœʃən] *v irr* apagarse, extinguirse
erlösen [ɛɐ'lø:zən] *v* salvar, redimir
Erlöser [ɛɐ'lø:zɐ] *m REL* salvador *m,* redentor *m*
Erlösung [ɛɐ'lø:zuŋ] *f* **1.** salvación *f;* **2.** *REL* redención *f*
ermächtigen [ɛɐ'mɛçtɪgən] *v ~ zu* autorizar para, dar poder para, habilitar para
Ermächtigung [ɛɐ'mɛçtɪguŋ] *f* autorización *f,* poder *m*
ermahnen [ɛɐ'ma:nən] *v* exhortar, amonestar
Ermahnung [ɛɐ'ma:nuŋ] *f* exhortación *f,* amonestación *f*
ermäßigen [ɛɐ'mɛ:sɪgən] *v* disminuir, rebajar
Ermäßigung [ɛɐ'mɛ:sɪguŋ] *f* descuento *m,* rebaja *f; Gibt es ~en für Studenten?* ¿Hay descuento para estudiantes?
ermessen [ɛɐ'mɛsən] *v irr* medir
Ermessen [ɛɐ'mɛsən] *n* juicio *m,* parecer *m,* criterio *m; nach menschlichem ~* según la humana prevención
Ermessensspielraum [ɛɐ'mɛsənsʃpi:lraum] *m* juicio *m,* opinión *f*
ermitteln [ɛɐ'mɪtəln] *v* **1.** averiguar, indagar, buscar; **2.** *gegen jdn ~ JUR* instruir el sumario contra alguien
Ermittlung [ɛɐ'mɪtluŋ] *f* **1.** averiguación *f;* **2.** *JUR* pesquisa *f,* instrucción *f*
Ermittlungsverfahren [ɛɐ'mɪtluŋsfɛɐfa:rən] *n JUR* sumario *m,* instrucción del sumario *f*
ermöglichen [ɛɐ'mø:klɪçən] *v* hacer posible, posibilitar
ermorden [ɛɐ'mɔrdən] *v* asesinar, matar
Ermordung [ɛɐ'mɔrduŋ] *f* asesinato *m,* homicidio *m,* crimen *m*
ermüden [ɛɐ'my:dən] *v* fatigar, fatigarse, cansar, cansarse
ermüdend [ɛɐ'my:dənt] *adj* fatigoso
Ermüdung [ɛɐ'my:duŋ] *f* **1.** fatiga *f,* cansancio *m;* **2.** *(Erschöpfung) TECH* agotamiento *m*
ermuntern [ɛɐ'muntɐn] *v* despertar, animar, alentar
ermutigen [ɛɐ'mu:tɪgən] *v* animar, alentar, estimular
ernähren [ɛɐ'nɛ:rən] *v* alimentar, nutrir
Ernährung [ɛɐ'nɛ:ruŋ] *f* **1.** *(Produkt)* alimento *m;* **2.** *(Vorgang)* alimentación *f,* nutrición *f*
Ernährungsweise [ɛɐ'nɛ:ruŋsvaɪzə] *f* régimen alimenticio *m*
ernennen [ɛɐ'nɛnən] *v irr* nombrar, designar
Ernennung [ɛɐ'nɛnuŋ] *f* nombramiento *m,* designación *f*
Ernennungsurkunde [ɛɐ'nɛnuŋsu:ɐkundə] *f* nombramiento *m*
erneuern [ɛɐ'nɔyɐn] *v* renovar
Erneuerung [ɛɐ'nɔyɐruŋ] *f* renovación *f*
erneut [ɛɐ'nɔyt] *adv* de nuevo, nuevamente, otra vez
erniedrigen [ɛɐ'ni:drɪgən] *v* rebajar, humillar
erniedrigend [ɛɐ'ni:drɪgənt] *adj* degradante, humillante
Erniedrigung [ɛɐ'ni:drɪguŋ] *f* degradación *f,* humillación *f,* rebajamiento *m*
ernst [ɛrnst] *adj* **1.** serio; *Nimm es nicht*

so ~! ¡No te lo tomes tan a pecho! *etw nicht ~ nehmen* tomar algo a broma; *adv* **2.** en serio, seriamente

Ernst [ɛrnst] *m* seriedad *f*; *der ~ des Lebens* la vida cotidiana *f*; *mit etw ~ machen* hacer algo como una hoja

Ernstfall ['ɛrnstfal] *m* emergencia *f*, caso grave *m*

ernstlich ['ɛrnstlɪç] *adj* serio, grave

Ernte ['ɛrntə] *f* **1.** *(Tätigkeit)* cosecha *f*, recolección *f*; **2.** *(Ertrag)* producto *m*

Erntedankfest [ɛrntə'daŋkfɛst] *n REL* acción de gracias por la cosecha *f*

ernten ['ɛrntən] *v* cosechar

ernüchtern [ɛɐ'nyçtɐn] *v (fig)* desengañar, desilusionar

Ernüchterung [ɛɐ'nyçtəruŋ] *f (fig)* desengaño *m*, desilusión *f*

Eroberer [ɛɐ'o:bərɐ] *m* conquistador *m*

Eroberin [ɛɐ'o:bərɪn] *f* conquistadora *f*

erobern [ɛɐ'o:bɐn] *v* conquistar

Eroberung [ɛɐ'o:bəruŋ] *f* conquista *f*

eröffnen [ɛɐ'œfnən] *v* abrir

Eröffnung [ɛɐ'œfnuŋ] *f* **1.** abertura *f*, apertura *f*; **2.** *(Einweihung)* inauguración *f*; **3.** *(Mitteilung)* comunicación *f*, notificación *f*

erörtern [ɛɐ'œrtɐn] *v* discutir, debatir

Erörterung [ɛɐ'œrtəruŋ] *f* discusión *f*, debate *m*

Erotik [e'ro:tɪk] *f* erotismo *m*

erotisch [e'ro:tɪʃ] *adj* erótico

erpressen [ɛɐ'prɛsən] *v jdn ~* extorsionar a alguien, chantajear a alguien

Erpresser(in) [ɛɐ'prɛsɐ(rɪn)] *m/f* extorsionista *m/f*, chantajista *m/f*

Erpressung [ɛɐ'prɛsuŋ] *f* extorsión *f*, chantaje *m*

erproben [ɛɐ'pro:bən] *v* probar, ensayar

Erprobung [ɛɐ'pro:buŋ] *f* prueba *f*

erquickend [ɛɐ'kvɪkənt] *adj* refrescante

erraten [ɛɐ'ra:tən] *v irr* adivinar, acertar

errechnen [ɛɐ'rɛçnən] *v* calcular, computar

erregen [ɛɐ're:gən] *v* **1.** *Aufsehen ~* causar sensación; **2.** *(animieren)* incitar; **3.** *(emotional)* excitar

Erreger [ɛɐ're:gɐ] *m MED* agente patógeno *m*

erreichbar [ɛɐ'raɪçba:ɐ] *adj* asequible, accesible; *leicht ~ sein* estar al alcance de la mano

erreichen [ɛɐ'raɪçən] *v* alcanzar, lograr, conseguir

errichten [ɛɐ'rɪçtən] *v* **1.** erigir, levantar; **2.** *(gründen)* establecer, fundar

Errichtung [ɛɐ'rɪçtuŋ] *f* **1.** edificación *f*; **2.** *(Gründung)* fundación *f*

Errungenschaft [ɛɐ'ruŋənʃaft] *f* adquisición *f*, logro *m*

Ersatz [ɛɐ'zats] *m* sustitución *f*, reemplazo *m*

Ersatzanspruch [ɛɐ'zatsanʃprux] *m* derecho a indemnización *m*

Ersatzbefriedigung [ɛɐ'zatsbəfri:dɪguŋ] *f* compensación *f*

Ersatzhandlung [ɛɐ'zatshandluŋ] *f* sublimación *f*, acto sustitutivo *m*

Ersatzreifen [ɛɐ'zatsraɪfən] *m* neumático de repuesto *m*, llanta de repuesto *f (LA)*

Ersatzteil [ɛɐ'zatstaɪl] *n* pieza de recambio *f*, repuesto *m*

erscheinen [ɛɐ'ʃaɪnən] *v irr* **1.** *(sich sehen lassen)* mostrarse, dejarse ver; **2.** *(veröffentlicht werden)* ser publicado; **3.** *vor Gericht ~* comparecer en juicio, comparecer ante el juez; **4.** *(scheinen)* aparecer, surgir, emerger

Erscheinung [ɛɐ'ʃaɪnuŋ] *f* **1.** *(Phänomen)* fenómeno *m*; *Das sind Alterserscheinungen.* Son cosas de la edad. **2.** *(Aussehen)* aspecto *m*, apariencia *f*

erschießen [ɛɐ'ʃi:sən] *v irr* matar a tiros

erschlagen [ɛɐ'ʃla:gən] *v irr* matar; *Ich bin völlig ~.* Estoy hecho polvo.

erschließen [ɛɐ'ʃli:sən] *v irr* **1.** *(Baugelände)* urbanizar; **2.** *(Märkte) ECO* abrir

Erschließung [ɛɐ'ʃli:suŋ] *f* **1.** *(von Baugelände)* urbanización *f*; **2.** *(von Märkten) ECO* apertura *f*

erschöpft [ɛɐ'ʃœpft] *adj* agotado, muy cansado

Erschöpfung [ɛɐ'ʃœpfuŋ] *f* agotamiento *m*

erschrecken [ɛɐ'ʃrɛkən] *v irr* asustar, dar un susto

erschreckend [ɛɐ'ʃrɛkənt] *adj* espantoso, terrible

erschüttern [ɛɐ'ʃytɐn] *v* **1.** sacudir, zarandear; **2.** *(fig)* estremecer, emocionar

E

erschütternd [ɛɐ'ʃytɐnt] *adj* estremecedor, emocionante
Erschütterung [ɛɐ'ʃytəruŋ] *f* **1.** sacudida *f*, zarandeo *m*; **2.** *(fig)* emoción *f*, estremecimiento *m*
erschweren [ɛɐ'ʃveːrən] *v* dificultar, complicar
Erschwernis [ɛɐ'ʃveːɐnɪs] *f* dificultad *f*, complicación *f*
erschwinglich [ɛɐ'ʃvɪŋlɪç] *adj* accesible, asequible, abordable; *für jedermann ~* al alcance de todo bolsillo
ersetzen [ɛɐ'zɛtsən] *v* **1.** *(austauschen)* cambiar, reemplazar; **2.** *(entschädigen)* indemnizar, compensar
ersichtlich [ɛɐ'zɪçtlɪç] *adj* visible, evidente; *Es ist ~.* Salta a la vista.
ersparen [ɛɐ'ʃpaːrən] *v jdm etw ~ (fig)* evitar algo a alguien
Ersparnis [ɛɐ'ʃpaːɐnɪs] *f* ahorro *m*
erst [eːɐst] *adv* primero, en primer lugar, primeramente
Erstauflage ['eːɐstauflaːgə] *f* primera edición *f*
Erstaunen [ɛɐ'ʃtaunən] *n* admiración *f*, asombro *m*
erstaunlich [ɛɐ'ʃtaunlɪç] *adj* asombroso, sorprendente
erste(r,s) ['eːɐstə(ɐ,əs)] *adj* primero; *das ~ Mal* la primera vez *f*
erstens ['eːɐstəns] *adv* primeramente, en primar lugar
ersticken [ɛɐ'ʃtɪkən] *v* asfixiarse
erstklassig ['eːɐstklasɪç] *adj* **1.** de primera clase, de primera categoría; *adv* **2.** de primera
Erstlingswerk ['eːɐstlɪŋsvɛrk] *n* primera obra *f*
erstmals ['eːɐstmaːls] *adv* por primera vez
erstreben [ɛɐ'ʃtreːbən] *v* aspirar a, ambicionar
erstrebenswert [ɛɐ'ʃtreːbənsveːɐt] *adj* digno de esfuerzo, deseable
Erstwähler ['eːɐstvɛːlɐ] *m* POL elector primerizo *m*, elector novicio *m*
Ersuchen [ɛɐ'zuːxən] *n* petición *f*, solicitud *f*
erteilen [ɛɐ'taɪlən] *v* **1.** *(geben)* dar, entregar; **2.** *(gewähren)* conceder, otorgar
Ertrag [ɛɐ'traːk] *m* ECO beneficio *m*, ganancia *f*
ertragen [ɛɐ'traːgən] *v irr* soportar, aguantar, sufrir
Ertragfähigkeit [ɛɐ'traːkfɛːɪçkaɪt] *f* ECO productividad *f*, rentabilidad *f*
erträglich [ɛɐ'trɛːklɪç] *adj* soportable, sufrible
ertragreich [ɛɐ'traːkraɪç] *adj* productivo
ertrinken [ɛɐ'trɪŋkən] *v irr* ahogarse
erwachen [ɛɐ'vaxən] *v* despertar, despertarse
erwachsen [ɛɐ'vaksən] *adj* adulto
Erwachsene(r) [ɛɐ'vaksənə(-ɐ)] *m/f* adulto/adulta *m/f*
Erwachsenenbildung [ɛɐ'vaksənənbɪlduŋ] *f* educación de adultos *f*, educación para adultos *f*
erwägen [ɛɐ'vɛːgən] *v irr* ponderar, tomar en consideración
Erwägung [ɛɐ'vɛːguŋ] *f* ponderación *f*, consideración *f*
erwähnen [ɛɐ'vɛːnən] *v* mencionar, nombrar
Erwähnung [ɛɐ'vɛːnuŋ] *f* mención *f*
erwärmen [ɛɐ'vɛrmən] *v* calentar
erwarten [ɛɐ'vaːrtən] *v* esperar, aguardar, estar a la expectativa; *nichts zu ~ haben* no poder esperar
Erwartung [ɛɐ'vartuŋ] *f* espera *f*, expectativa *f*; *in ~ Ihrer baldigen Nachricht* en espera de su noticia pronta
erwartungsvoll [ɛɐ'vartuŋsfɔl] *adj* lleno de expectación
erweitern [ɛɐ'vaɪtɐn] *v* ensanchar, ampliar
Erweiterung [ɛɐ'vaɪtəruŋ] *f* ensanchamiento *m*, ensanche *m*, ampliación *f*
erweiterungsfähig [ɛɐ'vaɪtəruŋsfɛːɪç] *adj* ampliable
Erwerb [ɛɐ'vɛrp] *m* **1.** *(Beruf)* profesión *f*; **2.** *(Kauf)* ECO adquisición *f*, compra *f*
erwerben [ɛɐ'vɛrbən] *v irr* adquirir, comprar
erwerbsfähig [ɛɐ'vɛrpsfɛːɪç] *adj* apto para el trabajo
erwerbslos [ɛɐ'vɛrpsloːs] *adj* parado, desempleado
Erwerbstätige(r) [ɛɐ'vɛrpstɛːtɪgə(-ɐ)] *m/f* activo/activa *m/f*, asalariado/asalariada *m/f*
erwerbsunfähig [ɛɐ'vɛrpsunfɛːɪç] *adj*

incapacitado para el trabajo, incapacitado para trabajar
erwidern [ɛɐ'viːdɐn] *v* **1.** *(antworten)* contestar, responder; **2.** *(Gleiches zurückgeben)* corresponder a, responder
erwischen [ɛɐ'vɪʃən] *v* atrapar, coger, pillar
erwünschen [ɛɐ'vynʃən] *v* desear, aspirar, querer, ambicionar
erwünscht [ɛɐ'vynʃt] *adj* deseado, aspirado
Erz [ɛrts] *n MIN* mineral *m*
erzählen [ɛɐ'tsɛːlən] *v* contar, narrar
Erzählung [ɛɐ'tsɛːluŋ] *f* cuento *m,* narración *f*
Erzbischof ['ɛrtsbɪʃɔf] *m REL* arzobispo *m*
erzeugen [ɛɐ'tsɔygən] *v* **1.** *(herstellen)* producir, fabricar; **2.** *(hervorrufen)* causar, provocar, originar
Erzeugerland [ɛɐ'tsɔygɐlant] *n ECO* país productor *m*
Erzeugnis [ɛɐ'tsɔyknɪs] *n* producto *m*
Erzfeind(in) ['ɛrtsfaɪnt/'ɛrtsfaɪndɪn] *m/f* enemigo mortal/enemiga mortal *m/f*
erziehen [ɛɐ'tsiːən] *v irr* **1.** educar, formar; **2.** *(aufziehen)* criar
Erzieher(in) [ɛɐ'tsiːɐ(rɪn)] *m/f* educador(a) *m/f,* pedagogo/pedagoga *m/f*
erzieherisch [ɛɐ'tsiːɐrɪʃ] *adj* educativo, educacional, pedagógico
Erziehung [ɛɐ'tsiːuŋ] *f* **1.** *(aufziehen)* crianza *f;* **2.** *(Ausbildung)* educación *f,* formación *f*
Erziehungsberatung [ɛɐ'tsiːuŋsbəraːtuŋ] *f* orientación educacional *f*
erziehungsberechtigt [ɛɐ'tsiːuŋsbərɛçtɪçt] *adj* que tiene derecho de educación
erzielen [ɛɐ'tsiːlən] *v* obtener, lograr, conseguir
erzkonservativ ['ɛrtskɔnzɛrvatiːf] *adj* ultraconservador
erzwingen [ɛɐ'tsvɪŋən] *v irr* forzar, conseguir por la fuerza
es [ɛs] *pron* **1.** *(Person)* le, la; **2.** *(Sache)* el, la, lo; **3.** *(betont)* esto, eso, ello, aquello
Esche ['ɛʃə] *f BOT* fresno *m*
Esel ['eːzəl] *m* asno *m,* burro *m,* borrico *m*
Eskapade [ɛska'paːdə] *f* escapada *f*
Eskimo ['ɛskimo] *m* esquimal *m/f*
Eskorte [ɛs'kɔrtə] *f* escolta *f*
Esoterik [ezo'teːrɪk] *f* esoterismo *m*
Essay ['ɛseː] *n* ensayo *m*
essbar ['ɛsbaːr] *adj* comestible
Essbesteck ['ɛsbəʃtɛk] *n* cubierto *m*
Essecke ['ɛsɛkə] *f* rinconera *f*
essen ['ɛsən] *v irr* comer; *sich dick und rund ~* darse una panzada
Essen ['ɛsən] *n* comida *f*
Essgeschirr ['ɛsgəʃɪr] *n* vajilla *f*
Essig ['ɛsɪç] *m* vinagre *m*
Essiggurke ['ɛsɪçgurkə] *f GAST* pepinillo en vinagre *m*
Esskastanie ['ɛskastanjə] *f BOT* castaña *f* marrón *m*
Esslöffel ['ɛslœfəl] *m* cuchara *f*
Esstisch ['ɛstɪʃ] *m* mesa de comedor *f*
Esswaren ['ɛsvaːrən] *pl* comestibles *m/pl*
Esszimmer ['ɛstsɪmɐ] *n* comedor *m*
Estrich ['ɛstrɪç] *m* pavimento *m,* solado *m*
etablieren [eta'bliːrən] *v sich ~* establecerse, afincarse, asentarse, instalarse
Etage [e'taːʒə] *f* piso *m*
Etagenheizung [e'taːʒənhaɪtsuŋ] *f* calefacción individual *f*
Etagenkellner [e'taːʒənkɛlnɐ] *m* camarero de planta *m*
Etagenwohnung [e'taːʒənvoːnuŋ] *f* piso *m*
Etappe [e'tapə] *f* etapa *f*
etappenweise [e'tapənvaɪzə] *adj* por etapas
Etat [e'taː] *m* presupuesto *m*
Etatkürzung [e'taːkyrtsuŋ] *f* reducción presupuestaria *f,* reducción del presupuesto *f*
Ethik ['eːtɪk] *f* ética *f*
ethisch ['eːtɪʃ] *adj* ético
ethnisch ['eːtnɪʃ] *adj* étnico
Ethnologie [etnolo'giː] *f* etnología *f*
Etikett [eti'kɛt] *n* etiqueta *f,* rótulo *m*
Etikette [eti'kɛtə] *f* etiqueta ceremonial *f*
etliche ['ɛtlɪçə] *pron* algunos, algunas, unos, unas
Etui [e'tviː] *n* estuche *m*
etwa ['ɛtva] *adv* cerca de, aproximadamente
etwaig ['ɛtvaɪç] *adj* posible, eventual

E

etwas ['ɛtvas] *pron* **1.** algo; *Möchten Sie noch ~?* ¿Desea usted algo más? *adv* **2.** algo, un poco; *Ich bin ~ müde.* Estoy un poco cansado.
EU [eː'uː] *f POL* UE (Unión Europea) *f*
euch [ɔyç] *pron* os, a vosotros, a vosotras
euer ['ɔyɐ] *pron* vuestro/vuestra, vuestros/vuestras, de vosotros/de vosotras
Eukalyptus [ɔyka'lyptus] *m BOT* eucalipto *m*
Eule ['ɔylə] *f ZOOL* lechuza *f*
eure(r,s) ['ɔyrə(ɐ,əs)] *pron* vuestra, vuestros/vuestras
euresgleichen ['ɔyrəsglaɪçən] *pron* vuestros semejantes
euretwegen ['ɔyrətveːgən] *adv* por vosotros, por vuestra causa
Euro ['ɔyro] *m FIN* euro *m*
Eurobond ['ɔyrobɔnt] *m* eurobono *m*
Europa [ɔy'roːpa] *n GEO* Europa *f*
Europäer(in) [ɔyro'pɛːɐ(rɪn)] *m/f* europeo/europea *m/f*
europäisch [ɔyro'pɛːɪʃ] *adj* europeo
Europameisterschaft [ɔy'roːpamaɪstɐʃaft] *f SPORT* campeonato de Europa *m*, Copa de Europa *f*
Europaparlament [ɔy'roːpaparlamɛnt] *n POL* Parlamento Europeo *m*
Europarat [ɔy'roːparaːt] *m POL* Consejo de Europa *m*
Euroscheck ['ɔyroʃɛk] *m FIN* eurocheque *m*
Eurotunnel ['ɔyrotunəl] *m* Eurotúnel *m*
Euter ['ɔytɐ] *n ZOOL* ubre *f*
Evakuierung [evaku'iːruŋ] *f* evacuación *f*, desalojo *m*
evangelisch [evan'geːlɪʃ] *adj REL* protestante, evangelista
Evangelium [evan'geːljum] *n REL* evangelio *m*
eventuell [evɛntu'ɛl] *adj* **1.** eventual, ocasional; *adv* **2.** eventualmente, si fuera necesario, en tal caso
Evolution [evolu'tsjoːn] *f* evolución *f*, desarrollo *m*
ewig ['eːvɪç] *adj* eterno, sempiterno; *auf immer und ~* por siempre jamás; *~ und drei Tage (fig)* una eternidad
Ewigkeit ['eːvɪçkaɪt] *f* eternidad *f*; *von ~ zu ~* por los siglos de los siglos
exakt [ɛ'ksakt] *adj* **1.** exacto, preciso; *adv* **2.** con exactitud, exactamente
Exaktheit [ɛ'ksakthaɪt] *f* exactitud *f*, precisión *f*
Examen [ɛ'ksaːmən] *n* examen *m*, prueba *f*
Exekutive [ɛkseku'tiːvə] *f POL* Poder Ejecutivo *m*
Exempel [ɛ'ksɛmpəl] *n* ejemplo *m*; *ein ~ statuieren* hacer un escarmiento
Exemplar [ɛksɛm'plaːɐ] *n* ejemplar *m*
exemplarisch [ɛksɛm'plaːrɪʃ] *adj* ejemplar
Exhibitionist [ɛkshɪbɪtsjo'nɪst] *m* exhibicionista *m*
Exil [ɛ'ksiːl] *n POL* exilio *m*, destierro *m*
Existenz [ɛksɪs'tɛnts] *f* existencia *f*
Existenzangst [ɛksɪs'tɛntsaŋst] *f* angustia existencial *f*
existenziell [ɛksɪstɛn'tsjɛl] *adj* existencial, fundamental, básico
Existenzminimum [ɛksɪs'tɛntsminimum] *n* mínimo vital *m*
existieren [ɛksis'tiːrən] *v* **1.** *(leben)* vivir, existir; **2.** *(bestehen)* existir, haber
exklusiv [ɛksklu'ziːf] *adj* **1.** exclusivo, selecto; *adv* **2.** exclusivamente
exkommunizieren [ɛkskɔmuni'tsiːrən] *v REL* excomulgar
Exkursion [ɛkskur'sjoːn] *f* excursión *f*
exotisch [ɛ'ksoːtɪʃ] *adj* exótico
expandieren [ɛkspan'diːrən] *v* expandir
Expansion [ɛkspan'zjoːn] *f ECO* expansión *f*
Expedition [ɛkspedɪ'tsjoːn] *f* expedición *f*
Experiment [ɛksperɪ'mɛnt] *n* experimento *m*
experimentieren [ɛksperɪmɛn'tiːrən] *v* experimentar
Experte [ɛks'pɛrtə] *m* experto *m*, perito *m*
Expertenauffassung [ɛks'pɛrtənaufasuŋ] *f* opinión de expertos *f*/estimación de expertos *f*
Expertin [ɛks'pɛrtɪn] *f* experta *f*, perita *f*
Expertise [ɛksper'tiːzə] *f* peritaje *m*, dictamen *m*
explodieren [ɛksplo'diːrən] *v* explotar, estallar, explosionar, reventar

Explosion [ɛksplo'zjoːn] *f* explosión *f*, estallido *m*
explosiv [ɛksplo'ziːf] *adj* **1.** *(Sache)* explosivo; **2.** *(Person)* colérico, irritable
exponentiell [ɛksponɛn'tsjɛl] *adj* exponencial
exponieren [ɛkspo'niːrən] *v* exponer
Export [ɛks'pɔrt] *m ECO* exportación *f*
Exporteur [ɛkspɔr'tøːɐ] *m ECO* exportador *m*
Exportgenehmigung [ɛks'pɔrtgəneːmiguŋ] *f ECO* autorización de exportación *f*
exportieren [ɛkspɔr'tiːrən] *v ECO* exportar
Exportwirtschaft [ɛks'pɔrtvɪrtʃaft] *f ECO* comercio de exportación *m*
express [ɛks'prɛs] *m per ~* urgente; (tren) expreso *m*
Expression [ɛksprɛ'sjoːn] *f* expresión *f*
Expressionismus [ɛksprɛsjo'nɪsmus] *m ART* expresionismo *m*
extern [ɛks'tɛrn] *adj* externo
extra ['ɛkstra] *adj* **1.** separado, especial; *adv* **2.** por separado, aparte, extra
Extrakt [ɛks'trakt] *m* extracto *m*, esencia *f*
extravagant [ɛkstrava'gant] *adj* extravagante
extrem [ɛks'treːm] *adj* extremo
Extrem [ɛks'treːm] *n* extremo *m*; *von einem ~ ins andere fallen* pasar de un extremo a otro
Extremismus [ɛkstre'mɪsmus] *m POL* extremismo *m*
extremistisch [ɛkstre'mɪstɪʃ] *adj POL* extremista, radical
Extremsport [ɛks'treːmʃpɔrt] *m* deporte de alto riesgo *m*
Extremsportler(in) [ɛks'treːmʃpɔrtlɐ(rɪn)] *m/f* deportista extremo/deportista extrema *m/f*
exzellent [ɛkstsɛ'lɛnt] *adj* excelente, magnífico
exzentrisch [ɛks'tsɛntrɪʃ] *adj* excéntrico, original
Exzess [ɛks'tsɛs] *m* exceso *m*, abuso *m*

E

F

Fabel ['fa:bəl] *f* fábula *f*
fabelhaft ['fa:bəlhaft] *adj* **1.** fabuloso, maravilloso; *adv* **2.** fabulosamente
Fabrik [fa'bri:k] *f* fábrica *f*
Fabrikant(in) [fabri'kant(ɪn)] *m/f* fabricante *m/f*
Fabrikat [fabri'ka:t] *n* producto industrial *m*
Fabrikpreis [fa'bri:kpraɪs] *m ECO* precio de fábrica *m*
Fach [fax] *n* **1.** *(Ablagefach)* estante *m;* **2.** *(Unterrichtsfach)* materia *f,* asignatura *f;* **3.** *(Wissensgebiet)* materia *f,* disciplina *f*
Facharbeiter(in) ['faxarbaɪtɐ(rɪn)] *m/f* obrero especializado/obrera especializada *m/f*
Facharzt ['faxartst] *m ~ für MED* especialista en *m/f*
Fachausdruck ['faxausdruk] *m* tecnicismo *m,* término técnico *m*
Fachbereich ['faxbəraɪç] *m* ramo profesional *m*
Fachgeschäft ['faxgəʃɛft] *n ECO* establecimiento del ramo *m,* establecimiento especializado *m*
Fachhochschule ['faxho:xʃu:lə] *f* escuela técnica especializada *f*
fachlich ['faxlɪç] *adj* profesional, técnico
Fachliteratur ['faxlitəratu:r] *f* literatura técnica *f*
Fachmann ['faxman] *m* profesional *m,* técnico *m,* perito *m,* experto *m*
fachsimpeln ['faxzɪmpəln] *v* hablar del oficio
Fachwerkhaus ['faxvɛrkhaus] *n* casa con paredes entramadas *f*
Fachzeitschrift ['faxtsaɪtʃrɪft] *f* revista especializada *f*
Fackel ['fakəl] *f* antorcha *f*
fade ['fa:də] *adj* **1.** *(geschmacklos)* insípido, desabrido; **2.** *(langweilig) ~ Person* persona aburrida
Faden ['fa:dən] *m* hilo *m; den ~ verlieren* perder el hilo
fadenscheinig ['fa:dənʃaɪnɪç] *adj (fig)* endeble, flojo, débil; *~e Ausrede* pretexto flojo *m*
fähig ['fɛ:ɪç] *adj ~ zu/~ für* capaz de, apto para
Fähigkeit ['fɛ:ɪçkaɪt] *f* capacidad *f,* habilidad *f,* aptitud para *f*
fahl [fa:l] *adj* pálido
Fahndung ['fa:nduŋ] *f* pesquisa *f,* persecución *f,* búsqueda *f*
Fahndungsbuch ['fa:nduŋsbu:x] *n* requisitoria *f*
Fahne ['fa:nə] *f* bandera *f; die ~ hochhalten* alzar la bandera *(fig); die ~ nach dem Winde drehen* irse con la corriente *(fig); mit fliegenden ~n zu etw übergehen* proceder a algo a banderas desplegadas
Fahnenflucht ['fa:nənfluxt] *f MIL* deserción *f*
Fahrbahn ['fa:ɐba:n] *f* calzada *f*
Fähre ['fɛ:rə] *f* transbordador *m*
fahren ['fa:rən] *v irr* **1.** *~ mit* ir en, viajar en; *nach ... ~* ir a/viajar a; **2.** *(steuern)* conducir, dirigir
Fahrer(in) ['fa:rɐ(rɪn)] *m/f* conductor(a) *m/f*
Fahrerflucht ['fa:rɐfluxt] *f JUR* delito de fuga *m*
Fahrgast ['fa:ɐgast] *m* pasajero *m*
Fahrgeld ['fa:ɐgɛlt] *n* dinero del viaje *m*
Fahrgestell ['fa:ɐgəʃtɛl] *n (beim Auto)* chasis *m*
Fahrkarte ['fa:ɐkartə] *f* billete *m,* boleto *m (LA); Bitte eine Hin- und Rückfahrkarte nach Sevilla!* ¡Por favor, un billete de ida y vuelta a Sevilla!
Fahrkartenschalter ['fa:ɐkartənʃaltɐ] *m* despacho de billetes *m,* taquilla *f,* boletería *f (LA)*
fahrlässig ['fa:ɐlɛsɪç] *adj* **1.** descuidado, negligente; **2.** *JUR* culpable por imprudencia
Fahrlehrer(in) ['fa:ɐle:rɐ(rɪn)] *m/f* profesor(a) de conducción *m/f*
Fahrplan ['fa:ɐpla:n] *m* horario de trenes *m,* horario de autobuses *m*

Fahrpreis ['fa:ɐpraɪs] *m* precio del billete *m*, precio del boleto *m* (LA)
Fahrprüfung ['fa:ɐpry:fuŋ] *f* examen de conducción *m*, examen de manejo *m* (LA)
Fahrrad ['fa:ra:t] *n* bicicleta *f*
Fahrradweg ['fa:ra:tve:k] *m* calzada de bicicletas *f*
Fahrschein ['fa:ɐʃaɪn] *m* billete *m*, boleto *m* (LA)
Fahrschule ['fa:ɐʃu:lə] *f* escuela de chóferes *f*, escuela de manejo *f* (LA), autoescuela *f*, escuela de conducir *f*
Fahrschüler(in) ['fa:ɐʃy:lɐ(rɪn)] *m/f* aspirante a conductor *m/f*
Fahrspur ['fa:ɐʃpu:ɐ] *f* carril de marcha *m*
Fahrstuhl ['fa:ɐʃtu:l] *m* ascensor *m*
Fahrstunde ['fa:ɐʃtundə] *f* clase de conducir *f*
Fahrt [fa:ɐt] *f* viaje *m*
Fährte ['fɛ:ɐtə] *f* huella *f*, rastro *m*, pista *f*; *jdn auf die falsche ~ führen* despistar a alguien
fahrtüchtig ['fa:rtyçtɪç] *adj* **1.** *(Person)* capaz de conducir; **2.** *(Auto)* en estado de marcha
Fahrverbot ['fa:ɐfɛɐbo:t] *n* **1.** *(Durchfahrverbot)* circulación prohibida *f*; **2.** *(Führerscheinentzug)* retiro del permiso de conducir *m*
Fahrverhalten ['fa:ɐfɛɐhaltən] *n (einer Person)* comportamiento al conducir *m*
Fahrwerk ['fa:ɐvɛrk] *n* **1.** *(eines Autos)* chasis con ruedas *m*; **2.** *(eines Flugzeugs)* TECH tren de aterrizaje *m*
Fahrzeug ['fa:ɐtsɔyk] *n* vehículo *m*
Fahrzeugbrief ['fa:ɐtsɔykbri:f] *m* documentación del automóvil *f*
Fahrzeughalter ['fa:ɐtsɔykhaltɐ] *m* titular del vehículo *m*
Fahrzeugschein ['fa:ɐtsɔykʃaɪn] *m* documentación del vehículo *f*
fair [fɛ:ɐ] *adj* leal, correcto
Fairness ['fɛ:ɐnɛs] *f* SPORT juego limpio *m*
Faktor ['faktoɐ] *m* factor *m*
Fakultät [fakul'tɛ:t] *f* facultad *f*
Falke ['falkə] *m* ZOOL halcón *m*
Fall[1] [fal] *m* **1.** *(Sturz)* caída *f*; **2.** *(fig: Niedergang)* ruina *f*, decadencia *f*; *jdn zu ~ bringen* causar la perdición de alguien; *eine Regierung zu ~ bringen* derribar a un gobierno
Fall[2] [fal] *m* **1.** *(Umstand)* circunstancia *f*, condición *f*; **2.** JUR caso *m*; *Auf keinen ~!* ¡De ninguna manera! *ein hoffnungsloser ~* un caso sin remedio; *jds ~ sein* ser el caso de alguien
Falle ['falə] *f* trampa *f*
fallen ['falən] *v irr* **1.** *(stürzen) ~ auf/~ in* caer a/caer en; **2.** *(fig: sinken)* bajar, descender; **3.** *etw ~ lassen* dejar caer algo; *Er ließ das Messer ~.* Él dejó caer el cuchillo. **4.** *jdn ~ lassen (fig)* renunciar a alguien, dejar a alguien; *sich ~ lassen (fig)* dejarse caer
fällen ['fɛlən] *v* **1.** *(Baum)* talar, cortar un árbol; **2.** *(Entscheidung)* tomar una decisión; **3.** *(Urteil)* JUR dictar una sentencia, dictaminar, sentenciar
fällig ['fɛlɪç] *adj* ECO pagadero, a pagar
Fälligkeit ['fɛlɪçkaɪt] *f* ECO vencimiento *m*, expiración *f*
falls [fals] *konj* en el caso de que
Fallschirm ['falʃɪrm] *m* paracaídas *m*
Fallschirmspringer(in) ['falʃɪrmʃprɪŋɐ(rɪn)] *m/f* paracaidista *m/f*
falsch [falʃ] *adj* **1.** *(unwahr)* inexacto, falso; *an den Falschen kommen* equivocarse de persona; **2.** *(fehlerhaft)* incorrecto, equivocado; **3.** *(unecht)* falso, falsificado; **4.** *(fig: unaufrichtig)* insincero, falso
Falschaussage ['falʃausza:gə] *f* JUR falso testimonio *m*
fälschen ['fɛlʃən] *v* falsear, falsificar
Falschgeld ['falʃgɛlt] *n* moneda falsa *f*
fälschlicherweise ['fɛlʃlɪçɐvaɪzə] *adv* por error, falsamente
Fälschung ['fɛlʃuŋ] *f* falsificación *f*
Faltblatt ['faltblat] *n* folleto *m*
Falte ['faltə] *f* **1.** pliegue *m*, rugosidad *f*, plisado *m*; **2.** *(Hautfalte)* arruga *f*
falten ['faltən] *v* **1.** plegar, doblar; **2.** *Hände ~* juntar las manos, entrelazar las manos
familiär [famil'jɛ:ɐ] *adj* familiar, íntimo
Familie [fa'mi:ljə] *f* familia *f*; *in der ~ bleiben* quedar en la familia; *Das kommt in den besten ~n vor.* Esto sucede en las mejores familias.
Familienangehörige(r) [fa'mi:ljənangəhørɪgə(-ɐ)] *m/f* familiar *m*, pariente *m/f*

Familienfeier [fa'mi:ljənfaɪɐ] *f* fiesta familiar *f*
Familienleben [fa'mi:ljənle:bən] *n* vida familiar *f*
Familienname [fa'mi:ljənna:mə] *m* apellido *m*
Familienoberhaupt [fa'mi:ljəno:bɐhaupt] *n* cabeza de familia *f*
Familienplanung [fa'mi:ljənpla:nuŋ] *f* planificación familiar *f*
Familienstand [fa'mi:ljənʃtant] *m* estado civil *m*
famos [fa'mo:s] *adj* excelente, magnífico
Fan [fæn] *m* fan *m/f*
Fanatiker(in) [fa'na:tɪkɐ(rɪn)] *m/f* fanático/fanática *m/f*
fanatisch [fa'na:tɪʃ] *adj* fanático
fangen ['faŋən] *v irr* coger, tomar
Fantasie [fanta'zi:] *f* fantasía *f*, imaginación *f*
fantasielos [fanta'zi:lo:s] *adj* sin fantasía, sin imaginación
fantasieren [fanta'zi:rən] *v* fantasear, imaginar
fantasievoll [fanta'zi:vol] *adj* lleno de fantasía, imaginativo
fantastisch [fan'tastɪʃ] *adj* **1.** fantástico; *adv* **2.** fantásticamente
Farbband ['farpbant] *n* cinta mecanográfica *f*, cinta para máquina de escribir *f*
Farbe ['farbə] *f* color *m*
farbecht ['farpɛçt] *adj* de color estable
färben ['fɛrbən] *v* colorar, colorear, teñir
farbenblind ['farbənblɪnt] *adj* daltónico, acromatóptico
Farbenspiel ['farbənʃpi:l] *n* juego de colores *m*, irisación *f*
Farbfernseher ['farpfɛrnze:ɐ] *m HIST* televisor a color *m*
farbig ['farbɪç] *adj* de color, en color(es)
farblos ['farplo:s] *adj* **1.** *(Sache)* incoloro; **2.** *(Person)* pálido; **3.** *(Charakter)* soso
Färbung ['fɛrbuŋ] *f* coloración *f*, colorido *m*
Farn [farn] *m BOT* helecho *m*
Fasan [fa'za:n] *m ZOOL* faisán *m*
Fasching ['faʃɪŋ] *m* carnaval *m*
Faschismus [fa'ʃɪsmus] *m POL* fascismo *m*
faschistisch [fa'ʃɪstɪʃ] *adj POL* fascista
Faser ['fa:zɐ] *f* fibra *f*; *mit jeder ~ ihres Herzens* por entero/de todo corazón
Fass [fas] *n* tonel *m*, barril *m*, cuba *f*; *ein ~ ohne Boden sein* ser un saco sin fondo; *Das schlägt dem ~ den Boden aus!* ¡Eso es el colmo!
Fassade [fa'sa:də] *f* fachada *f*, portada *f*
fassen ['fasən] *v* **1.** *(greifen)* coger (nicht in Argentinien), asir, agarrar; **2.** *(beinhalten)* contener; **3.** *(geistig ergreifen)* comprender, concebir; **4.** *sich ~ (fig)* contenerse, reprimirse, dominarse; *Fassen Sie sich kurz!* ¡Sea breve!
Fasson [fa'sõ] *f* forma *f*, modelo *m*; manera *f*; *aus der ~ geraten* ponerse como una vaca *(fam)*
Fassung ['fasuŋ] *f* **1.** *(bei Lampen)* portalámparas *m*; **2.** *(bei Schmuck)* engaste *m*; **3.** *(Selbstbeherrschung)* dominio de sí mismo *m*; *Er lässt sich nicht so leicht aus der ~ bringen.* No se deja desconcertar fácilmente. **4.** *(bei Brillen)* montura *f*, armadura *f*; **5.** *(Version)* versión *f*; *die spanische ~* la versión española *f*
fassungslos ['fasuŋslo:s] *adj* consternado, atónito, perplejo
Fassungslosigkeit ['fasuŋslo:zɪçkaɪt] *f* desconcierto *m*, perplejidad *f*
fast [fast] *adv* **1.** casi, cerca de, alrededor de, por poco; *Fast hätte ich den Fehler übersehen.* Por poco no me doy cuenta del error. **2.** *~ nicht* apenas; **3.** *~ nur* casi únicamente, tan sólo un…, tan sólo unos…
fasten ['fastən] *v* **1.** guardar dieta, estar de régimen; **2.** *REL* ayunar
Fastenzeit ['fastəntsaɪt] *f REL* Cuaresma *f*
Faszination [fastsɪna'tsjo:n] *f* fascinación *f*
faszinierend [fastsɪ'ni:rənt] *adj* fascinante, fascinador
faul [faul] *adj* **1.** *(verdorben)* podrido, descompuesto; **2.** *(träge)* vago, perezoso, holgazán; *~ herumlümmeln* echarse a la bartola; **3.** *(fig: bedenklich)* sospechoso, raro; *eine ~e Ausrede* una disculpa dudosa *f*; **4.** *(Zahn)* cariado
faulen ['faulən] *v* pudrirse, descomponerse

faulenzen ['faulɛntsən] *v* holgazanear, vaguear
Faulheit ['faulhaɪt] *f* pereza *f; vor ~ stinken* ser un vago redomado
Faulpelz ['faulpɛlts] *m* holgazán *m*, haragán *m*
Faun ['faun] *m* fauno
Fauna ['fauna] *f* fauna *f*
Faust [faust] *f* puño *m; die ~ im Nacken spüren (fig)* sentir el toro a sus espaldas; *auf eigene ~* por su propia cuenta; *sich ins Fäustchen lachen* reírse disimuladamente; *mit der ~ auf den Tisch hauen* dar un puñetazo encima de la mesa/ tomar cartas en el asunto/actuar enérgicamente
Fäustling ['fɔystlɪŋ] *m* mitón *m*
Favorit(in) [favo'ri:t(ɪn)] *m/f* favorito/ favorita *m/f*
Fax [faks] *n TEL* telefax *m*
faxen ['faksən] *v TEL* enviar por telefax
Faxen ['faksən] *pl (fam)* aspavientos *m/pl*, payasadas *f/pl; ~ im Kopf haben* no pensar más que en tonterías
Fazit ['fa:tsɪt] *n* resultado final *m*, resumen *m*, conclusión *f*
Februar ['fe:bruar] *m* febrero *m*
Fechten ['fɛçtən] *n SPORT* esgrima *m*
Feder ['fe:dɐ] *f* **1.** *ZOOL* pluma *f; ~n lassen müssen (fig)* tener que dejar la piel; *sich mit fremden ~n schmücken* engalanarse con plumas ajenas; **2.** *(Bettfeder)* pluma *f; in den ~n* en la cama; *aus den ~n müssen* tener que levantarse/tener que dejar las sábanas; **3.** *(Schreibfeder)* pluma *f;* **4.** *TECH* muelle *m*, resorte *m*
Federbett ['fe:dɐbɛt] *n* colchón de plumas *m*, plumazo *m*, edredón *m*
Federhalter ['fe:dɐhaltɐ] *m* portaplumas *m*
Federung ['fe:dəruŋ] *f TECH* muelles *m/pl*
Fee [fe:] *f* hada *f*
Fegefeuer ['fe:gəfɔyɐ] *n REL* purgatorio *m*
fegen ['fe:gən] *v* barrer
Fehlbetrag ['fe:lbətra:k] *m ECO* déficit *m*
fehlen ['fe:lən] *v* faltar, carecer; *Das fehlte gerade noch!* ¡No faltaba más!/¡Lo que nos faltaba! *Weit gefehlt!* ¡Nada que ver!/¡Todo lo contrario!
Fehler ['fe:lɐ] *m* **1.** error *m;* **2.** *(Defekt)* defecto *m*
fehlerhaft ['fe:lɐhaft] *adj* defectuoso, incorrecto
fehlerlos ['fe:lɐlo:s] *adj* sin defecto
Fehlgeburt ['fe:lgəburt] *f MED* aborto espontáneo *m*
Fehlschlag ['fe:lʃla:k] *m* fracaso *m*
Fehlstart ['fe:lʃtart] *m SPORT* salida en falso *f*
Fehltritt ['fe:ltrɪt] *m* paso en falso *m*, traspié *m*
Feier ['faɪɐ] *f* fiesta *f*
Feierabend ['faɪɐa:bənt] *m* fin del trabajo *m*, hora de cierre *f; Damit ist ~.* Eso se acabó./Ya está bien con eso./Basta con eso.
feierlich ['faɪɐlɪç] *adj* **1.** festivo; *Das ist schon nicht mehr ~!* ¡Eso ya se pasa de castaño oscuro! (fig); *adv* **2.** en tono festivo, de modo festivo
feiern ['faɪɐn] *v* celebrar, festejar
Feiertag ['faɪɐta:k] *m* día feriado *m*, día de fiesta *m*
feige ['faɪgə] *adj* cobarde
Feige ['faɪgə] *f BOT* higo *m*
Feigheit ['faɪkhaɪt] *f* cobardía *f*
Feigling ['faɪklɪŋ] *m* cobarde *m*
Feile ['faɪlə] *f* lima *f*
feilen ['faɪlən] *v* limar
feilschen ['faɪlʃən] *v* regatear
fein [faɪn] *adj* **1.** *(dünn)* delgado; **2.** *(zart)* delicado, suave; **3.** *(vornehm)* distinguido, fino, con distinción; **4.** *(präzise)* preciso, exacto; **5.** *~ heraus sein (fam)* estar en una situación envidiable
Feind [faɪnt] *m* enemigo *m*
feindlich ['faɪntlɪç] *adj* enemigo, hostil
Feindschaft ['faɪntʃaft] *f* enemistad *f*
feindselig ['faɪntze:lɪç] *adj* hostil
Feindseligkeit ['faɪntze:lɪçkaɪt] *f* hostilidad *f*
feinfühlig ['faɪnfy:lɪç] *adj* sensible
Feinschmecker(in) ['faɪnʃmɛkɐ(rɪn)] *m/f* gastrónomo/gastrónoma *m/f*, aficionado a la buena cocina/aficionada a la buena cocina *m/f*
Feinstaub ['faɪnʃtaup] *m* material particulado *m*
Feld [fɛlt] *n AGR* campo *m; ein weites ~ sein* ser un campo muy amplio; *das ~ behaupten* hacerse dueño del campo;

F

das ~ räumen abandonar el campo; *jdm das ~ überlassen* ceder el campo a alguien; *gegen jdn zu ~e ziehen* iniciar una campaña contra alguien
Feldweg ['fɛltveːk] *m* camino vecinal *m*
Felge ['fɛlgə] *f (eines Rades)* llanta *f*
Fell [fɛl] *n (Haut, Pelz)* piel *m,* pellejo *m; ein dickes ~ haben (fig)* tener mucho aguante; *jdm das ~ gerben* moler a palpes a alguien

F

Fels [fɛls] *m* roca *f; ein ~ in der Brandung sein (fig)* ser el que aguanta la marea
Felsen ['fɛlzən] *m* roca *f*
Felsenküste ['fɛlzənkystə] *f* costa acantilada *f*
Felsspalte ['fɛlsʃpaltə] *f* quebradura *f,* grieta *f*
feminin [femɪ'niːn] *adj* femenino
Feminismus [femɪ'nɪsmus] *m* feminismo *m*
Feministin [femɪ'nɪstɪn] *f* feminista *f*
Fenchel ['fɛnçəl] *m BOT* hinojo *m*
Fenster ['fɛnstɐ] *n* ventana *f*
Fensterbank ['fɛnstɐbaŋk] *f* repisa de la ventana *f*
Fensterladen ['fɛnstɐlaːdən] *m* postigo *m,* contraventana *f*
Fensterrahmen ['fɛnstɐraːmən] *m* marco *m,* bastidor *m*
Fensterscheibe ['fɛnstɐʃaɪbə] *f* vidrio de la ventana *m,* cristal *m*
Ferien ['feːrjən] *pl* vacaciones *f/pl*
Ferienhaus ['feːrjənhaus] *n* chalet *m; ~ auf dem Land* casa de campo *f; ~ am Strand* casa en la playa *f*
Ferienort ['feːrjənɔrt] *m* lugar de vacaciones *m,* centro vacacional *m*
Ferienwohnung ['feːrjənvoːnuŋ] *f* apartamento en la playa *m,* piso en la playa *m*
Ferkel ['fɛrkəl] *n* **1.** *ZOOL* cochinillo *m;* **2.** *(fig)* guarro *m,* cochino *m*
fern [fɛrn] *adj* **1.** *(örtlich)* lejano, distante, remoto; **2.** *(zukünftig)* futuro, por venir; **3.** *(vergangen)* remoto, pasado; *prep* **4.** alejado de
Fernbedienung ['fɛrnbədiːnuŋ] *f* mando a distancia *m,* telemando *m*
fernbleiben ['fɛrnblaɪbən] *v irr* ausentarse, alejarse, faltar
ferner ['fɛrnɐ] *konj* además, fuera de ello; *unter ~ liefen sein* ser inferior
Fernfahrer ['fɛrnfaːrɐ] *m* camionero de larga distancia *m*
Ferngespräch ['fɛrngəʃprɛːç] *n* conversación interurbana *f,* conferencia interurbana *f; Ich erwarte ein wichtiges ~ aus Deutschland.* Estoy esperando una llamada importante de Alemania.
Fernglas ['fɛrnglaːs] *n* gemelos *m/pl,* prismáticos *m/pl*
Fernkurs ['fɛrnkurs] *m* curso a distancia *m,* curso por correspondencia *m*
Fernlicht ['fɛrnlɪçt] *n (beim Auto)* luz larga *f,* luz de carretera *f*
Fernmeldeamt ['fɛrnmɛldəamt] *n* oficina de telecomunicaciones *f,* central telefónica *f*
Fernost ['fɛrn'ɔst] *m GEO* Extremo Oriente *m*
Fernrohr ['fɛrnroːr] *n* catalejo *m,* telescopio *m*
Fernsehansager(in) ['fɛrnzeːanzaːgɐ(rɪn)] *m/f HIST* locutor(a) de televisión *m/f*
Fernsehantenne ['fɛrnzeːantɛnə] *f* antena de televisión *f*
fernsehen ['fɛrnzeːən] *v irr* ver la televisión, ver la tele *(fam)*
Fernsehen ['fɛrnzeːən] *n* televisión *f*
Fernsehgerät ['fɛrnzeːgərɛːt] *n* televisor *m,* receptor de televisión *m*
Fernsehspiel ['fɛrnzeːʃpiːl] *n* telenovela *f*
Fernsteuerung ['fɛrnʃtɔyɐruŋ] *f* telemando *m,* mando a distancia *m,* control remoto *m*
Ferse ['fɛrzə] *f ANAT* talón *m; sich an jds ~n heften (fig)* pegarse a los talones de alguien; *jdm auf den ~n bleiben* seguirle los talones a alguien
fertig ['fɛrtɪç] *adj* **1.** *(beendet)* acabado, concluido; *etw ~ machen* terminar algo, concluir algo, acabar algo; *mit jdm ~ sein* terminar con alguien *(fig);* **2.** *(bereit)* listo, preparado; **3.** *(fam: erschöpft)* rendido, cansadísimo; *Ich bin total ~.* Estoy completamente muerto. **4.** *jdn ~ machen* hacer polvo a alguien
Fertigung ['fɛrtɪguŋ] *f* fabricación *f,* producción *f,* manufactura *f*
fesseln ['fɛsəln] *v* encadenar, atar

fesselnd ['fɛsəlnt] *adj* atractivo, cautivador
fest [fɛst] *adj* **1.** *(hart)* duro; **2.** *(stark)* fuerte; **3.** *(dicht)* denso, espeso; **4.** *(gleich bleibend)* fijo, firme, seguro
Fest [fɛst] *n* fiesta *f*
Festangestellte(r) ['fɛstangəʃtɛltə(-ɐ)] *m/f* empleado fijo/empleada fija *m/f*
festhalten ['fɛsthaltən] *v irr* **1.** sujetar, asegurar, fijar; **2.** *(merken)* fijarse, reparar, observar; **3.** *sich ~ an etw* agarrarse a algo, agarrarse de algo, cogerse de algo (nicht in Argentinien)
festigen ['fɛstɪgən] *v* **1.** *(stärken)* fortalecer, fortificar, reforzar; **2.** *sich ~* afirmarse, consolidarse
Festival ['fɛstɪval] *n* festival *m*
Festland ['fɛstlant] *n* tierra firme *f*
festlich ['fɛstlɪç] *adj* de fiesta
festnageln ['fɛstna:gəln] *v* clavar; *jdn auf etw ~ (fig)* comprometer a alguien a hacer algo
festnehmen ['fɛstne:mən] *v irr* detener, capturar, arrestar, tomar preso
Festnetzanschluss ['fɛstnɛtsanʃlus] *m TECH* conexión de telefonía fija *f*
Festplatte ['fɛstplatə] *f INFORM* disco duro *m*
feststellen ['fɛstʃtɛlən] *v* comprobar, verificar
Festtag ['fɛstta:k] *m* día festivo *m*
fett [fɛt] *adj* **1.** *(Speisen)* graso; **2.** *(Person)* gordo
Fett [fɛt] *n* grasa *f; das ~ abschöpfen (fig)* llevarse la mejor parte; *sein ~ abbekommen* recibir su merecido; *sein ~ weghaben* recibir su merecido
fettarm ['fɛtarm] *adj* bajo en grasa
Fettnäpfchen ['fɛtnɛpfçən] *n ins ~ treten* meter la pata *(fam)*
feucht [fɔyçt] *adj* húmedo
Feuchtigkeit ['fɔyçtɪçkaɪt] *f* humedad *f*
Feuer ['fɔyɐ] *n* fuego *m; für jdn die Hand ins ~ legen (fig)* poner las manos en el fuego por alguien; *Öl ins ~ gießen* echar leña al fuego; *Haben Sie ~?* ¿Tiene fuego? *~ und Flamme sein* arder de entusiasmo; *~ fangen (fig)* entusiasmarse; *~ hinter etw machen* meter fuego a un asunto
Feueralarm ['fɔyɐala:rm] *m* alarma de incendio *f*
Feuerbestattung ['fɔyɐbəʃtatuŋ] *f* incineración *f*, cremación *f*
feuerfest ['fɔyɐfɛst] *adj* resistente al fuego
Feuerlöscher ['fɔyɐlœʃɐ] *m* extintor de incendios *m*, extinguidor *m (LA)*
Feuermelder ['fɔyɐmɛldɐ] *m* señalador de incendios *m*
feuern ['fɔyɐn] *v jdm eine ~ (fam)* darle una hostia a alguien; *jdn ~* poner a alguien de patitas en la calle *(fam)*
Feuerwehr ['fɔyɐve:ɐ] *f* bomberos, cuerpo de bomberos *m*
Feuerwehrmann ['fɔyɐve:ɐman] *m* bombero *m*
Feuerwerk ['fɔyɐvɛrk] *n* fuegos artificiales *m/pl*
Feuerzeug ['fɔyɐtsɔyk] *n* encendedor *m*, mechero *m*
Fichte ['fɪçtə] *f BOT* abeto rojo *m*
Fieber ['fi:bɐ] *n* fiebre *f*
Fieberthermometer ['fi:bɐtɛrmome:tɐ] *n* termómetro clínico *m*
Figur [fi'gu:ɐ] *f (Körperfigur)* figura *f*, estatura *f*
Filet [fi'le:] *n GAST* filete *m*
Filiale [fil'ja:lə] *f ECO* sucursal *f*, agencia *f*, filial *f*
Film [fɪlm] *m* **1.** *(dünne Schicht)* película *f*, capa delgadísima *f*; **2.** *CINE* película *f*, film *m*
Filmbranche ['fɪlmbrɑ̃:ʃə] *f* industria del cine *f*, industria cinematográfica *f*
filmen ['fɪlmən] *v* rodar, filmar
Filmkamera ['fɪlmkamera] *f* cámara cinematográfica *f*, tomavistas *m*
Filter ['fɪltɐ] *m/n* filtro *m*
Filterkaffee ['fɪltɐkafe:] *m* café filtrado *m*
filtern ['fɪltɐn] *v* filtrar
Filterpapier ['fɪltɐpapi:ɐ] *n* papel de filtro *m*
Filz [fɪlts] *m* fieltro *m*
Filzstift ['fɪltsʃtɪft] *m* rotulador *m*
Finale [fɪ'na:lə] *n* **1.** final *m*; **2.** *SPORT* final *f*
Finanzamt [fɪ'nantsamt] *n* delegación de Hacienda *f*, oficina de recaudación *f*
Finanzen [fɪ'nantsən] *pl* finanzas *f/pl*
finanziell [fɪnan'tsjɛl] *adj* **1.** financiero, pecuniario; *adv* **2.** económicamente, financieramente

F

finanzieren [fınan'tsiːrən] *v* financiar, costear
Finanzierung [fınan'tsiːruŋ] *f* financiamiento *m*, financiación *f*
Finanzkrise [fi'nantskriːzə] *f ECO* crisis financiera *f*
Finanzminister(in) [fı'nantsministɐ(rın)] *m/f POL* ministro/ministra de Hacienda *m*, ministro/ministra de Finanzas *m/f* (LA)
Finanzpolitik [fı'nantspolitiːk] *f POL* política financiera *f*
Finanztransaktionssteuer [finantstransak'tsjoːnsʃtɔyɐ] *f* impuesto sobre las transacciones financieras *m*
finden ['fındən] *v irr* **1.** encontrar, hallar; **2.** *(fig)* estimar, considerar, encontrar
Finger ['fıŋgɐ] *m ANAT* dedo *m; keinen ~ krumm machen* no mover un dedo; *lange ~ machen* robar/tener la mano larga; *den ~ draufhaben* estar encima; *die ~ im Spiel haben* tener los dedos metidos en el asunto/estar en el ajo *(fam)*; *die ~ von jdm lassen* quitarle los dedos de encima a alguien; *sich nicht die ~ schmutzig machen (fig)* no ensuciarse las manos; *sich die ~ verbrennen* quemarse los dedos; *etw an zehn ~n abzählen können* poder contar algo con los dedos de las manos; *jdm auf die ~ klopfen* llamar al orden a alguien; *sich etw aus den ~n saugen* sacarse algo de la manga; *etw mit dem kleinen ~ machen* hacer algo con el meñique; *mit dem ~ auf jdn zeigen* señalar a alguien con el dedo; *nur mit dem kleinen ~ zu winken brauchen* sólo tener que decir "a"
Fingerabdruck ['fıŋɐapdruk] *m* huella digital *f*, huella dactilar *f*
Fingerfertigkeit ['fıŋɐfɛrtıçkaıt] *f* destreza manual *f*, habilidad manual *f*
Fingerhut ['fıŋɐhuːt] *m* dedal *m*
Fingernagel ['fıŋɐnaːgəl] *m ANAT* uña *f*
fingieren [fıŋ'giːrən] *v* fingir, simular
Fink [fıŋk] *m ZOOL* pinzón *m*
Finne ['fınə] *m* finlandés *m*
Finnland ['fınlant] *n GEO* Finlandia *f*
finster ['fınstɐ] *adj* **1.** *(dunkel)* oscuro, tenebroso, lóbrego; **2.** *(grimmig)* hosco, adusto, huraño
Finsternis ['fınstɐnıs] *f* obscuridad *f*, tinieblas *f/pl*
Firlefanz ['fırləfants] *m* fruslería *f*, tontería *f*
Firma ['fırma] *f ECO* negocio *m*, empresa *f*, casa *f*, firma *f*
Firmung ['fırmuŋ] *f REL* confirmación *f*
Fisch [fıʃ] *m* **1.** *(lebendig) ZOOL* pez *m; ein dicker ~* un pez gordo *m; weder ~ noch Fleisch sein (fig)* no ser ni carne ni pescado/no ser ni chicha ni limonada; *Das sind kleine ~e.* Eso son bagatelas. **2.** *(gefischt)* pescado *m*
fischen ['fıʃən] *v* pescar; *im Trüben ~ (fig)* pescar en aguas turbias
Fischer(in) ['fıʃɐ(rın)] *m/f* pescador(a) *m/f*
Fischerboot ['fıʃɐboːt] *n* barco pesquero *m*, lancha pesquera *f*
Fischfang ['fıʃfaŋ] *m* pesca *f*
Fischgeschäft ['fıʃgəʃɛft] *n* pescadería *f*
Fischsuppe ['fıʃzuːpə] *f GAST* sopa de pescado *f*
Fiskus ['fıskus] *m* fisco *m*, Tesoro público *m*
Fitnesscenter ['fıtnɛssɛntɐ] *n SPORT* centro de culturismo *m*
Fixer(in) ['fıksɐ(rın)] *m/f* drogadicto/drogadicta *m/f*, yonqui *m/f*, heroinómano/heroinómata *m/f*
fixieren [fı'ksiːrən] *v* **1.** *(festmachen)* sujetar, fijar, asegurar; **2.** *(festlegen)* concretar, fijar; **3.** *(anstarren)* mirar fijamente a alguien
flach [flax] *adj* llano, plano
Flachbildschirm ['flaxbıltʃırm] *m TECH* pantalla plana *f*, monitor plano *m*
Fläche ['flɛçə] *f* superficie *f*, área *f*
Flachland ['flaxlant] *n* llanura *f*
Flachs [flaks] *m BOT* lino *m*
flackern ['flakɐn] *v* oscilar, flamear
Flagge ['flagə] *f* bandera *f*, pabellón *m; ~ zeigen (fig)* sacar la bandera/jugar honradamente; *unter falscher ~ segeln* disfrazar el navío
Flaggschiff ['flakʃıf] *n* buque insignia *m*
flambieren [flam'biːrən] *v GAST* flamear
Flamingo [fla'mıŋgo] *m ZOOL* flamenco *m*
Flamme ['flamə] *f* **1.** *(eines Feuers)*

llama *f; in ~n stehen* estar en llamas; **2.** *(eines Herds)* fuego *m*
Flanell [fla'nɛl] *m* franela *f*
Flasche ['flaʃə] *f* **1.** botella *f,* frasco *m,* redoma *f; zu tief in die ~ schauen (fig)* darle mucho al frasco; **2.** *(fam: Trottel)* papanatas *m,* idiota *m*
Flaschenöffner ['flaʃənœfnɐ] *m* abridor *m,* destapador *m*
Flaschenpfand ['flaʃənpfant] *n* depósito *m*
Flatrate ['flɛtreɪt] *f TEL* tarifa plana *f*
flatterhaft ['flatɐhaft] *adj* inconstante, voluble, veleidoso
flattern ['flatɐn] *v* revolotear, aletear
flau [flau] *adj* **1.** débil, flojo; *adv* **2.** mareado
Flausen ['flauzən] *pl* pretexto *m,* patraña *f; ~ im Kopf haben* tener pajaritos en la cabeza *(fig)*
Flaute ['flautə] *f* **1.** *(Windstille)* calma *f;* **2.** *ECO* desanimación *f,* languidez *f*
Flechte ['flɛçtə] *f MED* herpes *m,* dermatomicosis *f*
flechten ['flɛçtən] *v irr* trenzar
Fleck [flɛk] *m* **1.** *(Schmutzfleck)* mancha *f,* churrete *m; einen ~ auf der weißen Weste haben* tener una mancha en la honra; *am falschen ~* fuera de lugar; *vom ~ weg* sin vacilar; *nicht vom ~ kommen* no adelantar un paso; **2.** *(blauer ~)* moratón *m,* cardenal *m;* **3.** *(Flicken)* parche *m;* **4.** *(Ort)* sitio *m,* lugar *m,* zona *f*
fleckig ['flɛkɪç] *adj* manchado, sucio
Fledermaus ['fle:dɐmaus] *f ZOOL* murciélago *m*
Flegel ['fle:gəl] *m* mayal *m,* trillo *m*
flehen ['fle:ən] *v* suplicar, implorar, rogar
flehentlich ['fle:əntlɪç] *adj* suplicante
Fleisch [flaɪʃ] *n* carne *f; sein eigen ~ und Blut sein (fig)* ser de su misma sangre; *jdm in ~ und Blut übergehen* metérsele a alguien en el cuerpo; *sich ins eigene ~ schneiden* perjudicarse a sí mismo; *vom ~ fallen* adelgazar/quedarse en los huesos
Fleischbrühe ['flaɪʃbry:ə] *f GAST* caldo de carne *m*
Fleischwolf ['flaɪʃvɔlf] *m* triturador de carne *m*
Fleiß [flaɪs] *m* aplicación *f,* celo *m,* diligencia *f*
fleißig ['flaɪsɪç] *adj* aplicado, diligente
flexibel [flɛk'si:bəl] *adj* flexible, adaptable, amoldable
Flexibilität [flɛksibɪlɪ'tɛ:t] *f* flexibilidad *f,* adaptabilidad *f*
flicken ['flɪkən] *v* remendar, recoser
Flieder ['fli:dɐ] *m BOT* lila *f*
Fliege ['fli:gə] *f* **1.** *ZOOL* mosca *f; zwei ~n mit einer Klappe schlagen (fig)* matar dos pájaros de un tiro; **2.** *(Bekleidungsstück)* corbata de lazo *m,* pajarita *f,* moño *m (LA);* **3.** *eine ~ machen (fam)* ahuecar el ala
fliegen ['fli:gən] *v irr* volar
Fliegenpilz ['fli:gənpɪlts] *m BOT* oronja falsa *f*
fliehen ['fli:ən] *v irr ~ vor* huir de
Fliehkraft ['fli:kraft] *f PHYS* fuerza centrífuga *f*
Fliese ['fli:zə] *f* baldosa *f,* losa *f, (Kachel)* azulejo *m*
Fließband ['fli:sbant] *n* cadena de montaje *f,* cinta continua *f*
fließen ['fli:sən] *v irr* correr, fluir, manar
flimmern ['flɪmɐn] *v* centellear, brillar, relucir
flink [flɪŋk] *adj* ágil, ligero, pronto
Flirt [flɪrt] *m* coqueteo *m,* flirteo *m*
flirten ['flɪrtən] *v* coquetear, flirtear
Flittchen ['flɪtçən] *n* mujer fácil *f,* mujerzuela *f*
Flitterwochen ['flɪtɐvɔxən] *pl* luna de miel *f*
Flocke ['flɔkə] *f* copo *m*
Floh [flo:] *m ZOOL* pulga *f; jdm einen ~ ins Ohr setzen (fig)* comerle la oreja a alguien/comerle el coco a alguien *(fam)*
Flohmarkt ['flo:markt] *m* mercadillo de viejo *m,* Rastro *m* (Madrid), mercado de pulgas *m*
Flop [flɔp] *m* fracaso *m*
Florenz [flo'rɛnts] *n GEO* Florencia *f*
florieren [flo'ri:rən] *v* florecer
Florist [flo'rɪst] *m* florista *m/f*
Floskel ['flɔskəl] *f* flor retórica *f*
Floß [flo:s] *n* balsa *f,* almadía *f*
Flosse ['flɔsə] *f ZOOL* aleta *f*
Flöte ['flø:tə] *f* flauta *f*
flott [flɔt] *adj* **1.** *(schnell)* ágil, rápido, ligero; **2.** *(schick)* elegante
Flotte ['flɔtə] *f* flota *f,* armada *f*

F

Fluch [fluːx] *m* maldición *f*, imprecación *f*
fluchen ['fluːxən] *v* maldecir, imprecar
Flucht [fluxt] *f* fuga *f*, huida *f*; *die ~ ergreifen* darse a la fuga; *jdn in die ~ schlagen* ahuyentar a alguien
fluchtartig ['fluxtartɪç] *adj* **1.** precipitado; *adv* **2.** a la desbandada, precipitadamente
flüchten ['flyçtən] *v* huir, escapar, fugarse
flüchtig ['flyçtɪç] *adj* **1.** *(fliehend)* fugitivo; **2.** *(kurz)* breve, corto; **3.** *(oberflächlich)* superficial
Flüchtling ['flyçtlɪŋ] *m* fugitivo *m*
Flüchtlingslager ['flyçtlɪŋslaːgɐ] *n* campo de refugiados *m*
Fluchtweg ['fluxtveːk] *m (bei Notfall)* salida de emergencia *f*
Flug [fluːk] *m* vuelo *m*; *wie im ~e* volando
Flugblatt ['fluːkblat] *n* octavilla *f*, hoja informativa *f*, folleto *m*, volante *m (LA)*
Flügel ['flyːgəl] *m* **1.** ala *f*; *jdm die ~ stutzen* cortar las alas a alguien *(fig)*; **2.** *(Klavier)* piano de cola *m*
Fluggesellschaft ['fluːkgəzɛlʃaft] *f* compañía de aviación *f*, línea aérea *f*
Flughafen ['fluːkhaːfən] *m* aeropuerto *m*
Fluglotse ['fluːkloːtsə] *m* controlador aéreo *m*
Flugsteig ['fluːkʃtaɪk] *m* salida de embarque *f*
Flugverbindung ['fluːkvɛɐbɪnduŋ] *f* comunicación aérea *f*
Flugverkehr ['fluːkfɛɐkeːɐ] *m* tráfico aéreo *m*
Flugwesen ['fluːkveːzən] *n* aviación *f*
Flugzeug ['fluːktsɔyk] *n* avión *m*
Flugzeugabsturz ['fluːktsɔykapʃturts] *m* caída de un avión *f*
Flugzeugbau ['fluːktsɔykbau] *m* construcción aeronáutica *f*
Flugzeugentführung ['fluːktsɔykɛntfyːruŋ] *f* secuestro aéreo *m*
Flugzeugträger ['fluːktsɔyktrɛːgɐ] *m* portaaviones *m*
Flur[1] [fluːɐ] *m* corredor *m*, pasillo *m*
Flur[2] [fluːɐ] *f* campo *m*; *allein auf weiter ~ (fig)* solo y abandonado
Fluss [flus] *m* **1.** GEO río *m*; **2.** *(fig: Fließen)* flujo *m*
Flussbett ['flusbɛt] *n* lecho de un río *m*, cauce de un río *m*
flüssig ['flysɪç] *adj* **1.** *(nicht fest)* líquido; **2.** *(fig: fließend)* fluido
Flüssiggas ['flysɪçgaːs] *n* gas líquido *m*
Flüssigkeit ['flysɪçkaɪt] *f* liquidez *f*, fluidez *f*, líquido *m*
Flusslauf ['fluslauf] *m* curso de un río *m*
Flussufer ['flusuːfɐ] *n* orilla de un río *f*, ribera *f*
flüstern ['flystɐn] *v* cuchichear, susurrar, murmurar; *ins Ohr ~* hablar al oído
Flut [fluːt] *f* **1.** *(Wasserhochstand)* pleamar *f*, marea alta *f*; **2.** *(fig: große Menge)* oleada *f*, caudal *m*, torrente *m*
Flutlicht ['fluːtlɪçt] *n* luz de profusión *f*, luz de proyectores *f*
Föderation [fødɐra'tsjoːn] *f* POL federación *f*
föderativ [fødɐra'tiːf] *adj* POL federativo
Fohlen ['foːlən] *n* ZOOL potro *m*, potranco *m*
Föhn[1] [føːn] *m (Fallwind)* foehn *m*, viento cálido del sur *m*
Föhn[2] [føːn] *m* secador de mano *m*
Folge ['fɔlgə] *f* **1.** *(Auswirkung)* efecto *m*, consecuencia *f*; **2.** *(Reihenfolge)* serie *f*; **3.** *(Fortsetzung)* continuación *f*, sucesión *f*
folgen ['fɔlgən] *v* **1.** *(hinterhergehen)* seguir a, ir detrás de; **2.** *(gehorchen)* obedecer; **3.** *(aufeinander ~)* suceder a, continuar
folgend ['fɔlgənt] *adj* siguiente, que sigue
folgendermaßen ['fɔlgəndɐ'maːsən] *adv* como sigue
folgerichtig ['fɔlgərɪçtɪç] *adj* consecuente, lógico
folgern ['fɔlgɐn] *v ~ aus* deducir de, concluir de
folglich ['fɔlklɪç] *konj* por consiguiente, por (lo) tanto
folgsam ['fɔlkzaːm] *adj* obediente, dócil
Folie ['foːljə] *f* hoja *f*
Folklore ['fɔlkloːrə] *f* folklore *m*
Folter ['fɔltɐ] *f* tortura *f*, suplicio *m*
foltern ['fɔltɐn] *v* torturar, martirizar
Fonds [fɔ̃s] *m* ECO fondos *m/pl*, capital con un fin concreto *m*
Fondue [fɔ̃'dyː] *n* GAST fondue *f*

forcieren [fɔr'siːrən] *v* forzar, obligar
Förderanlage ['fœrdɐanlaːgə] *f TECH* instalación de transporte *f*, instalación transportadora *f*
Fördermenge ['fœrdɐmɛngə] *f* cantidad extraída *f*
fordern ['fɔrdɐn] *v* pedir, solicitar
fördern ['fœrdɐn] *v* **1.** *(unterstützen)* fomentar, promover; **2.** *(abbauen)* extraer
Forderung ['fɔrdɐruŋ] *f* **1.** *(Verlangen)* exigencia *f*, petición *f*, solicitud *f*; **2.** *(Geldforderung) ECO* crédito *m*, deuda activa *f*
Förderung ['fœrdɐruŋ] *f* **1.** *(Unterstützung)* fomento *m*; **2.** *(Abbau)* extracción *f*
Forelle [fo'rɛlə] *f ZOOL* trucha *f*
forensisch [fo'rɛnziʃ] *adj* forense
Form [fɔrm] *f* **1.** forma *f*; *zu großer ~ auflaufen* mejorar su forma física; **2.** *(Stil)* estilo *m*; *in aller ~* formalmente; **3.** *(Gussform)* molde *m*
formal [fɔr'maːl] *adj* formal
Formalität [fɔrmali'tɛːt] *f* **1.** *(Formvorschrift)* formalidad *f*, requisito *m*, trámite *m*; **2.** *(Förmlichkeit)* formalidad *f*, compostura *f*, seriedad *f*
Format [fɔr'maːt] *n* **1.** *(Maß)* tamaño *m*, dimensión *f*; **2.** *(fig)* talla *f*
formatieren [fɔrma'tiːrən] *v INFORM* formatear
Formation [fɔrma'tsjoːn] *f* formación *f*
formbar ['fɔrmbaːɐ] *adj* plástico, moldeable
Formel ['fɔrməl] *f* fórmula *f*
formell [fɔr'mɛl] *adj* formal, oficial
formen ['fɔrmən] *v* formar, amoldar
förmlich ['fœrmlɪç] *adj* **1.** formal; *adv* **2.** formalmente
Förmlichkeit ['fœrmlɪçkaɪt] *f* formalidad *f*, compostura *f*, seriedad *f*
formlos ['fɔrmloːs] *adj* **1.** amorfo, sin forma; **2.** *(fig)* sin ceremonia, informal
Formular [fɔrmu'laːɐ] *n* formulario *m*
formulieren [fɔrmu'liːrən] *v* formular
forschen ['fɔrʃən] *v nach etw ~* investigar
Forscher(in) ['fɔrʃɐ(rɪn)] *m/f* investigador(a) *m/f*
Forschung ['fɔrʃuŋ] *f* investigación *f*
Forschungsreaktor ['fɔrʃuŋsreaktoːɐ] *m TECH* reactor de investigación *m*
Forschungszentrum ['fɔrʃuŋstsɛntrum] *n* centro de investigación *m*
Forst [fɔrst] *m* bosque *m*, monte *m*
Förster ['fœrstɐ] *m* guarda forestal *m*
Forstwesen ['fɔrstveːzən] *n* silvicultura *f*
fort [fɔrt] *adv* ausente, distante
fortbestehen ['fɔrtbəʃteːən] *v irr* continuar existiendo, subsistir
fortbewegen ['fɔrtbəveːgən] *v* desplazar, mover
fortbilden ['fɔrtbɪldən] *v sich ~* perfeccionarse, reciclarse
Fortbildung ['fɔrtbɪlduŋ] *f* perfeccionamiento *m*, reciclaje *m*
Fortdauer ['fɔrtdauɐ] *f* continuación *f*, persistencia *f*
fortfahren ['fɔrtfaːrən] *v irr* **1.** *(wegfahren) ~ nach* partir para; **2.** *(fortsetzen)* continuar
fortgehen ['fɔrtgeːən] *v irr* irse, marcharse
fortgeschritten ['fɔrtgəʃrɪtən] *adj* avanzado, adelantado
Fortgeschrittene(r) ['fɔrtgəʃrɪtənə(-ɐ)] *m/f* adelantado/adelantada *m/f*
fortjagen ['fɔrtjaːgən] *v* echar fuera, ahuyentar
fortlaufen ['fɔrtlaufən] *v irr* escaparse, ponerse a salvo, huir, librarse
fortpflanzen ['fɔrtpflantsən] *v sich ~* reproducirse
Fortpflanzung ['fɔrtpflantsuŋ] *f* reproducción *f*
fortschreiten ['fɔrtʃraɪtən] *v irr* avanzar, progresar
Fortschritt ['fɔrtʃrɪt] *m* progreso *m*
fortschrittlich ['fɔrtʃrɪtlɪç] *adj* progresista, avanzado
fortsetzen ['fɔrtzɛtsən] *v* continuar, proseguir
Fortsetzung ['fɔrtzɛtsuŋ] *f* continuación *f*
fortwährend ['fɔrtvɛːrənt] *adv* continuamente, sin interrupción
fossil [fɔ'siːl] *adj* fósil *m*
Foto ['foːto] *n* foto *f*
Fotoapparat ['foːtoaparaːt] *m* máquina fotográfica *f*, cámara fotográfica *f*
Fotograf(in) [foːto'graːf(ɪn)] *m/f* fotógrafo/fotógrafa *m/f*

F

fotografieren [foːtogra'fiːrən] *v* fotografiar
Fotokopie [foːtoko'piː] *f* fotocopia *f*
fotokopieren [foːtoko'piːrən] *v* fotocopiar
Fotokopierer [foːtoko'piːrɐ] *m* fotocopiador *m*
Fötus ['føːtus] *m BIO* feto *m*
Fracht [fraxt] *f* **1.** *(Ware) ECO* flete *m*, carga *f*; **2.** *(Gebühr) ECO* precio del transporte *m*, flete *m*, porte *m*
F
Frachtbrief ['fraxtbriːf] *m ECO* carta de porte *f*, conocimiento *m*
Frachter ['fraxtɐ] *m* buque de carga *m*, carguero *m*
frachtfrei ['fraxtfraɪ] *adj ECO* franco de porte, porte pagado, libre de flete
Frack [frak] *m* frac *m*
Frage ['fraːgə] *f* **1.** pregunta *f*; **2.** *(Angelegenheit)* cuestión *f*, problema *m*; *eine ~ der Zeit sein* ser sólo una cuestión de tiempo; *außer ~ stehen* ser indudable/ estar fuera de duda
Fragebogen ['fraːgəboːgən] *m* cuestionario *m*
fragen ['fraːgən] *v* preguntar
Fragezeichen ['fraːgətsaɪçən] *n* signo de interrogación *m*
fraglich ['fraːklɪç] *adj* incierto, dudoso
Fragment [frak'mɛnt] *n* fragmento *m*
fragwürdig ['fraːkvyrdɪç] *adj* dudoso, cuestionable
Fragwürdigkeit ['fraːkvyrdɪçkaɪt] *f* calidad dudosa *f*, moral dudosa *f*
Fraktion [frak'tsjoːn] *f POL* grupo parlamentario *m*
Fraktionsvorsitzende(r) [frak'tsjoːnsfoːɐzɪtsəndə(-ɐ)] *m/f POL* presidente del partido/presidenta del partido *m/f*
Fraktur [frak'tuːɐ] *f MED* fractura *f*
frank ['fraŋk] *adj ~ und frei* con franqueza
frankieren [fraŋ'kiːrən] *v* franquear
Frankreich ['fraŋkraɪç] *n* Francia *f*
Franzose [fran'tsoːzə] *m* francés *m*
Französin [fran'tsøːzɪn] *f* francesa *f*
Französisch [fran'tsøːzɪʃ] *n* francés *m*
Fräse ['frɛːzə] *f TECH* fresa *f*
Frau [frau] *f* **1.** mujer *f*; *eine ~ von Welt sein* ser una mujer de mundo; **2.** esposa *f*, señora *f*, mujer *f*; **3.** *(Anrede)* señora *f*
Frauenarzt ['frauənartst] *m* ginecólogo *m*
Frauenbewegung ['frauənbəveːguŋ] *f* movimiento feminista *m*
Frauenrechtlerin ['frauənrɛçtlərɪn] *f* feminista *f*
Frauentag ['frauəntaːk] *m* día de la mujer *m*
Fräulein ['frɔylaɪn] *n* señorita *f*
frech [frɛç] *adj* atrevido, insolente; *rotz~ sein* quedarse fresco como una lechuga
Frechdachs ['frɛçdaks] *m (fam)* fresco *m*
Frechheit ['frɛçhaɪt] *f* insolencia *f*, impertinencia *f*, descaro *m*
frei [fraɪ] *adj* **1.** *(ungebunden)* libre; *sich ~ machen von* librarse de; **2.** *(nicht besetzt)* desocupado; *Ist dieser Platz noch ~?* ¿Está libre este asiento? **3.** *(kostenlos)* gratuito
Freibad ['fraɪbaːt] *n* piscina al aire libre *f*
freiberuflich ['fraɪbəruːflɪç] *adj* **1.** que ejerce una profesión liberal, autónomo; *adv* **2.** a modo de profesión liberal
Freibetrag ['fraɪbətraːk] *m* importe exento de impuestos *m*
Freihandelszone ['fraɪhandəlstsoːnə] *f ECO* zona de libre cambio *f*, zona de libre comercio *f*
freihändig ['fraɪhɛndɪç] *adv* a pulso
Freiheit ['fraɪhaɪt] *f* libertad *f*; *sich die ~ nehmen, etw zu tun* tener la libertad de hacer algo
Freiheitsstrafe ['fraɪhaɪtsʃtrafə] *f JUR* pena privativa de la libertad *f*
Freikarte ['fraɪkartə] *f* billete gratuito *m*
Freikörperkultur ['fraɪkœrpɐkultuːɐ] *f* nudismo *m*
freilassen ['fraɪlasən] *v irr* poner en libertad, dejar libre
freilich ['fraɪlɪç] *adv* **1.** *(einräumend)* por cierto, ciertamente; **2.** *(bestätigend)* desde luego, claro que sí, claro está, por supuesto
freimachen ['fraɪmaxən] *v* **1.** *(frankieren)* franquear; **2.** *(entkleiden) sich ~* desvestirse, desnudarse
freimütig ['fraɪmyːtɪç] *adj* **1.** franco, sincero; *adv* **2.** con franqueza, sinceramente

freischaffend ['fraɪʃafənt] *adj* libre, independiente
Freispruch ['fraɪʃprux] *m JUR* sentencia absolutoria *f,* absolución *f*
Freitag ['fraɪta:k] *m* viernes *m*
freiwillig ['fraɪvɪlɪç] *adj* voluntario
Freizeit ['fraɪtsaɪt] *f* tiempo libre *m*
Freizeitbeschäftigung ['fraɪtsaɪtsbəʃɛftɪguŋ] *f* ocupación del ocio *f*
Freizügigkeit ['fraɪtsy:giçkaɪt] *f* generosidad *f*
fremd [frɛmt] *adj* **1.** *(unbekannt)* desconocido, extraño, forastero; **3.** *(ausländisch)* extranjero; **2.** *(anderen gehörig)* ajeno
Fremde ['frɛmdə] *f* país extranjero *m,* tierra extraña *f; in der ~* en el extranjero
Fremde(r) ['frɛmdə(-ɐ)] *m/f* extranjero *m,* extranjera *f*
Fremdenführer ['frɛmdənfy:rɐ] *m* **1.** *(Buch)* guía turística *f;* **2.** *(Person)* guía turístico/a *m/f*
Fremdenverkehr ['frɛmdənfɛɐke:ɐ] *m* turismo *m*
Fremdenzimmer ['frɛmdəntsɪmɐ] *n* habitación para huéspedes *f*
Fremdsprache ['frɛmtʃpra:xə] *f* lengua extranjera *f,* idioma extranjero *m*
Fremdwort ['frɛmtvɔrt] *n* palabra extranjera *f,* extranjerismo *m*
Frequenz [fre'kvɛnts] *f TECH* frecuencia *f*
fressen ['frɛsən] *v irr* **1.** *(Tier)* devorar, comer; **2.** *jdn zum Fressen gern haben (fam)* querer a alguien con locura
Freude ['frɔydə] *f* alegría *f; Er platzt vor ~.* No cabe en su pellejo de alegría.
freudig ['frɔydɪç] *adj* **1.** alegre, contento; *adv* **2.** alegremente, con alegría
freuen ['frɔyən] *v sich ~* alegrarse
Freund(in) [frɔynt/frɔyndɪn] *m/f* amigo/amiga *m/f,* novio/novia *m/f*
freundlich ['frɔyntlɪç] *adj* amable, gentil
Freundlichkeit ['frɔyntlɪçkaɪt] *f* amabilidad *f,* gentileza *f*
Freundschaft ['frɔyntʃaft] *f* amistad *f*
Frieden ['fri:dən] *m* paz *f; dem ~ nicht trauen* desconfiar; *jdn in ~ lassen* dejar en paz a alguien
Friedenspolitik ['fri:dənspoliti:k] *f POL* política de la paz *f*
Friedensvertrag ['fri:dənsfɛɐtra:k] *m POL* tratado de paz *m*
Friedhof ['fri:tho:f] *m* cementerio *m,* camposanto *m*
friedlich ['fri:tlɪç] *adj* **1.** pacífico; *adv* **2.** pacíficamente, en paz
frieren ['fri:rən] *v irr* **1.** *(Person)* tener frío, pasar frío; **2.** *(gefrieren)* helar, congelar
Frikadelle [frɪka'dɛlə] *f GAST* hamburguesa *f*
frisch [frɪʃ] *adj* fresco
Frische ['frɪʃə] *f* frescura *f,* vigor *m; in alter ~* como hoy libre de toda preocupación
Friseur(in) [frɪ'zø:ɐ(-rɪn)] *m/f* peluquero *m,* peluquera *f*
frisieren [frɪ'zi:rən] *v* **1.** peinar, peinarse, arreglar el pelo, arreglarse el pelo; **2.** *(fig)* amañar, falsear
Frist [frɪst] *f* plazo *m,* término *m*
fristlos ['frɪstlo:s] *adj* **1.** inmediato; *adv* **2.** sin aviso, en el acto, inmediatamente
Frisur [fri'zu:ɐ] *f* peinado *m*
froh [fro:] *adj* contento, satisfecho, alegre
fröhlich ['frø:lɪç] *adj* **1.** alegre, contento; *adv* **2.** con alegría
Fröhlichkeit ['frø:lɪçkaɪt] *f* alegría *f*
fromm [frɔm] *adj REL* piadoso, devoto, pío
Frömmigkeit ['frœmɪçkaɪt] *f REL* piedad *f,* devoción *f*
Fronleichnam [fro:n'laɪçna:m] *m REL* el Corpus Christi
Front [frɔnt] *f* **1.** *(Vorderseite)* fachada *f;* **2.** *MIL* frente *m*
Frosch [frɔʃ] *m* rana *f; einen ~ im Hals haben (fig)* estar ronco; *Sei kein ~!* ¡No seas gallina!
Frost [frɔst] *m* helada *f*
frostig ['frɔstɪç] *adj* **1.** *(kalt)* frío helado; **2.** *(fig)* glacial, indiferente, frío
Frottee [frɔ'te:] *n* tejido de felpa *m*
Frucht [fruxt] *f* fruto *m*
fruchtbar ['fruxtba:ɐ] *adj* fértil, fecundo
Fruchtbarkeit ['fruxtba:ɐkaɪt] *f* fertilidad *f,* fecundidad *f*
Fruchtsaft ['fruxtzaft] *m GAST* zumo de frutas *m,* jugo de frutas *m*
Fruchtzucker ['fruxttsukɐ] *m CHEM* fructosa *f,* levulosa *f*

F

F

früh ['fry:] *adj* **1.** temprano; *adv* **2.** por la mañana
Frühaufsteher ['fry:aufʃte:ɐ] *m* madrugador *m*
früher ['fry:ɐ] *adj* **1.** anterior; *adv* **2.** más temprano, anteriormente, mucho antes
Frühgeburt ['fry:gəburt] *f* parto prematuro *m*
Frühjahr ['fry:ja:ɐ] *n* primavera *f*
frühreif ['fry:raɪf] *adj (fig)* precoz
Frühstück ['fry:ʃtyk] *n* desayuno *m*
frühstücken ['fry:ʃtykən] *v* desayunar
frühzeitig ['fry:tsaɪtɪç] *adj* **1.** *(vorzeitig)* temprano, prematuro; *adv* **2.** demasiado temprano, antes de tiempo
Frustration [frustra'tsjo:n] *f* frustración *f*
Fuchs [fuks] *m ZOOL* zorro *m*
fügen ['fy:gən] *v sich ~* someterse, rendirse, supeditarse
fühlen ['fy:lən] *v* sentir, experimentar; *Wir ~ uns sehr wohl.* Nos encontramos muy a gusto.
führen ['fy:rən] *v* **1.** (leiten) dirigir, guiar, encabezar; **2.** (ergeben) llevar a, conducir a
Führer(in) ['fy:rɐ(rɪn)] *m/f* **1.** *(Chef(in))* jefe/jefa *m/f,* director(a) *m/f;* **2.** *(Fahrer(in))* conductor(a) *m/f;* **3.** *(Fremdenführer(in))* guía turístico/guía turística *m/f*
Führerschein ['fy:rɐʃaɪn] *m* permiso de conducir *m,* carnet de conducir *m*
Führung ['fy:ruŋ] *f* **1.** *(Leitung)* dirección *f;* **2.** *(Fremdenführer)* visita guiada/con guía *f;* **3.** *(Benehmen)* conducta *f,* comportamiento *m*
Führungskraft ['fy:ruŋskraft] *f* personal directivo *m,* altos empleados *m/pl*
Fuhrunternehmen ['fu:ɐuntɐne:mən] *n* empresa de transportes *f*
füllen ['fylən] *v mit etw ~* llenar con algo, llenar de algo
Füller ['fylɐ] *m* pluma estilográfica *f*
Füllung ['fyluŋ] *f* **1.** *(das Füllen)* llenado *m;* **2.** *(Polsterung)* relleno *m,* acolchado *m;* **3.** *GAST* relleno *m;* **4.** *(Zahnfüllung) MED* empaste *m,* curación *f (LA)*
Fund [funt] *m* hallazgo *m,* descubrimiento *m*
Fundament [funda'mɛnt] *n* **1.** *(eines Hauses)* cimientos *m/pl,* cimentación *f;* **2.** *(fig: Grundlage)* fundamento *m,* base *f*
fundamental [fundamɛn'ta:l] *adj* fundamental, básico
Fundamentalist(in) [fundamɛnta'lɪst(ɪn)] *m/f POL* fundamentalista *m/f*
Fundbüro ['funtbyro:] *n* oficina de objetos perdidos *f*
fundiert [fun'di:ɐt] *adj* fundado, fundamentado, sólido
fünf [fynf] *num* cinco; *alle ~e gerade sein lassen* hacer la vista gorda
fünfte(r,s) ['fynftə(ɐ,əs)] *adj* quinto
fünftens ['fynftəns] *adv* en quinto lugar
fünfzehn ['fynftse:n] *num* quince
fünfzehnte(r,s) ['fynftse:ntə(ɐ,əs)] *adj* decimoquinto
fünfzig ['fynftsɪç] *num* cincuenta
fünfzigste(r,s) ['fynftsɪçstə(ɐ,əs)] *adj* quincuagésimo
Funk [fuŋk] *m* radio *f*
Funke ['fuŋkə] *m* chispa *f*
funkeln ['fuŋkəln] *v* brillar, resplandecer
funken ['fuŋkən] *v* **1.** *(übermitteln)* transmitir por radio; **2.** *(kapieren) Bei ihr hat es gefunkt.* Ha comprendido.
Funker ['fuŋkɐ] *m* radiotelegrafista *m/f,* radiotelegráfico *m,* radiomensaje *m*
Funkgerät ['fuŋkgərɛ:t] *n* aparato de radio *m*
Funkloch ['fuŋklɔx] *n TEL* zona sin cobertura *f,* zona del salto *f*
Funkspruch ['fuŋkʃprux] *m* mensaje radiotelegráfico *m,* radiomensaje *m*
Funktion [fuŋk'tsjo:n] *f* función *f,* funcionamiento *m*
funktional [fuŋktsjo'na:l] *adj* **1.** funcional; **2.** de manera funcional, de modo práctico
Funktionär(in) [fuŋktsjo'nɛ:ɐ(-rɪn)] *m/f* funcionario/funcionaria *m/f*
funktionell [fuŋktsjo'nɛl] *adj* funcional
funktionieren [fuŋktjo'ni:rən] *v* funcionar
für [fy:ɐ] *prep* para, por; *Das Geschenk ist ~ dich.* El regalo es para ti. *Er kämpft ~ die Freiheit.* Lucha por la libertad.
Furche ['furçə] *f* surco *m*
Furcht [furçt] *f* temor *m,* miedo *m*
fürchten ['fyrçtən] *v* temer, tener miedo

fürchterlich ['fyrçtɐlıç] *adj* temible, horrible
Furnier [fur'niːɐ] *n* chapa *f*, enchapado *m*
Furore [fu'roːrə] *f/n* ~ *machen* causar furor
Fürsorge ['fyːɐzɔrgə] *f* solicitud *f*, asistencia *f*, cuidados *m/pl*
Fürsorgeamt ['fyːɐzɔrgəamt] *n* oficina de asistencia social *f*
fürsorglich ['fyːɐzɔrglıç] *adj* solícito, cuidadoso
Fürsprecher(in) [fyːrʃprɛçɐ(rın)] *m/f* intercesor(a) *m/f*, abogado/abogada *m/f*
Fürst(in) [fyrst(ın)] *m/f* príncipe *m*, princesa *f*
Fürstentum ['fyrstəntuːm] *n* principado *m*
fürstlich ['fyrstlıç] *adj* **1.** principesco, de príncipe; **2.** *(fig: üppig)* regio, suntuoso
Furunkel [fu'ruŋkəl] *m MED* furúnculo *m*, forúnculo *m*
Fusion [fu'zjoːn] *f* fusión *f*
Fuß [fuːs] *m* **1.** *ANAT* pie *m*; *zu ~ gehen* ir andando; *~ fassen* consolidarse; *auf freiem ~ sein* estar en la calle; *auf großem ~ leben* vivir a lo grande; *mit einem ~ im Grabe stehen* estar con un pie en la tumba; *mit dem linken ~ zuerst aufstehen* levantarse con el pie izquierdo; *sich die Füße nach etw wund laufen* desholarse los pies buscando algo; *kalte Füße bekommen (fig)* arrepentirse; *sich die Füße vertreten* estirar las piernas; *jdm auf die Füße treten* ofender a alguien; *sich auf eigene Füße stellen* independizarse; *etw mit Füßen treten* hollar algo/despreciar algo; *jdm zu Füßen liegen* estar a los pies de alguien; **2.** *(Sockel)* pedestal *m*; **3.** *(Maßeinheit)* pie *m*
Fußball ['fuːsbal] *m* **1.** *(Sportart)* fútbol *m*, balompié *m*; **2.** *(Ball) SPORT* balón de fútbol *m*, pelota de fútbol *m*
Fußballspiel ['fuːsbalʃpiːl] *n SPORT* partido de fútbol *m*
Fußboden ['fuːsboːdən] *m* suelo *m*, piso *m*
Fußgänger(in) ['fuːsgɛŋɐ(rın)] *m/f* peatón/peatona *m/f*, transeúnte *m/f*
Fußgängerzone ['fuːsgɛŋɐtsoːnə] *f* zona de peatones *f*, zona peatonal *f*
Fußpilz ['fuːspılts] *m MED* hongos en los pies *m/pl*
Fußvolk ['fuːsfɔlk] *n* **1.** populacho *m*, plebe *f*
Fußweg ['fuːsveːk] *m* camino de peatones *m*
Futter[1] ['futɐ] *n (Nahrung)* comida *f*, alimento *m*
Futter[2] ['futɐ] *n (Material)* forro *m*
füttern ['fytɐn] *v* alimentar, dar de comer
Fütterung ['fytəruŋ] *f (eines Tieres)* forraje *m*
futuristisch [futu'rıstıʃ] *adj* futurista

F

G

Gabe ['ga:bə] *f* **1.** *(Geschenk)* regalo *m*, presente *m*, obsequio *m*; **2.** *(fig: Talent)* don *m*, talento *m*
Gabel ['ga:bəl] *f* tenedor *m*
Gabelung ['ga:bəluŋ] *f* bifurcación *f*
Gag [gæg] *m* truco *m*, gag *m*
Gage ['ga:ʒə] *f* sueldo *m*
gähnen ['gɛ:nən] *v* bostezar, badallar
galant [ga'lant] *adj* galante, amabilísimo
Galerie [galə'ri:] *f* **1.** *(Passage)* pasaje *m*; **2.** ART galería *f*; **3.** THEAT paraíso *m*, gallinero *m*
Galgen ['galgən] *m* horca *f*, patíbulo *m*; *jdn an den ~ bringen (fig)* llevar a alguien a la horca
Galgenfrist ['galgənfrɪst] *f* respiro de gracia *m*; *jdm eine ~ geben* darle a alguien un plazo perentorio
Galle ['galə] *f* ANAT vesícula biliar *f*; *Da läuft mir die ~ über. (fam)* Se me revuelve la bilis.
Galopp [ga'lɔp] *m* galope *m*
Gang [gaŋ] *m* **1.** *(Gehen)* modo de andar *m*; **2.** *(Verlauf)* curso *m*, transcurso *m*; *in ~ sein* estar en marcha; *in ~ kommen* ponerse en marcha; *etw in ~ setzen* poner algo en marcha; *seinen ~ gehen* seguir su curso; *im ~e sein* estar en marcha; **3.** *(Flur)* pasillo *m*, corredor *m*, pasadizo *m*; **4.** *(Kupplung)* marcha *f*; *einen ~ zulegen* meter una marcha; *einen ~ zurückschalten* reducir la marcha; **5.** GAST plato *m*
gängig ['gɛŋɪç] *adj* de uso corriente, usual
Gangster ['gæŋstɐ] *m* gángster *m*
Gans [gans] *f* ZOOL ganso *m*; *eine dumme ~* una pava *f*
Gänsehaut ['gɛnzəhaut] *f* carne de gallina *f*; *eine ~ bekommen* ponérsele a uno la carne de gallina
Gänsemarsch ['gɛnzəmarʃ] *m* fila india *f*
ganz [gants] *adj* **1.** todo, completo; *adv* **2.** completamente, del todo, por entero
Ganzes ['gantsəs] *n* todo *m*, total *m*; *aufs Ganze gehen* ir a por todas; *ums Ganze gehen* jugar el todo por el todo
ganztägig ['gantstɛ:gɪç] *adj* de todo el día
gar [ga:ɐ] *adj* **1.** *(gekocht)* en su punto, a punto; *adv* **2.** *~ nicht* de ningún modo, de ninguna manera
Garage [ga'ra:ʒə] *f* garaje *m*
Garantie [garan'ti:] *f* garantía *f*; *unter ~* garantizado/con toda seguridad
garantieren [garan'ti:rən] *v* garantizar, avalar
Garderobe [gardə'ro:bə] *f* **1.** *(Kleidung)* ropa *f*, vestuario *m*; **2.** THEAT vestuario *m*; **3.** *(Kleiderabgabe)* guardarropa *m*
Gardine [gar'di:nə] *f* cortina *f*; *hinter schwedischen ~n sein (fig)* estar entre rejas/estar a la sombra
Garn [garn] *n* hilo *m*
Garnele [gar'ne:lə] *f* ZOOL gamba *f*, camarón *m*
garnieren [gar'ni:rən] *v (mit)* adornar, decorar
Garten ['gartən] *m* jardín *m*
Gartenbau ['gartənbau] *m* horticultura *f*
Gartenhaus ['gartənhaus] *n* pabellón *m*
Gartenzaun ['gartəntsaun] *m* cerca *f*, seto *m*, valla *f*
Gärtner(in) ['gɛrtnɐ(rɪn)] *m/f* jardinero/jardinera *m/f*
Gärtnerei [gɛrtnɐ'raɪ] *f* jardinería *f*
Gärung ['gɛ:ruŋ] *f* fermentación *f*
Gas [ga:s] *n* gas *m*
Gasflasche ['ga:sflaʃə] *f* botella de gas *f*, bombona de gas *f*
Gasmaske ['ga:smaskə] *f* máscara antigás *f*
Gaspedal ['ga:speda:l] *n* pedal del acelerador *m*
Gasse ['gasə] *f* callejón *m*, calle *f*
Gast [gast] *m* huésped *m*, invitado *m*
Gästehaus ['gɛstəhaus] *n* fonda *f*, posada *f*, casa de huéspedes *f*, pensión *f*
Gästezimmer ['gɛstətsɪmɐ] *n* habitación para huéspedes *f*

gastfreundlich ['gastfrɔyntlɪç] *adj* hospitalario
Gastfreundschaft ['gastfrɔyntʃaft] *f* hospitalidad *f*
Gastgeber(in) ['gastge:bɐ(rɪn)] *m/f* anfitrión/anfitriona *m/f*
Gasthaus ['gasthaus] *n* fonda *f*, posada *f*, casa de huéspedes *f*
gastieren [gas'ti:rən] *v* THEAT actuar como actor invitado
Gastronomie [gastrono'mi:] *f* gastronomía *f*
Gastspiel ['gastʃpi:l] *n* **1.** SPORT partido fuera de casa *m*; **2.** THEAT actuación de una compañía foránea *f*
Gaststätte ['gastʃtɛtə] *f* restaurante *m*
Gastwirt ['gastvɪrt] *m* fondista *m*, hostelero *m*
Gatte ['gatə] *m* esposo *m*, marido *m*
Gattin ['gatɪn] *f* esposa *f*, mujer *f*
Gattung ['gatuŋ] *f* género *m*, clase *f*
Gaukler(in) ['gauklɐ(rɪn)] *m/f* juglar *m*, artista callejero/artista callejera *m/f*
Gaumen ['gaumən] *m* ANAT paladar *m*; *einen feinen ~ haben* tener el morrito muy fino *(fam)*
Gauner(in) ['gaunɐ(rɪn)] *m/f* estafador(a) *m/f*, timador(a) *m/f*
Gazelle [ga'tsɛlə] *f* ZOOL gacela *f*
Gebäck [gə'bɛk] *n* pastelería *f*, pasteles *m/pl*
Gebärde [gə'bɛ:ɐdə] *f* gesto *m*, ademán *m*
gebären [gə'bɛ:rən] *v irr* dar a luz, parir
Gebärmutter [gə'bɛ:ɐmutɐ] *f* ANAT útero *m*, matriz *f*
Gebäude [gə'bɔydə] *n* edificio *m*
geben ['ge:bən] *v irr* **1.** dar, entregar; *viel darum ~* dar mucho por algo; *es jdm ~* cantarle a alguien las cuarenta; *auf etw nichts ~* no dar un duro por algo; **2.** *(es gibt)* haber; *Es gab wenig Publikum.* Había muy poco público. *Was gibt's?* ¿Qué hay? *Es gibt Wasser.* Hay agua. *Um die Ecke gibt es ein Restaurant.* A la vuelta de la esquina hay un restaurante. *Wo gibt's denn so was?* ¿Habráse visto?
Gebet [gə'be:t] *n* REL oración *f*, rezo *m*; *jdn ins ~ nehmen* echar un sermón a alguien
Gebetbuch [gə'be:tsbu:x] *n* REL devocionario *m*
Gebiet [gə'bi:t] *n* **1.** zona *f*, región *f*, territorio *m*; **2.** *(fig: Sachgebiet)* campo *m*, rama *f*, materia *f*
gebieterisch [gə'bi:tərɪʃ] *adj* imperioso
Gebilde [gə'bɪldə] *n* obra *f*, creación *f*
gebildet [gə'bɪldət] *adj* culto, instruido
Gebirge [gə'bɪrgə] *n* GEO montaña *f*, montes *m/pl*
Gebirgskette [gə'bɪrgskɛtə] *f* GEO cadena de montañas *f*, cordillerra *f*
Gebiss [gə'bɪs] *n* ANAT dentadura *f*
geboren [gə'bo:rən] *adj* nacido; *~ in Buenos Aires am 20. Juli* nacido/a en Buenos Aires el 20 de julio
Geborgenheit [gə'bɔrgənhaɪt] *f* seguridad *f*, protección *f*
Gebot [gə'bo:t] *n* **1.** *(Befehl)* orden *f*, mandato *m*; **2.** REL mandamiento *m*
gebraten [gə'bra:tən] *adj* asado *m*
Gebrauch [gə'braux] *m* uso *m*, empleo *m*; *in ~ kommen* hacer uso/utilizarse
gebrauchen [gə'brauxən] *v* usar, utilizar
gebräuchlich [gə'brɔyçlɪç] *adj* en uso, usual
Gebrauchsanweisung [gə'brauxsanvaɪzuŋ] *f* modo de empleo *m*, instrucciones para el uso *f/pl*
Gebrauchsgegenstand [gə'brauxsge:gənʃtant] *m* objeto de uso corriente *m*
gebraucht [gə'brauxt] *adj* usado
Gebrauchtwagen [gə'brauxtva:gən] *m (Auto)* coche usado *m*, carro usado *m (LA)*
Gebrechen [gə'brɛçən] *n* MED defecto físico *m*, imperfección *f*
gebrechlich [gə'brɛçlɪç] *adj* MED enfermizo
Gebrüll [gə'bryl] *n* vociferación *f*, gritería *m*
Gebühr [gə'by:ɐ] *f* derecho *m*, tarifa *f*
gebührenfrei [gə'by:rənfraɪ] *adj* exento de derechos
gebührenpflichtig [gə'by:rənpflɪçtɪç] *adj* sujeto a derechos

Geburt [gə'buɐt] *f* nacimiento *m; eine schwere ~ (fig)* un mal parto *m*
Geburtenrate [gə'buɐtənra:tə] *f* tasa de natalidad *f*, índice de natalidad *m*
gebürtig [gə'byɐtɪç] *adj* oriundo, natural, de nacimiento
Geburtsdatum [gə'buɐtsda:tum] *n* fecha de nacimiento *f*
Geburtsjahr [gə'buɐtsja:ɐ] *n* año de nacimiento *m*
Geburtsort [gə'buɐtsɔrt] *m* lugar de nacimiento *m*
Geburtstag [gə'buɐtsta:k] *m* cumpleaños *m*
Geburtsurkunde [gə'buɐtsu:ɐkundə] *f* partida de nacimiento *f*
Gebüsch [gə'byʃ] *n BOT* matorral *m*
Gecko ['gɛko] *m ZOOL* salamanquesa *f*
Gedächtnis [gə'dɛçtnɪs] *n* memoria *f; ein ~ wie ein Sieb haben* tener muy mala memoria
Gedanke [gə'daŋkə] *m* pensamiento *m*, idea *f; ~n lesen können* poder leer los pensamientos; *die ~n beisammen haben* estar concentrado; *etw in ~n tun* hacer algo distraído
gedankenlos [gə'daŋkənlo:s] *adj* irreflexivo, aturdido
Gedankenlosigkeit [gə'daŋkənlo:zɪçkaɪt] *f* irreflexión *f*, aturdimiento *m*
Gedankenstrich [gə'daŋkənʃtrɪç] *m* guión *m*
Gedärm [gə'dɛrm] *n ANAT* intestinos *m/pl*
Gedeck [gə'dɛk] *n* cubierto *m*
gedeihen [gə'daɪən] *v irr* prosperar, progresar, florecer, mejorar
gedenken [gə'dɛŋkən] *v irr* **1.** *(erinnern)* acordarse de, recordar a; **2.** *(vorhaben)* proponerse, pensar; **3.** *~ etw zu tun* tener la intención de hacer algo
Gedenkstätte [gə'dɛŋkʃtɛtə] *f* lugar conmemorativo *m*
Gedicht [gə'dɪçt] *n* poesía *f*, poema *m*
Gedränge [gə'drɛŋə] *n* apretura *f*, agolpamiento *m*
gedrungen [gə'druŋən] *adj* compacto
Geduld [gə'dult] *f* paciencia *f*
geduldig [gə'duldɪç] *adj* **1.** paciente; *adv* **2.** pacientemente, con paciencia
geeignet [gə'aɪgnət] *adj ~ für* apropiado para, indicado para
Gefahr [gə'fa:ɐ] *f* peligro *m; sich in ~ begeben* meterse en la boca del lobo; *~ laufen* correr el peligro; *auf eigene ~* por su propio riesgo/por su propia cuenta
gefährden [gə'fɛ:ɐdən] *v* poner en peligro, hacer peligrar
Gefährdung [gə'fɛ:ɐduŋ] *f* amenaza *f*
Gefahrenzone [gə'fa:rəntso:nə] *f* zona peligrosa *f*
Gefahrenzulage [gə'fa:rəntsu:la:gə] *f* plus de peligrosidad *m*, plus por trabajo peligroso *m*
gefährlich [gə'fɛ:ɐlɪç] *adj* peligroso
gefahrlos [gə'fa:ɐlo:s] *adj* sin riesgo, seguro
Gefährte [gə'fɛ:ɐtə] *m* compañero *m*
Gefährtin [gə'fɛ:ɐtɪn] *f* compañera *f*
Gefälle [gə'fɛlə] *n* desnivel *m*
gefallen [gə'falən] *v irr jdm ~* agradar a alguien, gustar a alguien; *sich etw ~ lassen* consentir en algo
Gefallen [gə'falən] *m* favor *m*, servicio *m*
Gefallene(r) [gə'falənə(-ɐ)] *m/f* caído/caída *m/f*, muerto en la guerra/muerta en la guerra *m/f*
gefällig [gə'fɛlɪç] *adj* **1.** *(zuvorkommend)* atento, amable; **2.** *(angenehm)* agradable
Gefälligkeit [gə'fɛlɪçkaɪt] *f* amabilidad *f*, complacencia *f*
gefangen [gə'faŋən] *adv ~ halten* retener en prisión, tener encarcelado, tener cautivo; *~ nehmen* detener, tomar prisionero, apresar
Gefangenschaft [gə'faŋənʃaft] *f MIL* cautiverio *m*
Gefängnis [gə'fɛŋnɪs] *n* prisión *f*, cárcel *f*
Gefängnisstrafe [gə'fɛŋnɪsʃtra:fə] *f* pena de prisión *f*, pena de cárcel *f*
Gefängniszelle [gə'fɛŋnɪstsɛlə] *f* celda *f*
Gefäß [gə'fɛ:s] *n* recipiente *m*
gefasst [gə'fast] *adj ~ sein auf* estar preparado para
Gefäßverengung [gə'fɛsfɛɐɛŋuŋ] *f MED* vasoconstricción *f*
Gefecht [gə'fɛçt] *n MIL* combate *m; außer ~ setzen* poner fuera de combate; *jdn außer ~ setzen* poner a alguien fuera de combate

gefeit [gə'faɪt] *adj ~ sein gegen* ser invulnerable contra
Gefieder [gə'fiːdɐ] *n ZOOL* plumaje *m*
geflissentlich [gə'flɪsəntlɪç] *adj* intencionado, premeditado
Geflügel [gə'flyːgəl] *n ZOOL* aves de corral *f/pl*
Geflüster [gə'flystɐ] *n* cuchicheo *m*
Gefolge [gə'fɔlgə] *n* comitiva *f,* séquito *m*
gefragt [gə'fraːkt] *adj ~ sein* ser solicitado, ser buscado
gefrieren [gə'friːrən] *v irr* helar, helarse, congelar
Gefriertruhe [gə'friːɐtruːə] *f* arcón congelador *m,* congelador horizontal *m*
gefügig [gə'fyːgɪç] *adj* dócil, flexible, manejable, dúctil
Gefühl [gə'fyːl] *n* **1.** *(körperlich)* sensación *f; mit gemischten ~en* medio triste, medio contento; *das höchste der ~e* el súmmum; *etw im ~ haben* presentir algo; **2.** *(seelisch)* sentimiento *m;* **3.** *(Ahnung)* presentimiento *m*
gefühllos [gə'fyːlloːs] *adj* **1.** *(körperlich)* insensible; **2.** *(seelisch)* duro, sin corazón
gefühlsmäßig [gə'fyːlsmɛːsɪç] *adv* intuitivamente, por intuición
gefühlvoll [gə'fyːlfɔl] *adj* lleno de sentimiento, sentimental
gegebenenfalls [gə'geːbənənfals] *adv* si se diera el caso, eventualmente
Gegebenheit [gə'geːbənhaɪt] *f* hecho *m,* dato *m*
gegen ['geːgən] *prep* **1.** *(zeitlich)* alrededor de, a eso de; *~ sieben Uhr* alrededor de las siete; **2.** *(örtlich)* hacia, contra, en dirección a; **3.** *(wider)* contra, en contra de; *~ seinen Willen* en contra de su voluntad; *etw ~ jdn haben* tener algo en contra de alguien; **4.** *(im Austausch)* a cambio de, por; *~ Quittung* contra recibo
Gegenanzeige ['geːgənantsaɪgə] *f MED* contraindicación *f*
Gegend ['geːgənt] *f* **1.** *(Landschaft)* paisaje *m;* **2.** *(Nähe)* alrededores *m/pl,* cercanías *f/pl; die ~ unsicher machen* ser el terror del lugar
Gegendarstellung ['geːgəndarʃtɛluŋ] *f* rectificación *f,* escrito de réplica *m*
gegeneinander ['geːgənaɪnandɐ] *adv* uno contra otro, uno en contra del otro
Gegenfahrbahn ['geːgənfaːɐbaːn] *f* carril contrario *m*
Gegengewicht ['geːgəngəvɪçt] *n* contrapeso *m*
gegenläufig ['geːgənlɔyfɪç] *adj* en contrasentido, en sentido contrario
Gegenleistung ['geːgənlaɪstuŋ] *f* contraprestación *f,* contrapartida *f*
Gegenmaßnahme ['geːgənmasnaːmə] *f* contramedida *f*
Gegenmittel ['geːgənmɪtəl] *n* antídoto *m*
Gegenprobe ['geːgənproːbə] *f MATH* contraprueba *f*
Gegensatz ['geːgənzats] *m* oposición *f; Gegensätze ziehen sich an.* Los polos opuestos se atraen. *im ~ zu* al contra de/en contraposición
gegensätzlich ['geːgənzɛtslɪç] *adj* **1.** contrario, opuesto; *adv* **2.** opuestamente, por el contrario
Gegensätzlichkeit ['geːgənzɛtslɪçkaɪt] *f* contraste *m,* divergencia *f*
gegenseitig ['geːgənzaɪtɪç] *adj* **1.** mutuo, recíproco; *adv* **2.** mutuamente, recíprocamente
Gegenseitigkeit ['geːgənzaɪtɪçkaɪt] *f* reciprocidad *f*
Gegenspieler(in) ['geːgənʃpiːlɐ(rɪn)] *m/f* adversario/adversaria *m/f,* antagonista *m/f*
Gegenstand ['geːgənʃtant] *m* **1.** objeto *m,* cosa *f;* **2.** *(Thema)* tema *f,* asunto *m* materia *f*
Gegenstimme ['geːgənʃtɪmə] *f POL* voz contraria *f,* voto contrario *m*
Gegenstück ['geːgənʃtyk] *n* equivalente *m*
Gegenteil ['geːgəntaɪl] *n* lo contrario, antónimo *m*
gegenüber [geːgən'yːbɐ] *prep* **1.** *(örtlich)* enfrente de, frente a; **2.** *(im Hinblick)* con respecto a; **3.** *(im Vergleich)* en comparación con
gegenüberliegen [geːgən'yːbɐliːgən] *v irr* estar situado en frente de
gegenüberliegend [geːgən'yːbɐliːgənt] *adj* opuesto
gegenüberstehen [geːgən'yːbɐʃteːən] *v irr* **1.** estar frente, hallarse en frente de; **2.** *etw ~ (fig)* afrontar algo

G

gegenüberstellen [geːgən'yːbɐʃtɛlən] *v* **1.** *(vergleichen)* comparar, contraponer; **2.** *(konfrontieren)* confrontar, carear
Gegenüberstellung [geːgən'yːbɐʃtɛluŋ] *f* **1.** *(Vergleich)* comparación *f*, contraposición *f;* **2.** *(Konfrontation)* confrontación *f*, careo *m*
Gegenverkehr ['geːgənfɛɐkeːɐ] *m* circulación en sentido contrario *f*
Gegenwart ['geːgənvart] *f* **1.** *(Anwesenheit)* presencia *f;* **2.** GRAMM presente *m*
gegenwärtig ['geːgənvɛrtɪç] *adj* **1.** *(jetzig)* actual; **2.** *(anwesend)* presente, existente
Gegenwehr ['geːgənveːɐ] *f* defensa *f*
gegenzeichnen ['geːgəntsaɪçnən] *v* contrafirmar, contrasignar
Gegner ['geːgnɐ] *m* adversario *m*, contrario *m*
gegnerisch ['geːgnɐrɪʃ] *adj* contrario, opuesto
Gehalt [gə'halt] *n* **1.** *(Lohn)* sueldo *m;* **2.** *(Inhalt)* contenido *m*
Gehaltserhöhung [gə'haltsɛɐhøːuŋ] *f* aumento de sueldo *m*
Gehaltsgruppe [gə'haltsgrupə] *f* grupo salarial *m*, categoría de sueldo *f*
gehaltvoll [gə'haltfɔl] *adj* rico en
gehässig [gə'hɛsɪç] *adj* lleno de odio, resentido, odioso
Gehässigkeit [gə'hɛsɪçkaɪt] *f* odiosidad *f*
Gehäuse [gə'hɔyzə] *n* caja *f*, estuche *m*
gehbehindert ['geːbəhɪndɐt] *adj* impedido *m*
Gehege [gə'heːgə] *n* cercado *m*
geheim [gə'haɪm] *adj* secreto, escondido; *~ halten* mantener en secreto, ocultar
Geheimagent(in) [gə'haɪmagɛnt(ɪn)] *m/f* POL agente secreto/agente secreta *m/f*
Geheimdienst [gə'haɪmdiːnst] *m* POL servicio secreto *m*
Geheimfach [gə'haɪmfax] *n* secreto de armario *m*
Geheimnis [gə'haɪmnɪs] *n* secreto *m; ein offenes ~* un secreto a voces *m*
geheimnisvoll [gə'haɪmnɪsfɔl] *adj* **1.** misterioso; *adv* **2.** misteriosamente, por misterio
Geheimtipp [gə'haɪmtɪp] *m* indicación confidencial *f*
gehemmt [gə'hɛmt] *adj ~ sein* estar cohibido
gehen ['geːən] *v irr* ir, caminar, andar; *Wie geht es Ihnen?* ¿Cómo está usted? *etw mit~ lassen* llevarse algo; *in sich ~* volver sobre sí; *sich ~ lassen* descuidarse, darse al abandono; *mit der Zeit ~* estar al día
geheuer [gə'hɔyɐ] *adj (nicht ~ sein)* sospechoso, inseguro, peligroso
Gehilfe [gə'hiːlfə] *m* ayudante *m*, asistente *m*, auxiliar *m*
Gehilfin [gə'hiːlfɪn] *f* ayudanta *f*, auxiliar *f*, asistente *f*
Gehirn [gə'hɪrn] *n* ANAT cerebro *m*
Gehirnblutung [gə'hɪrnbluːtuŋ] *f* MED hemorragia cerebral *f*
Gehirnerschütterung [gə'hɪrnɛɐʃyːtəruŋ] *f* MED conmoción cerebral *f*
Gehirnschlag [gə'hɪrnʃlaːk] *m* MED ataque cerebral *m*
Gehirntumor [gə'hɪrntuːmoːɐ] *m* MED tumor cerebral *m*
Gehirnwäsche [gə'hɪrnvɛʃə] *f* lavado de cerebro *m*
Gehör [gə'høːɐ] *n* oído *m; ~ finden* tener audiencia/ser escuchado; *jdm ~ schenken* prestar oídos a alguien; *sich ~ verschaffen* llegar a ser atendido; *um ~ bitten* pedir la atención
gehorchen [gə'hɔrçən] *v* obedecer a alguien, ser dócil, acatar las órdenes de alguien
gehören [gə'høːrən] *v (besitzen)* pertenecer a, ser de; *zu etw ~* ser de, formar parte de
Gehörfehler [gə'høːɐfeːlɐ] *m* MED defecto del oído *m*
gehörlos [gə'høːɐloːs] *adj* MED sordo
gehorsam [gə'hoːɐzaːm] *adj* obediente, dócil
Gehorsam [gə'hoːɐzaːm] *m* obediencia *f*
Gehweg ['geːveːk] *m* acera *f*, vereda *f*, camino *m*
Geier ['gaɪɐ] *m* ZOOL buitre *m; Weiß der ~!* ¡Ni idea!
Geige ['gaɪgə] *f* MUS violín *m; die erste ~ spielen (fig)* llevar la voz cantante; *nach jds ~ tanzen* bailar al son que toca

alguien; *Der Himmel hängt ihm voller ~n.* Ve el cielo abierto./Escucha música de violines.
geigen ['gaɪgən] *v* tocar el violín
geil [gaɪl] *adj (großartig)* guay
Geisel ['gaɪzəl] *f* rehén *m/f*
Geiselnehmer(in) ['gaɪzəlne:mɐ(rɪn)] *m/f* secuestrador(a) *m/f*
Geißbock ['gaɪzbɔk] *m* ZOOL macho cabrío *m*
Geist [gaɪst] *m* **1.** *(Seele)* espíritu *m; seinen ~ aufgeben (fig)* pasar a mejor vida/expirar; **2.** *(Verstand)* inteligencia *f; auf den ~ gehen* sacar de quicio; **3.** *(Gespenst)* fantasma *m; von allen guten ~ern verlassen sein* volverse loco
geistesabwesend ['gaɪstəsapve:zənt] *adj* **1.** distraído, ausente, perdido; *adv* **2.** ausente, ido; *~ sein* estar en la luna
geistesgegenwärtig ['gaɪstəsge:gənvɛrtɪç] *adj* **1.** sereno; *adv* **2.** serenamente, con serenidad
Geisteskranke(r) ['gaɪstəskraŋkə(-ɐ)] *m/f* MED enfermo mental/enferma mental *m/f*
Geisteskrankheit ['gaɪstəskraŋkhaɪt] *f* MED enfermedad mental *f*
Geisteswissenschaften ['gaɪstəsvɪsənʃaftən] *pl* ciencias filosóficas *f/pl,* letras *f/pl*
Geisteszustand ['gaɪstəstsu:ʃtant] *m* estado mental *m*
geistig ['gaɪstɪç] *adv* mentalmente, con la mente
geistlich ['gaɪstlɪç] *adj* espiritual
Geistliche(r) ['gaɪstlɪçə(-ɐ)] *m/f* REL eclesiástico/eclesiástica *m/f,* clérigo/clériga *m/f*
geistreich ['gaɪstraɪç] *adj* ingenioso
Geiz [gaɪts] *m* avaricia *f*
geizig ['gaɪtsɪç] *adj* avaro, mezquino
Geizkragen ['gaɪtskra:gən] *m (fam)* avaro *m,* tacaño *m*
Gejammer [gə'jamɐ] *n* lamentaciones *f/pl*
Gekicher [gə'kɪçɐ] *n* risas sofocadas *f/pl*
geknickt [gə'knɪkt] *adj* **1.** *(abgebrochen)* quebrado; **2.** *(fig)* abatido, deprimido
gekünstelt [gə'kynstəlt] *adj* artificial, rebuscado
Gel [ge:l] *n* gel *m*
Gelächter [gə'lɛçtɐ] *n* risa *f,* carcajada *f*
geladen [gə'la:dən] *adj* **1.** *(ein~)* invitado; **2.** *(fig: sauer sein mit jdm) ~ sein* estar enojado
gelähmt [gə'lɛ:mt] *adj* MED impedido, paralizado, paralítico
Gelände [gə'lɛndə] *n* terreno *m,* área *f*
Geländer [gə'lɛndɐ] *n* baranda *f*
Geländewagen [gə'lɛndəva:gən] *m* vehículo todo terreno *m*
gelangen [gə'laŋən] *v (~ an, ~ nach, ~ zu)* llegar a, alcanzar a
gelangweilt [gə'laŋvaɪlt] *adj* aburrido
gelassen [gə'lasən] *adj ~ sein* estar sereno, estar tranquilo
Gelassenheit [gə'lasənhaɪt] *f* calma *f,* placidez *f,* serenidad *f*
Gelatine [ʒela'ti:nə] *f* GAST gelatina *f*
geläufig [gə'lɔyfɪç] *adj* usual, habitual, de costumbre
gelaunt [gə'launt] *adj* **1.** *schlecht ~ sein* estar de mal humor; **2.** *gut ~ sein* estar de buen humor
gelb [gɛlp] *adj* amarillo
Gelbfieber ['gɛlpfi:bɐ] *n* MED fiebre amarilla *f*
Gelbsucht ['gɛlpzuxt] *f* MED ictericia *f,* hepatitis *f*
Geld [gɛlt] *n* dinero *m,* plata *f (LA); ~ oder Leben!* ¡La bolsa o la vida! *im ~ schwimmen* nadar en oro/nadar en la abundancia; *~ wie Heu haben* tener mucha pasta; *das ~ unter die Leute bringen* gastar el dinero con impulsividad; *etw zu ~ machen* sacar dinero por algo/vender algo; *ins ~ gehen* resultar caro; *nicht mit ~ zu bezahlen sein* no hay dinero que lo pague; *sich für ~ sehen lassen können* ser un original; *Ihm rinnt das ~ durch die Finger.* Se le escurre el dinero de las manos. *~ stinkt nicht.* El dinero no hace daño.
Geldautomat ['gɛltautoma:t] *m* cajero automático *m,* telebanco *m*
Geldbetrag ['gɛltbətra:k] *m* suma de dinero *f,* cantidad *f,* importe *m*
Geldbeutel ['gɛltbɔytəl] *m* bolsa *f,* monedero *m*
Geldentwertung ['gɛltɛntve:ɐtuŋ] *f* ECO depreciación monetaria *f,* desmonetización *f*
Geldgeber(in) ['gɛltge:bɐ(rɪn)] *m/f* capitalista *m/f,* financiero/financiera *m/f*

Geldinstitut ['gɛltɪnstituːt] *n ECO* instituto monetario *m*, instituto bancario *m*, banco *m*
Geldquelle ['gɛltkvɛlə] *f* recursos financieros *m/pl*, fuente de recursos *f*
Geldschein ['gɛltʃaɪn] *m* billete de banco *m*
Geldstrafe ['gɛltʃtraːfə] *f* multa *f*, pena pecuniaria *f*
Geldwäsche ['gɛltvɛʃə] *f* dinero sucio *m*
Geldwechsel ['gɛltvɛksəl] *m* cambio *m*
gelegen [gə'leːgən] *adj* **1.** *(liegend)* situado, ubicado *(LA)*; **2.** *(fig: passend)* muy a propósito, conveniente, muy bien; *~ kommen* venir de perilla
Gelegenheit [gə'leːgənhaɪt] *f* ocasión *f*, oportunidad *f*; *die ~ beim Schopfe packen* estar perdido
Gelegenheitsarbeit [gə'leːgənhaɪtsarbaɪt] *f* trabajo eventual *m*, trabajo de ocasión *m*
gelegentlich [gə'leːgəntlɪç] *adj* **1.** ocasional, eventual; *adv* **2.** de vez en cuando, a veces, en ocasiones
gelehrig [gə'leːrɪç] *adj* inteligente
gelehrt [gə'leːɐt] *adj* sabio, erudito
Gelehrte(r) [gə'leːɐtə(-ɐ)] *m/f* sabio/sabia *m/f*, erudito/erudita *m/f*
Geleit [gə'laɪt] *n* acompañamiento *m*, séquito *m*
Geleitschutz [gə'laɪtʃuts] *m* escolta *f*
Gelenk [gə'lɛŋk] *n* **1.** *ANAT* articulación *f*; **2.** *TECH* juntura *f*
gelenkig [gə'lɛŋkɪç] *adj* articulado
Geliebte(r) [gə'liːptə(-ɐ)] *m/f* amante *m/f*
gelingen [gə'lɪŋən] *v irr* salir bien, tener éxito, resultar un éxito
geloben [gə'loːbən] *v* hacer voto de, hacer promesa de
gelten ['gɛltən] *v irr* valer, ser válido
geltend ['gɛltənt] *adj* valedero, válido
Geltung ['gɛltuŋ] *f* **1.** *(Gültigkeit)* validez *f*, vigencia *f*; **2.** *(Ansehen)* autoridad *f*, prestigio *m*; *jdm ~ verschaffen* sentar el crédito de alguien; *etw zur ~ bringen* poner de relieve algo; *zur ~ kommen* destacarse
Geltungsbereich ['gɛltuŋsbəraɪç] *m* campo de aplicación *m*, campo de vigencia *m*
Gelübde [gə'lypdə] *n REL* voto *m*
gelungen [gə'luŋən] *adj* acertado, conveniente, adecuado, idóneo
Gelüste [gə'lystə] *pl* deseos *m/pl*, antojos *m/pl*
gemächlich [gə'mɛːçlɪç] *adj* **1.** *(ruhig)* sosegado, tranquilo; **2.** *(bequem)* cómodo
Gemahl(in) [gə'maːl(ɪn)] *m/f* esposo/esposa *m/f*
Gemälde [gə'mɛːldə] *n* pintura *f*, cuadro *m*
gemäß [gə'mɛːs] *prep* conforme a, de acuerdo con
gemäßigt [gə'mɛːsɪçt] *adj* moderado, *(Klima)* templado
gemein [gə'maɪn] *adj* **1.** *(allgemein)* común, corriente, frecuente; **2.** *(böse)* malo, vil
Gemeinde [gə'maɪndə] *f* **1.** *(Gemeinschaft)* comunidad *f*; **2.** *POL* municipio *m*
Gemeinderat [gə'maɪndəraːt] *m POL* consejo municipal *m*
Gemeindesteuer [gə'maɪndəʃtɔyɐ] *f* impuestos municipales *m/pl*
gemeingefährlich [gə'maɪngəfɛːɐlɪç] *adj* que constituye un peligro público
Gemeingut [gə'maɪnguːt] *n* bien común *m*, bien público *m*
Gemeinheit [gə'maɪnhaɪt] *f* bajeza *f*, vileza *f*
Gemeinkosten [gə'maɪnkɔstən] *pl ECO* gastos generales *m/pl*
gemeinnützig [gə'maɪnnytsɪç] *adj* de interés común, de interés público
gemeinsam [gə'maɪnzaːm] *adj* **1.** común, colectivo; *adv* **2.** en común, juntos
Gemeinsamkeit [gə'maɪnzaːmkaɪt] *f* punto común *m*, similitud *f*
Gemeinschaft [gə'maɪnʃaft] *f* comunidad *f*, asociación *f*, agrupación *f*
Gemeinwesen [gə'maɪnveːzən] *n* Estado *m*
Gemeinwohl [gə'maɪnvoːl] *n* bien común *m*, interés público *m*
Gemetzel [gə'mɛtsəl] *n* carnicería *f*, matanza *f*, masacre *f*
Gemisch [gə'mɪʃ] *n* mezcla *f*
gemischt [gə'mɪʃt] *adj* **1.** mezclado, mixto; **2.** *(fig)* revuelto

Gemüse [gəˈmyːzə] *n* verdura *f*, legumbres *f/pl*
Gemüsegarten [gəˈmyːzəgartən] *m* huerto *m*, huerta *f*
gemustert [gəˈmustɐt] *adj* con dibujos
Gemüt [gəˈmyːt] *n* ánimo *m*, alma *f*; *sich etw zu ~e führen* tomarse algo a pecho; *ein sonniges ~ haben* ser un ingenuo; *aufs ~ schlagen* llegar al alma
gemütlich [gəˈmyːtlɪç] *adj* **1.** *(Person)* jovial, agradable, de fácil trato; **2.** *(Sache)* cómodo, confortable; *adv* **3.** a gusto, cómodamente
Gemütlichkeit [gəˈmyːtlɪçkaɪt] *f* comodidad *f*, confort *m*
gemütskrank [gəˈmyːtskraŋk] *adj* MED maníaco-depresivo
Gemütsruhe [gəˈmyːtsruːə] *f* tranquilidad de ánimo *f*, serenidad *f*
Gen [geːn] *n* BIO gen *m*
genau [gəˈnau] *adj* **1.** exacto, preciso, justo; *~ genommen* siendo exacto, en realidad; *adv* **2.** exactamente, con exactitud; *interj* **3.** exacto, justo
Genauigkeit [gəˈnauɪçkaɪt] *f* exactitud *f*, precisión *f*
genauso [gəˈnauzoː] *adv* del mismo modo, lo mismo; *Wir sind ~ weit wie vorher.* Estamos igual que antes.
genehmigen [gəˈneːmɪgən] *v* permitir, autorizar, aprobar; *sich einen ~* permitirse un trago
Genehmigung [gəˈneːmɪguŋ] *f* permiso *m*, autorización *f*, aprobación *f*
General [genəˈraːl] *m* MIL general *m*
Generalkonsulat [genəˈraːlkɔnzulaːt] *n* POL consulado general *m*
Generalprobe [genəˈraːlproːbə] *f* THEAT ensayo general *m*
Generation [genəraˈtsjoːn] *f* generación *f*
Generator [gɛnəˈraːtɔr] *m* TECH generador *m*
generell [gɛnəˈrɛl] *adj* **1.** general; *adv* **2.** generalmente, por lo general
Genesung [gəˈneːzuŋ] *f* convalecencia *f*
genetisch [gəˈneːtɪʃ] *adj* BIO genético
Genforschung [ˈgeːnfɔrʃuŋ] *f* genética *f*
genial [genˈjaːl] *adj* genial
Genick [gəˈnɪk] *n* ANAT nuca *f*, cerviz *f*; *sich das ~ brechen (fig)* arruinarse/fracasar
Genie [ʒeˈniː] *n* genio *m*
genieren [ʒeˈniːrən] *v sich ~* tener vergüenza de; *Ich geniere mich, mit dem Chef darüber zu sprechen.* Tengo reparos de hablar con el jefe sobre ello.
genießbar [gəˈniːsbaːɐ] *adj* comestible
genießen [gəˈniːsən] *v irr* **1.** *etw ~* gozar de algo; **2.** *(fig: etw erhalten)* recibir
Genitalien [geniˈtaːljən] *pl* ANAT genitales *m/pl*
Genom [gəˈnoːm] *n* BIO genoma *m*
genormt [gəˈnɔrmt] *adj* normalizado, estandarizado
Genosse [gəˈnɔsə] *m* **1.** compañero *m*; **2.** POL camarada *m/f*
Genossenschaft [gəˈnɔsənʃaft] *f* sociedad *f*, cooperativa *f*
Genossin [gəˈnɔsɪn] *f* compañera *f*
Gentechnologie [ˈgɛntɛçnologiː] *f* ingeniería genética *f*
genug [gəˈnuːk] *adv* suficiente, bastante
genügen [gəˈnyːgən] *v* ser suficiente, bastar
Genugtuung [gəˈnuːktuːuŋ] *f* satisfacción *f*
Genuss [gəˈnus] *m* gozo *m*, placer *m*; *in der ~ von etw kommen* coger el gusto a algo
genüsslich [gəˈnyslɪç] *adj* gozoso, voluptuoso
geöffnet [gəˈœfnət] *adj* abierto
Geograf(in) [geoˈgraːf(ɪn)] *m/f* geógrafo/geógrafa *m/f*
Geografie [geograˈfiː] *f* geografía *f*
Geologie [geoloˈgiː] *f* geología *f*
Geometrie [geomeˈtriː] *f* geometría *f*
geometrisch [geoˈmeːtrɪʃ] *adj* geométrico
Gepäck [gəˈpɛk] *n* equipaje *m*; *Wie viel kostet das Übergepäck?* ¿Cuánto cuesta el exceso de equipaje? *Ist das ~ schon auf dem Zimmer?* ¿Ya está el equipaje en la habitación?
Gepäckannahme [gəˈpɛkannaːmə] *f* depósito de equipajes *m*
Gepäckausgabe [gəˈpɛkausgaːbə] *f* entrega de equipajes *f*
Gepäckkontrolle [gəˈpɛkkɔntrɔlə] *f* control de equipajes *m*
Gepäckträger [gəˈpɛktrɛːgɐ] *m* maletero *m*

G

gepflegt [gə'pfle:kt] *adj* **1.** *(Person)* aseado, pulcro; *Du hast ein ~es Auftreten.* Estás hecho un anís. **2.** *(Sache)* bien cuidada; **3.** *(fig: Sprache)* selecto
Gepflogenheit [gə'pflo:gənhaɪt] *f* costumbre *f*
Geplauder [gə'plaudɐ] *n* charla *f,* plática *f*
gerade [gə'ra:də] *adj* **1.** derecho; **2.** *MATH* par; *adv* **3.** *(im Augenblick)* en este momento, ahorita *(LA)*
Gerade [gə'ra:də] *f MATH* recta *f*
geradeaus [gəra:də'aus] *adv* de frente, todo derecho
geradeso [gə'ra:dəzo:] *adv* lo mismo, igual
geradewegs [gə'ra:dəve:ks] *adv* directamente, todo derecho
geradezu [gə'ra:dətsu:] *adv* directamente, derecho
Gerät [gə'rɛ:t] *n* aparato *m,* utensilio *m*
geräumig [gə'rɔymɪç] *adj* espacioso
Geräusch [gə'rɔyʃ] *n* ruido *m*
geräuschlos [gə'rɔyʃlo:s] *adj* silencioso, sin ruido
gerecht [gə'rɛçt] *adj* justo
gerechtfertigt [gə'rɛçtfɛrtɪçt] *adj* justificado
Gerechtigkeit [gə'rɛçtɪçkaɪt] *f* justicia *f*
Gerede [gə're:də] *n* **1.** habladurías *f/pl,* cuentos *m/pl;* **2.** *(Gerücht)* rumores *m/pl;* **3.** *(fam: Klatsch)* chismes *m/pl; jdn ins ~ bringen* propagar chismes acerca de alguien; *ins ~ kommen* andar en lenguas
gereizt [gə'raɪtst] *adj* irritado, molesto
Gereiztheit [gə'raɪtsthaɪt] *f* irritación *f*
Gericht [gə'rɪçt] *n* **1.** *GAST* plato *m;* **2.** *JUR* tribunal *m,* audiencia *f,* corte *f (LA); mit jdm ins ~ gehen (fig)* echar un sermón a alguien
gerichtlich [gə'rɪçtlɪç] *adj* **1.** *JUR* judicial; *adv* **2.** *JUR* judicialmente
Gerichtsbarkeit [gə'rɪçtsba:ɐkaɪt] *f JUR* jurisdicción *f*
Gerichtsbeschluss [gə'rɪçtsbəʃlus] *m JUR* decisión judicial *f*
Gerichtshof [gə'rɪçtsho:f] *m JUR* tribunal de justicia *m,* corte de justicia *f*
Gerichtsmedizin [gə'rɪçtsmeditsi:n] *f JUR* medicina forense *f*
Gerichtsstand [gə'rɪçtsʃtant] *m JUR* jurisdicción competente *f,* fuero *m*
Gerichtsverfahren [gə'rɪçtsfɛɐfa:rən] *n JUR* procedimiento judicial *m*
Gerichtsverhandlung [gə'rɪçtsfɛɐhandluŋ] *f JUR* vista de una causa *f*
Gerichtsvollzieher [gə'rɪçtsfɔltsi:ɐ] *m JUR* agente ejecutivo *m,* alguacil *m (Spanien)*
gering [gə'rɪŋ] *adj* **1.** *(wenig)* poco, escaso; **2.** *(niedrig)* bajo; *kein Geringerer als* un hombre tan señalado como; **3.** *(kurz)* corto
geringfügig [gə'rɪŋfy:gɪç] *adj* **1.** insignificante; *adv* **2.** sin importancia
Geringfügigkeit [gə'rɪŋfy:gɪçkaɪt] *f* insignificancia *f*
Geringschätzung [gə'rɪŋʃɛtsuŋ] *f* desdén *m,* menosprecio *m*
gerinnen [gə'rɪnən] *v* coagular, coagularse
Gerippe [gə'rɪpə] *n ANAT* esqueleto *m*
gern [gɛrn] *adv* gustosamente, con mucho gusto, con agrado; *Der kann mich ~ haben. (fam)* ¡Que se vaya a paseo!
Geröll [gə'rœl] *n GEOL* guijarros *m/pl,* pedregullo *m (LA)*
Gerste ['gɛrstə] *f BOT* cebada *f*
Gerstenkorn ['gɛrstənkorn] *n MED* orzuelo *m*
Geruch [gə'rux] *m* olor *m*
geruchlos [gə'ruxlo:s] *adj* inodoro
Geruchssinn [gə'ruxzɪn] *m* sentido del olfato *m*
Gerücht [gə'ryçt] *n* rumor *m; Das ~ verbreitete sich wie ein Lauffeuer.* El rumor corrió como un reguero de pólvora. *zu ~en Anlass geben* dar que hablar
gerührt [gə'ry:ɐt] *adj (fig)* emocionado, conmovido
geruhsam [gə'ru:za:m] *adj* sosegado, tranquilo
Gerüst [gə'ryst] *n* **1.** *(Baugerüst)* andamio *m,* andamiaje *m;* **2.** *(fig)* estructura *f*
gesamt [gə'zamt] *adj* total, todo, completo, entero
Gesamtbetrag [gə'zamtbətra:k] *m* importe total *m*
Gesamtheit [gə'zamthaɪt] *f* totalidad *f,* conjunto *m*
Gesandte [gə'zantə] *m POL* ministro plenipotenciario *m,* embajador *m*

Gesang [gə'zaŋ] *m* canto *m*
gesättigt [gə'zɛtɪçt] *adj* **1.** *(satt)* saciado; **2.** CHEM saturado; **3.** ECO saturado
Geschäft [gə'ʃɛft] *n* **1.** *(Laden)* tienda *f*, comercio *m*; **2.** *(Handelsgeschäft)* ECO negocio *m*; *seine ~e machen* hacer su agosto; *ein ~ mit etw machen* hacer un negocio con algo; **3.** JUR arreglo *m*, acuerdo *m*
geschäftig [gə'ʃɛftɪç] *adj* **1.** activo, dinámico, diligente; *adv* **2.** con dinamismo, activamente
geschäftlich [gə'ʃɛftlɪç] *adj* **1.** de negocios, comercial; *adv* **2.** comercialmente, por asuntos de negocios
Geschäftsabschluss [gə'ʃɛftsapʃlus] *m* **1.** ECO conclusión de un negocio *f*, conclusión de una operación *f*; **2.** *(Bilanz)* ECO balance *m*, cierre de ejercicio *m*
Geschäftsbedingung [gə'ʃɛftsbədɪŋuŋ] *f* ECO condiciones de negocio *f/pl*
Geschäftsbericht [gə'ʃɛftsbərɪçt] *m* ECO memoria *f*
Geschäftsfähigkeit [gə'ʃɛftsfɛːɪçkaɪt] *f* JUR capacidad para contratar *f*
Geschäftsführer(in) [gə'ʃɛftsfyːrɐ(rɪn)] *m/f* ECO gerente *m/f*, administrador(a) *m/f*
Geschäftsjahr [gə'ʃɛftsjaːɐ] *n* ECO ejercicio *m*
Geschäftsleitung [gə'ʃɛftslaɪtuŋ] *f* ECO dirección *f*, gerencia *f*
Geschäftsmann [gə'ʃɛftsman] *m* ECO hombre de negocios *m*, comerciante *m*
Geschäftspartner(in) [gə'ʃɛftspartnɐ(rɪn)] *m/f* ECO socio/socia *m/f*
Geschäftsreise [gə'ʃɛftsraɪzə] *f* viaje de negocios *m*; *Rodrigo ist auf ~.* Rodrigo hace un viaje de negocios.
Geschäftsstelle [gə'ʃɛftsʃtɛlə] *f* oficina *f*, despacho *m*
geschäftstüchtig [gə'ʃɛftstyçtɪç] *adj* ducho en los negocios, hábil para el comercio
Geschäftszweig [gə'ʃɛftstsvaɪg] *m* ECO ramo comercial *m*, sector de actividad *m*
geschehen [gə'ʃeːən] *v irr* suceder, ocurrir, acontecer; *~ ist ~* a lo hecho pecho; *Es ist um ihn ~.* Está perdido./Está acabado.
Geschehen [gə'ʃeːən] *n* sucesos *m/pl*, acontecimientos *m/pl*
gescheit [gə'ʃaɪt] *adj* inteligente, listo; *Du bist wohl nicht recht ~!* ¡Tú no estás bien de la cabeza!
Geschenk [gə'ʃɛŋk] *n* regalo *m*, obsequio *m*, presente *m*; *ein ~ des Himmels* un regalo del cielo
Geschichte [gə'ʃɪçtə] *f* **1.** *(Vergangenheit)* historia *f*; *~ machen* pasar a la historia; **2.** *(Erzählung)* cuento *m*
Geschichtsschreibung [gə'ʃɪçtsʃraɪbuŋ] *f* historiografía *f*
Geschicklichkeit [gə'ʃɪklɪçkaɪt] *f* habilidad *f*, destreza *f*
geschickt [gə'ʃɪkt] *adj* hábil, diestro
geschieden [gə'ʃiːdən] *adj* divorciado
Geschirr [gə'ʃɪr] *n* vajilla *f*; *sich ins ~ legen* ponerse manos a la obra
Geschirrspülmaschine [gə'ʃɪrʃpyːlmaʃiːnə] *f* lavavajillas *m*
Geschlecht [gə'ʃlɛçt] *n* **1.** *(weiblich/männlich)* sexo *m*; **2.** *(Adelsgeschlecht)* linaje *m*, abolengo *m*, estirpe *f*
Geschlechtsorgan [gə'ʃlɛçtsɔrgaːn] *n* ANAT órgano sexual *m*
Geschlechtsverkehr [gə'ʃlɛçtsfɛɐkeːɐ] *m* relaciones sexuales *f/pl*
geschlossen [gə'ʃlɔsən] *adj* cerrado
Geschmack [gə'ʃmak] *m* **1.** *(von Speisen)* sabor *m*; **2.** *(Sinn für Schönes)* gusto *m*, estilo *m*, sensibilidad *f*; *~ an etw finden* tomar afición a algo/tomar el gusto a algo; *auf den ~ kommen* coger el gusto
geschmacklos [gə'ʃmakloːs] *adj* **1.** *(fade)* insípido, soso; **2.** *(fig: hässlich)* de mal gusto, feo; **3.** *(fig: taktlos)* falto de delicadeza, de mal gusto
Geschmacklosigkeit [gə'ʃmakloːzɪçkaɪt] *f* **1.** *(fig: Hässlichkeit)* mal gusto *m*, fealdad *f*; **2.** *(fig: Taktlosigkeit)* falta de delicadeza *f*
geschmackvoll [gə'ʃmakfɔl] *adj (fig)* de buen gusto, de gusto exquisito
Geschmier [gə'ʃmiːɐ] *n* embadurnamiento *m*
Geschöpf [gə'ʃœpf] *n* criatura *f*
Geschrei [gə'ʃraɪ] *n* gritos *m/pl*, gritería *f*
Geschütz [gə'ʃyts] *n* MIL cañón *m*; *schweres ~ auffahren (fig)* sacar toda la artillería pesada

G

geschützt [gəˈʃytst] *adj* **1.** protegido; **2.** *gesetzlich ~* JUR patentado, registrado legalmente
Geschwafel [gəˈʃvaːfəl] *n (fam)* palabrería *f*, verborragia *f*
geschwätzig [gəˈʃvɛtsɪç] *adj* hablador
geschweige [gəˈʃvaɪgə] *konj ~ denn* ni mucho menos, menos aún, por no hablar de; *Er hat kein Geld für ein gebrauchtes Auto, ~ denn für ein neues.* No tiene dinero para un coche usado, menos aún para un nuevo.
geschwind [gəˈʃvɪnt] *adj* **1.** rápido, veloz; *adv* **2.** rápidamente, de prisa
Geschwindigkeit [gəˈʃvɪndɪçkaɪt] *f* velocidad *f*
Geschwister [gəˈʃvɪstɐ] *pl* hermanos *m/pl*
geschwollen [gəˈʃvɔlən] *adj* inflado
Geschworene(r) [gəˈʃvoːrənə(-ɐ)] *m/f* JUR jurado/jurada *m/f*
Geschwür [gəˈʃvyːɐ] *n* MED úlcera *f*
Geselle [gəˈzɛlə] *m* oficial *m*
gesellig [gəˈzɛlɪç] *adj* **1.** *(Person)* sociable, comunicativo; **2.** *~es Beisammensein* una velada amena *f*; *das ~e Leben* la vida social *f*
Gesellschaft [gəˈzɛlʃaft] *f* **1.** sociedad *f*; **2.** *(Begleitung)* compañía *f*; *jdm ~ leisten* hacer compañía a alguien; *Da befindest du dich in guter ~!* ¡Sé bienvenido al club! **3.** ECO sociedad *f*, compañía *f*
gesellschaftlich [gəˈzɛlʃaftlɪç] *adj* social
Gesetz [gəˈzɛts] *n* ley *f*
Gesetzbuch [gəˈzɛtsbuːx] *n* **1.** JUR código *m*; **2.** *bürgerliches ~* JUR código civil *m*; **3.** *Strafgesetzbuch* JUR código penal *m*
Gesetzentwurf [gəˈzɛtsɛntvurf] *m* POL proyecto de ley *m*
Gesetzesänderung [gəˈzɛtsəsɛndəruŋ] *f* POL enmienda de la ley *f*, modificación de la ley *f*
gesetzgebend [gəˈzɛtsgeːbənt] *adj* POL legislativo
Gesetzgeber(in) [gəˈzɛtsgeːbɐ(rɪn)] *m/f* POL legislador(a) *m/f*
Gesetzgebung [gəˈzɛtsgeːbuŋ] *f* POL legislación *f*
gesetzlich [gəˈzɛtslɪç] *adj* **1.** legal, de ley; *adv* **2.** legalmente
gesetzlos [gəˈzɛtsloːs] *adj* ilegal
gesetzmäßig [gəˈzɛtsmɛːsɪç] *adj* **1.** legal, conforme a la ley; *adv* **2.** con conformidad a la ley
gesetzwidrig [gəˈzɛtsviːdrɪç] *adj* ilegal, contrario a la ley
Gesicht [gəˈzɪçt] *n* cara *f*, faz *f*, rostro *m*; *ein langes ~ machen* poner cara larga; *den Tatsachen ins ~ sehen* afrontar la realidad; *jdm nicht ins ~ sehen können* no poder mirar a alguien a la cara; *das ~ verlieren* caérsele la cara de vergüenza/perder su reputación; *sein wahres ~ zeigen* quitarse la máscara/mostrar su verdadero yo; *jdm im ~ geschrieben stehen* llevarlo escrito en la frente/vérselo en la cara; *jdm etw ins ~ sagen* echar algo en cara a alguien; *sein ~ wahren* guardar su reputación; *jdm wie aus dem ~ geschnitten sein* ser el vivo retrato de alguien
Gesichtsausdruck [gəˈzɪçtsausdruk] *m* expresión facial *f*
Gesichtspunkt [gəˈzɪçtspuŋkt] *m* punto de vista *m*
Gesindel [gəˈzɪndəl] *n* chusma *f*, gentuza *f*
Gesinnung [gəˈzɪnuŋ] *f* sentimientos *m/pl*; *Seine politische ~ wechseln.* Cambiar de chaqueta. *(fam)*
Gespann [gəˈʃpan] *n* **1.** *(Pferdegespann)* tiro *m*, tronco *m*; **2.** *(fig)* pareja *f*
gespannt [gəˈʃpant] *adj* **1.** tenso, tirante; **2.** *(fig: Beziehung)* tirante; **3.** *(fig: erwartungsvoll)* ansioso
Gespenst [gəˈʃpɛnst] *n* fantasma *m*; *~er sehen* tener alucinaciones/ver fantasmas
gesperrt [gəˈʃpɛrt] *adj* **1.** *(verboten)* prohibido el paso, cerrado; **2.** *(Konto)* ECO bloqueada
Gespött [gəˈʃpœt] *n* ironía *f*, sarcasmo *m*, burla *f*; *jdm zum ~ machen* poner en ridículo a alguien; *zum ~ werden* servir de escarnio/convertirse en el hazmerreír
Gespräch [gəˈʃprɛːç] *n* **1.** *(Unterhaltung)* conversación *f*; **2.** *(Unterredung)* conferencia *f*; *im ~ sein* estar en boca de todos; **3.** *(Dialog)* diálogo *m*; *mit jdm im ~ bleiben* mantener el contacto con alguien

Gesprächspartner(in) [gə'ʃprɛːçs-partnɐ(rɪn)] *m/f* interlocutor(a) *m/f*
gesprungen [gə'ʃprʊŋən] *adj* saltado, desportillado
Gespür [gə'ʃpyːɐ] *n* olfato *m*, sentimiento *m*, sentido *m*
Gestalt [gə'ʃtalt] *f* **1.** *(Figur)* figura *f*, forma *f*; **2.** *(Aussehen)* aspecto físico *m*; **3.** *in ~ von* en forma de; *in ~ des Teufels* el diablo en persona
gestalten [gə'ʃtaltən] *v* **1.** *(formen)* formar, hacer, moldear; **2.** *(verwirklichen)* realizar, ejecutar; **3.** *(einrichten)* decorar artísticamente
Gestaltung [gə'ʃtaltʊŋ] *f* **1.** *(Formgebung)* delineación *f*; **2.** *(Verwirklichung)* realización *f*; **3.** *(Einrichtung)* decoración *f*
geständig [gə'ʃtɛndɪç] *adj* *JUR* confeso; *überführt und ~* convicto y confeso
Geständnis [gə'ʃtɛntnɪs] *n* *JUR* confesión *f*
Gestank [gə'ʃtaŋk] *m* hedor *m*, mal olor *m*, fetidez *f*, pestilencia *f*
gestatten [gə'ʃtatən] *v* permitir, autorizar; *Gestatten Sie?* ¿Me permite usted?
Geste ['gɛstə] *f* gesto *m*, ademán *m*
gestehen [gə'ʃteːən] *v irr* confesar, declarar, reconocer
Gestein [gə'ʃtaɪn] *n* roca *f*
Gestell [gə'ʃtɛl] *n* soporte *m*, marco *m*
gestern ['gɛstɐn] *adv* ayer; *~ Abend* ayer por la noche; *nicht von ~ sein* no ser de ayer *(fig)*
gestikulieren [gɛstɪku'liːrən] *v* gesticular, hacer gestos
Gestirn [gə'ʃtɪrn] *n* *ASTR* astro *m*
Gestrüpp [gə'ʃtryp] *n* *BOT* matorral *m*, maleza *f*
Gestüt [gə'ʃtyːt] *n* acaballadero *m*
Gesuch [gə'zuːx] *n* solicitud *f*, petición *f*, instancia *f*
gesund [gə'zʊnt] *adj* **1.** *(Person)* sano, bien de salud; **2.** *(Nahrungsmittel)* saludable, bueno para la salud
Gesundheit [gə'zʊnthaɪt] *f* salud *f*
Gesundheitszustand [gə'zʊnthaɪts-tsuʃtant] *m* estado de salud *m*
Getränk [gə'trɛŋk] *n* bebida *f*
Getreide [gə'traɪdə] *n* *AGR* cereales *m/pl*
getrennt [gə'trɛnt] *adj* separado
Getriebe [gə'triːbə] *n* **1.** *(fig)* agitación *f*, movimiento *m*, animación *f*; **2.** *TECH* engranaje *m*, mecanismo *m*, caja de cambios *f*; *Aus dem ~ tropft ein wenig Öl.* Gotea un poco de aceite de la caja de cambios.
Gewächs [gə'vɛks] *n* **1.** *BOT* planta *f*, vegetal *m*; **2.** *(Auswuchs)* *MED* excrecencia *f*, vegetación *f*
gewachsen [gə'vaksən] *adj* *jdm ~ sein* *(fig)* poder competir con alguien
Gewächshaus [gə'vɛkshaus] *n* invernadero *m*
gewagt [gə'vaːkt] *adj* osado, atrevido, arriesgado
gewählt [gə'vɛːlt] *adj* escogido, selecto, elegido
Gewähr [gə'vɛːɐ] *f* garantía *f*, caución *f*, fianza *f*
gewähren [gə'vɛːrən] *v* conceder, otorgar
gewährleisten [gə'vɛːɐlaɪstən] *v* garantizar, asegurar
Gewahrsam [gə'vaːrzaːm] *m* custodia *f*, depósito *m*; *jdn in ~ nehmen* detener a alguien
Gewalt [gə'valt] *f* **1.** violencia *f*; *mit aller ~* a toda costa; **2.** *(Macht)* poder *m*; *höhere ~* fuerza mayor; *sich in der ~ haben* dominarse
Gewaltenteilung [gə'valtəntaɪlʊŋ] *f* *POL* separación de poderes *f*, división de poderes *f*
gewaltig [gə'valtɪç] *adj* **1.** poderoso; *adv* **2.** de forma impresionante
gewaltsam [gə'valtzaːm] *adj* **1.** violento; *adv* **2.** violentamente, a la fuerza
gewandt [gə'vant] *adj* ágil, ligero, desenvuelto; *~es Auftreten* una postura desenvuelta
Gewässer [gə'vɛsɐ] *n* aguas *f/pl*
Gewebe [gə'veːbə] *n* **1.** *(Stoff)* tela *f*; **2.** *BIO* tejido *m*
Gewehr [gə'veːɐ] *n* fusil *m*; *~ bei Fuß stehen (fig)* descansar armas
Geweih [gə'vaɪ] *n* cornamenta *f*, cuernos *m/pl*
Gewerbe [gə'vɛrbə] *n* *ECO* actividad industrial *f*, actividad comercial *f*
Gewerbesteuer [gə'vɛrbəʃtɔyɐ] *f* *ECO* impuesto industrial *m*
gewerblich [gə'vɛrblɪç] *adj* *ECO* comercial, industrial, profesional

G

G

Gewerkschaft [gə'vɛrkʃaft] *f* sindicato *m*
Gewerkschaftler(in) [gə'vɛrkʃaftlɐ(rɪn)] *m/f* sindicalista *m/f*
gewerkschaftlich [gə'vɛrkʃaftlɪç] *adj* sindicalista
Gewicht [gə'vɪçt] *n* **1.** peso *m; ins ~ fallen* tener importancia; *auf etw ~ legen* dar importancia a algo; **2.** *(fig: Wichtigkeit)* importancia *f*
gewillt [gə'vɪlt] *adj ~ sein* estar dispuesto a, tener la intención de
Gewinde [gə'vɪndə] *n* **1.** *(Blumengewinde)* guirnalda *f;* **2.** *(Schraubengewinde)* TECH rosca *f*
Gewinn [gə'vɪn] *m* **1.** *(Spiel)* premio *m; ~ bringend* beneficioso, lucrativo, remunerativo; **2.** *(fig: Nutzen)* ventaja *f,* provecho *m;* **3.** ECO beneficio *m,* ganancia *f*
Gewinnausschüttung [gə'vɪnausʃytuŋ] *f* ECO reparto de beneficios *m*
Gewinnbeteiligung [gə'vɪnbətaɪlɪguŋ] *f* ECO participación en los beneficios *f,* participación en las utilidades *f*
gewinnen [gə'vɪnən] *v irr* **1.** *(verdienen)* ganar; **2.** *(siegen)* vencer, derrotar; **3.** *(fig: profitieren)* aprovechar, utilizar; **4.** *(fördern)* MIN extraer
Gewinner(in) [gə'vɪnɐ(rɪn)] *m/f* ganador(a) *m/f,* vencedor(a) *m/f*
Gewinnzahl [gə'vɪntsaːl] *f* número premiado *m*
Gewirr [gə'vɪr] *n* **1.** *(Durcheinander)* confusión *f;* enredo *m,* barullo *m;* **2.** *(Straßengewirr)* laberinto *m*
gewiss [gə'vɪs] *adj* **1.** cierto, seguro; *das ~e Etwas haben* tener un no sé qué; *adv* **2.** por cierto, seguramente
Gewissen [gə'vɪsən] *n* conciencia *f; jdm ins ~ reden* apelar a la conciencia de alguien; *ein gutes ~ haben* tener la conciencia tranquila; *etw auf dem ~ haben* tener algo sobre la conciencia/tener remordimientos de conciencia; *jdn auf dem ~ haben* ser culpable de la muerte de alguien
gewissenhaft [gə'vɪsənhaft] *adj* concienzudo, escrupuloso
Gewissenhaftigkeit [gə'vɪsənhaftɪçkaɪt] *f* escrupulosidad *f,* esmero *m*
gewissenlos [gə'vɪsənloːs] *adj* sin conciencia, sin escrúpulos
Gewissensbisse [gə'vɪsənsbɪsə] *pl* remordimientos *m/pl; Hast du keine ~?* ¿No te remuerde la conciencia?
Gewissensfrage [gə'vɪsənsfraːgə] *f* caso de conciencia *m*
Gewissenskonflikt [gə'vɪsənskɔnflɪkt] *m* conflicto de conciencia *m*
gewissermaßen [gə'vɪsɐmaːsən] *adv* en cierto modo, hasta cierto punto
Gewissheit [gə'vɪshaɪt] *f* certeza *f,* seguridad *f,* certidumbre *f*
Gewitter [gə'vɪtɐ] *n* tormenta *f*
Gewitterschauer [gə'vɪtɐʃauɐ] *m* aguacero tormentoso *m,* chubasco *m*
Gewitterstimmung [gə'vɪtɐʃtɪmuŋ] *f* **1.** amenaza de tormenta *f;* **2.** *(fig)* ambiente cargado *m*
gewöhnen [gə'vøːnən] *v* **1.** *sich ~* acostumbrarse, habituarse; **2.** *jdn an etw ~* habituar a alguien a algo
Gewohnheit [gə'voːnhaɪt] *f* hábito *m,* costumbre *f*
gewohnheitsmäßig [gə'voːnhaɪtsmɛsɪç] *adj* **1.** habitual, acostumbrado; *adv* **2.** habitualmente, de costumbre
Gewohnheitsrecht [gə'voːnhaɪtsrɛçt] *n* JUR derecho consuetudinario *m*
gewöhnlich [gə'vøːnlɪç] *adj* **1.** *(gebräuchlich)* usual, de uso corriente; **2.** *(normal)* normal; **3.** *(unfein)* ordinario, vulgar, bajo; *adv* **4.** *(üblicherweise)* acostumbradamente, por costumbre; **5.** *(unfein)* vulgarmente
gewohnt [gə'voːnt] *adj etw ~ sein* estar habituado a algo, estar acostumbrado a algo
Gewöhnung [gə'vøːnuŋ] *f* habituación *f*
Gewölbe [gə'vœlbə] *n* bóveda *f*
Gewürze [gə'vyrtsə] *pl* especias *f/pl,* condimento *m*
gezackt [gə'tsakt] *adj* dentado, dentellado
Gezanke [gə'tsaŋkə] *n* altercado *m,* disputa *f*
Gezeiten [gə'tsaɪtən] *pl* marea *f*
gezielt [gə'tsiːlt] *adj* **1.** bien calculado, intencionado; *adv* **2.** con puntería
geziert [gə'tsiːɐt] *adj (fig)* remilgado, melindroso
Gezwitscher [gə'tsvɪtʃɐ] *n* gorjeo *m*
gezwungenermaßen [gə'tsvuŋənɐmaːsən] *adv* forzosamente, a la fuerza

Gicht [gɪçt] *f MED* gota *f*
Giebel ['giːbəl] *m* frontón *m*, frontispicio *m*
Gier [giːɐ] *f* avidez *f*, afán *m*
gierig ['giːrɪç] *adj* **1.** *~ nach* ávido de; *adv* **2.** con avidez
gießen ['giːsən] *v irr* **1.** *(einschenken)* verter, echar en; **2.** *(Blumen)* regar; **3.** *in Strömen ~* llover a cántaros/caer chuzos de punta; **4.** *(schmelzen) TECH* fundir
Gießerei [giːsɐ'raɪ] *f TECH* fundición *f*
Gießkanne ['giːskanə] *f* regadera *f*
Gift [gɪft] *n* veneno *m*; *~ für jdn sein* ser veneno para alguien; *~ und Galle spucken* echar sapos y culebras; *Darauf kannst du ~ nehmen!* ¡Lo juro por todos los Santos!
Giftgas ['gɪftgaːs] *n CHEM* gas tóxico *m*
giftig ['gɪftɪç] *adj* venenoso, tóxico
Giftmüll ['gɪftmyl] *m* residuos tóxicos *m/pl*
Giftstoffe ['gɪftʃtɔfə] *pl* sustancia tóxica *f*
gigantisch [gɪ'gantɪʃ] *adj* gigantesco
Gin [dʒɪn] *m* ginebra *f*
Ginster ['gɪnstɐ] *m BOT* retama *f*
Gipfel ['gɪpfəl] *m* **1.** *(fig: Höhepunkt)* apogeo *m*, cúspide *f*, culminación *f*, cumbre *f*; **2.** *GEO* cima *f*, cumbre *f*; **3.** *POL* cumbre *f*
Gips ['gɪps] *m MIN* yeso *m*
Giraffe [gi'rafə] *f ZOOL* jirafa *f*
Girlande [gɪr'landə] *f* guirnalda *f*
Giro ['ʒiːro] *n FIN* transferencia *f*, giro *m*
Girokonto ['ʒiːrokɔnto] *n FIN* cuenta corriente *f*, cuenta de giros *f*
Gitarre [gi'tarə] *f MUS* guitarra *f*
Gitter ['gɪtɐ] *n* reja *f*, verja *f*; *hinter ~n sitzen (fig)* estar entre rejas; *jdn hinter ~ bringen* meter a alguien en chirona
Glanz [glants] *m* brillo *m*, brillantez *f*, resplandor *m*; *mit ~ und Gloria* magníficamente
glänzen ['glɛntsən] *v* brillar, resplandecer
glänzend ['glɛntsənt] *adj* **1.** brillante, respladenciente; *adv* **2.** brillantemente
Glanzzeit ['glantstsaɪt] *f* época brillante *f*, apogeo *m*
Glas [glaːs] *n* **1.** *(Material)* vidrio *m*, cristal *m*; **2.** *(Trinkglas)* vaso *m*, copa *f*; *zu tief ins ~ schauen* darle mucho al frasco *(fam)*; *ein ~ über den Durst trinken* beber más de la cuenta/empinar el codo *(fam)*
gläsern ['glɛːzɐn] *adj* de vidrio, de cristal, vítreo
Glasfaser ['glaːsfaːzɐ] *f* fibra de vidrio *f*
Glasflasche ['glaːsflaʃə] *f* botella de vidrio *f*, frasco *m*
glasieren [gla'ziːrən] *v* **1.** *GAST* glasear; **2.** *TECH* vidriar, vitrificar
glasig ['glaːzɪç] *adj* vidrioso
glasklar ['glaːsklaːɐ] *adj* claro como el cristal, transparente
Glasscheibe ['glaːsʃaɪbə] *f* cristal *m*, vidrio *m*
Glasur [gla'zuːɐ] *f* **1.** *GAST* glaseado *m*; **2.** *TECH* vidriado *m*
glatt [glat] *adj* **1.** *(faltenlos)* liso; **2.** *(rutschig)* resbaladizo; **3.** *(fig: mühelos)* fácil, sencillo; **4.** *(fig: heuchlerisch)* hipócrita, meloso; **5.** *(fig: eindeutig)* claro
Glätte ['glɛtə] *f (Schneeglätte)* nieve resbaladiza *f*
Glatteis ['glataɪs] *n* hielo resbaladizo *m*; *jdn aufs ~ führen* engañar a alguien
glätten ['glɛtən] *v* **1.** *(glattmachen)* alisar, aplanar; **2.** *(fig: beruhigen)* tranquilizar, calmar
Glatze ['glatsə] *f* calva *f*
glatzköpfig ['glatskœpfɪç] *adj* calvo
Glaube ['glaubə] *m ~ an REL* fe en *f*, creencia en *f*; *in gutem ~n* con toda la buena fe
glauben ['glaubən] *v* creer; *jdm ~* creer a alguien; *Es fällt mir schwer, das zu ~.* Me cuesta trabajo creerlo. *jdn etw ~ machen* pretender convencer a alguien de algo; *Das ist doch nicht zu ~!* ¡Pero, habrase visto!
Glaubensbekenntnis ['glaubənsbəkɛntnɪs] *n REL* credo *m*, confesión *f*
Glaubensgemeinschaft ['glaubənsgəmaɪnʃaft] *f REL* comunidad religiosa *f*
glaubhaft ['glauphaft] *adj* creíble, digno de fe
Glaubhaftigkeit ['glauphaftɪçkaɪt] *f* credibilidad *f*
gläubig ['glɔybɪç] *adj REL* creyente, fiel
Gläubige(r) ['glɔybɪgə(-ɐ)] *m/f REL* creyente *m/f*, fiel *m/f*

G

Gläubiger(in) ['glɔybɪgɐ(rɪn)] *m ECO* acreedor(a) *m/f*
glaubwürdig ['glaupvyrdɪç] *adj* digno de crédito
Glaubwürdigkeit ['glaupvyrdɪçkaɪt] *f* credibilidad *f*
gleich [glaɪç] *adj* **1.** igual; *Immer die ~e Leier.* Siempre la misma canción. *Gleich und Gleich gesellt sich gern.* Dios los crea y ellos se juntan. *aufs Gleiche hinauslaufen* venir a ser lo mismo; *Gleiches mit Gleichem vergelten* pagar con la misma moneda; *~ bleibend* invariable, estable, constante; *~ gesinnt* de las mismas ideas, de la misma opinión; *adv* **2.** igualmente; **3.** *(sofort)* inmediatamente, en seguida
gleichberechtigt ['glaɪçbərɛçtɪçt] *adj* con los mismos derechos, con igualdad de derechos
Gleichberechtigung ['glaɪçbərɛçtɪguŋ] *f* igualdad de derechos *f*
gleichen ['glaɪçən] *v irr jdm ~* igualarse a alguien, asemejarse a alguien, parecerse a
gleichfalls ['glaɪçfals] *adv* igualmente, de igual manera; *Danke, ~!* ¡Gracias, igualmente!
gleichgestellt ['glaɪçgəʃtɛlt] *adj* equiparado, al mismo nivel que
Gleichgewicht ['glaɪçgəvɪçt] *n* equilibrio *m; jdn aus dem ~ bringen* sacar de quicio a alguien
Gleichgewichtsstörung ['glaɪçgəvɪçtsʃtøːruŋ] *f MED* perturbación del equilibrio *f*
gleichgültig ['glaɪçgyltɪç] *adj* **1.** indiferente; *adv* **2.** con indiferencia; *~ sein* como quien oye llover
Gleichgültigkeit ['glaɪçgyltɪçkaɪt] *f* indiferencia *f*
gleichmäßig ['glaɪçmɛːsɪç] *adj* uniforme, simétrico
Gleichmut ['glaɪçmuːt] *m* impasibilidad *f*, ecuanimidad *f*
gleichnamig ['glaɪçnaːmɪç] *adj* del mismo nombre, del mismo apellido
Gleichnis ['glaɪçnɪs] *n* símil *m*, apólogo *m*, semejanza *f*
gleichrangig ['glaɪçraŋɪç] *adj* de la misma categoría
Gleichstellung ['glaɪçʃtɛluŋ] *f* equiparación *f*, igualación *f*
Gleichstrom ['glaɪçʃtroːm] *m TECH* corriente continua *f*
Gleichung ['glaɪçuŋ] *f MATH* ecuación *f*
gleichzeitig ['glaɪçtsaɪtɪç] *adj* **1.** simultáneo; *adv* **2.** al mismo tiempo, simultáneamente
Gleis [glaɪs] *n (Schiene)* raíl *m; ~ 19* vía 19/andén 19; *jdn aus dem ~ werfen (fig)* trastornar profundamente a alguien; *etw ins rechte ~ bringen* poner en orden algo
gleiten ['glaɪtən] *v irr* deslizarse, resbalarse
gleitend ['glaɪtənt] *adj* movible
Gleitzeit ['glaɪttsaɪt] *f* jornada flexible *f*
Gletscher ['glɛtʃɐ] *m* glaciar *m*, helero *m*
Glied [gliːt] *n* **1.** *(Bestandteil)* elemento *m*, parte *f; in den ~ern stecken* llevar metido en el cuerpo; *jdm in die ~er fahren* impresionar a alguien; **2.** *(Kettenglied)* eslabón *m;* **3.** *(Mitglied)* miembro *m;* **4.** *(Körperteil)* miembro *m*
gliedern ['gliːdɐn] *v* **1.** *(aufteilen)* repartir, distribuir; **2.** *(anordnen)* disponer, ordenar, determinar
Gliederung ['gliːdəruŋ] *f* **1.** *(Aufbau)* estructuración *f;* **2.** *(Anordnung)* disposición *f*, determinación *f*
glimpflich ['glɪmpflɪç] *adj* **1.** indulgente; *adv* **2.** con indulgencia
glitschig ['glɪtʃɪç] *adj (fam)* resbaladizo
glitzern ['glɪtsɐn] *v* destellar, centellear
global [glo'baːl] *adj* **1.** global, total; *adv* **2.** globalmente, totalmente
Globus [gloːbus] *m* globo *m*
Glocke ['glɔkə] *f* campana *f; etw an die große ~ hängen* pregonar un asunto más de lo necesario
glockenhell ['glɔkənhɛl] *adj* argentino
Glockenspiel ['glɔkənʃpiːl] *n* carillón *m*
Glockenturm ['glɔkənturm] *m* campanario *m*
glorreich ['gloːɐraɪç] *adj* **1.** *(ruhmreich)* glorioso, famoso, ilustre; **2.** *(glanzvoll)* brillante, estupendo, magnífico
Glossar [glɔ'saːɐ] *n* glosario *m*
Glosse ['glɔsə] *f (Zeitungsglosse)* glosa *f*, comentario *m*
Glück [glyk] *n* **1.** suerte *f*, fortuna *f; sein ~ versuchen* probar fortuna; *mehr*

~ als Verstand más suerte que cordura; *auf gut ~* al azar/al tuntún *(fam); noch nichts von seinem ~ wissen* no saber lo que le espera a uno; **2.** *(Glücklichsein)* felicidad *f,* dicha *f*

glücklich ['glyklɪç] *adj* **1.** afortunado; **2.** *~ sein* ser feliz, estar feliz, ser dichoso; *adv* **3.** felizmente

glücklicherweise [glyklɪçɐ'vaɪzə] *adv* afortunadamente, por fortuna

Glücksbringer ['glyksbrɪŋɐ] *m* portafortuna *m,* amuleto *m*

glückselig [glyk'zeːlɪç] *adj* muy feliz, felicísimo

Glücksfall ['glyksfal] *m* suerte *f,* golpe de fortuna *m*

Glücksgefühl ['glyksgəfyːl] *n* sentimiento de felicidad *m*

Glückskind ['glykskɪnt] *n* hombre afortunado *m; ein ~ sein* haber nacido con buena estrella

Glückssache ['glykszaxə] *f* cuestión de suerte *f*

Glücksspiel ['glyksʃpiːl] *n* juego de azar *m*

Glückwunsch ['glykvunʃ] *m* felicitación *f,* enhorabuena *f; Herzlichen ~ zum Geburtstag!* ¡Todo lo mejor por tu cumpleaños! *Herzlichen ~!* ¡Mi más cordial enhorabuena!

Glückwunschkarte ['glykvunʃkartə] *f* tarjeta de felicitación *f*

Glühbirne ['glyːbɪrnə] *f* bombilla *f,* foco *m (LA),* bombillo *m (LA)*

glühen ['glyːən] *v* estar incandescente, estar candente

glühend ['glyːənt] *adj* **1.** ardiente, incandescente, candente; *adv* **2.** ardientemente, con ardor

Glühwürmchen ['glyːvyrmçən] *n* ZOOL luciérnaga *f*

Glukose [glu'koːzə] *f* CHEM glucosa *f*

Glut [gluːt] *f* **1.** *(des Feuers)* fuego *m,* brazas *f/pl,* hoguera *f;* **2.** *(Gluthitze)* calor *m;* **3.** *(fig)* ardor *m,* pasión *f*

Gluten [glu'teːn] *n* BIO gluten *m*

Gnade ['gnaːdə] *f* **1.** *(Nachsicht)* indulgencia *f,* comprensión *f; ~ vor Recht ergehen lassen* optar por la clemencia; **2.** JUR indulto *m,* medida de gracia *f;* **3.** REL gracia *f,* misericordia *f*

gnadenlos ['gnaːdənloːs] *adj* **1.** sin misericordia, sin piedad; *adv* **2.** sin misericordia

gnädig ['gnɛːdɪç] *adj* **1.** *(nachsichtig)* indulgente, comprensivo; **2.** REL lleno de gracia; *Gott sei uns ~!* ¡Dios nos libre! *adv* **3.** *(wohl wollend)* benévolamente, con benevolencia; **4.** REL benévolamente, misericordiosamente

Gold [gɔlt] *n* oro *m; Das ist ~ wert.* Eso vale un imperio. *~ wert sein* pagarse en oro

golden ['gɔldən] *adj* de oro

Goldfisch ['gɔltfɪʃ] *m* ZOOL pez dorado *m*

Goldgrube ['gɔltgruːbə] *f (fig)* filón *m,* fuente de riquezas *f*

goldig ['gɔldɪç] *adj* **1.** delicioso, encantador; *adv* **2.** con encanto

Goldmedaille ['gɔltmedaljə] *f* medalla de oro *f*

Goldschmied ['gɔltʃmiːt] *m* orfebre *m*

Golf[1] [gɔlf] *m* GEO golfo *m*

Golf[2] [gɔlf] *n* SPORT golf *m*

Golfschläger ['gɔlfʃlɛːgɐ] *m* SPORT palo de golf *m*

Golfstaat ['gɔlfʃtaːt] *m* POL país del Golfo *m*

Gondel ['gɔndəl] *f* góndola *f*

gönnen ['gœnən] *v* **1.** *sich etw ~* permitirse algo, darse un gusto con algo; **2.** *jdm etw ~* no envidiar algo a alguien, desearle a alguien algo bueno

gönnerhaft ['gœnɐhaft] *adj* **1.** altanero, arrogante, soberbio; *adv* **2.** altaneramente

googeln ['gugəln] *v* googlear

Gosse ['gɔsə] *f* **1.** acequia *f,* arroyo *m,* alcantarilla *f,* albañal *m;* **2.** *(fig)* cloaca *f,* albañal *m,* arroyo *m; in der ~ enden* acabar en la calle; *jdn aus der ~ auflesen* recoger de la calle a alguien

Gott [gɔt] *m* REL Dios *m; Um ~es Willen!* ¡Por el amor de Dios! *wie ein junger ~* como un santo; *von allen Göttern verlassen sein* haber sido abandonado por todos los dioses/haber sido dejado de la mano de Dios; *den lieben ~ einen frommen Mann sein lassen* dejarlo todo de la mano de Dios; *leider ~es* desgraciadamente; *In ~es Namen!* ¡En el nombre de Dios! *Bei ~!* ¡Por Dios! *~ bewahre!* ¡Que Dios te perdone! *~ und die Welt* todo el mundo

Gottesdienst ['gɔtəsdi:nst] *m REL* oficio divino *m,* misa *f; Wann findet ein ~ statt?* ¿A qué hora es la misa?
gottesfürchtig ['gɔtəsfyrçtɪç] *adj REL* temeroso de Dios
Gottesgabe ['gɔtəsga:bə] *f* don divino *m*
Gotteslästerung ['gɔtəslɛstərʊŋ] *f REL* blasfemia *f,* sacrilegio *m*
göttlich ['gœtlɪç] *adj* **1.** *(köstlich)* delicioso; **2.** *REL* divino
gottlob [gɔt'lo:p] *interj* gracias a Dios, alabado sea Dios

G

gottlos ['gɔtlo:s] *adj* **1.** ateo, impío; *adv* **2.** sin piedad, con maldad
Götze ['gœtsə] *m* ídolo *m,* fetiche *m*
Grab [gra:p] *n* tumba *f,* fosa *f,* sepulcro *m; sich sein eigenes ~ schaufeln* cavarse su propia tumba *(fig); jdn ins ~ bringen* llevar a alguien a la tumba; *etw mit ins ~ nehmen* llevarse algo hasta la tumba; *sich im ~ umdrehen* levantar la cabeza
graben ['gra:bən] *v irr* cavar, perforar
Graben ['gra:bən] *m* foso *m,* zanja *f*
Grabstein ['gra:pʃtaɪn] *m* lápida *f,* piedra sepulcral *f*
Grad [gra:t] *m* **1.** *(Maßeinheit)* grado *m; sich um hundertachtzig ~ drehen* cambiar de opinión radicalmente; **2.** *(Abstufung)* matiz *m,* graduación *f*
graduell [gradu'ɛl] *adj* **1.** gradual; *adv* **2.** gradualmente
Graf [gra:f] *m* conde *m*
Graffiti [gra'fɪti] *pl* pintadas *f/pl,* grafiti *m*
Grafik ['gra:fik] *f* gráfico *m*
Grafiker(in) ['gra:fikɐ(rɪn)] *m/f* dibujante publicitario *m,* grafista *m*
Gräfin ['grɛfɪn] *f* condesa *f*
grafisch ['gra:fɪʃ] *adj* gráfico
Gram [gra:m] *f* pena *f,* pesar *m,* aflicción *f*
grämen ['grɛ:mən] *v sich ~* afligirse
Gramm [gram] *n* gramo *m*
Grammatik [gra'matɪk] *f* gramática *f*
grammatisch [gra'matɪʃ] *adj* gramatical
Granate [gra'na:tə] *f MIL* granada *f,* obús *m*
grandios [gran'dɪo:s] *adj* **1.** grandioso; *adv* **2.** grandiosamente
Granit [gra'ni:t] *m MIN* granito *m; bei jdm auf ~ beißen (fig)* morder con alguien en hueso
Grapefruit ['greɪpfru:t] *f BOT* pomelo *m*
Gras [gra:s] *n* hierba *f; ins ~ beißen (fam)* irse al otro barrio; *über etw ~ wachsen lassen* echar tierrra a algo
grasen ['gra:zən] *v* pacer, pastar
grässlich ['grɛslɪç] *adj* **1.** horrible, espantoso; *adv* **2.** espantosamente, con horror
Grat [gra:t] *m* **1.** *(Bergkamm)* cresta *f,* cumbre *f;* **2.** *(überstehende Kante)* barba *f*
Gräte ['grɛ:tə] *f* espina de pescado *f*
Gratifikation [gratɪfɪka'tsjo:n] *f* gratificación *f*
gratis ['gra:tɪs] *adj* gratis
Gratulation [gratula'tsjo:n] *f* congratulaciones *f/pl,* felicitación *f*
gratulieren [gratu'li:rən] *v* felicitar a alguien por, dar la enhorabuena; *sich ~ können* poderse dar la enhorabuena
Gratwanderung ['gra:tvandərʊŋ] *f (fig)* paso delicado *m,* situación delicada *f; eine ~ machen* caminar por el filo de una navaja
grau [grau] *adj* gris
Gräuel ['grɔyəl] *m* horror *m,* abominación *f; jdm ein ~ sein* causar horror a alguien
Gräueltat ['grɔyəlta:t] *f* atrocidad *f,* crueldad *f,* salvajada *f*
Grauen ['grauən] *n* miedo *m,* pavor *m,* horror *m*
grauenhaft ['grauənhaft] *adj* **1.** horroroso, espantoso, atroz; *adv* **2.** horrorosamente, atrozmente
grausam ['grauza:m] *adj* cruel, atroz
Grausamkeit ['grauza:mkaɪt] *f* crueldad *f,* atrocidad *f*
gravierend [gra'vi:rənt] *adj* agravante
Gravur [gra'vu:ɐ] *f* grabación *f*
Grazie ['gra:tsjə] *f* gracia *f,* donaire *m,* garbo *m,* elegancia *f*
graziös [gra'tsjø:s] *adj* **1.** gracioso, airoso, garboso, elegante; *adv* **2.** con gracia, con donaire, con garbo, con elegancia
greifbar ['graɪfba:ɐ] *adj (fig)* palpable, visible
greifen ['graɪfən] *v irr* tomar, coger, asir; *zum Greifen nah sein* estar a mano

Greis(in) [graɪs/'graɪzɪn)] *m/f* anciano/anciana *m/f*, viejo/vieja *m/f*
grell [grɛl] *adj* **1.** agudo, penetrante; **2.** *(fig)* chillón
Grenzbeamter ['grɛntsbəamtɐ] *m* aduanero *m/f*
Grenzbeamtin ['grɛntsbəamtɪn] *f* aduanera *f*
Grenzbereich ['grɛntsbəraɪç] *m (fig)* límite de lo conocido *m*
Grenzbezirk ['grɛntsbətsɪrk] *m* zona fronteriza *f*, distrito fronterizo *m*
Grenze ['grɛntsə] *f* **1.** frontera *f*; *sich in ~n halten* contenerse/refrenarse/comedirse; **2.** *(fig)* límite *m*
grenzen ['grɛntsən] *v* **1.** *~ an* lindar con, colindar con, limitar con; **2.** *(fig)* rozar, acercarse
grenzenlos ['grɛntsənloːs] *adj* **1.** ilimitado, sin límites; *adv* **2.** ilimitadamente; *adj* **3.** *(fig)* inmenso, infinito; *adv* **4.** *(fig)* inmensamente, infinitamente
Grenzfall ['grɛntsfal] *m* caso límite *m*, caso extremo *m*
Grenzkontrolle ['grɛntskɔntrɔlə] *f* revisión de aduana *f*, control de aduana *m*
Grenzland ['grɛntslant] *n* **1.** *(Land)* país limítrofe *m*; **2.** *(Gegend)* región fronteriza *f*
Grenzübertritt ['grɛntsyːbɐtrɪt] *m* paso de la frontera *m*
Grenzverkehr ['grɛntsfɛɐkeːɐ] *m* tráfico fronterizo *m*
Grenzwert ['grɛntsveːɐt] *m* valor límite *m*
Grieche ['griːçə] *m* griego *m*
Griechenland ['griːçənlant] *n GEO* Grecia *f*
griesgrämig ['griːsgrɛːmɪç] *adj* malhumorado, gruñón
Grieß [griːs] *m* sémola *f*
Griff [grɪf] *m* **1.** *(Stiel)* mango *m*; **2.** *(Türgriff)* picaporte *m*, pasador *m*, manija *f (LA)*; **3.** *(Zugriff)* asidero *m*; *etw in den ~ bekommen* aprender a manejar algo
griffbereit ['grɪfbəraɪt] *adj* al alcance de la mano
Grill [grɪl] *m* parrilla *f*, asador *m*
Grille ['grɪlə] *f ZOOL* grillo *m*
grillen ['grɪlən] *v* asar a la parrilla
Grimasse [grɪ'masə] *f* mueca *f*, gesto *m*; *~n schneiden* hacer muecas
grinsen ['grɪnzən] *v (fam)* sonreírse irónicamente, sonreírse maliciosamente
Grippe ['grɪpə] *f MED* gripe *f*
grob [groːp] *adj* **1.** *(derb)* grosero, soez, vulgar; *aus dem Gröbsten heraus sein* haber pasado ya lo peor; **2.** *(rau)* áspero; **3.** *(fig: unhöflich)* descortés, grosero, mal educado; **4.** *(fig: ungefähr)* aproximado
Groll [grɔl] *m* rencor *m*, encono *m*, resentimento *m*
groß [groːs] *adj* **1.** gran, grande; *der ~e Dichter* el gran poeta; **2.** *(groß gewachsen)* alto; **3.** *(fig: älter)* mayor; **4.** *(fig: ernst)* importante, serio; **5.** *(fig: berühmt)* famoso, célebre
großartig ['groːsaːrtɪç] *adj* **1.** grandioso, imponente; *adv* **2.** grandiosamente
Großbritannien [groːsbri'tanjən] *n GEO* Gran Bretaña *f*
Größe ['grøːsə] *f* **1.** grandeza *f*; **2.** *(Körpergröße)* estatura *f*; **3.** *(Kleidergröße)* talla *f*; **4.** *(fig: Wichtigkeit)* importancia *f*
Großeltern ['groːsɛltɐn] *pl* abuelos *m/pl*
Größenordnung ['grøːsənɔrtnuŋ] *f* dimensión *f*, magnitud *f*
Größenwahn ['grøːsənvaːn] *m* delirio de grandeza *m*, megalomanía *f*
großflächig ['groːsflɛçɪç] *adj* extenso, vasto, enorme
Großgrundbesitzer(in) ['groːsgruntbəzɪtsɐ(rɪn)] *m/f* terrateniente *m/f*, latifundista *m/f*, hacendado/hacendada *m/f*
Großhandel ['groːshandəl] *m ECO* comercio al por mayor *m*
Großhändler(in) ['groːshɛːndlɐ(rɪn)] *m/f ECO* mayorista *m/f*, comerciante al por mayor *m/f*
Großindustrie ['groːsɪndustriː] *f* gran industria *f*
Großmacht ['groːsmaxt] *f POL* gran potencia *f*, superpotencia *f*
Großmutter ['groːsmutɐ] *f* abuela *f*
Großstadt ['groːsʃtat] *f* gran ciudad *f*, metrópoli *f*, urbe *f*
größtenteils ['grøːstəntaɪls] *adv* por la mayor parte, en su mayoría
Großvater ['groːsfaːtɐ] *m* abuelo *m*
großzügig ['groːstsyːgɪç] *adj* generoso, desprendido, liberal
grotesk [gro'tɛsk] *adj* grotesco, ridículo

Grube ['gru:bə] *f* **1.** hoyo *m*, fosa *f*, zanja *f*; **2.** MIN mina *f*
grübeln ['gry:bəln] *v* pensar profundamente, cavilar
Gruft [gruft] *f* tumba *f*, sepulcro *m*
grün [gry:n] *adj* verde; *jdn ~ und blau schlagen* dar una paliza a alguien; *dasselbe in Grün* ser prácticamente lo mismo
Grund [grunt] *m* **1.** *(Erdboden)* suelo *m*, tierra *f*; *festen ~ unter den Füßen haben* tener pies y cabeza *(fig)*/tener una base sólida; **2.** *(Meeresboden)* fondo *m*; **3.** *(Motiv)* razón *f*, motivo *m*; *Das muss einen ~ haben.* Por algo será. *einer Sache auf den ~ gehen* examinar algo a fondo
Grundbesitz ['gruntbəzɪts] *m* propiedad inmueble *f*, bienes raíces *m/pl*
gründen ['gryndən] *v* fundar, establecer
Gründer(in) ['gryndɐ(rɪn)] *m/f* fundador(a) *m/f*
Grundfläche ['gruntflɛçə] *f* base *f*
Grundgesetz ['gruntgəzɛts] *n* POL ley fundamental *f*, ley orgánica *f*
Grundlage ['gruntla:gə] *f* base *f*, fundamento *m*
grundlegend ['gruntle:gənt] *adj* **1.** fundamental, básico; *adv* **2.** fundamentalmente
gründlich ['gryntlɪç] *adj* **1.** profundo; *adv* **2.** profundamente, con profundidad
grundlos ['gruntlo:s] *adj* **1.** sin fondo, insondable; *adv* **2.** sin fundamento, sin razón alguna
Grundriss ['gruntrɪs] *m* planta *f*
Grundsatz ['gruntzats] *m* principio *m*
grundsätzlich ['gruntzɛtslɪç] *adj* fundamental, de principio
Grundschule ['gruntʃu:lə] *f* escuela primaria *f*
Grundstein ['gruntʃtaɪn] *m den ~ zu etw legen* sentar las bases de algo
Grundsteuer ['gruntʃtɔyɐ] *f* contribución territorial *f*
Grundstück ['gruntʃtyk] *n* inmueble *m*, terreno *m*
Gründung ['gryndun] *f* fundación *f*, establecimiento *m*
Grüne(r) ['gry:nə(-ɐ)] *m/f* POL perteneciente al partido ecologista *m/f*
Gruppe ['grupə] *f* **1.** grupo *m*; **2.** equipo *m*; **3.** *(Musikgruppe)* banda *f*
gruppieren [gru'pi:rən] *v* agrupar, congregar, conglomerar
gruselig ['gru:zəlɪç] *adj* horripilante, terrorífico, escalofriante
Gruß [gru:s] *m* saludo *m*, salutación *f*; *Mit herzlichen Grüßen!* ¡Con un cordial saludo! *mit freundlichen Grüßen* atentamente/con cordiales saludos; *jdm einen schönen ~ ausrichten* dar recuerdos a alguien
grüßen ['gry:sən] *v* saludar; *Grüß Gott!* ¡Hola! *Grüß dich!* ¡Hola! ¿Cómo estás?
Guatemala [guate'ma:la] *n* GEO Guatemala *f*
gültig ['gyltɪç] *adj* válido, valedero
Gültigkeit ['gyltɪçkaɪt] *f* validez *f*
Gummi ['gumi] *m* goma *f*
Gummistiefel ['gumiʃti:fəl] *m* botas de goma *f/pl*
Gunst [gunst] *f* favor *m*, gracia *f*; *die ~ der Stunde* un golpe de suerte *m*; *zu jds ~en* a favor de alguien
günstig ['gynstɪç] *adj* favorable, propicio
Gurke ['gurkə] *f* BOT pepino *m*
Gurt [gurt] *m* **1.** ceñidor *m*, faja *f*; **2.** *(Sicherheitsgurt)* cinturón de seguridad *m*
Gürtel ['gyrtəl] *m* cinturón *m*, correa *f*; *den ~ enger schnallen (fig)* apretarse el cinturón
Guss [gus] *m* **1.** *(Gießen)* fundición *f*, colada *f*; **2.** *(Regenguss)* chaparrón *m*, aguacero *m*; **3.** *(Zuckerguss)* baño de azúcar *m*
Gusseisen ['gusaɪzən] *n* hierro colado *m*, hierro fundido *m*
gut [gu:t] *adj* **1.** buen, bueno; *es mit etw ~ sein lassen* dejar algo estar; *Sie haben ~ lachen!* ¡Bien puede reír usted! *~ daran tun* hacer bien en; *~ und gern* con razón; *für etw ~ sein* servir para su lado bueno; *zu viel des Guten sein* ser de lo bueno mucho; *Du bist ~!* ¡Eres increíble! *~aussehend* guapo, de buena presencia; *~ bezahlt* bien pagado, bien remunerado; *~ gelaunt* de buen humor; *adv* **2.** bien; *mir geht's ~* a mí me va bien
Gut [gu:t] *n* **1.** *(Ware)* ECO bien *m*, producto *m*, mercancía *f*, mercadería *f* (LA); **2.** *(Besitz)* propiedad *f*, bienes *m/pl*

Gutachten ['gu:taxtən] *n* dictamen *m*, peritaje *m*, informe *m*
Gutachter(in) ['gu:taxtɐ(rın)] *m/f* experto/experta *m/f*, perito/perita *m/f*
gutartig ['gu:ta:rtıç] *adj* **1.** de buen genio; **2.** *MED* benigno
gutbürgerlich ['gu:tbyrgɐlıç] *adj* tradicional, casero; *~es Essen* comida tradicional
Gutdünken ['gu:tdyŋkən] *n* buen parecer *m*, buen criterio *m*
Güte ['gy:tə] *f* **1.** bondad *f*, benevolencia *f*; **2.** *(Qualität)* calidad *f*
Gutenachtlied [gu:tə'naxtli:t] *n* nana *f*, canción de cuna *f*
Gütertrennung ['gy:tɐtrɛnuŋ] *f* *JUR* separación de bienes *f*
Güterverkehr ['gy:tɐfɛɐke:ɐ] *m* transporte de mercancías *m*, transporte de carga *m*
gutgläubig ['gu:tglɔybıç] *adj* de buena fe
Guthaben ['gu:tha:bən] *n* *ECO* haber *m*, saldo *m*, activo *m*
gutheißen ['gu:thaısən] *v irr* aprobar, dar por bueno
gutherzig ['gu:thɛrtsıç] *adj* de buen corazón, bondadoso
gutmütig ['gu:tmy:tıç] *adj* bondadoso
Gutschein ['gu:tʃaın] *m* vale *m*, bono *m*
gutschreiben ['gu:tʃraıbən] *v irr* abonar, acreditar
Gutschrift ['gu:tʃrıft] *f* abono en cuenta *m*
Gutshof ['gu:tsho:f] *m* finca *f*, hacienda *f*
gutwillig ['gu:tvılıç] *adj* de buena voluntad, voluntario
Gymnasium [gym'na:zjum] *n* instituto de enseñanza media *m*, instituto de bachillerato *m*, colegio de liceo *m (LA)*, escuela secundaria *f (LA)*
Gymnastik [gym'nastık] *f* *SPORT* gimnasia *f*
Gynäkologe [gynɛko'lo:gə] *m* ginecólogo *m*

H

Haar [haːɐ] *n* **1.** *(auf dem Kopf)* pelo *m*, cabello *m; ~e auf den Zähnen haben* ser una persona muy resuelta; *ein ~ in der Suppe finden* tener algo que objetar; *sich die ~e raufen* tirarse de los pelos *(fam); kein ~ krümmen können* no ser capaz ni de matar a una mosca; *sich keine grauen ~e wachsen lassen* tenerle a uno sin cuidado; *an einem ~ hängen* pender de un hilo; *jdm die ~e vom Kopf fressen (fam)* desplumar a alguien; *etw an den ~en herbeiziehen* traer algo por los pelos; *sich in die ~e geraten* desgreñarse; *sich in den ~en liegen* enemistarse; *um ein ~* por un pelo; *Mir stehen die ~e zu Berge.* Se me ponen los pelos de punta; **2.** *(Körperbehaarung)* vello *m*

Haarbürste ['haːɐbyrstə] *f* cepillo para el cabello *m*

Haarfarbe ['haːɐfarbə] *f* color de cabello *m*, color de pelo *m*

haargenau ['haːɐgə'nau] *adj* **1.** exacto; *adv* **2.** exactamente

Haarschnitt ['haːɐʃnɪt] *m* corte de pelo *m*

Haarspange ['haːɐʃpaŋə] *f* pasador *m*

Haarspray ['haːɐspreɪ] *n* laca *f*

Habe ['haːbə] *f* propiedad *f*, bienes *m/pl*

haben ['haːbən] *v irr* **1.** *(Hilfsverb)* haber; *Ich habe ein Buch geschrieben.* He escrito un libro. *Wenn ich das gewusst hätte, ...* Si lo hubiese sabido… *Sie hätten es mir sagen sollen!* ¡Habría tenido que decírmelo! *Ich habe dich lieb.* Yo te quiero. *etw an sich haben* tener algo de suyo; *etw für sich haben* tener algo de positivo; *noch zu ~ sein* estar todavía disponible; *für etw zu ~ sein* estar disponible para algo; *etw gegen jdn ~* tener algo contra alguien; *etw hinter sich ~* dejar atrás algo; *etw mit jdm ~* estar liado con alguien; *etw von etw ~* ser la consecuencia de algo; *wie gehabt* como anteriormente; *v irr* **2.** *(besitzen)* tener, poseer; *Ich habe kein Geld.* No tengo dinero. *Antonieta hat Arbeit.* Antonieta tiene trabajo.

Habgier ['haːpgiːɐ] *f* codicia *f*

habgierig ['haːpgiːrɪç] *adj* **1.** codicioso; *adv* **2.** con codicia

Habseligkeiten ['haːpzeːlɪçkaɪtən] *pl* efectos personales *m/pl*

Hacke ['hakə] *f* **1.** *(Absatz)* tacón *m;* **2.** *(Werkzeug)* azada *f*, azadón *m;* **3.** ANAT talón *m*

hacken ['hakən] *v* **1.** *(Holz)* partir, cortar; **2.** *(Erde)* cavar; **3.** *(picken)* picar

Hackfleisch ['hakflaɪʃ] *n* carne picada *f; aus jdm ~ machen* hacer picadillo a alguien

Hafen ['haːfən] *m* puerto *m; Welche Häfen werden angelaufen?* ¿En qué puertos haremos escala? *in den ~ der Ehe einlaufen* contraer matrimonio

Hafenstadt ['haːfənʃtat] *f* ciudad portuaria *f*

Hafer ['haːfɐ] *m* BOT avena *f*

Haferflocken ['haːfɐflɔkən] *pl* copos de avena *m/pl*

Haft [haft] *f* JUR arresto *m*

haftbar ['haftbaːɐ] *adj* **1.** *~ sein* ser responsable; **2.** *jdn ~ machen* hacer responsable a alguien

haften ['haftən] *v* **1.** *(kleben)* pegar, estar sujeto; **2.** *(bürgen für)* salir garante, responder

Haftpflicht ['haftpflɪçt] *f* JUR responsabilidad civil *f*

Haftung ['haftuŋ] *f* JUR responsabilidad *f*

Hagebutte ['haːgəbutə] *f* BOT escaramujo *m*, agaravanza *f*

Hagel ['haːgəl] *m* granizo *m*

hageln ['haːgəln] *v* granizar

hager ['haːgɐ] *adj* flaco, magro

Hahn [haːn] *m* **1.** *(Wasserhahn)* grifo *m;* **2.** ZOOL gallo *m; Kein ~ kräht danach. (fig)* A nadie le importa.

Hähnchen ['hɛːnçən] *n* GAST pollo *m*

Hai [haɪ] *m* ZOOL tiburón *m*

häkeln ['hɛːkəln] *v* hacer ganchillo, hacer labor de gancho

Haken ['haːkən] *m* gancho *m; einen ~ schlagen* darse la media vuelta

Hakenkreuz ['ha:kənkrɔyts] *n POL* cruz gamada *f*, cruz esvástica *f*
halb [halp] *adj* **1.** medio; *eine ~e Portion sein* ser un medio hombre ; *nichts Halbes und nichts Ganzes* ni chicha, ni limonada *(fam)*; *~ fertig* semiacabado, a medio hacer; *~ voll* a medio llenar, medio lleno; *adv* **2.** a medias, por mitad, por mitades
halbherzig ['halphɛrtsɪç] *adj* **1.** poco entusiasmado, de mala gana; *adv* **2.** no muy decidido, poco entusiasmado, de mala gana
halbieren [hal'bi:rən] *v* partir en dos partes iguales, partir por la mitad
Halbinsel ['halpɪnzəl] *f* península *f*
halbjährlich ['halpjɛ:rlɪç] *adj* **1.** semestral; *adv* **2.** semestralmente, cada seis meses
Halbkreis ['halpkraɪs] *m* semicírculo *m*, semicircunferencia *f*
Halbkugel ['halpku:gəl] *f* hemisferio *m*
halblaut ['halplaut] *adj* a media voz
Halbmond ['halpmo:nt] *m* media luna *f*
Halbpension ['halppɛnsjo:n] *f* media pensión *f*
Halbschlaf ['halpʃla:f] *m* entresueño *m*
halbtags ['halpta:ks] *adv* a media jornada, la mitad del día
Halbtagsbeschäftigung ['halpta:ksbəʃɛftɪguŋ] *f* trabajo de media jornada *m*, empleo de media jornada *m*
Halbwaise ['halpvaɪzə] *m/f* huérfano de padre/huérfano de madre *m*, huérfana de padre/huérfana de madre *f*
Halbwertszeit ['halpve:ɐtstsaɪt] *f PHYS* período de semidesintegración *m*
Halbzeit ['halptsaɪt] *f SPORT* medio tiempo *m*; *erste ~/zweite ~* primer tiempo/segundo tiempo *m*
Hälfte ['hɛlftə] *f* mitad *f*
Halle ['halə] *f* sala *f*, hall *m*
hallen ['halən] *v* resonar, retumbar
Hallenbad ['halənba:t] *n* piscina cubierta *f*
hallo ['halo:] *interj* **1.** hola; **2.** *(am Telefon)* diga, aló *(LA)*
Halluzination [halutsɪna'tsjo:n] *f* alucinación *f*
Halm [halm] *m* paja *f*
Halogen [halo'ge:n] *n CHEM* halógeno *m*
Hals [hals] *m* **1.** *ANAT* cuello *m*; *den ~ kosten* costar el pellejo *(fam)*; *den ~ aus der Schlinge ziehen (fig)* librarse de un apuro; *den ~ nicht voll kriegen* no tener suficiente; *sich jdm an den ~ werfen* echarse al cuello de alguien; *bis über den ~ in Schulden stecken* estar metido en deudas hasta el cuello; *jdm jdn auf den ~ schicken* endosarle alguien a alguien; *etw in den falschen ~ bekommen* tomar algo a mal/interpretar algo mal; *jdm mit etw vom ~ bleiben* dejar en paz a alguien con algo; *sich etw vom ~ halten* librarse de algo/desembarazarse de algo; *jdm zum ~ heraushängen* tenerle a alguien harto; *jdm bis zum ~ stehen* tenerle a alguien hasta las narices *(fam)*; *~ über Kopf* de golpe y porrazo *(fam)*; *jdm den ~ umdrehen* retorcer el cuello a alguien; **2.** *(Kehle) ANAT* garganta *f*; **3.** *(Flaschenhals)* gollete *m*, cuello *m*
halsbrecherisch ['halsbrɛçərɪʃ] *adj* **1.** peligrosísimo, arriesgado; *adv* **2.** con suma peligrosidad, riesgosamente
Halskette ['halskɛtə] *f* collar *m*
Halsschmerzen ['halsʃmɛrtsən] *m/pl MED* dolor de garganta *m*
halsstarrig ['halsʃtarɪç] *adj* **1.** terco, testarudo; *adv* **2.** tercamente
Halstuch ['halstu:x] *n* pañuelo de cuello *m*, bufanda *f*
halt [halt] *interj Halt!* ¡Alto!
Halt [halt] *m* parada *f*; *~ machen* detenerse, pararse, hacer una pausa; *vor etw nicht ~ machen* no retroceder ante algo
haltbar ['haltba:ɐ] *adj* duradero, conservable
Haltbarkeit ['haltba:ɐkaɪt] *f* conservabilidad *f*
Haltbarkeitsdatum ['haltba:ɐkaɪtsda:tum] *n* fecha límite de conservación *f*, fecha de caducidad *f*
halten ['haltən] *v irr* **1.** *(festhalten)* sujetar, asegurar, fijar; *sich vor Lachen nicht ~ können* no poder aguantar de la risa; **2.** *(Rede)* pronunciar; **3.** *(dauern)* durar
Haltestelle ['haltəʃtɛlə] *f* parada *f*
Halteverbot ['haltəfɛɐbo:t] *n* prohibición de estacionamiento *f*; *~!* ¡Prohibido estacionar!
haltlos ['haltlo:s] *adj* **1.** *(unbeständig)* inconsistente; **2.** *(unbegründet)* infundado

H

Haltung ['haltuŋ] *f* **1.** *(Körperhaltung)* postura *f;* **2.** *(Verhalten)* conducta *f; ~ annehmen* ponerse firme; **3.** *(Selbstbeherrschung)* autocontrol *m,* dominio de sí *m*
Halunke [ha'luŋkə] *m (fam)* bribón *m*
hämisch ['hɛːmɪʃ] *adj* **1.** malicioso; *adv* **2.** maliciosamente
Hammel ['haməl] *m ZOOL* carnero *m*
Hammer ['hamɐ] *m* martillo *m; unter den ~ kommen (fig)* venderse en subasta
Hämorriden [hɛmɔ'riːdən] *pl MED* hemorroides *f*
Hampelmann ['hampəlman] *m* títere *m*
Hamster ['hamstɐ] *m ZOOL* hámster *m*
H
Hand [hant] *f ANAT* mano *f; freie ~ haben* tener carta blanca/tener libertad de acción; *jds rechte ~ sein* ser el brazo derecho de alguien; *~ in ~* cogidos de la mano; *sich für etw die ~ abhacken lassen* dejarse cortar la mano por algo/dar un ojo de la cara por algo; *selbst mit ~ anlegen* echar una mano; *seine ~ aufhalten* poner la mano (para pedir); *die ~ gegen jdn erheben* levantarle la mano a alguien; *~ und Fuß haben* tener fundamento; *die ~ auf etw halten* disponer de algo; *die ~ für etw ins Feuer legen* poner la mano en el fuego por algo; *eine glückliche ~ haben* tener buena mano; *auf der ~ liegen* ser evidente; *aus erster ~* de primera mano; *mit der linken ~* con la izquierda; *sich in der ~ haben* poder dominarse; *sich nicht von der ~ weisen lassen* no poder negarse; *jdm zur ~ gehen* secundar a alguien; *von der ~ in den Mund leben* vivir al día; *Ihm rutscht leicht die ~ aus.* Se le escapa la mano en seguida. *in die Hände fallen* caer en las manos; *in guten Händen sein* estar en buenas manos; *in die Hände spucken* ponerse manos a la obra; *mit Händen und Füßen* con pies y manos; *die Hände in den Schoß legen* estarse con las manos cruzadas; *sich mit Händen und Füßen wehren* defenderse con uñas y dientes; *die Hände über dem Kopf zusammenschlagen* llevarse las manos a la cabeza; *sich die Hände reiben* frotarse las manos (maliciosamente); *seine Hände in Unschuld waschen* lavarse las manos; *sich etw an beiden Händen abzählen können* poder contar algo con los dedos de las manos; *jdn auf Händen tragen* llevar a alguien en palmitas; *Mir sind die Hände gebunden.* Tengo las manos atadas.
Handarbeit ['hantarbaɪt] *f* trabajo manual *m*
Handball ['hantbal] *m SPORT* balonmano *m*
Handbuch ['hantbuːx] *n* manual *m*
Handel ['handəl] *m ECO* comercio *m,* negocio *m*
handeln ['handəln] *v* **1.** *(tätig sein)* actuar, obrar; **2.** *(Handel treiben)* comerciar, negociar, hacer negocios; **3.** *(feilschen)* regatear, mercadear; **4.** *sich ~ um* tratarse de; *es handelt sich um einen Notfall* se trata de un caso de emergencia
Handelskammer ['handəlskamɐ] *f ECO* Cámara de Comercio *f*
Handelskorrespondenz ['handəlskɔrəspɔndɛnts] *f ECO* correspondencia comercial *f*
händeringend ['hɛndərɪŋənt] *adv* **1.** *(flehentlich)* suplicante; **2.** *(verzweifelt)* desesperado
Händeschütteln ['hɛndəʃytəln] *n* apretón de manos *m*
handfest ['hantfɛst] *adj* **1.** *(robust)* robusto, vigoroso; **2.** *(fig)* sólido
Handfläche ['hantflɛçə] *f ANAT* palma de la mano *f*
Handgelenk ['hantgəlɛŋk] *n ANAT* muñeca *f; aus dem ~ heraus* sin dificultad/con la izquierda
Handgemenge ['hantgəmɛŋə] *n* pelea *f,* riña *f*
Handgepäck ['hantgəpɛk] *n* equipaje de mano *m*
handgreiflich ['hantgraɪflɪç] *adj ~ werden* llegar a las manos, irse a las manos
Handgriff ['hantgrɪf] *m* **1.** *(Griff)* asidero *m,* asa *f;* **2.** *(kleine Mühe)* tris *m,* santiamén *m; Es ist nur ein ~.* Está hecho en un santiamén.
Handhabung ['hanthaːbuŋ] *f* manejo *m*
Handikap ['hɛndɪkɛp] *n* hándicap *m,* desventaja *f*
Handkuss ['hantkus] *m* besamanos *m,* beso en la mano *m*
Handlanger ['hantlaŋɐ] *m* peón *m*

Händler(in) ['hɛndlɐ(rɪn)] *m/f* comerciante *m/f*, negociante *m/f*, vendedor(a) *m/f*
handlich ['hantlɪç] *adj* manejable
Handlung ['handlʊŋ] *f* **1.** *(Tat)* hecho *m*, acción *f*; **2.** *(Laden)* tienda *f*, comercio *m*; **3.** *(Geschehen) LIT* argumento *m*
Handrücken ['hantrykən] *m ANAT* dorso de la mano *m*
Handschellen ['hantʃɛlən] *pl* esposas *f/pl*
Handschrift ['hantʃrɪft] *f* escritura *f*, letra *f*
Handschuh ['hantʃuː] *m* guante *m*
Handtasche ['hanttaʃə] *f* bolso *m*, cartera *f (LA)*
Handtuch ['hanttuːx] *n* toalla *f*; *das ~ werfen* tirar la toalla
Handumdrehen ['hantumdreːən] *n im ~* en un santiamén *m*, en un abrir y cerrar de ojos *m*
Handwagen ['hantvaːgən] *m* carro de mano *m*
Handwäsche ['hantvɛʃə] *f* ropa que se debe lavar a mano *f*
Handwerk ['hantvɛrk] *n* oficio *m*, artesanía *f*; *jdm ins ~ pfuschen* estorbar en el trabajo a alguien
Handwerker ['hantvɛrkɐ] *m* artesano *m*
handwerklich ['hantvɛrklɪç] *adj* artesanal
Handwerksbetrieb ['hantvɛrksbətriːp] *m* empresa artesanal *f*
Handy ['hɛːndiː] *n TEL m*, teléfono móvil *m*, teléfono celular *m (LA)*
Handzeichen [hanttzaiçən] *n* marca *f*; señal con la mango *f*
Hanf [hanf] *m BOT* cáñamo *m*
Hang [haŋ] *m* **1.** *(Abhang)* pendiente *f*, cuesta *f*; **2.** *(fig: Neigung) ~ zu* inclinación a *f*, propensión a *f*
Hängematte ['hɛŋəmatə] *f* hamaca *f*
hängen ['hɛŋən] *v irr* **1.** *(befestigt sein an)* estar pegado a, estar fijo, estar colgado de; *mit Hängen und Würgen* a duras penas/a trancas y barrancas; **2.** *(herabhängen)* pender; **3.** *(aufhängen)* colgar; **4.** *(fig: gern haben) ~ an* tener cariño, estimar; **5.** *(fig) jdn ~ lassen* dejar a alguien plantado
hantieren [han'tiːrən] *v* manejar, ocuparse de
Happen ['hapən] *m* bocado *m*
Hardware ['haːrdwɛːɐ] *f INFORM* equipo *m*, hardware *m*
Harfe ['harfə] *f MUS* arpa *f*
harmlos ['harmloːs] *adj* **1.** *(ungefährlich)* inofensivo; *Er spielt den Harmlosen.* Se pone como quien no hace nada. *adv* **2.** inofensivamente
Harmonie [harmo'niː] *f* armonía *f*
harmonieren [harmo'niːrən] *v* estar en armonía, concordar
harmonisch [har'moːnɪʃ] *adj* armónico
Harn [harn] *m* orina *f*
Harnisch ['harnɪʃ] *m HIST* arnés *m*
Harpune [har'puːnə] *f* arpón *m*
harren ['harən] *v* aguardar, esperar
hart [hart] *adj* **1.** duro, sólido, compacto; **2.** *(streng)* riguroso, severo
Härte ['hɛrtə] *f* **1.** dureza *f*; **2.** *(Strenge)* rigor *m*, severidad *f*
hartherzig ['harthɛrtsɪç] *adj* **1.** duro de corazón; *adv* **2.** con dureza de corazón, duramente
hartnäckig ['hartnɛkɪç] *adj* **1.** tenaz, porfiado, terco; *adv* **2.** tercamente, tenazmente
Hartnäckigkeit ['hartnɛkɪçkaɪt] *f* tenacidad *f*, porfía *f*, terquedad *f*
Harz [harts] *n* resina *f*
harzig ['hartsɪç] *adj* resinoso
Haschisch ['haʃɪʃ] *n* hachís *m*, chocolate *m (fam)*
Hase ['haːzə] *m ZOOL* liebre *f*; *ein alter ~ sein (fig)* ser un viejo zorro; *Mein Name ist ~, ich weiß von nichts.* Me llamo andana. *(fam)*/No tener ni idea de algo.
Hasel ['hazəl] *f BOT* avellano *m*
Haselnuss ['haːzəlnus] *f BOT* avellana *f*
Hass [has] *m* odio *m*; *aus ~ gegen dich* por odio hacia ti
hassen ['hasən] *v* odiar
hasserfüllt ['hasɛɐfylt] *adj* lleno de odio
hässlich ['hɛslɪç] *adj* feo
Hässlichkeit ['hɛslɪçkaɪt] *f* fealdad *f*
Hast [hast] *f* prisa *f*, precipitación *f*
hastig ['hastɪç] *adj* **1.** presuroso, precipitado; *adv* **2.** a toda prisa, precipitadamente
Haube ['haubə] *f* cofia *f*; *jdn unter die ~ bringen* casar a alguien

Hauch [haux] *m* **1.** *(Atemhauch)* aliento *m;* **2.** *(Lufthauch)* soplo *m;* **3.** *~ von Duft* perfume *m,* aroma *m;* **4.** *(geringe Menge)* pizca *f,* toque *m*
hauchen ['hauxən] *v* soplar
hauen ['hauən] *v gegen etw ~* golpear contra algo
Haufen ['haufən] *m* montón *m; jdn über den ~ fahren* atropellar a alguien
häufen ['hɔyfən] *v* acumular, acumularse, amontonar, amontonarse
haufenweise ['haufənvaɪzə] *adv* a montones
häufig ['hɔyfɪç] *adj* **1.** frecuente; *adv* **2.** frecuentemente, a menudo

H

Häufigkeit ['hɔyfɪçkaɪt] *f* frecuencia *f*
Haupt [haupt] *n* cabeza *f*
Hauptanschluss ['hauptanʃlus] *m* **1.** *TEL* conexión principal *f;* **2.** *TECH* línea principal *f*
Hauptbahnhof ['hauptba:nho:f] *m* estación central *f*
hauptberuflich ['hauptbəru:flɪç] *adj* **1.** profesional, de primer oficio; *adv* **2.** profesionalmente, como primer oficio
Hauptdarsteller(in) ['hauptdarʃtɛlɐ(rɪn)] *m/f CINE* protagonista *m/f*
Haupteingang ['hauptaɪngaŋ] *m* entrada principal *f*
Hauptgebäude ['hauptgəbɔydə] *n* edificio principal *m*
Hauptgewinn ['hauptgəvɪn] *m* primer premio *m*
Häuptling ['hɔyptlɪŋ] *m* jefe de la tribu *m*
Hauptperson ['hauptpɛrzo:n] *f* personaje principal *m*
Hauptsache ['hauptzaxə] *f* cosa principal *f,* cuestión esencial *f*
hauptsächlich ['hauptzɛçlɪç] *adj* **1.** principal; *adv* **2.** principalmente, ante todo, sobre todo
Hauptsaison ['hauptsɛzɔ] *f* temporada alta *f*
Hauptschule ['hauptʃu:lə] *f* escuela de enseñanza básica *f,* escuela primaria superior *f*
Hauptstadt ['hauptʃtat] *f* capital *f*
Hauptstraße ['hauptʃtra:sə] *f* calle principal *f,* calle central *f*
Haus [haus] *n* casa *f,* edificio *m; Ich gehe nach ~e.* Me voy a casa. *Ich bin zu ~e.* Estoy en casa. *jdm das ~ einrennen (fig)* sacar a alguien de sus casillas; *jdm das ~ verbieten* prohibirle a alguien la entrada en casa; *mit der Tür ins ~ fallen* hablar a alguien sin rodeos; *ins ~ stehen* estar a la puerta de casa/avecinarse; *jdm ins ~ schneien* dejarse caer por casa de alguien *(fam); außer ~ sein* estar fuera de casa
Hausarbeit ['hausarbaɪt] *f* quehaceres domésticos *m/pl,* labores domésticas *f/pl*
Hausarzt ['hausartst] *m* médico de cabecera *m,* médico de familia *m*
Hausärztin ['hausɛrtstɪn] *f* médica de cabecera *f,* médica de familia *f*
Hausaufgaben ['hausaufga:bən] *pl* deberes *m/pl,* tareas escolares *f/pl*
Hausbewohner ['hausbəvo:nɐ] *m* morador *m,* vecino *m*
Häuschen ['hɔysçən] *n aus dem ~ sein* estar fuera de sí, estar fuera de sus casillas
Hausdurchsuchung ['hausdurçzu:çuŋ] *f JUR* registro domiciliario *m*
Hausfrau ['hausfrau] *f* ama de casa *f*
hausgemacht ['hausgəmaxt] *adj* casero, doméstico
Haushälterin ['haushɛltərɪn] *f* ama de llaves *f*
Haushalt ['haushalt] *m* **1.** hogar *m,* casa *f;* **2.** *(Staatshaushalt)* presupuesto *m*
haushalten ['haushaltən] *v irr* **1.** economizar; *v irr* **2.** *(sparsam sein)* ser ahorrativo
Haushaltsgerät ['haushaltsgərɛ:t] *n* **1.** aparato doméstico *m,* utensilio doméstico *m;* **2.** *(elektrisches ~)* electrodoméstico *m*
hausieren [hau'zi:rən] *v* hacer el comercio ambulante, vender por las casas
häuslich ['hɔyslɪç] *adj* casero, doméstico, hogareño
Hausmädchen ['hausmɛdçən] *n* criada *f,* sirvienta *f,* muchacha *f*
Hausmannskost ['hausmanskɔst] *f* comida casera *f*
Hausmeister(in) ['hausmaɪstɐ(rɪn)] *m/f* conserje *m,* portero/portera *m/f*
Hausordnung ['hausɔrdnuŋ] *f* reglamento interior del edificio *m*
Hausschuh ['hausʃu:] *m* zapatillas *f/pl,* chinelas *f/pl*

Haustier ['haustiːɐ] *n* animal doméstico *m*
Hausverbot ['hausfɛɐboːt] *n* entrada prohibida *f*, admisión prohibida *f*
Haut [haut] *f ANAT* piel *f*; *nur noch ~ und Knochen sein* estar en los huesos; *seine eigene ~ retten* poner a salvo su propio pellejo *(fam)*; *sich seiner ~ wehren* defender su pellejo *(fam)*; *sich auf die faule ~ legen* tumbarse a la bartola *(fam)*; *aus der Haut fahren* reventar de rabia; *niemand kann aus seiner ~ heraus* la cabra siempre tira al monte; *mit heiler ~ davonkommen* salir bien librado/salvar el pellejo *(fam)*; *mit ~ und Haaren* hasta la médula; *unter die ~ gehen* llegar al alma
Hautarzt ['hautaɐtst] *m* dermatólogo *m*
Hautärztin ['hautɛɐtstɪn] *f* dermatóloga *f*
häuten [hɔytən] *v* **1.** pelar, despellejar; **2.** (Reptilien) mudar la piel
hautverträglich ['hautfɛɐtrɛːklɪç] *adj* que no irrita la piel
Hebamme ['heːbamə] *f* comadrona *f*, partera *f*
Hebel ['heːbəl] *m TECH* palanca *f*; *alle ~ in Bewegung setzen (fig)* hacer lo humanamente posible/tocar todos los resortes; *am längeren ~ sitzen* tener la sarten (cogida) por el mango
heben ['heːbən] *v irr* **1.** *(hoch~)* levantar, alzar; *einen ~ (fam)* echar un trago; **2.** *(Schatz bergen)* desenterrar; **3.** *(steigern)* aumentar, acrecentar
hebräisch [he'brɛːɪʃ] *adj* hebreo
Hecht [heçt] *m ZOOL* lucio *m*
Heck [hɛk] *n* **1.** *(Autoheck)* parte trasera *f*, parte posterior *f*; **2.** *(Schiffsheck)* popa *f*
Hecke ['hɛkə] *f BOT* seto *m*
Heer [heːɐ] *n MIL* ejército *m*
Hefe ['heːfə] *f* levadura *f*
Hefeteig ['heːfətaɪk] *m GAST* masa de levadura *f*
Heft [hɛft] *n* cuaderno *m*
heften ['hɛftən] *v* **1.** *(befestigen)* sujetar, fijar; **2.** *(nähen)* coser, hilvanar
heftig ['hɛftɪç] *adj* **1.** violento; *adv* **2.** violentamente
Heftpflaster ['hɛftpflastɐ] *n* esparadrapo *m*, tirita *f*
Hehl [heːl] *m keinen ~ aus etw machen* no ocultar algo
Hehler(in) ['heːlɐ(rɪn)] *m/f* encubridor(a) *m/f*
Heide[1] ['haɪdə] *m* pagano *m*
Heide[2] ['haɪdə] *f GEOL* prado *m*, brezal *m*
Heidelbeere ['haɪdəlbeːrə] *f BOT* arándano *m*, mirtillo *m*
Heidentum ['haɪdəntum] *n* paganismo *m*
heikel ['haɪkəl] *adj* delicado
heil [haɪl] *adj* sano y salvo
Heil [haɪl] *n* salvación *f*
Heiland ['haɪlant] *m REL* Salvador *m*
heilbar ['haɪlbaːɐ] *adj* curable
heilen ['haɪlən] *v* **1.** *jdn ~ von* curar a alguien de; **2.** *(Wunde)* sanar, sanarse
Heilgymnastik ['haɪlgymnastɪk] *f* gimnasia terapéutica *f*, fisioterapia *f*
heilig ['haɪlɪç] *adj REL* santo; *~sprechen* canonizar
Heiligabend [haɪlɪç'aːbənt] *m REL* Nochebuena *f*, Noche Buena *f*
Heilige(r) ['haɪlɪgə(-ɐ)] *m/f REL* santo/santa *m/f*; *der ~ Antonius* San Antonio *m*
Heiligtum ['haɪlɪgtuːm] *n* santuario *m*
Heilkunde ['haɪlkundə] *f MED* medicina *f*, ciencia médica *f*
heillos ['haɪlloːs] *adj (fam)* terrible, infernal, desastroso
Heilmittel ['haɪlmɪtəl] *n* **1.** *(fig)* remedio *m*; **2.** *MED* medicina *f*, medicamento *m*
Heilpraktiker(in) ['haɪlpraktɪkɐ(rɪn)] *m/f* curandero/curandera *m/f*
heilsam ['haɪlzam] *adj* curativo
Heilung ['haɪluŋ] *f MED* curación *f*, cura *f*
heim [haɪm] *adv* a casa
Heim [haɪm] *n* hogar *m*
Heimarbeit ['haɪmarbaɪt] *f* trabajo a domicilio *m*
Heimat ['haɪmat] *f* país natal *m*, país de origen *m*, patria *f*
Heimatkunde ['haɪmatkundə] *f* geografía de la región *f*
heimatlos ['haɪmatloːs] *adj* sin patria
Heimatvertriebene(r) ['haɪmatfɛɐtriːbənə(-ɐ)] *m/f* expulsado de su país/expulsada de su país *m/f*
heimbringen ['haɪmbrɪŋən] *v irr* acompañar a alguien a casa

H

Heimfahrt ['haɪmfaːɐt] *f* viaje de regreso a casa *m*
heimisch ['haɪmɪʃ] *adj* **1.** *(heimatlich)* del país, nacional, local; **2.** *(vertraut)* familiar
heimleuchten ['haɪmlɔyçtən] *v jdm* ~ enviar a paseo a alguien/decir cuatro verdades a alguien
heimlich ['haɪmlɪç] *adj* **1.** secreto, oculto; *adv* **2.** secretamente, en secreto
Heimlichkeit ['haɪmlɪçkaɪt] *f* secreto *m*, misterio *m*
Heimlichtuer ['haɪmlɪçtuːɐ] *m* secretista *m*
Heimsuchung ['haɪmzuːxuŋ] *f* aflicción *f*, tribulación *f*
heimtückisch ['haɪmtykɪʃ] *adj* **1.** alevoso, pérfido; *adv* **2.** con alevosía, con perfidia
Heimweg ['haɪmveːk] *m* camino de regreso a casa *m*
Heimweh ['haɪmveː] *n* nostalgia *f*, añoranza *f*; ~ *haben* echar de menos/tener morriña (Galicia)/extrañar su casa/extrañar su patria
heimzahlen ['haɪmtsaːlən] *v* devolver con creces; *Du wirst es mir ~!* ¡Me lo pagarás!
Heirat ['haɪraːt] *f* casamiento *m*
heiraten ['haɪraːtən] *v jdn* ~ casarse con alguien, contraer matrimonio con alguien
Heiratsantrag ['haɪraːtsantraːk] *m* petición de mano *f*, propuesta de matrimonio *f*
Heiratsschwindler ['haɪraːtsʃvɪndlɐ] *m* estafador de novias *m*, estafador matrimonial *m*
Heiratsurkunde ['haɪraːtsuːɐkundə] *f* JUR acta de matrimonio *f*, partida de matrimonio *f*
Heiratsvermittlung ['haɪraːtsfɛɐmɪtluŋ] *f* agencia matrimonial *f*
heiser ['haɪzɐ] *adj* ronco, bronco
Heiserkeit ['haɪzɐkaɪt] *f* MED ronquera *f*, enronquecimiento *m*
heiter ['haɪtɐ] *adj* **1.** *(fröhlich)* alegre, jovial; *Das kann ja ~ werden!* ¡La que nos espera! **2.** *(sonnig)* despejado, claro
Heiterkeit ['haɪtɐkaɪt] *f* serenidad *f*, claridad *f*, alegría *f*
heizen ['haɪtsən] *v* calentar, caldear
Heizkeller ['haɪtskɛlɐ] *m* caldera *f*
Heizkessel ['haɪtskɛsəl] *m* caldera de calefacción *f*
Heizkörper ['haɪtskœrpɐ] *m* radiador *m*
Heizkosten ['haɪtskɔstən] *pl* costos de calefacción *m/pl*
Heizöl ['haɪtsøːl] *n* fuel *m*, aceite combustible *m*
Heizung ['haɪtsuŋ] *f* calefacción *f*
heiß [haɪs] *adj* **1.** muy caliente; *ein ~es Eisen* un asunto delicado; *~e Luft* promesas vacías; *Da läuft es einem ~ und kalt über den Rücken.* A uno se le ponen los pelos de punta. *~ geliebt* amado apasionadamente/muy enamorado; *~ umstritten* muy controvertido; **2.** *(heftig)* violento
heißblütig ['haɪsblytɪç] *adj* ardiente, fogoso, apasionado, temperamental
heißen ['haɪsən] *v irr* **1.** *(bezeichnen)* llamar, denominar, calificar; *Wie ~ Sie?* ¿Cómo se llama usted? **2.** *(bedeuten)* querer decir, significar; *das heißt ...* esto quiere decir.../esto significa...; *Was soll das ~?* ¿Qué significa esto?
Hektar ['hɛktaɐ] *n* hectárea *f*
Hektik ['hɛktɪk] *f* ajetreo *m*, trajín *m*, agitación *f*
hektisch ['hɛktɪʃ] *adj* **1.** agitado; *adv* **2.** agitadamente, con agitación
Held [hɛlt] *m* héroe *m*
heldenhaft ['hɛldənhaft] *adj* **1.** heroico; *adv* **2.** heroicamente
Heldentat ['hɛldəntaːt] *f* acción heroica *f*, hazaña *f*, proeza *f*
helfen ['hɛlfən] *v irr jdm ~ bei* ayudar a alguien en; *Können Sie mir bitte ~?* ¿Puede usted ayudarme, por favor?
Helfer(in) ['hɛlfɐ(rɪn)] *m/f* ayudante *m/f*, asistente *m/f*, auxiliador(a) *m/f*
hell [hɛl] *adj* **1.** *(Licht)* iluminado; **2.** *(Klang)* agudo; **3.** *(fig: aufgeweckt)* vivo, despierto
hellblau ['hɛlblau] *adj* azul claro
Heller ['hɛlɐ] *m* ardite *f*; *auf ~ und Pfennig* hasta el último céntimo; *seinen letzten ~ weggeben* regalar hasta el último céntimo
hellhörig ['hɛlhøːrɪç] *adj* **1.** *(schalldurchlässig)* de paredes delgadas; **2.** *(fig: wachsam)* perspicaz, inteligente

Helligkeit ['hɛlɪçkaɪt] *f* claridad *f*
Helm [hɛlm] *m (Sturzhelm)* casco protector *m*
Hemd [hɛmt] *n* camisa *f; sein letzes ~ hergeben* dar hasta las entrañas; *kein ~ mehr auf dem Leib haben* no tener ya camisa que ponerse
Hemdbluse [hɛmtbluːzə] *f* blusa camisera *f*
hemmen ['hɛmən] *v* detener, parar
hemmungslos ['hɛmuŋsloːs] *adj* **1.** sin escrúpulos; *adv* **2.** sin escrúpulos
Hengst [hɛŋst] *m ZOOL* caballo padre *m,* semental *m*
Henker ['hɛŋkɐ] *m* verdugo *m*
Henne ['hɛnə] *f ZOOL* gallina *f*
her [heːɐ] *adv* **1.** *(örtlich)* hacia aquí, hacia acá; *hinter jdm ~ sein* perseguir a alguien; *Mit ihm ist nicht viel ~.* No se puede contar con él. **2.** *(zeitlich)* hace, desde
herab [hɛ'rap] *adv* abajo, hacia abajo, para abajo
herablassen [hɛ'raplasən] *v irr* bajar, descender
herablassend [hɛ'raplasənt] *adj* **1.** desdeñoso, pedante, creído; *adv* **2.** con desprecio, desdeñosamente
herabsehen [hɛ'rapzeːən] *v irr (fig) ~ auf* mirar a alguien con desprecio
herabsetzen [hɛ'rapzɛtsən] *v* **1.** *(vermindern)* reducir, disminuir; **2.** *(herabwürdigen)* denigrar, deshonrar
herabsetzend [hɛ'rapzɛtsənt] *adj* **1.** despectivo, denigrante; *adv* **2.** despectivamente, de manera denigrante
herabsteigen [hɛ'rapʃtaɪgən] *v irr ~ von* bajar de, descender de
herabstürzen [hɛ'rapʃtyrtsən] *v ~ von* caer de, despeñarse de
heran [hɛ'ran] *adv* **1.** *(örtlich)* por aquí, por este lado; **2.** *(zeitlich)* cerca
heranbilden [hɛ'ranbɪldən] *v* formar
herankommen [hɛ'rankɔmən] *v irr* **1.** *(etw erreichen)* alcanzar; **2.** *(sich nähern)* acercarse
herantragen [hɛ'rantraːgən] *v irr* **1.** traer, trasladar; **2.** *(fig)* proponer, sugerir
herantreten [hɛ'rantreːtən] *v irr (fig) an jdn ~* dirigirse a alguien, abordar a alguien
heranwachsen [hɛ'ranvaksən] *v irr* crecer, ir creciendo
Heranwachsende(r) [hɛ'ranvaksəndə(-ɐ)] *m/f* adolescente *m/f*
herauf [hɛ'rauf] *adv* hacia arriba
heraufbeschwören [hɛ'raufbəʃvøːrər] *v irr* evocar
heraufholen [hɛ'raufhoːlən] *v* subir, hacer subir
heraufkommen [hɛ'raufkɔmən] *v irr* llegar arriba, subir
heraufsetzen [hɛ'raufzɛtsən] *v (erhöhen)* subir, elevar, aumentar
heraufsteigen [hɛ'raufʃtaɪgən] *v irr* subir
heraus [hɛ'raus] *adv* fuera, afuera, hacia afuera
herausbekommen [hɛ'rausbəkɔmən] *v irr* **1.** *(Geld)* recibir de vuelta; **2.** *(fig: herausfinden)* descubrir, revelar
herausbeugen [hɛ'rausbɔygən] *v sich ~* asomarse
herausbrechen [hɛ'rausbrɛçən] *v irr* arrancar, quitar rompiendo
herausbringen [hɛ'rausbrɪŋən] *v irr* **1.** sacar, llevar afuera; **2.** *(fam: entfernen)* quitar, sacar, retirar; **3.** *(veröffentlichen)* publicar, editar; **4.** *(fig: herausfinden)* descubrir, revelar
herausfinden [hɛ'rausfɪndən] *v irr* descubrir, revelar, llegar a saber
herausfordern [hɛ'rausfɔrdɐn] *v* provocar, desafiar, retar
herausfordernd [hɛ'rausfɔrdɐnt] *adj* **1.** provocador, desafiante, provocativo; *adv* **2.** provocativamente
Herausforderung [hɛ'rausfɔrdəruŋ] *f* provocación *f,* desafío *m,* reto *m*
Herausgeber(in) [hɛ'rausgeːbɐ(rɪn)] *m/f* editor(a) *m/f*
heraushalten [hɛ'raushaltən] *v irr* **1.** dejar afuera; **2.** *sich ~ aus* mantenerse al margen de, no inmiscuirse en
herauskommen [hɛ'rauskɔmən] *v irr* **1.** *~ aus* salir de; **2.** *(veröffentlichen)* publicarse, aparecer; **3.** *(bekannt werden)* hacerse público, llegarse a saber; **4.** *(fig: erscheinen)* aparecer, surgir; **5.** *aufs Gleiche ~* venir a ser lo mismo
herausnehmen [hɛ'rausneːmən] *v irr* **1.** *~ aus* sacar de; **2.** *(fig) sich etw ~* permitirse algo

herausragend [hɛ'rausra:gənt] *adj* sobresaliente
herausreden [hɛ'rausre:dən] *v sich ~* buscar pretextos, poner excusas
herausreißen [hɛ'rausraɪsən] *v irr* arrancar, quitar, extraer, extirpar
herausschauen [hɛ'rausʃauən] *v* **1.** mirar hacia afuera; **2.** *(hervorschauen)* aparecer, entreverse
herausstrecken [hɛ'rausʃtrɛkən] *v* sacar, extender; *die Zunge ~* sacar la lengua
heraussuchen [hɛ'rauszu:xən] *v ~ aus* escoger de
herausziehen [hɛ'raustsi:ən] *v irr* **1.** sacar de; **2.** *(Zahn) MED* extraer
herb [hɛrp] *adj* **1.** *(Geschmack)* ácido, agrio; **2.** *(Wein)* seco; **3.** *(fig)* austero
herbei [he:ɐ'baɪ] *adv* aquí, acá, por aquí/por acá, hacia aquí
herbeiführen [he:ɐ'baɪfy:rən] *v* traer, trasladar
herbeischaffen [he:ɐ'baɪʃafən] *v* traer, trasladar
Herberge ['he:ɐbɛrgə] *f* **1.** albergue *m*, hospedería *f*; **2.** *(Jugendherberge)* albergue juvenil *m*
herbestellen ['he:ɐbəʃtɛlən] *v (Person)* llamar a alguien, hacer venir a alguien, citar a alguien
herbringen ['he:ɐbrɪŋən] *v irr* traer hacia acá
Herbst [hɛrpst] *m* otoño *m*
Herd [he:ɐt] *m* cocina *f*, fogón *m*
Herde ['he:ɐdə] *f* manada *f*
herein [hɛ'raɪn] *adv* **1.** adentro, hacia adentro, hacia el interior; *interj* **2.** *Herein!* ¡Adelante!
hereinbitten [hɛ'raɪnbɪtən] *v irr* pedir a alguien que entre
hereinfallen [hɛ'raɪnfalən] *v irr* **1.** llevarse un chasco; **2.** *(fig: getäuscht werden)* dejarse engañar, caer en la trampa; *Lucho ist auf etw hereingefallen.* Lucho se tragó el anzuelo.
hereinkommen [hɛ'raɪnkɔmən] *v irr* entrar, pasar
hereinlassen [hɛ'raɪnlasən] *v irr* dejar entrar, hacer pasar
hereinlegen [hɛ'raɪnle:gən] *v jdn ~* estafar a alguien, engañar a alguien
Hergang ['he:ɐgaŋ] *m* curso de los acontecimientos *m*
hergeben ['he:ɐge:bən] *v irr* dar hacia aquí
Hering ['he:rɪŋ] *m ZOOL* arenque *m*
herkommen ['he:ɐkɔmən] *v irr* **1.** *(näher kommen)* acercarse, venir aquí, venir acá; **2.** *(herstammen)* descender, ser natural
herkömmlich ['he:ɐkœmlɪç] *adj* tradicional, convencional
Herkunft ['he:ɐkunft] *f* origen *m*, procedencia *f*
Herkunftsland ['he:ɐkunftslant] *n* país de origen *m*, país de procedencia *m*
hermetisch [hɛrɐ'me:tɪʃ] *adj* hermético
Heroin [hero'i:n] *n CHEM* heroína *f*
Herr [hɛr] *m* señor *m*, caballero *m*; *der ~ im Haus sein* ser el hombre en casa; *über jdn ~ werden* ser superior a alguien
herrichten ['he:ɐrɪçtən] *v* preparar, disponer, alistar *(LA)*
herrisch ['hɛrɪʃ] *adj* imperioso, autoritario
herrlich ['hɛrlɪç] *adj* magnífico, excelente, espléndido
Herrlichkeit ['hɛrlɪçkaɪt] *f* magnificencia *f*, excelencia *f*, esplendor *m*
Herrschaft ['hɛrʃaft] *f* dominación *f*, dominio *m*, imperio *m*
herrschaftlich ['hɛrʃaftlɪç] *adj* señorial
herrschen ['hɛrʃən] *v* **1.** *(regieren)* gobernar, mandar; **2.** *(bestehen)* reinar, existir
Herrscher(in) ['hɛrʃɐ(rɪn)] *m/f* soberano/soberana *m/f*, gobernante *m/f*
Herrschsucht ['hɛrʃzuxt] *f* despotismo *m*, espíritu dominador *m*
herrühren ['he:ɐry:rən] *v ~ von* venir de, provenir de, proceder de
herstellen ['he:ɐʃtɛlən] *v* **1.** *(erzeugen)* producir, elaborar, fabricar; **2.** *(fig: realisieren)* realizar, ejecutar, efectuar
Hersteller(in) ['he:ɐʃtɛlɐ(rɪn)] *m/f* fabricante *m/f*, productor(a) *m/f*
Herstellung ['he:ɐʃtɛluŋ] *f* **1.** *(Erzeugung)* producción *f*, fabricación *f*; **2.** *(Realisierung)* realización *f*
herüber [hɛ'ry:bɐ] *adv* a este lado, hacia aquí, hacia acá
herüberblicken [hɛ'ry:bɐblɪkən] *v* mirar hacia aquí, mirar hacia acá

herum [hɛ'rum] *adv* alrededor
herumalbern [hɛ'rumalbɐn] *v* decir bobadas
herumbekommen [hɛ'rumbəkɔmən] *v irr* **1.** *jdn ~* persuadir a alguien; **2.** *(Zeit)* matar el tiempo
herumdrehen [hɛ'rumdreːən] *v* dar vuelta a, volver
herumführen [hɛ'rumfyːrən] *v* **1.** *(um etw)* dar la vuelta; **2.** *jmd ~* acompañar a alguien
herumgehen [hɛ'rumgeːən] *v irr (umherlaufen)* andar de acá para allá
herumkommen [hɛ'rumkɔmən] *v irr* **1.** *(reisen)* ver mucho del mundo; **2.** *(fig) um etw ~* lograr evitar algo
herumreichen [hɛ'rumraɪçən] *v* hacer circular, pasar de mano en mano
herumsprechen [hɛ'rumʃprɛçən] *v irr sich ~* divulgarse, correr la voz
Herumtreiber(in) [hɛ'rumtraɪbɐ(rɪn)] *m/f* vagabundo/vagabunda *m/f*
herunter [hɛ'runtɐ] *adv* abajo, hacia abajo
herunterdrücken [hɛ'runtɐdrykən] *v* apretar hacia abajo; **2.** *(Preise herabsetzen)* hacer bajar
herunterfallen [hɛ'runtɐfalən] *v irr* caer, caerse, caer al suelo
herunterschlucken [hɛ'runtɐʃlukən] *v* tragar
hervor [heːɐ'foːɐ] *adv* adelante, hacia adelante
hervorbringen [heːɐ'foːɐbrɪŋən] *v irr* **1.** *(erzeugen)* producir, engendrar; **2.** *(sagen)* proferir, articular
hervorheben [heːɐ'foːɐheːbən] *v irr* acentuar, recalcar, poner de relieve
hervorragend [heːɐ'foːɐraːgənt] *adj* destacado, notable, sobresaliente
hervorrufen [heːɐ'foːɐruːfən] *v irr (fig)* causar, provocar
hervorstechen [heːɐ'foːɐʃtɛçən] *v irr (fig)* sobresalir, destacar, resaltar
Herz [hɛrts] *n ANAT* corazón *m; Es bricht mir das ~.* Se me parte el alma. *ein ~ und eine Seele sein* ser uña y carne; *jdm sein ~ ausschütten* abrir su corazón a alguien; *jdm das ~ brechen* romper el corazón a alguien/partir el alma a alguien; *sich ein ~ nehmen* armarse de valor; *das ~ auf der Zunge tragen* llevar el corazón en la mano; *jdm sein ~ schenken* brindar a alguien su corazón; *jdm das ~ schwer machen* causar mucha pena a alguien; *seinem ~en Luft machen* aliviar su corazón; *jdm am ~en liegen* interesarle mucho a alguien/preocuparle mucho a alguien; *jdm ans ~ wachsen* cogerle cariño a alguien; *etw auf dem ~en haben* tener algo que oprime el corazón; *jdm aus dem ~en sprechen* hablar a alguien de corazon; *aus tiefstem ~en* de todo corazón; *jdn in sein ~ schließen* cogerle cariño a alguien; *jdn ins ~ treffen* hacer mucho daño a alguien; *es nicht übers ~ bringen* no atreverse a hacer algo; *sich etw zu ~en nehmen* tomarse algo a pecho; *leicht ums ~ werden* aliviar el corazón; *Das ~ ist ihm in die Hose gerutscht.* Se le ha caído el alma a los pies. *Das ~ wurde ihm schwer.* Se puso muy triste.
Herzanfall ['hɛrtsanfal] *m MED* ataque cardíaco *m,* ataque al corazón *m*
Herzensbrecher ['hɛrtsənsbrɛçɐ] *m* rompecorazones *m,* mujeriego *m*
Herzenswunsch ['hɛrtsənsvunʃ] *m* deseo ardiente *m,* vivo deseo *m*
herzergreifend ['hɛrtsɛɐgraɪfənt] *adj* conmovedor, emocionante
Herzfehler ['hɛrtsfeːlɐ] *m MED* defecto cardíaco *m,* lesión cardíaca *f*
herzhaft ['hɛrtshaft] *adj* **1.** *(Geschmack)* de buen sabor, agradable; **2.** *(Lachen)* vigoroso, sonoro
Herzklopfen ['hɛrtsklɔpfən] *n* palpitaciones *f/pl*
herzlich ['hɛrtslɪç] *adj* cordial, cariñoso; *jdn ~ Willkommen heißen* acoger con calor a alguien/saludar cordialmente a alguien
Herzog(in) ['hɛrtoːk/'hɛrtzoːgɪn] *m/f* duque
Herzschlag ['hɛrtsʃlaːk] *m* **1.** latido del corazón *m;* **2.** *MED* paro cardíaco *m,* ataque de apoplejía *m*
Herzschrittmacher ['hɛrtsʃrɪtmaxɐ] *m MED* marcapasos *m*
heterogen [hetero'geːn] *adj* heterogéneo
hetzen ['hɛtsən] *v* **1.** *(eilen)* apresurarse; **2.** *~ gegen (fig)* azuzar contra, agitar los ánimos contra
Heu [hɔy] *n BOT* heno *m*

Heuchelei [hɔyçə'laɪ] *f* hipocresía *f*
Heuchler(in) ['hɔyçlɐ(rɪn)] *m/f* hipócrita *m/f*
heulen ['hɔylən] *v* **1.** *(fam: weinen)* llorar; *wie ein Schlosshund ~* llorar como una Magdalena; *zum Heulen sein* es para llorar; **2.** *(Sirene)* ulular
Heuschnupfen ['hɔyʃnupfən] *m MED* rinitis alérgica *f,* fiebre del heno *f*
Heuschrecke ['hɔyʃrɛkə] *f ZOOL* langosta *f*
heute ['hɔytə] *adv* hoy; *von ~ auf morgen* de hoy para mañana/de un día para otro
heutzutage ['hɔytsutaːgə] *adv* hoy en día, actualmente
H
Hexe ['hɛksə] *f* bruja *f*
Hexenschuss ['hɛksənʃus] *m MED* lumbago *m*
hexerei [hɛksɐ'raɪ] *f* brujería *f*
Hieb [hiːp] *m* golpe *m*
hier [hiːɐ] *adv* aquí, acá; *~ bleiben* quedarse aquí
Hierarchie [hiːrar'çiː] *f* jerarquía *f*
hierauf ['hiːɐrauf] *adv* a esto, sobre esto, sobre ello
hierbei ['hiːɐbaɪ] *adv* en esto, con esto, en esta ocasión
hierdurch ['hiːɐdurç] *adv (kausal)* por esto, por ello
hierher ['hiːɐheːr] *adv* para acá, hacia aquí
hiermit ['hiːɐmɪt] *adv* con esto, con ello
hiervon ['hiːɐfɔn] *adv* de esto, de ello, de eso
hierzu ['hiːɐtsuː] *adv* a esto, a ello
hiesig ['hiːzɪç] *adj* de aquí, local, del país
Hilfe ['hɪlfə] *f* **1.** ayuda *f; Ich kann auf deine ~ verzichten.* No necesito de tu ayuda; **2.** *(erste ~)* primeros auxilios *m/pl;* **3.** *(soziale ~)* asistencia *f; interj* **4.** *Hilfe!* ¡Socorro!/¡Auxilio!
hilflos ['hɪlfloːs] *adj (ohne Hilfe)* desamparado, abandonado
Hilflosigkeit ['hɪlfloːzɪçkaɪt] *f* desamparo *m,* abandono *m*
hilfreich ['hɪlfraɪç] *adj* bondadoso, solícito, altruista
hilfsbereit ['hɪlfsbəraɪt] *adj* dispuesto a ayudar, servicial, complaciente
Hilfsbereitschaft ['hɪlfsbəraɪtʃaft] *f* complacencia *f,* altruismo *m*
Himbeere ['hɪmbeːrə] *f BOT* frambuesa *f*
Himmel ['hɪməl] *m* **1.** *(Firmament)* firmamento *m;* **2.** *REL* cielo *m; in den ~ kommen* irse al cielo; *der ~ auf Erden* el paraíso terrenal *m; jdm den ~ auf Erden versprechen* prometer el oro y el moro a alguien; *aus heiterem ~* a bocajarro/como llovido del cielo; *im siebten ~ sein* estar en el séptimo cielo; *zum ~ schreien* clamar al cielo; *Ach du lieber ~!* ¡Dios mío!/*Weiß der ~!* ¡Quién sabe! *Um ~s willen!* ¡Por el amor de Dios!
Himmelsrichtung ['hɪməlsrɪçtuŋ] *f ASTR* punto cardinal *m*
himmlisch ['hɪmlɪʃ] *adj* **1.** *(fig)* magnífico, delicioso, divino; **2.** *REL* celestial, divino
hin [hɪn] *adv* hacia allí, hacia allá, para allá; *~ und her* de acá para allá; *nach langem Hin und Her* después de mucho cavilar/tras largas deliberaciones
hinab [hɪ'nap] *adv* para abajo, hacia abajo
hinauf [hɪ'nauf] *adv* hacia arriba, arriba
hinaufsteigen [hɪ'naufʃtaɪgən] *v irr* subir, ascender
hinaus [hɪ'naus] *adv* hacia afuera, afuera
hinausgehen [hɪ'nausgeːən] *v irr* salir
hinausschieben [hɪ'nausʃiːbən] *v irr* empujar hacia afuera
Hinblick ['hɪnblɪk] *m im ~ auf* en vista de, considerando que
hinbringen ['hɪnbrɪŋən] *v irr* llevar
hindern ['hɪndɐn] *v* impedir, estorbar, obstaculizar
Hindernis ['hɪndɐnɪs] *n* obstáculo *m*
hindurch [hɪn'durç] *adv* a través de
hinein [hɪ'naɪn] *adv* dentro, hacia adentro, para adentro
hineingehen [hɪ'naɪngeːən] *v irr* entrar
hineingeraten [hɪ'naɪngəraːtən] *v irr ~ in* ir a dar en, ir a parar en, caer en
hineinpassen [hɪ'naɪnpasən] *v ~ in* caber en
hineinplatzen [hɪ'naɪnplatsən] *v* aparecer inesperadamente
hineinstecken [hɪ'naɪnʃtɛkən] *v* **1.** *~ in* meter en, introducir en; **2.** *(fig: investieren)* invertir en
hineinsteigern [hɪ'naɪnʃtaɪgɐn] *v sich ~ in* enfrascarse en, acabar por

hineinversetzen [hɪ'naɪnfɛɐzɛtsən] *v sich in jdn ~* ponerse en el lugar de alguien
hineinziehen [hɪ'naɪntsiːən] *v irr* **1.** tirar hacia adentro; **2.** *jdn in etw ~ (fig)* implicar, envolver
Hinfahrt ['hɪnfaːɐt] *f* viaje de ida *m*
hinfallen ['hɪnfalən] *v irr* caer al suelo, caerse al suelo
hinfällig ['hɪnfɛlɪç] *adj (gegenstandslos)* caduco, nulo, sin validez
Hingabe ['hɪngaːbə] *f* entrega *f*, abnegación *f*
hingegen [hɪn'geːgən] *konj* sin embargo, no obstante; por el contrario
hinhalten ['hɪnhaltən] *v irr* **1.** presentar, ofrecer; **2.** *jdn ~* entretener a alguien
hinken ['hɪŋkən] *v* cojear; *auf einem Fuß ~* cojear de un pie
hinlänglich ['hɪnlɛŋlɪç] *adj* **1.** suficiente, bastante; *adv* **2.** suficientemente
hinlegen ['hɪnleːgən] *v* **1.** *etw ~* poner algo, colocar algo; **2.** *sich ~* acostarse, echarse
hinnehmen ['hɪnneːmən] *v irr* tomar, aceptar
hinreißend ['hɪnraɪsənt] *adj* arrebatador
hinsetzen ['hɪnzɛtsən] *v sich ~* sentarse, tomar asiento
hinsichtlich ['hɪnzɪçtlɪç] *prep* con respecto a, en lo que concierne a
hinstellen ['hɪnʃtɛlən] *v* **1.** colocar verticalmente; **2.** *~ als (fig)* declarar por, presentar como
hinten ['hɪntən] *adv* detrás, atrás, en la parte posterior; *Ich weiß nicht mehr wo ~ und vorne ist!* ¡No sé ni cómo me llamo!/¡No sé dónde tengo la cabeza!
hinter ['hɪntɐ] *prep* detrás de, tras; *etw ~ sich lassen* dejar algo atrás; *~ den anderen zurückbleiben* quedar rezagado de los demás; *zwei Km ~ München* dos km pasando Múnich; *~ jdm zurückstehen* ceder su lugar a otro/quedar atrás de alguien
Hinterausgang ['hɪntɐausgaŋ] *m* salida posterior *f*
Hinterbliebene(r) ['hɪntɐbliːbənə(-ɐ)] *m/f* familiar del difunto *m/f*, deudo/deuda *m/f*
hintere ['hɪntɐrə] *adj* posterior, trasero, de atrás
hintereinander [hɪntɐaɪ'nandɐ] *adv* uno detrás de otro
Hintergedanke ['hɪntɐgədaŋkə] *m* segunda intención *f*, mala intención *f*
hintergehen ['hɪntɐgeːən] *v irr jdn ~* engañar a alguien, embaucar a alguien
hintergründig ['hɪntɐgryndɪç] *adj* enigmático, oculto
Hintergrund ['hɪntɐgrunt] *m* **1.** fondo *m*; *in den ~ treten* ser relegado a segundo término; **2.** *(fig)* trasfondo *m*
hinterhältig ['hɪntɐhɛltɪç] *adj* insidioso
hinterher [hɪntɐ'heːɐ] *adv* **1.** *(zeitlich)* luego, más tarde; **2.** *(örtlich)* detrás
hinterherlaufen [hɪntɐ'heːɐlaufən] *v irr* correr detrás de, perseguir a
Hinterland ['hɪntɐlant] *n* interior del país *m*
hinterlassen [hɪntɐ'lasən] *v irr* dejar
hinterlegen [hɪntɐ'leːgən] *v etw ~* depositar algo; *Wie viel muss ich als Kaution ~?* ¿Cuánto debo depositar como fianza?
hinterlistig ['hɪntɐlɪstɪç] *adj* insidioso, pérfido
Hintern ['hɪntɐn] *m (fam)* trasero *m*, nalgas *f/pl*, poto *m* (Peru); *sich auf den ~ setzen* quedarse pasmado; *sich in den ~ beißen* darse de bofetadas; *jdm in den ~ treten* dar una patada en el culo a alguien *(fam)*; *jdm in den ~ kriechen* lamer el culo a alguien *(fam)*
Hintertreffen ['hɪntɐtrɛfən] *n* retaguardia *f*; *ins ~ geraten* ser relegado a segundo plano; *im ~ sein* estar en desventaja
Hintertür ['hɪntɐtyːɐ] *f* puerta de servicio *f*; *sich eine ~ offen halten (fig)* reservarse otra salida; *durch die ~* por la de atrás/a escondidas
hinterziehen [hɪntɐ'tsiːən] *v irr Steuern ~* evadir el pago de impuestos
hinüber [hɪ'nyːbɐ] *adv* hacia el otro lado, hacia allá
hinuntergehen [hɪ'nuntɐgeːən] *v irr* bajar, descender
hinunterschlucken [hɪ'nuntɐʃlukən] *v* **1.** tragar; **2.** *(fig)* soportar algo en silencio
hinunterwerfen [hɪ'nuntɐvɛrfən] *v irr* tirar, arrojar hacia abajo

H

hinweghelfen [hɪn'vɛkhɛlfən] *v irr* consolar en una crisis, ayudar a salir de una crisis; *jdm über eine Schwierigkeit ~* ayudar a alguien a salir de una situación difícil
hinwegsetzen [hɪn'vɛkzɛtsən] *v sich ~ über* no hacer caso de
Hinweis ['hɪnvaɪs] *m* indicación *f*
hinweisen ['hɪnvaɪzən] *v irr ~ auf* indicar, señalar
hinziehen ['hɪntsi:ən] *v irr (dauern)* extenderse, prolongarse
hinzu [hɪn'tsu:] *adv* a eso, a ello
hinzufügen [hɪn'tsu:fy:gən] *v* añadir, agregar
hinzuziehen [hɪn'tsu:tsi:ən] *v irr* incluir
Hirn [hɪrn] *n ANAT* cerebro *m*
Hirsch [hɪrʃ] *m ZOOL* ciervo *m*
Hirse ['hɪrzə] *f BOT* mijo *m*
Hirte [hɪrtə] *m* pastor *m*
Historiker(in) [hɪ'sto:rɪkɐ(rɪn)] *m/f* historiador(a) *m/f*
historisch [hɪ'sto:rɪʃ] *adj* histórico
Hitze ['hɪtsə] *f* calor *m; Ich vertrage die ~ nicht.* No soporto el calor. *in der ~ des Gefechts* con las prisas
hitzebeständig ['hɪtsəbəʃtɛndɪç] *adj* resistente al calor
Hitzewelle ['hɪtsəvɛlə] *f* ola de calor *f*
hitzig ['hɪtsɪç] *adj* caliente
Hitzschlag ['hɪtsʃla:k] *m MED* insolación *f*
Hobby ['hɔbi] *n* hobby *m*
Hobel ['ho:bəl] *m* **1.** *(Küchenhobel)* raspador *m;* **2.** *TECH* cepillo de carpintero *m*
hobeln ['ho:bəln] *v* **1.** *(Gemüse)* cortar en capas delgadas, rallar; **2.** *TECH* cepillar
hoch [ho:x] *adj* alto, elevado; *jdm etw ~ und heilig versprechen* prometer algo a alguien solemnemente; *Das ist mir zu ~!* ¡Es superior a mis facultades!/¡Es superior a mi entendimiento!/¡Eso no me entra! *(fam); ~ entwickelt* muy desarrollado, muy adelantado
Hochachtung ['ho:xaxtuŋ] *f* gran aprecio *m,* alta consideración *f*
hochachtungsvoll ['ho:xaxtuŋsfɔl] *adv (im Brief)* le saluda atentamente, respetuosamente
Hochbau ['ho:xbau] *m* construcción alta *f*
Hochbetrieb ['ho:xbətri:p] *m* período punta *m,* período de gran actividad *m*
Hochdeutsch ['ho:xdɔytʃ] *n* alemán estándar *m*
Hochdruck ['ho:xdruk] *m* alta presión *f*
hocherfreut ['ho:xɛɐfrɔyt] *adj* **1.** muy encantado, muy contento, contentísimo; *adv* **2.** con mucho gusto
Hochgebirge ['ho:xgəbɪrgə] *n* montaña alta *f*
Hochgenuss ['ho:xgənus] *m* delicia *f*
hochgradig ['ho:xgra:dɪç] *adj* **1.** de alta concentración; **2.** *(fig)* avanzado, intenso
Hochhaus ['ho:xhaus] *n* edificio *m,* casa de varios pisos *f,* rascacielos *m/el*
hochkarätig ['ho:xkarɛ:tɪç] *adj* de alto quilate
hochklappen ['ho:xklapən] *v* subir, levantar
hochleben ['ho:xle:bən] *v jdn ~ lassen* brindar por alguien
Hochleistung ['ho:xlaɪstuŋ] *f* alto rendimiento *m*
Hochmut ['ho:xmu:t] *m* soberbia *f,* altanería *f,* orgullo *m*
hochmütig ['ho:xmy:tɪç] *adj* soberbio, altanero, orgulloso
hochnehmen ['ho:xne:mən] *v irr jdn ~* hacer sudar la gota gorda a alguien
Hochofen ['ho:xo:fən] *m TECH* alto horno *m*
Hochrechnung ['ho:xrɛçnuŋ] *f* proyección *f,* extrapolación *f*
hochrüsten ['ho:xrystən] *v* armar, rearmar
Hochsaison ['ho:xzɛzɔ] *f* temporada alta *f*
Hochschule ['ho:xʃu:lə] *f* universidad *f,* escuela superior *f*
Hochseefischerei ['ho:xze:fɪʃəraɪ] *f* pesca de gran altura *f,* pesca marítima *f*
Hochsommer ['ho:xzɔmɐ] *m* canícula *f,* pleno verano *m*
Hochspannung ['ho:xʃpanuŋ] *f TECH* alta tensión *f*
höchst [hø:çst] *adv* como máximo, máximo
Hochstapler(in) ['ho:xʃtaplɐ(rɪn)] *m/f* impostor(a) *m/f,* estafador(a) *m/f*
höchste(r,s) ['hø:çstə(ɐ,əs)] *adj* más alto, máximo

höchstens ['hø:çstəns] *adv* a lo más, a lo sumo
Höchstpreis ['hø:çstpraɪs] *m* precio máximo *m*, precio límite *m*, precio tope *m*
höchstwahrscheinlich ['hø:çstva:ɐʃaɪnlɪç] *adv* muy probable, casi seguro
Hochtouren ['ho:xturən] *f auf ~ laufen* ir a toda marcha, marchar a pleno rendimiento
hochtrabend ['ho:xtra:bənt] *adj* altisonante, rimbombante
Hochwasser ['ho:xvasɐ] *n* crecida *f*, inundación *f*
hochwertig ['ho:xve:ɐtɪç] *adj* de gran valor, de alta calidad
Hochwürden ['ho:xvyrdən] *m* REL reverendo *m*
Hochzeit ['hɔxtsaɪt] *f* boda *f*, casamiento *m*; *auf allen ~en tanzen* meter la nariz en todo *(fam)*
Hochzeitsfeier ['hɔxtsaɪtsfaɪɐ] *f* celebración de la boda *f*
Hochzeitsnacht ['hɔxtsaɪtsnaxt] *f* noche de bodas *f*
Hochzeitsreise ['hɔxtsaɪtsraɪzə] *f* viaje de novios *m*, luna de miel *f*
Hocker ['hɔkɐ] *m* taburete *m*
Hoden ['ho:dən] *pl* ANAT testículos *m/pl*
Hof [ho:f] *m* **1.** *(Hinterhof)* patio *m*; **2.** *(Königshof)* corte *f*; **3.** *(Bauernhof)* granja *f*, finca *f*; **4.** *jdm den ~ machen* hacer la corte a alguien
hoffen ['hɔfən] *v* esperar, tener la esperanza de
hoffentlich ['hɔfəntlɪç] *adv* espero que, así lo espero, ojalá
Hoffnung ['hɔfnuŋ] *f* esperanza *f*; *~en wecken* alimentar esperanzas; *guter ~ sein* estar en estado de buena esperanza
hoffnungslos ['hɔfnuŋslo:s] *adj* desesperado, sin esperanzas
hoffnungsvoll ['hɔfnuŋsfɔl] *adj* **1.** esperanzado; *adv* **2.** lleno de esperanzas
höflich ['hø:flɪç] *adj* **1.** cortés, atento, amable; *adv* **2.** cortésmente, atentamente
Höflichkeit ['hø:flɪçkaɪt] *f* cortesía *f*
Höhe ['hø:ə] *f* altura *f*; *auf der ~ sein* estar a la altura; *in die ~ gehen (fig)* subirse por las paredes; *Das ist doch die ~!* ¡Eso ya es el colmo!
Hoheit ['ho:haɪt] *f* **1.** *(Anrede)* alteza *f*; **2.** POL soberanía *f*
Hoheitsgebiet ['ho:haɪtsgəbi:t] *n* POL zona de soberanía *f*, soberanía territorial *f*
Höhepunkt ['hø:əpuŋkt] *m* punto culminante *m*, momento culminante *m*
höher ['hø:ɐ] *adj* **1.** más alto, superior; *adv* **2.** más alto
hohl [ho:l] *adj* **1.** hueco; **2.** *(fig: gehaltlos)* vacío
Höhle ['hø:lə] *f* cueva *f*, caverna *f*; *sich in die ~ des Löwen wagen* meterse en la boca del lobo
Hohlraum ['ho:lraum] *m* cavidad *f*, hueco *m*, vacío *m*
Hohn [ho:n] *m* burla *f*, mofa *f*; *der reinste ~* una verdadera ironía *f*
höhnisch ['hø:nɪʃ] *adj* **1.** burlón; *adv* **2.** burlonamente, con burla
holen ['ho:lən] *v* ir a buscar, venir a buscar; *Bei ihm ist nichts zu ~.* A él no se le puede sacar nada.
Holländer(in) ['hɔlɛndɐ(rɪn)] *m/f* holandés/holandesa *m/f*
Holland ['hɔlant] *n* GEO Holanda *f*
Hölle ['hœlə] *f* infierno *m*; *jdn zur ~ schicken* mandar a alguien al infierno; *jdm die ~ heiß machen* atormentar a alguien; *die ~ auf Erden haben* vivir un infierno/llevar una vida insoportable; *jdm das Leben zur ~ machen* hacerle la vida imposible a alguien; *Zur ~ mit ihm!* ¡Que se vaya al infierno!
holp(e)rig ['hɔlp(ə)rɪç] *adj* **1.** áspero, desigual, accidentado; **2.** *(fig: stockend)* entrecortado
Holunder [ho'lundɐ] *m* BOT saúco *m*
Holz [hɔlts] *n* **1.** madera *f*; **2.** *(Brennholz)* leña *f*; *~ in den Wald tragen (fig)* estar perdiendo el tiempo
hölzern ['hœltsɐn] *adj* **1.** de madera; **2.** *(fig)* seco, áspero
Holzfäller ['hɔltsfɛlɐ] *m* leñador *m*
Holzschnitzer ['hɔltsʃnɪtsɐ] *m* tallista *m*, tallador en madera *m*
Homepage ['həumpeɪdʒ] *f* INFORM página de inicio *f*, página principal *f*; portada *f*
Homöopathie [homøopa'ti:] *f* MED homeopatía *f*
Homosexualität [homozɛksualɪ'tɛ:t] *f* homosexualidad *f*
homosexuell [homozɛksu'ɛl] *adj* homosexual

H

Honig ['hoːnɪç] *m* miel *f; jdm ~ ums Maul schmieren (fig)* dorar la píldora a alguien *(fam)*/dar coba a alguien
Honorar [hono'raːɐ] *n* honorarios *m/pl*
Honoratioren [honora'tsjoːrən] *pl* ciudadanos notables/ciudadanas notables *m/f/pl*
honorieren [hono'riːrən] *v* **1.** *(bezahlen)* pagar honorarios; **2.** *(anerkennen)* apreciar, reconocer
Hopfen ['hɔpfən] *m BOT* lúpulo *m; Bei ihr ist ~ und Malz verloren.* Es un caso perdido./No tiene remedio.
hörbar ['høːɐbaːɐ] *adj* audible
hören ['høːrən] *v* **1.** oír; *sich ~ lassen können* poderse admitir/poderse aceptar; *etw von sich ~ lassen* mandar noticias suyas; *von jdm ~* tener noticias de alguien; *etw von jdm zu ~ bekommen* tener que oírle a alguien; *Da vergeht einem Hören und Sehen!* ¡Que se queda uno viendo las estrellas! **2.** *(zuhören)* escuchar, atender, prestar atención; **3.** *(aufschnappen)* coger al vuelo
Hörer ['høːrɐ] *m (Telefonhörer)* auricular *m,* receptor *m*
Hörer(in) ['høːrɐ(rɪn)] *m/f (Person)* oyente *m/f,* escucha *m/f*
Hörgerät ['høːɐgərɛːt] *n* audífono *m,* prótesis acústica *f*
hörig ['høːrɪç] *adj* esclavo de
Horizont [hori'tsɔnt] *m* horizonte *m*
horizontal [horitsɔn'taːl] *adj* horizontal
Hormon [hɔr'moːn] *n* hormona *f*
Horn [hɔrn] *n* **1.** *(Material)* cuerno *m;* **2.** *MUS* trompeta *f; ins gleiche ~ blasen (fig)* estar de acuerdo/simpatizar; **3.** *ZOOL* cuerno *m,* cacho *m; sich die Hörner abstoßen* romperse los cuernos; *jdm Hörner aufsetzen (fig)* poner los cuernos a alguien
Hornhaut ['hɔrnhaut] *f* **1.** *(Schwiele)* callosidad *f;* **2.** *(des Auges) ANAT* córnea *f*
Hornisse [hɔr'nɪsə] *f ZOOL* avispón *m*
Horoskop [horos'koːp] *n* horóscopo *m*
Hörsaal ['høːɐsaːl] *m* aula universitaria *f*
Hörspiel ['høːɐʃpiːl] *n* pieza radiofónica *f,* radiocomedia *f,* radioteatro *m*
Hort [hɔrt] *m* **1.** *(Zuflucht)* refugio *m,* asilo *m;* **2.** *(Kinderhort)* guardería infantil *f*
horten ['hɔrtən] *v (Geld)* acumular, atesorar
Hose ['hoːzə] *f* pantalón *m; die ~n anhaben* llevar los pantalones *(fig); jdm die ~n stramm ziehen* dar una tunda a alguien; *in die ~ gehen* fracasar; *sich in die ~ machen* cagarse de miedo *(fam)*
Hosenträger ['hoːzəntrɛːgɐ] *m* tirantes *m/pl*
Hospital [hɔspɪ'taːl] *n* hospital *m*
Hostie ['hɔstjə] *f REL* hostia *f*
Hotel [ho'tɛl] *n* hotel *m*
Hotelier(in) [hotɛl'jeː(rɪn)] *m/f* hotelero/hotelera *m/f*
Hotelzimmer [ho'tɛltsɪmɐ] *n* habitación de hotel *f*
Hub [huːp] *m* **1.** *(Heben)* elevación *f,* alzamiento *m;* **2.** *TECH* carrera *f*
Hubraum ['huːpraum] *m (eines Autos)* cilindrada *f*
hübsch [hypʃ] *adj* bonito, lindo, guapo
Hubschrauber ['huːpʃraubɐ] *m* helicóptero *m*
Huf [huːf] *m ZOOL* casco *m*
Hufeisen ['huːfaɪzən] *n* herradura *f*
Hüfte ['hyftə] *f ANAT* cadera *f*
Hügel ['hyːgəl] *m* colina *f,* cerro *m,* loma *f*
hügelig ['hyːgəlɪç] *adj* montuoso, cubierto de colinas
Huhn [huːn] *n ZOOL* gallina *f; mit den Hühnern ins Bett gehen (fig)* acostarse con las gallinas; *mit den Hühnern aufstehen* levantarse con las gallinas
Hühnerauge ['hyːnɐaugə] *n (am Fuß) MED* callo *m*
Hühnersuppe ['hyːnɐzupə] *f GAST* caldo de gallina *m*
huldigen ['huldɪgən] *v jdm ~* rendir homenaje a alguien
Huldigung ['huldɪguŋ] *f* homenaje *m*
Hülle ['hylə] *f* envoltura *f*
Hülse ['hylzə] *f* **1.** *(Behälter)* vaina *f,* estuche *m;* **2.** *(Waffenhülse)* vaina *f,* cartucho *m;* **3.** *BOT* vaina *f*
Hülsenfrucht ['hylzənfruxt] *f BOT* legumbre seca *f*
human [hu'maːn] *adj* humano
humanistisch [huma'nɪstɪʃ] *adj* humanista
Humanität [humanɪ'tɛːt] *f* humanidad *f*

Hummel ['huməl] *f ZOOL* abejorro *m; ~n im Hintern haben (fam)* tener un petardo en el culo
Hummer ['humɐ] *m ZOOL* langosta *f*
Humor [hu'mo:ɐ] *m* humor *m*
humorvoll [hu'mo:ɐfɔl] *adj (Person)* jovial, gracioso, chistoso; *eine ~e Geschichte* una historia muy divertida *f*
humpeln ['humpəln] *v* cojear
Hund [hunt] *m ZOOL* perro *m; auf den ~ kommen (fig)* ir de mal en peor
Hundehütte ['hundəhytə] *f* caseta de perro *f*, casilla para perro *f*
hundert ['hundɐt] *num* cien, ciento
Hundertjahrfeier [hundɐt'ja:rfaɪɐ] *f* centenario *m*
hundertprozentig ['hundɐtprotsentɪç] *adj* **1.** completo, cien por cien; *adv* **2.** por completo, al cien por cien
hundertste(r,s) ['hundɐtstə(ɐ,əs)] *adj* centésimo
Hündin ['hyndɪn] *f* perra *f*
Hüne ['hy:ne] *m* gigante *m*
Hunger ['huŋɐ] *m* hambre *m*
Hungerlohn ['huŋɐlo:n] *m* salario de hambre *m*
hungern ['huŋɐn] *v* **1.** tener hambre, estar hambriento; **2.** *(fig) ~ nach* estar hambriento de, estar ávido de, estar sediento de
Hungersnot ['huŋɐsno:t] *f* hambre *m*, hambruna *f*
Hungerstreik ['huŋɐʃtraɪk] *m* huelga de hambre *f*
Hungertuch ['huŋɐtu:x] *n am ~ nagen* morirse de hambre, no tener dónde caerse muerto *(fig)*
hungrig ['huŋrɪç] *adj* hambriento; *~ wie ein Wolf* muerto de hambre;
Hupe ['hu:pə] *f (beim Auto)* bocina *f*, claxon *m*
hupen ['hu:pən] *v* tocar la bocina, tocar el claxon, pitar
hüpfen ['hypfən] *v* brincar, saltar
Hürde ['hyrdə] *f* valla *f*
Hure ['hu:rə] *f* puta *f*, ramera *f*
hurra [hu'ra:] *interj* viva, hurra, bravo
Hurrikan ['hœrɪkən] *m* huracán *m*
hurtig ['hurtɪç] *adj* **1.** rápido, ligero; *adv* **2.** rápidamente, ligeramente
huschen ['huʃən] *v* pasar rápidamente
husten ['hu:stən] *v* toser; *Ich werde dir was ~!* ¡Ni lo sueñes!
Husten ['hu:stən] *m MED* tos *f*
Hustensaft ['hustənzaft] *m* jarabe contra la tos *m*
Hut [hu:t] *m* sombrero *m; ein alter ~ sein (fig)* ser cosa sabida; *vor jdm den ~ ziehen* descubrirse ante alguien; *sich etw an den ~ stecken können* poderse guardar algo; *mit jdm nichts am ~ haben* no querer saber nada de alguien; *jdm eins auf den ~ geben* reñir a alguien; *etw unter einen ~ bringen* conciliar algo/poner de acuerdo algo
hüten ['hy:tən] *v* guardar, velar por; *etw wie seinen Augapfel ~* cuidar algo como la niña de sus ojos
Hütte ['hytə] *f* **1.** *(Häuschen)* choza *f*, cabaña *f*; **2.** *(Eisenhütte)* planta metalúrgica *f*
Hydrant [hy:'drant] *m* boca de riego *f*, boca de incendio *f*
Hydraulik [hy:'draulɪk] *f PHYS* hidráulica *f*
Hydrokultur [hy:drokul'tu:ɐ] *f* hidrocultivo *m*
Hygiene [hy:g'je:nə] *f* higiene *f*
hygienisch [hy:g'je:nɪʃ] *adj* higiénico
Hymne ['hymnə] *f* himno *m*
Hypnose [hyp'no:zə] *f* hipnosis *f*
hypnotisieren [hypno:ti'zi:rən] *v* hipnotizar
Hypothek [hy:po'te:k] *f* hipoteca *f*
Hypothese [hy:po'te:zə] *f* hipótesis *f*
hypothetisch [hy:po'te:tɪʃ] *adj* **1.** hipotético; *adv* **2.** hipotéticamente, como hipótesis

H

I

iberisch [i'beːrɪʃ] *adj* ibérico; *die ~e Halbinsel* la Península Ibérica
ich [ɪç] *pron* yo
ichbezogen ['ɪçbətsoːgən] *adj* egocéntrico
ideal [ide'aːl] *adj* ideal
Ideal [ide'aːl] *n* ideal *m*
Idealismus [idea'lɪsmus] *m* idealismo *m*
Idealist(in) [idea'lɪst(ɪn)] *m/f* idealista *m/f*
idealistisch [idea'lɪstɪʃ] *adj* idealista
Idee [i'deː] *f* idea *f*, concepto *m*; *nicht die leiseste ~ von etw haben* no tener ni la menor idea de algo
ideell [ide'ɛl] *adj* ideal
ideenreich [i'deːnraɪç] *adj* creativo
Identifikation [idɛntifika'tsjoːn] *f* identificación *f*, reconocimiento *m*
identifizieren [idɛntifi'tsiːrən] *v* identificar, reconocer, verificar
identisch [i'dɛntɪʃ] *adj* idéntico, igual, mismo
Identität [idɛnti'tɛːt] *f* identidad *f*
Identitätskrise [idɛnti'tɛːtskriːzə] *f* crisis de identidad *f*
Ideologie [ideolo'giː] *f* ideología *f*
ideologisch [ideo'loːgɪʃ] *adj* ideológico
Idiot(in) [id'joːt(ɪn)] *m/f* idiota *m/f*, retrasado mental/retrasada mental *m/f*, imbécil *m/f*
idiotisch [id'joːtɪʃ] *adj* idiota
Idol [i'doːl] *n* ídolo *m*
Idyll [i'dyl] *n* idilio *m*
Idylle [i'dylə] *f LIT* idilio *m*
idyllisch [i'dylɪʃ] *adj* idílico
Igel ['iːgəl] *m ZOOL* erizo *m*
Ignoranz [igno'rants] *f* ignorancia *f*
ignorieren [igno'riːrən] *v* ignorar
ihm [iːm] *pron* **1.** le; **2.** *(betont)* a él
ihn [iːn] *pron* **1.** *(Sache)* lo; *Ich habe ~ (den Mantel) aufgehängt.* Lo (el abrigo) he colgado. **2.** *(Person)* le, a él
ihnen ['iːnən] *pron* **1.** les; **2.** *(betont)* a ellos/a ellas
Ihnen ['iːnən] *pron* **1.** *(Höflichkeitsform)* le, a usted; **2.** *(Höflichkeitsform, Plural)* les, a ustedes
ihr [iːɐ] *pron* **1.** vosotros/vosotras; **2.** *(weiblich, Dativ)* le, a ella
Ihr [iːɐ] *pron* **1.** *(Höflichkeitsform)* su, de usted; **2.** *(Höflichkeitsform, Plural)* sus, de ustedes
ihre(r,s) ['iːrə(ɐ,s)] *pron* **1.** su(s), de ella; **2.** *(Plural)* sus, de ustedes; **3.** *(ohne Substantiv)* suyo(s), suya(s)
Ihre(r,s) ['iːrə(ɐ,s)] *pron* **1.** *(Höflichkeitsform)* su(s), de usted; **2.** *(Höflichkeitsform, Plural)* sus, de ellos, de ellas
ihrerseits ['iːrɐzaɪts] *adv* de su parte, por su parte, en cuanto a ella, en cuanto a ellos/ellas
Ihrerseits ['iːrɐzaɪts] *adv* de su parte, por su parte, en cuanto a usted
ihretwegen ['iːrətveːgən] *adv* **1.** por su causa, por causa de ella; **2.** *(Plural)* por causa de ellos, por causa de ellas
Ihretwegen ['iːrətveːgən] *adv* **1.** *(Höflichkeitsform)* por su causa, por usted; *~ habe ich Deutsch gelernt.* Por usted aprendí el alemán. **2.** *(Höflichkeitsform, Plural)* por su causa, por ustedes
illegal [ɪle'gaːl] *adj* **1.** ilegal; *adv* **2.** ilegalmente
illegitim [ɪlegi'tiːm] *adj* ilegítimo
Illusion [ɪlu'zjoːn] *f* ilusión *f*
illusorisch [ɪlu'zoːrɪʃ] *adj* ilusorio
Illustration [ɪlustra'tsjoːn] *f* ilustración *f*
illustrieren [ɪlus'triːrən] *v* ilustrar
Illustrierte [ɪlus'triːɐtə] *f* revista ilustrada *f*
Iltis ['ɪltɪs] *m ZOOL* turón *m*
Image ['ɪmaʒ] *n* imagen *f*
imaginär [imagi'nɛːɐ] *adj* imaginario
Imbiss ['ɪmbɪs] *m* refrigerio *m*, merienda *f*
Imbissstube ['ɪmbisʃtuːbə] *f* cafetería *f*, snack bar *m*
Imitation [ɪmɪta'tsjoːn] *f* imitación *f*, emulación *f*, parodia *f*
imitieren [ɪmɪ'tiːrən] *v* imitar, emular, remedar
Imker ['ɪmkɐ] *m* apicultor *m*, colmenero *m*

immens [ɪ'mɛns] *adj* inmenso, enorme, colosal
immer ['ɪmɐ] *adv* siempre; *auf ~ und ewig* para siempre; *wie auch ~* como sea
immerhin ['ɪmɐhɪn] *adv* de todos modos, sea como sea
Immission [ɪmɪs'joːn] *f (im Umweltschutz)* inmisión *f*
Immobilie [ɪmo'biːljə] *f* propiedad inmobiliaria *f*
Immobilienbüro [ɪmo'biːljənbyːro] *n* agencia inmobiliaria *f*
Immobilienfonds [ɪmo'biːljənfɔ̃] *m FIN* fondo inmobiliario *m*
Immobilienmakler [ɪmo'biːljənmaklɐ] *m* agente de la propiedad inmobiliaria *m*
immun [ɪ'muːn] *adj ~ gegen etw* inmune contra algo
Immunität [ɪmuːni'tɛːt] *f MED* inmunidad *f*
Immunschwäche [ɪ'muːnʃvɛçə] *f MED* inmunodeficiencia *f*
Immunsystem [ɪ'muːnsystɛm] *n* sistema inmunológico *m*
Imperialismus [ɪmpɛrja'lɪsmus] *m POL* imperialismo *m*
Imperium [ɪm'pɛrjum] *n* imperio *m*
impfen ['ɪmpfən] *v ~ gegen* vacunar contra
Impfschein ['ɪmpfʃaɪn] *m* certificado de vacunación *m*
Impfstoff ['ɪmpfʃtɔf] *m* vacuna *f*
Impfung ['ɪmpfuŋ] *f* vacunación *f*
imponieren [impo'niːrən] *v* imponer, infundir respeto, impresionar
imponierend [impo'niːrənt] *adj* imponente, impresionante
Import [ɪm'pɔrt] *m* importación *f*
Importeur [ɪmpɔr'tøːɐ] *m* importador *m*
importieren [ɪmpɔr'tiːrən] *v* importar
imposant [ɪmpo'zant] *adj* imponente, impresionante
impotent ['ɪmpotɛnt] *adj* impotente
Impotenz ['ɪmpotɛnts] *f MED* impotencia *f*
imprägnieren [ɪmprɛg'niːrən] *v* impregnar, empapar, mojar
Impressum [ɪm'prɛsum] *n* pie de imprenta *m*
Improvisation [ɪmprovɪza'tsjoːn] *f* improvisación *f*
improvisieren [ɪmprovi'ziːrən] *v* improvisar, hacer sobre la marcha
Impuls [ɪm'puls] *m* impulso *m*
impulsiv [ɪmpul'siːf] *adj* **1.** impulsivo; *adv* **2.** impulsivamente
imstande [ɪm'ʃtandə] *adj* capaz; *~ sein zu* ser capaz de, estar en condiciones de
in [ɪn] *prep* **1.** *(örtlich)* en, dentro de; *~ die Stadt gehen* ir a la ciudad; *~ Brasilien* en Brasil; **2.** *(zeitlich)* en, dentro de; *Wir sehen uns ~ einer Stunde.* Nos vemos dentro de una hora. *Ich komme ~ zehn Tagen zurück.* Regreso en diez días. *im Dezember* en Diciembre; *~ Kraft treten* entrar en vigor
in flagranti [in fla'granti] *adv* in fraganti
Inangriffnahme [ɪn'angrɪfnaːmə] *f* iniciación *f*, comienzo *m*
Inanspruchnahme [ɪn'anʃpruxnaːmə] *f* utilización *f*, empleo *m*
Inbegriff ['ɪnbəgrɪf] *m* esencia *f*
inbegriffen ['ɪnbəgrɪfən] *adj* incluido, comprendido, inclusive; *Ist der Service ~?* ¿Va incluido el servicio?
Inbetriebnahme [ɪnbə'triːpnaːmə] *f* puesta en marcha *f*, puesta en servicio *f*
Inbrunst ['ɪnbrunst] *f* ardor *m*, fervor *m*
inbrünstig ['ɪnbrynstɪç] *adj* **1.** ardiente, ferviente; *adv* **2.** ardientemente, fervientemente
indem [ɪn'deːm] *konj* **1.** *(während)* mientras, durante; **2.** *(dadurch, dass)* por
Inder(in) [ɪn'dɐ(rɪn)] *m/f* indio/india *m/f*, hindú *m/f*
indessen [ɪn'dɛsən] *adv* **1.** en eso, mientras tanto; *konj* **2.** entre tanto, mientras tanto
Index ['ɪndɛks] *m* índice *m*
Indianer(in) [ɪn'djaːnɐ(rɪn)] *m/f* indio/india *m/f*
Indien ['ɪndjən] *n GEO* India *f*
indirekt ['ɪndɪrɛkt] *adj* **1.** indirecto; *adv* **2.** indirectamente
indiskret ['ɪndɪskreːt] *adj* **1.** indiscreto, impertinente, entrometido; *adv* **2.** indiscretamente, sin discreción
Indiskretion [ɪndɪskre'tsjoːn] *f* indiscreción *f*, impertinencia *f*
indiskutabel ['ɪndiskutaːbəl] *adj* indiscutible, innegable, incuestionable

Individualismus [ɪndividua'lɪsmus] *m* individualismo *m*
Individualist(in) [ɪndividua'lɪst(ɪn)] *m/f* individualista *m/f*
individuell [ɪndividu'ɛl] *adj* **1.** individual, particular, personal; *adv* **2.** individualmente, de modo individual
Individuum [ɪndi'vi:duum] *n* individuo *m*
Indiz [ɪn'di:ts] *n* indicio *m*
Indonesien [ɪndɔ'ne:zjən] *n GEO* Indonesia *f*
Industrialisierung [ɪndustrialɪ'zi:ruŋ] *f* industrialización *f*
Industrie [ɪndus'tri:] *f* industria *f*
Industriegebiet [ɪndus'tri:gəbi:t] *n* región industrial *f*, zona industrial *f*
Industrieland [ɪndus'tri:lant] *n* país industrializado *m*, país desarrollado *m*
industriell [ɪndustri'ɛl] *adj* **1.** industrial; *adv* **2.** industrialmente
Industrielle(r) [ɪndustri'ɛlə(-ɐ)] *m/f* industrial *m/f*
Industriezweig [ɪndus'tri:tsvaɪk] *m* ramo de la industria *m*, sector industrial *m*
ineinander [ɪnaɪ'nandɐ] *adj* uno dentro de otro, unos dentro de otros; *~ greifen* engranar
Infarkt [ɪn'farkt] *m MED* infarto *m*
Infektion [ɪnfek'tsjo:n] *f MED* infección *f*
infizieren [ɪnfi'tsi:rən] *v* infectar
Inflation [ɪnfla'tsjo:n] *f ECO* inflación *f*
inflationär [ɪnflatsjo'nɛ:ɐ] *adj* inflacionario, inflacionista
Inflationsrate [ɪnfla'tsjo:nsra:tə] *f ECO* tasa de inflación *f*, índice de inflación *m*
infolge [ɪn'fɔlgə] *prep* a consecuencia de, debido a, a raíz de
infolgedessen [ɪnfɔlgə'dɛsən] *konj* por consiguiente, por lo tanto
Informatik [ɪnfɔr'ma:tɪk] *f* informática *f*
Informatiker(in) [ɪnfɔr'ma:tɪkɐ(rɪn)] *m/f* experto en informática/experta en informática *m/f*
Information [ɪnfɔrma'tsjo:n] *f* información *f*, informe *m*
Informationsquelle [ɪnfɔrma'tsjo:nskvɛlə] *f* fuente de información *f*
informativ [ɪnfɔrma'ti:f] *adj* informativo
informell ['ɪnfɔrmɛl] *adj* informal
informieren [ɪnfɔr'mi:rən] *v* informar; *Ich bin informiert.* Estoy al corriente./ Estoy al día.
Infrarotlicht ['ɪnfra'ro:tlɪçt] *n TECH* luz infrarroja *f*
Infrastruktur ['ɪnfraʃtruktu:ɐ] *f* infraestructura *f*
Infusion [ɪnfu'zjo:n] *f MED* infusión *f*
Ingenieur [ɪnʒɛ'njø:ɐ] *m* ingeniero *m*
Ingenieurwesen [ɪnʒɛ'njø:rve:zən] *n* ingeniería *f*
Inhaber(in) ['ɪnha:bɐ(rɪn)] *m/f* **1.** *(Eigentümer(in))* propietario/proprietaria *m/f*, patrón/patrona *m/f (LA)*; **2.** *(Besitzer(in))* poseedor/poseedora *m/f*; **3.** *(Amtsinhaber(in))* titular *m/f*
inhaftieren [ɪnhaf'ti:rən] *v* detener, encarcelar
inhalieren [ɪnha'li:rən] *v MED* inhalar
Inhalt ['ɪnhalt] *m* **1.** contenido *m*; **2.** *(fig)* tema *m*, asunto *m*
inhaltlich ['ɪnhaltlɪç] *adv* en cuanto al contenido
Inhaltsangabe ['ɪnhaltsanga:bə] *f* sumario *m*, resumen *m*
inhaltslos ['ɪnhaltslo:s] *adj* vacío de contenido, hueco
Inhaltsverzeichnis ['ɪnhaltsfɛɐtsaɪçnɪs] *n* índice *m*
Initiative [ɪnɪtsja'ti:və] *f* iniciativa *f*
Initiator [ɪnɪ'tsja:to:ɐ] *m* iniciador *m*
Injektion [ɪnjɛk'tsjo:n] *f MED* inyección *f*
injizieren [ɪnji'tsi:rən] *v* MED inyectar
inklusive [ɪnklu'zi:və] *prep* incluso, inclusive
inkognito [ɪn'kɔgnito:] *adv* incógnito
Inkompetenz [ɪnkɔmpe'tɛnts] *f* incompetencia *f*
Inkonsequenz [ɪnkɔnze'kvɛnts] *f* inconsecuencia *f*
Inkontinenz ['ɪnkɔntinɛnts] *f* MED incontinencia (de orina) *f*
Inkubationszeit [ɪnkuba'tsjo:nstsaɪt] *f MED* período de incubación *m*
Inland ['ɪnlant] *n* interior del país *m*
inländisch ['ɪnlɛndɪʃ] *adj* del país, nacional

Inline-Skates [ɪn'laɪnskeɪts] *pl* patines en línea *m/pl*
inmitten [ɪn'mɪtən] *prep* en medio de
innehaben ['ɪnəha:bən] *v irr* poseer, tener
innehalten ['ɪnəhaltən] *v irr* parar, pararse, detenerse
innen ['ɪnən] *adv* dentro, en el interior
Innenarchitekt(in) ['ɪnənarçɪtɛkt(ɪn)] *m/f* arquitecto de interiores/arquitecta de interiores *m/f*
Innendienst ['ɪnəndi:nst] *m* servicio interno *m*, servicio de oficina *m*
Innenministerium ['ɪnənmɪnɪste:rjum] *n POL* Ministerio del Interior *m*
Innenpolitik ['ɪnənpoliti:k] *f POL* política interior *f*, política nacional *f*
innenpolitisch ['ɪnənpoli:tɪʃ] *adj POL* de la política interior
Innenseite ['ɪnənzaɪtə] *f* lado interior *m*
Innenstadt ['ɪnənʃtat] *f* centro de la ciudad *m*, centro urbano *m*
innerbetrieblich ['ɪnɐbətri:plɪç] *adj* dentro de la empresa
innere(r,s) ['ɪnɐrə(ɐ,əs)] *adj* **1.** interior, interno; **2.** *(fig)* íntimo
Innereien [ɪnɐ'aɪən] *pl (von Tieren) GAST* asaduras *f/pl*, menudillos *m/pl*
innerhalb ['ɪnɐhalp] *prep* **1.** *(örtlich)* dentro de; **2.** *(zeitlich)* dentro de, en el término de, en el plazo de; *Innerhalb einer Woche werde ich mit der Arbeit fertig sein.* En una semana estaré listo con el trabajo.
innerlich ['ɪnɐlɪç] *adj* interior, íntimo
innerparteilich ['ɪnɐpartaɪlɪç] *adj POL* en el seno del partido, dentro del partido
innig ['ɪnɪç] *adj* **1.** íntimo, entrañable; *adv* **2.** íntimamente
Innovation [ɪnnova'tsjo:n] *f* innovación *f*, novedad *f*, descubrimiento *m*
innovativ [ɪnnova'ti:f] *adj* innovativo, novedoso
Innung ['ɪnuŋ] *f* corporación *f*, gremio *m*
inoffiziell [ɪnɔfi'tsjɛl] *adj* no oficial
inoperabel [ɪnɔpɐ'ra:bəl] *adj* inoperable
Inquisition [ɪŋkvizi'tsjo:n] *f HIST* inquisición *f*
Insasse ['ɪnzasə] *m* **1.** *(einer Anstalt)* acogido *m*, recluso *m*; **2.** *(Fahrgast)* pasajero *m*
insbesondere [ɪnsbə'zɔndɐrə] *adv* particularmente, sobre todo
Inschrift ['ɪnʃrɪft] *f* inscripción *f*, epígrafe *m*
Insekt [ɪn'zɛkt] *n* insecto *m*
Insektenstich [ɪn'zɛktənʃtɪç] *m* picadura de insecto *f*
Insektenvertilgungsmittel [ɪn'zɛktənfɛɐtɪlguŋsmɪtəl] *f* insecticida *m*
Insel ['ɪnzəl] *f* isla *f*; *reif für die ~ sein* necesitar unas vacaciones
Inselwelt ['ɪnzəlvɛlt] *f* archipiélago *m*
Inserat [ɪnzɐ'ra:t] *n* anuncio *m*; *ein ~ aufgeben* poner un anuncio
inserieren [ɪnzɐ'ri:rən] *v* poner un anuncio
insgeheim [ɪnsgə'haɪm] *adv* secretamente, a escondidas
insgesamt [ɪnsgə'zamt] *adv* en total, en suma
Insider ['ɪnsaɪdɐ] *m* persona bien informada *f*, conocedor *m*
insofern [ɪnzo'fɛrn] *konj* **1.** por cuanto que, en tanto que, en la medida que; *adv* **2.** en tanto, en la medida que
insolvent [ɪnzɔl'vɛnt] *adj* insolvente
Insolvenzverfahren [ɪnzɔl'vɛntsfɛɐfa:rən] *n JUR* procedimiento de insolvencia *m*
Inspektion [ɪnspɛk'tsjo:n] *f* inspección *f*
inspirieren [ɪnspi'ri:rən] *v* inspirar
instabil ['ɪnʃtabil] *adj* inestable
Installateur [ɪnstala'tø:ɐ] *m* instalador *m*
Installation [ɪnstala'tsjo:n] *f* instalación *f*
installieren [ɪnsta'li:rən] *v* instalar, montar
Instandhaltung [ɪn'ʃtanthaltuŋ] *f* mantenimiento *m*
inständig ['ɪnʃtɛndɪç] *adj* **1.** insistente; *adv* **2.** encarecidamente, insistentemente
Instandsetzung [ɪn'ʃtantzɛtsuŋ] *f* arreglo *m*, reparación *f*
Instanz [ɪns'tants] *f JUR* instancia *f*
Instinkt [ɪns'tɪŋkt] *m* instinto *m*
instinktiv [ɪnstɪŋk'ti:f] *adj* **1.** instintivo; *adv* **2.** instintivamente
Institut [ɪnsti'tu:t] *n* instituto *m*
Institution [ɪnstitu'tsjo:n] *f* institución *f*

Instrument [ɪnstru'mɛnt] *n* instrumento *m*, utensilio *m*
inszenieren [ɪnstse'niːrən] *v* escenificar, poner en escena
intakt [ɪn'takt] *adj* intacto, integro
Integration [ɪntegra'tsjoːn] *f* integración *f*, asimilación *f*
integrieren [ɪnte'griːrən] *v* integrar, asimilar
Intellekt [ɪntɛ'lɛkt] *m* intelecto *m*
intellektuell [ɪntɛlɛktu'ɛl] *adj* intelectual
Intellektuelle(r) [ɪntɛlɛktu'ɛlə(-ɐ)] *m/f* intelectual *m/f*
intelligent [ɪntɛli'gɛnt] *adj* **1.** inteligente; *adv* **2.** inteligentemente, con inteligencia
Intelligenz [ɪntɛli'gɛnts] *f* inteligencia *f*
Intelligenzquotient [ɪntɛli'gɛntskvotsjənt] *m* cociente de inteligencia *m*, cociente intelectual *m*
Intendant(in) [ɪntɛn'dant(ɪn)] *m/f* director(a) de un teatro *m/f*, director(a) de una emisora *m/f*
intensiv [ɪntɛn'ziːf] *adj* **1.** intensivo, intenso; *adv* **2.** intensivamente
Intensivstation [ɪntɛn'ziːfʃtatsjoːn] *f* *MED* unidad de cuidados intensivos *f*
interessant [ɪntɐrɛ'sant] *adj* **1.** interesante; *adv* **2.** muy interesante
interessanterweise [ɪntɐrɛsantɐ'vaɪzə] *adv* de manera interesante
Interesse [ɪntɐ'rɛsə] *n ~ an* interés por *m*; *Ich habe kein ~ an Opern.* La ópera no es santo de mi devoción.
interesselos [ɪntɐ'rɛsəloːs] *adj* sin interés
Interessent(in) [ɪntɐrɛ'sɛnt(ɪn)] *m/f* interesado/interesada *m/f*
interessieren [ɪntɐrɛ'siːrən] *v* **1.** *sich ~ für* interesarse por; **2.** interesar, atraer
interkontinental [ɪntɐkɔntɪnɛn'taːl] *adj* intercontinental
intern [ɪn'tɛrn] *adj* interno, interior
Internat [ɪntɐ'naːt] *n* internado *m*
international [ɪntɐnatsjo'naːl] *adj* internacional
Internet ['ɪntɐnɛt] *n INFORM* Internet *m/f*
Internetzugang ['ɪntɐnɛttsugaŋ] *m* acceso a internet *m*
Internist(in) [ɪntɐ'nɪst(ɪn)] *m/f MED* médico internista/médica internista *m/f*
Interpret(in) [ɪntɐ'preːt(ɪn)] *m/f* intérprete *m/f*
Interpretation [ɪntɐprɛta'tsjoːn] *f* interpretación *f*
interpretieren [ɪntɐprɛ'tiːrən] *v* interpretar
Intervall [ɪntɐ'val] *m* intervalo *m*
intervenieren [ɪntɐve'niːrən] *v* intervenir, mediar
Intervention [ɪntɐven'tsjoːn] *f* intervención *f*
Interview [ɪntɐ'vjuː] *n* entrevista *f*, interviú *f*
interviewen [ɪntɐ'vjuːən] *v* entrevistar a alguien
intim [ɪn'tiːm] *adj* íntimo
Intimität [ɪntimi'tɛːt] *f* intimidad *f*
Intimsphäre [ɪn'tiːmsfɛːrə] *f* esfera íntima *f*, esfera personal *f*
intolerant [ɪntɔle'rant] *adj* intolerante, intransigente
Intoleranz [ɪntɔle'rants] *f* intolerancia *f*, intransigencia *f*
intravenös [ɪntrave'nøːs] *adj* **1.** *MED* intravenoso; *adv* **2.** *MED* por vena
Intrige [ɪn'triːgə] *f* intriga *f*
Invalide [ɪnva'liːdə] *m* inválido *m*, minusválido *m*, impedido *m*
Invalidin [inva'liːdɪn] *f* inválida *f*, minusválida *f*, impedida *f*
Invasion [ɪnvas'joːn] *f POL* invasión *f*, incursión *f*, penetración *f*
Inventar [ɪnvɛn'taːɐ] *n* inventario *m*
Inventur [ɪnvɛn'tuːɐ] *f* levantamiento de inventario *m*, inventario *m*; *~ machen* hacer inventario
investieren [ɪnvɛ'stiːrən] *v* invertir
Investition [ɪnvɛsti'tsjoːn] *f* inversión *f*
Investmentfonds [ɪn'vɛstmɛntfɔ̃] *m ECO* fondo de inversión *m*
Inzest ['ɪntsɛst] *m* incesto *m*
inzestuös [ɪntsɛstu'ʼːs] *adj* incestuoso
inzwischen [ɪn'tsvɪʃən] *adv* entretanto, mientras tanto
Irak [i'raːk] *m GEO* Iraq/Irak *m*
Iran [i'raːn] *m GEO* Irán *m*
irdisch ['ɪrdɪʃ] *adj* terrestre, terrenal
irgendein ['ɪrgəntaɪn] *adj* cualquiera, algún, cualquier
irgendetwas ['ɪrgənt'ɛtvas] *adj* alguna cosa, cualquier cosa

irgendjemand ['ɪrgənt'je:mant] *adj* alguien, cualquier persona, cualquier ser humano
irgendwie ['ɪrgəntvi:] *adv* de cualquier modo, sea como sea, en cierta forma
irgendwo ['ɪrgəntvo:] *adv* en alguna parte, en cualquier parte, en algún sitio; *Ich habe es ~ schon mal gehört.* Lo he oído por ahí.
Irland ['ɪrlant] *n GEO* Irlanda *f*
Ironie [iro'ni:] *f* ironía *f*
irre ['ɪrə] *adj* confuso, demente, loco
Irre(r) ['ɪrə(-ɐ)] *m/f* loco/loca *m/f,* demente *m/f; jdn in die ~ führen* engañar a alguien/desorientar a alguien
irreführen ['ɪrəfy:rən] *v* extraviar, desviar, despistar
irren ['ɪrən] *v* equivocarse, cometer un error
Irrsinn ['ɪrzɪn] *m* locura *f,* demencia *f*
Irrtum ['ɪrtu:m] *m* error *m,* equivocación *f; ~ vorbehalten* salvo error u omisión; *sich im ~ befinden* estar equivocado
irrtümlich ['ɪrty:mlɪç] *adj* erróneo, equivocado
Ischias ['ɪʃias] *m ANAT* ciática *f*
ISDN [i:esde:'ɛn] *n (Integrated Services Digital Network) INFORM* RDSI (Red Digital de Servicios Integrados) *f*
Islam [ɪs'la:m] *m REL* islam *m*
islamisch [ɪs'la:mɪʃ] *adj REL* islámico
Islamismus [ɪsla'mɪsmus] *m POL* islamismo *m*
Islamist(in) [ɪsla'mɪst(ɪn)] *m/f POL* islamista *m/f*
Island ['i:slant] *n GEO* Islandia *f*
Isolation [izola'tsjo:n] *f* aislamiento *m*
isolieren [izo'li:rən] *v* aislar
Isolierung [izo'li:ruŋ] *f* aislamiento *m*
isotonisch [izo'to:nɪʃ] *adj* CHEM isotónico
Israel ['israe:l] *n GEO* Israel *m*
Italien [i'ta:ljən] *n GEO* Italia *f*
Italiener(in) [ital'je:nɐ(rɪn)] *m/f* italiano/italiana *m/f*
italienisch [ital'je:nɪʃ] *adj* italiano
Italienisch [ital'je:nɪʃ] *n* italiano *m*

I

J

ja [jaː] *adv* sí; *Ich sage ~.* Digo que sí.
Jacht [jaxt] *f* yate *m*
Jacke ['jakə] *f* **1.** *(Stoffjacke)* chaqueta *f*, saco *m (LA)*; *~ wie Hose sein* dar lo mismo; *die ~ vollkriegen* recibir una paliza; **2.** *(Wolljacke)* cardigán *m*, chaqueta de lana *f*
Jackett [ʒa'kɛt] *n* chaqueta *f*, americana *f*, saco *m (LA)*
Jade ['jaːdə] *m/f* jade *m*
Jagd [jaːkt] *f* caza *f*
Jagdgewehr ['jaːktgəveːɐ] *n* escopeta de caza *f*, rifle *m*
Jagdgründe ['jaːktgryndə] *pl in die ewigen ~ eingehen* estirar la pata *(fam)*
Jagdhund ['jaːkthunt] *m* perro de caza *m*
Jagdrevier ['jaːktreviːɐ] *n* cazadero *m*
jagen ['jaːgən] *v* cazar; *jdn mit etw ~ können* matar a alguien con algo *(fam)*
Jäger(in) ['jɛːgɐ(rɪn)] *m/f* cazador(a) *m/f*
Jaguar ['jaːguaɐ] *m* jaguar *m*
jäh [jɛː] *adj* **1.** *(plötzlich)* repentino, súbito; **2.** *(steil)* escarpado, empinado
Jahr [jaːɐ] *n* año *m*; *in die ~e kommen* entrar en edad/entrar en años; *in den besten ~en* en los mejores años/en la flor de la vida; *Frohes neues ~!* ¡Feliz Año Nuevo!
jahrelang ['jaːrəlaŋ] *adj* **1.** de muchos años; *adv* **2.** durante muchos años, años y años
Jahresabonnement ['jaːrəsabɔnəmɐ] *n* abono anual *m*, suscripción anual *f*
Jahresabschluss ['jaːrəsapʃlus] *m ECO* cierre de cuentas *f*, liquidación *f*, balance anual *m*
Jahrestag ['jaːrəstaːk] *m* aniversario *m*
Jahreswechsel ['jaːrəsvɛksəl] *m* entrada de un nuevo año *f*
Jahreszeit ['jaːrəstsaɪt] *f* estación del año *f*
Jahrgang ['jaːɐgaŋ] *m* año *m*, promoción *f*
Jahrhundert [jaːɐ'hundɐt] *n* siglo *m*
jährlich ['jɛːɐlɪç] *adj* **1.** anual; *adv* **2.** anualmente, cada año
Jahrmarkt ['jaːɐmarkt] *m* feria *f*
Jahrtausend [jaːɐ'tauzənt] *n* milenio *m*
Jahrzehnt [jaːɐ'tseːnt] *n* decenio *m*, década *f*
Jähzorn ['jɛːtsɔrn] *m* arrebato de cólera
jähzornig ['jɛːtsɔrnɪç] *adj* colérico, irascible, irritable
Jakobsweg ['jakɔpsveːk] *m* Camino de Santiago *m*
Jalousie [ʒalu'ziː] *f* persiana *f*
Jammer ['jamɐ] *m* **1.** *(Klagen)* lamento *m*, lamentación *f*; *ein ~ sein* ser una lástima; **2.** *(Elend)* miseria *f*
jämmerlich ['jɛmɐlɪç] *adj* **1.** lastimoso, miserable; *adv* **2.** lastimosamente
jammern ['jamɐn] *v ~ über* lamentarse de, quejarse de
jammerschade ['jamɐ'ʃaːdə] *adj* verdadera lástima; *Es ist ~, dass ...* Es una verdadera lástima que…
Januar ['januaːɐ] *m* enero *m*
Japan ['jaːpan] *n GEO* Japón *m*
Japaner(in) [ja'paːnɐ(rɪn)] *m/f* japonés/japonesa *m/f*
japanisch [ja'paːnɪʃ] *adj* japonés
Jargon [ʒar'gɔ̃] *m* jerga *f*
Jasmin [jas'miːn] *m BOT* jazmín *m*
jäten ['jɛːtən] *v* escardar, desherbar
jauchzen ['jauxtsən] *v* lanzar gritos de júbilo
jaulen ['jaulən] *v* **1.** gemir; **2.** *(Hund)* aullar
Jazz [dʒɛs] *m* jazz *m*, música de jazz *f*
je [jeː] *konj* **1.** *~ mehr* cuanto más; **2.** *(entsprechend)* según; *~ nachdem* depende de; *adv* **3.** *(~mals)* alguna vez, jamás; *Hast du ~ so etwas Hübsches gesehen?* ¿Has visto alguna vez cosa más bonita? *prep* **4.** *(pro)* por; *~ Person* por persona
Jeans [dʒiːns] pl vaqueros *m/pl*, pantalones tejanos *m/pl*
jede(r,s) ['jeːdə(ɐ,əs)] *pron* **1.** cada uno, cada cual, todo el mundo; *adj* **2.** cualquier, todo, cada; *~s Mal* cada vez
jedenfalls ['jeːdənfals] *adv* en todo caso, en cualquier caso

jederzeit ['je:dɐtsaɪt] *adv* en cualquier momento, siempre
jedoch [je'dɔx] *konj* sin embargo, no obstante
jemals ['je:mals] *adv* alguna vez; *Habe ich dich ~ angelogen?* ¿Te he mentido alguna vez?
jemand ['je:mant] *pron* alguien
jene(r,s) ['je:nə(ɐ,əs)] *pron (allein stehend für Person)* ése/ésa, aquél/aquélla, aquello
jenseits ['je:nzaɪts] *prep* del otro lado, al otro lado de
Jenseits ['je:nzaɪts] *n* el más allá *m*, el otro mundo *m*, la otra vida *f*, allende *m*
jetzt [jɛtst] *adv* ahora
jeweils ['je:vaɪls] *adv* en cada caso, respectivamente
Job [dʒɔp] *m* trabajo *m*
Jobbörse ['dʒɔpbœrzə] *f* bolsa de trabajo/de empleo *f*
Jockei ['dʒɔkeɪ] *m* jinete *m/f*, jockey *m/f*, amazona *f*
Jod [jo:t] *n CHEM* yodo *m*
Joghurt ['jo:gurt] *m/n GAST* yogur *m*
Johannisbeere [jo'hanɪsbe:rə] *f BOT* grosella *f*
Jongleur [ʒɔŋ'glø:ɐ] *m* malabarista *m/f*
jonglieren [ʒɔŋ'gli:rən] *v* hacer juegos malabares
Jordanien [jor'da:njən] *n GEO* Jordania *f*
Journalismus [ʒurna'lɪsmus] *n* periodismo *m*
Journalist(in) [ʒurna'lɪst(ɪn)] *m/f* periodista *m/f*
journalistisch [ʒurna'lɪstɪʃ] *adj* periodístico
jovial [jo'vja:l] *adj* **1.** jovial, alegre; *adv* **2.** jovialmente, alegremente
Jubel ['ju:bəl] *m* júbilo *m*, alegría *f*
jubeln ['ju:bəln] *v* dar gritos de júbilo, dar gritos de alegría
Jubiläum [ju:bi'lɛ:um] *n* aniversario *m*
jucken ['jukən] *v* picar, escocer
Juckreiz ['jukraɪts] *m MED* picor *m*, comezón *m*
Jude ['ju:də] *m* judío *m*
Judentum ['ju:dəntu:m] *n REL* judaísmo *m*
Judenverfolgung ['ju:dənfɛɐfɔlguŋ] *f* persecución de los judíos *f*
Jüdin ['jy:dɪn] *f* judía *f*
jüdisch ['jy:dɪʃ] *adj* judío
Judo ['ju:do] *n SPORT* yudo *m*
Jugend ['ju:gənt] *f* juventud *f*
Jugendamt ['ju:gəntamt] *n* oficina de protección de menores *f*
Jugendclub ['ju:gəntklup] *m* centro juvenil *m*
jugendfrei ['ju:gəntfraɪ] *adj* apto para menores
Jugendfreund(in) ['ju:gəntfrɔynt/(-frɔyndɪn)] *m/f* amigo/amiga de juventud *m/f*
Jugendherberge ['ju:gənthɛɐbɛrgə] *f* albergue juvenil *m*
Jugendkriminalität ['ju:gəntkrɪminalitɛ:t] *f* delincuencia juvenil *f*
jugendlich ['ju:gəntlɪç] *adj* juvenil
Jugendliche(r) ['ju:gəntlɪçə(-ɐ)] *m/f* menor de edad *m/f*, joven *m/f*
Jugendschutzgesetz ['ju:gəntʃutsgəzɛts] *n JUR* ley de protección de menores *f*
Jugendstil ['ju:gəntsti:l] *m ARCH, LIT* modernismo *m*
Jugendstrafanstalt ['ju:gəntʃtra:fanʃtalt] *f JUR* correccional *m*, centro penitenciario de menores *m*
Jugendsünde ['ju:gəntzyndə] *f* pecado de juventud *m*, muchachada *f*
Jugendzeit ['ju:gənttsaɪt] *f* juventud *f*
Jugoslawien [ju:go'sla:vjən] *n HIST* Yugoslavia *f*
jugoslawisch [ju:go'sla:vɪʃ] *adj HIST* yugoslavo
Juli ['ju:li] *m* julio *m*
jung [juŋ] *adj* joven; *~es Gemüse* jóvenes inexpertos
Junge ['juŋə] *m* muchacho *m*, chico *m*
jungenhaft ['juŋənhaft] *adj* pueril, de pilluelo, *(LA)* de chiquito
Jünger ['jyŋɐ] *m REL* discípulo *m*
Junges ['juŋəs] *n (Tier)* cría *f*
Jungfer ['juŋfɐ] *f (alte ~)* solterona *f*
Jungfernfahrt ['juŋfɐnfa:ɐt] *f* viaje inaugural *m*, primer viaje *m*
Jungfrau ['juŋfrau] *f* virgen *f*
Junggeselle ['juŋgəzɛlə] *m* soltero *m*
Junggesellin ['juŋgəzɛlɪn] *f* soltera *f*
Jüngling ['jyŋlɪŋ] *m* adolescente *m*, joven *m*
jüngst ['jyŋst] *adv* recientemente, hace poco

jüngste(r,s) ['jʏŋstə(ɐ,əs)] *adj* el más joven/la más joven
Juni ['juːni] *m* junio *m*
Junior ['juːnjɔɐ] *m* hijo *m,* júnior *m*
Juniorchef ['juːnjɔɐʃɛf] *m* hijo del jefe *m*
Jura ['juːra] *n* **1.** *JUR* derecho *m,* jurisprudencia *f; m* **2.** *GEO* Jura *m*
Jurist(in) [juː'rɪst(ɪn)] *m/f* jurista *m/f,* jurisconsulto/jurisconsulta *m/f*
juristisch [ju'rɪstɪʃ] *adj* jurídico
Jury [ʒy'riː] *f* jurado *m*
justieren [jus'tiːrən] *v* ajustar, asegurar
Justiz [jus'tiːts] *f* justicia *f*
Justizbehörde [jus'tiːtsbəhøːɐdə] *f* autoridad judicial *f*
Justizministerium [jus'tiːtsminɪsterium] *n* Ministerio de Justicia *m*
Jute ['juːtə] *f BOT* yute *m*
Juwel [ju'veːl] *n* joya *f*
Juwelier(in) [juvə'liːɐ(rɪn)] *m/f* joyero/joyera *m/f*
Jux [juks] *m* chanza *f,* broma *f; aus lauter ~ und Tollerei* simplemente por gusto/simplemente por placer

J

K

Kabarett [kaba'rɛt] *n THEAT* cabaret *m*
Kabel ['ka:bəl] *n* cable *m*
Kabelfernsehen ['ka:bəlfɛrnze:ən] *n* televisión por cable *f*
Kabeljau ['ka:bəljau] *m ZOOL* bacalao *m,* abadejo fresco *m*
Kabine [ka'bi:nə] *f* cabina *f,* camarote *m*
Kabinett [kabi'nɛt] *n POL* gabinete *m,* consejo de ministros *m*
Kabriolett [ka:brio'lɛt] *n (Auto)* descapotable *m,* convertible *m (LA)*
Kachel ['kaxəl] *f* azulejo *m,* baldosa *f*
Kachelofen ['kaxəlo:fən] *m* estufa de azulejos *f*
Kadaver [ka'da:vɐ] *m* cadáver *m*
Käfer ['kɛ:fɐ] *m ZOOL* escarabajo *m*
Kaffee ['kafe:] *m* café *m; Das ist alles kalter ~!* ¡Eso no son más que cuentos de hadas!
Kaffeekanne ['kafekanə] *f* cafetera *f*
Kaffeelöffel ['kafelœfəl] *m* cucharilla de café *f*
Kaffeemaschine ['kafemaʃi:nə] *f* cafetera automática *f*
Kaffeetasse ['kafetasə] *f* tasa de café *f*
Käfig ['kɛ:fɪç] *m* jaula *f; im goldenen ~ sitzen (fig)* ser un rico infeliz
kahl [ka:l] *adj* **1.** *(unbewachsen)* árido; **2.** *(glatzköpfig)* calvo; **3.** *(ohne Blätter)* deshojado
Kahn [ka:n] *m* bote *m,* barca *f; einen im ~ haben (fam)* tener una moña
Kai [kaɪ] *m* muelle *m*
Kaiser(in) ['kaɪzɐ(rɪn)] *m/f* emperador/emperatriz *m/f*
kaiserlich ['kaɪzɐlɪç] *adj* imperial
Kaiserreich ['kaɪzɐraɪç] *n* imperio *m*
Kajüte [ka'jy:tə] *f* camarote *m,* cabina *f*
Kakao [ka'kau] *m* cacao *m; jdn durch den ~ ziehen (fig)* tomar el pelo a alguien
Kaktus ['kaktus] *m BOT* cactus *m,* cacto *m*
Kalb ['kalp] *n ZOOL* ternero *m,* becerro *m,* ternera *f*
Kalbfleisch ['kalpflaɪʃ] *n GAST* carne de ternera *f*
Kalender [ka'lɛndɐ] *m* calendario *m; etw rot im ~ anstreichen* apuntar algo en rojo en el calendario
Kalenderjahr [ka'lɛndɐja:ɐ] *n* año civil *m*
Kalium ['ka:ljum] *n CHEM* potasio *m*
Kalk [kalk] *m CHEM* cal *f*
kalkig ['kalkɪç] *adj* calcáreo
Kalkulation [kalkula'tsjo:n] *f* cálculo *m*
kalkulieren [kalku'li:rən] *v* calcular
Kalorie [kalo'ri:] *f PHYS* caloría *f*
kalt [kalt] *adj* **1.** frío; *Kalter Krieg* guerra fría *f; ~ lassen (fam)* no inmutarse; *~ stellen (fig)* privar de toda influencia; **2.** *(fig)* indiferente, frígido
Kälte ['kɛltə] *f* **1.** frío *m;* **2.** *(fig)* frialdad *f,* indiferencia *f*
Kalzium ['kaltsjum] *n CHEM* calcio *m*
Kamel [ka'me:l] *n ZOOL* camello *m*
Kamera ['kamera] *f* **1.** *(Fotokamera)* cámara fotográfica *f,* máquina fotográfica *f;* **2.** *(Fernsehkamera) CINE* cámara de televisión *f*
Kamerad(in) [kamɐ'ra:t(-dɪn)] *m/f* camarada *m/f,* compañero/compañera *m/f*
kameradschaftlich [kamə'ra:tʃaftlɪç] *adj* **1.** de camarada, de compañero; *adv* **2.** con camaradería, con compañerismo
Kamille [ka'mɪlə] *f BOT* manzanilla *f*
Kamin [ka'mi:n] *m* chimenea *f*
Kaminkehrer [ka'mi:nke:rɐ] *m* deshollinador *m,* limpiachimeneas *m*
Kamm [kam] *m* **1.** *(Haarkamm)* peine *m; alles über einen ~ scheren (fig)* medir todo por el mismo rasero; **2.** *(Bergkamm)* cresta *f,* cima *f,* cumbre *f;* **3.** *(Hahnenkamm)* cresta *f; Mir schwillt der ~!* ¡Se me alza la cresta!
kämmen ['kɛmən] *v* peinar, peinarse
Kammer ['kamɐ] *f* **1.** cuarto de depósito *m;* **2.** *(Herzkammer) ANAT* ventrículo *m;* **3.** *POL* cámara *f*
Kampagne [kam'paɲe] *f* campaña *f*
Kampf [kampf] *m* **1.** lucha *f,* combate *m;* **2.** *(Wettkampf)* lucha *f,* encuentro *m,* torneo *m*

K

kämpfen ['kɛmpfən] *v* luchar, combatir
Kämpfer(in) ['kɛmpfɐ(rɪn)] *m/f* **1.** luchador(a) *m/f,* combatiente *m/f;* **2.** *(Wettkämpfer(in))* atleta *m/f,* jugador(a) *m/f*
kämpferisch ['kɛmpfɐrɪʃ] *adj* combativo, luchador
kampieren [kam'pi:rən] *v* acampar
Kanada ['kanada] *n GEO* Canadá *m*
Kanadier(in) [ka'na:djɐ(rɪn)] *m/f* canadiense *m/f*
kanadisch [ka'na:dɪʃ] *adj* canadiense
Kanal [ka'na:l] *m* canal *m; den ~ voll haben (fam)* estar harto
Kanalisation [kanaliza'tsjo:n] *f* canalización *f*
Kandidat(in) [kandi'da:t(ɪn)] *m/f* candidato/candidata *m/f*
kandidieren [kandi'di:rən] *v* presentar su candidatura
kandiert [kan'di:ɐt] *adj* azucarado, acaramelado
Kanditatur [kandita'tu:ɐ] *f* candidatura *f*
Känguru ['kɛŋguru:] *n ZOOL* canguro *m*
Kaninchen [ka'ni:nçən] *n ZOOL* conejo *m*
Kanister [ka'nɪstɐ] *m* lata *f,* bidón *m*
Kanne ['kanə] *f* jarra *f*
Kanon ['ka:nɔn] *m MUS* canon *m*
Kanone [ka'no:nə] *f MIL* cañón *m*
Kante ['kantə] *f* **1.** canto *m,* esquina *f;* **2.** *(Rand)* borde *m; auf die hohe ~ legen (fig)* hacer ahorros; *auf der hohen ~ haben* tener ahorrado
Kantine [kan'ti:nə] *f* cantina *f,* comedor colectivo *m*
Kanu ['ka:nu] *n* canoa *f*
Kanüle [ka'ny:lə] *f MED* cánula *f*
Kanzel ['kantsəl] *f REL* púlpito *m*
Kanzlei [kants'laɪ] *f* cancillería *f*
Kanzler(in) ['kantslɐ(rɪn)] *m/f POL* canciller/cancillera *m/f*
Kanzleramt ['kantslɐamt] *n POL* cancillería *f*
Kap [kap] *n GEO* cabo *m*
Kapazität [kapatsi'tɛ:t] *f* **1.** capacidad *f;* **2.** *(fig)* eminencia *f,* autoridad *f*
Kapelle [ka'pɛlə] *f* **1.** *MUS* orquesta *f;* **2.** *REL* capilla *f*
Kaper ['ka:pɐ] *f BOT* alcaparra *f*
kapieren [ka'pi:rən] *v (fam)* comprender, entender
Kapillare [kapi'la:rə] *f ANAT* capilar *m*
Kapital [kapi'ta:l] *n* capital *m; aus etw ~ schlagen* sacar provecho de algo
Kapitalismus [kapita'lɪsmus] *m* capitalismo *m*
kapitalistisch [kapita'lɪstɪʃ] *adj* capitalista
Kapitän [kapi'tɛ:n] *m* **1.** *(Schiffskapitän)* capitán *m;* **2.** *(Flugkapitän)* comandante de abordo *m,* capitán *m (LA)*
Kapitel [ka'pɪtəl] *n* capítulo *m*
Kapitulation [kapitula'tsjo:n] *f* capitulación *f,* rendición *f*
kapitulieren [kapitu'li:rən] *v* capitular, rendirse, claudicar, entregarse
Kaplan [kap'la:n] *m REL* capellán *m*
Kappe ['kapə] *f* **1.** *(Kopfbedeckung)* gorra *f; etw auf seine ~ nehmen (fig)* asumir su responsabilidad en algo/correr por su cuenta algo; **2.** *(Verschlusskappe)* tapa *f*
kapriziös [kapri'tsjø:s] *adj* caprichoso
Kapsel ['kapsəl] *f* cápsula *f*
kaputt [ka'put] *adj* **1.** *(entzwei)* roto, estropeado, destrozado; **2.** *(fam: müde)* reventado, rendido, muerto de cansancio
kaputtgehen [ka'putge:ən] *v irr* romperse, estropearse, destrozarse
kaputtlachen [ka'putlaxən] *v sich ~ (fam)* morirse de risa, desternillarse de risa
Kapuze [ka'pu:tsə] *f* capucha *f*
Karaffe [ka'rafə] *f* garrafa *f*
Karat [ka'ra:t] *n* quilate *m*
Karate [ka'ra:tə] *n SPORT* karate *m*
Karawane [kara'va:nə] *f* caravana *f*
Kardinal [kardi'na:l] *m REL* cardenal *m*
Kardinalzahl [kardi'na:ltsa:l] *f MATH* número cardinal *m*
Kardiologie [kardjolo'gi:] *f MED* cardiología *f*
Karfreitag [ka:r'fraɪta:k] *m REL* Viernes Santo *m*
karg [kark] *adj* escaso, raro
kariert [ka'ri:rt] *adj* cuadriculado, de cuadros
Karies ['ka:riɛs] *f MED* caries *f*
Karikatur [karika'tu:r] *f* caricatura *f*
Karikaturist(in) [karikatu'rɪst(ɪn)] *m/f* caricaturista *m/f*
karikieren [kari'ki:rən] *v* caricaturizar, hacer la caricatura de
Karneval ['karnəval] *m* carnaval *m*

K

Karnevalszug ['karnəvalstsu:k] *m* desfile de carnaval *m*

Karosserie [karɔsə'ri:] *f TECH* carrocería *f*

Karotte [ka'rɔtə] *f BOT* zanahoria *f*

Karpfen ['karpfən] *m ZOOL* carpa *f*

Karren ['karən] *m* carro *m*, carreta *f*, carromato *m; den ~ aus dem Dreck ziehen (fig)* sacar las castañas del fuego; *jdm an den ~ fahren* poner mal a alguien *(fam)*/hablar mal de alguien

Karriere [ka'rjɛ:rə] *f* carrera *f; ~ machen* hacer carrera

Karte ['kartə] *f* **1.** *(Eintrittskarte)* entrada *f;* **2.** *(Ansichtskarte)* tarjeta postal *f;* **3.** *(Speisekarte)* carta *f*, menú *m;* **4.** *(Spielkarte)* carta *f*, naipe *m; alle ~n in der Hand haben (fig)* tener la sartén por el mango; *schlechte ~n haben* tener malas cartas/tener pocas probabilidades de éxito; *seine ~n offen auf den Tisch legen* poner las cartas sobre la mesa; *alles auf eine ~ setzen* jugar el todo por el todo/jugar todo a una carta; *jdm in die ~n schauen* ver las intenciones de alguien; *mit offenen ~n spielen* jugar a cartas vistas; *mit gezinkten ~n spielen* jugar con cartas trucadas; **5.** *(Landkarte)* mapa *m*

Kartei [kar'taɪ] *f* fichero *m*

Kartell [kar'tɛl] *n ECO* cártel *m*, consorcio *m*

Kartenspiel ['kartənʃpi:l] *n* juego de cartas *m*, juego de naipes *m*

Kartoffel [kar'tɔfəl] *f BOT* patata *f*, papa *f (LA); jdn fallen lassen wie eine heiße ~* dejar plantado a alguien

Kartoffelbrei [kar'tɔfəlbraɪ] *m GAST* puré de patatas *m*, puré de papas *m (LA)*

Karton [kar'tɔŋ] *m* **1.** *(Material)* cartón *m;* **2.** *(Schachtel)* caja de cartón *f*

Karussell [karu'sɛl] *n* carrusel *m*, tiovivo *m*

kaschieren [ka'ʃi:rən] *v* disimular, ocultar, escamotear

Käse ['kɛ:zə] *m* **1.** *GAST* queso *m;* **2.** *(fam: Unsinn)* tonterías *f/pl*, bobadas *f/pl*

Kaserne [ka'zɛrnə] *f MIL* cuartel *m*, acuartelamiento *m*

Kasse ['kasə] *f* **1.** caja *f; bei ~ sein* tener fondos; *tief in die ~ greifen müssen* tener que desembolsar un dineral; *jdn zur ~ bitten* pedir dinero a alguien; **2.** *(Krankenkasse)* seguro de enfermedad *n*, seguro médico *m;* **3.** *(Sparkasse)* caja de ahorros *f*

Kassenzettel ['kasəntsɛtəl] *m* bono de caja *m*

Kassette [ka'sɛtə] *f* cajita *f*, cofrecillo *m*

Kassettenrekorder [ka'sɛtənrekɔrdɐ] *n HIST* casete *m*, tocacasetes *m (LA)*

kassieren [ka'si:rən] *v* cobrar

Kassierer(in) [ka'si:rɐ(rɪn)] *m/f* cajero/cajera *m/f*

Kastanie [kas'ta:njə] *f BOT* castaña *f; für jdn die ~n aus dem Feuer holen (fig)* sacarle las castañas del fuego a alguien

Kasten ['kastən] *m* caja *f*, cofre *m; etw auf dem ~ haben (fam)* tener algo en la mollera

kastrieren [kas'tri:rən] *v MED* castrar, capar

Katalog [kata'lo:k] *m* catálogo *m*

Katalysator [kataly'za:to:ɐ] *m* **1.** *TECH* catalizador *m*

Katarr [ka'tar] *m MED* catarro *m*

katastrophal [katastro'fa:l] *adj* catastrófico, funesto

Katastrophe [katas'tro:fə] *f* catástrofe *f*

Katastrophenalarm [katas'tro:fənalarm] *m* alarma en caso de catástrofe *f*

Katechismus [katɛ'çɪsmus] *m REL* catecismo *m*

Kategorie [katego'ri:] *f* categoría *f*

kategorisch [kate'go:rɪʃ] *adj* **1.** categórico; *adv* **2.** categóricamente

Kater[1] ['ka:tɐ] *m ZOOL* gato *m*

Kater[2] ['ka:tɐ] *m (fam)* resaca *f*

Kathedrale [kate'dra:lə] *f REL* catedral *f*

Katheter [ka'te:tɐ] *m MED* catéter *m*, sonda *f*

Katholik(in) [kato'li:k(ɪn)] *m/f REL* católico/católica *m/f*

katholisch [ka'to:lɪʃ] *adj REL* católico

Katze ['katsə] *f ZOOL* gata *f; die ~ im Sack kaufen (fig)* comprar gato por liebre; *die ~ aus dem Sack lassen* confesarlo

Katzensprung ['katsənʃpruŋ] *m (fam)* camino corto *m*, distancia corta *f; Es ist nur einen ~ entfernt.* Está a dos pasos.

kauen ['kauən] *v* masticar, mascar

K

kauern ['kauɐn] *v* acuclillarse, ponerse en cuclillas
Kauf [kauf] *m* compra *f*, adquisición *f*; *etw in ~ nehmen* conformarse con algo
kaufen ['kaufən] *v* comprar, adquirir; *sich jdn ~ (fig)* granjearse las simpatías de alguien
Käufer(in) ['kɔyfɐ(rɪn)] *m/f* comprador(a) *m/f*
Kauffrau ['kauffrau] *f* comerciante, negociante *m/f*
Kaufhaus ['kaufhaus] *n* grandes almacenes *m/pl*, centro comercial *m*
Kaufkraft ['kaufkraft] *f* ECO poder adquisitivo *m*
käuflich ['kɔyflɪç] *adj* **1.** comprable, adquirible; **2.** *(fig: bestechlich)* sobornable
Kaufmann ['kaufman] *m* comerciante *m/f*, negociante *m/f*
kaufmännisch ['kaufmɛnɪʃ] *adj* comercial, mercantil

K

Kaufpreis ['kaufpraɪs] *m* precio de compra *m*
Kaufvertrag ['kauffɛɐtra:k] *m* contrato de compraventa *m*
Kaugummi ['kaugumi] *m* GAST chicle *m*, goma de mascar *f*
Kaulquappe ['kaulkvapə] *f* ZOOL renacuajo *m*
kaum [kaum] *adv* **1.** apenas, difícilmente; *konj* **2.** casi, por poco, apenas; *Kaum war ich aus der Wohnung, fing es an zu regnen.* Apenas salí del piso, empezó a llover.
Kaution [kau'tsjo:n] *f* caución *f*, fianza *f*
Kavalier [kava'li:ɐ] *m* caballero *m*
Kaviar ['ka:via:r] *m* GAST caviar *m*
Kegel ['ke:gəl] *m* **1.** *(zum Spiel)* bolo *m*; **2.** MATH cono *m*
Kegelbahn ['ke:gəlba:n] *f* bolera *f*
kegeln ['ke:gəln] *v* jugar a los bolos
Kehle ['ke:lə] *f* ANAT garganta *f*; *jdm die ~ zuschnüren (fig)* apretar la garganta a alguien; *sich die ~ aus dem Hals schreien* desgañitarse; *eine trockene ~ haben* tener la garganta seca; *etw in die falsche ~ bekommen* interpretar algo mal/tomar algo a mal; *Jetzt geht es ihm an die ~.* Tiene un cuchillo en el cuello. *(fig)*/Está amenazado.
Kehlkopf ['ke:lkɔpf] *f* ANAT laringe *f*
Kehrbesen ['ke:ɐbe:zən] *m* escoba *f*
kehren[1] ['ke:rən] *v (fegen)* barrer
kehren[2] ['ke:rən] *v (wenden)* volver; *in sich gekehrt* ensimismado/absorto; *jdm den Rücken ~* volver a alguien la espalda
Kehrschaufel ['ke:ɐʃaufəl] *f* pala *f*
Kehrseite ['ke:ɐzaɪtə] *f* **1.** *(Rückseite)* revés *m*; **2.** *(fig)* aspecto negativo de algo *m*; *die ~ der Medaille* el otro lado de la medalla *m*
kehrtmachen ['ke:ɐtmaxən] *v* volver atrás, dar la vuelta
Keil [kaɪl] *m* cuña *f*
Keilerei [kaɪlɐ'raɪ] *f (fam)* pelea *f*, riña *f*
Keim [kaɪm] *m* **1.** *(fig)* origen *m*; **2.** BIO germen *m*; *etw im ~ ersticken (fig)* cortar algo de raíz; **3.** MED agente patógeno *m*
keimen ['kaɪmən] *v* BIO germinar, BOT brotar
Keimzelle ['kaɪmtsɛlə] *f* **1.** *(fig)* foco *m*; **2.** BIO célula germinal *f*
kein(e) [kaɪn/'kaɪnə] *adj* ningún/ninguna
keine(r,s) ['kaɪnə(ɐ,əs)] *pron* ningún/ninguno
keinerlei ['kaɪnɐlaɪ] *adj* ningún, de ninguna clase
keinesfalls ['kaɪnəsfals] *adv* de ningún modo, en ningún caso
keineswegs ['kaɪnəsve:ks] *adv* de ninguna manera, en absoluto, de manera alguna
Keks [ke:ks] *m* GAST galleta *f*
Kelch [kɛlç] *m* copa *f*, REL cáliz *m*
Kelle ['kɛlə] *f* **1.** *(Schöpfkelle)* cucharón *m*; **2.** *(Maurerkelle)* paleta *f*
Keller ['kɛlɐ] *m* sótano *m*
Kellner(in) ['kɛlnɐ(rɪn)] *m/f* camarero/camarera *m/f*, mozo/moza *m/f*
keltern ['kɛltɐn] *v* pisar la uva, prensar la uva
kennen ['kɛnən] *v irr* conocer, saber; *Da kennt er gar nichts!* ¡Ahí no hay quien le pare! *jdn ~lernen* llegar a conocer a alguien/trabar amistad con alguien
Kenner(in) ['kɛnɐ(rɪn)] *m/f* conocedor(a) *m/f*, entendido/entendida *m/f*
Kenntnis ['kɛntnɪs] *f* conocimiento *m*; *etw zur ~ nehmen* tomar nota de algo; *sich jds ~ entziehen* no tener conocimiento de algo; *jdn von etw in ~ setzen* informar a alguien de algo

Kenntnisnahme ['kɛntnɪsnaːmə] *f zur ~* para información *f,* para conocimiento *m*
Kennwort ['kɛnvɔrt] *n* palabra clave *f,* contraseña *f,* consigna *f*
Kennzeichen ['kɛntsaɪçən] *n* **1.** *(Merkmal)* marca *f,* señal *f;* **2.** *(Autokennzeichen)* placa de matrícula *f*
kennzeichnen ['kɛntsaɪçnən] *v* marcar, señalar
kentern ['kɛntɐn] *v* zozobrar, hundirse, sumergirse
Keramik [ke'raːmɪk] *f* cerámica *f*
Kerbe ['kɛrbə] *f* muesca *f,* entalladura *f*
Kerker ['kɛrkɐ] *m* calabozo *m,* mazmorra *f*
Kerl [kɛrl] *m (fam)* tío *m,* tipo *m*
Kern [kɛrn] *m* **1.** *(Obstkern)* pepita *f,* pepa *f (LA); der harte ~ (fig)* los de mayor compromiso/los más activos *m/pl;* **2.** *(fig: Mittelpunkt)* centro *m,* punto central *m;* **3.** *(fig: Wesentliches)* esencia *f;* **4.** PHYS núcleo *m*
Kernenergie ['kɛrnenɐgiː] *f* PHYS energía nuclear *f*
Kernkraftwerk ['kɛrnkraftvɛrk] *n* central nuclear *f*
Kerze ['kɛrtsə] *f* vela *f*
Kerzenlicht ['kɛrtsənlɪçt] *n* luz de vela *f*
Kerzenständer ['kɛrtsənʃtɛndɐ] *m* candelabro *m,* portavelas *m*
kess ['kɛs] *adj* coqueto, bonito y algo atrevido
Kessel ['kɛsəl] *m* **1.** *(Kochgefäß)* olla *f;* **2.** *(Heizkessel)* caldera *f*
Kette ['kɛtə] *f* **1.** cadena *f; jdn an die ~ legen (fig)* amarrar a alguien; *an der ~ liegen* estar amarrado; **2.** *(Halskette)* collar *m;* **3.** *(Serie)* serie *f*
Kettenreaktion ['kɛtənreaktsjoːn] *f* PHYS reacción en cadena *f*
Ketzer(in) ['kɛtsɐ(rɪn)] *m/f* REL hereje *m/f*
ketzerisch ['kɛtsɐrɪʃ] *adj* REL herético, hereje
keuchen ['kɔyçən] *v* jadear, respirar con dificultad
Keuchhusten ['kɔyçhuːstən] *m* MED tosferina *f,* tos convulsiva *f (LA)*
Keule ['kɔylə] *f* **1.** maza *f,* porra *f;* **2.** GAST pierna *f*
keusch [kɔyʃ] *adj* casto, púdico
kichern ['kɪçɐn] *v* reír para sus adentros, reír a socapa
kidnappen ['kɪtnɛpən] *v* secuestrar
Kiefer[1] ['kiːfɐ] *f* BOT pino *m*
Kiefer[2] ['kiːfɐ] *m* ANAT maxilar *m,* mandíbula *f,* quijada *f*
Kieferorthopädie ['kiːfɐɔrtopɛdiː] *f* MED ortodoncia *f*
Kieme ['kiːmə] *f* ZOOL agalla *f; etw zwischen die ~n bekommen* echarse algo entre dientes *(fam)*
Kies [kiːs] *m* grava *f,* casquijo *m*
Kieselstein ['kiːzəlʃtaɪn] *m* guijarro *m,* canto rodado *m*
Kilogramm ['kilogram] *n* kilogramo *m*
Kilometer [kilo'meːtɐ] *m* kilómetro *m*
Kilowatt ['kilovat] *n* kilovatio *m*
Kind [kɪnt] *n* niño *m,* niña *f; bei jdm lieb ~ sein* ser apreciado por alguien; *das ~ beim richtigen Namen nennen (fig)* hablar en cristiano; *mit ~ und Kegel* con todos los trastos; *Wir werden das ~ schon schaukeln!* ¡Ya nos arreglaremos!
Kinderarzt ['kɪndɐartst] *m* pediatra *m/f*
Kinderärztin ['kɪndɐɛrtstɪn] *f* pediatra *m/f*
Kindergarten ['kɪndɐgartən] *m* jardín de infancia *m,* kínder *m*
Kindergärtner(in) ['kɪndɐgɛrtnɐ(rɪn)] *m/f* maestro de jardín de infancia/maestra de jardín de infancia *f/m*
Kinderheim ['kɪndɐhaɪm] *n* hogar para niños *m,* orfanato *m*
Kinderhort ['kɪndɐhɔrt] *m* casa cuna *f,* guardería infantil *f*
Kindermädchen ['kɪndɐmɛːtçən] *n* niñera *f*
kinderreich ['kɪndɐraɪç] *adj* de familia numerosa, de muchos hijos
Kinderwagen ['kɪndɐvaːgən] *m* cochecito de niños *m*
Kinderzimmer ['kɪndɐtsɪmɐ] *n* cuarto de los niños *m*
Kindheit ['kɪnthaɪt] *f* infancia *f*
kindisch ['kɪndɪʃ] *adj* **1.** infantil; *adv* **2.** infantilmente, como un niño
Kinn [kɪn] *n* ANAT barbilla *f,* mentón *m*
Kinnhaken ['kɪnhaːkən] *m* gancho a la mandíbula *m*
Kino ['kiːno] *n* CINE cine *m*

K

Kiosk ['kiɔsk] *m* kiosco *m,* quiosco *m*
kippen ['kɪpən] *v* volcar, tumbar
Kirche ['kɪrçə] *f* iglesia *f; die ~ im Dorf lassen (fig)* poner las cosas en su sitio
Kirchenlied ['kɪrçənli:t] *n* cántico *m*
kirchlich ['kɪrçlɪç] *adj* eclesiástico, de la iglesia
Kirchturm ['kɪrçturm] *m* campanario *m,* torre de la iglesia *f*
Kirsche ['kɪrʃə] *f BOT* **1.** *(Frucht)* cereza *f; Mit ihm ist nicht gut ~n essen!* ¡Ni en burlas ni en veras con él partas peras! **2.** *(Baum)* cerezo *m*
Kissen ['kɪsən] *n* **1.** cojín *m,* almohadón *m;* **2.** *(Kopfkissen)* almohada *f*
Kissenbezug ['kɪsənbətsu:k] *m* funda de almohada *f*
Kissenschlacht ['kɪsənʃlaxt] *f* batalla de almohadas *f*
Kiste ['kɪstə] *f* caja *f,* cajón *m*
Kitsch [kɪtʃ] *m* cursilería *f,* kitsch *m*
kitschig ['kɪtʃɪç] *adj* cursi
Kittel ['kɪtəl] *m* bata *f*
kitten ['kɪtən] *v (fig)* componer, arreglar
kitzelig ['kɪtsəlɪç] *adj* cosquilloso
kitzeln ['kɪtsəln] *v* cosquillear, hacer cosquillas
Kiwi ['ki:vi:] *f BOT* kiwi *m*
klaffen ['klafən] *v* estar abierto, estar mal unido
kläffen ['klɛfən] *v* ladrar, aullar
Klage ['kla:gə] *f* **1.** queja *f,* lamentación *f,* lamento *m;* **2.** *JUR* demanda *f*
klagen ['kla:gən] *v* **1.** *~ über* quejarse de; **2.** *~ gegen JUR* demandar a
Kläger(in) ['klɛ:gɐ(rɪn)] *m/f JUR* demandante *m/f*
kläglich ['klɛ:klɪç] *adj* lastimoso, lamentable
klamm [klam] *adj* **1.** *(Wetter)* húmedo; **2.** *(Finger)* rígido, tieso
Klammer ['klamɐ] *f* **1.** *(Büroklammer)* sujetapapeles *m,* clip *m;* **2.** *(Heftklammer)* grapa *f;* **3.** *(Wäscheklammer)* pinza para la ropa *f;* **4.** *GRAMM* paréntesis *m*
Klamotten [kla'mɔtən] *pl (fam)* trapos *m/pl,* ropa *f*
Klang [klaŋ] *m* sonido *m*
klangvoll ['klaŋfɔl] *adj* **1.** sonoro; **2.** *(fig)* prestigioso, famoso
Klappbett ['klapbɛt] *n* cama plegable *f*
Klappe ['klapə] *f* tapa *f; eine große ~ haben* ser un bocazas *(fam); jdm eine auf die ~ geben* darle a alguien en el morro *(fam)*
klappen ['klapən] *v (fig: gelingen)* salir bien, ir bien
klapp(e)rig ['klap(ə)rɪç] *adj* **1.** *(Sache)* destartalado; **2.** *(Person)* muy débil, delicado de salud
klappern ['klapɐn] *v* matraquear
Klappstuhl ['klapʃtu:l] *m* silla plegable *f*
Klapptisch ['klaptɪʃ] *m* mesa plegable *f*
klar [kla:ɐ] *adj* **1.** *(Flüssigkeit)* transparente; *Das ist ~ wie Kloßbrühe!* ¡Está tan claro como el agua! **2.** *(Luft)* diáfano, puro; **3.** *(Aussage)* preciso, claro; **4.** *(Wetter)* despejado
Kläranlage ['klɛ:ɐanla:gə] *f* planta depuradora *f*
klären ['klɛ:rən] *v* **1.** *(reinigen)* clarificar; **2.** *(Situation)* aclarar, poner en claro; *Es hat sich geklärt.* Ya está claro.
Klarheit ['kla:ɐhaɪt] *f* **1.** *(einer Flüssigkeit)* transparencia *f;* **2.** *(der Luft)* pureza *f;* **3.** *(des Verstandes)* lucidez *f*
Klarinette [klari'nɛtə] *f MUS* clarinete *m*
klarmachen ['kla:ɐmaxən] *v* **1.** *(erklären)* explicar a alguien algo; **2.** *(bereitmachen)* prepararse, alistarse
klarstellen ['kla:ɐʃtɛlən] *v* aclarar, poner en claro, explicar
Klärung ['klɛ:ruŋ] *f* **1.** *(Reinigung)* clarificación *f;* **2.** *(Klarstellung)* aclaración *f,* explicación *f*
Klasse ['klasə] *f* **1.** *(Kategorie)* categoría *f,* clase *f;* **2.** *(Schulklasse)* clase *f;* **3.** *(soziale ~)* clase *f*
Klassifikation [klasifika'tsjo:n] *f* clasificación *f*
Klassik ['klasɪk] *f* **1.** *(Zeitabschnitt)* época clásica *f;* **2.** *(Stil)* clasicismo *m;* **3.** *MUS* música clásica *f*
Klassiker ['klasɪkɐ] *m* **1.** *(Person)* autor clásico *m;* **2.** *(Werk)* obras clásicas *f/pl,* clásico *m*
klassisch ['klasɪʃ] *adj* clásico
Klassizismus [klasi'tsɪsmus] *m* clasicismo *m*
Klatsch [klatʃ] *m (fam)* comadreo *m,* chismorreo *m*
klatschen ['klatʃən] *v* **1.** *(Geräusch)* chasquear; **2.** *(Beifall ~)* aplaudir, acla-

mar, vitorear; *jdm eine ~* pegarle una bofetada a alguien; **3.** *(negativ reden)* comadrear, chismear
Klatschspalte ['klatʃʃpaltə] *f* columna de chismografía *f*
klauen ['klauən] *v (fam)* robar, hurtar
Klausel ['klauzəl] *f JUR* cláusula *f*
Klausur [klau'zu:ɐ] *f* **1.** *(Abgeschiedenheit)* clausura *f;* **2.** *(Prüfung)* examen escrito *m*
Klavier [kla'vi:ɐ] *n MUS* piano *m*
Klebeband ['kle:bəbant] *n* cinta adhesiva *f*
kleben ['kle:bən] *v* **1.** adherir, adherirse, pegar, pegarse; **2.** *(ankleben)* pegar, fijar; *jdm eine ~* darle una torta a alguien
klebrig ['kle:brɪç] *adj* pegajoso
Klebstoff ['kle:pʃtɔf] *m* pegamento *m,* adhesivo *m*
kleckern ['klɛkɐn] *v (fam)* marranear, ensuciar al comer, ensuciarse al comer
Klecks [klɛks] *m* mancha *f*
Klee [kle:] *m* trébol *m*
Kleid [klaɪt] *n* vestido *m,* traje *m*
kleiden ['klaɪdən] *v* **1.** *sich ~* vestirse, ponerse la ropa; **2.** *(gut aussehen)* sentar bien
Kleiderbügel ['klaɪdɐby:gəl] *m* percha *f,* colgador *m*
Kleiderhaken ['klaɪdɐha:kən] *m* colgador *m,* gancho *m*
Kleiderschrank ['klaɪdɐʃraŋk] *m* ropero *m,* guardarropa *m,* armario ropero *m*
Kleidung ['klaɪduŋ] *f* ropa *f,* vestuario *m*
klein [klaɪn] *adj* pequeño
Kleingedrucktes ['klaɪngədruktəs] *n* letra menuda *f*
Kleingeld ['klaɪngɛlt] *n* suelto *m,* sencillo *m (LA)*
Kleinigkeit ['klaɪnɪçkaɪt] *f* pequeñez *f,* insignificancia *f*
kleinlaut ['klaɪnlaut] *adj* apocado, abatido
kleinlich ['klaɪnlɪç] *adj* **1.** *(engstirnig)* de miras estrechas; **2.** *(geizig)* tacaño, mezquino
kleinmütig ['klaɪnmy:tɪç] *adj* **1.** pusilánime, apocado; *adv* **2.** desalentado
Kleinod ['klaɪno:t] *n* joya *f,* alhaja *f*
Kleinstadt ['klaɪnʃtat] *f* villa *f,* pequeña ciudad *f*
Klemme ['klɛmə] *f* **1.** pinza *f;* **2.** *(fig)* aprieto *m; in der ~ sitzen* estar en un aprieto
klemmen ['klɛmən] *v* **1.** *(festsitzen)* bloquearse; **2.** *(einzwängen)* apretar, ajustar
Klempner ['klɛmpnɐ] *m* hojalatero *m,* fontanero *m,* plomero *m (LA)*
Klerus ['kle:rus] *m REL* clero *m*
Klette ['klɛtə] *f* **1.** *BOT* lampazo *m,* lapa *f;* **2.** *(fam)* lapa *f,* pegajoso *m; eine ~ sein* ser muy pegadizo
klettern ['klɛtɐn] *v ~ auf* trepar a, subir a
Klient(in) [kli'ɛnt(ɪn)] *m/f* cliente/clienta *m/f*
Klima ['kli:ma] *n* clima *m*
Klimaanlage ['kli:maanla:gə] *f* aire acondicionado *m*
Klimakatastrophe ['klɪ:makatastro:fə] *f* catástrofe climática *f*
klimatisch [kli'ma:tɪʃ] *adj* climático
Klimawandel ['klɪ:mavandəl] *m* cambio climático *m*
Klimazone ['kli:matso:nə] *f* zona climática *f*
Klinge ['klɪŋə] *f* cuchilla *f,* hoja de afeitar *f; eine scharfe ~ führen (fig)* ser de armas tomar
Klingel ['klɪŋəl] *f* timbre *m*
klingeln ['klɪŋəln] *v* tocar el timbre; *Jetzt klingelt's bei mir! (fig)* ¡Ahora lo entiendo!
klingen ['klɪŋən] *v irr* sonar, tintinear; *Das klingt merkwürdig.* Eso me suena extraño.
Klinik ['kli:nɪk] *f* clínica *f*
klinisch ['kli:nɪʃ] *adj* **1.** clínico; *adv* **2.** clínicamente
Klinke ['klɪŋkə] *f* picaporte *m,* manija *f (LA); sich die ~ in die Hand geben (fig)* estar entrando y saliendo permanentemente; *~n putzen* ir de casa en casa
Klinker ['klɪŋkɐ] *m* ladrillo recocido *m*
Klippe ['klɪpə] *f* **1.** peña *f,* roca *f;* **2.** *(fig)* escollo *m,* tropiezo *m*
klirren ['klɪrən] *v (Ton)* sonar, tintinear
klirrend ['klɪrənt] *adj* **1.** *(Ton)* sonoro, tintineante; **2.** *~e Kälte* frío intenso
Klischee [klɪ'ʃe:] *n* cliché *m,* clisé *m*
Klo [klo:] *n (fam)* retrete *m,* excusado *m,* inodoro *m,* cuarto de baño *m,* váter *m*

klonen ['klo:nen] *v* BIO clonar
klopfen ['klɔpfən] *v* **1.** golpear, dar golpes; **2.** *(Herz)* palpitar; **3.** *(Motor)* picar
Klosett [klo'zɛt] *n* retrete *m*, excusado *m*, baño *m (LA)*
Kloß [klo:s] *m* GAST bolilla de pan *f*, bolilla de patatas *f*; *einen ~ im Hals haben* tener un nudo en la garganta
Kloster ['klo:stɐ] *n* **1.** *(Nonnenkloster)* REL convento *m*; **2.** *(Mönchskloster)* REL monasterio *m*
Klotz [klɔts] *m* **1.** bloque *m*; *sich einen ~ ans Bein binden* cargarse con un muerto *(fam)*; *einen ~ am Bein haben* tener un muerto encima *(fam)*; **2.** *(Spielklotz)* piezas para armar *m/pl*; **3.** *(Mensch)* patán *m*, zopenco *m*
Klub [klup] *m* club *m*
Klubmitglied ['klupmɪtgli:t] *n* socio de un club *m*
Kluft [kluft] *f* **1.** *(Abgrund)* abismo *m*, precipicio *m*; **2.** *(fam: Kleidung)* uniforme *m*; **3.** *(fig: Gegensatz)* abismo *m*, diferencia exagerada *f*
klug [klu:k] *adj* **1.** inteligente, listo; *aus jdm nicht ~ werden* no poder verle el juego a alguien/no poder adivinar sus intenciones; *adv* **2.** inteligentemente, con inteligencia
Klugheit ['klu:khaɪt] *f* inteligencia *f*
knabbern ['knabɐn] *v* mordiscar, mordisquear; *etw zu ~ haben* tener algo para picar
Knabe ['kna:bə] *m* muchacho *m*, chico *m*
knabenhaft ['kna:bənhaft] *adj* amuchachado
knacken ['knakən] *v* **1.** *(knarren)* crujir; **2.** *(Nüsse)* cascar; **3.** *(fam: aufbrechen)* forzar, romper
Knacks [knaks] *m* **1.** *(Sprung)* grieta *f*; **2.** *(fig)* daño leve *m*
Knall [knal] *m* estallido *m*, explosión *f*
knallen ['knalən] *v* estallar, hacer explosión, explosionar; *jdm eine ~* darle un bofetón a alguien
knallhart [knal'hart] *adj* **1.** violento, brutal; *adv* **2.** con violencia, brutalmente
Knallkörper ['knalkœrpɐ] *m* petardo *m*
knapp [knap] *adj* **1.** *(gering)* escaso, poco, mínimo; **2.** *(eng)* estrecho; *adv* **3.** apenas, escasamente; *mit ~er Not* a duras penas; *adj* **4.** *(fig: kurz gefasst)* conciso, breve
Knappheit ['knaphaɪt] *f* escasez *f*
knarren ['knarən] *v* rechinar
Knast [knast] *m (fam)* trena *f*, chirona *f*; *Er ist in den ~ gesteckt worden.* Le han puesto a la sombra.
knattern ['knatɐn] *v* crepitar
knauserig ['knauzərɪç] *adj (fam)* tacaño, cicatero
Knebel ['kne:bəl] *m* garrote *m*
Knecht [knɛçt] *m* gañán *m*, mozo *m*
Knechtschaft ['knɛçtʃaft] *f* servidumbre *f*
kneifen ['knaɪfən] *v irr* **1.** *(zwicken)* pellizcar; **2.** *(fam: sich drücken)* sustraerse de una obligación, eludir una responsabilidad, zafarse
Kneipe ['knaɪpə] *f* taberna *f*, bar *m*, tasca *f*
kneten ['kne:tən] *v* amasar
Knick [knɪk] *m* **1.** *(Straßenknick)* recodo *m*; **2.** *(Papierknick)* doblez *m*; **3.** *einen ~ in der Optik haben* tener problemas de vista
knicken ['knɪkən] *v* **1.** *(falten)* doblar; **2.** *(abknicken)* quebrar
Knicks [knɪks] *m* reverencia *f*
Knie [kni:] *n* ANAT rodilla *f*; *weiche ~ bekommen (fig)* tener miedo/temblar de miedo; *jdn auf die ~ zwingen* obligar a alguien a ponerse de rodillas; *vor jdm auf den ~n rutschen* estar arrodillado ante alguien; *jdn übers ~ legen* dar una paliza a alguien; *etw übers ~ brechen* obrar atropelladamente en algo
knien [kni:n] *v* estar arrodillado
Kniescheibe ['kni:ʃaɪbə] *f* ANAT rótula *f*
Kniestrumpf ['kni:ʃtrumpf] *m* media corta *f*
kniffelig ['knɪfəlɪç] *adj (fam)* complicado, delicado
knipsen ['knɪpsən] *v* **1.** *(fotografieren)* hacer una foto; **2.** *(Fahrkarte)* picar, perforar
Knirps [knɪrps] *m* **1.** *(Kind)* chiquillo *m*, chiquito *m (LA)*; **2.** *(kleiner Mensch)* hombrecillo *m*, hombrecito *m*
knirschen ['knɪrʃən] *v* crujir
knistern ['knɪstɐn] *v* **1.** *(Papier)* crujir; **2.** *(Feuer)* crepitar; **3.** *~ vor Spannung*

(fig) estar en tensión, estar en estado de excitación
knittern ['knɪtɐn] *v* arrugar, ajar
Knoblauch ['kno:blaux] *m BOT* ajo *m*
Knöchel ['knœçəl] *m* **1.** *(Fußknöchel) ANAT* tobillo *m;* **2.** *(Fingerknöchel) ANAT* nudillo *m*
Knochen ['knɔxən] *m ANAT* hueso *m; bis auf die ~* hasta los huesos; *in die ~ fahren* llegar al alma; *Das steckte mir in den ~.* Eso me impresionó mucho.
Knochenbruch ['knɔxənbrux] *m MED* fractura ósea *f*
Knödel ['knø:dəl] *m GAST* bolilla de pan *f,* bolilla de patatas *f*
Knolle ['knɔlə] *f BOT* tubérculo *m*
Knopf [knɔpf] *m* botón *m*
knöpfen ['knœpfən] *v* abotonar
Knopfloch ['knɔpflɔx] *n* ojal *m*
Knorpel ['knɔrpəl] *m* cartílago *m*
Knospe ['knɔspə] *f* **1.** *(eines Blattes) BOT* yema *f;* **2.** *(einer Blüte) BOT* capullo *m*
Knoten ['kno:tən] *m* **1.** nudo *m; sich einen ~ ins Taschentuch machen* hacerse un nudo en el pañuelo; *Der ~ ist geplatzt.* Se encendió la bombilla. **2.** *MED* nudosidad *f*
knoten ['kno:tən] *v* anudar
Knüller ['knylɐ] *m (fam)* exitazo *m*
knüpfen ['knypfən] *v* **1.** *(binden)* atar, ligar; **2.** *(Teppich)* anudar; **3.** *(fig: Beziehung)* enlazar, tramar
Knüppel ['knypəl] *m* **1.** *(Stock)* garrote *m,* palo *m;* **2.** *(Schaltknüppel)* palanca de mando *f; jdm einen ~ zwischen die Beine werfen (fig)* ponerle la zancadilla a alguien
knurren ['knurən] *v* **1.** *(Hund)* gruñir; **2.** *(fig: meckern)* refunfuñar; **3.** *(fig: Magen)* sonar
knusprig ['knusprɪç] *adj* crujiente
knutschen ['knu:tʃən] *v (fam)* besuquear
Koalition [koali'tsjo:n] *f POL* coalición *f*
Kobold ['ko:bɔlt] *m* duende *m*
Koch [kɔx] *m* cocinero *m*
Kochbuch ['kɔxbu:x] *n* libro de cocina *m*
kochen ['kɔxən] *v* **1.** *(zubereiten)* guisar, cocinar, preparar la comida; **2.** *(garen)* cocer a fuego lento; **3.** *(sieden)* hervir
kochend ['kɔxənt] *adj* hirviendo
Kocher ['kɔxɐ] *m* hervidor *m,* cocinilla *f*
Köchin ['kœçɪn] *f* cocinera *f*
Kochlöffel ['kɔxlœfəl] *m* cucharón *m*
Kochrezept ['kɔxretsɛpt] *n* receta de cocina *f*
Kochtopf ['kɔxtɔpf] *m* olla *f,* cacerola *f,* cazuela *f*
Köder ['kø:dɐ] *m* **1.** cebo *m;* **2.** *(fig)* gancho *m,* aliciente *m*
kodieren [ko'di:rən] *v INFORM* cifrar, codificar
koffeinfrei [kɔfe'i:nfraɪ] *adj* sin cafeína, descafeinado
Koffer ['kɔfɐ] *m* maleta *f; ~ packen* hacer la maleta; *Pack den ~! (fig)* ¡Apaga y vámonos!
Kofferraum ['kɔfɐraum] *m* maletero *m*
Kohl [ko:l] *m BOT* col *f,* repollo *m,* berza *f*
Kohle ['ko:lə] *f* carbón *m; wie auf glühenden ~n sitzen* estar sobre ascuas
Kohlehydrat ['ko:ləhydra:t] *n CHEM* hidrato de carbono *m*
Kohlendioxyd [ko:lən'djɔksy:t] *n CHEM* anhídrido carbónico *m,* dióxido de carbono *m*
Kohlensäure ['ko:lənsɔyrə] *f CHEM* ácido carbónico *m*
Kohlrabi [ko:l'ra:bi] *m BOT* colinabo *m*
Koje ['ko:jə] *f* camarote *m,* litera *f*
Kokain [koka'i:n] *n* cocaína *f*
kokett [ko'kɛt] *adj* coqueto
Kokosnuss ['ko:kɔsnus] *f BOT* coco *m*
Kolben ['kɔlbən] *m* **1.** *(Motorkolben) TECH* émbolo *m,* pistón *m;* **2.** *(Gewehrkolben)* culata *f;* **3.** *(Maiskolben) BOT* mazorca *f*
Kolik ['ko:lɪk] *f MED* cólico *m*
Kollaps ['kɔlaps] *m MED* colapso *m*
Kollateralschaden [kɔlate'ralʃa:dən] *m* daño colateral *m*
Kollege [kɔ'le:gə] *m* colega *m/f*
Kollegin [kɔ'le:gɪn] *f* colega *m/f*
Kollegium [kɔ'le:gjum] *n* colegio *m*
Kollekte [kɔ'lɛktə] *f REL* colecta *f*
Kollektion [kɔlɛk'tsjo:n] *f* colección *f*
kollektiv [kɔlɛk'ti:f] *adj* colectivo
Kollision [kɔli'zjo:n] *f* colisión *f,* choque *m*
Kolonialismus [kolonja'lɪsmus] *m POL* colonialismo *m*

K

Kolonie [kolo'niː] *f POL* colonia *f*
Kolonne [ko'lɔnə] *f* columna *f*
kolossal [kolo'saːl] *adj* **1.** colosal; *adv* **2.** *(fam)* estupendamente, formidablemente
kolumbianisch [kolum'bjaːnɪʃ] *adj* colombiano
Kolumbien [ko'lumbjən] *n GEO* Colombia *f*
Kolumne [ko'lumnə] *f (einer Zeitung)* columna *f*
Koma ['koːma] *n MED* coma *m*
Kombination [kɔmbina'tsjoːn] *f* **1.** *(Verknüpfung)* asociación *f;* **2.** *(Vermutung)* conjetura *f,* suposición *f;* **3.** *(Kleidung)* conjunto *m*
kombinieren [kɔmbi'niːrən] *v* **1.** *(verknüpfen)* asociar, relacionar; **2.** *(vermuten)* suponer, conjeturar; **3.** *(zusammenstellen)* combinar
Komet [ko'meːt] *m ASTR* cometa *m*
Komfort [kɔm'foːɐ] *m* confort *m,* comodidad *f*
komfortabel [kɔmfɔr'taːbəl] *adj* **1.** confortable, cómodo; *adv* **2.** con confort, confortablemente
Komik ['koːmɪk] *f* comicidad *f,* lo cómico
Komiker(in) ['koːmɪkɐ(rɪn)] *m/f* cómico/cómica *m/f*
komisch ['koːmɪʃ] *adj* **1.** *(spaßig)* cómico; **2.** *(eigenartig)* raro, extraño
Komitee [kɔmi'teː] *n* comité *m*
Komma ['kɔma] *n GRAMM* coma *f*
kommandieren [kɔman'diːrən] *v* comandar, tener el mando
Kommanditgesellschaft [kɔman'ditgəzɛlʃaft] *f ECO* sociedad en comandita *f*
Kommando [kɔ'mando] *n* mando *m*
kommen ['kɔmən] *v irr* venir, ir; *auf jdn nichts ~ lassen* defender alguien; *im Kommen sein* ser inminente; *wieder zu sich ~* volver en sí; *wenn's hoch kommt* a lo sumo; *Das kommt davon!* ¡Ahí tienes la consecuencia!
Kommentar [kɔmen'taːɐ] *m* comentario *m*
Kommentator(in) [kɔmen'taːtoːɐ(-rɪn)] *m/f* comentarista *m/f,* comentador(a) *m/f*
kommentieren [kɔmen'tiːrən] *v* comentar, expresar una opinión
kommerziell [kɔmɛr'tsjɛl] *adj* **1.** comercial; *adv* **2.** comercialmente
Kommilitone [kɔmili'toːnə] *m* compañero de estudios *m*
Kommilitonin [kɔmɪlɪ'toːnɪn] *f* compañera de estudios *f*
Kommissar(in) [kɔmɪ'saːɐ(-rɪn)] *m/f* comisario/comisaria *m/f*
Kommission [kɔmɪ'sjoːn] *f* **1.** *(Ausschuss)* comisión *f,* comité *m;* **2.** *(Auftrag) ECO* comisión *f*
Kommode [kɔ'moːdə] *f* cómoda *f*
kommunal [kɔmu'naːl] *adj* comunal, municipal
Kommunalpolitik [kɔmu'naːlpolitiːk] *f POL* política municipal *f*
Kommune [kɔ'muːnə] *f* **1.** *(Wohngemeinschaft)* comuna *f;* **2.** *(Gemeinde) POL* municipio *m*
Kommunikation [kɔmunika'tsjoːn] *f* comunicación *f*
Kommunion [kɔmun'joːn] *f REL* comunión *f*
Kommunismus [kɔmu'nɪsmus] *m POL* comunismo *m*
Kommunist(in) [kɔmu'nɪst(ɪn)] *m/f POL* comunista *m/f*
kommunistisch [kɔmu'nɪstɪʃ] *adj POL* comunista
kommunizieren [kɔmuni'tsiːrən] *v* **1.** comunicar, informar; **2.** *REL* recibir la Sagrada Comunión, comulgar
Komödiant(in) [kɔmø'djant(ɪn)] *m/f* comediante/comedianta *m/f*
Komödie [kɔ'møːdjə] *f* comedia *f*
Kompagnon [kɔmpa'njɔ̃] *m ECO* socio *m*
kompakt [kɔm'pakt] *adj* compacto
Kompanie [kɔmpa'niː] *f MIL* compañía *f*
Kompass ['kɔmpas] *m* brújula *f*
Kompatibilität [kɔmpatibili'tɛːt] *f* compatibilidad *f*
Kompensation [kɔmpenza'tsjoːn] *f* compensación *f,* satisfacción *f*
kompensieren [kɔmpen'ziːrən] *v* compensar, satisfacer
kompetent [kɔmpə'tɛnt] *adj* competente, autorizado
Kompetenz [kɔmpə'tɛnts] *f* competencia *f*
komplett [kɔm'plɛt] *adj* completo

Komplex [kɔm'plɛks] *m* conjunto *m*, complejo *m*, grupo *m*
Komplize [kɔm'pliːtsə] *m* cómplice *m*
Komplikation [kɔmplika'tsjoːn] *f* complicación *f*
Kompliment [kɔmpli'mɛnt] *n* cumplido *m*; *~e machen* echar flores
kompliziert [kɔmpli'tsiːɐt] *adj* complicado, difícil
Komplott [kɔm'plɔt] *n POL* complot *m*, confabulación *f*, conspiración *f*; *ein ~ schmieden* formar un complot
Komponente [kɔmpo'nɛntə] *f* componente *m*
komponieren [kɔmpo'niːrən] *v MUS* componer
Komposition [kɔmpozɪ'tsjoːn] *f* **1.** *(Zusammenstellung)* composición *f*; **2.** *MUS* composición *f*
Kompost [kɔm'pɔst] *m AGR* compost *m*
Kompott [kɔm'pɔt] *n GAST* compota *f*
Kompresse [kɔm'prɛsə] *f MED* compresa *f*
Kompromiss [kɔmpro'mɪs] *m* compromiso *m*, arreglo *m*
kompromisslos [kɔmpro'mɪsloːs] *adj* **1.** intransigente; *adv* **2.** sin compromiso
kompromittieren [kɔmpromɪ'tiːrən] *v* comprometer
Kondensation [kɔndɛnza'tsjoːn] *f* condensación *f*
Kondensator [kɔndɛn'zaːtoːɐ] *m TECH* condensador *m*
Kondition [kɔndi'tsjoːn] *f* **1.** *(Bedingung)* condición *f*, requisito *m*; **2.** *(Leistungsfähigkeit)* capacidad de rendimiento *f*
Konditor(in) [kɔn'diːtoɐ(-rɪn)] *m/f* pastelero/pastelera *m/f*, confitero/confitera *m/f*
Konditorei [kɔndito'raɪ] *f* confitería *f*, pastelería *f*, repostería *f*
kondolieren [kɔndo'liːrən] *v* dar el pésame
Kondom [kɔn'doːm] *n* condón *m*, preservativo *m*
Konfekt [kɔn'fɛkt] *n GAST* dulces *m/pl*, bombones *m/pl*
Konfektion [kɔnfɛk'tsjoːn] *f* confección *f*
Konfektionsgröße [kɔnfɛk'tsjoːnsgrøːsə] *f* talla de confección *f*
Konferenz [kɔnfe'rɛnts] *f* conferencia *f*
Konfession [kɔnfɛs'joːn] *f REL* confesión religiosa *f*, religión *f*
Konfirmation [kɔnfɪrma'tsjoːn] *f REL* confirmación *f*
Konfitüre [kɔnfi'tyːrə] *f GAST* confitura *f*
Konflikt [kɔn'flɪkt] *m* conflicto *m*
Konföderation [kɔnfødəra'tsjoːn] *f POL* confederación *f*
konform [kɔn'fɔrm] *adj* conforme
Konfrontation [kɔnfrɔnta'tsjoːn] *f* confrontación *f*, enfrentamiento *m*
konfrontieren [kɔnfrɔn'tiːrən] *v* confrontar, enfrentar
konfus [kɔn'fuːs] *adj* confuso
Kongress [kɔn'grɛs] *m* congreso *m*
Kongresshalle [kɔn'grɛshaːlə] *f* sala de congresos *f*
König(in) ['køːnɪç/'køːnɪgɪn] *m/f* rey/reina *m/f*
königlich ['køːnɪklɪç] *adj* **1.** real, regio; *adv* **2.** regiamente; *~ bewirten* atender a cuerpo de rey
Königreich ['køːnɪkraɪç] *n* reino *m*
konjugieren [kɔnju'giːrən] *v GRAMM* conjugar
Konjunktur [kɔnjuŋk'tuːɐ] *f ECO* coyuntura *f*, ciclo económico *m*
konkret [kɔn'kreːt] *adj* concreto
Konkurrent(in) [kɔnku'rɛnt(ɪn)] *m/f* competidor(a) *m/f*, rival *m/f*
Konkurrenz [kɔnku'rɛnts] *f* **1.** *(Wettbewerb)* competición *f*; **2.** *ECO* competencia *f*
konkurrenzlos [kɔnku'rɛntsloːs] *adj* fuera de competencia
konkurrieren [kɔnku'riːrən] *v ~ mit* competir con, rivalizar con
Konkurs [kɔn'kurs] *m JUR* quiebra *f*
können ['kœnən] *v irr* **1.** *(in der Lage sein)* poder, estar en condiciones de; *für etw nichts ~* no tener la culpa de algo; **2.** *(beherrschen, wissen)* saber, dominar una materia; **3.** *(dürfen)* tener permiso; **4.** *Du kannst mich mal!* ¡Vete a la mierda! *(fam)*
Können ['kœnən] *n* poder *m*, saber *m*, capacidad *f*
Könner(in) ['kœnɐ(rɪn)] *m/f* experto/experta *m/f*, conocedor(a) *m/f*

K

konsequent [kɔnze'kvɛnt] *adj* **1.** consecuente; *adv* **2.** consecuentemente
Konsequenz [kɔnze'kvɛnts] *f* **1.** *(Folgerichtigkeit)* lógica *f;* **2.** *(Folge)* consecuencia *f,* efecto *m,* resultado *m; aus etw ~en ziehen* sacar las consecuencias de algo
konservativ [kɔnzɛrva'tiːf] *adj* **1.** conservador; *adv* **2.** de modo conservador
Konserve [kɔn'zɛrvə] *f* conserva *f*
Konservendose [kɔn'zɛrvəndoːzə] *f* lata de conservas *f*
konservieren [kɔnzɛr'viːrən] *v* conservar
Konservierungsmittel [kɔnzɛr'viːruŋsmɪtəl] *n* conservante *m*
Konsole [kɔn'zoːlə] *f* consola *f*
Konsolidierung [kɔnzoli'diːruŋ] *f ECO* consolidación *f*
konstant [kɔns'tant] *adj* constante
Konstellation [kɔnstɛla'tsjoːn] *f* situación *f*
konstruieren [kɔnstru'iːrən] *v* construir, edificar
Konstruktion [kɔnstruk'tsjoːn] *f* construcción *f*
konstruktiv [kɔnstruk'tiːf] *adj* **1.** constructivo, edificante; *adv* **2.** constructivamente, de manera constructiva
Konsul ['kɔnzuːl] *m POL* cónsul *m*
Konsulat [kɔnzu'laːt] *n POL* consulado *m*
konsultieren [kɔnzul'tiːrən] *v* consultar
Konsum [kɔn'zuːm] *m* consumo *m*
Konsument(in) [kɔnzu'mɛnt(ɪn)] *m/f* consumidor(a) *m/f*
Konsumgesellschaft [kɔn'zuːmgəzɛlʃaft] *f* sociedad de consumo *f*
Konsumgüter [kɔn'zuːmgyːtɐ] *pl* bienes de consumo *m/pl*
konsumieren [kɔnzu'miːrən] *v* consumir
Kontakt [kɔn'takt] *m* contacto *m*
kontaktarm [kɔn'taktarm] *adj* poco relacionado, de poco contacto social
kontaktfreudig [kɔn'taktfrɔydɪç] *adj* sociable
Kontaktlinsen [kɔn'taktlɪnzən] *f/pl* lentes de contacto *f/pl,* lentillas *f/pl*
Kontaktperson [kɔn'taktpɛrzoːn] *f* persona de contacto *f*
Kontamination [kɔntamina'tsjoːn] *f* contaminación *f*
kontern ['kɔntɐn] *v* **1.** *SPORT (Boxen)* contragolpear; **2.** *(fig)* replicar inmediatamente
Kontext ['kɔntɛkst] *m* contexto *m*
Kontinent [kɔnti'nɛnt] *m* continente *m*
kontinental [kɔntinɛn'taːl] *adj* continental
Kontingent [kɔntɪŋ'gɛnt] *n* contingente *m*
kontinuierlich [kɔntinu'iːɐlɪç] *adj* **1.** continuo, continuado; *adv* **2.** continuamente
Konto ['kɔnto] *n* cuenta *f*
Kontoauszug ['kɔntoaustsuːk] *m* extracto de cuenta *m*
Kontonummer ['kɔntonumɐ] *f* número de la cuenta *m*
Kontra ['kɔntra] *n* contra *f*
Kontrahent(in) [kɔntra'hɛnt(ɪn)] *m/f JUR* parte contratante *f*
konträr [kɔn'trɛːɐ] *adj* contrario, opuesto
Kontrast [kɔn'trast] *m* contraste *m*
Kontrollbehörde [kɔn'trɔlbəhøːɐdə] *f* comisión interventora *f*
Kontrolle [kɔn'trɔlə] *f* control *m,* inspección *f,* intervención *f*
Kontrolleur(in) [kɔntrɔ'løːɐ(-rɪn)] *m/f* inspector(a) *m/f,* revisor(a) *m/f*
kontrollieren [kɔntrɔ'liːrən] *v* controlar, inspeccionar, vigilar, supervisar
kontrovers [kɔntro'vɛrs] *adj* controvertido
Kontroverse [kɔntro'vɛrzə] *f* controversia *f*
Kontur [kɔn'tuːɐ] *f* contorno *m,* perfil *m*
Konvention [kɔnvɛn'tsjoːn] *f* **1.** *(Brauch)* convención *f,* uso *m;* **2.** *POL* convenio *m,* tratado *m*
konventionell [kɔnvɛntsjo'nɛl] *adj* **1.** convencional; *adv* **2.** convencionalmente
Konversation [kɔnvɛrza'tsjoːn] *f* conversación *f,* charla *f*
konvertieren [kɔnvɛr'tiːrən] *v* **1.** *FIN* convertir; **2.** *(Daten) INFORM* convertir; **3.** *REL* convertir
Konzentrat [kɔntsɛn'traːt] *n* concentrado *m*

Konzentration [kɔntsɛntra'tsjoːn] *f* concentración *f*
Konzentrationslager [kɔntsɛntra'tsjoːnslaːgɐ] *n POL* campo de concentración *m*
konzentrieren [kɔntsɛn'triːrən] *v* **1.** concentrar, concentrarse; **2.** *sich ~* centrarse
Konzept [kɔn'tsɛpt] *n* **1.** *(Plan)* plan *m*, concepto *m*; *jdm nicht ins ~ passen* no cuadrar en los planes de alguien; *jdn aus dem ~ bringen* sacar de tino a alguien; *aus dem ~ kommen* perder el hilo; **2.** *(Entwurf)* borrador *m*, boceto *m*, esquema *m*
Konzern [kɔn'tsɛrn] *m ECO* consorcio *m*, grupo empresarial *m*
Konzert [kɔn'tsɛrt] *n MUS* concierto *m*
Konzession [kɔntsɛ'sjoːn] *f* **1.** *(Erlaubnis)* licencia *f*; **2.** *(Zugeständnis)* concesión *f*
Konzil [kɔn'tsiːl] *n REL* concilio *m*
konzipieren [kɔntsi'piːrən] *v* concebir, imaginar, idear, crear
Kooperation [koɔpera'tsjoːn] *f* cooperación *f*
kooperativ [koɔpera'tiːf] *adj* cooperativo
Koordination [koɔrdina'tsjoːn] *f* coordinación *f*
koordinieren [koɔrdi'niːrən] *v* coordinar
Kopf [kɔpf] *m ANAT* cabeza *f*; *seinen ~ darauf verwetten* apostar la cabeza; *den ~ kosten* costar el pellejo; *den ~ aus der Schlinge ziehen* salir del apuro; *sich den ~ einrennen* darse de cabezazos contra la pared; *seinen ~ durchsetzen* salirse con la suya; *den ~ hängen lassen* perder el ánimo; *sich die Köpfe heißreden* discutir acaloradamente; *seinen ~ hinhalten* poner su cabeza/responder por/responsabilizarse por; *den ~ in den Sand stecken* volver la espalda a la realidad; *~ und Kragen kosten* costarle a uno el pellejo/costarle a uno la vida; *jdm den ~ verdrehen* volver loco a alguien; *den ~ voll haben* tener la cabeza llena; *sich einen ~ um etw machen* darle vueltas a algo/preocuparse por algo; *jdm den ~ zurechtrücken* poner a alguien los puntos sobre las íes; *einen kühlen ~ bewahren* conservar la sangre fría; *nicht auf den ~ gefallen sein* no ser tonto; *aus dem ~* de memoria; *jdm nicht aus dem ~ gehen* no quitarse de la cabeza a alguien; *sich etw aus dem ~ schlagen* quitarse algo de la cabeza; *in den ~ steigen* subir a la cabeza; *über jds ~ hinweg* por encima de su cabeza; *über den ~ wachsen* subirse a la cabeza; *von ~ bis Fuß* de la cabeza a los pies; *jdn vor den ~ stoßen* ofender a alguien en su amor propio; *jdm den ~ waschen* echar un sermón a alguien; *jdm etw an den ~ werfen* tirarle algo a alguien a la cabeza; *sich etw durch den ~ gehen lassen* reflexionar sobre algo/pensarlo bien; *etw im ~ haben* tener algo en la cabeza; *etw im ~ behalten* retener algo en la memoria; *~ hoch!* ¡Arriba ese ánimo!
köpfen ['kœpfən] *v* **1.** decapitar; **2.** SPORT cabecear, rematar de cabeza
Kopfhörer ['kɔpfhøːrɐ] *m* auriculares *m/pl* audífonos *m/pl*
Kopfkissen ['kɔpfkɪsən] *n* almohada *f*
Kopfsalat ['kɔpfzalaːt] *m BOT* lechuga *f*
Kopfschmerzen ['kɔpfʃmɛrtsən] *pl MED* dolor de cabeza *m*; *jdm ~ bereiten (fig)* dar dolor de cabeza a alguien
Kopftuch ['kɔpftuːx] *n* pañuelo de cabeza *m*
Kopie [ko'piː] *f* copia *f*
kopieren [ko'piːrən] *v* copiar
Kopierer [ko'piːrɐ] *m* fotocopiadora *f*
Kopilot ['koːpiloːt] *m* copiloto *m*
Koppel ['kɔpəl] *f* **1.** *(Weide)* parcela de pastos *f*, dehesa *f*; **2.** *(Gürtel)* cinturón *m*
Koproduktion ['koproduktsjoːn] *f* coproducción *f*
Koralle [ko'ralə] *f BOT* coral *m*
Korb [kɔrp] *m* canasta *f*; *jdm einen ~ geben (fig)* darle calabazas a alguien
Kord [kɔrt] *m* pana *f*
Kordel ['kɔrdəl] *f* cordón *m*
Kork [kɔrk] *m BOT* corcho *m*
Korken ['kɔrkən] *m* tapón de corcho *m*
Korkenzieher ['kɔrkəntsiːɐ] *m* sacacorchos *m*
Korn [kɔrn] *n* **1.** *(Getreide)* cereales *m/pl*; **2.** *(Krümchen)* migas *f/pl*, migajas *f/pl*; **3.** *jdn aufs ~ nehmen* fijar su atención en alguien, no perder de vista a alguien

Kornfeld ['kɔrnfɛlt] *n* trigal *m,* campo de trigo *m*
körnig ['kœrnɪç] *adj* granular, granulado
Körper ['kœrpɐ] *m* **1.** sólido *m,* cuerpo *m;* **2.** *ANAT* cuerpo *m*
Körpergewicht ['kœrpɐgəvɪçt] *n* peso corporal *m*
Körpergröße ['kœrpɐgrøːsə] *f* talla *f,* estatura *f*
körperlich ['kœrpɐlɪç] *adj* **1.** corporal; *adv* **2.** corporalmente
Körperpflege ['kœrpɐpfleːgə] *f* higiene personal *f*
Körperschaft ['kœrpɐʃaft] *f* corporación *f,* cuerpo *m,* entidad *f*
Körperteil ['kœrpɐtaɪl] *n* parte del cuerpo *f,* miembro *m*
korrekt [kɔ'rɛkt] *adj* **1.** correcto, exacto; *adv* **2.** correctamente
Korrektur [kɔrɛk'tuːɐ] *f* corrección *f,* enmienda *f*
Korrespondent(in) [kɔrɛspɔn'dɛnt(ɪn)] *m/f* corresponsal *m/f*
Korrespondenz [kɔrɛspɔn'dɛnts] *f* correspondencia *f*
korrespondieren [kɔrɛspɔn'diːrən] *v* **1.** *~ mit* corresponder con, sostener correspondencia, escribirse
Korridor ['kɔridoːɐ] *m* corredor *m*
korrigieren [kɔri'giːrən] *v* corregir, enmendar
korrodieren [kɔro'diːrən] *v* corroer
Korrosion [kɔro'zjoːn] *f CHEM* corrosión *f*
korrupt [kɔ'rupt] *adj* corrupto
Korruption [kɔrup'tsjoːn] *f* corrupción *f*
Korsett [kɔr'zɛt] *n* corsé *m*
Kortison [kɔrti'zoːn] *n MED* cortisona *f*
Kosewort ['koːzəvɔrt] *n* palabra cariñosa *f*
Kosmetik [kɔs'meːtɪk] *f* cosmética *f*
Kosmetiker(in) [kɔs'meːtɪkɐ(rɪn)] *m/f* esteticista *m/f,* cosmetólogo/cosmetóloga *m/f*
kosmetisch [kɔs'meːtɪʃ] *adj* cosmético
kosmisch ['kɔsmɪʃ] *adj* cósmico
Kosmopolit(in) [kɔsmopo'liːt(ɪn)] *m/f* cosmopolita *m/f*
kosmopolitisch [kɔsmopo'liːtɪʃ] *adj* cosmopolita
Kosmos ['kɔsmɔs] *m* cosmos *m*
Kost [kɔst] *f* alimentación *f,* nutrición *f,* dieta *f*
kostbar ['kɔstbaːɐ] *adj* costoso, valioso
Kostbarkeit ['kɔstbaːɐkaɪt] *f* gran valor *m,* preciosidad *f*
kosten[1] ['kɔstən] *v* **1.** *(Preis)* costar, tener un precio; *Wie viel kostet das?* ¿Cuánto cuesta esto? *Wie viel kostet eine Reise nach Rom?* ¿Cuánto vale un viaje a Roma? *sich eine Sache etw ~ lassen* no escamitar dinero para algo; **2.** *(wert sein)* valer
kosten[2] ['kɔstən] *v (versuchen)* probar, gustar, degustar
Kosten ['kɔstən] *pl (Ausgaben)* costos *m/pl,* gastos *m/pl; auf ~ anderer* a expensas de otros; *für die ~ aufkommen* correr con los gastos; *auf seine ~ kommen* quedar satisfecho
kostenlos ['kɔstənloːs] *adj* gratuito, sin gastos
köstlich ['kœstlɪç] *adj* **1.** *(hervorragend)* delicioso, exquisito; **2.** *(amüsant)* divertido, gracioso; *adv* **3.** de lo lindo, divinamente; *Ich habe mich ~ amüsiert.* Me divertí de lo lindo.
Kostprobe ['kɔstproːbə] *f* degustación *f,* prueba *f*
kostspielig ['kɔstʃpiːlɪç] *adj* caro, costoso
Kostüm [kɔs'tyːm] *n* **1.** traje *m;* **2.** *(Maskenkostüm)* disfraz *m*
Kostümball [kɔs'tyːmbal] *m* baile de disfraces *m*
Kot [koːt] *m* **1.** *(Straßenkot)* barro *m,* lodo *m;* **2.** *(Exkremente)* excrementos *m/pl*
Kotelett [kɔt'lɛt] *n GAST* chuleta *f*
Kotflügel ['koːtflyːgəl] *m (eines Autos)* guardabarros *m,* guardafangos *m*
Krabbe ['krabə] *f* **1.** *(Garnele) ZOOL* camarón *m;* **2.** *(Krebs) ZOOL* cangrejo de mar *m*
krabbeln ['krabəln] *v* gatear
Krach [krax] *m* **1.** *(Lärm)* ruido ensordecedor *m,* bulla *f;* **2.** *(Streit)* disputa *f,* altercado *m*
krachen ['kraxən] *v (knallen)* estallar, reventar
kraft [kraft] *prep* en virtud de
Kraft [kraft] *f* fuerza *f; außer ~* sin fuerza; *in ~* en vigor; *über jds ~ gehen* ser

K

superior a las fuerzas de alguien; *die treibende ~ sein* ser la fuerza motriz; *mit jdm seine Kräfte messen* medir sus fuerzas con alguien; *zu Kräften kommen* ganar fuerzas/reponerse

Kraftaufwand ['kraftaufvant] *m* despliegue de fuerzas *m*

Kraftfahrer(in) ['kraftfa:rɐ(rɪn)] *m/f* conductor(a) *m/f*, automovilista *m/f*

Kraftfahrzeug ['kraftfa:ɐtsɔyk] *n* vehículo *m*, automóvil *m*

kräftig ['krɛftɪç] *adj* **1.** fuerte, vigoroso; *adv* **2.** fuertemente, vigorosamente

kraftlos ['kraftlo:s] *adj* sin fuerza, débil

Kraftprobe ['kraftpro:bə] *f* prueba de fuerza *f*

Kraftstoff ['kraftʃtɔf] *m* combustible *m*

kraftvoll ['kraftfɔl] *adj* fuerte

Kraftwerk ['kraftvɛrk] *n* central eléctrica *f*

Kragen ['kra:gən] *m* cuello *m; jdm den ~ kosten* costarle a alguien el cuello; *jdn beim ~ packen* coger a alguien del cuello/coger a alguien por las solapas; *jdm an den ~ wollen* querer retorcer el pescuezo a alguien; *Jetzt geht es ihm an den ~!* ¡Le va a costar la existencia! *Ihm ist der ~ geplatzt.* Ha perdido la paciencia.

Krähe ['krɛ:ə] *f* ZOOL corneja *f*

krähen ['krɛ:ən] *v* **1.** ZOOL cacarear; **2.** *(Hahn)* cantar

Krake ['kra:kə] *f* ZOOL pulpo *m*

Kralle ['kralə] *f* ZOOL garra *f; jdm die ~n zeigen (fig)* enseñar las uñas a alguien; *etw in die ~n bekommen* caer algo en sus garras

Kram [kra:m] *m (fam)* baratijas *f/pl*, trastos *m/pl; jdm nicht in den ~ passen* no venirle bien a alguien

kramen ['kra:mən] *v ~ in etw* revolver algo

Krampf [krampf] *m* MED calambre *m*, espasmo *m*

Krampfader ['krampfa:dɐ] *f* MED várice *f*, varice *f*

krampfhaft ['krampfhaft] *adj* **1.** convulsivo, espasmódico; *adv* **2.** convulsivamente, espasmódicamente

Kran [kra:n] *m* grúa *f*

Kranich ['kra:nɪç] *m* ZOOL grulla *f*

krank [kraŋk] *adj* enfermo

Kranke(r) ['kraŋkə(-ɐ)] *m/f* enfermo/enferma *m/f*

kränkeln ['krɛŋkəln] *v* estar enfermo, estar achacoso

kränken ['krɛŋkən] *v* ofender, herir

Krankengeld ['kraŋkəngɛlt] *n* subsidio de enfermedad *m*

Krankengymnastik ['kraŋkəngymnastɪk] *f* fisioterapia *f*

Krankenhaus ['kraŋkənhaus] *n* hospital *m*

Krankenkasse ['kraŋkənkasə] *f* seguro de enfermedad *m*, seguro médico *m*

Krankenpfleger(in) ['kraŋkənpfle:gɐ(rɪn)] *m/f* enfermero/enfermera *m/f*

Krankenschein ['kraŋkənʃaɪn] *m* volante del seguro *m*

Krankenschwester ['kraŋkənʃvɛstɐ] *f* enfermera *f*

Krankenversicherung ['kraŋkənfɛɐzɪçəruŋ] *f* seguro de enfermedad *m*

Krankenwagen ['kraŋkənva:gən] *m* ambulancia *f; Rufen Sie sofort einen ~!* ¡Llame en seguida una ambulancia!

krankhaft ['kraŋkhaft] *adj* **1.** MED enfermizo; **2.** *(fig)* patológico, morboso; *adv* **3.** *(fig)* con morbosidad, patológicamente

Krankheit ['kraŋkhaɪt] *f* enfermedad *f*

krankschreiben ['kraŋkʃraɪbən] *v irr* dar de baja por enfermedad

Kränkung ['krɛŋkuŋ] *f* ofensa *f*, agravio *m*

Kranz [krants] *m* corona *f*

krass [kras] *adj* craso

kratzen ['kratsən] *v* rascar, rasguñar

kraulen ['kraulən] *v* **1.** *(schwimmen)* nadar a crol; **2.** *(streicheln)* acariciar

kraus [kraus] *adj* **1.** *(gelockt)* crespo, rizado; **2.** *(fig)* confuso, desordenado

Kraut [kraut] *n* **1.** *(Würzkraut)* hierba fina *f; wie ~ und Rüben* como un dormitorio de monas; *das ~ nicht fett machen (fig)* ni mejorar ni empeorar la situación; *ins ~ schießen* crecer rápidamente; **2.** *(Heilkraut)* planta medicinal *f; Dagegen ist kein ~ gewachsen.* No tiene remedio. **3.** *(Kohl)* col *f*

Krawall [kra'val] *m* tumulto *m*, alboroto *m*, bochinche *m*

Krawatte [kra'vatə] *f* corbata *f*

Kreation [krea'tsjo:n] *f* creación *f*

kreativ [krea'tiːf] *adj* creativo
Kreativität [kreativi'tɛːt] *f* creatividad *f*
Kreatur [krea'tuːɐ] *f* criatura *f*
Krebs [kreːps] *m* **1.** *ZOOL* cangrejo *m;* **2.** *MED* cáncer *m; ~ erregend* cancerígeno; **3.** *ASTR* Cáncer *m*
Krebsvorsorge ['kreːpsfoːɐzɔrgə] *f MED* prevención del cáncer *f*
Kredit [kre'diːt] *m ECO* crédito *m*
Kreditkarte [kre'diːtkartə] *f ECO* tarjeta de crédito *f*
Kreide ['kraɪdə] *f* **1.** *(Schreibkreide)* tiza *f;* **2.** *GEOL* creta *f,* greta *f;* **3.** *(fig) in der ~ stehen* estar en apuros; *in die ~ geraten* meterse en apuros
Kreis [kraɪs] *m* **1.** círculo *m; sich im ~ bewegen* no adelantar; *immer weitere ~e ziehen* extenderse cada vez más/aumentar su radio de acción; *Mir dreht sich alles im ~!* ¡Todo me da vueltas en la cabeza! **2.** *(Verwaltung)* distrito *m,* circunscripción *f;* **3.** *(Freundeskreis)* (círculo de) amistades *f/pl,* amigos *m/pl*
kreisen ['kraɪzən] *v* dar vueltas, girar (en torno de)
Kreislauf ['kraɪslauf] *m* **1.** *(fig)* ciclo *m;* **2.** *MED* circulación *f*
Kreißsaal ['kraɪszaːl] *m MED* sala de partos *f,* sala obstétrica *f*
Kreisstadt ['kraɪsʃtat] *f* capital de distrito *f*
Kreisverkehr ['kraɪsfɛɐkeːɐ] *m* tráfico circular *m*
Kresse ['krɛsə] *f BOT* berro *m*
Kreuz [krɔyts] *n* cruz *f; drei ~e machen* hacer tres cruces; *sein ~ auf sich nehmen* llevar su cruz a cuestas; *aufs ~ fallen* caer de bruces; *jdn aufs ~ legen* tomar el pelo a alguien; *sich etw aus dem ~ leiern* romperse la crisma para conseguir algo
kreuzen ['krɔytsən] *v* **1.** *NAUT* navegar de bolina; **2.** *(verschränken)* cruzar; **3.** *BIO* cruzar
Kreuzer ['krɔytsɐ] *m* crucero *m*
Kreuzfahrt ['krɔytsfaːɐt] *f* crucero *m*
Kreuzigung ['krɔytsɪguŋ] *f REL* crucifixión *f*
Kreuzung ['krɔytsuŋ] *f* **1.** *(Straßenkreuzung)* intersección *f,* cruce *m;* **2.** *BIO* cruce *m*
Kreuzweg ['krɔytsveːk] *m* **1.** *(fig)* encrucijada *f;* **2.** *REL* vía crucis *f,* viacrucis *m,* Calvario *m*
Kreuzworträtsel ['krɔytsvɔrtrɛːtsəl] *n* crucigrama *m*
Kreuzzug ['krɔytstsuːk] *m* **1.** *HIST* Cruzada *f;* **2.** *(fig) ~ für* campaña en favor de *f*
kribbelig ['krɪbəlɪç] *adj (fam)* nervioso, impaciente
kriechen ['kriːçən] *v irr* arrastrarse, reptar
Krieg [kriːk] *m* guerra *f*
kriegen ['kriːgən] *v* **1.** *(bekommen)* recibir; **2.** *(fangen)* coger (nicht in Argentinien!), atrapar
kriegerisch ['kriːgɐɪʃ] *adj* guerrero, belicoso
Kriegserklärung ['kriːksɛɐklɛːruŋ] *f* declaración de guerra *f*
kriegsversehrt ['kriːksvɛɐzeːɐt] *adj* mutilado de guerra, lisiado de guerra
Krimi ['krɪmi] *m* **1.** *(Roman)* novela policíaca *f;* **2.** *(Film)* película policíaca *f*
Kriminalität [krɪminali'tɛːt] *f* criminalidad *f,* delincuencia *f*
Kriminalpolizei [krɪmi'naːlpolitsaɪ] *f* Brigada de Investigación Criminal *f,* policía judicial *f (LA)*
kriminell [krɪmi'nɛl] *adj* criminal
Kriminelle(r) [krɪmi'nɛlə(-ɐ)] *m/f* criminal *m/f,* delincuente *m/f*
Krippe ['krɪpə] *f* **1.** *(Kinderkrippe)* guardería infantil *f;* **2.** *(Futterkrippe)* pesebre *m,* comedero *m;* **3.** *REL* belén *m,* nacimiento *m*
Krise ['kriːzə] *f* crisis *f*
kriseln ['kriːzəln] *v* avecinarse una crisis
Krisenherd ['kriːzənheːɐt] *m POL* foco de crisis *m,* foco explosivo *m,* foco subversivo *m*
Krisenstab ['kriːzənʃtaːp] *m* estado mayor de crisis *m*
Kristall [krɪs'tal] *n* **1.** *(Glas)* cristal *m;* **2.** *MIN* cristal *m*
Kriterium [kri'teːrjum] *n* criterio *m,* discernimiento *m*
Kritik [kri'tiːk] *f* **1.** *(Tadel)* censura *f,* crítica *f;* **2.** *(Beurteilung)* crítica *f,* apreciación *f,* juicio *m*
Kritiker ['kriːtikɐ] *m* crítico *m,* censor *m*

K

kritiklos [kri'tiːkloːs] *adj* sin crítica
kritisch ['kriːtɪʃ] *adj* crítico
kritisieren [kriti'ziːrən] *v* criticar, analizar, juzgar
kritzeln ['krɪtsəln] *v* garabatear, garrapatear
Krokant [kro'kant] *m GAST* crocante *m*
Krokodil [kroko'diːl] *n ZOOL* cocodrilo *m*
Krone ['kroːnə] *f* corona *f; Das setzt doch allem die ~ auf!* ¡Es increíble!
krönen ['krøːnən] *v* **1.** coronar; **2.** *(fig)* culminar con éxito
Krönung ['krøːnuŋ] *f* coronación *f*
Kronzeuge ['kroːntsɔygə] *m JUR* testigo de cargo *m,* testigo principal *m*
Kröte ['krøːtə] *f ZOOL* sapo *m*
Krücke ['krykə] *f* muleta *f*
Krug [kruːk] *m* jarro *m*
Krümel ['kryːməl] *m* migaja *f,* miga *f*
krümeln ['kryːməln] *v* desmigajar, hacer migas de
krumm [krum] *adj* corvo; *jdm etw ~ nehmen* tomar a alguien algo a mal; *sich ~ und schief lachen* desternillarse de risa
krümmen ['krymən] *v* encorvar, encorvarse, doblar, doblarse
Krümmung ['krymuŋ] *f* **1.** *(Wölbung)* curvatura *f;* **2.** *(Biegung)* curva *f*
Krüppel ['krypəl] *m* inválido *m,* lisiado *m,* paralítico *m*
Kruste ['krustə] *f* **1.** *(Rinde)* corteza *f;* **2.** *(Schicht)* capa *f*
Kruzifix [krutsi'fɪks] *n REL* crucifijo *m*
Kuba ['kuːba] *n GEO* Cuba *f*
kubanisch [ku'baːnɪʃ] *adj* cubano
Kübel ['kyːbəl] *m* artesa *f,* cubeta *f,* cubo *m*
Kubikmeter [ku'biːkmeːtɐ] *m* metro cúbico *m*
Kubus ['kuːbus] *m MATH* cubo *m*
Küche ['kyçə] *f* **1.** *(Raum)* cocina *f;* **2.** *(Kochkunst)* arte culinario *m,* cocina *f*
Kuchen ['kuːxən] *m GAST* tarta *f,* pastel *m*
Kuchengabel ['kuːxəngaːbəl] *f* tenedor para pasteles *m*
Küchenschrank ['kyçənʃraŋk] *m* armario de cocina *m*
Kuckuck ['kukuk] *m ZOOL* cuco *m; Das weiß der ~!* ¡Y yo que sé!
Kugel ['kuːgəl] *f* **1.** *(Spiel)* bolo *m,* bola *f; eine ruhige ~ schieben (fam)* no esforzarse especialmente trabajando; **2.** *MATH* esfera *f;* **3.** *MIL* bala *f; eine verirrte ~* una bala perdida *f*
Kugelschreiber ['kuːgəlʃraɪbɐ] *m* bolígrafo *m,* lapicero *m (LA)*
kugelsicher ['kuːgəlzɪçɐ] *adj* antibalas, a prueba de balas; *~e Weste* chaleco antibalas *m*
Kuh [kuː] *f ZOOL* vaca *f; blinde ~* gallinita ciega *f*
kühl [kyːl] *adj* **1.** *(kalt)* fresco; **2.** *(fig)* frío, seco
kühlen ['kyːlən] *v* refrescar, enfriar, refrigerar
Kühler ['kyːlɐ] *m (Autokühler)* radiador *m; Der ~ ist undicht.* Gotea agua del radiador.
Kühlerhaube ['kyːlɐhaubə] *f (eines Autos)* capó *m,* tapa del motor *f*
Kühlfach ['kyːlfax] *n* compartimiento refrigerador *m*
Kühlschrank ['kyːlʃraŋk] *m* refrigerador *m,* nevera *f*
Kühltruhe ['kyːltruːə] *f* congelador *m*
Kühlung ['kyːluŋ] *f* refrigeración *f*
Kühlwasser ['kyːlvasɐ] *n (beim Auto)* agua del radiador *f; Ich benötige ~.* Necesito agua para el radiador.
Kuhmilch ['kuːmɪlç] *f* leche de vaca *f*
kühn [kyːn] *adj* **1.** atrevido, osado, audaz; *adv* **2.** osadamente, audazmente
Küken ['kyːkən] *n ZOOL* polluelo *m,* pollito *m*
Kuli ['kuːliː] *m* culi *m*
kulinarisch [kuli'naːrɪʃ] *adj* culinario
Kulisse [ku'lɪsə] *f* **1.** *THEAT* bastidor *m;* **2.** *(fig)* bastidor *m; hinter den ~n* entre bastidores
kullern ['kulɐn] *v* rodar
Kult [kult] *m* culto *m*
Kultfigur ['kultfiguːɐ] *f* figura de culto *f*
kultivieren [kulti'viːrən] *v* cultivar
kultiviert [kulti'viːɐt] *adj* cultivado; *~e Person* persona cultivada *f,* persona culta *f*
Kultur [kul'tuːɐ] *f* **1.** cultura *f;* **2.** *BIO* cultivo *m*
kulturell [kultu'rɛl] *adj* **1.** cultural; *adv* **2.** culturalmente
Kulturgut [kul'tuːɐguːt] *n* patrimonio cultural *m*

K

Kultusministerium ['kultusmɪnɪste:rjum] *n POL* Ministerio de Cultura *m*
Kümmel ['kyməl] *m BOT* comino *m*
Kummer ['kumɐ] *m* pena *f*, pesadumbre *f*; *jdm ~ bereiten* causarle preocupaciones a alguien
kümmerlich ['kymɐlɪç] *adj* **1.** miserable, mísero; *adv* **2.** en la miseria, miserablemente
kümmern ['kymɐn] *v sich ~ um* preocuparse de, mirar por, interesarse por
kummervoll ['kumɐfɔl] *adj* **1.** preocupado, apesadumbrado; *adv* **2.** muy preocupado, preocupadamente
Kumpel ['kumpəl] *m* **1.** *(Bergmann)* minero *m*; **2.** *(fam)* compañero *m*, tronco *m*
Kunde ['kundə] *m* cliente *m*
Kundendienst ['kundəndi:nst] *m* asistencia técnica *f*, servicio de postventa *m*
Kundgebung ['kuntge:buŋ] *f* manifestación *f*
K
kündigen ['kyndɪgən] *v* **1.** *(Vertrag)* rescindir, revocar, anular; **2.** *(vom Arbeitnehmer aus)* renunciar al puesto; **3.** *(vom Arbeitgeber aus)* despedir del puesto
Kündigung ['kyndɪguŋ] *f* **1.** *(eines Vertrages)* rescisión *f*; **2.** *(einer Stellung)* despido *m*, renuncia *f*
Kundin ['kundɪn] *f* clienta *f*
Kundschaft ['kuntʃaft] *f* clientela *f*
künftig ['kynftɪç] *adj* **1.** futuro; *adv* **2.** a partir de ahora, de ahora en adelante, en lo futuro
Kunst [kunst] *f* arte *m*; *eine brotlose ~* un arte que no da para comer *m*; *mit seiner ~ am Ende sein* no saber más
Kunstgeschichte ['kunstgəʃɪçtə] *f* historia del arte *f*
Künstler(in) ['kynstlɐ(rɪn)] *m/f* artista *m/f*
künstlerisch ['kynstlɐrɪʃ] *adj* artístico
Künstlername ['kynstlɐna:mə] *m* nombre de artista *m*, pseudónimo *m*
künstlich ['kynstlɪç] *adj* **1.** artificial; *adv* **2.** artificialmente, de manera artificial
Kunststoff ['kunstʃtɔf] *m* plástico *m*
Kunststück ['kunstʃtyk] *n* truco *m*, muestra de habilidad *f*
Kunstwerk ['kunstvɛrk] *n* obra de arte *f*
Kupfer ['kupfɐ] *n CHEM* cobre *m*
Kupferstein ['kupfɐʃtaɪn] *m* piedra de cobre *f*
Kuppel ['kupəl] *f ARCH* cúpula *f*
Kuppelei [kupə'laɪ] *f* **1.** *(fam)* alcahuetería *f*; **2.** *JUR* favorecimiento de proxenetismo *m*, favorecimiento de lenocinio *m*
kuppeln ['kupəln] *v* **1.** *(fam)* alcahuetar; **2.** *(verbinden)* acoplar, unir; **3.** *(Auto)* embragar
Kupplung ['kupluŋ] *f (eines Autos) TECH* embrague *m*
Kur [ku:ɐ] *f MED* cura *f*
Kurbel ['kurbəl] *f* manivela *f*, manubrio *m*
kurbeln ['kurbəln] *v* dar a la manivela
Kürbis ['kyrbɪs] *m BOT* calabaza *f*, zapallo *m*
Kurier [ku'ri:r] *m* correo *m*
kurieren [ku'ri:rən] *v* curar, sanar
kurios [kur'jo:s] *adj* curioso, raro, extraño
Kurort ['ku:ɐɔɐt] *m* balneario *m*
Kurs [kurs] *m* **1.** *(Kursus)* curso *m*; **2.** *(Richtung)* rumbo *m*, dirección *f*; **3.** *(Aktienkurs) FIN* cotización *f*, precio *m*
Kürschner(in) ['kyrʃnɐ(rɪn)] *m/f* peletero/peletera *m/f*
kursieren [kur'zi:rən] *v* circular, estar en circulación
Kurswechsel ['kursvɛksəl] *m POL* cambio de línea *m*
Kurve ['kurvə] *f* curva *f*; *Gefährliche ~n!* ¡Curvas peligrosas! *die ~ kratzen (fig)* rascar (en) las curvas; *die ~ kriegen* coger la curva
kurz [kurts] *adj* **1.** *(zeitlich)* breve; *Die Pressekonferenz wird ~ nach neun Uhr beginnen.* La conferencia de prensa empezará a las nueve y pico. *zu ~ kommen* quedarse con las ganas; *~ und bündig* breve y suscintamente; *~ und gut* en fin/en suma/en una palabra; *~ und schmerzlos* rápido y sin dolor; *seit ~em* desde hace poco; *vor ~em* hace poco; **2.** *(räumlich)* corto; *den Kürzeren ziehen* perder en el negocio; *etw ~ und klein schlagen* destrozar algo; *~ treten (fig)* moderarse, mantenerse reservado
Kurzarbeit ['kurtsarbaɪt] *f* trabajo a jornada reducida *m*

Kürze ['kyrtsə] *f* **1.** *(zeitlich)* brevedad *f*, corta duración *f*; **2.** *(räumlich)* corta extensión *f*, corta distancia *f*
kürzen ['kyrtsən] *v* **1.** *(kürzer machen)* acortar; **2.** *(zeitlich)* abreviar; **3.** *(herabsetzen)* recortar, reducir, disminuir
kurzerhand ['kurtsɐhant] *adv* sin vacilar, sin más ni más
kurzfristig ['kurtsfrɪstɪç] *adj* **1.** de corta duración, de plazo corto; *adv* **2.** de un momento a otro, a corto plazo
Kurzgeschichte ['kurtsgəʃɪçtə] *f* relato corto *m*
kürzlich ['kyrtslɪç] *adv* recientemente, hace poco
kurzschließen ['kurtsʃli:sən] *v irr sich mit jdm ~* tener un roce con alguien
Kurzschluss ['kurtsʃlus] *m* **1.** *TECH* cortocircuito *m*; **2.** *(fig)* acción irreflexiva *f*
kurzsichtig ['kurtszɪçtɪç] *adj* **1.** *MED* miope; **2.** *(fig)* de horizontes limitados
Kürzung ['kyrtsuŋ] *f* **1.** abreviación *f*, acortamiento *m*, abreviatura *f*; **2.** *(Streichung)* reducción *f*
kurzzeitig ['kurtstsaɪtɪç] *adj* **1.** breve, de corto tiempo; *adv* **2.** brevemente
Kuss [kus] *m* beso *m*
küssen ['kysən] *v* besar
Küste ['kystə] *f* costa *f*
Küster ['kystɐ] *m REL* sacristán *m*
Kutsche ['kutʃə] *f* **1.** coche *m*; **2.** *(Brautkutsche)* carroza *f*
Kutscher(in) ['kutʃɐ(rɪn)] *m/f* cochero/cochera *m/f*
Kutte ['kutə] *f REL* hábito *m*
Kuvert [ku've:ɐ] *n* *(eines Briefes)* sobre *m*
Kybernetik [kybɛr'ne:tɪk] *f* cibernética *f*

L

Lab [la:p] *n* cuajo *m*
laben [la:ben] *v sich ~* saborear
labil [la'bi:l] *adj* lábil
Labilität [labili'tɛ:t] *f* labilidad *f*
Labor [la'bo:ɐ] *n* laboratorio *m*
Labsal ['la:pza:l] *n* refresco *m*, refrigerio *m*
Labyrinth [laby'rɪnt] *n* laberinto *m*
Lache[1] ['la:xə] *f (Pfütze)* charco *m*
Lache[2] ['laxə] *f (fam: Lachen)* risotada *f*, carcajada *f*
lächeln ['lɛçəln] *v* sonreír, sonreírse
Lächeln ['lɛçəln] *n* sonrisa *f*
lachen ['laxən] *v* reír, reírse; *nichts zu ~ haben* no tener por qué reírse; *zum Lachen sein* ser gracioso
Lachen ['laxən] *n* risa *f*; *sich vor ~ biegen* mondarse de risa; *Dir wird das ~ noch vergehen!* ¡Se te quitará la risa!
lächerlich ['lɛçɐlɪç] *adj* ridículo
Lachs [laks] *m ZOOL* salmón *m*
Lack [lak] *m* laca *f*
lackieren [la'ki:rən] *v* barnizar
Lackierung [la'ki:ruŋ] *f* barnizado *m*
laden ['la:dən] *v irr* **1.** cargar, llenar; *schief ge~ haben (fam)* estar borracho **2.** *JUR* citar
Laden ['la:dən] *m* tienda *f*, comercio *m*, negocio *m*; *den ~ schmeißen* sacar el negocio adelante; *Er kann seinen ~ dichtmachen.* Puede cerrar el negocio.
Ladentisch ['la:dəntɪʃ] *m* mostrador *m*
Ladung ['la:duŋ] *f* **1.** carga *f*; **2.** *(elektrische ~)* carga *f*; **3.** *JUR* citación *f*
Lage ['la:gə] *f* **1.** *(Position)* posición *f*; **2.** *(Situation)* situación *f*; *aus einer schwierigen ~ herauskommen* salir a flote; *Herr der ~ sein* ser el amo de la barraca *(fam)*; *die ~ peilen* tantear el terreno; *nach ~ der Dinge* según el estado de las cosas; **3.** *(Schicht)* capa *f*, estrato *m*
Lager ['la:gɐ] *n* **1.** *(Bett)* cama *f*, lecho *m*; **2.** *(Warenlager) ECO* almacén *m*, depósito *m*; **3.** *TECH* soporte *m*, cojinete *m*
Lagerbestand ['la:gɐbəʃtant] *m ECO* existencias disponibles *f/pl*, inventario *m*
Lagerfeuer ['la:gɐfɔyɐ] *n* hoguera *f*, fogata *f*
lagern ['la:gɐn] *v ECO* almacenar, depositar
Lagerung ['la:gəruŋ] *f ECO* almacenaje *m*, depósito *m*
lahm [la:m] *adj* **1.** *(fam: langweilig)* aburrido; **2.** *(gelähmt) MED* paralítico, tullido; **3.** *(hinkend) MED* cojo
lähmen ['lɛ:mən] *v* entullecer, entumecer
Lähmung ['lɛ:muŋ] *f MED* parálisis *f*
Laib [laɪp] *m* **1.** *(Brotlaib)* hogaza *f*; **2.** *(Käselaib)* queso *m*
Laie ['laɪə] *m* **1.** profano *m*; **2.** *REL* lego *m*, laico *m*, seglar *m*
Lake ['la:kə] *f GAST* salmuera *f*
Laken ['la:kən] *n* sábana *f*
Lakritze [la'krɪtsə] *f* regaliz *m*
lallen ['lalən] *v* balbucear, balbucir
Lama ['la:ma] *n ZOOL* llama *f*
Lamelle [la'mɛlə] *f* laminilla *f*
lamentieren [lamɛn'ti:rən] *v* lamentarse, quejarse
Lamm [lam] *n ZOOL* cordero *m*
Lampe ['lampə] *f* lámpara *f*
Lampenfieber ['lampənfi:bɐ] *n* miedo a salir a escena *m*, miedo al público *m*
Lampenschirm ['lampənʃɪrm] *m* pantalla *f*
Lampion ['lampjɔ̃] *m* farolillo de papel *m*
lancieren [lã'si:rən] *v* lanzar
Land [lant] *n* **1.** *(Staat)* país *m*, estado *m*; **2.** *(Grundstück)* terreno *m*; **3.** *(ländliche Gegend)* campo *m*; **4.** *(fig) wieder ~ sehen* tener un respiro; *jdn an ~ ziehen* traerse a alguien; *~ gewinnen* ganar terreno
Landbevölkerung ['lantbəfœlkəruŋ] *f* población rural *f*
landen ['landən] *v* **1.** *(Flugzeug)* aterrizar; **2.** *(Schiff)* arribar, atracar, tocar puerto; **3.** *(fam)* ir a parar; *Wo ist mein Füller gelandet?* ¿Dónde ha ido a parar mi pluma?
Ländereien [lɛndɐ'raɪən] *pl* tierras *f/pl*

Landesregierung ['landəsregiːruŋ] *f* *(in Deutschland)* *POL* gobierno de una Comunidad Autónoma *m*, gobierno provincial *m*
Landessprache ['landəsʃpraːxə] *f* idioma nacional *m*
Landflucht ['lantfluxt] *f* éxodo rural *m*
Landgericht ['lantgərɪçt] *n* *JUR* Audiencia Provincial *f*, Tribunal Regional *m*
Landkarte ['lantkartə] *f* mapa *m*
Landkreis ['lantkraɪs] *m* *POL* distrito rural *m*
ländlich ['lɛntlɪç] *adj* rural, del campo
Landrat ['lantraːt] *m* *POL* jefe de distrito *m*, prefecto *m*
Landschaft ['lantʃaft] *f* paisaje *m*
landschaftlich ['lantʃaftlɪç] *adj* regional
Landsmann ['lantsman] *m* **1.** compatriota *m*; **2.** *(fam)* paisano *m*
Landstraße ['lantʃtraːsə] *f* carretera nacional *f*, carretera rural *f*
Landstreicher ['lantʃtraɪçɐ] *m* vagabundo *m*
Landtag ['lanttaːk] *m* *(in Deutschland)* *POL* parlamento de un Estado Federal *m*
Landung ['landuŋ] *f* **1.** *(eines Flugzeuges)* aterrizaje *m*; **2.** *(Schiffslandung)* arribada *f*
Landweg ['lantveːk] *m* *auf dem ~* por vía terrestre, por tierra
Landwirt(in) ['lantvɪrt(ɪn)] *m/f* agricultor(a) *m/f*, labrador(a) *m/f*
Landwirtschaft ['lantvɪrtʃaft] *f* agricultura *f*
landwirtschaftlich ['lantvɪrtʃaftlɪç] *adj* agrícola, agrario
Landzunge ['lanttsuŋə] *f* *GEO* lengua de tierra *f*
lang [laŋ] *adj* **1.** *(örtlich)* extenso, alto; **2.** *(zeitlich)* largo, de larga duración
langärmelig ['laŋɛrməlɪç] *adj* de mangas largas
langatmig ['laŋaːtmɪç] *adj* extenso, muy detallado
lange ['laŋə] *adv* largo, mucho tiempo; *Wie ~ sind Sie schon in München?* ¿Cuánto hace que está usted en Múnich? *es nicht mehr ~ machen* no durar mucho tiempo
Länge ['lɛŋə] *f* **1.** *(örtlich)* largo *m*; **2.** *(zeitlich)* duración *f*; *etw in die ~ ziehen* prolongar algo, dilatar algo
langen ['laŋən] *v* **1.** *(genügen)* ser suficiente, bastar; *Jetzt langt es!* ¡Basta ya! **2.** *(greifen) nach etw ~* alargar la mano para agarrar algo; *jdm eine ~ (fam)* pegar un bofetón a alguien
Längengrad ['lɛŋəngraːt] *m* *GEO* grado de longitud *m*
Langeweile ['laŋəvaɪlə] *f* aburrimiento *m*, tedio *m*
langfristig ['laŋfrɪstɪç] *adj* a largo plazo
langjährig ['laŋjɛːrɪç] *adj* de muchos años
Langlauf ['laŋlauf] *m* *SPORT* carrera de fondo *f*
langlebig ['laŋleːbɪç] *adj* de larga vida, longevo
Langlebigkeit ['laŋleːbɪçkaɪt] *f* longevidad *f*
länglich ['lɛŋlɪç] *adj* alargado
längs [lɛŋs] *prep* **1.** a lo largo de; *adv* **2.** a lo largo de
langsam ['laŋzaːm] *adj* **1.** lento; *adv* **2.** lentamente, despacio
längst [lɛŋst] *adv* **1.** *(schon lange)* hace mucho tiempo; **2.** *~ nicht* todavía no
längstens ['lɛŋstəns] *adv* **1.** *(höchstens)* a lo sumo, a lo más; **2.** *(spätestens)* a más tardar, como muy tarde
Languste [laŋ'gustə] *f* *ZOOL* langosta *f*
langweilig ['laŋvaɪlɪç] *adj* aburrido, tedioso, pasado
langwierig ['laŋviːrɪç] *adj* de larga duración
Lanze ['lantsə] *f* lanza *f*
Lappalie [la'paːljə] *f* bagatela *f*, pequeñez *f*, friolera *f*
Lappen ['lapən] *m* trapo *m*, estropajo *m*; *jdm durch die ~ gehen* escapársele a alguien de las manos
Laptop ['lɛptɔp] *m* *INFORM* ordenador portátil *m*, computadora portátil *f (LA)*
Lärche ['lɛrçə] *f* *BOT* alerce *m*, lárice *m*
Lärm [lɛrm] *m* ruido *m*, bulla *f*; *~ schlagen* dar la alarma
Lärmbelästigung ['lɛrmbəlɛstɪguŋ] *f* contaminación sonora *f*, bulla *f*
lärmempfindlich ['lɛrmɛmpfɪntlɪç] *adj* sensible a los ruidos

L

lärmen ['lɛrmən] *v* hacer ruido
Lärmschutz ['lɛrmʃuts] *m* protección contra el ruido *f*
Larve ['larvə] *f* **1.** *(Maske)* máscara *f,* careta *f;* **2.** ZOOL larva *f*
Laserstrahl ['leɪzɐʃtraːl] *m* rayo láser *m*
lassen ['lasən] *v irr* **1.** *(zu~)* permitir, autorizar, admitir; *es nicht ~ können* no poder dejar algo; **2.** *(veran~)* ocasionar, originar, causar; **3.** *(aufhören)* dejar de, cesar de; *Lass mich in Ruhe!* ¡Déjame en paz! **4.** *(über~)* dejar, ceder
lässig ['lɛsɪç] *adj* **1.** indolente, indiferente; *adv* **2.** indolentemente, con indiferencia
Lässigkeit ['lɛsɪçkaɪt] *f* indolencia *f,* indiferencia *f*
Last [last] *f* carga *f,* cargamento *m; jdm zur ~ fallen* ser una carga para alguien; *jdm etw zur ~ legen* acusar a alguien de algo; *mit jdm seine liebe ~ haben* tener su cruz con alguien *(fam)*
lasten ['lastən] *v (fig) ~ auf* gravar sobre
Lasten ['lastən] *pl* carga *f,* gravamen *m*
Laster[1] ['lastɐ] *n* vicio *m,* mala costumbre *f*
Laster[2] ['lastɐ] *m* camión *m*
lästern ['lɛstɐn] *v* **1.** difamar a, hablar mal de; *über alles ~* tener una lengua viperina; **2.** REL blasfemar contra Dios
lästig ['lɛstɪç] *adj* importuno, desagradable; *~ fallen* dar la lata
Lastkraftwagen ['lastkraftvaːgən] *m* camión *m*
Latein [la'taɪn] *n* latín *m; mit seinem ~ am Ende sein (fig)* acabársele el repertorio/ya no saber qué decir
Lateinamerika [la'taɪnameːrɪka] *n* GEO Latinoamérica *f,* América Latina *f*
latent [la'tɛnt] *adj* latente
Laterne [la'tɛrnə] *f* **1.** linterna *f;* **2.** *(Straßenlaterne)* farol *m*
Latte ['latə] *f* viga *f*
Lattenrost ['latənrɔst] *m* rejilla *f*
Lätzchen ['lɛtsçən] *n* babero *m*
lau [lau] *adj* **1.** *(lauwarm)* tibio; **2.** *(mild)* templado
Laub [laup] *n* follaje *m,* hojas *f/pl*
Laubbaum ['laupbaum] *m* BOT árbol frondoso *m*
Laube ['laubə] *f* glorieta *f*
Lauch [laux] *m* BOT puerro *m*
Lauer ['lauɐ] *f sich auf die ~ legen* ponerse al acecho
Lauf [lauf] *m* **1.** *(laufen)* SPORT corrida *f,* carrera *f;* **2.** *(Gewehrlauf)* cañón *m;* **3.** *(fig: Verlauf)* transcurso *m,* curso *m*
Laufbahn ['laufbaːn] *f (fig)* carrera *f*
laufen ['laufən] *v irr* **1.** *(rennen)* correr; **2.** *(gehen)* caminar, andar; **3.** *(fließen)* huir, escaparse
laufend ['laufənt] *adj* corriente; *auf dem Laufenden sein* estar al corriente
Läufer ['lɔyfɐ] *m* **1.** *(Teppich)* alfombra continua *f;* **2.** SPORT corredor *m*
Laufmasche ['laufmaʃə] *f* carrera *f*
Laufpass ['laufpas] *m jdm den ~ geben* mandar a alguien a paseo
Laufsteg ['laufʃteːk] *m* pasarela *f*
Laufwerk ['laufvɛrk] *n* INFORM unidad de lectura *f,* drive *m*
Laufzeit ['lauftsaɪt] *f* ECO vencimiento *m,* validez *f*
Lauge ['laugə] *f* **1.** *(Seifenlauge)* jabón de lejía *m;* **2.** CHEM lejía *f*
Laune ['launə] *f* humor *m; schlechte ~ haben* tener un humor de perros *(fam); ~ machen* ser divertido; *jdn bei ~ halten* tener a alguien contento; *jdm die ~ verderben* quitarle a alguien el buen humor
launenhaft ['launənhaft] *adj* caprichoso, lunático
launisch ['launɪʃ] *adj* caprichoso, lunático
Laus [laus] *f* ZOOL piojo *m; Ihm ist eine ~ über die Leber gelaufen. (fig)* Está enojado./Está que echa chispas. *(fam)*
Lausbub ['lausbuːp] *m (fam)* pilluelo *m*
lauschen ['lauʃən] *v* **1.** *(zuhören)* escuchar atentamente, escuchar con atención; **2.** *(horchen)* aguzar el oído
laut[1] [laut] *adj* **1.** alto; **2.** *(geräuschvoll)* ruidoso; *adv* **3.** en voz alta, en tono alto; **4.** *(geräuschvoll)* ruidosamente, muy alto
laut[2] [laut] *prep* según, conforme a
Laut [laut] *m* **1.** *(Ton)* sonido *m;* **2.** *(Geräusch)* ruido *m*
lauten ['lautən] *v (besagen)* decir, rezar
läuten ['lɔytən] *v* **1.** *(Glocken)* tocar; *von etw ~ hören* oír decir de algo; **2.** *(erklingen lassen)* hacer sonar
lautlos ['lautloːs] *adj* **1.** silencioso; *adv* **2.** silenciosamente, sin hacer ruido

Lautsprecher ['lautʃprɛçɐ] *m* altavoz *m*, altoparlante *m* (*LA*)
lautstark ['lautʃtark] *adj* 1. potente, fuerte, intenso; *adv* 2. fuertemente, intensamente
Lautstärke ['lautʃtɛrkə] *f* intensidad de sonido *f*, volumen *m*
Lavendel [la'vɛndəl] *m BOT* lavanda *f*, espliego *m*
Lawine [la'vi:nə] *f* avalancha *f*, alud *m*
Lazarett [latsa'rɛt] *n MIL* hospital militar *m*
leben ['le:bən] *v* vivir, existir; *nach seiner Fasson ~* vivir a su manera; *wie er leibt und lebt* en su vivo retrato
Leben ['le:bən] *n* vida *f*, existencia *f*; *etw für sein ~ gern tun* desvivirse por algo; *etw ins ~ rufen* crear algo/fundar algo; *mit dem ~ davonkommen* escapar con vida; *jdm nach dem ~ trachten* atentar contra la vida de alguien; *nie im ~* jamás en la vida; *sich das ~ nehmen* quitarse la vida; *mit seinem ~ spielen* jugarse la vida; *jdm das ~ schenken* perdonar la vida a alguien; *sein ~ lassen* dejar la vida; *auf ~ und Tod* a vida o muerte/ hasta la muerte; *wie aus dem ~ gegriffen* real como la vida misma; *seit seines ~s* durante toda su vida
lebendig [le'bɛndɪç] *adj* 1. *(lebend)* vivo, viviente; 2. *(lebhaft)* vivaz, lleno de vida
Lebensabend ['le:bənsa:bənt] *m* vejez *f*, tercera edad *f*
Lebensdauer ['le:bensdauɐ] *f* 1. duración de la vida *f*; 2. *(einer Sache)* durabilidad *f*
Lebenserfahrung ['le:bənsɐfa:ruŋ] *f* experiencia *f*, saber *m*; *~ haben* ser un perro viejo
Lebenserwartung ['le:bənsɛɐva:rtuŋ] *f* expectativa de vida *f*
Lebensgefahr ['le:bənsgəfa:ɐ] *f* riesgo de vida *m*, peligro de muerte *m*
lebensgefährlich ['le:bənsgəfɛ:ɐlɪç] *adj* peligroso, arriesgado
Lebensgefährte ['le:bənsgəfɛ:ɐtə] *m* compañero sentimental *m*
Lebensgefährtin ['le:bənsgəfɛ:ɐtɪn] *f* compañera sentimental *f*
Lebenshaltungskosten ['le:bənshaltuŋskɔstən] *pl* coste de vida *m*
lebenslänglich ['le:bənslɛŋlɪç] *adj* perpetuo, vitalicio, de toda la vida
Lebenslauf ['le:bənslauf] *m* currículum vítae *m*, hoja de vida *f*
Lebensmittel ['le:bənsmɪtəl] *pl* alimentos *m/pl*, comestibles *m/pl*
lebensmüde ['le:bənsmy:də] *adj* cansado de la vida, cansado de vivir, harto de la vida
Lebensretter(in) ['le:bənsrɛtɐ(rɪn)] *m/f* socorrista *m/f*
Lebensunterhalt ['le:bənsuntɐhalt] *m* sustento *m*, medios de subsistencia *m/pl*
Lebensversicherung ['le:bənsfɛɐzɪçəruŋ] *f* seguro de vida *m*
lebenswichtig ['le:bənsvɪçtɪç] *adj* vital, fundamental
Leber ['le:bɐ] *f ANAT* hígado *m*
Lebewesen ['le:bəve:zən] *n* ser viviente *m*, organismo viviente *m*
lebhaft ['le:phaft] *adj* 1. *(munter)* vivaracho, listo, despierto; 2. *(rege)* vivaz; 3. *(begeistert)* entusiasmado
leblos ['le:plo:s] *adj* sin vida, muerto
Leck [lɛk] *n* fuga *f*, escape *m*, filtración *f*
lecken[1] ['lɛkən] *v (sch~)* lamer, chupar
lecken[2] ['lɛkən] *v (auslaufen)* derramarse, tener fuga
lecker ['lɛkɐ] *adj* 1. sabroso, rico, delicioso; *adv* 2. sabrosamente, deliciosamente
Leckerbissen ['lɛkɐbɪsən] *m* bocado *m*, manjar *m*
LED [ɛle:'de:] *n TECH* led *m*
Leder ['le:dɐ] *n* cuero *m*, piel *f*; *jdm ans ~ wollen* querer zurrar la badana a alguien *(fam)*
ledig ['le:dɪç] *adj* 1. soltero; 2. *(fig) einer Sache ~ sein* estar libre (de)
lediglich ['le:dɪglɪç] *adv* sólo, meramente
leer [le:ɐ] *adj* 1. *(nichts enthaltend)* vacío; 2. *(frei)* libre; 3. *(unbeschrieben)* en blanco
Leere ['le:rə] *f* vacío *m*; *ins ~ reden* hablar al vacío
leeren ['le:rən] *v* vaciar, verter, arrojar
Leergut ['le:ɐgu:t] *n* envases de vuelta *m/pl*
Leerung ['le:ruŋ] *f* vaciado *m*, vaciamiento *m*

L

legal [le'gaːl] *adj* **1.** legal; *adv* **2.** legalmente
legalisieren [legali'ziːrən] *v* legalizar
Legalität [legali'tɛːt] *f* legalidad *f*
legen ['leːgən] *v* poner, colocar horizontalmente
legendär [legɛn'dɛːɐ] *adj* legendario
Legende [le'gɛndə] *f* leyenda *f*
Legierung [le'giːruŋ] *f* MET aleación *f*
Legislative [legisla'tiːvə] *f* POL poder legislativo *m*
Legislaturperiode [legisla'tuːɐperjoːdə] *f* POL legislatura *f,* período legislativo *m*
legitim [leːgi'tiːm] *adj* legítimo
Legitimation [legitima'tsjoːn] *f* legitimación *f,* legitimidad *f*
legitimieren [legiti'miːrən] *v sich ~* identificarse, probar su identidad
Leguan ['leːguan] *m* ZOOL iguana *f*
Lehm [leːm] *m* barro *m,* lodo *m*
Lehne ['leːnə] *f* **1.** *(Armlehne)* brazo *m;* **2.** *(Rückenlehne)* respaldar *m*
lehnen ['leːnən] *v* **1.** apoyar, arrimar; **2.** *sich ~* apoyarse, arrimarse
Lehre ['leːrə] *f* **1.** *(Lehrsatz)* doctrina *f,* dogma *m;* **2.** *(Ausbildung)* aprendizaje *m,* instrucción *f;* **3.** *(fig: Ermahnung)* enseñanza *f,* lección *f,* escarmiento *m; Lass dir das eine ~ sein!* ¡Que te sirva de escarmiento! *bei jdm in die ~ gehen können* poder aprender con alguien; *jdm eine ~ sein* servir a alguien de lección
lehren ['leːrən] *v* enseñar, instruir a alguien en algo
Lehrer(in) ['leːrɐ(rɪn)] *m/f* **1.** *(einer Grundschule)* maestro/maestra *m/f;* **2.** *(einer höheren Schule)* profesor(a) *m/f*
Lehrgang ['leːɐgaŋ] *m* curso *m,* cursillo *m*
Lehrling ['leːɐlɪŋ] *m* aprendiz *m*
Lehrplan ['leːɐplaːn] *m* currículo *m*
lehrreich ['leːɐraɪç] *adj* instructivo
Lehrstelle ['leːɐʃtɛlə] *f* puesto de aprendiz *m*
Lehrstuhl ['leːɐʃtuːl] *m* cátedra *f*
Lehrzeit ['leːɐtsaɪt] *f* tiempo de aprendizaje *m*
Leib [laɪp] *m* cuerpo *m; etw zu ~e rücken* combatir algo; *jdm wie auf den ~ zugeschnitten sein* venirle a alguien clavado/venirle a alguien como anillo al dedo; *etw am eigenen ~ erfahren* experimentar algo en las propias carnes *(fam); mit ~ und Seele* en cuerpo y alma; *aus ~eskräften* a más no poder
Leibgericht ['laɪpgərɪçt] *n* plato favorito *m*
leibhaftig ['laɪphaftɪç] *adj* **1.** personificado, en persona; *adv* **2.** personalmente
Leibwächter ['laɪpvɛçtɐ] *m* guardaespaldas *m*
Leiche ['laɪçə] *f* cadáver *m,* cuerpo muerto *m; ~n im Keller haben (fig)* tener un muerto encima; *über ~n gehen* pasar por encima de cadáveres; *Nur über meine ~!* ¡Sólo pasando por encima de mi cadáver!
Leichenhalle ['laɪçənhalə] *f* depósito de cadáveres *m*
Leichenwagen ['laɪçənvaːgən] *m* coche fúnebre *m,* carroza *f*
Leichnam ['laɪçnam] *m* cadáver *m,* muerto *m*
leicht [laɪçt] *adj* **1.** *(nicht schwer)* ligero, liviano; **2.** *(nicht schwierig)* fácil, sencillo; *ein Leichtes sein* ser fácil; **3.** *(geringfügig)* leve; *adv* **4.** *(nicht schwierig)* fácilmente; *~ reden haben* bien poder hablar; *Das ist ~ gesagt.* Se dice pronto. *etw ~ nehmen* tomar algo a la ligera; **5.** *(geringfügig)* levemente
Leichtathletik ['laɪçtatleːtɪk] *f* SPORT atletismo *m*
leichtfertig ['laɪçtfɛrtɪç] *adj* **1.** ligero, irreflexivo, frívolo; *adv* **2.** a la ligera, irreflexivamente
leichtgläubig ['laɪçtglɔybɪç] *adj* **1.** crédulo, cándido, ingenuo; *~er Mensch* un hombre de buena fe; *adv* **2.** crédulamente
Leichtigkeit ['laɪçtɪçkaɪt] *f* **1.** *(Ungezwungenheit)* naturalidad *f,* espontaneidad *f;* **2.** *(Mühelosigkeit)* facilidad *f,* simplicidad *f,* comodidad *f*
Leichtsinn ['laɪçtzɪn] *m* irreflexión *f,* imprudencia *f*
leichtsinnig ['laɪçtzɪnɪç] *adj* irreflexivo, imprudente
Leid [laɪt] *n* **1.** pesar *m,* pena *f*
leiden ['laɪdən] *v irr* sufrir, padecer
Leiden ['laɪdən] *n* **1.** *(Kummer)* sufrimiento *m,* pena *f;* **2.** MED afección *f,* dolencia *f*
Leidenschaft ['laɪdənʃaft] *f* pasión *f*

L

leidenschaftlich ['laɪdənʃaftlɪç] *adj* **1.** apasionado; *adv* **2.** apasionadamente
Leidensgefährte ['laɪdənsgəfɛːɐtə] *m* compañero de infortunio *m,* compañero de desgracias *m*
leider ['laɪdɐ] *adv* desgraciadamente, lamentablemente
leidlich ['laɪtlɪç] *adj* **1.** soportable, tolerable; *adv* **2.** tolerablemente
leidtun ['laɪttun] *v irr* **1.** *(bedauern)* sentirlo, lamentarlo; *Es tut mir leid.* Lo siento. **2.** *(bemitleiden)* dar lástima, dar pena; *Dieser Mann tut mir leid.* Ese hombre me da lástima.
leidvoll [laɪfɔl] *adj* doloroso
Leier ['laɪɐ] *f die alte ~* siempre la misma canción *(fig)*/el cuento de nunca acabar
Leierkasten ['laɪɐkastən] *m* organillo *m*
Leihbibliothek ['laɪbibliote:k] *f* biblioteca circulante *f,* biblioteca de préstamo *f*
leihen ['laɪən] *v irr* **1.** *etw an jdn ver~* prestar algo a alguien; **2.** *sich etw ~* tomar prestado
Leihgebühr ['laɪgəbyːɐ] *f* derechos de alquiler *m/pl*
Leihwagen ['laɪvaːgən] *m* coche de alquiler *m*
Leim [laɪm] *m* cola *f,* pegamento *m; jdm auf den ~ gehen* caer en la trampa de alguien; *aus dem ~ gehen* deshacerse/crecer a lo ancho
leimen ['laɪmən] *v* **1.** *(kleben)* pegar con cola, encolar; **2.** *(fam) jdn ~* engañar a alguien
Leine ['laɪnə] *f* **1.** cuerda *f;* **2.** *(Hundeleine)* correa *f; an der langen ~ sein* gozar más libertad
Leinen ['laɪnən] *n* lino *m*
Leinwand ['laɪnvant] *f* **1.** ART lienzo *m;* **2.** CINE pantalla *f*
leise ['laɪzə] *adj* **1.** *(nicht laut)* bajo, silencioso, quedo, despacio; **2.** *(ruhig)* tranquilo, quieto, apacible; **3.** *(schwach)* débil; *adv* **4.** *(nicht laut)* bajo, sin hacer ruido; **5.** *(ruhig)* tranquilamente, apaciblemente
Leiste ['laɪstə] *f* **1.** varilla *f;* **2.** ANAT ingle *f*
leisten ['laɪstən] *v* **1.** efectuar, hacer; **2.** *sich etw ~* darse el lujo de comprar algo/permitirse algo
Leistung ['laɪstuŋ] *f* **1.** ECO rendimiento *m,* prestación de servicio *f;* **2.** TECH potencia *f,* rendimiento *m*
leistungsfähig ['laɪstuŋsfɛːɪç] *adj* productivo, capaz, eficiente
Leistungsfähigkeit ['laɪstuŋsfɛːɪçkaɪt] *f* capacidad de rendimiento *f*
Leistungssport ['laɪstuŋsʃpɔrt] *m* deporte de competición *m*
leiten ['laɪtən] *v* **1.** *(führen)* guiar, llevar; **2.** *(lenken)* dirigir, conducir, orientar; **3.** TECH conducir
leitend ['laɪtənt] *adj* conductor
Leiter[1] ['laɪtɐ] *f* escalera *f*
Leiter[2] ['laɪtɐ] *m* TECH conductor *m*
Leiter(in) ['laɪtɐ(rɪn)] *m/f (Vorgesetzte(r))* director(a) *m/f,* gerente *m/f,* jefe/jefa *m/f*
Leitplanke ['laɪtplaŋkə] *f* bordillo guía *m,* banda de guía *f*
Leitung ['laɪtuŋ] *f* **1.** *(Geschäftsleitung)* dirección *f,* gerencia *f;* **2.** *(Rohrleitung)* tubería *f,* cañería *f;* **3.** *(Kabel)* conducción *f; eine lange ~ haben (fig)* tener malas entendederas
Leitungswasser ['laɪtuŋsvasɐ] *n* agua potable *f,* agua del grifo *f*
Lektion [lɛk'tsjoːn] *f* lección *f*
Lektor(in) ['lɛktoːɐ/lɛk'toːrɪn] *m/f* lector(a) *m/f*
Lektüre [lɛk'tyːrə] *f* lectura *f*
Lende ['lɛndə] *f* **1.** ANAT región lumbar *f,* cadera *f;* **2.** GAST lomo *m*
lenken ['lɛŋkən] *v* **1.** *(steuern)* llevar, guiar, orientar; **2.** *(leiten)* dirigir, conducir; **3.** *(Aufmerksamkeit, Blick)* prestar atención a, dirigir la mirada hacia
Lenkrad ['lɛŋkraːt] *n (eines Autos)* volante *m*
Leopard [leo'part] *m* ZOOL leopardo *m*
Lerche ['lɛrçə] *f* ZOOL alondra *f*
lernen ['lɛrnən] *v* aprender, asimilar
lesbisch ['lɛsbɪʃ] *adj* lesbiano
Lesebuch ['leːzəbuːx] *n* libro de lecturas *m*
lesen ['leːzən] *v irr* leer
Leser(in) ['leːzɐ(rɪn)] *m* lector(a) *m/f*
leserlich ['leːzɐlɪç] *adj* **1.** legible; *adv* **2.** de manera legible
Lesung ['leːzuŋ] *f* **1.** lectura *f;* **2.** POL lectura *f;* **3.** REL lectura *f,* interpretación *f*

letzte(r,s) ['lɛtstə(ʁ,əs)] *adj* **1.** último/última; *zu guter Letzt* por último; *das Letzte sein* ser lo último/ser el colmo; *bis aufs ~* por completo; **2.** *(vorig)* pasado; *~s Jahr* el año pasado *m*
letztens ['lɛtstəns] *adv* últimamente, recientemente
letztlich ['lɛtstlɪç] *adv* finalmente, por fin
Leuchtanzeige ['lɔyçtantsaɪgə] *f* lámpara de señales *f*, indicador luminoso *m*
Leuchte ['lɔyçtə] *f* **1.** luz *f*, lámpara *f*; **2.** *(fig)* genio *m*; *keine große ~ sein* no ser ninguna lumbrera
leuchten ['lɔyçtən] *v* **1.** *(Licht)* alumbrar, iluminar; **2.** *(Sonne)* brillar
Leuchter ['lɔyçtʁ] *m* candelabro *m*
Leuchtturm ['lɔyçtturm] *m* faro *m*
leugnen ['lɔygnən] *v* negar, denegar
Leukämie [lɔykɛ'mi:] *f MED* leucemia *f*
Leumund ['lɔymunt] *m* reputación *f*
Leute ['lɔytə] *pl* gente *f*; *unter die ~ kommen* divulgarse/circular
Leutnant ['lɔytnant] *m MIL* alférez *m*
L **leutselig** ['lɔytze:lɪç] *adj* **1.** afable, amable, gentil; *adv* **2.** afablemente, con gentileza
Lexikon ['lɛksɪkɔn] *n* **1.** *(Wörterbuch)* diccionario *m*; **2.** *(Enzyklopädie)* enciclopedia *f*
Libanon ['li:banɔn] *m GEO* Líbano *m*
Libelle [li'bɛlə] *f ZOOL* libélula *f*
liberal [libʁ'ra:l] *adj* **1.** liberal; *adv* **2.** liberalmente
Liberalisierung [libʁrali'zi:ruŋ] *f POL* liberalización *f*
Liberalismus [libʁra'lɪsmus] *m POL* liberalismo *m*
Libyen ['li:bɪən] *n GEO* Libia *f*
Licht [lɪçt] *n* luz *f*; *kein großes ~ sein* no ser ninguna lumbrera; *sich ins rechte ~ setzen* favorecerse; *sein ~ unter den Scheffel stellen* callar sus méritos; *jdn hinters ~ führen* engañar a alguien/dar a alguien gato por liebre *(fig)*; *kein gutes ~ auf jdn werfen* no hablar en favor de alguien; *Jetzt geht mir ein ~ auf!* ¡Ahora caigo!/¡Ahora se me ha encendido la bombilla!
Lichtblick ['lɪçtblɪk] *m* *(fig)* rayo de luz *m*, rayo de esperanza *m*
lichtempfindlich ['lɪçtɛmpfɪndlɪç] *adj* sensible a la luz
Lichtgeschwindigkeit ['lɪçtgəʃvɪndɪçkaɪt] *f PHYS* velocidad de la luz *f*
Lichtschalter ['lɪçtʃaltʁ] *m* interruptor de la luz *m*
Lichtschutzfaktor ['lɪçtʃutsfakto:ʁ] *m* factor de protección solar *m*
Lichtstrahl ['lɪçtʃtra:l] *m* rayo de luz *m*
Lichtung ['lɪçtuŋ] *f* *(Waldlichtung)* claro *m*
Lid [li:t] *n* párpado *m*
Lidschatten ['li:tʃatən] *m* sombra de ojos *f*
lieb [li:p] *adj* querido, amoroso; *jdm ~ und teuer sein* tener en mucha estima a alguien; *~ gewinnen* tomar cariño, encariñarse con; *~ haben* querer, amar
Liebe ['li:bə] *f* amor *m*; *bei aller ~* aunque me empeñe; *~ auf den ersten Blick* amor a primera vista *m*
lieben ['li:bən] *v* amar, querer (mucho); *Ich liebe dich.* Te quiero mucho./Te amo.
liebenswert ['li:bənsve:ʁt] *adj* digno de ser amado, muy simpático
liebenswürdig ['li:bənsvyrdɪç] *adj* gentil, amable, afable
Liebenswürdigkeit ['li:bənsvyrdɪçkaɪt] *f* gentileza *f*, amabilidad *f*
lieber ['li:bʁ] *adv* más bien, mejor
Liebesbrief ['li:bəsbri:f] *m* carta amorosa *f*, carta de amor *f*
Liebesgeschichte ['li:bəsgəʃɪçtə] *f* historia de amor *f*
Liebeskummer ['li:bəskumʁ] *m* penas de amor *f/pl*, penas del corazón *f/pl*
Liebeslied ['li:bəsli:t] *n* canción de amor *f*
Liebespaar ['li:bəspa:ʁ] *n* pareja de enamorados *f*
liebevoll ['li:bəfɔl] *adj* **1.** amoroso, cariñoso; *adv* **2.** amorosamente
Liebhaber ['li:phabʁ] *m* **1.** *(Geliebter)* amante *m/f*; **2.** *(Kenner)* aficionado *m*
Liebhaberei [li:pha:bʁ'raɪ] *f* afición *f*
Liebhaberwert ['li:pha:bʁve:ʁt] *m* valor de curiosidad *m*
liebkosen [li:p'ko:zən] *v* acariciar, hacer caricias
Liebkosung [li:p'ko:zuŋ] *f* caricia *f*
lieblich ['li:plɪç] *adj* agradable, simpático
Liebling ['li:plɪŋ] *m* **1.** favorito *m*; **2.** *(Anrede)* querido *m*
Lieblingsbeschäftigung ['li:plɪŋsbəʃɛftɪguŋ] *f* ocupación favorita *f*

Lieblingsspeise ['li:blɪŋsʃpaɪzə] *f* plato favorito *m*
lieblos ['li:plo:s] *adj* **1.** desamoroso, falto de amor; *adv* **2.** sin amor, fríamente, con desamor
Lieblosigkeit ['li:plo:zɪçkaɪt] *f* desamor *m,* falta de amor *f*
Liebreiz ['li:praɪts] *m* atractivo *m,* encanto *m*
Liebschaft ['li:pʃaft] *f* amores *m/pl,* amoríos *m/pl*
Liebste(r) ['li:pstə(-ɐ)] *f/m* querido/querida *m/f,* amado/amada *m/f*
Lied [li:t] *n* canción *f; immer wieder das alte ~ anstimmen* volver siempre a la misma canción/venir siempre con el mismo cuento
Liederabend ['li:dɐa:bənt] *m* recital *m*
Liederbuch ['li:dɐbu:x] *n* cancionero *m*
liederlich ['li:dɐlɪç] *adj* **1.** desordenado, descuidado; *adv* **2.** desordenadamente, sin esmero
Liedermacher(in) ['li:dɐmaxɐ(rɪn)] *m/f* cantautor(a) *m/f,* compositor(a) de canciones *m/f*
Lieferant(in) [li:fɐ'rant(ɪn)] *m/f* proveedor(a) *m/f,* suministrador(a) *m/f*
lieferbar ['li:fɐba:ɐ] *adj* suministrable, disponible
Lieferbedingung ['li:fɐbədɪŋuŋ] *f ECO* condiciones de entrega *f/pl*
liefern ['li:fɐn] *v* suministrar, entregar, proveer; *geliefert sein* estar perdido
Lieferschein ['li:fɐʃaɪn] *m ECO* talón de entrega *m,* recibo de entrega *m*
Liefertermin ['li:fɐtɛrmi:n] *m ECO* fecha de entrega *f,* día de entrega *m*
Lieferung ['li:fɐruŋ] *f* entrega *f,* suministro *m*
Lieferwagen ['li:fɐva:gən] *m* camioneta de reparto *f*
Liege ['li:gə] *f* diván *m*
liegen ['li:gən] *v irr* **1.** estar tendido, yacer; **2.** *(sich befinden)* encontrarse, estar; *Das Buch liegt in der Schublade.* El libro está en el cajón. **3.** *richtig ~* estar en lo cierto; **4.** *~ lassen (vergessen)* olvidar algo, dejar algo olvidado; *alles stehen und ~ lassen* abandonar todo
Liegenschaften ['li:gənʃaftən] *pl* inmuebles *m/pl,* bienes raíces *m/pl,* terrenos *m/pl*
Liegestuhl ['li:gəʃtu:l] *m* silla extensible *f,* gandula *f*
Liegewagen ['li:gəva:gən] *m* vagón de literas *m,* coche de asientos/coche cama *m*
Lift [lɪft] *m* ascensor *m*
liften ['lɪftən] *v* estirar la piel quirúrgicamente, hacer lifting
Liga ['li:ga] *f* liga *f*
Likör [li'kø:ɐ] *m* licor *m*
lila ['li:la] *adj* de color lila
Lilie ['li:ljə] *f BOT* lirio *m*
Limonade [limo'na:də] *f* limonada *f*
Limousine [limu'zi:nə] *f* limusina *f*
Linde ['lɪndə] *f BOT* tilo *m*
lindern ['lɪndɐn] *v* aliviar, mitigar, calmar
Linderung ['lɪndɐruŋ] *f* alivio *m,* mitigación *f*
Lineal [line'a:l] *n* regla *f*
linear [line'a:r] *adj* lineal
Linie ['li:njə] *f* **1.** *(Strich)* raya *f,* línea *f; auf der ganzen ~* en toda regla; **2.** *(Zeile)* renglón *m;* **3.** *(Reihe)* fila *f*
Linienflug ['li:njənflu:k] *m* vuelo regular *m,* vuelo de línea *m*
linke(r,s) ['lɪŋkə(ɐ,s)] *adj* **1.** izquierda; **2.** *(Rückseite)* revés
Linke(r) ['lɪŋkə(-ɐ)] *f/m POL* izquierdista *m/f*
links [lɪŋks] *adv* **1.** a la izquierda, por la izquierda; *jdn ~ liegen lassen (fig)* hacer caso omiso de alguien; *etw mit ~ machen* hacer algo con la izquierda; **2.** *(Rückseite)* al revés, por el revés
Linkshänder(in) ['lɪŋkshɛndɐ(rɪn)] *m/f* zurdo/zurda *m/f*
Linse ['lɪnzə] *f* **1.** *(in der Optik)* lente *m;* **2.** *BOT* lenteja *f*
Linseneintopf ['lɪnzənaɪntɔpf] *m GAST* potaje de lentejas *m*
Lippe ['lɪpə] *f* labio *m; eine dicke ~ riskieren* meterse en una conversación; *etw nicht über die ~n bringen* no atreverse a decir algo; *leicht von den ~n gehen* escaparse de la lengua
Lippenstift ['lɪpənʃtɪft] *m* lápiz labial *m,* pintalabios *m*
liquidieren [lɪkvɪ'di:rən] *v ECO* liquidar, entrar en liquidación
lispeln ['lɪspəln] *v* cecear
List [lɪst] *f* astucia *f,* sutileza *f; ~ geht über Kraft.* Más vale maña que fuerza.
Liste ['lɪstə] *f* lista *f*

listig ['lɪstɪç] *adj* **1.** astuto, sutil; *adv* **2.** con astucia, astutamente, con sutileza
Litanei [lita'naɪ] *f* **1.** REL letanía *f;* **2.** *(fam)* retahíla *f,* sarta *f*
Liter ['liːtɐ] *m* litro *m*
literarisch [litə'raːrɪʃ] *adj* literario
Literatur [litəra'tuːɐ] *f* literatura *f*
Liturgie [litur'giː] *f* REL liturgia *f*
Lizenz [li'tsɛnts] *f* licencia *f*
Lob [loːp] *n* alabanza *f,* elogio *m*
Lobby ['lɔbi] *f* POL lobby *m*
loben ['loːbən] *v* alabar, elogiar; *jdn über alle Maßen ~* deshacerse en elogios hacia alguien
lobenswert ['loːbənsveːɐt] *adj* digno de alabanza, elogiable
Loch [lɔx] *n* agujero *m,* hueco *m; aus dem letzten ~ pfeifen (fig)* estar en las últimas; *jdm ein ~ in den Bauch reden* meter un rollo a alguien; *ein ~ in die Luft starren* estar en la higuera
Locher ['lɔxɐ] *m* perforador *m,* taladrador *m*
Locke ['lɔkə] *f* rizo *m,* bucle *m*
locken[1] ['lɔkən] *v (Haare)* rizar, rizarse, hacerse rizos
locken[2] ['lɔkən] *v* atraer, seducir
Lockenwickler ['lɔkənvɪklɐ] *m* bigudí *m,* rulo *m,* rulero *(LA) m*
locker ['lɔkɐ] *adj* **1.** *(lose)* suelto; **2.** *(entspannt)* flojo; **3.** *(fig: ungezwungen)* natural
lockig ['lɔkɪç] *adj* rizado, ensortijado
Lockvogel ['lɔkfoːgəl] *m (fig)* gancho *m,* señuelo *m*
lodern ['loːdɐn] *v* llamear, arder
Löffel ['løfəl] *m* cuchara *f*
Loge ['loːʒə] *f* **1.** *(Vereinigung)* logia *f;* **2.** THEAT palco *m*
Logik ['loːgɪk] *f* lógica *f*
logisch ['loːgɪʃ] *adj* **1.** lógico; *adv* **2.** lógicamente, por lógica
Logistik [lo'gɪstɪk] *f* logística *f*
Lohn [loːn] *m* **1.** *(Bezahlung)* salario *m,* paga *f;* **2.** *(Belohnung)* recompensa *f*
Lohnausgleich ['loːnausglaɪç] *m* reajuste de salarios *m*
lohnen ['loːnən] *v sich ~* valer la pena, ser rentable
Lohnerhöhung ['loːnɛɐhøːuŋ] *f* aumento salarial *m*
Lohnsteuer ['loːnʃtɔyɐ] *f* impuesto sobre salarios *m,* impuesto sobre los rendimientos del trabajo personal (IRTP) *m*
lokal [lo'kaːl] *adj* local
Lokal [lo'kaːl] *n* local *m,* establecimiento *m*
Lokomotive [lokomo'tiːvə] *f* locomotora *f*
Lorbeer ['lɔɐbeːɐ] *m* BOT laurel *m; ~en ernten* llevarse laureles; *sich auf seinen ~en ausruhen (fig)* dormirse sobre sus laureles
los [loːs] *interj* vamos, ya, adelante, en marcha; *Was ist ~?* ¿Qué pasa? *Mit ihm ist nicht viel ~.* No sirve para hacer gran cosa.
Los [loːs] *n* **1.** *(Lotterielos)* billete de lotería *m; mit jdm das große ~ gezogen haben* haberle tocado la lotería con alguien; **2.** *(Schicksal)* suerte *f,* destino *m*
löschen ['lœʃən] *v* **1.** *(Feuer)* extinguir, apagar, sofocar; **2.** *(Licht)* apagar; **3.** INFORM borrar, cancelar
lose ['loːzə] *adj* **1.** *(locker)* flojo, suelto; **2.** *(unverpackt)* sin empacar, a granel; **3.** *(fig: leichtfertig)* frívolo, ligero
Lösegeld ['løːzəgɛlt] *n* rescate *m*
lösen ['løːzən] *v* **1.** *(losbinden)* desatar, desligar; **2.** *(beenden)* finalizar, terminar, acabar; **3.** *(klären)* resolver, solucionar, aclarar; **4.** *(zergehen lassen)* diluir, disolver; **5.** *(kaufen)* comprar, sacar (un billete)
losfahren ['loːsfaːrən] *v irr* salir, partir
loslassen ['loːslasən] *v irr* soltar, desasir
löslich ['løːslɪç] *adj* soluble
losreißen ['loːsraɪsən] *v irr* **1.** arrancar, quitar; **2.** *(fig)* desprenderse, separarse
lossagen ['loːszaːgən] *v sich ~ von* abjurar de, renegar de
Lösung ['løːzuŋ] *f* **1.** *(Losmachen)* desprendimiento *m,* separación *f;* **2.** *(Beendigung)* finalización *f;* **3.** *(Klärung)* solución *f;* **4.** CHEM solución *f*
Lot [loːt] *n* **1.** *(Senkrechte)* MATH línea perpendicular *f,* vertical *f;* **2.** *(Senkblei)* TECH plomada *f; etw wieder ins rechte ~ bringen* poner de nuevo algo en orden; *ins ~ kommen* arreglarse
löten ['løːtən] *v* soldar con estaño
Lotse ['loːtsə] *m* **1.** *(Schiffslotse)* práctico *m;* **2.** *(Flugzeuglotse)* operador de radar *m*

lotsen ['loːtsən] *v* 1. pilotar, pilotear, practicar; 2. *(fig)* seducir a venir, arrastrar
Lotterie [lɔtə'riː] *f* lotería *f*
Löwe ['løːvə] *m* ZOOL león *m*
Löwenanteil ['løːvənantaɪl] *m* parte del león *f*, parte más grande *f*, mayor parte *f*
loyal [lo'jaːl] *adj* leal
Loyalität [lojaːlɪ'tɛːt] *f* lealtad *f*
Luchs [luks] *m* ZOOL lince *m*
Lücke ['lykə] *f* vacío *m*, hueco *m*
lückenhaft ['lykənhaft] *adj* 1. defectuoso, incompleto; *adv* 2. defectuosamente, de manera incompleta
lückenlos ['lykənloːs] *adj* 1. completo, ininterrumpido; *adv* 2. por completo, ininterrupidamente
Luft [luft] *f* aire *m*; *in der ~ hängen (fig)* estar en el aire/estar por decidir; *dicke ~* ambiente cargado; *die ~ rauslassen* dejar salir el aire; *jdn wie ~ behandeln* hacer caso omiso de alguien; *die ~ anhalten* contener la respiración; *jdn an die frische ~ befördern* mandar a alguien con viento fresco/poner a alguien de patitas en la calle; *aus der ~ gegriffen sein* ser puro invento; *in die ~ gehen* saltar *(fam)*/explotar; *sich ~ machen* desahogarse/aliviarse; *Da bleibt mir die ~ weg!* ¡Me quedo sin aliento!
Luftballon ['luftbalɔ̃] *m* globo *m*, globo aerostático *m*
luftdicht ['luftdɪçt] *adj* 1. hermético, impenetrable al aire; *adv* 2. herméticamente
Luftdruck ['luftdruk] *m* presión atmosférica *f*
lüften ['lyftən] *v* 1. *(Raum)* ventilar, airear; 2. *(Kleider)* poner al aire; 3. *(fig: enthüllen)* revelar, desvelar
Luftfahrt ['luftfaːɐt] *f* aviación *f*, aeronavegación *f*, aeronáutica *f*
Luftfeuchtigkeit ['luftfɔyçtɪçkaɪt] *f* humedad atmosférica *f*
Luftfracht ['luftfraçt] *f* carga aérea *f*, flete aéreo *m*
Luftlinie ['luftliːnjə] *f* línea aérea *f*, línea directa *f*
Luftmatratze ['luftmatratsə] *f* colchón neumático *m*
Luftpost ['luftpɔst] *f* correo aéreo *m*
Luftpumpe ['luftpumpə] *f* bomba neumática *f*, bomba de aire *f*
Luftröhre ['luftrøːrə] *f* ANAT tráquea *f*
Lüftung ['lyftuŋ] *f* ventilación *f*
Luftverschmutzung ['luftfɛɐʃmutsuŋ] *f* contaminación atmosférica *f*
Luftwaffe ['luftvafə] *f* MIL fuerza aérea *f*, aviación militar *f*
Luftzug ['lufttsuːk] *m* corriente de aire *f*
Lüge ['lyːgə] *f* mentira *f*, embuste *m*
lügen ['lyːgən] *v irr* mentir, decir embustes, engañar; *wie gedruckt ~* mentir más que la gaceta/miente más que habla
Lügner(in) ['lyːgnɐ(rɪn)] *m/f* mentiroso/mentirosa *m/f*, embustero/embustera *m/f*, farsante *m/f*
Lümmel ['lyməl] *m* bruto *m*, grosero *m*
lumpen ['lumpən] *v sich nicht ~ lassen* ser rumbroso
Lumpen ['lumpən] *m* harapo *m*, andrajo *m*
Lunge ['luŋə] *f* ANAT pulmón *m*
Lupe ['luːpə] *f* lupa *f*, lente de aumento *f*; *jdn unter die ~ nehmen (fig)* indagar sobre alguien
Lust [lust] *f* 1. *(Freude)* placer *m*, alegría *f*; *nach ~ und Laune* a su gusto; 2. *(Verlangen)* deseo *m*; *Ich habe ~ auf eine Pizza.* Tengo ganas de comer pizza.
lustig ['lustɪç] *adj* 1. *(fröhlich)* alegre, contento, divertido; 2. *(komisch)* chistoso, gracioso, cómico
lustlos ['lustloːs] *adj* 1. desanimado, desganado; *adv* 2. con desgano
lutschen ['lutʃən] *v* chupar, chupetear
Lutscher ['lutʃɐ] *m* pirulí *m*, chupete *m*
luxuriös [luksur'jøːs] *adj* 1. lujoso, suntuoso; *adv* 2. lujosamente, suntuosamente
Luxus ['luksus] *m* lujo *m*
Lyrik ['lyːrɪk] *f* LIT lírica *f*

L

M

machbar ['maxbaɐ] *adj* factible
machen ['maxən] *v* hacer, realizar, ejecutar; *blau ~* hacer domingo *(LA); sich wenig aus etw ~* no pirrarse por algo *(fam); es mit jdm ~ können* poderlo hacer con alguien; *Mach dir nichts draus!* ¡Que no te importe!/¡Que no te moleste!
Machenschaften ['maxənʃaftən] *pl* maquinaciones *f/pl,* intrigas *f/pl*
Macht [maxt] *f* **1.** *(Stärke)* fuerza *f;* **2.** *(Herrschaft)* poderío *m,* poder *m;* **3.** *(Einfluss)* influencia *f*
Machthaber ['maxtha:bɐ] *m* gobernante *m,* dirigente *m*
mächtig ['mɛçtɪç] *adj* **1.** *(stark)* fuerte; *seiner selbst nicht mehr ~ sein* ya no ser dueño de sí mismo/estar fuera de sus casillas *(fig);* **2.** *(gewaltig)* poderoso; **3.** *(einflussreich)* influyente; **4.** *(fig: sehr groß)* colosal, tremendo; *adv* **5.** *(fig)* muy, mucho, enormemente
machtlos ['maxtlo:s] *adj* impotente
Machtübernahme ['maxty:bɐna:mə] *f POL* toma del poder *f*
Mädchen ['mɛ:tçən] *n* chica *f,* muchacha *f; Carolina ist ein junges ~ von fünfzehn Jahren.* Carolina es una chica de quince años. *~ für alles sein (fig)* ser la chica para todo
Mädchenname ['mɛ:tçənna:mə] *m* apellido de soltera *m*
Made ['ma:də] *f ZOOL* cresa *f*
Madonna [ma'dɔna] *f REL* Virgen *f*
Mafia ['mafia] *f* mafia *f*
Magazin [maga'tsi:n] *n* **1.** *(Lager)* almacén *m,* depósito *m;* **2.** *(einer Waffe)* cargador *m;* **3.** *(Zeitschrift)* revista *f*
Magen ['ma:gən] *m ANAT* estómago *m; jdm auf den ~ schlagen* producir a alguien dolor de estómago; *Da dreht sich mir der ~ um!* ¡Se me revuelve el estómago!
mager ['ma:gɐ] *adj* **1.** *(dünn)* flaco, descarnado, escuálido; **2.** *(dürftig)* escaso, insuficiente, pobre
Magie [ma'gi:] *f* magia *f*
magisch ['ma:gɪʃ] *adj* **1.** mágico; *adv* **2.** por arte de magia
Magnet [mag'ne:t] *m* imán *m*
magnetisch [mag'ne:tɪʃ] *adj* magnético
Mahagoni [maha'go:ni] *n* caoba *f*
mähen ['mɛ:ən] *v (Gras)* segar, cortar
mahlen ['ma:lən] *v irr* moler
Mahlzeit ['ma:ltsaɪt] *f* comida *f*
mahnen ['ma:nən] *v* **1.** *(warnen)* advertir, recordar, hacer presente; **2.** *(auffordern)* requerir, apremiar, reclamar
Mahnmal ['ma:nma:l] *n* monumento conmemorativo *m*
Mahnung ['ma:nuŋ] *f* **1.** *(Warnung)* advertencia *f,* recordatorio *m;* **2.** *(Aufforderung)* requerimiento *m,* reclamación *f*
Mai [maɪ] *m* mayo *m*
Mailbox ['meɪlbɔks] *f INFORM* caja de correos *f;* buzón *m*
Mais [maɪs] *m BOT* maíz *m*
Majestät [majɛs'tɛ:t] *f* majestad *f*
majestätisch [majɛs'tɛ:tɪʃ] *adj* **1.** majestuoso, regio; *adv* **2.** majestuosamente
Majonäse [majɔ'nɛ:zə] *f GAST* mayonesa *f*
Majoran ['majo:ra:n] *m BOT* mejorana *f*
makaber [ma'ka:bɐ] *adj* macabro
Makel ['ma:kəl] *m* mácula *f,* mancha *f*
makellos ['ma:kəllo:s] *adj* intachable, sin defecto, inmaculado
mäkeln ['mɛ:kəln] *v* criticar
Make-up ['meɪkʊp] *n* maquillaje *m*
Makler(in) ['ma:klɐ(rɪn)] *m/f* corredor(a) *m/f,* comisionista *m/f,* agente *m/f*
Makrele [ma'kre:lə] *f ZOOL* caballa *f*
Mal [ma:l] *n* **1.** *(Zeichen)* marca *f,* señal *f;* **2.** *(Zeitpunkt)* vez *f; nur ein einziges ~ im Leben* sólo una vez en la vida; *mit einem ~* de una vez; *von ~ zu ~* de una vez a otra; *ein für alle ~* de una vez por todas
malen ['ma:lən] *v* pintar
Maler(in) ['ma:lɐ(rɪn)] *m/f* **1.** *(Künstler(in))* pintor/pintora *m/f;* **2.** *(Anstreicher(in))* pintor/pintora de brocha gorda *m/f*
Malerei [ma:lɐ'raɪ] *f* pintura *f*
malerisch ['ma:lərɪʃ] *adj* **1.** pictórico; *adv* **2.** de manera pintoresca

malnehmen ['ma:lne:mən] *v irr* multiplicar
Malz [malts] *n* malta *f*
Mama ['mama] *f (fam)* mamá *f*, mami *f*
man [man] *pron* se, uno; *Man spricht Italienisch.* Se habla italiano.
Manager(in) ['mɛnɛdʒɐ(rɪn)] *m/f* gerente *m/f*, mánager *m/f*
manche(r,s) ['mançə(ɐ,əs)] *adj* algún, más de un(o), varios
manchmal ['mançma:l] *adv* a veces, de vez en cuando, algunas veces
Mandant(in) [man'dant(ɪn)] *m/f* JUR mandante *m/f*, cliente/clienta *m/f*
Mandarine [manda'ri:nə] *f* BOT mandarina *f*
Mandat [man'da:t] *n* **1.** JUR mandato *m*; **2.** POL mandato *m*, decreto *m*
Mandel ['mandəl] *f* **1.** ANAT tonsila *f*, amígdala *f*; **2.** BOT almendra *f*
Mandelbaum ['mandəlbaum] *m* BOT almendro *m*
Manege [ma'ne:ʒə] *f* pista de circo *f*
Mangel[1] ['maŋəl] *m* **1.** *(Fehlen)* falta *f*, ausencia *f*, carencia *f*; **2.** *(Fehler)* defecto *m*, desperfecto *m*
Mangel[2] ['maŋəl] *f* calandria de aire caliente *f*; *jdn in die ~ nehmen (fig)* acosar a alguien
mangelhaft ['maŋəlhaft] *adj* **1.** *(unvollständig)* incompleto; **2.** *(fehlerhaft)* imperfecto, deficiente; **3.** *(Schulnote)* insuficiente
mangeln[1] ['maŋəln] *v (fehlen)* faltar, carecer
mangeln[2] ['maŋəln] *v (Wäsche)* calandrar
mangels ['maŋəls] *prep* por falta de, a falta de; *Mangels Medikamenten sterben viele Menschen.* A falta de medicamentos mueren muchas personas.
Manie [ma'ni:] *f* manía *f*
Manieren [ma'ni:rən] *pl* modales *m/pl*, maneras *f/pl*
Manifest [manɪ'fɛst] *n* POL manifiesto *m*
Maniküre [mani'ky:rə] *f* manicura *f*, cuidado de las manos *m*
Manipulation [manipula'tsjo:n] *f* manipulación *f*
manipulieren [manipu'li:rən] *v* manipular
Mann [man] *m* **1.** hombre *m*; *der kleine ~* el hombre común; *der ~ auf der Straße* el hombre de la calle; *ein ~ von Welt* un hombre de mundo *m*; *ein gemachter ~* un hombre hecho y derecho *m*, un hombre caval *m*; *ein toter ~ sein* ser un hombre muerto; *den starken ~ markieren* hacerse el macho; *seinen ~ stehen* mostrarse valiente; *mit ~ und Maus* con toda la tripulación/con todo el equipo; *etw an den ~ bringen* vender algo **2.** *(Ehemann)* esposo *m*, marido *m*
Mannequin [manə'kɛ̃] *n* maniquí *m*, modelo *m*
männlich ['mɛnlɪç] *adj* masculino
Mannschaft ['manʃaft] *f* **1.** *(Besatzung)* tripulación *f*; **2.** SPORT equipo *m*
Manöver [ma'nø:vɐ] *n* maniobra *f*
manövrieren [manø'vri:rən] *v* maniobrar
Mansarde [man'zardə] *f* guardilla *f*, buhardilla *f*, mansarda *f (LA)*
Manschette [man'ʃɛtə] *f* **1.** *(eines Hemdes)* puño *m*; **2.** *(eines Blumentopfes)* cubretiestos *m*, macetero *m*; **3.** *(~ndichtung)* guarnición de cuero *f*
Manschettenknopf [man'ʃɛtənknɔpf] *m* gemelo *m*
Mantel ['mantəl] *m* **1.** *(Kleidung)* abrigo *m*; **2.** TECH revestimiento *m*
manuell [manu'ɛ:l] *adj* **1.** manual; *adv* **2.** manualmente
Manuskript [manus'krɪpt] *n* manuscrito *m*
Mappe ['mapə] *f* **1.** *(Tasche)* cartera *f*; **2.** *(Sammelmappe)* carpeta *f*
Marathonlauf ['ma:ratɔnlauf] *m* SPORT maratón *f*
Märchen ['mɛ:rçən] *n* cuento *m*
märchenhaft ['mɛ:rçənhaft] *adj* **1.** maravilloso, fabuloso, fantástico; *adv* **2.** fabulosamente, de fábula
Marder ['mardɐ] *m* ZOOL marta *f*
Margarine [marga'ri:nə] *f* GAST margarina *f*
Marienkäfer [ma'ri:ənkɛ:fɐ] *m* ZOOL mariquita *f*
Marinade [marɪ'na:də] *f* GAST escabeche *m*
Marine [ma'ri:nə] *f* marina *f*
Marionette [mario'nɛtə] *f* marioneta *f*, títere *m*

M

maritim [mari'ti:m] *adj* marítimo
Mark[1] [mark] *f HIST Deutsche ~* marco alemán *m; keine müde ~ (fig)* ni un duro; *mit jeder ~ rechnen müssen* tener poco dinero; *jede ~ dreimal umdrehen* ser muy ahorrativo
Mark[2] [mark] *f (Gebiet)* territorio fronterizo *m,* zona limítrofe *f*
Mark[3] [mark] *n* **1.** *ANAT* médula *f,* tuétano *m; durch ~ und Bein dringen (fig)* penetrar hasta la médula; *jdm das ~ aus den Knochen saugen* sacarle a alguien las entrañas; *bis ins ~* hasta la médula; **2.** *GAST* pulpa *f*
markant [mar'kant] *adj* marcado, destacado, señalado
Marke ['markə] *f* marca *f*
Marketing ['ma:rkətɪŋ] *n* marketing *m*
markieren [mar'ki:rən] *v* **1.** *(kennzeichnen)* señalar, marcar; **2.** *(fam: vortäuschen)* simular
Markierung [mar'ki:ruŋ] *f* marca *f,* marcación *f,* señalización *f*
Markise [mar'ki:zə] *f* toldo *m,* marquesina *f*
Markt [markt] *m* mercado *m*
Marktwirtschaft ['marktvɪrtʃaft] *f ECO* economía de mercado *f*
Marmelade [marme'la:də] *f* mermelada *f*
Marmor ['marmo:ɐ] *m* mármol *m*
Marokko [ma'rɔko] *n GEO* Marruecos *m*
Mars ['mars] *m ASTR* Marte *m*
Marsch [marʃ] *m* **1.** *(Wanderung)* caminata *f;* **3.** *MUS* marcha *f;* **4.** *jdm den ~ blasen* poner firme a alguien/echar una bronca a alguien
marschieren [mar'ʃi:rən] *v* marchar
Marschroute ['marʃru:tə] *f* itinerario *m*
Märtyrer ['mɛrtyrɐ] *m* mártir *m*
Marxismus [mark'sɪsmus] *m POL* marxismo *m*
März [mɛrts] *m* marzo *m*
Marzipan ['martsipa:n] *n GAST* mazapán *m*
Masche ['maʃə] *f* **1.** *(in der Handarbeit)* punto *m;* **2.** *(fig)* ardid *m,* artimaña *f,* treta *f*
Maschine [ma'ʃi:nə] *f* máquina *f; ~-schreiben* escribir a máquina
maschinell [maʃi'nɛl] *adj* **1.** mecánico; *adv* **2.** mecánicamente
Maschinenbau [ma'ʃi:nənbau] *m* construcción mecánica *f,* construcción de máquinas *f*
Maschinengewehr [ma'ʃi:nəngəve:ɐ] *n* ametralladora *f*
Maschinist [maʃi'nɪst] *m* maquinista *m*
Masern ['ma:zɐn] *pl MED* sarampión *m*
Maserung ['ma:zəruŋ] *f* vetas *f/pl,* veteado *m*
Maske ['maskə] *f* máscara *f; die ~ fallen lassen (fig)* quitarse la máscara; *jdm die ~ vom Gesicht reißen* desenmascarar a alguien
Maskenball ['maskənbal] *m* baile de máscaras *m,* baile de disfraces *m*
Maskenbildner(in) ['maskənbɪltnɐ-(rɪn)] *m/f* maquillador(a) de artistas *m/f*
maskieren [mas'ki:rən] *v sich ~* enmascararse, disfrazarse
Maskottchen [mas'kɔtçən] *n* mascota *f*
Maß [ma:s] *n* **1.** *(~einheit)* unidad de medida *f; mit zweierlei ~ messen (fig)* medir con dos escalas diferentes; *über alle ~en* sobremanera, extremamente; *Das ~ ist voll!* ¡Se ha colmado el vaso! *~ halten* moderarse, contenerse, controlarse; **2.** *(Abmessung)* dimensión *f,* medida *f; auf ~* a la medida
Massage [ma'sa:ʒə] *f* masaje *m*
Massaker [ma'sa:kɐ] *n* masacre *f,* asesinato en masa *m,* matanza *f,* carnicería *f (fig)*
Maßarbeit ['ma:sarbaɪt] *f* trabajo a medida *m*
Masse ['masə] *f* **1.** *(Stoff)* materia *f;* **2.** *(große Menge)* gran cantidad *f;* **3.** *(Volksmenge)* muchedumbre *f,* multitud *f;* **4.** *PHYS* masa *f,* volumen *m*
massenhaft ['masənhaft] *adj* **1.** enorme, inmenso, en masa; *adv* **2.** inmensamente, enormemente
Massenmedien ['masənme:djən] *pl* medios de comunicación de masas *m/pl*
Masseur(in) [ma'sø:ɐ(-rɪn)] *m/f* masajista *m/f*
maßgebend ['ma:sge:bənt] *adj* **1.** determinante, decisivo; *adv* **2.** de manera decisiva
massieren [ma'si:rən] *v* dar masajes, masajear
mäßig ['mɛ:sɪç] *adj* moderado

mäßigen ['mɛːsigən] *v* **1.** moderar, atenuar, mitigar; **2.** *sich ~* moderarse
massiv [ma'siːf] *adj* **1.** macizo, sólido, compacto; *adv* **2.** compactamente
maßlos ['maːsloːs] *adj* **1.** inmenso, enorme, excesivo, desmesurado; *adv* **2.** enormemente, excesivamente
Maßlosigkeit ['maːsloːzɪçkaɪt] *f* inmensidad *f*, desmesura *f*
Maßnahme ['maːsnaːmə] *f* medida *f*, diligencia *f*
Maßstab ['maːsʃtaːp] *m* **1.** regla graduada *f*; **2.** *(fig)* escala *f*, medida *f*, proporción *f*
Mast [mast] *m* **1.** *(Schiffsmast)* mástil *m*; **2.** *(Telefonmast)* poste *m*; **3.** *(Fahnenmast)* asta *f*
mästen ['mɛstən] *v* cebar, engordar
Material [mate'rjaːl] *n* material *m*, instrumental *m*, enseres *m/pl*
Materialismus [materja'lɪsmus] *m* materialismo *m*
materialistisch [materja'lɪstɪʃ] *adj* **1.** materialista; **2.** materialmente
Materialkosten [mate'rjaːlkɔstən] *pl* gastos de material *m/pl*
Materie [ma'teːrjə] *f* materia *f*
materiell [mate'rjɛl] *adj* **1.** material; *adv* **2.** materialmente
Mathematik [matema'tiːk] *f* matemáticas *f/pl*
mathematisch [mate'maːtɪʃ] *adj* **1.** matemático; *adv* **2.** matemáticamente
Matratze [ma'tratsə] *f* colchón *m*
Matrose [ma'troːzə] *m* marinero *m*
matschig ['matʃɪç] *adj* fangoso, cenagoso
matt [mat] *adj* **1.** *(schwach)* débil, flojo; **2.** *(trübe)* mate, deslustrado
Matte ['matə] *f* estera *f*, felpudo *m*; *jdn auf die ~ legen (fig)* engañar a alguien; *auf der ~ stehen* estar en su puesto
Mauer ['mauɐ] *f* muro *m*; *gegen eine ~ reden (fig)* hablar contra un muro
Maul [maul] *n* hocico *m*; *den Leuten aufs ~ schauen (fig)* aprender el idioma y las costumbres de la gente; *jdm das ~ stopfen* tapar la boca a alguien
Maulkorb ['maulkɔrp] *m* **1.** bozal *m*; **2.** *(fig)* mordaza *f*
Maulwurf ['maulvurf] *m* ZOOL topo *m*
Maurer ['maurɐ] *m* albañil *m*
Maus [maus] *f* **1.** ZOOL ratón *m*; **2.** INFORM ratón *m*
Mausefalle ['mauzəfalə] *f* ratonera *f*, trampa para ratones *f*
Mautgebühr ['mautgəbyːɐ] *f* derechos de peaje *m/pl*
maximal [maksi'maːl] *adj* **1.** máximo; *adv* **2.** a lo sumo, como máximo
Maxime [mak'siːmə] *f* máxima *f*
Maximum ['maksimum] *n* máximo *m*, máximum *m*
Mechanik [me'çaːnɪk] *f* mecánica *f*
Mechaniker(in) [me'çaːnɪkɐ(rɪn)] *m/f* mecánico/mecánica *m/f*
mechanisch [me'çaːnɪʃ] *adj* **1.** mecánico; *adv* **2.** mecánicamente, por medios mecánicos
Mechanismus [meçaː'nɪsmus] *m* mecanismo *m*
meckern ['mɛkɐn] *v* **1.** *(Tier)* balar; **2.** *(fig: nörgeln)* criticarlo todo
Medaille [me'daljə] *f* medalla *f*
Medaillon [medal'jɔ̃] *n* **1.** *(Schmuck)* medallón *m*; **2.** GAST medallón *m*
Medikament [medika'mɛnt] *n* medicamento *m*, medicina *f*, remedio *m*, fármaco *m*
Meditation [medita'tsjoːn] *f* meditación *f*
meditieren [medi'tiːrən] *v* meditar
Medium ['mɛdjum] *n* **1.** *(Mittel)* medio *m*, medios *m/pl*; **2.** *(im Okkultismus)* médium *m*
Medizin [medi'tsiːn] *f* **1.** *(Heilkunde)* medicina *f*; **2.** *(Medikament)* medicamento *m*, medicina *f*, remedio *m*
medizinisch [medi'tsiːnɪʃ] *adj* **1.** *(arzneilich)* medicinal; **2.** *(ärztlich)* médico
Meer [meːɐ] *n* mar *m*
Meerenge ['meːɐɛŋə] *f* estrecho *m*
Meeresfrüchte ['meːrəsfryçtə] *pl* GAST mariscos *m/pl*
Meeresspiegel ['meːrəsʃpiːgəl] *m* nivel del mar *m*
Meerrettich ['meːrɛtɪç] *m* BOT rábano picante *m*
Meerschweinchen ['meːɐʃvaɪnçən] *n* ZOOL cobayo *m*, cuy *m* (en Perú)
Megabyte ['megabaɪt] *n* INFORM megabyte *m*
Mehl [meːl] *n* harina *f*
mehlig ['meːliç] *adj* harinoso, farináceo

M

mehr [meːɐ] *adv* más; ~ *und* ~ más y más/cada vez más; ~ *oder minder* más o menos; *nicht* ~ *und nicht weniger* ni más ni menos
Mehrgenerationenhaus ['meːɐgeneratsjoːnenhaus] *n* vivienda multigeneracional *f*
mehrdeutig ['meːɐdɔytɪç] *adj* ambiguo, de muchos significados
mehrere ['meːrərə] *pron* varios
mehrfach ['meːɐfax] *adj* **1.** múltiple, repetido, reiterado; *adv* **2.** repetidas veces, reiteradamente
Mehrheit ['meːɐhaɪt] *f* mayoría *f*
mehrheitlich ['meːɐhaɪtlɪç] *adj* mayoritario
mehrjährig ['meːɐjɛːrɪç] *adj* de varios años, plurianual
mehrmals ['meːɐmaːls] *adv* repetidas veces, en varias ocasiones
mehrsprachig ['meːɐʃpraːxɪç] *adj* polígloto
Mehrwertsteuer ['meːɐveːɐtʃtɔyɐ] *f* impuesto sobre el valor añadido (IVA) *m,* impuesto sobre el valor agregado *m (LA)*

M

Mehrzahl ['meːɐtsaːl] *f* **1.** GRAMM plural *m;* **2.** *(Mehrheit)* mayoría *f,* generalidad *f*
meiden ['maɪdən] *v irr* evitar, eludir
Meile ['maɪlə] *f* **1.** legua *f;* **2.** NAUT milla *f*
Meilenstein ['maɪlənʃtaɪn] *m* **1.** piedra miliar *f,* mojón *m;* **2.** *(fig)* hito *m*
mein(e) ['maɪn(ə)] *pron* **1.** mi, mío/mía, míos/mías; *adj* **2.** mi, mío/mía, míos/mías
Meineid ['maɪnaɪt] *m* JUR perjurio *m*
meinen ['maɪnən] *v* opinar, estimar, entender, pensar; *Ich meine, dass der Krieg etw Schreckliches ist.* Yo pienso que la guerra es algo terrible.
meinerseits ['maɪnɐzaɪts] *adv* de mi parte, por mi parte
meinetwegen ['maɪnətveːgən] *adv* por mí, por mi causa
Meinung ['maɪnuŋ] *f* opinión *f; meiner* ~ *nach* en mi opinión; *Ich bin nicht der gleichen* ~ *wie du.* No comulgo con tus ideas. *jdm gehörig die* ~ *sagen* decirle cuatro verdades a alguien
Meinungsumfrage ['maɪnuŋsumfraːgə] *f* encuesta demoscópica *f,* sondeo de opiniones *m*
Meise ['maɪzə] *f* ZOOL paro *m*
Meißel ['maɪsəl] *m* **1.** *(des Bildhauers)* cincel *m;* **2.** *(des Tischlers)* escoplo *m*
meist [maɪst] *adj* **1.** la mayor parte de; *adv* **2.** la mayoría de las veces, las más de las veces
meistens ['maɪstəns] *adv* las más de las veces, la mayoría de las veces, la mayor parte del tiempo, mayormente
Meister(in) ['maɪstɐ(rɪn)] *m/f* **1.** *(eines Handwerks)* maestro/maestra *m/f;* **2.** *(Könner(in))* persona que hace algo con maestría *f,* maestro/maestra *m/f; Es ist noch kein* ~ *vom Himmel gefallen.* Nadie nace sabiendo. **3.** SPORT campeón/campeona *m/f,* as *m*
meisterhaft ['maɪstɐhaft] *adj* **1.** magistral, de maestro, perfecto; *adv* **2.** magistralmente
meistern ['maɪstɐn] *v* dominar, controlar
Meisterschaft ['maɪstɐʃaft] *f* SPORT campeonato *m*
Melancholie [melaŋko'liː] *f* melancolía *f*
melancholisch [melaŋ'koːlɪʃ] *adj* **1.** melancólico; *adv* **2.** melancólicamente, con melancolía
melden ['mɛldən] *v* **1.** *(an~)* dar parte de, dar aviso de, registrarse; **2.** *(ankündigen)* anunciar, manifestar, publicar; **3.** *(mitteilen)* comunicar, participar; *nichts zu* ~ *haben* no tener nada que decir
Meldung ['mɛlduŋ] *f* **1.** *(Anmeldung)* registro *m,* parte *m;* **2.** *(Ankündigung)* aviso *m,* manifestación *f;* **3.** *(Mitteilung)* comunicación *f,* participación *f*
melken ['mɛlkən] *v irr* ordeñar
Melodie [melo'diː] *f* melodía *f*
Melone [me'loːnə] *f* **1.** *(Honigmelone)* BOT melón *m;* **2.** *(Wassermelone)* BOT sandía *f*
Memoiren [me'mwaːrən] *pl* memorias *f/pl,* recuerdos de la vida *m/pl*
Menge ['mɛŋə] *f* **1.** *(bestimmte Anzahl)* cantidad *f;* **2.** *(große Anzahl)* gran número *m;* **3.** *(Volksmenge)* muchedumbre *f,* multitud *f*
mengenmäßig ['mɛŋənmɛːsɪç] *adj* **1.** cuantitativo; *adv* **2.** cuantitativamente
Mensa ['mɛnza] *f* comedor universitario *m*
Mensch [mɛnʃ] *m* **1.** ser humano *m,*

hombre *m; wie der erste ~* como un pato; *nur noch ein halber ~ sein* no ser ya persona; *ein neuer ~ werden* ser otra persona; *von ~ zu ~* a solas/de hombre a hombre; **2.** *(Person)* persona *f,* individuo *m*
Menschenmenge ['mɛnʃənmɛŋə] *f* multitud *f,* muchedumbre *f*
Menschenrechte ['mɛnʃənrɛçtə] *pl* derechos humanos *m/pl*
menschenunwürdig ['mɛnʃənunvyrdɪç] *adj* indigno de un ser humano, inhumano
Menschenwürde ['mɛnʃənvyrdə] *f* dignidad humana *f*
Menschheit ['mɛnʃhaɪt] *f* humanidad *f*
menschlich ['mɛnʃlɪç] *adj* **1.** humano; *adv* **2.** humanamente, como a un ser humano
Menschlichkeit ['mɛnʃlɪçkaɪt] *f* humanidad *f*
Menstruation [mɛnstrua'tsjo:n] *f* menstruación *f,* período *m,* regla *f*
Mentalität [mɛntali'tɛ:t] *f* mentalidad *f*
Menü [me'ny:] *n* **1.** *GAST* menú *m;* **2.** *INFORM* menú *m*
Merkblatt ['mɛrkblat] *n* hoja informativa *f*
merken ['mɛrkən] *v* **1.** *(wahrnehmen)* notar, advertir, percibir, percatarse de; *Man merkt an seiner Aussprache, dass er kein Deutscher ist.* Se nota en su pronunciación que no es alemán. **2.** *sich ~* tomar nota de, acordarse de, tener presente que
merklich ['mɛrklɪç] *adj* **1.** perceptible, apreciable; *adv* **2.** perceptiblemente, visiblemente
Merkmal ['mɛrkma:l] *n* marca *f,* señal *f*
merkwürdig ['mɛrkvyrdɪç] *adj* **1.** curioso, singular, extraño, raro; *Wie ~!* ¡Qué cosa más rara! *adv* **2.** singularmente, de manera particular, extrañamente
messbar ['mɛsba:ʀ] *adj* mensurable, que se puede medir
Messbecher ['mɛsbɛçʀ] *m* copa graduable *f*
Messdiener ['mɛsdi:nʀ] *m REL* acólito *m,* monaguillo *m*
Messe ['mɛsə] *f* **1.** *(Ausstellung)* feria *f,* exposición *f;* **2.** *REL* misa *f*
Messegelände ['mɛsəgəlɛndə] *n* recinto ferial *m,* terreno de una feria *m*
messen ['mɛsən] *v irr* **1.** medir; **2.** *(fig) sich ~ mit* medirse con, compararse con
Messer ['mɛsʀ] *n* cuchillo *m; auf des ~s Schneide stehen* estar en un hilo; *jdm das ~ an die Kehle setzen* ponerle a alguien el cuchillo en el cuello; *bis aufs ~* a muerte; *unters ~ kommen* pasar por el quirófano
messerscharf ['mɛsʀʃarf] *adj* **1.** cortante, afilado como un cuchillo; **2.** *(fig: Verstand)* preciso, lógico, agudo
Messerspitze ['mɛsʀʃpɪtsə] *f* **1.** punta de cuchillo *f;* **2.** *(Maßangabe)* pizca *f*
Messing ['mɛsɪŋ] *n MET* latón *m*
Messinstrument ['mɛsɪnstrumɛnt] *n* instrumento de medición *m*
Metall [me'tal] *n* metal *m*
Meteor [mete'o:ʀ] *m* meteoro *m*
Meter ['me:tʀ] *m* metro *m*
Metermaß ['me:tʀma:s] *n* metro *m,* cinta métrica *f*
Methode [me'to:də] *f* método *m*
methodisch [me'to:dɪʃ] *adj* **1.** metódico; *adv* **2.** metódicamente
Metropole [metro'po:lə] *f* metrópoli *f,* urbe *f*
Metrum ['me:trum] *n* **1.** *LIT* metro *m;* **2.** *MUS* compás *m*
Metzger ['mɛtsgʀ] *m* carnicero *m*
Metzgerei [mɛtsgʀ'raɪ] *f* carnicería *f*
Meute ['mɔytə] *f* **1.** *(Hundemeute)* jauría *f;* **2.** *(von Menschen)* turba *f*
Meuterei [mɔytʀ'raɪ] *f* motín *m,* amotinamiento *m*
meutern ['mɔytʀn] *v* **1.** *(Gehorsam verweigern)* amotinarse, sublevarse, insubordinarse; **2.** *(fig: murren)* refunfuñar
Mexikaner(in) [mɛksi'ka:nʀ(rɪn)] *m/f* mexicano/mexicana *m/f,* mejicano/mejicana *m/f*
mexikanisch [mɛksi'ka:nɪʃ] *adj* mexicano, mejicano
Mexiko ['mɛksiko:] *n GEO* México *m (LA),* Méjico *m*
miauen [mi'auən] *v* maullar
mich [mɪç] *pron* **1.** me; **2.** *(betont)* a mí
mies [mi:s] *adj (fam)* malo, feo
Miesmuschel ['mi:smuʃəl] *f ZOOL* mejillón *m*

M

Miete ['mi:tə] *f* **1.** *(mieten)* alquiler *m;* **2.** *(Mietzins)* alquiler *m,* renta de arrendamiento *f; die halbe ~ sein* estar la mitad ganada
mieten ['mi:tən] *v* alquilar, tomar en alquiler, arrendar
Mieter(in) ['mi:tɐ(rɪn)] *m/f* inquilino/inquilina *m/f,* arrendatario/arrendataria *m/f*
Mietvertrag ['mi:tfɛɐtra:k] *m* contrato de inquilinato *m,* contrato de arrendamiento *m*
Mietwagen ['mi:tva:gən] *m* coche de alquiler *m,* vehículo de alquiler *m*
Migräne [mi'grɛ:nə] *f MED* jaqueca *f*
Mikrochip ['mikrotʃɪp] *m INFORM* microchip *m*
Mikrofon [mi:kro'fo:n] *n* micrófono *m*
Mikroskop [mikros'ko:p] *n* microscopio *m*
Mikrowellenherd ['mi:krovɛlənhe:ɐt] *m* horno microondas *m*
Milch [mɪlç] *f* leche *f; Da wird bei mir aber die ~ sauer. (fig)* Ya se me está acabando poco a poco la paciencia.
Milchstraße ['mɪlçʃtra:sə] *f ASTR* Vía Láctea *f*
mild [mɪlt] *adj* **1.** *(Wetter)* apacible, agradable, templado; **2.** *(Wesen)* benévolo, benigno
Milde ['mɪldə] *f* **1.** *(des Wetters)* apacibilidad *f;* **2.** *(des Wesens)* benevolencia *f*
mildern ['mɪldɐn] *v* **1.** *(abschwächen)* atenuar, suavizar; **2.** *(lindern)* aliviar, mitigar, calmar
Milieu [mɪ'ljø:] *n* medio social *m*
Militär [mili'tɛ:ɐ] *n* militares *m/pl,* soldados *m/pl*
Milliarde [mil'jardə] *f* mil millones *m/pl*
Millimeter [mili'me:tɐ] *m* milímetro *m*
Million [mil'jo:n] *f* millón *m*
Milz [mɪlts] *f ANAT* bazo *m*
Mimik ['mi:mɪk] *f* mímica *f*
Mimose [mi'mo:zə] *f* **1.** *BOT* sensitiva *f;* **2.** *(fig)* persona muy sensible *f*
Minderheit ['mɪndɐhaɪt] *f* minoría *f*
minderjährig ['mɪndɐjɛ:rɪç] *adj* menor de edad
mindern ['mɪndɐn] *v* **1.** *(verringern)* disminuir, reducir, aminorar; **2.** *(mildern)* moderar, atenuar
Minderung ['mɪndɐrʊŋ] *f* **1.** *(Verringerung)* disminución *f,* reducción *f,* aminoración *f,* moderación *f;* **2.** *(Mildern)* moderación *f,* atenuación *f*
minderwertig ['mɪndɐve:ɐtɪç] *adj* inferior, de menor valor, de calidad inferior, de escaso valor
Mindest... ['mɪndəst] *pref* el menor/la menor, mínimo
Mindestalter ['mɪndəstaltɐ] *n* edad mínima *f*
mindestens ['mɪndəstəns] *adv* como mínimo, por lo menos
Mindestlohn ['mɪndəstlo:n] *m* salario mínimo *m*
Mine ['mi:nə] *f* **1.** *(Sprengkörper)* mina *f;* **2.** *(Bergwerk)* mina *f;* **3.** *(im Kugelschreiber)* recambio *m,* mina *f*
Mineral [mine'ra:l] *n* mineral *m*
Mineralwasser [mine'ra:lvasɐ] *n* agua mineral *f*
minimal [mɪni'ma:l] *adj* mínimo
Minimum ['mɪnimum] *n* mínimum *m,* mínimo *m*
Minister(in) [mi'nɪstɐ(rɪn)] *m/f POL* ministro/ministra *m/f*
Ministerium [minɪs'te:rjum] *n POL* ministerio *m*
minus ['mi:nus] *adv* menos
Minus ['mi:nus] *n ECO* déficit *m,* saldo negativo *m*
Minuszeichen ['mi:nustsaɪçən] *n MATH* menos *m,* signo negativo *m*
Minute [mi'nu:tə] *f* minuto *m; in letzter ~* en el último minuto; *auf die ~ genau* al minuto
minutenlang [mi'nu:tənlaŋ] *adj* **1.** de varios minutos de duración; *adv* **2.** durante algunos minutos, durante varios minutos
mir [mi:ɐ] *pron* **1.** me; **2.** *(betont)* para mí
mischen ['mɪʃən] *v* mezclar
Mischling ['mɪʃlɪŋ] *m* mestizo *m*
Mischung ['mɪʃuŋ] *f* **1.** *(Mischen)* mezcla *f;* **2.** *(Gemenge)* mixtura *f*
miserabel [mizɐ'ra:bəl] *adj* **1.** miserable; *adv* **2.** miserablemente
Misere [mi'ze:rə] *f* miseria *f*
missachten [mɪs'axtən] *v* menospreciar, despreciar, subestimar
Missachtung [mɪs'axtuŋ] *f* menosprecio *m,* desdén *m*
Missbildung ['mɪsbɪlduŋ] *f* deformación *f,* malformación *f*

M

missbilligen [mɪsˈbɪlɪgən] *v* desaprobar, reprobar
Missbilligung [mɪsˈbɪlɪguŋ] *f* desaprobación *f*, reprobación *f*
Missbrauch [ˈmɪsbraux] *m* abuso *m*, exceso *m*, extralimitación *f*
missbrauchen [mɪsˈbrauxən] *v* abusar de, excederse, extralimitarse
missen [ˈmɪsən] *v* sentir la falta de, extrañar *(LA)*
Misserfolg [ˈmɪsɐfɔlk] *m* fracaso *m*
Missetat [ˈmɪsətaːt] *f* fechoría *f*, delito *m*
Missetäter(in) [ˈmɪsətɛtɐ(rɪn)] *m/f* malhechor(a) *m/f*, delincuente *m/f*
missfallen [mɪsˈfalən] *v irr jdm ~* desagradar a alguien, disgustar a alguien
missgebildet [ˈmɪsgəbɪldət] *adj* deforme, malformado
Missgeschick [ˈmɪsgəʃɪk] *n* adversidad *f*, infortunio *m*, contratiempo *m*
missglücken [mɪsˈglykən] *v* fracasar, malograrse, fallar, salir mal
missgönnen [mɪsˈgœnən] *v jdm etw ~* envidiar a alguien algo
Missgriff [ˈmɪsgrɪf] *m* desacierto *m*, error *m*, equivocación *f*
Missgunst [ˈmɪsgunst] *f* envidia *f*
misshandeln [mɪsˈhandəln] *v* maltratar, castigar, golpear
Misshandlung [mɪsˈhandluŋ] *f* maltrato *m*
Mission [misˈjoːn] *f* **1.** *(Auftrag)* misión *f*, cometido *m*; **2.** *(Einrichtung)* misión *f*
Missionar(in) [misjoˈnaːɐ(-rɪn)] *m/f* *REL* misionero/misionera *m/f*
Misskredit [ˈmɪskrediːt] *m* descrédito *m*; *in ~ kommen* caer en descrédito; mala reputación *f*
misslingen [mɪsˈlɪŋən] *v irr* fracasar, salir mal, fallar
missraten [mɪsˈraːtən] *v irr* salir mal, ir mal
Missstand [ˈmɪsʃtant] *m* inconveniente *m*
Misstrauen [ˈmɪstrauən] *n* desconfianza *f*, suspicacia *f*
misstrauen [mɪsˈtrauən] *v* desconfiar de, no fiarse de
Misstrauensvotum [ˈmɪstrauənsvoːtum] *n POL* voto de censura *m*, voto de desconfianza *m*, retirada de confianza *f*, moción de censura *f*
misstrauisch [ˈmɪstrauɪʃ] *adj* **1.** desconfiado; *adv* **2.** con desconfianza
Missverhältnis [ˈmɪsfɛɐhɛltnɪs] *n* desproporción *f*, desequilibrio *m*
Missverständnis [ˈmɪsfɛɐʃtɛntnɪs] *n* malentendido *m*, equivocación *f*
missverstehen [ˈmɪsfɛɐʃteːən] *v irr* malentender, interpretar mal
Misswirtschaft [ˈmɪsvɪrtʃaft] *f* mala administración *f*, mala gestión económica *f*, desgobierno *m*
Mist [mɪst] *m* **1.** *(Pferdemist)* estiércol *m*; *Das ist nicht auf meinem ~ gewachsen.* Eso no es de mi cosecha. **2.** *(fig: Unsinn)* tontería *f*, disparate *m*, estupidez *f*; *~ bauen* cagarla *(fam)*
Misthaufen [ˈmɪsthaufən] *m* estercolero *m*, montón de estiércol *m*
mit [mɪt] *prep* con; *Ich gehe ~ dir.* Yo me voy contigo. *Ich fahre ~ dem Auto.* Me voy en coche. *Ich habe das ~ berücksichtigt.* Ya he contado con ello.
Mitarbeit [ˈmɪtarbaɪt] *f* cooperación *f*, colaboración *f*
mitarbeiten [ˈmɪtarbaɪtən] *v* cooperar, colaborar
Mitarbeiter(in) [ˈmɪtarbaɪtɐ(rɪn)] *m/f* cooperador(a) *m/f*, colaborador(a) *m/f*, compañero de trabajo/compañera de trabajo *m/f*
mitbestimmen [ˈmɪtbəʃtɪmən] *v* contribuir a una decisión, participar en la gestión
Mitbestimmung [ˈmɪtbəʃtɪmuŋ] *f* cogestión *f*
mitbringen [ˈmɪtbrɪŋən] *v irr* **1.** *(herbringen)* traer; **2.** *(hinbringen)* llevar
Mitbürger(in) [ˈmɪtbyrgɐ(rɪn)] *m/f* conciudadano/conciudadana *m/f*, compatriota *m/f*
miteinander [mɪtaɪˈnandɐ] *adv* conjuntamente, uno(s) con otro(s)
Mitesser [ˈmɪtɛsɐ] *m MED* espinilla *f*, comedón *m*
mitfahren [ˈmɪtfaːrən] *v irr* ir con, viajar con
mitfühlend [ˈmɪtfyːlənt] *adj* **1.** compasivo, condolente; *adv* **2.** compasivamente
Mitgefühl [ˈmɪtgəfyːl] *n* compasión *f*, condolencia *f*

M

mitgehen ['mɪtgeːən] *v irr mit jdm ~* ir con alguien, caminar con alguien, acompañar a alguien; *etw ~ lassen* llevarse algo/robar algo
Mitgift ['mɪtgɪft] *f* dote *m/f*
Mitglied ['mɪtgliːt] *n* miembro *m,* socio *m*
Mitgliedsbeitrag ['mɪtgliːtsbaɪtraːk] *m* cuota de socio *f*
Mitgliedschaft ['mɪtgliːtʃaft] *f* calidad de socio *f,* filiación *f*
Mitgliedsland ['mɪtgliːtslant] *n* país miembro *m*
Mithilfe ['mɪthɪlfə] *f* ayuda *f,* asistencia *f,* cooperación *f*
Mitinhaber(in) ['mɪtinhaːbɐ(rɪn)] *m/f* copropietario/copropietaria *m/f*
mitkommen ['mɪtkɔmən] *v irr* **1.** venir con, venir en compañía de; **2.** *(fam: begreifen)* entender, poder seguir
Mitläufer(in) ['mɪtlɔyfɐ(rɪn)] *m/f* simpatizante *m/f,* partidario/partidaria *m/f*
Mitleid ['mɪtlaɪt] *n* piedad *f,* compasión *f,* lástima *f; ~erregend* que da lástima/que despierta compasión
Mitleidenschaft ['mitlaɪdənʃaft] *f etw in ~ ziehen* influir en algo
mitleidig ['mɪtlaɪdɪç] *adj* **1.** compasivo, piadoso; *adv* **2.** compasivamente, con compasión
mitleidslos ['mɪtlaɪtsloːs] *adj* **1.** despiadado, sin compasión; *adv* **2.** despiadadamente, sin compasión
mitmachen ['mɪtmaxən] *v* **1.** *(sich beteiligen)* tomar parte en, participar en; **2.** *(fig: leiden)* sufrir, padecer
Mitmensch ['mɪtmɛnʃ] *m* prójimo *m*
mitnehmen ['mɪtneːmən] *v irr* **1.** *(hinbringen)* llevar; **2.** *(herbringen)* traer; **3.** *(fig: strapazieren)* deteriorar, estropear
mitreißend ['mɪtraɪsənt] *adj* arrebatador
mitschuldig ['mɪtʃuldɪç] *adj* cómplice de, coautor
Mitschüler(in) ['mɪtʃyːlɐ(rɪn)] *m/f* compañero/compañera *m/f,* condiscípulo/condiscípula *m/f*
Mitspracherecht ['mɪtʃpraxərɛçt] *n* derecho de intervención *m*
Mittag ['mɪtaːk] *m* mediodía *m; gestern ~* ayer al mediodía; *heute ~* hoy al mediodía
Mittagessen ['mɪtaːkɛsən] *n* almuerzo *m,* comida *f*
mittags ['mɪtaːks] *adv* al mediodía
Mittagspause ['mɪtaːkspauzə] *f* descanso para comer *m,* descanso de mediodía *m*
Mittäter(in) ['mɪttɛːtɐ(rɪn)] *m/f* cómplice *m/f,* coautor(a) *m/f,* codelincuente *m/f*
Mitte ['mɪtə] *f* **1.** *(örtlich)* centro *m,* medio *m; die goldene ~ wählen* elegir el justo medio; **2.** *(zeitlich)* a mitad de, a mediados de; *~ Mai* a mediados de mayo
mitteilen ['mɪttaɪlən] *v* comunicar, participar, informar
Mitteilung ['mɪttaɪluŋ] *f* comunicación *f,* participación *f,* informe *m*
Mittel ['mɪtəl] *n* **1.** *(Hilfsmittel)* recurso *m; ~ zum Zweck sein* ser el medio para el fin; *~ und Wege suchen* buscar los medios; **2.** *(Heilmittel)* remedio *m;* **3.** *im ~* por término medio, en promedio; *pl* **4.** *(Geld)* recursos *m/pl,* medios *m/pl,* fondos *m/pl*
Mittelalter ['mɪtəlaltɐ] *n* Edad Media *f,* Medioevo *m*
mittelalterlich ['mɪtəlaltɐlɪç] *adj* medieval
Mitteleuropa ['mɪtəlɔyroːpa] *n GEO* Europa Central *f*
Mittelfinger ['mɪtəlfɪŋɐ] *m ANAT* dedo del corazón *m*
mittelfristig ['mɪtəlfrɪstɪç] *adj* a medio plazo, a mediano plazo
mittellos ['mɪtəlloːs] *adj* falto de recursos, indigente
mittelmäßig ['mɪtəlmɛːsɪç] *adj* mediano, regular, mediocre
Mittelmeer ['mɪtəlmeːɐ] *n GEO* Mar Mediterráneo *m*
Mittelpunkt ['mɪtəlpuŋkt] *m* centro *m,* punto central *m; im ~ stehen* ser el blanco de las miradas
mittels ['mɪtəls] *prep* por medio de, mediante
Mittelsmann ['mɪtəlsman] *m* intermediario *m,* mediador *m*
Mittelstand ['mɪtəlʃtant] *m* clase media *f*
Mittelweg ['mɪtəlveːk] *m* término medio *m,* compromiso *m*
Mitternacht ['mɪtɐnaxt] *f* media noche *f*

mittlere(r,s) ['mɪtlərə(ɐ,s)] *adj* mediano(s), mediana(s)
mittlerweile ['mɪtlɐvaɪlə] *adv* entretanto, mientras tanto
Mittwoch ['mɪtvɔx] *m* miércoles *m*
mitverantwortlich ['mɪtfɐantvɔrtlɪç] *adj* corresponsable, igualmente responsable
mitwirken ['mɪtvɪrkən] *v* contribuir a, cooperar con, colaborar en
Mitwirkung ['mɪtvɪrkuŋ] *f* contribución *f*, cooperación *f*
Mitwisser ['mɪtvɪsɐ] *m* consabidor *m*, cómplice *m*
mixen ['mɪksən] *v* mezclar, batir
Möbel ['mø:bəl] *pl* muebles *m/pl*
mobil [mo'bi:l] *adj* móvil; *~ machen* movilizar
Mobilfunk [mo'bi:lfuŋk] *m* telefonía móvil *f*
mobilisieren [mobili'zi:rən] *v* movilizar
Mobilität [mobili'tɛ:t] *f* movilidad *f*
möblieren [mø'bli:rən] *v* amueblar, amoblar *(LA)*
möbliert [mø'bli:ɐt] *adj* amueblado, amoblado *(LA)*
Mode ['mo:də] *f* moda *f*
Modell [mo'dɛl] *n* **1.** *(Vorbild)* modelo *m*, ejemplo *m*, ideal *m*; **2.** *(Mannequin)* modelo *m*, maniquí *m*; *~ stehen* posar
modellieren [modɛ'li:rən] *v* modelar, formar
Modem ['mo:dɛm] *n INFORM* módem *m*
Modenschau ['mo:dənʃau] *f* desfile de modas *m*
modern [mo'dɛrn] *adj* moderno
modernisieren [modɛrni'zi:rən] *v* modernizar, actualizar
Modeschmuck ['mo:dəʃmuk] *m* bisutería *f*
Modeschöpfer(in) ['mo:dəʃœpfɐ(rɪn)] *m/f* modisto/modista *m/f*, creador(a) de alta costura *m/f*
Modezeichner(in) ['mo:dətsaɪçnɐ(rɪn)] *m/f* diseñador(a) de modas *m/f*
modisch ['mo:dɪʃ] *adj* **1.** moderno, de moda; *adv* **2.** a la moda, modernamente
Modul [mo'du:l] *n* módulo *m*
Modulbauweise [mo'du:lbauvaɪzə] *f* construcción modular *f*
Modus ['mo:dus] *m* modo *m*, manera *f*
mögen ['mø:gən] *v irr* **1.** *(gern haben)* tener cariño, tener estima, apreciar, estimar; *Ich mag ihn.* Yo le tengo cariño. **2.** *(wollen)* querer, desear; *Ich möchte ein Ticket nach München.* Deseo un billete para Múnich.
möglich ['mø:klɪç] *adj* posible, factible
möglicherweise ['mø:klɪçɐvaɪzə] *adv* posiblemente, probablemente
Möglichkeit ['mø:klɪçkaɪt] *f* posibilidad *f* factibilidad *f*
möglichst ['mø:klɪçst] *adv* en lo posible, a ser posible
Mohn [mo:n] *m BOT* amapola *f*
Möhre ['mø:rə] *f BOT* zanahoria *f*
Mole ['mo:lə] *f* **1.** *(Hafen)* malecón *m*; **2.** *(Kai)* muelle *m*
Molekül [mole'ky:l] *n CHEM* molécula *f*
Molkerei [mɔlkɐ'raɪ] *f* lechería *f*
mollig ['mɔlɪç] *adj* **1.** *(behaglich)* confortable, agradable; **2.** *(dick)* rellenito, regordete
Moment [mo'mɛnt] *m* **1.** momento *m*, instante *m*; *n* **2.** *(fig: Umstand)* situación *f*, circunstancia *f*; **3.** *PHYS* momento *m*
momentan [momɛn'ta:n] *adj* **1.** momentáneo; *adv* **2.** por el momento, de momento
Monarch(in) [mo'narç(ɪn)] *m/f* monarca *m/f*
Monarchie [monar'çi:] *f* monarquía *f*
Monat ['mo:nat] *m* mes *m*
monatelang ['mo:natəlaŋ] *adj* **1.** de meses, que dura meses; *adv* **2.** durante meses, meses y meses
monatlich ['mo:natlɪç] *adj* **1.** mensual; *adv* **2.** mensualmente
Monatskarte ['mo:natskartə] *f* billete mensual *m*, abono mensual *m*
Mönch [mœnç] *m REL* monje *m*, fraile *m*
Mond [mo:nt] *m* luna *f*; *jdn auf den ~ schießen (fig)* mandar a alguien a la luna; *hinter dem ~ leben* vivir en la luna
mondän [mon'dɛ:n] *adj* **1.** mundano, de mundo; *~ sein* ser persona de mundo; *adv* **2.** muy mundano, de mundo
Mondfinsternis ['mo:ntfɪnstɐnɪs] *f* eclipse lunar *m*
Mondschein ['mo:ntʃaɪn] *m* claro de luna *m*
Mondsonde ['mo:ntzɔndə] *f* sonda lunar *f*

M

mondsüchtig ['mo:ntzyçtɪç] *adj* sonámbulo
Monitor ['mo:nɪto:ɐ] *m* monitor *m*
Monolog [mono'lo:k] *m* monólogo *m*
Monopol [mono'po:l] *n* monopolio *m*
monoton [mono'to:n] *adj* **1.** monótono, aburrido, pesado; *adv* **2.** monótonamente, con monotonía
Monotonie [monoto'ni:] *f* monotonía *f*
Montag ['mo:nta:k] *m* lunes *m*
Montage [mɔn'ta:ʒə] *f* montaje *m*
Monteur [mɔn'tø:ɐ] *m* montador *m*, ajustador *m*
montieren [mɔn'ti:rən] *v* montar, instalar, ajustar
Monument [monu'mɛnt] *n* monumento *m*
monumental [monumen'ta:l] *adj* monumental
Moor [mo:ɐ] *n* pantano *m*, cenagal *m*
Moorbad ['mo:ɐba:t] *n* baño de fango *m*, baño de lodo *m*
Moos [mo:s] *n BOT* musgo *m*
Moped ['mo:pɛt] *n* ciclomotor *m*, motociclo *m*
Moral [mo'ra:l] *f* moral *f*
moralisch [mo'ra:lɪʃ] *adj* **1.** moral; *adv* **2.** moralmente
Mord [mɔrt] *m* asesinato *m*, crimen *m*, homicidio *m*; *~ und Totschlag* tiros y puñaladas
Mörder(in) ['mœrdɐ(rɪn)] *m/f* asesino/asesina *m/f*, homicida *m/f*
mörderisch ['mœrdərɪʃ] *adj* **1.** asesino, criminal; **2.** *(fig: furchtbar)* terrible, horrible, espantoso
morgen ['mɔrgən] *adv* mañana
Morgen ['mɔrgən] *m* mañana *f*
Morgengrauen ['mɔrgəngrauən] *n* amanecer *m*, crepúsculo matutino *m*
Morgenland ['mɔrgənlant] *n* Oriente *m*
Morgenrock ['mɔrgənrɔk] *m* bata *f*, salto de cama *m*
morgens ['mɔrgəns] *adv* de mañana, por la mañana
morsch [mɔrʃ] *adj* podrido, pútrido
Mörtel ['mœrtəl] *m* mortero *m*
Mosaik [moza'i:k] *n* mosaico *m*
Moschee [mo'ʃe:] *f* mezquita *f*
Moslem ['mɔslɛm] *m* musulmán *m*, mahometano *m*
moslemisch [mɔs'le:mɪʃ] *adj* musulmán
Motiv [mo'ti:f] *n* motivo *m*, causa *f*, razón *f*
Motivation [motiva'tsjo:n] *f* motivación *f*
motivieren [moti'vi:rən] *v* motivar, incentivar
Motor ['mo:to:ɐ] *m* motor *m*; *Der ~ stottert.* El motor da sacudidas. *Der ~ läuft heiß.* El motor se calienta.
Motorboot ['mo:to:ɐbo:t] *n* lancha a motor *f*
Motorrad ['mo:to:ɐra:t] *n* motocicleta *f*
Motorroller ['mo:to:ɐrɔlɐ] *m* escúter *m*, scooter *m*, motoneta *f (LA)*
Motte ['mɔtə] *f ZOOL* polilla *f*
Motto ['mɔto] *n* lema *m*
Möwe ['mø:və] *f ZOOL* gaviota *f*
Mücke ['mykə] *f ZOOL* mosquito *m*; *eine ~ machen (fam)* ahuecar el ala; *aus einer ~ einen Elefanten machen* hacer de un mosquito un elefante/hacer una montaña de un grano de arena
Mückenstich ['mykənʃtɪç] *m* picadura de mosquito *f*
müde ['my:də] *adj* cansado, fatigado
Müdigkeit ['my:dɪçkaɪt] *f* cansancio *m*, fatiga *f*
Mühe ['my:ə] *f* esfuerzo *m*; *sich ~ geben* tomarse la molestia; *die ~ wert sein* merecer la pena/la molestia; *mit Müh und Not* a duras penas
mühelos ['my:əlo:s] *adj* **1.** sin esfuerzo, fácil; *adv* **2.** fácilmente
mühevoll ['my:əfɔl] *adj* **1.** penoso, fatigoso, difícil; *adv* **2.** fatigosamente, penosamente
Mühle ['my:lə] *f* **1.** molino *m*; **2.** *(Kaffeemühle)* molinillo *m*
mühsam ['my:za:m] *adj* **1.** penoso, trabajoso; *adv* **2.** penosamente, trabajosamente
Mulde ['muldə] *f* artesa *f*, cubeta *f*
Müll [myl] *m* basura *f*
Müllabfuhr ['mylapfu:ɐ] *f* recogida de basura *f*, servicio de limpieza *m*
Mullbinde ['mulbɪndə] *f* venda de gasa *f*
Mülldeponie ['myldeponi:] *f* vertedero *m*, basurero *m*, escombrera *m*
Mülleimer ['mylaɪmɐ] *m* cubo de la basura *m*, tacho de basura *m (LA)*

Müller(in) ['mylɐ(rɪn)] *m/f* molinero/molinera *m/f*
Müllverbrennung ['mylfɛɐbrɛnuŋ] *f* incineración de basuras *f*
multilateral [multilate'ra:l] *adj* multilateral
multimedial [multime:'djal] *adj* multimedial
Multiplikation [multiplika'tsjo:n] *f* *MATH* multiplicación *f*
multiplizieren [multipli'tsi:rən] *v* *MATH* multiplicar
Mumie ['mu:mjə] *f* momia *f*
Mumps [mumps] *m* *MED* paperas *f/pl*
Mund [munt] *m* boca *f*; *sich den ~ verbrennen (fig)* quemarse la lengua/hacer una plancha; *den ~ nicht aufbekommen* no decir ni pío/no decir ni esta boca es mía; *den ~ voll nehmen* fanfarronear/hacer alarde de; *den ~ halten* callar la boca; *sich den ~ fusselig reden* hablar hasta por los codos; *jdm den ~ verbieten* prohibir a alguien el habla; *jdm den ~ wässrig machen* hacérsele la boca agua a alguien; *nicht auf den ~ gefallen sein* no tener un pelo de tonto; *in aller ~e sein* andar en boca de todos; *jdm nach dem ~ reden* hablar al paladar de alguien; *jdm über den ~ fahren* contestar a alguien; *von ~ zu ~ gehen* ir de boca en boca
Mündel ['myndəl] *n* *JUR* pupilo *m*, persona bajo tutela *f*, tutelado *m*
münden ['myndən] *v* desembocar
mündig ['myndɪç] *adj* mayor de edad
mündlich ['myndlɪç] *adj* **1.** oral, verbal; *adv* **2.** oralmente, verbalmente
Mündung ['mynduŋ] *f* **1.** *(Flussmündung)* desembocadura *f*; **2.** *(Gewehrmündung)* boca *f*
Munition [muni'tsjo:n] *f* munición *f*
munkeln ['muŋkəln] *v* cuchichear, murmurar
munter ['muntɐ] *adj* **1.** *(wach)* despierto, despabilado; *adv* **2.** completamente despierto
Münze ['myntsə] *f* moneda *f*; *klingende ~* dinero contante y sonante *m*; *etw mit gleicher ~ heimzahlen* pagar algo con la misma moneda
Münztelefon ['myntste:ləfo:n] *m* teléfono público de monedas *m*
mürbe ['myrbə] *adj* **1.** tierno, ablandado, blando; **2.** *(fig)* desmoralizado, sin fuerzas para resistir
Mürbeteig ['myrbətaɪk] *m* *GAST* pastaflora *f*
murmeln ['murməln] *v* murmurar, refunfuñar
Murmeltier ['murməlti:r] *n* *ZOOL* marmota *f*; *schlafen wie ein ~* dormir como un tronco
murren ['murən] *v* gruñir
mürrisch ['myrɪʃ] *adj* **1.** gruñón; *adv* **2.** de mal humor
Mus [mu:s] *n* **1.** puré *m*; **2.** *(aus Obst)* compota *f*
Muschel ['muʃəl] *f* *ZOOL* concha *f*
Muse ['mu:zə] *f* musa *f*
Museum [mu'ze:um] *n* museo *m*
Musik [mu'zi:k] *f* música *f*
musikalisch [muzi'ka:lɪʃ] *adj* musical
Musiker(in) ['mu:zikɐ(rɪn)] *m/f* músico/música *m/f*
Musikinstrument [mu'zi:kɪnstrumɛnt] *n* instrumento musical *m*
Musikkapelle [mu'zi:kkapɛlə] *f* orquesta *f*, banda de música *f*
musisch ['mu:zɪʃ] *adj* con sensibilidad artística
musizieren [muzi'tsi:rən] *v* hacer música
Muskatnuss [mus'ka:tnus] *f* *BOT* nuez moscada *f*
Muskel ['muskəl] *m* músculo *m*; *seine ~n spielen lassen* enseñar sus músculos
Muskelkater ['muskəlka:tɐ] *m* agujetas *f/pl*
Muskulatur [muskula'tu:ɐ] *f* musculatura *f*
muskulös [musku'lø:s] *adj* musculoso
Muße ['mu:sə] *f* ocio *m*, desocupación *f*, tiempo libre *m*
müssen ['mysən] *v irr* tener que, deber; *Man muss das Auto sauber machen.* Hay que limpiar el coche.
müßig ['my:sɪç] *adj* **1.** ocioso, moroso, tedioso; *adv* **2.** ociosamente, morosamente
Müßiggang ['my:sɪçgaŋ] *m* ociosidad *f*
Muster ['mustɐ] *n* **1.** *(Vorlage)* modelo *m*, ejemplo *m*; **2.** *(Probe)* muestra *f*, prueba *f*; **3.** *(Design)* diseño *m*
mustergültig ['mustɐgyltɪç] *adj* **1.** ejemplar, modelo; *adv* **2.** por ejemplo
Musterung ['mustəruŋ] *f* *MIL* revista *f*, inspección *m*

Mut [muːt] *m* valor *m,* coraje *m,* arrojo *m,* valentía *f; frohen ~es sein* estar contento/estar de buen humor; *mit frohem ~* de buen humor
mutig ['muːtɪç] *adj* **1.** valiente, valeroso; *adv* **2.** valientemente, con arrojo, con valor
mutlos ['muːtloːs] *adj* **1.** desalentado, desmoralizado; *adv* **2.** con desaliento
mutmaßen ['muːtmaːsən] *v* presumir, conjeturar, suponer
mutmaßlich ['muːtmaːslɪç] *adj* **1.** presunto, supuesto; *adv* **2.** supuestamente, presuntamente
Mutter ['mutɐ] *f* **1.** madre *f; wie bei ~n* como en casa; **2.** *TECH* tuerca *f*
Muttergottes [mutɐ'gɔtəs] *f REL* Nuestra Señora *f*
mütterlich ['mytɐlɪç] *adj* **1.** materno; *adv* **2.** maternalmente, como una madre
Muttermal ['mutɐmaːl] *n* lunar *m*
Muttermilch ['mutɐmɪlç] *f* leche materna *f; etw mit der ~ einsaugen (fam)* saber hacer algo desde pequeño
Mutterschaft ['mutɐʃaft] *f* maternidad *f*
Muttersprache ['mutɐʃpraːxə] *f* lengua materna *f*
Muttertag ['mutɐtaːk] *m* día de la madre *m*
mutwillig ['muːtvɪlɪç] *adj* **1.** intencionado; *adv* **2.** intencionadamente
Mütze ['mytsə] *f* gorro *m,* gorra *f; eine ~ voll Schlaf bekommen* poder hacer una siestecilla
mysteriös [mysterˈjøːs] *adj* **1.** misterioso; *adv* **2.** misteriosamente
Mysterium [mys'teːrjum] *n* misterio *m*
mystisch ['mystɪʃ] *adj* **1.** místico; *adv* **2.** místicamente, con misticismo
Mythologie [mytolo'giː] *f* mitología *f*
Mythos ['mytɔs] *m* mito *m*

M

N

na [na] *interj* vaya, caramba, hombre, bueno
Nabel ['na:bəl] *m* ombligo *m; der ~ der Welt* el ombligo del mundo *m*
nach [na:x] *prep* **1.** *(örtlich)* a, hacia, para, con destino a; *Ich fahre ~ Sevilla.* Viajo a Sevilla. *Ich gehe ~ Hause.* Me voy a casa. *Mir ~!* ¡Sígueme!/¡Seguidme! **2.** *(zeitlich)* después de, más allá de, tras; *Wir treffen uns ~ der Arbeit.* Nos encontramos después del trabajo. **3.** *(gemäß)* según, conforme a; *meiner Meinung nach* en mi opinión
nachahmen ['na:xa:mən] *v* remedar, imitar, parodiar
Nachahmung ['na:xa:muŋ] *f* remedo *m,* imitación *f,* parodia *f*
Nachbar(in) ['naxba:ɐ(-rɪn)] *m/f* vecino/vecina *m/f*
Nachbarschaft ['naxba:ɐʃaft] *f* vecindad *f*
Nachbarstaat ['na:xba:ɐʃta:t] *m* Estado vecino *m,* Estado limítrofe *m*
nachberechnen ['na:xbərɛçnən] *v* recargar, poner un recargo sobre
nachbestellen ['na:xbəʃtɛlən] *v* repetir la orden, volver a encargar, hacer un pedido
Nachbildung ['na:xbɪlduŋ] *f* copia *f,* reproducción *f*
nachdem [na:x'de:m] *konj* después que, después de; *Nachdem er gegessen hatte, ging er.* Después de comer se marchó.
nachdenken ['na:xdɛŋkən] *v irr ~ über* meditar sobre, reflexionar sobre, considerar detenidamente; *Ich denke darüber nach und gebe Ihnen morgen eine Antwort.* Lo voy a consultar con la almohada y mañana le aviso.
nachdenklich ['na:xdɛŋklɪç] *adj* **1.** meditabundo, pensativo; *adv* **2.** meditativamente
Nachdruck ['na:xdruk] *m* **1.** *(Betonung)* énfasis *m,* insistencia *f; einer Sache ~ verleihen* hacer hincapié en algo; **2.** *(Kopie)* reimpresión *f*
nachdrücklich ['na:xdryklɪç] *adj* **1.** enfático, insistente; *adv* **2.** con insistencia, enfáticamente
nacheifern ['na:xaɪfɐn] *v jdm ~* emular a alguien
nacheinander [na:xaɪ'nandɐ] *adv* uno(s) tras otro(s)
nachempfinden ['na:xɛmpfɪndən] *v irr* sentir lo mismo que alguien, comprender sentimientos ajenos
nacherzählen ['na:xɛɐtsɛ:lən] *v* repetir una narración, repetir una historia
Nacherzählung ['na:xɛɐtsɛ:luŋ] *f* narración *f,* repetición de una narración *f*
Nachfahre ['na:xfa:rə] *m* descendiente de la familia *m/f*
Nachfolge ['na:xfɔlgə] *f* sucesión *f*
nachfolgen ['na:xfɔlgən] *v jdm ~* seguir a alguien, suceder a alguien
Nachfolger(in) ['na:xfɔlgɐ(rɪn)] *m/f* sucesor(a) *m/f*
nachforschen ['na:xfɔrʃən] *v* investigar, hacer indagaciones sobre
Nachforschung ['na:xfɔrʃuŋ] *f* investigación *f,* indagación *f*
Nachfrage ['na:xfra:gə] *f* **1.** *(Erkundigung)* información *f,* informe *m;* **2.** *(Bedarf)* ECO demanda *f*
nachfragen ['na:xfra:gən] *v ~ nach* informarse de, preguntar por
nachfüllen ['na:xfylən] *v* rellenar, recargar
nachgeben ['na:xge:bən] *v irr* **1.** *(erschlaffen)* aflojarse, debilitarse; **2.** *(fig)* ceder, claudicar, condescender
Nachgeburt ['na:xgəbu:ɐt] *f* MED secundinas *f/pl*
nachgehen ['na:xge:ən] *v irr* **1.** *(Uhr)* ir atrasado; **2.** *(folgen) jdm ~* seguir a alguien, ir tras alguien; **3.** *(erforschen) einer Sache ~* andar tras algo, investigar algo
Nachgeschmack ['na:xgəʃmak] *m* **1.** regustillo *m;* **2.** *(fig)* recuerdo desagradable *m*
nachgiebig ['na:xgi:bɪç] *adj (fig)* dócil, condescendiente

N

Nachgiebigkeit ['naːxgiːbɪçkaɪt] *f* docilidad *f*, condescendencia *f*
nachhaltig ['naːxhaltɪç] *adj* **1.** duradero, persistente, durable; *adv* **2.** con efecto duradero, de manera persistente
Nachhaltigkeit ['naːxhaltɪçkaɪt] *f* sostenibilidad *f*, duración *f*, persistencia *f*
nachher [naːx'heːɐ] *adv* después, luego, más tarde
Nachholbedarf ['naːxhoːlbədarf] *m* necesidad de recuperación *f*
nachholen ['naːxhoːlən] *v* recuperar, recobrar
Nachimpfung ['naːxɪmpfuŋ] *f* *MED* revacunación *f*
nachkommen ['naːxkɔmən] *v irr* **1.** llegar más tarde, llegar después; **2.** *(fig) nicht ~ mit* no darse abasto con
Nachlass ['naːxlas] *m* **1.** *(Preisnachlass)* rebaja *f*, reducción *f*, descuento *m*; **2.** *(Erbe)* herencia *f*, legado *m*, sucesión *f*
nachlassen ['naːxlasən] *v irr* **1.** *(Preis)* rebajar, reducir, ceder; **2.** *(lockern)* aflojar, soltar; **3.** *(aufhören)* cesar, parar, dejar de
nachlässig ['naːxlɛsɪç] *adj* **1.** negligente, descuidado, despreocupado; *adv* **2.** negligentemente, con descuido
Nachlässigkeit ['naːxlɛsɪçkaɪt] *f* negligencia *f*, descuido *m*
nachlaufen ['naːxlaufən] *v irr jdm ~* correr tras alguien, perseguir a alguien
Nachlieferung ['naːxliːfəruŋ] *f* suministro posterior *m*
nachmachen ['naːxmaxən] *v* imitar, copiar
Nachmittag ['naːxmɪtaːk] *m* tarde *f*
nachmittags ['naːxmɪtaːks] *adv* por la tarde
Nachnahme ['naːxnaːmə] *f* reembolso *m*
Nachname ['naːxnaːmə] *m* apellido *m*
nachprüfen ['naːxpryːfən] *v* verificar, controlar, revisar, comprobar
nachrechnen ['naːxrɛçnən] *v* comprobar un cálculo, repasar la cuenta
Nachrede ['naːxreːdə] *f* *üble ~* difamación *f*
Nachricht ['naːxrɪçt] *f* **1.** noticia *f*, novedad *f*; **2.** *~en pl* noticias *f/pl*
Nachrichtenagentur ['naːxrɪçtənagəntuːɐ] *f* agencia de noticias *f*
Nachrichtentechnik ['naːxrɪçtəntɛçnɪk] *f* técnica de comunicaciones *f*
Nachruf ['naːxruːf] *m* necrología *f*
Nachsaison ['naːxzɛzɔ̃] *f* temporada baja *f*
Nachschlag ['naːxʃlaːk] *m* segunda ración *f*
nachschlagen ['naːxʃlaːgən] *v irr in einem Buch ~* consultar en un libro, buscar en libros
Nachschlagewerk ['naːxʃlaːgəvɛrk] *n* obra de consulta *f*
Nachschub ['naːxʃuːp] *m* refuerzo *m*, avituallamiento *m*
nachsehen ['naːxzeːən] *v irr* **1.** *(nachblicken)* seguir a alguien con la vista; **2.** *(kontrollieren)* inspeccionar, examinar, revisar, comprobar; **3.** *(fig: verzeihen)* dispensar, ser indulgente con
Nachsehen ['naːxzeːən] *n das ~ haben* quedarse con las ganas
nachsenden ['naːxzɛndən] *v irr* reexpedir, enviar de nuevo
nachsichtig ['naːxzɪçtɪç] *adj* **1.** indulgente; *adv* **2.** con indulgencia, indulgentemente
nachsitzen ['naːxzɪtsən] *v irr* quedarse retenido en clase, repetir curso
Nachspeise ['naːxʃpaɪzə] *f* *GAST* postre *m*
Nachspiel ['naːxʃpiːl] *n* *THEAT* epílogo *m*
nächstbeste(r,s) ['nɛːçstbɛstə(ɐ,əs)] *adj* el mejor de los que siguen, el/la siguiente que venga
nächste(r,s) ['nɛːçstə(ɐ,əs)] *adj* próximo/próxima, siguiente
nachstellen ['naːxʃtɛlən] *v* **1.** *(regulieren)* reajustar, regular; **2.** *(fig) jdm ~* perseguir a alguien
nächstens ['nɛːçstəns] *adv* próximamente, en breve
nächstmöglich ['nɛːçstmøːklɪç] *adj* lo más pronto posible
Nacht [naxt] *f* noche *f*; *hässlich wie die ~* más feo que el pecado; *Gute ~!* ¡Buenas noches! *die ~ zum Tage machen* hacer de la noche el día; *sich die ~ um die Ohren schlagen* pasar la noche sin dormir/trasnochar; *jdm schlaflose Nächte bereiten* quitarle el sueño a alguien; *bei ~ und Nebel* al amparo de la noche; *über ~* de la noche a la mañana

N

Nachtdienst ['naxtdi:nst] *m* servicio nocturno *m*
Nachteil ['na:xtaɪl] *m* desventaja *f,* inconveniente *m*
nachteilig ['na:xtaɪlɪç] *adj* desventajoso, desfavorable
Nachtfrost ['naxtfrɔst] *m* helada nocturna *f*
Nachtigall ['naxtɪgal] *f* ZOOL ruiseñor *m*
Nachtisch ['na:xtɪʃ] *m* GAST postre *m*
nächtlich ['nɛ:çtlɪç] *adj* nocturno, de noche
Nachtlokal ['naxtlɔka:l] *n* club nocturno *m,* cabaret *m,* boîte *f*
Nachtrag ['na:xtra:k] *m* suplemento *m,* apéndice *m*
nachtragen ['na:xtra:gən] *v irr* **1.** *(hinterhertragen) jdm etw ~* llevar algo detrás de alguien; **2.** *(ergänzen)* añadir, agregar; **3.** *(fig) jdm etw ~* guardar rencor a alguien por algo
nachträglich ['na:xtrɛ:klɪç] *adj* **1.** posterior, ulterior, suplementario; *adv* **2.** posteriormente
nachts [naxts] *adv* de noche, por la noche
Nachtschicht ['naxtʃɪçt] *f* turno de noche *m*
nachvollziehbar ['na:xfɔltsi:ba:ɐ] *adj* deducible, comprensible
Nachweis ['na:xvaɪs] *m* prueba *f,* comprobación *f*
Nachwelt ['na:xvɛlt] *f* posteridad *f*
nachwirken ['na:xvɪrkən] *v ~ auf* seguir produciendo efecto sobre
Nachwirkung ['na:xvɪrkuŋ] *f* efecto ulterior *m*
Nachwort ['na:xvɔrt] *n* epílogo *m*
Nachwuchs ['na:xvu:ks] *m* descendencia *f,* prole *f*
nachzahlen ['na:xtsa:lən] *v* pagar posteriormente, completar el pago, pagar un suplemento
Nachzahlung ['na:xtsa:luŋ] *f* pago posterior *m,* suplemento *m*
nachziehen ['na:xtsi:ən] *v irr* **1.** *(hinterherziehen)* arrastrar, llevar tras de sí; **2.** *(Schraube)* apretar, ajustar; **3.** *(nach sich ziehen)* atraer hacia sí, llevar consigo
Nachzügler(in) ['na:xtsy:glɐ(rɪn)] *m/f* retrasado/retrasada *m/f*
Nacken ['nakən] *m* ANAT nuca *f,* cogote *m; jdm im ~ sitzen (fig)* pisarle los talones a alguien; *jdn im ~ haben* tener a alguien en los talones; *jdm den ~ stärken* cubrirle las espaldas a alguien; *Ihm sitzt der Schalk im ~.* Es un pícaro.
nackt [nakt] *adj* desnudo, desvestido, *(Chile)* pilucho
Nadel ['na:dəl] *f* aguja *f; an der ~ hängen (fam)* estar colgado
Nadelöhr ['na:dəlø:ɐ] *n* ojo de la aguja *m*
Nagel ['na:gəl] *m* **1.** *(Fingernagel)* ANAT uña *f; jdm unter den Nägeln brennen (fig)* correrle prisa a alguien; **2.** TECH clavo *m; den ~ auf den Kopf treffen (fig)* dar en el blanco; *etw an den ~ hängen* renunciar a algo; *Nägel mit Köpfen machen (fig)* hacer las cosas bien
Nagelfeile ['na:gəlfaɪlə] *f* lima para las uñas *f*
Nagellack ['na:gəllak] *m* esmalte para uñas *m,* esmalte de uñas *m*
Nagelschere ['na:gəlʃe:rə] *f* tijeras para uñas *f/pl*
nagen ['na:gən] *v* **1.** roer; **2.** *(fig)* roer, remorder
Nagetier ['na:gəti:ɐ] *n* ZOOL roedor *m*
nah(e) [na:(ə)] *adj* **1.** próximo, cercano, vecino; *jdm zu ~e treten* ofender a alguien (en su amor propio); *jdm ~ sein* estar cerca de alguien; *jdm etw ~e bringen* hacer comprender algo a alguien; *jdm etw ~e legen* sugerir algo a alguien, insinuar algo a alguien; *~e liegend* cercano; *adv* **2.** *(benachbart)* cerca, próximamente; *prep* **3.** cerca a, cerca de, próximo a
Nähe ['nɛ:ə] *f* proximidad *f,* cercanía *f,* vecindad *f; ganz in der ~ sein* estar a la vuelta de la esquina
nähen ['nɛ:ən] *v* coser
nähern ['nɛ:ɐn] *v sich ~* acercarse, aproximarse
Nähmaschine ['nɛ:maʃi:nə] *f* máquina de coser *f*
nähren ['nɛ:rən] *v* nutrir, alimentar
nahrhaft ['na:ɐhaft] *adj* nutritivo
Nahrung ['na:ruŋ] *f* nutrición *f*
Nahrungsmittel ['na:ruŋsmɪtəl] *n* alimentos *m/pl,* productos alimenticios *m/pl*
Naht [na:t] *f* costura *f; aus allen Nähten platzen (fig)* ponerse como una vaca

N

nahtlos ['na:tlo:s] *adj* 1. sin costura; 2. *(fig)* ininterrumpido, continuo
Nahverkehr ['na:fɛɐke:ɐ] *m* tráfico de cercanías *m*, tráfico local *m*
naiv [na'i:f] *adj* ingenuo, cándido
Naivität [naivi'tɛ:t] *f* ingenuidad *f*, candidez *f*
Name ['na:mə] *m* nombre *m*; *etw beim ~n nennen* llamar a cada cosa por su nombre; *in seinem ~n* en su nombre; *einen guten ~n haben* tener una buena reputación; *seinem ~n alle Ehre machen* hacer todos los honores a su nombre
namenlos ['na:mənlo:s] *adj* sin nombre
namens ['na:məns] *prep* llamado
Namenstag ['na:mənsta:k] *m* día del santo *m*
namentlich ['na:məntlɪç] *adj* 1. nominal, nominativo; *adv* 2. nominalmente, por el nombre
namhaft ['na:mhaft] *adj* notable, renombrado
nämlich ['nɛ:mlɪç] *konj* es decir que, es que
Narbe ['narbə] *f* cicatriz *f*
narbig ['narbɪç] *adj* lleno de cicatrices
Narkose [nar'ko:zə] *f MED* narcosis *f*, anestesia *f*
Narr [nar] *m* 1. *(Spaßmacher)* bufón *m*, payaso *m*; *jdn zum ~en halten* tomar el pelo a alguien/burlarse de alguien; *an jdm einen ~en gefressen haben* estar loco por alguien; 2. *(Tor)* loco *m*, testarudo *m*
närrisch ['nɛrɪʃ] *adj* loco
Narzisse [nar'tsɪsə] *f BOT* narciso *m*
naschen ['naʃən] *v* comer golosinas, golosinar
Nase ['na:zə] *f* nariz *f*; *die ~ rümpfen* hacer ascos; *sich an die eigene ~ fassen (fig)* no meterse en lo que no le importa; *jdm auf der ~ herumtanzen* tomar el pelo a alguien; *jdm etw auf die ~ binden* revelar un secreto a alguien; *jdm etw unter die ~ reiben* refregarle a alguien algo por los morros *(fam)*/ echarle a alguien algo en cara; *überall seine ~ hineinstecken* meter sus narices en todas partes; *jdm etw vor der ~ wegschnappen* quitarle algo a alguien delante de sus narices; *sich eine goldene ~ verdienen* hacerse de oro; *eins auf die ~ bekommen* recibir una en el morro *(fam)*; *direkt vor deiner ~* delante de tus narices
Nasenbluten ['na:zənblu:tən] *n MED* hemorragia nasal *f*
Nasentropfen ['na:zəntrɔpfən] *pl MED* gotas nasales *f/pl*
Nashorn ['na:shɔrn] *n ZOOL* rinoceronte *m*
nass [nas] *adj* 1. mojado, empapado; 2. *(Wetter)* húmedo
Nässe ['nɛsə] *f* humedad *f*
nasskalt ['naskalt] *adj* frío, húmedo
Nation [na'tsjo:n] *f* nación *f*, patria *f*
national [natsjo'na:l] *adj* nacional
Nationalismus [natsjona'lɪsmus] *m* nacionalismo *m*
Nationalität [natsjonali'tɛ:t] *f* nacionalidad *f*
Nationalsozialismus [natsjo'na:lzotsɪalɪsmus] *m POL* nacionalsocialismo *m*
Natrium ['na:trium] *n CHEM* sodio *m*
Natron ['na:trɔn] *n CHEM* natrón *m*, sosa *f*, bicarbonato *m*
Natur [na'tu:ɐ] *f* naturaleza *f*; *in der ~ von etw liegen* estar en la naturaleza de algo
Naturalien [natu'ra:ljən] *pl* productos naturales *m/pl*, productos del suelo *m/pl*
naturalisieren [naturali'zi:rən] *v* naturalizar, nacionalizar
naturgemäß [na'tu:ɐgəmɛ:s] *adj* 1. natural; *adv* 2. conforme a las leyes naturales
Naturheilkunde [na'tu:ɐhaɪlkundə] *f MED* medicina naturista *f*
natürlich [na'ty:ɐlɪç] *adj* 1. natural; *adv* 2. naturalmente
Natürlichkeit [na'ty:ɐlɪçkaɪt] *f* naturalidad *f*
Naturschutz [na'tu:ɐʃuts] *m* protección de la naturaleza *f*
Naturschutzgebiet [na'tu:ɐʃutsgəbi:t] *n* reserva natural *f*, reserva ecológica *f*
Naturwissenschaft [na'tu:ɐvɪsənʃaft] *f* ciencias naturales *f/pl*
Nautik ['nautɪk] *f* náutica *f*
Navigation [naviga'tsjo:n] *f* navegación *f*

Nebel ['neːbəl] *m* niebla *f*
neb(e)lig ['neːb(ə)lɪç] *adj* nebuloso
neben ['neːbən] *prep* al lado de, junto a, contiguo a; *~ anderen Dingen* entre otras cosas
nebenan [neːbən'an] *adv* al lado, al costado
Nebenausgang ['neːbənausgaŋ] *m* salida lateral *f*
nebenberuflich ['neːbənbəruːflɪç] *adj* a título de ocupación secundaria
Nebenbeschäftigung ['neːbənbəʃɛftɪguŋ] *f* actividad secundaria *f*, ocupación accesoria *f*
Nebenbuhler(in) ['neːbənbuːlɐ(rɪn)] *m/f* rival *m/f*
nebeneinander ['neːbənaɪnandɐ] *adv* uno(s) al lado de otro(s), juntos
Nebeneinkünfte ['neːbənaɪnkynftə] *pl* ingresos extraordinarios *m/pl*, ingresos adicionales *m/pl*
Nebenfach ['neːbənfax] *n* asignatura secundaria *f*
Nebenfluss ['neːbənflus] *m* afluente *m*
nebenher [neːbən'heːɐ] *adv* al lado de, accesoriamente
Nebenkosten ['neːbənkɔstən] *pl* gastos adicionales *m/pl*, gastos accesorios *m/pl*
nebensächlich ['neːbənzɛçlɪç] *adj* secundario, de poca importancia
Nebenwirkung ['neːbənvɪrkuŋ] *f* efecto secundario *m*
nebst [neːpst] *prep* con, junto con
necken ['nɛkən] *v* embromar
Neffe ['nɛfə] *m* sobrino *m*
negativ ['neːgatiːf] *adj* negativo
nehmen ['neːmən] *v irr* tomar, coger; *Jeden Tag nimmt er den Zug nach München.* Él toma el tren a Múnich todos los días. *etw auf sich ~* asumir algo/ cargar con algo; *einen zur Brust ~* tomar unas copas
Neid [naɪt] *m* envidia *f*; *vor ~ platzen* reventar de envidia
neidisch ['naɪdɪʃ] *adj* envidioso
neidlos ['naɪdloːs] *adj* sin envidia
Neige ['naɪgə] *f zur ~ gehen* acabarse
neigen ['naɪgən] *v* **1.** inclinar, ladear, torcer; **2.** *(fig) ~ zu* tender a, tener inclinación a, propender a
Neigung ['naɪguŋ] *f* **1.** inclinación *f*, ladeo *m*; **2.** *(fig)* propensión *f*, inclinación *f*
nein [naɪn] *adv* no; *Ich sage ~.* Digo que no.
Nektarine [nɛkta'riːnə] *f BOT* nectarina *f*
Nelke ['nɛlkə] *f BOT* clavel *m*
nennen ['nɛnən] *v irr* **1.** *(be~)* nombrar, denominar; **2.** *(Namen geben)* llamar; *Wie ~ wir unseren Hund?* ¿Cómo llamamos a nuestro perro?
nennenswert ['nɛnənsveːɐt] *adj* digno de mención, apreciable
Nenner ['nɛnɐ] *m MATH* denominador *m*; *gemeinsamer ~* común denominador *m*; *einen gemeinsamen ~ finden (fig)* hallar un denominador común
Neonlicht ['neːɔnlɪçt] *n* luz de neón *f*
Nerv [nɛrf] *m ANAT* nervio *m*; *den ~ haben* tener los nervios; *jdm auf den ~ gehen* crisparle los nervios a alguien; *~en wie Drahtseile haben* tener nervios de acero; *die ~en verlieren* perder los nervios; *mit den ~en herunter sein* estar con los nervios destrozados
Nervenbündel ['nɛrfənbyndəl] *n (fig)* manojo de nervios *m*
Nervenzusammenbruch ['nɛrfəntsuzamənbrux] *m MED* colapso nervioso *m*; *am Rande des ~s* al borde de un ataque de nervios
nervös [nɛr'vøːs] *adj* nervioso
Nervosität [nɛrvozi'tɛːt] *f* nerviosidad *f*, nerviosismo *m*
Nest [nɛst] *n* nido *m*; *sich ins gemachte ~ setzen (fig)* hacer buena boda
Nesthäkchen ['nɛsthɛːkçən] *n* benjamín *m*
nett [nɛt] *adj* **1.** simpático, gentil, bonito; *adv* **2.** simpáticamente, agradablemente
netto ['nɛto] *adv ECO* neto
Nettoeinkommen ['nɛtoaɪnkɔmən] *n* ingreso neto *m*, renta neta *f*
Netz [nɛts] *n* red *f*; *jdm ins ~ gehen (fig)* caer en las redes de alguien
Netzanschluss ['nɛtsanʃlus] *m* conexión a la red *f*
Netzhaut ['nɛtshaut] *f ANAT* retina *f*
Netzwerk ['nɛtsvɛrk] *n INFORM* mecanismo de la red *m*; *Soziales ~ n* red social *f*

N

neu [nɔy] *adj* nuevo; *aufs Neue* de nuevo/otra vez; *auf ein Neues* otra vez/de nuevo; *von ~em* otra vez/de nuevo
neuartig ['nɔyaːɐtɪç] *adj* nuevo, reciente, moderno
Neubau ['nɔybau] *m* nueva construcción *f*
Neueröffnung ['nɔyɛɐœfnuŋ] *f* inauguración *f*
Neuerung ['nɔyɐruŋ] *f* innovación *f*
Neugier ['nɔygiːɐ] *f* curiosidad *f*; *krankhafte ~* curiosidad malsana *f*
neugierig ['nɔygiːrɪç] *adj* curioso
Neuheit ['nɔyhaɪt] *f* novedad *f*
Neuigkeit ['nɔyɪçkaɪt] *f* novedad *f*, noticia nueva *f*
Neujahr ['nɔyjaːɐ] *n* Año Nuevo *m*
Neuland ['nɔylant] *n* **1.** tierra virgen *f*; **2.** *(fig)* nuevos horizontes *m/pl*, terrenos desconocidos *m/pl*
neulich ['nɔylɪç] *adv* últimamente, recientemente, otro día
Neuling ['nɔylɪŋ] *m* novicio *m*, novato *m*
Neumond ['nɔymoːnt] *m* luna nueva *f*
neun [nɔyn] *num* nueve
neunte(r,s) ['nɔyntə(ɐ,əs)] *adj* nono, noveno

N

neunzehn ['nɔyntseːn] *num* diecinueve
neunzig ['nɔyntsɪç] *num* noventa
Neuralgie [nɔyral'giː] *f MED* neuralgia *f*
Neurologe [nɔyro'loːgə] *m* neurólogo *m*
Neurose [nɔy'roːzə] *f MED* neurosis *f*
neurotisch [nɔy'roːtɪʃ] *adj MED* neurótico
Neuseeland [nɔy'zeːlant] *n GEO* Nueva Zelanda *f*
neutral [nɔy'traːl] *adj* **1.** neutral, imparcial; *adv* **2.** neutral, de modo imparcial
Neutralität [nɔytrali'tɛːt] *f* neutralidad *f*
Neutron ['nɔytron] *n PHYS* neutrón *m*
Neuzeit ['nɔytsaɪt] *f* Edad Moderna *f*
nicht [nɪçt] *adv* no; *Ich liebe dich ~.* No te quiero.
Nichtbeachtung ['nɪçtbəaxtuŋ] *f* inobservancia *f*, incumplimiento *m*; *die ~ der Verordnung* la inobservancia del reglamento *f*
Nichte ['nɪçtə] *f* sobrina *f*
nichtig ['nɪçtɪç] *adj* nulo
Nichtigkeit ['nɪçtɪçkaɪt] *f* nulidad *f*
Nichtraucher(in) ['nɪçtrauxɐ(rɪn)] *m/f* no fumador(a) *m/f*, persona que no fuma *f*
nichts [nɪçts] *pron* nada; *mit ~ anfangen* partir de cero; *Nichts für ungut!* ¡No lo tome a mal! *Von ~ kommt ~.* De la nada, nada. *~ sagend* insignificante
Nichts [nɪçts] *n* nada *f*; *vor dem ~ stehen* quedarse sin nada
Nichtschwimmer(in) ['nɪçtʃvɪmɐ(rɪn)] *m/f* no nadador(a) *m/f*
Nichtsnutz ['nɪçtsnuts] *m* inútil *m*
nicken ['nɪkən] *v* asentir con la cabeza
Nickerchen ['nɪkɐçən] *n (fam)* siestecita *f*
nie [niː] *adv* **1.** nunca, jamás; **2.** *~ und nimmer* nunca jamás, nunca por nunca; *~ mehr* nunca más en la vida
nieder ['niːdɐ] *adj* **1.** bajo; *adv* **2.** abajo; *Nieder mit der Diktatur!* ¡Abajo con la dictadura!
Niedergang ['niːdɐgaŋ] *m (fig)* decadencia *f*
Niedergeschlagenheit ['niːdɐgəʃlaːgənhaɪt] *f* abatimiento *m*, depresión *f*
Niederlage ['niːdɐlaːgə] *f* derrota *f*, fracaso *m*
Niederlande ['niːdɐlandə] *pl GEO* Países Bajos *m/pl*
Niederländer(in) ['niːdɐlɛndɐ(rɪn)] *m/f* neerlandés/neerlandesa *m/f*
niederländisch ['nidɐlɛndɪʃ] *adj* neerlandés
niederlassen ['niːdɐlasən] *v irr* **1.** *(herunterlassen)* bajar, descender; **2.** *sich ~* establecerse, afincarse, asentarse
Niederlassung ['niːdɐlasuŋ] *f* establecimiento *m*
niederlegen ['niːdɐleːgən] *v* **1.** *(Kranz)* depositar; **2.** *(fig: Amt)* dimitir, presentar la dimisión
Niederschlag ['niːdɐʃlaːk] *m METEO* precipitaciones *f/pl*
niederschlagen ['niːdɐʃlaːgən] *v irr* **1.** *(Feind)* vencer, derrotar; **2.** *(Augen)* bajar los ojos, bajar la vista
Niederschrift ['niːdɐʃrɪft] *f* escrito *m*
Niedertracht ['niːdɐtraxt] *f* infamia *f*, bajeza *f*
niederträchtig ['niːdɐtrɛçtɪç] *adj* infame, bajo
niedlich ['niːtlɪç] *adj* bonito, lindo, gracioso, rico

niedrig ['niːdrɪç] *adj* bajo
niemals ['niːmaːls] *adv* nunca, jamás; *Ich werde dir ~ verzeihen.* Jamás en la vida te voy a perdonar.
niemand ['niːmant] *pron* nadie; *Es ist noch ~ da.* Todavía no hay nadie.
Niemandsland ['niːmantslant] *n* tierra de nadie *f*
Niere ['niːrə] *f* **1.** *ANAT* riñón *m*; *jdm an die ~n gehen (fam)* afligir mucho a alguien; **2.** *~n pl GAST* riñones *m/pl*
Nierenstein ['niːrənʃtaɪn] *m MED* cálculo renal *m*
nieseln ['niːzəln] *v* lloviznar
Nieselregen ['niːzəlreːgən] *m* llovizna *f*
niesen ['niːzən] *v* estornudar
Niete ['niːtə] *f* **1.** *(in der Lotterie)* billete no premiado *m*; **2.** *(Person)* inútil *m*
Nikolaus ['nɪkolaus] *m* Nicolás *m*
Nikotin [niko'tiːn] *n* nicotina *f*
Nilpferd ['niːlpfɛːɐt] *n ZOOL* hipopótamo *m*
Nippes ['nɪpəs] *m* baratijas *f/pl*, chucherías *f/pl*
nirgends ['nɪrgənts] *adv* en ningún lugar, en ninguna parte
nirgendwo ['nɪrgəntvoː] *adv* en ninguna parte, en ningún lugar
Nische ['niːʃə] *f* nicho *m*
nisten ['nɪstən] *v* anidar
Nitrat [nɪ'traːt] *n CHEM* nitrato *m*
Niveau [ni'voː] *n* **1.** *(Höhe)* nivel *m*; **2.** *(fig)* categoría *f*, nivel *m*
Nixe ['nɪksə] *f* ondina *f*, sirena *f*
nobel ['noːbəl] *adj* noble
Nobelpreis [no'bɛlpraɪs] *m* premio Nobel *m*
noch [nɔx] *adv* **1.** todavía, aún; *konj* **2.** *weder ... ~ ...* ni... ni... *Du willst weder Kaffee ~ Tee.* No quieres ni café ni té.
nochmalig ['nɔxmaːlɪç] *adj* reiterado, repetido
nochmals ['nɔxmaːls] *adv* otra vez, de nuevo, una vez más
Nomade [no'maːdə] *m* nómada *m/f*
nominell [nomi'nɛl] *adj* **1.** nominal; *adv* **2.** nominalmente
Nonne ['nɔnə] *f REL* monja *f*
Nordamerika [nɔrta'meːrɪka] *n GEO* Norteamérica *f*, América del Norte *f*
Norden ['nɔrdən] *m* norte *m*
nördlich ['nœrtlɪç] *adj* **1.** del norte; *adv* **2.** al norte
Nordpol ['nɔrtpoːl] *m GEO* Polo Norte *m*
Nordsee ['nɔrtzeː] *f* Mar del Norte *m*
nörgeln ['nœrgəln] *v* criticarlo todo, encontrarle a todo un pero
Norm [nɔrm] *f* norma *f*
normal [nɔr'maːl] *adj* normal
normalerweise [nɔr'maːlɐvaɪzə] *adv* normalmente
Normalfall [nɔr'maːlfal] *m* caso normal *m*
normalisieren [nɔrmali'ziːrən] *v* normalizar, regularizar
Norwegen ['nɔrveːgən] *n GEO* Noruega *f*
Not [noːt] *f* **1.** *(Armut)* pobreza *f*, indigencia *f*, miseria *f*; *~ leidend* necesitado, indigente; **2.** *(Mangel)* escasez *f*, penuria *f*; *aus der ~ eine Tugend machen* hacer de tripas corazón; **3.** *(Gefahr)* peligro *m*, emergencia *f*; **4.** *(fig) seine liebe ~ mit jdm haben* compatir sus penas con alguien
Notar(in) [no'taːɐ(-rɪn)] *m/f JUR* notario/notaria *m/f*
notariell [notar'jɛl] *adj* **1.** notarial; *adv* **2.** notarialmente
Notarzt ['noːtaɐtst] *m* médico de urgencia *m*, médico de emergencia *m*
Notärztin ['noːtɛɐtstɪn] *f* médica de urgencia *f*, médica de emergencia *f*
Notaufnahme ['noːtaufnaːmə] *f* admisión de urgencia *f*, admisión de emergencia *f*
Notausgang ['noːtausgaŋ] *m* salida de emergencia *f*
Notbremse ['noːtbrɛmzə] *f* freno de alarma *m*, freno de emergencia *m (LA)*
Notdienst ['noːtdiːnst] *m* servicio de urgencia *m*, servicio de emergencia *m*
Note ['noːtə] *f* **1.** *(Schulnote)* nota *f*, calificación *f*; **2.** *(Banknote)* billete de banco *m*; **3.** *MUS* nota musical *f*
Notebook ['noːtbuk] *n INFORM* notebook *m*
Notfall ['noːtfal] *m* caso de emergencia *m*, caso de urgencia *m*
notfalls ['noːtfals] *adv* en caso necesario, si es preciso

N

notgedrungen ['no:tgədruŋən] *adj* 1. forzoso, necesario, obligatorio; *adv* 2. forzosamente
notieren [no'ti:rən] *v* 1. anotar, apuntar; 2. *FIN* cotizar
nötig ['nø:tıç] *adj* 1. necesario, preciso; *Du hast es gerade ~!* ¡No tienes derecho! *adv* 2. necesariamente, de todas maneras
Nötigung ['nø:tıguŋ] *f* coacción *f*, coerción *f*, apremio *m*
Notiz [no'ti:ts] *f* 1. *(Angabe)* apunte *m*, nota *f*; *~ von jdm nehmen* hacer caso de alguien; 2. *(Zeitungsnotiz)* noticia *f*
Notizbuch [no'ti:tsbu:x] *n* agenda *f*, libreta de apuntes *f*
Notlage ['no:tla:gə] *f* apuro *m*, emergencia *f*, situación crítica *f*, situación precaria *f*
Notlandung ['no:tlanduŋ] *f* aterrizaje forzoso *m*, aterrizaje de emergencia *m*
Notlüge ['no:tly:gə] *f* mentira piadosa *f*, mentira inocente *f*
notorisch [no'to:rıʃ] *adj* notorio
Notruf ['no:tru:f] *m* llamada de socorro *f*, llamada de emergencia *f*
Notstand ['no:tʃtant] *m* estado de emergencia *m*
Notunterkunft ['no:tuntɐkunft] *f* alojamiento provisional *m*
Notwehr ['no:tve:ɐ] *f* legítima defensa *f*, defensa propia *f*; *in ~* en defensa propia
notwendig ['no:tvɛndıç] *adj* necesario, preciso; *ein ~es Übel sein* ser un mal inevitable
Novelle [no'vɛlə] *f* novela corta *f*
November [no'vɛmbɐ] *m* noviembre *m*
nüchtern ['nyçtɐn] *adj* 1. *(ohne Alkohol)* sobrio, abstemio; 2. *(ohne Essen)* ayuno; 3. *(sachlich)* objetivo
Nudeln ['nu:dəln] *pl* *GAST* pasta *f*, fideos *m/pl*
null [nul] *num* cero *m*; *gleich ~ sein* ser casi nulo; *in ~ Komma nichts* en un dos por tres
Null [nul] *f* 1. cero *m*; 2. *(Person)* nulidad *f*
Nullpunkt ['nulpuŋkt] *m* punto cero *m*
Nulltarif ['nultari:f] *m* tarifa gratuita *f*
Nummer ['numɐ] *f* 1. *(Zahl)* número *m*; 2. *(Größe)* talla *f*; 3. *(Exemplar)* ejemplar *m*, número *m*; 4. *(fig)* *auf ~ sicher gehen* ir a lo seguro; *eine ~ zu groß für jdn sein* ser un número demasiado grande para alguien; *eine ~ abziehen* montar un número
nummerieren [numɐ'ri:rən] *v* numerar, enumerar, contar
Nummernschild ['numɐnʃılt] *n* placa de matrícula *f*, matrícula *f*
nun [nu:n] *adv* 1. *(jetzt)* ahora; 2. *(zur Fortsetzung der Rede)* pues
nur [nu:ɐ] *adv* solamente, sólo, no más *(LA)*
Nuss [nus] *f* *BOT* nuez *f*; *eine harte ~ zu knacken haben (fig)* tener un hueso duro de roer; *jdm eine ~ zu knacken geben* dar a alguien un hueso duro de roer
Nussknacker ['nusknakɐ] *m* cascanueces *m*
Nutte ['nutə] *f* *(fam)* puta *f*, ramera *f*
nutzen ['nutsən] *v* utilizar, aprovechar, explotar
Nutzen ['nutsən] *m* utilidad *f*, beneficio *m*, provecho *m*; *aus etw einen ~ ziehen* sacar partido de algo; *jdm von ~ sein* ser útil a alguien
nützlich ['nytslıç] *adj* útil, provechoso
Nützlichkeit ['nytslıçkaıt] *f* utilidad *f*, ventajas *f/pl*
nutzlos ['nutslo:s] *adj* inútil
Nutzlosigkeit ['nutslo:zıçkaıt] *f* inutilidad *f*
Nylon ['naılɔn] *n* nailon *m*

N

O

Oase [o'aːzə] *f* oasis *m*
ob [ɔp] *konj* **1.** si; *Ich weiß nicht, ~ er kommt.* No sé si él viene. **2.** *als ~* como si; *Er tut nur so, als ~ er krank wäre.* Él sólo finge estar enfermo.
obdachlos ['ɔpdaxloːs] *adj* sin techo; *~ sein* vivir a la intemperie
Obdachlose(r) ['ɔpdaxloːzə(-ɐ)] *m/f* persona sin hogar *f*, vagabundo/vagabunda *m/f*
Obduktion [ɔpduk'tsjoːn] *f MED* autopsia *f*
obduzieren [ɔpdu'tsiːrən] *v MED* hacer la autopsia
oben ['oːbən] *adv* arriba, en la parte superior; *~ genannt* antes citado
obendrein [oːbən'draɪn] *adv* además, aparte de ello; *Er ist entlassen worden, und ~ hat ihn seine Frau verlassen.* Ha sido despedido y encima su mujer lo ha dejado.
Ober ['oːbɐ] *m* camarero *m*, mozo *m* *(LA)*, mesero *m (LA)*; *Herr ~!* ¡Camarero!
Oberarzt ['oːbɐaʁtst] *m* médico jefe *m*
Oberärztin ['oːbɐɛʁtstɪn] *f* médica jefe *f*
Oberbegriff ['oːbɐbəgrɪf] *m* término general *m*
Oberbekleidung ['oːbɐbəklaɪdʊŋ] *f* ropa exterior *f*
Oberbürgermeister(in) [oːbɐ'byrgɐmaɪstɐ(rɪn)] *m/f* primer(a) alcalde(sa) *m/f*
obere(r,s) ['oːbərə(r,əs)] *adj* superior
Oberfläche ['oːbɐflɛçə] *f* superficie *f*
oberflächlich ['oːbɐflɛçlɪç] *adj* **1.** superficial; *adv* **2.** superficialmente, por encima
Oberflächlichkeit ['oːbɐflɛçlɪçkaɪt] *f* superficialidad *f*
oberhalb ['oːbɐhalp] *prep* **1.** más arriba, por encima; *adv* **2.** más arriba
Oberhand ['oːbɐhant] *f die ~ haben* dominar la situación/predominar/prevalecer
Oberhaupt ['oːbɐhaupt] *n* jefe *m/f*, jefa *f*
Oberin ['oːbɐrɪn] *f REL* superiora *f*
Oberkellner(in) ['oːbɐkɛlnɐ(rɪn)] *m/f* jefe de comedor/jefa de comedor *m/f*, maître *m/f*
Oberkörper ['oːbɐkœrpɐ] *m ANAT* tronco *m*, busto *m*
Oberschenkel ['oːbɐʃɛŋkəl] *m ANAT* muslo *m*
Oberschule ['oːbɐʃuːlə] *f* instituto de segunda enseñanza *m*, escuela secundaria *f (LA)*
Oberschwester ['oːbɐʃvɛstɐ] *f* jefe/a de enfermeras *m/f*
oberste(r,s) ['oːbɐstə(ɐ,əs)] *adj* lo más alto, supremo
Oberwasser ['oːbɐvasɐ] *n* ventaja *f*
obgleich [ɔp'glaɪç] *konj* si bien, aunque, bien que; *Obgleich ich kommen will, kann ich nicht.* Aunque quiera venir, no puedo.
Obhut ['ɔphuːt] *f* custodia *f*, protección *f*
Objekt [ɔp'jɛkt] *n* **1.** *GRAMM* complemento *m*; **2.** *(Gegenstand)* objeto *m*
objektiv [ɔpjɛk'tiːf] *adj* **1.** objetivo; *adv* **2.** objetivamente
Objektivität [ɔpjɛktivi'tɛːt] *f* objetividad *f*
Oblate [o'blatə] *f* oblea *f*, hostia *f*
Obligation [ɔbliga'tsjoːn] *f ECO* obligation *f*
obligatorisch [ɔbliga'toːrɪʃ] *adj* obligatorio
Obrigkeit ['oːbrɪçkaɪt] *f* autoridad (pública) *f*, gobierno *m*
obschon [ɔp'ʃoːn] *konj* a pesar de que, aunque
observieren [ɔpzɛr'viːrən] *v* observar
obskur [ɔps'kuːɐ] *adj* obscuro/oscuro
Obst [oːpst] *n* fruta *f*
Obstsalat ['oːpstzalaːt] *m GAST* macedonia de frutas *f*, ensalada de frutas *f* *(LA)*
obszön [ɔps'tsøːn] *adj* obsceno
obwohl [ɔp'voːl] *konj* aunque, a pesar de que, si bien; *Obwohl er sie liebte, ließ er sie gehen.* Aunque la quería, la dejó ir.

Ochse ['ɔksə] *m* ZOOL buey *m; dastehen wie der Ochs vorm Berg* quedarse parado sin saber qué hacer
öde ['øːdə] *adj* **1.** desierto; **2.** *(fig)* aburrido, monótono
oder ['oːdɐ] *konj* **1.** o, u (vor o, ho); *Frau ~ Mann* mujer u hombre; *Silber ~ Gold* plata u oro; **2.** *entweder ... oder ...* o ... o ... *Entweder machst du es, ~ du lässt es sein.* O lo tomas o lo dejas.
Ofen ['oːfən] *m* **1.** *(Backofen)* horno *m;* **2.** *(Heizofen)* estufa *f; hinter dem ~ hocken* apoltronarse en casa; *ein Schuss in den ~* un fracaso *m,* un tiro por la culata *m; Der ~ ist aus.* No hay nada que hacer./Se acabó.
offen ['ɔfən] *adj* **1.** *(geöffnet)* abierto; *~ lassen* dejar abierto; *~ stehen* estar abierto; **2.** *(fig: aufrichtig)* sincero, franco; **3.** *(fig: unentschieden)* pendiente; *~ lassen (fig)* dejar pendiente, dejar en el aire; **4.** *(fig: nicht besetzt)* libre, vacante; **5.** *~ stehen (fig: Rechnung)* no estar pagado, estar pendiente el pago; **6.** *(fig: Möglichkeiten) ~ stehen* quedar abierta la posibilidad, haber una posibilidad
offenbar ['ɔfənbaːɐ] *adj* **1.** manifiesto, patente, evidente; *adv* **2.** por lo visto, evidentemente
offenbaren [ɔfən'baːrən] *v* manifestar, dar a conocer
Offenbarungseid [ɔfən'baːruŋsaɪt] *m* JUR juramento declarativo *m*
Offenheit ['ɔfənhaɪt] *f* franqueza *f,* sinceridad *f*
offenherzig ['ɔfənhertsɪç] *adj* **1.** franco, abierto, sincero; *~ reden* hablar con el corazón en la mano; *adv* **2.** muy franco, sinceramente
offenkundig ['ɔfənkundɪç] *adj* **1.** manifiesto, público; *adv* **2.** públicamente
offensichtlich ['ɔfənzɪçtlɪç] *adj* **1.** obvio, evidente; *adv* **2.** evidentemente, por lo visto
offensiv [ɔfən'ziːf] *adj* **1.** ofensivo, agresivo; *adv* **2.** ofensivamente, agresivamente
Offensive [ɔfən'ziːvə] *f* ofensiva *f,* agresión *f,* ataque *m*
öffentlich ['œfəntlɪç] *adj* **1.** público; *adv* **2.** públicamente, en público

O

Öffentlichkeit ['œfəntlɪçkaɪt] *f* opinión pública *f,* público *m*
Öffentlichkeitsarbeit ['œfəntlɪçkaɪtsarbaɪt] *f* relaciones públicas *f*
Offerte [ɔ'fɛrtə] *f* oferta *f*
offiziell [ɔfi'tsjɛl] *adj* **1.** oficial; *adv* **2.** oficialmente
öffnen ['œfnən] *v* **1.** abrir; **2.** *sich ~* abrirse, desplegarse, extenderse
Öffner ['œfnɐ] *m* abridor *m*
Öffnung ['œfnuŋ] *f* apertura *f,* apertura *f*
Öffnungszeiten ['œfnuŋstsaɪtən] *pl* horas de apertura *f/pl*
oft [ɔft] *adv* a menudo, frecuentemente
oftmals ['ɔftmaːls] *adv* repetidas veces, varias veces
ohne ['oːnə] *prep* **1.** sin; *Es ist nicht ~.* Hay que tener cuidado./Es bastante peligroso. *~ weiteres* sin más ni más; *konj* **2.** *~ dass* sin que, sin; *Er ging, ~ etw zu sagen.* Se fue sin decir nada. *Er kam, ~ dass ich ihn eingeladen hatte.* Vino sin que lo hubiese invitado.
ohnehin ['oːnəhɪn] *adv* de todos modos
Ohnmacht ['oːnmaxt] *f* **1.** desmayo *m,* desvanecimiento *m;* **2.** *(Machtlosigkeit)* impotencia *f*
ohnmächtig ['oːnmɛçtɪç] *adj* **1.** *(bewusstlos)* desmayado, desvanecido; *~ werden* perder el sentido/desmayarse; **2.** *(fig: machtlos)* impotente
Ohr [oːɐ] *n* **1.** *(äußerlich)* ANAT oreja *f; jdm in den ~en liegen (fig)* dar la tabarra a alguien *(fam); mit halbem ~ zuhören* escuchar a medias; *ein offenes ~ haben* acoger benévolamente; *jdn übers ~ hauen* tomar el pelo a alguien; *die ~en hängen lassen* agachar las orejas; *es faustdick hinter den ~en haben* ser muy vivo/ser de armas tomar; *noch nicht trocken hinter den ~en sein* estar todavía verde *(fam); sich etw hinter die ~en schreiben* no olvidarse de algo; *jdm das Fell über die ~ ziehen* sacar a alguien las entrañas; *jdm die ~en lang ziehen* estirar las orejas de alguien; *sich aufs ~ hauen* echarse una cabezadita; *viel um die ~en haben* tener mucho qué hacer; *Auf diesem ~ ist er taub!* ¡No quiere saber nada de eso! **2.** *(Gehör)* oído *m; Ich bin ganz ~!* ¡Soy todo oídos! *~en wie ein Luchs haben*

tener muy buen oído; *die ~en steif halten* aguzar los oídos; *jdm zu ~en kommen* llegar a los oídos de alguien
Ohrenarzt ['oːrənaʁtst] *m* otólogo *m*
Ohrenärztin ['oːrənɛʁtstɪn] *f* otóloga *f*
Ohrensausen ['oːrənzauzən] *n* zumbido de oídos *m*
Ohrenschmerzen ['oːrənʃmɛrtsən] *pl* dolor de oídos *m*
Ohrfeige ['oːʁfaɪgə] *f* bofetada *f*, sopapo *m*, cachete *m*, cachetada *f* (LA)
ohrfeigen ['oːʁfaɪgən] *v* abofetear
Ohrläppchen ['oːʁlɛpçən] *n* ANAT lóbulo de la oreja *m*
Ohrring ['oːʁrɪŋ] *m* pendiente *m*, arete *m*
Ohrwurm ['oːʁvurm] *m* (fam) melodía pegadiza *f*
Ökologie [økolo'giː] *f* ecología *f*
ökologisch [øko'loːgɪʃ] *adj* ecológico
Ökonomie [økono'miː] *f* economía *f*
ökonomisch [øko'noːmɪʃ] *adj* económico
Ökostrom [øːkostroːm] *m* energía ecológica *f*
Oktober [ɔk'toːbʁ] *m* octubre *m*
Oktoberfest [ɔk'toːbʁfɛst] *n* fiesta de la cerveza *f*
Öl [øːl] *n* **1.** (Speiseöl) aceite *m*; **2.** (Erdöl) petróleo *m*; **3.** (Heizöl) aceite combustible *m*; *~ ins Feuer gießen (fig)* echar leña al fuego
Oldtimer ['əuldtaɪmʁ] *m* coche antiguo *m*
ölen ['øːlən] *v* aceitar, echar aceite (LA)
Ölfarbe ['øːlfarbə] *f* pintura al óleo *f*
Olive [o'liːvə] *f* BOT aceituna *f*, oliva *f*
Olivenöl [o'liːvənøːl] *n* GAST aceite de oliva *m*
Ölpest ['øːlpɛst] *f* marea negra *f*
Ölsardine ['øːlzardiːnə] *f* GAST sardina en aceite *f*
Öltanker ['øːltaŋkʁ] *m* petrolero *m*
Ölung ['øːluŋ] *f Letzte ~* REL extremaunción *f*, santos óleos *m/pl*
Ölwechsel ['øːlvɛksəl] *m* (beim Auto) cambio de aceite *m*
Olymp ['olymp] *m* Olimpo *m*; *auf dem hohen ~ sitzen* estar subido en el Olimpo
olympisch [o'lympɪʃ] *adj* olímpico; *Olympische Spiele* juegos olímpicos *m/pl*, olimpiadas *f/pl*
Oma ['oːma] *f* abuela *f*
Omelett [ɔm'lɛt] *n* GAST tortilla *f*
Omen ['oːmən] *n* presagio *m*, augurio *m*; *böses ~* mal agüero *m*
Omnibus ['ɔmnibus] *m* autobús *m*
Onkel ['ɔŋkəl] *m* tío *m*; *über den großen ~ gehen* andar con los pies torcidos hacia adentro
online ['ɔnlaɪn] *adj* INFORM en línea
Online-Dienst ['ɔnlaɪndiːnst] *m* INFORM servicio en línea *m*, servicio de línea directa *m*
Opa ['oːpa] *m* abuelo *m*
Opal [o'paːl] *m* ópalo *m*
Oper ['oːpʁ] *f* **1.** (Gebäude) ópera *f*; **2.** (Werk) ópera *f*
Operation [opera'tsjoːn] *f* **1.** operación *f*, acción *f*, ejecución *f*; **2.** MED intervención quirúrgica *f*, operación quirúrgica *f*
Operette [ope'rɛtə] *f* opereta *f*
operieren [ope'riːrən] *v* operar, intervenir quirúrgicamente
Opernglas ['oːpʁnglaːs] *n* gemelos de teatro *m/pl*
Opernsänger(in) ['oːpʁnzɛŋʁ(rɪn)] *m/f* cantante de ópera *m/f*
Opfer ['ɔpfʁ] *n* **1.** (Verzicht) sacrificio *m*, renuncia *f*; **2.** (Person) víctima *f*
Opferbereitschaft ['ɔpfʁbəraɪtʃaft] *f* espíritu de sacrificio *m*
Opfergabe ['ɔpfʁgaːbə] *f* ofrenda *f*
opfern ['ɔpfʁn] *v* **1.** (verzichten) sacrificar, renunciar; **2.** (spenden) ofrendar, donar; **3.** *sich ~ für* sacrificarse por, dar la vida por
opportun [ɔpɔr'tuːn] *adj* oportuno
Opposition [ɔpozi'tsjoːn] *f* POL oposición *f*
Optik ['ɔptɪk] *f* óptica *f*
Optiker(in) ['ɔptɪkʁ(rɪn)] *m/f* óptico/óptica *m/f*
optimal [ɔpti'maːl] *adj* **1.** óptimo; *adv* **2.** óptimamente
Optimismus [ɔpti'mɪsmus] *m* optimismo *m*
Optimist(in) [ɔpti'mɪst(ɪn)] *m/f* optimista *m/f*
optimistisch [ɔpti'mɪstɪʃ] *adj* **1.** optimista; *adv* **2.** con optimismo, muy optimista
Option [ɔp'tsjoːn] *f* opción *f*
optisch ['ɔptɪʃ] *adj* **1.** óptico; *adv* **2.** ópticamente

Orakel [o'ra:kəl] *n* oráculo *m*; *das ~ von Delphi* el oráculo de Delfos *m*
oral [o'ra:l] *adj* **1.** oral; *adv* **2.** oralmente, por medio oral
orange [o'rã:ʒ] *adj* naranja
Orange [o'rã:ʒə] *f BOT* naranja *f*
Orangensaft [o'rã:ʒənzaft] *m GAST* zumo de naranja *m*, jugo de naranja *m* *(LA)*
Orang-Utan [o:raŋ'u:tan] *m ZOOL* orangután *m*
Orchester [ɔr'kɛstɐ] *n* orquesta *f*
Orden ['ɔrdən] *m* **1.** *(Auszeichnung)* condecoración *f*, cruz *f*; **2.** *REL* orden *f*
Ordensbruder ['ɔrdənsbru:dɐ] *m REL* fraile *m*, hermano *m*, religioso *m*
Ordensschwester ['ɔrdənsʃvɛstɐ] *f REL* religiosa *f*, hermana *f*, monja *f*
ordentlich ['ɔrdəntlɪç] *adj* **1.** *(ordnungsliebend)* amante del orden, ordenado; **2.** *(aufgeräumt)* ordenado, arreglado; **3.** *(sorgfältig)* esmerado, sistemático; *adv* **4.** ordenadamente, con esmero
ordinär [ɔrdi'nɛ:ɐ] *adj* **1.** ordinario, vulgar; *adv* **2.** ordinariamente, vulgarmente
ordnen ['ɔrdnən] *v* ordenar, arreglar, clasificar
Ordner ['ɔrdnɐ] *m* **1.** *(Hefter)* archivador *m*, clasificador *m*; **2.** *(Person)* mantenedor del orden *m*, ordenador *m*
Ordnung ['ɔrdnuŋ] *f* orden *m*; *In ~!* *¡Conforme! zur ~ rufen* llamar al orden
ordnungsgemäß ['ɔrdnuŋsgəmɛ:s] *adj* **1.** debido, en orden, en debida forma; *adv* **2.** debidamente, en debida forma, como es debido
ordnungsliebend ['ɔrdnuŋsli:bənt] *adj* (muy) ordenado, amante del orden
Ordnungsstrafe ['ɔrdnuŋsʃtra:fə] *f JUR* corrección disciplinaria *f*, pena reglamentaria *f*
ordnungswidrig ['ɔrdnuŋsvi:drɪç] *adj* **1.** irregular, ilegal; *adv* **2.** irregularmente, ilegalmente
Ordnungszahl ['ɔrdnuŋstsa:l] *f* número ordinal *m*
Organ [ɔr'ga:n] *n* órgano *m*
Organisation [ɔrganiza'tsjo:n] *f* organización *f*
Organisator(in) [ɔrgani'za:to:ɐ/ɔrganiza'to:rɪn] *m/f* organizador(a) *m/f*
organisatorisch [ɔrganiza'to:rɪʃ] *adj* de la organización
organisch [ɔr'ga:nɪʃ] *adj* orgánico
organisieren [ɔrgani'zi:rən] *v* organizar, preparar, disponer
Organismus [ɔrga'nɪsmus] *m* organismo *m*
Organspender(in) [ɔrga:nʃpɛndɐ(rɪn)] *m/f* donante de órganos *m/f*
Orgasmus [ɔr'gasmus] *m* orgasmo *m*
Orgel ['ɔrgəl] *f MUS* órgano *m*
Orgie ['ɔrgjə] *f* orgía *f*
Orient ['o:rjɛnt] *m GEO* Oriente *m*
orientalisch [ɔrjɛn'ta:lɪʃ] *adj* oriental
orientieren [ɔrjɛn'ti:rən] *v* orientar, dirigir, guiar
Orientierung [ɔrjɛn'ti:ruŋ] *f* orientación *f*
Orientierungssinn [ɔrjɛn'ti:ruŋszɪn] *m* sentido de la orientación *m*
Origami [ori'ga:mi] *n* papiroflexia *f*
original [origi'na:l] *adj* original
Original [origi'na:l] *n* original *m*
originalgetreu [origi'na:lgətrɔy] *adj* conforme al original
Originalität [originali'tɛ:t] *f* **1.** *(Echtheit)* originalidad *f*; **2.** *(Besonderheit)* singularidad *f*, particularidad *f*
originell [origi'nɛl] *adj* **1.** original; *adv* **2.** originalmente
Orkan [ɔr'ka:n] *m* huracán *m*
Ornament [ɔrna'mɛnt] *n* ornamento *m*, adorno *m*
Ort [ɔrt] *m* **1.** *(Stelle)* lugar *m*, sitio *m*; **2.** *(Ortschaft)* localidad *f*
orthodox [ɔrto'dɔks] *adj* ortodoxo
Orthografie [ɔrtogra'fi:] *f GRAMM* ortografía *f*
Orthopäde [ɔrto'pɛ:də] *m* ortopédico *m*, ortopedista *m/f*
Orthopädin [ɔrto'pɛ:dɪn] *f* ortopédica *f*, ortopedista *m/f*
orthopädisch [ɔrto'pɛ:dɪʃ] *adj* ortopédico
örtlich ['ø:rtlɪç] *adj* **1.** local; *adv* **2.** en la localidad, local
Örtlichkeiten ['ø:rtlɪçkaɪtən] *pl* localidades *f/pl*
Ortsangabe ['ɔrtsanga:bə] *f* indicación del lugar *f*
ortsansässig ['ɔrtsanzɛsɪç] *adj* local, del lugar, de la localidad

O

Ortschaft ['ɔrtʃaft] *f* localidad *f,* poblado *m*
ortsfremd ['ɔrtsfrɛmt] *adj* forastero
Ortsgespräch ['ɔrtsgəʃprɛç] *n* conferencia local *f*
ortskundig ['ɔrtskundɪç] *adj* conocedor de la localidad
Ortszeit ['ɔrtstsaɪt] *f* hora local *f*
Öse ['øːzə] *f (am Schuh)* ojete *m; (für Haken)* corchete *m*
Osten ['ɔstən] *m* **1.** este *m;* **2.** *Naher ~ GEO* Oriente Próximo *m; Mittlerer ~* Oriente Medio *m; Ferner ~* Extremo Oriente *m,* Lejano Oriente *m;* **3.** *(Ostblock) HIST* Países del Este *m/pl*
Osterei ['oːstɐaɪ] *n* huevo de Pascua *m*
Osterhase ['oːstɐhaːzə] *m* conejo de Pascua *m*
österlich ['øːstɐlɪç] *adj* pascual, de Pascua
Ostermontag [oːstɐ'moːntaːk] *m* Lunes de Pascua *m*
Ostern ['oːstɐn] *n* Pascua (de Resurrección) *f*
Österreich ['øːstɐraɪç] *n GEO* Austria *f*
Österreicher(in) ['øːstɐraɪçɐ(rɪn)] *m/f* austríaco/austríaca *m/f*
österreichisch ['øːstɐraɪçɪʃ] *adj* austríaco
Ostersonntag [oːstər'zɔntaːk] *m* Domingo de Pascua *m,* Domingo de Resurrección *m*
Osteuropa ['ɔstɔyroːpa] *n GEO* Europa Oriental *f,* Europa del Este *f*
Ostfriesland [ɔst'friːslant] *n GEO* Frisia Oriental *f*
östlich ['œstlɪç] *adj* oriental, del este
Ostsee ['ɔstzeː] *f GEO* Mar Báltico *m*
ostwärts ['ɔstvɛrts] *adv* hacia el este, en dirección este
Otter[1] ['ɔtɐ] *f ZOOL* víbora *f*
Otter[2] ['ɔtɐ] *m ZOOL* nutria *f*
oval [o'vaːl] *adj* oval, ovalado
oxidieren [ɔksi'diːrən] *v CHEM* oxidar, oxidarse
Ozean ['oːtseaːn] *m* océano *m*
Ozon [o'tsoːn] *n CHEM* ozono *m*
Ozonloch [o'tsoːnlɔx] *n* agujero del ozono *m*
Ozonschicht [o'tsoːnʃɪçt] *f* capa de ozono *f*

P

paar [paːɐ] *adj* par; *ein ~ Mal* un par de veces, algunas veces
Paar [paːɐ] *n* **1.** *(Schuhe)* par *m;* **2.** *(Ehepaar)* pareja *f*
paaren ['paːrən] *v* emparejar, parear, aparear
Paarung ['paːruŋ] *f* apareamiento *m*
paarweise ['paːɐvaɪzə] *adv* a pares, de dos en dos, por parejas
Pacht [paxt] *f* **1.** *(Überlassung) in ~ geben* dar en arrendamiento; **2.** *(Entgelt)* arrendamiento *m*
pachten ['paxtən] *v* arrendar, tomar en arrendamiento
Pächter(in) ['pɛçtɐ(rɪn)] *m/f* arrendatario/arrendataria *m/f*
Pack [pak] *n (fam)* gentuza *f,* chusma *f*
Päckchen ['pɛkçən] *n* paquetito *m*
packen ['pakən] *v* **1.** *(ein~)* empaquetar, embalar; **2.** *(greifen)* agarrar, asir, coger
Packpapier ['pakpapiːɐ] *n* papel de empaquetar *m,* papel de estraza *m*
Packung ['pakuŋ] *f* **1.** *(Verpackung)* envoltorio *m,* embalaje *m;* **2.** *(Paket)* paquete *m;* **3.** *MED* envoltura *f*
Pädagoge [pɛda'goːgə] *m* pedagogo *m*
Pädagogik [pɛda'goːgɪk] *f* pedagogía *f*
Pädagogin [pɛda'goːgɪn] *f* pedagoga *f*
pädagogisch [pɛda'goːgɪʃ] *adj* pedagógico
Paddel ['padəl] *n* canalete *m,* remo de piragua *m*
Paddelboot ['padəlboːt] *n* canoa *f,* piragua *f*
paddeln ['padəln] *v* bogar en canoa
Paket [pa'keːt] *n* paquete *m,* bulto *m*
Pakistan ['paːkɪstaːn] *n GEO* Pakistán *m*
Pakt [pakt] *m* pacto *m*
Palast [pa'last] *m* palacio *m*
Palästina [palɛs'tiːna] *n GEO* Palestina *f*
Palästinenser(in) [palɛstɪ'nɛnzɐ(rɪn)] *m/f* palestino/palestina *m/f*
Palette [pa'lɛtə] *f* **1.** *(Auswahl)* gama *f;* **2.** *ART* paleta *f;* **3.** *TECH* paleta *f,* plataforma de carga *f*
Palme ['palmə] *f BOT* palma *f,* palmera *f*
Panama ['panama] *n GEO* Panamá *m*
panieren [pa'niːrən] *v GAST* empanar
Paniermehl [pa'niːɐmeːl] *n GAST* pan rallado *m*
Panik ['paːnɪk] *f* pánico *m*
Panne ['panə] *f* **1.** *(Schaden)* avería *f;* **2.** *(Missgeschick)* contratiempo *m*
Pannenhilfe ['panənhɪlfə] *f* auxilio en carretera *m*
Panorama [pano'raːma] *n* panorama *m,* vista *f*
panschen ['panʃən] *v* **1.** *(verfälschen)* adulterar, aguar; **2.** *(spielen)* chapotear
Panther ['pantɐ] *m ZOOL* pantera *f*
Pantoffel [pan'tɔfəl] *m* zapatilla *f,* pantufla *f; unter dem ~ stehen* ser dominado por su mujer
Pantomime [panto'miːmə] *f* pantomima *f*
Panzer ['pantsɐ] *m* **1.** *(Schutzpanzer)* armadura *f,* coraza *f;* **2.** *MIL* carro de combate *m,* tanque *m (LA);* **3.** *ZOOL* caparazón *m*
Papa ['papa] *m* papá *m,* papi *m*
Papagei [papa'gaɪ] *m* papagayo *m,* loro *m*
Papier [pa'piːɐ] *n* **1.** papel *m; nur auf dem ~ stehen (fig)* figurar sólo en el papel; *etw zu ~ bringen* escribir algo; **2.** *~e pl (Dokument)* papeles de identidad *m/pl,* documentos de identidad *m/pl; Ihre ~e bitte!* ¡La documentación, por favor! **3.** *(Wertpapier) FIN* títulos valor *m/pl*
Papierkorb [pa'piːɐkɔrp] *m* papelera *f,* cesto de papeles *m*
Pappe ['papə] *f* cartón *m*
Pappel ['papəl] *f BOT* álamo *m,* chopo *m*
Paprika ['paprɪka] *f* **1.** *BOT* pimiento *m; m* **2.** *(Gewürz)* pimentón *m*
Papst [paːpst] *m REL* Papa *m,* Sumo Pontífice *m; päpstlicher als der ~ sein* ser más papista que el Papa
päpstlich ['pɛːpstlɪç] *adj REL* papal, pontificio; *~er als der Papst sein* ser más papista que el Papa
Paradies [para'diːs] *n* paraíso *m; das ~ auf Erden* el paraíso terrenal *m*

paradiesisch [para'diːzɪʃ] *adj* paradisíaco

paradox [para'dɔks] *adj* paradójico

Paragraph [para'graːf] *m* **1.** párrafo *m;* **2.** JUR artículo *m*

Paraguay [para'guaɪ] *n* GEO Paraguay *m*

parallel [para'leːl] *adj* **1.** paralelo; *adv* **2.** paralelamente

Parallele [para'leːlə] *f* paralela *f*

Paranuss ['paːranus] *f* neuz de Brasil *m*

Parasit [para'ziːt] *m* parásito *m*

parat [pa'raːt] *adj* listo, preparado

Parfüm [par'fyːm] *n* perfume *m,* aroma *m,* fragancia *f*

Parfümerie [parfymə'riː] *f* perfumería *f*

parieren [pa'riːrən] *v* **1.** *(fam)* obedecer; **2.** SPORT parar, quitar, atajar

Parität [pari'tɛːt] *f* paridad *f*

paritätisch [pari'tɛːtɪʃ] *adj* **1.** paritario; *adv* **2.** de manera paritaria

Park [park] *m* parque *m*

parken ['parkən] *v* estacionar, aparcar, parquear *(LA); Darf ich hier ~?* ¿Puedo aparcar aquí?

Parkett [par'kɛt] *n* **1.** *(Fußboden)* parqué *m,* parquet *m;* **2.** THEAT platea *f*

Parkhaus ['parkhaus] *n* garaje de varios pisos *m,* estacionamiento *m,* parking *m*

Parkour [par'kuːr] *m* SPORT parkour *m*

Parkplatz ['parkplats] *m* aparcamiento *m,* aparcadero *m,* parking *m,* playa de estacionamiento *f (LA)*

Parkuhr ['parkuːɐ] *f* parquímetro *m*

Parlament [parla'mɛnt] *n* POL parlamento *m*

parlamentarisch [parlamɛn'taːrɪʃ] *adj* POL parlamentario

Parlamentswahlen [parla'mɛntsvaːlən] *pl* POL elecciones generales *f/pl,* elecciones legislativas *f/pl*

Parmesankäse [parme'zaːnkɛːzə] *m* GAST queso parmesano *m*

Parodie [paro'diː] *f* parodia *f*

Partei [par'taɪ] *f* POL partido *m*

parteiisch [par'taɪɪʃ] *adj* **1.** parcial; *adv* **2.** con parcialidad, parcialmente

Parteinahme [par'taɪnaːmə] *f* partido *m,* parcialidad *f,* bando *m,* bandería *f*

Parteitag [par'taɪtaːk] *m* POL asamblea general del partido *f*

Parterre [par'tɛr(ə)] *n* planta baja *f*

Partie [par'tiː] *f* **1.** *(Schachspiel)* partida *f;* **2.** *(Spiel)* partido *m;* **3.** *(Teil)* parte *f;* **4.** *(fig) eine gute ~ sein* ser un buen partido

Partner(in) ['partnɐ(rɪn)] *m/f* **1.** *(Ehepartner(in))* cónyuge *m/f;* **2.** *(Geschäftspartner(in))* socio/socia *m/f;* **3.** *(Vertragspartner(in))* parte contratante *f*

Partnerschaft ['partnɐʃaft] *f* compañía *f*

Party ['paːrti] *f* fiesta *f; Darf ich Sie zu einer ~ einladen?* ¿Puedo invitarle a una fiesta?

Pass [pas] *m* **1.** *(Ausweis)* pasaporte *m;* **2.** *(Bergpass)* paso *m*

Passage [pa'saːʒə] *f* **1.** *(Durchgang)* paso *m,* pasaje *m;* **2.** *(Überfahrt)* pasaje *m*

Passagier(in) [pasa'ʒiːɐ(-rɪn)] *m/f* pasajero/pasajera *m/f,* viajero/viajera *m/f; blinder ~* polizón *m*

Passant(in) [pa'sant(ɪn)] *m/f* transeúnte *m/f,* peatón/peatona *m/f*

Passbild ['pasbɪlt] *n* foto de pasaporte *f*

passen ['pasən] *v* **1.** *(Kleidung)* quedar bien, caer bien, sentar bien; **2.** *(angemessen sein)* ser apropiado, ser adecuado; **3.** *(recht sein)* venir bien, estar bien; **4.** *(fig: aufgeben müssen)* pasar, dejar de hacer

passend ['pasənt] *adj* **1.** conveniente, apropiado, sentador; *adv* **2.** convenientemente, apropiadamente

passieren [pa'siːrən] *v* **1.** *(geschehen)* ocurrir, suceder, pasar; **2.** *(durchgehen)* pasar por, atravesar; **3.** GAST colar

Passierschein [pa'siːɐʃaɪn] *m* salvoconducto *m,* pase *m*

passiv ['pasiːf] *adj* **1.** pasivo; *adv* **2.** pasivamente

Passivität [pasivi'tɛːt] *f* pasividad *f*

Passkontrolle ['paskɔntrɔlə] *f* control de pasaportes *m*

Paste ['pastə] *f* pasta *f*

Pastete [pa'steːtə] *f* **1.** GAST empanada *f;* **2.** *(Fleischpastete)* GAST paté *m*

Pastor ['pastoːɐ] *m* REL pastor *m*

Pate ['paːtə] *m* padrino *m; bei etw ~ stehen* hacer de padrino de algo

Patenkind ['paːtənkɪnt] *n* ahijado/ahijada *m/f*

P

Patenschaft ['pa:tənʃaft] *f* padrinazgo *m*
patent [pa'tɛnt] *adj* excelente, de primera
Patent [pa'tɛnt] *n* patente *f*
Patentamt [pa'tɛntamt] *n* oficina de patentes *f,* Registro de la propiedad industrial *(in Spanien) m*
patentieren [patɛn'ti:rən] *v* patentar
Pater ['pa:tɐ] *m REL* padre *m*
Pathologie [patolo'gi:] *f MED* patología *f*
pathologisch [pato'lo:gɪʃ] *adj* **1.** *MED* patológico; *adv* **2.** de manera patológica
Pathos ['pa:tɔs] *n* patetismo *m*
Patient(in) [pats'jɛnt(ɪn)] *m/f* paciente *m/f*
Patin ['pa:tɪn] *f* madrina *f*
Patriarch [patri'arç] *m* patriarca *m*
Patriarchat [patriar'ça:t] *n* patriarcado *m*
Patriot(in) [patri'o:t(ɪn)] *m/f* patriota *m/f*
patriotisch [patri'o:tɪʃ] *adj* **1.** patriótico; *adv* **2.** con patriotismo
Patriotismus [patrio'tɪsmus] *m* patriotismo *m*
Patronat [patro'na:t] *n* patronato *m*
patzig ['patsɪç] *adj* **1.** insolente, impertinente; *adv* **2.** insolentemente, impertinentemente
Pauke ['paukə] *f MUS* bombo *m; mit ~n und Trompeten* con bombo y platillo
pauken ['paukən] *v (fam)* empollar
Pauker ['paukɐ] *m (fam)* profe *m*
pauschal [pau'ʃa:l] *adj* **1.** global, en conjunto; *adv* **2.** en bloque, en conjunto
Pauschale [pau'ʃa:lə] *f* importe global *m,* tanto alzado *m,* precio global *m*
Pause ['pauzə] *f* pausa *f*
pausenlos ['pauzənlo:s] *adj* **1.** incesante, ininterrumpido; *adv* **2.** incesantemente, sin cesar, ininterrumpidamente
pausieren [pau'zi:rən] *v* hacer una pausa
Pazifik [pa'tsifɪk] *m GEO* Pacífico *m*
pazifistisch [patsɪ'fɪstɪʃ] *adj* **1.** *POL* pacifista; *adv* **2.** pacíficamente
Pech [pɛç] *n* **1.** pez *f,* brea *f; wie ~ und Schwefel* como el pegamento; **2.** *(fig: Missgeschick)* mala suerte *f*
Pechvogel ['pɛçfo:gəl] *m* cenizo *m,* desgraciado *m*
Pedal [pe'da:l] *n* pedal *m*
Pedant(in) [pe'dant(ɪn)] *m/f* pedante *m/f,* vanidoso/vanidosa *m/f,* presumido/presumida *m/f*
pedantisch [pe'dantɪʃ] *adj* **1.** pedante, vanidoso, presumido; *adv* **2.** pedantemente
Pegel ['pe:gəl] *m* nivel *m*
peilen ['paɪlən] *v* **1.** *(Richtung)* arrumbar, marcar; **2.** *die Lage ~ (fig)* sondear el terreno
Pein [paɪn] *f* pena *f,* tormento *m*
peinlich ['paɪnlɪç] *adj* **1.** *(unangenehm)* desagradable, embarazoso; **2.** *(übergenau)* escrupuloso, minucioso, meticuloso
Peinlichkeit ['paɪnlɪçkaɪt] *f* **1.** *(Verlegenheit)* turbación *f,* situación embarazosa *f;* **2.** *(Genauigkeit)* minuciosidad *f,* meticulosidad *f*
Peitsche ['paɪtʃə] *f* látigo *m*
Pelle ['pɛlə] *f* piel *f,* pellejo *m; jdm auf die ~ rücken* arremeter contra alguien
Pelz [pɛlts] *m* **1.** *(Fell)* piel *f; jdm auf den ~ rücken* acosar a alguien; *jdm einen auf den ~ brennen* pegar un tiro a alguien; **2.** *(~mantel)* abrigo de piel *m;* **3.** *(Haut)* pellejo *m*
Pendel ['pɛndəl] *n* péndulo *m*
pendeln ['pɛndəln] *v* **1.** *(baumeln)* balancear, bambolear; **2.** *(fig)* vacilar, ir y venir
Pendelverkehr ['pɛndəlfɛɐke:ɐ] *m* tráfico de vaivén *m,* servicio de vaivén *m*
penetrant [pɛnə'trant] *adj* **1.** penetrante; *adv* **2.** de manera penetrante
penibel [pe'ni:bəl] *adj* escrupuloso, minucioso, meticuloso
Penicillin [penitsi'li:n] *n MED* penicilina *f*
Penis ['pe:nɪs] *m ANAT* pene *m*
Pension [pɛn'zjo:n] *f* **1.** *(Ruhestand)* jubilación *f,* retiro *m;* **2.** *(Rente)* pensión de vejez *f,* jubilación *f;* **3.** *(Unterkunft)* pensión *f,* casa de huéspedes *f*
Pensum ['pɛnzum] *n* tarea *f,* trabajo *m*
per [pɛr] *prep* por; *~ Bahn* por ferrocarril; *~ pedes* a pie
perfekt [pɛr'fɛkt] *adj* **1.** perfecto; *adv* **2.** perfectamente
Perfektion [pɛrfɛk'tsjo:n] *f* perfección *f*

P

perforieren [pɛrfo'riːrən] *v* perforar, cavar
Pergament [pɛrga'mɛnt] *n* pergamino *m*
Periode [per'joːdə] *f* **1.** *(Zeitabschnitt)* época *f,* período *m;* **2.** *(Menstruation)* período *m,* menstruación *f,* regla *f*
periodisch [per'joːdɪʃ] *adj* **1.** periódico; *adv* **2.** periódicamente
peripher [peri'feːɐ] *adj* periférico
Peripherie [perife'riː] *f* periferia *f*
Perle ['pɛrlə] *f* perla *f*
Perlmutt [pɛrl'mut] *n* nácar *m*
permanent [pɛrma'nɛnt] *adj* **1.** permanente, constante; *adv* **2.** permanentemente
perplex [pɛr'plɛks] *adj* perplejo, estupefacto
Perser(in) ['pɛrzɐ(rɪn)] *m/f* persa *m/f*
Persien ['pɛrziən] *n GEO* Persia *f*
Person [pɛr'zoːn] *f* persona *f; etw in ~ sein* ser algo en persona
Personal [pɛrzo'naːl] *n* personal *m*
Personalabteilung [pɛrzo'naːlaptaɪluŋ] *f* sección de personal *f,* departamento de personal *m*
Personalausweis [pɛrzo'naːlausvaɪs] *m* cédula personal de identidad *f, (in Spanien)* documento nacional de identidad (DNI) *m, (in Peru)* libreta electoral *f*
Personalcomputer [pɛrzo'naːlkompjuːtɐ] *m* ordenador personal *m,* computadora personal *f (LA)*
Personalien [pɛrzo'naːljən] *pl* datos personales *m/pl*
Personenkraftwagen [pɛr'zoːnənkraftvaːgən] *m* coche *m,* automóvil *m,* turismo *m (in Spanien),* carro *m (LA)*
Personenschaden [pɛr'zoːnənʃaːdən] *m* daño personal *m*
persönlich [pɛr'zøːnlɪç] *adj* **1.** personal; *Dies sind nur Sachen für meinen ~en Bedarf.* Esas son sólo cosas de uso personal. *adv* **2.** personalmente; *etw ~ nehmen* tomarse algo como algo personal
Persönlichkeit [pɛr'zøːnlɪçkaɪt] *f* personalidad *f*
Perspektive [pɛrspɛk'tiːvə] *f* perspectiva *f*
Peru [pe'ruː] *n GEO* Perú *m*
Perücke [pɛ'rykə] *f* peluca *f*
pervers [pɛr'vɛrs] *adj* perverso, malvado
Pessimismus [pɛsi'mɪsmus] *m* pesimismo *m*
Pessimist(in) [pɛsɪ'mɪst(ɪn)] *m/f* pesimista *m/f*
pessimistisch [pɛsi'mɪstɪʃ] *adj* pesimista
Pest [pɛst] *f MED* peste *f; jdn hassen wie die ~* odiar a alguien a muerte
Petersilie [petɐ'ziːljə] *f BOT* perejil *m*
Petition [peti'tsjoːn] *f* petición *f,* súplica *f*
Pfad [pfaːt] *m* sendero *m,* senda *f; auf dem ~ der Tugend wandeln* seguir la senda de la virtud; *auf krummen ~en wandeln (fig)* seguir sendas tortuosas
Pfadfinder(in) ['pfaːtfɪndɐ(rɪn)] *m/f* explorador(a) *m/f,* escultista *m/f,* boy scout *m*
Pfand [pfant] *n* prenda *f,* depósito *m*
pfänden ['pfɛndən] *v* embargar, poner embargo sobre
Pfandflasche ['pfantflaʃə] *f* botella retornable *f*
Pfändung ['pfɛnduŋ] *f* embargo *m*
Pfanne ['pfanə] *f* sartén *f; jdn in die ~ hauen (fig)* derrotar a alguien
Pfannkuchen ['pfankuːxən] *m GAST* tortilla *f*
Pfarramt ['pfaramt] *n* **1.** *(Amtswohnung)* parroquia *f;* **2.** *REL* curato *m*
Pfarrer ['pfarɐ] *m REL* párroco *m,* cura *m*
Pfeffer ['pfɛfɐ] *m* pimienta *f; ~ im Hintern haben (fam)* tener pimienta en el trasero/tener culo de mal asiento
Pfefferminze ['pfɛfɐmɪntsə] *f BOT* menta *f*
Pfeffermühle ['pfɛfɐmyːlə] *f* molinillo de pimienta *m*
pfeffern ['pfɛfɐn] *v* sazonar con pimienta, echar pimienta
Pfeife ['pfaɪfə] *f* **1.** *(Trillerpfeife)* pito *m,* silbato *m; nach jds ~ tanzen (fig)* bailar al son que toca alguien; **2.** *(Tabakpfeife)* pipa *f; jdn in der ~ rauchen (fig)* acabar con alguien fácilmente
pfeifen ['pfaɪfən] *v irr* silbar; *sich eins ~* hacerse el desinteresado; *jdm etw ~* no hacer caso de alguien; *auf etw ~* no hacer caso de algo

P

Pfeil [pfaɪl] *m* flecha *f*
Pfennig ['pfɛnɪç] *m* HIST penique *m*, centavo *m (LA); keinen ~ wert sein* no valer un duro; *mit jedem ~ rechnen müssen* tener que mirar por cada duro que se gasta
Pferd [pfeːɐt] *n* ZOOL caballo *m; das ~ beim Schwanz aufzäumen (fig)* tomar el rábano por las hojas; *mit jdm ~e stehlen können* poder ir al fin del mundo con alguien; *sich aufs hohe ~ setzen* apostar muy alto; *das beste ~ im Stall sein* ser el mejor caballo de la cuadra; *die ~e scheu machen* asustar al ganado; *aufs richtige ~ setzen* hacer una buena apuesta; *Keine zehn ~e bringen mich dorthin.* No iría ni por la fuerza. *Ich denk, mich tritt ein ~!* ¡Creo que me va a dar un ataque!
Pferderennen ['pfeːɐdərɛnən] *n* carrera de caballos *f*
Pferdeschwanz ['pfeːɐdəʃvants] *m (fig: Haarfrisur)* cola de caballo *f*, coleta *f*
Pfiff [pfɪf] *m* **1.** *(Pfeifen)* silbido *m*, pitada *f;* **2.** *(fig: Schick)* último toque *m*, garbo *m*
Pfifferling ['pfɪfɐlɪŋ] *m* BOT cantarela *f; keinen ~ wert sein* no valer ni un duro
pfiffig ['pfɪfɪç] *adj* **1.** astuto; *adv* **2.** astutamente, con astucia
Pfingsten ['pfɪŋstən] *n* REL Pentecostés *m*
Pfirsich ['pfɪrzɪʃ] *m* BOT melocotón *m*, durazno *m*
Pflanze ['pflantsə] *f* planta *f*
pflanzen ['pflantsən] *v* plantar
pflanzlich ['pflantslɪç] *adj* vegetal
Pflaster ['pflastɐ] *n* **1.** *(Straßenpflaster)* empedrado *m*, adoquinado *m; ein teures ~ sein (fig)* ser una zona muy cara; *ein heißes ~ sein (fig)* ser una zona conflictiva; **2.** *(Wundpflaster)* emplasto *m*, tirita *f*
Pflaume ['pflaumə] *f* BOT ciruela *f*
Pflaumenmus ['pflaumənmuːs] *n* GAST dulce de ciruela *m*
Pflege ['pfleːgə] *f* cuidado *m*, cuidados *m/pl*, asistencia *f*
pflegebedürftig ['pfleːgəbədyrftɪç] *adj* necesitado de cuidados, necesitado de asistencia
Pflegeeltern ['pfleːgəɛltɐn] *pl* padres tutelares *m/pl*, padres putativos *m/pl*
Pflegefall ['pfleːgəfal] *m* caso asistencial *m*
Pflegeheim ['pfleːgəhaɪm] *n* asilo *m*, residencia *f*
Pflegekind ['pfleːgəkɪnt] *n* niño acogido *m*, hijo putativo *m*
pflegeleicht ['pfleːgəlaɪçt] *adj* de fácil lavado
pflegen ['pfleːgən] *v jdn ~* cuidar de alguien, atender a alguien, asistir a alguien
Pfleger(in) ['pfleːgɐ(rɪn)] *m/f* cuidador(a) *m/f*, auxiliar de enfermería *m/f*, asistente *m/f*
Pflegeversicherung ['pfleːgəfɛɐzɪçəruŋ] *f* seguro de asistencia médica *m*
Pflicht [pflɪçt] *f* deber *m*, obligación *f*
pflichtbewusst ['pflɪçtbəvust] *adj* **1.** cumplidor de su deber; *adv* **2.** con consciencia de su deber, consciente de su deber
Pflichtfach ['pflɪçtfax] *n* asignatura obligatoria *f*
pflichtgemäß ['pflɪçtgəmɛːs] *adj* **1.** debido, obligatorio; *adv* **2.** debidamente, según se debe
Pflichtversicherung ['pflɪçtfɛɐzɪçəruŋ] *f* seguro obligatorio *m*
pflücken ['pflykən] *v (Obst)* coger, recoger
pflügen ['pflyːgən] *v* AGR arar
Pforte ['pfɔrtə] *f* puerta *f*
Pförtner(in) ['pfœrtnɐ(rɪn)] *m/f* portero/portera *m/f*, conserje *m*
Pfosten ['pfɔstən] *m* poste *m*
Pfote ['pfoːtə] *f* pata *f; sich die ~n verbrennen (fam)* quemarse los dedos; *jdm eins auf die ~n geben* dar a alguien un toque de atención
pfui [pfui] *interj Pfui!* ¡Puf!/¡Qué asco!
Pfund [pfunt] *n* **1.** *(Maßeinheit)* libra *f;* **2.** *(Währungseinheit)* libra esterlina *f*
pfuschen ['pfuʃən] *v (fam)* hacer trampas, hacer chapuzas
Pfütze ['pfytsə] *f* charco *m*
Phänomen [fɛno'meːn] *n* fenómeno *m*
Phantom [fan'toːm] *n* fantasma *m*
Pharmaindustrie ['farmaɪndustriː] *f* industria farmacéutica *f*
Pharmakologie [farmakolo'giː] *f* farmacología *f*

pharmazeutisch [farma'tsɔytɪʃ] *adj* farmacéutico
Pharmazie [farma'tsiː] *f* farmacia *f*
Phase ['faːzə] *f* fase *f*
Philharmonie [filharmo'niː] *f MUS* orquesta filarmónica *f*
Philologe [filo'loːgə] *m* filólogo *m*
Philologin [filo'loːgɪn] *f* filóloga *f*
Philosophie [filozo'fiː] *f* filosofía *f*
philosophieren [filozo'fiːrən] *v* filosofar
philosophisch [filo'zoːfɪʃ] *adj* filosófico
phlegmatisch [flɛg'maːtɪʃ] *adj* flemático
Phonetik [fo'neːtɪk] *f* fonética *f*
phonetisch [fo'neːtɪʃ] *adj* fonético
Phrase ['fraːzə] *f LING* giro *m; leere ~n dreschen* hablar por hablar
Physik [fy'zɪːk] *f* física *f*
physikalisch [fyːzi'kaːlɪʃ] *adj* físico
Physiker(in) ['fyːzɪkɐ(rɪn)] *m/f* físico/física *m/f*
physisch ['fyːzɪʃ] *adj* **1.** físico; *adv* **2.** físicamente
Pi [piː] *n ~ mal Daumen* a ojo de buen cubero
Pickel ['pɪkəl] *m* **1.** *(Werkzeug)* pico *m;* **2.** *(Pustel)* grano *m,* pústula *f*
picken ['pɪkən] *v* picar
Picknick ['pɪknɪk] *n* merienda campestre *f,* pícnic *m*
Piep [piːp] *m keinen ~ mehr sagen* no decir ya ni pío; *einen ~ haben* tener un tornillo flojo
piepen ['piːpən] *v zum Piepen sein* ser para morirse de risa; *Bei dem piept's wohl!* ¡Está mal de la cabeza!
Pietät [pie'tɛːt] *f* piedad *f*
pietätlos [pie'tɛːtloːs] *adj* despiadado
pietätvoll [pie'tɛːtfɔl] *adj* piadoso
pikiert [pi'kiːɐt] *adj* picado
Pilger(in) ['pɪlgɐ(rɪn)] *m/f* peregrino/peregrina *m/f*
Pilgerfahrt ['pɪlgɐfaːɐt] *f* peregrinación *f;* romería *f*
Pille ['pɪlə] *f* píldora *f; eine bittere ~ für jdn sein* ser un trago amargo para alguien; *die bittere ~ schlucken* tragar quina; *jdm eine bittere ~ zu schlucken geben* hacer pasar un mal trago a alguien
Pilot(in) [pɪ'loːt(ɪn)] *m/f* piloto *m/f*
Pilz [pɪlts] *m BOT* hongo *m*
Pinguin ['pɪŋguiːn] *m ZOOL* pingüino *m*
Pinie ['piːnjə] *f BOT* pino *m*
Pinienkern ['piːnjənkɛrn] *m BOT* piñón *m*
Pinsel ['pɪnzəl] *m* pincel *m*
Pinzette [pɪn'tsɛtə] *f* pinzas *f/pl*
Pionier(in) [pio'niːɐ(-rɪn)] *m/f* pionero/pionera *m/f*
Pirat [pi'raːt] *m* pirata *m,* bucanero *m*
Pistazie [pis'taːtsjə] *f BOT* pistacho *m*
Piste ['pɪstə] *f* pista *f*
Pistole [pɪs'toːlə] *f* pistola *f; jdm die ~ auf die Brust setzen (fig)* poner a alguien la pistola en el pecho; *wie aus der ~ geschossen* al instante
Pizza ['pɪtsa] *f GAST* pizza *f*
plädieren [plɛ'diːrən] *v ~ für* abogar por
Plädoyer [plɛdoa'jeː] *n* informe en un juicio *m*
Plage ['plaːgə] *f* molestia *f,* fastidio *m*
plagen ['plaːgən] *v sich ~* afanarse, ajetrearse
Plagiat [plag'jaːt] *n* plagio *m*
Plakat [pla'kaːt] *n* cartel *m*
plan [plaːn] *adj* llano, plano
Plan [plaːn] *m* plan *m*
Plane ['plaːnə] *f (Zeltplane)* toldo *m*
planen ['plaːnən] *v* planear, proyectar
Planet [pla'neːt] *m* planeta *m*
planieren [pla'niːrən] *v* aplanar, nivelar, explanar
Plankton ['plaŋkton] *n* plancton *m*
planlos ['plaːnloːs] *adj* **1.** sin plan, caótico; *adv* **2.** al azar, sin plan, caóticamente
planmäßig ['plaːnmɛːsɪç] *adj* **1.** metódico, sistemático; *adv* **2.** como estaba planificado, metódicamente, sistemáticamente
Plantage [plan'taːʒə] *f* plantación *f*
plantschen ['plantʃən] *v* chapotear, chapalear
Planung ['plaːnuŋ] *f* planificación *f*
Planwirtschaft ['plaːnvɪrtʃaft] *f ECO* economía dirigida *f,* economía planificada *f*
plappern ['plapɐn] *v* parlotear, charlar
Plasma ['plasma] *n BIO* plasma *m*
Plastik ['plastɪk] *n* **1.** plástico *m; f* **2.** *ART* plástica *f,* artes plásticas *f/pl*

P

Plastiktüte ['plastɪkty:tə] *f* bolsa de plástico *f*
plastisch ['plastɪʃ] *adj* **1.** plástico; **2.** *(fig)* gráfico
Platin ['pla:ti:n] *n CHEM* platino *m*
Platine [pla'ti:nə] *f TECH* disco cortado en prensa *m*
plätschern ['plɛtʃɐn] *v* murmurar
platt [plat] *adj* **1.** llano, plano; **2.** *(fig)* banal, trivial, insustancial
Platte ['platə] *f* **1.** *(Holzplatte)* tablero *m,* plancha *f;* **2.** *(Fliese)* baldosa *f;* **3.** *(Schallplatte)* disco *m; eine andere ~ auflegen (fig)* cambiar el disco; **4.** *(Tortenplatte)* bandeja *f*
Plattenspieler ['platənʃpi:lɐ] *m* tocadiscos *m*
Plattform ['platfɔrm] *f* plataforma *f*
Plattfuß ['platfu:s] *m* **1.** *(fam: Reifenpanne)* reventón *m,* pinchazo *m;* **2.** *MED* pie plano *m*
Platz [plats] *m* **1.** *(Stelle)* lugar *m,* sitio *m; Nehmen Sie bitte ~!* ¡Siéntese, por favor! *einen ~ an der Sonne haben* tener fortuna en la vida; *fehl am ~ sein* estar fuera de lugar/ser inoportuno; *~ behalten* guardar asiento; *jdn auf die Plätze verweisen (fig)* poner a alguien en su sitio; **2.** *(Spielfeld)* campo *m,* pista *f,* cancha *f (LA);* **3.** *(Marktplatz)* plaza *f;* **4.** *(freier Raum)* espacio *m,* lugar *m; ~ sparend* que no ocupa mucho espacio, que ayuda a economizar espacio
Platzangst ['platsaŋst] *f* agorafobia *f*
Plätzchen ['plɛtsçən] *n* **1.** *(kleiner Platz)* plazuela *f;* **2.** *(Gebäck)* galleta *f*
platzen ['platsən] *v* reventar
platzieren [pla'tsi:rən] *v* colocar
Platzierung [pla'tsi:ruŋ] *f* colocación *f*
Platzkarte ['platskartə] *f* reserva de asiento *f*
Platzwunde ['platsvundə] *f MED* fisura *f,* brecha *f,* raja *f*
plaudern ['plaudɐn] *v* conversar, charlar, platicar
plausibel [plau'zi:bəl] *adj* plausible
pleite ['plaɪtə] *adj* en quiebra; *~ sein* quedarse sin camisa/estar sin un duro
Pleite ['plaɪtə] *f* quiebra *f,* bancarrota *f; ~ gehen* ir a la quiebra
Plenarsaal [ple'na:rza:l] *m* sala de plenos *f*
Plenum ['ple:num] *n* pleno *m*
Plexiglas ['plɛksigla:s] *n* plexiglás *m*
Plombe ['plɔmbə] *f* **1.** precinto *m;* **2.** *(Zahnplombe)* empaste *m*
plombieren [plɔm'bi:rən] *v* **1.** precintar; **2.** *(Zahn)* empastar
plötzlich ['plœtslɪç] *adj* **1.** súbito, repentino; *adv* **2.** súbitamente, de repente, de pronto, de golpe; *Der Winter kam ~.* El invierno llegó de golpe./El invierno llegó de pronto.
plump [plump] *adj* **1.** *(unförmig)* deforme; **2.** *(ungeschickt)* torpe; *adv* **3.** *(ungeschickt)* torpemente
Plunder ['plundɐ] *m* trastos *m/pl,* cachivaches *m/pl*
plündern ['plyndɐn] *v* pillar, saquear
Plural ['plu:ra:l] *m GRAMM* plural *m*
Pluralismus [plu:ra'lɪsmus] *m POL* pluralismo *m*
pluralistisch [plu:ra'lɪstɪʃ] *adj* pluralista
plus [plus] *adv* **1.** *(Grad)* sobre cero; **2.** *MATH* más
Plus [plus] *n* **1.** *(Überschuss)* excedente *m,* superávit *m;* **2.** *(fig)* ventaja *f*
Plüsch [ply:ʃ] *m* felpa *f,* peluche *m*
Pluspunkt ['pluspuŋkt] *m* punto a favor *m*
Plutonium [plu'to:njum] *n CHEM* plutonio *m*
Pneumatik [pnɔy'ma:tɪk] *f TECH* neumática *f*
pneumatisch [pnɔy'ma:tɪʃ] *adj TECH* neumático
Po [po:] *m (fam) ANAT* popo *m,* trasero *m*
Pöbel ['pø:bəl] *m* plebe *f,* populacho *m*
pochen ['pɔxən] *v* **1.** *(klopfen)* golpear; **2.** *auf etw ~* insistir en algo
Pocken ['pɔkən] *pl MED* viruela *f*
Podcast ['pɔtka:st] *m* podcast *m*
Podest [po'dɛst] *n* estrado *m,* tarima *f,* entablado *m*
Poesie [poe'zi:] *f* poesía *f*
Poet(in) [po'e:t(ɪn)] *m/f* poeta *m/f*
poetisch [po'e:tɪʃ] *adj* **1.** poético; *adv* **2.** poéticamente
Pogrom [po'gro:m] *n* pogromo *m*
Pointe [po'ɛ̃tə] *f* efecto sorpresa *m*
Pokal [po'ka:l] *m* copa *f*
pokern ['po:kɐn] *v* jugar al póquer

Pol [poːl] *m* polo *m; der ruhende ~ sein* ser la tranquilidad en persona
Polarkreis [po'laːɐkraɪs] *m GEO* círculo polar *m*
Polemik [po'leːmɪk] *f* polémica *f*
polemisch [po'leːmɪʃ] *adj* polémico
Polen ['poːlən] *n GEO* Polonia *f*
Police [po'liːsə] *f* póliza *f*
polieren [po'liːrən] *v* pulir, bruñir
Politik [poli'tiːk] *f* política *f*
Politiker(in) [po'liːtikɐ(rɪn)] *m/f* político/política *m/f*
politisch [po'liːtɪʃ] *adj* político
politisieren [politi'ziːrən] *v* hablar de política, llevar un asunto a la política
Polizei [poli'tsaɪ] *f* policía *f; Verständigen Sie bitte sofort die ~.* Por favor, avise en seguida a la policía.
Polizeipräsidium [poli'tsaɪprɛziːdjum] *n* jefatura superior de policía *f*
Polizeirevier [poli'tsaɪreviːɐ] *n* comisaría *f,* distrito policial *m*
Polizeistreife [poli'tsaɪʃtraɪfə] *f* patrulla de policía *f*
Polizist(in) [poli'tsɪst(ɪn)] *m/f* policía *m/f*
Polster ['pɔlstɐ] *n* acolchado *m*
Polygamie [poliga'miː] *f* poligamia *f*
polyglott [poli'glɔt] *adj* polígloto
Polyp [po'lyːp] *m* **1.** *MED* pólipo *m;* **2.** *ZOOL* pólipo *m*
Pomade [po'maːdə] *f* pomada *f*
Pommes frites [pɔm'frɪts] *pl GAST* patatas fritas *f/pl,* papas fritas *f/pl (LA)*
pompös [pɔm'pøːs] *adj* pomposo
Pony ['pɔni] *m* **1.** *(Frisur)* flequillo *m; n* **2.** *ZOOL* poni/pony *m*
populär [popu'lɛːɐ] *adj* popular
Popularität [populari'tɛːt] *f* popularidad *f*
Pore ['poːrə] *f ANAT* poro *m*
Pornografie [pɔrnogra'fiː] *f* pornografía *f*
porös [po'røːs] *adj* poroso
Porree ['pɔreː] *m BOT* puerro *m*
Portal [pɔr'taːl] *n* portal *m*
Portemonnaie [pɔrtmɔ'neː] *n* monedero *m,* portamonedas *m; tief ins ~ greifen müssen* tener que rascarse el bolsillo
Portier(in) [pɔr'tjeː(rɪn)] *m* portero/portera *m/f,* conserje *m/f*
Portion [pɔr'tsjoːn] *f* **1.** porción *f;* **2.** *(Essen)* ración *f*
Porto ['pɔrto] *n* franqueo *m,* porte *m*
portofrei ['pɔrtofraɪ] *adj* **1.** franco de porte, exento de porte, libre de franqueo; *adv* **2.** con exención de porte
Portrait [pɔr'trɛː] *n* retrato *m*
portraitieren [pɔrtrɛː'tiːrən] *v* retratar
Portugal ['pɔrtugal] *n GEO* Portugal *m*
Portwein ['pɔrtvaɪn] *m* vino de Oporto *m,* oporto *m*
Porzellan [pɔrtsə'laːn] *n* porcelana *f*
Posaune [pɔ'zaunə] *f MUS* trombón *m*
Pose ['poːzə] *f* pose *f*
Position [pozi'tsjoːn] *f* posición *f*
positiv ['pozitiːf] *adj* **1.** positivo; *adv* **2.** positivamente
Positur [pozi'tuːɐ] *f* posición *f,* postura *f*
Post [pɔst] *f* correo *m*
Postamt ['pɔstamt] *n* oficina de correos *f*
Postanweisung ['pɔstanvaɪzuŋ] *f* giro postal *m*
Postbote ['pɔstboːtə] *m* cartero *m*
Postbotin ['pɔstboːtɪn] *f* cartera *f*
Posten ['pɔstən] *m* **1.** *(Anstellung)* puesto *m,* empleo *m; auf dem ~ sein* estar bien de salud; **2.** *(Wachtposten)* centinela *m; auf verlorenem ~ sein* tener las de perder; **3.** *(Warenmenge)* lote *m;* **4.** *(Einzelziffer)* partida *f,* asiento *m,* importe *m*
Postfach ['pɔstfax] *n* apartado de correos *m,* casilla postal *f (LA)*
Postkarte ['pɔstkartə] *f* tarjeta postal *f*
postlagernd ['pɔstlagɐnt] *adj* **1.** de lista de correos, de casilla postal; *adv* **2.** en lista de correos, en la casilla postal
Postleitzahl ['pɔstlaɪttsaːl] *f* código postal *m*
Postschalter ['pɔstʃaltɐ] *m* ventanilla de correos *f*
Postscheck ['pɔstʃɛk] *m* cheque postal *m*
Postsparbuch ['pɔstʃpaːɐbux] *n* libreta de ahorro postal *f*
Poststempel ['pɔstʃtɛmpəl] *m* matasellos *m,* sello de correo *f (LA)*
postwendend ['pɔstvɛndənt] *adv* a vuelta de correo
potent [po'tɛnt] *adj* potente
Potenz [po'tɛnts] *f* potencia *f*

P

Potenzial [potɛn'tsjaːl] *n* potencial *m*
potenziell [potɛn'tsjɛl] *adj* potencial
prächtig ['prɛçtɪç] *adj* **1.** magnífico; *adv* **2.** magníficamente
prädestiniert [prɛdɛsti'niːɐt] *adj* predestinado
Prädikat [prɛdi'kaːt] *n* **1.** *(Bewertung)* nota *f,* calificación *f;* **2.** GRAMM predicado *m*
prägen ['prɛːgən] *v* **1.** *(Münzen)* acuñar; **2.** *(fig)* marcar, grabar; *sich jdm ins Gedächtnis ~* grabarse a alguien en la memoria
pragmatisch [prak'maːtɪʃ] *adj* **1.** pragmático; *adv* **2.** con pragmatismo
prägnant [prɛg'nant] *adj* **1.** conciso; *adv* **2.** concisamente
Prägung ['prɛːguŋ] *f* **1.** *(von Münzen)* acuñación *f;* **2.** *(fig)* grabación *f*
prahlen ['praːlən] *v* vanagloriarse, jactarse, alardear
praktikabel [praktɪ'kaːbəl] *adj* practicable
Praktikant(in) [praktɪ'kant(ɪn)] *m/f* practicante *m/f*
Praktikum ['praktɪkum] *n* prácticas *f/pl*
praktisch ['praktɪʃ] *adj* **1.** práctico; *adv* **2.** prácticamente
praktizieren [prakti'tsiːrən] *v* practicar
Praline [pra'liːnə] *f* GAST bombón de chocolate *m*
Prämie ['prɛːmjə] *f* premio *m*
prämieren [prɛ'miːrən] *v* premiar, otorgar un premio
Pranke ['praŋkə] *f* ZOOL zarpa *f,* garra *f*
Präparat [prɛpa'raːt] *n* preparado *m*
präparieren [prɛpa'riːrən] *v* preparar
Präposition [prɛpozi'tsjoːn] *f* GRAMM preposición *f*
Prärie ['prɛriː] *f* pradera *f*
Präsentation [prɛzənta'tsjoːn] *f* presentación *f,* exposición *f*
präsentieren [prɛzən'tiːrən] *v* presentar, exponer, mostrar
Präsentierteller [prɛzeːn'tiːɐtelɐ] *m auf dem ~ sitzen* estar expuesto a la vista de todos; *jdm etw auf dem ~ servieren* poner algo en bandeja a alguien
Präservativ [prɛzɛrva'tiːf] *n* preservativo *m,* condón *m*
Präsident(in) ['prɛzɪdɛnt(ɪn)] *m/f* presidente *m/f*
Präsidium [prɛ'ziːdjum] *n* **1.** *(Vorsitz)* presidencia *f;* **2.** *(Gebäude)* edificio de la presidencia *m*
Praxis ['praksis] *f* **1.** *(tatsächliche Anwendung)* puesta en práctica *f;* **2.** *(Erfahrung)* práctica *f,* experiencia *f;* **3.** *(Arztpraxis)* consultorio *m;* **4.** *(Anwaltspraxis)* bufete *m*
präzise [prɛ'tsiːzə] *adj* **1.** preciso, exacto; *~ wie eine Schweizer Uhr* exacto como un reloj suizo; *adv* **2.** precisamente, exactamente
Präzision [prɛtsi'zjoːn] *f* precisión *f,* exactitud *f*
predigen ['preːdɪgən] *v* **1.** *(fig)* sermonear, dar un sermón; **2.** REL predicar
Predigt ['preːdɪçt] *f* **1.** *(fig)* sermón *m;* **2.** REL prédica *f,* sermón *m,* plática *f*
Preis [praɪs] *m* **1.** *(Wertangabe)* precio *m; um keinen ~* de ningún modo/de ninguna manera/bajo ningún concepto; **2.** *(Auszeichnung)* premio *m*
Preisausschreiben ['praɪsausʃraɪbən] *n* concurso *m,* certamen *m*
Preiselbeere ['praɪzəlbeːrə] *f* BOT arándano encarnado *m*
preisen ['praɪzən] *v irr* alabar, elogiar
preisgeben ['praɪsgeːbən] *v irr* **1.** *(aufgeben)* abandonar, ceder, entregar, dejar; **2.** *(enthüllen)* revelar, descubrir; **3.** *(aussetzen)* exponer a
preisgekrönt ['praɪsgəkrøːnt] *adj* premiado
preisgünstig ['praɪsgynstɪç] *adj* barato, económico
Preisliste ['praɪslɪstə] *f* lista de precios *f*
Preisträger(in) ['praɪstrɛːgɐ(rɪn)] *m/f* premiado/premiada *m/f,* galardonado/galardonada *m/f*
preiswert ['praɪsveːɐt] *adj* barato, económico
Prellung ['prɛluŋ] *f* MED contusión *f*
Premiere [prəm'jɛːrə] *f* THEAT estreno *m*
Premierminister(in) [prəm'jeːministɐ(rɪn)] *m/f* POL Primer Ministro/Primera Ministra *m/f*
Presse ['prɛsə] *f* **1.** *(Zeitungswesen)* prensa *f,* periodismo *m;* **2.** TECH prensa *f,* prensa tipográfica *f*

P

Pressefreiheit ['prɛsəfraɪhaɪt] *f* libertad de prensa *f*
pressen ['prɛsən] *v* prensar
Prestige [prɛs'tiːʒ] *n* prestigio *m*
prickeln ['prɪkəln] *v* **1.** picar; **2.** *(fig: Glieder)* hormiguear
Priester(in) ['priːstɐ(rɪn)] *m/f* REL sacerdote/sacerdotisa *m/f*, cura *m*, clérigo *m*
prima ['priːma] *adj* **1.** de primera calidad; *adv* **2.** muy bien, excelente
primär [pri'mɛːɐ] *adj* primario, elemental
primitiv [primi'tiːf] *adj* **1.** primitivo; *adv* **2.** de manera primitiva
Prinz(essin) [prɪnts/prɪn'tsɛsɪn] *m/f* príncipe/princesa *m/f*
Prinzip [prɪn'tsiːp] *n* principio *m*; *Das verstößt gegen meine ~ien.* Eso va en contra de mis principios.
prinzipiell [prɪntsi'pjɛl] *adj* **1.** de principio; *adv* **2.** por principio
Priorität [priːɔri'tɛːt] *f* prioridad *f*
Prise ['priːzə] *f* presa *f*, buque apresado *m*
Pritsche ['prɪtʃə] *f* **1.** *(Feldbett)* cama de campaña *f*; **2.** *(Liegestatt)* catre *m*
privat [pri'vaːt] *adj* **1.** privado; *adv* **2.** en privado
Privateigentum [pri'vaːtaɪgəntum] *n* propiedad privada *f*
privatisieren [privati'ziːrən] *v* ECO privatizar
Privatleben [pri'vaːtleːbən] *n* vida privada *f*
Privileg [privi'leːk] *n* privilegio *m*
privilegiert [privile'giːɐt] *adj* privilegiado
pro [proː] *prep* por; *~ Kopf* por cabeza
Probe ['proːbə] *f* **1.** *(Versuch)* ensayo *m*, prueba *f*; *jdn auf die ~ stellen* poner a prueba a alguien; **2.** *(Muster)* muestra *f*
Probeexemplar ['proːbəɛksəmplaːɐ] *n* ejemplar de muestra *m*
Probefahrt ['proːbəfaːɐt] *f* viaje de prueba *m*
proben ['proːbən] *v* ensayar, probar
probeweise ['proːbəvaɪzə] *adv* a modo de ensayo, a prueba
Probezeit ['proːbətsaɪt] *f* período de prueba *m*, período de ensayo *m*
probieren [pro'biːrən] *v* **1.** *(versuchen)* tratar, probar, ensayar; **2.** *(kosten)* probar
Problem [pro'bleːm] *n* problema *m*; *ein großes ~* un problema muy gordo *m*
problematisch [proble'maːtɪʃ] *adj* problemático, dudoso, incierto
problemlos [pro'bleːmloːs] *adj* sin problemas
Produkt [pro'dukt] *n* producto *m*
Produktion [produk'tsjoːn] *f* producción *f*
Produktionsgüter [produk'tsjoːnsgyːtɐ] *pl* ECO bienes de producción *m/pl*
produktiv [produk'tiːf] *adj* **1.** productivo; *adv* **2.** productivamente
Produktivität [produktivi'tɛːt] *f* ECO productividad *f*
Produzent(in) [produ'tsɛnt(ɪn)] *m/f* productor(a) *m/f*
produzieren [produ'tsiːrən] *v* producir, crear
professionell [profɛsjo'nɛl] *adj* **1.** profesional; *adv* **2.** profesionalmente
Professor(in) [pro'fɛsoːɐ/profɛ'soːrɪn] *m* profesor universitario/profesora universitaria *m/f*, catedrático/catedrática *m/f*
Professur [profɛ'suːɐ] *f* cátedra *f*
Profi ['proːfi] *m* profesional *m*, experto *m*
Profil [pro'fiːl] *n* **1.** *(Seitenansicht)* perfil *m*; **2.** TECH perfil *m*; **3.** *(fig)* personalidad destacada *f*
profilieren [profi'liːrən] *v sich ~* destacarse, sobresalir
Profit [pro'fiːt] *m* ganancia *f*, beneficio *m*
profitieren [profi'tiːrən] *v* ganar, beneficiarse de
Proformarechnung [pro'fɔrmarɛçnuŋ] *f* ECO factura proforma *f*
Prognose [prog'noːzə] *f* pronóstico *m*, prognosis *f*, predicción *f*
Programm [pro'gram] *n* programa *m*, *(Radio)* canal *m*, cadena *f*
programmgemäß [pro'gramgəmɛːs] *adv* **1.** de acuerdo al programa; **2.** según el programa, conforme al programa
programmieren [progra'miːrən] *v* programar
Programmierung [progra'miːruŋ] *f* programación *f*
progressiv [progrɛ'siːf] *adj* progresivo
Projekt [pro'jɛkt] *n* proyecto *m*, plan *m*
Projektion [projɛk'tsjoːn] *f* proyección *f*

Proklamation [proklama'tsjo:n] *f* proclamación *f*
proklamieren [prokla'mi:rən] *v* proclamar
Prokura [pro'ku:ra] *f* JUR poder general *m,* procura *f*
Prokurist(in) [proku'rɪst(ɪn)] *m/f* ECO apoderado general/apoderada general *m/f,* procurador(a) *m/f*
Prolet(in) [pro'le:t(ɪn)] *m/f (fam)* plebeyo/plebeya *m/f,* persona vulgar *f*
Promenade [promə'na:də] *f* paseo *m*
Promille [pro'mɪlə] *n* tanto por mil *m*
prominent [promi'nɛnt] *adj* prominente; *~ sein* estar en el candelero
Prominenz [promi'nɛnts] *f* personalidades *f/pl,* celebridades *f/pl*
Promotion [promo'tsjo:n] *f* **1.** *(Doktorwürde)* doctorado *m;* **2.** *(Verkaufsförderung)* venta promocional *f*
promovieren [promo'vi:rən] *v* doctorarse
prompt [prɔmt] *adj* **1.** pronto, rápido; *adv* **2.** prontamente, rápidamente
Pronomen [pro'no:mən] *n* GRAMM pronombre *m*
Propaganda [propa'ganda] *f* propaganda *f*
propagieren [propa'gi:rən] *v* propagar, difundir
Propeller [pro'pɛlɐ] *m* hélice *f,* propulsor *m*
Prophet [pro'fe:t] *m* REL profeta *m*
Prophezeiung [profe'tsaɪuŋ] *f* profecía *f,* augurio *m,* vaticinio *m*
Proportion [propɔr'tsjo:n] *f* proporción *f*
proportional [propɔrtsjo'na:l] *adj* **1.** proporcional; *adv* **2.** proporcionalmente
Prosa ['pro:za] *f* LIT prosa *f*
prosaisch [pro'za:ɪʃ] *adj* **1.** prosaico; *adv* **2.** prosaicamente
Prospekt [pro'spɛkt] *m* prospecto *m,* folleto *m*
prost [pro:st] *interj* salud
Prostitution [prostitu'tsjo:n] *f* prostitución *f*
Protein [prote'i:n] *n* BIO proteína *f*
Protektionismus [protɛktsjo:'nɪsmus] *m* ECO proteccionismo *m*
Protest [pro'tɛst] *m* protesta *f*
Protestant(in) [protɛs'tant(ɪn)] *m/f* REL protestante *m/f*
protestantisch [protɛs'tantɪʃ] *adj* REL protestante
protestieren [protɛs'ti:rən] *v* protestar, reclamar, manifestar disconformidad
Protestkundgebung [pro'tɛstkuntge:buŋ] *f* manifestación de protesta *f*
Prothese [pro'te:zə] *f* MED prótesis *f*
Protokoll [proto'kɔl] *n* **1.** protocolo *m;* **2.** JUR acta *f,* expediente *m*
protokollieren [protokɔ'li:rən] *v* **1.** protocolar, protocolizar; **2.** JUR levantar acta, hacer constar en acta
Prototyp [proto'ty:p] *m* prototipo *m*
protzig ['prɔtsɪç] *adj* fanfarrón, presumido
Proviant [prov'jant] *m* provisiones *f/pl,* víveres *m/pl*
Provinz [pro'vɪnts] *f* provincia *f*
provinziell [provɪn'tsjɛl] *adj* provincial
Provision [provi'zjo:n] *f* comisión *f*
provisorisch [provi'zo:rɪʃ] *adj* **1.** provisional, interino; *adv* **2.** provisoriamente, interinamente
Provokation [provoka'tsjo:n] *f* provocación *f*
provozieren [provo'tsi:rən] *v* provocar, incitar
provozierend [provo'tsi:rənt] *adj* **1.** provocador; *adv* **2.** provocativamente
Prozedur [protse'du:ɐ] *f* procedimiento *m*
Prozent [pro'tsɛnt] *n* tanto por ciento *m*
prozentual [protsɛntu'a:l] *adj* **1.** porcentual, proporcional; *adv* **2.** porcentualmente, proporcionalmente
Prozess [pro'tsɛs] *m* **1.** *(Vorgang)* proceso *m,* procedimiento *m; jdm den ~ machen* procesar a alguien; *kurzen ~ mit jdm machen* acabar pronto con alguien; **2.** JUR proceso *m*
Prozessbevollmächtigte(r) [pro'tsɛsbəfɔlmɛçtɪçtə(-ɐ)] *m/f* JUR apoderado procesal/apoderada procesal *m/f,* procurador judicial *m*
prozessieren [protsɛ'si:rən] *v* JUR litigar, pleitear
Prozession [protsɛ'sjo:n] *f* procesión *f*
Prozesskosten [pro'tsɛskɔstən] *pl* JUR costes procesales *f/pl*

P

prüde ['pry:də] *adj* mojigato, púdico
prüfen ['pry:fən] *v* examinar, calificar
Prüfer(in) ['pry:fɐ(rɪn)] *m/f* examinador(a) *m/f*
Prüfling ['pry:flɪŋ] *m* examinando *m,* candidato *m*
Prüfung ['pry:fuŋ] *f* examen *m,* prueba *f,* test *m*
Prüfungsausschuss ['pry:fuŋsausʃus] *m* comisión examinadora *f,* tribunal examinador *m*
Prügel ['pry:gəl] *m* **1.** palo *m,* bastón *m; pl* **2.** paliza *f,* tunda *f*
prügeln ['pry:gəln] *v* **1.** *jdn ~* pegar a alguien, golpear a alguien; *Man hat ihn zu Tode geprügelt.* Le han apaleado. **2.** *sich mit jdm ~* golpearse con alguien, pegarse con alguien
prunkvoll ['pruŋkfɔl] *adj* **1.** pomposo; *adv* **2.** pomposamente
Psalm [psalm] *m REL* salmo *m*
Pseudonym [psɔydo'ny:m] *n* seudónimo *m*
Psyche ['psy:çə] *f* alma *f,* psique *f*
Psychiater(in) [psyçi'a:tɐ(rɪn)] *m/f* (p)siquiatra *m/f*
psychisch ['psy:çɪʃ] *adj* **1.** (p)síquico; *adv* **2.** (p)síquicamente
Psychoanalyse [psyçoana'ly:zə] *f* (p)sicoanálisis *m*
Psychologie [psyçolo'gi:] *f* (p)sicología *f*
psychologisch [psyço'lɔ:gɪʃ] *adj* **1.** (p)sicológico; *adv* **2.** (p)sicológicamente
Psychopath(in) [psyço'pa:t(ɪn)] *m/f* (p)sicópata *m/f*
Psychopharmaka [psyço'fa:rmaka] *pl* (p)sicofármaco *m*
psychosomatisch [psyçozo'ma:tɪʃ] *adj* (p)sicosomático
Psychotherapeut(in) [psyçotera'pɔyt(ɪn)] *m/f* (p)sicoterapeuta *m/f*
pubertär [pubɐ'tɛ:ɐ] *adj* de la pubertad, púber
Pubertät [pubɐ'tɛ:t] *f* pubertad *f*
Publikation [publika'tsjo:n] *f* publicación *f*
Publikum ['publɪkum] *n* público *m*
Publikumserfolg ['publɪkumsɛɐfɔlk] *m* éxito de público *m*
publizieren [publi'tsi:rən] *v* publicar
Pudding ['pudɪŋ] *m GAST* budín *m,* pudín *m; ~ in den Armen und Beinen haben* no tener fuerza ni en los brazos ni en las piernas
Pudel ['pu:dəl] *m ZOOL* perro de aguas *m; wie ein begossener ~ dastehen* estar como un tonto en vísperas/estar como un niño con zapatos nuevos
Puder ['pu:dɐ] *m* polvos *m/pl*
Puderzucker ['pu:dɐtsukɐ] *m GAST* azúcar en polvo *m*
Pullover [pu'lo:vɐ] *m* jersey *m,* suéter *m,* chompa *f* (en Perú)
Puls [puls] *m* pulso *m; jdm auf den ~ fühlen* indagar sobre alguien
pulsieren [pul'zi:rən] *v* pulsar, latir
Pulsschlag ['pulsʃla:k] *m* pulsación *f,* pulso *m; Der ~ ist erhöht.* El pulso está acelerado.
Pulver ['pulvɐ] *n* polvo *m; sein ~ verschossen haben* haberse quedado sin fuerzas
Pulverfass ['pulvɐfas] *n fig* polvorín *m*
pulv(e)rig ['pulv(ə)rɪç] *adj* polvoriento
Pulverkaffee ['pulvɐkafe:] *m GAST* café en polvo *m*
Pulverschnee ['pulvɐʃne:] *m* nieve en polvo *f*
pummelig ['puməlɪç] *adj* rechoncho, rollizo
Pumpe ['pumpə] *f* bomba *f*
pumpen ['pumpən] *v* **1.** bombear; **2.** *(fig: leihen) sich von jdm etw ~* pedir prestado algo a alguien; **3.** *(fig: verleiher) jdm etw ~* prestar algo a alguien
Pumps [pœmps] *m* chancla de tacón *f*
Punkt [puŋkt] *m* punto *m; den wunden ~ treffen* poner el dedo en la llaga/tocar el punto sensible; *einen ~ machen* terminar; *der springende ~ sein* ser el quid de la cuestión; *etw auf den ~ bringen* precisar algo
punkten ['puŋktən] *v fig* ganar prestigio, adquirir ventajas, *SPORT* puntuar
Punktion [puŋk'tsjo:n] *f MED* punción *f*
pünktlich ['pyŋktlɪç] *adj* **1.** puntual; *Pünktlich um zwölf gehen wir zum Mittagessen.* A las doce en punto vamos a almorzar. *~ wie die Maurer* puntual como un reloj; *adv* **2.** puntualmente
Pünktlichkeit ['pyŋktlɪçkaɪt] *f* puntualidad *f*
Punsch [punʃ] *m* ponche *m*

P

Pupille [pu'pɪlə] *f ANAT* pupila *f*
Puppe ['pupə] *f* **1.** *(Spielzeug)* muñeca *f*, marioneta *f*; *die ~n tanzen lassen (fig)* celebrar con desenfreno; *bis in die ~n* hasta las mil; **2.** *ZOOL* crisálida *f*
Puppenspieler(in) ['pupənʃpi:lɐ(rɪn)] *m/f* titiritero/titiritera *m/f*, marionetista *m/f*
Puppenstube ['pupənʃtu:bə] *f* casa de muñecas *f*
Pups [pups] *m* pedo *m*
pupsen ['pupsən] *v* soltar pedos
pur [pu:ɐ] *adj* **1.** puro; *Wir wollen den Wein ~ genießen.* Queremos el vino tal y como está. *adv* **2.** puramente
Püree [py're:] *n GAST* puré *m*
pürieren [py'ri:rən] *v* hacer puré de, pasar por el pasapuré
Pürierstab [py'ri:ɐʃta:p] *m* batidora (de mano) *f*
puritanisch [puri'ta:nɪʃ] *adj* puritano
Purzelbaum ['purtsəlbaum] *m* voltereta *f*, volantín *m*
purzeln ['purtsəln] *v* dar volteretas, darse volantines
Puste ['pu:stə] *f* aliento *m*; *Da geht mir die ~ aus.* Ya no puedo más.
Putsch [putʃ] *m POL* golpe de Estado *m*
Putz [puts] *m* **1.** *(Zierputz)* adorno *m*, ornamento *m*; **2.** *(Mörtel)* revoque *m*, enlucido *m*; *auf den ~ hauen (fig)* celebrar muy alegremente
putzen ['putsən] *v* limpiar, fregar
Putzfrau ['putsfrau] *f* mujer de la limpieza *f*
putzig ['putsɪç] *adj* gracioso, mono
Putzfimmel ['putsfɪməl] *m* manía de limpiar *f*
Putzlappen ['putslapən] *m* trapo *m*, *(zum Wischen)* bayeta *f*
Putzmittel ['putsmɪtəl] *n* detergente *m*, producto de limpieza *m*
Pyjama [py'dʒa:ma] *m* pijama *m*
Pyramide [pyra'mi:də] *f* pirámide *f*

P

Q

Quacksalber ['kvakzalbɐ] *m (fam)* charlatán *m*, curandero *m*
Quader ['kva:dɐ] *m MATH* ortoedro *m*
Quadrat [kva'dra:t] *n* cuadrado *m; im ~ springen* ponerse frenético
quadratisch [kva'dra:tɪʃ] *adj* cuadrado
Quadratmeter [kva'dra:tme:tɐ] *m* metro cuadrado *m*
Quadratschädel [kva'dra:tʃɛdəl] *m (fam)* cabeza cuadrada *f*
quaken ['kva:kən] *v* **1.** *(Frosch)* croar; **2.** *(Ente)* graznar
Qual [kva:l] *f* pena *f*, tormento *m*, martirio *m*, tortura *f*
quälen ['kvɛ:lən] *v* atormentar, martirizar, torturar
Quälerei [kvɛlɐ'raɪ] *f* **1.** tortura *f*, tormento *m*, martirio *m*; **2.** *(fig: mühsame Arbeit)* trabajo moroso *m*, trabajo pesado *m*
Quälgeist ['kvɛ:lgaɪst] *m* hombre importuno *m*, pesado *m*, pelma *m*
Qualifikation [kvalifika'tsjo:n] *f* calificación *f*
qualifizieren [kvalifi'tsi:rən] *v sich ~ für* calificarse para
Qualität [kvali'tɛ:t] *f* calidad *f*
qualitativ [kvalita'ti:f] *adj* **1.** cualitativo, de calidad; *adv* **2.** cualitativamente, en cuanto a la calidad
Qualitätsbezeichnung [kvali'tɛ:tsbətsaɪçnuŋ] *f* signo de calidad *m*
Qualle ['kvalə] *f ZOOL* medusa *f*
Qualm [kvalm] *m* humo espeso *m*, humareda *f*
qualmen ['kvalmən] *v (fam)* fumar como una chimenea
qualvoll ['kva:lfɔl] *adj* **1.** lastimoso, penoso, doloroso; **2.** *(bedrückend)* atormentador
Quantität [kvanti'tɛ:t] *f* cantidad *f*
quantitativ [kvantita'ti:f] *adj* **1.** cuantitativo; *adv* **2.** cuanto a la cantidad
Quantum ['kvantum] *n* cantidad *f*
Quarantäne [karan'tɛ:nə] *f* cuarentena *f*
Quark [kvark] *m GAST* requesón *m*, queso fresco *m*
Quartal [kvar'ta:l] *n* trimestre *m*
Quartett [kvar'tɛt] *n* **1.** *(Kartenspiel)* cuarteto *m*; **2.** *MUS* cuarteto *m*
Quartier [kvar'ti:ɐ] *n* alojamiento *m*, albergue *m*, barrio *m*, cuartel *m*
quasseln ['kvasəln] *v (fam)* charlatanear, hablar por hablar
Quaste ['kvastə] *f* borla *f*
Quatsch [kvatʃ] *m (fam)* tonterías *f/pl*, bobadas *f/pl*
quatschen ['kvatʃən] *v (fam)* hablar bobadas, hablar por hablar
Quecksilber ['kvɛkzɪlbɐ] *n CHEM* mercurio *m*
Quelle ['kvɛlə] *f* **1.** fuente *f*, manantial *m*; *an der ~ sitzen (fig)* beber en la fuente; **2.** *(fig)* fuente de información *f*
quellen ['kvɛlən] *v irr* **1.** *(hervor~)* brotar, manar; **2.** *(anschwellen)* hincharse
Quellenangabe ['kvɛlənanga:bə] *f* indicación de las fuentes *f*
Quellwasser ['kvɛlvasɐ] *n* agua de manantial *f*
quengeln ['kvɛŋəln] *v (fam)* lloriquear
quer [kve:ɐ] *adv* transversalmente, al través; *~ durch* a través/atravesando; *~ schießen (fam)* contrariar los planes
Quere ['kve:rə] *f* dirección transversal *f*
querfeldein ['kve:ɐfɛltaɪn] *adv* a campo traviesa
Querkopf ['kve:ɐkɔpf] *m (fam)* testarudo *m*, terco *m*
querschießen ['kve:ɐʃi:sən] *v* fastdiar, estropear los planes
Querschnitt ['kve:ɐʃnɪt] *m* corte transversal *m*
Querschnittslähmung ['kve:ɐʃnɪtslɛ:muŋ] *f MED* paraplejía por corte medular *f*
Querstraße ['kve:ɐʃtra:sə] *f* travesía *f*, calle transversal *f*
Querulant(in) [kveru'lant(ɪn)] *m/f* pleitista *m/f*, litigante *m/f*
Querverbindung ['kve:ɐfɛɐbɪnduŋ] *f* conexión transversal *f*
quetschen ['kvɛtʃən] *v* aplastar, estrujar, machacar
Quetschung ['kvɛtʃuŋ] *f MED* contusión *f*

quicklebendig ['kvıklebɛndıç] *adj (fam)* vivito y coleando
quieken ['kvi:kən] *v (Schwein)* chillar
quietschen ['kvi:tʃən] *v* chillar
Quintessenz ['kvıntɛsɛnts] *f* quintaesencia *f*
Quintett [kvın'tɛt] *n MUS* quinteto *m*
Quirl [kvırl] *m* molinillo *m*, batidor *m*
quirlen ['kvırlen] *v* batir
quirlig ['kvırlıç] *adj* muy movido, muy activo
quitt [kvıt] *adj ~ sein* estar iguales, estar a la par, estar a mano *(LA)*
Quitte ['kvıtə] *f BOT* membrillo *m*
quittieren [kvı'ti:rən] *v etw ~* dar recibo de algo, extender un recibo por algo
Quittung ['kvıtuŋ] *f* recibo *m*, comprobante de pago *m*
Quittungsblock ['kvıtuŋsblɔk] *m* talonario (de recibos) *m*
Quiz [kvıs] *n* concurso radiofónico *m*, concurso de TV *m*
Quizmaster(in) ['kvısma:stɐ(rın)] *m* presentador(a) de concursos *m/f*
Quote ['kvo:tə] *f* cuota *f*; *Einschalt~* índice de audiencia *m*

Q

R

Rabatt [ra'bat] *m* ECO rebaja *f*, descuento *m*
Rabe ['raːbə] *m* ZOOL cuervo *m*
rabiat [rabi'aːt] *adj* rabioso, furioso
Rache ['raxə] *f* venganza *f*, desagravio *m*; *an jdm ~ nehmen* vengarse de alguien; *~ ist süß.* La venganza es dulce.
Rachen ['raxən] *m* ANAT faringe *f*; *jdm den ~ stopfen (fam)* tapar la boca a alguien; *den ~ nicht voll kriegen* no tener suficiente; *jdm etw in den ~ werfen* echar algo a las fauces de alguien; *etw in den falschen ~ bekommen* interpretar algo mal/tomar algo a mal
rächen ['rɛçən] *v* vengar, desagraviar
Rächer(in) ['rɛçɐ(rɪn)] *m/f* vengador/vengadora *m/f*
rachsüchtig ['raxzyçtɪç] *adj* sediento de venganza
Rad [raːt] *n* **1.** rueda *f*; *das fünfte ~ am Wagen sein (fig)* estar de más; *ein ~ abhaben* estar loco; *unter die Räder kommen* sufrir el suplicio de la rueda; **2.** *(Fahrrad)* bicicleta *f*; *~ fahren* ir en bicicleta, andar en bicicleta
Radar [ra'daːɐ] *m* radar *m*
Radau [ra'dau] *m* alboroto *m*, escándalo *m*
radebrechen ['raːdəbrɛçən] *v* chapurrear
Radfahrer(in) ['raːtfaːrɐ(rɪn)] *m/f* ciclista *m/f*
radieren [ra'diːrən] *v* borrar, tachar
Radiergummi [ra'diːɐgumi] *m* goma de borrar *f*, borrador *m (LA)*
Radierung [ra'diːruŋ] *f* ART aguafuerte *f*
Radieschen [ra'diːsçən] *n* BOT rabanito *m*
radikal [radi'kaːl] *adj* **1.** radical; *adv* **2.** radicalmente
Radio ['raːdjo] *n* radio *f*
radioaktiv [raːdjoak'tiːf] *adj* PHYS radiactivo
Radioaktivität [raːdjoaktivi'tɛːt] *f* PHYS radioactividad *f*
Radius ['radjus] *m* radio *m*

Radrennen ['raːtrɛnən] *n* carrera ciclista *f*
Raffinerie [rafinɐ'riː] *f* refinería *f*
raffiniert [rafi'niːɐt] *adj* **1.** *(verfeinert)* refinado; **2.** *(schlau)* astuto, perspicaz; **3.** *(außergewöhnlich)* sofisticado, refinado; *adv* **4.** refinadamente, astutamente
Rage ['raːʒə] *f in ~ sein* estar furioso, estar exasperado
ragen ['raːgən] *v* elevarse, alzarse
Ragout [ra'guː] *n* ragú *m*
Rahm [raːm] *m* GAST nata *f*, crema *f*; *den ~ abschöpfen (fig)* llevarse la mejor parte
rahmen ['raːmən] *v* encuadrar
Rahmen ['raːmən] *m* **1.** *(Fensterrahmen)* marco *m*; **2.** *(Bilderrahmen)* marco *m*, recuadro *m*; **3.** *(fig)* marco *m*, telón de fondo *m*; *aus dem ~ fallen* salir(se) de lo corriente; *nicht in den ~ passen* desentonar en el ambiente; *im ~ bleiben* mantener el margen
Rakete [ra'keːtə] *f* cohete *m*
Rallye ['rɛli] *f* rally *m*
rammen ['ramən] *v* embestir
Rampe ['rampə] *f* **1.** *(Laderampe)* rampa de carga *f*; **2.** *(Bühnenrampe)* THEAT proscenio *m*
Rampenlicht ['rampənlɪçt] *n* THEAT candilejas *f/pl*; *im ~ stehen* ser el centro de atención del interés público
ramponieren [rampo'niːrən] *v* deteriorar, estropear
Ramsch [ramʃ] *m* cachivaches *m/pl*, trastos *m/pl*
Rand [rant] *m* borde *m*, margen *m*; *außer ~ und Band* fuera de sí/fuera de sus casillas; *mit etw zu ~e kommen* acabar con algo; *am ~e erwähnen* anotar entre paréntesis
randalieren [randa'liːrən] *v* alborotar, hacer escándalo
Randgebiet ['rantgəbiːt] *n* alrededores *m/pl*, afueras *f/pl*, zona periférica *f*
Randgruppe ['rantgrupə] *f* grupo marginal *m*

Rang [raŋ] *m* **1.** *(Stand)* clase *f*, rango *m*, abolengo *m*; *jdm den ~ ablaufen* desbancar a alguien; **2.** *(Qualität)* calidad *f*, categoría *f*; **3.** THEAT piso *m*
rangieren [rɑŋ'ʒiːrən] *v* maniobrar
Rangordnung ['raŋɔrdnuŋ] *f* jerarquía *f*, orden de colocación *m*
ranken ['raŋkən] *v* trepar
Ranzen ['rantsən] *m* mochila *f*, maletín *m*
ranzig ['rantsɪç] *adj* rancio
rapid [ra'piːt] *adj* **1.** rápido, veloz; *adv* **2.** rápidamente, velozmente
rar [raːɐ] *adj* raro, extraño, escaso; *sich ~ machen* dejarse ver muy raramente
Rarität [rari'tɛːt] *f* rareza *f*
rasant [ra'zant] *adj* **1.** veloz, rasante; *adv* **2.** velozmente
rasch [raʃ] *adj* **1.** rápido, veloz; *adv* **2.** rápidamente, velozmente
rascheln ['raʃəln] *v* crujir
rasen ['raːzən] *v (mit dem Auto)* ir a toda velocidad
Rasen ['raːzən] *m* BOT césped *m*; *jdn unter den ~ bringen (fig)* llevar a alguien a la tumba
rasend ['raːzənt] *adj* **1.** *(sehr schnell)* vertiginoso, velocísimo; **2.** *(sehr stark)* fuertísimo; **3.** *(wütend)* furioso, rabioso, enfurecido; *adv* **4.** *(sehr stark)* muy fuerte; **5.** *(wütend)* furiosamente, con furia
Rasierapparat [ra'ziːɐaparaːt] *m* máquina de afeitar *f*, rasurador *m*, afeitadora *f*
rasieren [ra'ziːrən] *v* rasurar, afeitar
Rasiermesser [ra'ziːɐmɛsɐ] *n* navaja de afeitar *f*
Rasierschaum [ra'ziːɐʃaum] *m* espuma de afeitar *f*
Räson [rɛ'zɔ̃ː] *f zur ~ kommen* entrar en razón; *jdn zur ~ bringen* hacer entrar en razón a alguien
Raspel ['raspəl] *f* lima gruesa *f*, escofina *f*
raspeln ['raspəln] *v* rallar raspar
Rasse ['rasə] *f* raza *f*
rassig ['rasɪç] *adj* pasional
Rassismus [ra'sɪsmus] *m* racismo *m*
Rassist(in) [ra'sɪst(ɪn)] *m/f* racista *m/f*
Rast [rast] *f* descanso *m*, pausa *f*
rasten ['rastən] *v* descansar, hacer una pausa
Rasterfahndung ['rastɐfaːnduŋ] *f* búsqueda criminológica computarizada *f*
Rasthaus ['rasthaus] *n* albergue de carretera *m*
rastlos ['rastloːs] *adj* **1.** *(pausenlos)* incesante; **2.** *(ruhelos)* infatigable, incansable; *adv* **3.** *(pausenlos)* incesantemente
Rastplatz ['rastplats] *m* lugar de descanso *m*
Rasur [ra'zuːɐ] *f* afeitado *m*
Rat [raːt] *m* **1.** *(~schlag)* consejo *m*; *mit sich zu ~e gehen* deliberar para entre sí *jdm mit ~ und Tat zur Seite stehen* ayudar a alguien con sus consejos y su apoyo; **2.** *(Titel)* consejero *m*, consejal *m*; **3.** *(Kollegium)* consejo *m*, colegio *m*
Rate ['raːtə] *f* ECO cuota *f*, pago parcial *m*, plazo *m*
raten ['raːtən] *v irr* **1.** *(er~)* adivinar, acertar; **2.** *(empfehlen)* recomendar; **3.** *(Rat geben)* aconsejar, dar consejos
Ratenzahlung ['raːtəntsaːluŋ] *f* ECO pago a plazos *m*
Ratgeber ['ratgeːbɐ] *m (Buch)* guía *f*
Rathaus ['raːthaus] *n* ayuntamiento *m*, municipalidad *f (LA)*
ratifizieren [ratifi'tsiːrən] *v* POL ratificar
Ration [ra'tsjoːn] *f* ración *f*, porción *f*; *die eiserne ~* la ración de reserva *f*
rational [ratsjo'naːl] *adj* **1.** racional; *adv* **2.** racionalmente
rationalisieren [ratsjonali'ziːrən] *v* racionalizar
rationell [ratsjo'nɛl] *adj* **1.** racional; *adv* **2.** racionalmente, con la razón
rationieren [ratsjo'niːrən] *v* racionar
ratlos ['raːtloːs] *adj* **1.** perplejo, desconcertado, confuso; *adv* **2.** desconcertadamente, confusamente
ratsam ['raːtzaːm] *adj* aconsejable, recomendable
Ratschlag ['raːtʃlaːk] *m* consejo *m*
Rätsel ['rɛːtsəl] *n* adivinanza *f*, acertijo *m*; *jdm ein ~ sein* ser un misterio para alguien; *jdm ein ~ aufgeben* encerrar un misterio para alguien/constituir un problema para alguien; *in ~n sprechen* hablar en jeroglífico; *vor einem ~ stehen* enfrentarse a un misterio

R

rätselhaft ['rɛːtsəlhaft] *adj* enigmático, misterioso; *Das ist ~.* Esto es un enigma.
rätseln ['rɛːtsəln] *v* especular, adivinar
Ratte ['ratə] *f ZOOL* rata *f*
rattern ['ratɐn] *v* traquetear, tabletear
rau [rau] *adj* **1.** *(nicht glatt)* áspero, rasposo, rugoso; **2.** *(grob)* tosco, rudo, burdo; **3.** *~er Hals* ronco; **4.** *(fig: barsch)* rudo, áspero, seco; *adv* **5.** con rudeza, ásperamente
Raub [raup] *m* **1.** *(Diebstahl)* robo *m*, hurto *m*; **2.** *(Entführung)* rapto *m*, secuestro *m*
Raubbau ['raupbau] *m* explotación abusiva *f*, explotación exagerada *f*
rauben ['raubən] *v* **1.** *(stehlen)* robar, hurtar; **2.** *(entführen)* raptar, secuestrar
Räuber ['rɔybɐ] *m* ladrón *m*, ratero *m*
Raubkopie ['raupkopiː] *f INFORM* copia pirata *f*
Raubtier ['rauptiːɐ] *n ZOOL* animal de rapiña *m*
Rauch [raux] *m* humo *m*; *in ~ und Flammen aufgehen* arder en llamas; *sich in ~ auflösen* esfumarse
rauchen ['rauxən] *v* fumar, humear; *Ich habe mir abgewöhnt zu ~.* He dejado de fumar; *Rauchen verboten!* ¡Se prohíbe fumar!
Raucher(in) ['rauxɐ(rɪn)] *m/f* fumador(a) *m/f*
räuchern ['rɔyçɐn] *v* ahumar
Rauchverbot ['rauxfɛɐboːt] *n* prohibición de fumar *f*
Raufbold ['raufbɔlt] *m* camorrista *m*, pendenciero *m*, matón *m*
raufen ['raufən] *v* pelearse
Rauferei [raufɐ'raɪ] *f* riña *f*, pelea *f*
Raum [raum] *m* **1.** *(Zimmer)* cuarto *m*, habitación *f*, pieza *f*; **2.** *(Platz)* lugar *m*, sitio *m*; **3.** *(Gebiet)* zona *f*, área *f*, región *f*; **4.** *etw in den ~ stellen (fig)* someter algo a discusión; *im ~ stehen* estar pendiente/estar por solucionar; *etw im ~ stehen lassen* dejar algo sin solucionar
räumen ['rɔymən] *v* **1.** *(verlassen)* abandonar, dejar; **2.** *(evakuieren)* evacuar, desocupar; **3.** *(entfernen)* retirar, quitar
Raumfähre ['raumfɛːrə] *f* lanzadera espacial *f*, transbordador espacial *m*
Raumfahrt ['raumfaːrt] *f* astronáutica *f*
räumlich ['rɔymlɪç] *adj* **1.** espacial, del espacio; *adv* **2.** espacialmente, en el espacio
Räumlichkeiten ['rɔymlɪçkaɪtən] *pl* habitaciones *f/pl*, cuartos *m/pl*, piezas *f/pl*
Raumpflegerin ['raumpfleːgərɪn] *f* mujer de limpieza *f*, mucama *f (LA)*
Raumschiff ['raumʃɪf] *n* nave espacial *f*
Räumung ['rɔymuŋ] *f* **1.** *(Verlassen)* abandono *m*; **2.** *(Evakuierung)* evacuación *f*, desocupación *f*, desalojo *m*; **3.** *(Entfernung)* retiro *m*
Raupe ['raupə] *f* **1.** *TECH* oruga *f*; **2.** *ZOOL* oruga *f*
Raureif ['rauraɪf] *m* escarcha *f*
Rausch [rauʃ] *m* **1.** *(Alkoholrausch)* borrachera *f*, ebriedad *f*, embriaguez *f*; *seinen ~ ausschlafen* dormir la mona; **2.** *(Begeisterungsrausch)* entusiasmo *m*, emoción *f*, fervor *m*
rauschen ['rauʃən] *v* **1.** *(Blätter)* susurrar; **2.** *(Bach)* murmurar
Rauschgift ['rauʃgɪft] *n* estupefaciente *m*, droga *f*
Rauschgifthandel ['rauʃgɪfthandəl] *m* tráfico de estupefacientes *m*, tráfico de drogas *m*
rauschgiftsüchtig ['rauʃgɪftzyçtɪç] *adj* toxicómano, drogadicto
räuspern ['rɔyspɐn] *v* carraspear, aclararse la garganta
Raute ['rautə] *f MATH* rombo *m*
rautenförmig ['rautənfœrmɪç] *adj* rómbico, rombal
Razzia ['ratsia] *f* batida *f*, redada *f*
Reagenzglas [rea'gɛntsglaːs] *n* probeta *f*, tubo de ensayo *m*
reagieren [rea'giːrən] *v* reaccionar
Reaktion [reak'tsjoːn] *f* reacción *f*
reaktionär [reaktsjo'nɛːɐ] *adj POL* reaccionario, ultraconservador
Reaktor [re'aktoːɐ] *m* reactor *m*, central nuclear *f*
real [re'aːl] *adj* **1.** real; *adv* **2.** realmente, efectivamente
realisieren [reali'ziːrən] *v* realizar, ejecutar
Realisierung [reali'ziːruŋ] *f* realización *f*, ejecución *f*
Realismus [rea'lɪsmus] *m* realismo *m*
Realist(in) [rea'lɪst(ɪn)] *m/f* realista *m/f*
realistisch [rea'lɪstɪʃ] *adj* **1.** realista; *adv* **2.** realistamente, con realismo

R

Realität [reali'tɛːt] *f* realidad *f*; *Er muss die Dinge so sehen, wie sie in der ~ sind.* Él tiene que abrir los ojos a la realidad.
Rebe ['reːbə] *f BOT* vid *f*
Rebell(in) [re'bɛl(ɪn)] *m/f* rebelde *m/f*, sublevado *m*, insurrecto/insurrecta *m/f*
rebellieren [rebɛ'liːrən] *v* rebelarse, sublevarse
Rebellion [rebɛ'ljoːn] *f* rebelión *f*, sublevación *f*, insurrección *f*
rebellisch [re'bɛlɪʃ] *adj* **1.** rebelde, insurrecto; *adv* **2.** con rebeldía
Rebhuhn ['reːphuːn] *n ZOOL* perdiz *f*
Rechen ['rɛçən] *m* rastrillo *m*
Rechenschaft ['rɛçənʃaft] *f* justificación *f*, cuenta *f*, explicación *f*; *~ über etw ablegen* dar cuentas de algo; *~ verlangen* pedir cuentas; *jdn zur ~ ziehen* pedir cuentas a alguien
Recherche [re'ʃɛrʃə] *f* averiguación *f*, investigación *f*
recherchieren [reʃɛr'ʃiːrən] *v* averiguar, investigar
rechnen ['rɛçnən] *v* calcular, computar
Rechner ['rɛçnɐ] *m* calculadora *f*
Rechnung ['rɛçnuŋ] *f* **1.** *ECO* cuenta *f*, factura *f*, nota *f*; *Die ~ bitte!* ¡La cuenta, por favor! *die ~ ohne den Wirt machen (fig)* no contar con el huésped; *mit jdm eine ~ begleichen* arreglar las cuentas con alguien; *einer Sache ~ tragen* tener en cuenta algo; *Diese ~ geht nicht auf!* ¡La cuenta no sale! **2.** *MATH* cálculo *m*, operación aritmética *f*
recht [rɛçt] *adj* justo, recto; *Ist es ~ so?* ¿Le parece bien así? *alles, was ~ ist* hay que ser justo/justicia ante todo; *jdm etw ~ machen* contentar a alguien
Recht [rɛçt] *n* **1.** derecho *m*; *Es ist sein gutes ~.* Está en su derecho. *~ sprechen* administrar la justicia; *seine ~e fordern* reclamar sus derechos; *zu ~* con razón; **2.** *(Erlaubnis)* autorización *f*; **3.** *~ haben* tener razón; *~ behalten* tener razón; *jdm ~ geben* darle la razón a alguien
rechte(r,s) ['rɛçtə(ɐ,əs)] *adj* derecho
Rechteck ['rɛçtɛk] *n* rectángulo *m*
rechteckig ['rɛçtɛkɪç] *adj* rectangular
rechtfertigen ['rɛçtfɛrtɪgən] *v* justificar
Rechtfertigung ['rɛçtfɛrtɪguŋ] *f* justificación *f*
rechthaberisch ['rɛçthaːbɐrɪʃ] *adj* ergotista; *~ sein* querer siempre tener razón
rechtlich ['rɛçtlɪç] *adj* **1.** *JUR* jurídico; *adv* **2.** *JUR* jurídicamente, por vía jurídica
rechtmäßig ['rɛçtmɛːsɪç] *adj* **1.** legítimo, legal; *adv* **2.** legítimamente
rechts [rɛçts] *adv* a la derecha, por la derecha; *weder ~ noch links schauen* no mirar ni a derecha ni a izquierda
Rechtsanwalt ['rɛçtsanvalt] *m JUR* abogado *m*
Rechtsanwältin ['rɛçtsanvɛːltin] *f JUR* abogada *f*
rechtschaffen ['rɛçtʃafən] *adj* **1.** honrado, honesto, íntegro, justo; *adv* **2.** como es debido, honestamente
Rechtschreibreform ['rɛçtʃraɪbrefɔrm] *f* reforma ortográfica *f*
Rechtschreibung ['rɛçtʃraɪbuŋ] *f* ortografía *f*
Rechtsextremist(in) ['rɛçtsɛkstremɪst(ɪn)] *m/f POL* ultraderechista *m/f*, reaccionario *m*, ultra *m/f*
Rechtshänder(in) ['rɛçtshɛndɐ(rɪn)] *m/f* persona que escribe con la diestra *f*, diestro *m*
rechtskräftig ['rɛçtskrɛːftɪç] *adj JUR* válido, legal
Rechtsmittel ['rɛçtsmɪtəl] *n JUR* recurso *m*
Rechtsprechung ['rɛçtʃprɛçuŋ] *f JUR* jurisprudencia *f*
Rechtsstaat ['rɛçtsʃtaːt] *m* Estado constitucional *m*, Estado de derecho *m*
Rechtsweg ['rɛçtsveːk] *m JUR* vía judicial *f*
rechtswidrig ['rɛçtsviːdrɪç] *adj* **1.** *JUR* ilegal; *adv* **2.** *JUR* ilegalmente
rechtwinklig ['rɛçtvɪŋklɪç] *adj* rectangular
rechtzeitig ['rɛçttsaɪtɪç] *adj* **1.** oportuno; *adv* **2.** a tiempo, oportunamente
Reck [rɛk] *n SPORT* barra fija *f*
recken ['rɛkən] *v sich ~* estirarse
recyceln [ri'saɪkəln] *v* reciclar
Recycling [ri'saɪklɪŋ] *n* reciclaje *m*, reciclado *m*, recuperación del material usado *f*
Redakteur(in) [redak'tøːɐ(-rɪn)] *m/f* redactor(a) *m/f*

R

Redaktion [redak'tsjoːn] *f* redacción *f*
Rede ['reːdə] *f* discurso *m*, alocución *f*, mensaje *m; jdm ~ und Antwort stehen* rendir cuentas a alguien; *jdm in die ~ fallen* interrumpir a alguien
reden ['reːdən] *v* hablar, pronunciar un discurso; *mit sich ~ lassen* ser tratable; *von sich ~ machen* llamar mucho la atención/dar lugar a comentarios/levantar mucho polvo *(fam)*; *~ wie ein Buch* hablar como un sacamuelas
Redensart ['reːdənsaɐt] *f* locución *f*, modo de hablar *m*
Redewendung ['reːdəvɛnduŋ] *f* giro *m*, locución *f*, expresión idiomática *f*
redlich ['reːtlɪç] *adj* **1.** *(anständig)* honrado, honesto, recto, de buena fe; **2.** *(viel)* mucho; *adv* **3.** *(sehr)* mucho
Redlichkeit ['reːtlɪçkaɪt] *f* honradez *f*, honestidad *f*, rectitud *f*, buena fe *f*
Redner(in) ['reːdnɐ(rɪn)] *m/f* orador(a) *m/f*
Rednerpult ['reːdnɐpult] *n* púlpito de oradores *m*
reduzieren [redu'tsiːrən] *v* reducir, acortar, disminuir
Reederei [reːdɐ'raɪ] *f* compañía naviera *f*
reell [re'ɛl] *adj* **1.** real; *adv* **2.** realmente
Referat [refe'raːt] *n* informe *m*, exposición *f*, ponencia *f*
Referendar(in) [referɛn'daːɐ(-rɪn)] *m/f* JUR pasante de abogado *m*, licenciado en derecho/licenciada en derecho *m/f*
Referendum [refe'rɛndum] *n* POL referéndum *m*
Referent(in) [refe'rɛnt(ɪn)] *m/f* **1.** *(im Parlament)* ponente *m/f*; **3.** *(Vortragende(r))* relator(a) *m/f*, informante *m/f*
Referenz [refe'rɛnts] *f* referencia *f*
reflektieren [reflɛk'tiːrən] *v* **1.** *(zurückstrahlen)* reflejar, reflectar; **2.** *(nachdenken)* reflexionar, meditar, cavilar
Reflex [re'flɛks] *m* reflejo *m*, reflexión *f*
Reform [re'fɔrm] *f* reforma *f*
Reformation [refɔrma'tsjoːn] *f* REL reforma *f*
Reformhaus [re'fɔrmhaus] *n* tienda de productos de régimen *f*
reformieren [refɔr'miːrən] *v* reformar
Regal [re'gaːl] *n* estante *m*, estantería *f*, anaquel *m*
rege ['reːgə] *adj* **1.** activo, animado; *adv* **2.** activamente
Regel ['reːgəl] *f* **1.** regla *f*; *nach allen ~n der Kunst* como es debido; **2.** *(Menstruation)* regla *f*, menstruación *f*, período *m*
regelmäßig ['reːgəlmɛːsɪç] *adj* **1.** regular; *adv* **2.** regularmente, con regularidad
regeln ['reːgəln] *v* regular
regelrecht ['reːgəlrɛçt] *adj (fam)* casi; *Das war ein ~es Kunststück.* Por poco es una obra de arte.
Regelung ['reːgəluŋ] *f* regularización *f*, regulación *f*, reglamentación *f*
Regelwerk ['reːgəlvɛrk] *n* código *m*
regen ['reːgən] *v sich ~* moverse, realizar un movimiento
Regen ['reːgən] *m* lluvia *f*; *jdn im ~ stehen lassen (fig)* dejar a alguien en la estacada; *vom ~ in die Traufe kommen* ir de mal en peor
Regenbogen ['reːgənboːgən] *m* arco iris *m*
Regenbogenfarben ['reːgənboːgənfarbən] *f/pl* colores del arco iris *m/f*; *in allen ~ schillern* despedir reflejos iridiscentes
Regenbogenpresse ['reːgənboːgənprɛsə] *f* prensa del corazón *f*
Regenmantel ['reːgənmantəl] *m* impermeable *m*
Regenschirm ['reːgənʃɪrm] *m* paraguas *m*
Regenwald ['reːgənvalt] *m* pluviselva *f*, selva tropical *f*
Regenzeit ['reːgəntsaɪt] *f* estación de las lluvias *f*, tiempo de lluvias *m*
Regie [re'ʒiː] *f* CINE dirección *f*
regieren [re'giːrən] *v* **1.** *(Kanzler)* POL gobernar; **2.** *(König)* POL reinar
Regierung [re'giːruŋ] *f* POL gobierno *m*, administración *f*
Regierungssprecher [re'giːruŋsʃprɛçɐ] *m* POL portavoz gubernamental *m*
Regime [re'ʒiːm] *n* POL régimen *m*
Regiment [regi'mɛnt] *n* MIL regimiento *m*; *das ~ führen* llevar la batuta/ejercer el mando
Region [re'gjoːn] *f* región *f*, zona *f*
regional [regjo'naːl] *adj* regional
Regisseur(in) [reʒi'søːɐ(-rɪn)] *m/f* CINE director(a) de cine *m/f*
Register [re'gɪstɐ] *n* registro *m*, asiento *m*

R

registrieren [regɪs'tri:rən] *v* registrar
Regler ['re:glɐ] *m TECH* regulador *m*
regnen ['re:gnən] *v* llover; *Es regnet in Strömen.* Llueve a cántaros. *wie aus Kübeln ~* llover a cántaros
Regress [re'grɛs] *m JUR* recurso *m*
regulär [regu'lɛ:ɐ] *adj* **1.** regular, ajustar; *adv* **2.** regularmente
Regulierung [regu'li:ruŋ] *f* regulación *f*
Regung ['re:guŋ] *f* **1.** *(Bewegung)* movimiento *m;* **2.** *(Gefühlsregung)* sentimiento *m*
regungslos ['re:guŋslo:s] *adj* inmóvil, inerte
Reh [re:] *n ZOOL* corzo *m*
Rehabilitation [rehabilita'tsjo:n] *f* rehabilitación *f*
rehabilitieren [rehabili'ti:rən] *v* rehabilitar
Rehrücken ['re:rykən] *m GAST* lomo de corzo *m*
reiben ['raɪbən] *v irr* **1.** frotar, sobar, restregar; *v irr* **2.** *(zerkleinern)* rallar
Reibung ['raɪbuŋ] *f* frotación *f,* fricción *f*
reich [raɪç] *adj* rico
Reich [raɪç] *n* imperio *m*
reichen ['raɪçən] *v* **1.** *(geben)* dar, pasar, alcanzar; **2.** *(aus~)* alcanzar, ser suficiente, bastar; *Ich weiß nicht, ob das Geld reicht.* No sé si me alcanza el dinero. *Mir reicht es!* ¡Ya no lo soporto más!/¡Ya estoy harto! **3.** *(sich erstrecken)* extenderse
reichlich ['raɪçlɪç] *adj* **1.** abundante, copioso; *adv* **2.** abundantemente
Reichtum ['raɪçtu:m] *m* riqueza *f*
Reichweite ['raɪçvaɪtə] *f* alcance *m*
reif [raɪf] *adj* maduro; *für etw ~ sein* merecerse algo
Reife ['raɪfə] *f* **1.** *(von Obst)* sazón *f;* **2.** *(fig)* madurez *f*
reifen ['raɪfən] *v* madurar, sazonar
Reifen ['raɪfən] *m* neumático *m,* rueda *f,* llanta *f (LA)*
Reifenpanne ['raɪfənpanə] *f* pinchazo *m,* reventón *m (LA)*
reiflich ['raɪflɪç] *adj* **1.** maduro; *adv* **2.** con madurez, maduramente
Reihe ['raɪə] *f* **1.** *(von Dingen)* hilera *f; etw auf die ~ bringen* poner algo en orden; *jdn aus der ~ bringen* confundir a alguien; *außer der ~* fuera de turno; *der ~ nach* por turnos/por orden/por partes; *an die ~ kommen* tocar el turno; **2.** *(von Menschen)* fila *f,* cola *f; in Reih und Glied* en fila; *aus der ~ tanzen* salirse de lo común/salirse de lo corriente; **3.** *(Serie)* serie *f*
Reihenfolge ['raɪənfɔlgə] *f* serie *f,* sucesión *f,* orden de sucesión *m*
Reim [raɪm] *m LIT* rima *f; sich keinen ~ auf etw machen* no poder entender algo
rein[1] [raɪn] *adj* **1.** *(sauber)* limpio, pulcro, aseado; *mit jdm ins Reine kommen* ponerse en claro con alguien/arreglarse con alguien; *etw ins Reine schreiben* escribir algo en limpio; **2.** *(unverfälscht)* puro, genuino, verdadero; **3.** *(echt)* legítimo, auténtico; **4.** *(klar)* claro
rein[2] *(siehe „herein", „hinein")*
reinigen ['raɪnɪgən] *v* limpiar, purificar
Reinigung ['raɪnɪguŋ] *f* **1.** *(Reinigen)* limpieza *f,* purificación *f;* **2.** *(Geschäft)* tintorería *f*
Reinigungsmittel ['raɪnɪguŋsmɪtəl] *n* detergente *m,* producto de limpieza *m*
reinlich ['raɪnlɪç] *adj* limpio, aseado
Reis [raɪs] *m BOT* arroz *m*
Reise ['raɪzə] *f* viaje *m; seine letzte ~ antreten (fig)* hacer su último viaje
Reisebüro ['raɪzəbyro:] *n* agencia de viajes *f*
Reiseführer ['raɪzəfy:rɐ] *m (Buch)* guía *f*
Reiseführer(in) ['raɪzəfy:rɐ(rɪn)] *m/f (Person)* guía *m/f*
reisen ['raɪzən] *v ~ nach* viajar a, hacer un viaje a
Reisende(r) ['raɪzəndə(-ɐ)] *m/f* viajero/viajera *m/f*
Reisepass ['raɪzəpas] *m* pasaporte *m*
Reiseroute ['raɪzəru:tə] *f* itinerario *m*
reißen ['raɪsən] *v irr* **1.** *(zer~)* romper, rasgar, desgarrar; **2.** *(ziehen)* tirar de, jalar *(LA)*
Reißverschluss ['raɪsfɛɐʃlus] *m* cremallera *f,* cierre *m (LA)*
Reißzwecke ['raɪstsvɛkə] *f* chincheta *f*
reiten ['raɪtən] *v irr* cabalgar, montar a caballo
Reiter(in) ['raɪtɐ(rɪn)] *m/f* jinete *m*
Reiz [raɪts] *m* **1.** *(~ung)* irritación *f;*

2. *(Anreiz)* estímulo *m,* aliciente *m,* incentivo *m;* 3. *(Anmut)* gracia *f,* atractivo *m,* encanto *m*
reizbar ['raɪtsbaːɐ] *adj* exitable, irritable
reizen ['raɪtsən] *v* 1. *(irritieren)* irritar; 2. *(anregen)* estimular, incentivar; 3. *(herausfordern)* retar, desafiar
reizend ['raɪtsənt] *adj* 1. encantador, atractivo, bonito; *adv* 2. atractivamente
reizlos ['raɪtsloːs] *adj* sin atractivo, sin gracia
Reizung ['raɪtsuŋ] *f* irritación *f*
reizvoll ['raɪtsfɔl] *adj* lleno de atractivos, encantador, seductor
Reklamation [reklama'tsjoːn] *f* reclamación *f*
Reklame [re'klaːmə] *f* publicidad *f,* propaganda *f (LA)*
reklamieren [rekla'miːrən] *v* reclamar
rekonstruieren [rekɔnstru'iːrən] *v* reconstruir
Rekord [re'kɔrt] *m* récord *m,* marca *f*
Rekrut [re'kruːt] *m MIL* recluta *m*
Rektor(in) ['rɛktoːɐ/rɛk'toːrɪn] *m/f* rector(a) *m/f*
relativ [rela'tiːf] *adj* 1. relativo; *adv* 2. relativamente
Relief [rɛl'jɛf] *n ART* relieve *m*
religiös [reli'gjøːs] *adj* religioso
Religion [reli'gjoːn] *f* religión *f*
Religionsfreiheit [reli'gjoːnsfraɪhaɪt] *f* libertad de culto *f,* libertad de religión *f*
Renaissance [rənɛ'sãːs] *f HIST* Renacimiento *m*
Rendezvous [rãde'vuː] *n* cita *f*
Rennbahn ['rɛnbaːn] *f* 1. *(Pferderennbahn)* hipódromo *m;* 2. *(Autorennbahn)* autódromo *m;* 3. *(Radrennbahn)* velódromo *m*
rennen ['rɛnən] *v irr* correr, trotar
Rennen ['rɛnən] *n* carrera *f; das ~ machen* salir ganador/ganar la carrera
Rennfahrer(in) ['rɛnfaːrɐ(rɪn)] *m/f* corredor(a) *m/f,* piloto de carrera *m/f*
Rennrad ['rɛnraːt] *n* bicicleta de carrera *f*
Rennwagen ['rɛnvaːgən] *m* coche de carrera *m,* auto de carrera *m*
renommiert [renɔ'miːɐt] *adj* afamado, renombrado, famoso, célebre
renovieren [reno'viːrən] *v* renovar, restaurar
Renovierung [reno'viːruŋ] *f* renovación *f,* restauración *f*
rentabel [rɛn'taːbəl] *adj* rentable
Rentabilität [rɛntabili'tɛːt] *f ECO* rentabilidad *f,* productividad *f*
Rente ['rɛntə] *f* pensión de vejez *f,* jubilación *f*
Rentenversicherung ['rɛntənfɛɐzɪçəruŋ] *f* seguro de pensiones *m*
rentieren [rɛn'tiːrən] *v sich ~* ser rentable, valer la pena *(fam)*
Rentner(in) ['rɛntnɐ(rɪn)] *m/f* pensionista *m/f*
Reparatur [repara'tuːɐ] *f* reparación *f,* compostura *f*
Reparaturwerkstatt [repara'tuːɐvɛrkʃtat] *f* taller de reparaciones *m*
reparieren [repa'riːrən] *v* reparar, arreglar
Reportage [repɔr'taːʒə] *f* reportaje *m*
Reporter(in) [re'pɔrtɐ(rɪn)] *m/f* reportero, reportera *m/f*
repräsentieren [reprezɛn'tiːrən] *v* representar
Reproduktion [reproduk'tsjoːn] *f* reproducción *f*
Republik [repu'bliːk] *f* república *f*
Requisiten [rekvi'ziːtən] *pl* requisitos *m/pl*
Reserve [re'zɛrvə] *f* 1. *(Rücklage)* reserva *f; stille ~n* reservas ocultas *f/pl;* 2. *(Zurückhaltung)* cautela *f,* discreción *f; jdn aus der ~ locken* sacar de la reserva a alguien
Reservereifen [re'zɛrvəraɪfən] *m (eines Autos)* ruedas de repuesto *f/pl,* llantas de repuesto *f/pl (LA)*
reservieren [rezɛr'viːrən] *v* reservar
Resignation [rezɪgna'tsjoːn] *f* resignación *f*
resignieren [rezɪg'niːrən] *v* resignarse
resolut [rezo'luːt] *adj* 1. resoluto, enérgico, decidido; *adv* 2. enérgicamente, con resolución
Respekt [rɛ'spɛkt] *m* respeto *m,* deferencia *f,* veneración *f*
respektieren [rɛspɛk'tiːrən] *v* respetar, venerar
respektlos [rɛs'pɛktloːs] *adj* 1. irrespetuoso, sin respeto; *adv* 2. irrespetuosamente

respektvoll [rɛs'pɛktfɔl] *adj* 1. respetuoso; *adv* 2. respetuosamente
Rest [rɛst] *m* resto *m; der ~ der Welt* el resto del mundo *m*
Restaurant [rɛsto'rãː] *n* restaurante *m*
restaurieren [rɛstau'riːrən] *v* restaurar
restlich ['rɛstlıç] *adj* restante
restlos ['rɛstloːs] *adj* 1. entero, completo, total; *adv* 2. completamente, totalmente
Resultat [rezul'taːt] *n* resultado *m,* efecto *m*
resultieren [rezul'tiːrən] *v* resultar
Retorte [re'tɔrtə] *f* retorta *f*
Retrospektive [retrospɛk'tiːvə] *f* retrospectiva *f*
retten ['rɛtən] *v* salvar, poner a salvo; *noch zu ~ sein* estar chiflado/estar loco de remate
Retter(in) ['rɛtɐ(rın)] *m/f* salvador(a) *m/f*
Rettung ['rɛtuŋ] *f* salvación *f,* salvamento *m,* auxilio *m*
Rettungsboot ['rɛtuŋsboːt] *n* bote salvavidas *m*
Rettungsring ['rɛtuŋsrıŋ] *m* salvavidas *m/pl*
Rettungsschwimmer(in) ['rɛtuŋsʃvımɐ(rın)] *m/f* socorrista *m/pl*
Rettungswagen ['rɛtuŋsvaːgən] *m* ambulancia *f*
Rettungsweste ['rɛtuŋsvɛstə] *f* chaleco salvavidas *m*
Reue ['rɔyə] *f* arrepentimiento *m*
reumütig ['rɔymyːtıç] *adj* 1. arrepentido; *adv* 2. con arrepentimiento, muy arrepentido
Revanche [re'vãːʃ] *f* desquite *m,* revancha *f,* venganza *f*
revanchieren [revã'ʃiːrən] *v* 1. *sich ~ für (sich rächen)* desquitarse de, vengarse de; 2. *sich ~ (erwidern)* corresponder a, devolver
Revier [re'viːɐ] *n* 1. *(Gebiet)* territorio *m,* zona *f;* 2. *(Polizeirevier)* distrito de policía *m,* comisaría *f*
Revision [revi'zjoːn] *f* revisión *f,* chequeo *m,* control *m*
Revolution [revɔlu'tsjoːn] *f* revolución *f,* movimiento revolucionario *m*
revolutionär [revɔlutsjo'nɛːɐ] *adj* revolucionario

Revolver [re'vɔlvɐ] *m* revólver *m*
Revue [re'vy] *f etw ~ passieren lassen* pasar revista a algo
Rezept [re'tsɛpt] *n* 1. GAST receta *f;* 2. MED receta *f,* prescripción médica *f*
rezeptpflichtig [re'tsɛptpflıçtıç] *adj* de prescripción obligatoria
Rezession [retsɛ'sjoːn] *f* ECO recesión *f*
Rhabarber [ra'barbɐ] *m* BOT rabárbaro *m,* ruibarbo *m*
Rhein [raın] *m* GEO Rin *m*
Rhesusfaktor ['reːzusfaktoːɐ] *m* MED factor Rhesus *m,* factor Rh *m*
Rheuma ['rɔyma] *n* MED reuma *m*
Rhythmus ['rytmus] *m* ritmo *m*
richten ['rıçtən] *v* 1. *(in Ordnung bringen)* ordenar, arreglar; 2. *(her~)* disponer, preparar; 3. *(urteilen)* juzgar; 4. *(wenden an)* dirigirse a
Richter(in) ['rıçtɐ(rın)] *m/f* JUR juez *m/f*
richtig ['rıçtıç] *adj* 1. correcto, preciso, exacto, justo, bueno; *nicht ganz ~ sein* no ser normal del todo/no estar muy bien de la cabeza; *adv* 2. correctamente; *~ stellen* rectificar, corregir
Richtigkeit ['rıçtıçkaıt] *f* rectitud *f,* corrección *f; seine ~ haben* ser cierto/estar en regla/estar en orden
Richtung ['rıçtuŋ] *f* dirección *f*
Richtwert ['rıçtveːɐt] *m* valor indicativo *m*
riechen ['riːçən] *v irr* 1. *an etw ~* oler algo; *jdn nicht ~ können* no poder ver a alguien 2. *~ nach* oler a, despedir un olor a
Riegel ['riːgəl] *m* cerrojo *m; etw einen ~ vorschieben (fig)* poner fin a algo
Riemen ['riːmən] *m* correa *f; sich am ~ reißen* hacer un esfuerzo; *sich in die ~ legen (fig)* esforzarse; *den ~ enger schnallen* apretarse el cinturón
Riese ['riːzə] *m* gigante *m,* coloso *m*
rieseln ['riːzəln] *v* 1. *(Wasser)* correr, fluir; 2. *(Sand)* pasar
riesengroß ['riːzəngroːs] *adj* gigantesco, enorme, colosal
riesig ['riːzıç] *adj* gigantesco
Riff [rıf] *n* arrecife *m*
rigoros [rigo'roːs] *adj* 1. riguroso, severo; *adv* 2. rigurosamente, severamente

Rille ['rɪlə] *f* ranura *f*, estría *f*
Rind ['rɪnt] *n* ZOOL vacuno *m*, res vacuna *f*
Rinde ['rɪndə] *f* **1.** *(Kruste)* corteza *f*; **2.** BOT corteza *f*
Rinderwahnsinn ['rɪndɐvaːnzɪn] *m* MED enfermedad de la vaca loca *f*
Rindfleisch ['rɪntflaɪʃ] *n* GAST carne de vaca *f*, carne de res *f*
Ring [rɪŋ] *m* **1.** *(Schmuck)* anillo *m*, sortija *f*; **2.** *(Kreis)* círculo *m*; **3.** *(Straßenring)* carretera de circunvalación *f*, circunvalación *f*
ringen ['rɪŋən] *v irr* SPORT luchar
ringsherum ['rɪŋshɛrum] *adv* en torno, alrededor, en derredor
Rinne ['rɪnə] *f* **1.** *(Rille)* surco *m*; **2.** *(Bewässerung)* reguera *f*
rinnen ['rɪnən] *v irr* correr, fluir
Rinnsal ['rɪnzaːl] *n* arroyuelo *m*
Rinnstein ['rɪnʃtaɪn] *m* arroyo *m*, acequia *f*
Rippe ['rɪpə] *f* **1.** ANAT costilla *f*; *sich etw nicht aus den ~n schneiden können (fig)* no poder sacrarse algo de las costillas; **2.** GAST chuleta *f*
Risiko ['riːziko] *n* riesgo *m*
riskant [rɪs'kant] *adj* peligroso, arriesgado, aventurado
riskieren [rɪs'kiːrən] *v* arriesgar, exponer, exponerse
Riss [rɪs] *m* rotura *f*, grieta *f*
rissig ['rɪsɪç] *adj* agrietado, rajado
Ritt [rɪt] *m* paseo a caballo *m*, cabalgata *f*
Ritter ['rɪtɐ] *m* caballero *m*
ritterlich ['rɪtɐlɪç] *adj* **1.** caballeresco; *adv* **2.** con caballerosidad
Ritual [ritu'aːl] *n* ritual *m*
Ritze ['rɪtsə] *f* hendidura *f*, rendija *f*
Rivale [ri'vaːlə] *m* rival *m*
Rivalin [ri'vaːlɪn] *f* rival *f*
Rivalität [rivali'tɛːt] *f* rivalidad *f*
Robbe ['rɔbə] *f* ZOOL foca *f*
Robe ['roːbə] *f* **1.** *(Abendrobe)* vestido de noche *m*, vestido de gala *m*; **2.** *(Amtsrobe)* toga *f*
Roboter ['rɔbɔtɐ] *m* robot *m*, autómata *m*
robust [ro'bust] *adj* robusto
Rock [rɔk] *m* falda *f*, pollera *f (LA)*
rodeln ['roːdəln] *v* SPORT lugear
Roggen ['rɔgən] *m* BOT centeno *m*
roh [roː] *adj* **1.** *(nicht gekocht)* crudo; **2.** *(nicht bearbeitet)* bruto; **3.** *(fig)* inculto; *adv* **4.** en bruto
Rohr [roːɐ] *n* **1.** *(Leitung)* tubería *f*, cañería *f*; **2.** BOT caña *f*
Röhre ['røːrə] *f* **1.** *(Rohr)* tubería *f*, cañería *f*; **2.** *(Backröhre)* horno *m*
Rohstoff ['roːʃtɔf] *m* materias primas *f/pl*
Rolle ['rɔlə] *f* **1.** rollo *m*; *von der ~ sein* estar fuera de juego/no poder competir; **2.** THEAT papel *m*, rol *m*; *aus der ~ fallen* dar el cante *(fam)*; *sich in jds ~ hineinversetzen* ponerse en el lugar de alguien
rollen ['rɔlən] *v* rodar, hacer girar; *ins Rollen kommen* marchar/ponerse en movimiento; *etw ins Rollen bringen* poner en marcha algo
Roller ['rɔlɐ] *m* **1.** *(Motorroller)* escúter *m*, scooter *m*; **2.** *(Kinderroller)* patinete *m*
Rollladen ['rɔllaːdən] *m* persiana *f*
Rollschuh ['rɔlʃuː] *m* SPORT patín *m*
Rollstuhl ['rɔlʃtuːl] *m* sillón de ruedas *m*, silla de ruedas *f (LA)*
Rollstuhlfahrer(in) ['rɔlʃtuːlfaːrɐ(rɪn)] *m/f* inválido/inválida *m/f*, paralítico/paralítica *m/f*
Rolltreppe ['rɔltrɛpə] *f* escalera mecánica *f*
Roman [ro'maːn] *m* novela *f*
Romanautor [ro'maːnautoːɐ] *m* novelista *m/f*
romanisch [ro'maːnɪʃ] *adj* ART románico
Romantik [ro'mantɪk] *f* LIT, ART romanticismo *m*
romantisch [ro'mantɪʃ] *adj* **1.** romántico; *adv* **2.** románticamente
Romanze [ro'mantsə] *f* romance *m*
römisch ['røːmɪʃ] *adj* romano
röntgen ['rœntgən] *v* MED radiografiar
Röntgenstrahlen ['rœntgənʃtraːlən] *f/pl* MED rayos X *m/pl*
rosa ['roːza] *adj* rosado, rosa, de color rosa
Rose ['roːzə] *f* BOT rosa *f*; *nicht auf ~n gebettet sein (fig)* no nadar en la abundancia
Rosenkranz ['roːzənkrants] *m* REL rosario *m*
rosig ['roːzɪç] *adj* rosado, rosa

Rosine [ro'ziːnə] *f* pasa *f*; *~n im Kopf haben (fig)* tener pajaritos en la cabeza; *sich die größten ~n herauspicken* llevarse la mejor parte
Rosmarin ['roːsmariːn] *m BOT* romero *m*
Ross [rɔs] *n* caballo *m*; *von seinem hohen ~ herunterkommen (fig)* bajarse del pedestal
Rost[1] [rɔst] *m (Bratrost)* parrilla *f*
Rost[2] [rɔst] *m CHEM* herrumbre *f*, óxido *m*
rosten ['rɔstən] *v* oxidarse; *nicht ~d* inoxidable
rösten ['rœstən] *v* tostar, asar a la parilla
rostfrei ['rɔstfraɪ] *adj* inoxidable
rostig ['rɔstɪç] *adj* oxidado
rot [roːt] *adj* rojo, colorado; *der ~e Faden (fig)* el hilo conductor *m*
Röte ['røːtə] *f* color rojo *m*, rojez *f*
Röteln ['røːtəln] *f MED* rubéola *f*
rotieren [ro'tiːrən] *v* **1.** *(fam)* afanarse, trabajar exageradamente; **2.** *TECH* girar
Rotwein ['roːtvaɪn] *m* vino tinto *m*
Roulade [ru'laːdə] *f GAST* rollo de carne *m*, filete relleno *m*
Route ['ruːtə] *f* ruta *f*, itinerario *m*
Routine [ru'tiːnə] *f* rutina *f*, monotonía *f*
routiniert [ruti'niːɐt] *adj* experimentado, versado, ducho
Rübe ['ryːbə] *f* **1.** *BOT* remolacha *f*; **2.** *(weiß) BOT* nabo *m*; *eins auf die ~ bekommen (fam)* recibir una en la mollera
Rubel ['ruːbəl] *m* rublo *m*; *Der ~ rollt.* Se mueve mucho dinero.
Rubrik [ru'briːk] *f* rúbrica *f*, firma *f*
ruckartig ['rukaːɐtɪç] *adj* **1.** brusco; *adv* **2.** bruscamente, de golpe
Rückblende ['rykblɛndə] *f* **1.** retrospectiva *f*; **2.** *(im Kino)* flashback *m*
rückblickend ['rykblɪkənt] *adj* retrospectivo
rücken ['rykən] *v* mover, empujar, correr
Rücken ['rykən] *m ANAT* espalda *f*; *mit dem ~ zur Wand stehen* estar entre la espalda y la pared; *sich den ~ frei halten* declinar la responsabilidad; *jdm den ~ stärken* cubrirle a alguien las espaldas/respaldar a alguien; *jdm den ~ kehren* volver la espalda a alguien; *hinter jds ~* a espaldas de alguien
Rückenschmerzen ['rykənʃmɛrtsən] *pl MED* dolores de espalda *m/pl*
rückerstatten ['rykɛɐʃtatən] *v* restituir, devolver
rückfällig ['rykfɛlɪç] *adj* **1.** *JUR* reincidente; **2.** *MED* recidivante
Rückfahrkarte ['rykfaːɐkartə] *f* billete de ida y vuelta *m*
Rückfahrt ['rykfaːɐt] *f* viaje de vuelta *m*, viaje de regreso *m*
Rückfall ['rykfal] *m MED* recaída *f*, recidiva *f*
Rückgabe ['rykgaːbə] *f* devolución *f*, restitución *f*, vuelta *f*
Rückgang ['rykgaŋ] *m* disminución *f*, retroceso *m*, descenso *m*, baja *f*
rückgängig ['rykgɛŋɪç] *adj ~ machen* anular, rescindir
Rückgrat ['rykgraːt] *n ANAT* columna vertebral *f*, espina dorsal *f*; *~ haben (fig)* tener agallas *(fam)*
Rückhalt ['rykhalt] *m* respaldo *m*, apoyo *m*, sostén *m*
rückhaltlos ['rykhaltloːs] *adj* **1.** sin reserva, franco, incondicional; *adv* **2.** sin reservas, francamente, incondicionalmente
Rückkehr ['rykkeːɐ] *f* regreso *m*, vuelta *f*
rückläufig ['ryklɔyfɪç] *adj* retrógrado, regresivo
Rücklicht ['ryklɪçt] *n* luz trasera *f*
Rücknahme ['ryknaːmə] *f* recogida *f*, retirada *f*
Rucksack ['rukzak] *m* mochila *f*
Rückschlag ['rykʃlaːk] *m* contragolpe *m*
Rückseite ['rykzaɪtə] *f* parte posterior *f*, parte trasera *f*, parte de atrás *f*
Rücksicht ['rykzɪçt] *f* consideración *f*, deferencia *f*; *ohne ~ auf Verluste* sin consideración de pérdidas/sin detenerse ante nada; *auf jdn ~ nehmen* tener consideración con alguien
rücksichtslos ['rykzɪçtsloːs] *adj* **1.** inconsiderado, desconsiderado; *adv* **2.** inconsideradamente, sin consideración
rücksichtsvoll ['rykzɪçtsfɔl] *adj* **1.** considerado, atento; *adv* **2.** con consideración, consideradamente
Rücksitz ['rykzɪts] *m (im Auto)* asiento trasero *m*
Rücksprache ['rykʃpraːxə] *f* consulta *f*; *mit jdm ~ halten* ponerse al habla con alguien/consultarse con alguien

Rückstand ['rykʃtant] *m* **1.** *(Rest)* remanente *m,* resto *m;* **2.** *(Abfallprodukt)* residuo *m,* restos *m/pl*

rückständig ['rykʃtɛndɪç] *adj* **1.** *(Zahlung)* atrasado, pendiente; **2.** *(fig: überholt)* anticuado, pasado de moda

Rücktritt ['ryktrɪt] *m* **1.** *(Amtsniederlegung)* dimisión *f,* renuncia *f;* **2.** *(beim Fahrrad)* contrapedal *m*

rückwärts ['rykvɛrts] *adv* para atrás, hacia atrás

rückwirkend ['rykvɪrkənt] *adj* retroactivo

Rückzahlung ['ryktsa:luŋ] *f* reembolso *m,* reintegro *m*

Rückzug ['ryktsu:k] *m* retirada *f,* repliegue *m*

Rudel ['ru:dəl] *n* manada *f*

Ruder ['ru:dɐ] *n* **1.** *(Riemen)* remo *m;* **2.** *(Steuerruder)* timón *m; ans ~ kommen (fig)* llegar a gobernar/subir al poder; *am ~ sein* estar gobernando

Ruderboot ['ru:dɐbo:t] *n* bote de remos *m*

rudern ['ru:dɐn] *v* remar

Ruf [ru:f] *m* **1.** grito *m,* llamada *f;* **2.** *(Ansehen)* fama *f,* reputación *f;* **3.** *(Aufforderung)* exhortación *f*

rufen ['ru:fən] *v irr jdn ~* llamar a alguien; *wie ge~ kommen* venir como anillo al dedo

Rufname ['ru:fna:mə] *m* nombre de pila *m*

Rufnummer ['ru:fnumɐ] *f* número de teléfono *m*

Rüge ['ry:gə] *f* reprimenda *f,* reprensión *f*

rügen ['ry:gən] *v* reprender a alguien, reñir a alguien

Ruhe ['ru:ə] *f* **1.** *(Stille)* calma *f,* tranquilidad *f,* quietud *f; die ~ vor dem Sturm* la calma que precede a la tempestad *f; die ~ selbst sein* ser la tranquilidad personificada; *jdn aus der ~ bringen* hacer perder la calma a alguien; *~ geben* estar callado/estar tranquilo; *seine ~ haben wollen* querer estar solo; *in aller ~* con toda calma/con toda tranquilidad; **2.** *(Ausruhen)* descanso *m,* reposo *m; (Bewegungslosigkeit)* inmovilidad *f,* inercia *f,* inacción *f;* **4.** *(Frieden)* paz *f; Lass mich in ~!* ¡Déjame en paz! **5.** *jdn zur letzten ~ geleiten* acompañar a alguien en su entierro; **6.** *sich zur ~ setzen* jubilarse

ruhen ['ru:ən] *v* **1.** *(aus~)* descansar, reposar; **2.** *(stillstehen)* no moverse, estar inmóvil; **3.** *(lasten)* recaer sobre, pesar sobre

Ruhestand ['ru:əʃtant] *m* jubilación *f,* retiro *m*

Ruhestätte ['ru:əʃtɛtə] *f* sitio de reposo *m,* lugar de descanso *m*

Ruhetag ['ru:əta:k] *m* día de descanso *m*

ruhig ['ru:ɪç] *adj* **1.** *(still)* calmo, tranquilo, quieto; **2.** *(bewegungslos)* inmóvil, inerte; **3.** *(friedvoll)* apacible, pacífico

Ruhm [ru:m] *m* gloria *f*

rühmen ['ry:mən] *v* elogiar, alabar, glorificar

ruhmreich ['ru:mraɪç] *adj* glorioso

Rührei ['ry:ɐaɪ] *n GAST* huevos revueltos *m/pl*

rühren ['ry:rən] *v* **1.** *(bewegen)* mover; *sich kaum ~ können* no poderse ni mover; **2.** *(um~)* remover, agitar; **3.** *(fig)* conmover, llegar al alma, enternecer

rührend ['ry:rənt] *adj* **1.** conmovedor, que llega al alma, enternecedor; *Das ist ~ von dir.* Es muy amable de tu parte. *adv* **2.** muy conmovedor

rührig ['ry:rɪç] *adj* activo, dinámico

rührselig ['ry:ɐze:lɪç] *adj* sentimental

Rührung ['ry:ruŋ] *f* emoción *f,* enternecimiento *m*

Ruin [ru'i:n] *m* ruina *f,* perdición *f,* decadencia *f*

Ruine [ru'i:nə] *f* ruina *f*

ruinieren [rui'ni:rən] *v* arruinar, echar a perder

rülpsen ['rylpsən] *v* eructar, regoldar

Rumäne [ru'mɛ:nə] *m* rumano *m*

Rumänin [ru'mɛ:nɪn] *f* rumana *f*

Rumänien [ru'mɛ:njən] *n GEO* Rumania *f*

rumänisch [ru'mɛ:nɪʃ] *adj* rumano

Rummel ['ruməl] *m* **1.** *(Lärm)* jaleo *m,* follón *m;* **2.** *(Jahrmarkt)* feria *f*

rumoren [ru'mo:rən] *v* hacer ruido

Rumpf [rumpf] *m* **1.** *(Schiffsrumpf)* casco *m;* **2.** *(Flugzeugrumpf)* fuselaje *m;* **3.** *ANAT* tronco *m*

R

rund [runt] *adj* **1.** redondo; **2.** *(circa)* aproximado
Runde ['rundə] *f* **1.** *(Wettkampf)* asalto *m,* round *m;* **2.** *(Gesellschaft)* tertulia *f;* **3.** *(fig) die ~ machen* rondar/circular; *eine ~ schmeißen* sacar una ronda; *über die ~n bringen* acabar bien; *über die ~n kommen* arreglarse
Rundblick ['runtblɪk] *m* panorama *m,* vista panorámica *f*
Rundfahrt ['runtfaːɐt] *f* vuelta en coche *f,* paseo en coche *m,* circuito *m*
Rundfunk ['runtfuŋk] *m* **1.** *(Übertragung)* radiodifusión *f,* retransmisión radiofónica *f,* radio *f;* **2.** *(Anstalt)* sociedad radiofónica *f,* estación de radiodifusión *f*
Rundfunkgerät ['runtfuŋkgərɛːt] *n* radioreceptor *m,* radio *f*
Rundgang ['runtgaŋ] *m* circuito *m,* vuelta *f*
rundherum ['runthɛrum] *adv* alrededor, en torno
rundlich ['runtlɪç] *adj* redondeado
Rundschreiben ['runtʃraɪbən] *n* circular *f*
runzelig ['runtsəlɪç] *adj* arrugado
runzeln ['runtsəln] *v* arrugar
rüpelhaft ['ryːpəlhaft] *adj* **1.** mal educado, grosero; *adv* **2.** groseramente
ruppig ['rupɪç] *adj* **1.** grosero, rudo, mal educado; *adv* **2.** groseramente, rudamente
Ruß [ruːs] *m* hollín *m*
Russe ['rusə] *m* ruso *m*
Rüssel ['rysəl] *m ZOOL* trompa *f*
Russin ['rusɪn] *f* rusa *f*
russisch ['rusɪʃ] *adj* ruso
Russland ['ruslant] *n GEO* Rusia *f*
rüstig ['rystɪç] *adj* vigoroso, fuerte
rustikal [rusti'kaːl] *adj* rústico, agreste
Rüstung ['rystuŋ] *f* **1.** *(Ritterrüstung)* armadura *f;* **2.** *(Bewaffnung) MIL* armamento *m*
Rute ['ruːtə] *f* **1.** *(Zweig)* vara *f,* varilla *f;* **2.** *(Angelrute)* caña de pescar *f*
Rutschbahn ['rutʃbaːn] *f* deslizadero *m,* tobogán *m*
rutschen ['rutʃən] *v* deslizarse, resbalarse
rutschig ['rutʃɪç] *adj* resbaladizo
rütteln ['rytəln] *v* sacudir, agitar

R

S

Saal [zaːl] *m* sala *f*
Saat [zaːt] *f* siembra *f*, sementera *f*
Sabotage [zabo'taːʒə] *f* sabotaje *m*
sabotieren [zabo'tiːrən] *v* sabotear
Sachanlagen ['zaxanlaːgən] *pl* ECO inversión real *f*
Sachbearbeiter(in) ['zaxbəarbaɪtɐ(rɪn)] *m/f* ECO especialista *m/f*, persona competente *f*
Sachbeschädigung ['zaxbəʃɛːdɪguŋ] *f* daños materiales *m/pl*
Sachbuch ['zaxbuːx] *n* libro especializado *m*, libro de divulgación *m*
sachdienlich ['zaxdiːnlɪç] *adj* pertinente
Sache ['zaxə] *f* **1.** *(Gegenstand)* cosa *f*, objeto *m*; **2.** *(Angelegenheit)* asunto *m*; *zur ~ kommen* ir al grano; *nicht jedermanns ~ sein* no ser algo que guste a todo el mundo; *sich seiner ~ sicher sein* estar seguro de lo suyo; *bei der ~ sein* prestar atención; *nichts zur ~ tun* no hacer al caso; **3.** JUR causa *f*
sachgemäß ['zaxgəmɛːs] *adj* **1.** apropiado, adecuado; *adv* **2.** apropiadamente, adecuadamente
sachkundig ['zaxkundɪç] *adj* experto *m*
sachlich ['zaxlɪç] *adj* **1.** objetivo; *adv* **2.** objetivamente
Sachlichkeit ['zaxlɪçkaɪt] *f* objetividad *f*, realismo *m*
Sachverhalt ['zaxfɛɐhalt] *m* hechos *m/pl*, estado de las cosas *m*
Sachverständige(r) ['zaxfɛɐʃtɛndɪgə(-ɐ)] *m/f* experto/experta *m/f*, perito/perita *m/f*
Sack [zak] *m* saco *m*; *jdn in den ~ stecken (fig)* meter a uno en el bolsillo; *etw im ~ haben* tener algo en la mano/tener algo en el bote; *mit ~ und Pack* con todos los trastos/con toda la familia
Sackgasse ['zakgasə] *f* callejón sin salida *m*
Sadist(in) [za'dɪst(ɪn)] *m/f* sadista *m/f*
säen ['zɛːən] *v* sembrar
Safari [za'faːri] *f* safari *m*
Safe [seɪf] *m* caja fuerte *f*
Saft [zaft] *m* **1.** *(Obstsaft)* zumo *m*, jugo *m* (LA); **2.** *(Bratensaft)* jugo del asado *m*; **3.** *ohne ~ und Kraft (fig)* sin energía
saftig ['zaftɪç] *adj* **1.** jugoso; **2.** *(fig)* picante; **3.** *(Witz)* verde
Sage ['zaːgə] *f* leyenda *f*
Säge ['zɛːgə] *f* TECH sierra *f*
sagen ['zaːgən] *v* decir, manifestar, expresar; *Er hat nicht das Geringste zu ~.* Él no tiene ni voz ni voto. *sage und schreibe* la friolera de; *sich nichts mehr zu ~ haben* no tener nada más que decirse; *sich etw nicht zweimal ~ lassen* no hacer falta que le repitan algo; *etw zu ~ haben* tener algo que decir; *sich von jdm nichts ~ lassen* no dejarse decir nada por alguien/no aceptar ninguna crítica de alguien; *Das ist nicht gesagt.* Eso no puede decirse./Eso no está tan claro. *Das ist zu viel gesagt.* Eso ya es mucho decir.
sägen ['zɛːgən] *v* (a)serrar
sagenhaft ['zaːgənhaft] *adj* **1.** fantástico, digno de ser contado; **2.** *(legendär)* legendario
Sahne ['zaːnə] *f* GAST crema *f*, nata *f*
sahnig ['zaːnɪç] *adj* cremoso
Saison [zɛ'zɔŋ] *f* temporada *f*
Sakrament [zakra'mɛnt] *n* REL sacramento *m*
Sakristei [zakrɪ'staɪ] *f* REL sacristía *f*
Salat [za'laːt] *m* ensalada *f*; *Da haben wir den ~!* ¡Pues sí que estamos frescos!/¡Menuda la tenemos!
Salatschleuder [za'laːtʃlɔydɐ] *f* centrifugadora de ensalada
Salatsoße [za'laːtzoːsə] *f* GAST salsa de ensalada *f*
Salbe ['zalbə] *f* pomada *f*
Salbei ['zalbaɪ] *m* BOT salvia *f*
Saldo ['zaldo] *m* ECO saldo *m*, diferencia *f*
Salmonellen [zalmo'nɛlən] *pl* BIO salmonela *f*
salopp [za'lɔp] *adj* **1.** desenvuelto, despreocupado; *adv* **2.** a la ligera

Salz [zalts] *n* sal *f; jdm nicht das ~ in der Suppe gönnen (fig)* no permitir a alguien hacer nada/no dejar a alguien ni salir a la puerta de la calle; *~ auf jds Wunden streuen* poner a alguien el dedo en la llaga
salzen ['zaltsən] *v irr* salar
salzig ['zaltsɪç] *adj* salado
Salzstange ['zaltsʃtaŋə] *f GAST* palito salado *m*
Salzstreuer ['zaltsʃtrɔyɐ] *m* salero *m*
Salzwasser ['zaltsvasɐ] *n* agua salada *f,* agua de mar *f*
Samen ['za:mən] *m* **1.** *(Saat)* simiente *f;* **2.** *BIO* semen *m,* esperma *m*
sammeln ['zaməln] *v* **1.** recoger, juntar; **2.** *(Geld)* recolectar; **3.** *(Briefmarken)* coleccionar; **4.** *sich ~ (fig)* reunirse, juntarse
Sammler(in) ['zamlɐ(rɪn)] *m/f* coleccionista *m/f*
Sammlung ['zamlʊŋ] *f* **1.** colección *f;* **2.** *(fig: Konzentration)* concentración *f,* agrupación *f*
Samstag ['zamsta:k] *m* sábado *m*
samstags ['zamsta:ks] *adv* los sábados
Samt [zamt] *m* terciopelo *m*
sämtlich ['zɛmtlɪç] *adj* todo, entero, completo
Sanatorium [zana'to:rjum] *n* sanatorio *m*
Sand [zant] *m* arena *f; wie ~ am Meer* como arena en la playa; *auf ~ gebaut haben* haber edificado sobre arena; *etw in den ~ setzen* no lograr algo
Sandale [zan'da:lə] *f* sandalia *f*
Sandbank ['zantbaŋk] *f* banco de arena *m*
sandig ['zandɪç] *adj* arenoso
Sandkasten ['zantkastən] *m* cajón de arena *m*
Sandmännchen ['zantmɛnçən] *n* hombrecillo del sueño *m*
Sandstrand ['zantʃtrant] *m* playa de arena *f*
Sanduhr ['zantu:ɐ] *f* reloj de arena *m/f*
Sandwich ['zɛntvɪtʃ] *n GAST* bocadillo *m,* sándwich *m,* emparedado *m*
sanft [zanft] *adj* suave
sanftmütig ['zanftmy:tɪç] *adj* dulce; *Er ist ein ~er Mensch.* Él es un alma de Dios.
Sänger(in) ['zɛŋɐ(rɪn)] *m/f* cantante *m/f*
sanieren [za'ni:rən] *v* sanear, arreglar
Sanierung [za'ni:rʊŋ] *f* saneamiento *m*
Sanitäter(in) [zani'tɛ:tɐ(rɪn)] *m/f* sanitario/sanitaria *m/f,* enfermero/enfermera *m/f*
Sanktion [zaŋk'tsjo:n] *f* sanción *f*
Sardelle [zar'dɛlə] *f ZOOL* anchoa *f*
Sardine [zar'di:nə] *f ZOOL* sardina *f; wie ~n in der Büchse* como sardinas en lata
Sarg [zark] *m* ataúd *m,* féretro *m,* cajón de muerto *m (LA)*
Sarkasmus [zar'kasmus] *m* sarcasmo *m*
sarkastisch [zar'kastɪʃ] *adj* sarcástico
Satan ['za:tan] *m* Satán *m,* Satanás *m*
Satellit [zatə'li:t] *m* satélite *m*
Satin [za'tɛ̃:] *m* satén *m,* raso *m*
Satire [za'ti:rə] *f LIT* sátira *f*
satt [zat] *adj* satisfecho, lleno, harto; *Ich bin ~.* Estoy satisfecho. *etw ~ haben* estar harto de algo
Sattel ['zatəl] *m* silla de montar *f; jdn aus dem ~ heben (fig)* desbancar a alguien/quitarle el puesto a alguien; *fest im ~ sitzen* tener su posición bien asegurada
satteln ['zatəln] *v* ensillar
sättigen ['zɛtɪgən] *v* **1.** saciar, hartar, satisfacer; **2.** *CHEM* saturar
sättigend ['zɛtɪgənt] *adj* que causa saciedad
Sättigung ['zɛtɪgʊŋ] *f* **1.** saciedad *f;* **2.** *CHEM* saturación *f;* **3.** *ECO* saturación *f*
Satz [zats] *m* **1.** *GRAMM* oración *f;* **2.** *(Druck)* composición *f;* **3.** *(Menge)* contingente *m,* lote *m;* **4.** *SPORT* set *m*
Satzung ['zatsʊŋ] *f* estatuto *m,* reglamento *m*
Satzzeichen ['zatstsaɪçən] *n* signo de puntuación *m*
Sau [zau] *f* **1.** *ZOOL* cerda *f,* marrana *f,* puerca *f,* chancha *f (LA);* **2.** *(fam)* cerdo *m,* guarro *m,* puerco *m,* cochino *m; die ~ rauslassen* dejarse llevar; *jdn zur ~ machen* poner a parir a alguien; *unter aller ~ sein* ser de lo peor
sauber ['zaubɐ] *adj* **1.** limpio; *~ machen* limpiar, asear; **2.** *(Person)* aseado, pulcro
Sauberkeit ['zaubɐkaɪt] *f* limpieza *f,* aseo *m*

Saudi-Arabien [zaudia'raːbjən] *n GEO* Arabia Saudita *f*
sauer ['zauɐ] *adj* **1.** ácido; *jdm Saures geben (fig)* pegar una paliza a alguien; **2.** *(fig: Person)* enojoso, enfadado
Sauerei [zauɐ'raɪ] *f (fam)* marranada *f*, cochinada *f*
Sauerkraut ['zauɐkraut] *n GAST* chucrut, col fermentada *f*
Sauerstoff ['zauɐʃtɔf] *m CHEM* oxígeno *m*
saufen ['zaufən] *v irr* **1.** *(Tier)* beber, tomar agua; **2.** *(fam)* emborracharse, embriagarse
Säufer(in) ['zɔyfɐ(rɪn)] *m/f* borracho/borracha *m/f*
saugen ['zaugən] *v irr* **1.** chupar, succionar; **2.** *(Staub ~)* aspirar
Säugetier ['zɔygətiːɐ] *n ZOOL* mamífero *m*
Säugling ['zɔyklɪŋ] *m* lactante *m*, niño de pecho *m*
Säule ['zɔylə] *f* columna *f*
Saum [zaum] *m* dobladillo *m*, bastilla *f*
säumig ['zɔymɪç] *adj* lento, tardío
Sauna ['zauna] *f* sauna *f*
Säure ['zɔyrə] *f CHEM* ácido *m*
Schabernack ['ʃaːbɐnak] *m* travesura *f*
schäbig ['ʃɛːbɪç] *adj* **1.** *(armselig)* miserable, desgraciado; **2.** *(abgetragen)* raído, gastado, muy usado, andrajoso; **3.** *(fig: mies)* malo, malvado, desgraciado *(LA)*
Schablone [ʃa'bloːnə] *f* patrón *m*, modelo *m*
Schach [ʃax] *n* ajedrez *m*
schachmatt [ʃax'mat] *adj jdn ~ setzen* poner a alguien en jaque mate
Schacht [ʃaxt] *m* galería *f*, túnel *m*
Schachtel ['ʃaxtəl] *f* caja *f*
schade ['ʃaːdə] *adj* lastimoso, lamentable; *Es ist ~, dass ...* Es una lástima que... *Schade!* ¡Qué lástima!/¡Qué pena!
Schädel ['ʃɛːdəl] *m* cráneo *m; sich den ~ einrennen* darse de cabeza contra la pared; *Ihm brummt der ~.* Le duele la cabeza./Tiene la cabeza como un bombo. *(fam)*
schaden ['ʃaːdən] *v* dañar, perjudicar, hacer daño
Schaden ['ʃaːdən] *m* daño *m*, perjuicio *m; zu ~ kommen* sufrir daños
Schadenersatz ['ʃaːdənɛɐzats] *m* indemnización por daños y perjuicios *f*
Schadenfreude ['ʃaːdənfrɔydə] *f* alegría del mal ajeno *f*
schadenfroh ['ʃaːdənfroː] *adj* malicioso, malo; *~ sein* alegrarse del mal ajeno
schadhaft ['ʃaːthaft] *adj* defectuoso, deteriorado
schädigen ['ʃɛːdɪgən] *v* dañar, perjudicar
schädlich ['ʃɛːtlɪç] *adj* nocivo, dañino, perjudicial
Schädling ['ʃɛːtlɪŋ] *m* animal dañino *m*, plaga *f*, parásito *m*
Schadstoff ['ʃaːtʃtɔf] *m* sustancia nociva *f*, sustancia tóxica *f*
Schaf [ʃaːf] *n ZOOL* oveja *f; das schwarze ~ sein (fig)* ser la oveja negra
Schäfchen ['ʃɛːfçən] *n* pequeña oveja *f; seine ~ ins Trockene bringen* hacer su negocio
Schäfer ['ʃɛːfɐ] *m* pastor *m*
Schäferhund ['ʃɛːfɐhunt] *m* perro pastor *m*
Schäferstündchen ['ʃɛːfɐʃtyntçən] *n* hora del amor *f*, hora de la ternura *f*
schaffen[1] ['ʃafən] *v irr (schöpfen)* crear, engendrar, hacer; *für etw wie geschaffen sein* parecer estar hecho para algo
schaffen[2] ['ʃafən] *v* **1.** *(fertig bringen)* lograr, conseguir; **2.** *(arbeiten)* trabajar; *sich an etw zu ~ machen* ponerse a hacer algo; *Damit hat er nichts zu ~.* No tiene nada que ver en ello./No tiene ninguna relación con ello.
Schaffner(in) ['ʃafnɐ(rɪn)] *m/f* revisor(a) *m/f*, controlador(a) de boletos *m/f (LA)*
Schafskäse ['ʃaːfskɛːzə] *m GAST* queso de oveja *m*
Schafwolle ['ʃaːfvɔlə] *f* lana de oveja *f*
Schal [ʃaːl] *m* chal *m*, bufanda *f*
Schale ['ʃaːlə] *f* **1.** *(Schüssel)* fuente *f*, tazón *m;* **2.** *(Umhüllung)* piel *f*, cáscara *f (LA); sich in ~ werfen* ponerse de gala; **3.** *(Eierschale)* cáscara *f*
schälen ['ʃɛːlən] *v* pelar, descascarar
Schalk [ʃalk] *m* pícaro *m*
Schall [ʃal] *m* sonido *m; ~ und Rauch sein* ser como el humo
schalldicht ['ʃaldɪçt] *adj* insonoro, insonorizado

S

schalten ['ʃaltən] *v* **1.** *(ein-, ausschalten)* maniobrar, accionar; **2.** *(Auto)* cambiar de marcha, cambiar de velocidad; **3.** *(fig: begreifen)* caer en la cuenta, darse cuenta

Schalter ['ʃaltɐ] *m* **1.** *(Vorrichtung)* interruptor *m;* **2.** *(Bankschalter)* ventanilla *f*

Schalterhalle ['ʃaltɐhalə] *f* sala de ventanillas *f*

Schaltgetriebe ['ʃaltgətriːbə] *n TECH* caja de cambios *f*

Schalthebel ['ʃalthe:bəl] *m* *(beim Auto)* palanca de cambio de marchas *f,* palanca de cambios de velocidades *f*

Schaltjahr ['ʃaltjaːɐ] *n* año bisiesto *m*

Scham [ʃaːm] *f (~haftigkeit)* vergüenza *f,* pudor *m; vor ~ im Erdboden versinken* caérsele a uno la cara de vergüenza

schämen ['ʃɛːmən] *v sich ~* avergonzarse, tener vergüenza

schamhaft ['ʃaːmhaft] *adj* **1.** púdico, pudoroso, vergonzoso; *adv* **2.** púdicamente, pudorosamente, con vergüenza

schamlos ['ʃaːmloːs] *adj* **1.** impúdico, desvergonzado, sinvergüenza, descarado; *adv* **2.** desvergonzadamente, sin vergüenza; *sich ~ benehmen (fam)* portarse como un sinvergüenza

Schande ['ʃandə] *f* **1.** vergüenza *f; Armut ist keine ~.* Pobreza no es vileza. **2.** *(Entehrung)* deshonra *f*

Schandfleck ['ʃantflɛk] *m* mancilla *f,* deshonra *f,* mancha *f*

schändlich ['ʃɛndlɪç] *adj* **1.** vergonzoso, deshonroso, infame, vil; *adv* **2.** vergonzosamente, infamemente, vilmente

Schandtat ['ʃantta:t] *f* vileza *f,* infamia *f; zu jeder ~ bereit sein* estar dispuesto a todo

Schändung ['ʃɛndʊŋ] *f* **1.** *(Entweihung)* profanación *f;* **2.** *(Vergewaltigung)* violación *f,* estupro *m*

Schar [ʃaːɐ] *f* **1.** *eine ~ von* un grupo grande de *m;* **2.** *(Vogelschar)* bandada *f*

scharenweise ['ʃaːrənvaɪzə] *adv* en grupos, en masa

scharf [ʃarf] *adj* **1.** *(Messer)* afilado, cortante; **2.** *(Gewürz)* picante

schärfen ['ʃɛrfən] *v* afilar, amolar, aguzar

Scharfschütze ['ʃarfʃytsə] *m* tirador de precisión *m,* francotirador *m*

Scharfsinn ['ʃarfzɪn] *m* perspicacia *f,* sutileza *f*

scharfsinnig ['ʃarfzɪnɪç] *adj* sutil, perspicaz

Scharnier [ʃar'niːɐ] *n TECH* bisagra *f,* charnela *f*

Schaschlik ['ʃaʃlɪk] *m GAST* brocheta *f*

Schatten ['ʃatən] *m* sombra *f; nicht über seinen ~ springen können (fig)* mantenerse en sus trece; *nur noch der ~ seiner selbst sein* ser apenas una sombra de lo que fue; *einen ~ auf etw werfen* ensombrecer algo; *in jds ~ stehen* ser ignorado por alguien; *sich vor seinem eigenem ~ fürchten* tener miedo de su propia sombra

Schattierung [ʃa'tiːrʊŋ] *f* sombreado *m,* matiz *m*

schattig ['ʃatɪç] *adj* sombreado, sombrío

Schatz [ʃats] *m* **1.** *(Kostbarkeit)* tesoro *m;* **2.** *(Kosewort)* tesoro *m,* (mi) vida *f,* (mi) amor *m,* cielo *m*

Schatzbrief ['ʃatsbriːf] *m ECO* bono del Tesoro *m*

schätzen ['ʃɛtsən] *v* **1.** *(ungefähr berechnen)* calcular, estimar, tasar; **2.** *(annehmen)* suponer; **3.** *(hoch achten)* apreciar, estimar, respetar

Schätzung ['ʃɛtsʊŋ] *f* **1.** *(ungefähre Berechnung)* cálculo *m,* estimación *f;* **2.** *(Annahme)* suposición *f;* **3.** *(Hochachtung)* aprecio *m,* estima *f,* respeto *m*

schätzungsweise ['ʃɛtsʊŋsvaɪzə] *adv* aproximadamente

Schau [ʃau] *f* aspecto *m,* vista *f; jdm die ~ stehlen* fastidiar a alguien la función; *eine ~ abziehen* montar un número *(fam); etw zur ~ stellen* exhibir algo

schauderhaft ['ʃaudɐhaft] *adj* horrible, espantoso

schauen ['ʃauən] *v* mirar, contemplar

Schauer ['ʃauɐ] *m* **1.** *(Regen)* chubasco *m;* **2.** *(Frösteln)* escalofrío *m;* **3.** *(Schreck)* susto *m,* estremecimiento *m*

Schauergeschichte ['ʃauɐgəʃɪçtə] *f* cuento horripilante *m,* historias de horror *f/pl*

Schaufel ['ʃaufəl] *f* pala *f*

Schaufenster ['ʃaufɛnstɐ] *n* escaparate *m,* vitrina *f,* vidriera *f (LA)*

Schaufensterbummel ['ʃaufɛnstɐbuməl] *m* paseo para mirar escaparates *m*

Schaufensterpuppe ['ʃaufɛnstɐpupə] *f* maniquí *m*
Schaukel ['ʃaukəl] *f* columpio *m*
schaukeln ['ʃaukəln] *v* columpiar, columpiarse
Schaukelpferd ['ʃaukəlpfe:ɐt] *n* caballo de columpio *m*
Schaukelstuhl ['ʃaukəlʃtu:l] *m* mecedora *f*
Schaulustige(r) ['ʃaulustɪgə(-ɐ)] *m/f* curioso/curiosa *m/f*, indiscreto/indiscreta *m/f*
Schaum [ʃaum] *m* espuma *f*
Schaumbad ['ʃaumba:t] *n* baño de espuma *m*
schäumen ['ʃɔymən] *v* espumar, hacer espuma
schäumend ['ʃɔymənt] *adj* espumoso
Schaumgummi ['ʃaumgumi] *m* goma espuma *f*
Schaumkrone ['ʃaumkro:nə] *f* cresta de espuma *f*
Schaumschläger ['ʃaumʃlɛ:gɐ] *m* (*fig*) charlatán *m*, cuentista *m*
Schaumwein ['ʃaumvaɪn] *m* vino espumoso *m*
Schauplatz ['ʃauplats] *m* escenario *m*
schaurig ['ʃaurɪç] *adj* horrible, espantoso
Schauspiel ['ʃauʃpi:l] *n* espectáculo *m*
Schauspieler(in) ['ʃauʃpi:lɐ(rɪn)] *m/f* actor/actriz *m/f*
Schauspielhaus ['ʃauʃpi:lhaus] *n* teatro *m*
Schausteller(in) ['ʃauʃtɛlɐ(rɪn)] *m/f* expositor(a) *m/f*
Scheck [ʃɛk] *m* cheque *m*
Scheckbuch ['ʃɛkbu:x] *n* talonario de cheques *m*, chequera *f* (*LA*)
Scheckkarte ['ʃɛkkartə] *f* tarjeta cheque *f*
Scheibe ['ʃaɪbə] *f* **1.** disco *m*; **2.** (*Wurstscheibe*) rodaja *f*, rebanada *f*; *sich von jdm eine ~ abschneiden können (fig)* poder tomar ejemplo de alguien; **3.** (*Fensterscheibe*) cristal *m*, vidrio *m*
Scheibenwischer ['ʃaɪbənvɪʃɐ] *m* (*eines Autos*) limpiaparabrisas *m*
Scheich [ʃaɪç] *m* jeque *m*
Scheide ['ʃaɪdə] *f* **1.** (*Messerscheide*) vaina *f*; **2.** *ANAT* vagina *f*
scheiden ['ʃaɪdən] *v irr* **1.** separar, dividir; **2.** (*Ehe*) divorciar
Scheidung ['ʃaɪduŋ] *f* divorcio *m*
Schein [ʃaɪn] *m* **1.** (*Licht*) luz *f*, brillo *m*, resplandor *m*; **2.** (*Banknote*) billete *m*, papel moneda *m*; **3.** (*Bescheinigung*) certificado *m*; **4.** (*fig: Anschein*) aspecto *m*, apariencia *f*; *den ~ wahren* salvar las apariencias; *Der ~ trügt.* Las apariencias engañan. *zum ~* en apariencia
scheinbar ['ʃaɪnba:ɐ] *adj* **1.** aparente; *adv* **2.** aparentemente, según parece
Scheinehe ['ʃaɪne:ə] *f* matrimonio ficticio *m*, matrimonio aparente *m*
scheinen ['ʃaɪnən] *v irr* **1.** (*leuchten*) brillar, resplandecer; **2.** (*fig: Anschein haben*) parecer; *Es scheint bald zu regnen.* Parece que va a llover.
scheinheilig ['ʃaɪnhaɪlɪç] *adj* beato, santurrón, mojigato
Scheinheiligkeit ['ʃaɪnhaɪlɪçkaɪt] *f* mojigatería *f*, santurronería *f*
Scheinwerfer ['ʃaɪnvɛrfɐ] *m* **1.** (*eines Autos*) faro *m*; **2.** *CINE* reflector *m*, foco *m*
Scheiße ['ʃaɪsə] *f* (*fam*) mierda *f*
Scheitel ['ʃaɪtəl] *m* **1.** *MATH* vértice *m*; **2.** (*im Haar*) raya *f*; *vom ~ bis zur Sohle* de la cabeza a los pies
scheitern ['ʃaɪtɐn] *v* fracasar
Schelm [ʃɛlm] *m* pícaro *m*
schelmisch ['ʃɛlmɪʃ] *adj* **1.** pícaro, picaresco; *adv* **2.** pícaramente
schelten ['ʃɛltən] *v irr* reprender, reñir, regañar
Schema ['ʃe:ma] *n* esquema *m*; *nach ~ F* de forma rutinaria
schematisch [ʃe'ma:tɪʃ] *adj* **1.** esquemático; *adv* **2.** esquemáticamente, de manera esquemática
Schemel ['ʃe:məl] *m* taburete *m*
schemenhaft ['ʃe:mənhaft] *adj* espectral, fantasmal
schenken ['ʃɛŋkən] *v* regalar, obsequiar, donar; *halb geschenkt sein* ser medio regalado; *sich nichts ~* no dispensarse de nada/no pasarse nada por alto
Schenkung ['ʃɛŋkuŋ] *f JUR* donación *f*
Scherbe ['ʃɛrbə] *f* fragmento *m*, pedazo *m*
Scherbenhaufen ['ʃɛrbənhaufən] *m* añicos *m/pl*
Schere ['ʃe:rə] *f* tijera *f*, tijeras *f/pl*
Schererei [ʃe:rɐ'raɪ] *f* molestia *f*, fastidio *m*

S

Scherz [ʃɛrts] *m* broma *f*, chanceo *m*
scherzen ['ʃɛrtsən] *v* bromear, chancear
scherzhaft ['ʃɛrtshaft] *adj* **1.** de broma, bromista; *adv* **2.** en broma
scheu [ʃɔy] *adj* esquivo, arisco, chúcaro *(LA)*, huraño
Scheu [ʃɔy] *f* esquivez *f*, timidez *f*
scheuen ['ʃɔyən] *v* **1.** *(Pferd)* espantarse, desbocarse; **2.** *(meiden)* rehuir, evitar
Scheuerlappen ['ʃɔyɐlapən] *m* fregador *m*, estropajo *m*
scheuern ['ʃɔyɐn] *v* fregar; *jdm eine ~ (fam)* soltar una a alguien
Scheuklappen ['ʃɔyklapən] *pl* anteojera *f*
Scheune ['ʃɔynə] *f* granero *m*
Scheusal ['ʃɔyza:l] *n* monstruo *m*
scheußlich ['ʃɔyslɪç] *adj* **1.** horrible, terrible, monstruoso; *adv* **2.** sumamente terrible, horrible
Schicht [ʃɪçt] *f* **1.** capa *f*; **2.** *(Klasse)* clase *f*; **3.** *(Arbeitsschicht)* turno *m*
Schichtwechsel ['ʃɪçtvɛksəl] *m* cambio de turno *m*, relevo *m*
schick [ʃɪk] *adj* **1.** elegante, chic; *adv* **2.** elegantemente, muy chic
schicken ['ʃɪkən] *v* enviar, mandar; *Können Sie mir die Sachen ins Hotel ~?* ¿Me puede mandar las cosas al hotel?
schicklich ['ʃɪklɪç] *adj* **1.** conveniente, apropiado; *adv* **2.** apropiadamente, convenientemente
Schicksal ['ʃɪkza:l] *n* destino *m*, suerte *f*; *jdn seinem ~ überlassen* dejar de preocuparse por alguien; *~ spielen* provocar una situación
schicksalhaft ['ʃikza:lhaft] *adj* fatal
Schicksalsschlag ['ʃɪkza:lsʃla:k] *m* golpe del destino *m*
Schiebedach ['ʃi:bədax] *n (eines Autos)* techo corredizo *m*
schieben ['ʃi:bən] *v irr* empujar, mover empujando
Schiebetür ['ʃi:bəty:ɐ] *f* puerta corrediza *f*
Schiebung ['ʃi:bʊŋ] *f* empuje *m*
Schiedsgericht ['ʃi:tsgərɪçt] *n JUR* tribunal arbitral *m*
Schiedsrichter(in) ['ʃi:tsrɪçtɐ(rɪn)] *m/f SPORT* árbitro *m/f*
schief [ʃi:f] *adj* **1.** oblicuo, inclinado; *jdn ~ ansehen* mirar a alguien por encima del hombro/mirar a alguien de reojo/mirar a alguien mal; **2.** *~ gehen (fig)* salir mal, malograrse; *v* **3.** *sich ~ lachen* desternillarse de risa, morirse de risa
schielen ['ʃi:lən] *v* bizcar, ser bizco
Schiene ['ʃi:nə] *f* **1.** *(Bahnschiene)* carril *m*, rail *m*, riel *m*; **2.** *MED* tablilla *f*, férula *f*
Schienenverkehr ['ʃi:nənfɛɐke:ɐ] *m* tráfico ferroviario *m*
schießen ['ʃi:sən] *v irr* **1.** *(Waffe)* disparar, hacer fuego; **2.** *(Ball)* tirar; **3.** *zum Schießen sein (fam)* para mondarse de la risa
Schießerei [ʃi:sɐ'raɪ] *f* tiroteo *m*
Schiff [ʃɪf] *n* barco *m*, buque *m*, nave *f*; *mit etw klar ~ machen* aclarar algo
Schiffbau ['ʃɪfbau] *m* construcción naval *f*
Schiffbruch ['ʃɪfbrux] *m* naufragio *m*; *~ mit etw erleiden* fracasar con algo
Schiffbrüchige(r) ['ʃɪfbryçɪgə(-ɐ)] *m/f* náufrago/náufraga *m/f*
Schifffahrt ['ʃɪffa:ɐt] *f* navegación *f*
Schikane [ʃi'ka:nə] *f* traba *f*, obstáculo *m*, chicana *f*; *Das ist reine ~.* Son sólo ganas de joder. *mit allen ~n* por todo lo alto
schikanieren [ʃika'ni:rən] *v* poner trabas, obstaculizar, chicanear
Schild [ʃɪlt] *n* **1.** *(Schutzschild)* escudo *m*; *etw im ~e führen* tramar algo; **2.** *(Türschild)* letrero *m*, placa *f*; **3.** *(Straßenschild)* letrero de la calle *m*
schildern ['ʃɪldɐn] *v* describir, reseñar, explicar
Schilderung ['ʃɪldərʊŋ] *f* descripción *f*, reseña *f*, explicación *f*
Schildkröte ['ʃɪltkrø:tə] *f ZOOL* tortuga *f*
schillern ['ʃɪlɐn] *v* tornasolar
Schimmel ['ʃɪməl] *m* **1.** *BOT* moho *m*; **2.** *(Pferd) ZOOL* caballo blanco *m*
schimmeln ['ʃɪməln] *v* enmohecer
Schimmer ['ʃɪmɐ] *m* luz tenue *f*, brillo débil *m*, vislumbre *f*; *keinen ~ von etw haben* no tener ni idea de algo
schimpfen ['ʃɪmpfən] *v* insultar, injuriar; *über jdn ~* echar pestes contra alguien

Schimpfwort ['ʃɪmpfvɔrt] *n* **1.** insulto *m,* injuria *f,* improperio *m;* **2.** *(Fluchwort)* blasfemia *f*
Schinderei [ʃɪndɐ'raɪ] *f (Plage)* trabajo durísimo *m; Das ist eine ~.* Es un trabajo de negros.
Schinken ['ʃɪŋkən] *m GAST* jamón *m*
Schippe ['ʃɪpə] *f* pala *f; jdn auf die ~ nehmen (fig)* tomar el pelo a alguien
Schirm [ʃɪrm] *m* **1.** *(Regenschirm)* paraguas *m;* **2.** *(Sonnenschirm)* sombrilla *f*
Schirmherr(in) ['ʃɪrmhɛr(ɪn)] *m/f* protector(a) *m/f,* patrón/patrona *m/f,* patrocinador(a) *m/f*
Schirmherrschaft ['ʃɪrmhɛrʃaft] *f* patronato *m,* patrocinio *m*
Schirmständer ['ʃɪrmʃtɛndɐ] *m* paragüero *m*
Schlacht [ʃlaxt] *f* batalla *f*
schlachten ['ʃlaxtən] *v* matar, degollar
Schlaf [ʃlaːf] *m* sueño *m; jdm den ~ rauben* quitar el sueño a alguien; *den ~ des Gerechten schlafen* dormir como un tronco; *etw im ~ können* saber hacer algo con los ojos cerrados
Schlafanzug ['ʃlaːfantsuːk] *m* pijama *m*
Schläfe ['ʃlɛːfə] *f ANAT* sien *f*
schlafen ['ʃlaːfən] *v irr* dormir; *wie ein Stein ~* dormir como un tronco
schlaff [ʃlaf] *adj* flojo, suelto, flácido
schlaflos ['ʃlaːfloːs] *adj* insomne; *eine ~e Nacht verbringen* pasar la noche en vela
Schlaflosigkeit ['ʃlaːfloːzɪçkaɪt] *f* insomnio *m*
schläfrig ['ʃlɛːfrɪç] *adj* soñoliento, adormitado, medio dormido
Schlafsack ['ʃlaːfzak] *m* saco de dormir *m*
schlaftrunken ['ʃlaːftruŋkən] *adj* **1.** soñoliento; *adv* **2.** medio dormido
Schlafwagen ['ʃlaːfvaːgən] *m* coche-cama *m,* coche dormitorio *m (LA),* coche litera *m*
Schlafwandeln ['ʃlaːfvandəln] *n* sonambulismo *m*
Schlafzimmer ['ʃlaːftsɪmɐ] *n* dormitorio *m,* alcoba *f*
Schlag [ʃlaːk] *m* **1.** *(Hieb)* golpe *m;* **2.** *(Pochen)* latido *m;* **3.** *(elektrischer ~)* descarga eléctrica *f;* **4.** *schwerer ~ (fig)* golpe tremendo *m,* golpe muy duro *m; einen vernichtenden ~ gegen jdn führen* derrotar a alguien; *jdm einen ~ versetzen* suponer un duro golpe para alguien; *~ auf ~* uno tras otro/sin cesar/sin interrupción; *keinen ~ tun* no dar ni golpe; *auf einen ~* de golpe; *wie vom ~ getroffen* petrificado
Schlaganfall ['ʃlaːkanfal] *m MED* ataque de apoplejía *m*
schlagartig ['ʃlaːkaːɐtɪç] *adj* **1.** brusco, repentino; *adv* **2.** bruscamente, de golpe, repentinamente
schlagen ['ʃlaːgən] *v irr* **1.** *(hauen)* golpear, pegar; **2.** *(Uhr)* dar la hora; **3.** *(fig: siegen)* vencer, derrotar; **4.** *(Herz)* palpitar, latir
Schlägerei [ʃlɛːgɐ'raɪ] *f* pelea *f,* riña *f*
schlagfertig ['ʃlaːkfɛrtɪç] *adj* de réplica inmediata y aguda, que tiene buenas salidas
Schlagfertigkeit ['ʃlaːkfɛrtɪçkaɪt] *f* capacidad de réplica *f*
schlagkräftig ['ʃlaːkkrɛftɪç] *adj (fig)* contundente
Schlagloch ['ʃlaːklɔx] *n* bache *m*
Schlagsahne ['ʃlaːkzaːnə] *f GAST* nata montada *f*
Schlagseite ['ʃlaːkzaɪtə] *f* **1.** *NAUT* escora *f; ~ haben* tener una mona; **2.** *~ haben (fig)* pillar una borrachera, pegarse una bomba *(LA)*
Schlagwort ['ʃlaːkvɔrt] *n* frase hecha *f*
Schlagzeile ['ʃlaːktsaɪlə] *f* titular *m,* título *m; ~n machen* ser noticia/salir en los titulares
Schlagzeug ['ʃlaːktsɔyk] *n MUS* batería *f*
Schlamassel [ʃla'masəl] *m (fam)* mala pata *f,* lío *m; im ~ sitzen* tener mala pata/tener mala suerte
Schlamm [ʃlam] *m* lodo *m,* fango *m,* barro *m*
schlammig ['ʃlamɪç] *adj* lodoso, fangoso
Schlamperei [ʃlampɐ'raɪ] *f* desorden *m,* descuido *m,* dejadez *f*
schlampig ['ʃlampɪç] *adj* desordenado, descuidado
Schlange ['ʃlaŋə] *f* **1.** *ZOOL* culebra *f,* serpiente *f;* **2.** *(Menschenschlange)* cola *f,* fila *f; ~ stehen* hacer la cola

S

schlängeln ['ʃlɛŋəln] *v sich ~* serpentear
schlank [ʃlaŋk] *adj* delgado, esbelto
schlapp [ʃlap] *adj* flojo, laxo
Schlappe ['ʃlapə] *f (fam)* revés *m,* contrariedad *f*
schlappmachen ['ʃlapmaxən] *v (fam)* desmayarse, flaquear
Schlaraffenland [ʃla'rafənlant] *n* país de las mil maravillas *m,* jauja *f*
schlau [ʃlau] *adj* listo, astuto, pillo; *zu ~ sein* pasarse de listo; *aus jdm nicht ~ werden* no llegar a comprender a alguien; *sich ~ machen* enterarse de
Schlauberger ['ʃlaubɛrgɐ] *m (fam)* vivo *m,* cuco *m,* pillo *m*
Schlauch [ʃlaux] *m* manguera *f,* manguerilla *f; auf dem ~ stehen* ser corto de entendederas
Schlauchboot ['ʃlauxboːt] *n* bote neumático *m*
Schläue ['ʃlɔyə] *f* astucia *f,* cuquería *f,* viveza *f*
Schlaufe ['ʃlaufə] *f* lazo *m*
Schlawiner [ʃla'viːnɐ] *m (fam)* pillo *m*
schlecht [ʃlɛçt] *adj* **1.** malo, mal; *adv* **2.** mal; *Mir wird ~.* Me siento mal. *Er staunte nicht ~.* Se admiró mucho. *Ich kann ~ nein sagen.* Se me hace difícil decir no. *~ gehen* ir mal; *jdn ~ machen* hablar mal de alguien/hacer quedar mal a alguien
Schleckerei [ʃlɛkɐ'raɪ] *f* golosina *f*
schleichen ['ʃlaɪçən] *v irr* ir despacio y silenciosamente
schleichend ['ʃlaɪçənt] *adj* furtivo
Schleichwerbung ['ʃlaɪçvɛrbuŋ] *f* publicidad encubierta *f*
schleierhaft ['ʃlaɪɐhaft] *adj* misterioso, enigmático
Schleife ['ʃlaɪfə] *f* lazo *m*
schleifen[1] ['ʃlaɪfən] *v irr (schärfen)* afilar, amolar
schleifen[2] ['ʃlaɪfən] *v (schleppen)* arrastrar
schleimig ['ʃlaɪmɪç] *adj* **1.** mucoso; **2.** *(fig)* rastrero, adulador, sobón *(LA)*
schlemmen ['ʃlɛmən] *v* comer opíparamente, banquetear, banquetearse
schlendern ['ʃlɛndɐn] *v* pasear lentamente
Schlendrian ['ʃlɛndriaːn] *m* rutina *f*
schleppen ['ʃlɛpən] *v* **1.** *(schwer tragen)* llevar a rastras; **2.** *(ab~)* remolcar
schleppend ['ʃlɛpənt] *adj* **1.** lento; *adv* **2.** lentamente, a rastras
Schlepptau ['ʃlɛptau] *n* cable de remolque *m; jdn ins ~ nehmen* llevar a alguien a rastras
schleudern ['ʃlɔydɐn] *v* **1.** *(Wäsche)* centrifugar; **2.** *(mit dem Auto)* resbalar, patinar, derrapar; **3.** *(werfen)* lanzar, arrojar
Schleuderpreis ['ʃlɔydɐpraɪs] *m ECO* precio ruinoso *m,* precio irrisorio *m*
schleunigst ['ʃlɔynɪgst] *adv* prontamente, cuanto antes, lo antes posible
schlicht [ʃlɪçt] *adj* **1.** simple, sencillo; *adv* **2.** simplemente
schlichten ['ʃlɪçtən] *v* **1.** *(Holz)* alisar, allanar; **2.** *(Streit)* arreglar, zanjar
schließen ['ʃliːsən] *v irr* **1.** *(zumachen)* cerrar; **2.** *(Vertrag)* concluir, concertar, cerrar; **3.** *(beenden)* terminar, acabar, concluir; **4.** *(folgern)* deducir, concluir
Schließfach ['ʃliːsfax] *n* apartado de correos *m,* casilla de correos *f (LA)*
schließlich ['ʃliːslɪç] *adv* finalmente, por último, para finalizar, por fin
schlimm [ʃlɪm] *adj* malo
schlimmstenfalls ['ʃlɪmstənfals] *adv* en el peor de los casos
Schlinge ['ʃlɪŋə] *f* lazo *m; jdm die ~ um den Hals legen (fig)* poner a alguien la soga al cuello
Schlips [ʃlɪps] *m* corbata *f; jdm auf den ~ treten (fig)* ofender a alguien; *sich auf den ~ getreten fühlen* sentirse ofendido
Schlitten ['ʃlɪtən] *m* trineo *m; mit jdm ~ fahren (fig)* explotar a alguien
Schlittenfahrt ['ʃlɪtənfaːɐt] *f* paseo en trineo *m*
Schlittschuh ['ʃlɪtʃuː] *m* patín de cuchillas *m*
Schlittschuhlaufen ['ʃlɪtʃuːlaufən] *n* patinaje sobre hielo *m*
Schlitz [ʃlɪts] *m* **1.** abertura estrecha *f,* rendija *f;* **2.** *(Hosenschlitz)* bragueta *f*
Schloss [ʃlɔs] *n* **1.** *(Verschluss)* cerradura *f,* cerrojo *m; hinter ~ und Riegel* a la sombra/en chirona; **2.** *(Gebäude)* castillo *m,* palacio *m*
Schlosser ['ʃlɔsɐ] *m* cerrajero *m*
Schlot [ʃloːt] *m* chimenea *f*
schlottern ['ʃlɔtɐn] *v* **1.** *(zittern)* temblar, tiritar, estremecerse; **2.** *(zu große Kleidung)* quedar demasiado suelto

Schlucht [ʃluxt] *f* garganta *f,* quebrada *f,* desfiladero *m,* paso *m*
schluchzen ['ʃluxtsən] *v* sollozar
Schluckauf ['ʃlukauf] *m* hipo *m*
schlucken ['ʃlukən] *v* tragar
Schlucker ['ʃlukɐ] *m ein armer ~ (fam)* un pobre hombre *m,* un desgraciado *m*
Schluckimpfung ['ʃlukɪmpfuŋ] *f MED* vacuna por vía oral *f*
schlummern ['ʃlumɐn] *v* dormitar
schlüpfen ['ʃlypfən] *v* **1.** *(anziehen)* ponerse la ropa, vestirse; **2.** *ZOOL* salir del huevo, eclosionar
Schlüpfer ['ʃlypfɐ] *m* braga *f,* calzón *m (LA)*
Schlupfwinkel ['ʃlupfvɪŋkəl] *m* escondrijo *m,* guarida *f*
schlürfen ['ʃlyrfən] *v* sorber, beber a sorbos
Schluss [ʃlus] *m* fin *m,* final *m,* término *m,* conclusión *f*
Schlüssel ['ʃlysəl] *m* llave *f*
Schlüsselbund ['ʃlysəlbunt] *m* llavero *m*
schlussfolgern ['ʃlusfɔlgɐn] *v ~ aus* concluir de, sacar conclusiones de
Schlussfolgerung ['ʃlusfɔlgəruŋ] *f* conclusión *f*
schlüssig ['ʃlysɪç] *adj* concluyente
Schlussstrich ['ʃlusʃtrɪç] *m* finalización *f; einen ~ ziehen* hacer borrón y cuenta nueva
Schlussverkauf ['ʃlusfɛɐkauf] *m ECO* venta de liquidación *f*
schmächtig ['ʃmɛçtɪç] *adj* flaco
schmackhaft ['ʃmakhaft] *adj* **1.** sabroso, apetitoso; *adv* **2.** apetecible, deseable; *jdm etw ~ machen* saber presentar algo a alguien
schmal [ʃmaːl] *adj* estrecho, angosto
schmälern ['ʃmɛːlɐn] *v* reducir, disminuir
schmarotzen ['ʃmarɔtsən] *v (fam)* gorrear, vivir a costa ajena
Schmarotzer [ʃma'rɔtsɐ] *m (fam)* gorrón *m,* zángano *m*
schmatzen ['ʃmatsən] *v* comer ruidosamente, hacer ruido al comer
schmecken ['ʃmɛkən] *v* **1.** *~ nach* saber a, tener gusto a; **2.** *gut ~* tener buen sabor, saber bien
Schmeichelei [ʃmaɪçə'laɪ] *f* halago *m,* zalamería *f,* lisonja *f*
schmeichelhaft ['ʃmaɪçəlhaft] *adj* lisonjero, zalamero
schmeicheln ['ʃmaɪçəln] *v* alagar, lisonjear
Schmeichler(in) ['ʃmaɪçlɐ(rɪn)] *m/f* lisonjero/lisonjera *m/f,* zalamero/zalamera *m/f*
Schmelze ['ʃmɛltsə] *f* derretimiento *m, Schnee~* deshielo *m*
schmelzen ['ʃmɛltsən] *v irr* **1.** fundirse, derretirse; **2.** *(fig)* ablandarse, derretirse
Schmerz [ʃmɛrts] *m* dolor *m; Geben Sie mir bitte etw gegen die ~en.* Por favor, deme algo para el dolor.
schmerzempfindlich ['ʃmɛrtsɛmpfɪntlɪç] *adj* sensible al dolor
schmerzen ['ʃmɛrtsən] *v* doler
Schmerzensgeld ['ʃmɛrtsənsgɛlt] *n* indemnización por daño personal *f*
schmerzfrei ['ʃmɛrtsfraɪ] *adj* sin dolor
schmerzhaft ['ʃmɛrtshaft] *adj* doloroso
schmerzlich ['ʃmɛrtslɪç] *adj* **1.** doloroso; *adv* **2.** dolorosamente, con dolor
schmerzlindernd ['ʃmɛrtslɪndɐnt] *adj* calmante, analgésico, sedativo
Schmetterling ['ʃmɛtɐlɪŋ] *m ZOOL* mariposa *f*
Schmied [ʃmiːt] *m* herrero *m*
Schmiede ['ʃmiːdə] *f* herrería *f*
schmieden ['ʃmiːdən] *v* forjar
schmiegsam ['ʃmiːkzaːm] *adj* flexible, plegable
Schmiere ['ʃmiːrə] *f ~ stehen* hacer estar de vigía, hacer guardia
schmieren ['ʃmiːrən] *v* **1.** *(bestreichen)* untar; **2.** *(einfetten)* engrasar, lubricar; **3.** *(fam: bestechen)* sobornar, untar; **4.** *(kritzeln)* garabatear, emborronar; **5.** *jdm eine ~ (fam)* soltar a alguien una
schmierig ['ʃmiːrɪç] *adj* **1.** *(fettig)* grasoso grasiento; **2.** *(fig)* adulador, sobón *(LA)*
Schminke ['ʃmɪŋkə] *f* maquillaje *m*
schminken ['ʃmɪŋkən] *v* pintar la cara, maquillar
Schmöker ['ʃmøːkɐ] *m* novelón *m,* libraco *m*
schmökern ['ʃmøːkɐn] *v* leer mucho, leer detenidamente
Schmuck [ʃmuk] *m* joyas *f/pl,* alhajas *f/pl,* adorno *m*

S

schmücken ['ʃmykən] *v* adornar
schmuggeln ['ʃmugəln] *v* hacer contrabando, contrabandear
schmunzeln ['ʃmuntsəln] *v* sonreír satisfecho, sonreírse satisfecho
schmusen ['ʃmu:zən] *v* acariciarse, besuquearse
Schmutz [ʃmuts] *m* suciedad *f*, inmundicia *f*
Schmutzfink ['ʃmutsfɪŋk] *m (fam)* puerco *m*, marrano *m*, cochino *m*
schmutzig ['ʃmutsɪç] *adj* sucio, inmundo, cochino, asqueroso
Schnabel ['ʃna:bəl] *m* pico *m*; *den ~ halten (fam)* cerrar el pico; *reden, wie einem der ~ gewachsen ist* hablar sin tener pelos en la lengua; *sich den ~ verbrennen (fig)* hacer una plancha
schnappen ['ʃnapən] *v* **1.** *(zu~)* cerrarse de golpe; **2.** *(erwischen)* atrapar, coger (nicht in Argentinien!); **3.** *(beißen)* dar un mordisco
Schnaps [ʃnaps] *m* aguardiente *m*
schnarchen ['ʃnarçən] *v* roncar
schnaufen ['ʃnaufən] *v* resollar, jadear
Schnauze ['ʃnautsə] *f* hocico *m*; *die ~ voll haben (fig)* estar hasta las narices; *die ~ halten* cerrar el pico; *eine große ~ haben* ser un bocazas/tener la lengua muy larga
schnäuzen ['ʃnɔytsən] *v sich ~* sonarse la nariz
Schnauzer ['ʃnautsɐ] *m* **1.** *(Bart)* mostacho *m*, bigote *m*; **2.** ZOOL grifón *m*
Schnecke ['ʃnɛkə] *f* ZOOL caracol *m*
Schnee [ʃne:] *m* nieve *f*; *~ von gestern sein* ser agua pasada
Schneeball ['ʃne:bal] *m* bola de nieve *f*
Schneeflocke ['ʃne:flɔkə] *f* copo de nieve *m*
Schneemann ['ʃne:man] *m* hombre de nieve *m*, muñeco de nieve *m*
schneiden ['ʃnaɪdən] *v irr* **1.** cortar; **2.** *(fig: Kurve)* acortar; **3.** *(fig) jdn ~* hacer el vacío a alguien, cortar a alguien
Schneider(in) ['ʃnaɪdɐ(rɪn)] *m/f* sastre/sastra *m/f*; *aus dem ~ sein* tener los treinta años cumplidos
schneien ['ʃnaɪən] *v* nevar
schnell [ʃnɛl] *adj* **1.** rápido, veloz; *adv* **2.** rápidamente, velozmente
Schnelligkeit ['ʃnɛlɪçkaɪt] *f* rapidez *f*, velocidad *f*
Schnellimbiss ['ʃnɛlɪmbɪs] *m* snack bar *m*, tentempié *m*
schnellstens ['ʃnɛlstəns] *adv* lo más rápido
Schnellstraße ['ʃnɛlʃtra:sə] *f* vía rápida *f*, carretera de circulación rápida *f*
Schnellzug ['ʃnɛltsu:k] *m* expreso *m*
schnippisch ['ʃnɪpɪʃ] *adj* **1.** impertinente; *adv* **2.** impertinentemente
Schnitt [ʃnɪt] *m* corte *m*
schnittig ['ʃnɪtɪç] *adj* **1.** de línea elegante, de elegantes formas; *adv* **2.** con elegancia de líneas, con elegantes formas
Schnittlauch ['ʃnɪtlaux] *m* BOT cebolleta *f*, cebollino *m*
Schnitzel ['ʃnɪtsəl] *n* **1.** *(Papierschnitzel)* pedacito *m*; **2.** GAST filete empanado *m*, escalope *m*
schnitzen ['ʃnɪtsən] *v* tallar, esculpir en madera
Schnorchel ['ʃnɔrçəl] *m* esnórquel *m*
schnüffeln ['ʃnyfəln] *v* **1.** *(schnuppern)* oliscar, olfatear, olisquear; **2.** *(fig)* husmear
Schnüffler(in) ['ʃnyflɐ(rɪn)] *m/f* husmeador(a) *m/f*
Schnulze ['ʃnultsə] *f* **1.** *(Lied)* canción sentimental *f*; **2.** *(Film)* película sentimental *f*
Schnupfen ['ʃnupfən] *m* resfriado *m*
schnuppern ['ʃnupɐn] *v* olisquear, oliscar, olfatear
Schnur [ʃnu:ɐ] *f* cordón *m*, cuerda *f*
Schnürchen ['ʃny:ɐçən] *n wie am ~ gehen* marchar a pedir de boca *(fam)*
schnüren ['ʃny:rən] *v* atar, liar
Schnurrbart ['ʃnurbaɐt] *m* bigote *m*, mostacho *m*
schnurren ['ʃnurən] *v* hacer ruido bronco
Schock [ʃɔk] *m* choque *m*, shock *m*
schockieren [ʃɔk'i:rən] *v* producir un choque, impactar
Schöffe ['ʃœfə] *m* JUR escabino *m*
Schokolade [ʃoko'la:də] *f* **1.** *Tafel ~* tableta de chocolate *f*; **2.** *heiße ~* chocolate caliente *m*
Scholle ['ʃɔlə] *f* **1.** *(Erdscholle)* terrón *m*; **2.** *(Eisscholle)* témpano *m*; **3.** ZOOL platija *f*, acedía *f*

S

schon [ʃoːn] *adv* ya; *heute ~* hoy mismo; *Ich komme ~!* ¡Ya voy!
schön [ʃøːn] *adj* **1.** bello, hermoso, delicado; *adv* **2.** bien, muy bien; *Danke ~!* ¡Muchas gracias!
schonen ['ʃoːnən] *v* **1.** *jdn ~* tener consideración con alguien; **2.** *etw ~* conservar bien algo, cuidar de algo; **3.** *sich ~* cuidarse
Schönfärberei ['ʃøːnfɛrbəraɪ] *f (fig)* idealización *f*
Schönheit ['ʃøːnhaɪt] *f* belleza *f*, hermosura *f*
Schonkost ['ʃoːnkɔst] *f* comida de régimen *f*
schonungslos ['ʃoːnuŋsloːs] *adj* **1.** desconsiderado, sin consideración; *adv* **2.** desconsideradamente, sin miramientos
schöpfen[1] ['ʃœpfən] *v* **1.** *(Flüssigkeit)* sacar; **2.** *(Mut)* cobrar; **3.** *Atem ~* respirar
schöpfen[2] ['ʃœpfən] *v irr* crear
Schöpfer(in) ['ʃœpfɐ(rɪn)] *m/f* creador(a) *m/f*
schöpferisch ['ʃœpfɐrɪʃ] *adj* creativo
Schöpflöffel ['ʃœpflœfəl] *m* cazo *m*, cucharón *m*
Schöpfung ['ʃœpfuŋ] *f* creación *f*
Schornstein ['ʃɔrnʃtaɪn] *m* chimenea *f*
Schornsteinfeger ['ʃɔrnʃtaɪnfeːgɐ] *m* deshollinador *m*, limpiachimeneas *m*
Schoß [ʃoːs] *m* regazo *m*, seno *m*; *in den ~ fallen (fig)* caer del cielo/llover del cielo
Schotte ['ʃɔtə] *m* escocés *m*
Schottin ['ʃɔtɪn] *f* escocesa *f*
Schottland ['ʃɔtlant] *n GEO* Escocia *f*
schräg [ʃrɛːk] *adj* **1.** oblicuo; *adv* **2.** oblicuamente, al sesgo
Schräge ['ʃrɛːgə] *f* oblicuidad *f*
Schramme ['ʃramə] *f* arañazo *m*, rasguño *m*
Schrank [ʃraŋk] *m* armario *m*
Schranke ['ʃraŋkə] *f* barrera *f*, barra *f*; *jdn in seine ~n verweisen* poner a alguien a raya; *Dem sind ~n gesetzt.* Le han puesto a raya.
Schraube ['ʃraubə] *f* **1.** tornillo *m*; *die ~ überdrehen* pasarse de rosca; *eine ~ ohne Ende* el cuento de nunca acabar; *Bei dir ist doch eine ~ locker!* ¡Tú tienes un tornillo flojo! **2.** *(Schiffsschraube)* hélice *f*
schrauben ['ʃraubən] *v* entornillar, atornillar
Schraubenzieher ['ʃraubəntsiːɐ] *m TECH* destornillador *m*
Schreck [ʃrɛk] *m* susto *m*; *einen ~en einjagen* pegar un susto; *Ach du ~!* ¡Ay, concho! *(fam)*/¡Ay, joder! *(fam)*
schreckensbleich ['ʃrɛkənsblaɪç] *adj* pálido del susto, lívido de espanto
Schreckensbotschaft ['ʃrɛkənsboːtʃaft] *f* noticia alarmante *f*
schreckhaft ['ʃrɛkhaft] *adj* asustadizo, espantadizo, miedoso, temeroso
schrecklich ['ʃrɛklɪç] *adj* terrible, espantoso, horrible, horroroso
Schrei [ʃraɪ] *m* grito *m*; *der letzte ~* el último grito *m*
schreiben ['ʃraɪbən] *v irr* escribir; *ein paar Zeilen ~* escribir unas cuantas líneas
schreibfaul ['ʃraɪpfaul] *adj* perezoso para escribir
Schreibkraft ['ʃraɪpkraft] *f* mecanógrafo *m*
Schreibmaschine ['ʃraɪpmaʃiːnə] *f* máquina de escribir *f*
Schreibtisch ['ʃraɪptɪʃ] *m* mesa de despacho *f*, escritorio *m*
Schreibwaren ['ʃraɪpvaːrən] *pl* artículos de escritorio *m/pl*
schreien ['ʃraɪən] *v irr* gritar, chillar
Schreiner ['ʃraɪnɐ] *m* carpintero *m*
Schrift [ʃrɪft] *f* escritura *f*
Schriftführer(in) ['ʃrɪftfyːrɐ(rɪn)] *m/f* secretario/secretaria *m/f*
schriftlich ['ʃrɪftlɪç] *adj* **1.** escrito; *adv* **2.** por escrito
Schriftsteller(in) ['ʃrɪftʃtɛlɐ(rɪn)] *m/f* escritor(a) *m/f*
Schriftstück ['ʃrɪftʃtyk] *n* escritura *f*, escrito *m*
Schriftverkehr ['ʃrɪftfɛɐkeːɐ] *m* correspondencia *f*
schrill [ʃrɪl] *adj* **1.** agudo, penetrante; *adv* **2.** agudamente
Schritt [ʃrɪt] *m* **1.** *(Gangart)* paso *m*; *mit jdm ~ halten* poder con alguien/dar abasto a alguien; *einen ~ zu weit gehen* pasarse de la raya; *~ für ~* paso a paso/poco a poco; *den ersten ~ tun* dar el primer paso; **2.** *(fig)* gestión *f*, paso *m*
Schritttempo ['ʃrɪttɛmpo] *n* paso de marcha, velocidad de marcha

S

schrittweise ['ʃrɪtvaɪzə] *adv* poco a poco, paso a paso
schroff [ʃrɔf] *adj* **1.** *(Felsen)* escarpado, abrupto, escabroso; **2.** *(fig: kurz angebunden)* brusco, cortante; *adv* **3.** abruptamente; **4.** *(fig: kurz angebunden)* bruscamente, de manera cortante
Schrott [ʃrɔt] *m* chatarra *f*
schrubben ['ʃrubən] *v* fregar
schrumpfen ['ʃrumpfən] *v* **1.** *(eingehen)* encogerse; **2.** *(fig: vermindern)* reducirse, disminuir
Schub [ʃuːp] *m* **1.** empujón *m*, empellón *m*; *(~kraft)* PHYS empuje *m*
Schubkarre ['ʃuːpkarə] *f* carretilla *f*
schüchtern ['ʃyçtɐn] *adj* tímido, penoso *(LA)*
Schüchternheit ['ʃyçtɐnhaɪt] *f* timidez *f*
Schuft [ʃuft] *m* canalla *m*, bribón *m*, granuja *m*
schuften ['ʃuftən] *v* bregar, trabajar como una mula, matarse trabajando
Schuh [ʃuː] *m* zapato *m*; *sich die ~e nach etw ablaufen* desollarse los pies buscando algo; *Umgekehrt wird ein ~ draus!* ¡Al revés!/¡Al contrario! *Da zieht es einem ja die ~e aus! (fig)* ¡Es algo insoportable!
Schuhband ['ʃuːbant] *n* cordón de zapato *m*, pasador *m (LA)*
Schuhcreme ['ʃuːkreːm] *f* crema para el calzado *f*, betún *m*
Schuhgeschäft ['ʃuːgəʃɛːft] *n* zapatería *f*
Schuhgröße ['ʃuːgrøːsə] *f* tamaño de calzado *m*, número de calzado *m*
Schuhmacher ['ʃuːmaxɐ] *m* zapatero *m*
Schulanfang ['ʃuːlanfaŋ] *m* comienzo del curso escolar *m*
Schulanfänger(in) ['ʃuːlanfɛŋɐ(rɪn)] *m/f* principiante/principianta *m/f*
Schulbank ['ʃuːlbank] *f die ~ drücken (fam)* ir al colegio
Schulbildung ['ʃuːlbɪlduŋ] *f* formación escolar *f*, instrucción *f*
schuld [ʃult] *adj ~ sein* ser culpable
Schuld [ʃult] *f* **1.** *(Geldschuld)* ECO deuda *f*, débito *m*, obligación *f*; *tief in jds ~ stehen* quedar deudor de alguien/deber mucho a alguien; **2.** JUR culpa *f*, culpabilidad *f*; *~ haben* tener la culpa; **3.** *~en pl* ECO deudas *f/pl*, débito *m*
schuldbewusst ['ʃultbəvust] *adj* consciente de su culpabilidad
schulden ['ʃuldən] *v jdm etw ~* deber algo a alguien, adeudar algo a alguien
schuldenfrei ['ʃuldənfraɪ] *adj* libre de deudas, exento de deudas
Schuldfrage ['ʃultfraːgə] *f* JUR cuestión de culpabilidad *f*
Schuldgefühl ['ʃultgəfyːl] *n* sentimiento de culpabilidad *m*
schuldig ['ʃuldɪç] *adj* **1.** *(Geld)* ECO debido; **2.** JUR culpable
schuldlos ['ʃultloːs] *adj* **1.** inocente, sin culpa; *adv* **2.** inocentemente, sin culpa
Schuldner(in) ['ʃultnɐ(rɪn)] *m/f* ECO deudor(a) *m/f*
Schuldschein ['ʃultʃaɪn] *m* ECO pagaré *m*, título de deuda *m*
Schule ['ʃuːlə] *f* escuela *f*, colegio *m*, instituto *m*; *die ~ schwänzen* hacer novillos/estar de pire *(fam)*; *aus der ~ plaudern* irse de la lengua; *~ machen* hacer escuela
Schüler(in) ['ʃyːlɐ(rɪn)] *m/f* escolar *m/f*, alumno/alumna *m/f*, colegial *m/f*
Schüleraustausch ['ʃyːlɐaustauʃ] *m* intercambio de alumnos *m*
Schülerausweis ['ʃyːlɐausvaɪs] *m* carnet escolar *m*
Schulferien ['ʃuːlfeːrjən] *pl* vacaciones escolares *f/pl*
schulfrei ['ʃuːlfraɪ] *adj* sin clases, de asueto, libre
Schulfreund(in) ['ʃuːlfrɔynt/'ʃuːlfrɔyndɪn] *m/f* compañero de clase/compañera de clase *m/f*
Schuljahr ['ʃuːljaːɐ] *n* año escolar *m*
schulpflichtig ['ʃuːlpflɪçtɪç] *adj* sujeto a la enseñanza obligatoria
schulreif ['ʃuːlraɪf] *adj* en edad escolar
Schulstunde ['ʃuːlʃtundə] *f* hora de clase *f*
Schulter ['ʃultɐ] *f* ANAT hombro *m*; *etw auf die leichte ~ nehmen (fig)* tomar algo a la ligera; *etw auf seine ~n nehmen* cargar con algo/cargar algo sobre sus espaldas
Schulung ['ʃuːluŋ] *f* formación *f*, instrucción *f*, entrenamiento *m*
Schulzeugnis ['ʃuːltsɔyknɪs] *n* hoja de calificaciones *f*, libreta de notas *f (LA)*, certificado de examen final *m*, boletín *m*

Schund [ʃunt] *m* baratija *f*
Schuppe ['ʃupə] *f* 1. *(Haarschuppe)* caspa *f*; *Es fiel ihm wie ~n von den Augen.* Se le cayó la venda de los ojos. *(fam)*/Vio de repente todo claro. 2. *(Fischschuppe) ZOOL* escama *f*
Schuppen ['ʃupən] *m (Gebäude)* cobertizo *m*
Schurke ['ʃurkə] *m* canalla *m*, desgraciado *m*
Schürze ['ʃyrtsə] *f* delantal *m*, mandil *m*, faldar *m*
Schürzenjäger ['ʃyrtsənjɛːgɐ] *m* mujeriego *m*, aficionado a las faldas *m*
Schuss [ʃus] *m* tiro *m*, disparo *m*; *Der ~ ging nach hinten los.* El tiro salió por la culata. *weitab vom ~* fuera de peligro; *ein ~ in den Ofen sein* ser un fracaso; *ein ~ ins Schwarze* un pleno acierto *m*; *etw in ~ bringen* arreglar una cosa/componer una cosa; *einen ~ haben* tener vena de loco
Schüssel ['ʃysəl] *f* fuente *f*, plato hondo *m*, tazón *m*
schusselig ['ʃusəlɪç] *adj* atolondrado, distraído, despistado
Schusslinie ['ʃusliːnjə] *f (fig)* frente de ataque *m*, blanco de los ataques *m*, línea de ataque *f*
Schusswaffe ['ʃusvafə] *f* arma de fuego *f*
Schuster ['ʃuːstɐ] *m* zapatero *m*; *~ bleib bei deinen Leisten.* Zapatero a tus zapatos. *auf ~s Rappen* a pata *(fam)*
Schutt [ʃut] *m* escombros *m/pl*, cascote *m*, desecho *m*
Schüttelfrost ['ʃytəlfrɔst] *m MED* escalofríos *m/pl*
schütteln ['ʃytəln] *v* sacudir, agitar
schütten ['ʃytən] *v* echar al suelo, verter
Schutz [ʃuts] *m* protección *f*, amparo *m*; *jdn in ~ nehmen* defender a alguien
Schutzblech ['ʃutsblɛç] *n* guardabarros *m*, guardafangos *m (LA)*
schützen ['ʃytsən] *v* proteger, amparar
Schutzengel ['ʃutsɛŋəl] *m* ángel custodio *m*, ángel de la guarda *m*
Schutzimpfung ['ʃutsɪmpfuŋ] *f MED* vacunación preventiva *f*
Schützling ['ʃytslɪŋ] *m* protegido *m*
schutzlos ['ʃutsloːs] *adj* desamparado, indefenso
Schutzpatron ['ʃutspatroːn] *m REL* santo *m*, patrono *m*
schwach [ʃvax] *adj* 1. débil, endeble, debilitado; 2. *(Licht)* tenue
Schwäche ['ʃvɛçə] *f* debilidad *f*, flaqueza *f*; *momentane ~* momento de debilidad *m*
Schwächeanfall ['ʃvɛçəanfal] *m MED* desvanecimiento *m*, desfallecimiento *m*
schwächlich ['ʃvɛçlɪç] *adj* débil, debilitado, decaído, desfallecido
Schwächling ['ʃvɛçlɪŋ] *m* hombre débil *m*
Schwachsinn ['ʃvaxzɪn] *m* debilidad mental *f*, imbecilidad *f*
Schwachstelle ['ʃvaxʃtɛlə] *f* parte débil *f*
Schwager ['ʃvaːgɐ] *m* cuñado *m*, hermano político *m*
Schwägerin ['ʃvɛgərɪn] *f* cuñada *f*, hermana política *f*
Schwalbe ['ʃvalbə] *f ZOOL* golondrina *f*
Schwamm [ʃvam] *m* esponja *f*; *~ drüber!* ¡No se hable más de ello!/¡Lo pasado, pasado está!
Schwan [ʃvaːn] *m ZOOL* cisne *m*
schwanger ['ʃvaŋɐ] *adj* embarazada, encinta, preñada, en estado
Schwangerschaft ['ʃvaŋɐʃaft] *f* embarazo *m*, gestación *f*, gravidez *f*
schwanken ['ʃvaŋkən] *v* 1. *(taumeln)* tambalear, tambalearse; 2. *(abweichen)* oscilar, variar; 3. *(fig: zaudern)* vacilar, titubear
Schwankung ['ʃvaŋkuŋ] *f (Abweichung)* oscilación *f*, variación *f*
Schwanz [ʃvants] *m* cola *f*, rabo *m*; *kein ~ (fam)* ni un alma; *jdn auf den ~ treten* ofender a alguien; *den ~ einziehen* meter el rabo entre las piernas
schwänzen ['ʃvɛntsən] *v (fam)* hacer pellas, hacer novillos
Schwarm [ʃvarm] *m* 1. *(Menschenschwarm)* muchedumbre *f*, gentío *m*, multitud *f*; 2. *(fig)* pasión *f*, ideal *m*, sueño *m*
schwärmen ['ʃvɛrmən] *v (fig)* soñar, fantasear
schwarz [ʃvarts] *adj* negro; *~ auf weiß* por escrito; *sich ~ ärgern* encolerizarse; *ins Schwarze treffen* dar en el blanco; *Du kannst warten, bis du ~ wirst!* ¡Puedes esperar hasta que te salga barba!/¡Ya puedes esperar sentado!

S

Schwarzarbeit ['ʃvartsarbaɪt] *f* trabajo clandestino *m*, trabajo no declarado *m*
Schwarze(r) ['ʃvartsə(-ɐ)] *m/f* negro/negra *m/f*
Schwarzmarkt ['ʃvartsmarkt] *m* mercado negro *m*; *etw auf den ~ bringen* vender algo en el mercado negro
schwatzen ['ʃvatsən] *v* hablar demasiado, cotorrear; *ständig ~* tener carrete/hablar hasta por los codos
schweben ['ʃveːbən] *v* **1.** flotar; **2.** *(fig)* estar en suspenso, pender ante/pender de/pender sobre
Schwede ['ʃveːdə] *m* sueco *m*
Schweden ['ʃveːdən] *n GEO* Suecia *f*
Schwedin ['ʃveːdɪn] *f* sueca *f*
Schwefel ['ʃveːfəl] *m CHEM* azufre *m*
Schwefelwasserstoff [ʃveːfəl'vasɐʃtɔf] *m CHEM* sulfuro de hidrógeno *m*
schweigen ['ʃvaɪgən] *v irr* callar, guardar silencio; *ganz zu ~ von* sin mencionar; *~ wie ein Grab* como un muerto
Schweigen ['ʃvaɪgən] *n* silencio *m*; *jdn zum ~ bringen* hacer callar a alguien/tapar la boca a alguien *(fam)*; *sich in ~ hüllen* quedarse callado/guardar silencio
Schweigepflicht ['ʃvaɪgəpflɪçt] *f* discreción profesional *f*, deber de discreción *m*
schweigsam ['ʃvaɪkzaːm] *adj* silencioso, callado, taciturno, mudo
Schweigsamkeit ['ʃvaɪkzaːmkaɪt] *f* mutismo *m*, silencio *m*
Schwein [ʃvaɪn] *n* **1.** *ZOOL* cerdo *m*, puerco *m*, cochino *m*, chancho *m (LA)*; *kein ~* ni un alma; **2.** *(~efleisch)* carne de cerdo *f*; **3.** *(fig: Glück)* suerte *f*
Schweinerei [ʃvaɪnɐ'raɪ] *f* porquería *f*, marranada *f*
Schweiß [ʃvaɪs] *m* sudor *m*; *im ~e meines Angesichts* con el sudor de mi frente
schweißen ['ʃvaɪsən] *v TECH* soldar
Schweiz [ʃvaɪts] *f GEO* Suiza *f*
Schweizer(in) ['ʃvaɪtsɐ(rɪn)] *m/f* suizo/suiza *m/f*
schweizerisch ['ʃvaɪtsərɪʃ] *adj* suizo
Schwelle ['ʃvɛlə] *f* **1.** *(Eisenbahnschwelle)* traviesa *f*; **2.** *(Übergang)* umbral *m*
Schwellenland ['ʃvɛlənlant] *n ECO* país emergente *m*, nación emergente *f*
schwenken ['ʃvɛŋkən] *v* mover, menear
schwer [ʃveːɐ] *adj* **1.** pesado, plomizo, ponderoso; **2.** *(schwierig)* difícil, complicado, dificultoso; *Er tut sich ~.* Le cuesta mucho./Le resulta difícil. *~ von Begriff* duro de mollera/corto; *etw ~ machen* poner dificultades a alguien; *~ verdaulich* indigesto, difícil de digerir; **3.** *(mühsam)* penoso, arduo; **4.** *(ernst)* serio, grave; *~ wiegend* grave, de gravedad; **5.** *ein ~er Junge (fam)* un pájaro de cuenta *m*; *~ erziehbar* inadaptado, difícil de educar; *adv* **6.** *(schwierig)* difícilmente; **7.** *(mühsam)* arduamente; *~ beschädigt* gravemente dañado; *~ krank* gravemente enfermo; **8.** *(ernst)* seriamente, gravemente
Schwerarbeit ['ʃveːɐarbaɪt] *f* trabajo duro *m*, trabajo rudo *m*, trabajo penoso *m*
Schwere ['ʃveːrə] *f (fig)* pesadez *f*
schwerelos ['ʃveːrəloːs] *adj* ingrávido
Schwerelosigkeit ['ʃveːrəloːzɪçkaɪt] *f* ingravidez *f*
schwerhörig ['ʃveːɐhøːrɪç] *adj MED* sordo
Schwerindustrie ['ʃveːɐɪndustriː] *f* industria pesada *f*
Schwerkraft ['ʃveːɐkraft] *f PHYS* fuerza de gravedad *f*, gravitación *f*
Schwermut ['ʃveːɐmuːt] *f* melancolía *f*
schwermütig ['ʃveːɐmyːtɪç] *adj* melancólico
Schwerpunkt ['ʃveːɐpuŋkt] *m* centro de gravedad *m*
Schwert ['ʃveːɐt] *n* espada *f*
Schwerverbrecher ['ʃveːɐfɛɐbrɛçɐ] *m* criminal peligroso *m*
Schwerverletzte(r) ['ʃveːɐfɛɐlɛtstə(-ɐ)] *m/f* herido grave/herida grave *m/f*, herido de gravedad/herida de gravedad *m/f*
Schwester ['ʃvɛstɐ] *f* **1.** hermana *f*; **2.** *(Krankenschwester)* enfermera *f*
Schwiegereltern ['ʃviːgɐɛltɐn] *pl* suegros *m/pl*, padres políticos *m/pl*
Schwiegermutter ['ʃviːgɐmutɐ] *f* suegra *f*, madre política *m*
Schwiegersohn ['ʃviːgɐzoːn] *m* yerno *m*, hijo político *m*
Schwiegertochter ['ʃviːgɐtɔxtɐ] *f* nuera *f*, hija política *f*
Schwiegervater ['ʃviːgɐfaːtɐ] *m* suegro *m*, padre político *m*

schwierig ['ʃviːrɪç] *adj* difícil, penoso, dificultoso
Schwierigkeit ['ʃviːrɪçkaɪt] *f* dificultad *f*, complejidad *f*, problema *m*
Schwimmbad ['ʃvɪmbaːt] *n* piscina *f*
schwimmen ['ʃvɪmən] *v irr* nadar
Schwimmen ['ʃvɪmən] *n* SPORT natación *f*
Schwimmweste ['ʃvɪmvɛstə] *f* chaleco salvavidas *m*
Schwindel ['ʃvɪndəl] *m* **1.** *(Lüge)* fraude *m*, embuste *m*, estafa *f*; *~ erregend* vertiginoso; **2.** MED mareo *m*, vértigo *m*, vahído *m*
schwindelfrei ['ʃvɪndəlfraɪ] *adj* libre de vértigo
schwindeln ['ʃvɪndəln] *v* **1.** tener mareos; **2.** *(fig)* mentir, estafar
schwindlig ['ʃvɪndlɪç] *adj* mareado
Schwingung ['ʃvɪŋuŋ] *f* vibración *f*, oscilación *f*
Schwips ['ʃvɪps] *m (fam)* chispa *f*
schwirren ['ʃvɪrən] *v (Insekten)* zumbar
schwitzen ['ʃvɪtsən] *v* sudar, transpirar; *ins ~ kommen* sudar la gota gorda
schwören ['ʃvøːrən] *v irr* jurar; *bei Gott ~* jurar por Dios
schwul [ʃvuːl] *adj (fam)* homosexual
schwül [ʃvyːl] *adj* sofocante, bochornoso; *Es ist ~.* El tiempo es sofocante.
Schwund [ʃvunt] *m* **1.** pérdida *f*; **2.** merma *f*, MED atrofia *f*
Schwung [ʃvuŋ] *m* **1.** oscilación *f*; **2.** *(fig: Tatkraft)* impulso *m*, energía *f*; *etw in ~ bringen* dar impulso a algo/poner en marcha algo; *in ~ kommen* prosperar/hacer progresos; *in ~ sein* prosperar/estar en marcha
schwungvoll ['ʃvuŋfɔl] *adj* **1.** lleno de vitalidad, dinámico, activo; *adv* **2.** muy dinámico
Schwur [ʃvuːɐ] *m* juramento *m*
sechs [zɛks] *num* seis
sechste(r,s) ['zɛkstə(ɐ,əs)] *adj* sexto
sechzehn ['zɛçtseːn] *num* dieciséis
sechzig ['zɛçtsɪç] *num* sesenta
See [zeː] *m* **1.** lago *m*; *f* **2.** *(poetisch)* mar *m/f*; *in ~ stechen* hacerse a la mar; *zur ~ fahren* ser marino
Seebeben ['zeːbeːbən] *n* maremoto *m*
Seefahrt ['zeːfaːɐt] *f* **1.** navegación *f*; **2.** *(Seereise)* viaje marítimo *m*, viaje por mar *m*
seekrank ['zeːkraŋk] *adj* mareado
Seele ['zeːlə] *f* alma *f*; *ein Herz und eine ~ sein* ser uña y carne; *sich die ~ aus dem Leib reden* desgañitarse/hablar a grito pelado; *jdm auf der ~ brennen* quemar a alguien el paladar *(fig)*; *jdm aus der ~ sprechen* decir exactamente lo que alguien pensaba; *eine ~ von einem Menschen sein* ser un alma de Dios; *aus tiefster ~* de todo corazón/desde el fondo del alma; *mit ganzer ~* de todo corazón
seelenruhig ['zeːlənruːɪç] *adj* **1.** calmado; *adv* **2.** calmadamente, con calma
seelisch ['zeːlɪʃ] *adj* (p)síquico, anímico, mental
Seelsorge ['zeːlzɔrgə] *f* **1.** *(Pflicht)* REL deberes de un párroco *m/pl*; **2.** REL cura de almas *f*, cura espiritual *f*
Seelsorger ['zeːlzɔrgɐ] *m* REL padre espiritual *m*, cura *m*, párroco *m*, pastor *m*
Seemann ['zeːman] *m* marino *m*, marinero *m*
Seenot ['zeːnoːt] *f* emergencia marítima *f*, peligro de zozobra *m*
Seepferdchen ['zeːpfɛɐtçən] *n* caballito de mar *m*
Seezunge ['zeːtsuŋə] *f* GAST lenguado *m*
Segel ['zeːgəl] *n* vela *f*; *mit vollen ~n* a toda vela
Segelboot ['zeːgəlboːt] *n* velero *m*
Segelflugzeug ['zeːgəlfluːktsɔyk] *n* planeador *m*
segeln ['zeːgəln] *v* navegar a vela
Segen ['zeːgən] *m* **1.** *(Glück)* suerte *f*; **2.** REL bendición *f*; *seinen ~ zu etw geben* dar su bendición a algo
Segment [zɛk'mɛnt] *n* segmento *m*
segnen ['zeːgnən] *v* bendecir, dar la bendición
sehen ['zeːən] *v irr* **1.** ver; *Wir werden es ~.* Ya veremos. *etw nicht mehr ~ können* ya no poder ver algo; **2.** *(bemerken)* observar, notar; **3.** *(unterscheiden)* distinguir; **4.** *(wahrnehmen)* percibir, darse cuenta; **5.** *(~ lassen)* mostrar, dejar ver, dar a ver; *Er kann sich ruhig ~ lassen.* No tiene por qué esconderse. *Lass ~!* ¡A ver!
sehenswert ['zeːənsveːɐt] *adj* digno de verse
Sehenswürdigkeit ['zeːənsvyrdɪçkaɪt] *f* curiosidades turísticas *f/pl*

S

Sehne ['ze:nə] *f ANAT* tendón *m*
sehnen ['ze:nən] *v sich ~ nach* anhelar, añorar, ansiar
Sehnsucht ['ze:nzuçt] *f* anhelo *m,* añoranza *f*
sehr [ze:ɐ] *adv* muy, mucho, bien
seicht [zaɪçt] *adj* **1.** *(nicht tief)* de bajo fondo, de poca profundidad; **2.** *(fig: Unterhaltung)* trivial, superficial
Seide ['zaɪdə] *f* seda *f*
Seife ['zaɪfə] *f* jabón *m*
Seil [zaɪl] *n* cuerda *f,* soga *f; wie ein Tanz auf dem ~* como jugar con fuego
Seilbahn ['zaɪlba:n] *f* funicular *m,* teleférico *m*
Seiltänzer(in) ['zaɪltɛntsɐ(rɪn)] *m/f* funámbulo/funámbula *m/f,* equilibrista *m/f*
sein [zaɪn] *v irr* **1.** *(Eigenschaft)* ser; *Ich bin Spanierin.* Soy española. *Ich bin zwanzig Jahre alt.* Tengo veinte años. *wie dem auch sei* sea como fuere; *es sei denn, dass ...* a no ser que... *Mir ist, als ob ...* me siento como si... *Mir ist nicht danach.* No me apetece. *Sei doch nicht so!* ¡No seas así! **2.** *(Zustand)* estar; *Ich bin krank.* Estoy enfermo. *Ich bin seit einer Woche in Madrid.* Desde hace una semana estoy en Madrid. *Ich bin heute angekommen.* He llegado hoy.
sein(e) [zaɪn(ə)] *pron* su, suyo; *Ist das sein ~ Heft?* ¿Es éste su cuaderno? *Das Heft ist seines.* El cuaderno es suyo.
seinetwegen [zaɪnət've:gən] *adv* por su causa, por él
seit [zaɪt] *prep* **1.** desde, a partir de, desde hace; *~ zwei Jahren.* Desde hace dos años. *konj* **2.** desde que; *Seit er krank ist, raucht er nicht mehr.* Desde que está enfermo, ya no fuma.
seitdem [zaɪt'de:m] *adv* **1.** desde entonces, desde aquel tiempo; *konj* **2.** desde que
Seite ['zaɪtə] *f* **1.** *(Vorderseite)* envés *m,* lado anterior *m; etw auf der ~ haben* tener algo ahorrado; *jdm nicht von der ~ weichen* no separarse de alguien/no apartarse de alguien; *auf jds ~ stehen* estar de parte de alguien; *sich von seiner besten ~ zeigen* presentar su lado bueno/mostrar sus mejores cualidades; *jdm zur ~ stehen* apoyar a alguien/estar de parte de alguien; *etw von der leichten ~ nehmen* tomar algo por el lado bueno; *f* **2.** *(Rückseite)* revés *m,* lado posterior *m; f* **3.** *(Buchseite)* página *f;* **4.** *(fig: Aspekt)* aspecto *m*
seitenlang ['zaɪtənlaŋ] *adj* de muchas páginas
seitens ['zaɪtəns] *prep* de parte de
Seitenscheitel ['zaɪtənʃaɪtəl] *m Mit ~ bitte!* ¡Con raya al costado, por favor!
Seitensprung ['zaɪtənʃpruŋ] *m (fig)* escapada matrimonial *f,* infidelidad matrimonial *f*
Seitenstraße ['zaɪtənʃtra:sə] *f* calle lateral *f*
seitenverkehrt ['zaɪtənfɛɐke:ɐt] *adj* **1.** de lados invertidos; *adv* **2.** inversamente
seitlich ['zaɪtlɪç] *adj* **1.** lateral, de lado; *adv* **2.** lateralmente
Sekretär [zekre'tɛ:ɐ] *m (Schreibtisch)* secreter *m,* escritorio *m*
Sekretär(in) [zekre'tɛ:ɐ(-rɪn)] *m/f (Person)* secretario/secretaria *m/f*
Sekretariat [zekreta'rja:t] *n* secretaría *f,* secretariado *m*
Sekt [zɛkt] *m* **1.** vino espumoso *m;* **2.** *(spanischer ~)* cava *m;* **3.** *(aus der Champagne)* champán *m,* champaña *m*
Sekte ['zɛktə] *f REL* secta *f*
Sektor ['zɛkto:ɐ] *m* sector *m*
sekundär [zekun'dɛ:ɐ] *adj* secundario
Sekunde [ze'kundə] *f* segundo *m*
selbst [zɛlpst] *pron* mismo
Selbstachtung ['zɛlpstaxtuŋ] *f* aprecio de sí mismo *m,* respeto de sí mismo *m*
Selbstbedienung ['zɛlpstbədi:nuŋ] *f* autoservicio *m*
Selbstbefriedigung ['zɛlpstbəfri:dɪguŋ] *f* masturbación *f,* onanismo *m*
Selbstbetrug ['zɛlpstbətru:k] *m* autoengaño *m,* ilusión *f*
selbstbewusst ['zɛlpstbəvust] *adj* seguro de sí mismo, consciente de sí mismo
Selbstbewusstsein ['zɛlpstbəvustzaɪn] *n* seguridad de sí mismo *f,* consciencia de sí mismo *f*
Selbsterkenntnis ['zɛlpstɛɐkɛntnɪs] *f* conocimiento de sí mismo *m*
selbstgefällig ['zɛlpstgəfɛlɪç] *adj* vanidoso, ufano, engreído, presumido

S

Selbstgespräch ['zɛlpstgəʃprɛːç] *n* monólogo *m*, soliloquio *m*
selbstherrlich ['zɛlpsthɛrlɪç] *adj* autoritario, arbitrario
selbstklebend ['zɛlpstkleːbənt] *adj* autoadhesivo
Selbstlob ['zɛlpstloːp] *n* alabanza propia *f*, elogio de sí mismo *m*
selbstlos ['zɛlpstloːs] *adj* **1.** desinteresado, altruista; *adv* **2.** desinteresadamente
Selbstmord ['zɛlpstmɔrt] *m* suicidio *m*
Selbstmordanschlag ['zɛlpstmɔrtanʃlaːk] *m* atentado suicida *m*
Selbstmordattentäter(in) ['zɛlpstmɔrtatən'tɛːtɐ(rɪn)] *m/f* autor(a) de un atentado suicida *m/f*
selbstredend ['zɛlpstreːdənt] *adj (fam)* evidente, obvio
selbstsicher ['zɛlpstzɪçɐ] *adj* seguro de sí mismo
Selbstsicherheit ['zɛlpstzɪçɐhaɪt] *f* seguridad de sí mismo *f*
selbstständig ['zɛlpstʃtɛndɪç] *adj* **1.** independiente; *adv* **2.** independientemente
Selbstständigkeit ['zɛlpstʃtɛndɪçkaɪt] *f* independencia *f*
Selbstsucht ['zɛlpstzuxt] *f* egoísmo *m*
selbstsüchtig ['zɛlpstzyçtɪç] *adj* egoísta
selbstvergessen ['zɛlpstfɛɐgɛsən] *adj* ensimismado
selbstverständlich ['zɛlpstfɛɐʃtɛntlɪç] *adj* **1.** evidente, lógico, obvio *adv* **2.** por supuesto, desde luego, lógicamente
Selbstverständlichkeit ['zɛlpstfɛɐʃtɛntlɪçkaɪt] *f* evidencia *f*
Selbstvertrauen ['zɛlpstfɛɐtrauən] *n* confianza en sí mismo *f*
Selbstverwaltung ['zɛlpstfɛɐvaltuŋ] *f* *POL* autonomía administrativa *f*
selig ['zeːlɪç] *adj* **1.** feliz, dichoso, gozoso; **2.** *REL* bienaventurado; *~ sprechen* beatificar
Seligkeit ['zeːlɪçkaɪt] *f* **1.** felicidad *f*, dicha *f*, gozo *m*; **2.** *REL* bienaventuranza *f*
Sellerie ['zɛlɐriː] *m* *BOT* apio *m*
selten ['zɛltən] *adj* **1.** raro, escaso, extraordinario; *adv* **2.** raramente, raras veces
Seltenheit ['zɛltənhaɪt] *f* rareza *f*
seltsam ['zɛltzaːm] *adj* raro, curioso, extraño
seltsamerweise [zɛltzaːmɐ'vaɪzə] *adv* curiosamente
Semester [ze'mɛstɐ] *n* semestre *m*
Seminar [zemi'naːɐ] *n* seminario *m*
Semmel ['zɛməl] *f* panecillo *m*, pan francés *m*
Senat [ze'naːt] *m* *POL* senado *m*
Senator(in) [ze'naːtoːɐ/zena'toːrɪn] *m/f* *POL* senador(a) *m/f*
senden ['zɛndən] *v irr* **1.** *(Brief)* enviar, remitir, mandar; **2.** *(Rundfunk)* emitir, transmitir
Sender ['zɛndɐ] *m (Rundfunk)* emisora *f*
Sendung ['zɛnduŋ] *f* **1.** *(Versandsendung)* envío *m*, remesa *f*, despacho *m*; **2.** *(Rundfunksendung)* emisión *f*; *auf ~ sein* estar en el aire
Senf [zɛnf] *m* mostaza *f*; *seinen ~ dazugeben (fig)* meter (su) baza
senil [ze'niːl] *adj* senil
Senior(in) ['zeːnjoːɐ/zen'joːrɪn] *m/f* anciano/anciana *m/f*, viejo/vieja *m/f*
senken ['zɛŋkən] *v* **1.** bajar, descender; **2.** *(Kopf)* inclinar, agachar
senkrecht ['zɛŋkrɛçt] *adj* vertical
Sensation [zɛnza'tsjoːn] *f* sensación *f*
sensationell [zɛnzatsjo'nɛl] *adj* sensacional
sensibel [zɛn'ziːbəl] *adj* sensible
Sensibilität [zɛnzibili'tɛːt] *f* sensibilidad *f*
Sensor ['zɛnzoːɐ] *m* *TECH* sensor *m*, órgano sensorio *m*
sentimental [zɛntimɛn'taːl] *adj* sentimental
Sentimentalität [zɛntimɛntali'tɛːt] *f* sentimentalismo *m*
separat [zepa'raːt] *adj* **1.** separado, apartado; *adv* **2.** por separado, aparte
Separatismus [zepara'tɪsmus] *m* *POL* separatismo *m*
September [zɛp'tɛmbɐ] *m* septiembre *m*
Sequenz [ze'kvɛnts] *f* secuencia *f*
Serie ['zeːrjə] *f* serie *f*
serienmäßig ['zeːrjənmɛːsɪç] *adj* **1.** de serie; *adv* **2.** en serie
seriös [zeː'rjøːs] *adj* **1.** serio, formal; *adv* **2.** con seriedad, seriamente

S

Serpentine [zɛrpən'tiːnə] *f* serpentina *f*
Serum ['zeːrum] *n* *BIO* suero *m*
Server ['sœːɐvɐ] *m* *INFORM* servidor *m*
Service [zɛr'viːs] *n* **1.** *(Geschirr)* juego de mesa *m*; ['sœːvɪs] *m* **2.** *(Kundendienst)* asistencia técnica *f*
servieren [zɛɐ'viːrən] *v* servir, atender
Serviette [zɛɐ'vjɛtə] *f* servilleta *f*
Sessel ['zɛsəl] *m* sillón *m*
Sessellift ['zɛsəllɪft] *m* telesilla *f*
setzen ['zɛtsən] *v* **1.** *sich ~ auf* sentarse en; **2.** *(Text)* componer; **3.** *Gleich setzt es was!* ¡Aquí va a haber palos!/¡Aquí va a haber más que palabras!
Setzer ['zɛtsɐ] *m* linotipista *m*
Setzerei [zɛtsɐ'raɪ] *f* taller de composición *m*
Seuche ['zɔyçə] *f* *MED* epidemia *f*
seufzen ['zɔyftsən] *v* suspirar
Seufzer ['zɔyftsɐ] *m* suspiro *m*
Sex [zɛks] *m* sexo *m*
Sexualerziehung [zɛksu'alɛɐtsiːuŋ] *f* educación sexual *f*
Sexualität [zeksuali'tɛːt] *f* sexualidad *f*
Sexualverbrechen [zɛksu'aːlfɛɐbrɛçən] *n* delito sexual *m*
sexuell [zɛksu'ɛl] *adj* **1.** sexual; *adv* **2.** sexualmente
sezieren [ze'tsiːrən] *v* *MED* hacer la autopsia
Shampoo [ʃam'puː] *n* champú *m*
Shorts [ʃɔːrts] *pl* pantalones cortos *m/pl*, shorts *m/pl*
Show [ʃəʊ] *f* espectáculo *m*, show *m*
sich [zɪç] *pron* **1.** se; *prep* **2.** sí; *Er erzählte von ~.* Habló de sí mismo.
sicher ['zɪçɐ] *adj* **1.** *(zweifellos)* indudable, seguro, innegable; **2.** *(gefahrlos)* seguro; *adv* **3.** *(zweifellos)* indudablemente, sin duda; **4.** *(gefahrlos)* seguro, sin peligro
Sicherheit ['zɪçɐhaɪt] *f* **1.** *(Gewissheit)* certidumbre *f*, certeza *f*; **2.** *(Schutz)* seguridad *f*; *in ~ bringen* poner a salvo; *sich in ~ wiegen* creerse seguro; **3.** *(Gewähr)* *ECO* garantía *f*, seguridad *f*, fianza *f*
Sicherheitsgurt ['zɪçɐhaɪtsgurt] *m* *(beim Auto)* cinturón de seguridad *m*
sicherheitshalber ['zɪçɐhaɪtshalbɐ] *adv* para mayor seguridad, por si acaso
Sicherheitsmaßnahmen ['zɪçɐhaɪtsmaːsnaːmən] *f/pl* medidas de seguridad *f/pl*
Sicherheitsnadel ['zɪçɐhaɪtsnaːdəl] *f* imperdible *m*, prendedor *m*
sicherlich ['zɪçɐlɪç] *adv* seguramente
sichern ['zɪçɐn] *v* asegurar
sicherstellen ['zɪçɐʃtɛlən] *v* **1.** *(sichern)* asegurar, poner en seguridad; **2.** *(beschlagnahmen)* confiscar, embargar
Sicherung ['zɪçəruŋ] *f* **1.** *(Sichern)* aseguramiento *m*, seguro *m*; *f* **2.** *(Riegel)* pasador *m*, cerrojo *m*; *f* **3.** *(Schmelzsicherung)* *TECH* fusible *m*; *Die ~ ist durchgebrannt.* El fusible se ha fundido. *Bei ihm ist die ~ durchgebrannt.* Se le han cruzado los cables.
Sicht [zɪçt] *f* vista *f*, punto de vista *m*; *auf lange ~* a largo plazo
sichtbar ['zɪçtbaːɐ] *adj* visible
Sichtverhältnisse ['zɪçtfɛɐhɛltnɪsə] *pl* visibilidad *f*
Sichtvermerk ['zɪçtfɛɐmɛrk] *m* visado *m*
Sichtweite ['zɪçtvaɪtə] *f* alcance de la vista *m*
sickern ['zɪkɐn] *v* rezumar, filtrarse
sie [ziː] *pron* **1.** ella; **2.** *(feminin Plural)* ellas; **3.** *(maskulin Plural)* ellos
Sie [ziː] *pron* **1.** *(Höflichkeitsform)* usted; **2.** *(Plural)* ustedes
Sieb [ziːp] *n* criba *f*, tamiz *m*, pasador *m*, colador *m*
sieben[1] ['ziːbən] *num* siete
sieben[2] ['ziːbən] *v* cribar, tamizar, colar
siebte(r,s) ['ziːptə(ɐ,əs)] *adj* sé(p)timo
siebzehn ['ziːptseːn] *num* diecisiete
siebzehnte(r,s) ['ziːptseːntə(ɐ,əs)] *adj* decimosé(p)timo
siebzig ['ziːptsɪç] *num* setenta
siebzigste(r,s) ['ziːptsɪçstə(ɐ,əs)] *adj* septuagésimo
sieden ['ziːdən] *v* hervir
Siedepunkt ['ziːdəpuŋkt] *m* punto de ebullición *m*
Siedler(in) ['ziːdlɐ(rɪn)] *m/f* colono/colona *m/f*
Siedlung ['ziːdluŋ] *f* colonización *f*, asentamiento *m*
Sieg [ziːk] *m* victoria *f*, triunfo *m*
Siegel ['ziːgəl] *n* sello *m*

Siegelring ['ziːgəlrɪŋ] *m* anillo de sello *m*
Siegelwachs ['ziːgəlvaks] *m* cera para sellar *f*, lacre *m*
siegen ['ziːgən] *v* vencer, triunfar
Sieger(in) ['ziːgɐ(rɪn)] *m/f* vencedor(a) *m/f*, triunfador(a) *m/f*
siegessicher ['ziːgəszɪçɐ] *adj* **1.** seguro de la victoria, seguro del triunfo; *adv* **2.** con la seguridad de la victoria
siegreich ['ziːkraɪç] *adj* victorioso, triunfante
siezen ['ziːtsən] *v* tratar de usted
Signal [zɪg'naːl] *n* señal *f*
signalisieren [zɪgnali'ziːrən] *v* señalizar, señalar
signieren [zɪg'niːrən] *v* firmar, rubricar
Silbe ['zɪlbə] *f* sílaba *f*
Silber ['zɪlbɐ] *n* plata *f*
Silberhochzeit ['zɪlbɐhɔçtsaɪt] *f* bodas de plata *f/pl*
silbern ['zɪlbɐn] *adj* de plata
Silhouette [zilu'ɛtə] *f* silueta *f*
Silvester [zɪl'vɛstɐ] *n* víspera de Año Nuevo *f*, Noche Vieja *f*
simpel ['zɪmpəl] *adj* simple, sencillo
Sims [zɪms] *n* moldura *f*
Simulant(in) [zimu'lant(ɪn)] *m/f* simulador(a) *m/f*
simulieren [zimu'liːrən] *v* simular
simultan [zimul'taːn] *adj* simultáneo
Sinfonie [zɪnfo'niː] *f MUS* sinfonía *f*
singen ['zɪŋən] *v irr* cantar
Singen ['zɪŋən] *n* canto *m*
Singular ['zɪŋgulaːɐ] *m GRAMM* singular *m*
Singvogel ['zɪŋfoːgəl] *m ZOOL* pájaro cantor *m*
sinken ['zɪŋkən] *v irr* **1.** caer, descender; **2.** *(Preise)* bajar, caer; **3.** *(Schiff)* hundirse, irse a pique; **4.** *(fig)* decaer
Sinn [zɪn] *m* **1.** *(Empfinden)* sentido *m*; *der sechste ~* el sexto sentido *m*; *seine fünf ~e nicht beisammen haben* no estar en sus cabales; *jdm nicht aus dem ~ gehen* no poder írsele de la cabeza de alguien; *jdm in den ~ kommen* ocurrírsele a alguien/venírsele a alguien a la mente; *nicht im ~ des Erfinders sein* no ser la intención del que lo inventó; *wie von ~en* como un loco/fuera de sí; *Danach steht mir nicht der ~.* Eso no me apetece. **2.** *(Empfänglichkeit)* sensibilidad *f*; **3.** *(Bedeutung)* significado *m*, significación *f*, sentido *m*; *der ~ des Lebens* el sentido de la vida *m*
Sinnbild ['zɪnbɪlt] *n* símbolo *m*
sinnbildlich ['zɪnbɪltlɪç] *adj* **1.** simbólico; *adv* **2.** simbólicamente
Sinnesorgan ['zɪnəsɔrgaːn] *n* órgano sensorial *m*, sentidos *m/pl*
Sinnestäuschung ['zɪnəstɔyʃuŋ] *f* alucinación *f*, ilusión de los sentidos *f*
sinngemäß ['zɪngəmɛːs] *adj* **1.** conforme al sentido; *adv* **2.** en cuanto al sentido
sinnieren [zi'niːrən] *v* cavilar, rumiar
sinnlich ['zɪnlɪç] *adj* **1.** *(Genuss)* sensual; **2.** sensorial
Sinnlichkeit ['zɪnlɪçkaɪt] *f* sensualidad *f*
sinnlos ['zɪnloːs] *adj* inútil, sin sentido, absurdo
Sinnlosigkeit ['zɪnloːzɪçkaɪt] *f* falta de sentido *f*, absurdo *m*
sinnvoll ['zɪnfɔl] *adj* que tiene sentido, razonable
Sintflut ['zɪntfluːt] *f REL* diluvio *m*
Siphon ['zifõ] *m* sifón *m*
Sippe ['zɪpə] *f* estirpe *f*, clan *m*
Sirene [zi'reːnə] *f* sirena *f*
Sirup ['ziːrup] *m* jarabe *m*
Sitte ['zɪtə] *f* **1.** *(Brauch)* costumbre *f*, tradición *f*; **2.** *(Sittlichkeit)* moral *f*
sittenwidrig ['zɪtənviːdrɪç] *adj* inmoral; *~ sein* ir contra las buenas costumbres
Sittlichkeitsverbrecher ['zɪtlɪçkaɪtsfɛɐbrɛçɐ] *m* delincuente sexual *m*
sittsam ['zɪtzaːm] *adj* **1.** honesto, decente, recatado; *adv* **2.** honestamente, decentemente, con decencia
Situation [zɪtua'tsjoːn] *f* situación *f*
situiert [zitu'iːɐt] *adj* situado; *gut ~ sein* tener una posición acomodada
Sitz [zɪts] *m* **1.** *(Platz)* lugar *m*, sitio *m*; **2.** *(Wohnsitz)* domicilio *m*, residencia *f*; **3.** *(Firmensitz) ECO* domicilio social *m*
sitzen ['zɪtsən] *v irr* **1.** estar sentado; *einen ~ haben* tener una mona *(fam)*; **2.** *(Schule) ~ bleiben* repetir curso, repetir año *(LA)*
Sitzplatz ['zɪtsplats] *m* asiento *m*
Sitzung ['zɪtsuŋ] *f* sesión *f*, reunión *f*, asamblea *f*

S

Skala ['ska:la] *f* escala *f*
Skalpell [skal'pɛl] *n MED* escalpelo *m,* bisturí *m*
Skandal [skan'da:l] *m* escándalo *m; ein großer ~* un escándalo padre; *~ machen* dar un espectáculo/hacer escándalo
skandalös [skanda'lø:s] *adj* escandaloso
Skandinavien [skandi'na:vjən] *n GEO* Escandinavia *f,* Países Escandinavos *m/pl*
Skelett [ske'lɛt] *n ANAT* esqueleto *m*
Skepsis ['skɛpsɪs] *f* escepticismo *m*
skeptisch ['skɛptɪʃ] *adj* escéptico
Ski [ʃi:] *m* esquí *m; ~ fahren* esquiar
Skianzug ['ʃi:antsu:k] *m* traje de esquiar *m*
Skifahrer(in) ['ʃi:fa:rɐ(rɪn)] *m/f* esquiador(a) *m/f*
Skigebiet ['ʃi:gəbi:t] *n* zona de esquí *f*
Skilift ['ʃi:lɪft] *m* telesquí *m*
Skirennen ['ʃi:rɛnən] *n* carrera de esquí *f*
Skischuh ['ʃi:ʃu:] *m* bota de esquiar *f*
Skizze ['skitsə] *f* bosquejo *m,* croquis *m*
Sklave ['skla:və] *m* esclavo *m*
Sklaverei [skla:və'raɪ] *f* esclavitud *f*
Skonto ['skɔnto] *n/m ECO* descuento *m*
Skorpion ['skɔr'pjo:n] *m* **1.** *ZOOL* escorpión *m;* **2.** *ASTR* Escorpio *m*
Skrupel ['skru:pəl] *m* escrúpulo *m*
skrupellos ['skru:pəllo:s] *adj* **1.** sin escrúpulos, cruel; *adv* **2.** sin escrúpulos, desaprensivamente
Skulptur [skulp'tu:ɐ] *f ART* escultura *f*
skurril [sku'ri:l] *adj* **1.** grotesco, burlesco; *adv* **2.** burlescamente, grotescamente
Slalom ['sla:lɔm] *m SPORT* eslalon *m*
Smaragd [sma'rakt] *m MIN* esmeralda *f*
Smartphone ['sma:tfo:n] *n TECH* teléfono inteligente *m*
Smog [smɔk] *m* nube de humo y gases *f,* esmog *m*
Smoking ['smo:kɪŋ] *m* esmoquin *m*
SMS ['esemes] *f TEL* SMS *m,* mensaje de texto *m*
Snowboard ['snəubɔ:ɐd] *m SPORT* snowboard *m*
so [zo:] *pron* **1.** tal; *konj* **2.** así que, de modo que, de manera que; *adv* **3.** así, de este modo, de esta manera; *Na ~ was!* ¡Pero qué increíble! **4.** *~ viel* tanto, demasiado; *Sie haben ~ viel getrunken, dass sie am nächsten Tag Kopfschmerzen hatten.* Bebieron tanto que al día siguiente tuvieron dolores de cabeza. **5.** *~ weit* en cuanto; **6.** *~ weit für* preparado para, dispuesto para
Soap [so:p] *f* serial televisivo *m,* telenovela *f*
sobald [zo'balt] *konj* tan pronto como, en cuanto
Socke ['zɔkə] *f* calcetín *m; sich auf die ~n machen (fam)* ahuecar el ala
Sodbrennen ['zo:tbrɛnən] *n MED* acidez estomacal *f,* pirosis *f*
soeben [zo'e:bən] *adv* ahora mismo, en este instante; *Er hat ~ den Brief abgeschickt.* Él acaba de enviar la carta.
Sofa ['zo:fa] *n* sofá *m*
sofern [zo'fɛrn] *konj* en tanto que, siempre que, si es que
sofort [zo'fɔrt] *adv* enseguida, inmediatamente, al instante
sofortig [zo'fɔrtɪç] *adj* inmediato, instantáneo
Software ['sɔftwɛɐ] *f INFORM* soporte lógico *m,* software *m*
Sog [zo:k] *m* succión *f*
sogar [zo'ga:ɐ] *adv* hasta, y aun
Sohle ['zo:lə] *f (Schuhsohle)* suela *f; auf leisen ~n* de puntillas/sigilosamente; *eine kesse ~ aufs Parkett legen (fam)* echarse un baile; *sich an jds ~n heften* pegarse a los talones de alguien
Sohn [zo:n] *m* hijo *m; wie der Vater so der ~* de tal padre, tal hijo; *der verlorene ~* el hijo pródigo *m*
solange [zo'laŋə] *konj* mientras, en tanto que
Solarenergie [zo'la:renɛrgi:] *f TECH* energía solar *f*
solche ['zɔlçə] *pron* **1.** tal, semejante; *adj* **2.** tal, semejante
Soldat(in) [zɔl'da:t(ɪn)] *m/f* soldado *m/f*
solidarisch [zoli'da:rɪʃ] *adj* **1.** solidario; *adv* **2.** solidariamente; *sich mit jdm ~ erklären* hacer causa común con alguien
Solidarität [zolidari'tɛ:t] *f* solidaridad *f*
Solidaritätszuschlag [zolidari'tɛ:tstsu:ʃla:k] *m POL* impuesto de solidaridad a la ex RDA *m*
solide [zo'li:də] *adj* sólido, duradero
sollen ['zɔlən] *v irr (Pflicht)* deber; *Du sollst deinen Nächsten lieben, wie dich*

S

selbst. Debes amar a tu prójimo como a ti mismo. *Du solltest nicht rauchen.* No deberías fumar.
somit [zo'mɪt] *konj* así pues, por consiguiente
Sommer ['zɔmɐ] *m* verano *m; Eine Schwalbe macht noch keinen ~.* Una golondrina no hace verano.
Sommerferien ['zɔmɐfe:rjən] *pl* vacaciones de verano *f/pl*
sommerlich ['zɔmɐlɪç] *adj* veraniego, de verano
Sommersprosse ['zɔmɐʃprɔsə] *f* peca *f*
Sommerzeit ['zɔmɐtsaɪt] *f* hora de verano *f*
Sonate [zo'na:tə] *f MUS* sonata *f*
Sonde ['zɔndə] *f TECH* sonda *f*
Sonderangebot ['zɔndɐangəbo:t] *n* oferta especial *f*, oferta extraordinaria *f*
sonderbar ['zɔndɐba:ɐ] *adj* **1.** extraordinario, singular; *adv* **2.** singularmente, de manera particular
Sonderfall ['zɔndɐfal] *m* caso especial *m*, caso extraordinario *m*
Sonderling ['zɔndɐlɪŋ] *m* estrafalario *m*
sondern ['zɔndɐn] *konj* sino; *Der Zug fährt nicht heute, ~ morgen.* El tren no parte hoy, sino mañana.
Sonnabend ['zɔna:bənt] *m* sábado *m*
Sonne ['zɔnə] *f* sol *m*
sonnen ['zɔnən] *v sich ~* tomar el sol, asolearse *(LA)*
Sonnenaufgang ['zɔnənaufgaŋ] *m* salida del sol *f*
Sonnenblume ['zɔnənblu:mə] *f BOT* girasol *m*
Sonnenbrand ['zɔnənbrant] *m* quemadura del sol *f*
Sonnenbrille ['zɔnənbrɪlə] *f* gafas de sol *f/pl*, lentes de sol *m/pl (LA)*
Sonnendeck ['zɔnəndɛk] *n* cubierta *f*
Sonnenenergie ['zɔnənenɛrgi:] *f TECH* energía solar *f*
sonnenklar ['zɔnənkla:ɐ] *adj (fig)* evidente, obvio; *Das ist ~.* Eso es claro como el agua.
Sonnenkollektor ['zɔnənkɔlɛkto:ɐ] *m TECH* panel solar *m*, colector solar *m*
Sonnenschein ['zɔnənʃaɪn] *m* rayo de sol *m*
Sonnenschirm ['zɔnənʃɪrm] *m* sombrilla *f*
Sonnenstich ['zɔnənʃtɪç] *m MED* insolación *f*
Sonnenuhr ['zɔnənu:ɐ] *f* reloj de sol *m*
Sonnenuntergang ['zɔnənuntɐgaŋ] *m* puesta del sol *f*, ocaso *m*
sonnig ['zɔnɪç] *adj* **1.** soleado; **2.** *(fig)* risueño, radiante
Sonntag ['zɔnta:k] *m* domingo *m*
sonst [zɔnst] *adv* (de lo) contrario, si no, de otro modo
sonstig ['zɔnstɪç] *adj* otro
sooft [zo'ɔft] *konj* siempre que, cada vez que
Sorge ['zɔrgə] *f* **1.** *(Kummer)* pena *f*, preocupación *f; seine ~n vertreiben* ahogar las penas; **2.** *(Pflege)* solicitud *f*, cuidado *m*
sorgen ['zɔrgən] *v* **1.** *sich ~ um jdn* preocuparse por alguien; **2.** *~ für jdn* atender a alguien, cuidar a alguien, cuidar de alguien; **3.** *~ für etw* procurar algo, proporcionar algo
sorgenvoll ['zɔrgənfɔl] *adj* **1.** lleno de preocupaciones; *adv* **2.** muy preocupado
Sorgerecht ['zɔrgərɛçt] *n JUR* custodia de los hijos *f*, derecho de guarda *m*
Sorgfalt ['zɔrkfalt] *f* cuidado *m*
sorgfältig ['zɔrkfɛltɪç] *adj* **1.** cuidadoso; *adv* **2.** cuidadosamente, con cuidado
sorglos ['zɔrklo:s] *adj* **1.** despreocupado, descuidado, negligente; *adv* **2.** despreocupadamente
Sorglosigkeit ['zɔrklo:zigkaɪt] *f* descuido *m*, despreocupación *f*, negligencia *f*
sorgsam ['zɔrkza:m] *adj* **1.** cuidadoso; *adv* **2.** cuidadosamente, con cuidado
Sorte ['zɔrtə] *f* clase *f*, especie *f*, género *m*
Sorten ['zɔrtən] *pl FIN* monedas extranjeras *f/pl*
Sortenkurs ['zɔrtənkurs] *m FIN* cambio de monedas extranjeras *m*, cotización de monedas extranjeras *f*
sortieren [zɔr'ti:rən] *v* separar, escoger
Sortiment [zɔrti'mɛnt] *n* surtido *m*
sosehr [zo'ze:ɐ] *konj* por más que, por mucho que
Soße ['zo:sə] *f GAST* salsa *f*
Souvenir [zuvə'ni:ɐ] *n* recuerdo *m*
souverän [su:və'rɛ:n] *adj* **1.** soberano; *adv* **2.** soberanamente

Souveränität [suːvərɛːniˈtɛːt] *f POL* soberanía *f*
soweit [zoˈvaɪt] *konj* **1.** en cuanto; *adv* **2.** preparado para, dispuesto a
sowie [zoˈviː] *konj* así como
sowieso [zoviˈzoː] *adv* en todo caso, de todas maneras, de todos modos
Sowjetunion [sɔˈvjɛtunjoːn] *f HIST* Unión Soviética *f*
sowohl [zoˈvoːl] *konj ~ als auch* tanto … como, no sólo … sino también; *Es ist warm, ~ in Sevilla als auch in Barcelona.* Hace calor tanto en Sevilla como en Barcelona.
sozial [zoˈtsjaːl] *adj* **1.** social; *adv* **2.** socialmente
Sozialabgaben [zoˈtsjaːlapgaːbən] *pl* cargas sociales *f/pl*
Sozialamt [zoˈtsjaːlamt] *n* oficina de asistencia social *f*
Sozialarbeiter(in) [zoˈtsjaːlarbaɪtɐ(rɪn)] *m/f* asistente social *m*
Sozialdemokratie [zoˈtsjaːldemokratiː] *f POL* socialdemocracia *f*
Sozialhilfe [zoˈtsjaːlhɪlfə] *f* asistencia social *f*
Sozialismus [zoˈtsjalɪsmus] *m POL* socialismo *m*
Sozialist(in) [zotsjaˈlɪst(ɪn)] *m/f POL* socialista *m/f*
sozialkritisch [zoˈtsjaːlkritɪʃ] *adj* de crítica social
Sozialpolitik [zoˈtsjaːlpolitiːk] *f POL* política social *f*
Sozialprodukt [zoˈtsjaːlprɔdukt] *n ECO* producto nacional *m*
Sozialstaat [zoˈtsjaːlʃtaːt] *m POL* Estado social *m*
S
Sozialversicherung [zoˈtsjaːlfɛɐzɪçəruŋ] *f* seguro social *m*, seguridad social *f*
Soziologie [zotsjoloˈgiː] *f* sociología *f*
Sozius [ˈzotsjus] *m ECO* socio *m*, asociado *m*
sozusagen [ˈzoːtsuzaːgən] *adv* por decirlo así, por así decir
Spalt [ʃpalt] *m* hendidura *f*, hendedura *f*
Spalte [ˈʃpaltə] *f* **1.** *(Gletscherspalte)* grieta *f*; **2.** *(Zeitungsspalte)* columna *f*
spalten [ˈʃpaltən] *v* **1.** *(auseinanderbrechen)* partir en dos, romper en dos, quebrar; **2.** *(fig: teilen)* dividir, desunir, separar; **3.** *PHYS* desintegrar, fisionar
Spaltung [ˈʃpaltuŋ] *f* **1.** *(Auseinanderbrechen)* rompimiento *m*, quebrantamiento *m*; **2.** *(fig: Teilung)* división *f*; **3.** *PHYS* fisión *m*, desintegración *f*
Spam [spɛm] *m INFORM* spam *m*, correo basura *m*
Spange [ˈʃpaŋə] *f* **1.** *(Haarspange)* pasador *m*; **2.** *(Schließe)* hebilla *f*
Spanien [ˈʃpaːnjən] *n GEO* España *f*
Spanier(in) [ˈʃpaːnjɐ(rɪn)] *m/f* español(a) *m/f*
spanisch [ˈʃpaːnɪʃ] *adj* español; *Das kommt mir ~ vor.* Eso me suena a chino.
Spanisch [ˈʃpaːnɪʃ] *n* español *m*
Spanne [ˈʃpanə] *f* **1.** *(Zeitraum)* lapso *m*, período *m*, tiempo *m*; **2.** *(Unterschied)* diferencia *f*; **3.** *(Preisspanne) ECO* margen *m*
spannen [ˈʃpanən] *v* tender, tirar
spannend [ˈʃpanənt] *adj* emocionante, de suspense
Spannung [ˈʃpanuŋ] *f* **1.** *(fig)* expectación *f*; **2.** *TECH* tensión *f*; *Wie hoch ist die elektrische ~ hier?* ¿Qué voltaje hay aquí?
Spannweite [ˈʃpanvaɪtə] *f* envergadura *f*
Sparbuch [ˈʃpaːɐbuːx] *n* libreta de ahorro *f*
sparen [ˈʃpaːrən] *v* ahorrar, economizar
Spargel [ˈʃpargəl] *m BOT* espárrago *m*
Sparkasse [ˈʃpaːɐkasə] *f* caja de ahorros *f*
spärlich [ˈʃpɛɐlɪç] *adj* **1.** escaso, exiguo, pobre; *adv* **2.** escasamente, pobremente
Sparmaßnahme [ˈʃpaɐmaːsnaːmə] *f* medidas económicas *f/pl*, medidas de austeridad *f/pl*
sparsam [ˈʃpaɐzaːm] *adj* **1.** ahorrativo, económico; *adv* **2.** ahorrativamente, económicamente
Sparsamkeit [ˈʃpaɐzaːmkaɪt] *f* economía *f*, austeridad *f*
spartanisch [ʃpaɐˈtaːnɪʃ] *adj* **1.** espartano; *adv* **2.** a modo espartano
Sparte [ˈʃpartə] *f* **1.** sector *m*, rama *f*; **2.** *(in der Zeitung)* sección *f*
Sparvertrag [ˈʃpaɐfɛɐtraːk] *m* contrato de ahorro *m*
Spaß [ʃpaːs] *m* **1.** *(Witz)* chiste *m*; *~ verstehen* tener correa; **2.** *(Vergnügen)* diversión *f*; *ein teuerer ~ sein* ser un

vicio muy caro; *sich einen ~ daraus machen* divertirse/pasárselo bien; *seinen ~ mit jdm treiben* divertirse a costa de alguien; *Da hört aber der ~ auf!* ¡Eso ya no tiene gracia!

spaßen ['ʃpaːsən] *v* bromear, chancear

spaßeshalber ['ʃpaːsəshalbɐ] *adv* en broma

spaßig ['ʃpaːsɪç] *adj* divertido, chistoso

Spaßvogel ['ʃpaːsfoːgəl] *m* bromista *m*

spät [ʃpɛːt] *adj* **1.** tardío; *adv* **2.** tarde

Spaten ['ʃpaːtən] *m* pala *f*, laya *f (LA)*

später ['ʃpɛːtɐ] *adv* más tarde

spätestens ['ʃpɛːtəstəns] *adv* a más tardar

Spätschicht ['ʃpɛːtʃɪçt] *f* turno de la tarde *m*

Spatz [ʃpats] *m* ZOOL gorrión *m*; *essen wie ein ~* comer como un pajarito

spazieren [ʃpa'tsiːrən] *v* pasear, dar un paseo; *~ gehen* ir a pasear, salir a pasear

Spazierfahrt [ʃpa'tsiːrfaːrt] *f* paseo en coche *m*, paseo en un vehículo *m*

Spaziergang [ʃpa'tsiːrgaŋ] *m* paseo *m*, vuelta *f*; *einen ~ machen* dar un paseo

Speck [ʃpɛk] *m* GAST tocino *m*; *sich fühlen wie die Made im ~* estar a sus anchas

Spediteur(in) [ʃpedi'tøːr(-rɪn)] *m/f* agente de transportes *m/f*, transportista *m/f*, comisionista *m/f*

Speer [ʃpeːɐ] *m* lanza *f*

Speichel ['ʃpaɪçəl] *m* saliva *f*

Speicher ['ʃpaɪçɐ] *m* **1.** *(Lager)* depósito *m*, almacén *m*; **2.** *(Dachboden)* desván *m*; **3.** INFORM memoria *f*

speichern ['ʃpaɪçɐn] *v* **1.** *(einlagern)* almacenar, depositar; **2.** INFORM memorizar

speien ['ʃpaɪən] *v irr* **1.** *(spucken)* escupir, esputar, espectorar; **2.** *(erbrechen)* vomitar

Speise ['ʃpaɪzə] *f* alimento *m*, comida *f*

Speisekammer ['ʃpaɪzəkamɐ] *f* despensa *f*

Speisekarte ['ʃpaɪzəkartə] *f* lista de platos *f*, menú *m*

speisen ['ʃpaɪzən] *v* **1.** *(essen)* comer; **2.** *(zuführen)* alimentar con

Speisesaal ['ʃpaɪzəzaːl] *m* comedor *m*

Speisewagen ['ʃpaɪzəvaːgən] *m* coche restaurante *m*, vagón restaurante *m*

spektakulär [ʃpɛktaku'lɛːɐ] *adj* espectacular

Spektrum ['ʃpɛktrum] *n (fig)* espectro *m*, gama *f*

Spekulant(in) [ʃpɛku'lant(ɪn)] *m/f* FIN especulador(a) *m/f*

Spekulation [ʃpɛkula'tsjoːn] *f* especulación *f*

spekulieren [ʃpɛku'liːrən] *v* FIN especular

spendabel [ʃpɛn'daːbəl] *adj* liberal, generoso

Spende ['ʃpɛndə] *f* donativo *m*, dádiva *f* óbolo *m*, donación *f*

spenden ['ʃpɛndən] *v* donar, dar

spendieren [ʃpɛn'diːrən] *v* regalar, ofrecer

Sperma ['ʃpɛrma] *n* BIO esperma *m*

Sperrbezirk ['ʃpɛrbətsɪrk] *m* zona prohibida *f*

Sperre ['ʃpɛrə] *f* **1.** *(Vorrichtung)* barrera *f*, cierre *m*; **2.** *(Verbot)* prohibición *f*; **3.** *(Embargo)* POL embargo *m*

sperren ['ʃpɛrən] *v* **1.** *(abriegeln)* acordonar; **2.** *(verbieten)* prohibir, vedar, impedir; **3.** *(Konto)* ECO congelar, bloquear

Sperrgebiet ['ʃpɛrgəbiːt] *n* zona prohibida *f*

Sperrgut ['ʃpɛrguːt] *n* mercancías de gran bulto *f/pl*, mercancías voluminosas *f/pl*

sperrig ['ʃpɛrɪç] *adj* voluminoso, de mucho bulto

Sperrkonto ['ʃpɛrkɔnto] *n* ECO cuenta bloqueada *f*

Sperrmüll ['ʃpɛrmyl] *m* residuos de mucho bulto *m/pl*, artículos del hogar en desuso *m/pl*

Sperrstunde ['ʃpɛrʃtundə] *f* hora de cierre *f*

Spesen ['ʃpeːzən] *pl* costes *m/pl*, comisión *f*, gastos *m/pl*

spezial [ʃpe'tsjaːl] *adj* especial, particular

spezialisieren [ʃpetsjali'ziːrən] *v sich ~* especializarse

Spezialisierung [ʃpetsjali'ziːruŋ] *f* especialización *f*

Spezialist(in) [ʃpetsja'lɪst(ɪn)] *m/f* especialista *m/f*

Spezialität [ʃpetsjali'tɛːt] *f* especialidad *f*

speziell [ʃpe'tsjɛl] *adj* **1.** especial, particular; *adv* **2.** especialmente, en especial
spezifisch [ʃpe'tsiːfɪʃ] *adj* específico
Sphäre ['sfɛːrə] *f* **1.** ASTR esfera *f;* **2.** *(fig)* ámbito *m,* entorno *m,* círculo *m*
spicken ['ʃpɪkən] *v* **1.** *(abschreiben)* copiar, plagiar; **2.** GAST mechar
Spiegel ['ʃpiːgəl] *m* espejo *m; jdm den ~ vorhalten (fig)* enseñarle a uno su verdadero yo/poner a alguien en frente de su propia realidad
Spiegelbild ['ʃpiːgəlbɪlt] *n* imagen invertida *f,* imagen reflejada *f*
Spiegelei ['ʃpiːgəlaɪ] *n* GAST huevo frito *m*
spiegeln ['ʃpiːgəln] *v sich ~* reflejarse
Spiegelung ['ʃpiːgəluŋ] *f* reflejo *m,* reflexión *f*
Spiel [ʃpiːl] *n* **1.** juego *m; ein ~ mit dem Feuer sein* ser un juego arriesgado/ser como jugar con fuego; *mit jdm leichtes ~ haben* tener un juego fácil con alguien; *das ~ zu weit treiben* ir demasiado lejos; *etw auf's ~ setzen* poner en juego algo/ jugarse algo; *auf dem ~ stehen* estar en juego; *jdn aus dem ~ lassen* dejar a alguien fuera de juego; *jdn ins ~ bringen* meter a alguien en el juego; *mit im ~ sein* estar implicado en el juego; **2.** SPORT partido *m,* partida *f,* encuentro *m; Wie steht das ~?* ¿Cómo van?
Spielbank ['ʃpiːlbaŋk] *f* casino *m*
Spieldose ['ʃpiːldoːzə] *f* caja de música *f*
spielen ['ʃpiːlən] *v* **1.** jugar a; **2.** *(Instrument)* tocar; **3.** SPORT jugar, practicar un deporte; **4.** THEAT representar
Spieler(in) ['ʃpiːlɐ(rɪn)] *m/f* **1.** *(Glücksspieler(in))* jugador(a) *m/f,* golfo/golfa *m/f;* **2.** SPORT deportista *m/f,* jugador(a) *m/f*
Spielfeld ['ʃpiːlfɛlt] *n* SPORT campo *m,* cancha *f (LA)*
Spielfilm ['ʃpiːlfɪlm] *m* CINE película de largo metraje *f,* largometraje *m*
Spielplatz ['ʃpiːlplats] *m* parque de juegos *m*
Spielraum ['ʃpiːlraum] *m* **1.** *(fig)* margen *m,* libertad de movimiento *f;* **2.** TECH juego *m*
Spielregeln ['ʃpiːlreːgəln] *pl* reglas de juego *f/pl*
Spielverderber(in) ['ʃpiːlfɛɐdɛrbɐ(rɪn)] *m/f* aguafiestas *m/f*
Spielzeug ['ʃpiːltsɔyk] *n* juguete *m*
Spieß [ʃpiːs] *m* **1.** *(Speer)* lanza *f; den ~ umdrehen* dar la vuelta a la tortilla; **2.** *(Bratspieß)* asador *m*
spießig ['ʃpiːsɪç] *adj* aburguesado
Spinat [ʃpi'naːt] *m* BOT espinaca *f*
Spinne ['ʃpɪnə] *f* ZOOL araña *f*
spinnen ['ʃpɪnən] *v irr* **1.** hilar; **2.** *(fig)* estar chiflado, estar loco
Spinnennetz ['ʃpɪnənnɛts] *n* telaraña *f*
Spion(in) [ʃpi'oːn(ɪn)] *m/f* espía *m/f*
Spionage [ʃpio'naːʒə] *f* espionaje *m*
spionieren [ʃpio'niːrən] *v* espiar
Spirale [ʃpi'raːlə] *f* espiral *f*
Spirituosen [ʃpiritu'oːzən] *pl* bebidas espirituosas *f/pl,* bebidas alcohólicas *f/pl*
Spiritus ['ʃpiːritus] *m* CHEM alcohol *m*
spitz [ʃpɪts] *adj* **1.** puntiagudo, afilado, agudo; **2.** *(fig)* mordaz, picante
Spitzbube ['ʃpɪtsbuːbə] *m* **1.** *(Gauner)* pillo *m,* truhán *m;* **2.** *(Schelm)* pícaro *m*
Spitze ['ʃpɪtsə] *f* **1.** punta *f; etw auf die ~ treiben* llevar algo hasta el extremo; **2.** *(Bergspitze)* cima *f,* cumbre *f,* pico *m;* **3.** *(Stoff)* encaje *m;* **4.** *(fig)* cumbre *f,* cabeza *f; an der ~ liegen* estar a la cabeza
Spitzel ['ʃpɪtsəl] *m* agente de la policía secreta *m,* espía *m/f,* soplón *m*
spitzen ['ʃpɪtsən] *v* aguzar, afilar, sacar punta a
Spitzengeschwindigkeit ['ʃpɪtsəngəʃvɪndɪçkaɪt] *f* velocidad máxima *f*
Spitzenleistung ['ʃpɪtsənlaɪstuŋ] *f* récord *m,* rendimiento máximo *m*
Spitzenlohn ['ʃpɪtsənloːn] *m* salario máximo *m*
Spitzenposition ['ʃpɪtsənpozitsjoːn] *f* posición excelente *f*
Spitzenreiter ['ʃpɪtsənraɪtɐ] *m* favorito *m*
Spitzer ['ʃpɪtsɐ] *m* sacapuntas *m,* afilalápices *m*
spitzfindig ['ʃpɪtsfɪndɪç] *adj* sutil
Spitzmaus ['ʃpɪtsmaus] *f* ZOOL musaraña *f*
Spitzname ['ʃpɪtsnaːmə] *m* apodo *m,* mote *m,* alias *m,* sobrenombre *m*
Splitter ['ʃplɪtɐ] *m* **1.** *(Holzsplitter)* astilla *f;* **2.** *(Glassplitter)* esquirla *f*
splittern ['ʃplɪtɐn] *v* romperse en pedazos, estrellarse

splitternackt ['ʃplɪtɐnakt] *adj* completamente desnudo, en cueros
sponsern ['ʃpɔnzɐn] *v* patrocinar
Sponsor(in) ['ʃpɔnzoːɐ(-rɪn)] *m/f* patrocinador(a) *m/f*
spontan [ʃpɔn'taːn] *adj* **1.** espontáneo; *adv* **2.** espontáneamente
Spontaneität [ʃpɔntaneiˈtɛːt] *f* espontaneidad *f*
sporadisch [ʃpo'raːdɪʃ] *adj* **1.** esporádico; *adv* **2.** esporádicamente, de tiempo en tiempo, de vez en cuando
Sport [ʃpɔrt] *m* deporte *m; Welchen ~ treiben Sie?* ¿Qué deporte practica usted?
Sportart ['ʃpɔrtaɐt] *f* disciplina *f*
Sportartikel ['ʃpɔrtartɪkəl] *m* artículos de deporte *m/pl*
Sportgeist ['ʃpɔrtgaɪst] *m* espíritu deportivo *m*
Sportler(in) ['ʃpɔrtlɐ(rɪn)] *m/f* deportista *m/f*
sportlich ['ʃpɔrtlɪç] *adj* deportivo
Sportplatz ['ʃpɔrtplats] *m* campo de deportes *m*
Sportreporter ['ʃpɔrtrepɔrtɐ] *m* reportero deportivo *m*
Sportveranstaltung ['ʃpɔrtfɛɐanʃtaltuŋ] *f* concurso deportivo *m,* competición *f,* torneo deportivo *m*
Sportverein ['ʃpɔrtfɛɐaɪn] *m* asociación deportiva *f,* sociedad deportiva *f*
Spott [ʃpɔt] *m* burla *f,* mofa *f,* guasa *f*
spottbillig ['ʃpɔt'bɪlɪç] *adj* baratísimo, regalado, tirado
spotten ['ʃpɔtən] *v ~ über* burlarse de
spöttisch ['ʃpœtɪʃ] *adj* **1.** burlón; *adv* **2.** burlonamente
Sprache ['ʃpraːxə] *f* **1.** idioma *m,* lengua *f; die ~ auf etw bringen* hacer recaer la conversación sobre algo; *mit der ~ herausrücken* atreverse a hablar/explicarse; *zur ~ kommen* entrar en discusión; *die gleiche ~ sprechen* hablar el mismo idioma; *eine deutliche ~ sprechen* hablar claro/hablar en cristiano; *Raus mit der ~!* ¡Habla!/¡Explícate! *Da verschlug es ihm die ~.* Se quedó sin habla. **2.** *(Fachsprache)* lenguaje especializado *m,* lenguaje técnico *m*
Sprachenschule ['ʃpraːxənʃuːlə] *f* escuela de idiomas *f*
Sprachfehler ['ʃpraːxfeːlɐ] *m* **1.** LING defecto del habla *m,* lapsus linguae *m;* **2.** GRAMM solecismo *m,* falta gramatical *f*
sprachgewandt ['ʃpraːxgəvant] *adj* elocuente
Sprachkenntnisse ['ʃpraːxkɛntnɪsə] *pl* conocimientos lingüísticos *m/pl,* grado de dominio de idiomas *m*
sprachlos ['ʃpraːxloːs] *adj (fig)* atónito
Spray ['ʃpreɪ] *n* spray *m,* aerosol *m*
Sprechanlage ['ʃprɛçanlaːgə] *f* interfono *m*
sprechen ['ʃprɛçən] *v irr* hablar, expresar, darse a entender, decir; *~ Sie bitte etw langsamer!* ¡Hable un poco más despacio, por favor! *~ Sie Spanisch?* ¿Habla usted español? *für sich selbst ~* hablar consigo mismo; *auf jdn nicht gut zu ~ sein* no quererse hablar con alguien; *Wir ~ uns noch!* ¡Ya hablaremos!
Sprecher(in) ['ʃprɛçɐ(rɪn)] *m/f* **1.** *(Ansager(in))* locutor(a) *m/f;* **2.** *(Wortführer(in))* portavoz *m/f,* vocero/vocera *(LA) m/f*
Sprechstunde ['ʃprɛçʃtundə] *f* hora de consulta *f*
Sprechstundenhilfe ['ʃprɛçʃtundənhɪlfə] *f* auxiliar de médico *m/f*
Sprechzimmer ['ʃprɛçtsɪmɐ] *n* sala de consulta *f,* consultorio *m*
sprengen ['ʃprɛŋən] *v* explosionar, volar, hacer saltar, hacer estallar
Sprengkörper ['ʃprɛŋkœrpɐ] *m* explosivo *m,* petardo *m*
Sprengstoff ['ʃprɛŋʃtɔf] *m* explosivo *m*
Sprengstoffattentat ['ʃprɛŋʃtɔfatəntaːt] *n* atentado con explosivos *m*
Sprengung ['ʃprɛŋuŋ] *f* explosión *f,* voladura *f*
Sprichwort ['ʃprɪçvɔrt] *n* refrán *m,* proverbio *m*
sprichwörtlich ['ʃprɪçvœrtlɪç] *adj* proverbial
Springbrunnen ['ʃprɪŋbrunən] *m* surtidor *m,* fuente *f*
springen ['ʃprɪŋən] *v irr* **1.** *(hüpfen)* saltar, brincar; **2.** *(fig: bersten)* reventar, estallar
Springform ['ʃprɪŋfɔrm] *f* molde *m*
Springseil ['ʃprɪŋzaɪl] *n* cuerda para saltar *f*
Spritze ['ʃprɪtsə] *f* **1.** jeringa *f;* **2.** MED inyección *f,* jeringuilla *f*

spritzen ['ʃprɪtsən] *v* **1.** regar, salpicar; **2.** *MED* inyectar
Spritzer ['ʃprɪtsɐ] *m* **1.** *(Tropfen)* chispa *f*; **2.** *(Fleck)* salpicadura *f*
Spritztour ['ʃprɪtstuːɐ] *f* pequeña excursión *f*
spröde ['ʃprøːdə] *adj* **1.** *(Material)* quebradizo; **2.** *(fig: abweisend)* esquivo, reservado
Sprössling ['ʃprœslɪŋ] *m (fig)* vástago *m*, retoño *m*
Spruch [ʃprux] *m* **1.** *(Wahlspruch)* lema *m*, divisa *f*; **2.** *JUR* sentencia *f*, fallo *m*; **3.** *große Sprüche klopfen* hacer alardes, decir fanfarronadas
spruchreif ['ʃpruxraɪf] *adj* definitivo; *(zu entscheiden)* a punto de decidirse, listo para sentencia
sprudeln ['ʃpruːdəln] *v* brotar a borbotones, surtir
sprühen ['ʃpryːən] *v* **1.** chispear, echar chispas; **2.** *(fig)* centellear
Sprühregen ['ʃpryːreːgən] *m* llovizna *f*
Sprung [ʃpruŋ] *m* **1.** *(springen)* salto *m*; *ein ~ ins kalte Wasser sein* ser como un jarrón de agua fría; *auf dem ~ sein* estar a un punto de/estar pronto para; *nur auf einen ~* un rato solamente *m*; *keine großen Sprünge machen können* no poder gastar mucho dinero/no poder cometer excesos; *jdm auf die Sprünge helfen* ayudar a alguien; **2.** *(fig: Riss)* grieta *f*; *einen ~ in der Schüssel haben* tener un tornillo flojo
Sprungfeder ['ʃpruŋfeːdɐ] *f* resorte *m*, muelle *m*
sprunghaft ['ʃpruŋhaft] *adj* inconstante, voluble, veleidoso, caprichoso
Sprungschanze ['ʃpruŋʃantsə] *f* *SPORT* trampolín de saltos *m*
Sprungtuch ['ʃpruŋtuːx] *n* tela salvavidas *f*, paño de salvamento *m*
Spucke ['ʃpukə] *f* saliva *f*, esputo *m*, escupitajo *m*, gargajo *m*; *Da bleibt einem ja die ~ weg!* ¡De quitarle a uno el habla!/¡De quitarle a uno la respiración!
spucken ['ʃpukən] *v* escupir, esputar
Spuk [ʃpuːk] *m* fantasma *m*, espectro *m*
spuken ['ʃpuːkən] *v (poltern)* trasegar; *Es spukt im Hause.* Andan duendes en la casa.
Spülbecken ['ʃpyːlbɛkən] *n* fregadero *m*
Spule ['ʃpuːlə] *f* **1.** carrete *m*; **2.** *TECH* bobina *f*
spülen ['ʃpyːlən] *v* lavar, fregar
Spülmaschine ['ʃpyːlmaʃiːnə] *f* lavavajillas *m*, lavaplatos *m*
Spülmittel ['ʃpyːlmɪtəl] *n* detergente *m*
Spülung ['ʃpyːluŋ] *f* **1.** *(Toilettenspülung)* enjuague *m*; **2.** *MED* lavado *m*
Spur [ʃpuːɐ] *f* **1.** *(Abdruck)* huella *f*; *eine heiße ~* una buena pista *f*; *jdm auf die ~ kommen* descubrir las intenciones de alguien; *jdm auf der ~ bleiben* seguir la pista a alguien; *in jds ~en treten* seguir el ejemplo de alguien; *nicht die ~* no en absoluto; **2.** *(Fahrspur)* carril *m*; **3.** *(fig: kleine Menge)* rastro *m*
spürbar ['ʃpyːɐbaːɐ] *adj* **1.** sensible, perceptible, palpable, visible; *adv* **2.** perceptiblemente, visiblemente
spüren ['ʃpyːrən] *v* sentir, percibir, palpar
Spurenelemente ['ʃpuːrənelementə] *n/pl* *BIO* oligoelemento *m*, elemento traza *m*
spurlos ['ʃpuːɐloːs] *adj* **1.** sin huellas, sin rastro; *adv* **2.** sin dejar huella, sin dejar rastro; *Es ist ~ verschwunden.* Se ha hecho humo.
Spürsinn ['ʃpyːɐzɪn] *m* buen olfato *m*
Staat [ʃtaːt] *m* Estado *m*; *mit etw keinen ~ machen können* no poder impresionar con algo/no poder imponer con algo
staatenlos ['ʃtaːtənloːs] *adj* apátrida, sin nacionalidad
staatlich ['ʃtaːtlɪç] *adj* **1.** estatal, gubernamental, público, oficial; *adv* **2.** oficialmente
Staatsakt ['ʃtaːtsakt] *m* *POL* ceremonia oficial *f*
Staatsangehörigkeit ['ʃtaːtsangəhørɪçkaɪt] *f* nacionalidad *f*
Staatsanwalt ['ʃtaːtsanvalt] *m* *JUR* fiscal *m/f*
Staatsanwältin ['ʃtaːtsanvɛltɪn] *f* *JUR* fiscal *m/f*
Staatsbeamte(r) ['ʃtaːtsbəamtə(-ɐ)] *m/f* funcionario público/funcionario pública *m/f*
Staatsbesuch ['ʃtaːtsbəzuːx] *m* visita oficial *f*
Staatsbürger(in) ['ʃtaːtsbyrgɐ(rɪn)] *m/f* ciudadano/ciudadana *m/f*

S

Staatsdienst ['ʃta:tsdi:nst] *m* servicio público *m*
Staatseigentum ['ʃta:tsaɪgəntum] *n* bienes nacionales *m/pl,* patrimonio nacional *m,* propiedad del Estado *f*
Staatsgewalt ['ʃta:tsgəvalt] *f* poder del Estado *m*
Staatshaushalt ['ʃta:tshaushalt] *m* presupuesto del Estado *m*
Staatsmann ['ʃta:tsman] *m* estadista *m*
Staatsoberhaupt ['ʃta:tso:bɐhaupt] *n* jefe de Estado *m*
Staatssekretär ['ʃta:tszekretɛ:ɐ] *m* secretario de Estado *m*
Staatsstreich ['ʃta:tsʃtraɪç] *m* golpe de Estado *m*
Stab [ʃta:p] *m* **1.** (*Stock*) bastón *m; über jdn den ~ brechen* condenar la conducta de alguien; **2.** (*fig: Führungsstab*) Estado Mayor *m*
Stabhochsprung ['ʃta:pho:xʃpruŋ] *m* SPORT salto de pértiga *m*
stabil [ʃta'bi:l] *adj* **1.** (*robust*) robusto, sólido, macizo; **2.** (*konstant*) estable, constante
stabilisieren [ʃtabili'zi:rən] *v* estabilizar
Stabilität [ʃtabili'tɛ:t] *f* estabilidad *f*
Stachel ['ʃtaxəl] *m* **1.** BOT espina *f;* **2.** ZOOL aguijón *m,* púa *f*
Stacheldraht ['ʃtaxəldra:t] *m* alambre de púas *m*
stachelig ['ʃtaxəlɪç] *adj* **1.** (*kratzig*) áspero, erizado; **2.** (*dornig*) espinoso
Stadion ['ʃta:djɔn] *n* estadio *m*
Stadium ['ʃta:djum] *n* estado *m,* estadio *m*
Stadt [ʃtat] *f* ciudad *f*
Stadtbummel ['ʃtatbuməl] *m* callejeo *m*
städtisch ['ʃtɛtɪʃ] *adj* urbano, municipal, ciudadano
Stadtmauer ['ʃtatmauɐ] *f* muralla de la ciudad *f*
Stadtplan ['ʃtatpla:n] *m* plano de la ciudad *m*
Stadtrand ['ʃtatrant] *m* afueras *f/pl,* periferia *f*
Stadtrat ['ʃtatra:t] *m* POL Ayuntamiento *m,* concejo municipal *m*
Stadtverwaltung ['ʃtatfɛɐvaltuŋ] *f* administración municipal *f,* Ayuntamiento *m,* Municipalidad *f* (*LA*)
Stadtviertel ['ʃtatfɪrtəl] *n* barrio *m*
Staffelei [ʃtafə'laɪ] *f* caballete *m*
Staffelung ['ʃtafəluŋ] *f* escalonamiento *m*
Stagnation [ʃtagna'tsjo:n] *f* ECO estancamiento *m,* paralización *f*
stagnieren [ʃtag'ni:rən] *v* ECO estancar, paralizar
Stahl [ʃta:l] *m* acero *m*
Stahlindustrie ['ʃta:lɪndustri:] *f* industria del acero *f*
Stahlwolle ['ʃta:lvɔlə] *f* lana de acero *f*
Stall [ʃtal] *m* establo *m*
Stamm [ʃtam] *m* **1.** (*Baumstamm*) tronco *m;* **2.** (*Volksstamm*) tribu *f*
Stammaktie ['ʃtamaktsjə] *f* ECO acción ordinaria *f*
Stammbaum ['ʃtambaum] *m* **1.** árbol genealógico *m;* **2.** (*Tier*) pedigrí *m*
stammen ['ʃtamən] *v* descender de, proceder de, provenir de
Stammgast ['ʃtamgast] *m* cliente habitual *m,* parroquiano *m*
Stammhalter ['ʃtamhaltɐ] *m* primogénito *m*
stämmig ['ʃtɛmɪç] *adj* robusto, fornido, macizo
Stammkapital ['ʃtamkapita:l] *n* ECO capital social *m*
Stammkunde ['ʃtamkundə] *m* cliente habitual *m,* cliente fijo *m*
stampfen ['ʃtampfən] *v* **1.** (*vor Wut auf~*) patalear, patear; **2.** (*zertreten*) machacar, pisar
Stand [ʃtant] *m* **1.** (*Stehen*) posición de pie *f;* **2.** (*Messestand*) puesto *m,* stand *m;* **3.** (*Situation*) situación *f,* estado *m; bei jdm einen guten ~ haben* tener buenas relaciones con alguien; **4.** (*Rang*) rango *m,* condición *f*
Standard ['ʃtandart] *m* norma *f,* patrón *m,* estándar *m*
Standbild ['ʃtantbɪlt] *n* estatua *f*
Ständchen ['ʃtɛntçən] *n* serenata *f*
Ständer ['ʃtɛndɐ] *m* soporte *m*
Standesamt ['ʃtandəsamt] *n* registro civil *m*
Standesbeamte(r) ['ʃtandəsbəamtə(ɐ)] *m/f* oficial(a) del registro civil *m/f,* empleado del registro civil/empleada del registro civil *m/f*

S

standesgemäß ['ʃtandəsgəmɛːs] *adj* **1.** en conformidad con su posición social, en conformidad con su rango; *adv* **2.** en conformidad con su posición social, conforme a su rango
standhaft ['ʃtanthaft] *adj* **1.** constante, firme; *adv* **2.** con firmeza
Standhaftigkeit ['ʃtanthaftɪçkaɪt] *f* constancia *f*, firmeza *f*
standhalten ['ʃtanthaltən] *v irr* resistir, mantenerse firme
ständig ['ʃtɛndɪç] *adj* **1.** *(fest)* fijo, permanente; **2.** *(ununterbrochen)* constante, ininterrumpido; *adv* **3.** constantemente, permanentemente
Standlicht ['ʃtantlɪçt] *n (beim Auto)* luz de estacionamiento *f*
Standort ['ʃtantɔrt] *m* emplazamiento *m*, ubicación *f (LA)*
Standpunkt ['ʃtantpuŋkt] *m (fig)* punto de vista *m*
Standspur ['ʃtantʃpuːɐ] *f* carril de aparcamiento *m*, carril para parar en emergencia *m*
Standuhr ['ʃtantuːɐ] *f* reloj vertical *m*
Stange ['ʃtaŋə] *f* palo *m*, vara *f*; *jdn bei ~ halten* tomar el partido de alguien; *bei der ~ bleiben (fig)* no tirar la toalla; *von der ~* de confección *f*; *eine ~ Geld* un dineral *m*; un ojo de la cara *m*
Stängel ['ʃtɛŋəl] *m* BOT tallo *m*; *fast vom ~ fallen (fam)* caerse casi de la silla
stanzen ['ʃtantsən] *v* estampar
Stapel ['ʃtaːpəl] *m* montón *m*, pila *f*; *vom ~ laufen* lanzar al agua/botar un barco; *etw vom ~ lassen* presentar algo
stapeln ['ʃtaːpəln] *v* amontonar, apilar
Star[1] [ʃtaːɐ] *m* MED catarata *f*
Star[2] [ʃtaːɐ] *m* ZOOL estornino *m*
Star[3] [staːɐ] *m (Filmstar)* estrella de cine *f*
stark [ʃtark] *adj* fuerte, vigoroso; *das ~e Geschlecht* el sexo fuerte *m*
Stärke ['ʃtɛrkə] *f* **1.** fuerza *f*, vigor *m*; **2.** *(Wäschestärke)* almidón *m*; **3.** GAST almidón *m*, fécula *f*
stärken ['ʃtɛrkən] *v* **1.** fortalecer, fortificar; **2.** *(Wäsche)* almidonar
Stärkung ['ʃtɛrkuŋ] *f* **1.** *(Festigung)* fortalecimiento *m*; **2.** *(Erfrischung)* refrigerio *m*
starr [ʃtar] *adj* **1.** rígido, tieso; *adv* **2.** rígidamente; *adj* **3.** *(fig)* fijo; *adv* **4.** *(fig)* fijamente
starren ['ʃtarən] *v* mirar fijamente
starrköpfig ['ʃtarkœpfɪç] *adj* obstinado
Starrsinn ['ʃtarzɪn] *m* obstinación *f*, terquedad *f*, testarudez *f*
Start [ʃtart] *m* **1.** *(Flugzeug)* despegue *m*; **2.** *(fig)* inicio *m*, comienzo *m*; **3.** SPORT partida *f*
starten ['ʃtartən] *v* **1.** *(abreisen)* partir (de viaje); **2.** *(Auto)* arrancar; **3.** *(aktivieren)* activar, poner en marcha
Station [ʃta'tsjoːn] *f* **1.** *(Haltestelle)* parada *f*; *~ machen* hacer una parada; **2.** *(Abteilung)* sección *f*, departamento *m*
Statistik [ʃta'tɪstɪk] *f* estadística *f*
statistisch [ʃta'tɪstɪʃ] *adj* **1.** estadístico; *adv* **2.** estadísticamente
statt [ʃtat] *prep* en vez de, en lugar de
Stätte ['ʃtɛtə] *f* lugar *m*, sitio *m*
stattfinden ['ʃtatfɪndən] *v irr* tener lugar, llevarse a cabo en, celebrarse; *Wann findet die Hochzeit von Rosita statt?* ¿Cuándo se celebra la boda de Rosita?
stattlich ['ʃtatlɪç] *adj* **1.** *(ansehnlich)* magnífico, espléndido; **2.** *(zahlreich)* numeroso
Statue ['ʃtaːtuə] *f* estatua *f*
Statur [ʃta'tuːɐ] *f* estatura *f*, talla *f*
Status ['ʃtaːtus] *m* estado *m*, estatus *m*
Statussymbol ['ʃtaːtuszymboːl] *n* símbolo de posición social *m*
Statut [ʃta'tuːt] *n* estatuto *m*
Stau [ʃtau] *m* atasco *m*, congestión de tráfico *m*
Staub [ʃtaup] *m* polvo *m*; *~ aufwirbeln (fig)* levantar polvo; *sich aus dem ~ machen* poner los pies en polvorosa
Staubsauger ['ʃtaupzaugɐ] *m* aspiradora *f*
Staudamm ['ʃtaudam] *m* presa *f*
staunen ['ʃtaunən] *v* asombrarse, admirarse, maravillarse
Staunen ['ʃtaunən] *n* asombro *m*, admiración *f*
Steak [ʃteːk] *n* GAST bistec *m*, bife *m (LA)*
stechen ['ʃtɛçən] *v irr* pinchar, punzar; *in die Augen ~* entrar por los ojos

Stechuhr ['ʃtɛçuːɐ] *f* reloj de control *m*
Steckbrief ['ʃtɛkbriːf] *m* carta requisitoria *f*, requisitoria *f*
Steckdose ['ʃtɛkdoːzə] *f* enchufe *m*, tomacorriente *m*
stecken ['ʃtɛkən] *v* **1.** *(hinein~)* introducir, meter; *jdm etw ~* reprochar a alguien algo/llamar la atención a alguien sobre algo; **2.** *(an~)* prender, sujetar (con alfileres); **3.** *~ bleiben* atascarse, quedarse detenido
Steckenpferd ['ʃtɛkənpfeːɐt] *n (fig)* afición *f*
Stecker ['ʃtɛkɐ] *m* enchufe *m*
Stecknadel ['ʃtɛknaːdəl] *f* alfiler *m*; *eine ~ im Heuhaufen suchen* buscar una aguja en un pajar
Stegreif ['ʃteːkraɪf] *m (fig)* improvisación *f*; *aus dem ~* improvisando
stehen ['ʃteːən] *v irr (aufrecht ~)* estar de pie, estar derecho; *~ bleiben* quedarse parado, detenerse
stehlen ['ʃteːlən] *v irr* robar, hurtar
steif [ʃtaɪf] *adj* **1.** rígido, tieso; **2.** *(fig)* formal, ceremonioso, tieso
steigen ['ʃtaɪgən] *v irr* ascender, alzarse, subir
steigend ['ʃtaɪgənt] *adj* ascendente, alcista
steigern ['ʃtaɪgɐn] *v* **1.** *(sich ~)* superarse, mejorarse; **2.** *(erhöhen)* alzar, elevar, aumentar; **3.** GRAMM formar el comparativo y/o el superlativo; **4.** *(ersteigern)* hacer una oferta
Steigerung ['ʃtaɪgərʊŋ] *f* **1.** *(Erhöhung)* alza *f*, elevación *f*, aumento *m*; **2.** GRAMM comparación *f*
Steigung ['ʃtaɪgʊŋ] *f* elevación *f*
steil [ʃtaɪl] *adj* **1.** escarpado, empinado; *adv* **2.** de forma empinada, de forma escarpada
Steilküste ['ʃtaɪlkystə] *f* acantilado *m*
Stein [ʃtaɪn] *m* piedra *f*; *der ~ des Anstoßes* la piedra del escándalo *f*; *den ~ ins Rollen bringen* poner en marcha algo; *bei jdm einen ~ im Brett haben* ser muy estimado por alguien; *keinen ~ auf dem anderen lassen* no dejar piedra sobre piedra; *den ersten ~ auf jdn werfen* tirar la primera piedra a alguien *(fig)*; *jdm ~e in den Weg legen* poner trabas a alguien; *Da fällt mir ein ~ vom Herzen!* ¡Se me ha quitado un gran peso de encima!
Steinbruch ['ʃtaɪnbrux] *m* cantera *f*
steinig ['ʃtaɪnɪç] *adj* pedregoso
Steinmetz ['ʃtaɪnmɛts] *m* picapedrero *m*, tallista de piedra *m*
Steinschlag ['ʃtaɪnʃlaːk] *m* **1.** desprendimiento de piedras *m*; **2.** *(Schotter)* cascajo *m*
Steinzeit ['ʃtaɪntsaɪt] *f* HIST Edad de Piedra *f*
Stelle ['ʃtɛlə] *f* **1.** *(Ort)* lugar *m*, sitio *m*, *an ~ von* en vez de; *auf der ~* inmediatamente; al tiro *(LA)*; *auf der ~ treten* no adelantar; **2.** *(Anstellung)* puesto *m*, empleo *m*; **3.** *(Dienststelle)* servicio *m*, centro oficial *m*, oficina *f*, despacho *m*
stellen ['ʃtɛlən] *v* poner, colocar; *sich gut mit jdm ~* ponerse a bien con alguien; *auf sich gestellt sein* depender de sí mismo
Stellenangebot ['ʃtɛlənangəboːt] *n* oferta de colocación *f*, oferta de empleo *f*
Stellengesuch ['ʃtɛləngəzuːx] *n* demanda de colocación *f*, demanda de empleo *f*
Stellenwert ['ʃtɛlənveːɐt] *m* importancia *f*, rango *m*
Stellung ['ʃtɛlʊŋ] *f* **1.** *(Haltung)* postura *f*, actitud *f*; *zu etw ~ nehmen* tomar cartas en el asunto; *die ~ halten* mantener el sitio/mantener la posición; **2.** *(Anstellung)* colocación *f*, empleo *m*
Stellungnahme ['ʃtɛlʊŋnaːmə] *f* opinión *f*, parecer *m*
stellvertretend ['ʃtɛlfɛɐtreːtənt] *adj* suplente
Stellvertreter(in) ['ʃtɛlfɛɐtreːtɐ(rɪn)] *m/f* suplente *m/f*, sustituto/sustituta *m/f*
Stempel ['ʃtɛmpəl] *m* sello *m*; *einer Sache seinen ~ aufdrücken* imprimir su carácter a algo; *den ~ von jdm tragen* llevar el sello de alguien
Stempelkissen ['ʃtɛmpəlkɪsən] *n* tampón para sellos *m*, cojín de tinta *m*
stempeln ['ʃtɛmpəln] *v* sellar; *~ gehen* ir a cobrar el paro
Stenografie [ʃtenogra'fiː] *f (Kurzschrift)* taquigrafía *f*
Stenotypist(in) [ʃtenoty'pɪst(ɪn)] *m/f* taquimecanógrafo/ taquimecanógrafa *m/f*
Steppe ['ʃtɛpə] *f* GEO estepa *f*

S

Sterbefall ['ʃtɛrbəfal] *m* caso de fallecimiento *m,* defunción *f*
sterben ['ʃtɛrbən] *v irr* morir, fallecer, expirar; *verrecken* estirar la pata *(fam); wie die Fliegen ~* caer como moscas; *für jdn gestorben sein* haber muerto para alguien
Sterbesakramente ['ʃtɛrbəzakramɛntə] *pl REL* viático *m,* extremaunción *f*
Sterbeurkunde ['ʃtɛrbəuːɐkundə] *f* partida de defunción *f*
sterblich ['ʃtɛrplɪç] *adj* mortal, perecedero
Stereoanlage ['ʃtereoanlaːgə] *f* equipo estéreo *m*
stereotyp [ʃtereo'tyːp] *adj* **1.** estereotipado; *adv* **2.** de forma estereotipada
steril [ʃte'riːl] *adj* estéril
sterilisieren [ʃterili'ziːrən] *v* esterilizar
Stern [ʃtɛrn] *m* estrella *f,* astro *m; ~e sehen (fig)* ver las estrellas; *für jdn die ~e vom Himmel holen* hacer lo imposible por alguien; *nach den ~en greifen* querer la luna/querer lo imposible; *in den ~en geschrieben stehen* ser todavía muy incierto; *unter einem denkbar guten ~* al parecer con buena estrella
Sternbild ['ʃtɛrnbɪlt] *n* constelación *f*
Sternchen ['ʃtɛrnçən] *n* asterisco *m*
sternenklar ['ʃtɛrnənklaːɐ] *adj* estrellado
Sternschnuppe ['ʃtɛrnʃnupə] *f* estrella fugaz *f*
Sternwarte ['ʃtɛrnvartə] *f* observatorio *m*
stets [ʃteːts] *adv* siempre, continuamente, constantemente
Steuer ['ʃtɔyɐ] *f* **1.** impuesto *m,* contribución *f,* tributo *m,* gravamen *m; n* **2.** timón *m,* volante *m*
Steueraufkommen ['ʃtɔyɐaufkɔmən] *n* recaudación fiscal *f,* total de impuestos *m*
Steuerberater ['ʃtɔyɐbəraːtɐ] *m* asesor fiscal *m,* perito en leyes fiscales *m*
steuerbord ['ʃtɔyɐbɔrt] *adv* a estribor
Steuererklärung ['ʃtɔyɐɛɐklɛːruŋ] *f* declaración de impuestos *f*
Steuerermäßigung ['ʃtɔyɐɛɐmɛːsiguŋ] *f* reducción de impuestos *f*
steuerfrei ['ʃtɔyɐfraɪ] *adj* libre de impuestos, exento de impuestos
Steuerhinterziehung ['ʃtɔyɐhɪntɐtsiːuŋ] *f* fraude fiscal *m,* defraudación de impuestos *f*
steuerlich ['ʃtɔyɐlɪç] *adj* **1.** fiscal, tributario, relativo a los impuestos; *adv* **2.** en materia fiscal, en materia tributaria, en relación a los impuestos
Steuermann ['ʃtɔyɐman] *m* timonel *m*
steuern ['ʃtɔyɐn] *v* **1.** *(Schiff) NAUT* gobernar, timonear, dirigir; *~ nach* navegar rumbo a; **2.** *(regulieren)* maniobrar, regular, ajustar; **3.** *(Auto)* conducir, guiar; **4.** *(Flug)* pilotar
Steuerung ['ʃtɔyɐruŋ] *f* navegación *f,* pilotaje *m,* conducción *f,* control *m*
Steuerzahler(in) ['ʃtɔyɐtsaːlɐ(rɪn)] *m/f* contribuyente *m/f*
Steward(ess) ['stuːart/'stuːardes] *m/f* auxiliar de vuelo *m/f,* asistente de vuelo *m/f,* azafata *f,* aeromoza *f (LA)*
Stich [ʃtɪç] *m* **1.** *(Wespenstich)* picadura *f;* **2.** *(Nähstich)* puntada *f;* **3.** *(Messerstich)* cuchillada *f;* **4.** *ART* grabado *m;* **5.** *einen ~ haben* tener un tornillo suelto
sticheln ['ʃtɪçəln] *v (fig)* echar indirectas, hincar
stichhaltig ['ʃtɪçhaltɪç] *adj* sólido, fundado, plausible
Stichprobe ['ʃtɪçproːbə] *f* muestra sacada al azar *f*
Stichtag ['ʃtɪçtaːk] *m* día fijado *m,* día de referencia *m,* fecha clave *f*
Stichwahl ['ʃtɪçvaːl] *f POL* votación de desempate *f,* segunda vuelta *f (LA)*
Stichwort ['ʃtɪçvɔrt] *n* voz guía *f*
sticken ['ʃtɪkən] *v* bordar
stickig ['ʃtɪkɪç] *adj* sofocante, asfixiante
Stickstoff ['ʃtɪkʃtɔf] *m CHEM* nitrógeno *m*
Stiefel ['ʃtiːfəl] *m* bota *f; jdm die ~ lecken (fam)* lamer el culo de alguien; *Das sind zwei paar ~.* Eso son dos cosas muy diferentes.
Stiefelette ['ʃtiːfə'lɛtə] *f* botín *m*
Stiefmutter ['ʃtiːfmutɐ] *f* madrastra *f*
Stiefvater ['ʃtiːffaːtɐ] *m* padrastro *m*
Stiel [ʃtiːl] *m* mango *m,* manivela *f*
Stier [ʃtiːɐ] *m ZOOL* toro *m; den ~ bei den Hörnern packen* coger al toro por los cuernos
stieren ['ʃtiːrən] *v fig* mirar fijamente, tener la mirada perdida

Stierkampf ['ʃtiːɐkampf] *m* corrida de toros *f*, lidia *f*, fiesta taurina *f*, tauromaquia *f*
Stift[1] [ʃtɪft] *m* **1.** *(Nagel ohne Kopf)* punta *f*; **2.** *(Bleistift)* lápiz *m*
Stift[2] [ʃtɪft] *n* convento *m*
stiften ['ʃtɪftən] *v* **1.** *(schenken)* donar; **2.** *(gründen)* fundar, establecer; **3.** *(fig: verursachen)* causar, ocasionar
Stifter ['ʃtɪftɐ] *m* **1.** *(Gründer)* donador *m*, fundador *m*; **2.** *(Täter)* autor *m*, causante *m*
Stiftung ['ʃtɪftuŋ] *f* **1.** *(Schenkung)* donación *f*; **2.** *(Gründung)* fundación *f*
Stil [ʃtiːl] *m* estilo *m*
still [ʃtɪl] *adj* **1.** *(geräuschlos)* silencioso; **2.** *(friedlich)* pacífico, apacible; **3.** *(ruhig)* tranquilo, quieto; *adv* **4.** *(geräuschlos)* silenciosamente, en silencio; **5.** *(friedlich)* apaciblemente, en paz; **6.** *(ruhig)* tranquilamente
Stille ['ʃtɪlə] *f* **1.** *(Geräuschlosigkeit)* silencio *m*; **2.** *(Frieden)* paz *f*; **3.** *(Ruhe)* tranquilidad *f*, quietud *f*
stillen ['ʃtɪlən] *v* **1.** *(Kind)* lactar (a un bebé), amamantar, dar el pecho; **2.** *(Bedürfnis)* satisfacer, saciar
stilllegen ['ʃtɪlleːgən] *v* **1.** parar, cesar; **2.** *ECO* paralizar, parar
stillschweigend ['ʃtɪlʃvaɪgənt] *adj* **1.** callado, mudo; *adv* **2.** calladamente
Stillstand ['ʃtɪlʃtant] *m* parada *f*, paro *m*, paralización *f*
stilvoll ['ʃtiːlfɔl] *adj* **1.** artístico, de buen gusto; *adv* **2.** artísticamente, con buen gusto
Stimmbruch ['ʃtɪmbrux] *m* cambio de voz *m*
Stimme ['ʃtɪmə] *f* **1.** voz *f*; **2.** *(Wahlstimme) POL* voto *m*, sufragio *m*
stimmen ['ʃtɪmən] *v* **1.** *(wahr sein)* ser cierto, estar bien; *Mit der Rechnung scheint etw nicht zu ~.* En la cuenta parece que algo no está bien. **2.** *(Instrument)* afinar, templar
Stimmenmehrheit [ʃtɪmən'meːɐhaɪt] *f* mayoría de votos *f*
Stimmenthaltung [ʃtɪmɛnt'haltuŋ] *f* abstención *f*
Stimmrecht ['ʃtɪmrɛçt] *n ECO* derecho de voto *m*
Stimmung ['ʃtɪmuŋ] *f* estado de ánimo *m*
stinken ['ʃtɪŋkən] *v irr* apestar, oler mal, despedir mal olor, heder
Stipendium [ʃtɪ'pɛndjum] *n* beca *f*
Stirn [ʃtɪrn] *f ANAT* frente *f*; *jdm die ~ bieten* enfrentarse con alguien; *sich an die ~ fassen* llevarse las manos a la cabeza; *jdm auf der ~ geschrieben stehen* llevar escrito en la frente
Stock [ʃtɔk] *m* **1.** *(Stab)* bastón *m*; *am ~ gehen* estar a dos velas; *über ~ und Stein* a golpe tentido *m*; **2.** *(Etage)* piso *m*, planta *f*
stockend ['ʃtɔkənt] *adj* **1.** entrecortado; *adv* **2.** entrecortadamente
Stockwerk ['ʃtɔkvɛrk] *n* piso *m*, planta *f*
Stoff [ʃtɔf] *m* **1.** *(Textil)* tela *f*, tejido *m*; **2.** *(Materie)* materia *f*, sustancia *f*, substancia *f*; **3.** *(fam: Rauschgift)* costo *m*, chocolate *m*
Stoffwechsel ['ʃtɔfvɛksəl] *m BIO* metabolismo *m*
stöhnen ['ʃtøːnən] *v* gemir
stolpern ['ʃtɔlpɐn] *v* tropezar, topar
stolz [ʃtɔlts] *adj* **1.** orgulloso; *adv* **2.** con orgullo, orgullosamente
Stolz [ʃtɔlts] *m* orgullo *m*; *den ~ beugen* bajar los humos; *keinen ~ besitzen* no tener amor propio
stopfen ['ʃtɔpfən] *v* **1.** *(füllen)* llenar, rellenar; **2.** *(flicken)* repasar, zurcir
stoppen ['ʃtɔpən] *v* **1.** *(anhalten)* parar, detener(se); **2.** *(messen)* cronometrar
Stoppuhr ['ʃtɔpuːɐ] *f* cronómetro *m*
Stöpsel ['ʃtœpzəl] *m* tapón *m*
Storch [ʃtɔrç] *m ZOOL* cigüeña *f*
stören ['ʃtøːrən] *v* molestar, fastidiar, importunar, perturbar
störend ['ʃtøːrənt] *adj* molesto, fastidioso
Störenfried ['ʃtørənfriːt] *m* perturbador *m*
Störfaktor ['ʃtøːɐfaktoːɐ] *m* factor de interferencias *m*
stornieren [ʃtɔr'niːrən] *v* *(Auftrag)* anular, cancelar
Storno ['ʃtɔrno] *m* anulación *f*
störrisch ['ʃtœrɪʃ] *adj* **1.** obstinado, terco, testarudo; *adv* **2.** obstinadamente
Störung ['ʃtøːruŋ] *f* perturbación *f*
Stoß [ʃtoːs] *m* empujón *m*, empellón *m*
Stoßdämpfer ['ʃtoːsdɛmpfɐ] *m TECH* amortiguador *m*

Stößel ['ʃtøːsəl] *m* majadero *m*
stoßen ['ʃtoːsən] *v irr* empujar, dar empujones
stoßfest ['ʃtoːsfɛst] *adj* resistente a choques, antichoque
Stoßstange ['ʃtoːsʃtaŋə] *f (beim Auto)* parachoques *m*
stottern ['ʃtɔtɐn] *v* tartamudear
Strafanstalt ['ʃtraːfanʃtalt] *f JUR* penitenciaría *f*, penal *m*
strafbar ['ʃtraːfbaːɐ] *adj JUR* punible, sancionable, penable
Strafe ['ʃtraːfə] *f* **1.** castigo *m*, punición *f*; **2.** *JUR* pena *f*, condena *f*
strafen ['ʃtraːfən] *v* castigar, sancionar, penar
Straferlass ['ʃtraːfɛɐlas] *m* **1.** *POL* amnistía *f*; **2.** *JUR* remisión de la pena *f*, condonación *f*
straff [ʃtraf] *adj* **1.** *(gespannt)* tenso, tirante; **2.** *(streng)* riguroso, severo; **3.** *(kurz)* conciso, breve
Strafgefangene(r) ['ʃtrafgəfaŋənə(-ɐ)] *m/f* preso/presa *m/f*, recluso/reclusa *m/f*, presidiario *m*
Strafgesetzbuch ['ʃtraːfgəzɛtsbuːx] *n JUR* código penal *m*
sträflich ['ʃtrɛːflɪç] *adj (fig)* reprensible, censurable
Strafprozess ['ʃtraːfprotsɛs] *m JUR* proceso penal *m*
Strafrecht ['ʃtraːfrɛçt] *n JUR* derecho penal *m*
Strafstoß ['ʃtraːfʃtoːs] *m SPORT* penalty *m*, penal *m (LA)*
Straftat ['ʃtraːftaːt] *f JUR* delito *m*, hecho punible *m*, acto penal *m*
Strahl [ʃtraːl] *m* **1.** *(Sonnenstrahl)* rayo de sol *m*; **2.** *(Wasserstrahl)* chorro *m*
strahlen ['ʃtraːlən] *v* radiar, emitir rayos
Strahlenbelastung ['ʃtraːlənbəlastuŋ] *f* exposición a radiaciones *f*
Strahlung ['ʃtraːluŋ] *f PHYS* radiación *f*
Strand [ʃtrant] *m* playa *f*
Strang [ʃtraŋ] *m* cuerda *f*, soga *f*; *am gleichen ~ ziehen* tirar de la misma cuerda; *über die Stränge schlagen* pasar de castaño oscuro/pasarse de la rosca; *wenn alle Stränge reißen* cuando se rompa la cuerda *(fig)*/en último recurso
Strapaze [ʃtra'paːtsə] *f* fatiga *f*, cansancio *m*, agotamiento *m*
strapazieren [ʃtrapa'tsiːrən] *v* **1.** fatigar, cansar mucho, agotarse; **2.** *(Sache)* usar continuamente, gastar
strapazierfähig [ʃtrapa'tsiːɐfɛːɪç] *adj* resistente al uso continuo
Straße ['ʃtraːsə] *f* calle *f*; *Wie ist die ~ nach Madrid?* ¿Cuál es el estado de la carretera a Madrid? *Ist das die ~ nach Barcelona?* ¿Es ésta la carretera a Barcelona? *jdn auf die ~ werfen* echar a la calle a alguien; *auf der ~ liegen* estar en la calle; *auf die ~ gehen* salir a la calle
Straßenbahn ['ʃtraːsənbaːn] *f* tranvía *m*
Straßenbau ['ʃtraːsənbau] *m* construcción de carreteras *f*
Straßengraben ['ʃtraːsəngraːbən] *m* cuneta *f*
Straßenhändler ['ʃtraːsənhɛndlɐ] *m* vendedor ambulante *m*
Straßenverkehr ['ʃtraːsənfɛɐkeːɐ] *m* tráfico *m*, circulación de automóviles *f*
Straßenverkehrsordnung ['ʃtraːsənfɛɐkeːɐsɔrdnuŋ] *f* código de la circulación *m*
Strategie [ʃtrate'giː] *f* estrategia *f*
sträuben ['ʃtrɔybən] *v* **1.** *(Haare) sich ~* erizarse, ponerse de punta; **2.** *(fig) sich ~* resistirse, negarse, oponerse
Strauch [ʃtraux] *m* arbusto *m*, mata *f*
Strauß[1] [ʃtraus] *m BOT* ramo *m*
Strauß[2] [ʃtraus] *m ZOOL* avestruz *f*
Streber(in) ['ʃtreːbɐ(rɪn)] *m/f* empollón/empollona *m/f*
strebsam ['ʃtreːpzam] *adj* aplicado, dedicado, concentrado
Strecke ['ʃtrɛkə] *f* trayecto *m*, distancia *f*; *jdn zur ~ bringen* capturar a alguien, cepillarse a alguien
strecken ['ʃtrɛkən] *v* estirar, extender
Streich ['ʃtraɪç] *m* golpe *m*; *auf einen ~* de golpe; *jdm einen ~ spielen* jugar una mala pasada a alguien
streichen ['ʃtraɪçən] *v irr* **1.** *(berühren)* tocar, palpar; **2.** *(auf~)* untar; **3.** *(an~)* pintar; **4.** *(durch~)* tachar; **5.** *(annullieren)* anular
Streichholz ['ʃtraɪçhɔlts] *n* cerilla *f*, fósforo *m*
Streichmusik ['ʃtraɪçmuziːk] *f* música para cuerda *f*
Streife ['ʃtraɪfə] *f (Polizei)* patrulla *f*

S

Streifen ['ʃtraɪfən] *m* **1.** *(Band)* cinta *f*, banda *f*; **2.** *(Linie)* línea *f*
Streifenwagen ['ʃtraɪfənva:gən] *m* coche patrulla *m*, patrullero *m (LA)*
Streifzug ['ʃtraɪftsu:k] *m* correría *f*
Streik [ʃtraɪk] *m* huelga *f*
streiken ['ʃtraɪkən] *v* declararse en huelga
Streit [ʃtraɪt] *m* pelea *f*, riña *f*, querella *f*, disputa *f*
streitbar ['ʃtraɪtba:ɐ] *adj* disputable, peleable
streiten ['ʃtraɪtən] *v irr* disputar, pelear, reñir; *sich mit jdm anlegen* meterse con alguien
Streitfrage ['ʃtraɪtfra:gə] *f* objeto de controversia *m*, punto litigioso *m*
Streitgespräch ['ʃtraɪtgəʃprɛ:ç] *n* disputa *f*, discusión *f*
streitsüchtig ['ʃtraɪtzyçtɪç] *adj* disputador, pendenciero
Streitwert ['ʃtraɪtve:ɐt] *m JUR* cuantía del litigio *f*
streng [ʃtrɛŋ] *adj* **1.** severo, riguroso, estricto; *adv* **2.** severamente, rigurosamente
Stress [ʃtrɛs] *m* estrés *m*
Stresstest ['ʃtrɛstɛst] *m* prueba de resistencia *f*
streuen ['ʃtrɔyən] *v* **1.** esparcir, echar, diseminar; **2.** *PHYS* dispersar
Streuung ['ʃtrɔyuŋ] *f* **1.** diseminación *f*, esparcimiento *m*; **2.** *PHYS* dispersión *f*
Strich [ʃtrɪç] *m* **1.** trazo *m*, raya *f*, línea *f*; *einen ~ unter etw ziehen* terminar con algo/poner fin a algo; *jdm gegen den ~ gehen* venir a alguien a contrapelo; *nach ~ und Faden* a conciencia; **2.** *(Pinselstrich)* pincelada *f*; **3.** *(Prostitution)* prostitución callejera *f*
Strichpunkt ['ʃtrɪçpuŋkt] *m* punto y coma *m*
Strick [ʃtrɪk] *m* cuerda *f*, soga *f*; *wenn alle ~e reißen* cuando se rompa la cuerda *(fig)*/en el peor de los casos; *jdm einen ~ drehen* tender un lazo a alguien
stricken ['ʃtrɪkən] *v* hacer labores de punto, tricotar, tejer *(LA)*
strikt [ʃtrɪkt] *adj* **1.** estricto; *adv* **2.** estrictamente
strittig ['ʃtrɪtɪç] *adj* disputable, discutible, controvertido
Stroh [ʃtro:] *n* paja *f*; *~ im Kopf haben (fig)* tener la cabeza llena de paja
Strohballen ['ʃtro:balən] *m* paca de paja *f*
Strohhalm ['ʃtro:halm] *m* pajita *f*, pajita para beber *f*; *sich an einen ~ klammern (fig)* agarrarse a un clavo ardiendo
Strohmann ['ʃtro:man] *m (fig)* testaferro *m*, hombre de paja *m*
Strom [ʃtro:m] *m* **1.** *(Fluss)* río *m*; **2.** *elektrischer ~* corriente eléctrica *f*; **3.** *(Strömung)* corriente *f*; *mit dem ~ schwimmen* nadar con la corriente *(fig)*
strömen ['ʃtrø:mən] *v* correr, fluir
Stromkreis ['ʃtro:mkraɪs] *m* circuito eléctrico *m*
stromlinienförmig ['ʃtro:mli:njənfœɐmɪç] *adj* aerodinámico
Strömung ['ʃtrø:muŋ] *f* corriente *f*
Stromverbrauch ['ʃtro:mfɛɐbraux] *m* consumo de electricidad *m*
Stromzähler ['stro:mtsɛ:lɐ] *m* contador de corriente *m*
Strophe ['ʃtro:fə] *f* estrofa *f*
Struktur [ʃtruk'tu:ɐ] *f* estructura *f*
strukturell [ʃtruktu'rɛl] *adj* **1.** estructural; *adv* **2.** estructuralmente
strukturieren [ʃtruktu'ri:rən] *v* estructurar
Strukturkrise [ʃtruk'tu:ɐkrɪzə] *f* crisis estructural *f*
Strumpf [ʃtrumpf] *m* media *f*; *(kurzer)* calcetín *m*
Strumpfhose ['ʃtrumpfho:zə] *f* leotardos *m/pl*, panti *f*
Stube ['ʃtu:bə] *f* habitación *f*, cuarto *m*, pieza *f*
Stück [ʃtyk] *n* **1.** *(Teil)* pieza *f*, trozo *m*, pedazo *m*; *Können Sie mich ein ~ mitnehmen?* ¿Puede llevarme un trecho? *große ~e auf jdn halten* tener en mucho aprecio a alguien; **2.** *(Teilstück)* parte *f*; **3.** *THEAT* pieza *f*
stückweise ['ʃtykvaɪzə] *adv* por piezas, a trozos
Stückzahl ['ʃtyktsa:l] *f* número de piezas *m*, número de bultos *m*
Student(in) [ʃtu'dɛnt(ɪn)] *m/f* estudiante universitario/estudiante universitaria *m/f*
Studie ['ʃtu:djə] *f* estudio *m*, análisis *m*

Studienplatz ['ʃtu:djənplats] *m* plaza disponible de estudio *f*, vacante de estudio *f*
Studienrat ['ʃtu:djənra:t] *m* catedrático de instituto *m*
Studienrätin ['ʃtu:djənrɛ:tɪn] *f* catedrática de instituto *f*
studieren [ʃtu'di:rən] *v* estudiar una carrera universitaria, estudiar en la universidad
Studio ['ʃtu:djo] *n* estudios *m*, taller *m*
Studium ['ʃtu:djum] *n* estudios *m/pl*, carrera universitaria *f*
Stufe ['ʃtu:fə] *f* **1.** *(Treppenstufe)* peldaño *m*, grada *f*; **2.** *(Phase)* fase *f*, período *m*
stufenweise ['ʃtu:fənvaɪzə] *adv* gradualmente, por etapas, progresivamente
Stuhl [ʃtu:l] *m* silla *f*; *fast vom ~ fallen (fig)* caerse casi de la silla; *jdm nicht vom ~ reißen* no impresionar a alguien
Stuhlgang ['ʃtu:lgaŋ] *m* defecación *f*, deposición *f*
stumm [ʃtum] *adj* mudo
stümperhaft ['ʃtympɐhaft] *adj* **1.** chapucero, defectuoso, mal hecho; *adv* **2.** defectuosamente, muy mal hecho
stumpf [ʃtumpf] *adj* **1.** *(nicht scharf)* desafilado, romo, chato; **2.** *(fig: glanzlos)* torpe, estúpido; **3.** *(fig: teilnahmslos)* apático, indiferente
Stunde ['ʃtundə] *f* **1.** hora *f*; *die ~ der Wahrheit* la hora de la verdad *f*; *Seine letzte ~ hat geschlagen.* Ha llegado su hora. **2.** *(Schulstunde)* lección *f*, clase *f*
stunden ['ʃtundən] *v ECO* aplazar un pago, conceder una moratoria
Stundenkilometer ['ʃtundənki:lo-me:tɐ] *m* kilómetro por hora *m*
stundenlang ['ʃtundənlaŋ] *adj* **1.** durante horas, interminable; *adv* **2.** horas y horas
Stundenlohn ['ʃtundənlo:n] *m* salario por horas *m*
Stundenplan ['ʃtundənplan] *m* horario de clases *m*
stündlich ['ʃtyntlɪç] *adj* **1.** de cada hora, horario; *adv* **2.** a cada hora
stur [ʃtu:ɐ] *adj* **1.** testarudo, terco, porfiado; *adv* **2.** tercamente, porfiadamente
Sturm [ʃturm] *m* tempestad *f*, tormenta *f*
Sturmflut ['ʃturmflu:t] *f* marea viva *f*
stürmisch ['ʃtyrmɪʃ] *adj* **1.** *(Wetter)* tempestuoso, tormentoso; **2.** *(fig)* impetuoso, fogoso, apasionado
Sturz [ʃturts] *m* caída *f*
stürzen ['ʃtyrtsən] *v* caer, caerse, sufrir una caída
Sturzhelm ['ʃturtshɛlm] *m* casco protector *m*
Stütze ['ʃtytsə] *f* **1.** apoyo *m*, soporte *m*; **2.** *(fig: Unterstützung)* sostén *m*, apoyo *m*
stützen ['ʃtytsən] *v* **1.** *(halten)* apoyar, sostener, apuntalar; **2.** *(fig: unter~)* respaldar
stutzig ['ʃtutsɪç] *adj* **1.** sorprendido, desconcertado, perplejo; *adv* **2.** perplejo, desconcertante
Subjekt [zup'jɛkt] *n* sujeto *m*
subjektiv [zupjɛk'ti:f] *adj* **1.** subjetivo; *adv* **2.** subjetivamente
Substantiv ['zupstanti:f] *n GRAMM* sustantivo *m*
Substanz [zup'stants] *f* substancia *f*
Subvention [zupvɛn'tsjo:n] *f ECO* subvención *f*
Suche ['zu:xə] *f* búsqueda *f*, pesquisa *f*, indagación *f*
suchen ['zu:xən] *v* buscar, indagar; *die Stecknadel im Heuhaufen ~* buscar una aguja en un pajar
Sucht [zuxt] *f MED* adicción *f*
süchtig [zyçtɪç] *adj MED* adicto *m*, toxicómano *m*
Südafrika [zy:t'afrɪka] *n GEO* Sudáfrica *f*, República de Sudáfrica *f*
Südamerika [zy:ta'me:rɪka] *n GEO* Sudamérica *f*, América del Sur *f*
Süden ['zy:dən] *m* sur *m*
südlich ['zy:dlɪç] *adj* **1.** del sur, meridional; *adv* **2.** al sur
Südpol ['zy:tpo:l] *m GEO* Polo Sur *m*, Polo Antártico *m*
Sühne ['zy:nə] *f* expiación *f*
Summe ['zumə] *f* suma *f*, total *m*, cantidad *f*, importe *m*
summen ['zumən] *v* zumbar
summieren [zu'mi:rən] *v* sumar, adicionar
Sumpf [zumpf] *m* pantano *m*
Sünde ['zyndə] *f* pecado *m*
Sündenbock ['zyndənbɔk] *m* chivo expiatorio *m*, cabeza de turco *f*

S

Sünder ['zyndɐ] *m* pecador *m*
sündigen ['zyndɪgən] *v* pecar
super ['zu:pɐ] *adj* estupendo, fantástico
Superlativ [zupɐla'ti:f] *m* GRAMM superlativo *m*
Supermarkt ['zu:pɐmarkt] *m* supermercado *m*
Suppe ['zupə] *f* GAST sopa *f*; *jdm die ~ versalzen (fig)* aguar la fiesta a alguien; *sich eine schöne ~ einbrocken* meterse en un buen lío; *Du musst die ~ auslöffeln, die du dir eingebrockt hast.* Tú tienes que pagar los platos rotos.
Suppenlöffel ['zupənlœfəl] *m* cuchara sopera *f*
surfen ['sœ:ɐfən] *v* **1.** SPORT practicar el surf; **2.** *~ im Internet* navegar por Internet
süß [zy:s] *adj* **1.** *(Geschmack)* dulce; **2.** *(niedlich)* precioso, bonito, lindo, bello
Süßigkeiten ['zy:sɪçkaɪtən] *f/pl* golosinas *f/pl*, dulces *m/pl*
süßsauer [zys'zauɐ] *adj* agridulce
Süßspeise ['zy:sʃpaɪzə] *f* GAST dulce *m*
Süßwasser ['zy:svasɐ] *n* agua dulce *f*, agua de río *f*
Symbol [zym'bo:l] *n* símbolo *m*
symbolisch [zym'bo:lɪʃ] *adj* **1.** simbólico; *adv* **2.** simbólicamente
symmetrisch [zy'me:trɪʃ] *adj* **1.** simétrico; *adv* **2.** simétricamente
Sympathie [zympa'ti:] *f* simpatía *f*, agrado *m*, inclinación *f*
Sympathisant(in) [zympati'zant(ɪn)] *m/f* simpatizante *m/f*
sympathisch [zym'pa:tɪʃ] *adj* simpático
Symptom [zymp'to:m] *n* síntoma *m*
synchron [zyn'kro:n] *adj* **1.** sincrónico; *adv* **2.** sincrónicamente
System [zys'te:m] *n* sistema *m*
systematisch [zyste'ma:tɪʃ] *adj* **1.** sistemático; *adv* **2.** sistemáticamente
Szene ['stse:nə] *f* **1.** CINE secuencia *f*; **2.** *(Streit)* escena *f*, escándalo *m*

T

Tabak ['tabak] *m* tabaco *m*
Tabakwaren ['tabakva:rən] *pl* tabacos *m/pl*
tabellarisch [tabɛ'la:rɪʃ] *adj* sinóptico
Tabelle [ta'bɛlə] *f* tabla *f,* cuadro sinóptico *m*
Tabernakel [tabɛr'na:kəl] *m REL* tabernáculo *m*
Tablett [ta'blɛt] *n* bandeja *f*
Tablette [ta'blɛtə] *f MED* tableta *f,* pastilla *f*
Tabu [ta'bu:] *n* tabú *m*
Tachometer [taxo'me:tɐ] *m (beim Auto)* velocímetro *m,* tacómetro *m*
Tadel ['ta:dəl] *m* crítica *f,* desaprobación *f*
tadellos ['ta:dəllo:s] *adj* **1.** impecable, irreprochable, perfecto, intachable; *adv* **2.** impecablemente, perfectamente
tadeln ['ta:dəln] *v* criticar, desaprobar
Tafel ['ta:fəl] *f* **1.** *(Schultafel)* pizarra *f;* **2.** *(Schalttafel)* tablero de distribución *m;* **3.** *(gedeckter Tisch)* mesa puesta *f,* mesa de banquete *m;* **4.** *(Schokoladentafel)* tableta *f,* tablilla de chocolate *f*
tafeln ['ta:fəln] *v* comer bien
Täfelung ['tɛ:fəluŋ] *f* revestimiento de madera *m*
Taft [taft] *m* tafetán *m*
Tag [ta:k] *m* día *m; Morgen ist auch noch ein ~.* Mañana será otro día. *Guten ~! (am Vormittag)* ¡Buenos días! *Guten ~! (am Nachmittag)* ¡Buenas tardes! *etw an den ~ legen* hacer patente algo; *an den ~ kommen* salir a la luz del día; *unter ~e* subterráneo; *in den ~ hineinleben* vivir día a día; *~ und Nacht* día y noche; *den lieben langen ~* todo el santo día
Tagebuch ['ta:gəbu:x] *n* diario *m*
tagelang ['ta:gəlaŋ] *adj* **1.** durante días; *adv* **2.** días y días, días enteros
tagen ['ta:gən] *v* celebrar una reunión, conferenciar
Tagesanbruch ['ta:gəsanbrux] *m* madrugada *f,* amanecer *m*
Tageslicht ['ta:gəslɪçt] *n* luz del día *f; das ~ scheuen* evitar la luz del día; *ans ~ kommen* salir a la luz
Tagesordnung ['ta:gəsɔrdnuŋ] *f* orden del día *m,* asuntos a tratar en el día *m/pl; zur ~ übergehen* pasar al orden del día
Tageszeitung ['ta:gəstsaɪtuŋ] *f* diario *m*
tageweise ['ta:gəvaɪzə] *adv* por día, al día
täglich ['tɛ:klɪç] *adj* **1.** diario, cotidiano, de cada día, diurno; *adv* **2.** diariamente, todos los días, a diario
tagsüber ['ta:ksy:bɐ] *adv* de día, durante el día
Tagung ['ta:guŋ] *f* reunión *f,* sesión *f,* conferencia *f,* congreso *m*
Taille ['taljə] *f* talle *m,* cintura *f*
Takt [takt] *m* **1.** *(Feingefühl)* tacto *m,* delicadeza *f;* **2.** *MUS* compás *m; den ~ angeben* llevar la batuta/llevar la voz cantante; *aus dem ~ kommen* quedar desconcertado; *jdn aus dem ~ bringen* desconcertar a alguien
Taktik ['taktɪk] *f* táctica *f*
taktisch ['taktɪʃ] *adj* **1.** táctico; *adv* **2.** tácticamente
taktlos ['taktlo:s] *adj* rudo, sin tacto
Taktlosigkeit ['taktlo:zɪçkaɪt] *f* falta de tacto *f,* falta de delicadeza *f*
taktvoll ['taktfɔl] *adj* **1.** delicado, con tacto; *adv* **2.** con tacto, con delicadeza
Tal [ta:l] *n* valle *m*
Talar [ta'la:ɐ] *m REL* sotana *f*
Talent [ta'lɛnt] *n* talento *m*
talentiert [talɛn'ti:ɐt] *adj* talentoso
Talg [talk] *m* sebo *m*
Talisman ['ta:lɪsman] *m* talismán *m*
Talsohle ['ta:lzo:lə] *f* **1.** fondo del valle *m;* **2.** *(fig)* depresión *f,* período bajísimo *m*
Tampon ['tampɔ̃] *m* tapón *m,* tampón *m*
Tank [taŋk] *m* cisterna *f,* depósito *m,* tanque *m*
tanken ['taŋkən] *v* echar gasolina
Tanker ['taŋkɐ] *m* petrolero *m,* buque cisterna *m*
Tankstelle ['taŋkʃtɛlə] *f* gasolinera *f; Wo ist die nächste ~?* ¿Dónde está la gasolinera más cercana?
Tankwart ['taŋkvart] *m* gasolinero *m*

Tanne ['tanə] *f BOT* abeto *m*
Tannenzapfen ['tanəntsapfən] *m BOT* piña de abeto *f*
Tannin [ta'ni:n] *n* tanino *m*
Tante ['tantə] *f* tía *f*
Tanz [tants] *m* baile *m,* danza *f*
tanzen ['tantsən] *v* bailar, danzar; *Wollen wir ~?* ¿Bailamos?
Tänzer(in) ['tɛntsɐ(rɪn)] *m/f* bailarín/bailarina *m/f,* bailador(a) *m/f*
Tanzfläche ['tantsflɛçə] *f* pista de baile *f*
Tapete [ta'pe:tə] *f* **1.** papel de empapelar *m; die ~n wechseln (fig)* renovarse, cambiar de aspecto, mudarse; **2.** *(Stoff)* tapiz *m*
tapezieren [tape'tsi:rən] *v* empapelar
tapfer ['tapfɐ] *adj* **1.** valiente, valeroso, gallardo; *adv* **2.** valerosamente, con valentía, gallardamente
Tapferkeit ['tapfɐkaɪt] *f* valentía *f,* gallardía *f*
Tarif [ta'ri:f] *m* tarifa *f*
Tariflohn [ta'ri:flo:n] *m* salario según tarifa *m,* salario según convenio colectivo *m*
Tarifvertrag [ta'ri:ffɛɐtra:k] *m* convenio colectivo *m*
tarnen ['tarnən] *v* **1.** enmascarar, encubrir, camuflar, disimular; **2.** *(fig: verschleiern)* ocultar, tapar, cubrir
Tarnung ['tarnuŋ] *f* enmascaramiento *m,* camuflaje *m*
Tasche ['taʃə] *f* **1.** *(Handtasche)* bolso *m,* cartera *f (LA);* **2.** *(Aktentasche)* cartera *f;* **3.** *(Kleidung)* bolsillo *m; jdn in die ~ stecken* meterse a alguien en el bolsillo *(fig); jdm auf der ~ liegen* vivir a expensas de alguien; *tief in die ~ greifen müssen* tener que desembolsar un dineral; *etw aus eigener ~ bezahlen* pagar algo de su propio bolsillo; *jdm Geld aus der ~ ziehen* sacarle a alguien el dinero; *etw in die eigene ~ stecken* meterse algo en su propio bolsillo
Taschenbuch ['taʃənbu:x] *n* libro de bolsillo *m*
Taschendieb ['taʃəndi:p] *m* carterista *m*
Taschengeld ['taʃəngɛlt] *n* dinero para gastos menudos *m,* paga *f*
Taschenlampe ['taʃənlampə] *f* linterna de bolsillo *f*
Taschentuch ['taʃəntu:x] *n* pañuelo *m*
Tasse ['tasə] *f* taza *f; nicht alle ~n im Schrank haben (fig)* no tener dos dedos de frente
Tastatur [tasta'tu:ɐ] *f* teclado *m*
Taste ['tastə] *f* tecla *f*
tasten ['tastən] *v nach etw ~* tocar algo, tentar algo, palpar algo
Tastsinn ['tastzɪn] *m* tacto *m*
Tastenzwang ['tastəntsvaŋ] *m INFORM* fuerza de la tecla *f*
Tat [ta:t] *f* **1.** *(Handlung)* hecho *m,* acción *f; Zwischen Worten und ~en besteht ein großer Unterschied.* Del dicho al hecho hay mucho trecho. **2.** *(Straftat)* crimen *m,* delito *m*
Tatbestand ['ta:tbəʃtant] *m* estado de las cosas *m,* hechos *m/pl*
tatenlos ['ta:tənlo:s] *adv* sin hacer nada, con los brazos cruzados
Täter(in) ['tɛ:tɐ(rɪn)] *m/f* autor(a) *m/f,* ejecutor(a) de un delito *m/f*
tätig ['tɛ:tɪç] *adj* activo
Tätigkeit ['tɛ:tɪçkaɪt] *f* actividad *f,* acción *f,* ocupación *f*
Tatkraft ['ta:tkraft] *f* energía *f*
tatkräftig ['ta:tkrɛftɪç] *adj* **1.** enérgico, activo; *adv* **2.** enérgicamente
Tätlichkeit ['tɛ:tlɪçkaɪt] *f* acto de violencia *m*
Tatort ['ta:tɔrt] *m* lugar de los hechos *m,* lugar del crimen *m,* lugar del delito *m*
tätowieren [tɛ:to'vi:rən] *v* tatuar
Tätowierung [tɛ:to'vi:ruŋ] *f* tatuaje *m*
Tatsache ['ta:tzaxə] *f* hecho *m; jdn vor vollendete ~n stellen* poner a uno ante un hecho consumado; *vollendete ~ schaffen* lograr hechos consumados
tatsächlich ['ta:tzɛçlɪç] *adj* **1.** real, verdadero, auténtico, verídico; *adv* **2.** realmente, de hecho
Tatze ['tatsə] *f ZOOL* zarpa *f,* garra *f*
Tau[1] [tau] *m* rocío *m*
Tau[2] [tau] *n* cuerda *f,* cable *m,* cabo *m*
taub [taup] *adj* sordo
Taube ['taubə] *f ZOOL* paloma *f*
Taubheit ['tauphaɪt] *f MED* sordera *f*
taubstumm ['taupʃtum] *adj* sordomudo
tauchen ['tauxən] *v* sumergir, zambullir
Taucher(in) ['tauxɐ(rɪn)] *m/f* buceador(a) *m/f,* buzo *m*

T

tauen ['tauən] *v* deshelarse
Taufbecken ['taufbɛkən] *n* REL pila bautismal *f*
Taufe ['taufə] *f* **1.** bautismo *m*; *etw aus der ~ heben* crear algo/fundar algo; **2.** REL bautizo *m*
taufen ['taufən] *v* REL bautizar
Taufpate ['taufpa:tə] *m* REL padrino *m*
Taufschein ['tauf∫aɪn] *m* REL partida de bautismo *f*
taugen ['taugən] *v* valer, servir, ser útil
Taugenichts ['taugənɪçts] *m* inútil *m*
tauglich ['tauklɪç] *adj* útil, bueno para, apropiado
taumeln ['tauməln] *v* tambalearse, dar traspiés
Tausch [tau∫] *m* cambio *m*, trueque *m*, intercambio *m*
tauschen ['tau∫ən] *v* cambiar, intercambiar, trocar; *Können wir bitte die Plätze ~?* ¿Podemos cambiar de asiento, por favor?
täuschen ['tɔy∫ən] *v* **1.** *jdn ~* engañar a alguien, embaucar a alguien; **2.** *sich ~* engañarse, equivocarse
Täuschung ['tɔy∫uŋ] *f* engaño *m*, ilusión *f*, equivocación *f*
tausend ['tauzənt] *num* mil
tausendste(r,s) ['tauzəntstə(ɐ,əs)] *adj* milésimo; *zum tausendsten Male* por enésima vez
Tauwetter ['tauvɛtɐ] *n* deshielo *m*
Taxi ['taksi] *n* taxi *m*; *Wo bekomme ich ein ~?* ¿Dónde puedo conseguir un taxi?
Taxistand ['taksi∫tant] *m* parada de taxis *f*
Teamarbeit ['ti:marbaɪt] *f* trabajo en equipo *m*
Technik ['tɛçnɪk] *f* técnica *f*
Techniker(in) ['tɛçnɪkɐ(rɪn)] *m/f* técnico/técnica *m/f*
technisch ['tɛçnɪ∫] *adj* **1.** técnico; *adv* **2.** técnicamente, por medio de la técnica
Technologie [tɛçnolo'gi:] *f* tecnología *f*
technologisch [tɛçno'lo:gɪ∫] *adj* **1.** tecnológico; *adv* **2.** tecnológicamente, por medio de la tecnología
Tee [te:] *m* té *m*
Teekanne ['te:kanə] *f* tetera *f*
Teelöffel ['te:lœfəl] *m* cucharilla de té *f*, cucharita de té *f* (LA)
Teer [te:ɐ] *m* brea líquida *f*, alquitrán *m*
teeren ['te:rən] *v* embrear
Teich [taɪç] *m* estanque *m*
Teig [taɪk] *m* masa *f*, pasta *f*
Teigwaren ['taɪkva:rən] *pl* pastas *f/pl*
Teil [taɪl] *m* parte *f*, pieza *f*; *sich seinen ~ denken* pensarse su parte/pensarse lo suyo; *für meinen ~* por mí/por mi parte; *seinen ~ kriegen* recibir su parte (*fig*)/ recibir su merecido; *seinen ~ weghaben* perder su parte
teilbar ['taɪlba:ɐ] *adj* divisible
Teilbetrag ['taɪlbətra:k] *m* suma parcial *f*, importe parcial *m*
teilen ['taɪlən] *v* **1.** *(trennen)* dividir, separar; **2.** *(fig: etw mit jdm gemeinsam haben)* compartir algo con alguien, tener algo en común con alguien
teilhaben ['taɪlha:bən] *v irr* participar, tener parte en
Teilhaber(in) ['taɪlha:bɐ(rɪn)] *m/f* ECO socio/socia *m/f*, copropietario/copropietaria *m/f*, asociado/asociada *m/f*
Teilnahme ['taɪlna:mə] *f* participación *f*
teilnahmslos ['taɪlna:mslo:s] *adj* **1.** desinteresado, indiferente; *adv* **2.** indiferentemente, sin interés
teilnehmen ['taɪlne:mən] *v irr* participar, tomar parte en
Teilnehmer ['taɪlne:mɐ] *m* TEL abonado *m*
Teilnehmer(in) ['taɪlne:mɐ(rɪn)] *m/f* participante *m/f*
Teilung ['taɪluŋ] *f* división *f*, partición *f*
teilweise ['taɪlvaɪzə] *adv* parcialmente, en parte
Teilzahlung ['taɪltsa:luŋ] *f* pago parcial *m*, pago a plazos *m*
Teilzeitbeschäftigung ['taɪltsaɪtbə∫ɛftɪguŋ] *f* trabajo a tiempo parcial *m*
Teint [tɛ̃] *m* color del rostro *m*
Telefax ['telefaks] *n* telefax *m*
Telefon [tele'fo:n] *n* teléfono *m*
Telefonanruf [tele'fo:nanru:f] *m* llamada telefónica *f*
Telefonbuch [tele'fo:nbu:x] *n* guía telefónica *f*
Telefongespräch [tele'fo:ngə∫prɛ:ç] *n* conversación telefónica *f*
telefonieren [telefo'ni:rən] *v* telefonear, hablar por teléfono, llamar por

teléfono; *Kann ich bitte bei Ihnen ~?* ¿Puedo telefonear por favor?

telefonisch [tele'foːnɪʃ] *adj* **1.** telefónico; *adv* **2.** telefónicamente, por teléfono

Telefonnummer [tele'foːnnumɐ] *f* número de teléfono *m*

Telefonzelle [tele'foːntsɛlə] *f* cabina telefónica *f*

telegrafieren [telegra'fiːrən] *v* telegrafiar

Telegramm [tele'gram] *n* telegrama *m*

Teleskop [teles'koːp] *n* telescopio *m*

Teller ['tɛlɐ] *m* **1.** *(flach)* plato llano *m*, plato tendido *m (LA)*; **2.** *(tief)* plato sopero *m*, plato hondo *m*; **3.** *(Dessertteller)* platillo de postre *m*, plato de postre *m*

Tempel ['tɛmpəl] *m* templo *m*

Temperament [tempera'mɛnt] *n* temperamento *m*

temperamentvoll [tempera'mɛntfɔl] *adj* temperamental, vehemente

Temperatur [tempera'tuːɐ] *f* temperatura *f*

Tempo ['tɛmpo] *n* ritmo *m*; *~ machen* darse prisa

Tempolimit ['tɛmpoːlɪmɪt] *n* limitación de la velocidad *f*

Tendenz [tɛn'dɛnts] *f* tendencia *f*

tendenziös [tɛndɛn'tsjøːs] *adj* tendencioso

tendieren [tɛn'diːrən] *v* tender, inclinarse

Tennis ['tɛnɪs] *n SPORT* tenis *m*

Tenor [te'noːɐ] *m MUS* tenor *m*

Teppich ['tɛpɪç] *m* alfombra *f*; *etw unter den ~ kehren* encubrir algo

Teppichboden ['tɛpɪçboːdən] *m* moqueta *f*, alfombrado *m (LA)*

Termin [tɛr'miːn] *m* **1.** *(Datum)* fecha *f*, data *f*; **2.** *(Frist)* plazo *m*; **3.** *(Verabredung)* cita *f*; **4.** *(Verhandlung) JUR* vista *f*

termingerecht [tɛr'miːngərɛçt] *adj* **1.** conforme a la fecha fijada; *adv* **2.** a tiempo, según la fecha fijada

Terminkalender [tɛr'miːnkalɛndɐ] *m* agenda *f*, calendario *m*

Terminologie [tɛrmɪnolo'giː] *f* terminología *f*

Termite [tɛr'miːtə] *f ZOOL* termes *m*

Terpentin [tɛrpɛn'tiːn] *n* trementina *f*

Terrasse [tɛ'rasə] *f* terraza *f*

Terrine [tɛ'rinə] *f* sopera *f*

Territorium [tɛri'toːrjum] *n* territorio *m*

Terror ['tɛroːɐ] *m* terror *m*

Terrorgefahr [tɛroːɐgə'faːɐ] *f POL* peligro terrorista *m*

Terrorismus [tɛro'rɪsmus] *m* terrorismo *m*

Terrorist(in) [tɛro'rɪst(ɪn)] *m/f* terrorista *m/f*

Test [tɛst] *m* test *m*, prueba *f*

Testament [tɛsta'mɛnt] *n* testamento *m*; *sein ~ machen können* poder preparar su testamento

testamentarisch [tɛstamɛn'taːrɪʃ] *adj* **1.** testamentario; *adv* **2.** por testamento

testen ['tɛstən] *v* probar, someter a un test

Testpilot ['tɛstpɪloːt] *m* piloto de pruebas *m*

Teststrecke ['tɛstʃtrɛkə] *f* **1.** trecho de prueba *m*; **2.** *(Bahn)* línea de prueba *f*

Tetanus ['teːtanus] *m MED* tétanos *m*

Tetanusimpfung ['teːtanusɪmpfuŋ] *f MED* vacuna antitetánica *f*

teuer ['tɔyɐ] *adj* caro, costoso; *Das wird dir ~ zu stehen kommen!* ¡Esto te va a salir muy caro!

Teuerungsrate ['tɔyəruŋsraːtə] *f* tasa de carestía *f*, índice de encarecimiento *m*

Teufel ['tɔyfəl] *m* diablo *m*, demonio *m*; *Wenn man vom ~ spricht, so kommt er.* Hablando del rey de Roma y él que se asoma. *Scher dich zum ~!* ¡Vete al diablo!/¡Vete a freír espárragos! *den ~ an die Wand malen* ser aforero; *sich den ~ um etw scheren* no ocuparse en absoluto de algo; *in ~s Küche kommen* meterse en un lío; *auf ~ komm raus* con todas las fuerzas; *jdn zum ~ schicken* mandar a alguien al diablo; *Da ist der ~ los.* Allí hay bronca. *Pfui ~!* ¡Qué asco!

teuflisch ['tɔyflɪʃ] *adj* diabólico, infernal, satánico

Text [tɛkst] *m* texto *m*

texten ['tɛkstən] *v* redactar

Textilien [tɛks'tiːljən] *pl* tejidos *m/pl*, productos textiles *m/pl*

Textilindustrie [tɛks'tiːlɪndustriː] *f* industria textil *f*

Thailand ['taɪlant] *n GEO* Tailandia *f*

Theater [te'aːtɐ] *n* **1.** *(Schauspielhaus)* teatro *m;* **2.** *(fig: Aufregung)* espectáculo *m,* aspavientos *m/pl; ~ spielen* hacer teatro
Theaterbesucher(in) [te'aːtɐbəzuxɐ(rɪn)] *m/f* espectador(a) *m/f*
Theaterkasse [te'aːtɐkasə] *f* taquilla *f,* despacho de localidades *m*
Theaterstück [te'aːtɐʃtyk] *n* pieza teatral *f,* pieza de teatro *f*
theatralisch [tea'traːlɪʃ] *adj* **1.** *(fig)* teatral; *adv* **2.** *(fig)* teatralmente, con teatro, con aspavientos
Theke ['teːkə] *f* mostrador *m,* barra *f*
Thema ['teːma] *n* tema *m*
Thematik [te'maːtɪk] *f* temática *f*
Theologe [teo'loːgə] *m* teólogo *m*
Theologie [teolo'giː] *f* teología *f*
Theologin [teo'loːgɪn] *f* teóloga *f*
theoretisch [teo'reːtɪʃ] *adj* **1.** teórico; *adv* **2.** teóricamente, en teoría
Theorie [teo'riː] *f* teoría *f*
Therapeut(in) [tera'pɔyt(ɪn)] *m/f* terapeuta *m/f*
Therapie [tera'piː] *f* terapia *f*
Thermalbad [tɛr'maːlbaːt] *n* baño termal *m*
Thermometer [tɛrmo'meːtɐ] *n* termómetro *m*
Thermostat [tɛrmos'taːt] *m* termostato *m*
These ['teːzə] *f* tesis *f,* disertación *f*
Thron [troːn] *m* trono *m; von seinem ~ herabsteigen* bajar del pedestal; *jdn vom ~ stoßen* destronar a alguien
Thronfolger ['troːnfɔlgɐ] *m* sucesor al trono *m*
Thunfisch ['tuːnfɪʃ] *m ZOOL* atún *m*
Thymian ['tyːmjaːn] *m BOT* tomillo *m*
Tick [tɪk] *m* tic nervioso *m*
ticken ['tɪkən] *v (Uhr)* hacer tictac; *nicht mehr ganz richtig ~* no estar bien de la cabeza
tief [tiːf] *adj* **1.** *(Abgrund)* profundo, abismal; *~er Schnee* nieve alta *f; ~ schürfend* exhaustivo, profundo; **2.** *(Temperatur)* bajo; *adv* **3.** *(stark)* profundamente, hondamente
Tiefdruck ['tiːfdruk] *m* **1.** *METEO* baja presión *f*
Tiefe ['tiːfə] *f* profundidad *f,* fondo *m,* hondura *f,* abismo *m*
Tiefflug ['tiːffluːk] *m* vuelo rasante *m,* vuelo de baja altura *m,* vuelo bajo *m (LA)*
Tiefgarage ['tiːfgaraːʒə] *f* garaje subterráneo *m,* aparcamiento subterráneo *m*
Tiefkühlfach ['tiːfkyːlfax] *n* congelador *m,* compartimiento de congelación *m*
Tiefkühlkost ['tiːfkyːlkɔst] *f* alimentos congelados *m/pl,* comida congelada *f*
Tiefpunkt ['tiːfpuŋkt] *m* punto más bajo *m*
Tier [tiːɐ] *n* animal *m; ein hohes ~ sein* ser un pez gordo
Tierarzt ['tiːɐaɐtst] *m* veterinario *m*
Tierärztin ['tiːɐɛɐtstɪn] *f* veterinaria *f*
Tiergarten ['tiːɐgartən] *m* parque zoológico *m*
Tierheim ['tiːɐhaɪm] *n* **1.** asilo para animales *m;* **2.** *(für Hunde)* residencia canina *f*
Tierkreiszeichen ['tiːɐkraɪstsaɪçən] *n* signo del zodíaco *m*
Tierquälerei [tiːɐkvɛːlɐ'raɪ] *f* maltrato a los animales *m,* crueldad con los animales *f*
Tierversuch ['tiːɐfɛɐzuːx] *m* experimento con animales *m*
Tiger ['tiːgɐ] *m ZOOL* tigre *m*
tilgen ['tɪlgən] *v ECO* amortizar, reembolsar
Tilgung ['tɪlguŋ] *f ECO* amortización *f,* reembolso *m*
Tinte ['tɪntə] *f* tinta *f; in der ~ sitzen (fig)* estar en apuros
Tintenfisch ['tɪntənfɪʃ] *m ZOOL* calamar *m*
tippen ['tɪpən] *v* **1.** *(berühren)* tocar algo ligeramente, palpar con la punta de los dedos; **2.** *(Maschineschreiben)* escribir a máquina; **3.** *(vermuten)* suponer, conjeturar; **4.** *(wetten)* apostar
Tippfehler ['tɪpfeːlɐ] *m* error mecanográfico *m*
Tisch [tɪʃ] *m* mesa *f; am runden ~* en la mesa de negociaciones; *jdn über den ~ ziehen (fig)* perjudicar a alguien; *unter den ~ fallen* pasar inadvertido; *bei ~* durante la comida/durante el almuerzo/en la mesa
Tischdecke ['tɪʃdɛkə] *f* mantel *m*
Tischler ['tɪʃlɐ] *m* carpintero *m*

Tischtennis ['tɪʃtɛnɪs] *n SPORT* tenis de mesa *m*, ping-pong *m*, pimpón *m*
Titan [ti'ta:n] *n CHEM* titanio *m*
Titel ['ti:təl] *m* **1.** *(Überschrift)* título *m*, cabecera *f*; **2.** *akademischer ~* título académico *m*
Titelbild ['ti:təlbɪlt] *n* portada *f*
Titelseite ['ti:təlzaɪtə] *f* primera plana *f*, portada *f*
Toast [to:st] *m* **1.** *(Brot)* tostada *f*; **2.** *(Trinkspruch)* brindis *m*; *einen ~ auf jdn ausbringen* hacer un brindis a la salud de alguien
Toaster ['to:stɐ] *m* tostador *m*, tostadora *f*
toben ['to:bən] *v* **1.** *(tollen)* retozar, alborotar; **2.** *(stürmen)* desencadenarse; **3.** *(wütend sein)* rabiar, estar furioso
Tochter ['tɔxtɐ] *f* hija *f*
Tochtergesellschaft ['tɔxtərgəzɛlʃaft] *f ECO* sucursal *f*, filial *f*
Tod [to:t] *m* muerte *f*, defunción *f*, fallecimiento *m*; *tausend ~e sterben* estar absolutamente angustiado; *jdn auf den ~ nicht leiden können* odiar a alguien a muerte; *mit dem ~e ringen* luchar con la muerte/agonizar; *zu ~e kommen* morir
todernst ['to:tɛrnst] *adj* **1.** muy serio; *adv* **2.** muy en serio
Todesangst ['to:dəsaŋst] *f* angustia mortal *f*
Todesanzeige ['to:dəsantsaɪgə] *f* anuncio de defunción *m*
Todesfall ['to:dəsfal] *m* caso de muerte *m*, muerte *f*, defunción *f*, fallecimiento *m*
Todeskampf ['to:dəskampf] *m* agonía *f*, lucha contra la muerte *f*
Todesstrafe ['to:dəsʃtra:fə] *f JUR* pena de muerte *f*, pena capital *f*
Todesursache ['to:dəsu:ɐsaxə] *f* causa de la muerte *f*
todkrank ['to:tkraŋk] *adj* mortal
tödlich ['tø:tlɪç] *adj* **1.** mortal; *adv* **2.** mortalmente, de muerte; *Er hat ihn ~ verletzt.* Le hirió de muerte.
Todsünde ['to:tzyndə] *f REL* pecado mortal *m*
Toilette [toa'lɛtə] *f* retrete *m*, lavabo *m*, servicios *m/pl*, baño *m (LA)*
Toilettenartikel [toa'lɛtənartɪkəl] *pl* artículos de tocador *m/pl*
Toilettenpapier [toa'lɛtənpapi:ɐ] *n* papel higiénico *m*
toi, toi, toi [toi] *interj* ¡Suerte!/¡Toda la suerte del mundo!
tolerant [tɔle'rant] *adj* tolerante
Toleranz [tɔle'rants] *f* tolerancia *f*
tolerieren [tɔle'ri:rən] *v* tolerar
toll [tɔl] *adj* **1.** *(verrückt)* loco; **2.** *(fam: super)* formidable, estupendo, fabuloso, súper; *adv* **3.** *(verrückt)* locamente; **4.** *(fam: super)* formidablemente, super
tollen ['tɔlən] *v* alborotar, hacer bulla
tollkühn ['tɔlky:n] *adj* **1.** temerario; *adv* **2.** con temeridad
tollpatschig ['tɔlpatʃɪç] *adj* torpe
Tollwut ['tɔlvu:t] *f MED* rabia *f*, hidrofobia *f*
Tollwutgefahr ['tɔlvu:tgəfa:ɐ] *f* peligro de rabia *m*
Tölpel ['tœlpəl] *m* zopenco *m*, patán *m*
Tomate [to'ma:tə] *f BOT* tomate *m*
Tomatensoße [to'ma:tənzo:sə] *f GAST* salsa de tomate *f*
Tombola ['tɔmbola] *f* tómbola *f*
Tomografie [tomogra'fi:] *f MED* tomografía *f*
Ton[1] [to:n] *m* **1.** *(Laut)* sonido *m*; *jdn in den höchsten Tönen loben* poner a alguien por las nubes/hacer grandes elogios de alguien; **2.** *(Umgangston)* tono *m*; *einen anderen ~ anschlagen* emplear otro tono; *sich im ~ vergreifen* equivocarse de tono; **3.** *MUS* tono *m*, nota *f*; *den ~ angeben* llevar la batuta/llevar la voz cantante
Ton[2] [to:n] *m (Lehm)* arcilla *f*
tonangebend ['to:nange:bənt] *adj* que da el tono
Tonart ['to:nart] *f* **1.** *MUS* tonalidad *f*; **2.** tono; *eine andere ~ anschlagen* utilizar otro tono
Tonband ['to:nbant] *n* cinta magnetofónica *f*
Tonbandgerät ['tonbantgərɛ:t] *n* magnetófono *m*, magnetofón *m*
tönen ['tø:nən] *v* **1.** *(klingen)* sonar; **2.** *(färben)* teñir; **3.** *(fig: prahlen)* fanfarronear, alardear
Tonfall ['to:nfal] *m* cadencia *f*, entonación *f*, acentuación *f*, deje *m*
Tonne ['tɔnə] *f* **1.** *(Maßeinheit)* tonelada *f*; **2.** *(Gefäß)* barril *m*

Tönung ['tøːnuŋ] *f* colorido *m*
Topf [tɔpf] *m* **1.** *(irdener)* pote *m,* tarro *m;* **2.** *(Kochtopf)* olla *f; alles in einen ~ werfen* medir todo por el mismo rasero/meter todo en la misma olla; *wie ~ und Deckel zusammenpassen* armonizar a la perfección
Töpferhandwerk ['tœpfɐhantvɛrk] *n* alfarería *f*
Tor [toːɐ] *n* **1.** *(Tür)* portal *m,* puerta *f;* **2.** *(Treffer)* gol *m;* **3.** *SPORT* portería *f*
Torf [tɔrf] *m* turba *f*
Torheit ['toːɐhaɪt] *f* tontería *f,* necedad *f,* estupidez *f*
töricht ['tøːrɪçt] *adj* **1.** tonto, necio, estúpido; *adv* **2.** tontamente, neciamente, estúpidamente
torkeln ['tɔrkəln] *v* tambalearse
torpedieren [tɔrpe'diːrən] *v (fig)* estorbar, obstaculizar
Torte ['tɔrtə] *f GAST* torta *f*
Tortur [tɔr'tuːɐ] *f* tortura *f,* suplicio *m,* tormento *m,* martirio *m*
Torwart ['toːɐvaɐt] *m SPORT* portero *m,* arquero *m (LA)*
tosen ['toːzən] *v* bramar, rugir
tot [toːt] *adj* muerto, difunto, fallecido, finado; *mehr ~ als lebendig sein* estar más muerto que vivo
total [to'taːl] *adj* **1.** total, completo; *adv* **2.** totalmente, completamente, por completo
totalitär [totali'tɛːɐ] *adj* **1.** totalitario; *adv* **2.** totalitariamente, de forma totalitarista
Totalschaden [to'taːlʃaːdən] *m* daño total *m,* siniestro total *m*
Tote(r) ['toːtə(-ɐ)] *m/f* muerto/muerta *m/f,* difunto/difunta *m/f,* fallecido/fallecida *m/f*
töten ['tøːtən] *v* matar, dar muerte a
Totenbett ['toːtənbɛt] *n* lecho mortuorio *m,* lecho de muerte *m*
Totenkopf ['toːtənkɔpf] *m* calavera *f*
Totenmesse ['toːtənmɛsə] *f REL* misa de réquiem *f,* misa de difuntos *f*
Totenschein ['toːtənʃaɪn] *m* certificado de defunción *m,* partida de defunción *f*
Totensonntag ['toːtənzɔntaːk] *m REL* día de difuntos *m*
Totenstille ['toːtən'ʃtɪlə] *f* silencio mortal *m*
Totenwache ['toːtənvaxə] *f* velatorio *m*
Totschlag ['toːtʃlaːk] *m JUR* homicidio *m*
Toupet [tu'peː] *n* bisoñé *m*
Tour [tuːɐ] *f* **1.** vuelta *f; jdn auf ~en bringen* animar a alguien; *eine krumme ~* una mentira *f*/un engaño *m; in einer ~* sin interrupción/de un tirón; **2.** *(fig)* truco *m,* maña *f*
Tourismus [tu'rɪsmus] *m* turismo *m*
Tourist(in) [tu'rɪst(ɪn)] *m/f* turista *m/f*
Touristenklasse [tu'rɪstənklasə] *f* clase turista *f*
Tournee [tur'neː] *f* gira *f*
Trab [traːp] *m* trote *m; jdn auf ~ bringen* hacer sudar a alguien *(fig); auf ~ sein* estar al trote; *jdn auf ~ halten* no dejar descansar a alguien
Trabantenstadt [tra'bantənʃtat] *f* ciudad satélite *f*
Trabrennen ['traːprɛnən] *n SPORT* carrera al trote *f*
Tracht [traxt] *f* vestimenta *f*
trachten ['traxtən] *v* **1.** *nach etw ~* aspirar a algo, pretender algo; **2.** *~ etw zu tun* tratar de hacer algo
Trachtenumzug ['traxtənumtsuːk] *m* desfile folclórico *m*
trächtig ['trɛçtɪç] *adj ZOOL* preñada
Tradition [tradi'tsjoːn] *f* tradición *f*
traditionell [traditsjoː'nɛl] *adj* **1.** tradicional; *adv* **2.** tradicionalmente, por tradición
Tragbahre ['traːkbaːrə] *f* camilla *f*
tragbar ['traːkbaːɐ] *adj* **1.** *(Apparat)* portátil, portable; **2.** *(Mode)* de moda; **3.** *(fig)* aceptable, razonable
träge ['trɛːgə] *adj* **1.** perezoso; **2.** *PHYS* inerte
tragen ['traːgən] *v irr* **1.** llevar, cargar *(LA);* **2.** *(fig: ertragen)* soportar, aguantar, resistir
Träger ['trɛːgɐ] *m* **1.** *(Person)* portador *m;* **2.** *(Stütze)* soporte *m;* **3.** *(an Kleidung)* tirante *m*
Tragfläche ['traːkflɛçə] *f* superficie de apoyo *f*
Tragflächenboot ['traːkflɛçənboːt] *n* aguaplano *m,* hidroala *f*
Trägheit ['trɛːkhaɪt] *f* **1.** pereza *f,* holgazanería *f;* **2.** *PHYS* inercia *f*

Tragik ['traːgɪk] *f* tragedia *f*, hecho trágico *m*
tragisch ['traːgɪʃ] *adj* **1.** trágico; *adv* **2.** trágicamente
Tragödie [tra'gøːdjə] *f* tragedia *f*
Tragweite ['traːkvaɪtə] *f* alcance *m*
Trainer(in) ['trɛːnɐ(rɪn)] *m/f* entrenador(a) *m/f*
trainieren [trɛː'niːrən] *v* entrenar(se)
Training ['trɛːnɪŋ] *n* entrenamiento *m*
Trainingsanzug ['trɛːnɪŋsantsuːk] *m* traje de entrenamiento *m*, chándal *m*
traktieren [trak'tiːrən] *v* tratar
Traktor ['traktoːɐ] *m AGR* tractor *m*
trällern ['trɛlɐn] *v* tararear
trampeln ['trampəln] *v* patear, zapatear
trampen ['trɛmpən] *v* hacer autoestop, hacer dedo
Tramper(in) ['trɛmpɐ(rɪn)] *m/f* autoestopista *m/f*, persona que tira dedo *f (LA)*
Tran [traːn] *m* aceite de ballena *m*, aceite de pescado *m*, aceite de hígado de bacalao *m*; *im ~ sein* estar medio dormido/estar en la higuera/estar borracho
Trance [trɑ̃ːs] *f* trance *m*
tranchieren [trɑ̃'ʃiːrən] *v* trinchar
Träne ['trɛːnə] *f* lágrima *f*; *die ~n trocknen* enjugarse las lágrimas
tränen ['trɛːnən] *v* lagrimear
tränken ['trɛŋkən] *v* **1.** *(Tiere)* dar de beber a; **2.** *(imprägnieren)* impregnar
Transaktion [transak'tsjoːn] *f* transacción *f*
Transfer ['transfeːɐ] *m* transferencia *f*
Transformator [transfɔr'maːtoːɐ] *m TECH* transformador *m*
Transfusion [transfu'zjoːn] *f MED* transfusión *f*
Transistorradio [tran'zɪstoːɐraːdjo] *n* radio transistor *m*
Transit [tran'zɪt] *m* tránsito *m*
Transitverkehr [tran'zɪtfɛɐkeːɐ] *m* tráfico de tránsito *m*
transparent [transpa'rɛnt] *adj* transparente
Transparent [transpa'rɛnt] *n* pancarta *f*
Transparenz [transpa'rɛnts] *f* transparencia *f*
Transplantation [transplanta'tsjoːn] *f MED* trasplante *m*, injerto *m*
Transport [trans'pɔrt] *m* transporte *m*
transportfähig [trans'pɔrtfɛːɪç] *adj* transportable
transportieren [transpor'tiːrən] *v* transportar
Transportkosten [trans'portkɔstən] *pl* costes de transporte *m/pl*
Transportmittel [trans'portmɪtəl] *n* medios de transporte *m/pl*
Transportunternehmen [trans'pɔrtuntɐneːmən] *n* empresa de transportes *f*, compañía de transportes *f*
Trapez [tra'peːts] *n* trapecio *m*
Tratsch [traːtʃ] *m (fam)* chismorreo *m*, chismes *m/pl*
tratschen ['traːtʃən] *v (fam)* chismorrear
Traualtar ['traualtaːɐ] *m* altar nupcial *m*
Traube ['traubə] *f BOT* uva *f*
Traubenzucker ['traubəntsukɐ] *m* glucosa *f*
trauen ['trauən] *v* **1.** *(verheiraten)* casar, desposar; **2.** *(ver~)* confiar en alguien, fiarse de alguien; **3.** *sich ~ zu* atreverse a, osar
Trauer ['trauɐ] *f* tristeza *f*, aflicción *f*
Trauerfall ['trauɐfal] *m* caso de defunción *m*, defunción *f*
trauern [trauɐn] *v* afligirse, sufrir por, llorar la muerte de
Traum [traum] *m* sueño *m*; *Träume zerstören* truncar las ilusiones; *nicht im ~* ni soñarlo; *Aus der ~!* ¡Todo mi gozo en un pozo!/¡Adiós, sueño dorado!
Trauma ['trauma] *n MED* trauma *m*
träumen ['trɔymən] *v ~ von* soñar con; *Ich habe von ihm geträumt.* He soñado con él. *sich etw nicht ~ lassen* no poder imaginarse algo nunca
Träumer(in) ['trɔymɐ(rɪn)] *m/f* soñador(a) *m/f*
traumhaft ['traumhaft] *adj* **1.** *(fig)* de sueños, de ensueño, maravilloso; *adv* **2.** *(fig)* increíblemente, maravillosamente
traurig ['traurɪç] *adj* **1.** triste, afligido; *adv* **2.** tristemente, con tristeza
Traurigkeit ['traurɪçkaɪt] *f* tristeza *f*
Trauring ['traurɪŋ] *m* anillo de boda *m*, aro de matrimonio *m (LA)*
Trauschein ['trauʃaɪn] *m* acta de matrimonio *f*, partida de matrimonio *f*

T

Trauung ['trauuŋ] *f* **1.** *(kirchlich)* matrimonio religioso *m;* **2.** *(standesamtlich)* matrimonio civil *m*
Trauzeuge ['trautsɔygə] *m* testigo de matrimonio *m*
treffen ['trɛfən] *v irr* **1.** alcanzar, llegar; **2.** *(begegnen)* encontrarse con alguien, coincidir; **3.** *(fig: berühren)* tocar
treffend ['trɛfənt] *adj* acertado, exacto, preciso, justo
Treffer ['trɛfɐ] *m* **1.** golpe certero *m;* **2.** *(fig)* gran éxito *m*
Treffpunkt ['trɛfpuŋkt] *m* punto de reunión *m,* lugar de la cita *m*
treiben ['traɪbən] *v irr* **1.** *(antreiben)* impulsar, accionar; **2.** *(fig: ausüben)* ejercitar, practicar, hacer, dedicarse a; *Sport ~* hacer deporte/practicar deporte; **3.** *etw zu weit ~* llevar algo al extremo
Treibhaus ['traɪphaus] *n* invernáculo *m,* invernadero *m*
Treibhauseffekt ['traɪphausefɛkt] *m* efecto de invernadero *m*
Treibjagd ['traɪpja:kt] *f* caza *f,* cetrería *f*
Treibstoff ['traɪpʃtɔf] *m* combustible carburante *m*
Trend [trɛnt] *m* tendencia *f*
trennen ['trɛnən] *v* separar, desunir
Trennung ['trɛnuŋ] *f* separación *f*
Treppe ['trɛpə] *f* escalera *f; die ~ hinauffallen* ascender (en la carrera)
Treppengeländer ['trɛpəngəlɛndɐ] *n* barandilla *f,* pasamanos *m*
Treppenhaus ['trɛpənhaus] *n* escalera en un edificio *f*
Tresor [tre'zo:ɐ] *m* caja de caudales *f,* caja fuerte *f,* cámara acorazada *f*
Tretboot ['tre:tbo:t] *n* bote de pedales *m*
treten ['tre:tən] *v irr* **1.** *(gehen)* ir, caminar, andar; *in die Fußstapfen von jdm ~* seguir las huellas de alguien; **2.** *(Fußtritt geben)* patear, dar un puntapié
treu [trɔy] *adj* **1.** fiel, leal; *adv* **2.** fielmente, con lealtad
Treue ['trɔyə] *f* fidelidad *f,* lealtad *f*
Treuhandgesellschaft ['trɔyhantgəzɛlʃaft] *f ECO* sociedad fiduciaria *f*
treuherzig ['trɔyhɛrtsɪç] *adj* **1.** sincero, franco; *adv* **2.** sinceramente, francamente
treulos ['trɔylo:s] *adj* **1.** infiel, desleal; *adv* **2.** infielmente, sin fidelidad
Tribüne [tri'by:nə] *f* tribuna *f*
Trichter ['trɪçtɐ] *m* embudo *m; auf den richtigen ~ kommen* dar con la solución; *jdn auf den richtigen ~ bringen* ayudar a alguien a encontrar la solución
Trick [trɪk] *m* truco *m,* artimaña *f; ~ siebzehn (fam)* el truco del almendruco
Trickfilm ['trɪkfɪlm] *m CINE* dibujos animados *m/pl*
Trieb [tri:p] *m* **1.** instinto *m;* **2.** *BOT* brote *m,* retoño *m*
triebhaft ['tri:phaft] *adj* **1.** instintivo; *adv* **2.** instintivamente
Triebkraft ['tri:pkraft] *f* fuerza motriz *f*
triefen ['tri:fən] *v* chorrear
triftig ['trɪftɪç] *adj* sólido, plausible, concluyente
Trikot [trɪ'ko:] *n* malla *f,* tricot *m,* maillot *m*
Trillerpfeife ['trɪlɐpfaɪfə] *f* pito *m*
trinkbar ['trɪŋkba:ɐ] *adj* potable
trinken ['trɪŋkən] *v irr* tomar, beber; *einen ~* tomar una copa
Trinkgeld ['trɪŋkgɛlt] *n* propina *f*
Trinkspruch ['trɪŋkʃprux] *m* brindis *m; Auf dein Wohl!* ¡A tu salud!
Trinkwasser ['trɪŋkvasɐ] *n* agua potable *f*
trippeln ['trɪpəln] *v* caminar a pasitos cortos
Tritt [trɪt] *m* **1.** paso *m;* **2.** *(Fußtritt)* puntapié *m,* patada *f*
Trittbrett ['trɪtbrɛt] *n* estribo *m*
Triumph [tri'umf] *m* triunfo *m*
triumphal [trium'fa:l] *adj* triunfal
triumphieren [trium'fi:rən] *v* triunfar, vencer
Trivialliteratur [tri'vjallitəratu:ɐ] *f* literatura trivial *f,* literatura banal *f*
trocken ['trɔkən] *adj* **1.** *(nicht nass)* seco; *auf dem Trocknen sitzen* estar sin blanca; **2.** *(dürr)* árido, estéril; **3.** *(herb)* áspero, seco; *ein ~er Wein* un vino seco
Trockenfutter ['trɔkənfutɐ] *n* forraje seco *m*
Trockenheit ['trɔkənhaɪt] *f* **1.** sequedad *f;* **2.** *(anhaltende)* sequía *f*
trockenlegen ['trɔkənle:gən] *v* **1.** *(Land)* desaguar, avenar, drenar; **2.** *(Säugling)* cambiar los pañales

T

trocknen ['trɔknən] *v* secar(se)
Trödel ['trø:dəl] *m* trastos viejos *m/pl*, cachivaches *m/pl*
Trödelmarkt ['trø:dəlmarkt] *m* mercadillo *m*, rastro *m* (Madrid), mercado de pulgas *m* *(LA)*
trödeln ['trø:dəln] *v* hacer algo lentamente, perder el tiempo inútilmente
Trödler(in) ['trø:dlɐ(rɪn)] *m/f* ropavejero/ropavejera *m/f*, baratillero/baratillera *m/f*
Trog [tro:k] *m* artesa *f*, amasadero *m*
Trommel ['trɔməl] *f MUS* tambor *m*
Trommelfell ['trɔməlfɛl] *n ANAT* tímpano *m*
Trompete [trɔm'pe:tə] *f MUS* trompeta *f*
Tropen ['tro:pən] *pl GEO* trópicos *m/pl*, países tropicales *m/pl*
Tropf [trɔpf] *m* **1.** *(Dummkopf)* tonto *m*, bobo *m*; **2.** *MED* suero *m*
tropfen ['trɔpfən] *v* gotear, rezumar
Tropfen ['trɔpfən] *m* gota *f*; *ein ~ auf dem heißen Stein sein (fig)* ser (como) gota en el mar
Trophäe [tro'fɛ:ə] *f* trofeo *m*
tropisch ['tro:pɪʃ] *adj* tropical
Trost [tro:st] *m* consuelo *m*, consolación *f*, confortación *f*; *nicht ganz bei ~ sein* no estar en sus cabales
trösten ['trø:stən] *v* consolar, confortar
tröstlich ['trø:stlɪç] *adj* consolador, confortador
trostlos ['tro:stlo:s] *adj* desconsolado, inconsolable
Trostlosigkeit ['tro:stlo:zɪçkaɪt] *f* desconsuelo *m*
Trott [trɔt] *m (fig)* rutina *f*
Trottel ['trɔtəl] *m (fam)* imbécil *m*, idiota *m*
Trottoir [trɔ'toa:ɐ] *n* acera *f*
trotz [trɔts] *prep* a pesar de, pese a
Trotz [trɔts] *m* obstinación *f*, terquedad *f*, testarudez *f*, porfía *f*
trotzdem ['trɔtsde:m] *konj* **1.** a pesar de que, aunque; *adv* **2.** a pesar de ello, no obstante, sin embargo
trotzen ['trɔtsən] *v* **1.** *(widerstehen)* resistirse a, oponerse; **2.** *(schmollen)* estar de morros, poner el hocico
trotzig ['trɔtsɪç] *adj* **1.** terco, obstinado, porfiado, testarudo; *adv* **2.** tercamente, obstinadamente
Trotzkopf ['trɔtskɔpf] *m* terco *m*
trüb [try:p] *adj* **1.** *(undurchsichtig)* turbio; **2.** *(matt)* deslustrado, deslucido, mate; **3.** *(regnerisch)* nublado
Trubel ['tru:bəl] *m* bulla *f*, trajín *m*
trüben ['try:bən] *v* **1.** *(Flüssigkeit)* enturbiar; **2.** *(fig: Stimmung)* turbar, empañar
Trübsal ['try:pza:l] *f* aflicción *f*, tribulación *f*; *~ blasen* estar triste
trübselig ['try:pze:lɪç] *adj* triste, afligido, melancólico
Trübsinn ['try:pzɪn] *m* tristeza *f*, melancolía *f*
trübsinnig ['try:pzɪnɪç] *adj* triste, melancólico
Trüffel ['tryfəl] *m BOT* trufa *f*
Trugbild ['tru:kbɪlt] *n* visión *f*, espejismo *m*, alucinación *f*
trügen ['try:gən] *v irr* engañar, ser engañoso
trügerisch ['try:gərɪʃ] *adj* engañoso
Trugschluss ['tru:kʃlus] *m* conclusión errónea *f*, conclusión falsa *f*
Truhe ['tru:ə] *f* arca *f*
Trümmer ['trymɐ] *pl* escombros *m/pl*, ruinas *f/pl*; *in ~ sinken* caer en ruinas; *in ~n liegen* estar en ruinas
Trumpf [trumpf] *m (fig)* ventaja *f*; *~ sein* ser un triunfo/ser un éxito; *einen ~ ausspielen* echar un triunfo; *die Trümpfe aus der Hand geben* sacar todos los triunfos *(fig)*
Trunkenheit ['truŋkənhaɪt] *f* embriaguez *f*; *Er wurde wegen ~ von der Polizei angehalten.* A causa de la borrachera le paró la policía.
Trunksucht ['truŋkzuxt] *f MED* alcoholismo *m*
Truppe ['trupə] *f* **1.** *MIL* tropa *f*; *von der schnellen ~ sein* ser de los rápidos; **2.** *THEAT* compañía *f*, elenco *m*
Truthahn ['tru:tha:n] *m ZOOL* pavo *m*
tschüss [tʃy:s] *interj* ¡Adiós!, ¡Hasta luego!, ¡Chao! *(LA)*
T-Shirt ['ti:ʃœ:ɐt] *n* camiseta *f*
Tube ['tu:bə] *f* tubo *m*; *auf die ~ drücken* apretar el acelerador
Tuch [tu:x] *n* **1.** *(Lappen)* trapo *m*, estropajo *m*; *Er wirkt wie ein rotes ~ auf ihn.* No le puede ver ni en pintura. **2.** *(Stoff)* tela *f*, paño *m*; **3.** *(Halstuch)* pañuelo *m*

tüchtig ['tyçtɪç] *adj* **1.** eficiente, trabajador; *adv* **2.** *(fam)* muy, mucho
Tüchtigkeit ['tyçtɪçkaɪt] *f* eficiencia *f*, habilidad *f*, aptitud *f*
Tücke ['tykə] *f* malicia *f*
tückisch ['tykɪʃ] *adj* **1.** malicioso, malintencionado; *adv* **2.** maliciosamente, con mala intención
Tugend ['tu:gənt] *f* virtud *f*
tugendhaft ['tu:gənthaft] *adj* **1.** virtuoso; *adv* **2.** de modo virtuoso
Tugendhaftigkeit ['tu:gənthaftɪçkaɪt] *f* virtuosidad *f*
Tüll [tyl] *m* tul *m*
Tulpe ['tulpə] *f* BOT tulipán *m*
Tumor ['tu:mo:ɐ] *m* MED tumor *m*
Tümpel ['tympəl] *m* charco *m*; *über den großen Teich fahren* cruzar el charco
Tumult [tu'mult] *m* tumulto *m*
tun [tu:n] *v irr* hacer, obrar; *Er hat mit dem Mord zu ~.* Él tiene que ver con el asesinato. *Es mit jdm zu tun bekommen* vérselas con alguien; *mit jdn nichts mehr zu tun haben wollen* no querer saber nada más de alguien; *Tu, was du nicht lassen kannst!* ¡Haz lo que quieras! *Damit ist es noch nicht getan!* ¡Con eso no basta!
Tunke ['tuŋkə] *f* GAST salsa *f*
tunken ['tuŋkən] *v* untar
Tunnel ['tunəl] *m* túnel *m*
Tupfen ['tupfən] *m* mancha *f*, punto *m*, lunar *m*
tupfen ['tupfən] *v* tocar ligeramente, rozar
Tür [ty:ɐ] *f* puerta *f*; *offene ~en einrennen* aceptar la propuesta de alguien con los brazos abiertos; *jdm eine ~ öffnen* *(fig)* abrir una puerta a alguien; *jdm die ~ vor der Nase zuschlagen* darle a alguien con la puerta en la nariz; *jdn vor die ~ setzen* poner a alguien en la calle/ darle puerta a alguien *(fam)*
Turbine [tur'bi:nə] *f* turbina *f*
turbulent [turbu'lɛnt] *adj* turbulento
Türglocke ['ty:ɐglɔkə] *f* campanilla de la puerta *f*, timbre *m*
Türke ['tyrkə] *m* turco *m*
Türkei [tyr'kaɪ] *f* GEO Turquía *f*
Türkin ['tyrkɪn] *f* turca *f*
türkis [tyr'ki:s] *adj* turquesa
türkisch ['tyrkɪʃ] *adj* turco
Türklinke ['ty:ɐklɪŋkə] *f* picaporte *m*, pasador *m*, manija *f (LA)*
Turm [turm] *m* **1.** torre *f*; **2.** *(Kirchturm)* campanario *m*, torre de la iglesia *f*
türmen ['tyrmən] *v* **1.** *(schichten)* apilar, amontonar; **2.** *(fig: ausreißen)* largarse, escaparse
turnen ['turnən] *v* SPORT hacer gimnasia
Turnen ['turnən] *n* SPORT gimnasia *f*
Turner(in) ['turnɐ(rɪn)] *m/f* SPORT gimnasta *m/f*
Turnier [tur'ni:ɐ] *n* SPORT torneo *m*
Turnschuh ['turnʃu:] *m* SPORT zapatilla de deporte *f*
Türöffner ['ty:rœfnɐ] *m* portero automático *m*, abrepuertas *m*
Türschloss ['ty:ɐʃlɔs] *n* cerradura *f*, cerrojo *m*
Türschlüssel ['ty:ɐʃlysəl] *m* llave de la puerta *f*
turteln ['turtəln] *v* estar como dos tórtolos
Tusche ['tuʃə] *f* tinta china *f*
tuscheln ['tuʃəln] *v* cuchichear, secretear
Tüte ['ty:tə] *f* **1.** bolsa *f*; **2.** *(Eistüte)* cucurucho *m*, barquillo *m (LA)*; **3.** *(Beutel)* bolsa de compras *f*
tuten ['tu:tən] *v* tocar la bocina
twittern ['twitɐn] *v* twittear
Typ [ty:p] *m* tipo *m*
Type ['ty:pə] *f* **1.** *(Druckbuchstabe)* letra de molde *f*, tipo de imprenta *m*; **2.** *(fam)* tío *m*, tipo *m*
Typhus ['ty:fus] *m* MED tifus *m*
typisch ['ty:pɪʃ] *adj* típico
Typologie [typolo'gi:] *f* tipología *f*
Tyrann [ty'ran] *m* tirano *m*
tyrannisch [ty'ranɪʃ] *adj* tiránico
tyrannisieren [tyrani'zi:rən] *v* tiranizar

U

U-Bahn ['u:ba:n] *f* metropolitano *m*, metro *m*
übel ['y:bəl] *adj* **1.** malo; *adv* **2.** mal; *~ gelaunt* malhumorado, de mal humor; *~ nehmen* tomar a mal; *~ riechend* maloliente, apestoso
Übel ['y:bəl] *n* mal *m; das kleinere ~* el mal menor; *ein notwendiges ~ sein* ser un mal necesario; *zu allem ~* para colmo/para rematarlo
Übelkeit ['y:bəlkaɪt] *f* náuseas *f/pl*
Übeltäter(in) ['y:bəltɛ:tɐ(rɪn)] *m/f* malhechor(a) *m/f*, maleante *m/f*, delincuente *m/f*
üben ['y:bən] *v* practicar, ejercitar, ejercer
über ['y:bɐ] *prep* **1.** *(örtlich)* sobre, encima, via; *~ Buenos Aires* vía Buenos Aires; *~ Hamburg fahren* viajar (pasando) por Hamburgo; *~ jdm stehen* ser superior a alguien/estar por encima de alguien; *~ der Arbeit einschlafen* ser muy lento trabajando; **2.** *(zeitlich)* durante, más allá de, más de, en; *~ zwei Stunden* más de dos horas; *~ Ostern* en pascua/durante los días de Pascua; **3.** *(fig: wegen)* acerca de, a propósito de, sobre, por, de; *sich ~ etw freuen* alegrarse por algo; **4.** *(fig: von)* sobre, acerca de, de, referente a; *Wir reden ~ Weltpolitik.* Hablamos sobre la política mundial. *Ich habe das langsam ~!* ¡Estoy comenzando a hartarme! **5.** *~ und ~* totalmente, completamente; **6.** *etw ~ sich bringen* decidirse a hacer algo; **7.** *~ jdn etw bekommen* recibir algo por mediación de alguien; **8.** *Das geht mir ~ alles.* Lo prefiero a todo lo demás.
überall ['y:bɐal] *adv* en todas partes, por todas partes
Überangebot ['y:bɐangəbo:t] *n* oferta excesiva *f*, exceso de oferta *m*
überanstrengen [y:bɐ'anʃtrɛŋən] *v* esforzarse excesivamente
Überanstrengung [y:bɐ'anʃtrɛŋuŋ] *f* esfuerzo excesivo *m*
überarbeiten [y:bɐ'arbaɪtən] *v* **1.** *etw ~* retocar algo, perfeccionar algo, repasar algo; **2.** *sich ~* trabajar demasiado, matarse a trabajar
Überarbeitung [y:bɐ'arbaɪtuŋ] *f* **1.** *(nochmalige Bearbeitung)* perfeccionamiento *m*, revisión *f*; **2.** *(Überanstrengung)* exceso de trabajo *m*, agotamiento *m*
überaus ['y:bɐaus] *adv* sumamente, extremadamente
überbeanspruchen ['y:bɐbəanʃpruxən] *v* someter a un esfuerzo excesivo, sobrecargar
überbewerten ['y:bɐbəvertən] *v* sobrevalorar, supervalorar
überbieten [y:bɐ'bi:tən] *v irr* **1.** *(Preis)* sobrepujar; **2.** *(Leistung)* superar
Überbleibsel ['y:bɐblaɪpsəl] *n* resto *m*, residuo *m*
Überblick ['y:bɐblɪk] *m* **1.** *(Aussicht)* vista panorámica *f*; **2.** *(Zusammenfassung)* resumen *m*, sinopsis *f*, síntesis *f*; **3.** *(fig)* panorama *m*, idea general *f*
überblicken [y:bɐ'blɪkən] *v* **1.** abarcar con la vista; **2.** *(fig: Lage)* darse cuenta de la situación, estimar la situación
überbringen [y:bɐ'brɪŋən] *v irr* **1.** *(aushändigen)* entregar, dar; **2.** *(ausrichten)* transmitir, dar; *Ich werde ihr deine Glückwünsche ~.* Le saludaré de tu parte.
überbrücken [y:bɐ'brykən] *v (fig)* superar momentáneamente
Überbrückung [y:bɐ'brykuŋ] *f (fig)* solución transitoria *f*
Überdachung [y:bɐ'da:xuŋ] *f* **1.** ARCH alero de un tejado *m*; **2.** *(Dach)* techo *m*; **3.** *(über Balkonen)* sobradillo *m*, cornisa *f*
überdenken [y:bɐ'dɛŋkən] *v irr* reflexionar, recapacitar
überdies [y:bɐ'di:s] *adv* además, aparte de eso
Überdosis ['y:bɐdo:zɪs] *f* sobredosis *f*
Überdruck ['y:bɐdruk] *m* TECH sobrepresión *f*
Überdruss ['y:bɐdrus] *m* fastidio *m*, aburrimiento *m*

U

überdrüssig ['y:bɐdrysɪç] *adj* harto de
überdurchschnittlich ['y:bɐdurçʃnɪtlɪç] *adj* superior al promedio, por encima del promedio
Übereifer ['y:bɐaɪfɐ] *m* exceso de celo *m*, exceso de empeño *m*
übereignen [y:bɐ'aɪknən] *v* **1.** transferir; **2.** *(Geschäft)* traspasar
übereinander ['y:bɐaɪnandɐ] *adv* uno sobre otro, superpuestos; *~ legen* superponer, poner uno sobre otro
übereinkommen [y:bɐ'aɪnkɔmən] *v irr* ponerse de acuerdo sobre, llegar a un acuerdo sobre
Übereinkunft [y:bɐ'aɪnkunft] *f* acuerdo *m*, convenio *m*, arreglo *m*
übereinstimmen [y:bɐ'aɪnʃtɪmən] *v* **1.** *(einig sein)* estar de acuerdo con alguien, coincidir; **2.** *(gleich sein)* ser igual
Übereinstimmung [y:bɐ'aɪnʃtɪmuŋ] *f* **1.** *(Einigkeit)* concordancia *f*, coincidencia *f*; **2.** *(Gleichheit)* igualdad *f*, analogía *f*
überempfindlich ['y:bɐɛmpfɪndlɪç] *adj* hipersensible, demasiado susceptible
Überempfindlichkeit ['y:bɐɛmpfɪntlɪçkaɪt] *f* hipersensibilidad *f*, hipersusceptibilidad *f*
überfahren [y:bɐ'fa:rən] *v irr* atropellar, arrollar
Überfahrt ['y:bɐfa:ɐt] *f* travesía *f*
Überfall ['y:bɐfal] *m* asalto *m*, atraco *m*, ataque sorpresivo *m*; *Hände hoch! Dies ist ein ~!* ¡Manos arriba!/¡Esto es un atraco!
überfallen [y:bɐ'falən] *v irr* asaltar, atacar sorpresivamente
überfällig ['y:bɐfɛlɪç] *adj* **1.** *(zu spät)* atrasado, retrasado; **2.** *(abgelaufen)* vencido, caducado
U
überfliegen [y:bɐ'fli:gən] *v irr* **1.** sobrevolar; **2.** *(fig)* repasar, leer por encima
überflügeln [y:bɐ'fly:gəln] *v (fig)* superar, aventajar
Überfluss ['y:bɐflus] *m* abundancia *f*, excedente *m*; *im ~ leben* vivir como un rey; *zu allem ~* para colmo de la desgracia
überflüssig ['y:bɐflysɪç] *adj* superfluo
Überflutung [y:bɐ'flutuŋ] *f* inundación *f*
überfordern [y:bɐ'fɔrdɐn] *v* hacer trabajar excesivamente a, exigir demasiado de alguien
überfragt [y:bɐ'fragt] *adj ~ sein* no saber qué contestar
überführen [y:bɐ'fy:rən] *v* **1.** *(transportieren)* trasladar, transportar; **2.** *(Schuld nachweisen)* probar la culpabilidad de alguien
Überführung [y:bɐ'fy:ruŋ] *f* **1.** *(Transport)* transporte *m*; **2.** *(Schuldnachweis)* prueba de la culpabilidad *f*
überfüllt [y:bɐ'fylt] *adj* repleto, demasiado lleno, relleno
Übergabe ['y:bɐga:bə] *f* transferencia *f*, entrega *f*
Übergang ['y:bɐgaŋ] *m* **1.** paso *m*, cruce *m*; **2.** *(fig)* transición *f*
übergeben [y:bɐ'ge:bən] *v irr* **1.** *etw ~* entregar, dar; **2.** *sich ~* vomitar, arrojar
übergeordnet ['y:bɐgəɔrdnət] *adj* superior
Übergewicht ['y:bɐgəvɪçt] *n* **1.** sobrepeso *m*; **2.** *(fig)* superioridad *f*
überglücklich ['y:bɐglyklɪç] *adj* felicísimo, contentísimo
Übergriff ['y:bɐgrɪf] *m* extralimitación *f*, abuso *m*
überhandnehmen [y:bɐ'hantne:mən] *v irr* aumentar demasiado, ir en aumento
überhäufen [y:bɐ'hɔyfən] *v* colmar, atiborrar
überhaupt [y:bɐ'haupt] *adv* **1.** *~ nicht* de ninguna manera, de ningún modo; **2.** *(im Allgemeinen)* en general, generalmente; **3.** *(eigentlich)* en realidad, realmente
überheblich [y:bɐ'he:plɪç] *adj* **1.** arrogante, soberbio, altanero; *adv* **2.** con arrogancia, arrogantemente
Überheblichkeit [y:bɐ'he:plɪçkaɪt] *f* arrogancia *f*, soberbia *f*, altivez *f*
überhöht [y:bɐ'hø:t] *adj* **1.** excesivo; **2.** *(Preise)* prohibitivo
überholen [y:bɐ'ho:lən] *v* **1.** *(vorbeifahren)* adelantar, pasar; *~ verboten!* ¡Prohibido adelantar! **2.** *(überprüfen)* revisar, repasar, controlar, examinar; **3.** *(übertreffen)* superar
überholt [y:bɐ'ho:lt] *adj* anticuado, obsoleto

Überholverbot [yːbɐ'hoːlfɛrboːt] *n* prohibición de adelantar *f*
überkochen ['yːbɐkɔxən] *v* rebosar al hervir
Überlagerung [yːbɐ'laːgəruŋ] *f* superposición *f*
Überlänge ['yːbɐlɛŋə] *f* exceso de longitud *m*
überlassen [yːbɐ'lasən] *v irr* **1.** dejar; **2.** *(verkaufen)* vender a; **3.** *(anvertrauen)* confiar a
Überlastung [yːbɐ'lastuŋ] *f* sobrecarga *f*
Überlauf ['yːbɐlauf] *m* rebosadero *m*, rebose *m*
überlaufen ['yːbɐlaufən] *v irr* **1.** *(Gefäß)* rebosar, desbordarse; **2.** *(fig: zum Gegner)* pasarse al lado del enemigo, desertar; *adj* **3.** *(überfüllt)* repleto, pleno, lleno
Überläufer(in) ['yːbɐlɔyfɐ(rɪn)] *m/f* desertor(a) *m/f*, traidor(a) *m/f*
überleben [yːbɐ'leːbən] *v* sobrevivir
Überlebende(r) [yːbər'leːbəndə(-ɐ)] *m/f* sobreviviente *m/f*, superviviente *m*
überlegen [yːbɐ'leːgən] *v* **1.** *sich etw ~* reflexionar sobre algo, pensar sobre algo, considerar algo; *adj* **2.** *jdm ~ sein* ser superior a alguien
Überlegenheit [yːbɐ'leːgənhaɪt] *f* superioridad *f*, supremacía *f*
Überlegung [yːbɐ'leːguŋ] *f* reflexión *f*, consideración *f*
überliefern [yːbɐ'liːfɐn] *v* **1.** *(der Nachwelt)* legar a la posteridad, transmitir; *Das wurde von Generation zu Generation überliefert.* Ha sido transmitido de generación en generación. **2.** *(erzählen)* contar, narrar; **3.** entregar, depositar en manos de
Überlieferung [yːbɐ'liːfəruŋ] *f* tradición *f*, crónica *f*
überlisten [yːbɐ'lɪstən] *v* ser más astuto que alguien, vencer en astucia
Übermacht ['yːbɐmaxt] *f* fuerza superior *f*, poder superior *m*
übermächtig ['yːbɐmɛçtɪç] *adj* superpoderoso, demasiado fuerte
übermäßig ['yːbɐmɛːsɪç] *adj* **1.** excesivo, exagerado; *adv* **2.** demasiado, excesivamente, con exageración
übermenschlich ['yːbɐmɛnʃlɪç] *adj* **1.** sobrehumano; *adv* **2.** sobrehumanamente, de manera sobrehumana
übermitteln [yːbɐ'mɪtəln] *v* transmitir, enviar
Übermittlung [yːbɐ'mɪtluŋ] *f* transmisión *f*, envío *m*
übermorgen ['yːbɐmɔrgən] *adv* pasado mañana
übermüdet [yːbɐ'myːdət] *adj* cansadísimo, muerto de cansancio, agotado
Übermüdung [yːbɐ'myːduŋ] *f* cansancio excesivo *m*, agotamiento *m*
Übermut ['yːbɐmuːt] *m* **1.** *(Mutwille)* travesura *f*; **2.** *(Anmaßung)* arrogancia *f*, petulancia *f*
übermütig ['yːbɐmyːtɪç] *adj* **1.** *(mutwillig)* travieso; **2.** *(arrogant)* arrogante, petulante; *adj* **3.** *(anmaßend)* arrogante, petulante; *adv* **4.** *(arrogant)* con arrogancia, con petulancia; **5.** *(mutwillig)* travesamente
übernachten [yːbɐ'naxtən] *v* trasnochar, pernoctar, pasar la noche en, dormir en
übernächtigt [yːbɐ'nɛçtɪçt] *adj* trasnochado
Übernachtung [yːbɐ'naxtuŋ] *f* pernoctación *f*
Übernahme ['yːbɐnaːmə] *f* **1.** *(Entgegennehmen)* recepción *f*, aceptación *f*; **2.** *(Amtsübernahme)* toma de posesión de un cargo *f*, entrada en funciones *f*
übernatürlich ['yːbɐnatyːrlɪç] *adj* sobrenatural
übernehmen [yːbɐ'neːmən] *v irr* **1.** *(entgegennehmen)* recibir, aceptar; **2.** *(Amt)* tomar posesión de un cargo, entrar en funciones; **3.** *sich ~* excederse
überparteilich ['yːbɐpartaɪlɪç] *adj* suprapartidista, por encima de los partidos
Überproduktion ['yːbɐproduktsjoːn] *f* sobreproducción *f*, superproducción *f*, exceso de producción *m*
überprüfen [yːbɐ'pryːfən] *v* revisar, examinar, controlar, repasar
überqueren [yːbɐ'kveːrən] *v* cruzar, atravesar
überragen [yːbɐ'raːgən] *v* **1.** ser más alto que; **2.** *(fig)* sobresalir, resaltar, destacar
überragend [yːbɐ'raːgənt] *adj (ausgezeichnet)* sobresaliente, excelente

überraschen [yːbɐˈraʃən] *v* sorprender, coger de sorpresa, tomar de sorpresa
überraschend [yːbɐˈraʃənt] *adj* **1.** sorprendente, sorpresivo *(LA)*; *adv* **2.** de sorpresa, sorpresivamente, de improvisto
überrascht [yːbɐˈraʃt] *adj* sorprendido; *sehr ~ sein* caerse de espaldas
Überraschung [yːbɐˈraʃuŋ] *f* sorpresa *f*; *Wir haben ihm mit dem Fest eine ~ bereitet.* Le dimos una fiesta sorpresa.
überreden [yːbɐˈreːdən] *v* persuadir, convencer
überreichen [yːbɐˈraɪçən] *v* hacer entrega de, entregar, dar
Überrest [ˈyːbɐrɛst] *m* resto *m*
überrumpeln [yːbɐˈrumpəln] *v* sorprender, coger desprevenido, sobresaltar
überrunden [yːbɐˈrundən] *v* SPORT sacar una vuelta de ventaja, adelantar a
übersättigt [yːbɐˈzɛtɪçt] *adj* **1.** CHEM sobresaturado; **2.** *(Person)* harto
Übersättigung [yːbɐˈzɛtɪguŋ] *f* **1.** *(Person)* hartazgo *m*; **2.** CHEM sobresaturación *f*
überschatten [yːbɐˈʃatən] *v* *(fig)* eclipsar, ensombrecer
überschätzen [yːbɐˈʃɛtsən] *v* sobreestimar, atribuir un valor exagerado
überschaubar [yːbɐˈʃaubaːɐ] *adj* al alcance de la vista, visible
überschauen [yːbɐˈʃauən] *v* *(fig)* ver más allá, darse cuenta de
Überschlag [ˈyːbɐʃlaːk] *m* ECO estimación *f*, evaluación aproximativa *f*
überschlagen [yːbɐˈʃlaːgən] *v irr* **1.** *(Kosten)* calcular, hacer un cálculo aproximado; **2.** *(Auto)* volcar, dar vueltas de campana; **3.** *(Buchseite)* saltarse páginas
überschneiden [yːbɐˈʃnaɪdən] *v irr* **1.** *sich ~ (kreuzen)* cruzarse; **2.** *sich ~ (zusammentreffen)* coincidir
Überschneidung [yːbɐˈʃnaɪduŋ] *f* **1.** *(Kreuzung)* cruce *m*, intersección *f*; **2.** *(Zusammentreffen)* coincidencia *f*
überschreiben [yːbɐˈʃraɪbən] *v irr* **1.** *(betiteln)* titular; **2.** INFORM recubrir; **3.** JUR transferir
überschreiten [yːbɐˈʃraɪtən] *v irr* **1.** *(überqueren)* cruzar, atravesar; **2.** *(fig: übertreten)* violar, infringir, transgredir
Überschrift [ˈyːbɐʃrɪft] *f* título *m*, encabezamiento *m*, titular *m*
Überschuss [ˈyːbɐʃus] *m* excedente *m*, sobrante *m*, superávit *m*
überschüssig [ˈyːbɐʃysɪç] *adj* excedente, sobrante
Überschwang [ˈyːbɐʃvaŋ] *m* exhuberancia *f*
überschwänglich [ˈyːbɐʃvɛŋlɪç] *adj* **1.** exaltado, excesivo, exagerado; *adv* **2.** exaltadamente
überschwemmen [yːbɐˈʃvɛmən] *v* inundar
Überschwemmung [yːbɐˈʃvɛmuŋ] *f* inundación *f*
Übersee [ˈyːbɐzeː] *f* ultramar *m*
übersehen [yːbɐˈzeːən] *v irr* **1.** *(überschauen)* abarcar con la vista, dominar con la mirada; **2.** *(nicht sehen)* no ver, dejar pasar; **3.** *(absichtlich)* pasar por alto; *etw absichtlich ~* hacerse la vista gorda *(fam)*
übersenden [yːbɐˈzɛndən] *v irr* enviar, mandar, remitir
übersetzen [ˈyːbɐzɛtsən] *v irr* **1.** *(Gewässer)* pasar a la otra orilla, cruzar; [yːbɐˈzɛtsən] **2.** *(Sprache)* traducir; *Können Sie mir das ins Spanische ~?* ¿Podría traducírmelo al español?
Übersetzer(in) [yːbɐˈzɛtsɐ(rɪn)] *m/f* traductor(a) *m/f*
Übersetzung [yːbɐˈzɛtsuŋ] *f* **1.** *(Sprache)* traducción *f*; **2.** TECH transmisión *f*
Übersicht [ˈyːbɐzɪçt] *f* **1.** *(Zusammenfassung)* resumen *m*, extracto *m*, síntesis *f*; **2.** *(fig)* impresión general *f*, orientación *f*
übersichtlich [ˈyːbɐzɪçtlɪç] *adj* **1.** claro, preciso; *adv* **2.** claramente
übersiedeln [ˈyːbɐziːdəln] *v* transmigrar, emigrar a, trasladarse de un país a otro
Übersiedelung [yːbɐˈziːdəluŋ] *f* transmigración *f*, emigración *f*, traslado de un país a otro *m*
überspannt [yːbɐˈʃpant] *adj* **1.** *(Situation)* exagerado; **2.** *(fig: Person)* exaltado
überspielen [yːbɐˈʃpiːlən] *v* **1.** *(Musik)* regrabar, doblar; **2.** *(fig)* disimular
überspringen [yːbɐˈʃprɪŋən] *v irr* **1.** saltar; **2.** *(fig)* saltarse

U

überstehen [yːbɐˈʃteːən] *v irr (fig)* vencer, resistir, aguantar
überstimmen [yːbɐˈʃtɪmən] *v* vencer por mayoría de votos
Überstunde [ˈyːbɐʃtundə] *f* hora extraordinaria *f,* hora adicional de trabajo *f*
überstürzen [yːbɐˈʃtyrtsən] *v* precipitar, apresurar
Überteuerung [yːbɐˈtɔyəruŋ] *f* encarecimiento excesivo *m,* carestía *f*
übertragbar [yːbɐˈtraːkbaːɐ] *adj* **1.** *(Papiere)* ECO transferible, negociable; **2.** *(ansteckend)* MED transmisible, contagioso
übertragen [yːbɐˈtraːgən] *v irr* **1.** *(Auftrag)* encomendar, encargar; **2.** *(Rundfunk)* transmitir; **3.** *(Papiere)* ECO transferir; **4.** *(anstecken)* MED transmitir, contagiar
Übertragung [yːbɐˈtraːguŋ] *f* **1.** *(Auftrag)* encargo *m;* **2.** *(im Rundfunk)* transmisión *f;* **3.** ECO transferencia *f;* **4.** MED transmisión *f,* contagio *m*
übertreffen [yːbɐˈtrɛfən] *v irr* exceder, superar
übertreiben [yːbɐˈtraɪbən] *v irr* exagerar
Übertreibung [yːbɐˈtraɪbuŋ] *f* exageración *f*
übertreten [yːbɐˈtreːtən] *v irr* contravenir, infringir, transgredir, violar
Übertretung [yːbɐˈtreːtuŋ] *f* contravención *f,* infracción *f,* transgresión *f,* violación *f*
übertrieben [yːbɐˈtriːbən] *adj* **1.** exagerado; *adv* **2.** exageradamente, con exageración
Übertritt [ˈyːbɐtrɪt] *m (fig)* conversión *f*
übervorteilen [yːbɐˈfɔːɐtaɪlən] *v* explotar a alguien, engañar a alguien
überwachen [yːbɐˈvaxən] *v* vigilar, inspeccionar, controlar, supervisar
Überwachung [yːbɐˈvaxuŋ] *f* vigilancia *f,* inspección *f,* control *m,* supervisión *f*
überwältigen [yːbɐˈvɛltɪgən] *v* vencer, derrotar, doblegar
überwältigend [yːbɐˈvɛltɪgənt] *adj* avasallador, arrollador
überweisen [yːbɐˈvaɪzən] *v irr* **1.** *(Patient)* mandar a un especialista, ordenar el ingreso en un hospital; **2.** ECO girar, transferir
Überweisung [yːbɐˈvaɪzuŋ] *f* **1.** *(eines Patienten)* orden para ir a un especialista *f,* orden de ingreso en un hospital *f;* **2.** ECO giro *m,* transferencia *f*
überwiegen [yːbɐˈviːgən] *v irr* preponderar, predominar, primar sobre
überwiegend [ˈyːbɐviːgənt] *adj* **1.** preponderante, predominante; *adv* **2.** mayormente, en su mayoría, en su mayor parte
überwinden [yːbɐˈvɪndən] *v irr* **1.** vencer, salvar, allanar; **2.** *sich ~* dominarse, vencerse a sí mismo, sobreponerse
Überwindung [yːbɐˈvɪnduŋ] *f* vencimiento *m,* fuerza de voluntad *f*
überwintern [yːbɐˈvɪntɐn] *v* invernar
überwuchern [yːbɐˈvuçɐn] *v* invadir, cubrir completamente
Überzahl [ˈyːbɐtsaːl] *f* superioridad numérica *f*
überzeugen [yːbɐˈtsɔygən] *v* convencer, persuadir
überzeugend [yːbɐˈtsɔygənt] *adj* **1.** convincente; *adv* **2.** convincentemente, de manera convincente
Überzeugung [yːbɐˈtsɔyguŋ] *f* convicción *f*
Überzeugungskraft [yːbɐˈtsɔyguŋskraft] *f* fuerza de convicción *f,* fuerza persuasiva *f*
überziehen [ˈyːbɐtsiːən] *v irr* **1.** *(anziehen)* ponerse; [yːbɐˈtsiːən] **2.** *(Konto)* ECO dejar en descubierto, rebasar
üblich [ˈyːplɪç] *adj* usual, acostumbrado
üblicherweise [yːplɪçɐˈvaɪzə] *adv* usualmente, de modo acostumbrado
übrig [ˈyːbrɪç] *adj* **1.** sobrante, de sobra; *für jdn etw ~ haben* tener interés en alguien; *im Übrigen* por lo demás; *v* **2.** *~ bleiben* sobrar, quedar de sobra; **3.** *~ lassen* dejar de sobra
übrigens [ˈyːbrɪgəns] *adv* por lo demás
Übung [ˈyːbuŋ] *f* ejercicio *m,* práctica *f,* entrenamiento *m*
Übungsplatz [ˈyːbuŋsplats] *m* campo de entrenamiento *m*
Ufer [ˈuːfɐ] *n* orilla *f*
Uferböschung [ˈuːfɐbœʃuŋ] *f* talud de orilla *m,* pendiente de orilla *m*

U

uferlos ['u:fɐlo:s] *adj* ilimitado, sin límites; *ins Uferlose gehen* irse de los límites
Uhr [u:ɐ] *f* reloj *m*
Uhrmacher(in) ['u:ɐmaxɐ(rin)] *m* relojero/relojera *m/f*
Uhrzeiger ['u:ɐtsaɪgɐ] *m* manecilla del reloj *f*, aguja del reloj *f*
Uhrzeit ['u:ɐtsaɪt] *f* hora *f*
Uhu ['u:hu:] *m* ZOOL búho *m*
Ulk [ulk] *m* broma *f*
ulkig ['ulkɪç] *adj* **1.** cómico, chistoso, gracioso; *adv* **2.** con comicidad
Ultimatum [ulti'ma:tum] *n* ultimátum *m*
Ultraschall ['ultraʃal] *m* ultrasonido *m*
ultraviolett ['ultraviolɛt] *adj* ultravioleta
um [um] *prep* **1.** *(örtlich)* alrededor de, en torno a; *~ das Haus* alrededor de la casa; *~ sich greifen* propagarse/extenderse; **2.** *(zeitlich)* a, a las, sobre, a eso de; *~ neun Uhr* a eso de las nueve; **3.** *Es steht schlecht ~ ihn.* Le va mal. *Es geht ~ Geld.* Se trata de dinero. *~ und ~* de todas partes/por todos lados/totalmente; **4.** *~ 10 Euro teurer* 10 euros más caro; *konj* **5.** para, con el fin de; *Ich bin gekommen, ~ dich zu sehen.* He venido para verte. *~ ... Willen* por el amor de... *adv* **6.** *(ungefähr)* aproximadamente, alrededor de
umändern ['umɛndɐn] *v* modificar, alterar, variar, transformar
umarmen [um'armən] *v* abrazar, dar un abrazo
Umarmung [um'armuŋ] *f* abrazo *m*
umbenennen ['umbənɛnən] *v irr* renombrar, cambiar de nombre, nombrar de nuevo
umblättern ['umblɛtɐn] *v* hojear, volver la hoja
umbringen ['umbrɪŋən] *v irr* matar, quitar la vida, asesinar
umbuchen ['umbu:xən] *v* **1.** *(Konto)* pasar de una cuenta a otra; **2.** *(Reservierung)* modificar la reserva
Umbuchung ['umbu:xuŋ] *f* **1.** *(vom Konto)* traslado a otra cuenta *m;* **2.** *(Reservierung)* modificación de la reserva *f*
umdenken ['umdɛŋkən] *v irr* cambiar de opinión, cambiar la manera de pensar
umdisponieren ['umdɪsponi:rən] *v* disponer de otro modo
umdrehen ['umdre:ən] *v* volver, dar la vuelta
Umdrehung [um'dre:uŋ] *f* vuelta *f*, rotación *f*
umfallen ['umfalən] *v irr* desplomarse, caerse
Umfang ['umfaŋ] *m* **1.** *(Flächeninhalt)* volumen *m;* **2.** *(fig: Ausmaß)* dimensión *f*, extensión *f*
umfangreich ['umfaŋraɪç] *adj* voluminoso, extenso, amplio
umfassen [um'fasən] *v* *(enthalten)* contener
umfassend [um'fasənt] *adj* amplio, extenso
Umfeld ['umfɛlt] *n* medio social *m*, entorno *m*
Umfrage ['umfra:gə] *f* encuesta *f*, sondeo de opinión *m*
Umgang ['umgaŋ] *m* trato *m*, tratamiento *m*, manejo *m*
umgänglich ['umgɛŋlɪç] *adj* tratable, afable, de trato agradable
Umgangsformen ['umgaŋsfɔrmən] *pl* modales *m/pl*
Umgangssprache ['umgaŋsʃpra:xə] *f* lenguaje coloquial *m*, lenguaje familiar *m*
umgarnen [um'garnən] *v* enredar, seducir
umgeben [um'ge:bən] *v irr* rodear, circundar, cercar
Umgebung [um'ge:buŋ] *f* **1.** *(einer Stadt)* inmediaciones *f/pl*, alrededores *m/pl*, cercanías *f/pl;* **2.** *(eines Menschen)* ambiente *m*, entorno *m*, medio social *m; in seiner ~* en su propia salsa
umgehen [um'ge:ən] *v irr* **1.** *(im Umlauf sein)* circular, correr; ['umge:ən] *v irr* **2.** *(behandeln)* tratar, manejar, usar; **3.** *(vermeiden)* evitar, eludir
umgehend ['umge:ənt] *adj* **1.** inmediato; *adv* **2.** inmediatamente
umgekehrt ['umgəke:ɐt] *adj* **1.** invertido, opuesto, contrario; *adv* **2.** al revés, por el contrario
umgucken ['umgukən] *v Du wirst dich noch ~!* ¡Ya te arrepentirás!
Umhang ['umhaŋ] *m* capa *f*, capote *m*
umhängen ['umhɛŋən] *v irr sich etw ~* ponerse algo, colgarse algo
umher [um'he:ɐ] *adv* por todas partes, de acá para allá, alrededor de

U

umherirren [um'heːʁɪrən] *v* errar, vagar sin rumbo
umherreisen [um'heːʁraɪzən] *v* viajar de un lugar a otro, viajar por todos lados
umherschlendern [um'heːʁʃlɛndɐn] *v* callejear
umhören ['umhøːrən] *v sich* ~ enterarse, informarse, oír
Umhüllung [um'hylʊŋ] *f* envoltura *f*, revestimiento *m*
umkämpft [um'kɛmpft] *adj* reñido, peleado, luchado
Umkehr ['umkeːʁ] *f* vuelta *f*, regreso *m*
umkehren ['umkeːrən] *v* volver, regresar
umkippen ['umkɪpən] *v* **1.** volcar, tumbar; **2.** *(Gewässer)* perecer, morir; **3.** *(fig: ohnmächtig werden)* desmayarse; **4.** *(fig: Meinung ändern)* cambiar de parecer, cambiar de opinión
Umkleidekabine ['umklaɪdəkabiːnə] *f* vestuario *m*
umkleiden ['umklaɪdən] *v* cambiarse de ropa
umknicken ['umknɪkən] *v* **1.** *(Papier)* plegar, doblar; **2.** *(Fuß)* torcerse el pie
umkommen ['umkɔmən] *v irr* morir, perecer, sucumbir
Umkreis ['umkraɪs] *m* círculo *m*
umkreisen [um'kraɪzən] *v* circular, girar alrededor de
umkrempeln ['umkrɛmpəln] *v* **1.** *(Ärmel)* arremangar; **2.** *(fig: ändern)* cambiar radicalmente
umladen ['umlaːdən] *v irr* transbordar
Umlauf ['umlauf] *m in ~* en circulación; *etw in ~ bringen* poner en circulación; *in ~ kommen* entrar en circulación
Umlaut ['umlaut] *m* metafonía *f*, cambio de tono *f*
umleiten ['umlaɪtən] *v* **1.** *(Verkehr)* desviar el tráfico; **2.** *(fig)* hacer cambiar de opinión
Umleitung ['umlaɪtʊŋ] *f* desviación *f*, desvío *m*
Umorganisierung ['umɔrganiziːrʊŋ] *f* reorganización *f*
Umrahmung [um'raːmʊŋ] *f* marco *m*, acompañamiento *m*
umrechnen ['umrɛçnən] *v* *(Brüche)* *MATH* convertir
Umrechnung ['umrɛçnʊŋ] *f* conversión *f*
Umrechnungskurs ['umrɛçnʊŋskurs] *m* tipo de cambio *m*, tipo de conversión *m*
umreißen ['umraɪsən] *v irr* **1.** *(niederreißen)* derribar, demoler, echar abajo; **2.** [um'raɪsən] *(kurz schildern)* esbozar, contar a grandes rasgos
Umriss ['umrɪs] *m* contorno *m* esbozo *m*, silueta *f*
umrühren ['umryːrən] *v* remover, revolver, agitar
umrüsten ['umrystən] *v* **1.** *MIL* rearmar, reorganizar el armamento; **2.** *TECH* reorganizar el equipamiento, modernizar las instalaciones
umsatteln ['umzatəln] *v* *(fig)* cambiar de profesión
Umsatz ['umzats] *m* *ECO* facturación *f*, volumen de negocios *m*; *~ machen* facturar
Umsatzsteuer ['umzatsʃtɔyʁ] *f* *ECO* impuesto sobre las ventas *m*, impuesto sobre el tráfico de empresas *m* (Spanien), impuesto sobre la cifra de negocios *m*
umschalten ['umʃaltən] *v* **1.** *(fig)* desconectarse; **2.** *TECH* conmutar
umschichten ['umʃɪçtən] *v* apilar de nuevo, reagrupar
Umschlag ['umʃlaːk] *m* **1.** *(Schutzhülle)* envoltura *f*; **2.** *(Briefumschlag)* sobre *m*; **3.** *(Umladung)* transbordo *m*; **5.** *MED* compresa *f*
umschlagen ['umʃlaːgən] *v irr* **1.** *(umblättern)* volver la página; **2.** *(umladen)* transbordar; **3.** *(fig: wechseln)* cambiar repentinamente
umschmeißen ['umʃmaɪsən] *v irr* derribar, tumbar
umschreiben ['umʃraɪbən] *v irr* **1.** *(ändern)* escribir de nuevo; [um'ʃraɪbən] *v irr* **2.** *(anders ausdrücken)* expresarse con sinónimos, expresarse en otros términos; **3.** *JUR* transferir
Umschuldung ['umʃuldʊŋ] *f* *ECO* reconversión de una deuda *f*
umschulen ['umʃuːlən] *v* reeducar, readaptarse profesionalmente
Umschulung ['umʃuːlʊŋ] *f* reeducación *f*, readaptación profesional *f*
umschwärmen [um'ʃvɛrmən] *v* revolotear alrededor de

Umschweife ['umʃvaɪfə] *pl ohne ~* sin preámbulos *m/pl,* sin rodeos *m/pl*
Umschwung ['umʃvuŋ] *m (fig)* cambio brusco *m*
umsehen ['umzeːən] *v irr sich ~* mirar alrededor
umsetzen ['umzɛtsən] *v* **1.** *sich ~* cambiarse de sitio; **2.** *(verwandeln)* transformar, convertir; **3.** *(verkaufen)* vender, comercializar, colocar
Umsicht ['umzɪçt] *f* circunspección *f*
umsichtig ['umzɪçtɪç] *adj* **1.** circunspecto; *adv* **2.** con mesura, con prudencia
umsonst [um'zɔnst] *adv* **1.** *(unentgeltlich)* gratis, gratuitamente; **2.** *(vergeblich)* en vano, para nada, por gusto
Umstände ['umʃtɛndə] *pl* **1.** circunstancias *f/pl; keine ~ machen* no ocasionar molestia; *unter keinen ~n* de ninguna manera/bajo ningún concepto; **2.** *andere ~* embarazo *m*
umständlich ['umʃtɛndlɪç] *adj* complicado, molesto, incómodo
umsteigen ['umʃtaɪgən] *v irr* cambiar de bus/cambiar de tren/cambiar de metro, hacer transbordo; *Müssen wir ~?* ¿Tenemos que hacer transbordo?
umstellen ['umʃtɛlən] *v* **1.** *(Möbel)* cambiar de lugar, disponer de otro modo; **2.** *(umorganisieren)* reorganizar; **3.** *(anpassen)* readaptarse
Umstellung ['umʃtɛluŋ] *f* **1.** *(Umorganisierung)* reorganización *f;* **2.** *(Anpassung)* readaptación *f*
umstimmen ['umʃtɪmən] *v jdn ~ (fig)* hacer cambiar de opinión a alguien
umstoßen ['umʃtɔsən] *v irr* **1.** volcar, tumbar, derribar; **2.** *(für ungültig erklären)* anular, declarar nulo, invalidar, cancelar; **3.** *(fig: den Plan)* echar a perder
umstritten [um'ʃtrɪtən] *adj* discutido, controvertido
Umstrukturierung ['umʃtrukturiːruŋ] *f* reestructuración *f*
Umsturz ['umʃturts] *m* cambio de régimen *m,* derrocamiento *m*
Umtausch ['umtauʃ] *m* cambio *m,* trueque *m,* canje *m*
umtauschen ['umtauʃən] *v* cambiar, canjear

Umtrunk ['umtruŋk] *m* ronda de tragos *f*
umverteilen ['umfɛɐtaɪlən] *v* redistribuir
umwandeln ['umvandəln] *v* transformar, cambiar
Umweg ['umveːk] *m* rodeo *m,* vuelta *f; auf ~ en* con rodeos
Umwelt ['umvɛlt] *f* medio ambiente *m,* ambiente *m,* medio *m,* entorno *m*
Umweltbilanz [umvɛltbi'lants] *f* balance ambiental *m*
umweltfreundlich ['umvɛltfrɔyndlɪç] *adj* no contaminante, protector del medio ambiente
Umweltplakette ['umvɛltplakɛtə] *f* distintivo ecológico *m*
Umweltschutz ['umvɛltʃuts] *m* protección del medio ambiente *f*
Umweltverschmutzung ['umvɛltfɛɐʃmutsuŋ] *f* contaminación ambiental *f*
Umweltverträglichkeit ['umvɛltfɛɐtrɛːklɪçkaɪt] *f* compatibilidad ambiental *f*
Umweltzone ['umvɛlttsoːnə] *f* zona medioambiental *f*
umwerben [um'vɛrbən] *v irr* cortejar, galantear, rondar
umwickeln [um'vɪkəln] *v* envolver, recubrir de
umzäunen [um'tsɔynən] *v* cercar, vallar, estacar
Umzäunung [um'tsɔynuŋ] *f* cerca *f,* vallado *m,* estacada *f*
umziehen ['umtsiːən] *v irr* **1.** *(umkleiden)* cambiarse de ropa, mudarse de ropa; **2.** *(Wohnung wechseln)* mudarse de casa
umzingeln [um'tsɪŋəln] *v* rodear, cercar
Umzug ['umtsuːk] *m* **1.** *(Wohnungswechsel)* mudanza *f;* **2.** *(Festzug)* desfile *m*
unabänderlich [unap'ɛndɐlɪç] *adj* invariable, inalterable
unabdingbar ['unapdɪŋbaːɐ] *adj* indispensable, necesario
unabhängig ['unaphɛŋɪç] *adj* **1.** independiente; *adv* **2.** independientemente
Unabhängigkeit ['unaphɛŋɪçkaɪt] *f* independencia *f*
unabkömmlich ['unapkœmlɪç] *adj* insustituible, insubstituible, irremplazable
unabsehbar [unap'zeːbaːɐ] *adj* imprevisible

unabsichtlich ['unapzɪçtlɪç] *adj* **1.** impremeditado, sin intención; *adv* **2.** de casualidad, sin intención
unabwendbar [unap'vɛntbaːɐ] *adj* inevitable
unachtsam ['unaxtzaːm] *adj* **1.** desatento, distraído; *adv* **2.** sin atención
Unachtsamkeit ['unaxtzaːmkaɪt] *f* falta de atención *f*, distracción *f*
unanfechtbar [unan'fɛçtbaːɐ] *adj* inapelable
unangebracht ['unangəbraxt] *adj* inoportuno, fuera de lugar
unangemeldet ['unangəmɛldət] *adj* **1.** imprevisto; *adv* **2.** sin previo aviso
unangemessen ['unangəmɛsən] *adj* **1.** inadecuado, inapropiado; *adv* **2.** inadecuadamente, inapropiadamente
unangenehm ['unangəneːm] *adj* **1.** desagradable, molesto; *die ~e Aufgabe haben, jdm etw mitzuteilen* tener el ingrato deber de informar de algo a alguien; *adv* **2.** desagradablemente, con desagrado
unannehmbar ['unanneːmbaːɐ] *adj* inaceptable, inadmisible
Unannehmlichkeit ['unanneːmlɪçkaɪt] *f* contrariedad *f*, molestia *f*, inconveniente *m*, disgusto *m*
unansehnlich ['unanzeːnlɪç] *adj* poco vistoso
unanständig ['unanʃtɛndɪç] *adj* **1.** indecente; *adv* **2.** indecentemente, con indecencia
unantastbar ['unantastbaːɐ] *adj* intangible
unappetitlich ['unapetiːtlɪç] *adj* poco apetitoso
Unart ['unaːɐt] *f* mala costumbre *f*, malas maneras *f/pl*
unartig ['unaːɐtɪç] *adj* **1.** grosero, consentido; *adv* **2.** groseramente, de malas maneras
unaufdringlich ['unaufdrɪŋlɪç] *adj* **1.** discreto; *adv* **2.** discretamente
unauffällig ['unauffɛlɪç] *adj* **1.** poco llamativo, desapercibido, inadvertido; *adv* **2.** sin llamar la atención
unaufgefordert ['unaufgəfɔrdɐt] *adj* **1.** espontáneo; *adv* **2.** espontáneamente, sin ser requerido
unaufhaltsam ['unaufhaltzam] *adj* **1.** incontenible, irrefrenable, imparable; *adv* **2.** de modo incontenible
unaufhörlich ['unaufhøːɐlɪç] *adj* **1.** incesante, continuo; *adv* **2.** sin cesar, continuamente
unaufmerksam ['unaufmɛrkzam] *adj* **1.** desatento, distraído; *adv* **2.** sin atención
Unaufmerksamkeit ['unaufmɛrkzamkaɪt] *f* desatención *f*, falta de atención *f*, distracción *f*
Unaufrichtigkeit ['unaufrɪçtɪçkaɪt] *f* insinceridad *f*, falsedad *f*
unaufschiebbar [unauf'ʃiːpbaːɐ] *adj* inaplazable, impostergable, improrrogable
unausgeglichen ['unausgəglɪçən] *adj* desequilibrado
Unausgeglichenheit ['unausgəglɪçənhaɪt] *f* desequilibrio *m*
unausstehlich ['unausʃteːlɪç] *adj* insoportable, pesado
unbändig ['unbɛndɪç] *adj* **1.** indomable, indómito; *adv* **2.** indómitamente, desenfrenadamente
unbarmherzig ['unbarmhɛrtsɪç] *adj* **1.** despiadado, cruel, malo, impío; *adv* **2.** despiadadamente, cruelmente, impíamente
Unbarmherzigkeit ['unbarmhɛrtsɪçkaɪt] *f* crueldad *f*, impiedad *f*
unbeabsichtigt ['unbəapzɪçtɪçt] *adj* **1.** involuntario, impremeditado, impensado; *adv* **2.** involuntariamente, sin intención
unbeachtet ['unbəaxtət] *adj* inadvertido
unbedacht ['unbədaxt] *adj* **1.** irreflexivo, impulsivo; *adv* **2.** irreflexivamente, impulsivamente
unbedenklich ['unbədɛŋklɪç] *adj* **1.** inofensivo, inocuo; *adv* **2.** sin inconveniente
unbedeutend ['unbədɔytənt] *adj* insignificante; *eine ~e Person sein* ser el último mono
unbedingt ['unbədɪŋt] *adj* **1.** incondicional, absoluto; *adv* **2.** incondicionalmente, sin reserva
unbefangen ['unbəfaŋən] *adj* **1.** natural, espontáneo; *adv* **2.** naturalmente, espontáneamente
Unbefangenheit ['unbəfaŋənhaɪt] *f* naturalidad *f*, espontaneidad *f*

unbefriedigend ['unbəfriːdɪgənt] *adj* insuficiente, no satisfactorio
unbefriedigt ['unbəfriːdɪçt] *adj* insatisfecho
unbefristet ['unbəfrɪstət] *adj* ilimitado, sin plazo señalado
unbefugt ['unbəfuːkt] *adj* desautorizado, no autorizado
Unbefugte(r) ['unbəfuːktə(-ɐ)] *m/f* persona no autorizada *f*
unbegabt ['unbəgaːpt] *adj* sin talento, torpe
unbegreiflich ['unbəgraɪflɪç] *adj* inconcebible, inexplicable; *Das ist mir ~.* No me lo explico.
unbegrenzt ['unbəgrɛntst] *adj* ilimitado, infinito
unbegründet ['unbəgryndət] *adj* infundado, injustificado
unbehaglich ['unbəhaːklɪç] *adj* desagradable, molesto
unbeherrscht ['unbəhɛrʃt] *adj* incontrolado
unbeholfen ['unbəhɔlfən] *adj* **1.** torpe, poco hábil; *adv* **2.** torpemente, de modo poco hábil
unbekannt ['unbəkant] *adj* desconocido, extraño
unbekümmert ['unbəkymɐt] *adj* **1.** despreocupado; *adv* **2.** despreocupadamente
unbelehrbar ['unbəleːɐbaːɐ] *adj* incorregible, terco
unbeliebt ['unbəliːpt] *adj* mal visto, antipático, impopular
Unbeliebtheit ['unbəliːpthaɪt] *f* impopularidad *f*
unbemannt [unbə'mant] *adj* no tripulado, sin tripluación
unbemerkt ['unbəmɛrkt] *adj* **1.** inadvertido, desapercibido; *adv* **2.** inadvertidamente
U
unbequem ['unbəkveːm] *adj* incómodo
unberechenbar ['unbərɛçənbaːɐ] *adj* incalculable, inapreciable
unbescheiden ['unbəʃaɪdən] *adj* inmodesto, creído, engreído, vanidoso
unbeschränkt ['unbəʃrɛŋkt] *adj* **1.** ilimitado, sin límites; *adv* **2.** sin restricción
unbeschreiblich ['unbəʃraɪplɪç] *adj* indescriptible; *eine ~e Tat* una fechoría sin nombre *f*
unbeschwert ['unbəʃveːɐt] *adj* **1.** libre de toda preocupación, despreocupado; *adv* **2.** sin remordimientos, sin preocupaciones
unbesonnen ['unbəzɔnən] *adj* **1.** irreflexivo, imprudente; *adv* **2.** imprudentemente
unbesorgt ['unbəzɔrkt] *adj* **1.** despreocupado, tranquilo; *adv* **2.** con tranquilidad
unbeständig ['unbəʃtɛndɪç] *adj* **1.** *(veränderlich)* variable; **2.** *(wankelmütig)* inconstante, veleidoso, voluble
unbestechlich ['unbəʃtɛçlɪç] *adj* incorruptible, insobornable
unbestimmt ['unbəʃtɪmt] *adj* indeterminado
unbeteiligt ['unbətaɪlɪçt] *adj ~ an* ajeno a, no participante de
unbeugsam ['unbɔykzaːm] *adj* inflexible, rígido
unbeweglich ['unbəveːklɪç] *adj* inmóvil, inerte
unbewohnt ['unbəvoːnt] *adj* inhabitado, deshabitado
unbewusst ['unbəvust] *adj* **1.** inconsciente; *adv* **2.** sin darse cuenta, sin querer
unbrauchbar ['unbrauxbaːɐ] *adj* inservible, inútil
unbürokratisch ['unbyrɔkratɪʃ] *adj* no burocrático
und [unt] *konj* **1.** y; *Frankreich ~ Spanien* Francia y España; **2.** *(vor nicht diphthongiertem i/hi)* e; *Argentinien ~ Italien* Argentina e Italia
undankbar ['undaŋkbaːɐ] *adj* desagradecido, ingrato
undenkbar [un'dɛŋkbaːɐ] *adj* impensable, imposible
undeutlich ['undɔytlɪç] *adj* **1.** vago, confuso, poco preciso; *adv* **2.** de manera vaga, sin precisar
undicht ['undɪçt] *adj* permeable
Unding ['undɪŋ] *n* absurdo *m*
undiszipliniert ['undɪstsipliniːɐt] *adj* **1.** indisciplinado; *adv* **2.** sin disciplina
undurchdringlich ['undurçdrɪŋlɪç] *adj* impenetrable, inaccesible
undurchlässig ['undurçlɛsɪç] *adj* impermeable
undurchsichtig ['undurçzɪçtɪç] *adj* **1.** opaco; **2.** *(fig)* confuso, impreciso
Unebenheit ['uneːbənhaɪt] *f* desigualdad *f*, aspereza *f*

unecht ['unɛçt] *adj* falso
unehelich ['uneːəlɪç] *adj* ilegítimo, natural; *~es Kind* un hijo ilegítimo *m*
unehrlich ['uneːʁlɪç] *adj* insincero, falso
uneigennützig ['unaɪgənnytsɪç] *adj* **1.** abnegado, desinteresado; *adv* **2.** con abnegación
uneingeschränkt ['unaɪngəʃrɛŋkt] *adj* absoluto, ilimitado
uneinig ['unaɪnɪç] *adj* desunido, desavenido
Uneinigkeit ['unaɪnɪçkaɪt] *f* desunión *f*, desavenencia *f*
unempfindlich ['unɛmpfɪndlɪç] *adj* insensible
unendlich [un'ɛntlɪç] *adj* **1.** infinito; *adv* **2.** infinitamente
Unendlichkeit [un'ɛntlɪçkaɪt] *f* **1.** MATH infinito *m*, carácter infinito *m*; **2.** infinidad *f*, inmensidad *f*
unentbehrlich ['unɛntbeːʁlɪç] *adj* indispensable
unentgeltlich ['unɛntgɛltlɪç] *adj* **1.** gratuito; *adv* **2.** gratis, gratuitamente
unentschieden ['unɛntʃiːdən] *adj* **1.** indeciso, dudoso, inseguro; **2.** SPORT empatado
unentschlossen ['unɛntʃlɔsən] *adj* irresoluto, indeciso
unentwegt ['unɛntveːkt] *adj* **1.** firme, impertubable; *adv* **2.** sin parar
unerbittlich ['unɛʁbɪtlɪç] *adj* **1.** implacable, duro; *adv* **2.** sin compasión
unerfahren ['unɛʁfaːrən] *adj* inexperto
unerfreulich ['unɛʁfrɔylɪç] *adj* desagradable, poco agradable
unerhört ['unɛʁhøːʁt] *adv* **1.** descaradamente, desvergonzadamente; *adj* **2.** *(fig)* escandaloso, inaudito, indignante; *Das ist ja ~!* Habráse visto!
unerklärlich ['unɛʁklɛʁlɪç] *adj* inexplicable, incomprensible
unerlaubt ['unɛʁlaupt] *adj* prohibido, vedado
unermesslich ['unɛʁmɛslɪç] *adj* **1.** inmenso, enorme; *adv* **2.** muy, inmensamente
unerschrocken ['unɛʁʃrɔkən] *adj* **1.** intrépido, arrojado; *adv* **2.** con audacia, con arrojo
unerschütterlich ['unɛʁʃytʁlɪç] *adj* **1.** *(Person)* impávido, impasible, imperturbable; **2.** *(Beziehung)* inalterable; *adv* **3.** con serenidad, impasiblemente
unerschwinglich ['unɛʁʃvɪŋlɪç] *adj* **1.** exorbitante, excesivo; *~ sein* estar por las nubes; *adv* **2.** muy caro
unerträglich ['unɛʁtrɛːklɪç] *adj* insoportable, inaguantable
unerwartet ['unɛʁvartət] *adj* **1.** inesperado, impensado, imprevisto; *adv* **2.** sin previo aviso
unerwünscht ['unɛʁvynʃt] *adj* indeseable
unfähig ['unfɛːɪç] *adj* incapaz, inepto
Unfähigkeit ['unfɛːɪçkaɪt] *f* incapacidad *f*, ineptitud *f*
unfair ['unfɛːʁ] *adj* **1.** desleal, poco correcto; *adv* **2.** sucio, de manera desleal; *~ spielen* jugar sucio
Unfall ['unfal] *m* accidente *m*; *Auf dem Weg hierher habe ich einen ~ gehabt.* En el camino hacia aquí he tenido un accidente.
Unfallstation ['unfalʃtatsjoːn] *f* puesto de socorro *m*, casa de socorro *f*
unfassbar [un'fasbaːʁ] *adj* inconcebible, inimaginable
unfolgsam ['unfɔlkzaːm] *adj* desobediente, terco
unfreiwillig ['unfraɪvɪlɪç] *adj* **1.** involuntario; *adv* **2.** involuntariamente, en contra de su voluntad
unfreundlich ['unfrɔyntlɪç] *adj* **1.** descortés, desatento, poco amable; *adv* **2.** descortésmente, sin amabilidad
unfruchtbar ['unfruxtbaːʁ] *adj* estéril, infecundo
Unfug ['unfuːk] *m* travesura *f*; hacer bobadas
Ungarn ['uŋgarn] *n* GEO Hungría *f*
ungeachtet ['ungəaxtət] *prep* no obstante, a pesar de
ungebildet ['ungəbɪldət] *adj* inculto
ungedeckt ['ungədɛkt] *adj* sin provisión, sin fondos, sin cobertura, al descubierto
Ungeduld ['ungədult] *f* impaciencia *f*
ungeduldig ['ungədʊldɪç] *adj* **1.** impaciente; *adv* **2.** impacientemente
ungeeignet ['ungəaɪgnət] *adj* inapropiado, inadecuado
ungefähr ['ungəfɛːʁ] *adj* **1.** aproximado; *adv* **2.** aproximadamente

ungefährlich ['ungəfɛːɐlɪç] *adj* no peligroso, nada peligroso
ungehalten ['ungəhaltən] *adj* disgustado, enfadado
Ungeheuer ['ungəhɔyɐ] *n* monstruo *m*
Ungehorsam ['ungəhoːɐzaːm] *m* insubordinación *f*, desobediencia *f*
ungeklärt ['ungəklɛːɐt] *adj* **1.** *(unklar)* no aclarado, no esclarecido; **2.** *(nicht gereinigt)* no clarificado
ungelegen ['ungəleːgən] *adj* **1.** inoportuno; *adv* **2.** inoportunamente
ungelernt ['ungəlɛrnt] *adj* no calificado
ungemein ['ungəmaɪn] *adj* **1.** poco común, extraordinario; *adv* **2.** muy, extremadamente
ungemütlich ['ungəmyːtlɪç] *adj* incómodo, desagradable
ungenau ['ungənau] *adj* **1.** inexacto, erróneo, falso; *adv* **2.** con inexactitud
Ungenauigkeit ['ungənauɪçkaɪt] *f* inexactitud *f*
ungenießbar ['ungəniːsbaːɐ] *adj* **1.** *(nicht essbar)* incomible; **2.** *(unerträglich)* insoportable, pesado
ungenügend ['ungənygənt] *adj* insuficiente
ungepflegt ['ungəpfleːkt] *adj* descuidado, desaseado
ungerade ['ungəraːdə] *adj* impar
ungerecht ['ungərɛçt] *adj* **1.** injusto; *adv* **2.** injustamente
ungerechtfertigt ['ungərɛçtfɛrtɪçt] *adj* injustificable
Ungerechtigkeit ['ungərɛçtɪçkaɪt] *f* injusticia *f*, iniquidad *f*
ungern ['ungɛrn] *adv* de mala gana
ungeschickt ['ungəʃɪkt] *adj* **1.** torpe, poco hábil; *adv* **2.** con torpeza, sin habilidad
ungeschoren ['ungəʃorən] *adj* *jdn ~ davonkommen lassen* no tocarle a alguien ni un pelo *(fam)*
ungeschrieben ['ungəʃrɪːbən] *adj* *ein ~es Gesetz sein* ser un convenio tácito
ungesetzlich ['ungəzɛtslɪç] *adj* ilegal
ungestört ['ungəʃtøːɐt] *adj* **1.** tranquilo, imperturbable; *adv* **2.** tranquilamente, en paz
ungestüm ['ungəʃtyːm] *adj* **1.** impetuoso, fogoso; *adv* **2.** con ímpetu
ungesund ['ungəzunt] *adj* **1.** *(nicht gesund)* no saludable; **2.** *(schädlich)* dañino, malsano
ungewiss ['ungəvɪs] *adj* incierto, inseguro
Ungewissheit ['ungəvɪshaɪt] *f* incertidumbre *f*
ungewöhnlich ['ungəvøːnlɪç] *adj* **1.** poco común, extraordinario; *adv* **2.** fuera de lo común, extraordinariamente
ungewohnt ['ungəvoːnt] *adj* desacostumbrado, extraño, no usual
Ungeziefer ['ungətsiːfɐ] *n* ZOOL bichos *m/pl*
ungezogen ['ungətsoːgən] *adj* **1.** mal educado, consentido; *adv* **2.** de mala manera, sin buenos modales, sin educación
ungezwungen ['ungətsvuŋən] *adj* **1.** *(fig)* espontáneo; *adv* **2.** *(fig)* espontáneamente
unglaublich ['unglauplɪç] *adj* increíble, inverosímil; *Das ist ~!* ¡Qué barbaridad!
unglaubwürdig ['unglaupvyrdɪç] *adj* inverosímil, no digno de crédito, de poco crédito
Unglaubwürdigkeit ['unglaupvyrdɪçkaɪt] *f* inverosimilitud *f*
ungleichmäßig ['unglaɪçmɛːsɪç] *adj* irregular, no uniforme, desigual
Unglück ['unglyk] *n* **1.** *(Missgeschick)* desgracia *f*, desdicha *f*; *jdn ins ~ stürzen* llevar a la ruina a alguien; *ins ~ rennen* meterse en líos; *zu allem ~* para colmo de la desgracia; **2.** *(Pech)* mala suerte *f*; **3.** *(Unfall)* accidente *m*
unglücklich ['unglyklɪç] *adj* **1.** *(nicht glücklich)* desgraciado, infeliz; **2.** *(kein Glück haben)* desafortunado
unglücklicherweise ['unglyklɪçɐvaɪzə] *adv* desgraciadamente, por desgracia, desafortunadamente
Ungnade ['ungnaːdə] *f* desgracia *f*, pérdida del favor *f*; *bei jdn in ~ fallen* caer en *(La)* desgracia de alguien
ungültig ['ungyltɪç] *adj* no válido, nulo, caduco, inválido
Ungunst ['ungunst] *f* *zu jds ~en* en perjuicio de alguien
ungünstig ['ungynstɪç] *adj* **1.** desfavorable; *adv* **2.** poco prometedor, no muy favorable
unhandlich ['unhantlɪç] *adj* inmanejable, de difícil manejo

Unheil ['unhaɪl] *n* mal *m,* desgracia *f,* desastre *m*
unheilbar ['unhaɪlbaːɐ] *adj* **1.** incurable; *adv* **2.** demasiado, incurablemente; *Er ist ~ krank.* Está muy enfermo.
unheilvoll ['unhaɪlfɔl] *adj* funesto, fatal, siniestro, contraproducente
unheimlich ['unhaɪmlɪç] *adj* **1.** inquietante; *adv* **2.** *(sehr)* muy, muchísimo
unhöflich ['unhøːflɪç] *adj* **1.** descortés, desatento, poco amable; *adv* **2.** descortésmente, sin amabilidad
Unhöflichkeit ['unhøːflɪçkaɪt] *f* descortesía *f,* desatención *f*
unhygienisch ['unhygjeːnɪʃ] *adj* antihigiénico
Uniform ['unifɔrm] *f* uniforme *m*
Union [un'joːn] *f* unión *f; Europäische ~* Unión Europea *f*
universal [univɛr'zaːl] *adj* universal
Universität [univɛrzi'tɛːt] *f* universidad *f*
Universitätsklinik [univɛrzi'tɛːtsklɪnɪk] *f* clínica de la universidad *f*
Universum [uni'vɛrzum] *n* universo *m*
unkenntlich ['unkɛntlɪç] *adj* irreconocible, desfigurado
Unkenntlichkeit ['unkɛntlɪçkaɪt] *f* desfiguración *f*
Unkenntnis ['unkɛntnɪs] *f* desconocimiento *m*
unklar ['unklaːɐ] *adj* **1.** poco claro, confuso, indistinto, incomprensible, vago; *adv* **2.** confusamente, de manera poco clara
Unklarheit ['unklaːɐhaɪt] *f* falta de claridad *f,* confusión *f*
unkompliziert ['unklɔmplitsiːɐt] *adj* poco complicado
Unkosten ['unkɔstən] *pl* gastos *m/pl; sich in ~ stürzen* meterse en gastos
Unkraut ['unkraut] *n* mala hierba *f; ~ vergeht nicht.* Hierba mala nunca muere.
Unkrautvertilgung ['unkrautfɛɐtɪlguŋ] *f* herbicida *m*
unkündbar [un'kyntbaːɐ] *adj* irrevocable, irrescindible
unlängst ['unlɛŋst] *adv* recientemente, hace poco, recién
unlauter ['unlautɐ] *adj* sucio, ilícito
unleserlich ['unleːzɐlɪç] *adj* ilegible
unlogisch ['unloːgɪʃ] *adj* ilógico
unlösbar ['unløːsbaːɐ] *adj* insoluble
unmäßig ['unmɛːsɪç] *adj* **1.** inmoderado; *adv* **2.** desmesuradamente
Unmensch ['unmɛnʃ] *m* monstruo *m; kein ~ sein* no ser un monstruo/no ser un bárbaro/no ser insensible
unmenschlich ['unmɛnʃlɪç] *adj* inhumano
unmerklich ['unmɛrklɪç] *adj* **1.** imperceptible; *adv* **2.** imperceptiblemente, sin dejarse notar
unmissverständlich ['unmɪsfɛɐʃtɛndlɪç] *adj* **1.** inequívoco, claro; *adv* **2.** sin lugar a dudas
unmittelbar ['unmɪtəlbaːɐ] *adj* **1.** inmediato; *adv* **2.** inmediatamente
unmodern ['unmɔdɛrn] *adj* anticuado
unmöglich [un'møːklɪç] *adj* imposible; *jdn ~ machen* desacreditar a alguien
unmoralisch ['unmoraːlɪʃ] *adj* inmoral
unmündig ['unmyndɪç] *adj* menor de edad
unnachgiebig ['unnaxgiːbɪç] *adj (fig)* inflexible, rígido
unnachsichtig ['unnaxzɪçtɪç] *adj* **1.** riguroso, severo; *adv* **2.** rigurosamente, con toda severidad
unnötig ['unnøːtɪç] *adj* innecesario
unnützerweise [unnytsɐ'vaɪzə] *adv* inútilmente
unordentlich ['unɔrdəntlɪç] *adj* desordenado
Unordnung ['unɔrdnuŋ] *f* desorden *m*
unparteiisch ['unpartaɪɪʃ] *adj* **1.** imparcial; *adv* **2.** con imparcialidad, imparcialmente
unpassend ['unpasənt] *adj* impropio, inoportuno
unpersönlich ['unpɛrzøːnlɪç] *adj* impersonal, que no es personal
unpraktisch ['unpraktɪʃ] *adj* **1.** *(Person)* poco hábil; **2.** *(Sache)* poco práctico
unpünktlich ['unpyŋktlɪç] *adj* **1.** poco puntual, impuntual; *adv* **2.** sin puntualidad
unrecht ['unrɛçt] *adj* **1.** injusto; *adv* **2.** injustamente
Unrecht ['unrɛçt] *n* injusticia *f; jdn ins ~ setzen* descalificar a alguien/desacreditar a alguien; *jdm ~ geben* llevar la contraria a alguien

U

unrechtmäßig ['unrɛçtmɛːsɪç] *adj* **1.** ilegal, ilegítimo; *adv* **2.** ilegalmente, ilegítimamente
unregelmäßig ['unreːgəlmɛːsɪç] *adj* **1.** irregular; *adv* **2.** irregularmente
Unregelmäßigkeit ['unreːgəlmɛːsɪçkaɪt] *f* irregularidad *f*
unreif ['unraɪf] *adj* **1.** *(Person)* inmaduro; **2.** *(Obst)* verde, no maduro
Unruhe ['unruːə] *f* **1.** *POL* inestabilidad *f;* **2.** *(Störung)* molestia *f;* **3.** *(Besorgnis)* preocupación *f*
unruhig ['unruːɪç] *adj* **1.** *(ruhelos)* intranquilo, inquieto; **2.** *(besorgt)* preocupado
uns [uns] *pron* nos, a nosotros; *unter ~* entre nosotros
unsachgemäß ['unzaxgəmɛːs] *adj* inadecuado
unsachlich ['unzaxlɪç] *adj* **1.** que no concuerda con los hechos, subjetivo; *~ sein* irse por las ramas; *adv* **2.** subjetivamente
unschädlich ['unʃɛːtlɪç] *adj* inofensivo; *jdn ~ machen* hacer inofensivo a alguien/quitar las mañas a alguien *(fam)*
unscheinbar ['unʃaɪnbaːɐ] *adj* poco vistoso
unschlüssig ['unʃlysɪç] *adj* **1.** vacilante, irresoluto; *adv* **2.** sin resolución, de manera vacilante
Unschuld ['unʃult] *f* **1.** *(Schuldlosigkeit)* inocencia *f;* **2.** *(Keuschheit)* castidad *f,* pureza *f*
unschuldig ['unʃuldɪç] *adj* inocente, casto, puro
unselbstständig ['unzɛlpstʃtɛndɪç] *adj* dependiente de
unsere(r,s) ['unzərə(ɐ,əs)] *pron* nuestro, de nosotros
unsicher ['unzɪçɐ] *adj* **1.** inseguro; *einen Ort ~ machen* infestar un lugar; **2.** *(zweifelhaft)* dudoso
unsichtbar ['unzɪçtbaːɐ] *adj* invisible; *sich ~ machen* hacerse (el) invisible
Unsinn ['unzɪn] *m* absurdo *m,* disparate *m,* desatino *m*
Unsitte ['unzɪtə] *f* mala costumbre *f*
unsittlich ['unzɪtlɪç] *adj* inmoral
unsolide ['unzoliːdə] *adj* **1.** *(Person)* poco serio, informal; **2.** *(Sache)* poco sólido
unsterblich ['unʃtɛrplɪç] *adj* **1.** inmortal, eterno; *adv* **2.** eternamente
Unsterblichkeit ['unʃtɛrplɪçkaɪt] *f* inmortalidad *f*
Unstimmigkeit ['unʃtɪmɪçkaɪt] *f* desacuerdo *m,* disconformidad *f,* desavenencia *f,* discrepancia *f*
unstreitig ['unʃtraɪtɪç] *adj* indiscutible, indisputable
unsympathisch ['unzympaːtɪʃ] *adj* antipático; *jdm ~ sein* caer gordo a alguien
Untat ['untaːt] *f* crimen atroz *m*
untätig ['untɛːtɪç] *adj* **1.** inactivo, pasivo; *adv* **2.** sin hacer nada; *~ zuschauen* mirar con los brazos cruzados
untauglich ['untauklɪç] *adj* **1.** inservible, inútil; **2.** *MIL* inepto
unten ['untən] *adv* abajo, en la parte inferior, debajo
unter ['untɐ] *prep* **1.** *(örtlich)* debajo de, abajo de; *~ dem Tisch* debajo de la mesa; *~ uns* entre nosotros/en confianza; *Das bleibt ~ uns.* Esto queda entre nosotros. *~ der Telefonnummer...* en el número de teléfono...; *~ großer Anstrengung* con mucho esfuerzo; **2.** *(zwischen)* entre; *Er befindet sich ~ Frauen.* Se encuentra entre mujeres. **3.** *(weniger als)* menos de, por debajo de; *~ dem Durchschnitt* por debajo del promedio
unterbesetzt ['untɐbəzɛtst] *adj* con insuficiencia de personal, con menos personal del necesario
unterbewerten ['untɐbəveːɐtən] *v* infravalorar, subvalorar
Unterbewusstsein ['untɐbəvustzaɪn] *n* subconsciente *m*
unterbinden [untɐ'bɪndən] *v irr (fig)* impedir, prohibir
unterbrechen [untɐ'brɛçən] *v irr* interrumpir, cortar, parar
unterbreiten [untɐ'braɪtən] *v* extender por debajo, poner debajo
unterbringen ['untɐbrɪŋən] *v irr* colocar, acomodar
Unterdruck ['untɐdruk] *m TECH* depresión *f,* baja presión *f*
unterdrücken [untɐ'drykən] *v* **1.** *etw ~* suprimir, eliminar; **2.** *jdn ~* reprimir a alguien, someter a alguien, oprimir a alguien
Unterdrückung [untɐ'drykuŋ] *f* **1.** *(Aufhebung)* supresión *f,* eliminación *f;* **2.** *(Zurückhaltung)* contención *f,* opresión *f*

untere(r,s) ['untərə(ɐ,əs)] *adj* inferior, de abajo, bajo
untereinander ['untɐaɪnandɐ] *adv* entre sí
Unterernährung ['untɐɐnɛːruŋ] *f* desnutrición *f*, subalimentación *f*
Unterfangen [untɐ'faŋən] *n* empresa audaz *f*
Unterführung [untɐ'fyːruŋ] *f* paso subterráneo *m*
Untergang ['untɐgaŋ] *m* **1.** *(Zusammenbruch)* derrumbamiento *m*, caída *f*; **2.** *(Sinken)* hundimiento *m*; **3.** *(Niedergang)* decadencia *f*, ruina *f*; **4.** *(der Sonne, des Mondes)* puesta *f*, ocaso *m*
Untergebene(r) [untɐ'geːbənə(-ɐ)] *m/f* subordinado/subordinada *m/f*, subalterno/subalterna *m/f*
untergehen ['untɐgeːən] *v irr* **1.** *(zusammenbrechen)* derrumbarse, caerse; **2.** *(im Wasser versinken)* sumergirse, hundirse; **3.** *(niedergehen)* decaer, arruinarse; **4.** *(Sonne, Mond)* ponerse
Untergeschoss ['untɐgəʃɔs] *n* piso bajo *m*, bajos *m/pl*
Untergewicht ['untɐgəvɪçt] *n* falta de peso *f*, peso insuficiente *m*
untergliedern [untɐ'gliːdɐn] *v* subdividir
Untergrund ['untɐgrunt] *m* subsuelo *m*; *Der Widerstand operiert vom ~ aus.* La oposición opera desde la clandestinidad.
Untergrundbewegung ['untɐgruntbəveːguŋ] *f* movimiento clandestino *m*
unterhalb ['untɐhalp] *prep* por debajo de, debajo de
Unterhalt ['untɐhalt] *m* sustento *m*, mantenimiento *m*, manutención *f*, alimento *m*
unterhalten [untɐ'haltən] *v irr* **1.** *(versorgen)* mantener, sostener económicamente; **2.** *sich ~ (vergnügen)* divertirse, entretenerse; **3.** *sich ~ (plaudern)* platicar, conversar
unterhaltend [untɐ'haltənt] *adj* entretenido, divertido
Unterhaltung [untɐ'haltuŋ] *f* **1.** *(Versorgung)* mantenimiento *m*, sostenimiento *m*, manutención *f*; **2.** *(Vergnügen)* diversión *f*, distracción *f*; **3.** *(plaudern)* plática *f*, conversación *f*, charla *f*
Unterhaltungsmusik [untɐ'haltuŋsmuziːk] *f* música ligera *f*
Unterhose ['untɐhoːzə] *f* **1.** *(Männerunterhose)* calzoncillo *m*; **2.** *(Frauenunterhose)* braga *f*, calzón *m (LA)*
unterkommen ['untɐkɔmən] *v irr* **1.** *(Unterkunft finden)* hallar alojamiento, alojarse en; **2.** *(Stellung finden)* colocarse, encontrar trabajo *(LA)*
Unterkunft ['untɐkunft] *f* alojamiento *m*
Unterlage ['untɐlaːgə] *f* **1.** base *f*; **2.** *(Dokument)* documento *m*
Unterlass ['untɐlas] *m ohne ~* sin interrupción, sin cesar
unterlassen [untɐ'lasən] *v irr* omitir, eliminar, quitar
unterliegen [untɐ'liːgən] *v irr* **1.** *(besiegt werden)* ser vencido por, ser derrotado por; **2.** *(betroffen sein)* estar sujeto a, estar afectado por
untermauern [untɐ'mauɐn] *v (fig)* corroborar, respaldar
untermengen ['untɐmɛŋən] *v* entremezclar
Untermiete ['untɐmiːtə] *f* subarriendo *m*
Untermieter(in) ['untɐmiːtɐ(rɪn)] *m/f* subinquilino/subinquilina *m/f*
untermischen ['untɐmɪʃən] *v* entremezclar
unternehmen [untɐ'neːmən] *v irr* emprender, iniciar
Unternehmen [untɐ'neːmən] *n* **1.** *(Firma)* empresa *f*; **2.** *(Vorhaben)* proyecto *m*, plan *m*
Unternehmer(in) [untɐ'neːmɐ(rɪn)] *m/f* empresario/empresaria *m/f*
unternehmungslustig [untɐ'neːmuŋslustɪç] *adj* emprendedor
unterordnen ['untɐɔrdnən] *v* subordinar
Unterredung [untɐ'reːduŋ] *f* conferencia *f*, conversación *f*
Unterricht ['untɐrɪçt] *m* instrucción *f*, enseñanza *f*, clase *f*
unterrichten [untɐ'rɪçtən] *v* **1.** *(lehren)* instruir, enseñar; **2.** *(informieren)* informar
Unterrichtsstunde ['untɐrɪçtsʃtundə] *f* lección *f*, clase *f*
Unterrock ['untɐrɔk] *m* enaguas *f/pl*
untersagen [untɐ'zaːgən] *v* prohibir, vedar

U

unterschätzen [untɐ'ʃɛtsən] *v* subestimar
unterscheiden [untɐ'ʃaɪdən] *v irr* distinguir, diferenciar, discernir
Unterschenkel ['untɐʃɛŋkəl] *m* pantorrilla *f*
Unterschied ['untɐʃiːt] *m* distinción *f*, diferencia *f*; *ein ~ wie Tag und Nacht* una diferencia como de la noche a la mañana *f*
unterschiedlich ['untɐʃiːtlɪç] *adj* **1.** distinto, diferente; *adv* **2.** de modo distinto, diferenciadamente
unterschlagen [untɐ'ʃlaːgən] *v irr* estafar
Unterschlagung [untɐ'ʃlaːguŋ] *f* desfalco *m*, malversación de fondos *f*
Unterschlupf ['untɐʃlupf] *m* abrigo *m*, cobijo *m*
unterschreiben [untɐ'ʃraɪbən] *v irr* firmar, rubricar
Unterschrift ['untɐʃrɪft] *f* firma *f*, rúbrica *f*
unterste(r,s) ['untɐstə(ɐ,əs)] *adj* inferior, el más bajo; *das Unterste zu oberst kehren* entreversarlo todo, trasformarlo todo, poner todo patas arriba *(fam)*
Unterstellung [untɐ'ʃtɛluŋ] *f* suposición *f*, imputación infundada *f*
unterstreichen [untɐ'ʃtraɪçən] *v irr* subrayar
unterstützen [untɐ'ʃtytsən] *v* apoyar, sostener
Unterstützung [untɐ'ʃtytsuŋ] *f* apoyo *m*
untersuchen [untɐ'zuːxən] *v* **1.** examinar, revisar; **2.** *MED* reconocer, examinar; *Wir müssen den Urin ~.* Es necesario hacer un análisis de orina.
Untersuchung [untɐ'zuːxuŋ] *f* **1.** examen *m*, revisión *f*; **2.** *MED* reconocimiento médico *m*, examen médico *m*
Untersuchungsergebnis [untɐ'zuːxuŋsɛɐgeːpnɪs] *n* resultado de la investigación *m*
Untersuchungshaft [untɐ'zuːxuŋshaft] *f JUR* prisión preventiva *f*, prisión provisional *f*
Untertasse ['untɐtasə] *f* platillo *m*, platito *m (LA)*
untertauchen ['untɐtauxən] *v* **1.** *(eintauchen)* sumergirse; **2.** *(fig: verschwinden)* desaparecer, esconderse
Unterteil ['untɐtaɪl] *n* parte inferior *f*
unterteilen [untɐ'taɪlən] *v* subdividir, desglosar
Unterteilung [untɐ'taɪluŋ] *f* subdivisión *f*, desglose *m*
Untertitel ['untɐtɪtəl] *m* subtítulo *m*
untertreiben [untɐ'traɪbən] *v irr* pecar de modesto
Untertreibung [untɐ'traɪbuŋ] *f* discreción *f*, moderación *f*
untervermieten ['untɐfɛɐmiːtən] *v* subarrendar
Unterwäsche ['untɐvɛʃə] *f* ropa interior *f*
unterwegs [untɐ'veːks] *adv* en el camino, en camino, durante el viaje
unterweisen [untɐ'vaɪzən] *v irr* instruir, aleccionar
Unterwelt ['untɐvɛlt] *f* mundo bajo *m*, mundo del hampa *m*
unterwürfig ['untɐvyrfɪç] *adj* servil
unterzeichnen [untɐ'tsaɪçnən] *v* firmar, rubricar
untragbar ['untraːkbaːɐ] *adj* intolerable, insoportable
untreu ['untrɔy] *adj* infiel
Untreue ['untrɔyə] *f* infidelidad *f*
untröstlich ['untrøːstlɪç] *adj* **1.** desconsolado, inconsolable; *adv* **2.** desconsoladamente, sin consuelo
Untugend ['untuːgənt] *f* vicio *m*, mala costumbre *f*
unüberlegt ['unyːbɐleːkt] *adj* **1.** irreflexivo; *adv* **2.** irreflexivamente
unübersichtlich ['unyːbɐzɪçtlɪç] *adj* **1.** *(ohne Sicht)* de visibilidad reducida; **2.** *(verworren)* confuso, complejo
unumgänglich ['unumgɛŋlɪç] *adj* ineludible, inevitable, indispensable
unumwunden ['unumvundən] *adj* **1.** franco; *adv* **2.** con toda franqueza
ununterbrochen ['ununtɐbrɔxən] *adj* **1.** ininterrumpido, continuo, incesante; *adv* **2.** ininterrumpidamente, continuamente
unveränderlich [unfɛɐ'ɛndɐlɪç] *adj* invariable, inalterable
unverantwortlich [unfɛɐ'antvɔrtlɪç] *adj* **1.** irresponsable; *adv* **2.** irresponsablemente
unverbesserlich [unfɛɐ'bɛsɐlɪç] *adj* incorregible

unverbindlich ['unfɛɐbɪntlɪç] *adj* **1.** no obligatorio; *adv* **2.** sin compromiso, sin obligación; *adj* **3.** *(Preise)* sujeto a variación
unvereinbar [unfɛɐ'aɪnba:ɐ] *adj* inconciliable, incompatible
Unvereinbarkeit [unfɛɐ'aɪnba:ɐkaɪt] *f* incompatibilidad *f*
Unverfrorenheit ['unfɛɐfro:rənhaɪt] *f* insolencia *f*, descaro *m*, desvergüenza *f*
unvergesslich [unfɛɐ'gɛslɪç] *adj* inolvidable
unverheiratet ['unfɛɐhaɪra:tət] *adj* soltero
unverhofft ['unfɛɐhɔft] *adj* **1.** inesperado, impensado; *ganz ~* de la noche a la mañana; *adv* **2.** inesperadamente, cuando menos se esperaba, de improviso
unverkäuflich ['unfɛɐkɔyflɪç] *adj* invendible
unverkennbar [unfɛɐ'kɛnba:ɐ] *adj* inconfundible, inequívoco
unvermeidlich ['unfɛɐmaɪdlɪç] *adj* inevitable, ineludible
unvermittelt ['unfɛɐmɪtəlt] *adj* directo, súbito
unvermutet ['unfɛɐmu:tət] *adj* inesperado
Unvernunft ['unfɛɐnunft] *f* insensatez *f*
unvernünftig ['unfɛɐnynftɪç] *adj* insensato, imprudente
unverschämt ['unfɛɐʃɛ:mt] *adj* **1.** desvergonzado, descarado, insolente; *adv* **2.** desvergonzadamente, con descaro
Unverschämtheit ['unfɛɐʃɛ:mthaɪt] *f* desvergüenza *f*, descaro *m*, insolencia *f*
unversehrt ['unfɛɐze:ɐt] *adj* ileso, sano y salvo
unversöhnlich ['unfɛɐzø:nlɪç] *adj* irreconciliable, intransigente
unverständlich ['unfɛɐʃtɛntlɪç] *adj* incomprensible, inexplicable, inconcebible
unverwüstlich ['unfɛɐvy:stlɪç] *adj* indestructible, superresistente
unverzeihlich ['unfɛɐtsaɪlɪç] *adj* imperdonable
unverzüglich ['unfɛɐtsy:klɪç] *adj* **1.** inmediato; *adv* **2.** inmediatamente, sin demora, en el acto
unvollkommen ['unfɔlkɔmən] *adj* **1.** imperfecto, defectuoso; *adv* **2.** defectuosamente
unvollständig ['unfɔlʃtɛndɪç] *adj* incompleto
unvorbereitet ['unfo:ɐbəraɪtət] *adj* **1.** improvisado, no preparado; *adv* **2.** improvisadamente, sin estar preparado
unvorhergesehen ['unfo:ɐhe:ɐgəze:ən] *adj* imprevisto, impensado
unvorsichtig ['unfo:ɐzɪçtɪç] *adj* **1.** imprudente, insensato; *adv* **2.** imprudentemente
unvorstellbar ['unfo:ɐʃtɛlba:ɐ] *adj* inimaginable
unvorteilhaft ['unfo:ɐtaɪlhaft] *adj* desventajoso, desfavorable
unwahr ['unva:ɐ] *adj* falso
Unwahrheit ['unva:ɐhaɪt] *f* falsedad *f*, mentira *f*
unwahrscheinlich ['unva:ɐʃaɪnlɪç] *adj* **1.** improbable; *adv* **2.** poco probable; *Es ist ~, dass er die Prüfung bestanden hat.* Es difícil que haya aprobado el examen.
unweigerlich ['unvaɪgɐlɪç] *adj* **1.** inevitable, seguro; *adv* **2.** en todo caso, seguramente, sin falta
Unwesen ['unvɛ:zən] *n sein ~ treiben* hacer de las suyas *(fam)*
Unwetter ['unvɛtɐ] *n* temporal *m*
unwichtig ['unvɪçtɪç] *adj* sin importancia
unwiderruflich ['unvi:dɐruflɪç] *adj* irrevocable, definitivo, firme
unwiderstehlich ['unvi:dɐʃte:lɪç] *adj* irresistible
unwillig ['unvɪlɪç] *adj* **1.** indignado, enojado; *adv* **2.** de mala gana
unwillkürlich ['unvɪlky:ɐlɪç] *adj* **1.** involuntario, instintivo automático; *adv* **2.** sin querer, involuntariamente, instintivamente
unwirksam ['unvɪrkza:m] *adj* ineficaz, inefectivo, inoperante
unwissend ['unvɪsənt] *adj* ignorante, desconocedor
Unwissenheit ['unvɪsənhaɪt] *f* ignorancia *f*, desconocimiento *m*
unwohl ['unvo:l] *adv* indispuesto, mal
unwürdig ['unvyrdɪç] *adj* **1.** indigno; *adv* **2.** indignamente
unzählig ['untsɛ:lɪç] *adj* incontable, innumerable
unzerbrechlich [untsɛɐ'brɛçlɪç] *adj* irrompible, inquebrantable

unzertrennlich [untsɛɐ'trɛnlɪç] *adj* inseparable
Unzucht ['untsuxt] *f* impudicia *f,* lujuria *f,* lascivia *f,* fornicación *f*
unzufrieden ['untsufriːdən] *adj* descontento, insatisfecho
unzugänglich ['untsugɛŋlɪç] *adj* **1.** inaccesible; **2.** *(fig: verschlossen)* reservado, hermético
unzulänglich ['untsulɛŋlɪç] *adj* insuficiente
Unzulänglichkeit ['untsulɛŋlɪçkaɪt] *f* insuficiencia *f*
unzulässig ['untsulɛsɪç] *adj* inadmisible, improcedente
unzumutbar ['untsumuːtbaːɐ] *adj* inexigible, inaceptable
unzurechnungsfähig ['untsurɛçnuŋsfɛːɪç] *adj* **1.** no responsable de sus actos; **2.** *JUR* inimputable
unzuverlässig ['untsufɛɐlɛsɪç] *adj* **1.** poco seguro, inseguro; **2.** *(Person)* poco formal, que no merece confianza
unzweckmäßig ['untsvɛkmɛːsɪç] *adj* inadecuado, poco indicado
üppig ['ypɪç] *adj* **1.** exuberante, excesivo, exagerado; *adv* **2.** con exuberancia
Urahnen ['uːɐaːnən] *pl* antepasados *m/pl*
uralt ['uːɐalt] *adj* viejísimo, antiquísimo
Uran [u'raːn] *m CHEM* uranio *m*
Uraufführung ['uːɐauffyːruŋ] *f THEAT* estreno (absoluto) *m,* premier *f (LA)*
Ureinwohner(in) ['uːɐaɪnvoːnɐ(rɪn)] *m/f* aborigen *m/f,* habitante autóctono *m*
Urenkel ['uːɐɛŋkəl] *m* bisnieto *m*
Urgroßeltern ['uːɐgroːsɛltɐn] *pl* bisabuelos *m/pl*
Urheber ['uːɐheːbɐ] *m* autor *m*
Urin [u'riːn] *m* orina *f*
Urkunde ['uːɐkundə] *f* título *m,* carta *f,* acta *f,* documento *m*
urkundlich ['uːɐkuntlɪç] *adj* **1.** documental, documentado; *adv* **2.** a base de documentos
Urlaub ['uːɐlaup] *m* vacaciones *f/pl*
Urlauber(in) ['uːɐlaubɐ(rɪn)] *m/f* vacacionista *m/f*
Urlaubsort ['uːɐlaupsɔrt] *m* sitio de vacaciones *m,* centro vacacional *m*
Urlaubszeit ['uːɐlaupstsaɪt] *f* tiempo de vacaciones *m*
Urne ['urnə] *f* urna *f*
Urologe [uro'loːgə] *m MED* urólogo *m*
Ursache ['uːrzaxə] *f* causa *f,* razón *f,* origen *m,* motivo *m*
Ursprung ['uːɐʃpruŋ] *m* origen *m,* procedencia *f*
ursprünglich ['uɐʃpryŋlɪç] *adj* **1.** originario, original, procedente; *adv* **2.** originalmente, originariamente
Urteil ['urtaɪl] *n* **1.** juicio *m;* **2.** *JUR* sentencia *f,* fallo *m*
urteilen ['urtaɪlən] *v* **1.** juzgar; **2.** *JUR* sentenciar, fallar
Urteilsvermögen ['urtaɪlsfɛɐmøːgən] *n* discernimiento *m,* juicio *m*
Urwald ['uːɐvalt] *m GEO* selva virgen *f*
Utensilien [utɛn'ziːljən] *pl* utensilios *m/pl,* enseres *m/pl,* útiles *m/pl*

U

V

vagabundieren [vagabun'di:rən] *v* vagabundear
vage ['va:gə] *adj* **1.** vago; *adv* **2.** vagamente
Vagina [va'gi:na] *f* ANAT vagina *f*
Vakuum ['va:kuum] *n* vacío *m*
Valuta [va'lu:ta] *f* ECO plazo valedero de pago en divisa *m,* valor de divisa en fecha fijada *m,* divisa *f*
Vampir [vam'pi:ɐ] *m* vampiro *m*
Vandalismus [vanda'lɪsmus] *m* vandalismo *m*
Vanille [va'nɪlə] *f* BOT vainilla *f*
variabel [vari'a:bəl] *adj* variable
Variante [vari'antə] *f* variante *f*
variieren [vari'i:rən] *v* variar
Vase ['va:zə] *f* jarrón *m,* florero *m*
Vater ['fa:tɐ] *m* padre *m; ~ Staat* Padre Estado *m; der himmlische ~* el Padre Eterno *m; zu seinen Vätern heimgehen* irse con sus antepasados
Vaterland ['fa:tɐlant] *n* madre patria *f,* país natal *m*
väterlich ['fɛ:tɐlɪç] *adj* **1.** paternal, paterno; *adv* **2.** de manera paternal, paternalmente
Vaterunser [fa:tɐ'unzɐ] *n* REL Padre Nuestro *m*
Vatikan [vatɪ'ka:n] *m* Vaticano *m*
vegan [ve'ga:n] *adj* vegano
Veganer(in) [ve'ga:nɐ(rɪn)] *m/f* vegano(-a) *m/f*
Vegetarier(in) [vege'ta:ri:ɐ(rɪn)] *m/f* vegetariano/vegetariana *m/f*
vegetarisch [vege'ta:rɪʃ] *adj* vegetariano
Vegetation [vegeta'tsjo:n] *f* vegetación *f*
vehement [vehə'mɛnt] *adj* **1.** vehemente; *adv* **2.** con vehemencia; *etw ~ verteidigen* defender algo a capa y espada
Vene ['ve:nə] *f* ANAT vena *f*
Ventil [vɛn'ti:l] *n* TECH válvula *f*
Ventilator [vɛnti'la:to:ɐ] *m* ventilador *m*
verabreden [fɛɐ'apre:dən] *v* **1.** convenir, concertar; **2.** *sich ~* citarse con alguien
Verabredung [fɛɐ'apre:duŋ] *f* **1.** *(Abmachung)* convenio *m,* concertación *f;* **2.** *(Treffen)* cita *f,* entrevista *f,* encuentro *m*
verabscheuen [fɛɐ'apʃɔyən] *v* detestar, aborrecer, odiar
verabschieden [fɛɐ'apʃi:dən] *v* **1.** despedir, decir adiós; **2.** *(Gesetz)* aprobar, admitir
Verabschiedung [fɛɐ'apʃi:duŋ] *f* **1.** despedida *f;* **2.** *(Gesetz)* aprobación *f*
verachten [fɛɐ'axtən] *v* despreciar, menospreciar; *nicht zu ~ sein* no ser menospreciable/no ser moco de pavo *(fam)*
verächtlich [fɛɐ'ɛçtlɪç] *adj* **1.** despreciable, digno de desprecio; *adv* **2.** con desprecio
Verachtung [fɛɐ'axtuŋ] *f* desprecio *m,* menosprecio *m; jdn mit ~ strafen* castigar a alguien no haciéndole aprecio
verallgemeinern [fɛɐalgə'maɪnɐn] *v* generalizar
Verallgemeinerung [fɛɐalgə'maɪnɐruŋ] *f* generalización *f*
veraltet [fɛɐ'altət] *adj* envejecido, anticuado
Veranda [ve'randa] *f* veranda *f*
veränderlich [fɛɐ'ɛndɐlɪç] *adj* variable, alterable
verändern [fɛɐ'ɛndɐn] *v* variar, alterar, cambiar
Veränderung [fɛɐ'ɛndəruŋ] *f* variación *f,* alteración *f,* cambio *m*
verängstigt [fɛɐ'ɛŋstɪçt] *adj* asustado
Veranlagung [fɛɐ'anla:guŋ] *f* predisposición *f,* propensión *f*
veranlassen [fɛɐ'anlasən] *v* causar, originar, ocasionar, dar lugar a
Veranlassung [fɛɐ'anlasuŋ] *f* causa *f*
veranschaulichen [fɛɐ'anʃaulɪçən] *v* ilustrar, explicar por medio de ejemplos
veranschlagen [fɛɐ'anʃla:gən] *v irr* evaluar, estimar, tasar
veranstalten [fɛɐ'anʃtaltən] *v* organizar, celebrar, dar
Veranstalter(in) [fɛɐ'anʃtaltɐ(rɪn)] *m/f* organizador(a) *m/f*

Veranstaltung [fɛɐ'anʃtaltuŋ] *f* organización *f,* acto *m*
verantworten [fɛɐ'antvɔrtən] *v* responder, ser responsable de
verantwortlich [fɛɐ'antvɔrtlɪç] *adj* responsable
Verantwortung [fɛɐ'antvɔrtuŋ] *f* responsabilidad *f; jdn für etw zur ~ ziehen* hacer responsable de algo a alguien
verantwortungslos [fɛɐ'antvɔrtuŋsloːs] *adj* **1.** irresponsable; *adv* **2.** irresponsablemente
verantwortungsvoll [fɛɐ'antvɔrtuŋsfɔl] *adj* **1.** de gran responsabilidad; *adv* **2.** con gran responsabilidad
verarbeiten [fɛɐ'arbaɪtən] *v* **1.** *(bearbeiten) etw ~* trabajar algo, modificar algo mejorándolo; **2.** *(fig)* asimilar; **3.** *(Daten) INFORM* elaborar
Verarbeitung [fɛɐ'arbaɪtuŋ] *f* **1.** *(Bearbeitung)* trabajo *m,* modificación *f;* **2.** *(von Daten) INFORM* elaboración *f*
verärgern [fɛɐ'ɛrgɐn] *v* disgustar, enfadar
verärgert [fɛɐ'ɛrgɐt] *adj* disgustado, enfadado
verarzten [fɛɐ'artstən] *v* tratar, curar, atender clínicamente
verausgaben [fɛɐ'ausgaːbən] *v* **1.** *sich finanziell ~* gastar todo su dinero; **2.** *sich körperlich ~* agotar todas sus fuerzas
veräußern [fɛɐ'ɔysɐn] *v* enajenar, vender
Verb [vɛrp] *n GRAMM* verbo *m*
verbal [vɛɐ'baːl] *adj* **1.** verbal, oral; *adv* **2.** verbalmente
Verband [fɛɐ'bant] *m* **1.** *(Vereinigung)* asociación *f,* gremio *m,* unión *f;* **2.** *MED* vendaje *m,* apósito *m*
verbannen [fɛɐ'banən] *v* desterrar, exiliar, expatriar, deportar
Verbannung [fɛɐ'banuŋ] *f* destierro *m,* exilio *m,* deportación *f*
V
verbeißen [fɛɐ'baɪsən] *v irr* **1.** *sich in etw ~* obstinarse en algo; **2.** *sich etw ~* callarse algo, reservarse algo
verbergen [fɛɐ'bɛrgən] *v irr* ocultar, esconder
verbessern [fɛɐ'bɛsɐn] *v* **1.** mejorar, perfeccionar; **2.** *(korrigieren)* corregir, rectificar
Verbesserung [fɛɐ'bɛsəruŋ] *f* **1.** mejora *f,* perfeccionamiento *m;* **2.** *(Korrektur)* corrección *f,* rectificación *f*
verbeugen [fɛɐ'bɔygən] *v sich ~* inclinarse, hacer una reverencia
Verbeugung [fɛɐ'bɔyguŋ] *f* inclinación *f,* reverencia *f*
verbiegen [fɛɐ'biːgən] *v irr* torcer, doblar, deformar
verbieten [fɛɐ'biːtən] *v irr* prohibir, vedar
verbinden [fɛɐ'bɪndən] *v irr* **1.** *(zusammenfügen)* unir, reunir, juntar; **2.** *MED* vendar; **3.** *~ mit TEL* comunicar con, poner con; *Verbinden Sie mich bitte mit der Polizei!* ¡Haga el favor de ponerme con la policía!
verbindlich [fɛɐ'bɪntlɪç] *adj* **1.** *(verpflichtend)* obligatorio, vinculante; **2.** *(höflich)* amable, servicial, cortés
Verbindlichkeit [fɛɐ'bɪntlɪçkaɪt] *f* **1.** *(Verpflichtung)* obligación *f;* **2.** *(Höflichkeit)* amabilidad *f,* cortesía *f*
Verbindung [fɛɐ'bɪnduŋ] *f* **1.** *(Zusammenfügung)* unión *f,* reunión *f;* **2.** *(Zugverbindung)* empalme *m,* enlace *m,* conexión *f (LA); Existiert eine direkte Flug~ nach Lima?* ¿Hay un vuelo directo a Lima? **3.** *(Beziehung)* relación *f,* contacto *m; sich mit jdm in ~ setzen* ponerse en contacto con alguien; **5.** *TEL* comunicación *f*
verbissen [fɛɐ'bɪsən] *adj (fig)* encarnizado, reñido, porfiado, ensañado; *etw nicht ~ sehen* no tomar algo tan en serio
verbittert [fɛɐ'bɪtɐt] *adj (fig)* amargado, resentido, desengañado, desilusionado
Verbitterung [fɛɐ'bɪtəruŋ] *f* amargura *f,* desengaño *m,* desilusión *f*
verblassen [fɛɐ'blasən] *v* palidecer
verbleit [fɛɐ'blaɪt] *adj* emplomado
verblendet [fɛɐ'blɛndət] *adj* cegado, deslumbrado
verblüffend [fɛɐ'blyfənt] *adj* **1.** desconcertante, asombroso, que causa estupefacción; *adv* **2.** perplejamente
Verblüffung [fɛɐ'blyfuŋ] *f* estupefacción *f*
verblühen [fɛɐ'blyːən] *v* marchitarse
verbluten [fɛɐ'bluːtən] *v MED* desangrarse, perder mucha sangre
verbohrt [fɛɐ'boːɐt] *adj (fig)* obstinado

verborgen [fɛɐ'bɔrgən] *adj* oculto, escondido
Verborgenheit [fɛɐ'bɔrgənhaɪt] *f* retiro *m*, abrigo *m*, refugio *m*
Verbot [fɛɐ'bo:t] *n* prohibición *f*, veda *f*
verboten [fɛɐ'bo:tən] *adj* prohibido, vedado; *Das sieht einfach ~ aus!* ¡Es verdaderamente impresentable!
Verbrauch [fɛɐ'braux] *m* consumo *m*
verbrauchen [fɛɐ'brauxən] *v* consumir
Verbraucher(in) [fɛɐ'brauxɐ(rɪn)] *m/f* consumidor(a) *m/f*
Verbrauchsgüter [fɛɐ'brauxsgy:tɐ] *pl* ECO bienes de consumo *m/pl*
verbrechen [fɛɐ'brɛçən] *v irr* cometer un crimen, perpetrar un acto criminal
Verbrechen [fɛɐ'brɛçən] *n* crimen *m*, acto criminal *m*, delito *m*
Verbrecher(in) [fɛɐ'brɛçɐ(rɪn)] *m/f* criminal *m/f*, delincuente *m/f*
verbrecherisch [fɛɐ'brɛçərɪʃ] *adj* **1.** criminal; *adv* **2.** criminalmente
verbreiten [fɛɐ'braɪtən] *v* **1.** *(ausdehnen, ausstreuen)* extender, diseminar, esparcir; **2.** *(Krankheit)* propagar, contagiar; **3.** *(Nachricht)* difundir, divulgar; **4.** *(Geruch)* despedir, expandirse
verbreitern [fɛɐ'braɪtɐn] *v* ensanchar, ampliar
Verbreiterung [fɛɐ'braɪtərʊŋ] *f* ensanche *m*, ampliación *f*
Verbreitung [fɛɐ'braɪtʊŋ] *f* divulgación *f*, propagación *f*, difusión *f*; *~ finden* llegar a extenderse
verbrennen [fɛɐ'brɛnən] *v irr* quemar, incinerar
Verbrennung [fɛɐ'brɛnʊŋ] *f* **1.** *(Müllverbrennung)* incineración *f*; **2.** *(Einäscherung)* cremación *f*, incineración *f*; **3.** MED quemadura *f*; **4.** *(beim Motor)* TECH combustión *f*
Verbrennungsmotor [fɛɐ'brɛnʊŋsmo:to:ɐ] *m (beim Auto)* motor de combustión interna *m*
verbringen [fɛɐ'brɪŋən] *v irr* pasar
verbrühen [fɛɐ'bry:ən] *v sich ~* escaldarse, quemarse
verbuchen [fɛɐ'bu:xən] *v* contabilizar
Verbund [fɛɐ'bʊnt] *m* sistema combinado *m*, asociación *f*, unión *f*; *im ~ arbeiten* cooperar
verbünden [fɛɐ'byndən] *v sich ~* unirse, aliarse
Verbundenheit [fɛɐ'bʊndənhaɪt] *f* solidaridad *f*, adhesión *f*, unión *f*
Verbündete(r) [fɛɐ'byndətə(-ɐ)] *m/f* aliaco/aliada *m/f*
verbürgen [fɛɐ'byrgən] *v sich ~* responder de/responder por, salir garante por
verbüßen [fɛɐ'by:sən] *v* cumplir, purgar, expiar
Verdacht [fɛɐ'daxt] *m* sospecha *f*; *über jeden ~ erhaben sein* estar libre de toda sospecha; *auf ~* por el supuesto; *~ schöpfen* concebir sospechas
verdächtig [fɛɐ'dɛçtɪç] *adj* sospechoso
Verdächtige(r) [fɛɐ'dɛçtɪgə(-ɐ)] *m/f* sospechoso/sospechosa *m/f*
verdächtigen [fɛɐ'dɛçtɪgən] *v* sospechar de, recelar
Verdachtsmoment [fɛɐ'daxtsmo:mɛnt] *n* JUR indicio *m*
Verdächtigung [fɛɐ'dɛçtɪgʊŋ] *f* declaración de sospecha contra alguien *f*, manifestación de desconfianza *f*
verdammen [fɛɐ'damən] *v* maldecir, condenar
verdammungswürdig [fɛɐ'damʊŋsvyrdɪç] *adj* condenado, maldito, digno de condena
verdampfen [fɛɐ'dampfən] *v* evaporar
verdanken [fɛɐ'daŋkən] *v jdm etw ~* deberle algo a alguien/tener que agradecer algo a alguien
verdauen [fɛɐ'dauən] *v* digerir
verdaulich [fɛɐ'daulɪç] *adj* digestible, digerible
Verdauung [fɛɐ'dauʊŋ] *f* digestión *f*
Verdauungsstörung [fɛɐ'dauʊŋsʃtø:rʊŋ] *f* MED trastorno digestivo *m*, indigestión *f*
Verdeck [fɛɐ'dɛk] *n* **1.** *(beim Auto)* capota *f*; **2.** *(eines Schiffes)* puente *m*, cubierta *f*
verdecken [fɛɐ'dɛkən] *v* **1.** *(zudecken)* cubrir, tapar; **2.** *(verbergen)* encubrir, ocultar
verderben [fɛɐ'dɛrbən] *v irr* **1.** *(zerstören)* deteriorarse, estropearse, malograrse; *es sich mit jdm ~* desavenirse con alguien/enemistarse con alguien; **2.** *(schlecht werden)* pudrirse; **3.** *(fig: schlecht beeinflussen)* corromper

verderblich [fɛɐ'dɛrplɪç] *adj* **1.** *(Person)* corruptible; **2.** *(Sache: leicht verderbend)* perecedero; *Obst ist leicht ~.* La fruta se echa a perder fácilmente. **3.** *(schädlich)* nocivo, dañino, destructor
verdeutlichen [fɛɐ'dɔytlɪçən] *v* dilucidar, poner en claro, explicar, aclarar
verdichten [fɛɐ'dɪçtən] *v* **1.** *TECH* condensar, densificar; **2.** *(fig)* concentrarse, acumularse
verdienen [fɛɐ'diːnən] *v* **1.** *(Geld)* ganar; **2.** *(Lob)* merecer, ser digno; *es nicht anders ~* no merecer otra cosa
Verdienst [fɛɐ'diːnst] *m* **1.** ganancia *f*, beneficio *m; n* **2.** mérito *m*
verdoppeln [fɛɐ'dɔpəln] *v* doblar, duplicar
Verdoppelung [fɛɐ'dɔpəluŋ] *f* duplicación *f*
verdorben [fɛɐ'dɔrbən] *adj* **1.** *(ungenießbar)* podrido, estropeado; **2.** *(fig)* corrupto, pervertido, corrompido, depravado
verdrängen [fɛɐ'drɛŋən] *v* **1.** empujar, expulsar, echar; **2.** *(fig)* reprimir, contener, refrenar
Verdrängung [fɛɐ'drɛŋuŋ] *f* **1.** expulsión *f;* **2.** *(fig)* represión *f*
verdrehen [fɛɐ'dreːən] *v* **1.** torcer, retorcer; **2.** *(fig)* tergiversar, falsear, deformar, falsificar
verdreifachen [fɛɐ'draɪfaxən] *v* triplicar
verdrießlich [fɛɐ'driːslɪç] *adj* malhumorado, indispuesto, molesto
Verdrossenheit [fɛɐ'drɔsənhaɪt] *f* tedio *m*, aburrimiento *m*
Verdruss [fɛɐ'drus] *m* disgusto *m*, contrariedad *f*
verdunkeln [fɛɐ'duŋkəln] *v* **1.** *(abdunkeln)* oscurecer, apagar todas las luces; **2.** *(fig: verschleiern)* encubrir, ocultar
Verdunkelung [fɛɐ'duŋkəluŋ] *f* **1.** *(abdunkeln)* oscurecimiento *m;* **2.** *(fig: Verschleierung)* encubrimiento *m*
verdünnen [fɛɐ'dynən] *v* diluir, disolver, deshacer
verdunsten [fɛɐ'dunstən] *v* evaporarse
verdursten [fɛɐ'durstən] *v* morirse de sed, tener mucha sed
verdutzt [fɛɐ'dutst] *adj* desconcertado, perplejo, atónito
veredeln [fɛɐ'eːdəln] *v* ennoblecer
verehren [fɛɐ'eːrən] *v* venerar, adorar, admirar con exageración
Verehrer(in) [fɛɐ'eːrɐ(rɪn)] *m/f* admirador(a) *m/f*, adorador(a) *m/f*
Verehrung [fɛɐ'eːruŋ] *f* veneración *f*, admiración *f*, adoración *f*
vereidigen [fɛɐ'aɪdɪgən] *v jdn* tomar juramento a alguien, juramentar a alguien
Vereidigung [fɛɐ'aɪdɪguŋ] *f* prestación de juramento *f*, toma de juramento *f*
Verein [fɛɐ'aɪn] *m* unión *f*, sociedad *f*, asociación *f*, club *m*
vereinbaren [fɛɐ'aɪnbaːrən] *v* convenir, concertar algo, ponerse de acuerdo sobre algo
Vereinbarkeit [fɛɐ'aɪnbaːrkaɪt] *f* compatibilidad *f*
Vereinbarung [fɛɐ'aɪnbaːruŋ] *f* acuerdo *m*, convenio *m*, arreglo *m*
vereinbarungsgemäß [fɛɐ'aɪnbaːruŋsgəmɛs] *adv* según acuerdo, según lo convenido
vereinen [fɛɐ'aɪnən] *v sich ~* unirse, juntarse
vereinfachen [fɛɐ'aɪnfaxən] *v* simplificar, facilitar
vereinheitlichen [fɛɐ'aɪnhaɪtlɪçən] *v* **1.** unificar, uniformar, **2.** *TECH* estandardizar, tipificar
vereinigen [fɛɐ'aɪnɪgən] *v* unir, reunir
Vereinigte Staaten [fɛɐ'aɪnɪçtə 'ʃtaːtən] *pl GEO* Estados Unidos *m/pl*
Vereinigung [fɛɐ'aɪnɪguŋ] *f* unión *f*, reunión *f;* **2.** *POL* unificación *f*, confederación *f*, alianza *f*, coalición *f*
vereinnahmen [fɛɐ'aɪnnaːmən] *v* cobrar
vereinsamen [fɛɐ'aɪnzamən] *v* quedar aislado, quedarse solo
Vereinte Nationen [fɛɐ'aɪntə nats'joːnən] *pl* Naciones Unidas *f/pl*
vereinzelt [fɛɐ'aɪntsəlt] *adj* **1.** aislado, suelto; *adv* **2.** aisladamente, por separado
vereiteln [fɛɐ'aɪtəln] *v* hacer fracasar, malograr, frustrar
vereitert [fɛɐ'aɪtɐt] *adj MED* supurado, con pus
verenden [fɛɐ'ɛndən] *v* morir, perecer
verengen [fɛɐ'ɛŋən] *v* estrechar, angostar
Verengung [fɛɐ'ɛŋuŋ] *f* estrechamiento *m*, constricción *f*

vererben [fɛɐ'ɛrbən] *v* **1.** *(Güter)* legar, dejar en herencia; **2.** *BIO* transmitirse hereditariamente, transmitir
vererblich [fɛɐ'ɛrplɪç] *adj* **1.** *(Güter)* heredado, legado; **2.** *BIO* hereditario
Vererbung [fɛɐ'ɛrbuŋ] *f* **1.** *(von Gütern)* herencia *f;* **2.** *BIO* transmisión hereditaria *f*
verewigen [fɛɐ'eːvɪgən] *v* perpetuar, eternizar, inmortalizar
verfahren [fɛɐ'faːrən] *v irr* **1.** *(vorgehen)* proceder, obrar, actuar; **2.** *sich ~* extraviarse, perderse del camino
Verfahren [fɛɐ'faːrən] *n* **1.** *(Vorgehen)* proceso *m,* procedimiento *m;* **2.** *(Methode)* método *m;* **3.** *JUR* proceso *m*
Verfahrensweise [fɛɐ'faːrənsvaɪzə] *f* modo de procedimiento *m*
Verfall [fɛɐ'fal] *m* **1.** *(eines Gebäudes)* desmoronamiento *m,* derrumbamiento *m;* **2.** *(Fristablauf)* vencimiento *m,* caducidad *f;* **3.** *(Untergang)* decadencia *f*
verfallen [fɛɐ'falən] *v irr* **1.** *(Gebäude)* desmoronarse, derruirse, derrumbarse; **2.** *(ungültig werden)* vencer, caducar; **3.** *(hörig werden)* ser el esclavo de
Verfallsdatum [fɛɐ'falsdaːtum] *n* fecha de vencimiento *f,* fecha de caducidad *f*
verfälschen [fɛɐ'fɛlʃən] *v* falsificar
Verfälschung [fɛɐ'fɛlʃuŋ] *f* **1.** falsificación *f;* **2.** *(von Lebensmitteln)* adulteración *f*
verfänglich [fɛɐ'fɛŋlɪç] *adj* **1.** *(Frage)* capcioso; **2.** *(Lage)* embarazoso
verfassen [fɛɐ'fasən] *v* componer, redactar, escribir
Verfasser(in) [fɛɐ'fasɐ(rɪn)] *m/f* autor(a) *m/f*
Verfassung [fɛɐ'fasuŋ] *f* **1.** disposición *f,* estado de ánimo *m; Ich bin nicht in der ~, um auf diese Party zu gehen.* No estoy en condiciones para asistir a esa fiesta. **2.** *(Zustand)* estado *m,* condición *f;* **3.** *(Grundgesetz) POL* constitución *f*
Verfassungsgericht [fɛɐ'fasuŋsgərɪçt] *n* tribunal constitucional *m*
verfassungswidrig [fɛɐ'fasuŋsviːdrɪç] *adj* anticonstitucional, inconstitucional
verfaulen [fɛɐ'faulən] *v* pudrirse, descomponerse, echarse a perder
verfechten [fɛɐ'fɛçtən] *v irr* propugnar, abogar por, defender una idea
Verfechter(in) [fɛɐ'fɛçtɐ(rɪn)] *m/f* defensor(a) *m/f*
verfehlen [fɛɐ'feːlən] *v* desacertar, errar, fallar
Verfehlung [fɛɐ'feːluŋ] *f* falta *f,* infracción *f*
verfeindet [fɛɐ'faɪndət] *adj* enemistado
verfeinern [fɛɐ'faɪnɐn] *v* refinar
Verfeinerung [fɛɐ'faɪnəruŋ] *f* refinación *f,* refinamiento *m*
verflechten [fɛɐ'flɛçtən] *v* entretejer
Verflechtung [fɛɐ'flɛçtuŋ] *f* entrelazamiento *m*
verfliegen [fɛɐ'fliːgən] *v irr* **1.** *(Zeit)* volar, pasar volando; **2.** *(Duft)* volatilizarse, evaporarse
Verflossene(r) [fɛɐ'flɔsənə(-ɐ)] *m/f* ex *m/f,* ex novio/a *m/f,* ex marido *m,* ex mujer *f*
verfluchen [fɛɐ'fluːxən] *v* maldecir, renegar; *Ich verfluche den Tag, an dem ich dich kennengelernt habe.* Maldito sea el día en que te conocí.
verfolgen [fɛɐ'fɔlgən] *v* perseguir, cazar; *Dieser Mann verfolgt mich seit einer Stunde.* Ese hombre me persigue desde hace una hora.
Verfolgte(r) [fɛɐ'fɔlktə(-ɐ)] *m/f* perseguido/perseguida *m/f*
Verfolgung [fɛɐ'fɔːlguŋ] *f* persecución *f,* caza *f*
verformen [fɛɐ'fɔrmən] *v* deformar
Verformung [fɛɐ'fɔrmuŋ] *f* deformación *f*
verfrachten [fɛɐ'fraxtən] *v* fletar
verfrüht [fɛɐ'fryːt] *adj* prematuro
verfügbar [fɛɐ'fyːkbaːɐ] *adj* disponible
Verfügbarkeit [fɛɐ'fyːkbaːɐkaɪt] *f* disponibilidad *f*
verfügen [fɛɐ'fyːgən] *v* **1.** *(anordnen)* ordenar, disponer, decretar; **2.** *(über)* disponer de, tener; *Über wie viel Zeit verfüge ich?* ¿De cuánto tiempo dispongo?
Verfügung [fɛɐ'fyːguŋ] *f JUR* disposición *f,* orden *f; sich zur ~ stellen* ponerse a disposición; *etw zur ~ haben* tener algo a disposición
verführen [fɛɐ'fyːrən] *v* seducir, tentar, inducir

V

verführerisch [fɛɐ'fy:rərɪʃ] *adj* **1.** seductor; *adv* **2.** seductoramente
Verführung [fɛɐ'fy:ruŋ] *f* seducción *f*, tentación *f*
Vergabe [fɛɐ'ga:bə] *f* adjudicación *f*, concesión *f*
vergammeln [fɛɐ'gaməln] *v* echarse a perder, malograrse
vergangen [fɛɐ'gaŋən] *adj* pasado, pasada; *~es Jahr* el año pasado
Vergangenheit [fɛɐ'gaŋənhaɪt] *f* **1.** pasado *m*; *~ ist ~* lo pasado pasado está; **2.** *GRAMM* pretérito *m*
vergänglich [fɛɐ'gɛŋlɪç] *adj* pasajero, efímero, fugaz
Vergänglichkeit [fɛɐ'gɛŋlɪçkaɪt] *f* carácter efímero *m*, fugacidad *f*
Vergaser [fɛɐ'ga:zɐ] *m (beim Auto)* carburador *m*
vergeben [fɛɐ'ge:bən] *v irr* **1.** *(verzeihen)* perdonar, dispensar, excusar; **2.** *(Auftrag)* adjudicar
vergeblich [fɛɐ'ge:blɪç] *adj* **1.** vano, inútil; *adv* **2.** en vano, inútilmente; *etw ~ tun* hacer algo en vano
Vergebung [fɛɐ'ge:buŋ] *f (Verzeihung)* perdón *m*, dispensa *f*
vergegenwärtigen [fɛɐge:gən'vɛrtɪgən] *v sich ~* imaginarse, figurarse, tener presente, acordarse
vergehen [fɛɐ'ge:ən] *v irr* **1.** *(Zeit)* pasar, transcurrir; **2.** *(Schmerz)* disminuir, ceder; **3.** *sich ~ an* abusar de alguien, extralimitarse con alguien
Vergehen [fɛɐ'ge:ən] *n JUR* delito *m*
vergelten [fɛɐ'gɛltən] *v irr* devolver, retribuir, corresponder; *Gott möge es Ihnen ~!* ¡Dios se lo pague! *Gleiches mit Gleichem ~* pagar con la misma moneda
Vergeltung [fɛɐ'gɛltuŋ] *f* devolución *f*, retribución *f*
vergessen [fɛɐ'gɛsən] *v irr* olvidar algo, no acordarse de; *Das vergesse ich dir nie! (negativ)* ¡Esto me lo pagarás!; *(positiv)* ¡Nunca lo olvidaré!
Vergessenheit [fɛɐ'gɛsənhaɪt] *f* olvido *m*; *in ~ geraten* pasar al olvido
vergesslich [fɛɐ'gɛslɪç] *adj* olvidadizo; *Du bist ~, wenn es dir paßt.* Tienes poca memoria cuando te conviene.
Vergesslichkeit [fɛɐ'gɛslɪçkaɪt] *f* falta de memoria *f*

V

vergeuden [fɛɐ'gɔydən] *v* derrochar, desperdiciar
vergewaltigen [fɛɐgə'valtɪgən] *v* violar, abusar de
Vergewaltigung [fɛɐgə'valtɪguŋ] *f* violación *f*, estupro *m*
vergewissern [fɛɐgə'vɪsɐn] *v sich ~* cerciorarse, asegurarse
vergießen [fɛɐ'gi:sən] *v irr* verter, derramar
vergiften [fɛɐ'gɪftən] *v* envenenar, intoxicar
Vergiftung [fɛɐ'gɪftuŋ] *f MED* envenenamiento *m*, intoxicación *f*
vergittern [fɛɐ'gɪtɐn] *v* enrejar
verglasen [fɛɐ'gla:zən] *v* poner vidrio
Vergleich [fɛɐ'glaɪç] *m* **1.** comparación *f*; **2.** *JUR* arreglo *m*, acuerdo *m*, conciliación *f*
vergleichbar [fɛɐ'glaɪçba:ɐ] *adj* comparable
vergleichen [fɛɐ'glaɪçən] *v irr* comparar, igualar
Vergleichsjahr [fɛɐ'glaɪçsja:ɐ] *n* año de referencia *m*
vergleichsweise [fɛɐ'glaɪçsvaɪzə] *adv* comparativamente, a modo de comparación
verglühen [fɛɐ'gly:ən] *v* extinguir
Vergnügen [fɛɐ'gny:gən] *n* diversión *f*, placer *m*, gusto *m*; *jdn um sein ~ bringen* aguarle la fiesta a alguien; *Viel ~!* ¡Que te diviertas! *ein teueres ~* un vicio muy caro
vergnügen [fɛɐ'gny:gən] *v sich ~* divertirse, distraerse
vergnügt [fɛɐ'gny:kt] *adj* divertido, contento
Vergnügungspark [fɛɐ'gny:guŋspark] *m* parque de atracciones *m*, parque de diversiones *m (LA)*
Vergnügungssucht [fɛɐ'gny:guŋszuçt] *f* afán de placer *m*, avidez de placeres *f*
vergolden [fɛɐ'gɔldən] *v* dorar
vergöttern [fɛɐ'gœtɐn] *v* deificar, endiosar, divinizar
vergraben [fɛɐ'gra:bən] *v irr* enterrar, soterrar
vergriffen [fɛɐ'grɪfən] *adj* agotado
vergrößern [fɛɐ'grø:sɐn] *v* agrandar, ampliar

Vergrößerung [fɛɐ'grø:səruŋ] *f* agrandamiento *m*, ampliación *f*
Vergrößerungsglas [fɛɐ'grø:səruŋsgla:s] *n* lente de aumento *m*, cristal de aumento *m*, lupa *f*
Vergünstigung [fɛɐ'gynstiguŋ] *f* ventaja *f*, privilegio *m*
vergüten [fɛɐ'gy:tən] *v* recompensar, remunerar, reembolsar, reintegrar
Vergütung [fɛɐ'gy:tuŋ] *f* recompensa *f*, remuneración *f*, reembolso *m*, reintegro *m*
verhaften [fɛɐ'haftən] *v* detener, arrestar
Verhaftung [fɛɐ'haftuŋ] *f* detención *f*, arresto *m*
verhalten [fɛɐ'haltən] *v irr* **1.** *sich ~* comportarse, conducirse, portarse; *adj* **2.** contenido
Verhalten [fɛɐ'haltən] *n* conducta *f*, comportamiento *m*
Verhältnis [fɛɐ'hɛltnɪs] *n* **1.** *(Proportion)* proporción *f*, relación *f*; **2.** *(Beziehung)* relación *f*; **3.** *(Umstand)* situación *f*, condición *f*; *über seine ~se leben* vivir por encima de sus posibilidades
verhältnismäßig [fɛɐ'hɛltnɪsmɛ:sɪç] *adv* proporcional, relativo
Verhältniswahlrecht [fɛɐ'hɛltnɪsva:lrɛçt] *n POL* derecho de elección proporcional *m*
verhandeln [fɛɐ'handəln] *v* negociar
Verhandlung [fɛɐ'handluŋ] *f* **1.** negociación *f*; **2.** *JUR* vista *f*, juicio *m*
Verhandlungspartner [fɛɐ'handluŋspartnɐ] *pl* partes negociadoras *f/pl*
verhängen [fɛɐ'hɛŋən] *v* **1.** *(verhüllen)* cubrir, tapar; **2.** *(fig: Strafe)* imponer, infligir
Verhängnis [fɛɐ'hɛŋnɪs] *n* fatalidad *f*
verhängnisvoll [fɛɐ'hɛŋnɪsfɔl] *adj* fatal
verharmlosen [fɛɐ'harmlo:zən] *v* restar importancia, banalizar, trivializar, minimizar
Verharmlosung [fɛɐ'harmlo:zuŋ] *f* minimización *f*
verharren [fɛɐ'harən] *v* persistir, perseverar
verhaspeln [fɛɐ'haspəln] *v (fam) sich ~* atascarse
verhasst [fɛɐ'hast] *adj* odiado, odioso
verhätscheln [fɛɐ'hɛ:tʃəln] *v* mimar, consentir, engreír *(LA)*
verheerend [fɛɐ'he:rənt] *adj* desolador, devastador
Verheerung [fɛɐ'he:ruŋ] *f* desolación *f*, devastación *f*
verhehlen [fɛɐ'he:lən] *v* encubrir, disimular, ocultar
verheilen [fɛɐ'haɪlən] *v* sanar, curarse
verheimlichen [fɛɐ'haɪmlɪçən] *v* ocultar, esconder, mantener en secreto, encubrir
Verheimlichung [fɛɐ'haɪmlɪçuŋ] *f* ocultación *f*, encubrimiento *m*
verheiratet [fɛɐ'haɪra:tət] *adj* casado
verheißen [fɛɐ'haɪsən] *v irr* prometer
Verheißung [fɛɐ'haɪsuŋ] *f* promesa *f*
verheißungsvoll [fɛɐ'haɪsuŋsfɔl] *adj* muy prometedor
verherrlichen [fɛɐ'hɛrlɪçən] *v* glorificar, ensalzar, endiosar
Verherrlichung [fɛɐ'hɛrlɪçuŋ] *f* glorificación *f*, ensalzamiento *m*, endiosamiento *m*
verhexen [fɛɐ'hɛksən] *v* embrujar; *Das ist ja wie verhext.* Esto es cosa de brujas.
verhindern [fɛɐ'hɪndɐn] *v* impedir, imposibilitar, obstruir
verhindert [fɛɐ'hɪndɐt] *adj* impedido, imposibilitado
Verhinderung [fɛɐ'hɪndəruŋ] *f* impedimento *m*, obstrucción *f*
verhöhnen [fɛɐ'hø:nən] *v* burlarse de
Verhör [fɛɐ'hø:r] *n JUR* interrogatorio *m*; *jdn ins ~ nehmen* interrogar a alguien
verhören [fɛɐ'hø:rən] *v* **1.** *sich ~* oír mal; **2.** *JUR* interrogar
verhüllen [fɛɐ'hylən] *v* cubrir, tapar, velar
verhungern [fɛɐ'huŋɐn] *v* morirse de hambre, perecer de hambre
verhüten [fɛɐ'hy:tən] *v* prevenir, evitar, impedir, precaver
Verhütung [fɛɐ'hy:tuŋ] *f* prevención *f*
Verhütungsmittel [fɛɐ'hy:tuŋsmɪtəl] *n MED* anticonceptivo *m*, preservativo *m*, profiláctico *m*
verirren [fɛɐ'ɪrən] *v sich ~* extraviarse, perderse, perder la brújula
Verirrung [fɛɐ'ɪruŋ] *f* **1.** extravío *m*; **2.** *(fig)* apartamiento del buen camino *m*

V

verjagen [fɛɐ'ja:gən] *v* ahuyentar, espantar, asustar
Verjährung [fɛɐ'jɛ:ruŋ] *f JUR* prescripción *f*
verkabeln [fɛɐ'ka:bəln] *v* cablear
Verkabelung [fɛɐ'ka:bəluŋ] *f TEL* instalación de red de cables *f*
verkalken [fɛɐ'kalkən] *v* **1.** *MED* ponerse escleroso, ponerse esclerótico; **2.** *TECH* calcificarse
Verkalkung [fɛɐ'kalkuŋ] *f* **1.** *MED* esclerosis *f;* **2.** *TECH* calcificación *f*
Verkauf [fɛɐ'kauf] *m* venta *f,* colocación *f*
verkaufen [fɛɐ'kaufən] *v* vender; *zu ~* se vende
Verkäufer(in) [fɛɐ'kɔyfɐ(rɪn)] *m/f* vendedor(a) *m/f*
verkäuflich [fɛɐ'kɔyflɪç] *adj* vendible
Verkaufsleiter(in) [fɛɐ'kaufslaɪtɐ(rɪn)] *m/f* jefe de ventas/jefa de ventas *m/f*
Verkaufspreis [fɛɐ'kaufspraɪs] *m* precio de venta *m*
Verkehr [fɛɐ'ke:ɐ] *m* tráfico *m,* tránsito *m,* circulación *f; jdn aus dem ~ ziehen* quitar a alguien del medio *(fam)*
Verkehrsader [fɛɐ'ke:ɐsa:dɐ] *f* arteria de tráfico *f*
Verkehrsampel [fɛɐ'ke:ɐsampəl] *f* semáforo *m*
Verkehrsbüro [fɛɐ'ke:ɐsbyro:] *n* oficina de turismo *f*
Verkehrschaos [fɛɐ'ke:ɐska:ɔs] *n* caos de la circulación *m,* caos circulatorio *m*
Verkehrsdelikt [fɛɐ'ke:ɐsdelɪkt] *n* delito de la circulación *m,* infracción de tránsito *f (LA)*
Verkehrsflugzeug [fɛɐ'ke:ɐsflu:ktsɔyk] *n* avión comercial *m*
Verkehrsinsel [fɛɐ'ke:ɐsɪnzəl] *f* burladero *m,* descanso peatonal *m (LA)*
Verkehrsministerium [fɛɐ'ke:ɐsministerjum] *n POL* Ministerio de Transportes *m*
Verkehrsmittel [fɛɐ'ke:ɐsmɪtəl] *pl* medios de transporte *m/pl*
Verkehrspolizei [fɛɐ'ke:ɐspolitsaɪ] *f* policía de tráfico *m*
Verkehrspolizist(in) [fɛɐ'ke:ɐspolɪtsɪst(ɪn)] *m/f* policía de tráfico *m/f,* agente de tráfico *m/f,* policía de tránsito *m/f (LA)*
Verkehrsregel [fɛɐ'ke:ɐsre:gəl] *f* norma de circulación *f*
Verkehrsteilnehmer(in) [fɛɐ'ke:ɐstaɪlne:mɐ(rɪn)] *m/f* usuario de la vía pública/usuaria de la vía pública *m/f*
Verkehrsunfall [fɛɐ'ke:ɐsunfal] *m* accidente de circulación *m,* accidente de tráfico *m,* accidente de tránsito *m (LA)*
Verkehrszeichen [fɛɐ'ke:ɐstsaɪçən] *n* señal de tráfico *f,* señal de tránsito *f (LA)*
verkehrt [fɛɐ'ke:ɐt] *adj* **1.** *~ herum* invertido, al revés; **2.** *(falsch)* equivocado, erróneo, falso
verkennen [fɛɐ'kɛnən] *v irr* desconocer, ignorar
verklagen [fɛɐ'kla:gən] *v JUR* demandar a alguien, entablar demanda contra alguien
verklappen [fɛɐ'klapən] *v* descargar en el mar
verkleben [fɛɐ'kle:bən] *v* pegar, encolar, engomar
verkleiden [fɛɐ'klaɪdən] *v* **1.** *(maskieren)* disfrazarse; **2.** *(überziehen)* revestir, cubrir
Verkleidung [fɛɐ'klaɪduŋ] *f* **1.** *(Maskierung)* disfraz *m;* **2.** *(Überzug) TECH* revestimiento *m*
verkleinern [fɛɐ'klaɪnɐn] *v* empequeñecer, achicar, reducir
Verkleinerung [fɛɐ'klaɪnɐuŋ] *f* empequeñecimiento *m,* reducción *f*
verklemmt [fɛɐ'klɛmt] *adj* **1.** atascado, atorado; **2.** *(fig)* reprimido, inhibido
verknacksen [fɛɐ'knaksən] *v (Gelenk)* torcerse
verknallen [fɛɐ'knalən] *v (fam) sich ~* enamorarse locamente de alguien/chalarse por alguien
Verknappung [fɛɐ'knapuŋ] *f* escasez *f*
verkneifen [fɛɐ'knaɪfən] *v irr sich etw ~* reprimirse de algo, aguantarse de algo, comerse las ganas
verknittern [fɛɐ'knɪtɐn] *v* arrugar
verknoten [fɛɐ'kno:tən] *v* anudar
verknüpfen [fɛɐ'knypfən] *v* **1.** *(verknoten)* ligar, atar; **2.** *(fig)* vincular, relacionar
Verknüpfung [fɛɐ'knypfuŋ] *f (fig)* vinculación *f,* asociación *f, INFORM* ligado *m,* interconexión *f*
verkohlen [fɛɐ'ko:lən] *v* **1.** carbonizar,

V

reducir a carbón; **2.** *(fig)* embromar, tomar el pelo a alguien

verkommen [fɛɐ'kɔmən] *v irr* **1.** decaer, echarse a perder; **2.** *(Person)* degenerar, degradar

Verkommenheit [fɛɐ kɔmənhaɪt] *f* degradación *f,* perversión *f,* envilecimiento *m*

verkorksen [fɛɐ'kɔrkzən] *v (fam)* estropear, echar a perder

verkörpern [fɛɐ'kœrpɐn] *v* personificar, encarnar

Verkörperung [fɛɐ'kœrpɐrʊŋ] *f* personificación *f,* encarnación *f*

verkraften [fɛɐ'kraftən] *v* resistir, soportar, aguantar

verkrampfen [fɛɐ'krampfən] *v sich ~* crisparse, ponerse duro, contraerse

verkriechen [fɛɐ'kri:çən] *v irr sich ~* esconderse arrastrándose

verkrüppelt [fɛɐ'krypəlt] *adj MED* mutilado, lisiado, deforme, tullido

Verkrüppelung [fɛɐ'krypəlʊŋ] *f MED* mutilación *f,* deformidad *f*

verkümmern [fɛɐ'kymɐn] *v* desmedrar, estropear, deteriorar

verkünden [fɛɐ'kyndən] *v* anunciar, publicar, proclamar, comunicar

Verkündigung [fɛɐ'kyndɪgʊŋ] *f* **1.** publicación *f,* anuncio *m,* comunicación *f;* **2.** *REL* Anunciación *f*

verkuppeln [fɛɐ'kupəln] *v (fig)* alcahuetear

verkürzen [fɛɐ'kyrtsən] *v* acortar, abreviar

Verkürzung [fɛɐ'kyrtsʊŋ] *f* acortamiento *m,* abreviación *f*

verladen [fɛɐ'la:dən] *v irr* cargar

Verladeplatz [fɛɐ'la:dəplats] *m* cargadero *m*

Verladung [fɛɐ'la:dʊŋ] *f* carga *f*

Verlag [fɛɐ'la:k] *m* editorial *f,* casa editora *f*

verlagern [fɛɐ'la:gɐn] *v* cambiar de sitio, almacenar en otro lugar, desplazar

Verlagswesen [fɛɐ'la:ksve:zən] *n* edición *f*

verlangen [fɛɐ'laŋən] *v* pedir, exigir

Verlangen [fɛɐ'laŋən] *n* deseo *m,* anhelo *m*

verlängern [fɛɐ'lɛŋɐn] *v* **1.** alargar, extender; **2.** *(zeitlich)* prolongar; **3.** *(verdünnen)* aguar, aumentar, bautizar

Verlängerung [fɛɐ'lɛŋɐrʊŋ] *f* **1.** alargamiento *m;* **2.** *(zeitlich)* prolongación *f*

Verlängerungskabel [fɛɐ'lɛŋɐrʊŋska:bəl] *n* extensión *f*

verlangsamen [fɛɐ'laŋgzamən] *v* retardar, desacelerar

Verlangsamung [fɛɐ'laŋzamʊŋ] *f* retardación *f,* desaceleración *f*

Verlass [fɛɐ'las] *m* confianza en alguien *f,* fiabilidad *f; Auf ihn ist kein ~.* No es de fiar.

verlassen [fɛɐ'lasən] *v irr* **1.** dejar, abandonar, ceder; *adj irr* **2.** abandonado

verlässlich [fɛɐ'lɛslɪç] *adj* seguro, fiable, digno de confianza, formal

Verlässlichkeit [fɛɐ'lɛslɪçkaɪt] *f* seguridad *f,* fiabilidad *f,* formalidad *f*

Verlauf [fɛɐ'lauf] *m* **1.** *(Ablauf)* curso *m,* transcurso *m; im ~* en el transcurso; **2.** *(Entwicklung)* desarrollo *m,* evolución *f; einen guten ~ nehmen* seguir buen curso

verlaufen [fɛɐ'laufən] *v irr* **1.** *(ablaufen)* pasar, transcurrir; **2.** *(sich entwickeln)* desarrollarse, evolucionar; **3.** *sich ~* extraviarse, perderse

Verlautbarung [fɛɐ'lautba:rʊŋ] *f* publicación *f,* notificación *f*

verlauten [fɛɐ'lautən] *v* correr la voz de que, saberse que

verleben [fɛɐ'le:bən] *v* pasar

verlegen [fɛɐ'le:gən] *v* **1.** *(Wohnsitz)* trasladar; **2.** *(Buch)* editar, publicar; **3.** *(Termin)* aplazar, postergar; **4.** *(verlieren)* extraviar, perder; **5.** *(Kabel) TECH* tender, colocar; *adj* **6.** tímido, cohibido, vergonzoso, confundido; *um etw nie ~ sein* no estar nunca falto de algo

Verlegenheit [fɛɐ'le:gənhaɪt] *f* timidez *f,* confusión *f*

Verleger(in) [fɛɐ'le:gɐ(rɪn)] *m/f* editor(a) *m/f*

Verlegung [fɛɐ'le:gʊŋ] *f* **1.** *(des Wohnzsitzes)* traslado *m;* **2.** *(eines Buches)* edición *f,* publicación *f;* **3.** *(eines Termins)* aplazamiento *m,* postergación *f;* **4.** *(etw verlieren)* extravío *m,* pérdida *f;* **5.** *(von Kabeln) TECH* tendido *m,* colocación *f*

V

Verleih [fɛɐ'laɪ] *m* servicio de préstamo *m*
verleihen [fɛɐ'laɪən] *v irr* **1.** *(borgen)* prestar; **2.** *(vermieten)* alquilar; **3.** *(Preis)* conceder, otorgar
Verleihung [fɛɐ'laɪuŋ] *f (Preisverleihung)* entrega *f,* otorgamiento *m; die Oscar ~* la entrega del Óscar *f*
verleiten [fɛɐ'laɪtən] *v* inducir, instigar
verlernen [fɛɐ'lɛrnən] *v* desaprender, olvidar lo aprendido, perder la práctica
verletzbar [fɛɐ'lɛtsbaːɐ] *adj* vulnerable, susceptible
Verletzbarkeit [fɛɐ'lɛtsbaːɐkaɪt] *f* vulnerabilidad *f,* susceptibilidad *f*
verletzen [fɛɐ'lɛtsən] *v* **1.** *(verwunden)* herir, lesionar; **2.** *(fig: kränken)* ofender, humillar, herir; **3.** *(fig: übertreten)* infringir, faltar a, violar
Verletzung [fɛɐ'lɛtsuŋ] *f* **1.** *(Wunde)* herida *f,* lesión *f;* **2.** *(fig: Kränkung)* ofensa *f;* **3.** *(fig: Übertretung)* infracción *f,* falta *f*
verleugnen [fɛɐ'lɔygnən] *v* negar, rechazar, rebatir; *sich ~ lassen* mandar decir que uno no está en casa
verleumden [fɛɐ'lɔymdən] *v* calumniar, difamar
Verleumdung [fɛɐ'lɔymduŋ] *f* calumnia *f,* difamación *f*
verlieben [fɛɐ'liːbən] *v sich ~* enamorarse
verliebt [fɛɐ'liːpt] *adj* enamorado
Verliebte(r) [fɛɐ'liːptə(-ɐ)] *m/f* enamorado/enamorada *m/f*
verlieren [fɛɐ'liːrən] *v irr* perder, extraviar; *Wir haben unsere Dokumente verloren.* Hemos perdido nuestros papeles. *die Orientierung ~* perder la orientación; *nichts zu ~ haben* no tener nada que perder
Verlierer(in) [fɛɐ'liːrɐ(rɪn)] *m/f* perdedor(a) *m/f*
V
verloben [fɛɐ'loːbən] *v sich ~* comprometerse
Verlobte(r) [fɛɐ'loːptə(-ɐ)] *m/f* prometido/prometida *m/f*
Verlobung [fɛɐ'loːbuŋ] *f* compromiso matrimonial *m*
verlocken [fɛɐ'lɔkən] *v* seducir, tentar
verlockend [fɛɐ'lɔkənt] *adj* seductor, tentador
Verlockung [fɛɐ'lɔkuŋ] *f* seducción *f,* tentación *f*
Verlogenheit [fɛɐ'loːgənhaɪt] *f* carácter mentiroso *m,* mendacidad *f*
verlosen [fɛɐ'loːzən] *v* sortear, rifar
Verlosung [fɛɐ'loːzuŋ] *f* sorteo *m,* rifa *f*
Verlust [fɛɐ'lust] *m* pérdida *f*
vermachen [fɛɐ'maxən] *v* legar
Vermächtnis [fɛɐ'mɛçtnɪs] *n* legado *m*
vermarkten [fɛɐ'marktən] *v* comercializar
Vermarktung [fɛɐ'marktuŋ] *f* comercialización *f*
vermehren [fɛɐ'meːrən] *v* **1.** aumentar, incrementar, acrecentar, engrosar, multiplicar; **2.** *(fortpflanzen)* propagarse, reproducirse, multiplicarse
Vermehrung [fɛɐ'meːruŋ] *f* **1.** aumento *m,* incremento *m;* **2.** *(Fortpflanzung)* propagación *f,* reproducción *f*
vermeidbar [fɛɐ'maɪtbaːɐ] *adj* evitable, eludible
vermeiden [fɛɐ'maɪdən] *v irr* evitar, eludir
Vermeidung [fɛɐ'maɪduŋ] *f* evitación *f*
vermeintlich [fɛɐ'maɪntlɪç] *adj* supuesto, presunto
vermengen [fɛɐ'mɛŋən] *v* mezclar
Vermerk [fɛɐ'mɛrk] *m* nota *f,* anotación *f,* observación *f,* apunte *m*
vermerken [fɛɐ'mɛrkən] *v* anotar, observar, apuntar
vermessen [fɛɐ'mɛsən] *v irr* **1.** medir; *adj* **2.** audaz, osado, temerario
Vermessenheit [fɛɐ'mɛsənhaɪt] *f* audacia *f,* osadía *f,* temeridad *f*
Vermessung [fɛɐ'mɛsuŋ] *f* medición *f*
vermiesen [fɛɐ'miːzən] *v* arruinar
vermieten [fɛɐ'miːtən] *v* dejar en alquiler, dejar en arriendo, alquilar
Vermieter(in) [fɛɐ'miːtɐ(rɪn)] *m/f* alquilador(a) *m/f,* dueño/dueña *m/f*
Vermietung [fɛɐ'miːtuŋ] *f* alquiler *m,* arriendo *m*
vermindern [fɛɐ'mɪndɐn] *v* disminuir, reducir, aminorar
Verminderung [fɛɐ'mɪndəruŋ] *f* disminución *f,* reducción *f*
vermischen [fɛɐ'mɪʃən] *v* mezclar, combinar
vermissen [fɛɐ'mɪsən] *v* echar de menos, sentir la falta de, extrañar (LA)

vermitteln [fɛɐ'mɪtəln] *v* **1.** *(beschaffen)* procurar, proporcionar, facilitar; **2.** *(Wissen)* transmitir
Vermittler(in) [fɛɐ'mɪtlɐ(rɪn)] *m/f* mediador(a) *m/f,* intermediario/intermediaria *m/f*
Vermittlung [fɛɐ'mɪtluŋ] *f* **1.** *(vermitteln)* mediación *f,* intercesión *f;* **2.** *Telefonvermittlung* central telefónica *f;* **3.** *Stellenvermittlung* agencia de colocaciones *f,* bolsa de trabajo *f*
Vermittlungsstelle [fɛɐ'mɪtluŋsʃtɛlə] *f* centro de mediación *m*
vermodern [fɛɐ'mo:dɐn] *v* pudrirse, corromperse, descomponerse
vermögen [fɛɐ'mø:gən] *v irr* poder, estar en condiciones de
Vermögen [fɛɐ'mø:gən] *n* **1.** *(Können)* poder *m,* capacidad *f,* facultad *f;* **2.** *(Besitz)* fortuna *f,* bienes *m/pl,* patrimonio *m*
vermögend [fɛɐ'mø:gənt] *adj* adinerado, pudiente, rico, platudo *(LA)*
Vermögensbildung [fɛɐ'mø:gənsbɪlduŋ] *f* formación de capital *f*
Vermögenssteuer [fɛɐ mø:gənsʃtɔyɐ] *f* impuestos sobre el patrimonio *m/pl,* contribución sobre la propiedad *f*
Vermögensverhältnisse [fɛɐ'mø:gənsfɛɐhɛltnɪsə] *pl* situación económica *f,* situación patrimonial *f,* situación financiera *f*
vermuten [fɛɐ'mu:tən] *v* presumir, conjeturar, suponer
vermutlich [fɛɐ'mu:tlɪç] *adj* **1.** presumible, presunto, supuesto, probable; *adv* **2.** probablemente
Vermutung [fɛɐ'mu:tuŋ] *f* presunción *f,* suposición *f,* supuesto *m*
vernachlässigen [fɛɐ'na:xlɛsɪgən] *v* descuidar, desatender
Vernachlässigung [fɛɐ'naxlɛsɪguŋ] *f* descuido *m,* negligencia *f*
vernageln [fɛɐ'nagəln] *v* enclavar; *wie vernagelt sein* ser corto, ser estúpido
vernarben [fɛɐ'narbən] *v MED* cicatrizar(se)
vernehmbar [fɛɐ'ne:mba:ɐ] *adj* perceptible, audible
vernehmen [fɛɐ'ne:mən] *v irr* **1.** *(hören)* percibir, oír; **2.** *(verhören) JUR* interrogar, tomar declaración
Vernehmen [fɛɐ'ne:mən] *n dem ~ nach* según dicen
Vernehmung [fɛɐ'ne:muŋ] *f JUR* interrogatorio *m,* toma de declaración *f*
vernehmungsfähig [fɛɐ'ne:muŋsfɛ:ɪç] *adj JUR* en estado de declarar
Vernehmungsprotokoll [fɛɐ'ne:muŋsprotokɔl] *n JUR* acta de interrogatorio *f*
verneigen [fɛɐ'naɪgən] *v sich ~* inclinarse, hacer una reverencia
Verneigung [fɛɐ'naɪguŋ] *f* inclinación *f,* reverencia *f*
verneinen [fɛɐ'naɪnən] *v* **1.** *(Nein sagen)* negar, decir que no; **2.** *(ablehnen)* denegar, rechazar
Verneinung [fɛɐ'naɪnuŋ] *f* **1.** *(Neinsagen)* negación *f,* negativa *f;* **2.** *(Ablehnung)* denegación *f,* rechazo *m*
vernetzen [fɛɐ'nɛtsən] *v* **1.** *INFORM* conectar a la red, integar en la red; **2.** unir
vernichten [fɛɐ'nɪçtən] *v* destruir, aniquilar
vernichtend [fɛɐ'nɪçtənt] *adj* destructivo, destructor, aniquilador
Vernichtung [fɛɐ'nɪçtuŋ] *f* **1.** *(Zerstörung)* destrucción *f,* aniquilamiento *m;* **2.** *(Ausrottung)* exterminio *m*
verniedlichen [fɛɐ'ni:dlɪçən] *v* minimizar, trivializar
Vernunft [fɛɐ'nunft] *f* razón *f,* cordura *f* ~ *annehmen* entrar en razón; *zur ~ kommen* entrar en razón
vernünftig [fɛɐ'nynftɪç] *adj* razonable, cuerdo
vernünftigerweise [fɛɐ'nynftɪgɐvaɪzə] *adv* razonablemente
veröden [fɛɐ'ø:dən] *v* **1.** *(Landschaft)* dejar desierto, devastar; **2.** *(Venen) MED* obliterar
veröffentlichen [fɛɐ'œfəntlɪçən] *v* publicar
Veröffentlichung [fɛɐ'œfəntlɪçuŋ] *f* publicación *f*
verordnen [fɛɐ'ɔrdnən] *v* **1.** *(bestimmen)* mandar, ordenar; **2.** *MED* prescribir, recetar
Verordnung [fɛɐ'ɔrdnuŋ] *f* **1.** *(Bestimmung)* mandato *m,* orden *f;* **2.** *MED* prescripción *f,* receta *f*
verpachten [fɛɐ'paxtən] *v* arrendar, dar en arriendo

Verpächter(in) [fɛɐ'pɛçtɐ(rɪn)] *m/f* arrendador de áreas de cultivo/arrendadora de áreas de cultivo *m/f*
verpacken [fɛɐ'pakən] *v* embalar, envasar, empaquetar
Verpackung [fɛɐ'pakuŋ] *f* embalaje *m,* envase *m,* empaque *m*
verpassen [fɛɐ'pasən] *v* **1.** *(versäumen)* perder, dejar pasar; *Ich habe den Zug verpasst.* Perdí el tren. **2.** *(fam: geben)* dar golpes a alguien, pegar a alguien, asestar un golpe a alguien; *jdm eine ~* dar a alguien un bofetón
verpfänden [fɛɐ'pfɛndən] *v* empeñar, pignorar
verpflanzen [fɛɐ'pflantsən] *v* **1.** trasplantar; **2.** *MED* injertar
verpflegen [fɛɐ'pfle:gən] *v* alimentar, dar de comer, abastecer
Verpflegung [fɛɐ'pfle:guŋ] *f* alimentación *f,* comida *f,* abastecimiento *m*
verpflichten [fɛɐ'pflɪçtən] *v* obligar, comprometer
verpflichtend [fɛɐ'pflɪçtənt] *adj* obligatorio
Verpflichtung [fɛɐ'pflɪçtuŋ] *f* obligación *f,* compromiso *m*
verpfuschen [fɛɐ'pfuʃən] *v (fam)* chapucear, hacer un trabajo a lo loco
verplappern [fɛɐ'plapɐn] *v (fam) sich ~* irse de la lengua, hablar de más
verplempern [fɛɐ'plɛmpɐn] *v (fam)* despilfarrar
verpönt [fɛɐ'pø:nt] *adj* mal visto, despreciado
verprügeln [fɛɐ'pry:gəln] *v* dar una paliza, moler a palos, apalear
Verputz [fɛɐ'puts] *m* enlucido *m,* revozque *m*
verputzen [fɛɐ'putsən] *v* **1.** *(Mauer)* enlucir, revocar; **2.** *(fam: essen)* comer demasiado
Verrat [fɛɐ'ra:t] *m* traición *f*
verraten [fɛɐ'ra:tən] *v irr* traicionar; *jdn ~* dar una puñalada en la espalda; *~ und verkauft sein* estar solo y abandonado
Verräter(in) [fɛɐ'rɛ:tɐ(rɪn)] *m/f* traidor(a) *m/f; ein ~ sein* ser un Judas
verräterisch [fɛɐ'rɛ:tɐrɪʃ] *adj* traidor, traicionero
verrechnen [fɛɐ'rɛçnən] *v* **1.** saldar, liquidar, abonar en cuenta; **2.** *sich ~* equivocarse en el cálculo
Verrechnungsscheck [fɛɐ'rɛçnuŋsʃɛk] *m* cheque cruzado *m,* cheque para abonar en cuenta *m,* cheque de compensación *m*
verreisen [fɛɐ'raɪzən] *v* irse de viaje, hacer un viaje
verrenken [fɛɐ'rɛŋkən] *v* luxar, torcer
Verrenkung [fɛɐ'rɛŋkuŋ] *f* luxación *f,* torcedura *f*
verrichten [fɛɐ'rɪçtən] *v* hacer, realizar
verriegeln [fɛɐ'ri:gəln] *v* cerrar con cerrojo, echar el cerrojo, bloquear
verringern [fɛɐ'rɪŋɐn] *v* disminuir, aminorar, reducir
Verringerung [fɛɐ'rɪŋəruŋ] *f* disminución *f,* reducción *f*
verrosten [fɛɐ'rɔstən] *v* oxidarse
verrucht [fɛɐ'ru:xt] *adj* infame, malvado
verrückt [fɛɐ'rykt] *adj* **1.** loco, demente; *sich ~ benehmen* hacer el indio; *~ sein* faltarle a uno un tornillo/estar loco; *wie ~* como un loco *(fam); auf etw ~ sein* estar loco por algo/andar loco por algo; *~ spielen* volverse loco; *adv* **2.** locamente, como loco
Verruf [fɛɐ'ru:f] *m* descrédito *m,* mala reputación *f,* mala fama *f; in ~ kommen* coger mala fama; *jdn in ~ bringen* poner mala fama a alguien
verrufen [fɛɐ'ru:fən] *adj* desacreditado, de mala reputación, de mala fama
Vers [fɛrs] *m* verso *m; sich auf etw keinen ~ machen können* no poder explicarse algo de ninguna manera; *~e schmieden* escribir versos/hacer poesía
versagen [fɛɐ'za:gən] *v* **1.** *(verweigern)* rehusar, denegar; **2.** *(scheitern)* fallar, no funcionar, fracasar; **3.** *(verzichten)* renunciar a, privarse de
Versagen [fɛɐ'za:gən] *n* fallo *m*
Versager(in) [fɛɐ'za:gɐ(rɪn)] *m/f (Person)* fracasado/fracasada *m/f*
versammeln [fɛɐ'zaməln] *v* juntar, reunir
Versammlung [fɛɐ'zamluŋ] *f* junta *f,* asamblea *f,* reunión *f*
Versand [fɛɐ'zant] *m* envío *m,* expedición *f,* despacho *m*

V

Versandhaus [fɛɐ'zanthaus] *n* empresa de ventas por correo *f*
versäumen [fɛɐ'zɔymən] *v* faltar a, perder, desaprovechar; *Du hast nichts versäumt.* No has perdido nada.
Versäumnis [fɛɐ'zɔymnɪs] *n* **1.** *(Unterlassung)* omisión *f*; **2.** *(Verspätung)* tardanza *f*, demora *f*
verschaffen [fɛɐ'ʃafən] *v* procurar, proporcionar, facilitar
verschandeln [fɛɐ'ʃandəln] *v* estropear, maltratar, deteriorar
Verschandelung [fɛɐ'ʃandəluŋ] *f* estropeo *m*, deterioro *m*
verschärfen [fɛɐ'ʃɛrfən] *v* agravar, agudizar, intensificar
Verschärfung [fɛɐ'ʃɛrfuŋ] *f* agravación *f*, agudización *f*
verschätzen [fɛɐ'ʃɛtsən] *v sich ~* equivocarse en la estimación
verschenken [fɛɐ'ʃɛŋkən] *v* dar, regalar, obsequiar
verscheuchen [fɛɐ'ʃɔyçən] *v* ahuyentar, espantar
verschicken [fɛɐ'ʃɪkən] *v* enviar, mandar, expedir, remitir
verschieben [fɛɐ'ʃiːbən] *v irr* **1.** *(verrücken)* cambiar de lugar, cambiar de sitio; **2.** *(aufschieben)* aplazar, dejar para después, postergar
verschieden [fɛɐ'ʃiːdən] *adj* diferente, distinto, variado
Verschiedenheit [fɛɐ'ʃiːdənhaɪt] *f* diferencia *f*, diversidad *f*
verschiedentlich [fɛɐ'ʃiːdəntlɪç] *adj* **1.** diferente; *adv* **2.** repetidas veces, en diferentes ocasiones
verschiffen [fɛɐ'ʃɪfən] *v* embarcar
verschlafen [fɛɐ'ʃlaːfən] *v irr* **1.** dormir excesivamente, quedarse dormido; *Sie hat ~.* Se le pegaron las sábanas. *adj* **2.** medio dormido, soñoliento
Verschlag [fɛɐ'ʃlaːk] *m* barraca *f*, cobertizo *m*, choza *f*
Verschlagenheit [fɛɐ'ʃlaːgənhaɪt] *f* astucia *f*, maña *f*
verschlampen [fɛɐ'ʃlampən] *v (fam)* descuidar(se), dejarse ir
verschlechtern [fɛɐ'ʃlɛçtɐn] *v* empeorar, desmejorar, agravar; *Die Lage verschlechtert sich immer mehr.* La situación va de mal en peor.
Verschlechterung [fɛɐ'ʃlɛçtəruŋ] *f* empeoramiento *m*
verschleiern [fɛɐ'ʃlaɪɐn] *v* velar, cubrir con un velo
Verschleiß [fɛɐ'ʃlaɪs] *m* desgaste *m*, deterioro *m*, fricción *f*
verschleißen [fɛɐ'ʃlaɪsən] *v irr* desgastar, usar en exceso
verschließen [fɛɐ'ʃliːsən] *v irr* cerrar
verschlimmern [fɛɐ'ʃlɪmɐn] *v* **1.** *etw ~* empeorar algo, agravar algo, desmejorar algo; **2.** *sich ~* empeorarse, agravarse
Verschlimmerung [fɛɐ'ʃlɪməruŋ] *f* empeoramiento *m*, agravamiento *m*
verschlossen [fɛɐ'ʃlɔsən] *adj (fig)* reservado, taciturno, poco comunicativo
verschlucken [fɛɐ'ʃlukən] *v* **1.** tragar, ingerir, deglutir, pasar de largo; **2.** *sich ~* atragantarse, atorarse
Verschluss [fɛɐ'ʃlus] *m* cierre *m*
verschlüsseln [fɛɐ'ʃlysəln] *v* cifrar, codificar
verschmähen [fɛɐ'ʃmɛːən] *v* rechazar
verschmelzen [fɛɐ'ʃmɛltsən] *v* fundir
verschmitzt [fɛɐ'ʃmɪtst] *adv* **1.** pícaramente, con picardía; *adj* **2.** pícaro, socarrón
verschmutzen [fɛɐ'ʃmutsən] *v* ensuciar, contaminar
Verschmutzung [fɛɐ'ʃmutsuŋ] *f* contaminación *f*, ensuciamiento *m*
verschollen [fɛɐ'ʃɔlən] *adj* desaparecido
verschonen [fɛɐ'ʃoːnən] *v* librar de, preservar de, salvar de, no exponer a ningún peligro
verschönern [fɛɐ'ʃøːnɐn] *v* embellecer, hermosear
Verschönerung [fɛɐ'ʃøːnəruŋ] *f* embellecimiento *m*, hermoseamiento *m*
verschreiben [fɛɐ'ʃraɪbən] *v irr* **1.** *(verordnen)* prescribir, recetar; **2.** *sich ~* equivocarse al escribir; **3.** *(fig: widmen) sich ~* entregarse, consagrarse
verschrotten [fɛɐ'ʃrɔtən] *v* desguazar, echar al hierro viejo
verschüchtert [fɛɐ'ʃyçtɐt] *adj* tímido, intimidado
verschulden [fɛɐ'ʃuldən] *v* **1.** *(verursachen)* causar, tener la culpa de, ser el causante; **2.** *ECO* endeudarse, contraer deudas

Verschuldung [fɛɐ'ʃulduŋ] *f* ECO deudas *f/pl,* endeudamiento *m*
verschütten [fɛɐ'ʃytən] *v* derramar, verter, echar *(LA)*
verschwägert [fɛɐ'ʃvɛːgɐt] *adj* ser cuñado de alguien
verschweigen [fɛɐ'ʃvaɪgən] *v irr* callar, guardar silencio
verschwenden [fɛɐ'ʃvɛndən] *v* prodigar, derrochar, despilfarrar; *Geld ~* echar la casa por la ventana
Verschwender(in) [fɛɐ'ʃvɛndɐ(rɪn)] *m/f* pródigo/pródiga *m/f,* derrochador(a) *m/f*
verschwenderisch [fɛɐ'ʃvɛndərɪʃ] *adj* pródigo, derrochador
Verschwendung [fɛɐ'ʃvɛnduŋ] *f* prodigalidad *f,* derroche *m,* despilfarro *m*
verschwiegen [fɛɐ'ʃviːgən] *adj* discreto, reservado
Verschwiegenheit [fɛɐ'ʃviːgənhaɪt] *f* discreción *f,* reserva *f*
verschwinden [fɛɐ'ʃvɪndən] *v irr* desaparecer, esfumarse
verschwommen [fɛɐ'ʃvɔmən] *adj* borroso, difuminado, nebuloso
verschwören [fɛɐ'ʃvøːrən] *v irr sich ~* conspirar, conjurar
Verschwörer(in) [fɛɐ'ʃvøːrɐ(rɪn)] *m/f* conspirador(a) *m/f*
Verschwörung [fɛɐ'ʃvøːruŋ] *f* conspiración *f,* conjuración *f*
Versehen [fɛɐ'zeːən] *n* inadvertencia *f,* descuido *m*
versehentlich [fɛɐ'zeːəntlɪç] *adv* por descuido, por inadvertencia
versenden [fɛɐ'zɛndən] *v irr* enviar, remitir, expedir, despachar
Versendung [fɛɐ'zɛnduŋ] *f* envío *m,* expedición *f,* despacho *m*
versenken [fɛɐ'zɛŋkən] *v* **1.** *(Schiff)* hundir, echar a pique; **2.** *sich ~ in etw (fig)* enfrascarse en, sumergirse en
Versenkung [fɛɐ'zɛŋkuŋ] *f* **1.** *(eines Schiffes)* hundimiento *m;* **2.** *~ in etw (fig)* enfrascamiento *m; in der ~ verschwinden* desaparecer sin dejar rastro
versessen [fɛɐ'zɛsən] *adj* loco, encaprichado
versetzen [fɛɐ'zɛtsən] *v* **1.** *(Beamter) ~ nach* trasladar, destinar a, destacar *(LA);* **2.** *(Schüler)* hacer pasar al curso siguiente; **3.** *(verpfänden)* empeñar, pignorar; **4.** *(fig) jdn ~* dar un plantón a alguien, dejar plantado
Versetzung [fɛɐ'zɛtsuŋ] *f* **1.** *(Beamtenversetzung)* traslado *m;* **2.** *(Schülerversetzung)* paso al curso siguiente *m;* **3.** *(Verpfändung)* empeño *m,* pignoración *f*
verseuchen [fɛɐ'zɔyçən] *v* infestar, contaminar
Verseuchung [fɛɐ'zɔyçuŋ] *f* infestación *f,* contaminación *f*
versichern [fɛɐ'zɪçɐn] *v* asegurar
Versicherung [fɛɐ'zɪçəruŋ] *f* seguro *m*
Versicherungsagent [fɛɐ'zɪçəruŋsagɛnt] *m* agente de seguros *m*
Versicherungsfall [fɛɐ'zɪçəruŋsfal] *m* ocurrencia del riesgo *f*
Versicherungsnehmer(in) [fɛɐ'zɪçəruŋsneːmɐ(rɪn)] *m/f* asegurado/asegurada *m/f*
Versicherungspolice [fɛɐ'zɪçəruŋspoliːsə] *f* póliza de seguros *f*
Versicherungsschutz [fɛɐ'zɪçəruŋsʃuts] *m* cobertura de seguro *f,* seguro *m,* protección de seguro *f*
versickern [fɛɐ'zɪkɐn] *v* rezumar(se), filtrarse
versiegeln [fɛɐ'ziːgəln] *v* **1.** sellar; **2.** *(mit Siegellack)* lacrar
versiert [vɛɐ'ziːɐt] *adj* versado
versinken [fɛɐ'zɪŋkən] *v irr* **1.** *(unterm Wasserspiegel)* hundirse, sumergirse; **2.** *(Schiff)* naufragar, irse a pique, zozobrar, hundirse; **3.** *(fig)* abandonarse por completo a, enfrascarse en, sumergirse en; *in Gezdanken ~* ensimismarse
Version [vɛɐ'zjoːn] *f* versión *f*
versöhnen [fɛɐ'zøːnən] *v* **1.** *(Gegner)* reconciliar(se), amistarse; **2.** *(sich ~ mit)* hacer las paces (con); **3.** *(besänftigen)* desenojar, sosegar
versöhnlich [fɛɐ'zøːnlɪç] *adj* **1.** conciliante, conciliador; *adv* **2.** conciliadoramente
Versöhnung [fɛɐ'zøːnuŋ] *f* reconciliación *f*
versorgen [fɛɐ'zɔrgən] *v* **1.** *(unterhalten)* mantener, sustentar; **2.** *(beschaffen)* abastecer, proveer, aprovisionar; *sich selbst ~* autobastecerse **3.** *(pflegen)* cuidar de, atender a, ocuparse de

V

Versorgung [fɛɐ'zɔrgʊŋ] *f* **1.** *(Unterhalt)* sustento *m*, manutención *f*; **2.** *(Beschaffung)* provisión *f*, abastecimiento *m*, aprovisionamiento *m*; **3.** *(Pflege)* cuidados *m/pl*
verspäten [fɛɐ'ʃpɛːtən] *v sich ~* retrasarse, atrasarse, llegar tarde
Verspätung [fɛɐ'ʃpɛːtʊŋ] *f* retraso *m*; *Hat die Maschine ~?* ¿Tiene retraso el avión?
versperren [fɛɐ'ʃpɛrən] *v* **1.** obstruir, bloquear, cortar; **2.** *(Aussicht)* quitar la vista, estorbar; **3.** *jdm den Weg ~* cerrar el paso a alguien
verspotten [fɛɐ'spɔtən] *v* burlarse, mofarse
Verspottung [fɛɐ'ʃpɔtʊŋ] *f* burla *f*, mofa *f*
versprechen [fɛɐ'ʃprɛçən] *v irr* **1.** *(sein Wort geben)* prometer, dar la palabra; **2.** *sich ~* equivocarse al hablar, cometer un lapsus linguae
Versprechen [fɛɐ'ʃprɛçən] *n* promesa *f*
Versprechung [fɛɐ'ʃprɛçʊŋ] *f* promesa *f*, aseguramiento *m*, gran promesa *f*
Verstaatlichung [fɛɐ'ʃtaːtlɪçʊŋ] *f POL* nacionalización *f*, estatalizacion *f*
Verstand [fɛɐ'ʃtant] *m* inteligencia *f*, entendimiento *m*, intelecto *m*; *Das geht über meinen ~!* ¡No lo comprendo!/¡No me entra! *jdm den ~ rauben* hacer perder a alguien la razón
verständig [fɛɐ'ʃtɛndɪç] *adj* **1.** razonable, sensato, juicioso; *adv* **2.** razonablemente, con sensatez, inteligentemente
verständigen [fɛɐ'ʃtɛndɪgən] *v* avisar a alguien, informar a alguien, hacer saber algo a alguien; *sich mit Händen und Füßen ~* hablar con las manos y los pies
Verständigung [fɛɐ'ʃtɛndɪgʊŋ] *f* aviso *m*, información *f*
verständlich [fɛɐ'ʃtɛntlɪç] *adj* **1.** comprensible, claro, fácil de comprender; *adv* **2.** de modo claro, claramente
Verständnis [fɛɐ'ʃtɛntnɪs] *n* comprensión *f*
verständnislos [fɛɐ'ʃtɛntnɪsloːs] *adj* **1.** incomprensivo; *adv* **2.** sin comprensión, incomprensivamente
verständnisvoll [fɛɐ'ʃtɛntnɪsfɔl] *adj* **1.** comprensivo, lleno de comprensión; *adv* **2.** muy comprensivo, con mucha comprensión
verstärken [fɛɐ'ʃtɛrkən] *v* **1.** reforzar, fortalecer; **2.** *(fig)* aumentar, acrecentar
Verstärker [fɛɐ'ʃtɛrkɐ] *m TECH* amplificador *m*, reforzador *m*
Verstärkung [fɛɐ'ʃtɛrkʊŋ] *f* refuerzo *m*, incremento *m*
verstauchen [fɛɐ'ʃtauxən] *v (Gelenk)* torcerse, dislocarse
Verstauchung [fɛɐ'ʃtauxʊŋ] *f MED* torcedura *f*, dislocación *f*
verstauen [fɛɐ'ʃtauən] *v* colocar, arrumar, amontonar
Versteck [fɛɐ'ʃtɛk] *n* escondite *m*, escondrijo *m*, guarida *f*; *~ spielen* ocultar las intenciones
verstecken [fɛɐ'ʃtɛkən] *v* esconder, ocultar; *sich neben jdm ~ müssen* no poder compararse con alguien; *sich vor jdm nicht zu ~ brauchen* poder compararse con alguien
Versteckspiel [fɛɐ'ʃtɛkʃpiːl] *n* juego del escondite *m*, escondidas *f/pl (LA)*
verstehen [fɛɐ'ʃteːən] *v irr* entender, comprender; *Ich kann nicht ~, dass sie so grausam sein kann.* No me cabe en la cabeza que ella pueda ser tan cruel. *jdm etw zu ~ geben* dar a entender algo a alguien
versteigern [fɛɐ'ʃtaɪgɐn] *v* subastar, vender en subasta pública, rematar *(LA)*
Versteigerung [fɛɐ'ʃtaɪgərʊŋ] *f* subasta *f*, remate *m (LA)*
versteinert [fɛɐ'ʃtaɪnɐt] *adj* **1.** petrificado; **2.** *(fig)* petrificado, atónito, helado
verstellbar [fɛɐ'ʃtɛlbaːɐ] *adj* graduable, ajustable, regulable
verstellen [fɛɐ'ʃtɛlən] *v* **1.** cambiar de sitio, trasladar; **2.** *(regulieren)* regular, ajustar, graduar; **3.** *(fig) sich ~* disimular, simular, fingir
versteuern [fɛɐ'ʃtɔyɐn] *v* **1.** *(Steuer zahlen)* pagar impuestos por; **2.** *(Staat)* gravar con impuesto, poner un impuesto sobre
verstimmt [fɛɐ'ʃtɪmt] *adj* **1.** *MUS* desafinado, destemplado; **2.** *(fig)* disgustado, malhumorado
verstohlen [fɛɐ'ʃtoːlən] *adj* **1.** furtivo, clandestino, disimulado; *adv* **2.** furtivamente, a hurtadillas, de soslayo

verstopft [fɛɐ'ʃtɔpft] *adj* obstruido, obturado, atorado
Verstopfung [fɛɐ'ʃtɔpfuŋ] *f* **1.** obstrucción *f,* atoro *m;* **2.** MED estreñimiento *m*
Verstorbene(r) [fɛɐ'ʃtɔrbənə(-ɐ)] *m/f* difunto/difunta *m/f,* finado/finada *m/f,* muerto/muerta *m/f*
verstört [fɛɐ'ʃtø:ɐt] *adj* turbado, conturbado, aturdido
Verstoß [fɛɐ'ʃto:s] *m* falta *f,* infracción *f,* violación *f*
verstoßen [fɛɐ'ʃto:sən] *v irr* **1.** *(verjagen)* expulsar, echar; **2.** *(zuwiderhandeln)* faltar a, contravenir a, infringir algo
verstreuen [fɛɐ'ʃtrɔyən] *v* dispersar, diseminar, desparramar, esparcir
verstümmeln [fɛɐ'ʃtyməln] *v* mutilar
Verstümmelung [fɛɐ'ʃtyməluŋ] *f* mutilación *f,* cercenación *f*
Versuch [fɛɐ'zu:x] *m* **1.** ensayo *m,* prueba *f,* intento *m; Beim nächsten ~ klappt es bestimmt.* A la tercera va la vencida. **2.** *(Experiment)* experimento *m*
versuchen [fɛɐ'zu:xən] *v* **1.** tratar de, probar, intentar, ensayar; **2.** *(kosten)* probar, saborear
versuchsweise [fɛɐ'zu:xsvaɪzə] *adv* a modo de prueba, experimentalmente
Versuchung [fɛɐ'zu:xuŋ] *f* tentación *f; einer ~ nicht widerstehen können* no poder resistir una tentación
Versündigung [fɛɐ'zyndɪguŋ] *f* pecado *m,* ofensa a Dios *f*
versunken [fɛɐ'zuŋkən] *adj (fig)* absorto en, abstraído en, ensimismado
vertagen [fɛɐ'ta:gən] *v* aplazar, postergar
vertauschen [fɛɐ'tauʃən] *v* cambiar, sustituir
verteidigen [fɛɐ'taɪdɪgən] *v* defender, asumir la defensa
Verteidiger(in) [fɛɐ'taɪdɪgɐ(rɪn)] *m/f* JUR defensor(a) *m/f,* abogado defensor/abogada defensor *m/f*
Verteidigung [fɛɐ'taɪdɪguŋ] *f* defensa *f,* justificatión *f*
verteilen [fɛɐ'taɪlən] *v* **1.** *(austeilen)* distribuir, repartir, dar; **2.** *(aufteilen)* repartir proporcionalmente
Verteiler [fɛɐ'taɪlɐ] *m* **1.** *(beim Auto)* distribuidor *m;* **2.** *(von Zeitschriften)* repartidor *m*
Verteilung [fɛɐ'taɪluŋ] *f* **1.** *(austeilen)* distribución *f;* **2.** *(verteilen)* reparto *m,* repartición *f*
Verteuerung [fɛɐ'tɔyɐruŋ] *f* encarecimiento *m*
vertiefen [fɛɐ'ti:fən] *v* **1.** ahondar, profundizar; **2.** *(Wissen)* intensificar, profundizar
vertikal [vɛrtɪ'ka:l] *adj* **1.** vertical; *adv* **2.** verticalmente
vertilgen [fɛɐ'tɪlgən] *v* **1.** *(vernichten)* exterminar, destruir, extinguir; **2.** *(fig: essen)* comerse todo
Vertrag [fɛɐ'tra:k] *m* **1.** ECO contrato *m;* **2.** POL tratado *m,* pacto *m,* convenio *m*
vertragen [fɛɐ'tra:gən] *v irr* **1.** *etw ~* tolerar, resistir; **2.** *sich ~* entenderse bien, congeniar, vivir en armonía
vertraglich [fɛɐ'tra:klɪç] *adj* **1.** contractual; *adv* **2.** contractualmente, por contrato
verträglich [fɛɐ'trɛ:klɪç] *adj* **1.** *(umgänglich)* tratable, sociable, asequible; **2.** *(bekömmlich)* digerible, digestible, tolerable
Verträglichkeit [fɛɐ'trɛ:klɪçkaɪt] *f* **1.** *(Umgänglichkeit)* trato afable *m,* sociabilidad *f;* **2.** *(Bekömmlichkeit)* digeribilidad *f,* digestibilidad *f*
Vertragsabschluss [fɛɐ'tra:ksapʃlus] *m* ECO conclusión del contrato *f*
Vertragsbruch [fɛɐ'tra:ksbrux] *m* JUR ruptura de contrato *f,* violación de contrato *f*
Vertragsgegenstand [fɛɐ'tra:ksge:gənʃtant] *m* ECO objeto del contrato *m*
Vertragspartner [fɛɐ'tra:kspartnɐ] *m* ECO contratante *m,* parte contratante *f*
vertrauen [fɛɐ'trauən] *v* confiar, tener confianza en; *jdm ~* fiarse de alguien
Vertrauen [fɛɐ'trauən] *n* confianza *f; ~ erweckend* que inspira confianza, confiable
Vertrauensfrage [fɛɐ'trauənsfra:gə] *f* POL cuestión de confianza *f*
vertrauensvoll [fɛɐ'trauənsfɔl] *adj* confiado, lleno de confianza
vertrauenswürdig [fɛɐ'trauənsvyrdɪç] *adj* digno de confianza
vertraulich [fɛɐ'traulɪç] *adj* confidencial
Vertraulichkeit [fɛɐ'traulɪçkaɪt] *f* confidencia *f,* carácter confidencial *m*

verträumt [fɛɐ'trɔymt] *adj* soñador
vertraut [fɛɐ'traut] *adj* familiar, íntimo
Vertrautheit [fɛɐ'trauthaɪt] *f* familiaridad *f*, intimidad *f*
vertreiben [fɛɐ'traɪbən] *v irr* **1.** *(verjagen)* echar de, expulsar de; **2.** *(Zeit)* pasar el tiempo, distraerse; **3.** *(verkaufen)* ECO vender, distribuir
vertretbar [fɛɐ'tre:tba:ɐ] *adj* justificable, defendible
vertreten [fɛɐ'tre:tən] *v irr* **1.** *(repräsentieren)* representar; **2.** *(ersetzen)* sustituir, reemplazar, suplir; **3.** defender, sustentar, salvaguardar
Vertreter(in) [fɛɐ'tre:tɐ(rɪn)] *m/f* **1.** *(Stellvertreter(in))* sustituto *m/f*, suplente *m/f*; **2.** *(Verfechter(in))* defensor(a) *m/f*; **3.** *(Repräsentant(in))* representante *m/f*
Vertretung [fɛɐ'tre:tuŋ] *f* **1.** *(Repräsentanz)* representación *f*; **2.** *(Stellvertretung)* sustitución *f*, suplencia *f*; **3.** *(Vertreten)* sustentación *f*
Vertrieb [fɛɐ'tri:p] *m* ECO venta *f*, distribución *f*
Vertriebsgesellschaft [fɛɐ'tri:psgəzɛlʃaft] *f* ECO compañía distribuidora *f*
vertrösten [fɛɐ'trø:stən] *v* dar esperanzas a alguien, consolar dando esperanzas
vertuschen [fɛɐ'tuʃən] *v* disimular, ocultar, encubrir, tapar
verübeln [fɛɐ'y:bəln] *v* tomar a mal
verüben [fɛɐ'y:bən] *v* **1.** cometer, hacer; *Perico hat Selbstmord verübt.* Perico se suicidó. **2.** *(Verbrechen)* perpetrar, cometer un delito; **3.** *(Attentat)* atentar; *Die Terroristen haben ein Attentat auf den Minister verübt.* Los terroristas atentaron contra el ministro.
verunglücken [fɛɐ'unglykən] *v* sufrir un accidente, ser víctima de un accidente
Verunglückte(r) [fɛɐ'unglyktə(-ɐ)] *m/f* víctima de un accidente *f*, accidentado/accidentada *m/f*
verunreinigen [fɛɐ'unraɪnɪgən] *v* manchar, ensuciar
Verunreinigung [fɛɐ'unraɪnɪguŋ] *f* suciedad *f*, impureza *f*, ensuciamiento *m*
verunsichern [fɛɐ'unzɪçɐn] *v* confundir, desconcertar, hacer inseguro
Verunsicherung [fɛɐ'unzɪçəruŋ] *f* confusión *f*, desconcierto *m*, inseguridad *f*
verunstalten [fɛɐ'unʃtaltən] *v* desfigurar, deformar, afear
veruntreuen [fɛɐ'untrɔyən] *v* desfalcar, malversar, defraudar
Veruntreuung [fɛɐ'untrɔyuŋ] *f* desfalco *m*, malversación de fondos *f*, defraudación *f*
verursachen [fɛɐ'u:ɐzaxən] *v* causar, motivar, originar, ocasionar
Verursacher(in) [fɛɐ'u:ɐzaxɐ(rɪn)] *m/f* causante *m/f*, autor(a) *m/f*
verurteilen [fɛɐ'urtaɪlən] *v* condenar, sentenciar
Verurteilte(r) [fɛɐ'urtaɪltə(-ɐ)] *m/f* JUR reo convicto/rea convicta *m/f*, procesado/procesada *m/f*, condenado/condenada *m/f*
Verurteilung [fɛɐ'urtaɪluŋ] *f* condena *f*
vervielfältigen [fɛɐ'fi:lfɛltɪgən] *v* reproducir, copiar
Vervielfältigung [fɛɐ'fi:lfɛltɪguŋ] *f* reproducción *f*
vervollkommnen [fɛɐ'fɔlkɔmnən] *v* perfeccionar, mejorar
vervollständigen [fɛɐ'fɔlʃtɛndɪgən] *v* completar, complementar, rematar
verwahren [fɛɐ'va:rən] *v* guardar, custodiar
verwahrlost [fɛɐ'va:ɐlo:st] *adj* abandonado, descuidado
Verwahrung [fɛɐ'va:ruŋ] *f* custodia *f*, depósito *m*; *etw in ~ nehmen* tomar algo en custodia/tomar algo en depósito
verwalten [fɛɐ'valtən] *v* administrar
Verwalter(in) [fɛɐ'valtɐ(rɪn)] *m/f* administrador(a) *m/f*
Verwaltung [fɛɐ'valtuŋ] *f* administración *f*
Verwaltungsrat [fɛɐ'valtuŋsra:t] *m* ECO consejo de administración *m*, consejo administrativo *m*
verwandeln [fɛɐ'vandəln] *v* cambiar, transformar, convertir, metamorfosear
Verwandlung [fɛɐ'vandluŋ] *f* **1.** transformación *f*, cambio *m*, conversión *f*; **2.** *(der Hostie)* REL consagración *f*; **3.** ZOOL metamorfosis *f*
verwandt [fɛɐ'vant] *adj (mit)* pariente, emparentado

Verwandte(r) [fɛɐ'vantə(ɐ)] *m/f* pariente *m/f*, familiar *m/f*
Verwandtschaft [fɛɐ'vantʃaft] *f* **1.** *(Familie)* parentesco *m*, parentela *f*; **2.** *(Ähnlichkeit)* analogía *f*, semejanza *f*, similitud *f*
verwarnen [fɛɐ'varnən] *v* amonestar
Verwarnung [fɛɐ'varnuŋ] *f* amonestación *f*, admonición *f*
verwechseln [fɛɐ'vɛksəln] *v* confundir, tomar por
Verwechslung [fɛɐ'vɛksluŋ] *f* confusión *f*, equivocación *f*
verwegen [fɛɐ've:gən] *adj* **1.** temerario, audaz, osado; *adv* **2.** audazmente
verwehren [fɛɐ've:rən] *v jdm etw ~* impedir a alguien hacer algo
verweigern [fɛɐ'vaɪgɐn] *v* rehusar, negar, denegar
Verweigerung [fɛɐ'vaɪgəruŋ] *f* rechazo *m*, negativa *f*, denegación *f*
Verweis [fɛɐ'vaɪs] *m* **1.** *(Rüge)* reprimenda *f*, reprensión *f*; **2.** *(Hinweis)* referencia *f*
verweisen [fɛɐ'vaɪzən] *v* **1.** *~ auf/~ an* remitir a; **2.** *(des Landes ~)* expulsar, desterrar, deportar, expatriar; **3.** *jdn ~* censurar a alguien
verwelken [fɛɐ'vɛlkən] *v* marchitarse
verwendbar [fɛɐ'vɛntba:ɐ] *adj* utilizable, aprovechable
verwenden [fɛɐ'vɛndən] *v* emplear, usar, aplicar
Verwendung [fɛɐ'vɛnduŋ] *f* empleo *m*, uso *m*, utilización *f*, aplicación *f*; *für etw ~ finden* encontrar aplicación a algo
Verwendungszweck [fɛɐ'vɛnduŋstsvɛk] *m* uso previsto *m*
verwerflich [fɛɐ'vɛrflɪç] *adj* reprochable, reprensible, condenable
verwerten [fɛɐ've:ɐtən] *v* **1.** *(benutzen)* utilizar, emplear, usar; **2.** *(wieder~)* reciclar, recuperar; **3.** *(auswerten)* explotar
Verwertung [fɛɐ've:ɐtuŋ] *f* **1.** *(Benutzung)* utilización *f*, empleo *m*; **2.** *(Wiederverwertung)* reciclaje *m*; **3.** *(Auswertung)* aprovechamiento *m*, explotación *f*
verwickeln [fɛɐ'vɪkəln] *v* *(fig)* complicar, dificultar
Verwicklung [fɛɐ'vɪkluŋ] *f* *(fig)* complicación *f*, embrollo *m*, lío *m*
verwirklichen [fɛɐ'vɪrklɪçən] *v* realizar, llevar a cabo, poner en práctica
Verwirklichung [fɛɐ'vɪrklɪçuŋ] *f* realización *f*, puesta en práctica *f*
verwirren [fɛɐ'vɪrən] *v* confundir, entreverar *(LA)*
verwirrt [fɛɐ'vɪrt] *adj* confuso
Verwirrung [fɛɐ'vɪruŋ] *f* confusión *f*, desorientación *f*
verwitwet [fɛɐ'vɪtvət] *adj* viudo *m*, viuda *f*
verwöhnen [fɛɐ'vø:nən] *v* mimar, engreír *(LA)*
verworren [fɛɐ'vɔrən] *adj* enredado, confuso
verwundbar [fɛɐ'vuntba:ɐ] *adj* vulnerable
verwunderlich [fɛɐ'vundɐlɪç] *adj* sorprendente, extraño, raro
Verwunderung [fɛɐ'vundəruŋ] *f* sorpresa *f*, asombro *m*
Verwundung [fɛɐ'vunduŋ] *f* herida *f*, lesión *f*
verwüsten [fɛɐ'vy:stən] *v* devastar, desolar, asolar
Verwüstung [fɛɐ'vy:stuŋ] *f* devastación *f*, desolación *f*, asolamiento *m*
verzagen [fɛɐ'tsa:gən] *v* desalentarse, desanimarse
verzählen [fɛɐ'tsɛ:lən] *v sich ~* equivocarse al contar, contar mal
verzaubern [fɛɐ'tsaubɐn] *v* encantar, embrujar, hechizar
Verzehr [fɛɐ'tse:ɐ] *m* consumo *m*
verzehren [fɛɐ'tse:rən] *v* **1.** *(essen)* comer; **2.** *(aufbrauchen)* consumir; **3.** *(fig) sich ~* suspirar por, morirse de añoranza por
verzeichnen [fɛɐ'tsaɪçnən] *v* anotar, apuntar, registrar
Verzeichnis [fɛɐ'tsaɪçnɪs] *n* lista *f*, registro *m*
verzeihen [fɛɐ'tsaɪən] *v irr* perdonar, disculpar, dispensar
verzeihlich [fɛɐ'tsaɪlɪç] *adj* perdonable
Verzeihung [fɛɐ'tsaɪuŋ] *f* **1.** perdón *m*, disculpa *f*; *Ich bitte Sie um ~.* Le pido perdón. *interj* **2.** *~!* ¡Perdón!/¡Dispense!
Verzicht [fɛɐ'tsɪçt] *m* renuncia *f*
verzichten [fɛɐ'tsɪçtən] *v* renunciar
verzieren [fɛɐ'tsi:rən] *v* adornar, decorar, ornamentar

Verzierung [fɛɐ'tsiːruŋ] *f* adorno *m,* decoración *f,* ornamento *m*
verzinsen [fɛɐ'tsɪnzən] *v* *ECO* pagar intereses
Verzinsung [fɛɐ'tsɪnzuŋ] *f* *ECO* interés *m,* intereses *m/pl*
verzögern [fɛɐ'tsøːgɐn] *v* retardar, demorar, retrasar
Verzögerung [fɛɐ'tsøːgəruŋ] *f* retardo *m,* demora *f,* retraso *m,* tardanza *f*
verzollen [fɛɐ'tsɔlən] *v* aduanar, registrar en la aduana, declarar; *Haben Sie etw zu ~?* ¿Tiene usted algo que declarar?
Verzug [fɛɐ'tsuːk] *m* retraso *m,* retardo *m,* demora *f,* tardanza *f; mit etw in ~ geraten* tener un retraso con algo; *mit etw in ~ sein* estar en retraso con algo; *Es ist Gefahr im ~.* El peligro es inminente.
verzweifeln [fɛɐ'tsvaɪfəln] *v* desesperar, desesperarse
verzweifelt [fɛɐ'tsvaɪfəlt] *adj* **1.** desesperado; *adv* **2.** desesperadamente, con desesperación
Verzweiflung [fɛɐ'tsvaɪfluŋ] *f* desesperación *f*
verzwickt [fɛɐ'tsvɪkt] *adj* complicado, enredado, embrollado
Vetter ['fɛtɐ] *m* primo *m*
Vetternwirtschaft ['fɛtɐnvɪrtʃaft] *f* nepotismo *m*
Vibration [vibra'tsjoːn] *f* vibración *f*
vibrieren [vi'briːrən] *v* vibrar
Videofilm ['videofɪlm] *m* *HIST* película de vídeo *f,* video *(LA)*
Videokassette ['videokasɛːtə] *f* *HIST* casete *f,* videocasete *m/f*
Videorekorder ['videorekɔrdɐ] *m* *HIST* vídeo *m,* grabadora de vídeo *f,* videograbadora *f*
Vieh [fiː] *n* ganado *m*
viel [fiːl] *adv* **1.** muy; *~sagend* muy expresivo, muy significativo; **2.** *~versprechend* muy prometedor
viel(e) ['fiːl(ə)] *adj* **1.** mucho; *adv* **2.** muchísimo, mucho mayor; *pron* **3.** muchos
vielfach ['fiːlfax] *adj* **1.** múltiple, de muchas clases; *adv* **2.** reiteradamente, a menudo; *adj* **3.** *(wiederholt)* repetido, reiterado; **4.** *(häufig)* frecuente
Vielfalt ['fiːlfalt] *f* multiplicidad *f,* variedad *f,* diversidad *f*
vielfältig ['fiːlfɛltɪç] *adj* múltiple, variado
vielleicht [fi'laɪçt] *adv* **1.** *(größere Wahrscheinlichkeit)* quizás, quizá, tal vez; **2.** *(geringere Wahrscheinlichkeit, Zufall)* acaso, por casualidad
vielmals ['fiːlmaːls] *adv* muchas veces
vielseitig ['fiːlzaɪtɪç] *adj* **1.** de muchas caras, polifacético; *adv* **2.** diversamente
Vielzahl ['fiːltsaːl] *f* multitud *f,* gran número *m*
vier [fiːɐ] *num* cuatro; *alle ~e von sich strecken* estirarse de manos y pies; *auf allen ~en* a cuatro patas/a gatas
viereckig ['fiːɐɛkɪç] *adj* cuadrangular
vierte(r,s) ['fɪrtə(ɐ,s)] *adj* cuarto
Viertel ['fɪrtəl] *n* **1.** *(Stadtteil)* barrio *m;* **2.** *MATH* cuarto *m*
vierteljährlich ['fɪrtəljɛːɐlɪç] *adj* **1.** trimestral; *adv* **2.** cada tres meses
Viertelstunde ['fɪrtəlʃtundə] *f* cuarto de hora *m*
vierzehn ['fɪrtseːn] *num* catorce
vierzig ['fɪrtsɪç] *num* cuarenta
Villa ['vɪla] *f* villa *f*
violett [vio'lɛt] *adj* violeta, violáceo
Violine [vio'liːnə] *f* *MUS* violín *m*
virtuos [vɪrtu'oːs] *adj* virtuoso
Virus ['viːrus] *n* *MED* virus *m*
Vision [vi'zjoːn] *f* visión *f*
Visite [vi'ziːtə] *f* visita *f*
Visitenkarte [vi'ziːtənkartə] *f* tarjeta de visita *f*
Visum ['viːzum] *n* visado *m,* visa *f* *(LA)*
vital [vi'taːl] *adj* vital
Vitamin [vita'miːn] *n* vitamina *f*
Vizepräsident ['fiːtsəprɛzɪdɛnt] *m* vicepresidente *m*
Vogel ['foːgəl] *m* *ZOOL* pájaro *m; den ~ abschießen (fig)* cortar el bacalao; *einen ~ haben* tener pájaros en la cabeza; *jdm der ~ zeigen* hacer el gesto a alguien de que está loco
Vogelscheuche ['foːgəlʃɔyçə] *f* espantajo *m,* espantapájaros *m*
Vokabel [vo'kaːbəl] *f* vocablo *m*
Vokabular [vokaːbu'laːɐ] *n* vocabulario *m*
Vokal [vo'kaːl] *m* vocal *f*
Volk [fɔlk] *n* pueblo *m; fahrendes ~* pueblo errante *m,* pueblo nómada *m*
Völkerkunde ['fœlkɐkundə] *f* etnología *f*

Völkerrecht ['fœlkɐrɛçt] *n* derecho internacional *m*
Volksabstimmung ['fɔlksapʃtɪmuŋ] *f* POL plebiscito *m*, referéndum *m*
Volkseinkommen ['fɔlksaɪnkɔmən] *n* renta nacional *f*
Volkshochschule ['fɔlksho:xʃu:lə] *f* universidad popular *f*
Volksrepublik ['fɔlksrɛpubli:k] *f* República Popular *f*
volkstümlich ['fɔlksty:mlɪç] *adj* popular
Volkswirtschaft ['fɔlksvɪrtʃaft] *f* economía política *f*
voll [fɔl] *adj* **1.** lleno; *jdn nicht für ~nehmen* no tomar a alguien en serio; *aus dem Vollen schöpfen* vivir en la abundancia; *in die Vollen gehen* ir a por todas; *Volltanken, bitte!* ¡Llene el depósito, por favor! *adv* **2.** enteramente, completamente; *sich ~ laufen lassen (fam)* emborracharse; *sich den Bauch ~ schlagen* hartarse de comer/ponerse las botas de comer
Vollbart ['fɔlbart] *m* barba corrida *f*
vollbringen [fɔl'brɪŋən] *v irr* terminar, acabar, concluir, llevar a cabo
vollenden [fɔl'ɛndən] *v* terminar, acabar, ultimar, concluir
Vollendung [fɔl'ɛnduŋ] *f* conclusión *f*, acabamiento *m*, terminación *f*, finalización *f*
völlig ['fœlɪç] *adj* **1.** entero, total; *adv* **2.** enteramente, totalmente
volljährig ['fɔljɛ:rɪç] *adj* mayor de edad
Volljährigkeit ['fɔljɛ:rɪçkaɪt] *f* mayoría de edad *f*
vollkommen [fɔl'kɔmən] adj **1.** perfecto; ['fɔlkɔmən] *adv* **2.** totalmente, enteramente, completamente
Vollkommenheit [fɔl'kɔmənhaɪt] *f* perfección *f*
Vollmacht ['fɔlmaxt] *f* poder *m*, autorización *f*, plenos poderes *m/pl*
Vollmilch ['fɔlmɪlç] *f* GAST leche entera *f*
Vollmond ['fɔlmo:nt] *m* luna llena *f*, plenilunio *m*
vollständig ['fɔlʃtɛndɪç] *adj* **1.** completo, entero, total, íntegro; *adv* **2.** completamente, enteramente, totalmente
Vollständigkeit ['fɔlʃtɛndɪçkaɪt] *f* integridad *f*, totalidad *f*
vollstrecken [fɔl'ʃtrɛkən] *v* JUR ejecutar
Vollstreckung [fɔl'ʃtrɛkuŋ] *f* JUR ejecución *f*
Vollversammlung ['fɔlfɛɐzamluŋ] *f* asamblea plenaria *f*, pleno *m*
Vollwertkost ['fɔlve:ɐtkɔst] *f* GAST comida integral *f*
vollzählig ['fɔltsɛ:lɪç] *adj* **1.** completo; *adv* **2.** al completo, completamente
vollziehen [fɔl'tsi:ən] *v irr* ejecutar, realizar, efectuar
Volontariat [volɔnta'ria:t] *n* prácticas *f/pl*, voluntariado *m*
Volt [vɔlt] *n* voltio *m*
Volumen [vo'lu:mən] *n* volumen *m*
von [fɔn] *prep* **1.** *(örtlich)* de, por; *zwei Meter vom Haus entfernt* a dos metros de la casa; **2.** *(zeitlich)* de, desde, a partir de; *~ zwei bis drei Uhr nachmittags* de dos a tres de la tarde; *~ diesem Tag an* a partir de ese día; *~ jeher* de siempre/desde siempre; **3.** *(Herkunft)* de, por; *ein Geschenk ~ ihm* un regalo de él; *Er kam direkt ~ Rom hierher.* Él vino directamente de Roma. **4.** *(über)* sobre, de; *Wir redeten vom Wetter.* Hablamos sobre el tiempo. **5.** *~ mir aus* por mí
vor [fo:ɐ] *prep* **1.** *(örtlich)* ante, delante de; *~ dem Haus* delante de la casa; **2.** *(zeitlich)* antes de, hace; *~ den Mahlzeiten* antes de las comidas; *etw ~ sich haben* tener algo (por) delante; **3.** *(kausal)* de, por; *Er erblasste ~ Angst.* Palideció de miedo. *~ Freude* de alegría; **4.** *~ allen Dingen* sobre todo, ante todo
vorab [fo:ɐ'ap] *adv* ante todo, primeramente
Vorabend ['fo:ɐa:bənt] *m* víspera *f*
Vorahnung ['fo:ɐa:nuŋ] *f* presentimiento *m*, premonición *f*, corazonada *f*
vorangehen [fo'range:ən] *v irr* ir delante, adelantar
vorankommen [fo'rankɔmən] *v irr* adelantar, avanzar
voraus [fo'raus] *adv* **1.** *(örtlich)* hacia adelante; ['foraus] **2.** *(zeitlich)* con anticipación, con antelación; *im Voraus* de antemano
vorausgehen [fo'rausge:ən] *v irr* ir delante, adelantarse

V

voraussagen [fo'rausza:gən] *v* predecir, pronosticar, augurar, vaticinar
voraussehen [fo'rausze:ən] *v irr* prever, ver venir
voraussetzen [fo'rauszɛtsən] *v* presuponer; *vorausgesetzt, dass* suponiendo que/en el supuesto de que
Voraussetzung [fo'rauszɛtsuŋ] *f* **1.** suposición *f*, presuposición *f*; **2.** *(Vorbedingung)* condición previa *f*, requisito previo *m*
Voraussicht [fo'rauszɪçt] *f aller ~ nach* según todos los indicios
voraussichtlich [fo'rauszɪçtlɪç] *adj* **1.** probable, previsible; *adv* **2.** probablemente
Vorauszahlung [fo'raustsa:luŋ] *f* pago adelantado *m*, pago por adelantado *m*
Vorbedacht ['fo:ɐbədaxt] *m mit ~* con premeditación, deliberadamente
Vorbehalt ['fo:ɐbəhalt] *m* reserva *f*, restricción *f*, salvedad *f*
vorbehalten ['fo:ɐbəhaltən] *v irr* reservar, reservarse; *jdm ~ bleiben* estar reservado para alguien
vorbehaltlich ['fo:ɐbəhaltlɪç] *prep* salvo, a reserva de, excepto; *~ Fälle höherer Gewalt* salvo casos de fuerza mayor
vorbei [fo:ɐ'baɪ] *adv* **1.** *(örtlich)* por delante, delante de, junto a, cerca de; **2.** *(zeitlich)* pasado, acabado; *Die guten Zeiten sind ~.* Los buenos tiempos han pasado. *~ ist vorbei.* Lo pasado, pasado está.
vorbeifahren [fo:ɐ'baɪfa:rən] *v irr* pasar en un vehículo por delante de
vorbeigehen [fo:ɐ'baɪge:ən] *v irr* **1.** *(entlanggehen)* pasar por delante de; *Er ist einfach an mir vorbeigegangen, ohne mich zu grüßen.* Pasó de largo sin saludarme. **2.** *(vergehen)* pasar, transcurrir
vorbeikommen [fo:ɐ'baɪkɔmən] *v irr ~ an/~ bei* pasar por/pasar delante de
vorbelastet ['fo:ɐbəlastət] *adj* que tiene antecedentes, con antecedentes
vorbereiten ['fo:ɐbəraɪtən] *v* preparar, arreglar
Vorbereitung ['fo:ɐbəraɪtuŋ] *f* preparación *f*
vorbestellen ['fo:ɐbəʃtɛlən] *v* encargar con anticipación, encargar con antelación
Vorbestellung ['fo:ɐbəʃtɛluŋ] *f* encargo anticipado *m*
vorbestraft ['fo:ɐbəʃtra:ft] *adj JUR* con antecedentes penales
Vorbestrafte(r) ['fo:ɐbəʃtra:ftə(-ɐ)] *m/f JUR* persona con antecedentes penales *f*
vorbeugen ['fo:ɐbɔygən] *v* **1.** prevenir, precaver; **2.** *sich ~* inclinarse hacia adelante
vorbeugend ['fo:ɐbɔygənt] *adj* **1.** preventivo; **2.** *MED* profiláctico
Vorbeugung ['fo:ɐbɔyguŋ] *f* **1.** prevención *f*; **2.** *MED* profilaxis *f*
Vorbild ['fo:ɐbɪlt] *n* modelo *m*, ejemplo *m*
vorbildlich ['fo:ɐbɪltlɪç] *adj* **1.** ejemplar, modelo, ideal; *adv* **2.** ejemplarmente
Vorbote ['fo:ɐbo:tə] *m* señal *f*, indicio *m*, anuncio *m*
vorbringen ['fo:ɐbrɪŋən] *v irr* manifestar, exponer, expresar, formular
Vordach ['fo:ɐdax] *n* colgadizo *m*
vordatieren ['fo:ɐdati:rən] *v* *(Dokument)* antedatar
vordere(r,s) ['fɔrdərə(ɐ,əs)] *adj* delantero, anterior
Vorderfront ['fɔrdɐfrɔnt] *f* fachada *f*
Vordergrund ['fɔrdɐgrunt] *m* primer plano *m*, primer término *m*; *etw in den ~ stellen* poner algo de relieve
vordergründig ['fɔrdɐgryndɪç] *adj* ostensible, manifiesto, visible, evidente
Vorderseite ['fɔrdɐzaɪtə] *f* lado anterior/lado delantero *m*, fachada anterior *f*
Vorderteil ['fɔrdɐtaɪl] *n* parte anterior *f*, parte delantera *f*
vordrängen ['fo:ɐdrɛŋən] *v sich ~* abrirse paso
vordringen ['fo:ɐdrɪŋən] *v irr* avanzar, ganar terreno
vordringlich ['fo:ɐdrɪŋlɪç] *adj* **1.** urgente, de alta prioridad, de suma urgencia; *adv* **2.** muy urgente, sumamente urgente
Vordruck ['fo:ɐdruk] *m* **1.** *(amtlicher ~)* impreso *m*; **2.** *(zum Ausfüllen)* formulario *m*
voreilig ['fo:ɐaɪlɪç] *adj* **1.** apresurado, precipitado; *adv* **2.** apresuradamente, precipitadamente, con prisas

voreingenommen ['foːɐaɪngənɔmən] *adj* **1.** predispuesto, preinformado, con prejuicios; *adv* **2.** con parcialidad, con prejuicios; *~ sein* estar prevenido en favor de/estar prevenido en contra de
Voreingenommenheit ['foːɐaɪngənɔmənhaɪt] *f* prejuicio *m*, predisposición *f*, inclinación *f*, parcialidad *f*
vorenthalten ['foːɐɛnthaltən] *v irr* retener sin derecho
Vorentscheidung ['foːɐɛntʃaɪduŋ] *f* decisión previa *f*, resolución previa *f*
vorerst ['foːɐeɐst] *adv* por lo pronto, de momento, por el momento
Vorfahr(in) ['foːɐfaːɐ(-rɪn)] *m/f* antepasado/antepasada *m/f*, antecesor(a) *m/f*
Vorfahrt ['foːɐfaːɐt] *f* prioridad de paso *f*, preferencia *f*; *~ beachten!* ¡Ceda el paso!
Vorfahrtstraße ['foːɐfaːɐtʃtraːsə] *f* calle de prioridad *f*, calle preferencial *f*
Vorfall ['foːɐfal] *m* suceso *m*, incidente *m*
Vorfeld ['foːɐfɛlt] *n im ~* en la etapa preliminar
vorfinden ['foːɐfɪndən] *v irr* encontrar al llegar
Vorfreude ['foːɐfrɔydə] *f* alegría prematura *f*, alegría anticipada *f*
vorführen ['foːɐfyːrən] *v* **1.** *(präsentieren)* presentar, exhibir; **2.** *(Angeklagten)* llevar ante el juez, comparecer; **3.** *(Film)* proyectar, pasar
Vorführung ['foːɐfyːruŋ] *f* **1.** *(Präsentation)* presentación *f*, exhibición *f*; **2.** *(eines Angeklagten)* comparecencia *f*; **3.** *(eines Films)* proyección *f*
Vorgang ['foːɐgaŋ] *m* **1.** *(Geschehen)* suceso *m*, acontecimiento *m*; **2.** *(Akte)* expediente *m*, acta *f*
Vorgänger(in) ['foːɐgɛŋɐ(rɪn)] *m/f* antecesor(a) *m/f*, predecesor(a) *m/f*
vorgeben ['foːɐgeːbən] *v irr (fig)* fingir, aparentar
vorgehen ['foːɐgeːən] *v irr* **1.** *(handeln)* actuar, obrar, proceder; **2.** *(vorausgehen)* adelantarse, ir por delante; **3.** *(wichtiger sein)* tener preferencia, venir primero, ser importante; **4.** *(Uhr)* adelantarse, ir adelantado
Vorgehen ['foːɐgeːən] *n* proceder *m*, procedimiento *m*
Vorgesetzte(r) ['foːɐgəzɛtstə(-ɐ)] *m/f* superior(a) *m/f*, jefe/jefa *m/f*
vorgestern ['foːɐgɛstɐn] *adv* anteayer
vorgreifen ['foːɐgraɪfən] *v irr einer Sache ~* anticiparse a algo, adelantarse a algo
vorhaben ['foːɐhaːbən] *v irr* pensar hacer, planear, tener planeado; *Haben Sie für heute Abend schon etw vor?* ¿Tiene ya un compromiso para esta noche?
Vorhaben ['foːɐhaːbən] *n* intención *f*, propósito *m*, plan *m*, proyecto *m*
vorhalten ['foːɐhaltən] *v irr (fig)* reprochar algo a alguien; *Ich habe ihm sein schlechtes Benehmen vorgehalten.* Le he echado en cara su pésima conducta.
vorhanden [foːɐ'handən] *adj* existente, presente, disponible
Vorhang ['foːɐhaŋ] *m* cortina *f*; *der Eiserne ~* la cortina de hierro *f*, el telón de acero *m*
vorher ['foːɐheːɐ] *adv* antes, previamente
vorhergehend [foːɐ'heːɐgeːənt] *adj* precedente, anterior
vorherig [foːɐ'heːrɪç] *adj* anterior, precedente, previo
Vorherrschaft ['foːɐhɛrʃaft] *f* predominio *m*, supremacía *f*, preponderancia *f*
vorherrschen ['foːɐhɛrʃən] *v* predominar, preponderar
Vorhersage [foːɐ'heːɐzaːgə] *f* predicción *f*, pronóstico *m*
vorhersagen [foːɐ'heːrzaːgən] *v* predecir, pronosticar, vaticinar
vorhersehbar [foːɐ'heːɐzeːbaːɐ] *adj* previsible
vorhin [foːɐ'hɪn] *adv* hace un momento, hace un rato, ahorita *(LA)*
Vorhut ['foːɐhuːt] *f* vanguardia *f*
vorig ['foːɐɪç] *adj* **1.** *(vergangen)* pasado, último; **2.** *(vorhergegangen)* anterior, precedente
Vorjahr ['voːɐjaːɐ] *n* año anterior *m*, año pasado *m*
Vorkämpfer(in) ['foːɐkɛmpfɐ(rɪn)] *m/f* pionero/pionera *m/f*, adalid *m*
Vorkehrung ['foːɐkeːruŋ] *f* precaución *f*, medida preventiva *f*; *~en treffen* tomar precauciones

Vorkenntnisse ['foːɐkɛntnɪsə] *pl* conocimientos previos *m/pl,* nociones preliminares *f/pl*
vorknöpfen [foːɐknœpfɐn] *v sich jdn ~* cantarle las cuarenta a alguien
vorkommen ['foːɐkɔmən] *v irr* **1.** *(erscheinen)* aparecer, parecer; *Das Wort kommt häufig im Spanischen vor.* Es una palabra corriente en español. *Das kommt mir Spanisch vor.* Eso me suena a chino. **2.** *(geschehen)* ocurrir, suceder, pasar; **3.** *(vorhanden sein)* existir, estar disponible, haber
Vorkommen ['foːɐkɔmən] *n (Vorhandensein)* existencia *f,* presencia *f*
Vorkommnis ['foːɐkɔmnɪs] *n* suceso *m,* acontecimiento *m,* acaecimiento *m*
Vorkriegszeit ['foːɐkriːkstsaɪt] *f* época de preguerra *f,* anteguerra *f*
vorladen ['foːɐlaːdən] *v irr JUR* citar
Vorladung ['foːɐlaːduŋ] *f JUR* citación *f*
Vorlage ['foːɐlaːgə] *f* **1.** *(Vorlegen)* presentación *f;* **2.** *(Muster)* modelo *m,* muestra *f;* **3.** *(Entwurf)* diseño *m,* bosquejo *m,* croquis *m;* **4.** *(eines Gesetzes)* proyecto de ley *m*
Vorläufer(in) ['foːɐlɔyfɐ(rɪn)] *m/f* precursor(a) *m/f*
vorläufig ['foːɐlɔyfɪç] *adj* **1.** provisional, temporal; *adv* **2.** provisionalmente, mientras tanto
vorlaut ['foːɐlaut] *adj* petulante, resabido
vorlesen ['foːɐleːzən] *v irr etw jdm ~* leer algo a alguien
Vorlesung ['foːɐleːzuŋ] *f* lectura *f,* lección *f,* clase *f*
vorletzte(r,s) ['foːɐlɛtstə(ɐ,əs)] *adj* penúltimo
vorlieb ['foːɐliːp] *adv ~ nehmen mit* contentarse con, darse por satisfecho con
Vorliebe ['foːɐliːbə] *f* predilección *f,* preferencia *f*
vorliegend ['foːɐliːgənt] *adj* presente, en cuestión
vormachen ['foːɐmaxən] *v (fig)* engañar a alguien, hacer creer algo a alguien
Vormachtstellung ['foːɐmaxtʃtɛluŋ] *f* preponderancia *f,* supremacía *f,* hegemonía *f*
vormerken ['foːɐmɛrkən] *v* anotar, apuntar, tomar nota
Vormittag ['foːɐmɪtaːk] *m* mañana *f; am ~* por la mañana
vormittags ['foːɐmɪtaːks] *adv* por la mañana; por las mañanas
Vormund ['foːɐmunt] *m* tutor *m*
Vormundschaft ['foːɐmuntʃaft] *f* tutela *f,* tutoría *f*
vorn(e) [fɔrn(ə)] *adv* delante, adelante, por delante, al frente; *von vorn bis hinten* de cabo a rabo *(fam); von ~ (von neuem)* de nuevo
Vorname ['foːɐnaːmə] *m* nombre *m*
vornehm ['foːɐneːm] *adj* **1.** distinguido, elegante, bien educado; *adv* **2.** con distinción, con elegancia
vornehmen ['foːɐneːmən] *v irr* **1.** *(tun)* hacer, efectuar, practicar; **2.** *sich etw ~* proponerse algo, procurar algo; **3.** *sich jdn ~* reprender a alguien, sermonear a alguien
Vorort ['foːɐɔrt] *m* suburbio *m,* arrabal *m*
Vorrang ['foːɐraŋ] *m* primacía *f,* preferencia *f,* precedencia *f*
vorrangig ['foːɐraŋɪç] *adj* **1.** prioritario; *adv* **2.** con prioridad
Vorrat ['foːɐraːt] *m* provisión *f,* reserva *f*
vorrätig ['foːɐrɛːtɪç] *adj* **1.** *ECO* en stock, en almacén; **2.** disponible
Vorratskammer ['foːɐraːtskamɐ] *f* despensa *f*
Vorrecht ['foːɐrɛçt] *n* privilegio *m*
Vorrichtung ['foːɐrɪçtuŋ] *f* dispositivo *m,* aparato *m,* mecanismo *m*
Vorruhestand ['foːɐruːəʃtant] *m* prejubilación *f,* jubilación anticipada *f*
Vorsaison ['foːɐsɛzɔŋ] *f* temporada baja *f*
Vorsatz ['foːɐzats] *m* premeditación *f*
vorsätzlich ['foːɐzɛtslɪç] *adj* **1.** premeditado; *adv* **2.** premeditadamente, a propósito
Vorschau ['foːɐʃau] *f* previsión *f*
Vorschlag ['foːɐʃlaːk] *m* propuesta *f,* proposición *f*
vorschlagen ['foːɐʃlaːgən] *v irr* proponer
vorschreiben ['foːɐʃraɪbən] *v irr (fig)* prescribir, ordenar
Vorschrift ['foːɐʃrɪft] *f* prescripción *f,* precepto *m*
vorschriftsmäßig ['foːɐʃrɪftsmɛːsɪç] *adj* **1.** reglamentario, de reglamento;

adv 2. según lo prescrito, conforme a lo prescrito

Vorschule ['foːɐʃuːlə] *f* escuela preparatoria *f*

Vorschuss ['foːɐʃus] *m* anticipo *m*, adelanto *m*

vorsehen ['foːɐzeːən] *v irr* 1. prever; 2. *sich ~* precaverse, guardarse

Vorsehung ['foːɐzeːuŋ] *f REL* Divina Providencia *f*

Vorsicht ['foːɐzɪçt] *f* precaución *f*, cautela *f*, cuidado *m*; *~!* ¡Cuidado!

vorsichtig ['foːɐzɪçtɪç] *adj* 1. prudente, precavido, cauto, cuidadoso; *~ gehen* ir pisando huevos *(fam)*; *adv* 2. con cuidado, cautelosamente

Vorsichtigkeit ['foːɐzɪçtɪçkaɪt] *f* conducta cuidadosa *f*, carácter cauteloso *m*

vorsichtshalber ['foːɐzɪçtshalbɐ] *adv* 1. por precaución, por si acaso; *adv* 2. *(fam)* por si las moscas

Vorsichtsmaßnahme ['foːɐzɪçtsmasnaːmə] *f* medida de precaución *f*

Vorsitz ['foːɐzɪts] *m* presidencia *f*

Vorsitzende(r) ['foːɐzɪtsəndə(-ɐ)] *m/f* presidente *m/f*

Vorsorge ['foːɐzɔrgə] *f* previsión *f*, prevención *f*, precaución *f*

vorsorgen ['foːɐzɔrgən] *v* tomar precauciones, tomar las medidas necesarias

vorsorglich ['foːɐzɔrklɪç] *adj* 1. previsor; *adv* 2. por precaución

Vorspeise ['foːɐʃpaɪzə] *f GAST* entrada *f*, entremeses *m/pl*

vorspiegeln ['foːɐʃpiːgəln] *v* aparentar, fingir, simular

Vorspiegelung ['foːɐʃpiːgəluŋ] *f* simulación *f*, fingimiento *m*; *~ falscher Tatsachen* fingimiento *m*

Vorsprung ['foːɐʃpruŋ] *m* 1. *(Felsvorsprung)* roca saliente *f*, saledizo *m*; 2. *(Hausvorsprung)* resalto *m*, vuelo *m*, saledizo *m*, saliente *m*; 3. *(fig)* ventaja *f*

Vorstadt ['foːɐʃtat] *f* suburbio *m*, arrabal *m*, barrio periférico *m*

Vorstand ['foːɐʃtant] *m ECO* junta directiva *f*, consejo de dirección *m*

Vorstandsmitglied ['foːɐʃtantsmɪtgliːt] *n ECO* miembro de la junta directiva *m*

vorstehen ['foːɐʃteːən] *v irr* 1. *(vorspringen)* resaltar, sobresalir; 2. *(leiten)* presidir

vorstellen ['foːɐʃtɛlən] *v* 1. *sich ~* presentarse; *(fig) sich etw ~* imaginarse algo, figurarse algo, fantasear algo

Vorstellung ['foːɐʃtɛluŋ] *f* 1. *(Bekanntmachen)* presentación *f*; 2. *(Gedanke)* idea *f*, pensamiento *m*, imaginación *f*; 3. *THEAT* representación *f*, función *f*; *Wie lange dauert die ~?* ¿Cuánto dura la función?

Vorstoß ['foːɐʃtoːs] *m* 1. *(fig)* intento *m*, iniciativa *f*; 2. *MIL* avance *m*

vorstoßen [foːɐʃtoːsən] *v MIL* avanzar

Vorstrafe ['foːɐʃtraːfə] *f JUR* antecedente penal *m*

Vortag ['foːɐtaːk] *m* día anterior *m*

vortäuschen ['foːɐtɔyʃən] *v* fingir, aparentar, simular; *Stefan täuscht Wissen vor.* Esteban se las da de sabio.

Vortäuschung ['foːɐtɔyʃuŋ] *f* simulación *f*, fingimiento *m*

Vorteil ['fɔːɐtaɪl] *m* ventaja *f*; *seinen ~ wahren* cuidar de sus intereses

vorteilhaft ['fɔːɐtaɪlhaft] *adj* 1. ventajoso, provechoso; *adv* 2. ventajosamente, provechosamente

Vortrag ['foːɐtraːk] *m* conferencia *f*, exposición *f*, coloquio *m*, discurso *m*

vortragen ['foːɐtraːgən] *v irr (fig)* exponer, presentar un informe

vortrefflich [foːɐ'trɛflɪç] *adj* 1. excelente, exquisito, perfecto, magnífico; *adv* 2. perfectamente, a la perfección, maravillosamente

vortreten ['foːɐtreːtən] *v irr* adelantarse, preceder

Vortritt ['foːɐtrɪt] *m* precedencia *f*; *jdm den ~ lassen* ceder el paso a alguien/dar la preferencia a alguien

vorüber [fo'ryːbɐ] *adv* 1. *(örtlich)* delante; 2. *(zeitlich)* pasado

vorübergehen [fo'ryːbɐgeːən] *v irr* pasar delante

vorübergehend [fo'ryːbɐgeːənt] *adj* 1. pasajero, provisional; *adv* 2. de paso, temporalmente

Vorurteil ['foːɐurtaɪl] *n* prejuicio *m*; *ohne ~e* sin prejuicios

Vorverkauf ['foːɐfɛɐkauf] *m* venta anticipada *f*; *Gibt es einen Kartenvorverkauf?* ¿Hay venta anticipada de localidades?

V

Vorwahl ['foːɐvaːl] *f TEL* prefijo *m*, código territorial *m; Wie ist die ~nummer von Berlin?* ¿Cuál es el prefijo de Berlín?
vorwählen ['foːɐvɛːlən] *v* marcar de prefijo
Vorwand ['foːɐvant] *m* pretexto *m*, excusa *f*, subterfugio *m*
Vorwarnung ['foːɐvarnuŋ] *f* alarma preventiva *f*
vorwärts ['foːɐvɛrts] *adv* hacia adelante
Vorwärtsgang ['foːɐvɛrtsgaŋ] *m (beim Auto)* marcha adelante *f*
vorwärtskommen ['foːɐvɛrtskɔmən] *v irr* progresar, hacer progresos, adelantar, avanzar
vorwegnehmen [foːɐ'vɛkneːmən] *v irr* anticipar
vorweisen ['foːɐvaɪzən] *v irr* enseñar, exhibir, presentar
vorwerfen ['foːɐvɛrfən] *v irr (fig) jdm etw ~* reprochar algo a alguien, recriminar algo a alguien, echar a alguien algo en cara
vorwiegend ['foːɐviːgənt] *adj* **1.** predominante, preponderante; *adv* **2.** predominantemente, en su mayoría, sobre todo
Vorwort ['foːɐvɔrt] *n* prólogo *m*, prefacio *m*
Vorwurf ['foːɐvurf] *m* reproche *m*, recriminación *f; jdm einen ~ machen* hacer un reproche a alguien
vorwurfsvoll ['foːɐvurfsfɔl] *adj* **1.** lleno de reproches; *adv* **2.** con mirada de reproche, con reproche
Vorzeichen ['foːɐtsaɪçən] *n* **1.** *(fig)* presagio *m*, augurio *m;* **2.** *MATH* signo *m; mit umgekehrten ~* con signo opuesto
vorzeigen ['foːɐtsaɪgən] *v* mostrar, enseñar, dejar ver
vorzeitig ['foːɐtsaɪtɪç] *adj* **1.** anticipado, prematuro; *adv* **2.** con anticipación, prematuramente
vorziehen ['foːɐtsiːən] *v irr* **1.** tirar hacia adelante; **2.** *(fig)* preferir, dar la preferencia a
Vorzimmer ['foːɐtsɪmɐ] *n* antesala *f*, antedespacho *m*, recibidor *m*
Vorzug ['foːɐtsuːk] *m* **1.** *(Vorteil)* ventaja *f;* **2.** *(Vorrang)* preferencia *f*, prioridad *f; jdm den ~ geben* dar la preferencia a alguien; **3.** *(gute Eigenschaft)* virtud *f*
vorzüglich [foːɐ'tsyːklɪç] *adj* **1.** superior, excelente, exquisito; *adv* **2.** de preferencia, sobre todo, especialmente; *Das Essen hat ~ geschmeckt.* La comida estuvo deliciosa.
vorzugsweise ['foːɐtsuːksvaɪzə] *adv* de preferencia, preferentemente
vulgär [vul'gɛːɐ] *adj* **1.** vulgar, ordinario; *adv* **2.** vulgarmente
Vulkan [vul'kaːn] *m GEO* volcán *m;*
Vulkanausbruch [vul'kaːnausbrux] *m* erupción volcánica *f*

V

W

Waage ['vaːgə] *f* **1.** balanza *f; sich gegenseitig die ~ halten* equilibrarse/igualarse; **2.** ASTR Libra *f*
waagrecht ['vaːkrɛçt] *adj* **1.** horizontal; *adv* **2.** horizontalmente
Waagschale ['vaːkʃaːlə] *f* **1.** platillo de la balanza *m;* **2.** *(fig)* balanza *f; etw in die ~ werfen* inclinar el fiel de la balanza
wach [vax] *adj* despierto
Wache ['vaxə] *f* guardia *m,* centinela *m; ~ stehen* estar de guardia
wachen ['vaxən] *v* velar, cuidar
wachhalten ['vaxhaltən] *v irr* **1.** mantener despierto; **2.** *(fig)* conservar vivo
Wachmann ['vaxman] *m* guarda *m,* conserje *m,* guardián *m,* vigilante *m*
Wacholderbeere [va'xɔldɐbeːrə] *f* BOT enebrina *f*
Wachs [vaks] *n* cera *f*
wachsam ['vaxzaːm] *adj* vigilante, alerta
Wachsamkeit ['vaxzaːmkaɪt] *f* vigilancia *f,* atención *f*
wachsen[1] ['vaksən] *v irr* **1.** crecer; **2.** *(zunehmen)* aumentar, acrecentarse, incrementarse
wachsen[2] ['vaksən] *v (polieren)* encerar
wachsend ['vaksənt] *adj* creciente
Wachstuch ['vakstuːx] *n* hule *m*
Wachstum ['vakstuːm] *n* crecimiento *m*
Wächter(in) ['vɛçtɐ(rɪn)] *m/f* **1.** guarda *m/f,* vigilante *m/f,* guardián(a) *m/f;* **2.** *(Museumswächter(in))* celador(a) *m/f,* guardián/guardiana *m/f,* vigilante *m/f*
wackelig ['vakəlɪç] *adj* tambaleante
wackeln ['vakəln] *v* tambalearse
Wade ['vaːdə] *f* ANAT pantorrilla *f*
Waffe ['vafə] *f* arma *f; die ~n strecken* tirar las armas; *jdn zu den ~ rufen* llamar a alguien a las armas
Waffel ['vafəl] *f* GAST barquillo *m,* gofre *m,* waffle *m (LA); einen an der ~ haben* tener un tornillo suelto
Waffengewalt ['vafəngəvalt] *f* fuerza de las armas *f*
Waffenschein ['vafənʃaɪn] *m* licencia de armas *f*
Waffenstillstand ['vafənʃtɪlʃtant] *m* armisticio *m,* tregua *f*
wagemutig ['vaːgəmuːtɪç] *adj* temerario, audaz, osado, arrojado
wagen ['vaːgən] *v* **1.** *(sich getrauen)* atreverse, osar; **2.** *(riskieren)* arriesgar, aventurar
Wagen ['vaːgən] *m* **1.** *(Auto)* coche *m,* auto *m,* carro *m (LA);* **2.** *(Kinderwagen)* cochecito de niño *m;* **3.** *(Leiterwagen)* carreta *f;* **4.** *sich nicht vor jds ~ spannen lassen* no defender los intereses de alguien
Waggon [va'gɔŋ] *m* vagón *m*
waghalsig ['vaːkhalzɪç] *adj* **1.** temerario, aventurado, arriesgado; *adv* **2.** con temeridad, con audacia
Wagnis ['vaːknɪs] *n* empresa arriesgada *f*
Wahl [vaːl] *f* **1.** *(Auswahl)* selección *f; erste ~* primera calidad *f;* **2.** POL elección *f,* comicios *m/pl*
wählbar ['vɛːlbaːɐ] *adj* elegible
wahlberechtigt ['vaːlbərɛçtɪçt] *adj* con derecho a votar, con derecho a voto
Wahlbeteiligung ['vaːlbətaɪlɪguŋ] *f* POL participación electoral *f*
wählen ['vɛːlən] *v* **1.** *(auswählen)* seleccionar, escoger; **2.** *Nummer ~* marcar el número; **3.** POL elegir, votar por
Wähler(in) ['vɛːlɐ(rɪn)] *m/f* POL elector(a) *m/f*
Wahlergebnis ['vaːlɛrgepnɪs] *n* POL resultado de las elecciones *m*
wählerisch ['vɛːlɐrɪʃ] *adj* exigente, difícil de contentar
Wahlkampf ['vaːlkampf] *m* POL lucha electoral *f,* pugna electoral *f*
Wahlkreis ['vaːlkraɪs] *m* POL distrito electoral *m*
Wahllokal ['vaːllokaːl] *n* POL colegio electoral *m*
wahllos ['vaːlloːs] *adj* **1.** desordenado, sin escoger; *adv* **2.** al azar
Wahlrecht ['vaːlrɛçt] *n* POL derecho de sufragio *m,* derecho electoral *m*

Wahlspruch ['vaːlʃprux] *m* lema *m*, divisa *f*
wahlweise ['vaːlvaɪzə] *adv* a elección, facultativamente
Wahn [vaːn] *m* ilusión *f*, locura *f*, delirio *m*, MED manía *f*
Wahnsinn ['vaːnzɪn] *m* locura *f*, demencia *f*, enajenación *f*
wahnsinnig ['vaːnzɪnɪç] *adj* **1.** loco, demente, enajenado; **2.** *(fam: furchtbar)* terrible, de locura; *adv* **3.** locamente; **4.** *(fam: sehr)* muy, muchísimo
wahnwitzig ['vaːnvɪtsɪç] *adj* descabellado
wahr [vaːɐ] *adj* verdadero; *sein ~es Gesicht zeigen* quitarse la careta; *Das darf doch nicht ~ sein!* ¡Eso no puede ser verdad!
wahren ['vaːrən] *v* **1.** *(schützen)* guardar, velar por, cuidar de; **2.** *(bewahren)* conservar, mantener
während ['vɛːrənt] *prep* **1.** durante, en el transcurso de; *~ des Semesters* durante el semestre; *konj* **2.** mientras, mientras que; *~ ich arbeite, trinke ich gerne Kaffee.* Mientras trabajo, me gusta mucho tomar café.
wahrhaben ['vaːɐhabən] *v irr etw nicht ~ wollen* no querer reconocer algo/ no querer convencerse de algo
Wahrheit ['vaːɐhaɪt] *f* verdad *f*; *unverblümt die ~ sagen* no tener pelos en la lengua; *die Stunde der ~* la hora de la verdad; *in ~* en verdad; *die nackte ~* la cruda realidad *f*
wahrheitsgetreu ['vaːɐhaɪtsgətrɔy] *adj* conforme a la verdad, verídico
wahrnehmen ['vaːɐneːmən] *v irr* **1.** *(bemerken)* notar, observar, percibir; **2.** *(nutzen)* aprovechar
Wahrnehmung ['vaːɐneːmuŋ] *f* percepción *f*, observación *f*
wahrsagen ['vaːɐzaːgən] *v* decir la buenaventura, adivinar el futuro *(LA)*
Wahrsager(in) ['vaːɐzaːgɐ(rɪn)] *m/f* adivino/adivina *m/f*
wahrscheinlich [vaːɐ'ʃaɪnlɪç] *adj* **1.** probable; *adv* **2.** probablemente
Wahrscheinlichkeit [vaːɐ'ʃaɪnlɪçkaɪt] *f* probabilidad *f*
Wahrung ['vaːruŋ] *f* **1.** *(Schutz)* protección *f*, defensa *f*; **2.** *(Bewahrung)* preservación *f*, conservación *f*
Währung ['vɛːruŋ] *f* moneda *f*, valor monetario *m*, divisa *f*
Währungsunion ['vɛːruŋsunjoːn] *f* unión monetaria *f*
Wahrzeichen ['vaːɐtsaɪçən] *n* marca característica *f*, monumento característico *m*, símbolo *m*
Waise ['vaɪzə] *f* huérfano *m/f*
Waisenhaus ['vaɪzənhaus] *n* orfanato *m*
Wal [vaːl] *m* ZOOL ballena *f*
Wald [valt] *m* bosque *m*, monte *m*; *den ~ vor lauter Bäumen nicht sehen* estar en la aldea y no ver las casas
Waldbestand ['valtbəʃtant] *m* recursos forestales *m/pl*
Waldrand ['valtrant] *m* borde del bosque *m*
Waldsterben ['valtʃtɛrbən] *n* muerte lenta de bosques *f*, deforestación *f*
Walfang ['vaːlfaŋ] *m* pesca de la ballena *f*
Walfänger ['vaːlfɛŋɐ] *m/f* **1.** *(Fischer)* ballenero/ballenera *m/f*; **2.** *(Schiff)* ballenero *m*
Wall [val] *m* **1.** muralla *f*; **2.** *(Pfahlwerk)* valla *f*, vallado *m*, cerca *f*
wallend ['valənt] *adj* *(Gewänder, Haare)* ondeante, ondeado
Wallfahrer(in) ['valfaːrɐ(rɪn)] *m/f* REL peregrino/peregrina *m/f*
Wallfahrt ['valfaːɐt] *f* REL peregrinación *f*
Walnuss ['valnus] *f* BOT nuez *f*
Walross ['vaːlrɔs] *n* ZOOL morsa *f*
Walze ['valtsə] *f* **1.** *(Dampfwalze)* TECH cilindro apisonador *m*, apisonadora *f*; **2.** *(Blechwalze)* TECH cilindro *m*, rodillo *m*
wälzen ['vɛltsən] *v* **1.** *(rollen)* hacer rodar, arrollar; **2.** *(nachschlagen)* consultar; **3.** *(nachdenken)* dar vueltas; **4.** *sich ~* revolcarse
Walzer ['valtsɐ] *m* MUS vals *m*
Wand [vant] *f* pared *f*; *jdn vor die ~ stellen* llevar a alguien al paredón; *in seinen vier eigenen Wänden* entre sus cuatro paredes; *gegen die ~ reden* hablar con la pared; *jdn an die ~ spielen* poner fuera de juego a alguien; *die eigenen vier Wände* su propia casa *f*, las cuatro propias paredes; *f/pl Wände haben keine Ohren.* Las paredes no oyen.

Wandel ['vandəl] *m* cambio *m*
wandeln ['vandəln] *v* 1. *(ändern)* cambiar, mudar; 2. *(gehen)* andar, caminar
Wanderausstellung ['vandɐausʃtɛluŋ] *f* exposición itinerante *f*
Wanderdüne ['vandɐdyːnə] *f* duna movediza *f*
Wanderer ['vandərɐ] *m* caminante *m*, excursionista *m*
Wanderfalke ['vandɐfalkə] *m* ZOOL halcón peregrino *m*
wandern ['vandɐn] *v* caminar, hacer excursiones
Wanderpokal ['vandɐpokaːl] *m* copa ambulante *f*
Wanderung ['vandəruŋ] *f* excursión a pie *f*, caminata *f*
Wanderweg ['vandɐveːk] *m* camino *m*, sendero *m*
Wandlung ['vandluŋ] *f* 1. cambio *m*, transformación *f*, metamorfosis *f*; 2. *JUR* redhibición *f*; 3. *REL* transubstanciación *f*
Wange ['vaŋə] *f ANAT* mejilla *f*
wankelmütig ['vaŋkəlmyːtɪç] *adj* voluble, inconstante
wanken ['vaŋkən] *v* 1. *(taumeln)* vacilar, tambalearse, oscilar, menearse; 2. *(fig)* flaquear, desmoralizar, desanimar; *jdn ins Wanken bringen* hacer perder el equilibrio a alguien *(fig)*
wann [van] *adv* cuándo; *Wann?* ¿Cuándo? *Bis ~?* ¿Hasta cuándo?
Wanne ['vanə] *f* tina *f*, cuba *f*
Wanze ['vantsə] *f ZOOL* chinche *m*
Wappen ['vapən] *n* escudo de armas *m*
wappnen ['vapnən] *v sich ~* armarse de
Ware ['vaːrə] *f* mercancía *f*, mercadería *f*
Warenhaus ['vaːrənhaus] *n* grandes almacenes *m/pl*, emporio *m (LA)*
Warenzeichen ['vaːrəntsaɪxən] *n* marca de fábrica *f*
warm [varm] *adj* caliente; *~ halten* conservar caliente; *mit jdm ~ werden* tomar confianza con alguien
Warmduscher ['varmduːʃɐ] *m (fam)* blandengue *m*
Wärme ['vɛrmə] *f* calor *m*
Wärmedämmung ['vɛrmədɛmuŋ] *f* aislamiento térmico *m*
wärmen ['vɛrmən] *v* calentar
Wärmflasche ['vɛrmflaʃə] *f* calentador *m*, bolsa de agua caliente *f*
warmherzig ['varmhɛrtsɪç] *adj* 1. caluroso, efusivo; *adv* 2. calurosamente, efusivamente
warnen ['varnən] *v* advertir, prevenir, avisar
Warnsignal ['varnzɪknaːl] *n* señal de aviso *f*
Warnstreik ['varnʃtraɪk] *m* huelga de advertencia *f*, huelga de aviso *f*
Warnung ['varnuŋ] *f* advertencia *f*, avizso *m*
Warte ['vartə] *f von meiner ~ aus* desde mi punto de vista
warten ['vartən] *v* 1. *~ auf* esperar a, aguardar; 2. *(in Stand halten)* mantener, conservar en buen estado, cuidar
Wärter(in) ['vɛrtɐ(rɪn)] *m/f* guarda *m/f*, guardián/guardiana *m/f*, vigilante *m/f*
Wartesaal ['vartəzaːl] *m* sala de espera *f*
Wartezimmer ['vartətsɪmɐ] *n* sala de espera *f*
Wartung ['vartuŋ] *f TECH* entretenimiento *m*, mantenimiento *m*
warum [va'rum] *adv* ¿Por qué?, ¿Por qué motivo?, ¿Por qué razón?, *Ich weiß nicht ~.* No sé por qué.
Warze ['vartsə] *f MED* verruga *f*
was [vas] *pron* 1. *(interr)* qué; *Was ist los?* ¿Qué pasa? 2. *(rel)* que, lo que
Waschbecken ['vaʃbɛkən] *n* lavabo *m*
Wäsche ['vɛʃə] *f* 1. *(waschen)* colada *f*; 2. *(Gewaschenes)* ropa lavada *f*; *dumm aus der ~ schauen* quedarse con las ganas; 3. *(Unterwäsche)* ropa interior *f*
waschecht ['vaʃɛçt] *adj* 1. lavable, resistente al lavado; 2. *(fig)* de pura cepa
Wäscheklammer ['vɛʃəklamɐ] *f* pinza para la ropa *f*, gancho para colgar *m (LA)*
waschen ['vaʃən] *v irr* 1. lavar, asear; 2. *sich ~* lavarse, asearse; *sich ge~ haben* no olvidarse
Wäscherei [vɛʃɐ'raɪ] *f* lavandería *f*
Wäschetrockner ['vɛʃətrɔknɐ] *m* 1. *(Elektrogerät)* secadora *f*; 2. *(Gestell)* tendedero *m*
Waschmaschine ['vaʃmaʃiːnə] *f* máquina lavadora *f*
Waschmittel ['vaʃmɪtəl] *n* detergente *m*
Wasser ['vasɐ] *n* agua *f*; *sich selbst das ~ abgraben* cavarse su propia tumba; *ins ~ fallen* aguarse, fracasar; *jdm das ~*

nicht reichen können no llegar a alguien ni a la suela del zapato; *mit allen ~n gewaschen sein* ser un pillo

wasserdicht ['vasɐdɪçt] *adj* impermeable

Wasserfall ['vasɐfal] *m* **1.** *(groß)* catarata *f;* **2.** *(klein)* cascada *f,* paso de agua *m*

Wasserhahn ['vasɐhaːn] *m* grifo de agua *m,* canilla *f (LA),* caño *m (LA)*

Wassermelone ['vasɐmeloːnə] *f BOT* sandía *f*

Wasserski ['vasɐʃiː] *m SPORT* esquí acuático *m*

Wasserstoff ['vasɐʃtɔf] *m CHEM* hidrógeno *m*

Wasserwerk ['vasɐvɛrk] *n* central abastecedora de agua *f,* servicio de aguas corrientes *m*

Watt[1] [vat] *n* **1.** *(~enmeer)* aguas bajas de la costa *f/pl*

Watt[2] [vat] *n PHYS* vatio *m*

Watte ['vatə] *f* **1.** *MED* algodón hidrófilo *m;* **2.** algodón *m,* guata *f*

Wattebausch ['vatəbauʃ] *m* tapón de algodón *m*

Wattestäbchen ['vatəʃtɛːpçən] *n* bastoncillo de algodón *m*

weben ['veːbən] *v* tejer

Weberei [veːbɐ'raɪ] *f* tejeduría *f,* fábrica de tejidos *f*

Web-Seite ['webzaɪtə] *f INFORM* página web *f*

Wechsel ['vɛksəl] *m* **1.** *(Änderung)* cambio *m,* muda *f;* **2.** *(Geldwechsel) ECO* cambio *m;* **3.** *(Zahlungsmittel) ECO* letra de cambio *f,* efecto de comercio *m*

Wechselgeld ['vɛksəlgɛlt] *n* **1.** *(Herausgegebenes)* vuelto/vuelta *m/f;* **2.** *(Kleingeld)* cambio *m*

wechselhaft ['vɛksəlhaft] *adj* cambiante, variable

Wechseljahre ['vɛksəljaːrə] *f MED* menopausia *f,* climaterio *m*

Wechselkurs ['vɛksəlkurs] *m FIN* tipo de cambio *m; Wie ist der ~?* ¿A cuánto está el cambio?

wechseln ['vɛksəln] *v* cambiar, mudar, variar; *häufig den Partner ~* cambiar de pareja a menudo

Wechselwirkung ['vɛksəlvɪrkuŋ] *f* acción recíproca *f,* interacción *f*

wecken ['vɛkən] *v* **1.** *(aufwecken)* despertar a alguien; **2.** *(hervorrufen)* evocar, recordar

Wecker ['vɛkɐ] *m* despertador *m; jdm auf den ~ fallen* poner a alguien de mal humor

weder ['veːdɐ] *konj ~ ... noch ...* ni ... ni...

weg [vɛk] *adv* ausente, fuera, perdido, extraviado; *hin und ~ sein* estar entusiasmado; *über etw ~ sein* estar lejos de algo/haber superado algo; *in einem ~* sin cesar

Weg [veːk] *m* **1.** camino *m; aus dem ~ gehen* quitarse de en medio; *den ~ des geringsten Widerstandes gehen* elegir el camino más fácil; *eigene ~e gehen* seguir su propio camino; *jdm den ~ ebnen* dar facilidades a alguien *(fig); jdn aus dem ~ räumen* quitarse a alguien de en medio *(fam); jdn auf den rechten ~ führen* conducir a alguien por el buen camino; *jdm etw mit auf den ~ geben* dar algo a alguien por el camino; *etw in die ~e leiten* poner en marcha algo; *sich auf den ~ machen* ponerse en camino/ponerse en marcha; **2.** *(Strecke)* trayecto *m,* recorrido *m,* itinerario *m,* viaje *m;* **3.** *(fig: Art und Weise)* modo *m,* manera *f*

Wegbereiter ['veːkbəraɪtɐ] *m* precursor *m,* pionero *m*

wegbleiben ['vɛkblaɪbən] *v irr* no acudir

wegbringen ['vɛkbrɪŋən] *v irr* **1.** *(fortbringen)* llevar, conducir, trasladar; **2.** *(entfernen)* alejar, apartar, quitar

wegen ['veːgən] *prep* por causa de, a causa de; *Wegen des schlechten Wetters konnten wir nicht fliegen.* A causa del mal tiempo no pudimos volar.

wegfallen ['vɛkfalən] *v irr* **1.** cesar, acabar, quitar; **2.** *(ungültig werden)* caducar

weggehen ['vɛkgeːən] *v irr* irse, marcharse

weglassen ['vɛklasən] *v irr* **1.** *(auslassen)* omitir, eliminar, suprimir; **2.** *(gehen lassen)* dejar salir, dejar ir

weglaufen ['vɛklaufən] *v irr* irse corriendo

wegnehmen ['vɛkneːmən] *v irr* quitar, retirar

wegräumen ['vɛkrɔymən] *v* recoger, guardar, quitar del camino
wegschicken ['vɛkʃɪkən] *v* **1.** *(fortschicken)* despedir, despachar; **2.** *(aufgeben)* enviar, expedir
Wegweiser ['veːkvaɪzɐ] *m* **1.** *(Person)* guía *m;* **2.** *(Buch)* guía *f;* **3.** *(Tafel)* indicador de caminos *m,* señal turística *f*
wegwerfen ['vɛkvɛrfən] *v irr* tirar
weh [veː] *adj* **1.** malo, dolorido, doloroso; *adv* **2.** mal; *Wo tut es Ihnen ~?* ¿Dónde le duele? *Es tut mir ~, dass er weg ist.* Me duele en el alma que se haya ido. *interj* **3.** ay, ay de, pobre de
wehen ['veːən] *v* **1.** soplar; **2.** *(flattern)* flotear, ondear, flamear
Wehen ['veːən] *pl MED* dolores de parto *m/pl,* contracciones uterinas *f/pl*
wehleidig ['veːlaɪdɪç] *adj* quejumbroso
Wehleidigkeit ['veːlaɪdɪçkaɪt] *f* quejumbre *f*
Wehmut ['veːmut] *f* melancolía *f,* nostalgia *f*
wehmütig ['veːmyːtɪç] *adj* **1.** melancólico, nostálgico; *adv* **2.** con melancolía, con nostalgia, melancólicamente
Wehrdienst ['veːrdiːnst] *m MIL* servicio militar *m*
wehren ['veːrən] *v sich ~* defenderse
wehrlos ['veːrloːs] *adj* indefenso, sin defensa
Wehrpflicht ['veːrpflɪçt] *f MIL* servicio militar obligatorio *m*
Weib [vaɪp] *n* mujer *f,* hembra *f*
weiblich ['vaɪplɪç] *adj* femenino
weich [vaɪç] *adj* **1.** blando; **2.** *(fig)* sensible, tierno
Weiche[1] ['vaɪçə] *f* flanco *m*
Weiche[2] ['vaɪçə] *f TECH* aguja *f; die ~n für etw stellen (fig)* sentar las bases de algo
weichen ['vaɪçən] *v irr* remojar, poner en remojo
weichherzig ['vaɪçhɛrtsɪç] *adj* blando de corazón
Weichspüler ['vaɪçʃpyːlɐ] *m* suavizante *m*
Weide ['vaɪdə] *f* **1.** *(Baum) BOT* sauce *m;* **2.** *(Wiese) BOT* pasto *m,* pastizal *m*
weigern ['vaɪgɐn] *v sich ~* negarse a
Weigerung ['vaɪgəruŋ] *f* negativa *f*
weihen ['vaɪən] *v REL* consagrar, bendecir
Weiher ['vaɪɐ] *m* estanque *m*
Weihnachten ['vaɪnaxtən] *n* Navidad *f; Frohe ~!* ¡Feliz Navidad!
weihnachtlich ['vaɪnaxtlɪç] *adj* navideño
Weihnachtsabend ['vaɪnaxtsaːbənt] *m* Nochebuena *f,* Noche Buena *f*
Weihnachtsbaum ['vaɪnaxtsbaum] *m* árbol de Navidad *m*
Weihnachtsmann ['vaɪnaxtsman] *m* Papá Noel *m*
Weihrauch ['vaɪraux] *m REL* incienso *m*
Weihwasser ['vaɪvasɐ] *n REL* agua bendita *f*
weil [vaɪl] *konj* porque, como, ya que, puesto que; *Beatriz kann nicht kommen, ~ sie krank ist.* Beatriz no puede venir porque está enferma.
Weile ['vaɪlə] *f* lapso *m,* rato *m*
Wein [vaɪn] *m* **1.** vino *m; jdm reinen ~ einschenken* decirle la verdad a alguien; **2.** *BOT* vid *f*
Weinberg ['vaɪnbɛrk] *m* viña *f,* viñedo *m*
Weinbrand ['vaɪnbrant] *m* brandy *m*
weinen ['vaɪnən] *v* llorar
Weingut ['vaɪnguːt] *n* viñedo *m,* viña *f*
Weinlese ['vaɪnleːzə] *f* vendimia *f*
Weintraube ['vaɪntraubə] *f BOT* uva *f,* racimo de uvas *m*
weise ['vaɪzə] *adj* **1.** sabio; *adv* **2.** sabiamente, con sabiduría
Weise ['vaɪzə] *f* **1.** *(Art und ~)* manera *f,* modo *m,* forma *f; in keiner ~* de ninguna manera
Weise(r) ['vaɪzə(-ɐ)] *m/f* sabio/sabia *m/f*
Weisheit ['vaɪshaɪt] *f* sabiduría *f,* saber *m; der ~ letzter Schluss* la solución ideal *f; mit seiner ~ am Ende sein* ya no saber qué decir o qué hacer
weiß [vaɪs] *adj* blanco
Weißbier ['vaɪsbiːɐ] *n* cerveza de trigo *f*
Weißbrot ['vaɪsbroːt] *n GAST* pan blanco *m*
Weißwein ['vaɪsvaɪn] *m* vino blanco *m*
Weisung ['vaɪzuŋ] *f* instrucción *f,* orden *f*
weit [vaɪt] *adj* **1.** *(breit)* ancho, extenso, amplio; **2.** *(lang)* largo; **3.** *(fern)* lejano, alejado, distante; *das Weite suchen* tomar las de Villadiego; *adv* **4.** *~ entfernt* lejos, alejado, lejano; *~ und breit* en toda su extensión/a lo largo y a lo ancho; *zu ~*

gehen ir demasiado lejos; *bei ~em nicht* ni comparación; *~reichend* extenso, de gran alcance; *~ verbreitet* por doquier, muy extendido
weitaus ['vaɪtaus] *adv* con mucho
Weitblick ['vaɪtblɪk] *m* amplitud de miras *f*, visión de futuro *f*
Weite ['vaɪtə] *f* **1.** *(Breite)* ancho *m*, anchura *f*; **2.** *(Länge)* largo *m*; **3.** *(Entfernung)* distancia *f*
weiter ['vaɪtɐ] *adj* **1.** *(Komparativ von weit)* más lejano; **2.** *(zusätzlich)* adicional, suplementario; *adv* **3.** *~ weg* más lejos; **4.** *(außerdem)* además
weiterarbeiten ['vaɪtɐarbaɪtən] *v* seguir trabajando
Weiterbildung ['vaɪtɐbɪlduŋ] *f* perfeccionamiento *m*, ampliación de estudios *f*
weiterführen ['vaɪtɐfyːrən] *v* continuar, seguir
weitergeben ['vaɪtɐgeːbən] *v irr ~ an* pasar a, hacer circular
weitergehen ['vaɪtɐgeːən] *v irr* avanzar, seguir su camino
weiterleiten ['vaɪtɐlaɪtən] *v* transmitir
weitermachen ['vaɪtɐmaxən] *v* seguir, continuar
weitgehend ['vaɪtgeːənt] *adv* en gran parte
weitläufig ['vaɪtlɔyfɪç] *adj* **1.** amplio, extenso, vasto; **2.** *(fig: ausführlich)* detallado; **3.** *(fig: entfernt)* lejano; *adv* **4.** ampliamente; **5.** *(fig: ausführlich)* detalladamente, con todo detalle; **6.** *(fig: entfernt)* muy lejano
weitsichtig ['vaɪtzɪçtɪç] *adj* **1.** *MED* hipermétrope; **2.** *(fig)* previsor
Weizen ['vaɪtsən] *m BOT* trigo *m*
welch [vɛlç] *pron (ausrufend)* qué; *Welch ein Vergnügen!* ¡Qué placer!
welche(r,s) ['vɛlçə(ɐ,əs)] *pron* **1.** *(rel)* el cual, la cual, lo cual; **2.** *(interr)* qué, cuál; *Welches Buch gefällt dir besser?* ¿Cuál de los libros te gusta más?
welken ['vɛlkən] *v* **1.** *(verblühen)* marchitarse, ajarse; **2.** *(erschlaffen)* ponerse flácido
Welle ['vɛlə] *f* ola *f*, onda *f*
Wellenlänge ['vɛlənlɛŋə] *f* **1.** *PHYS* longitud de onda *f*; **2.** *(fig)* intereses comunes *m/pl*; *die gleiche ~ haben* tener la misma onda
Wellensittich ['vɛlənzɪtɪç] *m ZOOL* periquito *m*
Welpe ['vɛlpə] *m ZOOL* cachorro *m*
Welt [vɛlt] *f* mundo *m*; *die ganze ~* el mundo entero *m*; *nicht die ~ kosten* no costar un ojo de la cara; *nicht die ~ sein* no ser para tanto; *etw in die ~ setzen* hacer correr por el mundo; *mit sich und der ~ zufrieden sein* estar plenamente satisfecho
Weltall ['vɛltal] *n* universo *m*
Weltausstellung ['vɛltausʃtɛluŋ] *f* exposición mundial *f*
Weltbank ['vɛltbaŋk] *f ECO* Banco Mundial *m*
weltbekannt ['vɛltbəkant] *adj* conocido mundialmente
weltbewegend ['vɛltbəveːgənt] *adj* revolucionario
Weltenbummler ['vɛltənbumlɐ] *m* trotamundos *m*
weltfremd ['vɛltfrɛmt] *adj* de poco mundo, ajeno al mundo
Welthandel ['vɛlthandəl] *m ECO* comercio mundial *m*, comercio internacional *m*
Weltkrieg ['vɛltkriːk] *m HIST* guerra mundial *f*
weltlich ['vɛltlɪç] *adj* **1.** del mundo, mundano, terrenal; **2.** *(nicht kirchlich)* profano, seglar
Weltmacht ['vɛltmaxt] *f* potencia mundial *f*
Weltmeister(in) ['vɛltmaɪstɐ(rɪn)] *m/f* campeón/campeona del mundo *m/f*
Weltmeisterschaft ['vɛltmaɪstɐʃaft] *f SPORT* campeonato mundial *m*
Weltreise ['vɛltraɪzə] *f* vuelta al mundo *f*, viaje alrededor del mundo *m*
Weltrekord ['vɛltrekɔrt] *m SPORT* marca mundial *f*, récord mundial *m*
Weltsprache ['vɛltʃpraːxə] *f* lengua universal *f*
Weltumsegelung ['vɛltumzeːgəluŋ] *f* circunnavegación *f*
Weltuntergang ['vɛltuntɐgaŋ] *m* fin del mundo *m*
weltweit ['vɛltvaɪt] *adj* **1.** universal; *adv* **2.** universalmente
Weltwirtschaft ['vɛltvɪrtʃaft] *f ECO* economía mundial *f*
wem [veːm] *pron* **1.** *(interr)* a quién; *Von ~?* ¿De quién? **2.** *(rel)* a quien

wen [veːn] *pron* **1.** *(interr)* a quién; *~ frage ich?* ¿A quién le pregunto? **2.** *(rel)* a quien
Wende ['vɛndə] *f* vuelta *f*
Wendeltreppe ['vɛndəltrɛpə] *f* escalera de caracol *f*
wenden ['vɛndən] *v irr sich an jdn ~* dirigirse a alguien
wendig ['vɛndɪç] *adj* **1.** manejable, fácil de manejar; **2.** *(flink)* ágil, ligero, flexible
wenig ['veːnɪç] *adj* poco, limitado
wenige ['veːnɪgə] *adj* **1.** pocos, pocas; *pron* **2.** pocos, pocas
weniger ['veːnɪgɐ] *adv* menos
Wenigkeit ['veːnɪçkaɪt] *f meine ~* un servidor *m*
wenigstens ['veːnɪçstəns] *adv* por lo menos, al menos
wenn [vɛn] *konj* **1.** *(konditional)* si, en caso de que; *~ ich kommen kann, rufe ich dich an.* Si puedo venir, te llamo. **2.** *(zeitlich)* cuando
wer [veːɐ] *pron* **1.** *(interr)* quién; **2.** *(rel)* quien
Werbeagentur ['vɛrbəagəntuːɐ] *f* agencia de publicidad *f*
Werbefernsehen ['vɛrbəfɛrnzeːən] *n* publicidad televisiva *f*
werben ['vɛrbən] *v irr* hacer publicidad; *um jdn ~* hacer la corte a alguien
Werbung ['vɛrbuŋ] *f* publicidad *f*
Werdegang ['veːrdəgaŋ] *m* desarrollo *m,* evolución *f*
werden ['veːɐdən] *v irr* **1.** llegar a ser; *Er wird Arzt wie sein Vater.* Llegará a ser médico como su padre. **2.** *(Passiv)* ser, quedar; *Er ist sehr vom Leben enttäuscht worden.* Él ha sido muy golpeado por la vida. *Die Schlacht wurde gewonnen.* La batalla fue ganada. **3.** *(Futur)* ir a, llegar a; *Es wird gleich regnen.* Va a llover de un momento a otro. *Wir ~ nach Paris fahren.* Viajaremos a París.
werfen ['vɛrfən] *v irr* tirar, echar; *mit Geld um sich ~* tirar el dinero por la ventana
Werft [vɛrft] *f* astilleros *m/pl*
Werk [vɛrk] *n* **1.** *(Fabrik)* fábrica *f,* factoría *f;* **2.** *(Kunstwerk)* obra de arte *f*
Werkstatt ['vɛrkʃtat] *f* taller *m; Wo ist die nächste Autowerkstatt?* ¿Dónde se encuentra el taller de coches más cercano?
Werkstoff ['vɛrkʃtɔf] *m* material *m*
Werkstück ['vɛrkʃtyk] *n* pieza de trabajo *f*
Werktag ['vɛrktaːk] *m* día de trabajo *m,* día laborable *m*
werktags ['vɛrktaːks] *adv* los días laborables, en días laborables
Werkzeug ['vɛrktsɔyk] *n* herramienta *f*
Werkzeugkasten ['vɛrktsɔykkastən] *m* caja de herramientas *f*
Werkzeugmaschine ['vɛrktsɔykmaʃiːnə] *f* máquina herramienta *f*
wert [veːɐt] *adj* **1.** estimado, apreciado; **2.** *(würdig)* digno, merecedor; **3.** *(lieb)* caro, amado
Wert [veːɐt] *m* valor *m*
werten ['veːɐtən] *v* estimar, evaluar, valorar
Wertgegenstand ['veːɐtgeːgənʃtant] *m* objeto de valor *m*
wertlos ['veːɐtloːs] *adj* sin valor, nulo
Wertpapier ['veːɐtpapiːɐ] *n FIN* valor *m,* efecto negociable *m,* título *m*
Wertschätzung ['veːɐtʃɛtsuŋ] *f* aprecio *m,* estima *f,* estimación *f*
Wertung ['veːɐtuŋ] *f* valoración *f,* evaluación *f*
wertvoll ['veːɐtfɔl] *adj* valioso, precioso
Wesen ['veːzən] *n* **1.** *(Charakter)* carácter *m;* **2.** *(Lebewesen)* ser *m*
wesentlich ['veːzəntlɪç] *adj* **1.** esencial, sustancial; *adv* **2.** esencialmente
weshalb [vɛs'halp] *adv* **1.** ¿Por qué?, ¿Por qué razón?, ¿Por qué motivo? *konj* **2.** por lo que, por lo cual
Wespe ['vɛspə] *f ZOOL* avispa *f*
wessen ['vɛsən] *pron* **1.** *(rel)* cuyo; **2.** *(interr)* de quién; *Wessen Haus ist das?* ¿De quién es esta casa?
Weste ['vɛstə] *f* chaleco *m; eine weiße ~ haben (fig)* tener buena reputación
Westen ['vɛstən] *m* oeste *m*
Westeuropa ['vɛstɔyroːpa] *n GEO* Europa Occidental *f*
westlich ['vɛstlɪç] *adj* **1.** occidental; *adv* **2.** al oeste
Wettbewerb ['vɛtbəvɛrp] *m* concurso *m*
Wettbewerber(in) ['vɛtbəvɛrbɐ(rɪn)] *m/f* concursante *m/f,* competidor(a) *m/f*
wettbewerbsfähig ['vɛtbəvɛrpsfɛːɪç] *adj* capaz de competir, competitivo
Wette ['vɛtə] *f* apuesta *f*

wetteifern ['vɛtaɪfɐn] *v* rivalizar, emuzlar
wetten ['vɛtən] *v* apostar
Wetter ['vɛtɐ] *n* tiempo *m; schlechtes ~/gutes ~* mal tiempo/buen tiempo *m; Wie wird das ~?* ¿Qué tiempo hará?
Wetterbericht ['vɛtɐbərɪçt] *m* boletín meteorológico *m,* parte meteorológico *m; Was meldet der ~?* ¿Qué anuncia el parte meteorológico?
wetterbeständig ['vɛtɐbəʃtɛndɪç] *adj* resistente a la intemperie
Wettervorhersage ['vɛtɐfoːɐheːɐzaːgə] *f* pronóstico del tiempo *m*
Wettkampf ['vɛtkampf] *m* SPORT competición *f*
Wettkämpfer(in) ['vɛtkɛmpfɐ(rɪn)] *m/f* SPORT competidor(a) *m/f,* atleta *m/f*
wettmachen ['vɛtmaxən] *v* reparar, compensar, corregir
Wettrüsten ['vɛtrystən] *n* POL carrera armamentista *f*
Wettstreit ['vɛtʃtraɪt] *m* lucha *f,* concurso *m*
Wichtel ['vɪçtəl] *m* duende *m*
wichtig ['vɪçtɪç] *adj* **1.** importante, de importancia; *adv* **2.** con importancia
Wichtigkeit ['vɪçtɪçkaɪt] *f* importancia *f,* trascendencia *f*
Wichtigtuer(in) ['vɪçtɪçtuɐ(rɪn)] *m/f* presumido/presumida *m/f,* presuntuoso/presuntuosa *m/f,* creído/creída *m/f*
wickeln ['vɪkəln] *v* **1.** arrollar, enrollar; **2.** *(Baby)* envolver en pañales, cambiar los pañales
wider ['viːdɐ] *prep* contra
widerfahren [viːdɐ'faːrən] *v irr* pasar, ocurrir, suceder
widerlegen [viːdɐ'leːgən] *v* refutar, rebatir
widerlich ['viːdɐlɪç] *adj* **1.** repugnante, repulsivo, asqueroso; *adv* **2.** con repugnancia, repulsivamente
widerrechtlich ['viːdɐrɛçtlɪç] *adj* **1.** contrario a la ley, ilegal, ilegítimo, ilícito; *adv* **2.** ilegalmente, ilícitamente
Widerrede ['viːdɐreːdə] *f* réplica *f*
widerrufen [viːdɐ'ruːfən] *v irr* **1.** *(zurücknehmen)* revocar, retractarse, desdecirse; **2.** *(dementieren)* desmentir, impugnar, rebatir
Widersacher(in) ['viːdɐzaxɐ(rɪn)] *m/f* adversario/adversaria *m/f,* antagonista *m/f*
widersetzen [viːdɐ'zɛtsən] *v sich ~* oponerse a, resistir a, resistirse contra
widerspenstig ['viːdɐʃpɛnstɪç] *adj* **1.** porfiado, reacio; *adv* **2.** con porfía
widerspiegeln ['viːdɐʃpiːgəln] *v* reflejar, reflectar
widersprechen [viːdɐ'ʃprɛçən] *v irr* contradecir, llevar la contraria
Widerspruch ['viːdɐʃprux] *m* contradicción *f; keinen ~ dulden* no hay pero que valga
widersprüchlich ['viːdɐʃpryçlɪç] *adj* **1.** contradictorio; *adv* **2.** contradictoriamente
widerspruchslos ['viːdɐʃpruxsloːs] *adv* sin réplica, sin objeción
Widerstand ['viːdɐʃtant] *m* resistencia *f,* oposición *f; jdm ~ leisten* oponer resistencia a alguien
widerstandsfähig ['viːdɐʃtantsfɛːɪç] *adj* resistente
widerstehen [viːdɐ'ʃteːən] *v irr* resistir, oponer resistencia
widerwärtig ['viːdɐvɛrtɪç] *adj* enojoso, fastidioso
Widerwille ['viːdɐvɪlə] *m* repugnancia *f,* aversión *f*
widerwillig ['viːdɐvɪlɪç] *adj* **1.** repugnante; *adv* **2.** con repugnancia, a disgusto; *Er verrichtet seine Arbeit nur ~.* Él hace su trabajo a regañadientes.
widmen ['vɪtmən] *v* **1.** dedicar, ofrecer; **2.** *sich einer Sache ~* dedicarse a algo, consagrarse a algo
Widmung ['vɪtmuŋ] *f* dedicatoria *f*
wie [viː] *adv* **1.** *(interr)* cómo, de qué manera; *Wie geht es Ihnen?* ¿Cómo está usted? *Wie bitte?* ¿Cómo? **2.** *~ viel* cuánto; *Wie viel kosten die Äpfel?* ¿Cuánto cuestan las manzanas? **3.** *~ viele (Menge)* cuántos/cuántas; *Wie viele Personen kommen?* ¿Cuántas personas vienen? *konj* **4.** *(Vergleich)* como; *Er denkt genauso ~ du.* Él piensa exactamente como tú.
wieder ['viːdɐ] *adv* nuevamente, de nuevo, otra vez; *~ aufarbeiten* reciclar, reprocesar; *~ beleben* reactivar, relanzar, reavivar, reanimar; *~ erkennen* reconocer; *Er ist nicht mehr wiederzuerken-*

nen. Está desconocido. *~finden* volver a encontrar, hallar, reencontrar; *~gutmachen* reparar, compensar; *~sehen* volver a ver, ver de nuevo

Wiederaufbau [vi:dɐ'aufbau] *m* reconstrucción *f*, reedificación *f*

Wiederbelebung ['vi:dɐbəle:buŋ] *f* **1.** reactivación *f*, relanzamiento *m*; **2.** *MED* reanimación *f*

wiedererlangen ['vi:dɐɛɐlaŋən] *v* recobrar, recuperar

Wiedergabe ['vi:dɐga:bə] *f* **1.** *(Rückgabe)* devolución *f*, restitución *f*; **2.** *(Darstellung)* interpretación *f*, ejecución *f*

wiedergeben ['vi:dɐge:bən] *v irr* **1.** *(zurückgeben)* devolver, restituir; **2.** *(darstellen)* interpretar, ejecutar

Wiedergutmachung [vi:dɐ'gu:tmaxuŋ] *f* reparación *f*, compensación *f*

wiederherstellen [vi:dɐ'he:ɐʃtɛlən] *v* restablecer, reponer

wiederholen [vi:dɐ'ho:lən] *v* repetir, reiterar

Wiederholung [vi:dɐ'ho:luŋ] *f* repetición *f*, reiteración *f*

Wiederhören ['vi:dɐhø:rən] *n Auf ~!* ¡Adiós!/¡Hasta luego!/¡Hasta pronto!

wiederkommen ['vi:dɐkɔmən] *v irr* volver, regresar

Wiedersehen ['vi:dɐze:ən] *n* reencuentro *m*; *Auf ~!* ¡Hasta luego!/¡Adiós!

Wiedervereinigung ['vi:dɐfɛɐaɪnɪguŋ] *f POL* reunificación *f*; *die deutsche ~* la reunificación alemana *f*

Wiederverwertung ['vi:dɐfɛɐve:ɐtuŋ] *f* recuperación *f*, reciclado *m*, reciclaje *m*

Wiederwahl ['vi:dɐva:l] *f POL* reelección *f*

Wiege ['vi:gə] *f* cuna *f*; *Das ist ihm schon in die ~ gelegt worden.* Se lo pusieron en la cuna.

wiegen[1] ['vi:gən] *v irr (Gewicht)* pesar

wiegen[2] ['vi:gən] *v (schaukeln)* mecer, balancear

W

Wien [vi:n] *n GEO* Viena *f*

Wiese ['vi:zə] *f* prado *m*, pradera *f*

wieso [vi'zo:] *adv* ¿Por que?; ¿Cómo es eso?

wild [vɪlt] *adj* **1.** salvaje, indómito; *halb so ~ sein* no ser para tanto; **2.** *(Tiere)* silvestre; **3.** *(fig: wütend)* furioso, rabioso

Wild [vɪlt] *n ZOOL* caza *f*

Wildleder ['vɪltle:dɐ] *n* piel de gamuza *f*

Wildnis ['vɪltnɪs] *f* desierto *m*, región despoblada *f*

Wille ['vɪlə] *m* voluntad *f*; *mit eisernem ~n* con una voluntad inquebrantable

willenlos ['vɪlənlo:s] *adj* **1.** sin voluntad; *adv* **2.** involuntariamente

willensschwach ['vɪlənsʃvax] *adj* débil, abúlico

willkommen [vɪl'kɔmən] *adj* bienvenido

Willkür ['vɪlky:ɐ] *f* arbitrariedad *f*

willkürlich ['vɪlky:ɐlɪç] *adj* **1.** arbitrario; *adv* **2.** con arbitrariedad

Wimper ['vɪmpɐ] *f* pestaña *f*; *ohne mit der ~ zu zucken* sin pestañear

Wind [vɪnt] *m* viento *m*; *Der ~ hat sich gelegt.* El viento ha amainado. *~ von etw bekommen (fig)* enterarse de algo; *etw in den ~ schlagen* despreciar algo/no hacer caso de algo; *jdm den ~ aus den Segeln nehmen* cortar las alas a alguien; *etw in den ~ schreiben* dar algo por perdido; *~ machen* exagerar; *mit dem ~ segeln* seguir la corriente; *Er weiß, woher der ~ weht.* Ya sabe por dónde vienen los tiros.

Windel ['vɪndəl] *f* pañal *m*

windig ['vɪndɪç] *adj* ventoso

Windjacke ['vɪntjakə] *f* cazadora *f*

Windmühle ['vɪntmy:lə] *f* molino de viento *m*

Windpark ['vintpark] *m* parque eólico *m*

Windpocken ['vɪntpɔkən] *pl MED* varicela *f*

Windstärke ['vɪntʃtɛrkə] *f* fuerza del viento *f*

Windstille ['vɪntʃtɪlə] *f* calma *f*

Wink [vɪŋk] *m* **1.** seña *f*, señal *f*; **2.** *(fig)* indicación *f*, advertencia *f*

Winkel ['vɪŋkəl] *m* **1.** *(fig: Plätzchen)* rinconcito *m*; **2.** *MATH* ángulo *m*

Winkelmesser ['vɪŋkəlmɛsɐ] *m* goniómetro *m*

winken ['vɪŋkən] *v* hacer señas con la mano

Winter ['vɪntɐ] *m* invierno *m*

Wintergarten ['vɪntɐgartən] *m* invernadero *m*

winterlich ['vɪntɐlɪç] *adj* invernal, de invierno
Winterschlaf ['vɪntɐʃla:f] *m ZOOL* hibernación *f*
Wintersport ['vɪntɐʃpɔrt] *m* deporte de invierno *m*
Winzer(in) ['vɪntsɐ(rɪn)] *m/f* viñador(a) *m/f*, viticultor(a) *m/f*
winzig ['vɪntsɪç] *adj* diminuto, minúsculo, chiquitito *(fam)*
wir [vi:ɐ] *pron* nosotros
Wirbel ['vɪrbəl] *m* **1.** *ANAT* vértebra *f*; **2.** *(Luftwirbel)* remolino *m*
Wirbelsäule ['vɪrbəlzɔylə] *f ANAT* columna vertebral *f*
wirken ['vɪrkən] *v* **1.** *(tätig sein)* obrar, hacer; **2.** *(wirksam sein)* ser eficaz, producir efecto; **3.** *(Eindruck erwecken)* causar impresión
wirklich ['vɪrklɪç] *adj* **1.** real; *adv* **2.** realmente
Wirklichkeit ['vɪrklɪçkaɪt] *f* realidad *f*
wirksam ['vɪrkza:m] *adj* **1.** efectivo; *adv* **2.** efectivamente
Wirksamkeit ['vɪrkza:mkaɪt] *f* eficacia *f*, eficiencia *f*
Wirkung ['vɪrkuŋ] *f* efecto *m*, acción *f*
wirkungslos ['vɪrkuŋslo:s] *adj* **1.** ineficaz, sin efecto; *adv* **2.** ineficazmente
wirkungsvoll ['vɪrkuŋsfɔl] *adj* **1.** eficaz; *adv* **2.** muy eficaz, con eficacia
Wirsing ['vɪrzɪŋ] *m BOT* col rizada *f*
Wirt(in) [vɪrt/'vɪrtɪn] *m/f* dueño/dueña *m/f*, tabernero/tabernera *m/f*, hospedero/hospedera *m/f*
Wirtschaft ['vɪrtʃaft] *f* **1.** *(Gasthaus)* restaurante *m*, taberna *f*; **2.** *ECO* economía *f*
wirtschaftlich ['vɪrtʃaftlɪç] *adj* **1.** económico; *adv* **2.** económicamente
Wirtschaftlichkeit ['vɪrtʃaftlɪçkaɪt] *f* rentabilidad *f*, eficiencia económica *f*
Wirtschaftskrise ['vɪrtʃaftskri:zə] *f ECO* crisis económica *f*
Wirtshaus ['vɪrtshaus] *n* restaurante *m*, taberna *f*, cervecería *f*, fonda *f*
wischen ['vɪʃən] *v* fregar
wispern ['vɪspɐn] *v* cuchichear, secretear
wissbegierig ['vɪsbəgi:rɪç] *adj* ávido de saber, ávido de aprender
wissen ['vɪsən] *v irr* saber, conocer; *von jdm nichts ~ wollen* no querer saber nada de alguien; *es ~ wollen* querer saberlo
Wissen ['vɪsən] *n* saber *m*, conocimientos *n/pl*
Wissenschaft ['vɪsənʃaft] *f* ciencia *f*
Wissenschaftler(in) ['vɪsənʃaftlɐ(rɪn)] *m/f* científico/científica *m/f*
wissenschaftlich ['vɪsənʃaftlɪç] *adj* **1.** científico; *adv* **2.** científicamente
wissenswert ['vɪsənsve:ɐt] *adj* digno de saberse, interesante
wissentlich ['vɪsəntlɪç] *adj* **1.** premeditado, deliberado; *adv* **2.** con conocimiento de causa, deliberadamente
wittern ['vɪtɐn] *v* husmear, olfatear
Witterung ['vɪtəruŋ] *f* **1.** *(Wetter)* tiempo *m*; **2.** *(Wittern)* husmeo *m*
Witwe ['vɪtvə] *f* viuda *f*
Witwenrente ['vɪtvənrɛntə] *f* pensión de viudedad *f*
Witwer ['vɪtvɐ] *m* viudo *m*
Witz [vɪts] *m* **1.** *(Geschichte)* chiste *m*, cuento gracioso *m*; **2.** *(Scherz)* broma *f*; *~e reißen* contar chistes; *Mach keine ~e!* ¡No hagas bromas!
witzig ['vɪtsɪç] *adj* **1.** chistoso, gracioso; *adv* **2.** con gracia
WLAN ['vɛla:n] *n* WLAN *f*
wo [vo:] *adv* **1.** *(interr)* dónde; **2.** *(rel)* donde; *Das ist das Land, ~ immer die Sonne scheint.* Este es el país donde siempre brilla el sol.
woanders [vo'andɐs] *adv* en otro sitio
Woche ['vɔxə] *f* semana *f*
Wochenblatt ['vɔxənblat] *n* semanario *m*
Wochenende ['vɔxənɛndə] *n* fin de semana *m*
wochenlang ['vɔxənlaŋ] *adj* **1.** de semanas de duración; *adv* **2.** durante semanas, semanas enteras
Wochenmarkt ['vɔxənmarkt] *m* mercado semanal *m*
Wochentag ['vɔxənta:k] *m* día de semana *m*
wochentags ['vɔxənta:ks] *adv* días de semana, en días laborales
wöchentlich ['vœçəntlɪç] *adj* **1.** semanal, de cada semana; *adv* **2.** semanalmente
wodurch [vo'durç] *adv* **1.** *(interr)* por medio de qué, cómo; **2.** *(rel)* por lo cual, por lo que

wofür [vo'fyːɐ] *adv* 1. *(interr)* para qué; 2. *(rel)* para lo cual, por lo cual; ~ *(Amtsstil)* a cuyo efecto
Woge ['voːgə] *f (Welle)* ola *f*, onda *f*
wogegen [vo'geːgən] *adv* 1. *(rel)* contra lo cual, a cambio; 2. *(interr)* contra qué, contra cuál
woher [vo'heːɐ] *adv* 1. *(interr)* de dónde, de qué parte; 2. *(rel)* de ello, de donde
wohin [vo'hɪn] *adv* 1. *(interr)* a dónde, hacia dónde, para dónde; 2. *(rel)* adonde
wohl [voːl] *adv* 1. *(gut)* bien; *~tuend* que hace bien, benéfico, agradable; *~wollend* benévolo; 2. *(etwa)* algo, muy, unos, por los; *Es sind ~ an die fünf Gäste zur Party erschienen.* Han llegado unos cinco invitados. 3. *(wahrscheinlich)* probablemente, tal vez; *Er wird ~ schon angekommen sein.* Probablemente ya ha llegado. 4. *(sicher)* seguramente
Wohl [voːl] *n* bien *m*
Wohlbefinden ['voːlbəfɪndən] *n* bienestar *m*, buen estado de salud *m*
wohlerzogen ['voːlɛɐtsoːgən] *adj* bien educado
Wohlfahrt ['voːlfaːɐt] *f* prosperidad *f*
Wohlgefallen ['voːlgəfalən] *n* placer *m*, agrado *m*, complacencia *f*
wohlgemerkt ['voːlgəmɛrkt] *adv* bien entendido
wohlgesinnt ['voːlgəzɪnt] *adj* bien intencionado
wohlhabend ['voːlhaːbənt] *adj* acomodado, pudiente
wohlig ['voːlɪç] *adj* agradable, cómodo
wohlschmeckend ['voːlʃmɛkənt] *adj* sabroso, rico *(LA)*
Wohlstand ['voːlʃtant] *m* bienestar *m*, prosperidad económica *f*, opulencia *f*
Wohltat ['voːltaːt] *f* beneficio *m*, buena acción *f*, obra de caridad *f*
Wohltäter(in) ['voːltɛːtɐ(rɪn)] *m/f* bienhechor(a) *m/f*, benefactor(a) *m/f*
Wohltätigkeitsveranstaltung ['voːltɛːtɪçkaɪtsfɛɐanʃtaltuŋ] *f* función benéfica *f*, función de beneficiencia *f*
Wohlwollen ['voːlvɔlən] *n* benevolencia *f*, deseo bueno *m*
wohnen ['voːnən] *v* habitar, vivir en
Wohngemeinschaft ['voːngəmaɪnʃaft] *f* piso compartido *m*, comuna *f*
wohnhaft ['voːnhaft] *adv ~ in* domiciliado en, residente en
wohnlich ['voːnlɪç] *adj* 1. cómodo, confortable, acogedor; *adv* 2. acogedoramente
Wohnmobil ['voːnmobiːl] *n* vehículo vivienda *m*, autocaravana *f*
Wohnort ['voːnɔrt] *m* lugar de residencia *m*, domicilio *m*
Wohnung ['voːnuŋ] *f* vivienda *f*, casa *f*, piso *m*, apartamento *m*
Wohnviertel ['voːnfɪrtəl] *n* barrio residencial *m*
Wohnwagen ['voːnvaːgən] *m* caravana *f*, casa rodante *f*
Wohnzimmer ['voːntsɪmɐ] *n* salón *m*, sala de estar *f*, cuarto de estar *m*, living *m*
Wolf [vɔlf] *m* 1. ZOOL lobo *m*; *ein ~ im Schafspelz* un lobo disfrazado *m*; 2. *jdn durch den ~ drehen* acosar a alguien
Wolke ['vɔlkə] *f* nube *f*; *aus allen ~n fallen (fig)* caerse de la nube; *über allen ~ schweben* vivir en las nubes; *auf ~ sieben schweben* estar en el séptimo cielo
Wolkenkratzer ['vɔlkənkratsɐ] *m* rascacielos *m/pl*
wolkenlos ['vɔlkənloːs] *adj* despejado, sin nubes
wolkig ['vɔlkɪç] *adj* nuboso, nublado, cubierto de nubes
Wolle ['vɔlə] *f* lana *f*; *sich in die ~ kriegen* pelearse
wollen ['vɔlən] *v irr* 1. *(wünschen)* querer, desear; *Ich will nicht.* No me da la gana. *Wie du willst.* Como quieras. *~ Sie ihn heiraten? Ja, ich will.* ¿Quiere casarse con él? Sí, quiero. *Ich will für dich nur das Beste.* Sólo deseo lo mejor para ti. 2. *(verlangen)* exigir, pedir; *Koste, was es wolle.* Cueste lo que cueste. *Ich will den Chef sprechen.* Quiero hablar con el jefe. 3. *(vorgeben)* desear, pretender; *Sie will es gehört haben.* Ella pretende haberlo oído.
womit [vo'mɪt] *adv* 1. *(interr)* con qué; 2. *(rel)* según lo cual, con lo que, con que
wonach [vo'naːx] *adv* 1. *(interr)* según qué, a qué; 2. *(rel)* según lo que, lo que
woran [vo'ran] *adv* 1. *(interr)* en qué, a qué; 2. *(rel)* en que, a que

W

worauf [vo'rauf] *adv* **1.** *(interr)* sobre qué, a qué; **2.** *(rel)* a lo que, sobre lo que
woraus [vo'raus] *adv* **1.** *(interr)* de qué, de dónde; **2.** *(rel)* de lo cual, de donde
worin [vo'rɪn] *adv* **1.** *(interr)* en qué, dónde; **2.** *(rel)* en que, donde
World Wide Web [wœ:rld waɪd web] *n INFORM* servicio web *m*
Wort [vɔrt] *n* palabra *f,* término *m,* vocablo *m; das ~ haben* tener la palabra; *das letzte ~ haben* tener la última palabra; *im wahrsten Sinne des ~es* en el sentido propio de la palabra; *das ~ ergreifen* tomar la palabra; *jdm das ~ erteilen* dar la palabra a alguien; *jdm das ~ entziehen* quitar la palabra a alguien; *jdm das ~ verbieten* prohibir a alguien la palabra; *für jdn ein gutes ~ einlegen* decir algo en favor de alguien; *jdm das ~ aus dem Munde nehmen* quitar a alguien la palabra de la boca; *jdm das ~ im Munde umdrehen* dar la vuelta a las palabras de alguien; *kein ~ über etw verlieren* dejar de hablar de algo; *jdm ins ~ fallen* interrumpir a alguien; *sich zu ~ melden* pedir la palabra; *um das ~ bitten* pedir la palabra
Wörterbuch ['vœrtɐbu:x] *n* diccionario *m*
Wortführer(in) ['vɔrtfy:rɐ(rɪn)] *m/f* **1.** portavoz *m/f,* vocero/vocera *(LA) m/f;* **2.** *(im Gespräch)* interlocutor(a) *m/f*
wortgewandt ['vɔrtgəvant] *adj* locuaz, elocuente
wortkarg ['vɔrtkark] *adj* lacónico, parco en palabras
Wortlaut ['vɔrtlaut] *m* texto *m,* tenor *m*
wörtlich ['vœrtlɪç] *adj* **1.** literal, textual; *adv* **2.** literalmente, textualmente, al pie de la letra, palabra por palabra
wortlos ['vɔrtlo:s] *adj* **1.** mudo, silencioso; *adv* **2.** en silencio, sin decir una palabra
Wortschatz ['vɔrtʃats] *m* léxico *m,* vocabulario *m*
Wortwechsel ['vɔrtvɛksəl] *m* discusión acalorada *f,* disputa *f,* altercado *m*
worüber [vo'ry:bɐ] *adv* **1.** *(interr)* de qué, sobre qué; **2.** *(rel)* sobre el que, sobre lo cual
worum [vo'rum] *adv* **1.** *(interr)* de qué, sobre qué; **2.** *(rel)* de que, de lo que
worunter [vo'runtɐ] *adv* **1.** *(interr)* debajo de qué, entre qué; **2.** *(rel)* entre los que, bajo lo cual
wovon [vo'fɔn] *adv* **1.** *(interr)* de qué, de dónde; **2.** *(rel)* de lo que, de donde
wovor [vo'fo:ɐ] *adv* **1.** *(interr)* delante de qué, ante qué; **2.** *(rel)* ante el que, delante del cual
wozu [vo'tsu:] *adv* **1.** *(interr)* para qué, por qué; **2.** *(rel)* para que, a lo cual
Wrack [vrak] *n* barco naufragado *m*
Wucher ['vu:xɐ] *m* usura *f*
wuchern ['vu:xɐn] *v* multiplicarse rápidamente
Wuchs [vu:ks] *m* **1.** *(wachsen)* crecimiento *m;* **2.** *(Körperbau)* talla *f,* estatura *f*
Wucht [vuxt] *f* ímpetu *m,* pujanza *f,* empuje *m*
wühlen ['vy:lən] *v* **1.** *(graben)* excavar, desenterrar; **2.** *(suchen)* hurgar, revolver
wund [vunt] *adj* **1.** herido, lastimado, lesionado; **2.** *(fig)* débil, delicado, debilitado
Wundbrand ['vuntbrant] *m MED* gangrena *f*
Wunde ['vundə] *f* herida *f,* llaga *f*
Wunder ['vundɐ] *n* milagro *m,* maravilla *f,* prodigio *m; Er blieb wie durch ein ~ am Leben.* Se salvó de milagro. *sein blaues ~ erleben* quedar pasmado
wunderbar ['vundɐba:ɐ] *adj* **1.** milagroso, maravilloso, prodigioso; *adv* **2.** maravillosamente, a las mil maravillas
wunderlich ['vundɐlɪç] *adj* **1.** singular, raro, extravagante, extraño; *adv* **2.** singularmente, de manera extravagante
wundern ['vundɐn] *v sich ~ über* sorprenderse de, quedar sorprendido, maravillarse de
wundervoll ['vundɐfɔl] *adj* **1.** maravilloso, magnífico, admirable; *adv* **2.** maravillosamente, de maravillas
Wunsch [vunʃ] *m* **1.** deseo *m,* anhelo *m;* **2.** *Glückwunsch* felicitación *f,* enhorabuena *f,* buenos deseos *m/pl,* parabién *m*
Wunschbild ['vunʃbɪlt] *n* ideal *m*
wünschen ['vynʃən] *v* desear, anhelar; *Was ~ Sie?* ¿Qué desea usted?
wünschenswert ['vynʃənsve:ɐt] *adj* deseable
Würde ['vyrdə] *f* **1.** dignidad *f;* **2.** *(Titel)* título *m*

würdig ['vyrdɪç] *adj* digno, merecedor de
würdigen ['vyrdɪgən] *v* apreciar, valorar
Würfel ['vyrfəl] *m* **1.** dado *m; Die ~ sind gefallen.* Las cartas están echadas. **2.** *MATH* cubo *m*
würgen ['vyrgən] *v* ahogar, sofocar, estrangular
Wurm [vurm] *m ZOOL* gusano *m*
Wurst [vurst] *f GAST* embutido *m; Das ist mir ~. (fam)* Me importa un rábano.
Würze ['vyrtsə] *f* condimento *m,* especia *f,* aliño *m,* aderezo *m*
Wurzel ['vurtsəl] *f* raíz *f*
Wurzelgemüse ['vurtsəlgəmy:zə] *n* tubérculo *m*
wurzeln ['vurtsəln] *v* arraigar, echar raíces, radicar
würzen ['vyrtsən] *v* condimentar, sazonar, aliñar, aderezar
würzig ['vyrtsɪç] *adj* bien condimentado, sabroso
wüst [vy:st] *adj* **1.** *(öde)* desierto, despoblado, desolado; **2.** *(ausschweifend)* licencioso, inmoral, libertino, indecente; **3.** *(widerwärtig)* antipático, rudo
Wüste ['vy:stə] *f* desierto *m*
Wüstling ['vy:stlɪŋ] *m* libertino *m*
Wut [vu:t] *f* furia *f,* rabia *f,* ira *f,* furor *m*
wütend ['vy:tənt] *adj* **1.** furioso, enfurecido, rabioso, encolerizado; *Es macht mich ~, wenn ich daran denke.* ¡Qué rabia me da, cuando me acuerdo de ello! *adv* **2.** furiosamente, con furia, rabiosamente

X/Y/Z

x-Achse ['ɪksaksə] *f MATH* eje de las abscisas *m*
X-Beine ['ɪksbaɪnə] *pl* piernas en forma de X *f/pl*
x-beliebig ['ɪksbəliːbɪç] *adj* cualquier
Xenophobie [ksenofo'biː] *f* xenofobia *f*
x-fach ['ɪksfax] *adj* **1.** múltiple; *adv* **2.** repetidas veces, continuamente
x-mal [ɪks'maːl] *adv* infinidad de veces, mil veces; *Ich habe es dir ~ gesagt.* Te lo dije por enésima vez.
X-Strahlen ['ɪksʃtraːlən] *pl PHYS* rayos X *m/pl*
y-Achse ['ypsilɔnaksə] *f MATH* eje de las ordenadas *m*
Yacht [jaxt] *f* yate *m*
Ypsilon ['ypzilɔn] *n* ípsilon *f*, i griega *f*
Yuppie ['jupiː] *m* profesional joven de éxito *m*, yuppie *m*
Zacke ['tsakə] *f* punta *f*
zaghaft ['tsaːkhaft] *adj* **1.** vacilante, titubeante; *adv* **2.** temblando
zäh [tsɛː] *adj* resistente, duro
zähflüssig ['tsɛːflysɪç] *adj* viscoso, pegajoso
Zahl [tsaːl] *f* número *m*; *rote ~en schreiben* estar en números rojos; *schwarze ~en schreiben* tener ganancias
zahlbar ['tsaːlbaːɐ] *adj* pagadero
zahlen ['tsaːlən] *v* pagar, abonar; *Ich möchte ~!* ¡Quisiera pagar! *Ich zahle alles zusammen.* Pago todo junto.
zählen ['tsɛːlən] *v* contar
Zähler ['tsɛːlɐ] *m* **1.** *MATH* numerador *m*; **2.** *TECH* contador *m*
zahlreich ['tsaːlraɪç] *adj* **1.** numeroso, cuantioso; *adv* **2.** en gran número, en abundancia
Zahlung ['tsaːluŋ] *f* pago *m*
zahlungsfähig ['tsaːluŋsfɛːɪç] *adj ECO* solvente
zahlungsunfähig ['tsaːluŋsunfɛːɪç] *adj ECO* insolvente
Zahlungsunfähigkeit ['tsaːluŋsunfɛːɪçkaɪt] *f ECO* imposibilidad de pago *f*, insolvencia *f*
zahm [tsaːm] *adj* doméstico, manso
zähmen ['tsɛːmən] *v* domesticar, amansar, domar, amaestrar
Zahn [tsaːn] *m* **1.** *ANAT* diente *m*; *Wir müssen Ihnen einen ~ ziehen.* Tenemos que extraerle un diente. *jdm auf den ~ fühlen* dar un tiento a alguien/sondear a alguien; *jdm den ~ ziehen (fig)* quitar la ilusión a alguien; *einen ~ zulegen* apretar el acelerador; *die Zähne zusammenbeißen* morderse la lengua; *sich an jdm die Zähne ausbeißen* no acabar con alguien/no arreglárselas con alguien; **2.** *(Backenzahn) ANAT* muela *f*
Zahnarzt ['tsaːnaɐtst] *m* dentista *m*, odontólogo *m*
Zahnbürste ['tsaːnbyrstə] *f* cepillo de dientes *m*
Zahnpasta ['tsaːnpasta] *f* pasta dentífrica *f*, dentífrico *m*
Zahnrad ['tsaːnraːt] *n TECH* rueda dentada *f*, piñón *m*
Zahnschmerzen ['tsaːnʃmɛrtsən] *pl* dolor de muelas *m*
Zahnstocher ['tsaːnʃtɔxɐ] *m* mondadientes *m/pl*
Zange ['tsaŋə] *f* tenazas *f/pl*, alicates *m/pl*; *jdn in die ~ nehmen (fig)* poner a alguien en un aprieto
Zank [tsaŋk] *m* disputa *f*, altercado *m*
zanken ['tsaŋkən] *v* disputar, reñir con
zappeln ['tsapəln] *v* agitarse, tratar de soltarse de algo; *jdn ~ lassen* hacer esperar a alguien
zart [tsart] *adj* **1.** tierno, delicado, dulce; *adv* **2.** tiernamente, delicadamente, con ternura
zärtlich ['tsɛrtlɪç] *adj* **1.** tierno, afectuoso, cariñoso, dulce; *adv* **2.** con ternura, cariñosamente, con dulzura
Zärtlichkeit ['tsɛrtlɪçkaɪt] *f* ternura *f*, dulzura *f*, cariño *m*
Zauber ['tsaubɐ] *m* **1.** *(Magie)* hechizo *m*, embrujo *m*, encantamiento *m*; *ein fauler ~* un truco malo *m*, un embuste *m*, un engaño *m*; **2.** *(fig)* atractivo *m*, encanto *m*

Zauberer ['tsaubərɐ] *m* mago *m*, hechicero *m*
zauberhaft ['tsaubɐhaft] *adj* **1.** *(fig)* encantador; *adv* **2.** maravillosamente
zaubern ['tsaubɐn] *v* hacer brujerías, practicar la magia
zaudern ['tsaudɐn] *v* vacilar, titubear
Zaum [tsaum] *m sich im ~ halten* contenerse, echarse el freno *(fam)*
Zaun [tsaun] *m* valla *f*, cercado *m*, cerca *f*, vallado *m*; *einen Streit vom ~ brechen* comenzar una discusión por nada
Zaunkönig ['tsaunkø:nɪç] *m ZOOL* chochín *m*
Zaunpfahl ['tsaunpfa:l] *m ein Wink mit dem ~* una indirecta *f*
Zebra ['tse:bra] *n ZOOL* cebra *f*
Zebrastreifen ['tse:braʃtraɪfən] *m* paso de peatones *m*, paso de cebra *m*
Zeche ['tsɛçə] *f* **1.** mira; **2.** *die ~ bezahlen müssen* tener que pagar el pato; *die ~ prellen* marcharse sin pagar
Zecke ['tsɛkə] *f ZOOL* garrapata *f*
Zehe ['tse:ə] *f* dedo del pie *m*
zehn [tse:n] *num* diez
zehnte(r,s) ['tse:nte(ɐ,əs)] *adj* décimo
Zeichen ['tsaɪçən] *n* signo *m*, señal *f*; *ein ~ setzen* dar una señal; *die ~ der Zeit* los aspectos del tiempo *m/pl*
zeichnen ['tsaɪçnən] *v* **1.** dibujar, trazar; **2.** *(markieren)* marcar; **3.** *(unterschreiben)* firmar, rubricar; **4.** *(fig)* condenar, marcar
Zeichnung ['tsaɪçnuŋ] *f* dibujo *m*
Zeigefinger ['tsaɪgəfɪŋɐ] *m ANAT* dedo índice *m*
zeigen ['tsaɪgən] *v* mostrar, enseñar, indicar
Zeiger ['tsaɪgɐ] *m (einer Uhr)* manecilla *f*
Zeile ['tsaɪlə] *f* línea *f*, renglón *m*; *zwischen den ~n lesen (fig)* leer entre líneas
Zeit [tsaɪt] *f* **1.** tiempo *m*; *die ~ totschlagen* matar el tiempo; *Wir haben ~ im Überfluss.* Tenemos tiempo de sobra. *Von ~ zu ~ höre ich Radio.* De vez en cuando escucho la radio. *sich mit etw die ~ vertreiben* pasar el tiempo haciendo algo; *jdm ~ lassen* dar tiempo a alguien; *sich für etw ~ nehmen* tomarse el tiempo para algo; *Das hat ~.* Eso puede esperar. *Es ist allerhöchste ~.* Ya es hora. *Ach du liebe ~!* ¡Jesús!/¡Ay coño! *(fam)*; **2.** *(Epoche)* época *f*, edad *f*; *mit der ~ gehen* ir al compás del tiempo; **3.** *(Uhrzeit)* hora *f*
Zeitalter ['tsaɪtaltɐ] *n* edad *f*, época *f*, era *f*, siglo *m*; *das goldene ~* el Siglo de Oro *m*
Zeitarbeit ['tsaɪtarbaɪt] *f* trabajo por tiempo determinado *m*, trabajo temporal *m*
zeitgemäß ['tsaɪtgəmɛ:s] *adj* conforme a la época, actual, de actualidad
Zeitgenosse ['tsaɪtgənɔsə] *m* contemporáneo *m*, coetáneo *m*
zeitgenössisch ['tsaɪtgənœsɪʃ] *adj* contemporáneo, coetáneo
zeitig ['tsaɪtɪç] *adj* temprano, oportuno
zeitlich ['tsaɪtlɪç] *adj* temporal, pasajero, transitorio; *das Zeitliche segnen* abandonar esta vida
zeitlos ['tsaɪtlo:s] *adj* **1.** *(ewig)* eterno, inmortal; **2.** *(klassisch)* clásico, independiente de la moda
Zeitlupe ['tsaɪtlu:pə] *f CINE* ralentí *m*, cámara lenta *f*
Zeitpunkt ['tsaɪtpuŋkt] *m* fecha *f*, momento *m*
Zeitraum ['tsaɪtraum] *m* espacio de tiempo *m*, lapso de tiempo *m*
Zeitschrift ['tsaɪtʃrɪft] *f* revista *f*
Zeitung ['tsaɪtuŋ] *f* periódico *m*, diario *m*
Zeitvertreib ['tsaɪtfɛɐtraɪp] *m* pasatiempo *m*
zeitweilig ['tsaɪtvaɪlɪç] *adj* **1.** temporal; *adv* **2.** temporalmente
Zelle ['tsɛlə] *f* **1.** *(Gefängniszelle)* celda *f*; **2.** *BIO* célula *f*
Zelt [tsɛlt] *n* **1.** *(Campingzelt)* tienda *f*, carpa *f*; *seine ~e abbrechen* levantar el campo; *die ~e irgendwo aufschlagen* montar la tienda en algún sitio *(fig)*; **2.** *(Bierzelt)* carpa de cerveza *f*; **3.** *(Zirkuszelt)* carpa del circo *f*
zelten ['tsɛltən] *v* hacer camping, acampar
Zeltplatz ['tsɛltplats] *m* terreno de camping *m*
Zement [tse'mɛnt] *m* cemento *m*
zementieren [tsemɛn'ti:rən] *v* edificar, cementar, construir
zensieren [tsɛn'zi:rən] *v* **1.** *(Schule)* calificar, poner notas; **2.** *POL* censurar

Zensur [tsɛn'zuːɐ] *f* **1.** *(in der Schule)* calificación *f*, nota *f*; **2.** POL censura *f*
Zentimeter ['tsɛntimeːtɐ] *m* centímetro *m*
Zentner ['tsɛntnɐ] *m* medio quintal *m*
zentral [tsɛn'traːl] *adj* **1.** central, céntrico; *adv* **2.** centralmente
Zentralbank [tsɛn'traːlbaŋk] *f* ECO banco central *m*
Zentrale [tsɛn'traːlə] *f* central *f*, oficina central *f*
Zentralheizung [tsɛn'traːlhaɪtsuŋ] *f* calefacción central *f*
zentrieren [tsɛn'triːrən] *v* centrar
Zentrum ['tsɛntrum] *n* centro *m*
zerbrechen [tsɛɐ'brɛçən] *v irr* **1.** romper, quebrar; **2.** *(fig)* hacer pedazos, destrozar
zerbrechlich [tsɛɐ'brɛçlɪç] *adj* quebradizo, rompible
zerdrücken [tsɛɐ'drykən] *v* aplastar
Zeremonie [tseremo'niː] *f* ceremonia *f*
Zerfall [tsɛɐ'fal] *m* ruina *f*, decadencia *f*
zerfallen [tsɛɐ'falən] *v irr* arruinarse, quedarse en ruinas, desmoronarse
zergehen [tsɛɐ'geːən] *v irr* deshacerse, derretirse, fundirse; *im Munde ~ lassen* dejar disolver en la boca
zerkleinern [tsɛɐ'klaɪnɐn] *v* desmenuzar, moler, triturar
zerknirscht [tsɛɐ'knɪrʃt] *adj* contrito, compungido
zerknittern [tsɛɐ'knɪtɐn] *v* arrugar, ajar
zerlegen [tsɛɐ'leːgən] *v* descomponer, desarmar, desmontar
zermürbend [tsɛɐ'myrbənt] *adj* cansado, fatigoso, agotador
zerreißen [tsɛɐ'raɪsən] *v irr* romper, despedazar, desgarrar
zerren ['tsɛrən] *v* tirar violentamente, arrastrar
zerrinnen [tsɛɐ'rɪnən] *v irr* deshacerse, derretirse, fundirse
Zerrissenheit [tsɛɐ'rɪsənhaɪt] *f* descontento *m*, discordia *f*
Zerrung ['tsɛruŋ] *f* MED distensión *f*, distorsión *f*, tirón *m*
zerschlagen [tsɛɐ'ʃlaːgən] *v irr* **1.** romper a golpes; **2.** *(erschöpft sein)* estar hecho pedazos, estar molido; *~ sein* estar hecho un trapo; **3.** *(Pläne) sich ~* desbaratarse, fracasar, no llegar a realizarse
zerschmettert [tsɛɐ'ʃmɛtɐt] *adj (fig)* aniquilado
zerspringen [tsɛɐ'ʃprɪŋən] *v irr* romperse, quebrarse, rajarse
zerstören [tsɛɐ'ʃtøːrən] *v* destruir, devastar, aniquilar
Zerstörung [tsɛɐ'ʃtøːruŋ] *f* destrucción *f*, devastación *f*
zerstreuen [tsɛɐ'ʃtrɔyən] *v* **1.** dispersar, esparcir; **2.** *(fig)* distraer, divertir a alguien
zerstreut [tsɛɐ'ʃtrɔyt] *adj* **1.** disperso, diseminado, esparcido; **2.** *(fig)* distraído
Zerstreuung [tsɛɐ'ʃtrɔyuŋ] *f* **1.** dispersión *f*, diseminación *f*; **2.** *(fig)* distracción *f*
zertrampeln [tsɛɐ'trampəln] *v* pisotear
Zerwürfnis [tsɛɐ'vyrfnɪs] *n* desavenencia *f*, disensión *f*, conflicto *m*
Zettel ['tsɛtəl] *m* pedazo de papel *m*, papelito *m*, hoja de un bloc *f*
Zeug [tsɔyk] *n* cosas *f/pl*, objetos *m/pl*; *sich ins ~ legen* ponerse manos a la obra
Zeuge ['tsɔygə] *m* testigo *m*; *Können Sie ~ meines Unfalls sein?* ¿Puede servirme como testigo de mi accidente?
zeugen ['tsɔygən] *v* **1.** *(aussagen)* declarar, deponer; **2.** *(Kind)* procrear, engendrar
Zeugenaussage ['tsɔygənauszaːgə] *f* JUF declaración del testigo *f*
Zeugnis ['tsɔyknɪs] *n* **1.** *(Schulzeugnis)* certificado *m*; **3.** *~ ablegen von* dar testimonio de, dar fe de; **2.** *(Bescheinigung)* certificado *m*, atestado *m*
Zeugung ['tsɔyguŋ] *f* generación *f*, procreación *f*, engendramiento *m*
Ziege ['tsiːgə] *f* ZOOL cabra *f*
Ziegel ['tsiːgəl] *m* **1.** *(Backstein)* ladrillo *m*; **2.** *(Dachziegel)* teja *f*
ziehen ['tsiːən] *v irr* tirar, arrastrar
Ziehung ['tsiːuŋ] *f* sorteo *m*, rifa *f*
Ziel [tsiːl] *n* **1.** *(örtlich)* lugar de destino *m*, meta *f*; *über das ~ hinausschießen* pasarse de la raya *(fam)*; **2.** *(fig: Absicht)* propósito *m*, intención *f*; **4.** SPORT meta *f*
zielbewusst ['tsiːlbəvust] *adj* **1.** consciente de su propósito, consecuente; *adv* **2.** con resolución, consecuentemente
zielen ['tsiːlən] *v* apuntar a

ziellos ['tsiːlloːs] *adj* vago, indeciso, sin meta
Zielscheibe ['tsiːlʃaɪbə] *f* blanco *m*
zielstrebig ['tsiːlʃtreːbɪç] *adj* **1.** perseverante; *adv* **2.** con perseverancia
ziemlich ['tsiːmlɪç] *adj* **1.** bastante grande, considerable; *adv* **2.** bastante, considerablemente, más o menos
Zierde ['tsiːɐdə] *f* adorno *m*, ornamento *m*
zieren ['tsiːrən] *v sich* ~ hacer remilgos, hacer melindres
zierlich ['tsiːɐlɪç] *adj* grácil, delicado
Zierlichkeit ['tsiːɐlɪçkaɪt] *f* gracilidad *f*, gracia *f*, delicadeza *f*
Ziffer ['tsɪfɐ] *f* cifra *f*, guarismo *m*
Zifferblatt ['tsɪfɐblat] *n* esfera *f*
Zigarette [tsiga'rɛtə] *f* cigarrillo *m*
Zigarettenpackung [tsiga'rɛtənpakuŋ] *f (Schachtel)* cajetilla *f*, paquete *m*
Zigarre [tsi'garə] *f* cigarro *m*, puro *m*
Zigeuner(in) [tsi'gɔynɐ(rɪn)] *m/f* gitano/gitana *m/f*, cíngaro/cíngara *m/f*
Zimmer ['tsɪmɐ] *n* habitación *f*, cuarto *m*, pieza *f*; *Wie viel kostet ein ~ mit Dusche und Vollpension pro Tag?* ¿Cuánto cuesta una habitación con ducha y pensión completa por día?
Zimmermädchen ['tsɪmɐmɛːtçən] *n* camarera *f*
Zimmermann ['tsɪmɐman] *m* obrero de construcción *m*, carpintero (de obra de afuera) *m*
zimmern ['tsɪmɐn] *v* construir
zimperlich ['tsɪmpɐlɪç] *adj* **1.** mimoso, afectado, melindroso; *adv* **2.** con melindres
Zimt [tsɪmt] *m* canela *f*
Zink [tsɪŋk] *m CHEM* cinc *m*
Zinn [tsɪn] *m CHEM* estaño *m*
Zinsen ['tsɪnzən] *pl ECO* intereses *m/pl*, rédito *m*, renta *f*
zinslos ['tsɪnsloːs] *adj ECO* sin intereses, exento de interés
Zinssatz ['tsɪnszats] *m ECO* tipo de interés *m*
Zirkel ['tsɪrkəl] *m* círculo *m*
Zirkus ['tsɪrkus] *m* circo *m*
zischen ['tsɪʃən] *v* **1.** sisear, abuchear, pitar; **2.** *(Schlange)* silbar
Zisterne [tsɪs'tɛrnə] *f* cisterna *f*
Zitat [tsi'taːt] *n* cita *f*, mención *f*
zitieren [tsi'tiːrən] *v* citar, mencionar
Zitrone [tsi'troːnə] *f* limón *m*; *jdn auspuetschen wie eine ~* exprimir a alguien como a un limón *(fig)*
Zitrusfrüchte ['tsiːtrusfryçtə] *pl* agrios *m/pl*, cítricos *m/pl*
zitterig ['tsɪtərɪç] *adj* tembloroso, temblón
zittern ['tsɪtɐn] *v* temblar, tiritar; *um jdn ~* temblar por alguien; *~ wie Espenlaub* temblar como una hoja
zivil [tsi'viːl] *adj* civil
Zivilcourage [tsi'viːlkuraːʒə] *f* coraje civil *m*, valor cívico *m*
Zivildienst [tsi'viːldiːnst] *m* servicio civil *m*
Zivilisation [tsiviliza'tsjoːn] *f* civilización *f*
zivilisiert [tsivili'ziːɐt] *adj* civilizado
Zivilrecht [tsi'viːlrɛçt] *n JUR* derecho civil *m*
zögern ['tsøːgɐn] *v* titubear, vacilar
zögernd ['tsøːgɐnt] *adj* **1.** titubeante, vacilante; *adv* **2.** con vacilación
Zölibat [tsøli'baːt] *n REL* celibato *m*
Zoll[1] [tsɔl] *m* **1.** *(Behörde)* aduana *f*; **2.** *(Gebühr)* derechos de aduana *m/pl*
Zoll[2] [tsɔl] *m (Maßeinheit)* pulgada *f*
Zollabfertigung ['tsɔlapfɛrtɪguŋ] *f* despacho aduanero *m*
Zollbeamte(r) ['tsɔlbəamtə(-ɐ)] *m/f* funcionario de aduanas/funcionaria de aduanas *m/f*, aduanero/aduanera *m/f*
Zollerklärung ['tsɔlɛɐklɛːruŋ] *f* declaración de aduana *f*
zollfrei ['tsɔlfraɪ] *adj* exento de derechos aduaneros, en franquicia aduanera
Zollkontrolle ['tsɔlkontrɔlə] *f* control aduanero *m*, inspección aduanera *f*
zollpflichtig ['tsɔlpflɪçtɪç] *adj* sujeto a aduana
Zollstock ['tsɔlʃtɔk] *m* metro pegable *m*, metro de carpintero *m*
Zombie ['tsɔmbi] *m* zombi *m*
Zone ['tsoːnə] *f* zona *f*
Zoo [tsoː] *m* zoo *m*, zoológico *m*
Zoom [zuːm] *m FOTO* enfoque *m*
Zopf [tsɔpf] *m* trenza *f*
Zorn [tsɔrn] *m* cólera *f*, ira *f*
zornig ['tsɔrnɪç] *adj* **1.** encolerizado, colérico, airado; *adv* **2.** con ira, con cólera

zu [tsuː] *prep* **1.** *(Zielsetzung)* a, para; *zum Geburtstag* para el cumpleaños; *Ich gehe zu dir.* Me voy a tu casa. *der Dom ~ Köln* la catedral de Colonia *f; ~ Tisch* en la comida; *~m Monatsende kündigen* rescindir (el contrato) para finales de mes; *~r Beruhigung* para calmar; *~m Glück* por suerte; *~ Hilfe kommen* venir a ayudar; *~r Belohnung* como recompensa; **2.** *(zeitlich)* a, en, por; *~ Weihnachten* en Navidades/por Navidades; *~ Beginn* al principio/comienzo; **3.** *(verschlossen)* cerrado; *Mach die Tür ~!* ¡Cierra la puerta! *adv* **4.** demasiado; *~ teuer* demasiado caro; *~ viel* muchísimo, uno de más, demasiado; *Er arbeitet ~ viel.* Él trabaja demasiado. *pron* **5.** *~ wenig* demasiado poco
Zubehör ['tsuːbəhøːɐ] *n* accesorios *m/pl*, implemento *m (LA)*
zubereiten ['tsuːbəraɪtən] *v* preparar
Zubereitung ['tsuːbəraɪtuŋ] *f* preparación *f*, aderezo *m*
zubilligen ['tsuːbɪlɪgən] *v* conceder, autorizar
zubinden ['tsuːbɪndən] *v irr* ligar, atar
Zucht [tsuxt] *f* **1.** *(Tierzucht)* cría *f;* **2.** *(Pflanzenzucht)* cultivo *m;* **3.** *(Disziplin)* disciplina *f*
züchten ['tsyçtən] *v* **1.** *(Tiere)* criar; **2.** *(Pflanzen)* cultivar
Züchter(in) ['tsyçtɐ(ɪn)] *m/f* **1.** *(Tierzüchter)* criador(a) *m/f;* **2.** *(Pflanzenzüchter)* cultivador(a) *m/f*
Zuchthaus ['tsuxthaus] *n* presidio *m*
zucken ['tsukən] *v* hacer un movimiento brusco, convulsionar
Zucker ['tsukɐ] *m* azúcar *m/f*
Zuckerkrankheit ['tsuːkɐkraŋkhaɪt] *f MED* diabetes *f*
zuckern ['tsukɐn] *v* azucarar
Zudecke ['tsuːdɛkə] *f* manta *f*, frazada *f*
zudecken ['tsuːdɛkən] *v* cubrir, tapar
zudem ['tsudeːm] *adv* además, a parte de eso, fuera de eso
zudrehen ['tsuːdreːən] *v* cerrar
zudringlich ['tsuːdrɪŋlɪç] *adj* **1.** importuno, impertinente, entrometido; *adv* **2.** importunamente, impertinentemente
zueinander [tsuaɪ'nandɐ] *adv* uno(s) con otro(s), uno(s) a otro(s)
zuerkennen ['tsuːɛɐkɛnən] *v irr jdm etw ~* atribuir algo a alguien, otorgar algo a alguien, reconocer algo a alguien
zuerst [tsu'eːɐst] *adv* primero, primeramente, en primer lugar
Zufahrt ['tsuːfaːɐt] *f* acceso *m*, entrada *f*
Zufahrtstraße ['tsufaːɐtʃtraːsə] *f* vía de acceso *f*
Zufall ['tsuːfal] *m* casualidad *f*, azar *m*
zufällig ['tsuːfɛlɪç] *adj* **1.** casual, accidental, fortuito; *adv* **2.** por casualidad, casualmente, fortuitamente
Zuflucht ['tsuːfluxt] *f* refugio *m*
Zufluss ['tsuːflus] *m* afluencia *f*
zufrieden [tsu'friːdən] *adj* contento, satisfecho con; *sich ~ geben mit* contentarse con, darse por satisfecho con; *~ stellen* satisfacer, contentar
Zufriedenheit [tsu'friːdənhaɪt] *f* contento *m*, satisfacción *f*
zufrieren ['tsuːfriːrən] *v irr* helarse
zufügen ['tsuːfyːgən] *v* añadir, agregar
Zufuhr ['tsuːfuːɐ] *f* abastecimiento *m*, suministro *m*, aprovisionamiento *m*
Zug [tsuːk] *m* **1.** *(Eisenbahn)* tren *m; im falschen ~ sitzen* estar equivocado; *Dieser ~ ist abgefahren.* Ese tren ha salido ya. **2.** *(Umzug)* desfile *m;* **3.** *(Luftzug)* corriente *f;* **4.** *(Wesenszug)* rasgo característico *m;* **5.** *zum ~ kommen* tocar el turno; *etw in vollen Zügen genießen* disfrutar algo plenamente
Zugabe ['tsuːgaːbə] *f* **1.** añadidura *f*, aditamento *m*, suplemento *m;* **2.** *(Konzertzugabe)* adición al programa *f*, bis *m*
Zugabteil ['tsuːkaptaɪl] *n* compartimento *m*, compartimiento *m*
Zugang ['tsuːgaŋ] *m* **1.** *(Eingang)* entrada *f;* **2.** *(Zutritt)* acceso *m*, admisión *f;* **3.** *(Warenzugang) ECO* llegada de mercancías *f*, entrada de mercancías *f*
zugänglich ['tsuːgɛŋlɪç] *adj* **1.** *(erreichbar)* alcanzable, accesible; **2.** *(verfügbar)* disponible; **3.** *(fig)* tratable, afable
zugeben ['tsuːgeːbən] *v irr (einräumen)* conceder, admitir
zugegen [tsu'geːgən] *v ~ sein bei* estar presente en, asistir a
zugehörig ['tsuːgəhøːrɪç] *adj* que pertenece a, perteneciente a
Zugehörigkeit ['tsuːgəhøːrɪçkaɪt] *f* pertenencia *f*, propiedad *f*

Zügel ['tsy:gəl] *m* rienda *f; die ~ fest in der Hand haben* llevar las riendas bien sujetas *(fig); die ~ straffer ziehen* apretar las clavijas *(fig)*/meter en cintura *(fig); die ~ schleifen lassen* soltar las riendas *(fig)*
zügellos ['tsy:gəllo:s] *adj (fig)* desenfrenado
zügeln ['tsy:gəln] *v (fig)* refrenar, contener
Zugeständnis ['tsu:gəʃtɛntnɪs] *n* concesión *f*
zugestehen ['tsugəʃte:ən] *v irr* conceder
Zugführer ['tsu:kfy:rɐ] *m* jefe de tren *m*
zugig ['tsu:gɪç] *adj* expuesto a las corrientes de aire
zügig ['tsy:gɪç] *adj* **1.** rápido; *adv* **2.** rápidamente, de prisa
zugleich [tsu'glaɪç] *adv* al mismo tiempo, a la vez, simultáneamente
zugrunde [tsu'grundə] *adv* **1.** *~ gehen* perecer, sucumbir; **2.** *~ legen* basar, tomar por base; **3.** *~ liegen* basarse en; **4.** *~ richten* arruinar, destruir
Zugunglück ['tsu:kunglyk] *n* accidente ferroviario *m*
zugunsten [tsu'gunstən] *prep ~ von* en favor de, a favor de, en beneficio de
Zugverbindung ['tsu:kfɛɐbinduŋ] *f* comunicación ferroviaria *f,* enlace *m*
zuhalten ['tsu:haltən] *v irr* mantener cerrado, tener cerrado
Zuhälter ['tsu:hɛltɐ] *m* proxeneta *m,* rufián *m,* chulo de las putas *m (fam)*
Zuhause [tsu'hauzə] *n* hogar *m,* morada *f*
zuhören ['tsu:hø:rən] *v* oír con atención, escuchar con atención
Zuhörer(in) ['tsu:hø:rɐ(rɪn)] *m/f* oyente *m/f*
zuknöpfen ['tsu:knœpfən] *v* abotonar, abrochar
Zukunft ['tsu:kunft] *f* futuro *m*
zukünftig ['tsu:kynftɪç] *adj* **1.** futuro; *adv* **2.** en el futuro, de ahora en adelante
Zulage ['tsu:la:gə] *f* suplemento *m,* plus *m,* extra *m,* prima *f*
zulassen ['tsu:lasən] *v irr* **1.** *(geschlossen lassen)* dejar cerrado; **2.** *(gestatten)* permitir, consentir, autorizar; **3.** *(Auto)* autorizar la circulación
zulässig ['tsu:lɛsɪç] *adj* admisible, permitido, lícito, autorizado
Zulässigkeit ['tsu:lɛsɪçkaɪt] *f* admisibilidad *f*
Zulassung ['tsu:lasuŋ] *f* **1.** *(Erlaubnis)* autorización *f,* permiso *m;* **2.** *(eines Autos)* permiso de circulación *m*
Zuleitung ['tsu:laɪtuŋ] *f* conducción *f,* distribución *f*
zuletzt [tsu'lɛtst] *adv* en último lugar, finalmente
zuliebe [tsu'li:bə] *adv* por amor a, por amor de; *Dir ~.* Por amor a ti.
Zulieferung ['tsu:li:fɐruŋ] *f* abastecimiento *m,* suministro *m*
zumachen ['tsu:maxən] *v* cerrar
zumal [tsu'ma:l] *adv* **1.** sobre todo, especialmente; *konj* **2.** sobre todo, especialmente porque
zumeist [tsu'maɪst] *adv* las más de las veces, en la mayoría de los casos
zumindest [tsu'mindəst] *adv* por lo menos, al menos
zumutbar ['tsu:mu:tba:ɐ] *adj* que se puede exigir, razonable
zumuten ['tsu:mu:tən] *v* exigir demasiado
Zumutung ['tsu:mu:tuŋ] *f* exigencia desconsiderada *f,* exigencia exagerada *f*
zunächst [tsu'nɛ:çst] *adv* ante todo, primero, en primer lugar
Zunahme ['tsu:na:mə] *f* aumento *m,* incremento *m,* crecimiento *m*
Zuname ['tsu:na:mə] *m* apellido *m*
zünden ['tsyndən] *v* prender, encenderse
Zündholz ['tsynthɔlts] *n* cerilla *f,* fósforo *m*
Zündkerze ['tsyntkɛrtsə] *f (beim Auto)* bujía *f*
Zündschlüssel ['tsyndʃlysəl] *m (eines Autos)* llave de contacto *f*
Zündung ['tsynduŋ] *f (beim Auto)* encendido *m*
zunehmen ['tsu:ne:mən] *v irr* **1.** aumentar, acrecentarse, ir en aumento; **2.** *(an Gewicht)* engordar, aumentar de peso
Zuneigung ['tsu:naɪguŋ] *f* inclinación *f,* afecto *m,* simpatía *f*
Zunge ['tsuŋə] *f* ANAT lengua *f; Es liegt mir auf der ~.* Lo tengo en la punta de la

lengua. *die ~ im Zaum halten* refrenar la lengua; *jdm die ~ lösen* destrabar la lengua a alguien; *sich auf die ~ beißen (fig)* morderse la lengua; *auf der ~ brennen* tener en el paladar

zunichte [tsu'nıçtə] *adv ~machen* aniquilar, destruir, devastar, asolar

zunutze [tsu'nutsə] *adv sich ~ machen* aprovecharse, sacar provecho

zuordnen ['tsu:ɔrdnən] *v* agregar ordenadamente, coordinar

zurechtfinden [tsu'rɛçtfındən] *v irr sich ~* orientarse

zurechtmachen [tsu'rɛçtmaxən] *v* preparar, arreglar, disponer

zurechtweisen [tsu'rɛçtvaızən] *v irr* reprender a alguien, sermonear a alguien

zürnen ['tsyrnən] *v* estar enojado con alguien, tener rabia a alguien

zurück [tsu'ryk] *adv* atrás, hacia atrás; *Ich bin zum Abendessen wieder ~.* Estoy de regreso para la cena.

zurückbilden [tsu'rykbıldən] *v sich ~* retroceder en su desarrollo, evolucionar regresivamente

zurückbringen [tsu'rykbrıŋən] *v irr* devolver, restituir; *Ist jemand da, wenn ich die Sachen zurückbringe?* ¿Habrá alguien aquí cuando devuelva las cosas?

zurückdrängen [tsu'rykdrɛŋən] *v* hacer retroceder, contener

zurückerhalten [tsu'rykɛɐhaltən] *v irr* recobrar, recuperar

zurückerstatten [tsu'rykɛɐʃtatən] *v* devolver, restituir, reembolsar

zurückfahren [tsu'rykfa:rən] *v irr* volver

zurückführen [tsu'rykfy:rən] *v* **1.** llevar, acompañar; **2.** *(fig) ~ auf* deberse a, radicar en

zurückgeben [tsu'rykge:bən] *v irr* devolver, restituir

zurückgeblieben [tsu'rykgəbli:bən] *adj* rezagado, retrasado

zurückgehen [tsu'rykge:ən] *v irr* **1.** volver al punto de partida; **2.** *(sinken)* bajar, descender; **3.** *(fig) ~ auf* basarse en, fundarse en, tener sus orígenes en

zurückgezogen [tsu'rykgətso:gən] *adj* **1.** retirado, retraído, solitario; *adv* **2.** retiradamente, reservadamente, solitariamente

zurückhalten [tsu'rykhaltən] *v irr* **1.** *(etw)* retener, detener; **2.** *sich ~* contenerse

zurückhaltend [tsu'rykhaltənt] *adj* **1.** reservado, retraído; *adv* **2.** con moderación

Zurückhaltung [tsu'rykhaltuŋ] *f* **1.** *MED* retención *f;* **2.** reserva *f,* actitud reservada *f,* recato *m,* discreción *f*

zurückkommen [tsu'rykkɔmən] *v irr* regresar, volver; *auf etw ~* volver sobre algo; *Um noch einmal auf die Sache zurückzukommen ...* Volviendo al tema...

zurücklassen [tsu'ryklasən] *v irr* dejar, dejar tras de sí

zurücklegen [tsu'rykle:gən] *v* **1.** volver a poner en su sitio; **2.** *(sparen)* ahorrar; **3.** *(reservieren)* reservar

zurücknehmen [tsu'rykne:mən] *v irr* **1.** recoger, volver a tomar; **2.** *(widerrufen)* revocar

zurücksenden [tsu'rykzɛndən] *v irr* devolver

zurückstecken [tsu'rykʃtɛkən] *v (fig)* moderarse, bajar velas

zurücktreten [tsu'ryktre:tən] *v irr* **1.** retroceder; **2.** *(Rücktritt erklären)* dimitir, renunciar; **3.** *(fig: Vertrag)* rescindir

zurückweisen [tsu'rykvaızən] *v irr* rechazar

zurückzahlen [tsu'ryktsa:lən] *v* reembolsar, saldar, pagar

Zurückzahlung [tsu'ryktsa:luŋ] *f* reembolso *m,* pago *m*

zurückziehen [tsu'ryktsi:ən] *v irr* **1.** retirar; **2.** *sich ~* retirarse, replegarse

zurufen ['tsu:ru:fən] *v irr jdm ~* gritar a alguien

zurzeit [tsur'tsaıt] *adv* de momento

Zusage ['tsu:za:gə] *f* promesa *f,* palabra *f* contestación afirmativa *f*

zusagen ['tsu:za:gən] *v* **1.** prometer, dar la palabra; **2.** *(fig: gefallen)* agradar, gustar

zusammen [tsu'zamən] *adv* **1.** *(gemeinsam)* juntos, conjuntamente; **2.** *(insgesamt)* total, en conjunto

Zusammenarbeit [tsu'zamənarbaıt] *f* colaboración *f,* cooperación *f*

zusammenarbeiten [tsu'zamənarbaıtən] *v* trabajar juntos, colaborar

XYZ

Zusammenbau [tsu'zamənbau] *m* montaje *m*, ensamblaje *m*
zusammenbrechen [tsu'zamənbrɛçən] *v irr* derrumbarse, venirse abajo, desplomarse; *Seine letzte Hoffnung ist wie ein Kartenhaus zusammengebrochen.* Su última ilusión se desmoronó como un castillo de naipes.
Zusammenbruch [tsu'zamənbrux] *m* **1.** derrumbamiento *m*, desplome *m*; **2.** *MED* colapso *m*
zusammenfallen [tsu'zamənfalən] *v irr* **1.** derrumbarse, venirse abajo, hundirse; **2.** *(fig: zeitlich)* coincidir
zusammenfassen [tsu'zamənfasən] *v* **1.** *(fig: sammeln)* reunir, aunar, agrupar; **2.** *(Gesetze)* recopilar; **3.** *(organisatorisch)* coordinar; **4.** *(kurz ~)* hacer un resumen de, resumir, sintetizar, compendiar
zusammenfassend [tsu'zamənfasənt] *adj* **1.** resumido, conciso; *adv* **2.** sumariamente, en resumen
Zusammenfassung [tsu'zamənfasuŋ] *f* **1.** unión *f*, agrupación *f*; **2.** *(kurze ~)* resumen *m*, síntesis *f*
zusammenfügen [tsu'zamənfy:gən] *v* unir, reunir, juntar
zusammengehören [tsu'zamənɡəhø:rən] *v* pertenecer al mismo grupo, formar un conjunto
zusammengesetzt [tsu'zamənɡəzɛtst] *adj* compuesto
Zusammenhalt [tsu'zamənhalt] *m* consistencia *f*
zusammenhalten [tsu'zamənhaltən] *v irr* mantener juntos, mantener unidos
Zusammenhang [tsu'zamənhaŋ] *m* *(fig)* asociación *f*, relación *f*; *Zusammenhänge herstellen* atar cabos
zusammenhängen [tsu'zamənhɛŋən] *v irr (fig)* estar relacionado
zusammenhangslos [tsu'zamənhaŋslo:s] *adj* incoherente, sin relación
zusammenklappbar [tsu'zamənklapba:ɐ] *adj* plegable
Zusammenkunft [tsu'zamənkunft] *f* reunión *f*, asamblea *f*
zusammenlegen [tsu'zamənle:gən] *v* **1.** *(vereinigen)* unir, reunir; **2.** *(falten)* plegar, doblar
zusammennehmen [tsu'zamənne:mən] *v irr sich ~* hacer un esfuerzo, controlarse
zusammenpassen [tsu'zamənpasən] *v* congeniar, armonizar, cuadrar, encajar con; *gut ~* hacer juego; hacer (una) buena pareja
zusammenschließen [tsu'zamənʃli:sən] *v irr sich ~* unirse, agruparse, asociarse
Zusammenschluss [tsu'zamənʃlus] *m* **1.** reunión *f*, unión *f*, asociación *f*; **2.** *(von Firmen)* fusión *f*
Zusammensetzung [tsu'zamənzɛtsuŋ] *f* composición *f*
Zusammenstoß [tsu'zamənʃto:s] *m* colisión *f*, choque *m*
zusammenstoßen [tsu'zamənʃto:sən] *v irr* colisionar, chocar, entrar en colisión
zusammentreffen [tsu'zaməntrɛfən] *v irr* encontrarse con alguien, entrevistarse con alguien
Zusammentreffen [tsu'zaməntrɛfən] *n* encuentro *m*, entrevista *f*
zusammenzählen [tsu'zaməntsɛ:lən] *v* sumar, totalizar
zusammenziehen [tsu'zaməntsi:ən] *v irr* **1.** contraer; **2.** *(zusammenzählen)* sumar, totalizar, adicionar
Zusatz ['tsu:zats] *m* **1.** adición *f*, aditamento *m*, añadidura *f*; **2.** *CHEM* agregado *m*
zusätzlich ['tsu:zɛtslɪç] *adj* **1.** adicional, complementario, suplementario; *adv* **2.** además, por añadidura
zuschauen ['tsu:ʃauən] *v* estar mirando, presenciar, ser espectador
Zuschauer(in) ['tsu:ʃauɐ(rɪn)] *m/f* espectador(a) *m/f*
zuschicken ['tsu:ʃɪkən] *v* enviar, mandar, remitir
Zuschlag ['tsu:ʃla:k] *m* suplemento *m*, recargo *m*
zuschlagspflichtig ['tsu:ʃla:kspflɪçtɪç] *adj* sujeto a sobretasa
zuschließen ['tsu:ʃli:sən] *v irr* cerrar con llave, cerrar
Zuschrift ['tsu:ʃrɪft] *f* carta *f*, comunicación *f*
Zuschuss ['tsu:ʃus] *m* subvención *f*, subsidio *m*, ayuda financiera *f*
zusehen ['tsu:ze:ən] *v irr* estar mirando, ser espectador, mirar con atención

zusehends ['tsu:ze:ənts] *adv* visiblemente, a la vista
zusichern ['tsu:zɪçɐn] *v* asegurar
zusperren [tsu'ʃpərən] *v (Tür)* echar el cerrojo, cerrar
Zuspruch ['tsu:ʃprux] *m* 1. *(Trost)* consuelo *m;* 2. *(Erfolg)* éxito *m,* afluencia *f*
Zustand ['tsu:ʃtant] *m* estado *m,* situación *f; Zustände kriegen* volverse loco
Zustandekommen ['tsu:ʃtandəkɔmən] *n* realización *f,* puesta en práctica *f*
zuständig ['tsu:ʃtɛndɪç] *adj* competente para, que está a cargo de, encargado de
Zuständigkeit ['tsu:ʃtɛndɪçkaɪt] *f* competencia *f,* incumbencia *f*
zustellen ['tsu:ʃtɛlən] *v* 1. cubrir, tapar; 2. *(liefern)* entregar, hacer entrega
Zustellung ['tsu:ʃtɛluŋ] *f* entrega *f,* envío *m,* reparto *m*
zustimmen ['tsu:ʃtɪmən] *v* estar de acuerdo con alguien
Zustimmung ['tsu:ʃtɪmuŋ] *f* aprobación *f,* consentimiento *m,* conformidad *f; Wir hoffen, dass es ihre ~ findet.* Esperamos sea de su conformidad. *Schweigen wird als ~ gedeutet.* Quien calla otorga.
zustoßen ['tsu:ʃto:sən] *v irr (fig: geschehen)* suceder, pasar, ocurrir
Zutaten ['tsu:ta:tən] *f/pl* ingredientes *m/pl*
Zuteilung ['tsu:taɪluŋ] *f* distribución *f,* reparto *m*
zutrauen ['tsu:trauən] *v jdm etw ~* creer a alguien capaz de hacer algo
Zutrauen ['tsu:trauən] *n ~ zu* confianza en
zutraulich ['tsu:traulɪç] *adj* lleno de confianza
zutreffen ['tsu:trɛfən] *v irr* ser justo, ser exacto, ser verdad
Zutritt ['tsu:trɪt] *m* acceso *m,* entrada *f,* admisión *f*
zuverlässig ['tsu:fɛɐlɛsɪç] *adj* seguro, formal, de confianza
Zuverlässigkeit ['tsu:fɛɐlɛsɪçkaɪt] *f* seguridad *f,* formalidad *f,* fiabilidad *f*
Zuversicht ['tsu:fɛɐzɪçt] *f* absoluta confianza *f*
zuversichtlich ['tsu:fɛɐzɪçtlɪç] *adj* 1. confiado; *adv* 2. con toda confianza
zuvor [tsu'fo:ɐ] *adv* antes, previamente
zuvorkommen [tsu'fo:ɐkɔmən] *v irr jdm ~* adelantarse a alguien, anticiparse a alguien
zuvorkommend [tsu'fo:ɐkɔmənt] *adj* 1. complaciente, cortés, atento, solícito; *adv* 2. solícitamente, con mucha atención
Zuwachs ['tsu:vaks] *m* 1. *(fam: Baby)* aumento de la familia *m,* retoño *m;* 2. ECO aumento *m,* incremento *m*
Zuwachsrate ['tsu:vaksra:tə] *f* ECO tasa de incremento *f*
zuweilen [tsu:'vaɪlən] *adv* a veces, de vez en cuando
zuweisen ['tsu:vaɪzən] *v irr* asignar, señalar
Zuweisung ['tsu:vaɪzuŋ] *f* asignación *f*
zuwenden ['tsu:vɛndən] *v irr* volver hacia, dirigir a
Zuwendung ['tsu:vɛnduŋ] *f* 1. *(Geld)* donativo *f,* donación *f;* 2. *(Gefühl)* afición *f*
zuwider [tsu'vi:dɐ] *adv* 1. repugnante, desagradable; *prep* 2. opuesto a, en contra de; *Er handelte der Anordnung ~.* Actuó en contra de la orden.
Zuwiderhandlung [tsu'vi:dɐhandluŋ] *f* infracción *f,* contravención *f*
zuzüglich ['tsutsy:klɪç] *prep* más, con añadidura de
Zwang [tsvaŋ] *m* violencia *f,* fuerza *f,* presión *f,* obligación *f; unter ~* bajo coacción
zwanglos ['tsvaŋlo:s] *adj* 1. voluntario, natural; *adv* 2. voluntariamente, sin compromiso
Zwangslage ['tsvaŋsla:gə] *f* situación forzosa *f,* situación violenta *f*
zwangsläufig ['tsvaŋslɔyfɪç] *adj* 1. inevitable, forzoso, obligatorio; *adv* 2. inevitablemente, forzosamente
Zwangsmaßnahme ['tsvaŋsma:sna:mə] *f* medida coercitiva *f,* medida rigurosa *f*
zwanzig ['tsvantsɪç] *num* veinte
zwanzigste(r,s) ['tsvantsɪçstə(ɐ,əs)] *adj* vigésimo
zwar [tsva:ɐ] *konj* en verdad, a decir verdad, pues, o sea; *Der Wein ist ~ billig, aber gut.* Aunque el vino es barato, es bueno. *und ~* a saber/es decir

Zweck [tsvɛk] *m* fin *m*, propósito *m*, finalidad *f*; *Der ~ heiligt die Mittel.* El fin justifica los medios.
zweckentfremdet ['tsvɛkəntfrɛmdət] *adj* usado para fines extraños
zwecklos ['tsvɛklo:s] *adj* **1.** inútil; *adv* **2.** sin objeto, sin razón de ser
zweckmäßig ['tsvɛkmɛ:sɪç] *adj* conveniente, adecuado
zwecks [tsvɛks] *prep* con el fin de, con el objeto de, con la finalidad de
zwei [tsvaɪ] *num* dos
zweideutig ['tsvaɪdɔytɪç] *adj* ambiguo, de doble sentido
zweifach ['tsvaɪfax] *adj* doble, duplicado
Zweifel ['tsvaɪfəl] *m* duda *f*; *die eigenen ~ beseitigen* sacarse el clavo
zweifelhaft ['tsvaɪfəlhaft] *adj* dudoso, incierto, discutible
zweifellos ['tsvaɪfəllo:s] *adj* indudable; *Er ist ~ ein Betrüger.* No cabe duda de que él es un estafador.
zweifeln ['tsvaɪfəln] *v* dudar, desconfiar
Zweig [tsvaɪk] *m* **1.** *(fig)* ramo *m*, especialidad *f*; **2.** *BOT* rama *f*, gajo *m*; *auf keinen grünen ~ kommen* no prosperar
Zweigstelle ['tsvaɪkʃtɛlə] *f* sucursal *f*, agencia *f*, filial *f*
Zweikampf ['tsvaɪkampf] *m SPORT* duelo *m*, desafío *m*
zweimal ['tsvaɪma:l] *adv* dos veces
Zweisitzer ['tsvaɪzɪtsɐ] *m (Auto)* coche de dos asientos *m*, cupé *m*
zweisprachig ['tsvaɪʃpra:xɪç] *adj* bilingüe, de dos idiomas
zweispurig ['tsvaɪʃpu:rɪç] *adj* de doble vía, de doble carril
zweite(r,s) ['tsvaɪtə(ɐ,əs)] *adj* segundo
zweitrangig ['tsvaɪtraŋɪç] *adj* secundario, de segunda categoría
Zwerg [tsvɛrk] *m* enano *m*, duende *m*
Zwetschge ['tsvɛtʃkə] *f BOT* ciruela *f*
zwicken ['tsvɪkən] *v* pellizcar
Zwickmühle ['tsvɪkmy:lə] *f (fig)* dilema *m*, apuro *m*, lío *m*; *in eine ~ geraten* estar acorralado
Zwieback ['tsvɪ:bak] *m* bizcocho *m*, tostada *f*
Zwiebel ['tsvi:bəl] *f* **1.** cebolla *f*; **2.** *BOT* bulbo *m*
Zwielicht ['tsvi:lɪçt] *n* luz crepuscular *f*, media luz *f*
zwielichtig ['tsvi:lɪçtɪç] *adj* dudoso, sospechoso
Zwiespalt ['tsvi:ʃpalt] *m* discrepancia *f*, disonancia *f*
zwiespältig ['tsvi:ʃpɛltɪç] *adj* desunido, discrepante, disonante
Zwietracht ['tsvi:traxt] *f* discordia *f*
Zwilling ['tsvɪlɪŋ] *m* **1.** gemelo *m*, mellizo *m*; *eineiige ~e* univitelinos *m/pl*; **2.** *ASTR* Géminis *m*
zwingen ['tsvɪŋən] *v irr* obligar, forzar
zwingend ['tsvɪŋənt] *adj* obligatorio, forzoso, coercitivo
zwinkern ['tsvɪŋkɐn] *v* pestañear, parpadear
Zwirn [tsvɪrn] *m* hilo torcido *m*
zwischen ['tsvɪʃən] *prep* entre, en medio de; *~ zwei Stühlen sitzen (fig)* querer estar bien con Dios y con el diablo
zwischendurch ['tsvɪʃəndurç] *adv* **1.** *(zeitlich)* de vez en cuando, a ratos; **2.** *(örtlich)* de parte a parte
Zwischenfall ['tsvɪʃənfal] *m* incidente *m*
Zwischenlandung ['tsvɪʃənlanduŋ] *f* escala *f*
Zwischenraum ['tsvɪʃənraum] *m* espacio *m*, espacio intermedio *m*
Zwischenzeit ['tsvɪʃəntsaɪt] *f* intervalo *m*, tiempo intermedio *m*
Zwist [tsvɪst] *m* discordia *f*, desavenencia *f*, controversia *f*
zwitschern ['tsvɪtʃɐn] *v* gorjear, trinar
zwölf [tsvœlf] *num* doce
zwölfte(r,s) ['tsvœlftə(ɐ,əs)] *adj* duodécimo
Zyklus ['tsy:klus] *m* ciclo *m*
Zylinder [tsy'lɪndɐ] *m* **1.** *(Hut)* sombrero de copa *m*; **2.** *TECH* cilindro *m*
zynisch ['tsy:nɪʃ] *adj* **1.** cínico; *adv* **2.** cínicamente
Zypern ['tsy:pɐn] *n* Chipre *f*
Zypresse [tsy'prɛsə] *f BOT* ciprés *m*
zyprisch ['tsyprɪʃ] *adj* chipriota
Zyste ['tsystə] *f MED* quiste *m*

Grammatik

Spanische Grammatik

Das Adjektiv

Das Adjektiv richtet sich in Zahl und Geschlecht nach dem Substantiv, zu dem es gehört. (*He comprado un coche barato.* Ich habe ein billiges Auto gekauft.) Die weibliche Form der meisten Adjektive wird mit der Endung *-a* gebildet (*antiguo/antigua*). Bei Adjektiven auf *-e, -a, -ior, -tal, -z* sind die maskuline und die feminine Form gleich. (*El vestido es muy elegante.* Das Kleid ist sehr elegant. *La falda es muy elegante.* Der Rock ist sehr elegant.)

Die Pluralbildung des Adjektivs

Der Plural des Adjektivs wird durch Anhängen der Endung -s an die männliche oder weibliche Form gebildet.

Die Stellung des Adjektivs

Adjektive stehen im Allgemeinen nach dem Substantiv, manche Adjektive können jedoch auch vorangestellt werden. Dabei ändert sich aber der Aussagewert des Adjektivs.

Die Steigerung des Adjektivs

Grundform	Komparativ	Superlativ
bonito/a	*más bonito/a*	*el/la más bonito/a*

Nur einige Adjektive besitzen eigene Steigerungsformen:

Grundform	Komparativ	Superlativ
mucho	*más*	
poco	*menos*	
bueno	*mejor*	*el/la mejor*
malo	*peor*	*el/la peor*
grande	*mayor*	*el/la mayor*
	más grande	*el/la más grande*
pequeño	*menor*	*el/la menor*
	más pequeño	*el/la más pequeño/a*

Das Adverb

Man leitet ein Adverb von einem Adjektiv ab, indem man an die weibliche Form die Endung *-mente* anhängt (*serio: seria – seriamente* ernst).

Der Artikel

Der bestimmte Artikel

Der bestimmte Artikel lautet im Singular maskulin *el*, feminin *la*, im Plural maskulin *los* und feminin *las*.

Feminine Substantive, die mit betontem *a* und *ha* beginnen, haben im Singular den Artikel *el*, im Plural *las* (*el agua* das Wasser; *el hambre* der Hunger).

Der unbestimmte Artikel

Der unbestimmte Artikel lautet männlich *un*, weiblich *una*. Im Plural heißt er männlich *unos*, weiblich *unas*.

	maskulin	feminin
Singular	*un libro*	*una casa*
Plural	*unos libros*	*unas casas*

Der Plural des unbestimmten Artikels steht besonders bei Substantiven, die nur im Plural gebraucht werden. (*La ciudad tiene unos alrededores feos.* Die Stadt hat eine hässliche Umgebung.) Feminine Substantive, die mit betontem *a-* oder *ha-* beginnen, bekommen im Singular den Artikel *un* zugewiesen, den Plural bilden sie mit *unas* (*un arma* – eine Waffe, *unas armas* – einige Waffen).

Das Possessivpronomen

Das unbetonte Possessivpronomen

Das unbetonte Possessivpronomen richtet sich im Numerus nach dem Substantiv, zu dem es gehört.

Mit Ausnahme von *vuestro/a* und *nuestro/a* hat das unbetonte Possessivpronomen maskulin und feminin die gleiche Form.

Singular	Plural
mi libro / mi casa	*mis libros / mis casas*
tu libro / tu casa	*tus libros / tus casas*
su libro / su casa	*sus libros / sus casas*
nuestro libro / nuestra casa	*nuestros libros / nuestras casas*
vuestro libro / vuestra casa	*vuestros libros / vuestras casas*
su libro / su casa	*sus libros / sus casas*

Das betonte Possessivpronomen

mío	mein	*nuestro*	unser
tuyo	dein	*vuestro*	euer
suyo	sein	*suyo*	ihr

Die betonten Possessivpronomen haben maskulin und feminin verschiedene Endungen: *mío/mía* usw. *Ser* in Verbindung mit dem betonten Possessivpronomen ist gleichbedeutend mit „gehören". (*Este libro es tuyo.* Dieses Buch gehört dir. *Es el tuyo.* Es ist das deine/deinige.)
Das betonte Possessivpronomen steht in Verbindung mit dem unbestimmten Artikel immer nach dem Substantiv (*Ella es una amiga mía*).

Der Satzbau

Die Wortstellung

Der gewöhnliche Aussagesatz wird nach dem Muster Subjekt – Prädikat – Objekt gebildet: *Carlos va al cine. / Él va al cine.* Üblich ist, das selbstständige Personalpronomen vor dem Verb wegzulassen, da das Subjekt durch die Verbform angegeben wird (*Va al cine.*).

Das Substantiv

Das Geschlecht des Substantivs

Das Spanische hat zwei grammatikalische Geschlechter: männlich und weiblich (*el libro, la casa*).
Männliche Substantive erkennt man an folgenden Endungen:

-o:	*el libro*	*-án:*	*el alquitrán*
-or:	*el tenedor*	*-aje:*	*el garaje*
-ón:	*el bastón*		

Weibliche Substantive enden dagegen auf:

-a:	*la casa*	*-tud:*	*la juventud*
-ción:	*la acción*	*-umbre:*	*la muchedumbre*
-dad:	*la fraternidad*	*-ie:*	*la serie*
-tad:	*la libertad*	*-triz:*	*la actriz*

Enden Länder- oder Städtenamen auf *-a*, so sind sie feminin – die übrigen meist maskulin. Ausnahme: Bezeichnet der Städtename die Gesamtzahl der Bewohner, so wird er maskulinisch verwendet. (*Todo Zaragoza está en la Feria del Pilar.*)

Die Pluralbildung

Substantive, die auf Vokal enden, bilden den Plural auf *-s (el libro, los libros)*. Ausnahmen sind Substantive, die auf betontem *-í* enden.
Substantive, die auf Konsonant enden, bilden den Plural auf *-es*, wobei -z zu *-ces* wird *(el árbol, los árboles; la nuez, las nueces)*.
Substantive, die auf der vorletzten oder drittletzten Silbe betont werden und auf *-s* enden, werden im Plural nicht verändert *(la crisis, las crisis)*.
Bei Substantiven, die im Singular und Plural auf der gleichen Silbe betont werden, kann der Akzent entweder wegfallen oder erforderlich werden, damit die richtige Aussprache erhalten bleibt *(la solución, las soluciones; el examen, los exámenes)*.

Die Deklination des Substantivs

Der Genitiv wird mit *de*, der Dativ mit *a* gebildet.

maskulin	**Singular**	**Plural**
Genitiv	*del coche*	*de los coches*
Dativ	*al coche*	*a los coches*
feminin	**Singular**	**Plural**
Genitiv	*de la casa*	*de las casas*
Dativ	*a la casa*	*a las casas*

Handelt es sich bei einem Akkusativobjekt um eine Person (oder um ein Tier, zu dem ein persönliches Verhältnis besteht), wir die Präposition *a* eingefügt.
Saludo al señor Agudo. Ich begrüße Herrn Agudo.
Tengo que dejar al perro en casa. Ich muss den Hund zu Hause lassen.

Die Uhrzeiten

Die Uhrzeit wird im Spanischen immer mit dem Verb *ser* im Plural angegeben.
Ausnahme: *Es la una.* Es ist 1 Uhr.
Son las cuatro. Es ist 16.00 Uhr.
Son las cuatro y cinco. Es ist 16.05 Uhr.

Bis zur vollen halben Stunde werden die Minuten mit *y* an die Stundenzahl angehängt: *Son las cuatro y cuarto.* Es ist 16.15 Uhr.

Ab der vollen halben Stunde werden Minuten mit *menos* angehängt: *Son las cinco menos cuarto.* Es ist 16.45 Uhr.

Eine halbe Stunde wird mit *una media hora* bezeichnet: *Son las seis y media.* Es ist 18.30 Uhr.

Das Verb

Das Hilfsverb *haber*

Indikativ

Präsens	**Imperfekt**	
he	*había*	
has	*habías*	
ha (unpersönlich *hay*)	*había*	
hemos	*habíamos*	
habéis	*habíais*	
han	*habían*	
Historische Vergangenheit (indefinido)	**Futur**	**Konditional**
hube	*habré*	*habría*
hubiste	*habrás*	*habrías*
hubo	*habrá*	*habría*
hubimos	*habremos*	*habríamos*
hubisteis	*habréis*	*habríais*
hubieron	*habrán*	*habrían*
Perfekt	**Plusquamperfekt**	
he habido	*había habido*	
has habido	*habías habido*	
ha habido	*había habido*	
hemos habido	*habíamos habido*	
habéis habido	*habíais habido*	
han habido	*habían habido*	

Subjuntivo

Präsens	**Imperfekt**
haya	*hubiera/hubiese*
Partizip Perfekt	**Imperativ Präsens**
habido	*hayamos* (haben wir!)
	habed (habt!)

Der Gebrauch der Hilfsverben *ser* und *estar*

Im Spanischen gibt es zwei Verben für das deutsche Hilfsverb sein: *ser* und *estar*. *Estar* wird zur Angabe des Ortes, des Zustandes (+ Adjektiv) z. B. einer Person, der Stellung oder Lage verwendet. *Ser* hingegen dient dazu, Dinge oder Personen zu identifizieren oder zu definieren. Weiterhin werden mit *ser* + Adjektiv Qualitäten bzw. Eigenschaften angegeben, die als wesentliches Erkennungsmerkmal gelten.

Indikativ

Präsens		**Historische Vergangenheit (indefinido)**	
soy	*estoy*	*fui*	*estuve*
eres	*estás*	*fuiste*	*estuviste*
es	*está*	*fue*	*estuvo*
somos	*estamos*	*fuimos*	*estuvimos*
sois	*estáis*	*fuisteis*	*estuvisteis*
son	*están*	*fueron*	*estuvieron*
Imperfekt		**Futur**	
era	*estaba*	*seré*	*estaré*
eras	*estabas*	*serás*	*estarás*
era	*estaba*	*será*	*estará*
éramos	*estábamos*	*seremos*	*estaremos*
erais	*estabais*	*seréis*	*estaréis*
eran	*estaban*	*serán*	*estarán*
Konditional		**Partizip Perfekt**	
sería	*estaría*	*sido*	*estado*
serías	*estarías*		
sería	*estaría*	**Imperativ Präsens**	
seríamos	*estaríamos*	*sé* (sei!)	*está* (sei!)
seríais	*estaríais*	*seamos* (seien wir!)	*estemos* (seien wir!)
serían	*estarían*	*sed* (seid!)	*estad* (seid!)

Subjuntivo

Präsens	
sea	*esté*
Imperfekt	
fuera/fuese	*estuviera/ estuviese*

Die Vollverben

Die regelmäßige Konjugation

Im Spanischen werden drei Konjugationen unterschieden: Verben auf *-ar*, Verben auf *-er* und Verben auf *-ir*.

Verben auf *-ar (armar)*

Indikativ

Präsens	**Historische Vergangenheit (indefinido)**	**Imperfekt**
amo	*amé*	*amaba*
amas	*amaste*	*amabas*
ama	*amó*	*amaba*
amamos	*amamos*	*amábamos*
amáis	*amasteis*	*amabais*
aman	*amaron*	*amaban*

Futur	**Konditional**
amaré	*amaría*
amarás	*amarías*
amará	*amaría*
amaremos	*amaríamos*
amaréis	*amaríais*
amarán	*amarían*

Subjuntivo

Präsens	**Imperfekt**
ame	*amara/amase*
Partizip Perfekt	*amado*
Imperativ Präsens	*ama (liebe!)*
	amemos (lieben wir!)
	amad (liebt!)

Verben auf *-er* (*beber*)

Indikativ

Präsens	**Historische Vergangenheit (indefinido)**	**Imperfekt**
bebo	*bebí*	*bebía*
bebes	*bebiste*	*bebías*
bebe	*bebió*	*bebía*
bebemos	*bebimos*	*bebíamos*
bebéis	*bebisteis*	*bebíais*
beben	*bebieron*	*bebían*
Futur	**Konditional**	
beberé	*bebería*	
beberás	*beberías*	
beberá	*bebería*	
beberemos	*beberíamos*	
beberéis	*beberíais*	
beberán	*beberían*	

Subjuntivo

Präsens	**Imperfekt**
beba	*bebiera/bebiese*
Partizip Perfekt	**Imperativ Präsens**
bebido	*bebe* (trinke!)
	bebamos (trinken wir!)
	bebed (trinkt!)

Verben auf -*ir* (*vivir*)

Indikativ		
Präsens	**Imperfekt**	**Historische Vergangenheit (indefinido)**
vivo	*vivía*	*viví*
vives	*vivías*	*viviste*
vive	*vivía*	*vivió*
vivimos	*vivíamos*	*vivimos*
vivís	*vivíais*	*vivisteis*
viven	*vivían*	*vivieron*
Futur	**Konditional**	
viviré	*viviría*	
vivirás	*viviríais*	
vivirá	*viviría*	
viviremos	*viviríamos*	
viviréis	*viviríais*	
vivirán	*vivirían*	
Subjuntivo		
Präsens	**Imperfekt**	**Imperativ Präsens**
viva	*viviera/viviese*	*vive* (lebe!)
Partizip Perfekt		*viva* (er, sie, es lebe!)
vivido		*vivamos* (leben wir!)
		vivid (lebt!)

Die Verwendung des Subjuntivo

Im Hauptsatz steht der Subjuntivo in fast allen Formen des Imperativs. Im Nebensatz steht der Subjuntivo nach Verben und Ausdrücken der Empfehlung, der Empfindung, des Wunsches, des Befehls, des Erlaubens, der Absicht, der Verpflichtung und des Erstaunens.

Te recomiendo que comas más. Ich empfehle dir, mehr zu essen.
Dudo que venga. Ich bezweifle, dass sie kommt.
¡Que tengas suerte! Viel Glück!
Me gusta que no fumes. Ich finde es gut, dass du nicht rauchst.

Das Zahlwort

Die Kardinalzahlen

0	*cero*	10	*diez*	20	*veinte*
1	*uno*	11	*once*	21	*veintiuno*
2	*dos*	12	*doce*	22	*veintidós*
3	*tres*	13	*trece*	23	*veintitrés*
4	*cuatro*	14	*catorce*	24	*veinticuatro*
5	*cinco*	15	*quince*	25	*veinticinco*
6	*seis*	16	*dieciséis*	26	*veintiséis*
7	*siete*	17	*diecisiete*	27	*veintisiete*
8	*ocho*	18	*dieciocho*	28	*veintiocho*
9	*nueve*	19	*diecinueve*	29	*veintinueve*
30	*treinta*	40	*cuarenta*	50	*cincuenta*
60	*sesenta*	70	*setenta*	80	*ochenta*
90	*noventa*	100	*cien/ciento*	110	*ciento diez*
200	*doscientos/as*	201	*doscientos uno*	210	*doscientos diez*
289	*doscientos ochenta y nueve*				
1000	*mil*				
1.001	*mil uno*				
1.238	*mil doscientos treinta y ocho*				
1.000.000	*un millón*				
2.240.792	*dos millones doscientos cuarenta mil setecientos noventa y dos*				
1.000.000.000	*mil millones*				

Die Ordnungszahlen

1.	*primero*	2.	*segundo*
3.	*tercero*	4.	*cuarto*
20.	*vigésimo*	80.	*octogésimo*
90.	*nonagésimo*	100.	*centésimo*
200.	*ducentésimo*	1.000.	*milésimo*

Unregelmäßige Verben im Spanischen

In der Auflistung werden folgende Abkürzungen verwendet:

P Presente
F Futuro
SPr Subjuntivo Presente
SImp Subjuntivo Imperfecto
G Gerundio
Indef Indefinido
PP Participio Perfecto
Imper Imperativo

andar ando, andas, anda, andamos, andáis, andan *P;* andaré *F;* ande, andemos *SPr;* andara/andase *SImp;* andando *G;* anduve, anduvo, anduvimos, anduvieron *Indef;* andado *PP;* anda, andemos, andad *Imper*

caber quepo, cabes, cabe, cabemos, cabéis, caben *P;* cabré *F;* quepa, quepamos *SPr;* cupiera/cupiese *SImp;* cabiendo *G;* cupe, cupo, cupimos, cupieron *Indef;* cabido *PP;* cabe, quepamos, cabed *Imper*

caer caigo, caes, cae, caemos, caéis, caen *P;* caeré *F;* caiga, caigamos *SPr;* cayera/cayese *SImp;* cayendo *G;* caí, cayó, caíamos, cayeron *Indef;* caído *PP;* cae, cayamos, caed *Imper*

conducir conduzco, conduces, conduce, conducimos, conducís, conducen *P;* conduciré *F;* conduzca, conduzcamos *SPr;* condujera/condujese *SImp;* conduciendo *G;* conduje, condujo, condujimos, condujeron *Indef;* conducido *PP;* conduce, conduzcamos, conducid *Imper*

conocer conozco, conoces, conoce, conocemos, conocéis, conocen *P;* conoceré *F;* conozca, conozcamos *SPr;* conociera/conociese *SImp;* conociendo *G;* conocí, conoció, conocimos, conocieron *Indef;* conocido *PP;* conoce, conozcamos, conoced *Imper*

construir construyo, construyes, construye, construimos, construís, construyen *P;* construiré *F;* construya, construyamos *SPr;* construyera/construyese *SImp;* construyendo *G;* construí, construyó, construimos, construyeron *Indef;* construido *PP;* construye, construyamos, construid *Imper*

dar doy, das, da, damos, dais, dan *P;* daré *F;* dé, demos *SPr;* diera/diese *SImp;* dando *G;* di, dio, dimos, dieron *Indef;* dado *PP;* da, demos, dad *Imper*

decir digo, dices, dice, decimos, decís, dicen *P;* diré *F;* diga, digamos *SPr;* dijera/dijese *SImp;* diciendo *G;* dije, dijo, dijimos, dijeron *Indef;* dicho *PP;* di, digamos, decid *Imper*

dormir duermo, duermes, duerme, dormimos, dormís, duermen *P;* dormiré *F;* duerma, durmamos *SPr;* durmiera/durmiese *SImp;* durmiendo *G;* dormí, durmió, dormimos, durmieron *Indef;* dormido *PP;* duerme, durmamos, dormid *Imper*

estar estoy, estás, está, estamos, estáis, están *P;* estaré *F;* esté, estemos *SPr;* estuviera/estuviese *SImp;* estando *G;* estuve, estuvo, estuvimos, estuvieron *Indef;* estado *PP;* está, estemos, estad *Imper*

haber he, has, ha, hemos, habéis, han *P;* habré *F;* haya, hayamos *SPr;* hubiera/hubiese *SImp;* habiendo *G;* hube, hubo, hubimos, hubieron *Indef;* habido *PP;* haya, hayamos, habed *Imper*

hacer hago, haces, hace, hacemos, hacéis, hacen *P;* haré *F;* haga, hagamos *SPr;* hiciera/hiciese *SImp;* haciendo *G;* hice, hizo, hicimos, hicieron *Indef;* hecho *PP;* haz, hagamos, haced *Imper*

ir voy, vas, va, vamos, vais, van *P;* iré *F;* vaya, vayamos *SPr;* fuera/fuese *SImp;* yendo *G;* fui, fue, fuimos, fueron *Indef;* ido *PP;* ve, vayamos, id *Imper*

medir mido, mides, mide, medimos, medís, miden *P;* mediré *F;* mida, midamos *SPr;* midiera/midiese *SImp;* midiendo *G;* medí, midió, medimos, midieron *Indef;* medido *PP;* mide, midamos, medid *Imper*

mover muevo, mueves, mueve, movemos, movéis, mueven *P;* moveré *F;* mueva, movamos *SPr;* moviera/moviese *SImp;* moviendo *G;* moví, movió, movimos, movieron *Indef;* movido *PP;* mueve, movemos, moved *Imper*

nacer nazco, naces, nace, nacemos, nacéis, nacen *P;* naceré *F;* nazca, nazcamos *SPr;* naciera/naciese *SImp;* naciendo *G;* nací, nació, nacimos, nacieron *Indef;* nacido *PP;* nace, nazcamos, naced *Imper*

ofrecer ofrezco, ofreces, ofrece, ofrecemos, ofrecéis, ofrecen *P;* ofreceré *F;* ofrezca, ofrezcamos *SPr;* ofreciera/ofreciese *SImp;* ofreciendo *G;* ofrecí, ofreció, ofrecimos, ofrecieron *Indef;* ofrecido *PP;* ofrece, ofrezcamos, ofreced *Imper*

oír oigo, oyes, oye, oímos, oís, oyen *P;* oiré *F;* oiga, oigamos *SPr;* oyera/oyese *SImp;* oyendo *G;* oí, oyó, oímos, oyeron *Indef;* oído *PP;* oye, oigamos, oíd *Imper*

oler huelo, hueles, huele, olemos, oléis, huelen *P;* oleré *F;* huela, olamos *SPr;* oliera/oliese *SImp;* oliendo *G;* olí, olió, olimos, olieron *Indef;* olido *PP;* huele, olamos, oled *Imper*

pedir pido, pides, pide, pedimos, pedís, piden *P;* pediré *F;* pida, pidamos *SPr;* pidiera/pidiese *SImp;* pidiendo *G;* pedí, pidió, pedimos, pidieron *Indef;* pedido *PP;* pide, pidamos, pedid *Imper*

pensar pienso, piensas, piensa, pensamos, pensáis, piensan *P;* pensaré *F;* piense, pensemos *SPr;* pensara/pensase *SImp;* pensando *G;* pensé, pensó, pensamos, pensaron *Indef;* pensado *PP;* piensa, pensemos, pensad *Imper*

perder pierdo, pierdes, pierde, perdemos, perdéis, pierden *P;* perderé *F;* pierda, perdamos *SPr;* perdiera/perdiese *SImp;* perdiendo *G;* perdí, perdió, perdimos, perdieron *Indef;* perdido *PP;* pierde, perdamos, perded *Imper*

poder puedo, puedes, puede, podemos, podéis, pueden *P;* podré *F;* pueda, podamos *SPr;* pudiera/pudiese *SImp;* pudiendo *G;* pude, pudo, pudimos, pudieron *Indef;* podido *PP;* puede, podamos, poded *Imper*

poner pongo, pones, pone, ponemos, ponéis, ponen *P;* pondré *F;* ponga, pongamos *SPr;* pusiera/pusiese *SImp;* poniendo *G;* puse, puso, pusimos, pusieron *Indef;* puesto *PP;* pon, pongamos, poned *Imper*

probar pruebo, pruebas, prueba, probamos, probáis, prueban *P;* probaré *F;* pruebe, probemos *SPr;* probara/probase *SImp;* probando *G;* probé, probó, probamos, probaron *Indef;* probado *PP;* prueba, probemos, probad *Imper*

querer quiero, quieres, quiere, queremos, queréis, quieren *P;* querré *F;* quiera, queramos *SPr;* quisiera/quisiese *SImp;* queriendo *G;* quise, quiso, quisimos, quisieron *Indef;* querido *PP;* quiere, queramos, quered *Imper*

referir refiero, refieres, refiere, referimos, referís, refieren *P;* referiré *F;* refiera, refiramos *SPr;* refiera/refiese *SImp;* refiriendo *G;* referí, refirió, referimos, refirieron *Indef;* referido *PP;* refiere, referamos, referid *Imper*

reír río, ríes, ríe, reímos, reís, ríen *P;* reiré *F;* ría, riamos *SPr;* riera/riese *SImp;* riendo *G;* reí, rió, reímos, rieron *Indef;* reído *PP;* ríe, riamos, reíd *Imper*

repetir repito, repites, repite, repetimos, repetís, repiten *P;* repetiré *F;* repita, repitamos *SPr;* repetiera/repetiese *SImp;* repitiendo *G;* repetí, repitió, repetimos, repitieron *Indef;* repetido *PP;* repite, repitamos, repetid *Imper*

saber sé, sabes, sabe, sabemos, sabéis, saben *P;* sabré *F;* sepa, sepamos *SPr;* supiera/supiese *SImp;* sabiendo *G;* supe, supo, supimos, supieron *Indef;* sabido *PP;* sabe, sepamos, sabed *Imper*

salir salgo, sales, sale, salimos, salís, salen *P;* saldré *F;* salga, salgamos *SPr;* saliera/saliese *SImp;* saliendo *G;* salí, salió, salimos, salieron *Indef;* salido *PP;* sal, salgamos, salid *Imper*

sentir siento, sientes, siente, sentimos, sentís, sienten *P;* sentiré *F;* sienta, sintamos *SPr;* sintiera/sintiese *SImp;* sintiendo *G;* sentí, sintió, sentimos, sintieron *Indef;* sentido *PP;* siente, sintamos, sentid *Imper*

ser soy, eres, es, somos, sois, son *P;* seré *F;* sea, seamos *SPr;* fuera/fuese *SImp;* siendo *G;* fui, fue, fuimos, fueron *Indef;* sido *PP;* sé, seamos, sed *Imper*

servir sirvo, sirves, sirve, servimos, servís, sirven *P;* serviré *F;* sirva, sirvamos *SPr;* sirviera/sirviese *SImp;* sirviendo *G;* serví, sirvió, servimos, sirvieron *Indef;* servido *PP;* sirve, sirvamos, servid *Imper*

tener tengo, tienes, tiene, tenemos, tenéis, tienen *P;* tendré *F;* tenga, tengamos *SPr;* tuviera/tuviese *SImp;* teniendo *G;* tuve, tuvo, tuvimos, tuvieron *Indef;* tenido *PP;* ten, tengamos, tened *Imper*

traer traigo, traes, trae, traemos, traéis, traen *P;* traeré *F;* traiga, traigamos *SPr;* trajera/trajese *SImp;* trayendo *G;* traje, trajo, trajimos, trajeron *Indef;* traído *PP;* trae, traigamos, traed *Imper*

valer valgo, vales, vale, valemos, valéis, valen *P;* valdré *F;* valga, valgamos *SPr;* valiera/valiese *SImp;* valiendo *G;* valí, valió, valimos, valieron *Indef;* valido *PP;* vale, valgamos, valed *Imper*

venir vengo, vienes, viene, venimos, venís, vienen *P;* vendré *F;* venga, vengamos *SPr;* viniera/viniese *SImp;* viniendo *G;* vine, vino, vinimos, vinieron *Indef;* venido *PP;* ven, vengamos, venid *Imper*

ver veo, ves, ve, vemos, veis, ven *P;* veré *F;* vea, veamos *SPr;* viera/viese *SImp;* viendo *G;* vi, vio, vimos, vieron *Indef;* visto *PP;* ve, veamos, ved *Imper*

vestir visto, vistes, viste, vestimos, vestís, visten *P;* vestiré *F;* vista, vistamos *SPr;* vistiera/vistiese *SImp;* vistiendo *G;* vestí, vistió, vestimos, vistieron *Indef;* vestido *PP;* viste, vistamos, vestid *Imper*

volver vuelvo, vuelves, vuelve, volvemos, volvéis, vuelven *P;* volveré *F;* vuelva, volvamos *SPr;* volviera/volviese *SImp;* volviendo *G;* volví, volvió, volvimos, volvieron *Indef;* vuelto *PP;* vuelve, volvamos, volved *Imper*

Gramática alemana

Adjetivo

El uso del adjetivo

Cuando se utiliza el adjetivo como atributo, es decir, para describir detalladamente el sustantivo, éste deberá concordar en género, número y caso con el sustantivo en cuestión. (*Die neuen Fahrräder* (neutro, plural, nominativo) *waren wegen ihres niedrigen Preises* (masculino, singular, genitivo) *schnell verkauft.*

Al ser empleado como predicativo o como adverbio, no sufre ninguna alteración. (*Diese Fahrräder sind neu und preiswert.*)

La declinación del adjetivo

Se distinguen dos tipos de declinaciones del adjetivo. Un adjetivo se declina fuertemente cuando aparece solo y precede a un sustantivo, cuando sigue a un artículo indeterminado o a un pronombre (*neuer Hut, ein neuer Hut, ihr neuer Hut*).

singular	nominativo	genitivo	dativo	acusativo
		trotz	mit	gegen
masculino	*neuer Hut*	*neuen Hutes*	*neuem Hut(e)*	*neuen Hut*
femenino	*neue Frau*	*neuer Frau*	*neuer Frau*	*neue Frau*
neutro	*neues Auto*	*neuen Autos*	*neuem Auto*	*neues Auto*

plural	nominativo	genitivo	dativo	acusativo
		trotz	*mit*	*gegen*
masculino	*neue Hüte*	*neuer Hüte*	*neuen Hüten*	*neue Hüte*
femenino	*neue Frauen*	*neuer Frauen*	*neuen Frauen*	*neue Frauen*
neutro	*neue Autos*	*neuer Autos*	*neuen Autos*	*neue Autos*

Un adjetivo se declina débilmente cuando se encuentra después de un artículo determinado o después de un pronombre declinado (*der neue Hut, dieser neue Hut, Welcher neue Hut?*).

singular	nominativo	genitivo	dativo	acusativo
masculino	*neue Hut*	*neuen Hutes*	*neuen Hut(e)*	*neuen Hut*
femenino	*neue Frau*	*neuen Frau*	*neuen Frau*	*neue Frau*
neutro	*neue Auto*	*neuen Autos*	*neuen Auto*	*neue Auto*
plural				
masculino	*neuen Hüten*	*neuen Hüten*	*neuen Hüten*	*neuen Hüten*
femenino	*neuen Frauen*	*neuen Frauen*	*neuen Frauen*	*neuen Frauen*
neutro	*neuen Autos*	*neuen Autos*	*neuen Autos*	*neuen Autos*

Grados de comparación
La comparación se forma añadiendo al positivo un *-er*. La inflexión de la vocal tónica (*Umlaut*) seguida de la terminación -er también se utiliza para construir la comparación.

El superlativo se forma adhiriendo la terminación -est o -st al positivo. En caso de que el superlativo no se encuentre calificando a un sustantivo, se utiliza *am. (nett, netter, netteste(r,s)/am nettesten)*

Max ist kleiner als Luis. Max ist der kleinste unter seinen Freunden. Julius ist größer als Luis. Er ist am größten.

Adverbio
Los adverbios que derivan de un adjetivo permanecen en su forma original. *(Das hast du gut gemacht!)* La comparación de los adverbios equivale a la de los adjetivos, es decir, no hay terminaciones.

Artículo

El artículo determinado

número	caso	masculino	femenino	neutro
singular	nominativo	*der*	*die*	*das*
	genitivo	*des*	*der*	*des*
	dativo	*dem*	*der*	*dem*
	acusativo	*den*	*die*	*das*
plural	nominativo	*die*	*die*	*die*
	genitivo	*der*	*der*	*der*
	dativo	*den*	*den*	*den*
	acusativo	*die*	*die*	*die*

El artículo indeterminado

número	caso	masculino	femenino	neutro
singular	nominativo	*ein*	*eine*	*ein*
	genitivo	*eines*	*einer*	*eines*
	dativo	*einem*	*einer*	*einem*
	acusativo	*einen*	*eine*	*ein*

Pronombres

El pronombre personal

número	caso	1. pers.	2. pers.	3. pers.
singular	nominativo	*ich*	*du*	*er, sie, es*
	genitivo	*meiner*	*deiner*	*seiner, ihrer, seiner*
	dativo	*mir*	*dir*	*ihm, ihr, ihm*
	acusativo	*mich*	*dich*	*ihn, sie, es*
plural	nominativo	*wir*	*ihr*	*sie*
	genitivo	*unser*	*euer*	*ihrer*
	dativo	*uns*	*euch*	*ihnen*
	acusativo	*uns*	*euch*	*sie*

El pronombre posesivo

posesión	singular			plural
posesor	**masculino**	**femenino**	**neutro**	**m. f. n.**
1. pers. sing.	*mein*	*meine*	*mein*	*meine*
2. pers. sing.	*dein*	*deine*	*dein*	*deine*
3. pers. sing.	*sein*	*seine*	*sein*	*seine*
	ihr	*ihre*	*ihr*	*ihre*
	sein	*seine*	*sein*	*seine*
1. pers. pl.	*unser*	*uns(e)re*	*unser*	*uns(e)re*
2. pers. pl.	*euer*	*eu(e)re*	*euer*	*eu(e)re*
3. pers. pl.	*ihr*	*ihre*	*ihr*	*ihre*

La declinación del pronombre posesivo
El pronombre posesivo se rige en género, número y caso por el sustantivo. *(Das ist mein Buch. Er war der Chef seiner Firma.)*

caso sing.	masculino	femenino	neutro
nominativo	*mein Vater*	*meine Mutter*	*mein Haus*
genitivo	*meines Vaters*	*meiner Mutter*	*meines Hauses*
dativo	*meinem Vater*	*meiner Mutter*	*meinem Haus*
acusativo	*meinen Vater*	*meine Mutter*	*mein Haus*
caso pl.			
nominativo	*meine Söhne*	*meine Töchter*	*meine Häuser*
genitivo	*meiner Söhne*	*meiner Töchter*	*meiner Häuser*
dativo	*meinen Söhnen*	*meinen Töchtern*	*meinen Häusern*
acusativo	*meine Söhne*	*meine Töchter*	*meine Häuser*

El pronombre relativo
Los pronombres relativos *der, die, das, welcher, welche, welches* introducen la frase relativa y concuerdan con ésta en género y número, mas no en el caso. El caso se rige por la función de la frase relativa, no por la palabra a la que se refiere. *(Die Theaterbesucher, denen die Inszenierung nicht gefiel, verließen protestierend den Saal.)*

Sustantivo

El género
Existen tres géneros de sustantivos. Normalmente el género gramatical coincide con el natural *(der Mann, die Frau, das Haus)*.

Las desinencias regulares del sustantivo en alemán

masculino		**femenino**	
-ant	*Probant*	*-ade*	*Limonade*
-ar	*Referendar*	*-anz*	*Toleranz*
-är	*Sekretär*	*-atte*	*Debatte*
-ent	*Student*	*-ei*	*Prügelei*
-eur	*Friseur*	*-elle*	*Kapelle*
-ist	*Komponist*	*-enz*	*Insolvenz*
-ius	*Radius*	*-ette*	*Tablette*
-ling	*Neuling*	*-eurin*	*Friseurin*
-mus	*Rhythmus*	*-euse*	*Fritteuse*
-nom	*Astronom*	*-heit*	*Gesundheit*
-rich	*Fähnrich*	*-ie*	*Demokratie*
-tiv	*Konjunktiv*	*-ik*	*Klinik*
-tor	*Direktor*	*-in*	*Direktorin*
neutro		*-ine*	*Apfelsine*
-at	*Inserat*	*-ion*	*Aktion*
-chen	*Mädchen*	*-ive*	*Initiative*
-ium	*Delirium*	*-keit*	*Müdigkeit*
-lein	*Fräulein*	*-schaft*	*Herrschaft*
-ment	*Parlament*	*-tät*	*Pubertät*
-nis	*Erlebnis*	*-ung*	*Wohnung*
-sel	*Überbleibsel*	*-ur*	*Konjunktur*
-tiv	*Stativ*		

El caso del sustantivo
Existen tres clases de declinaciones en el sustantivo: fuerte, débil y mixta. Se llama mixta porque es fuerte en el singular y débil en el plural.

La declinación fuerte se presenta en masculino, femenino y neutro.

singular	**masculino**	**femenino**	**neutro**
nominativo	*der Raum*	*die Wand*	*das Auto*
genitivo	*des Raumes*	*der Wand*	*des Autos*
dativo	*dem Raum(e)*	*der Wand*	*dem Auto*
acusativo	*den Raum*	*die Wand*	*das Auto*
plural			
nominativo	*die Räume*	*die Wände*	*die Autos*
genitivo	*der Räume*	*der Wände*	*der Autos*
dativo	*den Räumen*	*den Wänden*	*den Autos*
acusativo	*die Räume*	*die Wände*	*die Autos*

La declinación débil se presenta en sustantivos masculinos y femeninos.

singular	**masculino**	**femenino**
nominativo	*der Held*	*die Katze*
genitivo	*des Helden*	*der Katze*
dativo	*dem Helden*	*der Katze*
acusativo	*den Helden*	*die Katze*
plural		
nominativo	*die Helden*	*die Katzen*
genitivo	*der Helden*	*der Katzen*
dativo	*den Helden*	*den Katzen*
acusativo	*die Helden*	*die Katzen*

La declinación mixta se presenta en sustantivos masculinos y neutros.

singular	**masculino**	**neutro**
nominativo	*der Schmerz*	*das Ohr*
genitivo	*des Schmerzes*	*des Ohr(e)s*
dativo	*dem Schmerz*	*dem Ohr*
acusativo	*den Schmerz*	*das Ohr*
plural		
nominativo	*die Schmerzen*	*die Ohren*
genitivo	*der Schmerzen*	*der Ohren*
dativo	*den Schmerzen*	*den Ohren*
acusativo	*die Schmerzen*	*die Ohren*

El uso del caso
El genitivo determina pertenencia, origen, calidad y posesión. *(Die Studenten der Münchener Universität streiken. Die Früchte südlicher Zonen sind aromatisch. Die Qualität der Aufnahme ist unbestritten. Das ist das Haus des Direktors.)* El objeto dativo indica la persona o la cosa a la que le sucede algo, vive un proceso o un acontecimiento. *(Sie gibt/schenkt dem Mann ...)*
El objeto directo u objeto acusativo se utiliza cuando alguien o algo es afectado directamente por una acción o un acontecimiento. El objeto acusativo es la meta de una acción. *(Sie sieht ihn.)*

Verbos

La conjugación de los verbos enteros
Los verbos enteros forman tres grupos según su tipo de conjugación:
los verbos regulares (1), los verbos irregulares (2), los verbos mixtos (3).
Análogamente a esta clasificación, existe una conjugación irregular, regular y mixta respectivamente. El tipo de conjugación es determinado por el verbo en su forma natural (infinitivo, imperfecto, participio II).

infinitivo	imperfecto	participio perfecto
(1) lachen	*lachte*	*gelacht*
(2) singen	*sang*	*gesungen*
(3) bringen	*brachte*	*gebracht*

La conjugación regular *(stellen, fahren)*
Modelo de conjugación: Voz activa

tiempo	número	indicativo	subjuntivo I	subjuntivo II
presente	singular	*ich stelle*	*ich stelle*	
		du stellst	*du stellest*	
		er/sie/es stellt	*er/sie/es stelle*	
	plural	*wir stellen*	*wir stellen*	
		ihr stellt	*ihr stellet*	
		sie stellen	*sie stellen*	
pretérito	singular	ich stellte	ich stellte	
		du stelltest	du stelltest	
		er/sie/es stellte	*er/sie/es stellte*	
	plural	*wir stellten*	*wir stellten*	
		ihr stelltet	*ihr stelltet*	
		sie stellten	*sie stellten*	

tiempo	número	indicativo	subjuntivo I	subjuntivo II
futuro I	singular	*ich werde stellen*	*ich werde stellen*	*ich würde stellen*
perfecto		*ich habe gestellt*	*ich habe gestellt*	
		du hast gestellt	*du habest gestellt*	
		ich bin gefahren	*ich sei gefahren*	
		du bist gefahren	*du seist gefahren*	
pluscuamperfecto		*ich hatte gestellt*		
		du hattest gestellt		
		ich war gefahren		
		du warst gefahren		
infinitivo perfecto		*gestellt haben/gefahren sein*		
participio presente		*stellend/fahrend*		
participio perfecto		*gestellt/gefahren*		
imperativo singular		*stelle/fahre!*		
imperativo plural		*stellt/fahrt!*		

La conjugación irregular (*nehmen*)

tiempo	número	indicativo	subjuntivo
presente	singular	*ich nehme*	*ich nehme*
		du nimmst	*du nehmest*
		er/sie/es nimmt	*er/sie/es nehme*
	plural	*wir nehmen*	*wir nehmen*
		ihr nehmt	*ihr nehmet*
		sie nehmen	*sie nehmen*
pretérito	singular	*ich nahm*	*ich nähme*
		du nahmst	*du nähmest*
		er/sie/es nahm	*er/sie/es nähme*
	plural	*wir nahmen*	*wir nähmen*
		ihr nahmt	*ihr nähm(e)t*
		sie nahmen	*sie nähmen*
participio presente		*nehmend*	
participio perfecto		*genommen*	
imperativo singular		*nimm!*	
imperativo plural		*nehmt!*	

Los verbos auxiliares *sein* y *haben*
Con su ayuda se pueden construir los tiempos compuestos de los verbos enteros.

tiempo	sein	haben
presente	*ich bin*	*ich habe*
	du bist	*du hast*
	er, sie, es ist	*er, sie, es hat*
	wir sind	*wir haben*
	ihr seid	*ihr habt*
	sie sind	*sie haben*
imperfecto	*ich war*	*ich hatte*
	du warst	*du hattest*
	er, sie, es war	*er, sie, es hatte*
	wir waren	*wir hatten*
	ihr wart	*ihr hattet*
	sie waren	*sie hatten*
perfecto	*ich bin gewesen*	*ich habe gehabt*
pluscuamperfecto	*ich war gewesen*	*ich hatte gehabt*
futuro I	*ich werde sein*	*ich werde haben*
	du wirst sein	*du wirst haben*
	er, sie, es wird sein	*er, sie, es wird haben*
	wir werden sein	*wir werden haben*
	ihr werdet sein	*ihr werdet haben*
	sie werden sein	*sie werden haben*
futuro II	*ich werde gewesen sein*	*ich werde gehabt haben*
participio perfecto	*gewesen sein*	*gehabt haben*
imperativo		
singular	*sei!*	*hab(e)!*
plural	*seid!*	*habt!*

Hora

Los minutos se escriben ya sea separados por un punto o más pequeños arriba $9.^{30}$ *Uhr.* Se utilizan solamente números cardinales. Al preguntar la hora se dice: *Wie viel Uhr ist es? Wie spät ist es?* Se contesta: *Es ist ...*

12.00 Uhr zwölf Uhr (mittags)
12.15 Uhr zwölf Uhr fünfzehn/Viertel nach zwölf
12.30 Uhr zwölf Uhr dreißig/halb eins
12.45 Uhr zwölf Uhr fünfundvierzig/Viertel vor eins
12.50 Uhr zwölf Uhr fünzig/zehn vor eins
13.00 Uhr dreizehn Uhr/ein Uhr mittags
15.00 Uhr fünfzehn Uhr/drei Uhr nachmittags
23.00 Uhr dreiundzwanzig Uhr/elf Uhr nachts
24.00 Uhr vierundzwanzig Uhr/Mitternacht

Números

números cardinales		**números ordinales**	
0	null		
1	eins	1.	erste
2	zwei	2.	zweite
3	drei	3.	dritte
4	vier	4.	vierte
5	fünf	5.	fünfte
6	sechs	6.	sechste
7	sieben	7.	sieb(en)te
8	acht	8.	achte
9	neun	9.	neunte
10	zehn	10.	zehnte
11	elf	11.	elfte
12	zwölf	12.	zwölfte
13	dreizehn	13.	dreizehnte
14	vierzehn	14.	vierzehnte
15	fünfzehn	15.	fünfzehnte
16	sechzehn	16.	sechzehnte
17	siebzehn	17.	siebzehnte
18	achtzehn	18.	achtzehnte
19	neunzehn	19.	neunzehnte

números cardinales		números ordinales	
20	zwanzig	20.	zwanzigste
21	einundzwanzig	21.	einundzwanzigste
22	zweiundzwanzig	22.	zweiundzwanzigste
23	dreiundzwanzig	23.	dreiundzwanzigste
30	dreißig	24.	vierundzwanzigste
40	vierzig	25.	fünfundzwanzigste
50	fünfzig	26.	sechsundzwanzigste
60	sechzig	27.	siebenundzwanzigste
70	siebzig	28.	achtundzwanzigste
80	achtzig	29.	neunundzwanzigste
90	neunzig	30.	dreißigste
100	(ein)hundert	40.	vierzigste
101	hundert(und)eins	50.	fünfzigste
230	zweihundert(und) dreißig	60.	sechzigste
1 000	(ein)tausend	70.	siebzigste
10 000	zehntausend	80.	achtzigste
100 000	(ein)hunderttausend	90.	neunzigste
1 000 000	eine Million	100.	(ein)hundertste
		1 000.	(ein)tausendste

El 0 se enuncia siempre *null*.
Los números y los numerales menores a un millón se escriben juntos.

Los verbos irregulares del alemán

infinitivo	imperfecto	participio perfecto	presente
backen	backte	gebacken	ich backe, du bäckst
befehlen	befahl	befohlen	ich befehle, du befiehlst
beginnen	begann	begonnen	ich beginne, du beginnst
beißen	biss	gebissen	ich beiße, du beißt
bergen	barg	geborgen	ich berge, du birgst
bersten	barst	geborsten	ich berste, du birst
betrügen	betrog	betrogen	ich betrüge, du betrügst
biegen	bog	gebogen	ich biege, du biegst
bieten	bot	geboten	ich biete, du bietest
binden	band	gebunden	ich binde, du bindest
bitten	bat	gebeten	ich bitte, du bittest
blasen	blies	geblasen	ich blase, du bläst
bleiben	blieb	geblieben	ich bleibe, du bleibst
braten	briet	gebraten	ich brate, du brätst
brechen	brach	gebrochen	ich breche, du brichst
brennen	brannte	gebrannt	ich brenne, du brennst
bringen	brachte	gebracht	ich bringe, du bringst
denken	dachte	gedacht	ich denke, du denkst
dreschen	drosch	gedroschen	ich dresche, du drischst
dringen	drang	gedrungen	ich dringe, du dringst
dürfen	durfte	gedurft	ich darf, du darfst
empfangen	empfing	empfangen	ich empfange, du empfängst
empfehlen	empfahl	empfohlen	ich empfehle, du empfiehlst
empfinden	empfand	empfunden	ich empfinde, du empfindest
erlöschen	erlosch	erloschen	er erlischt
essen	aß	gegessen	ich esse, du isst
fahren	fuhr	gefahren	ich fahre, du fährst
fallen	fiel	gefallen	ich falle, du fällst
fangen	fing	gefangen	ich fange, du fängst
fechten	focht	gefochten	ich fechte, du fich(t)st
finden	fand	gefunden	ich finde,du findest
flechten	flocht	geflochten	ich flechte, du flich(t)st
fliegen	flog	geflogen	ich fliege, du fliegst
fliehen	floh	geflohen	ich fliehe, du fliehst

fließen	floss	geflossen	ich fließe, du fließt
fressen	fraß	gefressen	ich fresse, du frisst
frieren	fror	gefroren	ich friere, du frierst
gären	gor	gegoren	es gärt
gebären	gebar	geboren	ich gebäre, du gebärst/ gebierst
geben	gab	gegeben	ich gebe, du gibst
gedeihen	gedieh	gediehen	ich gedeihe, du gedeihst
gehen	ging	gegangen	ich gehe, du gehst
gelingen	gelang	gelungen	es gelingt
gelten	galt	gegolten	ich gelte, du giltst
genießen	genoss	genossen	ich genieße, du genießt
geschehen	es geschah	geschehen	es geschieht
gewinnen	gewann	gewonnen	ich gewinne, du gewinnst
gießen	goss	gegossen	ich gieße, du gießt
gleichen	glich	geglichen	ich gleiche, du gleichst
gleiten	glitt	geglitten	ich gleite, du gleitest
graben	grub	gegraben	ich grabe, du gräbst
greifen	griff	gegriffen	ich greife, du greifst
haben	hatte	gehabt	ich habe, du hast
halten	hielt	gehalten	ich halte, du hältst
hängen	hing	gehangen	ich hänge, du hängst
hauen	hieb/haute	gehauen	ich haue, du haust
heben	hob	gehoben	ich hebe, du hebst
heißen	hieß	geheißen	ich heiße, du heißt
helfen	half	geholfen	ich helfe, du hilfst
kennen	kannte	gekannt	ich kenne, du kennst
klingen	klang	geklungen	ich klinge, du klingst
kneifen	kniff	gekniffen	ich kneife, du kneifst
kommen	kam	gekommen	ich komme, du kommst
können	konnte	gekonnt	ich kann, du kannst
kriechen	kroch	gekrochen	ich krieche, du kriechst
laden	lud	geladen	ich lade, du lädst
lassen	ließ	gelassen	ich lasse, du lässt
laufen	lief	gelaufen	ich laufe, du läufst
leiden	litt	gelitten	ich leide, du leidest
leihen	lieh	geliehen	ich leihe, du leihst
lesen	las	gelesen	ich lese, du liest
liegen	lag	gelegen	ich liege, du liegst

lügen	log	gelogen	ich lüge, du lügst
mahlen	mahlte	gemahlen	ich mahle, du mahlst
meiden	mied	gemieden	ich meide, du meidest
melken	molk	gemolken/ gemelkt	ich melke, du melkst
messen	maß	gemessen	ich messe, du mißt
misslingen	es misslang	misslungen	es misslingt
mögen	mochte	gemocht	ich mag, du magst
müssen	musste	gemusst	ich muss, du musst
nehmen	nahm	genommen	ich nehme, du nimmst
nennen	nannte	genannt	ich nenne, du nennst
pfeifen	pfiff	gepfiffen	ich pfeife, du pfeifst
preisen	pries	gepriesen	ich preise, du preist
quellen	quoll	gequollen	ich quelle, du quillst
raten	riet	geraten	ich rate, du rätst
reiben	rieb	gerieben	ich reibe, du reibst
reißen	riss	gerissen	ich reiße, du reißt
reiten	ritt	geritten	ich reite, du reitest
rennen	rannte	gerannt	ich renne, du rennst
riechen	roch	gerochen	ich rieche, du riechst
ringen	rang	gerungen	ich ringe, du ringst
rinnen	rann	geronnen	es rinnt
rufen	rief	gerufen	ich rufe, du rufst
salzen	salzte	gesalzen	ich salze, du salzt
saufen	soff	gesoffen	ich saufe, du säufst
saugen	sog	gesogen	ich sauge, du saugst
schaffen (schöpfen)	schuf	geschaffen	ich schaffe, du schaffst
scheiden	schied	geschieden	ich scheide, du scheidest
scheinen	schien	geschienen	ich scheine, du scheinst
schelten	schalt	gescholten	ich schelte, du schiltst
schieben	schob	geschoben	ich schiebe, du schiebst
schießen	schoss	geschossen	ich schieße, du schießt
schlafen	schlief	geschlafen	ich schlafe, du schläfst
schlagen	schlug	geschlagen	ich schlage, du schlägst
schleichen	schlich	geschlichen	ich schleiche, du schleichst
schleifen (schärfen)	schliff	geschliffen	ich schleife, du schleifst
schließen	schloss	geschlossen	ich schließe, du schließt

schmeißen	schmiss	geschmissen	ich schmeiße, du schmeißt
schmelzen (intransitiv)	schmolz	geschmolzen	ich schmelze, du schmilzt
schneiden	schnitt	geschnitten	ich schneide, du schneidest
schreiben	schrieb	geschrieben	ich schreibe, du schreibst
schreien	schrie	geschrien	ich schreie, du schreist
schweigen	schwieg	geschwiegen	ich schweige, du schweigst
schwellen	schwoll	geschwollen	ich schwelle, du schwillst
schwimmen	schwamm	geschwommen	ich schwimme, du schwimmst
schwinden	schwand	geschwunden	ich schwinde, du schwindest
schwören	schwur	geschworen	ich schwöre, du schwörst
sehen	sah	gesehen	ich sehe, du siehst
sein	war	gewesen	ich bin, du bist
senden	sandte	gesandt	ich sende, du sendest
sieden	sott/siedete	gesotten/gesiedet	ich siede, du siedest
singen	sang	gesungen	ich singe, du singst
sinken	sank	gesunken	ich sinke, du sinkst
sinnen	sann	gesonnen	ich sinne, du sinnst
sitzen	saß	gesessen	ich sitze, du sitzt
spalten	spaltete	gespalten	ich spalte, du spaltest
speien	spie	gespien	ich speie, du speist
spinnen	spann	gesponnen	ich spinne, du spinnst
sprechen	sprach	gesprochen	ich spreche, du sprichst
springen	sprang	gesprungen	ich springe, du springst
stechen	stach	gestochen	ich steche, du stichst
stehen	stand	gestanden	ich stehe, du stehst
stehlen	stahl	gestohlen	ich stehle, du stiehlst
steigen	stieg	gestiegen	ich steige, du steigst
sterben	starb	gestorben	ich sterbe, du stirbst
stinken	stank	gestunken	ich stinke, du stinkst
stoßen	stieß	gestoßen	ich stoße, du stößt
streichen	strich	gestrichen	ich streiche, du streichst
streiten	stritt	gestritten	ich streite, du streitest
tragen	trug	getragen	ich trage, du trägst

treffen	traf	getroffen	ich treffe, du triffst
treiben	trieb	getrieben	ich treibe, du treibst
treten	trat	getreten	ich trete, du trittst
trinken	trank	getrunken	ich trinke, du trinkst
tun	tat	getan	ich tu(e), du tust
verderben	verdarb	verdorben	ich verderbe, du verdirbst
verdrießen	verdross	verdrossen	ich verdrieße, du verdrießt
vergessen	vergaß	vergessen	ich vergesse, du vergisst
verlieren	verlor	verloren	ich verliere, du verlierst
verzeihen	verzieh	verziehen	ich verzeihe, du verzeihst
wachsen	wuchs	gewachsen	ich wachse, du wächst
wägen	wog	gewogen	ich wäge, du wägst
waschen	wusch	gewaschen	ich wasche, du wäschst
weichen (nachgeben)	wich	gewichen	ich weiche, du weichst
weisen	wies	gewiesen	ich weise, du weist
wenden	wandte/ wendete	gewandt/ gewendet	ich wandte. du wandtest ich wende, du wendest
werben	warb	geworben	ich werbe, du wirbst
werden	wurde/ward	geworden	ich werde, du wirst
werfen	warf	geworfen	ich werfe, du wirfst
wiegen	wog	gewogen	ich wiege, du wiegst
winden	wand	gewunden	ich winde, du windest
wissen	wusste	gewusst	ich weiß, du weißt
wollen	wollte	gewollt	ich will, du willst
ziehen	zog	gezogen	ich ziehe, du ziehst
zwingen	zwang	gezwungen	ich zwinge, du zwingst

Wichtige Abkürzungen

a.C.	*antes de Cristo*	vor Christus v.Chr.
a.c.	*año corriente*	laufendes Jahr
a/c	*a cargo*	zu Lasten
admón	*administración*	Verwaltung
AELC	*Asociación Europea de Libre Comercio*	Europäische Freihandelsvereinigung
atte.	*atentamente*	hochachtungsvoll
Av.	*Avenida*	Allee
BUP	*Bachillerato Unificado Polivalente*	Abitur
C/	*calle*	Straße, Str.
c.a.	*corriente alterna*	Wechselstrom
c/c	*cuenta corriente*	laufendes Konto
CC	*Código Civil*	Bürgerliches Gesetzbuch BGB
CEE	*Comunidad Económica Europea*	Europäische Wirtschaftsgemeinschaft EWG
Cía	*Compañía*	Gesellschaft Ges.
COI	*Comité Olímpico Internacional*	Internationales Olympisches Komitee IOC
CP	*Código Postal*	Postleitzahl
CV	*Caballo de Vapor*	Pferdestärke PS
D.	*Don*	Anrede vor männlichen Vornamen
Dña.	*Doña*	Anrede vor weiblichen Vornamen
d.C.	*después de Cristo*	nach Christus n. Chr.
Dr.	*Doctor*	Doktor Dr.
EE.UU.	*Estados Unidos*	Vereinigte Staaten von Amerika USA
ETA	*Euskadi Ta Askatasuna*	baskische Untergrundorganisation ETA
EUR	*euro*	Euro
F.C.	*ferrocarril*	Eisenbahn
Hnos.	*hermanos*	Gebrüder
IEM	*Instituto de Enseñanza Media*	Gymnasium

Ing.	*ingeniero*	Ingenieur Ing.
INEM	*Instituto Nacional de Empleo*	Staatliches Amt für Arbeitsvermittlung
ITV	*Inspección Técnica de Vehículos*	TÜV
IVA	*Impuesto sobre el Valor Añadido*	Mehrwertsteuer MwSt.
JJ.OO.	*Juegos Olímpicos*	Olympische Spiele
NIF	*Número de Identificación Fiscal*	Steuernummer
núm.	*número*	Nummer Nr.
ONU	*Organización de las Naciones Unidas*	Organisation der Vereinten Nationen UNO
OPEP	*Organización de Países Exportadores de Petróleo*	Organisation erdölexportierender Länder OPEC
OTAN	*Organización del Tratado del Atlántico Norte*	Nordatlantikpakt-Organisation NATO
OVNI	*Objeto Volante No Identificado*	unbekanntes Flugobjekt UFO
P.D.	*Posdata*	Postskriptum PS
p. ej.	*por ejemplo*	zum Beispiel z.B.
pza.	*plaza*	Platz
PVP	*Precio de Venta al Público*	Verkaufspreis
ref.	*Referencia*	Betreff
r. p. m.	*revoluciones por minuto*	Umdrehungen pro Minute
s.	*siglo*	Jahrhundert Jh.
Sr.	*señor*	Herr Hr.
Sra.	*señora*	Frau Fr.
Srta.	*señorita*	Fräulein Frl.
V. B.	*visto bueno*	gesehen und genehmigt
Vd.	*usted*	Sie (Singular)
Vds.	*ustedes*	Sie (Plural)

Abreviaturas importantes

Abs.	*Absender*	remitente
AG	*Aktiengesellschaft*	sociedad anónima S.A.
a. d.	*an der/an dem (Fluss)*	del
Azubi	*Auszubildende(r)*	aprendiz
BA	*Bundesagentur für Arbeit*	Instituto Nacional de Empleo INEM
BGB	*Bürgerliches Gesetzbuch*	Código Civil CC
BLZ	*Bankleitzahl*	código de identificación bancaria
b. w.	*bitte wenden*	véase al dorso
bzw.	*beziehungsweise*	respectivamente
ca.	*circa*	aproximadamente
d. h.	*das heißt*	es decir
Dipl.-Ing.	*Diplomingenieur*	ingeniero diplomado
Dipl.-Kfm.	*Diplomkaufmann*	comerciante diplomado
Dr.	*Doktor*	doctor/doctora Dr.
EDV	*Elektronische Datenverarbeitung*	proceso electrónico de datos
EU	*Europäische Union*	Unión Europea UE
EUR	*Euro*	euro
evtl.	*eventuell*	eventualmente
Fr.	*Frau*	Señora Sra.
geb.	*geboren*	nacido/nacida
GmbH	*Gesellschaft mit beschränkter Haftung*	sociedad de responsabilidad limitada S.L.
Hbf	*Hauptbahnhof*	estación central
Hr.	*Herr*	Señor Sr.
inkl.	*inklusive*	inclusivo
Kfz	*Kraftfahrzeug*	automóvil
KG	*Kommanditgesellschaft*	Sociedad en Comandita
Kripo	*Kriminalpolizei*	policía de investigación criminal
Kto.	*Konto*	cuenta
Lkw	*Lastkraftwagen*	camión

MEZ	*Mitteleuropäische Zeit*	hora de la Europa Central
MwSt.	*Mehrwertsteuer*	Impuesto sobre el Valor Añadido IVA
n. Chr.	*nach Christus*	después de Cristo d.C.
Nr.	*Nummer*	número núm.
Pkw	*Personenkraftwagen*	automóvil
PLZ	*Postleitzahl*	código postal CP
PS	*Pferdestärke*	caballo de vapor CV
PS	*Postskriptum*	Posdata P.D.
Str.	*Straße*	calle C/
TÜV	*Technischer Überwachungsverein*	Inspección Técnica de Vehículos ITV
u.	*und*	y
UNO	*Vereinte Nationen*	ONU
usw.	*und so weiter*	etcétera
v. Chr.	*vor Christus*	antes de Cristo a.C.
vgl.	*vergleiche*	compárese
z. B.	*zum Beispiel*	por ejemplo p. ej.
z. H.	*zu Händen*	a la atención de
z. T.	*zum Teil*	en parte